lonely planet

Kanada

Korina Miller

Kate Armstrong, James Bainbridge, Anna Kaminski, Adam Karlin, John Lee, Carolyn McCarthy, Phillip Tang, Ryan Ver Berkmoes, Benedict Walker

REISE-PLANUNG

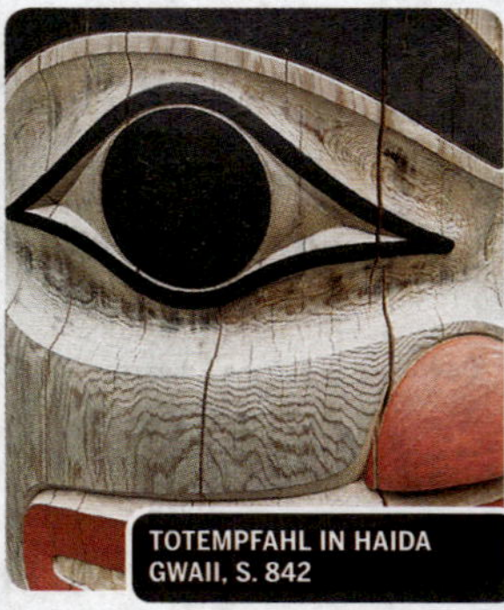

DANITA DELIMONT / GETTY IMAGES ©

TOTEMPFAHL IN HAIDA GWAII, S. 842

RON WATTS / GETTY IMAGES ©

PARC NATIONAL FORILLON, S. 349

REISEZIELE IN KANADA

Inhalt

REISEZIELE IN KANADA

PHUNG CHUNG CHYANG / SHUTTERSTOCK ©

AURORA VILLAGE IN YELLOWKNIFE, S. 887

Inhalt

Willkommen in Kanada

Kanada besitzt nicht nur imposante Berge und zerklüftete Küsten: Die Küche ist exzellent, die Kulturszene lebendig, und mit dem Auto geht es mitten hinein in eine abenteuerlich wilde Landschaft.

Outdoor-Abenteuer

Das zweitgrößte Land der Erde besitzt eine riesige Landschaftsvielfalt: himmelhohe Gebirge, glitzernde Gletscher, leuchtend bunte Regenwälder und einsame Strände, alles verteilt über sechs Zeitzonen. Diese Szenerie beleben allerlei große Tiere: Eisbären, Grizzlys, Wale – und natürlich die allseits beliebten Elche.

Auf solchem Terrain kann man sich austoben: Snowboarden in den Whistler's Mountains, Surfen in der Brandung vor Nova Scotia oder Kajakfahren auf dem South Nahanni River in den Northwest Territories – überall lockt das pure Abenteuer. Wer es geruhsamer mag, spaziert durch den Stanley Park in Vancouver oder genießt die Sandstrände der Prince Edward Island.

Vielfalt der Kulturen

In einem Bistro in Montréal schmeckt ein Croissant zum Café au Lait; in Vancouver probiert man Nudeln auf dem asiatischen Nachtmarkt; zu den Klängen der Fidel steigt eine keltische Party auf Cape Breton Island, und auf den Haida Gwaii sieht man vom Kajak aus die Dörfer der Ureinwohner im Regenwald: Die Städte und Landschaften Kanadas sind extrem vielgestaltig. Man hört das schon in der Musik, erkennt es an der Kunst und schmeckt es in der Küche.

Kulinarische Reise

Kanada bietet eine bunte Mischung aus regionalen Gerichten. Wer von West nach Ost durchs Land fährt, bekommt etwa Folgendes auf den Teller: Wildlachs und Jakobsmuscheln in British Columbia, *poutine* (Pommes mit Sauce und Käse) in Québec, Hummer in zerlassener Butter in den Seeprovinzen. Nur das Marketing funktioniert nicht so gut wie bei der italienischen oder französischen Küche, und so bleiben die köstlichen Meeresfrüchte, der pikante Käse, frisches Obst und Gemüse ein echter Geheimtipp. Das gilt auch für die preisgekrönten charaktervollen Rot- und Weißweine aus den Weinbaugebieten des Landes.

Kulturland Kanada

Die Künste spielen eine große Rolle. Sie finden sich beim International Fringe Theater Festival in Edmonton genauso wie in Megamuseen wie der National Gallery in Ottawa. Das Jazz Festival von Montreal oder das Filmfestival von Toronto locken Stars und internationales Publikum an. Das größte Theater des Kontinents mit klassischem Repertoire öffnet seine Tore beim Stratford Festival in Ontario. Selbst unbekannte Orte wie St. John's oder Woody Point schmücken sich mit tollen Events (einem „Sound-Symposion" bzw. einem Literaturfest).

Warum ich Kanada liebe

Korina Miller, Autorin

Ich habe drei Dutzend Länder bereist, und keines war schöner als Kanada. Was ich vermisse, wenn ich nicht dort bin? Die Tiefflüge über die in den Himmel ragenden Rocky Mountains. Den Orca, der unvermittelt vor dem Deck der Fähre auftaucht. Die Fahrt über die Prärien, wo die Weizenfelder wie ein endloses Meer wogen. Die Songs von The Tragically Hip im Radio und dazu eine gute, starke Tasse Kaffee. Candy-Räucherlachs, würzigen Cheddar und Okanaga-Wein. Eine Weite, die dazu drängt, sie zu erkunden. Ich bin Kanadierin und ich liebe Kanada. Und ich werde mich auch nicht dafür entschuldigen.

Mehr zu unseren Autoren s. S. 1002

Oben: Elchbulle, Banff National Park (S. 649)

Kanada

Dawson City
Sich in die Zeit des Klondike-Goldrauschs versetzen (S. 869)
Nahanni National Park Reserve
Tolle Paddeltouren (S. 897)
Churchill
Eisbärenzentrum an der Hudson Bay (S. 589)
Haida Gwaii
Alte, mit Urwald bedeckte Inseln (S. 842)
Vancouver Island
Surfen, Wildness, Bauernhöfe und Tee (S. 753)
Vancouver
Weitläufige Metropole mit viel Natur (S. 701)
Rockies
Gebirge mit glitzernden Gletschern (S. 819)
RUSSLAND
ALASKA
USA
Beaufort Sea
Banks Island
Melville Island
Bathurst Island
Cornwall Island
Viscount Melville Sound
Sverdrup Islands
Victoria Island
Prince of Wales Island
Somers Island
King William Island
Amundsen Gulf
Tuktoyaktuk
Inuvik
Anchorage
Dawson City
YUKON TERRITORY
Whitehorse
Juneau
Watson Lake
Franklin Mountains
Mackenzie Mountains
Mackenzie River
Great Bear Lake
NORTHWEST TERRITORIES
NUNAVUT
Fort Simpson
Lac La Martre
Yellowknife
Great Slave Lake
Dubawnt Lake
Nahanni National Park Reserve
Spatsizi Plateau Provincial Wilderness Park
BRITISH COLUMBIA
Wood Buffalo National Park
Lake Claire
Lake Athabasca
Prince Rupert
Haida Gwaii
Williston Lake
Rocky Mountains
Coast Mountains
ALBERTA
Athabasca R
Wollaston Lake
Reindeer Lake
SASKATCHEWAN
Prince George
Thompson
Jasper National Park
Jasper
Edmonton
Lac la Ronge
MANITOBA
PAZIFIK
Vancouver Island
Tofino
Nanaimo
Vancouver
Kamloops
Lake Louise
Banff National Park
Banff
Kelowna
Calgary
Saskatoon
Prince Albert
Lake Winnipeg
Victoria
Nelson
Moose Jaw
Yorkton
Riding Mountain National Park
Seattle
Medicine Hat
Swift Current
Regina
Brandon
Winnipeg
Portland
WA
OR
ID
MT
ND
VEREINIGTE STAATEN VON AMERIKA
CA
NV
UT
WY
NE

0 500 km
GRÖNLAND
DÄNEMARK
ISLAND
20°W
HÖHENSTUFEN
3000 m
2500 m
2000 m
1500 m
1000 m
600 m
300 m
100 m
0
60°N
30°W
40°W
50°N
50°W
40°N
60°W
Baffin Island
Der einsame, erbarmungslose Lebensraum der Inuit (S. 910)
Québec
Durch die charismatische Altstadt bummeln (S. 301)
Bay of Fundy
Extreme Gezeiten und Wale (S. 453)
Cabot Trail
Küstenlandschaft und keltische Kultur (S. 421)
Montréal
Beim Jazz Fest den Beat fühlen (S. 253)
Ottawa
Die großen Museen der Hauptstadt erkunden (S. 230)
Toronto
Kanadas multikulturelle Megacity (S. 72)
Niagarafälle
Nordamerikas üppigste Wasserfälle (S. 129)
Ellesmere Island
Nares Strait
Devon Island
Davis Strait
Baffin Island
Gulf of Boothia
Prince Charles Island
Nettiling Lake
Melville Peninsula
Foxe Basin
Amadjuak Lake
Iqaluit
Southampton Island
Hudson Strait
Coats Island
Hudson Bay
ATLANTIK
Labradorsee
George River
Labrador
NEWFOUNDLAND & LABRADOR
Feuilles R
Mélèzes R
Caniapiscau R
Smallwood Reservoir
Churchill R
Northern Peninsula
Belcher Islands
Lac Bienville
Lac Caniapiscau
St. John's
Corner Brook
Newfoundland
Severn River
Winisk R
James Bay
Reservoir Robert-Bourassa
Reservoir Manicouagan
Anticosti Island
Port aux Basques
Îles de la Madeleine
Cape Breton Highlands National Park
Lac Mistassini
Moosonee
ONTARIO
QUÉBEC
Tadoussac
NEW BRUNSWICK
PEI
Charlottetown
Lake Nipigon
Rivière-du-Loup
Moncton
Amherst
Reservoir Gouin
Fredericton
Halifax
Thunder Bay
Québec City
St. Stephen
Saint John
NOVA SCOTIA
North Bay
ME
Yarmouth
ATLANTIK
Lake Superior
Sudbury
OTTAWA
Montréal
MN
Sault Ste. Marie
VT
NH
Georgian Bay
Kingston
Boston
WI
Lake Huron
Toronto
Lake Ontario
MA
Minneapolis
MI
Lake Michigan
Stratford
NY
CT
RI
Niagara Falls
Detroit
London
Lake Erie
New York
IA
PA
Chicago

Kanadas Top 25

1

Rocky Mountains (British Columbia/Alberta)

1 Die gezackten weißen Gipfel an der Grenze zwischen Alberta und British Columbia lassen Betrachter staunen – und lösen den Drang aus, aktiv zu werden. Vier Nationalparks (Banff, Yoho, Kootenay, Jasper) bieten Möglichkeiten zum Wandern, Paddeln und Skifahren. Auch Zugfahrten (S. 49) durch diese grandiose Landschaft sind beliebt: Gen Osten oder Westen rattern die Waggons Bergpässe hinauf und Flusstäler hinunter, wobei sie schimmernde Seen, Unmengen von Wildblumen und glitzernde Gletscher passieren. Peyto Lake (S. 656)

Haida Gwaii (British Columbia)

2 Einst trug dieser 80 km vor der Küste gelegene Archipel (S. 842) den Namen Queen Charlotte Islands. Wen es hierher verschlägt, der wird reich belohnt: Fichten und Zedern prägen die raue Landschaft, Weißkopfseeadler und Bären leben in den Wäldern, und durchs Wasser gleiten Seelöwen und Orkas. Die wahre Seele der Insel bildet das Volk der Haida, das für Kriegskanus und Totempfähle bekannt ist. Viele dieser Objekte sieht man im Gwaii Haanas National Park Reserve, wo sich verlassenen Haida-Dörfer, Grabeshöhlen, Thermalquellen und die besten Paddelbedingungen des Kontinents finden. Totempfahl

ALISON RIDGWAY ©

DON JOHNSTON / GETTY IMAGES ©

Vancouver (British Columbia)

3 Vancouver (S. 701) landet stets ganz oben auf der Liste der schönsten Städte Kanadas. Vom Meer bis zum Himmel ist die entspannte Metropole von purer Schönheit. Mit Skihängen vor der Stadt, elf herrlichen Stränden in Innenstadtnähe und dem nahen Küstenregenwald des Stanley Parks bilden Stadt und Natur eine Einheit. Hier mischt sich Hollywood-Schick (Vancouver ist Schauplatz vieler Filme) mit lässiger Gegenkultur (mit einem beliebten FKK-Strand und der Zentrale der Marijuana Party) und lebendigen Ethno-Vierteln.

Niagarafälle (Ontario)

4 Zu überlaufen? Zu kitschig? Wahrscheinlich. Dazu auch noch (S. 129) relativ niedrig – sie gehören nicht einmal zu den 500 höchsten Wasserfällen der Welt. Doch wenn die kraftvollen Wassermassen wie flüssiges Glas über die Fallkanten in die Tiefe rauschen und man sich ihnen durch die Gischt in einem kleinen Boot nähert, ist das schon überwältigend. In Sachen Wasserdurchfluss ist die donnernde Kaskade die größte in Nordamerika: Pro Sekunde stürzt hier so viel Wasser zu Tal, wie in über 1 Mio. Badewannen passt.

3

VADIM PETROV / SHUTTERSTOCK ©

NOEL HENDRICKSON / GETTY IMAGES ©

Cabot Trail (Nova Scotia)

5 Der 300 km lange Cabot Trail (S. 421) windet sich zwischen den und über die Küstenberge. Hinter jeder Kurve warten atemberaubende Ausblicke aufs Meer, mitunter erspäht man Wale in Küstennähe. Am Wegesrand grasen Elche, und die Wege laden zu einem Zwischenstopp mit Wanderungen ein. Man sollte auf jeden Fall auch Tanzschuhe dabei haben, denn in den vielen keltischen und akadischen Gemeinden der Gegend bringt deren Fidelmusik die Pubs regelrecht zum Vibrieren.

Nahanni National Park Reserve (Northwest Territories)

6 Die Thermalquellen, Schluchten und Grizzlys dieses entlegenen Nationalparks (S. 897) an der Grenze zum Yukon Territory erreicht man nur per Flugzeug oder mit dem Kajak. Die Hälfte der nur rund 1000 Besucher pro Jahr sind Paddler, die den South Nahanni River bezwingen wollen. Der braust ungezähmt über 500 km durch die Mackenzie Mountains. Hohe Wasserfälle, tiefe Canyons und Legenden von Riesen und verschollenem Gold runden die Reise nach Norden ab.

Kraus Hot Springs (S. 898)

7

ASCENT/PKS MEDIA INC. / GETTY IMAGES ©

8

9

Trans-Canada Highway

7 Auf den 7800 km zwischen St. John's (Newfoundland) und Victoria (British Columbia) führt Kanadas bekannte Hauptverkehrsader (S. 39) an den Highlights des Landes vorbei – darunter die Nationalparks Gros Morne, Banff und Yoho sowie Cape Breton Island. Auch Québec (Stadt) oder andere Großstädte wie Montréal, Ottawa, Calgary und Vancouver liegen an der Strecke. Die meisten Reisenden brauchen für die Strecke von Küste zu Küste gut einen Monat. Also nichts wie los: Volltanken, Musik an und tüchtig Gas geben! Banff National Park (S. 649)

Charlevoix (Québec)

8 Die Gegend um Charlevoix (S. 324) ist ein bäuerlich geprägter Landstrich mit Hügeln im Nordosten von Québec (Stadt). Hier befindet sich die Speisekammer der Region. Gastronomen, die hier unterwegs sind, wissen, dass die Produkte von Bauernhöfen und Obstgärten bald in ihren Gerichten verwertet werden. Dorfkneipen servieren die hiesigen Produkte, etwa Tomatenaperitif mit Foie gras oder Birneneiswein zu Schafskäse. Kunstliebende Städte wie Baie St-Paul und La Malbaie sind gute Ausgangspunkte für Erkundungen des Umlands. Bauernmark, Charlevoix (S. 324)

Manitoulin Island (Ontario)

9 Die weltgrößte Binnenseeinsel, das beschauliche Manitoulin (S. 182) mit seinen Stränden und Ferienhäusern, liegt mitten im Lake Huron. Am Ufer finden sich schroffe Felszungen aus weißem Quarzit und Granit, von denen der Blick über schimmernde Weiten schweift. Hier blüht die Kultur der Ureinwohner: Acht Inselgemeinden bieten lokaltypisches Essen (Wildreis, Maissuppe) und Öko-Abenteuer (Kanutrips, Ausritte oder Wanderungen) an – ergänzt durch Powwows mit Trommeln, Tänzen und Geschichten. Bridal Veil Falls (S. 182), Manitoulin Island

Montréal Jazz Festival (Québec)

10 Wo sonst kann man zusammen mit über 2 Mio. ruhigen Musikfans (keine Slamdancer oder Betrunkenen) den besten Jazz- und Blues-Musikern lauschen? Bei 500 Konzerten, rund um die Uhr, von denen viele gratis sind? Nur in Kanadas zweitgrößter Stadt Montréal, dem kulturellen Herzen des Landes. Beim elftägigen Montréal Jazz Festival (S. 269) Ende Juni waren schon B. B. King, Prince und Astor Piazzolla dabei. Nach einer kostenlosen Trommelstunde und einer Jamsession am Straßenrand mag es ihnen manch einer gleichtun.

Hockey

11 Eishockey (S. 939) ist Kanadas Nationalleidenschaft: Der Besuch eines Spiels (Okt.–April) ist Pflicht, so wie man das olympische Gold der Nationalmannschaft von 2014 zu bejubeln hat. Vancouver, Edmonton, Calgary, Toronto, Ottawa und Montréal haben NHL-Teams, deren Mitglieder im Spiel schon mal einen Zahn einbüßen. Unterliga-Profiteams und Jugendmannschaften locken ebenfalls viele Fans an. Noch mehr gefällig? Landesweit werden die Schläger auch beim Pond-Hockey geschwungen. Die Frauen-Eishockeyteam bei den Olympischen Spielen 2014

Nordlichter

12 In Kanada gibt es zwischen der Prärie von Saskatchewan, der Küste von Labrador (S. 561) und den arktischen Dörfern viele Orte, die einsamer nicht liegen könnten. Tagsüber sind sie unscheinbar, nachts aber eindrucksvoll: Da wird der Himmel von grünem, gelbem, blauem und violettem Licht erhellt. Früher glaubten einige Inuit-Völker, Nordlichter wären die Seelen erlegter Tiere. Andere befürchteten, sie seien die Laternen von Dämonen. Von September bis März bilden der dunkle Himmel den idealen Hintergrund für diesen Lichterzauber.

Rideau Canal (Ontario)

13 Dieses 185 Jahre alte, 200 km lange System aus Kanälen, Flüssen und Seen verbindet Ottawa (S. 230) und Kingston über 47 Schleusen. Am schönsten ist es im winterlichen Ottawa: Dann sausen auf der weltlängsten Eisbahn, einer präparierten Strecke von 7,8 km, Schlittschuhfahrer dahin und erquicken sich mit heißem Kakao und leckeren Beavertails (frittierten Teigfladen). Zum Winterlude Festival im Februar bauen Einheimische ein großes Eisdorf. Wenn er wieder aufgetaut ist, wird der Kanal zum Paradies für Bootsfahrer. Eisbahn auf dem Rideau Canal

Churchill (Manitoba)

14 Die erste Begegnung mit einem Eisbären lässt einem den Atem stocken: Vergessen ist die strapaziöse zweitägige Zugfahrt, die durch die Tundra jenseits der Baumgrenze an den äußersten Rand der Hudson Bay führt. Hier liegt der einsame Außenposten Churchill (S. 589) zufällig genau an der Wanderroute der Eisbären. Von Ende September bis Anfang November fahren speziell gesicherte Fahrzeuge zu den Tieren mit den scharfen Krallen – und manchmal kommen sie ihnen ganz nah. Im Sommer kann man hier sogar mit Belugas schwimmen. Eisbären

Toronto (Ontario)

15 Toronto (S. 72) erwartet Besucher mit einer Mischung aus verschiedensten Kulturen und Vierteln. Da hat man die Qual der Wahl: Abendessen in Chinatown, in Greektown oder vielleicht doch ein Peameal-Bacon-Sandwich? In Bloor-Yorkville werden Designer-Schuhe mit Tattoos verziert. Kunstgalerien, Theater, Auftritte von Rockbands und eine Hockeymanie bereichern das Flair dieser Metropole. Sie ist Kanadas größte und vielfältigste Stadt– etwa die Hälfte ihrer Einwohner kommt aus fremden Ländern.

16

RONNIE CHUA / SHUTTERSTOCK ©

17

18

Drumheller (Alberta)

16 Im staubigen Drumheller (S. 680) bekommen Dinofans weiche Knie: Eine der führenden Fossiliensammlungen der Welt, das Royal Tyrell Museum, ist der Stolz der Bürger in Sachen Paläontologie. Hier steht auch der weltgrößte Dinosaurier – ein riesiger, gruseliger T-Rex aus Fiberglas, den man erklimmen kann. Durchs Maul der Skulptur lässt sich dann die Aussicht genießen. Abseits des Dino-Hypes hat die Region noch faszinierende Einöden und pilzartige Felssäulen namens Hoodoos zu bieten. Panoramastrecken verbinden sämtliche Highlights. T-Rex (S. 689)

Green Gables (Prince Edward Island)

17 Wie wurde Cavendish (S. 503) zu einer der größten Geldquellen der Insel? Das ist eine lange Geschichte über ein rothaariges Waisenkind namens Anne. Beim Schreiben des Romans *Anne auf Green Gables* ließ sich Lucy Maud Montgomery 1908 vom Bauernhaus ihres Cousins inspirieren. Heute kommen die Fans hierher, um die Schauplätze zu sehen. Überall gibt es frische Austern, Jakobsmuscheln und Hummer. Die Insel trägt den Kosenamen Gentle Island – sanfte Insel. Und so wirkt sie auch auf Erholungsuchende. Green Gables heritage Place (S. 504)

Prärien

18 Kanadas Mitte ist von Einsamkeit geprägt. In den Ebenen Manitobas und Saskatchewans passiert man unendliche Weizenfelder, die am Horizont mit der Sonne verschmelzen und wie Meereswellen wogen. Gelegentlich ragen Getreidespeicher wie Schiffe daraus hervor. Stürme wirken hier wie Hammerschläge und sind auch aus der Ferne zu erkennen. Atempausen gewähren verstreute Städte wie das kunstliebende Winnipeg, das trinkfreudige Moose Jaw oder die Mountie-Hochburg Regina. Dazwischen liegen ukrainische und skandinavische Dörfer. Saskatchewan (S. 594)

Herbstlaub

19 Dass der Herbst Kanada leuchten lässt, kann in einem Land, das zur Hälfte aus Wald besteht, kaum überraschen. Besonders schön sind die Zuckerahorne der Laurentides (Québec; S. 286), deren Sirup Pfannkuchen versüßt. Das Laub von Cape Breton (Nova Scotia) leuchtet so herrlich, dass es mit dem Festival Celtic Colours (Mitte Okt.) geehrt wird. Die Küste der Bay of Fundy (New Brunswick) und die Muskoka Lakes (Ontario) ziehen ebenfalls Herbstlaubfans an. Parc National du Canada de la Mauricie (S. 301), Québec

Altes Québec (Stadt)

20 Québecs Hauptstadt (S. 301) ist über 400 Jahre alt und braucht keinen Vergleich mit europäischen Großstädten zu scheuen. Steinmauern, Kathedralen und Jazzmusik in Eckcafés verleihen ihr Atmosphäre, Melancholie, Exzentrik und Faszination. Am besten genießt man das Flair beim Bummeln durch die Gassen der Altstadt, in denen man sich zwischen Straßenkünstlern und Gasthäusern verirrt. Frische Energie liefern Café au lait, Blätterteiggebäck oder *poutine* in üppigen Portionen.

Baffin Island (Nunavut)

21 In der einsamen Landschaft von Baffin Island, der Insel der Inuit (S. 910), gibt es Berge, die bis in die Wolken ragen. Hier lebt ein Drittel der Bevölkerung Nunavuts. Das Herzstück der Insel ist der Auyuittuq National Park; der Name bedeutet übersetzt „Land, das niemals schmilzt"– und der Park besteht an seiner Ostseite in der Tat aus Gletschern, Fjorden und Klippen. Er zieht hartgesottene Wanderer und Kletterer und mehr als nur ein paar Eisbären an. Baffin ist aber auch Zentrum für die Kunst der Inuit. Eisfischen, Baffin Island

Vancouver Island (British Columbia)

22 Kann ein einziger Ort wirklich alles bieten? Ja, wenn er Vancouver Island (S. 753) heißt. Victoria, das idyllische Herz der Insel, besitzt unkonventionelle Läden, Cafés und eine englische Geschichte. Entlang des West Coast Trail in der Pacific Rim National Park Reserve trifft das Meer auf nebelverhangene Wildnis, und die Brandung von Tofino lockt Surfer an. Kleine Bauernhöfe und edle Weingüter machen das Cowichan Valley zu einem lohnenden Ziel für Gourmets. Tofino

21

Viking Trail (Newfoundland)

23 Der Viking Trail (S. 546; auch Route 430 genannt) verbindet die beiden Welterbestätten auf Newfoundlands Northern Peninsula. Der Gros Morne National Park umfasst fjordartige Seen und geologische Kuriositäten. Am nördlichen Zipfel der Halbinsel liegt mit dem 1000 Jahre alten Wikingerdorf L'Anse aux Meadows das Expeditionslager Leif Erikssons. Die küstennahe Straße ist eine Attraktion: Auf direktem Weg nach Norden führt sie an den uralten Begräbnisstätten von Port au Choix und dem Anleger der Fähren nach Labrador vorbei. L'Anse aux Meadows (S. 550)

Bay of Fundy

24 Das ist keine normale Bucht, trotz der Leuchttürme, Fischerdörfer und anderer typischer Merkmale einer Küstenlandschaft. Die einzigartige Gestalt der Bay of Fundy (S. 453) sorgt für die stärksten Tidenhübe der Welt – bis zu 16 m, so hoch wie ein fünfstöckiges Haus. Diese Tidenhübe wirbeln Futter für gefräßige Finn-, Buckel-, Blauwale und bedrohte Atlantische Nordkaper auf – ein idealer Ort also zur Beobachtung der Meeressäuger. Einzigartig sind auch die Möglichkeiten zum Gezeiten-Rafting, bei dem sich die entsprechenden Anbieter den starken Wasserdruck der Bucht zunutze machen.

Dawson City (Yukon Territory)

25 Dawson City (S. 869) mit seinen hellen Bauten aus der Klondike-Ära war eine Weile Ziel Tausender Goldsucher. Heute zieht die Stadt Künstler und Individualisten an und vermittelt mit seiner Gastfreundlichkeit auch Fremden das Gefühl, nach Hause zu kommen. Man sollte ruhig selbst in den eisigen Flüssen die Goldpfanne schwenken oder im historischen Saloon, wo Cancan-Tänzerinnen die Beine schwingen, beim Poker versuchen, anderen ihre Schätze abzunehmen. Umrahmt ist das Ganze von spektakulärer subarktischer Landschaft. Downtown Hotel (S. 876)

24

25
DOWNTOWN
HOTEL
JACK LONDON GRILL
GRACE'S GIFT SHO
1026

Gut zu wissen

Weitere Infos gibt's im Abschnitt „Praktische Informationen" (S. 953)

Währung
Kanadischer Dollar (C$)

Sprachen
Englisch, Französisch

Visa
Derzeit brauchen Bürger aus Deutschland, Österreich und der Schweiz kein Visum für Kanada-Aufenthalte von bis zu sechs Monaten. Es ist aber eine elektronische Registrierung erforderlich (eTA).

Geld
Geldautomaten gibt es fast überall. Kreditkarten werden in den meisten Restaurants und Hotels akzeptiert.

Handys
Kanadische SIM-Karten funktionieren in Handys mit GSM 850/1900, sofern sie SIM-Lock-frei sind. Sonst den eigenen Anbieter fragen!

Zeit
Atlantic Standard Time (MEZ –5 Std.)

Eastern Standard Time (MEZ –6 Std.)

Central Standard Time (MEZ –7 Std.)

Pacific Standard Time (MEZ –9 Std.)

Reisezeit

Hauptsaison
(Juni–Aug.)

- Sonnenschein und warmes Wetter herrschen vor; ganz im Norden taut es kurz.
- Unterkünfte sind teurer (durchschnittlich 30 %).
- Von Dezember bis März ist in den Skigebieten viel los, dann steigen auch hier die Preise.

Zwischensaison
(Mai, Sept. & Okt.)

- Weniger Leute, die Preise fallen.
- Es ist kühl, aber noch angenehm.
- Sehenswürdigkeiten haben kürzere Öffnungszeiten.
- Trubel in Gebieten mit schöner Herbstlaubfärbung (Cape Breton, Québec).

Nebensaison
(Nov.–April)

- Außerhalb großer Städte und Skigebiete ist alles geschlossen.
- Dunkelheit und Kälte herrschen vor.
- Im April und November kommen Schnäppchenjäger besonders auf ihre Kosten.

Infos im Internet

Destination Canada (en.destinationcanada.com) Offizielle Tourismus-Website.

Environment Canada Weather (www.weather.gc.ca) Wettervorhersagen für jede Stadt.

Lonely Planet (www.lonelyplanet.de/reiseziele/kanada) Infos & mehr.

Government of Canada (www.gc.ca) Landesweite und regionale Informationen.

Parks Canada (www.pc.gc.ca) Fakten zu den Nationalparks.

Canadian Broadcasting Corporation (www.cbc.ca) Nationale und Provinz-News.

Wichtige Telefonnummern

Landesvorwahl	✆1
Vorwahl für internationale Gespräche	✆011
Notruf	✆911
Auskunft	✆411

Wechselkurse

Eurozone	1 €	1,39 C$
	1 C$	0,72 €
Schweiz	1 SFr	1,30 C$
	1 C$	0,77 SFr
USA	1 US$	1,32 C$
	1 C$	0,76 US$

Aktuelle Wechselkurse sind unter www.xe.com abrufbar.

Tagesbudget

Günstig – weniger als 100 C$

- B im Schlafsaal: 25–40 C$
- Zeltstellplatz: 25–35 C$
- Selbstversorger-Mahlzeit vom Markt oder aus dem Supermarkt: 8–12 C$

Mittelteuer – 100–250 C$

- B & B Zi. im Mittelklassehotel: 80–180 C$ (in größeren Städten 100–250 C$)
- Mahlzeit in einem guten lokalen Restaurant: ab 20 C$ zzgl. Getränke
- Mietwagen: 35–65 C$/Tag
- Eintritt zu Sehenswürdigkeiten: 5–20 C$

Teuer – mehr als 250 C$

- Zi. im 4-Sterne-Hotel: ab 180 C$ (in größeren Städten ab 250 C$)
- 3-Gänge-Menü im Spitzenklasserestaurant: ab 50 C$ zzgl. Getränke
- Skipass: 50–80 C$/Tag

Öffnungszeiten

Die Öffnungszeiten variieren saisonal. Wir nennen die Zeiten für die Hauptsaison; in Zwischen- und Nebensaison ist meist kürzer geöffnet.

Banken Mo–Fr 10–17 Uhr, manche Sa 9–12 Uhr

Restaurants Frühstück Mo–Fr 8–11 Uhr, Mittagessen 11.30–14.30 Uhr, Abendessen tgl. 17–21.30 Uhr; manche öffnen Sa & So 8–13 Uhr zum Brunch

Bars tgl. 17–2 Uhr

Clubs Mi–Sa 21–2 Uhr

Geschäfte Mo–Sa 10–18, So 12–17, manche Do und/od. Fr bis 20 od. 21 Uhr

Supermärkte 9–20 Uhr; manche 24 Std.

Ankunft am …

Toronto Pearson International Airport (S. 127) Züge (12 C$) fahren zwischen 5.30 und 1 Uhr alle 15 Minuten in die Stadt; Taxifahrten kosten ca. 60 C$ (45 Min.).

Montréal-Pierre Elliot Trudeau International Airport (S. 285) Ein rund um die Uhr verkehrender Bus (10 C$) fährt in die Stadt. Taxis kosten pauschal 40 C$ (30–60 Min.).

Vancouver International Airport (S. 733) Züge (7,50–9 C$) fahren alle 6 bis 20 Minuten in die Stadt; fürs Taxi zahlt man ca. 40 C$ (30 Min.).

Grenzübergänge Die Canadian Border Services Agency (www.cbsa-asfc.gc.ca/bwt-taf/menu-eng.html) veröffentlicht die Wartezeiten (meist 30 Min.).

Unterwegs vor Ort

Auto Ein umfassendes Highway-Netz verbindet die meisten Städte. Der Trans-Canada Hwy reicht von Newfoundland bis Vancouver Island. Abseits der größeren Zentren sind die Entfernungen extrem groß, und es dauert lange sie zu überwinden, weil die Highways einspurig sind. Alle großen Autovermieter haben hier Niederlassungen.

Zug Außerhalb des Korridors Toronto–Montréal ist Zugfahren nur wegen der malerischen Landschaft sinnvoll.

Fähre Fährgesellschaften arbeiten in British Columbia, Québec und den Provinzen am Meer.

Flugzeug Regionale und nationale Airlines bieten Flüge im ganzen Land an. So kann man viel Zeit sparen und kommt in Städte ganz im Norden, die über die Straße nicht erreichbar sind.

Mehr zu **Verkehrsmitteln & -wegen** s. S. 966

Was gibt's Neues?

National Music Centre, Alberta

Calgarys neues Museum zeigt mit tollen Exponaten und interaktiven Präsentationen die Vielfalt der kanadischen Musikgeschichte. Nebenbei kann man sein Können am Schlagzeug, an der E-Gitarre oder im Tonstudio beweisen. (S. 636)

Eau Claire Distillery, Alberta

Im Turner Valley werden in der preisgekrönten Manufakturbrennerei aus hiesigem Getreide in eigens angefertigtem Destillationsequipment aus Deutschland Gin und Wodka gebrannt. Die mit natürlichen Aromen wie Kaktusfeige und Zitrone veredelten Resultate kann man verkosten. (S. 648)

Chun T'oh Whudujut, British Columbia

In dem Urwald führen Stege vorbei an 2000 Jahre alten Lebensbäumen, Wasserfällen und Orchideen. Das 120 km östlich von Prince George gelegene Gebiet wurde 2016 zu einem Provincal Park erklärt. (S. 849)

Leuchtturm-Unterkünfte

Newfoundland hat die Türen seiner Leuchttürme für Übernachtungen geöffnet. Obwohl man „nur" in den historischen Häusern der Leuchtturmwärter übernachtet (und nicht oben auf einem Leuchtturm) gehören sie zu den stimmungsvollsten Unterkünften im Land. (S. 551)

Sea to Sky Gondola, British Columbia

Ab geht's mit der Seilbahn auf 885 m über dem Meeresspiegel, wo man mit einem Panoramablick über die Küstengebirge und den Pazifik belohnt wird. Auf einem der unzähligen Wanderwege lässt sich zudem üppiger Wald erkunden. (S. 739)

Skywood Eco Adventure, Ontario

Lust auf Trekking durch die Wipfel? Der Park in den Thousand Islands bietet den größten Abenteuer- und Zipline-Parcour des Landes. Von einem Baumhaus-Spielplatz für Dreijährige bis zu Abenteuern, die selbst den Tapfersten die Knie schlottern lassen, gibt's hier für jeden etwas. (S. 224)

Mosaic Stadium, Saskatchewan

Reginas CFL-Team – die Roughriders – bekommen ein neues Stadium, in dem sie sich von 40 000 ihrer treuesten Fans anfeuern lassen können. (S. 601)

Rogers Place, Alberta

Die oft als Oilers Center bezeichnete Multifunktionsarena wird das Zuhause des Eishockey-Teams und Zentrum für Spiel und Spass in Edmonton. Bei der Entwicklung stand Eishockey im Mittelpunkt. (S. 632)

Jasper Dark Sky Preserve, Alberta

Das von der Royal Astronomical Society of Canada als Lichtschutzgebiet ausgewiesene Gebiet bietet einen der tollsten Blicke auf den Sternenhimmel – egal ob mit bloßem Auge, im Observatorium oder während des Dark Sky Festivals. (S. 676)

Weitere Tipps und Empfehlungen findet man unter **lonelyplanet.com/canada**

Wie wär's mit...

Adrenalin pur

Whistler Für Skifahrer und Snowboarder ist Whistler top. (S. 743)

Tofino In Little Tofino an der Pazifikküste warten viele Abenteuer auf die Besucher: surfen, Kajak fahren, wandern und Stormwatching. (S. 779)

Banff In Banff, der Königin der Rockies, kann man alles Mögliche unternehmen: Ski fahren, wandern, raften, reiten oder mountainbiken. (S. 649)

Les Laurentides Die Bergdörfer, die verstreut um Montréal liegen, laden zum Skifahren, Rodeln und Klettern ein. (S. 286)

Marble Mountain In Newfoundland kann man im Winter Ski fahren und snowkiten, im Sommer Höhlen erkunden und paddeln und das ganze Jahr über seilrutschen. (S. 554)

Wein & Spirituosen

Eiswein-Festivals Im Januar kann man sich in Okanagans Sun Peaks Resort zuckersüßen Eisweinen hingeben. (S. 32)

Niagara Wine Tours International Bei den auf die Fitness der Teilnehmer zugeschnittenen Radtouren geht es über Nebenstraßen von Gut zu Gut. (S. 141)

Taste Trail Auf eigene Faust tourt man durchs ländliche Prince Edward County zu Farmen und Weingütern. (S. 215)

Myriad View Distillery Ein Besuch in der einzigen legalen Schwarzbrennerei Kanadas ist ein Muss. Mutprobe: das 75%ige Feuerwasser! (S. 498)

Merridale Estate Cidery Auf Vancouver Island im grünen Cowichan Valley tischt diese Schnapsbrennerei sechs Apfel-Ciders und Brandys auf. (S. 771)

Historische Stätten

L'Anse aux Meadows Hier kann man den Spuren der Wikinger folgen, die Leif Eriksson und seine Mannen vor etwa 1000 Jahren in Newfoundland hinterließen. (S. 550)

Québec Hinter den Mauern der Stadt, in der die Franzosen 1608 ihren Claim absteckten, ist die Geschichte überall greifbar. (S. 301)

Louisbourg In Nova Scotia kann man in der rekonstruierten Festung aus dem Jahr 1744 Soldatenverpflegung probieren und die Wachen bestechen. (S. 431)

Batoche Der Ort, an dem Louis Riel im Jahre 1885 als Anführer der Métis gegen die kanadische Armee kämpfte. (S. 616)

Klondike National Historic Sites Die erhaltenen Bauten in Dawson City zeugen vom großen Klondike-Goldrausch. (S. 869)

Livemusik

Montréal Hier findet man Kanadas profilierteste Indie-Rock-Szene mit ihren Underground Clubs. (S. 253)

North by Northeast Fast 1000 Bands lassen während einer Woche im Juni ihre Sounds von den Bühnen in Toronto erschallen. (S. 98)

Horseshoe Tavern Torontos legendäre Location gibt

WIE WÄR'S MIT ... SURFEN?

Tofino an der Westküste von British Columbia lockt Surfer an. In der Surfschule kann man sich wellentauglich machen lassen (S. 779).

aufstrebenden Musikern die Möglichkeit, zu zeigen, was sie können. (S. 120)

George Street Festival Nach einer Straße in St. John's ist ein Musikfestival benannt, bei dem es tagsüber und abends ordentlich was auf die Ohren gibt. (S. 518)

Red Shoe Pub Weltberühmte Künstler der keltischen Fiedel bringen auf Cape Breton Island ihre Saiten zum Glühen. (S. 420)

Leuchttürme

Point Prim Dieser herrliche historische Leuchtturm ist der älteste auf Prince Edward Island. (S. 489)

Peggy's Cove Der Leuchtturm auf einem Felsvorsprung nahe Halifax gibt ein perfektes Motiv ab. (S. 387)

Point Amour Vom höchsten Leuchtturm an Kanadas Atlantikküste genießt man eine gute Aussicht auf die Felsenlandschaft Labradors und das mit Eisbergen übersäte Meer. (S. 563)

Cape Enrage Der 150 Jahre alte Leuchtturm krönt die Klippen und wacht über die höchsten Wellen der Welt. (S. 466)

Swallowtail Dieser Leuchtturm auf der Grand Manan Island in New Brunswick ragt majestätisch auf einer moosbedeckten Klippe auf, unten tollen Seehunde umher. (S. 456)

Abseits der üblichen Pfade

Route 132, Québec An der Strecke von Ste-Flavie zum Forillon National Park warten felsige Ufer, schillernde Kirchen und bewaldete Berge. (S. 337)

Highway 17 am Lake Superior, Ontario Fjordartige Passagen, Strände und neblige Wälder locken am Nordufer des Sees. (S. 191)

Route 199 Québecs Küstensträßchen über die Îles de la Madeleine passiert Dünen und Fischerdörfer. (S. 361)

Highway 37A nach Stewart, British Columbia Neben Gletschern gibt es alte Toaster und Restaurants in umgebauten Schulbussen zu sehen. (S. 850)

Route 470, südwestliches Newfoundland An der Küste entlang geht es vorbei an windumtostem Gebieten und Fischerdörfern. (S. 559)

Highway 742 durch Kananaskis Der raue Schotterweg führt durch tiefe Wälder, wo sich Wölfe, Elche und Bären regelmäßig ein Stelldichein geben. (S. 649)

Tierbeobachtung

Churchill Eisbären beherrschen die Tundra am Rand der Hudson Bay, während im Fluss die Weißwale unterwegs sind. (S. 589)

Long Island Vor der Küste dieser Landzunge in Nova Scotia tummeln sich die Atlantischen Nordkaper, Blauwale, Buckelwale und Robben. (S. 400)

Gros Morne Im wichtigsten Park Neufundlands soll es sechs Elche pro Quadratkilometer geben. (S. 546)

Khutzeymateen Grizzly Bear Sanctuary In dem Schutzgebiet nahe Prince Rupert in British Columbia leben mehr als 50 Grizzlybären. (S. 841)

Wood Buffalo National Park Zottelige Bisons und Rudel riesiger Wölfe treffen sich hier zum Todestanz der Natur. (S. 895)

Icefields Parkway Auf dieser Strecke durch die Rockies trifft man ziemlich sicher auf Bären und Wapitis. (S. 654)

Algonquin Provincial Park Elche und Seetaucher gehören zu den Tieren, die man hier sehen kann; heulende Wölfe liefern die Untermalung dazu. (S. 207)

Victoria Hier heimische Killerwale lassen sich auf den Wellen vor der Küste treiben. (S. 753)

Kunst

National Gallery of Canada Das Museum in Ottawa birgt die weltweit größte Sammlung kanadischer und von den Inuit geschaffener Kunst. (S. 231)

Art Gallery of Ontario Sie ist berühmt für seltene religiösen Plastiken aus Québec, Schnitzereien der Ureinwohner und Werke der Group of Seven (Landschaftsmaler). (S. 85)

UBC Museum of Anthropology In Vancouvers bestem Museum stehen hohe, wunderschön geschnitzte Totempfähle im Mittelpunkt. (S. 713)

Sunshine Coast Gallery Crawl Ateliers von Künstlern säumen die Küste British Columbias. Weht über dem Haus eine lila Flagge, heißt das, dass der Künstler anwesend ist. (S. 750)

Cape Dorset Diese Kleinstadt in Nunavut ist das Zentrum der Inuit-Kunst. (S. 912)

Seafood

Digby Feinschmeckern läuft das Wasser im Mund zusam-

Oben: Kensington Market (S. 88), Toronto
Unten: Cape Enrage Lighthouse (S. 466)

Eisbär in der Tundra

men, wenn sie an die riesigen, butterzarten Jakobsmuscheln dieser Stadt in Nova Scotia denken. (S. 402)

Lobster Supper In dieser Institution auf der Prince Edward Island bricht man mit vorgelegter Serviette ein Krustentier auf. (S. 502)

Malpeque In der winzigen Stadt auf Prince Edward Island gibt es die namensgleichen Austern, die wegen ihres Geschmacks so berühmt sind. (S. 503)

Red Fish Blue Fish Die Takeaway-Bude an Victorias Küste bietet Meeresfrüchte aus nachhaltiger Fischerei. (S. 761)

Märkte

Kensington Market Ein Streifzug durch die ehrwürdigen Geschäfte dieses Viertels von Toronto ist ein Erlebnis. (S. 88)

Panda Market Eine Geschmackssafari gefällig? Dann los zu den dampfenden malaysischen, koreanischen, japanischen und chinesischen Imbissständen in der Nähe von Vancouver. (S. 737)

Marché Jean-Talon Bauern verkaufen Obst, Gemüse, Käse und Würste auf diesem quirligen Markt in Montréal. (S. 283)

St. Lawrence Market Metzger, Bäcker und Pastaverkäufer (aber auch Kunst- und Antiquitätenhändler) bevölkern diese Markthalle von 1845 in Toronto. (S. 81)

Salt Spring Island Saturday Market Hier kann man Kunst und Kunsthandwerk der Einheimischen studieren, während man Früchte von der Insel und pikanten Käse genießt. (S. 793)

Halifax Seaport Farmers Market Mit 250 Anbietern ist dieser Markt der erste Platz am Ort für Bioprodukte, Wein und Meeresfrüchte. (S. 384)

Strände

Basin Head Beach Für viele Einheimische ist dieser schöne Sandstrand ihr Lieblingsstrand auf Prince Edward Island. (S. 495)

Sauble Beach Dieser Strand bei Southampton, Ontario wurde zum besten Süßwasserstrand Kanadas gekürt. (S. 159)

Eastern Shore Beaches An der Küste in der Nähe von Halifax gibt es mehrere weiße Sandstrände mit Rettungsschwimmern, Promenaden, Bade- und Surfstellen. (S. 372)

Greenwich Auf einem Pfad geht es durch eine schöne Sumpf- und Dünenlandschaft zu einem der unberührtesten rosafarbenen Sandstrände von Prince Edward Island. (S. 496)

Long Beach Der Strand nahe Tofino kriegt mächtige Pazifikwellen ab, aber genau deswegen kommen die Surfer und Strandfans her. (S. 778)

English Bay Beach In dieser sandigen Bucht mitten in Vancouver tummeln sich Straßenkünstler, Sonnenanbeter und Volleyballspieler. (S. 706)

Sternennächte

Moose Factory Zu dieser kleinen Siedlung der Cree-Indianer und Ökolodge in Ontario führt keine Straße. (S. 202)

Torngat Mountains National Park Labradors frostiger Norden ist einsam. Auf Hunderten von Kilometern gibt es keinerlei Ortschaften. (S. 564)

Yellowknife Rund um die Hauptstadt der Northwest Territories können sich Besucher bei einer Hundeschlittenfahrt die Nordlichter anschauen. (S. 882)

Churchill Im Oktober kann man hier Nordlichter sehen – und natürlich auch Eisbären. (S. 589)

Whitehorse Die künstlerische Hauptstadt des Yukon Territory ist auch ein Ort für Sterngucker: Veranstalter bieten Touren in die Polarnacht an. (S. 855)

Monat für Monat

> **TOP-EVENTS**
>
> **Montréal Jazz Festival**, Juni
>
> **Québec City's Winter Carnival**, Februar
>
> **Stratford Festival**, April bis November
>
> **Dark Sky Festival**, Oktober
>
> **Festival Acadien**, August

Januar

Die Skisaison ist voll im Gange: Auf den Berggipfeln türmt sich der Schnee. Gegen Ende des Monats beginnen die Feierlichkeiten zum Winterkarneval – so sollen die Fesseln der kalten, dunklen Jahreszeit gelöst werden.

Eiswein-Festivals

Im Okanagan Valley, British Columbia (www.thewinefestivals.com), und auf der Niagara-Halbinsel, Ontario (www.niagarawinefestival.com), feiert man die Eisweine mit großartigen Festivals. Zu den köstlichen, lieblichen Tropfen gibt's Röstkastanien, und es finden auch Cocktailwettbewerbe statt – und das alles in einem gemütlichen, alpinen Hüttenambiente.

Februar

Ja, es ist bitterkalt. Im Februar wurde die „tiefste Temperatur aller Zeiten" gemessen: –62,8° C (und zwar in Snag, Yukon Territory, am 3. Februar 1947). Das hindert die Menschen aber nicht daran, sich im Freien zu tummeln. Der Februar ist ein Partymonat, in dem jede Menge Winterfestivitäten stattfinden.

Chinesisches Neujahr

Herrliche Drachen tanzen, Feuerwerkskörper explodieren und in den chinesischen Vierteln der Stadt brutzelt leckeres Essen in den Töpfen und Pfannen. Das größte Fest steigt alljährlich in Vancouver (www.vancouver-chinatown.com), doch auch in Toronto, Calgary, Ottawa und Montréal wird gefeiert. Das jeweilige Datum folgt dem Mondkalender.

Winterkarneval in Québec (Stadt)

Die Feiernden können nicht nur Eisskulpturwettbewerben beiwohnen, Schneerutschen hinuntersausen und eisfischen, sondern auch ihre Favoriten bei einem irrwitzigen Kanuwettrennen auf dem St.-Lorenz-Strom anfeuern, der halb zugefroren ist und auf dem die Eisschollen umhertreiben. Nicht umsonst ist dies das größte Winterfest, das die Welt überhaupt zu bieten hat (www.carnaval.qc.ca).

Winterlude in Ottawa

Ein Schneefest, das auf dem Rideau Canal gefeiert wird; Schlittschuhläufer vergnügen sich auf einer 7,8 km langen präparierten Eisstrecke. Wenn die Stadtbewohner nicht gerade eine heiße Schokolade oder einen *beavertail* (Biberschwanz: frittierter, gezuckerter Teigfladen) genießen, sind sie garantiert mit dem Bau gewaltiger Skulpturen aus Eis beschäftigt (www.pch.gc.ca/winterlude).

Yukon Quest

Das legendäre 1600 km lange Hundeschlittenrennen (www.yukonquest.com) führt von Whitehorse nach Fairbanks, Alaska, und das in der Dunkelheit des Monats Februar bei extremen Temperaturen um –50° C! Dies ist die ultimative Probe für den Hundeschlittenführer und seine Huskys. Der Rekord liegt bei zehn Tagen, 2 Stunden und 37 Minuten.

World Pond Hockey Tournament

Im kleinen Plaster Rock, New Brunswick, werden 20 „Teichhockey"-Felder auf dem Roulston Lake angelegt; die Strohballen ringsum dienen mehr als 8000 Zuschauern als Sitzgelegenheiten. Sie fiebern mit, wenn die 120 Vier-Personen-Mannschaften auf den Puck eindreschen. Manche Teams reisen aus Großbritannien, Ägypten oder sogar von den Cayman-Inseln an (www.worldpondhockey.ca).

Northern Manitoba Trappers' Festival

In The Pas findet ein frostiges Wochenende mit Hundeschlittenrennen, Schneemobilfahrten, Eisskulpturen, Taschenlampenumzügen und Trapperwettkämpfen (www.trappersfestival.ca) statt. Man sollte sich warm einpacken, denn die durchschnittliche Tagestemperatur beträgt hier nur –16,1° C.

Vancouver International Wine Festival

In Vancouver werden beim Vancouver International Wine Festival (www.vanwinefest.ca) 1700 Weine von 200 Winzern entkorkt, ein Frühlingsbrauch für Weinliebhaber. Man trinkt quasi für die Kunst, denn auf der Veranstaltung werden Gelder für das Theaterensemble der Stadt gesammelt.

März

Der Schnee weicht allmählich und die Temperaturen werden milder. In den Skigebieten herrscht noch immer Hochbetrieb, besonders Mitte des Monats, wenn die Kinder eine Woche Schulferien haben.

Zuckerhütten (Sugar Shacks)

In Québec werden drei Viertel des weltweit konsumierten Ahornsirups produziert. Im März werden die Bäume angezapft. In den Zuckerhütten der Region bekommt man dampfenden Sirup direkt aus einem pfeifenden Kessel und kann ihn über ein kleines Häufchen Schnee, das man zuvor auf einem Teller aufgehäufelt hat, laufen lassen.

Regina Powwow

Studenten der First Nations University of Canada riefen das Powwow von Saskatchewan (www.fnuniv.ca/pow-wow) vor mehr als 30 Jahren ins Leben, um den Beginn des Frühlings zu feiern und für die Wiedergeburt der Natur zu danken. Aus ganz Nordamerika reisen Tänzer an, und überall gibt es traditionelles Kunsthandwerk und Essen.

April

Abgesehen vom äußersten Norden schwindet die Kälte des Winters langsam dahin und der Frühling entfaltet sich. Jetzt gibt es viele Schnäppchen, da die Skisaison sich langsam dem Ende entgegen neigt, der Sommerboom aber noch nicht begonnen hat.

Stratford Festival

Stratford liegt einige Stunden vor den Toren Torontos und übertrifft fast gar das englische Stratford-upon-Avon. Das Stratford Festival (www.stratfordfestival.ca) hat von April bis November Saison. In vier Theatern werden zeitgenössische Dramen, Konzerte, Opern und natürlich Werke von Shakespeare aufgeführt. Die Produktionen sind erstklassig und bekannte Schauspieler wirken regelmäßig dabei mit.

World Ski & Snowboard Festival

Skimuffel kommen nach Whistler, um zehn Tage lang spannende Veranstaltungen wie Open-Air-Konzerte mit Rock und Hip Hop, Filmvorführungen, Hundeparaden und eine ganze Menge Alkohol zu erleben (www.wssf.com). Hier steht alles unter dem Motto: im April feiern, im Mai schlafen!

Hot Docs

Wer mehr über den Highway 7 in Ontario, Millionäre, die in den Slums von Bombay wohnen, oder Bauchtänzer in Kairo erfahren möchte, kommt zu den Hot Docs. Toronto ist Gastgeber für Nordamerikas größtes Dokumentarfilmfestival (www.hotdocs.ca), bei dem mehr als 170 Dokumentarfilme aus aller Welt gezeigt werden.

Mai

Der Mai lockt mit günstigen Angeboten der Zwischensaison, und er ist ideal für Liebhaber von Wildblumen. Tagsüber ist es warm, nachts noch recht frisch. Der Victoria Day am Ende des Monats läutet den offiziellen Beginn des Sommers ein.

Auf Zehenspitzen durch die Tulpen

Nach dem langen Winter bricht in Ottawa eine wahre Farbenpracht aus – mehr als 3 Mio. Tulpen von 200 Arten bedecken die Stadt beim Canadian Tulip Festival (www.tulipfestival.ca). Zu den Festlichkeiten gehören Umzüge, Regatten, Tanz-, Konzert- und Feuerwerksdarbietungen.

Fête du Chocolat

Spiele rund um Schokolade, Malen mit Schokolade, Schmuckstücke aus Schokolade – wer hat eine Idee, worum es bei diesem Fest gehen könnte? Bei Québecs Fête du Chocolat de Bromont (www.lafeteduchocolatdebromont.ca) dreht sich einfach alles um die süße Köstlichkeit. Und das Beste ist natürlich, die Schokolade dann auch zu essen. Bromont liegt 75 km östlich von Montréal.

Juni

Endlich sind sie da: lange, warme Tage, die zum Wandern, Paddeln und zu sonstigen fantastischen Outdoor-Abenteuern einladen (aber Vorsicht vor den Kriebelmücken!). Voll wird es erst Ende des Monats, wenn die Ferien beginnen.

Luminato

Anfang Juni kommen zehn Tage lang bekannte Musiker, Tänzer, Künstler, Autoren, Schauspieler und Filmemacher nach Toronto und lassen sich für ihre Kreativität feiern, die so vielfältig ist wie die Stadt selbst (www.luminatofestival.com). Viele Aufführungen und Veranstaltungen sind kostenlos.

North by Northeast

Rund 1000 Indie-Nachwuchsbands spielen auf den Bühnen der coolsten Clubs von Toronto. Hier erhascht man vielleicht einen Blick auf die Rockstars von morgen. Filmvorführungen und Comedy Shows gehören ebenfalls zu dem Mix an Veranstaltungen. Mit seiner über 20-jährigen Geschichte ist das NXNE (www.nxne.com) mittlerweile ein Pflichttermin im Veranstaltungskalender der Musikindustrie.

Montréal Jazz Festival

Ende Juni kommen rund 2 Mio. Musikliebhaber nach Montréal, wo dann an elf langen Tagen und Nächten Jazz und Blues das Herz der Stadt zum Bersten bringen (www.montrealjazzfest.com). Die meisten Konzerte sind Open-Air-Veranstaltungen und kostenlos. Die Party geht rund um die Uhr.

Pride Toronto

Beim extravagantesten Ereignis in Toronto (www.pridetoronto.ca) bekennen sich Schwule, Lesben, Transsexuelle und andere öffentlich zu ihrer jeweiligen sexuellen Ausrichtung. Der Dyke March und die schrille Pride Parade bilden den Höhepunkt der Veranstaltung. Das Zentrum der Pride liegt in Church-Wellesley Village; die meisten Veranstaltungen sind kostenlos.

Elvis Festival

Wer sich Ende Juni in Penticton, BC, aufhält und meint, immer wieder Elvis leibhaftig gesehen zu haben, kann sicher sein, dass das bestimmt nicht am reichlichen Genuss von Wein aus dem Okanagan Valley liegt. Die Stadt ist Gastgeber des Elvis-Festes (www.pentictonelvisfestival.com), bei dem es Dutzende Elvis-Imitatoren und allerhand Open-Stage-Events gibt.

Saskatchewan Jazz Festival

An verschiedenen Veranstaltungsorten in ganz Saskatoon können sich Musikliebhaber zehn Tage lang am Jazz ergötzen (www.saskjazz.com). Blues, Funk, Pop und andere Musikrichtungen aus aller Welt stehen ebenfalls auf dem Programm. Herbie Hancock und Ziggy Marley gehören auch zu den Künstlern, die hier schon aufgetreten sind.

Juli

Der Juli gilt in vielen Provinzen Kanadas als Hochsaison, denn nun ist es am wärmsten und es gibt frische heimische Produkte und Meeresfrüchte in Hülle und Fülle. Zudem wird auf verschiedensten Festivals oft nächtelang durchgerockt und getanzt. Es ist allerdings auch überall recht voll.

Country Music in Cavendish

Viele der bekanntesten Größen der Country Music kommen nach Prince Edward Island, um am Cavendish Beach Festival (www.cavendishbeachmusic.com) teilzunehmen. Dies ist eines der größten Open-Air-Festivals in Nordamerika. Die Insel erlebt

Oben: An einer Sugar Shack wird Ahornsirup über frischen Schnee geträufelt
Unten: Pride Toronto

dann einen beachtlichen Besucherzustrom.

☆ Montréal Comedy Festival

Zwei Wochen lang flippt fast jeder beim Just for Laughs Festival (www.hahaha.com) aus. Hier werden Hunderte von Comedy Shows gezeigt, darunter viele kostenlos im Quartier Latin. Die größten Stars der Branche lassen sich hier blicken.

☆ Calgary Stampede

Tobende Stiere, Planwagenrennen und knallharte gestiefelte Cowboys kommen hier zur „größten Outdoor-Show der Welt" zusammen. Die Mischung aus Reitvorführungen und Wettkämpfen macht das Event zu einem Familienfestival, das viel mehr zu bieten hat als die üblichen Rodeos. Jährlich kommen 1,1 Mio. jubelnder Fans hierher (www.calgarystampede.com).

☆ Winnipeg Fringe Festival

Bei Nordamerikas zweitgrößtem Fringe Festival (www.winnipegfringe.com) werden kreative, noch unvollständig bearbeitete und oft schrullige Werke von Darbietenden aus aller Welt in Szene gesetzt. Zwölf Tage lang gibt es Comedy, Drama, Musik, Kabarett und sogar Melodien aus bekannten Musicals.

Arktische Kunst

Das Great Northern Arts Festival (www.gnaf.org) in Inuvik, Northwest Territories, zieht Massen von Bildhauern, Malern und anderen Künstlern aus der gesamten Polarregion an. Hier kann man arktische Kunst kaufen, bei deren Entstehung zusehen oder selber aktiv an Workshops teilnehmen.

☆ Stan Rogers Folk Festival

In Corso, Nova Scotia, wird mit dem dreitägigen Stanfest seit über zwei Jahrzehnten und unter Mitwirkung Dutzender Künstler (www.stanfest.com) der legendäre kanadische Folk-Sänger gefeiert. Über 10 000 Fans strömen in die winzige Stadt, um zu tanzen und zu singen.

August

Die sonnigen Tage und der Rummel gehen weiter. Besucher strömen in die meisten Provinzen, und die Preise spiegeln diesen Zustrom leider auch wider. Abseits der Küsten kann es plötzlich sehr heiß und auch feucht werden.

Acadien Celebration

Die Akadier stimmen ihre Fiedeln und lassen dann ihrem franko-kanadischen Temperament beim Festival Acadien (www.festivalacadien.ca) in Caraquet, New Brunswick, freien Lauf. Dies ist das größte Event im Festkalender der Akadier. Zwei Wochen lang stellen Sänger, Musiker und Tänzer hier ihr Können unter Beweis.

☆ Newfoundland Rowing Regatta

Die Straßen sind wie leergefegt, die Geschäfte haben geschlossen und alle strömen an die Ufer des Quidi Vidi Lake, um bei der Royal St. John's Regatta (www.stjohnsregatta.org) dabei zu sein. Der Ruderwettbewerb wurde 1825 ins Leben gerufen und ist heute das älteste durchgehend veranstaltete Sportereignis des Kontinents.

☆ Edmonton Fringe Festival

Das Edmonton Fringe Festival ist das größte seiner Art in ganz Nordamerika. An elf Tagen Mitte August gehen rund 1600 Aufführungen mit schrägen, alternativen Shows über die Bühne. Das Los entscheidet ganz demokratisch, welche Darbietung zum Zug kommt (www.fringetheatreadventures.ca).

Canadian National Exhibition

„The Ex" (www.theex.com) gleicht einem riesigen Jahrmarkt, wie er in den meisten US-amerikanischen Bundesstaaten abgehalten wird. Mehr als 700 Aussteller sind dann hier, und es werden u.a. Landwirtschaftsshows, Holzfällerwettbewerbe und Open-Air-Konzerte veranstaltet – das alles findet in Toronto auf dem Exhibition Place statt. Das 18 Tage dauernde Ereignis geht bis zum Labour Day und hat zum Ende seinen Höhepunkt mit einem großen Feuerwerk.

September

Der Labour Day (Tag der Arbeit) Anfang September läutet das Ende des Sommers ein. Jetzt verschwinden die Massen nach und nach und die Preise sinken. Das Wetter ist vielerorts noch recht annehmbar, sodass man noch wunderbar reisen kann. Außerdem beginnt nun die Brunftzeit der Elche.

Prince Edward Island Fall Flavours

Die inselweite Gastro-Party mischt mitreißende traditionelle Musik mit unglaublichen Meeresfrüchtegerichten und zieht sich über drei Wochen hin (www.fallflavours.ca). In Charlottetown sollte man auf jeden Fall am Wettbewerb im Austernknacken teilnehmen oder das Fischsuppenessen mitmachen.

☆ Toronto International Film Festival

Das zehntägige Vorzeigefest von Toronto (www.tiff.net) ist ein wichtiges Kino-Ereignis. Dann werden Filme jeglicher Länge und Stilrichtung vorgeführt, während sich die Berühmtheiten zwischen Galaveranstaltungen und dem Bell-Lightbox-Gebäude hin- und herschieben. Tickets sollte man sich weit im Voraus besorgen.

Newfoundland Coastal Cookout

Im winzigen Elliston im östlichen Newfoundland versammeln sich viele der besten kanadischen Küchenchefs, um an einem 5 km langen atemberaubenden Küstenweg an Ständen zu kochen. Die Feinschmecker kommen, um zu kosten, zu wandern und wieder zu schlemmen (www.rootsrantsandroars.ca).

☆ Canadian Deep Roots Festival

In der Universitätsstadt Wolfville in Nova Scotia

(www.deeprootsmusic.ca) kann man der Musik der Mi'kmaq-Indianer, der Akadier und der Afro-Kanadier sowie vielen anderen einzigartigen Musikrichtungen lauschen. Einige der Musiker veranstalten Workshops, bei denen man Trommeln oder Fiedeln lernen kann.

Oktober

Der Oktober grüßt mit flammend rotem Herbstlaub und seinen etwas kühleren, aber durchaus noch angenehmen Temperaturen. Am besten, man greift sich einen Schläger, weil nun die Hockey-Saison beginnt.

Celtic Colours

Dieses Festival in Cape Breton mit seiner rhythmusgeladenen Musik inmitten der Farben des herbstlichen Laubs zieht Spitzenmusiker aus Schottland, Spanien und anderen Ländern keltischen Ursprungs an (www.celticcolours.com). Essen, Unterricht in Stepptanz und Tin Whistle runden das Kulturfestival ab.

Oktoberfest in Ontario

Herzlich willkommen in Kitchener zu diesem neuntägigen bayerischen Fest, dem vermutlich größten Oktoberfest außerhalb Deutschlands (www.oktoberfest.ca). Reichlich Sauerkraut, zünftige Blasmusik, Lederhosen und Biergärten bringen 500 000 Leute dazu, in den Zelten mit ihren Maßkrügen anzustoßen.

Dark Sky Festival

Ende Oktober wird in Jasper mit dem Dark Sky Festival (jasperdarksky.travel) der Weltraum gefeiert. Während sich die Polarlichter in einem Gletschersee spiegeln, kann man unter anderem Vorträgen von Astronauten und Prominenten wie Bill Nye lauschen, sich der Sinfonie unter den Sternen hingeben oder durch ein Teleskop in die große, weite Unendlichkeit blicken.

Dezember

Langsam wird's Zeit für den warmen Parka. Der Winter macht ernst: Die ersten Schneeflocken und die Temperaturen fallen, und in den Skigebieten tummeln sich die Massen. Außerdem stehen die Festtage bevor.

Mountain Time

Abfahrtläufer bevölkern nun die Skihänge. Die meisten Wintersportler kommen nach Whistler in British Columbia, Mont-Tremblant in Québec und in die Canadian Rockies rund um Banff, Alberta, aber eigentlich sind die winterlichen Abfahrtsfreuden samt Langlauf nun in jeder Provinz in vollem Gange.

Niagara Festival of Lights

Das familienfreundliche Winter Festival of Lights (www.wfol.com) versetzt eigentlich jeden in Urlaubsstimmung: 3 Mio. Glühbirnen und 125 animierte Beleuchtungsinstallationen erhellen die Stadt und auch den eigentlichen Wasserfall. Ein besonderes Erlebnis ist es, am Rand der Kaskade Schlittschuh zu laufen.

Reiserouten

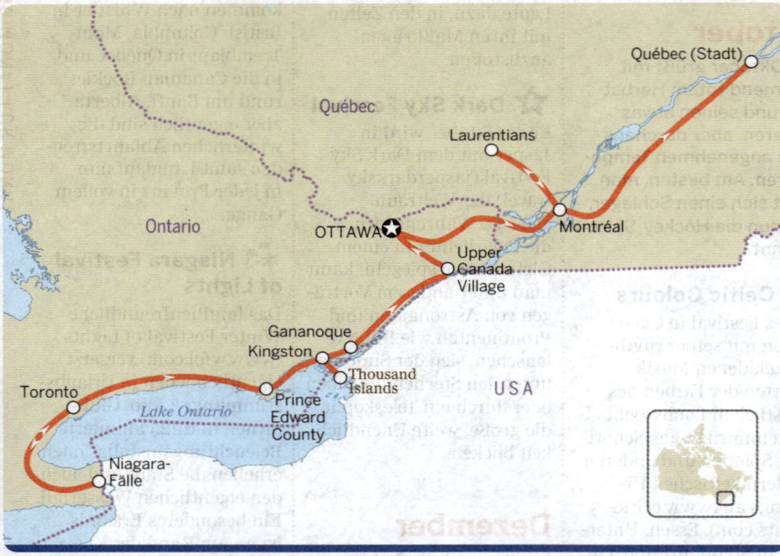

2 WOCHEN Die Metropolen des Ostens

Diese 1450 km lange Route von Toronto nach Québec (Stadt) umfasst die größten Städte, die mächtigsten Wasserfälle und die schönsten Inseln des Landes.

Zwei Tage verbringt man im multikulturellen **Toronto**, das vor Architektur, Kunstmuseen, Lokalen und Nachtclubs nur so strotzt. Der dritte Tag ist für die **Niagarafälle** reserviert; dann geht es gen Osten. Der **Loyalist Parkway** (Hwy 33) führt an der Küste entlang ins **Prince Edward County** mit seinen vielen Weingütern und endet im kolonialen **Kingston**. Die nebelbedeckten Thousand Islands mit ihren Herrenhäusern sprenkeln den St.-Lorenz-Strom. **Gananoque** ist ein guter eintägiger Zwischenstopp. Einen halbtägigen Aufenthalt lohnt **Upper Canada Village**, das vom Stil der 1860er-Jahre geprägt ist, bevor man sich für ein paar Tage in **Ottawa** einquartiert und in den Nationalmuseen Kultur tankt. Für **Montréal** braucht es Zeit: Hier treffen französische Lebensart, coole Clubs und Gourmettempel zusammen. Satt? Dann ab in die **Laurentischen Berge** und sich ein paar Tage lang durch Wandern, Radeln oder Skifahren wieder in Form bringen! Endstation ist **Québec**. Die charismatische alte, ummauerte Stadt, die dramatisch auf einer Klippe liegt, wird einen bleibenden Eindruck hinterlassen.

1 MONAT

Trans-Canada Highway

Der längste Highway der Welt – ein 7800 km langer Asphaltgürtel – ist genau genommen eine Aneinanderreihung von Provinzstraßen. Malerische und eher banale Abschnitte wechseln sich ab; für viele Sehenswürdigkeiten muss man kurz vom Highway herunter.

Los geht's in **St. John's**, Newfoundland, Kanadas ältester Stadt. Von hier führt die Route durch die ganze Provinz bis zum Meer. Von dort bringt einen die Fähre nach North Sydney, Nova Scotia, wo die Straße auf der wunderschönen Insel **Cape Breton** weiterführt. Dann geht es nach New Brunswick – oder auf der längeren Route nach **Prince Edward Island** – und weiter entlang dem St.-Lorenz-Strom über Fredericton nach Québec. Ein Abstecher nach Osten führt zur Halbinsel **Gaspé**. Der Highway an sich verläuft am St.-Lorenz-Strom entlang bis in die romantische Stadt **Québec**.

In **Montréal** genießt man in *Pâtisserien* und *Cafés* das Stadtleben, bevor man in der Nähe des museumslastigen **Ottawa** Ontario entert. Von hier geht es auf den Spuren der Pelzhändler nach **North Bay**, dem Tor zur Wildnis Algomas, die die Maler der Group of Seven inspiriert hat. Die Strecke um den Lake Superior herum nach **Thunder Bay** ist herrlich. Et voilà: Woche zwei ist vorbei!

Als Nächstes führt der Highway ins Flachland von Manitoba, wo **Winnipeg** mit seinem Mix aus Cafés und Kultur auftaucht. Die Straße zieht sich unter dem Himmel Saskatchewans bis ins raue **Moose Jaw**, wo Al Capone geschmuggelten Alkohol versteckte. In Alberta sollten Dino-Fans einen Abstecher nach **Drumheller** machen. Vor der Ankunft in **Calgary**, der einstigen Cowboystadt, die heute eine der am schnellsten wachsenden Städte Kanadas ist, Cowboystiefel anziehen! Und das war Woche drei …

Es folgen die kanadischen Rockies. Hier ändert sich die Landschaft, wenn der Highway sich durch **Banff** schlängelt, bevor er seinen höchsten Punkt, den Kicking Horse Pass (1643 m), und beim **Yoho National Park** British Columbia erreicht. Danach weicht das Bergland flachen Flusstälern. Das eindrucksvollste Stück ist das durch den **Fraser River Canyon**, von wo aus es zum multikulturellen **Vancouver** und zur Fähre nach **Victoria** nicht weit ist. – Noch schnell ein Foto vom Mile-0-Schild machen und es ist geschafft!

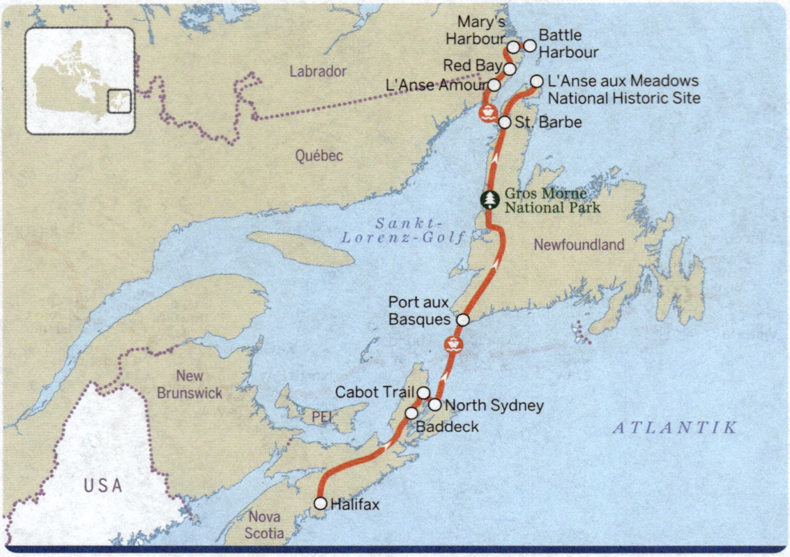

2 WOCHEN

Cabot & Viking Trails

Newfoundland (Neufundland), Labrador und Québec bieten Ausblicke auf Meer und Klippen, Überreste aus der Wikingerzeit und vieles mehr.

Ausgangspunkt ist **Halifax**, wo Bier, Märkte und Stadtleben locken. Es folgen zwei Tage auf der keltisch geprägten Cape Breton Island. Die Fahrt dauert rund fünf Stunden. Ein Damm verbindet die Insel mit dem Festland. Man hat wenig Zeit für eine Erkundung von Cape Breton, aber man bekommt ein Gefühl für die Schönheit, wenn man **Baddeck** und den **Cabot Trail** besucht. Das industrielle **North Sydney** liegt ganz in der Nähe des Hafens für die Fähren nach Neufundland.

Die Überfahrt über die Cabot Strait nach **Port aux Basques** dauert sechs Stunden. Die Fähre läuft täglich aus (im Voraus buchen). Nach einem Tag in der verschlafenen Stadt geht es weiter zum **Gros Morne National Park**, etwa vier Stunden auf dem Trans-Canada Highway Richtung Norden. Dieser Park gehört zum Weltnaturerbe und bietet Wanderwege, Kajaktouren, fjordähnliche Seen und seltsame Felsformationen. Nach drei Tagen geht es auf dem Viking Trail weiter bis zu dessen Endpunkt: **L'Anse aux Meadows**. Hier entstand Nordamerikas erste Siedlung, als sich Leif Eriksson und seine Wikinger vor 1000 Jahren hier niederließen. Man sollte sich einen Tag umschauen und dann den Rückweg antreten, der nach etwa zwei Stunden nach **St. Barbe** führt, wo die Fähre (reservieren!) nach Labrador ablegt.

Dann ist man im „Big Land". Weiter geht es Richtung Nordosten nach **L'Anse Amour**, zum hohen Leuchtturm und dem Wanderweg, der Blicke auf Schiffswracks freigibt. Dann folgt die **Red Bay**, Kanadas jüngster Zuwachs zum Weltnaturerbe. Hier wurde ein Naturhafen für den Walfischfang des 16. Jhs. bewahrt. Abgeschieden ist es dann 90 km weiter in Mary's Harbour. Man verbringt eine Nacht auf einer vorgelagerten Insel in **Battle Harbour**, einem wiederhergestellten Dorf. Nach einigen Tagen in Labrador beginnt die Rückreise. Vor Antritt der Fährüberfahrt unternimmt man noch einen Abstecher über die Route 138 in Québec. Es geht vorbei an Wasserfällen und Aussichtspunkten. Danach dauert es einige Tage, bis man wieder in Halifax ist.

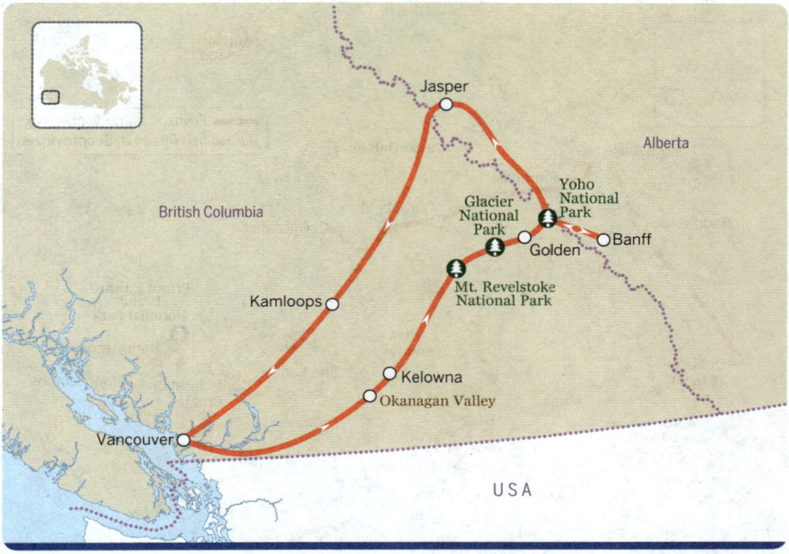

2 WOCHEN

Die Rockies

Während dieser 2000 km langen Fahrt durch British Columbia und Alberta kann man eine bunte Mischung von landschaftlichen Höhepunkten genießen.

Die ersten Tage verbringt man in **Vancouver**, wo Berge und Meer zusammentreffen. Hier können Besucher wandern, radeln und vielen anderen Aktivitäten frönen. Außerdem gibt es hier die beste Restaurantszene Westkanadas. Richtung Osten geht es auf einer Weintour ins **Okanagan Valley** mit seinen vielen Seen, das bekannt ist für seine Obstplantagen, die frischen Weiß- und die vollmundigen Rotweine. **Kelowna** ist ideal als Basislager für Weinproben in der Gegend.

Danach geht es in die Berge von British Columbia. Drei Nationalparks bieten atemberaubende Sehenswürdigkeiten. Im **Mt. Revelstoke National Park** gibt es eine coole Aussichtsstrecke und Wanderwege. Der **Glacier National Park** verfügt über 430 der namensgebenden Eismassen. Der **Yoho National Park** besitzt hohe Gipfel und tosende Wasserfälle. **Golden** eignet sich als Basisstation.

Dann geht es über die Grenze nach Alberta – nach **Banff**. Der Ort bedient alle Klischees: großartig, majestätisch, atemberaubend! Hier sollte man viel Zeit einplanen, um zu wandern, zu paddeln, Gletscher zu bestaunen und Bären zu beobachten. Der saphirblaue Lake Louise ist ein Muss: Er ist umgeben von Teehäusern im Hüttenstil.

Von Banff führt der Icefields Parkway (Hwy 93) parallel zur Kontinentalen Wasserscheide über 230 km nach **Jasper**. Wenn man am Columbia Icefield und seinen Gletschern vorbeifährt, sollte man zumindest versuchen, auch die Straße im Blick zu behalten. Tosende Wasserfälle, spektakuläre Berge und Bärensichtungen gehören ebenfalls zu dieser Fahrt. Jasper selbst ist größer und weniger überlaufen als Banff und bietet gute Möglichkeiten zum Wandern, Reiten, Klettern, Moutainbiken und Raften.

Der Abschied mag schwerfallen, aber es geht zurück nach Vancouver. Der Yellowhead Hwy (Hwy 5) führt Richtung Süden nach **Kamloops**, das einen netten Zwischenstopp für eine Nacht abgibt, bevor es zurück in die „City of Glass" geht.

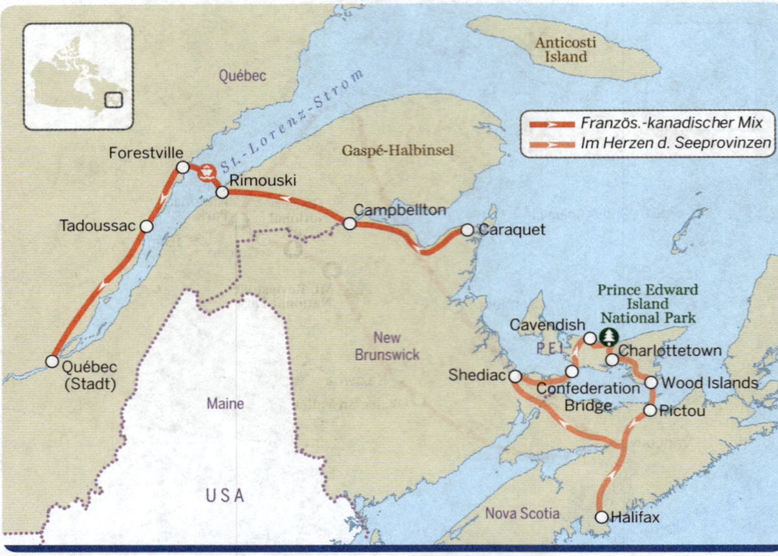

1 WOCHE Französisch-kanadischer Mix

Auf dieser 700 km langen Route durch New Brunswick und Québec lernt man Kanadas französische Seite kennen.

Start ist **Caraquet**: An historischen Stätten und mit Gerichten wie den *pets de sœur* (zu Deutsch „Nonnenfürze") kann man in die akadische Kultur eintauchen. Im August tobt hier das Festival Acadien.

Richtung Osten geht es weiter durch **Campbellton** und über die Grenze nach Québec. Das Ziel ist **Rimouski** am St.-Lorenz-Strom. Hier kann man durch Museen schlendern und Kaffee trinken. Ein Ausflug auf der Rte 132 weiter nach Osten die **Gaspé-Halbinsel** hinauf lohnt sich: Es geht vorbei an akadischen Fahnen, an adretten Bauerndörfern und felsiger Küste.

Von Rimouski fährt eine Fähre über den Fluss nach **Forestville**. Von dort geht es gen Süden nach **Tadoussac**. Hier dreht sich alles um Walbeobachtung. Zodiac-Boote fahren in die Nähe der vielen Blauwale.

Die Tour endet in **Québec** (Stadt). Hier sollte man in einem Gasthaus absteigen, durch das Gassenlabyrinth der Altstadt bummeln und oft in einem Halt machen, um Kaffee zu trinken.

1 WOCHE Im Herzen der Seeprovinzen

Diese 650 km lange Schleife umfasst das Herz der Seeprovinzen (Nova Scotia, New Brunswick und Prince Edward Island).

Wenn man sich in **Halifax** sattgegessen hat, geht's in nordwestlicher Richtung nach New Brunswick. In der Festivalstadt **Shediac** steht die weltweit größte Skulptur eines Hummers und die Delikatesse kommt hier fast überall auf den Tisch.

Weiter geht es über die 12,9 km lange **Confederation Bridge**, die New Brunswick mit Prince Edward Island (PEI) verbindet. Nun beginnt die Pilgerreise in Annes Land. Anne ist das rothaarige Waisenkind aus dem Roman *Anne auf Green Gables*, der in **Cavendish** spielt.

Es folgen die roten Sandsteinfelsen im **Prince Edward Island National Park**, wo Vogelbeobachtung, Strandwanderungen und Schwimmen locken. Noch ein Stopp im charmanten **Charlottetown**, bevor die Fähre dann von den **Wood Islands** zurück nach **Pictou** in Nova Scotia fährt. In Pictou lädt die Strandpromenade zum Bummeln ein, und mit etwas Glück erlebt man das *First Nations Powwow*. Von hier sind es noch zwei Stunden zurück nach Halifax.

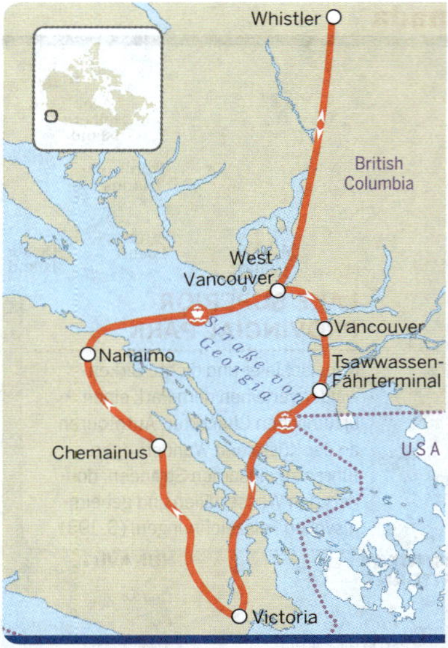

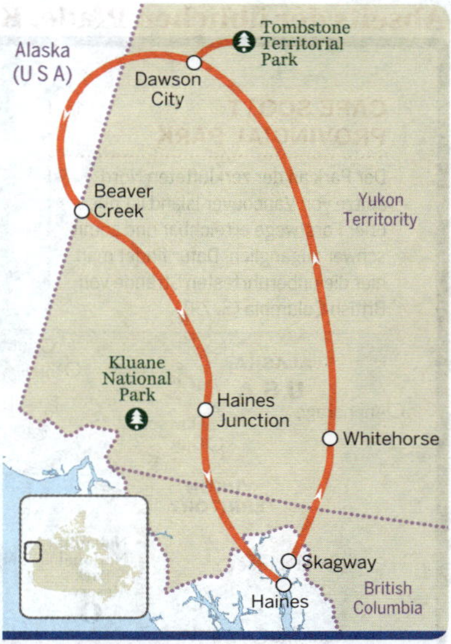

1 WOCHE Ein Stückchen British Columbia

Im südlichen British Columbia muss man nicht weit fahren, um Meer, Berge, Wälder und Inseln zu entdecken – das alles bekommt man auf einer Strecke von 550 km.

Startpunkt ist **Vancouver** mit alternativen Shops, der Gourmetküche, und der von Wald gesäumten Seawall im Stanley Park. Zwei Tage sollte man einplanen! Am dritten Tag begibt man sich zum Fähranleger von Tsawwassen, um die Fahrt zur Swartz Bay auf Vancouver Island anzutreten. Dann geht es nach **Victoria**. Am besten bleibt man über Nacht und erkundet die malerische Stadt. Am vierten Tag geht die Fahrt auf dem Hwy 1 weiter Richtung Nordinsel, mit Stopp in **Chemainus**, einer ehemaligen Holzfällersiedlung, die sich als Künstlerstadt neu erfunden hat. Weiter geht es nach **Nanaimo**, bevor man am nächsten Morgen die Fähre zurück zum Horseshoe-Bay-Terminal von West Vancouver auf dem Festland nimmt.

Von hier aus führt der Sea to Sky Highway (Hwy 99) an Klippen entlang und durch schöne Berglandschaften nach **Whistler**. Dieser Urlaubsort hat jede Menge Aktivitäten und Après-Ski-Bars zu bieten. Nach Vancouver sind es 130 km.

1 WOCHE Klondike Highway & Umgebung

Die Wildnis ruft! Es ist wichtig zu wissen, dass man in dieser Woche viel fahren muss (etwa 30 Std.). Aber die Fahrt an sich ist eben die Hauptattraktion auf dieser Route.

Am besten starte man in **Skagway**, Alaska – genau wie der Klondike Highway. Schon bald lässt man die Kreuzfahrtschiffe hinter sich zurück, und man kommt in das raue Land, über das Jack London geschrieben hat. Wer der Straße folgt, erreicht **Whitehorse**, wo es Kunst und Biobäckereien gibt. Von hier aus geht es weiter Richtung Norden nach **Dawson City**. Hier verweilt man einige Tage und erkundet die historischen Stätten des Goldrauschs und macht eine Minenführung mit. Der **Tombstone Territorial Park** eignet sich für einen Tagesausflug.

Als Nächstes folgt man dem Top of the World Highway (Hwy 9) über die Berggipfel zur Grenze nach Alaska und fährt über die USA auf dem Alaska Highway nach **Beaver Creek** in Yukon. Die Straße zwischen Beaver Creek und **Haines Junction** ist großartig: Sie verläuft parallel zum Kluane National Forest und den St. Elias Mountains. Der Haines Highway führt nach **Haines**, Alaska, wo die Route endet.

Abseits der üblichen Pfade: Kanada

CAPE SCOTT PROVINCIAL PARK

Der Park an der zerklüfteten Nordspitze von Vancouver Island ist nur über Forstwege erreichbar und somit schwer zugänglich. Dafür findet man hier die unberührtesten Strände von British Columbia (S. 791).

LAKE SUPERIOR PROVINCIAL PARK

Nebelschleier und dichte Birkenwälder verleihen dem Park einen urtümlichen Charakter. Autotouren an der Küste und Wanderungen führen zu einsamen Stränden, donnernden Wasserfällen und geheimnisvollen Felszeichnungen. (S. 193)

BLACKFOOT CROSSING HISTORICAL PARK

Die Siksika (oder Schwarzfuß-Indianer) haben in ihrem Reservat ein großartiges Geschichtszentrum eingerichtet. Man kann ein Museum besuchen und an Führungen durch die Prärie teilnehmen. (S. 695)

CYPRESS HILLS INTERPROVINCIAL PARK

Der Park umfasst die Südgrenze von Saskatchewan und Alberta. Stille, Einsamkeit und ein einzigartiges Mikroklima garantieren echte Tiefenentspannung. (S. 606)

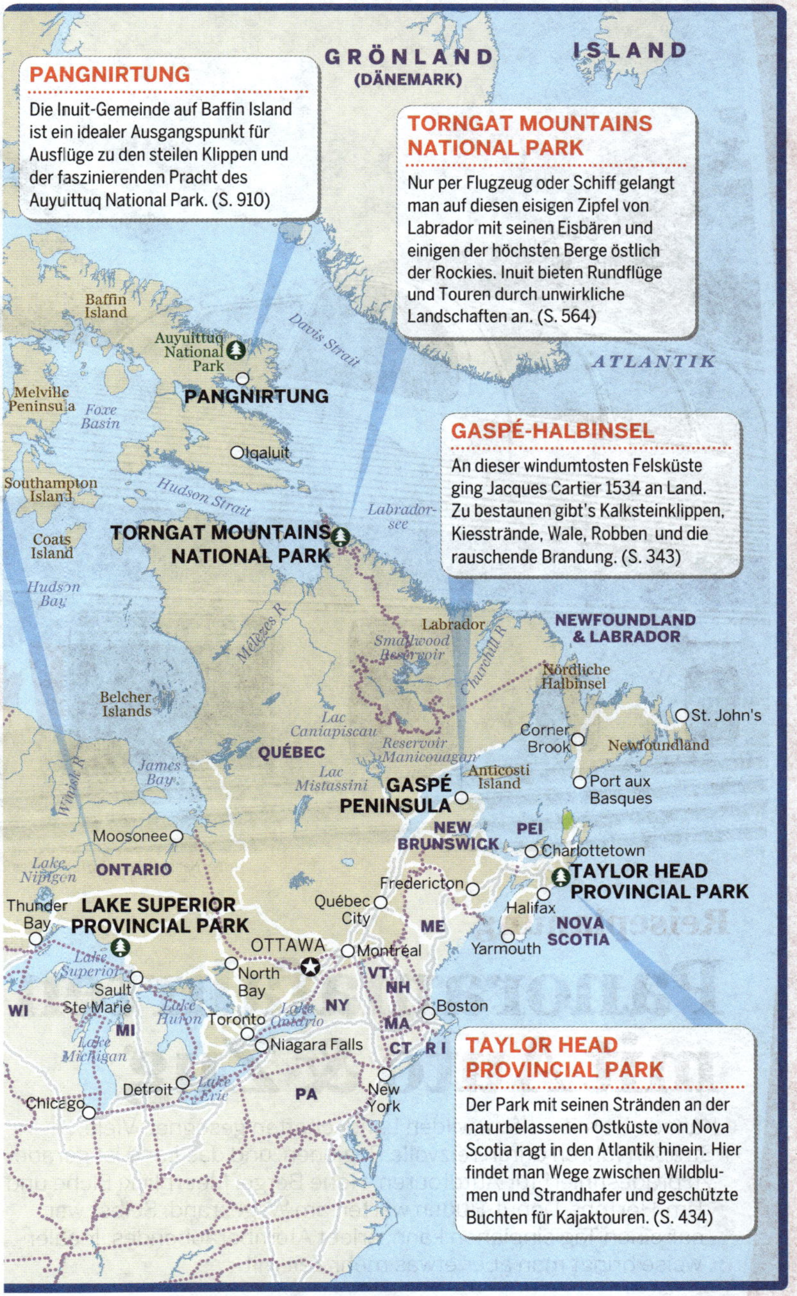

PANGNIRTUNG

Die Inuit-Gemeinde auf Baffin Island ist ein idealer Ausgangspunkt für Ausflüge zu den steilen Klippen und der faszinierenden Pracht des Auyuittuq National Park. (S. 910)

TORNGAT MOUNTAINS NATIONAL PARK

Nur per Flugzeug oder Schiff gelangt man auf diesen eisigen Zipfel von Labrador mit seinen Eisbären und einigen der höchsten Berge östlich der Rockies. Inuit bieten Rundflüge und Touren durch unwirkliche Landschaften an. (S. 564)

GASPÉ-HALBINSEL

An dieser windumtosten Felsküste ging Jacques Cartier 1534 an Land. Zu bestaunen gibt's Kalksteinklippen, Kiesstrände, Wale, Robben und die rauschende Brandung. (S. 343)

TAYLOR HEAD PROVINCIAL PARK

Der Park mit seinen Stränden an der naturbelassenen Ostküste von Nova Scotia ragt in den Atlantik hinein. Hier findet man Wege zwischen Wildblumen und Strandhafer und geschützte Buchten für Kajaktouren. (S. 434)

Jasper National Park (S. 672), Rockies Rail Rou

Reiseplanung

Panoramafahrten mit Auto & Zug

Kanada ist mit weiten, wilden Landschaften gesegnet. Viele Straßen führen durch reizvolle Regionen, und das Land ist geradezu prädestiniert für Autotouren. Hohe Berge, Meerblick, Elche und Tim-Hortons-Donut-Buden warten am Wegesrand. Selbst wer nur einen Tag einplanen kann, erlebt Atemberaubendes. Idealerweise bringt man aber etwas mehr Zeit mit.

Die besten Erlebnisse

- Tanz bei einem *ceilidh* am Cabot Trail
- Besuch einer geheimnisvollen Burg am Thousand Islands Parkway
- Wanderung und Radtour auf dem Sea to Sky Highway
- Walbeobachtung – und zwar vom Ufer aus – am Cabot Trail
- Schwindelerregende Bergansichten auf der Rockies Rail Route

Die wichtigsten Attraktionen

- Jasper National Park (Rockies Rail Route)
- The Chief (Sea to Sky Highway)
- Thousand Islands National Park (Thousand Islands Pkwy)
- Cape Breton Highlands National Park (Cabot Trail)

Die Top-Ausgangspunkte

- Vancouver oder Whistler, British Columbia (Sea to Sky Highway)
- Gananoque oder Brockville, Ontario (Thousand Islands Pkwy)
- Chéticamp oder Baddeck, Nova Scotia (Cabot Trail)
- Jasper, Alberta oder Prince Rupert, British Columbia (Rockies Rail Route)

Sea to Sky Highway

Diese Klippenstraße, auch bekannt unter dem Namen Highway 99, befährt man nicht ohne Herzklopfen; sie führt von der Küste bei Vancouver zu den Höhen der Berglandschaft von Whistler. Die Straße beginnt auf Meereshöhe und klammert sich an die Küste von Howe Sound, bevor sie sich dann in die Coast Mountains hineinschlängelt und durch die alten Regenwälder hindurchführt. Auf einer Länge von 130 km steigt die Straße auf 670 m über Meereshöhe empor, und man hat unterwegs ausreichend Gelegenheit, die fantastischen Ausblicke, tosenden Wasserfälle und die vielfältigen Outdoor-Angebote ausführlich zu genießen.

Highlights

In West Vancouver, kurz nachdem man die Lion's Gate Bridge überquert hat, sollte man am Lighthouse Park anhalten, um den Leuchtturm vor der Kulisse des schimmernden Meeres zu betrachten. Anschließend passiert man die Horseshoe Bay, wo die Fähren zu ihrer 20-minütigen Fahrt zur Bowen Island ein- und auslaufen – einem rustikalen, aber überaus bezaubernden Rückzugsort für Literaten und Künstler.

Wieder zurück auf dem Highway 99, liegt etwa 30 km nördlich das kinderfreundliche Britannia Mine Museum. Hier geht es mit einer unterirdischen Bahn hinab in die Tiefen einer ehemaligen Kupfermine mit anschließendem Goldwaschen. Ungefähr 6 km weiter hört man das rauschende Wasser des Shannon Falls Provincial Park. Vom Parkplatz aus wandert man in zehn Minuten zum drittgrößten Wasserfall in British Columbia, wo sich das Wasser 335 m tief vom Felsrand hinabstürzt.

Auf der Weiterfahrt trifft man bald auf einen kahlen, 652 m hoch aufragenden Granitfelsen. Er wird der „Chief" genannt und ist das Highlight des Stawamus Chief Provincial Park. Kletterer geraten hier vor Begeisterung schnell ins Schwärmen. Die Stadt unterhalb heißt Squamish – es ist ein Dorado für Mountainbiker, Wanderer, Kiteboarder und Bierliebhaber. Ein idealer Ort, um dort einen Tag lang Pause zu machen.

Das nahe gelegene Brackendale zieht im Winter Tausende lachshungriger Adler an. Wanderer sollten im Garibaldi Provincial Park anhalten und dort auf den ausgewiesenen Wegen über malerische Bergweiden spazieren und dabei die atemberaubenden Ausblicke genießen.

Zurück auf der Straße, ist man in Nullkommanichts in Whistler. Kanadas beliebter Skiort ist ein idyllisches Dorf inmitten einer absolut atemberaubenden Berglandschaft, das sich auch bestens als Motiv einer Weihnachtskarte eignen würde. Im Winter wimmelt es nur so von Ski- und Snowboardfahrern, im Sommer sind hier fast genauso viele Mountainbiker und Wanderer unterwegs.

Straßen & Zugstrecken im Westen

REISEPLANUNG

- Man sollte Mitglied in einem Automobilclub mit 24-Stunden-Pannenservice werden, der auch Ermäßigungen auf Unterkünfte und Sehenswürdigkeiten bietet.
- Einige internationale Clubs haben ein wechselseitiges Abkommen mit kanadischen Automobilclubs; also den Mitgliedsausweis mitbringen.
- Ausländische Reisende sollten sich über Straßenverkehrsordnung und Gefahren informieren.
- Das Auto sollte einen Ersatzreifen, Werkzeug (z. B. Wagenheber, Starthilfekabel, Eiskratzer) sowie eine Notfallausrüstung und Warnblinklicht haben.
- Gute Karten sind obligatorisch. Man sollte sich nie ausschließlich auf GPS-Geräte verlassen, möglicherweise funktionieren sie in abgelegenen Gegenden nicht.
- Immer den Führerschein und den Versicherungsnachweis mitführen.

Reisezeit

Diese wunderschöne Fahrt auf gut unterhaltenen Straßen ist zu jeder Zeit des Jahres möglich.

Dauer & Entfernung

Auf dem Sea to Sky Highway sind es von Vancouver bis Whistler gerade einmal 130 km. Man kann die Strecke natürlich auch in weniger als zwei Stunden schaffen, aber warum die Eile? Am besten ist es, wenn man ein oder besser zwei oder sogar drei Tage für diesen wunderbaren Ausflug ansetzt.

Infos im Internet

Tourism BC (www.hellobc.com/driving-routes/31/sea-to-sky-highway-route.aspx) Hinweise zur Fahrstrecke und zu interessanten Zwischenstopps.

Mountain FM Radio (107.1) Bietet immer aktuelle Nachrichten zur Verkehrslage und zum Straßenzustand.

Drive BC (www.drivebc.ca) Unterrichtet über die Fahrbedingungen und informiert über Verkehrswarnungen.

Rockies Rail Route

Für Eisenbahnfreaks ist die Zugfahrt von Jasper nach Prince Rupert ein absolutes Muss. Sie führt durch eine erhabene Landschaft mit wolkenverhangenen Gipfeln und rauschenden Gletscherbächen in den Rockies von Alberta und zur betörend schönen Pazifikküste von British Columbia. Unterwegs huschen Kiefern-, Fichten- und Hermlocktannenwälder, aber auch urige Siedlungen, Flüsse und Sägemühlen am Fenster vorbei. Aber dann – was war das? Ein Schwarzbär trottet an den Schienen entlang, und Totempfähle zeugen von einem hinter Bäumen versteckten alten Indianerdorf. Und da: unglaublich türkisfarbene Seen schimmern in den Tälern ...

Highlights

Der Zug – ein Silberpfeil im Retrolook der 1950er-Jahre – fährt nur tagsüber, sodass man die Landschaft in all ihrer Pracht genießen kann. Die Nacht verbringt man dann in Prince George, einer Stadt mit langer Geschichte, die ungefähr auf halber Strecke liegt.

Die Zugstrecke folgt einem Handelspfad, den schon indigene Vöker genutzt haben, und führt auf 1130 m Höhe über den Yellowhead Pass und dann entlang dem Skeena River zum Meer. Die erholsame Fahrt in sanft schwingenden Waggons führt über fantastische Brücken, durch finstre Tunnel, vorbei an den alten Lebensbäumen des Chun T'oh Whudujut, entlang tiefer Schluchten und schneebedeckter Berghöhen – kurz: durch ein zum Leben erwachtes Bilderbuch!

Die Reise beginnt und endet mit einem landschaftlichen Knüller. Der Jasper National Park präsentiert in Weiß getauchte Berggipfel und glitzernde Gletscherhöhen, wie man sie auf Postkarten findet, während Prince Rupert eine nebelverhangene, aber noch recht ursprüngliche Stadt mit einem faszinierenden indigenen Erbe ist. Beide Orte sind echte Hotspots für Abenteuersuchende.

Reisezeit

Im Zeitraum von Mitte Juni bis Ende September ist Hochsaison. Dann gibt es die Touring-Class-Tickets (die Reiseleiter, Mahlzeiten und Zugang zu dem Waggon mit Panorama-Kuppel beinhalten). Im Rest des Jahres gibt es nur Plätze in der Economy Class.

DAVID P LEWIS / SHUTTERSTOCK ©

Sea to Sky Highway (Hwy 99)

Dauer & Entfernung

Der Zug verkehrt ganzjährig und fährt dreimal in der Woche – mittwochs, freitags und sonntags. Die 1160 km lange Reise zwischen Jasper und Prince Rupert dauert 33 Stunden mit einer Übernachtung in Prince George.

Infos im Internet

Via Rail (www.viarail.ca) Preise und spezielle Infos zu den Zugstrecken.

Prince George Tourism (www.tourismpg.com) Übernachtungsangebote für eine Nacht.

Prince Rupert Tourism (www.visitprincerupert.com) Tipps für Abenteurer zur weiteren Freizeitgestaltung.

Thousand Islands Parkway

Der Thousand Islands Pkwy zieht sich auf einem Streifen am Sankt-Lorenz-Strom

Straßen im Osten

entlang, auf dem eine in Nebel gehüllte Ansammlung von 1800 Inseln zwischen Kingston und Brockville, Ontario, zu treiben scheint.

Entlang der Straße gibt es traumhafte Ausblicke und hübsche viktorianische Städtchen, in denen man in einem Gasthof übernachten oder auch einen erlebnisreichen Bootsausflug zu den Inseln unternehmen kann, auf denen sich oftmals große Herrenhäuser und Burgen oder Schlösser befinden. Dies ist eine Fahrt in ein meist nebelverhangenes, gemächlicheres und geruhsameres Zeitalter.

Highlights

Obwohl die ersten Inseln bereits bei Kingston – einer hübschen alten Stadt mit vielen Museen zu fast jedem Thema, vom Schiffsbau bis hin zu Zuchthäusern – liegen, beginnt die malerischste Strecke erst bei Gananoque, einer Stadt ungefähr 33 km östlich am Highway 401. Hier führt der Parkway, von Süden kommend, in eine fantastische Landschaft hinein.

Gananoque hat den meisten Flair unter den Städten der Gegend und ist voller uriger Gaststätten und gepflegter Gärten. Die Stadt ist auch Ausgangspunkt für Bootstouren zu den nahen Inseln, besonders zum Boldt Castle, einem neugotischen Palast mit vielen Türmen, der ursprünglich dem Besitzer des berühmten Waldorf Astoria Hotels in New York gehörte. Streng genommen liegt das Anwesen in den USA, sodass man auf alle Fälle einen Reisepass und andere möglicherweise erforderlichen Einreiseunterlagen dabei haben sollte.

Ivylea liegt 22 km weiter, wo sich hohe Brücken von Insel zu Insel erstrecken und Ontario mit New York State verbinden. Auf halbem Weg gibt es eine Aussichtsplattform mit umwerfenden Ausblicken (natürlich immer nur dann, wenn es gerade einmal nicht nebelig ist). Wer Bootsfahrten nicht mag, kann einfach mit dem Auto über die Brücken fahren und so zum Boldt Castle gelangen.

Zurück auf dem Parkway, schlängelt sich die Straße am Fluss entlang und gibt den Blick auf die vielen grünen Inseln im Wasser frei. Nach 18 km erreicht man Mallorytown, das Tor zum Thousand Islands National Park. Zwanzig zerklüftete, kiefernbewachsene Inseln bilden ein einzigartiges Schutzgebiet für Schildkröten und Wanderfalken. Es ist eine wirklich

CHRIS HILL / SHUTTERSTOCK ©

Oben: Thousand Islands National Park (S. 224)

Unten: Wanderfalke

erhabene landschaftliche Kulisse zum Campen und Kajakfahren.

Der Parkway führt einige weitere Kilometer direkt am Fluss entlang und verschmilzt dann mit dem Highway 401, um schließlich in Brockville zu enden. Dies ist ein weiteres idyllisches Städtchen mit imponierenden Herrenhäusern aus dem 19. Jh. und recht alt wirkenden Straßenzügen, auf denen man sich noch heute gut das Klappern von Pferdehufen und das Rollen von Kutschen in vergangenen Tagen vorstellen kann.

Reisezeit

Zwischen Juni und September ist Hochsaison, weil dann auch das Wetter am schönsten ist. Mai und Oktober sind jedoch gute Zwischensaisonzeiten. Viele Bootsgesellschaften und Freizeitveranstalter haben dann zwischen November und April geschlossen.

Dauer & Entfernung

Der Parkway verläuft von Gananoque auf 35 km bis kurz vor Mallorytown. Die Inseln selbst erstrecken sich von Kingston nach Brockville (ca. 90 km). Mit Bootsausflügen oder Abstechern in die USA sollte man einen ganzen Tag einplanen, aber eine Zwischenübernachtung am Wege ist auch recht lohnend.

Cabot Trail (S. 421)

Infos im Internet

1000 Islands Gananoque Visitor Services Centre (www.1000islandsgananoque.com) Infos zu Freizeitaktivitäten, Restaurants und Unterkünften.

TOLLE MUSIK FÜR AUTOTOUREN

Folgende Auswahl kanadischer Musik – sowohl ältere als auch neuere, quer durch Genres und Provinzen – liefern den Soundtrack zur Autofahrt. Musik aufs Handy oder den iPod laden, Zufallswiedergabe einstellen, *Play* drücken und losfahren.

- Arcade Fire *Neon Bible*
- Tragically Hip *Fully Completely*
- Neil Young *Massey Hall 1971*
- The New Pornographers *Mass Romantic*
- Drake *Hotline Bling*
- Rush *Moving Pictures*
- Great Big Sea *Road Rage*
- Feist *The Reminder*
- Bachman-Turner Overdrive *Bachman-Turner Overdrive II*
- Stompin' Tom Connors *Ballad of Stompin' Tom*
- Jill Barber *Chansons*
- Great Lake Swimmers *Where in the World Are You*
- Drake *Take Care*
- The Weeknd *Beauty Behind the Madness*

Leuchtturm in Chéticamp (S. 421), Cabot Trail

Cabot Trail

Der Cabot Trail führt rund um Cape Breton Island, ein Geheimtipp in Nova Scotia. Die Fahrt ist einzigartig und eine echte Herausforderung für die Bremsbeläge des Autos. Die Straße schlängelt sich die Küstenberge hoch, und hinter jeder Kurve wartet eine neue fantastische Überraschung: atemberaubende Meerblicke, dramatische Klippen, aus dem Wasser auftauchende Wale direkt vor der Küste oder direkt am Straßenrand grasende Elche. Orte keltischen oder akadischen Ursprungs prägen die Gegend, und ihre verrückte Geigenmusik ertönt in jedem Pub. Die einzigartigen Speisen werden in üppigen Portionen auf großen Tellern serviert, sodass man sich darauf einstellen sollte, den Gürtel etwas weiter schnallen zu müssen.

Highlights

Die meisten Autofahrer starten in Chéticamp, einem durch und durch akadischen Fischerdorf, das für seine kunstvoll geknüpften Teppiche und seine schwungvolle

WENN SCHON, DENN SCHON ...

Kanada ist riesig, und nicht jede Stadt hat viel zu bieten, zumal wenn sie klein ist. In dem Versuch, Touristen anzulocken, haben Gemeinden überall im Land Sehenswürdigkeiten geschaffen, die vielleicht nicht zwingend großartig, dafür aber wahrhaftig groß sind. Womit bewiesen wäre, dass Größe für Kanadier keine Kleinigkeit ist. Hier eine kleine Auswahl großer Dinge:

Hockeyschläger 62,5 m (Duncan, BC)

Kuckucksuhr 6,7 m (Kimberley, BC)

Pirogge 7,6 m (Glendon, Alberta)

T-Rex 26,2 m (Drumheller, Alberta)

Elch 9,7 m (Moose Jaw, Saskatchewan)

Big Nickel (5-Cent-Münze) 9,1 m (Sudbury, Ontario)

Axt 14,9 m (Nackawic, NB)

Musik bekannt ist. Der Ort ist auch das Tor zum Cape Breton Highlands National Park, wo man häufig auf Elche stößt und Weißkopfseeadler beobachten kann. Die Wanderwege im Park schlängeln sich zu Klippen mit spektakulären Meerblicken. Und wie wäre es im Anschluss mit gegartem Hühnchen nach akadischer Art und Kartoffelpfannkuchen mit Melassesirup? Die Lokale in Chéticamp sind jedenfalls erstklassig und lohnen einen Besuch.

Als nächste Station liegt Pleasant Bay an der Straße. Hier kann man Wale beobachten, und es gibt sogar ein tibetisches Buddhistenkloster, in dem die Mönche Führungen anbieten. Kleine Fischerdörfer, weltberühmte Golfplätze, Leuchttürme und göttliche Meeresfrüchterestaurants – dies alles findet sich am Cabot Trail. Und Augen auf! Hier tollen oft Grindewale durchs Wasser. Die Gegend um St. Ann ist ein Zentrum für keltische Kunst. Baddeck gilt als das inoffizielle Ende der Straße und ist ein wunderschöner Ort zum Verweilen. Vielleicht kann man hier sogar an einem traditionellen *ceilidh* (Zusammenkunft mit Folkdance und Fiedeln) im Gemeindehaus teilnehmen.

Reisezeit

Im Juli und August ist Hochsaison, weil dann das Wetter am schönsten ist. September und Oktober sind ideal, wenn man das Festival Celtic Colours besuchen möchte. Viele Einrichtungen sind von November bis Mai geschlossen.

Dauer & Entfernung

Der Cabot Trail windet sich auf 300 km rund um die nordöstliche Spitze von Cape Breton Island. Die Highlights liegen am Küstenabschnitt zwischen Chéticamp und Baddeck. Man kann die Fahrt in einem Tag schaffen, aber warum sollte man sich auf einer so engen, bergigen Straße abhetzen?

Infos im Internet

Cabot Trail Working Association (www.cabottrail.travel) Führt Unterkünfte, Restaurants und Veranstaltungen der Städte am Wege auf und stellt zudem eine nützliche interaktive Straßenkarte zur Verfügung.

Tourism Nova Scotia (www.novascotia.com) Unter der Rubrik „Regions“ findet man eine Infoliste.

Reiseplanung

Mit Kindern reisen

Bei Kanadareisen mit Kindern gilt es, die Weite des Landes zu beachten – Berge, Prärien, Strände und kindertaugliche Städte liegen über sechs Zeitzonen verstreut. Dennoch kann man kindgerecht planen, denn das Land garantiert Erfolge bei der Wildbeobachtung, beim Zusammentreffen mit Cowboys, bei Piratenabenteuern oder der Suche nach Dinosaurierfossilien und Eislaufen auf Bergseen.

Kanada mit Kindern

Als ob das Beobachten von Elchen, Adlern und Walen oder das ständige Herumtollen im Schnee, am Strand oder in den Wäldern nicht schon genug Spaß machen würde: Nein, überall wo man hingeht, haben die pfiffigen Kanadier spielerische, lehrreiche Erlebnisse, Lehrstunden voller lebendiger Geschichte oder Theater für Kinder erfunden.

Museen & Denkmäler

In den meisten großen Städten Kanadas gibt es interessante Wissenschaftsmuseen, die sich auf spielerische Aktivitäten spezialisiert haben. Bei den historischen Stätten, die überall im Land verstreut sind, versetzen einen verkleidete Schauspieler direkt in die jeweilige Epoche, und oft werden verschiedene Techniken demonstriert, vom Schmieden bis hin zum Kochen. An einigen Orten gibt es auch Puppen- oder Kindertheater und andere Veranstaltungen wie erlebnisreiche Ausflüge im Heuwagen. Auch Teenager haben hier meistens ihren Spaß, da die Einrichtungen oft groß und facettenreich genug sind, um Erkundungen auf eigene Faust anzustellen oder das, was sie in der Schule gelernt haben, selbst auszuprobieren.

Die besten Regionen für Kinder

Vancouver (British Columbia)

Eingekeilt zwischen Bergen und Meer kann man eine Sandburg bauen oder snowboarden gehen – und die Vorzüge einer großen Stadt genießen.

Kanadische Rockies

Hier kann man (schnee)wandern, Ski fahren, zelten und Elche, Bären und Murmeltiere sehen.

Montréal (Québec)

Historische Straßenzüge, eine ganzjährig geöffnete Eislaufbahn, ein Stadtstrand und das Biôdome mit seinen Tieren sprühen vor französischem Flair.

Seeprovinzen

Im Sommer einen Leuchtturm erklimmen, auf einem Piratenschiff segeln, Wale beobachten und zum Strand pilgern; im Herbst zusehen, wie sich das Laub gelb, rot, orange und golden färbt.

Toronto (Ontario)

Im Sommer durch die Parks schlendern, im Winter eislaufen – und zu jeder Jahreszeit die Niagarafälle besuchen.

DAS KLEINGEDRUCKTE

Kinder, die nicht mit beiden Eltern nach Kanada einreisen, benötigen eine Einverständniserklärung des nicht mitreisenden Elternteils. Manchmal wird darauf bestanden, manchmal nicht; daher ist es sicherer, man führt eine solche notariell beurkundete Erklärung mit sich. Geschiedene Eltern sollten einen Nachweis über das Sorgerecht für das Kind dabei haben.

Outdoor-Aktivitäten

Kanada steht für freie Landschaft, frische Luft, Flüsse, Seen und Berge, Schnee, Sand und frei lebende Tiere.

- Die meisten kanadischen Städte sind gut mit Parks und Promenaden ausgestattet, wo sogar die Kleinsten mit dem **Rad fahren** können. Bei den Verleihern ein Kinderrad zu finden, kann allerdings Glückssache sein. Wer im Urlaub hauptsächlich radeln will, der macht das am besten auf dem überwiegend flachen Confederation Trail, der durch die landschaftliche Idylle von Prince Edward Island führt. Oder man fährt auf dem verkehrsarmen Kettle Valley Trail (KVR; British Columbia), der einen der leichtesten Abschnitte des Trans Canada Trail bildet.
- Kanadische Nationalparks ermöglichen leichte Spaziergänge, aber auch längere **Wanderungen**, die durchaus auch für Jugendliche interessant sind. Auch **Reiten** wird vielerorts angeboten und macht besonders im Cowboyland rund um Calgary viel Spaß.
- An den meisten Seen kann man **Kanus** für Familienausflüge leihen, und am Meer gibt es jede Menge Möglichkeiten zum **Kajakfahren**. Einen größeren Adrenalinstoß bringen das **Wildwasserfahren** oder spezielle Stellen für **Playboating** (Kunststücke mit Kanus im Wildwasser), die man besonders auf dem Ottawa River in Beechburg findet.
- Es gibt viele **Fischerhütten**, aber man kann auch Anglerglück haben, wenn man die Angel einfach in irgendeinen See oder Fluss hält. Ähnlich ist es mit dem **Muschelsammeln** (Prince Edward Island und British Columbia sind dazu besonders geeignet) – am besten, man fragt die Einheimischen, wo die geeigneten Stellen sind, und bringt auch gleich Schaufel und Eimer mit.
- An den Küsten und in der Bay of Fundy kann das **Whalewatching** ein tolles Abenteuer sein, aber man sollte sich mit Tabletten gegen Seekrankheit, genügend Proviant, Sonnenschutz und auch mit warmer Kleidung ausstatten.
- Die winzigen Wellen an der Ost- und Westküste bieten besonders im Sommer ein hervorragendes Übungsfeld für Anfänger im **Surfen**; entweder man leiht sich ein Board und einen Anzug oder man nimmt einfach ein paar Stunden.
- **Ski-** oder **Snowboardfahren** ist immer beliebt bei Familien. Kinder unter sechs dürfen meist kostenlos Ski fahren, Kinder von 6 bis 12 Jahren zahlen in der Regel um die 12 bis 50 % vom Erwachsenenpreis und Jugendliche von 12 bis 18 zahlen zwischen 33 und 75 % des Erwachsenenpreises. Außerdem gibt es natürlich in vielen Orten auch gute Möglichkeiten zum **Eislaufen, Rodeln** und **Schneeschuhwandern**.

Essen gehen

Wo auch immer man hingeht, in Kanada findet man überall Fastfood und frittierte Kost. Für gesundheitsbewusstere Reisende kann es etwas schwierig werden, gesündere Optionen auszumachen; in kleineren Städten lässt sich allerdings normalerweise immer mindestens ein Café finden, das Sandwichs oder Wraps verkauft, oder man setzt eben auf Selbstversorgung. Zum Glück gibt es viele Wochenendhäuser und Familiensuites, in denen man selbst kochen kann, das geht sogar in manchen B&Bs. In Großstädten gibt es von vegan bis zum Steakhouse alle Arten von Restaurants.

Leicht zu findendes kanadisches Essen, das Kinder lieben, wann immer sie es bekommen, sind zum Beispiel *poutine* (Pommes mit Bratensoße und Käse), *fish and chips*, *Montréal-Style Bagels* (aus dem Holzofen, fest und leicht süßlich), French Toast mit Ahornsirup, *bear-claw doughnuts*, Buttertörtchen und Nanaimo-Riegel (eine Art Streuselkuchen mit Vanillepudding und geschmolzener Schokolade überzogen). Es könnte sein, dass die ganze Familie in diesem Urlaub ein paar Pfunde zulegt.

Die meisten kanadischen Restaurants erfreuen Familien mit Kinderstühlen und kinderfreundlichen Bedienungen, sobald man mit den Kleinen zur Tür hereinkommt. Allerdings kann es in feinen Loka-

Oben: Eislaufen im Harbourfront Centre (S. 75), Toronto

Unten: Playland, Vancouver

KEN PAUL / GETTY IMAGES ©

EXTRAS FÜR JEDES ALTER

Babys & Kleinkinder

- Kindersitze: Mietwagenfirmen verleihen sie zu hohen Preisen. In Kanada müssen Babys im Babysitz mit Blick nach hinten sitzen und Kinder unter 18 kg in einem Kindersitz mit Blick nach vorne.
- Babys und Kleinkinder kann man auf Wanderungen am einfachsten in einem Tragetuch oder einer sonstigen Tragevorrichtung mitnehmen; Kinderwagen sind eher für die Stadt geeignet (dort sind aber fast alle Einrichtungen für Eltern mit Kinderwagen zugänglich).
- Schäufelchen & Co. zum Bau von Sandburgen oder Schneemännern einpacken.

6 bis 12 Jahre

- Kinder zwischen 18 und 36 kg sollten auf Sitzerhöhungen sitzen. Die regulären Gurte können entweder ab 36 kg, 145 cm oder acht Jahren benutzt werden.
- Mit dabei: Ferngläser für junge Entdecker, um wilde Tiere ausfindig zu machen.
- Eine Glocke gegen Bärenbesuch beim Wandern
- Naturführer über Kanadas Flora und Fauna
- Eine Kamera, um mehr Spaß in die „langweiligen" Sehenswürdigkeiten und Touren der Erwachsenen zu bringen
- Drachen (für den Strand)

Jugendliche

- Auf Kanada bezogene Apps fürs Smartphone
- Auf Kanada bezogene Romane
- Französisch-kanadischer Sprachführer

len passieren, dass sich selbst Familien mit den besterzogensten Kindern der Welt ein wenig unwohl fühlen.

Highlights für Kinder

Geschichtsstunden

- **Dinosaurier** Royal Tyrrell Museum of Palaeontology, Drumheller (Alberta)
- **Ureinwohner** Haida Gwaii (British Columbia), Head-Smashed-In Buffalo-Jump-Weltkulturerbe (Alberta), Aboriginal Experiences (Ottawa), Wanuskewin Heritage Park (Saskatchewan)
- **Europäische Kolonisierung** L'Anse aux Meadows (Newfoundland), Louisbourg National Historic Site (Nova Scotia), Fort William Historical Park (Ontario), Fort Edmonton (Alberta)

Winterzauber

- **Winterkarneval** Québec City Winter Carnival, Cavalcade of Lights (Toronto), Vancouver Festival of Lights
- **Eislaufen** Rideau Canal (Ottawa), Lake Louise (Alberta), Harbourfront Centre (Toronto), Lac des Castors (Montréal)
- **Skifahren, Snowboarden & Rodeln** Whistler-Blackcomb (British Columbia), Norquay (Banff), Mont-Ste-Anne (Québec)
- **Hundeschlitten** Yellowknife (Northwest Territories), Iqaluit (Nunavut)

Tiere des weiten Nordens

- **Elche** Eigentlich gibt es sie hier nahezu überall, vor allem aber im Algonquin National Park (Eastern Ontario), im Gros Morne National Park (Newfoundland) und in Kananaskis (Alberta)
- **Eisbären** Churchill (Manitoba)
- **Wale & Schwertwale** Vancouver Islands (British Columbia), Bay of Fundy (New Brunswick & Nova Scotia), Newfoundland
- **Weißkopfseeadler** Brackendale (British Columbia), im Süden von Vancouver Island (British Columbia) und auf Cape Breton Island (Nova Scotia)

Nass & wild

➡ **Strände** Prince Edward Island und British Columbia

➡ **Surfen** Lawrencetown Beach (Nova Scotia), Tofino (British Columbia)

➡ **Kajakfahren** Salt Spring (British Columbia), Georgian Bay (Ontario)

➡ **Kanufahren** Algonquin National Park (Ontario), Bowron Lakes (British Columbia), Kejimkujik National Park (Nova Scotia)

➡ **Angeln** Lunenburg, Nova Scotia (Hummer), Point Prim, Prince Edward Island (Muscheln), Northern Saskatchewan (Süßwasserfische), Maritime Provinces (Tiefseefische)

Abenteuer in der Stadt

➡ **Vor den Toren von Vancouver** Capilano Suspension Bridge, Stanley Park

➡ **Ottawas Museen** Canada Agricultural Museum, Museum of Nature, Science & Technology Museum, Museum of Civilization

➡ **Torontos Höhen & Tiefen** Vom CN Tower zu den unterirdischen Gängen, die Teile der Innenstadt miteinander verbinden

➡ **Kultur pur in Montréal** Die Altstadt von Montréal, Little Italy

➡ **Die Piraten von Halifax & die Titanic** Maritime Museum of the Atlantic, *Titanic*-Gräber

Vergnügungs- & Themenparks

➡ **Canada's Wonderland** (www.canadaswonderland.com) Vergnügungspark mit vielen Wasserattraktionen, Toronto

➡ **Galaxy Land** (www.galaxyland.com) Der größte überdachte Vergnügungspark der Welt, Edmonton

➡ **La Ronde** (www.laronde.com) Vergnügungspark, Montréal

➡ **Calaway Park** (www.calawaypark.com) Vergnügungspark und Campingplatz, Calgary

➡ **Playland** (www.pne.ca/playland) Ältester Vergnügungspark Kanadas, Vancouver

Reiseplanung

Reisen mit Kindern kann in Kanada im wahrsten Sinne des Wortes ein Kinderspiel sein. Der englische Band *Travel with Children* von Lonely Planet bietet jede Menge Tipps und Tricks. Und auch die Website **Travel For Kids** (www.travelforkids.com) ist eine hilfreiche allgemeine Infoquelle.

Reisezeit

Der kanadische Veranstaltungskalender ist das ganze Jahr über mit Festivals gefüllt, die oftmals besonders für Familien geeignet sind. Im Sommer gibt es die meisten Festivals, von denen viele im Freien stattfinden, beispielsweise Jazzfestivals oder Rodeos. Der Herbst ist ebenfalls eine tolle Jahreszeit, um mit Kindern nach Kanada zu reisen, aber das lässt sich häufig nicht so gut mit den Schulferien vereinbaren. Zu dieser Zeit färben sich die Bäume gerade bunt, die Tagestemperaturen sind noch angenehm warm, und die Menschenmassen sind verschwunden.

Im Winter gibt es Schnee und damit auch den Spaß am Wintersport, und zwar von Januar bis April. Die Saison beginnt oft mit den Nikolausumzügen im November und Anfang Dezember. Ungefähr zu dieser Zeit oder kurz danach finden die Lichterfeste statt – mit Feuerwerken, Umzügen und Weihnachtsbaumilluminationen.

Unterkunft

Hotels und Motels haben in der Regel Zimmer mit jeweils zwei Doppelbetten. Selbst wenn das nicht der Fall ist, können oft problemlos gegen einen kleinen Aufpreis Zusatzbetten oder Gitterbetten dazugestellt werden. Manche Eigentümer werben sogar ausdrücklich mit der kostenlosen Unterbringung von Kindern. Andere hingegen (besonders in B&Bs) hätten am liebsten gar keine Kinder als Gäste. Man sollte schon bei der Buchung nachfragen.

Eine weitere gute Möglichkeit sind die *cabins*, die gewöhnlich wochenweise vermietet werden und über eine Küche, verschiedene Schlafzimmer und weitere Sonderausstattungen wie Grillplätze verfügen. In den Online-Besucherhinweisen einer jeden Provinz oder in den gedruckten Prospekten, die man kostenlos auf der Touristenhomepage jeder Provinz bestellen kann, findet sich eine Aufstellung solcher Hütten.

Camping wird in Kanada ganz groß geschrieben, und auf vielen Campingplätzen finden sich auch einfache Hütten (eigene Bettwäsche mitbringen!), die manchmal auch mit einer Küche sowie Feuer- oder

Grillstellen ausgestattet sind. Einige Campingplätze bieten so außergewöhnliche Unterkünfte wie Indianerzelte oder Jurten an, andere haben Swimmingpools und Minigolf oder liegen an einem See. In einem solchen Fall sollte man allerdings Insektenschutzmittel dabei haben.

Packen für die Reise

Kanada ist sehr familienfreundlich, daher kann fast alles, was man vergisst, auch vor Ort gekauft werden. Stillen in der Öffentlichkeit ist legal und wird toleriert, aber die meisten Frauen machen es trotzdem lieber diskret. Üblicherweise sind alle Einrichtungen auf die Bedürfnisse von Kindern eingestellt: In den meisten öffentlichen Toiletten gibt es auch Wickeltische.

Was man braucht, sind mehrere Schichten Klamotten für jeden, da es selbst in den Sommermonaten überraschend kühl werden kann. Sonnenschutz ist ein absolutes Muss – man kann auch an den trübsten Tagen einen gewaltigen Sonnenbrand bekommen. Ebenso wichtig sind Regenbekleidung und Insektenspray.

Schließlich ist es ist auch empfehlenswert, für ausreichend Beschäftigung während längerer Autofahrten zu sorgen. Und man kann in Kanada eben wirklich weite Entfernungen zurücklegen!

Kanada im Überblick

Mit Kanada als Reiseziel kann man nichts falsch machen. Jede Region bietet atemberaubende Landschaften und Aktivitäten in Hülle und Fülle. In den am dichtesten besiedelten Provinzen Ontario, Québec und British Columbia ist am meisten los. Zusätzlich zu vielen Outdoor-Aktivitäten gibt es dort auch die größten Städte Kanadas: Toronto, Montréal und Vancouver mit multikulturellen Museen, anspruchsvollen Restaurants und Nachtleben bis in die frühen Morgenstunden. Alberta lockt in den Rockies mit seinen Parks und durch Öl reich gewordenen Städten. Manitoba und Saskatchewan in der Prärie bieten jede Menge wilde Tiere und künstlerische Überraschungen. Die Atlantikprovinzen sind in Sachen Seafood und Walebeobachten ungeschlagen. Und im hohen Norden kann man den Menschenmassen (und Straßen) entfliehen und sich abseits der Zivilisation bewegen.

Ontario

Küche
Parks
Kultur

Farmen & Weingüter

Ontario ist reich an Landwirtschaft und Weinbau. Die Weine der Provinz sind international anerkannt und passen gut zum köstlichen Essen, das frisch von der Farm auf den Tisch kommt.

Frische Luft

Egal, ob man spazieren gehen will, eine mehrtätige Wanderung plant oder Zeit auf dem Wasser verbringen möchte: In Ontario findet man alles von grünen Oasen in den Städten bis zu mächtigen Provinzparks.

Museen

Ontario ist ein Mekka für Museumsgänger. Hier gibt es alles, von Schaukästen mit Sportandenken bis zu Kollektionen antiker Kunstwerke von Weltrang und geologischen Überreste vergangener Zeiten.

S. 66

Québec

Küche
Wintersport
Architektur

Lebensart

Wie wäre es, auf einer Terrasse am Straßenrand einen *café au lait* zu trinken und dabei den französischen Gesprächsfetzen zu lauschen? Die Lebensfreude der Einheimischen steckt an, zumal es so leicht ist, in den Genuss ihrer guten Weine und Lebensmittel zu kommen.

Schnee

In den hügeligen Laurentides kann man Ski und Snowboard fahren, doch der Magnet für international Besucher ist der von französischem Elan geprägte Mont-Tremblant.

Historischer Stil

Nirgendwo sind die Überbleibsel der kolonialen Vergangenheit Kanadas sichtbarer als in Vieux-Montréal und innerhalb der Stadtmauern der Altstadt von Québec.

S. 249

Nova Scotia

Kultur
Aktivitäten
Geschichte

Mischmasch der Kulturen

Läden, die Stoffe mit Tartanmuster verkaufen, Dörfer mit französisch sprechenden Einheimischen und Orte der indigenen Völker Kanadas liegen dicht beieinander.

Buchten, Klippen & Gezeiten

Buchten laden zum Paddeln ein. Die Klippen von Cape Breton Island und die Fundy Coast mit ihren Wellen sind tolle Gegenden für Fans von Abenteuern und Wildnis.

Zeitreise

Die Bewohner von Nova Scotia bewahren nicht nur die Zeugen ihrer traditionellen Kultur, sie schlüpfen auch in historische Kostüme und üben alte Tätigkeiten wie Klöppeln oder Schmieden aus, um das Leben von vor Hunderten Jahren zu rekonstruieren.

S. 368

New Brunswick

Kanufahren
Angeln
Wildtiere

Ab ins Kanu

Vom ruhigen Nictau Lake und den Nepisiguit Lakes bis zum rasanten Tobique River ist New Brunswick ein großartiges Revier zum Kanufahren.

Fliegenfischen

Die Flüsse in New Brunswick sind genau das, wovon Angler schon immer geträumt haben – Orte, an denen sie ihre Angel auswerfen und innerhalb weniger Minuten einen Lachs oder eine Forelle einholen können.

Wildtiere treffen

Egal, ob man ein Vogelbeobachter ist oder einmal einen Elch sehen möchte – in New Brunswick gibt es jede Menge wildlebende Tiere. Die besten Chancen hat man auf der einsamen Machias Seal Island, wo sich die seltenen Papageientaucher zeigen.

S. 435

Prince Edward Island

Kultur
Küche
Strände

Es geht immer um Anne

Prince Edward Island ist so hübsch, wie es in Lucy Maud Montgomerys *Anne auf Green Gables* beschrieben wird. Annes rotes Haar sieht aus wie der rote Sand der Region.

Hummer & Kartoffeln

Die Provinz wetteifert mit Idaho um den Status der nord- und südamerikanischen Hauptstadt der Kartoffel. In vielen Lokalen werden Hummer-Gerichte serviert – und dazu der für P.E.I. typische Kartoffelsalat!

Weiße & rosa Strände

In der Provinz gibt es Strandflächen aus Siena-Erde, über denen Leuchttürme aufragen, riesige Dünen und Abschnitte mit weißem Sand.

S. 481

Newfoundland & Labrador

Küstenszenerie
Kultur
Geschichte

Am endlosen Meer

Ein riesiger Buckelwal schäumt durchs Wasser – und das vor der Kulisse hoch aufragender Eisberge. Ob man an der Küste wandert oder draußen im Boot ist, das Meer liefert immer Sehenswertes.

Sonderbare Kost

Der Akzent hört sich irisch an und der Slang ist kaum zu entschlüsseln. Auf dem Teller liegen Kabeljau, Bratapfelmarmelade und Feigenpudding. Hier ist alles anders; hier gilt sogar eine eigene Zeitzone.

Überbleibsel aus der Zeit der Wikinger

In L'Anse aux Meadows, der 1000 Jahre alten Siedlung von Leif Eriksson, kann man die isolierte Randlage förmlich spüren.

S. 509

Manitoba

Tierwelt
Weites Land
Kultur

Eisbären & Wale

In der subarktischen Stadt Churchill dreht sich alles um Eisbären. Die größten Fleischfresser dieser Hemisphäre tauchen im Herbst zu Hunderten auf. Im Sommer muss man mit Unmengen von Weißwalen rechnen.

Muskeg & Weizen

Fährt man durch den Süden, wird man von Weizenfeldern hypnotisiert, unterbrochen von riesigen Getreidespeichern. Im subarktischen Norden lebt ein ganzjährig grüner Landstrich vom Muskeg, einem sumpfartigen Boden aus vor Urzeiten abgestorbenen Pflanzen.

Oh Winnipeg!

Die Oase mit guten Restaurants, lebhaftem Nachtleben und moderner Kultur erhebt sich aus den Prärien.

S. 569

Saskatchewan

Tierwelt
Geschichte
Kultur

Elche & andere Tiere

Obwohl die Gegend entlegen ist, sind die Straßen im Hinterland, alles andere als unbelebt. In Saskatchewan leben die für Kanada typischen Tiere, besonders Elche, die die Salzlöcher am Straßenrand lieben.

Revolutionen

1885 lag Louis Riel im Streit mit dem Gesetz, und obwohl es die Oberhand behielt, schlugen er und seine Leute bei Batoche, einer Ureinwohner-Stadt, die sich für unabhängig erklärt hatte, fast die Armee.

Aufsteigende Städte

Regina und Saskatoon bieten ein vielfältiges Abendprogramm. Restaurants nutzen die Erzeugnisse der Provinz und servieren sie mit den Bieren regionaler Kleinbrauereien.

S. 594

Alberta

Wandern
Wintersport
Festivals

Banff & Jasper

In diesen Nationalparks gibt's wilde Tiere, Gletscherseen und Hunderte Kilometer Wanderwege. Wer je seine im Innern schlummernde Wanderlust ausleben möchte, sollte dies hier tun.

Skilanglauf

Während in den Skiresorts in den Bergen immer viel los ist, ist es im Hinterland so still, dass man fast eine Schneeflocke fallen hört. Es gibt nichts Schöneres als im straßenlosen Tonquin Valley eine neue Langlaufspur zu ziehen.

Fringe Festival

Edinburgh hat es erfunden, doch Edmonton hat dem Konzept des „alternativen Theaters" eine kanadische Note gegeben. Auf dem International Fringe Festival kann man Comedy, Satire und viel Seltsames erleben.

S. 618

British Columbia

Landschaften
Küche
Wildtiere

Atemberaubende Aussichten

Von grandiosen Bergen und mit Fjorden übersäten Küsten bis zu dichtem, uraltem Wald und grünen Inseln – British Columbia ist ein Idyll mit unzähligen Ausblicken.

Kulinarische Genüsse

Für Gourmets dreht sich hier alles um Aromen, von der besten asiatischen Restaurantszene Nordamerikas bis zu regionalen Meeresfrüchten, natürlich mit einem regionalen Wein oder einem Bier aus einer Kleinbrauerei.

Tierparadies

Die Inside Passage lebt! Fährt man mit einer Fähre die Küste entlang, kann man Orcas, Wale, Seelöwen und Vögel sehen. An Land leben zahllose Tierarten, insbesondere der Grizzlybär im Norden.

S. 700

Yukon

Wildtiere
Parks
Geschichte

Meine Güte! Bären!

Der Alaska Highway trifft auf seiner Reise durch den gleichnamigen Staat den unteren Yukon. Wer hier anhält, kann eventuell Bären, Elche, Bisons, Wölfe und Wapitis erspähen.

Unvorstellbare Schönheit

Der Kluane National Park, eine UNESCO-Welterbestätte, ist eine Wildnis mit Gletschern, die sich ihren Weg durch Granitgipfel bahnen. Angesichts dieser gigantischen Schönheit kommt man sich selbst winzig vor.

Gold!

Der Klondike-Goldrausch von 1898 prägt Yukon immer noch. Man kann bis nach Dawson City rudern, zu jener zeitlosen Stadt, die heute noch so lebendig ist wie damals.

S. 852

Northwest Territories

Nordlichter
Kajakfahren
Wintersport

Aurora Borealis

Die NWT sind der ideale Ort, um das Nordlicht zu beobachten: man ist weit weg von jeder Lichtverschmutzung.

Nahanni National Park Reserve

Der Park gehört zum UNESCO-Welterbe und bietet Möglichkeiten für die spektakulärsten Fluss-Kajakfahrten in Kanada. Da dort keine Straßen hineinführen, wartet hier das wirkliche Abenteuer.

Hundeschlitten

Da es in den North West Territories keine Skiresorts gibt, haben sie sich auf ausgefallenere Winteraktivitäten wie Hundeschlittenfahrten spezialisiert. Dieses traditionelle Form der Fortbewegung in der Arktis ist eine äußerst aufregende Art zu reisen.

S. 879

Nunavut

Wildtiere
Kultur
Parks

Arktische Ausrüster

Ja, hier oben leben auch Tiere, sie sind aber schwer zu finden. Mit professionellen Anbietern gelingt es, Polarbären, Karibus, Walrosse, Narwale und Belugawale zu sehen.

Indigene Kunst

Eigentlich denken Reisende in Nunavut nicht ans Einkaufen, aber die Kunst der Inuit ist eine der Attraktionen der Region. Souvenirläden gibt's in Cape Dorset, Pangnirtung und Iqaluit.

Ungezähmte Wildnis

In Nunavuts vier kaum besuchten Nationalparks sind außergewöhnliche Wildniserlebnisse garantiert. Die mondartige Leere dieser unglaublichen Landschaft macht die extrem hohen Preise zumindest teilweise wieder wett.

S. 903

Reiseziele

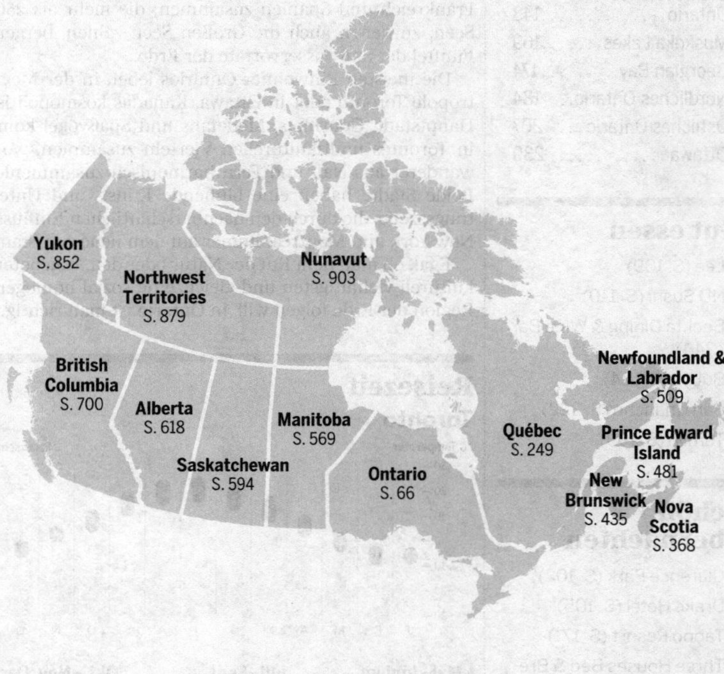

Yukon
S. 852
Northwest
Territories
S. 879
Nunavut
S. 903
British
Columbia
S. 700
Alberta
S. 618
Saskatchewan
S. 594
Manitoba
S. 569
Ontario
S. 66
Québec
S. 249
Newfoundland &
Labrador
S. 509
Prince Edward
Island
S. 481
New
Brunswick
S. 435
Nova
Scotia
S. 368

Ontario

Inhalt ➡

Gut essen

- Lee (S. 109)
- ND Sushi (S. 110)
- Beckta Dining & Wine Bar (S. 244)
- Buoys (S. 184)
- Pan Chancho (S. 222)
- Tomlin (S. 199)

Schön übernachten

- Clarence Park (S. 102)
- Drake Hotel (S. 105)
- Taboo Resort (S. 171)
- Three Houses Bed & Breakfast (S. 155)
- Fairmont Château Laurier (S. 241)
- Planet Travelers Hostel (S. 105)

Auf nach Ontario!

Ontario hat zu allen Jahreszeiten riesige Wildnis, endlose Wälder und eine reiche Tierwelt zu bieten. Aus gutem Grund leben hier rund 40 % aller Kanadier: Ontario ist größer als Frankreich und Spanien zusammen; die mehr als 250 000 Seen, zu denen auch die Großen Seen zählen, bergen ein Fünftel der Süßwasservorräte der Erde.

Die meisten Einwohner Ontarios leben in der Megametropole Toronto oder in Ottawa, Kanadas kosmopolitischer Hauptstadt. Gourmets, Modefans und Spaßvögel kommen in Torontos multikulturellen Vierteln zusammen, wo Einwanderer aus Nah und Fern harmonisch zusammenleben. Beide Städte haben eine blühende Kunst- und Unterhaltungsszene, die durch den nachbarschaftlichen Einfluss von New York und Montréal immer auf dem neuesten Stand ist.

Egal, ob man dem Ruf der Natur oder den Angeboten der kulturell vielfältigsten und gleichzeitig sozial homogensten Region der Erde folgen will, in Ontario ist man richtig.

Reisezeit

Toronto

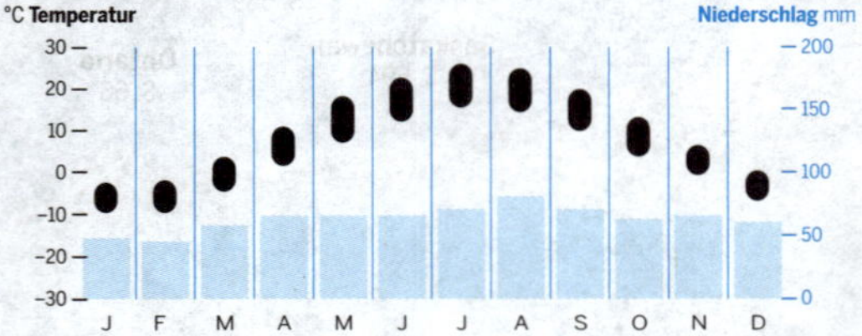

Mai–Juni Im Frühjahr kann man in den Parks Elche, Waldlinien und Seetaucher bewundern.

Juli–Sept. Toronto lockt mit tollen Festivals, und auf dem Land genießt man den Sommer.

Okt.–Nov .Das bunte Farbenspiel des Herbstlaubs setzt eigene künstlerische Ambitionen frei.

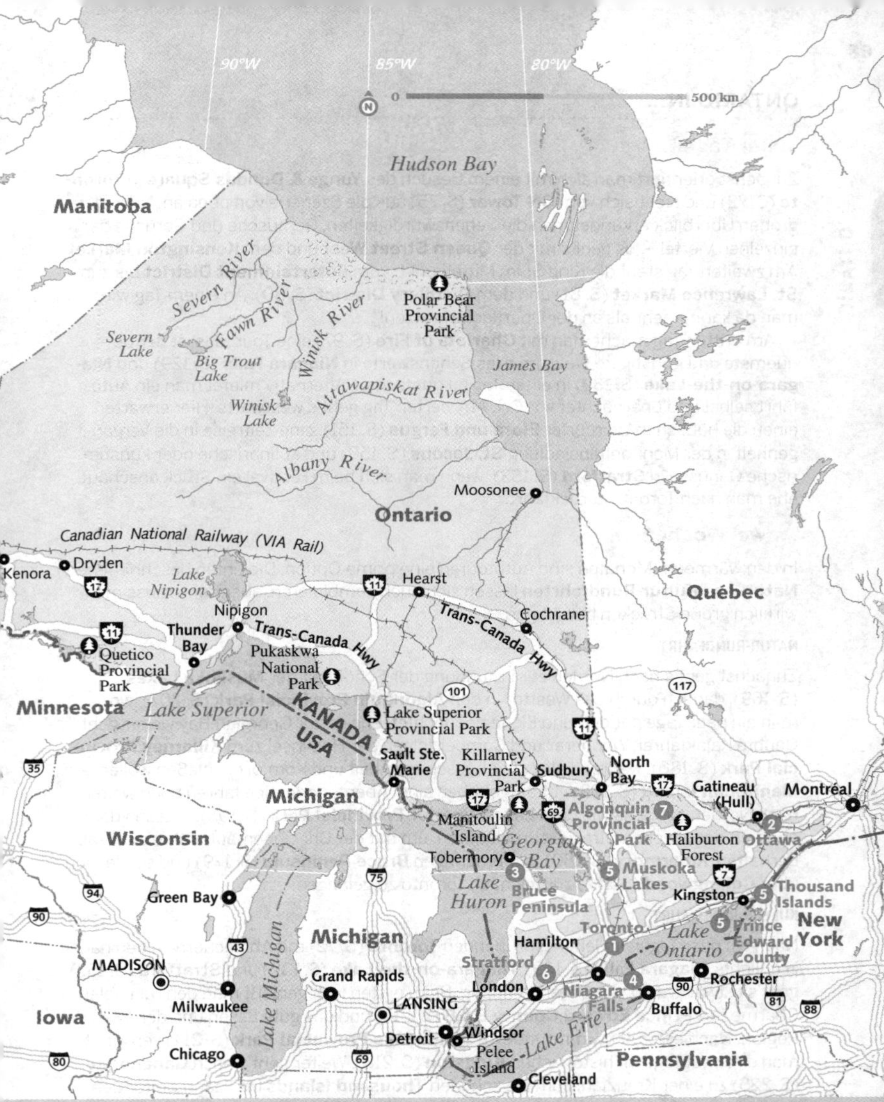

Highlights

1 In **Toronto** (S. 72) entdecken, was Modefans und Gourmets an den verschiedenen Vierteln der Stadt lieben

2 Sich von der Kultur der Hauptstadt **Ottawa** (S. 230) mit ihrem französischen Einschlag und den Museen von Weltklasse begeistern lassen

3 Auf der **Bruce Peninsula** (S. 179) Tobermory erkunden und dann mit der Fähre nach Manitoulin Island übersetzen

4 Von einem Ausflugsboot aus die Kraft der **Niagarafälle** (S. 129) bestaunen

5 Bei einer Kreuzfahrt rund um die Thousand Islands, die Muskoka Lakes und das Prince Edward County die Landhäuser und stillen Refugien des **Cottage Country** (S. 224) anschmachten

6 In dem kultivierten Städtchen **Stratford** (S. 153), dessen Festival Shakespeare und die Künste feiert, in die Vergangenheit eintauchen

7 In der 7600 km² großen Wildnis des **Algonquin Provincial Park** (S. 207), einem der vielen eindrucksvollen Provinzparks im Norden, wandern und Kanu fahren

ONTARIO IN ...

... vier Tagen

Zunächst orientiert man sich mit einem Besuch des **Yonge & Dundas Square** in **Toronto** (S. 72) und sieht sich vom **CN Tower** (S. 75) aus die Szenerie von oben an. Nach dem groben Überblick erkundet man die Sehenswürdigkeiten, Geräusche und Gerüche der einzelnen Viertel – los geht's mit der **Queen Street West** und dem **Kensington Market**. Am zweiten Tag steht die King St im Mittelpunkt: vom **Entertainment District** bis zum **St. Lawrence Market** (S. 81) und dem **Distillery District** (S. 80). An einem Tag wird man da kaum mehr als an der Oberfläche kratzen!

Am dritten Tag macht man mit **Chariots of Fire** (S. 97) eine Tour; das ist der bequemste und günstigste Weg, um alles Sehenswerte in **Niagara Falls** (S. 129) und **Niagara-on-the-Lake** (S. 139) in einen Tag zu quetschen. Alternativ mietet man ein Auto, fährt selbst und übernachtet vor Ort. Am vierten Tag geht's westwärts. Hier erwarten einen die hübschen Uferdörfer **Elora und Fergus** (S. 151), eine Zeitreise in die Vergangenheit in der Mennonitensiedlung **St. Jacobs** (S. 150) und kulinarische oder künstlerische Genüsse in **Stratford** (S. 153), wenn man sich beim Festival ein Stück anschaut, ehe man nach Toronto zurückfährt.

... zwei Wochen

In den wärmeren Monaten sind Autotouren eine prima Option. Die unten beschriebenen **Natur-** und **Kultur-Rundfahrten** lassen sich auch kombinieren, aber dann muss man wirklich große Strecken bewältigen.

NATUR-RUNDFAHRT

Zunächst geht's nach Norden zur Erkundung der Schönheit der **Muskoka Lakes** (S. 169), danach durch das Westtor in den **Algonquin Provincial Park** (S. 207), wo man ein paar Tage paddelt und Elche beobachtet, ehe es zur Georgian Bay weiter geht. Geübte Kajakfahrer, Wanderer und Camper folgen der Halbinsel zum **Killarney Provincial Park** (S. 186), während alle, die Abgeschiedenheit und Komfort genießen wollen, auf **Manitoulin Island** (S. 182) gut aufgehoben sind. Abenteuerlustige fahren noch weiter nach Norden zu Parks wie dem **Lake Superior Provincial Park** (S. 193), müssen dann aber auf der gleichen Strecke zurückfahren, um mit der Chi-Cheemaun-Fähre zum zauberhaften **Tobermory** (S. 180), zur prächtigen **Bruce Peninsula** (S. 179) und schließlich über **Collingwood** (S. 177) zurück nach Toronto zu gelangen.

KULTUR-RUNDFAHRT

Nach ein paar Tagen im lebenssprühenden **Toronto** (S. 72) mit Abstechern zu den nahen Highlights **Niagara Falls** (S. 129), **Niagara-on-the-Lake** (S. 139) und **Stratford** (S. 153) geht's ostwärts am Lake Ontario entlang. Beim ersten Halt genießt man den rustikalen Charme des **Prince Edward County B&B** (S. 214) und das gute Essen und den Wein der Region. Nach einer Schwimmrunde im **Sandbanks Provincial Park** (S. 214) verbringt man ein, zwei Tage im historischen **Kingston** (S. 218). Weiter geht's nach **Gananoque** (S. 225) zu einer Kreuzfahrt um die schönen **Thousand Islands** und dann weiter den Sankt-Lorenz-Strom hinunter durchs idyllische **Brockville** (S. 227) und das historische **Upper Canada Village** (S. 230). Zum Schluss wendet man sich nordwärts und erreicht **Ottawa** (S. 230), die stolze Hauptstadt mit ihren vielen Museen, Gourmetrestaurants, hippen Bars und dem 185 Jahre alten **Rideau Canal** (S. 238), der wegen seiner kulturellen Bedeutung zu einer UNESCO-Welterbestätte erklärt wurde.

Geschichte

Als die Europäer sich erstmals ihren Weg durch die Schneemassen nach Ontario bahnten, lebten bereits einige indigene Völker in dieser Region. Die Stämme der Algonquin und der Huronen bewohnten seit Langem den südlichen Abschnitt der Provinz, doch zur Zeit der europäischen Kolonisation Anfang des 18. Jhs. beherrschte die irokesische Konföderation (auch als „Five Nations" bekannt) die Länder südlich der Georgian Bay und im Osten bis Québec. Die Ojibwe

(Anishinabe) bewohnten das Land nördlich der Großen Seen und im Westen bis zu den Prärien der Cree (heute Alberta und Saskatchewan).

Die ersten Europäer, die hier im 17. Jh. auftauchten, waren französische Pelzhändler, die zur Erleichterung des Handels auf dem Mississippi einfache Forts errichteten. Mit der Ankunft der sogenannten United Empire Loyalists um 1775 begann eine groß angelegte Besiedlung. Nach dem Britisch-Amerikanischen Krieg (1812–1814) trafen britische Immigranten in größerer Zahl ein. Ende des 19. Jhs. entwickelten sich Ontarios Farmen, Industrien und Städte rasch. Infolge der beiden Weltkriege kam es zu einer starken Zunahme der Einwanderer aus Europa – Toronto hat sich seither in eine der multikulturellsten Städte der Welt verwandelt.

Im Industrie- und Produktionszentrum Ontario wohnen rund 40 % der Einwohner Kanadas. Trotz der Wirtschaftsblüte in Alberta ist Ontario bei Immigranten von der anderen Seite des Globus mit festen Arbeitsabsichten immer noch die erste Wahl. Torontos bewährte Betreuung der Immigranten hat weiterhin eine große Anziehungskraft.

Einheimische Kultur

Toronto hat für jeden etwas zu bieten. Die Bewohner lieben ihre Stadt und scheinen ein wenig blind zu sein für ihre Schwächen: bitterkalte Winter, teurer Wohnraum, verstopfte Straßen und ein unzureichendes öffentliches Verkehrssystem. Sie lächeln mit zusammengebissenen Zähnen, als wäre es ihre Pflicht, die Stadt gegen Kritik zu verteidigen. Torontos ethnokulturelle Zusammensetzung ist so vielgestaltig, dass sie sich gegen jeden Versuch sperrt, sie zu bestimmen oder ihr zu widerstehen: Die Leute kommen einfach miteinander klar. Hier sind alle Lebenswege und alle Farben, Essenzen und Traditionen der Welt vertreten.

Außerhalb der kosmopolitischen Städte Toronto und Ottawa ist das ländliche Ontario im Allgemeinen homogen und unauffällig, obwohl manche Gemeinden französische, belgische, deutsche, chinesische und First-Nation-Wurzeln haben und es in der Arbeiterschaft viele Einwanderer gibt. Die Farmer sind praktische, unkomplizierte Menschen, die schwer arbeiten, Dinge dafür schätzen, dass sie funktionieren, und am Leben außerhalb der Farm nicht allzu viel Anteil nehmen. Die meisten Leute in Ontario sind freundlich gesinnt und freuen sich über ihren hohen Lebensstandard, ohne das Bedürfnis zu haben, damit anzugeben.

Ontario ist verrückter nach Eishockey als alle anderen Provinzen, denn hier ist Wayne „der Große“ Gretzky zu Hause. Doch auch weniger gewalttätige Wintersportarten wie Curling haben immer noch ihre Anhänger. Eines ist allen gemeinsam: Bei gutem Wetter fahren Stadt- und Landbevölkerung in die Sonne und ans Meer, um in der Natur und mit der Familie zusammen zu sein: Essen, Wein, gute Freunde, eine anständige Unterhaltung oder Diskussion stehen allesamt hoch im Kurs.

Geografie & Klima

Ontario ist groß, mit einer maximalen Nord-Süd-Ausdehnung von 1730 km und einer maximalen Ost-West Ausdehnung von 1568 km. Anders als im zerklüfteten Westen Kanadas ist die Landschaft weitgehend flach mit einigen Gebirgsregionen und so vielen Seen, dass man mehr als ein Jahr bräuchte, um überall Steine übers Wasser hüpfen zu lassen: Die Küstenlinie von vier der fünf Großen Seen verläuft in Ontario. 50 % von Ontario (etwa 500 000 km²) gehören zum nördlichen Nadelwaldgürtel (auch „Amazonien des Nordens“ genannt), der sich über Kanada erstreckt. Er gehört zu den größten Kohlendioxidspeichern der Welt, beginnt ungefähr am 50. Breitengrad zwischen dem Lake Superior und der Hudson Bay und erstreckt sich in einem bis zu 1000 km breiten Band in Ost-West-Richtung über die Provinz.

Im Süden von Ontario stoßen kalte Luft aus dem Norden und warme Luft aus der Gegend der Großen Seen zusammen, mit dem Ergebnis, dass es hier viel regnet, die Sommer feucht und die Winter eher mild sind. Im Winter versinkt die ganze Provinz unter einer dicken Schneedecke, wobei die Städte im Schneegürtel wie Parry Sound, Barrie und London (von der Georgian Bay bis zum Lake Huron) besonders schwer be-

KURZINFOS

- Bevölkerung: 13 505 900 Ew.
- Fläche: 1 076 395 km²
- Hauptstadt: Toronto
- Skurriles: Zu den Thousand Islands gehören in Wirklichkeit 1864 Inseln.

ONTARIO AUF EINEN BLICK

Nicht versäumen!

Die **Niagara Peninsula** (S. 129) ist *das* Tagesausflugsziel Nummer 1, um dem Trubel in Toronto zu entkommen, besser bleibt man aber gleich ein paar Tage. Nachdem man die ehrfurchtgebietende Gewalt der weltberühmten Fälle erlebt und das Beste aus den kitschigen Touristenattraktionen herausgeholt hat, geht es die Straße hinauf in den malerischen Ort **Niagara-on-the-Lake** (S. 139) mit seinen vielen Weingütern, Galerien, Boutiquen und Bistros. Hier gibt's auch keinen Mangel an hervorragenden Unterkünften zum Übernachten.

Ein Abstecher nach Osten ins **Prince Edward County** (S. 214) ist eine Überlegung wert. Dies ist das wichtigste kuliarische Ausflugsziel in Ontario; Weinberge und Bio-Farmen verteilen sich über die Landschaft. Hier findet sich auch der **Sandbanks Provincial Park** (S. 214), mit einigen der besten Badestränden am Lake Ontario.

Hungrig auf mehr? Ein idyllischer Ausflug am Fluss bringt einen von Toronto innerhalb von anderthalb Stunden in die Zwillingsdörfer **Elora und Fergus** (S. 151). Und beim Shakespeare-verrückten **Stratford Festival** (S. 154) kann man den Puck spielen. Und wen es richtig in die Wildnis zieht, der eilt Richtung Norden nach **Thunder Bay** (S. 197) und zu den wilden Stränden des **Lake Superior** (S. 191) oder in die prachtvolle Landschaft der **Bruce Peninsula** (S. 179) mit ihren Sandstränden und wärmerem Wasser am Lake Huron im Westen und dem unglaublichen Azur der **Georgian Bay** (S. 174) im Osten.

Was einen erwartet

Ontario ist Kanadas Brotkorb und besitzt ausgezeichnete Restaurants von Ottawa bis nach Thunder Bay. Und wenn es darum geht, die angefutterten Kalorien wieder loszuwerden, warum nicht einen Abschnitt der vielen Tausenden von Kilometern an malerischen Radwegen in Angriff nehmen? Natürlich muss man dazu anpassungsfähig sein und angesichts

troffen sind. Durch den Lake Ontario bleibt das Zentrum von Toronto oft von der Wucht der Schneefälle verschont, doch Winterstürme haben die Stadt schon zum Erliegen gebracht. Die Durchschnittstemperaturen im Januar reichen von etwa –4 °C an der Niagara Peninsula bis –18 °C im Norden.

Mit dem Nahen des Sommers wird es im Südwesten von Ontario und auf der Niagara Peninsula zunehmend heiß und stickig. In Toronto mit seiner Luftverschmutzung kann es dann erdrückend schwül werden. Am Niagara Escarpment sind Sommerstürme nichts ungewöhnlich, und manchmal entstehen auch Tornados. Die Durchschnittstemperatur im Juli beträgt hier etwa 23 °C und 15 °C im Norden. Spätfrühling und Frühherbst sind die besten Reisezeiten, dann ist es mild, die Tage sind lang und sonnig, und die Natur zeigt sich von ihrer schönsten Seite.

Nationalparks & Naturschutzgebiete

Ontario besitzt sechs von Kanadas Nationalparks: den Georgian Bay Islands National Park, den Bruce Peninsula National Park (S. 179), den Fathom Five National Marine Park (S. 181), den Point Pelee National Park (S. 167; der südlichste Punkt des kanadischen Festlandgebiets), den Pukaskwa National Park (S. 195) und den Thousand Islands National Park (S. 224). Es gibt hier auch mehr als 330 Provinzparks, von denen viele Wander- und Campingmöglichkeiten bieten. Stellplätze für bis zu sechs Personen kosten zwischen 35 und 52 C$ pro Nacht. Die Bandbreite reicht von primitiven Plätzen ohne Duschen und ohne Strom bis zu gut gelegenen Plätzen mit Strom und Duschen. Reserviert werden kann bei **Ontario Parks** (☎800-668-2746; www.ontarioparks.com).

ℹ Anreise & Unterwegs vor Ort

AUTO & MOTORRAD

Außerhalb von Toronto sind Ontarios Straßen in gutem Zustand, und das Fahren macht Spaß (sobald man den dichten Verkehr auf dem Hwy 401 hinter sich hat). In Ontario dürfen Autofahrer an einer Ampel rechts abbiegen, wenn das Fahrzeug vorher komplett zum Stillstand gekommen ist. Im Norden sollte man die Geschwindigkeitsbeschränkungen beachten, trotz der Versuchung, einmal so richtig über die leeren Straßen zu brettern: Schon für geringfügige Überschreitungen der Höchstgeschwindigkeit setzt es Geldstrafen von mehr als 100 C$.

des in jeder Jahreszeit launischen Wetters sollte man auch seinen Humor nicht verlieren. Und nicht vergessen, es gibt hier eine reiche Tierwelt. Also einen Feldstecher einpacken, um Vögel, Biber, Elche, Otter und Hirsche zu beobachten.

An Tagen, an denen das Wetter einen unter Dach verbannt, lockt fast jede nennenswerte Stadt mit einem Museum – die diversen Museen Ottawas und Torontos gehören zu den besten der Welt. Auch Geduld ist vonnöten – in Toronto kommt der Verkehr oft nur schleppend voran. Man hat ein gewaltiges Terrain abzugrasen, man sollte sich also Zeit nehmen und sich überraschen lassen!

Reiseplanung

Ontario ist in den langen Tagen des kurzen Sommers voller Tatendrang – von Toronto bis Thunder Bay steigt immer irgendwo ein Festival oder ein lustiges Event. Die Unterkunft unbedingt im Vorfeld buchen!

Das Wetter kann sich in Ontario sehr schnell ändern. Wer zelten will oder Outdoor-Aktivitäten plant, braucht Kleidung für unterschiedliche Temperaturen und darf auf keinen Fall das Insektenspray vergessen.

Infos im Internet

Ontario Travel Information Centre (☎800-668-2746; www.ontariotravel.net) Hat überall in der Provinz Zweigstellen und eine nützliche Website.

Tourism Toronto (Karte S. 82; ☎416-203-2500; www.seetorontonow.com; 207 Queens Quay W; ⏰Mo–Fr 8.30–18 Uhr; Ⓢ Union) Die Website ist praktisch zum Planen seines Besuchs in der Stadt.

Ottawa Tourism (S. 247) Eine umfassende Online-Präsentation der Hauptstadt.

Lonely Planet (www.lonelyplanet.com/canada/ontario) Infos zu Reisezielen, Hotelbuchungen, Traveller-Forum und mehr.

Ein Mietwagen ist praktisch unverzichtbar, wenn man die ganze Provinz erkunden will, aber nicht in Toronto: das Autofahren und die Parkplatzsuche sind schon für ortskundige Einwohner mühsam und können Besuchern wirklich den ganzen Tag verderben. Stattdessen nutzt man in der Stadt besser die Verkehrsmittel der TTC (Toronto Tranist Commission) und holt sich seinen Mietwagen erst dann, wenn man die Stadt verlässt. An Autovermietern herrscht kein Mangel, und Mietwagen sind in Toronto billiger als irgendwo sonst und auch billiger als in Ottawa.

Die beiden wichtigsten Highways sind der Trans-Canada (Hwy 17), der von Ottawa nordwestwärts zur Grenze von Manitoba (gleich westlich von Kenora) führt, und der Hwy 401, der in südwestlicher Richtung von der Grenze zwischen Ontario und Québec nach Windsor und zur US-amerikanischen Grenze (bei Detroit) führt.

BUS

Generell decken **Greyhound Canada** (www.greyhound.ca) ab Toronto das südwestliche Ontario und Ottawa und **Ontario Northland** (www.ontarionorthland.ca) das nördliche Ontario ab. **Megabus** (☎866-488-4452; ca.megabus.com) bietet spottbillige Verbindungen von Toronto über den östlichen Korridor nach Montréal sowie nach Niagara Falls und über die Grenze nach Buffalo im US-Bundesstaat New York. Beim zuletzt genannten Ziel gibt's bei früher Buchung große Rabatte. Falls ein Unternehmen die Verbindung, die man sucht, nicht anbietet, sollte man sich auch bei den anderen umschauen.

Go Transit (www.gotransit.com) ist ein Busdienst, der einen zu Orten in der Nähe von Toronto bringt, z. B. nach Hamilton und London. **Parkbus** (☎800-928-7101; www.parkbus.ca) bietet saisonal ein begrenztes Angebot von Fahrten zu den schönsten National- und Provinzparks in Ontario; die Einzelheiten stehen auf der Website.

FLUGZEUG

Die meisten kanadischen und die größeren internationalen Fluglinien landen auf dem **Toronto Pearson International Airport** (S. 127). Von dort betreiben **Air Canada** (www.aircanada.com) und **WestJet** (www.westjet.com) ein ausgedehntes Flugnetz innerhalb der Provinz und darüber hinaus. Von dem in Downtown gelegenen **Billy Bishop Toronto City Airport** (S. 128) fliegt **Porter Airlines** (☎888-619-8622; www.flyporter.com) zu Zielen im nördlichen Ontario sowie nach Ottawa, Montréal, Chicago, New York, Boston, Washington und zu weiteren Zielen.

Der **John C. Munro Hamilton International Airport** (YHM; ☎905-679-1999; www.flyhi.ca; 9300 Airport Rd, Mt. Hope) ist eine Alternative für preiswerte Flüge in die USA, wenn die Verbindungen ab Toronto ausgebucht sind. Distant Northern Ontario betreibt ein nützliches Netz von Flugplätzen, zu dem Moosonee, North Bay, Sault Ste. Marie, Sudbury, Timmins und Thunder Bay gehören.

Zu den nützlichen Verbindungen vom kleinen **Ottawa MacDonald-Cartier International Airport** (https://yow.ca/en) gehören Flüge nach Iqaluit (Nunavut) und Yellowknife (Northwest Territories), die von **Canadian North** (☎ 800-661-1505; www.canadiannorth.com), First Air (firstair.ca) und **Air North** (www.flyairnorth.com) angeboten werden. Von dort gibt's Anschlüsse zu Zielen überall im hohen Norden.

ZUG

Züge von **VIA Rail** (☎ 888-842-7245; www.viarail.ca) bedienen den dicht besiedelten Korridor Ontario–Québec, von Windsor im Südwesten bis nach Montréal. VIA Rail betreibt auch Züge durch ganz Kanada, die im nördlichen Ontario auf dem Weg nach Manitoba und weiter halten.

GO Transit in Toronto betreibt unregelmäßig verkehrende Pendlerzüge, von denen einige nach Hamilton, Niagara Falls, Barrie, Kitchener und Guelph fahren.

Wer ein Abenteuer im hohen Norden erleben will, nimmt den **Polar Bear Express** (S. 203) von Cochrane ins noch abgelegenere Moosonee, das Tor zur James Bay und zur Moose Factory Island.

TORONTO

6,1 MIO. EW.

Toronto ist die kulturell vielfältigste Stadt der Welt: über 140 Sprachen werden hier gesprochen. Man schätzt, dass mehr als die Hälfte der Einwohner außerhalb Kanadas geboren wurden, aber trotz dieser komplexen Zusammensetzung der Bevölkerung kommen die Einwohner der Stadt meist gut miteinander aus. Bei schönem Wetter ist Toronto ein Vergnügen: eine lebensprühende, unterhaltsame Metropole voller Aktivitäten. In der Stadt gibt's einige der besten Restaurants weltweit, muntere Bars und Clubs sowie ein buntes Festivalangebot.

Zugegeben, der Winter in Toronto kann eine Qual sein. Auf den verstopften Highways und in den veralteten öffentlichen Verkehrsmitteln ziehen sich die Fahrten hin. Wer aber Geduld und Offenheit mitbringt, und in den milden und farbenfrohen Jahreszeiten Frühjahr oder Herbst anreist, wird in Toronto seinen Spaß haben.

Gegenwärtig herrscht ein neuer internationaler Hype um Toronto. Dieser ist vielleicht dem Zustrom vitaler neuer Einwohner aus aller Welt geschuldet, aber auch die Panamerikanischen Spiele haben die Stadt wieder ins internationale Scheinwerferlicht gebracht. Die Stadt ist dabei, ihre Möglichkeiten weiter zu entwickeln.

Geschichte

Im 17. Jh. gehörte das Gebiet des heutigen Toronto zum Land der Seneca-Indianer. Der Franzose Étienne Brûlé betrat als erster Europäer 1615 das Land. Die Indianer waren über seinen Besuch nicht besonders erfreut; der eisige Empfang, die sie ihm bereiteten, verhinderte vorübergehend eine weitere Erschließung durch die Franzosen. Erst fast hundert Jahre später, um 1720 gründeten sie einen Pelzhandelsposten am heutigen Weststrand der Stadt. 1763 übernahmen die Engländer die Macht, und John Simcoe, Vizegouverneur von Upper Canada, wählte den Ort als Hauptstadt (die frühere Hauptstadt war Niagara-on-the-Lake) und nannte die Stadt „York". Am 27. April 1813, während des Britisch-Amerikanischen Kriegs, erreichten amerikanische Streitkräfte Fort York und besiegten die Truppen der Engländer und der Ojibwe. Die Amerikaner plünderten York und machten es fast dem Erdboden gleich. Sie beherrschten es aber nur sechs Tage lang, denn die kanadischen Truppen rückten vor und jagten die Yankees wieder zurück in ihr heimatliches Washington.

Unter Bürgermeister William Lyon Mackenzie wurde York 1834 in Toronto umbenannt. Das Wort stammt aus der Eingeborenensprache und bedeutet „Treffpunkt". Die viktorianische, von konservativen Politikern geleitete Stadt, wurde als „Toronto the Good" bekannt. Religiöse Einschränkungen und starke Gesetze gegen das Laster trugen Toronto diesen Ruf ein: Sonntags durfte man sich z. B. kein Pferd mieten, die Schaufenster der Geschäfte wurden verhängt (ein Schaufensterbummel galt als sündhaft), und es durften keine Filme gezeigt werden.

Toronto wurde, wie viele andere Städte auch, Opfer eines Großbrandes; 1904 brannten rund 5 ha der Innenstadtfläche und 122 Gebäude nieder. Erstaunlicherweise wurde niemand getötet. In den 1920er-Jahren boomte die Bay St (Torontos Wall St), teilweise wegen der Gold-, Silber- und Uranfunde im Norden Ontarios.

Vor dem Zweiten Weltkrieg stammten 80 % der Einwohner aus Großbritannien oder Irland, doch nach dem Krieg veränderte sich das kulturelle Gesicht der Stadt. Über

Greater Toronto Area (GTA)

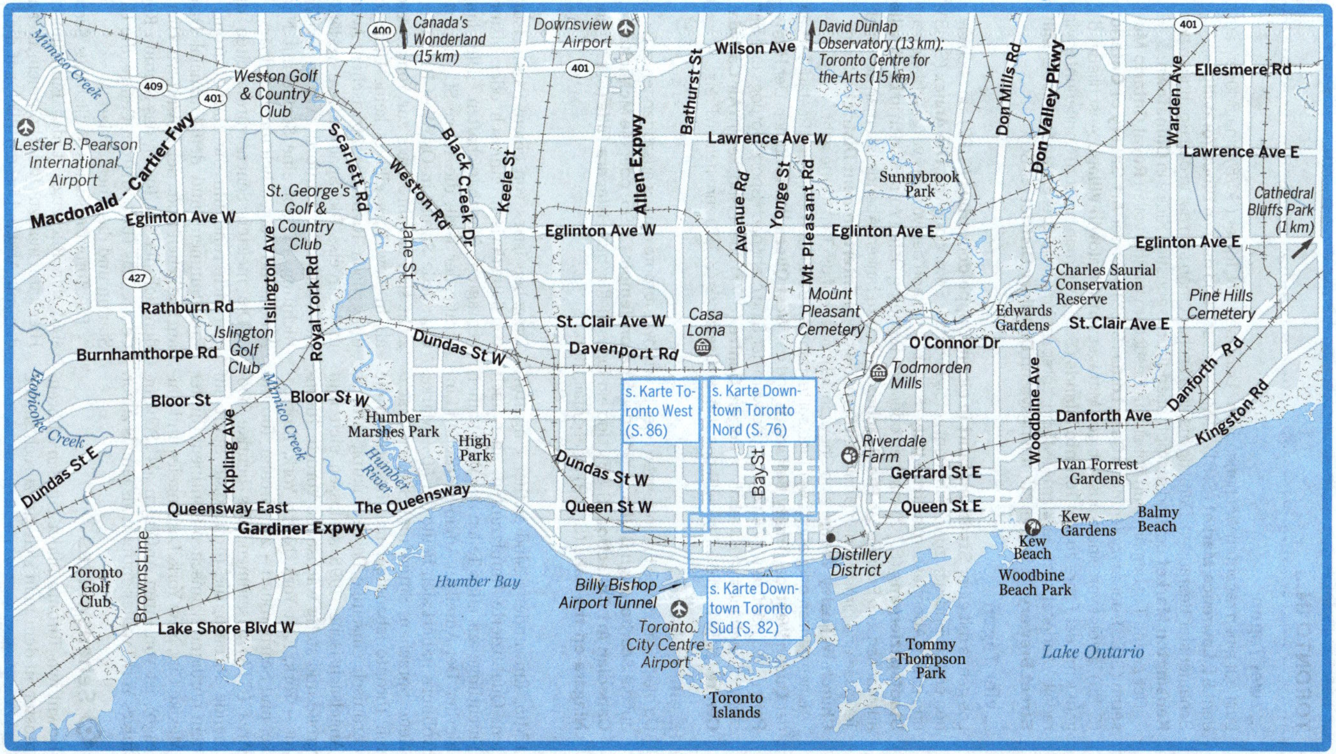

TORONTO IN ...

... zwei Tagen

Lust auf einen rasanten Wochenendtrip? Dann den **CN Tower** (S. 75) hinaufdüsen, auf dem **St. Lawrence Market** (S. 81) zu Mittag essen und dann in **Bloor-Yorkville** die Schaufenster bestaunen. Derartig inspiriert schaut man sich auf in den Boutiquen am **Kensington Market** um und mampft abends preisgünstige Klöße in **Chinatown**.

Der zweite Tag beginnt früh mit einem Besuch im wundervollen **Royal Ontario Museum** (S. 85), der faszinierenden **Casa Loma** (S. 88) oder der **Art Gallery of Ontario** (S. 85), gefolgt von einem ausgiebigen Mittagessen in **Baldwin Village**. Anschließend geht's mit der Fähre zu den **Toronto Islands** (S. 91), wo man bis zum Sonnenuntergang radelt. Wieder zurück auf dem Festland, entspannt man sich bei einem Pint in der **Mill Street Brewery** (S. 117) im stimmungsvollen **Distillery District** (S. 80).

... vier Tagen

Los geht's mit einer **Stadtrundfahrt in einem Doppeldeckerbus** (S. 97), um sich einen ersten Eindruck zu verschaffen, gefolgt von der Erkundung von **The Annex** (S. 88) und einem Abendessen in **Little Italy** (S. 88). Man kann den von uns vorgeschlagenen **Stadtspaziergang** (S. 92) machen oder sich Richtung Osten zum Brunch in **Leslieville** aufmachen, um Energie für **The Beaches** (S. 90) zu tanken. Abends isst man auf einer Terrasse und nimmt einen Drink, bevor man sich im **Entertainment District** oder im **Church-Wellesley Village** eine Show ansieht oder auf die Tanzfläche geht.

Einen ganzen oder auch zwei Tage sollte man den Boutiquen, Bars und Restaurants an der **Queen West**, der **Trinity Bellwoods** und der **West Queen West** widmen. Der **High Park** (S. 93) lädt zum Picknick ein, und wem der Sinn mehr nach Sport, Hotdogs und Bier steht, der schaut sich Baseball im **Rogers Centre** (S. 77) oder Eishockey im **Air Canada Centre** (S. 124) an oder genießt das alles im **Gretzky's** (S. 118) zum halben Preis.

... einer Woche

Da bleibt Zeit, seine Erkundungen über Downtown Toronto hinaus auszudehnen, z. B. auf die **Scarborough Bluffs** (S. 94), den **Sharon Temple** (S. 95) oder die **McMichael Canadian Art Collection** (S. 95). Und ein Tagesausflug nach **Niagara Falls** (S. 129) und **Niagara-on-the-Lake** (S. 139) ist ebenfalls drin.

1 Mio. Einwanderer sind seither eingetroffen: Qualifizierte Immigranten, aber auch Flüchtlinge aus allen Teilen der Welt kamen hierher. Der Anteil an Anglo-Keltischen Einwohnern nähert sich heute der 50%-Marke. Neue Sprachen, Sitten und Speisen machten Toronto lebendiger und beseitigten die chronisch einseitige Beschränkung auf das Angelsächsische. 1998 schlossen sich fünf große und stetig wachsende Vororte Torontos – York, East York, North York, Etobicoke, und Scarborough – zur Greater Toronto Area (GTA) zusammen. Das heutige boomende Toronto, die fünftgrößte Stadt auf dem nordamerikanischen Kontinent (hinter Mexiko City, New York, Los Angeles und Chicago), ist von ihren Anfängen als „Schlammiges York" weiter entfernt als jemals zuvor.

Sehenswertes

Downtown Toronto bildet ein Schachbrettmuster, in dem man sich gut zurechtfindet. Umgeben ist es von einem Sammelsurium von künstlerisch, ethnisch oder historisch geprägten Nachbarschaften. Die längste Straße der Welt, die Yonge St, gliedert die City: Jede Straße in Ost-West-Richtung bezieht sich auf ihre Lage zur Yonge. Anders als in New York gibt es keine Unterscheidung nach Richtungen zwischen Avenues und Streets: Die Spadina Ave verläuft in Nord-Süd-, die Danforth Ave in Ost-West-Richtung. Es gibt eine Straße mit Namen Avenue Rd – eigentlich unvorstellbar!

Die meisten Sehenswürdigkeiten drängen sich rund um die Harbourfront, den Entertainment und den Financial District am südlichen Ende der Downtown. Hier finden sich der CN Tower, das Stadion Rogers Centre, das Harbourfront Centre, die Union Station und das Theaterviertel.

Die Toronto Islands südlich des Seeufers sind der Rückzugsort der Einheimischen. Hier kann man zur Ruhe kommen, aber auch den mit Abstand besten Blick auf die überwältigende Skyline von Toronto genießen – der einen halben Tag dauernde Ausflug lohnt sich also. Zurück aufs Festland: Östlich der Yonge St und westlich des Don Valley Pkwy erstrecken sich in Old York die ältesten und am besten erhaltenen Viertel Torontos. Abgesehen davon ist es nicht sehr wahrscheinlich, dass sich ein Besucher von den Schönheiten Torontos verführen lässt, unsere Empfehlung lautet daher, Charme und Charakter der Stadt zu erschnuppern, und die findet man ein wenig weiter draußen.

Viele behaupten, im Westen sei es am besten: Hier liegen The Annex, Kensington Market und Queen West. Der Osten hat eine ganz andere Ausstrahlung: ebenso angesagt, aber stärker geerdet. Leslieville, die Greektown (alias The Danforth), in die alle gern zum Essen kommen, und The Beaches, die von ihrer Ausstrahlung etwas von San Francisco haben, sind die Hauptanziehungspunkte.

Wir empfehlen die TTC (Toronto Transit Commission), um herumzukommen – Autofahren ist in Toronto eine Kunst, die sogar viele Einheimische nicht beherrschen, die Parkgebühren sind astronomisch hoch und die Straßen verpestet. Die morgendlichen und abendlichen Stoßzeiten sollte man meiden, denn dann sind U- und Straßenbahnen überfüllt, und es kommt oft zu Verspätungen.

Harbourfront

Am Ende der Yonge St und der York St liegt das sanierte Viertel Harbourfront am Lake Ontario. Das Hafenviertel war früher ein heruntergekommenes Gebiet mit Lagerhäusern, Fabriken und Dockanlagen. Heute wimmelt es rund um die Restaurants, Theater, Galerien, Künstlerateliers, Geschäfte, Wohnhäuser und Parkanlagen am Queens Quay nur so von Menschen. Die Fähren zu den Toronto Islands legen hier ab.

★ CN Tower — TURM

(La Tour CN; Karte S. 82; ☎416-868-6937; www.cntower.ca; 301 Front St W; Tower Experience Erw./Kind 35/25 C$; ⏲9–22.30 Uhr; Ⓢ Union) Ein Wahrzeichen Torontos: Der CN Tower, ein Wunderwerk der Ingenieurkunst der 1970er-Jahre, sieht aus wie eine riesige Subkutanspritze aus Beton. Seine Funktion als Fernsehturm tritt hinter seine Rolle als Touristenmagnet deutlich zurück – trotz des hohen Preises ist die Fahrt mit den Glasfahrstühlen zur Spitze des Turms, der viele Jahre mit 553 m das höchste freistehende Bauwerk der Welt war, eines der Dinge, die man in Toronto einfach unternommen haben muss. Wer darauf verzichtet, muss aber mindestens nachts einen Blick auf den Turm werfen, wenn die gesamte Konstruktion in einer kostenlosen, ganzjährig zu sehenden Lightshow erstrahlt.

Bei klarem Wetter ist die Aussicht von der Spitze erstaunlich; wenn es diesig ist – was oft der Fall ist – sieht man nichts. Die Warteschlangen (in beide Richtungen) können bis zu zwei Stunden in Anspruch nehmen. Kauft man das Ticket im Internet, spart man 15 %. Es gibt das obligatorische sich drehende Restaurant (namens 360°), welches teuer ist (der Preis für den Aufzug wird den Restaurantgästen aber erlassen). Wagemutige (ab 13 Jahre) mit dicker Brieftasche können sich jetzt für den „EdgeWalk" (175 C$) entscheiden, einen 20-minütigen Rundgang im Freien um die ungesicherte Hauptplattform (in 356 m Höhe) – nichts für Leute mit Höhenangst. Einen noch höher gelegenen Ausblick gewährt (aber hinter schützendem Glas) der SkyPod (447 m; 12 C$ extra).

Den besten Blick auf den Turm von der Straße aus hat man an der Kreuzung McCaul St und Queen St W, unmittelbar nördlich des Turms.

Harbourfront Centre — AREAL

(Karte S. 82; ☎416-973-4000; www.harbourfrontcentre.com; York Quay, 235 Queens Quay W; ⏲Kartenbüro Di–So 13–18, an Veranstaltungsabenden bis 20 Uhr; P 🚻; 🚊509, 510) Das 4 ha große gemeinnützige Harbourfront Centre bietet den Einwohnern der Stadt mit einer Vielzahl von Veranstaltungen das ganze Jahr über Bildung und Unterhaltung. Dazu gehören Sonntagsveranstaltungen für Familien und im Sommer kostenlose Freiluftkonzerte im Toronto Music Garden oder auf der Concert Stage. Am See gibt's auch eine Eisbahn, wo man im Winter Schlittschuh laufen kann. Einen Besuch lohnen auch die kostenlosen Galerien wie die **Photo Passage** und das aktive **Craft Studio**. Kommt man vom Queens Quay am **Ontario Square** an, geht man weiter zum **Canada Square** mit seinen Mammutbäumen, die auf den Lake Ontario blicken.

15 Gehminuten weiter westlich erstreckt sich am westlichen Teil der Harbourfront der in Zusammenarbeit mit dem Cellisten Yo-Yo Ma gestaltete **Toronto Music Garden**. Die Gestaltung soll Bachs Suite Nr. 1 für Violoncello versinnbildlichen – mit einem Bogen aus Koniferen, einem sich durch

Downtown Toronto Nord

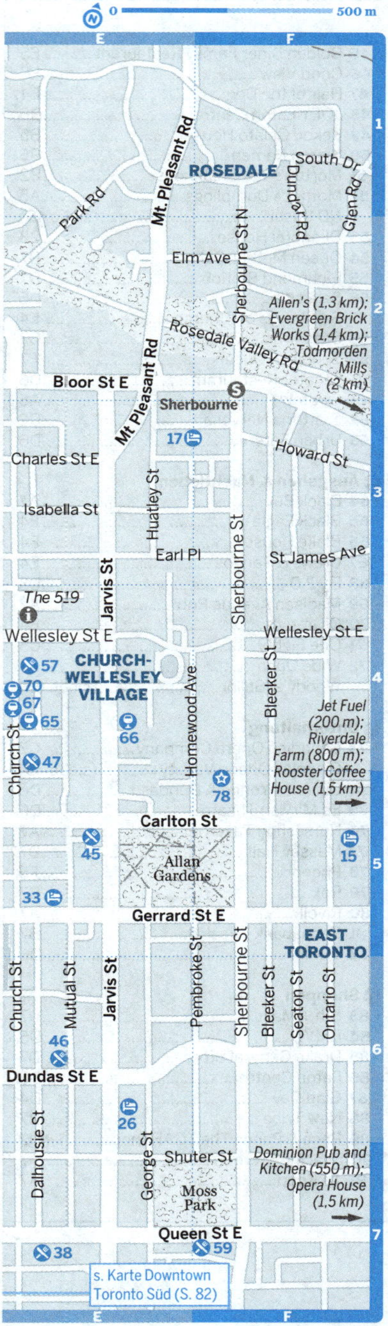

Wildblumenwiesen windenden Hain und einem grasbewachsenen Amphitheater, in dem Gratiskonzerte stattfinden.

Power Plant Contemporary Art Gallery GALERIE

(Karte S. 82; ☎416-973-4949; www.thepowerplant.org; 231 Queens Quay W; ⏰Di, Mi & So 10–17, Do bis 20, Fr–So bis 18 Uhr; 🚌509, 510) GRATIS Die Power Plant Gallery am Harbourfront Centre ist am bemalten Schornstein leicht zu erkennen und ist genau das, was ihr Name sagt – ein früheres Kraftwerk, das zur führenden Galerie in Toronto für zeitgenössische kanadische Kunst umgewidmet wurde. Das Beste daran: Der Besuch ist gratis, und es gibt regelmäßig wechselnde, interessante Ausstellungen.

Steam Whistle Brewing BRAUEREI

(Karte S. 82; www.steamwhistle.ca; 255 Bremner Blvd; Führungen 45 Min. 10 C$; ⏰Mo–Do 12–18, Fr & Sa 11–18, So bis 17 Uhr; P; S Union, 🚌509, 510) „Mach nur eine Sache, die aber richtig", lautet das Motto von Steam Whistle Brewing, denn die Kleinbrauerei produziert nur eine Biersorte: ein frisches Pilsner im europäischen Stil. Steam Whistle mixt sein blubberndes Gebräu in einem Bahndepot von 1929 zusammen und ist immer darauf bedacht, dies umweltfreundlich zu tun – zum Teil durch die Nutzung von erneuerbaren Energien, Dampfbeheizung, ausschließlich natürlichen Zutaten (oft aus der Region) und super-coolen Ginger-Ale-Flaschen, die bis zu 40-mal wiederverwendet werden können. Führungen mit Kostproben gibt es zwischen 13 und 17 Uhr jede halbe Stunde.

Rogers Centre STADION

(Karte S. 82; ☎416-341-2770; www.rogerscentre.com; 1 Blue Jays Way; Führungen 1 Std. Erw./Kind 16/10 C$; S Union) Das mit seiner technischen Ausrüstung beeindruckende Rogers Centre wurde 1989 eröffnet. Es war das weltweit erste Stadion mit einem Kuppeldach, das vollständig geöffnet werden kann, und bietet Sitzplätze für bis zu 55 000 Menschen. Im Rahmen der Führung bekommt man eine imposante Videowand zu Gesicht, auf der Aufnahmen von sportlichen Glanzleistungen, Konzerten und Events gezeigt werden. Außerdem macht man einen kurzen Sprint durch eine der Logen, einen Abstecher in die Umkleidekabinen (allerdings ohne Sportler drinnen) und einen Besuch in dem Museum mit Erinnerungsstücken. Eine billige Karte für ein Baseballspiel der Blue Jays oder ein Footballspiel der Argonauts ist

Downtown Toronto Nord

Highlights
1 401 Richmond ... A7
2 Elgin & Winter Garden Theatre ... D7
3 Royal Ontario Museum ... B3

Sehenswertes
4 Art Gallery of Ontario ... B6
5 Bata Shoe Museum ... A2
6 Church of the Holy Trinity ... D6
7 City Hall ... C7
8 Gardiner Museum ... C3
9 Maple Leaf Gardens ... D5
10 Old City Hall ... D7
11 Provincial Legislature ... C4
12 Textile Museum of Canada ... C6
13 Toronto Public Library – Lillian H Smith Branch ... A5

Aktivitäten, Kurse & Touren
14 ROMBus ... B2

Schlafen
15 Amsterdam Guesthouse ... F5
16 Annex Quest House ... A2
17 Au Petit Paris ... E3
18 Baldwin Village Inn ... B5
19 Cambridge Suites ... D7
20 Chestnut Residence ... C6
21 Comfort Hotel ... D3
22 Courtyard Toronto Downtown ... D4
23 Eaton Chelsea ... D5
24 Four Seasons ... C2
25 Global Guesthouse ... A2
26 Grand Hotel & Suites ... E6
27 Havinn ... A1
28 Hazelton ... C2
29 Holiday Inn Toronto Bloor-Yorkville ... A2
30 Holiday Inn Toronto Downtown Centre ... D5
31 Les Amis Bed & Breakfast ... D5
32 Madison Manor ... A2
33 Neill-Wycik College Hotel ... E5
34 Pantages ... D6
35 Victoria's Mansion Inn & Guesthouse ... D3
36 Windsor Arms ... C3

Essen
37 7 West Café ... D3
38 B Espresso Bar ... E7
39 Bloor Street Diner ... D2
40 Burrito Bandidos ... A7
41 Cafe la Gaffe ... B5
42 Dark Horse Espresso ... A7
43 Eat Fresh Be Healthy ... C6
44 Ethiopian House ... D3
45 Golden Diner Family Restaurant ... E5
46 Good View ... E6
47 Hair of the Dog ... E4
48 JOEY Eaton Centre ... D6
49 Kekou Gelato House ... B5
50 Kinton Ramen ... B5
51 Morton's the Steakhouse ... B2
52 Mother's Dumplings ... A5
ND Sushi ... (siehe 49)
53 Okonomi House ... C3
54 Queen Mother Café ... B7
55 Richmond Station ... D7
56 Salad King ... D6
57 Sambucas on Church ... E4
58 Sassafraz ... C2
59 Schnitzel Queen ... F7
60 Senator Restaurant ... D6
61 Swatow ... A6
62 Trattoria Nervosa ... C2
63 Urban Eatery ... D6

Ausgehen & Nachtleben
64 Black Bull ... A7
65 Black Eagle ... E4
66 Blake House ... E4
67 Crews & Tangos ... E4
68 Fly 2.0 ... D3
69 Madison Avenue Pub ... A2
70 O'Grady's ... E4
71 One Eighty ... C3
72 Wide Open ... A7
Woody's/Sailor ... (siehe 65)

Unterhaltung
73 Canadian Opera Company ... C7
Cineplex Odeon Varsity ... (siehe 39)
74 Cineplex Yonge & Dundas ... D6
75 Ed Mirvish Theatre ... D6
76 Horseshoe Tavern ... A7
77 Massey Hall ... D7
78 Phoenix ... F5
79 Rex ... B7
80 Rivoli ... A7
81 Scotiabank Theatre ... B7
82 TO Tix ... D6

Shoppen
83 8th + Main ... D7
84 BMV ... D6
85 Drake General Store ... D7
86 Eaton Centre ... D6
87 Glad Day ... D4
88 New Tribe ... B7
89 Page & Panel: The TCAF shop ... D2
90 Spacing Store ... A7
91 Te Koop ... A7

der preisgünstigste Weg, ins Rogers Centre zu kommen.

Fort York National Historic Site HISTORISCHE STÄTTE

(☎416-392-6907; www.fortyork.ca; 250 Fort York Blvd; Erw./Kind 9/4,25 C$; ⏲Juni–Dez. 10–17 Uhr, Jan.–Mai Mo–Fr bis 16 Uhr P; 🚍509, 511) Das 1793 von den Briten zur Verteidigung der damals York genannten Siedlung errichtete Fort York wurde im Britisch-Amerikanischen Krieg von 1812 fast vollständig zerstört, als ein kleiner Trupp von Ojibwa-Kriegern und britischen Soldaten den Angriffen der US-Amerikaner nicht standhalten konnten. Ein paar der originalen Blockhäuser, Stein- und Backsteingebäude wurden restauriert. Von Mai bis September marschieren Darsteller in britischen Uniformen des 19. Jhs. herum und feuern Musketensalven gen Himmel ab.

Das Fort ist ganzjährig geöffnet; besondere Events und Einzelheiten zu Führungen stehen auf der Homepage.

Spadina Quay Wetlands PARK

(Karte S. 82; ☎416-392-1111; www.toronto.ca; 479 Queens Quay W; ⏲Sonnenaufgang–Sonnenuntergang; 🚍509, 510) Ein ehemaliger Parkplatz am See wurde zu den 2800 m² großen Spadina Quay Wetlands umgewandelt, einem gedeihenden nachhaltigen Ökosystem voller Frösche, Vögel, Fische und Schmetterlinge. Als die Fischer am See entdeckten, dass hier jedes Frühjahr Hechte laichten, nahm es die Stadt auf sich, dieses neue Habitat zu schaffen. Das Gelände mit seinen Heidekräutern, Pappeln und einem Vogelhaus ist ein kleines Juwel, das der Sanierung des Hafengebiets den Weg wies.

Ripley's Aquarium of Canada AQUARIUM

(Karte S. 82; ☎647-351-3474; www.ripleysaquariumofcanada.com; 288 Bremner Blvd; Erw./Kind 30/20 C$; ⏲9–23 Uhr; S Union) Torontos jüngste Attraktion für Jung und Alt: Mehr als 15 000 Meereslebewesen bewohnen die Wasserbecken, die insgesamt 5,7 Mio. l Wasser fassen. Es gibt Streichelbecken, die Möglichkeit, bei den Tieren zu übernachten und lehrreiche Tauchvorführungen. Das Aquarium ist das ganze Jahr über geöffnet, schließt aber manchmal früher, wenn besondere Events auf dem Programm stehen.

Exhibition Place WAHRZEICHEN

(☎416-263-3600; www.explace.on.ca; abseits des Lake Shore Blvd W, zw. Strachan Ave & Dufferin St; 🚍509, 511) Jedes Jahr im August wird der historische Exhibition Place für seinen ursprünglichen Bestimmungszweck wiedererweckt: die Canadian National Exhibition (S. 99). Während der „Ex" kommen Millionen von Besuchern wegen der Fahrgeschäfte, der Holzfällerwettbewerbe und der vielen bodenständigen Vergnügungen, die lustiger sind als ein Sonntagsschul-Picknick. Die Beaux-Arts-Statue *Victory* über dem Princes' Gate wurde 1927 zum 60. Jahrestag Kanadas hier aufgestellt. Es gibt noch andere Events, die im Lauf des Jahres im Exhibition Place stattfinden, z. B. der Honda Indy Toronto (S. 99) im Juli, eine Menge Zuschauersportereignisse und Indie-Design-Shows. Ansonsten ist das Gelände oft wie ausgestorben.

Financial District

Die Union Station ist der größte Verkehrsknotenpunkt Kanadas, der täglich von 250 000 Passagieren genutzt wird. Ein umfangreiches Sanierungsprojekt soll alles noch besser machen, aber der Bahnhof, der U-Bahnbereich und die umliegenden Straßen werden bis 2018 unter den Baumaßnahmen mit Beeinträchtigungen auskommen müssen. Das Gebiet gleich nördlich des Bahnhofs an der King und Adelaide sowie östlich bis zur Bay St ist Torontos Wall St: hier stehen die schönsten Wolkenkratzer, in denen die „Bay St Boys" alles tun, um sich davon zu überzeugen, dies alles sei in Wirklichkeit New York.

Hockey Hall of Fame MUSEUM

(Karte S. 82; ☎416-360-7765; www.hhof.com; Brookfield Pl, 30 Yonge St; Erw./Kind 18/12 C$; ⏲Mo–Sa 9.30–18, So 10–18 Uhr; S Union) Die in einem prunkvollen grauen Gebäude im Rokokostil der Bank of Montréal untergebrachte Hockey Hall of Fame ist eine kanadische Institution. Selbst Besucher, die sich im superschnellen, äußerst harten Sport nicht auskennen, werden wahrscheinlich von dieser weltweit größten Sammlung von Eishockey-Memorabilien beeindruckt sein. Man sollte einen Blick auf die Torwartmasken-Sammlung werfen, die an den Film *Blutgericht in Texas* erinnert, oder in einem virtuellen Spiel gegen den großen Wayne Gretzky antreten.

Cloud Gardens Conservatory GARTEN

(Bay Adelaide Park; Karte S. 82; ☎416-392-7288; 14 Temperance St; ⏲Mo–Fr 10–14.30 Uhr; S Queen) GRATIS Das schwül-warme Cloud Gardens

Conservatory bildet eine überraschende Oase mit eigenem Wasserfall voller riesiger Dschungelblätter, Weinranken und Palmen. Die Informationstafeln erklären den Besuchern, was Regenwälder sind. Das Gewächshaus ist im Winter ein toller Ort, um sich aufzuwärmen; das umliegende Gebiet sollte man nach Einbruch der Dunkelheit aber meiden, weil sich im angrenzenden Park zwielichtige Typen herumtreiben.

TD Gallery of Inuit Art MUSEUM
(Karte S. 86; ☎416-982-8473; https://aqrt.td.com/visit; 79 Wellington St W, EG & Hochparterre, TD Centre; ⊙Mo–Fr 8–18, Sa & So 10–16 Uhr; Ⓢ St. Andrew) GRATIS Mitten im Trubel des Financial District bietet die Toronto Dominion Gallery of Inuit Art eine überraschend ruhige Zuflucht. Sie gewährt außergewöhnliche Einblicke in die Kultur der Inuit. Im Toronto-Dominion Centre sind in Glasvitrinen Otter, Bären, Adler und geschnitzte Inuit-Figuren in Alltagsszenen ausgestellt.

Design Exchange MUSEUM
(DX; Karte S. 82; ☎416-363-6121; www.dx.org; 234 Bay St; Erw./Kind 10/8 C$; ⊙Di–Fr 9–17, Sa & So 12–16.30 Uhr; Ⓢ King) Das alte Gebäude der Toronto Stock Exchange beherbergt heute interessante Ausstellungen zum Industriedesign. Zur Dauersammlung des recht kleinen Museums gehören mehr als 1000 kanadische Arbeiten aus sechs Jahrzehnten. Die Eintrittspreise der Sonderausstellungen variieren.

Old York

Historisch gesehen, umfasst die alte Stadt York nur zehn Häuserblocks. Heute erstreckt sich das Viertel östlich der Yonge St bis zum Don River und von der Queen St südlich bis zur Uferpromenade. Und Vorsicht: Die Geister aus Torontos Vergangenheit lauern überall.

★ **Distillery District** AREAL
(☎416-364-1177; www.thedistillerydistrict.com; 9 Trinity St; ⊙Mo–Mi 10–19, Do–Sa bis 20, So 11–17 Uhr; 🚊503, 504) Das 5 ha große Areal rund um die 1832 erbaute Brennerei Gooderham and Worts – die einst die größte des britischen Empire war – gehört zu den größten Attraktionen der Innenstadt Torontos. Aus den viktorianischen Lagerhäusern sind Galerien, Künstlerateliers, Designerläden, Cafés und

TORONTO MIT KINDERN

Toronto ist eine kinderfreundliche Stadt mit vielem, was man mit Kindern im Schlepptau sehen oder tun kann.

➡ Das **Harbourfront Centre** (S. 75) veranstaltet ständig Events mit HarbourKIDS. Die **Canadian National Exhibition** (S. 99) lockt im August ebenfalls mit Events.

➡ Wissbegierige Kids begeistern sich für den **CN Tower** (S. 75), das **Ontario Science Centre** (S. 94),das **Royal Ontario Museum** (S. 85) und das **LEGOLAND Discovery Centre** (S. 94).

➡ Kinder, die auf Kunst und Kreativität stehen, haben Spaß an Kursen im **Gardiner Museum** (S. 87), am Geschichtenerzählen in der **Toronto Public Library – Lillian H. Smith Branch** (Karte S. 76; ☎416-393-7746; www.torontopubliclibrary.ca; 239 College St; ⊙Mo–Do 9–20.30, Fr bis 18, Sa bis 17, So 13.30–17 Uhr; 🚸; 🚊506, 510) GRATIS oder einer Theatervorstellung im **Young People's Theatre** (S. 122).

➡ Die Umweltschützer und Tierärzte der nächsten Generation kommen im **Ripley's Aquarium** (S. 79), auf der **Riverdale Farm** (S. 90), im **High Park** (S. 93), in den **Spadina Quay Wetlands** (S. 79) und im **Tommy Thompson Park** (S. 90) auf ihre Kosten.

➡ Hibbelige Kinder können sich im **Canada's Wonderland** (S. 94) oder, etwas zahmer, im **Centreville Amusement Park** (S. 93) austoben. Teenager haben Spaß am **Eaton Centre** (S. 110) und am **Kensington Market** (S. 88).

➡ Geräumige Unterkünfte für Familien, die das Budget nicht sprengen, gibt's im **Eaton Chelsea** (S. 103) mit seiner großen Wasserrutsche, im **Courtyard Toronto Downtown** (S. 104), im **Grand Hotel and Suites** (S. 103) und bei **Cambridge Suites** (S. 103).

➡ Praktische Informationen finden Eltern im Internet unter www.helpwevegotkids.com; da ist alles aufgelistet, was in Toronto an Angeboten vorhanden ist, bis hin zu Infos zu Babysittern und Kinderkrippen.

Restaurants geworden. An den Wochenenden lassen sich Hochzeitsgesellschaften vor der Kulisse aus rotem Backstein und Kopfsteinpflaster ablichten, junge Familien gehen mit ihren Hunden spazieren und Trendbewusste stöbern nach Kunst unter den charmant verfallenen Giebeln und Portalen. Im Sommer gibt's hier Livejazz, Aktivitäten, Ausstellungen und kulinarische Events.

Auf dem Gelände befinden sich auch das Young Centre for Performing Arts (S. 122) und die Mill Street Brewery (S. 117).

★ St. Lawrence Market MARKT

(Karte S. 82; ☎416-392-7129; www.stlawrencemarket.com; 92–95 Front St E; ⏲Di–Do 8–18, Fr bis 19, Sa 5–17 Uhr; P; 🚌503, 504) Schon seit über 200 Jahren ist Old Yorks sensationeller St. Lawrence Market ein Treffpunkt der Nachbarschaft. Der restaurierte, 1845 erbaute **South Market**, eine hohe Fachwerkskonstruktion, beherbergt mehr als 50 Feinkoststände; Käsehändler, Fischverkäufer, Fleischer, Bäcker und Pastahersteller sind hier vertreten. Die **Carousel Bakery** ist bekannt für ihre Sandwiches mit *peameal bacon* (in Maismehl gewälzter Schinken) und **St. Urbain** für die authentischen Bagels à la Montréal.

In den alten Ratssälen im Obergeschoss zeigt die **Market Gallery** (Karte S. 82; ☎416-392-0572; www.toronto.ca/marketgallery; 95 Front St E; ⏲Di–Do 10–18, Fr bis 19, Sa 9–17, So 10–16 Uhr; 🚌503, 504) GRATIS Wechselausstellungen von Gemälden, Fotografien, Dokumenten und historischen Zeugnissen.

Auf der anderen Seite der Front St finden im North Market samstags ab 5 Uhr ein Bauernmarkt und sonntags ein fantastischer Antiquitätenmarkt statt – früh kommen, um sich die besten Stücke zu sichern! 2010 wurden die Sieger des Architektenwettbewerbs zum Umbau des North-Market-Gebäudes bekanntgegeben, aber bisher haben die Bauarbeiten noch nicht begonnen. Ein paar Schritte weiter nördlich steht die 1849 erbaute, prächtige St. Lawrence Hall mit Mansarddach und einem mit Kupfer verkleideten Uhrenturm.

Entertainment District & King Street West

Westlich vom Financial District liegt an der King St zwischen University Ave und Spadina Ave Torontos Entertainment District mit Theatern und Veranstaltungssälen, Preshow-Bars und dem gefeierten TIFF Bell Lightbox (S. 123). Die ganze Gegend bis zur Spadina Ave ist das Revier der Nachtclubs. Östlich an der King St Richtung Distillery District (S. 80) locken Edel-Möbelläden zum Schaufensterbummel, und es gibt einige schöne historische Bauten.

TORONTO IN ZAHLEN

- Einwanderer nach Kanada, die sich in Toronto niederlassen: 1 von 4
- Einwohner Torontos, die außerhalb Kanadas geboren wurden: 1 von 2
- Geschätzte Besucherzahl während der Pride Week: 1 Mio.
- Preis für ein Pint lokales Bier: 5 C$
- Fahrpreis für die TTC-U-Bahn: 3 C$
- Anteil der US-Bevölkerung, die mit dem Auto innerhalb eines Tages Toronto erreichen kann: 50 %
- Höhe des CN Tower: 553 m
- Kosten für einen preiswerten Platz bei einem Spiel der Blue Jays: 13 C$
- Anteil der Parkanlagen an der Gesamtfläche Torontos: 18 %
- Monate im Jahr, in denen die Parks grün sind und die Bäume Blätter tragen: 6
- Jahr, in dem die Maple Leafs das letzte Mal den Stanley Cup holten: 1967
- Minuten pro Tag, die ein normaler Einwohner von Toronto mit Pendeln verbringt: 82

★ 401 Richmond KUNSTGALERIE

(Karte S. 76; www.401richmond.net; 401 Richmond St W; ⏲Mo–Fr 9–19, Sa bis 18 Uhr; 🚌510) GRATIS In einem 1994 restaurierten ehemaligen Lagerhaus eines Lithografen vom Beginn des 20. Jhs. brummt dieses auf 18 500 m² Fläche angesiedelte Künstlerkollektiv nach New Yorker Vorbild vor Kreativität. Hier stellen 130 Galerien zeitgenössische Werke in fast allen künstlerischen Medien aus, die man sich denken kann. Man hole sich einen Snack und einen Latte im Café im Erdgeschoss und genieße sie auf der großen Dachterrasse: eine wenig bekannte Oase im Sommer und daher nicht überlaufen.

Canadian Broadcasting Centre MUSEUM

(CBC; Karte S. 82; ☎416-205-5574; www.cbc.ca/museum; 250 Front St W; ⏲Mo–Fr 9–17 Uhr; S Union, 🚌504) GRATIS Das riesige CBC in Toronto ist die Zentrale des englischsprachi-

Downtown Toronto Süd

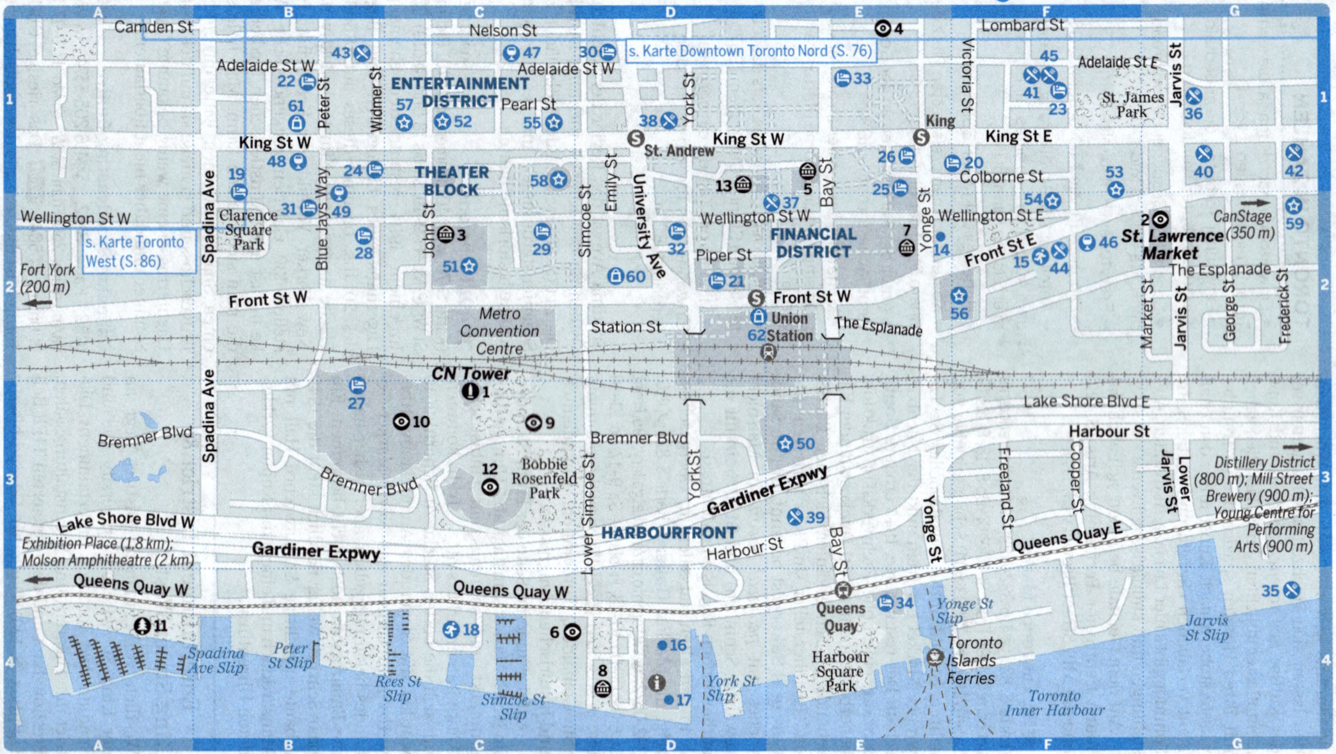

Downtown Toronto Süd

Highlights
1 CN Tower ... C3
2 St. Lawrence Market ... G2

Sehenswertes
3 Canadian Broadcasting Centre ... C2
4 Cloud Gardens Conservatory ... E1
5 Design Exchange ... E1
6 Harbourfront Centre ... C4
7 Hockey Hall of Fame ... E2
Market Gallery ... (siehe 2)
8 Power Plant Contemporary Art Gallery ... D4
9 Ripley's Aquarium of Canada ... C3
10 Rogers Centre ... C3
11 Spadina Quay Wetlands ... A4
12 Steam Whistle Brewing ... C3
13 TD Gallery of Inuit Art ... D1

Aktivitäten, Kurse & Touren
14 Chariots of Fire ... E2
15 Europe Bound Outfitters ... F2
16 Mariposa Cruises ... D4
17 Tall Ship Kajama ... D4
18 Wheel Excitement ... C4

Schlafen
19 Clarence Park ... B1
20 Cosmopolitan ... F1
21 Fairmont Royal York ... D2
22 Hilton Garden Inn Toronto Downtown ... B1
23 Hostelling International Toronto ... F1
24 Hôtel Le Germain ... B1
25 Hotel Victoria ... E1
26 One King West ... E1
27 Renaissance Toronto ... B3
28 Residence Inn Toronto Downtown ... B2
29 Ritz Carlton ... C2
30 Shangri-La Hotel ... D1
31 Soho Metropolitan Hotel ... B2
32 Strathcona Hotel ... D2
33 Trump Toronto ... E1
34 Westin Harbour Castle ... E4

Essen
35 Against the Grain Urban Tavern ... G4
36 Bombay Palace ... G1
37 Bymark ... E2
38 Earl's ... D1
39 Harbour Sixty Steakhouse ... E3
40 Hiro Sushi ... G1
41 Nami ... F1
42 Patrician Grill ... G1
43 Ravi Soups ... B1
44 Sultan's Tent & Café Maroc ... F2
45 Terroni ... F1

Ausgehen & Nachtleben
46 C'est What ... F2
47 Crocodile Rock ... C1
48 Underground Garage ... B1
49 Wayne Gretzky's ... B2

Unterhaltung
50 Air Canada Centre ... E3
51 Glenn Gould Studio ... C2
52 Princess of Wales Theatre ... C1
53 Rainbow Cinemas ... F1
54 Reservoir Lounge ... F2
55 Royal Alexandra Theatre ... C1
56 Sony Centre for the Performing Arts ... F2
57 TIFF Bell Lightbox ... C1
58 Toronto Symphony Orchestra ... C1
59 Young People's Theatre ... G2

Shoppen
60 Bay of Spirits Gallery ... D2
61 MEC ... B1
62 Union Summer ... D2

gen Radios und Fernsehens in Kanada. Man kann jederzeit in die Nachrichtenstudios blicken oder ein Konzert im erstklassigen Glenn Gould Studio (S. 120) besuchen. Unbedingt auch das **CBC Museum** mit einer erstaunlichen Sammlung von alten Mikrofonen und anderen Erinnerungsstücken aus früheren Rundfunkzeiten anschauen. Das **Graham Spry Theatre** nebenan zeigt ständig wechselnde CBC-Sendungen. Das Beste daran: Alles ist umsonst!

Downtown Yonge

Fährt man auf der Yonge St weiter nach Norden, kommt man zum Yonge & Dundas Sq, Torontos Hommage an den New Yorker Times Square, der das Herz von Downtown bildet. Es ist ein etwas merkwürdig gelegener öffentlicher Ort, der weder besonders gut aussieht noch wirklich etwas zu bieten hat. Normalerweise läuft hier schon etwas, doch dabei geht es ebenso häufig darum, den Leuten Geld aus der Tasche zu ziehen wie um Gemeinschaftsbildung. Auf der anderen Straßenseite steht das Einkaufszentrum Eaton Centre, das sich zwischen Dundas St und Queen St erstreckt. Es ist der Hauptanziehungspunkt, zusammen mit einigen historischen Theatergebäuden und der Ryerson University. Die bunte Mischung setzt sich nach Norden auf der Yonge St fort, die die schillernden Gayviertel Church und Wellesley streift, bis zum mondänen Yorkville direkt an der Kreuzung mit der Bloor St.

★ Elgin & Winter Garden Theatre
THEATER

(Karte S. 76; ☎416-314-2871; www.heritagetrust.on.ca/ewg; 189 Yonge St; Führung Erw./Student 12/10 C$; Ⓢ Queen) Das restaurierte Meisterwerk aus edwardianischer Zeit ist das letzte noch betriebene Doppelstock-Theater der Welt. Das Winter Garden, das 2013 das hundertste Jubiläum feiern konnte, sollte das Flaggschiff einer Vaudeville-Kette werden, die aber nie erfolgreich wurde; das Elgin im Erdgeschoss wurde in den 1920er-Jahren zu einem Filmtheater umgebaut.

1981 wurden die Theater vor dem Abriss bewahrt und für 29 Mio. C$ restauriert: Mithilfe von Brotteig wurden die originalen Rosengartenfresken freigelegt; wegen neuer Teppiche kontaktierte man die belgische Firma, die einst die Originalteppiche gefertigt hatte, und das Blumenmuster an der Decke des Winter Garden wurde Blatt für Blatt neu gemalt.

City Hall
HISTORISCHES GEBÄUDE

(Karte S. 76; ☎416-392-2489, 311; www.toronto.ca; 100 Queen St W; ⏲Mo–Fr 8.30–16.30 Uhr; Ⓟ; Ⓢ Queen) GRATIS Die viel geschmähte City Hall war Torontos wagemutiger Sprung in die modernistische Architektur. Die beiden an Muschelschalen erinnernden Türme, die „fliegende Untertasse" in der Mitte, die Rampen und Mosaiken wurden 1965 nach dem preisgekrönten Entwurf des finnischen Architekten Viljo Revell fertiggestellt. Der reizbare Frank Lloyd Wright verspottete das Bauwerk als „Grabstein" – ironischerweise starb Revell vor Abschluss der Bauarbeiten.

Der **Nathan Phillips Square** vor dem Rathaus (den die meisten ebenfalls einfach City Hall nennen) ist ein Tummelplatz von Skatern, Demonstranten, Fast-Food-Trucks und Touristen, die Selfies mit dem Tag und Nacht beleuchteten Schriftzug „Toronto" schießen. Im Sommer finden hier der Farmers Market Fresh Wednesdays, kostenlose Konzerte und besondere Events statt, und Büroangestellte verbringen die Mittagspause auf dem begrünten Dach des Podiums. Infos für Besucher gibt's an der Ecke Bay und Queen. Der Teich mit Springbrunnen wird im Winter zu einer lustigen Eislaufbahn.

Old City Hall
HISTORISCHES GEBÄUDE

(Karte S. 76; ☎416-327-5614; www.toronto.ca/old_cityhall; 60 Queen St W; ⏲Mo–Fr 8.30–16.30 Uhr; Ⓢ Queen) GRATIS Von der heutigen City Hall (S. 84) gesehen jenseits der Bay St steht das alte Rathaus, das 1899 im neoromanischen Stil errichtete Hauptwerk des aus Toronto stammenden Architekten E. J. Lennox. Das Rathaus, in dem heute Gerichte untergebracht sind, verfügt über einen aus der Mitte der Gebäudefront herausgerückten Uhrenturm, interessante Wandmalereien und Grimassen schneidende Wasserspeier.

Church of the Holy Trinity
KIRCHE

(Karte S. 76; ☎416-598-4521; www.holytrinitytoronto.org; 10 Trinity Sq; ⏲Mo–Fr 11–15 Uhr, Gottesdienste Mi 12.15, So 10.30 & 14 Uhr; Ⓢ Dundas) Versteckt hinter der Westseite des riesigen Eaton Centre liegt die Oase des Trinity Sq, benannt nach der einladenden anglikanischen Church of the Holy Trinity. Bei ihrer Eröffnung 1847 war sie die erste Kirche in Toronto, die den Gemeindemitgliedern kein Geld für die Kirchenbänke abverlangte. Heute ist sie bekannt dafür, dass hier auch gleichgeschlechtliche Ehen getraut werden und sie präsentiert sich als ein Zwischending aus Andachtsstätte, kleiner Konzertbühne und offenem Gemeindezentrum – also als genau das, was eine Großstadtkirche sein sollte.

Textile Museum of Canada
MUSEUM

(Karte S. 76; ☎416-599-5321; www.textilemuseum.ca; 55 Centre Ave; Erw./Kind 15/6 C$, Eintritt gegen Spende Mi 17–20 Uhr; ⏲Do–Di 11–17, Mi bis 20 Uhr, Führungen So 14 Uhr; Ⓢ St. Patrick) Das Museum, das sich im Erdgeschoss eines Wohnturms versteckt, greift auf einen Fundus von 10 000 Sammlungsgegenständen aus Lateinamerika, Afrika, Europa, Südostasien und Indien sowie aus dem zeitgenössischen Kanada zurück. In Workshops können Teilnehmer Batik-Techniken, Weben, Stricken und alles rund ums Nähen lernen.

Mit dem **3Pass** (www.3pass.ca) kommt man für 30 C$ (inkl. Steuern) ins Bata Shoe Museum (S. 87), das Gardiner Museum (S. 87) und das Textile Museum of Canada.

Chinatown & Baldwin Village

Torontos schäbige Chinatown erstreckt sich zwischen College St und Queen St und von der University Ave bis zur Spadina Ave über einen großen Bereich der Innenstadt; ein zinnoberrotes Zwillingsdrachentor markiert das Zentrum. Das grüne Baldwin Village an der Baldwin St zwischen Beverley St und McCaul St ist ein Ort mit preiswerten Essmöglichkeiten und guter Stimmung abseits vom Getümmel. Das Viertel hat jüdische Wurzeln, doch die heute hier vorherrschende unkonventionelle Lebensweise stammt von den alternativen US-Amerikanern, die sich während des Vietnamkriegs hier niederließen.

Art Gallery of Ontario KUNSTGALERIE

(AGO; Karte S. 76; ☎416-979-6648; www.ago.net; 317 Dundas St W; Erw./erm. 19,50/11 C$; ⊙Di & Do 10.30–17, Mi, Fr bis 21, Sa, So bis 17.30 Uhr; 505) Die AGO beherbergt ausgezeichnete und umfangreiche Kunstsammlungen (man braucht wirklich Ausdauer). Die Umgestaltung der Fassade nach einem Entwurf des berühmten Frank Gehry, die 2008 abgeschlossen wurde, beeindruckt von der Straße aus wenig, vielleicht wegen der tristen Innenstadtlage. Glücklicherweise ändert sich das beim Betreten des Gebäudes. Zu den absoluten Highlights der bemerkenswerten Dauerausstellung gehören religiöse Plastiken aus Québec, Schnitzereien der First Nations und Inuit, überraschend präsentierte Werke von kanadischen Größen der Group of Seven, der Henry-Moore-Skulpturenpavillon und ein liebevoll restauriertes georgianisches Haus, The Grange.

Church-Wellesley Village

Nördlich des Yonge & Dundas Sq findet man an der Yonge St Richtung College St und Bloor St die Ryerson University und ein paar vereinzelte preiswerte Lokale, Sexshops und Stripclubs für Heteros und Schwule. Das Schwulenviertel von Toronto, „Church & Wellesley" oder „the Village" genannt, beginnt an der Ecke Church St und College St und hat sein Zentrum ein paar Blöcke weiter nördlich an der Kreuzung Church St/Wellesley St. Rund um das lange Wochenende des Canada Day gehen hier jeden Sommer über 1 Mio schillernder, fröhlicher Menschen bei Torontos gewaltiger Pride Parade (S. 98) – am Ende des Pride Month Festivals – durch die Straßen, eine beinahe nicht enden wollende Feier der Sexualität, Diversität und Freiheit.

Maple Leaf Gardens WAHRZEICHEN

(Mattamy Athletic Centre and Loblaws; Karte S. 76; ☎416-598-5966; www.mattamyathleticcen tre.ca; 50–60 Carlton St; Ⓢ College) Die ehrwürdige Eishockeyarena wurde während der Großen Depression in sage und schreibe nur fünf Monaten hochgezogen und war mehr als 50 Jahre lang die Heimat der Toronto Maple Leafs, bevor sie 1999 ins Air Canada Centre (S. 124) umzogen. In seiner Blütezeit schmetterten hier Elvis, Frank Sinatra und die Beatles ihre Lieder. Nach einem monumentalen Umbauprojekt befindet sich in der Arena nun das Ryerson University's Athletic Centre.

Bloor-Yorkville

Einst Torontos Version des New Yorker Greenwich Village oder von Haight-Ashbury in San Francisco, hat diese früher im Zeichen der Gegenkultur stehende Gegend die Seiten gewechselt und ist heute der Fleck im Zentrum für die Reichen und Berühmten, die Glamourösen und Paradiesvögel. Die Hauptgeschäftsstraße von Yorkville ist der Abschnitt von der Bloor St W zur Avenue Rd, auch als „Mink Mile" bekannt: Die richtige Adresse für alle, die gern shoppen und Edelmarken suchen. Hier gibt es das Warenhaus Holt Renfrew und daneben Gucci, Prada, D&G und Louis Vuitton. In den Straßen nördlich der Bloor St bis zur Davenport Rd und östlich der Avenue Rd finden sich ein paar schöne Boutiquen und Cafés. Während des Toronto International Film Festival entdeckt man Hollywood-Celebrities in den Bars von Yorkville.

★Royal Ontario Museum MUSEUM

(ROM; Karte S. 76; ☎416-586-8000; www.rom.on.ca; 100 Queen's Park; Erw./Kind 15/12 C$; ⊙Sa–Do 10–17.30, Fr bis 20.30 Uhr; Ⓢ Museum) Das vielseitige ROM, das 2014 seinen hundertsten Geburtstag beging, ist das größte Naturkundemuseum Kanadas und eines der größten Museen Nordamerikas. Die Verbindung zwischen den Gebäuden aus der Entstehungszeit rund um den Haupteingang an der Bloor St und dem 2007 erfolgten Anbau kann man entweder lieben oder hassen. Der neue „Crystal" scheint das alte Gebäude zu durchbohren und ragt zugleich wie eine riesige Scherbe hinaus auf die Straße.

Die Museumssammlung umfasst über sechs Millionen Objekte und Artefakte, die sich auf zwei Hauptgalerien verteilen: die Galerie für Naturgeschichte (1. Stock) und die Galerie für Weltkultur (EG, 2. und 3. Stock). Die chinesischen Tempelskulpturen, die Gallery of Korean Art und die Kleider- und Textilsammlungen gehören zu den besten der Welt. Kinder rennen zu den Dinosauriersälen, den ägyptischen Mumien und den Repliken jamaikanischer Fledermaushöhlen. Die Totempfähle aus Zedernholz, die von First-Nations-Stämmen aus British Columbia geschnitzt wurden, sind wunderschön. Jedes Jahr gibt's im ROM viele große Wechselausstellungen aus aller Welt (Sonderausstellungen kosten extra).

Toronto West

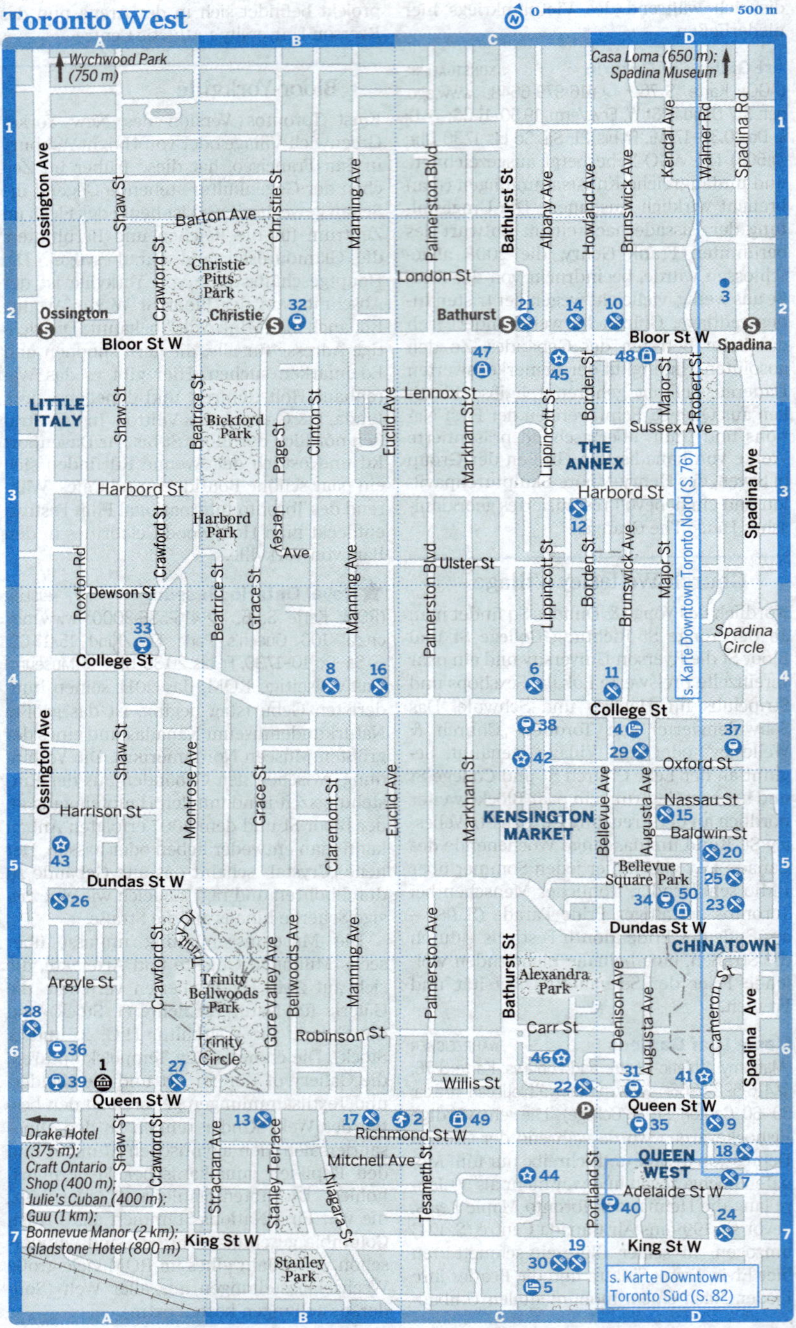

Toronto West

Das angeschlossene Institute of Contemporary Culture nimmt sich aktueller Themen mithilfe von Kunst, Architektur, bewegten Bildern und Vorträgen an. Besucher sollten die Live-Programme am Freitagabend im Frühling und Herbst im Auge behalten. Dann öffnet das Museum seine Türen, stattet seine Bars mit Vorräten aus und ruft die DJs zur Disco ins Haus. Das ROM bietet freitags im Sommer von Juli bis September ermäßigten Einlass ab 16.30 Uhr.

Bata Shoe Museum MUSEUM

(Karte S. 76; ☎416-979-7799; www.batashoemuseum.ca; 327 Bloor St W; Erw./Kind $14/5, Do 17–20 Uhr empfohlene Spende 5 C$; ⌚Mo–Mi, Fr & Sa 10–17, Do bis 20, So 12–17 Uhr; Ⓢ St. George) Gute Schuhe sind wichtig im Leben – diese Erkenntnis nimmt sich das Bata Shoe Museum zu Herzen. Der eindrucksvolle Entwurf des Architekten Raymond Moriyama ähnelt einem stilisierten Schuhkarton. Das Museum zeigt 10 000 „Pedi-Artefakte" aus aller Welt. Zu bestaunen sind französische Holzschuhe aus dem 19. Jh., mit denen man Kastanien knacken könnte, Polarstiefel der kanadischen Ureinwohner und moderne Schuhe, die Berühmtheiten wie Elton John, Indira Gandhi oder Pablo Picasso getragen haben.

Mit dem **3Pass** (www.3pass.ca) kommt man für 30 C$ (inkl. Steuern) ins Bata Shoe Museum, das Gardiner Museum und das Textile Museum of Canada (S. 84).

Gardiner Museum MUSEUM

(Karte S. 76; ☎416-586-8080; www.gardinermuseum.on.ca; 111 Queen's Park; Erw./Kind 15 C$/frei, halber Preis Fr 16–21 Uhr; ⌚Mo–Do 10–18, Fr bis 21, Sa & So bis 17 Uhr; Ⓢ Museum) Das gegenüber dem Royal Ontario Museum gelegene Gardiner Museum wurde von Philanthropen gegründet, um ihre Keramiksammlung aufzunehmen. Die auf drei Etagen verteilte Ausstellung deckt ganze Jahrtausende ab. Einzelne Räume konzentrieren sich auf englisches Geschirr des 17. und 18. Jhs., Ma-

KENSINGTON MARKET & LITTLE ITALY

Der leicht abgeschabte und elegant verfallene **Kensington Market** zeigt das multikulturelle Toronto von seiner interessantesten Seite. Es ist weniger ein Markt im engeren Sinne als ein funktionierendes Wohnviertel. Hier essen zu gehen ist ein preiswerter und fröhlicher Trip rund um die Düfte und Aromen der Welt. Auch das Shoppen ist ein Wahnsinnsspaß, mit dem größten und besten Angebot an Vintage- und Secondhandkleidung, alten Büchern und Nippes in der Stadt. Hier stößt man auf städtische Hippies mit Rastalocken, tätowierte Punks, Kiffer und Dealer, Biker, Gruftis, Musikanten, Künstler und Anarchisten, die sich gut betragen und gut zurechtkommen. Ein Hauch von Fusel und Hendrix liegt in der Luft. An Wochenenden herrscht fast Festtagsstimmung, insbesondere an Sonntagen für Fußgänger, wenn Zweibeiner die Herrschaft übernehmen. Unter der Woche ist es hier entspannter, man hat mehr Platz und kann besser stöbern.

Um dorthin zu kommen, nimmt man die College-Straßenbahn zur Spadina Ave oder Augusta Ave und folgt einfach dem Geschehen. Die Hauptstrecke liegt an der Augusta Ave zwischen der College St und der Dundas St, aber der kleine Abschnitt der Nassau St zwischen Augusta St und Bellevue St hat ein paar wunderbare Cafés, in denen man vor den Massen Zuflucht suchen kann.

Ein Stück weiter an der College St erwartet den Besucher **Little Italy** – ein appetitliches Stück Heimat und ein lange etabliertes Viertel mit Freiluftcafés, Bars und eleganten Restaurants, die häufig die Besitzer wechseln – die betuchte Klientel ist launisch. Je weiter man auf der College nach Westen geht, desto traditioneller wird die Gegend: Es gibt Bäckereien, *gelaterias* auf den Bürgersteigen und urtümliche *ristoranti*.

jolika der italienischen Renaissance, frühe amerikanische Töpferwaren oder blau-weißes chinesisches Porzellan. Kostenlose Führungen finden täglich um 14 Uhr statt.

Mit dem **3Pass** (www.3pass.ca) kommt man für 30 C$ (inkl. Steuern) ins Gardiner Museum, das Bata Shoe Museum und das Textile Museum of Canada (S. 84).

University of Toronto & The Annex

Die 1827 gegründete, angesehene University of Toronto (U of T) ist Kanadas größte Universität mit fast 80 000 Studierenden und 18 000 Angestellten. Auf dem zentralen St. George Campus kann jeder herumschlendern und die Ansammlung stattlicher Gebäude mit viktorianischen und romanischen Anklängen bewundern. Westlich und nördlich der U of T liegt The Annex, das größte Wohnviertel in Downtown Toronto, das von Studierenden und Dozenten besonders geliebt wird. Kein Wunder, dass es hier viele Kneipen, Bio-Läden, Restaurants mit internationaler Küche und spirituelle Angebote gibt – und zudem stehen hier auch einige der majestätischsten Gebäude von Toronto.

★ **Casa Loma** HISTORISCHES GEBÄUDE

(☎416-923-1171; www.casaloma.org; 1 Austin Tce; Erw./Kind 18/10 C$; ⏲9.30–17 Uhr, letzter Einlass 16 Uhr; P; 127, S Dupont) Torontos einzige „Burg" hat zwar niemals gekrönte Häupter beherbergt, ist aber zweifellos prächtig und thront auf einer Klippe über dem Stadtteil The Annex, die einst das Ufer des Gletschersees Lake Iroquois bildete (dessen Überbleibsel der Lake Ontario ist). Diverse, thematisch ausgerichtete Führungen werden angeboten. Wer über Weihnachten in Toronto ist, sollte die Villa unbedingt besuchen; Einzelheiten stehen auf der Website. Die *casa* erreicht man nördlich der Davenport Rd von der Spadina Ave aus über die **Baldwin Steps** den 27 m hohen Abhang hinauf.

Die Villa mit ihren 98 Zimmern ist eine orgiastische Architekturfantasie mit Zinnen, Kaminen, Fahnenstangen, Türmchen und Rapunzel-Balkonen. Sie wurde 1911 bis 1914 für Sir Henry Pellat errichtet, einen wohlhabenden Finanzmann, der aus dem Vertrag, Toronto mit Strom zu versorgen, einen riesigen Profit zog. Später verlor er sein gesamtes Vermögen bei Grundstücksspekulationen und musste das Anwesen für einen Bruchteil des Werts versteigern.

★ **Spadina Museum** MUSEUM

(☎416-392-6910; www.toronto.ca/museums; 285 Spadina Rd; Führung Erw./Kind 8/5 C$; ⏲Di–So 12–16 Uhr; P; S Dupont) Dieses elegante Wohnhaus mit einem viktorianisch-edwardianischen Garten oben an den Baldwin Steps wurde 1866 als Landsitz für den Financier James Austin und seine Familie erbaut. 1978 wurde es der Stadt gestiftet, 1984 in ein Museum umgewandelt und kürzlich grundlegend umgestaltet, um die aufregenden 1920er- und 1930er-Jahre heraufzubeschwören: sehr zu empfehlen.

Provincial Legislature HISTORISCHES GEBÄUDE

(Karte S. 76; www.ontla.on.ca; Queen's Park; ⌚ Mo–Fr 8.30–18 Uhr; Ⓢ Queen's Park) GRATIS Ontarios Landesparlament hat seinen Sitz in einem geschmückten Sandsteingebäude aus dem Jahr 1893 nördlich der College St in Queen's Park. Wer eine ortstypische Unterhaltung sucht, kann von der Besuchergalerie aus eine Parlamentsdebatte verfolgen (März–Juni & Sept.–Dez. Di & Do). Die Besichtigung ist kostenlos, aber die Sicherheitsbestimmungen sind streng.

Wychwood Park PARK

(Ecke Davenport Rd & Bathurst St; Ⓢ Dupont) Wychwood Park, Ende des 19 Jhs. gegründet und früher eine Künstlerkolonie, gehört zu den schönsten und faszinierendsten Ensembles historischer Architektur in Toronto. Hier kann man schön spazieren gehen – da Wychwood aber heute eine Wohngegend ist, in der die Leute ihren täglichen Beschäftigungen nachgehen, sollte man sich respektvoll verhalten.

Native Canadian Centre of Toronto GEMEINDEZENTRUM

(Karte S. 86; ☎416-964-9087; www.ncct.on.ca; 16 Spadina Rd; ⌚ Mo–Do 9–20, Fr bis 18, Sa 10–16 Uhr; Ⓢ Spadina) In diesem Gemeindezentrum finden Trommelabende (Do), Versammlungen und kulturelle Veranstaltungen der Stammesältesten statt, die die Harmonie und den Dialog zwischen den Stammesmitgliedern und den Menschen, die nicht zu den Ureinwohnern gehören, fördern sollen. Besucher können sich hier auch für Workshops und Kurse wie Perlenstickerei und Tanzen einschreiben

Queen West & Trinity Bellwoods

Obwohl Queen West keine bedeutenden Sehenswürdigkeiten zu bieten hat, ist ein Besuch des bekanntesten Viertels von Toronto ein Muss. Jeder zwischen 20 und 40, der etwas auf sich hält und sich für Popkultur interessiert, wird diese hippe Gegend als ersten Anlaufhafen ansteuern.

Um der Queen St Gerechtigkeit angedeihen zu lassen, sollte man ihr einen Tag widmen: Los geht's an der Ecke Yonge St Richtung Westen, obwohl bis zum U-Bahnhof Osgoode an der Kreuzung Queen St W/University Ave nichts Großartiges passiert. Hier beginnt der Bezirk Queen West, der sich von hier etwa 1,5 km bis zur Bathurst St zieht. Die ersten paar Häuserblocks bis zur Spadina Ave bieten eine wunderbare Mischung aus Mainstream-Einzelhändlern, Bars und einem bunten Strauß an Boutiquen. Richtig wild wird es allerdings erst zwischen Spadina und Bathurst. Hier ist es sehr viel schmuddeliger, und man stößt auf alle Arten von preiswerten, köstlichen Essensgelegenheiten, eingezwängt zwischen Möbel-, Kunst- und Musikläden. Es gibt jede Menge Cafés und Bars, um Anregungen zu sammeln und die Zeit zu vergessen.

Das Gebiet westlich der Bathurst St, das sich hinter dem Trinity Bellwoods Park noch 2 km lang bis zur Dufferin St erstreckt, wird West Queen West genannt. Der erste Abschnitt zwischen der Bathurst St und der munteren Ossington Ave, südlich der Bloor und bis hinunter zur Queen St, ist eine der besten Adressen Torontos in Sachen Essen, Trinken und Leute beobachten. Das ist Trinity Bellwoods – *der* angesagte Ort für Hipster, Gestalter, Szeneleute und unangepasste Schwule. Ausgezeichnete Restaurants und Bars entstanden an der Ossington Ave und rund herum, als viele Geschäfte wegen hoher Mieten weiter nach Westen zogen. So entstand ein revitalisierter Abschnitt der Queen St, der weit trendiger ist als das Original. Der ruhigere Abschnitt der Queen St im äußersten Westen ist ein Sammelpunkt von Läden für Designermöbel.

Straßenbahn fahren auf der gesamten Queen St W bis zu den Punkt, wo sie zum Queensway wird – das ist praktisch, denn der Weg zurück nach Downtown ist weit, wenn man von einer Einkaufstour zur Aufmöbelung seiner Garderobe ermüdet und mit zu vielen Einkaufstüten beladen ist.

Museum of Contemporary Art_Toronto_Canada MUSEUM

(Karte S. 86; http://museumofcontemporaryart.ca; Queen St W; 🚋 501) Im Herbst 2017 soll das frühere Museum of Contemporary Canadian Art als Museum of Contemporary Art_Toronto_Canada wieder eröffnen und einen neuen Standort in der Sterling Rd beziehen. An der Queen St und Ossington Ave, genau im Zentrum des Design- und Kunstviertels West Queen West hatte sich das MOCA zur Aufgabe gemacht, innovative Werke kanadischer und ausländischer Künstler auszustellen, die wichtige zeitgenössische Themen ansprechen. Das neue, größere Museum wird auch ein digitales Kunstarchiv bieten und die moderne Welt mittels Kunst interpretieren. Einzelheiten und Öffnungszeiten stehen auf der Website.

East End

In dem Bezirk, der sich östlich der Parliament St bis zum Don River erstreckt, ließen sich irische Einwanderer nieder, die vor der großen Hungersnot von 1841, die Tausenden das Leben kostete, geflohen waren. Wegen des sandigen, für den Anbau von Kohl geeigneten Bodens wurde das Viertel als Cabbagetown bekannt. Der vor allem zum Wohnen genutzte, unter Denkmalschutz stehende Bezirk bietet eine der größten Ansammlungen schöner viktorianischer Wohnhäuser in Nordamerika – ein Spaziergang lohnt sich also.

Ein schöner Weg führt durch den Riverdale Park, dann nach Norden auf der Broadview Ave und weiter nach Osten auf der Danford Ave, und schon ist man in Greektown/The Danforth. Wenn man weiter nach Osten auf der Gerrard St E fährt, kommt man nach Little India. Beide halten für Feinschmecker himmlische Versuchungen bereit. Im Süden erreicht man nach einer Weile Queen St E und kann Leslieville erkunden. Dieses, von Lesben und gut betuchten jungen Müttern bevorzugte Viertel ist das Gegenstück zu Queen W: schickimicki, keimfrei und ein nettes Örtchen für einen extravaganten Brunch. Seitdem die New York Times 2005 das damals aufstrebende Leslieville zu Torontos „It"-Viertel erklärte, sind die Immobilienpreise und das Interesse an der Gegend gestiegen.

★ Riverdale Farm MUSEUM

(☎416-392-6794; www.toronto.ca/riverdalefarm; 201 Winchester St; ⌚9–17 Uhr; P ♿; 🚋506) GRATIS Das Gelände des ehemaligen Riverdale Zoo, auf dem von 1888 bis 1974 nachts Präriewölfe heulten und den Kindern in Cabbagetown Angst einjagten, ist heute eine ländliche Oase in der Innenstadt und eine Museumsfarm mit zwei Scheunen, einem Planschbecken im Sommer und Stallungen für Federvieh und Haustiere. Die Kinder sehen den Farmleuten bei ihrer täglichen Arbeit zu, darunter dem Melken der Kühe um 10.30 Uhr. Dienstags gibt's einen Farmers Market (Mai–Okt. 15–19 Uhr).

Tommy Thompson Park PARK

(☎416-661-6600; www.tommythompsonpark.ca; Leslie St, beim Lake Shore Blvd E; ⌚Apr–Okt Sa & So 9–18, Nov–März 9–16.30 Uhr; 🚌83 Jones S, 🚋501) Der Tommy Thompson Park ist eine 5 km lange künstliche Halbinsel zwischen Harbourfront und The Beaches, die weiter in den Lake Ontario hinausreicht als die Toronto Islands. Diese „zufällig entstandene Wildnis" – deren Grundlage Aushub ist, der beim Anlegen des Outer Harbour und beim Ausbaggern von Baugruben anfiel – wurde ein Erfolg. Heute ist das Gebiet einer der weltweit größten Nistplätze für Ringschnabelmöwen und eine Zufluchtsstätte für Seeschwalben, Nachtreiher, Schildkröten, Eulen, Füchse und sogar Kojoten.

An Wochenenden und Feiertagen ist der Park für die Öffentlichkeit zugänglich; Fahrzeuge und Haustiere sind verboten. Im Sommer stehen Veranstaltungen und geführte Wanderungen, meist zu Öko-Themen, auf dem Programm. Am Ende des Parks erwarten einen ein Leuchtturm und ein atemberaubender Blick auf die Stadt. Wer mit öffentlichen Verkehrsmitteln hierher kommen will, kann jede Straßenbahn an der Queen St nach Osten bis zur Leslie St E nehmen. Von dort geht man 800 m Richtung Süden bis zum Eingang. Alternativ kann man dem Martin Goodman Trail folgen.

The Beaches

Für die Einheimischen ist „The Beaches" einfach das wohlhabende Viertel unten am See. Alle anderen verstehen darunter das Viertel, die Strände und die Grünflächen am Lake Ontario. Von allen Stränden ist der **Kew Beach** (☎416-392-8186; www.toronto.ca/parks/beaches/beaches; ⌚Sonnenaufgang–Sonnenuntergang; 🚋501) am beliebtesten; seine Uferpromenade führt nach Osten zum **Balmy Beach** und nach Westen zum **Woodbine Beach**.

In den angrenzenden **Kew Gardens** gibt's Toiletten, Imbissstände, eine Rollschuhbahn, ein Bowls-Spielfeld und Tennisplätze; am Westende befindet sich ein öffentliches Schwimmbad mit olympischen Maßen. Für Radfahrer und Inlineskater gibt's den **Martin Goodman Trail**, der am Ashbridge's Bay Park vorüberführt. Abseits der Queen St E und ihrer Restaurants kommt man durch die abgesenkten **Ivan Forrest Gardens** zur Glen Stewart Ravine, einem wilden Grünzug, der nach Norden bis zur Kingston Rd führt.

RC Harris Filtration Plant GEBÄUDE

(☎416-392-2934; www.toronto.ca; 2701 Queen St E; P; 🚋501) Das elegant proportionierte Klärwerk mit herrlichem Blick aufs Seeufer

SCHWULEN- UND LESBENSZENE IN TORONTO

Einfach nur zu sagen, Toronto sei LGBTI-freundlich, ist eine Untertreibung. Denn sexuelle Vielfalt wird hier stärker akzeptiert, als in den meisten Städten dieser Größe. 2003 legalisierte Toronto als erste Stadt in Nordamerika die gleichgeschlechtliche Ehe, und gerade einmal ein Jahr später vollzog ein Gericht in Ontario auch die erste Scheidung eines gleichgeschlechtlichen Paars – was einen daran erinnert, dass Ehen in jedem Fall auch harte Arbeit sind.

Torontos **Pride Festival** (S. 98) ist eines der größten weltweit. Am Tag des Umzugs versammeln sich in den Straßen rund um die Church und die Wellesley mehr als eine Million glückliche Homosexuelle und ihre Freunde und Familien. Wer mitmachen will, sollte weit im Voraus seine Unterkunft reservieren, denn die Betten sind dann schnell ausgebucht. Zu anderen Zeiten des Jahres, lockt der Church St-Strip im Village Homosexuelle aller Art – von Motorradkerlen bis zu aufgestylten Lesben – mit einer guten Auswahl an sonnigen Terrassen, Pubs, Cafés und Restaurants an. Hier kann promenieren und sich die Leute anschauen. Wenn es dunkel wird, steht Tanzen im Mittelpunkt. Gleichgültig ob Cabaret oder Travestie, dröhnende Hits, R&B oder Queer Alterna-Punk, das feierlustige Publikum quillt vor allem an den Wochenenden bis auf die Straßen hinaus.

Weitere LGBTI-freundliche Viertel sind u. a. The Annex, Kensington, Queen West, Cabbagetown und Leslieville (alias „Lesbianville"). Es gibt jede Menge Nachtclubs für Schwule, aber auch wenn die Zahl der Bars und Clubs für schwule Männer weit größer ist als die der Lesbentreffs gibt's hier doch auch Drag-Kings, Badeabende nur für Frauen und lesbische Lesungen.

Toronto ist ein toller Ort, um schwul zu sein oder seine Sexualität zu erkunden. Aktuelle Infos zu LGBTI-Themen im Village bietet das Online-Magazin *Daily Xtra* (www.dailyxtra.com). Darüber hinaus gibt's viele fantastische, kostenlose Infoquellen der Community und von Unterstützerorganisationen:

The 519 (Church St Community Centre; Karte S. 76; ☎416-392-6874; www.the519.org; 519 Church St; ⌚Mo–Fr 8.30–22, Sa 9–22, So 10–17 Uhr; Ⓢ Wellesley) Seit mehr als 35 Jahren ist das 519 die Anlaufstelle der LGBTI-Community in Toronto mit vielfältigen Programmen, Dienst- und Hilfsleistungen, darunter Beratungen und kostenlose, anonyme HIV-Tests. Einfach mal vorbeischauen und Hallo sagen!

Canadian Lesbian & Gay Archives (Karte S. 76; ☎416-777-2755; www.clga.ca; 34 Isabella St; ⌚Di–Do 18.30–21, Fr 13–17 Uhr; Ⓢ Wellesley) Das CLGA, das 2013 seinen 40. Geburtstag feierte, unterhält ein Archiv von allem, was für die LGBTI-Forschung in Kanada interessant sein könnte– das größte derartige Archiv weltweit. Infos zum Ausstellungskalender der Galerie im 2. Stock stehen auf der Website; man kann auch einfach vorbeikommen.

Hassle Free Clinic (S. 126) Bietet kostenlose, anonyme HIV-Tests (nur nach Vereinbarung), Tests auf Geschlechtskrankheiten sowie Beratung in Fortpflanzungsfragen und zu sexueller Gesundheit.

Queer West (www.queerwest.org) Für alle, die nicht ganz in den Mainstream passen. Hier gibt's Infos zur LGBTI-Szene im Westen Torontos, zum Toronto Queer Arts Festival, zum Queer West Film Festival und zum Smash Words Festival.

steht auf einem unbezahlbaren Grundstück und ist ein Art-déco-Meisterwerk, das schon in zahlreichen Filmen und Fernsehsendungen zu sehen war. Während der horrenden Baukosten zur Zeit der Weltwirtschaftskrise wurde das Bauwerk einst spöttisch als „Reinigungspalast" tituliert. Das Klärwerk, das immer noch seine Aufgabe erfüllt, ist nur selten für die Öffentlichkeit zugänglich – eventuell bei Doors Open Toronto (S. 98) –, aber immer ein tolles Fotomotiv.

Toronto Islands

Früher gab es die Toronto Islands noch nicht, nur eine große Sandbank, die 9 km in den See hineinragte. Aber am 13. April 1858 fegte ein Hurrikan über die Sandbank und schuf die Lücke, die heute Eastern Channel genannt wird. Das war die Geburtsstunde von Torontos juwelengleichen Inseln – fast zwei Dutzend Inselchen auf insgesamt 240 ha Fläche und Heimat der eng zusammenge-

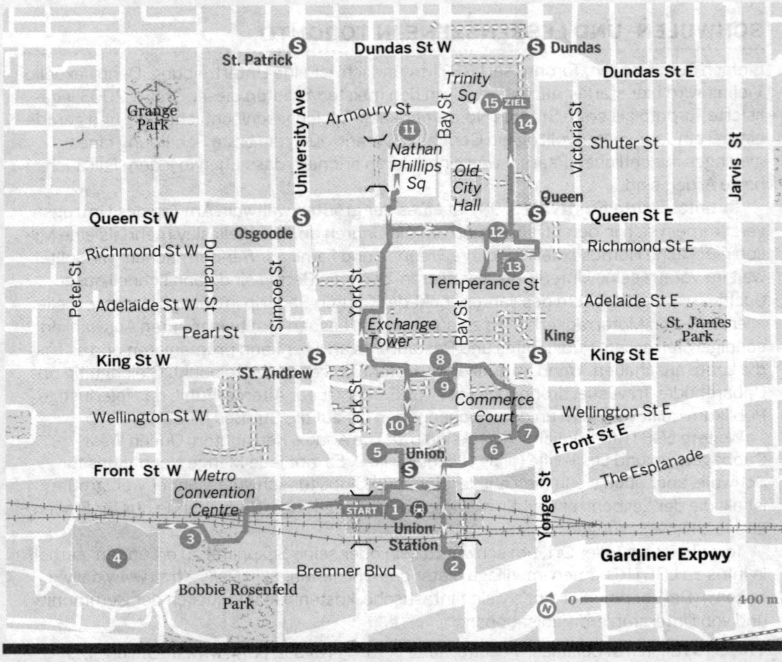

Stadtspaziergang **Unterirdisches Toronto**

START UNION STATION
ZIEL TRINITY SQ
LÄNGE/DAUER 3 KM; 3–5 STD.

Wenn es draußen zu kalt ist, kann man in Torontos unterirdischen **PATH** (www.toronto.ca/path) abtauchen, ein 28 km langes (und weiterwachsendes) Labyrinth aus Gängen, die die Sehenswürdigkeiten, Wolkenkratzer und Läden der Downtown verbinden. Will man alles erkunden, was unten aufgeführt ist, braucht man einen ganzen Tag.

Von der 1 **Union Station** (S. 127) geht's Richtung Südosten zum 2 **Air Canada Centre** (S. 124) oder man folgt der Röhre des SkyWalk über die Gleise und landet neben dem 3 **CN Tower** (S. 75) und dem 4 **Rogers Centre** (S. 77). Den Turm muss man zumindest von außen gesehen haben.

Wieder am Union Station PATH, läuft man unter der Front St und dann die Treppe hinauf ins 5 **Fairmont Royal York** (S. 101). Von hier folgt man den farbig codierten Pfeilen zum 6 **Brookfield Place** und der 7 **Hockey Hall of Fame** (S. 79). Über den Commerce Court gelangt man zum 8 **TD Centre**. Hinter den digitalen Börsen-Displays hält man sich links und taucht beim 9 **Design Exchange** (S. 80) wieder auf.

Unten hinter dem TD Centre folgt man der Ausschilderung zum TD Waterhouse Tower, um zur 10 **Toronto Dominion Gallery of Inuit Art** (S. 80) zu gelangen.

Nun bewegt man sich auf das Standard Life Centre, den Exchange Tower und den Richmond-Adelaide-Komplex zu. Am Sheraton Centre vorbei kommt man zur 11 **City Hall** (S. 84) und dem Nathan Phillips Sq.

Von der City Hall kann man wieder in den Untergrund abtauchen und der Ausschilderung zum 12 **The Bay** folgen und dort bis zum Umfallen shoppen; oder man geht am The Bay vorbei, biegt rechts ab und nimmt die Treppe hinauf zur Temperance St und dem 13 **Cloud Gardens Conservatory** (S. 79).

DerPATH setzt sich zum 14 **Eaton Centre** (S. 110) fort. Von hier aus kommt man leicht zum Trinity Sq im Schatten der 15 **Church of the Holy Trinity** (S. 84), oder man nimmt vom Bahnhof Dundas die U-Bahn.

wachsenen 800-Seelen-Gemeinden **Algonquin Island** und **Ward's Island**. Die Inseln sind nur mit der Fähre erreichbar (15 Min., Erw./Kind 7,50/3,65 C$). Zum Fähranleger nimmt man von der Union Station die Straßenbahnlinie 509 nach Harbourfront oder die 510 nach Spadina Richtung Süden bis zur Haltestelle Bay and Queens Quay.

Centreville Amusement Park VERGNÜGUNGSPARK
(☎416-203-0405; www.centreisland.ca; Tageskarte Erw./Kind/Fam. 40/28,50/122 C$, Eintritt zum Gelände frei; ⏲Mai–Sept. 10.30–20 Uhr; ⛴Centre Island) Vom Fährterminal Centre Island geht man am Informationskiosk vorbei zum idyllischen Vergnügungspark Centreville mit altem Karussell, Minigolfplatz, Miniaturzug und Gondelbahn. Der Zoo der **Far Enough Farm** bietet Kindern jede Menge Gelegenheit, Felltiere zu streicheln und in etwas Feuchtes zu treten. Der Eintritt in den Park ist frei, um die Rides zu nutzen, braucht man aber eine Tageskarte.

Hanlan's Point PARK
(Lakeshore Ave; ⛴Hanlan's Point) Am westlichen Ende von Centre Island liegt Hanlan's Point, der nach dem Ruderweltmeister „Ned" Hanlan (1855–1904) benannt ist. Er gehörte zu jener Familie, die sich als erste hier ansiedelte. 1914 schaffte der Baseball-Profi Babe Ruth hier bei einem Spiel in der Minor League seinen ersten Home Run – der Ball fiel in den Lake Ontario, womit das ultimative Souvenir für immer verloren war…

Ward's Island INSEL
(www.torontoisland.com; ⛴Ward's Island) Die Insel ist die am stärksten bewohnte der Toronto Islands. Am westlichen Ende von Ward's Island gibt's einen **Frisbee Golf Course** (www.discgolfontario.com;Ward's Island; ⏲Sonnenaufgang–Sonnenuntergang) GRATIS mit 18 Löchern. Eine altmodische Uferpromenade zieht sich die gesamte Südküste der Insel entlang, sie beginnt am Ward's Island Beach und führt vorbei am Hintereingang des ganzjährig geöffneten Rectory Café (S. 116), das eine hübsche Terrasse am Seeufer hat.

Greater Toronto Area (GTA)

Weiter draußen, in den Randbezirken der Greater Toronto Area (GTA), wo aus Torontos Vierteln allmählich Vororte werden, die einander zunehmend ähnlich sehen, gibt's eine Reihe lohnender Attraktionen. Die Kehrseite: Sie sind mit öffentlichen Verkehrsmitteln und selbst mit dem Auto manchmal nur mühsam erreichbar.

★ **High Park** PARK
(www.toronto.ca/parks; 1873 Bloor St W; ⏲Sonnenaufgang–Sonnenuntergang; P; S High Park, 🚋501, 506, 508) Torontos beliebtester und bekanntester Park ist ein wunderbarer Ort, um die Picknickdecke auszubreiten, zu schwimmen, Tennis zu spielen, mit dem Rad herumzufahren, im Winter auf dem **Grenadier Pond** Schlittschuh zu laufen oder im Frühling durch die Haine blühender Kirschbäume zu streifen – ein Geschenk des japanischen Botschafters an den Park aus dem Jahr 1959. Es gibt auch eine Theaterbühne, einen kleinen Kinderzoo und die Colborne Lodge, die die Familie Howard 1836 erbauen ließ. Sie stiftete 1873 einen Großteil des Parks der Stadt.

Von Mitte Juni bis Anfang September fährt an den Wochenenden und an Feiertagen der Bus 30B vom U-Bahnhof High Park durch den Park. Ansonsten kann man die 200 m vom Bahnhof bis zum Nordeingang auch laufen. Die Straßenbahn 506 High Park hält an der Ostseite des Parks. Wer den Park über den Südausgang bei der Colborne Lodge verlässt, kann zum Lake Shore Blvd W hinunterlaufen und mit der Straßenbahn ostwärts zum Zentrum fahren.

Evergreen Brick Works PARK
(☎416-596-7670; ebw.evergreen.ca; 550 Bayview Ave; ⏲Mo–Fr 9–17, Sa 8–17, So 10–17 Uhr; P; 🚌28A, S Broadview) GRATIS Dieses dynamische kommunale Umweltschutzzentrum mit Park ist für seine gelungene Umwandlung der ursprünglich verfallenden historischen Gebäude in eine Spitzen-Location in allen Belangen des Geotourismus berühmt und für sein LEED zertifiziert. Hier finden interaktive Workshops und kommunale Veranstaltungen rund um die Themen Ökologie, Technologie und Umwelt statt. Es gibt einen Gartenmarkt und viele Naturpfade.

Todmorden Mills HISTORISCHE STÄTTE
(☎416-396-2819; www.toronto.ca/todmordenmills; 67 Pottery Rd; Erw./Kind 6,19/2,65 C$, Eintritt zur Galerie frei; ⏲April–Dez. Mo–Fr 10–16.30, Sa & So 12–17 Uhr P; S Broadview) Die idyllisch am Don River gelegene Todmorden Mills aus dem späten 18. Jh. diente erst als Getreide-, dann als Sägemühle und wurde später erst in eine Brauerei mit Brennerei und dann in eine Papiermühle umgewandelt. Im Innern sind historische Austellungsstücke zu

sehen. Führer zeigen Besuchern das alte Müllershaus und den kleinen Bahnhof Don. Man kommt dorthin mit der U-Bahn bis Broadview und nimmt dann jeden beliebigen Bus. Bei der Haltestelle Mortimer/Pottery Rd (Dairy Queen) aussteigen und nach links die Pottery Rd runterlaufen.

Die renovierte **Papermill Theatre and Gallery** zeigt Werke einheimischer und aufstrebender Künstler. An der Brücke beginnen Naturpfade, die sich bis zum **Todmorden Mills Wildflower Preserve** (www.hopscotch.ca/tmwp) winden, einer ehemaligen Industriebrache von 9 ha Fläche, auf der heute Wildblumen wachsen und es Plankenwege und Aussichtsplattformen gibt.

Ontario Science Centre MUSEUM

(☎416-696-1000; www.ontariosciencecentre.ca; 770 Don Mills Rd; Science Centre Erw./Kind 22/13 C$, Omnimax 13/9 C$, Kombikarte 28/19 C$; ⏲So–Fr 10–18, Sa bis 19 Uhr; P 🚻; 🚌34, 25) Im großartigen interaktiven Ontario Science Centre kann man eine Felswand hochklettern, eine Reise in das Innere eines menschlichen Herzens unternehmen, per DNA-Analyse einen Verbrecher aufspüren und einen olympischen Bob fahren. Über 800 High-Tech-Exponate und Live-Demonstrationen begeistern die Kids (während die Erwachsenen im Hintergrund Interesse heucheln). Es gibt auch eine riesige Kuppel mit einem Omnimax-Kino.

Scarborough Bluffs PARK

(☎416-392-1111; www.toronto.ca; Scarborough; ⏲Sonnenaufgang–Sonnenuntergang; P; 🚌12, S Victoria Park) Oben von den Klippen am Seeufer, die in der Eiszeit entstanden sind und sich über 14 km erstrecken, hat man einen tollen Blick über den Lake Ontario. Die Erosion schuf hier Felsformationen, die wie die Türme einer Kathedrale aussehen und von fünf verschiedenen Eiszeiten zeugen. Ohne Auto sind die Klippen schwer erreichbar. Man nimmt die U-Bahn bis Victoria Park, dann den Bus 12 über die Kingston Rd bis zum Cathedral Bluffs Dr östlich der Kreuzung mit der St Clair Ave E.

Wer mit dem Auto unterwegs ist, wendet sich von der Kingston Rd (Hwy 2) beim Cathedral Bluffs Dr nach Süden, um den höchsten Punkt der Bluffs zu erreichen, den **Cathedral Bluffs Park** (65 m). Auch weiter östlich an der Galloway Rd gibt's einen Zugang zum Seeufer. 6 km weiter östlich kommt man zum **Guildwood Park**. Mit seiner Fülle von architektonischen Relikten und Skulpturen, die Rosa und Spencer Clark in weiser Voraussicht zwischen 1950 und etwa 1970 gesammelt haben, gehört er in der Tat zu den faszinierendsten Parkanlagen in Toronto.

David Dunlap Observatory STERNWARTE

(☎905-883-0174; www.theddo.ca; 123 Hillsview Dr, Richmond Hill; 10 C$; ⏲Juni–Okt. Sa 21 Uhr, Juli & Aug. auch Fr 21 Uhr; P; 🚌91, S Finch) Nördlich der Stadtgrenzen von Toronto beherbergt das David Dunlap Observatory Kanadas größtes optisches Teleskop (der Reflektor misst 1,9 m). Am Samstagabend gibt es in der Sternwarte Einführungen in die moderne Astronomie; anschließend können die Besucher selber in die Sternenwelt schauen. Man muss prüfen, ob die Witterung günstig ist – die Tickets sind jedoch begrenzt und müssen Monate vorab gebucht werden. Es gibt aber auch ein paar Events, bei denen man ohne Ticket einfach vorbeikommen kann. Bei manchen Veranstaltungen sind keine Kinder unter 12 Jahren zugelassen.

LEGOLAND Discovery Centre VERGNÜGUNGSPARK

(☎1-855-356-2150; www.legolanddiscoverycentre.ca/toronto; 1 Bass Pro Mills Dr, Vaughan; Erw./Kind 22/18 C$; ⏲Mo–Sa 10–21, So 11–19 Uhr; S Yorkdale) Die Stätte ist vielleicht kein richtiger Legoland-Themenpark, aber auch diese kleinere Version ist bei großen und kleinen Kindern beliebt. Es gibt hier interaktive, auf Lego bezogene Attraktionen, darunter ein Erdbeben-Podium, ein 4D-Kino und eine Lego-Werkstatt. Der Park befindet sich in dem riesigen Einkaufszentrum Vaughan Mills – man fährt mit der U-Bahn bis zum Bahnhof Yorkdale und steigt dort in den 360 YRT Maple Express-Bus nach Vaughan Mills um.

Canada's Wonderland VERGNÜGUNGSPARK

(☎905-832-8131; www.canadaswonderland.com; 9580 Jane St, Vaughan; Tageskarte Erw./Kind 63/52 C$; ⏲Juni–Aug. 10–22 Uhr, Mai & Sept. nur Sa & So mit früheren Öffnungszeiten; P; S York Mills) Freunde von Vergnügungsparks werden hierher kommen, schließlich ist es der größte in Kanada mit über 60 Rides, darunter die riesige Achterbahn *Leviathan*, die an ihrer höchsten Stelle 93 m aufragt. Es gibt auch einen explodierenden Vulkan, einen 20 ha großen Wasserpark namens Splash Works und eine Wildwasserschlucht. Hier können sich lange Schlangen bilden, die meisten Rides sind bei jedem Wetter in Betrieb, und die Karten sind online deutlich billiger. Von der U-Bahnstation York Mills geht's mit dem Bus 60 GO weiter (mit Zuschlag).

LAKE ONTARIO

Anders als das nahe gelegene Chicago, eine Stadt von ähnlicher Größe und Einwohnerzahl und ähnlicher Lage an einem See, hat Toronto seinen Uferbereich vernachlässigt. Wo Chicago 29 km zusammenhängende, von den Einheimischen geliebte Wege am See, Parks und Strände bieten kann, gibt es in Toronto den die Luft verpestenden Gardiner Expwy, den Lake Shore Blvd und eine Mauer von Gebäuden mit Eigentumswohnungen am Wasser, die der Allgemeinheit den Blick auf den See versperren. Erst in den letzten Jahrzehnten wurde ein Zugang zum See geschaffen, und die Projekte zur Belebung des Ufers schleppen sich dahin. Updates findet man auf www.toronto.ca/waterfront und unter www.waterfronttrail.org gibt es Infos zu Torontos Anteil an einem viel größeren Wanderweg-Projekt am Lake Ontario.

Früher haben Chemikalien, Abwässer und Düngemittel das Wasser des Lake Ontario verschmutzt, in letzter Zeit hat sich die Situation jedoch gebessert. Viele Einheimische sind offenbar zufrieden mit den Möglichkeiten, an einem der acht mit blauen Flaggen zum Baden freigegebenen Strände (www.toronto.ca/parks/beaches) zu schwimmen. Für die meisten Einwohner ist der Lake Ontario einfach ein großes, graues, kaltes Nass, das verhindert, dass US-Amerikaner einfach mal so die Yonge St hinauffahren können.

Der Lake Ontario ist der vierzehntgrößte See der Welt und der kleinste und östlichste der fünf Großen Seen. Er ist 311 km lang, 85 km breit und 244 m tief. Der Name „Ontario" leitet sich vom irokesischen Wort Skanadario ab, das „sprudelndes Wasser" bedeutet. An dem Namen ist was dran, und trotz allem, was darunter lauert, sprudelt es immer noch. Bei einem Besuch der Toronto Islands oder des Tommy Thompson Parks sieht man das wahre Gesicht des Sees: stoisch, mächtig und wunderschön. Das sollte man unbedingt auch mal den Einwohnern Torontos sagen.

McMichael Canadian Art Collection GALERIE

(☎ 905-893-1121; www.mcmichael.com; 10365 Islington Ave, Kleinburg; Erw./Kind 18 C$/frei; ⏲ 10–17 Uhr; P; 🚌 13) In den handgezimmerten Holzgebäuden (darunter die von ihrem ursprünglichen Standort hierher versetzte Hütte des Malers Tom Thomson) werden auf einem 40 ha großen, unter Naturschutz stehenden und von Naturpfaden durchzogenen Gelände Werke der bekanntesten Landschaftsmaler Kanadas, der Group of Seven sowie anderer berühmter kanadischer Künstler (darunter Angehörige der First Nations und der Inuit) gezeigt. Die Galerie ist 34 km (45 Min. mit dem Auto) von Toronto entfernt – unbedingt das Navi benutzen! Im Eintrittspreis ist eine Führung inbegriffen; Parken kostet 5 C$.

Sharon Temple HISTORISCHES GEBÄUDE

(☎ 905-478-2389; www.sharontemple.ca; 18974 Leslie St, East Gwillimbury; Erw./Kind 5 C$/frei; ⏲ Mai–Okt Do–So 10–16.30 Uhr) Dieser skurrile Tempel ist ein National Historic Site und eines der ältesten Museen in Kanada. Erbaut wurde er 1832 von einer Quäker-Sekte namens „Kinder des Friedens" in einem einzigartigen architektonischen Stil. Das schlichte, 2011 liebevoll restaurierte Museum erzählt die Geschichte der Sekten-Gründer. Hierher lässt sich von Toronto aus ein wundervoller Tagesausflug unternehmen. Es liegt etwa 55 km nördlich vom Zentrum.

Aktivitäten

Im Winter sind sie oft dick eingemummelt, doch die Einwohner Torontos lieben es trotzdem, sich fit zu halten. Outdoor-Aktivitäten gibt's in Hülle und Fülle: Die Leute radeln, skaten und joggen am Seeufer und laufen durch die Schluchten. Im Winter sind Schlittschuhlaufen und Eishockey beliebt.

Radfahren & Inlineskaten

Für Radfahrer und Inlineskater empfiehlt sich der **Martin Goodman Trail**. Der asphaltierte Freizeitweg erstreckt sich von The Beaches über die Harbourfront bis zum Humber River im Westen – wer Richtung See geht, wird auf ihn stoßen. Unterwegs kann man an der Cherry St auch in die im Don Valley liegenden Mountainbike-Wege abbiegen. Auf den **Toronto Islands** sind die Uferpromenade am Südufer und die asphaltierten Verbindungswege autofreie Zonen. Wer Lust auf eine längere Tour hat: Der Martin Goodman Trail ist ein Teil des 450 km langen **Lake Ontario Waterfront Trail** (www.waterfronttrail.org), der sich von weit östlich von Toronto bis nach Niagara-on-the-Lake erstreckt. Wer Toronto per

Rad erkunden möchte, sollte wenn möglich auf den markierten Fahrradwegen bleiben. Obwohl viele Einheimische mit dem Rad zur Arbeit fahren, gibt es in der Stadt einige Risiken: aggressive Autofahrer, Straßenbahnen und vom Handy abgelenkte Fußgänger. Radfahrer werden von plötzlich geöffneten Autotüren getroffen, und Unfälle mit Radfahrern, die in die Schienen der Straßenbahn geraten, kommen durchaus vor. Eine Helmpflicht existiert in Ontario nicht.

Wichtige Informationen für Radfahrer gibt es unter www.toronto.ca/cycling/map. Leute mit Smartphones können zur Echtzeit-Routenplanung www.ridethecity.com nutzen.

★ **Bike Share Toronto** RADFAHREN
(☎ 855-898-2378; www.bikesharetoronto.com; 1-/3-Tageskarte 7/15 C$) Bike Share Toronto ist ein Service, mit dem man einen oder drei Tage lang unbegrenzt Fahrräder für 30-minütige Fahrten ausleihen kann. Abholen und zurückgeben kann man die Räder an mehr als 200 Stationen stadtweit – ein tolles Angebot für Besucher. Beim Kauf wird eine Kaution von 101 C$ auf der Kreditkarte eingefroren; mit der Transit App kauft man die Tageskarten, spürt die Abholstationen auf und erhält den Code, um das Rad aufzuschließen.

Ohne Tageskarte sind die ersten 30 Minuten der Entleihe kostenlos. Die zweiten 30 Minuten kosten 1,50 C$, die nächsten 4 C$ und alle folgenden 7 C$.

Toronto Islands Bicycle Rental RADFAHREN
(☎ 416-203-0009; www.torontoislandbicycleren tal.com; Centre Island; Rad/Tandem 8/15 C$ pro Stunde, Tretauto mit 2/4 Sitzen 17/30 C$; ⏲ Mai–Sept. 10.30–18 Uhr; ⛴ Centre Island) Centre Island lässt sich vielleicht am besten mit dem Rad erkunden. Hier, neben dem Outlook Pier, kann man es ausleihen.

Toronto Bicycling Network RADFAHREN
(TBN; www.tbn.ca; Fahrt für Nichtmitglieder 5 C$) Der Freizeit-Fahrradclub lässt Nichtmitglieder für 5 C$ an seinen organisierten Fahrradausflügen teilnehmen.

Wheel Excitement OUTDOOR
(Karte S. 82; ☎ 416-260-9000; www.wheelexcitement.ca; 249 Queens Quay W; Fahrrad oder Inlineskates 15/35 C$ pro Std./Tag; ⏲ 10–18 Uhr; 🚋 509, 510) Nahe am Fähranleger zu den Toronto Islands; die Tagesmiete ist hier billiger als auf Centre Island, und man hat die Möglichkeit, weitere Erkundungen zu machen.

Community Bicycle Network RADFAHREN
(Karte S. 86; ☎ 416-504-2918; www.communitybicyclenetwork.org; 761 Queen St W; Fahrradverleih 1. Tag/Wochenende/Woche 25/35/65 C$; ⏲ Di–Fr 12–18, Sa 10–18 Uhr; 🚋 501) 🍃 CBN fördert seit 20 Jahren nachhaltige Transportformen, vermietet Fahrräder und bietet einen Reparaturdienst, Workshops und Events.

Schlittschuhlaufen

Einheimische lieben es, Schlittschuh zu laufen. Wenn es friert und leise der Schnee rieselt, erwachen die Outdoor-Eisbahnen in Toronto zum Leben. Am bekanntesten sind diejenigen am Nathan Phillips Sq vor der City Hall und beim Harbourfront Centre (S. 75). Sofern das Wetter es zulässt, sind diese künstlichen Eisbahnen von Mitte November bis März täglich von 10 bis 22 Uhr geöffnet. Der Eintritt ist frei; Ausleihgebühr für Schlittschuhe Erw./Kind 10/5 C$. Bei **Toronto Parks & Recreation** (www.toronto.ca/parks) erhält man Infos zu anderen Eisbahnen in der Stadt, darunter die in den Kew Gardens beim Kew Beach und im Trinity Bellwoods Park in Toronto West. Wenn es *richtig* kalt ist, kann man auch auf dem Grenadier Pond im High Park Eislaufen. Anfängern gefällt vielleicht der weniger bekannte Ryerson Rink besser, der versteckt direkt nördlich des Yonge & Dundas Sq an der Gould St liegt.

Schwimmen

Trotz des Dutzends Stadtstrände, die von Juli bis August von Rettungsschwimmern überwacht werden und von denen acht mit der Blauen Flagge zertifiziert sind, baden die Einheimischen meist nicht gern im Lake Ontario. Bevor man sich hineinstürzt, sollte man sich bei der **Beach Water Quality Hotline** (app.city.toronto.ca/tpha/beaches.html) nach der Wasserqualität erkundigen, die sich nach starken Regenfällen verschlechtert, sodass Escherichia-coli-Bakterien im Wasser ein Risiko darstellen könnten.

Die Stadtverwaltung betreibt mehr als 50 Freibäder, die von Juni bis September in der Regel von Sonnenaufgang bis zum Einbruch der Dunkelheit geöffnet sind. Unter www.toronto.ca/ findet man die vollständigen Liste.

Wandern

Lust, sich die Beine zu vertreten? Dann sind Torontos Stadtparks, Naturschutzgebiete und Schluchten genau das Richtige. Alternativ kann man sich auch mit **Hike Ontario** (☎ 905-277-4453; www.hikeontario.com) oder dem **Toronto Bruce Trail Club** (www.toronto

brucetrailclub.org) auf kühne Tageswanderungen machen.

Geführte Touren

Boot

Zwischen Mai und September starten Ausflugsfahrten an der Harbourfront neben dem Queens Quay Terminal oder dem York Quay Centre. Für die Fahrten zum Brunch oder Dinner ist eine Reservierung zu empfehlen. Man sollte bedenken, dass die Fähren zu den Toronto Islands denselben Blick zum halben Preis bieten.

Mariposa Cruises BOOTFAHREN
(Karte S. 82; ☎416-203-0178; www.mariposacruises.com; Queens Quay Terminal, 207 Queens Quay W; Tour 1 Std. Erw./Kind 22/15,50 C$; ⏲Mai–Sept.; 🚌509, 510) Kommentierte Hafenrundfahrten und zweistündige Touren mit Mittagsbüfett (Erw./Kind 50/26 C$). Außerdem gibt's Touren mit Sonntagsbrunch sowie Bootsfahrten mit Abendessen und Tanz.

Tall Ship Kajama BOOTFAHREN
(Karte S. 82; ☎416-203-2322; www.tallshipcruisestoronto.com; 249 Queens Quay W, Suite 111; Tour 90 Min. Erw./Kind 27/15 C$; ⏲Mai–Okt.; 🚌509, 510) Der flotte schwarze Dreimaster *Kajama,* ein deutscher Handelsschoner von 1930, legt am Fuß der Lower Simcoe St ab; in der Regel ist ein Ticketschalter neben dem Queens Quay Terminal geöffnet. Fahrten können online reserviert werden.

Bus

Toronto ist nicht wie London, Paris oder Rom, wo man bequem vom Bus aus unendlich viele historische Wunderwerke bestaunen kann. Wer aufs Geld achtet, für den ist eine TTC-Tageskarte vielleicht günstiger, mit der man die Stadt auf eigene Faust erkundet.

★ **City Sightseeing Toronto** BUSTOUR
(☎416-410-0536; www.citysightseeingtoronto.com; Erw./Kind 38/20 C$) Hop-on-, Hop-off-Stadtrundfahrt im offenen Doppeldeckerbus wie in London; an der Schleife liegen 24 Haltestellen. Die kommentierte Route deckt die wichtigsten Sehenswürdigkeiten ab und schließt ohne Zusatzkosten (je nach Saison) eine Bootsfahrt auf dem See ein. Die Tickets gelten 72 Stunden: Das ist eine günstige Sache, wenn man den Bus drei Tage lang nutzen will, und eine gut, um sich zu orientieren.

★ **Chariots of Fire** BUS
(Karte S. 82; ☎1-905-877-0855; www.tourniagarafalls.com; 33 Yonge St; Tagestour 77 C$; Ⓢ King) Preisgünstige Tagestouren von Toronto nach Niagara Falls, die eine Bootsfahrt mit der *Hornblower Niagara* und einem Aufenthalt in Niagara-on-the-Lake einschließen. Der Veranstalter ist bestens organisiert. Wer in Toronto ist und nur einen Tag Zeit hat, sich die Niagarafälle anzuschauen, kann das so auf bequeme Art tun.

ROMBus BUS
(Karte S. 76; ☎416-586-8000; www.rom.on.ca/en/whats-on/rombus; 100 Queen's Park; Tagestour 125–155 C$; Ⓢ Museum) Das Royal Ontario Museum (S. 85) organisiert in unregelmäßigen Abständen besondere Touren mit sehr kundigen und informierten Führern zu historischen, kulturellen oder architektonischen Themen. Die Tagestouren sind zwar ziemlich teuer, aber durchaus lohnend, wenn einen das jeweilige Thema besonders interessiert.

Spazierengehen & Radfahren

Toronto ist am einfachsten zu Fuß zu erkunden. Bei einer Radtour kann man allerdings größere Strecken zurücklegen.

★ **Heritage Toronto** STADTSPAZIERGANG
(☎416-338-3886; www.heritagetoronto.org; 157 King St E; Spende erwünscht; ⏲April–Okt.) Ein vielfältiges Angebot faszinierender Spaziergänge, Rad- und Bustouren (TTC) mit Schwerpunkt auf Geschichte, Kultur und Natur, die von Museumsexperten und Mitgliedern örtlicher Geschichtsvereine durchgeführt werden. Die Touren dauern in der Regel ein bis drei Stunden.

ROMWalks STADTSPAZIERGANG
(☎416-586-8000; www.rom.on.ca/en/whats-on/romwalks; frei–10 C$; ⏲Mai–Sept. Mi & So) Gut informierte Freiwillige des Royal Ontario Museum (S. 85) leiten die ein- bis zweistündigen Spaziergänge mit historischem oder architektonischem Schwerpunkt, bei denen auch weniger bekannte, aber sehr interessante Gebäude und Viertel der Stadt auf dem Programm stehen. Die meisten Spaziergänge sind kostenlos (Trinkgeld willkommen); einige kosten bis zu 10 C$.

A Taste of the World STADTSPAZIERGANG
(☎416-923-6813; www.torontowalksbikes.com; Tour 2–3½ Std. 25–50 C$) Witzige, fachkundige Führer veranstalten unkonventionelle Spaziergänge und Radtouren zu versteckten Ecken der Stadt, in der Regel mit kulinarischem Schwerpunkt, manchmal aber auch Geistertouren. Reservierung empfohlen.

Feste & Events

Was Toronto an optischen Reizen fehlt, macht sie durch Aktivitäten wett: In dieser lebendigen Stadt kann man zu allen Zeiten Spaß und Aufregung haben, und das gilt auch für Torontos Festivalszene. In den langen milden Tagen und Nächten des kurzen Sommers (Juni–Aug.) ist so viel los, dass die Entscheidung schwerfällt. Zu den Zeiten, wenn gleichzeitig mehrere Events locken, empfiehlt es sich, einfach rauszugehen und die Entscheidung dem Schicksal zu überlassen.

Januar

Winterlicious ESSEN & TRINKEN

(www.toronto.ca/winterlicious; ⌚Jan.) Zwei Wochen im Januar verlockt ein beachtliches Spektrum an Restaurants die Einheimischen mit opulenten Angeboten zum Festpreis dazu, zum Mittag- und Abendessen das Haus zu verlassen. Wer im Winter hier ist, sollte unbedingt die Vorteile dieser fantastisch preiswerten Mahlzeiten, die Torontos kulinarische Vielfalt zeigen, zu jeder sich bietenden Gelegenheit wahrnehmen.

Next Stage Festival THEATER

(http://fringetoronto.com/next-stage-festival; ⌚Jan.) Das Festival wird von den Leuten organisiert, die auch hinter dem Toronto Fringe Festival stehen. Next Stage zeigt die Arbeiten von zehn randständigen Bühnenkünstlern im Factory Theatre (S. 122) als Sprungbrett für künftige Erfolge. Bei diesem Event im Januar gibt's auch ein beheiztes Bierzelt, wo das Publikum vor und nach den Aufführungen mit den Schauspielern und Bühnenleuten in Kontakt kommen kann.

Februar

Canadian International Auto Show AUTOAUSSTELLUNG

(www.autoshow.ca; ⌚Ende Februar) Autofans aus aller Welt versammeln sich im Metro Toronto Convention Centre, um alles über die neuesten Entwicklungen der Autowelt zu erfahren, mit ein wenig eingestreuter Automobilgeschichte.

April

Hot Docs FILM

(Canadian International Documentary Festival; www.hotdocs.ca; 506 Bloor St W; ⌚Ende April) Nordamerikas größtes Dokumentarfilmfestival zeigt in seiner Zentrale, dem Hot Docs Ted Rogers Cinema, mehr als hundert Dokus aus aller Welt.

420 Rally KULTUR

(Dundas Sq; ⌚20. April) Haschraucher kriechen aus ihren Kellern und versammeln sich zu Tausenden auf dem Yonge & Dundas Sq im Zentrum von Kanadas größter Stadt, um mit einem Smoke-Out für die Legalisierung der Droge zu demonstrieren.

Mai

InsideOut FILM

(Toronto LGBT Film Festival; www.insideout.ca; ⌚End Mai–Juni) Seit mehr als 25 Jahren zeigt das Toronto LGBT Film Festival eine große Palette von schwulenbezogenen Filmen aus aller Welt, einige davon in der fantastischen TIFF Bell Lightbox (S. 123). Das Festival läuft von der letzten Maiwoche bis zum Pride Toronto im Juni.

Doors Open Toronto KULTUR

(www.toronto.ca/doorsopen; ⌚Mai) GRATIS Am vierten Maiwochenende öffnen mehr als 500 öffentliche und private Gebäude von architektonischer oder historischer Bedeutung ihre Tore und erlauben Besuchern einen kostenlosen Einblick. Stadtspaziergänge und die Besichtigung berühmter Gebäude wie der City Hall vorab buchen!

Juni

Luminato KULTUR

(www.luminatofestival.com; ⌚Juni) Bei Luminato versammelt sich eine große Auswahl der weltweit besten Musiker, Tänzer, Künstler, Schriftsteller, Schauspieler und Filmemacher an Veranstaltungsorten überall in Toronto, um eine Kreativität zu feiern, die die Vielfalt der Stadt widerspiegelt. Viele Veranstaltungen sind gratis. Zu den Stars, die hier schon aufgetreten sind, gehören Aretha Franklin, Joni Mitchell, kd lang und Rufus Wainwright.

North by Northeast DARSTELLENDE KUNST

(NXNE; www.nxne.com; ⌚Mitte Juni) Musikfans können sich die Woche Mitte Juni im Kalender rot anstreichen: In den coolsten Clubs der Stadt steigen feuchtfröhliche Partys mit rund tausend Indie-Bands, Filmen und Shows. Für den Eintritt zu mehreren Veranstaltungen gibt's diverse, je nach Geschmack zusammengestellte, kostengünstige Armbänder.

★ Pride Toronto LGBT

(www.pridetoronto.com; ⌚Juni–Juli) Torontos farbenprächtigstes Event feiert einen ganzen Monat (ursprünglich eine Woche) lang mit (meist kostenlosen) Community-Events, Workshops und Treffen alle Arten der Sexualität und Gender-Identität. Die Highlights sind der Trans March, der Dyke March und die Pride Parade Anfang Juli, wenn in den Straßen des Church-Wellesley Village mehr als 1 Mio. Menschen feiern, zu denen 2016 auch der kanadische Premierminister Justin Trudeau gehörte.

National Aboriginal Day KULTUR
(www.aadnc-aandc.gc.ca; ⌚ J21. Juni) Kanadas kulturelles Erbe der First Nations, der Inuit und der Métis, wird zur Sommersonnenwende (21. Juni) gefeiert. Die Events beginnen schon eine Woche vorher.

Toronto Jazz Festival MUSIK
(www.tojazz.com; ⌚ Ende Juni–Anf. Juli) Jazz, Blues und Weltmusik sind in den Straßen der Stadt, in den Nachtclubs und Konzertsälen zu hören, dazu gibt's Musik-Workshops und Filmvorführungen.

Union Summer ESSEN & TRINKEN
(Karte S. 82; http://torontounion.ca; Union Station, 65 Front St W; ⌚ Mo–Fr 7 Uhr–Sonnenuntergang, Sa & So 11 Uhr–Sonnenuntergang; 👪; Ⓢ Union Station) Der kulinarische Markt vor der Union Station war im Sommer 2015 ein solcher Erfolg, dass er zu einem jährlichen Event gemacht wurde. Von Ende Juni bis Anfang September gibt's täglich einen Markt mit mehr als 20 kulinarischen Ständen, Aktivitäten, kostenlosem Freiluftkino, Livemusik und Getränken.

Juli

Summerlicious ESSEN & TRINKEN
(www.toronto.ca/summerlicious; ⌚ Juli) Für dieses kulinarische Event, an dem sich stadtweit fast 200 Restaurants, Bars und Cafés beteiligen, sollte man seine Tische im Voraus reservieren. Es gibt Festpreismenüs mit tollem Preis-Leistungs-Verhältnis in drei Preiskategorien und damit für jeden Geschmack und jeden Geldbeutel das Richtige.

★ **Toronto Fringe Festival** KULTUR
(http://fringetoronto.com; ⌚ Anf. Juli) Torontos größtes Theater- und Performance-Festival, das der Allgemeinheit die Schwellenangst nehmen will, steht seit 25 Jahren im Rampenlicht und zeigt Anfang Juli zwei Wochen lang Dutzende Stücke in Dutzenden Spielstätten. Die Stücke sind teils total avantgardistisch, teils ernsthaft und bewegend. Es gibt auch Kindertheater.

Open Roof Festival FILM
(www.openrooffestival.com; ⌚ Juli) Enthusiastische Film- und Musikfans organisieren an hippen urbanen Schauplätzen auf Dachterrassen und im Freien Filmvorführungen und Bandauftritte.

Honda Indy Toronto SPORT
(www.hondaindytoronto.com; ⌚ Mitte Juli) Vor großem Publikum treten international bekannte Rennfahrer gegeneinander an und düsen lautstark mit bis zu 300 km/h über den Lakeshore Blvd. Aus Sorge um ihr Gehör fliehen viele Einwohner deshalb lieber aus der Stadt.

Beaches International Jazz Festival MUSIK
(www.beachesjazz.com; ⌚ Ende Juli) GRATIS Das kostenlose, dreitägige Jazzfest füllt die Bühnen in Woodbine Gardens, Kew Gardens und entlang der Uferpromenade von The Beaches. Höhepunkt ist das zweitägige Straßenfest, für das ein 2 km langer Abschnitt der Queen Street E für den Verkehr geschlossen und für die Musik von über 50 kanadischen Bands und für Tausende Zuhörer, die zu Fuß unterwegs sind, geöffnet wird.

August

Caribana KARIBIK
(Toronto Caribbean Carnival; www.caribana.com; ⌚ Ende Juli–Anf. Aug.) Das größte karibische Fest Nordamerikas: Der Karnevalsumzug, bei dem die Kostüme ein Hauch von blümchengemustertem Nichts sind, dauert fünf turbulente Stunden.

Canadian National Exhibition LANDWIRTSCHAFT
(CNE; www.theex.com; ⌚ Ende Aug.–Anfang Sept.) Die seit 1879 stattfindende „Ex" bringt an den 18 Tagen vor dem Labour Day (1. Mo im Sept.) über 700 Aussteller, Tier- und Pflanzenschauen, Holzfällerwettbewerbe, Freiluftkonzerte und Festivitäten ins Exhibition Place (S. 79). Die Flugschau und das Feuerwerk am Labour Day krönen das Ganze.

Toronto International Buskerfest MUSIK
(http://torontobuskerfest.com; ⌚ Ende Aug.) Ende August macht sich drei Tage lang eine bunte Truppe kanadischer und internationaler Straßenmusikanten in der Yonge St in Downtown breit, um Epilepsy Toronto zu unterstützen: Es gibt Schwertschlucker, Jongleure und Musikanten von nicht vorhersagbarer Klasse.

September

★ **Toronto International Film Festival** FILM
(TIFF; torontointernationalfilmfestival.ca; ⌚ Sept.) Seit seiner Gründung 1976 ist das TIFF zum

Kronjuwel in Torontos Festivalkalender und zu einem wichtigen Termin der internationalen Filmszene geworden. Das zehntägige Festival lockt mehr als 400 000 Filmbegeisterte an und ist ein wichtiges Schaufenster für die Präsentation neuer Filme geworden.

1990 wurde das Festival um das ganzjährige TIFF Cinematheque-Programm erweitert, bei dem Filmwerke aus aller Welt vorgestellt werden. Zwei Jahrzehnte später öffnete die TIFF Bell Lightbox (S. 123) mit fünf beeindruckenden Kinosälen sowie abgefahrenen Restaurants und Bars ihre Pforten als dauerhafte Heimstätte des Festivals und seiner Organisation.

Wer zum TIFF vor Ort ist, muss unbedingt vorab buchen: Die Karten für die Filmvorführungen und Events sind schnell ausverkauft, während die ohnehin schon gestiegenen Zimmerpreise vollends durch die Decke schießen, je näher der Termin heranrückt. Promis und Paparazzi sind in der Stadt, und die Einheimischen strömen herbei, um den Geist Hollywoods zu erleben – man sollte dabei sein!

Oktober

Nuit Blanche KULTUR
(http://nbto.com; ⌚1. Sa im Okt.) Am ersten Samstag im Oktober gibt's in der ganzen Stadt mit mehr als 130 Events eine lange Nacht der städtischen Kunst. Eingefädelte „Zufallsbegegnungen", interaktive Tanzstücke und ein die ganze Nacht offener Straßenmarkt gehören zu dem nächtlichen (manchmal chaotischen) Spaß mit dazu.

International Festival of Authors LITERATUR
(www.readings.org; ⌚Mitte Okt.) Mitte Oktober treffen sich angesehene kanadische und internationale Autoren elf Tage lang im Harbourfront Centre (S. 75). Lesungen, Diskussionen, Vorträge, Preisverleihungen, Autogrammstunden und kinderfreundliche Veranstaltungen stehen auf dem Programm.

November

Royal Agricultural Winter Fair LANDWIRTSCHAFT
(www.royalfair.org; ⌚Nov) Seit 1922 wärmt die weltweit größte Indoor-Messe für Landwirtschaft und Pferde an zehn Tagen im schon recht kühlen November ihr Publikum am Exhibition Place (S. 79).

Santa Claus Parade WEIHNACHTEN
(www.thesantaclausparade.ca; ⌚Nov; 👪) Die jährliche Santa Claus Parade, eine Institution seit 1905, bringt als Santas verkleidete alte Männer auf die Straße, die stundenlang den Verkehr im Zentrum aufhalten und die Kinder lange vor Weihnachten begeistern. Der Termin variiert und liegt üblicherweise zwischen Mitte und Ende November.

Dezember

Toronto Christmas Market WEIHNACHTEN
(www.torontochristmasmarket.com; ⌚Dez) GRATIS In den ersten beiden Dezemberwochen erreicht die festliche Stimmung im Distillery District (S. 80) ihren Höhepunkt, denn dann sind auf einem Weihnachtsmarkt im europäischen Stil Hunderte handgemachter Waren aus der Gegend zu sehen.

Schlafen

Toronto hat keinen Mangel an Unterkünften. Die Übernachtung kann aber teuer werden, vor allem Sommer, wenn die Zimmer schnell ausgebucht sind, selbst wenn das Doppelte vom Normalpreis verlangt wird. Für einen Aufenthalt zwischen Mitte Mai und Ende September sollte man unbedingt im Voraus reservieren.

Und nicht vergessen: 13 % HST (harmonisierte Umsatzsteuer) kommen fast immer noch zu dem angegebenen Preis hinzu.

Im März sollte man auf einen Besuch tunlichst verzichten: Das Wetter ist oft lausig, und wegen der riesigen alljährlichen PDAC Mining Convention sind die meisten Betten in der Innenstadt belegt.

Bed & Breakfast Homes of Toronto ZIMMERVERMITTLUNG $$
(☎416-363-6362; www.bbcanada.com/associations/toronto2) Vermietet alles von bescheidenen Familienwohnungen bis zu Deluxe-Suiten. Auf der Website kann man auch speziell nach LGBTI-freundlichen B&Bs suchen (was aber nicht heißt, dass die anderen B&Bs nicht LGBTI-freundlich sind).

Downtown Toronto Association of Bed and Breakfast Guest Houses ZIMMERVERMITTLUNG $$
(☎647-654-2959; www.bnbinfo.com) Vermittelt Zimmer in verschiedenen Vierteln – die Zimmer befinden sich überwiegend in renovierten viktorianischen Häusern.

Harbourfront

Renaissance Toronto HOTEL $$
(Karte S. 82; ☎416-341-7100; www.renaissancetoronto.com; 1 Blue Jays Way; DZ/Suite ab 199/289 C$; P ⊖ ❄ 📶 ≋; Ⓢ Union) 70 Suiten blicken auf das Spielfeld des Rogers Centre.

Wer eine davon bucht, muss sich auf Flutlicht und brüllende Sportfans einstellen! Wer sein Zimmer lieber zum Schlafen nutzen will, keine Sorge: Auch vom Restaurant und von der Bar aus kann man aufs Spielfeld schauen.

Westin Harbour Castle HOTEL $$$
(Karte S. 82; ☎ 416-869-1600; www.westinharbourcastletoronto.com; 1 Harbour Sq; DZ ab 262 C$; 🚌 509, 510) Das Westin Harbour Castle hat eine breite Angebotspalette: Restaurants, Geschäfte, Fitnessraum, Konferenzzentrum, Pool, Zimmer mit Behindertenzugang usw. Für ein so großes Hotel ist das Personal erstaunlich munter. Vielleicht hält die Lobby die Leute bei Laune: Es gibt genug Marmor, um es mit einer Hollywood-Villa aufzunehmen. Toller Seeblick.

Financial District

Hotel Victoria BOUTIQUEHOTEL $$
(Karte S. 82; ☎ 416-363-1666; www.hotelvictoria-toronto.com; 56 Yonge St; DZ ab 244 C$; ; S King) Das aus dem frühen 20. Jh. stammende Hotel Victoria besitzt noch sein charmantes altmodisches Foyer. Die Gästezimmer sind ziemlich klein, aber schlicht und stilvoll eingerichtet. Es gibt auch einen Fitnessraum. Die Badezimmer bieten große Badewannen, aber leider keinen Schminktisch.

Strathcona Hotel HOTEL $$
(Karte S. 82; ☎ 416-363-3321; www.thestrathconahotel.com; 60 York St; DZ ab 157 C$; ; S Union) Dieses Downtown-Hotel hat kompakte, renovierte Zimmer mit ordentlichen Bädern. Der Pub und das Café im Erdgeschoss sind praktisch. Es gibt zwar keine Parkplätze auf dem Gelände, dafür hat man die Union Station bequem vor der Tür. Der Baulärm, der von den langfristigen Bauprojekten in der Gegend ausgeht, kann derzeit für Störungen sorgen.

One King West HOTEL $$
(Karte S. 82; ☎ 416-548-8100; www.onekingwest.com; 1 King St W; DZ mit Frühstück ab 224 C$; P; S King) Der schicke Turm des One King West ist eines der schönsten Gebäude in der Skyline von Toronto und überragt mühelos und stimmig die historische ehemalige Zentrale der Toronto Dominion Bank. Die Einraum-Apartments und die Apartments mit einem Schlafzimmer sind groß, stilvoll und haben eine sehr gute Lage im Zentrum; U-Bahn- und Straßenbahnanschluss hat man gleich vor der Haustür.

Fairmont Royal York HOTEL $$$
(Karte S. 82; ☎ 416-368-2511; www.fairmont.com/royalyork; 100 Front St W; DZ ab 379 C$; P; S Union) Seit 1929 hat das angesehene Royal York (einst das Flaggschiff der Canadian Pacific Railway und ein Wahrzeichen Torontos) schon alle möglichen Leute von Tina Turner bis Henry Kissinger beherbergt. Die mehr als 1300 luxuriösen Gästezimmer wurden umfassend renoviert und die Preise entsprechend angehoben. Man kann zum High Tea in der Library Bar kommen und hat vielleicht Gelegenheit, sich das weniger bekannte Bienenhaus auf der Dachterrasse anzuschauen.

Trump Toronto HOTEL $$$
(Karte S. 82; ☎ 416-306-5800; www.trumphotelcollection.com/toronto/; 325 Bay St; DZ ab 594 C$; P; S King) Die riesigen, modernen Gästezimmer im Trump Toronto lassen sich als üppig, dekadent und schwelgerisch beschreiben. Hohe Decken und bodenhohe Fenster tragen zum Eindruck von Geräumigkeit und Luxus bei. Der Service ist äußerst aufmerksam, und die Portiers sind bestens geschult. Wer richtig gut bei Kasse ist, kann es sich hier gut gehen lassen.

Old York

Hostelling International Toronto HOSTEL $
(Karte S. 82; ☎ 416-971-4440; www.hostellingtoronto.com; 76 Church St; B/DZ 35/109 C$; ; 🚌 504) Das preisgekrönte Hostel macht von außen nicht viel her, punktet aber mit seiner Dachterrasse und dem freundlichen Personal. Die meisten Schlafsäle haben eigene Bäder, und die neuen Luxuszimmer bieten Privatunterkünfte mit Frühstück, die ihren angenehmen Preis mehr als wert sind. Bei den Spieleabenden in der Cavern Bar & Bistro kann man sehr gut Freundschaften schließen.

Cosmopolitan BOUTIQUEHOTEL $$
(Karte S. 82; ☎ 416-350-2000; www.cosmotoronto.com; 8 Colborne St; Suite ab 209 C$; P; S King) Das kleine Hotel ist schick und ruhig; pro Etage gibt es nur fünf Zimmer. Die „Zen"-Suiten im Erdgeschoss sind recht klein; die „Lotus"- und „Tranquility"-Suiten sind deutlich größer und haben Küchen und teilweise auch Ausblick auf den See. Alle verfügen über Balkone. Zum Reiz tragen der Wellnessbereich und das Eight, die abgefahrene Weinbar im Untergeschoss bei (Freitagabend-Sonderangebot: 1 C$/0,03 l).

Entertainment District & King Street West

★ Clarence Park HOSTEL $

(Karte S. 82; 647-498-7070; www.theclarencepark.com; 7 Clarence Sq; B 32–36 C$, DZ 70–85 C$; P@; S St. Andrew) Das Budget-Schmuckstück mit anheimelnden, sauberen Schlafsälen und frischen Privatzimmern hat eine erstklassige, malerische Lage. Einige Zimmer blicken auf den grünen Platz, und alle haben angeschlossene Bäder. Es gibt Gratis-WLAN, eine fabelhafte Gemeinschaftsküche und eine riesige Dachterrasse, wo man an entspannten Sommernachmittagen grillen kann.

★ Residence Inn Toronto Downtown HOTEL $$

(Karte S. 82; 416-581-1800; www.marriott.com; 255 Wellington St W; Suite mit Frühstück ab 222 C$; P; 504, 508) Dieses moderne Hotel für Geschäftsreisende und Touristen ist für einen längeren Aufenthalt oder für Reisende mit Kindern pefekt. Es hat eine tolle Lage und ein ganzes Spektrum an komfortablen Zimmertypen bis hin zu Suiten mit zwei Schlafzimmern. Alle haben komplett ausgestattete Küchen, ein freundliches Dekor und viel Licht. Das Frühstücksbüfett ist sehr reichhaltig und im Preis inbegriffen.

Hôtel Le Germain BOUTIQUEHOTEL $$

(Karte S. 82; 416-345-9500; www.germaintoronto.com; 30 Mercer St; DZ/Suite ab 285/480 C$; P@; 504) Das hippe Le Germain liegt in einer ruhigen Nebenstraße im Entertainment District. Klare Linien, entspannende Räume und buddhistisch angehauchte Materialien sorgen für das versprochene „Meer des Wohlgefühls". Zu den Extras zählen Luxus-Toilettenartikel, Stereoboxen in den Zimmern und eine Dachterrasse. Parken kostet 35 C$.

Hilton Garden Inn Toronto Downtown HOTEL $$

(Karte S. 82; 416-593-9200; www.hiltongardeninn.com; 92 Peter St; DZ ab 169 C$; P; 501) Dieses Garden Inn – nicht zu verwechseln mit dem gleichnamigen in der Jarvis St – ist eine tolle Mittelklasseoption. Dank seiner Lage im Zentrum des Entertainment District nahe der Queen St W ist es ideal für Nachtschwärmer; aber freitags und samstags kann es nachts recht laut sein.

★ Thompson Toronto HOTEL $$$

(Karte S. 86; 888-550-8368; www.thompsonhotels.com/toronto; 550 Wellington St W; DZ ab 369 C$; P; 504, 508) Viele lieben das Thompson Toronto, weil es so kalifornisch wirkt. Die hippen, modernen Zimmer sind etwas für Design-Fans (siehe die Schnappschüsse auf der Website), und die Dachterrassenbar, die Terrasse und der Pool sind mit Abstand die besten in Toronto. Die beiden Restaurants im Haus, das Thompson Diner (S. 108) und das Scarpetta, verdienen extra erwähnt zu werden. Weitere Gründe, tiefer in die Tasche zu greifen, sind die herrliche Lage und der wundervolle Service.

Soho Metropolitan Hotel BOUTIQUEHOTEL $$$

(Karte S. 82; 416-599-8800; www.soho.metropolitan.com; 318 Wellington St W; DZ ab 345 C$; P; 510) In den 92 Zimmern und Suiten des Soho Met erwartet die Gäste Luxus und Eleganz: viel Ahornholz, eigene Ankleidezimmer, Fenster vom Boden bis zur Decke und italienische Bettwäsche. Die exquisiten Marmorbäder bieten eine tiefe Badewanne, eine getrennte Dusche und die allseits beliebten Molton-Brown-Pflegeprodukte.

Ritz Carlton HOTEL $$$

(Karte S. 82; 416-585-2100; www.ritzcarlton.com/toronto; 181 Wellington St W; DZ ab 465 C$; P; S St Andrew) Das Ritz Carlton eröffnete 2011 als erstes einer Gruppe neuer wunderbarer 5-Sterne-Hotels in Toronto. Der Name weckt Assoziationen, doch die Modernität der Immobilie passt nicht unbedingt zum altmodischen Ritz-Styling in den Zimmern. Man kann natürlich einen außergewöhnlichen Service, Komfort im Überfluss und eine 5-Sterne-Haltung erwarten – aber: zu dem Preis gibt es Besseres.

Downtown Yonge

Baldwin Village Inn B&B $

(Karte S. 76; 416-591-5359; www.baldwininn.com; 9 Baldwin St; DZ mit Frühstück & Gemeinschaftsbad 105–125 C$; @; 505, 506) In der hübschen Enklave Baldwin Village, nur ein paar Blocks entfernt von der Art Gallery of Ontario, liegt das gelb gestrichene B&B an einer grünen Straße mit günstigen, interessanten Speiselokalen und Cafés. Der Hof vor dem Haus ist ideal zum Abhängen und Leute beobachten. Ruhigere Zimmer findet man auf der Gartenseite.

Les Amis Bed & Breakfast B&B $

(Karte S. 76; 416-928-0635; www.bbtoronto.com; 31 Granby St; EZ/DZ mit Frühstück ab 99/139 C$; P; S College) Das heitere B&B wird von einem mehrsprachigen Pariser

Pärchen geführt und bietet ein komplettes vegetarisches Gourmet-Frühstück. Die farbenfrohen Zimmer sind mit Kunstwerken der Inhaber geschmückt, und die grüne hintere Terrasse ist prima zum Entspannen.

★ Cambridge Suites HOTEL $$

(Karte S. 76; ☎416-368-1990; www.cambridgesuitestoronto.com; 15 Richmond St E; Suite ab 227 C$; P; S Queen) Dieses All-Suite-Hotel, eine exzellente Wahl im mittleren Preissegment, hat geräumige, nett aussehende Zimmer mit separatem Wohn- und Küchenbereich. Die Cityscape-Suiten in den oberen Stockwerken sind luxuriöser ausgestattet, und der Preis schließt ein kontinentales Frühstück im Restaurant ein. Auch drei beeindruckende Penthouses stehen bereit.

Eaton Chelsea HOTEL $$

(Karte S. 76; ☎416-595-1975; chelsea.eatonhotels.com; 33 Gerrard St W; DZ/Suite ab 225/365 C$; P; S College) Torontos mit fast 1600 Zimmern größtes Hotel bietet Unterkunft für alle, ist aber besonders bei Familien beliebt, die die apartmentartigen Suiten und die Wasserrutsche im Hallenbad schätzen. Viele Zimmer haben Balkone.

Pantages BOUTIQUEHOTEL $$

(Karte S. 76; ☎416-362-1777; www.pantageshotel.com; 200 Victoria St; DZ mit Frühstück ab 209 C$; P; S Queen) Eine gute Wahl für einen längeren Aufenthalt: Das Hotel liegt dem Yonge & Dundas Sq, der Massey Hall und dem Eaton Centre am nächsten; die 89 Zimmer haben alle ein angeschlossenes Bad, eine Küche und eine Waschmaschine. Das Hotel ist in einem Wohngebäude – hinter dem Haupteingang geht's nach links ins Foyer.

Grand Hotel & Suites HOTEL $$

(Karte S. 76; ☎416-863-9000; www.grandhoteltoronto.com; 225 Jarvis St; DZ/Suite mit Frühstück ab 249/299 C$; P; S Dundas, 505) Die etwas schmuddelige und zwielichtige Lage ist der große Nachteil dieses soliden Hotels. Das wird sich aber in den nächsten Jahren ändern, wenn der Bau der Eigentumswohnanlagen in der Nachbarschaft beendet sein wird. Es gibt Zimmer von unterschiedlicher Größe bis hin zu Suiten mit zwei Schlafzimmern. Alle bieten Gratis-WLAN, Kochnischen und Marmorbäder. Ein herzhaftes Frühstücksbüffet ist im Preis inbegriffen.

Shangri-La Hotel HOTEL $$$

(Karte S. 82; ☎647-788-8888; www.shangri-la.com/toronto; 188 University Ave; DZ ab 380 C$; P; S St. Andrew) Die brandneuen, eleganten Zimmer in diesem Fünf-Sterne-Hotel verbinden asiatische Einfachheit mit westlichem Luxus und gehören zu den größten in Toronto. Alle haben separate Bad-, Duschen- und Toilettenräume mit Designer-Armaturen, bodenhohe Fenstertüren, Espressomaschinen und Smartphone-Anschlüsse. Die Lage an der University Ave ist fantastisch.

Church-Wellesley Village

Victoria's Mansion Inn & Guesthouse INN $

(Karte S. 76; ☎416-921-4625; www.victoriasmansion.com; 68 Gloucester St; EZ/DZ/Studio ab 79/99/139 C$; P; S Wellesley) Das international beflaggte, schwulenfreundliche Victoria's Mansion bringt seine Gäste in einem denkmalgeschützten, renovierten Backsteingebäude mit einer schönen Gartenfront unter. Alle Zimmer sind mit Kühlschrank, Mikrowelle und eigenen Bädern ausgestattet, sodass die kleineren Einzelzimmer für die Innenstadt ein gutes Preis-Leistungs-Verhältnis bieten.

Neill-Wycik College Hotel HOSTEL $

(Karte S. 76; ☎416-977-2320; www.torontobackpackershotel.com; 96 Gerrard St E; EZ/2BZ/3BZ mit Gemeinschaftsbad & Frühstück 58/85/115 C$; P; S College) Das bei Budgettravellern beliebte Hotel (sprich: Wei-sik) ist von Anfang Mai bis Ende August geöffnet, wenn die Studenten weg sind. Die mit Telefonen ausgestatteten privaten Schlafzimmer liegen in apartmentähnlichen Suiten, die sich Küche, Wohnraum und Bad teilen. Es gibt Waschküchen, Schließfächer, TV-Zimmer, eine von Studenten geführte Cafeteria und eine Sonnenterrasse mit tollem Ausblick.

Amsterdam Guesthouse HOSTEL $

(Karte S. 76; ☎416-921-9797; 209 Carlton St; DZ & 2BZ 76 C$; 506) Das einfache, ziemlich zentral am Rand der Downtown gelegene Hostel hat kühles Personal, aber bequeme Betten. Das Haus ist recht sauber und eine gute Budgetoption nahe dem Schwulendorf College-Wellesley. Das College und Yonge sind 15 Gehminuten oder fünf Fahrminuten mit der draußen haltenden Straßenbahn entfernt.

Holiday Inn Toronto Downtown Centre HOTEL $$

(Karte S. 76; ☎416-977-6655; www.holidayinn.com; 30 Carlton St; DZ ab 173 C$; P; S College) Abgedrehte renovierte Zimmer, eine

Top-Lage nur ein paar Schritte vom U-Bahnhof College und eine großes Spektrum an preiswerten Einkaufs-, Ess- und Unterhaltungsmöglichkeiten machen dieses massige Holiday Inn zu einem guten Angebot für die meisten Geldbeutel. Abgesehen davon gibt's quasi keinen Ausblick, und die Standardzimmer sind ziemlich kompakt.

Courtyard Toronto Downtown HOTEL $$

(Karte S. 76; ☎ 416-924-0611; www.marriott.com; 475 Yonge St; DZ ab 151 C$; P ❄ 📶 ≋; S College) Das zum Church-Wellesley-Village nächstgelegene größere Hotel ist im üblichen Mittelklassesegment eine gute Wahl mit einer Lage, von der aus alles zu Fuß erreichbar ist, mit Fitnessraum, Heißwasserbecken und Pool. Alle Zimmer haben eine anständige Größe, freies, superschnelles WLAN, einige auch einen Balkon. Bei Online-Buchung im Voraus gibt es günstige Angebote.

Bloor-Yorkville

Holiday Inn Toronto Bloor-Yorkville HOTEL $$

(Karte S. 76; ☎ 416-968-0010; www.holiday-inn.com/torontomidtown; 280 Bloor St W; DZ ab 212 C$; P ❄ 📶; S St. George) Die üblichen grünen Banner vor dem hoch aufragenden Backstein-Monolithen tragen nur wenig zur Verbesserung der Ästhetik bei, doch die Zimmer von der Stange haben bequeme Queen- oder Kingsize-Betten und viel Platz. Der Preis und die Lage sind hier das Entscheidende: U-Bahn direkt vor der Tür und die University of Toronto, das Royal Ontario Museum und die Einkaufsmöglichkeiten auf der Bloor St sind ebenfalls nah.

Comfort Hotel HOTEL $$

(Karte S. 76; ☎ 416-924-1222; www.choicehotels.ca/cn228; 15 Charles St E; DZ ab 212 C$; P ❄ 📶; S Bloor-Yonge) Es ist das Übliche und in keiner Weise schick, doch dieses einfache Touristenhotel steht in der Nähe von einigen sehr guten Cafés und ist nur einen Katzensprung von der Bloor St entfernt, wo die Zimmer dreimal so viel kosten.

★ **Four Seasons** LUXUSHOTEL $$$

(Karte S. 76; ☎ 416-964-0411; www.fourseasons.com/toronto; 60 Yorkville Ave; DZ ab 555 C$; S Bay) Dies ist eines der ältesten und renommiertesten Spitzenhotels von Toronto. Hier dreht sich alles um Luxus, Entspannung und Genuss: frische, saubere, lichtdurchflutete Zimmer mit herrlicher Aussicht strahlen Komfort aus, die Bäder aus Granit sind zum Sterben schön, und die exquisite Lobby gehört zu den eindrucksvollsten, die wir je gesehen haben.

Wen die Zimmerpreise nicht schocken, der wird auch die Rechnung im Café Boulud mit Michelin-Stern ohne zu zögern bezahlen und sich im Spa freudig den Körper umhegen und die Seele erheben lassen: Es ist wie im Himmel.

★ **Hazelton** BOUTIQUEHOTEL $$$

(Karte S. 76; ☎ 416-963-6300; www.thehazeltonhotel.com; 118 Yorkville Ave; DZ ab 446 C$; P ❄ 📶 ≋ 🐾; S Bay) Konkurrenten in der Luxushotelkette machen es dem Hazelton in den letzten Jahren zusehends schwerer, an dem Anspruch festzuhalten, das exklusivste Hotel Torontos zu sein, und die Gäste profitieren von den Anstrengungen, die zu diesem Zweck unternommen werden. Das elegante und dramatische Hotel ist mit 62 Zimmern und 15 Suiten klein genug, dass sich jeder hier als jemand Besonderer fühlen kann.

Designfans geraten bei den Dingen, die es hier gibt, aus dem Häuschen, und das Restaurant „ONE" von Torontos Meisterkoch Mark McEwan strapaziert den Geldbeutel, begeistert aber die Geschmacksnerven.

Windsor Arms BOUTIQUEHOTEL $$$

(Karte S. 76; ☎ 416-971-9666; www.windsorarmshotel.com; 18 St Thomas St; Suite ab 396 C$; P ⊖ ❄ 📶 ≋ 🐾; S Bay) Das Windsor Arms ist ein exquisites Stück aus Torontos Geschichte – einfach hier übernachten oder auf einen Nachmittagstee reinschauen. Es ist ein neogotisches Herrenhaus von 1927 mit einer prächtigen Eingangshalle, Buntglasfenstern, tollem Service und eigenem Wappen. Luxuriöse, überdimensionierte Suiten haben Bad und Dusche getrennt, Körperpflegeprodukte von Molton Brown, einen Butlerservice und Frühstücksbüfett. Kreative werden es lieben, dass jede Suite mit einem eigenen Musikinstrument daherkommt.

University of Toronto & The Annex

Havinn PENSION $

(Karte S. 76; ☎ 416-922-5220; www.havinn.com; 118 Spadina Rd; EZ/DZ mit Gemeinschaftsbad & Frühstück 69/84 C$; P ⊖ ❄ @ 📶; S Dupont) Die kleine Pension an der geschäftigen Spadina Rd hat sechs schlichte Zimmer mit Gemeinschaftsbädern und einer Gemeinschaftsküche. Ein einfaches Frühstück ist im Preis inbegriffen. Und der Preis stimmt: Die

Übernachtung ist günstiger als in den meisten B&Bs und privater als in einem Hostel.

Global Guesthouse INN $
(Karte S. 76; ☎416-923-4004; http://globalguesthousetoronto.com; 9 Spadina Rd; EZ/DZ 84/94 C$, mit Gemeinschaftsbad 74/84 C$; P ⊖ ❄ ≈; S Spadina) Das 1889 erbaute, altmodische viktorianische Haus aus rotem Backstein hat wunderschöne Giebel mit Schnitzereien und befindet sich gleich nördlich der Bloor St direkt am Bahnhof Spadina. Hier erwarten einen zehn knallbunte Zimmer mit Kabel-TV, eine Gemeinschaftsküche und Bilder, die die Frau des Inhabers gemalt hat. Die Sauberkeit lässt etwas zu wünschen übrig, aber bei dem günstigen Preis ist das Haus schnell ausgebucht.

Annex Quest House INN $$
(Karte S. 76; ☎416-922-1934; www.annexquesthouse.com; 83 Spadina Rd; DZ ab 95 C$; P ⊖ ❄; S Spadina) Diese von Rucksacktouristen vergötterte Institution orientiert sich an den Richtlinien der *vastu*, einer indischen Baulehre, die durch natürliche Materialien und asymmetrische Grundrisse (ähnlich wie Feng Shui) die innere Ruhe fördern will. Holzfußböden, gemusterte Bettdecken und handgemachte Kupferschüsseln geben den Räumlichkeiten etwas Besonderes.

Madison Manor BOUTIQUEHOTEL $$
(Karte S. 76; ☎416-922-5579; www.madisonmanorboutiquehotel.com; 20 Madison Ave; DZ mit Frühstück 99–189 C$; P ⊖ ❄; S Spadina) Ein renoviertes viktorianisches Haus nahe der University of Toronto. Die Zimmer haben ein Bad und bieten eine eher traditionelle Einrichtung; ein paar sind auch mit Kamin und Balkon ausgestattet. Aber Achtung, das Manor ist zwischen einer Studentenverbindung und dem Madison Avenue Pub (S. 118) eingezwängt: Leser haben über Lärm am Wochenende geklagt.

Chestnut Residence HOTEL $$
(Karte S. 76; ☎416-977-0707; www.chestnut.utoronto.ca; 89 Chestnut St; DZ & 2BZ mit Frühstück 157 C$; ❄ ≈; S St. Patrick) In dem hohen Hotel auf dem Gelände der University of Toronto sieht man viele Studenten. Man wird den Aufenthalt genießen, wenn man mehr auf das Umfeld als die abgewohnten Zimmer achtet. Außerdem gibt's ein gutes Frühstück, und die City Hall ist praktisch gleich nebenan. Die Betten sind bequem, in den großen Zimmern stehen Schreibtische und in den sauberen Badezimmern auch Badewannen.

Kensington Market & Little Italy

★ **Planet Travelers Hostel** HOSTEL $
(Karte S. 86; ☎416-599-6789; www.theplanettraveler.com; 357 College St; B/DZ/3BZ 31/75/90 C$; ⊖ ❄ ≈; 🚊506) 🍃 Das Planet erfreut Gäste schon seit langem mit einer herrlichen Dachterrassenbar, tollen Preisen und der Verpflichtung zu Sauberkeit und Nachhaltigkeit. Hinzu kommen Extras wie Aufladestationen für die elektronischen Geräte. Mit 94 Schlafsaalbetten, zehn privaten Zimmern und funkelnd schicken Gemeinschaftsbereichen sorgt das Haus dafür, dass man gut Bekanntschaften schließen und das Hostelleben genießen kann.

Queen West & Trinity Bellwoods

★ **Drake Hotel** BOUTIQUEHOTEL $$
(☎416-531-5042; www.thedrakehotel.ca; 1150 Queen St W; DZ/Suite ab 169/319 C$; P ⊖ ❄ ≈; 🚊501) Während andere Hotels Zimmer haben, hat das Drake Hotel „Crashpads, Höhlen, Salons" und eine rockige kleine Suite, um Künstlertypen und Indie-Musiker, die es sich leisten können, anzulocken. Die Crashpads sind winzig, aber von unwiderstehlicher Eleganz und zugleich funktional. Tatsächlich sind alle Zimmer eher klein, aber untadelig ausgestattet.

Die dazugehörige **Bar** (☎416-531-5042; www.thedrakehotel.ca; 1150 Queen St W; ⊙8–11 Uhr; 🚊501) und die Bühne gehören zu den schönsten Veranstaltungsorten für Livemusik in Toronto, und im Sommer geht im Sky Yard auf der Dachterrasse zu DJ-Beats und eiskaltem Corona die Post ab.

★ **Gladstone Hotel** BOUTIQUEHOTEL $$
(☎416-531-4635; www.gladstonehotel.com; 1214 Queen St W; DZ/Suite ab 229/375 C$; P ⊖ ❄ ≈; 🚊501) Die 37 von Künstlern gestalteten Zimmer dieses trendigen Hotels könnten einem Hochglanzmagazin für Wohnkultur entsprungen sein. Man wählt auf der informativen Website das Gestaltungsthema des Zimmers und fährt, wenn man angekommen ist, mit dem von Hand gesteuerten offenen Aufzug hinauf in sein kunstvolles Boudoir in der 3. oder 4. Etage. Regional produzierte Toilettenartikel und das begrünte Dach künden vom Umweltbewusstsein des Gladstone.

Die Melody Bar (S. 118), ein Café mit Bandauftritten, ist ein integraler Bestandteil von Torontos Indie-Szene; in der 2. Etage gibt's Künstlerateliers und Ausstellungen.

Bonnevue Manor B&B $$
(☎416-536-1455; www.bonnevuemanor.com; 33 Beaty Ave; DZ mit Frühstück ab 157 C$; P ⊖ ❄ @; 🚋501, 504, 508) Versteckt in einer Nebenstraße zwischen den Enden der Queen und der King St W residiert dieses gemütliche B&B in einer restaurierten Backsteinvilla aus den 1890er-Jahren mit herrlichen handgearbeiteten architektonischen Details. Die sechs Gästezimmer zeigen Blumenmuster in warmen Farben und verfügen über eigene Bäder. Das warme Frühstück genießt man draußen auf der mit Weinranken bedeckten Terrasse.

East End & The Beaches

★ **Only Backpackers Inn** HOSTEL $
(☎855-463-3249; http://theonlyinn.com; 972 Danforth Ave; B mit Frühstück 26–30 C$; ❄ @ 📶; S Donlands) Dieses Hostel muss man einfach lieben. Der weitgereiste Inhaber James weiß, was seine Kunden wollen. Das Hostel ist sauber und intim und liegt nahe der U-Bahn und direkt an der Danforth Ave (wenn auch nicht downtown). Es gibt Waffeln zum Frühstück und zwei private Patios. Das Café im Erdgeschoss bietet einen großen Hof und 24 Kleinbrauereibiere vom Fass.

Au Petit Paris B&B $
(Karte S. 76; ☎416-928-1348; www.bbtoronto.com/aupetitparis; 3 Selby St; EZ/DZ/3BZ mit Frühstück 105/145/175 C$; ⊖ ❄ 📶; S Sherbourne) Das erlesene viktorianische Erker- und Giebel-Haus hat Hartholzfußboden und moderne Einrichtung. Die besten der vier Zimmer mit Bad sind die Nomad's Suite mit Oberlicht und die Artist's Suite mit Blick auf den Garten und extra-großer Badewanne. Das nette vegetarische Frühstück umfasst Crêpes, Obst und Waffeln. Wer darauf verzichtet, zahlt für das Zimmer etwas weniger.

Toronto's Islands

Smiley's B&B B&B $$
(☎416-203-8599; www.erelda.ca; 4 Dacotah Ave, Algonquin Island; Zi. mit Gemeinschaftsbad 106 C$, Apt. pro Nacht/Woche 257/1400 C$; ⊖ ❄ 📶; ⛴ Ward's Island) Im „Belvedere", einem sonnigen B&B-Zimmer, die ganze Nacht durchschlafen und mit den Hausherren essen oder sich im Studio Apartment mit eigener Küche und Bad (nur Juni–Sept.) verkriechen. Wie auch immer – auf den autofreien Inseln ist Entspannung garantiert. Das Smiley's ist eine 15-minütige Fährfahrt von der Bay St entfernt.

Essen

Torontos Weltläufigkeit kommt nirgendwo stärker und aufregender zum Ausdruck als auf den Tellern seiner Restaurants. Essen ist hier eine wahre Freude – man bekommt alles, vom koreanischen Walnusskuchen über thailändische Currys, die einem den Schweiß auf die Stirn treiben, bis zu New Yorker Steaks und guten alten frankokanadischen Pfannkuchen mit in Maismehl paniertem Speck (*peameal bacon*) und Ahornsirup. Die Fusion-Küche ist in: Traditionelle westliche Rezepte werden mit einer Handvoll pfiffiger östlicher Zutaten angereichert und mit einer panasiatischen Note versehen. Auch englische Einflüsse bleiben erhalten – zu den beliebten Traditionen gehören ein Bierchen zum Mittagessen und förmliche Nachmittagstees.

Zum Geschäftsessen strömt man in die eleganten Restaurants im Financial District und in Old York. Etwas erschwinglichere und vielfältigere Lokale findet man überall im Baldwin Village, am Kensington Market, in Queen West, der Ossington Ave und am Yonge St Strip. Preiswertere Gerichte gibt's in Little Italy, Greektown (The Danforth), Little India und Chinatown. Man muss sich also nur überlegen, worauf man Lust hat, sich ins entsprechende Viertel begeben, und schon kann's losgehen!

Harbourfront

Against the Grain Urban Tavern KNEIPENESSEN $$
(Karte S. 82; ☎647-344-1562; corusquay.atgurbantavern.ca; 25 Dockside Dr; Hauptgerichte 14–26 C$; ⏲So–Di 11–21, Mi bis 22, Do bis 23, Fr & Sa bis 24 Uhr; 🚋509) Das beste an diesem viel gepriesenen Pub ist die riesige Terrasse auf der Seeseite (saisonal geöffnet) mit einem Blick, der zu den schönsten an der Harbourfront zählt. Da heißt es, einfach mit einem Freund vorbeikommen, die Sonne und einen Martini genießen, einen Teller Schweinebauch oder würzige Hummertacos teilen oder sich beim Vertilgen eines Pulled-Pork-Sandwiches, der Spezialität des Hauses, bekleckern.

Harbour Sixty Steakhouse STEAKHOUSE $$$
(Karte S. 82; ☎416-777-2111; www.harboursixty.com; 60 Harbour St; Hauptgerichte 32–130 C$; ⏲Mo–Fr ab 11.30, Sa & So ab 17 Uhr; 🚋509, 510) Der in dem abgeschiedenen Gebäude der To-

ronto Harbour Commission von 1917 untergebrachte prächtige, barocke Speisesaal erstrahlt mit seinen Messinglampen und den schicken Sitzecken. Angesichts der hervorragenden Auswahl an riesigen Steaks, Lachs, Florida-Steinkrabben (je nach Jahreszeit) und gegrillten karibischen Hummerschwänzen kann man sich hier richtig verwöhnen lassen. Die Beilagen reichen für zwei. Der Nachteil: Ein Besuch im Steakhouse macht sich in der Geldbörse bemerkbar... Man sollte unbedingt vorher einen Tisch reservieren!

Financial District

B Espresso Bar CAFÉ $

(Karte S. 76; ☎416-866-2111; bespressobar.com; 111 Queen St E; Kaffee 3–6 C$; ⌚Mo–Fr 7.30–17 Uhr; 🚊501) Das Kaffee-Credo in diesem italienischen Bistro lautet: „dampfend, aromatisch, weich, stark und köstlich". Und der Kaffee ist wirklich so sexy wie das koffeinsüchtige Personal.

★ **Richmond Station** INTERNATIONAL $$

(Karte S. 76; ☎647-748-1444; www.richmondstation.ca; 1 Richmond St W; Hauptgerichte 21–28 C$; ⌚Mo–Sa 11.30–22.30 Uhr; Ⓢ Queen) In diesem geschäftigen und unkomplizierten Restaurant – einer Schöpfung des *Top Chef Canada*-Gewinners Carl Heinrich – ist Reservieren unbedingt geboten. Die Gerichte „setzen auf gute Zutaten und Zubereitung". Zu empfehlen sind die ausgezeichneten, kräftigen Hummercocktails und die buttrigen Pilz-Fettuccine. Auf der bunt zusammengewürfelten Karte stehen schlichte, aber schmackhafte Gerichte zu vernünftigen Preisen. Dazu gibt's eine passende Weinkarte und täglich Sonderangebote auf der Kreidetafel.

Terroni ITALIENISCH $$

(Karte S. 82; ☎416-203-3093; www.terroni.com; 57 Adelaide St E; Hauptgerichte 14–25 C$; ⌚Mo–Do 9–22, Fr & Sa bis 23, So 17–22 Uhr; Ⓢ King) Die Filiale dieses beliebten italienischen Restaurants in der Adelaide St (es gibt noch viele weitere in Toronto und noch mehr in L.A.) residiert in einem ehemaligen Gerichtsgebäude mit hohen Deckengewölben und labyrinthischen Speisebereichen. Das Restaurant ist offen, kühl und trotz seiner Größe fast immer voll. Die preisgünstigen Holzofenpizzas, reichhaltigen Pastagerichte und frischen Panini würden den Paten stolz machen. Änderungswünsche bei Gerichten sind hier ein No-Go.

Nami JAPANISCH $$

(Karte S. 82; ☎416-362-7373; www.namirestaurant.ca; 55 Adelaide St E; Lunchsets 18–24 C$, Abendessen Hauptgerichte ab 20 C$, Sukiyaki 33 C$/Pers.; ⌚Mo–Fr 11.45–14.30, Sa 17.30–22 Uhr; Ⓢ King) Der Name bedeutet „Welle" (wie in Tsunami) – die coole Neonwelle auf der Außenseite des Gebäude ist nicht zu übersehen. In den schwarz lackierten Innenräumen laufen Hostessen in Kimonos und ernsthafte Sushi-Köche geschäftig hin und her. Zugeständnisse an den nordamerikanischen Gaumen gibt es kaum. *Robatayaki*-Grillgerichte sind eine Spezialität, außerdem ist dies *der* Ort, um den traditionellen Sukiyaki-Eintopf zu probieren.

Bymark FUSION $$$

(Karte S. 82; ☎416-777-1144; www.bymark.mcewangroup.ca; TD Centre, 66 Wellington St W; Hauptgerichte 28–65 C$; ⌚Mo–Fr 11.30–15, Mo–Sa 17–24 Uhr; Ⓢ St. Andrew) Torontos kulinarisches Energiebündel Mark McEwan bringt seine raffinierte, europäisch beeinflusste Speisekarte in dieses angesagte zweigeschossige Restaurant im Zentrum. Sein kreatives Küchenteam zaubert aus regionalen Zutaten der Saison (wilde Trüffel, Wachteln, Butterkrebs) sensationelle Kombinationen. Zu jedem Gericht gibt es Wein- oder Bierempfehlungen. Der Speiseraum ist im Erdgeschoss.

Old York

Patrician Grill DINER $

(Karte S. 82; ☎416-366-4841; 219 King St E; Gerichte 3,75–10,95 C$; ⌚Mo–Fr 7–16, Sa 8–14 Uhr; Ⓢ King) Der in den 1950er-Jahren erbaute Diner wird seit 1967 von der gleichen Familie geführt und sieht auch danach aus: Fotografen finden hier mit dem Neonschild draußen und der originalen Innendekoration dankbare Fotomotive. Die perfekt zubereiteten Burger, BLTs, Schinken mit Ei und hausgemachte Pommes sind hier immer zu empfehlen. Der Hackbraten am Freitagmittag ist legendär und schnell ausverkauft.

Bombay Palace INDISCH $

(Karte S. 82; ☎416-368-8048; www.bombaypalacetoronto.com; 71 Jarvis St; Mittagsbüfett 12,99 C$; ⌚11.30–14 & 17–21.30 Uhr; Ⓢ King) Das einladende indische Restaurant liegt in der vorderen Hälfte eines schrulligen alten Hauses. Es besitzt eine Nobelatmosphäre, einen höflichen, altmodischen Service und authentische, schön präsentierte Gerichte. Abends à la carte zu essen ist ein bisschen kostspielig,

KULINARISCHE FESTIVALS

Preisgünstige Festpreismenüs gibt's während der kulinarischen Festivals **Summerlicious** (S. 99) und **Winterlicious** (S. 98) sowie in den wärmeren Monaten auf dem **Union Summer Food Market** (S. 99) an der Union Station. Food Trucks vieler Geschmacksrichtungen sind in Toronto populär. Eine App zum Herunterladen verrät, ob gerade einer in der Nähe ist.

aber am täglichen Mittagstisch und dem herrlichen Abendbüfett am Sonntag kommt man nicht nur wegen des ausgezeichneten Preis-Leistungs-Verhältnisses kaum vorbei.

Sultan's Tent & Café Maroc ARABISCH $$$

(Karte S. 82; ☎416-961-0601; www.thesultanstent.com; 49 Front St E; Hauptgerichte 24–37 C$; ⏲Mo–Fr 12–16 & Sa 11.30–16 Uhr; 🚌503, 504) Das „Sultanszelt" ist dunkel und atmosphärisch, reichlich mit Buntglaslaternen, Kerzen und fransenbesetzten Kissen ausgestattet und serviert traditionelle marokkanische Küche. Den Couscous Royale (24 C$) und zum Nachtisch *keskesu* (süßer Couscous mit Zimt, Mandeln, Rosinen und Orangenblütenwasser) muss man probiert haben.

Hiro Sushi SUSHI $$$

(Karte S. 82; ☎416-304-0550; www.hirosushi.ca; 171 King St E; Mittagstisch ab 12 C$, Abendessen 35–70 C$; ⏲Di–Sa 12–14.30 & Sa 17.30–22.30 Uhr; 🚌503, 504) Wer Sushi mag, ist beim gut gelaunten Hiro an der richtigen Adresse. Der authentische japanische *sushi-ya* arbeitet am liebsten nach dem traditionellen Prinzip des *omakase:* überlass es dem Koch. Wer sich darauf einlässt, den erwartet eine Reise voller Überraschungen. Hiro versteht jedoch die besonderen Sensibilitäten westlicher Gourmets und bietet ein begrenztes À-la-carte-Menü, das je nach Verfügbarkeit der Zutaten und Stimmung variiert.

Entertainment District & King Street West

Wvrst EUROPÄISCH $

(Karte S. 86; ☎416-703-7775; www.wvrst.com; 609 King St W; Würstchen ab 6 C$; ⏲So–Mi 11.30–23, Do bis 24, Fr & Sa bis 1 Uhr; 🚌504, 508) Mögen Sie Würstchen? Der Erfolg des Wvrst ist ein Hinweis darauf, dass das jedenfalls auf Torontos Hipster zutrifft. Hier gibt's jede Menge Würste, sodass man sich in dieser „Bier- und Würstchenhalle" problemlos ein Stück auf die Gabel packen kann. Dazu gibt's Entenfett oder Pommes.

Avenue Open Kitchen DINER $

(Karte S. 86; ☎416-504-7131; 7 Camden St; Sandwiches/Burger ab 3 C$; ⏲Mo–Fr 7–16, Sa 8–15 Uhr; 🚌504) Der gemütliche Laden unweit der Spadina Ave scheint schon immer dort gewesen zu sein. Er ist fleckenlos sauber und bietet ein tolles Preis-Leistungs-Verhältnis. Ein BLT mit Käse und dazu Pommes und Bratensauce zum Mittag: Wer traut sich? Frühstück und Burger sind wirklich von der alten Schule und belasten nicht das Portemonnaie. Es gibt immer ein Tagesgericht.

Burrito Bandidos MEXIKANISCH $

(Karte S. 76; www.burritobandidos.com; 120 Peter St; Burritos ab 6,55 C$; ⏲Mo–Do 11.30–23, Fr & Sa bis 4, So 12–21 Uhr; 🚌501, 502) Clubfans, die keinen aufreißen konnten, trösten sich in diesem Kellerimbiss mit einer kräftigen Dosis Chili, Schmand und Salsa sowie stark gewürztem Pulled Pork über ihre Enttäuschung hinweg. Im Laden gibt's zu wenig Platz für einen selber und seinen Burrito – also einfach einen mitnehmen!

Ravi Soups INTERNATIONAL $

(Karte S. 82; ☎647-435-8365; www.ravisoup.com; 322 Adelaide St W; Suppen 9,99 C$; ⏲Mo–Sa 11–22, So bis 20 Uhr; 🚌504, 508) In diesem Lokal geht's schlicht zu: Auf der kleinen Karte stehen einfach nur sieben Suppen (z. B. Mais-Chowder mit Blaukrabben oder Fischcremesuppe mit Steinpilzen und Wildreis) und sechs Wraps (Rinderhack mit gebratenem Yams). Alles ist köstlich und perfekt zubereitet. Es gibt einen kleinen Essbereich mit einem Gemeinschaftstisch, der in der Regel voll besetzt ist.

Thompson Diner DINER $

(Karte S. 86; ☎416-601-3533; www.thompsondiner.com; 550 Wellington St W; Frühstück ab 10 C$, Hauptgerichte ab 14 C$; ⏲24 Std.; 🚌504, 511) Der zwanglose Diner mit modernem Einschlag im ansprechenden Thompson Hotel (S. 102) ist rund um die Uhr geöffnet, und Frühstück und Comfort Food gibt's immer. Zu jeder Tages- und Nachtzeit kann man hier auch gut Leute beobachten – schließlich ist das hier Nachtclub-Territorium.

Dark Horse Espresso CAFÉ $

(Karte S. 76; ☎416-979-1200; www.darkhorseespresso.com; 215 Spadina Ave; Kaffee 3–6 C$;

⌚Mo–Fr 7–19, Sa & So 8–19 Uhr; 🚌510) In dem Raum mit hoher Decke gibt's ausgezeichneten Kaffee – ideal, wenn man jemandem schreiben oder Leute beobachten will.

★ Lee ASIATISCH $$
(Karte S. 86; ☎416-504-7867; www.susur.com/lee; 601 King St W; Hauptgerichte 15–45 C$; ⌚So–Mi 17.30–22.30, Do–Sa bis 23.30 Uhr; 🚌504, 508) Ein Abendessen im Flaggschiff-Restaurant des gefeierten Chefkochs Susur Lee, das nach ihm benannt ist, ist wahrlich ein Fest für die Sinne und ein Erlebnis, das man teilen sollte. Die geschmeidigen Kellner helfen bei der Zusammenstellung der asiatischen und westlichen Köstlichkeiten – da sollte schon alles zusammenpassen. Der wundervolle Tanz der Aromen und Texturen im Markenzeichen des Lokals, dem Krautsalat à la Singapur mit unzähligen Zutaten, lässt sich wirklich nicht in Worte fassen.

Khao San Road THAILÄNDISCH $$
(Karte S. 86; ☎647-352-5773; www.khaosanroad.ca; 785 Queen St W; Hauptgerichte 13–16 C$; ⌚Mo & Di 12–14.30 & 17–22, Mi–Sa 12–14.30 Uhr; 📶✍; 🚌504, 508) In der Regel bilden sich Warteschlangen vor diesem Restaurant, das mit das beste thailändische Essen in Toronto hat. Und für Fans der Thai-Küche lohnt sich das Warten allemal. Drinnen läuft dann alles wie am Schnürchen: Das Bestellte wird flott gebracht, und das Essen ist lecker. Es gibt auch eine Karte für Veganer.

Patria SPANISCH $$
(Karte S. 86; ☎416-367-0505; www.patriatoronto.com; 480 King St W; kleine Gerichte 5–18 C$; ⌚tgl. 17.30 Uhr–open end & So 10.30–14.30 Uhr; 🚌504, 508) Alles funktioniert prima in diesem großen, modernen Restaurant, das sich auf spanische Küche und Tapas spezialisiert hat. Die kundigen Kellner helfen bei der Auswahl der Käsesorten, Fleischwaren und Meeresfrüchte. Die Tapas soll man sich teilen – viel bestellen, auch wenn man allein kommt! Der Sonntagsbrunch bietet eine nette Abwechslung vom üblichen Angebot.

Chinatown & Baldwin Village

★ Kekou Gelato House EISCREME $
(Karte S. 76; ☎416-792-8858; http://kekou.ca; 13 Baldwin St; ⌚So–Do 12.30–22.30, Fr & Sa bis 23 Uhr; ✍; Ⓢ Osgoode) Whiskey, schwarzer Sesam oder Oolong-Tee. Nein, hier ist nicht von Cocktails die Rede, sondern von ausgezeichneter, asiatisch inspirierter Eiscreme. Die köstlichen Sorten sind nicht übermäßig süß oder künstlich, und das milchfreie Eis mit Ingwer und schwarzer Schokolade ist das leckerste vegane *gelato* in Toronto. Die Eisdiele liegt am dörflichen Ende der Baldwin St, eine weitere Filiale ist an der Queen St W nahe der Kreuzung mit der Spadina Ave.

Pho Hu'ng VIETNAMESISCH $
(Karte S. 86; ☎416-593-4274; http://phohung.ca; 350 Spadina Ave; Hauptgerichte 6–13 C$; ⌚10–22 Uhr; 🚌510) Kurz angebundene Kellner und mächtig viel Betrieb an den Tischen sind der Preis, den man zahlen muss, wenn man die hiesigen wundervollen Suppen genießen will (die übrigen Gerichte sind passabel). Einige *phos* sind (mit Schweineinnereien und Schweineblut) für manch einen vielleicht zu authentisch, aber immer zu empfehlen ist der vietnamesische Kaffee.

Mother's Dumplings CHINESISCH $
(Karte S. 76; ☎416-217-2008; www.mothersdumplings.com; 421 Spadina Ave; 10 Klöße ab 8,50 C$; ⌚11.30–22 Uhr; ✍; 🚌506, 510) Das sauberste und am günstigsten gelegene Kloß-Lokal in Chinatown serviert dicke und saftige Klöße, die nach authentischen, jahrhundertealten Rezepten zubereitet sind. Egal, ob gedämpft oder in der Pfanne gebraten und egal, ob mit Schweinefleisch, Hähnchen, Rindfleisch, Shrimps oder vegetarisch nur mit Gemüse gefüllt – diese Klöße sind allemal sättigend und kosten nicht viel. Dementsprechend groß ist der Andrang.

Kinton Ramen NUDELN $
(Karte S. 76; ☎647-748-8900; www.kintonramen.com; 51 Baldwin St; Nudeln ab 9,50 C$; ⌚So–Do 11.30–22.30, Fr & Sa bis 23.30 Uhr; 🚌505, 506) Ramen ist in Japan Kult und wird auch in Toronto zunehmend populärer. Die coolen Inhaber dieser Kette folgen dem Trend und steuern eine eigene Geschmacksrichtung bei: mit karamellisiertem Schweinefleisch.

TOP-ADRESSEN FÜR VEGETARIER

Toronto hat eine Vorliebe für fleisch- und/oder milchfreie Kost – die Palette reicht von Gourmetrestaurant bis zum Imbiss. Hier fünf sichere Hits:

Govinda's (S. 113)

Kekou Gelato House (S. 109)

Kupfert & Kim (S. 114)

Urban Herbivore (S. 114)

DINER DER ALTEN SCHULE

In einer Stadt, in der an jeder Ecke Franchise-Läden entstehen, in der sich Viertel ständig verändern und Restaurants kommen und gehen, ist es erfreulich zu wissen, dass manche Dinge immer gleich bleiben. Wir haben ein paar klassische Diner, Schnellrestaurants und Imbisslokale von Toronto aufgespürt, um die Leser zurück in das Goldene Zeitalter von Vinyl und laminierten Tischnischen, Muskelschmalz und guter altmodischer Hausmannskost zu katapultieren: Das Essen ist billig, äußerst lecker und nicht so gut für die Taille. Aber es sind doch Ferien, oder?

Patrician Grill (S. 107)

Avenue Open Kitchen (S. 108)

Golden Diner (S. 111)

Gale's Snack Bar (S. 116)

Senator Restaurant (S. 110)

Thompson Diner (S. 108).

Es gibt sogar eine Version mit Käse. Diese Filiale hat viel Atmosphäre: Der Laden ist munter, heiß und bierselig, hat aber gleichzeitig auch Klasse.

Swatow CHINESISCH $
(Karte S. 76; ☎ 416-977-0601; 309 Spadina Ave; Hauptgerichte 8–14 C$; ⌚ 11–2 Uhr; 🚊 505, 510) Hier ist spätabends noch eine Menge los. Die Speisekarte widmet sich der Küche von Swatow (einer Stadt, die auch unter dem Namen Shantou bekannt ist und an der Küste in der chinesischen Provinz Guangdong liegt), die wegen des starken Zusatzes fermentierten Reisweins auch „rote Küche" genannt wird. Die Nudeln hier sind extrem scharf. Nur Barzahlung. Oft muss man auch Schlange stehen.

★ **ND Sushi** JAPANISCH $$
(Karte S. 76; ☎ 416-551-6362; www.ndsushiandgrill.com; 3 Baldwin St; Hauptgerichte 11–22 C$; ⌚ Mo–Fr 11.30–15 & Mo–Sa 17–22 Uhr; 🚊 505, 506) An der Pole-Position am Beginn der Baldwin St bereitet die bescheidene *shokudō* beliebte japanische Leckereien wie *gyoza* (Knödel), Tempura und köstliche Sashimi authentisch zu. Die Spezialität ist Sushi, einschließlich einer Auswahl an nicht so traditionellen westlichen *maki*-Rollen: die würzige Regenbogenrolle ist himmlisch. Für japanisches Essen von diesem Kaliber könnte man auch weit mehr zahlen.

Cafe la Gaffe CAFÉ $$
(Karte S. 76; ☎ 416-596-2397; www.cafelagaffe.com; 24 Baldwin St; Hauptgerichte 15–29 C$; ⌚ Mo–Fr 11.30–22, Sa & So 10–22 Uhr; 🚊 505, 506) Gestreifte Baumwolltischdecken und frische Blumen schmücken die Tische in dem kleinen Café. Es gibt eine Terrasse zur Straße und eine weitere begrünte zum Garten. Dort können die Gäste Marktsalate, ein Filet-Mignon-Sandwich oder die handgeknetete Pizza verzehren. Eine kleingedruckte Weinkarte bietet eine umfangreiche Auswahl.

Downtown Yonge

Urban Eatery FOOD-COURT $
(Karte S. 76; 1 Dundas St W; ⌚ Mo–Sa 10–21, So bis 19 Uhr; 📶 ✍; Ⓢ Dundas) Die Urban Eatery im Untergeschoss des riesigen **Eaton Centre** (Karte S. 76; ☎ 416-598-8560; www.torontoeatoncentre.com; 220 Yonge St; ⌚ Mo–Fr 10–21, Sa bis 19, So 11–18 Uhr; 📶; Ⓢ Queen, Dundas) ist mehr als ein einfacher Food-Court: Hier gibt's 24 Lokale von Fast-Food-Imbissen bis zu richtigen Restaurants. Wenn die Füße müde sind und man Hunger bekommt, wird man hier immer etwas finden oder vielmehr vor der Qual der Wahl stehen. Im Winter ist der Food-Court eine unterirdische Oase mit Anschluss zum PATH und der U-Bahn.

Salad King THAILÄNDISCH $
(Karte S. 76; ☎ 416-593-0333; www.saladking.com; 340 Yonge St; Hauptgerichte 8,50–10,50 C$; ⌚ Mo–Do 11–22, Fr 11–23, Sa 12–23, So 12–21 Uhr; Ⓢ Dundas) Das bunte Lokal mit dem etwas irreführenden Namen ist eine Institution bei den Studenten der nahegelegenen Ryerson University. Hier gibt's große Schalen mit üblichen Thai-Currys, Nudelsuppen, Reis und natürlich auch Salate für um die 10 C$. Die langen Gemeinschaftstische aus Edelstahl und die gemütlichen Sitzecken sind in der Regel voll besetzt mit hungriger Kundschaft. Wie scharf das Essen werden soll, darf man auf einer Skala von 1 bis 20 auswählen.

Senator Restaurant DINER $
(Karte S. 76; ☎ 416-364-7517; www.thesenator.com; 249 Victoria St; Hauptgerichte 8,45–17,95 C$; ⌚ So 8–14.30 & Di–Sa 17–21, Mo bis 21 Uhr; Ⓢ Dundas) Art-déco-Fans haben ihre Freude an den gewölbten Glasfenstern des Senator's, der kannelierten Aluminum-Fassade und den originalen Tischnischen. Die Mahlzeiten sind erfrischend einfach und bodenständig:

Wir mögen Fish & Chips, Hackbraten und Makkaroni.

Good View CHINESISCH $$
(Karte S. 76; ☎416-861-0888; www.goodviewrestaurant.ca; 134 Dundas St E; Hauptgerichte 12–22 C$; ⌚Mo–Do 11.30–22, Fr bis 23, Sa 16.30–23 Uhr; Ⓢ Dundas) In diesem wundervollen chinesischen Lokal unweit vom Yonge & Dundas Sq gibt's köstliche, frisch zubereitete kantonesische Gerichte. Die Mittags- und Abendmenüs haben ein tolles Preis-Leistungs-Verhältnis und lassen sich gut ins Hotel mitnehmen. Am besten aber trifft man sich hier mit ein paar Freunden und wählt aus den vielen Gerichten von der Karte.

Eat Fresh Be Healthy INTERNATIONAL $$
(Karte S. 76; ☎647-258-8808; www.eatfreshbehealthy.com; 185 Dundas St W; Hauptgerichte mittags/abends ab 11/14 C$; ⌚Mo–Fr 11.30–21, Sa 15–21 Uhr; 📶; 🚌505) Die Frontseite des wunderbaren Restaurants an einem ziemlich tristen Abschnitt der Dundas St ist leicht zu übersehen und ein schöner Beweis dafür, dass man ein Buch nicht nach dem Einband beurteilen sollte. Zu den gesunden Gerichten nach Hausmannsart gehören mittags frische belegte Sandwiches und leichte Pastagerichte und abends geschmortes Lamm oder mit Senf bestrichene Schweinekoteletts.

JOEY Eaton Centre MODERN AMERIKANISCH $$
(Karte S. 76; ☎647-352-5639; www.joeyrestaurants.com; 1 Dundas St W; Hauptgerichte 14–35 C$; ⌚So–Mi 11–1, Do–Sa bis 2 Uhr; Ⓢ Dundas) Die Downtown-Filiale dieses gehobenen, aber lässigen Grillrestaurants mit Loungebar besitzt ein eindrucksvolles Dekor und die passende Speisekarte, ganz abgesehen von der Lage im Zentrum über der Dundas Station am Eaton Centre. Zu den beliebten Gerichten gehören die Baja-Fisch-Tacos, knusprige Hähnchensandwiches und Hummer mit gegrilltem Käse. Für glutenfreie und vegetarische Esser können selbstverständlich auch Varianten zubereitet werden.

Church Wellesley Village

Jet Fuel CAFÉ $
(☎416-968-9982; www.jetfuelcoffee.com; 519 Parliament St; Kaffee 3,25–5 C$; ⌚6–20 Uhr; 🚌506) Das coole, künstlerisch angehauchte Café ist ein Treffpunkt von Eastend-Bewohnern, Radfahrern und Literaten, die hier die Reichen und Schönen von Yorkville beobachten. Hier gibt's den besten Kaffee östlich der Yonge St.

Golden Diner Family Restaurant DINER $
(Karte S. 76; ☎416-977-9898; 105 Carlton St; Frühstück ab 2,50 C$; ⌚6.30–22 Uhr; Ⓢ College) In diesem guten, altmodischen griechischen Keller-Diner gibt's ein paar nette Sitzecken und mit das beste und preisgünstigste ganztägig erhältliche Frühstück (6,95 C$) in der Stadt, bestehend aus Eiern, knusprigem Speck oder *peameal bacon*, einem Berg hausgemachter Pommes und einem riesigen Pott Kaffee. Pfannkuchen gibt's für nur 2,50 C$. Mit diesem sättigenden und wirklich guten Frühstück spart man sich noch ein paar Cents fürs Abendessen.

Ethiopian House AFRIKANISCH $
(Karte S. 76; ☎416-923-5438; www.ethiopianhouse.com; 4 Irwin Ave; Hauptgerichte 10–14 C$; ⌚12–23 Uhr; 📶; Ⓢ Wellesley) Besteck gibt's bei diesem authentisch afrikanischen kulinarischen Erlebnis nicht. Man packt sich *sherro wot* (eingelegte Kichererbsen) und *gored-gored* (gewürztes Rindfleisch) auf das wunderbar feuchte *injera* (Brot) und isst mit den Fingern. Nach dem Essen widmet man sich der Kaffeezeremonie – schließlich soll der Arabica-Kaffee aus dem alten äthiopischen Königreich Kaffa stammen. Es gibt auch zahlreiche vegetarische Gerichte und ein gutes Mittagessen für 8 C$.

DIE BESTEN TERRASSEN

Mit Beginn des kurzen Sommers stürmen Torontos Vitamin-D-begierige Einwohner bei der ersten Gelegenheit die Terrassen der Bars und Restaurants. Um die besten Tische, ja manchmal überhaupt um einen Tisch im Freien, muss man regelrecht kämpfen! Hier ein paar empfehlenswerte Adressen:

Hair of the Dog (S. 112)

Earl's (Karte S. 82; ☎416-916-0227; www.earls.ca; Suite 100, 150 King St W; Hauptgerichte 13–29 C$; ⌚11.30 Uhr–open end; Ⓢ St. Andrew)

Queen Mother Café (S. 115)

Rectory Café (S. 116)

One Eighty (S. 117)

Java House (S. 117)

Allen's (S. 116)

Drake Hotel (S. 105)

Against the Grain Urban Tavern (S. 106)

Guu JAPANISCH $

(☎647-351-1314; www.guu-izakaya.com/toronto; 1314 Queen St W; Hauptgerichte 8–14 C$; ⌚Mi–Mo 17.30–23.30 Uhr; 🚌501) Hippe junge Japaner sagen *guu*, wenn sie etwas gut oder cool finden. Das japanische *izakaya* mit diesem Namen ist gerade von seinem engem Standort in der Church St umgezogen, verspricht aber in den neuen Räumlichkeiten genauso munter zu bleiben wie bisher. Hier trifft man sich mit Freunden zu Bier, Sake und leckeren kleinen Gerichten wie würzigem *negitoro* (Thuhnfisch), frittiertem Brie mit Mangosauce oder Bananen-Tempura mit Kokos-Eis.

★ **Hair of the Dog** KNEIPENESSEN $$

(Karte S. 76; ☎416-964-2708; www.hairofdogpub.com; 425 Church St; Vorspeisen zum Teilen 8–14 C$, Hauptgerichte 13–25 C$; ⌚Mo–Fr 11.30 Uhr–open end, Sa & So ab 10.30 Uhr; Ⓢ College) Das coole Lokal, wo sich in den wärmeren Monaten ein aus Schwulen und Heteros gemischtes Publikum auf zwei schattigen Terrassen auf unterschiedlichen Ebenen vergnügt, ist angenehm unkonventioneller als seine Nachbarn im Village ein paar Blocks weiter nördlich. Das Dog bietet wunderbare Vorspeisen zum Teilen und Salate, ist aber auch auf einen Drink zu empfehlen. Kein Nichtvegetarier kann dem Butterhähnchen mit gegrilltem Käse widerstehen.

Sambucas on Church ITALIENISCH $$

(Karte S. 76; ☎416-966-3241; www.sambucas.ca/home; 489 Church St; Hauptgerichte 10–22 C$; ⌚10.30–22.30 Uhr; Ⓢ Wellesley) Das Restaurant bietet italienische Gerichte mit nordamerikanischem Einschlag und empfiehlt sich werktags zum Mittagessen, die ganze Woche zum Abendessen und am Wochenende für einen Brunch. Die Pastagerichte sind herzhaft, die Risottos sahnig und die Hähnchengerichte hervorragend. Eine gute Wahl ist das Mittagsmenü mit Meeresfrüchte-Linguine zum Festpreis für 25 C$. Mit Glück erwischt man einen Tisch am Fenster, um den Treiben im Village zuzuschauen.

Bloor-Yorkville

★ **Trattoria Nervosa** ITALIENISCH $

(Karte S. 76; ☎416-961-4642; www.eatnervosa.com; 75 Yorkville Ave; Hauptgerichte 16–29 C$; ⌚Mo–Mi 11.30–23, Do–Sa bis 24, So 12–22 Uhr; 📶; Ⓢ Bay) Das Restaurant im Herzen des Schickeria-Viertels Yorkville ist eine von allem affektierten Getue freie italienische Oase. Die Terrasse ist ein gutes Plätzchen, um sich Torontos Reiche und Schöne anzuschauen, während man sich der schlichten, ausgezeichneten Pasta widmet – das *mafalde al funghi* schmeckt wunderbar nach Pilzen und ist nicht übermäßig sahnig.

Okonomi House JAPANISCH $

(Karte S. 76; ☎416-925-6176; 23 Charles St W; Hauptgerichte 6–12 C$; ⌚Mo–Fr 11.30–22, Sa 12–22 Uhr; Ⓢ Bloor-Yonge) Das Okonomi House gehört zu den ganz ganz wenigen Lokalen in Toronto und vielleicht in Nordamerika, die authentische *okonomiyaki* servieren – würzige japanische Kohlpfannkuchen, die mit Fleisch, Fisch oder Gemüse gefüllt sind. Ein Muss für alle Japan-Fans.

7 West Café CAFÉ $$

(Karte S. 76; ☎416-928-9041; www.7westcafe.com; 7 Charles St W; Hauptgerichte 11,95–17,95 C$; ⌚24 Std.; Ⓢ Bloor-Yonge) Dreistöckiges Lokal mit stimmungsvoller Beleuchtung, grüner Strukturfarbe, gerahmten Aktbildern, hölzernen Kirchenbänken und fröhlichen Engeln an der Decke. Es gibt eine unglaubliche Auswahl an Pizza, Pasta, Sandwiches und rund um die Uhr Frühstück. Wenn der Mond Schatten auf die Straße wirft, kann man wie ein Vampir blutroten Wein (im Glas oder gleich eine ganze Flasche) schlürfen.

Bloor Street Diner INTERNATIONAL $$

(Karte S. 76; ☎416-928-3105; www.bloorstreetdiner.com; Manulife Centre, 55 Bloor St W; Hauptgerichte 18–33 C$, Brunch 34 C$; ⌚12–1 Uhr; Ⓢ Bloor-Yonge) Das mondäne Bloor Street Diner mit dem etwas irreführenden Namen ist seit über 30 Jahren ein Lokalfavorit. Die Gäste schätzen seine Terrasse à la Parisienne, die differenzierte Weinkarte und das eindrucksvolle Büfett mit Schokoladenfontäne beim Sonntagsbrunch.

Morton's the Steakhouse STEAK $$$

(Karte S. 76; ☎416-925-0648; www.mortons.com/toronto; 4 Avenue Rd; Hauptgerichte ab 28 C$; ⌚Mo–Sa 17.30–23, So bis 22 Uhr; Ⓢ Bay) Wer gerne Steak isst. bekommt hier genau, was er möchte. Bei Unzufriedenheit wird im sofort für Abhilfe gesorgt – alles andere würde uns jedenfalls sehr wundern. Die Leute hier nehmen Steaks sehr ernst: Zuerst kommt der Kellner mit einem Rollwagen voll vakuumverpackter Fleischstücke an den Tisch, sodass die Gäste genau sehen und wählen können, was sie bekommen. Für ein Abendessen zu zweit inklusive Wein lässt man hier leicht ein paar Hunderter und ist dann so satt, dass man sich nicht mehr rühren kann.

Sassafraz FUSION $$$
(Karte S. 76; ☎416-964-2222; www.sassafraz.ca; 100 Cumberland St; Hauptgerichte 21–39 C$; ⏲Di–Sa 11.30–2, So & Mo bis 24 Uhr; Ⓢ Bay) Das Sassafraz ist so etwas wie der Inbegriff von Yorkville. Durchreisende Promis und Neureiche schauen gern hier vorbei. Jazz-Combos spielen für Wochenendbruncher; kecke Empfangsmitarbeiter verteilen die Gästeschar zwischen der sonnenüberströmten Terrasse und dem begrünten Innenhof. Das Essen? Berechenbar gut.

University of Toronto & The Annex

Govinda's VEGETARISCH $
(☎888-218-1040; www.govindas.ca; 243 Avenue Rd; Menü Erw./Kind 10/5 C$; ⏲Mo–Sa 12–15 & 18–20 Uhr; ; Ⓢ Rosedale) Die Hare-Krishna-Bewegung füttert schon seit Jahrzehnten rund um den Globus hungrige Budgettraveller, und Toronto macht da keine Ausnahme. Einfach höflich Angebote zu religiösen Gesprächen ablehnen und sich der schmackhaften indisch-vegetarischen Kost widmen, die auf alle Fälle gut für Leib und Seele ist.

Chabichou FRANZÖSISCH $
(Karte S. 86; ☎647-430-4942; 196 Borden St; Snacks 6–25 C$; ⏲9–19 Uhr; 🚍510) Der französische *traiteur* (Delikatessenladen) hat leckeren Käse und Pasteten (empfehlenswert die mit Ente und Pistazien), belegte Sandwiches auf frisch gebackenem Brot und schlichte, herzhafte, wunderbare Tagesgerichte wie den Schmortopf mit Schweinefleisch und Äpfeln. Das kleine Café ist eine Freude, und das Essen ist genau das Richtige für ein Picknick.

Mr. Tonkatsu JAPANISCH $
(Karte S. 86; www.mrtonkatsu.com; 530 Bloor St W; Hauptgerichte 11–15 C$; ⏲Mo–Sa 11.30–14.30 & 16.30–22, So bis 21 Uhr; Ⓢ Bathurst) Dass man aufgefordert wird, die Kruste aus Reis und Sesamsamen abzukratzen, mag ein Trick sein, um zu beweisen, wie authentisch das Lokal ist, aber er funktioniert. Das Schweinefleisch (oder Hähnchen) ist außen knusprig und innen saftig, und die Atmosphäre ist nett und zwanglos wie in Restaurants in Japan.

Carens Rosedale FUSION $$
(☎647-352-8111; www.carensrosedale.com; 1118 Yonge St; Hauptgerichte 16–34 C$; ⏲Mo 17–24, Di–Dr 8–24, Sa 10.30–2, So 10.30–24 Uhr; Ⓢ Rosedale) Die Kellner in dem netten, stattlichen Restaurant empfehlen zur großen Auswahl an Käsesorten aus aller Welt gern den passenden Wein. Das Bistro im Stil eines Sitzungszimmers ist seriös genug für eine Verabredung oder ein Arbeitsessen. Zum Festpreismenü für 49 C$ gehört z. B. reichhaltiges Enten-Confit, zudem gibt es klassische französische sowie regionale Gerichte wie Regenbogenforelle aus Ontario.

★ **Country Style Hungarian Restaurant** UNGARISCH $$
(Karte S. 86; ☎416-536-5966; 450 Bloor St W; Schnitzel ab 18 C$; ⏲11–22 Uhr; Ⓢ Bathurst) Der angenehme ungarische Diner mit karierten Tischtüchern und freundlichem Personal, das zur Familie gehört, hat sich seit einer Generation nicht im Geringsten verändert. Hier gibt's die stadtweit größte Auswahl an perfekt zubereiteten, knusprigen panierten Schnitzeln, und auch der Gurkensalat ist hervorragend. Man kann nur hoffen, dass hier noch lange Alles beim Alten bleibt. Bemerkenswert: Im angegebenen Preis ist die Steuer schon enthalten!

By the Way ARABISCH $$
(Karte S. 86; ☎416-967-4295; www.bytheway cafe.com; 400 Bloor St W; Hauptgerichte 10–18 C$; ⏲So–Mi 9–21, Do bis 22, Fr & Sa bis 23 Uhr; ; Ⓢ Spadina) Das lebhafte Eckbistro ist ein Fixpunkt in Annex mit einer Fusionkarte mit Tendenz zum Orient. Auch wenn dort viele Fleischgerichte zu finden sind, müssen Vegetarier natürlich keinen Hunger leiden.

Kensington Market & Little Italy

Moonbean Coffee Company CAFÉ $
(Karte S. 86; ☎416-595-0327; www.moonbeamcoffee.com; 30 St Andrews St; Kaffee 3–4,25 C$; ⏲7–21 Uhr; 🚍510) „Hier ist nichts durchschnittlich", sagt der Typ hinter dem Tresen, und das stimmt. Im Moonbeam gibt's den besten Latte westlich der Yonge St, Bio- und Fair-Trade-Kaffee, den ganzen Tag Frühstück und leckere vegane Cookies. Man kann sich auch Bohnen für 10 C$ pro 450 g mahlen lassen.

Aunties & Uncles CAFÉ $
(Karte S. 86; ☎416-324-1375; www.auntiesanduncles.ca; 74 Lippincott St; Hauptgerichte 4,25–9,25 C$; ⏲9–15 Uhr; 🚍510) Normalerweise stehen die Leute Schlange vor dem Brunch/Lunch-Laden, in dem immer was los ist. Die einfache Karte überzeugt mit preiswerten hausgemachten Leckereien. Man lässt sich einfach auf einen der bunt zusammengewürfelten

Stühle fallen und genießt Gerichte wie gegrillten Brie mit Birnen-Chutney und *challa* mit Walnüssen, Bananen-Hafermehl-Pfannkuchen oder gegrillten kanadischen Cheddar. Nur Bargeld-Zahlungen möglich.

Jumbo Empanadas CHILENISCH $

(Karte S. 86; ☎416-977-0056; www.jumboempanadas.ca; 245 Augusta Ave; Empanadas ab 4,50 C$; ⏲10–20 Uhr; 🚇510) Kein Witz – die kompakten chilenischen Empanadas (Teigtaschen gefüllt mit Rind, Huhn, Käse oder Gemüse) und würzigen Maisküchlein mit Rind, Oliven und Eiern sind immer früh ausverkauft. Eine Mini-Empanada ist schon für 1,50 C$ zu haben. Brot und Salsas sind hausgemacht.

Nguyen Huong SANDWICHES $

(Karte S. 86; ☎416-599-4625; www.nguyenhuong.ca; 322 Spadina Ave; Sandwich ab 5 C$; ⏲8.30–20.30 Uhr; 🚇510) Leckere, preiswerte vietnamesische Sandwiches sind Trumpf in diesem Lokal, das der Vorreiter der *banh-mi-* (Baguette, gefüllt mit Pastete, Koriander, Schweinefleisch und eingelegtem Gemüse) Begeisterung in Toronto war.

Urban Herbivore VEGETARISCH $

(Karte S. 86; ☎416-927-1231; www.herbivore.to; 64 Oxford St; Hauptgerichte 7–14 C$; ⏲9–19 Uhr; ✍; 🚇510) Der Laden für Vollwertkost hat sich auf vegetarische Gerichte *ohne* Zusätze und Konservierungsstoffe spezialisiert, darunter Salate, Reisschalen, Eintopfsuppen und vegane, glutenfreien Backwaren. Es gibt jetzt auch eine Filiale in der Urban Eatery (S. 110) im Eaton Centre.

Kalendar CAFÉ $$

(Karte S. 86; ☎416-923-4138; www.kalendar.com; 546 College St; Hauptgerichte 12–18 C$; ⏲Mo–Fr ab 11.30, Sa & So 10.30 Uhr–open end; 🚇510) Mit dem dunklen Holz, dem gefliesten Fußboden und der hübschen Schankterrasse wirkt das Kalendar wie Frankreich mitten in Little Italy. Auf der Karte stehen diverse Rollen (Crêpe-ähnliche Roti mit Gemüse und Saucen) und *nannettes* (Naan mit leckeren Dingen wie Pesto, Artischockenherzen und Asiago-Käse).

Bar Italia ITALIENISCH $$

(Karte S. 86; ☎416-535-3621; www.bar-italia.ca; 582 College St; Hauptgerichte 13–26 C$; ⏲Mo–Mi 11–23, Do bis 24, Fr & Sa bis 2, So 10–22 Uhr; 📶; 🚇506) Die Einheimischen lieben die Bar Italia als Ort des Sehens und Gesehenwerdens (vor allem, wenn man einen der begehrten Plätze auf der vorderen Terrasse ergattert). Mit einem Sandwich oder al dente gekochten Pasta – und danach einem Zitroneneis und einem starken Kaffee – kann man hier gut einen Nachmittag oder Abend zubringen.

Caplansky's Deli DINER $$

(Karte S. 86; ☎416-500-3852; www.caplanskys.com; 356 College St; Hauptgerichte 7–18 C$; ⏲Mo–Do 10–22, Fr & Sa, So 9–22 Uhr; 🚇510) Der Ruhm dieses authentischen jüdischen Feinkostladens beruht auf dem ganztägigen Frühstück und den warmen Gourmet-Sandwiches im Montréal-Stil mit Rauchfleisch. Auf den Tisch kommen außerdem reichhaltige Fleischgerichte zum Abendessen und Tagesgerichte. Wer es mag, kann bei den freundlichen, aufmerksamen Leuten natürlich auch gehackte Leber (15 C$) bestellen.

Queen West & Trinity Bellwoods

Kupfert & Kim VEGETARISCH $

(Karte S. 86; ☎416-504-2206; www.kupfertandkim.com; 140 Spadina Ave; Hauptgerichte 10–12 C$; ⏲Mo–Fr 7.30–22, Sa & So 10.30–22 Uhr; ❄📶✍🐾; Ⓢ Osgoode, 🚇501) Das koreanisch-kanadische Paar, das dieses Restaurant betreibt, hat das koreanische *bibimbap* zu einem sehr leckeren Gericht ohne Fleisch und Weizen weiterentwickelt. Granatäpfel, Gojibeeren, Quinoa, Rettich und viel grüner Salat werden für die veganen Gerichte verwendet. Sehr beliebt bei jungen Paaren und Leuten in Fitness-Kluft!

Chippy's FISH & CHIPS $

(Karte S. 86; ☎416-866-7474; www.chippys.ca; 893 Queen St W; Fisch/Chips ab 9,75/4 C$; ⏲11.30–21 Uhr, Dez.–März Mo geschl.; 🚇501) Toronto hat zwar ein ungeheuer abwechslungsreiches kulinarisches Angebot, aber gute Fish-and-Chips-Läden sind Mangelware. Das Chippy's ist die Ausnahme: Der Fisch ist so frisch, wie man ihn in Toronto nur bekommen kann, die Pommes werden täglich aus Kartoffeln zubereitet, die aus den Provinzen Ontario oder Prince Edward Island kommen, und bei der Panade werden pro Partie zwei Flaschen Guinness dazugegeben. Sein Essen genießt man am besten gleich gegenüber im Trinity Bellwoods Park.

New York Subs & Burritos FAST FOOD $

(Karte S. 86; ☎416-703-4496; 520 Queen St W; Burritos ab 3,49 C$; ⏲Mo–Fr 11.30–24, Sa bis 22 Uhr; 🚇501) Seit Jahren strömen Nachtschwärmer herbei, um sich die eigenwilligen, aber leckeren Burrito-Kreationen (z. B.

mit Butterhühnchen) schmecken zu lassen. Das Lokal ist gewiss nicht schick, aber das Essen ist billig, sättigend und lecker. Auch Pilzfreunde kommen auf ihre Kosten.

★ Queen Mother Café FUSION $$

(Karte S. 76; ☎416-598-4719; www.queenmothercafe.ca; 208 Queen St W; Hauptgerichte 13–19 C$; ⊙Mo–Sa 11.30–1, So bis 23 Uhr; SOsgoode) Das Queen Mother, eine Institution in der Queen St, ist wegen der behaglichen dunklen Holznischen und der ausgezeichneten panasiatischen Karte beliebt. Kanadische Wohlfühlgerichte sind ebenfalls im Angebot – wie wäre es mit dem Queen Mum Burger? Sehr interessant ist der Schaukasten mit dem alten Zeug, das sie bei der letzten Renovierung in den Wänden gefunden haben. Die etwas versteckte Terrasse zählt zu den schönsten der Stadt.

Pizzeria Libretto ITALIENISCH $$

(Karte S. 86; ☎416-532-8000; http://pizzerialibretto.com; 221 Ossington Ave; Hauptgerichte 10–17 C$; ⊙11.30–23 Uhr; 🚋505) Das in Portugal Village gelegene Pizza Libretto macht die wohl beste Pizza in der Stadt. Das Geheimnis? Ein mit Holz befeuerter Ofen, der von einem Pizzaofenbauer der dritten Generation mit Steinen, die extra aus Italien hergeschafft worden sind, errichtet wurde. Neben der zertifizierten Pizza Neapolitana und anderen neapolitanischen Gerichten gibt's auch eine Wochenkarte mit Mittagsgerichten zum Festpreis (Salat, Pizza und *gelato* für 16 C$) und eine Weinkarte mit ausschließlich italienischen Weinen.

Burger's Priest BURGER $$

(Karte S. 86; ☎647-748-8108; www.theburgerspriest.com; 463 Queen St W; ab 5,49 C$; ⊙Mo–Sa 12–21.30, So bis 20 Uhr; 📶; 🚋501) Manche meinen, die schlichten Burger von Priest seien die besten der Stadt: frisches Rinderhack auf weichen Brötchen, perfekt gegrillt. Das Markenzeichen ist der „Priest" (was sonst?), auf dem oben ein panierter Champignon sitzt. Die Karte lässt sich auch online anschauen. Zum Dessert kann man „Vatican on Ice" probieren: Eiscreme zwischen zwei gegrillten Käsesandwiches – das ist auf jeden Fall eine neue Erfahrung.

Rose and Sons Swan CAFÉ $$

(Karte S. 86; ☎647-348-7926; www.roseandsons.ca; 892 Queen St W; Hauptgerichte 14–28 C$; ⊙So–Mi 9–22, Do–Sa bis 23 Uhr; 📶; 🚋501) Das Rose and Sons setzt die Swan-Tradition aufgeputzter Diner-Klassiker, die in Art-déco-Sitzecken serviert werden, erfolgreich fort. Die Eier mit Hummus, gebratenem Blumenkohl, einer Honig-Butter-Sauce und Pinienkernen sind ein richtiger Brunch. Abends gibt sich die Küche international mit gebratenem Hähnchen, Reis und kambodschanischem Krautsalat.

Julie's Cuban LATEINAMERIKANISCH $$

(☎416-532-7397; www.juliescuban.com; 202 Dovercourt Rd; Tapas 4–15 C$, Hauptgerichte 16–22 C$; ⊙Di–So 17.30–22 Uhr; 🚋501) Das Nachbarschaftslokal in West Queen West serviert traditionelle kubanische Gerichte wie *ropa vieja* (zerkleinertes Rindfleisch in würziger Tomatensauce mit reifen Kochbananen, weißem Reis und schwarzem Bohnen). Das Restaurant war früher ein Eckladen, und es wurde keine Mühe gescheut, um die Atmosphäre zu erhalten.

★ Union FUSION $$

(Karte S. 86; ☎416-850-0093; www.union72.ca; 72 Ossington Ave; Hauptgerichte 18–34 C$; ⊙Mo & Di 18–22, Mi–So 12–15 & 18–23 Uhr; 🚋501) Die schicke kleine Hipster-Küche serviert köstliche französisch und italienisch inspirierte Fusion-Gerichte, die als „einfach gut" angepriesen werden, obwohl man daran zweifeln kann, dass an eingelegtem Schwertfisch mit Eismeerkrabben irgendetwas einfach ist. Auf jeden Fall lassen die Speisen – Steaks, Hähnchen, Rippchen und Fisch stehen im Vordergrund –, das Dekor und der Service nichts zu wünschen übrig. Hinten gibt's einen hübschen kleinen Innenhof.

East End & The Beaches

Gio Rana's Really Really Nice Restaurant ITALIENISCH $

(☎416-469-5225; 1220 Queen St E; Hauptgerichte 9–23 C$; ⊙Di–Sa 18–23 Uhr; 🚋501, 502, 503) Der urige, lustige Laden hat kein Schild – nur eine riesige Nase prangt an der Fassade eines ansonsten unscheinbaren Bankgebäudes aus den 1950er-Jahren. Die Einheimischen genießen hier die nette Atmosphäre und altmodische italienische Alltagskost wie große Buletten, Risotto mit scharfen Würstchen, Kalbfleisch oder Ente.

Remarkable Bean CAFÉ $

(☎416-690-2420; 2242 Queen St E; Snacks 3–10 C$; ⊙7–22 Uhr; 🚋501) Das beliebte Lokal in The Beaches serviert zum Latte oder Mate-Tee Shepherd's Pie und leckere, hausgemachte Desserts. Am besten versucht man, einen Fensterplatz zu ergattern.

BESTE KAFFEEHÄUSER

Zu früh für ein Bier? Einfach die Kaffeeketten links liegen lassen und sich auf *echte* Barista-Action einlassen:

Rooster Coffee House (☎416-995-1530; www.roostercoffeehouse.com; 479 Broadview Ave; Snacks 3–11 C$; ⏲7–20 Uhr; 🚌504, 505) Gegenüber vom Riverdale Park.

Dark Horse Espresso (S. 108) Fashion District/Chinatown.

B Espresso Bar (S. 107) Financial District/Corktown.

Moonbean Coffee Company (S. 113) Kensington Market.

Jet Fuel (S. 111) Cabbagetown.

Remarkable Bean (S. 115) The Beaches.

Schnitzel Queen EUROPÄISCH $
(Karte S. 76; ☎416-504-1311; 211 Queen St E; Schnitzel 6,50–14,50 C$; ⏲Mo–Fr 11–19, Sa 13–18 Uhr; 🚌301, 501, 502) Das winzige deutsche Lokal ist auf Sandwiches mit köstlichen, goldbraun panierten Schnitzeln spezialisiert, die ideal für ein Picknick sind. Die riesigen Schnitzel sind ausgezeichnet und preisgünstig, doppelt so groß wie das Brötchen und reichen daher gut für zwei Personen. Puristen schnappen sich einen Barhocker und essen das Schnitzel mit Pilzsauce, Kartoffelsalat und Sauerkraut (9,99 C$) vom Teller.

Gale's Snack Bar DINER $
(539 Eastern Ave; Gerichte 3–4 C$; ⏲Mo–Fr 10–18, Sa 12–17 Uhr; 🚌501, 502, 503) Abseits des gentrifizierten Teils von Leslieville liegt dieses raue Ladenlokal an einer Ecke mit starkem Fahrzeugverkehr in einem Arbeiterviertel. Sieht man davon ab, dass der Laden seit Jahrzehnten nicht renoviert wurde, kann man hier billig und gut essen, z. B. Sandwiches mit Lachs, Truthahn oder Schinken.

Siddhartha INDISCH $$
(☎416-465-4095; 1450 Gerrard St E; Hauptgerichte 9–18 C$; ⏲11.30–22 Uhr; 🚌506) In einem Viertel voller ausgezeichneter südasiatischer Lokale ist das Siddhartha ein beständiger Favorit. Es ist zwar vor allem wegen der Mittags- und Abendbüfetts (14 C$) beliebt, bei denen man unbegrenzt essen kann, Trotzdem muss man keine Angst haben, sich etwas anderes zu bestellen. Das Naan ist perfekt, die Currys sind klasse und die Samosas mächtig. Das scharfe Essen kann man mit einem kühlen Kingfisher hinunterspülen.

Pan on the Danforth GRIECHISCH $$
(☎416-466-8158; www.panonthedanforth.com; 516 Danforth Ave; *meze* 8–15 C$, Hauptgerichte 17–32 C$; ⏲So–Do 12–23, Fr & Sa bis 24 Uhr; Ⓢ Pape) Das farbenfrohe, zwanglose Lokal, das so griechisch wie Greektown (The Danforth) ist, tischt einfache traditionelle griechische Kost auf, z. B. Calamari, Moussaka und Santorini-Hähnchen mit Spinat und Feta. Dazu gibt's neue Kartoffeln und gebratenes Gemüse. Zum Abschluss gönnt man sich klebriges Schoko-Baklava.

★ **Allen's** KNEIPENESSEN $$$
(☎416-463-3086; www.allens.to/allens; 143 Danforth Ave; Hauptgerichte 12–36 C$; ⏲11.30–2 Uhr; Ⓢ Broadview, 🚌504, 505) Das Lokal mit einer der schönsten Terrassen der Stadt (in den Sommermonaten) ist mehr als ein Pub, obwohl die Fans irischer Musik und irischen Tanzes hier ebenfalls auf ihre Kosten kommen. Auf der saisonalen Karte stehen herzhafte, komplexe irische Gerichte: hormonfreie Rindersteaks, mit die besten Burger der Stadt, Lamm und Kalbfleisch, Heilbutt in Bierteig und Currys.

Toronto Islands

Rectory Café CAFÉ $$
(☎416-203-2152; therectorycafe.com; 102 Lakeshore Ave, Ward's Island; Hauptgerichte 13–21 C$; ⏲So–Do 11–21, Fr & Sa bis 22 Uhr; ⛴Ward's Island) Das gemütliche Galerie-Café an der Uferpromenade mit Blick auf den Tommy Thompson Park serviert kleine Gerichte, Tee und Wochenend-Brunch. Zum Brunch und zum Abendessen sollte man lieber reservieren; ein schneller Imbiss und Getränke sind jedoch zwangloser. Bei Sonnenschein sitzt man am besten auf der Terrasse am Ufer.

Ausgehen & Nachtleben

Bars & Pubs

Die Pub- und Barszene von Toronto ist sehr vielfältig: Da gibt es Bierpinten mit klebrigem Boden, „Brit"-Pubs im Franchise-System, die einander gleichen wie ein Ei dem anderen, und Sportbars im Yankee-Stil. Da gibt es superschicke Martini-Bars, Dachterrassen, himmelhohe Weinkneipen und eine übersprudelnden Menge an Schwulen- und Lesbentreffs. Es gibt viel zu tun! Strenge Gemeindeverordnungen verbieten das Rauchen in öffentlichen Räumen, einige Terrassen im Freien sind allerdings tolerant. Das Bier beginnt gegen Mittag aus den Hähnen zu fließen, und die letzte Bestellung wird zwischen 1 und 2 Uhr aufgenommen.

★ BarChef COCKTAILBAR
(Karte S. 86; ☎416-868-4800; www.barcheftoronto.com; 472 Queen St W; Cocktails 15–45 C$; ⌚Di & Mi 18–1.30, Do–Sa bis 2 Uhr; Ⓢ Osgoode) Wer hier ein Date hat, braucht kein verlegenes Schweigen zu befürchten: Von den anderen Tischen hört man „Aahs" und „Oohs", wenn in dem intimen, schummrigen Raum neben einem Bonsai-Bäumchen oder unter einer Glocke voll Vanille- und Hickory-Rauch die Cocktails serviert werden. Die Drinks sind neuartig und unglaublich, ohne dass einmalige Geschmacksnoten – Trüffelschnee, Kamille-Sirup, Zedernöl oder Erde – überdeckt würden.

Handlebar BAR
(Karte S. 86; ☎647-748-7433; 159 Augusta Ave; ⌚19–2 Uhr; 🚊505) Die kecke Bar mit kundigen Inhabern erweist dem Fahrrad und den Fahrradfans ihre Reverenz. Sie hat eine tolle Lage südlich des Kensington Market, ist wundervoll auf Retro getrimmt und hat ein bunt gemischtes, gut gelauntes Publikum. Dank einer Menge urig-hipper Events langweilt man sich hier auch nicht, wenn man allein unterwegs ist.

Clinton's BAR
(Karte S. 86; www.clintons.ca; 693 Bloor St; ⌚Mo–Fr 16–2, Sa & So 11–2 Uhr; Ⓢ Christie) Wöchentliche DJ-Themenabende, Livemusik und Comedy sorgen für Laune in der kultigen Bar mit gut gelauntem, künstlerisch angehauchtem Publikum. In dem Pub vorne gibt's ordentliches Essen, und hinten befindet sich eine tolle Tanzfläche: die „Girl & Boy 90s Dance Party" am Freitag ist super.

One Eighty BAR
(Karte S. 76; ☎416-967-0000; www.the51stfloor.com; 51. OG, Manulife Centre, 55 Bloor St W; ⌚Mo–Do 17 Uhr–open end, Fr–So ab 12 Uhr; Ⓢ Bay) Die schicke Bar hat entsprechende Preise und die höchste Terrasse in Toronto, deren Aussicht nur noch vom CN Tower übertroffen wird. Sie befindet sich im Manulife Centre; anders als im CN Tower wird kein Eintritt erhoben, wer aber nichts isst oder wenigstens einen Martini bestellt, ist nicht gerade gern gesehen.

Mill Street Brewery BRAUEREI
(☎416-681-0338; www.millstreetbrewery.com; 55 Mill St, Bldg 63, Distillery District; ⌚11.30–24 Uhr; 🚊503, 504) Mit 13 Kleibrauereibieren, die vor Ort im stimmungsvollen Distillery District (S. 80) gebraut werden, ist dieses Unternehmen ein Vorreiter der hiesigen Kleinbrauereiszene. Am besten bestellt man ein Probiertablett, um all die preisgekrönten Biere, darunter das Tankhouse Pale Ale, das Stock Ale und das Organic Lager zu verkosten. An sonnigen Nachmittagen sitzt man draußen auf dem Hof. Zum Bier gibt's passendes Essen, z. B. Burger und Wraps.

Ossington BAR
(Karte S. 86; ☎416-850-0161; www.theossington.com; 61 Ossington Ave; Grundpreis 5 C$; ⌚18–2 Uhr; 🚊501) Mit seiner stimmungsvollen, von Kerzen beleuchteten Bar vorn und dem höhlenartigen Raum hinten, in dem am Freitag- und Samstagabend DJs auflegen, ist das Ossington ein beliebter Treff von Leuten in den Zwanzigern und Dreißigern, die sich noch gern dem Mainstream entziehen.

Crocodile Rock PUB
(Karte S. 82; ☎416-599-9751; www.crocrock.ca; 240 Adelaide St W; ⌚Mi–Fr 16–2, Sa 19–2, So 21–2 Uhr; Ⓢ St. Andrew) Wie eine widerborstige Insel liegt das Crocodile Rock mitten im Club- und Unterhaltungsviertel. Der Pub lockt, verstärkt seit der Renovierung, ein etwas älteres Publikum mit Drinks für 3 C$ auf seine tolle Dachterrasse. Hier trifft man Auswärtige auf Stadtbesuch, Anzugträger nach Feierabend und alle möglichen Leute, die sich noch an die 1980er-Jahre erinnern und weiterhin gern feiern.

Java House BAR
(Karte S. 86; ☎416-504-3025; 537 Queen St W; ⌚Mo–Fr 10–2, Sa & So 9–2 Uhr; 🚊510) Im rauen Zentrum der Queen W findet sich diese noch rauere Bar mit Drinks und Kneipenessen zu wirklich günstigen Preisen. Die große Seitenterrasse ist in den Sommermonaten meist rappelvoll.

Blake House PUB
(Karte S. 76; ☎416-975-1867; www.theblakehouse.ca; 449 Jarvis St; ⌚So–Do 11–24, Fr & Sa bis 1 Uhr; Ⓢ Wellesley) Das Lokal in einer historischen, schön in dunklen Farbtönen renovierten Villa von 1891 gleich östlich vom Village ist zu allen Jahreszeiten ansprechend: Im Winter ist es wundervoll einladend und gemütlich, und in den Sommermonaten sitzt man draußen auf der tollen Terrasse. Es gibt kaltes Bier, gutes Essen und freundliche Bedienung. Das Lokal ist zwar beliebt, aber nicht überfüllt.

Gladstone Hotel BAR
(☎ 416-531-4635; www.gladstonehotel.com; 1214 Queen St W; ⏱ 8–22 Uhr; 🚋 501) Das historische Hotel (S. 105) feiert Torontos künstlerische Avantgarde-Szene. Art Bar und Gladstone Ballroom bringen ungewöhnliche DJs, Poetry Slams, Jazz, Lesungen, Alternativ-Country und Blues auf die Bühne, in der Melody Bar gibt's Karaoke und andere Musikveranstaltungen.

Black Bull PUB
(Karte S. 76; ☎ 416-593-2766; www.blackbulltavern.ca; 298 Queen St W; ⏱ 12–0 Uhr; 📶; 🚋 501) Das Black Bull verfügt wahrscheinlich über Torontos begehrteste Terrasse, in der sich mehr Sonnenschein zu fangen scheint als an irgendwo sonst. Und es ist ein toller Platz für eine Pause vom Shoppen in der Queen St.

C'est What PUB
(Karte S. 82; ☎ 416-867-9499; www.cestwhat.com; 67 Front St E; ⏱ So & Mo 11.30–1, Di–Sa bis 2 Uhr; 🚋 503, 504) Mehr als 30 Whiskeys und sechs Dutzend kanadische Craft-Biere (meist aus Ontario) gibt's in dieser Kellerkneipe (mit Eingang in einer Durchfahrt). Der hauseigene Braumeister zeichnet verantwortlich für die natürlichen, von Konservierungsstoffen freien Fassbiere. Das gute Kneipenessen holt aus den frischen Produkten vom St. Lawrence Market (S. 81) gleich nebenan das Beste heraus.

Madison Avenue Pub PUB
(Karte S. 76; ☎ 416-927-1722; www.madisonavenuepub.com; 14-18 Madison Ave; ⏱ Mo–Sa 11–2, So bis 24 Uhr; Ⓢ Spadina) Das raue „Maddy" in drei viktorianischen Häusern lockt ein studentisches Publikum von Endzwanzigern an. Es gibt Billard, Darts, viel blankes Messing, Retro-Lampen in den durch Vorhängen abgetrennten oberen Etagen, fünf (!) Terrassen und viel Gelegenheiten zu Flirts.

Underground Garage BAR
(Karte S. 82; ☎ 416-688-8787; www.undergroundgarage.ca; 365 King St W; Eintritt 7 C$; ⏱ So–Mi 22–2, Do–Sa 21–2 Uhr; 🚋 504, 510) Die Rockbar steht in dem sonst recht oberflächlichen Entertainment District wacker ihren Mann. Der steile Treppenaufgang ist mit Postern von Led Zeppelin, Willie Nelson und John Lennon gepflastert. Hier gibt's jaulende Gitarren, kaltes Bier und viel Spaß – genau wie es sein soll.

Red Room PUB
(Karte S. 86; ☎ 416-929-9964; 444 Spadina Ave; ⏱ 11–2 Uhr; 🚋 506, 510) Das künstlerisch angehauchte Red Room nahe dem Kensington Market ist teils Pub, teils Diner, teils retro aufgemachte Lounge. Hier kann man sich nach einer durchzechten Nacht mit einem Craft-Bier, ganztägigem Frühstück und britischem Pop erquicken. Man lässt sich in einer schummrig beleuchteten Sitzecke nieder und vergisst seine Probleme.

Sweaty Betty's BAR
(Karte S. 86; ☎ 416-535-6861; 13 Ossington Ave; ⏱ Mo–Do 17–2.30, Fr–So 15.30–2.30 Uhr; 🚋 501) In einer Stadt, in der Wodka-Beimischungen und kreative Cocktails an der Tagesordnung sind, weigert man sich im Betty's, mehr als drei verschiedene Dinge zusammenzumixen. Zu diesem kompromisslosen Ansatz passt es, dass der Barbesuch hier auf das Wesentliche reduziert ist – Spaß haben und mit Leuten reden. An den Wochenenden drängen sich Hipster in dem winzigen Lokal, und die Wohnzimmeratmosphäre nimmt das Flair einer College-Party an.

Sneaky Dee's BAR
(Karte S. 86; ☎ 416-603-3090; www.sneaky-dees.com; 431 College St; ⏱ Mo–Fr 11–3, Sa & So 9–3 Uhr; 🚋 506, 511) Die mit Graffiti überzogene Kellerbar liegt an der markanten Ecke Bathurst/College St. In den abgewetzten Sitzecken kann man sich den Magen mit Tex-Mex vollschlagen (Di: Fajitas zum halben Preis!) und mit Billigbier nachspülen. Der abgedunkelte Bandroom im Obergeschoss ist eine Brutstätte für neuen lokalen Rock'n'Roll, samstags allerdings gehen hier die 1960er- bis 1980er-Jahre „Shake-a-tail"-Club-Nights ab.

Wayne Gretzky's PUB
(Karte S. 82; ☎ 416-348-0099; http://gretzkys.com; 99 Blue Jays Way; ⏱ Mo–Fr 11.30–open end, Sa & So ab 10 Uhr; 🚋 503, 504) Kanadas berühmteste Eishockey-Legende war früher an dem Lokal – teils Sportbar, teils Restaurant – beteiligt, doch heute trägt es nur mehr seinen Namen. Auf der herrlichen Dachterrasse wird gutes modern-amerikanisches Essen serviert. Sportfans kommen, um sich die Hockey-Andenken anzuschauen, ansonsten kann man hier gut ein Bier trinken.

Wide Open BAR
(Karte S. 76; ☎ 416-727-5411; www.wideopenbar.ca; 139a Spadina Ave; ⏱ Mo–Fr 16–2, Sa & So 19–2 Uhr; 🚋 510) Die schmuddelige kleine Kneipe ist leicht zu übersehen. Hier erhält man mit die billigsten Drinks in Toronto: Montags gibt's die Drinks zum halben Preis und einen Krug Bier für 10 C$, und bei der Happy Hour am

Donnerstag kosten alle Drinks nur 2,50 C$ (17–20 Uhr). Täglich gibt's einen bestimmten Drink zum Sonderpreis.

Clubs

„Clubland", das ist die Gegend rund um Richmond St W und Adelaide St W an der John St. Nach Einbruch der Dunkelheit tun sich quietschend unscheinbare Türen auf, stiernackige Türsteher bringen Absperrseile auf dem Bürgerstein an, und schon bilden sich Schlangen mit spärlich bekleideten Mädchen und seltsamen Typen im Sonntagsstaat. Die Luft vibriert von Hormonen und Erregung, aber ein paar Stunden später geraten die Dinge aus dem Lot: betrunkene Mädchen torkeln, Kerle schwingen die Fäuste und Hotdog-Verkäufer kämpfen darum, die Ordnung unter den Zutaten aufrechtzuerhalten. Viele Clubs bieten inzwischen *bottle service* an (oder schreiben ihn vor). Dabei muss man tief in die Tasche greifen, um eine Flasche Schnaps und einen Tisch für die eigene Gruppe zu reservieren. Das verkürzt auch die Schlangen. Die meisten Clubs öffnen gegen 21 oder 22 Uhr (in Schwung kommen sie aber erst später) und schließen gegen 4 Uhr.

Andere Vorstellungen von einem netten Abend? Dann hält man sich besser an Viertel wie Little Italy, Church and Wellesley, Queen West und The Annex. Dort gibt's intimere Treffs und mehr Bewegungsspielraum. Die Eintrittspreise reichen von 5 bis 15 C$. Bars mit Bandrooms oder Miniclubs weiter draußen öffnen früh und schließen nicht vor 2 oder 3 Uhr.

Uniun CLUB

(Karte S. 86; ☎ 416-603-9300; http://uniun.com; 473 Adelaide St W; ⌚ Fr–So 22–3 Uhr; 🚌 504, 508) Der Eingang zu diesem ultraschicken, ultracoolen Nachtclub mit *bottle service* liegt unweit der Portland St. Wer nicht nach 1 Mio. Dollar aussieht, sich entsprechend fühlt und das nötige Kleingeld besitzt, um die Legende zu stützen, sollte erst gar nicht versuchen, hineinzukommen. Es gibt ein irrsinniges LED-Lichtsystem, das in Wände und Decken eingekapselt ist, genug Platz für 1500 feierwütige Partygäste und Stil im Überfluss.

Mod Club CLUB

(Karte S. 86; www.themodclub.com; 722 College St; ⌚ Mo–Do 20–24, Fr & Sa 18–3 Uhr; 🚌 506) Der ausgezeichnete, sehr britisch angehauchte Club in Little Italy spielt Electronic, Indie und Britpop, und gelegentlich treten auch Bands wie The Killers oder Muse auf. Wer Hiphop-Lyrik zum Besten geben will, kommt zum „Trap Karaoke".

Schwulen- & Lesbentreffs

★ **Fly 2.0** CLUB

(Karte S. 76; ☎ 416-925-6222; www.flyyyz.com; 6 Gloucester St; Grundpreis 3–12 C$; ⌚ Sa 22.30–4 Uhr; Ⓢ Wellesley) Der muntere, mehrstöckige Schwulenclub gleich außerhalb des Village abseits der Yonge St veranstaltet samstags jene monumentalen Electro-Dancepartys, die man aus TV-Serien kennt. Tatsächlich war er als Club Babylon in der Fernsehserie *Queer as Folk* zu sehen. Auch heute noch ist er einer der besten schwul-lesbischen Megaclubs in Toronto. Wer früh kommt, zahlt weniger Eintritt.

El Convento Rico CLUB

(Karte S. 86; ☎ 416-588-7800; www.elconventorico.com; 750 College St; Grundpreis 8–10 C$; ⌚ Fr & Sa 21–3.30 Uhr; 🚌 506) Die lateinamerikanisch aufgemachte schwul-lesbische Tanzbar hat ein freundliches gemischtes Publikum. Freitags um 23.30 Uhr gibt's kostenlose Salsakurse und freitags und samstags Travestieshows.

Black Eagle SCHWULE

(Karte S. 76; ☎ 416-413-1219; www.blackeagletoronto.com; 457 Church St; ⌚ Mo–Sa 15–3, So bis 24 Uhr; Ⓢ Wellesley) Der Club, der nur Männer hereinlässt, ist die Domäne von Ledertypen, Uniformfetischisten und Schwulen, die auf solche Typen stehen. Die ganzjährig geöffnete Dachterrasse ist ideal, um jemanden kennenzulernen: Beim Barbecue am Sonntagmachmittag herrscht großer Andrang. Oben gibt's einen Bereich zum Flirten, unten eine renovierte Tanzfläche. Der Club ist sicher nichts für Angsthasen, aber generell sind die Gäste und das Personal freundlich.

Woody's/Sailor BAR

(Karte S. 76; ☎ 416-972-0887; www.woodystoronto.com; 465-7 Church St; ⌚ 12–2 Uhr; Ⓢ Wellesley) Torontos bekannteste Schwulenbar mit Travestieshows, „Best Ass Contests", Billardtischen und DJs, die jeden Abend auflegen. Das Sailor ist die schicke Bar an der einen Seite des Komplexes.

Crews & Tangos BAR

(Karte S. 76; ☎ 416-972-1662; www.crewsandtangos.com; 508 Church St; ⌚ 17–2 Uhr; Ⓢ Wellesley) Am Tag eine ausufernde Bar (mit einer ausgezeichneten Terrasse hinten), abends ein überfüllter Nachtclub mit Live Drag und Cabaret Shows und DJs. Jungs, die Jungs mögen, Mädels, die Mädels mögen, mädchenhafte Jungs und jungenhafte Mädels und all ihre Freunde bilden normalerweise das Publikum in diesem einladenden Schuppen.

O'Grady's PUB
(Karte S. 76; ☎ 416-323-2822; www.ogradyschurch.ca; 517 Church St; ⌚ 11–2 Uhr; Ⓢ Wellesley) Die größte Terrasse im Village füllt sich bei Sonnenschein schnell, in den kälteren Monaten ist dieser ziemlich durchschnittliche, schwulenfreundliche irische Pub nicht weiter bemerkenswert.

☆ Unterhaltung

Es ist nicht schwer zu erraten, dass hier immer etwas los ist von Jazz bis Arthouse-Kino, Experimentaltheater, Oper, Punkrock, Hiphop und Hockey. Im Sommer sind kostenlose Freiluftfestivals und -konzerte die Regel, aber Torontos Tanz- und Livemusikszene groovt das ganze Jahr über. Es gibt auch eine lebendige, offene Schwulenszene mit vielen Clubs, Gruppen, Barabenden und Aktivitäten für die Community.

Aktuelles zum neuesten Club, Veranstaltungskalender für alternative Kultur und Livemusik u. a. findet man in Torontos kostenlosen Straßenmagazinen, die in Veranstaltungsräumen und an U-Bahn-Eingängen ausliegen, oder online: *Now* (www.nowtoronto.com) und *Daily Xtra!* (www.dailyxtra.com) für LGBTQI-Events.

Um Kunst und Kultur zu fördern, arbeiten viele Veranstalter nach dem Motto „Pay What You Can" (PWYC): Der Eintritt ist frei; die Besucher sollen geben, was sie für angemessen halten. Sonst verkauft **Ticketmaster** (www.ticketmaster.ca) Karten für größere Konzerte, Sportveranstaltungen und Events.

Livemusik

Das Iggy-Pop-Shirt herauskramen, rein in die Doc Martens und ab geht die Post. Alternative Rock, Metal, Ska, Punk und Funk – Toronto hat eine blühende Livemusikszene. Bebop, rauchiger Swamp Blues und Balladen zur Akustikgitarre sind nur einige der Alternativen. Die Eintrittspreise liegen an Wochentagen zwischen kostenlos und ein paar Dollar, am Wochenende können sie bis auf 20 C$ steigen. Megastars auf Tour treten im Rogers Centre (S. 77), im Air Canada Centre (S. 124) und im Molson Canadian Amphitheatre auf.

★ **Horseshoe Tavern** LIVEMUSIK
(Karte S. 76; ☎ 416-598-4753; www.horseshoetavern.com; 370 Queen St W; ⌚ 12–2 Uhr; 🚋 501, 510) Obwohl es seinen 65. Geburtstag längst hinter sich hat, spielt das legendäre Horseshoe immer noch eine Schlüsselrolle in der Entwicklung des lokalen Indie Rock. Der Laden verströmt einfach ein Flair von guten Zeiten und klassischen Auftritten. Am besten kommt man vorbei und testet es selbst.

Reservoir Lounge JAZZ
(Karte S. 82; ☎ 416-955-0887; www.reservoirlounge.com; 52 Wellington St E; ⌚ Di–Sa 19.30–2 Uhr; 🚋 503, 504) Swing-Tänzer, Jazz-Musiker und Blues-Sänger nennen diese coole Keller-Lounge ihr Zuhause, und im Lauf der Jahre sind hier schon so manche Größen aufgetreten. Und wo sonst kann man während des Programms einen Martini trinken und Schokoladenfondue mit Erdbeeren genießen?

Opera House KONZERTSTÄTTE
(☎ 416-466-0313; www.theoperahousetoronto.com; 735 Queen St E; 🚋 501, 502, 503) Das alte Opera House ist ein Vaudeville-Theater vom Anfang des vorigen Jahrhunderts. Im Verlauf der Jahre standen hier Rockmusiker wie The Black Crowes, Rage Against the Machine, Eminem, A Perfect Circle oder Beck auf der Bühne, außerdem gibt's hier auch Tanzpartys und diverse Vorstellungen.

Lee's Palace LIVEMUSIK
(Karte S. 86; ☎ 416-532-1598; www.leespalace.com; 529 Bloor St W; ⌚ 9–2.30 Uhr; Ⓢ Bathurst) Das legendäre Lee's Palace hat über die Jahre u. a. Dinosaur Jr, Smashing Pumpkins und Queens of the Stone Age eine Bühne geboten. Berühmt-berüchtigt ist Kurt Cobains Flaschenwurf, als Nirvana 1990 hier spielte. Man kann es gar nicht verfehlen – einfach nach dem „schreienden" Wandbild in Primärfarben an der Fassade Ausschau halten.

Glenn Gould Studio KLASSISCHE MUSIK
(Karte S. 82; ☎ 416-205-5555; glenngouldstudio.com; Canadian Broadcasting Centre, 250 Front St W; Karten 15–40 C$; ⌚ Theaterkasse Mo–Fr 14–18.30, Sa bis 20 Uhr; Ⓢ Union, 🚋 504) Die Akustik des Glenn Gould Studio macht dem berühmten Pianisten, nach dem es benannt wurde, alle Ehre. Für die Abendkonzerte (Sept.–Juni) klassischer und zeitgenössischer Musik (mit Solisten, Kammerensembles, Chören oder Sinfonieorchestern) sollte man seine Karte im Vorverkauf erstehen. Oft treten hier auch junge internationale Künstler auf.

Dakota Tavern LIVEMUSIK
(Karte S. 86; ☎ 416-850-4579; www.thedakotatavern.com; 249 Ossington Ave; ⌚ Mo–Fr 20–2, Sa

& So 10–2 Uhr; 🚌63, 🚋501) Die Kellerkneipe rockt mit Holzfässern als Hockern und einer kleinen Bühne. Zu hören gibt's vor allem Country, Blues und etwas Rock. Der Bluegrass-Brunch am Samstag und Sonntag (15 C$; 11–15 Uhr) ist ein *großer* Hit – lecker, sättigend und lustig –, aber man muss Schlange stehen, um reinzukommen.

Massey Hall KONZERTSTÄTTE
(Karte S. 76; ☎416-872-4255; www.masseyhall.com; 178 Victoria St; ⏰Theaterkasse an Veranstaltungstagen ab 12 Uhr; **S** Queen) Wenige Veranstaltungsstätten haben so viele unterschiedliche Konzerte und Vorstellungen erlebt wie die Massey Hall, die schon über 120 Jahre besteht. Die geplanten umfassenden Renovierungsarbeiten sollen das Haus mit seinen 2500 Plätzen zukunftstauglich machen, aber den altmodischen Charme bewahren.

Toronto Symphony Orchestra KLASSIK
(TSO; Karte S. 82; ☎416-593-4828; www.tso.ca; Roy Thomson Hall, 60 Simcoe St; ⏰Kasse Mo–Fr 10–18, Sa 12–17 Uhr; **S** St. Andrew) Das TSO tritt in der Roy Thomson Hall (manchmal auch in der Massey Hall und im Toronto Centre for the Arts) auf und spielt Klassik, Melodien aus der Cole-Porter-Ära und neue Musik aus aller Welt. Auf der Website finden sich Anworten auf Fragen wie diese: „Was ist, wenn ich husten muss?" und „Soll ich schon klatschen?"

Toronto Centre for the Arts KLASSIK
(☎416-733-9388; www.tocentre.com; 5040 Yonge St; ⏰Kasse Mo 11–18, Di–Sa bis 20, So 12–16 Uhr; **S** North York Centre) Ziemlich weit nördlich an der Yonge St liegt die George Weston Recital Hall mit 1000 Plätzen, Heimat des Toronto Symphony Orchestra. Das Main Stage Theatre mit 1700 Plätzen und das intimere Studio Theatre zeigen auch Ballett und Theater.

Dominion Pub and Kitchen JAZZ
(☎416-366-5555; www.dominionpub.ca; 500 Queen St E; ⏰Mo–Fr 11 Uhr–open end, Sa & So ab 10.30 Uhr; 🚋501, 502, 503) Der kürzlich renovierte Jazz-Pub hat sich mit frechen Sängern, Trios, Sextetts und ausgewachsenen Swing-Bands Ansehen erworben. Die Musik beginnt allabendlich gegen 21 Uhr. Es gibt Kleinbrauereibiere und jede Menge Rotwein, in dem man seinen großstädtischen Herzschmerz ertränken kann.

Cameron House JAZZ
(Karte S. 86; ☎416-703-0811; www.thecameron.com; 408 Queen St W; ⏰Mo–Sa 16 Uhr–open end, So ab 18 Uhr; 🚋501, 510) Auf der Bühne stehen Liedermacher, Soul-, Jazz- und Country-Sänger, im Publikum und im Backstage-Bereich tummeln sich Künstler, Musiker, Träumer und Faulenzer.

Phoenix KONZERTSTÄTTE
(Karte S. 76; ☎416-323-1251; www.libertygroup.com; 410 Sherbourne St; 🚋506) Das Phoenix hat 1000 Plätze und residiert im ehemaligen Harmonie Club. In der prächtigen alten Halle treten Rockbands wie The Tragically Hip auf.

Rivoli LIVEMUSIK
(Karte S. 76; ☎416-596-1908; www.rivoli.ca; 334 Queen St W; ⏰11.30–1 Uhr; 🚋501) Die Sängerin Leslie Feist startete hier ihre Karriere. Auf dem Programm stehen jeden Abend Livemusik (Rock, Indie und Liedermacher), wöchentlich Stand-up-Comedy und monatlich Hip-Hop-Abende. Außerdem gibt's gutes Essen und unten eine tolle Billardhalle.

Sound Academy KONZERTSTÄTTE
(☎416-649-7437; www.sound-academy.com; 11 Polson St; 🚌72, 72A) In der Konzertstätte am Hafen mit rund 3000 Plätzen werden Rockkonzerte und Liveshows veranstaltet. Hier sind schon Guns & Roses, The Killers und Fall Out Boy aufgetreten.

Rex JAZZ
(Karte S. 76; ☎416-598-2475; www.therex.ca; 194 Queen St W; ⏰Konzerte 18.30 & 21.30 Uhr; 🚋501) Das Rex hat sich von seiner traurigen Vergangenheit als Schlägerkneipe zu einer hervorragenden Jazz- und Blues-Bühne gemausert. Jede Woche treten hier mehr als ein Dutzend verschiedene Dixieland-Bands, experimentelle Musiker und lokale wie auch internationale Gruppen auf.

Theater

Die langen Wintermonate sind eine gute Voraussetzung für Theater. Da Toronto außerdem nicht weit vom Broadway und dem kosmopolitischen Montréal entfernt ist, besitzt die Stadt einen Ruf als Talentschmiede für Theatermacher. Broadway- und Off-Broadway-Stücke und -Musicals sorgen für volle Häuser in den Theatern rund um den Theatre Block im Entertainment District und am Yonge & Dundas Sq. Es gibt viele kleinere Spielstätten und muntere junge Truppen rund um die Harbourfront, im Distillery District (S. 80) und in Queen West. Veranstaltungskalender findet man in den kostenlosen Straßenzeitungen. Karten für größere Produktionen verkauft TicketKing. Last-Minute-Tickets erhält man bei **TO Tix** (Karte S. 76; www.totix.ca; Yonge & Dundas Sq, 5 Dundas St E; ⏲ Di–Sa 12–18.30 Uhr; Ⓢ Dundas); man kann auch an der Abendkasse nach „Rush Tickets" (Steuerkarten) fragen.

Mirvish TicketKing BUCHUNGSSERVICE
(☎ 416-872-1212; www.mirvish.com/ticketking) Mirvish TicketKing verkauft Karten für Veranstaltungen im Royal Alexandra (S. 122), Princess of Wales (S. 122), Ed Mirvish (S. 122) und Panasonic Theatre.

Ed Mirvish Theatre THEATER
(Karte S. 76; ☎ 416-872-1212; www.mirvish.com; 244 Victoria St; Ⓢ Dundas) Das frühere Canon wurde 2011 zu Ehren des beliebten Geschäftsmanns, Philantropen und Kunstmäzens Ed Mirvish umbenannt. Eines der vier Mirvish Theater, der Vaudeville-Saal aus den 1920er-Jahren, ist eine heiße Adresse für musikalisches Unterhaltungstheater.

Sony Centre for the Performing Arts KONZERTSTÄTTE
(Karte S. 82; ☎ 416-872-7669; www.sonycentre.ca; 1 Front St E; ⏲ Theaterkasse Mo–Fr 10–17.30, Sa bis 13 Uhr; Ⓢ Union) Mit seinem Vorbau, der wie ein Kolibrischnabel in die Front St ragt, ist diese Veranstaltungsstätte kaum zu übersehen. Karten für Veranstaltungen bucht man telefonisch oder online.

Young Centre for Performing Arts THEATER
(☎ 416-866-8666; www.youngcentre.ca; 55 Mill St, Bldg 49; 🚌 503, 504) Das 14 Mio. C$ teure Young Centre beherbergt vier separate Spielstätten, die Theatertruppen wie Soulpepper (S. 122) oder die **George Brown Theatre Co** (www.georgebrown.ca/theatre) angemietet haben. Im Gebäude gibt's auch einen Buchladen und eine Bar.

Princess of Wales Theatre THEATER
(Karte S. 82; ☎ 416-872-1212; www.mirvish.com; 300 King St W; 🚌 504) Die Spielstätte mit 2000 Plätzen zeigt große Produktionen wie *Strictly Ballroom* oder *The Book of Mormon*.

Canadian Opera Company OPER
(Karte S. 76; ☎ 416-363-8231; www.coc.ca; Four Seasons Centre for the Performing Arts, 145 Queen St W; ⏲ Theaterkasse Mo–Sa 11–19, So bis 15 Uhr; Ⓢ Osgoode) Kanadas Nationaloper gibt es seit mehr als 50 Jahren. Die Karten sind schnell ausverkauft. Im Richard Bradshaw Amphitheatre (im fabelhaften Four Seasons Centre) gibt's zwischen September und Juni kostenlose Konzerte, normalerweise um 12 Uhr. Die genauen Termine kann man auf der Website nachlesen.

Theatre Passe Muraille THEATER
(Theater Beyond Walls; Karte S. 86; ☎ 416-504-7529; www.passemuraille.on.ca; 16 Ryerson Ave; Karten 20–35 C$, Proben 16 C$; ⏲ Vorstellungen Di–Sa 19.30, Matineen Sa 14 Uhr; 🚌 501) Das Theatre Passe Muraille residiert im alten Nasmith's Bakery & Stables. Seit den 1960er-Jahren konzentriert sich die Truppe auf radikale neue Stücke, die aktuelle kanadische Probleme aufgreifen. Nach den Vorstellungen gibt's häufig Diskussionen mit den Schauspielern und Theatermachern. Bei den samstäglichen Matineen zahlt man so viel wie man erübrigen kann.

Factory Theatre THEATER
(Karte S. 86; ☎ 416-504-9971; www.factorytheatre.ca; 125 Bathurst St; 🚌 511) Die innovative Theatertruppe, die sich als „Heimat für kanadische Stückeschreiber" versteht, besteht schon seit mehr als 35 Jahren. Bei den sonntäglichen Matineen zahlt man so viel wie man erübrigen kann.

Young People's Theatre THEATER
(Karte S. 82; ☎ 416-862-2222; www.youngpeoplestheatre.ca; 165 Front St E; ⏲ Theaterkasse 9–17 Uhr; 👪; 🚌 503, 504) Das innovative Theater (das früher unter dem Namen Lorraine Kimsa Theatre for Young People firmierte) zeigt aufklärende Stücke für Kinder und veranstaltet Dramen-Workshops.

CanStage THEATER
(Canadian Stage Company; ☎ 416-368-3110; www.canstage.com; 26 Berkeley St; ⏲ Theaterkasse Mo–Sa 10–18, Vorstellungstage bis 20 Uhr; 🚌 503, 504) Das moderne CanStage zeigt in dem Ensemble-eigenen Berkeley Street Theatre Stücke angesehener kanadischer und internationaler Autoren wie David Mamet oder Tony Kushner. Die Truppe steht auch hinter „Shakespeare in the Park", wo im Sommer unter den Sternen im High Park Theater gespielt wird. Man zahlt dabei so viel wie man möchte – früh kommen und eine Decke mitbringen!

Royal Alexandra Theatre THEATER
(Karte S. 82; ☎ 416-872-1212; www.mirvish.com; 260 King St W; 🚌 504) Das liebevoll „Royal Alex" genannte Haus ist eine der eindrucksvollsten Spielstätten der Stadt; gezeigt werden spritzige Broadway-Musicals.

Soulpepper THEATER
(www.soulpepper.ca) Die Schauspieltruppe fördert Jugendtheater und nutzt das Schau-

spiel auch für den Unterricht von Englisch als Fremdsprache.

Kinos

Die Einwohner Torontos lieben das Kino, was vielleicht etwas mit dem Wetter zu tun hat. Die Karten kosten rund 14 C$ für Erwachsene. Dienstag ist Kinotag, dann kosten die Tickets ungefähr die Hälfte.

★ TIFF Bell Lightbox KINO
(Karte S. 82; www.tiff.net; Ecke 350 King St W; 504) Als Sitz des Toronto International Film Festival (S. 99) steht der strahlende Kinokomplex während der Festspielzeit im Zentrum des Geschehens. In der übrigen Zeit dient er der TIFF Cinematheque als Bühne für Filme aus aller Welt, Independent-Filme, Retrospektiven von Regisseuren und andere besondere Events. Man sollte hier unbedingt mal einen Film anschauen!

Scotiabank Theatre KINO
(Karte S. 76; 416-368-5600; www.cineplex.com; 259 Richmond St W; S Osgoode) Das gigantische Multiplex im Herzen von Queen West wird von Cineplex verwaltet. Es besitzt die neueste Technologie einschließlich IMAX 3D. Tickets kauft man unten, dann geht's mit der Riesenrolltreppe nach oben, wo man sich für die Show mit Pizza, *poutine* und Popcorn eindecken kann!

Polson Pier Drive-In Theatre KINO
(416-465-4653; www.polsonpier.com; 11 Polson St; April–Okt. Fr–So ab 20.30 Uhr) Das Autokino lebt – sogar in der Innenstadt. In den Sommermonaten gibt's hier unten am See bei Einbruch der Dämmerung aktuelle Blockbuster und besondere Events.

Rainbow Cinemas KINO
(Karte S. 82; 416-491-9731; www.rainbowcinemas.ca; 80 Front St E; 503, 504) Das Kino direkt am Market Sq zeigt aktuelle Filme zum Preis von Wiederholungen. Dienstags kostet eine Karte nur 5 C$.

Cineforum KINO
(Karte S. 86; 416-603-6643; www.cineforum.ca; 463 Bathurst St; über/unter 24 Jahre 20/10 C$; Vorstellungen Sa–Do 19 & 21 Uhr; 506, 511) Ein unorthodoxes Erlebnis erwartet einen im Cineforum. Reg Hartt, eine aufbrausende Persönlichkeit, klebt an Telefonmasten Plakate, die für sein Kino werben: das vordere Zimmer in seinem Haus. Dort zeigt er klassische und Avantgardefilme. Seine Spezialität sind Trickfilm-Retrospektiven und Drucke von Salvador Dalí. Das Ganze wird ergänzt von eigenwilligen Vorträgen, die bewusstseinserweiternd wirken sollen (z. B. „Was ich von LSD lernte"). Es gibt 20 Plätze; Essen und Getränke selber mitbringen!

Hot Docs Ted Rogers Cinema KINO
(Bloor Hot Docs Cinema; Karte S. 86; 416-637-3123; www.bloorcinema.com; 506 Bloor St W; S Bathurst) In diesem Art-déco-Kino mit zwei Rängen läuft ein wunderbar abwechslungsreiches Programm aus neuen, künstlerisch anspruchsvollen, Kurz-, Dokumentar- und alten Filmen. Das Kino ist die Spielstätte für das anspruchsvolle internationale Dokumentarfilmfestival Hot Docs (S. 98).

Cineplex Odeon Varsity KINO
(Karte S. 76; 416-961-6304; www.cineplex.com; Manulife Centre, 55 Bloor St W; 12–24 Uhr; S Bloor-Yonge) Das hochmoderne Multiplex hat VIP-Theater und kleinere Säle.

Cineplex Yonge & Dundas KINO
(Karte S. 76; 416-977-9262; www.cineplex.com; 10 Dundas St E; S Dundas, 505) In dem riesigen Kinokomplex am Yonge & Dundas Sq gibt's 24 große Säle mit Stadionatmosphäre, ein IMAX-Kino, einen Food-Court und direkten Zugang zur U-Bahn – ideal für einen Kinobesuch am supergünstigen Dienstag oder an eiskalten Wintersonntagen.

Sport

Viele Einwohner Torontos jauchzen schon vor Begeisterung, wenn ihr Lieblingsteam nur genannt wird: Das sind im Sommer die Blue Jays im Profi-Baseball und die Argonauts im Football sowie im Winter die Maple Leafs im Eishockey, die Raptors im Basketball und Toronto Rock im Lacrosse. Bei **Ticketmaster** (www.ticketmaster.ca) gibt's Karten im Vorverkauf, ebenso an den Kartenschaltern im Air Canada Centre und im Rogers Centre (S. 77). Der Weiterverkauf der Tickets ist illegal, aber darum scheint sich niemand zu scheren.

Toronto Maple Leafs EISHOCKEY
(416-815-5982; www.mapleleafs.com; Okt.–April) Die Toronto Maple Leafs, 13-malige Stanley-Cup-Gewinner, spielen in der National Hockey League (NHL) und hauen im Air Canada Centre auf den Puck. Jedes Spiel ist ausverkauft, aber am Tag des Spiels werfen Ticketmaster um 10 Uhr und der Kartenschalter im Air Canada Centre ab 17 Uhr noch ein paar Karten auf den Markt.

Man kann auch über die Website Karten von Spielzeit-Ticket-Abonnenten bekommen, die nicht zum Spiel gehen können – in der Regel zahlt man mindestens 80 C$.

Toronto Blue Jays BASEBALL
(416-341-1234; bluejays.com; April–Sept.) Torontos Major-League-Baseballteam (ein ikonenhaftes Team) spielt im Rogers Centre (S. 77). Karten gibt's bei Ticketmaster oder am Kartenschalter im Rogers Centre am Tor 9. Man sollte versuchen, Plätze an der unteren Grundlinie zu bekommen; hier sind die Chancen besser, einen Fly Ball zu erwischen (oder einen an den Kopf zu bekommen).

Toronto Argonauts BASEBALL
(416-341-2746; www.argonauts.ca; Juni–Okt.) Die Toronto Argonauts tragen die Helme der Canadian Football League (CFL) im Rogers Centre. Die Argonauts haben 16-mal den Grey Cup gewonnen – Rekord! –, zuletzt 2012. Zuschauer sollten eine Jacke mitbringen – durch das offene Dach wird es abends kühl. Eintrittskarten gibt's über Ticketmaster oder das Rogers Centre.

Toronto Raptors BASKETBALL
(416-815-5500; www.nba.com/raptors; Okt.–April) Während der Eishockeysaison spielt auch Torontos Basketballteam im Air Canada Centre. Die „Raps" gibt es seit 1995, bisher waren sie aber nicht sonderlich erfolgreich.

Air Canada Centre ZUSCHAUERSPORT
(ACC; Karte S. 82; 416-815-5500; www.theairca nadacentre.com; 40 Bay St; Union) Die Toronto Maple Leafs, ein NHL-Team und 13-maliger Stanley-Cup-Gewinner, hauen im Air Canada Centre auf den Puck.

Toronto Rock ZUSCHAUERSPORT
(416-596-3075; www.torontorock.com; Jan.–April) Lacrosse gilt nicht unbedingt als kanadische Sportart schlechthin, aber Torontos Team ist glühend heiß, nachdem es schon sechsmal die Meisterschaft gewonnen hat. Spiele im Air Canada Centre; Eintrittskarten gibt's über Ticketmaster.

Shoppen

Shoppen ist in Toronto schwer angesagt. Wenn draußen die Temperaturen bei –20 °C liegen, will die Lücke zwischen Brunch und Kinobesuch irgendwie gefüllt werden. Die Menschen füllen ihre Kleiderschränke auf, dekorieren ihre Wohnungen neu oder drücken sich einfach in warmen Einkaufszentren wie dem Eaton Centre (S. 111) herum. Im Sommer kann man dann prima durch die Straßen laufen und eine Boutique nach der anderen abklappern.

MEC SPORT & OUTDOOR
(Mountain Equipment Co-op; Karte S. 82; 416-340-2667; www.mec.ca; 400 King St W; Mo–Fr 9–21, Sa & So bis 18 Uhr; St. Andrew) Das MEC ist ein Mekka für alle, die sich für Outdoor-Bedarf begeistern. Rucksäcke verschiedener Marken sowie Camping-, Wander- und Reiseausrüstung stapelt sich an den Wänden dieses Warenhauses in Downtown. Das hilfsbereite Personal wird an den Wochenenden regelrecht belagert, daher kommt man besser werktags, falls man Beratung benötigt. Mit einer lebenslangen Mitgliedschaft (5 C$) kann man beliebig in diesem kanadischen Laden einkaufen.

Te Koop MODE & ACCESSOIRES
(Karte S. 76; 416-348-9485; www.te-koop.ca; 421 Queen St W; Mo–Sa 10–21, So 11–20 Uhr; Osgoode) Dieser Laden für Rucksäcke und Gepäckstücke verkauft kanadische Marken wie Herschel und angesagte hochwertige internationale Labels. Die Taschen sind wahrlich nicht billig, aber anderswo in Toronto wird man auch kaum billigere bekommen.

New Tribe TATTOOS
(Karte S. 76; 416-977-2786; www.newtribe.ca; 2. OG 232 Queen St W; Tattoo mind. 80 C$; Mo–Do 12–20, Fr & Sa bis 21, So bis 18 Uhr; 501) Body-Art ist in Toronto fast schon Mainstream: Ehe man alle Tattoo- und Piercing-Studios der Stadt durch hat, ist schon kein Stück Haut mehr frei. Dieser Laden in der Mitte der Queen St W ist besonders beliebt. Neben Tattoos gibt's hier Körperschmuck, auch als Sonderanfertigung.

Come as You Are SEXSHOP
(Karte S. 86; 416-504-7934; www.comeasyou are.com; 493 Queen St W; Di–Mi 11–19, Do–Sa bis 20, So & Mo 12–17 Uhr; 501) Kanadas Co-op-Sexshop (die einzige Genossenschaft dieser Art weltweit) bietet etwas für alle Geschlechter und sexuellen Orientierungen. Man holt sich vegane Kondome oder schreibt sich für einen Workshop zu erotischer Fotografie oder Bondage 101 ein.

Craft Ontario Shop GESCHENKE & SOUVENIRS
(416-921-1721; www.craftontario.com; 1106 Queen St W; Mo–Mi & Sa 10–18, Do & Fr bis 19, So 12–17 Uhr; 501) Craft Ontario fördert seit mehr als 70 Jahren heimische Kunsthandwerker. In dem neuen Laden an der Queen St W sind hauptsächlich Keramiken,

Schmuck, Glaswaren, Drucke und Schnitzereien ausgestellt, manchmal gibt's aber auch Sonderausstellungen z.B. zu Webarbeiten aus Pangnirtung oder zu Grafiken aus Cape Dorset (Kinngait).

Page & Panel: The TCAF shop COMICS
(Karte S. 76; ☎416-323-9212; www.torontocomics.com/tcafshop; 789 Yonge St; ⏰Mo–Fr 10.30–20.30, Sa bis 17, So 12–17 Uhr; Ⓢ Bloor-Yonge) Was als Pop-up-Laden für das Toronto Comic Arts Festival (TCAF) begann, ist zu einer permanenten Anlaufstelle für Comics geworden. Da der Laden seine Angebote sorgfältig auswählt, kann man hier die besten kanadischen und internationalen Graphic Novels sowie Designer-Geschenke finden.

Drake General Store GESCHENKE & SOUVENIRS
(Karte S. 76; ☎416-861-6009; www.drakegeneralstore.ca; 176 Yonge St, UG; ⏰Mo–Sa 10–21.30, So bis 19 Uhr; Ⓢ Queen) In diesem kanadischen Laden gibt's viele feine Geschenke, die auch in einem Museumsshop zu finden sein könnten. Zu den Toronto-Souvenirs von örtlichen Künstlern gehören auch wirklich geschmackvolle Blue-Jays-Baseballständer. Filialen befinden sich in den Untergeschossen von Hudson's-Bay-Warenhäusern (wie diese hier) und einen improvisierten Verkaufsstand auf dem Union-Station-Bahnsteig des UP Express-Flughafenzugs.

8th + Main MODE & ACCESSOIRES
(Karte S. 76; ☎647-348-1222; 211 Yonge St; ⏰Mo–Sa 10–21, So bis 19 Uhr; Ⓢ Queen) Die erfolgreiche Boutique aus Vancouver verkauft ihre preisgünstige Mode jetzt auch an die hippen Frauen und Männer in Toronto. In dem großen, lagerhausartigen Laden kann man sich gut umsehen, ohne sich eingeschüchtert zu fühlen. Der Schwerpunkt liegt auf kleinen, trendigen Labels.

Glad Day BÜCHER
(Karte S. 76; ☎416-961-4161; www.gladdaybookshop.com; 598a Yonge St; ⏰So–Di 11–18, Mi–Fr bis 19, Sa bis 20 Uhr; Ⓢ Bloor-Yonge) Als weltweit ältester noch existierender schwuler Buchladen ist Glad Day ein Wahrzeichen der LGBTI-Bewegung. Aus einem Ort, der sich der Zensur schwul-lesbischer Publikationen widersetzte, ist inzwischen ein Treff für Events und Versammlungen geworden, der sich für Kreativität und die freie Rede einsetzt.

Toronto Designers Market DESIGN
(☎416-570-8773; www.torontodesignersmarket.com; 1605 Queen St W; ⏰Mi–So 11–18 Uhr; 🚋501) Am heruntergekommenen äußersten westlichen Ende der Queen St W haben mehr als 30 kleine Designer auf einer riesigen Fläche Schaufensterateliers aufgemacht. Das Ganze ist eine gemischte Sache, aber in den improvisierten Läden, die Schmuck, Kleidung und Geschenke (z.B. Bartkämme) anbieten, stößt man auf viele frische Ideen.

Spacing Store GESCHENKE & SOUVENIRS
(Karte S. 76; ☎416-644-1017; http://spacing.ca/toronto; 401 Richmond St W; ⏰Mo–Fr 11–19, Sa 12–18 Uhr; Ⓢ Osgoode) Spacing ist ein Magazin mit einer Vorliebe für kanadische Städte. Der Laden würdigt das Leben in der Stadt mit T-Shirts, alten TTC-Plakaten und Geschenkartikeln örtlicher Designer. Man bekennt sich mit einem Ansteckknopf zu seinem Lieblingsviertel und lässt sich vom kundigen Personal über anstehende Veränderungen in den Straßen Torontos informieren.

BMV BÜCHER
(Karte S. 76; Dundas Sq, 10 Edward St; ⏰Mo–Sa 10–23, So 12–20 Uhr; Ⓢ Dundas) Das größte (und beliebteste) Antiquariat Torontos hat eine zweite Filiale in der **Bloor Street** (Karte S. 86; 471 Bloor St W; ⏰Mo–Mi 10–23, Do–Sa bis 24, So 12–21 Uhr; Ⓢ Spadina).

Bay of Spirits Gallery GESCHENKE & SOUVENIRS
(Karte S. 82; ☎416-971-5190; www.bayofspirits.com; ⏰Mo–Sa 10–16 Uhr; Ⓢ Union) Die Arbeiten von Norval Morrisseau – dem ersten indigenen Künstler, der eine Einzelausstellung in der National Gallery of Canada präsentieren durfte – werden stolz in dieser Galerie ausgestellt, die Werke indigener Künstler aus Kanada zeigt. Man sollte sich die Totempfähle von der Pazifikküste (von Miniaturpfählen bis zu über 4 m großen), die Inuit-Schnitzereien und die Inukshuk-Figurinen anschauen.

Beguiling BÜCHER
(Karte S. 86; ☎416-533-9168; www.beguilingbooksandart.com; 601 Markham St; ⏰Mo, Di, Do & Sa 11–19, Mi & Fr bis 21, So 12–18 Uhr; Ⓢ Bathurst) Auf der Suche nach Comics? Das Beguiling ist ein überfüllter, unaufgeräumter Laden, wie Robert Crumb ihn liebt (er war tatsächlich schon hier). Hier kann man sich von originalen Zeitschriften, Indie-Comics, Büchern zur Popkultur, Kunstwerken in limitierter Auflage und Plakaten verzaubern lassen. Events werden auf der Website angekündigt.

Courage My Love BEKLEIDUNG
(Karte S. 86; ☎416-979-1992; 14 Kensington Ave; ⏰Mo–Sa 11.30–18, So 13–18 Uhr; 🚋505, 510) Se-

condhandläden gibt's rund um den Kensington Market schon seit Jahrzehnten. Aber das Courage My Love überrascht Modekenner mit Unterwäsche, Retro-Hosen und weißen Hemden unterschiedlichster Art. Zudem gibt's ausgesuchte Perlen, Knöpfe, Lederwaren und Silberschmuck.

Praktische Informationen

GEFAHREN & ÄRGERNISSE

- Nach nordamerikanischen Maßstäben ist Toronto eine sichere Stadt, aber nachlässig sollte man nun auch nicht sein.
- Es ist keine gute Idee, wenn Frauen nach Einbruch der Dunkelheit in der Gegend um Parliament St und Jarvis St an den Kreuzungen mit Carlton, Dundas St E und Queen St E, insbesondere rund um Allan Gardens und George St allein unterwegs sind – tagsüber übrigens auch nicht.
- Im Entertainment District kann es nach Mitternacht wegen der Betrunkenen unangenehm werden, die hier um diese Zeit häufig anzutreffen sind.

GELD

- Geld von internatioanlen Kredit- oder Debitkarten abzuheben, ist kein Problem. Man schaut einfach nach dem Cirrus- oder Plus-Logo an den Geldautomaten – und diese finden sich fast an jeder Straßenecke.
- An den Geldautomaten in vielen Minimärkten wird eine Abhebegebühr erhoben.
- Die Filialen von **American Express** (☎ 905-474-0870; www.americanexpress.com/canada) in Toronto fungieren als Reisebüros und nehmen keine finanziellen Transaktionen vor. Dafür wendet man sich an die Banken oder hält sich an **Money Mart** (☎ 416-920-4146; www.moneymart.ca; 617 Yonge St; ⌚ 24 Std.; Ⓢ Wellesley).

MEDIEN

Globe & Mail (www.theglobeandmail.com) Altehrwürdige landesweite Tageszeitung.

Metro (www.metronews.ca) Kostenloses Tagesblatt mit leicht verdaulichen Infos zum Tagesgeschehen, zu Sport und Unterhaltung (liegengelassene Exemplare findet man oft auf den U-Bahn-Sitzen).

NOW (www.nowtoronto.com) Kostenloses, donnerstags erscheinendes Alternativblatt mit Konzert- und Veranstaltungskalender.

Toronto Life (www.torontolife.com) Exklusives Monatsmagazin: Lifestyle, Restaurants, Kunst und Unterhaltung.

Toronto Star (www.thestar.com) Kanadas größte Tageszeitung, linksgerichtet.

Toronto Sun (www.torontosun.com) Sensationslüsternes Massenblatt mit guter Sportberichterstattung.

Where Toronto (www.where.ca/toronto) Unter den kostenlosen, touristischen Hochglanzmagazinen ist dies das informativste.

Daily Xtra (www.dailyxtra.com) Online-LGBTI-Magazin mit News und Unterhaltungsangeboten; war früher eine Straßenzeitung.

MEDIZINISCHE VERSORGUNG

Dental Emergency Services (☎ 416-485-7172; www.dentalemergencyservices.ca; 1650 Yonge St; ⌚ 8–24 Uhr; Ⓢ St. Clair) Zahnärztliche Notfallversorgung. Das Personal spricht Englisch, Französisch, Filipino und Japanisch.

Hassle Free Clinic (☎ 416-922-0566; www.hasslefreeclinic.org; 2. OG, 66 Gerrard St E; ⌚ Frauen Mo, Mi & Fr 10–15, Di & Do 16–20 Uhr, Männer Mo & Mi 16–20, Di & Do 10–15, Fr 16–19, Sa 10–14 Uhr; Ⓢ College) Anonyme kostenlose Tests auf HIV (nur nach Vereinbarung) und Geschlechtskrankheiten, Reproduktionsmedizin und medizinische Beratung in sexuellen Fragen.

Mount Sinai Hospital (☎ 416-596-4200, Notfall 416-586-5054; www.mountsinai.on.ca; 600 University Ave; ⌚ 24 Std.; Ⓢ Queens Park)

St. Michael's Hospital (☎ 416-360-4000; www.stmichaelshospital.com; 30 Bond St; ⌚ 24 Std.; Ⓢ Queen, Dundas) Die sehr kompetente Notfallstation dieses größeren Lehr- und Forschungskrankenhauses liegt im Zentrum von Downtown an der Kreuzung Victoria St und Shuter St, gleich um die Ecke vom Eaton Centre.

Toronto General Hospital (☎ emergency 416-340-3111; www.uhn.ca; 190 Elizabeth St; ⌚ 24 Std.; Ⓢ Queens Park)

Women's College Hospital (☎ 416-323-6400; www.womenscollegehospital.ca; 76 Grenville St; ⌚ 24 Std.; Ⓢ College) Klinik für Frauen und Familien (keine Notfallstation).

NOTFALL

Polizei (☎ Notfall 911, kein Notfall 416-808-2222; www.torontopolice.on.ca)

SOS Femmes (☎ 416-487-4794; www.sosfemmes.com) Französischsprachiges Krisentelefon für Frauen.

Toronto Rape Crisis Centre (☎ 416-597-8808; www.sexualassaultsupport.ca)

POST

Toronto besitzt keine Hauptpost mehr. Diverse Postschaltern befinden sich überall in der Stadt in Filialen von Shopper's Drug Mart. Hier die am günstigsten gelegenen Postämter:

Adelaide Street Post Office (☎ 800-267-1177; www.canadapost.ca; 31 Adelaide St E; ⌚ So–Fr 8–17.30 Uhr; Ⓢ Queen)

Atrium on Bay Post Office (Karte S. 76; ☎ 416-506-0911; www.canadapost.ca; 595 Bay St; ⌚ So–Fr 9.30–17.30 Uhr; Ⓢ Dundas)

TOURISTENINFORMATION

Ontario Travel Information Centre (Karte S. 76; ☎416-314-5899; www.ontariotravel.net; Union Station, 65 Front St W; ⏲Mo–Sa 8–20, So 10–18 Uhr; Ⓢ Union) Die große Filiale an der Westseite der Union Station hat kundiges, mehrsprachiges Personal und jede Menge Broschüren, die fast alle Ecken von Ontario abdecken. Das Büro ist eine gute erste Anlaufstelle, wenn man in der Stadt ankommt, zumal man hier ganz in der Nähe den UP-Express-Zug vom Flughafen verlässt.

Tourism Toronto (S. 71) Man kann sich telefonisch beraten lassen; nach Feierabend nutzt man das interaktive Infomenü am Computer.

ℹ An- & Weiterreise

Toronto ist über seinen Hauptflughafen gut mit internationalen und Inlandsflügen erreichbar. Bei der Anreise aus den USA gibt es noch ein paar weitere Möglichkeiten, darunter einen kleineren Inselflughafen und ein paar Amtrak-Züge aus Buffalo und New York. Mit dem Auto kann man aus Südwesten über den Grenzübergang Detroit-Windsor nach Ontario einreisen.

AUTO & MOTORRAD

➡ Toronto ist aus allen Richtungen über mehrspurige Autobahnen zu erreichen, die aber häufig verstopft sind. Am See entlang führt der Gardiner Expwy westwärts in den Queen Elizabeth Way (QEW) bis nach Niagara Falls. Am westlichen Stadtrand verläuft der Hwy 427 nach Norden zum Flughafen. Der (oft staugebeutelte) Hwy 401 ist die wichtigste Ost-West-Arterie. Im Osten der Stadt verbindet der Don Valley Pkwy den Hwy 401 mit dem Gardiner Expwy. Der Hwy 400 und der Hwy 404 führen von Toronto nach Norden. Man sollte unbedingt ein Navi benutzen.

➡ Alle größeren Autovermietungen, darunter **Avis** (☎800-230-4898; www.avis.ca) und **Enterprise** (☎800-261-7331; www.enterprise rentacar.ca), haben Schalter am Flughafen Pearson und Büros in Downtown und im ganzen Stadtgebiet. Die günstigsten Preise gibt's, wenn man vorab reserviert. An geschäftigen Sommerwochenenden können Mietwagen zur Mangelware werden.

➡ Kleinere, eigenständige Autovermieter haben günstigere Preise, vielleicht aber auch weniger (und zudem ältere) Autos. **Wheels 4 Rent** (☎416-585-7782; www.wheels4rent.ca; 77 Nassau St; 🚌510) vermietet Kleinwagen ab ca. 39 C$ pro Tag, ohne Steuern.

➡ Wer eine längere Fahrt unternehmen will, kann sich an **Auto Drive-Away Co** (☎416-225-7754; www.torontodriveaway.com; 5803 Yonge St; ⏲Mo–Fr 9–18, Sa bis 15 Uhr; 🚌97) wenden, einen privaten Fahrzeugüberführungsdienst zu Zielen in Kanada und in den USA.

BUS

➡ Die Fernbusse nutzen das im Art-déco-Stil erbaute **Metro Toronto Coach Terminal** (Karte S. 76; ☎416-393-4636; 610 Bay St; ⓈDundas).

➡ **Greyhound Canada** (greyhound.ca) betreibt zahlreiche Strecken ab Toronto. Megabus (ca. megabus.com) hat ein kleineres Netz, ist aber günstiger. Tickets im Vorverkauf sind deutlich billiger; oft endet der Online-Verkauf zwei Stunden vor Abfahrt des Busses.

➡ Die **Union Station** (☎416-869-3000; www.viarail.com; 140 Bay St) in Downtown dient als Bus- und Bahndepot für GO Transit (www.gotransit.com), den Pendlerservice der GTA.

➡ **Parkbus** (S. 71) bietet saisonal begrenzte Fahrten zur Bruce Peninsula, dem Algonquin und dem Killarney Provincial Park, zu den Georgian Bay Islands und zur Elora Gorge. Das Angebot an Zielen und die Zahl der Fahrten werden weiter ausgebaut; den neuesten Stand kann man der Website entnehmen.

FLUGZEUG

Toronto Pearson International Airport (YYZ; Lester B. Pearson International Airport; ☎Terminal 3 ☎416-776-5100, Terminals 1 & 2 ☎416-247-7678; http://torontopearson.com; 6301 Silver Dart Dr, Mississauga) Die meisten kanadischen und internationalen Fluglinien nutzen Kanadas geschäftigsten Flughafen, der 27 km nordwestlich der Innenstadt von Toronto liegt. Die Terminal-Zuweisung ändert

GREYHOUND-BUSVERBINDUNGEN

ZIEL	PREIS (C$)	DAUER (STD.)	HÄUFIGKEIT
Hamilton	9,50	1	2-mal tgl.
London	35–39	2–4	11-mal tgl.
Montréal	55	8–9	5-mal tgl.
Niagara Falls	18	1½–2	6-mal tgl.
Ottawa	64	5–7	7-mal tgl.
Sault Ste. Marie	112	11	1-mal tgl.
Sudbury	73	5	1-mal tgl.
Thunder Bay	227	21	1-mal tgl.

VIA-RAIL-ZUGVERBINDUNGEN

ZIEL	PREIS (C$)	DAUER (STD.)	HÄUFIGKEIT
Kingston	90	2½	häufig
London	69	2	7-mal tgl.
Montréal	109	5¼	6-mal tgl.
Niagara Falls	24	2	saisonal, unregelmäßig
Ottawa	108	4½	8-mal tgl.
Sudbury Junction	96	7	1-mal tgl.
Vancouver	ab 725	83	3-mal wöchentlich

sich immer mal wieder – vorher telefonisch erkundigen oder die Ausschilderung am Flughafeneingang beachten!

Billy Bishop Toronto City Airport (YTZ; ☎416-203-6942; www.torontoport.com) Der kleine Flughafen auf den Toronto Islands ist Heimatflughafen von Porter Airlines, anderen regionalen Fluglinien, Hubschrauber-Unternehmen und Privatfliegern. Die Flüge von Air Canada Jazz aus Ottawa landen hier und nicht auf dem Flughafen Pearson.

ZUG

- Die Grand **Union Station** in Downtown ist Torontos wichtigster Bahnknotenpunkt mit Wechselstuben und Infoschaltern der Traveller's Aid Society. Der Bahnhof wird gegenwärtig (bei laufendem Betrieb) renoviert; die Arbeiten sollen 2017 oder 2018 abgeschlossen werden.
- **VIA Rail** (S. 72) fährt auf dem stark frequentierten Korridor Windsor–Montréal und darüber hinaus.
- Züge von **Amtrak** (www.amtrak.com) verbinden Torontos Union Station mit Buffalo (57 C$, 4½ Std., 1-mal tgl.) und New York City (156 C$, 13½ Std., 1-mal tgl.).
- Auch die Züge und Busse von **GO Transit** (www.gotransit.com) nutzen die Union Station. Das Netz expandiert weiter; zu den angefahrenen Zielen gehören Kitchener, Hamilton, Barrie und weitere Orte in Ontario. Die Fahrten mit diesen Zügen sind häufig am günstigsten.

ℹ Unterwegs vor Ort

AUTO & MOTORRAD

Parken ist teuer in Toronto, üblicherweise kostet es pro halbe Stunde 3 bis 4 C$. Privatparkplätze bieten reduzierte Gebühren für das Parken vor 7 Uhr morgens und nach 18 Uhr an. Auch weil ständig gebaut wird, ist der Verkehr grauenhaft. Fahrten in der Innenstadt sind wirklich nicht zu empfehlen. Wer sich dorthin traut, muss für Straßenbahnen halten – hinter den hinteren Türen, wenn die Bahn hält, um Leute aus- und einsteigen zu lassen – und für Fußgänger an Überwegen mit Blinklichtern. Außerdem muss man auf Radfahrer im toten Winkel achten.

Der **Hwy 407** (www.407etr.com), der in Ost-West-Richtung von Markham nach Mississauga verläuft, ist eine gebührenpflichtige Straße mit elektronischem Mautsystem. Sie kann eine wunderbare Alternative zur verstopften 401 sein. Kameras zeichnen das Kfz-Kennzeichen, den Zeitpunkt und die zurückgelegte Strecke auf. Die Rechnung kommt dann per Post (Kanada, USA oder Sansibar, sie finden jeden).

VOM/ZUM FLUGHAFEN

Union Pearson Express (UP Express; www.upexpress.com; einfache Strecke Erw./Kind/Fam. bis 5 Pers. 12 C$/frei/25 C$, einfache Strecke mit PRESTO-Karte 9 C$; ⏲5.30–1 Uhr; 📶) Der schnellste Weg, um vom Flughafen Pearson ins Zentrum zu kommen, ist der Union Pearson Express (UP Express). Die komfortablen Züge fahren alle 15 Minuten, sind mit (kostenlosem) WLAN und Steckdosen ausgestattet und brauchen bis zur Union Station nur 25 Minuten.

Die einfache Fahrt kostet für Erwachsene 12 C$ oder 9 C$ mit einer **PRESTO-Karte** (www.prestocard.ca); die aufladbare Karte (6 C$) lohnt sich schon mit der Rückfahrt zum Flughafen und ist zudem in Torontos öffentlichem Nahverkehr und bei Fahrten mit GO Transit einsetzbar.

ÖFFENTLICHE VERKEHRSMITTEL

- Die U-Bahnen fahren täglich von etwa 6 (So 9) bis 1.30 Uhr. Die beiden Hauptlinien sind die Bloor–Danforth, die einmal quer durch die Stadt führt, und die U-förmige Yonge–University–Spadina. Die U-Bahn-Stationen sind allgemein sehr sicher und haben Designated Waiting Areas (DWAs; ausgewiesene Wartezonen) mit Kameraüberwachung.
- Straßenbahnen sind in den Stoßzeiten notorisch langsam, weil sie dauernd halten müssen. Die Hauptrouten verlaufen in Ost-West-Richtung entlang St. Clair Ave und College St, Dundas St, Queen St und King St. Straßenbahnen in Nord-Süd-Richtung schieben sich die Bathurst St und die Spadina Ave entlang. TTC-Busse werden vor allem in den Vororten eingesetzt. Für weiter entfernte Ziele ist das TTC-System mit dem Netz von GO Transit

verbunden, das Gebiete wie Richmond Hill, Brampton und Hamilton abdeckt.

SCHIFF/FÄHRE

➡ Zwischen April und September fahren die Fähren von **Toronto Islands Ferries** (Karte S. 82 ☎ 416-392-8193; www.city.toronto.on.ca; Bay St; Erw./Kind hin & zurück 7,50/3,65 C$; Ⓢ Union Station) von 8 bis 23 Uhr alle 15 bis 30 Minuten.

➡ Vor Oktober bis März ist der Verkehr eingeschränkt: Die Fähren fahren ungefähr stündlich und nur nach Ward's Island, hinzu kommen täglich ein paar Fahrten nach Hanlan's Point.

➡ Die Überfahrt (nach Ward's Island oder Hanlan's Point) dauert nur 15 Minuten, aber an Wochenenden und Feiertagen können sich lange Schlangen bilden – früh kommen oder online buchen (secure.toronto.ca/FerryTicket Online), um die Warteschlangen am Ticketschalter zu umgehen!

➡ Der Toronto Islands Ferry Terminal liegt am Ende der Bay St, abseits vom Queens Quay.

➡ Von diesem Terminal fahren auch ein paar Wassertaxis. Sie bringen einen für 10 C$ pro Person überall hin und legen ab, sobald sie voll besetzt sind; gezahlt wird an Bord.

Taxi

Der Taxameter startet bei 4 C$ plus 1,75 C$ pro Kilometer, abhängig vom Verkehr.

Crown Taxi (☎ 416-240-0000; www.crowntaxi.com)

Diamond Taxicab (☎ 416-366-6868; www.diamondtaxi.ca)

Royal Taxi (☎ 416-777-9222; www.royaltaxi.ca)

NIAGARA PENINSULA

Die Niagara Peninsula ist zu Recht ein Touristenziel. Die Halbinsel ragt östlich von Hamilton hervor und bildet eine natürliche Trennung zwischen dem Lake Erie und dem Lake Ontario. Viele besuchen sie im Rahmen eines Tagesausflugs von Toronto aus und sehen nur die Niagarafälle und Clifton Hill, aber es gibt noch viel mehr zu entdecken. Deshalb sollte man einen mehrtägigen Besuch in Betracht ziehen, um alle Reize der Halbinsel zu erkunden.

Das Wasser des Eriesees ergießt sich auf zwei Wegen in den 100 m tiefer gelegenen Lake Ontario: stetig und stufenweise durch die Schleusen des Welland Canal und in einem erbarmungslos tosenden Strudel über die Niagarafälle. Eine steile Kalkstein-Schichtstufe (S. 131) zieht sich quer über die Halbinsel, wodurch ein einzigartiges Mikroklima entsteht. Weil die Luftfeuchtigkeit hoch ist und es nur selten friert, eignet sich das Gebiet ausgezeichnet zum Weinbau: Kein Wunder, dass sich in Niagara-on-the-Lake preisgekrönte Weingüter angesiedelt haben.

Niagara Falls

83 000 EW.

Ein unaufhaltsamer Strom brausenden Wassers fließt mit donnernder Gewalt über die gewölbte Bruchlinie im Flussbett. Eisige Gischtschwaden steigen Hunderte von Metern auf, wenn das Wasser aufschlägt – wie ein ätherischer Schleier, der die gewaltige Kluft hinter der Sturzflut verhüllt. Tausende Zuschauer genießen jeden Tag dieses großartige Schauspiel, angelockt von der Gewalt der Strömung und dem hypnotisierenden Nebel.

Andererseits kann es passieren, dass Niagara die Erwartungen enttäuscht: Der Ort ähnelt ein bisschen einem kitschigen alten Vergnügungspark. Seit Napoleons Bruder seine Braut hierherbrachte, ist er zum Ziel für Flitterwöchner geworden – Aufkleber wie „Für Jungvermählte und Scheintote" oder „Viagra-Fälle" gibt es zuhauf. Ein Sumpf von Spielcasinos, schäbigen Hotels, Touristenfallen und Striplokalen säumt Clifton Hill und Lundy's Lane – ein kleines Las Vegas! Man kann den Ort lieben oder hassen, jedenfalls gibt es so etwas nicht nochmal auf der Welt.

Sehenswertes & Aktivitäten

Parkplätze für Sehenswürdigkeiten und Aktivitäten rund um die Wasserfälle und Clifton Hill sind teuer und rar.

Die Niagarafälle & Umgebung

Die Niagarafälle bilden einen natürlichen Grabenbruch zwischen Ontario und dem US-Bundesstaat New York. Auf US-amerikanischer Seite stürzen die Bridal Veil Falls (S. 130) und die angrenzenden American Falls über riesige Felshalden. Auf kanadischer Seite rauschen die noch prächtigeren und gewaltigeren **Horseshoe Falls** (Karte S. 132) GRATIS in den dunstigen **Maid of the Mist Pool**. Der beste Aussichtspunkt ist der nur Meter von der Sturzstelle entfernte Table Rock (S. 130) – wer den Massen entgehen will, muss früh kommen.

Es gibt zwar Dutzende von höheren Wasserfällen auf der Welt (die Fälle liegen auf einem bescheidenen 50. Platz), doch was das reine Volumen betrifft, sind diese Wasserfälle unschlagbar: mehr als 1 Mio. Badewannen Wasser stürzen jede Sekunde über den Rand in die Tiefe. Die Niagarafälle flößen einem Ehrfurcht ein, ob nun tagsüber oder nachts und ungeachtet der Jahreszeit (12 Mio. Besucher im Jahr können nicht irren!). Selbst im Winter, wenn der Strom teilweise verdeckt ist und die Uferränder festgefroren sind, bleibt das Wasserspiel unvermindert faszinierend. Es kommt nur sehr selten vor, dass die Wasserfälle komplett aufhören zu fließen. Erstmals geschah dies am Morgen des Ostersonntags 1848, als Eis den Wasserfluss völlig blockierte.

Die Tickets für die unten aufgeführten vier Niagara-Attraktionen können einzeln gekauft werden, aber der online um 30% günstigere **Niagara Falls Adventure Pass** (www.niagaraparks.com, Erw./Kind 55/37 C$) zahlt sich aus. Enthalten sind eine Fahrt mit Hornblower Niagara Cruises und der Eintritt zur Journey Behind the Falls (S. 134), zum White Water Walk und zu Niagara's Fury sowie zwei Tage lang Fahrten im WEGO-Busnetz. Die Pässe gibt's auch bei der Niagara Parks Commission (S. 137) im Table Rock Information Centre und bei den meisten Attraktionen.

Hornblower Niagara Cruises BOOTSFAHRT

(www.niagaracruises.com; 5920 River Rd; Erw./Kind 20/12,25 C$; ⏲ Juni–Aug. 9–19.45 Uhr, April, Mai, Sept. & Okt. bis 16.45 Uhr) Hornblower ist das neuere Bootsunternehmen der Stadt, das die uralte Bootstour Maid of the Mist (die immer noch auf der US-amerikanischen Seite der Fälle fährt) abgelöst hat. Die 700 Personen fassenden Katamarane von Hornblower fahren nahe an die **Bridal Veil Falls** (American Falls; Karte S. 132) und die Horseshoe Falls (S. 129) sowie weitere donnernde Kaskaden heran. Man erhält zwar einen dünnen Regenmantel, wird aber nass (was zum Spaß dazu gehört).

Die Boote fahren alle 15 Minuten, sofern das Wetter mitspielt. Zum regulären Fahrplan kommen Fahrten in den Sonnenaufgang und zum abendlichen Feuerwerk – aktuelle Termine stehen auf der Website.

White Water Walk SPAZIERGANG

(Karte S. 132; ☎ 905-374-1221; 4330 Niagara Pkwy; Erw./Kind 12,25/8 C$; ⏲ 9–19.30 Uhr) Am nördlichen Ende des Ortes, gleich neben der Whirlpool Bridge, bietet der White Water Walk eine weitere Möglichkeit, den Niagarafällen näher zu kommen. Hier führt ein Aufzug zu einem 325 m langen Laufsteg hinunter, der kurz hinter den Fällen entlang der Stromschnellen verläuft.

Table Rock AUSSICHTSPUNKT

(Karte S. 132) GRATIS Der beste Aussichtspunkt ist der Table Rock, der nur einige Meter von der Absturzstelle der Horseshoe Falls, der Hauptattraktion der Niagarafälle, entfernt ist. Wer den Massen entgehen will, kommt frühzeitig; aber auch sonst dauert es nur ein paar Minuten, bis man ganz nach vorne kommt.

Whirlpool Aero Car GONDELBAHN

(Niagara Spanish Aero Car; ☎ 905-354-5711; 3850 Niagara Pkwy; Erw./Kind 14,25/9,25 C$; ⏲ März–Nov. 9–20 Uhr) Das Whirlpool Aero Car baumelt 4,5 km nördlich der Horseshoe Falls über dem Niagara River. Entworfen wurde die Seilbahn von dem spanischen Ingenieur Leonardo Torres Quevedo. Sie ist seit 1916 in Betrieb, aber immer noch gut in Schuss.

Die Gondel pendelt zwischen zwei Felsvorsprüngen auf 550 m Länge über einen tödlichen, durch den Verlauf des Flusses entstehenden Strudel – man kann die Baumstämme und Autoreifen zählen, die sich unten in ihm drehen. Es gibt leder keinen Zugang zur Gondel für Rollstuhlfahrer.

Niagara's Fury SIMULATOR

(Karte S. 132; ☎ 905-358-3268; 6650 Niagara Pkwy; Erw./Kind 14,25/9,25 C$; ⏲ 10.30–16 Uhr alle 30 Min.) Auf der oberen Ebene des Table Rock befindet sich die neuste Niagara-Attraktion: eine im Stil der Universal Studios aufgezogene interaktive 360°-Kino-Simulation über die Entstehung der Wasserfälle. Man darf viele Hightech-Tricks erwarten, darunter spritzendes Wasser, Schnee und einen rapiden Temperatursturz. Die ganze Sache ist eindeutig auf Kinder ausgerichtet.

Floral Showhouse GÄRTEN

(Karte S. 132; ☎ 905-354-1721; www.niagaraparks.com; 7145 Niagara Pkwy; Erw./Kind 5/3,75 C$ ⏲ 9.30–20 Uhr) Rund 1 km südlich der Horseshoe Falls bietet das Ausstellungshaus das ganze Jahr über bemerkenswerte Blumenausstellungen und die Möglichkeit, sich an einem kalten Tag etwas aufzuwärmen. Direkt gegenüber sitzt auf Felsen in der Strömung die Old Scow, ein verrosteter stählerner Lastkahn, der schon seit 1918 darauf wartet, über die Fälle gespült zu werden – vielleicht ein wankendes Symbol des westlichen Imperialismus?

Clifton Hill

Clifton Hill ist der Name einer Straße, bezeichnet aber auch ein größeres Gebiet nahe den Fällen, das mit allerlei nervenkitzelnden Attraktionen aufgemotzt ist: House of Frankenstein, Louis Tussaud's Waxworks und Castle Dracula – alles hier! In den meisten Fällen fühlt man sich schon beim Kauf des Tickets wie ein Trottel.

IMAX Theatre & Daredevil Exhibit MUSEUM
(Karte S. 132; ☎905-358-3611; www.imaxniagara.com; 6170 Fallsview Blvd; Daredevil Gallery Erw./Kind 8/6,50 C$, Filmvorführungen variierende Preise; ⏲9–21 Uhr) Der beste Grund hierher zu kommen ist die an das IMAX Niagara (das Blockbuster und Filme über die Fälle zeigt; Kombitickets erhältlich) angeschlossene Daredevil Exhibit. Man kann sich nur verwundert am Kopf kratzen, wenn man die zerschlagenen Reste von Fässern und gepolsterten Bällen sieht, in denen Leute die Fälle hinabstürzten (s. Kasten S. 136) – nicht immer erfolgreich. Auch über die Geschichte des Seillaufens über die Fälle erfährt man hier alles Wissenswerte.

Bird Kingdom ZOO
(Karte S. 132; ☎905-356-8888; www.birdkingdom.ca; 5651 River Rd; Erw./Kind 17/12 C$; ⏲9–18.30 Uhr; 👪) Das dschungelartige Bird Kingdom soll die weltweit größte Freiflugvoliere sein und beherbergt mehr als 400 tropische Vogelarten aus aller Welt. Man kann die Vögel füttern und, wer mag, in der „Reptile Encounter Zone" mit einer Boa constrictor Freundschaft schließen. Verbilligte Tickets gibt's auf der Website.

Ten Thousand Buddhas Sarira Stupa TEMPEL
(Cham Shan Temple; ☎905-371-2678; 4303 River Rd; ⏲9–17 Uhr, Haupttempel nur Sa & So) Falls einem der Touristenrummel aufs Karma schlägt, findet man Ruhe in diesem buddhistischen Tempel, der gar nichts mit dem Umliegenden zu tun hat. Das moderne Gebäude westlicher Bauart ist langweilig, aber Besucher können in dem Komplex herumwandern und die diversen Skulpturen, Gongs und Kunstwerke betrachten.

Skylon Tower AUSSICHTSPUNKT
(Karte S. 132; ☎905-356-2651; www.skylon.com; 5200 Robinson St; Erw./Kind 15/9 C$; ⏲8–22 Uhr) Der Skylon Tower ist ein hässlicher, 158 m hoher Turm, an dessen Außenseite gelbe Aufzüge wie Käfer auf- und abkriechen. Der Blick von den Aussichtsterrassen drinnen und draußen ist atemberaubend. Außerdem gibt es ein Drehrestaurant.

Rund um Niagara Falls

Niagara River Recreation Trail RADFAHREN
(www.niagaraparks.com) GRATIS Der idyllische, 3 m breite Niagara River Recreation Trail, ein Weg zum Radfahren, Joggen oder Laufen, verläuft parallel zum gemächlichen, grünen Niagara Pkwy. Der Trail lässt sich gut in vier Etappen unterteilen, für die man jeweils mit dem Rad rund zwei Stunden braucht. Der Parkway schlängelt sich 56 km am Niagara River entlang von Niagara-on-the-Lake an den Fällen vorbei bis nach Fort Erie.

Unterwegs finden sich Parks, Picknickplätze und Aussichtspunkte. In der Saison gibt's an Ständen am Wegesrand frisches

SCHROFFE KANTEN

Die **Niagara-Schichtstufe** (Niagara Escarpment), die Landformation, die die Niagarafälle erzeugt, ist eines der auffälligen Merkmale von Ontario. Der lange Felsgrat aus mit Gebüsch bewachsenem Gestein beschreibt einen Bogen vom östlichen Wisconsin entlang des Nordufers des Lake Michigan, führt dann weiter am Ufer des Lake Huron und über die Manitoulin Island, bildet eine Schneise durch Ontario und endet nach einer Kurve unter dem Lake Ontario schließlich im US-Bundesstaat New York. Das Dolomitgestein, das die Schichtstufe bildet und aus der Verbindung von Kalkstein mit einem alten Meeresboden hervorgegangen ist, hat eine größere Widerstandsfähigkeit als das umliegende Land. Dieses erodierte, sodass sich nun dieser Dolomitgürtel um die Großen Seen aufwölbt. Schöne Beispiele sind die Klippen bei Hamilton, Milton, Lion's Head und Tobermory.

Große Wasserfälle sind nur ein Ergebnis der Schichtstufe. Zusammen mit dem Lake Ontario hat diese geologische Formation ein Mikroklima geschaffen, das ideal für den Weinanbau ist. Dank dem Boden (einer Mischung aus Kalkstein und Lehm) und der vom Lake Ontario gespeicherten Wärme herrschen hier Wachstumsbedingungen, die denen in Burgund nahekommen.

Niagara Falls

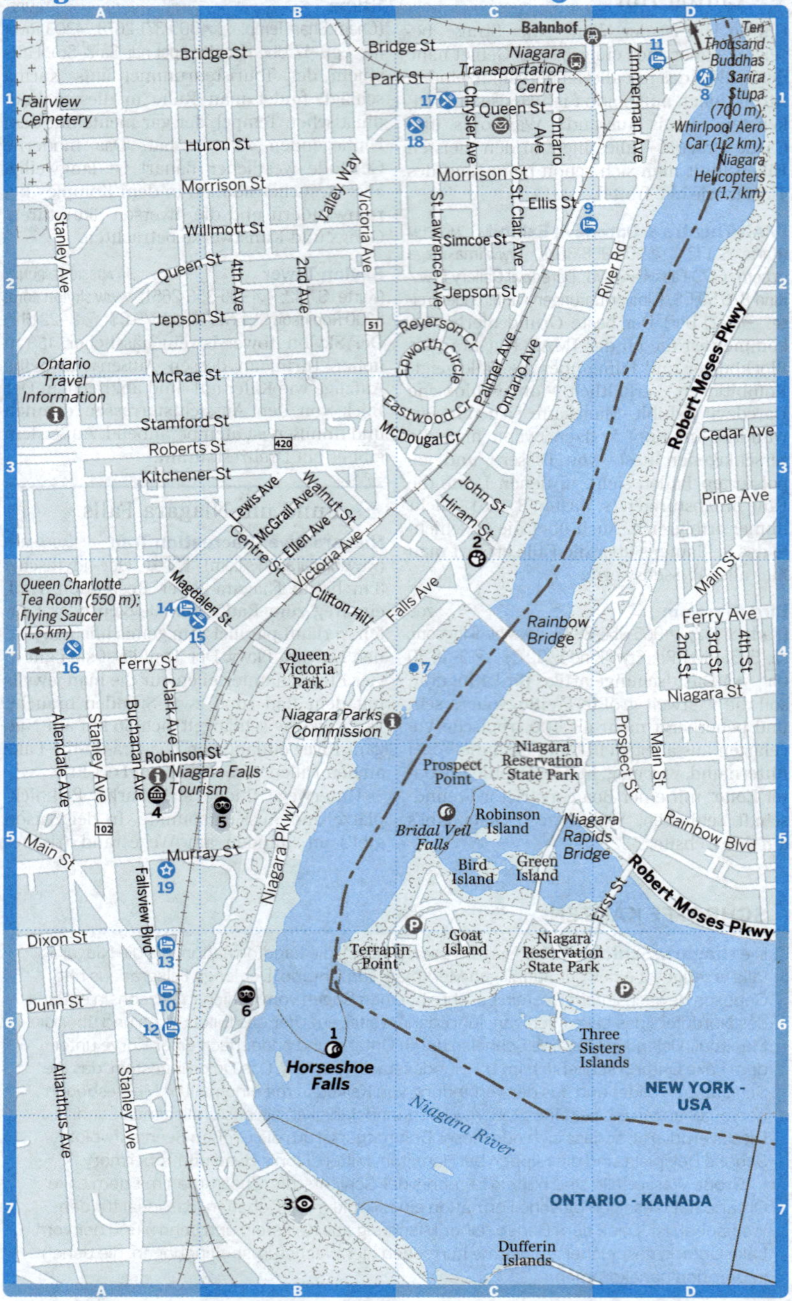

Niagara Falls

Highlights
1 Horseshoe Falls B6

Sehenswertes
2 Bird Kingdom C3
3 Floral Showhouse B7
4 IMAX Theatre & Daredevil Exhibit A5
5 Skylon Tower B5
6 Table Rock B6

Aktivitäten, Kurse & Touren
7 Double Deck Tours C4
Journey Behind the Falls .... (siehe 6)
Niagara's Fury .... (siehe 6)
8 White Water Walk D1

Schlafen
9 Always Inn Bed & Breakfast C2
10 Embassy Suites A6
11 Hostelling International Niagara Falls D1
12 Marriott Niagara Falls A6
13 Oakes Hotel A6
14 Sterling Inn & Spa A4

Essen
15 AG A4
16 Napoli Ristorante Pizzeria A4
17 Paris Crepes Cafe C1
18 Taps on Queen Brewhouse & Grill C1

Unterhaltung
19 Niagara Fallsview Casino A5

Obst und kalten Kirsch-Cider. Eine Wanderkarte kann man online herunterladen oder in einem Visitor Center holen.

Niagara Glen Nature Reserve PARK
(☎905-371-0254; www.niagaraparks.com; Niagara Pkwy; ⊙Sonnenaufgang–Sonnenuntergang; P) Etwa 8 km nördlich der Wasserfälle liegt dieses außergewöhnliche Naturreservat. Besucher erhalten einen Eindruck davon, wie die Gegend aussah, bevor die Europäer kamen. 4 km Wanderwege winden sich in eine Schlucht hinein, vorbei an riesigen Felsbrocken, kalten Höhlen, Wildblumen und Wäldern. Die Niagara Parks Commission bietet während der Sommersaison täglich **geführte Naturwanderungen** gegen eine symbolische Gebühr. Teilnehmer sollten etwas zu trinken mitnehmen – das Wasser des Niagara River ist alles andere als sauber.

Botanical Gardens and Butterfly Conservatory GÄRTEN
(☎905-356-8119; www.niagaraparks.com; 2565 Niagara Pkwy; Butterfly Conservatory Erw./Kind 14,25/9,25 C$, Gärten frei; ⊙Mo–Fr 10–16, Sa & So bis 17 Uhr, Juli & Aug. 10–19 Uhr; P) Der Eintritt zum 40 ha großen **botanischen Garten** ist frei, für das **Butterfly Conservatory** wird dagegen eine Gebühr erhoben. Mehr als 50 Schmetterlingsarten aus aller Welt (einige so groß wie Vögel) flattern hier zwischen etwa 130 Blumen- und Pflanzenspezies umher. In der dazugehörigen Zuchtstation können die Besucher beobachten, wie kleine Schmetterlinge freigelassen werden. Parken kostet 5 C$.

Queenston Heights Park HISTORISCHE STÄTTE
(☎905-262-6759; www.niagaraparks.com; 14184 Niagara Pkwy, Queenston; ⊙Sonnenaufgang–Sonnenuntergang; P) GRATIS Im Dorf Queenston, einem kuscheligen historischen Nest nördlich der Fälle nahe der Lewiston Bridge in die USA, liegt der Queenston Heights Park, eine National Historic Site. Das imposante **Brock Monument** ehrt Major General Sir Isaac Brock, den „Retter von Upper Canada". Spaziergänge mit Audioguides durch das Hügelland berichten von der Schlacht an den Queenston Heights 1812 und umfassen auch einen Gang auf die Anhöhe mit fantastischer Aussicht.

Mackenzie Printery & Newspaper Museum MUSEUM
(☎905-262-5676; www.mackenzieprintery.org; 1 Queenston St, Queenston; Erw./Kind 6/4,75 C$; ⊙Mai–Sept. 10–17 Uhr; P) Das efeu-umrankte Museum ist der Ort, an dem der hoch-verehrte William Lyon Mackenzie einst den aufrührerischen *Colonial Advocate* herausgab.

Geführte Touren

Double Deck Tours BUSTOUR
(Karte S. 132; ☎905-374-7423; www.doubledecktours.com; Ecke River Rd & Clifton Hill; Tour Erw./Kind ab 80/52 C$; ⊙April–Okt. 11 Uhr) Bietet eine vierstündige Deluxe-Tour mit einem roten Doppeldeckerbus. Im Preis inbegriffen sind die Tickets für das Whirlpool Aero Car (S. 130), die Journey Behind the Falls und eine Fahrt mit Hornblower Niagara Cruises (S. 130).

Niagara Helicopters PANORAMAFLUG
(☎905-357-5672; www.niagarahelicopters.com; 3731 Victoria Ave; 9-minütiger Flug Erw./Kind 140/87 C$; ⊙9 Uhr–Sonnenuntergang, wetterabhängig) Man hat natürlich eine fantastische

Sicht auf die Fälle, aber das Vergnügen ist teuer und nicht gerade umweltfreundlich.

Journey Behind the Falls SPAZIERGANG
(Karte S. 132; ☎905-354-1551; www.niagarafallstourism.com; 6650 Niagara Pkwy; Erw./Kind April–Dez. 16,75/10,95 C$, Jan.–März 11,25/7,30 C$; ⏲9–22 Uhr) Im Table Rock Information Centre bekommt man einen sehr unschicken Plastikumhang und kann dann durch in den Fels gehauene Tunnel die Klippe bis zur Hälfte hinunterklimmen – näher kommt man nicht an die Fälle heran, wenn man sich nicht in einem Fass hinunterstürzen will. Der Weg ist ganzjährig geöffnet, aber es bilden sich Schlangen. Im Winter ist das untere Deck meist gesperrt, deshalb der niedrigere Preis.

Feste & Events

Winter Festival of Lights LIGHT-SHOW
(☎905-374-1616; www.wfol.com; ⏲Ende Nov.–Mitte Jan.) Bei diesem Fest gibt es von Ende November bis Mitte Januar diverse Events, darunter allein mehr als 125 Animationen und 3 Mio. Lichter auf den Bäumen und am Boden. Unbestrittener Höhepunkt ist eine ziemlich übertriebene nächtliche Lightshow über eine Strecke von 36 km. Außerdem findet eine ganze Reihe von Konzerten statt und es werden Volksläufe und ein Cheerleader-Wettbewerb veranstaltet.

Schlafen

In Niagara Falls gibt es mehr Hotelbetten als Einwohner, aber trotzdem ist manchmal alles ausgebucht. Im Sommer, an den Wochenenden und in den Ferien machen die Preise einen großen Sprung nach oben. Billige Motels säumen die Lundy's Lane. Wenn man aus Toronto nur wegen der Fälle anreist, braucht man hier nicht wirklich zu übernachten – ein Tagesausflug reicht aus.

Hostelling International Niagara Falls HOSTEL $
(Karte S. 132; ☎905-357-0770; www.hostellingniagara.com; 4549 Cataract Ave; B/DZ inkl. Bettwäsche ab 29/84 C$; P ⊖ @ ᯤ) Das gemütliche, bunte Hostel in ruhiger Altstadtlage bietet Platz für rund 90 Gäste. Die Einrichtungen, darunter eine recht große Küche, ein Billardtisch, Schließfächer und eine coole Lounge im Kellergeschoss, sind in gutem Zustand, das Personal ist freundlich und umweltbewusst. Das Haus liegt nahe dem Bahnhof und dem Busbahnhof. Fahrräder kann man für 15 C$ pro Tag ausleihen.

Always Inn Bed & Breakfast B&B $$
(Karte S. 132; ☎905-371-0840; 4327 Simcoe St; DZ mit Frühstück 130–180 C$; P @ ᯤ) Ein innen schmuck herausgeputztes altes viktorianisches Haus ist in dieser Weltgegend eine

AM WELLAND CANAL

Der historische Welland Canal wurde zwischen 1914 und 1932 erbaut. Er verbindet den Lake Erie mit dem Lake Ontario und ermöglicht Schiffen, die Niagarafälle zu umfahren. Als Teil des St.-Lorenz-Seewegs ermöglicht der Kanal die Schifffahrt zwischen den industriellen Zentren Nordamerikas und dem Atlantik. Die acht Schleusen des 42 km langen Kanals überwinden einen Höhenunterschied von 100 m.

Der ursprüngliche Welland Canal floss, bevor er Richtung Osten nach Port Weller verlegt wurde, beim Lakeside Park in Port Dalhousie in den Lake Ontario. Das rustikale Hafengebiet ist eine Mischung aus Alt und Neu. Neben Bars, Restaurants und Eisdielen findet man hier eine wiederaufgebaute Schleuse aus Holz und einen Leuchtturm von 1835.

Wanderer und Radfahrer können den 45 km langen **Merritt Trail** (www.canadatrails.ca/tct/on/merritt.html) nutzen, einen Wanderweg, der von Port Dalhousie bis Port Colborne am Welland Canal entlang führt.

Aktuelle Infos zum Kanal bietet das **Welland Canals Centre** (☎905-984-8880; www.stcatharineslock3museum.ca; 1932 Welland Canals Pkwy; ⏲9–17 Uhr; P) GRATIS an Schleuse 3, gleich außerhalb von St. Catharines. Die Aussichtsplattform liegt hier so nah an den haushohen Schiffen, dass man diese fast berühren kann, während sie in der Schleuse auf das Sinken oder Steigen des Wasserstands warten. Man kann die Fahrpläne der Schiffe auf der Website checken und den Besuch entsprechend planen. Das ebenfalls hier gelegene **St. Catharines Museum** (Erw./Kind/erm. 4,20/2,50/4 C$) zeigt Ausstellungsstücke zur Stadtgeschichte und zum Bau des Kanals. Zudem gibt es eine Lacrosse Ruhmeshalle.

In Port Colborne, wo der Lake Erie in den Kanal fließt, befindet sich die 420 m lange Schleuse 8 – eine der längsten der Welt. Ansehen kann man vom **Lock 8 Park** (Mellanby St; ⏲24 Std.) aus, südlich der Main St.

angenehme Überraschung. Das Gleiche gilt für das reichhaltige gemeinsame Frühstück. Ein netter, 20-minütiger Spaziergang entlang des Niagara Pkwy nach Süden bringt einen zu den Fällen.

Niagara Parkway Court MOTEL $$
(☎905-295-3331; www.niagaraparkwaycourt.com; 3708 Main St; DZ mit Frühstück ab 109 C$; P ❄ 📶) In unterschiedlichen Stilen elegant gestaltete Zimmer, die in den letzten Jahren zweimal renoviert wurden, ausgezeichneter Service, Flachbild-TVs und ein Transportdienst zu den Fällen machen dieses Motel in schöner Lage gleich außerhalb der Stadt zu einer erstklassigen Option unter den günstigeren Unterkünften.

Embassy Suites HOTEL $$
(Karte S. 132; ☎800-420-6980; www.embassysuitesniagara.com; 6700 Fallsview Blvd; Suite ab 195 C$) Der nur Suiten bietende Hilton-Hotelkoloss hat eine tolle Lage und thront fast über den kanadischen Fällen. Deshalb sind die Zimmer auch heiß begehrt. Sie sind eher langweilig, aber geräumig und in verschiedenen Suiten-Typen verfügbar – die meisten haben eine tolle Aussicht. Das Frühstück und ein Willkommens-Drink sind im Preis inbegriffen.

Sterling Inn & Spa BOUTIQUEHOTEL $$
(Karte S. 132; ☎289-292-0000; www.sterlingniagara.com; 5195 Magdalen St; Zi. ab 135 C$; 📶) Die stilvoll eingerichteten Zimmer des erschwinglichen Boutiquehotels (entweder mit Whirlpool oder Dampfdusche) verlocken dazu, mit einer ganz besonderen Person zu entspannen, auch wenn man selbst diese Person ist. Hochwertige Möbel und Gemeinschaftsanlagen sowie Frühstück-im-Bett-Körbe gehören zu den Dingen, die man hier erwarten kann. Das AG Restaurant (S. 136) auf dem Gelände ist originell und lecker, und es gibt ein Spa, das viele Anwendungen bietet. Perfekt für Paare. Allerdings handelt es sich um einen Flachbau, der etwas entfernt von den Wasserfällen steht: Aussicht Fehlanzeige!

Marriott Niagara Falls HOTEL $$
(Karte S. 132; ☎888-501-8916; www.niagarafallsmarriott.com; 6740 Fallsview Blvd; Zi. ab 149 C$) Dieser ausufernde Gigant steht so nah an den Fällen, dass man fast hineinfällt. Verschiedene Zimmertypen stehen zur Wahl, vielen gefallen die zweistöckigen Loft-Suiten mit Jacuzzi, Kamin und fantastischem Blick durch die Panoramafenster am besten.

DER BRUCE TRAIL

Über 800 km windet sich der Bruce Trail (www.brucetrail.org) auf dem Kamm der Niagara-Schichtstufe entlang, von der Niagara Peninsula bis zur Bruce Peninsula. Der breite, gepflegte Weg eignet sich hervorragend zum Wandern in den Sommermonaten, Skilangläufer begleiten ihn durch den Winter. Der älteste Wanderweg Kanadas und der längste in Ontario wurde 1967 eröffnet. Der Trail schlängelt sich über öffentliches Gebiet und Privatland sowie Fahrbahnen. Wanderer kommen an Weingütern, Äckern und Wäldern vorbei und bewundern von den weißen Klippen der Schichtstufe aus das schimmernde Azurblau der Georgian Bay. Tageswanderungen auf dem Weg sind eine reizvolle Möglichkeit, einen sonnigen Nachmittag zu verbringen. Unterwegs bietet eine Vielzahl von Campingplätzen preiswerte Unterkünfte für alle, die länger unterwegs sind. Die Orte am Trail verfügen über ein breites Angebot an B & Bs.

Oakes Hotel HOTEL $$
(Karte S. 132; ☎905-356-4514; www.oakeshotel.com; 6546 Fallsview Blvd; DZ/Suite ab 109/159 C$; P 🚭 📶 🏊) Der kecke silberne Turm neben dem Fallsview Casino bietet einen Ausblick aus der ersten Reihe auf die Wasserfälle. Das gilt aber nicht für alle Zimmer: Am besten fragt man nach einem mit Terrasse, die aber in der Regel teurer sind. In den Suiten gibt's Whirlpools und Kamine.

Essen

Die alte Innenstadt hat viele gescheiterte Wiederbelebungsversuche gesehen, es lohnt sich aber, hier nach neuen Restaurants zu suchen, wenn einem die anderen Optionen nicht zusagen. (Aufgemotztes und überteuertes) Fast Food ist die Norm in diesem touristischen Streifen; die besten Lokale liegen etwas außerhalb. Etwas bessere Küche findet sich die Straße hinauf in Niagara-on-the-Lake.

Flying Saucer FAST FOOD $
(☎905-356-4453; www.flyingsaucerrestaurant.com; 6768 Lundy's Lane; Hauptgerichte 8–27 C$; ⏰So–Do 6–3, Fr & Sa bis 4 Uhr) Wenn man außergewöhnliches Fast Food sucht, kommt man an der „Fliegenden Untertasse" im Motelstreifen der Lundy's Lane nicht vorbei.

DRAUFGÄNGER

Erstaunlicherweise sind gar nicht so wenig Leute die Niagarafälle hinuntergestürzt und konnten danach auch noch davon erzählen. Die erste erfolgreiche Befahrung gelang 1901 der 63-jährigen Lehrerin Annie Taylor, die im Damenkleid ihr Fass bestieg. Bis in die 1920er-Jahre machten eine Reihe Sensationskünstler das Kunststück nach, darunter Bobby Leach, der den Sturz überlebte und schließlich starb, als er sich beim Ausrutschen auf einer Orangenschale verletzte und sich Wundbrand zuzog!

1984 ließ Karl Soucek die Tradition in einem leuchtend roten Fass wieder aufleben. Bei den Niagarafällen hatte er Erfolg, doch sechs Monate später kam er bei einem weiteren Fass-Stunt in Houston ums Leben. Ebenfalls in den 1980er-Jahren wagten zwei Einheimische erfolgreich den Sturz, wobei sie Kopf an Kopf in einem Fass lagen.

Ein US-Amerikaner, der 1995 versuchte, die Fälle per Jet Ski zu bewältigen, hätte vielleicht Erfolg gehabt – wenn sich sein raketengetriebener Fallschirm geöffnet hätte. Ein weiterer US-Amerikaner, Kirk Jones, überlebte 2003 die Befahrung der Niagarafälle ohne Hilfsmittel. Die kanadische Polizei legte ihm die unerlaubte Ausführung einer Sensationsschaustellung zur Last, und er schloss sich dann auch einem Zirkus an.

Nur ein einziger Mensch hat einen unbeabsichtigten Sturz über die Fälle überlebt: ein damals siebenjähriger Junge aus Tennessee, der 1960 im Oberlauf über Bord fiel und unten aufgefischt wurde, ohne sich auch nur einen Knochen gebrochen zu haben.

Virtuell kann die Fälle im **IMAX Niagara** (S.131) hinunterstürzen, und Fässer, in denen Draufgänger über die Fälle gegangen sind, gibt's in der Daredevil Gallery zu sehen.

Das Diner serviert sein berühmtes Frühaufsteher-Frühstück (Eier, Pommes und Toast) von 6 bis 10 Uhr beim Kauf eines Getränks für nur 1,99 C$, aber auch deftigere Sachen wie Steaks, Meeresfrüchte, Fajitas, Burger und Hotdogs sind mit an Bord.

Queen Charlotte Tea Room BRITISCH $

(☎905-371-1350; www.queencharlottetearoom.com; 5689 Main St; kleine Gerichte 7–14 C$, High Tea 22 C$; ⊙Di–Fr 9–19, Sa & So 10–19 Uhr) Briten, die es nach einer ordentlichen Tasse Tee, Gurkensandwiches, Steaks und Nieren oder Fish and Chips mit Erbsenpüree gelüstet, marschieren zum Gabelfrühstück in dieses idyllische Lokal an der Main St nahe der Kreuzung mit der Lundy's Lane.

Napoli Ristorante Pizzeria ITALIENISCH $$

(Karte S. 132; ☎905-356-3345; www.napoliristorante.ca; 5545 Ferry St; Hauptgerichte 14–32 C$; ⊙16–22.30 Uhr) Das Napoli hat mit Abstand das beste italienische Essen vor Ort. Auf der Karte stehen u.a. köstliche Pizzas, reichhaltige Pastagerichte, sahnige Risottos und Kalbs-Parmigiana.

Taps on Queen Brewhouse & Grill INTERNATIONAL $$

(Karte S. 132; www.tapsbeer.com; 4680 Queen St; Hauptgerichte 9–14 C$; ⊙Mo, Di & So 12–22, Mi–Sa bis 24 Uhr; ✎) Hier kommen sehr unterschiedliche Gerichte auf den Tisch vom Shepherd's Pie bis zum Getreidecurry (mit Quinoa, Couscous, Adzukibohnen, Mungbohnen und Gemüse). Zu allem passt natürlich am besten eines der würzigen, kühlen Biere aus der hauseigenen Brauerei.

Paris Crepes Cafe FRANZÖSISCH $$

(Karte S. 132; ☎289-296-4218; www.pariscrepescafe.com; 4613 Queen St; Hauptgerichte 12–30 C$; ⊙Mo–Fr 10–22, Sa & So 9–22 Uhr) Im neu belebten Abschnitt der Queen St steht diese altertümliche Crêperie, sehr weit weg von den Straßen von Paris: Das dunkelrote Gebäude ist nicht zu übersehen. Neben süßen und herzhaften Crêpe-Sensationen werden auch andere kontinentale Köstlichkeiten von der wunderbar authentischen Pariser Speisekarte serviert.

AG KANADISCH $$$

(Karte S. 132; ☎289-292-0005; www.agcuisine.com; 5195 Magdalen St; Hauptgerichte 18–36 C$; ⊙Di–So 18–22.30 Uhr) Feine Restaurants sind an den Fällen selten, daher ist dieses Lokal im Sterling Inn & Spa (S. 135) hochwillkommen. Der Service, das Dekor, die Anrichtung und vor allem die Qualität des Essens sind erstklassig. Auf der saisonalen Karte stehen Gerichte wie Hecht mit Fenchelblüten, Lendenbraten vom Reh und frisch gefangene knusprige, enthäutete Forelle.

☆ Unterhaltung

Niagara Fallsview Casino KASINO

(Karte S. 132; ☎905-371-7569; www.fallsviewcasinoresort.com; 6380 Fallsview Blvd; ⊙24 Std.)

Dieses Kasino hat rund um die Uhr geöffnet. Bereits das Gebäude an sich ist einen Blick wert: Es handelt sich um einen Komplex des Kommerzes und des Glücksspiels mit einem fantastischen Brunnen in der Lobby. Altstars wie Kenny Rogers und Donny Osmond treten regelmäßig hier auf.

ℹ Praktische Informationen

Greater Niagara General Hospital (☎905-378-4647; www.niagarahealth.on.ca; 5546 Portage Rd; ⏲24 Uhr) Notfallstation.

Ontario Travel Information (Karte S. 132; ☎905-358-3221; www.ontariotravel.net; 5355 Stanley Ave; ⏲8–20 Uhr) In der Touristeninformation am Westrand der Stadt erhält man kostenlose Broschüren mit Stadtplänen und Rabatt-Coupons.

Post (Karte S. 132; www.canadapost.ca; 4500 Queen St; ⏲Mo–Fr 8–17 Uhr)

Niagara Parks Commission (Karte S. 132; ☎905-371-0254; www.niagaraparks.com; ⏲Juni–Aug. 9–23 Uhr) Die für die Verwaltung der Fälle zuständige Behörde hat Büros an der Maid of the Mist Plaza und im Table Rock Information Centre.

Niagara Falls Public Library (☎905-356-8080; www.nflibrary.ca; 4848 Victoria Ave; ⏲Mo & Di 9–20, Mi–Sa bis 17.30 Uhr; 📶) Kostenloser Internet- und WLAN-Zugang.

Niagara Falls Tourism (Karte S. 132; ☎905-356-6061; www.niagarafallstourism.com; 5400 Robinson St; ⏲9–17 Uhr) Das Büro auf der kanadischen Seite der Fälle informiert über die verschiedenen Viertel und aktuelle Events. Das Büro liegt nahe dem Sockel des Aussichtsturms Skylon Tower.

ℹ An- & Weiterreise

Niagara Falls ist per Bus gut von kanadischen und US-amerikanischen Orten aus zu erreichen. Die Parkplatzsuche ist ein Alptraum – besser lässt man sein Auto zurück.

BUS

➡ Das **Niagara Transportation Centre** (Karte S. 132; ☎905-357-2133; 4555 Erie Ave) liegt in der Altstadt. Busse von Greyhound Canada fahren nach Toronto (19 C$, 1½–2 Std., 5-mal tgl.) und Buffalo im US-Bundesstaat New York (12 C$, 1–1½ Std., 6-mal tgl.). GO Transit bietet ab Toronto eine Verbindung (über Burlington) in einer Kombination aus Bahn und Bus an; in den letzten Jahren gibt es an den Wochenenden auch eine direkte Zugverbindung (Juni–Sept.). Weitere Infos bekommt man unter www.gotransit.com.

➡ **Niagara Airbus** (☎905-374-8111; www.niagaraairbus.com) ist ein Tür-zu-Tür-Shuttledienst zwischen Niagara Falls und dem Toronto Pearson International Airport (einfache Strecke/hin & zurück 94/147 C$, 1½ Std.) bzw. dem Buffalo International Airport im US-Bundesstaat New York (95/156 C$, 1½ Std.).

➡ Im Auftrag des **Fallsview Casino Resort** (S. 136) fährt stündlich ein Bus von **Safeway Tours** von Toronto (Haltestellen Gerrard St E, Carlton St & Spadina Ave) zum Kasino. Wer kein Kasino-Angehöriger ist, zahlt den Preis von 20 C$ für die Hin- und Rückfahrt beim Kommen. Damit ist das eine der billigsten Möglichkeiten, zu den Fällen zu kommen. Es ist jedoch keine Gepäckmitnahme möglich, und Mitfahrer müssen ihre Volljährigkeit durch einen Ausweis nachweisen, da es sich um einen Kasinobus handelt. Interessenten kommen einfach vorbei oder reservieren ihren Platz auf der Website (safewaytours.net/casino-tours), was zu empfehlen ist, weil der Bus voll werden kann.

ZUG

Eine Zugverbindung vom **Bahnhof Niagara Falls** (☎888-842-7245; www.viarail.ca; 4267 Bridge St) nach Toronto gibt es nur im Sommer an den Wochenenden, angeboten von GO Transit. Es fahren hingegen Züge nach New York City (151 C$, 11½ Std., 1-mal tgl.).

ℹ Unterwegs vor Ort

AUTO & MOTORRAD

Mit dem Auto durch das Zentrum zu fahren und dort zu parken ist ein zweifelhaftes und kostspieliges Vergnügen. Man kann auf dem Parkplatz nahe dem IMAX-Kino an der Kreuzung Fallsview Blvd und Robinson St den ganzen Tag für nur 5 C$ parken und von dort laufen oder man folgt den Hinweisschildern und parkt sein Auto an erlaubter Stelle (ca. 6 C$/30 Min. bzw. 15 C$/Tag). Der riesige Parkplatz Rapidsview (auch bekannt als WEGO Depot) liegt 3 km südlich der Wasserfälle abseits der River Rd. Eine Übersicht über alle Parkplätze gibt's auf der Website (www.niagarafallstourism.com/plan/parking).

FAHRRAD

Die Niagara-Region ist ideal zum Radfahren. Das ausgezeichnete **Zoom Leisure Bicycle Rentals** (☎866-811-6993; www.zoomleisure.com; 3850 River Rd, Niagara Falls) hat Büros in Niagara Falls und am Niagara Pkwy und liefert in der Niagara-Region Räder überall hin. Vom Büro Niagara Falls Pkwy ist die Fahrt von Niagara Falls nach Niagara-on-the-Lake eine recht anstrengende, 90-minütige Strecke. Es werden auch tolle Fahrradtouren angeboten.

ÖFFENTLICHE VERKEHRSMITTEL

➡ Den steilen, 50 m hohen Abhang zwischen den Fällen und dem Fallsview Blvd gondelt eine urige **Standseilbahn** (Incline Railway; www.niagaraparks.com; 6635 Niagara Pkwy; einfache Fahrt 2,75 C$, Tageskarte 7 C$) hinauf und

FORT ERIE

Östlich von Port Colborne und südlich von Niagara Falls liegt der Ort **Fort Erie** (☎ 905-871-0540; www.oldforterie.com; 350 Lakeshore Rd; Erw./Kind 12,25/7,95 C$; ⌚ Mai–Nov. 10–17 Uhr; P), wo der Niagara River den Eriesee verlässt. Mit dem gegenüberliegenden Buffalo im US-amerikanischen Bundesstaat New York ist der Ort über die Peace Bridge verbunden. Die Hauptattraktion ist das historische, sternförmige Fort Erie, das eine Schlüsselrolle im Krieg von 1812 spielte und „Kanadas blutigstes Schlachtfeld" war. Die Festung, die auch als Old Stone Fort bezeichnet wird, wurde 1764 errichtet. Die US-Truppen eroberten sie 1814, bevor sie sich schließlich zurückzogen.

Drinnen gibt's ein Museum und propere, uniformierte Soldaten, die authentisch exerzieren. Es lohnt sich, an der Führung (alle 30 Min.) teilzunehmen, die im Eintrittspreis enthalten ist.

hinunter. Mit ihr spart man sich einen zehn- bis 20-minütigen Marsch – was sich vor allem bergauf lohnt.

→ **WEGO** (www.niagaraparks.com/wego; Tageskarte Erw./Kind 7,50/4,50 C$), der frühere saisonale Niagara Parks People Mover, ist ein auf Touristen ausgerichtetes, ganzjähriges praktisches und günstiges Nahverkehrssystem. Es gibt drei Buslinien: die rote, die grüne und die blaue, die insgesamt die wichtigsten Sehenswürdigkeiten und Unterkünfte abdecken. Für entlegenere Gebiete nutzen die Einheimischen **Niagara Transit** (☎ 905-356-7521; www.niagarafalls.ca; einfache Fahrt Erw./Student 2,75/2,50 C$, Tageskarte 7 C$), obwohl die meisten eigene Autos haben.

WANDERN

Die Laufschuhe angezogen und los geht's! Zu Fuß kommt man am besten voran. Einen fahrbaren Untersatz braucht man eigentlich nur, wenn man die Sehenswürdigkeiten weiter außerhalb am Niagara Pkwy besuchen will oder an der Lundy's Lane übernachtet. An den Aussichtspunkten an den Wasserfällen gibt's kaum Schatten.

Niagara Peninsula Wine Country

Die Niagara Peninsula liegt am 43. Breitengrad – auf einer Höhe mit dem nördlichen Kalifornien und südlicher als das französische Bordeaux. Der richtige Ort für hervorragende Weine, zumal die mineralstoffreichen Böden und das milde Mikroklima die perfekten Voraussetzungen für erfolgreichen Weinbau liefern. Ein Besuch in dieser Gegend bietet sich für einen angenehmen Tagesausflug oder ein faules Wochenende an. Stolze alte Weingüter und kecke Neulinge wetteifern um die Gunst der Gäste.

Am besten steuert man die Weingüter mit dem Auto an und konzentriert sich auf die beiden Hauptanbaugebiete: westlich von St. Catharines rund um Vineland und nördlich des Queen Elizabeth Way (QEW) rund um Niagara-on-the-Lake. Die Tourismusbüros halten Karten und Broschüren zu Weinrouten bereit; diese sind auch bei Weinproben auf den einzelnen Gütern erhältlich.

Geführte Touren

Crush on Niagara WEIN
(☎ 905-562-3373; www.crushtours.com; Touren 90–120 C$) Die Teilnehmer an den Vormittags- und Nachmittagstouren in kleinen Gruppen werden mit Minibussen an verschiedenen Punkten in der Niagara-Region abgeholt.

Niagara Airbus WEIN
(☎ 905-374-8111; www.niagaraairbus.com; Touren ab Niagara Falls 49–129 C$, ab Toronto 129–190 C$) Touren zu den bekannten Weingütern; einige Angebote umfassen außerdem Spaziergänge in die Weinberge, Mittagessen und Shoppen in Niagara-on-the-Lake.

Feste & Events

Im Jahresverlauf gibt es drei Feste (☎ 905-688-0212; www.niagarawinefestival.com) mit Bezug zu Wein: Das **Niagara New Vintage Festival** feiert Ende Juni den jungen Wein und die regionale Küche. Haupt-Event ist das **Niagara Wine Festival**, das eine Woche lang Mitte September begangen wird. Gefeiert werden die besten Rebsorten der Region. Das zehntägige Winterfest **Niagara Icewine Festival** wird Mitte Januar überall in der Niagara-Region gefeiert und präsentiert die klebrigsten, süßesten Eisweine von Ontario.

Schlafen

Squirrel House Gardens B&B $$
(☎ 905-685-1608; www.squirrelhouseniagara.ca; 1819 5th St, St. Catharines; Suite inkl. Frühstück 180 C$; P) Die Gäste wohnen in einer großzügigen Suite in einer alten Scheune, die 1850 als Teil dieses Landsitzes erbaut wurde. Der liebevoll eingerichtete Raum

präsentiert sich mit Böden aus Ziegeln und farbigem Beton, originalen Holzbalken und Fenstertüren, die auf eine Terrasse führen. Dahinter öffnet sich der weitläufige Garten. Auf dem Gelände befinden sich ein Pool, eine Veranda und eine Feuerstelle. Die kunstsinnigen Besitzer sind nett und gastfreundlich und umsorgen ihre Gäste ebenso gut wie ihren eindrucksvollen Bauerngarten.

Bonnybank B&B $$
(☎905-562-3746; www.bonnybank.ca; RR 1, Vineland Station; Zi. mit Frühstück 125–154 C$;) Das stattliche Sandsteinhaus im Tudorstil liegt etwas abseits vom Schuss in einer Wildnis voller Eulen.

Essen

Pie Plate BÄCKEREI $
(☎905-468-9743; www.thepieplate.com; 41516 Niagara Stone Rd, Virgil; Sandwiches 7–11 C$; ⌚Di–So 10–18 Uhr) Hier gibt's schlichte, leckere Mittagsgerichte (z. B. Birnen-Brie-Sandwiches) zu vernünftigen Preisen. Da es sich um eine Bäckerei in Ontario handelt, bekommt man natürlich Buttertarts, aber auch Pizzas mit dünnem Boden, Fleisch-Pies, Salate und ein paar Biere vom Fass werden geboten. Hier kann man sich bei einer Tour durchs Weinbaugebiet prima den Bauch vollschlagen.

Peach Country Farm Market MARKT $
(☎905-562-5602; 4490 Victoria Ave, Vineland Station; Gerichte ab 2 C$; ⌚Juni–Aug. 9–20 Uhr, Sept. & Okt. bis 18 Uhr) In der nach vorn offenen Scheune gibt's frisches Obst, Marmelade, Eiscreme und Obst-Pies. Alles wurde von den Farmern, die den Hof in vierter Generation betreiben, selber gezogen, gepflückt und gebacken – ein echtes Juwel an der Landstraße!

Peninsula Ridge FUSION $$$
(☎905-563-0900; peninsularidge.com; 5600 King St W, Beamsville; Hauptgerichte 24–34 C$; ⌚Mi–Sa 12–14.30 & 17–21, So 11.30–14.30 Uhr) In diesem hochviktorianischen Herrenhaus von 1885 sitzt man draußen, drinnen oder im Obergeschoss. Das Restaurant gehört zum gleichnamigen **Weingut** (☎905-563-0900; peninsularidge.com; 5600 King St W, Beamsville; Führung 5 C$; ⌚10–17 Uhr) und serviert Haute Cuisine mit – natürlich – passenden örtlichen Weinen.

An- & Weiterreise

Die 100 km lange Fahrt von Toronto bis zur Mitte der Halbinsel dauert etwa 1½ Stunden – man fährt auf dem Hwy 403, dann von Hamilton auf dem QEW nach Osten in Richtung Niagarafälle. Die offizielle Wine Route ist am QEW, an Land- und Nebenstraßen ausgeschildert.

Niagara-on-the-Lake

Das wohlhabende Niagara-on-the-Lake ist eines der am besten erhaltenen historischen

EIS, BABY, EIS!

Auf der Vinexpo 1991 im französischen Bordeaux hatten die Weine aus der Niagara-Region ihren großen Auftritt. In einer Blindverkostung prämierten die Juroren einen Eiswein aus Ontario mit der begehrten Goldmedaille – und das internationale Publikum bekam vor Staunen den Mund nicht mehr zu. Diese Spezialweine, die mühevoll gelesen werden und süß und vollmundig schmecken, ziehen weiterhin Liebhaber auf die Niagara Peninsula.

Zur Herstellung von Eiswein wird bei der regulären Weinlese ein bestimmter Anteil der Trauben am Stock belassen. Falls Vögel, Stürme oder Mehltau die Trauben nicht vernichten, werden sie immer süßer und reichhaltiger. Mit der Ernte warten die Weinbauern geduldig bis Dezember oder Januar, bis drei Tage lang hintereinander frostige Temperaturen (–8 °C) herrschen und die Trauben vollständig eingefroren sind.

Vor Sonnenaufgang (damit die Sonne das Eis nicht auftaut und den Traubensaft verwässert) werden die Trauben vorsichtig von Hand gepflückt, dann gepresst und bis zu einem Jahr in Fässern gelagert. Nach dem Dekantieren schmecken die samtigen Weine intensiv nach Apfel oder nach exotischeren Früchten und haben einen hohen Alkoholgehalt.

Warum Eisweine so teuer sind? Für ihre Herstellung benötigt man zehnmal so viele Trauben wie für eine Flasche normalen Weins. Nimmt man dann noch die arbeitsintensive Herstellung hinzu und das hohe Risiko, dass die Ernte vernichtet werden könnte, ist der Preis von 50 C$ und aufwärts für eine 375 ml-Flasche kein Wunder. Andere Spätlese-Weine, die etwas früher geerntet werden, sind oft weniger teuer (und weniger süß), aber nicht minder geschmacksintensiv und aromatisch.

AUTOTOUR ZU DEN WEINGÜTERN

Diese Tour führt zu den besten Weingütern der Niagara Peninsula. Neben Weinproben bieten die meisten auch Führungen und Speisen an. In allen Weingütern ist das Parken kostenlos.

Aus Toronto kommend, nimmt man vom Queen Elizabeth Way (QEW) die Ausfahrt 78 in die Fifty Rd nach Winona und zum **Puddicombe Estate Farms & Winery** (S. 145). Die rustikale Farm hat sich auf Obstweine spezialisiert. Es gibt auch kleine Mittagsgerichte.

Nimmt man vom QEW die Ausfahrt 74, kommt man zur **Kittling Ridge Winery** (905-945-9225; www.kittlingridge.com; 297 South Service Rd, Grimsby; Kostproben & Führungen frei; Mo–Sa 10–18, So 11–17 Uhr). Das Weingut sieht zwar wie eine Fabrik aus, überzeugt aber mit freundlichen Angestellten und preisgekrönten Spätlese- und Eisweinen.

Weiter geht's südostwärts auf der Main St W zur King St. Die malerische **Peninsula Ridge Estates Winery** (S. 139) oben auf dem Hügel ist nicht zu übersehen. Die hohe, holzgetäfelte Weinstube, das Restaurant und die Lage auf dem Hügel sind einfach magisch.

An der Cherry Ave, rund 10 km die Straße weiter, biegt man nach rechts ab, fährt den Hügel hinauf und dann nach links in die Moyer Rd. Dort liegen die Steingebäude der **Vineland Estates Winery** (905-562-7088; www.vineland.com; 3620 Moyer Rd, Vineland; Führung mit Verkostung 12 C$, mit Kauf 7 C$; 10–18 Uhr), der Grande Dame unter den Weingütern auf der Niagara Peninsula. Hier sind fast alle Weine hervorragend. Auch das Restaurant und die Unterkünfte sind ausgezeichnet.

Fährt man wieder zurück zur King St bis zur Kreuzung mit der Cherry St, gelangt man zum **Wayne Gretzky Estate** (www.gretzkyestateswines.com; 3751 King St, Vineland; Mo–Sa 10–20, So 11–18 Uhr), dem Weingut des beliebten kanadischen Eishockeystars.

Dann geht's die King Rd weiter nach Osten, an der Victoria Ave nach rechts und dann nach links auf die 7th Ave. Dort liegen die **Flat Rock Cellars** (905-562-8994; www.flatrockcellars.com; 2727 7th Ave, Jordan; Führung mit Verkostung 5–15 C$; Mo–Sa 10–17, So ab 11 Uhr). Das sechseckige Gebäude und der Seeblick sind fast so gut wie der Wein!

Zurück geht's in Richtung See zur 4th Ave und der heiteren **Creekside Estate Winery** (905-562-0035; www.creeksidewine.com; 2170 4th Ave, Jordan Station; Führungen frei; 10–18 Uhr), wo man die Weinpresse und den Weinkeller besichtigen kann (online buchen!).

Von der 7th Ave fährt man zurück auf den QEW und tuckert nach Osten in die Niagara-on-the-Lake-Region. Über die Ausfahrt 38 fährt man nach Norden auf die Four Mile

Städtchen in Nordamerika – mit baumbestandenen Straßen, grünen Parks und schön restaurierten Häusern. Ursprünglich stand hier ein Dorf des Stammesbündnisses der „Neutralen". Die Stadt selbst wurde nach dem amerikanischen Unabhängigkeitskrieg von Loyalisten aus der Provinz New York, dem heutigen US-Bundesstaat, gegründet. Später wurde sie zur ersten Hauptstadt der Kolonie Oberkanada. Horden von Reisebus-Touristen verstopfen heute die Straßen, qualmen kubanische Zigarren und zerstören den Charme. Der Brunnen der Stadt ist voller Münzen. Obdachlose, die ihn plündern könnten, gibt es hier nicht. Bleibt die Frage, ob der Ort eine wirkliche Stadt ist oder einfach nur eine seelenlose Kulisse. Die Antwort lautet: Na klar handelt es sich um eine echte Stadt – nach 17 Uhr.

Die hübsche Queen St lockt mit Geschäften in altertümlicher Vielfalt. Es gibt Antiquitäten, Souvenirs im britischen Stil und hausgemachte Toffees zu kaufen.

Sehenswertes

Lincoln & Welland Regimental Museum MUSEUM
(905-468-0888; www.lwmuseum.ca; Ecke King St & John St; Erw./Kind 3/2 C$; Mi–So 10–16 Uhr; P) Das Museum zeigt eine wundervoll altmodische Ausstellung kanadischer Militaria.

Niagara Historical Society Museum MUSEUM
(905-468-3912; www.niagarahistorical.museum; 43 Castlereagh St; Erw./Kind 5/1 C$; 10–17 Uhr; P) Das Museum südlich des Simcoe Park zeigt eine große Sammlung zur Vergangenheit der Stadt, darunter Artefakte der kanadischen Ureinwohner und historische Zeugnisse der Loyalisten und zum Krieg von 1812. Ein besonders geschätztes Sammlerstück ist der Hut von Major General Sir Isaac Brock.

Fort George HISTORISCHE STÄTTE
(905-468-6614; www.pc.gc.ca/fortgeorge; 51 Queens Pde; Erw./Kind 11,70/5,80 C$; Mai–Okt.

Creek Rd, die zur **Trius Winery at Hillebrand** (☎800-582-8412; www.hillebrand.com; 1249 Niagara Stone Rd; Verkostung 5–10 C$; ⊙10–21 Uhr) führt. Hier dreht sich alles um Wein als Massenware. Wer (noch) kein ausgewiesener Weinkenner ist, wird die stündlich stattfindenden Führungen und Weinproben zu schätzen wissen.

Weiter nördlich demonstriert die **Konzelmann Estate Winery** (☎905-935-2866; www.konzelmann.ca; 1096 Lakeshore Rd; Führung 5–15 C$; ⊙10–18 Uhr, Führungen Mai–Sept.) absolute Überlegenheit. Dies ist eines der ältesten Weingüter in der Region und das einzige, das sich den Vorteil des idealen Mikroklimas am See gänzlich zu Nutze machen kann; der Spätlese-Vidal und die Eisweine sind superb.

Gleich rechts nebenan liegt das **Strewn** (S. 142), das preisgekrönte Weine herstellt. Außerdem gibt's hier auch ein tolles Restaurant und die **Wine Country Cooking School** (S. 141), wo eintägige, einwöchige und Wochenend-Kochkurse stattfinden.

Näher bei Niagara-on-the-Lake lockt die **Sunnybrook Farm Estate Winery** (☎905-468-1122; www.sunnybrookwine.com; 1425 Lakeshore Rd; Verkostung 1–3 C$; ⊙10–18 Uhr), die sich auf einzigartige Obst- und Beerenweine spezialisiert hat und einen hervorragenden herben Cidre keltert. Es ist ein verhältnismäßig kleines Weingut, weshalb die Reisebusse in der Regel hier nicht halten.

Südlich von Niagara-on-the-Lake liegt an der Niagara Stone Rd das **Stratus** (☎905-468-1806; www.stratuswines.com; 2059 Niagara Stone Rd; ⊙11–17 Uhr), das erste Gebäude in Kanada, das das LEED-Zertifikat (Leadership in Energy & Environmental Design) bekam. Die Architektur ist ganz auf Recycling, Bio-Baustoffe, Energieeffizienz und Anlehnung an indigene Traditionen abgestellt.

Fährt man auf dem Niagara Pkwy nach Süden, gelangt man zur **Reif Estate Winery** (☎905-468-7738; www.reifwinery.com; 15608 Niagara Pkwy; Führung 5–20 C$; ⊙9–18 Uhr). Das etablierte Weingut (dessen Name wie deutsch „Reif" ausgesprochen wird) bietet genau die richtigen Eisweine.

Zum Abschluss folgt, sofern man dann überhaupt noch stehen kann, das **Inniskillin** (☎888-466-4754; www.inniskillin.com; 1499 Line 3, Ecke Niagara Pkwy; Verkostung 1–20 C$, Führung 5–15 C$; ⊙9–18 Uhr, Führungen Mai–Okt. stündl.), wo man sich auf das Keltern des Eisweins meisterhaft versteht.

10–17, April & Nov. nur Sa & So; Ⓟ) Am südöstlichen Ortsrand liegt das 1797 erbaute, restaurierte Fort George. Während des Krieges von 1812 ereigneten sich hier eine Reihe blutiger Schlachten, und das Fort wurde mehrfach von US-Truppen besetzt und wieder von britischen befreit. Innerhalb der Palisaden liegen Offizierswohnungen, eine funktionsfähige Küche, das Pulvermagazin und Lagerhäuser. Den ganzen Sommer gibt's Geistertouren, Schau-Exerzieren, Ausstellungen alter Panzer und Nachstellungen der Schlachten von 1812. Die Parkgebühr beträgt 6 C$, wird aber mit dem Eintrittspreis verrechnet.

☞ Geführte Touren

Grape Escape Wine Tours WEIN
(☎866-935-4445; www.tourniagarawineries.com; Tour 54–139 C$) Angeboten werden eine Reihe von weinseligen Touren in die Region mit Fahrrad, Kleinbus oder Geländewagen. Im Preis enthalten ist eine Verköstigung (Käseplatten bei billigeren, Gourmet-Diners bei teureren Touren). Teilnehmer werden kostenlos vom Hotel abgeholt und dort wieder abgesetzt.

Niagara Wine Tours International ESSEN & TRINKEN
(☎905-468-1300; www.niagaraworldwinetours.com; 443 Butler St; Tour 65–165 C$) Hier gibt's diverse Touren per Fahrrad zu örtlichen Weingütern mit Verkostung und Mittag- oder Abendessen.

Whirpool Jet Boat Tours BOOTSTOUR
(☎905-468-4800; www.whirlpooljet.com; 61 Melville St; 45-minütige Tour Erw./Kind 61/51 C$; ⊙April–Okt.) Eine wilde und feuchte Fahrt voller Wende- und Stoppmanöver, bei denen es mächtig spritzt. Unbedingt Ersatzkleidung (am besten gleich auch Unterwäsche) dabei haben. Reservierung erforderlich.

Wine Country Cooking School KOCHKURS
(☎905-468-8304; www.winecountrycooking.com; 1339 Lakeshore Rd) Die Wine Country Cooking

School bietet eintägige, Wochenend- und einwöchige Kurse, die alle kulinarische Leckerbissen sind. Sie finden im wundervollen Restaurant des Weinguts **Strewn** (☎905-468-1229; www.strewnwinery.com; 1339 Lakeshore Rd; Führung kostenlos; ⌚10–18 Uhr, Führung 13.30 Uhr) statt, dessen Weine preisgekrönt sind.

Feste & Events

Fabulicious ESSEN & TRINKEN
(www.niagaraonthelake.com) Das kulinarische Fest, das Ende Februar oder Anfang März eine Woche lang gefeiert wird, stellt mit günstigen Mittags- und Abendmenüs in rund einem Dutzend Restaurants die Küche der Region in den Mittelpunkt.

Shaw Festival THEATER
(☎905-468-2172; www.shawfest.com; 10 Queens Pde; ⌚April–Okt., Theaterkasse 10–20 Uhr) 1962 führte Brian Doherty, ein Rechtsanwalt und begeisterter Dramatiker, mit einer Gruppe von Einwohnern an acht Abenden George Bernard Shaws *Candida* und „Don Juan in der Hölle" aus *Mensch und Übermensch* auf. Aus diesen leidenschaftlichen Anfängen entwickelte sich das heutige, hochgeschätzte Shaw Festival. Seit 45 Jahren lockt das Festival Zuschauer aus aller Welt an, die über die Darbietungen voll des Lobs sind.

Schlafen

Obwohl es in der Stadt mehr als 300 B&Bs gibt, sind die Unterkünfte teuer und oft ausgebucht. Während des Shaw-Festivals verschärft sich die Lage noch – also am besten im Voraus buchen.

★ **Historic Davy House B&B Inn** B&B $$
(☎888-314-9046; www.davyhouse.com; 230 Davy St; DZ mit Frühstück 155–204 C$; P 🛜) Das unter Denkmalschutz stehende Wohnhaus von 1842 wurde schön restauriert und hat sich seinen kolonialen Charme bewahrt. Es wird von den kundigen Gastgebern, die seit mehr als 30 Jahren im Hotelgewerbe sind, sorgsam gepflegt. Gäste können das üppige, landschaftsgärtnerisch gestaltete Gelände und die rustikale Gaststube genießen. In dieser Gegend mit vielen B&Bs ist das Haus eine tolle Wahl für einen komfortablen, erholsamen und preisgünstigen Aufenthalt.

Charles Hotel HOTEL $$
(☎905-468-4588; www.niagarasfinest.com/charles; 209 Queen St; DZ mit Frühstück ab 195 C$) Das liebenswerte kleine romantische Hotel (erbaut ca. 1832) liegt an einem Golfplatz. Die Zimmer sind unterschiedlich groß und aufwendig und stilistisch vielfältig dekoriert.

White Oaks Resort & Spa HOTEL $$
(800-263-5766; www.whiteoaksresort.com; 234 Taylor Rd SS4; DZ ab 159 C$) Das raumgreifende Resort mit 220 Zimmern etwas abseits des QEW, 15 km von Niagara-on-the-Lake entfernt, bietet gepflegte Zimmer sowie Service und Gemeinschaftseinrichtungen im Resort-Stil: Es gibt ein Spa mit umfassendem Angebot und ein hauseigenes Restaurant. Man kann verschiedene Packages buchen.

Britaly B&B B&B $$
(☎905-468-8778; www.britaly.com; 57 The Promenade; Zi. mit Frühstück 140–160 C$; P ❄ 🛜) Das schlichte B&B mit drei Zimmern (dem englischen, italienischen und kanadischen) ist wegen seiner günstigen Preise und der wundervollen Gastgeber, die ihr hübsches Wohnhaus und den Garten im besten Stand halten, ungeheuer beliebt.

Moffat INN $$
(☎905-468-4116; www.vintage-hotels.com/moffat; 60 Picton St; DZ ab 189 C$; ⊖ ❄ 🛜) Grüne Zierleisten und Blumenkästen lassen das Moffat, das sich als „ländlich-schick" bezeichnet, von außen wie ein irisches Gasthaus wirken. Die 24 Zimmer sind geschmackvoll dekoriert, und insgesamt macht das Haus einen charmanten und freundlichen Eindruck.

Prince of Wales Hotel HOTEL $$$
(☎905-468-3246; www.vintage-hotels.com; 6 Picton St; DZ/Suite ab 299/439 C$; P ⊖ ❄ @ 🛜 ≋) Das Prince of Niagara-on-the-Lake, ein elegantes viktorianisches Hotel, wurde um 1864 erbaut und hat sich viel vom Prunk der Zeit bewahrt: Gewölbedecken, Holzböden mit Intarsien und Pagen in roter Uniform. Schnörkel und Blumenmuster scheinen eher auf ältere Gäste und Flitterwöchner abzuzielen, aber es ist der perfekte Ort für alle, die sich verwöhnen lassen möchten.

Essen

1875 Restaurant KANADISCH $$
(☎905-468-3424; www.notlgolf.com/restauranthome; 143 Front St; Hauptgerichte 11–28 C$; ⌚8–22 Uhr) Das Restaurant auf Nordamerikas ältestem Golfplatz war eines der bestgehüteten Geheimnisse der Stadt, aber damit ist es vorbei: Die Terrasse in erstklassiger Uferlage ist fantastisch, die Stimmung (für die Verhältnisse am Ort) zwanglos und der Service freundlich. Das Essen ist mit Crab Cakes und Fish and Chips erfreulich bodenständig.

Man kommt zum Brunch, zum Mittag- oder Abendessen oder auch nur auf einen Drink und fühlt sich wohl.

Irish Harp Pub KNEIPENESSEN **$$**
(☎905-468-4443; www.theirishharppub.com; 245 King St; Hauptgerichte 12–20 C$; ⊙Mo–Do 12–23, Fr–So 11–23 Uhr) Der Pub ist in der gesamten Niagara-Region bei den Einheimischen wegen seiner herzhaften Kneipenkost (Irish Hot Pot, Steaks und Guinness Pie) beliebt. Manche kommen auch nur wegen des irischen „Craic“ (Spaß und Unterhaltung) und natürlich wegen des Biers. Es gibt Guinness vom Fass und Irish Harp Lager, das vor Ort nach einem traditonellen Rezept gebraut wird. Man kann sich hier also gut die Kehle ölen und den Bauch vollschlagen.

Epicurean CAFÉ **$$**
(☎905-468-3408; 84 Queen St; Hauptgerichte 12–29 C$; ⊙Mi–Sa 9–21, So–Di bis 17.30 Uhr) Tagsüber tischt dieses Wohlfühlcafé Gerichte wie frische Sandwiches, Salate, Pies und Quiches auf. Abends steigert es sich zu Bistrogerichten wie knusprigem Hähnchen mit gedämpftem Reis, Frühlingszwiebeln und Shiitakepilzen in thailändischem Kokos-Curry. Die Terrasse zur Straße ist in den wärmeren Monaten immer gut besucht.

Escabèche FUSION **$$$**
(☎905-468-3246; www.vintage-hotels.com; 6 Picton St; Hauptgerichte 27–48 C$; ⊙7–21 Uhr) Das Nobelrestaurant im opulenten Prince of Wales Hotel nimmt es mit dem Essen sehr genau. Die moderne Speisekarte bietet Geschmackserfindungen wie ein Küchlein aus vor Ort gepökeltem Schinken, Wurst nach Jägerart, Tomaten und Mascarpone, gefolgt von Lammbraten mit erlesenem Senf, Fingerkartoffeln und Babykarotten in mit Eiswein abgeschmeckter Sauce. Und dann sollte auch noch Platz fürs Dessert bleiben!

ℹ Praktische Informationen

Chamber of Commerce Visitors Information Centre (☎905-468-1950; www.niagaraonthelake.com; 26 Queen St; ⊙10–19.30 Uhr) Das Infozentrum hält jede Menge Broschüren bereit; die Mitarbeiter buchen Unterkünfte gegen eine Gebühr von 5 C$. Karten und die Beschreibung für einen Spaziergang finden sich im Niagara-on-the-Lake Official Visitors' Guide, der hier erhältlich ist.

ℹ An- & Weiterreise

Bus Eine direkte Busverbindung von Toronto nach Niagara-on-the-Lake gibt es nicht. Man fährt nach St. Catharines oder Niagara Falls und steigt dort um.

Central Taxi (☎905-358-3232; www.centralniagara.com) befördert die Leute zwischen Niagara Falls und Niagara-on-the-Lake. Abholorte und -termine telefonisch vereinbaren. Eine normale einfache Taxifahrt zwischen beiden Orten kostet rund 48 C$.

Radfahren ist ideal, um die Gegend zu erkunden. Fahrräder kann man bei dem von Lesern empfohlenen **Zoom Leisure Bicycle Rentals** (☎905-468-2366; www.zoomleisure.com; 431 Mississagua St; halber Tag/ganzer Tag/2 Tage 20/30/50 C$; ⊙9–19 Uhr) mieten und sich auch kostenlos liefern lassen. Vom Büro am Pkwy in Niagara Falls dauert die Tour nach Niagara-on-the-Lake 90 lange Minuten.

SÜDWESTLICHES ONTARIO

Rund um den Lake Ontario liegen in einem Bogen eine Reihe von Satellitenstädten im Großraum Toronto. Eine gute Option sind Tagesausflüge ins aufstrebende, hippe Hamilton oder in die hübschen Dörfer Elora und Fergus sowie die einzigartige Mennonitensiedlung St. Jacobs, die alle schon außerhalb des Dunstkreises von Toronto liegen.

Urbaner geht es in den blühenden Universitätszentren Guelph, Waterloo und London zu, die jeweils ihren eigenen Reiz haben, wenn man etwas tiefer schürft. Das nahegelegene Stratford ist zwar der Geburtsort von Justin Bieber, aber trotzdem eine bemerkenswert kultivierte Kleinstadt. Hier gibt's das weltweit zweitwichtigste Shakespeare-Festival – nach jenem im englischen Stratford-upon-Avon, Shakespeares Geburtsstadt.

Von dort kann man Richtung Nordwesten vordringen, bis das Farmland auf die sandigen Ufer des Lake Huron trifft, oder den flachen, goldenen Feldern, auf denen Weizen, Mais und alles Mögliche angebaut wird, folgen, bis man das Nordufer des Lake Erie und die idyllische Pelee Island erreicht, kurz vor Middle Island, dem südlichsten Punkt Kanadas. Die Straße endet (oder beginnt) in Windsor an der US-amerikanischen Grenze.

Hamilton

☎519, 289, 905 / 519 949 EW.

In Hamilton tut sich was: Die Stadt, die einst nur als Zentrum der kanadischen Stahlindustrie bekannt war und durch die

Südwestliches Ontario

Traveller auf dem Weg zur Niagara Peninsula einfach hindurchfuhren, hat ihre Downtown wiederbelebt, die nun ganz hip geworden ist. Eine blühende kosmopolitische Enklave mit guten Restaurants, skurrilen Läden, unabhängigen Galerien und coolen Bars ist entstanden. Trotzdem bleibt das Tempo gemächlich; am Hafen gibt's einen Park, in dem man von einer Villa aus einen herrlichen Blick auf den einen kurzen Spaziergang entfernten Hafen genießt.

Sehenswertes

Dundurn Castle MUSEUM
(☎905-546-2872; 610 York Blvd; Erw./Kind 6–12 Jahre 11,50/6 C$; ⏲Di–So 12–16 Uhr; P) Das klassizistische Landhaus mit Säulenfront und 36 Zimmern gehörte einst Sir Allan Napier McNab, der von 1854 bis 1856 Premierminister der Provinz Kanada war. Das Haus steht in einem hübschen, von Kastanienbäumen geprägten Gelände auf einem Hügel mit Blick auf den Hafen und ist im Stil der Mitte des 19. Jhs. möbliert. Im Eintrittspreis inbegriffen sind eine einstündige Führung (alle 30 Min.) und der Besuch des Hamilton Military Museum.

Royal Botanical Gardens GARTEN
(☎1-800-694-4769; www.rbg.ca; 680 Plains Rd W, Burlington; Eintritt inkl. Shuttlebus Erw./Kind 4–12 Jahre 16/9 C$; ⏲10–20 Uhr; P) Nordwestlich von Hamilton liegt Kanadas größter und spektakulärster botanischer Garten, ein mehr als 1000 ha großes Gelände voller Bäume, Blumen und Pflanzen, darunter auch viele seltene Arten. Hier gibt es auch einen Felsengarten, einen Baumgarten und ein Wildreservat, in dem sich Wege durch Feuchtgebiete und bewaldete Schluchten schlängeln. Von Juni bis Oktober blühen Tausende wundervoller Rosen im Centennial Rose Garden, und im Frühjahr erwachen mehr als 125 000 Blumenzwiebeln in herrlicher Farbenpracht.

Tiffany Falls Conservation Area WASSERFALL
(☎905-525-2181; Wilson St E, Ancaster) GRATIS Das ist der „lohnendste" Wasserfall in Hamilton: Vom Parkplatz ist man schon nach einem fünfminütigen Spaziergang direkt unter einer 21 m hohen Kaskade. Der Wasserfall ist zwar nicht groß, aber man kommt dicht an ihn heran. Auf dem Weg passiert man einen Wald aus Zucker-Ahornbäumen, Roteichen und Schwarznussbäumen.

Bayfront Park PARK
(Ecke Bay St N & Simcoe St W; ⏲Sonnenaufgang–Sonnenuntergang) Nach einem Bissen in der nahegelegenen James St N kann man einen erholsamen Spaziergang am Hafen bis hinunter zu einem kleinen Strand unter-

nehmen, wo man sich unter die Wildgänse, Jachten und Angler mischt. Im Sommer gibt's Feste auf dem Rasen, und Inlineskater tummeln sich auf dem breiten Weg, der einen Teil des 7,5 km langen Hamilton Waterfront Trail bildet.

Puddicombe Estate Farms & Winery WEINGUT
(☎905-643-1015; www.puddicombefarms.com; 1468 Hwy 8, Winona; Verkostung 0,50 C$; ⏲Mai–Dez. tgl. 9–17 Uhr, Jan.–April Mo–Fr 10–16 Uhr) Die rustikale Farm hat sich auf Obstweine – zu empfehlen sind der Pfirsichwein und der Ice Cider – spezialisiert. Es gibt kleine Mittagsgerichte, und je nach Saison kann man auch frisch gepflückte Erdbeeren oder Pfirsiche kaufen.

Schlafen & Essen

Hamilton Guesthouse PENSION $
(☎289-440-8035; 158 Mary St; B/DZ 25/46 C$) Wenn man in der Innenstadt nahe dem Hafen und den Restaurants an der James St N übernachten will, kann man das auch in dieser umgebauten Villa von 1855 tun. Das Mobiliar ist bunt zusammengewürfelt, die Zimmer sind ruhig und geräumig, einige bieten auch einen Blick in den Garten. Die kostenlose Waschküche und die Küche voller Teesorten sind anheimelnde Extras.

C Hotel by Carmen's HOTEL $$
(☎905-381-9898; http://carmenshotel.com; 1530 Stone Church Rd E; EZ & DZ ab 150 C$; P ⊖ ❄ ᯤ ≋) Vielleicht überrascht es einen, dass ein Hotel solchen Kalibers zu Best Western gehört und ausgerechnet in Hamilton steht. Das schöne Gebäude ist eine eindrucksvolle Art-déco-Hommage; die Zimmer und Suiten sind großzügig und elegant und bieten allen Komfort. Das italienische Restaurant im Haus und das Hallenbad unterstreichen das gute Preis-Leistungs-Verhältnis.

Jack and Lois KNEIPENESSEN $
(☎289-389-5647; www.jackandlois.com; 301 James St N; Hauptgerichte 10–13,50 C$; ⏲Mo–Mi 9–21, Do bis 22, Fr & Sa bis 23, So bis 20 Uhr) Der versteckte Eingang an der Rückseite steigert den Coolness-Faktor dieses Zwischendings aus Diner und Kneipe. Auf der Terrasse stürzt man sich ganz entspannt auf das riesige Frühstück oder die Sandwiches mit paniertem Hähnchen, Kalbfleisch und Butterpilzen (alles in einem Baguette). Die kleine Bierauswahl rundet das Ganze ab. Die Steuern sind in den angegebenen Preisen enthalten.

Wild Orchid PORTUGIESISCH $$
(☎905-528-7171; www.wildorchidrestaurant.ca; 286 James St N; Hauptgerichte 13–25 C$; ⏲So & Di–Do 11–21, Fr & Sa bis 22 Uhr) Das große Restaurant serviert (gemächlich) große Teller mit unprätentiöser Kost, wie man sie in jeder portugiesischen Stadt bekommt, also Gerichte mit gebratenen Sardinen, Calamari, Saubohnen und Olivenöl. Die James St N ist bei Einheimischen immer noch als Little Portugal bekannt, und bei einem Spaziergang nach dem Essen am Hafen entlang könnte man (fast) meinen, man sei in Lissabon.

Black Forest Inn DEUTSCH $$
(☎905-528-3538; www.blackforestinn.ca; 255 King St E; Hauptgerichte 11,90–20,60 C$; ⏲Di–Do & So 11.30–21 Uhr, Fr & Sa bis 22 Uhr) Diese Institution im Zentrum stellt seit 1967 Fleischliebhaber und Biertrinker zufrieden. Fans von Schnitzel, Gulasch, Wurst oder deutschem Bier haben damit einen Grund für einen Besuch in Hamilton. Die Preise sind Spitze, deshalb ist es hier normalerweise rappelvoll. Im Sommer wird die Terrasse zum Biergarten.

Unterhaltung

Zyla's Music and Menu LIVEMUSIK
(☎780-488-0970; http://zylas.ca; 199 James St N; ⏲Mi–Do 18–24, Fr & Sa bis 1 Uhr) Die James St N hat coole Treffs zu bieten, und das Zyla's ist so anheimelnd, dass man die Atmosphäre der Stadt richtig mitbekommt. Comedians und Indiebands gehen mit dem jungen, hippen Publikum auf Tuchfühlung. Wenn kein Event ansteht, bleibt immer noch das gute Kneipenessen mit Wraps und vielen veganen Optionen.

Praktische Informationen

Tourism Hamilton (☎1-800-263-8590; www.tourismhamilton.com; 28 James St N; ⏲Mo–Fr 8.30–16.30 Uhr) Die Touristeninformation in der Innenstadt hilft eifrig bei allem, was mit Hamilton und dem Umland zu tun hat; ein Blick auf die eindrucksvolle, top-aktuelle Website lohnt sich.

An- & Weiterreise

Busse von Coach Canada und Greyhound Canada sowie nach Toronto fahrende Pendlerbusse (10,75 C$, 1–2 Std., alle 20 Min.) und -züge (10,75 C$, 1 Std., 3-mal tgl.) von GO Transit nutzen das GO Centre, drei Blocks südlich des Zentrums. Im Umkreis von mehreren Blocks rund um das GO Centre gibt's nichts zu essen, man sollte also vorab planen.

Brantford

93 650 EW.

In Brantford dreht sich alles um kulturelle Stätten. Das umliegende Six-Nations-Reservat ist seit Jahrhunderten ein Zentrum der First Nations und vermittelt einen Einblick in die damalige und heutige Kultur. Man kann den Spuren der Geschichte der Ureinwohner folgen, zeitgenössische Kunst bewundern und ein indigenes Kulturzentrum besuchen. Joseph Thayendanegea Brant, ein Mohawk, der als Hauptmann in der britischen Armee diente, führte 1784 einen großen Teil des Irokesenbunds (Six Nations) aus dem Norden des US-Bundesstaats New York hierher; sein Grab befindet sich in der weltweit einzigen „königlichen" Indianerkapelle. Ein weiterer geschichtsträchtiger Ort ist der ehemalige Wohnsitz von Alexander Graham Bell, der als erster das Telefon zum Patent angemeldet hat.

Es gibt kaum einen Grund, in Brantford zu übernachten, weil es bessere Unterkünfte und Restaurants im nahegelegenen Hamilton (und natürlich in Toronto) gibt.

Sehenswertes

Six Nations of the Grand River Territory FIRST-NATIONS-TERRITORIUM

(www.sixnations.ca) Südöstlich von Brantford liegen das Six Nations of the Grand River Territory – diese „sechs Nationen" der Irokesen setzen sich aus den Mohawk, Oneida, Onondaga, Cayuga, Seneca und Tuscarora zusammen – sowie die bekannte Ureinwohnersiedlung **Ohsweken**. Das im späten 18. Jh. geschaffene Territorium gibt Besuchern einen Einblick in die traditionelle und die heutige Kultur der kanadischen Indianer. Auf der Website sixnationstourism.ca sind Events und in dem Reservat angesiedelte Kunstgewerbeläden und Galerien aufgelistet.

Bell Homestead National Historic Site HISTORISCHE STÄTTE

(☎519-756-6220; www.bellhomestead.ca; 94 Tutela Heights Rd, Brantford; Erw./Kind 7–12 Jahre 6,50/4,50 C$; ⌚Di–So 9.30–16.30 Uhr; P) Alexander Graham Bell gab dem Kommunikationswesen eine neue Richtung, als er am 26. Juli 1874 das Telefon patentieren ließ (auch wenn die Erfindung vom US-Kongress heute dem Italiener Antonio Meucci zugeschrieben wird). Die meisten dürften aber kaum wissen, dass Bell in Brantford seine Erfindungen entwickelte. Bells erstes Wohnhaus in Nordamerika wurde liebevoll in den Originalzustand zurückversetzt.

Woodland Cultural Centre GEBÄUDE

(☎519-759-2650; www.woodland-centre.on.ca; 184 Mohawk St; Erw./Kind 5–18 Jahre 7/5 C$; ⌚Mo–Fr 9–16, Sa & So 10–17 Uhr; P) Das Woodland Cultural Centre ist Veranstaltungszentrum der Ureinwohner, Kulturmuseum und Kunstgalerie in einem. Die historisch aufgebaute Ausstellung reicht von prähistorischen Zeugnissen der Irokesen und Algonkin bis zu zeitgenössischen Werken indigener Kunst. Im angeschlossenen Laden werden Korbwaren und Schmuck, außerdem Bücher, Keramiken und Malereien verkauft.

Her Majesty's Chapel of the Mohawks KIRCHE

(☎519-756-0240; http://mohawkchapel.ca; 291 Mohawk St; 5 C$; ⌚Mai–Sept. Di–So 10–16 Uhr, Okt.–April geschl.; P) Das Grab von Joseph Thayendanegea Brant, der die Irokesen in dieses Gebiet führte, befindet sich auf dem Gelände der kleinen, aber hübschen Her Majesty's Chapel of the Mohawks, die man am besten an einem sonnigen Nachmittag besucht, wenn das Licht durch die prächtigen Buntglasfenster ins Innere strömt. Die Kapelle am Standort der ursprünglichen Ureinwohnersiedlung wurde 1785 errichtet und ist damit die älteste anglikanische Kirche in Ontario und außerdem die einzige „königliche" Ureinwohnerkirche weltweit.

Praktische Informationen

Brantford Visitors & Tourism Centre (☎519-751-9900; www.discoverbrantford.com; 399 Wayne Gretzky Pkwy; ⌚Mo–Fr 9–20, Sa bis 21, So bis 17 Uhr) Gleich nördlich vom Hwy 403 verbreitet die Touristeninformation mit vielen Broschüren und hilfsbereitem Personal viel Optimismus hinsichtlich der Zukunft Brantfords.

Six Nations Tourism (☎866-393-3001; www.sixnationstourism.ca; 2498 Chiefswood Rd; ⌚Mo–Fr 9–16.30, Sa & So 10–15 Uhr) Das Visitors Center an einer Kreuzung des Hwy 54 informiert über sehenswerte Stätten, Attraktionen und Events im Reservat der **Six Nations**.

Verkehrsmittel & -wege

Bus Vom **Brantford Transit Terminal** (☎519-753-3847; www.brantford.ca/transit; 64 Darling St) fahren Busse von Greyhound Canada nach Toronto (24,70 C$, 1½–2½ Std., 2-mal tgl.), London (20,80 C$, 1–2 Std., 3-mal tgl.) und (über Toronto und Hamilton) nach Niagara Falls (30,10 C$, 5–7 Std., 2-mal tgl.).

Zug VIA Rail fährt von Toronto (41 C$, 1 Std., 5-mal tgl.) und London (72 C$, 1 Std., 7-mal tgl.) zum **Bahnhof Brantford** (☎519-752-0867; www.viarail.ca; 5 Wadsworth St).

Guelph

121 700 EW.

Das 1827 von einem schottischen Romancier gegründete Guelph, eine Planstadt in europäischem Stil, ist für ihre Universität und für Bier bekannt. Die Sleeman Breweries und zwei Kleinbraureien sind hier zuhause. Dank starker Industrien und Bildungseinrichtungen ist die Arbeitslosigkeit gering, und es existiert eine muntere, junge Szene mit entspannten Cafés, tollem Essen, gut besuchten Kneipen und hippen Boutiquen. Mit seiner reichen Ortsgeschichte, einem tollen Museum und hübschen viktorianischen Gebäuden ist Guelph allemal einen Besuch wert.

Sehenswertes & Aktivitäten

★Guelph Civic Museum MUSEUM
(☎519-836-1221; www.guelph.ca/museum; 52 Norfolk St; 5 C$; ⏲Di–So 10–17 Uhr; P) In einem Steingebäude von 1854, das 2012 umfassend renoviert, erweitert und an den LEED-Standard angepasst wurde, bietet dieses attraktive Museum Ausstellungen, Programme und Events zur Geschichte der Stadt (die übrigens nach dem alten Namen der englischen Königsdynastie, den Welfen, benannt ist). Die Ausstellung „Growing Up in Guelph" ist für Kinder recht unterhaltsam.

Am vierten Freitag jedes Monats gibt es längere Öffnungszeiten und zwischen 17 und 21 Uhr freien Eintritt.

Basilica of Our Lady Immaculate KIRCHE
(☎519-824-3951; www.churchofourlady.com; 28 Norfolk St; Eintritt gegen Spende; ⏲7 Uhr–Sonnenuntergang; P) Hoch über das Zentrum von Guelph ragt diese römisch-katholische Basilika auf, deren neugotische Sandsteinfassade ein wenig an die Houses of Parliament in London erinnert. Von fast überall in der Stadt sieht man die Zwillingtürme und die elegante Fensterrose der Kirche – die örtlichen Bauvorschriften verbieten, dass ein Neubau höher sein darf als das Gotteshaus, das seit 1888 die Gläubigen mit Ehrfurcht erfüllt und 2014 von Papst Franziskus in den Rang einer Basilika erhoben wurde.

University of Guelph Arboretum GARTEN
(☎519-824-4120; www.uoguelph.ca/arboretum; College Ave E; ⏲Mo–Fr 8.30–16.30 Uhr; P) GRATIS Der hinreißende Mikrokosmos der Flora und Fauna ist nach dem Vorbild des Arnold Arboretum der Harvard University gestaltet. Ein 8,2 km umfassendes Wegenetz führt durch das sorgfältig geplante, 165 ha große Gelände. Die Vielfalt der hier vertretenen Arten ist erstaunlich, und zu allem Überfluss ist der Eintritt auch noch frei. Führungen gibt's von Juni bis August immer mittwochs um 19 Uhr bei den „Wednesday Evening Walks" (2 C$).

Macdonald Stewart Art Centre GALERIE
(☎519-837-0010; www.msac.ca; 358 Gordon St; empfohlene Spende 3 C$; ⏲Di–So 12–17 Uhr; P) Über 7000 Werke umfasst die Sammlung in der von Raymond Moriyama gestalteten Galerie – vor allem Kunst der Inuit und kanadische Kunst. Der **Donald Forster Sculpture Park** ist der größte in einer öffentlichen Galerie in Kanada. Auf 1 ha gibt es viel zu entdecken: Würfel, die der Schwerkraft trotzen, gestrandete Boote und auf Sicheln gespießte Mobiltelefone.

Speed River Paddling KAJAKFAHREN
(www.fb.me/speedriverpaddling; 116 Gordon St; Kajak-/Kanuverleih pro Std. Mo–Fr 12/15 C$, Sa & So 15/18 C$; ⏲Juni–Aug. Di–So 10–19 Uhr) Nach der Paddeltour kann man die Eisdiele nebenan stürmen. Hier befindet sich auch der Ausgangspunkt des Eco-Heritage Walk. Dieser 6 km lange, auf eigene Faust zu erkundende und mit Erklärungstafeln ausgestattete Rundweg führt an den Ufern des Speed River und des Eramosa River entlang.

Feste & Events

Hillside Festival DARSTELLENDE KUNST
(☎519-763-6396; www.hillsidefestival.ca; ⏲Jul) An einem kurzen Wochenende im Juli kommen bei diesem Festival seit mehr als 30 Jahren Unterhaltungskünstler aller Art, von altbewehrten Profis bis zu aufstrebenden Talenten zusammen. Was dieses Jahr auf dem Programm steht, erfährt man mit allen Details auf der Website.

Schlafen

Comfort Inn MOTEL $
(☎519-763-1900; www.choicehotels.ca; 480 Silvercreek Pkwy; DZ inkl. Frühstück ab 90 C$;) Das blitzsaubere Motel etwa 5 km nördlich des Zentrums wurde 2012 geschmackvoll renoviert und bietet Zimmer mit tollem Preis-Leistungs-Verhältnis inklusive einem leichten Frühstück.

Norfolk Guest House B&B $$
(☎519-767-1095; www.norfolkguesthouse.ca; 102 Eramosa Rd; Zi. inkl. Frühstück 129–269 C$; P ❄ 📶) Die zentrale Lage und aufwendig ausgestattete Motto-Zimmer, die meisten mit eigenem Whirlpool, machen das restaurierte viktorianische Gebäude zur Top-Option unter den luxuriösen B&B-Unterkünften in der Innenstadt von Guelph.

Delta Guelph Hotel & Conference Centre HOTEL $$
(☎519-780-3700; www.deltahotels.com; 50 Stone Rd W; DZ/Suite ab 149/169 C$; P ❄ 📶) Das moderne, geschmackvoll eingerichtete Hotel liegt praktisch in der Nähe der University of Guelph, 3 km vom Zentrum entfernt. Es bietet geräumige Standardzimmer mit dunklem Holz und bequemen Betten. Verschiedene Suiten zu günstigen Preisen, einige mit Kamin, Kitchenette und kuscheligen Sofas, vervollständigen das Paket.

Essen

★ **Joint Cafe** CAFÉ $
(☎519-265-8508; www.thejointcafe.com; 43 Cork St E; Hauptgerichte 11–14 C$; ⏰9–15 Uhr; 📶 🥬) Ein tolles Allround-Café für einen Brunch: Man kommt auf einen Kaffee oder einen Drink und findet immer etwas auf der vielfältigen, originellen Speisekarte, vor allem viele einfache und gesunde Gerichte und viele Optionen für Vegetarier.

Cornerstone CAFÉ $
(☎519-827-0145; www.fb.me/thecornerstoneguelph; 1 Wyndham St N; Hauptgerichte 6–10 C$; ⏰Mo–Fr 8–24, Sa & So ab 9 Uhr; 🥬) Das beliebte vegetarische Café hat ein gemütliches Ambiente mit dicken Steinmauern und abgewetzten Holzböden. Morgens kann man hier einen Kaffee trinken und sich abends bei Livemusik ein Pint genehmigen. Ein empfehlenswertes Sandwich ist das „Taste of Downtown" mit Avocado, Brie, Peperoni und Knoblauchmayonnaise (8 C$); zu empfehlen ist auch der Tofu-Käsekuchen.

Miijidaa BISTRO $$
(☎519-821-9271; www.miijidaa.ca; 37 Quebec St; Hauptgerichte 15–25 C$; ⏰Mo–Do 10–23, Fr & Sa bis 24, So bis 21 Uhr; 📶 🥬 👪) Das geräumige Café/Bistro ist ein zwangloses Lokal fürs Mittag- und Abendessen oder auch nur für einen Drink auf der Terrasse. Auf der Karte stehen moderne Abwandlungen von Gerichten aus Küchen, die Kanada geprägt haben – vornehmlich der französischen und portugiesischen. Empfehlenswert sind die geräucherte Entebrust mit Kohl oder die „gepökelte" Pizza mit Wildlachs, Gravlax und Kapern. Es gibt auch viele Salate, vegetarische Optionen und ein Menü für Kinder.

Bollywood Bistro INDISCH $$
(☎519-821-3999; www.thebollywoodbistro.com; 51 Cork St E; Hauptgerichte 10–17 C$; ⏰Mo–Do 11.30–14.30 & 17–21, Fr & Sa bis 22, So nur 17–21 Uhr; 🥬) Guelphs beliebtestes indisches Restaurant verwendet einen traditionellen Tandur für klassische Gerichte mit zeitgemäßem Einschlag, die vornehmlich aus Nepal, Delhi und Mumbai stammen. Das sahnige Butterhähnchen (15 C$) gehört zu den besten vor Ort, und es gibt (außer So) täglich auch ein günstiges Mittagsmenü.

Artisanale FRANZÖSISCH $$$
(☎519-821-3359; www.artisanale.ca; 214 Woolwich St; Hauptgerichte 23–28 C$; ⏰Di–Sa 11.30–14.30 & 17–21 Uhr) Die französische Landhausküche bietet ein wunderbar schlichtes Mittagsmenü mit frischen saisonalen Produkten und ist besonders beliebt für das Abendessen zum Festpreis (35 C$) am Mittwoch. Man kann sich aber auch gut sein eigenes Menü aus den unwiderstehlichen Hors d'oeuvres, Beilagen und herzhaften Hauptgerichten wie Rinder-Frikassee mit Karottenpüree zusammenstellen.

Ausgehen & Nachtleben

★ **Woolwich Arrow** PUB
(☎519-836-2875; www.woolwicharrow.ca; 176 Woolwich St; ⏰11.30 Uhr–open end) Das liebevoll „Wooly" genannte Lokal steht auf zwei kräftigen Beinen: als Kleinbrauerei, aber auch als Restaurant, das zum Bier leckere Gourmet-Bissen wie Chili-*poutine* vom Longhorn-Rind (kleine Protion 5 C$) oder Fish and Chips (17 C$) mit Fisch aus dem Lake Erie serviert.

Manhattan's BAR
(☎519-767-2440; www.manhattans.ca; 951 Gordon St; ⏰Mo–Fr 11 Uhr–open end, Sa & So ab 16 Uhr; 📶) Die Pizza ist hier so scharf und frisch wie der lässige Jazz – an den meisten Abenden gibt's Livemusik. Einzelheiten stehen auf der Website. Kein Grundpreis!

Unterhaltung

Bookshelf KULTURZENTRUM
(☎519-821-3311; www.bookshelf.ca; 41 Québec St; Hauptgerichte inkl. Film 25 C$; ⏰eBar Di–Sa 17 Uhr–open end, Buchladen Mo–Sa 9–21.30, So

10.30–20 Uhr) Das Bookshelf ist Buchladen, Kino, Café und Musiktreff in einem und seit 40 Jahren der Motor des kulturellen Lebens in Guelph. Man kann hier Zeitung lesen, einen anspruchsvollen Film ansehen oder in der eBar etwas essen. Regelmäßig gibt's Salsa-Abende, Poetry Slams und die „Flashback Fridays" – für jeden ist hier etwas dabei.

Praktische Informationen

Guelph Tourism Services (800-334-4519; www.visitguelphwellington.ca; 52 Norfolk St; Mo–Sa 9–16.30 Uhr) Im Civic Museum. Das freundliche Personal kennt sich gut in der Gegend aus.

An- & Weiterreise

Alle Busse und Züge fahren von der **Guelph Central Station** (Guelph Central GO Station; 888-842-7245; http://visitguelphwellington.ca; Ecke Wyndham St & Carden St; Mo–Fr 6–13 & 16–24, Sa & So 9–14 & 16–24 Uhr).

Busse von **Greyhound** (greyhound.ca) fahren nach Toronto (24 C$, 1½ Std., 7-mal tgl.) und London (30 C$, 2–4 Std., 3-mal tgl.); online sind die Tickets günstiger.

GO Transit (gotransit.com) bietet eine Bus-Zug-Verbindung nach Toronto (14 C$, 2 Std., alle 30 Min.) sowie zwei Morgenzüge nach Toronto (14 C$, 1½ Std.) auf der Kitchener-Strecke.

VIA Rail (viarail.ca) betreibt Züge nach Toronto (30 C$, 1½ Std., 2-mal tgl.) und London (37 C$, 2¼ Std., 2-mal tgl.).

Kitchener-Waterloo

519, 226 / 280 000 EW.

Die Nachbarstädte Kitchener (das früher wegen seiner deutschen Wurzeln Berlin hieß) und Waterloo sind sehr unterschiedlich, gleichzeitig aber auch sehr ähnlich. Obschon das hübschere Waterloo ein paar schöne Sandsteingebäude, zwei Universitäten und das größte Regionalmuseum Ontarios besitzt, sind beide Städte nicht besonders interessant. Die beste Zeit für einen Besuch ist während der Feste – das hiesige Oktoberfest ist eines der größten weltweit nach dem in München. Ansonsten kann man auf dem Weg nach Elora und Fergus, St. Jacobs oder Stratford einfach durchfahren.

Sehenswertes & Aktivitäten

Waterloo Region Museum MUSEUM
(www.waterlooregionmuseum.com; 10 Huron Rd, Kitchener; Erw./Kind 10/5 C$; Mo–Fr 9.30–17 Sa & So 11–17 Uhr; P) Waterloos modernste Attraktion ist dieses auf einem 24 ha großen Gelände untergebrachte, in Primärfarben gestaltete Museum für Regionalgeschichte. Es bildet den Eingang zu **Doon Heritage Crossroads**, einer nachempfundenen Pioniersiedlung, in der kostümierte Freiwillige die Vergangenheit wieder aufleben lassen.

Joseph Schneider Haus HISTORISCHE STÄTTE
(519-742-7752; http://josephschneiderhaus.com; 466 Queen St S, Kitchener; Erw./Kind 6/4 C$; Mo–Sa 10–17, So 13–17 Uhr, Sept.–Juni Mo & Di geschl.; P) Das Haus war eines der ersten Wohnhäuser, die in der Gegend errichtet wurden; als National Historic Site wurde es in den Zustand des 19. Jhs. zurückversetzt. Das ursprünglich für einen reichen Mennoniten aus Pennsylvania errichtete Gebäude ist bemerkenswert. Gleiches gilt für die Vorführungen handwerklicher und kunsthandwerklicher Fertigkeiten des 19. Jhs. (von Perlstickerei bis zur Anfertigung von Strohpuppen). Weiterhin gibt es ein zweistöckiges Waschhaus und ein Schnitzhaus.

Waterloo Central Railway MUSEUMSBAHN
(519-885-2297; www.waterloocentralrailway.com; 10 Father David Bauer Dr, Waterloo; ab 16 C$; April–Dez.) Der liebevoll restaurierte Dampfzug pendelt in den wärmeren Monaten dienstags, donnerstags und samstags zwischen Waterloo und St. Jacobs: der Fahrplan und Einzelheiten zu Ticketpreisen stehen auf der Website.

Feste & Events

Uptown Waterloo Jazz Festival MUSIK
(www.uptownwaterloojazz.ca; Mitte Juli) GRATIS Großer Jazz in Kleinstadtambiente; drei Tage kostenloser Jazz rund um Waterloo.

Oktoberfest BIER
(519-570-4267; www.oktoberfest.ca; Okt.) „Willkommen" heißt es bei diesem neuntägigen Bierfest bayerischer Tradition – dem größten Oktoberfest Nordamerikas und einem der größten außerhalb Deutschlands. Zu dem populärsten Event in K-W kommen jedes Jahr von Anfang bis Mitte Oktober rund 500 000 Besucher, um hier Biergartenatmosphäre, Blasmusik, Sauerkraut und Lederhosen zu erleben.

Schlafen & Essen

Bingemans Camping Resort CAMPING $
(519-744-1002; www.bingemans.com; 425 Bingemans Centre Dr, Kitchener; Stellplatz Zelt/Wohnmobil 45/50 C$, Hütten ab 75 C$, Reservierung 10 C$; P) Das südlich vom Hwy 401 gelegene

DIE MENNONITEN VON ST. JACOBS & ELMIRA

Die Geschichte der Mennoniten geht zurück auf eine Schweizer protestantische Sekte aus dem 16. Jh., die auf der Flucht vor religiöser Verfolgung durch ganz Europa zog. Viele ihrer Mitglieder wanderten in die USA aus und gründeten eine ländliche Siedlung im heutigen US-Bundesstaat Pennsylvania, wo ihnen Religionsfreiheit und Wohlstand zugesagt wurden. Weil das Land dort billiger war und sie nicht unter der amerikanischen Fahne kämpfen wollten, übersiedelten im späten 19. Jh. viele Mennoniten ins südliche Ontario. Dort leben sie bis heute und halten an den alten Grundwerten – Familie, Demut, einfachem Leben, Bescheidenheit und Friedfertigkeit – fest.

Eine detaillierte Geschichte der Mennoniten und mehr Informationen kann man unter www.mhsc.ca nachlesen. Oder man unternimmt einen Tagesausflug in die altertümlichen Dörfer St. Jacobs, mit dem Auto etwa 20 Minuten von Kitchener entfernt, und Elmira, 8 km weiter nördlich. Hier rattern schwarze Einspänner vorbei, die Luft riecht nach Vieh, und Hauben, Spangen und Knöpfe sind obligatorisch.

Der typische **Country Market** (☎519-747-1830; www.stjacobs.com; Ecke King & Weber St, St. Jacobs; ⌚Do & Sa, 7–15.30 Uhr, Juni–Aug. auch Di 8–15 Uhr), 3 km südlich von St. Jacobs, besitzt eine erdnahe Seele. Die Leute kommen meilenweit hierher, um frische landwirtschaftliche Produkte, geräuchertes Fleisch, Käse, Gebäck und Kunsthandwerk zu kaufen. Im **Visitors Center** (☎519-664-3518; www.stjacobs.com; 1406 King St, St. Jacobs; ⌚Mo–Sa 9–17 Uhr) ist eine informative Ausstellung zur Geschichte, Kultur und den landwirtschaftlichen Errungenschaften der Mennoniten zu sehen. Zu Letzteren gehört die Produktion von Ahornsirup: Mehr darüber erfährt man im **Maple Syrup Museum & Quilt Gallery** (☎800-265-3353; www.stjacobs.com; 1441 King St N, St. Jacobs; ⌚Mo–Sa 10–18, So 12–17.30 Uhr; P), GRATIS oder man probiert das flüssige Gold beim **Maple Syrup Festival** (www.elmiramaplesyrup.com; ⌚Anfang April). Ein traditionelles Mittagessen in **Benjamin's Restaurant** (☎519-664-3731; www.stjacobs.com/country-inns; 1430 King St N, St. Jacobs; Mahlzeiten 10–30 C$; ⌚11.30–21 Uhr; WLAN) rundet den Tag ab. Als Proviant für die Weiterfahrt bieten sich frischer Obstkuchen und Scones aus der **Stone Crock Bakery** (☎519-664-2286; 1402 King St N, St. Jacobs; Gebäck 2–8 C$; ⌚Mo–Sa 6:30–18, So 11–17:30 Uhr) an.

Bingemans ist ein kombinierter Wasserpark und Campingplatz mit Pools, Teichen und Wasserrutschen. Die Hütten sind nichts Besonderes, aber ausreichend für vier Personen. Es gibt diverse Pauschalangebote für Camping und Nutzung des Wasserparks.

Crowne Plaza Kitchener-Waterloo HOTEL $$
(☎519-744-4144; www.crowneplaza.com; 105 King St E, Kitchener; DZ ab 144 C$; P ❄ WLAN ≋) Das renovierte Crowne Plaza hat ein futuristisches Foyer und 201 funkelnde, moderne Gästezimmer – die besten auf viele Kilometer im Umkreis.

Walper Terrace Hotel HOTEL $$
(☎519-745-4321; www.walper.com; 1 King St W, Kitchener; Zi. ab 189 C$; P ⊖ ❄ WLAN) Das geschichtsträchtige Innenstadthotel hat Klasse und sieht für sein Alter gut aus: es wurde 1893 errichtet und 2011 renoviert. Alle Zimmer haben hohe Decken und Details aus der Entstehungszeit, außerdem Flachbild-TVs und kostenloses WLAN. Die Standardzimmer sind recht gemütlich, die Suiten geräumiger.

Princess Cafe CAFÉ $
(☎519-886-0227; www.princesscafe.ca; 46 King St N, Waterloo; Panini 8,50 C$; ⌚11.30–22.30 Uhr) Das idyllische Café neben dem Kino serviert Kaffee, getoastete Panini und andere leckere Snacks. Nachteulen bleiben zum „Cheeses Murphy", der richtigen Begleitung zu den Drinks.

Concordia Club DEUTSCH $$
(www.concordiaclub.ca; 429 Ottawa St S, Kitchener; Hauptgerichte mittags 8–12 C$, abends 11–24 C$; ⌚Mo–Sa 11.30–23, So bis 14 Uhr) Das Concordia ist seit Jahrzehnten ein beliebtes Lokal mit deutscher Anmutung. Schnitzel, dunkles Holz, niedrige Decken, weiße Tischtücher und laute Gespräche bestimmen das Ambiente. Am Freitag- und Samstagabend wird Polka getanzt, im Sommer sitzt man gemütlich im Biergarten.

ℹ Praktische Informationen

City of Waterloo's Visitor and Heritage Information Centre (☎519-885-2297; www.explorewaterlooregion.com; 10 David Bauer Dr, Waterloo; ⌚April–Dez. Mo–Sa 9–16 Uhr)

Das Büro am Endbahnhof der Waterloo Central Railway hat freundliches Personal.

Kitchener Welcome Centre (☎519-745-3536; www.explorewaterlooregion.com; 200 King St W, Kitchener; ⌚Mo–Fr 8.30–17 Uhr) Im Rathaus.

An- & Weiterreise

Bus Greyhound Canada fährt vom **Charles Street Transit Terminal** (☎800-661-8747; www.greyhound.ca; 15 Charles St W, Kitchener), fünf Gehminuten außerhalb der Innenstadt, nach Toronto (23 C$, 1½–2 Std., stündl.) und London (26 C$, 1½ Std., 1-mal tgl.).

Flugzeug Vom **Waterloo International Airport** (☎519-648-2256; www.waterlooairport.ca; 4881 Fountain St N, Breslau), 7 km östlich der Stadt, gibt es Flüge nach Calgary, Detroit und Chicago.

Zug Die **Kitchener Train Station** (☎888-842-7245; www.viarail.ca; Ecke Victoria & Weber St, Kitchener) liegt ein kurzes Stück nördlich der Innenstadt. VIA Rail betreibt Züge nach Toronto (24 C$, 1½ Std., 2-mal tgl.) und London (34 C$, 2 Std., 2-mal tgl.), GO Transit Pendlerzüge nach Toronto (17 C$, 2 Std., 2-mal tgl.).

Elora & Fergus

Die hübschen Orte Elora und Fergus im Wellington County gehören nicht mehr zu den bestgehüteten Geheimnissen Ontarios. Die Städtchen beiderseits des Grand River freuen sich auf Besucher. Beide haben Grandioses geleistet, um ihre altehrwürdigen Fassaden und das Straßenbild zu erhalten. Das verlockende Elora mit seiner Schlucht und der Badestelle ist ein wunderbarer Ort, um der Sommerhitze zu entkommen. Das benachbarte Fergus weckt geradezu nostalgische Gefühle für ein entschwundenes Zeitalter und ein weit entferntes nördliches Königreich... und zudem den fast unstillbaren Wunsch, all die behaglichen Pubs zu testen.

Sehenswertes

Elora Gorge Conservation Area PARK

(www.grandriver.ca; Rte 21, 7400 Wellington County Rd, Elora; Erw./Kind 6/3 C$; ⌚Ende April–Mitte Okt. 8–20 Uhr; P) Rund 2 km südlich von Elora liegt diese malerische Kalksteinschlucht, durch die sich der Grand River windet. Auf leichten Wegen gelangt man zu Aussichtspunkten auf den Klippen, zu Höhlen und zur Cascade, einem wild schäumenden Wasserfall, der sich über eine steile Klippe ergießt. Einen prachtvollen Blick in die Schlucht hat man vom Ende der James St, die von der Metcalfe St in Elora abzweigt.

Tubing (Ausleihe 25 C$; ⌚9–17 Uhr) – das gemächliche Treiben auf dem Fluss in einem Reifenschlauch – ist eine nette Form, einen stressfreien, warmen Nachmittag in der Schlucht zu verbringen. Man kann in der Schlucht auch zelten (S. 152) und an einer Seilrutsche hinuntersausen.

Elora Quarry Conservation Area NATURSCHUTZGEBIET

(www.grandriver.ca; Rte 18, 319 Wellington County Rd, Elora; Erw./Kind 6/3 C$; ⌚Juni–Aug. Mo–Fr 11–20, Sa & So 10–20 Uhr; P) Einen kurzen Spaziergang östlich von Elora liegen die unergründlich tiefen Gewässer und 12 m hohen Sandsteinklippen der Elora Quarry Conservation Area – ein idealer Ort zum Schwimmen. Hormongesteuerte Teenager wagen Sprünge aus großer Höhe in die Tiefe, obwohl Schilder davor warnen.

Wellington County Museum MUSEUM

(☎519-846-0916; www.wcm.on.ca; Rte 18, Elora; Spende erbeten; ⌚Mo–Fr 9.30–16.30, Sa & So 13–16 Uhr; P) Das abweisende, ehemalige „Armenhaus" mit seinem roten Dach liegt auf halber Strecke zwischen Fergus und Elora. Es gewährte fast ein Jahrhundert lang Alten und Obdachlosen Zuflucht, bis es 1957 zum Museum umgestaltet wurde. In 12 Sälen werden historische Zeugnisse und Werke heutiger regionaler Künstler ausgestellt; man ist stolz auf seine Geschichte und auf die Gegenwartskultur in der Region. Im Zentrum aber steht die Ausstellung „Wenn diese Mauern reden könnten", die den Menschen gewidmet ist, die hier einst lebten oder arbeiteten.

Geführte Touren

Elora Culinary Walking Tours STADTSPAZIERGANG

(☎226-384-7000; www.eloraculinarywalkingtour.com; 8 Mill St W; 25 C$/Pers.; ⌚Mai–Sept. Sa 14–16 Uhr) Auf dieser zweistündigen Führung probiert man Olivenöl, Eis, Kaffee und Gebäck. Treffpunkt ist bei jedem Wetter vor dem Village Olive Grove (8 Mill St W).

Feste & Events

Elora Festival MUSIK

(www.elorafestival.com; Elora; ⌚Mitte Juli–Mitte Aug.) Klassik, Jazz, Folk und Kunst haben ihren Platz bei dem Festival mit Konzerten im Steinbruch und überall in der Stadt, das alljährlich von Mitte Juli bis Mitte August veranstaltet wird. Sänger und Musiker aus dem ganzen Land bevölkern das Programm von Eloras wichtigstem Event.

Fergus Scottish Festival & Highland Games KULTUR
(www.fergusscottishfestival.com; Fergus; ⌚Mitte Aug.) Hier zählt nur, was schottisch ist: Tauziehen, Baumstammwerfen, Dudelsäcke, keltische Tänze, Kilts, Haggis und das Verkosten von Whisky... Das Fest findet an zwei Tagen Mitte August statt.

Schlafen

Über ein großes Angebot von B&Bs informiert die **Fergus Elora Bed & Breakfast Association** (www.ferguselorahosts.com).

Elora Gorge Conservation Area Campground CAMPING $
(☎519-846-9742; www.grandriver.ca; Rte 18, Elora; Stellplatz 32–46 C$, Reservierung 13 C$; Ⓟ) Hier gibt es mehr als 550 Stellplätze in sechs verschiedenen Bereichen am Flussufer. Im Sommer ist insbesondere an Ferienwochenenden der Andrang groß.

★ **Stonehurst B&B** B&B $$
(☎519-843-8800; www.stonehurstbb.com; 265 St David St S, Fergus; EZ/DZ inkl. Frühstück 123/140 C$) Das prachtvolle Landhaus gehörte von 1853 bis 1933 einer der wohlhabendsten Familien in der Gegend, hatte dann ein kurzes Intermezzo als Pflegeheim und Zeitungsgebäude, bis es 2001 die angemessenere Funktion als B&B übernahm. Vier bequeme Zimmer haben jeweils ein eigenes Bad. Die freundlichen Gastgeber halten das Haus, die Gemeinschaftsbereiche und den Garten hervorragend in Schuss.

Bredalbane GASTHOF $$
(☎519-843-4770; www.breadalbaneinn.com; 487 St Andrew St W, Fergus; Suite mit Frühstück ab 185 C$) Die Zimmer in diesem kleinen Gasthof sind klassisch, aber geschmackvoll möbliert; einige haben Himmelbetten und die meisten Whirlpools. Angesichts der erstklassigen Lage an der Hauptstraße und dem angeschlossenen Pub hat man es zu den Unterhaltungsstätten nicht weit, muss aber manchmal etwas Lärm in Kauf nehmen.

Drew House GASTHOF $$
(☎519-846-2226; www.drewhouse.com; 120 Mill St E, Elora; Zi. mit Frühstück ab 135 C$; Ⓟ😔❄) Das Drew House vereint Alte und Neue Welt. Der auf einem weiten Gelände gelegene Gasthof bietet in den renovierten Stallungen Suiten mit eigenem Bad und im Haupthaus Gästezimmer mit Gemeinschaftsbad. Die dicken Steinmauern künden von Geschichte. Zum Frühstück gibt's frisches Obst, heißen Kaffee sowie Schinken und Eier, zubereitet nach den Wünschen der Gäste.

Essen

Desert Rose Cafe VEGETARISCH $
(☎519-846-0433; 130 Metcalfe St, Elora; Hauptgerichte 11–13 C$; ⌚Mi & Do 11–16, Fr & Sa bis 19.30, So bis 15 Uhr; 🖉) Das vegetarische und Meeresfrüchte-Café, dessen Betreiber seit langem vor Ort lebt, serviert in einem zwanglosen Ambiente schmackhafte Quiches, vegetarische Salate, Bagels mit Räucherlachs sowie Burritos. Zu empfehlen ist das Auberginen-Moussaka. Es gibt auch glutenfreie Angebote.

Gorge Country Kitchen DINER $
(☎519-846-2636; 82 Wellington Rd, Elora; Gerichte 8–22 C$; ⌚So & Mo 7–20, Di–Do bis 20.30, Fr & Sa bis 21 Uhr; 👪) Dank seiner günstigen und familienfreundlichen ländlichen Gerichte und insbesondere des herzhaften Frühstücks ist das Gorge immer gut besucht. Es gibt täglich Sonderangebote.

Brewhouse KNIPENESSEN $$
(☎519-843-8871; www.brewhouseonthegrand.com; 170 St. David St S, Fergus; Hauptgerichte 10–22 C$; ⌚Mo–So 11.30–23 Uhr, Di–Sa bis 13 Uhr) Von der schattigen Veranda des Brewhouse kann man den Fischern auf dem Grand River zuwinken und dabei die Vor- und Nachteile von Biersuppe mit Cheddar, Bangers & Mash (Bratwurst mit Kartoffelpüree) oder Enchiladas mit Curryhuhn abwägen. Das Brauhaus präsentiert sich mit Bar, europäischem Bier vom Fass und Livemusik.

Cork EUROPÄISCH $$
(☎519-846-8880; www.eloracork.com; 146 Metcalfe St, Elora; Hauptgerichte 23–36 C$; ⌚11.30–21 Uhr) Mutter und Tochter sind die Betreiber des Cork, eines lässigen Fine-Dining-Restaurants, das in ganz Wellington County mit exzellentem Service, köstlichem Essen und der sonnigen Terrasse aufhorchen lässt. Vom köstlichen Salat aus gegrillter Roter Bete und Ziegenkäse bis zum leckeren Hummerrisotto mit Safran kann man unserer Ansicht nach mit der Investition zufrieden sein.

Mill St Bakery & Bistro CAFÉ $$
(☎519-384-2277; www.millstreetbistro.com; 15 Mill St E, Elora; Hauptgerichte 14–18 C$; ⌚Mo–Sa 9–19, So 10–19 Uhr) Das geschäftige Frühstücks- und Mittagslokal hat eine Terrasse mit fantastischem Blick auf den Fluss. Es bietet Sandwiches, beliebte einfache Gerichte und eine kleine Abendkarte.

Ausgehen & Nachtleben

Goofie Newfie PUB

(☎519-843-4483; www.goofienewfie.ca; 105 Queen St W, Fergus; ⏲11.30 Uhr–Open End) Gutes Essen, kalte Schnäpse, der Ausblick auf den Fluss und Live-Unterhaltung sorgen für gute Stimmung bei den Gästen.

Shepherd's Pub PUB

(8 Mill St W, Elora; ⏲Mo & Di 12–23, Mi–Sa bis 1, So bis 22 Uhr) Typische Kneipengerichte (9–13 C$), kaltes Guinness und Kleinbrauereibier aus Ontario kann man hier am Fluss genießen. Den ganzen Tag gibt's Frühstücks-Pfannengerichte und Fisch in Bierteig mit Chips. Die herzhafte Rinderpastete bringt einen wieder in Schwung, falls man am letzten Abend hier versackt ist.

Praktische Informationen

Elora Welcome Centre (☎519-846-2563; www.elora.info; 9 Mill St E, Elora; ⏲Mo–Fr 9–17, Sa 10–18, So bis 17 Uhr) Das Personal weiß alles über das Wellington County.

An- & Weiterreise

Parkbus (parkbus.ca) fährt von der Carlton St in Toronto zur Elora Gorge (hin & zurück 49 C$ inkl. Eintritt). Die Busse starten von Mai bis Oktober ungefähr jedes zweite Wochenende zu dieser Tagestour; Fahrplan und Reservierung auf der Website.

Greyhound und andere Busunternehmen fahren nicht mehr nach Elora und Fergus; abgesehen von den Tagestouren, die Parkbus anbietet, bleibt nur mehr das eigene Auto. Die 20-minütige Fahrt mit **Green Taxi** (☎519-787-3700; 275 Gordon St, Fergus) von Guelph nach Fergus kostet rund 30 C$, man muss aber vorher anrufen, um sicherzustellen, dass ein Taxi bereitsteht.

Die 10-minütige Fahrt von Elora nach Fergus kostet mit **Green Taxi** (S. 153) ungefähr 10 C$.

Stratford

30 890 EW.

Stratford ist eine Erfolgsgeschichte: ein schönes Landstädtchen, das erfolgreich der Stadtflucht trotzt, die ländliche Zentren weltweit plagt. Die Geschichte ist die: Als 1952 der junge Journalist Tom Patterson hörte, dass Canadian National Railways (der größte Arbeitgeber der Region) ihre Einrichtung in Stratford schließen wollte, trat er an den Stadtrat mit der Bitte um ein Darlehen heran. Sein Plan bestand darin, eine Schauspieltruppe anzulocken, um aus dem Namen der Stadt, die nach Shakespeares Geburtsstadt in England benannt ist, Kapital zu schlagen. Der Plan ging auf; im Jahr 1953 fand die erste Vorstellung des Stratford Festival (S. 154; das größte Shakespeare-Festival) statt, und es entstand ein ganz neuer Gewerbezweig, der bis heute die Stadt trägt.

Mit seinem Charme, seiner Kultur und Klasse, weiteren Festivals und tollen Restaurants und Unterkünften hat Stratford mehr zu bieten als doppelt so große Städte. Zu jeder Jahreszeit kann man hier die Natur, die Kunst und Architektur genießen und wird von den Einheimischen freundlich willkommen geheißen.

Sehenswertes

Gallery Stratford GALERIE

(☎519-271-5271; www.gallerystratford.on.ca; 54 Romeo St S; ⏲Juni–Sept. Di–So 10–17 Uhr, Okt.–Mai bis 15 Uhr; P ♿) GRATIS In einem um 1880 erbauten, wundervoll renovierten Pumpenhaus aus gelbem Backstein zeigt die Gallery Stratford zeitgenössische Werke mit einem Schwerpunkt auf kanadischer Kunst. Regelmäßig gibt's Kunst-Workshops, Filmabende und Familientage. Die Galerie ist ausgesprochen kinderfreundlich.

Avon River RIVER

Stratfords mit Schwänen besetzter Avon River (wie sollte der Fluss wohl sonst heißen?) fließt gemächlich an dem Städtchen vorbei; an seinen Ufern finden sich viele Rasenflächen zum Entspannen. Gleich westlich von Stratford Tourism nehmen die **Shakespearean Gardens** am Flussufer das Gelände einer alten Spinnerei ein. Sie bieten Gartenparterres, zurechtgestutzte Buchsbaumhecken, Kräuterpflanzen, Rosen und eine Bronzebüste des englischen Dichters – eine Broschüre zum Park gibt's bei **Stratford Tourism** (☎519-271-5140, 800-561-7926; www.

AUFMARSCH DER SCHWÄNE

Stratfords heiß geliebte Schwäne schwimmen im Winter nicht auf dem Avon, sondern werden in Gehegen warm untergebracht. Wenn sie Anfang April ihr Sommerquartier auf dem Fluss beziehen, ist das ein großes Ereignis. Die Schwäne watscheln dann in Formation die Straße hinunter, gefolgt von Dudelsackpfeifern im Schottenrock. Den exakten Termin findet man unter www.welcometostratford.com.

visitstratford.ca; 47 Downie St; ⏲So & Mo 10–14, Di–Fr 9–17, Sa 10–18 Uhr).

Weiter den Fluss hinunter folgt der **Queen's Park**, dessen Wege vom Festival Theatre längs des Flusses am Orr Dam und einer 1885 errichteten Steinbrücke vorbei bis zu einem formal gestalteten **englischen Blumengarten** führen.

Stratford-Perth Museum MUSEUM
(☎519-393-5311; www.stratfordperthmuseum.ca; 4275 Huron Rd; empfohlene Spende Erw./Kind 7/5 C$; ⏲Mai–Okt 9–17 Uhr; P) Die bedeutende Sammlung des Stratford-Perth Museum umfasst eine Vielzahl von Artefakten und Memorabilien vom Anfang des 19. Jhs. bis heute. Die Mission besteht darin, die Geschichte von Stratford und des ganzen Perth County zu bewahren und zu würdigen.

Geführte Touren

Bootsfahrten BOOTSFAHRT
(☎519-271-7739; www.avonboatrentals.ca; 30 York St; Touren Erw./Kind ab 8/5 C$; ⏲Mai–Okt. 9 Uhr–Sonnenuntergang) Die Parks, Schwäne, Ufer und prachtvollen Gärten kann man bei einer Bootstour auf dem Avon River auf sich wirken lassen. Die Touren starten unterhalb von Stratford Tourism am Fluss. Zudem werden hier auch Kanus, Kajaks (16 C$/Std.), Tretboote und Fahrräder (15 C$/Std.) vermietet.

Feste & Events

Stratford Garden Festival GARTENSCHAU
(www.on.lung.ca/stratfordgardenfestival; 9 C$; ⏲Anfang März) Bei der viertägigen Gartenschau Anfang März gibt es Pflanzen aus aller Welt, Gastredner und Präsentationen.

Stratford Summer Music MUSIK
(☎519-271-2101; www.stratfordsummermusic.ca; Tickets 10–45 C$; ⏲Mitte Juli–Mitte Aug.) Vier Wochen lang stehen klassische Musik, Musicals und Opern auf dem Programm. Bekannte Musiker aus ganz Kanada treten auf und legen los.

Savour Stratford Festival ESSEN & TRINKEN
(☎519-271-7500; www.visitstratford.ca/savour-stratford; ⏲Mitte Sept.) Verkostungen von Bier, Wein und Lebensmitteln, Workshops, Besichtigungen von Farmen und festliche Abendessen stellen den Wohlstand des Perth County zur Schau. Die Preise variieren je nach Event.

Stratford Garlic Festival ESSEN & TRINKEN
(www.stratfordgarlicfestival.com; 10 C$; ⏲Mitte Sept.) Ein knoblauchgeschwängertes Wochenende mit Kochvorführungen, Produkten und Präsentationen – Pfefferminzpastillen nicht vergessen!

Schlafen

In Stratford gibt es zwar eine reiche Auswahl an Unterkünften, aber die Einheimischen verstehen sich aufs Geschäft: Während des Stratford Festival gehen die Zimmerpreise durch die Decke.

Stratford General Hospital Residence HOSTEL $
(SGH Residence; ☎519-271-5084; www.sgh.stratford.on.ca/residence; 130 Youngs St; EZ/DZ 65/

DAS STRATFORD FESTIVAL

Sir Alec Guinness spielte Richard III. bei der Eröffnungsvorstellung des vielgepriesenen **Festivals** (☎519-273-1600; www.stratfordfestival.ca; ⏲April–Nov.), das bescheiden in einem Zelt im Queen's Park startete. Nach mittlerweile mehr als 60 Spielzeiten hat es das Festival zu internationalem Ruhm gebracht. Heute werden in vier Theatern zeitgenössische und klassische Stücke, Opern und natürlich die Werke des Barden gezeigt. Die Saison zieht sich inzwischen von April bis November. Schauspieler aus aller Welt werden zu Gastaufenthalten anlässlich des Festivals eingeladen.

Neben den Stücken gibt es ein interessantes Begleitprogramm: Diskussionen nach den Aufführungen, Führungen hinter die Kulissen, Vorträge, Konzerte und Lesungen. Bei manchen dieser Veranstaltungen ist der Eintritt frei.

Die wichtigsten Produktionen werden im 1800 Plätze fassenden Festival Theatre gezeigt. Als zweitgrößte Spielstätte bietet das Avon Theatre 1000 Plätze. Im Tom Patterson Theatre und dem Studio Theatre ist die Atmosphäre intimer. Der Vorverkauf startet Anfang Januar, und mit Beginn der Festivalzeit sind nahezu alle Vorstellungen bereits ausverkauft – Karten also im Voraus reservieren! Bei den Generalproben im Frühjahr und den Vorstellungen zum Saisonende im Herbst gibt es häufig 30 % Rabatt, und Steuerkarten gehen zwei Stunden vor Vorstellungsbeginn mit 50 % Rabatt an die Theaterkasse.

80 C$; P) Das renovierte ehemalige Schwesternwohnheim entspricht noch am ehesten einer Jugendherberge: 360 Zimmer mit Gemeinschaftsbädern, Küchen und einem beheizten Pool. Das Hostel ist preiswert, sauber, bequem, aber nicht gerade die Party-Zentrale.

Parlour Historic Inn & Suites HOTEL $$
(519-271-2772; www.theparlour.ca; 101 Wellington St; DZ ab 159 C$) Das hübsche Hotel residiert in einem historischen Gebäude im Zentrum nahe dem Avon Theatre und bietet einen hohen Standard. Die meisten Zimmer sind geräumig und hell. Im Erdgeschoss befindet sich ein Pub mit einer schönen Terrasse, in dem es aber recht gesittet zugeht.

Mercer Hall Inn BOUTIQUEHOTEL $$
(519-271-1888; www.mercerhallinn.com; 108 Ontario St; DZ 90–200 C$; P) Das Boutiquehotel im Zentrum hat mehr Klasse als die meisten. Die Zimmer sind mit handgearbeiteten Möbeln künstlerisch ausgestattet und bieten Einbauküchen, elektrische Kamine und teilweise auch Whirlpools.

Swan Motel MOTEL $$
(519-271-6376; www.swanmotel.on.ca; 960 Downie St S; Zi. 114–140 C$; P) Das sagenhaft erhaltene Straßenmotel aus den 1960er-Jahren 3 km südlich der Stadt bietet makellose Zimmer, deren Wände mit Kostümentwürfen und anderen echten Kunstwerken geschmückt sind, sowie ein parkartiges Gelände mit Stahlskulpturen und einem Springbrunnen. Von Ende Oktober bis Anfang Mai ist das Haus geschlossen.

Forest Motel and Woodland Retreat MOTEL $$
(519-271-4573; www.forestmotel.on.ca; 2941 Forest Rd/RR 4; DZ 99–235 C$) Freundliche Gastgeber begrüßen einen in diesem wunderbaren, am See gelegenen Anwesen in geschützter Lage, das sich aber trotzdem nur 10 Minuten von der Stadt entfernt nahe den Einrichtungen am Highway befindet. Die komfortablen, renovierten Zimmer unterstreichen Conrads Fähigkeiten als Zimmermann: Man fühlt sich, als ob man in einem Landhaus sei und nicht in einem Motel. Alle Zimmer haben Mikrowellen, Kühlschränke und anheimelnde Details.

Festival Inn MOTEL $$
(519-273-1150; www.festivalinnstratford.com; 1144 Ontario St; DZ 119–189 C$) Die vierflügelige Motelanlage besitzt über 160 angenehm renovierte Zimmer und Suiten in verschiedenen Stilrichtungen und bietet in der Festivalsaison ein gutes Preis-Leistungs-Verhältnis. Es liegt am Highway in der Nähe von mehreren Freizeiteinrichtungen; bis zum Festival und den Attraktionen in der Innenstadt sind es nur wenige Minuten Fahrt.

Acrylic Dreams B&B $$
(519-271-7874; www.acrylicdreams.com; 66 Bay St; Zi. mit Frühstück 140–175 C$; P) Das von einem Ehepaar geführte, renovierte B&B von 1879 hat Parkettböden und Wellnessangebote. Die Betreiber sind nämlich nicht nur Künstler (daher die vielen Acrylbilder an den Wänden), sondern bieten auch Stuhlmassage und Reflexzonentherapie an. Beim Frühstück werden alle Ernährungsunverträglichkeiten berücksichtigt.

Lofts at 99 BOUTIQUEHOTEL $$
(519-271-1121; 99 Ontario St; Zi. 99–299 C$; P) In dem modernen, mit dunklem Holz ausgekleideten Gasthof gibt's geräumige doppelstöckige Suiten und Lofts. Oberlichter, Einbauküchen und Stilmöbel gehören zur Standardausstattung, die Leute an der Rezeption sind freundlich, und in dem Café/der Bar im Erdgeschoss ist immer etwas los (also nichts für Traveller, die einen leichten Schlaf haben).

★ **Three Houses Bed & Breakfast** B&B $$$
(519-272-0722; www.thethreehouses.com; 100 Brunswick St; Suite inkl. Frühstück 225–695 C$; P) Zwei edwardianische Stadthäuser, ein Kutschenhaus im Garten und ein italienisch anmutendes Gebäude aus den 1870er-Jahren bilden dieses akkurate, *beinahe* übertriebene Gasthaus mit 18 Zimmern. Kein Detail wurde bei der Einrichtung der lichtdurchfluteten Räume ausgelassen – selbst die Gepäckablagen sind der individuellen Zimmergestaltung angepasst. Ein Salzwasserpool und die lauschige Gartenoase sorgen für Entspannung.

Essen

Die Schule eines örtlichen Chefkochs und prächtiges Farmland in der Umgebung machen Stratford zu einem Vergnügen für Gourmets. Während der Festivalzeit sollte man unbedingt vorab reservieren.

Boomer's Gourmet Fries FASTFOOD $
(519-275-3147; www.boomersgourmetfries.com; 26 Erie St; Gerichte 3–15 C$; Di–Fr 11.30–19, Sa 12–19 Uhr) Die Pommes, *poutines*, Burger und Pfannengerichte in diesem kecken und

freundlichen kleinen Lokal sind absolut unwiderstehlich.

York Street Kitchen SANDWICHES $
(☎519-273-7041; www.yorkstreetkitchen.com; 24 Erie St; Hauptgerichte 7–16 C$; ⏲Mo–Sa 8.30–18, So bis 15 Uhr) In dem gemütlichen Lokal gibt's tolle Sandwiches mit selbstgebackenem Brot, Pommes mit Brie, Salate, Quiches und Nachspeisen. Probieren kann man das „Mennonitensandwich" mit Würstchen, Cheddarkäse, Corn-Relish, Tomaten, süßem Senf, Mayonnaise und Blattsalat.

Mercer Hall EUROPÄISCH $$
(☎519-271-9202; www.mercerhall.com; 104 Ontario St; Hauptgerichte mittags 8–16 C$, abends 12–28 C$; ⏲So & Mo 12–20, Di & Mi 11–22, Mi–Sa bis 24 Uhr) Das stilvolle Restaurant bietet ein fantastisches Brunch-Menü und abends saisonale Highlights wie Rinderbrust, gut abgehangenen Bison und ein köstliches Linsen-Gemüse-Curry.

Raja INDISCH $$
(☎519-271-3271; www.rajaindiancuisine.ca; 10 George St W; Hauptgerichte 12–22 C$; ⏲11.30–14.30 & 17–21 Uhr; ✎) Hier werden Stratfords prüde angelsächsische Geschmacksnerven mit unkonventionellen Mengen an Chili und Gewürzen herausgefordert. Das Raja bringt fantastische Currys, Suppen, Salate, Brote und vegetarische Gerichte und Gerichte aus dem Tandur auf die weiß eingedeckten Tische. Das Personal ist gediegen und von geradezu unerschütterlicher Höflichkeit.

★ **Bijou** FRANZÖSISCH $$$
(☎519-273-5000; www.bijourestaurant.com; 105 Erie St; Hauptgerichte mittags 9–19 C$, abends 48–54 C$; ⏲Fr & Sa 11.30–12 & Di–Sa 17–21 Uhr) Dieses nette französische Restaurant mit Klasse bietet jeden Abend ein anderes Menü, das auf der Kreidetafel angeschrieben steht. Für die Gerichte wie Wachteln, Salat mit Tomaten alter Sorten oder Ceviche mit Weißfisch aus dem Lake Huron werden regionale Produkte verwendet.

ℹ Praktische Informationen

Stratford Public Library (☎519-271-0220; www.stratford.library.on.ca; 19 St. Andrew St; ⏲Mo 13–21, Di–Do 10–21, Fr & Sa 10–17 Uhr) Kostenloser Internetzugang.

Stratford Tourism (S. 153) Hift bei der Suche nach Unterkünften und allem, was mit den Festivals zu tun hat. Die Website ist eine ausgezeichnete Informationsquelle mit vielen Tourvorschlägen. In dem Büro im Zentrum befindet sich eine von Justin Bieber signierte Gitarre (begeistert bestaunt von kichernden Teenie-Fans aus aller Welt). Es gibt sogar eine selbstgeführte Justin-Bieber-Tour, bei der man – wenn man sonst nichts besseres zu tun hat – erfahren kann, wo der angehende Star sein erstes Date hatte.

ℹ An- & Weiterreise

Stratford Direct (www.stratfordfestival.ca) ist ein Shuttledienst, der in der Festivalzeit (Mai–Okt.; nur an Vorstellungstagen) Zuschauer von Toronto zu Stratfords vier Theatern für nur 25 C$ (hin & zurück!) transportiert. Die Busse starten und enden abseits der Simcoe St, südlich der Front St, neben dem Intercontinental Toronto. Möglicherweise wird man aufgefordert, sein Theaterticket vorzuzeigen. Das Shuttleticket muss bis 11 Uhr am Vortag der geplanten Fahrt gekauft werden, die Fahrkarten sind aber – vor allem an Tagen mit preiswerten Theaterkarten – schon lange vorher ausverkauft. Zwischen Toronto und Stratford wird nicht angehalten, aber es gibt WLAN und eine Toilette an Bord. Die Abfahrtszeiten variieren; alle Details stehen auf der Website, auf der man auch das Ticket bucht.

Stratford Airporter (☎519-273-0057; www.stratfordairporter.com; ab 79 C$) betreibt tägliche Shuttlefahrten zum **Pearson International Airport** (S. 127), die in Stratford zwischen 4 und 19 Uhr und in Toronto zwischen 7.30 und 23.30 Uhr abfahren. Wer in Begleitung unterwegs ist, fährt billiger.

Züge von **VIA Rail** fahren von der **Stratford Train Station** (☎888-842-7245; www.viarail.ca; 101 Shakespeare St) nach Toronto (48 C$, 2 Std., 2-mal tgl.) und London (30 C$, 1 Std., 2-mal tgl.).

Am Lake Huron

Der Lake Huron hat von den Great Lakes mit das sauberste Wasser und ist so breit, dass die Sonne auf der Wasserlinie seines Westufers untergeht: ein tolles Naturschauspiel. Wer schon in Toronto und am Lake Ontario unterwegs war, wird das Blau des Lake Huron und seine weißen Sandstrände als erfrischende Abwechslung erleben.

Grand Bend

Die meiste Zeit im Jahr ist Grand Bend ein verschlafenes, verschlossenes Nest am Südostufer des Lake Huron, aber von Ende Mai bis Ende Oktober erwacht die Stadt zum Leben, wenn sonnenhungrige Studenten aus dem nahegelegenen London, aus Kitchener und Windsor hierherströmen. Die Verwandlung ist atemberaubend: Das friedliche Leben einer Handvoll ganzjähriger Bewohner wird durch einen Mini-Spring-Break à la Florida auf den Kopf gestellt.

Von einem Aussichtspunkt am breiten, sandigen Hauptstrand ist leicht zu erkennen, wie der Ort zu seinem Namen – Große Biegung – kam: Die Küstenlinie schlägt von dort einen dramatischen Bogen und wird dann fast zu einer geraden Linie in Richtung Norden. Zu Beginn des Frühlings ist es eine ziemlich surreale Erfahrung, am sandigen Ufer in der Sonne zu stehen und hinaus auf den zugefrorenen, schneebedeckten See zu schauen, dessen Ränder der Wind zu eisigen Wellen geformt hat.

Schlafen & Essen

Pinery Provincial Park CAMPING $

(☎info 519-243-2220, Reservierungen 888-668-7275; www.reservations.ontarioparks.com; RR2; Preise variieren; ⏰8–22 Uhr) Südlich von Grand Bend liegt der beliebte, malerische Pinery Provincial Park mit 10 km an breiten Sandstränden und vielen Wegen, die durch bewaldete Abschnitte und Sanddünen führen (Fahrrad-/Kanuverleih 45/40 C$ pro Tag). Man hat die Wahl unter Hunderten von Stellplätzen und ein paar Jurten. Unbedingt vorab reservieren, weil die Plätze schnell ausgebucht sind!

Bonnie Doone Manor on the Beach INN $$

(☎519-238-2236; www.bonniedoone.ca; 16 Government Rd; DZ 160–255 C$; P ❄ @ 🐾) Viele lieben dieses verfallene Urlaubs-Motel – das einzige am Strand. Es wurde liebevoll renoviert und wird schon seit über 50 Jahren von der gleichen Familie geführt. Die altmodischen Zimmer zeigen helle, farbenfrohe Akzente. Viele blicken aufs Wasser, so dass man den unglaublich schönen Sonnenuntergang richtig genießen kann. Außerdem gibt's noch ein idyllisches freistehendes Cottage. Das Bonnie Doone ist die einzige Unterkunft direkt am Strand und nur einen Katzensprung von der Main St entfernt.

Amber Hotel BOUTIQUEHOTEL $$

(☎519-238-2100; www.amberhotel.ca; 99 Ontario St S; DZ ab 139 C$) Es gibt hier separate Apartments, aber selbst die billigeren Zimmer im Amber wirken mit hochwertiger Bettwäsche, guten Klimaanlagen und äußerst sauberen, modernen Badezimmern wie neue Eigentumswohnungen. Verdunkelungsvorhänge und gut schallisolierte Wände sorgen für einen erholsamen Schlaf. Die Lage an einem Einkaufszentrum sollte man ignorieren und gleich zum nahen Strand eilen.

Riverbend Pizzeria PIZZA $

(☎519-238-6919; 26 Ontario St S; Hauptgerichte 10–18 C$; ⏰Mo 15–22, Di–Do bis 23, Fr & Sa 11–24, So 12–20 Uhr) Das Lokal bezeichnet sich zwar als Pizzeria, aber die Stammgäste strömen das ganze Jahr hindurch auch wegen der in riesigen Portionen aufgetischten saftigen Hähnchenflügel, der Karaoke-Abende und des kalten Biers auf die Schankterrasse.

Schoolhouse Restaurant INTERNATIONAL $$

(☎519-238-5515; www.grandbendschoolhouse.ca; 1981 Crescent St; Hauptgerichte 11–26 C$; ⏰Mo–Fr 9–21, Sa & So 8–21 Uhr; 🌶) In diesem Gourmetrestaurant in der früheren Grand Bend Public School gibt's für jeden etwas. Vom zarten Brathähnchen über saftige Steaks, Rippchen und Meeresfrüchten frisch aus dem See bis hin zu erstklassigen vegetarischen Optionen erweist sich das Lokal als eine wunderbare Alternative zu den touristischen Angeboten an der Main St.

An- & Weiterreise

Nach Grand Bend fahren keine öffentlichen Verkehrsmittel. Wer den Verkehr in Toronto meiden will, mietet sich ein Auto in London.

Goderich

Das früher einmal mit dem Titel der schönsten Stadt Kanadas ausgezeichnete, charmante Goderich erlangte in letzter Zeit tragische Berühmtheit durch den Tornada der Stufe EF-3, der am 21. August 2011 um 16.03 Uhr durch die Stadt fegte. Es war ein Sonntag, und der gut besuchte Marktplatz hatte sich gerade erst gelehrt. Der Wirbel bildete sich über dem Lake Huron und zog eine direkte Schneise über den auffälligen achteckigen Stadtplatz, das Rathaus und weiter. Von den 97 hundertjährigen Bäumen auf dem Platz blieben nur drei stehen, hunderte Gebäude wurden beschädigt oder zerstört, viele Menschen verletzt und einer getötet.

Nach mehreren Jahren sind die Wiederaufbauarbeiten jetzt abgeschlossen. Während sich das herumspricht und die Bäume wachsen, erleben Besucher eine moderne Version einer hübschen Kleinstadt. Das Personal von Tourism Goderich versorgt einen mit einer Broschüre für einen historischen Rundgang durch die Stadt und beantwortet gern alle Fragen zum Ort, zum Tornado und zu allem Anderen, was Traveller interessiert.

Sehenswertes

Goderich bietet drei Sandstrände am Lake Huron, die durch kilometerlange Plankenwege miteinander verbunden sind. Abends sollte man hier spazierengehen und den legendären Sonnenuntergang erleben.

Huron County Museum MUSEUM
(☎519-524-2686; www.huroncountymuseum.ca; 110 North St; Erw./Kind 5/3,50 C$; ⊙Jan.–April Mo–Fr 10–16.30, Sa 13–16.30 Uhr, Mai–Dez. Mo–Sa 10–16.30, So 13–16.30 Uhr) In den Sälen mit Holzdielen vermittelt die Ausstellung Infos zur örtlichen Geschichte, zur Industrie und zum Transportwesen. Zu den Exponaten zählen u. a. alte Möbel, Porzellan, eine Dampfmaschine und ein Schützenpanzer. Donnerstags ist das Museum bis 20 Uhr geöffnet.

Ein Kombiticket, das auch für das Huron Historic Gaol gilt, kostet 7,50 C$ für Erwachsene und 5,50 C$ für Kinder.

Huron Historic Gaol MUSEUM
(☎519-524-6971; www.huroncountymuseum.ca; 181 Victoria St N; Erw./Kind 5/3,50 C$; ⊙Mai–Ende Okt. Mo–Sa 10–16.30,So 13–16.30 Uhr, Ende Okt.–April Sa 10–16.30, So 13–16 Uhr) Durch einen gruseligen, grauen Gefängnisgang gelangt man in die achteckige Festung, die fast 130 Jahre lang als Gerichtsgebäude und Gefängnis diente; hier fand 1869 Kanadas letzte öffentliche Hinrichtung am Galgen statt.

Feste & Events

Celtic Roots Festival KULTUR
(www.celticfestival.ca; ⊙Aug.) Die Stadt füllt sich Anfang August zum größten Fest der keltischen Geschichte und Kultur in Nordamerika.

Blyth Festival THEATER
(☎519-523-9300; www.blythfestival.com; ⊙Juni–Aug.) Das Dorf Blyth hat die Art von Main St, von der Bruce Springsteen singt, und ist Schauplatz des sommerlichen Blyth Festival. Hier werden von Juni bis August hauptsächlich kanadische Stücke aufgeführt, darunter Pionierstücke unter freiem Himmel und im Saal zwerchfellerschütternde Komödien.

An Vorstellungstagen ist die Kasse von 9 bis 21 Uhr geöffnet; an vorstellungsfreien Tagen schließt sie um 17 Uhr.

Schlafen & Essen

Colborne B&B B&B $
(☎519-524-7400; www.colbornebandb.com; 72 Colborne St; DZ inkl. Frühstück 95–130 C$; P ❄ ☎) Das ehemalige Pfarrhaus der Presbyterianer-Kirche ist ein dreistöckiges Gebäude mit vier hellen, geschickt eingerichteten Gästezimmern jeweils mit eigenem Bad: Zwei haben Whirlpools. Das köstliche Gourmet-Frühstück, das im Esszimmer serviert wird, ist ein toller Start in den Tag.

Benmiller Inn & Spa INN $$
(☎800-265-1711; www.benmiller.ca; 81175 Benmiller Line; DZ 172–289 C$; P ❄ ☎ ≋) Gleich außerhalb von Goderich ist das Benmiller am Flussufer ein Ort, um sich ein bisschen mit altmodischem Luxus und ländlicher Gastfreundschaft zu verwöhnen. Es gibt einen fantastischen überdachten Swimmingpool mit Blick auf den Fluss, ein Spa mit kompletter Ayurveda-Behandlung, das Nobelrestaurant „Ivey“ und 57 bezaubernde Zimmer.

Maple Leaf Motel MOTEL $$
(☎519-524-2302; www.themapleleafmotel.com; 54 Victoria St N; DZ ab 159 C$; P ❄ ☎) Das zentral gelegene Motel mit elf Zimmern in urigem Landhausdekor ist gepflegt und bietet einen hohen Standard.

Culbert's Bakery BÄCKEREI $
(☎519-524-7941; 49 West St; Stück ab 2 C$; ⊙Di–Sa 8–17.30 Uhr) Die Leute kommen von nah und fern zu dieser Bäckerei alter Schule, um sich mit köstlichen Windbeuteln, Muffins, Tarts und ofenfrischem Brot zu verwöhnen. Früh kommen ist angesagt!

West Street Willy's DINER $
(☎519-524-7777; 42 West St; Gerichte 8–18 C$; ⊙Di–Fr & So 7–20, Sa bis 21 Uhr) Hier gibt's herzhaftes Frühstück und beliebte Hausmannskost wie Piroggen, Pizzas, Hackbraten und Burger.

Thyme on 21 INTERNATIONAL $$$
(☎519-524-4171; www.thymeon21.com; 80 Hamilton St; Hauptgerichte 20–38 C$; ⊙So & Di–Do 11.30–20, Fr bis 21, Sa 17–21 Uhr) Goderichs einziges zwanglos-elegantes Restaurant ist gut, obwohl es keine Konkurrenz zu fürchten hat. Auf der interessanten Karte stehen leckere Gerichte aus aller Welt, darunter Hummer, Kalbsbraten, Pad Thai und Soufflés.

Praktische Informationen

Goderich Tourist Information Centre (☎519-524-6600; www.goderich.ca; 91 Hamilton St; ⊙9–19 Uhr) Hier erhält man den praktischen *Visitor's Guide* und die Broschüre *4 Heritage Walking Tours*, mit der man die Stadt auf eigene Faust erkunden kann.

Anreise & Unterwegs vor Ort

Nach Goderich bestehen keine Busverbindungen mehr; man braucht also – zumindest ab nahegelegenen größeren Städten wie London – einen eigenen fahrbaren Untersatz.

Southampton & Umgebung

Southampton lag schon immer weit entfernt von den ausgetretenen Pfaden rauflustiger Sommerurlauber. Der Sandstrand der malerischen Siedlung erscheint oft fast unberührt, und bei einem Bummel durch die Hauptstraßen gibt's Tante-Emma-Läden und Wohnhäuser im Queen-Anne-Stil zu entdecken.

Der Nachbarort im Süden, **Port Elgin**, bietet ganzjährig für die Region viele Möglichkeiten zum Shoppen, Essen und Ausgehen. Hier liegen außerdem ein paar der schöneren, besser zugänglichen (kostenlose Parkplätze) und weniger bekannten Strände an diesem Teil des Lake Huron.

Etwa 20 km nördlich von Southampton liegt **Sauble Beach** mit einem wunderbar breiten, weißen Sandstrand am klaren, warmen Wasser. Allerdings beeinträchtigen seine Popularität bei Urlaubern und Nachtschwärmern und die hohen Parkgebühren den Zauber ein wenig. Im Winter ist es im Prinzip wie ausgestorben und gleicht praktisch einer Geisterstadt.

Sehenswertes & Aktivitäten

Chantry Island INSEL

Auf der nur 2 km der Küste vorgelagerten Chantry Island gibt es einen einsamen Leuchtturm sowie ein Schutzgebiet für Zugvögel. Die Insel ist nur mit Chantry Island Tours zu erreichen.

Bruce County Museum MUSEUM

(☎519-797-2080; www.brucemuseum.ca; 33 Victoria St N, Southampton; Erw./Kind 8/4 C$; ⊙Mo–Sa 10–17, So 13–17 Uhr, Juni–Sept. Mi bis 20 Uhr) Dieses Museum hat zeigt viele Ausstellungsstücke zu Schiffen die in der Region Schiffbruch erlitten. Im Sommer gibt's Wechselausstellungen für Kinder.

Saugeen-Paisley Rail Trail CRADTOUR

Radfahrer werden die 25 km lange Tour längs einer alten Bahnstrecke lieben. Sie beginnt an der Kreuzung Albert und Adelaide St und endet im kleinen Ort Paisley.

Thorncrest Outfitters KAJAKFAHREN

(☎519-797-1608; www.thorncrestoutfitters.com; 193 High St, Southampton; Kanuverleih ab 35 C$) Der Saugeen River, der bei Southampton in den Lake Huron fließt, zählt zu den bekanntesten Revieren für Kanu- und Kajakfahrer im südlichen Ontario. Thorncrest Outfitters bieten ein umfassendes Programm mit kurzen Fahrten in Eigenregie und organisierten Ausflügen für unerfahrene Paddler.

Chantry Island Tours BOOTSFAHRT

(☎519-797-5862, 866-797-5862; www.chantryisland.com; 30 C$/Pers.; ⊙Juni–Sept.) Die informativen Ausflüge der Marine Heritage Society bieten einen faszinierenden Einblick in die Schifffahrtsgeschichte der Region und die Möglichkeit, den blinkenden Leuchtturm zu erklimmen. Vorab reservieren, weil pro Tour nur neun Plätze zu vergeben sind!

Schlafen & Essen

Aunt Mabel's Inn MOTEL $

(☎866-868-2880; www.auntmabels.com; 5084 Hwy 21 S, Port Elgin; DZ ab 80 C$) Die makellosen, kompakten Zimmer haben Flachbild-TVs, Kühlschrank, Mikrowelle und bequeme Betten. Einige bieten auch tiefe Badewannen. Der Gasthof ist einige wenige Fahrtminuten von Badestränden entfernt, die zu den besten an der Küste zählen. Ein entscheidender Pluspunkt: Die Küche serviert die beste Hausmannskost weit und breit (ab 6 Uhr).

Southampton Inn GASTHOF $$

(☎519-797-5915; www.thesouthamptoninn.com; 118 High St, Southampton; Zi./Suite 135/155 C$; P ⊖ ❄ ᯤ) Wem die Strandmischung aus Sand und Wind als Körperpeeling nicht ausreicht, kann sich im Erdgeschoss eine umfassende Wellness-Behandlung angedeihen lassen. Im Obergeschoss verteilen sich die geräumigen Unterkünfte: Zu jeder Suite gehört ein eigenes, sonniges Wohnzimmer.

Chantry Breezes B&B $$

(☎519-797-1818; www.chantrybreezes.com; 107 High St, Southampton; Zi. inkl. Frühstück 139–189 C$; P ⊖ ᯤ) Das alte Herrenhaus im Queen-Anne-Stil liegt etwas versteckt hinter knorrigen Bäumen. Es bietet sieben Zimmer zwischen liebevoll verteilten Antiquitäten und ein separates Gartenhäuschen. Das auf Bestellung zubereitete Frühstück kann man auf der vorderen Veranda genießen.

Elk and Finch CAFÉ $

(fb.me/ElkandFinch; 54 Albert St, Southampton; Hauptgerichte 8–24 C$; ⊙Mo–Do 10–20, Fr bis 21, Sa 8–21, So 8–20 Uhr) Dieser „Coffee Pub" hat mehr als Kaffee und alkoholische Getränke zu bieten: Sandwiches, Salate und Pizzas mit dünnem, knusprigen Boden sorgen fürs leibliche Wohl. Man trinkt sein angesagtes Bier in dem wackeligen Haus oder setzt sich draußen an einen Tisch auf dem Rasen.

Armen's FUSION $
(224 High St, Southampton; Hauptgerichte 6–14,25 C$; ⏲ tgl. 9–16 & Mi–Sa 17–20 Uhr) Wie wär's? Einfach mal den billigen Schnellrestaurants vor Ort den Rücken kehren und dem gesprächigen Armen Hallo sagen, während er ein leckeres Sandwich von der ständig aktualisierten Karte zubereitet. Eine wechselnde Abendkarte im Juni, Juli und August baut auf die globale Küche; an einem Abend ist sie kanadisch, am nächsten marokkanisch. Das hält die Geschmacksknospen auf Trab. Im Obergeschoss kann man die leckeren und frischen Gerichte auf der sonnigen Dachterrasse genießen.

Praktische Informationen

Southampton Chamber of Commerce (☎ 519-797- 2215; 201 High St, Southampton; ⏲ Mo–Sa 10–16, So 12–16 Uhr) Das kleine Büro befindet sich im Rathaus – dem großen Backsteingebäude mit dem Uhrenturm.

Saugeen Shores Chamber Office (☎ 519-832-2332; 559 Goderich St, Port Elgin; ⏲ Mo–Fr 9–17, Sa 10–16, So 12–16 Uhr) Das Büro im 8 km entlang der Küste entfernten Port Elgin hat eine größere Auswahl an Infos zur Region.

Sauble Beach Tourism (☎ Juli–Aug. 519-422-1262, Sept.–Juni 519-422-2457; www.saublebeach.com; 672 Main St, Sauble Beach; ⏲ 9–17 Uhr) Hier gibt's die Infos zur Partystadt.

An- & Weiterreise

Passagiere, die auf dem Lester B. Pearson International Airport in Toronto ankommen, können den **Grey Bruce Airbus** (☎ 800-361-0393; www.greybruceairbus.com) nehmen, der nach Southampton und Port Elgin fährt (81 C$, 3 Std., 4-mal tgl.). Vom Busbahnhof Toronto Union bietet **Can-ar** (☎ 800-387-7097; www.can-arcoach.com) eine Verbindung nach Port Elgin (35–44 C$, 4¾ Std., 1-mal tgl.). Dort hält der Bus bei Ralph's Hi-way Shoppette im Zentrum.

London

366 000 EW.

Die drittgrößte Stadt in Ontario (hinter der Greater Toronto Area und Ottawa), auf halbem Weg zwischen Toronto und Detroit, ist London, die „Stadt der Bäume". Sie zeigt wenig Ähnlichkeit mit ihrer englischen Namensschwester außer ihrer beträchtlichen Anzahl schöner viktorianischer Häuser, dem River Thames und einer Fülle von Parks und Gärten. Abgesehen von ein paar schönen Häusern im Art-déco-Stil ist Londons Zentrum im Stil der Jahrtausendwende, wenn nicht sogar der 1970er-Jahre gehalten.

London ist Standort der University of Western Ontario im Norden der Stadt. Wohlhabende Familien aus Toronto betrachten sie als *die* Uni für ihre Kinder. Die Studenten sorgen für eine junge, peppige Atmosphäre.

In der Stadt gibt es reichlich Unterkünfte, einige gute Lokale mit Studentenpreisen und eine Handvoll touristisch interessanter Attraktionen: Besonders in den wärmeren Monaten ist es ein toller Ort für einen Besuch (im Winter schneit es heftig) und ein wunderbarer Ort zum Leben. Da Toronto weiterhin expandiert, schätzen wir mal, dass London in den kommenden Jahren stärker in den Fokus rücken wird.

Sehenswertes

Fanshawe Pioneer Village HISTORISCHE STÄTTE
(☎ 519-457-1296; www.fanshawepioneervillage.ca; 1424 Clarke Rd; Erw./Kind 7 C$/frei; ⏲ Mai–Okt. Di–So 10–16.30 Uhr; P) Der Geschichte Londons kann man im 30 Gebäude umfassenden Fanshawe Pioneer Village am östlichen Stadtrand nachspüren. Hier stellen kostümierte Schmiede, Farmer und Handwerker das Leben in einem Pionierdorf des 19. Jhs. nach. In der angrenzenden Fanshawe Conservation Area (S. 161) kann man schwimmen, wandern und zelten.

Eldon House HISTORISCHES GEBÄUDE
(☎ 519-661-5169; www.eldonhouse.ca; 481 Ridout St N; Erw./Kind 7/5 C$; ⏲ Di–So 12–17 Uhr) Das älteste erhaltene Haus der Stadt – erbaut 1834 – ist seit dem letzten Jahrhundert praktisch unverändert. Drinnen finden sich faszinierende Erbstücke und Schätze der Familie Harris. Draußen kann man den schönen Garten aus dem 19. Jh. genießen.

Royal Canadian Regiment Museum MUSEUM
(☎ 519-660-5275; www.thercrmuseum.ca; 750 Elizabeth St; Erw./Kind 5/3 C$; ⏲ Di, Mi & Fr 10–16, Do bis 20, Sa & So 12–16 Uhr; P) Das Regimentsmuseum in der strengen Wolseley Hall konzentriert sich auf das älteste Infanterieregiment Kanadas. Die Ausstellung deckt die Zeit von der Nordwest-Rebellion von 1885 über die beiden Weltkriege bis zum Koreakrieg ab.

Ska-Nah-Doht Village & Museum HISTORISCHE STÄTTE
(☎519-264-2420; www.lowerthames-conservation.on.ca/Ska-Nah-Doht; Longwoods Rd Conservation Area; Erw./Kind 3 C$/frei; ⏱9–16.30 Uhr; P) In diesem Geschichtspark, 32 km westlich von London, wurde ein tausend Jahre altes Langhausdorf der Irokesen nachempfunden. Ein Irrgarten umgibt die Gebäude des Dorfs; das Museum zeigt Artefakte, die Tausende von Jahren alt sind und von der Geschichte der Region zeugen.

Museum of Ontario Archaeology MUSEUM
(☎519-473-1360; www.uwo.ca/museum; 1600 Attawandaron Rd; Erw./Kind 5/3 C$; ⏱10–16.30 Uhr; P) Das Museum ist eine der University of Western Ontario angeschlossene Forschungs- und Bildungseinrichtung, dessen Materialien und Artefakte 11000 Jahre der Geschichte der Ureinwohner Ontarios umfassen. Neben dem Museum befindet sich die **Lawson Site**, eine Grabungsstätte, auf der immer noch Reste eines 500 Jahre alten Dorfs der Neutralen (eine Irokesengruppe, deren Eigenname unbekannt ist) freigelegt werden.

Museum London MUSEUM
(☎519-661-0333; www.museumlondon.ca; 421 Ridout St N; Eintritt gegen Spende; ⏱Di–Mi & Fr–So 12–17, Do bis 21 Uhr; P) Den Schwerpunkt des lebenssprühenden Museums bilden die Bildenden Künste und ihr Zusammenhang mit der Geschichte. Es besitzt mehr als 5000 Kunstwerke und mehr als 25000 kunsthandwerkliche Stücke. Sonntags um 14 Uhr werden kostenlose Führungen angeboten.

Feste & Events

London Fringe Festival KULTUR
(www.londonfringe.ca; ⏱Mitte Juni) Elf Tage lang dreht sich im Zentrum alles um Theater, das gesprochene Wort, Film und bildende Kunst.

Sunfest MUSIK
(www.sunfest.on.ca; ⏱Juli) Kanadas wichtigstes Weltmusik-Festival.

Rock the Park MUSIK
(www.rockthepark.ca; ⏱Juli) Seit mehr als einem Jahrzehnt versammeln sich Langhaarige und Rockfans an einem Wochenende am Ufer im Harris Park, um Bands wie Whitesnake, Platinum Blonde oder The Tragically Hip zu erleben.

London Pride SCHWULE & LESBEN
(www.pridelondon.ca; ⏱Juli) Londons eigene und eigenwillige Schwulenparade.

Londonlicious ESSEN & TRINKEN
(www.londonlicious.ca; ⏱Juli–Aug.) Das Fest, eine Hommage an das berühmte Fest Summerlicious (S. 99) in Toronto, bringt in London preiswertes, ausgefallenes Essen unter die Leute.

Schlafen

An der Wellington Rd steht, wenn man vom Hwy 401 kommt, eine ganze Reihe billiger Kettenmotels. Wer kann, sollte lieber in der Innenstadt übernachten.

Woodfield Bed & Breakfast B&B $
(☎519-675-9632; www.woodfieldbb.com; 499 Dufferin Ave; EZ 90–100 C$, DZ 95–125 C$) Im Herzen des historischen Woodfield, eines der schönsten Viertel von London, findet sich dieses grandiose B&B in eines weitläufigen viktorianischen Herrenhaus. Es ist eine Alternative zu den normalen Touristenhotels Londons und eine wirklich tolle Möglichkeit zu erfahren, was diese malerische Stadt zu bieten hat.

StationPark All Suite Hotel HOTEL $
(☎800-561-4574; www.stationparkinn.ca; 242 Pall Mall St; Suite ab 119 C$; P 📶) Das Hotel hat nur Suiten, die aus sehr großen Schlaf- und separaten Wohnzimmern bestehen. Die Zimmer könnten eine Renovierung vertragen, aber der Service ist ausgezeichnet und die Lage nahe Richmond Row und Victoria Park unschlagbar.

Holiday Inn Express & Suites HOTEL $
(☎519-661-0233; www.holidayinn.com/London; 374 Dundas St; DZ ab 109 C$; P ⊖ ❄ 📶) Das zentral gelegene, gepflegte Hotel, in dessen Nähe sich ein paar tolle Restaurants befinden, hat helle Zimmer mit bequemen Betten und guten Duschen. Die Zimmer sind mit Kühlschrank, Mikrowelle und großen TVs ausgestattet; WLAN und Frühstück sind kostenlos.

Fanshawe Conservation Area Campground CAMPING $
(☎519-451-2800; www.fanshaweconservationarea.ca; 1424 Clarke Rd; Stellplatz 37–47 C$, Reservierung 13 C$; ⏱Mai–Okt.; P ≋) Der Campingplatz liegt bequem innerhalb der Stadtgrenzen gegenüber dem Fanshawe Pioneer Village (S. 160). Kajaks werden vermietet (30 C$/4 Std.).

★ **Metro** BOUTIQUEHOTEL $$
(☎519-518-9000; www.hotelmetro.ca; 32 Covent Market Pl; DZ ab 158 C$) Die Zimmer in diesem

ST. THOMAS: ALLE AN BORD!

St. Thomas ist eine entspannte, landwirtschaftliche Gemeinde mit einer gut erhaltenen viktorianischen Downtown und liegt 20 km südlich von London auf dem Weg zum Lake Erie. Die Stadt war einst das Zentrum des Eisenbahnverkehrs im südlichen Kanada. In der Glanzzeit fuhren hier mehr als hundert Züge am Tag durch, was man sich heute kaum mehr vorstellen kann. Ein paar interessante Relikte aus jener Zeit können erkundet werden.

Um herzukommen, braucht man ein eigenes Transportmittel. Aus London nimmt man den Hwy 401 oder Hwy 402 zum Kings Hwy 4.

North American Railway Hall of Fame (☎519-633-2535; 750 Talbot St; ⌚Mo–Fr 8.30–16.30 Uhr) Von ihrem Sitz in der sorgsam restaurierten, 1873 erbauten Canada Southern Station betreibt die North American Railway Hall of Fame ein kleines Museum (Eintritt frei) und beaufsichtigt die laufende Restaurierung des unglaublichen Gebäudes. Historische Exponate sind in den Wartesälen, dem Aufenthaltsraum des Personals und in der Schalterhalle ausgestellt – sehr interessant für Eisenbahnfans!

Elgin County Railway Museum (☎519-637-6284; www.ecrm5700.org; 225 Wellington St; Erw./Kind 5/2 C$; ⌚Juni–Sept. 10–16 Uhr; P) Das Backstein-Bahndepot voller Lokomotiven-Action ist ein Muss für Zugbeobachter und das Kind in jedem von uns. Hier gibt's auch besondere Events, z. B. Comedy.

fürchterlich coolen Boutiquehotel im Zentrum der Innenstadt prunken mit freiliegenden Backsteinwänden, Regenduschen, tiefen Badewannen und vielen interessanten Design-Details.

Delta Armouries HOTEL $$
(☎519-679-6111; www.deltahotels.com; 325 Dundas St; DZ ab 169 C$; P) Der „Waffenkammer"-Flügel von Londons bestem Hotel war einst eine militärische Ausbildungsstätte. Man kann sich die historischen Details immer noch anschauen, die meisten Zimmer befinden sich aber im Turmflügel. Die Zimmer sind komfortabel und neutral möbliert, das Haus hat eine zentrale Lage und ein gutes Preis-Leistungs-Verhältnis.

Essen

★ **Covent Garden** MARKT $
(☎519-439-3921; www.coventmarket.com; 130 King St; Waren ab 2 C$; ⌚Mo–Do & Sa 8–18, So 11–16 Uhr) In dem riesigen, scheunenförmigen Markt bekommt man Appetit, und der wird auch gestillt. Man findet hier ständig Feinkosttheken, Bäckereien, Shops für Schokolade, Obst- und Gemüsestände und Imbisse aus aller Welt, außerdem saisonale Angebote. Auf dem sonnigen Hof gibt's Straßenmusikanten und munteres Treiben.

Morrissey House KNEIPENESSEN $
(☎519-204-9220; www.themorrisseyhouse.com; 359-361 Dundas St; Hauptgerichte 9–16 C$; ⌚ab 11 Uhr) Die zentral gelegene Fresskneipe bietet edle, gut zubereitete Menüs und eine entspannte Atmosphäre in einem viktorianischen Herrenhaus oder auf der langen sonnigen Terrasse an der Vorderseite. Kostenloses WLAN und tolle Musik kommen noch oben drauf. Der richtige Ort für eine Mahlzeit oder ein paar Bier oder beides – alle anderen kommen auch.

Early Bird DINER $
(☎519-439-6483; 355 Talbot St; Hauptgerichte 13–16 C$; ⌚Di–Do & So 9–21, Fr & Sa bis 23 Uhr) Das Lokal bietet den ganzen Tag Frühstück, am Donnerstagabend Grillspeisen mit Bier und ansonsten eigene Versionen von Hausmannskost. Einmalig ist z. B. „Fat Elvis": Arme Ritter mit Räucherschinken, panierten gebratenen Bananen, Erdnussbutter und regionalem Honig. Unbedingt probieren!

Zen Gardens VEGETARISCH $
(☎519-433-6688; www.zen-garden.ca; 344 Dundas St; Hauptgerichte 10–15 C$; ⌚Mo–Sa 11.30–21, So 17–21 Uhr) Das vegetarische asiatische Restaurant im Zentrum beeindruckt Vegetarier und hartgesottene Fleischesser gleichermaßen. Tofu, Pilze und Kunstfleisch aus Soja oder Weizeneiweiß sind stark vertreten. Das Menü in japanischen Bento Boxen kostet das gleiche wie ein Hauptgericht und bietet das beste Preis-Leistungs-Verhältnis.

★ **Budapest** EUROPÄISCH $$
(☎519-439-3431; 348 Dundas St; Hauptgerichte 12–25 C$; ⌚Mo–Sa 11–22, So 16–21 Uhr) Wer seit mehr als 50 Jahren im Geschäft ist, muss etwas richtig machen. Marikas bescheidenes Lokal ist einfach authentisch. Mit den

Jahren wurden die Schnitzel, das Paprikahühnchen und die Piroggen immer weiter perfektioniert. Die Mittagsmenüs sind ausgezeichnet und preisgünstig.

Thaifoon THAI **$$**
(☎ 519-850-1222; www.thaifoonrestaurant.com; 120 Dundas St; Hauptgerichte 14–22 C$; ⊙ Mo–Fr 11.30–14 & tgl. 16:30–21 Uhr) Das Thaifoon wertet die Dundas St ein bisschen auf. Die ruhige, gefasste Atmosphäre und blubbernde Wasserspiele sind eine schöne Abwechslung, Currys mit sehr viel Chili, Pfannengerührtes, Suppen und Salate sorgen ordentlich für Schwung.

Bertoldi's Trattoria ITALIENISCH **$$**
(☎ 519-438-4343; www.bertoldis.ca; 650 Richmond St; Hauptgerichte 14–28 C$; ⊙ Mo–Do 11.30–22, Fr bis 24, Sa 16–24, So bis 22 Uhr) Das zwanglos-elegante Lokal am Richmond Bow hat eine umfangreiche Weinkarte und serviert authentische italienische Gerichte, darunter auch regionale Spezialitäten. In der wärmeren Jahreszeit sitzt man auf der hübschen Terrasse.

Ausgehen & Unterhaltung

Die muntere Studentenszene sorgt für viel junge, bierselige Unterhaltung. Vor Semesterbeginn gegen Ende des Sommers wird die „Richmond Row" (der Abschnitt der Richmond St zwischen Oxford und Dundas) zur Partyzentrale.

Alle Events listet das örtliche Blatt *Scene* (www.scenemagazine.com) auf.

Barneys/CEEPS PUB
(671 Richmond St; ⊙ 11–2 Uhr) Was der Name bedeuten soll – keine Ahnung. Das Lokal ist jedenfalls der größte und munterste Pub der Stadt und eine echte Institution der Richmond Row. Es gibt Bands und DJs, Billardtische, Shuffleboard und regionale Fass-Biere.

Call the Office LIVEMUSIK
(☎ 519-432-4433; www.calltheoffice.com; 216 York St; ⊙ ab 17 Uhr) Eine schäbige Spelunke mit billigen Getränken und Livebands, die Alternative Rock spielen. Ab und zu tauchen sogar Namen wie Jon Spencer Blues Explosion auf.

London Music Club LIVEMUSIK
(☎ 519-640-6996; www.londonmusicclub.com; 470 Colborne St; ⊙ Mi–Sa ab 19 Uhr) Blues- und Folk-Acts auf Tour überschlagen sich beinahe, um in dem rockenden Saal auf der Rückseite eines cremefarbenen Ziegelbaus aufzutreten. Heftige Electric Blues Jam immer am Donnerstagabend; Acoustic Open Mike jeden Freitag.

Praktische Informationen

London Public Library (www.londonpubliclibrary.ca; 251 Dundas St; ⊙ Mo–Do 9–21, Fr bis 18, Sa bis 17, So 13–17 Uhr; 📶) Eine fabelhafte moderne Einrichtung mit Café, Lesegarten und kostenlosem Internet und WLAN.

Post (☎ 800-267-1177; www.canadapost.ca; 515 Richmond St bei Dufferin St; ⊙ Mo–Fr 9–17 Uhr)

Tourism London (☎ 519-661-5000; www.londontourism.ca; 391 Wellington St; ⊙ Mo–Fr 8.30–16.30, Sa 10–17 Uhr) Das Innenstadtbüro teilt sich ein Gebäude mit der Canadian Medical Hall of Fame und ihrer interessanten Schau von Gehirnen, Herzen und Knochen.

Anreise & Unterwegs vor Ort

Der **London International Airport** (www.londonairport.on.ca; 1750 Crumlin Rd) ist ein regionaler Knotenpunkt für Air Canada, WestJet und Delta. Es gibt Flüge nach Toronto und Detroit sowie ein paar weiteren Zielen in Kanada und den USA.

Greyhound Canada fährt vom **Busbahnhof London** (☎ 800-661-8747; www.greyhound.ca; 101 York St; ⊙ 6.30–21 Uhr) nach Toronto (35–39 C$, 2–4 Std., 11-mal tgl.) und Windsor (37 C$, 2½ Std., 4-mal tgl.).

Vom **Bahnhof London** (☎ 519-672-5722; www.viarail.ca; Ecke York & Clarence St; ⊙ Mo–Fr 5–21.30, Sa & So 6.30–21.30 Uhr) fahren Züge von VIA (viarail.ca) nach Toronto (69 C$, 2 Std., 7-mal tgl.) und Windsor (58 C$, 2 Std., 4-mal tgl.).

London Transit (LTC; www.ltconline.ca; 150 Dundas St; ⊙ Mo–Fr 7.30–19, Sa 8.30–18 Uhr) betreibt das ausgedehnte Busnetz der Stadt (einfache Strecke 2,75 C$). Zum Zeitpunkt der Recherche wurde gerade das neue LTC Smart Card System eingeführt – nicht ohne Pannen und bislang auch nur für Monatskarten.

Windsor

209 000 EW.

Das einst blühende Handels- und Industriezentrum am Ende des Highway an der Südwestspitze Ontarios (gleich gegenüber dem US-amerikanischen Detroit am anderen Flussufer) hat eindeutig schon bessere Tage gesehen. Die Situation mag sich bessern, wenn 2020 die Gordie Howe International Bridge eröffnet wird, wodurch sich das Tempo der Grenzüberquerung steigern und vielleicht auch der Güterumschlag vermehren könnte.

Im Augenblick bieten Windsors leere Fassaden ein Bild des Verfalls. Billige Grundstückspreise und die Nähe zu den USA und dem Lake Erie locken aber langsam Großstädter auf der Suche nach einem etwas geruhsameren Lebensstil an.

Windsor ist zwar kein Publikumshit, aber interessant für Leute, die eine kleine, multikulturelle Stadt im Wandel erleben wollen. Tolles libanesisches Essen gibt's östlich der Downtown und italienische Hausmannskost ein Stück weiter südlich. Ein Aufenthalt, bevor man weiter in die USA fährt, verspricht daher zumindest einen kulinarischen Genuss.

Sehenswertes

Besucher bummeln gern über den Riverwalk, einen Weg mit Vielfachnutzung, der sich unter der Ambassador Bridge hervor 5 km am Flussufer entlang zieht. Das historische Viertel Walkerville ist einen Blick wert.

Dieppe Gardens GARTEN

(Ecke Ouellette St & Riverside Dr) Auf diesem Gelände legten früher die Detroit-Windsor-Fähren an, bevor sie 1929 durch eine Brücke und 1930 durch einen Tunnel ersetzt wurden. Heute bietet hier der schöne Garten den besten Blick auf die Skyline von Detroit – auch wenn die nur Blendwerk ist.

Walls Underground Railroad Museum MUSEUM

(☎519-727-6555; www.undergroundrailroadmuseum.org; 855 Puce Rd, Maidstone; Eintritt 5 C$; ⏲Mai–Okt. 10–16 Uhr; Ⓟ) John Freeman Walls, ein entflohener Sklave aus North Carolina, baute 1846 die Blockhütte etwa 20 km östlich von Windsor. Heute ist sie das Kernstück der Anlage, die auch anderen Menschen auf der Suche nach Freiheit als sicherer Hafen diente. Walls' Nachkommen leiten das interessante Museum.

Canadian Club Brands Centre DESTILLERIE

(☎519-973-9503; www.canadianclubwhisky.com; 2072 Riverside Dr E; Eintritt mit Führung 12 C$; ⏲Jan.–April Do–Sa, Mai–Dez. Mi–So; Ⓟ) Schon seit 1858 wird Canadian Club in der ehemaligen Walkerville Distillery gebrannt. Die 1½-stündigen Führungen (11, 13, 15 & 17 Uhr) informieren über die Geschichte des prächtigen Gebäudes im italienischen Stil und über den Herstellungsprozess und bieten auch eine Kostprobe. Die Besichtigung ist nur im Rahmen einer Führung möglich.

Art Gallery of Windsor GALERIE

(AGW; ☎519-977-0013; www.agw.ca; 401 Riverside Dr W; Erw./Kind 10/5 C$; ⏲Mi–So 11–17 Uhr; Ⓟ) GRATIS In dem schwungvollen Bau aus Glas und Beton wird eine eindrucksvolle Dauerausstellung mit dem Schwerpunkt auf zeitgenössischer kanadischer Malerei und Skulptur gezeigt. Die Führung (Mi & So 14 Uhr) ist im Eintrittspreis enthalten.

Schlafen & Essen

University Place Accommodations HOTEL $

(☎519-254-1112; www.windsorexecutivestay.com; 3140 Peter St; Zi. mit Gemeinschaftsbad ab 39 C$; Ⓟ❄📶✖) Das Hotel, in dem man für kurze Zeit oder als Langzeitgast wohnen kann, gehört nicht zur Universität. Angeboten werden saubere Zimmer mit Gemeinschaftsbad und Waschküche. Es gibt auch Zimmer mit angeschlossenem Bad sowie einen Fahrradverleih.

Kirk's B&B B&B $

(☎519-255-9346; www.kirks bandb.com; 406 Moy Ave; EZ/DZ ab 75/89 C$; Ⓟ❄📶) Das Kirk's, ein dreistöckiger, altmodischer Ziegelbau mit einem üppigen Garten, liegt einen Block

DIE UNDERGROUND RAILROAD

Die Underground Railroad war weder unterirdisch noch eine Eisenbahn – mit dem Ausdruck bezeichnet man ein Netzwerk von Menschenfreunden und Sklavengegnern, zu dem Afroamerikaner und Weiße gehörten, die entflohene Sklaven aus den Südstaaten der USA versteckten und durch die Nordstaaten hindurch in die Freiheit nach Kanada schleusten. Man schätzt, dass 40 000 tapfere Menschen in der Zeit vor dem Amerikanischen Bürgerkrieg so der Sklaverei entflohen. Das südwestliche Ontario ist, weil es der Grenze zu den USA so nahe liegt, natürlich besonders reich an historischen Stätten, die an die Underground Railroad erinnern. Und viele örtliche Gemeinden haben einen starken Bevölkerungsanteil von Afroamerikanern, die von Menschen abstammen, die hier Zuflucht fanden

Zu den sehenswerten historischen Stätten zählen das **Amherstburg Freedom Museum** (S. 166) und das **Walls Underground Railroad Museum** (s. rechte Spalte). Weitere Infos gibt's unter www.blackhistorysociety.ca.

vom Fluss entfernt. In den warmen, aufgeräumten Zimmern stehen bequeme Betten.

Holiday Inn Windsor Downtown HOTEL $$
(☎519-256-4656; www.holidayinn.com; 430 Ouellette Ave; DZ ab 119 C$; P ❄ 📶 ≋) Das standardmäßige Holiday Inn ist etwas in die Jahre gekommen, bietet aber eine tolle Innenstadtlage, bequeme Betten und geräumige Zimmer. Zum Haus gehören ein Restaurant mit Bedienung, ein Pool und jede Menge Parkplätze.

Squirrel's Cage CAFÉ $
(☎519-252-2243; www.thesquirrelcage.ca; 1 Maiden Lane W; Gerichte 2–14 C$; ⏱Mo–Do & Sa 8.30–20, Fr bis 23, So 10–15 Uhr) Ehemalige Großstädter, die ihr neues Leben in Windsor lieben, bringen einen Hauch des kosmopolitischen Toronto mit diesem stylishen, gehobenen Café mit Alkoholausschank in die Stadt. Es gibt Kaffee, Suppen, köstliche gefüllte Panini und täglich gesunde Salate, außerdem am Wochenende einen Brunch.

Cook's Shop ITALIENISCH $$
(☎519-254-3377; cooksshoprestaurant.wordpress.com; 683 Ouellette Ave; Hauptgerichte 15–24 C$; ⏱Di–So 17–22 Uhr) Das feine, auf Meeresfrüchte, Pasta, Lamm- und Rindfleischgerichte spezialisierte Speiselokal mit vernünftigen Preisen residiert schon seit mehr als 35 Jahren in dem hundert Jahre alten Haus.

Spago Trattoria e Pizzeria ITALIENISCH $$
(☎519-252-2233; www.spagos.ca; 690 Erie St E; Hauptgerichte 10–28 C$; ⏱Mo–Sa 11.30–22, So 13–21 Uhr) Windsor ist bekannt für seine italienischen Lokale, und dieses hier ist absolut angesagt. Wenn man gerade keine Lust auf die köstliche Pasta hat, liefern die Kellner auch gern hervorragende Pizza aus dem Holzofen, Seafood, Salat und Scaloppine.

Ausgehen & Unterhaltung

Manchester PUB
(☎519-977-8020; www.themanchester.ca; 546 Ouellette Ave; ⏱ab 11.30 Uhr) Freundliches Personal, herzhaftes britisches Kneipenessen und eine günstige Innenstadtlage machen das Manchester zur klugen Option für eine entspannte Mahlzeit und ein paar Bier. Auf der Karte stehen auch viele nordamerikanische Knabbereien.

Caesar's Windsor CASINO
(☎800-991-7777; www.caesarswindsor.com; 377 Riverside Dr E; ⏱24 Std.) Das Kasino im Besitz der Provinz (das mit dem Caesar's in Las Vegas verbunden ist) hat Windsor einen wirtschaftlichen Aufschwung verschafft, auch wenn der Andrang wegen strengerer Grenzkontrollen und des starken kanadischen Dollars inzwischen geringer geworden ist. Besucher müssen mindestens 19 Jahre alt sein.

Das zugehörige Hotel hat die besten Zimmer der Stadt. Sie sind schlicht, aber luxuriös und in neutralen Farben gehalten; einige haben einen Ausblick auf die Uferbereiche von Windsor oder Detroit. Es gibt einen Pool für Erwachsene über 18 Jahre.

UNCLE TOM'S CABIN

Rund 100 km nordöstlich von Windsor, vor Chatham, befindet sich die **Uncle Tom's Cabin Historic Site** (☎519-683-2978; www.uncletomscabin.org; 29251 Uncle Tom's Rd, Dresden; Erw./Kind/Fam. 7/4,50/20 C$; ⏱Mai–Okt. Mo–Sa 10–16, So 12–16 Uhr; P). Onkel Tom war die fiktive Hauptgestalt von Harriet Beecher Stowes 1852 veröffentlichtem Roman, der auf der Lebensgeschichte von Reverend Josiah Henson beruht. Auf dem 5 ha großen Gelände sind Dinge ausgestellt, die sich auf das Buch und die Underground Railroad beziehen. Zudem gibt's hier ein Kino, eine Galerie und ein Informationszentrum. Um herzukommen, die Ausfahrt 101 vom Hwy 401 nehmen und der Ausschilderung folgen.

Praktische Informationen

Ontario Travel Information Centre (☎519-973-1338; www.ontariotravel.net; 110 Park St E; ⏱8.30–20 Uhr) Gut mit Broschüren bestückt, hilfreiche Mitarbeiter.

Tourism Windsor Essex (☎519-255-6530; www.visitwindsoressex.com; Suite 103, 333 Riverside Dr; ⏱Mo–Fr 8.30–16.30 Uhr) Infos über Windsor und die Region; am besten von der Pitt St zugänglich.

An- & Weiterreise

Detroit–Windsor ist ein wichtiger internationaler Grenzübergang, man überquert die Grenze entweder über die berühmte, gewaltige **Ambassador Bridge** (Maut 6,25 C$/5 US$) oder durch den **Detroit–Windsor Tunnel** (www.dwtunnel.com; Maut 4,75–5,75 C$/4,50–5 US$), der beide Downtowns verbindet.

Vom **Busbahnhof Windsor** (☎519-254-7577; www.greyhound.ca; 300 Chatham St W; ⏱7–21 Uhr) fahren Busse über London (36 C$,

2 Std., 4-mal tgl.) nach Toronto (54 C$, 5 Std., 4-mal tgl.). Bei der Fahrt nach Chicago (79 C$, 7–9 Std., 4-mal tgl.) steigt man in Detroit aus dem Bus von Greyhound Canada aus und fährt mit einem US-amerikanischen Greyhound-Bus weiter. Billigere Tickets sind online im Vorverkauf erhältlich. Vom Busbahnhof fährt auch der Tunnel Bus von **Transit Windsor** (☎ 519-944-4111; www.dwtunnel.com) nach Detroit (5 C$, 30 Min., alle 30 Min.) – Reisepass erforderlich!

Vom **Bahnhof Windsor** (☎ 888-842-7245; www.viarail.ca; Ecke Walker St & Wyandotte St; ⏱ 5.15–23.30 Uhr) 3 km östlich des Zentrums fahren Züge über London (56 C$, 2 Std.) nach Toronto (124 C$, 4 Std., 4-mal tgl.).

Am Lake Erie

Die Uferlinie des Lake Erie vom Wellandkanal bei Niagara bis zum Detroit River in Windsor ist ein landschaftlich reizvoller, dünn besiedelter Streifen mit Sandstränden, Kleinstädten und friedlichen Parks. Viele Bewohner von Ontario haben hier Wochenendhäuschen. Die jüngsten Anstrengungen in Sachen Umweltschutz haben dafür gesorgt, dass man im Lake Erie (dem seichtesten und wärmsten der Great Lakes) wieder baden kann. Trotzdem sollte man vor dem Hineinspringen bei den Einheimischen nachfragen. Wer mal wirklich ganz weit weg sein möchte, kann Pelee Island ansteuern, den südlichsten Punkt Kanadas. Entlang des Seeufers gibt es praktisch keine öffentlichen Verkehrsmittel: Die folgende Aufzählung setzt die Fahrt mit dem eigenen Auto von Ort zu Ort voraus.

Amherstburg

Am Krieg von 1812 und der Underground Railroad Interessierte finden im historischen Amherstburg fesselnde Informationen. In der kleinen Stadt südlich von Windsor, wo der Detroit River in den Lake Erie fließt, war in der Vergangenheit offebar weit mehr los als heutzutage.

Sehenswertes

Park House Museum MUSEUM
(☎ 519-736-2511; www.parkhousemuseum.com; 214 Dalhousie St; Erw./Kind 4/2,50 C$; ⏱ 10–17 Uhr) Dieses Haus ist das älteste in der Stadt, aber nicht *aus* der Stadt. Es wurde nämlich am anderen Flussufer errichtet, im Jahr 1799 aber an seinen jetzigen Standort gebracht und ist heute im Stil der 1850er-Jahre eingerichtet.

Amherstburg Freedom Museum MUSEUM
(☎ 519-736-5433; www.amherstburgfreedom.org; 277 King St; Erw./Student 7,50/6,50 C$; ⏱ Di–Fr 12–17, Sa & So 13–17 Uhr; 🅿) Das Hauptausstellungsgebäude informiert über die Menschen, die der Sklaverei in den USA entkamen und das schwarze Erbe in der Region. Das Highlight ist die Nazrey African Methodist Episcopal Church, eine National Historic Site. Die Kirche wurde von ehemaligen Sklaven gebaut und spielte eine Rolle bei der Underground Railroad (S. 164).

Fort Malden National Historic Site HISTORISCHE STÄTTE
(☎ 519-736-5416; www.amherstburg.ca; 100 Laird Ave; Erw./Kind 4/2 C$; ⏱ Mai–Okt. 10–17 Uhr; 🅿) Die britische Festung wurde 1840 auf einem Erdwall am Fluss errichtet. Als die ersten Pelzhändler eintrafen, entstanden in dem Gebiet starke Spannungen zwischen Franzosen, Angehörigen der First Nations und Engländern sowie später Amerikanern. Im Krieg von 1812 schmiedete der britische General Brock hier (zusammen mit seinem Verbündeten, dem Shawnee-Häuptling Tecumseh) ein Komplott zur Einnahme von Detroit.

Feste & Events

Shores of Erie WEIN
(www.soewinefestival.com; ⏱ Anfang Sept.) Wein und Unterhaltung stehen bei diesem Fest am Sommerende/Herbstanfang im Mittelpunkt. Man sollte die Unterkunft im Vorfeld buchen. Auf jeden Fall sollte man einen Blick auf die Website werfen, weil das Fest in der Vergangenheit auch schon abgesagt wurde.

Schlafen & Essen

Bondy House B&B B&B
(☎ 519-736-9433; www.bondyhouse.com; 199 Dalhousie St; DZ mit Gemeinschaftsbad/eigenem Bad ab 110/125 C$; 🅿⊖❄📶) Man kann einen kurzen Spaziergang zum See machen oder einfach den Garten mit dem großen Seerosenteich genießen. Die Suite und das „Kapitänszimmer" sind am stilvollsten, aber alle fünf Zimmer in diesem viktorianischen Haus sind komfortabel.

Lord Amherst Public House KNEIPENESSEN $
(☎ 519-713-9165; www.lordamherst.ca; 273 Dalhousie St; Hauptgerichte 10–16 C$; ⏱ Mo–So ab 11.30 Uhr) Raffinierte, köstliche Kneipengerichte und erstklassige Biersorten machen dieses originelle historische Wasserloch zu einer hübschen Abwechslung von den Ausflügen in die Geschichte.

Artisan Grill KANADISCH $$
(☎ 519-713-9009; www.artisangrill.ca; 269 Dalhousie St; Gerichte 12–28 C$; ⏲ Di–Do 11–22, Fr & Sa bis 23 Uhr) Schön, dass es in einer Kleinstadt wie Amherstburg ein ordentliches zwanglos-elegantes Restaurant gibt: Die Wraps, Sandwiches, Salate und Steaks – und auch der Hummer – sind vom Feinsten.

Praktische Informationen

Amherstburg Visitors Information Centre
(☎ 519-736-8320; www.amherstburg.ca; Ecke Sandwich St & William St; ⏲ Ende Mai–Okt. Do–Mo 10–17 Uhr) Die Touristeninformation am Ufer hilft einem bei historischen Erkundungen.

An- & Weiterreise

Um nach Amherstburg zu gelangen, braucht man ein eigenes Auto. Mit **Amherstburg Taxi** (☎ 519-736-1761; www.amherstburgtaxi.ca), dem jetzt wieder verfügbaren und einzigen Taxidienst der Stadt kommt man für rund 40 C$ nach Windsor, die nächste größere Stadt.

Leamington & Pelee Island

Leamington am Ufer des Sees ist die „Tomaten-Hauptstadt von Ontario", allerdings kommen die meisten Leute nur hierher, um die Fähre nach Pelee Island zu besteigen. Im Südosten der Stadt liegt der Point Pelee National Park (der südlichste Punkt des kanadischen Festlands); er ist im Frühjahr und Herbst ein Boxenstopp für Tausende von Zugvögeln.

Kanadas südlichster Außenposten, Pelee Island, ist eine verschlafene Oase mitten im Lake Erie. 1788 verpachteten die Völker der Ojibwe und der Ottawa die Insel an Thomas McKee, doch sie blieb unbebaut, bis William McCormick sie 1823 erwarb. Im Jahr 1900 hatte Pelee 800 Einwohner, vier Kirchen und vier Schulen. Heute gibt es hier nur 275 Einwohner und nicht viel darüber hinaus. Das Leben dreht sich um eine sehr entspannte und bescheidene Form des Tourismus. Die Insel ist so grün, wie Grün nur sein kann, und von Sandstränden und seichtem Wasser umgeben; wer hierher kommt, befindet sich abseits des Trubels, ohne die Provinz zu verlassen.

Sehenswertes

Pelee Island Heritage Centre MUSEUM
(☎ 519-724-2291; www.peleeislandmuseum.ca; 1073 West Shore Rd, Pelee Island; Erw./Kind 3/2 C$; ⏲ Mai–Okt. 10–17 Uhr; Ⓟ) Nahe dem West Dock zeigt das kleine Pelee Island Heritage Centre eine der besten naturkundlichen Sammlungen in Ontario. Die fesselnden Exponate beleuchten die Geschichte von den Ureinwohnern bis ins 20. Jh., die Geologie, Flora und Fauna, die Industrie, die Schifffahrt und die Schiffswracks.

Pelee Island Winery Wine Pavilion WEINGUT
(☎ 800-597-3533; www.peleeisland.com; 20 East-West Rd, Pelee Island; spezielle Führungen Erw./Kind 5 C$/frei; ⏲ Okt.–Mai 11–16 Uhr, Juni–Sept. bis 20 Uhr; Ⓟ) Hier kann man die Früchte des Insellebens kosten. Die regulären Führungen (meist 12, 14 & 16 Uhr) sind kostenlos; Sonderführungen mit Wein und Käse oder Wein und Schokolade lassen sich telefonisch vereinbaren.

Fish Point Nature Reserve PARK
(☎ 519-825-4659; www.ontarioparks.com/park/fishpoint; 1750 McCormick Rd, Pelee Island; ⏲ Sonnenaufgang–Sonnenuntergang; Ⓟ) Die langgestreckte, sandige Landspitze ist der absolut südlichste Punkt Kanadas. Ein hin & zurück 3,2 km langer Waldweg führt bis zur Spitze, die eine der besten Badestellen auf der Insel ist. Fish Point ist zudem ein Paradies für Vogelbeobachter; hier findet man Nachtreiher und unzählige Watvögel.

Point Pelee National Park PARK
(☎ 519-322-2365; www.pc.gc.ca; Point Pelee Dr, Leamington; Erw./Kind 8/4 C$; ⏲ Sonnenaufgang–Sonnenuntergang; Ⓟ) Der beliebte Nationalpark rund 13 km südöstlich von Leamington besitzt Naturpfade, einen Plankenweg durch die Marsch, Wälder und schöne Sandstrände. Die Wanderung der Monarchfalter im Herbst ist ein schwirrendes Schauspiel in Schwarz und Orange.

Geführte Touren

Explore Pelee RADTOUR
(☎ 519-325-8687; www.explorepelee.com; Pelee Island; ab 40 C$) Die Radtouren führen zum ältesten Haus der Insel, zu den Kanälen und Pumpstationen, zum Leuchtturm und zum Friedhof der Insel.

Schlafen & Essen

Stonehill Bed & Breakfast B&B $
(☎ 519-724-2193; www.stonehillbandb.com; 911 West Shore Rd, Pelee Island; EZ/DZ mit Gemeinschaftsbad 75/90 C$; Ⓟ⊖) Das 1875 mit Kalkstein aus dem weiter hinten gelegenen Steinbruch errichtete alte Bauernhaus bietet Blick aufs Wasser, ein parkähnliches Ambiente und freundliche Gastgeber.

Patchworkdecken schmücken die gemütlichen Schlafzimmer.

Wandering Pheasant Inn INN $$
(☎519-724-2270; www.thewanderingpheasantinn.com; 1060 E West Rd, Pelee Island; DZ inkl. Frühstück 115–175 C$) Das südlichste Gasthaus in Kanada besetzt 1 ha am Ostufer der Insel. Weil weit und breit keine Straßenlaternen zu sehen sind, kann man leicht die magischen Leuchtkäfer beobachten. Es gibt 15 einfache Zimmer und einen Gemeinschafts-Whirlpool. Keine Kinder.

Anchor & Wheel Inn B&B $$
(☎519-724-2195; www.anchorwheelinn.com; 11 West Shore Rd, Pelee Island; Stellplatz ohne/mit Strom 25/40 C$, DZ 90–115 C$, Cottage ab 150 C$; P 🚭 ❄) Das muntere Anchor & Wheel im Nordwesten von Pelee bietet Unterkünfte von grasbewachsenen Stellplätzen über Gästezimmer mit Whirlpool und Klimaanlage bis hin zu einem Cottage am Dock. Vor Ort gibt's ein Restaurant.

Conorlee's Bakery & Delicatessen BÄCKEREI $
(☎519-724-2321; rickolte.wix.com/bakery; 5 Northshore Dr; Sandwiches 5–7 C$; ⏲7.30–15 Uhr) Conorlee's backt frisches Brot, Kuchen, Pizza und Pasteten, braut Espresso und verkauft lokalen Honig. Hier eines der verführisch leckeren Sandwiches zu erstehen und es am Strand zu essen, ist eine angenehme Option.

Ausgehen & Nachtleben

Scudder Beach Bar & Grill BAR
(☎519-724-2902; www.scudderbeach.com; 325 North Shore Rd, Pelee Island; Hauptgerichte 8–16 C$; ⏲Mai–Sept. 12–22 Uhr) In dem holzverkleideten Schankraum werden Wraps und Sandwiches serviert und das kalte Bier fließt in Strömen. Am Samstagabend treten gelegentlich Livebands auf, und tagsüber wird samstags gegrillt.

Praktische Informationen

- Es gibt einen Geldautomaten im **Scudder Beach Bar & Grill**, dem aber an geschäftigen Wochenenden vielleicht das Geld ausgeht, also Bargeld mitnehmen!
- Infos zu Leamington findet man unter www.tourismleamington.com; oder man schaut nach der „Big Tomato" an der Talbot St.
- Alles Wissenswerte über Pelee Island steht unter www.pelee.org. Fährplätze und Unterkünfte sollte man vorab buchen. Das Angebot an Dienstleistungen und Einrichtungen ist begrenzt, das gilt auch für den Internetzugang.

Anreise & Unterwegs vor Ort

Nach Pelee Island fährt von April bis Dezember eine alte Autofähre. In den übrigen Monaten braucht man ein Flugzeug. Viele der Straßen auf der Insel sind unbefestigt.

Ontario Ferries (☎519-326-2154; www.ontarioferries.com; Erw./Kind/Senior 7,50/3,75/6,25 C$, Auto/Fahrrad/Motorrad 16,50/3,75/8,25 C$; ⏲April–Mitte Dez.) fährt von Leamington (und manchmal auch von Kingsville) zur Insel. Die Fahrpläne ändern sich nach Tag und Jahreszeit; im Voraus reservieren! Die Überfahrt dauert in beide Richtungen 1½ Stunden.

Fähren von **Pelee Island Transportation** (☎800-661-2220; www.ontarioferries.com) verbinden Pelee mit Sandusky in Ohio – aber natürlich nicht im Winter.

Fahrräder vermietet **Comfortech Bicycle Rentals** (☎519-724-2828; www.peleebikerental.com; West Shore Rd, Pelee Island; 10/25 C$ pro Std./Tag; ⏲Mai–Okt.) nahe dem West Dock.

Port Stanley

Das Fischerdorf an der Mündung des Kettle Creek, hat einen hübschen Ortskern und eine angenehme, unaufgeregte Atmosphäre: **Port Stanley** (www.portstanley.net) ist die Art von Ort, in dem Besucher auf der Straße angesprochen werden.

Viele Eisenbahnfreaks und Junggebliebene haben Spaß an der **Port Stanley Terminal Rail** (☎877-244-4478; www.pstr.on.ca; 309 Bridge St; Erw./Kind 15/9 C$), einem 14 km langen Abschnitt der historischen Bahnstrecke London–Port Stanley. Der Fahrplan variiert; Details stehen auf der Website.

Das **Port Stanley Festival Theatre** (☎519-782-4353; www.portstanleytheatre.ca; 302 Bridge St; Erw./Kind ab 32,50/19,50 C$; 👪) hält in der Sommersaison Gäste bei Laune.

Wen die Gemächlichkeit des hiesigen Lebens bezaubert, kann im gehobenen, maritimen **Inn on the Harbour** (☎519-782-7623; www.innontheharbour.ca; 202 Main St; DZ 189–299 C$; P 🚭 ❄ 📶) übernachten. Man sieht den Fischerbooten beim Ein- und Auslaufen und den Fischern beim Abladen der Körbe mit Flussbarsch und Kettenhecht zu. Im hinteren Teil bietet das **Little Inn** thematisch gestaltete Suiten (à la „afrikanische Safari" oder „Pariser Boutique") für 259 C$ pro Nacht.

Port Dover & Umgebung

In Port Dover, einer Küstenstadt mit lässiger Atmosphäre, dreht sich alles um Sommer, Sonne und Strand. Sonnenverbrannte Mittvierziger, Teenager im Bikini und eisverschmierte Kinder drehen in den Sommerferien auf der Hauptstraße ihre Runden. Outdoorfans freuen sich über gute Bade- und Vogelbeobachtungsmöglichkeiten; und beim Biker-Treffen an jedem Freitag den 13. wird's im sonst verschlafenen Port Dover laut und lebhaft.

Sehenswertes

Long Point Provincial Park PARK
(☎519-586-2133; www.ontarioparks.com; 350 Erie Blvd, Port Rowan; Eintritt 11 C$/Auto; ⏰Mai–Okt.; 🅿) Der ausgezeichnete Provincial Park, an der Küste Richtung Südwesten, umfasst eine sandige Landspitze am See, wo man prima baden kann.

Stellplätze ohne Strom kosten 28 C$, Stellplätze mit Strom 33 C$.

Turkey Point Provincial Park PARK
(☎519-426-3239; www.ontarioparks.com; 194 Turkey Point Rd, Turkey Point; Eintritt 11 C$/Auto; ⏰Mai–Okt.; 🅿) Weiter südwestlich entlang der Küste folgt dieser ausgezeichnete Provincial Park, in dessen Wäldern sich Naturfreunde und Vogelbeobachter tummeln.

Stellplätze ohne Strom kosten 28 C$, Stellplätze mit Strom 33 C$.

Port Dover Harbour Museum MUSEUM
(☎519-583-2660; www.portdovermuseum.ca; 44 Harbour St; Eintritt gegen Spende; ⏰11–18 Uhr) Das Museum in einer rekonstruierten Fischerhütte befasst sich mit der Fischindustrie am Lake Erie und den Heldentaten des örtlichen Seebären Kapitän Alexander McNeilledge („Trage keine Brille, nimm keinen Tabak zu dir, nur einen Whiskey, wenn es sein muss").

Feste & Events

Friday the 13th KULTUR
(www.pd13.com) Bei dem außergewöhnlichen, aber großen Bikerfest kommen an jedem Freitag den 13. Hunderte von Harley-Davidson-Fans nach Port Dover. Das Fest ist weltweit eines der größten seiner Art, denn bis zu 150 000 Motorradbegeisterte aus ganz Nordamerika stellen sich dazu ein – ein Riesenspektakel, zu dem man seine Unterkunft unbedingt im Voraus buchen und sich auf heftige Preise einstellen muss.

Schlafen

Erie Beach Hotel HOTEL $
(☎519-583-1391; www.eriebeachhotel.com; 19 Walker St, Port Dover; DZ 120 C$; 🅿 ❄ 📶) Das weiß getünchte Hotel ist die am zentralsten gelegene Unterkunft der Stadt. Die besten Zimmer bieten Blick auf den peinlich gepflegten Rasen, während man in den Schankräumen des Pubs aus jeder Menge Flussbarsch und Garnelen (Hauptgerichte 10–20 C$) wählen kann. Von Oktober bis Mai sind die Zimmerpreise etwas niedriger.

BLAUER DUNST

Die ebenen, sandigen Böden im nördlichen Teil des Norfolk County zwischen Port Dover und Port Stanley bieten ideale Bedingungen für Fruchtwechselwirtschaft: Während früher ausschließlich Tabak angebaut wurde, sieht man heute auch Hanf- und Ginsengfelder. Um den alten Tabakduft zu schnuppern, fährt man nordöstlich von Port Stanley auf der County Rd 45 eine Stunde landeinwärts zum **Delhi Tobacco Museum & Heritage Centre** (☎519-582-0278; www.delhimuseum.ca; 200 Talbot Rd, Delhi; Eintritt gegen Spende; ⏰Juni–Aug. Mo–Fr 10–16.30, Sa & So 13–16 Uhr; 🅿), einem alten Holzkasten voller Tabakblätter, der als multikulturelles Museum über die örtliche Geschichte und Tabakproduktion informiert.

Praktische Informationen

Port Dover Visitors Centre (☎519-583-1314; www.portdover.ca; 19 Market St W, Port Dover; ⏰10–17 Uhr) Hilft bei der Unterkunftssuche und verleiht kostenlos Fahrräder.

MUSKOKA LAKES

Barrie markiert das Ende der ausgedehnten Vorstädte von Toronto und das Tor zur Muskoka-Lakes-Region. Das hübsche, am See gelegene Städtchen erscheint allerdings bisweilen wie ein weiterer Vorort von Toronto.

Muskoka Lakes (oder einfach Muskoka) ist ein allgemeiner Name für die Region, die die Seen Muskoka, Rosseau und Joseph sowie viele kleinere Gewässer umfasst. Ursprünglich wurden hier viel Bauholz produziert und Schiffe gebaut, heute ist es das Herzstück von „Cottage Country": Hier genießen Familien den Aufenthalt am Wasser, viele verbringen hier den Ruhestand. Hier stehen Ontarios aufwendigste Cottages, viele von ihnen in der berühmten „Millionärsreihe" am Lake Muskoka. Um die Schönheit und Gelassenheit dieser bewaldeten, mit viel Wasser gesegneten Region zu erkunden, sollte man schon ein paar Tage einplanen. Besonders reizvoll ist der Herbst.

Öffentliche Verkehrsmittel sind in der Region rar. Am besten kommt man mit dem eigenen Auto voran (www.discovermuskoka.ca/suggested-driving-tours). Achtung: Im Sommer kann der Verkehr auf dem Hwy 400 an manchen Tagen zum Alptraum werden, nämlich freitags in Richtung Norden (von Toronto) und sonntags in Richtung Süden.

Ontario Northland (www.ontarionorthland.ca) betreibt Busses, die durch jede Ortschaft kommen. Sie fahren aber selten, sodass man meist zwei Tage bleiben muss, wenn man in einem Ort ausgestiegen ist.

Bei der Fahrt zu den Seen sollte man im großen **Ontario Travel Information Centre** (☎705-725-7280; www.ontariotravel.net; 21 Maple View Dr; ⊙8–20 Uhr) am Hwy 400 hineinschauen und sich mit Karten und Broschüren eindecken.

Orillia

Orillia thront stolz am Nordende des Lake Simcoe, der dort in den Lake Couchiching übergeht. Beide gehören eigentlich nicht zu den Muskoka Lakes, sind aber größere Stationen am Trent-Severn Waterway. Dreieckige Segel und Motorboote verstopfen den Hafen; Autofahrer fahren vom Hwy 11 ab, um über Orillias Hauptstraße, die aus der Zeit gefallene Mississaga St, zu bummeln.

Sehenswertes & Aktivitäten

Coldwater Canadiana Heritage Museum MUSEUM
(☎705-955-1930; www.coldwatermuseum.com; 1474 Woodrow Rd, Coldwater; Eintritt gegen Spende; ⊙Ende Mai–Okt. Mo–Sa 10–16 Uhr) Westlich von Orillia am Hwy 12, bevor er auf den Hwy 400 trifft, befindet sich dieses bezaubernde Volkskundemuseum am Flussufer mit einer entzückenden Ansammlung von Kolonialgebäuden. Hier wird der Geschichte des Dorflebens von 1830 bis 1950 nachgespürt.

Leacock Museum MUSEUM
(☎705-329-1908; www.leacockmuseum.com; 50 Museum Dr; ⊙10–16 Uhr) GRATIS 1928 baute der kanadische Humorist Stephen Leacock ein prächtiges Haus am Ufer, das heute ein Museum ist. Inzwischen ist das Haus täglich geöffnet, und der Eintritt ist frei. Im Juli richtet das Museum das Leacock Summer Festival aus, ein angesehenes Literaturfest.

Island Princess BOOTSFAHRT
(☎705-325-2628; www.obcruise.com; ⊙Juni–Okt.) Orillia bietet eine Vielzahl von Ausflugsfahrten mit der *Island Princess*, auch wenn die Kulisse in Penetanguishene und Parry Sound malerischer ist. Im Juli und August gibt es hier täglich bis zu vier Abfahrten. Die Ausflüge mit Mittag- bzw. Abendessen müssen im Voraus gebucht

Schlafen & Essen

Stone Gate Inn HOTEL $$
(☎705-329-2535; www.stonegateinn.com; 437 Laclie St; Zi. mit Frühstück ab 140 C$; P ❄ 📶 ≋) Dieser moderne Gasthof zeichnet sich gegenüber der Konkurrenz durch seine Extras aus: einen Pool, ein komplett ausgestattetes Business Center, Hors d'oeuvres an den Wochenenden und Bademäntel für die Gäste.

Cranberry House B&B $
(☎705-326-6871; www.orillia.org/cranberryhouse; 25 Dalton Cres S; DZ inkl. Frühstück ab 140 C$) Das B&B liegt an einer ruhigen Straße, die stark an eine Kulisse für die Fernsehserie *Wunderbare Jahre* erinnert. Jedes Haus erscheint adrett und einladend, und Cranberry House bildet da keine Ausnahme. Die zweckmäßig eingerichteten Zimmer haben jeweils ein eigenes Bad.

Mariposa Market MARKT $
(☎705-325-8885; www.mariposamarket.ca; 109 Mississaga St E; Snacks ab 2 C$; ⊙Mo–Do & Sa 7–18, Fr bis 20, So 8–17.30 Uhr) Dieses Zwischending aus Bäckerei und Krimskramsladen ist ein Fest für die Augen und die Zunge. Als kleines Mittagessen kann man es hier mit einer pikanten Pastete versuchen, sich dann eine Nachspeise aussuchen und unter den Souvenirs umschauen.

Webers Hamburgers BURGER $
(☎705-325-3696; www.webers.com; Hwy 11; Hamburger 4,25–6.25 C$; ⊙10.30 Uhr–open end) Nur 12 km nördlich von Orillia versorgt dieser Burgerladen am Hwy 11 Passanten mit seinen legendären billigen Burgern vom Holzkohlegrill. Hier bilden sich immer lange Schlangen. Eine schicke Überführung bringt einen auf die andere Seite des Highway.

Unterhaltung

Orillia Opera House DARSTELLENDE KUNST
(☎705-326-8011; www.orilliaoperahouse.ca; 20 Mississaga St W) Im mit Türmchen verzier-

ten Orillia Opera House kommen diverse Produktionen, beispielsweise von *Cats* oder *Oklahoma!* auf die Bühne.

Casino Rama KASINO
(☎705-329-3325; www.casinorama.com; 5899 Rama Rd; ⏲24 Std.) Das glitzernde Casino Rama ist eine wichtige Bühne für tourende Unterhaltungskünstler.

An- & Weiterreise

Zwischen Orillia und Toronto fahren Busse von **Greyhound Canada** (greyhound.ca; 32 C$, 2¼ Std., 6-mal tgl.) und **Ontario Northland** (www.ontarionorthland.ca; 31 C$, 2¼ Std., 5-mal tgl.).

Gravenhurst

Während das nahegelegene Bracebridge ein beliebtes Reiseziel ist, schickt sich das verschlafene Gravenhurst gerade erst an, zu zeigen, was es drauf hat. Einen Besuch lohnt die Muskoka Wharf, ein nach der Jahrtausendwende gebauter Uferkomplex mit Läden, Restaurants, Eigentumswohnungen, einem Bauernmarkt und einem Museum.

Sehenswertes

Bethune Memorial House HISTORISCHES GEBÄUDE
(☎705-687-4261; www.pc.gc.ca/bethune; 297 John St N; Erw./Kind 4/2 C$; ⏲Juni–Okt. 10–16 Uhr) Das kleine Museum ehrt den kanadischen Arzt und Internationalisten Norman Bethune, der einen großen Teil seines Lebens in China als Arzt und Entwicklungshelfer verbrachte. Bethune richtete die erste mobile Bluttransfusionsklinik der Welt ein, als er während des Bürgerkriegs in Spanien die Republikaner unterstützte.

Muskoka Boat & Heritage Centre MUSEUM
(☎705-687-2115; www.realmuskoka.com; 275 Steamboat Bay Rd; Erw./Kind 7/2 C$; ⏲Mo–Fr 10–18, Sa & So bis 16 Uhr) Das Museum erzählt die reiche Geschichte der Dampfschiffe in der Region und stellt mehr als 20 Holzboote zur Schau. Außerdem sind hier zwei Schiffe zu bewundern: die *Segwun*, das älteste noch fahrende Dampfschiff in Nordamerika, und die *Wenonah II*, ein modernes Ausflugsboot in altbewährter Bauart. In einem früheren Leben war die *Segwun* ein Postschiff, das entlegene Enklaven in Muskoka ansteuerte. Verschiedenartige Bootstouren stehen zur Auswahl: Einzelheiten sind auf der Website zu finden.

Feste & Events

Music on the Barge MUSIK
(http://fb.me/musiconthebarge; Gull Lake Park; Eintritt gegen Spende; ⏲Ende Juni–Ende Aug.) Im Sommer versammeln sich Tausende, um Big-Band-Nummern, Jazz oder Country Music zu hören. Die Konzerte von Ende Juni bis Ende August starten jeden Sonntag um 19.30 Uhr.

Schlafen & Essen

Residence Inn Muskoka Wharf HOTEL $$
(☎705-687-6600; www.marriott.com; 285 Steamship Bay Rd; DZ/Suite ab 125/160 C$; P ❄ 📶 🏊) Näher am Wasser als in dem großen neuen Anwesen im Muskoka-Wharf-Komplex kann man kaum wohnen. Es bietet große, frisch dekorierte Wohnstudios und Suiten mit komplett ausgestatteter Küche, separaten Wohn- und Schlafbereichen sowie großzügigen Bädern. Manche Zimmer haben auch Balkone und Ausblick auf den See. Im Preis, der in Spitzenzeiten steigt, ist das Frühstücksbüffet inbegriffen.

★ **Taboo Resort** RESORT $$$
(☎705-687-2233; www.tabooresort.com; 1209 Muskoka Beach Rd; DZ ab 199 C$; P ❄ 📶 🏊) Endlich ein Boutique-Resort in Ontario mit internationalem Flair: Das Anwesen in toller Uferlage auf einer kleinen Halbinsel bietet Zimmer und Suiten mit klarer, minimalistischer Formensprache, die von Grautönen und Ahornholz bestimmt sind. In den schicken Badezimmern finden sich hochwertige Toilettenartikel. Die dreistöckigen Chalets sind ideal, wenn man mit Kindern unterwegs ist: Die lieben Kleinen verschwinden in den Kinderclubs, sodass man eine Runde Golf spielen oder seinen Cocktail am Pool und die fabelhafte Küche genießen kann.

Pizza Station PIZZA $
(☎705-687-3111; 415 Bethune Dr N; kleine Pizza ab 7 C$; ⏲Mo–Sa 10–22 Uhr) Die Einheimischen schwören auf diese unscheinbare Pizzeria, deren dampfend heiße Pizzas genau die richtige Menge Belag und eine knusprige Kruste haben.

Blue Willow Tea Shop BRITISCH $
(☎705-687-2597; www.bluewillowteashop.ca; 900 Bay St; High Tea 24 C$, Hauptgerichte 14–16 C$; ⏲Mo–Do 10–16, Fr & Sa bis 20, So bis 15 Uhr) In der liebenswerten Teestube am Ufer gibt's täglich ab 14 Uhr High Tea. Abends werden ein paar typisch britische Gerichte wie Würstchen mit Kartoffelbrei und Fish and Chips serviert.

Unterhaltung

Gravenhurst Opera House THEATER
(☎705-687-5550; www.gravenhurstoperahouse.com; 295 Muskoka Rd S) Das bezaubernde denkmalgeschützte Gebäude präsentiert eine Sommersaison mit Profi-Theater.

Praktische Informationen

Gravenhurst Chamber of Commerce (☎705-687-4432; www.gravenhurstchamber.com; 685 Muskoka Rd N; ⊙Mo–Fr 8.30–17, Sa 9–12 Uhr) Am Stadtrand. Zusätzliche Infos sind unter www.gravenhurst.ca zu finden.

An- & Weiterreise

Ontario Northland (www.ontarionorthland.ca) betreibt Busse von Toronto nach Gravenhurst (40 C$, 3 Std., 4- bis 5-mal tgl.), die über die North-Bay-Route fahren und am Bahnhof Gravenhurst halten. Züge fahren schon seit Jahren nicht mehr in die Region.

Bracebridge

Das grüne Bracebridge liegt auf dem 45. Breitengrad, auf halbem Weg zwischen Nordpol und Äquator! Der faszinierende Ort entfaltet seinen natürlichen Charme das ganze Jahr über. Seine Kennzeichen: hohe, immergrüne Nadelbäume, sprudelnde Wasserfälle und leuchtend bunter Ahorn.

Sehenswertes

Bracebridge Wasserfälle WASSERFALL
In der Nähe des Visitor Centers ist der bekannteste unter den 22 Wasserfällen von Bracebridge zu finden, Bracebridge Falls. Großer Beliebtheit erfreuen sich auch Muskoka South Falls (33 m), etwa 6 km südlich der Stadt, Wilson's Falls und High Falls, beide im Norden.

Muskoka Brewery BRAUEREI
(☎705-646-1266; www.muskokabrewery.com; 13 Taylor Rd; ⊙Mo–Sa 11–17, So bis 16 Uhr) Die Muskoka Brewery füllt köstliche Biersorten ab, darunter Cream Ale und mehrere Lagerbiere. Im Sommer starten von Donnerstag bis Samstag von 12.30 bis 15.30 Uhr jeweils jede halbe Stunde interessante Führungen mit kostenloser Bierprobe.

Geführte Touren

Lady Muskoka BOOTSTOUR
(☎705-646-2628; www.lady muskoka.com; Rundfahrten Erw./Kind ab 32/16 C$; ⊙Mai–Okt.) Muskokas größtes Ausflugsschiff zeigt die Schönheiten des Lake Muskoka, einschließlich der erstaunlichen „Millionärsreihe", wo die Reichen entspannen. Verschiedene Ausflüge (auch Brunchfahrten) stehen zur Wahl.

Feste & Events

Muskoka Autumn Studio Tour KULTUR
(www.muskokaautumnstudiotour.com) Seit mehr als 35 Jahren öffnen im September örtliche Künstler die Türen ihrer Ateliers für die Öffentlichkeit.

Schlafen & Essen

Inn at the Falls HOTEL $$
(☎705-645-2245; www.innatthefalls.ca; 1 Dominion St; DZ 109–179 C$; P ❄ 📶) Gusseiserne Laternen, alte Kronleuchter, Porträts und Lattenzäune schaffen eine Atmosphäre wie in den 1870er-Jahren. Zu dem bei Hochzeitsgesellschaften beliebten Gasthof gehören das prächtige Haupthaus und sechs Cottages. Die charmant eingerichteten Suiten haben riesige, an Boote gemahnende Betten. Der Gourmet-Pub im Haus bietet einen wundervollen, von Gartenterrassen eingefassten Blick über die Bucht. Von Sonntag bis Donnerstag sind die Preise niedriger.

Wellington Motel MOTEL $$
(☎705-645-2238; www.wellingtonmotel.com; 265 Wellington St; DZ/Suite 110/179 C$; P ❄) Das ordentliche, zentral gelegene Motel aus rotem Backstein ist altmodisch, aber sauber. Die Zimmer sind mit Kühlschrank, Mikrowelle und großen Badezimmern ausgestattet. Die Suiten haben komplett eingerichtete Küchen.

Old Station KNEIPENESSEN $$
(☎705-645-9776; www.oldstation.ca; 88 Manitoba St; Hauptgerichte 13–30 C$; ⊙So–Do 11.30–22, Fr & Sa bis 23 Uhr) An Sommerabenden ist dies der Ort in der Stadt, wo am meisten los ist. Von der Veranda aus hat man einen Blick auf die Hauptstraße – ideal, wenn man sich nach der Kajakfahrt entspannen will. Hier kann man sich ein Pulled-Pork-Sandwich und dazu ein Muskoka-Ale aus der Brauerei gleich gegenüber schmecken lassen.

Riverwalk Restaurant MEDITERRAN $$$
(☎705-646-0711; 1 Manitoba St; Hauptgerichte mittags 12–18 C$, abends 28–37 C$; ⊙Di–So 11.30–14.30 & 17.30–20.30 Uhr) Es ist nicht so leicht, den Blick von der Aussicht abzuwenden, um die Speisekarte zu studieren. Zur Wahl stehen Schwein, Huhn, Ente, Kalb, Rind, Lamm oder Fisch. Es empfiehlt sich zu reservieren.

Praktische Informationen

Bracebridge Visitors Centre (705-645-8121; www.bracebridge.ca; 1 Manitoba St; ganzjährig Mo–Fr 9–17, Sa 10–17 Uhr, Juni–Aug. auch So 12–16 Uhr) Ganzjährig geöffnet.

An- & Weiterreise

Busse von **Ontario Northland** (www.ontario northland.ca) verbinden Bracebridge mit Toronto (43 C$, 3 Std., 4- bis 5-mal tgl.) auf der North Bay-Route.

Rosseau & Port Carling

Durch das verschlafene Rosseau kommt man auf dem Weg anderswohin vielleicht durch. Das idyllische Dorf besitzt einen kleinen Strand, eine historische Bibliothek, ein paar Antiquitätenläden und ein, zwei Cafés. Es ist der nächstgelegene Ort, wenn man in Muskokas Luxusresort, dem **Rosseau** (JW Marriott Resort & Spa; 705-765-1900; www.therosseau.com; 1050 Paignton House Rd, Minett; DZ/Suite ab 199/249 C$;) absteigt. Das Resort ist ideal für Paare mit Kindern und/oder Geld. Hier vergnügen sich die Eltern am Pool, während der Nachwuchs geführte Wanderungen auf Naturpfaden unternimmt. Die Gastronomie beschränkt sich auf die teuren Angebote im Resort. Die Suiten besitzen Küchen, kosten aber ein kleines Vermögen. Es handelt sich also um eine große, hübsche Anlage, die aber nicht nach jedermanns Geschmack ist.

Nördlich von Bracebridge erblickt man an der Rte 118 im wohlhabenden Port Carling, ein fantastisches **Wandbild**, das ein altes Schiff zeigt. Bei näherer Betrachtung erkennt man, dass es sich nicht um ein Gemälde, sondern um ein aus alten Fotos zusammengesetztes Mosaik handelt – bemerkenswert! Muskokas majestätische Schönheit inspiriert viele weitere Künstler in der Region. Weitere Infos dazu gibt's bei **Muskoka Arts and Crafts** (muskokaartsandcrafts.com).

Huntsville

Das hübsche Huntsville, Muskokas größte Stadt, liegt zwischen gewundenen Seen und Kiefernwäldern und ist das Tor zum Algonquin Provincial Park im östlichen Ontario. Der Ort ist eine gute Ausgangsbasis, um Tagesausflüge in den Park und durch die Region Muskoka zu unternehmen, oder bevor man zu einem Algonquin-Abenteuer aufbricht. Dazu ist allerdings ein eigenes Fahrzeug nötig.

Sehenswertes

Muskoka Heritage Place MUSEUM
(705-789-7576; www.muskokaheritageplace.org; 88 Brunel Rd; Erw./Kind 17/12 C$; Mai–Okt.) Die Anlage eröffnet eine historische Perspektive auf die Region, dazu gehören ein authentisches Pionierdorf, mehrere informative Museen und eine funktionierende Dampfeisenbahn von 1902 (fährt mehrmals am Tag; Fahrt im Eintritt inbegriffen).

Feste & Events

Festival of the Arts KUNST
(www.huntsvillefestival.on.ca) Musik, Film und Kunst werden das ganze Jahr über gefeiert.

Schlafen

Huntsville Inn MOTEL $
(866-222-8525; www.hunstvilleinn.com; 19 King William St; DZ ab 55 C$;) Das Haus in einer Top-Lage an der Brücke bietet komplett renovierte Zimmer mit Flachbild-TVs und kostenlosem WLAN. Das Preis-Leistungs-Verhältnis ist ausgezeichnet.

Au Petit Dormeur INN $
(705-789-2552; www.aupetitdormeur.com; 22 Main St W; DZ 80–100 C$;) Das Gästehaus liegt in einem hübschen Kolonialhaus, die Zimmer sind stylish – es gibt sogar einen Fitnessraum. Das Frühstück können die Gäste auf dem Balkon mit herrlichem Blick auf den nahen See einnehmen.

Hidden Valley Resort RESORT $$
(705-789-2301; www.hvmuskoka.com; 1755 Valley Rd; DZ ab 115 C$;) Die meisten der gut geschnittenen, erst kürzlich renovierten Zimmer in diesem Resort im Stil der 1990er-Jahre haben einen Balkon mit Blick auf den See und das weitläufige, gepflegte Gelände. Es gibt ein Restaurant mit einer tollen Terrasse, Pools drinnen und draußen und sogar einen kleinen Skihang in der Nähe. Das Resort liegt 8 km nördlich von Huntsville.

Knights Inn Motel MOTEL $$
(705-789-4414; www.knightsinn.ca; 69 Main St W; DZ/2BZ 100/110 C$;) Auf einem schönen Hügelgrundstück gegenüber der Straße vom See und in kurzer Gehentfernung zur Innenstadt bietet diese gute Anlage Zimmer mit Mikrowelle, einen Picknickbereich und Spiele für Kinder. Das Frühstück im sonnigen Gemeinschaftsraum ist im Preis enthalten.

Essen & Ausgehen

★ That Little Place by the Lights
ITALIENISCH $

(705-789-2536; www.thatlittleplacebythelights.ca; 76 Main St E; Mahlzeiten 6–14 C$; Mo–Sa 10–21:30 Uhr) Die Einheimischen lieben das kleine Lokal an der Ampel für seine traditionelle Pizzas, Pasta und *gelati*. Das Preis-Leistungsverhältnis stimmt.

Louis' Restaurant
DINER $

(705-789-5704; www.eatatlouis.com; 24 Main St E; Hauptgerichte 9–18 C$; 7–21 Uhr) Das nette Familienlokal eignet sich hervorragend für ein preiswertes Frühstück und einen vergnügten Mittagsimbiss mit Bekannten wie dem guten alten Schinken-Tomate-Sandwich, Burgern und Souvlaki. Außerdem gibt es Tagesgerichte.

Bo's Authentic Thai
THAILÄNDISCH $$

(705-789-8038; 79 Main St E; Hauptgerichte 12–19 C$; 11–21 Uhr;) Wie der Name verrät serviert dieses Uferrestaurant mit Flair authentisch thailändische Gerichte (die auf der Karte allerdings nur mit englischen Namen bezeichnet sind), darunter auch Optionen für Vegetarier.

Mill on Main
KANADISCH $$

(705-788-5150; www.themillonmain.ca; 50 Main St E; Hauptgerichte 12–20 C$; Mo–Do 11–21, Fr & Sa bis 1, So bis 20 Uhr) Die berühmten Käsebällchen enttäuschen nicht. Von der hübschen überdachten Terrasse kann man einen Blick aufs Wasser erhaschen. Mit seinen originellen Abwandlungen klassischer Gerichte bietet sich das Lokal für ein zwangloses Essen oder ein paar Drinks an. An den Wochenenden gibt's manchmal Livemusik.

On the Docks
PUB

(705-789-7910; www.onthedockspub.com; 90 Main St E; Gerichte 6–14 C$; 11.30–1 Uhr) Auf der fantastischen, über mehrere Ebenen verteilten Terrasse mit Blick aufs Wasser gibt's leckere Wraps, Vorspeisen und Sandwiches.

Praktische Informationen

Chamber of Commerce (705-789-1751; www.huntsville.ca; 8 West St N; Mo–Fr 9–17, Sa 10–15 Uhr) Jede Menge Infos zum Ort.

An- & Weiterreise

Busse von **Ontario Northland** (www.ontario northland.ca) fahren von Toronto nach Huntsville (39,30 C$, 3 Std., 4- bis 5-mal tgl.), es gibt aber keine öffentlichen Verkehrsmittel weiter zum Park.

Parkbus (parkbus.ca) bietet saisonal eine preisgünstige Verbindung von Toronto zum Algonquin Provincial Park (hin & zurück 88 C$, 3–4 Std.). Die Fahrten sind selten und begehrt – also vorab auf der Website buchen!

GEORGIAN BAY

Das Land um die Georgian Bay ist ein in Blau- und Grüntönen schimmerndes Gefilde, eine riesige Region des unbegrenzten Träumens. Die Sommerbrise weht leicht über die Sandstrände. Das Laub der Ahornbäume färbt sich im Herbst leuchtend rot, und mächtige Kiefern erzittern unter dem frostigen Kuss des Winters. Diese wunderbare Landschaft inspirierte Kanadas bekannteste Maler und ist auch heute noch der Sitz unzähliger Künstlergemeinden.

Am südlichen Bogen der Bucht befindet sich Wasaga Beach, der längste Süßwasserstrand der Welt. Die Nachbarorte Collingwood und Blue Mountain sind im Winter die beliebtesten Skigebiete der Provinz.

Fährt man von Owen Sound am Westufer nach Norden, kommt man auf die prächtige Bruce Peninsula, die für ihre zerklüfteten Kalksteinvorsprünge, schimmernden Klippen und felsigen Strände berühmt ist. Hier befinden sich das winzige, aber eindrucksvolle Tobermory und die vorgelagerte Manitoulin Island. Wenn es die Zeit zulässt, sollte man hier ein paar Tage bleiben.

Die großen Entfernungen in der Region erfordern ein eigenes Auto und die Bereitschaft zu längeren Fahrten. Eine ausgezeichnete und beliebte Möglichkeit sind im Sommer auch die Busse von **Parkbus** (parkbus.ca), insbesondere nach Tobermory, die man vorab reservieren sollte.

Parry Sound

Das kleine Parry Sound liegt versteckt hinter Hunderten winziger Inseln in der Georgian Bay. Früher war es ein belebter Hafen, heute ist die Atmosphäre entspannt und heiter, trotz der Schienenstränge auf Stelzen, die sich in der Nähe der Hafenanlagen durch den Himmel ziehen.

Sehenswertes & Aktivitäten

Bobby Orr Hall of Fame
MUSEUM

(877-746-4466; www.bobbyorrhalloffame.com; 2 Bay St; Erw./Kind 9/6 C$; Di–Sa 10–17, So 11–17 Uhr) Für Uneingeweihte: Die Lokallegende

Georgian Bay

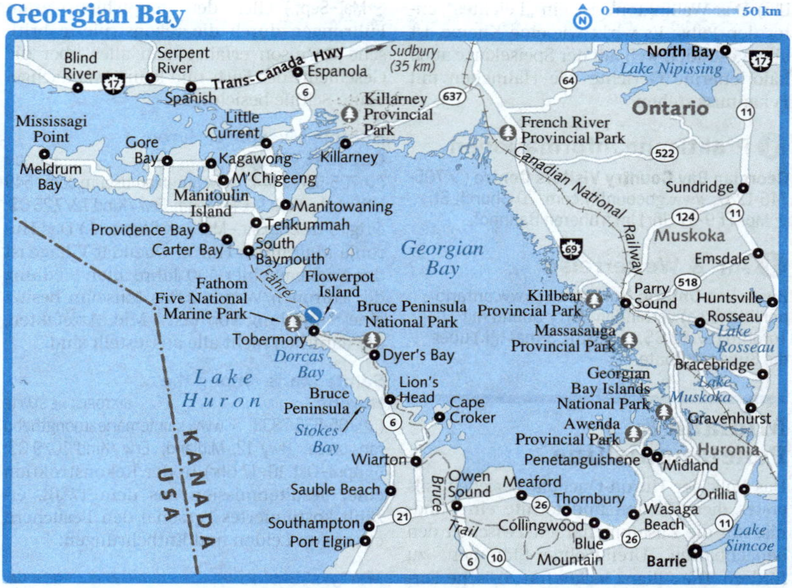

Bobby Orr ist einer der großen Eishockeyheroen, der mit seiner gewaltigen Offensivkraft die Rolle der Verteidiger von Grund auf neu definierte. In seinem riesigen modernen Schrein können Fans sich als Sportansager versuchen oder in Torhüterkluft gegen eine Puckmaschine antreten.

MV Chippewa III BOOTSTOUR

(☎705-746-6064; www.spiritofthesound.ca; Seguin River Parkette, Bay St; ⊙Juni–Okt.) Ausflugsfahrten mit Mittag- oder Abendessen gehören zu den diversen Optionen auf diesem kleinen, grünen Schlepper. Preise und Fahrpläne stehen auf der Website.

Island Queen BOOTSTOUR

(☎800-506-2628; https://islandqueencruise.com; 9 Bay St; 2-stündige Bootstour vormittags Erw./Kind 30/15 C$, 3-stündige nachmittags 40/20 C$; ⊙Juni–Okt.) Mit der *Island Queen* werden diverse Ausflugsfahrten inmitten der fast 30 000 (ja, wirklich!) Inseln veranstaltet.

White Squall KAJAKFAHREN

(☎705-342-5324; www.whitesquall.com; 53 Carling Bay Rd, Nobel; Miete ab 27 C$, Tagestouren ab 129 C$; ⊙April–Okt. 9–17.30 Uhr) Mit gemieteten Kajaks und geführten Touren lässt sich die Wasserwelt der Gegend erkunden: Freundliche Mitarbeiter bieten verschiedene Programme an. Die Zentrale liegt etwa 15 km nordwestlich von Parry Sound unweit von Nobel auf dem Weg zum Killbear Provincial Park.

Feste & Events

Festival of the Sound MUSIK

(www.festivalofthesound.ca; ⊙Mitte Juli–Mitte Aug.) Parry Sound richtet ein landesweit bekanntes Festival der klassischen Musik aus. Die Preise für die Konzerte variieren.

Schlafen & Essen

Bayside Inn B&B $$

(☎705-746-7720; www.psbaysideinn.com; 10 Gibson St; Zi. 108–148 C$; P ⊖ ❄ @) Das in den 1880er-Jahren als luxuriöses Privathaus errichtete, renovierte Anwesen bietet viele Überraschungen, darunter eine Wendeltreppe hinter dem Kamin und 12 schöne Schlafzimmer mit viskoelastischen Matratzen. Alle Zimmer haben ein angeschlossenes Bad.

Lill's Place CAFÉ $

(46 Seguin St; Gerichte 5–15 C$; ⊙Mi–So 8–15.30 Uhr) Dank toller Eggs Benedict und gutem Kaffee ist das Frühstück hier ein Genuss. Die freundliche Betreiberfamilie sorgt für eine heimelige Atmosphäre.

Wellington's KNEIPENESSEN $$

(☎705-746-1333; www.wellingtonspubandgrill.com; 105 James St; Hauptgerichte 12–25 C$; ⊙11–22

Uhr) Das Wellington's ist ein „Leichtes" unter den Pubs: Es wirkt wie eine Kneipe, ist aber gesünder, weil auf der Speisekarte auch kalorienarme Gerichte wie Hähnchen mit Pekannuss stehen.

Praktische Informationen

Georgian Bay Country Visitors Centre (☎705-746-1287; www.gbcountry.com; 70 Church St; ⊙Mo–Fr 9–17 Uhr) Im früheren Bahnhof.

An- & Weiterreise

Busse von **Ontario Northland** (www.ontario northland.ca) verbinden Parry Sound mit Toronto (57,20 C$, 3–4 Std., 3-mal tgl.) über die Sudbury-Route.

Midland & Penetanguishine

Das Volk der Huron-Ouendat besiedelte als erstes diese Region und formte ein Bündnis, um die Zusammenarbeit zwischen den benachbarten Ureinwohner-Stämmen zu fördern. Die Allianz lockte französische Forscher und Jesuiten-Missionare an, die unbedingt die Seelen der Ureinwohner retten wollten. Ein Großteil der faszinierenden Geschichte von Midland konzentriert sich auf die blutigen Auseinandersetzungen zwischen den Huronen und den getreuen Anhängern des Christentums. Midland ist auch bekannt für die mehr als 30 lebhaften und beeindruckenden Wandmalereien, die die Innenstadt in eine Kunst- und Geschichtsstunde unter freiem Himmel verwandelt haben.

Weniger als 6 km die Straße hinauf liegt Penetanguishine, ein kleiner Ort mit einem großen Namen. Er ist eine tolle Ausgangsbasis für die Erkundung der 30 000 Inseln, die die Georgian Bay sprenkeln. Zusammen geben sie ein schönes Ziel für einen Tagesausflug oder ein entspanntes Wochenende außerhalb von Toronto ab.

Sehenswertes & Aktivitäten

Awenda Provincial Park PARK
(☎705-549-2231; Awenda Park Rd; Tageskarte 12–20 C$/Fahrzeug, Stellplatz 32–46 C$; ⊙Mai–Okt.) Der rund 15 km von Penetanguishene entfernte malerische Park bietet vier Sandstrände zum Baden, 30 km leichte Wanderwege und mehr als 200 Vogelarten.

Discovery Harbour MUSEUM
(☎705-549-8064; www.penetanguishene.ca; 93 Jury Dr, Penetanguishene; Erw./erm. 8/7 C$; ⊙Mai–Sept.) Bei den empfehlenswerten Führungen durch die rekonstruierte britische Garnison erfährt man alles über die Geschichte des Forts und kann zwei nachgebaute Schiffe besichtigen.

Huronia Museum & Huron-Ouendat Village MUSEUM
(☎705-526-2844; www.huroniamuseum.com; 549 Little Lake Park Rd, Midland; Erw./Kind 12/7,25 C$; ⊙tgl. 9–17 Uhr, Okt.–Mai Sa & So geschl.) Das Huronia Museum & Huron-Ouendat Village ist der Nachbau einer 500 Jahre alten Siedlung der Huronen/Wendat. Das Museum besitzt eine Sammlung von fast 1 Mio. Artefakten, die natürlich nicht alle ausgestellt sind.

Sainte-Marie among the Hurons HISTORISCHE STÄTTE
(☎705-526-7838; www.saintemarieamongthehurons.on.ca; Hwy 12, Midland; Erw./Kind 10/9 C$; ⊙April–Okt. 10–17 Uhr) In der Rekonstruktion einer Jesuitenmission aus dem 17. Jh. erzählt kostümiertes Personal den Besuchern etwas von Leiden und Entbehrungen.

Martyrs' Shrine DENKMAL
(www.martyrs-shrine.com; Hwy 12, Midland; Erw./Kind 5 C$/frei; ⊙Mai–Okt. 8–21 Uhr) Der Märtyrerschrein ist ein Denkmal für sechs Jesuitenmissionare, die von den Irokesen gefangengenommen und getötet wurden. Zur Anlage gehören eine große Grünfläche voller Kreuze und eine imposante Kirche. Tausende Pilger strömen jährlich hierher, um dem hl. Märtyerer Jean de Brébeuf ihre Reverenz zu erweisen.

Geführte Touren

30 000 Island Tours BOOTSTOUR
(☎705-549-3388; www.midlandtours.com; 177 King St, Midland; Erw./Kind 30/16 C$, mit Mittagessen 45/34 C$; ⊙Mai–Okt.) *Miss Midland* ist kein regionaler Schönheitswettbewerb, sondern der Name eines Schiffs, das täglich um 14 Uhr vom Dock in Midland zu Kreuzfahrten startet. Im Juli und August gibt's Fahrten mit Mittag- oder Abendessen.

Schlafen & Essen

Silver Star MOTEL $
(☎705-526-6571; www.silverstarmotel.ca; 748 Yonge St, Midland; DZ ab 65 C$; P ⊠ ☎) Das nette, saubere, günstige und zentral gelegene Motel hat renovierte Zimmer mit Flachbild-TVs und kostenlosem WLAN und ist vor Ort die Unterkunft mit dem besten Preis-Leistungs-Verhältnis.

Comfort Inn MOTEL $$
(705-526-2090; 980 King St, Midland; DZ ab 105 C$;) Mit Wohneinheiten, an die man heranfahren kann, gutem Rabatt und freundlichem Personal punktet dieses betagte, aber gepflegte Motel auf einem grünen Gelände ca. 3 km außerhalb der Innenstadt.

Georgian Terrace B&B $$
(705-549-2440; www.georgianterrace.ca; 14 Water St, Penetanguishene; Zi. mit Frühstück 150–175 C$;) Dramatische Pfeiler schmücken die Fassade des schön restaurierten und modernisierten historischen Wohnhauses. Die Zimmer sind von schlichter Eleganz und haben WLAN und Flachbild-TVs.

Ciboulette et cie FEINKOST $
(705-245-0410; www.cibouletteetcie.ca; 248 King St, Midland; Waren ab 6 C$; Mo–Sa 8–18, So 10–16 Uhr) Der Gourmetladen mit Café ist ganz und gar vollgestopft mit Feinkost, kaltem Fleisch, Käse, frisch gekochten Suppen und Saucen. Das Café serviert tollen Kaffee und leichte Mahlzeiten, und es gibt eine Auswahl an Produkten zum Mitnehmen.

★ **Captain Ken's Diner** FISH & CHIPS $$
(705-549-8691; www.captainkensdiner.com; 70 Main St, Penetanguishene; Hauptgerichte 12,50–30 C$; 7–21 Uhr) Einfach reinkommen und Hallo sagen zu Ken, während der leicht panierten Hecht aus dem See perfekt brät. Mit 14 hat er hier einen Teilzeitjob bekommen, als dies noch eine Billardhalle war, mit 17 hat er den Laden gekauft und ihn über die Jahrzehnte erfolgreich in die reibungslos funktionierende Fish-and-Chips-Bude und Sportsbar verwandelt, die sie heute ist. Das Essen ist so gut wie die Geschichte.

Explorer's Cafe INTERNATIONAL $$
(705-527-9199; www.theexplorerscafe.com; 345 King St, Midland; Hauptgerichte 21–30 C$; So, Di & Mi 17–22, Do–Sa 12–22 Uhr) Die Beliebtheit des verschrobenen Restaurants ist ungebrochen. Die Wände sind mit Beutegut aus aller Welt geschmückt: Die Gerichte sind genauso international, aber für ihre Zubereitung werden nur lokale Produkte verwendet.

Cellarman's Ale House KNEIPENESSEN $$
(705-526-8223; http://cellarmans.ca; 337 King St, Midland; Hauptgerichte 13–18 C$; Mo–Do 11.30–23, Fr & Sa bis 24 Uhr) Der gemütliche Pub hat eine nette Lage abseits der King St. Die herzhafte britische Kneipenkost hält die Einheimischen in den windigen Wintern bei Kräften. Zu empfehlen sind Steaks und Pilzauflauf mit einem Scotch Egg (hartgekochtes Ei mit Wurst).

☆ Unterhaltung

King's Wharf Theatre THEATER
(888-449-4463; www.kingswharftheatre.com; 93 Jury Dr, Penetanguishene; Mai–Sept.) In dem schönen Holzgebäude am See gibt's kleinstädtische Produktionen bekannter Musicals.

Praktische Informationen

Southern Georgian Bay Chamber of Commerce (705-526-7884; http://southerngeorgianbay.ca; 208 King St, Midland; Mo–Fr 9–17 Uhr) Gibt das *Southern Georgian Bay Visitor Guidebook* heraus, das auf der Website zum Download bereitsteht.

Tourist Office (705-549-2232; 2 Main St, Penetanguishene; Mai–Okt. 9–17 Uhr) Das saisonal geöffnete Büro an den Docks ist nicht zu übersehen.

An- & Weiterreise

Aus Toronto gibt es keine direkte Busverbindung in die Gegend, aber **Greyhound Canada** (greyhound.ca) betreibt einen Bus nach Barrie. Eine Stunde nach Ankunft fährt ein Bus von Barrie nach Midland und Penetanguishene (19 C$, 1 Std., 1-mal tgl.). Wer kein eigenes Fahrzeug hat, kann mit **Central Taxi Midland** (705-526-2626; www.centraltaximidland.ca) von Midland nach Penetanguishene fahren.

Collingwood & Blue Mountain

Das hübsche Seestädtchen Collingwood und das benachbarte Blue Mountain, ein schönes Skiresort und im Sommer ein Wandergebiet, sind ein ganzjähriges Mekka für Urlauber, die die Landschaft genießen und dabei aktiv werden wollen. Die Region heißt Blue Mountains, das Resort nennt sich hingegen Blue Mountain. Wer weniger auf gesunde Outdooraktivitäten steht, begibt sich auf den Apple Pie Trail, einer leckeren Möglichkeit, sich Ontarios malerische Apfelanbaugegend (die feuchte Seeluft schafft beste Anbaubedingungen) anzuschauen und dabei einen köstlichen Apfelkuchen nach dem anderen zu futtern.

Aktivitäten

★ **Blue Mountain** SKIFAHREN
(705-445-0231; www.bluemountain.ca; 108 Jozo Weider Blvd, Blue Mountains; Tages- & Abendliftkarte Erw./Kind. 20/19 C$; 9–22 Uhr) Die Leute,

die uns schon Whistler und Mont-Tremblant beschert haben, sprechen vom besten Ski- und Snowboardrevier in Ontario: Freestyle-Gelände, Halfpipes, Rails, 16 Lifte und über 35 Pisten von Anfänger bis doppelter schwarzer Diamant. Die Blue Mountain Snow School bietet Unterricht für alle Könnerstufen. Kurse inklusive Tages-Skipass, Miete für die Ausrüstung und Unterricht starten bei 89 C$. Im Sommer sind ebenfalls viele Aktivitäten möglich, z.B. Mountainbiken, Segeln, Klettern, Wandern und Windsurfen.

Scandinave Spa SPA
(☎705-443-8484; www.scandinave.com/en/bluemountain; 152 Grey Rd 21, Blue Mountain; Bad 55 C$; ⏰10–21 Uhr) In diesem skandinavischen Wellnessbad mit Warmbad, Kaltbad, Wasserfall, im Schnee rollen (nur im Winter) und Saunen kann man sich hier richtig verwöhnen.

Free Spirit Tours ABENTEUERSPORT
(☎705-444-3622, 519-599-2268; www.freespirit-tours.com; 236720 Grey Rd 13, Heathcote; Aktivitäten ab 55 C$) Bei diesem Touren kann man den Massen entkommen und einen herrlichen Tag an der Georgian Bay mit Klettern, Höhlenwandern oder Kajakfahren im Sommer oder Schneeschuhwanderungen im Winter erleben.

WASAGA: DER LÄNGSTE SÜSSWASSERSTRAND DER WELT

Wasaga genießt die Auszeichnung, den längsten Süßwasserstrand der Welt zu besitzen. Es ist zudem das Toronto am nächsten gelegene voll erschlossene Strandresort, sodass sich hier jeden Sommer Tausende von Besuchern tummeln. Der größte Teil der 14 km langen Strecke aus weichem Sand und spritzenden Wellen gehört zum **Wasaga Beach Provincial Park** (☎705-429-2516; www.wasagabeachpark.com; Tageskarte 15 C$/Fahrzeug; ⏰Mai–Okt.), in dem Campen verboten ist. Im Sommer ist am Strand so viel los, dass viele Leute völlig vergessen, dass sich die urtümlichen Sanddünen von Wasaga im Winter in ein tolles Skilanglauf-Gelände verwandeln

Greyhound Canada (greyhound.ca) fährt von Toronto zum Wasaga Beach East (35 C$, 3 Std., 1-mal tgl.).

Feste & Events

Elvis Festival DARSTELLENDE KUNST
(www.collingwoodelvisfestival.com; ⏰Juli) Seit 1995 wird Collingwood jeden Juli bei einem der weltgrößten Wettbewerbe für Elvis-Imitatoren von einer Elvis-Schar überrannt.

Wakestock SPORT
(www.wakestock.com; ⏰Aug.) Im August fallen junge Wakeboarder mit ihren teuren Spielzeugen zu diesem lauten Fest für Action-Sport und Musik in Collingwood ein.

Schlafen & Essen

Mariner Motor Hotel MOTEL $
(☎705-445-3330; www.marinermotorhotel.ca; 305 Hume St, Collingwood; DZ ab 109 C$; P 📶) Wer hätte gedacht, dass ein Entwurf aus der Hinterlassenschaft des großen Architekten Frank Lloyd Wright als Motel in Collingwood enden würde. Einfach, retro und sogar ein bisschen unbehaglich, aber uns gefällt die Authentizität der Anlage.

Days Inn & Suites MOTEL $$
(☎705-444-1880; www.daysinncollingwood.com; 15 Cambridge St, Collingwood; DZ ab 110 C$) Das Kettenmotel mit 76 Zimmern auf halbem Weg zwischen Collingwood und Blue Mountain wird von den professionellen Mitarbeitern gut in Schuss gehalten. Die neutral eingerichteten Zimmer verfügen über Mikrowellen.

Blue Mountain Inn HOTEL $$
(☎705-445-0231; www.bluemountain.ca; 110 Jozo Weider Blvd, Blue Mountain; Zi. 89–499 C$; P ❄ @ ≋) Die Unterkünfte reichen von Standardzimmern bis zu gehobenen Suiten mit drei Schlafzimmern; alle wurden in den letzten Jahren renoviert. Eine Übersicht über alle Optionen findet sich auf der Website; die Preise schwanken gewaltig.

★ **Westin Trillium House** RESORT $$$
(☎705-443-8080; www.westinbluemountain.com; 220 Gord Canning Dr, Blue Mountain; DZ/Suite ab 199/249 C$; 🐾) Das paarfreundliche, haustierfreundliche und familienfreundliche Haus bestätigt den Ruf der Kette für ausgezeichneten Service. Gästezimmer und Suiten gibt's in breiter Auswahl: Alle sind luxuriös möbliert, und die meisten haben Aussicht auf das Blue Mountain Village, den Teich oder die Swimmingpools im Freien. Wer in bezug auf die Reisezeit flexibel ist, erwischt eventuell bessere Preise und auch bessere Paketangebote.

Grandma Lambe's MARKT $
(Hwy 26; ⌚ Sa–Do 8–18, Fr bis 19 Uhr) Den 35 km langen Weg zu Grandma Lambe's (westlich am Hwy 26 zwischen Thornbury und Meaford) wird niemand bereuen. Der Laden bietet einen köstlichen Mix aus Ahornsirup-Jahrgängen, Butter-Tarts, jeder Menge Gemüse und Tischen, auf denen sich Pasteten, Brötchen und Marmeladen türmen.

Tremont Cafe EUROPÄISCH $$$
(☎ 705-293-6000; www.thetremontcafe.com; 80 Simcoe St, Collingwood; Hauptgerichte 16–34 C$; ⌚ Mi–Mo 11–15 & 17.30–21.30 Uhr) Wie wär's mit einem superleckeren Wochenendbrunch oder einem klassischen Dinner in diesem Nobel-Café im historischen Tremont-Gebäude? Soll es nach den Stielkoteletts vom Lamm Entenconfit oder Atlantiklachs geben? Die Abendkarte wechselt regelmäßig.

Praktische Informationen

Georgian Triangle Tourism Association
(☎ 705-445-7722; www.visitsouthgeorgianbay.ca; 45 St. Paul St, Collingwood; ⌚ 9–17 Uhr) Hier kann man sich Inspirationen zur wundervollen Georgian-Bay-Region holen.

Anreise & Unterwegs vor Ort

Greyhound Canada (greyhound.ca) fährt von Toronto nach Collingwood (39 C$, 3 Std., 1-mal tgl.) und weiter nach Owen Sound (43 C$, 4¼ Std., 1-mal tgl.).

Ace Cabs (☎ 705-445-3300; www.collingwoodtaxi.com) befördert Kunden zwischen Collingwood und Blue Mountain (26 C$, 15 Min.).

AUC Tours (☎ 416-741-5200; www.auctours.com) betreibt einen Shuttlebus (21 C$) von der Toronto City Hall nach Blue Mountain (Dez.–April). Gebucht wird auf der Website.

Bruce Peninsula

Die Bruce Peninsula ist ein 100 km langer Kalksteinaufschluss mit schroffen Küsten und grünen Wäldern am nördlichen Ende der Niagara-Schichtstufe. Die fingerförmige Halbinsel trennt das kühlere, kristallklare Wasser der Georgian Bay vom wärmeren Lake Huron. Owen Sound ist das größte regionale Zentrum, das angenehme Tobermory ist die Belohnung an der nördlichen Spitze der wunderbaren Halbinsel.

Owen Sound

Owen Sound hat eine unrühmliche Vergangenheit als Hafen voller Säufer und Prostitution. Die Dinge gerieten derart außer Kontrolle, dass Alkohol hier über 60 Jahre lang verboten war – heute ist das schwer zu glauben. Als das Embargo 1972 aufgehoben wurde, hatte sich die Stadt in eine blühende Künstlerkolonie verwandelt, und das ist sie bis heute: Reisende sollten unbedingt die Owen Sound Artist's Co-op besuchen.

Sehenswertes

Tom Thomson Art Gallery MUSEUM
(☎ 519-376-1932; www.tomthomson.org; 840 1st Ave W; ⌚ Mo–Fr 10–17, Sa & So 12–17 Uhr) GRATIS Die Galerie zeigt Werke von Tom Thomson, dem Stammvater der modernen kanadischen Landschaftsmalerei. Seine intimen, geradezu glühenden Naturdarstellungen inspirierten die Gründung der Künstlervereinigung Group of Seven. Thomson wuchs in der Nähe von Owen Sund auf, und viele seiner Bilder wurden in nahen, herbstlichen Wäldern gemalt. Das Museum ist besonders lohnend, weil der Eintritt inzwischen frei ist!

Owen Sound Farmers Market MARKT
(114 8th St E; ⌚ Sa 8–12.30 Uhr) Diese Marktgenossenschaft gehört zu den ältesten in Ontario. Neben frischem Obst und Gemüse gibt's Ahornsirup, Seifen und Backwaren.

Billy Bishop Heritage Museum MUSEUM
(☎ 519-371-3333; www.billybishop.org; 948 3rd Ave W; Erw. 5 C$, Kind in Begleitung eines Erw. frei; ⌚ Di–Fr 11–17, Sa & So 12–17 Uhr, Jan.–April Sa & So geschl.) Dem örtlichen Helden William Avery („Billy") Bishop, Kanadas berühmtem Fliegerass aus dem 1. Weltkrieg, ist das Museum in dem Haus, wo er aufwuchs, gewidmet. Es nimmt sich der Geschichte der kanadischen Luftfahrt an.

Grey Roots Museum & Archives MUSEUM
(☎ 519-376-3690; www.greyroots.com; 102599 Grey Rd 18/RR 4; Erw./Kind 8/4 C$; ⌚ 10–17 Uhr) Das interessante Museum beleuchtet die reiche Pioniergeschichte der Region mit Exponaten über frühe Siedler und lokale Helden. Die interaktiven Präsentationen befassen sich vorrangig mit natürlichen Ressourcen, Klima und Topographie. Frühere Ausstellungen hatten sehr unterschiedliche Themen von den Dinosauriern in Alberta bis zur Geschichte der Toilette.

Feste & Events

Summerfolk Music Festival MUSIK
(www.summerfolk.org; ⌚ Mitte Aug.) Das epische dreitägige Folkfestival zieht Mitte August

Weltklassekünstler und Kunsthandwerker von nah und fern an.

Schlafen & Essen

Highland Manor B&B $$
(☎ 519-372-2699; www.highlandmanor.ca; 867 4th Ave A W; EZ/DZ 130/170 C$; P ❄ 📶) Die aufmerksamen Besitzer haben das prächtige viktorianische Herrenhaus (erbaut 1872) elegant eingerichtet. Die geräumigen und komfortablen Suiten bieten alle ein eigenes Bad. Viele haben noch den ursprünglichen Kamin. Auf der umlaufenden Terrasse kann man das eine oder andere Glas Wein genießen oder es sich vor dem warmen Kamin gemütlich machen. Sehr empfehlenswert!

Diamond Motor Inn MOTEL $$
(☎ 519-371-2011; 713 9th Ave E; DZ 80–149 C$; P ❄) Das kleine, schlichte Motel ist eine angenehme Unterkunft mit hellen, holzgetäfelten Zimmern mit Kochnischen.

Shorty's Bar & Grill KANADISCH $$
(☎ 519-376-0044; www.shortysonline.com; 967 3rd Ave E; Hauptgerichte 20–34 C$; ⊙ Mo–Sa 11.30 Uhr–open rnd) Die Einheimischen lieben das Shorty's aus gutem Grund. Vorspeisen wie Escargots, Crab Cakes und Calamari begeistern die Meeresfrüchtefans; als Hauptgerichte gibt's alles von Burgern und Steaks bis zu Hähnchen und Meeresfrüchten. Und natürlich kann man sich bei einem kalten Bier prima unterhalten.

Kathmandu Cafe FUSION $$
(☎ 519-376-2232; 941 2nd Ave E; Hauptgerichte 13–25 C$; ⊙ Mo–Sa 11.30–22 Uhr; 🌿) Die nepalesischen Inhaber setzen sich für Bio-Kost ein und servieren Wildschwein und tibetische Klöße sowie vegane und vegetarische Gerichte. Dazu gibt's viele südasiatische Speisen, vor allem leckere Currys. Mancher Einheimischer kennt das Restaurant noch unter dem alten Namen Rocky Racoon Café.

Shoppen

Owen Sound Artists' Co-op KUNSTHANDWERK
(artistscoop.ca; 279 10th St E; ⊙ Mo–Sa 9.30–17.30, So 12–16 Uhr) Der Laden verkauft die Produkte von 42 hiesigen Kunsthandwerkern.

Praktische Informationen

Owen Sound Visitors Information Centre
(☎ 519-371-9833; www.owensound.ca; 1155 1st Ave W; ⊙ Mo–Fr 9–17 Uhr) Die Einheimischen verraten einem gern die Highlights der Bruce Peninsula.

An- & Weiterreise

Busse von **Greyhound Canada** (greyhound.ca) fahren über Barrie (35 C$, 2½ Std., 1-mal tgl.) nach Toronto (43 C$, 4¼ Std., 1-mal tgl.). Um nach Guelph (35 C$, 9 Std., 1-mal tgl.) zu kommen, muss man in Toronto umsteigen.

First Student (☎ 519-376-5712) betreibt von Juli bis Anfang September einen Bus nach Tobermory (34 C$, 1½ Std., nur Fr, Sa & So jeweils 1-mal tgl.).

Von Owen Sound nach Tobermory

Das 100 km lange Highway-Stück von Owen Sound nach Tobermory ist bestenfalls monoton. Da bietet es sich an, mal die eine oder andere Nebenstraße zu benutzen, um einen Eindruck von der Landschaft zu erhalten, die die Halbinsel so besonders macht.

Von Owen Sound folgt man der Grey County Rd 1, die sich entlang der malerischen Küstenlinie mit ihren wankenden Kiefern von Owen Sound bis zum Dorf Wiarton windet. Hier kann man anhalten, um Wiarton Willy Hallo zu sagen, Kanadas Version von Punxsutawney Phil, dem Murmeltier, das angeblich die Dauer des Winters vorhersagen kann. Dann geht es weiter auf dem Hwy 6 zu der ebenso verschlafenen wie malerischen Bucht in Lion's Head – ein toller Platz für die Mittagspause.

Richtung Norden führt der Hwy 6 etwa 25 km weiter bis zur Dyer's Bay Rd. Dort biegt man rechts ab und fährt dann weitere 10 km geradeaus bis zum kleinen Dorf Dyer's Bay. Mit seinen hübschen Schindelhäusern und der Uferlandschaft erinnert es an Cape Cod. Wer möchte, kann von hier noch 11 km weiterfahren bis zum abgelegenen **Cabot Head Lighthouse** (Eintritt gegen Spende; ⊙ Mai–Okt.). Von der Stube des Leuchtturmwärters aus hat man einen fantastischen Blick. Es ist ein wildes und wundervolles Erlebnis, aber auf der windigen, unbefestigten Straße kommt man nur langsam voran, und es gibt nur diese eine Straße für den Hin- und Rückweg… zurück zum Hwy 6 und Richtung Norden nach Tobermory.

Tobermory

Die Spitze der Bruce Peninsula ist erreicht: Eine ganz schön strapaziöse Reise von Toronto aus! Das winzige Tobermory ist ein Paradies für Naturfreunde. Die Landschaft ist ebenso faszinierend wie die Sonnenuntergänge. Der Dorfkern im Hafengebiet wird Little Tub genannt. Während der Fährsaison

(Mai–Ende Okt.) ist hier mächtig was los, im Winter ist es so gut wie ausgestorben.

In diesen leuchtend blauen Gewässern gibt es wunderbare Möglichkeiten zum Wracktauchen, sie gehören zu den besten in Nordamerika. Man kann 22 verschiedene Wracks erkunden, von denen einige bis in die Zeit um 1800 zurückdatieren. Allerdings ist die Wassertemperatur eisig. Taucher müssen sich persönlich beim Parks Canada Visitors Centre anmelden.

Sehenswertes & Aktivitäten

Fathom Five National Marine Park PARK
(☎519-596-2233; www.pc.gc.ca/fathomfive; Erw./Kind 6/3 C$) Dieser Park, der erste seiner Art in Kanada, wurde eingerichtet, um die zahlreichen Schiffswracks und Inseln rund um Tobermory zu schützen. Abgesehen von den Wracks ist der Park bekannt für die äußerst beliebte Flowerpot Island mit ihren kopflastigen „Blumentopf"-Formationen, die durch Erosion und die Wellen entstanden sind.

Bruce Peninsula National Park NATIONALPARK
(☎519-596-2233; www.pc.gc.ca/brucepeninsula; Erw./Kind 6/3 C$; ⏲Mai–Okt.) Das Gebiet südlich von Tobermory ist großteils durch diesen Nationalpark geschützt und hat wirkliche Highlights aufzuweisen: die Niagara-Schichtstufe, 1000 Jahre alte Zedern, seltene Orchideen und kristallklare Gewässer über Kalksteinfelsen. Es lohnt sich unbedingt, im Visitor Center vorbeizuschauen. Zu den Orten, die man gesehen haben muss, zählen **Little Cove**, **Grotto** und **Singing Sands** auf der anderen Seite des Hwy 6. Der Park hat sich seine Ruhe bewahrt, obwohl in letzter Zeit das Interesse stark gewachsen ist: Während der kurzen Sommersaison muss man darauf gefasst sein, seinen Zauber mit Busladungen von Touristen zu teilen.

Bruce Anchor Cruises BOOTSFAHRT
(☎800-591-4254, 519-596-2555; http://bruceanchor.com; 7468 Hwy 6; Erw./Kind ab 28/19 C$; ⏲Mai–Okt.) Von diesem privaten Anleger am Ende des Hwy 6 in Tobermory starten Glasbodenschiffe zu Ausflugsfahrten über die rostigen, von allerlei Getier in Beschlag genommenen Schiffswracks und weiter zur Flowerpot Island. Er ist auch ein fantastischer Platz, um den Sonnenuntergang zu beobachten. Einige Fahrten schließen die Wracks ein, andere steuern Flowerpot direkt an: Infos sind online zu finden. Gegen einen Aufschlag kann man die Insel wie Robinson Crusoe erkunden.

Diver's Den TAUCHEN
(☎519-596-2363; www.diversden.ca; 3 Bay St S) Das Unternehmen vermietet Ausrüstung und bietet Zertifizierungskurse (Open-Water-Zertifizierung ab 625 C$) und Tauchgänge (ab 50 C$) an.

Thorncrest Outfitters KAJAKFAHREN
(☎519-596-8908; www.thorncrestoutfitters.com; Hwy 6; Verleih ab 40 C$, Tageskurse ab 120 C$) Der freundliche Ausrüster veranstaltet diverse Kajaktouren, die vor allem auf fortgeschrittene Anfänger ausgerichtet sind. Unabhängige Paddler können hier so gut wie alles ausleihen.

Schlafen & Essen

Cyprus Lake Campground CAMPING $
(☎519-596-2263; www.pc.gc.ca; Cyprus Lake Rd; Stellplatz/Jurte ab 23,50/120 C$, Reservierung 13,50 C$) Stellplätze auf dem großen, zentral gelegenen Campingplatz im Bruce Peninsula National Park müssen (am besten) vorab über Parks Canada oder im Visitor Center reserviert werden. Man kann hier sogar Jurten mieten und auch im Hinterland zelten!

Peacock Villa MOTEL $
(☎519-596-2242; www.peacockvilla.com; 31 Legion St; DZ 50–174 C$; P📶) Die Anlage mit sechs schlichten, schön möblierten Motelzimmern und vier gemütlichen Hütten auf einem friedvollen, bewaldeten Gelände bietet ein ausgezeichnetes Preis-Leistungs-Verhältnis. Die freundliche Inhaberin Karen ist eine Fundgrube an Infos über den Ort und die Umgebung.

Innisfree B&B $$
(☎519-596-8190; www.tobermoryaccommodations.com; 46 Bay St; Zi. mit Frühstück 95–170 C$; ⏲Mai–Okt.; P⊖📶) Die Gäste lieben dieses charmante Landhaus, in dem es nach frischen Blaubeer-Muffins duftet. Aus dem Sonnenzimmer und von der Terrasse aus hat man einen tollen Blick auf den Hafen.

Big Tub Harbour Resort MOTEL $$
(☎519-596-2219; www.bigtubresort.ca; 236 Big Tub Rd; DZ ab 155 C$; P📶) Das ruhige Motel liegt auf der anderen Seite des Big Tub Harbour, eine kurze Fahrt oder einen ordentlichen Fußmarsch vom Ort und dem Little Tub entfernt. Es hat ruhige, mit Holz ausgekleidete Zimmer (im unteren Stock hört man die Tritte) und einen gepflegten Garten mit wundervoller Aussicht. Die Einsamkeit und der auf dem Gelände befindliche Pub Bootlegger's Cove sind wundervoll. Der Ka-

jakverleih sorgt dafür, dass man sich auch sportlich betätigen kann.

Blue Bay Motel MOTEL $$

(☎519-596-2392; www.bluebay-motel.com; 32 Bay St; DZ ab 100 C$; P ⊖ ❄ ☰) Viele der 16 hellen und geräumigen Gästezimmer in dem zentral gelegenen Motel bieten Aussicht auf den Little Tub Harbour. Jedes der frischen, originellen Zimmer ist anders: Zur Wahl stehen zwei Doppelbetten, Queen- und Kingsize. Manche haben Kamin, große Badewannen und LCD-TV. Am besten schaut man auf der Website nach und entscheidet dann.

Craigie's Fish and Chips FAST FOOD $

(☎519-596-2867; 4 Bay St; Hauptgerichte 11–18 C$; ⏱Mai–Okt. 7–19 Uhr) In der weißen Baracke am See in Tobermory werden seit 1932 Fish and Chips angeboten. Mit den herzhaften Frühstücksgerichten startet man vor der Fahrt mit der Fähre oder einer Wanderung gut in den Tag. Nur Barzahlung.

Bootlegger's Cove KNEIPENKOST $$

(☎519-596-2219; 236 Big Tub Rd; Gerichte 8–25 C$; ⏱12–20 Uhr) Guter Service, schmackhaftes Essen und eine tolle Terrasse mit Blick auf den Big Tub Harbour machen dieses Lokal zu einem echten Geheimtipp. Auf der Karte stehen u.a. Wraps, Quesadillas und Pizzas.

Ausgehen & Nachtleben

Crows Nest Pub PUB

(☎519-596-2575; www.crowsnestpub.ca; 5 Bay St; ⏱April–Okt. ab 11 Uhr) Das renovierte „Krähennest", der einzige Pub in Little Tub, verfügt über eine erhöhte Terrasse im Freien mit Blick auf den Ort. Wraps, Burger und Pizza stehen auf der großen Speisekarte im Kneipenstil, zuden viele Biersorten vom Fass.

Praktische Informationen

Das **Parks Canada Visitors Centre** (☎519-596-2233; www.pc.gc.ca/fathomfive; Alexander St; ⏱Mai–Okt. 8–20 Uhr) hat ein fantastisches Infozentrum, Ausstellungen, ein Kino, verschiedene Wanderwege und eine 20 m hohe Aussichtsplattform (112 Stufen). Um zu Fuß dorthin zu kommen, folgt man den Biber-Schildern vom Bruce Trail Monument gegenüber dem LCBO. Es sind 10 Minuten zu laufen.

Tobermory Chamber of Commerce (☎519-596-2452; www.tobermory.org; Hwy 6; ⏱9–21 Uhr) Wenn man (von Süden kommend) in den Ort hineinfährt, liegt die örtliche Handelskammer auf der rechten Seite: Einfach mal reinschauen für aktuelle Neuigkeiten.

Anreise & Unterwegs vor Ort

First Student (☎519-376-5712) unterhält von Juni bis Anfang September jeweils am Freitag, Samstag und Sonntag begrenzte Busverbindungen von Owen Sound nach Tobermory (34 C$, 1½ Std., 1-mal tgl.). Von Toronto bietet **Parkbus** (www.parkbus.ca) einen begrenzten Expressservice (hin & zurück 89 C$, 5 Std.) mit mehreren Haltepunkten im Zentrum. Am besten schaut man sich die Fahrpläne an und bucht online.

Tobermory ist nicht das Ende der Welt: Mit der Chi-Cheemaun-Fähre von der Bruce Peninsula geht es über die Mündung der Georgian Bay nach Manitoulin Island. Das Schiff von **Ontario Ferries** (☎800-265-3163; www.ontarioferries.com; Erw./Kind/Auto 17/9/37 C$; ⏱Mai–Ende Okt.) verbindet Tobermory mit South Baymouth (2 Std.). Von Ende Juni bis Anfang September gibt es täglich vier Fahrten, in der übrigen Saison zwei Fahrten pro Tag sowie eine zusätzliche Fahrt am Freitagabend. Eine Reservierung ist sehr zu empfehlen.

Manitoulin Island

Manitoulin (was in der Sprache der Ojibwe „Geistinsel" bedeutet) ist ein magischer, abgeschiedener Ort. Hier oben fühlt man sich wirklich „ganz weit weg". Flächen aus weißem Quarzit und Granitaufschlüsse führen zu atemberaubenden Ausblicken und versteckten Runen, aber es braucht Geduld, um sie zu finden: Manitoulin ist die größte Binnenseeinsel der Welt und ihre kleinen Gemeinden mit Namen wie Mindemoya, Sheguiandah und Wikwemikong liegen viele Kilometer voneinander entfernt. Haweaters (der Spitznahme für Menschen, die auf Manitoulin geboren wurden) erkennen Fremde schon auf eine Meile Entfernung, wenn diese sich mit sechssilbigen Wörtern abmühen. Aber dieses Silben-Wirrwarr sollte niemanden von einem Besuch abhalten – ein paar Tage (oder mehr) auf Manitoulin sind Balsam für die Seele.

Sehenswertes & Aktivitäten

Manitoulin hat weniger historische Sehenswürdigkeiten als Naturschönheit zu bieten. Am besten nimmt man sich etwas mehr Zeit, herumzufahren und die Ausläufer der Insel zu erkunden.

Bridal Veil Falls WASSERFALL

(Kagawong) Gleich abseits des Hwy 540 liegt vor Kagawong ein hübsches Picknickgelände über diesem schönen Wasserfall. Wanderwege führen hinunter zum Grund, wo man vor der Fahrt in die Altstadt ein Bad nehmen kann.

Ojibwe Cultural Foundation MUSEUM
(☎705-377-4902; www.ojibweculture.ca; Ecke Hwy 540 & 551, M'Chigeeng; Erw./Kind 7,50 C$/frei; ⌚Mo–Fr 9–18, Sa 10–16, So 12–16 Uhr) Besucher können das aufschlussreiche Museum auf eigene Faust erkunden, aber die Führungen sind sehr zu empfehlen. Wechselnde Ausstellungen reflektieren eine reiche Geschichte von Legenden und kenntnisreicher Handwerkskunst.

Church of the Immaculate Conception KIRCHE
(M'Chigeeng) Dieses religiöse Zentrum verbindet katholische Dogmen mit Traditionen der Ureinwohner. Als Rundbau symbolisiert die Kirche ein Tipi, eine Feuerstelle und den Kreislauf des Lebens. Bunte, schöne Gemälde von Künstlern aus der Region stellen die Kreuzwegstationen dar, die prachtvollen Reliefs zeigen Christus und den großen Geist Kitche Manitou.

★ **Great Spirit Circle Trail** KULTUR
(☎877-710-3211; www.circletrail.com; 5905 Hwy 540; Aktivitäten & geführte Touren ab 30 C$) Die acht lokalen Gemeinden der First Nations haben sich zu diesem Konsortium zusammengeschlossen, das das ganze Jahr über eine breite Vielfalt von netten Aktivitäten, wie interkulturelle Tagestouren und mehrtägige und beeindruckende Ausflüge zu bieten hat: eine wunderbare Möglichkeit, um Manitoulin und seine Einwohner besser kennenzulernen.

Cup & Saucer Trail WANDERN
Von seinem Anfang unweit der Kreuzung von Hwy 540 und Bidwell Rd (18 km südwestlich von Little Current) führt der 12 km lange „Tassen-und Untertassen-Weg" zum höchsten Punkt der Insel (351 m). Von hier öffnet sich ein atemberaubender Blick auf die zerklüftete Küstenlinie entlang des North Channel. Eine 2 km lange Strecke windet sich an dramatischen 70 m hohen Klippen vorbei.

Feste & Events

De-ba-jeh-mu-jig Theatre Group THEATER
(www.debaj.ca; ⌚Juli–Aug.) Kanadas führende indianische Theatertruppe, deren Name „Geschichtenerzähler" bedeutet, veranstaltet anrührende Aufführungen, die sich mehrerer Medien bedienen. Alles Wissenswerte steht auf der Website.

Wikwemikong Pow-wow KULTUR
(☎705-859-2385; www.wikwemikongheritage.org; Erw./Kind 10/2 C$; ⌚Aug.) Die unermüdliche First Nation of Wikwemikong (die Einheimischen sagen „Wiki") veranstaltet jedes Jahr am ersten Augustwochenende ein großes Powwow. Auf die Gäste warten dynamische, farbenfrohe Darbietungen von Tanz, Trommeln und traditionellen Spielen.

Schlafen & Essen

★ **My Friends Inn** MOTEL $
(☎705-859-3115; www.myfriendsinn.com; 151 Queen St, Manitowaning; DZ ab 85 C$; P ❄ 📶) Die frisch gebackene Hotelbesitzerin und ehemalige Krankenschwester Maureen Friend ist als Rentnerin mit ihrem Mann nach Manitoulin gezogen, um näher bei ihrer Tochter zu sein: Sie machen einen wunderbaren Job. Die Zimmer in dem freundlichen kleinen Motel außerhalb des hübschen Dorfes Manitowaning mitten auf Manitoulin sind schmuck und behaglich.

Auberge Inn HOSTEL $
(☎705-377-4392; www.aubergeinn.ca; 71 McNevin St, Providence Bay; B/DZ mit Frühstück 40/97 C$; P 📶) Das engagierte „Hostel plus" ist mit nur einem Schlafsaal und einem Privatzimmer nicht gerade groß, aber dafür gemütlich und gesellig. Das Haus ist in warmen Tönen gehalten und hat eigens angefertigte Bettstellen aus Zedernholz. Die Unterkunft ist einen kurzen Spaziergang vom Strand entfernt, und bei längerem Aufenthalt gibt's einen kleinen Rabatt.

Queen's Inn B&B $$
(☎705-282-0665, 416-450-4866; www.thequeensinn.ca; 19 Water St, Gore Bay; EZ/DZ ab 110/135 C$; ⌚Mai–Dez.; P) Wie ein ferner Eleganz geweihter Tempel thront dieses stattliche B&B über der stillen Gore Bay. Man nimmt sich ein Buch aus dem Bücherschrank und blättert darin, während man sich auf der Veranda unter eingetopftem Flieder entspannt.

Southbay Gallery & Guesthouse B&B $$
(☎877-656-8324; www.southbayguesthouse.com; 15 Given Rd, South Baymouth; DZ inkl. Frühstück 90–150 C$; ⌚Mai–Sept.; P ❄ 📶 🚭) Eine Gehminute vom Fähranleger entfernt befindet sich diese angenehme Mixtur aus farbenfrohen Gästezimmern und sommerlichen Cottages: Die freundliche Besitzerin Brenda serviert ein üppiges Frühstück. Sehenswert ist auch die Galerie mit Arbeiten begabter örtlicher Kunsthandwerker.

Lake Huron Fish and Chips FISH & CHIPS $
(☎705-377-4500; 20 McNevin St, Providence Bay; Fish and Chips ab 11 C$; ⌚12–20 Uhr) Umgeben von so viel Wasser, kommt irgendwann der Punkt, an dem man nach golden gebratenem frischem Seefisch und knusprigen Fritten lechzt. Dann ist man hier genau richtig.

Garden Shed CAFÉ $
(10th Side Rd, Tehkummah; Hauptgerichte 3–10 C$; ⌚9–14 Uhr) Der Garden Shed definiert rustikalen Charme neu, denn die Gäste sitzen mitten in einem funktionierenden Gewächshaus. Man kann zwischen bunten Beeten essen oder seinen Kaffee im hellen, luftigen Schuppen trinken. Frühstück ab 2,99 C$!

★ **Buoys** SEAFOOD $$
(☎705-282-2869; www.buoyseatery.com; 1 Purvis Dr, Gore Bay; Gerichte 10–18 C$; ⌚12–20 Uhr) Das kleine Lokal am Strand und der Marina der Gore Bay überzeugt mit Atmosphäre, Lage und dem Essen mit frisch zubereiteten Zutaten von regionalen Lieferanten. Der gewürzte Weißfisch zergeht im Mund, und wem der Sinn nicht nach Fisch steht, kommt mit Pizza, Pasta und Burgern auf seine Kosten. Wenn man fertig ist, entspannt man mit einem Bier auf der sonnigen Terrasse und fühlt sich fern aller Sorgen.

Garden's Gate CAFÉ $$
(☎705-859-2088; www.manitoulin-island.com/gardensgate; Hwy 542, Tehkummah; Hauptgerichte 10–21 C$; ⌚12–20 Uhr; Ⓟ) Wirklich gute Hausmannskost findet man hier, unweit der Kreuzung von Hwy 6 und Hwy 542. Rose, die Besitzerin, macht praktisch alles von Grund auf selbst; immer wieder erfindet sie neue Desserts, die regelmäßig in der Lokalzeitung vorgestellt werden.

ℹ Praktische Informationen

Manitoulin Tourism Association (☎705-368-3021; www.manitoulintourism.com; Hwy 6, Little Current; ⌚Mai–Okt. 8–20 Uhr) Broschüren und Karten von der Insel sind im Fährterminal in South Baymouth und auch an Bord der Chi-Cheemaun-Fähre zu finden.

ℹ An- & Weiterreise

Es gibt zwei Wege auf die Insel und von ihr hinunter: die Fähre nach South Baymouth oder die Schwenkbrücke im Norden. Öffentliche Busverbindungen nach Manitoulin oder in die Umgebung gibt es nicht, man ist also auf ein eigenes Auto angewiesen.

Von Tobermory nimmt man die von **Ontario Ferries** (S. 182) betriebene Chi-Cheemaun-Autofähre (2 Std., 2- bis 4-mal tgl.) zum Hafen South Baymouth. Reservierung empfohlen!

Von dort führt der Hwy 6 etwa 65 km nach Norden bis Little Current und zu einer schmalen Schwenkbrücke, die einen hinüber zum Festland bringt. Im Sommer ist die Brücke die ersten 15 Minuten jeder Stunde gesperrt, um den Schiffen die Durchfahrt durch den Kanal zu ermöglichen. Hinter der Brücke gelangt man bei Espanola, 50 km weiter die Straße entlang, auf den Trans-Canada Hwy.

NÖRDLICHES ONTARIO

Das nördliche Ontario ist richtig groß: In das Gebiet würde England sechsmal hineinpassen und auch dann bliebe noch Platz für ein, zwei Schottlands. Auch die Industrie hat hier große Dimensionen – das meiste Silber- und Nickelerz der Welt stammt aus den hiesigen Minen, und die endlosen Wälder geben der Region eine entscheidende Bedeutung für die Produktion von Bauholz. Weniger groß ist nur die Bevölkerungsdichte. Nur Sudbury und Thunder Bay haben mehr als 100 000 Einwohner.

Zwei wichtige Highways ziehen ihre Bahnen durch die Region. Der Hwy 17 (Trans-Canada Hwy) eröffnet den Zugang zum absoluten Highlight der Region, dem Nordufer des Lake Superior. Auf der Strecke zwischen Sault Ste. Marie und Thunder Bay verbergen sich zwischen nebligen Abschnitten, die an Fjorde erinnern, Strände hinter dichten Kiefern-, Zedern- und Birkenwäldern.

Der Hwy 11 erstreckt sich weit in den Norden, wo der Polar Bear Express Cochrane mit Moose Factory Island verbindet, einem First-Nations-Reservat und einem ehemaligen Handelsposten der Hudson's Bay Company nahe der James Bay.

Das Busnetz von **Ontario Northland's** (☎705-472-4500; www.ontarionorthland.ca) bietet Verbindungen von Toronto nach North Bay und Sudbury und weiter nordwärts nach Temagami und Cochrane. Busse von **Greyhound** (☎800-661-8747; www.greyhound.ca) verbinden Toronto und Ottawa mit North Bay und Sudbury; dann fahren sie weiter nach Nordwesten längs des Lake Superior nach Thunder Bay und weiter nach Manitoba.

Parkbus (☎800-928-7101; www.parkbus.ca) betreibt einen nützlichen Shuttledienst von Toronto zu den Provinzparks von Ontario, z. B. zum Killarney Provincial Park.

Der legendäre Zug Polar Bear Express (S. 203) fährt von Cochrane nordwärts zum

Nördliches Ontario

abgelegenen Vorposten Moosonee, dem Tor zur Moose Factory Island nahe der James Bay. Ein Zug von **VIA Rail** (☎1-888-842-7245; www.viarail.ca) fährt von Sudbury Richtung Nordwesten über Chapleau nach White River. Der Bahnhof Sudbury Junction in der Nähe von Sudbury liegt an der VIA-Rail-Strecke, die quer durch Kanada von Toronto nach Vancouver führt.

Flughäfen mit Verbindungen nach Toronto und darüber hinaus sowie Autovermietungen finden sich in North Bay, Sudbury, Sault Ste. Marie, Thunder Bay und Timmins.

Killarney Provincial Park

Der 645 km² große Killarney Provincial Park deckt große Bereiche des Ufers der Georgian Bay ab und ist die Heimat von Elchen, Schwarzbären, Bibern und Rehen sowie von mehr als 100 Vogelarten. Die Künstler der Group of Seven waren für die Gründung des Parks 1964 hilfreich. Heute gilt er er als eines der besten Ziele für Kajakfahrer weltweit.

Sehenswertes & Aktivitäten

★ **Killarney Provincial Park** OUTDOOR
(☎705-287-2900; www.ontarioparks.com/park/killarney; Hwy 637; Tageskarte 11,25 C$, Stellplatz 37–45 C$, Zelten im Hinterland Erw./Kind unter 18 Jahre 12,50/6 C$, Jurte 98 C$, Hütte 142 C$; ganzjährig) Der Killarney wird oft als das Kronjuwel der Parks in Ontario bezeichnet und gilt als eines der besten Kajakgebiete der Welt. Paddler können von einem Tag bis zu einer Woche damit zubringen, die mehr als 50 Seen zu erkunden, zu denen auch zwei tiefe, klare Gewässer zu beiden Seiten der La Cloche („die Glocke") Mountains gehören.

Die Künstler der Group of Seven hatten eine Hütte am Hwy 6 gleich westlich des Parks und trugen entscheidend zu seiner Gründung bei. Der **La Cloche Silhouette Trail** des Parks ist sogar nach Franklin Carmichaels legendärem Gemälde der Bergkette benannt. Der raue, auf erfahrene Wanderer zugeschnittene Weg (80 km; 7–10 Tage) schlängelt sich durch ein Bergreich mit saphirblauen Seen, durstigen Birken, üppigen Kiefernwäldern und schimmernden Quarzfelsen.

Ein Netz kürzerer und weniger anspruchsvoller Wanderwege ermöglicht ebenfalls Blicke auf das majestätische Terrain. Dazu gehören der **Cranberry Bog Trail** (eine 4 km lange Schleife) und der **Granite Ridge Trail** (eine 2 km lange Schleife).

Killarney Kanoes (☎888-461-4446; www.killarneykanoes.com; 1611 Bell Lake Rd; Kanuverleih 25–40 C$/Tag; Mai–Okt. 8–20 Uhr) verleiht Kanus und Kajaks, **Killarney Outfitters** (☎705-287-2828; www.killarneyoutfitters.com; 1076 Hwy 637, Killarney; Kanu- & Kajakverleih 26–37 C$/Tag, Aktivitäten ab 35 C$) verleiht Ausrüstung und veranstaltet Wander-, Kanu-, Kajak- und Stehpaddeltouren, zu denen man nur die eigene Zahnbürste mitbringen muss.

Schlafen & Essen

Die **Killarney Mountain Lodge** (☎705-287-2242; www.killarney.com; 3 Commissioner St, Killarney; DZ/Suite mit Frühstück ab 180/249 C$; Mai–Okt.;) im Dorf Killarney ist eine große Ferienanlage mit vielen Einrichtungen, holzverkleideten Zimmern in der Lodge sowie Hütten – eine ausgezeichnete Wahl für die, die nicht zelten wollen.

Es gibt auch mehrere Campingplätze und andere Unterkünfte im Park (S. 186). Am beliebten Zugangspunkt George Lake gibt's ein Informationszentrum und eine begrenzte Zahl von Stellplätzen (ohne Strom). Reservieren kann man bei Ontario Parks (www.ontarioparks.com); für den Sommer sollte man das weit im Voraus tun.

Nahrungsmittel und Brennholz erhält man im **Grundy Lake Supply Post** (☎705-383-2251; www.grundylakesupplypost.com; Ecke Hwy 69 & Hwy 522; Mitte Mai–Anfang Juli 9–17 Uhr, Anfang Juli–Anfang Sept. 8–21 Uhr), 40 km südlich der Ausfahrt Killarney am Hwy 69.

In Killarney, 10 km westlich des Parks am Hwy 637, gibt's ein paar Lodge-Restaurants und einen Fish-and-Chips-Laden. Im Dorf serviert das Restaurant der Killarney Mountain Lodge Frühstück, Mittag- und Abendessen. Unterkunft in der Lodge kann man mit „American Plan" (Vollpension) und „Modified American Plan" (Halbpension) buchen.

An- & Weiterreise

Die meisten Leute erreichen den Park über den vom Hwy 69 abzweigenden Hwy 637, der im winzigen Dorf Killarney endet.

Parkbus (S. 184) bietet im Sommer in begrenztem Umfang Fahrten von Toronto zum Park (Erw./Student/Kind unter 13 Jahren 94/85/47 C$, 5½ Std.); ansonsten ist man auf ein eigenes Auto angewiesen.

Sudbury

Sudbury hat eine Menge aus nichts gemacht – buchstäblich nichts: In den 1880er-Jahren war Sudbury noch eine einsame Holzfällerstation namens Ste-Anne-des-Pins. Als 1883 die Canadian Pacific Railway hier durchgeführt wurde, entdeckte man eine große Ader mit Nickel-Kupfer-Erz. Dadurch wurde die öde Region zum größten Nickelproduzenten der Welt. Bis 1920 hatten Industrieabfälle und saurer Regen die Bäume getötet und den Boden vergiftet und Sudbury zu einer Einöde mit geschwärzten Felsen gemacht. Die Gegend war so kahl, dass in den 1960er-Jahren hier NASA-Astronauten trainierten.

Heute legt man mehr Wert auf Umweltschutz: Im Zuge eines „Begrünungsprogramms" wurden von den Einwohnern seit 1980 mehr als 12 Mio. Bäume gepflanzt, obwohl die Schwerindustrie und der Bergbau immer noch das Leben bestimmen. Sudbury besitzt eine Universität, zwei fantastische Wissenschaftsmuseen, ein paar coole Treffs und entspannte Einwohner. Trotzdem gibt es für Traveller kaum einen Grund für einen Besuch, wenn die Stadt nicht gerade an der eigenen Reiseroute liegt.

Sehenswertes

Wenn man sich Science North und Dynamic Earth anschauen will, lohnt sich das drei Tage gültige „Dynamic Duo"-Pauschalticket (Erw./Kind 50/41 C$), mit dem man Eintritt in beide Museen und deren Sonderausstellungen und Filmvorführungen erhält.

★ Science North MUSEUM
(☎705-522-3701; www.sciencenorth.ca; 100 Ramsey Lake Rd; Erw./Kind ab 26/22 C$; ⊙Juli & Aug. 9–18 Uhr, Sept.–Juni 10–16 Uhr) Nachdem man einen Tunnel passiert hat, der tief in den 2,5 Mrd. Jahre alten Kanadischen Schild gegraben wurde, arbeitet man sich von der Spitze des fantastischen Museums einen spiralförmig angelegten Weg mit vielen aufregenden, interaktiven Exponaten hinunter. Man wandert durch einen Garten mit lebenden Schmetterlingen, schaut im digitalen Planetarium in die Sterne oder fliegt in einem Flugsimulator durch die Wildnis. Die Sonderausstellungen wechseln regelmäßig, ebenso die Filme, die im IMAX-Kino gezeigt werden.

Mit dem „Play All Day Passport" (Erw./Kind 37/31 C$) hat man Zugang zu den Sonderausstellungen, den IMAX-Filmen und weiteren Extras. Vom Museum aus führen Wege am Ufer des Ramsey Lake entlang.

Dynamic Earth MUSEUM
(☎705-522-3701; www.dynamicearth.ca; 122 Big Nickel Rd; Erw./Kind 21/17 C$, Parkplatz 5 C$; ⊙April–Okt. 9–18 Uhr) Die Hauptattraktion ist die Tour durch den Untergrund (mit simulierter Dynamit-Sprengung). Besucher erfahren anhand zum Nachdenken anregender interaktiver Exponate viel über Geologie und unseren Planeten. Im Sommer starten zwischen 9.45 und 16.45 Uhr ungefähr halbstündlich Führungen. Unbedingt ein Foto vor dem „Big Nickel", der 9 m hohen Nachbildung einer 5-Cent-Münze von 1951, schießen!

Copper Cliff Museum HISTORISCHES GEBÄUDE
(☎705-692-4448; 26 Balsam St, Copper Cliff; Eintritt gegen Spende; ⊙Juli & Aug. Mi–So 10–16 Uhr) GRATIS Das Copper Cliff Museum residiert in einer Pionier-Blockhütte 6 km westlich vom Zentrum. Es ist voller Relikte aus der vergangenen Ära, als Siedler erstmals in die Region vordrangen, um das Land zu vermessen. Das zweistöckige Blockhaus aus dem 19. Jh. wurde dorthin versetzt, wo sich das erste Haus in Copper Cliff erhob, als der ursprüngliche Standort von einer nahegelegenen Mine beansprucht wurde.

Schlafen & Essen

Radisson Sudbury BUSINESSHOTEL $$
(☎705-675-1123; www.radissonsudbury.com; 85 St. Anne Rd; Zi. ab 116 C$; P❄📶🏊🐾) Die 147 komfortablen und ruhigen Zimmer des zentral gelegenen Radisson sind in Service und Ausstattung etwas besser als die der Konkurrenz. Zu den Einrichtungen zählen ein Pool, ein Whirlpool, ein Fitnesscenter und eine Waschküche für Gäste. Ein Food-Court und ein Lebensmittelladen finden sich nebenan im Einkaufszentrum Rainbow Centre.

Holiday Inn BUSINESSHOTEL $$
(☎705-522-3000; www.holidayinn.com; 1696 Regent St; Zi. ab 114 C$; P❄📶🏊) Von außen wirkt das Holiday Inn wie im Jahr 1972 stehen geblieben. Drinnen gibt's, wie zu erwarten, renovierte, typische Zimmer von ordentlicher Größe. Ein Hallenbad, ein Whirlpool und ein Fitnesscenter sind auch vorhanden. Halbpension kostet 10 C$ extra, man kann aber auch à la carte im Restaurant frühstücken.

Motley Kitchen CAFÉ $
(☎705-222-6685; www.themotleykitchen.com; 70 Young St; Hauptgerichte 12 C$; ⊙Di–Fr 11–15, Sa & So 10–14 Uhr) In Sudburys beliebtestem Brunch-Lokal gibt's eine bunte Auswahl von Gerichten wie Frühstücks-Burritos, Käsetoast, kroatische Crêpes und Arme Ritter mit Bananen und Nutella oder mit Erdbee-

DIE GROUP OF SEVEN

Die von fast jugendlicher Begeisterung erfüllten Mitglieder der Group of Seven (auch als Algonquin School bezeichnet) waren alle kanadische Maler (alle Männer). Zwischen 1920 und 1933 zogen sie durch die Wildnis des nördlichen Ontario und fingen die raue Natur zu allen Jahreszeiten ein. Ihre freudestrahlene Energie äußerte sich in lebendigen, von Licht erfüllten Gemälden, die Berge, Seen, Wälder und kleine Ortschaften zeigten. So machten sie die Landschaften des nördlichen Ontario – vom **Algonquin Provincial Park** (S. 207) über den **Killarney Provincial Park** (S. 186) bis hinauf zum Lake Superior – in ihren ausdrucksstarken Werken unsterblich.

1917, noch bevor sich die Gruppe offiziell formierte, war der Malerkollege und mit ihnen befreundete Tom Thomson auf dem Höhepunkt seiner Schaffenskraft im Algonquin ertrunken. Die Gruppe – A. Y. Jackson, Arthur Lismer, J. E. H. MacDonald, Frank Johnston, Lawren Harris, Fred Varley und Franklin Carmichael – schauten zu Thomson als ihrer Inspirationsquelle empor. Thomsons starke Bindung an das Land beweisen Werke, die man in der **Art Gallery of Ontario** (S. 85) in Toronto und in der **National Gallery** (S. 231) in Ottawa bewundern kann. Seine rustikale Hütte wurde auf das Gelände der **McMichael Canadian Art Collection** (S. 95) in Toronto versetzt. Alle genannten Museen zeigen prachtvolle Beispiele der Malerei dieser Künstlergruppe.

ren und Joghurt. Die Teller sind mit hausgemachten Fritten und frischem Obst garniert, und werktags bekommt man mittags Tacos, Sandwiches und Salate. Der einzige Nachteil ist, dass es wegen der vielen Gäste etwas dauern kann, bis man seine Bestellung bekommt.

★ **Respect is Burning** ITALIENISCH $$
(☎705-675-5777; www.ribsupperclub.com; 82 Durham St; Hauptgerichte mittags 10–15 C$, abends 17–32 C$; ⏲Mo–Do 16.30–22, Fr & Sa bis 1 Uhr; 📶) In diesem selbsternannten „Supper Club" liegt der Schwerpunkt auf rustikaler toskanischer Küche, aber die Köche scheuen auch keine Experimente. Auf der sich ständig ändernden Karte stehen Gerichte, die bei jedem Bissen volles Aroma entfalten. Abends gibt's an den Wochenenden köstliche Teller mit ausgewählten Leckerbissen und Drinks bis in die Nacht. Das Restaurant wird seinem Namen gerecht, denn es ist aus der Asche auferstanden, nachdem es 2014 einem Feuer zum Opfer fiel.

Ausgehen & Unterhaltung

★ **Laughing Buddha** BAR
(☎705-673-2112; www.laughingbuddhasudbury.com; 194 Elgin St; ⏲Do–Sa 11–2, So–Di bis 23, Mi bis 24 Uhr) Sudburys angesagter Treff für Hipster und Abhänger macht hochkandidelte Sandwiches (wie den „Brie LT"; 9 C$) und Pizzas (13 C$) und hat eine obercoole Atmosphäre. Auf dem mit roten Backsteinen gepflasterten Hof genießt man im Sommer sein zwangloses Mittagessen oder eines der mehr als hundert verschiedenen Biere.

Kuppajo Espresso Bar KAFFEE
(☎705-586-1298; 109 Larch St; ⏲Mo–Fr 7–21, Sa & So 9–17 Uhr; 📶) In dieser Koffeinhöhle ist immer viel los. Zu den schwarzen Getränken gibt's Gebäck, Paninis, Frühstückssandwiches (8 C$) und Sandwiches mit Krabbensalat.

Towne House Tavern LIVEMUSIK
(☎705-674-6883; www.thetownehouse.com; 206 Elgin St; ⏲Mo–Sa 11–2, So ab 12 Uhr) Der beliebte schmuddelige Treff steht im Zeichen von kanadischer Indie-Musik von Punk bis Gospel. Örtliche Bands und große Namen aus dem Süden stehen hier auf der Bühne. Neben der musikalischen Unterhaltung gibt's Spiele und eine Bar mit Plätzen im Freien, die Kneipenkost serviert.

ℹ Praktische Informationen

Greater Sudbury Development Corporation (☎1-866-451-8525; www.sudburytourism.ca; Tom Davies Square, 200 Brady St; ⏲Mo–Fr 8.30–16.30 Uhr) Im Rathaus erhält man Infos und Broschüren für Traveller.

ℹ Anreise & Unterwegs vor Ort

Der **Greater Sudbury Airport** (☎705-693-2514; www.flysudbury.ca; 5000 Air Terminal Dr) liegt etwa 25 km nordöstlich vom Zentrum. Air Canada, Bearskin Airlines und **Porter Airlines** (S. 71) fliegen von/nach Toronto, Ottawa, Sault Ste. Marie, Thunder Bay, Timmins, Kapuskasing und North Bay.

Am Flughafen und im Stadtzentrum findet man gleich mehrere Autovermieter, darunter **Enterprise** (☎705-693-9993; www.enterprise rentacar.ca).

Busse von **Ontario Northland** (S. 184) verbinden Sudbury mit Toronto (80 C$, 5¾ Std., 3-mal tgl.). **Greyhound** (S. 184) fährt von Sudbury nach Toronto (81 C$, 5 Std., 1-mal tgl.), Thunder Bay (219 C$, 14¼ Std., 1-mal tgl.) und Ottawa (83 C$, 7 Std., 1-mal tgl.).

Züge von **VIA Rail** (S. 186) bedienen ein paar abgelegene Kleinstädte auf der Strecke vom **Bahnhof Sudbury** (233 Elgin St) über Chapleau nach White River (ab 60 C$, 8¼ Std., 3-mal wöchentl.). Der Bahnhof Sudbury Junction, 10 km nordöstlich vom Zentrum, liegt an der VIA Rail-Schienenverbindung (S. 974) zwischen Toronto und Vancouver.

Stadtbusse fahren vom **Transit Terminal** (☎705-675-3333; www.greatersudbury.ca; Elm St) aus durchs Zentrum (einfache Strecke 3,10 C$).

Elliot Lake

Bei der Fahrt von Sudbury nach Sault Ste. Marie gibt's vom Autofenster aus wenig mehr zu sehen als ausgedehnte Wälder. Elliot Lake, die größte Gemeinde in der Gegend, ist beliebt bei Rentnern mit schmalem Budget und im Winter bei Schneemobilfahrern. Die Region ist das ganze Jahr über ein Zentrum von Outdooraktivitäten wie Wandern, Angeln, Kanufahren und Skilanglauf.

Der kleine Ort kam 2012 durch einen tragischen Unfall in die Schlagzeilen, als im Einkaufszentrum das Dach plötzlich teilweise einstürzte. Die Betonplatte durchschlug drei Stockwerke; zwei Frauen kamen ums Leben und 19 Personen wurden verletzt.

Weitere Infos zum Ort stehen unter www.tourismelliotlake.com/en.

Mississagi Provincial Park PROVINCIAL PARK
(☎705-865-2021, Okt.–Mai 705-862-1203; www.ontarioparks.com/park/mississagi; Hwy 639; Tageskarte 11,25 C$/Fahrzeug, Stellplatz 37 C$; ⏲Ende Mai–Anfang Sept.) Der Mississagi Provincial Park, 35 km nördlich von Elliot Lake, ist ein entlegenes Areal voller Hemlocktannen, Zitterpappeln, Sandstrände und zwitschernder Vögel. Es gibt Wanderwege vom 0,8 km langen Flack Lake Trail, wo man geriffeltes Gestein sieht, das durch Milliarden Jahre lange Wellenaktivität entstanden ist, bis hin zum mehrtägigen MacKenzie Trail (22 km), der durch offenes Gelände führt. Auch Kanus werden vermietet.

Der Park ist ruhig und wenig erschlossen: die Stellplätze bieten keinen Strom, und die wenigen Einrichtungen (das Torhaus und die Toiletten) – gleich abseits des Hwy 639 zwischen dem Jim Christ und dem Semiwite Lake – werden mit Solarenergie betrieben. Am Flack Lake gibt es ebenfalls Toiletten und einen Picknickbereich. Einen Stellplatz reserviert man bei **Ontario Parks** (www.ontarioparks.com).

ℹ An- & Weiterreise

Elliot Lake liegt am Hwy 108, 27 km nördlich vom Hwy 17.

Busse von **Greyhound** (S. 184) verbinden den Ort mit Sudbury (48 C$, 3¼ Std., 1-mal tgl.) und Sault Ste. Marie (57 C$, 4½ Std., 1-mal tgl.).

Sault Ste. Marie

75 141 EW.

„The Soo", wie die Stadt allgemein genannt wird, thront über den engen Stromschnellen zwischen dem Huronsee und dem Lake Superior. Mit ihrer Lage an der Grenze zu den USA und am Sankt-Lorenz-Seeweg ist die verschlafene Stadt das inoffizielle Tor zu den entlegenen Regionen im nordwestlichen Ontario. Der Ort war als Baawitigong („Ort der Stromschnellen") ein traditioneller Versammlungsplatz der Anishinabe (Ojibwe), und auch heute noch ist die Präsenz der First Nations in der Gegend stark. Französische Pelzhändler nannten den Ort Sault Ste. Marie (heutige Aussprache: *suh-seint merieh),* was sich mit „Mariafälle" übersetzen ließe. Wasserfälle gibt's heute keine mehr, stattdessen ein paar gigantische Schleusen.

Sault Ste. Marie ist sicher nicht die hübscheste Stadt, aber doch ein freundlicher Ort und eine naheliegende Übernachtungsstation auf einer Reise quer durch Kanada. Es gibt auch einen Grenzübergang in die USA.

👁 Sehenswertes

Art Gallery of Algoma GALERIE
(☎705-949-9067; www.artgalleryofalgoma.com; 10 East St; Erw./Student/Kind unter 12 Jahren 7/5 C$/frei; ⏲Di & Do–Sa 9–17, Mi bis 21 Uhr) Die Galerie hinter der Bibliothek zeigt eine Dauerausstellung und saisonale Ausstellungen, die zu Touren am Lake Superior auf den Spuren der Group of Seven inspirieren. Vor allem im Sommer sind hier Gemälde der Künstlergruppe zu sehen, die Motive aus der Gegend zeigen. Hinzu kommen Werke von indianischen Künstlern aus der Region.

Sault Ste. Marie Canal National Historic Site HISTORISCHE STÄTTE
(☎705-941-6205; parkscanada.gc.ca/sault; 1 Canal Dr; ⏲Visitor Center Mitte Mai–Anfang Okt.

MIT DEM SCHNEEMOBIL UNTERWEGS

Ontarios Wegenetz für Freizeit-Schneemobilisten ist mit ca. 50 000 km das größte der Welt. Sudbury ist eine der inoffiziellen Hauptstädte dieses Freizeitvergnügens in Ontario. Viele Motels und Lodges im Norden der Provinz sind auf diese Subkultur eingestellt, und es ist nichts Ungewöhnliches, dass Motels mit videoüberwachten Schneemobil-Parkplätzen werben. Wer wissen will, worum sich der ganze Trubel dreht, schaut auf die Website der **Ontario Federation of Snowmobile Clubs** (☎705-739-7669; www.ofsc.on.ca; 501 Welham Rd, Barrie).

Mo–Fr 10–16 Uhr) GRATIS Folgt man auf der kanadischen Seite des St. Mary's River dem 2,2 km langen Attikamek-Wanderweg rund um South St. Mary's Island gelangt man zu diesem Kanal von 1895, der einst die längste Schleuse der Welt und die erste elektrisch gesteuerte war. Eine Neuheit war auch ein schwenkbares Stauwehr, das die Schleuse im Notfall schützen konnte. Die Mehrzahl des Frachtverkehrs passiert heute weiter draußen die US-amerikanischen Schleusen; die ältere kanadische Schleuse wird nur noch von Freizeitschiffen genutzt.

Sault Ste. Marie Museum MUSEUM
(☎705-759-7278; www.saultmuseum.com; 690 Queen St E; Erw./Senioren & Studenten 8/6 C$; ⌚Di–Sa 9.30–17 Uhr; 👪) Das dreistöckige Museum im alten Postamt von 1906 ist eine Hommage an das frühe 20. Jh. und zeigt die Geschichte der Stadt aus verschiedenen Perspektiven. Die Discovery Gallery ist auf Kinder ausgerichtet, und unbedingt sehenswert ist die Skylight Gallery. Die interaktive Ausstellung, die von der Frühgeschichte bis in die 1960er-Jahre führt, enthält auch die einmalige Sammlung von Fossilien und Artefakten, die die hiesige historische Gesellschaft zusammengetragen hat.

Canadian Bushplane Heritage Centre MUSEUM
(☎705-945-6242; www.bushplane.com; 50 Pim St; Erw./Kind/Student 12/3/7 C$; ⌚Juni–Sept. 9–18 Uhr, Okt.–Mai 10–16 Uhr; 👪) In diesem dynamischen und kinderfreundlichen Museum begreift man, wie das Leben im nördlichen Ontario abläuft: Buschflugzeuge sind für abgelegene Ortschaften, die nicht über die Straße zu erreichen sind, lebenswichtig. In einem ehemaligen staatlichen Hangar von 1924 kann man unter ausgemusterten Maschinen herumlaufen und feststellen, wie winzig diese Flugzeuge sind. Ein Flugsimulator nimmt die Besucher auf einen begeisternden Flug über saphirblaue Seen und hohe Kiefern mit.

Geführte Touren

Agawa Canyon Tour Train ZUGFAHRT
(ACR; ☎800-242-9287; www.agawatrain.com; 129 Bay St; ⌚Ende Juni–Mitte Okt.) Die Algoma Central Railway ist eine 475 km lange Schienenstrecke, die von Sault Ste. Marie direkt nordwärts nach Hearst führt. Sie wurde 1899 gebaut, um den Transport von Rohstoffen zu den Fabriken von Sault Ste. Marie zu erleichtern. Heute fahren hier Urlauber durch die unberührte Wildnis vorbei an einsamen Seen und den zerklüfteten Granitformationen des Kanadischen Schilds.

Der Agawa Canyon Train bietet Tagesausflüge (Erw./Kind 102/70 C$) gen Norden zum Agawa Canyon im zerklüfteten Hinterland des Lake Superior an, das die Maler der Group of Seven in ihren Bildern verewigten. Der Zug startet um 8 Uhr in Sault Ste. Marie und kehrt um 18 Uhr zurück. Am schönsten ist die Fahrt zwischen Mitte September und Mitte Oktober, wenn der Zug sich seinen Weg durch ein endloses Meer von buntem Herbstlaub bahnt.

Schlafen & Essen

Die Mehrzahl der Motels, Fast-Food-Restaurants und Einkaufszentren liegen an der Great Northern Rd nahe dem Hwy 17. Mehrere Optionen verteilen sich auch über die Innenstadt, vor allem auf die Bay St. mit dem recht malerischen Ufer und den meisten Attraktionen, an der aber abends wenig los ist.

★ **Water Tower Inn** HOTEL $$
(☎800-461-0800; www.watertowerinn.com; 360 Great Northern Rd; DZ ab $119; P ❄ 📶 🏊) Für den Preis eines normalen Zimmers lebt man wie in einem Resort: Mit Hallen- und Freibad, Grill/Bar/Restaurant, einer Kneipe mit Pizzas und einem Wellnessbereich hebt sich das Water Tower von der Konkurrenz ab. Die Zimmer haben verschiedene Größe, es gibt auch Familienzimmer und Suiten.

Sleep Inn MOTEL $$
(☎705-253-7533; choicehotels.ca/cn658; 727 Bay St; Zi. mit Frühstück ab 109 C$; P ❄ 📶 🐾) Das touristische Motel in schöner Uferlage hat

geräumige, ordentliche Zimmer, einen Fitnessraum und eine Sauna.

Muio's DINER $
(☎705-254-7105; www.muios.com; 685 Queen St E; Hauptgerichte mittags/abends 10/18 C$; ⊙7–20 Uhr) In einem historischen Gebäude von 1890 badet das 55 Jahre alte Lokal unter Bildern des alten „Soo“ weiterhin in anachronistischem Ruhm. Nahezu alles ist hausgemacht, auch die Pasta, und die Einheimischen genießen hier einfache Burger sowie Steaks und Meeresfrüchte.

★ **Arturo's Ristorante** ITALIENISCH $$$
(☎705-253-0002; www.arturoristorante.com; 515 Queen St E; Hauptgerichte 24–45 C$; ⊙Di–Sa 17–22 Uhr) Als schimmerndes Juwel in einem tristen Abschnitt des Zentrums ist das schon Jahrzehnte bestehende stimmungsvolle, aber unprätentiöse Arturo's eines der Lokale, die man nicht vergisst. Sanfte Beleuchtung, weiße Tischtücher und europäische Szenen als Wandschmuck bestimmen das Bild, die italienischen Hauptgerichte wie Kalbschnitzel in Marsalasauce und Hähnchen-*piccata* (mit Zitrone und Kapern) sind zart und saftig, und die Weine passen genau dazu.

☆ Unterhaltung

LopLops LIVEMUSIK
(☎705-945-0754; www.loplops.com; 651 Queen St E; ⊙Mi–Sa 16–2 Uhr) Man holt sich ein Glas Wein oder ein örtliches Kleinbrauereibier von der schimmernden Stahltheke und genießt einen Abend inmitten von Gitarrengeklimper und dem endlosen Gerede gequälter Künstlertypen.

ℹ Praktische Informationen

Algoma Kinniwabi Travel Association (☎800-263-2546, 705-254-4293; www.algomacountry.com; 334 Bay St; ⊙Mo–Fr 8.30–16.30 Uhr) In dem hilfreichen Büro (oder auf der guten Website) erhält man Infos und Inspirationen für Touren am Lake Superior und ins Hinterland.

Ontario Travel Information Centre (☎705-945-6941; www.ontariotravel.net; 261 Queen St W; ⊙8.30–16.30 Uhr) Verkauft Camping-, Angel- und Jagdgenehmigungen für das umliegende Hinterland und informiert saisonal, wo es das schönste Herbstlaub, die schönsten Frühlingsblumen oder den besten Schnee gibt. Das Büro liegt nahe der International Bridge und bietet auch eine Wechselstube.

Tourism Sault Ste. Marie (☎705-759-5442; www.saulttourism.com; Ebene 1, Civic Centre, 99 Foster Dr; ⊙Mo–Fr 8.30–16.30 Uhr) Hat Broschüren und Stadtführer auf Lager; im Büro der Economic Development Corporation.

ℹ Anreise & Unterwegs vor Ort

Der **Sault Ste. Marie Airport** (YAM; ☎705-779-3031; www.saultairport.com; 475 Airport Rd) liegt rund 18 km westlich des Zentrums. Man fährt auf der Second Line (Hwy 550) 13 km nach Westen und anschließend 5 km auf der Airport Rd (Hwy 565) nach Süden.

Air Canada und Porter fliegen von/nach Toronto. Bearskin Airlines bietet Direktflüge nach Thunder Bay und Sudbury mit Anschlussverbindungen u. a. nach Winnipeg, Timmins und North Bay.

Von der **Bushaltestelle** (☎705-541-9305; 503 Trunk Rd) vor dem Howard Johnson Inn am Hwy 17, 5 km östlich des Zentrums, fahren Busse von **Greyhound** (☎800-661-8747; www.greyhound.ca) nach Sudbury (74 C$, 4½ Std., 1-mal tgl.) und Thunder Bay (148 C$, 9½ Std., 1-mal tgl.).

Mit dem **International Bridge Bus** (☎906-632-6882; www.saultstemarie.com/soo-area-and-great-waters-region/international-bridge; einfache Strecke 2 C$; ⊙Mo–Fr 7–19, Sa 9–17 Uhr) kommt man hinüber in die Schwesterstadt Sault Ste. Marie im US-amerikanischen Bundesstaat Michigan. Die Busse starten auf kanadischer Seite 20 Minuten nach der vollen Stunde von einer Bushaltestelle nahe dem Vordereingang der Station Mall an der Bay St und jeweils zur halben Stunde vom Busbahnhof an der Kreuzung der Queen St E und der Dennis St, ebenfalls im Zentrum. Auf US-amerikanischer Seite fahren die Busse zur vollen Stunde. Man braucht seinen Reisepass.

Das Stadtbusnetz bedient elf Strecken; die einfache Fahrt kostet 2,50 C$ (passend zahlen). Weite Infos und Details zu den Strecken stehen unter www.saultstemarie.ca.

Am Lake Superior

Der Name passt, was Größe und Schönheit anbelangt: mit einer Fläche von 82 100 km² ist der Lake Superior der größte Süßwassersee der Welt und hat ein eigenes Ökosystem und Mikroklima. An das prachtvolle Ufer auf kanadischer Seite schmiegt sich auf weiten Strecken der Trans-Canada Hwy (hier Hwy 17) – und der Abschnitt zwischen Wawa und Sault Ste. Marie gilt manchen Travellern als der schönste an dem insgesamt 8030 km langen Highway. Ein 90 km langer Abschnitt der Strecke führt direkt durch den Lake Superior Provincial Park.

Der Lake Superior friert auf Monate im Jahr zu, deswegen sind die meisten Geschäfte und Parks nur saisonal (Mai–Okt.) geöffnet. Bei der Fahrt auf dem Hwy kann man, vor allem in der Morgen- und Abenddämmerung, den einen oder anderen zottigen Elch erblicken.

Inspirationen für einen Motorradtrip rund um den Lake Superior, durch Ontario, Michigan, Wisconsin und Minnesota, findet man unter www.ridelakesuperior.com; für einen derartigen Trip sollte man sich auch eine touristische Karte zulegen.

Sehenswertes & Aktivitäten

Harmony Beach STRAND

Um zu dieser im Sommer beliebten Badestelle mit Blick über den See zu gelangen, fährt man von Sault Ste. Marie auf dem Hwy 17 rund 40 km Richtung Norden und nimmt dann die linke Abzweigung zur „Harmony Beach Road".

Chippewa Falls WASSERFALL

Die mächtigen Wasserfälle, 55 km nördlich von Sault Ste. Marie abseits des Hwy 17, sind am eindrucksvollsten im Frühjahr, wenn die Schneeschmelze das sonst stetige Fließen zu einem dröhnenden Donnern anschwellen lässt. Die Fälle sind vom Highway aus zu sehen; man kann südlich der Brücke über den Chippewa River parken, um sie sich näher zu betrachten.

Pancake Bay Provincial Park PROVINCIAL PARK

(☎1-888-668-7275, Stellplatzreservierung 705-882-2209; www.ontarioparks.com/park/pancakebay; Hwy 17; Tageskarte 14,50 C$; ⌚Ende Mai–Mitte Okt.) Nach langer Fahrt erreicht man einen der schönsten weißen Sandstrände Kanadas, den man zur richtigen Zeit ganz für sich alleine hat. Im Sommer ist das zwar nicht der Fall, doch findet man auch dann Ruhe und Einsamkeit auf den 3,5 bis 14 km langen Wanderwegen. Einen der mehr als 300 Stellplätze sollte man vorab reservieren (Stellplatz Zelt ohne Strom ab 41,25 C$), wenn man sich nicht mit einem Stopp für ein Bad begnügen will.

Caribou Expeditions KAJAKFAHREN

(☎800-970-6662, 705-649-3540; www.caribou-expeditions.com; 1021 Goulais Mission Rd, Goulais River; Kurse ab 75 C$, Tagestour ab 105 C$) Ein Team von erfahrenen Naturfreunden (das seinen Sitz rund 34 km nördlich von Sault Ste. Marie an den ruhigen Gestaden der Goulais Bay hat) bietet diverse Kajaktouren längs der Nordküste des Lake Superior. Es werden auch Kanus und Kajaks vermietet.

Treetop Adventures ABENTEUERSPORT

(☎705-649-5455; www.treetopadventures.ca; 6 Post Office Rd, Goulais River; Eintritt ab 40 C$) In dem bewaldeten Abenteuerpark gibt's eine Reihe aufregender Aktivitäten, darunter eine Baumwipfeltour, bei der man sich à la Tarzan von Seil zu Seil schwingt, und eine Mondscheintour. Der Park ist ganzjährig geöffnet; man muss reservieren und dazu vorab anrufen.

ST. JOSEPH ISLAND

St. Joseph Island, ein ruhiges Waldgebiet rund 60 km südöstlich von Sault Ste. Marie, liegt an der US-Grenze in der nordwestlichen Ecke des Lake Huron. Die Insel ist über eine Brücke mit dem Hwy 17 verbunden. Die **Fort St. Joseph National Historic Site** (☎705-246-2664; www.pc.gc.ca/fortstjoseph; Hwy 548; Erw./Kind 4/2 C$; ⌚Juli & Aug. 10–17 Uhr, Juni & Sept. Mi–So) war einst der abgelegenste und am weitesten nach Westen vorgeschobene Vorposten des britischen Kolonialbesitzes in Nordamerika. Die Ruinen der 200 Jahre alten Festung sind ein Traum für jeden Archäologen.

Schlafen

Salzburgerhof Resort RESORT $

(☎705-882-2323; www.salzburgerhofresort.com; Corbeil Point Rd, Batchawana Bay; Zi. ab 91 C$; ⌚Anfang Mai–Ende Okt.; 📶) Die an Tirol erinnernde Anlage wird seit 1972 von einer österreichischen Familie geführt und passt gut ans Ufer des Lake Superior. Die Zimmer sind holzgetäfelt, wirken europäisch und ein wenig retro, was aber nur zum Charme beiträgt. Es gibt einen Privatstrand und ein österreichisches Restaurant. In Batchawana Bay wechselt man vom Hwy 17 auf den Hwy 563 Richtung Süden.

Zu den vielen Unterkunftsoptionen gehören Motelzimmer, Suiten und Chalets mit zwei oder drei Schlafzimmern.

Twilight Resort CAMPING $

(☎705-882-2183; www.facebook.com/TwilightResort; Hwy 17, Montreal River Harbour; Stellplatz Zelt 30–40 C$, Hütten ab 100 C$; ⌚Mai–Okt.) Die wunderbar abgelegene Anlage gleich südlich des Eingangs zum Lake Superior Provincial Park war früher ein Lager für mennonitische Kriegsdienstverweigerer, die hier Zwangsarbeit beim Bau des Trans-Canada Hwy verrichten mussten. Heute ist sie eine schlichte, altmodische Ferienanlage mit acht Anglerhütten und vielen Stellplätzen, die alle direkt nach Westen blicken, sodass man den atemberaubenden Sonnenuntergang über dem Lake Superior erleben kann.

Rossport Inn and Cabins GASTHOF $

(☎807-824-3213; 6 Bowman St, Rossport; Hütten ab 65 C$; ⊙Mitte April–Mitte Okt.; 📶🐾) Das historische Rossport Inn hat Durchreisenden Unterkunft geboten, seit es die Canadian Pacific Railway Company 1884 erbaute. Die freundlichen Inhaber sind nun in Rente, vermieten aber immer noch ihre neun idyllischen Hütten mit Blick auf den Hafen von Rossport. Es gibt eine Sauna und einen Kajakverleih. Vorab anrufen!

★ **Voyageur's Lodge** MOTEL $$

(☎705-882-2504; www.voyageurslodge.com; Hwy 17, Batchawana Bay; Zi. 94–119 C$, Suite 145 C$; ⊙April–Ende Okt.; ❄📶) Am Highway liegt gegenüber dem 4 km langen Sandstrand der Batchawana Bay dieses Straßenmotel mit **Diner** (☎705-882-2504; www.voyageurslodge.com; Hwy 17, Batchawana Bay; Hauptgerichte 11–14 C$; ⊙April–Ende Okt. 7–21 Uhr). Die sauberen, gemütlichen Zimmer sind mit Kühlschrank, Mikrowelle und Kaffeemaschine ausgestattet und ideal für ein, zwei Tage am Strand. Die zwei Suiten haben ein Schlafzimmer, ein Wohnzimmer mit Schlafcouch und eine voll ausgestattete Küche. Zudem gibt's hier einen Gemischtwarenladen, der auch Spirituosen verkauft, und eine Tankstelle.

Lake Superior Provincial Park

Der 1600 km² große **Lake Superior Provincial Park** (☎705-882-2026, 705-856-2284; www.lakesuperiorpark.ca; Hwy 17; Eintritt Tag/2 Std./4 Std. 14,50/5,25/7,50 C$ pro Fahrzeug, Stellplatz 41,25–46,90 C$, Stellplatz Zelt im Hinterland Erw./Kind 10,17/5,09 C$; ⊙Agawa Bay Visitors Centre Juni–Sept. 9–20 Uhr, Ende Mai–Anfang Okt. bis 17 Uhr) bietet neblige Fjorde, dichte Nadelwälder und ruhige sandige Buchten, die noch nie ein Mensch betreten zu haben scheint. Die schönsten Stellen im Park erreicht man nur wandernd oder per Kanu, aber wer dazu keine Lust oder keine Zeit hat, findet auch gleich abseits des direkt durch den Park führenden Highways zahlreiche Stellen mit wundervoller Aussicht. Die Attraktionen und Einrichtungen sind in der Regel von Mai bis Oktober geöffnet.

Den ersten Stopp sollte man im **Agawa Bay Visitors Centre** einlegen, das 9 km von der südlichen Grenze des Parks entfernt ist. Das interaktive Museum und das fachkundige Personal versorgen einen mit guten Anregungen. Einen kleineren Informationsbereich findet man, wenn man aus der anderen Richtung kommt, am **Red Rock Lake** 53 km weiter nördlich. Wenn man im Park anhalten will, muss man eine Genehmigung kaufen, aber nicht, wenn man auf dem Hwy 17 einfach durch den Park hindurchfährt.

Die Picknickbereiche **Katherine Cove** und Old Woman Bay, direkt an der Straße, bezaubern mit dem Blick auf dunstige Sandstrände. Kulturell interessant sind die **Agawa Rock Pictographs**: Die zwischen 150 und 400 Jahre alten Bilder aus rotem Ocker künden von einer kulturellen Stätte der Ojibwe, eines der größten Indianervölker Kanadas. Ein rauer, 500 m langer Pfad führt vom Visitor Center zu einem Felsvorsprung, von dem aus man, wenn der See ruhig ist, die geheimnisvollen Felsbilder betrachten kann. Im Juli und August sind, wenn das Wetter es zulässt, fachkundige Parkmitarbeiter zwischen 11 und 15 Uhr vor Ort.

Wanderer begeistern sich für die elf außerordentlich schönen Wanderwege im Park. Der berühmteste ist der 65 km lange **Coastal Trail**, eine steile, anspruchsvolle Route längs zerklüfteter Klippen und Kieselstrände (insgesamt 5–7 Tage). Es gibt sechs Zugangspunkte, sodass man sich auch einzelne Abschnitte des Trails (von einigen Stunden bis zu mehreren Tagen) vornehmen kann. Der **Nokomis Trail** (5 km) schlingt sich um die malerische **Old Woman Bay**, die so heißt, weil man hier angeblich das Antlitz einer alten Frau in den Klippen erkennen kann. Je nach Witterungsbedingungen lassen dünne Nebelfäden und raschelnde subarktische Bäume die Landschaft urtümlich wirken. Der abwechslungsreiche **Orphan Lake Trail** (8 km) gleich nördlich der Katherine Cove ist gleichsam ein Probierteller der Merkmale des Parks mit einsamen Kieselstränden, majestätischen Wasserfällen, Aussichtspunkten und dichten Ahornwäldern.

Im Park werden Kanus vermietet (10/30 C$ pro Std./Tag), und Paddeln ist hier schwer angesagt. Mehrere ausgewiesene Routen führen durchs Hinterland – von der relativ einfachen **Fenton-Treeby Loop** (16 km, mit elf Abschnitten von höchstens je 150 m, wo man das Kanu tragen muss) bis zu anspruchsvollen Strecken, die nur mit der Algoma Central Railway (S. 190) erreichbar sind, falls sie ihren Passagierbetrieb wieder aufnimmt. Naturally Superior Adventures (S. 194) und Caribou Expeditions veranstalten viele Paddletouren im Park und seiner Umgebung.

Es gibt zwei Campigplätze nahe dem Highway: Agawa Bay, direkt am Lake Superior, und Rabbit Blanket Lake, nahe einem Binnensee, wo es zwar weniger windig und wärmer ist, aber der Blick auf die Küste nicht so schön. Stellplätze muss man bei **Ontario Parks** (www.ontarioparks.com) buchen.

Wawa

Mitten im Nirgendwo und angesichts langer Winter, die direkt einem sibirischen Alptraum entstammen könnten, beweist das kleine Wawa zähe Beharrlichkeit. *Wawa* ist ein Ojibwe-Wort, das „Wildgans" bedeutet. Der Pelzhandelsposten aus den 1720er-Jahren wurde nach den Millionen von Wildgänsen benannt, die während des Vogelzugs am Lake Wawa Station machen. Deshalb lockt auch seit den 1960er-Jahren eine 8,5 m hohe Skulptur einer Wildgans Reisende vom Highway in den Ort. Wawa ist für viele Traveller auf dem Trans-Canada Hwy ein obligatorischer Zwischenstopp – und vermutlich wird man auch selber bei einer solchen Fahrt hier durchkommen. Der Ort ist zudem eine gute Ausgangsbasis zur Erkundung des Lake Superior und bietet Wasserfälle, Strände und malerische Aussichtspunkte.

Sehenswertes & Aktivitäten

Magpie High Falls WASSERFALL
(High Falls Rd) Der auch als Scenic High Falls bekannte, 23 m hohe und 38 m breite Wasserfall liegt am Magpie River 5 km südwestlich der Ortschaft. Es gibt einen Naturpfad und einen Picknickplatz mit Grill. Im Besucherzentrum kann man sich nach Einzelheiten über den 3 km langen Voyageur Hiking Trail erkundigen, der am Fluss entlang zu den Silver Falls nahe dem Michipicoten River Village führt, dort, wo der Magpie mit dem Michipicoten zusammenfließt.

Sandy Beach STRAND
(Harbour Rd) Eine Schotterpiste und ein von Dünen und dürren Pflanzen gesäumter Weg bringen einen zu diesem 1 km langen weißen Sandstrand an der Michipicoten Bay, an dem einst A.Y. Jackson malte, ein Mitglied der Group of Seven. Der Strand befindet sich 6 km südwestlich der Stadt, vom Hwy 17 zu erreichen über die (nördlich von Wawa gelegene) Tremblay Rd oder vom Michipicoten River Village über eine Fahrt Richtung Rock Island Lodge.

Wawa Goose DENKMAL
(26 Mission Rd) Kein Aufenthalt in Wawa ist komplett ohne einen Schnappschuss mit der „Wawa Goose" vor dem Visitor Information Center – solange sie nicht den Abflug antritt: Fachleute erklärten, dass die 8,5 m hohe Gans nicht mehr zu retten sei, weil von innen durchgerostet ist. Vielleicht ist sie inzwischen bereits durch die Replik für 500 000 C$ ersetzt worden. Es gibt noch zwei andere Riesengänse im Ort – einfach mal umschauen, wo genau!

★ **Naturally Superior Adventures** KAJAKFAHREN
(☎ 800-203-9092, 705-856-2939; www.naturallysuperior.com; 10 Government Dock Rd, Lake Superior; Kurse ab 50 C$, Tagestouren ab 137 C$) Der robuste Trupp, der seinen Sitz 8 km südwestlich von Wawa hat, veranstaltet voller Begeisterung Kajak-, Kanu-, Stehpaddel- und Wandertouren in der Region um den Lake Superior. Im Angebot sind Tages- und Wochenendtouren sowie einwöchige Expeditionen mit Campen am Strand, außerdem Paddeltouren auf eigene Faust, Zertifizierungskurse für Guides und Foto-Workshops.

Schlafen

Im Ort und an den Zufahrten nach Wawa gibt's viele Motels von blitzblank und propper bis billig und scheußlich; jene am Hwy 17 liegen näher bei den Stränden und Wasserfällen rund um den Lake Superior.

Parkway Motel MOTEL $
(☎ 705-856-7020; www.parkwaymotel.com; Hwy 17; Zi. ab 89 C$; 📶) Das Motel mit polnischen Betreibern liegt 5 km südlich von Wawa am Highway und hat 13 ansprechende Zimmer mit Mikrowelle, Kühlschrank, Kaffeemaschine, Kabel-TV mit LCD-Geräten und den unvermeidlichen Reproduktionen von Bildern der Group of Seven. In den Zimmern stehen auch DVD-Player; kostenlos auszuleihende Filme gibt's an der Rezeption. Eine bootsförmige Picknick- und Grillterrasse befindet sich vorn auf dem Rasen.

Bristol Motel HOTEL $
(☎ 705-856-2241; www.bristolmotel.com; 170 Mission Rd; EZ/DZ/3BZ 75/85/95 C$; ❄📶) Das Bristol bietet günstige, nette Zimmer mit komfortablen Betten, funktionierendem WLAN, Kühlschrank, TV und abgetretenen Teppichen. Zu den Einrichtungen zählen ein

Whirlpool, Picknicktische im Hinterhof und eine Mikrowelle im Foyer, wo Langstreckenfahrer ab 5 Uhr morgens mit kostenlosem Kaffee und Muffins versorgt werden.

★ **Rock Island Lodge** LODGE $$
(☎705-856-2939; www.rockislandlodge.ca; 10 Government Dock Rd, Lake Superior; Zi./Domzelt mit Frühstück 119/70 C$, Zelt/Stellplatz 37/20 C$; ⏲Mai–Okt.; 📶) Die Lodge von Naturally Superior Adventures (S. 194) steht am Lake Superior zwischen ausgedehnten Felsen und einem glatten Sandstrand. Die drei schlichten Zimmer und die eine Hütte sind makellos und komfortabel und bieten eigene Bäder und Blick auf den Sonnenuntergang über dem See. Es gibt eine schöne Gästeküche und Lounge, außerdem WLAN, aber keine TVs.

Zur Lodge fährt man vom Hwy 17 rund 6,5 km südlich von Wawa in Richtung auf das Michipicoten River Village ab.

Essen

★ **Kinniwabi Pines** INTERNATIONAL $$
(☎705-856-7226; Hwy 17; Hauptgerichte 18–32 C$; ⏲Mai–Okt. 9–22 Uhr) Hinter der Fassade eines Highway-Motels, 7 km südlich von Wawa, verbirgt sich erstaunlicherweise ein Restaurant mit Gerichten aus Trinidad. Das gebackene Schwein oder der geschmorte Wels geben der Fahrt etwas Würze. Es gibt auch europäische und chinesische Gerichte sowie Fisch und Meeresfrüchte, z. B. auch Hecht.

Shoppen

Young's General Store ESSEN, OUTDOOR
(☎705-856-2626; www.youngsgeneralstore.com; 111 Mission Rd; ⏲8–21 Uhr) Für die bevorstehende lange Fahrt kann man sich in diesem hübsch altmodischen Laden, den es schon seit 1971 gibt, ausreichend bevorraten. Hier stapeln sich frische örtliche Produkte (Wurst und Toffees sind die Spezialitäten), Angelgeräte, T-Shirts und sogar Elchköpfe bis zur Decke.

Praktische Informationen

Visitors Information Centre (☎800-367-9292, 705-856-2244; www.experiencewawa.ca; 26 Mission Rd; ⏲Juli & Aug. 8–20 Uhr, Ende Mai, Juni, Sept. & Anfang Okt. 9–17 Uhr; 📶) In der Touristeninformation gibt's eine Liste der Unterkünfte, eine ausgezeichnete Karte für Besucher und alle Informationen zum Ort und zu den Parks in der Region. Im Zentrum befinden sich ein Museum zur Ortsgeschichte und eine Galerie, die Produkte örtlicher Kunsthandwerker zeigt.

ABSEITS DER ÜBLICHEN PFADE

CHAPLEAU

Das rund 140 km landeinwärts von Wawa gelegene kleine Chapleau (*tschä-ploh*) ist das Tor zum mit fast 1 Mio. ha Land größten Tierreservat der Welt – Jagen ist streng verboten. Infos gibt's unter www.chapleau.ca/en sowie im städtischen **Centennial Museum & Information Centre** (☎705-864-1330; www.chapleau.ca/en; 94 Monk St; ⏲Mai–Aug. 9–16 Uhr). In der Gegend leben Weißkopfseeadler, Biber, Luchse, Schwarzbären, Elche und viele weitere Tiere.

Der Missinaibi River fließt von seiner Quelle im Missinaibi Lake, 80 km nordwestlich von Chapleau, über 750 km in nordöstlicher Richtung bis zur James Bay und führt dabei durch den **Missinaibi Provincial Park** (☎705-864-3114, Notfall 705-234-2222; www.ontarioparks.com/park/missinaibi; Tageskarte 11,25 C$/Fahrzeug, Stellplatz ab 35 C$, wildes Campen Erw./Kind unter 18 Jahren 10,17/5,09 C$; ⏲Anfang Mai–Mitte Sept.), einen 500 km langen Park im Chapleau Crown Game Preserve. Mehrere Veranstalter am Fluss vermieten Kanus und bieten Touren, darunter **MHO Adventures** (☎855-226-6366; www.missinaibi.com; 41 Widjiitiwin Rd, Huntsville).

An- & Weiterreise

Busse von **Greyhound** (S. 184) verbinden Wawa mit Sault Ste. Marie (57 C$, 2¾ Std., 1-mal tgl.) und Thunder Bay (104 C$, 6¾ Std., 1-mal tgl.).

Pukaskwa National Park

In Ontarios einzigem Wildnis-**Nationalpark** (☎807-229-0801; www.parkscanada.gc.ca/pukaskwa; Hwy 627; Tageskarte Erw./Kind 5,80/2,90 C$, Stellplatz mit Strom 30 C$, ohne Strom 26 C$, Zelten im Hinterland 9,80 C$; ⏲Mai–Okt.) steppt tatsächlich der Bär. Der Park besitzt ein intaktes Ökosystem mit Raub- und Beutetieren und sogar eine kleine Herde scheuer Karibus. Landschaftlich findet sich hier eine ähnliche Topografie wie im Lake Superior Provincial Park. Lediglich 4 km an Straßen führen durch die 1878 km² große Wildnis, die Besucher auf Wanderwegen und Paddelrouten erkunden können.

Der erschlossene Teil des Parks liegt rund um den einzigen Campingplatz an der **Hattie Cove** nahe dem Parkeingang. Bei der Ankunft meldet man sich im **Visitors Center** (☎807-229-0801; Hattie Cove; ⊙Juli & Aug. 9–16 Uhr) an; an den meisten Sommerabenden starten hier geführte Wanderungen und Aktivitäten.

Drei kurze Wanderwege, die einen Einblick in die urtümliche Landschaft vermitteln, beginnen an der Hattie Cove. Der beliebte **Southern Headland Trail** (2,2 km) führt speerförmig in die felsige Wildnis zu Aussichtspunkten, von denen man das Ufer und den zerklüfteten Kanadischen Schild fotografieren kann. Man sieht verkrüppelte Bäume, deren Wachstum von den rauen Winden, die vom See her blasen, behindert wird. Der **Bimose Kinoomagewnan** („Weg der Lehren"; 2,6 km) schlingt sich rund um den Halfway Lake, vorbei an Tafeln mit Geschichten und Kunstwerken der Ojibwe. Der **Beach Trail** (1,5 km) zieht sich an der Horseshoe Bay und dem Lake Superior entlang und bietet einen weiten Blick auf donnernde Wellen und gewellte Sanddünen.

Die drei Wege lassen sich zu einer einzigen, 6,3 km langen Wanderung kombinieren. Vom **Beach Trail** aus folgt der **Manito Miikana** („Geisterweg"; 2 km) einer Felsschlucht zu Aussichtsplattformen mit Blick auf den See und die Dünen des Pic River.

Das hinreißende Hinterland des Parks ist nur etwas für Wagemutige: die 1878 km² große Wildnis ist wirklich einsam, abgelegen und unberührt. Der **Coastal Hiking Trail** (60 km) längs der weiten Küste ist die wichtigste Achse für Wanderer. Um einen Eindruck vom Hinterland zu bekommen, entscheiden sich viele fitte Wanderer dafür, die ersten 7,8 km des Trails bis zur 30 m langen und 25 m hohen **White Water Suspension Bridge** anzugehen. Die Strecke ist feucht und beschwerlich, und man muss auf der gleichen Strecke zurückwandern (insgesamt 15 km).

Paddler können unter drei unglaublichen, mehrtägigen Routen wählen. Eine davon ist die berühmte **White River Canoe Route** (72 km; 4–6 Tage), die die Hattie Cove mit dem **White Lake Provincial Park** verbindet. Man sollte sich im Visitors Center erkundigen: Teile der Strecke waren zum Zeitpunkt der Recherche wegen eines Wasserkraftwerksprojekts gesperrt. Kürzere und leichtere Paddeltouren führen rund um die Landzungen und Inselchen an der Hattie Cove und am Halfway Lake.

Keine dieser Wanderungen oder Kajaktouren sollte man ohne Registrierung und ordentliche Vorbereitung angehen. Wer ein Wassertaxi braucht, wird von **McCuaig Marine Services** (☎705-206-2758; mccuaigmarine@shaw.ca) überall an der Küste abgesetzt oder abgeholt; bei unbeständigem Wetter kann sich die Abholung zuweilen etwas hinziehen. Wer kein erfahrener Wanderer ist, kann sich den geführten Exkursionen von Naturally Superior Adventures durch das Hinterland anschließen. Dieser Veranstalter sowie Caribou Expeditions (S. 192) bieten auch mehrtägige Kajaktouren.

Von Marathon nach Nipigon

Die gewundene Straße längs dem Nordufer des Lake Superior ist gut für eine Spritztour geeignet. Unterwegs kann man sich in ein paar Orten die Beine vertreten. Im **Neys Provincial Park** (☎807-229-1624; www.ontarioparks.com/park/neys; Tageskarte 11,25 C$/Fahrzeug) 26 km westlich von Marathon locken felsige Strände, wollige Karibus, kurze Wanderwege und lange Sonnenuntergänge.

Im Ort **Terrace Bay** (www.terracebay.ca) kann man ein Boot zu den 13 km entfernten **Slate Islands** (☎807-825-3403; www.ontarioparks.com/park/slateislands) nehmen. Die Inselgruppe, die vielleicht der Überrest eines uralten Meteoriten ist, bietet einer der weltweit größten Herden des Kanadischen Waldkaribus Lebensraum, und auch Schneeschuhhasen finden sich hier. Schmale, bewaldete Buchten laden zur Erkundung per Kajak ein. Naturally Superior Adventures (S. 194) veranstaltet Kajaktouren hierher.

Im Neys Provincial Park kann man zelten oder die Nacht im kleinen Rossport verbringen, das sich zwischen der grummelnden Eisenbahn und einem der wenigen natürlichen Häfen am Lake Superior versteckt. Das historische Rossport Inn and Cabins (S. 193) ist eine fabelhafte Alternative, wenn man nicht zelten will.

Sleeping Giant Provincial Park

Vom anderen Ufer in Thunder Bay aus gesehen wirkt die zerklüftete Sleeping Giant Peninsula tatsächlich wie ein liegender Riese. Seit Jahrtausenden gilt das raue, bewaldete Gelände als ein sakraler Bereich. Der **Sleeping Giant Provincial Park** (☎807-977-2526; www.ontarioparks.com/park/sleepinggiant; Hwy 587; Tageskarte 11,25 C$/Fahrzeug, Stellplatz 37–42 C$, Hütte ab 170 C$, Wohnwagen 98–142 C$) umfasst einen großen Teil der felsigen Halbinsel, von der sich ein unvergesslicher Blick auf den Lake Superior bietet.

Der Park ist so wild, dass man im Hinterland campen und mehr als 80 km an Wanderwegen begehen kann, aber doch so kompakt, dass man ihn in einem Tagesausflug vom rund 70 km weiter westlich gelegenen Thunder Bay aus befriedigend auskundschaften kann. Reservieren kann man bei **Ontario Parks** (www.ontarioparks.com). Bei einer Wanderung, z.B. auf dem 40 km langen, mehrtägigen **Kabeyun Trail**, der der zerrissenen Küste der Halbinsel folgt, kann man in den Wäldern Elche, Wölfe, Füchse oder Luchse erspähen. Es gibt auch kurze Wege ab 1 km; Kajaks und Kanus werden vermietet.

An der Spitze der Halbinsel liegt die einsame Siedlung **Silver Islet**. In der Mitte der 1880er-Jahre explodierte die Bevölkerungszahl wegen der Erschließung der weltweit ertragreichsten, mittlerweile erschöpften Silbermine. Im frühen 20. Jh. war der Ort als Hollywood-Drehort beliebt.

Thunder Bay

125 000 EW.

Thunder Bay ist so isoliert, wie nur denkbar: Die Stadt liegt 706 km westlich von Sault Ste. Marie und 703 km östlich von Winnipeg (Manitoba). Wer auf der Straße anreist, empfindet sie als eine willkommene Rückkehr in die Zivilisation, denn so schön die Wälder und Seeufer auch sind, nach einigen hundert Kilometern verschwimmen die Eindrücke. Mit einer Reihe historischer Attraktionen, umliegender schöner Natur und kreativen Restaurants und Bars im wiederbelebten Entertainment District im Zentrum ist man angenehm überrascht, wie keck Thunder Bay den langen, dunklen Wintern trotzt. Vielleicht liegt es auch daran, dass 10 % der Einwohner finnischer Abstammung sind. Es lohnt sich durchaus, hier zwei Nächte zu verbringen, um sich einen Eindruck von der Stadt zu verschaffen.

Sehenswertes

★ Fort William Historical Park MUSEUM
(☎ 807-473-2344; www.fwhp.ca; 1350 King Rd; Erw./Kind 14/10 C$; ⏲ Mitte Mai–Mitte Sept., geführte Touren alle 45 Min.) Französische Reisende, schottische Edelleute und Ojibwe wuseln auf dem Gelände dieses historischen Parks herum und stellen den Alltag im frühen 19. Jh. nach. Von 1803 bis 1821 war Fort William der Hauptsitz der North West Company. Irgendwann wurde das Unternehmen von der Hudson's Bay Company geschluckt und die Bedeutung der Region als Handelszentrum schwand. Heute können die Besucher hier 46 rekonstruierte historische Bauten voller unterhaltsamer, altmodischer Gegenstände besichtigen, darunter Musketen, Felle und Kanus aus Birkenrinde.

Marina Park HAFEN
(www.thunderbay.ca/Living/recreation_and_parks; Sleeping Giant Pkwy) Das Gebiet um den Jachthafen, der Schwerpunkt der spannenden Entwicklungspläne in Thunder Bay, ist eine Fußgängerzone mit Parks, Springbrunnen, Wegen, einem Skaterpark und öffentlicher Kunst. In den Touristeninformationen liegt der kostenlose *Public Art Walking Tour Guide* aus, der viele Installationen am Ufer behandelt (auch erhältlich als Download unter www.thunderbay.ca/Living/culture_and_heritage/Public_Art.htm). Im Sommer gibt's Filmvorführungen, Konzerte und Feste unter freiem Himmel. Das Gebiet ist auch unter dem Namen Prince Arthur's Landing oder auch einfach als Old Waterfront bekannt. Vom Zentrum aus erreicht man es über die blaue Fußgängerbrücke am östlichen Ende der Red River Rd, nahe dem Pagoda Information Center.

Bay & Algoma Historical District AREAL
In Thunder Bay leben mehr als 10 000 Finnland-Kanadier, die von Immigranten abstammen, die seit dem Ende des 19. Jhs. ins Land kamen. Die Einheimischen ehren dieses Erbe, indem sie in die Sauna gehen und Pfannkuchen essen. In diesem historischen finnischen Viertel rund um die Kreuzung Bay St und Algoma St findet man skandinavische Läden und Unternehmen; manche alten Leute sprechen auch noch finnisch.

David Thompson Astronomical Observatory OBSERVATORIUM
(☎ 807-473-2344; www.fwhp.ca; 1350 King Rd; Erw./Kind 10/8 C$; ⏲ Mai–Aug. Do–Sa 22–24 Uhr, Sept. & Okt. Do–Sa 21–23 Uhr, Nov.–Feb. Do–Sa 19–21 Uhr, März & April Do–Sa 21.30–23.30 Uhr) In dem fantastischen, Besuchern zugänglichen Observatorium im Fort William Historical Park kann man durch eines der größten Teleskope Kanadas in die Sterne blicken. Die aktuellen Bedingungen zur Sternbeobachtung stehen auf der Website. Wenn es bewölkt ist, bleibt immer noch der Star Walk, eine virtuelle Tour durch den Nachthimmel.

Thunder Bay Art Gallery GALERIE
(☎ 807-577-6427; www.theag.ca; 1080 Keewatin St, Confederation College; Erw./Student/Kind unter

12 Jahren 3/1,50 C$/frei; ⏲ Di–Do 12–20, Fr–So bis 17 Uhr) Thunder Bays beste Galerie zeigt eine vielseitige Auswahl zeitgenössischer Kunst, darunter auch Werke von Ureinwohnern aus dem nordwestlichen Ontario und darüber hinaus. Die Natursymbolik, die eindringlichen Masken und die starken Primärfarben in den Werken der Ureinwohner hinterlassen mit Sicherheit einen bleibenden Eindruck bei den Besuchern.

Thunder Bay Museum MUSEUM
(☎ 807-623-0801; www.thunderbaymuseum.com; 425 Donald St E; Erw./Kind 3/1,50 C$; ⏲ Mitte Juni–Anfang Sept. 11–17 Uhr, Anfang Sept.–Mitte Juni Di–So ab 13 Uhr) Das hundert Jahre alte Museum ist für Erwachsene und Kinder gleichermaßen interessant. Die ansprechend präsentierten Exponate u.a. zur Kultur der Ojibwe, zum Pelzhandel, zur Militärgeschichte und zu aktuellen Entwicklungen vermitteln einen Einblick in die 10 000-jährige Besiedlungsgeschichte der Region.

Terry Fox Lookout & Memorial DENKMAL
(1000 Hwy 11/17) Das Denkmal ehrt Terry Fox, einen jungen Krebspatienten und Amputierten, der am 12. April 1980 eine Trans-Kanada-Wanderung begann, um Spenden für die Krebsforschung zu sammeln. Nachdem er von St. John in Newfoundland 5373 km zurückgelegt hatte, kam er nach Thunder Bay, wo sein Zustand sich verschlechterte. Hier starb er. Das heutige Denkmal wurde in der Nähe der Stelle errichtet, an der Terry seinen großartigen „Marathon der Hoffnung" beendete.

Mt. McKay AUSSICHTSPUNKT
(☎ 807-623-9543; www.fwfn.com; Mission Rd; 5 C$/Fahrzeug; ⏲ Mitte Mai–Anfang Okt. 9–22 Uhr) Der Mt. McKay ragt 350 m über Thunder Bay auf und gewährt einen weiten Blick auf den Flickenteppich aus rauen Kiefernwäldern und Felsformationen, der für die Region typisch ist. Der Aussichtspunkt gehört zum Reservat der Fort William First Nation und offenbart abends das beste Panorama, wenn das Tal als ein Meer blinkender Lichter erscheint. Ein leichter Wanderweg führt vom Aussichtsbereich 175 m hinauf zur Spitze des Bergs. Vorsicht beim Gehen – auf dem Schiefergestein stürzt man leicht.

Amethyst Mine Panorama HISTORISCHE STÄTTE
(☎ 807-622-6908; www.amethystmine.com; 500 Bass Lake Rd; Erw./Kind unter 5 Jahren 8 C$/frei, Amethyst 3 C$/453 g; ⏲ Mitte Mai–Mitte Okt. 10–17 Uhr) Bei einem Besuch in dieser Mine, 60 km östlich von Thunder Bay, kann man im öffentlichen Schürfbereich nach seinem eigenen violetten Amethyst suchen, dem offiziellen Edelstein der Provinz Ontario. Auf dem Parkplatz schimmert der Kieselbelag leicht bläulich, was beweist, wie häufig diese Halbedelsteine in der Region sind.

Aktivitäten

Sail Superior BOOTSFAHRT
(☎ 807-628-3333; www.sailsuperior.com; Pier 3, Sleeping Giant Pkwy) Zu den Segelbootstouren von der Thunder Bay Marina auf dem Lake Superior gehören auch 1½-stündige Hafenrundfahrten (Erw./Kind unter 10 Jahren 49/25 C$, Min. 4 Pers.).

PU DER WER?

Die kleine Holzfällerstadt **White River** (www.whiteriver.ca) erhebt den Anspruch, die Heimat des originalen Pu der Bär zu sein.

Wie es heißt, kehrte 1914 ein Trapper mit einem verwaisten Schwarzbärenjungen nach White River zurück. Ein Veteran namens Harry Colebourn führte dort Reparaturen an der Bahnstrecke aus. Er verguckte sich in das Bärenkind und kaufte es dem Trapper für 20 C$ ab. Colebourn gab der Bärin den Namen „Winnipeg" und nahm sie auf dem Weg in seine Heimat Großbritannien im Truppenzug mit nach Québec.

Als Harry zum Dienst in Frankreich eingezogen wurde, ließ er Winnie in der Obhut des Londoner Zoos zurück. Dort entwickelte sie sich sofort zum Publikumsmagneten. Eins der vielen Herzen, die sie gewann, gehörte dem kleinen Christopher Robin Milne, einem regelmäßigen Besucher des Zoos und Sohn von A. A. Milne. Er nannte den kleinen Bären liebevoll „Winnie-der-Pu". In der Erstauflage des Kinderbuchs *Pu der Bär* von 1926 teilte Mr. Milne mit, seine Geschichten handelten von Winnie, dem Bären aus dem Londoner Zoo, seinem Sohn Christopher und dessen Stofftieren.

Schließlich erwarb Disney die Rechte an Milnes Erzählungen von Pu dem Bären und Christopher Robin, und ... der Rest ist Geschichte. Ein Denkmal für die beiden Bären, den tatsächlichen und den erdachten, steht im Park in White River beim Visitors Center.

Loch Lomond Ski Area SKIFAHREN
(☎807-475-7787; www.lochlomond.ca; 1800 Loch Lomond Rd; Liftpass ganzer/halber Tag ab 46/34 C$; ⏲Dez.–April) Mit 17 Pisten für Anfänger, Fortgeschrittene und Experten kann man auf diesem Hügel wunderbar Skifahren lernen oder mit den Kindern Skifahren. Skier, Snowboards und Ausrüstung werden vermietet, und es gibt auch Ski- und Snowboardunterricht. Im Sommer tummeln sich Wanderer und Mountainbiker auf den Hängen.

Kangas SAUNA
(☎807-344-6761; www.kangassauna.ca; 379 Oliver Rd; Sauna/Whirlpool ab 17/15 C$; ⏲8–22 Uhr) Diese lokale Institution spiegelt Thunder Bays finnisches Erbe wider; man kann einen Saunaraum für 1½ Stunden mieten. In jedem ist Platz für bis zu sechs Personen, man geht allein oder wählt einen „Konferenzraum" für sich und seine Begleiter. Es gibt auch einen Whirlpool und ein Café (Hauptgerichte 10 C$), das ein beliebter Ort zum Frühstücken ist.

Chippewa Park BADEN
(www.chippewapark.ca; City Rd) Der Park am Seeufer ist ein toller Platz, um an einem sonnigen Tag zu baden, fröhlich herumzutollen oder zu picknicken.

Essen

★**Hoito Restaurant** FINNISCH $
(☎807-345-6323; www.314baystreet.com; 314 Bay St; Hauptgerichte 8–13 C$; ⏲Mo–Fr 7–19.30, Sa & So ab 8 Uhr) Man könnte meinen, in eine finnische Werkskantine hineingestolpert zu sein – und genau als solche hat das Hoito vor hundert Jahren angefangen und finnische Arbeiter mit günstigen Gerichten versorgt. Ein Frühstück mit den platten finnischen *lättyjä*-Pfannkuchen ist in dieser Insitution der Stadt das einzig Richtige, um in den Tag zu starten. Das Lokal befindet sich im Untergeschoss des historischen Finnish Labour Temple, der heute ein Kulturzentrum ist.

★**Tomlin** KANADISCH $$
(☎807-346-4447; www.tomlinrestaurant.com; 202 Red River Rd; Hauptgerichte 16–28 C$, kleine Gerichte 10–14 C$, Cocktails 10–14 C$; ⏲Di–Do 17–22, Fr & Sa bis 23 Uhr) 🍃 Die gehobene Küche des vor Ort gelobten Chefkochs Steve Simpson verwendet saisonale Zutaten aus der Region. Die regelmäßig wechselnde Karte unterscheidet zwischen kleinen (z.B. Rindertartar und geräucherter Blumenkohl) und großen Gerichten (Kalbs-Cavatelli, Linguine mit Krabben und Muscheln, Forelle). Auf der Weinkarte stehen nur Tropfen aus Ontario, darunter auch Eiswein.

Tokyo House ASIATISCH $$
(☎807-622-1169; www.tokyohouse.ca; 231 Arthur St; mittags/abends Büfett ab 15/24 C$; ⏲12–15 und 16.30–22 Uhr) Das glitzernde All-you-can-eat-Restaurant hat nichts authentisch Japanisches an sich. Aber das hier ist Thunder Bay, und wir sind dankbar, dass asiatisches Essen so hoch im Norden überhaupt präsent ist! Die meisten japanischen Klassiker sind hier zu haben, außerdem viele Sushi-Optionen, die alle auf Bestellung zubereitet werden.

Uptown Cut STEAKS $$$
(☎807-344-4030; www.uptowncut.ca; 252 Algoma St S; Hauptgerichte ab 25 C$; ⏲Do & Fr 12–15, Di–Sa 17 Uhr–Open End) Die leckeren Gerichte des Uptown Cut stellen Steaks vom Wagyu-Rind in den Mittelpunkt, um Rindfleisch aus Ontario bekannt zu machen. Die Steaks sind so gut, dass ein Kritiker der *New York Times* erklärte, sein Wagyu-Steak sei das beste, das er jemals gegessen habe. Aber auch die vegetarischen Teller sind kreativ; man darf also ein kulinarisches Erlebnis erwarten.

ABSTECHER

OUIMET CANYON PROVINCIAL PARK

Der **Ouimet Canyon** (☎807-977-2526; Ouimet Canyon Rd; Spende 2 C$; ⏲Mai–Okt.), gerade einmal 90 km östlich von Thunder Bay, ist eine trügerische Spalte, die in der letzten Eiszeit von Eis und Wind geformt wurde. Am Boden in 150 m Tiefe hat sich ein Mikroklima mit seltenen arktisch-alpinen Pflanzen gebildet. Ein 1 km langer Rundweg schmiegt sich an die zerklüfteten Klippen und bietet eine tolle Aussicht. Campen ist verboten. Die Schlucht liegt 12 km von der Abzweigung vom Hwy 17 entfernt.

In der Nähe besitzt **Eagle Canyon Adventures** (☎807-355-3064; www.eaglecanyonadventures.ca; 275 Valley Rd, Dorion; Erw./Kind 20/10 C$, Seilrutsche 50 C$; ⏲Mai–Mitte Okt. 10–18 Uhr) eine 183 m lange Brücke über die Schlucht – das ist die längste Fußgänger-Hängebrücke in Kanada. Die weiteren Superlative – darunter die längste, höchste und schnellste Seilrutsche des Landes – halten Abenteuerlustige einen ganzen Nachmittag lang auf Trab.

Bight INTERNATIONAL $$$
(☎807-622-4448; bightrestaurant.ca; 2201 Sleeping Giant Pkwy; Hauptgerichte 15–35 C$; ⏱11.30–22 Uhr; P 📶) In diesem zurückhaltend aufgemachten Restaurant an der Marina zaubert Chefkoch Allan Rebelo zeitgenössische Gerichte, z.B. Aufschnittteller, Pizzas, Fisch-Tacos und Pasta mit Garnelen und Hummer. Man sitzt draußen zwischen riesigen tropfenförmigen Skulpturen oder drinnen in einem Raum, der von Schwarz-, Weiß- und Metalltönen dominiert ist.

Prospector Steakhouse STEAKS $$$
(☎807-345-5833; www.prospectorsteakhouse.com; 27 Cumberland St S; Hauptgerichte 32 C$; ⏱So–Do 17–21, Fr & Sa bis 22 Uhr; 👪) In dem historischen Gebäude der Bank of Montreal werden unter Schwarzweißfotos von Elchkarren, Tierköpfen, Kanus und landwirtschaftlichem Gerät mächtige Fleischportionen aufgetischt – das gewaltige Prime-Rib-Steak gibt einem gehörig zu tun. Zu den Hauptgerichten gibt's Salat, Suppe und frische Brötchen.

Caribou Restaurant & Wine Bar FUSION $$$
(☎807-628-8588; www.caribourestaurant.com; 727 Hewitson St; Hauptgerichte mittags 15–18 C$, abends 17–48 C$; ⏱Do & Fr 11.30–14, tgl. 17–21 Uhr; P) Mitten im Gewirr aus breiten Freeways und klotzigen Einkaufsmärkten im südlichen Thunder Bay liegt eines der besten Restaurants der Stadt. Die Fassade täuscht und verspricht Franchise-Einheitsbrei, aber drinnen erwarten einen weiß gedeckte Tische und Designer-Gläser. Auf der Karte stehen u.a. Holzofenpizza, Meeresfrüchte in würziger kreolischer Sauce und im Ofen gebackener Arktischer Saibling.

Bistro One INTERNATIONAL $$$
(☎807-622-2478; www.bistroone.ca; 555 Dunlop St; Hauptgerichte 27–42 C$; ⏱Di–Sa 17–22 Uhr; P) Als ein Diamant in der rauen, prosaischen Gegend südlich des Zentrums bietet das Bistro One innovative, stets wechselnde Gerichte, schickes Dekor und eine legendäre Weinkarte.

Giorg ITALIENISCH $$$
(☎807-623-8052; www.giorg.ca; 114 Syndicate Ave N; Hauptgerichte 15–47 C$; ⏱Di–Sa 17.30–21 Uhr; P) Trotz der hässlichen Fassade gehört das charmante italienische Restaurant zu den besten in Thunder Bay. Die leckere Pasta ist hausgemacht, und zu den deftigeren Hauptgerichten zählen in der Pfanne gebratene Entenbrust, gut abgehangenes Rinderfilet und sautierte Shrimps mit Pancetta.

★ **Prime Gelato** EISCREME
(☎807-344-1185; 200 Red River Rd; Becher 3,50–6,50 C$, Waffel 4,50–7,50 C$; ⏱Di–So 12–22 Uhr) 🍃 Mit dem Ehrgeiz, ein Ben & Jerry's des Nordens zu sein, bietet diese Eisdiele *gelato* und Sorbets in kreativen Geschmacksrichtungen (z.B. Salzkaramell) und auch alkoholische Varianten, die mit dem Bier Lake of the Woods aus Kenora zubereitet werden. Die rund zwölf glutenfreien Kreationen wechseln häufig, enthalten aber meist frische regionale Produkte wie Ahornsirup oder Erdbeeren.

🍷 Ausgehen & Nachtleben

★ **Red Lion Smokehouse** CRAFT-BIER
(☎807-286-0045; redlionsmokehouse.ca; 28 Cumberland St S; ⏱Di–Do 12–24, Fr bis 1, Sa 15–1 Uhr) Thunder Bays neuer Lieblingstreff, ein lagerhausartiger Raum mit freiliegenden Rohren, verbindet dank Brettspielen, kleinen Gerichten und den lustigen Bier-Empfehlungen der Kellnerinnen mühelos industrielle Coolness mit Gemütlichkeit. Die Bierkarte umfasst zwei Seiten, darunter auch das vor Ort gebraute Sleeping Giant vom Fass. Dazu gibt's im Haus zubereitete Gerichte (12–29 C$) wie Burger und Pulled Pork.

Sovereign Room BAR
(☎807-343-9277; www.sovereignroom.com; 220 Red River Rd; ⏱Di–Fr 16–2, Sa & So ab 11 Uhr) Vom Kronleuchter der Theke über die schmucke olivfarbene Tapete und die Sitzecken aus dunklem Holz bis zur Wendeltreppe neben dem Schaufenster präsentiert sich das „Sov" als ein stimmungsvoller Ort für ein Bier. Es gibt Livemusik, und auf der Karte (Hauptgerichte 10–20 C$) stehen typische Gerichte und Überraschungen wie Enten-*poutine*, Steinofenpizza, Chicken Wings und Nachos.

The Foundry BAR
(☎807-285-3188; www.thefoundrypub.com; 242 Red River Rd; ⏱Mo–Sa 11–2 Uhr) Das bei den Einheimischen seit Langem beliebte zweistöckige Lokal bietet Dutzende Biere vom Fass und etwas zu essen, z.B. eine leckere Kokos-Curry-Suppe, *poutine* mit Thunder-Bay-Gouda, und Fish and Chips mit örtlichem Sleeping Giant-Bier im Teigmantel. An den meisten Abenden gibt's Livemusik.

St. Paul Roastery KAFFEE
(☎807-344-3900; 11 St. Paul St; ⏱Mo–Fr 7.30–17, Sa ab 9 Uhr) In diesem hippen Kaffeetempel kommt das schwarze Gold als Aufguss oder aus der Düse. Das Lokal gehört zu einer

ABSTECHER

VON THUNDER BAY NACH MANITOBA

Die Qual der Wahl: Bei der Fahrt Richtung Westen vom Lake Superior nach Winnipeg hat man zwei Alternativen. Die **nördliche Route** (Hwy 17) ist schneller und bietet unterwegs mehr Serviceeinrichtungen, aber die malerische **südliche Route** (Hwy 11 und Hwy 71) bietet eindrucksvolle Ablenkungen.

Hinter Thunder Bay dünnen der Verkehr und die Ausblicke nach den **Kakabeka Falls** (☎807-473-9231; www.ontarioparks.com/park/kakabekafalls; Hwy 11-17; Tageskarte 11,25 C$/Fahrzeug) aus. Bei **Shabaqua Corners** gabelt sich der Highway: die nördliche Route führt direkt nach Winnipeg, die südliche nimmt sich zwei Stunden für ihren Umweg durch eine malerische Landschaft. Auf beiden Routen passiert man erstklassige Angelgebiete, nicht zuletzt die Region **Lake of the Woods** mit ihrer inoffiziellen Hauptstadt **Kenora**.

Schilder weisen auf den Beginn einer neuen Zeitzone hin (Richtung Westen wird die Uhr eine Stunde zurückgestellt).

Nördliche Route

Ignace und die größere Ortschaft **Dryden**, am Agimak Lake bzw. am Wabigoon Lake (der nichts mit Lake Wobegon, der fiktiven Stadt in Minnesota des US-amerikanischen Autors Garrison Keillor zu tun hat), sind mögliche Zwischenstopps. Der größte und beste Ort für eine Pause ist aber **Kenora** (lakeofthewoods.com) in der Region **Lake of the Woods**, ein touristisches Zentrum mit Sommerhütten und Angelausflügen. Der sich über Ontario, Manitoba und Minnesota erstreckende Lake of the Woods ist die örtliche Anwort auf Torontos Cottage Country (S. 224) als Wochenendziel für die Einwohner Winnipegs.

Mit der **M.S. Kenora** (☎807-468-9124; www.mskenora.com; Bernier Dr; Erw./Kind 3–10 Jahre 29/15,50 C$; ⏲Mai–Sept.) kann man täglich 2¼-stündige Rundfahrten im nördlichen Abschnitt des Lake of the Woods unternehmen und so ein wenig von der 100 000 km langen Küstenlinie und den 14 500 Inseln sehen. Auch Kreuzfahrten zum Sonnenuntergang sind im Angebot.

Das kleine **Lake of the Woods Museum** (☎807-467-2105; www.lakeofthewoodsmuseum.ca; 300 Main St S, Kenora; Erw./Schüler 6–17 Jahre 4/3 C$; ⏲Juli & Aug. 10–17 Uhr, Sept.–Juni Di–Sa) widmet sich der Geschichte der Ureinwohner, der Industrie und des Goldbergbaus in der Region. Der Schwerpunkt liegt auf den letzten 100 Jahren, in denen sich Kenora rasant veränderte.

Südliche Route

Die längere südliche Route von Thunder Bay nach Winnipeg bietet einige spektakuläre Ablenkungen. Der erste größere Haltepunkt, nachdem sich der nördliche und der südliche Highway bei Shabaqua Corners getrennt haben, ist die urige Bergbausiedlung **Atikokan** – ein guter Ausgangspunkt für einen Tagesausflug in den eindrucksvollen, abgeschiedenen **Quetico Provincial Park** (☎807-597-2735; www.ontarioparks.com/park/quetico; Hwy 11; Tageskarte 11,25 C$/Fahrzeug, Stellplatz mit/ohne Strom 52/45 C$, wildes Campen Erw. 12,50–21,50 C$, Kind unter 18 Jahren 6–8,50 C$, Hütte 86 C$). Das endlose, vom Wasser eingeschlossene Reservat bietet einige der besten Kanustrecken (mit Trageabschnitten) in der kanadischen Wildnis sowie Wanderwege durch das raue Hinterland. **Canoe Canada Outfitters** (☎807-597-6418; www.canoecanada.com; 300 O'Brien St, Atikokan) bietet geführte und selbstgeführte Abenteuer in dieser dramatischen Wildnis.

Weiter westlich folgt **Fort Frances**, direkt an der US-amerikanischen Grenze, mit einer Brückenverbindung hinüber nach Minnesota. Das **Fort Frances Museum** (☎807-274-7891; www.fort-frances.com/museum; 259 Scott St, Fort Frances; Erw./Kind 5–12 Jahre 4/3 C$; ⏲Mitte Mai–Anfang Sept. 10–17 Uhr, Sept. 11–16 Uhr, Okt.–Mitte Mai Di–Sa 11–16 Uhr) gibt einen historischen Überblick über das Gebiet. **Kay-Nah-Chi-Wah-Nung** (Manitou Mounds; ☎807-483-1163; www.manitoumounds.com; Shaw Rd, Stratton; Eintritt 10 C$; ⏲Mai–Sept. Mi–Sa 10–18 Uhr), 60 km weiter westlich (25 km hinter Emo), ist eine heilige Stätte der Ojibwe mit den größten antiken zeremonialen Begräbnisstätten in Kanada.

Bevor sich die Route bei Kenora wieder mit dem Hwy 17 vereint, bietet sich noch ein Stopp in den Ferienorten **Nestor Falls** und **Sioux Narrows**, beide am Hwy 71, an.

Rösterei, und ein Plattenladen ist angeschlossen.

Growing Season SAFTBAR
(☎807-344-6869; www.growingseason.ca; 201 Algoma St S; ⌚Mo–Sa 11–19 Uhr) Gesunde gemixte Säfte und Shakes sind bei diesem „Saftkollektiv" angesagt. Zu den Smoothies gibt's auch leckere Gerichte mit Zutaten von vielen örtlichen Produzenten.

Madhouse Tavern Grill BAR
(☎807-344-6600; 295 Bay St; ⌚11.30–1 Uhr) Hinter seiner unscheinbaren Fassade ist dieser Nachbarschaftstreff ein toller Ort zum Entspannen bei freundlichen Gesprächen und kaltem Bier. Schräge Porträts berühmter Künstler und Schriftsteller von Frida Kahlo bis Hunter S. Thompson blicken auf das Getümmel hinunter.

ℹ Praktische Informationen

Pagoda Information Center (☎807-684-3670; www.tourismthunderbay.com; Ecke Red River Rd & Water St; ⌚Juli & Aug. Di–Sa 10–18 Uhr) Kanadas älteste Touristeninformation residiert in einem auffälligen Gebäude von 1909 und ist nach wie vor die am zentralsten gelegene in der Stadt.

Tourism Thunder Bay (☎807-983-2041; www.tourismthunderbay.com; 1000 Hwy 11/17; ⌚9–17 Uhr) Die größte Touristeninformation der Stadt liegt 6 km östlich der Stadt beim Terry Fox Lookout & Memorial.

ℹ An- & Weiterreise

Der **Thunder Bay Airport** (YQT; ☎807-473-2600; www.tbairport.on.ca) liegt im Südwesten, rund 10 km vom Zentrum entfernt, an der Kreuzung der Arthur St W mit dem Hwy 61. Air Canada, WestJet, Porter, Wasaya und Bearskin sind vertreten. Es gibt täglich rund 15 Flüge aus Toronto (einfache Strecke 120 C$); weitere Ziele sind u. a. Sudbury, Sault Ste. Marie, Ottawa und Winnipeg.

Busse von **Greyhound** (S. 184) fahren von/nach Sault Ste. Marie (148 C$, 9½ Std., 1-mal tgl.) und Winnipeg (126 C$, 9½ Std., 1-mal tgl.). Das **Busdepot** (☎807-345-2194; 815 Fort William Rd) von Greyhound liegt am Harbour Expwy nahe dem Intercity-Einkaufszentrum.

ℹ Unterwegs vor Ort

Die großen Autovermieter sind am Flughafen gut vertreten.

Thunder Bay Transit (☎807-684-3744; www.thunderbay.ca/transit) betreibt das städtische Busnetz vom zentralen **Waterfront Terminal** (Water St) aus. Von dort fahren Busse (einfache Strecke 2,75 C$) in alle Richtungen, darunter südwärts zum Flughafen, zum Greyhound-Busdepot und zum Fort William Historical Park.

Von Cochrane nach Moose Factory & Moosonee

Die Zeit ist nicht eben spurlos an dem kleinen Ort Cochrane vorübergegangen, der nur wegen des *Polar Bear Express* existiert, eines Zuges, der bei Bedarf hält und Passagiere nach Norden in die entlegene Region der James Bay bringt. Cochrane tut erst gar nicht so, als wäre es eine beliebte Touristenhochburg. Diese Ehrlichkeit ist in gewisser Hinsicht erfrischend angenehm. Dass die Winter hier lang und hart sind, sieht man sofort. Davon abgesehen sind die größtenteils frankophonen Einheimischen herzlich und sehr gastfreundlich.

Moosonee und Moose Factory liegen unweit des Übergangs zur Tundra. Im Osten Kanadas dringen nur wenige Menschen zu weiter nördlich gelegenen Punkten vor. Um das zu tun, braucht man unbedingt Wasserflugzeuge, Kanus, Schneemobile, Hundeschlitten und Schneeschuhe.

Moosonee ist seit 1932 an das Schienennetz angeschlossen. Da hatte der Ort, gegründet als Handelsposten von Révillon Frères, bereits fast 30 Jahre existiert. Die Nachbarinsel mit dem irreführenden Namen Moose Factory („Elchfabrik") beherbergt eine kleine Cree-Siedlung und die historische Stätte eines 1672 gegründeten Handelszentrums der Hudson's Bay Company.

👁 Sehenswertes & Aktivitäten

Moosonee und Moose Factory sind sehr verschieden. Moosonee hat ein wenig ansprechendes Industrieflair, Moose Factory hingegen ist ein lebendiges Reservat mit netten Einheimischen und zahlreichen Räucherhütten. Am besten lernt man die Region kennen, wenn man sich einer Führung mit einem der hiesigen Moose Cree anschließt.

Polar Bear Habitat & Heritage Village ZOO
(☎800-354-9948, gebührenfrei 705-272-2327; www.polarbearhabitat.ca; 1 Drury Park Rd, Cochrane; Erw./Student/Kind 5–11 Jahre 16/12/10 C$; ⌚Ende Mai–Mitte Sept. 9–17 Uhr, Mitte Sept.–Ende Mai 10–16 Uhr; 👪) 🍃 Trotz allem Gerede über Eisbären streifen keine freilebenden in dieser Region herum. Das Zentrum, das größte Eisbär-Gehege der Welt und das einzige mit Zugang zu einem natürlichen See, widmet sich

dem Schutz, der Pflege und dem Wohlergehen der pelzigen Giganten. Zu den derzeitigen Bewohnern Ganuk und Henry kann in naher Zukunft ein weiterer hinzukommen. Die Besucher können sich die Bären ansehen und bei Gesprächen mit den Pflegern (im Sommer tgl.) mehr über sie erfahren.

Polar Bear Express ZUG
(☎800-265-2356, gebührenfrei 705-472-4500; www.ontarionorthland.ca; hin & zurück Erw./Kind unter 11 Jahren 118,54/59,27 C$; ⏱Ende Juni–Ende Aug. So–Fr, Ende Aug.–Ende Juni Mo–Fr) Seit 1964 ist dieser Zug eine Legende im Norden und bleibt die beliebteste und günstigste Verbindung zu den entlegenen Gemeinden Moosonee und Moose Factory. Der Zug verlässt Cochrane um 9 Uhr, erreicht Moosonee um 13.50 Uhr und fährt dann um 17 Uhr zurück nach Cochrane, wo er um 21.42 Uhr ankommt. Schon die Passagiere sind sehenswert: Neben Einheimischen fahren Fallensteller, Biologen, Geologen, Traveller, Angler und Paddler mit ihm in den Norden.

Moose Cree Outdoor Discoveries & Adventures OUTDOOR
(☎705-658-4619; www.moosecree.com/tourism/outdoordiscoveries.html; 22 Jonathan Cheechoo Dr, Moose Factory) Die Tourismuseinrichtung der Moose Cree First Nation bietet maßgeschneiderte Touren mit kulturellen Aktivitäten (Geschichtenerzählen und traditionelle indianische Kost), z. B. Kanufahren im Sommer und Schneeschuhlaufen im Winter. Um die Tour passgerecht zu gestalten, erkundigen sich die freundlichen Angestellten genau nach den Wünschen der Teilnehmer.

Tidewater Provincial Park PROVINZPARK
(☎705-272-7107; www.ontarioparks.com/park/tidewater; Tageskarte 5 C$/Pers., Stellplatz 10 C$/Pers.; ⏱Ende Juni–Anfang Sept.) Der Park umfasst fünf Inseln im Mündungsbereich des Moose River; wildes Campen ist auf Charles Island möglich, das zwischen Moose Factory Island und Moosonee liegt. Von seinem Stellplatz aus kann man mit Glück eine Robbe oder den milchweißen Rücken eines Weißwals erblicken. Man erreicht die Insel per Wassertaxi von Moosonee aus – diese Wasserwege sind nur etwas für erfahrene Kanuten. Wegen der Campinggenehmigung wendet man sich an Moose Cree Outdoor Discoveries & Adventures.

Cree Cultural Interpretive Centre MUSEUM
(☎705-658-4619; www.moosecree.com/tourism/ccic.html; Riverside Dr, Moose Factory; ⏱Juni–Aug. So–Fr 9–17 Uhr) Dieses von der Moose Cree First Nation betriebene Zentrum auf Moose Factory trumpft mit Gegenständen und Artefakten wie Werkzeugen aus Knochen, traditionellem Spielzeug, wiederverwendbaren Windeln und Unterkünften aus der Zeit vor Ankunft der Europäer auf, die drinnen und im Freien ausgestellt sind. Die Besucher lernen zudem, was *pashtamowin* ist – gewissermaßen die Cree-Version des Karma-Gedankens, die vielleicht mit dem Sprichwort „man erntet, was man sät" umschrieben werden kann. Am besten erkundet man das Museum mit einem Guide; diese versorgen Besucher oft mit spannenden Zusatzinfos zu den Exponaten und erzählen Anekdoten.

Schlafen

Es gibt zwar ein paar Unterkünfte in Moosonee, wir empfehlen aber, auf Moose Factory zu übernachten. Neben der hiesigen Ökolodge kann Moose Cree Outdoor Discoveries & Adventures (S. 203) Unterkünfte und Stellplätze auf Moose Factory und benachbarten Inseln organisieren.

In Cochrane gibt's mehrere Optionen, darunter das **Best Western Swan Castle Inn** (☎705-272-5200; www.bestwestern.com; 189 Railway St, Cochrane; EZ/DZ mit Frühstück ab 145/155 C$; ❄@📶) und das **Commando Motel** (☎705-272-2700; t.cthomas@hotmail.com; 80 7th Ave, Cochrane; EZ/DZ 70/75 C$; 📶) am Bahnhof – und natürlich die Pension im Bahnhof.

Hudson's Bay Company Staff House PENSION $
(☎705-658-4619; www.moosecree.com; 4 Front St, Moose Factory; Zi. 75 C$; 📶) Das historische Gebäude ist zugleich ein Museum, dessen Exponate im Erdgeschoss sich der Ära des Pelzhandels widmen, als Angestellte der Hudson's Bay Company hier und der Verwalter des Handelspostens gleich nebenan wohnten. Die vier pastelfarbenen Zimmer werden von der Moose Cree First Nation verwaltet und teilen sich eine Küche und die sanitären Einrichtungen.

Thriftlodge MOTEL $
(☎705-272-4281; www.travelodge.com; 50 Hwy 11 S, Cochrane; EZ 75–80 C$, DZ 85–90 C$; ❄@📶) Das Kettenmotel gehört zu den Unterkünften mit dem besten Preis-Leistungs-Verhältnis in Cochrane. Es bietet 40 komfortable Zimmer mit Fön, Kaffeemaschine und Kühlschrank gleich neben dem passablen Terry's Steakhouse. Die Apartments in der oberen Etage sind nicht schön und eigentlich nur

dann akzeptabel, wenn es wirklich auf jeden Cent ankommt.

Cree Village Ecolodge LODGE $$
(☎705-658-6400; www.creevillage.com; 61 Hospital Dr, Moose Factory; Zi. mit Frühstück ab 180 C$; 📶) Das Cree Village ist die erste Lodge der nördlichen Hemisphäre, die Ureinwohnern gehört und von ihnen geführt wird. Die Nurdachhäuser mit Fenstern, die auf den von Bäumen gesäumten Moose River blicken, spiegeln in ihrer Gestaltung und Einrichtung traditionelle Werte der Cree wider. Der nachhaltige Entwurf setzt sich bei der Bio-Wolle und Bio-Baumwolle fort, die für Teppiche, Decken und Bettzeug verwendet wurden. In jedem Zimmer gibt's auch Bio-Seife.

Moose River Guesthouse PENSION $$
(☎705-336-1555; www.mooseriverguesthouse.com; 51 Gardiner Rd, Moosonee; Zi. 120 C$, Suite 135–185 C$; 📶) In einer ruhigen Sackgasse rund 300 m abseits des Bahnhofs von Moosonee bieten das bunt angestrichene Haus und die zugehörige umgebaute Scheune sieben Zimmer und Suiten, die im urig-ländlichen Stil dekoriert sind. Jedes Zimmer teilt sich das Bad mit dem benachbarten; die Suiten haben eigene Bäder. Das kontinentale Frühstück ist im Preis inbegriffen.

Essen

Station Inn KANADISCH $
(200 Railway St, Cochrane; Hauptgerichte 8–15 C$; ⏲ Ende Aug.–Ende Juni Mo–Fr 7–20 Uhr, Ende Juni–Ende Aug. So–Fr) Wie das gesamte **Station Inn** (☎705-272-3500; www.ontarionorthland.ca; 200 Railway St, Cochrane; EZ/DZ 118/130 C$; ❄📶) ist auch das Restaurant funktional und nicht besonders stimmungsvoll. Serviert werden deftige Gerichte wie Schweine- oder Kalbskoteletts, Würstchen, Lasagne oder Burger und tägliche Sonderangebote. Auch Sandwiches, Wraps, Salate und vegetarische Optionen sind zu haben.

Polar Bear Restaurant DINER $
(☎705-272-5345; Fast Stop, Hwy 11 S, Cochrane; Hauptgerichte 7–18 C$; ⏲6–22 Uhr) Frankofone Lastwagenfahrer halten in diesem Tankstellenrestaurant Hof, und die Bedienung steht stets zum Nachschenken bereit. Zum Frühstück gibt's herzhafte Pancakes oder Arme Ritter mit Speck und Sirup. Mittags und abends folgt Imbisskost wie „Polar Bear's Favorite" (Fischburger) oder „Polar Bear Poutine" sowie einige griechische Spezialitäten, die nichts mit dem Eisbär-Thema zu tun haben.

Kaylobs Kafe CAFÉ $
(☎705-272-4025; 282 8th Ave, Cochrane; Hauptgerichte 10–13 C$, Sandwiches 5 C$; ⏲Mo–Fr 6–19.45, Sa ab 8, So 8–15.45 Uhr) Das Café am Lake Commando serviert Burger, *poutine*, Frühstück, Tagesgerichte und herzhafte Hausmannskost wie Leber mit Zwiebeln.

Terry's Steakhouse STEAKS $$
(☎705-272-4770; Hwy 11 S, Cochrane; Hauptgerichte 15–25 C$; ⏲Mo–Fr 11–21, Sa ab 16, So ab 10 Uhr) Mit seinen rot-schwarz karierten Tischtüchern und den kitschigen Kronleuchtern ist das Terry's in Cochrane die erste Wahl in Sachen Steaks. Die Rib-Eye-Steaks und das Filet Mignon kommen vom Holzkohlegrill, begleitet von klassischen Saucen (z. B. Pfeffersauce). Auch Burger, Pasta, Seafood und traditionelle Klassiker wie Leber mit Zwiebeln, Sandwiches und Wraps stehen auf der Karte.

Praktische Informationen

Cochrane Tourist Office (☎705-277-4926; www.cochraneontario.com; Hwy 11 S, Cochrane; ⏲Mo–Fr 9.30–17 Uhr) Das kleine Büro befindet sich neben der „Chimo" (das Cree-Wort bedeutet „willkommen!") genannten Eisbär-Statue an der Kreuzung des Hwy 11 S (nach North Bay) mit dem Hwy 11 W (nach Thunder Bay).

Bahnhof Cochrane (☎705-272-4228; 200 Railway St) Auch am Fahrkartenschalter im Bahnhof gibt's viel nützliches Wissen über den Norden.

Moose Cree Outdoor Discoveries & Adventures (S. 203) Infos zu Unterkünften und Aktivitäten auf Moose Factory.

Anreise & Unterwegs vor Ort

Ontario Northland (S. 184) betreibt einen Bus zwischen Cochrane und Timmins (21,50 C$, 1½ Std.) mit Anschluss an den **Polar Bear Express** (S. 203). An Tagen, an denen der Zug verkehrt, verlässt der Bus Timmins um 6.25 Uhr und kehrt um 22.45 Uhr aus Cochrane zurück. In Timmins gibt es einen Flugplatz mit Flügen von/nach Toronto.

Busse von Ontario Northland verbinden den **Bahnhof Cochrane** (S. 204) auch mit North Bay (92,50 C$, 6¼ Std., 1-mal tgl.) und Sudbury (81,50 C$, 6½ Std., 1-mal tgl.).

Moosonee, das Tor nach Moose Factory, ist von Süden her nicht mit dem Auto erreichbar. Auf dem Landweg bleibt nur der **Polar Bear Express** (S. 203). **Air Creebec** (☎705-336-2221; www.aircreebec.ca) fliegt die Stadt aus Cochrane oder aus Timmins (442 C$, 1 Std.) an. Der Zug und die Flugzeuge sind an fünf oder sechs Tagen in der Woche unterwegs.

Von Moosonee unternehmen Wassertaxis die 3 km lange Überfahrt nach Moose Factory (15 C$, 15 Min.). Dem Fahrer Bescheid sagen, wenn man zur Cree Village Ecolodge möchte, denn die hat eine private Anlegestelle nördlich der Hauptanlegestelle auf der Insel. Im Winter wird der Fluss zu einer Eisbrücke, die stabil genug ist für Autos und Trucks (Taxi 10 C$). Wenn der Fluss im Spätherbst zufriert oder im Frühling auftaut, gibt's weder Auto noch Wassertaxis. Die einzige Möglichkeit hinüberzukommen bietet dann ein **Hubschrauber** (☎705-336-6063; www.expeditionhelicopters.com; Airport Rd, Moosonee; einfacher Flug 40 C$).

Ein Taxi vom Bahnhof Moosonee zu den rund 1 km östlich gelegenen Docks kostet 6 C$ pro Person.

Temagami

Zu der Zeit, als die Ägypter voller Gottesfurcht Pyramiden errichteten, war diese Region der majestätischen alten Kiefern und stillen Seen geprägt von einem Netz viel genutzter Handelswege. Hinweise auf diese uralten Wege finden sich heute in versteckten archäologischen Stätten, die sich über Provincial Parks in der gesamten Region verteilen. Der Ruf Temagamis als Ort für abenteuerliche Kanu-Touren, bei denen man das Kanu auch über Land tragen muss, hat sogar schon den britischen TV-Star Ray Mears hierher gelockt.

Einen Besuch lohnen der Obabika River Park oder auch der gewaltige Lady Evelyn Smoothwater Provincial Park, in dem sich Ontarios höchster Punkt, die Ishpatina Ridge (693 m), befindet. Einrichtungen gibt es keine, und die Campingplätze sind nur per Kanu erreichbar. Im leicht zugänglichen White Bear Forest steht ein hoher **Feuerwachturm** (O'Connor Rd; ⏲Ende Mai–Anf. Okt.) GRATIS auf dem Caribou Mountain, von dem aus man einen wunderbaren Blick auf die gedrungenen Bäume hat. Die Karte *White Bear Forest Old Growth Trails* zeigt alle Details der 1 bis 5 km langen Wege; man erhält sie im **Temagami Information Center** (☎705-569-3344; www.temagamiinformation.com; 7 Lakeshore Dr; ⏲Ende Juni–Anfang Sept. Mi 9–14, Do–Mo 11–17 Uhr).

Sehenswertes & Aktivitäten

Selbst nach kanadischem Verständnis ist Temagami raue Wildnis. Im Sommer kann man Kanutouren unternehmen, sollte aber unbedingt ein paar Tage einplanen – man braucht schon allein vier Tage, um die fast menschenleere Einöde zu erreichen. Im Winter kann man Fahrten mit dem Schneemobil unternehmen.

Finlayson Point Provincial Park PROVINZPARK
(☎705-569-3205; www.ontarioparks.com/park/finlaysonpoint; Hwy 11; Tageskarte 14,50 C$, Stellplatz mit/ohne Strom 47/41,50 C$; ⏲Ende Mai–Sept.) Die kleine Halbinsel am Lake Temagami bietet sich zum Kanufahren, Schwimmen und Campen an. Im Parkbüro gleich abseits des Hwy 11, 1 km südlich des Orts, erfährt man mehr über die Schutzgebiete rund um Temagami.

Temagami Outfitting Co. KANUFAHREN
(☎705-569-2595; www.icanoe.ca; 6 Lakeshore Dr) Die engagierten Leute der Temagami Outfitting Co. veranstalten Wildnis-Kanutouren mit kompletter Ausrüstung Wildnis (95 C$/Pers. & Tag): Man kann hier in einem Freizeithemd ankommen, und sie statten einen mit allem aus, vom Kanu über die passende Kleidung bis hin zu Campingausrüstung. Führer kosten zusätzlich 150 C$ pro Gruppe und Tag. Das Unternehmen bietet auch Shuttleflüge über alle Seen ab 75 C$.

Schlafen

Northland Paradise Lodge LODGE $
(☎705-569-3791; www.northland-paradise.com; 51 Stevens Rd; EZ/DZ 55/85 C$, Suite 150 C$;) Das direkt am See gelegene Northland ist eine gute altmodische Angler- und Jagdhütte mit einem Spielezimmer, einer Metzgerei und einem Raum zur Reinigung der Ausrüstung. Die motelartigen Zimmer sind ideal zum Ausruhen nach einem Tag auf dem Wasser, und die rustikalen Suiten mit Reinigungsdienst und Balkonen mit Blick auf den See bieten sich für eine Erholungspause vom Outdoor-Abenteuer an.

North Bay

54000 EW.

North Bay preist sich selbst an als „gerade genug weit nördlich gelegen, um perfekt zu sein" – was die Frage aufwirft: perfekt wofür? Die Stadt liegt nördlich genug, damit sich Ausflügler aus Toronto hier als Abenteurer fühlen können, und das Seeufer ist hübsch. Die Stadt selber ist aber nicht besonders attraktiv. Der wirkliche Reiz besteht im Zugang zum See und dem Umland, das allmählich zu „Cottage Country" (S. 224) wird, weil Wochenendhausbauer aus dem überlaufenen Muskoka nach Norden ausweichen. Neben schöner Natur hat North Bay viele ordentliche Unterkünfte und ein paar tolle Restaurants am Wasser zu bieten.

Die beiden wichtigsten Highways Ontarios (11 & 17) treffen in der Stadt zusammen, sodass sie sich als ein praktischer Zwischenstopp für Trans-Kanada-Reisende anbietet. Die Highways begegnen sich erst in Nipigon (kurz vor Thunder Bay) wieder – 1000 km nordwestlich.

Sehenswertes & Aktivitäten

Lake Nipissing Waterfront
PARK

Bei einem Spaziergang am Ufer des malerischen Lake Nipissing entdeckt man mehrere Möglichkeiten für nette Aktivitäten. Sträucher, Bäume und winterharte Stauden säumen den von North Bay Heritage Gardeners gepflegten Weg. In der Marina finden sich der Vergnügungspark Heritage Railway and Carousel, ein Restaurant an Bord der *Chief Commanda*, der Kajakverleih Fun Rentals und die *Chief Commanda II*, die Kreuzfahrten auf dem See durchführt.

Fun Rentals
KAJAKFAHREN

(705-471-4007; www.funrentals.ca; Memorial Dr; Kajak/Kanu/Stehpaddelbrett 1½ Std. 25/35/30 C$, 3 Std. 40/50/50 C$; Juli & Aug. 11 Uhr–Sonnenuntergang, Mai, Juni & Sept. Fr ab 16, Sa & So ab 11 Uhr) Mit Kajak, Kanu oder Stehpaddelbrett lässt sich Ontarios viertgrößter See, der Lake Nipissing, ein wenig erkunden. Bei Westwind sollte man vorsichtig sein und sich nahe am Ufer halten, weil die Böen sehr stark werden können. Das Unternehmen vermietet auch Freizeiträder mit Markisendach (30 Min./Std./Tag ab 15/20/60 C$) für eine Familien-Strampeltour am Ufer.

Chief Commanda II
BOOTSTOUR

(705-494-8167; www.chiefcommanda.com; King's Landing, 200 Memorial Dr; Ende Mai–Anfang Okt.) Das nette Passagierschiff kreuzt zwischen den Manitou Islands im Lake Nipissing (Erw./Kind 27/14 C$), fährt sonntags den French River hinauf (44/24 C$) und bei Sonnenuntergang hinunter zur Callander Bay (34/18 C$). Bei letzterer Tour gibt's auch ein Abendessen. Die zweistündigen Touren, um im Herbst das leuchtende Laub längs des Nordufers zu bestaunen, sind besonders beliebt. Vorab buchen!

Heritage Railway and Carousel
VERGNÜGUNGSPARK

(705-495-8412; www.heritagetrainandcarousel.weebly.com; 230 Memorial Dr; Fahrgeschäft 2 C$; Ende Juni–Anfang Sept. 10 Uhr–Sonnenuntergang, Mai, Juni, Sept.–Anfang Okt. Sa & So;) Man fährt auf bemalten Ponys mit dem aufgemöbelten Karussell aus den 1890er-Jahren und fährt mit dem Minizug, den pensionierte Bahnarbeiter aus der Gegend gebaut haben.

Schlafen & Essen

Lincoln Inn
MOTEL $

(705-472-3231; www.thelincolninn.ca; 594 Lakeshore Dr; Zi./Apt. ab 69/130 C$;) Das Lincoln ist eine solide Budgetunterkunft nahe bei den Restaurants mit komfortablen Zimmern und Apartments für Selbstversorger, die aus einem Schlafzimmer mit zwei Betten und einem Wohnzimmer mit einem Schlafsofa bestehen. Man sollte sich einige Zimmer ansehen, weil sie sich in Größe und Ausstattung unterscheiden – Zimmer 117 ist eine gute Wahl. Das kontinentale Frühstück ist im Preis enthalten, oft gibt's auch Rabatt.

★ Sunset Inn
MOTEL $$

(705-472-8370; www.sunsetinn.ca; 641 Lakeshore Dr; Zi. ab 119 C$;) Die blitzsaubere Unterkunft am Ufer hat einen Privatstrand an einer geschützten Bucht des Lake Nipissing, was über gelegentliche Geschmacksverirrungen im Dekor hinwegsehen lässt. Zu den zahlreichen Zimmertypen gehören luxuriöse Suiten mit herzförmigen Whirlpools und großen Flachbild-TVs und Chalets mit zwei oder drei Schlafzimmern und komplett ausgestatteter Küche. Es gibt auch eine romantische Strandhütte für zwei Personen.

White Owl Bistro
KANADISCH $$

(705-472-2662; www.thewhiteowlbistro.ca; 639 Lakeshore Dr; Hauptgerichte 25 C$; Mo–Sa 11–21, So 10–15 & 17–21 Uhr;) Inmitten der Motels am Ufer liegt dieses liebenswerte kleine Bistro, das 1934 errichtet wurde. Man kann drinnen und draußen auf der Terrasse sitzen. Zu der großen Palette an Gerichten zählen Salate, Pasta, Burger mit Wildfleisch, Regenbogenforelle und Hecht. Sonntags gibt's einen Brunch. Die Hähnchen und das Schweinefleisch kommen aus Somewood, der Farm des Eigentümers und Chefkochs. Es gibt Biere aus der Region vom Fass.

★ Churchill's
STEAKS $$$

(705-476-7777; churchills.ca; 631 Lakeshore Dr; Churchill's/Winnie's Pub Hauptgerichte 36/16 C$, Tapas 10 C$; Mo–Sa 11–22, So ab 16 Uhr;) Das Bistro mit gedämpfter Beleuchtung war früher mal die erste Filiale der Mega-Kette Tim Hortons, serviert aber heute beste kanadische Steaks und Rippchen mit regionalen Produkten. Das Restaurant hat zudem die größte Weinauswahl Ontarios nördlich von Toronto. Ontario-Lamm und Atlantik-Lachs stehen ebenfalls auf der Karte; alternativ genießt man Tapas an der Bar oder Kneipenkost von der Karte des Winnie's Pub.

Praktische Informationen

North Bay Chamber of Commerce (☎705-472-8480; www.northbaychamber.com; 205 Main St E; ⏰Mo–Fr 9–16 Uhr) Die hilfsbereite Sue ist eine Fundgrube an Infos und verteilt Broschüren.

Heritage Railway and Carousel (S. 206) Im Ticketbüro gibt's Broschüren, Karten und Informationen.

An- & Weiterreise

Busse von **Ontario Northland** (S. 184) verbinden North Bay mit Toronto (80 C$, 5½ Std., 4-mal tgl.). Busse von **Greyhound** (S. 184) verbinden North Bay mit Sudbury (32 C$, 2 Std., 1-mal tgl.) und Ottawa (76 C$, 5¼ Std., 1-mal tgl.). Die Busse halten am alten Bahnhof, der als **The Station** (☎705-495-4200; 100 Station Rd) bekannt ist.

Air Canada, Bearskin Airlines und Porter Airlines nutzen den kleinen **North Bay Jack Garland Airport** (☎705-474-3026; yyb.ca; 50 Terminal St), 10 km nordöstlich der Stadt, für Flüge von/nach Toronto, Sudbury und Timmins.

ÖSTLICHES ONTARIO

Das östliche Ontario umfasst das Land östlich von Toronto bis zur Grenze von Québec. In Wochenend-Ausflugsentfernung von Toronto liegen die fruchtbaren Weiden des Prince Edward County mit seiner langen bäuerlichen Tradition und seiner jungen Weinindustrie. Traveller, die auf dem vielbefahrenen Hwy 401 unterwegs sind, sollten einen Abstecher durch diese malerische, kulinarisch interessante, historische Gegend unternehmen.

Museen, Geschichte und städtische Atmosphäre hat Kingston zu bieten, die erste Hauptstadt des modernen Kanada, und natürlich die lebenssprühende heutige Hauptstadt Ottawa. Östlich von Kingston befindet sich die Thousand Islands Region, ein nebliger Archipel aus einsamen Inseln im tiefen Sankt-Lorenz-Strom, an dem die freundlich viktorianisch anmutenden Orte Gananoque und Brockville liegen.

Die schöne Natur des östlichen Ontario setzt sich im Landesinneren fort, wo sich jede Menge malerischer Parks und Schutzgebiete befinden. Das Highlight ist der Algonquin Provincial Park, in dem sich inmitten von Seen und hohen Banks-Kiefern unvergleichliche Möglichkeiten zum Kanufahren und zur Beobachtung von Wildtieren bieten. Ähnliche Landschaften finden sich in den Haliburton Highlands, den Kawarthas und dem Land O' Lakes.

Algonquin Provincial Park

Der 1893 gegründete älteste und mit mehr als 7600 km² zweitgrößte Park Ontarios ist genau das Richtige für Stadtmüde. Dichte Kiefernwälder, schroffe Klippen, plätschernde, kristallklare Bäche, von Moos überwachsene Moore und Tausende (wirklich Tausende) von Seen prägen das Bild. Das leicht erreichbare Juwel rauer Wildnis ist ein Muss für Kanuten und Wanderer.

Der Hwy 60 durchquert ein kleines Stück des Parks nahe an dessen südlicher Grenze. Zahlreiche Campingplätze, Lodges, Attraktionen und kurze Wanderwege sind von diesem vielbenutzten Korridor aus leicht zu erreichen. Das weite, bewaldete Innere des Parks ist dagegen nur über die mehr als 2000 km an kartierten Kanurouten sowie über anstrengende Wanderwege zugänglich.

Wenn man irgendwo im Park anhalten will, muss man am Tor eine Tageskarte (17 C$) kaufen. Der Kauf entfällt, wenn man den Park auf dem Hwy 60 nur durchquert.

Sehenswertes

Algonquin Visitors Centre MUSEUM
(☎613-637-2828; www.algonquinpark.on.ca; Hwy 60 bei Km 43; ⏰Mitte Mai–Mitte Juni & Okt. 9–17 Uhr, Mitte Juni–Sept. bis 19 Uhr, Nov.–April bis 16 Uhr) In diesem Visitors Centre von Weltklasse illustrieren Exponate und Dioramen die Tier- und Pflanzenwelt, Geschichte und Geologie des Parks. Hier gibt's auch einen Buchladen, eine Cafeteria, WLAN und spektakuläre Aussichtspunkte.

Algonquin Art Centre GALERIE
(☎705-633-5555; www.algonquinartcentre.com; Hwy 60 bei Km 20; ⏰Juni–Okt. 10–17 Uhr) GRATIS Die Galerie zeigt Kunst mit Wildnis-Thematik in diversen Medien (Malerei, Fotografie, Schnitzerei u.a.). Draußen aufgestellte Informationstafeln würdigen 2017 den 100. Todestag des kanadischen Künstlers Tom Thomson. Einzelheiten zu Kunst-Sommerkursen und Events stehen auf der Website.

Östliches Ontario

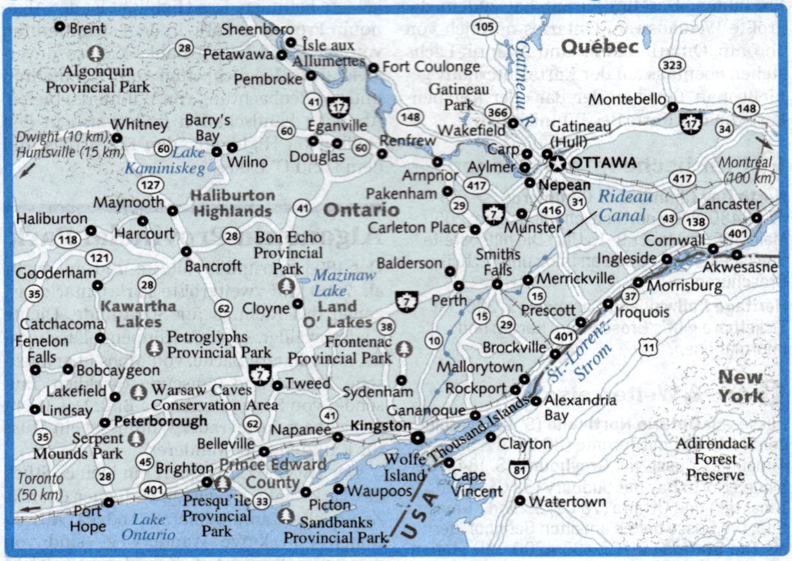

Algonquin Logging Museum MUSEUM
(☎ 613-637-2828; Hwy 60 bei Km 55; ⌚ Juli–Okt. 9–17 Uhr) GRATIS Das ausgezeichnete Museum behandelt mit vielen Exponaten die Geschichte der Holzfällerei im Park. Die Ausstellungen verteilen sich über einen 1,5 km langen Weg, der auch dann offen bleibt, wenn der Empfangsbereich, der Buchladen und das Auditorium geschlossen sind.

Aktivitäten

Der Park ist bekannt für seine hervorragenden Möglichkeiten zur Tierbeobachtung und für seine malerischen Aussichtspunkte. Im Frühjahr wird man am Hwy 60 garantiert Elche sichten, die vor den lästigen Kriebelmücken flüchten und sich über die Streusalzreste des Winters hermachen. Auch Rehe, Biber, Otter, Nerze und viele Vogelarten trifft man an. Die atemberaubende Naturlandschaft ist schier grenzenlos.

Der Park ist auch ein toller Ort zum Kanu- oder Kajakfahren. Veranstalter bieten viele Touren für Paddel-Neulinge und ebenso viele Wildnis-Abenteuer für Outdoor-Experten. Der Canoe Lake am Hwy 60 ist ein beliebter Startpunkt für Anfänger, die Ablegestelle ist im Sommer aber oft überfüllt.

Selbstgeführte Paddeltouren sind eine beliebte Option. Ein Quotensystem regelt die Zahl der Reisenden auf jedem Campingplatz im Hinterland. Vorab buchen, damit man seine bevorzugte Kanustrecke nutzen kann!

★ **Portage Store** KANUFAHREN
(☎ Sommer 705-633-5622, Winter 705-789-3645; www.portagestore.com; Canoe Lake, Hwy 60 bei Km 14; Kanu ab 30 C$/Tag, Komplettpaket inkl. Ausrüstung ab 92 C$/2 Tage) Der große Komplex liegt 14 km hinter dem Westtor im Park am Canoe Lake bei Zugangspunkt 5. Zu ihm gehören ein Restaurant, Tourveranstalter, ein Lebensmittelladen und Geschenkeladen sowie Nordamerikas größte Kanuflotte. Man kann im Hawaiihemd kommen – die Leute versorgen einen mit allem, was man zum Campen, Kanufahren und Kanutransportieren in der Wildnis braucht, auch mit dem nötigen Knowhow.

★ **Opeongo Outfitters** OUTDOOR
(☎ 613-637-5470, 800-790-1864; www.opeongo outfitters.com; 29902 Hwy 60, Whitney; Kanu ab 23 C$/Tag) Der älteste Veranstalter des Parks hat seinen Sitz gleich vor dem Osttor. Angeboten werden komplett ausgestattete Kanu- und Camping-Pauschaltouren (72–82 C$/Pers.) sowie drei- bis fünftägige Abenteuer, bei denen man mit dem Wassertaxi zu einem improvisierten, abgelegenen Lager zum Campen, Kanufahren, Angeln und Elche beobachten gebracht wird.

Voyageur Quest OUTDOOR
(☎800-794-9660, 416-486-3605; www.voyageurquest.com; Kawawaymog/Round Lake) Dieser Veranstalter an Zugangspunkt 1 ist seit 25 Jahren im Geschäft, bietet beliebte Paddeltouren und vermietet Blockhütten.

Northern Edge Algonquin OUTDOOR
(☎888-383-8320; www.northernedgealgonquin.ca; 100 Ottawa Ave, South River) Dieser Veranstalter auf dem Weg zum Zugangspunkt 1 (Kawawaymog/Round Lake) im Nordwesten des Parks hat Paddeltouren, Entspannungsprogramme für Frauen, Yoga-Ferien, Hütten und im Winter maßgeschneiderte Programme im Angebot.

Canoe Algonquin KANUFAHREN
(☎800-818-1210, 705-636-5956; www.canoealgonquin.com; 1914 Hwy 518 E, Kearney; Kanu ab 28 C$/Tag) Dieser Veranstalter hat seinen Sitz nördlich von Huntsville und liegt damit am nächsten bei den Zugangspunkten 2 (Tim River), 3 (Magnetawan Lake) und 4 (Rain Lake) am westlichen Rand des Parks.

Algonquin Portage KANUFAHREN
(☎613-735-1795; www.algonquinportage.com; 1352 Barron Canyon Rd, Pembroke; Kanu ab 25 C$/Tag, Zi. pro Erw./Kind unter 13 Jahre 30/20 C$, Stellplatz 6 C$/Pers.) Das Unternehmen östlich vom östlichsten Punkt des Parks an der Rte 28 bietet rustikale Unterkünfte (eigener Schlafsack erforderlich), einen Shuttleservice, Campingausrüstung, Kanus, Kajaks, Mountainbikes, Essen und Benzin.

Algonquin North Wilderness Outfitters KANUFAHREN
(☎877-544-3544; www.algonquinnorth.com; Crooked Chute Lake, Hwy 17 & Hwy 630; Kanu ab 35 C$/Tag) Dieser Veranstalter hat seinen Sitz nördlich vom Algonquin Provincial Park an der Kreuzung des Hwy 17 mit dem Hwy 630, rund 18 km westlich von Mattawa. Von dort führt eine asphaltierte Straße 30 km nach Süden zum Zugangspunkt Kioshkokwi Lake, wo man das einsame Hinterland erkunden kann. Der Veranstalter vermietet Kanus und bietet geführte Touren.

Algonquin Outfitters KANUFAHREN
(☎800-469-4948; www.algonquinoutfitters.com; Kanu ab 23 C$/Tag, Tagestouren ab 29 C$) Mit Läden an verschiedenen Standorten, darunter einer dreistöckigen Filiale in Huntsville, einer weiteren vor dem Westtor am Oxtongue Lake und zwei weiteren im Park am Opeongo Lake und bei Brent deckt dieser Veranstalter den ganzen Park ab. Es gibt geführte Touren, und man kann Wassertaxis reservieren, die einen über den Opeongo Lake in wildere Regionen bringen.

Schlafen

Der Park ist ein Naturschutzgebiet, was bedeutet, dass sich die meisten Unterkünfte

TOP FIVE: WANDERUNGEN IM ALGONQUIN PROVINCIAL PARK

Ob man nun einen Tag oder einen Monat hier verbringt, es ist ein Muss, einen Teil der insgesamt mehr als 140 km an Wanderwegen abzulaufen, unter denen sich auch viele kürzere, vom Hwy 60 aus erreichbare Wege befinden. Die Wanderungen starten von verschiedenen Kilometersteinen am Hwy 60 zwischen dem Westtor (Km 0) und dem Osttor (Km 56). Ein Wanderführer (0,50 C$) ist in den Informationszentren und an den Startpunkten der Wege erhältlich.

Mizzy Lake (mittelschwerer, 11 km langer Rundweg) Ein ausgezeichneter Weg, um die Tierwelt kennenzulernen: alle Spezies, die im Park vorkommen, wurden schon entlang dieser Strecke gesichtet. Bei Km 15.

Track & Tower (mittelschwerer, 7,7 km langer Rundweg) Ein ruhiger Weg am See mit einem ungewöhnlichen Aussichtspunkt an einer aufgegebenen Bahnstrecke. Bei Km 25.

Booth's Rock (schwerer, 5 km langer Rundweg) Man folgt einer aufgegebenen Bahnstrecke und genießt den atemberaubenden Blick auf die ausgedehnten Seen und Wälder. Von Km 40 der Abzweigung 8 km Richtung Süden folgen.

Centennial Ridges (schwerer, 10 km langer Rundweg) Die Strecke mit den schönsten Panorama-Ausblicken im gesamten Park. Von Km 37 der Rock Lake Road folgen.

Lookout Trail (mittelschwerer, 2 km langer Rundweg) Der meistgenutzte Wanderweg im Park, und das aus gutem Grund – hier erwartet einen ein herrliches Stück unberührter Natur. Bei Km 40.

– von Stellplätzen abgesehen – außerhalb seiner Grenzen befinden. Motels und Lodges ballen sich vor dem Ost- bzw. Westtor, in Whitney sowie am Hwy 60 Richtung Huntsville.

Campingplätze von Ontario Parks CAMPING $
(☎ Infos 705-633-5572, Reservierungen 888-668-7275; www.ontarioparks.com/park/algonquin; Stellplatz mit/ohne sanitäre Einrichtungen 45/40 C$, Jurte 98 C$, Stellplätze im Hinterland Erw./Kind unter 18 Jahren 13/6 C$) Es gibt elf für Autos erreichbare erschlossene Campingplätze im Park, acht sind vom Hwy 60 erreichbar, und einige bieten auch Jurten. Drei Campingplätze im Norden (Achray, Brent & Kiosk) erreicht man vom Hwy 17 aus über Nebenstraßen. Die Stellplätze im Hinterland erreicht man nur per Kanu oder zu Fuß. Für alle muss man – vor allem im Sommer – weit im Voraus reservieren.

Westtor

★ **Wolf Den Nature Retreat** HOSTEL $
(☎ 705-635-9336, 866-271-9336; www.wolfdenbunkhouse.com; 4568 Hwy 60, Oxtongue Lake; B/EZ/DZ ohne Bad ab 27/43/66 C$) Das 10 km vor dem Westtor gelegene Hostel mit Resort bietet Unterkünfte von Schlafsaalbetten bis zu prachtvollen Öko-Hütten (max. 6 Pers.). Man hat die Wahl zwischen rustikalen Hütten aus den 1950er-Jahren, Nurdachhäusern mit Schlafsaalbetten und Hostelzimmern mit Gemeinschaftsbad in der gemütlichen, zentralen Lodge mit riesiger Küche und schönem Wohnzimmer im 2. Stock. In der Nähe ist auch eine Zedernholzsauna.

Riverside Motel MOTEL $
(☎ 705-635-9021; www.riversidemoteldwight.com; Hwy 60, Dwight; Zi./FZ ab 95/120 C$; ❄) Wenige Motels am Straßenrand verfügen über ein Ufergrundstück mit Wasserfall und Badestelle. Wasser blubbert unter der Fußgängerbrücke, die zu dem kleinen, adretten Motel mit elf Zimmern führen. Die Picknicktische auf der weiten, von Teichen durchbrochenen großen Rasenfläche sind ein willkommenes Extra.

Dwight Village Motel MOTEL $$
(☎ 705-635-2400; www.dwightvillagemotel.com; 2801 Hwy 60, Dwight; Zi. 129 C$; ❄ 📶) Das ausgezeichnete Motel, dessen Zimmer Holzfassaden haben und allen Komfort bieten, ist schon vom Highway aus zu sehen. Draußen gibt's einen hübschen Picknickbereich mit Feuerstellen und viel Spielfläche für Kinder. Das Motel liegt rund 25 km westlich des Westtors gleich hinter dem Dorf Dwight.

Im Park

Im Park gibt es neben den Campingplätzen drei gehobene Lodges, die alle vom Hwy 60 aus zu erreichen sind. Arowhon Pines, die Bartlett Lodge und die Killarney Lodge sind von Mai bis Oktober geöffnet. Überwiegend werden Unterkünfte nach American Plan (Vollpension) oder Modified American Plan (Halbpension) angeboten.

Arowhon Pines LODGE $$$
(☎ 866-633-5661, 705-633-5661; www.arowhonpines.ca; Arowhon Rd, Abzweigung vom Hwy 60 bei Km 16; Zi. 220–407 C$/Pers., Hütte 373–520 C$/Pers.; ⏲ Ende Mai–Anfang Okt.; @ 📶) Die größte und luxuriöseste der All-Inclusive-Lodges im Park ist die richtige Anlaufstelle für alle, die sich schon mal gefragt haben, wie ein Ferienlager für Erwachsene aussehen könnte. Sie bietet Kanus, Kajaks, Wander- und Mountainbike-Wege, Tennisplätze, eine Sauna und ein erstklassiges Restaurant (Wein selber mitbringen). Die herrlich abgeschiedene Bleibe liegt 8 km nördlich des Hwy 60. Die Vollpension ist im Preis inbegriffen.

★ **Killarney Lodge** LODGE $$$
(☎ 866-473-5551, 705-633-5551; www.killarneylodge.com; Lake of Two Rivers, Abzweigung vom Hwy 60 bei Km 33; Hütte mit VP ab 280 C$/Pers.; ⏲ Mitte Mai–Mitte Okt.; 📶) Die aus den 1930er-Jahren stammenden 27 Hütten am See mit einem oder zwei Schlafzimmern erinnern an jene unschuldigen Tage, als rustikale Hütten ein Sinnbild für Familienurlaub waren. Die Anlage auf einer Halbinsel am See ist idyllisch: Man unternimmt eine Paddeltour oder entspannt sich mit einem Glas Wein (selber mitbringen) auf der eigenen Terrasse. Das angenehme Restaurant im Blockhausstil serviert köstliche, herzhafte Gerichte.

Bartlett Lodge LODGE $$$
(☎ 866-614-5355, 705-633-5543; www.bartlettlodge.com; Cache Lake, Abzweigung vom Hwy 60 bei Km 24; Luxuszelt EZ/DZ 218/290 C$, Studio EZ/DZ 318/424 C$; ⏲ Mitte Mai–Okt.; 📶) Die Hütte namens „Sunrise" ist wohl die interessanteste der Lodge. Sie steht am See, hat zwei Schlafzimmer und wird komplett mit Solarstrom versorgt. Es gibt aber noch weitere Hütten, diverse Einraum-Suiten und Zelte auf Plattformen zum gehobenen Campen. Die Anlage erreicht man per Boot, das man

mithilfe des Telefons am Ufer bestellt; die Anlegestelle liegt 24 km hinter dem Westtor. Bei den Zeltunterkünften ist das Frühstück im Preis enthalten, bei den anderen Unterkünften zusätzlich auch das Abendessen.

Couples Resort RESORT $$$
(☎ 866-202-1179; www.couplesresort.ca; 139 Galeairy Lake Rd, Whitney; Zi. mit Frühstück ab 250 C$; ❄📶🏊) Das Resort ist auf Paare eingestellt, die ein romantisches Wochenende erleben wollen. Die 46 Zimmer liegen schön am Galeairy Lake, gleich außerhalb der Grenzen des Parks; ein Pass für den Park wird den Gästen ausgeliehen. Zu allen Unterkünften gehören ein Whirlpool auf der Terrasse, ein großes Doppelbett und ein Kamin.

Die dekadenten, leicht kitschigen „Chateaus" mit Seeblick werden mit geschnitztem Holz, bequemen Sofas, palastartigem Bad, Whirlpool, Sauna und sogar einem kleinen Gewächshaus dem Motto des Resorts „Alle Tage Valentinstag" durchaus gerecht. Paare, die mehr wollen als die Gesellschaft des/der Anderen können Kanu- und Kajakfahren, Mountainbiken, Ausritte unternehmen, von der Anlegestelle aus schwimmen gehen und die Kunstgalerie oder das Spa besuchen. Im Sommer steigen freitags die Preise für ein Chateau auf über 1000 C$; donnerstags und sonntags werden die Preise angenehmer, ebenso auch während der Nebensaison im Winter.

Osttor

Algonquin East Gate Motel MOTEL $
(☎ 613-637-2652; www.algonquineastgatemotel.com; Hwy 60, Whitney; EZ 67–75 C$, DZ 73–82 C$, Cottage 125 C$; ❄📶) Das gemütliche kleine Motel gleich vor dem Osttor des Parks hat elf komfortable Zimmer mit kleinen Bädern und hilfsbereites, freundliches Personal. Hinten gibt's auch ein freistehendes Cottage mit Raumpflegedienst. Das Frühstück, zu dem auch Arme Ritter gehören, lohnt die Ausgabe (6,50 C$). Kanu-Tagesausflüge (25 C$) lassen sich vereinbaren.

ℹ Praktische Informationen

Besucher haben ganzjährig Zugang zum Algonquin Provincial Park. Autofahrer können auf dem Hwy 60 durch den Park fahren; wer irgendwo anhalten und sich umsehen will, muss die Tagesgebühr (17 C$/Fahrzeug) entrichten. Im Park hat man nur ein paar Kilometer um den Hwy-60-Korridor begrenzten Handy-Empfang. Ansonsten gibt's ein paar öffentliche Telefone.

DER MIT DEM WOLF HEULT

Im Algonquin Provincial Park wird aktiv Wolfforschung betrieben, und das gemeinsame „Heulen" ist eine unglaubliche Möglichkeit, sich von der Gegenwart der pelzigen Raubtiere zu überzeugen. Wölfe antworten bereitwillig auf menschliche Nachahmungen ihres Geheuls, deshalb führen Parkangestellte an manchen Sommerabenden „Heulsitzungen" durch. Diese Events sind durchgeplant – man kann einer von 2000 Menschen sein, die in der Dunkelheit auf das Einsetzen der schauerlichen Tierlaute warten. Die Sitzungen finden oft an Donnerstagen im August und Anfang September statt, der Termin wird aber immer erst am jeweiligen Tag bestätigt. Die Info ist auf Mitteilungstafeln im Park, auf der Website www.algonquinpark.on.ca oder als **Telefonansage** (☎ 613-637-2828) verfügbar.

Jeder Kilometer des Hwy 60 ist innerhalb des Parks markiert – vom Westtor (Km 0) bis zum Osttor (Km 56). Tourveranstalter und Unterkünfte verwenden diese Markierungen bei ihren Wegbeschreibungen.

Im **Algonquin Visitors Centre** (S. 207) gibt's einen Informationsschalter, einen Buchladen und WLAN.

Informationszentren befinden sich am **Westtor** (☎ Verwaltung 613-637-2780, Infos 705-633-5572; www.algonquinpark.on.ca; Hwy 60 bei Km 0, Westtor; ⏲ Mai–Sept. 8–18 Uhr, Okt.–April 9–16 Uhr) und am **Osttor** (☎ Verwaltung 613-637-2780, Infos 705-633-5572; www.algonquinpark.on.ca; Hwy 60 bei Km 56, Osttor; ⏲ Mai–Sept. 8–18 Uhr, Okt.–April 9–16 Uhr) des Parks am Hwy 60 bei Km 0 bzw. Km 56.

ℹ An- & Weiterreise

Abgesehen vom Ost- und vom Westtor am Hwy 60 bietet der Park 34 Zugangspunkte entlang seiner Grenzen und am Highway, über die man in das Hinterland des Parks gelangt.

Die beiden großen Muskoka-Ortschaften Huntsville und Bracebridge sind weniger als eine Fahrtstunde vom Westtor entfernt. Weitere kleine Ortschaften in Parknähe sind Whitney (gleich vor dem Osttor), Maynooth und Bancroft (40 bzw. 65 km südlich des Osttors) und Mattawa (nördlich des Parks am Hwy 17).

Den Algonquin Provincial Park erreicht man am besten mit dem eigenen Auto, aber **Parkbus** (☎ 800-928-7101; www.parkbus.ca) bietet im Sommer in begrenzter Zahl Direktfahrten von

Toronto und Ottawa zu mehreren Unterkünften im Park und zum Westtor (einfache Strecke Erw./Kind 63/32 C$). Aus beiden Metropolen beträgt die Reisezeit zwischen drei und vier Stunden. Der aktuelle Fahrplan steht auf der Website; um sich einen Platz zu sichern, sollte man vorab buchen. Parkbus veranstaltet auch Pauschaltouren, bei denen Transport, Kanu, Ausrüstung und Verpflegung inbegriffen sind.

Busse von **Greyhound** (☎1-800-661-8747; www.greyhound.ca) fahren gelegentlich aus dem südlichen Ontario nach Maynooth, Huntsville und Bracebridge.

Haliburton Highlands

Das wilde, von Nadelwäldern bedeckte Gebiet wirkt wie die südliche Verlängerung des Algonquin Provincial Park. Mehr als 300 km² der dicht bewaldeten Region gehören zum Haliburton Forest, einem privaten Waldschutzgebiet, in dem Aktivitäten wie Wandern und Mountainbikefahren angeboten werden. Die wichtigste Ortschaft in der Region ist Bancroft an der Kreuzung des Hwy 62 mit dem Hwy 28.

Geführte Touren

Haliburton Forest OUTDOOR

(☎705-754-2198, 800-631-2198; www.haliburtonforest.com; 1095 Redkenn Rd, Haliburton; Tagesnutzung Frühjahr, Sommer & Herbst 16 C$, Winter 49 C$; ⏲Hauptbüro 8–17 Uhr) Das private, 324 km² große Waldgebiet ist über das Hauptbüro am Kennisis Lake, 30 km nördlich der Ortschaft Haliburton, zugänglich. Zu den zahlreichen möglichen Aktivitäten gehören Wandern und Mountainbikefahren. Bei der empfehlenswerten vierstündigen spannenden Baumwipfel-Tour (Erw./Kind 95/70 C$) läuft man auf „schwebenden" Planken, die sich bis zu 20 m über den Waldboden erheben, inmitten und über den Baumwipfeln.

Die Tour umfasst auch die Überfahrt über einen See in einem Kanu und den Besuch des Wolf Centre, wo man aus sicherer Entfernung ein Wolfsrudel beim Herumstreifen in seinem 6 ha großen Gehege beobachten kann. Im Winter schafft die dicke Schneedecke beste Bedingungen für die beliebten Schneemobil- und Hundesschlittenfahrten (Tour halber Tag Erw./Kind ab 125/75 C$).

South Algonquin Trails REITEN

(☎800-758-4801, 705-448-1751; www.southalgonquintrails.com; 4378 Elephant Lake Rd, Harcourt; 1-stündiger Ausritt 60 C$; 👪) Ausritte auf malerischen Waldwegen in den Haliburton Highlands und dem südlichen Algonquin Provincial Park.

Feste & Events

Rockhound Gemboree KULTUR

(www.rockhoundgemboree.ca; ⏲Juli) Kanadas größtes Edelsteinfestival findet in der Kleinstadt Bancroft statt, die sich im York River Valley am südlichen Rand des Kanadischen Schilds versteckt. Die Gegend ist bekannt für ihre mineralreichen Böden. Während des Festivals, das jährlich ein langes Wochenende ausfüllt, veranstalten Geologen Touren zu nahegelegenen verlassenen Minen, bei denen man nach Steinen sucht.

Diese „Steinjagden" sind in der Regel recht erfolgreich, da mehr als 80 % aller Mineralarten, die in Kanada zu finden sind, in dieser Gegend vorkommen.

Schlafen

Arlington Hotel & Pub HOSTEL $

(☎613-338-2080; www.thearlington.ca; 32990 Hwy 62, Maynooth; HI-Mitglieder B/EZ/DZ/3BZ/4BZ ohne Bad 25/40/63/85/108 C$, Nichtmitglieder B/EZ/DZ/3BZ/4BZ ohne Bad 28/45/70/95/120 C$; ⏲Pub Fr & Sa 19–1 Uhr; 📶) Das hohe, hundert Jahre alte Monster hat etwas, was einen dazu bringt, dass man einfach darin verschwinden möchte. Das Arlington im winzigen Maynooth ist ein toller Ort für Künstler, Autoren und einsame Wanderer, die sich eine Weile in ihr Tun zurückziehen wollen.

Peterborough & die Kawartha Lakes

Peterborough, 140 km nordöstlich von Toronto, liegt inmitten der bewaldeten Kawartha-Lakes-Region und ist ein ausgezeichnetes Wochenendziel und das Sprungbrett für eine Reise durch dieses den Ureinwohnern heilige Land. Die muntere, grüne Universitätsstadt besitzt kulturelle Attraktionen und malerische Naturschutzgebiete und ist von Tausenden von Cottages umgeben, die sich um die vielen Seen der Region verteilen. Am Stoney Lake, einem der größten Seen, stehen einige der aufwändigsten und schönsten Privathäuser in der Gegend.

Wer etwas in der Gegend bleiben will, kann im hübschen Lakefield, 14 km nördlich der Stadt am Abfluss des Katchewanooka Lake, übernachten. In Peterborough selber gibt's viele Restaurants und Läden sowie ein idyllisches Zentrum. Kreuzfahrtschiffe und Kanus sind auf den Wasserwegen zum Peterborough Lift Lock am Trent-Severn Waterway unterwegs; Radwege führen rund um die Stadt und über den Otonabee River. Das Canadian Canoe Museum muss man gesehen haben.

Sehenswertes

★ Canadian Canoe Museum MUSEUM
(☎ 866-342-2663; www.canoemuseum.ca; 910 Monaghan Rd, Peterborough; Erw./Kind 12/9,50 C$, Do 17–20 Uhr Eintritt frei; ⏰ Mo–Mi, Fr & Sa 10–17, Do bis 20, So ab 12 Uhr; 👪) Mit der weltweit größten Sammlung von Kanus und Kajaks ist dieses Museum unbedingt sehenswert. Die phänomenale Ausstellung behandelt anhand von rund 150 Kanus (500 sind in dem benachbarten Magazin, der „Kanu-Kathedrale" untergebracht) die lange Geschichte des Reisens auf dem Wasser in Kanada, von den Ursprüngen des Kanus bei den Ureinwohnern über seine Nutzung durch Entdeckungsreisende und Pelzhändler bis hin zu den Jahren von 1870 bis 1940, als die Region das nordamerikanische Zentrum des Kanubaus war. Nach einer Stunde im Museum möchte man selber zum Paddel greifen.

Das reichhaltige Programm an Aktivitäten, Touren und Workshops liefert zusätzliche Gründe für einen Besuch. Das Museum wird bis 2020 in ein prächtiges neues Gebäude nahe des Lift Locks umziehen.

Whetung Ojibwa Centre GALERIE
(☎ 705-657-3661; www.whetung.com; 875 Mississauga St, Curve Lake Indian Reserve; ⏰ 9–17 Uhr) GRATIS Auf einer Halbinsel zwischen den Seen, abseits des Hwy 23 rund 34 km nördlich von Peterborough, zeigt diese Galerie mit Laden und Kulturzentrum eine wunderbare Sammlung indianischen Kunsthandwerks aus dem ganzen Land, darunter hochgeschätzte Werke des bekannten Künstlers Norval Morrisseau.

Warsaw Caves Conservation Area PARK
(☎ 877-816-7604, 705-652-3161; www.warsawcaves.com; 289 Caves Rd; Eintritt 14 C$/Fahrzeug; ⏰ Mitte Mai–Mitte Okt.; 🐾) Abseits vom Hwy 28, rund 26 km nordöstlich von Peterborough, kann man in der Warsaw Caves Conservation Area wandern, baden, campen, Kanu fahren und erodierte Kalksteintunnel erkunden.

Petroglyphs Provincial Park PARK
(☎ 705-877-2552; www.ontarioparks.com/park/petroglyphs; 2249 Northey's Bay Rd, Woodview; Eintritt 11,50 C$; ⏰ Mitte Mai–Mitte Okt. 10–17 Uhr) Dieser Park 50 km nordöstlich von Peterborough, der nur Tagesbesuchern offen steht, besitzt Kanadas größte Ansammlung von Petroglyphen (antiken indianischen Felsritzungen). Diese stellen u.a. Schildkröten, Schlangen, Vögel und Menschen dar. Die wichtige spirituelle Stätte, die 1954 wiederentdeckt wurde, umfasst mehr als 900 Bilder, die in Kalksteinkämme oberhalb des leuchtend blaugrünen McGinnis Lake eingeritzt wurden (wobei aber nur wenige Bilder gut erkennbar sind). Es gibt 5 bis 7 km an Wanderwegen, auf die sich kaum ein Besucher verirrt.

TRENT-SEVERN WATERWAY

Diese malerische **Wasserstraße** (www.trentsevern.com; ⏰ Mai–Okt.) schneidet quer durchs östliche Ontario und verbindet die Seen und Flüsse des Simcoe County mit der bewaldeten Kawartha-Region. Der malerische feuchte Highway beginnt an der Bay of Quinte nahe dem Prince Edward County am Lake Ontario und passiert 45 Schleusen, ehe er in den Lake Huron fließt. Vor hundert Jahren waren auf dieser 386 km langen Kanuroute der Ureinwohner unglaublich viele Frachtschiffe unterwegs. Heute tummeln sich hier Hausboote, Ausflugsschiffe und Kanus.

In Peterborough sollte man das **Peterborough Lift Lock** nahe dem städtischen Museum besuchen. Es ist das größte hydraulische Hebewerk weltweit und der ganze Stolz der Einwohner, die ihm ein eigenes Visitors Center gewidmet haben. Im Ort kann man ein Kanu mieten und über den Little Lake und den Kanal bis zum Hebewerk paddeln.

Schlafen & Essen

Lake Edge Cottages RESORT $$$
(☎ 705-652-9080; www.lakeedge.com; 45 Lake Edge Rd, Lakefield; Cottage ab 235 C$; 📶🏊🐾) Dieses Outdoor-Resort bietet auf einem einsamen, bewaldeten Grundstück rustikale, aber gut ausgestattete Cottages am Seeufer mit ein oder zwei Schlafzimmern, Veranda und Küche. Vor Ort gibt's einen wundervollen Pool, die Cottages haben Grills, elektrische oder Gaskamine und überwiegend auch einen eigenen Whirlpool.

Peterborough Farmers Market MARKT $
(Peterborough Memorial Centre, 151 Lansdowne St W, Peterborough; Pizza 12 C$; ⏰ Mi 10–14 Uhr)

Dieser Gemeindemarkt ist ein toller Ort, um sich einen Kaffee zu schnappen und am Stand C'est Chaud eine Holzofenpizza. Der Markt ist hauptsächlich auf das Verkosten und Kaufen örtlicher Produkte ausgerichtet, man findet an den Ständen aber auch vegane Salate, russische Gerichte und Arme Ritter. Im Sommer findet mittwochs auch ein Freiluftmarkt in der Charlotte St zwischen der George und der Aylmer St N statt.

Kawartha Dairy EISCREME $
(☎705-745-6437; www.kawarthadairy.com; Park Lane Plaza, 815 High St, Peterborough; kleine Waffel 4,20 C$; ⏲9–21 Uhr) Diese Eisdiele mit Schalter für Autofahrer verkauft Eis in Geschmacksrichtungen wie dem empfehlenswerten „Moose Tracks" als Kugel, Waffel oder Becher; hinzu kommen Milchshakes, Smoothies und sogar Sandwiches mit Schokokeksen. Der klimatisierte Innenraum ist an heißen Sommertagen hochwillkommen.

Praktische Informationen

Peterborough & The Kawarthas Visitors Centre (☎800-461-6424, 705-742-2201; www.thekawarthas.ca; 1400 Crawford Dr, Peterborough; ⏲9–17 Uhr) Dieses Zentrum eignet sich als erste Anlaufstelle: Das hilfsbereite Personal weist einem den Weg zu kulturellen Attraktionen und malerischen Naturschutzgebieten.

An- & Weiterreise

Busse von **Greyhound** (S. 212) fahren von/nach Toronto (23 C$, 2 Std., 5-mal tgl.).

Land O' Lakes

Südlich der Haliburton Highlands und östlich der Kawartha Lakes verbindet die majestätische Region **Land O' Lakes** (www.travellandolakes.com) die von Seen und Nadelwäldern geprägte Weite des Inlands mit den gemäßigten Weiden am Sankt-Lorenz-Seeweg. Die Hälfte der Region gehört zum UNESCO-Biosphärenreservat Frontenac Arch (S. 228).

Das Kronjuwel der Region ist der beschauliche **Bon Echo Provincial Park** (☎613-336-2228; www.ontarioparks.com/park/bonecho; 16151 Hwy 41, Cloyne; Tageskarte 11,50 C$/Fahrzeug, Stellplatz mit/ohne Strom 52/45 C$, Campen im Hinterland Erw./Kind 10,50/5,50 C$, Jurte ab 98 C$, Hütte ab 142 C$; ⏲Mitte Mai–Mitte Okt.), der mit seiner unverfälschten Schönheit und dem Mazinaw Rock, einer nackten, mit indianischen Felszeichnungen bedeckten Klippe, Künstler und Abenteurer gleichermaßen anlockt. Näher am Sankt-Lorenz-Strom erstreckt sich der **Frontenac Provincial Park** (☎613-376-3489; www.ontarioparks.com/park/frontenac; Salmon Lake Rd, Sydenham; Tageskarte 11,50 C$/Fahrzeug, Campen im Hinterland Erw./Kind 12,50/6 C$) zwischen dem Tiefland des südlichen Ontario und dem zerklüfteten Kanadischen Schild, wodurch er eine einmalige vielfältige Tier- und Pflanzenwelt zu bieten hat. In beiden Parks kann man wandern und Kanu fahren.

Tours

Frontenac Outfitters KAJAKFAHREN
(☎613-376-6220; www.frontenac-outfitters.com; 6674 Bedford Rd, Sydenham; Kajak 50 C$/Tag; ⏲April–Okt. 9–17 Uhr) Kanu-, Kajak- und Stehpaddelbrettverleih nahe dem Eingang zum Frontenac Provincial Park. Veranstaltetet auch Paddeltouren auf dem Rideau Canal und im Bereich der Thousand Islands.

Prince Edward County

Fotografen kommen im Prince Edward County mit seinen Ebenen, funkelnden Bächen, sanft hügligen Weiden, schroffen Klippen und windigen Küsten voll auf ihre Kosten. Goldene Felder erbringen reiche Ernten, sodass viele Restaurants Zutaten frisch von der Farm verwenden. Die Region besitzt viele Anbieter feinster Nahrungsmittel, einladende Unterkünfte und aufstrebende Weingüter.

Das kleine, aber muntere **Picton** ist die inoffizielle Hauptstadt dieser wohlhabenden Landzunge und ein beliebtes Ausflugsziel der Einwohner Torontos. An den Ufern des Lake Ontario sammeln sich Urlauber an den Sandstränden im Sandbanks Provincial Park und genießen die langen, heißen Tage, die Sommergewitter und ums Lagerfeuer versammelt die lauen Nächte. Im Winter sieht es natürlich ganz anders aus.

Der **Loyalist Parkway** (Hwy 33) führt über 100 km von Trenton am Lake Ontario entlang nach Kingston und folgt dabei den Spuren der britischen Loyalisten, die sich nach ihrer Flucht vor der Amerikanischen Revolution hier ansiedelten. Zwischendurch ist die Straße kurz unterbrochen. Von Glenora, unterhalb des magischen Lake on the Mountain, setzt einen eine Autofähre über nach Adolphustown.

Sehenswertes & Aktivitäten

Sandbanks Provincial Park PROVINCIAL PARK
(☎613-393-3319; www.otarioparks.com/park/sandbanks; 3004 County Rd 12; Tageskarte 17 C$/Fahr-

zeug; ⌚Ende April–Anfang Okt. 8–20 Uhr) Im beliebten Sandbanks Provincial Park gibt es mit die schönsten Badestrände Ontarios. Der Park ist in zwei Abschnitte unterteilt: **Outlet**, einen unwiderstehlichen, sehr sauberen weißen Sandstrand, und **Sandbanks**, wo sich eindrucksvolle wellige Dünen auftürmen – die weltweit höchste Dünenbarriere vor der Mündung einer Bucht. Ein kurzer Wanderweg führt durch die Dünen, die sich mit keiner anderen Landschaft in Ontario vergleichen lassen.

Lake on the Mountain Provincial Park PROVINCIAL PARK

(☎613-393-3319; www.ontarioparks.com/park/lakeonthemountain; 296 County Rd 7; ⌚Mitte Mai–Mitte Okt.) GRATIS Der Lake on the Mountain in der Nähe von Glenora hat etwas Mysteriöses: Er liegt 60 m *oberhalb* des benachbarten Lake Ontario, besitzt aber einen beständigen, sauberen Süßwasserzufluss, dessen Quelle immer noch nicht genau festgestellt ist. Die Mohawk opferten seinen Geistern, und die ersten Siedler glaubten, die Tiefe des Sees wäre unermesslich. Im Park gibt es ein hübsches Picknickgelände mit tollem Blick auf die Bay of Quinte am Lake Ontario.

Bloomfield Bicycle RADFAHREN

(☎613-393-1060; www.bloomfieldbicycle.ca; 225 Bloomfield Main St, Bloomfield; Fahrrad 25/35 C$ pro halber/ganzer Tag; ⌚April–Okt. 10–18 Uhr) Im kleinen Bloomfield (an der Straße von Picton nach Sandbanks und Wellington), kann man Fahrräder und Ausrüstung mieten, um das umliegende Land zu erkunden. Im Juni kann man unterwegs auf zahlreichen Farmen leckere Erdbeeren pflücken. Auf der Website gibt's eine Radwegekarte der Gegend als ausdruckbares PDF. Das Unternehmen liefert die Räder auch an einen bestimmten Ort und holt sie wieder ab.

Geführte Touren

★Taste Trail ESSEN & TRINKEN

(www.tastetrail.ca) Die selbstgeführte Tour, die als PDF von der Website heruntergeladen und ausgedruckt werden kann, ist eine tolle Möglichkeit, um die Weine und Lebensmittel der Gegend kennenzulernen. Das Gourmet-Abenteuer für die Geschmacksnerven bringt einen zu Restaurants, Farmen, Weingütern und Brauereien.

Arts Trail TOUR

(www.artstrail.ca) Die selbstgeführte Tour führt zu einigen Dutzend Ateliers und Galerien im Landkreis. Keramik, Glasarbeiten, Fotografie, Schmuck und Malerei sind nur einige der Medien, die einem begegnen. Die Karte der Tour kann als PDF von der Website heruntergeladen werden.

BRIGHTON & PRESQU'ILE PROVINCIAL PARK

Gleich westlich des Landkreises bringt einen die Ausfahrt 509 vom Hwy 401 ins ruhige Brighton und zum **Presqu'ile Provincial Park** (☎613-475-4324; www.ontarioparks.com/park/presquile; 328 Presqu'ile Pkwy, Brighton; Tageskarte 14,50 C$/Fahrzeug, Stellplatz mit/ohne Strom ab 47/41,50 C$; ⌚Tagesbesuche 7–22 Uhr), der eine bumerangförmige Halbinsel im Lake Ontario umfasst. Man entspannt sich am Strand, beobachtet im Frühjahr Zugvögel oder wandert auf kurzen Wegen wie dem Jobes Wood Trail – der 1 km lange Rundweg ist ländlich genug, um einen Blick auf das vielfältige Waldland und die dort lebenden Tiere zu werfen. Man kann auch die 6 km bis zum Leuchtturm an der Spitze der Halbinsel fahren.

Die **Friends of Presqu'ile** (www.friendsofpresquile.on.ca) versorgen einen mit allem Wissenswerten zur Flora und Fauna. Stellplätze (Ende April–Anfang Okt.) müssen man über **Ontario Parks** (www.ontarioparks.com) reservieren.

Waupoos Estates Winery WEIN

(☎613-476-8338; www.waupooswinery.com; 3016 County Rd 8; Tour 5 C$, Kostproben 1–2 C$; ⌚Mai–Okt. 10.30–18 Uhr) Das Weingut mit weißen Giebeln und einer Terrasse, von der man auf Reben und einen malerischen See blickt, veranstaltet Führungen und Weinproben für Kenner. Die Führungen (11, 13 & 15 Uhr) dauern 30 bis 45 Minuten und beinhalten die Verkostung von zwei Weinen. Wenn einem der Wein schmeckt, kann man hier auch eine Mittagspause einlegen. Ein Streichelzoo versöhnt die Kinder, denen der Wein gleichgültig ist.

Schlafen

In Prince Edward County gibt's viele gehobener B&Bs, Boutiquehotels und Pensionen, die sich über die drei größten Ortschaften Picton, Bloomfield und Wellington verteilen. Die Zimmerpreise liegen typischerweise zwischen 125 und 200 C$ pro Nacht. Budgetunterkünfte sind Mangelware; mehr findet man nördlich am Hwy 2 und am Hwy 401, rund um die ziemlich prosaischen Orte Belleville und Trenton.

Im Sommer sollte man vorab buchen. Im Büro der Chamber of Tourism & Commerce (S. 217) in Picton gibt's eine Liste der Unterkünfte.

Sandbanks Provincial Park CAMPING $

(613-393-3319; www.ontarioparks.com/park/sandbanks; 3004 County Rd 12; Stellplatz ohne Strom ab 45 C$, Cottage ab 312/1400 C$ pro Nacht/Woche) Im Sommer im Sandbanks Provincial Park zu campen, ist ein malerisches und stressfreies Erlebnis, aber die Stellplätze am See sind bis zu fünf Monate im Voraus ausgebucht. Es gibt auch zwei Cottages, die man buchen kann – im Sommer aber nur für mindestens eine Woche. Die Cottages haben zwei bzw. vier Schlafzimmer, einen funktionstüchtigen Kamin, Satelliten-TV und eine komplett ausgestattete Küche. Gebucht wird über Ontario Parks.

Lake on the Mountain Resort INN $$

(613-476-1321; www.lakeonthemountain.com; 246 County Rd 7; Hütte ab 100 C$, Zi. ab 130 C$, Suite ab 250 C$; Ende Apr.–Okt.) Acht behagliche Hütten und das „House across the Road“, ein wunderschönes viktorianisches Gebäude mit geschmackvoll restaurierten Zimmern und fantastischer Aussicht, bilden diese altmodische, ländliche Ferienanlage. Es ist die Art Geheimnis, die man gern für sich behalten möchte, aber doch weitergeben muss. Die Website vermittelt einen ersten Eindruck des Gebotenen, auch davon, was im ebenso bemerkenswerten Restaurant und der Brauerei gerade so köchelt.

Claramount Inn & Spa GASTHOF $$

(613-476-2709; www.claramountinn.com; 97 Bridge St, Picton; Zi. 199–249 C$;) Das opulente gelbe Landhaus, in dem heute ein luxuriöses Spa-Hotel und ein feines Speiserestaurant untergebracht sind, ist wahrlich eindrucksvoll. Die individuell gestalteten Zimmer und Suiten sind generell sehr großzügig und prunken u. a. mit georgianischen Stilmöbeln, Himmelbetten, exotischen Stoffen, Kaminen und üppigen Badezimmern mit separaten Badewannen und Duschen.

Red Barns B&B $$

(613-476-6808; www.theredbarns.com; 167 White Chapel Rd, Picton; Zi. mit Frühstück 125–140 C$, Suite 165 C$;) Das Red Barns ist Vieles gleichzeitig: B&B, Künstlerrefugium, Kunsthandwerkszentrum und Kunstschule – kurz, das 6 ha große Anwesen bildet einen kreativen Schwerpunkt im County. Künstler können hier Atelierräume anmieten (es gibt eine Glasbläser- und eine Holzwerkstatt) und an Workshops in Töpferei, Glasbläserkunst oder Holzschnitzerei teilnehmen, während andere Gäste im Garten herumspazieren, die draußen aufgestellten Kunstwerke betrachten und sich von der kreativen Atmosphäre anregen lassen.

Drei B&B-Zimmer befinden sich im Farmhaus, es gibt auch noch zwei Lofts und Suiten in der Remise.

Newsroom Suites PENSION $$

(613-399-5182; www.newsroomsuites.ca; 269 Main St, Wellington; Zi. 105–135 C$;) Über den Büroräumen der *Wellington Times* liegen diese beiden geräumigen separaten Suiten, die auf hohem Standard Bequemlichkeit und Privatsphäre garantieren.

Drake Devonshire Inn BOUTIQUEHOTEL $$$

(613-399-3338; www.drakedevonshire.ca; 24 Wharf St, Wellington; DZ ab 250 C$;) Die Leute, die Torontos legendäres Drake Hotel betreiben, stehen auch hinter dem Drake Devonshire, einer historischen Gießerei am Lake Ontario, die später in einen Gasthof und nun in ein stilvolles, topmodernes Boutiquehotel umgebaut wurde. Das Haus wurde 2015 nach dreijähriger Renovierung wiedereröffnet; der Gasthof, das zugehörige Restaurant und die Kulturveranstaltungen haben den Landkreis im Sturm erobert.

Essen

Fifth Town Artisan Cheese Co KÄSE $

(416-984-4734; www.fifthtown ca; 4309 County Rd 8, Picton; Käse 7–18 C$; Do–Mo 11–17 Uhr) Wer Zutaten für ein Picknick kaufen will, kann sich in dieser schicken, mit Solarstrom betriebenen Käserei mit hausgemachtem, italienisch inspirierten Ziegen-, Kuh- und Schafskäse versorgen. Im Pavillon vor Ort gibt's Käse- und Aufschnittplatten. Für größere Gruppen werden auch betreute Käse- und Weinverkostungen angeboten.

Miller House BRASSERIE $$

(613-476-1321; www.lakeonthemountain.com; 246 County Rd 7; Teller 18 C$; 11 Uhr–Sonnenuntergang) Im Lake on the Mountain Resort (S. 216), ist der Blick in den Sonnenuntergang von der Terrasse dieses Restaurants, das in einem umgebauten Müllerhaus aus dem späten 18. Jh. residiert, praktisch unschlagbar. Die Platten mit Aufschnitt und

Käse repräsentieren das Beste der hiesigen Produkte. Keine Reservierung!

County Canteen FUSION **$$**
(☎ 613-476-6663; www.thecountycanteen.com; 279 Main St W, Picton; Hauptgerichte 18 C$; ⏰ 11–22 Uhr; 📶) In dem entspannten Saloon gibt's viele Carft-Biere und Gerichte aus aller Welt, von Bruschetta und Quesadilla bis zu Thai-Curry und marokkanischem Pita.

The Inn INTERNATIONAL **$$**
(☎ 613-476-1321; www.lakeonthemountain.com; 246 County Rd 7; Hauptgerichte 25 C$; ⏰ 11 Uhr–open end) Das charmante Restaurant im Lake on the Mountain Resort (S. 216) serviert herzhafte Fleisch- und Meeresfrüchtegerichte, z. B. *tourtière* (ein frankokanadischer Auflauf mit Rind- und Schweinefleisch). Als Zutaten werden nur beste lokale Erzeugnisse verwendet, dazu kann man die Biere der vor Ort ansässigen Brauerei verkosten. Eine Schankstube ist geplant, die die Brauerei stärker in den Mittelpunkt rücken wird.

East & Main BISTRO **$$**
(☎ 613-399-5420; www.eastandmain.ca; 270 Main St, Wellington; Hauptgerichte mittags/abends 12/25 C$; ⏰ Mi–So 12–14.30 & 17.30–21 Uhr) Die Gerichte in diesem feinen Bistro schmecken so gut wie sie aussehen: Fleisch und Gemüse frisch von der Farm und Meeresfrüchte frisch aus dem See sind die Grundlage der Schlemmerei, und zu den Kreationen des Chefkochs gibt's passende örtliche Weine. Zum Abendessen werden Gerichte wie *steak-frites* serviert, zum Mittagessen einfachere Dinge wie Quiches, Sandwiches, Eintöpfe und Burger.

County Cider Company CAFÉ **$$**
(☎ 613-476-1022; www.countycider.com; 657 Bongards Crossroad, Waupoos; Hauptgerichte 17 C$; ⏰ Mai–Okt. 11–16 Uhr) Man speist auf der Terrasse auf einem Hügel, umgeben von Weinbergen und mit Blick auf den See. Zum Mittagessen gibt's Pizzas, Burger, Salate und Wraps, zubereitet aus örtlichen Zutaten und natürlich begleitet von einer Auswahl spritziger Ciders. In der Probierstube kann man die Erzeugnisse des zugehörigen nahen Obsthains kosten.

Blūmen Garden Bistro FUSION **$$$**
(☎ 613-476-6841; www.blumengardenbistro.com; 647 Hwy 49, Picton; Hauptgerichte 24–33 C$; ⏰ Mi–Mo 17–22 Uhr) Das Blūmen, das sich seit 2008 des besten Rufs in Picton erfreut, ist die Schöpfung von Andreas Feller, einem Schweizer Koch, der sich von südamerikanischer Küche inspirieren lässt. Das entspannte, aber komfortable Ambiente besticht passend zum Namen mit einem hübschen Garten, in dem Plattenwege zu abgesonderten, von Kerzen beleuchteten Tischen führen, um die herum Blumen gepflanzt sind. Fleischgerichte dominieren die Karte, auf der u. a. als Markenzeichen geschmortes Kaninchen sowie in der Pfanne gebratener Hecht stehen. Reservierung empfohlen!

Ausgehen & Nachtleben

Acoustic Grill BAR
(☎ 613-476-2887; www.theacousticgrill.ca; 172 Main St, Picton; Hauptgerichte 12–16 C$; ⏰ 11.30 Uhr–open end) In der munteren Bar mit Grill stehen Folk, Roots und Blues auf dem Programm. Das leckere Kneipenessen ist für diese Feinschmeckerregion erfrischend bodenständig, aber trotzdem aus örtlichen Zutaten frisch zubereitet, und die Musik ist live. Die Auftritte starten um 19 Uhr (ganzjährig Fr & Sa, Sommer auch Mi, Do & So).

Bean Counter Cafe CAFÉ
(☎ 613-476-1718; www.beancountercafe.com; 172 Main St, Picton; Kaffee/Sandwichs 4/8 C$; ⏰ 7.30–17 Uhr; 📶) Pictons beliebtestes Café serviert Kaffee auf unzählige Art und dazu Gebäck, Sandwiches, Salate, Bagel und Smoothies. Örtliche Kunst und Fotografie schmückt die Wände, und von den Tischen vorn hat man Gelegenheit, das Treiben draußen auf der Straße zu beobachten.

Unterhaltung

Regent Theatre THEATER
(☎ 613-476-8416; www.theregenttheatre.org; 224 Main St, Picton) Das abgefahrene Theater wurde 1830 erbaut und immer wieder modernisiert (so 1931 durch ein Update im Hollywood-Stil) und ist heute Schauplatz von Theateraufführungen, Konzerten und Lesungen. Dank eines neuen Projektors werden nun auch Filme (von anspruchsvoll bis Mainstream) in den Veranstaltungskalender integriert.

Praktische Informationen

Die inspirierende Website des Prince Edward County ist unter prince-edward-county.com zu finden.

Chamber of Tourism & Commerce (☎ 800-640-4717, 613-476-2421; www.pecchamber.com; 116 Main St, Picton; ⏰ Mo–Fr 9–16.30, Sa ab 10 Uhr) Das hilfsbereite Büro in Picton gegenüber der Bank of Montreal hat Broschüren, Radwegekarten, eine Liste der Fahrradverleiher und Infos zu kurzfristig verfügbaren Unterkünften.

An- & Weiterreise

Da sich die Sehenswürdigkeiten über das gesamte County verteilen, braucht man ein eigenes Fahrzeug, wenn man die Gegend richtig erkunden will. Auf dem Hwy 33 von/nach Kingston muss man zwischen Glenora und Adolphustown, die **Autofähre** (6–1.15 Uhr, 5 Min.) nehmen.

Ohne Auto bleiben direkte Zugverbindungen von **VIA Rail** (S. 72) aus Toronto, Kingston, Brockville und Ottawa nach Belleville. Von Belleville fährt, regelmäßig aber nur werktags, ein Bus von **Deseronto Transit** (613-396-4008; deseronto.ca/departments/deseronto-transit) über Bloomfield nach Picton (11 C$, 45 Min.).

Kingston

115 000 EW.

Kingston war ab 1841, wenn auch nur für drei Jahre, die Hauptstadt der vereinigten Provinzen von Ober- und Niederkanada, der Keimzelle des heutigen Kanada, verlor diesen Titel aber, weil Königin Victoria befürchtete, die Stadt liege zu nah an der US-amerikanischen Grenze, um effektiv verteidigt werden zu können. Heute ist die hübsche Stadt ein praktischer Zwischenstopp zwischen Montréal oder Ottawa und Toronto.

Kingston wird wegen der vielen mächtigen Hallen aus Stein und propperen viktorianischen Villen oft als „Kalksteinstadt" bezeichnet. Das merkliche Fehlen moderner Architektur hilft, den historischen Charme zu bewahren. Neben ein paar interessanten Museen und historischen Stätten sind die hübsche Uferlage und die belebten, farbenfrohen Gärten für Besucher besonders reizvoll.

Für einen Schuss jugendlichen Ungestüms sorgt die Queen's University, die 1841 gegründet wurde, im selben Jahr als die Stadt Hauptstadt wurde. Eine Reihe toller Restaurants, von denen manche auch studentenfreundliche Preise haben, und ein munteres Nachtleben runden die Attraktionen ab.

Sehenswertes

Praktischerweise liegen die meisten Sehenswürdigkeiten im Umkreis der historischen Downtown. Wer Kingston länger als einen Tag erkunden will, kann die ein- bis drei Tage gültige Rabattkarte **K-Pass** (www.kpass.ca; ab 78 C$) kaufen, die für viele Sehenswürdigkeiten und Touren gilt, darunter die Kingston 1000 Islands Cruises (S. 219) und die Kingston Trolley Tours (S. 219).

Kingston Public Market MARKT

(Karte S. 220; www.kingstonpublicmarket.ca; Springer Market Sq; April–Nov. Di, Do & Sa 9–18 Uhr, April–Okt. So) Kanadas ältester, ununterbrochen abgehaltener Markt findet auf dem Platz hinter der City Hall statt. An den Ständen gibt's Nahrungsmittel, frisches Obst und Gemüse, Kunsthandwerk und (nur April–Okt. So) Antiquitäten.

Fort Henry National Historic Site HISTORISCHE STÄTTE

(613-542-7388; www.forthenry.com; Fort Henry Dr; Erw./Kind unter 6 Jahre 18 C$/frei; Ende Mai–Anfang Sept. 9.30–17 Uhr, Juli & Aug. Mi bis 22 Uhr) Die restaurierte britische Festung von 1832 blickt von ihrem Hügel auf Kingston hinunter. Farbenfroh kostümierte Darsteller erinnern in der malerischen Anlage mit Exerzier- und Artillerieübungen sowie Pfeifen und Trommeln an den Geist der 1860er-Jahre. Diese freiwilligen Darsteller treten den ganzen Tag lang in Aktion; unbedingt sehenswert ist die Garnisonsparade (Ende Mai–Anfang Sept. 14.30 Uhr). Im Eintritt inbegriffen ist eine optionale Führung über den Campus des Forts.

Auf der Website stehen Einzelheiten zu den vielen besonderen Events, die sich über das ganze Jahr verteilen, z.B. das Spukspektakel „Fort Fright" im Herbst und „Fort Frost" im Winter.

Bellevue House MUSEUM

(613-545-8666; www.parkscanada.gc.ca; 35 Centre St; Erw./Kind 6–16 Jahre 4/2 C$; Juli & Aug. 10–17 Uhr, Ende Mai, Juni, Sept. & Anfang Okt. Do–Mo) In der Mitte des 19. Jhs. war diese National Historic Site für kurze Zeit der Wohnsitz von Sir John A. Macdonald, dem ersten Premierminister Kanadas. Dieser war als Alkoholiker berüchtigt, und möglicherweise hat auch der Architekt zu tief ins Glas geschaut, denn die italienisch anmutende Villa ist völlig asymmetrisch gebaut, grellbunt, und die Balkone gehen in verschiedene Richtungen ab. Es gibt viele Antiquitäten und einen sonnenverwöhnten Garten zu bestaunen, und das kostümierte Personal verleiht der Sache zusätzlichen Charme. Kinder unter sechs Jahren haben freien Eintritt.

Penitentiary Museum MUSEUM

(613-530-3122; www.penitentiarymuseum.ca; 555 King St W; Eintritt gegen Spende; Mai–Okt. Mo–Fr 9–16, Sa & So ab 10 Uhr, Ende Juni–Anfang Sept. Di–So bis 19 Uhr) Wer den kanadischen Strafvollzug kennenlernen will, kann dies in diesem Museum tun, ohne erst ein Auto stehlen zu müssen. Das Museum in der früheren Residenz des Gefängnisleiters gegenüber dem Gefängnis zeigt eine faszinierende Sammlung von Waffen und Werkzeugen, die bei Ausbruchsversuchen konfisziert wurden.

Über www.kingstonpentour.com lassen sich Führungen durch das Gefängnis organisieren, das 2013 geschlossen wurde.

City Hall GEBÄUDE

(Karte S. 220; ☎613-546-4291; www.cityofkingston.ca/city-hall; 216 Ontario St; ⏲Mo–Fr 8.30–16.30 Uhr, Führungen Mitte Mai–Mitte Okt. Mo–Fr 10–16 Uhr, Ende Mai–Ende Aug. Sa & So) GRATIS Das prachtvolle Rathaus ist eines der schönsten klassizistischen Gebäude in Kanada und ein Relikt aus jener Zeit, als Kingston die Hauptstadt war. Freundliche Freiwillige veranstalten im Sommer kostenlose Führungen, bei denen man Buntglasfenster, Dutzende Porträts, staubige Gefängniszellen und den prachtvollen Ratssaal zu sehen bekommt. Auf der Website kann man die Broschüre für eine Besichtigung auf eigene Faust herunterladen.

Pump House Steam Museum MUSEUM

(Karte S. 220; ☎613-544-7867; www.steammuseum.ca; 23 Ontario St; Erw./Kind 5/2 C$; ⏲Ende Mai–Anfang Sept. Di–Sa 10–17, So ab 12 Uhr, April, Mai & Sept.–Ende Nov. Do, Fr & Sa 12–16 Uhr; 👪) Das einzigartige, vollständig restaurierte, dampfbetriebene Pumpenhaus war von 1849 bis 1952 in Betrieb. Heute sind hier alle möglichen Dinge untergebracht, die ebenfalls dampfbetrieben sind, darunter zwei Modelleisenbahnen und das kürzlich restaurierte Dampfschiff *Phoebe*. Außerdem zeigt das Museum auch zwei dampfgetriebene Pumpen, die die Stadt mit Wasser aus dem Lake Ontario versorgten.

Marine Museum of the Great Lakes MUSEUM

(Karte S. 220; ☎613-542-2261; www.marmuseum.ca; 55 Ontario St; Erw./Kind 6,50/5 C$; ⏲10–17 Uhr) Kingston war zwischen 1910 und 1960 ein wichtiges Zentrum des Schiffbaus. Das Museum liegt auf dem Gelände einer alten Werft und erzählt detailliert die Geschichte der faszinierenden Schiffe, die hier gebaut wurden, und erklärt die heutige Schifffahrt auf den Great Lakes und dem Sankt-Lorenz-Strom. Leider musste das Museum 2016 sein angestammtes Gelände räumen und sich auf die Suche nach einem neuen Standort machen. Den aktuellen Stand erfährt man bei Kingston Tourism (S. 223).

Military Communications & Electronics Museum MUSEUM

(☎613-541-4675; www.c-and-e-museum.org; 95 Craftsman Blvd; Eintritt gegen Spende; ⏲11–17 Uhr) Der Name klingt trocken, aber dahinter steckt ein gutes und umfassendes Museum über Kingstons Militärgeschichte mit chronologisch geordneten Ausstellungen zur Kommunikationstechnologie und zu militärisch-technischen Spielereien. Viele der Guides sind ehemalige Militärangehörige.

Geführte Touren

Haunted Walk STADTSPAZIERGANG

(Karte S. 220; ☎613-549-6366; www.hauntedwalk.com; Erw./Kind unter 10 Jahren 16 C$/frei) Die Führungen mit Geschichten von Grabräubern und Gehenkten starten am Ticketbüro im Foyer des Prince George Hotel (200 Ontario St). Einzelheiten stehen auf der Website; die 1½-stündige Führung startet an den meisten Abenden um 20 Uhr. Weiter im Angebot sind eine gespenstische nächtliche Wanderung rund um Fort Henry und ein zahmeres Zeitreise-Abenteuer.

Kingston 1000 Islands Cruises BOOTSFAHRT

(Karte S. 220; ☎613-549-5544; www.ktic.ca; Confederation Park; Rundfahrt ab 29 C$; ⏲Mai–Anfang Okt.) Diverse Rundfahrten legen vom Dock (samt Kartenbüro) an der nordwestlichen Ecke des Confederation Park ab. Angeboten werden eine 1½-stündige Rundfahrt durch den Hafen von Kingston Harbour, eine dreistündige Thousand-Islands-Kreuzfahrt und Ausflüge mit Mittag- und Abendessen. Die aktuellen Preise und Termine stehen auf der Website. Das Unternehmen veranstaltet auch die Kingston Trolley Tours durch die Stadt mit beliebigem Aus- und Einsteigen.

Kingston Trolley Tours STADTRUNDFAHRT

(Karte S. 220; ☎613-549-5544; www.kingstontrolley.ca; Erw./Kind 4–12 Jahre 26/12 C$; ⏲Ende Mai–Anfang Okt.) Ein schienenloser Mini-Zug startet alle 30 bis 45 Minuten vor dem Rathaus gegenüber dem Touristenbüro (S. 223) zu einer 1¼-stündigen Rundfahrt mit launigem historischem Kommentar. An neun Haltestellen, darunter dem Bellevue House (S. 218) kann man aus- und wieder einsteigen. An den Abenden gibt's Geistertouren. Kinder bis zu vier Jahren dürfen umsonst mit.

Feste & Events

Von Mitte Juni bis Anfang September gibt's an den meisten Tagen mittags sowie donnerstags und freitags um 19 und samstags

Kingston

um 16 Uhr Livemusik im Confederation Park. In der Abenddämmerung werden donnerstags kostenlos Filme auf dem Springer Market Sq gezeigt. Weiteres findet man unter www.downtownkingston.ca; eine vollständige Liste der Events für das ganze Jahr steht unter tourism.kingstoncanada.com.

Limestone City Blues Festival MUSIK
(www.kingstonblues.com) Starmusiker treffen sich für eine viertägige Jam-Session (Aug.).

Kingston Buskers Rendezvous MUSIK
(www.kingstonbuskers.com) Im Juli machen vier Tage lang Straßenmusikanten die Stadt unsicher.

Schlafen

In Kingston gibt's mehr teure Unterkünfte als Billigabsteigen. Motels reihen sich am Hwy 2 (der Princess St) an beiden Enden der Stadt. Die kundigen Leute in der Touristeninformation (S. 223) am Confederation Park können dabei helfen, zusätzliche Optionen ausfindig zu machen. Ein paar historische B&Bs liegen an der grünen Sydenham St; weitere Infos gibt's unter www.historicinnskingston.com for more.

David C. Smith House HOSTEL $
(☎613-533-2223; queensu.ca/summeraccommodations; 222 Stuart St; EZ mit/ohne Bad 99/50 C$, DZ

Kingston

Sehenswertes
1 City Hall ... D3
Kingston Public Market ... (siehe 1)
2 Marine Museum of the Great Lakes ... C5
3 Pump House Steam Museum ... C5

Aktivitäten, Kurse & Touren
4 Haunted Walk ... D3
5 Kingston 1000 Islands Cruises ... D3
6 Kingston Trolley Tours ... D3

Schlafen
7 Holiday Inn Kingston Waterfront ... D2
8 Queen's Inn ... C2
9 Residence Inn by Marriott Kingston Water's Edge ... C4
10 Rosemount Inn ... B3
11 Secret Garden ... B3

Essen
12 Atomica ... C2
13 Chez Piggy ... D2
14 Curry Original ... D3
15 Le Chien Noir ... C2
16 Mlt Dwn ... B2
17 Pan Chancho ... D2
18 Stone City Ales ... B2
19 Wok Inn ... B2

Ausgehen & Nachtleben
20 Coffee & Company ... D2
21 Kingston Brewing Company ... D3
22 Red House ... D2
23 Stages ... A2
24 Tir nan Og ... D3

Unterhaltung
25 Grad Club ... A4
26 Grand Theatre ... B2

116 C$; Mai–Aug.; P ❄ @) Das während der Sommerferien auch für Nicht-Studenten freie Wohnheim der Queen's University bietet günstige Campusunterkunft in einer Entfernung von rund 20 Gehminuten zum Zentrum. Die spartanischen Schlafzimmer und Gemeinschaftsräume bieten schlichten Komfort und Erinnerungen an die eigene Studentenzeit. In der Rezeption gibt es ein einfaches Café, und in der Nähe eine Filiale der Kaffeehauskette Tim Hortons. Auch Wohneinheiten mit zwei Schlafzimmern und einem Bad sind vorhanden.

★ Rosemount Inn B&B $$
(Karte S. 220; 888-871-8844, 613-531-8844; www.rosemountinn.com; 46 Sydenham St; Zi. 175–229 C$, Suite 299 C$; P ❄) In dem ehemaligen Wohnhaus eines Kurzwarenhändlers im historischen Viertel übernachtet man richtig dekadent. Die 1850 erbaute massive Steinvilla im toskanischen Stil wurde mit aller Pracht des 19. Jhs. erhalten – vom überwölbten Eingang bis zu den Deckenrosetten. Ein kleines Spa bietet auf Wein basierende Gesichtsanwendungen und Schoko-Körperwickel. Das ausgiebige Frühstück und der Nachmittagstee sind im Preis enthalten.

Secret Garden B&B $$
(Karte S. 220; 877-723-1888, 613-531-9884; www.thesecretgardeninn.com; 73 Sydenham St; EZ 165–199 C$, DZ 175–209 C$; P ❄ @) Ob man sich in den Salons unter dem Kronleuchter niederlässt oder sich in der oberen Etage in sein Himmelbett zurückzieht, der Aufenthalt in diesem viktorianischen Wohnhaus im Queen-Anne-Stil ist allemal komfortabel. Im Preis inbegriffen ist das Frühstück; wer darauf verzichtet, zahlt 10 C$ weniger.

Queen's Inn BOUTIQUEHOTEL $$
(Karte S. 220; 866-689-9177; www.queensinn.ca; 125 Brock St; Zi. mit Frühstück 120–160 C$; ❄) Das 1839 erbaute Queen's Inn ist eines der ältesten Hotels des Landes. Das Haus hat eine stattliche Kalksteinfassade; einige Zimmer bieten Steinwände, Oberlichter und einen Blick ins Grüne. Das Hotel ist eine lohnende Option dank des Pubs im Erdgeschoss und der Lage in der Innenstadt.

Holiday Inn Kingston Waterfront HOTEL $$
(Karte S. 220; 613-549-8400; www.hikingstonwaterfront.com; 2 Princess St; DZ 169–290 C$; P ❄) Das Hotel am Ufer hat eine unschlagbare Lage. Die 197 geräumigen Zimmer sind mit Balkon, Kühlschrank und (auf Anfrage) Mikrowelle ausgestattet. Zu den Einrichtungen gehören ein Hallen- und ein Freiluftpool und eine Restaurantterrasse am Hafen – Kingstons einziges Restaurant direkt am Wasser. Es gibt auch Pauschalangebote inklusive Frühstück und Parkplatz – sonst kostet das 16 C$ zusätzlich.

Fireside Inn MOTEL $$
(613-549-2211; www.bestwesternkingston.ca; 1217 Princess St; Zi. mit Frühstück ab 179 C$; P ❄) Das Beste an diesem Motel im Norden der Stadt sind die kitschigen, aber lustigen Fantasy-Suiten, die Traumwelten eines japanischen Liebeshotels auf einer Mondbasis entsprungen sein könnten. Die Standardzimmer zei-

gen ländliches Dekor mit handgearbeiteten Kiefernholzmöbeln und Kamin. Es gibt einen Freiluftpool und zwei Restaurants.

Residence Inn by Marriott Kingston Water's Edge HOTEL $$$
(Karte S. 220; ☎ 613-544-4888; www.marriottresidenceinnkingston.com; 7 Earl St; Zi. mit Frühstück ab 229 C$; P ❄ 📶 ≋) Das auf längere Aufenthalte ausgerichtete große neue Hotel bietet 141 Wohnstudios und Apartments mit großen Doppelbetten, Kochnischen und Wohnzimmern mit Liegecouch. Das Haus hat eine erstklassige Lage am Wasser in der Nähe der Universität, ein paar Gehminuten vom Zentrum. Zu den Einrichtungen zählen ein Salzwasser-Hallenpool und eine Sauna.

Essen

★ **Stone City Ales** KNEIPENKOST $
(Karte S. 220; ☎ 613-542-4222; www.stonecityales.com; 275 Princess St; Hauptgerichte 13 C$; ⏲ 11–23 Uhr) Unter den freiliegenden Rohren dieses hippen Brauereirestaurants wuseln die Kellner herum, wechseln die Platten auf dem Plattenspieler, tischen Aufschnittplatten auf und beraten bei der Bierverkostung (3 Bier zu 6 oz – 0,18 l – kosten 8 C$). Zu dem ständigen und dem saisonalen Angebot an Bieren gibt's Rippchen, Wings, Chips, Dips, Käseteller und mehr.

Mlt Dwn FASTFOOD $
(Karte S. 220; ☎ 613-766-1881; www.mltdwn.com; 292 Princess St; Sandwiches ab 6 C$; ⏲ Mo–Do 11–22, Fr & Sa bis 3, So bis 21 Uhr) Diese *fromage*-verliebten Fast-Food-Meister haben ihr Wirken bereits von dieser Filiale aus in die kanadische Hauptstadt und nach Québec ausgeweitet. Den leckeren Abwandlungen des schlichten gegrillten Käse-Sandwichs kann man kaum widerstehen, schon gar nicht, wenn man gerade aus einem Pub herausgestolpert ist. Auf der Karte stehen auch Sandwiches mit weniger Käse und Snacks von Pulled Pork bis *poutine*.

Wok Inn ASIATISCH $
(Karte S. 220; ☎ 613-549-5369; 30 Montréal St; Gerichte ab 6,95 C$; ⏲ Di–Sa 11.30–14.30 & 16.30–21 Uhr) Leckere kambodschanische, vietnamesische und Thai-Gerichte warten in diesem unscheinbaren Lokal im Zentrum. Studenten holen sich hier gern was zum Mitnehmen.

★ **Pan Chancho** FUSION $$
(Karte S. 220; ☎ 613-544-7790; www.panchancho.com; 44 Princess St; Hauptgerichte 15 C$; ⏲ 7–16 Uhr) Diese phänomenale Bäckerei mit Café verbindet raffinierte Zutaten zu leckeren Gerichten wie vietnamesischen Frühlingsrollen und Sesam-Thunfisch-Hackbällchen. Empfehlenswert ist das Lamm auf marokkanische Art mit Kreuzkümmel und Kichererbsen in Pita. Auf der ganztägigen Frühstückskarte stehen Gerichte wie Eiercurry. An Sommertagen machen es sich die Einwohner der Stadt im Hinterhof gemütlich.

Atomica ITALIENISCH $$
(Karte S. 220; ☎ 613-530-2118; www.atomica.ca; 71 Brock St; Hauptgerichte 18 C$; ⏲ 11.30–22 Uhr; 🍷) Diese gut besuchte Pizzeria und Weinbar in Downtown bietet alle klassischen Pizzas mit Pfiff, zudem Pasta, Salate, Tagesgerichte, Wochenend-Brunch und eine gute Auswahl an Desserts. Es gibt auch glutenfreie Optionen und täglich von 14.30 bis 16.30 Uhr eine Happy Hour für Cocktails.

Curry Original INDISCH $$
(Karte S. 220; ☎ 613-531-9376; www.curryoriginal.ca; 253a Ontario St; Hauptgerichte 15 C$; ⏲ Di–Sa 11.30–14 & Di–So 17–21 Uhr) Das smarte Restaurant bietet die beste indische Küche in Kingston, darunter alle klassischen Currys von Butterhühnchen bis Vindaloo, von Korma bis Madras.

Le Chien Noir BISTRO $$$
(Karte S. 220; ☎ 613-549-5635; www.lechiennoir.com; 69 Brock St; Hauptgerichte mittags/abends 18/27 C$; ⏲ 11.30–21 Uhr) 🍃 Das Bistro ist etwas teuer, aber die Einheimischen lieben diesen kleinen Hauch Paris oder Québec mitten im anglophonen Herzen von Kingston. Es gibt Gourmet-*poutine* und als Hauptgerichte u. a. Lamm, Ente, Steaks mit Pommes und die obligatorischen *moules* (Muscheln) aus Prince Edward Island.

An den Wochenenden gibt's bis 14.30 Uhr einen Brunch mit sonntags Livejazz auf der Terrasse ab 12 Uhr. Happy Hour ist täglich von 14.30 bis 16.30 Uhr.

Chez Piggy FUSION $$$
(Karte S. 220; ☎ 613-549-7673; www.chezpiggy.com; 68r Princess St; Hauptgerichte abends/mittags 35/15 C$; ⏲ Mo–Sa 11.30–23, So ab 10 Uhr) Das bekannteste Restaurant der Stadt versteckt sich in einem steingepflasterten Hof voller Blumen und verdankt seinen Ruf einer einfallsreichen Speisekarte und dem charmanten Ambiente. Zu den Hauptgerichten zum Abendessen zählen marinierter Strauß und Muscovy-Enten-Confit, während mittags die Speisen schlichter sind. Für das

Wochenende sollte man reservieren; insbesondere der Sonntagsbrunch ist sehr beliebt.

Ausgehen & Nachtleben

Red House PUB
(Karte S. 220; ☎ 613-767-2558; www.redhousekingston.com; 369 King St E; ⊙ 11.30–2 Uhr) Die ländlich derbe Kneipe hat eine große Auswahl von Fassbieren und tolles Essen von simplen Speisen wie *poutine* oder Burger bis zu feineren Sachen wie gegrillter Forelle oder Steaks mit Pommes. Alles gibt's in zwangloser Kneipenatmosphäre. Die in Entenfett gebratenen und mit Kräutern angereicherten Kartoffeln sind eine leckere Beilage.

Kingston Brewing Company BRAUEREI
(Karte S. 220; ☎ 613-542-4978; www.kingstonbrewing.ca; 34 Clarence St; Hauptgerichte 15 C$; ⊙ 11–2 Uhr) Man mampft Burger und Sandwiches unter Weihnachtsbeleuchtung und kitschigen Bierreklamen oder draußen an einem Tisch auf der Veranda. Im Sommer wird hier Bier nach einem Rezept von 1841 gebraut, als Kingston die Hauptstadt der Provinz Kanada war. Super sind das Dragon's Breath Pale Ale und das White Tail Cream Ale – beide Biere sind so beliebt, dass sie mittlerweile anderswo gebraut und abgefüllt werden.

Tir nan Og PUB
(Karte S. 220; ☎ 613-544-7474; www.facebook.com/kingston.tirnanog; 200 Ontario St; ⊙ 11 Uhr–open end; 📶) Die in einem der ältesten und charmantesten Gebäude am Ufer residierende irische Oase bietet im holzgetäfelten Schankraum Livemusik, Bier in Strömen und Kneipenessen. Das Bier kommt in Humpen zu 14 oder 18 oz (0,4 bzw. 0,5 l).

Coffee & Company KAFFEE
(Karte S. 220; ☎ 613-547-9211; www.facebook.com/coffeeandcompanykingston; 53 Princess St; ⊙ 7–20 Uhr; 📶) Hier kriegt man seine tägliche Dosis von Baristas gebrauten Kaffees sowie kostenloses WLAN. Dazu gibt's Godiva-Pralinen oder White Mountain-Eiscreme.

Stages CLUB
(Karte S. 220; ☎ 613-547-5553; www.stages.ca; 393 Princess St; ⊙ Mo & Do–Sa 22–3 Uhr) Hier tanzt die Jugend Kingstons bis zu Umfallen. Zu besonderen Anlässen wie dem Canada Day gibt's in dem Club große Events.

Unterhaltung

Grad Club LIVEMUSIK
(Karte S. 220; ☎ 613-546-3427; queensgradclub.wordpress.com; 162 Barrie St; ⊙ Mo & Di 11–20, Mi–Fr bis 1 Uhr) Die imposante viktorianische Villa auf dem Campus der Queen's University ist einer der heißesten Orte für Livemusik und besondere Ereignisse wie die Verkostung örtlicher Kleinbrauereibiere.

Grand Theatre THEATER
(Karte S. 220; ☎ 613-530-2050; www.kingstongrand.ca; 218 Princess St) Das Grand begann als Opernhaus, war dann ein Kino und ist heute die bedeutendste Spielstätte der Stadt für Theater, Konzerte und Comedy. Seit 1968 wurde es umfangreich umgebaut und 2008 umfassend modernisiert. Im Haus tritt regelmäßig das **Kingston Symphony Orchestra** (www.kingstonsymphony.on.ca) auf.

Praktische Informationen

Post (Karte S. 220; ☎ 866-607-6301; www.canadapost.ca; 120 Clarence St; ⊙ Mo–Fr 8–17.30 Uhr) Zentral gelegenes Postamt.

Kingston Tourism (Karte S. 220; ☎ 888-855-4555, gebührenfrei 613-548-4415; tourism.kingstoncanada.com; 209 Ontario St; ⊙ 10–16 Uhr) Die nützliche Touristeninformation hat aufgewecktes, freundliches Personal, das in der Geschichte der Stadt gut versiert ist. Das Büro befindet sich gegenüber dem Rathaus; im Sommer sind die Öffnungszeiten länger.

An- & Weiterreise

Der **Kingston Bus Terminal** (☎ 613-547-4916; 1175 John Counter Blvd) liegt 1 km südlich des Hwy 401, gleich westlich der Division St. **Megabus** (S. 71) fährt mehrmals täglich nach Toronto (ab 33 C$, 3 Std.) und Montréal (26 C$, 3¼ Std.), **Greyhound** (S. 212) einmal täglich nach Ottawa (35 C$, 2¾ Std.).

Mit dem Auto nimmt man zum Zentrum die Ausfahrten 611 bis 623 vom Hwy 401. Zu den Autovermietungen vor Ort zählt **Enterprise** (☎ 613-547-0755; www.enterprise.ca; 2244 Princess St).

Der **Bahnhof Kingston** (☎ 888-842-7245; www.viarail.ca; 1800 John Counter Blvd) liegt ungefähr 300 m östlich der Kreuzung Princess St und John Counter Blvd. Mehrmals täglich fahren Züge nach Montréal (87 C$, 2¾ Std.), Ottawa (71 C$, 2¼ Std.) und Toronto (90 C$, 2½ Std.).

Die Busfahrpläne und Preise des städtischen Nahverkehrs erfährt man bei **Kingston Transit** (☎ 613-546-0000; www.cityofkingston.ca/residents/transit). Eine einfache Fahrt kostet 2,75 C$; man kann im Bus bezahlen. Tageskarten (7,25 C$) verkauft **Kingston Tourism** (S. 223).

Bus 16 verbindet den Busbahnhof über das Zentrum mit dem Bahnhof. Die Busse fahren von beiden Endpunkten eine Viertelstunde nach und vor der vollen Stunde. Sonntags fahren die Busse nur stündlich.

Für Radfahrer erfreulich: Die Gegend um Kingston ist generell flach, und die Hwys 2 und 5 haben asphaltierte Seitenstreifen. Fahrräder vermietet **Ahoy Rentals** (☎ 613-549-4277; www.ahoyrentals.com; 23 Ontario St; Fahrrad 5/25 C$ pro Std./Tag).

Thousand Islands

Die Thousand Islands bestehen tatsächlich aus mehr als 1800 zerklüfteten Inseln im Sankt-Lorenz-Strom zwischen Kingston und Brockville. Nebelschwaden, Schauer von Waldlilienblättern, Gezeitenbecken und opulente Sommerhäuser aus dem 19. Jh., deren Türmchen aus dem vorherrschenden Dunst hervorschauen, prägen den Archipel.

Der schmale, geruhsame **Thousand Islands Parkway** knickt zwischen Gananoque und Brockville südwärts vom Hwy 401 ab und führt 35 km am Fluss entlang, ehe er sich wieder mit dem Highway vereinigt. Die malerische Straße verläuft an ländlichen Uferbereichen entlang und bietet eine traumhafte Aussicht und idyllische Picknickplätze. Der Radweg St. Lawrence Bikeway, ein Teil des am Flussufer verlaufenden Waterfront Trail zwischen Niagara-on-the-Lake und Cornwall, erstreckt sich über die volle Länge des Parkway.

★ 1000 Islands Tower AUSSICHTSPUNKT
(☎ 613-659-2335; www.1000islandstower.com; 716 Hwy 137, Hill Island; Erw./Kind 11/6 C$; ⌚ Mai–Sept. 10–18 Uhr) Gleich östlich von Ivy Lea und rund 20 km von Gananoque entfernt, verbinden eine Reihe hoher Brücken über mehrere Inseln Ontario mit dem US-amerikanischen Bundesstaat New York. Auf halber Strecke, direkt vor der Staatsgrenze, bietet sich von den beiden Aussichtsplattformen dieses 130 m hohen Beobachtungsturms ein fantastischer Ausblick auf den Archipel. Erklärende Exponate finden sich auf einer verglasten Plattform. Keine Sorge, der Turm hat einen Aufzug!

Thousand Islands National Park NATIONALPARK
(☎ 613-923-5261; www.pc.gc.ca/pn-np/on/lawren/index.aspx; 2 County Rd 5, Mallorytown; Parkplatz 7 C$, Stellplatz Zelt ohne Strom 16 C$, Otentik-Safarizelt 100–121 C$; ⌚ Visitors Center Ende Mai–Juni Sa & So 10–16 Uhr, Juli–Sept. tgl.) Am Thousand Islands Pkwy liegt südlich von Mallorytown das Mallorytown Landing Visitors Centre für den Thousand Islands National Park. Der Park umfasst mehr als 20 herrlich grüne Inselchen zwischen Kingston und Brockville. Ein 2 km langer Naturpfad informiert über das üppige Terrain und die Tier- und Pflanzenwelt. Weitere Wanderwege und Kanurouten führen tiefer in den Park hinein.

Auf einem Dutzend Inseln ist Campen erlaubt; man braucht ein eigenes Boot. Man kann aber auch in einem Otentik-Luxussafarizelt mit Dach am Visitors Center und auf zweien der Inseln übernachten.

Skywood Eco Adventure ABENTEUERSPORT
(☎ 613-923-5120; www.parks.on.ca/attractions/skywood-eco-adventure-park; Thousand Islands Pkwy, Mallorytown; Seilrutschentour Erw./Jugendlicher 12–15 Jahre 45/41 C$; ⌚ 9–17 Uhr; 👪) Die fantastische neue Einrichtung östlich von Mallorytown ist Kanadas größter Baum-

COTTAGE COUNTRY

Ein großer Teil Ontarios, vom Ufer des Lake Erie bis nach Muskoka, die Kawartha-Region, die Haliburton Highlands und sogar die Thousand Islands, sind Cottage Country, denn tausende Seen mit felsigen Inseln und bewaldeten Ufern locken mit hinreißenden Sonnenuntergängen – genau das Richtige für ein Wochenendhaus. Es wird nicht lange dauern, bis man in Toronto von jemandem in sein Wochenendhaus eingeladen wird, denn im gastfreundlichen Ontario dreht sich der ganze Sommer darum, sich bei kaltem Bier, gutem Wein und gutem Essen mit Freunden, der Familie und der Natur auszutauschen.

Die Einwohner Torontos strömen an die Seen, sobald es wärmer wird. Klapprige Fischerhütten eröffnen gleich nach der Schneeschmelze, und die großen Villen an den Ufern erwachen aus ihrem Schlummer. Die Blumentöpfe werden neu bepflanzt, die Tiefkühltruhen aufgefüllt, und die Familien nehmen ihre wöchentlichen Ausflüge aus der Stadt wieder auf.

Der gemeinsame Nenner des Cottage-Phänomens ist der Stolz auf das Land und der Wunsch, die herrliche Natur zu erleben. Kanus, Kajaks, Wasserskiboote und Jetboote werden ausgepackt, und die faulen Tage und wilden Nächte heben an, bis schließlich der Winter kommt, die Seen zufrieren, und sich der Spaß mit Schneemobilen fortsetzt.

wipfel- und Seilrutschenpark. In waldiger Lage gibt's Freizeitspaß von Seilrutschen bis zu Baumwipfeltouren einen großen Baumhaus-Spielplatz für Kinder.

St. Lawrence Bikeway RADFAHREN
(www.waterfronttrail.org) Dieser Radweg, ein Teil des am Fluss entlangführenden Waterfront Trail zwischen Niagara-on-the-Lake und Cornwall, erstreckt sich über die gesamte Länge des Thousand Islands Pkwy von Gananoque bis Brockville.

Gananoque

Das kleine Gananoque (gä-ne-nok-wei) ist der ideale Ort, um seine Augen zu erholen, wenn man einen langen Tag lang zu den grün überwucherten Inseln im dunstigen Sankt-Lorenz-Strom hinübergespäht hat. In dem niedlichen viktorianischen Städtchen, tief im Herzen der Thousand-Islands-Region, wimmelt es im Sommer und Frühherbst von Besuchern, die wild auf eine Bootsfahrt sind. Im Frühjahr und Spätherbst ist es hier geradezu mucksmäuschenstill.

Die Karte für einen selbstgeführten historischen Rundgang durch das idyllische Städtchen gibt's im Visitors Center.

Sehenswertes & Aktivitäten

★ **Boldt Castle** SCHLOSS
(☎800-847-5263, 315-482-9724; www.boldtcastle.com; Heart Island, Alexandria Bay, New York, USA; Erw./Kind 9/6 US$; ⏲Mai–Ende Sept. 10–18.30 Uhr, Ende Sept.–Mitte Okt. 11–17 Uhr) Das üppige Schloss aus der Wende zum 20. Jh. steht auf einer Insel im Sankt-Lorenz-Strom und ist nur rund 25 km von Gananoque entfernt, liegt aber auf US-amerikanischem Boden. Man braucht für einen Besuch also seinen Pass. Erbaut wurde die Villa von George C. Boldt, dem ursprünglichen Betreiber des berühmten Waldorf Astoria Hotels in New York City. Viele Thousand-Island-Bootstouren machen hier Station, alternativ fährt man 23 km von Gananoque nach Alexandria Bay im US-Bundesstaat New York, wo Shuttleboote einen zum Schloss übersetzen (10 Min.).

Vom Thousand Islands Pkwy zweigt der Hwy 137/81 zur Thousand Islands Bridge (und der US-amerikanischen Grenze) und weiter nach Alexandria Bay ab. Auf kanadischer Seite starten von Gananoque fünfstündigen Touren (inklusive Bootsfahrt und Schlossbesuch) und von Rockport 3½- oder fünfstündigen Touren.

1000 Islands Kayaking KAJAKFAHREN
(☎613-329-6265; www.1000islandskayaking.com; 110 Kate St; Kajakverleih/Touren ab 35/85 C$ pro halber Tag) Für Energiegeladene ist Paddeln eine tolle Möglichkeit, um die Inseln zu erkunden. Dieser Veranstalter hat viele Pauschalangebote, darunter Kurse, halb-, ganztägige und Sonnenuntergangstouren sowie Wochenenden mit Kanufahren und Zelten.

Gananoque Boat Line BOOTSFAHRT
(☎888-717-4837; www.ganboatline.com; 280 Main St; 1-stündige Bootstour Erw./Kind 6–12 Jahre ab 25/13 C$; ⏲Mai–Mitte Okt.) Der Veranstalter ist dank mehrerer Touroptionen, darunter eine mit einem zweistündigen Aufenthalt in Boldt Castle, eine beliebte Wahl für eine Bootsfahrt durch die Thousand-Islands-Region. Da das Schloss in den USA liegt, braucht man für diese Tour seinen Pass (und möglicherweise ein Visum). Die Boote legen den ganzen Tag ab und abends manchmal zu speziellen Fahrten mit Musik.

Schlafen

Misty Isles Lodge LODGE $$
(☎613-382-4232; www.mistyisles.ca; 25 River Rd, Lansdowne; Zi. ab 95 C$, Stellplatz mit Strom 40 C$; 📶) Das ca. 5 km östlich von Gananoque am Thousand Islands Pkwy gelegene entspannte Strand-Anwesen bietet komfortable Wohneinheiten mit Korbmöbeln. Es gibt auch allerlei Angebote für abenteuerliche Aktivitäten, darunter einen Kajakverleih (halber Tag 35 C$) und geführte Touren (halber Tag 75 C$) sowie Camping-Pauschalen auf einigen der strauchbewachsenen Inseln im Strom.

Gananoque Inn INN $$
(☎613-382-2165; www.gananoqueinn.com; 550 Stone St S; Zi. 199–245 C$; 📶) 🍃 Grüne Fensterläden sind das Merkmal der stattlichen Pension am Zusammenfluss des Gananoque River und des Sankt-Lorenz-Seewegs. Der ehemalige Kutschenbetrieb ist seit 1896 eine Herberge und hat sich viel von seinem Charme bewahrt; die Zimmer selbst sind nicht weiter interessant, aber die Lage am Wasser ist spektakulär. In den online buchbaren Pauschalangeboten sind die Unterkunft und Aktivitäten (von Spa-Anwendungen bis zu Hubschrauberflügen) enthalten.

Houseboat Holidays HAUSBOOT $$$
(☎613-382-2842; www.houseboatholidays.ca; RR3, Gananoque; Wochenende/Wochenmitte/wöchentlich ab 550/750/1000 C$) Statt *am* Seeweg kann

NICHT VERSÄUMEN

WOLFE ISLAND

Die 120 km² große Wolfe Island ist die größte Insel des Thousand-Islands-Archipels und trennt den Sankt-Lorenz-Strom vom Lake Ontario. Auf dem einst unerschlossenen Farmland stehen heute Hunderte von Windrädern – ein surrealer Anblick. Der halbe Spaß besteht schon in der Fahrt zur Insel mit der kostenlosen **Wolfe-Island-Autofähre** (☎613-548-7227; www.wolfeisland.com; ⏲6.15–2 Uhr, stündl.) GRATIS ab Kingston: Während der 25-minütigen Überfahrt genießt man den Blick auf die Stadt, Fort Henry und die Inseln.

Die Insel selbst ist radlerfreundlich mit ihren vier, durch Farbmarkierungen unterschiedenen Radwegen. Eine Karte kann man unter www.wolfeisland.com herunterladen. **Kingston Tourism** (S. 223) gibt weitere Ratschläge zur Erkundung der Insel; Fahrräder mieten kann man bei **Ahoy Rentals** (S. 224) oder auf der Insel. Am Ufer von Kingston findet sich die Fähranlegestelle an der Kreuzung von Ontario St und Barrack St. Der komplette Fahrplan steht auf der Website.

Neben der **Wolfe-Island-Autofähre**, die die Insel mit Kingston verbindet, gibt es auch noch die **Horne's Ferry** (☎613-385-2402; www.hferry.com; Fußgänger/Fahrrad/Auto 2/3/18 C$; ⏲Ende April–Mitte Okt. 8–19 Uhr stündl.), die die 11 km lange Strecke zwischen Alexandria Point auf der Südseite der Insel und Cape Vincent im US-amerikanischen Bundesstaat New York befährt (10 Min.). Man braucht auf dieser Strecke also seinen Pass.

man auch *auf dem* Seeweg wohnen! Der erfahrene Veranstalter, der seinen Sitz nur 4 km westlich von Gananoque hat, versorgt einen mit einem eigenen schwimmenden Hotel und einer Einweisung für Landratten. Die Boote decken das gesamte Gebiet der Thousand Islands und des Rideau Canal von Gananoque bis Brockville und Kingston ab.

Essen

Socialist Pig CAFÉ $
(☎613-463-8800; www.thesocialistpiggananoque.com; 21 King St E; Hauptgerichte 14 C$; ⏲8–20 Uhr) Gananoques beliebtester Treff hat cooles Dekor – eine Theke besteht sogar aus alten Büchern – und serviert Tacos, Burritos, asiatische Salate, Sandwiches und einen Wochenend-Brunch. Alle Gerichte sind liebevoll aus farmfrischen Zutaten zubereitet.

★ **Stonewater Pub** KNEIPENESSEN $$
(☎613-382-2542; www.stonewaterbb.com; 490 Stone St S; Hauptgerichte 18 C$; ⏲So–Mi 11–21, Do–Sa bis 1 Uhr) Der gemütliche kleine irische Pub mit Restaurant serviert im Erdgeschoss unter einem B&B herzhaftes Essen: Das „Irish Tenderloin" (gegrilltes, mit Speck umwickeltes Lamm- und Rinderhack) und das „Porky Pig" (Burger mit Schweinshaxe) sollten Fleischfreunde unbedingt probieren. Dazu gibt's viele kreative Salate. Die Stimmung ist aufgeräumt, besonders wenn es Livemusik gibt.

Maple Leaf Restaurant TSCHECHISCH $$
(Czech Schnitzel House; ☎613-382-7666; www.mapleleafrestaurant.ca; 65 King St E; Hauptgerichte 18 C$; ⏲Mi–So 11–21.30 Uhr) Das Familien-Diner alter Schule wirkt typisch kanadisch, aber zu essen gibt's europäische Spezialitäten wie golden panierte Schnitzel, Gulasch und Borschtsch und dazu Bier. Bei Burgern und *poutine* weiß man dann wieder, dass man in Kanada ist. Im Sommer kann man draußen hinten auf der kleinen Terrasse sitzen.

Ivy Restaurant MODERN-KANADISCH $$$
(☎613-659-2486; www.ivyleaclub.ca; 61 Shipman's Lane, Lansdowne; Hauptgerichte 30 C$; ⏲Mo–Sa 11.30–21, So ab 10.30 Uhr) Das schön renovierte, zur opulenten Marina des Ivy Lea Club gehörende Restaurant auf einem hübschen Ufergrundstück rund 12 km östlich von Gananoque steht allen offen. Beim zwanglosen Mittagessen auf der Veranda und beim Sonntagsbrunch lässt sich das beeindruckende Ambiente recht günstig genießen, man kann hier aber auch fein zu Abend dinieren. Wer Hähnchen mag, sollte sich für das halbe, in Buttermilch eingelegte gebratene Cornwall-Huhn entscheiden.

Ansonsten kommt man einfach vorbei, um sich umzuschauen und sich vorne an der unglaublich guten Eistheke zu bedienen.

Ausgehen & Nachtleben

Gananoque Brewing Co BRAUEREI
(☎613-463-9131; www.ganbeer.com; 9 King St E; Bier 0,3 l/Verkostungsproben 4,50/6,25 C$; ⏲Mai–Okt. 12–21 Uhr, Nov.–April 13–20 Uhr) In der Braustube unter den Holzbalken einer umgebauten Fabrik für Wagonteile aus dem 19. Jh. kann man Craft-Biere wie „Naughty Otter"

und „Smuggler's Rush" probieren. Kostenlose Brauereiführungen werden auch angeboten.

Unterhaltung

Thousand Islands Playhouse THEATER
(866-382-7020, 613-382-7020; www.1000islandsplayhouse.com; 185 South St) Das hübsche Theater am Wasser bringt seit 1982 ein qualitätvolles Programm hauptsächlich leichter Sommertheaterstücke und diverser Musicals heraus.

Shorelines Casino KASINO
(613-382-6800; shorelinescasinos.com/thousand-islands; 380 Hwy 2; 24 Std.) Das kleine Kasino, in dem sich viele Senioren herumdrücken, kann als ein Zeichen der Trostlosigkeit der modernen Gesellschaft gesehen werden. Aber die Angestellten sind freundlich, und für viele Kunden ist die Sache einfach ein netter Spaß. Mindestalter 19 Jahre.

Praktische Informationen

Visitor Services Centre (844-382-8044, 613-382-8044; www.travel1000islands.ca; 10 King St E; Mitte Mai–Mitte Okt. 9–17 Uhr, Mitte Okt.–Mitte Mai 10–16 Uhr) Die freundlichen Mitarbeiter dieses tadellosen Visitors Center sind eine Fundgrube für alles, was mit den Thousand Islands und dem Umland zu tun hat.

An- & Weiterreise

Gananoque liegt nur 2 km abseits des Hwy 401, rund 35 km östlich von Kingston.

Vom **Bahnhof Gananoque** (888-842-7245; www.viarail.ca; North Station Rd), 6 km nördlich des Orts, gibt's direkte Zugverbindungen von/nach Toronto (94 C$, 3 Std., 1-mal tgl.) und Ottawa (101 C$, 1¾ Std., 1-mal tgl.).

Brockville & Prescott

Das ansehnliche Brockville liegt am östlichen Ende der Thousand-Islands-Region. In der „Stadt der tausend Inseln", so der Spitzname, finden sich viele extravagante Anwesen. Angesichts der himmelwärts strebenden gotischen Türme kann man sich gut vorstellen, wie einst Pferdewagen durch die Straßen klapperten. Die Parks am Fluss und die Museen an den Straßen, die mit sanfter Steigung landeinwärts führen, machen Brockville zu einem ansprechenden Tagesaufenthalt.

Das benachbarte Prescott, 20 km die Straße weiter, wirkt wie Brockvilles jüngerer Bruder: Der Ort ist kleiner und rauer, bietet aber Unterkünfte und Einrichtungen. Die im 19. Jh., gegründete Ortschaft ist nur 6 km von der International Bridge entfernt, die Johnstown, Ontario mit Ogdensburg im US-Bundesstaat New York verbindet.

Sehenswertes

Fulford Place MUSEUM
(613-498-3003; www.heritagetrust.on.ca/Fulford-Place; 287 King St E, Brockville; Erw./Kind 6 C$/frei; Ende Mai–Anfang Sept. 10–17 Uhr) Die eindrucksvolle edwardianische Villa mit 35 Zimmern wurde zu Beginn des 20. Jhs. für George Taylor Fulford erbaut, den Produzenten der „Pink Pills for Pale People", der mit diesem angeblichen Wunderheilmittel zum Millionär wurde. Man kann hier gut eine Tasse Tee auf der Veranda trinken. Im Eintrittspreis ist eine Führung enthalten.

Brockville Railway Tunnel HISTORISCHE STÄTTE
(Ecke Water St E & Block House Island Pkwy) Im Armagh S. Price Park, schräg gegenüber der Touristeninformation, ist der Eingang zu Kanadas ältestem, 1860 erbauten Eisenbahntunnel, sehenswert. Der Tunnel soll im August 2017 wiedereröffnet werden und dann Besuchern Gelegenheit geben, ihn bei stimmungsvoller Beleuchtung der ganzen Länge nach zu durchqueren.

Aquatarium MUSEUM
(613-342-6789; www.aquatarium.ca; Tall Ships Landing, 6 Broad St, Brockville; Erw./Kind 20/10 C$; 10–17 Uhr;) Das 2016 eröffnete, mit Singen und Tanzen ganz auf Kinder ausgerichtete interaktive Zentrum erzählt vom Sankt-Lorenz-Seeweg, seinen Stromschnellen und Schiffswracks.

Fort Wellington National Historic Site GEBÄUDE
(613-925-2896; www.pc.gc.ca/eng/lhn-nhs/on/wellington/index.aspx; 370 Vankoughnet St, Prescott; Erw./Kind 4/2 C$; Ende Mai, Juni & Anfang Sept.–Anfang Okt. Do–Mo 10–17 Uhr, Juli–Anfang Sept. tgl.) Das ursprüngliche Fort wurde 1812 während des Britisch-Amerikanischen Krieges errichtet und erlangte 1838 erneut strategische Bedeutung, als eine US-amerikanische Invasion drohte. Einige originale Befestigungsanlagen sind erhalten, ebenso die Barracken, das Pulvermagazin und die Offiziersquartiere. Kostümierte Darsteller und Ausstellungen sorgen für Leben. Die Anlage wird weiterhin renoviert und ausgebaut.

Brockville Museum MUSEUM
(613-342-4397; www.brockvillemuseum.com; 5 Henry St, Brockville; Eintritt gegen Spende; Mai–

Okt. Mo–Sa 10–17, So 13–17 Uhr, Nov.–April Mo–Fr 10–17 Uhr) Das Museum widmet sich u.a. mit Exponaten zu den früheren Waggonbau- und Hutmacherindustrien des Orts ganz der Lokalgeschichte. Zum Museum gehört das Isaac Beecher House, das in der Mitte des 19. Jhs. von einem Gerber gebaut wurde und ein schönes Beispiel für die Wohnhäuser ist, die aus den USA geflohene Loyalisten hier errichteten. Im Juli und August starten vom Museum freitags nachmittags und abends 1½-stündige Stadtspaziergänge (6 C$), die sich der kriminellen Vergangenheit Brockvilles widmen. Interessenten melden sich im Museum an.

Geführte Touren

1000 Islands Cruises BOOTSFAHRT

(☎800-353-3157, 613-345-7333; www.1000islandscruises.com; 30 Block House Island Pkwy, Brockville; Bootstour 24–50 C$; ⊙Mai–Okt.) Das Unternehmen veranstaltet 1½- bis zweistündige Sightseeing-Touren in der Thousand-Islands-Region mit zwei Schiffen: einem traditionellen Ausflugsschiff und dem Schnellboot *Wildcat*. Bei Fahrten mit dem letzteren bekommt man auch Boldt Castle und Singer Castle zu sehen, zwei Insel-Châteaux gleich jenseits der Grenze zu den USA. Einzelheiten, Fahrpläne und Preise stehen auf der Website.

Schlafen

Brockville hat viele Unterkünfte zu bieten – von historischen B&Bs bis zu Kettenmotels. Erstere finden sich vor allem in der Innenstadt, letztere weiter draußen rund um die Kreuzung des Hwy 401 mit dem Stewart Blvd (Hwy 29). Prescott hat einige originelle Unterkünfte am Sankt-Lorenz-Strom.

Dewar's Inn GASTHOF $

(☎613-925-3228, 877-433-9277; www.dewarsinn.com; 1649 County Rd 2, Prescott; Zi. 84–87 C$, Cottage 91–115 C$; 📶) Die idyllischen Cottages, effizienten Wohneinheiten und Motelzimmer liegen am Fluss und sind nett möbliert und makellos sauber. Die Anlage steht auf dem Gelände einer Brauerei aus dem frühen 19. Jh.; Taucher haben hinter dem Haus Flaschen des alten Gebräus gefunden. Von den Veranden blickt man auf den Fluss und hinüber nach Ogdensburg im US-Bundesstaat New York. Das Frühstück ist im Preis inbegriffen. Haustiere und Kinder unter 12 Jahren sind unerwünscht.

Green Door B&B $$

(☎613-341-9325; www.greendoorbb.com; 61 Buell St, Brockville; Zi. mit Frühstück 125 C$; ⊙Mai–Okt.; ❄📶) Die in einer schönen Wohnstraße stehende Backsteinkirche von 1928 hat eine neue Berufung als B&B gefunden. Tagsüber funkelt das Sonnenlicht in den großzügigen Gemeinschaftsbereichen.

Ship's Anchor Inn B&B $$

(☎613-925-3573; www.shipsanchorinn.com; 495 King St W, Prescott; EZ 79–125 C$, DZ 99–145 C$, Apt. 199 C$; ❄📶) Das 185 Jahre alte, aus von Hand bearbeitetem Naturstein am Strand errichtete ehemalige Haus eines knorrigen Schiffskapitäns ist bis unter die Dachsparren vollgepackt mit Relikten aus den vergangenen Tagen der Schifffahrt: ausgestopf-

FRONTENAC ARCH BIOSPHERE RESERVE

Frontenac Arch (☎613-659-4824; www.frontenacarchbiosphere.ca; 19 Reynolds Rd, Lansdowne; ⊙Visitors Center Mai–Okt. 9–17 Uhr) ist eines von 18 UNESCO-Biosphärenreservaten in Kanada, eine uralte Granit-Landbrücke zwischen dem Kanadischen Schild und den Adirondack Mountains im Norden des US-Bundesstaats New York. Die einst hohe Gebirgskette wurde im Lauf der Zeit zu sanften Hügeln und zerklüfteten Felsklippen abgeschliffen, ist aber nach der Fahrt durch die weite Ebene immer noch ein dramatischer Anblick. Archäologische Funde belegen, dass die Gegend einst Teil einer uralten Handelroute war; denn hier wurden sowohl Messer aus der Yellowknife-Region als auch Muscheln aus der Karibik gefunden.

Fünf Wälder treffen in der Region zusammen, die eine natürliche Verbindungszone für Tiere und Pflanzen darstellt und dementsprechend artenreich ist. Das zu 70 % aus Land und zu 30 % aus Wasserflächen (im Gebiet der Thousand Islands zwischen Gananoque und Brockville) bestehende, 2700 km² große Schutzgebiet bietet wundervolle Freizeitmöglichkeiten von Wandern und Radfahren bis zu Kanufahren und Tauchen. Vom Hwy 401 und vom Thousand Islands Pkwy zwischen den vorgenannten Städten ist es leicht zu erreichen; das Visitors Center liegt gleich westlich der Abzweigung zum Thousand Islands Tower. Weitere Zufahrtspunkte findet man auf www.frontenacarchbiosphere.ca.

te Fische, jede Menge Anker und Modelle von Schiffsfregatten sind hier zu bestaunen.

Essen

Georgian Dragon Ale House KNEIPENKOST $
(☎ 613-865-8224; www.facebook.com/TheGeorgianDragonAleHouseAndPub; 72 King St W, Brockville; Hauptgerichte 14 C$; ⌚ Mo–Fr 11 Uhr–open end, Sa & So ab 9 Uhr) Das britische Ale House an der Hauptstraße hat eine gute Auswahl an Fassbieren und beliebte britische Kneipengerichte wie Butterhühnchen und *cottage pie*.

The Mill ITALIENISCH $$
(☎ 613-345-7098; www.themillrestaurant.ca; 123 Water St W, Brockville; Hauptgerichte mittags/abends 13/22 C$; ⌚ Mo–Sa 11.30–14 & 17–21 Uhr) Das idyllische italienische Restaurant hat ein nettes romantisches Ambiente. Es residiert in einer restaurierten, 1852 erbauten Mühle, und ein Bach plätschert hinter den dicken Steinmauern vorbei. Zu den vernünftig ausgepreisten Gerichten gehören Tapas, Pasta, Meeresfrüchte und Kalbfleisch, letzteres zu empfehlen als *vitello scallopini al marsala*.

Buell Street Bistro INTERNATIONAL $$
(☎ 613-345-2623; www.buellstreetbistro.com; 27 Buell St, Brockville; Hauptgerichte 13–32 C$; ⌚ Mo–Fr 11.30–22, Sa & So ab 17 Uhr) Das beliebte Bistro teilt sich in drei Etagen und eine schöne Terrasse auf. Neben Meeresfrüchten und Pasta, Steaks mit Pommes und Surf'n Turf (Hauptgericht mit Fleisch und Meeresfrüchten) gibt's auch exotischere Currys. Hier findet jeder etwas; es gibt auch ein glutenfreies Menü.

Unterhaltung

Brockville Arts Centre KUNSTZENTRUM
(☎ 877-342-7122, 613-342-7122; www.brockvillearts centre.com; 235 King St W, Brockville; ⌚ Kasse Mo–Fr 10–17, Sa bis 15 Uhr) Das 1858 als Rathaus von Brockville erbaute Gebäude, in dem heute das Kunstzentrum residiert, hat einen Brand und diverse Nutzungen überstanden. Heute treten im Theatersaal Musiker von Tribute Bands bis zu klassischen Pianisten auf, und die Galerie im Foyer zeigt Arbeiten lokaler und bekannter Künstler.

Praktische Informationen

Brockville District Tourism (☎ 613-342-4357; www.brockvilletourism.com; 10 Market St W, Brockville; ⌚ Mai–Okt. Mo–Sa 8–18, So 10–17 Uhr, Nov.–April Mo–Fr 9–17 Uhr) Die ganzjährig geöffnete Touristeninformation hat Infos zu den Attraktionen entlang des Sankt-Lorenz-Stroms.

An- & Weiterreise

Züge von VIA Rail fahren vom **Bahnhof Brockville** (☎ 888-842-7245; www.viarail.ca; 141 Perth St, Brockville), 1 km nördlich des Zentrums, nach Toronto (90 C$, 3 Std., 7-mal tgl.) und Ottawa (35 C$, 1¼ Std., 5-mal tgl.).

Busse von **Megabus** (☎ 866-488-4452; ca.megabus.com) starten von der südwestlichen Ecke der Kreuzung Stewart Blvd (Hwy 29) und Jefferson Dr, gleich abseits des Hwy 401 und rund 2 km landeinwärts vom Zentrum, täglich nach Toronto (ab 22 C$, 4 Std., 3-mal tgl.) und Montréal (10 C$, 2½ Std., 3-mal tgl.).

Merrickville

Das winzige Merrickville kann der Canadian Railroad dafür danken, dass hierher nie eine Bahnstrecke gelegt wurde. Mit einem Gleisanschluss wären die schönen Steingebäude bestimmt durch hässliche Fabrikbauten verdrängt worden. So können Tagesausflügler aus Ottawa heute bei einem Bummel am Kanal eine Zeitreise in jene Tage unternehmen, als die Gegend eine Hochburg von Loyalisten war, die bereitstanden, die Krone gegen die rebellischen Kolonisten aus dem Süden zu verteidigen. Merrickville war so begehrt, dass Colonel John By, der Erbauer des Rideau Canal, hier sein Sommerhaus errichtete, und die Söhne Benedict Arnolds, der die US-Amerikaner an die Briten verriet, in der Nähe Ländereien erhielten.

Geschichtsbegeisterte bestaunen die prächtigen Gebäude des 19. Jhs. am Rideau Canal, und wer gern stöbert, wird in den vielen Kunsthandwerkerwerkstätten fündig.

Blockhouse Museum GEBÄUDE
(☎ 613-269-4791; www.merrickvillehistory.org; Ecke Main St & St. Lawrence St; ⌚ Mitte Juni–Anfang Sept. 10–17 Uhr, Ende Mai–Mitte Juni & Anfang Sept.–Mitte Okt. Sa & So 12–16 Uhr) GRATIS Diese Befestigungsanlage an der Schleuse ist eine von vier, die die Briten in den frühen 1830er-Jahren zur Verteidigung des Rideau Canal errichteten. Die Ausstellungen drinnen erläutern die Geschichte Merrickvilles und des Kanals, der dem Dorf Handel und Wohlstand brachte, ehe Merrickville nach dem Bau der Eisenbahnstrecken in seinen heutigen Schlummer versank.

Merrickville liegt 85 km südlich von Ottawa, zu erreichen über den Hwy 416. Am leichtesten ist die Anreise mit dem eigenen Auto, es gibt aber mit dem **County Shuttle** (☎ 613-552-0432; www.thecountryshuttle.com) eine Verbindung zum Ottawa MacDo-

AKWESASNE

Bei einem Besuch im kleinen **Informationszentrum** (☎613-575-2250; www.akwesasne.ca; Peace Tree Mall, 167 Akwesasne International Rd, Cornwall Island; ⏲Mo–Fr 8.30–16.30 Uhr) GRATIS auf **Cornwall Island**, die durch eine Brücke mit dem kanadischen Festland und durch eine zweite mit der Grenzstelle der USA verbunden ist, erfährt man mehr über die Mohawk Nation at Akwesasne, deren Gebiet in den kanadischen Provinzen Ontario und Québec und dem US-amerikanischen Bundesstaat New York liegt. Im Zentrum gibt es Erläuterungstafeln, Kunstwerke und Broschüren, und die hilfsbereiten Angestellten erzählen gern Geschichten von ihrer Nation, der mehr als 12 000 Menschen angehören. Das Zentrum organisiert kulturelle Erlebnisse und Outdoor-Aktivitäten im Reservat.

Man kann sich nach einem Besuch des ebenfalls auf der Insel gelegenen Native North American Travelling College erkundigen, das Ausstellungen zu Themen wie Korbmacherei zeigt. Autos zahlen für die Fahrt über die Brücke nach Cornwall Island 3,50 C$; im Winter sollte man vorab telefonisch anfragen, ob das Zentrum geöffnet ist. Die Insel gehört zwar zu Kanada, liegt aber zwischen dem US-amerikanischen und dem kanadischen Grenzübergang. Bei der Rückfahrt nach Cornwall passiert man die kanadische Grenzabfertigung. Man muss seinen Pass vorzeigen und den Beamten erklären, dass man das Zentrum besucht hat (also nicht aus den USA einreist).

nald-Cartier International Airport (ab 57 C$, 1 Std.). Weitere Infos zu Merrickville gibt's unter www.realmerrickville.ca.

Morrisburg

Das kleine Morrisburg ist für eine wunderbare historische Stätte bekannt, das **Upper Canada Village** (☎613-543-4328; www.uppercanadavillage.com; 13740 County Rd 2, Morrisburg; Erw./Kind 19/12 C$; ⏲Mai–Sept. 9.30–17 Uhr, Führungen Anfang Sept–Anfang Okt. 10.30, 13 & 15 Uhr; 👪). Kostümierte Darsteller erwecken in dieser nachempfundenen Siedlung den Alltag der 1860er-Jahre zum Leben. Ca. 6 km östlich des Upper Canada Village liegt an dem am Fluss entlangführenden Hwy 2 (auch County Rd 2 genannt) das **Upper Canada Migratory Bird Sanctuary** (☎613-537-2024; www.uppercanadabirdsanctuary.com; 5591 County Rd 2, Ingleside; Stellplatz mit/ohne Strom ab 45/35 C$, Hütten ab 93 C$; ⏲Visitors Center Mitte Mai–Ende Okt. Mo–Do & So 9–16.30, Fr & Sa bis 21 Uhr, Ende Okt.–Mitte Mai unterschiedliche Öffnungszeiten; 👪) GRATIS, in dem sich 8 km auf eigene Faust zu erkundende Wanderwege durch eine Vielzahl von Habitaten schlängeln.

Wer mit dem Auto von/nach Cornwall unterwegs ist, sollte über den Long Sault Pkwy fahren. Der malerische Abstecher vom Hwy 2 führt an einer Reihe von Stränden gesäumter Inseln im Sankt-Lorenz-Strom vorbei.

Megabus (☎866-488-4452; ca.megabus.com) setzt Fahrgäste auf der Strecke von Toronto über Cornwall, Brockville und Kingston nach Montréal auf Anfrage am Eingang zum Upper Canada Village ab. Von dort läuft man 500 m bis zu der historischen Stätte.

Ottawa

951 727 EW.

Beschreibungen von Ottawa lesen sich wie eine Kontaktanzeige, und Kanadas Hauptstadt hält, was die Angaben versprechen: Die Stadt ist dynamisch, gesellig, zweisprachig, kinderlieb und lädt zu langen Spaziergängen am Fluss ein.

Kanadas riesiger neugotischer Parlamentskomplex thront über dem Kern des Stadtzentrums, einer inspirierenden Mischung pulsierender Viertel rund um den Rideau Canal. Architektonisch inspirierende Museen mit diversen faszinierenden Sammlungen halten Besucher mehrere Tage in ihrem Bann.

Parks, Gärten und weite, öffentliche Plätze sind eine gut zugängliche Hommage an alle vier Jahreszeiten. Von Dezember bis März liegen die Durchschnittstemperaturen weit unter 0 °C, aber die Einwohner feiern diese scheinbar endlose Jahreszeit durchaus auch unter freiem Himmel. Viele fahren mit Schlittschuhen auf dem zugefrorenen Kanal zur Arbeit oder zur Schule, und beim Winterlude Festival sieht man fantastische Eisskulpturen. Wenn der Frühling in den Sommer übergeht, schmücken glückverheißende Tulpen das Zentrum. Und im Herbst erfreut einen das rot und gelb leuchtende Herbstlaub der die Straßen säumenden Bäume.

Geschichte

Wie bei vielen anderen Kolonialstädten war Ottawas Geburt alles andere als natürlich. Königin Victoria wählte den Ort als geografischen Kompromiss zwischen Montréal und Toronto, und schon war die Stadt geboren. Die Kanadier hatten zunächst kein Verständnis für die Entscheidung: Ottawa lag weit entfernt von den Zentren der Kolonie. Viele hielten die Gegend für ein ödes Schneefeld, obwohl sie seit langem von den Algonquin bewohnt war, die den Fluss „Kichissippi", Großer Fluss, nannten.

Fast ein Jahrhundert lang war Ottawa eine stille Hauptstadt. Aber nach dem Zweiten Weltkrieg wurde der Pariser Stadtplaner Jacques Greber damit beauftragt, Ottawa in eine echte Stadt zu verwandeln. Der Meister gab Ottawa eine unverkennbar europäische Note und entwarf das beindruckende Stadtbild mit den weiten öffentlichen Räumen und Parkflächen, das man heute kennt.

Sehenswertes

Die meisten der zahlreichen Weltklasse-Museen Ottawas liegen in Gehweite voneinander. Bei einigen gibt's am Donnerstagabend freien Eintritt zur Dauerausstellung, und viele bleiben im Winter an einem oder zwei Tagen in der Woche (meist Mo) geschlossen. In mehrere kommt man auch kostenlos hinein, wenn man sich weniger als eine Stunde vor der Schließung einstellt, doch reicht die Zeit dann nicht, um sich einen Eindruck von den umfangreichen Sammlungen zu verschaffen. Sinnvoller spart man da mit dem **Museums Passport** (www.museumspassport.ca; Erw./Familie 45/99 C$). Wenn man das Museum of History und das War Museum besichtigen will, gibt's günstigere Kombitickets, nach denen man sich in beiden Museen erkundigen kann.

Westlich der Stadt befinden sich drei interessante Sehenswürdigkeiten: der Diefenbunker (S. 238), die Saunders Farm (S. 238) und die Bonnechere Caves (S. 239).

★ National Gallery of Canada — MUSEUM

(Karte S. 236; ☎ 613-990-1985, 800-319-2787; www.gallery.ca; 380 Sussex Dr; Erw./Kind 12/6 C$, Do 17–20 Uhr frei; ⏲ Mai–Sept. tgl. 10–18 Uhr, Okt.–April Di–So 10–17 Uhr, Do ganzjährig bis 20 Uhr) Die National Gallery ist schon als Gebäude ein Kunstwerk: Das auffällige Ensemble aus rosa Granit und Glastürmen spielt auf

OTTAWA IN ...

... einem Tag

Wenn nur ein Tag zur Verfügung steht, darf man keine Zeit verschwenden! Man geht schnurstracks zum **Parliament Hill** (S. 234) für einen Schnappschuss mit dem Peace Tower und eine schnelle Besichtigung des üppigen, an Hogwarts erinnernden Inneren. Danach sollte man sich von den schimmernden Glastürmen der **National Gallery of Canada** (S. 231) mit ihrer sorgfältig kuratierten Sammlung von kanadischer und Weltkunst und den restaurierten Resten einer hübschen alten Holzkapelle verzaubern lassen. In der Mittagspause auf dem **ByWard Market** (S. 244) findet man rund um das Marktgebäude aus kastanienrotem Backstein unzählige Stände mit farmfrischen Produkten, darunter mehrere hundert Käsesorten aus der Region und aller Welt. Man probiert frittierte BeaverTails und wandert zum **Rideau Canal** (S. 238), der im Winter zu einer der längsten Eisbahnen der Welt wird (7,8 km).

... drei Tagen

Am ersten Tag widmet man sich den größten Sehenswürdigkeiten rund um die **Ottawa Locks** (S. 234), dann wendet man sich der eindrucksvollen Architektur, dem Blick auf die Stadt und den faszinierenden Exponaten im **Canadian Museum of History** (S. 234) zu. Man bestaunt ausgestopfte Großtiere im **Canadian Museum of Nature** (S. 235), bevor man im pittoresken **Gatineau Park** (S. 238) wandert oder badet. Zur Teezeit geht's zurück in die Stadt, z. B. zu Cocktails und Tacos im **El Camino** (S. 243) oder zu *plats du jour* in der **Métropolitain Brasserie** (S. 243).

Nach einem ausgedehnten Brunch und einem Morgenspaziergang im **Confederation Park**, stehen der **Diefenbunker** (S. 238), ein sonderbares Relikt aus dem Kalten Krieg, und die hübschen Landschaften außerhalb der Stadt auf dem Programm. Nach einem leckeren Abendessen rundet eine Vorstellung im **National Arts Centre** (S. 247) oder etwas Livemusik in einem der Treffs rund um den **ByWard Market** den letzten Tag ab.

Ottawa

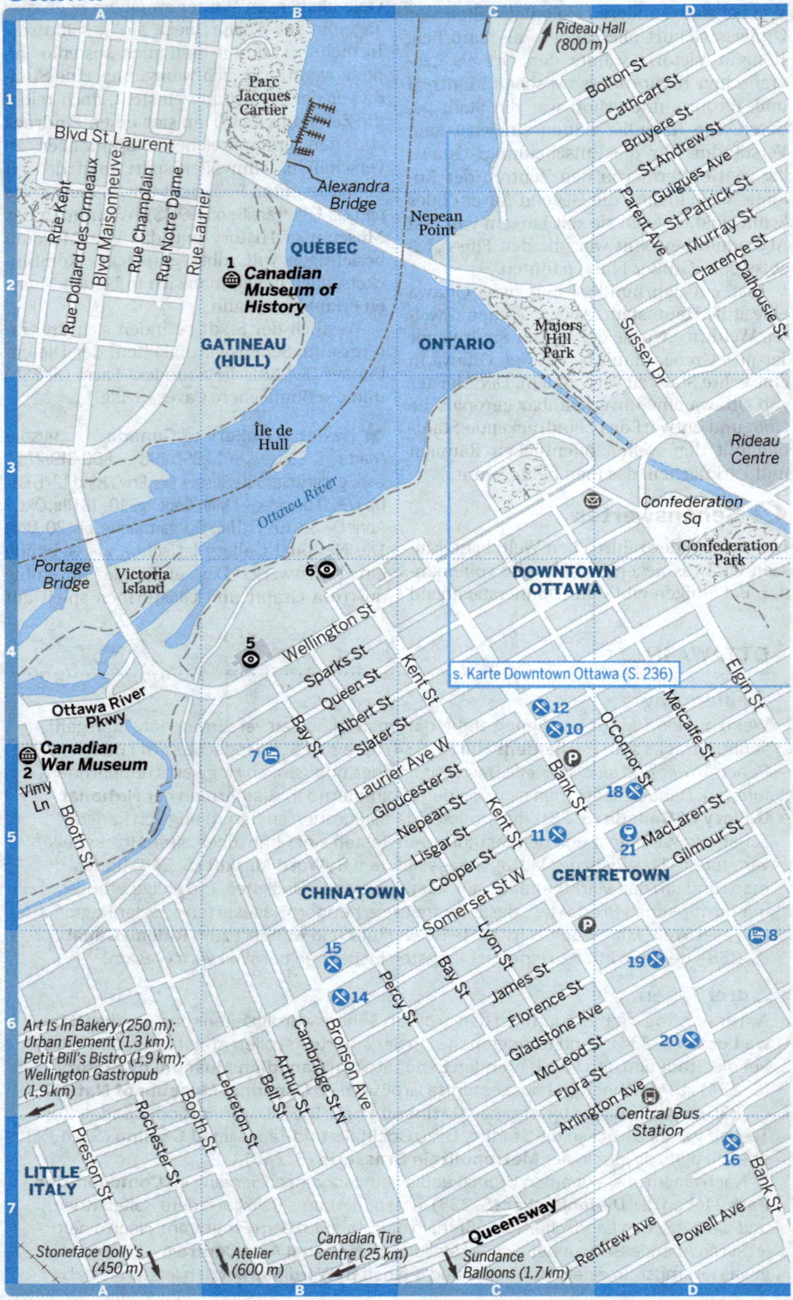

A
B
C
D
1
2
3
4
5
6
7
Rideau Hall (800 m)
Parc Jacques Cartier
Blvd St Laurent
Alexandra Bridge
Nepean Point
Bolton St
Cathcart St
Bruyere St
St Andrew St
Guigues Ave
St Patrick St
Murray St
Clarence St
Parent Ave
Dalhousie St
Sussex Dr
Rue Kent
Rue Dollard des Ormeaux
Blvd Maisonneuve
Rue Champlain
Rue Notre Dame
Rue Laurier
QUÉBEC
1 Canadian Museum of History
GATINEAU (HULL)
ONTARIO
Majors Hill Park
Île de Hull
Ottawa River
Rideau Centre
Confederation Sq
Confederation Park
Portage Bridge
Victoria Island
6
DOWNTOWN OTTAWA
5
Wellington St
Sparks St
Queen St
Albert St
Slater St
Bay St
Kent St
s. Karte Downtown Ottawa (S. 236)
Ottawa River Pkwy
2 Canadian War Museum
Vimy Ln
Booth St
7
12
10
O'Connor St
Metcalfe St
Elgin St
Bank St
18
Laurier Ave W
Gloucester St
Nepean St
Lisgar St
Cooper St
Kent St
11
21
MacLaren St
Gilmour St
CHINATOWN
CENTRETOWN
Somerset St W
Lyon St
8
15
14
19
Percy St
Bay St
James St
Florence St
Gladstone Ave
20
McLeod St
Flora St
Arlington Ave
Central Bus Station
Bronson Ave
Cambridge St N
Arthur St
Bell St
Lebreton St
Booth St
Rochester St
Preston St
Art Is In Bakery (250 m); Urban Element (1,3 km); Petit Bill's Bistro (1,9 km); Wellington Gastropub (1,9 km)
LITTLE ITALY
16
Bank St
Queensway
Renfrew Ave
Powell Ave
Stoneface Dolly's (450 m)
Atelier (600 m)
Canadian Tire Centre (25 km)
Sundance Balloons (1,7 km)

Ottawa

Highlights
1 Canadian Museum of History B2
2 Canadian War Museum A5

Sehenswertes
3 Canadian Museum of Nature E6
4 Laurier House National Historic Site F2
5 Library & National Archives of Canada B4
6 Supreme Court of Canada B4

Schlafen
7 Albert at Bay Suite Hotel B5
8 Best Western Plus Ottawa Downtown D6
9 McGee's Inn E2

Essen
10 Bread & Sons Bakery C4
11 Ceylonta C5
12 Eggspectation C4
13 El Camino E5
14 Saigon Boy Noodle House B6
15 Shanghai B6
16 The Works D7
17 Town E5
18 Union Local 613 ....D5
19 Whalesbone Oyster House D6
20 Wilf & Ada's D6

Ausgehen & Nachtleben
21 Centretown Pub D5
Manx ....(siehe 13)

Unterhaltung
22 ByTowne Cinema E2

die prachtvollen, kupferverkleideten Türme des nahegelegenen Parlaments an. Die gewölbten Galerien im Innern zeigen hauptsächlich klassische und zeitgenössische kanadische Kunst, darunter eine eindrucksvolle Sammlung von Inuit- und indianischen Künstlern. Das Museum besitzt die weltweit größte Sammlung kanadischer Kunst, die noch durch weitere Säle mit europäischer und US-amerikanischer Kunst ergänzt wird, in denen sich mehrere Werke berühmter Künstler finden. Erläuterungstafeln geleiten einen durch die Geschichte des Landes und seine kulturelle Entwicklung.

Tief im Innern des Komplexes verbergen sich zwei schöne Innenhöfe und die bemerkenswerte **Rideau Street Convent Chapel**. Die eindrucksvolle Kapelle wurde 1888 aus Holz errichtet und hundert Jahre später vor dem Abbruch gerettet und hier wieder aufgebaut – außergewöhnlich!

OTTAWA MIT KINDERN

Das **Canada Agriculture and Food Museum** (S. 235) ist eine faszinierende experimentelle Farm. Das hügelige Farmland ist der perfekte Ort für ein schönes Sommerpicknick, im Winter ist das Gelände ideal zum Rodeln. Die Farm ist auf dem städtischen Radwegenetz zu erreichen. Kinder unter drei Jahren haben freien Eintritt.

Ebenfalls auf einer Farm, aber ohne Tiere, halten die Heckenlabyrinthe der **Saunders Farm** (S. 238) die Kleinen auf Trab, sodass die Eltern die Füße hochlegen können. Auf der rund 45 Fahrtminuten südwestlich von Ottawa gelegenen Farm gibt's außerdem einen Wasserpark, Tretkarren, Heuwagenfahrten und weiteren saisonalen Spaß.

Im übrigen sind die meisten Museen in Ottawa auf Familien ausgerichtet; mehrere haben ganze, für Kinder bestimmte Abteilungen, so das **Canadian Museum of Nature**, das **Canada Science & Technology Museum** (das im November 2017 wiedereröffnet werden soll) und natürlich das **Canadian Museum of History** (S. 234) mit dem interaktiven Canadian Children's Museum.

Zu den familienfreundlichen Unterkünften gehören das **Albert at Bay Suite Hotel** (S. 240), das **Les Suites** (S. 242) und das **Courtyard Ottawa East** (S. 240).

★ Canadian Museum of History MUSEUM

(Karte S. 232; ☎819-776-7000; www.historymuseum.ca; 100 Rue Laurier, Gatineau; Erw./Kind 3–12 Jahre 15/9 C$, mit Canadian War Museum 23/13 C$; ⊙Fr–Mi 9.30–17, Do bis 20 Uhr; 🚻) Für dieses unbedingt sehenswerte Hightech-Museum jenseits des Flusses in Hull (Québec), sollte man viel Zeit einplanen. Anhand einer Reihe spektakulärer Ausstellungen wird die Geschichte Kanadas objektiv aus verschiedenen Blickwinkeln dokumentiert. Die Zeitreise führt von der Welt der Ureinwohner über die Anfänge der Kolonisierung bis zu der heutigen reichen multikulturellen Vielfalt. Der Eintritt gilt auch für das **Canadian Children's Museum**, das rund um das Thema des „Großen Abenteuers" Kinder in den mehr als 30 Ausstellungsräumen auf eine Reise um die Welt mitnimmt.

Draußen hat man einen sagenhaften Blick auf den Parlamentshügel jenseits des Flusses. Die auffällige Steinfassade des Gebäudes ist wellenförmig geriffelt, um den Glauben der Ureinwohner zu ehren, dass das Böse in eckigen Kanten wohne. Eine Reihe von interaktiven Wechselausstellungen, Events und aktuellen Filmvorführungen sorgt das ganze Jahr über für spannende Abwechslung.

Die Fähre von **Aqua-Taxi** (Karte S. 236; ☎819-329-2413; aufeeldeleau.ca; Canal Lane; einfache Strecke 6 C$) bringt einen von den Ottawa Locks hinüber nach Hull.

★ Canadian War Museum MUSEUM

(Karte S. 232; ☎819-776-8600; www.warmuseum.ca; 1 Vimy Pl; Erw./Kind 3–12 Jahre 15/9 C$, mit Canadian Museum of History 23/13 C$; ⊙Fr–Mi 9.30–17, Do bis 20 Uhr) Faszinierende Displays schlängeln sich durch die labyrinthmäßigen Innenräume des skulpturalen, modernen Museums, das mit einer umfassenden Sammlung Kanadas Militärgeschichte nachspürt. Viele der berührenden und nachdenklich stimmenden Ausstellungsstücke sind überlebensgroß, darunter der Nachbau eines Schützengrabens aus dem Ersten Weltkrieg. Wenn möglich, sollte man sich die Fassade abends anschauen: Flackernde Lichter buchstabieren „Lest We Forget" („damit wir nicht vergessen") und „CWM" auf Englisch und Französisch im Morsecode.

Ottawa Locks HISTORISCHE STÄTTE

(Karte S. 236) Die Serie der steilen, stufenartigen Schleusen zwischen dem Château Laurier und dem Parliament Hill markiert das nördliche Ende des 200 km langen Rideau Canal, der sich bis hinunter nach Kingston erstreckt. Colonel By, der visionäre Ingenieur und Kanalbauer, schlug hier 1826 sein Hauptquartier auf.

Parliament Hill HISTORISCHES AREAL

(Karte S. 236; ☎613-992-4793; www.parl.gc.ca/vis; 111 Wellington St; ⊙East Block Führungen Juli–Anfang Sept. 9.45–16.45 Uhr, Centre Block Führungen Juli–Anfang Sept. 9–16.30 Uhr, Sept.–Juni unterschiedliche Zeiten, Sound-and-Light-Show Juli 22 Uhr, Aug. 21.30 Uhr, Anf. Sept. 21 Uhr) GRATIS Gewaltige Torbögen, mit Kupfer verkleidete Türme und groteske Wasserspeier bestimmen die Fassaden der aus Kalk- und Sandstein errichteten Parlamentsgebäude. Zum Hauptgebäude, dem Centre Block, gehört als Wahrzeichen der Peace Tower. Kanadas politisches Zentrum wurde 1865 fertiggestellt und empfängt das ganze Jahr über Besucher. Zwei aus politischer und historischer

Perspektive gleichermaßen interessante kostenlose Führungen gelten dem Centre Block, dem Sitz von Senat, Unterhaus und der Parlamentsbibliothek, bzw. dem East Block, der in den ersten hundert Jahren das Nervenzentrum der kanadischen Regierung war.

Notre Dame Cathedral-Basilica KIRCHE
(Karte S. 236; ☎613-241-7496; notredameottawa.com; 385 Sussex Dr; ⌚9–18 Uhr) Das in den 1840er-Jahren errichtete schimmernde und mit Zinn gedeckte Gotteshaus ist die älteste Kirche Ottawas und Sitz des römisch-katholischen Erzbischofs der Stadt. Die kleine Broschüre, die am Eingang ausliegt, beschreibt die vielen einzigartigen Merkmale der Kirche, darunter die aufwendigen Holzschnitzereien und die mit glimmenden Sternen verzierte himmelblaue Decke.

Laurier House National Historic Site HISTORISCHE STÄTTE
(Karte S. 232; ☎613-992-8142; www.parkscanada.gc.ca; 335 Laurier Ave East; Erw./Kind 4/2 C$; ⌚Juli & Aug. tgl. 10–17 Uhr, Ende Mai, Juni, Sept. & Anfang Okt. Do–Mo) Das mit Kupfer gedeckte viktorianische Wohnhaus von 1878 war der Wohnsitz zweier bedeutender Premierminister: Wilfrid Laurier und der exzentrische Mackenzie King lebten hier. Das Haus ist elegant möbliert und birgt kostbare Erinnerungsstücke und Besitztümer der beiden Politiker. Unbedingt auch das Herrenzimmer in der obersten Etage anschauen!

Canadian Museum of Nature MUSEUM
(Karte S. 232; ☎613-566-4700; www.nature.ca; 240 McLeod St; Erw./Kind 3–12 Jahre 13,50/9,50 C$, Do 17–20 Uhr frei; ⌚Mi & Fr–So 9–17, Do bis 20 Uhr; 🚌1, 5, 6, 7, 14) Das imposant-herrscherliche Gebäude beherbergt eine der besten naturkundlichen Sammlungen der Welt, die das große Museum mit modernen, interaktiven Ausstellungen zum Leben erweckt. Man findet hier eine eindrucksvolle Fossiliensammlung, das vollständige Skelett eines Blauwals und viele Dinosaurierskelette und -modelle. Alle lieben die realistischen Säugetier- und Vogeldioramen, die die kanadische Tierwelt darstellen – die ausgestopften Tiere sind so lebensecht, dass man sich sicherer fühlt, durch eine Glasscheibe von ihnen getrennt zu sein.

Donnerstags ist der Eintritt zu den Dauerausstellungen zwischen 17 und 20 Uhr frei.

Rideau Hall GEBÄUDE
(☎613-991-4422; www.gg.ca/rideauhall; 1 Sussex Dr; ⌚Juli–Anfang Sept. 10–16.30 Uhr, Mai, Juni, Sept. & Okt. Sa & So 12–16 Uhr) GRATIS Rideau Hall, der Wohnsitz des kanadischen Generalgouverneurs, wurde in den 1830er-Jahren erbaut und von späteren Generalgouverneuren prachtvoll ausgebaut. Bei den kostenlosen 45-minütigen Führungen durch die schicke Residenz erfährt man alle möglichen Anekdoten über das Haus und seine Bewohner. Darüber hinaus sind die Gartenanlagen von 8 Uhr bis eine Stunde vor Sonnenuntergang frei zugänglich (im Juli & Aug. auch das Gebäude zwischen 15 und 16.30 Uhr).

Canada Agriculture and Food Museum FARM
(☎613-991-3044; www.agriculture.technomuses.ca; 901 Prince of Wales Dr; Erw./Kind 3–12 Jahre 10/7 C$; ⌚Ende Feb.–Okt. 9–17 Uhr, Nov.–Feb. Mi–So) Nein, im Canada Agriculture and Food Museum geht es nicht um die Geschichte der Mistgabel – es handelt sich vielmehr um eine faszinierende experimentelle Farm. Das staatliche Anwesen südwestlich vom Zentrum umfasst ca. 500 ha an Gärten und Viehweiden. Kinder lieben die Farmtiere, die rund um die Scheune schnauben und brummen. Die freundlichen Farmarbeiter lassen die Kleinen sogar bei der Fütterung helfen.

Supreme Court of Canada GEBÄUDE
(Karte S. 232; ☎613-995-5361; www.scc-csc.ca; 301 Wellington St; ⌚Mai–Aug. tgl. 9–12 & 13–17 Uhr, Sept.–April Mo–Fr) GRATIS Dem einschüchternden Gebäude gelingt ein faszinierender architektonischer Balanceakt – die Verbindung einer modernen Betonschalung mit einem traditionellen Kupferdach. Besucher können sich auf dem malerischen Gelände, in der prunkvollen Eingangshalle und in dem mit dunklem Eichenholz getäfelten Gerichtssaal umschauen. Von Mai bis August veranstalten freundliche Jurastudenten der University of Ottawa interessante halbstündige Führungen, die jeweils zur vollen Stunde beginnen. In den übrigen Monaten müssen Führungen vorab gebucht werden.

RCMP Musical Ride Centre MUSEUM
(☎613-741-4285; www.rcmp-grc.gc.ca/en/ride-centre; 1 Sandridge Rd; ⌚Mai–Aug. 9–15.30 Uhr, Sept.–April Di & Do 10–13 Uhr) GRATIS Während der Name eine neue Disney-Attraktion mit quietschfidelen, rot uniformierten Polizisten erwarten lässt, handelt es sich beim Musical Ride Centre tatsächlich um die Bühne, auf der die Royal Canadian Mounted Police (also die Mounties) ihren Festumzug perfektionieren. Besucher können die Stallungen, das Museum und die Reitschule besichtigen und die Reiter und ihre Rösser kennen

Downtown Ottawa

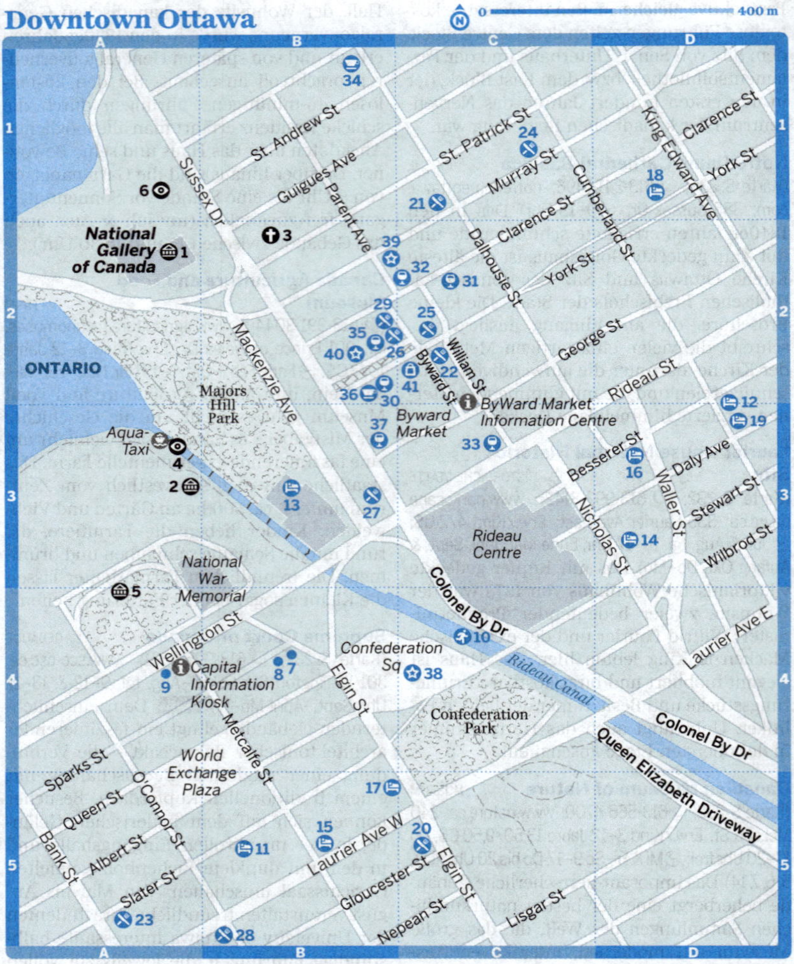

lernen, wenn diese in der Stadt sind. Zwischen Mai und Oktober sind sie viel unterwegs; der Terminplan steht auf der Website. Die Einrichtung befindet sich rund 7 km nordöstlich von Centretown.

Bytown Museum MUSEUM
(Karte S. 236; ☎613-234-4570; www.bytownmuseum.ca; 1 Canal Lane; Erw./Kind 6,50/3 C$; ⏲Juni–Sept. Fr–Mi 10–17, Do 10–20 Uhr, Okt.–Mai Do–Mo 11–16 Uhr) Geht man die Stufen neben den Ottawa Locks (S. 234) an der Wellington St hinunter, gelangt man zum Bytown Museum, das sich an der letzten Schleuse befindet, bevor der künstliche Kanal in den Ottawa River fließt. Die gut kuratierte Sammlung von Artefakten und Dokumenten über Ottawas koloniale Vergangenheit residiert im ältesten Steingebäude der Stadt.

Canada Science & Technology Museum MUSEUM
(☎613-991-3044; www.sciencetech.technomuses.ca; 1867 St Laurent Blvd; Erw./Kind 12/8 C$; ⏲9.30–17 Uhr) Wenn das interaktive Museum nach der gegenwärtigen Renovierung Ende 2017 wieder geöffnet sein wird, dürften wieder Quietschen und Krachen in der Luft liegen, wenn zufriedene Besucher vorsichtig Drehgriffe betätigen und Knöpfe drücken,

Downtown Ottawa

Highlights
1 National Gallery of Canada ... A2

Sehenswertes
2 Bytown Museum ... A3
3 Notre Dame Cathedral-Basilica ... B2
4 Ottawa Locks ... A3
5 Parliament Hill ... A4
6 Royal Canadian Mint ... A1

Aktivitäten, Kurse & Touren
7 Gray Line ... B4
8 Haunted Walk ... B4
Lady Dive ... (siehe 7)
9 Ottawa Walking Tours ... A4
Paul's Boat Line ... (siehe 4)
10 Rideau Canal ... C4

Schlafen
11 Arc ... B5
12 Barefoot Hostel ... D2
13 Fairmont Château Laurier ... B3
14 Hostelling International (HI) Ottawa Jail ... D3
15 Hotel Indigo ... B5
16 Les Suites ... D3
17 Lord Elgin Hotel ... B5
18 Ottawa Backpackers Inn ... D1
19 Swiss Hotel ... D3

Essen
20 Beckta Dining & Wine Bar ... C5
21 Benny's Bistro ... C1
22 Boulangerie Moulin de Provence ... C2
ByWard Market Square ... (siehe 41)
23 C'est Japon à Suisha ... A5
24 Chez Lucien ... C1
25 Lapointe ... C2
26 LUXE Bistro & Steakhouse ... B2
27 Métropolitain Brasserie ... B3
28 Tosca ... B5
29 Zak's Diner ... B2

Ausgehen & Nachtleben
30 Château Lafayette ... B2
31 Clocktower Brew Pub ... C2
32 Heart & Crown ... C2
33 Highlander Pub ... C3
34 I Deal Coffee ... B1
35 Lookout Bar ... B2
36 Planet Coffee ... B2
37 Social ... B3

Unterhaltung
38 National Arts Centre ... C4
39 Rainbow Bistro ... B2
40 Zaphod Beeblebrox ... B2

Shoppen
41 ByWard Market ... C2

um etwas über die physikalischen Gesetze zu erfahren, die hinter der Zeit oder hinter optischen Täuschungen stehen. Der Marsch durch die „Crazy Kitchen" ist ein echter Spaß: in der schiefen Kombüse taumelt man vom Start zum Ziel. Draußen belehren einen Züge über den Kohle-Dampf-Antrieb und eine große Ausstellung über Raumfahrttechnologie. Das Museum ist für Kinder und Erwachsene gleichermaßen belehrend und unterhaltsam.

Canada Aviation and Space Museum
MUSEUM

(☎ 613-991-3044; casmuseum.techno-science.ca; 11 Aviation Pkwy; Erw./Kind 3–12 Jahre 13/8 C$; ⏲ Mitte Mai–Aug. 9–17 Uhr, Sept.–Mitte Mai Mi–Mo ab 10 Uhr; 🚌 129) Bei den ungefähr 120 Flugzeugen, die in diesem gigantischen Stahlhangar etwa 5 km nordöstlich der Innenstadt stehen, könnten die Besucher auch auf den Gedanken kommen, sie seien auf dem Flughafen. Sie können das Lager durchwandern, einen Flugsimulator ausprobieren und den schimmernden Maschinen ganz nah kommen – angefangen beim Silver Dart von 1909 bis zur Viscount, dem ersten Passagierflugzeug mit Turbopropantrieb.

Royal Canadian Mint
GEBÄUDE

(Karte S. 236; ☎ 613-993-8990; www.mint.ca/tours; 320 Sussex Dr; Führungen Erw./Kind 6/3 C$, Wochenende 4,50/2,25 C$; ⏲ 10–17 Uhr) Obwohl Kanadas Prägeanstalt für Kursmünzen in Winnipeg liegt, behauptet sich die königliche Münze mit faszinierenden Sonderprägungen. Das eindrucksvolle Steingebäude, das ein wenig dem Tower in London ähnelt, veredelt und prägt Gold seit 1908. Die Führungen an Wochentagen sind sehr zu empfehlen: Die Besucher können zusehen, wie aus Metallplatten Münzen geprägt werden. Am Wochenende ruht der Betrieb, deshalb sind die Führungen dann billiger.

Library & National Archives of Canada
GEBÄUDE

(Karte S. 232; ☎ 613-996-5115; www.collectionscanada.gc.ca; 395 Wellington St; ⏲ Mo–Fr 6–23, Sa & So 10–18 Uhr) GRATIS Dieses riesige „Betonmonster" hat sich dem Sammeln und Bewahren von Dokumenten zu Kanada verschrieben. In den Räumen hinter den winzigen Fenstern sind Unmengen von Unterlagen, aber auch Gemälde, Fotos, Karten, Tagebücher, Briefe, Poster und 60 000 Cartoons und Karikaturen aus den letzten zwei

Jahrhunderten untergebracht. Im Erdgeschoss finden Wechselausstellungen statt.

Diefenbunker HISTORISCHES GEBÄUDE
(☎613-839-0007; www.diefenbunker.ca; 3929 Carp Rd, Carp; Erw./Kind 14/8 C$; ⌚März–Dez. tgl. 11–16 Uhr, Jan. & Feb. Di–So 11–15.30 Uhr, Kartenbüro 10.30–15.30 Uhr) In der Zeit des Kalten Krieges gaben paranoide Offizielle den Bau dieses riesigen vierstöckigen unterirdischen Geheimbunkers in Auftrag, der es der Regierung ermöglichen sollte, im Fall eines Nuklearangriffs 30 Tage lang sicher aus dem Untergrund operieren zu können. Nach einem 20 m langen Abstieg erreicht man die Highlights, darunter die Suite des Premierministers, das Studio der CBC und den Tresor der Bank of Canada. Im Eintrittspreis ist der optionale einstündige Audioguide enthalten; Führungen starten um 11 und 14 und im Juli und August zusätzlich auch um 12 und um 13 Uhr.

Der Bunker befindet sich rund 40 km westlich der Stadt im Dorf Carp, gleich abseits des Hwy 417.

Saunders Farm PARK
(☎613-838-5440; www.saundersfarm.com; 7893 Bleeks Rd, Munster; Eintritt 15 C$; ⌚Juli & Aug. Di–So 10–17 Uhr, Juni & Sept. Sa & So; 👪) Die rund 45 Fahrtminuten südwestlich von Ottawa gelegene Familienfarm sorgt mit der weltweit größten Ansammlung von Heckenlabyrinthen, einem Wasserpark, Tretkarren, Heuwagenfahrten und anderem saisonalen Spaß ein paar Stunden lang für Unterhaltung.

Aktivitäten

Die Einwohner dieser Stadt der langen, harten Winter lieben es bei jeder Jahreszeit, nach draußen zu gehen.

Der **Rideau Canal** (Karte S. 236; www.ottawatourism.ca/ottawa-insider/rideau-canal-skateway), Ottawas berühmteste Freiluftattraktion, wird im Winter zu einer der längsten **Eisbahnen** der Welt. Die 7,8 km lange, gepflegte Eisbahn hat etwa die Größe von 90 olympischen Eishockeyfeldern. Rastplätze und Umkleidekabinen sind über die ganze Strecke verteilt, wichtiger noch sind die Holzkioske, die leckeres, frittiertes Gebäck, sogenannte BeaverTails, verkaufen. **Leihstationen für Schlittschuhe und Schlitten** finden sich an den Stufen des National Arts Centre, am Dow's Lake und an der 5th Ave.

Mehrere nahe **Skigebiete** locken mit Abfahrtshängen und Langlaufloipen. In den **Gatineau Hills** rund 20 km außerhalb des Zentrums gibt es mehr als 50 präparierte Abfahrtshänge. **Camp Fortune** (☎819-827-1717; www.campfortune.com; 300 Chemin Dunlop, Chelsea) ist ein ganzjähriges Abenteuersportgelände – die Skipisten werden im Sommer zu einem Paradies für **Mountainbikes** und **Seilrutschen**. Das beliebte Skiresort **Mont Cascades** (☎819-827-0301; www.montcascades.ca; 448 Mont-des-Cascades Rd, Cantley) wird im Sommer zu einem großen Wasserpark. **Mount Pakenham** (☎613-624-5290; www.mountpakenham.com; 577 Ski Hill Rd, Pakenham), 65 km westlich von Ottawa, ist dagegen eine reine Wintersportattraktion. **Skilangläufer** schätzen die Loipen im **Gatineau Park** (☎819-827-2020; 33 Scott Rd; ⌚Mai–Okt. 9–17 Uhr, Nov.–April Mo–Fr 9–16, Sa & So bis 17 Uhr).

Geführte Touren

Im **Capital Information Kiosk** (Karte S. 236; ☎844-878-8333; canada.pch.gc.ca/eng/1446841663343; 90 Wellington St; ⌚Mitte Mai–Mitte Sept. 9–18 Uhr, Mitte Sept.–Mitte Mai bis 17 Uhr) erhält man praktische Broschüren mit Vorschlägen für Stadtspaziergänge. Ein Stadtspaziergangs-App kann man unter www.canada.pch.gc.ca (nach „capital app" suchen) herunterladen.

Sundance Balloons BALLONFAHREN
(☎613-247-8277; www.sundanceballoons.ca; ab 250 C$/Pers.; ⌚Mai–Okt.) Fahrten mit Heißluftballons sind seit langem ein beliebtes Freizeitvergnügen in der Hauptstadtregion. Sundance Balloons veranstaltet Fahrten bei Sonnenauf- und Sonnenuntergang mit Start an der Carleton University.

Gray Line TOUREN
(Karte S. 236; ☎613-562-9090; www.grayline.com/ottawa; Ecke Sparks St & Elgin St; ⌚April–Okt.) Zu den Angeboten gehören Busrundfahrten mit beliebigem Aus- und Zusteigen, kombinierte Bus-Fahrrad-Touren und Bootstouren auf dem Ottawa River. Termine und Preise erfährt man online oder am Ticketschalter, wo die Bustouren starten. Die Bootstouren legen an den Ottawa Locks ab.

Haunted Walk STADTSPAZIERGANG
(Karte S. 236; ☎613-232-0344; www.hauntedwalk.com; 46 Sparks St; Spaziergänge 16–19 C$) Hat mehrere gruselige Spaziergänge im Angebot, darunter Besuche im alten Bezirksgefängnis, das heute ein HI-Hostel ist.

Ottawa Walking Tours STADTSPAZIERGANG
(Karte S. 236; ☎613-799-1774; www.ottawawalkingtours.com; 90 Wellington St; Erw./Kind unter

11 Jahren 15 C$/frei) Die informativen und lustigen zweistündigen Stadtspaziergänge mit professionellen Führern starten an der Terry-Fox-Statue vor der Touristeninformation. Nur Barzahlung!

Lady Dive RUNDFAHRT
(Karte S. 236; ☎ 613-223-6211; www.ladydive.com; Ecke Sparks St & Elgin St; Erw./Kind 3–12 Jahre 32/22 C$; ⏲ Mai–Anf. Okt.; 🚸) Bei der einstündigen Fahrt mit dem „Amphibus" (ein Zwischending aus Bus und Boot) klappert man Ottawas beliebteste Sehenswürdigkeiten ab und taucht dann in den Ottawa River ein – ein Spaß für Kinder.

Paul's Boat Line BOOTSTOUR
(Karte S. 236; ☎ 613-225-6781; www.paulsboatcruises.com; Canal Lane; Tour Erw./Kind ab 25/15 C$; ⏲ Mai–Okt.) Die malerischen 1½-stündigen Bootsrundfahrten auf dem Ottawa River legen an den Ottawa Locks ab.

Urban Element KOCHEN
(☎ 613-722-0885; www.theurbanelement.ca; 424 Parkdale Ave) 🍃 Das in einer umgebauten Feuerwache stattfindende kulinarische Event überzeugt mit seinem Konzept. Man reserviert die Teilnahme an dem Ereignis, bei dem man selber mithilfe eines versierten Kochs sein mehrgängiges Gourmetmahl zubereitet. Als Lehrmeister stehen ein fester Stamm von Köchen sowie Gastköche bereit, die in den besten Restaurants der Stadt arbeiten.

Feste & Events

Die Hauptstadt trumpft mit mehr als 60 Festivals und Events pro Jahr auf. Weitere Infos gibt's unter www.ottawafestivals.ca.

Die Geschichte Ottawas und ganz Kanadas wird mit **Ottawa 2017** (www.ottawa2017.ca) gefeiert, einem Teil der landesweiten Feierlichkeiten, die anlässlich des 150. Jahrestags der Gründung der Kanadischen Konföderation, bei der mit der Vereinigung dreier britischer Provinzen am 1. Juli 1867 die Geburtsstunde des heutigen Staates schlug, stattfinden. Ottawa ist dabei Gastgeber zahlreicher Events, in den größeren Museen und Galerien gibt es Sonderausstellungen.

Winterlude FESTIVAL
(☎ 800-363-4465; www.canadascapital.gc.ca/winterlude; ⏲ Feb.) Drei frostige Wochen lang feiert Ottawa Anfang Februar den Winter. Die Action konzentriert sich auf den zugefrorenen Kanal, den Confederation Park und den Parc Jacques Cartier. Es gibt eindrucksvolle Eisskulpturen, die größte Eisbahn der Welt und einen Schnee-Spielplatz.

Canadian Tulip Festival FESTIVAL
(☎ 800-668-8547; www.tulipfestival.ca; ⏲ Mai) Nach der Schneeschmelze explodiert Ottawa in Farben, wenn die Beete mit mehr als 200 Tulpenarten zum Leben erwachen. Die niederländische Königsfamilie schenkte der Stadt 1945 mehr als 100 000 Tulpenzwiebeln als Dank dafür, dass Kanada der Kronprinzessin und ihren Töchtern während des Krieges Zuflucht gewährt hatte. Zu den Festlichkeiten beim Tulpenfest gehören Umzüge, Regatten, Autokorsos, Tänze, Konzerte und Feuerwerk.

Canada Day KULTUR
(☎ 800-363-4465; canadaday.gc.ca; ⏲ 1. Juli) Ottawa ist der beste Ort in Kanada, um den Geburtstag der Nation am 1. Juli zu feiern. Die versammelte Menschenmenge erlebt Konzerte und ein großes Feuerwerk vor der Kulisse des Parlaments.

HOPE Volleyball Summerfest SPORT
(☎ 613-742-4673; www.hopehelps.com; ⏲ Juli) Bei einem riesigen Volleyballturnier und Rockfestival wird Mitte Juli Geld für örtliche Wohlfahrtseinrichtungen gesammelt.

ABSEITS DER ÜBLICHEN PFADE

BONNECHERE CAVES

Die rund 130 km westlich von Ottawa auf dem Weg zum Algonquin Provincial Park gelegenen **Höhlen** (☎ 613-628-2283; www.bonnecherecaves.com; 1247 Fourth Chute Rd; Führung Erw./Kind 18/13 C$; ⏲ Ende Mai–Anfang Okt. 10–16 Uhr) gehören zu den weltweit schönsten Beispielen von Lösungshöhlen (die aus dem festen Gestein durch saures Wasser ausgewaschen wurden). Die feuchten Gänge entstanden vor 500 Mio. Jahren auf dem Boden eines tropischen Meers und beherbergen deshalb eine erstaunliche Menge an prähistorischen Fossilien, darunter einen urweltlichen Oktopus. Im Rahmen der unterhaltsamen Führung erfährt man mehr über Speläologie (Höhlenforschung) und die ungewöhnliche Geschichte des Orts.

Bewegliche Besucher werden sich begeistert durch ein paar besonders enge und feuchte Passagen quetschen. Die Höhlen sind vom Hwy 60 bei Douglas und Eganville ausgeschildert.

Ottawa Bluesfest MUSIK
(☎613-247-1188; www.ottawabluesfest.ca; ⌚Juli) Zehn Tage lang geben Mitte Juli bei einem der weltweit größten Blues-Festivals berühmte Musiker denkwürdige Konzerte.

Capital Pride LGBT
(☎613-680-3033; ottawacapitalpride.ca; ⌚Aug.) Ein Woche lang feiert die LGBT-Gemeinde der Stadt. Der Höhepunkt ist ein ausgelassener Umzug Mitte August.

Schlafen

Ottawa bietet eine eindrucksvolle Auswahl von Unterkünften in allen Preiskategorien. Im Sommer und zur Zeit großer Feste, vor allem während des Winterlude, sollte man vorab reservieren.

Im Zentrum und im sich südlich bis zum Queensway (Hwy 417) erstreckenden Centretown gibt's viele Optionen, darunter Boutiquehotels,Hotels mit Suiten sowie Hostels rund um den ByWard Market. Südlich des Markts finden sich im Viertel Sandy Hill nette B&Bs inmitten stattlicher historischer Villen und ausländischer Botschaften – alle in guter Gehentfernung zum Stadtzentrum.

Centretown

★Hostelling International (HI) Ottawa Jail HOSTEL $
(Karte S. 236; ☎613-235-2595; www.hihostels.ca/ottawa; 75 Nicholas St; Nichtmitglieder B 37–41 C$, EZ/2BZ/DZ ohne Bad 47/87/89 C$, Zi. 107 C$; P❄@📶) Das skurrile Hostel belegt neun Etagen des 155 Jahre alten früheren Ottawa Jail, das als eines der am meisten von Gespenstern heimgesuchten Gebäude in der Stadt gilt. Hier kann man sich in einem Zimmer oder Schlafsaal in einer ehemaligen Gefängniszelle wegsperren lassen oder sich für einen konventionelleren Schlafsaal mit 4 bis 8 Betten oder ein Zimmer mit angeschlossenem Bad entscheiden. Im Preis inbegriffen ist das kontinentale Frühstück; HI-Mitglieder zahlen für die Unterkunft 5 C$ weniger.

Im „Todestrakt"-Museum im 8. Stock kann man den Galgen sehen, an den zahlreiche Verbrecher für ihre Untaten gehängt wurden. Die „Bar behind bars" (Bar hinter Schloss und Riegel) und tägliche kostenlose Führungen durch das gruselige Gebäude runden das Übernachtungserlebnis ab.

★Lord Elgin Hotel HISTORISCHES HOTEL $$
(Karte S. 236; ☎613-235-3333; www.lordelginhotel.ca; 100 Elgin St; EZ/DZ ab 169/179 C$; P❄📶🏊) In bester Stadtlage wurde das stattliche Lord Elgin 1941 in einem ähnlichen, aber weniger pompösen Stil erbaut wie das Fairmont Royal York in Toronto. Die 346 geräumigen, hellen Zimmer sind komfortabel möbliert und bieten moderne Annehmlichkeiten, z.B. große Flachbild-TVs. Viele bieten einen wunderbaren Blick auf den Confederation Park.

Best Western Plus Ottawa Downtown HOTEL $$
(Karte S. 232; ☎613-567-7275; www.bestwesternottawa.com; 377 O'Connor St; Zi. mit Frühstück ab 188 C$; P@📶) In diesem Hotel mit 128 Zimmern in schöner Lage nahe dem Canadian Museum of Nature ist alles sehr großzügig. Die hellen, luftigen Suiten haben separate Schlaf- und Wohnzimmer (in der Executive- und der Deluxe-Klasse), und verfügen alle über Kabel-TV, Schreibtisch und Kochnische mit Kühlschrank, Mikrowelle und Kaffeemaschine. Kontinentales Frühstück und der Fitnessraum samt Sauna im 8. Stock ergänzen das Angebot.

Albert at Bay Suite Hotel HOTEL $$
(Karte S. 232; ☎800-267-6644; www.albertatbay.com; 435 Albert St; Suite ab 209 C$; P❄📶) Dieses Hotel hat nur Suiten und ist ideal für Familien und alle, die unterwegs gern den Komfort einer Wohnung haben wollen. Die sehr großen, mehrere Räume umfassenden Suiten mit einem oder zwei Schlafzimmern haben voll ausgestattete Küchen und üppige, bequeme Möbel. Viele Zimmer verfügen auch über einen Balkon. Das Hotel steht etwas westlich vom Geschehen im Zentrum, bietet aber immer noch ein ausgezeichnetes Preis-Leistungs-Verhältnis.

Courtyard Ottawa East HOTEL $$
(☎613-741-9862; www.marriott.com; 200 Coventry Rd; Zi. ab 142 C$; P❄📶🏊) Das Hotel ist das nächste bei Ottawas nicht besonders zentral gelegenem VIA-Rail-Bahnhof, aber dank kostenloser Parkplätze und leichter Erreichbarkeit vom Hwy 417 auch eine gute Wahl für Autofahrer. Die Zimmer sind geräumig, funktional und zeitgenössisch eingerichtet. Es gibt ein Barrestaurant und einen Hallenpool auf dem Dach. Wenn man direkt im Zentrum sein muss oder im Winter ohne eigenes Fahrzeug unterwegs ist, sollte man besser anderswo unterkommen.

Hotel Indigo HOTEL $$
(Karte S. 236; ☎613-369-5002; www.ottawadowntownhotel.com; 123 Metcalfe St; Zi. 160–260 C$;

P❄☎✉) Das zu InterContinental gehörende Hotel mit 106 Zimmern und Boutiquehotel-Ambitionen punktet mit einer erstklassigen Lage im Zentrum. Zu den Eigentümlichkeiten gehören das Atrium-Foyer, wandhohe Fototapeten in den Zimmern, iPad-Anschlüsse und die in Haiku-Form verfassten Hinweise für Gäste. Manche Zimmer sind jedoch dunkel und klein. Das Hotel ist eine gute Option, wenn der Preis stimmt.

Arc BOUTIQUEHOTEL $$
(Karte S. 236; ☎613-238-2888; www.arcthehotel.com; 140 Slater St; EZ/DZ ab 119/129 C$; P❄☎) Das Arc ist ein nettes Boutiquehotel mit 112 minimalistischen, aber eleganten Zimmern und Suiten in toller Lage – ein entspanntes Haus mit gedämpftem, ruhigem Schick. Die leichte, auf Erwachsene ausgerichtete Atmosphäre prägt auch die schicke Loungebar und das Restaurant. Parken kostet extra.

★**Fairmont Château Laurier** HISTORISCHES HOTEL $$$
(Karte S. 236; ☎800-441-1414, 613-241-1414; www.fairmont.com/laurier; 1 Rideau St; DZ ab 259 C$; P❄@☎✉) Das Hotel an den Ottawa Locks ist das bekannteste der Stadt und eines ihrer Wahrzeichen. Es wurde 1912 im Stil eines französischen Châteaus aus dem 16. Jh. errichtet, und die 426 Zimmer und Suiten sind wie zu erwarten groß und luxuriös. Als Gast oder zufällig Vorbeikommender bewundert man die opulenten Marmorkorridore und die Kunstwerke und erholt sich auf den gut gepolsterten Stühlen. Parken kostet 30 C$.

ByWard Market & Sandy Hill

Ottawa Backpackers Inn HOSTEL $
(Karte S. 236; ☎613-241-3402; www.ottawahostel.com; 203 York St; B/EZ/DZ/3BZ/4BZ ab 26/60/75/90/130 C$, Apt. ab 130 C$; P@☎) Das entspannte Hostel in einem umgebauten Haus aus dem späten 19. Jh. hat frisch gestrichene Badezimmer, sonnige Schlafsäle und praktischerweise Steckdosen an jedem Bett. Die Schlafsäle mit 4 bis 10 Betten sind teils Frauen vorbehalten, teils gemischt, die größeren haben angeschlossene Bäder. Es gibt eine Lounge und hinten eine Veranda, außerdem ein Apartment für fünf Personen.

Barefoot Hostel HOSTEL $
(Karte S. 236; ☎613-237-0336; www.barefoothostel.com; 455 Cumberland St; B 36 C$; P❄@☎) Mit nur vier gemischten und nach Geschlechtern getrennten Vier-Bett-Schlafsälen ist das Barefoot ein echtes „Boutiquehostel" mit einer gemütlichen Lounge, einer kleinen Küche für Selbstversorger zwei modernen Badezimmern und einer Außenterrasse.

Australis Guest House B&B $$
(☎613-235-8461; www.australisguesthouse.com; 89 Goulburn Ave; DZ mit/ohne Bad 129/109 C$; P☎) Die Gastgeber Brian und Carol sorgen in diesem anheimelnden Gästehaus im grünen Stadtteil Sandy Hill (zwischen dem Rideau Canal und der University of Ottawa) für eine freundliche Atmosphäre. Eine Wahl für Traveller, die allein unterwegs sind, und alle, die die Hauptstadt aus der Perspektive der Einheimischen kennenlernen wollen.

Avalon B&B $$
(☎613-241-6403; www.avalonbedandbreakfast.com; 539 Besserer St; DZ 85–125 C$; P☎) An einer von prächtigen Häusern und Bäumen gesäumten Straße nahe dem Fluss ist das geschmackvoll modern möblierte Avalon eine erfrischende Abwechslung von den üblichen, mit Antiquitäten überladenen B&Bs. Die vier stilvollen Zimmer haben angeschlossene Bäder und dicke, gefütterte Matratzen. Das Frühstück ist grundsätzlich reichlich und gesund.

★**Swiss Hotel** BOUTIQUEHOTEL $$
(Karte S. 236; ☎613-237-0335; www.swisshotel.ca; 89 Daly Ave; Zi. ab 148 C$; P❄@☎) Die schweizerische Herkunft der Inhaberin Sabina verrät sich im üppigen Frühstücksbüfett (15 C$) genauso wie im Designer-Schablonen-Dekor der Zimmer. Die 22 stilvollen Zimmer sind mit Espressomaschinen und iPads ausgestattet; jene mit Doppelbett und Kamin sind eine gute Option, und die Whirlpool-Suite ist echt überwältigend.

Benner's B&B B&B $$
(☎613-789-8320; www.bennersbnb.com; 541 Besserer St; Zi. mit Frühstück 95–130 C$; P❄☎) Das historische, gut ausgestattete und geräumige Stadthaus ist eine komfortable Bleibe in Sandy Hill, rund 1,5 km östlich von ByWard Market. Das „King Loft"-Zimmer ist ein tolles Angebot.

McGee's Inn B&B $$
(Karte S. 232; ☎613-237-6089; www.mcgeesinn.com; 185 Daly Ave; Zi. mit Frühstück 109–198 C$; P❄☎) Blumendrucke, bestickte Korbstühle, knopfäugige Plüschteddys, lackierte Nähmaschinen und alte Kuckucksuhren: in der großen viktorianischen Villa sind alle Zutaten der guten, alten Zeit zugegen. Die zwölf

Zimmer und Suiten entführen einen in die Vergangenheit, besonders das elegante und stimmungsvolle John-McGee-Zimmer. Eine ausgezeichnete Option für alle, die sich für Geschichte und altmodischen Charme begeistern. Parken kostet 10 C$.

Les Suites HOTEL $$

(Karte S. 236; ☎ 613-232-3200; www.les-suites.com; 130 Besserer St; Suite ab 150 C$; P ❄ 📶 ✉ 🐾) Die geräumigen Suiten in diesem Downtown-Hotel am Rand von ByWard Market bieten ein oder zwei Schlafzimmer, komplett ausgestattete Küchen und Waschmaschinen im Zimmer. Das Personal ist für guten Service bekannt. Einige Suiten wurden früher renoviert als andere – vor der Buchung nachfragen! Parken kostet 22 C$.

Essen

Ottawas kulturelle Vielfalt spiegelt sich in der Gastronomie wieder, die es an kulinarischem Abwechslungsreichtum mit Toronto und Montréal aufnehmen kann, aber leichter zugänglich ist. Dank des kompakten Zentrums ist es leicht, in der Hauptstadt tolles Essen zu finden, denn die vielen Restaurants bieten etwas für jeden Geschmack und Geldbeutel. Man findet hier einen dynamischen Mix von Aromen aus aller Welt, und die Gerichte werden mit frischen, regionalen Zutaten zubereitet.

Centretown & Chinatown

★ Wilf & Ada's DINER $

(Karte S. 232; ☎ 613-231-7959; wilfandadas.com; 510 Bank St; Hauptgerichte 14 C$; ⏲ Mo–Fr 7–15, Sa & So ab 8 Uhr) Dieser Diner mit Retro-Kunst an den Wänden, der ganz ohne Fertigprodukte auskommt, ist einer der angesagtesten Orte zum Frühstücken oder fürs Mittagessen in Ottawa. Zum Frühstück gibt's hausgemachten Schinken, in Buttermilch zubereitete Arme Ritter, *homies* (hausgemachte Pommes) und Ahornsirup, zum Mittagessen mächtige Sandwiches, Suppen, Salate und *poutine*. Wenn der Laden voll ist, geht man um die Ecke ins angeschlossene Café Arlington Five.

Art Is In Bakery BÄCKEREI $

(☎ 613-695-1226; www.artisinbakery.com; 250 City Centre Ave; Sandwiches 8–13 C$; ⏲ Mo–Fr 7–18, Sa 8–17, So 9–16 Uhr; P 📶) In diesem geschäftigen Bäckerei-Café, das sich in einem Lagerraum auf einem Industriegelände befindet, startet man mit einem Frühstückssandwich oder einem Croissant und einem ausgezeichneten Cappuccino in den Tag. Die Gourmetsandwiches sind beispielsweise mit Pickles, Schmelzkäse und Thai-Hühnchen gefüllt. Darüber hinaus gibt's auch glutenfreie Angebote und Salate.

Saigon Boy Noodle House VIETNAMESISCH $

(Karte S. 232; ☎ 613-230-8080; 648 Somerset St W; Hauptgerichte 11 C$; ⏲ 11–21 Uhr) Die Einheimischen erklären, dass es hier das beste *pho* (eine vietnamesische Suppe mit Reisnudeln und Rindfleisch oder Hühnchen) der Stadt gibt. Es gibt aber auch andere Gerichte, z. B. gegrilltes Schweinefleisch mit Reis.

Shanghai CHINESISCH $

(Karte S. 232; ☎ 613-233-4001; shanghairestaurantottawa.com; 651 Somerset St W; Hauptgerichte 13 C$; ⏲ Mi–Fr 16.30–22, Sa bis 2 Uhr, Karaoke Sa ab 21 Uhr; ✎) Das beste Restaurant in Ottawas Chinatown wird nun von den künstlerisch veranlagten Kindern der ursprünglichen Betreiber geführt. Das Essen ist großartig – moderne chinesische Küche mit vielen vegetarischen Optionen –, aber die eigentliche Trümpfe sind das trendige Dekor, die wechselnden Kunstausstellungen und die sagenhaften Wochenend-Events (wie „Disco Bingo" und Karaoke) der örtlichen Transen-Diva China-Doll.

Ceylonta CEYLONESISCH $

(Karte S. 232; ☎ 613-237-7812; somerset.ceylonta.ca; 403 Somerset St W; Hauptgerichte 14 C$; ⏲ So–Fr 11.30–14, tgl. 17–21 Uhr) Die Einheimischen empfehlen dieses freundliche Nachbarschaftslokal mit frischen, würzigen Gerichten der Küche Sri Lankas. Empfehlenswert sind das Fisch-*thali* und das *kothu rotti* mit Hühnchen oder Lammfleisch.

Bread & Sons Bakery BÄCKEREI $

(Karte S. 232; ☎ 613-230-5302; breadandsons.com; 195 Bank St; Gebäck 2 C$; ⏲ Mo–Fr 7–17.30 Uhr) Diese Bäckerei rühmt sich, den besten Kaffee in der Gegend zu haben. Auf jeden Fall sind das Gebäck, die Cookies, Scones, Tarts, Mini-Quiches, Pizzas und Frühstückscroissants absolut lecker.

★ Town ITALIENISCH $$

(Karte S. 232; ☎ 613-695-8696; www.townlovesyou.ca; 296 Elgin St; Hauptgerichte 20 C$; ⏲ Mi–Fr 11.30–14, tgl. 17–22 Uhr) Das schicke, smarte und echt coole Lokal ist immer voll: Affige Hipster drängen sich hier neben reichen, gut frisierten Hausfrauen. Die Gourmets schätzen den Einsatz regionaler Zutaten und die norditalienischen Rezepte auf der kurzen, saisonalen Karte mit kleinen und großen Gerichten, unter denen die mit Ricotta gefüllten Frikadellen ein Schlager sind. Dazu gibt's eine große Auswahl von Weinen aus der Niagara-Region.

★ **Union Local 613** MODERN AMERIKANISCH **$$**
(Karte S. 232; ☎ 613-231-1010; www.union613.ca; 315 Somerset St W; Hauptgerichte 25 C$; ⊙ Küche Mi–Fr 11.30–14, Sa & So ab 10, Mo–Sa 17.30–22 Uhr; ☎) Inmitten eines Dekors mit Kolibris und Heißluftballons trinkt man in dem gedämpft beleuchteten Lokal Hausbiere und andere Craft-Biere aus Schraubgläsern. Die Küche ist ambitioniert (z. B. Brathähnchen nach Südstaatenart und Wels in Maispanade), und es gibt eine „Flüsterkneipe" hinter einem Bücherregal im Untergeschoss (geöffnet Mi–Sa 22.30–2 Uhr).

Métropolitain Brasserie FRANZÖSISCH **$$**
(Karte S. 236; ☎ 613-562-1160; www.metropolitainbrasserie.com; 700 Sussex Dr; Snacks 5–16 C$, Hauptgerichte 18–35 C$; ⊙ 9–24 Uhr) Das Métropolitain gibt der klassischen Brasserie mit einem wellenförmigen Zinktresen, schicken Armaturen und französischer Musikberieselung einen modernen Dreh; man fühlt sich wie in der Kulisse von *Moulin Rouge*. Zur „Hill Hour" (werktags 16–19 & tgl. ab 21.30 Uhr) diskutieren die Leute heißblütig über Politik und verschlingen die günstigen *plats du jour*.

★ **El Camino** MEXIKANISCH **$$**
(Karte S. 232; ☎ 613-422-2800; eatelcamino.com; 380 Elgin St; Tacos 6 C$; ⊙ Di–So 17.30 Uhr–open end, Essen zum Mitnehmen Di–Fr 12–14.30 Uhr) Mit seiner hippen Industrie-Ästhetik und Día-de-los-Muertos-Reminiszenzen wird das El Camino von den einen als Ottawas angesagte Tacobude gepriesen und von den anderen als überteuert abgetan. Man isst Chorizo und knusprige Fisch-Tacos an den Bänken oder lässt sie sich einpacken. Dazu gibt's Cocktails (13 C$) wie den süßen und würzigen El Fuego. Vorab reservieren!

Eggspectation FRÜHSTÜCK **$$**
(Karte S. 232; ☎ 613-569-6505; www.eggspectation.ca; 171 Bank St; Hauptgerichte 9–23 C$; ⊙ 7–15 Uhr) Das in der Innenstadt gelegene Lokal dieser Kette, die nicht nur Frühstück zu bieten hat, ist praktisch und die Karte so eierlastig, dass man gern mitmacht. Das Lokal ist günstig, nett und voll Sonnenschein, der durch die großen, offenen Fenster fällt. Im weiteren Verlauf sorgen die *eggs-ecutive*-Burger, die *eggs-traordinary*-Pasta und weitere Dinge mit Ei dafür, dass die Kundschaft strömt und zufrieden ist.

> **INSIDERWISSEN**
>
> ## LOKAL ESSEN
>
> Eine Auflistung der Restaurants, Marktanbieter und kulinarischen Festivals mit lokalen Produkten findet man unter **Savour Ottawa** (www.savourottawa.ca) und auf der zugehörigen Facebook-Seite.
>
> Zur Mittagszeit versorgen werktags Food Trucks die hungrigen Angestellten in Downtown mit allem Denkbaren von Meeresfrüchten bis *poutine*. Um eine Street-Food-Odyssee durch die Stadt zu planen, sollte man unter Streetfoodapp.com/ottawa die Food-Truck-App herunterladen. Eine Karte gibt's auch auf der Website der Stadt Ottawa, Ottawa.ca.

The Works BURGER **$$**
(Karte S. 232; ☎ 613-235-0406; www.worksburger.com; 580 Bank St; Burger 15 C$; ⊙ 11–22 Uhr) In etwas mehr als zehn Jahren ist aus dem cleveren Burgerladen eine erfolgreiche Kette geworden. Auf die platte kanadische Rinderfrikadelle kommen unzählige Beläge drauf – von Spiegeleiern bis zu Brie und Erdnussbutter.

Tosca ITALIENISCH **$$**
(Karte S. 236; ☎ 613-565-3933; www.tosca-ristorante.ca; 144 O'Connor St; Hauptgerichte 17–39 C$; ⊙ Mo–Fr 11.30–22, Sa & So ab 16 Uhr) Im Herzen der Innenstadt bietet dieses gehobene, aber einladende italienische *ristorante* köstliche, authentische Gerichte, eine umfangreiche Weinkarte und ausgezeichneten Service. Mittags essen hier Geschäftsleute und Mütter auf Einkaufstour; eine Suppe und ein Hauptgericht gibt's dann schon für unter 20 C$. Abends herrschen Kerzenschein und eine entspannte Atmosphäre; ideal für einen Flirt oder lange Gespräche mit alten Freunden.

C'est Japon à Suisha JAPANISCH **$$**
(Karte S. 236; ☎ 613-236-9602; www.japaninottawa.com; 208 Slater St; Sushi & Sashimi ab 6 C$, Hauptgerichte 25 C$; ⊙ Mo–Fr 11.30–14, Mo–Sa 17–21.30 Uhr) Ottawa bietet zwar Restaurants mit vielen Landesküchen, aber die japanische Küche ist eher dürftig vertreten. Dieses lange bestehende Restaurant ist die Ausnahme: Die leckeren authentischen Gerichte gibt's in einem traditionellen Ambiente mit

Sushi-Booten und abgetrennten *washitsu* (japanisch gestalteten Räumen). Auf der Karte stehen viele Kombinationen und Bento-Boxen. Mittagsmenüs kosten ca. 18 C$.

Lapointe SEAFOOD $$
(Karte S. 236; ☎ 613-241-6221; www.lapointefish.ca; 55 York St; Hauptgerichte 17 C$; ⏲ 11.30–21.30 Uhr) Dieser Fischmarkt dient der Gemeinde schon seit 1867 und bietet eine bunte Palette an Gerichten, von Kabeljau-Tacos bis hin zu altvertrauten Fish and Chips. Man sitzt vorn auf der Terrasse oder drinnen im Erd- oder Untergeschoss.

★ **Beckta Dining & Wine Bar** MODERN KANADISCH $$$
(Karte S. 236; ☎ 613-238-7063; www.beckta.com; 150 Elgin St; Hauptgerichte mittags 17–25 C$, Abendmenü 68 C$; ⏲ Mo–Fr 11.30–15, tgl. 17.30–22 Uhr) Hier sollte man unbedingt vorab reservieren, denn das Restaurant ist derzeit das angesagteste in der Hauptstadt, ja vielleicht sogar im ganzen Land. Das Beckta verspricht ein gehobenes kulinarisches Erlebnis mit seinen originellen Abwandlungen regionaler Gerichte. Das Mittagessen ist à la carte, das Abendessen besteht hingehen aus einem Drei-Gänge-Menü oder einem inspirierenden Fünf-Gänge-Verkostungsmenü (95 C$), das besonders gut dafür geeignet ist, sich einen Überblick zu verschaffen. Zum Essen gibt's die passenden Weine.

LUXE Bistro & Steakhouse STEAKS $$$
(Karte S. 236; ☎ 613-241-8805; www.luxebistro.com; 47 York St; Hauptgerichte 17–49 C$; ⏲ Mo–Fr 11.30–21.30, Sa & So 9–14.30 & 17–21.30 Uhr) Wer sein Steak auf französische Art mit einem leichten Einschlag à la New York mag, kommt in diesem smarten Bistro in ByWard Market auf seine Kosten. Das Dekor ist schick und die Außenterrasse in den wärmeren Monaten ein echter Hit.

Whalesbone Oyster House FISCH, SEAFOOD $$$
(Karte S. 232; ☎ 613-231-8569; www.thewhalesbone.com; 430 Bank St; Hauptgerichte 25–40 C$; ⏲ Mo–Fr 11.30–14, tgl. 17–22 Uhr) Wenn die Köche aus der Gegend ihren Fisch im Großhandel vom Whalesbone kaufen, kann man wohl davon ausgehen, dass dies das beste Fischrestaurant Ottawas ist. Im Restaurant vor Ort wird eine übersichtliche frische Auswahl von köstlichen Leibspeisen wie Austern, Hummer und Muschel-Ceviche auf kleinen Tellern serviert. Einen Tisch sollte man im Voraus reservieren.

ByWard Market & Sandy Hill

Boulangerie Moulin de Provence BÄCKEREI $
(Karte S. 236; ☎ 613-241-9152; www.moulindeprovence.com; 55 ByWard Market Sq; Gerichte ab 2 C$, Hauptgerichte 13 C$; ⏲ 7–22 Uhr) Die Bäckerei, die immer noch vom Wirbel um einem Besuch des früheren US-Präsidenten Obama zehrt, ist voll gepackt mit süßen und herzhaften Sachen. Die „Obama Cookies" sind begehrt, manche schwören aber auch auf die lockeren Croissants. Die Sandwiches, Salate und fertig zubereiteten Gerichte aus dem Bain-Marie sind ein schnelles und preiswertes Mittagessen.

Zak's Diner DINER $
(Karte S. 236; ☎ 613-241-2401; www.zaksdiner.com; 14 ByWard Market Sq; Hauptgerichte 10–15 C$; ⏲ 24 Std.) In diesem kitschigen Diner mit *Grease*-Atmosphäre kann man zur Popmusik mitsummen. Das altbewährte Lokal in ByWard Market wird tagsüber gern von Familien besucht, ist aber nachts am interessantesten, wenn Leute, die anderswo gefeiert haben, auf einen Happen hineinschneien. Wraps, *poutine* und Nachos sind im Angebot, es ist also kein bloßer *Zurück-in-die-Zukunft*-Themenpark.

★ **ByWard Market Square** MARKT $
(Karte S. 236; ☎ 613-244-4410; www.bywardmarketsquare.com; ByWard Market Sq; ⏲ Mo–Mi & Fr 9.30–18, Do bis 20, So bis 17 Uhr) Das massive Backsteingebäude bildet den Mittelpunkt des Marktviertels und ist die ideale Zuflucht, wenn der Hunger zuschlägt. Neben frischem Obst und Gemüse sowie Käse gibt es eine Reihe internationaler Imbisstheken, die u. a. Falafel, würzige Currys, lockeres Gebäck oder Sushi anbieten. Lohnend ist der Stand mit „BeaverTails", Ottawas bekannten warmen Teigfladen. Die Markthalle liegt zwischen der William St, der Byward St, der George St und der York St.

Ein reiches kulinarisches Angebot findet sich auch auf dem umliegenden **Freiluftmarkt** (Karte S. 236; ☎ 613-562-3325; www.byward-market.com; Ecke York St & ByWard St; ⏲ 6–18 Uhr), einem der größten Farmers Markets unter freiem Himmel in Nordamerika.

Fraser Cafe CAFÉ $$
(☎ 613-749-1444; www.frasercafe.ca; 7 Springfield Rd; Hauptgerichte Brunch 10–17 C$, mittags 14–18 C$, abends 27–32 C$; ⏲ Di–Fr 11.30–14, Sa & So ab 10, tgl. 17.30–22 Uhr) Der kleine Ausflug über den Rideau River zu diesem smarten

Café/Restaurant nordöstlich von ByWard Market lohnt sich, besonders wenn man Lust auf einen Brunch (nur am Wochenende) hat. Die gesunden, schmackhaften, kreativen Gerichte aus frischesten Zutaten werden dem Anspruch, „saisonale Küche" zu bieten, wirklich voll gerecht.

Chez Lucien BISTRO $$

(Karte S. 236; ☎613-241-3533; 137 Murray St; Hauptgerichte 17 C$; ⊙11–24 Uhr) Unverputzte rote Ziegelwände und Klassiker in der kostenlosen Jukebox machen diesen französisch inspirierten Gastropub zu einem der beliebtesten Treffpunkte in Ottawa. Zahlreiche Burger, Dijon-Hähnchen und Nachos stehen auf der Karte.

Signatures Restaurant FRANZÖSISCH $$$

(☎613-236-2499; www.signaturesrestaurant.com; 453 Laurier Ave E; Hauptgerichte mittags/Mittagsmenü 24/34 C$, Abendmenü 68 C$; ⊙Di–Fr 11.30–13.30, Di–Sa 17.30–21 Uhr) Das an die prestigeträchtige Kochschule Le Cordon Bleu angeschlossene Restaurant residiert im Munross Mansion, einer historischen Villa im Tudor-Stil und legt unter dem französischen Chefkoch Yannick Anton den Schwerpunkt auf moderne französische Cuisine. Die Weinkarte ist nahezu enzyklopädisch, und das regelmäßig wechselnde Drei-Gänge-Mittagessen sowie die Abendmenüs sind ein saisonales Bankett mit Gerichten wie langsam gegarter Lammkeule.

Stadtrand

White Horse Restaurant DINER $

(☎613-746-7767; www.thewhitehorserestaurant.com; 294 Tremblay Rd; Hauptgerichte 7 C$; ⊙Mo–Fr 5.15–19, Sa bis 15, So 7–16 Uhr) Das wunderbare kleine und preiswerte Speiselokal ist die dem Bahnhof von Ottawa nächstgelegene Möglichkeit, etwas zu essen zu bekommen. Es gibt gute altmodische Hausmannskost und das billigste Frühstück in der Stadt.

Stoneface Dolly's FUSION $$

(☎613-564-2222; www.stonefacedollys.com; 416 Preston St; Hauptgerichte mittags/abends 17/22 C$; ⊙tgl. 7.30–14.30, Mi–So 17–21 Uhr) Der nach der Mutter des Eigentümers, die sich auf die Kunst verstand, ein Pokerface aufzusetzen, benannte Lokal ist prima, um lokale Biere, z. B. Beau's, zu probieren. Essen gibt's den ganzen Tag, und der Brunch ist beliebt. Auf der bunt zusammengewürfelten saisonalen Karte stehen u. a. südafrikanische Gerichte, Krabben und Porchetta-Fettuccine.

Benny's Bistro BISTRO $$

(Karte S. 236; ☎613-789-7941; www.bennysbistro.ca; 119 Murray St; Hauptgerichte 19 C$; ⊙Mo–Fr 11.30–14.30, Sa & So ab 10.30 Uhr) Der Duft von frisch gebackenen *pains au chocolat* (Schokocroissants) strömt aus der französischen Bäckerei, die sich vorn in diesem coolen, künstlerisch angehauchten Bistro befindet. Das Gebäck wird nach alten französischen Rezepten hergestellt. Wer die französische Atmosphäre länger schnuppern will, setzt sich an einen Tisch im Speiseraum mit schwarz-weiß gemustertem Boden und genießt Gerichte wie Gravlax oder Lamm-Köfte.

Wellington Gastropub MODERN-KANADISCH $$

(☎613-729-1315; www.thewellingtongastropub.com; 1325 Wellington St W; Hauptgerichte mittags/abends 16/25 C$; ⊙Mo–Fr 11.30–14, Mo–Sa 17.30–21.30 Uhr) Dieser Gastropub lockt Gourmets in Ottawas Westen mit einer guten Auswahl herzhafter Hauptgerichte von Pulled-Pork-Ragout bis zu Meeresmuscheln von der Ostküste. Es gibt ein Dutzend Craft-Biere vom Fass und noch viel mehr aus der Flasche.

Atelier FUSION $$$

(☎613-321-3537; www.atelierrestaurant.ca; 540 Rochester St; Menü 110 C$; ⊙Di–Sa 17.30–20.30 Uhr) Das geistige Kind von Marc Lépine, dem gefeierten Küchenchef und leidenschaftlichen Anhänger der Molekularküche, ist ein Labor mit weißen Wänden – dazu geschaffen, die Geschmacksknospen zu kitzeln. Es gibt keinen Herd und keinen Ofen – nur Bunsenbrenner, flüssigen Stickstoff und heiße Platten, um das einzigartige Probiermenü mit zwölf Gängen zuzubereiten.

Ausgehen & Nachtleben

Von billigen, rauen Bierkneipen über freundliche Nachbarschafts-Pubs bis hin zu schicken Lounges zum Sehen und Gesehenwerden hat Ottawa alles zu bieten. Örtliche Treffs findet man an der Bank St oder der Elgin St Richtung Süden, und für feuchtfröhliche Abende bietet sich das brummende Viertel ByWard Market an. Ein etwas anderes Erlebnis verspricht die Keller-Flüsterkneipe Union Local 613 (S. 243). Viele Leute fahren über den Fluss nach Hull (Québec), wo die Party weitergeht, wenn Ottawa gegen 2 Uhr die Bürgersteige hochklappt.

Heart & Crown IRISH PUB

(Karte S. 236; ☎613-562-0674; www.heartandcrown.ca; 67 Clarence St; ⊙11–2 Uhr) Dieser altbewährte Pub in ByWard Market ist bei jungen Leuten wegen des Biers und der großen Teller mit Kneipenkost beliebt. Hier gehen mehrere Räume und Terrassen ineinander über, wo sich noch vier weitere Pubs und Großbildschirme mit Fußballübertragungen befinden. An allen Abenden gibt's Auftritte von Bands und Musikern, die ohne Verstärker spielen.

Highlander Pub PUB
(Karte S. 236; ☎ 613-562-5678; www.thehighlanderpub.com; 115 Rideau St; ⏲ 11–1 Uhr) Kellner im karierten Kilt, 17 Fassbiere und 200 verschiedene Single Malt Whiskys tragen zu der schottischen Anmutung dieses Pubs in ByWard Market bei. Auch das Essen ist lecker!

Clocktower Brew Pub BAR
(Karte S. 236; ☎ 613-241-8783; www.clocktower.ca; 89 Clarence St; ⏲ 11.30–23.45 Uhr) Die Braustube mit unverputzten Backsteinwänden liegt inmitten des ByWard-Trubels und schenkt eigene Marken wie Raspberry Wheat und Bytown Brown aus. Dazu gibt's jede Menge Barsnacks. Die Brauerei hat noch vier weitere Kneipen in der Stadt.

Manx BAR
(Karte S. 232; ☎ 613-231-2070; manxpub.com; 370 Elgin St; Hauptgerichte 13–15 C$; ⏲ Mo–Mi 11.30–1, Do & Fr bis 2, Sa 10–2 Uhr) „Ottawas originale Sinkhöhle", wie sich diese Kellerkneipe nennt, seit es 2016 zu einem Einsturz auf der Rideau St kam, hat eine tolle Auswahl kanadischer Craft-Biere (darunter das beliebte Creemore), die an den Tischen mit Kupferplatten serviert werden.

I Deal Coffee KAFFEE
(Karte S. 236; ☎ 613-562-1775; www.idealcoffees.com; 176 Dalhousie St; Kaffee 3 C$; ⏲ Mo–Fr 7–19, Sa ab 8.30, So 9–18 Uhr) Tatsächlich ideal, denn die Mischungen werden vor Ort hergestellt und geröstet. Das Dekor ist spärlich, die Tonnen und Säcke mit „leichter Bio-Mischung" und „Prince of Darkness" stehen direkt neben dem Röster – hier geht es einfach nur um aromastarken heißen (oder geeisten) Kaffee. Ein glücklicher Kunde meinte, hier gebe es den besten Cappuccino in ganz Ottawa.

Château Lafayette PUB
(Karte S. 236; ☎ 613-241-4747; www.thelaff.ca; 42 York St; ⏲ 11–2 Uhr) Das 1849 eröffnete „Laff" ist Ottawas älteste Bar und hat sich den urigen Charme bewahrt – ein abgewetztes Fossil, das die entspannte Atmosphäre in ByWard Market genau widerspiegelt.

Social BAR
(Karte S. 236; ☎ 613-789-7355; www.social.ca; 537 Sussex Dr; Hauptgerichte mittags/abends 20/30 C$; ⏲ Mo & So 11.30–15, Mo–Fr 17 Uhr–open end) Die schicke Lounge mit fließenden Linien, coolen DJ-Beats, dick gepolsterten Möbeln, kreativen Cocktails und genauso kreativer Küche liegt genau im Trend. Auf der Terrasse gibt's mittwochabends Livejazz, freitags und samstags DJs und Brunch an den Wochenenden.

Planet Coffee KAFFEE
(Karte S. 236; ☎ 613-789-6261; www.facebook.com/planetcoffeeott; 24a York St; ⏲ Mo–Sa 7.30–22, So 8–20 Uhr) Im ruhigen Hof dieser jahrzehntealten Kaffeehöhle in ByWard Market kann man gut auftanken. Besonders beliebt ist der gesüßte Eiskaffee.

Schwulen- & Lesbenbars

Ottawa hat eine kleine, aber muntere Schwulenszene, obwohl hier weniger los ist als zwei Autostunden weiter in Montréal. Eine Übersicht findet sich im Ottawa-Teil von *Capital Xtra* (www.xtra.ca).

Centretown Pub SCHWULE
(Karte S. 232; ☎ 613-594-0233; centretownpub.blogspot.ca; 340 Somerset St W; ⏲ 14–2 Uhr) Die kleine Nachbarschaftskneipe ist seit 30 Jahren ein Stützpfeiler der Schwulenszene der Hauptstadt. Die Fassade ist nichtssagend, aber dahinter geht die Party ab. Im Erdgeschoss gibt's Billard und einen kleinen Hinterhof. Die obere Etage ist zu wilden Club-Nächten und Events geöffnet.

Lookout Bar SCHWULE & LESBEN
(Karte S. 236; ☎ 613-789-1624; www.thelookoutbar.com; 41 York St; ⏲ Di–Fr 14–2, So & Mo bis 22 Uhr) Die Bar hält die Leute in ByWard Market schon 20 Jahre bei Laune. Es gibt Themenabende, darunter Karaoke (Di & Mi) und Travestieshows (Sa).

☆ Unterhaltung

In Ottawa gibt es verschiedene Publikationen (gedruckt oder online), in denen man sich bezüglich aktueller Veranstaltungen schlaumachen kann. *Xpress* heißt das kostenlose Unterhaltungsmagazin, das wöchentlich erscheint (www.ottawaxpress.ca). Es liegt überall in der Stadt aus, u. a. in Cafés, Bars und Buchläden. Zusätzliche Infos gibt es z. B. unter www.ottawaentertain

ment.ca. Alternativ bietet auch *Ottawa Citizen* (www.ottawacitizen.com) einen Veranstaltungskalender zum Thema Clubbing/Unterhaltung.

Livemusik

Zaphod Beeblebrox LIVEMUSIK
(Karte S. 236; ☎ 613-562-1010; www.zaphods.ca; 27 York St; ⌚ 20 Uhr–open end) Der weltraumbesessene „Nachtclub am Rand des Universums", der seinen Namen dem Kult-Klassiker *Per Anhalter durch die Galaxis* verdankt, mixt exotische Cocktails wie sein Markenzeichen, den „Pan Galactic Gargle Blaster". Für Erdlinge, die gern einmal die Sorgen des Alltags vergessen wollen, ist dies hier ein abgefahrener Musiktreff und ein Club mit punkiger Atmosphäre.

Rainbow Bistro LIVEMUSIK
(Karte S. 236; ☎ 613-241-5123; www.therainbow.ca; 76 Murray St) Ein Oldie, aber ein toller: der beste Ort in der Stadt, um Blues live zu erleben. Im Sommer gibt's jeden Abend Livemusik, und manche Konzerte beginnen sogar schon um 15 Uhr.

Irene's Pub LIVEMUSIK
(☎ 613-230-4474; www.irenespub.ca; 885 Bank St; ⌚ 11.30–2 Uhr) Das freundliche und schrille, an sehr trubeligen Wochenenden auch mal etwas hektische Irene's ist seit drei Jahrzehnten die geistige Heimat der Künstler und Musiker im Viertel Glebe. Ein paar Abende in der Woche gibt's Livemusik (keltisch, Folk und Blues) und andere Unterhaltung, außerdem eine tolle Auswahl an Whiskeys und örtlichen Kleinbrauereibieren vom Fass.

Theater & Kinos

National Arts Centre THEATER
(NAC; Karte S. 236; ☎ 613-947-7000; www.nac-cna.ca; 53 Elgin St) Im wichtigsten, frisch renovierten, schicken Theaterkomplex der Hauptstadt stehen Oper, Theater, Broadway-Shows und Konzerte des heimischen Sinfonieorchesters auf dem Programm. Der Komplex erstreckt sich längs des Kanals am Confederation Sq.

Mayfair Theatre KINO
(☎ 613-730-3403; www.mayfairtheatre.ca; 1074 Bank St; Erw./Kind unter 13 Jahren 10/5 C$) Das Kino für anspruchsvolle Filme hat sich seit den frühen 1930er-Jahren kaum verändert.

ByTowne Cinema KINO
(Karte S. 232; ☎ 613-789-3456; www.bytowne.ca; 325 Rideau St) Seit mehr als 70 Jahren zeigt Ottawas Herzstück der Indieszene internationale und Independent-Filme.

Sport

Canadian Tire Centre SPORT
(☎ 613-599-0100; www.canadiantirecentre.com; 1000 Palladium Dr, Kanata) Ottawa ist eine eishockeybegeisterte Stadt. Auch wer sich für den Sport nicht interessiert, sollte sich mal ein Spiel ansehen, denn die Fans sind eine Show für sich. Das NHL-Team, die Ottawa Senators, trägt hier, rund 25 km südwestlich des Zentrums am westlichen Ende der Stadt, seine Heimspiele aus. Daneben gibt's hier auch große Konzerte.

TD Place Arena SPORT
(☎ 613-232-6767; www.tdplace.ca; 1015 Bank St) Diese Arena ist die Heimat der Ottawa 67's, eines Eishockeyteams der Minor League. Hier spielen auch Ottawa Fury (ein Fußballclub) und die Ottawa Redblacks (Canadian Football); zudem gibt's auch Konzerte.

Shoppen

ByWard Market (S. 244) ist die beste Anlaufstelle, wenn man unterschiedliche Waren an ein und demselben Ort kaufen möchte. Die Dalhousie St, einen Block östlich des Markts, macht sich derzeit einen Namen aufgrund der hier angesiedelten schicken Boutiquen und Modehäuser.

Glebe, ein buntes Viertel gleich südlich des Queensway, quillt förmlich über von ausgefallenen Antiquitätenläden und atmosphärischen Cafés. Am meisten ist auf der Bank St los.

Praktische Informationen

Ottawa Tourism (www.ottawatourism.ca) Die Website gibt einen umfassenden Überblick über die Hauptstadt und ist hilfreich für die Reiseplanung und das Buchen von Unterkünften.

Capital Information Kiosk (S. 238) Das hilfreiche Büro ist die städtische Anlaufstelle für Infos und Buchungen.

ByWard Market Information Centre (Karte S. 236; ☎ 613-244-4410; www.byward-market.com; ByWard St & George St; ⌚ Juli & Aug. 7.30–18 Uhr, Juni–Sept. 8–17 Uhr) Infos zur gesamten Stadt.

Ottawa Hospital (☎ 613-722-7000; www.ottawahospital.on.ca; 501 Smyth Rd; ⌚ Notfallstation 24 Std.) Südöstlich des Zentrums in Alta Vista; hat eine Notfallstation.

Central Post Office (Karte S. 232; ☎ 866-607-6301; www.canadapost.ca; 59 Sparks St; ⌚ Mo–Fr 8.30–17 Uhr) Die Hauptpost residiert in einem historischen Gebäude.

Accu-Rate Foreign Exchange (☎ 613-238-8454; www.accu-rate.ca; 1. OG, World Exchange Plaza, 111 Albert St; ⌚ Mo–Fr 9.15–17.15 Uhr) Tauscht Devisen und Reiseschecks und löst Überweisungen ein.

ℹ An- & Weiterreise

AUTO & MOTORRAD

Die großen Autovermieter sind am Flughafen, an mehreren Stellen in der Innenstadt, an der Catherine St und am Bahnhof (letztere beide gleich abseits des Hwy 417) vertreten. Bessere Angebote für Mietwagen gibt's aber in Toronto.

BUS

Die **Central Bus Station** (Karte S. 232; ☎ 613-238-6668; 265 Catherine St) liegt gleich abseits des Queensway (Hwy 417) nahe der Kent St. Mehrere Unternehmen bieten Busverbindungen von hier, darunter **Greyhound** (S. 212)mit Bussen nach Toronto (ab 71 C$, 5½ Std., 6-mal tgl.).

FLUGZEUG

Der topmoderne **Ottawa MacDonald-Cartier International Airport** (YOW; ☎ 613-248-2125; yow.ca; 1000 Airport Pkwy) liegt 15 km südlich der Stadt und ist überraschenderweise sehr klein. Bei fast allen Flügen aus dem Ausland muss man umsteigen (meist am Lester B. Pearson International Airport in Toronto), um in die Hauptstadt zu gelangen. Auf dem Flughafen sind aber viele nordamerikanische Fluglinien vertreten, darunter Air Canada, WestJet, Porter Airlines, United Airlines, Delta und American Airlines.

ZUG

Der **VIA-Rail-Bahnhof** (☎ 888-842-7245; www.viarail.ca; 200 Tremblay Rd) befindet sich 7 km östlich vom Zentrum nahe der Ausfahrt Hwy 19/Riverside Dr vom Hwy 417. Züge fahren über Brockville und Kingston nach Toronto (108 C$, 4½ Std., 8-mal tgl.) sowie über Montréal nach Ville de Québec (62 C$, 2 Std., 6-mal tgl.).

ℹ Unterwegs vor Ort

AUTO & MOTORRAD

An den Wochenenden kann man auf der World Exchange Plaza an der Albert St kostenlos parken. Parkplätze für stundenweises Parken mit Parkautomaten gibt's in der ganzen Innenstadt; Parkhäuser nehmen rund 20 C$ pro Tag. Parkplätze für 10 C$ pro Tag gibt's in Centretown, z. B. an der Somerset St W östlich der Lyon St N.

Damit Schneepflüge durchkommen, ist es im Winter verboten, sein Auto nachts am Straßenrand zu parken, wenn es mehr als 7 cm Schnee gibt oder erwartet wird. Auskunft in Parkplatzfragen erteilt die **City of Ottawa** (☎ 613-580-2400; ottawa.ca).

FAHRRAD

Direkt am Radweg am Rideau Canal versorgen einen die freundlichen Leute von **Rent-A-Bike** (☎ 613-241-4140; www.rentabike.ca; East Arch Plaza Bridge, 2 Rideau St; Fahrrad ab 10 C$/Std.; ⌚ April–Okt. 7–19 Uhr) mit einem Fahrrad und Tipps zu malerischen Strecken. Radwegekarten gibt's im **Capital Information Kiosk** (S. 238).

VOM/ZUM FLUGHAFEN

Am billigsten kommt man mit städtischen Bussen zum Flughafen. Man nimmt den Bus 97 an der Slater St zwischen Elgin St und Bronson Ave (auf die Zielangabe „South Keys & Airport" achten!); die Fahrt dauert etwa 40 Minuten und kostet 3,65 C$.

Ottawa Shuttle Service (☎ 613-680-3313; www.ottawashuttleservice.com; 1 oder 2 Pers. 59 C$; ⌚ Büro 10–22 Uhr) bietet private und Gemeinschafts-Shuttles von den Hotels im Zentrum.

Blue Line Taxi (☎ 613-238-1111; www.bluelinetaxi.com) und **Capital Taxi** (☎ 613-744-3333; www.capitaltaxi.com) bringen einen für rund 30 C$ vom/zum Stadtzentrum.

ÖFFENTLICHE VERKEHRSMITTEL

OC Transpo (☎ 613-741-4390; www.octranspo.com) betreibt Ottawas praktisches Netz aus Bussen und Straßenbahnen (O-Train). Eine Busfahrt kostet 3,65 C$ (1,90 C$/Kind unter 13 Jahre); man zahlt im Bus (passend zahlen!). Beim Fahrer sind auch Tageskarten (8,50 C$) und in Minimärkten 6-Fahrten-Blocks (9,90 C$) erhältlich. Auf Expresslinien zahlen Erwachsene 5,15 C$. Beim Einsteigen und Bezahlen das Ticket unbedingt mitnehmen, denn man kann innerhalb von 90 Minuten beliebig umsteigen. Einen Bus-Netzplan hat der **Capital Information Kiosk** (S. 238).

Der O-Train hält gegenwärtig nicht im Zentrum. Er wird nützlicher werden, wenn 2018 die Confederation Line fertiggestellt sein wird, die eine Verbindung zwischen dem Parlament und dem VIA-Rail-Bahnhof herstellt.

Ottawa und Hull/Gatineau haben getrennte Busnetze. Das Umsteigen ist möglich, aber vielfach muss dabei etwas nachgezahlt werden.

Québec

Inhalt ➡

Gut essen

- L'Express (S. 276)
- Liverpool House (S. 275)
- Manoir Hovey (S. 297)
- Chez Boulay (S. 313)
- Vent du Large (S. 363)

Schön übernachten

- Auberge Saint-Antoine (S. 311)
- Hôtel Gault (S. 256)
- Maison Historique James Thompson (S. 310)
- Hôtel Le Germain (S. 102)
- Auberge Festive Sea Shack (S. 347)

Auf nach Québec!

Québec wirkt tatsächlich wie ein eigenes Land innerhalb Kanadas, eine Insel mit eigener Sprache und eigener kultureller Identität inmitten des riesigen Landes. Natürlich ist es Kanada, mitsamt der Kombination aus schier unendlicher Wildnis und kosmopolitischem Leben, die Kanada ausmacht. Doch die Bedeutung des *terroirs* für Québec, die Sprache, die Leidenschaft für alles, vom Schnee im Winter bis zur Gastronomie, sind noch etwas anderes, wobei das „andere" sowohl nordamerikanisch als auch europäisch geprägt ist.

Montréal und Québec sind geschäftige Metropolen mit einer perfekten Mischung aus Kultiviertheit und Verspieltheit und vielen geschichtsträchtigen Vierteln. Den rustikalen Charme des alten Québec finden man in den Cantons de l'Est, und die Sternerestaurants der Region servieren Produkte aus der Umgebung des idyllischen Charlevoix. Neben diesen Freuden lockt die ungezähmte Natur: die zerklüftete Küste der Gaspé-Halbinsel, die endlose Taiga und Tundra der Côte-Nord und die windgepeitschten Îles de la Madeleine.

Reisezeit

Montréal

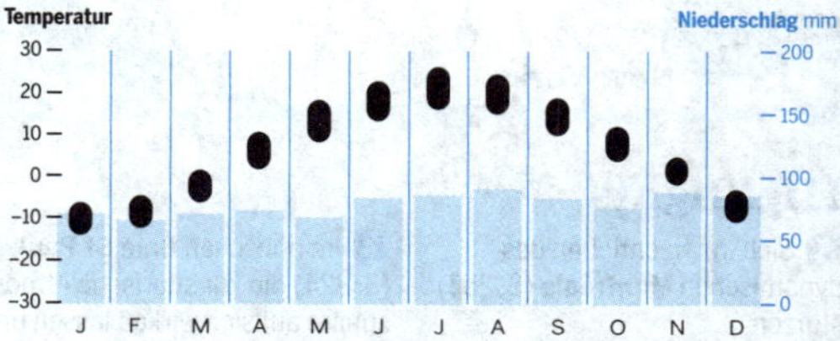

Dez. & Jan. Auf zum Mont-Tremblant – einem der besten Skigebiete Nordamerikas.

Feb. Warm einpacken und sich in den Karneval, das frostige Party-Highlight Québecs, stürzen.

Juli Montréals Party-Sommer beginnt mit dem Internationalen Jazzfestival.

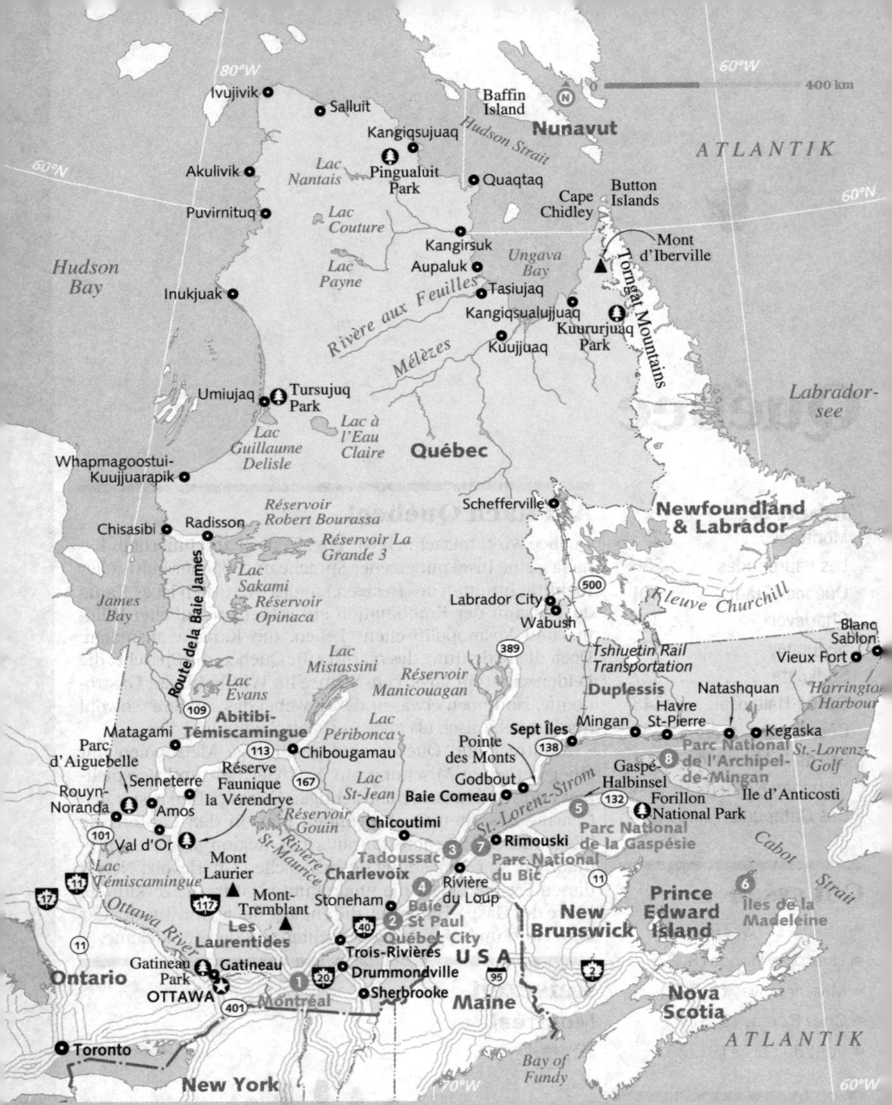

Highlights

1. Sich ins Nachtleben des dynamischen **Montréals** (S. 253) stürzen
2. Innerhalb der Stadtmauern von **Québec** (S. 301) die einzigartige Kultur und Geschichte und den Charme dieser Stadt erleben
3. Sich im Saguenay-Fjord bei **Tadoussac** (S. 330) von Walen vollspritzen lassen
4. Im hübschen **Baie St Paul** (S. 324) die künstlerische Atmosphäre auf sich wirken lassen und lokale Delikatessen kosten
5. Oberhalb der Baumgrenze zu den grandiosen Gipfeln des **Parc National de la Gaspésie** (S. 347) wandern
6. In den **Îles de la Madeleine** (S. 361) akadische Musik und dampfende Fischpastete genießen
7. Im spektakulären **Parc National du Bic** (S. 341) zurück zur Natur finden
8. Zwischen den entlegenen, mit bizarren Felsformationen gespickten Inseln des **Parc National de l'Archipel-de-Mingan** (S. 358) Kajak fahren

Geschichte

Québec hat eine turbulente Geschichte, die für kanadische Verhältnisse sehr lang und kompliziert ist.

Zur Zeit der Erkundung durch die Europäer besiedelten und kontrollierten verschiedene indigene Stämme die gesamte Region. Alle sind mittlerweile sesshaft geworden, auch die Mohawk am Sankt-Lorenz-Strom und die Cree weiter nordwärts. Noch etwas nördlicher und auch in östlicher Richtung leben die Innu; die Inuit sind im abgelegenen hohen Norden zu Hause. Die Beziehungen zwischen den Europäern und den indigenen Gruppierungen waren bisweilen angespannt, im Allgemeinen jedoch freundlich; sie beruhten auf Handel – vor allem mit Pelzen –, nicht auf Politik.

Der französische Forschungsreisende Jacques Cartier landete 1535 dort, wo heute die Städte Québec und Montréal liegen. Samuel de Champlain, ebenfalls Franzose, gründete rund 70 Jahre später, 1608, eine Siedlung bei Québec. Dabei hörte er zum ersten Mal das Wort „kebec" und zeichnete es auf. In der Sprache der Algonkin bedeutet es „wo sich der Fluss verengt".

Im weiteren Verlauf des 17. Jhs. rangen Frankreich und Großbritannien um die Vorherrschaft in Kanada, während die Briten große Kolonien gründeten, die später einmal die USA werden sollten, blieb die französisch-kanadische Population in der Unterzahl. 1759 siegten die Briten schließlich in der Schlacht auf den Plains of Abraham bei Québec und entschieden so den kanadischen Kolonialpoker für sich. Danach schwand Frankreichs Einfluss in der neuen Welt.

Als Tausende von britischen Königstreuen in den 1770er-Jahren vor dem Amerikanischen Unabhängigkeitskrieg flohen, teilte man die neue Kolonie in Upper und Lower Canada – heute Ontario und Québec. In Lower Canada ließen sich fast alle Franzosen nieder. Der Machtkampf zwischen beiden Gruppen hielt bis in die 1800er-Jahre an. 1867 trat Lower Canada als Québec der kanadischen Konföderation bei.

Im 20. Jh. bekam Québecs bisher ländlich geprägte Gesellschaft ein urbanes Gesicht. Bildung und Kultur fußten aber weiterhin auf den Glaubenssätzen der katholischen Kirche, die gewaltige Macht hatte und immer noch hat. Rund 90 % der heutigen Bevölkerung sind römisch-katholisch.

Die turbulenten 1960er-Jahre führten zur sogenannten „Stillen Revolution", die alle Facetten der frankophonen Gesellschaft hinterfragte und über den Haufen warf. Politische Systeme wurden umorganisiert, es kam zu einer massiven Säkularisierung und Gewerkschaftsbewegung, der Wohlfahrtsstaat entstand. Intellektuelle wie auch Extremisten diskutierten die mögliche Unabhängigkeit von Kanada, wobei die Québecer ein immer stärkeres Nationalgefühl ausprägten.

Die 1968 gegründete Unabhängigkeitspartei Parti Québécois kam 1976 unter Führung des charismatischen René Lévesque an die Macht. Seit damals wurde die Abspaltung von Kanada jedoch zweimal per Volksentscheid abgelehnt. Und für die jungen Leute von heute sind globale Fragen interessanter als ein unabhängiges Québec.

KURZINFOS QUÉBEC

- Einwohner: 8 215 000
- Fläche: 1 540 687 km²
- Hauptstadt: Québec (Stadt)
- Skurriles: Das Château Frontenac in Québec (Stadt) ist das meistfotografierte Hotel der Welt.

Einheimische Kultur

Die Québecer sind eine echte Mischung aus Europa und Nordamerika. In den Städten verschicken die Leute via Instagram Fotos von ihrem Essen im Restaurant, in ländlichen Regionen fahren sie vielleicht einen Ford F-350 mit Tarnnummernschild. Doch überall spielt sich das Leben etwas gemütlicher ab und die Menschen nehmen sich die Zeit, um zum Essen einen Kaffee, ein Bier oder ein Glas Wein zu trinken. Alles in allem sind sie freundlich, aber nicht überschwänglich; die Einheimischen strahlen eine gewisse Reserviertheit aus, die teils europäisch wirkt, teils dem kalten Wetter geschuldet sein dürfte. Die französische Sprache und ihre Bewahrung ist vielen Québecern wichtig und oft eine Herzensangelegenheit – auch denen, die im anglophileren Montréal groß geworden sind.

Geografie & Klima

Das raue Hochland der Laurentides bildet einen zerklüfteten, mit Kiefern bewachsenen Bogen, hinter der die schier unendliche Weite der Wälder und Tundra der Côte-Nord beginnt. Kahle Felsen fallen vor der Gaspé-Halbinsel ins blaue Meer ab. Hinter dem

Flickenteppich der Farmen um Charlevoix liegen die weiten Buchten des Sankt-Lorenz-Stroms. Schließlich ist da noch der hohe Norden: wild, fast menschenleer, ein Land der von Flechten geprägten Tundra und der vom Wind geformten Berge.

Die Temperaturunterschiede in der Provinz sind extrem. Innerhalb von sechs Monaten kann das Thermometer in Montréal und Québec alles zwischen 40 °C und –40 °C anzeigen, und selbst im Mai kann es noch kräftig schneien. Die Sommermonate sind meistens angenehm warm, wobei es aufgrund der hohen Luftfeuchtigkeit in Montréal oft recht schwül sein kann. Die Winter sind sehr schneereich, meist aber klar, sonnig und trocken.

Nationalparks & Naturschutzgebiete

Ein Highlight jeder Reise nach Québec sind die Schutzgebiete der Provinz. Sie erhalten nicht nur die bemerkenswert schöne Natur der Region, sie bieten auch viele belebende Aktivitäten, darunter Kanu- und Kajakfahren, Raften, Wandern, Radfahren und Campen in der Natur. Besonders empfehlenswert sind der Parc National Forillon und die Provinzparks Saguenay, Bic, Mont-Tremblant und Gaspésie.

Parks Canada (☎888-773-8888; www.pc.gc.ca) verwaltet drei Nationalparks, 24 National Historic Sites und eine National Marine Conservation Area in Québec. Die historischen Stätten sind hauptsächlich für Tagesbesucher geöffnet und werfen Schlaglichter auf faszinierende Ausschnitte der Geschichte.

Die **Société des Établissements de Plein Air du Québec** (Sépaq; ☎800-665-6527; www.sepaq.com) ist für die 27 Provinzparks und 15 Naturschutzgebiete Québecs zuständig. Verwirrenderweise bezeichnet sie viele Provinzparks als „Nationalparks". Die Parks reichen von Stränden und Vogelschutzgebieten bis zu zerklüfteten Schluchten und biegen großartige Möglichkeiten zum Campen, zur Tierbeobachtung, zu umweltfreundlichen Aktivitäten und zur Erholung. Wenn am Eingang zu einem Provinzpark niemand ist, dann steckt man das Eintrittsgeld und die eine Hälfte der Quittung (die andere behält man als Beleg) in einen bereitgestellten Umschlag.

Réserve fauniques (Naturschutzgebiete) schützen und bewahren die Umwelt, machen sie aber gleichzeitig öffentlich zugänglich. Vor allem Jäger und Angler nutzen diese Schutzgebiete (Genehmigung erforderlich), immer mehr Besucher entdecken sie aber auch als weniger überlaufene Alternative zu den National- und Provinzparks.

ℹ Anreise & Unterwegs vor Ort

Québec lässt sich problemlos mit dem Flugzeug, Bus, Auto und Zug erreichen. Die Provinz grenzt an die US-Bundesstaaten New York, Vermont, New Hampshire und Maine.

QUÉBEC IN ...

... einem Tag

Der Tag beginnt mit einem Brunch im **L'Express** (S. 276) in Montréal. Die aufgenommenen Kalorien werden anschließend bei einer kleinen Wanderung hinauf zum **Parc du Mont Royal** wieder abtrainiert. Zurück geht es durchs **Mile End** (S. 263) oder das **Plateau Mont-Royal** (S. 275), die zahlreiche Optionen für ein Abendessen oder einen Drink bieten.

... drei Tagen

Da bleibt für Montréals entspannte Atmosphäre nur ein Tag Zeit. Danach geht's quer durch die Laurentides nach **Mont-Tremblant** (S. 289). Der dritte Tag ist für die Stadt **Québec** (S. 301) reserviert: Nach einem Spaziergang zwischen den Stadtmauern der Alten Oberstadt stärkt man sich in einem Restaurant der **Alten Unterstadt** (S. 314) mit einem Menü von der *table d'hôte* (Tageskarte).

... einer Woche

Nach der Dreitagestour geht es zum **Saguenay**. Für den Weg dorthin kann man sich zwei Tage Zeit lassen und **Charlevoix** (S. 324) genießen. Zur Mittagszeit legt man einen Halt in **Baie St Paul** (S. 324) oder **La Malbaie** (S. 326) ein. Die letzten beiden Nächte verbringt man im netten **Tadoussac** (S. 330), mit Walbeobachtungen oder einer Fjordtour.

AUTO & MOTORRAD

Die US-amerikanischen Highways gehen an vielen Grenzübergänge direkt in ihre kanadischen Gegenstücke über. Diese führen zum Trans-Canada Hwy (in Québec Hwy 40), der direkt durch Montréal und Québec (Stadt) verläuft.

Der Zustand der Highways ist in der ganzen Provinz gut. In den entlegenen Gegenden im Osten und Norden gibt es aber viele langsam zu befahrende, kurvenreiche und sogar unbefestigte Straßen und nur wenige Tankstellen und Raststätten. Die Straßenbedingungen, die im Winter von erheblicher Bedeutung sind, erfährt man unter ☎888-355-0511. Rechtsabbiegen an roten Ampeln ist in einigen Gegenden verboten, vor allem auf der Insel Montréal und in Québec (Stadt); auf das Verbot weist immer ein Schild hin.

Die Mitfahragentur **Kangaride** (☎855-526-4274; www.kangaride.com) bietet eine preiswerte Möglichkeit, innerhalb Québecs zu reisen, sie bringt Fahrer und Mitfahrer zusammen, die in dieselbe Richtung fahren.

Wer die Städte Montréal oder Québec besucht, kann gut aufs Auto verzichten. Im Gegensatz zu vielen anderen nordamerikanischen Städten sind die Großstädte Québecs sehr fußgängerfreundlich, und Cafés mit Außenbereich säumen die belebten Bürgersteige.

BUS

Maritime Bus verbindet die Provinz mit Orten am Atlantik; Greyhound Canada und Megabus verkehren von Québec (Stadt) und Montréal nach Ontario. Von den USA sind auf der Strecke New York City–Montréal fünf Greyhound-Busse täglich unterwegs. Die Provinz verfügt über ein besonders gutes Busnetz.

Autobus Maheux (☎819-825-4767; www.autobusmaheux.qc.ca)

Galland (☎450-687-8666; www.galland-bus.com)

Greyhound Canada (☎800-661-8747; www.greyhound.ca)

Intercar ((☎800-806-2167; www.intercar.qc.ca)

Limocar (☎866-692-8899; www.limocar.ca)

Maritime Bus (☎in New Brunswick800-575-1807; www.maritimebus.com)

Megabus (☎866-488-4452; www.ca.megabus.com)

Orléans Express (☎888-999-3977; www.orleansexpress.com)

FLUGZEUG

Québecs wichtigster Flughafen befindet sich in Montréal, doch auch am Flughafen in Québec (Stadt) herrscht viel Betrieb. Zu den Fluggesellschaften, die die Provinz anfliegen, gehören Air Canada, Air Canada Express, Air France, Porter Airlines, Pascan und die Billigairlines Air Transat und WestJet. In den hohen Norden fliegen **First Air** (☎800-267-1247; www.firstair.ca), **Air Inuit** (☎800-361-2965; www.airinuit.com) und **Air Creebec** (☎800-567-6567; www.aircreebec.ca). **Air Canada Express** (☎888-247-2262; www.aircanada.com) fliegt von Québec (Stadt) und Montréal an die Côte-Nord und zu den Îles de la Madeleine.

INFOS IM INTERNET

Lonely Planet (www.lonelyplanet.com/canada/quebec) Informationen über Reiseziele, Hotelbuchungen, Traveller-Forum und mehr.

Montréal Lifestyle (www.cultmontreal.com) Infos zu Kunst, Kultur und Nachtleben in Montréal.

Tourism Montréal (www.tourisme-montreal.org) Offizielle Tourismuswebsite der Stadt Montréal.

Tourism Québec (www.quebecoriginal.com) Diese offizielle Tourismusseite bietet viele tolle Informationen zu Unterkünften und Restaurants.

Tourism Québec City (www.quebecregion.com) Eine gute Einführung in Québec und Umgebung.

SCHIFF/FÄHRE

Es gibt zahlreiche Fährverbindungen über den Sankt-Lorenz-Strom und zu den Inseln im Golf, z. B. zu den Îles de la Madeleine. Boote fahren auch an der abgelegenen Basse-Côte-Nord entlang in Richtung Labrador.

ZUG

VIA Rail (☎888-842-7245, in Montréal ☎514-989-2626; www.viarail.ca) bietet schnelle und häufige Zugverbindungen entlang des Korridors zwischen Québec (Stadt) und Windsor über Montréal und bedient die Südküste und die Gaspé-Halbinsel. In den USA fährt täglich ein Zug von **Amtrak** (☎800-872-7245; www.amtrak.com) zwischen Montréal und New York City.

MONTRÉAL

4,1 MIO. EW.

Früher war Montréal, faktisch die einzige bilinguale Stadt des Kontinents, in zwei Teile geteilt, wobei die „Main" (Blvd St-Laurent) die Trennlinie zwischen den Frankophonen im Osten und den Englischsprachigen im Westen der Stadt war. Heute findet man in allen Stadtgebieten französische Bezirke, und eine ganze Reihe englischsprachiger Kanadier hat sich in ehemals französischen Enklaven niedergelassen. Dank der anhaltenden Welle von Einwanderern ist es für die Bewohner Montréals nicht ungewöhnlich, im täglichen Leben sogar drei Sprachen zu sprechen. Mit dieser neuen Generation, die sich mittlerweile für weltumspannendere Themen interessiert (nämlich die Umwelt), gehören Sprachstreitigkeiten der Vergangenheit an.

Nicht strittig ist auch die Frage, was Montréal so unwiderstehlich macht. Es ist die geheime Mischung aus der von den Franzosen inspirierten Lebensfreude und einer weltoffenen Dynamik. Diesem Zusammenspiel verdankt die Stadt ihre florierende Kunstszene, eine explosionsartige Ausbreitung der Indie-Rock-Szene, ein Potpourri von weltweit renommierten Boutiquehotels, die außergewöhnlichen und schicken Plateau-Restaurants und eine coole Pariser Atmosphäre, die sich auf allen *terrasses* des Quartier Latin breitmacht. Da fühlt man sich schnell in eine andere Welt versetzt, in der sich alles nur um den Genuss dreht. Einzig der atemberaubende Blick vom Aussichtspunkt Kondiaronk im Parc du Mont-Royal auf die für Nordamerika so typische Skyline vermag einen da wieder in die Wirklichkeit zurückzuholen.

Geschichte

Im Mai 1642 schipperte eine kleine Flotte den Sankt-Lorenz-Strom hinauf. An Bord waren ein paar Dutzend Missionare, die ihre Heimat Frankreich verlassen und einen kalten Winter auf dem rauen Atlantik überlebt hatten. Schließlich erreichten sie den Ort, den der französische Forscher Jacques Cartier über 100 Jahre zuvor entdeckt hatte. Geführt von Paul Chomedey de Maisonneuve gingen die Pioniere an Land und errichteten mit der kleinen Siedlung Ville-Marie den Vorläufer Montréals.

Ville-Marie wurde schnell zur wichtigen Anlaufstelle für Pelzhändler und Abenteurer, obwohl die einheimischen Irokesen erheblichen Widerstand leisteten. Erst die Unterzeichnung des Friedensvertrags von 1701 machte den ständigen Scharmützeln ein Ende. Die Stadt blieb in französischer Hand, bis Kanada 1763 im Rahmen des Pariser Friedens an Großbritannien fiel. Amerikanische Revolutionäre besetzten Montréal 1775 für kurze Zeit. Sie zogen wieder ab, nachdem die Québecer ein gemeinsames

MONTRÉAL IN …

… einem Tag

Der Tag beginnt im **Mile End** (S. 263) mit einem einheimischen Ritual – einem ausgedehnten und entspannten Brunch. Später geht es hinauf zum **Mont Royal** (S. 262) mit einer Verschnaufpause am **Aussichtspunkt Kondiaronk** (S. 264), von wo man einen schönen Blick über die Stadt hat. Der Tag endet im **Plateau Mont-Royal** (S. 262) mit einem Abendessen und einem Ausflug in Montréals Nachtleben.

… zwei Tagen

Nach Tag 1 werden am Vormittag des zweiten Tages die Kopfsteinpflastergassen von **Vieux-Montréa**l erkundet. Historisches erfährt man im **Musée d'Archéologie et d'Histoire Pointe-à-Callière** (S. 257), oder man widmet sich im **Musée Des Beaux-Arts** (S. 298) den schönen Künsten. In **Little Italy** (S. 263) wird zu Abend gegessen, bevor die Clubs im **Village** (S. 288) unsicher gemacht werden.

… vier Tagen

Den dritten Tag sollte man mit einem Besuch im **Parc Olympique** (S. 263) starten. Wenn das Wetter mitspielt, lässt sich der Besuch im **Biodôme** (S. 264) wunderbar mit einem Besuch im **Jardin Botanique** (S. 264) verbinden und man lässt sich dort von den Düften verzaubern.

Am letzten Tag deckt man sich auf dem **Marché Atwater** (S. 262) mit allerhand Picknickvorräten ein und mietet sich ein Rad für eine gemütliche Tour entlang des **Canal de Lachine** (S. 267) oder rauscht mit dem Jetboot durch die **Lachine Rapids**.

Diniert wird in einem Spitzenrestaurant wie dem **Toqué!** (S. 273) oder dem **L'Express** (S. 276). Danach kann man im glamourösen **Casino de Montréal** (S. 265) sein letztes Urlaubsgeld verjubeln.

Montréal

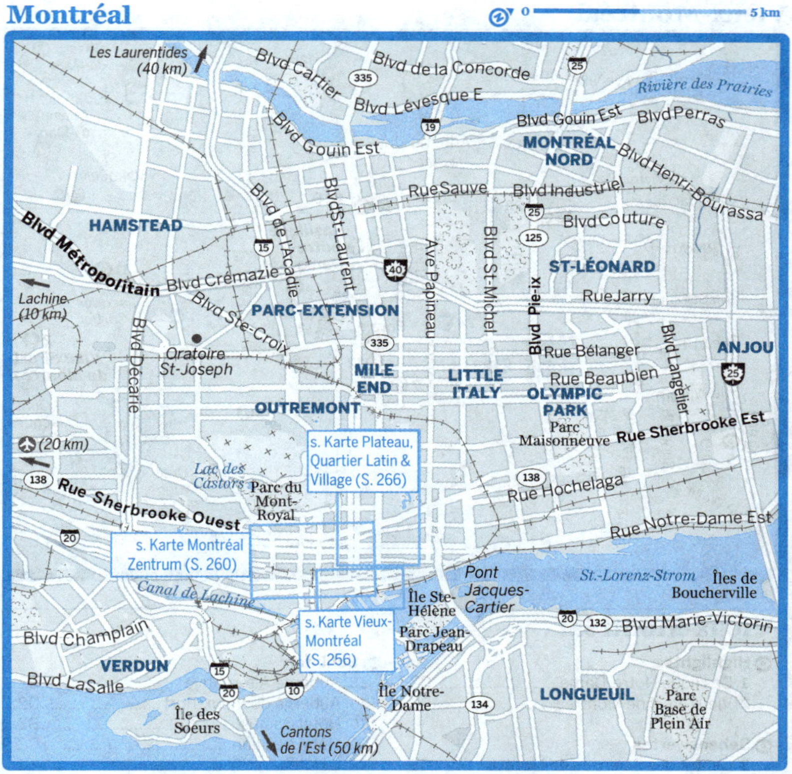

Militärbündnis gegen Großbritannien abgelehnt hatten.

Obwohl die Stadt in den 1820er-Jahren ihre Führungsposition im Pelzhandel an die Hudson Bay verlor, erlebte sie im 19. Jh. einen kräftigen Aufschwung. Der Bau der Eisenbahn und des Canal de Lachine begünstigte die Industrialisierung im großen Stil, wodurch wiederum Scharen von Einwanderern angelockt wurden.

Während der Prohibition nach dem Ersten Weltkrieg galt Montréal eine gewisse Zeit lang als schillernde „Sin City“, in der sich unzählige Amerikaner jenseits der Grenze vergnügten. Die Metropole war reif für eine grundlegende Veränderung, als Bürgermeister Jean Drapeau ans Ruder kam. Während seiner langen Amtszeiten (1954–1957 & 1960–1986) entstanden u. a. das Metrosystem, viele Bürohochhäuser im Zentrum, die unterirdische Stadt und die Place des Arts. Drapeau bemühte sich auch erfolgreich, Montréal ins internationale Rampenlicht zu rücken – mit der Weltausstellung 1967 und den Olympischen Spielen 1976 schaffte er es gleich zweimal.

Montréal erfreut sich seit zwanzig Jahren einer stets steigenden Wachstumsrate und überstand aufgrund des Booms im Hightech-Bereich die weltweite Wirtschafskrise ungewöhnlich gut.

Sehenswertes

Vieux-Montréal steht bei den meisten Besuchern an erster Stelle des Besichtigungsprogramms, denn hier schlägt das historische Herz der Stadt und hier wird im Gewirrr der verwinkelten Gassen die Erhabenheit dieser Stadt spürbar. Die Sehenswürdigkeiten am Vieux-Port haben von den Sanierungsmaßnahmen vor nicht allzu langer Zeit profitiert, und auf der anderen Seite des Wassers geben die Attraktionen und Wege im Parc Jean-Drapeau (S. 265) im Sommer eine wunderbare Abwechslung vom Großstadt-

Vieux-Montréal

Vieux-Montréal

Highlights

1	Basilique Notre-Dame	C2
2	Vieux-Port de Montréal	D2

Sehenswertes

3	Centre des Sciences de Montréal	C3
4	Cours Le Royer	C2
5	Fonderie Darling	A3
6	Hôtel de Ville	D1
7	Musée d'Archéologie et d'Histoire Pointe-à-Callière	B2
8	Édifice New York Life	C1
9	Ancienne-Douane	C2
10	Place d'Armes	C1
11	Place Jacques-Cartier	D2
12	Place Royale	C2
13	Tour de la Banque Royale	B2

Aktivitäten, Kurse & Touren

14	Ça Roule Montréal	C2
15	Guidatour	B2
	Le Bateau Mouche	(siehe 32)
	Le Petit Navire	(siehe 32)
16	MTL Zipline	E2
17	Patinoire du Bassin Bonsecours	E3

Schlafen

18	Auberge Alternative	B2
19	Auberge du Vieux-Port	D2
20	Hôtel Gault	B2
21	Hôtel Nelligan	C2
22	L Hotel	B1
	Lofts du Vieux-Port	(siehe 19)

Essen

23	Barroco	B2
24	Garde-Manger	B2
25	Le Serpent	A3
26	Olive + Gourmando	B2
27	Titanic	B2
28	Toqué!	B1

Ausgehen & Nachtleben

29	Philémon	C2
	Terrasse Nelligan	(siehe 21)

Unterhaltung

30	Centaur Theatre	B2
31	Cirque du Soleil	D3

Transport

32	Fähren	D3

dschungel ab. In der Innenstadt finden sich hervorragende Museen und Universitäten; die beiden Künstlerviertel Mile End und Plateau Mont-Royal bieten sich hingegen für einen netten Bummel an. Das Village und das Quartier Latin erwachen allabendlich zum prallen Leben. Und nur ein kleines Stückchen außerhalb sind der Parc Olym-

pique und Lachine die größten Touristenmagneten. Vom Mont Royal lässt sich die Aussicht auf alles genießen.

Vieux-Montréal

Der älteste Teil der Stadt ist ein Labyrinth aus unebenen Kopfsteinpflastergassen, gesäumt von Steinhäusern aus der viktorianischen und der Kolonialzeit, die mittlerweile in gemütliche Restaurants, Galerien und Boutiquen verwandelt wurden. Bei einem Spaziergang kommen Romantiker und Architekturfans voll auf ihre Kosten, vor allem bei Nacht, wenn die schönsten Fassaden angestrahlt werden. Und auch das Ufer ist nie weit. Vieux-Montréal erstreckt sich zwischen der lebhaften Place Jacques Cartier und der ehrwürdigen Place d'Armes; die geschäftige Rue Notre-Dame verbindet die beiden Punkte miteinander. Das südliche Ende der Place Jacques Cartier geht in die Rue St-Paul über, die wohl schönste und sicherlich älteste Straße des Viertels.

★ **Basilique Notre-Dame** KIRCHE
(Karte S. 256; ☎514-842-2925; www.basiliquenddm.org; 110 Rue Notre-Dame Ouest; Erw./Kind 5/4 C$; ⌚Mo–Fr 8–16.30, Sa bis 16, So 12.30–16 Uhr) Die Basilika ist Montréals berühmtes Wahrzeichen – eine optisch ansprechende, wenn auch etwas pompös wirkende Symphonie aus Holzschnitzereien, Gemälden, güldenen Statuen und Buntglasfenstern. Sie wurde im Jahr 1829 am Standort einer älteren und kleineren Kirche errichtet und beherbergt zum einen eine berühmte Casavant-Orgel, zum anderen die **Gros Bourdon**, die angeblich größte Glocke Nordamerikas.

Die Basilika machte im Jahr 1994 Schlagzeilen, als die Sängerin Céline Dion hier unter der hochaufragenden Decke den Sänger und Manager René Angélil heiratete. Im Jahr 2000 war die Kirche Schauplatz des Staatsbegräbnisses des ehemaligen kanadischen Premierministers Pierre Trudeau, dem Jimmy Carter und Fidel Castro gemeinsam als Sargträger die letzte Ehre erwiesen.

In der wesentlich kleineren **Chapelle du Sacré-Cœur** hinter dem Hauptaltar geben sich normalsterbliche Montréaler gern das Ja-Wort. Nach einem Brand im Jahr 1978 wurde sie als buntes Durcheinander aus historischen und modernen Elementen wieder aufgebaut. Blickfang ist das vom Boden bis zur Decke reichende Altarbild aus Bronze.

Place d'Armes HISTORISCHE STÄTTE
(Karte S. 256; Ⓜ Place-d'Armes) Diesen offenen Platz säumen einige der schönsten Bauwerke von Vieux-Montréal, darunter die älteste Bank, der erste Wolkenkratzer und die Basilique Notre-Dame. Der Name des Platzes geht auf die blutigen Kämpfe zurück, die sich hier abspielten, als religiöse Siedler und Stämme der Ureinwohner um die Macht im späteren Montréal kämpften. In der Mitte steht das **Monument Maisonneuve**, das dem Stadtgründer Paul de Chomedey, *sieur* de Maisonneuve, gewidmet ist

Musée d'Archéologie et d'Histoire Pointe-à-Callière MUSEUM
(Museum der Archäologie & Geschichte; Karte S. 256; ☎514-872-9150; www.pacmuseum.qc.ca; 350 Pl Royale; Erw./Kind 20/8 C$; ⌚Mo–Fr 10–18, Sa & So 11–18 Uhr; 👪; Ⓜ Place-d'Armes) Das Museum, einer der faszinierendsten Orte Montréals, entführt Besucher auf eine Reise durch die Jahrhunderte, die in den Anfangstagen der Stadt beginnt. Am besten schaut man sich zu Beginn des Rundgangs die 18-minütige Multimedia-Show *Signé Montréal* an, die sich der Ankunft der Indianer, der Gründung Montréals und anderen historischen Schlüsselmomenten widmet. Danach geht es hinunter in die **archäologische Krypta**, wo man die ausgegrabenen Überreste des städtischen Abwasser- und

CARTE MUSÉES MONTRÉAL

Dieser praktische **Museumspass** (www.museesmontreal.org; 80 C$) ist für Kulturfreunde maßgeschneidert und bietet die günstigste Möglichkeit, die 41 Museen Montréals zu besuchen. Er ist drei Tage lang gültig und beinhaltet die unbegrenzte Nutzung der öffentlichen Verkehrsmittel in diesem Zeitraum.

Flusssystems sowie die Fundamente der ältesten Gebäude und öffentlichen Plätze in Augenschein nehmen kann.

Place Jacques-Cartier PLATZ
(Karte S. 256; 👪; Ⓜ Champ-de-Mars) GRATIS Den belebtesten Ort Vieux-Montréals füllen Performance-Künstler, Straßenmusiker und die lebhaften Gespräche von den Terrassen der Restaurants, die den leicht geneigten Platz säumen. Nachdem 1803 hier ein Schloss abbrannte, wurde ein öffentlicher Markt errichtet. Am oberen Ende des Platzes steht die **Colonne Nelson** (Nelson-Säule), ein Denkmal für Admiral Lord Nelson, das errichtet wurde, nachdem er bei Trafalgar Napoleons Flotte vernichtet.

Hôtel de Ville HISTORISCHES GEBÄUDE
(Rathaus; Karte S. 256; 275 Rue Notre-Dame Est; ⌚8.30–17 Uhr; Ⓜ Champ-de-Mars) GRATIS Das stattliche Rathaus Montréals wurde zwischen 1872 und 1878 errichtet und nach einem Brand im Jahr 1926 wieder aufgebaut. Es ist tief in der Lokalgeschichte verwurzelt und hat wenig mit einem langweiligen Verwaltungszentrum gemein. Seinen größten Moment hatte das Bauwerk, als der französische Politiker Charles de Gaulle 1967 auf den Balkon trat und den Menschenmassen vor dem Rathaus zurief *„Vive le Québec libre!"* („Es lebe das freie Québec!"). Diese vier Worte gaben dem Separatismus in Québec Nahrung und belasteten die Beziehungen zu Ottawa über Jahre.

★ **Vieux-Port de Montréal** PARK
(Karte S. 256; 👪) Montréals alter Hafen hat sich mittlerweile zu einer 2,5 km langen Park- und Freizeitlandschaft entlang des gewaltigen Sankt-Lorenz-Stroms gemausert und wird von vier großen *quais* (Anlegern) eingerahmt. Sowohl Einheimische als auch Besucher von Montréal zieht es zum Spazierengehen, Radfahren und Inlineskaten hierher. Von den zahlreichen Anlegestellen starten sowohl Ausflugsboote als auch Jet- und Schnellboote zu verschiedenen Rundfahrten. Im Winter macht man auf der Eisbahn unter freiem Himmel eine gute Figur.

Centre des Sciences de Montréal MUSEUM
(Montréal Science Centre; Karte S. 256; ☎514-496-4724; www.montrealsciencecentre.com; King Edward Pier; Erw./Jugendlicher/Kind 15/13/ 8,50 C$, mit IMAX-3D-Film 23/19,50/14 C$; ⌚Mo–Fr 9–16, Sa & So 10–17 Uhr; 👪; Ⓜ Place-d'Armes) Das schicke gläserne Wissenschaftszentrum bietet virtuelle und interaktive Spiele, technische Ausstellungen und ein „Immersives Theater", das ein Videospiel auf riesige Leinwände projiziert. Es gibt eine breite Palette an Eintrittspreisen, die sich danach richten, welche Kombination aus Filmen und/oder Ausstellungen man sehen möchte. Zum Zentrum gehört auch ein IMAX-Kino, das spannende Natur- und Wissenschaftsfilme zeigt.

Zentrum

Die moderne Innenstadt Montréals ist typisch nordamerikanisch, mit breiten Durchgangsstraßen, die in das als Gitternetz angelegte Stadtbild aus Wolkenkratzern Schneisen schlagen. In seinen Straßen finden sich einige der schönsten Kirchen der Stadt sowie andere beeindruckende Gebäude, Museen, Grünflächen und große Einkaufspassagen. Die Cafés, Restaurants und Bars, besonders in der Rue Crescent, verströmen ein südländisches Flair.

★ **Musée des Beaux-Arts de Montréal** MUSEUM
(Museum der Schönen Künste; Karte S. 260; www.mbam.qc.ca; 1380 Rue Sherbrooke Ouest; Dauerausstellung Erw./Kind unter 13 Jahren 12 C$/frei, Sonderausstellungen 20/12 C$; ⌚10–17 Uhr, Mi bis 21 Uhr nur Sonderausstellungen; Ⓜ Guy-Concordia) Das Kunstmuseum, ein Muss für Kunstliebhaber, hat eine Sammlung von Gemälden, Skulpturen, dekorativer Kunst, Möbeln, Drucken, Zeichnungen und Fotografien von unschätzbarem Wert zusammengetragen. Zu den europäischen Schwergewichten gehören Rembrandt, Picasso und Monet. Die eigentliche Stärke des Museums ist aber die kanadische Kunst, zu deren Highlights Werke von Jean-Baptiste Roy-Audy und Paul Kane, Landschaften der Künstlergruppe Group of Seven und abstrakte Arbeiten von Jean-Paul Riopelle gehören.

Zu sehen sind auch etliche Objekte der Inuit und anderer Ureinwohner sowie viele

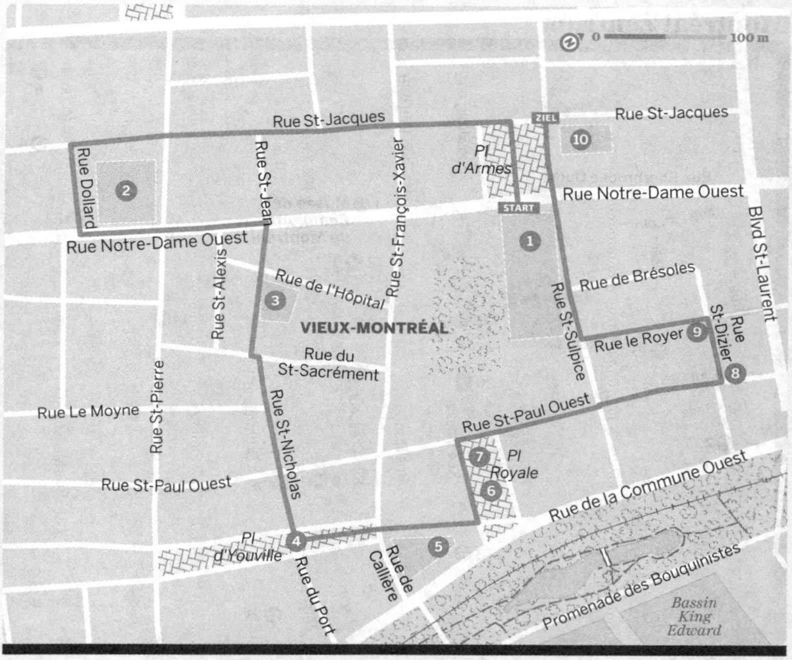

Stadtspaziergang
Kunst & Architektur in Vieux-Montréal

START BASILIQUE NOTRE-DAME
ZIEL PLACE D'ARMES
LÄNGE/DAUER 2 KM/2 STD.

An der Südostseite der Place d'Armes steht die prächtige ❶ **Basilique Notre-Dame** (S. 257). Innen befinden sich eine großartige Kanzel und Buntglasfenster in herrlichen Farben mit Darstellungen wichtiger Ereignisse aus der Zeit der Stadtgründung.

Die Rue St-Jacques führt zum grandiosen ❷ **Tour de la Banque Royale** mit seiner prächtigen Innenausstattung. 1928 war er das höchste Gebäude der Stadt.

Nun geht's zurück zur Rue Notre-Dame und die Rue St-Jean hinunter. Die Fassade des ❸ **Édifice Lewis** an der Ecke mit der Rue de l'Hôpital zieren Drachen und böse dreinschauende Wasserspeier. Es wurde für die Cunard Shipping Lines gebaut.

Ein paar Blocks weiter liegt die ❹ **Place d'Youville**, einer der schönsten Plätze von Vieux-Montréal. Hier ließen sich 1642 einige der ersten europäischen Siedler nieder.

In der Nähe befindet sich das faszinierende ❺ **Musée d'Archéologie et d'Histoire Pointe-à-Callière** (S. 257), in dem man die alten Stadtfundamente besichtigen kann und von der obersten Etage einen schönen Blick auf den Vieux-Port genießt.

Auf der gegenüberliegenden Straßenseite steht das 1836 erbaute ❻ **Ancienne-Douane** (Altes Zollhaus) an der ❼ **Place Royale**, die in den Anfangstagen der Stadt im 17. und 18. Jh. als Marktplatz diente.

Die Rue Saint-Paul führt zur 2006 geschaffenen Bronzeskulptur ❽ **Les Chuchoteuses** (die Flüsterinnen), die in einer Ecke unweit der Rue Saint-Dizier steht.

Weiter geht's die Rue Saint-Dizier entlang und dann nach links zum hübschen ❾ **Cours Le Royer**, einer ruhigen Fußgängerzone mit Brunnen. An der Passage auf der Nordseite stellt ein Buntglasfenster Jérôme Le Royer, einen der Stadtgründer Montréals, dar.

Nun geht's nach rechts in die Rue Saint-Sulpice und zurück zur Place d'Armes, um das ❿ **Édifice New York Life**, zu bewundern, den ersten Wolkenkratzer Montréals (1888).

Montréal Zentrum

dekorative Gegenstände, darunter japanische Weihrauchdosen und viktorianische Truhen.

Die Ausstellungen verteilen sich auf den klassizistischen, marmornen Michal and Renata Hornstein Pavilion und den frischen, modernen Jean-Noël Desmarais Pavilion auf der gegenüberliegenden Straßenseite.

Chinatown STADTVIERTEL

(Karte S. 260) In diesem kompakten Stadtviertel, das nur aus ein paar übersichtlichen Straßen besteht, gibt's zwar keine eigentlichen Sehenswürdigkeiten, doch es ist eine nette Gegend, um zu Mittag zu essen oder Schnickschnack zu kaufen. Die Hauptdurchgangsstraße, die Rue de la Gauchetière, liegt zwischen dem Blvd St-Laurent und der Rue Jeanne Mance. Hier finden sich taiwanesische Bubble-Tea-Läden, Bäckereien im Stil Hongkongs und vietnamesische Suppenrestaurants. Auf dem öffentlichen Platz, der **Place Sun-Yat-Sen**, treffen sich gern ältere Chinesen und manchmal auch Gruppen von Falun-Gong-Schülern.

Centre Canadien d'Architecture MUSEUM

(CCA; Karte S. 260; www.cca.qc.ca; 1920 Rue Baile; Erw./Kind 10 C$/frei, Do 17.30–21 Uhr frei; ⌚Mi–So 11–18, Do bis 21 Uhr; Ⓜ Georgest-Vanier)

Das Zentrum, ein Muss für Architekturbegeisterte, ist teils Museum, teils Forschungsinstitut. In den Komplex integriert ist das **Maison Shaughnessy** aus dem 19. Jh., ein Juwel aus grauem Kalkstein. Zu den Höhepunkten in diesem Teil gehören das Konservatorium und ein üppig dekoriertes Wohnzimmer mit kunstvollen Holzarbeiten und einem massiven Kamin aus Stein. Den Schwerpunkt der Ausstellungen bilden bemerkenswerte regionale und internationale Bauwerke, mit besonderem Fokus auf urbanes Design.

Der **Skulpturengarten** des CCA befindet sich auf einer Rasenfläche mit Blick auf den Süden Montréals. Im Zentrum gibt's auch einen gut sortierten, geschäftigen Buchladen.

Musée McCord MUSEUM

(McCord-Museum der kanadischen Geschichte; Karte S. 260; ☎514-398-7100; www.mccord-museum.qc.ca; 690 Rue Sherbrooke Ouest; Erw./Student/Kind 14/8 C$/frei, Sonderausstellungen 5 C$ zusätzlich, Mi ab 17 Uhr frei; ⌚Di, Do & Fr 10–18, Mi bis 21, Sa & So bis 17 Uhr; Ⓜ McGill) In den vollgestopften, aber einladenden Ausstellungen des Musée McCord d'Histoire Canadienne, in denen kaum ein Zentimeter frei ist, befinden sich Tausende Ausstellungsstücke und Dokumente, die die soziale, kulturelle und

Montréal Zentrum

archäologische Geschichte Kanadas vom 18. Jh. bis zur Gegenwart beleuchten.

Université McGill UNIVERSITÄT
(Karte S. 260; ☎ 514-398-4455; www.mcgill.ca; 845 Rue Sherbrooke Ouest; Ⓜ McGill) Die 1828 von James McGill, einem reichen schottischen Pelzhändler, gegründete Université McGill ist eine der prestigeträchtigsten Bildungseinrichtungen Kanadas. 39 000 Studenten lernen hier. Die Fakultäten für Medizin und für Ingenieurswissenschaften genießen einen besonders guten Ruf. Der Campus am Fuß des Mont Royal lädt mit seinen vielen schönen viktorianischen Gebäuden zu einem netten Spaziergang ein. Auf dem Campus steht auch das **Musée Redpath** (Karte S. 260; ☎ 514-398-4086; www.mcgill.ca/redpath/redpath-museum; 859 Rue Sherbrooke Ouest; Eintritt gegen Spende; ⏰ ganzjährig Mo–Fr 9–17 Uhr, Sommer So 13–17 Uhr, Winter So 11–17 Uhr; Ⓜ McGill) GRATIS.

Musée d'Art Contemporain MUSEUM
(Karte S. 266; ☎ 514-847-6226; www.macm.org; 185 Rue Ste-Catherine Ouest; Erw./Kind 15/5 C$, Mi 17–21 Uhr halber Preis; ⏰ Di 11–18, Mi–Fr bis 21, Sa & So 10–18 Uhr; Ⓜ Place-des-Arts) Die acht Ausstellungsbereiche des Museums für kanadische und internationale moderne Kunst sind zwischen der Vergangenheit (ab 1939) und spannenden aktuellen Entwicklungen aufgeteilt. Die gewichtige ständige Sammlung mit über 7600 Werken umfasst Arbeiten der legendären Québecer Künstler Jean-Paul Riopelle, Paul-Émile Borduas und Geneviève Cadieux. Das Museum zeigt aber auch Sonderausstellungen kanadischer und internationaler Künstler zu den neuesten Trends der zeitgenössischen Kunst. Die Sammlung beinhaltet sowohl traditionelle Kunstformen als auch neue Medien: Die Bandbreite reicht von Gemälden, Skulpturen und Drucken bis zu Kunstinstallationen, Fotografien und Videos.

Marché Atwater MARKT
(☎ 514-937-7754; www.marchespublics-mtl.com; 138 Ave Atwater; ⏰ Mo–Mi 7–18, Do bis 19, Fr bis 20, Sa & So bis 17 Uhr; 👪; Ⓜ Atwater) 🍃 Gleich abseits des Canal de Lachine (S. 267) bietet dieser fantastische Markt ein verlockendes Angebot an frischen Produkten von den Farmen der Umgebung, erstklassigen Weinen, knusprigem Brot, gutem Käse und anderen Köstlichkeiten. Die Spezialitätengeschäfte sind ganzjährig geöffnet, die Stände im Freien nur von März bis Oktober. Der Markt befindet sich in einer 1933 erbauten Ziegelsteinhalle, die ein Uhrturm krönt. Das grasbewachsene Ufer mit Blick auf dem Kanal lädt zu einem netten Picknick ein.

Plateau Mont-Royal

Das Plateau im Osten des Parc du Mont-Royal ist das jüngste, lebendigste und künstlerischste Viertel Montréals. Ursprünglich war es ein Arbeiterviertel, doch das änderte sich, als in den 1960er- und 1970er-Jahren Schriftsteller, Musiker und andere kreative Leute herzogen. Einer von ihnen war der Bühnenautor Michel Tremblay, dessen unverblümter Blick auf einige der schillernderen Bewohner des Viertels dazu beitrug, dass es immer hipper wurde.

Heute ist das Plateau eine recht teure Gegend geworden und ist nicht mehr so unkonventionell und kreativ wie früher, aber diese Aufwertung geschah so dezent, dass es noch immer alternativ und kreativ wirkt. Wer bei einem Spaziergang durch die Straßen das bekannte Straßenbild mit den Wendeltreppen, kunstvoll verzieren schmiedeeisernen Balkons und viktorianischen Dächern bewundert, wird den Grund dafür ein wenig verstehen.

Die ungefähren Grenzen des Plateau bilden der Blvd St-Joseph im Norden und die Rue Sherbrooke im Süden, der Mont Royal im Westen und die Ave de Lorimier im Osten. In den Hauptstraßen, dem Blvd St-Laurent („The Main"), der Rue St-Denis und der Ave du Mont-Royal, gibt's viele Cafés mit Terrassen, Restaurants, Clubs und Boutiquen. In der Rue Prince Arthur, dem Montréaler Hippie-Treff der 1960er-Jahren, und in der Rue Duluth wimmelt es nur so von Restaurants, in denen man seinen eigenen Wein mitbringen kann.

Quartier Latin & Village

Das Quartier Latin ist Montréals umtriebigster Stadtteil. Es ist ein etwas heruntergekommenes Vergnügungsviertel, das mit französischer Eleganz aufgewertet wird. Im Gefolge der Université de Montréal (1893) siedelten sich in dem Bezirk noch weitere renommierte Kultureinrichtungen und die reiche französische Bürgerschicht an. Nachdem die Hochschule auf einen größeren Campus nördlich des Mont Royal umzog, kam das Quartier Latin wieder außer Mode, und Kriminalität und Verwahrlosung hielten Einzug. Die Situation verbesserte sich erst wieder mit der Gründung der Université du Québec im Jahr 1969.

Vor allem während des Festival International de Jazz, zu den FrancoFolies (S. 269) und beim Just for Laughs Festival (S. 269) erweist sich das Viertel als actiongeladener Hotspot. Mit gut besuchten Bars, angesagten Bistros, Musikclubs und Plattenläden ist hier rund um die Uhr was los. Das Quartier Latin wird von den Straßen Rue Sanguinet, Rue Sherbrooke, Rue St-Hubert und dem Boulevard René-Lévesque begrenzt. Im Süden schließt sich Vieux-Montréal an, das am besten über die Rue St-Denis erreichbar ist.

Vor etwa zehn Jahren begann Montréals Schwulen- und Lesbengemeinde, das ehemalige Armenviertel im Osten der Stadt mit neuem Leben zu erfüllen. Mittlerweile ist das Village weit mehr als nur ein Schwulenviertel. In der Rue Ste-Catherine mit ihren Cafés, Bistros und anspruchsvollen Restaurants tummeln sich die Leute unabhängig von ihren sexuellen Neigungen. Das Village ist für sein pulsierendes Nachtleben bekannt, während tagsüber Angestellte der im Viertel ansässigen großen Medienunternehmen das Straßenbild bestimmen. Im Sommer geht es hier am heißesten her, wenn Hunderttausende Besucher aus aller Welt zum Divers/Cité zusammenkommen, einer gigantischen, jährlich stattfindenden Schwulen- und Lesbenparade.

Lebensadern des (Gay) Village sind die Rue Ste-Catherine Est und deren Seitenstraßen Rue St-Hubert im Westen und Avenue de Lorimier im Osten.

Little Italy & Mile End

Das lebendige Little Italy nördlich des Plateaus ist vom Aroma und der Würze seines Mutterlandes geprägt – hier scheinen der Espresso stärker, die Pastasauce dicker und die Küchenchefs runder zu sein. Und italienischer Fußball scheint direkt auf dem Blvd St-Laurent stattzufinden, wo man stolz die grün-weiß-rote Fahne hisst. Bei einem Spaziergang lässt sich die Atmosphäre wunderbar aufsaugen, und ein Abstecher zum stets geschäftigen Marché Jean Talon (S. 283) ist quasi Pflicht.

Mile End ist das „neue Plateau" für Studenten und Künstler, die auf der Suche nach einer erschwinglicheren und weniger schicken Location hierher flüchten. Der Bezirk ist so cool wie sein Vorbild und hat zwei tolle Bagel-Shops. Außerdem gibt es gehobene Restaurants entlang der Ave Laurier. Zahlreiche angesagte Treffpunkte liegen in der Rue St-Viateur und am Blvd St-Laurent. Die Atmosphäre hier ist multikulti – chassidische Juden leben Tür an Tür mit Einwanderern aus ganz Europa – was schon an den vielen original griechischen Lokalen in der Ave du Parc und an der neo-byzantinischen polnischen Kirche in der Rue St-Urbain erkennbar ist, der Église St-Michel.

Viele Romane des renommierten kanadischen Romanciers Mordecai Richler spielen in Mile End, darunter *Die Lehrjahre des Duddy Kravitz*.

Parc Olympique & Umgebung

1976 war Montréal Gastgeber der Olympischen Sommerspiele, denen das Gebiet östlich des Zentrums sehr viele neue Attraktionen zu verdanken hat. Eine davon ist der wunderschöne Botanische Garten, den man über die Rue Sherbrooke erreicht.

Jardin Botanique GARTEN

(☎514-872-1400; www.espacepourlavie.ca/jardin-botanique; 4101 Rue Sherbrooke Est; Erw./Kind 20/10 C$; ⊙Mitte Mai–Anfang Sept. 9–18 Uhr, Anfang Sept.–Mitte Mai Di–So 9–17 Uhr; 🚻; Ⓜ Pie-IX) Der Jardin Botanique in Montréal ist nach den Londoner Kew Gardens und dem Botanischen Garten in Berlin der drittgrößte botanische Garten der Welt. Seit seiner Eröffnung 1931 wurde der 75 ha große Garten immer wieder erweitert: Heute gedeihen hier Tausende Pflanzenarten in über 20 Themengärten. Die unzähligen blühenden Pflanzen werden sorgfältig so ausgewählt und gepflegt, dass sie in verschiedenen Zeitabschnitten blühen. Die Rosenbeete sind im Sommer eine Augenweide. Im klimakontrollierten Gewächshaus wachsen Kakteen, Bananenpflanzen und 1500 Orchideenarten. Vogelbeobachter bringen am besten ihre Ferngläser mit.

Ein beliebter Besuchermagnet ist der künstlich angelegte **Japanische Garten** mit den traditionellen Pavillons, dem Teehaus und der Kunstgalerie. Sein Bonsai-„Wald" ist der größte außerhalb Asiens. Die Städtepartnerschaft Montréals mit Shanghai gab den Anstoß für den **Chinesischen Garten**. Die ornamentalen Penjing-Bäume aus Hongkong sind bis zu 100 Jahre alt. Rund um den Lac de Rêve (Traumsee) wurde ein Garten aus der Zeit der Ming-Dynastie angelegt. Im nördlichen Teil des Jardin Botanique zeigt das **Maison de l'arbre Frédérick Back** eine Dauerausstellung über die Bäume des 40 ha großen Arboretums. Sie widmet sich auch der Gelbbirke, dem Nationalbaum der Provinz Québec. Der **Jardin des Premiéres-Nations** beschäftigt sich mit den Beziehungen von elf Indianer- und Inuitvölkern zu einheimischen Pflanzen wie Birke, Ahorn, Labrador-Veilchen und Tee. Im **Andenkenladen Orchidée** im Hauptgebäude gibt's wunderbare Dinge, darunter handgearbeiteten Schmuck und Kunsthandwerk, Plüschtiere und hinreißend illustrierte Bücher.

Im Herbst (Mitte Sept. bis Anfang Nov.) wird der Chinesische Garten für das beliebte Festival **Jardin de lumière**, besonders prächtig geschmückt, Dann funkeln in der Dämmerung Hunderte handgearbeitete Seidenlaternen.

Im käferförmigen **Insektarium** dreht sich alles um Krabbeltiere. Die meisten der 250 000 Arten sind tot und in Vitrinen ausgestellt. doch hier tummeln sich auch lebende Insekten, darunter Bienen und Vogelspinnen.

Die Eintrittskarte gilt für die Gärten, die Gewächshäuser und das Insektarium.

Biodôme MUSEUM

(☎514-868-3000; www.espacepourlavie.ca; 4777 Ave du Pierre de Coubertin; Erw./Kind 20/10 C$; ⊙Ende Juni–Sept. 9–18 Uhr, Rest des Jahres Di–So 9–17 Uhr; 🚻; Ⓜ Viau) In dieser faszinierenden kinderfreundlichen Ausstellung spaziert man durch einen Regenwald, erkundet antarktische Inseln, betrachtet bewaldete Hügel, beschäftigt sich mit den Meereslebewesen des St.-Lorenz-Golfs oder wandert an der rauen atlantischen Küste entlang – ohne das Gebäude je zu verlassen. Wegen der starken Temperaturschwankungen sollte man mehrere Lagen Kleidung anziehen. In den fünf Ökosystemen leben Tausende Tier- und

NICHT VERSÄUMEN

PARC DU MONT-ROYAL

Die Montréaler sind stolz auf ihren „Berg", das Werk des Designers Frederick Law Olmsted, der auch den New Yorker Central Park gestaltete. Der **Parc du Mont-Royal** (☎514-843-8240; www.lemontroyal.qc.ca; 🚻) ist ein weitläufiger, grüner Park, in dem man wunderbar radfahren, joggen, reiten, picknicken und im Winter langlaufen und schlittenfahren kann. Bei schönem Wetter bietet sich vom Aussichtspunkt **Kondiaronk** ein schönes Panorama. In der Nähe steht das **Chalet du Mont-Royal**, eine prächtige alte Steinvilla, in der im Sommer Bigband-Konzerte stattfinden. Auch vom **Observatoire de l'Est**, einem bevorzugten Treffpunkt von Liebespärchen, ist die Aussicht herrlich.

Der Spaziergang zwischen den beiden Aussichtspunkten dauert etwa 30 Minuten. Unterwegs sieht man das 40 m hohe **Croix du mont Royal** (1924), ein Wahrzeichen der Stadt, das nachts erleuchtet ist. Es soll an den Stadtgründer Maisonneuve erinnern, der 1634 ganz allein ein hölzernes Kreuz auf den Berg trug, um Gott dafür zu danken, dass das aufblühende Dorf von der Flut verschont blieb.

Pflanzenarten; wer dem vorgegebenen Rundgang folgt, wird alles sehen.

Planétarium GEBÄUDE
(☎ 514-868-3000; www.espacepourlavie.ca; 4801 Ave du Pierre de Coubertin; Erw./Kind 20/10 C$; ⏲ So, Di & Mi 9–17, Do–Sa bis 20 Uhr; Ⓜ Viau) Diese 2013 eröffneten futuristischen Metallgebäude bringen dank ihr zwei Hightech-Kuppelsäle und der interaktiven Ausstellungen zum Weltraum den Kosmos nach Montréal. Die beiden Kuppelsäle unterscheiden sich etwas: Das Théâtre de la Voie lactée (Milchstraßentheater) ist traditionell mit bequemen Sitzen eingerichtet und zeigt Filme, die einen kleinen Einblick in die Weiten des Alls geben. Im Théâtre du Chaos (Chaos-Theater) machen es sich die Besucher auf Sitzsäcken und hölzernen Gartensesseln bequem und werfen einen stärker philosophisch geprägten Blick ins Weltall.

Parc Jean-Drapeau

Auf dem Gelände der äußerst erfolgreichen Weltausstellung von 1967 erstreckt sich heute der **Parc Jean-Drapeau** (Karte S. 255; www.parcjeandrapeau.com). Seine beiden Inseln, Île Ste-Hélène und Île Notre-Dame, werden vom Sankt-Lorenz-Strom eingerahmt. Es gibt hier auch ein Kasino à la Las Vegas, eine Formel-Eins-Rennstrecke und ein Museum in einer alten Festung. Im Sommer steht in der Nähe der Metrostation Jean-Drapeau ein **Informationskiosk** (☎ 514-872-4537; ⏲ 10–18 Uhr).

Autofahrer sollten die Pont Jacques Cartier zur Île Ste-Hélène und die Pont de la Concorde hinüber zur Île Notre-Dame nehmen. Fähren (Quai Jacques Cartier; Erw./Kind 7,50 C$/frei; ⏲ Mitte Mai–Mitte Sept.) befördern Fußgänger und Fahrräder vom Vieux-Port zum Park. Radfahrer und Inline-Skater halten sich am Radweg beim Canal Lachine an die Ausschilderung zur Cité du Havre und dann zur Île Notre-Dame.

Die Busse 777 (Kasino) und 767/769 (La Ronde) verkehren zwischen den Inseln.

La Ronde VERGNÜGUNGSPARK
(☎ 514-397-2000; www.laronde.com; 22 Chemin Macdonald; Erw./Kind 64/47 C$; ⏲ unterschiedliche Öffnungszeiten; P) Québecs größter Vergnügungspark La Ronde bietet zahlreiche aufregende Rides, darunter **Le Monstre**, die höchste hölzerne Duelling-Achterbahn der Welt, und **Le Vampire**, eine Korkenzieher-Achterbahn mit waghalsigen Kurven. Wer es ruhiger mag, kann bei der Fahrt mit dem Riesenrad oder der freundlichen Minibahn den Blick auf den Fluss und die Stadt genießen.

Musée Stewart MUSEUM
(☎ 514-861-6701; www.stewart-museum.org; 20 Chemin du Tour de l'Île; Erw./Kind 10 C$/frei; ⏲ Di–So 10–17 Uhr) Im Arsenal der alten britischen Garnison (wo im 19. Jh. Truppen stationiert waren) zeigt dieses wundschön restaurierte Museum in seiner Dauerausstellung „Histoires et Mémoires" (Geschichte und Erinnerungen) Zeugnisse der kanadischen Geschichte. Im Sommer finden draußen Militärparaden mit Schauspielern in Kostümen aus dem 18. Jh. statt, genauere Informationen stehen auf der Website.

Casino de Montréal KASINO
(☎ 514-392-2746; http://casinos.lotoquebec.com; 1 Ave du Casino; ⏲ 24 Std.; Ⓜ Jean-Drapeau, dann Bus 777) Montréals Casino im früheren Französischen Pavillon der Expo '67 eröffnete 1993 und erfreute sich sofort derart großer Beliebtheit (und verdiente so viel Geld), dass es innerhalb kürzester Zeit erweitert wurde. Das nach einer 300 Mio. C$ schweren Modernisierung im Jahr 2013 ultramoderne Gebäude ist das größte Kasino des Landes.

Habitat 67 GEBÄUDE
(www.habitat67.com; Ave Pierre Dupuy) Die künstliche Halbinsel **Cité-du-Havre** wurde gebaut, um den Hafen vor starken Strömungen und Eis zu schützen. Der Architekt Moshe Safdie, damals erst 23 Jahre alt, entwarf hier 1967 für die Expo Expo '67 eine zusammenhängende Gruppe kubusförmiger Eigentumswohnungen, die aus einiger Entfernung an unter dem Mikroskop vergrößertes Speisesalz erinnern. Der schmale Landstreifen verbindet Vieux-Montréal über die Pont de la Concorde mit der Île Ste-Hélène.

Übriges Stadtgebiet

Die Geschichte, Architektur und Atmosphäre des westlichen Vororts Lachine sind auf jeden Fall einen Abstecher wert. Vom Tourismus weiterhin recht unbeeindruckt, sind hier die Kultur und Wurzeln Montréals noch greifbar. Am Blvd St-Joseph stehen sowohl das beeindruckende Nonnenkloster Collège Ste-Anne als auch das Rathaus. Die kleineren Straßen dahinter sind perfekt zum Umherschlendern.

Plateau, Quartier Latin & Village

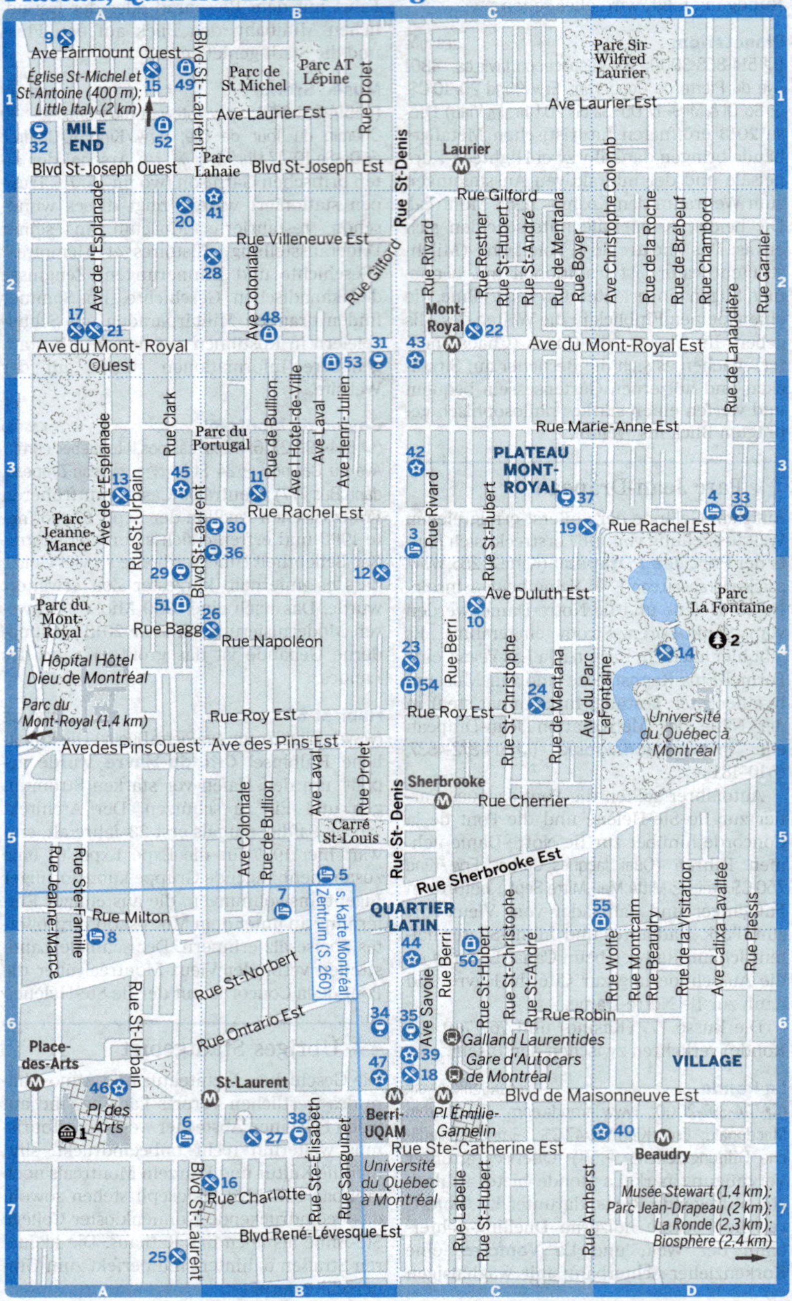

Plateau, Quartier Latin & Village

Sehenswertes
1 Musée d'Art Contemporain ... A7
2 Parc La Fontaine ... D4

Schlafen
3 Anne Ma Soeur Anne ... C3
4 Auberge De La Fontaine ... D3
5 Gingerbread Manor ... B5
6 L'Abri du Voyageur ... A7
7 Le Gîte du Plateau Mont-Royal ... B5
8 Trylon Apartments ... A6

Essen
9 Arts Cafe ... A1
10 Au Pied de Cochon ... C4
11 Cafe Névé ... B3
12 ChuChai ... B4
13 Crudessence ... A3
14 Espace La Fontaine ... D4
15 Fairmount Bagel ... A1
16 Foodlab ... B7
17 Hà ... A2
18 Juliette et Chocolat ... C6
19 La Banquise ... C3
20 La Sala Rosa ... A2
21 Le Filet ... A2
22 Les Folies ... C2
23 L'Express ... C4
24 L'Gros Luxe ... C4
25 Mai Xiang Yuan ... A7
26 Moishe's ... B4
27 Ong Ca Can ... B7
28 Robin des Bois ... B2

Ausgehen & Nachtleben
29 Barfly ... A4
30 Big in Japan ... B3
31 Bily Kun ... B2
32 La Buvette Chez Simone ... A1
33 Le Lab ... D3
34 Le Saint Sulpice ... B6
35 L'Île Noire ... C6
36 Majestique ... B3
37 Pub Pit Caribou ... C3
38 Pub Ste-Élisabeth ... B7

Unterhaltung
39 Bistro à Jojo ... C6
40 Cabaret Mado ... D7
41 Casa del Popolo ... B2
42 Dièse Onze ... C3
Foufounes Électriques ... (siehe 27)
43 La Rockette ... C2
44 Le 4e Mur ... C6
45 Le Divan Orange ... A3
46 Orchestre Symphonique de Montréal ... A6
47 Théâtre St-Denis ... B6

Shoppen
48 Artpop ... B2
49 Au Papier Japonais ... A1
50 Aux Quatre Points Cardinaux ... C6
51 Friperie St-Laurent ... A4
52 Jet-Setter ... A1
53 Le Port de Tête ... B2
54 Librairie Planète BD ... C4
55 Marché St-Jacques ... D5

Canal de Lachine KANAL

( ) GRATIS Der Kanal wurde 1825 gebaut, um die gefährlichen **Lachine-Stromschnellen** im St.-Lorenz-Strom zu umgehen. Heute ist er eine perfekte Kombination aus urbaner Infrastruktur und öffentlicher Grünflächenplanung: Am Kanal verläuft ein 14 km langer Fuß- und Radweg mit Picknickbereichen und Grünanlagen. Seit er 2002 wieder für den Schiffsverkehr geöffnet wurde, gleiten Scharen von Ausflugs- und Freizeitbooten durch das ruhige Wasser.

Lieu Historique National du Commerce-de-la-Fourrure-á-Lachine HISTORISCHE STÄTTE

(www.pc.gc.ca; 1255 Blvd St-Joseph; Erw./Kind 4/2 C$; Ende Mai–Anfang Sept. 10–17 Uhr; 195, Angrignon) Das 1803 gebaute steinerne Lagerhaus ist heute ein spannendes kleines Museum, das die Geschichte des Pelzhandels in Kanada erzählt. Die Hudson Bay Company machte Lachine zum Zentrum ihres Pelzhandels, weil man den Fluss wegen der Stromschnellen ab hier nicht befahren konnte. Besucher können die Pelze und die Ausrüstung der Trapper bewundern, und Führer in historischen Kostümen zeigen, wie die Pelzballen und die Kanus von einheimischen Trappern geschleppt wurden.

Aktivitäten

Radfahren & Inlineskaten

Montréal ist ein Traum für jeden Radfahrer. Erst vor Kurzem wurde Bixi eingeführt, ein Fahrradverleih mit Selbstbedienung, dessen über 300 solarbetriebene Stationen in der ganzen Innenstadt verteilt sind. Seither kann jedermann das über 500 km lange Wegenetz nutzen, das Radfahrern und Inlineskatern zur Verfügung steht. Wer eine größere Tour plant, holt sich sein Bike aber lieber in einem normalen Fahrradverleih. Dort gibt es neben einer größeren Auswahl auch Radkarten.

Eine beliebte Strecke ist der 14,5 km lange Weg entlang des Canal de Lachine. Sie beginnt in Vieux-Montréal und kommt unterwegs an allerlei historischen Stätten vorbei. Um an den zahlreichen Picknicktischen entlang der Strecke nicht leer dazustehen, deckt man sich auf dem Marché Atwater rechtzeitig mit ein paar Köstlichkeiten ein.

Ebenfalls cool ist der geschmeidige Fahrbahnbelag des **Circuit Gilles Villeneuve** auf der Île Notre-Dame, auf dem von Mitte April bis Mitte November jedermann kostenlos seine Runden drehen kann. Nur Mitte Juni nicht, dann findet hier nämlich der Große Preis von Kanada statt.

Ça Roule Montréal RADFAHREN

(Karte S. 256; ☎514-866-0633; www.caroulemontreal.com; 27 Rue de la Commune Est, Vieux-Port; Fahrräder pro Std./Tag 8/30 C$, Inline-Skates erste/jede weitere Std. 9/4 C; ⏲9–19 Uhr, im Winter verkürzte Öffnungszeiten; Ⓜ Place-d'Armes) In der Nähe des Alten Hafens (Viex Port) hat Ça Roule Montréal eine große Auswahl an Fahrrädern, Inline-Skates und Ersatzteilen sowie eine gute Reparaturwerkstatt. Schloss, Helm, Flickzeug und eine Fahrradkarte sind beim Verleih immer inklusive. Es gibt auch Kinderräder, Tandems und Fahrradanhänger, sodass man den Nachwuchs beim Radeln mitnehmen kann.

Bixi RADFAHREN

(☎514-789-2494; http://montreal.bixi.com; Grundgebühr pro 30 Min./1 Tag 3/5 C$; ⏲Mitte April–Okt. 24 Std.) In der gesamten Stadt gibt's alle paar Blocks und an allen Hauptattraktionen Fahrradverleih- und Rückgabestationen.

Vélopiste Jacques-Cartier/ Portneuf RADFAHREN

(☎418-337-7525; www.velopistejcp.com) Die frühere Eisenbahnstrecke zwischen St. Gabriel de Valcartier und Rivière-à-Pierre ist heute ein 68 km Radweg, der durch eine fruchtbare Landschaft führt. Über eine andere in einen Radweg umgestaltete Bahnstrecke, den 22 km langen Corridor de Cheminots, kann man bis ins Zentrum von Québec (Stadt) weiterfahren. (Radfahrer erreichen diesen Radweg von Montréal aus auch mit dem Zug, VIA Rail bietet 3-mal wöchentl. eine Verbindung von Montréal zum Westende des Radwegs, Rivière-à-Pierre).

Schlittschuhlaufen

Lac des Castors EISLAUFEN

(Parc du Mont Royal; Eintritt frei, Schlittschuhverleih 8,50 C$/2 Std.; ⏲So–Do 9–21, Fr & Sa bis 22 Uhr, bei gutem Wetter) Ein toller Ort, um im Winter im Freien eiszulaufen – der See liegt verborgen im Wald in der Nähe von einem großen Parkplatz und einem Pavillon.

Patinoire du Bassin Bonsecours EISLAUFEN

(Karte S. 256; Parc du Bassin Bonsecours, Vieux-Port; Erw./Kind 7/4 C$; Schlittschuhverleih 9 C$; ⏲Dez.–Anfang März Mo–Mi 10–21, Do–So bis 22 Uhr; 🚌14, Ⓜ Champ-de-Mars) Dies ist eine der beliebtesten Eislaufbahnen der Stadt. Sie liegt am Ufer des St.-Lorenz-Stroms neben dem Pavilion du Bassin Bonsecours.

Andere Aktivitäten

MTL Zipline ABENTEUERSPORT

(Karte S. 256; ☎514-947-5463; https://mtlzipline.com/en; 363 Rue de la Commune Est; Erw./Kind ab 20/17 C$; ⏲Mai–Okt. 11–21 Uhr) Dieser Seilrutschen-Komplex in der Stadt macht es möglich, dass man über den Vieux-Port saust – oder beim „Quick Jump" (eigentlich ein Bungee-Sprung) in todesmutigem Tempo auf ihn zustürzt. Das Mindestalter ist 12 Jahre.

Plage des Îles STRAND

(Île Notre-Dame; Erw./Kind 9/4,50 C$; ⏲Mitte Juni–Ende Aug. tgl. 10–19 Uhr, Ende Aug.–Anfang Sept. 12–19 Uhr; Ⓜ Jean-Drapeau, dann Bus 767) An warmen Tagen können sich an diesem künstlichen Sandstrand bis zu 5000 sonnenhungrige Badelustige vergnügen. Er ist sicher, sauber und ideal für Kinder. Am Strand gibt's Picknickplätze und Snackbars, die Bier servieren, außerdem kann man Paddelboote, Kanus und Kajaks ausleihen.

Geführte Touren

Le Petit Navire BOOTSFAHRT

(Karte S. 256; ☎514-602-1000; www.lepetitnavire.ca; Quai Jacques-Cartier; Erw./Kind 45-minütige Tour 20/9 C$, 2-stündige Tour 26/19 C$; ⏲Mitte Mai–Mitte Okt. 10–19 Uhr; Ⓜ Champ-de-Mars) Dieser Anbieter verleiht Ruderboote und veranstaltet die umweltfreundlichsten Bootsfahrten in Montréal. Das geräuschlose Boot Le Petit Navire mit Elektroantrieb nimmt Passagiere mit auf eine stündlich beginnende, 45-minütige Fahrt rund durch das Gebiet des Vieux-Port. Die 1½-stündigen Touren auf dem Canal de Lachine (Abfahrt Fr, Sa & So um 11.30 Uhr vom Quai Jacques-Cartier und um 14 Uhr vom Marché Atwater) sind ebenfalls faszinierend.

Le Bateau Mouche BOOTSFAHRT

(Karte S. 256; ☎514-849-9952; www.bateaumouche.ca; 1-stündige Touren Erw./Kind 25/13 C$,

1,5-stündige Touren Erw./Kind 29/15 C$; ⏲1-stündige Tour Mai–Okt. 11, 14.30, 16 & 17.30 Uhr, 1,5-stündige Tour Mai–Okt. 12.30 Uhr; Ⓜ Champ-de-Mars) Das komfortable klimatisierte Ausflugsboot mit Glasdach unternimmt kommentierte Fahrten im Vieux-Port und zum Parc Jean-Drapeau. Im Angebot sind auch Fahrten mit Abendessen. Am besten reserviert man telefonisch und ist mindestens 15 Minuten vor Abfahrt an Bord.

Guidatour WANDERN
(Karte S. 256; ☎514-844-4021; www.guidatour.qc.ca; Erw./Kind 25/14 C$; ⏲planmäßige Führungen April–Nov. Sa & So, Juni–Okt. tgl., private Führungen ganzjährig) Die erfahrenen zweisprachigen Führer von Guidatour, das schon seit über 30 Jahren im Geschäft ist, illustrieren mit Anekdoten und Legenden die ereignisreiche Geschichte von Vieux-Montréal. Sie bieten auch kulinarische Touren und im Dezember eine Tour namens „Christmas Secrets of Old Montréal" an.

Feste & Events

Fête des Neiges WINTER
(www.parcjeandrapeau.com; ⏲Ende Jan.–Anfang Feb.) Beim Montréaler Schneefestival finden Eisskulpturenwettbewerbe, Hundeschlittenrennen und Schneespiele statt. Begleitet wird es von kostümierten Figuren wie dem Maskottchen Boule de Neige, einem Eisbären. Es wird Ende Januar und Anfang Februar an drei aufeinanderfolgenden Wochenenden veranstaltet.

Montréal en Lumière KULTUR
(www.montrealenlumiere.com; ⏲Ende Feb./Anfang März) Das Festival Montréal en Lumière wurde erfunden, um die Wintertrübsal zu vertreiben und ist eine Art winterlicher Mardi Gras mit Konzerten, Ausstellungen und Feuerwerk. Die Place des Arts verwandelt sich in einen illuminierten Rummelplatz mit Riesenrad und Seilrutsche. Die meisten Veranstaltungen spielen sich im Zentrum ab.

Les FrancoFolies KULTUR
(www.francofolies.com; ⏲Ende Juni) Jährlich stattfindendes internationales Festival französischsprachiger Musik und Bühnenkunst, bei dem zehn Tage lang sowohl die großen Stars als auch aufstrebende Talente im Mittelpunkt stehen.

Festival International de Jazz de Montréal MUSIK
(www.montrealjazzfest.com; ⏲Ende Juni/Anfang Juli) Die 650 größtenteils kostenlosen Open-Air-Konzerte sorgen dafür, dass das Herz der Innenstadt elf Tage lang nur für Jazz und Blues schlägt.

Just for Laughs Festival COMEDY
(www.hahaha.com; ⏲Juli) Bei diesem internationalen Comedy-Festival mit Hunderten Shows – darunter auch kostenlose im Quartier Latin – sind alle mal so richtig ausgelassen.

Montréal Pride LGBT
(☎514-903-6193; www.fiertemontrealpride.com) Hundertausende Besucher kommen jeden August zur Gay-Pride-Woche in Montréal, während der auch die jährliche LGBTA-Parade durch die Straßen zieht.

Black & Blue Festival LGBT
(☎514-875-7026; www.bbcm.org) Dieses Festival in der zweiten Oktoberwoche mit großen Dance-Partys, kulturellen Events und Kunstshows ist eines der wichtigsten Schwulenevents der Stadt.

Schlafen

Das Spektrum der Übernachtungsmöglichkeiten ist in Montréal in jeder Hinsicht riesig. Sie sind zwar nicht gerade billig, im internationalen Vergleich und selbst verglichen mit kanadischen Städten wie Toronto oder Vancouver aber vernünftig. Hotels im französischen und im viktorianischen Stil und unabhängige Hotels bieten Zimmer in vielen Preisklassen.

Vieux-Montréal

Auberge Alternative HOSTEL $
(Karte S. 256; ☎514-282-8069; www.auberge-alternative.qc.ca; 358 Rue St-Pierre; B inkl. Steuer 27–30 C$, Zi. 75–85 C$; @📶; Ⓜ Square-Victoria) In dem entspannten Hotel in der Nähe des Vieux-Port herrscht eine unkonventionelle Atmosphäre. Im einladenden Café kann man die anderen Gäste kennenlernen und sich ein Bio-Frühstück (5 C$ extra) schmecken lassen. In den farbenfrohen, ordentlichen Schlafsälen mit Stockbetten übernachten zwischen vier und 20 Personen. Es gibt eine Wäscherei, eine Sperrstunde dagegen nicht.

★ L Hotel BOUTIQUEHOTEL $$
(Karte S. 256; ☎514-985-0019; www.lhotelmontreal.com; 262 Rue St-Jacques Ouest; DZ 170–280 C$; P❄📶; Ⓜ Square-Victoria) Das L Hotel, das in einem prächtigen Gebäude aus den 1870er-Jahren residiert, ist ein Magnet

MONTRÉAL MIT KINDERN

In Montréal gibt's viele Attraktionen für Kinder. Je nach Jahreszeit kann man mit einem Boot fahren, radfahren, schlittschuhlaufen, Vergnügungsparks besuchen oder aufregende Tandemsprünge erleben. Der Parc Mont-Royal und die Parks in den Stadtvierteln sind an warmen Tagen ideal, um zu picknicken und herumzutoben.

Kinderfreundlichen Museen

- Die Kleinen lieben den **Biodôme** (S. 264), einen riesigen Indoor-Zoo mit Wald-, Fluss- und Meereshabitaten.
- Im **Insektarium** (S. 264) des Jardin Botanique kann man 250 000 krabbelnde und kriechende Tiere bewundern.
- Spannend ist auch das **Planétarium** (S. 265) mit seinen Kuppelsälen und den interaktiven Ausstellungen zum Thema Weltall.
- Im **Cosmodôme** (☎ 450-978-3600; www.cosmodome.org; 2150 Autoroute des Laurentides; Erw./Fam./Student/Kind unter 7 Jahren 15/40/12 C$/frei; ⏲ Ende Juni–Anfang Sept. 9–17 Uhr, Rest des Jahres 10–17 Uhr; 🚌 61 oder 70, Ⓜ Montmorency), einem faszinierenden Weltraumzentrum, kann man mit dem Nachwuchs sogar zu einer faszinierenden, virtuellen Mars-Mission aufbrechen.
- Züge aller Art zeigt das **Musée Ferroviaire Canadien** (☎ 450-632-2410; www.exporail.org; 110 Rue St-Pierre/Rte 209, St-Constant; Erw./Kind 18/9 C$; ⏲ Juli–Sept. 10–18 Uhr, Rest des Jahres unterschiedliche Öffnungszeiten; 👪). Die stehenden, fahrenden, neuen und alten Züge begeistern Kinder ebenso wie Erwachsene.

für Kunstliebhabern. Georges Marciano, der Schöpfer der Kleidungsmarke GUESS, eröffnete das Hotel 2010 und dekorierte die Zimmer und öffentlichen Bereich mit vielen großartigen Kunstwerken. Im Zimmer hängen eventuell Originale von Andy Warhol, Roy Lichtenstein, Frank Stella oder einem der vielen anderen berühmten Künstlern.

★ Hôtel Nelligan BOUTIQUEHOTEL $$$
(Karte S. 256; ☎ 514-788-2040, 877-788-2040; www.hotelnelligan.com; 106 Rue St-Paul Ouest; DZ ab 238 C$; P ❄ @ 📶; Ⓜ Place-d'Armes) Dieses nach dem berühmten und tragischen Québecer Poeten Émile Nelligan benannte Juwel besteht aus zwei restaurierten Gebäuden, in denen noch Originalteile wie Mauerwerk oder Steinwände erhalten sind. Die Zimmer sind luxuriös mit Daunendecken, hochwertigen Pflegeprodukten im Bad und teilweise sogar Whirlpool ausgestattet. Das benachbarte Verses, eine schicke Bar mit Restaurant, hat eine großartige Dachterrasse, die Terrasse Nelligan.

★ Hôtel Gault BOUTIQUEHOTEL $$$
(Karte S. 256; ☎ 866-904-1616, 514-904-1616; www.hotelgault.com; 449 Rue Ste-Hélène; Zi. ab 230 C$; P ❄ @ 📶; Ⓜ Square-Victoria) Die 30 großen Zimmer des Gault sind so schön wie bequem. In einigen Zimmern sind hübsche architektonische Elemente wie Ziegel- oder Steinwände erhalten worden, das Design ist jedoch überwiegend stilbewusst und zeitgenössisch. Die Zimmer sind mit superbequemen Betten, ergonomischen Stühlen, hohen Decken, riesigen Fenstern und makellosen gefliesten Bädern (einige haben Badewannen für 2 Pers.) mit Fußbodenheizung ausgestattet.

Auberge du Vieux-Port BOUTIQUEHOTEL $$$
(Karte S. 256; ☎ 888-660-7678; www.aubergeduvieuxport.com; 97 Rue de la Commune E; Zi. 200–430 C$; P ❄ 📶; Ⓜ Champ-de-Mars) In einem 1882 erbauten Lagerhaus bietet dieses stilvolle Boutiquehotel unverputzte Ziegel- oder Steinwände, Holzbalken, schmiedeeiserne Betten, hochwertige Möbel (darunter einige Antiquitäten) und große Fenster mit Blick aus Wasser. Mehr Platz und Abgeschiedenheit gibt's in den minimalistischen **Lofts** (Karte S. 256; ☎ 514-876-9119; www.loftsduvieuxport.com; Apt. 190–300 C$; ❄) mit Küche und mehreren Zimmern in einem eigenen Gebäude um die Ecke.

Zentrum

Trylon Apartments APARTMENTS $
(Karte S. 266; ☎ 877-843-3971, 514-843-3971; www.trylon.ca; 3463 Rue Ste-Famille; Apt. ab

➡ Im **Musée Stewart** (S. 265) in der alten britischen Festung gibt's riesige Kanonen, Militärparaden und Führer in historischen Kostümen.

Spaß im Freien

➡ Jede Menge Aufregung und Nervenkitzel erleben die Kids im größten Vergnügungspark der Stadt, **La Ronde** (S. 265), in dem abends ab und zu sogar ein Feuerwerk stattfindet.

➡ Im riesigen **Parc du Mont-Royal** (S. 264) im Herzen der Stadt können sich Kinder besonders im Winter nach Herzenslust vergnügen – auf Schlitten, Skiern, Schneeschuhen oder Schlittschuhen. Der **Parc La Fontaine** (Karte S. 266; Ecke Rue Sherbrooke Est & Ave du Parc La Fontaine; ⏲ 6–24 Uhr; 👪 🐾; Ⓜ Sherbrooke) 🍃 am Rand des betriebsamen Plateau ist für einen entspannten Spaziergang ideal. Schön ist es auch im **Parc-Nature du Cap-Saint-Jacques** (☎ 514-280-6871; 20099 Blvd Gouin Ouest, Pierrefonds; 9; ⏲ Juni–Aug. 10–18 Uhr, Sept.–Mai 10–17 Uhr; Ⓟ 👪; 🚌 69, Ⓜ Henri-Bourassa) 🍃, einem grünen Park mit Wegen, einem Strand, einer Zuckerhütte und einem bewirtschafteten Bauernhof.

Livevorstellungen

➡ Der weltbekannte **Cirque du Soleil** (S. 282) kombiniert in seinen energiegeladenen Vorstellungen im Sommer Tanz, Theater und Zirkus. Kinder sind garantiert begeistert – die Vorführungen sind aber für Besucher jeden Alters ein Erlebnis.

➡ Im **TOHU** (☎ 888-376-8648, 514-376-8648; www.tohu.ca; 2345 Rue Jarry Est; Führung 7 C$; ⏲ Mo–Fr 9–17 Uhr; Ⓜ d'Iberville dann Bus 94), einem runden Theater im Stadtviert Saint-Michel, finden ganzjährig unterhaltsame Shows statt.

99/546/1560 C$ pro Tag/Woche/Monat; Ⓟ ❄ 📶 🏊; Ⓜ Place-des-Arts) Die Trylon Apartments in einem modernen Hochhaus sind eine elegante Alternative zu den Spitzenhotels, und das zu einem Bruchteil des Preises. Die kleinen Studios (36 m²) und die Apartments mit einem Schlafzimmer (51 m²) sind modern ausgestattet und verfügen über Miniküchen. Die Gäste können das Hallenbad, die Sauna, den Fitnessraum und die Dachterrasse nutzen. Einige Zimmer haben Balkons.

HI-Montreal Hostel HOSTEL $
(Karte S. 260; ☎ 514-843-3317, 866-843-3317; www.hostellingmontreal.com; 1030 Rue Mackay; B 30–45 C$, Zi. 55–110 C$; ❄ @ 📶; Ⓜ Lucien-L'Allier) Die klimatisierten Schlafsäle mit vier bis zehn Betten des großen, gut ausgestatteten HI-Hostels sind hell und gepflegt. Sie sind aber recht klein und können beengt wirken, wenn die Mitbewohner sich sehr breit machen. Die tatkräftigen Mitarbeiter organisieren Aktivitäten und Ausflüge (Kneipentouren, Fahrradtouren, Tagesausflüge), und im Erdgeschoss gibt's ein lebhaftes Café mit Bar.

Le Gîte du Plateau Mont-Royal HOSTEL $
(Karte S. 266; ☎ 877-350-4483, 514-284-1276; www.hostelmontreal.com; 185 Rue Sherbrooke Est; B/DZ/3BZ mit Gemeinschaftsbad ab 20/62/84 C$; @ 📶; Ⓜ Sherbrooke) In der beliebten Jugendherberge am südlichen Ende des Plateau Mont-Royal (und am westlichen Rand vom Zentrum) gibt's alles, was man von einem Hostel erwartet: Küchenbenutzung, Wäscheraum und Lounge. Die Zimmer und Einrichtungen sind aber sehr einfach. Das Personal ist freundlich, und auf der Dachterrasse und im Aufenthaltsraum lernt man schnell andere Traveller kennen.

Auberge Les Bons Matins BOUTIQUEHOTEL $$
(Karte S. 260; ☎ 514-931-9167; www.bonsmatins.com; 1401 Ave Argyle; Zi. 130–210 C$; ❄ 📶; Ⓜ Lucien-L'Allier) Das Bons Matins bietet geräumige Zimmer mit wunderbaren Kunstwerken, Massivholzböden und Ziegelwänden sowie ein köstliches Frühstück. Die über Treppen erreichbaren Zimmer verteilen sich auf drei stattliche traditionelle Stadthäuser, die sehr praktisch am Rand des Zentrums liegen.

L'Abri du Voyageur HOTEL $$
(Karte S. 266; ☎ 866-302-2922, 514-849-2922; www.abri-voyageur.ca; 9 Rue Ste-Catherine Ouest; Zi. 100–165 C$; Ⓟ ❄ 📶; Ⓜ St-Laurent) Das Hotel liegt in einem zwielichtigen Abschnitt der Rue Ste-Catherine, doch wer sich nicht an den Sex-Clubs in der Nähe stört, findet hier saubere, gemütliche Zimmer mit unverputzten Ziegelwänden, Holzböden und schönen Möbeln.

★ Hôtel Le Germain HOTEL $$$
(Karte S. 260; ☎ 514-849-2050, 877-333-2050; www.germainmontreal.com; 2050 Rue Mansfield; Zi. ab 255 C$; P ❄ 📶; M Peel) Die luxuriösen Zimmer dieses stilvollen Hotels sind mit dunklen Holzelementen (Kopfteile der Betten, Holzjalousien), cremefarbenen Wänden, lichtdurchlässigen Vorhängen und kunstvoller Beleuchtung gestaltet. Sie bieten alle erdenklichen Annehmlichkeiten wie mit Gänsedaunen gefüllte Betten, iPod-Anschlüsse und Regenduschen. Die Badezimmer haben ein großes Fenster zum Zimmer, was ihnen eine exzentrische Note gibt; in den Superior-Zimmern gibt's nur Duschen.

Hotel Le Crystal BOUTIQUEHOTEL $$$
(Karte S. 260; ☎ 514-861-5550; www.hotellecrystal.com; 1100 Rue de la Montagne; Suite ab 259 C$; P ❄ 📶 🏊; M Bonaventure) Wer sich mal etwas Besonderes gönnen möchte, trifft mit diesem Hotel, das ausschließlich Suiten hat, eine gute Wahl. Von den im legeren Businessstil eingerichteten Zimmern bietet sich ein toller Blick über die Stadt. Sie liegen um eine Lobby, die wie eine moderne Kunstgalerie gestaltet ist. Der Pool mit Blick auf die Skyline Montréals ist das Sahnehäubchen auf dem Kuchen.

Plateau Mont-Royal

Auberge De La Fontaine PENSION $$
(Karte S. 266; ☎ 514-597-0166, 800-597-0597; www.aubergedelafontaine.com; 1301 Rue Rachel Est; Zi. 122–197 C$, Suite ab 237 C$; P ❄ 📶; M Mont-Royal) Die bezaubernde Pension am Rand des Parc La Fontaine (S. 271) hat freundliche Zimmer mit bequemen Betten und einem künstlerischen Touch. Die Standardzimmer sind klein. Die besten Zimmer haben einen Blick auf den Park. Die großen Suiten verfügen über eigene Whirlpools. Ein nettes Extra ist der Minikühlschrank mit kostenlosen Snacks. Ein Zimmer ist rollstuhlgerecht eingerichtet.

Gingerbread Manor B&B $$
(Karte S. 266; ☎ 514-597-2804; www.gingerbreadmanor.com; 3445 Ave Laval; Zi. mit /ohne Bad ab 110/130 C$; P 📶; M Sherbrooke) Die Gastgeber bereiten den Gästen ihres charmanten B&Bs nahe des grünen Carré St-Louis einen herzlichen Empfang. Das 1885 erbaute Haus ist ein stattliches dreistöckiges Stadthaus mit Erkerfenstern, schönen Verzierungen und einer angeschlossenen Remise. Die fünf eleganten Zimmer sind mit traumhaften Einzelstücken eingerichtet. Ein Zimmer hat ein eigens Bad, die anderen teilen sich Gemeinschaftsbäder.

Anne Ma Soeur Anne HOTEL $$
(Karte S. 266; ☎ 514-281-3187; www.annemasoeuranne.com; 4119 Rue St-Denis; Zi. 87–220 C$; P ❄ 📶; M Mont-Royal) Die eleganten, komplett ausgestatteten Studios füllen eine wertvolle Nische in dieser Gegend. Sie eignen sich sowohl für kurze als auch für längere Aufenthalte. Jedes Studio hat eine „Mikroküche" mit Mikrowelle, Herd, Arbeitsplatte und Wandmöbeln im Ikea-Stil. Die preiswertesten Zimmer sind recht beengt und haben dünne Matratzen. Einige Räume haben eigene Terrassen, die zum Teil auf den schattigen Hofgarten gehen.

Zum Frühstück werden Croissants aufs Zimmer gebracht. Der Straßenlärm kann allerdings ein Problem sein, daher sollte man nach einem Zimmer zum Garten fragen.

Essen

Montréal ist eines der großartigen gastronomischen Ziele des Nordens. Das Angebot an klassischer französischer Cuisine, herzhaftem Québecer Essen und zahlreichen internationalen Restaurants aus rund 80 Ländern ist herausragend. Die *haute cuisine* kann heute genauso aus den Küchen talentierter junger afrikanischer, japanischer oder indischer Köchen kommen wie von den Absolventen der Académie Culinaire du Québec.

Vieux-Montréal

Titanic SANDWICHES $
(Karte S. 256; ☎ 514-849-0894; www.titanicmontreal.com; 445 Rue St-Pierre; Sandwiches ca. 10 C$; ⏱ Mo–Fr 8–16 Uhr; 📶 🌶; M Square-Victoria) Aus ganz Viex-Montréal eilen Büroangestellte in der Mittagspause in diesen beengten Kellerladen, weil die Sandwiches so hervorragend sind. Die Vielfalt ist riesig: Von gegrilltem Gemüse mit Feta-Käse über Räucherlachs mit gebratener Paprika bis zu Roastbeef mit Meerrettich kann alles dabei sein. Die ausgezeichneten Salate, Suppen, Quiches und der gemischte Vorspeisenteller sind beliebte Speisen zum Mitnehmen.

Mai Xiang Yuan CHINESISCH $
(Karte S. 266; ☎ 514-875-1888; 1082 Blvd St-Laurent; Hauptgerichte 6–10 C$; ⏱ 11–21 Uhr; M Place-d'Armes) In ganz Montréal wird man keine besseren Knödel finden als diese himmli-

schen Köstlichkeiten, die gebraten oder gedämpft aus der Küche des winzigen Lokals kommen. Jedes Gericht besteht aus 15 Knödeln, die mit allem Erdenklichen gefüllt sind, von Lamm und Zwiebel über Schweinfleisch und Porree bis zu Tomaten und Eiern für Vegetarier.

★ Olive + Gourmando CAFÉ $$
(Karte S. 256; ☎ 514-350-1083; www.oliveetgourmando.com; 351 Rue St-Paul Ouest; Hauptgerichte 10–17 C$; ⏲ Di–Sa 8–17 Uhr; ; Ⓜ Square-Victoria) Die nach den beiden Katzen des Besitzers benannte Bäckerei mit Café ist in der ganzen Stadt für ihre warmen Panini, reichhaltigen Salate und lockeren Backwaren bekannt. Besonders empfehlenswert sind das Ziegenkäse-Panini mit Makkaroni, himmlischem geschmolzenem Ziegenkäse und karamellisierten Zwiebeln sowie das „Cubain" (ein Sandwich mit Schinken, Schweinebraten und Gruyère-Käse).

Le Serpent ITALIENISCH $$
(Karte S. 256; ☎ 514-316-4666; www.leserpent.ca; 257 Rue Prince; Hauptgerichte 13–35 C$; ⏲ Mo–Mi 17.45–22.30, Do & Fr bis 23, Sa 17–23 Uhr; Ⓜ Square-Victoria) Die sanierte Fabrik im Industriedesign steht neben dem Kunstzentrum **Fonderie Darling** (Karte S. 256; ☎ 514-392-1554; www.fonderiedarling.org; 745 Rue Ottawa; 5 C$, Do frei; ⏲ Mi & Fr–So 12–19, Do bis 22 Uhr; Ⓜ Square-Victoria), einem Treffpunkt von Kreativen aus der Hightech-Industrie. Auf der Karte stehen interessante Risottos und Pastas (z. B. Bucatini mit Schweine-Confit) und ein paar ausgezeichnet zubereitete Meeresfrüchte- und Fleischgerichte (z. B. Kalbsfilet mit Ricotta-Tortellini) sowie ein wechselndes Tagesgericht.

★ Barroco INTERNATIONAL $$$
(Karte S. 256; ☎ 514-544-5800; www.barroco.ca; 312 Rue St-Paul Ouest; Hauptgerichte 28–41 C$; ⏲ 18–22.30, Fr & Sa bis 23 Uhr; Ⓜ Square-Victoria) Das kleine, gemütliche Barroco mit Steinwänden und flackernden Kerzen serviert kunstvoll angerichtete Teller mit Entenbraten, geschmorten Querrippen und gegrillten Fisch. Mit nur ca. sechs Hauptgerichten und ähnlich vielen Vorspeisen ist die Auswahl klein, doch hier kann man einfach nicht daneben greifen – besonders, wenn man die herausragende Meeresfrüchte- und Chorizo-Paella bestellt.

Toqué! FRANZÖSISCH $$$
(Karte S. 256; ☎ 514-499-2084; www.restaurant-toque.com; 900 Pl Jean-Paul-Riopelle; Hauptgerichte 46–55 C$; ⏲ Di–Fr 11.30–13.45, Di–Do 17.30–22, Fr & Sa bis 22.30 Uhr; Ⓜ Square-Victoria) Der Koch Normand Laprise erhielt für seine innovativen Rezepte auf der Basis von Zutaten von regionalen Farmen begeistertes Lob. Der helle, offene Speiseraum, den verspielte Farbakzente auflockern, hat hohe Decken und ein Weinzimmer, in dem die Weinflaschen in Glasvitrinen hängen. Das *menu dégustation* (120 C$) mit sieben Gängen ist die Krönung der Gastronomie Montréals – drei Stunden sollte man sich für das Festmahl schon Zeit nehmen.

Garde-Manger INTERNATIONAL $$$
(Karte S. 256; ☎ 514-678-5044; www.crownsalts.com/gardemanger; 408 Rue St-François-Xavier; Hauptgerichte 34–40 C$; ⏲ Di–So 17.30–23 Uhr; Ⓜ Place-d'Armes) Der Wirbel um das Garde-Manger hat sich seit seiner Eröffnung im Jahr 2006 kaum gelegt. Das kleine, von Kerzen erleuchtete Restaurant ist ein Magnet für die Szenetypen der Stadt und für Haute-Cuisine-Liebhaber von außerhalb, die hier Hummer-Risotto, Querrippen, mit Gänsestopfleber gefüllte Stubenküken aus Cornwall und andere wechselnde Spezialitäten genießen, die auf einer Tafel angechrieben sind.

Zentrum

Kazu JAPANISCH $
(Karte S. 260; ☎ 514-937-2333; http://kazumontreal.com; 1862 Rue Ste-Catherine Ouest; Hauptgerichte 10–17 C$; ⏲ So, Mo & Mi–Fr 12–15, Mi–Mo 17.30–21.30 Uhr; Ⓜ Guy-Concordia) Vor Kazuo Akutsus frenetischem kleinem Restaurant in der Nähe der Concordia University und Chinatowns bilden sich lange Schlangen von Gästen, die sich auf *gyoza* (Knödel), Ramen-Suppe und großartige Kreationen wie das 48 Stunden gegarte Schweinefleisch freuen – ein deutlicher Beweis, wie beliebt das Kazu ist. Drinnen ist es allerdings sehr beengt.

Satay Brothers ASIATISCH $
(☎ 514-933-3507; www.sataybrothers.com; 3721 Rue Notre-Dame Ouest; Hauptgerichte 8–15 C$; ⏲ Mi–So 11–23 Uhr; Ⓜ Lionel-Groulx) In dem farbenfrohen, lebhaften Restaurants mit roten Wänden, Hängelampen und zusammengewürfelten gebrauchten Möbeln gibt's mit das beste Street Food der Stadt. Die Gäste kommen scharenweise, um die köstlichen Hühnchen-Satay-Sandwiches mit Erdnusssauce auf geröstetem Brot, den herben grünen Papaya-Salat, die Brötchen mit Schwei-

MONTRÉALS DRITTE WELLE

Wie die meisten Städte in Nordamerika, wurde auch Montréal von der sogenannten „Dritten Welle" an Cafés überrollt, die es Kaffeetrinkern nun ermöglicht, sich anstelle der überall erhältlichen Massenprodukte wie der Marke Folgers (erste Welle) und Ketten wie Starbucks, die sich auf regionale Produkte und italienische Espresso-Varianten spezialisierten (zweite Welle), einer dritten Generation zuzuwenden: hoch spezialisierten Kaffeeherstellern, die ihren Kaffee von individuellen Farmen im Direktvertrieb erhalten und ihn auch selbst rösten.

Das Wesentliche der Reise einer Kaffeebohne in die Tasse ist die Geschichte, die damit einhergeht – sie ist für den Connoisseur ebenso wichtig wie der Kaffee selbst. Wie Winzer um die Rebsorten, so kümmern sich die Baristas und Röster von Cafés der Dritten Welle um den Geschmack (Aroma, Harmonie, Tiefe), die Sortenvielfalt und die Farm, von der die Bohne stammt – wobei Single-Origin-Kaffee der Vorzug gegeben wird. Wer nach einem langen Tag mit einem vollen Besichtigungsprogramm der hohen Kaffeekultur frönen möchte, sollte eines dieser Cafés besuchen:

Cafe Falco (S. 277)

Café Névé (S. 275)

Café Myriade (Karte S. 260; ☎514-939-1717; www.cafemyriade.com; 1432 Rue Mackay; Backwaren ca. 7 C$; ⊙Mo–Fr 7.30–20, Sa & So 9–19 Uhr; Ⓜ Guy-Concordia)

Pikolo Espresso Bar (Karte S. 260; ☎514-508-6800; www.pikoloespresso.com; 3418b Ave du Parc; Hauptgericht 6,50–9 C$; ⊙Mo–Fr 7.30–19, Sa & So 9–18 Uhr; 📶; Ⓜ Place-des-Arts)

neschmorfleisch (oder Tofu) und die reichhaltige, würzige Kokossuppe *laksa lemak* zu essen.

Ong Ca Can VIETNAMESISCH $

(Karte S. 266; ☎514-844-7817; 79 Rue Ste-Catherine Est; Hauptgerichte 8–16 C$; ⊙Mo 11–15, Di–Do 11–21, Fr bis 22, Sa 17–22 Uhr; 🖉) Mit den blütenweißer Tischdecken und anspruchsvollen Kunstwerken wirkt das gut besuchte vietnamesische Restaurant zwar teuer, doch der Schein trügt. Die Gäste loben besonders die Zitronengrasbrötchen und alle Gerichte mit Rindfleisch.

Boustan LIBANESISCH $

(Karte S. 260; ☎514-844-2999; http://boustan.ca; 2020 Rue Crescent; Hauptgerichte 5–10 C$; ⊙11–4 Uhr; 🖉; Ⓜ Guy-Concordia) Das freundliche kleine libanesische Restaurant steht bei *shawarma*-Fans wegen seiner köstlichen getoasteten Pita-Sandwiches hoch im Kurs. Wegen der langen Öffnungszeiten ist das Boustan auch bei Kneipenbummler beliebt, die zwischendurch mal feste Nahrung benötigen.

★ **Café Parvis** BISTRO $$

(Karte S. 260; ☎514-764-3589; www.cafeparvis.com; 433 Rue Mayor; kleine Teller 6–8 C$; ⊙Mo–Mi 7–23, Do & Fr bis 24, Sa 10–24, So bis 22 Uhr; 🖉; Ⓜ Place-des-Arts) In einer ruhigen Seitenstraße versteckt sich das Café Parvis, das mit übergroßen Fenstern, Hängepflanzen, alten Dielen und alten Möbeln gestaltet ist. In dem clever umgebauten Raum, der einst zum Pelzviertel gehörte, werden leckere, einfallsreich kombinierte Pizzas serviert.

Foodlab INTERNATIONAL $$

(Karte S. 266; ☎514-844-2033; www.sat.qc.ca/fr/foodlab; 3. OG, 1201 Blvd St-Laurent; Hauptgerichte 15–25 C$; ⊙Mo–Fr 17–22 Uhr; Ⓜ St-Laurent) Das Foodlab in der oberen Etage des Kunstzentrums SAT ist ein kreatives Restaurant. Die kleine Karte bietet Gerichte aus der ganzen Welt und wechselt alle zwei Wochen. In dem legeren, aber schön gestalteten Raum sitzen die Gäste auf Barhockern, nippen einfallsreiche Cocktails und beobachten die flinken Köche in der offenen Küche.

Le Vin Papillon INTERNATIONAL $$

(www.vinpapillon.com; 2519 Rue Notre-Dame Ouest; kleine Teller 7–17 C$; ⊙Di–Sa 15–24 Uhr; 🖉; Ⓜ Lionel-Groulx) Das Team des Joe Beef setzt seinen guten Lauf mit dieser hinreißenden Weinbar neben dem Liverpool House (einer weiteren Erfolgsgeschichte des Joe Beef) fort. Hier werden auch kleine Teller serviert. Das Highlight sind die kreativen, appetitanregenden vegetarischen Gerichte wie Tomaten- und Kichererbsen-Salat, sautierte Pfifferlinge und Kaviar aus geräucherten Auberginen. Daneben gibt's auch Gerichte wie gebratenen Blumenkohl mit Hühnerhaut, Perlhuhn-Confit sowie feine Wurst- und Käseplatten.

Bistro Isakaya JAPANISCH $$
(Karte S. 260; ☎514-845-8226; www.bistroisakaya.com; 3469 Ave du Parc; Hauptgerichte 19–26 C$; ⊙Di–Fr 11.30–14, Di–Do 18–21.30, Fr 18–22.30, Sa 17.30–22, So 17.30–21 Uhr; Ⓜ Place-des-Arts, dann Bus 80 oder 129) Das unprätentiöse, authentische japanische Restaurant ist relativ schlicht eingerichtet, doch der Fisch ist unglaublich frisch. Der Besitzer ist dafür bekannt, dass er die Meeresfrüchte selbst von Hand ausliest und auf traditionelle japanische Art zubereitet.

★ **Liverpool House** QUÉBECER KÜCHE $$$
(☎514-313-6049; http://joebeef.ca; 2501 Rue Notre-Dame Ouest; Hauptgerichte 24–50 C$; ⊙Di–Sa 17–23 Uhr;) Das Liverpool House, das Schwester-Restaurant und der Nachbar des Joe Beef, setzt den Standard, um den so viele Restaurants aus Québec kämpfen: ein entspanntes Ambiente, das wie ein Abendessen bei einem Freund wirkt, bei dem das Essen von berauschten Engeln aufgetragen wird. Hier gibt's Austern, Räucherforelle, geschmortes Kaninchen, Hummerspaghetti und verschiedene andere Versionen exzellenter regionaler Küche.

Joe Beef QUÉBECER KÜCHE $$$
(☎514-935-6504; www.joebeef.ca; 2491 Rue Notre-Dame Ouest; Hauptgerichte 29–52 C$; ⊙Di–Sa 18 Uhr–open end; Ⓜ Lionel-Groulx) Das Joe Beef im Herzen des Viertels Little Burgundy ist mit seinem unkomplizierten Essen mit marktfrischen Zutaten nach wie vor eines der Lieblingsrestaurants der Restaurantkritiker. Das ländlich-rustikale, leicht kitschige Ambiente verleitet dazu, sich viel Zeit beim Genuss der frischen Austern, des geschmorten Kaninchens, der gebratenen Jakobsmuscheln mit geräucherten Zwiebeln und dem wechselnden Angebot herzhafter Gerichte aus Québec zu lassen.

Ferreira Café PORTUGIESISCH $$$
(Karte S. 260; ☎514-848-0988; www.ferreiracafe.com; 1446 Rue Peel; Hauptgerichte 26–45 C$; ⊙Mo–Fr 11.45–15, Mo–Mi 17.30–23 Do–Sa 17.30–24, So 17–22 Uhr; Ⓜ Peel) In diesem warmen, einladenden Restaurant werden mit die besten portugiesischen Gerichte der Stadt serviert. Die *cataplana* (ein Meeresfrüchteeintopf im Stil einer Bouillabaisse) ist großartig – die zarten Stückchen gegrillten Fischs sind perfekt gegart. Fleischfans können sich auf ein Lammkarree oder ein mit Gewürzen eingeriebenes Ribeye-Steak vom Angus-Rind stürzen. Wer noch spät abends essen möchte, auf den wartet von 22 Uhr bis zur Schließung ein Drei-Gänge-Menü für 24 C$.

Plateau Mont-Royal

La Banquise QUÉBECER KÜCHE $
(Karte S. 266; ☎514-525-2415; www.labanquise.com; 994 Rue Rachel Est; Hauptgerichte 8–15 C$; ⊙24 Std.; ; Ⓜ Mont-Royal) Das legendäre, 1968 eröffnete La Banquise ist das wohl beste Restaurant der Stadt, um *poutine* zu essen. Es gibt sie in über 30 Varianten, darunter eine vegane *poutine, poutine boogalou* (mit Pulled Pork) und eine schnörkellose traditionelle *poutine*. Das Restaurant hat eine Terrasse, eine Frühstückskarte und eine Auswahl an Bieren aus Kleinbrauereien – und die Küche ist rund um die Uhr geöffnet. Am Wochenende bilden sich hier lange Schlangen.

Cafe Névé CAFÉ $
(Karte S. 266; ☎514-903-9294; www.cafeneve.com; 151 Rue Rachel Est; Sandwiches ca. 8 C$; ⊙Mo–Fr 8–21, Sa & So ab 9 Uhr; ; Ⓜ Mont-Royal) Das sehr beliebte Nachbarschaftscafé serviert ausgezeichneten Kaffee, und das Essensangebot geht weit über das typische Gebäck, das man in den meisten Cafés bekommt, hinaus. Stattdessen gibt's hier morgens Eier Benedict, Joghurt, Müsli und frisches Obst. Mittags stehen leckere Sandwiches, darunter auch mehrere vegetarische Optionen, sowie französische Zwiebelsuppe auf der Karte.

Espace La Fontaine BISTRO $
(Karte S. 266; ☎514-280-2525; www.espacelafontaine.com; 3933 Ave du Parc La Fontaine; Hauptgerichte 10–16 C$; ⊙Di–Fr 11–20, Sa ab 10, So 10–17 Uhr; ; Ⓜ Sherbrooke) Das Espace La Fontaine steht oberhalb des Wassers und ist ein helles, freundliches Bistro, in dem Sandwiches und Salate und am Wochenende ein guter Brunch serviert werden. Im Sommer hat es eine tolle Terrasse, im Winter kann man direkt darunter Schlittschuh laufen.

★ **L'Gros Luxe** BISTRO $$
(Karte S. 266; ☎514-447-2227; www.lgrosluxe.com; 3807 Rue St-André; kleine Teller 5–10 C$; ⊙Mo–Fr 17–23.30, Sa & So ab 11 Uhr; ; Ⓜ Sherbrooke) Die großen Fenster, die edle Vintage-Dekoration und das günstige, deftige Essen machen das L'Gros Lux zu einer attraktiven Option. Im kleinen Speiseraum

drängen sich immer junge Bewohner des Plateau. Die Küche bietet Schweinefleisch-Tacos, vegetarische Burger und Fish 'n' Chips. Die Portionen zwar sind klein, doch nichts kostet über 10 C$. Die Auswahl an Getränken (zu deutlich höheren Preisen als das Essen) ist groß.

★ L'Express FRANZÖSISCH $$
(Karte S. 266; ☎ 514-845-5333; http://restaurantlexpress.com; 3927 Rue St-Denis; Hauptgerichte 22–28 C$; ⏲ Mo–Fr 8–2, Sa & So ab 10 Uhr; Ⓜ Sherbrooke) Das L'Express ist wie ein klassisches Pariser Bistro gestaltet: schwarz-weiß karierter Fußboden, runde Art-déco-Lampen, Bistrotische und Wandspiegel. Dazu wird hochwertige Bistroküche serviert, beispielsweise Räucherlachs, Knochenmark mit Meersalz oder Entenbraten mit Salat und Tatar.

La Sala Rosa SPANISCH $$
(Karte S. 266; ☎ 514-844-4227; http://lasalarosa.com; 4848 Blvd St-Laurent; Hauptgerichte 13–17 C$; ⏲ Di–So 17–23 Uhr; 🖉; Ⓜ Laurier) In das kleine iberische Juwel kommen viele fröhliche, oft spanischsprachige Gäste. Am bekanntesten ist das Sala Rosa für seine fünf köstlichen Paella-Versionen (darunter auch vegetarische), die vielen Tapas und die wechselnden spanischen Spezialitäten. Donnerstagsabends (ab 20.45 Uhr) findet eine Flamenco-Show statt, dann ist es brechend voll.

Hà VIETNAMESISCH $$
(Karte S. 266; ☎ 514-848-0336; www.restaurantha.com; 243 Ave du Mont-Royal Ouest; Hauptgerichte 11–25 C$; ⏲ Di–Fr 11.45–23, Sa & So ab 15 Uhr; 🖉; Ⓜ Mont-Royal) Der Koch Hong Hà Nguyen hat sich vom vietnamesischen Straßenessen (und Bier) inspirieren lassen und präsentiert in diesem charmanten Lokal unweit vom Fuß des Mont-Royal schlichte, aber köstliche Gerichte. Die Karte ist übersichtlich. Highlights sind das gegrillte Rindfleisch mit Brunnenkressen-Salat, die Zitronengras-Schweinerippchen und der würzige Papaya-Salat.

Les Folies KANADISCH $$
(Karte S. 266; ☎ 514-528-4343; www.restofolies.ca; 701 Ave du Mont-Royal Est; Hauptgerichte 14–20 C$; ⏲ So–Mi 9–24, Do bis 0.30, Fr & Sa bis 1 Uhr; 🖉 👪; Ⓜ Mont-Royal) Man nehme eine kräftige Dosis 1950er-Jahre-Retro-Atmosphäre, mische sie mit der hippen Kultur des Plateau Mont-Royal, gebe etwas köstliche *poutine* (mit zarter Ente!) und ein paar Burger (Hühnchen, Ziegenkäse und in Ahornsirup karamellisierte Zwiebeln) dazu, und fertig ist das Les Folies. Das Frühstück ist ein Traum, also unbedingt mal morgens hierher kommen!

ChuChai THAILÄNDISCH $$
(Karte S. 266; ☎ 514-843-4194; www.chuchai.com; 4088 Rue St-Denis; Hauptgerichte 14–22 C$; ⏲ Di–Fr 11–14 & 17–22, Sa bis 23, So 17–21 Uhr; 🖉) Montréals erstes vegetarisches Spitzenrestaurant serviert schwungvolle, von der Thai-Küche inspirierte Pfannengerichte und Kokossuppen, die mit aromatischen Kaffernlimetten, Zitronengras und zartem Basilikum verfeinert sind. Die „falsche" Ente kann selbst ausgesprochene Fleischfreunde aufs Glatteis führen.

Robin des Bois FUSION $$
(Karte S. 266; ☎ 514-288-1010; www.robindesbois.ca; 4653 Blvd St-Laurent; Hauptgerichte 13–23 C$; ⏲ Mo–Fr 11.30–22, Sa 17–22 Uhr; Ⓜ St-Laurent, dann Bus 55) 🍃 Die Restaurantbetreiberin Judy Servay ist eine Art Montréaler Robin Hood und spendet alle Profite und Trinkgelder dieses angesagten Restaurants am Blvd St-Laurent an lokale Wohltätigkeitsorganisationen. Die ständige wechselnde Karte wird mit Kreide auf eine Tafel geschrieben – z. B. saftiger Schweineschmorbraten, gehaltvolle französische Zwiebelsuppe oder cremiges Wildpilz-Risotto.

Crudessence VEGAN $$
(Karte S. 266; ☎ 514-510-9299; www.crudessence.com; 105 Rue Rachel Ouest; Hauptgerichte 11–17 C$; ⏲ 11–21 Uhr; 🖉) Spannend sind die rohkostreichen veganen Bio-Gerichte auf jeden Fall. In den Tag startet man mit einer Schale Müsli mit Chia-Samen und Mandelmilch. Mittags kann man dann eine ungebackene Lasagne mit Macadamianuss-Risotto oder eine Olivenkrusten-Pizza mit „crumesam" (Parmesan aus Paranüssen) probieren. Die gut besuchte Bio-Saftbar serviert den vielen Kunden aus dem Mile End Smoothies und Power-Shakes.

Le Filet SEAFOOD $$$
(Karte S. 266; ☎ 514-360-6060; www.lefilet.ca; 219 Ave du Mont-Royal Ouest; kleine Teller 21–30 C$; ⏲ Di–Fr 17.45–22.30, Sa ab 17.30 Uhr; Ⓜ Mont-Royal) Das dezent beleuchtete Le Filet gegenüber vom Parc Jeanne-Mance präsentiert meisterlich zubereitete Fisch- und Meeresfrüchtegerichte mit japanischem Touch. Die Teller sind klein und zum gemeinsamen Essen gedacht. (In der Regel bestellen 2 Personen 4 oder 5 Gerichte.)

Au Pied de Cochon QUÉBECER KÜCHE $$$

(Karte S. 266; ☎514-281-1114; www.aupiedde cochon.ca; 536 Ave Duluth Est; Hauptgerichte 27–48 C$; ⏰Mi–So 17–24 Uhr; Ⓜ Mont-Royal) Eines der angesehensten Restaurants Montréals serviert neben seiner Spezialität, den Stopflebervariationen, extravagante Schweinefleisch-, Enten- und Steakgerichte. Der respektlose preisgekrönte Koch Martin Picard verwandelt einfache Zutaten in kleine Kunstwerke. Die Portionen sind groß und das Essen ist gehaltvoll – also Appetit mitbringen!

Moishe's STEAK $$$

(Karte S. 266; ☎514-845-3509; www.moishes.ca; 3961 Blvd St-Laurent; Hauptgerichte 26–67 C$; ⏰Mo & Di 17.30–22, Mi bis 23, Do & Fr bis 24, Sa 17–14, So 17–22 Uhr; Ⓜ St-Laurent, dann Bus 55) Das Moishe's wirkt ein wenig wie ein geselliger Verein, doch es kommen Gäste aller Couleur, um sich die legendären Grillfleisch- und Meeresfrüchtegerichte schmecken zu lassen. Das Ambiente prägen altmodische Massivholztäfelungen und dicht gestellte Tische. Die Vorspeise sollte man sich schenken und sich direkt auf das riesige Ribeye-Steak mit köstlichen Pommes oder einer Monte-Carlo-Kartoffel stürzen.

Quartier Latin & Village

Juliette et Chocolat CAFÉ $

(Karte S. 266; ☎514-287-3555; www.juliette et chocolat.com; 1615 Rue St-Denis; Hauptgerichte 8–15 C$; ⏰So–Do 11–23, Fr & Sa bis 24 Uhr; 👪; Ⓜ Berri-UQAM) Wenn die Lust auf Schokolade wächst, sollte man schnurstracks ins Juliette et Chocolat gehen, ein geschäftiges kleines Café, das Schokolade in allen Formen und Aggregatzuständen serviert: über Crêpes geträufelt, in cremige Milchshakes und Kaffees gemixt oder als Trinkschokolade. Das Ambiente ist charmant, allerdings ist das Café klein und es ist immer viel los. Ruhiger geht's in der Filiale in der 377 Ave Laurier Ouest zu.

Little Italy & Mile End

Fairmount Bagel BÄCKEREI $

(Karte S. 266; ☎514-272-0667; www.fairmount bagel.com; 74 Ave Fairmount Ouest; Bagels 0,90 C$; ⏰24 Std.; Ⓜ Laurier) Dies ist eine der berühmten Montréaler Bagel-Bäckereien. Rund um die Uhr kommen Kunden und warten auf den Moment, da die Bagel frisch aus dem Ofen kommen. Bagel sind etwas, womit die Montréaler ungern experimentieren: Sie bleiben meist bei den traditionellen Sesam- oder Mohnbagel, obwohl man hier viele Varianten bekommt, von der mit Zimt bis zu der komplett mit Gewürzen überzogenen.

Arts Cafe INTERNATIONAL $

(Karte S. 266; ☎514-274-0919; www.artscafemon treal.com; 201 Ave Fairmount Ouest; Hauptgerichte 11–16 C$; ⏰Mo–Fr 9–22, Sa & So 10–16 Uhr; 🖉; Ⓜ Laurier) Mit seinen Dielen, den weißen Schindelwänden und dem vielen dekorativen Krimskrams (unzählige Glühlampen vor den Fenstern, altes Farmzubehör) wirkt das Arts Cafe schon auf den ersten Blick sehr einladend. Doch der Hauptgrund, um herzukommen, ist das Essen. Den ganzen Tag werden hervorragende Brunches/Frühstücke serviert.

Cafe Falco CAFÉ $

(☎514-272-7766; www.cafefalco.ca; 5605 Ave de Gaspé; Hauptgerichte 5–11 C$; ⏰Mo–Do 8–17, Fr bis 16 Uhr; Ⓜ Beaubien) Starker Kaffee, nette Sandwiches und japanische Reisschalen – eine merkwürdige, aber köstliche Mischung.

Porchetta SANDWICHES $

(☎514-278-7672; www.porchettamtl.ca; 6887 Blvd St-Laurent; Hauptgerichte 7–9 C$; ⏰Mo & Di 11–20, Mi–So bis 21 Uhr) Was das Porchetta so liebenswert macht, ist seine Beschränkung auf eine Sache, nämlich wunderbare italienische Straßensnacks. Seine Spezialitäten sind Sandwiches mit *porchetta* und Mortadella, die langsam bis zur Perfektion gegart werden: Für das leckere Fett, das das frische Brot einweicht, benötigt man schon mal ein, zwei Servietten.

La Croissanterie Figaro CAFÉ $

(☎514-278-6567; www.lacroissanteriefigaro.com; 5200 Rue Hutchison; Sandwiches 9–13 C$; ⏰7–1 Uhr; Ⓜ Laurier) Das charmante Nachbarschaftscafé verströmt mit seinen Art-déco-Elemtenten, den schmiedeeisernen Tischen mit Marmorplatten und der hübschen Terrasse Pariser Flair. Es ist seit Langem ein Treffpunkt gut betuchter Einheimischer. Hier gibt's warme, buttrige Croissants (die zu den besten der Stadt gehören), Baguettes und üppige Desserts; man kann aber auch einfach einen Kaffee oder einen Cocktail trinken.

Caffè Italia CAFÉ $

(☎514-495-0059; 6840 Blvd St-Laurent; Sandwiches ca. 8 C$, Kaffees 2–3 C$; ⏰6–23 Uhr; Ⓜ De Castelnau) Dieses Café traditionell zu nennen ist so überflüssig, wie die Sahara als trocken zu bezeichnen. „Traditionell" ist hier aber keine Beschreibung, sondern das Wesen dieser kleinen italienischen Espressobar, in der alte Herren und Männer, die völlig selbstverständlich Schiebermützen tragen, auf einen schnellen Kaffee an die Resopal-Theke treten, als wären sie mal auf einen Sprung aus der Vergangenheit vorbeigekommen. Am besten einfach ein *panettone* und einen Espresso bestellen und dann das *dolce vita* genießen.

Comptoir 21 FISH & CHIPS $

(☎ 514-507-3474; www.comptoir21.com; 21 Rue St-Viateur Ouest; Hauptgerichte 8-14 C$; ⏲ So–Do 11.30–23, Fr & Sa bis 24 Uhr; Ⓜ Laurier) Man schnappt sich einen Barhocker an der hufeisenförmigen Holztheke und lässt sich die auf blau-weiß kariertem Papier in hübschen Holzkörbchen servierten Fish'n'Chips schmecken. Extrapunkte gibt's für die cleveren Essigsprühdosen und die große Auswahl an Saucen. In den gemütlichen Laden kommen Montréaler aus allen Schichten der Gesellschaft.

Salmigondis QUÉBECER KÜCHE

(http://salmigondis.ca/en/; 6896 Rue St-Dominique; ⏲ Do & Fr 11.30–14, Mi–Sa 18–23, Sa & So 10–15, So 17–22 Uhr; ✎; Ⓜ Castelnau) Im luftigen Speiseraum und auf der schattigen Terrasse hinterm Haus servieren die jungen Mitarbeiter Teller mit kunstvollen Arrangements gehobener Québecer Küche: Farmwild mit Rucola, Ceviche mit arktischem Saibling und Hummer-Risotto. Das Küchenpersonal hat sich in der von starker Konkurrenz geprägten Restaurantszene einen Namen gemacht; wer hier isst, wird schnell merken, dass sein guter Ruf verdient ist.

Impasto ITALIENISCH $$$

(☎ 514-508-6508; www.impastomtl.ca; 48 Rue Dante; Hauptgerichte 29–36 C$; ⏲ Do & Fr 11.30–14, Di–Sa 17–23 Uhr; Ⓜ De Castelnau) Dieses glänzende italienische Restaurant verursacht viel Wirbel, nicht zuletzt dank der schwergewichtigen Gastronomen, die dahinter stehen: der Autor von Bestseller-Kochbüchern Stefano Faita und der gefeierte Koch Michele Forgione. Beide haben eine tiefe Verbindung zur italienischen Küche, die sich in großartigen Gerichten wie geschmorter Schweinebacke mit Kartoffeln á la Savoy, arktischem Saibling mit Blumenkohlpüree und Linsen oder hausgemachter Pasta z.B. Busiate mit Hummer, widerspiegelt.

Übriges Stadtgebiet

Ludger FUSION $$

(☎ 438-383-3229; www.buvetteludger.com; 4001 Rue Notre-Dame Ouest; Hauptgerichte 17–28 C$; ⏲ Mo–Sa 11–17, So 10–15 Uhr; Ⓜ Place-Saint-Henri) In diesem sehr modernen, aber erfrischend legeren Restaurant, das im Südwesten der Stadt für Aufsehen sorgt, ist hippe französisch-kanadische Fusionsküche angesagt. Den Sonntagsbrunch, bei dem ein fantastisches Sandwich mit Pesto, Hühnchen und Gruyère serviert wird, sollte man sich nicht entgehen lassen.

Su TÜRKISCH $$

(☎ 514-362-1818; www.restaurantsu.com; 5145 Rue Wellington; Hauptgerichte 18–26 C$; ⏲ Di–Sa 17–22.30, Sa & So 10–15 Uhr; Ⓜ Verdun) Die Köchin Fisun Ercan geht mit ihrer innovativen türkischen Küche über Bekanntes wie Kebabs und Kaffee weit hinaus. Sie bereitet federleichte gebratene Calamari, Rindfleisch-*manti* (Knödel) mit Knoblauchjoghurt und gewürzten Tomaten, reichhaltigen Meeresfrüchtereis (mit Garnelen, Muscheln und Fisch) und köstliches *lokum* (türkische Süßigkeit) zu. Der Trip nach Verdun lohnt sich; man sollte aber unbedingt reservieren.

★ **Tuck Shop** QUÉBECER KÜCHE $$$

(☎ 514-439-7432; www.tuckshop.ca; 4662 Rue Notre-Dame Ouest; Hauptgerichte 25–34 C$; ⏲ Di–Sa 18–23 Uhr; ✎; Ⓜ Place-Saint-Henri) Der Tuck Shop im Herzen des Arbeiterviertel St-Henri könnte auch in London oder New York stehen, wäre da nicht die entschieden regional geprägte Karte, eine wunderbare Mischung aus Gerichten mit Zutaten vom Markt und aus der Region (*terroir* genannt) wie Lammhüfte aus Kamouraska, Fisch des Tages mit Jerusalemartischockenpüree und eine Québecer Käseplatte, die der fähige Koch Theo Lerikos zubereitet.

Ausgehen & Nachtleben

Die Montréaler lieben einen guten Drink. Vielleicht ist es der europäische Einfluss: Hier ist es völlig akzeptabel, nach der Arbeit einen Cocktail trinken zu gehen und dann bis in die Nacht zu bleiben. An sonnigen Freitagnachmittagen dauert die *cinq-à-sept* (traditionelle Happy Hour von 17–19 Uhr) oft ganz plötzlich von 17 Uhr bis zur letzten Bestellung. Eine Warnung: In vielen Bars gilt, dass Gäste, die nicht an der Bar sitzen, vom Personal einen Tisch zugewiesen bekommen müssen. Ziemlich ärgerlich – das mag zwar gut gemeint sein, macht es aber schwerer, sich unter die anderen Gäste zu mischen.

★ **Whisky Café** LOUNGE
(☎514-278-2646; www.whiskycafe.com; 5800 Blvd St-Laurent; ⌚Mo–Mi 17–1, Do & Fr bis 3, Sa 18–3, So 19–1 Uhr; Ⓜ Place-des-Arts, dann Bus 80) Kubanische Zigarren und gute Whiskeys gehen in diesem klassischen Lokal im Stil der 1930er-Jahre Hand in Hand. Es versteckt sich in der Nähe des Industriegebiets von Mile End. Neben der Hauptbar, die 150 Scotchs sowie Weine, Portweine und Probiersets mit drei Getränken im Angebot hat, gibt es eine gut belüftete Zigarrenlounge. Das Snackangebot reicht von Enten-Rillettes bis zu belgischer Schokolade.

La Buvette Chez Simone WEINBAR
(Karte S. 266; ☎514-750-6577; http://buvettechezsimone.com; 4869 Ave du Parc; ⌚16–3 Uhr; Ⓜ Laurier) Die gemütliche Weinbar steht bei kunstbeflissenen, schicken, (überwiegend) französischsprachigen Lebemännern und -frauen sowie bei Angestellten hoch im Kurs. Das Personal kennt seine Weine und zur langen Weinkarte gibt's eine Speisekarte mit Gourmettapas. Am Wochenende ist die Bar von *cinc-à-sept* bis in den frühen Morgen gerammelt voll.

Bily Kun BAR
(Karte S. 266; ☎514-845-5392; www.bilykun.com; 354 Ave du Mont-Royal Est; ⌚15–3 Uhr; Ⓜ Mont-Royal) Das Bily Kun, einer der Pioniere des „*tavern chic*", ist sehr beliebt, um einen entspannten Abend mit Freunden zu verbringen. Neue Gäste erschrecken meistens über den Straußenkopf über der Bar, entspannen sich aber schnell, wenn Livemusiker groovigen Jazz spielen (18–20 Uhr) und DJs auflegen (ab 22 Uhr).

Big in Japan COCKTAILBAR
(Karte S. 266; ☎438-380-5658; 4175 Blvd St-Laurent; ⌚17–3 Uhr; Ⓜ St-Laurent, dann Bus 55) Das Big in Japan, das von der Straße nicht zu sehen ist, überrascht neue Besucher immer wieder. Man geht die belebte St-Laurent entlang, findet die nicht gekennzeichnete Tür, folgt einem wenig vielversprechenden Korridor und gelangt in einen Raum, den unzählige Kerzen erhellen.

Barfly BAR
(Karte S. 266; ☎514-284-6665; www.facebook.com/BarflyMtl; 4062 Blvd St-Laurent; ⌚16–2.30 Uhr; Ⓜ St-Laurent, dann Bus 55) Billig, schmuddelig, laut, fröhlich und ein bisschen außer Kontrolle – eine Spelunke, wie man sie mag. In dieser kleine Kneipe am Blvd St-Laurent treffen sich nachlässig gekleidete Hipster und alternde Rocker zur Musik von Bluegrass- und Rockabilly-Bands.

Majestique BAR
(Karte S. 266; ☎514-439-1850; www.restobarmajestique.com; 4105 Blvd St-Laurent; ⌚tgl. 16–3, So 11–3 Uhr; Ⓜ St-Laurent, dann Bus 55) Dem Majestique gelingt mit seinen holzgetäfelten Wänden, der warmen Beleuchtung und einem Hirschkopf, der über die Tische wacht, der Spagat zwischen kitschig und stilvoll. Der Barkeeper mixt großartige Drinks und auch die Speisekarte ist sehr kreativ.

Dominion Square Tavern TAVERNE
(Karte S. 260; ☎514-564-5056; www.dominiontavern.com; 1245 Rue Metcalfe; ⌚Mo–Fr 11.30–24, Sa & So 16.30–24 Uhr; Ⓜ Peel) Durch eine Modernisierung hat sich eine heruntergekommene Kneipe aus den 1920er-Jahren in diese schöne Taverne verwandelt, die an ein französisches Bistro erinnert, aber wie englische Pubs eine lange Bar hat. Küchenchef Éric Dupuis serviert Bargerichte mit einer besonderen Note, z. B., mit Schinken gekochte Muscheln oder Forellensalat mit Curry-Dressing.

L'Île Noire KNEIPE
(Karte S. 266; ☎514-982-0866; www.ilenoire.com; 1649 Rue St-Denis; ⌚15–3 Uhr; Ⓜ Berri-UQAM) Ein Stück Schottisches Hochland im Herzen des Quartier Latin: Über 140 Scotchs und Whiskeys sowie 15 Biere vom Fass und mehrere Dutzend Weine stehen zur Auswahl.

Le Saint Sulpice KNEIPE
(Karte S. 266; ☎514-844-9458; www.lesaintsulpice.ca; 1680 Rue St-Denis; ⌚315.30–3.30 Uhr, Mo geschl.; Ⓜ Berri-UQAM) Das seit Ewigkeiten bei Studenten beliebte Le Saint Sulpice erstreckt sich über vier Etagen eines alten viktorianischen Steinhauses. Es hat ein Café, mehrere Terrassen, eine Discothek und einen großen Garten, in dem man trinken und schwatzen kann. Die Musik ändert sich mit der Stimmung der DJs und reicht von Hip-Hop und Ambient bis zu Mainstream-Rock und Jazz.

Pub Pit Caribou KLEINBRAUEREI
(Karte S. 266; ☎514-522-9773; www.pitcaribou.com; 951 Rue Rachel Est; ⌚Mo–Sa 14–3, So bis 24

Uhr; Ⓜ Mont-Royal) In der Provinz Québec gibt's einige großartige Kleinbrauereien, und das Pit Caribou ist eine der besten. Hier in Montréal hat es einen Außenposten, in dem die gesamte Palette seiner kräftigen, schaumigen Biere ausgeschenkt wird.

Le Lab COCKTAILBAR

(Karte S. 266; ☎ 514-544-1333; www.barlelab.com; 1351 Rue Rachel Est; ⊙ 17–3 Uhr; Ⓜ Mont-Royal) Das Le Lab, dessen Cocktails zu den besten der Stadt gehören, wirbt stolz mit seinen verrückten, innovativen Drinks und den fachkundigen sogenannten *labtenders*, die wunderbare Getränke nach Geschmack des Gastes kreieren. Die Bar ist mit ihrer langen Massivholzbar, der altmodischen Dekoration und den Mitarbeitern in Schlips und Weste sehr elegant, aber trotzdem fröhlich und unprätentiös.

Upstairs BAR

(Karte S. 260; ☎ 514-931-6808; www.upstairsjazz.com; 1254 Rue Mackay; ⊙ Mo–Do 11.30–1, Fr bis 2, Sa 17.30–2, So 18.30–1 Uhr; Ⓜ Guy-Concordia) In der schicken Bar im Zentrum treten jeden Abend gute Jazz- und Bluesmusiker aus der Gegend oder auf Tour auf. Die ummauerte Terrasse hinter der Bar ist bei Sonnenuntergang ein traumhaftes Fleckchen, und auf der Abendkarte stehen kreative Salate und andere Gerichte.

Pub Ste-Élisabeth KNEIPE

(Karte S. 266; ☎ 514-286-4302; www.ste-elisabeth.com; 1412 Rue Ste-Élisabeth; ⊙ 15–3 Uhr; Ⓜ Berri-UQAM) Dass diese nette Kneipe, die sich in einer Seitenstraße versteckt, so beliebt ist, verdankt sie ihrem mit Wein berankten Hof und der Getränkekarte, auf der eine tolle Auswahl an Bieren, Whiskeys und Portweinen steht. Auch das Angebot an Fassbieren, darunter Import- und Craft-Biere, ist beachtlich.

Terrasse Nelligan BAR

(Karte S. 256; ☎ 514-788-4021; www.terrassenelligan.com; 106 Rue St-Paul Ouest; ⊙ Sommer 11.30–23.30 Uhr; Ⓜ Place-d'Armes) Die wundervolle Terrasse über dem historischen Hôtel Nelligan (S. 270) ist der perfekte Ort, um sich einen Mojito zum Sonnenuntergang zu genehmigen. Es gibt eine komplette Mittags- und Abendkarte und dazu einen herrlichen Blick über den St.-Lorenz-Strom und den Viex-Port.

Bleury Bar à Vinyle BAR

(Karte S. 260; ☎ 514-439-2033; www.vinylebleury.ca; 2109 Rue de Bleury; ⊙ Di, Mi, Fr & Sa 21–3, Do ab 20 Uhr; Ⓜ Place-des-Arts) Die gemütliche Bar ähnelt einer Lounge und ist in dieser Gegend, wo abends wenig los ist, eine kleine Oase. Die Fahrt hierher lohnt sich, wenn man Musik mag. DJs und Livebands sorgen für Stimmung. Auf dem umfangreichen Programm stehen Soul, Funk, New-Wave-Disco, Worldbeats und House.

Philémon CLUB

(Karte S. 256; ☎ 514-289-3777; www.philemonbar.com; 111 Rue St-Paul Ouest; ⊙ Mo–Mi 17–2, Do–Sa ab 16, So ab 18 Uhr; Ⓜ Place-d'Armes) Auf den Kneipentouren der Hipsters in der Altstadt ist das Philémon ist eine wichtige Station. Es besteht aus Stein, Ziegeln und Holz und hat große Fenster mit Blick auf die Rue-St-Paul. Den Raum um die riesige zentrale Bar füllen Leute in ihren Zwanzigern, die schlichte Cocktails nippen und Kleinigkeiten (Austern, Wurstplatten, Sandwiches mit Räucherfleisch) essen, während ein DJ House und Hip-Hop auflegt.

Burgundy Lion KNEIPE

(☎ 514-934-0888; www.burgundylion.com; 2496 Rue Notre-Dame Ouest; ⊙ Mo–Fr 11.30–3, Sa & So 9–3 Uhr; Ⓜ Lionel-Groulx) In dieser trendigen Version eines englischen Pubs gibt's Kneipenessen und unzählige Biere und Whiskeys. Die Atmosphäre ist locker und unprätentiös, sodass sich hier alle willkommen und wohl fühlen. Am Wochenende geht's spätabends ziemlich hoch her.

☆ Unterhaltung

Montréal ist Kanadas inoffizielle Kulturhauptstadt. Praktisch jeden Abend kann man hier französischsprachiges und englischsprachiges Theater, Tanz, klassische Musik, Jazz und alle möglichen interessanten Kombinationen dieser Sparten auf der Bühne erleben. Die Zweisprachigkeit der Stadt macht sie einzigartig und fördert eine kreative Zusammenarbeit und gegenseitige künstlerische Befruchtung, die die Theaterszene beflügelt.

Livemusik

Le 4e Mur LIVEMUSIK

(Karte S. 266; http://le4emur.com; 2021 Rue St-Denis; ⊙ 17–3, So ab 19 Uhr; Ⓜ Sherbrooke) Diese Bar versteckt sich hinter einer nicht beschrifteten Tür – am besten achtet man auf einen einschüchternden großen Türsteher oder auf die gut gekleideten Leute, die an ihm vorbeispazieren. Hinter der Tür liegt eine Kellerbar, in der fachmännisch Cock-

SCHWULEN- & LESBENSZENE IN MONTRÉAL

Montréal ist bei lesbischen, schwulen und bisexuellen Reisenden ein beliebtes Ziel. Das Zentrum der Schwulenszene ist das Village. Das Ganze ist eine Riesensache. Das einwöchige Festival **Montréal Pride** (S. 269) zieht jeden August Hunderttausende Besucher an und beim **Black & Blue Festival** (S. 269) Anfang Oktober finden neben großen Dance-Partys auch Kunst- und Kulturevents statt.

Schwule und Lesben sind gut ins Leben der Stadt integriert. In Vierteln wie dem Plateau wird kaum jemand hinschauen, wenn zwei Männer sich in der Öffentlichkeit an der Hand halten.

Das **Montréal Gay & Lesbian Community Centre & Library** (☎514-528-8424; www.ccglm.org; 2075 Rue Plessis; ⏰Mo–Fr 13–18, Mi bis 20 Uhr; Ⓜ Beaudry) gibt es seit etwa 1988. Es hat eine große Bibliothek und jede Menge Informationen zur Schwulen- und Lesbenszene der Stadt.

Der Szeneführer schlechthin für die Provinz Québec ist das kostenlose französischsprachige Monatsmagazin *Fugues* (www.fugues.com). Hier erfährt man alles über die neuesten Clubs und schwulenfreundliche Unterkünfte.

tails gemixt werden, regelmäßig Livemusiker auftreten und Varietévorführungen stattfinden.

Le Divan Orange LIVEMUSIK
(Karte S. 266; ☎514-840-9090; www.divanorange.org; 4234 Blvd St-Laurent; ⏰17–3 Uhr; Ⓜ St-Laurent, dann Bus 50) Das Le Divan Orange wurde als Restaurant- und Unterhaltungs-Location gegründet und hat eine großartige künstlerische Atmosphäre. DJs und Weltmusik stehen ebenso auf dem Programm wie Partys zur Veröffentlichung einer neuen CD.

La Rockette LIVEMUSIK
(Rockette Bar; Karte S. 266; ☎514-845-9010; 4479 Rue St-Denis; ⏰16–3 Uhr) Das herrlich schäbige La Rockette, halb Bar, halb Konzert-Location, ist ein toller, intimer (und daher manchmal lauter und überfüllter) Laden, um Konzerte zu hören oder – falls gerade nichts läuft – billiges Bier zu trinken.

Bistro à Jojo BLUES
(Karte S. 266; ☎514-843-5015; www.bistroajojo.com; 1627 Rue St-Denis; ⏰12–3 Uhr; Ⓜ Berri-UQAM) Seit 1975 ist in diesem lebhafte Laden im Quartier Latin etwas los. Jeden Abend spielen hier harte, raue französisch- und englischsprachigen Blues- und Rockbands. Wer dicht genug dran sitzt, kann sehen, wie die Musikern schwitzen.

Dièse Onze LIVEMUSIK
(Karte S. 266; ☎514-223-3543; www.dieseonze.com; 4115 Rue St-Denis; ca. 10 C$; ⏰18 Uhr–open end; Ⓜ Mont-Royal) In diesem Kellerjazzclub herrscht genau die richtige Atmosphäre. Die Bühne ist so klein, dass man den Künstlern wirklich nahekommt. Fast jeden Abend treten hier Musiker der unterschiedlichsten Richtungen auf. Während die Bands spielen, kann man eine Kleinigkeit essen, z. B. gute Tapas. Es gibt aber auch herzhaftere Hauptgerichte (Ziegenkäse-Burger, Pilzrisotto). Man kann telefonisch reservieren.

Casa del Popolo LIVEMUSIK
(Karte S. 266; ☎514-284-0122; www.casadelpopolo.com; 4873 Blvd St-Laurent; Eintritt 5–15 C$; ⏰12–3 Uhr; Ⓜ Laurier) Das „Haus des Volkes" ist eine der schönsten Veranstaltungsorte Montréals für Livemusik. Es ist auch für seine vegetarischen Sandwiches und Salate, seine talentierten DJs sowie die Programmkinovorstellungen und Lesungen bekannt. Es ist mit der Tapas-Bar La Sala Rosa (S. 276) und deren Konzert-Location La Sala Rossa assoziiert.

Foufounes Électriques LIVEMUSIK
(Karte S. 266; ☎514-844-5539; www.foufouneselectriques.com; 87 Rue Ste-Catherine Est; ⏰15–3 Uhr; Ⓜ St-Laurent) In dem riesigen Punkladen, der einstigen Bastion der Alternafreaks, finden manchmal immer noch wilde Konzertabende statt (Rockabilly, Ska, Metal) und gelegentlich auch andere Veranstaltungen wie Profi-Wrestling oder Indoor-Skateboard-Wettbewerbe. Die mit Graffiti bedeckten Wände und das industrielle Ambiente sind ein kleiner Hinweis darauf, dass der „Elektrische Hintern" ganz bestimmt keine Mainstream-Location ist.

Orchestre Symphonique de Montréal KLASSIK
(OSM; Karte S. 266; ☎514-840-7400; www.osm.ca/en; 1600 Rue St-Urbain, Maison Symphonique, Pl

des Arts; Ⓜ Place-des-Arts) Die Konzerte des international renommierten Orchesters sind immer gut besucht. Es spielt in seinem Stammhaus an der Place des Arts, dem 2011 eingeweihten Maison Symphonique de Montréal, dessen Akustik großartig ist. Legendär sind die weihnachtlichen OSM-Aufführungen von *Der Nussknacker.*

Theater & Dance

Cirque du Soleil THEATER

(Karte S. 256; www.cirquedusoleil.com; Quai Jacques-Cartier; Ⓜ Champ-de-Mars) Der weltberühmte Cirque du Soleil, einer der bekanntesten Exportschlager der Stadt, präsentiert in diesem grandiosen Zeltkomplex etwa alle zwei Jahre im Sommer ein neues Programm. Die Shows begeistern fast immer, man sollte sich die Gelegenheit also nicht entgehen lassen, den Cirque einmal in seiner Heimatstadt zu erleben.

Cabaret Mado KABARETT

(Karte S. 266; ☎ 514-525-7566; www.mado.qc.ca; 1115 Rue Ste-Catherine Est; Tickets 5–15 C$; ⊙ Di–So 16–3 Uhr; Ⓜ Beaudry) Mado ist eine extravagante Berühmtheit, der sich auch schon das schwule Unterhaltungsmagazin *Fugues* widmete. Ihr Kabarett ist eine Institution der Stadt. In ihren Travestie-Shows treten umwerfend komische sarkastische Künstler in fantastischen Kostümen auf. Die Vorstellungen finden dienstags, donnerstags und am Wochenende abends statt, Einzelheiten stehen auf der Website.

Théâtre St-Denis THEATER

(Karte S. 266; ☎ 514-849-4211; www.theatrestdenis.com; 1594 Rue St-Denis; ⊙ Theaterkasse Mo–Sa 12–18 Uhr; Ⓜ Berri-UQAM) Das historische Kino, ein Wahrzeichen Montréals, präsentiert Broadway-Shows auf Tour, Rockkonzerte und diverse Theater- und Musikaufführungen. Die beiden Säle sind mit der neuesten Sound- und Lichttechnik ausgestattet. Das Theater ist ein zentraler Veranstaltungsort des Just for Laughs Festival (S. 269).

Centaur Theatre THEATER

(Karte S. 256; ☎ 514-288-3161; www.centaurtheatre.com; 453 Rue St-François-Xavier; Ⓜ Place-d'Armes) Das Programm des führenden englischsprachigen Theaters der Stadt reicht von Shakespeare-Klassikern bis zu experimentellen Stücken kanadischer Dramatiker. Es befindet sich in der früheren Börse Montréals, einem markanten Bauwerk aus dem Jahr 1903 mit klassischen Säulen davor.

Sport

Bell Centre STADION

(Karte S. 260; ☎ 877-668-8269, 514-790-2525; www.centrebell.ca; 1909 Ave des Canadiens-de-Montréal) Wenn nicht gerade Heimspiele des beliebten Montréaler Eishockeyteams Montréal Canadiens anstehen, finden in diesem im Zentrum gelegenen Stadion mit 21000 Sitzplätzen alle großen Konzerte statt. Stars wie U2 oder Céline Dion treten in der Regel hier auf, wenn sie in der Stadt sind.

Montréal Alouettes CANADIAN FOOTBALL

(☎ 514-871-2255; www.montrealalouettes.com; Ave des Pins Ouest, Stade Percival-Molson; Tickets ab 29 C$; Ⓜ McGill) Die Montréal Alouettes, eine Star-Mannschaft der Canadian Football League, hatten sich in der Vergangenheit schon mehrfach aufgelöst und neu gegründet. 2002, 2009 und 2010 gewannen sie schließlich den Grey Cup der Liga. Die Regeln unterscheiden sich etwas vom American Football: Das Spielfeld ist größer und es gibt nur drei Downs. Die Spiele finden im Stade Percival-Molson der Université McGill und manchmal im Stade Olympique statt.

Shoppen

Die Montréaler sind enorm stilbewusst. Die Stadt selbst ist schön und ihre Bewohner wollen ihr ebenbürtig sein. Vielleicht ist es der viel beschworene europäische Einfluss, doch die Montréaler scheinen unabhängig von ihrem Einkommen instinktiv stilvoll zu leben und ästhetische Genüsse wie Essen, Kunst und natürlich Mode zu schätzen.

Musik, Bücher & Schreibwaren

★ **Drawn & Quarterly** BÜCHER

(☎ 514-279-2224; http://211blog.drawnandquarterly.com; 211 Rue Bernard Ouest; ⊙ 10–21 Uhr; Ⓜ Outremont) Die Hauptfiliale dieses kultigen Verlages für Comics und Graphic Novels, in dem coole Buchpräsentationen stattfinden, hat sich zu einem kleinen Mekka der Literaturfreunde der Stadt entwickelt. Der gemütliche kleine Laden verkauft Literatur aller Art, darunter Kinderbücher, alte *Tim und Struppi*-Comics, aktuelle Romane und Kunstbücher.

Librairie Planète BD COMICS

(Karte S. 266; ☎ 514-759-9800; www.planetebd.ca; 3883 Rue St-Denis; ⊙ Mo–Mi, Sa & So 10–18, Do & Fr bis 21 Uhr; Ⓜ Sherbrooke) Wer Comics und Graphic Novels – und speziell französischsprachige – mag, darf diesen Laden nicht verpassen. Die Besitzer sind leidenschaftliche Comic-Fans und haben Titel im Sortiment, die anderswo kaum zu finden sind.

Cheap Thrills MUSIK

(Karte S. 260; ☎ 514-844-8988; www.cheapthrills.ca; 2044 Rue Metcalfe; ⊙ Mo–Mi & Sa 11–18, Do & Fr bis 21, So 12–17 Uhr) Wenn man hier in der großen Auswahl an gebrauchten Büchern und Musik (CDs und einige Platten) stöbert, vergisst man schnell die Zeit. Neben Mainstreammusik sind auch viele ungewöhnlichere Dinge dabei, und alles gibt's zu Schnäppchenpreisen.

Le Port de Tête BÜCHER

(Karte S. 266; ☎ 514-678-9566; www.leportdete te.com; 262 Ave du Mont-Royal Est; ⊙ Mo–Sa 10–22, So bis 20 Uhr; Ⓜ Mont-Royal) Der hervorragend geführte Buchladen hat oft vielversprechende neue Autoren von dynamischen kleinen Verlagen im Angebot. Die Auswahl ist unglaublich vielfältig: Tausende philosophische Bücher stehen neben Theaterstücken, Gedichten und Graphic Novels.

Kunst & Kunsthandwerk

Artpop KUNST & KUNSTHANDWERK

(Karte S. 266; ☎ 514-843-3443; 129 Ave du Mont-Royal Est; ⊙ Mo–Mi 10–20, Do & Fr bis 9, Sa 10–19, So ab 11 Uhr; Ⓜ Mont-Royal) Das Artpop ist zwar winzig, aber ein echtes Fundstück, was originelle Geschenke mit Montréal-Themen angeht. Hier gibt's Grafik-T-Shirts, Kissenbezüge, iPhone-Hüllen und Drucke mit den berühmten Wahrzeichen der Stadt.

Au Papier Japonais KUNST & KUNSTHANDWERK

(Karte S. 266; ☎ 514-276-6863; www.aupapierja ponais.com; 24 Ave Fairmount Ouest; ⊙ Mo–Sa 10–18, So 12–16 Uhr; Ⓜ Laurier) Man ahnt ja nicht, wie viele Sorten von japanischem Papier es gibt, ehe man diesen wundervollen Laden besucht hat, der über 800 davon vorrätig hat. Die Origami-Sets sind tolle Souvenirs, genau wie die eleganten Teekannen, die Keramik-Produkte und die eleganten Buddha Boards, auf denen man mit Wasser vergängliche Kunstwerke malen kann.

Essen

Le Marché des Saveurs du Québec ESSEN & TRINKEN

(☎ 514-271-3811; www.lemarchedessaveurs.com; 280 Pl du Marché-du-Nord; ⊙ Sa–Mi 9–18, Do & Fr bis 20 Uhr; Ⓜ Jean-Talon) Alles, was hier verkauft wird, stammt aus Québec, von den handgemachten Seifen bis zur besten Auswahl an Craft-Bieren, Ahorn-Produkten, Marmeladen und Käsesorten in der Stadt. Das Geschäft wurde gegründet, um eine Plattform für die Erzeugnisse regionaler Produzenten zu schaffen. Es macht einfach Spaß, sich hier umzuschauen.

Marché St-Jacques MARKT

(Karte S. 266; ☎ 514-418-6527; www.marche saintjacques.com; 1125 Rue Ontario; ⊙ Mo–Fr 9–19, Sa bis 18, So bis 17 Uhr; 👪; Ⓜ Beaudry) Da sich hier schon 1879 ein Markt befand, ist dies einer der ältesten öffentlichen *marchés* Kanadas. Das heutige Marktgebäude im schönen Art-déco-Stil wurde 1931 errichtet. Das Angebot ist zwar begrenzt, besonders verglichen mit dem **Marché Jean-Talon** (☎ 514-937-7754; www.marchespublics-mtl.com; 7075 Ave Casgrain; ⊙ Mo–Mi & Sa 7–18, Do & Fr bis 20, So bis 17 Uhr; P 👪; Ⓜ Jean-Talon) 🍃 und dem Marché Atwater (S. 262), doch hier kann man gut die Lebensmittel für ein Picknick kaufen oder sich einen Snack holen, während man das Village erkundet.

Bekleidung

Friperie St-Laurent MODE & ACCESSOIRES, VINTAGE

(Karte S. 266; ☎ 514-842-3893; 3976 Blvd St-Laurent; ⊙ Mo–Mi 11–18, Do & Fr bis 20, Sa bis 17, So 12–17 Uhr; Ⓜ Sherbrooke) Dieses Geschäft, eine der beliebtesten *friperien* (Vintage-Läden) des Plateau, bietet eine kleine, aber gute Auswahl an Kleidung der vergangenen Jahrzehnte. Hier findet man auch Bomber-Jacken mit Pelzfutter, elegante Kleider aus den 1950er-Jahren, Cowboy- und Motorradstiefel, Tweed-Jacketts und alte College-Sweatshirts.

Andere Spezialgeschäfte

★ **Monastiraki** VINTAGE

(www.monastiraki.blogspot.ca; 5478 Blvd St-Laurent; ⊙ Mi 12–18, Do & Fr bis 20, Sa & So bis 17 Uhr; Ⓜ Laurier) Dieser schwer einzuordnende Laden, der nach einem Athener Flohmarktviertel benannt ist, bezeichnet sich selbst als „hybrider Kuriositäten-/Kunstraum", doch auch das wird dem Sortiment des Grafikers Billy Mavreas nicht gerecht: Comic-Bände aus den 1960er-Jahren, moderne handgemachte Heftchen, Siebdruckposter und unzählige Antiquitäten und Sammlerstücke sowie zeitgenössische Arbeiten vor allem regionaler Grafiker.

Jet-Setter REISEARTIKEL

(Karte S. 266; ☎ 514-271-5058; www.jet-setter.ca; 66 Ave Laurier Ouest; ⊙ Mo–Mi 10–18, Do & Fr bis 21, Sa bis 17, So 12–17 Uhr; Ⓜ Laurier) Das Jet-Setter, ein Geschäft für hochmodernes Reisegepäck und cleveres Reisezubehör, verkauft aufblasbare Schutzhüllen für Weinflaschen, T-Shirts im Miniformat, sofort trocknende Unterwäsche, Seidenschlafsäcke, Minibügeleisen, wasserdichte Mützen und unzählige andere Artikel.

Aux Quatre Points Cardinaux KARTEN
(Karte S. 266; ☎ 514-843-8116; www.aqpc.com; 551 Rue Ontario Est; ⏲ Mo–Mi 10–18, Do & Fr bis 21, Sa bis 17 Uhr; Ⓜ Berri-UQAM) Die Globetrotter des AQPC haben ein breites Sortiment für erfahrene Traveller im Angebot, etwa Atlanten, Globen, Karten, Luftbilder und französische und englische Reiseführer, darunter auch eine gute Auswahl an Lonely Planet Bänden.

Praktische Informationen

GELD

Calforex (www.calforex.com; 1230 Rue Peel; ⏲ Mo–Sa 8.30–21, So 10–18 Uhr)

INFOS IM INTERNET

The Main MTL (www.themainmtl.com) Aktuelle Artikel von Insidern über die Restaurantszene, Musik und Kunst.

Ville de Montréal (www.ville.montreal.qc.ca) Die offizielle Website der Stadt mit nützlichen Reiseinfos und einem Veranstaltungskalender.

MEDIEN

Tageszeitungen Die *Montréal Gazette* ist die wichtigste englischsprachige Tageszeitung und berichtet umfassend über nationale Angelegenheiten, Politik und Kunst. Die Samstagsausgabe enthält einen nützlichen Veranstaltungskalender.

Online-Magazine Die alternativen Online-Magazine *Cult* (www.cultmontreal.com) und *Hour Community* (www.hour.ca) bieten eine noch bessere Veranstaltungsübersicht.

Blogs Der *MTL Blog* (www.mtlblog.com) hat tolle aktuelle Veranstaltungstipps und viele Listicles.

MEDIZINISCHE VERSORGUNG

Apotheke Pharmaprix (www.pharmaprix.ca; 1500 Rue Ste-Catherine Ouest; ⏲ 8–24 Uhr; Ⓜ Guy-Concordia) Eine weitere, rund um die Uhr geöffnete Filiale dieser „Mega-Apotheke" befindet sich in der Nähe von **Mont Royal** (☎ 514-738-8464; 5122 Chemin de la Côte-des-Neiges).

CLSC (Centre Local de Services Communautaires; ☎ 514-934-0354; www.santemontreal.qc.ca/en; 1801 Blvd de Maisonneuve Ouest; ⏲ Mo–Fr 8–20 Uhr; Ⓜ Guy-Concordia) In dieses kommunale Gesundheitszentrum für kleinere gesundheitliche Beschwerden kann man unangemeldet kommen.

Health Hotline (☎ 811) Hotline für alle nicht dringenden Gesundheitsfragen.

Montréal General Hospital (☎ 514-934-1934; www.muhc.ca/mgh; 1650 Ave Cedar; Ⓜ Guy-Concordia)

Sexual Assault Center (☎ in Montréal 514-398-8500, in Québec (Stadt) ☎ 418-522-2120; www.sacomss.org/wp)

NOTFALL

Montréal Police Station (Notruf ☎ 911, wenn kein Notfall vorliegt ☎ 514-280-2222)

POST

Postes Canada (Canada Post; ☎ 866-607-6301, 416-979-3033; www.canadapost.ca) Kanadische Post.

TOURISTENINFORMATION

Centre Infotouriste Montréal (Karte S. 260; ☎ 514-844-5400, 800-230-0001; www.tourisme-montreal.org; 1255 Rue Peel; ⏲ 8:30–19 Uhr; Ⓜ Peel) Infos über Montréal und die Provinz Québec. Gebührenfreie Hotel-, Touren- und Mietwagenreservierungen sowie Geldwechsel.

Tourisme Québec (☎ in Kanada 877-266-5687, weltweit ☎ 514-873-2015; www.tourisme.gouv.qc.ca) Die Tourismusbehörde der Provinz Québec unterhält sowohl in Montréal als auch in Québec (Stadt) Touristeninformationen (sogenannte Centres Infotouristes).

An- & Weiterreise

AUTO & MOTORRAD

Alle großen internationalen Autovermietungen haben Filialen am Flughafen, am Hauptbahnhof und an anderen Orten in der Stadt. Eine renommierte Montréaler Leihwagenfirma ist **Auto Plateau** (☎ 514-281-5000; www.autoplateau.com; 3585 Rue Berri; Ⓜ Sherbrooke).

Kangaride (S. 253) ist eine zuverlässige Online-Mitfahragentur. Die Fahrt nach Québec (Stadt) kostet z. B. um die 15 C$.

BUS

Galland Laurentides (Karte S. 266; ☎ 450-687-8666, 877-806-8666; www.galland-bus.com; 1717 Rue Berri; nach Mont-Tremblant einfache Fahrt/hin & zurück 29/58 C$) Busverbindungen von Montréal nach Mont-Tremblant und zu anderen Zielen in den Laurentides.

Greyhound (www.greyhound.ca) Betreibt Fernbusse nach Ottawa, Toronto, Vancouver, Boston, New York City und zu anderen Orten in Kanada und den USA.

Limocar (www.limocar.ca) Bietet Busverbindungen von Montréal in die Cantons de l'est.

Moose Travel Network (www.moosenetwork.com) Der bei Backpackern beliebte Busreiseveranstalter bietet mehrere Rundtouren durch Kanada, bei denen man unterwegs aus- und zusteigen kann. Einsteigen kann man u.a. in Montréal, Québec (Stadt), Ottawa und Toronto. Ziele innerhalb Québecs sind z. B. Mont-Tremblant und die Gaspé-Halbinsel.

Orléans Express (www.orleansexpress.com) Unternimmt die dreistündige Fahrt zwischen Montréal und Québec (Stadt).

FLUGZEUG

Montréals Flughafen ist der **Pierre Elliott Trudeau International Airport** (Trudeau YUL; www.admtl.com), auf Französisch Aéroport Montréal-Trudeau oder einfach Trudeau Airport genannt. Er liegt 21 km westlich vom Stadtzentrum und ist das Drehkreuz der innerkanadischen und internationalen Flüge einschließlich der Flüge in die USA. Der Trudeau Airport (manchmal auch noch mit seinem alten Namen Dorval Airport bezeichnet) hat mit dem Auto oder mit einem Shuttlebus eine gute Anbindung an die Stadt.

Autocars Skyport (☎ 514-631-1155; www.skyportinternational.com; einfache Strecke/hin & zurück Erw. 98/165 C$) Autocars Skyport betreibt im Sommer und Winter Express-Shuttlebusse zwischen dem Trudeau Airport und dem Skigebiet Mont-Tremblant.

SCHIFF/FÄHRE

Fähren (Karte S. 256; ☎ 514-281-8000; http://navettesmaritimes.com; Quai Jacques Cartier; einfache Strecke 4,25 C$; ⏲ Mitte Mai–Okt.) Fähren zwischen dem Vieux-Port und dem Parc Jean-Drapeau.

ZUG

Bahnfahrten sind in Kanada die wohl schönste und romantischste Art, das Land zu bereisen. Fernfahrten sind mit dem Zug jedoch deutlich teurer als mit dem Bus, und an Wochenenden und in den Ferien ist eine Reservierung unerlässlich. Wenn man einige Tage vorher bucht, kann der Fahrpreis erheblich günstiger sein.

Gare Centrale (Hauptbahnhof; ☎ Ankünfte & Abfahrten 888-842-7245, Infos & Reservierungen ☎ 514-989-2626; www.viarail.ca; 895 Rue de la Gauchetière Ouest; Ⓜ Bonaventure) Der lokale Knotenpunkt von **VIA Rail** (☎ 514-989-2626; www.viarail.ca; Ⓜ Bonaventure), Kanadas staatlicher Eisenbahngesellschaft. Von hier aus fahren Züge in Städte im ganzen Land.

Amtrak (www.amtrak.com) Bietet Verbindungen zwischen New York City und Montréal mit den Adirondacks. Die Fahrt dauert zwar lange (11 Std.), führt aber durch die malerisch Landschaft zwischen dem Lake Champlain und dem Hudson River.

AMT (☎ 514-287-8726; www.amt.qc.ca/en) Pendlerzüge bedienen die Vororte Montréals. Die Züge vom Gare Centrale sind schnell, fahren aber selten; oft beträgt der Abstand zwischen zwei Zügen mehr als zwei Stunden.

ℹ Unterwegs vor Ort

ZUM/VOM FLUGHAFEN

Bus

Der Bus 747, das preiswerteste Verkehrsmittel in die Stadt, benötigt 45 bis 60 Minuten. Die Busse fahren rund um die Uhr. Sie starten direkt vor der Ankunftshalle und fahren zum **Gare d'Autocars** (Karte S. 266; ☎ 514-842-2281; www.gamtl.com; 1717 Rue Berri; Ⓜ Berri-UQAM) im Zentrum und zur Metrostation Berri-UQAM im Quartier Latin. Den Fahrpreis von 10 C$ kann man an Ticketautomaten im internationalen Ankunftsbereich bar, mit Visa Card oder Master Card bezahlen oder die Tickets im Bus kaufen (nur Münzen, man muss passend zahlen). Mit dem Ticket kann man das Montréaler Bus- und Metronetz 24 Stunden lang unbegrenzt nutzen.

Taxi

Die Fahrt vom Flughafen ins Zentrum dauert mindestens 20 Minuten, der Festpreis beträgt 40 C$. Man kann auch Limousinen mieten (von 55 C$ aufwärts).

ÖFFENTLICHE VERKEHRSMITTEL

Das Bus- und Metronetz Montréals wird von der **STM** (Société de Transport de Montréal; ☎ 514-786-4636; www.stm.info) betrieben. Die Fahrpläne unterscheiden sich von Linie zu Linie, aber generell fahren die Züge von Sonntag bis Freitag zwischen 5.30 und 24 Uhr, am Samstag etwas länger (bis max. 1.30 Uhr).

Eine einfache Fahrt mit dem Bus oder der Metro kostet 3,25 C$. Zweifahrtenkarten (6 C$) sind in den Metrostationen erhältlich. Wer länger in der Stadt ist, kann mit der wiederaufladbaren Opus Card Geld sparen: Die Karte selbst kostet einmalig 6 C$, mit dem Kartenguthaben kann man dann ermäßigte Zehnerkarten (26,50 C$), Tageskarten mit unbegrenzten Fahrten (10 C$), Dreitageskarten (18 C$), Wochenkarten (25,50 C$, Mo–So) und Monatskarten (82 C$) kaufen.

In den Bussen kann man Fahrkarten kaufen, muss aber passend zahlen. Beim Umstieg von der Metro in den Bus gilt das Metroticket auch im Bus. Wer zwischen zwei Bussen oder vom Bus in die Metro umsteigt, bittet den Fahrer um einen Transferschein (auf Französisch *correspondence*).

TAXI

Der Grundpreis beträgt 3,45 C$, danach werden pro Kilometer 1,70 C$ fällig und pro Minute Wartezeit im Verkehr 0,63 C$. Die Preise hängen in den Taxis am Fenster aus.

Taxi Co-Op (☎ 514-725-9885; www.taxi-coop.com) Taxiservice in Montréal.

Taxi Champlain (☎ 514-273-1111; www.taxichamplain.qc.ca) Taxiservice in Montréal.

LES LAURENTIDES

Die Laurentinischen Berge (engl. Laurentians) sind vielleicht das bestgehütete Geheimnis der Montréaler Tagesausflügler. Nur eine Autostunde von der Stadt entfernt, ist man auf einmal von einer sanft geschwungenen Berglandschaft voller kristallblauer Seen und sich windender Flüsse umgeben. Dazwischen verteilen sich malerische Städte und Dörfer. Ein Abstecher in dieses Naturparadies ist beinahe so erholsam wie das Füßehochlegen nach einem harten Arbeitstag.

Mont Tremblant wird zwar gelegentlich als übertrieben kommerzialisiert kritisiert, seinen überragenden Skimöglichkeiten kann landesweit jedoch nur Whistler das Wasser reichen. In den Laurentides gibt es noch viele weitere, etwas unbekanntere Skiorte. In ihren winzigen Zentren verbreiten luftige Patios und exklusive, eigenständige Designer-Klamottenläden ein klein wenig alpenländische Atmosphäre.

In der Hauptsaison sind die Preise bedeutend höher und auch der Besucherandrang ist dann extrem hoch. Dies ist z.B. im Sommer und während der Weihnachtsferien der Fall. Wer im Winter herkommen möchte, sollte sich zuvor nach den allgemeinen Öffnungszeiten erkundigen.

Praktische Informationen

Tourisme Laurentides (800-561-6673, Reservierungen 450-224-7007; www.laurentides.com; La Porte-du-Nord, Hwy 15, Ausfahrt 51; Ende Juni–Anfang Sept. 9–20, Rest des Jahres bis 17 Uhr) Die regionale Touristeninformation beantwortet telefonische Fragen, bucht Unterkünfte und verschickt Informationen per E-Mail. Sie betreibt einen kostenlosen Zimmerreservierungsservice, der auf Unterkünfte entlang der Route **Parc Linéaire le P'tit Train du Nord** spezialisiert ist.

Anreise & Unterwegs vor Ort

Täglich fahren drei Busse von **Galland Laurentides** (S. 284) zwischen dem Hauptbahnhof Montréal und den Laurentides. Sie halten unterwegs u.a. in St-Jérôme, St-Sauveur, Val-David und Mont-Tremblant.

Fast alle Städte in den Laurentides erreicht man über den Hwy 15, die Autoroute des Laurentides. Auf der parallel dazu verlaufenden alten Rte 117 dauert die Fahrt länger, sie ist aber landschaftlich wesentlich schöner.

Von Mitte Mai bis Mitte Oktober verkehren täglich zwei Busse von **Autobus Le Petit Train du Nord** (888-893-8356, 450-569-5596; www.autobuslepetittraindunord.com; Shuttleticket 28–70 C$, Leifahrrad pro Tag/Woche 25/126 C$; Mitte Mai–Mitte Okt.) zwischen St-Jérôme und Mont Laurier (Tickets 28–70 C$), die unterwegs nach Bedarf halten. Fahrräder können kostenlos mitgenommen werden.

St-Jérôme

Etwa 43 km nördlich von Montréal liegt St-Jérôme, das offizielle Tor zu den Laurentides. Obwohl die Stadt vor allem ein Verwaltungszentrum ist und industriell wirkt, lohnt sich ein Besuch der im römisch-byzantinischen Stil erbauten **Kathedrale** (355 Pl du Curé-Labelle; Mo–Fr 8.30–16.30, Sa & So bis 12 Uhr; P) GRATIS Sie ist zudem der südliche Endpunkt des **Parc Linéaire le P'tit Train du Nord** (450-745-0185; www.laurentides.com/parclineaire;), eines Wegesystems, das auf alten Bahntrassen angelegt wurde. In der Nähe, nicht einmal eine Stunde von Montréal entfernt, zeigt das **Musée d'Art Contemporain des Laurentides** (450-432-7171; www.museelaurentides.ca; 101 Pl du Curé-Labelle; Eintritt gegen Spende; Di–So 12–17, Sa ab 10 Uhr; P), ein Museum für moderne Kunst, kleine, aber tolle Ausstellungen mit Werken hiesiger Künstler.

St-Sauveur-des-Monts

St-Sauveur-des-Monts (kurz St-Sauveur) ist der lebhafteste Ort in den Laurentides und ist wegen seiner Nähe zu Montréal (60 km) oft von Tagesbesuchern überlaufen. Eine hübsche Kirche dominiert die nette, von Restaurants, Cafés und Boutiquen gesäumte Hauptstraße, die Rue Principale.

Mit rund 100 Pisten aller Schwierigkeitsgrade auf fünf großen Skihügeln ist die Region um St-Saveur ein Paradies für Abfahrtsläufer. Der höchste Berg, der Mont St-Saveur, ist für sein Nachtskifahren bekannt. Wer es aufregend mag, wird auch auf der Doppelseilrutsche **Le Dragon** und auf der **Viking**, einer malerischen, 1,5 km langen Sommerrodelbahn durch zerklüftetes bergiges Gelände, Spaß haben. Beide befinden sich ebenso wie der Mont St-Saveur und der Parc Aquatique im **St-Sauveur Valley Resort**. Skilangläufer zieht es zum 150 km langen Pistennetz bei Morin Hights. St-Sauveurs Festival des Arts findet Ende Juli statt.

Aktivitäten

Parc Aquatique WASSERSPORT
(Wasserpark; 450-227-4671; www.parcaquatique.com; 350 Rue St-Denis; Erw./Jugendlicher/

Kind ganzer Tag 37/30/17 C$, halber Tag 28/27/15 C$; ⌚Juni–Aug. 10–19, Sept. bis 17 Uhr; 👪) Im Sommer verwandelt sich der Mont St-Sauveur in den Parc Aquatique. Kinder jeden Alters vergnügen sich im Wellenbad, auf den Rutschen (teils mit Sessellift erreichbar) oder bei einer Raftingfahrt.

Mont St-Sauveur SKIFAHREN
(☎450-227-4671, 514-871-0101; www.montsaintsauveur.com; 350 Ave St-Denis; Liftticket Erw./Jugendlicher/Kind 56/48/38 C$; ⌚Nov.–März Mo–Fr 9–22, Sa & So 8.30–22 Uhr; 👪) Der Mont St-Sauveur ist eines der größten Skizentren der Region. Die Pisten sind nicht besonders anspruchsvoll, doch dafür kann man hier nachts Ski fahren, die Bandbreite der Abfahrtsläufe ist riesig und in der Wintersaison gibt's dank der Schneebläser auf den Hängen mit absoluter Sicherheit Schnee.

Feste & Events

Festival des Arts TANZ
(☎450-227-0427; http://festivaldesarts.ca/en; ⌚Ende Juli) Zum achttägigen Festival des Arts in St.-Saveur kommen Dutzende international Tanzgruppen. Viele Vorstellungen sind kostenlos.

Schlafen & Essen

Le Petit Clocher B&B $$
(☎450-227-7576; www.lepetitclocher.com; 216 Rue de l'Église; EZ 165–215 C$, DZ 185–235 C$; P ❄ 📶) Das wunderbare Gästehaus befindet sich in einem umgebauten Kloster auf einem kleinen Hügel oberhalb der Stadt und hat sieben hübsche Zimmer, die im französischen Landhausstil eingerichtet sind. Die meisten bieten einen herrlichen Ausblick.

Auberge Sous L'Edredon B&B $$
(☎450-227-3131; www.aubergesousledredon.com; 777 Rue Principale; Zi. 139–199 C$; ❄ 📶 🏊) Dieses viktorianische Gästehaus, das etwa 2 km vom Ortszentrum in der Nähe eines kleinen Sees liegt, verströmt jede Menge Charakter. Einige der traumhaft eingerichteten Zimmer, die moderner sind, als man von außen vermuten würde, verfügen über Kamin und Whirlpool.

La Brûlerie des Monts CAFÉ $
(☎450-227-6157; www.bruleriedesmonts.com; 197 Rue Principale; Hauptgerichte 5–13 C$; ⌚Mo–Mi 6–19, Do bis 20, Fr & Sa bis 21, So 6.30–19 Uhr; 📶 🖉) *Das* Lokal der Stadt, um zu frühstücken und ein Sandwich zu essen. Es hat eine tolle Terrasse. Der Kaffee wird vor Ort geröstet.

Chez Bernard DELI $
(☎450-240-0000; www.chezbernard.com; 407 Rue Principale; Gerichte 6–15 C$; ⌚Mo–Do 10–18, Fr bis 20, Sa 9–18, So 10–17 Uhr; 🖉) Hervorragendes Deli mit lokalen, teilweise selbst gemachten Spezialitäten, die sich perfekt für ein Picknick eignen; außerdem gibt es komplette Mahlzeiten.

Orange & Pamplemousse FUSION $$
(☎450-227-4330; www.orangepamplemousse.com; 120 Rue Principale; Hauptgerichte 14–32 C$; ⌚tgl. 8–14.30, Mi–So 15–21 Uhr; P) Beim sanften Plätschern des japanischen Bambus-Springbrunnens kann man in ruhiger Atmosphäre raffinierte Pastagerichte und exzellenten Fisch vom Grill genießen. Das üppige Frühstücksangebot ist ebenfalls wunderbar.

Le Rio BARBECUE $$
(www.riorestaurant.ca; 352 Rue Principale; Hauptgerichte 14–35 C$; ⌚16–22 Uhr; P 👪) Die Vorstellung, in den Bergen des ländlichen Québec ein Barbecue zu bestellen, mag befremdlich wirken, doch dieser erstklassige Diner (ja, auch dies ist eigentlich ein merkwürdiger Ort für ein Barbecue) wird von amerikanischen Reisenden und Einheimischen gleichermaßen begeistert empfohlen. Unbedingt die saftigen, zarten *baby back ribs* probieren!

Praktische Informationen

Touristeninformation (☎450-227-2564; www.valleeesaintsauveur.com; 30 Rue Fillion, Ste-Adèle) Die freundliche Touristeninformation hat Infos zu geführten Touren und Unterkünften in der Region.

Val-David

Das winzige Val-David ist eines jener Dörfer, in denen man sich erst ein paar Stunden an großartigem Essen, den schönen Waldwegen, gutem Kaffee und dem Blick auf den Rivière du Nord, der mitten hindurchfließt, erfreut und dann beginnt, die Immobilienangebote zu checken. Sein Charme hat viele Künstler angelockt, deren Ateliers und Galerien die Hauptstraße, die Rue de L'Église säumen.

In den 1960er-Jahren war der Ort ein wichtiger Hippietreff, und auch heute ist hier eine Menge New-Age-Energie spürbar. Ein weiteres Plus (und ein Ausgleich) sind die vielen Bäckereien, die selbst backen, die Jazzmusiker, die im Sommer an den Wochenenden in den Cafés spielen, und die vielen Künstler und Kunsthandwerker. Die örtliche Touristeninformation befindet sich in einem hübschen alten Bahnhof, praktischerweise neben der Freizeitroute Parc Linéaire le P'tit Train du Nord (S. 286). Wer samstags in der Stadt ist, sollte vormittags den **Bauernmarkt** (Marché d'Été; ⌚ Ende Mai–Mitte Okt. Sa 9–13 Uhr) besuchen.

Aktivitäten

Die großartige Natur ist eine der Hauptattraktionen des Ortes. **Roc & Ride** (☎ 819-322-7978; www.rocnride.com; 2444 Rue de l'Église; Langlaufskiausrüstung halber Tag/ganzer Tag 20/25 C$; ⌚ Sa–Mi 9–17, Do & Fr bis 18 Uhr) verleiht Langlaufskier, Schlittschuhe und im Sommer Fahrräder. **À l'Abordage** (☎ 819-322-1234; www.activites-plein-air-laurentides.com; 2268 Rue de l'Église; 3-stündige Kajaktouren ab 40 C$; ⌚ 23. Juni–5. Sept. 9–16.30 Uhr) verleiht Fahrräder, Kajaks und Kanus und bietet Fahrrad-Kanu-Pakete sowie geführte Touren auf dem Rivière du Nord.

Das **Klettern** ist für Val-David, was das Skifahren für andere Dörfer in den Laurentides ist: Hier gibt es über 500 Kletterrouten, von einfachen bis zu anspruchsvollen Felswänden.

Entlang des **Chemin de la Rivière** (), der abwechselnd dem Rivière du Nord folgt und sich durch große Teile der Stadt schlängelt, führt ein Fuß- und Radweg. Von dem gut in Schuss gehaltenen Weg durchs Grüne bietet sich ein schöner Blick aufs Wasser, besonders rund um das Maison de Bavière, wo eine malerische Brücke einen sprudelnden Wasserfall überquert und dann auf einen kurzen Fußweg stößt, der zum Chemin de l'Île führt.

Feste & Events

1001 Pots Festival KUNST
(www.1001pots.com; ⌚ Mitte Juli–Mitte Aug.) Zu dieser riesigen Keramikausstellung mit Verkauf und Workshops kommen in jedem Sommer an die 100 000 Besucher in die Stadt.

Schlafen & Essen

★ **La Maison de Bavière** B&B $$
(☎ 819-322-3528; www.maisondebaviere.com; 1470 Chemin de la Rivière; Zi. 115–165 C$; P @) Hier sinkt man zum Rauschen des Rivière du Nord vor dem Fenster in den Schlaf. Die Wandmalereien im bayerischen Stil und die Holzbalken geben dem Haus etwas von einer europäischen Skihütte. Von der Lage am Parc Linéaire le P'tit Train du Nord (S. 286) bis zum energiereichen Gourmetfrühstück, das jeden Morgen serviert wird, eignet es sich perfekt für Gäste, die den ganzen Tag im Freien verbringen wollen.

Le Mouton Noir FUSION $$
(☎ 819-322-1571; www.bistromoutonnoir.com; 2301 Rue de l'Église; ⌚ Mo–Mi 8–21, Do & Fr bis 23, Sa 10–23, So 10–21 Uhr) In diesem Restaurant mit künstlerischem Flair sieht man Männer mit den für Val-David typischen Bärten aller Art – Hippie-Bärten, Hipster-Bärten und auch ein paar Holzfäller-Bärten (und natürlich gibt es hier auch die gleichen Sorten Frauen, wenngleich ohne das Gesichtshaar). Alle mögen die unkonventionelle kanadische Fusionsküche: Wie wär's mit einer *poutine* gemischt mit einem indischen Curry? Einfach köstlich! Livemusik sorgt dafür, dass im „Schwarzen Schaf" am Wochenende bis spät am Abend etwas los ist.

Bistro Des Artistes KANADISCH $$
(☎ 819-320-0899; www.bistroartistesvaldavid.com; 2489 Rue de l'Église; Hauptgerichte 13–28 C$; ⌚ 11–21 Uhr;) Auf der Karte stehen deftige saisonale kanadische Gerichte mit regionalen Zutaten, die gekonnt zubereitet sind, beispielsweise regionale Grillwurst mit Kartoffelbrei oder perfekte Pizzas, die dampfend aus dem Pizzaofen kommen. Die Weinkarte ist fantastisch.

Ausgehen & Nachtleben

Le Baril Roulant KLEINBRAUEREI
(www.barilroulant.wordpress.com; 2434 Rue de l'Église; ⌚ Mo–Do 15–24, Fr–So 12–1 Uhr) Die entspannte, vor Lokalkolorit strotzende Kleinbrauerei hat künstlerisches Flair und schenkt neben ihren eigenen Bieren zahlreiche andere Sorten aus der Region aus. Im Sommer kann man auf der Terrasse entspannen oder es sich im farbenfroh gestrichenen Gastraum auf bunten Stühlen und Couches gemütlich machen. Für Unterhaltung sorgen regelmäßig Livebands und DJs, deren Spektrum von Jazz über Psychedelic Rock bis zu Elektropop reicht.

Praktische Informationen

Touristeninformation (☎ Durchwahl 4235 819-324-5678; www.valdavid.com; 2525 Rue de l'Église; ⌚ 9–17 Uhr) Die sehr hilfreiche Touristeninformation liegt gleich abseits des Stadtparks, durch den der Parc Linéaire du P'tit Train du Nord führt.

Ville de Mont-Tremblant

Die Region Mont-Tremblant ist das Kronjuwel der Laurentides. Im Schatten des gleichnamigen, 968 m hohen Gipfels glitzern unberührte Seen und Flüsse. Diese Outdoor-Spielwiese ist das ganze Jahr über äußerst beliebt – von Ende Oktober bis Mitte April vor allem bei Skifahrern. Im übrigen Jahr tummeln sich hier Wanderer, Radfahrer, Golfer, Wassersportler und andere Outdoor-Fans.

Das Gebiet von Ville de Mont-Tremblant unterteilt sich in drei Bereiche. Zu Station Tremblant gehören die Skipiste und das verkehrsberuhigte Touristen-Resort am Fuß des Bergs. Rund 4 km weiter südwestlich befindet sich das winzige **Mont-Tremblant Village** (👪), eine niedliche Ansammlung von Wohn- und Geschäftshäusern. Als größte Siedlung in dieser Ecke liegt das Gewerbezentrum **St-Jovite** rund 12 km südlich des Bergs abseits der Rte 117.

Sehenswertes & Aktivitäten

Im Süden geht der Fuß des Berges in ein glitzerndes, autofreies **Touristen-Resort**, ein Dorf mit großen Hotels, Geschäften, Restaurants und der Atmosphäre eines Vergnügungsparks über. Die einförmige Architektur verströmt nicht so viel rustikalen europäischen Charme, wie die Planer im Sinn hatten, doch das scheint die jährlich 2,5 Mio. Besucher, die die gepflasterten Straßen entlangspazieren, nur wenig zu stören.

Das 1938 gegründete **Mont-Tremblant Ski Resort** (☎514-764-7546, 888-738-1777; www.tremblant.ca; 1000 Chemin des Voyageurs; Liftticket Erw./Jugendlicher/Kind 87/60/50 C$; ⏲Ende Nov.–Mitte April 8.30–16 Uhr; 👪) rangiert der Zeitschrift *Ski* und Scharen treuer Fans zufolge unter den führenden internationalen Skiresorts Nordamerikas. Auf dem Berg, dessen Skigebiet einen Höhenunterschied von 645 m aufweist, gibt es 95 Pisten und drei Schneeparks sowie 14 Lifts, darunter eine Expressgongelbahn. Skiverleih kostet ab 32 C$ pro Tag.

Viele Kioske im Touristendorf **Station Tremblant** offerieren die unterschiedlichsten vom Skiresort angebotenen Aktivitäten, von Angeln über Kanufahren bis zu Reiten. Am besten erkundigt man sich vor Ort nach Einzelheiten zum Spa im skandinavischen Stil, den Strandbuggy-Routen, den Seilrutschen, Wanderwegen und Dutzenden anderen Aktivitäten. Im Sommer sieht man oben auf dem Hang eine 1,4 km lange **Sommerrodelbahn** (☎819-681-3000; www.skylineluge.com/luge-canada/skyline-luge-mont-tremblant; 1/3/5 Fahrten 15,50/23/32 C$; ⏲Mai–Okt.; 👪), die sich den Berg hinunterwindet.

Feste & Events

Festival International du Blues MUSIK
(http://blues.tremblant.ca/en; ⏲Anfang Juni) Im Resort Station Tremblant geht beim größten Bluesfestival des Landes zehn Tage lang die Post ab.

Ironman SPORT
(www.ironman.com; ⏲Ende Aug.) Ende August findet alljährlich die Ironman North American Championship statt, eine Meisterschaft, die sich aus 3,8 km Schwimmen im Lac Tremblant, 180 km Radfahren in den Bergen und Wäldern der Umgebung und einem Marathonlauf zusammensetzt; die Strecke verläuft über den „Parc Linéaire le P'tit Train du Nord" (S. 286) und endet im autofreien Dorf Station Tremblant. Ein kürzerer, weniger anspruchsvoller Ironman-Wettbewerb wird Ende Juni hier ausgetragen.

Schlafen

HI Mont-Tremblant Hostel HOSTEL $
(☎819-425-6008, 866-425-6008; http://hostellingtremblant.com/en; 2213 Chemin du Village, Mont-Tremblant Village; B 30 C$, Zi. 75–100 C$; @ 📶) Dieses Hostel direkt am Lac Moore (kostenloser Kanuverleih) hat eine große Küche und einen großen Partyraum mit Bar, Billardtisch und Kamin. Die sauberen, geräumigen Schlafsäle sind oft bis aufs letzte Bett gefüllt, vor allem in der Skisaison. Es steht 1 km östlich von Mont-Tremblant Village und 4 km westlich der Skihänge an der Hauptstraße.

Homewood Suites HOTEL $$
(☎819-681-0808; www.homewoodsuites.com; 3035 Chemin de la Chapelle, Station Tremblant; Suite ab 160 C$; ❄@📶🏊) Im Zentrum des autofreien Touristendorfes, sommers wie winters mitten im Zentrum des Geschehens (der Skilift ist nur 500 m entfernt), bietet dieses gemütliche Kettenhotel mit tollem Preis-Leistungs-Verhältnis Suiten mit großartigem Blick auf die Berge und schicker Dekoration und einfachem warmen Frühstück.

Auberge Le Lupin B&B $$
(☎819-425-5474, 877-425-5474; www.lelupin.com; 127 Rue Pinoteau, Mont-Tremblant Village; Zi. 152–1657 C$; P@📶) Diese Blockhütte aus den

1940er-Jahren, nur 1 km vom Skilift entfernt, ist eine gemütliche Bleibe mit eigenem Strand am Ufer des glitzernden Lac Tremblant. Besitzer Pierre zaubert in seiner heimeligen, rustikalen Küche ein leckeres Frühstück, das seine Gäste optimal für den Tag rüstet.

Hotel Quintessence BOUTIQUEHOTEL **$$$**
(☎866-425-3400; www.hotelquintessence.com; 3004 Chemin de la Chapelle, Mont-Tremblant Village; Suite ab 399 C$; ❄@📶🏊) Dieses Hotel kombiniert den Charme der alten Welt mit nordamerikanischer Natur, von den Holzkaminen und privaten Balkonen mit Blick auf den Lac Tremblant bis zu den beheizten Marmorbädern und großen Badewannen.

Essen

Creperie Catherine CRÊPERIE **$**
(www.creperiecatherine.ca; 977 Rue Labelle, Mont-Tremblant Village; Hauptgerichte 8–16 C$; ⌚So–Do 7.30–21, Fr & Sa bis 22 Uhr; ✎👪) Die Einheimischen lieben diese freundliche kleine Crêperie genauso wie die Tagesausflügler aus der großen Stadt. Sie hat mehr als ein Dutzend Crêpes im Angebot, von denen vielen in Béchamel-Sauce schwimmen, und die Portionen sind riesig. Diäten sind doch eigentlich total überbewertet!

Microbrasserie La Diable KNEIPENESSEN **$$**
(☎819-681-4546; www.microladiable.com; 117 Chemin Kandahar, Station Tremblant; Hauptgerichte 13–28 C$; ⌚11.30–2 Uhr) Nach einem Tag auf der Piste machen die herzhaften Würste, Burger und Pastagerichte in dieser lebhaften Kneipe in Station Tremblant richtig satt. Die eigentliche Attraktion ist aber das gute Angebot an Craft-Bieren: Pale Ale, belgische Trappist-Rotbiere, Weizenbier, Double Black Stout und monatlich wechselnde Spezialbiere.

sEb MODERN KANADISCH **$$$**
(☎819-429-6991; www.seblartisanculinaire.com; 444 Rue St-Georges, St-Jovite; Hauptgerichte 30–52 C$, mehrgängige Menüs 49–90 C$; ⌚Do–Mo 18–23 Uhr) 🍃 Wer genug vom Mittelmaß hat und diesem Restaurant einen Besuch abstattet, bekommt eine kleine Vorstellung, was die Küchenchefs aus saisonalen, nachhaltigen Zutaten der Region an kulinarischen Highlights alles zaubern können. Eine flexible, gästefreundliche Küche, eine unvergessliche Speisekarte und eine unendlich lange Weinkarte tragen zur überaus herzlichen Atmosphäre hier bei, die sich am besten so charakterisieren lässt: Bergchalet mit Globetrotter- (afrikanische Masken) und Hollywood-Schick (Michael Douglas ist hier regelmäßig zu sehen). Ohne Reservierung hat man keine Chance.

Praktische Informationen

Centre Médical de Saint-Jovite (☎819-425-2728; 992 Rue de St-Jovite, St-Jovite; ⌚Mo–Do 8–19, Fr bis 17 Uhr) Die örtliche medizinische Klinik.

Mont Tremblant Tourism (☎877-425-2434; https://mont-tremblant.ca/en; 5080 Montée Ryan, Ecke Rte 327; ⌚9–18 Uhr) Die Touristeninformation kann bei der Planung helfen, was Nationalparks und Skiorte angeht.

Anreise & Unterwegs vor Ort

Busse von **Galland Laurentides** (S. 284) halten an der 231 Rue de St-Jovite (in St-Jovite) und am Montagne Chalet des Voyageurs am Ende des Touristendorfes Station Tremblant.

Ein Shuttlebus (3 C$) verkehrt von Sonntag bis Donnerstag von 6 bis 20 Uhr und freitags und Samstag von 6 bis 23 Uhr zwischen Station Tremblant, Mont-Tremblant Village und St-Jovite.

Parc National du Mont-Tremblant

Die Natur zeigt sich von ihrer spannendsten Seite im **Parc National du Mont-Tremblant** (☎819-688-2281, Reservierungen 800-665-6527; www.sepaq.com/pq/mot; Chemin du Lac Supérieur; Erw./Kind 8,50 C$/frei; 🅿👪), 🍃 dem größten und ältesten Park der Provinz – er öffnete bereits im Jahr 1895 seine Pforten. Auf einer Fläche von 1510 km² liegen herrliche Seen, Flüsse, Hügel und Wälder mit Kanurouten sowie Wander- und Radwegen. Neben so seltenen Pflanzenarten wie Silberahorn und Amerikanische Roteiche kann man hier auch Füchse, Hirsche, Elche und Wölfe sichten. Außerdem gibt es in dem Park mehr als 206 verschiedene Vogelarten, darunter eine gewaltige Kolonie von Kanadareihern.

Der Park ist in drei Bereiche unterteilt. Der Bereich Diable mit dem Lac Monroe ist am besten erschlossen. Der Haupteingang liegt etwa 28 km nordöstlich von Station Tremblant. 11 km vom Eingang entfernt befindet sich ein ganzjährig geöffnetes Servicezentrum, das auch Outdoor-Ausrüstung verleiht.

Diables wunderbare Wandermöglichkeiten reichen von leichten, etwa 20-minütigen Spaziergängen, die an Wasserfällen vorbeiführen, bis zu tagelangen Wanderungen bzw. Touren mit herrlicher Aussicht auf friedliche Täler und majestätische Berggipfel. Manche der Pfade kann man mit dem Drahtesel befahren, oder man paddelt den gewundenen Rivière du Diable mit einem Kanu hinunter. Der ruhige Abschnitt zwischen Lac Chat und La Vache Noire eignet sich perfekt für Familien.

Der Bereich Pimbina weiter östlich liegt zehn Autominuten von St-Donat entfernt. Neben einem Informationszentrum und Campingplätzen mit ein paar Service-Einrichtungen gibt es hier auch Kanu- und Kajakverleiher. Der Lac Provost lädt zum Schwimmen ein, die nahen Pfade zum Wandern und Radfahren. Ein echtes Highlight ist der 14,4 km lange **Carcan Trail**. Vorbei an Wasserfällen und durch tolle Landschaft führt diese Route zum Gipfel des zweithöchsten Bergs (883 m) im Park.

Der Bereich L'Assomption noch weiter im Osten ist über den Ort St-Côme zugänglich. Im naturbelassensten Teil des Parks findet man weitere Wander- und sonstige Wege, einsame Hütten und abgelegene Campingstellen. Im Winter ist diese Ecke nicht mit dem Auto erreichbar, da die Straßen verschneit sind.

Unbefestigte Pisten, die teilweise alte Holzfällerrouten sind, führen in den Osten des Parks und in die dichtere Wildnis im Inneren. In den abgelegenen, wenig besuchten Gebieten sind unzählige Tier- und Pflanzenarten zu Hause. Mit etwas Glück hat man ganze Seen ganz für sich allein.

Bereits Ende August werden die Nächte kühler. Lediglich ein paar Monate später verleiht eine dicke Schneedecke der Landschaft etwas Magisches. Dann sind die meisten Besucher in Diable und Pimbina auf Langlaufskiern oder mit Schneeschuhen unterwegs.

Aktivitäten

Via Ferrata KLETTERN
(800-665-6527; www.sepaq.com/pq/mot/index.dot; Erw./Kind ab 42/31,50 C$; Mitte Juni–Mitte Okt.) Die Via Ferrata, eine beliebte halbtägige geführte Klettertour, erklimmt die Felswand **La Vache Noire** und bietet dabei eine großartige Aussicht auf den Rivière du Diable mit den Laurentides im Hintergrund. Klettererfahrung wird nicht benötigt, denn die Führer erklären das Wichtigste und stellen die Ausrüstung bereit. In der Parkverwaltung kann man sich für die Tour anmelden.

Schlafen

Campingplätze CAMPING $
(800-665-6527; www.sepaq.com/pq/mot/tarifs.dot; Stellplätze/Jurten/Hütten 24/110/120 C$) Die Campingunterkünfte reichen von rustikalen Zeltstellplätzen über Jurten für vier Personen bis zu bezugsfertigen Zelt-Hütten-Kombinationen von Huttopia.

Hütten HÜTTEN $$
(800-665-6527; www.sepaq.com/reservation/chalet.dot; Hütten 124–250 C$) Unterkünfte in Hütten für zwei bis zehn Personen im Parc National du Mont-Tremblant.

Praktische Informationen

Information Center (819-688-2281; Mitte Mai–Mitte Okt. & Mitte Dez.–März)

VON MONTRÉAL NACH QUÉBEC (STADT)

Der Flickenteppich aus Ackerland, der sich zwischen den beiden großen Metropolen der Region Québec erstreckt, versprüht einen unnachahmlichen, idyllischen Charme. Die Postkartenlandschaft der Cantons de l'Est (engl. Eastern Townships) lädt zum Entspannen und Verweilen ein und vermittelt einen Eindruck von der einzigartigen zweisprachigen Atmosphäre, die die Region dem permanenten Strom amerikanischer Touristen verdankt. Ganz anders die Region Mauricie, die sich, dem Lauf des mächtigen Rivière St-Maurice folgend, von Trois-Rivières gen Norden bis zum Lac St-Jean erstreckt. Sie ist dafür bekannt, ahnungslose Besucher auf der Suche nach wilder, unverfälschter und natürlicher Schönheit in ihren Bann zu ziehen.

Der Trans-Canada Hwy (Hwy 20) führt auf direktem Weg von Montréal nach Québec. Die Cantons de l'Est erstrecken sich von hier bis an die Grenze zu Vermont, vorwiegend entlang des Hwy 10. Maurice liegt nördlich vom Hwy 20, am Hwy 40.

Cantons de l'Est

Saftige, sanft geschwungene Hügel, kristallklare Seen und ein Schachbrettmuster aus Feldern prägen die Landschaft der Cantons de l'Est. Das auch Estrie genannte Gebiet beginnt 80 km südöstlich von Montréal und die Region quetscht sich zwischen zahllose kleinere Highways, die bis hinüber nach

Von Montréal nach Québec (Stadt)

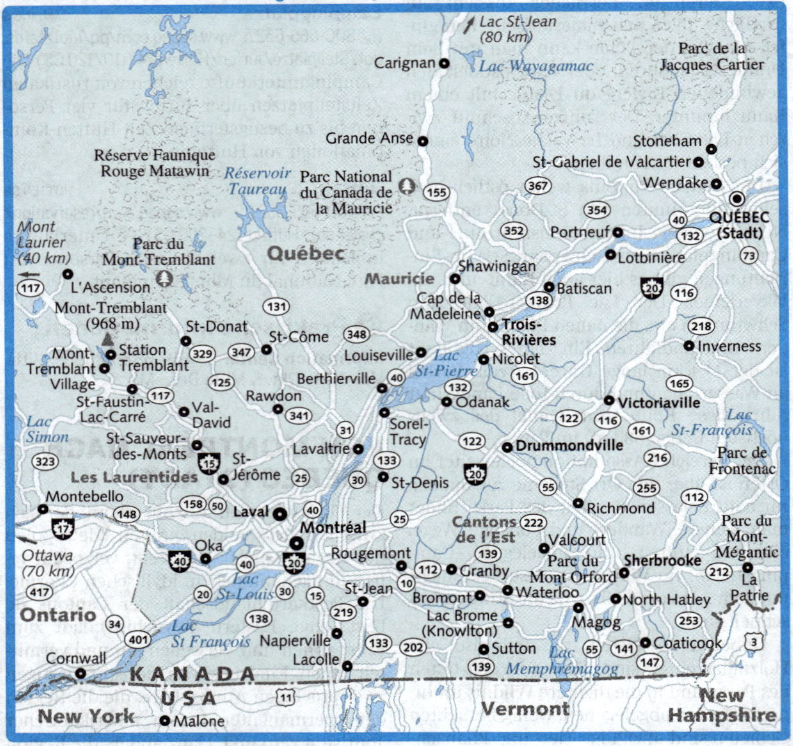

Vermont und New Hampshire führen. Mit ihren überdachten Brücken und runden Schuppen erinnert die hügelige Landschaft stark an New England. Sie ist Teil des hiesigen Ausläufers der US-amerikanischen Appalachen.

Besuche im Frühling lohnen sich besonders. Dann wird frisch gezapfter Ahornsaft beim sogenannten *sugaring off* zu süßem Sirup verarbeitet. Auf die bunte Farbenpracht des Herbstlaubs stößt man am besten mit dem frisch gekelterten Apfelwein der örtlichen Kneipen an. Zu den Cantons de l'Est gehört ein florierendes Weinbaugebiet, das neben ordentlichen weißen Sorten auch einen hervorragenden Eiswein produziert.

Sehenswertes & Aktivitäten

Im Sommer kann man an den zahlreichen Seen der Region angeln und baden. Auch Radfahren ist in den wärmeren Monaten außerordentlich beliebt: Fast 500 km Radwege führen durch die herrliche Landschaft. Der Winter bietet auf den drei wichtigsten Skibergen, dem Bromont, dem Mont Orford und dem Sutton, hervorragende Bedingungen für Abfahrtsläufer.

Frelighsburg — DORF

Ein paar Kilometer von der Grenze zu Vermont entfernt lädt dieses Dorf zu einem netten Stopp an der Route des Vins (Weinroute) der Cantons de l'Est ein. Stein- und Holzhäuser säumen den Bach, der durch den Ort fließt, und in der Umgebung stehen viele Apfelhaine. Die hiesigen Restaurants sind auf Räucherfisch und Ahornsirup-Produkte spezialisiert. Unbedingt die berühmten Ahornsirup-Törtchen im alten Gemischtwarenladen im Zentrum probieren!

Parc de la Gorge de Coaticook — PARK

(☎ 819-849-2331, 888-524-6743; www.gorgedecoaticook.qc.ca; 400 Rue St-Marc, Coaticook; Erw./Kind 7,50/4,50 C$; ganzjährig;) Der landschaftlich reizvolle Park erstreckt sich entlang einer schönen bewaldeten Schlucht außerhalb der Stadt Coaticook und ist für die längste Fußgängerhängebrücke der Welt bekannt. Besucher kommen im Sommer, um zu wandern, Mountainbike zu fahren und zu reiten, und im Winter zum Snowtubing (Rodeln auf Gummireifen) und Schneeschuhwandern. Man kann hier zelten oder in einer der Hütten des Parks übernachten. Die Umgebung gehört zu den reizvollsten Gegenden der Cantons de l'Est, zudem gibt's hier großartige Käsemacher.

Route des Sommets PANORAMAFAHRT
(Gipfelroute; www.routedessommets.com) Abseits der Touristenrouten schlängelt sich die Route des Sommets 193 km über die hohen Berge nördlich der Grenze zu New Hampshire, vorbei an einer Reihe Dörfer und malerischer Aussichtspunkte zwischen La Patrie und St-Adrien. Dies ist eine tolle Route, um die spektakuläre herbstliche Laubfärbung in den Cantons de l'Est zu erleben.

Schlafen & Essen

Au Chant de l'Onde B&B $$
(☎450-298-5676; www.auchantdelonde.ca; 6 Rue de l'Église, Frelighsburg; Zi. inkl. Frühstück ab 112 C$; ❄📶) Dieses friedliche B&B mit drei Zimmern erfreut sich einer herrlichen Lage am Ufer des Rivière aux Brochets im Herzen des hübschen Dorfes Frelighsburg. Gäste können die schöne Terrasse und einen großen Garten hinter dem Haus in Hörweite des Flusses nutzen und in der Bibliothek entspannen, lesen oder Brettspiele spielen.

Le Bocage B&B $$
(☎819-835-5653; www.lebocage.qc.ca; 200 Chemin Moe's River, Compton; DZ 100–125 C$, Suite 165–250 C$, alle inkl. Frühstück; ⏲Di–So; ❄📶) An diesem viktorianischen Schmuckstück in ländlicher Umgebung zwischen Coaticook und Sherbrooke gibt's wirklich nichts auszusetzen. Von der Begrüßung bis zu den Antiquitäten stimmt einfach alles. Jeden Abend wird ein mehrgängiges Essen serviert, bei dem z.B. Gerichte wie mit Pilzen gefülltes Perlhuhn, Wildschwein, Rotwild-Medaillons oder andere Wildgerichte auf den Tisch kommen. Bei mehreren Übernachtungen werden Rabatte gewährt. Unbedingt reservieren!

Cabane du Pic-Bois QUÉBECER KÜCHE $$
(☎450-263-6060; www.cabanedupicbois.com; 1468 Chemin Gaspé, Brigham; Erw./Kind 32/18 C$; ⏲März & April Fr–So nach Anmeldung; 👪) Wer sich mal zum Festpreis richtig den Magen vollschlagen will, wird keinen besseren Ort finden als dieses All-you-can-eat-Büffet in einer traditionellen Zuckerhütte. Es gibt alle Klassiker wie Omeletts, *pork jowls* (Schweinewangen), Schinken, Ahornsirup-Wurst, Bohnen und Kartoffeln, und dazu Krautsalat mit dem berühmten Ahornessig des Pic-Bois. Wir kommen gern wieder, obwohl sie uns hinaus rollen mussten.

Praktische Informationen

Touristeninformation (☎450-375-8774, 866-472-6292; www.easterntownships.org; 100 Rue du Tourisme, Hwy 10, Ausfahrt 68, St-Alphonse-de-Granby; ⏲Juni–Aug. 8.30–18, Mai–Sept. & Okt. Mo–Fr 8.30–16.30, Sa & So 9–17 Uhr) Für alle Besucher, die mit dem Auto aus Montréal kommen, ist diese Touristeninformation abseits des Hwy 10 die am günstigsten gelegene Filiale der Touristeninformation der Cantons de l'Est.

An- & Weiterreise

AUTO

Von Montréal kommend, nimmt man den Hwy 10, der direkt durch die Cantons de l'Est östlich von Sherbrooke führt und dort in die Rte 112 übergeht. Von Québec (Stadt) auf dem Hwy 20 kommend, führt der schnellste Weg über den Hwy 55, den man bei Drummondville erreicht.

BUS

Transdev Limocar (☎514-842-2281; www.transdev.ca) betreibt Busverbindungen zwischen dem **Gare d'Autocars** (S. 285) in Montréal und Bromont (26 C$, 2½ Std., 8.30 & 17.40 Uhr), Lac Brome (25 C$, 1¾ Std., 8 Uhr – vorher anrufen, der Bus fährt nur bei Bedarf), Sutton (26 C$, 2½ Std., Mo–Fr 16.30 Uhr, Sa 4-mal tgl, So 6-mal tgl.), Magog (32 C$, 1½–2 Std., häufig) und Sherbrooke (36 C$, 2–2½ Std., häufig).

Busse von **Orléans Express** (S. 253) fahren nach Trois-Rivières in der Region Mauricie.

Bromont

In dieser Stadt dreht sich alles um das Freizeitresort **Ski Bromont** (☎450-534-2200; www.skibromont.com; 150 Rue Champlain; ganzer/halber Tag 55/49 C$) an den Hängen des 533 m hohen Mont Brome, das ganzjährig geöffnet ist. Die Landschaft wird vom Berg und den benachbarten Gipfeln geprägt. Im Frühling verwandeln sich die verschneiten Kiefernwälder in grüne Gipfel und im Herbst in einen Rausch der Farben. Bromont ist einfach zu jeder Jahreszeit wunderschön.

An den Wochenenden von Mai bis Oktober findet man Bromonts andere große Attraktion (neben dem Freizeitresort), den riesige **Flohmarkt** (Marché Aux Puces Bromont; ☎ 450-534-0440; www.mapbromont.com; 16 Rue Lafontaine; ⌚ Mai–Okt. Sa & So 9–17 Uhr; P) GRATIS, gleich abseits des Hwy 10.

Lac Brome

Lac Brome ist der Name der sieben aneinandergereihten Dörfer, die rund um den gleichnamigen See liegen. Das größte und hübscheste Dorf ist Knowlton am Südufer. Möglicherweise siedelten hier schon früh Angehörige der Abenaki. Das heutige Dorf wurde im Jahr 1802 von den Loyalisten begründet; es hat sich bis zum heutigen Tag ein nobles, britisches Flair bewahrt. Auch zahlreiche Gebäude aus dem 19. Jh. sind noch intakt. Mit einem Spaziergang durch das schöne Zentrum, das von Nobelboutiquen, Kunstgalerien, Cafés und Restaurants nur so wimmelt, lassen sich ein bis zwei unterhaltsame Stunden füllen.

Sehenswertes

Musée Historique du Comté de Brome MUSEUM
(☎ 450-243-6782; www.bromemuseum.com; 130 Rue Lakeside; Erw./Kind 8/2 C$; ⌚ 10–17 Uhr; P 👪) In diesem Museum gibt's u. a. Nachbauten eines Gemischtwarenladens und eines Gerichtsgebäudes (nur So) sowie ein Flugzeug vom Typ Fokker D-VII aus dem Ersten Weltkrieg, das ein wenig aus dem Rahmen fällt. Im interaktiven Kindermuseum im Komplex haben kleine Kinder viel Spaß.

Feste & Events

Canard en Fête KULTUR
(Brome Lake Duck Festival; www.canardenfete.ca; ⌚ Ende Sept.) Dieses Festival feiert an zwei Wochenenden Ende September den berühmtesten Vogel des Lac Brome, die Ente. Neben Stopfleber, Entenpastete und anderen Entenspezialitäten bieten Händler regionale Weine, Cidre, Käse und Kunsthandwerk an.

Schlafen & Essen

Auberge Knowlton HISTORISCHES HOTEL $$
(☎ 450-242-6886; www.aubergeknowlton.ca; 286 Chemin Knowlton; DZ inkl. Frühstück ab 148 C$; 📶) Das Hotel befindet sich in einem 1849 erbauten Gasthof, einem Wahrzeichen der Stadt, und hat komfortable Zimmer im ländlichen Stil, mit einigen, im Haus verstreuten Antiquitäten. Das zugehörige Restaurant Le Relais serviert regionale Spezialitäten und Frühstück á la carte.

Le Relais FRANZÖSISCH $$
(☎ 450-242-2232; www.aubergeknowlton.ca/relais; 286 Chemin Knowlton; Mittagessen 12–21 C$, Abendessen 14–35 C$; ⌚ Mo–Fr 11–15 & 17–22, Sa 8–22 Uhr; 📶) Im Restaurant in der Auberge Knowlton gibt es viele Varianten der berühmten saftigen Lac-Brome-Ente, etwa Entenravioli in Pilzsauce, Entenkonfit in Orangensauce und Entenleber mit geschwärzter Butter.

Shoppen

Brome Lake Duck Farm ESSEN
(☎ 450-242-3825; www.canardsdulacbrome.com; 40 Chemin Centre; ⌚ Mo–Mi 8–17, Do & Fr bis 18, Sa 9.30–18, So bis 17.30 Uhr) Lac Brome ist für seine Enten berühmt, die hier seit 1912 mit speziellem Futter, das Soja und Vitamine enthält, gezüchtet werden. In diesem Geschäft, das eine zweite Filiale in Montréal hat, kann man Entenpastete und andere Spezialitäten kaufen.

Praktische Informationen

Touristeninformation (☎ 450-243-1221; http://ville.lac-brome.qc.ca; 696 Chemin Lakeside; ⌚ Juni–Aug.) Die hilfsbereiten zweisprachigen Mitarbeiter kümmern sich um Unterkünfte und haben Landkarten.

Sutton

Sutton ist eine kleine loyalistische Stadt mit einer hübschen Hauptstraße. Hier kann man nach Herzenslust einkaufen oder bei den Aprés-Ski-Partys (das Skigebiet Mont Sutton ist in der Nähe) so richtig einen draufmachen. Sutton ist eines der schönsten Dörfer im Süden Québecs. Darum ist es bei Leuten aus der Kunstszene beliebt, die die reizvolle Landschaft der Umgebung schätzen, die von den nördlichen Green Mountains dominiert wird. Im Zentrum gibt's viele Cafés, Restaurants, Gasthöfe und B&Bs sowie eine hilfreiche Touristeninformation.

Sehenswertes & Aktivitäten

Chapelle Ste-Agnès WEINGUT
(☎ 450-538-0303; www.vindeglace.com; 2565 Chemin Scenic; geführte Touren inkl. Verkostung 20–30 C$; ⌚ geführte Touren Juni–Okt. Mi & So 13.30 Uhr, ansonsten nach Vereinbarung; P) In der Nähe Suttons und gleich nördlich der

Grenze zu Vermont befindet sich einer der renommiertesten Weinproduzenten Québecs, das preisgekrönte Weingut Chapelle Ste-Agnès. Neben den offiziellen Führungen kann man von Juni bis Oktober zwischen 10 und 17 Uhr auch unangemeldet vorbeikommen und erhält wahrscheinlich eine 30-minütige Kurzführung.

Parc d'Environnement Naturel WANDERN
(☎450-538-4085; www.parcsutton.com; Erw./Kind 6/3 C$; ⏲Juni–Okt.; 👪) Im Sommer ist die Gegend um Sutton ein tolles Wandergebiet, besonders dieses Naturschutzgebiet, in dessen dicht bewaldeten Bergen 80 km Wanderwege angelegt wurden. Backpacker können auf drei einfachen Campingplätzen ihre Zelte aufschlagen.

Mont Sutton SKIFAHREN
(☎450-538-2545; www.montsutton.com; 671 Chemin Maple; Tageskarte Erw./Jugendl./Kind 62/43/35 C$; ⏲9–16 Uhr; 👪) Das familiengeführte Skigebiet Mont Sutton liegt 5 km östlich von Sutton und bietet 60 Abfahrtspisten aller Schwierigkeitsgerade. Besonders bekannt ist es für die schönen Routen abseits der Pisten durch den Wald.

Schlafen & Essen

★ Le Pleasant Hôtel & Café HISTORISCHES HOTEL $$
(☎450-538-6188, 888-538-6188; www.lepleasant.com; 1 Rue Pleasant; Zi. 140–220 C$; ❄@📶) Das luxuriöse Hotel ist ein herrliches Ziel für einen Wochenendbesuch. Das Äußere des Hotels ist historisch, doch die Zimmer sind elegant und modern. Einige haben einen Blick auf den Mont Sutton.

Le Cafetier CAFÉ $
(☎450-538-7333; 9 Rue Principale N; Hauptgerichte 8–15 C$; ⏲7–19 Uhr; 📶👪) Die Einheimischen strömen in dieses herrlich niedliche, fröhliche Café im Herzen der Stadt, um sich zum Frühstück Kaffee, Croissants, Smoothies, Omeletts und hausgemachtes Müsli schmecken zu lassen. Doch auch nachmittags ist es sehr beliebt. Dann gibt es Salate, vegetarisches Chili, Panini und getoastete Schinken-Käse-Sandwiches. Wein und Bier, kostenloses WLAN, Kartenspiele und Kinderspielzeug laden Gäste jeden Alters dazu ein, länger zu verweilen.

Auberge des Appalaches KANADISCH $$
(☎450-538-5799; http://auberge-appalaches.com; 234 Chemin Maple; Hauptgerichte 17–25 C$; ⏲Mo 17–20, Di & Fr–So 18–22 Uhr; 🍷) Regionale Zutaten und große Liebe zum Detail kennzeichnen die Küche dieses Gasthofs. Es ist schwer vorhersagbar, was auf der saisonalen Karte stehen wird, an einem Abend könnte es z. B. gebratene Kalbsleber sein, am nächsten mit Ahorn aromatisiertes Elch-Tartar.

KINDER LIEBEN GRANBY

Mit einem Besuch im **Zoo de Granby** (☎450-372-9113; www.zoodegranby.com; 525 Rue St-Hubert, Granby; Erw./Kind 39/26 C$; ⏲Ende Mai–Aug. 10–20 Uhr, Sept. & Okt. Sa & So 10–17 Uhr; 👪) kann man bei den Kleinen so richtig punkten! Die Tiger, Kängurus, Elefanten und rund 170 weiteren Tierarten mit Federn, Flossen und Fell begeistern die Kids mit Sicherheit. Im Eintritt enthalten ist der Besuch des **Parc Aquatique Amazoo**, eines kleinen Wasserparks mit einem wilden Wellenbad und anderen Attraktionen. Vom Hwy 10 nimmt man Ausfahrt 68.

Praktische Informationen

Touristeninformation (☎450-538-8455, 800-565-8455; https://tourismesutton.ca; 24a Rue Principale S; ⏲9–17 Uhr) Touristeninformation für die Region Sutton.

Valcourt

Valcourt wäre heute nur ein kleiner Punkt auf der Landkarte, wäre nicht einer seiner Söhne Joseph Armand Bombardier, der Vater des ersten Schneemobils, des Ski-Doo. Die Kanadier sind sehr stolz auf seine Erfindung. Alles über dieses Fahrzeug erfährt man im **Musée J. Armand Bombardier** (Museum des Erfindergeistes; www.bombardiermuseum.com; 1001 Ave J-A Bombardier; Erw./Kind 12/8 C$; ⏲Mai–Aug. 10–17 Uhr, Sept.–April Mo geschl.; 🅿). Abgesehen davon hat Valcourt nicht ganz den historischen Charme der benachbarten Ortschaften und wirkt mehr wie eine verschlafene Wohnsiedlung.

Magog

Magog befindet sich in herrlicher Lage am Nordufer des Lac Memphrémagog, eines bananenförmigen, 44 km langen Sees, der sich bis an die Grenze zur USA erstreckt. Er ist der größte und bekannteste See der Cantons de l'Est und die meisten Ufergrundstücke sind in Privatbesitz. Magog, die größte Ortschaft am See, hat eine nette Hauptstraße und viele gute Restaurants und Hotels.

Sehenswertes & Aktivitäten

In Magot gibt's einen **Strand**, im Sommer kann es aber eine echte Herausforderung sein, noch ein Plätzchen fürs Handtuch zu finden. Der Rest des Ufers ist weitgehend in Privatbesitz, daher erkundet man den See am besten vom Wasser aus. Das geht mit Wassersportausrüstern wie **Club de Voile** (☎819-847-3181; www.voilememphremagog.com; 155 Plage des Cantons) und **Croisières Escapades Memphrémagog** (☎819-843-7000; www.escapadesmemphremagog.com; Erw. 37–74 C$, Kind 15–41 C$; ⊙Mai–Okt.;) das kommentierte Schiffsfahrten anbietet. Augen auf: Am Grund des Sees soll Memphré, eine große, aber scheue Kreatur leben – eine Art kanadisches Nessie.

Abbaye Saint-Benoît-du-Lac KLOSTER
(☎819-843-4080; www.st-benoit-du-lac.com; 1 Rue Principale, St-Benoît-du-Lac; ⊙Kirche Mo–Sa 5–20.30 Uhr, Geschäft 9–10.45 & 11.45–18 Uhr) Das friedliche Kloster steht etwa 12 km südlich von Magog am Westufer des Lac Memphrémagog. Der Komplex ist eine Mischung aus traditioneller und moderner Architektur. Einige Gänge sind mit farbenfrohen Fliesen gestaltet Eine Kirche hat Backsteinwände und Holzbalken. Am besten kommt man um 7.30, 11 oder 17 Uhr, wenn die Mönche gregorianische Gesänge singen, die in der ganzen Provinz bekannt sind. Ebenso großer Bekanntheit erfreuen sich die von den Mönchen hergestellten Apfelweine und guten Käsesorten.

Schlafen & Essen

Au Coq du Bonheur B&B $$
(☎866-643-6745; www.aucoqdubonheur.com; 79 Rue Bellevue; Zi. 99–125;) Dieses B&B ist einfach großartig! Es wartet nicht nur durchgängig mit Massivholzböden, viel Tageslicht und funkigen Kunstwerken auf, sondern ist auch herzlich und gastfreundlich und serviert ein schönes Frühstück.

À L'Ancestrale B&B B&B $$
(☎819-847-5555; www.ancestrale.com; 200 Rue Abbott; Zi. inkl. Frühstück 99–160 C$; @) In diesem gemütlichen B&B können sich die Gäste beim Aufwachen schon auf das fünfgängige Gourmet-Frühstück freuen. Geboten sind fünf Zimmer, die romantisch im Landhausstil eingerichtet und mit Kühlschrank und Kaffeemaschine ausgestattet sind. Das B&B liegt zentral in einer dennoch ruhigen Straße.

Ô Bois Dormant B&B $$
(☎819-843-0450, 888-843-0450; www.oboisdormant.qc.ca; 205 Rue Abbott; Zi. inkl. Frühstück 110–145; @) Das B&B liegt zwar nur einen kurzen Spaziergang von der Hauptstraße entfernt, doch der große Rasen hinter dem hohen viktorianischen Haus und der Pool geben ihm den Charakter eines abgeschiedenen Resorts. Die Zimmer sind gemütlich, wenn auch etwas plüschig.

Bistro Chez Sirano BISTRO $$
(☎819-769-4006; 362 Rue Principale W; Hauptgerichte 11–25; ⊙Di, Do & So 17–21, Fr & Sa bis 22 Uhr;) Wie eine frische Brise ist das bodenständige Chez Sirano, ein Bistro im besten Sinne des Wortes: Es ist gemütlich und leger und das Essen schmeckt prima, egal ob die klassischen Steaks oder die Enten-Ravioli.

Fondissimo SCHWEIZERISCH $$
(☎819-843-8999; www.fondissimo.ca; 276 Rue Principale E; Hauptgerichte 22–28 C$; ⊙17–23 Uhr) Beim Namen Fondissimo fällt es nicht schwer die Spezialität dieses, in einer alten renovierten Fabrik untergebrachten Restaurants zu erraten – es gibt hier allein acht verschiedene Schweizer Fondues. Das chinesische Fondue – Fleisch, Gemüse und Meeresfrüchte, dazu eine Schüssel mit kochend heißem Öl, in der man alles selbst gart – steht bei den Gästen hoch im Kurs.

Praktische Informationen

Touristeninformation (☎819-843-2744; www.tourisme-memphremagog.com; 2911 Rue Milletta; ⊙Sept.–Ende Juni 9–17 Uhr, Ende Juni–Aug. 9–18 Uhr) Abseits der Rte 115.

Parc National du Mont Orford

Könnte es einen schöneren Sommertag geben als einen Tag im goldenen Sonnenschein in grünen Gebirgsausläufern, umgeben von blauen Seen und spektakulären Aussichtspunkten? Im **Parc National du Mont Orford** (☎819-843-9855; www.sepaq.com/pq/mor; 3321 Chemin du Parc, Orford; Erw./Kind 8,50 C$/frei; ⊙ganzjährig; P) gibt's Schnappschildkröten, viele Familien, die einen Tagesausflug unternehmen, zahlreiche Vogelarten und Möglichkeiten zum Wandern, Kanu- und Kajakfahren. Er ist recht kompakt und wegen seiner Nähe zu Magog oft recht überlaufen.

Im **Centre d'Arts Orfort** (Kulturzentrum Orford; ☎819-843-3981; www.arts-orford.org; 3165

Chemin du Parc, Orford) gleich außerhalb der Parkgrenzen findet von Ende Juni bis Mitte August das **Orford Festival** statt, eine prestigeträchtige Konzertreihe mit 40 bis 50 klassischen Konzerten.

Aktivitäten

Station de Ski Mont Orford SKIFAHREN
(☎819-843-6548; www.orford.com; 4380 Chemin du Parc; Lifttickets Erw./Kind 62/35 C$) Das Skigebiet Station de Ski Mont Orford erstreckt sich über 589 Höhenmeter und bietet Dutzende Abfahrtspisten, die vor allem für Anfänger und Fortgeschrittene geeignet sind. Zudem gibt's einen Schneepark mit einer Halfpipe und anderen tollen Elementen.

Schlafen

Auberge du Centre d'Arts Orford PENSION $
(☎819-843-3981; www.orford.mu/services-hoteliers; 3165 Chemin du Parc, Orford; Zi. 60–90 C$) In dieser schlichten Unterkunft, die auf 90 ha am Rand des Parc National du Mont Orford liegt, gibt's 89 Zimmer ohne TVs oder Telefone. Sie kooperiert mit dem Centre d'Arts Orfort, daher werden hier während des Musikfestivals des Kulturzentrums im Sommer keine Zimmer vermietet. Im Herbst, Winter oder Frühling ist es aber eine wunderbare Option, denn die Wanderwege und die Berglandschaft beginnen gleich vor der Tür.

North Hatley

Alle Orte der Cantons de l'Est sind hübsch, doch North Hatley ist das mit Abstand niedlichste. Es liegt zauberhaft etwa 17 km östlich von Magog an der Nordspitze des kristallklaren Lac Massawippi. In den 1920er-Jahren hatten hier viele reiche US-Bürger stattliche Ferienhäuser, denn die Landschaft war traumhaft und es gab keine Prohibition. Viele der historischen Häuser wurden in Gästehäuser und B&Bs verwandelt. Im Sommer geht man hier gern schwimmen, fährt Boot, bewundert die Schönheit des Sees und bummelt durch die Galerien und Kunst- und Kunsthandwerksgeschäfte des Dorfes.

Aktivitäten

Randonées Jacques Robidas REITEN
(☎819-563-0166; www.equitationjacquesrobidas.com; 32 Chemin McFarland; Reiten ab 65 C$, zweitägige Pakete ab 299 C$; 🚸) Eine tolle Möglichkeit, die hügelige Landschaft rund um North Hatley zu erkunden, ist ein Ausritt mit diesem professionellen Veranstalter. Neben einem großen Angebot an Pferdetrekkingtouren bietet er auch Reitunterricht für Anfänger.

Schlafen & Essen

★ **Manoir Hovey** RESORT $$$
(☎819-842-2421, 800-661-2421; www.manoirhovey.com; 575 Rue Hovey; DZ ab 506 C$, inkl. Frühstück & Abendessen ab 679 C$; P ❄ @ ≋ ≈) Dieses reizende Resort hat schöne Zimmer in malerischer Lage am See sowie einen großen Garten, einen beheizten Pool und im Winter eine Schlittschuhbahn. Es organisiert zudem Aktivitäten wie Windsurfen, Bootsfahrten auf dem See und Golfspielen. Das preisgekrönte Restaurant **Le Hatley** ist eines der besten in den Cantons de l'Est und serviert ein Drei-Gänge-Menü mit gehobenen Québecer Gerichten (Nichtgäste 75 C$).

Pilsen KNEIPENESSEN $$
(☎819-842-2971; www.pilsen.ca; 55 Rue Main; Hauptgerichte 12–27 C$, Menüs ab 32 C$; ⏲11.30–3 Uhr) Das lebhafteste Restaurant der Stadt ist für seinen Lachs, der sowohl geräuchert als auch gegrillt serviert wird, und für das gehobene Kneipenessen bekannt. Es hat eine nette Terrasse am Fluss und eine zweite mit Blick auf den See.

★ **Auberge Le Coeur d'Or** QUÉBECER KÜCHE $$$
(☎819-842-4363; www.aubergelecoeurdor.com; 85 Rue School; 4-Gänge-Menü 42 C$; ⏲18–21 Uhr, Nov.–April Mo & Di geschl.) Wer abends einmal besonders schick essen gehen möchte, sollte diesen Gasthof in einem Bauernhaus besuchen. Die Vier- und Fünf-Gänge-Menüs des Restaurants werden mit vielen regionalen Zutaten zubereitet, darunter Käse aus Sherbrooke, Kaninchen aus Stanstead, Ente aus Orford und geräucherte Forelle aus East Hereford. Man sollte aber Platz lassen für die Miniwindbeutel, die Schokoladenmousse-Torte und das berühmte Crème-brûlée-Trio des Coeur d'Or.

Unterhaltung

Piggery Theatre THEATER
(☎819-842-2431; www.piggery.com; 215 Chemin-Simard) Das beliebte Theater bringt englischsprachige Theaterstücke, Konzerte und Comedians auf die Bühne.

Praktische Informationen

Café North Hatley (☎819-842-4722; 90 Rue Main; ⏲9–17 Uhr; 📶) Im zweiten Stock über der Boutique Passerose befindet sich ein kleines Informationszentrum mit kostenlosem Internetzugang und gutem Kaffee.

Sherbrooke

Sherbrooke ist das kommerzielle Zentrum der Gegend. In der lebhaften Stadt kann man noch einmal alle modernen Annehmlichkeiten genießen, ehe es zurück in die Cantons de l'Est geht. Das historische Zentrum, „Vieux Sherbrooke", liegt am Zusammenfluss zweier Flüsse und wird von den beiden Hauptgeschäftsstraßen, der Rue Wellington und der Rue King, geteilt. Zu den Attraktionen der Stadt gehören das kleine, aber schön angelegte Musée des Beaux-Arts mit Werken von Künstlern aus Québec und dem restlichen Kanada und der 18 km lange Wander- und Radweg **Réseau Riverain** entlang des Rivière Magog, der westlich vom Zentrum am Parc Lucien-Blanchard beginnt.

Sehenswertes

Lac des Nations SEE

(🐾) 🍃 Südlich von allen Sehenswürdigkeiten fließt der Rivière Magog in den hübschen Lac des Nations. Um den See führt ein malerischer befestigter Weg, auf dem man wunderbar wandern, inlineskaten und radfahren kann (Ausrüstungsverleih vor Ort).

Université Bishop's HISTORISCHES GEBÄUDE

(www3.ubishops.ca/chapel; Rue du Collège; ⏲ Kapelle Mo–Sa 8.30–18 Uhr, So ab 12 Uhr) GRATIS Wer wissenschaftliche Ambitionen hegt, ist im 5 km südlich gelegenen Lennoxville an der richtigen Adresse. Die anglikanische Bishop's University wurde im Jahr 1843 nach den englischen Vorbildern Oxford und Cambridge gegründet. Die reich verzierte **St.-Mark's-Kapelle** ist mit ihren geschnitzten Sitzbänken und Buntglasfenstern architektonisches Highlight der Hochschule.

Musée des Beaux-Arts MUSEUM

(☎ 619-821-2115; www.mbas.qc.ca; 241 Rue Dufferin; Erw./Stud. 10/7 C$; ⏲ Ende Juni–Aug. 10–17 Uhr, Sept.–Ende Juni Di–So 12–17 Uhr) Dieses Museum hat eine gute ständige Ausstellung mit Werken regionaler Künstler und zeigt auch Sonderausstellungen.

La Société d'Histoire de Sherbrooke MUSEUM

(☎ 819-821-5406; www.histoiresherbrooke.org; 275 Rue Dufferin; Erw./Kind 7/4 C$; ⏲ Di–Fr 9–12 & 13–17, Sa & So 13–17 Uhr) Eine spannende Einführung in die Geschichte der Stadt bietet dieses Zentrum, das u.a. Ausstellungen zur ungewöhnlichen loyalistisch-frankofonen Identität der Cantons de l'Est zeigt.

Schlafen & Essen

Hotel Le Floral HOTEL $$

(☎ 819-564-6812; www.hotellefloral.com/en; 1920 12e Avenue N; Zi. ab 109 C$; P ❄ 📶 ✖) Le Floral, die beste Mittelklasseunterkunft, bietet modische, elegante Zimmer im urbanen Chic und freundlichen Service.

Au Coin du Vietnam VIETNAMESISCH $$

(☎ 819-566-8383; www.aucoinduvietnam.com; 1530 Galt Ouest; Menüs ab 25 C$; ⏲ Di–Fr 11–14.30, tgl. 17–20 Uhr) Wem der Sinn mal nach Abwechslung von der kanadischen und der Québecer Küche steht, der bekommt im Au Coin du Vietnam hervorragendes, frisches südasiatisches Essen.

Ausgehen & Nachtleben

Siboire KLEINBRAUEREI

(☎ 819-565-3636; www.siboire.ca; 80 Rue du Dépôt; ⏲ Mo–Fr 6–3, Sa & So 7.30–3 Uhr) Im historischen Bahnbetriebshof der Stadt befindet sich heute diese stimmungsvolle Kleinbrauerei, die fast ein Dutzend Biere vom Fass ausschenkt, darunter das eigene Indian Pale Ale, Weizenbier, Oatmeal Stout, Irish Red Ale und saisonales Maple Scotch Ale. Die hohen Decken, die Ziegelwände und die Terrasse mit niedriger Brüstung schaffen eine einladende Atmosphäre. Neben Getränken gibt's hier auch die leckersten Fish'n'Chips in den Cantons de l'Est.

Praktische Informationen

Geldautomaten sind im Stadtzentrum allgegenwärtig.

Banque Nationale (3075 Blvd Portland; ⏲ Mo–Mi 10–15, Do bis 18, Fr bis 16 Uhr)

Hospital Hôtel-Dieu (☎ 819-346-1110; www.chus.qc.ca; 580 Rue Bowen S; ⏲ 24 Std.) Das örtliche Krankenhaus bietet umfassende medizinische Versorgung.

Tourism Eastern Townships (☎ 819-820-2020, 800-355-5755; www.easterntownships.org; 20 Rue Don-Bosco S; ⏲ Mo–Fr 8.30–16.30 Uhr)

Touristeninformation (Destination Sherbrooke; ☎ 819-821-1919; www.destinationsherbrooke.com; 785 Rue King W; ⏲ Mo–Sa 9–17, So bis 15 Uhr)

ZAP Sherbrooke (www.zapsherbrooke.org) Hat eine Liste mit den kostenlosen WLAN-Zonen in Sherbrooke.

An- & Weiterreise

Der Busbahnhof **Transdev Limocar** (S. 293) befindet sich in der 80 Rue du Dépôt; von hier fahren häufig Busse nach Montréal. Sherbrooke liegt etwa 25 km nordöstlich von Magog am Hwy 10.

Parc National du Mont-Mégantic

Wie so viele andere Provinzparks in Québec umfasst der Parc National du Mont-Mégantic schöne ostkanadische Wald- und Wildnisgebiete. Im Gegensatz zu vielen anderen Provinzparks hat dieser aber auch eine starke wissenschaftliche Komponente: Hier befindet sich ein bedeutendes **Observatorium** (☎819-888-2941; http://astrolab-parc-national-mont-megantic.org/en; 189 Rte du Parc; Erw./Kind ab 18,50 C$/frei; ⏲Juni–Aug. 12–17 Uhr, Öffnungszeiten übriges Jahr s. Website), und der Park war das erste internationale Lichtschutzgebiet. Für Wissenschaftler bedeutet dies außerordentlich gute Sicht bei Dunkelheit, für Laien, dass die Sterne hier unglaublich schön funkeln.

Mauricie

Mauricie gehört zu den weniger bekannten Regionen Québecs, obwohl es strategisch gut auf halber Strecke zwischen Montréal und Québec (Stadt) liegt. Es erstreckt sich auf 300 km Länge von Trois-Rivières nach Norden zum Lac St Jean und folgt dabei dem mächtigen Rivière St-Maurice. Jahrhundertelang war der Fluss das Rückgrat der hiesigen Industriegeschichte. Bis 1996 wurden auf dem Gewässer Baumstämme zu den Zellstoff- und Papierfabriken flussabwärts transportiert. Einige Jahrhunderte zuvor fand hier Kanadas Eisenindustrie ihre Anfänge; das Hüttenwerk von damals ist heute eine nationale historische Stätte. Auch heute noch dominieren Industrieanlagen den unteren Teil der Region. Ist aber erst einmal der Parc National du Canada de La Mauricie erreicht, windet sich der Fluss durch eine malerische Naturlandschaft.

Trois-Rivières

Trois-Rivières wurde im Jahr 1634 gegründet und ist somit Nordamerikas zweitälteste Stadt nördlich von Mexiko. Leider sieht man ihr das nicht an: 1908 wütete hier ein Feuer und zerstörte so gut wie alle historischen Gebäude. Dennoch versprüht das Stadtzentrum am Nordufer des Sankt-Lorenz-Stroms einen gewissen Charme und kann sogar ein paar tolle Attraktionen für Besucher vorweisen. Eine nette Uferpromenade führt am Fluss entlang zum ältesten Viertel der Stadt, das sich entlang der Rue des Ursulines erstreckt.

Der Name der Stadt ist übrigens irreführend, da hier nicht drei, sondern zwei Flüsse zusammenfließen. Die Mündung des Rivière Saint-Maurice wird allerdings durch Inseln in drei kleine Kanäle geteilt.

Sehenswertes & Aktivitäten

La Domaine Joly de Lotbinière MUSEUM

(☎418-926-2462; www.domainejoly.com; Hwy 132, Rte de Pointe-Platon; Erw./Kind/Student 16/1/10 C$; ⏲Ende Mai–Ende Sept. 10–17 Uhr; P) Das stattliche Museum zwischen Trois-Rivières und Québec wurde für Henri-Gustave Joly de Lotbinière (1849–1908), einen Premierminister der Provinz Québec, gebaut. Das Haus ist eine der imposantesten Villen aus der feudalistischen Periode Québecs und wurde im Originalzustand des späten 19. Jhs. erhalten. Die Außengebäude und der riesige gepflegte Garten sind traumhaft. Das Café serviert Mittagessen und Nachmittagstee.

Musée Québécois de Culture Populaire MUSEUM

(☎819-372-0406; www.culturepop.qc.ca; 200 Rue Laviolette; Erw./Kind 13/8 C$; ⏲Juni–Sept. 10–18 Uhr) Dieses Museum, eine der interessantesten Attraktionen der Gegend, zeigt Wechselausstellungen, die das soziale und kulturelle Leben der Québecer unter die Lupe nehmen. In jüngerer Vergangenheit waren eine sehr skurrile Ausstellung über die soziale Bedeutung von Garagenflohmärkten und eine Ausstellung mit holzgeschnitzten Vögeln, die in der Gegend häufig vorkommen, zu sehen.

Les Forges-du-Saint-Maurice MUSEUM

(www.pc.gc.ca; 10 000 Blvd des Forges; Erw./Kind 4/2 C$; ⏲Mitte Juni–Sept. 10–17 Uhr; P 👪) Etwa 7 km nordwestlich des Zentrums (Bus Nr. 4 nehmen) befindet sich Les Forges-du-Saint-Maurice, eine nationale historische Stätte. Sie bewahrt den Geburtsort der kanadischen Eisenindustrie, die im 18. Jh. entstand. Führer in historischen Kostümen zeigen den Besuchern das Gelände und den Hochofen. Eine „Sound and Light"-Show vermittelt einen Eindruck vom Arbeitsalltag in den ersten Eisenwerken Kanadas.

Musée des Ursulines MUSEUM
(☎418-694-0694; www.museedesursulines.com; 734 Rue des Ursulines; Erw./Kind 8/frei C$; ⌚Di–So 10–17 Uhr) In diesem ehemaligen Krankenhaus, das 1639 von Nonnen des Ursulinen-Ordens gegründet wurde, kann man religiöse Stadtgeschichte schnuppern. Es bildet eine schöne Kulisse für die gute Sammlung von Textilien, Keramik, Büchern und Drucken aus der Welt der Kirche. Die Kapelle ist mit schönen Fresken bemalt. Die nahegelegene **Rue des Ursulines** lädt mit ihren malerischen Häusern (einige davon sind heute B&Bs) und ihrer interessanten Geschichte, von der viele Schilder im Viertel berichten, zu einem netten Spaziergang ein.

Vieille Prison MUSEUM
(☎819-372-0406; www.enprison.com; 200 Rue Laviolette; Erw./Kind 15/10 C$, inkl. Museum 21/13 C$; ⌚Di–So 10–18 Uhr) Führer, unter denen auch einige ehemalige Häftlinge sind, bringen Besuchern auf der 90-minütigen Führung die harte Realität des Lebens hinter Gittern nahe. Dazu gehört auch ein Stopp in den feuchtkalten Zellen, die *the pit* (die Grube) genannt wurden. Englischsprachige Führungen finden von Ende Juni bis Ende August zwischen 11.30 und 15.30 Uhr statt, zu anderen Zeiten nach Anmeldung. Kinder unter 12 Jahren dürfen nicht ins Museum!

Croisières AML BOOTSFAHRT
(☎866-856-6668; www.croisieresaml.com; Erw./Kind 30/17 C$; ⌚Mitte Juni–Anfang Sept.; 🚼) Auf der 90-minütigen Bootsfahrt auf dem Sankt-Lorenz-Strom erlebt man Trois-Rivières aus einer anderen Perspektive. Die Fahrten, die im Sommer dreimal täglich stattfinden, führen vom Hafen bis zur Laviolette-Brücke, zum Schutzgebiet **Notre-Dame-du-Cap** (www.sanctuaire-ndc.ca/en; 626 Rue Notre-Dame; ⌚8.30–20 Uhr; P), zur Île St-Quentin und zum Zusammenfluss des Sankt-Lorenz-Stroms und des Rivière Saint-Maurice. Der begleitende Kommentar gibt einen Einblick in die Geschichte der Stadt.

Schlafen & Essen

Auberge Internationale de Trois-Rivières HOSTEL $
(☎819-378-8010; www.hihostels.ca; 497 Rue Radisson; B/DZ 25/75 C$; @📶) Die wunderbar saubere und freundliche Jugendherberge befindet sich in einem zweistöckigen georgianischen Ziegelhaus in Gehweite zum Busbahnhof (S. 301), zum Fluss und zu allen Attraktionen der Stadt. Es gibt sowohl Schlafsäle mit vier bis acht Betten als auch Privatzimmer zu recht guten Preisen. Das Hostel vermietet auch Fahrräder.

Le Gîte Loiselle B&B $$
(☎819-375-2121; www.giteloiselle.com; 836 Rue des Ursulines; Zi. 95–135 C$; P❄@📶) In diesem viktorianischen roten Backsteinbau einen Block vom Fluss entfernt werden Gäste mit regionaler Kunst und geschmackvollen Antiquitäten begrüßt. Die Zimmer sind einfach und teilen sich Gemeinschaftsduschen, doch dafür ist man mitten im historischen Viertel. Die freundlichen Gastgeber Lisette und Mario, beide begeisterte Radfahrer und frühere Restaurantbetreiber, servieren ein üppiges Frühstück, mit dem sich die Gäste für die Abenteuer des Tages stärken können.

Le Poivre Noir FUSION $$$
(☎819-378-5772; www.poivrenoir.com; 1300 Rue du Fleuve; Hauptgerichte 14–32 C$; ⌚Mi–Fr 11.30–14, Di–So 17.30–22 Uhr; 🖉) Mit seinen genialen, oft gewagten Kombinationen französischer, Québecer und internationaler Einflüsse sorgt der Koch José Pierre Durand in diesem gehobenen Restaurant am Fluss für ein bleibendes Erlebnis. Nach Vorspeisen wie Spargel- und Blutorangensalat oder warmen Ziegenkäse-„Schneebällen" mit Tomaten und Pistazien kommen genauso köstliche Hauptgerichte auf den Tisch.

Ausgehen & Nachtleben

Gambrinus BRAUEREI
(☎819-691-3371; www.gambrinus.qc.ca; 3160 Blvd des Forges; ⌚Mo–Fr 11–1, Sa 15–1 Uhr) Seit einem Jahrzehnt schenkt diese Brauerei 3 km nördlich des Flusses über ein Dutzend Biersorten aus, darunter saisonale Preiselbeer-, Himbeer- und Apfel-Ales, ein ausgezeichnetes Indian Pale Ale und ein ungewöhnliches Bier mit Hanf und Honig namens Miel d'Ange.

Praktische Informationen

Hôpital St-Joseph (☎819-370-2100; 731 Rue Ste-Julie) Das städtische Krankenhaus.

Trois-Rivières Tourist Office (☎819-375-1122; www.tourismetroisrivieres.com; 1457 Rue Notre-Dame; ⌚Juli–Aug. 9–19 Uhr, Mitte Mai–Juni & Sept. Mo–Fr 9–17, Sa & So 10–16 Uhr, Okt.–Mitte Mai Mo–Fr 9–17 Uhr) Außerordentlich hilfreiche Touristeninformation.

An- & Weiterreise

Trois-Rivières liegt ca. 150 km nordöstlich von Montréal und 130 km südwestlich von Québec und ist problemlos über den Hwy 40 und Hwy 20 oder über die Rte 138 und Rte 132 zu erreichen.

Der Busbahnhof **Gare d'Autocars** (☎819-374-2944; 275 Rue St-Georges) liegt hinter dem Hôtel Delta. Busse von **Orléans Express** (☎514-395-4000; www.orleansexpress.com) fahren nach Montréal und Québec.

Parc National du Canada de la Mauricie

Futter suchende Elche am Ufer eines idyllischen Sees, der klagende Schrei eines Seetauchers, der über das Wasser gleitet, herumtollende Bärenwelpen in einem Mischwald aus Birken, Pappeln, Ahorn- und anderen Bäumen, deren herbstliche Farbenpracht einen spektakulären Anblick bietet – solche Szenen bekommt man in diesem **Nationalpark** (☎888-773-8888, 819-538-3232; www.pc.gc.ca/mauricie; Erw./Kind 7,80/3,90 C$; P) zu sehen. Der wahrscheinlich am besten geführte und organisierte Nationalpark Québecs zählt gleichzeitig zu den meistbesuchten der Provinz. Egal, ob vom Kanu oder Wanderpfad aus betrachtet: Die atemberaubende Schönheit der hiesigen Natur begeistert einfach jeden und gefällt vor allem jenen, die nicht komplett von der Zivilisation abgeschnitten sein möchten.

Aktivitäten

Die zahlreichen **Wanderwege** ermöglichen halbstündige bis fünftägige Märsche, bei denen man einen Eindruck von der örtlichen Flora und Fauna bekommt. Unterwegs kommt man an mehreren Bächen und Wasserfällen vorbei (Tipp: Eine Tour zu den **Chutes Waber** im Westen des Parks lohnt sich!) und kann einen wunderbaren Panoramablick auf herrliche Täler, Seen und Wasserläufe genießen.

Die längste Route, **Le Sentier Laurentien**, führt über 75 km durch die raue Wildnis in den nördlichen Ausläufern des Parks. Alle 7 bis 10 km sind Campingplätze im Hinterland ausgewiesen. Da nur maximal 40 Wanderer gleichzeitig auf den Pfad dürfen, ist eine Reservierung zwingend erforderlich. Man zahlt 46 C$ und muss die Transportmittel für den 30 km langen Rückweg vom Pfadende zur Route Promenade selbst organisieren. Topografische Karten bekommt man vor Ort.

Auch zum **Kanufahren** ist der Park ein ausgezeichnetes Revier. Die fünf Kanurouten, die zwischen 14 und 84 km lang sind, eignen sich sowohl für Anfänger, als auch für alte Hasen. Bootsverleiher (Kanu/Kajak pro Std. 14/40 C$) gibt es an drei Stellen. Am beliebtesten ist der **Lac Wapizagonke** mit seinen sandigen Stränden, felsigen Steilwänden und Wasserfällen. Im Rahmen eines Tagesausflugs können Besucher vom Campingplatz Wapizagonke zum westlichen Ende des Sees paddeln und dort eine 7,5 km lange Rundwanderung zu den Chutes Waber unternehmen. Anschließend geht's mit dem Kanu wieder zurück.

Im Winter ist dank des gepflegten Loipennetzes von rund 85 km Länge Skilanglauf die beliebteste Sportart.

Schlafen

Das Zelten auf ausgewiesenen Campingplätzen kostet 25,50 C$ ohne Strom, 29 C$ mit Strom. Bei einem Kanuausflug darf in der freien Natur gezeltet werden; zu bezahlen sind 15 C$ ohne Feuerholz bzw. 25 C$ mit Feuerholz.

Outdoor Lodges HÜTTEN $
(☎819-537-4555; www.info-nature.ca; pro Pers. 2 Nächte Erw./Kind 75/37 C$; P) In den beiden Outdoor-Lodges gibt es Schlafsäle mit vier bis zehn Betten. Sie befinden sich je 3,5 km vom nächsten Parkplatz entfernt, man muss also zu Fuß, mit dem Rad, dem Kanu oder auf Skiern kommen.

Otentiks HÜTTEN $$
(☎877-737-3783; Hütten 120 C$; P) Die Otentiks, eine Kombination aus Zelt und Hütte, bieten bis zu fünf Personen Platz. Alle sind mit einem Holzofen und Geschirr ausgestattet; Bettwäsche, Essen und Getränke muss man selbst mitbringen. Die Lage unweit des Rivière-à-la-Pêche am östlichen Parkrand ist sehr schön.

Praktische Informationen

Informationszentrum (☎888-773-8888; Hwy 55, Ausfahrt 226, über St-Jean-des-Piles; Juni–Sept. 7–21.30 Uhr, Ende Okt.–Anfang Mai geschl., Rest des Jahres abweichende Öffnungszeiten) Informations- und Besucherzentrum für den Parc National du Canada de la Mauricie.

QUÉBEC (STADT)

542 045 EW.

Québec ist nördlich von Mexiko City die einzige Stadt Nordamerikas, die von Stadtmauern umgeben ist. Zudem ist sie in vielen Quizsendungen immer wieder für eine Fra-

Québec (Stadt)

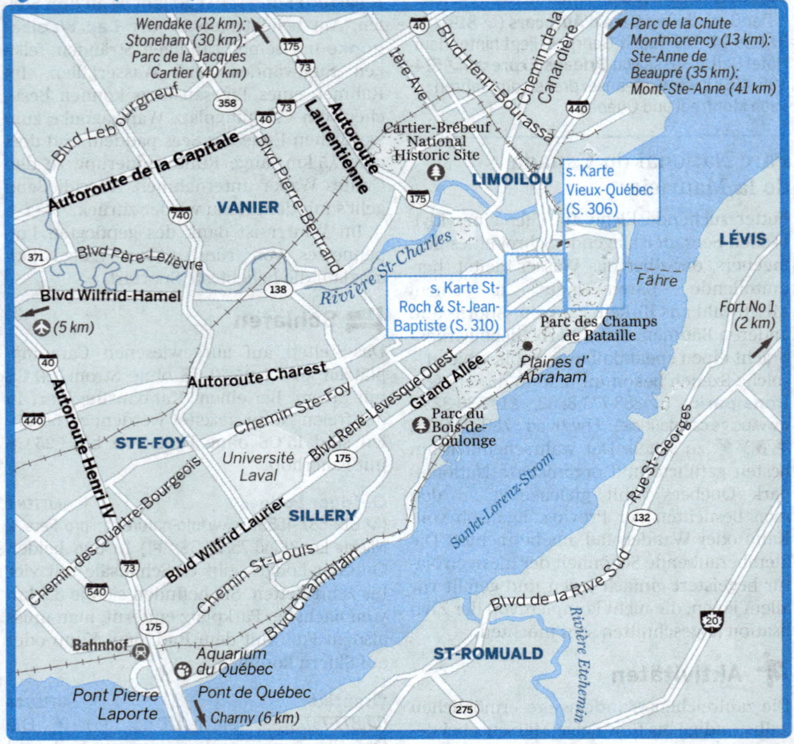

ge gut. Schließlich haben die Gassen und Plätze der Altstadt – heute UNESCO-Weltkulturerbe – im Lauf der Jahrhunderte schon viel gesehen: den Bau der ersten Pfarr- und Steinkirche, der ersten anglikanischen Kathedrale, der ersten Mädchenschule und der ersten französischsprachigen Universität des Kontinents. Außerdem entstanden hier das erste Museum und das erste Geschäftsviertel Amerikas. Die meisten der genannten Einrichtungen gibt es noch heute in irgendeiner Form. Spricht man über die Stadt Québec, kommt man am historischen Superlativ einfach nicht vorbei: Wer im *Québec Chronicle-Telegraph* blättert, liest Nordamerikas älteste Zeitung, und wird man ins L'Hôtel Dieu de Québec eingeliefert, so kann man sich wenigstens damit trösten, dass man im ältesten Krankenhaus des Kontinents behandelt wird.

Hat der Québec-Besucher erst einmal das Château Frontenac geknipst, das am häufigsten fotografierte Hotel der Welt, merkt er, dass jedes der so unterschiedlichen Viertel seinen ganz eigenen Charme versprüht. Die Alte Oberstadt ist Québecs historischer Mittelpunkt, mit vielen hervorragenden Museen und Restaurants. Sie verstecken sich zwischen Kitschläden, die T-Shirts mit dem typischen Lilien-Symbol verkaufen. Am Fuß der steilen Felswände liegt die Alte Unterstadt – ein Labyrinth, in dem man sich gern zwischen Straßenkünstlern und gemütlichen kleinen Gästehäusern verläuft, bevor man sich unverhofft am Nordufer des Sankt-Lorenz-Stroms wiederfindet. Außerhalb der Stadtmauern liegt in unmittelbarer Nähe der sternförmigen Zitadelle das angesagte Viertel St-Jean-Baptiste. Es ist zwar weniger geschichtsträchtig, aber dennoch interessant und außerdem Zentrum eines pulsierenden Nachtlebens.

Geschichte

Als der französische Forschungsreisende Jacques Cartier 1535 im Rahmen seiner zweiten Entdeckungsreise in die Neue Welt im Gebiet des heutigen Québec landete, fand er nur ein Huronen-Dorf, eine *kanata* (Siedlung) mit dem Namen „Stadacona", vor. Dieser Bezeichnung verdankt Kanada seinen Namen. Cartier kehrte 1541 zurück, um einen dauerhaften Posten einzurichten, scheiterte aber und legte dadurch Frankreichs Kolonialbestrebungen erst einmal für 50 Jahre auf Eis. Am Ende war es der Forscher Samuel de Champlain, der die Stadt im Jahr 1608 im Auftrag Frankreichs gründete. Er nannte sie Kebec, nach dem Algonkin-Wort für „wo sich der Fluss verengt". Somit war die erste Stadt auf nordamerikanischem Boden gegründet, eine Stadt, die nicht nur als temporärer Handelsposten, sondern als permanente Siedlung diente.

Im Jahr 1629 griffen die Engländer die Stadt erfolgreich an, gaben sie aber drei Jahre später im Rahmen eines Abkommens wieder an die Franzosen zurück, die diese daraufhin zum Zentrum Neufrankreichs machten. England setzte seine Angriffe jedoch bald weiter fort und errang im Jahr 1759 unter General Wolfe in einer der berühmtesten Schlachten Nordamerikas, der Schlacht auf den Plains of Abraham, den Sieg über Montcalm, dem Kommandeur der französischen Armee in Kanada. Dies setzte dem langjährigen britisch-französischen Konflikt ein Ende. Durch den Pariser Frieden von 1763 wurde Kanada an England abgetreten. Amerikanische Revolutionäre, die 1775 versuchten, Québec zu besetzen, wurden aber umgehend zurückgeschlagen. Im Jahr 1864 wurde eine Reihe von Treffen abgehalten, die schließlich zur Gründung der Kanadischen Konföderation 1867 führten. Québec wurde zur Hauptstadt der Provinz erklärt.

Im 19. Jh. verlor Québec seine Bedeutung zunehmend gegenüber Montréal. Als aber die Weltwirtschaftskrise von 1929 Montréal in die Knie zwang, gelangte Québec in seiner Rolle als Regierungssitz zu neuen Ehren. Um den Tourismus anzukurbeln, kamen einige geschäftstüchtige Einheimische in den 1950er-Jahren auf die Idee, einen Winterkarneval ins Leben zu rufen. Die andauernde Beliebtheit dieser Veranstaltung zeigt, dass das Konzept sich bis heute bewährt hat.

Als Gastgeber des Amerikagipfels von 2001 war Québec auch Schauplatz angeheizter Massendemonstrationen von Globalisierungsgegnern. 2008 feierte die Stadt ihr 400-jähriges Gründungsjubiläum.

Sehenswertes

Die meisten Sehenswürdigkeiten von Québec liegen im kompakten Gebiet innerhalb der Stadtmauern oder direkt davor. Die Stadt ist daher ein Traum für Fußgänger.

Alte Oberstadt

Lieu Historique National des Fortifications-de-Québec HISTORISCHE STÄTTE

(Karte S. 310; ☎ 418-648-7016; www.pc.gc.ca/eng/lhn-nhs/qc/fortifications/index.aspx; Westeingang 2 Rue d'Auteuil, Osteingang Kiosk Frontenac, Terrasse Dufferin; ⏰ Mitte Mai–Mitte Okt. 10–17 Uhr, Juli & Aug. 10–18 Uhr; 🚌 3, 11) GRATIS Die weitgehend restaurierten alten Befestigungsanlagen sind nicht nur eine nationale historische Stätte, sondern auch eine UNESCO-Welterbestätte. Der komplette Rundgang auf den Mauern ist 4,6 km lang und kostenlos. Auf dem Weg um die Altstadt bieten sich viele schöne Blicke auf die historischen Gebäude der Stadt.

Im Sommer finden auch 90-minütige geführte Spaziergänge (Erw./Kind 10/5 C$) statt. Sie beginnen um 10.30 und 14.30 Uhr am Kiosk Frontenac (dem Besucherzentrum der Stätte auf der Terrasse Dufferin) und enden am Parc-de-l'Artillerie.

La Citadelle FORT

(Karte S. 306; ☎ 418-694-2815; www.lacitadelle.qc.ca; Côte de la Citadelle; Erw./Kind 16/6 C$; ⏰ Mai–Okt. 9–17 Uhr, Nov.–April 10–16 Uhr) Mit dem Bau der mit 2,3 km^2 größten Festung Nordamerikas begannen die Franzosen in den 1750er-Jahren, die Briten vollendeten ihn 1850. Das Fort sollte vor einer amerikanischen Invasion schützen, zu der es aber nie kam. Die einstündigen Führungen beinhalten das Regimentsmuseum und zahlreiche historische Stätten. Zu den Events, die nur im Sommer (Ende Juni–Anfang Sept.) stattfinden, zählen die Wachablösung (Relève de la Garde; tgl. 10 Uhr) und die Cérémonie de la Retraite, bei der Soldaten zum Schichtende die Trommeln schlagen (Sa 18 Uhr).

Quartier Latin

Dieses malerische Viertel in der nordöstlichsten Ecke der Alten Oberstadt ist Québec, so wie man es kennt und erwartet. Vom historischen Flair hellauf begeisterte Besucher schweben förmlich durch die engen Gassen in Richtung des Château Frontenac.

★ Le Château Frontenac HISTORISCHES GEBÄUDE

(Karte S. 306; ☎ 418-692-3861; www.fairmont.com/frontenac-quebec; 1 Rue des Carrières) Das kühne, elegante Gebäude, angeblich das meistfotografierte Hotel der Welt, wurde 1893 von der Canadian Pacific Railway als eines einer Kette von Luxushotels erbaut. Es besticht nicht nur mit seinen wunderbaren Türmchen, den verschlungenen Gängen und den imposanten Seitenflügeln, sondern auch mit der spektakulären Lage auf dem Cap Diamant, einem Felsenkliff über dem Sankt-Lorenz-Strom. Im Lauf der Jahre waren unzählige Berühmtheiten zu Gast, darunter Alfred Hitchcock, der hier 1953 die Eröffnungsszene seines Spielfilms *Ich beichte* drehte.

Während des Zweiten Weltkriegs planten Premierminister MacKenzie King, Winston Churchill und Franklin Roosevelt hier den D-Day.

Terrasse Dufferin PARK

(Karte S. 306) Diese 425 m lange Promenade hoch über dem Sankt-Lorenz-Strom lädt zu einem wunderbaren Spaziergang mit spektakulärem Fernblick ein. Im Sommer tummeln sich hier viele Straßenkünstler, im Winter ist der Park Schauplatz einer dramatischen Schlittenfahrt (S. 308). In der Nähe der Statue von Samuel de Champlain führen Treppen hinunter zu einer jüngeren Ausgrabung der zweiten Festung Champlains, die hier von 1620 bis 1635 stand. In der Nähe fährt die Standseilbahn hinunter in die Alte Unterstadt.

Musée de l'Amérique Francophone MUSEUM

(Museum des französischsprachigen Amerika; Karte S. 306; ☎ 418-643-2158; www.mcq.org; 2 Côte de la Fabrique; Erw./Jugend./Kind 8/2 C$/frei; ⏰ 10–17 Uhr) Das Museum auf dem Gelände des **Séminaire de Québec** (Québec Seminary) ist angeblich das älteste Kanadas. Die Dauerausstellungen widmen sich dem Leben im Seminar während der Kolonialzeit und werden von Sonderausstellungen ergänzt. Die Priester des Seminars waren sehr eifrige Reisende und Sammler. Großartige Ausstellungen zeigen die wissenschaftlichen Objekte, die sie aus Europa mitbrachten, darunter alte astronomische Instrumente aus Italien. Ein wunderbarer Kurzfilm erzählt die Geschichte der Neuen Welt aus der Perspektive eines Einwohners von Québec.

Musée des Ursulines MUSEUM

(Karte S. 306; ☎ 418-694-0694; www.ursulines-uc.com/musees.php; 12 Rue Donnacona; Erw./Jugendlicher/Kind 8/3 C$/frei; ⏰ Mai–Sept. Di 10–17 Uhr, Okt.–April Di–So 13–17 Uhr; 🚌 3, 7, 11) Das durchdachte, gut gestaltete und rollstuhlgerechte Museum befindet sich in einem historischen Kloster und beleuchtet die faszinierende Geschichte der Nonnen des Ursulinen-Ordens und ihres großen Einflusses im 17. und 18. Jh. 1641 gründeten die Schwestern die erste Mädchenschule Nordamerikas, in der sowohl Ureinwohnerinnen als auch Französinnen lernten. Eine Vielzahl von historischen Exponaten, darunter gekonnte Stickarbeiten, bereichern die Ausstellungen zum Schulleben. Die angrenzende Kapelle wurde 1901 gebaut, einige Elemente der Innenausstattung gehen aber bis auf 1723 zurück.

Lieu Historique National des Forts-et-Châteaux-Saint-Louis ARCHÄOLOGISCHE STÄTTE

(Karte S. 306; www.pc.gc.ca/eng/lhn-nhs/qc/saintlouisforts/index.aspx; Erw./Kind 4/2 C$, inkl. Führung 10/5 C$; ⏰ Mitte Mai–Aug. 10–18 Uhr, Sept.–Mitte Okt. 10–17 Uhr) 🍃 Versteckt unter der Terrasse Dufferin liegen die Ruinen von vier Forts und zwei Châteaus, die Samuel de Champlain und andere Einwohner Québecs zwischen 1620 und 1694 errichteten. Die Bauten, die zwischen 2005 und 2007 ausgegraben wurden, dienten über 200 Jahre lang als Residenzen der französischen und englischen Gouverneure Québecs, ehe sie Bombardements, Bränden und dem Verfall zum Opfer fielen. Bei schönem Wetter bietet Parcs Canada zweimal täglich englischsprachige Führungen der archäologischen Stätte und der hier ausgegrabenen Objekte an.

Basilique-Cathédrale Notre-Dame-de-Québec KIRCHE

(Karte S. 306; ☎ 418-694-0665; http://holydoorquebec.ca/en; 16 Rue de Buade; Führung 5 C$; ⏰ Mo–Fr 8.45–15.45, Sa & So bis 16.45 Uhr, im Sommer tgl. bis 20.15 Uhr) Québecs römisch-katholische Basilika begann 1647 ganz bescheiden als kleine Kirche. Obwohl sie in den folgenden Jahren häufig bei Brände und bewaffneten Kämpfen Schaden nahm (besonders 1759 während der Kämpfe zwischen der britischen und der französischen Armee) wurde sie immer wieder repariert oder neu gebaut und wurde dabei immer größer. Ihr endgültiges, heutiges Aussehen erhielt sie 1925. Innen ist sie dementsprechend präch-

QUÉBEC (STADT) MIT KINDERN

In dieser Stadt stehen natürlich Geschichte, Architektur und Essen im Mittelpunkt. Die Altstadt und ihre Unterkünfte und Restaurants sind hauptsächlich auf Erwachsene eingestellt, doch im Zentrum gibt's auch einige Aktivitäten, die für Kinder geeignet sind, und viele Attraktionen am Stadtrand sind komplett auf Kinder ausgerichtet.

Ein Spaziergang über die **Befestigungsanlagen** (S. 303) im historischen Zentrum ist für Besucher jeden Alters ein Erlebnis. Auch die Zeremonien in der **Citadelle** (S. 303) mit Soldaten in Uniform wecken garantiert Begeisterung. Alle Kinder lieben die **Terrasse Dufferin** (S. 304) mit dem schönen Blick auf den Fluss und den Straßenkünstlern. Solche Künstler treten auch auf der Place d'Armes und der Place-Royale auf.

Im Museum und Geschäft **Choco-Musée Érico** (S. 318) dreht sich alles um Schokolade. Man erfährt etwas über ihre Geschichte und kann auch ein Stückchen naschen – da fällt es schwer, im Geschäft der Versuchung zu widerstehen.

Im **Aquarium du Québec** (418-659-5264, 866-659-5264; www.sepaq.com/ct/paq; 1675 Ave des Hôtels; Erw./Kind 18,50/9,25 C$; Juni–Okt. 9–17 Uhr, Nov.–Mai 10–16 Uhr;) tummeln sich Walrösser, Robben, Eisbären und Tausende kleinerer Arten.

Kinder lieben die „Bienensafaris", Erwachsene den Met im **Musée de l'Abeille** (418-824-4411; www.musee-abeille.com; 8862 Blvd St-Anne; Mai, Juni, Sept. & Okt. 9–17 Uhr, Juli & Aug. bis 18 Uhr;) GRATIS, einer *économusée*-Imkerei, die 30 km nordöstlich der Stadt am Hwy 138 liegt.

tig. Viele Schätze der Basilika fielen allerdings dem Brand von 1922 zum Opfer, der bis auf die Wände und das Fundament alles vernichtete.

Alte Unterstadt

In den fußgängerfreundlichen Straßen dieses Viertels zwischen der Alten Oberstadt und dem Sankt-Lorenz-Strom befinden sich die faszinierendsten Museen der Stadt, zahlreiche historische Plaketten und Statuen und viele Straßencafés und Restaurants. Straßenkünstler in historischen Kostümen geben einen Einblick in das städtische Leben vor Jahrhunderten.

Die belebte Rue du Petit-Champlain soll neben der Rue Sous-le-Cap eine der schmalsten Straßen Nordamerikas sein. Sie ist das Herz des Quartier Petit-Champlain, des ältesten Handelsbezirks des Kontinents. Viele der Gebäude aus dem 17. und 18. Jh. sind mit fantastischen Wandbildern geschmückt.

Die Place-Royale kann auf eine über 400-jährige Geschichte zurückblicken. Als Samuel de Champlain Québec gründete, wurde dieser Uferstreifen zuerst besiedelt. 1690 wurden hier Kanonen aufgestellt, um Angriffe des englischen Flottenkommandanten Philipps und seiner Männer abzuwehren. Die Bezeichnung „Place Royal" bezieht sich heute meistens auf das ganze Viertel.

Der Vieux-Port (alter Hafen) rund um die Alte Unterstadt nordöstlich der Place-Royale wird heute saniert und in ein multifunktionelles Uferviertel verwandelt. Entweder geht man von der Rue des Remparts über die Côte de la Canoterie zum Vieux-Port oder man nimmt die reizvolle, steile Rue Côte de la Montagne. Etwa auf halbem Weg gibt es eine Abkürzung, die Escalier Casse-Cou (Halsbrecher-Treppe), die hinunter zur Rue du Petit-Champlain führt. Eine weitere Möglichkeit ist die Standseilbahn.

★ **Musée de la Civilisation** MUSEUM
(Museum der Zivilisation; Karte S. 306; 418-643-2158; www.mcq.org; 85 Rue Dalhousie; Erw./Jugendlicher/Kind 16/5 C$/frei; 10–17 Uhr) Dieses Museums bezaubert seine Besucher schon, ehe sie einen Blick auf die Exponate geworfen haben. Es ist eine faszinierende Kombination aus alten Gebäuden, die in moderne Architektur integriert wurden und zeitgenössischem Design. Die sehr sehenswerten Dauerausstellungen sind originell und mit vielen interaktiven Elementen gestaltet. Sie widmen sich z. B. den Kulturen der Ureinwohnerstämme Québecs. Auch die Ausstellung mit dem Namen „Le Temps des Québécois" gehört zu den sehr sehenswerten Teilen des Museums. Zudem finden immer großartige, vielfältige Wechselausstellungen statt.

Musée de la Place-Royale MUSEUM
(Karte S. 306; 418-646-3167; www.mqc.org; 27 Rue Notre-Dame; Erw./Jugendlicher/Kind 7/2 C$/frei; Di–So 10–17 Uhr;) Dieses Infozent-

Vieux-Québec

rum besingt das Viertel Place-Royale als die Wiege der französischen Geschichte. Im Mittelpunkt stehen einzelne Menschen und Gebäude sowie die Herausforderungen bei der Besiedlung des Ufers des Sankt-Lorenz-Stroms. Die Ausstellungsstücke wirken manchmal etwas zufällig, doch es gibt auch viele interessante Bereiche, die das städtische Leben in der Zeit vom 17. bis ins 20. Jh. illustrieren.

Église Notre-Dame-des-Victoires KIRCHE
(Kirche Unserer Lieben Frau der Siege; Karte S. 306; ☎418-692-1650; 32 Rue Sous-le-Fort; ⌚Ende Ju-

Vieux-Québec

Highlights
1 Le Château Frontenac C4
2 Musée de la Civilisation D2

Sehenswertes
3 Basilique-Cathédrale Notre-Dame-de-Québec C3
4 Église Notre-Dame-des-Victoires D3
5 La Citadelle B6
6 Musée de la Place-Royale D3
7 Musée de l'Amérique Francophone C3
8 Musée des Ursulines B4
9 Lieu Historique National des Forts-et-Châteaux-Saint-Louis C3
10 Terrasse Dufferin C4

Aktivitäten, Kurse & Touren
11 Cyclo Services A1
12 Glissade de la Terrasse C4
13 Les Promenades Fantômes C3
Les Tours Voir Québec .... (siehe 13)

Schlafen
14 Auberge Saint-Antoine D3
15 Chez Hubert B4
Fairmont Le Château Frontenac .... (siehe 1)
16 HI Auberge Internationale de Québec A3
17 Hôtel 71 .... D2
18 Hotel Manoir Victoria A2
19 La Marquise de Bassano C4
20 Les Lofts 1048 .... A3
21 Maison Historique James Thompson B4

Essen
1608 .... (siehe 1)
22 Apsara A4
23 Aux Anciens Canadiens B4
24 Batinse B2
25 Chez Ashton A3
26 Chez Boulay A3
27 Le Cochon Dingue D4
28 Le Lapin Sauté D4
29 Le Saint-Amour A4
30 L'Échaudé D2
31 Paillard Café-Boulangerie A3
32 Toast! D3

Ausgehen & Nachtleben
33 Bar Ste-Angèle A3
34 L'Oncle Antoine D3

Unterhaltung
35 Les Yeux Bleus A3

Shoppen
36 Art Inuit Brousseau B4
37 Marché du Vieux-Port B1

ni–Aug. 9.30–20.30 Uhr, Ende Mai–Ende Juni 9.30–16.30 Uhr) Die 1688 erbaute Kirche, die nach den Siegen der Franzosen über die Briten in den Jahren 1690 und 1711 benannt wurde, ist die älteste Steinkirche Nordamerikas. Sie steht an der Stelle, an der Champlain 80 Jahre vor dem Bau der Kirche seine „Habitaiton de Québec" errichtete. Im Inneren befinden sich Kopien von Werken von Rubens und Van Dyck. Von der Decke hängt der Nachbau des Holzschiffes *Brézé*. Er sollte bei Ozean-Überquerungen und Kämpfen mit den Irokesen Glück bringen.

Außerhalb der Stadtmauern

Die meisten Besucher gehen nur kurz durch die Porte St-Louis, um einen Blick auf Québecs wichtigste Sehenswürdigkeit außerhalb der Stadtmauern zu werfen: den Parc des Champs de Bataille mit den berühmten Plaines d'Abraham. Leider verzieht sich der Großteil von ihnen gleich wieder in die behütete Märchenwelt innerhalb der Stadtmauern. Dabei sind einige der Sehenswürdigkeiten, vor allem das Hôtel du Parlement und das Obsérvatoire de la Capitale, mit Sicherheit interessanter, als noch ein weiteres Foto vom Château zu schießen. Die Viertel St-Jean-Baptiste und St-Roch gewähren einen Einblick ins Québecer Alltagsleben und sind nach einer Überdosis historischer Altstadt eine willkommene Abwechslung.

Hôtel du Parlement HISTORISCHES GEBÄUDE
(Parlamentsgebäude; Karte S. 310; ☎ 418-643-7239; www.assnat.qc.ca/en/visiteurs; 1045 Rue des Parlementaires; ⌚ Ende Juni–Aug. Mo–Fr 8.30–16.30, Sa & So 9.30–16.30 Uhr, Sept.–Ende Juni Mo–Fr 8–17 Uhr) GRATIS Das Parlamentsgebäude, ein 1886 fertiggestelltes Bauwerk aus der Zeit des Zweiten Kaiserreichs, ist der Sitz des Parlaments der Provinz Québec. Ganzjährig werden kostenlose 30-minütige Führungen angeboten, auf denen man den **Saal der Nationalversammlung** (Assemblée Nationale), den **Saal des Legislativrats von Québec** (Conseil Législatif du Québec) und die **Speakers' Gallery** besichtigt. Die Fassade schmücken 23 Bronzestatuen wichtiger Persönlichkeiten der Geschichte der Provinz, darunter der Entdecker Samuel de Champlain (1570–1635), der Gouverneur der französischen Kolonie Neufrankreich Louis de Buade Frontenac (1622–1698) und die legendären Generäle

James Wolfe (1727–1759) und Louis-Joseph Montcalm (1712–1759).

Obsérvatoire de la Capitale GEBÄUDE
(Capital Observatory; Karte S. 310; ☎ 418-644-9841, 888-497-4322; www.observatoirecapitale.org; 1037 Rue de la Chevrotière; Erw./Kind 14 C$/frei; ⏰ Feb.–Mitte Okt. tgl. 10–17 Uhr, Mitte Okt.–Jan. Mo geschl.) Vom 31. Stock dieses Gebäudes hat man aus 221 m Höhe einen tollen Blick auf die Altstadt, den Sankt-Lorenz-Strom und bei klarem Wetter sogar bis zu den Laurentides. Auf Infotafeln kann sich zudem im Schnelldurchlauf mit der Stadtgeschichte vertraut machen.

Parc des Champs de Bataille HISTORISCHE STÄTTE
(Battlefield Parks; ☎ 418-649-6157; www.ccbn-nbc.gc.ca/en; 835 Wilfrid-Laurier Ave; ⏰ 8.30–17.30 Uhr; 👪) 🍃 Zu diesem grünen Park, der oben auf den Klippen liegt, gehören auch die **Plaines d'Abraham**, die Stätte der Schlacht zwischen dem britischen General James Wolfe und dem französischen General Louis-Joseph Montcalm, die 1759 das Schicksal Nordamerikas entscheidend beeinflusste. Das Schlachtfeld ist mit alten Kanonen, Denkmälern und Erinnerungsplaketten gespickt. Die Einheimischen kommen gern her, um ein Picknick zu veranstalten, zu joggen, zu skaten, Ski zu fahren und zum Schneeschuhlaufen. Zudem wird hier im Winter Karneval gefeiert, im Sommer finden Open-Air-Konzerte statt. Mehr Infos erhält man beim Informations- und Besucherzentrum des Parks (S. 318).

Musée National des Beaux-Arts du Québec MUSEUM
(☎ 418-643-2150; www.mnbaq.org; Parc des Champs de Bataille; Erw./Jugendlicher/Kind 18/5 C$/frei; ⏰ Sept.– Mai Di–So 10–17 Uhr, Juni–Aug. tgl. 10–17 Uhr, ganzjährig Mi bis 21 Uhr) Für dieses großartige Kunstmuseum, das eines der besten der Provinz ist, sollte man sich mindestens einen halben Tag Zeit nehmen. Die Dauerausstellungen beginnen mit der Periode der frühen französischen Kolonien und reichen bis zu den abstrakten Künstlern Québecs. Einzelne Säle sind komplett künstlerischen Giganten des 20. Jhs. wie Jean-Paul Lemieux und Jean-Paul Riopelle vorbehalten. Ein weiterer Höhepunkt ist die **Brousseau Inuit Art Collection**, eine private Sammlung mit 2639 Werken aus fünf Jahrzehnten.

Saint-Jean-Baptiste STADTVIERTEL
(Karte S. 310) Das Flair dieses Künstlerviertels erlebt man am besten bei einem Spaziergang in der **Rue St-Jean**. Hat man die stark befahrene Ave Honoré Mercier erst einmal sicher überquert, fällt sofort die bodenständige Atmosphäre auf. Die Durchgangsstraße wird bis zur Rue Racine von guten Restaurants, hippen Cafés und Bars und interessanten Geschäften, die teilweise auf homosexuelle Kundschaft spezialisiert sind, gesäumt. Geht man eine beliebige Seitenstraße bergab (Richtung Nordwesten), so erreicht man schmale Anwohnerstraßen wie die Rue d'Aiguillon, die Rue Richelieu und die Rue St-Olivier.

St-Roch STADTVIERTEL
St-Roch war ein traditionelles Arbeiterviertel, in dem früher Fabrik- und Hafenarbeiter wohnten, doch allmählich hat es sich gewandelt. Auf der Hauptstraße, der **Rue St-Joseph**, haben zwischen Trödelläden und Geschäften für Secondhand-Kleidung schicke neue Restaurants und Bars aufgemacht. In dieser Straße und in der **Rue St-Vallier Est** gibt's auch private Kunstgalerien.

Geht man die Côte Ste-Geneviève in Saint-Jean-Baptiste bergab, dann kommt man zu einer steilen Treppe, der Escalier de la Chapelle, die hinunter nach St-Roch führt.

Aktivitäten

★ Corridor du Littoral/Promenade Samuel-de-Champlain RADFAHREN, WANDERN
(👪) 🍃 Der Corridor du Littoral ist ein 48 km langer Mehrzweck-Freizeitweg entlang des Sankt-Lorenz-Stroms, der besonders bei Radfahrern, Wanderern und Inlineskatern beliebt ist. Er beginnt in Cap-Rouge in Québec (Stadt) und führte über die Alte Unterstadt Richtung Nordosten zum Montmorency-Fall. Das Kernstück des Weges bildet die 2,5 km lange Promenade Samuel-de-Champlain, ein besonders schöner Abschnitt.

Glissade de la Terrasse SCHLITTENFAHRT
(Karte S. 306; ☎ 418-528-1884; www.au1884.ca; Terrasse Dufferin; 3 C$/Pers.; ⏰ Mitte Dez.–Mitte März So–So 11–17, Fr & Sa bis 18 Uhr; 👪; 🚌 3, 11) Auf der malerischen Terrasse Dufferin (S. 304), die oberhalb des Flusses vor dem Le Château Frontenac liegt, beginnt diese erfrischende, schnelle Schlittenfahrt auf drei parallelen Bahnen. Die Schlitten für bis zu vier Personen kann man unten ausleihen: Man kauft am Au-1884-Kiosk Tickets, schnappt sich einen Schlitten, geht nach oben und saust los.

Place d'Youville Skating Rink SCHLITTSCHUHLAUFEN
(Karte S. 310; ☎ 418-641-6256; direkt außerhalb der Porte St-Jean; Schlittschuhlaufen frei, Schlittschuhverleih 8 C$; ⏰ Mitte Okt.–Mitte März Mo–Do 12–22, Fr & Sa 10–22 Uhr; 👪) Die improvisierte Eislaufbahn ist im Winter einer der idyllischsten und beliebtesten Orte zum Schlittschuhlaufen. Schlittschuhe kann man vor Ort ausleihen und sich damit unter die Einheimischen mischen.

Geführte Touren

Wer sich einem geführten Stadtspaziergang anschließt, bekommt in verhältnismäßig kurzer Zeit ziemlich viel Spezialwissen vermittelt. Bei einem Spaziergang beispielsweise wird auf eine Kanonenkugel aufmerksam gemacht, die, von Passanten unbemerkt, in einem Baum direkt an der Rue St-Louis feststeckt.

Cyclo Services RADFAHREN
(Karte S. 306; ☎ 877-692-4050, 418-692-4052; www.cycloservices.net; 289 Rue St-Paul; Leihfahrrad pro 2/24 Std. ab 15/35 C$; ⏰ Mo–Fr 9.30–17.30, Sa & So 10–17 Uhr, Nov.–April abweichende Öffnungszeiten; 👪) Dieser Laden verleiht die unterschiedlichsten Fahrräder (Trekkingräder, Cityräder, Tandems, Straßen- und Kinderräder) und organisiert ausgezeichnete Radtouren durch die Stadt und die Umgebung zu Orten wie Wendake oder dem Parc de la Chute Montmorency. Die bewanderten, witzigen Führer veranstalten regelmäßig auch Touren auf Englisch. Im Winter werden nur Schneeschuhe verliehen, die Öffnungszeiten sind dann eingeschränkt.

Les Tours Voir Québec STADTSPAZIERGANG
(Karte S. 306; ☎ 418-694-2001, 866-694-2001; www.toursvoirquebec.com; 12 Rue Ste-Anne; Touren ab 23 C$) Diese Gruppe veranstaltet großartige zweistündige Stadtspaziergänge, die sich um die Geschichte, Architektur und das Essen der Stadt drehen. Die beliebte zweistündige „Grand Tour" führt zu den Highlights der Altstadt, bei der „Food Tour" probieren die Teilnehmer u. a. in verschiedenen Geschäften und Restaurants Wein, Käse, Crêpes, Schokolade, Ahornprodukte und anderen Québecer Spezialitäten. Man sollte vorher reservieren.

Les Promenades Fantômes SPAZIERGANG
(Karte S. 306; ☎ 418-692-0624; www.promenadesfantomes.com; 12 Rue Ste-Anne; Erw./Kind 18,50/15,75 C$; ⏰ Mai–Okt. 20 Uhr) Auf dem nächtlichen Ausflug im Schein einer schwankenden Laterne erfahren die Teilnehmer alles über die dunkle Seite dieser Stadt.

Feste & Events

Carnaval de Québec KARNEVAL
(Québec Winter Carnival; www.carnaval.qc.ca; ⏰ Jan. oder Feb.) Der berühmte Québecer Karneval ist einzigartig. Er wird als größter Winterkarneval der Welt beworben. Es gibt Paraden, Eisskulpturen, eine Schneerutsche, Bootsrennen, Tanz, Musik und reichlich Alkohol. Die Festivitäten finden in der gesamten Stadt statt, Schauplatz der berühmten Schlittenfahrt ist die Terrasse Dufferin (S. 304) hinter dem Château Frontenac (S. 304).

Wer beim Karneval dabei sein möchte, sollte die Reise rechtzeitig organisieren, denn die Unterkünfte sind dann schnell ausgebucht – und unbedingt ausreichend warme Kleidung mitbringen!

Fête Nationale du Québec KULTUR
(Fest Johannes des Täufers; www.fetenationale.quebec; ⏰ 24. Juni) An diesem Abend wird in der ganzen Stadt gefeiert bis zum Umfallen. Ursprünglich wurde dieser Feiertag zu Ehren Johannes des Täufers begangen. Mittlerweile ist er aber fast schon zum politischen Statement geworden. Und wenn die Québecer ihre eigenständige Kultur feiern, ist auch ein leichter nationalistischer Touch zu erkennen. Um etwa 20 Uhr geht es (ausgerechnet) auf den Plaines d'Abraham mit den Hauptfeierlichkeiten los.

Festival d'Été MUSIK
(www.infofestival.com; ⏰ Juli) Bei diesem elftägigen Festival im Juli treten Musiker aus aller Welt auf.

Fête Arc-en-Ciel LGBT
(☎ 418-809-3383; www.arcencielquebec.ca) Diese Schwulenparty wird im September in Québec gefeiert.

Schlafen

Von traditionellen B&Bs bis zu stilvollen Boutiquehotels – Québec hat einige fantastische Unterkünfte zu bieten. Die beste Wahl sind die zahlreichen kleinen Hotels im europäischen Stil und die viktorianischen B&Bs in der Altstadt. Wie in einer so beliebten Stadt nicht anders zu erwarten, sind die besten Optionen oft ausgebucht. Daher empfiehlt es sich, rechtzeitig im Voraus zu reservieren, besonders an den Wochenenden. Es

St-Roch & St-Jean-Baptiste

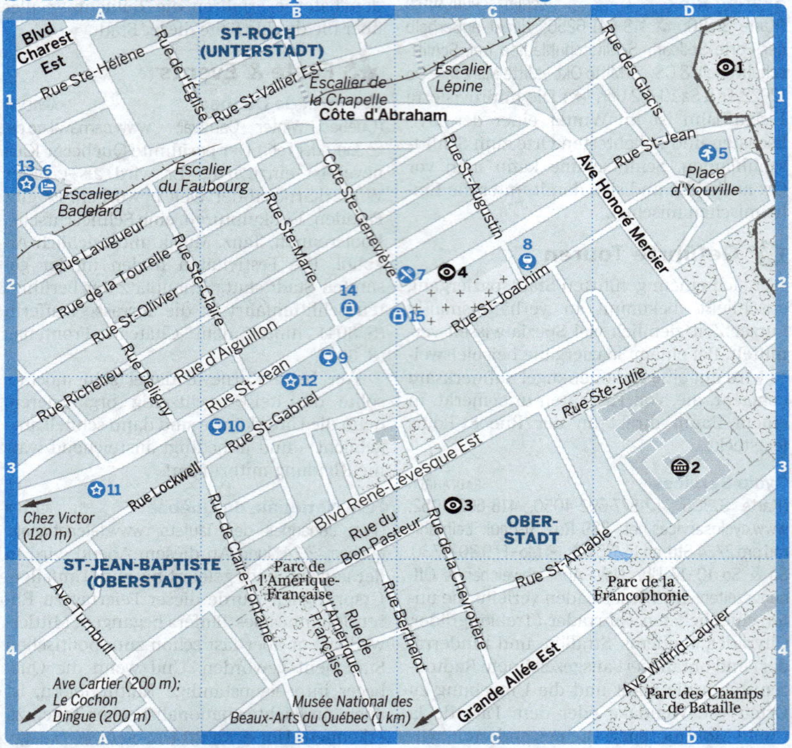

ist nicht sehr klug, im Sommer oder zu Feiertagen samstagsmorgens in der Stadt aufzutauchen und zu erwarten, noch für den selben Abend ein Zimmer zu finden.

In der Hochsaison, den Sommermonaten, und zum Winterkarneval steigen die Preise. In den übrigen Zeiten liegen sie oft um etwa 30 % niedriger.

Alte Oberstadt

HI Auberge Internationale de Québec HOSTEL $
(Karte S. 306; ☎418-694-0755, 866-694-0950; www.aubergeinternationaledequebec.com; 19 Rue Ste-Ursule; B 29–34 C$, Zi. ohne Bad 72–84 C$, mit Bad 100–125 C$, alle inkl. Frühstück; ❄@📶) Das frustrierende Labyrinth der Flure scheint schier endlos, doch in dem lebhaften, gut gelegenen Hostel ist rund ums Jahr viel los. Hierher kommen sowohl Individualreisende als auch Familien und Gruppen. Die Mitarbeiter sind freundlich, aber oft in Eile, um mit dem Kommen und Gehen mitzuhalten. Trotz der fast 300 Betten ist das Hostel im Sommer meistens ausgebucht, daher sollte man möglichst im Voraus buchen.

★ **Maison Historique James Thompson** B&B $$
(Karte S. 306; ☎418-694-9042; www.bedandbreakfastquebec.com; 47 Rue Ste-Ursule; Zi. 75–135 C$; ❄📶) Geschichtsfans werden begeistert sein, wenn sie in der im 18. Jh. erbauten ehemaligen Residenz von James Thompson, einem Veteranen der Schlacht auf den Plaines d'Abraham, übernachten. Das schön restaurierte Haus weist immer noch die Originalschießscharte neben der Haupttür auf. Die geräumigen Zimmer sind mit heiteren Kunstwerken der Gastgeberin Gitta geschmückt.

★ **La Marquise de Bassano** B&B $$
(Karte S. 306; ☎418-692-0316, 877-692-0316; www.marquisedebassano.com; 15 Rue des Grisons;

St-Roch & St-Jean-Baptiste

Zi. inkl. Frühstück 110–179 C$; P @) Die jungen, geselligen Besitzer haben in diesem einladenden viktorianischen Wohnhaus aus dem 19. Jh. tolle Arbeit geleistet. Die fünf Zimmer sind mit netten Ideen gestaltet, mal mit einem Himmelbett, mal mit einer frei stehenden Badewanne oder etwas anderem. Das B&B liegt friedlich in einer wenig befahrenen Straße inmitten historischer Häuser und nur Minuten von den wichtigen Sehenswürdigkeiten entfernt. Nur zwei Zimmer haben ein eigenes Bad, die anderen drei teilen sich die Sanitäreinrichtungen.

Les Lofts 1048 APARTMENTS $$

(Karte S. 306; 418-657-9177; www.condovieuxquebec.ca; 1048 Rue St-Jean; Apt. 170–300 C$;) Wer eine einladende Unterkunft im Herzen der Alten Oberstadt sucht, sollte es in diesen wunderbar modernisierten, hellen, hohen Apartments versuchen. Mit den bequemen Betten, der komplett ausgestatteten Küche, den supermodernen Bädern und Wäscheeinrichtungen sind sie wie ein gemütliches zweites Zuhause.

Chez Hubert B&B $$

(Karte S. 306; 418-692-0958; www.chezhubert.com; 66 Rue Ste-Ursule; Zi. ohne Bad inkl. Frühstück 85–155 C$; P @) Dieses bewährte, familiengeführte B&B befindet sich in einem viktorianischen Stadthaus mit Kronleuchtern, Kaminsimsen, Buntglasfenstern, einer hübschen geschwungene Treppe und orientalischen Teppichen. Die drei geschmackvoll eingerichteten, in warmen Farben gestalteten Zimmer, zwei davon mit Aussicht auf Le Château Frontenac (S. 304), teilen sich zwei Bäder. Ein großes Frühstücksbüffet und kostenlose Parkplätze sind im Preis enthalten.

Fairmont Le Château Frontenac HOTEL $$$

(Karte S. 306; 418-692-3861, 866-540-4460; www.fairmont.com/frontenac; 1 Rue des Carrières; Zi. ab 409 C$; P) Das berühmte Frontenac ist nicht nur ein Hotel, sondern auch eines der beständigen Wahrzeichen Québecs. 2014 wurde es komplett renoviert. Die 611 Zimmer sind in über ein Dutzend Kategorien eingeteilt. Die Palette der begehrten Zimmer mit Flussblick reicht von den Deluxe-Zimmern unter der Dachtraufe bis zu den riesigen „Fairmont Gold Signature"-Zimmern mit Concierge-Service, geschwungenen Turmfenstern und historischen architektonischen Elementen.

Hotel Manoir Victoria HOTEL $$$

(Karte S. 306; 800-463-6283; www.manoir-victoria.com; 44 Côte du Palais; Zi. 199–369 C$, Suite 329–550 C$; P) Hinter der historischen Fassade im europäischen Stil liegen die modische, schicke Lobby und Lounge, die modernen Zimmer mit Flachbild-TVs und ein Hallenbad. Im Spa und im Fitnessraum können sich die Gäste nach einem Winterspaziergang durch die Altstadt wieder aufwärmen.

Alte Unterstadt

★ **Auberge Saint-Antoine** BOUTIQUEHOTEL $$$

(Karte S. 306; 418-692-2211, 888-692-2211; www.saint-antoine.com; 8 Rue St-Antoine; Zi. 200–549 C$, Suite 600–1000 C$; P @) Dieses Hotel ist eines der besten in Kanada. Der Service ist phänomenal und die Liste der Annehmlichkeiten scheint endlos. Die gemütlichen, großen Zimmer sind mit hochwertigen Matratzen, Gänsedaunendecken

QUÉBECS COOLSTES HOTEL

Besucher des **Hôtel de Glace** (Eishotel; ☎877-505-0423, 418-623-2888; www.hoteldeglace-canada.com; 1860 Valcartier Blvd; Führung Erw./Jugendlicher/Kind 18/16/9 C$; ⌚Jan.–März; P) betreten ein richtiges Wintermärchenland. Fast alles hier besteht aus Eis: Der Schalter der Rezeption, das Waschbecken im Zimmer, das Bett – alles Eis!

Fünf Wochen lang wird dieses vergängliche Hotel aus 500 t Eis und 15 000 t Schnee jedes Jahr gebaut. Der erste Eindruck ist überwältigend – in der Eingangshalle stützen hohe Skulpturensäulen eine Decke, an der ein Kristallleuchter hängt. Zu beiden Seiten füllen Eisskulpturen, Tische und Stühle das Labyrinth der Gänge und Gästezimmer. Kinder lieben die Eisrutschen, während es die Großen an die Eisbar zieht, die starke Getränke in Cocktailgläsern aus Eis serviert (für die Kinder gibt's auch heiße Schokolade).

Das Eishotel ist in der Regel von Januar bis März geöffnet. Es bietet Übernachtungspakete, die ab 380 C$ pro Person kosten (bei Werbeaktionen kann der Preis bis zu 100 C$ niedriger sein). Hier übernachtet man in erster Linie wegen des Abenteuers und nicht, um sich mal richtig auszuschlafen. Die dicken Schlafsäcke und die flauschigen Hirschpelze sorgen aber dafür, das es hier deutlich gemütlicher ist, als man denkt.

Für die meisten Besucher ist der Tagespass (Erw./Jugendlicher/Kind 18/16/9 C$) die bessere Option. Mit ihm kann man die Gästezimmer und die öffentlichen Bereiche des Hotels, darunter die Eisbar und die Eisrutschen, besuchen. Das Hotel liegt 40 Minuten nordwestlich von Québec (Stadt) abseits der Rte 371.

und Luxusbettwäsche ausgestattet. Die Flure ähneln einer Kunstgalerie, denn hier sind Relikte aus der französischen Kolonialzeit zu sehen, die bei Ausgrabungen während der Erweiterung des Hotels gefunden wurden. Gleich daneben befindet sich das **Panache**, das bei den Kennern der gehobenen Gastronomieszene der Stadt hoch im Kurs steht.

Hôtel 71 BOUTIQUEHOTEL $$$

(Karte S. 306; ☎888-692-1171, 418-692-1171; www.hotel71.ca; 71 Rue St-Pierre; Zi./Suite ab 309/409 C$; ❄@📶) Ein echtes Boutiqueerlebnis bietet das Hôtel 71, das in einem imposanten grauen Steingebäude aus dem 19. Jh. untergebracht ist. Die minimalistischen, eleganten Zimmer sind mit sehr guten Matratzen, gemütlichen Daunendecken, übergroßen Fernsehern und dramatisch beleuchteten Bädern ausgestattet und sehr komfortabel. Aus den umlaufenden Fenstern der Penthouse-Suite bietet sich eine außergewöhnliche Perspektive auf die Place-Royale, den Sankt-Lorenz-Strom und das Château Frontenac (S. 304).

Außerhalb der Stadtmauern

Außerhalb der Stadtmauern sind die Hotelpreise erheblich niedriger, die Zimmer fallen meistens größer aus, und das Parken gestaltet sich plötzlich gar nicht mehr so problematisch. Sämtliche aufgeführten Quartiere lassen sich in etwa 15 Minuten mit dem Auto oder manche sogar zu Fuß von der Altstadt aus erreichen.

Centre de Plein Air de Beauport CAMPING $

(☎418-641-6112, 877-641-6113; www.centrepleinairbeauport.ca; 95 Rue de la Sérénité; Stellplätze Zelt- & Wohnmobil ab 38 C$; ⌚Juni–Anfang Sept.; P) Der ausgezeichnete Campingplatz in der Nähe der Montmorency-Fälle liegt nur 15 Fahrminuten von der Altstadt entfernt und ist grün und friedlich. Um herzukommen, nimmt man den Hwy 40 Richtung Montmorency, fährt an der Ausfahrt 321 ab und biegt Richtung Norden ab.

Auberge JA Moisan B&B $$

(Karte S. 310; ☎418-529-9764; www.jamoisan.com; 695 Rue St-Jean; EZ 130–150 C$, DZ 140–160; P❄📶) Dieses hübsche B&B nimmt die obersten Stockwerke über dem berühmten Lebensmittelladen JA Moisan (S. 318) ein. Die kleinen Gästezimmer befinden sich unter dem Dach, in der Etage darunter gibt's verschiedene Gemeinschaftsbereiche, z. B. einen Salon, ein Teezimmer, ein Solarium, eine Terrasse und einen Computerraum. Der gesellige Gastgeber Clément Saint-Laurent sorgt dafür, dass sich die Gäste wie zu Hause fühlen. Das Frühstück, der Nachmittagstee und kostenlose Parkplätze sind im Preis enthalten.

Grand Times HOTEL $$

(☎418-353-3333; www.grandtimeshotel.com; 5100 Blvd des Galeries; Zi. 140–160 C$, Suite

240–410 C$; P ❄ 📶 🏊) Na gut, der Name klingt ziemlich pompös, aber dieses etwas außerhalb der Stadt gelegene Hotel bietet seinen Gästen tatsächlich elegante Designerzimmer im mittleren Preisbereich. Die Zimmer sind im minimalistischen Loft-Chic gestaltet, und das Hotel hat jede Menge weitere Einrichtungen wie ein Spa und ein beheiztes Hallenbad.

Hôtel Le Vincent BOUTIQUEHOTEL **$$$**
(Karte S. 310; ☎ 418-523-5000; www.hotellevincent.com; 295 Rue St-Vallier Est; Zi. inkl. Frühstück 179–279 C$; P @ 📶) Die unauffällige Ziegelfassade des Hotels wirkt nicht sehr vielversprechend, doch das ändert sich drinnen dramatisch. Die Lobby und der angrenzende von Steinwänden umrahmte Frühstücksbereich sind mit ihren bequemen Möbeln und der netten Leseecke am Kamin ausgesprochen einladend. Die Zimmer im oberen Stock, besonders die Ecksuiten, zeichnen sich durch stilvollen Komfort aus. Sie verfügen über Ziegelwände, hohe Fenster, moderne Couches und elegante Badewannen.

Essen

Québecs Restaurantszene ist aufregender als je zuvor. Hervorragende traditionelle französische Küche gab es in der Hauptstadt schon immer, doch mehrere neue Restaurants haben dem klassischen Bistro einen hippen, modernen Anstrich verpasst. Zur gleichen Zeit wandten sich einige der berühmtesten Köche der Stadt dem Konzept der *cuisine boréale* zu, bei der die Rückkehr zu einheimischen nordkanadischen Zutaten wie Wild, Meeresfrüchte, Pilze, Beeren und Wurzelgemüse eine große Rolle spielt. Viele Restaurants sind recht teuer, doch davon sollte man sich nicht abschrecken lassen, sondern es den Einheimischen gleichtun: Bei einem sorgfältig ausgewählten *table d'hôte* zur Mittagszeit bekommt man genau dasselbe Essen zu einem viel günstigeren Preis.

Alte Oberstadt

Paillard Café-Boulangerie BÄCKEREI **$**
(Karte S. 306; ☎ 418-692-4392; www.paillard.ca; 1097 Rue St-Jean; Sandwiches 8–10 C$; ⏲ So–Do 7–21, Fr & Sa bis 22 Uhr) In diesem hellen, geschäftigen, hohen Raum sitzen die Gäste an langen Holztischen und essen köstliche Gourmet-Sandwiches, Suppen und Salate. Die angeschlossene Bäckerei ist mit ihren verlockenden Auslagen einfach unwiderstehlich. Man sollte einmal die *tentation*, ein köstliches süßes Gebäck mit vielen Beeren probieren oder sich das pikante *fougasse* (provenzalisches Brot mit Oliven und Kräutern, das mit Olivenöl bestrichen ist, schmecken lassen.

Chez Ashton FAST FOOD **$**
(Karte S. 306; ☎ 418-692-3055; www.chez-ashton.com; 54 Côte du Palais; Hauptgerichte 4–10 C$; ⏲ So–Do 11–23.30, Fr & Sa bis 4 Uhr) Wer mal Abwechslung von der gehobenen Küche möchte, sollte diese Fast-Food-Kette besuchen, eine Institution der Stadt, die hier etwa ein Dutzend Filialen unterhält. An den Wochenenden strömen frühmorgens die Nachtschwärmer her, um mit *poutine* (Pommes mit Käsebruch in Bratensauce), dem Klassiker Québecs, Energie aufzutanken.

Apsara KAMBODSCHANISCH **$**
(Karte S. 306; ☎ 418-694-0232; http://restaurantapsara.com; 71 Rue d'Auteuil; Hauptgerichte 10–15 C$; ⏲ Mo–Fr 11.30–14, tgl. 17.30–23 Uhr) Hier gibt's Gerichte aus ganz Südostasien, von Thailand über Vietnam bis zu Kambodscha. Doch den Schwerpunkt bildet die kambodschanische Küche, die einfach köstlich schmeckt, z. B. Pfannengerichte mit dünn geschnittenem Rindfleisch oder die Schweine- und Garnelen-Klöße.

★ **Chez Boulay** QUÉBECER KÜCHE **$$**
(Karte S. 306; ☎ 418-380-8166; www.chezboulay.com; 1110 Rue St-Jean; Mittagsmenüs 17–26 C$, Hauptgerichte abends 20–34 C$; ⏲ Mo–Fr 11.30–22, Sa & So 10–22 Uhr) Das jüngste Restaurant des renommierten Kochs Jean-Luc Boulay präsentiert eine sich stetig weiterentwickelnde Karte, die von saisonalen Québecer Zutaten wie Kalb, Gans, Wildpilzen und Meeresfrüchten von der Gaspé-Halbinsel inspiriert ist. Die Tagesgerichte zum Mittagessen und die Wurstplatten für zwei Personen (von 14–17 Uhr erhältlich) sind ein bezahlbarer Nachmittagssnack. Der elegante, schummrig beleuchtete Speiseraum ist eine romantische Kulisse für ein schönes Abendessen.

Batinse QUÉBECER KÜCHE **$$**
(Karte S. 306; ☎ 581-742-2555; http://batinse.com/home/; 1200 Rue St-Jean; Hauptgerichte 18–27 C$; ⏲ Mo–Fr 11–23.45, Sa & So ab 9 Uhr) Die Köche sind mit Spaß bei der Sache, und ihre gute Laune ist ansteckend, wenn man die abwechslungsreiche Karte sieht. Gerichte wie Steak mit Teesauce finden sich dort ebenso wie Lachspastete, die von einem

Wachtelei mit Béchamelsauce gekrönt ist, sowie ein himmlischer Garnelen- und Chorizo-Salat. Hippe, regionale Küche, die man nicht verpassen darf!

Le Saint-Amour FRANZÖSISCH, QUÉBECER KÜCHE **$$$**
(Karte S. 306; ☎ 418-694-0667; www.saint-amour.com; 48 Rue Ste-Ursule; Hauptgerichte 32–52 C$, Festpreismenüs 68–115 C$; ⊙ Mo–Fr 11.30–14 & 18–22, Sa 17.30–22, So 18–22 Uhr) Das Le Saint-Amour, eines der angesagtesten Spitzenrestaurants der Stadt, hat sich mit seinen wunderbar zubereiteten Gerichten vom Grill und dem leckeren Seafood eine treue Fangemeinde erworben. Die hohen, mit Hängepflanzen geschmückten Wänden schaffen ein warmes, einladendes Ambiente und der *table d'hôte* (25–33 C$; nur werktags) bietet ein in der Oberen Altstadt ganz seltenes Erlebnis: ein Weltklasse-Essen zu extrem vernünftigen Preisen.

Aux Anciens Canadiens QUÉBECER KÜCHE **$$$**
(Karte S. 306; ☎ 418-692-1627; www.auxanciens canadiens.qc.ca; 34 Rue St-Louis; Hauptgerichte 31–59 C$, 3-Gänge-Menü ab 20 C$; ⊙ 12–21.30 Uhr) Das bewährte Touristenrestaurant im historischen Jaquet-Haus von 1676 ist auf deftige Landküche und typische Québecer Gerichte spezialisiert. Die Kellner tragen historische Trachten. Das *menu du jour* das von 12 bis 18 Uhr serviert wird, ist mit drei Gängen inklusive eines Glases Wein oder Bier für 20 C$ das mit Abstand günstigste Angebot.

Alte Unterstadt

Le Lapin Sauté FRANZÖSISCH **$$**
(Karte S. 306; ☎ 418-692-5325; www.lapinsaute.com; 52 Rue du Petit-Champlain; Hauptgerichte 16–26 C$; ⊙ Mo–Fr 11–22, Sa & So 9–22 Uhr) *Lapin* (Kaninchen) spielt in diesem gemütlichen, rustikalen Restaurant unweit der unteren Station der Standseilbahn natürlich eine Hauptrolle, etwa in Gerichten wie Kaninchen-*cassoulet* und Kaninchen-*poutine*. Andere verlockende Speisen sind die Salate, die französische Zwiebelsuppe, die Wurstplatten und ein Mittagsmenü mit großartigem Preis-Leistungs-Verhältnis (ab 15 C$). Bei schönem Wetter kann man auf der blumengeschmückten Terrasse mit Blick auf den winzigen Parc Félix-Leclerc sitzen.

Le Cochon Dingue FRANZÖSISCH **$$**
(Karte S. 306; ☎ 418-692-2013; www.cochondin gue.com; 46 Blvd Champlain; Hauptgerichte 15–34 C$; ⊙ Mo–Do 7–22, Fr bis 23, Sa –23, So bis 22 Uhr; 🚸) Seit 1979 erfreut sich das Le Cochon Dingue ungebrochener Beliebtheit. Besuchern wie Einheimischen serviert es französische Klassiker, von Café au Lait *en bôl* (in einer Schale) bis zu getoastetem Schinken-Käse-Sandwiches, Steak Frites, Salaten, Muscheln und Quiche.

1608 KÄSE **$$**
(Karte S. 306; ☎ 418-692-3861; http://1608bara vin.com; 1 Rue des Carrières; Hauptgerichte 22–34 C$; ⊙ Mo–Do 16–24, Fr–So 14–1 Uhr) In dieser Wein- und Käsebar kann man sich selbst eine Käseauswahl zusammenstellen oder überlässt dies den Mitarbeitern. Aber Vorsicht: Es ist schwer, wieder aufzuhören, zumindest, ohne ein paar Kilo zugelegt zu haben! Der Wein, der *fromage* und der Blick auf den Sankt-Lorenz-Strom bei Kerzenschein sorgen für ein sehr romantisches Ambiente.

★ **Toast!** BISTRO **$$$**
(Karte S. 306; ☎ 418-692-1334; www.restaurant toast.com; 17 Rue Sault-au-Matelot; Hauptgerichte 25–38 C$; ⊙ So–Do 18–22.30, Fr & Sa bis 23 Uhr) Das Toast! unter Leitung von Christian Lemelin (der 2014 von einer Kollegen-Jury zum besten Koch Québecs gewählt wurde) gehört zu den führenden Restaurants der Stadt. Nach der Spezialität des Hauses, Gänsestopfleber (als Vorspeise), folgen verschiedenen lukullische Gerichte sowie eine erstklassige Weinkarte. Die feuerrote Dekoration schafft eine romantische Atmosphäre.

L'Échaudé FRANZÖSISCH **$$$**
(Karte S. 306; ☎ 418-692-1299; www.echaude.com; 73 Rue Sault-au-Matelot; Mittagsmenüs 15–28 C$, Hauptgerichte abends 24–36 C$; ⊙ Mo–Fr 11.30–14.30 & 17.30–23, Sa 20–14 & 17.30–23, So ab 9 Uhr; 🍷) In diesem Bistro, einem jener seltenen Altstadtrestaurants, in denen die Einheimischen in der Mehrzahl sind, wird jedes Essen wunderbar präsentiert und alles ist unglaublich aromatisch. Klassiker wie Entenconfit, Steak frites und Lachs-Tartar stehen ebenso auf der Karte wie Tagesgerichte, z. B. Fisch- und Muscheleintopf in einer Hummer- und Weinbrühe. Die großartige Weinkarte enthält vor allem französische Weine.

Außerhalb der Stadtmauern

Bügel Fabrique De Bagels KANADISCH **$**
(☎ 418-523-7666; http://bugel-fabrique.ca; 164 Rue Crémazie Ouest; Hauptgerichte 7–15 C$; ⊙ So

& Mo 7–19, Di–Sa bis 21 Uhr) Vom Namen sollte man sich nicht täuschen lassen: In diesem hübschem Nachbarschaftslokal gibt's nicht nur ganz normale Bagels. Hier werden die Bagels mit Brie und Pesto serviert, mit Schinken und Spargel gratiniert oder mit Räucherlachs belegt. Die Zutaten stammen aus regionaler Landwirtschaft.

Le Croquembouche BÄCKEREI $

(www.lecroquembouche.com; 225 Rue St-Joseph Est; Gebäck ab 2 C$; Di–Sa 7–18.30, So bis 17 Uhr;) Ins Croquembouche, das oft als beste Bäckerei der Stadt gerühmt wird, strömen vom Morgengrauen bis zum Sonnenuntergang Kunden. Angeboten werden hier wunderbar lockere Croissants, verlockende Kuchen und Eclairs, Brioche mit Himbeeren sowie Gourmetsandwiches mit frisch gebackenem Brot. Zudem gibt's eine himmlische Auswahl an *danoises* (Plundergebäck), etwa mit Orange und Anis, Preiselbeere, Pistazien und Schokolade oder Zitrone, Ingwer und Mohn.

La Cuisine DINER $

(418-523-3387; www.barlautrecuisine.com; 205 Rue St-Vallier Est; Hauptgerichte 10 C$; Mo–Mi 11–1, Do & Fr 11–3, Sa 14–3, So 14–1 Uhr) Das Markenzeichen dieses poppigen, schummrig beleuchteten Diners auf halbem Weg zwischen Saint-Jean-Baptiste und Saint-Roch sind die Retrodekoration und die deftigen Gerichte, die bis in die frühen Morgenstunden serviert werden. Die Resopal-Tische, das bunt zusammengewürfelte Geschirr und Besteck, die Lampenschirme aus Nudelsieben, eine alte Wurlitzer-Jukebox und die Brettspiele schaffen eine fröhliche, entspannte Atmosphäre. An den Wochenenden legen DJs alles Erdenkliche von Electronica bis Soul auf.

Bati Bassak KAMBODSCHANISCH, THAI $

(418-522-4567; 125 Rue St-Joseph Est; Hauptgerichte 12–19 C$; Di–Fr 11–14, Di–So 15–21.30 Uhr;) In diesem geschäftigen Lokal, das kambodschanische und thailändische Küche serviert, gehen die Uhren zur Abwechslung mal etwas anders. Auf der umfangreichen Karte stehen neben leckeren Fleisch- und Fischgerichten auch verschiedene vegetarische Optionen. Die Mittagskarte an Werktagen bietet ein besonders gutes Preis-Leistungs-Verhältnis, für 10 bis 14 C$ bekommt man ein Menü inklusive Vorspeise, Tee und Dessert. Alkohol wird nicht ausgeschenkt, die Gäste dürfen aber ihren eigenen mitbringen.

POUTINE, BIEN SÛR

Wie fast alles Fast Food eignet sich Québecs geliebte *poutine* perfekt zum Auskurieren eines *gueule de bois* (Katers) nach einer Nacht mit zu viel Boréale Blonde. Basis dieses kalorienreichen kulinarischen Monsters à la Frankenstein sind die mustergültigen (stets frisch geschnittenen, nie tiefgefrorenen oder labberig-fettig servierten) Pommes der Provinz, die mit Käsebruch garniert und mit Bratensauce serviert werden. Das Gericht wurde in den frühen 1980er-Jahren erfunden und verbreitete sich wie brennendes Fett in ganz Québec.

In vielen Diners am Straßenrand, *cantines* oder *casse croûtes* ist *poutine* ein Standardgericht. Dort kann man auch aufgepeppte Versionen wie Italienne mit Spaghetti probieren. Fast alle Lokale haben ihr eigenes, streng behütetes Rezept. **Le Mouton Noir** (S. 325) in Val-David serviert z. B. eine *poutine* mit reichlich indischem Curry. Die Spezialitäten des Hauses enthalten meist Hackfleisch und grüne Paprika. Ein gutes Restaurant, um sich der *poutine*-Herausforderung zu stellen, ist das **Chez Ashton** (S. 313) in Québec (Stadt).

L'Affaire est Ketchup BISTRO $$

(418-529-9020; 46 Rue St-Joseph Est; Hauptgerichte 17–34 C$; Di–So 18–23 Uhr) Unbedingt reservieren, denn dieses bei den Einheimischen sehr beliebte unkonventionelle Bistro hat nur acht Tische. Die mit T-Shirts und Basecaps bekleideten Gründer François und Olivier, die miteinander scherzen, während sie auf zwei Elektroherden kochen, haben sich auf Hausmannskoch mit einer modernen, hippen Note spezialisiert. Die gut bestückte Bar wartet mit einer schönen Auswahl an Weinen und Mixgetränken auf.

Chez Victor BURGER $$

(418-529-7702; www.chezvictorburger.com; 145 Rue St-Jean; Hauptgerichte 13–18 C$; So–Mi 11.30–21, Do–Sa bis 22 Uhr;) Das Chez Victor, eines der beliebtesten Nachbarschaftslokale der Stadt, hat sich auf saftige Burger spezialisiert, die eine markante kreative Note haben. Zur Wahl stehen Wild-, Lachs-, Wildschwein-, Rindfleisch- und vegetarische Burger in unterschiedlichen Varianten (mit

Brie, Räucherschinken, Rahmkäse etc.). In der Stadt gibt's mehrere weitere Filialen, darunter eine unten am Vieux-Port.

Le Hobbit BISTRO $$

(Karte S. 310; ☎418-647-2677; www.hobbitbistro.com; 700 Rue St-Jean; Hauptgerichte 16–29 C$; ⊙Mo–Fr 8–22, Sa & So 9–22 Uhr) Das beliebte, einladende Bistro hat Tische im Freien, eine lockere Atmosphäre und preiswerte Mittag- und Abendspecials, die auf der Kreidetafel stehen. Die Klassiker, darunter saftiges Entenconfit und Steak frites, sind wunderbar zubereitet. Daneben gibt's verschiedene frische Pastagerichte und Salate sowie eine kleine Weinkarte mit fairen Preisen. Das Frühstück wird am Wochenende bis 14.30 Uhr serviert.

Morena BISTRO $$

(☎418-529-3668; www.morena-food.com; 1038 Ave Cartier; Hauptgerichte 15–17 C$; ⊙Mo–Mi 8–19, Do & Fr bis 20, Sa & So bis 18 Uhr) Dieses Bistro mit italienischem Charakter befindet sich einem Feinkostgeschäft in der noblen Ave Cartier und bietet sich für ein geselliges, aber unprätentiöses Mittagessen an. Die wunderbar angerichteten Tagesspezialitäten stehen auf einer Tafel und werden mit frischem Gemüse als Beilage und einer Suppe oder Vorspeise serviert. Ab 15 Uhr gibt es eine Karte mit kleinen Gerichte.

Ausgehen & Nachtleben

★Le Sacrilège BAR

(Karte S. 310; ☎418-649-1985; www.lesacrilege.com; 447 Rue St-Jean; ⊙12–3 Uhr) Diese Bar mit ihrem lauten Gelächter und den tanzenden Mönchen, die frech ihre Unterhöschen zeigen, ist seit Langem bei den Nachtschwärmern Québecs beliebt, die ihre feucht-fröhlichen Nächte am Wochenende hier beginnen oder beenden. Selbst montags bekommt man nur noch einen Stehplatz. Hinter der Bar befindet sich eine beliebte Terrasse, zu der man durch die Bar oder über die von Mauern gesäumte Gasse daneben kommt.

Le Moine Échanson WEINBAR

(Karte S. 310; ☎418-524-7832; www.lemoineechanson.com; 585 Rue St-Jean; ⊙Mo–Do 7.30–22, Fr bis 23, Sa & So 10–23 Uhr) Das gesellige Bistro mit Mauerwänden, das bei den Weinkennern der Stadt hoch im Kurs steht, schenkt eine verlockende, immer wieder wechselnde Palette an Weinen aus dem Mittelmeerraum aus. Sie werden sowohl im Glas als auch als Flasche serviert. Dazu gibt's herzhafte, schlichte Snacks und Hauptgerichte.

Les Salons d'Edgar BAR

(☎418-523-7811; www.lessalonsdedgar.com; 263 Rue St-Vallier Est; ⊙Mi–Sa 16.30 Uhr–open end, So 17.30 Uhr–open end) Der Reiz dieses inoffiziellen „offiziellen" Treffs der Theaterszene der Stadt sind nicht nur die Drinks, sondern auch die Gespräche, die man hier belauschen kann. Hier erfährt man, wer eine Rolle ergattert hat und wer leer ausging.

La Revanche BAR

(☎418-263-5389; 585 Blvd Charest Est; ⊙Mo 17–24, Di–Do 16–1, Fr bis 2, Sa 12–2, So bis 24 Uhr) Die eklektische Bar-Café-Kombination hat sich Tabletop- und Brettspielen verschrieben. Eine der Wände des Revanche könnte tatsächlich genauso auch in einem Spielwarenladen stehen. Mitarbeiter helfen dabei, die Grundlagen der Spiele zu lernen.

Macfly Bar & Arcade BAR

(☎418-528-7000; 422 Rue Caron; ⊙16–3 Uhr) Es ist kein Zufall, dass die Bar nach der Hauptfigur aus der *Zurück in die Zukunft*-Filmreihe benannt ist – die Innenreinrichtung erinnert an die 1980er-Jahre, oder zumindest an das, was man heute für typisch für diese Zeit hält: altmodische Spielautomaten, bunte Tische und Reihen von Flipperautomaten, die auf echte Könner warten. Nach ein paar gut gezapften Bieren ist es natürlich nicht mehr so leicht, die eigene Bestmarke zu toppen …

La Barberie BRAUEREI

(☎418-522-4373; www.labarberie.com; 310 Rue St-Roch; ⊙12–1 Uhr) Dass die genossenschaftliche Kleinbrauerei in Saint-Roch so beliebt ist, verdankt sie der von Bäumen beschatteten Terrasse, dem wechselnden Angebot an acht hausgebrauten Bieren und der einmaligen Politik, dass die Gäste ihre eigenen Snacks von draußen mitbringen dürfen. Unter den saisonalen Bieren sind klassische Pale Ales, aber auch ausgefallenere Sorten wie Orange Stout oder Hot Pepper Amber. Wer sich nicht entscheiden kann, bestellt einfach das beliebte Bierkarussell mit acht Sorten!

Le Drague SCHWULE

(Karte S. 310; www.ledrague.com; 815 Rue St-Augustin; ⊙10–3 Uhr) Das Le Drague, einer der wichtigsten Treffs der winzigen Schwulenszene der Stadt, hat eine Terrasse zur Straße, eine zweistöckige Disco, in der

Travestieshows stattfinden, und eine legerere Kneipe.

Bar Ste-Angèle BAR

(Karte S. 306; ☎ 418-692-2171; 26 Rue Ste-Angèle; ⏲ 20–3 Uhr) In der intimen Bar mit schummriger Beleuchtung ist das aufmerksame Personal gern behilflich, von der riesigen Getränkekarte den passenden Cocktail oder das richtige Flaschenbier aus Kanada oder Europa auszuwählen.

L'Oncle Antoine KNEIPE

(Karte S. 306; ☎ 418-694-9176; 29 Rue St-Pierre; ⏲ 11–1 Uhr) Versteckt im steinernen Keller in einem der ältesten Häuser der Stadt (1754) liegt diese wunderbare Kneipe. Sie schenkt ausgezeichnete Québecer Craft-Biere (Tipp: das Stout Barberie Noir und das starke Fin du Monde im belgischen Stil) sowie verschiedene Fassbiere *(en fût)* und europäische Biere aus.

☆ Unterhaltung

Québec ist in puncto Theater und Musik gut aufgestellt. Die Stadt hat ein Sinfonieorchester, L'Orchestre Symphonique de Québec, und ein Opernensemble, die Opéra de Québec. Québecer Bands, aber auch Bands aus ganz Kanada, den USA und Europa spielen in der Stadt, besonders während des Festival d'Été (S. 309) im Juli. Es gibt zahlreiche Veranstaltungsorte für Konzerte, von Konzertsälen über Open-Air-Amphitheater und kleine Jazz- und Rockclubs bis zu ausgelassenen *boîtes à chanson* (Québecer Folkmusikclubs), in denen schon Generationen Einheimischer mit ungebremster Fröhlichkeit tanzten und sangen. Auch die französischsprachige Theaterszene ist sehr interessant. Zahlreiche kleine Theater produzieren ein breites Spektrum an Aufführungen.

★ Le Cercle LIVEMUSIK

(☎ 418-948-8648; www.le-cercle.ca; 226½ Rue St-Joseph Est; ⏲ Mo–Mi 11.30–1.30, Do & Fr bis 2, Sa 15–3, So 10–1.30 Uhr) In dieses supercoole Kunst- und Veranstaltungszentrum kommen internationale DJs und Underground-Bands, deren Bandbreite von Rock über Electronica und Blues bis zu Cajun-Musik reicht. Dementsprechend hip ist auch das Publikum. Zudem findet hier noch eine Vielzahl anderer Veranstaltungen statt, darunter Filmvorführungen, Mode- und Comic-Festivals, Buchpräsentationen, Album-Release-Partys und Weinverkostungen. Weitere Pluspunkte sind die preiswerten Tapas, der Wochenendbrunch und der stimmungsvolle Barbereich.

Fou-Bar LIVEMUSIK

(Karte S. 310; ☎ 418-522-1987; www.foubar.ca; 525 Rue St-Jean; ⏲ 14.30–3 Uhr) Die legere Bar, in der ganz unterschiedliche Bands auftreten, ist einer der klassischen Livemusikläden Québecs. Beliebt ist er auch wegen des recht preiswerten Essens und der kostenlosen *pique-assiettes* (Appetizers), die es donnerstags- und freitagabends gibt.

Scanner LIVEMUSIK

(Karte S. 310; ☎ 418-523-1916; www.scannerbistro.com; 291 Rue St-Vallier Est; ⏲ Sa–Do 15–3, Fr 11.30–3 Uhr) Fragt man irgendeinen Québecer zwischen 18 und 35 Jahren nach einem coolen Lokal, um etwas zu trinken, dann landet man möglicherweise hier. DJs und Livebands sorgen für laute Musik von Heavy Metal über Punk bis Rockabilly. Im Sommer öffnet draußen eine Terrasse, und ganzjährig kann man drinnen Kicker und Billard spielen.

Les Yeux Bleus LIVEMUSIK

(Karte S. 306; ☎ 418-694-9118; 1117 Rue St-Jean; ⏲ Mo, Di & Do 21–3, Mi 20–2, Fr–Sa 16–3 Uhr) Eine der besten *boîtes á chanson* (lebhafter, lockerer Singer-/Songwriter-Club) der Stadt. Hier treten Newcomer auf, manchmal stehen aber auch bekannte französischsprachige Musiker auf der Bühne oder es erklingt klassische Musik.

Bateau de Nuit LIVEMUSIK

(Karte S. 310; ☎ 418-977-2626; 275 Rue St-Jean; ⏲ Mo & Di 19–2, Mi–Fr ab 17, Sa & So ab 20 Uhr) Es ist eine feine Sache, wenn nette Kneipen auch noch gute Livemusik bieten, und genau das ist in dieser charmanten kleinen Bar der Fall. Die Mitarbeiter kennen die Québecer Musiker bestens – und alle anderen, die ihre Initialen in die Wand geritzt haben, ob Musiker oder Gäste.

Shoppen

Québec mag nicht so viele große internationale Geschäfte und exklusive Designerboutiquen wie größere Städte haben, doch auf seine ganz eigene Weise ist es auch ein Einkaufsparadies. Dafür sorgen in dieser touristischen Stadt die ungewöhnlichen, authentischen kleinen Boutiquen. Zudem ist Québec wegen seiner kompakten Größe ideal, um zu bummeln und nach Überraschungen zu schauen. Zu den besten Straßen für einen ziellosen Schaufensterbummel gehören die Rue du Petit-Champlain und die Rue St-Paul in der Alten Unterstadt, die Ave Cartier in Montcalm, die Rue St-Joseph in Saint-Roch und die Rue St-Jean (sowohl innerhalb als auch außerhalb der Stadtmauer).

★ JA Moisan Épicier ESSEN
(Karte S. 310; ☎ 418-522-0685; www.jamoisan.com; 695 Rue St-Jean; ⏲ Mo–Sa 8.30–21, So 10–19 Uhr) Der 1871 eröffnete charmante Laden wirbt damit, der älteste Lebensmittelladen Nordamerikas zu sein. Er ist der Traum jedes leidenschaftlichen Shoppingfreaks, denn er ist bis unter die Decke mit schön präsentierten Lebensmitteln, Küchenzubehör und Haushaltswaren gefüllt. Viele Waren sind relativ teuer, doch dafür gibt's auch Dinge, die man im Leben noch nicht gesehen hat, sowie Berge regionaler Produkte und Geschenken.

Art Inuit Brousseau KUNST & KUNSTHANDWERK
(Karte S. 306; ☎ 418-694-1828; www.artinuit.ca; 35 Rue St-Louis; ⏲ 9.30–17.30 Uhr) Die großartige Galerie verkauft Inuit-Skulpturen aus Speckstein, Serpentin und Basalt aus dem Norden der Provinz Québec. Die Stücke kosten zwischen 45 und mehren Tausend Dollar.

Marché du Vieux-Port ESSEN & TRINKEN
(Karte S. 306; ☎ 418-692-2517; www.marchevieuxport.com; 160 Quai St André; ⏲ Mo–Fr 9–18, Sa & So bis 17 Uhr; 👪) In diesem Lebensmittelmarkt gibt's frisches Obst und Gemüse sowie Dutzende lokale Spezialitäten, von Johannisbeerenwein von der Île d'Orléans über Cidres, Honig, Würste, Schokolade, Kräuterhandcremes bis zu – natürlich! –Erzeugnissen aus Ahornsirup. Am Wochenende wimmelt es hier von Menschen und es werden derart viele Weinproben angeboten, dass man sich fragt, ob das wohl noch gesund sein kann.

Érico ESSEN
(Karte S. 310; ☎ 418-524-2122; www.ericochocolatier.com; 634 Rue St-Jean; ⏲ Mo–Mi & Sa 10.30–18, Do & Fr bis 21, So 11–18 Uhr, im Sommer erweiterte Öffnungszeiten) Schokoladenliebhabern wird angesichts der exotischen Gerüche und Aromen das Herz höher schlagen. Das Hauptgeschäft ist mit Schokoladentrüffeln, Keksen mit Schokoladensplittern, Eiscreme und saisonalen Köstlichkeiten aus Schokolade gefüllt. Das skurrile Museum nebenan zeigt ein Kleid, das komplett aus Schokolade besteht, und altmodische Kaugummiautomaten, die für 0,25 C$ Kaugummis ausspucken. Durch ein Fenster kann man den Chocolatiers bei der Arbeit zuschauen.

ℹ Praktische Informationen

CLSC et Unité de Médecine Familiale de la Haute-Ville (☎ 418-641-2572; www.ciusss-capitalenationale.gouv.qc.ca/node/2023; 55 Chemin Ste-Foy; ⏲ Mo–Fr 8.30–20.30, Sa & So bis 16 Uhr) In der größten Klinik der Stadt werden alle kleineren gesundheitlichen Beschwerden behandelt.

Centre d'information et d'accueil du parc (Karte S. 306; ☎ 855-649-6157, 418-649-6157; www.ccbn-nbc.gc.ca; 835 Ave Wilfrid-Laurier; ⏲ Juli & Aug. 8.30–17.30 Uhr, Sept.–Juni Mo–Fr 8.30–17, Sa & So ab 9 Uhr) Das Besucherzentrum am Haupteingang zum Parc des Champs de Bataille (S. 308) grenzt an das Musée des Plaines d'Abraham.

Post (Karte S. 306; 5 Rue du Fort; ⏲ Mo–Fr 8.30–19.30, Sa 9.30–17 Uhr) In der Alten Oberstadt.

L'Office du tourisme de Québec (☎ 418-641-6290, 877-783-1608; www.quebecregion.com) Touristeninformation von Québec (Stadt).

ℹ An- & Weiterreise

AUTO & MOTORRAD

Québec (Stadt) liegt etwa 260 km nordöstlich von Montréal (3 Std. mit dem Auto). Die am häufigsten genutzte Routen sind die Autoroute 40 entlang des Nordufers des Sankt-Lorenz-Stroms und die Autoroute 20, die am Südufer entlangführt.

Avis (☎ 418-523-1075, Flughafen 418-872-2861; 1100 Blvd René-Lévesque) Autovermietung.

Budget (☎ 418-523-1075, Flughafen 418-872-8413; 1100 Blvd René-Lévesque E) Teilt sich ein Büro mit Avis.

Discount (☎ 418-781-0847; www.discountquebec.com; 7300 Blvd Wilfrid-Hamel W) Autovermietung. Eine weitere Filiale (☎ 418-652-7371) befindet sich in der 2300 Chemin Sainte-Foy.

Enterprise (☎ 418-523-6661, Flughafen 418-861-8820; 690 Blvd René-Lévesque) Autovermietung.

Hertz (☎ 418-694-1224, Flughafen 418-871-1571; 44 Côte du Palais) Autovermietung.

BUS

Täglich fahren mehrere Busse von **Orléans Express** (www.orleansexpress.com) zwischen dem Hauptbusbahnhof in Montréal, dem **Gare d'Autocars** (S. 301), und dem **Busbahnhof Gare du Palais** in Québec (S. 319). Die Fahrt dauert drei bis dreieinhalb Stunden. Tickets für die einfach Fahrt/Hin- & Rückfahrt kosten ab 25/50 C$.

Busse, die aus Montréal kommen, halten eventuell zuerst am **Gare Sainte-Foy-Sillery** (S. 319) 10 km westlich vom Zentrum, also erst fragen, ehe man aussteigt.

Busbahnhof Gare du Palais (☎ 418-525-3000; 320 Rue Abraham-Martin) Der Busbahnhof liegt neben dem Bahnhof, von hier aus fahren regelmäßig Busse nach Montréal.

RTC (Réseau de Transport de la Capitale; ☎ 418-627-2511; www.rtcquebec.ca) Busverbindungen innerhalb der Stadt Québec.

Gare Sainte-Foy-Sillery (☎ 418-650-0087; 3001 Chemin des Quatre Bourgeois)

Transport Accessible du Québec (☎ 418-641-8294; www.taq.qc.ca) Rollstuhlgerechte Kleintransporter. Man muss mindestens 24 Stunden im Voraus reservieren.

FLUGZEUG

Air Canada fliegt regelmäßig zwischen Montréal und dem Flughafen Jean-Lesagne in Québec (45 Min.). Außerdem landen hier einige Direktflüge aus den USA und Europa.

Aéroport International Jean-Lesage de Québec (YQB; ☎ 418-640-3300, 418-640-2600; www.aeroportdequebec.com; 505 Rue Principal) Der Aéroport International Jean-Lesage de Québec liegt etwa 15 km westlich des Zentrums von Québec.

SCHIFF/FÄHRE

Fähre (Karte S. 306; ☎ 877-787-7483; www.traversiers.com; Auto & Fahrer/Erw./Kind einfache Strecke 8,35/3,55/2,40 C$) Die Fähre zwischen Québec (Stadt) und Lévis benötigt zehn Minuten.

ZUG

VIA Rail (www.viarail.ca) bietet täglich mehrere Züge zwischen dem Gare Centrale in Montréal und dem **Gare du Palais** (☎ 888-842-7245; www.viarail.ca; 450 Rue de la Gare du Palais) in Québec. Die Tickets für die dreieinhalbstündige Fahrt kosten normalerweise für die einfache Strecke/Hin- & Rückfahrt ab 98/196 C$, Sonderangebote gibt's aber schon ab 38 C$ für die einfache Strecke.

Gute Verbindungen bestehen auch im sogenannten Québec-Windsor-Korridor, der sich von Québec (Stadt) über Montréal, Ottawa, Kingston und Toronto bis nach Niagara Falls erstreckt.

ℹ Unterwegs vor Ort

AUTO & MOTORRAD

Das kompakte Vieux-Québec lässt sich zu Fuß besser erkunden als mit dem Auto. Wer mit dem Fahrzeug kommt, sollte planen, es so lange wie möglich zu parken.

Parkhäuser in der Altstadt und ihrer Umgebung kosten pro Tag von Montag bis Freitag etwa 16 bis 20 C$ und am Wochenende 8 bis 12 C$. Das am zentralsten gelegene Parkhaus in der Alten Oberstadt befindet sich unter dem **Hôtel de Ville**, nur ein paar Blocks vom Château Frontenac entfernt. In der Alten Unterstadt gibt es einige günstig gelegene Parkplätze in der Rue Dalhousie. Es sind auch viele gebührenpflichtige Parkplätze am Straßenrand vorhanden, sie sind aber teuer (2 C$/Std.). Viele Gästehäuser bieten ihren Gäste ermäßigte Vouchers für Parkhäuser in der Nähe.

Im Winter wird in vielen Straßen zwischen 23 und 6.30 Uhr der Schnee geräumt. Zu dieser Zeit sollte man nicht in Straßen parken, die mit dem Schild *„déneigement"* (Schneeräumung) und einem blinkenden roten Licht gekennzeichnet sind, sonst wacht man morgens auf und stellt fest, dass das Auto abgeschleppt wurde und eine gepfefferte Gebühr bezahlt werden muss.

VOM/ZUM FLUGHAFEN

Ein Taxi ist die beste Option, um vom Flughafen ins Zentrum Québecs zu kommen, denn auf dieser Strecke gibt es keine sinnvolle Verbindungen mit öffentlichen Verkehrsmitteln.

Taxis ins Zentrum kosten einheitlich 34,25 C$, Fahrten in die Bezirke, die rund um den Flughafen liegen, schlagen mit 15 C$ zu Buche. Auf der Fahrt zum Flughafen berechnet sich der Preis nach dem Taxameter und sollte unter 30 C$ liegen.

FAHRRAD

Québec verfügt über ein umfangreiches Radwegenetz (Gesamtlänge ca. 70 km). Ein Radweg führt am Sankt-Lorenz-Strom entlang und bietet Anschlüsse an Radwege am Rivière Saint-Charles. Eine kostenlose Karte bekommt man bei der Touristeninformation und in Fahrradläden in der Stadt.

Direkt gegenüber vom Bahnhof Québecs verleiht **Cyclo Services** (S. 309) eine breite Palette an Fahrrädern, darunter Trekking- und Cityräder, Tandems, Straßenräder und Kindermodelle. Es organisiert auch geführte Radtouren rund um Québec.

ÖFFENTLICHE VERKEHRSMITTEL

RTC (S. 319) bietet effiziente Busverbindungen in der ganzen Stadt. Die einfache Fahrt in den RTC-Bussen kostet 3,50 C$, eine Tageskarte 8,25 C$, ein Fünftagespass 28,50 C$ und ein Ticket für unbegrenzte Fahrten am Wochenende gibt's bereits für 15 C$. Der günstigste Verkehrsknotenpunkt, an dem sich mehrere Buslinien kreuzen, befindet sich an der Place d'Youville, gleich außerhalb der Altstadtmauern. Vom Bahnhof Gare du Palais und vom Fernbusbahnhof aus erreicht man ihn mit Bus Nr. 21 und Nr. 800.

TAXI & CALÈCHE

Der Grundpreis beträgt 3,45 C$, dazu kommen 1,70 C$ pro Kilometer und 0,63 C$ pro Minute Wartezeit im Verkehr. Die Preise hängen in den Taxis am Fenster aus.

Taxis Coop (☎ 418-525-5191; www.taxiscoop-quebec.com) Taxisservice innerhalb der Stadt.

Calèches (Kaleschen) kosten in Québec (Stadt) 100 C$ für eine 40-minütige Fahrt für bis zu vier Personen. Man findet sie direkt innerhalb der Porte St-Louis, im Parc de l'Esplanade und in der Nähe des Le Château Frontenac.

RUND UM QUÉBEC (STADT)

Rings um Québec liegt ein Flickenteppich aus ländlichen Dörfern, Weilern, die zu Tagesausflügen einladen, und Vororten nach dem Vorbild des *ville* mit seiner europäisch-amerikanischen Mischidentität. Abgesehen von Lévis befinden sich alle Attraktionen in diesem Gebiet nördlich vom Fluss: Wendake, Saint-Gabriel-de-Valcartier, Stoneham und der Parc de la Jacques-Cartier liegen nördlich von Québec City, der Rest im Nordosten. Auch die Südseite des Flusses ist sehr reizvoll.

Lévis

Während der 1 km langen Überfahrt nach Lévis bieten sich die schönsten Blicke zweifellos auf der Québec-Seite der Fähre. Die Citadelle (S. 303), Le Château Frontenac (S. 304) und das Séminaire de Québec prägen das Stadtbild oben auf den Klippen. Nach der Intensität der Altstadt Québecs erweist sich Lévis als entspannende Oase.

In der Nähe des Fähranlegers bietet sich von der **Terrasse de Lévis**, die 1939 von König George VI. und der (zukünftigen) Königin Elizabeth II. eingeweiht wurde, ein großartiger Blick auf Québec und sein Hinterland. Der Aussichtspunkt befindet sich auf dem Gipfel des Hügels an der Rue William-Tremblay.

In der Ave Bégin in der Altstadt von Lévis gibt's viele Geschäfte und Restaurants. Auch vom Fußweg, der am Fluss entlang durch den Parc de l'Anse-Tibbits führt, hat man einen tollen Blick auf Québec.

Sehenswertes & Aktivitäten

Fort Nr. 1 FORT

(Lieu Historique National des Forts-de-Lévis; ☎ 418-835-5182; www.pc.gc.ca/eng/lhn-nhs/qc/levis/index.aspx; 41 Chemin du Gouvernement; Erw./Kind 3,90/1,90 C$; ⏲ Juli & Aug. 10–17 Uhr, Sept.–Juni nur Sa & So; 👪) Zwischen 1865 und 1872 bauten die Briten am Südufer drei Forts, die Québec vor einer Invasion der Amerikaner schützen sollte, zu der es aber nie kam. Eines davon, das Fort Nr. 1, wurde restauriert und ist heute eine nationale historische Stätte, auf der Führungen angeboten werden. Das Fort liegt inmitten von Vorstadtsiedlungen im Ostteil der Stadt, gleich abseits der Rte 132/Blvd de la Rive Sud.

Éco-Parc de la Chaudière RADFAHREN

(https://levis.chaudiereappalaches.com; Hwy 73, Ausfahrt Breakeyville) 🍃 Der 5 km lange Weg führt am malerischen Rivière Chaudière entlang und ist bei Wandern und Radfahrern beliebt.

Praktische Informationen

Tourisme Lévis (☎ 418-838-6026; 996 Rue de la Concorde; ⏲ Mai–Okt.) Bei der Touristeninformation am Fähranleger gibt's Karten.

Wendake

Wendake, eine recht dynamische Indianer-Siedlung, könnte sich überall in der Provinz befinden, gäbe es in den Straßen nicht die vielen Schilder in der Huron-Ouendat-Sprache. In dieser Sprache ist die Zahl Acht ein Buchstabe, der in etwa wie das englische „wh" in „what" ausgesprochen wird. So erklärt sich auch der kuriose Name des einzigen rekonstruierten Huronendorfs der Welt, **Onhoüa Chetek8e** (☎ 418-842-4308; www.huron-wendat.qc.ca; 575 Rue Chef Stanislas Koska; Führungen Erw./Jugendl./Kind 13,95/10,95/8,95 C$; ⏲ Mai–Okt. 9–16, Nov.–April 10–16 Uhr; 👪).

1960 war Wendake das erste Reservat, das eine eigene Bank hatte, heute sind hier auch Angehörige anderer Stämme beschäftigt. Die Stadt ist ein recht ruhiger Wohnort und wird, vom rekonstruierten Dorf abgesehen, von alltäglichen Einrichtungen wie Schulen, Kirchen und einigen Lagerhäusern geprägt.

Wendakes Hauptattraktion ist das Onhoüa Chetek8e, das man im Rahmen einer 45-minütigen Führung besichtigen kann. Die Führer sind großartig, einer von ihnen war früher sogar Verhandlungsführer bei Verhandlungen um Landansprüche. Auf dem Rundgang durch das Dorf erzählen sie von der Geschichte, der Kultur und dem täglichen Leben der Huronen. Es mag zwar alles ein Nachbau sein, doch die Besucher lieben das Dorf und die Kinder sind ganz begeistert von den Tipis, Kanus und dem Bogenschießplatz.

Wendake erreicht man unkompliziert von Québec (Stadt) über die QC-175; die Fahrt dauert 25 Minuten.

Informationen zum Shuttleservice zwischen Wendake und Québec erhält man bei **Tourisme Wendake** (☎418-847-1835; http://tourismewendake.ca).

Saint-Gabriel-de-Valcartier

Dieser Vorort wäre nicht weiter bemerkenswert, wäre da nicht der riesige Vergnügungspark Village Vacances, der für viele Bewohner des östlichen Québecs mit nostalgischen Erinnerungen verbunden ist. Wer kein Freund von Vergnügungsparks ist, kann am Rivière Jacques-Cartier aber auch die Natur entdecken.

Die Wasserrutschbahn „Le Repaire des Pirate" (Piratenversteck), die den immer voll belegten Parkplatz überragt, kündigt das **Village Vacances** (☎418-844-2200; www.valcartier.com/en; 1860 Blvd Valcartier; Sommer Erw./Kind 36/30 C$; ⏲Juni–Sept. 10–19 Uhr, Winter s. Website; P 👪) an. Der Wasserpark ragt ebenso hoch über das Dorf hinaus wie Jabba der Hutte über Prinzessin Leia. Er ist ein Paradies für Kinder, denn in jedem der elf Bereiche gibt's Rutschen, Wasserspiele und beheizte Pools. Im Winter (Dez.–März) eröffnet im Park ein Winterspielplatz.

Abenteuer in der Natur kann man nicht einmal eine Stunde nördlich von Québec bei einer geführten Raftingtour den Rivière Jacques-Cartier hinab mit **Expeditions Nouvelle Vague** (☎418-520-7238; www.expeditionsnouvellevague.com; 246 5e Ave; Raftingtouren 24–109 C$, 1-/2-tägige Kajakkurse ab 99/179 C$; 👪) 🍃 erleben. Das Angebot des Veranstalters ist vielfältig und reicht von familienfreundlichen zweistündigen Mini-Raftingtouren (ab 3 Jahre), bei denen es ganz entspannt zugeht, bis zu nervenaufreibenden drei- bis siebenstündigen Touren in Wildwasser der Stufen III, IV und manchmal sogar V.

Stoneham

Jenseits der Vororte Québecs windet sich die Rte 371 am Rivière Jacques-Cartier entlang und durch die Hügel. Das **Stoneham Mountain Resort** (☎800-463-6888; www.ski-stoneham.com/en; 600 Chemin du Hibou, Stoneham-et-Tewkesbury; Liftticket Erw./Jugendlicher/Kind 60/44/29 C$; ⏲Dez.–Mitte April) in Stoneham ist ein familienfreundliches Resort mit Unterkünften, einem Restaurant und einer Vielzahl von Aktivitäten. Stoneham ist einer der größten Skiorte der Provinz. Im Sommer kann man hier wandern, klettern, kajakfahren oder auf die Suche nach einem Geocache gehen.

Aventures Nord-Bec (☎418-848-3732; www.traineaux-chiens.com; 4 Chemin des Anémones; Camping 31 C$, Hütten 130 C$), dessen Hauptgeschäft Hundeschlittenfahrten sind, wie man an großen Huskies überall auf dem Gelände erkennen kann, bietet auch einen Campingplatz am Fluss, Hütten und ein Restaurant. Wer es selbst einmal auf dem Hundeschlitten versuchen möchte, kann im Winter an einem Kurs teilnehmen (Erw./Kind 80/40 C$).

Île d'Orléans

Zu Ehren des Herzogs von Orleans gab Jacques Cartier der Île d'Orléans ihren Namen. Wegen ihres wilden Weins hieß die Insel zuvor l'Île de Bacchus nach dem Gott des Weines. Félix Leclerc verglich sie 400 Jahre später mit der berühmten Kathedrale von Chartres in Frankreich. Der Québécer Liedermacher starb hier 1988. Heute sind auf dem verschlafenen Eiland, 15 km nordöstlich der Stadt Québec, keinerlei Anzeichen von irgendwelchen dionysischen Orgien zu bemerken. Dennoch wird Gästen hier viel geboten. Die Insel, bis heute überwiegend eine pastorale Agrarregion, ist mittlerweile zum Zentrum des Québecer Agritourismus avanciert. Freunde von gutem Essen aus Nah und Fern strömen in die hiesigen *économusées* (Ateliers), um kulinarischen Künstlern bei der Arbeit zuzuschauen; anschließend geht es dann ab in die erstklassigen Restaurants der Insel, um dort die herzhaften Gerichte der Region zu genießen.

Eine 60 km lange Straße führt rund um die Insel, zwei weitere verlaufen von Norden nach Süden. An den Inselrändern gibt es Erdbeerfelder, Obstgärten, Cidre-Produzenten, Windmühlen, Galerien und Werkstätten. Manche Dorfhäuser haben bereits 300 Jahre auf dem Buckel. Ein paar Holz- und Steinhäuschen im Stil der Normandie stehen hier auch.

Sehenswertes

La Forge à Pique-Assaut GALERIE
(418-828-9300; www.forge-pique-assaut.com; 2200 Chemin Royal, St-Laurent; Juni–Sept. 9–17 Uhr, Okt.–Mai Mo–Fr 9–12 & 13.30–17 Uhr; P) Der Kunstschmied Guy fertigt in seiner *économusée*-Werkstatt mit zugehörigem Laden schöne Geländer und dekorative Objekte an.

Maison Drouin HISTORISCHES GEBÄUDE
(418-829-0330; www.fondationfrancoislamy.org; 2958 Chemin Royal, Sainte-Famille; Erw./Kind 6 C$/frei; Mitte Juni–Aug. tgl. 10–18, Sept.–Mitte Okt. Sa & So 12–16 Uhr; P) Das 1730 erbaute Haus ist eines der faszinierenden auf der Insel, denn obwohl es bis 1984 bewohnt war, wurde es niemals modernisiert, daher gab es hier auch nie Strom oder fließendes Wasser. Guides in historischen Trachten leiten im Sommer Führungen durch das Haus.

Parc Maritime de Saint-Laurent MUSEUM
(418-828-9673; http://parcmaritime.ca/en; 120 Chemin de la Chalouperie, St-Laurent; Erw./Jugendliche/Kind 5/3 C$/frei; 11. Juni–10. Okt. 10–17 Uhr; P) Das gemütliche kleine Museum bietet eine gute Einführung in das tief verwurzelte maritime Erbe der Region und in den Lebensrhythmus auf einer Mündungsinsel. Das Museum bietet u. a. Führungen mit begeisterten Guides, Modellschiffe und Workshops im Knüpfen von Seemannsknoten.

ÉcoloCyclo RADFAHREN
(418-828-3070; www.ecolocyclo.net; 517 Chemin Royal, St-Laurent; Juni–Sept. 10–18 Uhr) In diesem Geschäft kann man sich ein ganz traditionelles Fahrrad (pro Std./Tag 16/38 C$) leihen aber auch ein E-Bike (30/63 C$) oder ein Tandem (27/72 C$). Es befindet sich in der Nähe der Brücke, gleich um die Ecke von der Touristeninformation (S. 323).

Schlafen & Essen

Camping Orléans CAMPING $
(888-829-2953, 418-829-2953; www.campingorleans.com; 357 Chemin Royal, St-François; Stellplätze 36–55 C$; 20. Mai–10. Okt.;) Der grüne Platz am Wasser liegt auf der Seite der Insel, die von der Brücke weiter entfernt ist. Er ist der einzige Campingplatz, der noch im Großraum Québec verblieben ist. Mit zur Anlage gehören ein Pool und eine Kneipe.

Auberge Restaurant Le Canard Huppé B&B $$
(418-828-2292; www.canardhuppe.com/en; 7326 Chemin Royal, St-Laurent; Zi. 158–188 C$; P) Von außen erinnert das B&B an ein rustikales Landhaus in der Bretagne, doch die Zimmer sind teilweise charmant-altmodisch, teilweise komfortabel-modern eingerichtet. Das eigentliche Highlight ist aber das Essen, denn die Auberge hat gute Beziehungen zu den regionalen Produzenten der Insel, was die täglich wechselnden Menüs beweisen.

Dans les Bras de Morphée B&B $$
(418-829-3792; www.danslesbrasdemorphee.com; 5474 Chemin Royal, St-Jean; Zi. 138–174 C$; P @) Das B&B ist der Traum eines jeden Freundes von Obst und Gemüse aus eigenem Anbau. Das Steingebäude liegt inmitten von naturbelassenen Gärten samt Bächen und Farmen, von denen die Eigentümer Marc und Louise die Zutaten fürs Frühstück beziehen. Aber eine gewöhnliche Öko-Mahlzeit kommt hier mit Sicherheit nicht auf den Tisch, ganz im Gegenteil: Marc, ein gelernter Koch, zaubert jeden Morgen ein leckeres Drei-Gänge-Menü – es ist ein solcher Augenschmaus, dass es dem Cover von *Bon Appétit* alle Ehre machen würde.

Au Toit Bleu B&B $$
(418-829-1078; 3879 Chemin Royal, Ste-Famille; Zi. 87–120 C$; P) Das Toit Blue ist ein liebevoll eingerichtetes B&B neben der Kleinbrauerei Le Mitan. Die wunderschönen Dekorationsgegenstände in den afrikanisch, indisch, indonesisch und japanisch angehauchten Zimmern hat der Eigentümer von seinen weiten Reisen mitgebracht. Nach einer Erfrischung im Gemeinschaftsbad oder in der eigenen, frei stehenden Badewanne kann man sich in einer Hängematte mit Blick über den Fluss den großen Fragen des Lebens zuwenden.

La Boulange BÄCKEREI $
(418-829-3162; 2001 Chemin Royal, St-Jean; kleine Mahlzeiten 5–10 C$; Juni–Sept. tgl., Mai & Okt. Do–So, Nov.–April Sa & So 7.30–17.30) Diese Bäckerei vergisst bestimmt niemand so schnell wieder. Mit dazu gehört ein kleiner Laden, La Boulange, der sich perfekt dafür eignet, ein leichtes Mittagessen, beispielsweise ein Sandwich oder eine Pizza, zu sich zu nehmen; Leckereien für ein Picknick kann man hier ebenfalls einkaufen. Die Croissants schmecken zum Niederknien gut. Während des Essens hat man den St. Lorenz-Strom und die nahe gelegene Gemeindekirche, die im 18. Jh. errichtet wurde, im Blickfeld.

Le Moulin de St-Laurent MEDITERRAN $$
(☎ 418-829-3888; www.moulinstlaurent.qc.ca; 754 Chemin Royal, St-Laurent; Hauptgerichte 18–35 C$, Gerichte 37–51 C$; ⌚ Mai–Okt. 11.30–14.30 & 17.30–20.30 Uhr) Es dürfte schwerfallen, einen angenehmeren Ort als diesen für ein gepflegtes Abendessen zu finden. Gespeist wird auf der Terrasse hinter der Getreidemühle, die aus dem frühen 19. Jh. stammt. Nur ein paar Meter entfernt plätschert ein Wasserfall. Aus der Küche kommen gut zubereitete europäische Speisen mit regionalem Touch, u. a. Forelle und Kalbfleisch. Wer will, kann in einem der Chalets (ab 160 C$) übernachten.

☆ Unterhaltung

Le Nouveau Théâtre de l'Île d'Orléans THEATER
(☎ 418-828-0967; http://nouveautheatredelile.com; 1721 Chemin Royal, St-Pierre) Das enthusiastische Theater bereichert die Kulturszene der Insel mit einer Dosis lebendigen Dramas – wie zu erwarten in französischer Sprache.

Shoppen

Chocolaterie de l'Île d'Orléans ESSEN
(☎ 418-828-2252; www.chocolaterieorleans.com; 150 Chemin du Bout-de-l'Île, Ste-Pétronille; ⌚ Mo–Do 11–19, Fr bis 20, Sa 9.30–20, So bis 19 Uhr) In diesem 200 Jahre alten Haus zaubern die Chocolatiers köstliche Leckereien aus belgischen Kakaobohnen, darunter eine Süßigkeit namens Almond Bark und aromatische Trüffeln.

Domaine Steinbach ESSEN
(☎ 418-828-0000; www.domainesteinbach.com; 2205 Chemin Royal, St-Pierre; ⌚ Mai–Okt. 10–19 Uhr) In diesem Laden gibt's Dutzende Farm-Produkte, darunter Cidres aus den Bio-Äpfeln des Bauernhofs. Einer der Cidres ist sogar mit Ahornsirup versetzt. Wer bei den großzügigen Proben Appetit bekommt, kann auf der Terrasse mit Blick auf den Fluss eine Käse- oder Entenplatte essen.

Cassis Monna & Filles ESSEN
(☎ 418-828-2525; www.cassismonna.com/en; 721 Chemin Royal, St-Pierre; ⌚ Ende Juni–Sept. 10–20 Uhr) Hier erfährt man alles, was man jemals über *cassis* (Schwarze Johannisbeere) wissen wollte (sie wird in Québec auch *gadelle noire* genannt). Natürlich kann man auch diverse Produkte kaufen, z. B. Marmelade (besonders beliebt: die Johannesbeer-Zwiebel-Marmelade), Vinaigrette, Senf, Wein und Likör. Das Restaurant vor Ort serviert leichte Mittagsgerichte.

> **NICHT VERSÄUMEN**
>
> **LE MASSIF**
>
> Außerhalb von Petite-Rivière-Saint-François liegt **Le Massif** (☎ 877-536-2774; www.lemassif.com; 1350 Rue Principale, Petite-Rivière-St-François), das vielleicht beste kaum bekannte Skizentrum des Landes. Es bietet den größten Höhenunterschied (770 m) und den meisten Schnee (600 cm) östlich der Rocky Mountains und fabelhafte Aussichten über den Sankt-Lorenz-Strom. Die Öffnungszeiten ändern sich je nach Jahreszeit. Genaueres erfährt man auf der Website oder telefonisch.

ℹ Praktische Informationen

Touristeninformation der Île d'Orléans
(☎ 866-941-9411, 418-828-9411; http://tourisme.iledorleans.com/en/; 490 Côte du Pont, St-Pierre; ⌚ Anfang Juni–Anfang Sept. 8.30–18 Uhr, Rest des Jahres 9–16.30 Uhr) Es lohnt sich, 1 C$ für eine Broschüre der hilfreichen Touristeninformation auszugeben, die sich kurz hinter der Brücke befindet.

Ste Anne de Beaupré

In einer Stadt wie Montréal würde man nie ahnen, wie tief dort der Katholizismus Québecs verwurzelt ist, doch in der Provinz ist diese katholische Identität deutlich spürbar und hier in Ste Anne de Beaupré ist sie geradezu überwältigend. Nähert man sich der Stadt auf der Rte 138, sieht man die Zwillingstürme der in den 1920er-Jahren erbauten **Basilika** (☎ 418-827-3781; www.sanctuairesainteanne.org; 10018 Ave Royale; ⌚ 8–17 Uhr; P) GRATIS die über den Motels und *dépanneurs* (Minimärkten) aufragen. Dies ist eine der wenigen großen Attraktionen der Provinz, die ihrer Beliebtheit weder der Natur noch der Kultur, sondern dem Glauben verdankt. Seit Mitte des 17. Jhs. ist die Stadt eine wichtige christliche Stätte, und zur jährlichen Pilgerfahrt Ende Juli kommen Tausende Besucher, die alle offenen Plätze füllen.

Busse von **PLUMobile** (☎ 418-827-8484, 866-824-1433) verkehren zwischen der Place d'Youville und dem Gare du Palais (S. 319) in Québec (Stadt) und der Basilika. Die bequemen Busse sind mit kostenlosem WLAN ausgestattet.

CHARLEVOIX

Im Winter zieht von den schneebedeckten Bergen eisiger Nebel in die ländlichen Täler von Charlevoix, im Sommer passt der strahlend blaue Himmel perfekt zum azurblauen Sankt-Lorenz-Strom. Die Natur hat hier zu jeder Jahreszeit viel zu bieten. Seit 200 Jahren ist die idyllische, von Flüssen und Hügeln geprägte Landschaft ein sommerliches Feriengebiet der Reichen und Privilegierten. In jüngerer Zeit hat es sich zum beliebtesten Rückzugsgebiet der Bewohner von Québec (Stadt) entwickelt, die Erholung vom Stress des Großstadtlebens suchen.

Die UNESCO hat die gesamte Region als Biosphärenreservat eingestuft. Das hatte sinnvolle Einschränkungen bei der Erteilung von Genehmigungen für Entwicklungsmaßnahmen zur Folge, und der Stolz der Einheimischen ist nicht zu übersehen. Auch in den hübschen Städten der Gegend gibt es vieles, worauf sie stolz sein können. So sind beispielsweise die wenigen Straßen von Baie St Paul von Künstlerateliers, Galerien und Boutiquen gesäumt.

Eine reizvolle Route ist der „River Drive" (Rte 362) durch Baie St Paul, Sainte-Irénée und La Malbaie. Auf dem Rückweg empfiehlt sich die Fahrt über den bergigen „Mountain Drive" (Rte 138), bei dem heftige Druckschwankungen den Ohren gehörig zu schaffen machen. Unterwegs kann man im **Parc des Hautes-Gorges-de-la-Rivière-Malbaie** (☎418-439-1227, Reservierungen 800-665-6527; www.sepaq.com/pq/hgo; Erw./Kind 8,50 C$/frei; ⏲Visitor Center Ende Juni–Ende Aug. 8–21 Uhr, andere Monate s. Website; 👪🐾) 🍃 anhalten und eine kleine Wanderung unternehmen.

Charlevoix ist ein kulinarisches Zentrum. Die Route des Saveurs (Route der Geschmacksrichtungen) führt zu 31 Farmen und Restaurants, und die Speisekarten der Region spiegeln die Produktvielfalt der Region Charlevoix häufig wider.

Baie St Paul

Von all den kleinen Städten, zu denen man von Québec (Stadt) aus eine Tagestour unternehmen kann, ist die Heimatstadt des Cirque du Soleil mit ihrer Mischung aus Natur und künstlerischem Flair die wohl attraktivste. Doch es lohnt sich, länger als einen Tag in Baie St Paul zu bleiben. Man sollte ruhig eine Nacht in einer der fantastischen *gîtes*, die in historischen Häusern geschaffen wurden, verbringen, sich die lokale Küche und ein Glas Wein schmecken lassen und seine Uhr nach dem Rhythmus des Sankt-Lorenz-Stroms und des Rivière du Gouffre stellen, deren Wasser in die Bucht hinein und wieder hinausfließt.

Sehenswertes

Parc des Grands-Jardins PROVINZPARK
(☎418-439-1227; www.sepaq.com/pq/grj; Erw./Kind 8,50 C$/frei; 👪) Den größten Teil des 310 km² großen Provinzparks bildet Taiga. Die großartigen Wandermöglichkeiten und die zerklüftete, abwechslungsreiche Landschaft machen den Reiz des herrlichen Parks aus. Zwischen den Bergen liegen über 100 kleine Seen und vielleicht bekommt man sogar Karibus zu Gesicht. Eine besonders faszinierende Kurzwanderung ist die Halbtagstour hinauf auf den **Mont du Lac-des-Cygnes** (Schwanenseeberg).

Musée d'Art Contemporain MUSEUM
(☎418-435-3681; www.macbsp.com; 23 Rue Ambroise-Fafard; Erw./Stud./Kind 10/7 C$/frei; ⏲Mitte Juni–Aug. 10–17 Uhr, Sept.–Mitte Juni 11–17 Uhr) 🍃 Das architektonisch auffällige Kunstmuseum zeigt modern Werke regionaler Künstler sowie einige Fotografien, die Leihgaben der National Gallery of Canada sind. Im August veranstaltet das Museum ein internationales Symposium zu zeitgenössischer Kunst.

Aktivitäten

Randonnées Nature-Charlevoix GEFÜHRTE TOUREN
(☎418-435-3864; www.randonneesnature.com; Kratertour Erw./Kind ab 45/30 C$) Die gemeinnützige Organisation Randonnées Nature-Charlevoix veranstaltet zweistündige Touren in französischer Sprache zu einem Meteoritenkrater in der Nähe. Englischsprachige Gruppentouren können für 110 C$ arrangiert werden.

Katabatik KAJAKFAHREN
(☎800-453-4850; www.katabatik.ca; 210 Rue Ste-Anne; Seekajak-Halbtagstour Erw./Jugendlicher 64/49 C$, Canyoning-Halbtagstour Erw./Jugendlicher 89/69 C$, Gleitschirmfliegen 114 C$; ⏲Juli & Aug. 8–18.30 Uhr, Juni So–Fr 8.30–17, Sa 8–18 Uhr, Sept. & Okt. So–Fr 9–16, Sa 8.30–17 Uhr; 👪) 🍃 Katabatik, einer der renommiertesten Veranstalter von Outdoor- und Abenteueraktivitäten in Charlevoix, hat u.a. Seekajaktouren, Canyoning und Tandemgleitflüge im Programm.

Schlafen & Essen

Gite Fleury B&B $
(☎418-435-3668; http://gitefleury.com; 102 Rue St-Joseph; Zi. Neben-/Hauptsaison 76/84 C$; P ❄ 📶) François und Mario, die Besitzer dieses total süßen B&B, sind gleichermaßen weltgewandt und gastfreundlich und sie bereiten ein umwerfendes Frühstück zu. Gästen, die die Dörfer am Meer und das Hochland von Charlevoix entdecken wollen, helfen sie gern mit guten Tipps weiter. Mancher Gast wird aber versucht sein, einfach in den gemütlichen Gästezimmern zu relaxen.

Nature et Pinceaux B&B $$
(☎418-435-2366; www.natureetpinceaux.qc.ca; 33 Rue Nordet; Zi. 110–145 C$; ⊙April–Nov.; P ❄ 📶) Die Aussicht von den großen Zimmern dieses charmanten B&Bs, das oben auf einem Hügel mit Blick auf den Fluss unten liegt, wird nur noch von dem phänomenalen Drei-Gänge-Frühstück übertroffen, das die Gastgeberin Mariette kocht. Das Haus befindet sich östlich der Stadt, die Abzweigung von der Rte 362 ist ausgeschildert.

L'Orange Bistro FRANZÖSISCH $$
(☎418-240-1197; www.orangebistro.com; 29 Rue Ambroise-Fafard; Hauptgericht 17–29 C$; ⊙11–21 Uhr) Von der Terrasse dieses zentral gelegenen und sehr farbenfrohen Restaurants blickt man auf die Hauptstraße, die in die Stadt hinein führt. Das ausgezeichnete Essen lässt einen die Autos jedoch schnell vergessen. Serviert werden Hähnchen, Spareribs, Kalbfleisch, Wild und Muscheln – alles aus einheimischer Bio-Produktion. Frische Kräuter und Bio-Gemüse perfektionieren die Gerichte.

Le Mouton Noir FRANZÖSISCH $$$
(☎418-240-3030; www.moutonnoirresto.com; 43 Rue Ste-Anne; Menüs 36–41 C$; ⊙11–15 & 17–23 Uhr) Seit 1978 serviert das rustikal eingerichtete „Schwarze Schaf" gehobene französische Küche. Manchmal ist Fisch im Angebot, darunter Amerikanischer Zander, der König des Süßwassers, außerdem gibt es Büffel, Karibu und Steaks. Für eine kräftige Note sorgen bei allen Gerichten Wildpilze und andere Erzeugnisse aus der Region. Von der Terrasse bietet sich ein Blick auf den Rivière du Gouffre. Eine Reservierung ist ratsam.

Praktische Informationen

Charlevoix Tourist Office (☎418-665-4454; www.tourisme-charlevoix.com; 444 Blvd Mgr-de-Laval; ⊙24. Juni–Aug. 8.30–19 Uhr) Gleich westlich der Stadt an der Rte 138.

Besucherkiosk Mont du Lac-des-Cygnes (☎418-439-1227; www.sepaq.com/pq/grj; Rte 381; ⊙Juni–Ende Aug. 8.30–20 Uhr, ansonsten je nach Jahreszeit unterschiedlich) Informationen und Besucherservice für Besucher des Parc Nacional des Grands Jardins.

Städtische Touristeninformation (☎800-667-2276; 6 Rue St-Jean-Baptiste; ⊙Sommer 9–18 Uhr)

ABSTECHER

MIT DER EISENBAHN DURCH CHARLEVOIX

Eisenbahnfans und Freunde nostalgischen Reisens sollten den Zug nehmen. Genauer gesagt den **Train de Charlevoix** (☎418-240-4124; http://reseaucharlevoix.com/english; 50 Rue de la Ferme; Québec nach La Malbaie einfache Strecke/hin & zurück 49/70 C$), der die 125 km von Québec (Stadt) nach La Malbaie tuckert und dabei durch sieben Ortschaften am Meer kommt. Unterwegs sieht man große Teile der schönen Landschaft von Charlevoix. Die Fahrt dauert pro Strecke insgesamt 4½ Stunden. Das Gute ist aber, dass man nach Belieben aussteigen, sich in der Gegend umschauen und mit einem anderen Zug weiterfahren kann; eine Sitzplatzgarantie hat man im nächsten Zug allerdings nicht.

Die Züge verfügen zwar über kostenloses WLAN, das Mobilfunknetz ist jedoch ziemlich instabil. Einen Speisewagen gibt es nicht, dafür werden Snacks serviert, die oft von den vielen landwirtschaftlichen Produzenten der Region stammen. Eine entspanntere Art, die spektakuläre Landschaft von Charlevoix zu erleben, dürfte es kaum geben. Zudem fährt die Bahn durch Gegenden, durch die keine Straßen führen und die man ansonsten höchstens per pedes entdecken könnte.

Die Hauptverwaltung der Züge hat ihren Sitz in Baie St Paul, die größten Fahrkartenbüros befinden sich dort, sowie in Québec (Stadt) und in La Malbaie. Tickets bekommt man aber auch im Zug und auf den Bahnsteigen der kleineren Bahnhöfe, an denen der Zug unterwegs hält.

An- & Weiterreise

Der **Busbahnhof** (☎ 418-435-6569; https://intercar.ca; 50 Rue de la Ferme) befindet sich beim Hôtel **Le Germain**, etwa 15 Gehminuten bergab vom Zentrum entfernt. Täglich fahren drei Intercar-Busse nach Québec (24 C$, 1¼ Std.), am Wochenende nur zwei.

Île-aux-Coudres

Die ruhige, ländliche Île-aux-Coudres wirkt erstaunlich abgeschieden. Die Hügel des Nordufers sind zwar immer wieder in Sichtweite, dennoch kann man hier den Rest der Welt schnell vergessen. Ein *courdriers* ist übrigens ein kleiner Haselnussbaum, und die ganze Insel ist von idyllischen Wälder bedeckt. Die Anse-de-l'Église (Kirchenbucht) im Südwesten der Insel ist eine kleine Bucht mit einem Dörfchen und einer katholischen Kirche.

Sehenswertes & Aktivitäten

Les Moulins MUSEUM
(☎ 418-760-1065; www.lesmoulinsdelisleauxcoudres.com/home-visit; 36 Chemin du Moulin; Erw./Kind 8,70/4 C$; ⏲ 21. Mai–10. Okt. 10–17 Uhr) Das *écomusée* Les Moulins besteht aus zwei restaurierten Mühlen aus dem 19. Jh. Ausstellungen zeigen, wie Weizen und Buchweizen früher mit Mahlsteinen gemahlen wurden.

Musée Maritime MUSEUM
(☎ 418-635-1131; www.museemaritime.com/en; 305 Rue de l'Église; Erw./Kind 5 C$/frei; ⏲ Mai–Okt. 9–17 Uhr) Wenn man von der Fähre kommt oder bevor man sie betritt, lohnt sich ein Besuch im Musée Maritime in St-Joseph-de-la-Rive. Hier erfährt man alles über die Geschichte des Baus von Schonern in einer Gegend, in der es früher nicht ungewöhnlich war, wenn 20 verschiedene Handelsschiffe den Sankt-Lorenz-Strom entlangsegelten. In der Werft können Besucher an Bord dieser Schmuckstücke gehen. Außerdem gibt es eine Ausstellung über den berühmten Meteorkrater der Region.

Centre Vélo-Coudres RADFAHREN
(☎ 418-438-2118; 2926 Chemin des Coudriers; Fahrrad 4 C$/Std.; ⏲ Juli & Aug. 8 Uhr–Sonnenuntergang, Mai, Juni, Sept. & Okt. bis 17 Uhr) Hier kann man kostenlos an der Kletterwand klettern sowie Fahrräder und Zubehör wie Helme und Kinderanhänger ausleihen. Bei telefonischer Anmeldung bietet das Zentrum einen kostenlosen Shuttleservice von der Fähranlegestelle an.

Schlafen

Le Long Détour B&B $$
(☎ 418-438-1154; www.lelongdetour.com; 3101 Chemin des Coudriers; Zi. 100–110 C$; P 📶) In diesem geschmackvoll dekorierten B&B gibt's zwei Zimmer, das „Frühlingszimmer" und das „Herbstzimmer". Beide sind mit DVD-Playern und extragroßen Betten ausgestattet. Die Gastgeber bemühen sich sehr um die Gäste, z. B. mit einem extravaganten Frühstück, bei dem sogar ein Dessert serviert wird.

Praktische Informationen

Touristeninformation (☎ 418-760-1066; www.tourismeisleauxcoudres.com; 1024 Chemin des Coudriers; ⏲ Juli–Okt. 9–17 Uhr) In der Nähe der Kreuzung gleich hinter dem Hafen.

An- & Weiterreise

Die kostenlosen **Auto- und Passagierfähren** MV *Joseph-Savard* und (nur im Sommer) MV *Radisson* (☎ Information 877-787-7483, Reservierung 877-562-6560; www.traversiers.com/en/home; ⏲ 7–23.30 Uhr) verkehren zwischen Saint-Joseph-de-la-Rive und dem Nordufer der Île-aux-Coudres. Sie fahren von Mai bis Oktober von 9 bis 18 Uhr jede halbe Stunde, von 7 bis 9 und von 18–23 Uhr jede Stunde. In den anderen Monaten verkehren sie seltener.

Ste Irénée

Ste Irénée ist mit seinen Cafés an einem der schönsten Strände der Region ein netter Zwischenstopp auf der Fahrt zwischen Baie St Paul und La Malbaie.

Zwischen Juni und August findet das Festival **Domaine Forget** (www.domaineforget.com) mit klassischer Musik, Jazz und Tanz statt, das Künstler aus aller Welt anzieht.

Das **Hôtel Le Rustique** (☎ 418-452-8250; http://lerustique.charlevoix.qc.ca; 285 Rue Principale; EZ/DZ ab 80/90 C$) in einer prächtigen Industriellenvilla ist eines der freundlichsten und reizvollsten B&Bs in Charlevoix untergebracht. Die Pastellfarben und die Fotos von den Reisen der Besitzerin Diane verleihen den Zimmern die Atmosphäre eines Künstlerhauses am Meer. Drei Apartments für Selbstversorger sind ebenfalls vorhanden.

La Malbaie

La Malbaie war einer der ersten Ferienorte Kanadas und umfasst heute fünf unabhängige Dörfer. Ab dem Ende des 19. Jhs. legten hier Dampfschiffe der Richelieu and Ontario Navigation Company und der Canada Steamship Lines an.

Kommt man von Süden auf der Rte 362 oder von Westen auf der Rte 138, ist **Pointe-au-Pic** das erste Dorf, das man erreicht. Zu Beginn des 20. Jhs. war es ein Urlaubsort der Wohlhabenden, den selbst die Elite aus dem fernen New York besuchte.

Ste-Agnès liegt im Nordwesten, dem Sankt-Lorenz-Strom abgewandt. **La Malbaie**, das an Pointe-au-Pic angrenzt (und eigentlich mit ihm verschmolzen ist), beginnt westlich des Rivière Malbaie und geht am anderen Ufer weiter. Nördlich von La Malbaie liegt das Dorf **Rivière Malbaie**. **St-Fidèle** und das schrecklich niedliche **Cap à l'Aigle** befinden sich im Osten an der Rte 138.

Sehenswertes

Les Jardins du Cap à l'Aigle GARTEN

(☎418-665-3747; 625 Rue St-Raphael, Cap à l'Aigle; Erw./Kind 6 C$/frei; ⏲ Juni–Okt. 9–17 Uhr) Dieser Garten liegt in Cap à l'Aigle, einem kleinen Dorf 2 km östlich von La Malbaie. 800 Liliensorten wachsen hier auf einem Hang zwischen einem Wasserfall, einer Fußgängerbrücke und Künstlern, die ihre Werke verkaufen. Wenn die Pflanzen in voller Blüte stehen, ist der Garten himmlisch.

Musée de Charlevoix MUSEUM

(☎418-665-4411; www.museedecharlevoix.qc.ca; 10 Chemin du Havre, Pointe-au-Pic; Erw./Stud./Kind 8/6 C$/frei; ⏲9–17 Uhr; 👪) 🍃 Dieses Haus am Ufer ist teils Galerie, teils Museum und erzählt mittels verschiedener Medien vom Leben in Charlevoix im Wandel der Zeit.

Maison du Bootlegger HISTORISCHES GEBÄUDE

(☎418-439-3711; www.maisondubootlegger.com; 110 Rang du Ruisseau-des-Frênes, Ste-Agnès; Erw./Kind 10/5 C$, Mahlzeit, Tour & Unterhaltung ab 40 C$; ⏲Ende Juni–Sept. tgl. 10–17, Anfang Juni, Okt. & Nov. Sa & So 10–17 Uhr) Dieses ungewöhnliche Gasthaus in einem scheinbar ganz gewöhnlichen Bauernhaus aus dem 19. Jh. wurde während der Prohibition von einem amerikanischen Alkoholschmuggler heimlich umgebaut. Führungen offenbaren, wie ein ausgeklügeltes System von Geheimtüren und -zimmern die Sittenwächter einst hinters Licht führen sollte. Um 18 Uhr wird aus dem Ganzen dann ein Restaurant mit Partystimmung. Zu den üppigen Fleischportionen gibt es Al-Capone-Bier in stiefelförmigen Gläsern und noch dazu ein wildes Unterhaltungsprogramm.

Manoir Richelieu HISTORISCHES GEBÄUDE

(☎418-665-3703; www.fairmont.com/richelieu-charlevoix; 181 Rue Richelieu, Pointe-au-Pic) Dieses imposante, prächtige graue Bauwerk im Besitz der Hotelkette Fairmont ist das ländliche Äquivalent zum Château Frontenac (S. 304) in Québec und wirkt wie das Hauptquartier des letzten Bosses in einem alten Nintendo-Spiel. Der weitläufige Komplex mit einem Kupferdach, der einer Burg ähnelt, wurde 1928 erbaut und zeugt vom langjährigen Wohlstand der Region. Besucher können durch die Gärten auf der Steilküste spazieren, auf der Terrasse etwas trinken und die Galerie besuchen, die regionale Kunst zeigt. Draußen strömen Busladungen hoffnungsvoller Besucher in das kräftig beworbene **Casino de Charlevoix**.

Schlafen

Camping im Parc National des Hautes Gorges de la Rivière Malbaie CAMPING $

(☎800-665-6527; www.sepaq.com/pq/hgo; Stellplatz 23–35 C$; P) 🍃 Das Spektrum der Stellplätze, die sich im Park verteilen, reicht von rustikalen Zeltstellplätzen bis zu Wohnmobilstellplätzen.

Camping des Chutes Fraser CAMPING $

(☎418-665-2151; www.campingchutesfraser.com; 500 Chemin de la Vallée, La Malbaie; Stallplatz Zelt & Wohnmobil ab 30 C$, Cottages 95 C$; ⏲Mai–Okt. Camping, ganzjährig Cottages) Dieser Campingplatz mit einem Wasserfall ist wirklich die reinste Idylle; er befindet sich in Richtung Parc Mont Grand-Fonds.

Auberge des Eaux Vives B&B $$

(☎418-665-4808; www.aubergedeseauxvives.com; 39 Rue de la Grève, Cap à l'Aigle; Zi.145–165 C$) Sylvain und Johanne sind die perfekten Wirtsleute in diesem B&B mit drei Zimmern – samt einem Frühstück, um das einen die Freunde zu Hause beneiden werden: Smoothies und vier Gänge mit ausgefallenen Köstlichkeiten, dazu ein hinreißender Blick auf den Sankt-Lorenz-Strom von der Terrasse. Das Dekor gibt sich modern und schick. Den Gästen hier stehen eine Nespresso-Maschine, eine komplett eingerichtete Küche und zwei Kamine zur Verfügung – und das alles bei einer sagenhaften Aussicht.

Auberge des 3 Canards GASTHOF $$

(☎418-665-3761; www.auberge3canards.com; 115 Côte Bellevue, Pointe-au-Pic; Zi. 145–225 C$, Suite

ABSTECHER

PARC DES HAUTES GORGES DE LA RIVIÈRE MALBAIE

Die vielen Kalorien, die man dank des Essens, das man in Charlevoix genossen hat, zu sich genommen hat, kann man mit einer belebenden Wanderung in diesem 233 km² großen Provinzpark wieder verbrennen. Er hat mehrere einzigartige Attraktionen, darunter die höchste Felswand östlich der Rocky Mountains. Nackte Felsen, die bis 800 m hoch aufragen, erheben sich über dem Rivière Malbaie, der eines der schönsten Flusstäler Québecs geschaffen hat. Der Park liegt etwa 40 km nordwestlich von La Malbaie.

Hier gibt's Wanderwege sämtlicher Schwierigkeitsgrade, von gemütlichen Spaziergängen rund um den Barrage des Érables (Ahorndamm) bis zu anstrengenden Wanderungen, die von Ahornhainen bis hinauf in Permafrost-Regionen führen.

Ein Highlight ist die **Bootsfahrt** (800-665-6527; www.sepaq.com/pq/hgo; Erw./Kind 35 C$/frei; Ende Mai–Okt.;) zwischen engen Bergen den Fluss hinauf. Man kann den Fluss auch in einem Kanu oder Kajak befahren oder eine Fahrradtour machen. Die Tickets für die Bootsfahrt gibt's im Visitor Center am Parkeingang, der Boots- und Fahrradverleih befindet sich 7 km dahinter am Staudamm.

Viele Besucher unternehmen eine Tagestour von La Malbaie aus, es gibt aber auch einfache Campingplätze (S. 327). Proviant und Ausrüstung muss man mitbringen.

Um den Park von La Malbaie aus zu erreichen, fährt man auf der Rte 138 nach Nordwesten in Richtung Baie St Paul, biegt dann an der Abzweigung nach St-Aimé des Lacs ab und fährt noch 30 km weiter.

265 C$;) Der 50 Jahre alte Gasthof mit 49 Zimmern, ausgestattet mit Flachbild-TVs, alten Fotos von den Flussschiffen, Kunst aus der Region und Balkonen, die auf den Tennisplatz hinausgehen – und den Sankt-Lorenz-Strom dahinter – ist interessanter, als er von der Rte 138 aus anmutet.

Les Terrasses Cap-à-L'Aigle FERIENHÄUSER $$$
(514-583-5720; www.terrassescapalaigle.com/en; 1 Nacht/Woche ab 850/1725 C$;) Diese zehn Ferienhäuser sind mit ihrem schnittigen, geometrischen Design tolle Beispiele moderner Architektur. Riesige Glaselemente lassen das wunderbare Licht von Charlevoix in den Wohnbereich. Die Häuser sind für Gruppen gedacht, in jedem können vier bis zehn Erwachsene übernachten.

Essen

Café Chez-Nous KALIFORNISCH $
(418-665-3080; http://cafecheznous.com; 1075 Rue Richelieu, La Malbaie; Hauptgerichte 6–15 C$; So–Mi 7–20, Do–Sa bis 21 Uhr;) Der sonnige kleine Diner ist mit putzigen Kunstwerken und Schnickschnack vollgestopft. Die Küche mixt kalifornische, italienische und Québecer Einflüsse, und das Ergebnis kann sich sehen lassen. Neben Bagels mit Lachs gibt es auch Pizzas nach toskanischer Art und Pilzravioli.

Pains d'Exclamation BÄCKEREI $
(418-665-4000; www.painsdexclamation.com; 398 Rue St-Étienne, La Malbaie; Sandwiches 6–8 C$; Di–Sa 6.30–17.39, So & Mo bis 17 Uhr) Diese Bäckerei bietet sich für die Mittagspause an. Besonders köstlich ist das gegrillte Sandwich mit dem regionalen Käse Le Fleurmier, der an Brie erinnert, sowie mit Apfel und Walnüssen.

Restaurant Bistro le Patriarche QUÉBECER KÜCHE $$$
(418-665-9692; www.bistrolepatriarche.com; 30 Rue du Quai, Pointe-au-Pic; Menüs 34–64 C$; Di–So 17–21 Uhr) Das elegante Bistro mit zehn Tischen in einem Haus von 1860 hat sich schnell einen Namen gemacht. Der Koch Michel bringt interessant angerichtete, tadellos zubereitete französische Küche auf den Tisch, in der oft die besten Zutaten der Region verarbeitet sind.

Praktische Informationen

Touristeninformation der Region (418-665-4454, 800-667-2276; www.tourisme-charlevoix.com; 495 Blvd de Comporté, La Malbaie; 24. Juni–24. Sept. 8.30–19 Uhr, übriges Jahr abweichende Öffnungszeiten) Die regionale Touristeninformation für die gesamte Region Charlevoix liegt abseits der Rte 362.

St Siméon

Das nette Fischerstädtchen am Sankt-Lorenz-Strom ist vor allem für den Parc d'Aventure Les Palissades und die **Fähre** (418-862-5094; https://traverserdl.com/en/homepage;

Rue du Quai; Erw./Kind/Auto 19,20/12,80/45,50 C$;) nach Rivière du Loup bekannt. Von der Straße durch die Stadt – und von der Straße am Kai zur Fähre – hat man einen tollen Blick auf das Kap im Norden.

Der **Parc d'Aventure Les Palissades** (418-647-4422; http://aventurex.net/palissades; 1000 Rte 170; Seilrutsche/Klettersteig 13/50 C$; 9–17 Uhr;) ist ein Abenteuersportzentrum mit mehreren Wanderwegen, vielen großräumig verteilten Kletterrouten (Kletterroute ab 150 C$), einer Hängebrücke, Abseilrouten, einer Seilrutsche und zwei Klettersteig-Wanderwegen entlang der Felswände, die mit Seilen gesichert sind (keine Erfahrung erforderlich). Das Übernachtungsangebot reicht von einem Campingplatz über Schlafsäle bis zu Hütten. Es gibt auch ein Spa und eine Sauna am See.

St Siméon liegt ca. 35 km nördlich von La Malbaie an der Rte 138. Täglich fährt ein Bus von Intercar (S. 253) hierher. Er startet um 9.45 Uhr in Québec (40 C$, 3 Std.), und kommt gegen 11 Uhr durch La Malbaie (10 C$).

Baie Ste Catherine

Die bunten Häuser des langgezogenen Orts kleben an den Felsen vor dem rauen Wasser des Sankt-Lorenz-Stroms. Er ist ein attraktives, entspanntes Zentrum für Aktivitäten in der Natur.

Sehenswertes & Aktivitäten

Centre d'Interprétation et Observation de Pointe Noire SCIENCE CENTER
(418-237-4383, 888-773-8888; www.pc.gc.ca/eng/amnc-nmca/qc/saguenay/natcul/natcul1.aspx; 141 Rte 138; Erw./Kind 5,80/2,90 C$; Juni–Aug. tgl. 10–17 Uhr, Sept. & Okt. Fr–So) Dieses Walforschungszentrum liegt oberhalb des Fähranlegers an der Mündung des Rivière Saguenay in den Sankt-Lorenz-Strom. Es zeigt eine Ausstellung, eine Diashow und Filme und hat eine Beobachtungsplattform mit Teleskop. Vom Fußweg kann man oft sehr nah an der Küste Belugas sehen, besonders bei Flut.

Pourvoirie Humanité BOOTFAHREN
(418-638-5151; http://pourvoiriehumanite.com/en; abseits des Chemin des Loisirs; Kajakfahren 50 C$;) Die „Menschlichkeit-Lodge" liegt 10 km von Baie Ste Catherine entfernt. Das Zentrum für Outdoor-Aktivitäten hat auch mehrere Hütten. Die Hauptattraktion sind die Kajakfahrten auf den vier eisigen blauen Seen. Außerdem kann man hier auch stehpaddeln, Bachsaiblinge angeln, Geocaches suchen, Elche beobachten und im August Blaubeeren sammeln

Croisières AML WALBEOBACHTUNG
(418-237-4274, 800-563-4643; www.croisieresaml.com/en; 159 Rte 138; Erw./Kind 70/40 C$; Mai–Okt. 8–18 Uhr, Nov.–April 8.30–17 Uhr) Veranstaltet Walbeobachtungstouren im Sankt-Lorenz-Seeweg mit großen Aussichtsbooten und kleineren Schlauchbooten.

Schlafen

Gîte Entre Mer Et Monts B&B $
(877-337-4391, 418-237-4391; www.entre-mer-et-monts.com; 476 Rte 138; Zi. ab 70 C$;) In dem freundlichen kleinen B&B mit schicken, traditionellen Zimmern gibt's morgens tolle Pfannkuchen und Brioches.

An- & Weiterreise

Am südlichen Ende der Stadt überquert die kostenlose Fähre nach Tadoussac den Rivière Saguenay (10 Min.). Die Fähre fährt von Ende April bis Oktober zwischen 7 und 21 Uhr alle 20 Minuten, in den restlichen Monaten alle 40 bis 60 Minuten.

SAGUENAY

Von Charlevoix führen die Straßen nach Norden, doch am Rand der bewaldeten, zerklüfteten Schlucht, die zum Rivière-Saguenay-Fjord, dem Herz der Provinz, führt, verästeln sie in Dutzende kleine Abzweigungen. Die windgepeitschten, mit Flechten und Kiefern bewachsenen Felsen, die über dem tiefblauen Wasser emporragen, sind um die 500 m hoch. Der Fjord, der in der letzten Eiszeit entstand, ist der südlichste auf der Nordhalbkugel. Das Flussbett, das an manchen Stellen bis zu 270 m tief ist, steigt allmählich an und liegt an der Mündung des Fjords bei Tadoussac nur noch 20 m unter der Oberfläche.

Deshalb bildet das Saguenay-Süßwasser im Sankt-Lorenz-Strom eine relativ warme Schicht oberhalb des kalten Salzwassers – dies ergibt ideale Lebensbedingungen für riesige Schwärme an Krill, die wiederum das regionale Highlight für Besucher anlocken: Wale. Wie die Meeressäuger steht der gesamte Wasserweg mittlerweile unter Naturschutz.

Die Region Saguenay unterteilt sich in zwei Hauptbereiche. Einer besteht aus den Parkgebieten und malerischen Orten entlang beider Flussufer. Den zweiten Bereich nimmt die teilweise städtisch und industriell geprägte Gegend rund um das mittelgroße Chicoutimi ein.

Tadoussac

Innerhalb der Region Québec besuchen zahlreiche Touristen neben Montréal und Québec nur den kleinen Ort Tadoussac. Was die Besucherscharen vor allem anzieht, sind natürlich die Wale. Zodiac-Schlauchboote flitzen auf der Suche nach den riesigen Meeressäugetieren über das Wasser. Kleinere Wale wie Beluga- oder Minkwale kann man auch vom Ufer aus bereits recht gut beobachten.

Aber es gibt hier auch noch andere Aktivitäten: Seekajaktouren, „Surfbiking", Erkunden des Fjords per Boot oder gar per pedes, Spaziergänge über die Dünen und Landzungen. Wenn die Wale zwischen November und Mai weitergezogen sind, wird es in Tadoussac richtig ruhig. In dieser Zeit gehört der historische, unkonventionelle Ort den Einheimischen, die sich stets Zeit für einen Plausch nehmen.

Geschichte

Acht Jahre vor der Gründung Québecs wurde Tadoussac im Jahre 1600 als erster Pelzhandelsposten im europäischen Nordamerika eingerichtet. Das Wort *tatouskak* bedeutet in der Innu-Sprache (Montagnais) Brust und bezieht sich auf die beiden runden Hügel am Fjord und an der Bucht. Als die Hudson's Bay Company ihre Tore schloss, wurde Tadoussac für kurze Zeit aufgegeben. Mit dem Bau des Hotels Tadoussac im Jahr 1864 erwachte es jedoch als Ferienort zu einem ganz anderen neuen Leben. Außerdem entwickelte sich der Ort zu einem bedeutenden Zentrum der Papier- und Zellstoffindustrie.

Sehenswertes

Centre d'Interprétation des Mammifères Marins MUSEUM
(CIMM; ☎418-235-4701; http://gremm.org; 108 Rue de la Cale Sèche; Erw./Kind 12 C$/frei; ⏲Mai–Okt. 9–20 Uhr) Das CIMM vermittelt anhand von Multimedia-Exponaten hervorragende Hintergrundinformationen zu den hiesigen Meerestieren.

Petite Chapelle HISTORISCHE STÄTTE
(☎418-235-4324; www.chapelledetadoussac.com; 180 Rue du Bord de l'Eau; ⏲Juni–Anfang Okt. 10–17 Uhr) Die 1747 von Jesuiten errichtete Petite Chapelle ist eine der ältesten Holzkirchen Nordamerikas. In der auch „Indian Chapel" genannten Kirche ist eine kleine Ausstellung zum Leben der Missionare zu sehen.

Poste de Traite Chauvin HISTORISCHE STÄTTE
(☎418-235-4657; 157 Rue du Bord de l'Eau; Erw./Kind 4/2,50 C$; ⏲Juni–Okt. 10–19 Uhr) Im Nachbau des ersten Pelzhandelspostens in Nordamerika erfahren Besucher etwas über die Geschichte der ersten Handelsbeziehungen zwischen Ureinwohnern und Europäern.

Aktivitäten

Walbeobachtung

Von Mai bis November strömen die Touristen nur so nach Tadoussac, denn dann lassen sich dort wunderbar Wale beobachten, und zwar vor allem von August bis Oktober, wenn Blauwale gesichtet werden. Im ganzen Ort werden dann Fahrkarten für die Bootsausflüge verkauft, von Schlauchbooten für bis zu zwölf Personen bis hin zur *Grand Fleuve*, einem Schiff, das etwa 600 Passagiere fasst. Jedenfalls lohnt es sich, die verschiedenen Angebote sorgfältig zu vergleichen. Am besten wartet man einen ruhigen Tag für den Ausflug ab, damit das Erlebnis nicht durch Wellen und ein dementsprechend schaukelndes Boot beeinträchtigt wird; empfehlenswert ist der Ausflug besonders am frühen Morgen oder abends, denn dann sind die Wale lebhafter, und weniger Schiffe sind auch unterwegs. Wer sich für eine Tour im Schlauchboot entscheidet, bekommt wasserdichte Kleidung dazu. Aber egal, an welcher Art Schiffsausflug man teilnimmt, warme Klamotten sollte man in jedem Fall mitnehmen.

Der einheimische Anbieter **Otis Excursions** (☎418-235-4537; www.otisexcursions.com; 431 Rue du Bateau-Passeur; 2-stündige Schlauchbootausflüge 64 C$, 3-stündige Bootsausflüge 74 C$) ist schon seit gut 35 Jahren gut im Geschäft. Seine Schlauchboote fahren am nächsten an die Wellen heran und sind somit am spannendsten – und nur etwas für seetaugliche Passagiere. Kleinere Kinder sind deshalb an Bord nicht erlaubt.

Das Schlauchboot von **Croisières AML** (☎866-856-6668; www.croisieresaml.com; 177 Rue des Pionniers; Schlauchbootausflüge ab 65 C$, Bootsausflüge 70 C$; 👪) ist doppelt so groß wie das der anderen Unternehmen.

Charlevoix, Saguenay & Südküste

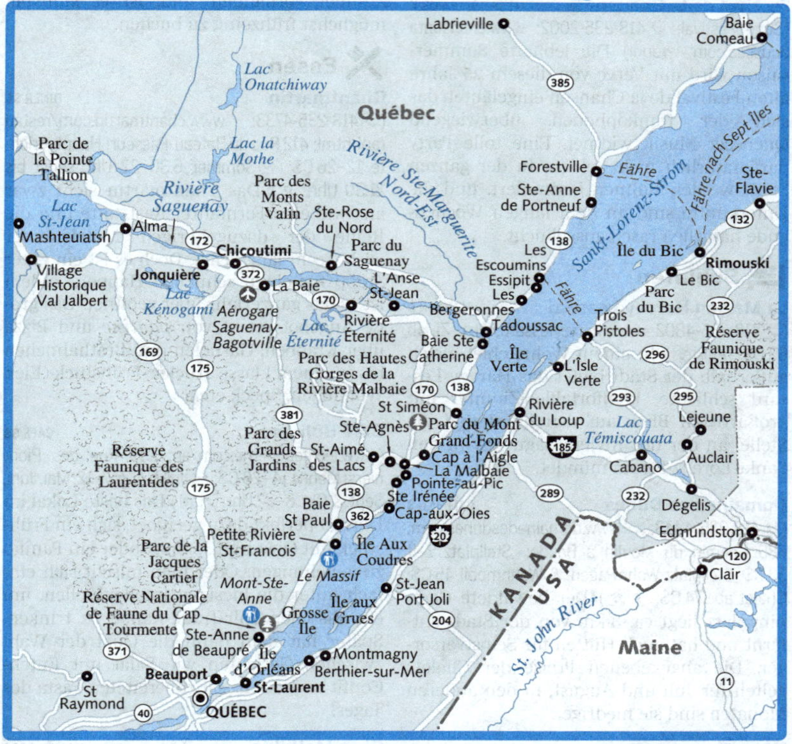

Für Abenteuerlustige bietet das für seine tollen Kajakexkursionen auf dem Meer bekannte **Mer et Monde** (☎ 418-232-6779; www.meretmonde.ca; 148 Rue du Bord de l'Eau; 3-stündige Ausflüge ab 66 C$; ⊙ 8.30–18.30 Uhr) Touren zur Walbeobachtung sowie Ausflüge den Fjord hinauf an.

Wandern

In Tadoussac und Umgebung gibt es insgesamt vier Wege, die jeweils 1 km lang sind. Alle sind auf einer Karte eingezeichnet, die man bei der Touristeninformation (S. 332) bekommt. Auf den Pfaden rund um die Pointe de l'Islet beim Anleger lassen sich Wale am besten vom Ufer aus beobachten. Dies gilt auch für die **Pointe Rouge** am anderen Ende des Strands.

Auf beiden Seiten grenzt der **Parc National du Fjord-du-Saguenay** an den Fjord. In dem Provincial Park mit seinem über 100 km langen Wegenetz kann man von über 350 m hohen Steilwänden hinunter auf den Fluss blicken. Schutzhütten dienen unterwegs als Übernachtungsmöglichkeit. Am 43 km langen Weg von Tadoussac nach Baie Ste-Marguerite stehen von Mai bis Oktober drei Unterkünfte zur Verfügung. Nebenbei bemerkt: die sogenannten „Dünen" sind in Wirklichkeit Meeresterrassen – geformt von den Wellen und eben nicht vom Wind wie Dünen.

Mit dem Parc National du Fjord-du-Saguenay überschneidet sich der **Parc Marin du Saguenay-St-Laurent** (☎ 418-235-4703; http://parcmarin.qc.ca; 👪), der sich bis nach Saguenay, Charlevoix und in die Regionen an der Nordküste erstreckt und mehrere Eingänge aufweist. Er war das erste Naturschutzprojekt in der Provinz Québec, das von der Bundes- und Provinzregierung gemeinsam verwaltet wurde. Der Park umfasst ein 1138 km² großes Naturschutzgebiet an den beiden Flüssen und an der Küste vom Gros Cap à l'Aigle bis nach Les Escoumins und den Saguenay hinauf bis zum Cap à l'Est in der Nähe von Ste-Fulgence.

Feste & Events

Festival de la Chanson MUSIK
(Song Festival; ☎418-235-2002; www.chansontadoussac.com; ⌚Juni) Die lebhafte Sommersaison wird mit Verve von diesem 25 Jahre alten Festival de la Chanson eingeläutet, das sich der frankophonen, überwiegend Québécer Musik widmet. Eine tolle Party darf natürlich nicht fehlen. In der ganzen Stadt werden Bühnen gezimmert, und die Unterkünfte sind an dem langen Wochenende natürlich rasch ausgebucht.

Schlafen

La Maison Harvey Lessard PENSION $
(☎418-235-4802; www.harveylessard.com; Zi. ab 63 C$; P❄📶) In einem Wohngebiet gleich außerhalb der Stadt bietet das Harvey Lessard schlichte, komfortable Zimmer mit großartigem Blick auf den Fjord und die Stelle, an der der Rivière Saguenay in den Sankt-Lorenz-Strom mündet.

Domaine des Dunes CAMPING $
(☎418-235-4843; www.domainedesdunes.com; 585 Chemin du Moulin à Baude; Stellplatz Zelt 32 C$, Stellplatz Wohnwagen- & Wohnmobil 45 C$, Chalet ab 174 C$; P📶) Der bewaldete Campingplatz liegt ca. 3 km von der Stadt entfernt und hat auch Hütten für Selbstversorger. Die angegebenen Preise der Chalets gelten für Juli und August, in den anderen Monaten sind sie niedriger.

Hôtel Tadoussac HOTEL $$
(☎418-235-4421, 800-561-0718; www.hoteltadoussac.com; 165 Rue du Bord de l'Eau; Zi. ab 165 C$; P📶🏊) In puncto Lage hat dieses Hotel mit seinem weiten Blick über die Bucht von Tadoussac alle Trümpfe in der Hand. Zudem ist es auch ein historisches Haus, denn es beherbergt seit 1870 Gäste. Die zweckmäßigen, wenn auch nicht gerade schicken Zimmer sind mit üppigen Teppichen und Deckenventilatoren ausgestattet und blicken hinunter auf den Fluss. Außerhalb der Hochsaison (Juli & Aug.) schwanken die Preise stark.

Auberge la Sainte Paix GASTHOF $$
(☎418-235-4803; www.aubergelasaintepaix.com; 102 Rue Saguenay; Zi. 98–133 C$; P❄📶) Die fröhliche Wirtin strahlt morgens immer übers ganze Gesicht – und dank ihres üppigen Frühstücks mit frischen Zutraten strahlen dann auch ihre Gäste. Marie ist auch gern bei der Planung von Ausflügen und Besichtigungstouren behilflich und hat zahlreiche gute Tipps auf Lager. Da nur sieben Zimmer vorhanden sind, ist es sinnvoll, möglichst frühzeitig zu buchen.

Essen

Chantmartin DINER $$
(☎418-235-4733; www.chantmartin.com/restaurant.html; 412 Rue du Bateau-Passeur; Hauptgerichte 12–26 C$; ⌚Sommer 6.30–22 Uhr, sonst bis 21.30 Uhr; P) Das Chantmartin sieht zwar aus wie eine Fernfahrer-Raststätte und die Reihe der dazugehörigen Motelzimmer wirkt recht langweilig. Doch es ist ein guter Stopp für einen schnellen Happen, zudem ist es das ganze Jahr über geöffnet. Das große Angebot reicht von *poutine* und Pizza über Krabben, Garnelen und Brathähnchen bis zu einem klasse Trucker-Frühstück (Eier, Würstchen, Speck etc.).

Café Bohème CAFÉ $$
(www.lecafeboheme.com/en; 239 Rue des Pionniers; Menüs 14–26 C$; ⌚Juli & Aug. 7–12, Mai, Juni, Sept. & Okt. 8–22 Uhr; 🌿👪) Das beste Lokal im Dorf ist perfekt dazu geeignet, sich ein Frühstück mit Obst und Joghurt oder ein Panino zu genehmigen. Oder man mischt sich einfach unter die hiesigen Intellektuellen, um ein Tässchen Fair-Trade-Kaffee zu trinken. Später hat man dann die Qual der Wahl zwischen Gerichten wie Salat mit Enten-Confit und der frisch zubereiteten Pasta des Tages.

Chez Mathilde FUSIONSKÜCHE $$$
(☎418-235-4443; 227 Rue des Pionniers; Menüs ab 31 C$; ⌚Juni–Okt. 10–21 Uhr; 🌿) Der Küchenchef in diesem reizenden kleinen Haus verwendet für die Gerichte seiner kreativen, aber knappen Speisekarte jede Menge Zutaten aus der Region. Die innovativen Speisen sind perfekt zubereitet und werden auf der luftigen Terrasse mit Blick auf den Hafen serviert.

La Galouïne QUÉBECER KÜCHE $$$
(☎418-235-4380; http://lagalouine.com; 251 Rue des Pionniers; Hauptgerichte 22–34 C$; ⌚Mai–Okt. 7.30–22 Uhr) Die Küche des Restaurants dominieren lokale Zutaten, von frischen Jakobsmuscheln aus der Bucht bis zu in den Wäldern gejagtem Wild. Die umfangeiche Weinkarte trägt das Ihre zu einem gelungenen Abend bei.

Praktische Informationen

Touristeninformation(☎866-235-4744, 418-235-4744; www.tadoussac.com; 197 Rue des

Pionniers; ⌚9–17 Uhr) Im Zentrum der Stadt. Die sehr geduldigen Mitarbeiter helfen auch bei der Suche nach einer Unterkunft.

An- & Weiterreise

Die Fähre von Baie Ste-Catherine in Charlevoix (10 Min.) verkehrt rund um die Uhr und ist kostenlos. Der Anlegesteg befindet sich am Ende der Rue du Bateau Passeur.

Tadoussac liegt an der Rte 138. Busse von **Intercar** (S. 253) verbinden Tadoussac mit Montréal (106 C$, 8 Std.) und Québec (53 C$, 4 Std., 2-mal tgl.) und fahren bis in den äußersten Nordosten, beispielsweise nach Sept Îles. Die Bushaltestelle befindet sich gegenüber vom Campingplatz Tadoussac auf Höhe der Petro-Canada-Tankstelle.

Les Bergeronnes

Das gemütliche Tempo der Nordküste beginnt in Les Bergeronnes, einem Ort, in dem angenehm wenig Trubel herrscht. Hier gibt es gerade einmal eine Handvoll Sehenswürdigkeiten und einen hervorragenden Campingplatz, für den es sich lohnt, Tadoussac den Rücken zu kehren.

Sehenswertes

Außerhalb von Les Escoumins und 12 km nordöstlich von Les Bergeronnes an der Rte 138 liegt **Essipit**, eine Innu-Gemeinde. Das Centre de Réservation et d'Information Essipit (S. 333) bietet Walbeobachtungstouren (Schlauchboottouren ab 58 C$) an. In dieser Gegend sieht man mit höherer Wahrscheinlichkeit Blauwale.

Centre de Découverte du Milieu Marin SCIENCE CENTER

(☎418-233-4414; 41 Rue des Pilotes; Erw./Kind 7,80/3,90 C$; ⌚Juni–Aug. 9–18 Uhr, Sept. Fr–So 9–17 Uhr; P 👪) Das von Parks Canada betriebene Meeresökologie-Forschungszentrum hat topmoderne Einrichtungen wie interaktive Ausstellungen und bietet eine Videoverbindung zu einem Wissenschaftler, der auf dem Grund der Flussmündung taucht. Die Mitarbeiter helfen den Besuchern bei der Beobachtung von Meeressäugetieren von der Küste aus.

Centre d'interpretation et d'observation de Cap de Bon-Desir SCIENCE CENTER

(☎418-232-6751; 13 Chemin du Cap de Bon Désir; Erw./Kind 7,80/3,90 C$; ⌚Juni–Aug. 9–18 Uhr, Sept. Mi–So 9–17 Uhr; P 👪) Das Zentrum ist einerseits eine Forschungsstätte, andererseits aber auch ein Teil des Parks und besteht aus Naturlehrpfaden, einem historischen Leuchtturm und Beobachtungsplattformen mit Blick auf den Sankt-Lorenz-Strom, in dem es (hoffentlich) von Walen nur so wimmelt. Informationen über verschiedene Vorträge und Aktivitäten kann man telefonisch erfragen (und auch nachfragen, ob sie in englischer Sprache angeboten werden).

Archéo Topo SCIENCE CENTER

(☎418-232-6286; www.archeotopo.com; 498 Rue de la Mer; Erw./Kind 6/3 C$; ⌚Juni–15. Okt. 8–18 Uhr, Juli & Aug. bis 20 Uhr; P) Das Forschungs- und Ausstellungszentrum hat sich archäologischen Funden entlang der Nordküste verschrieben. Draußen führen Wege hinunter zum Strand. Der Blick auf die Meeresklippen der Nordküste ist fantastisch.

Schlafen

Camping Paradis Marin CAMPING $

(☎418-232-6237; www.campingparadismarin.com; 4 Chemin Émile Boulianne; Stellplätze/Chalets ab 30/85 C$; ⌚Mai–Okt; P) Wer auf diesem Campingplatz abseits der Rte 138 nordöstlich von Les Bergeronnes im Zelt (oder Wigwam) nächtigt, kann die Wale atmen hören. Hier kann man auch Kajaks ausleihen (9 C$ pro Tag) und Kajaktouren arrangieren (62 C$).

Centre de Réservation et d'Information Essipit UNTERKUNFTSVERMITTLUNG $$

(☎888-868-6666, 418-233-2266; http://vacances essipit.com/en; 46 Rue de la Réserve, Essipit; Camping/Hütten/Apt. ab 28/157/181 C$; P ❄ 📶) Das Zentrum vermittelt die Übernachtung auf örtlichen Campingplätzen, in Hütten und in gut ausgestatteten Apartments am Meer. Außerhalb der Hochsaison im Juli und August sinken die Preise.

L'Anse St Jean

Die erste Station an der Südseite des Fjords ist L'Anse St Jean, ein kleines Dorf mit vielen Ateliers, in denen sich eine Menge tut. Hier lebt eine angenehme Mischung aus zugewanderten alternativen Typen und Familien, die einen ländlich-rustikalen Rückzugsort suchen. Zudem gibt's eine gute Infrastruktur für Outdoor-Aktivitäten. Fährt man weiter zum Fjord, bietet sich bei **L'Anse de Tabatière** eine fabelhafte Aussicht.

Aktivitäten

Fjord en Kayak KAJAKFAHREN
(☎866-725-2925, 418-272-3024; www.fjord-en-kayak.ca; 359 Rue St-Jean-Baptiste; 3-stündige/eintägige Touren 58/134 C$;) Die Paddeltouren dieses Anbieters, die von zwei Stunden bis zu drei Tagen dauern, genießen einen guten Ruf. Er bietet zudem auch Fahrradverleih sowie Walbeobachtungs- und Segeltouren.

Les Croisières du Fjord BOOTSFAHRT
(☎418-543-7630, 800-363-7248; www.croisieresdufjord.com; 355 Rue St-Jean-Baptiste; Bootsfahrt auf dem Fjord Erw./Kind ab 56/29 C$; ⏲Juli–Sept.;) Der gut organisierte, effiziente Tourveranstalter arrangiert tolle Touren den Rivière-Saguenay-Fjord hinauf und betreibt ein fahrradfreundliches Wassertaxi zwischen L'Anse St Jean und Ste Rose du Nord, Rivière-Éternité und Tadoussac. Der Preis richtet sich nach der Strecke. Mit dem „Passe-Fjord" für 150 C$ kann man eine Woche lang nach Belieben ins Boot ein- und aussteigen.

Centre Équestre des Plateaux REITEN
(Equestrian Center; ☎418-272-3231; www.cedp.ca; 34 Chemin des Plateaux; 3-stündige Tour 70 C$) Das Reiterzentrum hat Pferde, Ponys und sogar Pferdeschlitten für winterliche Schneevergnügen zu bieten. Es ist am Hügel an der Rue St-Jean-Baptiste ausgeschildert.

Schlafen & Essen

L'Auberge du Boutdumonde PENSION $
(☎418-272-9979; www.boutdumonde.ca; 40 Chemin des Plateaux; B/Gemeinschaftsjurte/Zi. 25/35/50 C$; P) Hier fühlt man sich wirklich wie am Ende der Welt, ganz abgeschieden auf einem steilen Hügel (der sogar mit dem Auto eine Herausforderung darstellt). Die frühere Öko-Kommune wurde von fünf Leuten in den Zwanzigern renoviert, die hier aufgewachsen sind. Direkt vor der Haustür warten Yogakurse, ein Kulturzentrum, ein See, ein Kräutergarten und der Wald. Vor der Ankunft sollte man sich mit Proviant eindecken. Nur Barzahlung.

Auberge des Cévennes PENSION $$
(☎877-272-3180, 418-272-3180; www.auberge-des-cevennes.qc.ca; 294 Rue St-Jean-Baptiste; Zi. inkl. Frühstück 88–144 C$; P) In diesem hübschen Gästehaus hört man das Gurgeln des Flusses auf der gegenüberliegenden Straßenseite. Es hat ein Restaurant (Menü 30 C$) mit Blick auf die überdachte Brücke. Die traditionelle Inneneinrichtung erinnert ans Haus der Großeltern, passt aber bestens zur Umgebung. Zudem sind die Besitzer unglaublich freundlich.

Bistro de L'Anse KNEIPE $$
(319 Rue St-Jean-Baptiste; Hauptgerichte 12–22 C$; ⏲Ende Juni–Aug. 12–1 Uhr, Sept.–15. Okt. Di–Sa ab 17 Uhr) Auf der Veranda des bei den Einheimischen beliebten Treffs werden Sandwiches, Salate und Pasta serviert. Samstagabends gibt's Livemusik.

An- & Weiterreise

Transport Adapté du Fjord (☎418-272-1397; 213 Rte 170; einfache Strecke/hin & zurück ab 4/8 C$) in Chicoutimi betreibt einen Minibus zwischen den Städten am Fjord; der Ticketpreis richtet sich nach der Strecke. Fahrgäste, die vorher reservieren, holt der Bus ab.

Die Busse (einfache Fahrt/hin & zurück 7,50/15 C$) fahren von Montag bis Freitag um 7.30 Uhr in L'Anse St Jean ab (Mi fahren keine Busse) und kommen gegen 9 Uhr in Chicoutimi an. Von dort fahren sie montags bis freitags um 13.15 Uhr wieder zurück und sind um 14.30 Uhr in L'Anse St Jean.

Rivière Éternité

Abgesehen von ihrer überraschenden Sammlung religiöser Kunst hat diese Stadt wenig zu bieten, doch sie ist eines der Tore zum Parc Marin du Saguenay-St-Laurent (S. 331) und zum Parc National du Fjord-du-Saguenay.

Eine Wanderung, die hin und zurück vier Stunden dauert und bei der es zwischendurch über eine endlos lange Treppe geht, führt zur 8 m hohen Statue der **Jungfrau Maria**. Sie steht auf einer der höchsten Klippen des Fjords und beschützt die Seeleute und Boote unten. Charles Robitaille ließ sie 1881 errichten, nachdem er im Winter zuvor nur knapp dem Tod entronnen war, als sein Pferd in der Eisdecke auf dem Fluss einbrach. Er schwor, der Jungfrau Maria für seine Rettung zu danken, und gab die 3200 kg schwere Statue in Auftrag. Es dauerte über eine Woche, die Einzelteile zu ihrem Standort zu transportieren und zusammenzusetzen.

Die **Kirche** der Stadt besitzt eine renommierte Sammlung von 250 Weihnachtskrippen. Von der Rte 170 gelangt man über eine Holzbrücke zum **Halte des Artistes**, einem Park mit Skulpturen in kleinen Krippen, den man mit dem Auto erkunden kann.

Beim **Informationsbüro** (Parc National du Fjord-du-Saguenay; ☎418-272-1556; www.sepaq.

com/pq/sag; 91 Rue Notre Dame; ⌚ Juni–Sept. 8.30–21 Uhr) des Parks in Rivière-Éternité können sich Besucher über Touren, Wege, Seekajaktouren, Segeltouren, Schlauchbootausflüge und zahlreiche geführte Aktivitäten im Parc National du Fjord-du-Saguenay informieren.

Chicoutimi

Das Zentrum der Region ist der richtige Ort, um vor der Rückkehr in die Wildnis von Saguenay ein paar Besorgungen zu machen. Im Jahr 1676 entstand hier ein Pelzhandelsposten. Die eigentliche Stadt, die Anfang des 20. Jh. zu den größten Papier- und Zellstoffproduzenten der Welt zählte, wurde aber erst 1842 gegründet. Entlang der Zufahrtsstraßen macht sie einen recht industrialisierten Eindruck, doch in der Innenstadt tummeln sich Studenten der städtischen Universität und der Cégep (voruniversitäre Hochschule).

Sehenswertes

La Pulperie MUSEUM

(☎ 418-698-3100; www.pulperie.com; 300 Rue Dubuc; Erw./Kind 14,50/7 C$; ⌚ Juni–Aug. tgl. 9–18 Uhr, Sept.–Mai Mi–So 10–16 Uhr) Die Pulperie war einst die größte Zellstoffmühle der Welt. Führungen und Ausstellungen beleuchten die Geschichte des Werks, das die Entwicklung der Stadt maßgeblich beeinflusste. In den Jahren zwischen 1899 und 1929 stieg die Einwohnerzahl von 700 auf 4250. Hier befindet sich auch **La Maison Arthur-Villeneuve**, das jetzt ein Museum beherbergt. Der Friseur und Künstler bemalte alle Innen- und Außenwände des Hauses mit einer Art Teppichmuster in seinem fröhlich-naiven Folklorestil.

Musee du Fjord MUSEUM

(☎ 418-697-5077; http://museedufjord.com; 3346 Blvd de la Grande-Baie Sud; Erw./Kind 15/8,50 C$; ⌚ Juli–Sept. 9–18 Uhr, Okt.–Juni Di–Fr 9.30–16.30, Sa & So 13–17 Uhr; P 👪) Das Musee du Fjord ist halb Museum, halb Aquarium und hilft Besuchern, das einzigartige Ökosystem des Saguenay-Fjords zu verstehen. Es ist freundlich und informativ. Die Multimedia-Einführung im Theater lohnt sich allerdings nur für Besucher mit Kindern.

Musée de la Petite Maison Blanche MUSEUM

(Kleines weißes Haus; ☎ 418-549-6600; www.petitemaisonblanche.com; 441 Rue Gédéon; Erw./Kind 5/2,60 C$; ⌚ Juni–Aug. tgl. 9–21 Uhr, Sept. bis 17 Uhr, Anfang Okt. nur Sa & So bis 17 Uhr; P 👪) Das kleine Museum befindet sich in einer Gegend, die als „Basin" bekannt ist. Das 1900 gebaute Haus widerstand beim Hochwasser im Jahr 1996, das in Chitoumi Schäden im Wert von 16 Mrd. C$ verursachte, Wassermassen mit der Wucht der Niagara-Fälle. Es erinnert an einen alten Dachboden, denn es ist vollgestopft mit historischen Gegenständen aus dem frühen 20. Jh., Exponaten, die im Zusammenhang mit dem genannten Hochwasser stehen, und sogar einigen Robotern, die ehemalige Bewohner des Hauses darstellen. All das hat einen ganz eigenen, merkwürdigen Reiz.

Schlafen & Essen

Auberge Racine B&B $$

(☎ 418-543-1919; www.aubergeracine.com; 334 Rue Racine E; EZ/DZ ab 119/129 C$; P 📶) Die reizenden Zimmer in diesem Haus aus dem 19. Jh. weisen noch viele originale Details auf und sind nach den drei Ehefrauen und den zwölf Kindern des ersten Besitzers benannt.

★ **La Parizza** PIZZA $$

(☎ 418-973-9732; http://laparizza.com; 337 Rue Racine E; Pizzas 12–28 C$; ⌚ Mi–So 10–22 Uhr; 🍷) Pizza ist, objektiv betrachtet, eine feine Sache. Die Leidenschaft der Québecer für *terroir*-Zutaten ist ebenfalls großartig. Wenn beides zusammenkommt, entsteht so etwas wie das La Parizza, das so fabelhafte Kreationen hervorbringt wie eine Pizza Margherita, die mit einer beachtlichen Auswahl regionalen Fleischs belegt ist, Pizza mit Trüffel-Carpaccio und eine Pastete mit Spinat, Ziegenkäse, Honig und Walnüssen.

Rouge Burger Bar BURGER $$

(☎ 418-690-5029; http://rougeburgerbar.ca; 460 Rue Racine E; Hauptgerichte 16–25 C$; ⌚ Di & Mi 17–22, Fr & Sa bis 23, So & Mo bis 21 Uhr) In dieser Burger-Bar können sich die Gäste ihren ganz individuellen Burger zusammenstellen. Die Auswahl an Zutaten für die *poutines* und die Burger ist riesig und reicht von Lamm über Lachs bis zu Gemüse und dem guten alten Rindfleisch. Daneben gibt es ein umwerfenden Tatar mit Chorizo und Trüffelöl.

Praktische Informationen

Touristeninformation (☎ 418-698-3157, 800-463-6565; http://tourisme.saguenay.ca; 295 Rue Racine E; ⌚ Mo–Do 8.30–16.30, Fr bis 20,

Sa & So 10–16 Uhr) Hier kann man Buchungen für die gesamte Fjord-Region vornehmen.

An- & Weiterreise

Der Aéroport **Saguenay-Bagotville** (YBG; ☎ 418-677-2651; http://aeroport.saguenay.ca; 7000 Chemin de l'Aéroport, Saguenay) liegt 16 km vom Zentrum entfernt. Air Canada Express, Air Transat und Pascan fliegen von hier aus nach Montréal, Sept-Îles und zu den Îles de la Madeleine.

Busse von **Intercar** (☎ Reservierungen 800-806-2167, Busbahnhof 418-543-1403; https://intercar.ca; 55 Rue Racine E) fahren (4-mal täglich) nach Québec (48 C$, 2½ Std.), Montréal (100 C$, 6 Std.) und Tadoussac (26 C$, 1½ Std.).

Ein Minibus von **Transport Adapté du Fjord** (S. 334) fährt am Rivière Saguenay entlang bis L'Anse St Jean und hält in den Städten, die an der Strecke liegen.

Lac St Jean

Die offenen Ebenen zwischen Chicoutimi und Lac St Jean sind auf den ersten Blick nicht so reizvoll wie der nahe gelegene zerklüftete, von Klippen gesäumte Fjord. Doch sobald man den See erreicht, offenbart die weite, offene Landschaft eine subtile Schönheit. Die Linie zwischen Wasser und Himmel wird nur durch helle Holzhäuser und glänzende Kirchtürme unterbrochen. Die Gegend beansprucht für sich, die Blaubeer- und *tourtière*-(Fleischpastete)-Hauptstadt der Provinz und das Kernland des Québecer Nationalismus zu sein.

Sehenswertes & Aktivitäten

Musée Amérindien de Mashteuiatsh MUSEUM
(☎ 418-275-4842; www.museeilnu.ca; 1787 Rue Amishk, Mashteuiatsh; Erw./Kind 12/7 C$; ⏲ 10–18 Uhr; Ⓟ) Am Seeufer in Roberval, einem der am besten organisierten Ureinwohnerdörfer der Provinz Québec, zeigt dieses Museum tolle Ausstellungen über die in der Region beheimateten Pekuakamiulnuatsh.

Village Historique Val Jalbert HISTORISCHE STÄTTE
(☎ 418-275-3132; www.valjalbert.com; 95 Rue St Georges; Erw./Kind 28/14 C$; ⏲ Juni–Sept. 9–18 Uhr) Das Village Historique Val Jalbert ist eine Geisterstadt von 1901. Sie war bis einige Jahre nach der Schließung der Zellstoffmühle 1927 bewohnt. Auf der Fahrt im Trolleybus erfährt man von den eifrigen, kostümierten Führern so ziemlich alles über den Ort. Die alte Mühle an einem wild rauschenden Wasserfall beherbergt ein nettes Restaurant. An diesem friedlichen Ort gibt es außerdem einen Campingplatz und Hütten (280 C$).

Véloroute des Bleuets RADFAHREN
(Blueberry Bike Trail; www.veloroute-bleuets.qc.ca/en) Die insgesamt 272 km langen Radwege um den See herum bilden den **Blaubeeren-Fahrradweg**. Beinahe alle Ortschaften, die an diesem Radweg liegen, können mit Einrichtungen aufwarten, die dem Fahrradvergnügen förderlich sind: Fahrradverleih und Werkstätten, B&Bs, die sich um das Wohl der Radfahrer bemühen, und Rastplätze. Fahrradkarten sowie Tourenvorschläge und eine Liste mit interessanten Zwischenstopps hält das **Maison du Vélo** (Fahrrad-Touristeninformationszentrum; ☎ 418-668-4541; www.veloroute-bleuets.qc.ca; 1692 Ave du Pont N, Alma; ⏲ Juni–Sept. 8.30–18 Uhr) in Alma bereit.

Schlafen

Auberge Île du Repos CAMPINGPLATZ, HOSTEL $
(☎ 418-347-5649; www.iledurepos.com; 105 Rte Île du Repos; Stellplatz/DZ/Zi. ab 27/38/80 C$) Die Auberge Île du Repos belegt eine ganze kleine Insel vor Péribonka bzw. dem Parc de la Pointe Taillon. Die Ferienanlage verfügt über Schlafsäle, Küchen, separate Zimmer in Hütten, Campingmöglichkeiten, eine Cafébar und einen Strand. Wer will, kann auch Croquet und Volleyball spielen. Die nächste Intercar-Haltestelle liegt ca. 25 km nordwestlich in Dolbeau-Mistassini, sodass es trotz der rosafarbenen Fassade hier gespenstisch einsam sein kann.

Ste Rose du Nord

Ste Rose du Nord am weniger besuchten Nordufer des Rivière Saguenay ist Mitglied der „Association des plus beaux villages du Québec" (Vereinigung der schönster Dörfer der Provinz Québec). Bei einem Spaziergang zum Kai vor der Fjordkulisse unterhalb der violetten Klippen wird schnell klar, warum.

Auf dem **Camping Descente des Femmes** (☎ 418-675-2581; http://campingsaguenay.com; 154 Rue de la Montagne; Stellplätze 22–30 C$; ⏲ Juni–Sept.; Ⓟ) kann man sein Zelt auf einem Hügel aufschlagen und genießt beim Aufwachen einen atemberaubenden Blick auf das Dorf und den Fjord. Die Duschen und Toiletten sind in einer umgebauten Garage untergebracht. Der Besitzer ist umwerfend witzig.

An der Rte 172 weist zwischen Ste-Fulgence und Ste-Anne du Rose ein Schild den Weg zur **Pourvoirie du Cap au Leste** (☎418-675-2000; www.capauleste.com; 551 Chemin du Cap à l'Est; Zi. 115–150 C$, Suite 180–220 C$; P ❄ 📶). Die holprige, 7 km lange Fahrt lohnt sich wegen der spektakulären Aussicht auf einen großen Abschnitt des Fjords. Die einfachen, aber charmanten Hütten sind mit Holzöfen und Balkonen ausgestattet und die Küche serviert fantastische regionale Küche. Die Betreiber können Wanderungen, Kanu-, Kajak-, Kletter- und Mountainbiketouren organisieren.

SÜDKÜSTE

Auf dem Weg zur Gaspé-Halbinsel ist man versucht, die Südküste mit den Regionen Chaudière-Apalaches und Bas St. Laurent schnell hinter sich zu lassen. Diese Gegend hat aber einen wundersamen Mix aus Attraktionen zu bieten, angefangen von der gruseligen Grosse Île bis hin zum mondänen Rivière du Loup. Außerdem gibt es noch ein bedeutendes Holzschnitzerzentrum, eine ehemalige Schmugglerinsel und mehrere Museen, die sich einer Schiffstragödie von *Titanic*-Ausmaßen, baskischen Walfängern und Quetschkommoden widmen.

Hinzu kommt ein spektakulärer Blick über die Inseln im Sankt-Lorenz-Strom und die leicht hügelige Landschaft. Am schnellsten kommt man über den Hwy 20 hierher. Die Rte 132 ist aber landschaftlich reizvoller und führt durch zahlreiche Orte am Fluss.

Grosse Île

Der erste Stopp außerhalb des Stadtgebiets von Québec ist zugleich einer der interessantesten. Im 19. und zu Anfang des 20. Jhs. diente die Grosse Île als bedeutende Quarantänestation für europäische Einwanderer. Die **Lieu Historique National de la Grosse-Île-et-le-Mémorial-des-Irlandais** (☎418-234-8841, 888-773-8888; www.pc.gc.ca; Erw./Kind 17,60/8,80 C$; ⏲Juli & Aug. tgl., Mai, Juni, Sept. & Okt. Mi–So) beleuchtet diesen wenig bekannten Teil der nordamerikanischen Geschichte. Außerdem kann man den aus 21 Inseln bestehenden Archipel **Île aux Grues** besuchen. Bei allen Touren sollte man warme Kleidung und bequeme Schuhe tragen.

Der Jachthafen von Berthier-sur-Mer, der 55 km östlich von Québec an der Rte 132 (auch über den Hwy 20 zu erreichen) und 15 km von Montmagny entfernt liegt, ist der nächstgelegene Ausgangspunkt für Bootsausflüge zur Grosse Île.

Croisières AML (☎855-268-9090; www.croisieresaml.com; 110 Rue de la Marina, Berthier-sur-Mer; Touren Erw./Kind 65/35 C$) bietet einen kommentierten Bootsausflug zur Grosse Île.

Montmagny

Montmagny, die erste nennenswerte Stadt östlich von Lévis, ist ein Musterbeispiel für die entspannte, familienorientierte Atmosphäre, die an der Südküste vorherrscht. Die Rue St-Jean-Baptiste E ist eine der hübschesten Hauptstraßen der Provinz.

Die meisten Touristen kommen auf dem Weg zur schönen **Île aux Grues** durch die Stadt. Auf dieser 10 km lange Insel, die Teil eines ansonsten unbewohnten Archipels mit 21 Inseln ist, befindet sich eines der größten naturbelassenen Feuchtgebiete Nordamerikas. Im Frühling und Herbst kommen Vogelliebhaber auf die Insel, um Zugvögel, u.a. Schneegänse, zu beobachten. Auf der Insel gibt's mehrere Wanderwege.

Das **Musée de l'Accordéon** (Akkordeonmuseum; ☎418-248-7927; www.accordeonmontmagny.com; 301 Blvd Taché E; Erw./Kind 8/2 C$; ⏲Juli & Aug. tgl. 10–16 Uhr, Sept.–Juni Mo–Fr; 👪), das einzige Nordamerikas, widmet sich dem Starinstrument der französischen Musik, dem Akkordeon. Einige der ausgestellten Quetschkommoden wurden schon 1820 aus Materialien wie Elfenbein und Perlmutt hergestellt. Beim viertägigen Carrefour treten Ende August Akkordeonspieler aus aller Welt auf.

Busse von Orléans Express (S. 253) fahren nach Québec (Stadt) und weiter; die Bushaltestelle befindet sich am 20 Blvd Taché E.

Fähren (☎877-562-6560; www.traversiers.com; ⏲April–Dez.) GRATIS fahren vom Jachhafen in Montmagny zu den Île aux Grues (30 Min.). Sie verkehren nur von April bis Dezember zwei- bis viermal tägliche. Es sind auch andere Exkursionen in den Archipel möglich.

St Jean Port Joli

Die außergewöhnlich hübsche Stadt wurde in den 1930er-Jahren als Zentrum des Kunsthandwerks bekannt und arbeitet hart daran, diesen Ruf zu bewahren. Der Parc des

Trois Berets am Flussufer wurde nach drei Brüdern bekannt, die stets Baskenmützen trugen und die die Stadt als Hauptstadt der Holzschnitzer bekannt machten. Im Juni findet im Park ein internationales **Skulpturenfestival** statt.

Die unzähligen Ateliers, Boutiquen und Kunstwerke am Straßenrand sind auf einer Karte eingezeichnet, die man kostenlos bei der Touristeninformation (S. 338) bekommt.

Philippe Aubert de Gaspé, der Autor von *Les Anciens Canadiens*, ist in der **Kirche** aus dem 18. Jh. beigesetzt.

Sehenswertes

Musée de la Mémoire Vivante MUSEUM

(Museum der lebendigen Erinnerung; ☎418-358-0518; www.memoirevivante.org; 710 Ave de Gaspé W; Erw./Kind 8 C$/frei; ⏲Juli & Aug. 9–18 Uhr, Juni & Sept. 10–17 Uhr, Okt.–Mai Mo–Fr 10–17 Uhr; P) Das faszinierende Museum beschäftigt sich mit der Kultur der Provinz Québecs und besonders von St Jean Port Joli. Die Exponate und historischen Interviews stammen von Tausenden Einwohnern. Eine kleine Warnung: Bei unserem Besuch waren alle Präsentationen nur auf Französisch.

Musée Maritime du Québec MUSEUM

(☎418-247-5001; www.mmq.qc.ca; 55 Chemin des Pionniers E, L'Islet; Erw./Kind 12/8 C$; ⏲Juli & Aug. 9–18 Uhr, Juni 10–17 Uhr, März–Mai & Sept.–Nov. 10–16 Uhr; P) Das große, moderne Museum widmet sich den historischen und kulturellen Verbindungen der Region zur Schifffahrt und zum Meer. Besucher können in ein lebensgroßes Schiff steigen und an Seemannsknotenkursen teilnehmen, und auf den Nachwuchs warten viele interaktive Exponate.

Musée des Anciens Canadiens MUSEUM

(☎418-598-3392; www.museedesancienscanadiens.com; 332 Rte 132 W; Erw./Kind 8/3 C$; ⏲Juli & Aug. 8.30–20 Uhr, Mai, Juni, Sept. & Okt. 9–17.30 Uhr) Dieses Museum zeigt über 250 holzgeschnitzte Figuren, von René Lévesque bis zu Harry Potter. Sie geben einen guten Einblick ins Werk der Baskenmützen tragenden Brüder Bourgault und anderer Lokalgrößen.

Schlafen & Essen

Au Boisé Joli B&B $

(☎418-598-6774; www.auboisejoli.com; 41 Ave de Gaspé E; EZ/DZ ab 85/95 C$;) Das gut geführte kleine B&B befindet sich in einem schlichten Wohnhaus. Innen ist es in warmen Farbtönen gehalten, mit Massivholzböden ausgestattet und mit kleinen künstlerischen Akzenten gestaltet. Die Betreiber sind mit Leihfahrrädern und allgemeinen Infos über die Gegend behilflich.

Camping de la Demi Lieue CAMPING $

(☎418-598-6108, 800-463-9558; 598 Rte 132; Stellplätze ab 32 C$, Cottages ab 120 C$; ⏲Mai–Sept.; @) Riesig, aber gut ausgestattet und näher an der Stadt als andere Campingplätze.

La Belle Époque B&B $$

(☎418-598-9905; www.auberge-labelleepoque.com; 63 Ave de Gaspé E; EZ/DZ ab 105/120 C$;) Mit den geschmackvollen historischen Elementen, der Kunst und der Atmosphäre eines gemütlichen bewohnten Hauses wirkt das Belle Époque fast wie ein historisches Wohnhaus (was angesichts des Namens ja auch passt). Der Service ist aber zuvorkommend und die Ausstattung ist modern.

La Coureuse des Grèves FRANZÖSISCH $$

(☎418-598-9111; www.coureusedesgreves.com; 300 Rte de l'Église; Hauptgerichte 12–23 C$; ⏲So–Do 8–22, Fr & Sa bis 23 Uhr;) Durch und durch nett, aber auf eine gemächliche, rustikale Weise – das ist das Ambiente dieses französischen Restaurants in einem ehemaligen Landhaus. Es ist mit viel Holz eingerichtet. Die Küche serviert gut zubereitete Klassiker.

La Boustifaille QUÉBECER KÜCHE $$

(☎418-598-3061; 547 Rte 132 E/Ave de Gaspé E; Hauptgerichte 15–25 C$; ⏲Juni–Sept. 8–21 Uhr; P) Das Restaurant ist nicht nur für seine großen Portionen typisch regionaler Gerichte wie Schweineragout, *tourtière* (Fleischpastete) und Käsequiche bekannt, sondern auch für das angrenzende Theater.

Ausgehen & Nachtleben

Microbrasserie Ras L'Bock KLEINBRAUEREI

(☎418-358-0886; www.raslbock.com; 250 Rue du Quai; ⏲Mi–So 12–3 Uhr) Livemusik, starkes Bier, ein Garten, in dem alle coolen Kids abhängen und eine lockere Stimmung, die auch schnell mal in eine Party umschlägt, wenn es sich ergibt: Diese beliebte Kleinbrauerei ist ein Hit.

Praktische Informationen

Touristeninformation (☎418-598-3747; 20 Ave de Gaspé W; ⏲Ende Juni–Aug. 9.30–19.30 Uhr, Sept.–Ende Juni Mi–Sa 9–17, So bis 16 Uhr) Hat einen Stadtplan und kann den Kontakt zu örtlichen Ateliers herstellen.

An- & Weiterreise

Busse von Orléans Express von/nach Québec halten in der Ortsmitte an der Épicerie Régent Pelletier, Rte 132 Nr. 10.

Rivière du Loup

Der eigenartige Name (Wolfsfluss) bezieht sich entweder auf Seehunde (Seewölfe), einen indianischen Stamm oder ein französisches Schiff aus dem 17. Jh. Egal, Rivière du Loup hat eine gewisse historische Bedeutung. Dank seiner Schlüsselposition auf den Pelzhandels- und Postrouten zwischen den Seeprovinzen und dem Sankt-Lorenz-Strom war der Ort im 19. Jh. die größte Stadt im östlichen Québec. Früher wurde hier Englisch gesprochen. Nach britischem Vorbild entstanden Freiflächen vor Prachtbauten wie der gotischen Kathedrale St-Patrice mit ihrem silbernen Dach. Nach dem Niedergang im frühen 20. Jh. verzeichnet der Ort jetzt wieder einen Boom. Die Geburtenraten gehören zu den höchsten in der Provinz, Stadtflüchtlinge ziehen hierher und Hochschulabsolventen kehren an ihren wunderschönen Geburtsort zurück.

Sehenswertes

Parc des Chutes PARK

(Sentier Parc des Chutes; P) Die kurzen Wege sind das Tolle an dem kleinen, verführerischen Parc des Chutes, der nur ein paar Gehminuten vom Zentrum entfernt am Ende der Rue Frontenac liegt. Wer sich verlaufen hat, folgt dem Geräusch der Autos und der etwa 30 m hohen Wasserfälle, die ein kleines Wasserkraftwerk antreiben.

Parc de la Croix PARK

Nach einer kurzen Autofahrt in den hügeligen Teil der Stadt erreicht man den winzigen Parc de la Croix, wo ein beleuchtetes Kreuz die herrliche Aussicht auf Stadt und Fluss bewacht. Um den Park vom Zentrum aus zu erreichen, folgt man zuerst der Rue Lafontaine nach Süden, bis die Unterführung zur Rue Témiscouata in Sicht kommt. Nun nach links in den Chemin des Raymond und nochmal nach links in die Rue Alexandre abbiegen, dann geht's nach rechts in die Rue Bernier und wieder nach links in die Rue Ste-Claire.

Musée du Bas St-Laurent MUSEUM

(☎ 418-862-7547; www.mbsl.qc.ca; 300 Rue St-Pierre; Erw./Stud. 7/5 C$; ⏲ Juni & Aug. tgl. 9–17 Uhr, Sept.–Mai Mi–So 13–17 Uhr) Dieses lebhafte Museum präsentiert eine Sammlung zeitgenössischer Québecer Kunst, die Hauptattraktion sind jedoch die etwa 200 000 alten Fotos aus der Region, die in thematischen, interaktiven Ausstellungen das Alltagsleben der Menschen am Sankt-Lorenz-Strom vermitteln.

Manoir Fraser GEBÄUDE

(☎ 418-867-3906; www.manoirfraser.com; 32 Rue Fraser; Erw./Kind 7/4 C$; ⏲ Juli–Sept. 9.30–17 Uhr) Rivière du Loup hieß im 19. Jh. Fraserville und war nach einer einflussreichen schottischen Dynastie benannt, die damals das prachtvolle Manoir Fraser bewohnte. Heute vermittelt das Herrschaftshaus einen Einblick in das Leben der Oberschicht zur Zeit der aufstrebenden Kolonie.

Aktivitäten

La Société Duvetnor BOOTSAUSFLUG

(☎ 418-867-1660; www.duvetnor.com; 200 Rue Hayward) Vor der Küste befinden sich einige geschützte Inseln mit Vogelschutzgebieten, auf denen sich aber auch noch andere Tiere tummeln. Die gemeinnützige Société Duvetnor veranstaltet Vogelbeobachtungstouren und naturkundliche Exkursionen zu den Inseln. Dabei bekommt man Belugas zu sehen. Auf der größten Insel, der **Île aux Lièvres**, gibt es 45 km Wanderwege, Unterkünfte und einen Campingplatz.

Eineinhalbstündige Bootsausflüge zum Pot au l'Eau de Vie (Schnapskrug) kosten ab 25 C$. Die Insel heißt so, weil sie während der Prohibition von Alkoholschmugglern als Zwischenlager benutzt wurde.

Parc Linéaire Interprovincial Petit Témis RADFAHREN, WANDERN

(☎ 418-853-3593; www.petit-temis.ca) Der Parc Linéaire Interprovincial Petit Témis ist ein 135 km langer, landschaftlich schöner Rad- und Wanderwege. Die überwiegend flache Route führt nach Edmundston, New Brunswick. Karten gibt's in der Touristeninformation, Fahrräder verleiht Hobby Cycles.

Croisières AML BOOTSFAHRT

(☎ 866-856-6668; 200 Rue Hayward; 3½-stündige Touren 70 C$; ⏲ Juni–Aug.;) Croisières AML veranstaltet Walbeobachtungstouren. Wer auf die andere Seite des Flusses nach Tadoussac fahren will, sollte sich die Wale für dort aufheben.

Hobby Cycles RADFAHREN

(☎ 418-863-1112; www.hobbycycle.ca; 278 Rue Lafontaine; Fahrradverleih ab 30 C$/Tag; ⏲ Di & Mi

10–17.30, Do bis 20, Fr bis 18, Sa 10–16 Uhr) Verleiht und repariert Räder und hat Tipps zu guten Radrouten.

Schlafen & Essen

Auberge Internationale HOSTEL $

(☎418-862-7566; www.aubergerdl.ca; 46 Blvd de l'Hôtel de Ville; B/Zi. inkl. Frühstück ab 28/60 C$; P@) Das hervorragende, zentral gelegene HI-Hostel in einem alten Haus hat kleine Schlafsäle mit eigenem Bad. Die seit vielen Jahren dort beschäftigten Mitarbeiter sorgen für eine gemütliche, einladende Atmosphäre. Die Stimmung ist angenehm gesellig.

Auberge de la Pointe RESORT $$

(☎800-463-1222, 418-862-3514; www.aubergedelapointe.com; 10 Blvd Cartier; Zi. 105–185 C$, Suite ab 320 C$; P) Dieser riesige Komplex, der etwas außerhalb der Stadt liegt, besteht aus mehreren Pavillons mit Blick auf eine malerische Biegung des Sankt-Lorenz-Stroms. Die großartig gestalteten Zimmer erreichen ein schönes Gleichgewicht zwischen minimalistischer Coolness und warmer Gemütlichkeit. In der Anlage gibt's ein Spa, ein Restaurant, eine Bar und sogar ein Theater.

Au Vieux Fanal MOTEL $$

(☎418-862-5255; www.motelauvieuxfanal.com; 170 Rue Fraser; Zi. 70–125 C$; Mai–Nov.;) Das farbenfrohe Au Vieux Fanal, eines der besten Motels an dieser Meile, punktet mit dem tollen Blick auf den Fluss und einem beheizten Pool.

★ **L'Innocent** CAFÉ $$

(☎418-862-1937; 460 Rue Lafontaine; Hauptgerichte 10–15 C$; 9–22 Uhr;) Das hipste Café weit und breit serviert Tagesgerichte mit tollem Preis-Leistungs-Verhältnis. Der Soundtrack ist eine Mischung aus Ska, Indie und anderen coolen Musikrichtungen. Dies ist der beste Ort der Stadt, um mit den Einheimischen ins Gespräch zu kommen. Für Eilige gibt's auch Kaffee zum Mitnehmen.

L'Estaminet KNEIPE $$

(☎418-867-4517; www.restopubestaminet.com; 299 Rue Lafontaine; Hauptgerichte 15–32 C$; Mo–Mi 7–23, Do bis 23, Fr bis 1, Sa 8–1 So 8–23 Uhr) Dieses *bistro du monde* bietet herzhafte Kneipenkoste und Tagesgerichte wie Muscheln mit Pommes sowie 150 Sorten Bier. Tipp: den Bisonburger probieren.

Chez Antoine FRANZÖSISCH $$$

(☎418-862-6936; www.chezantoine.ca; 433 Rue Lafontaine; Hauptgerichte abends 28–45 C$; Mo–Fr 11–14, Mo–Sa 17–21 Uhr) Das Chez Antoine gilt seit Langem als bestes Restaurant der Stadt und pflegt seinen guten Ruf. Zu seinen Spezialitäten zählen Atlantischer Lachs, Schweinefilet vom Bio-Produzenten duBreton und Filet Mignon. Serviert werden sie in einem alten weißen Haus mit elegantem Speiseraum.

Praktische Informationen

Touristeninformation (☎888-825-1981; www.tourismerivierelduloup.ca; 189 Blvd de l'Hôtel de Ville; Juli–Aug. 8.30–19.30 Uhr, Sept. Mo–Fr 8.30–16.30, Sa ab 11 Uhr, Okt.–Juni Mo–Fr 8.30–16.30 Uhr;) Bietet Internetzugang und einen kostenlosen Plan der Altstadt mit einem Stadtspaziergang.

An- & Weiterreise

Eine **Fähre** (☎418-862-5094; www.traverserdl.com; Erw./Kind hin & zurück 24/16,30 C$) verkehrt zwischen dem Jachthafen von Rivière du Loup und St-Siméon.

Hwy 20 (Ausfahrt 503), Rte 132 und Hwy 85 führen direkt nach Rivière du Loup hinein.

Orléans-Expressbusse nach Québec und Rimouski halten am **Busbahnhof** (317 Blvd de l'Hôtel de Ville).Wer nach New Brunswick fährt, muss in Rimouski umsteigen.

Züge von **VIA Rail** (☎888-842-7245; www.viarail.ca; 615 Rue Lafontaine) fahren jeden zweiten Tag von Rivière du Loup nach Québec und Halifax. Der Bahnhof ist nur geöffnet, wenn mitten in der Nacht die Züge ankommen.

Île Verte

Eine willkommene Pause vom Fahren auf der Straße, die hinter Rivière du Loup nur noch einspurig, bis Rimouski aber recht stark befahren ist, bietet die 15-minütige Fährüberfahrt zur Île Verte.

Erst in jüngster Zeit sind auf der 11 km langen Insel, auf der nur 45 Menschen ständig leben, die ersten Sommerhäuser entstanden. Die Insel ist beliebt, um Vögel und Wale zu beobachten und Rad zu fahren. Im Winter kommen auch Eisangler.

Im ältesten **Leuchtturm** (1809) am Sankt-Lorenz-Strom befindet sich ein Museum. Übernachten kann man im **Les Maisons du Phare** (☎418-898-2730; http://phareileverte.com; EZ/DZ inkl. Frühstück 88/120 C$; Mai–Okt.;). Die farbenfrohen kleinen Zimmer des Hotels bekommen viel Tageslicht ab. Sie befinden sich in mehreren Cottages. Wer etwas essen möchte, bekommt im freundlichen kleinen **Café d'Alphé** (Hauptgerichte 9–16 C$; 10–22

Uhr), frische Eier, Suppen und Pasta, Käse aus der Region und Kleinbiere.

Location de Bicyclettes Entre Deux Marées (☎418-860-7425; 4404 Chemin de l'Île; Fahrrad ab 30 C$/Tag) verleiht an die Besucher der Insel Fahrräder. Am besten reserviert man die Räder telefonisch, das Büro ist nur zu den Ankunfts- und Abfahrtszeiten der Fähre geöffnet.

Fähren (☎418-898-2843; www.traversiers.com; 1804 du Quai d'En Bas, Notre-Dame-des-Sept-Douleurs; einfache Strecke Erw./Auto/Fahrrad 6,70/40/1 C$) fahren etwa fünfmal täglich zwischen der Insel und Notre-Dame-des-Sept-Douleurs. Im Winter, wenn der Sankt-Lorenz-Strom zugefroren ist, erreicht man die Insel nur mit dem Flugzeug oder einem Schneemobil. Einzelheiten erfährt man unter ☎418-898-3287. Auf jeden Fall sollte man sich überall telefonisch anmelden, denn alle touristischen Einrichtungen sind wahrscheinlich geschlossen.

Trois Pistoles

Wenn man in dieses Dorf kommt, scheint es, als ob Québecs Frankophonie hier einem Außenposten des baskischen Nationalismus gewichen ist – jedes zweite Geschäft hat einen Namen, der sich auf das lokale baskische Erbe bezieht. Die Basken kamen als Walfänger in die Gegend und waren noch vor Jacques Cartier die ersten Europäer, die nach den Wikingern den Sankt-Lorenz-Strom hinauffuhren. Besucher kommen vor allem wegen des Sankt-Lorenz-Stroms; **Kayak des Îles** (☎418-851-4637; www.kayaksdesiles.com; 60 Ave du Parc; 3-/6-stündige Touren 55/110 C$) veranstaltet Kajaktouren mit gutem Preis-Leistungs-Verhältnis.

Sehenswertes

Île-aux-Basques INSEL

(☎418-851-1202; www.provancher.qc.ca; Erw./Kind 2C$/frei; ⏲Juni–Aug.) Die bewaldete, idyllische Insel ist mit baskischen Öfen aus dem 16. Jh. gespickt, außerdem gibt's hier 2 km Wege und ein Vogelschutzgebiet. Die einzige Möglichkeit, die Insel zu besuchen, sind die geführten Touren, die die Société Provancher im Sommer veranstaltet.

Feste & Events

Festival Rendez-vous des Grandes Gueules KULTUR

(http://compagnonspatrimoine.com) Das Festival Rendez-vous des Grandes Gueules feiert am ersten Oktoberwochenende die weltweiten Traditionen des französischsprachigen Geschichtenerzählens.

Schlafen

La Rose des Vents B&B $

(☎418-851-4926; 80 2e Rang W; EZ/DZ inkl. Frühstück 85/105 C$; P @ 📶) Das hübsche alte Haus erkennt man leicht an seiner ungewöhnlichen Dachlinie. Das Frühstückszimmer hat große Fenster mit Blick auf die Côte-Nord. Die einfachen Zimmer sind mit großen, weichen Betten ausgestattet – genau das Richtige, wenn man zu lange am Lenkrad gesessen hat.

Camping & Motel des Flots Bleus Sur Mer CAMPING $

(☎418-851-3583; Rte 132; Stellplatz Zelt & Wohnmobil 25 C$, Zi. 60 C$; ⏲Mai–Mitte Okt.; P 📶) Zu dem kleinen, ruhigen Campingplatz etwas außerhalb von Trois Pistoles gehört auch ein sehr einfaches Motel.

Parc National du Bic

Wenn die Gaspé-Halbinsel näher kommt, bilden sich über dem Sankt-Lorenz-Strom Wolkenbänke, die sich über eine Reihe dunkler bewaldeter Inseln, Inselchen und runder Buchten ausbreiten. Ein 33 km² großes Gebiet dieser Landschaft ist als **Parc National du Bic** (☎418-736-5035; www.sepaq.com/pq/bic; 3382 Rte 132; Erw./Kind 8,50 C$/frei; ⏲ganzjährig) geschützt. Hier gibt's ein hervorragendes Informationszentrum, dessen hilfsbereites Personal Aktivitäten wie Wandern, Mountainbiken, Seekajakfahren, geführte Wanderungen und Autotouren, Tierbeobachtung tagsüber und nachts, Schneeschuhwandern und Skilanglauf organisiert. Die Wanderung auf den 346 m hohen **Champlain Peak** (hin & zurück 2 Std.) wird mit der Aussicht auf die Îlet au Flacon belohnt; der Park betreibt einen Shuttleservice hierher.

Anfang August findet vor der grandiosen Kulisse der Wälder und Inseln des Parc National du Bic das Kammermusikfestival **Festival Concerts aux Îles du Bic** (www.bicmusique.com/en; ⏲Anfang Aug.) statt.

Das **Theatre du Bic** (☎418-736-4141; http://theatredubic.com; 50 Rte du Golf-du-Bic), das auf halbem Weg zwischen dem Parc National du Bic und Rimouski liegt, ist für sein großartiges, originelles Programm bekannt, das fantastische Konzerte, Theater- und

Tanzaufführungen sowie Comedy-Auftritte beinhaltet.

Rimouski

Rimouski ist nicht so charmant wie manche idyllischen Städte der Provinz, den es ist ein großer Ölumschlagplatz. Doch die Stadt ist reich, dynamisch und ein wichtiges kommerzielles Zentrum der Region. Daher gibt's hier gute Restaurants, interessante Museen und viele Studenten. Es ist ein idealer Ort, um auf die Fähre zu warten.

Sehenswertes & Aktivitäten

Île Saint-Barnabé INSEL

(☎418-723-2280; www.ilestbarnabe.com; 50 Rue St-Germain W; Erw./Kind 19/12,50 C$; Juni–Sept. Abfahrt 9–14.30 Uhr alle 30 Min., Rückfahrt 10.15–18.15 Uhr alle 30 Min.) Nur 20 Minuten vom betriebsamen Rimouski entfernt liegt die Île Saint-Barnabé, ein ruhiges, bewaldetes idyllisches Fleckchen mit Stein- und Sandstränden. Hier leben Kanadareiher und Robben. Vom Hafen in Rimouski fahren robuste aufpumpbare Boote zur Insel.

Musée de la Mer MUSEUM

(☎418-724-6214; www.shmp.qc.ca; 1034 Rue du Phare; Erw./Kind 15,75/9,25 C$; Juni–Sept. 9–18 Uhr; P) 7 km östlich der Stadt erzählt dieses Museum von der Tragödie der *Empress of Ireland*, dem nach dem Untergang der *Titanic* schlimmsten zivilen Schiffsunglück aller Zeiten. In den nur 14 Minuten zwischen dem Zusammenstoß mit einem norwegischen Kohlefrachter und dem Untergang des Schiffs im Sankt-Lorenz-Strom verloren 1012 Menschen ihr Leben. Doch mit dem Ausbruch des Ersten Weltkriegs zwei Monate darauf geriet dieses Ereignis schnell in Vergessenheit.

Leuchtturm Pointe au Père LEUCHTTURM

(Erw./Kind 4/3 C$; 9–18 Uhr) Der höchste Leuchtturm im Osten Kanadas hat einen guten Standort über dem Sankt-Lorenz-Seeweg. Er ist Teil des Komplexes des Musée de la Mer.

Musée Régional de Rimouski GALERIE

(☎418-724-2272; http://museerimouski.qc.ca; 35 Rue St-Germain W; Erw./Kind 6/4 C$; Juni–Aug. 9.30–18 Uhr, Sept.–Mai Mi & Fr–So 12–17, Do bis 20 Uhr; P) In einer renovierten Steinkirche zeigt diese Galerie Ausstellungen moderner Kunst und organisiert regelmäßig Veranstaltungen, darunter Filmabende.

Le Canyon des Portes de l'Enfer WANDERN

(☎418-735-6063; http://canyonportesenfer.qc.ca; 1280 Chemin Duchénier; Erw./Kind 13/7 C$; Mai–Okt.;) Im Canyon des Portes de l'Enfer (Höllentor-Canyon) können Besucher wandern, Mountainbike fahren und den Blick auf den Canyon und auf Wasserfälle von der höchsten Hängebrücke (62 m) der Provinz genießen. Der Canyon liegt unweit von Saint- Narcisse-de-Rimouski, 30 km südlich der Stadt an der Rte 232.

Schlafen & Essen

Auberge de l'Évêché PENSION $$

(☎866-623-5411, 418-723-5411; www.aubergedeleveche.com; 37 Rue de l'Évêché W; Zi. inkl. Frühstück 99–120 C$; P) Die Zimmer über einer *chocolaterie* gegenüber vom Rathaus haben TVs und sind mit tollen alten Fotos dekoriert. Sie sind traditonell, aber nicht plüschig eingerichtet.

Hôtel Rimouski HOTEL $$

(☎418-725-5000; www.hotelrimouski.com; 225 Blvd René-Lepage E; Zi. ab 125 C$, Suite ab 163 C$; P @) Rimouskis Grandhotel ist vornehm-elegant und verströmt das Flair leicht verblichener Pracht. Die gepflegten Zimmer gehen überwiegend auf die Promenade und den Fluss auf der anderen Straßenseite hinaus. Wegen des Konferenzzentrums im Komplex sind viele Geschäftsreisende unter den Gästen, aber auch Familien, die die superschnelle, tolle Wasserrutsche und das Hallenbad schätzen.

★ **La Brûlerie d'Ici** CAFÉ $

(☎418-723-3424; www.bruleriedici.com; 91 Rue St-Germain W; Sandwiches 6 C$; Mo–Mi 7–23, Do &Fr bis 1, Sa 8–1, So 8–23 Uhr;) In dem hippen Café gibt's Kaffee aus Guatemala und Äthiopien, Snacks wie Bagels und Bananenbrot, WLAN und im Sommer Livemusik.

Les Complices QUÉBECER KÜCHE $$

(☎418-722-0505; www.lescomplices-resto.com; 108 Rue St-Germain E; Hauptgerichte 11–22 C$; Mo–Sa 9–22, So bis 14 Uhr; P) Die Küche des Les Complices zeigt viel Hingabe und Liebe für den Fisch, die Tiere und die anderen Produkte der bewaldeten Südküste und der Gaspé-Halbinsel. Lachstatar-Muscheln und *frites, poutine* in einer *bourguignonne*-(Rotwein-)Sauce – dies ist köstliche, unprätentiöse regionale Küche.

Le Crêpe Chignon CAFÉ $$

(☎418-724-0400; www.crepechignonrimouski.com; 140 Ave de la Cathédrale; Hauptgerichte

9–15 C$; ⌚ Mo–Mi 7–22, Do & Fr bis 23, Sa 8–21, So bis 22 Uhr; P 👪) Der helle Stern am Restauranthimmel der Stadt. Hier werden köstliche pikante und süße Crêpes serviert. Die Einheimischen lieben das Café ebenso wie die Touristen, also Wartezeit einplanen.

Praktische Informationen

Touristeninformation (☎ 800-746-6875, 418-723-2322; http://tourismerimouski.com; 50 Rue St-Germain W; ⌚ Juni–Aug. 8.30–19.30 Uhr, Sept. & Okt. Mo–Fr 8.30–17.30 Uhr, Nov.–Mai Mo–Fr 9–12 & 13–16.30 Uhr) An der Place des Veterans an der Kreuzung Rue St-Germain W und Ave de la Cathédrale.

An- & Weiterreise

AUTO

Mitfahrzentralen wie **Kangaride** (S. 253) vermitteln Mitfahrgelegenheiten u. a. nach Québec und Montréal.

BUS

Expressbusse von Orléans fahren vom **Busbahnhof** (☎ 888-999-3977; www.orleansexpress.com; 90 Rue Léonidas) nach Québec (58 C$, 4 Std., 3-mal tgl.), Rivière du Loup (32 C$, 1½ Std., 6-mal tgl.) und Gaspé (78 C$, 7 Std., 5-mal tgl.).

SCHIFF/FÄHRE

Von Mai bis September verkehrt eine **Fähre** (☎ 418-725-2725, 800-973-2725; https://ssl.pqm.net/cnmevolution; ⌚ Mai–Sept.) zwischen Rimouski und Forestville an der Côte-Nord (einfache Strecke Erw./Kind/Auto 24/15/48 C$, 1¾ Std., 2- bis 4-mal tgl.). Reservierungen sind möglich.

Das Frachtschiff **Relais Nordik** (☎ 418-723-8787, 800-463-0680; www.relaisnordik.com; 17 Ave Lebrun; hin & zurück nach Natashquan 398 C$; ⌚ Anfang April–Mitte Jan.) fährt einmal pro Woche nach Sept-Îles, Île d'Anticosti, Havre St Pierre, Natashquan und zur Basse-Côte-Nord und nimmt Passagiere mit. Es legt Dienstmorgen am Jachthafen in Rimouski ab und erreicht Blanc Sablon am Freitagabend. Die einfache Fahrt kostet für die gesamte Strecke ab 332 C$. An Bord gibt es Essen, Hauptgerichte kosten zwischen 6 und 20 C$. Autos können ebenfalls mitgenommen werden, das ist aber extrem teuer (der Preis wird nach dem Gewicht des Fahrzeugs berechnet). Bei den kurzen Zwischenstopps sind Fahrräder ohnehin praktischer.

ZUG

Der **Bahnhof** (☎ 888-842-7245; 57 Rue de l'Évêché E) ist nur geöffnet, wenn VIA-Rail-Züge ankommen, in der Regel nach Mitternacht. Alle zwei Tage fahren Züge von/nach Montréal.

GASPÉ-HALBINSEL

Es gibt wohl keinen Ort, der sich mit „La Gaspésie" vergleichen lässt, einer Halbinsel mit Kiefernwäldern und hohen Klippen, die in den kalten Sankt-Lorenz-Golf hineinragt. Hinter Matane wird die Landschaft immer wilder, die zunehmend bunteren Bauernhäuser stehen an immer felsigeren Kaps, der Wind wird schärfer und salziger – und man spürt, dass man nun tatsächlich in der französischsprachigen Version einer maritimen Provinz angekommen ist.

Auf diesem recht kleinen Fleckchen Erde versammeln sich unglaublich viele fantastische Landschaften. Da gibt es den berühmten durchbohrten Felsen in Percé und endlose Strände im Schatten der von den Gletschern geformten Klippen. Durch das bewaldete bergige Hinterland mit dem atemberaubenden Parc de la Gaspésie führen einige Straße, darunter die Straße durch das Matapédia-Tal, der International Appalachian Trail und die Rte 198, eine der einsamsten Straßen der Provinz.

Die Touristensaison dauert etwa von Juni bis Mitte September. In den anderen Monaten ist hier fast nichts los.

Geschichte

So wie die Wale, deren Fontänen oft in der Ferne zu sehen sind, zog es auch die Normannen, Bretonen, Basken und die Bewohner der Channel Islands zu den reichen Fischgründen der Region. Engländer, Schotten und Iren, die vor solchen Turbulenzen wie der Großen Hungersnot in Irland und der amerikanischen Unabhängigkeit geflohen waren, ließen sich an der Südküste nieder, an der isolierte englischsprachige Gemeinschaften entstanden. Über vielen Häusern entlang der Rte 132 weht die rotweiß-blaue, mit einem goldenen Stern geschmückte akadische Fahne.

Ste Flavie

Spätestens in Ste Flavie hat man das Gefühl, in einer anderen Welt angekommen zu sein. Die Straße führt an der Küste entlang ... – marschiert dort nicht eine Gruppe merkwürdiger Gestalten aus dem Meer ans Land? Dazu gleich mehr – auf jeden Fall ist Ste Flavie ein entspannter Ort, um eine Pause einzulegen, ehe man die felsige Landschaft in Angriff nimmt, die kurz dahinter oberhalb der Rte 132 aufragt.

Gaspé-Halbinsel

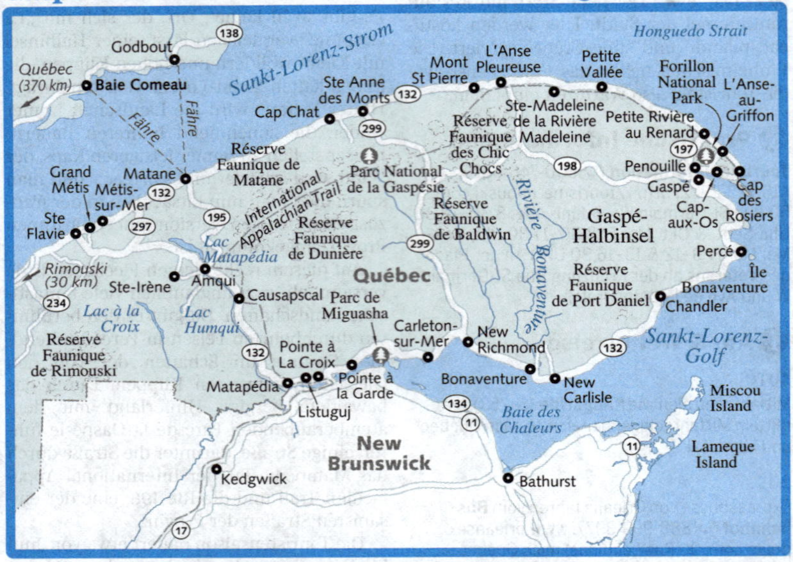

Sehenswertes

Centre d'Art Marcel Gagnon GALERIE
(☎866-775-2829, 418-775-2829; www.centredart.net; 564 Rte de la Mer; ⊙7.30–21 Uhr; P) GRATIS Das Highlight der Kunstroute der Stadt ist das Centre d'Art Marcel Gagnon. Die außergewöhnliche Skulptur *Le Grand Rassemblement* (Die große Zusammenkunft) im Freien besteht aus über 100 Steinfiguren, die aus dem Sankt-Lorenz-Strom herauszusteigen scheinen. Leider wirkt die Galerie, die Werke von Gagnon und seinen Söhnen zeigt, mit ihren vielen *Rassemblement*-Souvenirs etwas zu kommerziell.

Vieux Moulin MUSEUM
(☎418-775-8383; http://vieuxmoulin.qc.ca/wp; 141 Rte de la Mer; Museum 2,50 C$; ⊙8–21 Uhr) In dieser Windmühle aus dem 19. Jh. können Besucher Shakespeares Lieblingsgetränk Met probieren. Ein kleines Museum in der Mühle zeigt Ausstellungsstücke aus der Kolonialzeit und prähistorische Artefakte der Ureinwohner.

Schlafen

Centre d'Art Marcel Gagnon Auberge PENSION $$
(☎418-775-2829, 866-775-2829; www.centredart.net/chambres; 564 Rte de la Mer; Zi. inkl. Frühstück 95–135 C$; P 📶) Die *auberge* über dem Centre d'Art Marcel Gagnon hat schlichte, künstlerisch angehauchte Zimmer mit eigenem Bad.

Essen

Restaurant des Centre d'Art Marcel Gagnon KNEIPE $$
(☎418-775-2829; 564 Rte de la Mer; Hauptgerichte 16–33 C$; ⊙7.30–21 Uhr; P 👪) Das Restaurant im Centre d'Art Marcel Gagnon bietet eine tolle Aussicht und serviert Pizzas, Pasta und unzählige Fisch- und Meeresfrüchtegerichte mit schweren, cremigen Saucen.

Capitaine Homard SEAFOOD $$$
(☎418-775-8046; http://capitainehomard.com; 180 Rte de la Mer; Hauptgerichte 16–40 C$; ⊙Mai–Aug. 11–22 Uhr; P 👪) Das Capitaine Homard („Kapitän Hummer") ist seit 1968 *der* lokale Treffpunkt. Unter einer Decke, die an ein Seemannsgrab am Grund des Ozeans erinnert, serviert es tolle Meeresfrüchte und offeriert außerdem Internetzugang, Campingmöglichkeiten und Hütten.

Praktische Informationen

Büro von Tourisme-Gaspésie (☎418-775-2223, 800-463-0323; www.tourisme-gaspesie.com/en; 1020 Blvd Jacques-Cartier; ⊙8–20 Uhr) Tourisme Gaspésie befindet sich gleich abseits der Küstenstraße und ist die Haupttouristeninformation der Gaspé-Halbinsel. Wer in der Nebensaison kommt, sollte sich hier die Broschüre mit im Winter geöffneten Einrichtungen holen.

Grand Métis

Grand Métis ist ein winziger Ort, der vor allem wegen seiner gepflegten Gärten bekannt ist, Fährt man auf der Rte 132 nach Nordosten, wirkt es wie eine Fortsetzung von Ste Flavie.

Etwa 10 km östlich von Grand Métis liegen die Strandorte **Métis Beach** und **Métis sur Mer**. Sie erinnern mit ihren großen Rasenflächen und den britischen Namen auf den Straßenschildern und Briefkästen an amerikanische Städte. Traditionell waren sie Ferienorte des englischsprachigen Bürgertums und so sind die Einwohner der Gegend überwiegend englischsprachig.

Eine der Hauptattraktionen der Gaspé-Halbinsel sind die **Jardins de Métis** (Reford Gardens; ☎418-775-2222; www.refordgardens.com; 200 Rte 132; Erw./Kind 20 C$/frei; ⏲Mai, Juni & Sept. 8.30–18 Uhr, Juli & Aug. bis 20 Uhr; Ⓟ) In den 90 ha großen, makellos gepflegten Gärten wachsen über 3000 Pflanzenarten. Die Gärten, die 1910 angelegt wurden, werden auch Reford Gardens genannt, nach Elsie Reford, die das Land von ihrem Onkel Baron Mount Stephen, dem Gründer der Canadian Pacific Railway, geerbt hatte. Seine Villa mit 37 Räumen ist heute ein **Museum**. Auf dem Grundstück steht auch das Haus **ERE132**, ein intelligent entworfenes ökologisches Wohnhaus, das ein kleines Juwel umweltfreundlicher moderner Architektur ist.

Matane

Dieser kommerzielle Fischereihafen ist nicht so malerisch wie andere Dörfer auf der Halbinsel, doch der Ort ist freundlich und bietet sich an, um fangfrische Meeresfrüchte aus der Umgebung zu probieren.

Aktivitäten

Sentier International des Appalaches WANDERN

(☎418-562-7885; www.sia-iat.com; 968 Ave du Phare W; 2-Tages-/2-Nächte-Wanderungen 265; ⏲Büro Mo–Fr 9–17 Uhr) Der International Appalachian Trail führt über die Gaspé-Halbinsel. Dieses Büro organisiert Wanderungen für Anfänger und Fortgeschrittene auf dem hiesigen Abschnitt des Wegs. Viele Wanderungen führen durch das wilde, zerklüftete Réserve Faunique de Matane.

Beobachtungszentrum ANGELN

(Zec de la Rivière Matane; ☎418-562-7560; www.zecsaumonmatane.com; 235 Ave St-Jérôme; Erw./

INSIDERWISSEN

ESSEN & TRINKEN WIE DIE EINHEIMISCHEN: KLEINBRAUEREIEN AUF DER GASPÉ-HALBINSEL

Die Gaspé-Halbinsel ist eine Gegend mit rauem Meer, starkem Wind und anstrengenden Wanderungen. Ihre Bewohner tendieren zu Flanell- und Fleece-Klamotten, vernünftigen Schuhen und, was die Männer angeht, üppigen Bärten. Wo sich so eine Geografie und solche Menschen treffen, scheint das Ergebnis aus irgendeinem Grund gutes Bier zu sein (s. auch Oregon und Colorado).

Auf der Halbinsel gibt's einige großartige Kleinbrauereien, und für einige Menschen, ob sie nun die Autoren genau dieser Zeilen sind oder nicht, besteht ein perfekter Urlaub darin, in der Nähe des Meeres durch eine schöne Landschaft in den Appalachen zu wandern und danach ein starkes dunkles Bier zu trinken.

Hier folgen einige der besten Kleinbrauereien mit Ausschank auf der Gaspé-Halbinsel.

La Fabrique (S. 346) Diese Brauereischenke in Matane serviert zu ihren saisonalen Bieren die perfekten herzhaften Gerichte.

Microbrasserie Le Malbord (S. 347) Eine weitere Brauereikneipe, in der die Einkehr nach einer Tour im Parc National de la Gaspésie eine wahre Freude ist.

Pub Pit Caribou (S. 352) Die dunkle kleine Kneipe draußen in Percé ist ein hinreißender Außenposten der bekanntesten Kleinbrauerei der Halbinsel.

Le Naufrageur (S. 354) In dieser relativ unbekannten Brauerei in Carleton vollbringen höchst talentierte Bierbrauer wahre Wunder.

Kind 5 C$/frei; ⏲ Juni–Sept. 8–19.45 Uhr; 🚼) Was kann man hier wohl beobachten? Fische! Große Fische! Bis zu 19 kg schwere Lachse schwimmen im Juni den Rivière Matane hinauf, um zu laichen, und wer sie gern sehen möchte, sollte dieses Beobachtungszentrum besuchen. Das Zentrum verkauft auch Angellizenzen für den 100 km langen Fluss, der direkt in der Stadt beginnt.

Schlafen & Essen

Camping Rivière CAMPING $
(☎418-562-3414; www.campingmatane.com; 150 Rte Louis Félix Dionne; Stellplatz Zelt & Wohnmobil ab 27 C$; 📶) Der Campingplatz südwestlich vom Stadtzentrum hat 134 abgeschiedene Stellplätze zwischen Bäumen, die viel Privatsphäre bieten. Um hierher zu kommen folgt man von der Stadt aus der Rue Henri Dunant in Richtung Amqui.

La Seigneurie PENSION $$
(☎418-562-0021, 877-783-4466; http://aubergelaseigneurie.com; 621 Ave St-Jérôme; Zi. 89–119 C$) Das freundliche B&B befindet sich in einem prächtigen Haus von 1919 mit Zimmern unterm Dach, einem großen Piano und einer frei stehenden Badewanne im „Zimmer der Liebenden".

Hôtel Motel Belle Plage HOTEL $$
(☎418-562-2323, 888-244-2323; www.hotelbelleplage.com; 1310 Rue Matane sur Mer; Zi. 114–195 C$; P 📶) Hier kann man sich Räucherlachs und Weißwein aufs Zimmer bestellen und auf dem Balkon speisen. Ziemlich nobel für ein Motel! Es befindet sich in der Nähe des Fähranlegers und ist weit genug vom Lärm der Rte 132 entfernt.

La Fabrique KNEIPE $
(☎418-566-4020; www.publafabrique.com; 360 Ave St-Jérôme; Hauptgerichte 7–16 C$; ⏲ 11.30–1.30 Uhr; P) Auf der Karte dieser großartigen Kleinbrauerei stehen Thai-Krabben, Räucherschinken, Chipotle-Hühnchen und andere international inspirierte Variationen klassischer Kneipengerichte, darunter auch großartige Versionen von gegrillten Käsesandwiches.

Shoppen

Poissonnerie Boréalis ESSEN
(☎418-562-7001; www.borealismatane.com; 985 Rte 132; ⏲ 8–21 Uhr) Wer Fisch mag, ist in diesem Laden richtig. Die Flossentiere gibt's hier in allen Varianten, z. B. als Sushi, frisch oder geräuchert.

Praktische Informationen

Touristeninformation (☎418-562-6734, 418-562-1065; www.tourismematane.com; 968 Ave du Phare W; ⏲ Juli & Aug. 8–19 Uhr, Juni & Sept. 9–18 Uhr) In einem Leuchtturm neben einem maritimen Museum.

An- & Weiterreise

Eine **Fähre** (☎877-562-6560, 418-562-2500; www.traversiers.com; 1410 Rue Matane sur Mer) verkehrt zwischen Matane, Baie-Comeau und Godbout (Erw./Kind/Auto 20/12/48 C$, 4- bis 6-mal tgl.). Der Fähranleger befindet sich etwa 2 km westlich vom Stadtzentrum nahe der Rte 132.

Busse (☎418-562-4085; www.orleansexpress.com; 521 Rte 132) halten an der Irving-Tankstelle 1,5 km östlich vom Stadtzentrum. Busse von **Orléans Express** (S. 253) fahren nach Gaspé (38 C$, 5 Std., 2-mal tgl.) und Rimouski (26,25 C$, 1½ Std., 3-mal tgl.).

Cap Chat

Cap Chat ist ein für die Gaspé-Halbinsel typisches Dorf – abgesehen von den 133 Windrädern, die sich über den weißen Häusern drehen. Dies ist der größte Windpark Kanadas und der wirtschaftlichste der Welt; er produziert 100 MW Strom. Die unwirklich scheinenden Windräder stehen auf Hügeln über dem Beginn des Sankt-Lorenz-Golfes. Dominiert werden sie von der größten Vertikalrotor-Windturbine der Welt, die aber nicht mehr in Betrieb ist.

Wer Interesse an einer einstündigen Führung zu den Windrädern der Gegend hat, kann sich an **Éole Cap-Chat** (☎418-786-5719; www.eolecapchat.com; Rte 132; Führungen 10 C$; ⏲ Juli–Okt. 9.30–17.30 Uhr) wenden. Es ist gleich westlich von Cap Chat an der Rte 132 ausgeschildert und bietet auch Führungen in englischer Sprache.

Der einfache Campingplatz **Camping au Bord de la Mer** (☎418-809-3675; http://campingauborddelamer.wix.com/campingmer; 173 Rue Notre Dame E; Stellplätze 20–35 C$) liegt abseits der Rte 132 östlich der Brücke bei Cap Chat. Er bietet einen Blick auf den Fluss und den Zugang zu einigen windzerzausten Kieselstränden.

Ste Anne des Monts

Auf der Fahrt entlang der Nordküste der Halbinsel werden die Klippen immer felsiger und fallen immer steiler zum Meer ab.

Manche Häuser stehen so dicht am Abgrund wie eine Herde Bergziegen. Ste Anne des Monts ist das Tor zum Parc National de la Gaspésie und ein guter Ort, um sich vor dem Aufbruch in die Wildnis im Inland mit Vorräten einzudecken.

Sehenswertes

Explorameer AQUARIUM
(☎418-763-2500; www.exploramer.qc.ca; 1 Rue du Quai; Erw./Kind 15/9,50 C$; ⏲Juni–Okt. 9–17 Uhr; P 👪) Das Aquarium, dessen Schwerpunkt die Lebewesen im Sankt-Lorenz-Strom bilden, ist ein toller Zwischenstopp auf der kurvigen Rte 132. Viele Exponate kann man anfassen – wer schon immer mal eine Seegurke berühren wollte, hat hier die Gelegenheit. Außerdem gibt's ein Meeresmuseum, Meeresexkursionen und einen Einblick in den Prozess der Ausbeutung der Meere. Kleinere Besucher werden wohl den maritimen Spielplatz draußen bevorzugen.

Schlafen & Essen

★ **Auberge Festive Sea Shack** HOSTEL $
(☎418-763-2999, 866-963-2999; www.aubergefestive.com; 292 Blvd Perron E; Stellplatz 16 C$, B mit/ohne HI-Mitgliedschaft 26/30 C$, Hütten ab 80 C$; P @ 📶) Hinter den bewaldeten Klippen, die etwa 10 km östlich von St Anne des Monts liegen, drängt sich ein Komplex aus Chalets, Hütten, Zelten, einer riesigen Bar und einem Gemeinschaftsbereich. Das ist das Sea Shack, eines jener Hostels, wegen derer mancher überhaupt erst zum Backpacker wird. In der Strandbar spielen Bands, und wer das Wasser liebt, kann mit dem Kajak hinausfahren oder vom Whirlpool im Freien auf den Sankt-Lorenz-Strom schauen.

Auberge Château Lamontagne PENSION $$
(☎418-763-7666; www.chateaulamontagne.com; 170 1ère Ave E; Zi. 95-140, Suite ab 175 C$; P 📶) Auf einem Hügel mit Blick auf den Sankt-Lorenz-Strom bietet dieses farbenfrohe Gästehaus moderne, subtil-elegant gestaltete Zimmer mit polierten Eichenholzböden. Das gehobene Restaurant des Hauses ist ein romantisches Fleckchen und offeriert regionale Produkte vom Land und aus dem Meer.

La Seigneurie des Monts PENSION $$
(☎418-763-5308; www.bonjourgaspesie.com; 21 1ère Ave E; Zi. 134–184 C$) Das liebenswerte Gästehaus ist merkwürdig altmodisch – aber auf eine gute Weise: knarzende Holzdielen, Bademäntel für „sie" und „ihn", antiquarische Bücher und Chaiselongues. Das könnte gekünstelt wirken, tut es aber nicht, zumal die Besitzer sehr herzlich und freundlich sind.

Microbrasserie Le Malbord KNEIPE $$
(☎418-764-0022; www.lemalbord.com; 178 1ère Ave W; Hauptgerichte 8–17 C$; ⏲11–1 Uhr; P) Nichts wärmt nach einer langen Tagewanderung im Parc National de la Gaspésie so schön wie ein großes Glas Rotbier und mit Schinken und Käse überbackene Kartoffeln oder Pizza mit Räucherlachs. Zum regionalen Bier und dem guten Essen gibt's auch noch Livemusik.

Praktische Informationen

Tourist Bureau (Vacances Haute-Gaspésie; ☎418-763-0044; 464 Blvd Ste-Anne W; ⏲Juli & Aug. 9–20 Uhr, Juni & Sept. 10–18 Uhr) Direkt abseits der Rte 132 in der Nähe der Kreuzung mit der 28e Rue Ouest.

Parc National de la Gaspésie

Folgt man von Ste Anne des Monts der Rte 299, dann könnte man glauben, man habe die Atlantikküste verlassen und sei mitten in den Rocky Mountains gelandet. Doch dieser Vergleich wird dem **Parc National de la Gaspésie** (☎418-763-7494; www.sepaq.com/pq/gas; Erw./Kind 8,50 C$/frei; ⏲ganzjährig; P 👪 🐾) nicht gerecht, denn dieser Park verfügt über eine ganz eigene raue, zerklüftete Schönheit, die er der Nähe zum Meer (selbst im Inneren der Halbinsel) ebenso verdankt wie den Bergen. Er erstreckt sich über 802 km² spektakulärer Landschaft, in der sich viele Seen und zwei der schönsten Bergketten der Provinz befinden, die Monts Chic Choc und die Monts McGerrigle mit insgesamt 25 der 40 höchsten Gipfel der Provinz. Im Park befinden sich einige der malerischsten Campingplätze Québecs sowie ein 140 km langes Netz aus Wanderwegen, darunter einige der schönsten Abschnitte des International Appalachian Trail.

Eine Warnung: Selbst im Mai sind einige Wege wegen Schnee oder Eis unpassierbar. Willkommen in Kanada!

Aktivitäten

Der zweithöchste Gipfel in der Provinz Québec, der **Mont Jacques-Cartier** (1268 m) ist gleichzeitig der höchste, den man besteigen kann. Die Wanderung, die hin und zurück etwa dreieinhalb Stunden dauert, führt durch eine Hochgebirgslandschaft mit fantastischen Aussichten und guten Chancen, im Wald lebende Karibus und Elche zu entdecken.

Andere tolle Wanderungen sind der anstrengende Aufstieg auf den Gipfel des **Mont Albert** (1151 m) und die weniger bekannte, schöne Halbtagstour auf den **Mont Xalibu** (1140 m), die durch eine alpine Landschaft und vorbei an Bergseen und einem Wasserfall führt. Am **Mont Ernest Laforce** stehen die Chancen gut, Elche zu sehen, die morgens und abends oft am **Lac Paul** weiden.

Die einfachste Wanderung im Park (hin & zurück 1,7 km) ist der kurze Weg vom Besucherzentrum zum **La Chute Ste-Anne**, einem beeindruckenden Wasserfall. Eine längere Wasserfallwanderung (7 km) führt durch eine imposant Gebirgslandschaft zum **La Chute du Diable**.

Schlafen

Campingplätze im Park CAMPING $
(Stellplatz Zelt & Wohnmobilstell 24 C$, Hütten/Zelte/Bungalows ab 29/101/108 C$; P) Im Park gibt es vier Campingplätze. Die betriebsamsten Plätze mit Versorgungseinrichtungen liegen in der Nähe des Interpretation Center; am besten versucht man es im ruhigsten, dem Lac Cascapédia. Es gibt auch Bungalows für zwei bis acht Personen, rustikale Hütten und feste Zelte.

Gîte du Mont Albert PENSION $$
(418-763-2288, 866-727-2427; www.sepaq.com/pq/gma; Zi. ab 149 C$; Juni–Okt. & Jan.–März;) In der großen, komfortablen Lodge neben dem Interpretation Center lassen sich Natur und Luxus verbinden. Es gibt einen Pool, eine Sauna und ein Spitzenrestaurant mit raumhohen Fenstern und Blick auf die Berge. Die Zimmer sind in einem erstaunlich modernen, schicken Stil gestaltet.

Praktische Informationen

Interpretation Center (Juli–Sept. 8–20 Uhr, Okt–Juni verkürzte Öffnungszeiten;) Die Mitarbeiter sind außerordentlich hilfsbereit bei der Planung des Parkbesuchs – passend zur vorhandenen Zeit und den jeweiligen finanziellen Vorstellungen. Sie verleihen auch Wanderausrüstung.

An- & Weiterreise

Ein Bus (hin & zurück Erw./Kind 7,25/5,50 C$) verkehrt zwischen der Touristeninformation in Ste Anne des Monts und dem **Interpretation Center**. Von Ende Juni bis Ende September fährt er täglich um 8 Uhr ab und kehrt um 17 Uhr zurück.

Von Mont-Saint-Pierre zum Interpretation Center nimmt man am besten die Rte 299 und die Küstenstraße Rte 132, das ist schneller, sicherer und malerischer als die von Bäumen gesäumte Piste durch den Park.

Mont St Pierre

Östlich von Ste Anne des Monts wird die Landschaft der Gaspé-Halbinsel immer spektakulärer. Die Côte-Nord auf der anderen Seite des Sankt-Lorenz-Stroms verschwindet langsam aus dem Blickfeld und die Straße schlängelt sich um Felsklippen. Hinter jeder Kurve offenbaren sich neue Berge, die zum Meer hin abfallen.

Mont St Pierre, das hinter einer dramatischen Kurve auftaucht, verdankt seinen Namen einem 418 m hohen Berg mit einer Felswand, die einer der besten Spots des Kontinents für Drachen- und Gleitschirmfliegen ist. Während des zehntägigen Drachenfliegerfestivals **Fête du Vol Libre** füllt sich Ende Juli der ganze Himmel mit Gleitschirmen und Drachenfliegern. Unweit vom östlichen Stadtrand und südlich vom Camping Mont St Pierre führen holprige Straßen auf den Mont Saint Pierre, wo sich Startplätze befinden und von wo sich eine grandiose Aussicht bietet. Der Fußmarsch hinauf dauert etwa eine Stunde.

Camping Mont St Pierre (418-797-2250; www.mont-saint-pierre.ca; 103 Rte 2; Stellplatz Zelt/Wohnmobil 22/35 C$; Juni–Sept.;) unterhalb der Geröllhänge des Mont Saint Pierre ist ein gut ausgestatteter Campingplatz mit Waschmaschinen, einem Pool und einem Tennisplatz.

Östlich von Mont St Pierre

Hohe Klippen, Kieselstrände und Telegrafenmäste, die aus Geröllhalden herausragen, prägen nun die Landschaft. Neben dem **Leuchtturm** (Eintritt 2,50 C$) von Ste-Madeleine de la Rivière Madeleine steht ein **Museum** (6 C$ inkl. Leuchtturm), das sich mit der örtlichen Papiermühle beschäftigt. Rund um die grünen Täler bei **Grande Vallée** gibt es mehr von Gesteinsschichten gezeichnete Felswände als in den Buchten auf der anderen Seite der Straße. **Petite Vallée** ist ein idyllisches Dorf am Meer. Besonders hübsch ist die Gegend rund ums blau-weiße **Théâtre de Vieille Forge** (☎418-393-2222; 4 Rue de la Longue-Pointe, Petite Vallée), dem Hauptveranstaltungsort des **Festival en Chanson** (☎418-393-2592; http://festivalenchanson.com; Petite Vallée; ⏰Ende Juni–Anfang Juli), einem der wichtigsten Folksong-Festivals Québecs. Das winzige **St Yvon** ist erwähnenswert, weil es im Zweiten Weltkrieg von einem Torpedoirrläufer getroffen wurde. Auf den Grabsteinen des **Cimetière des Ancêtres** in **Cap-des-Rosiers**, dem Tor zum Parc National Forillon, stehen die Geschichten der irischen, französischen und der Kanalinseln-Bewohner, die sich im Dorf angesiedelt hatten. Der hiesige **Leuchtturm** ist der höchste Kanadas.

Parc National Forillon

Das offizielle Ende der Gaspé-Halbinsel ist einfach traumhaft. Unweit der der Küsten erstreckt sich der **Parc National Forillon** (www.pc.gc.ca/forillon; Erw./Kind 7,80/3,90 C$; ⏰Rezeption Juni–Okt. 9–17 Uhr; P) Wege führen über die hochgelegene Baumgrenze hinaus zu Feldern, in denen sich Stachelschweine und Streifenhörnchen tummeln, und der Blick aufs Meer würde einem den Atem rauben, würde der Wind nicht immer wieder frische Meeresluft heranblasen.

An den zwei Haupteingängen befinden sich Besucherzentren, in denen Karten erhältlich sind: eines in L'Anse au Griffon östlich von Petite Rivière au Renard an der Rte 132, das zweite an der Südseite des Parks in Penouille.

Sehenswertes & Aktivitäten

Eine der schönsten Wanderungen in der gesamten Provinz, die man auf keinen Fall versäumen sollte, ist die Tour zum **Land's End** (hin & zurück 8 km). Sie führt durch mehrere ökologische Biome, von Feldern über Wälder und Meeresklippen, vorbei an einigen malerischen, von Felsen gesäumten Buchten. Am Cap-Gaspé, dem Endpunkt des International Appalachian Trail auf der Gaspé-Halbinsel, steht ein solarbetriebener Leuchtturm. Die salzige Luft ist herrlich frisch.

Die Nordküste besteht aus steilen, bis zu 200 m hohen Kalksteinklippen und langen Kieselstränden. Der schönste Blick bietet sich am **Cap Bon Ami**. Durch das Teleskop kann man nach Walen und Robben Ausschau halten, die man mit etwas Glück sogar mit dem bloßen Auge sieht. Im **Nordsektor** südlich von Cap-des-Rosiers gibt's einen kleinen Steinstrand mit einem tollen Picknickplatz.

An der Südküste (mit dem Land's End Trail) gibt's mehr Strände, darunter auch einige Sandstrände, und kleine Buchten. Am Strand von **Penouille** soll das Wasser am wärmsten sein. In den hiesigen Salzmarschen lebt sogar die seltene Schmetterlingsart Maritime Ringlet. Ein weiterer herrlich abgeschiedener Strand liegt unten an der Treppe, die von der historischen Stätte von **Grande-Grave** wegführt.

Parks Canada (S. 252) organisiert Aktivitäten (an mindestens einem Tag in englischer Sprache) wie Walbeobachtungstouren, Seekajakfahren, Angeln und Reiten.

Geführte Touren

Cap Aventure KAJAKFAHREN
(☎877-792-5055; www.capaventure.net; 2052 Blvd Grande-Grève, Cap-aux-Os; halbtägige/ganztägige Exkursionen ab 75/130 C$; ⏰Mai–Anfang Okt.) Viele der spektakulärsten Ansichten des Parc National Forillon sind vom Land aus nicht zu sehen. Man muss schon aufs Meer hinaus, um einige der wildesten Stellen bestaunen zu können, an denen sich Meer und Land treffen – ein guter Grund für eine Kajaktour bei Cap Aventure.

Croisières Baie de Gaspé WALBEOBACHTUNG
(Baleines Forillon; ☎418-892-5500; www.baleines-forillon.com; Quai de Grande-Grave; Erw./Kind 75/40 C$; ⏰Juni–Anfang Okt.;) Ist es zu schwer, die Wale von den Klippen des Parc Nation Forillon aus zu entdecken? Macht nichts: An Bord der *Narval III* kommt man dicht an die Vertreter der sieben verschiedenen Walarten heran.

Schlafen

Campingplätze im Parc National Forillon CAMPING $
(☎Nordamerika 877-737-3783, von außerhalb Nordamerikas 519-826-5391; www.pccamping.ca; Stellplätze ab 25,50 C$, Zelte ab 100 C$; ⏰Juni–Sept.; P) Im Park befinden sich drei Campingplätze mit über 350 Stellplätzen, die oft bis auf den letzten Platz belegt sind. Am beliebtesten ist der Platz Petit-Gaspé, denn er liegt vor dem rauen Meereswind geschützt und hat warmen Duschen. Der kleineste Platz mit 38 Stellplätzen nur für Zelte ist der Cap Bon Désir. Einfache Dauerzelte (Otentiks), findet man auf dem Platz Petit-Gaspé und in dessen Umgebung.

DIE KANADISCHEN APPALACHEN

Kanadas 1034 km des insgesamt 4574 km langen **International Appalachian Trail** (IAT) sind noch relativ unbekannt. Dieser Abschnitt wurde 2001 an den amerikanischen Teil angeknüpft und ist für den Zusatz „International" verantwortlich. Nordamerikas längster zusammenhängender Wanderweg führt über die Gipfel und Täler der Appalachen, eines der ältesten Gebirgszüge der Welt. Er erstreckt sich vom Mt. Springer in Georgia, USA, bis zum Parc National Forillon an der Spitze der Gaspé-Halbinsel und soll sich – sobald der dortige Abschnitt komplett fertiggestellt ist – auf Newfoundland fortsetzen.

Das kanadische Teilstück beginnt an der Grenze zwischen Maine und New Brunswick, verläuft quer durch New Brunswick und über den höchsten Berg der Provinz, den Mt. Carleton. In Matapédia beginnen die letzten 644 km auf Québecer Boden. Von hier windet sich der Weg zunächst durch das Matapédia-Tal hinauf nach Amqui, wo er einen Schwenk in Richtung Nordosten zum Parc National de la Gaspésie und zu den umliegenden Naturschutzgebieten, den Highlights in dieser Gegend, macht. Anschließend geht es von den Bergen hinunter nach Mont St Pierre und noch 248 km die Küste entlang zum Cap Gaspé.

Abgesehen vom Abschnitt im Matapédia-Tal ist der Weg klar gekennzeichnet und in gutem Zustand. An der ganzen Strecke gibt's Schutzhütten und Campingplätze. Einige Abschnitte sollten aber nur von erfahrenen Wanderern in Angriff genommen werden. Für alle ist es ein Muss, sich vorab über potenzielle Gefahren wie Schwarzbären zu informieren. Detaillierte Informationen und Karten sind in den Touristen- und Parkinformationen in Orten wie Matapédia erhältlich. Ansonsten kann man ☎ 418-562-7885 anrufen oder die Website www.sia-iat.com besuchen.

Auberge Internationale Forillon HOSTEL $
(☎ 877-892-5153; www.aubergeinternationaleforillon.com; 2095 Blvd Grande-Grève, Cap-aux-OsB/Zi. 30/60 C$; ⏲ Mai–Nov.; P 📶) Das Hostel ist ein tolles Quartier für Abenteuerlustige, denn die freundlichen Mitarbeiter haben viele Tipps für Wanderer. Im Restaurant gibt's durchschnittliches, überteuertes Essen. Das Gebäude wirkt etwas anstaltsmäßig, doch der Blick über die Bucht macht das wieder etwas wett. In der Nähe gibt's einen *dépanneur* (Minimarkt) und einen Fahrrad- und Kajakverleih.

Anreise & Unterwegs vor Ort

Zum Park fahren nur wenige öffentliche Verkehrsmittel. Die zwischen Rimouski und Gaspé verkehrenden Busse von **Orléans Express** (S. 253) halten im Sommer im Park, u.a. in Cap-des-Rosiers und Cap-aux-Os. Leider muss man dann noch einen Fußmarsch die Rte 132 entlang in Kauf nehmen, um die Wanderwege und Campingplätze zu erreichen. Auf Wunsch kann man sich vom Fahrer auch im Park absetzen lassen.

Gaspé

Das Malerischste an der offiziellen Hauptstadt der Halbinsel ist der Blick auf den Parc National Forillon über die Baie de Gaspé. Hier landete Jacques Cartier erstmals im Juli 1534. Nachdem er den Irokesen der Region begegnet war, ignorierte er ihre Siedlungen, errichtete ein hölzernes Kreuz und beanspruchte das Land für den König von Frankreich. Heute ist Gaspé ein guter Ort, um wieder aufzutanken. Es ist nicht so touristisch wie Percé, aber auch nicht ganz so hübsch.

Sehenswertes

Musée de la Gaspésie MUSEUM
(☎ 418-368-1534; http://museedelagaspesie.ca/en; 80 Blvd Gaspé; Erw./Kind 12,25/6 C$; ⏲ Juni–Okt. 9–17 Uhr, Nov.–Mai Fr–Mi 10–17, Sa & So 12.30–17 Uhr; P 👪) Hier kann man sich mit der Geschichte der Insel vertraut machen, von deren maritimem Erbe Exponate wie ein Stundenglas aus dem 17. Jh. zeugen. Am spannendsten ist die Ausstellung über Jaques Cartier, den ehemaligen Schiffsjungen, der die französische Marine überzeugte, seine Reisen zu unterstützen, die den Grundstein für die Besiedlung Québecs durch die Europäer legten. Vor dem Museum erinnert ein **Denkmal** an Cartiers Landung.

Site d'Interpretation de la Culture Micmac de Gespeg MUSEUM
(☎ 418-368-7449; www.micmacgespeg.ca; 783 Blvd Pointe-Navarre; Erw./Student 11/8,50 C$; ⏲ Juni–Sept. 9–17 Uhr; P 👪) Dieses Zentrum

steht nordwestlich der Stadt neben der Kirche **Notre Dame-des-Douleurs**, einer katholischen Pilgerstätte. Es informiert mit Ausstellungen, englisch- und französischsprachigen Führungen, einem nachgebauten Dorf sowie Workshops über die Kultur und Geschichte der in der Region lebenden Mi'kmaq.

Schlafen & Essen

Auberge sous les Arbres PENSION **$$**
(☎ 418-360-0060; www.aubergesouslesarbres.com; 146 Rue de la Reine; Zi. 120–140 C$; P ❄ ☎) Man muss schon im Voraus reservieren, um noch eines der prächtigen Zimmer in diesem hinreißenden alten Haus zu erwischen, das in ein stattliches Land- und Gästehaus umgebaut wurde. Die Inneneinrichtung erinnert ein wenig an Sommerferienhäuser des frühen 20. Jh. Das Haus liegt günstig im Zentrum.

Bistro Bar Brise-Bise KNEIPE **$$**
(☎ 418-368-1456; www.brisebise.ca; 135 Rue de la Reine; Hauptgerichte 12–28 C$; ⊙ 11–22 Uhr, länger bei Veranstaltungen) Zu allabendlicher Unterhaltung kann man hier Pizzas, Burger, Muscheln und Pommes, Kabeljau und Hummer frisch aus dem Meer essen.

An- & Weiterreise

Air Canada fliegt vom kleinen **Flughafen** (☎ 418-368-2104), der sich 6,5 km südlich der Stadt befindet, zu den Îles de la Madeleine und über Québec nach Montréal.

Busse von **Orléans Express** (S. 253) halten am **Motel Adams** (☎ 418-368-2244, 800-463-4242; http://moteladams.com/en) und steuern andere Orten auf der Halbinsel und darüber hinaus an.

Percé

Der Charme der Halbinsel Gaspé liegt eigentlich eher tief in den Nationalparks verborgen und weniger in den Ortschaften, doch Percé mit seinem berühmten Rocher Percé stellt eine löbliche Ausnahme dar. Der Felsen ragt in der Nähe vom größten Zugvogelschutzgebiet Nordamerikas, der Île Bonaventure, aus dem Meer auf und gilt als eines der bekanntesten Wahrzeichen Kanadas. Der Felsen wie auch die Insel liegen in einem Abschnitt des Golfs, der schon ab 1784 viele Kabeljaufischer aus Europa anlockte. Wer beim Hummeressen sein Lätzchen besudelt hat, kann sich die fischigen Kalorien anschließend bei einer Wanderung durch die Hügel wieder abtrainieren; sie gehören teilweise zu den Appalachen, in deren Schutz dieses reizvollste Städtchen der Halbinsel liegt.

Sehenswertes & Aktivitäten

Rocher Percé WAHRZEICHEN
(Durchbohrter Felsen) Dieser 88 m hohe und 475 m lange Kalksteinfelsen mit vielerlei Farbschattierungen hat schon im Jahr 1603 Kapitän Samuel de Champlain zu einem Eintrag in sein Logbuch inspiriert – und es sollten noch viele weitere ähnliche Beschreibungen folgen. Die Hauptattraktion der Ortschaft lässt sich vom Festland nur mit einem Ausflugsboot erreichen. Exkursionen zur Île Bonaventure beinhalten immer auch eine Fahrt um diesen Felsen herum mit wesentlichen Erläuterungen zu seiner Geschichte und Folklore.

Die Schilder, die vor herabstürzenden Felsen warnen, sollte man übrigens ernst nehmen. Jedes Jahr lösen sich Hunderte von Tonnen Gesteinsbrocken vom Rocher Percé. Früher wies der Felsen zwei Löcher auf, im Jahr 1845 brach jedoch ein Bogen ein. 2003 stürzten sage und schreibe 100 000 kg Geröll auf einen Schlag herab.

Île Bonaventure INSEL
Den mehr als 100 000 Basstölpeln auf der grünen Île Bonaventure einen Besuch abzustatten ist eine prima Methode, sich seelisch auf die verführerischen Fischteller in Percé einzustimmen. Jedenfalls gibt es an der Mole in Percé jede Menge Kioske und Schlepper von Tourenanbietern, die Fahrkarten für einen Schiffsausflug zur Insel hinüber verkaufen wollen. Alle Boote umrunden einmal den Rocher Percé, fahren nahe an die Basstölpel auf der Insel heran, um dann den Steg auf der Westseite der Île Bonaventure anzusteuern.

Wanderungen WANDERN
Oberhalb der Stadt gibt es ein paar traumhafte Wanderwege, die durch die Hügel der wildesten Gegend im südlichen Gaspé führen. Hinter der Kirche beginnt der rund 3 km lange Weg zum **Mont Ste-Anne** (340 m). Nachdem man die herrliche Aussicht genossen hat, bietet sich ein Abstecher zu **La Grotte** an. Ein weiterer, etwa 3 km langer Weg führt zur **Great Crevasse**, einer tiefen Felsspalte. In der Touristeninformation (S. 352) sind nützliche und hilfreiche Karten erhältlich.

Geführte Touren

Les Croisières Julien Cloutier BOOTSFAHRT
(418-782-5606, 877-782-2161; http://croisieres-julien-cloutier.com; 5 Rue du Quai; Erw./Kind 30/14 C$; Mai–15. Nov.) Einer der etablierten Tourveranstalter, die Ausflüge zur Île Bonaventure und zum Rocher Percé sowie Walbeobachtungstouren (Erw./Kind 80/38 C$) anbieten.

Club Nautique de Percé WASSERSPORT
(418-782-5403; http://clubnautiqueperce.com/en; 199 Rte 132; Seekajaktouren zum Rocher Percé/zur Île Bonaventure 55/85 C$) Der Club Nautique de Percé bietet Kajak- und Tauchexkursionen sowie Ausrüstungsverleih an; zudem kann man hier das PADI-Open-Water-Zertifikat (300 C$) erwerben.

Schlafen

Hôtel-Motel Rocher Percé B&B B&B $
(888-467-3723; www.hotelperce.com; 111 Rte 132 W; EZ/DZ ab 59/75 C$;) Ein gutes Frühstück, eine gemütliche Atmosphäre und lokale Kunstwerke an den Wänden – das bietet dieses freundliche kleine B&B. Viele Zimmer haben einen schönen Blick auf den Felsen und der Besitzer kennt die örtlichen Wanderwege.

Au Pic de l'Aurore CHALET $$
(418-782-2151, 866-882-2151; www.percechalet.com; 1 Rte 132 W; Zi. 69–175 C$, Chalets 74–210 C$; Mai–Okt.;) Das große Gelände des „Gipfels der Morgenröte" erstreckt sich auf Klippen mit Blick auf Percé und hat jedem etwas zu bieten: Chalets mit und ohne Miniküche, elegante Motelzimmer und sogar ein komplettes Ferienhaus mit vier Schlafzimmern. Alle haben gemütliches Blockhüttenflair und sind mit Kiefernmöbeln eingerichtet. Außerdem gibt's eine Bar mit großartiger Aussicht. In der Hochsaison ändern sich die Preise wöchentlich.

Hôtel La Normandie HOTEL $$
(418-782-2112, 800-463-0820; www.normandieperce.com; 221 Rte 132 W; Zi. 99–249 C$; Mai–Okt.;) Das feudalste Hotel der Stadt, das exklusive Normandie, punktet mit seinen Annehmlichkeiten: dem Strand, Zimmern mit Balkon, einem eigenen Fischrestaurant und weitläufigen Rasenflächen mit Panoramablick auf den Felsen.

Gîte au Presbytère B&B $$
(418-782-5557, 866-782-5557; www.perce-gite.com; 47 Rue de l'Église; EZ/DZ inkl. Frühstück 82/139 C$; Mai–Okt;) Das geräumige, helle alte Pfarrhaus mit glänzenden Massivholzböden ist eine nette Unterkunft. Der freundliche, liebenswerte Gastgeber Michel weiß über die Gegend bestens Bescheid.

Essen & Ausgehen

Boulangerie Le Fournand CAFE $
(418-782-2211; www.boulangerielefournand.com; 194 Rte 132; Snacks 4–13 C$; Mai–Okt. 7.30–18.30 Uhr) In dieser farbenfrohen Bäckerei gibt's Brote fürs Picknick, guten italienischen Kaffee sowie leckeres französisches Gebäck und Quiches.

La Maison du Pêcheur SEAFOOD $$
(418-782-5331; 155 Pl du Quai; Pizzas 13–23 C$, Menüs 18–50 C$; Juni–Okt. 11–14.30 & 17.30–21.30 Uhr;) Das preisgekrönte Restaurant befindet sich in einer ehemaligen Fischerhütte, in der in den 1960er-Jahren eine Kommune wohnte (an der Decke sind noch Graffiti von damals zu sehen). Es serviert Meeresfrüchte, z. B. Hummer, und etwa ein Dutzend Pizzas, die in einem mit Ahornholz geheizten Ofen gebacken werden.

Restaurant La Maison Mathilde SEAFOOD $$$
(418-782-2349, 800-463-9700; www.aubergelestroissoeurs.com; 77 Rte 132; Menüs 24–49 C$; 7–21 Uhr;) Das gemütliche, bodenständige Restaurant serviert fantastische regionale Meeresfrüchte. Da dies Gaspé ist, gibt's viele Flunder-, Kabeljau- und Hummergerichte, die üppig mit geschmolzener Butter und Sahne verfeinert werden.

Pub Pit Caribou KLEINBRAUEREI
(418-782-1444; www.pitcaribou.com/pub; 182 Rte 132 W; 11–1 Uhr) Dunkle Inneneinrichtung, staubige Holzwände und Gäste, die einem Roman von Hemingway entsprungen zu sein scheinen: Dies ist ein tolles Lokal, um die berühmten Craft-Biere der Gaspé-Halbinsel zu trinken und (an manchen Abenden) Livemusik zu hören.

Praktische Informationen

Touristeninformation (855-782-5448, 418-782-5448; 142 Rte 132; Juni & Aug. 8–21 Uhr, Sept. & Okt. bis 17 Uhr) Befindet sich im Zentrum der Stadt.

An- & Weiterreise

Busse von **Orléans Express** (S. 253) halten an der Touristeninformation und fahren weiter nach Gaspé (14 C$, 55 Min., 1-mal tgl.), wo man Anschluss zum Forillon National Park und Richtung Westen nach Rimouski (77 C$, 8 Std., 1-mal tgl.) hat.

New Carlisle

Das von Loyalisten gegründete New Carlisle ist eine der wichtigsten englischen Städte der Halbinsel. Die Straßen mit den Schindelhäusern im Stil von New Brunswick und den protestantischen, anglikanischen und presbyterianischen Kirchen sind schachbrettartig angeordnet. Unpassenderweise wuchs hier René Lévesque, die Ikone der Politik der französischsprachigen Identität in Québec, in der 16 Rue Mount Sorel auf.

Das palladianische **Hamilton Manor** (418-752-6498; www.manoirhamilton.com; 115 Blvd Gérard Lévesque; Führungen 5 C$; Führungen Mai–Dez.) wurde 1852 vom ersten Bürgermeister der Stadt erbaut. Vom Bildnis von Königin Viktoria über den Brotbackofen bis zur Dienstmädchenkammer unterm Dach liefert es ein wunderbares Porträt des Kolonallebens. Die Gästezimmer sind im Stil des 19. Jhs. eingerichtet. Von Juni bis September wird von Sonntag bis Mittwoch hier der Nachmittagstee in Porzellangeschirr serviert. Im *petit théâtre* im Wohnzimmer werden Filmklassiker gezeigt. Eine Führung muss vorab telefonisch arrangiert werden.

Übernachten kann man im **Hamilton Manor** (Zi. inkl. Frühstück 80 C$; Mai–Dez.; P ✻ @). Das Hotel aus dem 19. Jh. ist ein bisschen muffig, verströmt aber jede Menge Charakter. Für pingelige Reisende ist es nicht ideal, doch wer sich an ein wenig Fugenkitt hier und da nicht stört, wird von der skurrilen Kombination aus Geschichte, plüschiger Einrichtung und exzentrischem Service begeistert sein.

Wer Hunger bekommt, kann ins **Cafe Luna** (418-752-6693; 148 Blvd Gérard Lévesque; Sandwiches 6–10 C$; 9–21 Uhr) gehen. Es wirkt, als wäre es von einem Softwareprogramm für hübsche Cafés entworfen worden. Coole Kunst, starker Kaffee, leckere Panini, Brettspiele, von der Zeit gezeichnete alte Bücher (sogar einige schon fast historische Lonely Planet Bände) und eine Atmosphäre unkonventioneller Geselligkeit.

Bonaventure

Das 1791 von Akadiern gegründete Bonaventure erstreckt sich in schmalen Streifen zwischen der Rte 132 und dem Wasser und verdichtet sich schließlich zu einem winzigen „Ortszentrum", dem Brennpunkt der örtlichen Aktivitäten. Die Stadt ist weithin als wichtige Zwischenstation der Akadier während ihrer Vertreibung, des „Great Upheaval", bekannt, und vielerorts sieht man in der Stadt akadische Flaggen.

Sehenswertes & Aktivitäten

Grotte de Saint-Elzéar HÖHLE

(418-534-3905, 877-524-7688; https://lagrotte.ca; 136 Chemin Principal; Erw./Kind 45/35 C$; Juli & Aug. tgl. 4 Führungen 8–15 Uhr; P) Die fast 500 000 Jahre alte Grotte de Saint-Elzéar ist eine der ältesten Höhlen Québecs. Besucher können in die kalte Tiefe (warme Kleidung mitbringen) hinabsteigen und die Stalaktiten, Stalagmiten sowie die „Mondmilch" (eine rätselhafte, halbflüssige Ablagerung in den Höhlen) besichtigen. Führungen in englischer Sprache sollte man vorher buchen.

Musée Acadien MUSEUM

(418-534-4000; www.museeacadien.com; 95 Ave Port-Royal; Erw./Kind 12/8 C$; Juli–Okt. 9–17 Uhr, Nov.–Juni verkürzte Öffnungszeiten; P) Das kleine Musée Acadien zeigt künstlerische Darstellungen des Leids, des Exils und der späteren Neuansiedlung der Akadier in Nordamerika. Im Sommer finden mittwochabends beliebte Konzerte akadischer Musik statt.

Cime Aventure KAJAKFAHREN

(800-790-2463, 418-534-2333; www.cimeaventure.com; 200 Athanase-Arsenault; Stellplätze/Jurten/Öko-Lodges/Chalets ab 33/115/159/300 C$;) Das dynamische Team von Cime Aventure leitet Kanu- und Kajaktouren ab 9 km Länge bzw. von einem halben Tag (ab 45 C$) bis zu drei Tagen (665 C$), inklusive Essen und Ausrüstung. Meistens geht es auf den malerischen, ruhigen Rivière Bonaventure. Es betreibt auch einen tollen Campingplatz mit Chalets für acht oder zwölf Personen, Öko-Lodges, die sich in den Baumkronen befinden, und ein rustikales Restaurant mit Bar.

Essen

Boulangerie Artisanale La Pétrie CAFÉ $

(418-534-3445; www.boulangerieartisanalepetrie.com; 128 Grand-Pré; Hauptgerichte 4–9 C$; Mo–Fr 6–18, Sa & So 7–16.30 Uhr; P) Das künstlerisch angehauchte Café, das von einem riesigen bunten Wandbild umrahmt wird, bringt köstliche warme Sandwiches, lockere Quiches und Schüsseln mit Müsli auf den Tisch.

Café Acadien CAFÉ $$
(☎418-534-4276; http://cafeacadien.com; 168 Rue Beaubassin; Hauptgerichte 15–25 C$; ⊙7.30–21.30 Uhr; P 📶) Das an einen Bootsschuppen erinnernde Café Acadien eignet sich perfekt zum Frühstücken. Hier gibt's Crêpes mit Lachs, Eier mit Schinken sowie Bagels und akadische, italienische und Cajun-Gerichte. Oben befinden sich einige kleine, farbenfrohe Gästezimmer (EZ/DZ inkl. Frühstück 70/80 C$).

Praktische Informationen

Touristeninformation (☎418-534-4014; 127 Ave de Louisbourg, abseits der Rte 132; ⊙Juni–Sept. Mo–Fr 9–12 & 13–16 Uhr; 📶) Kostenloses WLAN und Computernutzung.

Carleton

Carleton-sur-Mer, ein hübscher Streifen bergiger Küste rund um die Baie-des-Chaleurs, ist bei den Tagesausflüglern von der Gaspé-Halbinsel wegen seiner Sandbänke, der Wanderwege und der Möglichkeiten, Vögel zu beobachten, beliebt.

Sehenswertes

Am Kai legen Boote zu Angeltouren und Ausflügen ab. Vom **Vogelbeobachtungsturm** an der Banc de Carleton hinter dem Jachthafen kann man entlang der Sandbank Reiher, Seeschwalben, Kiebitze und andere Küstenvögel sehen. Wanderwege und die Rue de la Montagne führen hinauf zur mit einem blauen Metalldach gekrönten Kapelle auf dem **Mont Saint-Joseph** (☎418-364-3723; www.montsaintjoseph.com; Führungen Kapelle Erw./Stud. 7/6 C$; ⊙Kapelle Juni–Aug. 9–19 Uhr, Sept. & Okt. bis 17 Uhr) 🍃 (555 m). Von hier bietet sich ein schöner Blick über die Bucht bis nach New Brunswick. Die Kapelle ist innen mit großartigen Mosaiken, Buntglasfenster und Art-Déco-Marmor gestaltet und hat eine Kunstgalerie.

Schlafen & Essen

Camping de Carleton CAMPING $
(☎418-364-3992; www.carletonsurmer.com; 319 Ave du Phare; Stellplatz Zelt ab 22 C$; ⊙Juni–Sept.; P) Dieser Campingplatz liegt auf einer Landzunge zwischen der Baie des Chaleurs und der ruhigen inneren Bucht. Die Gäste haben Zugang zum kilometerlangen Strand, auf dem auch gezeltet werden kann.

Manoir Belle Plage HOTEL $$
(☎800-463-0780, 418-364-3388; www.manoirbelleplage.com; 474 Blvd Perron; Zi. ab 145 C$; P ❄ @ 📶) Moderne Zimmer mit luxuriöser Bettwäsche warten auf die Gäste in diesem fröhlichen Hotel am Highway. Mit dazu gehört ein nobles Restaurant, in dem köstliche Spezialitäten aus der Region serviert werden. Das gesamte geschmackvolle Hotel steht unter dem Motto Meer – und das kann man sich dann so vorstellen: effektvoll platziertes Treibholz und Dichtung zum Thema Seefahrt.

Brûlerie du Quai CAFÉ $
(☎418-364-6788; www.brulerieduquai.com; 200 Rte du Quai; Kaffees ab 2 C$; ⊙7.30–17 Uhr) Die Einheimischen kommen wegen der himmlischen Espresso-Getränke in diese kleine Rösterei mit Laden und Café. Von der kleinen Terrasse schaut man auf den Bereich um den Anleger. Besucher dürfen ihr eigenes Picknick mitbringen – einkaufen kann man es in der Nähe bei **La Mie Véritable** (☎418-364-6662; 578 Blvd Perron; Backwaren 2–6 C$; ⊙7–18 Uhr; P 🖉).

Le Marin d'Eau Douce SEAFOOD $$
(☎418-364-7602; www.marindeaudouce.com; 215 Rte du Quai; Hauptgerichte 16–30 C$; ⊙12–14 & 17–22 Uhr) Das einladende Lokal am Hafen liegt direkt am Wasser und servierte frische Meeresfrüchte und andere Spezialitäten mit regionalen Zutaten. Die Atmosphäre ist nobel, das Personal freundlich.

Restaurant La Seigneurie Hostellerie Baie Bleue QUÉBECER KÜCHE $$$
(☎418-364-3355; 482 Blvd Perron; Hauptgerichte 25–35 C$; ⊙Mo–Sa 7–11, So bis 12, tgl. 18–21 Uhr; P) Wer Appetit auf Spitzenküche mit regionalen Zutaten von der Gaspé-Halbinsel hat, ist hier richtig: Hier gibt's Rinderschmorbraten mit Wildpilzen und Gnocchi mit Garnelen in einer Ziegenkäsesauce.

Ausgehen & Nachtleben

Le Naufrageur KLEINBRAUEREI
(☎418-364-5440; www.lenaufrageur.com; 586 Blvd Perron; ⊙11–24 Uhr) Bei allem gebotenen Respekt gegenüber den Iren – das Stout Saint-Barnabé der Kleinbrauerei Naufrageur macht jedem Schwarzbier von der grünen Insel ernsthaft Konkurrenz. Egal, was man wählt – eigentlich kann man mit keinem der Biere, die die sehr talentierten Mitarbeiter der Brauerei produzierten, etwas falsch machen.

Praktische Informationen

Touristeninformation (☎418-364-3544; 774 Blvd Perron; ⊙Juni–Sept. 8–20 Uhr) Im Hôtel de Ville.

An- & Weiterreise

Busse von **Orléans Express** (S. 253) halten an der 561 Blvd Perron; Tickets gibt's im Restaurant Le Héron. Sie fahren nach Rimouski (56 C$, 3–4 Std.) und Gaspé (37 C$, 4 Std.).

Es gibt zwar einen Bahnhof, doch zum Zeitpunkt der Recherche fuhren fahrplanmäßig keine Züge nach Carleton.

Matapédia-Tal

Auf der Fahrt durch das Matapédia-Tal bekommt man einen Eindruck von dem Gelände, das die Wanderer auf dem International Appalachian Trail (S. 350) erwartet. Die Wälder, die die Berghänge bedecken, werden nur von Flüssen, Felsen und Reihen riesiger Hochspannungsmasten unterbrochen. Wenn es regnet, gleichen die in Nebel gehüllten Kiefern einer Landschaft aus einem Fantasy-Roman. Am für seine Lachse berühmten Rivière Matapédia haben auch schon die früheren US-Präsidenten Nixon und Carter geangelt.

Matapédia

Die Stadt Matapédia ist dabei, Causapscal als Zentrum für Outdoor-Abenteuer Konkurrenz zu machen. An der Spitze dieser Entwicklung stehen Abenteuerveranstalter wie **Nature-Aventure** (☎418-865-3554; www.matapediaaventure.com; Rue de l'Église, Matapédia; 2-stünd./4-stünd. Tour 45/65 C$; ⊙Mitte Mai–Sept.).

Der Anbieter organisiert Paddeltouren mit unterschiedlichem Schwierigkeitsgrad auf den örtlichen Flüssen, darunter der Matapédia („der Zugängliche") und der Restigouche („der Großartige"). Das Angebot reicht von zweistündigen Touren bis zu längeren von ein/zwei/drei/vier/fünf Tagen (95/270/340/480/600 C$). Er verleiht auch Kanus, Neoprenanzüge und Campingausrüstung und veranstaltet verschiedene geführte Wanderungen in den Bergen. Campen kann man hier ebenfalls (Stellplatz ab 20 C$).

Causapscal

Wie die gigantische Statue vom „König unserer Flüsse" vermuten lässt, dreht sich in Causapscal alles um Lachs. Der größte hier gefangene Lachs wog über 16 kg. Das Outdoor-Angebot umfasst u.a. Wanderungen auf Wegen, die sich durch die Hügel schlängeln. Der Ort selbst besitzt eine schöne Steinkirche und viele alte Häuser mit typisch Québécer Silberdächern. Leider trüben aber Gerüche aus der nahen Sägemühle manchmal die malerische Idylle.

Lachse lieben das gesunde Wasser des **Rivière Matapédia**. Zu Saisonbeginn zappeln regelmäßig 13 kg schwere Prachtburschen in den Netzen. Südlich der Stadt gibt's ein paar überdachte Brücken, im Zentrum führt eine **Fußgängerhängebrücke** über den Matapédia. Angler werfen ihre Köder dort aus, wo sich der Matapédia und der Causapscal treffen.

In der historischen Stätte **Site Historique Matamajaw** (☎418-756-5999; www.sitehistoriquematamajaw.com; 53 Rue St-Jacques; Erw./Kind 8 C$/frei; ⊙Juni–Sept. Di–So 9.30–16.30 Uhr) erleben Besucher, wie sich die Mitglieder des alten Angelclubs früher nach einem anstrengenden Tag auf dem Fluss inmitten von holzgetäfeltem Luxus erholten. Auf der anderen Seite der Rte 132 (die in der Stadt Rue St-Jacques heißt) befindet sich ein **Lachsteich**.

Die angenehm altmodische **Auberge La Coulée Douce** (☎418-756-5720, 888-756-5270; www.lacouleedouce.com; 21 Rue Boudreau; Zi./Chalet ab 102/143 C$; P ❄ 📶) ist ideal für Angler und für Gäste, die einfach nur im komfortablen Speiseraum sitzen und dem tollsten Anglerlatein lauschen wollen. Das zugehörige Restaurant ist das beste der Stadt (na gut, es ist praktisch auch das einzige) und serviert Hausmannskost.

Bei der **CGRMP** (Corporation de Gestion des Rivières Matapédia et Patapédia; ☎418-756-6174; www.cgrmp.com; 1 Rue St-Jacques N; ⊙Juni–Sept.) bekommt man (teure) Angellizenzen.

Die **Touristeninformation** (☎418-756-6048; www.causapscal.net; 5 Rue St-Jacques S; ⊙Juli & Aug. 8–20 Uhr) hat Informationen zu Unterkünften, zum Angeln und zu Wanderungen im Matapédia-Tal.

CÔTE-NORD

Wenn man ins Herz der Côte-Nord (engl. North Shore) fährt (und fährt und fährt…), wird das Gefühl, am Ende der bewohnten Welt angekommen zu sein, immer stärker. Irgendwann verwandelt sich der Flickenteppich der landwirtschaftlich genutzten Flächen in scheinbar endlose Gebiete der Taiga, des dunklen Waldes und der Tundra – und dahinter liegt der stahlgraue Sankt-Lorenz-Strom, der sich bis zum Atlantik erstreckt. Es gibt nur einen Weg hinein und hinaus, die Rte 138, was das gespenstische Gefühl der Einsamkeit noch verstärkt.

Dieses riesige Gebiet besteht aus zwei Regionen: Manicouagan (das sich bis Godbout zieht) und Duplessis (östlich der Grenze zu Labrador). Die statistischen Werte sind genauso extrem wie die Entfernungen, die man fahren muss, um das Gebiet zu durchqueren. Die beiden Regionen sind zusammen unglaubliche 328 693 km² groß (das ist die Fläche von Neuseeland, Belgien und der Schweiz zusammengenommen). In diesem riesigen Gebiet leben nur 100 000 unerschrockene Menschen, die meisten davon an der 1250 km langen Küste, was eine Bevölkerungsdichte von nur 0,3 Personen pro Quadratkilometer bedeutet.

Baie Comeau

Dieser Ort verdankt ihre Existenz Robert McCormick, dem früheren Besitzer der *Chicago Tribune*, der 1936 beschloss, hier eine gigantische Papier- und Zellstofffabrik zu bauen. Für dieses Vorhaben mussten die Flüsse Manicouagan und Outardes zur Stromerzeugung aufgestaut werden, was zur Ansiedlung anderer von Wasser abhängigen Industrien wie der aluminiumverarbeitenden Industrie führe.

Heute ist es eine jener Industriestädte, die gute regionale Küche und Kleinbrauereien nicht Orten wie Montréal allein überlassen wollen, daher kann man hier einen angenehmen Tag verbringen.

Sehenswertes

Baie-Comeau liegt am Beginn der Rte 389, die sich nordwärts Richtung Labrador City und Wabush erstreckt. Die Straße führt am Manicouagan Reservoir vorbei, dem fünftgrößten Meteoritenkrater der Welt. Die faszinierende Landschaft besteht aus Ödland voller Seen, Tundra und den Groulx Mountains, die ca. 120 km nördlich des Wasserkraftwerks Manic Cinq bis zu 1000 m aufragen.

Schlafen & Essen

L'Hôtel Le Manoir HOTEL $$

(☎ 418-296-3391; www.manoirbc.com/en; 8 Ave Cabot; Zi. ab 140 C$; P ❄ 📶 🏊) Zumindest von außen wird das Hotel seinem Namen gerecht, denn es wirkt tatsächlich wie ein Château am Fluss. Innen ist es etwas bescheidener, doch die Zimmer sind komfortabel und gut ausgestattet.

Manoir du Café CAFÉ $

(☎ 418-294-6652; 5 Pl La Salle; Hauptgerichte 5–11 C$; ⏲ Mo–Fr 7–22, Sa & So ab 7.30 Uhr; 📶 ✎) Das Angebot an Kaffees ist einfach fantastisch, und die Mitarbeiter bereiten ihn stark und aromatisch zu. Daneben gibt's eine abwechslungsreiche Karte mit frischen Sandwiches und hausgemachten Pizzas. Alles in allem ein unerwartet nettes Café, um ins Internet zu gehen und eine sättigende Mahlzeit zu genießen.

Café Vieille France FRANZÖSISCH $$$

(☎ 418-295-1234; 1050 Rue de Bretagne; Menü 26–38 C$; ⏲ 17.30–21.30 Uhr) *Wow!* Wie kommt denn dieses Café hierher? Von außen wirkt es wie ein Luftschutzbunker, der einem nichtssagenden Wohnkomplex gegenüberliegt, doch drinnen gibt's unglaubliche französische Haute Cuisine: in Schinken gehülltes Kaninchen, das in regionalem Ahornsirup gegart wird, frischen Kabeljau in einer reichhaltigen Buttersauce und göttliche Desserts.

Ausgehen

Microbrasserie St-Pancrace KLEINBRAUEREI

(☎ 418-296-0099; www.stpancrace.com; 55 Pl La Salle; ⏲ 13–1 Uhr) Wenn man in Baie Comeau ein Bier trinken will, sollte es ein Bier dieser freundlichen Kleinbrauerei sein, die auch anständige Bargerichte im mittleren Preisbereich serviert.

An- & Weiterreise

Ganzjährig fährt viermal täglich eine **Fähre** (☎ 877-562-6560; 14 Rte Maritime; Erw./Kind/Auto 19,70/12,15/48 C$) nach Matane. Die zweieinhalbstündige Überfahrt ist die östlichste Verbindung zur Südküste. Wer ein Fahrzeug mitnehmen will, muss auf jeden Fall reservieren, für Fußgänger empfiehlt es sich, zumindest einen Tag vorher zu reservieren.

Godbout

Das wichtigste tägliche Ereignis in diesem verschlafenen Dorf an einer hübschen, dramatischen Bucht ist die Ankunft der Fähre. Wer schwimmen will, geht zum kleinen Strand unterhalb des Musée Amérindien et Inuit.

Das **Musée Amérindien et Inuit** (☎418-568-7306; 134 Rue Pascal Comeau; Erw./Kind 5/2 C$; ⌚Juli–Sept. 9–22 Uhr; P) zeigt in erster Linie Kunst und Kunsthandwerk der indigenen Völker, wobei Kunst der Inuit, wie der Name schon andeutet, einen Schwerpunkt bildet.

Die **Fähre** (☎877-562-6560; www.traversiers.com; 117 Rue Pascal Comeau; Erw./Kind/Auto 19,70/12,15/48 C$) verkehrt zwischen Godbout und Matane. Busse von Intercar (S. 253) fahren zum Fährterminal und kommen dort gegen 18 Uhr an.

Pointe des Monts

Dieses kleine Kap, das von Stürmen und dem Seewind gebeutelt wird, markiert die Stelle, an der die Küste nach Norden abbiegt und der Sankt-Lorenz-Strom allmählich zum Sankt-Lorenz-Golf wird.

Der **Leuchtturm von Pointe des Monts** (☎418-939-2400; http://pharedepointedesmonts.com; 1830 Chemin du Vieux Phare Casier; Erw./Kind 6 C$/frei; ⌚Juni–Sept. 9–17 Uhr; P) wurde um 1830 gebaut und ist einer der ältesten in Québec. Ungeachtet seiner Funktion hat er Dutzende Schiffbrüche erlebt. Der Turm steht auf einem malerischen Landstreifen und wurde in ein Museum umgewandelt, das vom Leben der Wärter und ihrer Familien erzählt.

Le Gîte du Phare de Pointe-des-Monts (☎418-939-2332, 866-369-4083; www.pointe-des-monts.com; 1937 Chemin du Vieux Phare Casier; Chalets pro Tag/Woche ab 88/580 C$; ⌚Mai–Okt.; P) liegt neben dem Leuchtturm. Die so ziemlich einzige Unterkunft der Stadt hat verschiedene Chalets zu bieten. Alle sind komfortabel eingerichtet und haben eine schöne Aussicht – und der Gastgeber Jena-Louis weiß viel über die Gegend zu erzählen.

Baie Trinité

Wer ein morbides Interesse für die lange Geschichte der Schiffswracks im Sankt-Lorenz-Strom entwickelt hat, sollte unbedingt im **Centre National des Naufrages du Saint-Laurent** (Nationales Zentrum für Schiffswracks des Sankt-Lorenz-Stroms; ☎418-939-2231; 27 Rte 138; Erw./Kind 8/6 C$; ⌚Juni–Sept. 9–18 Uhr; P) einen Zwischenstopp einlegen, einem kleinen Museum mit Ausstellungsstücken, die vom Grund des Sankt-Lorenz-Stroms stammen.

Sept Îles

Sept Îles wirkt ein wenig wie die letzte Stadt vor dem Ende der Zivilisation, und dieser Eindruck ist nicht einmal ganz falsch, bei allem Respekt für Havre St Pierre. Es ist also keine Schande, wenn man überrascht ist, wie cool dieser Ort ist. Natürlich ist Sept Îles einer der geschäftigsten Häfen des Landes, was sein erfrischend kosmopolitisches Fair erklärt. Die örtlichen Museen, ein gutes Essen und der Besuch einer Bar sind die ideale Kur gegen die Erschöpfung vom langen Fahren.

Sehenswertes

Île Grande Basque INSEL
(⌚Juni–Sept.) Auf der größten Insel des Archipels vor Sept Îles, einem hübschen Fleckchen, kann man gut einen Tag damit verbringen, auf den 12 km langen Wegen zu wandern oder ein Picknick am Meer zu machen. Im Sommer betreibt Les Croisières du Capitaine regelmäßig Fähren (Erw./Kind ab 25/15 C$, 10 Min.) zwischen der Insel und dem Hafen von Sept Îles, außerdem bietet es Bootsausflüge in den Archipel an. Tickets bekommt man am Hafen im Parc du Vieux Quai (alte Anlegestelle).

Musée Régional de la Côte-Nord MUSEUM
(☎418-968-2070; http://museeregionalcotenord.ca/mrcn; 500 Blvd Laure; Erw./Kind 7 C$/frei; ⌚Di–Do 10–12 & 13–17, Fr 10–17, Sa & So 13–17 Uhr; P ♿) Das kleine Museum erzählt mit Exponaten wie Karten aus dem 17. Jh. die Geschichte der bereits seit 8000 Jahren besiedelten Côte-Nord.

Le Vieux Poste HISTORISCHE STÄTTE
(☎418-968-6237; http://vieuxposte.com; Blvd des Montagnais; Erw./Stud. 12/10 C$; ⌚Juli & Aug. Di–So 10–18, Mo bis 17 Uhr) Die Rekonstruktion des Pelzhandelspostens Le Vieux Poste aus dem 17. Jh. besteht aus mehreren Gebäuden und zeigt, wie die Jäger, die einst im Wald zu Hause waren, lebten.

Musée Shaputuan MUSEUM
(☎418-962-4000; 290 Blvd des Montagnais; Erw./Kind 5 C$/frei; ⌚Juli & Aug. Mo–Fr 8–16.30, Sa & So 13–16 Uhr, Sept.–Juni Mo–Fr) Dieses Museum informiert in der Côte-Nord am besten über die Kultur der Ureinwohner. Der stimmungsvolle runde Ausstellungssaal ist in vier Abschnitte eingeteilt, die die Jahreszeiten symbolisieren. Die Besucher begleiten die Innu (Montagnais) auf der Karibujagd

und sehen, wie sie tückische Stromschnellen meistern.

Geführte Touren

Les Croisières du Capitaine BOOTSFAHRTEN
(☎418-968-2173; http://lescroisieresducapitaine.com; Vieux Quai; Erw./Kind ab 25/15 C$) Bootsfahrten zur Île Grande Basque.

Croisière Petit Pingouin BOOTSFAHRTEN
(☎418-968-9558; ⏲Mitte Juni–Mitte Sept.) Veranstaltet Bootsausflüge zur Île Grande Basque und verschiedene geführte Touren, darunter eine dreistündige Tour zur Tordalk-Beobachtung.

Schlafen & Essen

Le Tangon HOSTEL $
(☎418-962-8180; www.aubergeletangon.com; 555 Rue Cartier; B/EZ/DZ 22/35/55 C$; P@📶) Nach den vielen Kilometern auf der Rte 138 ist der Holzbalkon des HI-Hostels ein erfreulicher Anblick. Innen warten freundliche Mitarbeiter, Power-Duschen, kleine Schlafsäle und eine gemütliche Lounge und Küche.

Hôtel le Voyageur HOTEL $$
(☎418-962-2228; www.hotellevoyageur.com; 1415 Blvd Laure; Zi. 99–231 C$; P❄📶) Draußen hängt ein kitschiges Retro-Schild, die Zimmer sind aber gemütlich und mit modernen Möbeln eingerichtet. Sie bieten einen soliden Mittelklassestandard, doch das trifft auf die meisten Unterkünfte der Stadt zu.

Blanc Bistro QUÉBECER KÜCHE $$
(☎418-960-0960; http://blancbistro.ca; 14 Rue Père-Divet; Hauptgerichte 17–37 C$; ⏲Di–Fr 11.30–14, Di–Sa 17–1 Uhr) Mit der stimmungsvollen dunkelroten Beleuchtung, den gut aussehenden tätowierten Mitarbeitern, die wie Holzfäller gekleidet sind, und der offenen Küche würde dieses Bistro auch gut in die Ruhe St-Denis in Montréal passen. Geschmorte Entenkeule, frischer Lachs und hausgemachte Würste sind einige Beispiele für die regionalen pflanzlichen und tierischen Produkte, die hier serviert werden.

Les Terrasses du Capitaine SEAFOOD $$$
(☎418-961-2535; 295 Ave Arnaud; Menüs ab 28 C$; ⏲Mo–Fr 11–13.30, tgl. 16–21 Uhr) Das Restaurant hinter dem Fischmarkt ist in der Côte-Nord für seine regionalen Meeresfrüchte berühmt. Es ist unverblümt traditionell, sowohl was die Einrichtung als auch das Essen angeht. Wer den in Butter schwimmenden Fisch isst, geht hier garantiert nicht hungrig weg.

Ausgehen & Nachtleben

Edgar Café Bar BAR
(☎418-968-6789; 490 Ave Arnaud; ⏲Di–Fr 11–24, Sa & So ab 13, Mo ab 16 Uhr) Hier gibt's eine breite Palette an Bieren und ein gutes Angebot an Spirituosen.

Praktische Informationen

Touristeninformation (☎418-962-1238, 888-880-1238; www.tourismeseptiles.ca; 1401 Blvd Laure W; ⏲Mai–Sept. tgl. 7.30–21 Uhr, Okt.–April Mo–Fr) Am Highway westlich der Stadt.

An- & Weiterreise

Der Flughafen von Sept-Îles liegt 8 km östlich der Ortschaft; ein Taxi ins Zentrum kostet rund 12 C$. **Air Labrador** (☎800-563-3042; www.airlabrador.com) fliegt zur Basse-Côte-Nord, nach Labrador, Neufundland, Québec (Stadt) und Montréal.

Die Fähre von **Relais Nordik** (☎418-968-4707, 800-463-0680; www.relaisnordik.com) verkehrt zur Île d'Anticosti und schippert ab Rimouski an der Basse-Côte-Nord entlang.

Busse von **Intercar** (☎418-627-9108; https://intercar.ca; 126 Rue Mgr Blanche) verkehren täglich von/nach Baie Comeau (41 C$, 4 Std.) und montags bis freitags auch von/nach Havre St Pierre (40 C$, 2¾ Std.).

Parc National de l'Archipel-de-Mingan

Hinter Sept-Îles wird die Landschaft immer urzeitlicher und die Vegetation immer spärlicher. Mit Flechten bewachsene schwarze Moore erstrecken sich bis zum Horizont, unterbrochen nur von vereinzelten toten Kiefern, die sich im Wind ducken. Die Hauptattraktion der Region ist das **Réserve de Parc National de l'Archipel-de-Mingan** (☎418-538-3331; www.pc.gc.ca/eng/pn-np/qc/mingan/index.aspx; Erw./Kind 5,80/2,90 C$; ⏲Juni–Sept.; P) 🍃, ein Gebiet märchenhafter kanadischer Wildnis, das nur ein kleines Stück vom Festland entfernt ist. Der Weg hierher war lang, jetzt gilt es, in ein Boot zu steigen und an der Côte-Nord von Insel zu Insel zu schippern.

Sehenswertes & Aktivitäten

Im Sommer findet man die Tourveranstalter an den Kais von Havre St Pierre und Longue-Pointe-de-Mingan, einer kleinen Stadt, in der der größte Teil der administrativen und touristischen Infrastruktur für den Archipel ansässig ist. Als Faustregel gilt: Je kleiner das Boot, desto besser ist das Erlebnis. Allerdings sollte man aufs Wetter achten – bei rauer See können Touren ausfallen.

Cetacean Interpretation Center SCIENCE CENTER
(☎418-949-2845; www.rorqual.com; 378 Rue du Bord de la Mer, Longue-Pointe-de-Mingan; Erw./Kind 8,50/4 C$; ⏱Juni–Sept. 9–17.30 Uhr; P 👪) Das von den Forschern des Mingan Island Cetacean Study (MICS) errichtete Zentrum gibt einen guten Einblick sowohl in die Wissenschaft der Walforschung als auch in die Welt der faszinierenden Säugetiere selbst.

Feldforschungs-Tagesexkursion BOOTSEXKURSION
(☎418-949-2845; www.rorqual.com; Rue du Bord de la Mer, Longue-Pointe-de-Mingan; inkl. Ausrüstung 140 C$/Pers.; ⏱Juni–Okt.; 👪) Wer einen einzigartigen Eindruck von den Walen in ihrem natürlichen Lebensraum bekommen möchte, kann sich den Wissenschaftlern des Mingan Island Cetacean Study auf einer etwa sechsstündigen Feldforschungsexkursion anschließen. Dabei lernt man die Feldforschungstechniken der Meeresbiologen kennen und kann sie auch selbst anwenden. Die Exkursion macht viel Spaß und gleichzeitig lernt man etwas. Die Boote legen täglich um 7.30 Uhr an der Anlegestelle von Mingan ab (sofern es das Wetter erlaubt).

Schlafen

Camping CAMPING $
(☎877-737-3783; https://reservation.pc.gc.ca/parkscanada; Stellplatz ab 15,70 C$, plus Registriergebühr 5,80 C$, Dauerzelt 120 C$) Auf einigen der Inseln ist Camping erlaubt, man muss sich aber im Reception & Interpretation Center oder in der Touristeninformation von Havre St Pierre registrieren lassen. Inzwischen gibt es im Park auch „Otentik"-Dauerzelte, die sich für Familien und alle, die Wert auf etwas mehr Komfort legen, eignen.

Île aux Perroquets HISTORISCHES HOTEL $$$
(☎418-949-0005; www.ileauxperroquets.ca; EZ/DZ ab 285/425 C$; ⏱Juni–Sept.; ❄) Lust auf eine Dosis historisches Erbe und Quiltdecken-Luxus? Der Leuchtturm und das Haus des Leuchtturmwärters auf der Île aux Perroquets wurden in eine gemütliche, luxuriöse Unterkunft verwandelt. Die Zimmer sind mit Kunst und Kunsthandwerk von der Côte-Nord geschmückt. Das Hotel bietet verschiedene Pakete an, darunter auch welche für Feinschmecker und für Vogelliebhaber. Die Fahrt zu Insel ist im Preis enthalten.

Praktische Informationen

Reception & Interpretation Center (☎418-949-2126; 625 Du Centre St, Longue-Pointe-de-Mingan; ⏱Mitte Juni–Aug. 8–18.30 Uhr) Hier gibt's alle Infos über den Nationalpark.

An- & Weiterreise

Ein großer Abschnitt des Hwy 138 führt durch den Park. Busse von Intercar verkehren zwischen dem Park und Sept-Îles oder Havre St Pierre.

Croisières Anticosti (☎418-538-0911, 418-949-2095; www.croisieresanticosti.com; ab 130 C$; ⏱Juni–Sept.) führt die 50-minütigen Fahrten zur Insel Anticosti durch.

Havre St Pierre

Auf der Fahrt Richtung Nordosten lohnt ein Zwischenstopp in diesem Fischerort, vor allem, weil sich hier für die nächsten 124 km die letzte Tankstelle befindet.

Am netten Hafen von Havre St Pierre kann man gut die einlaufenden Boote beobachten. Im Sommer bieten Veranstalter am Hafen Touren zu den Mingan-Inseln an (3-stündige Tour ca. 65 C$). In der Stadt sieht man immer wieder mal eine rot-weiß-blaue Fahne mit dem goldenen Stern, die Akadierfahne.

In der **Auberge Boréale** (☎418-538-3912; www.aubergeboreale.com; 1288 Rue Boréale; Zi. 60 C$; P ❄) gibt's neun coole blau-weiße Zimmer und einen schönen Meerblick. Die freundliche **Gîte Chez Françoise** (☎418-538-3778; www.gitechezfrancoise.qc.com; 1122 Rue Boréale; EZ/DZ ab 68/95; P ❄ @ 📶) hat künstlerisch gestaltete Zimmer.

Gute Infos zu geführten Touren bekommt man im **Büro der Touristinformation** (☎418-538-2512; 1010 Promenade des Anciens; ⏱Mitte Juni–Mitte Sept. 9–21 Uhr) und im **Variété Jomphe et Les Confections Minganie** (☎418-538-2035; 843 Rue de 'Escale; ⏱9–16.30 Uhr).

Busse von Intercar (S. 253) halten täglich um 17.30 Uhr in der 843 Rue de 'Escale und fahren nach Sept-Îles (40 C$, 2½ Std.).

Île d'Anticosti

Die 7943 km² große Insel offenbart ihre Schönheit erst seit Kurzem einer wachsenden Zahl von Besuchern. Ein französischer Schokoladenhersteller namens Henri Menier (aus seinem Imperium wurde Nestlé) kaufte die Insel 1895 als ein privates Jagdrevier. Die vielen Weißwedelhirsche und Lachse zogen jahrelang Jäger und Angler an. Heute locken Schutzgebiete die Naturfreunde auf die dicht bewaldete Insel mit ihren Klippen, Wasserfällen, Canyons, Höhlen und Flüssen.

Es ist möglich, die Insel auf eigene Faust zu erreichen und zu erkunden, was allerdings einen erheblichen Aufwand an Planung erfordert. Die meisten Besucher schließen sich deshalb einer Tour mit einer Kleingruppe an; **Sépaq** (www.sepaq.com) hat zwei- bis siebentägige Pauschalangebote mit Flug im Programm. Es gibt aber auch kürzere Halbtagsausflüge für Leute, die auf eigene Faust zur Insel reisen.

Schlafen

Auberge de la Pointe-Ouest HÜTTEN $

(☎418-535-0335; www.anticosti.net/Auberge_Pointe_Ouest; Zi. ab 35 C$) In diesen beiden Leuchtturmwärterhütten 20 km westlich von Port Menier kann man eine gemütliche Nacht verbringen. Der Besitzer hilft dabei, eine geführte Tour zu arrangieren.

Praktische Informationen

Touristeninformation (☎418-535-0250; www.ile-anticosti.com; 7 Chemin des Forestiers, Port Menier; ⏲Juni–Aug.) Hilft bei der Buchung von Unterkünften und arrangiert Führungen im Ort Port Menier.

Anreise & Unterwegs vor Ort

Croisières Anticosti und **Relais Nordik** bieten die Bootsüberfahrt vom Festland an.

Man erreicht die Insel auch mit dem Flugzeug, Flüge sind aber teuer. Nähere Infos gibt's bei der **Touristeninformation**.

Über die Insel führt eine unbefestigte Straße. Fast alle Besucher kommen im Rahmen einer Pauschalreise, sodass der Transport in der Regel schon vorab organisiert wird. Wer individuell herkommt, muss vorher anrufen, um die Weiterfahrt auf der Insel zu arrangieren; **Location Sauvageau** (☎866-728-8243, 418-535-0157; www.sauvageau.qc.ca; 5 Rue Panhard, Port Menier) kann den Verleih von Geländewagen vermitteln.

Natashquan

Das wilde, windgepeitschte Natashquan liegt am Ende der Straße. Na gut, eigentlich ist Kegashka 50 km weiter östlich das Ende der Rte 138, doch der halbe Weg dorthin ist nur noch eine Schotterpiste. Und was gibt es hier? Einen Streifen Küste, ein paar Landhäuser, die sich vor dem Tundrawind ducken, feuchte Taiga, Nebelschwaden und den Blick auf den stürmischen Sankt-Lorenz-Golf.

Sehenswertes

Les Galets HISTORISCHE STÄTTE

Les Galets ist eine Gruppe weißer Hütten mit leuchtend roten Dächern, die eng gedrängt auf einer windigen Halbinsel stehen. Aus der Entfernung wirken sie wie ein Musterbeispiel gespenstischer Isolation. Früher salzten und trockneten die Fischer hier ihren Fang. Besucher können sich an den Stränden der Umgebung erfreuen und auf Wegen im Hinterland durch einsame Wälder voller Wasserfälle und Aussichtspunkte wandern. Um Les Galets zu erreichen, biegt man von der Rte 183 in die Allée Les Galets ein.

Vieille École MUSEUM

(Alte Schule; 24 Chemin d'En Haut; Erw./Kind 5/2 C$; ⏲Juli–Sept. 10–16 Uhr) Diese kleine Schule mit nur einem Klassenzimmer besuchte früher der aus Natashquan stammende Gilles Vigneault, der später der berühmteste Songwriter Québecs wurde. Heute ist sie ein Museum, das sich Vigneaults Liedern und der Geschichte Natashquans widmet.

Schlafen & Essen

Auberge La Cache HOTEL $$

(☎418-726-3347; www.aubergelacache.ca; 183 Chemin d'En Haut; Zi. ab 150 C$; Ⓟ📶) Das zweistöckige Hotel hat saubere, wenn auch leicht sterile Zimmer und tischt ein herzhaftes Frühstück auf.

John Débardeur KANADISCH $

(☎418-726-3333; 9 Rue du Pré; Hauptgerichte 8–13 C$; ⏲11–20 Uhr; Ⓟ) Der gesellige kleine Dinner serviert nahrhafte Gerichte wie Leber mit Zwiebeln, Kabeljau mit Reis und andere Fleisch- sowie zwei vegetarische Spezialitäten, die einen an den langen Abenden an der Côte-Nord warm halten.

Praktische Informationen

Büro der Touristeninformation (☎418-726-3054; www.copactenatashquan.net; 24 Chemin d'En Haut; ⌚8.30–17.30 Uhr) Fungiert zugleich als Besucherzentrum.

ÎLES DE LA MADELEINE

Die Kette vom Wind umtoster Inseln mit roter Erde und zerzausten grünen Grasbüscheln mitten im Sankt-Lorenz-Golf bietet einen unvergesslichen Anblick. Die Magdalenen-Inseln oder Îles de la Madeleine, ein langgezogener Archipel, der auf der Landkarte an eine Mandelbrot-Menge erinnert, liegen 105 km nördlich der Prince Edward Island. Zwischen den 350 km Stränden der Insel ragen stark eisenhaltige rote Klippen hervor. Wind und Meer haben Felsbuchten geschaffen, die nach der Erkundung per Kajak geradezu schreien.

Wer bei der Anreise im Kleinflugzeug über den halbmondförmigen Stränden kreist, mag sich wundern, wie irgendjemand diese windige Inselkette bezwingen kann. Doch tatsächlich verbindet eine 200 km lange Straße mit dem prägnanten Namen Rte 199 die sechs größten Inseln. Die Fahrt von einem Ende des Archipels zum anderen dauert etwas über eine Stunde, vorausgesetzt, man hält nicht dauern an, um begeistert die Aussicht zu bestaunen – was man natürlich tun wird.

ℹ An- & Weiterreise

FLUGZEUG

Der Flughafen liegt im Nordwesten der Île du Havre aux Maisons. **Air Canada Express** (S. 253) bietet täglich Flüge von Montréal, Québec und Gaspé; **Pascan** (☎888-313-8777; www.pascan.com) fliegt von den beiden Großstädten und von Bonaventure. Im März 2016 kamen der frühere Staatsminister und Journalist Jean Lapierre und sechs weitere Passagiere, darunter seine Frau, seine Schwester und zwei Brüder, ums Leben, als ihr Privatflugzeug beim Anflug auf die Inseln abstürzte. Seit dieser Tragödie scheinen die Mitarbeiter der Flugsicherung bei Flügen zu den Îles de la Madeleine ganz besonders vorsichtig zu sein, sodass es bei schlechter Sicht häufig zu Verspätungen und Flugausfällen kommt.

SCHIFF/FÄHRE

Die günstigste und am häufigsten genutzte Fährverbindung ist die Fähre von Souris, Prince Edward Island, zur Île du Cap aux Meules. **CTMA Ferries** (☎418-986-3278, 888-986-3278; www.ctma.ca; Erw./Kind/Fahrrad/Auto 51,50/26/12,50/96 C$) bedient diese Route ganzjährig, die Fahrt dauert fünf Stunden. Die große Fähre, die auch bei sehr rauer See fahren kann, verkehrt vom Juli bis Anfang September täglich, im Mai, Juni und September täglich außer Montag und von Oktober bis April etwa viermal wöchentlich. Im Hochsommer ist eine Reservierung für Passagiere mit Auto sehr ratsam (und selbst für Fußgänger keine schlechte Idee). Von Mitte September bis Mitte Juni gibt es vergünstigte Tickets.

Zwischen Juni und Oktober veranstaltet CTMA auch siebentägige Kreuzfahrten ab Montréal (einfach/hin & zurück ab 434/1000 C$) mit Zwischenstopp in Chandler auf der Gaspé-Halbinsel. Das ist eine großartige Möglichkeit, den Sankt-Lorenz-Strom zu erleben, und man kann auch sein Auto mitnehmen (305 C$) und zurück fahren.

ℹ Unterwegs vor Ort

Le Pédalier (☎418-986-2965; www.lepedalier.com; 545 Chemin Principale, Cap aux Meules; Fahrradverleih 1 Std./4 Std./1 Woche 6/18/85 C$) in Cap aux Meules verleiht Fahrräder. Hertz und lokale Mietwagenfirmen haben Filialen am Flughafen; man sollte so früh wie möglich im Voraus buchen.

RéGÎM (☎877-521-0841, 418-986-6050; www.regim.info; im Voraus/im Bus 3/4 C$; ⌚Mo–Fr) betreibt drei Buslinien auf der Insel. Am Wochenende fahren keine Busse. Die Fahrpläne stehen auf der Website. Man sollte fünf Minuten vor der planmäßigen Ankunftszeit an der Bushaltestelle sein und das Fahrgeld dabei haben, die Fahrer haben kein Wechselgeld.

Île du Cap aux Meules

Das kommerzielle Zentrum des Archipels, auf dem mehr als die Hälfte seiner Bewohner lebt, ist verglichen mit den Nachbarinseln recht stark entwickelt. Dennoch ist es durch und durch eine Magdalenen-Insel und ist mit seinen Service-Einrichtungen, Unterkünften, dem lebhaften Nachtleben und der zentralen Lage eine ideale Ausgangsbasis.

👁 Sehenswertes

An der Westseite der Insel kann man die eindrucksvollen roten Klippen bewundern. Vom Klippenwanderweg zwischen La Belle Anse und Fatima sind die Erosionsmuster besonders gut zu erkennen, sodass ein Blick in die geologische Entwicklung möglich ist.

Der Leuchtturm am **Cap du Phare** (Cap Hérissé) weiter im Südwesten ist ein beliebter Ort, um den Sonnenuntergang zu genießen. Bei **Anse de l'Étang du Nord** gibt es ein paar nette Boutiquen und Cafés mit

Blick auf ein Schiffswrack. In der Inselmitte hat man von dem Hügel **Butte du Vent** eine fantastische Sicht auf die nord- und südwärts verlaufenden Sandbänke.

Geführte Touren

Aerosport Carrefour d'Aventures KAJAKFAHREN
(☎ 418-986-6677; www.aerosport.ca; 1390 Chemin Lavernière, L'Étang-du-Nord; 3-stündige Seekajaktour 44 C$; ⏲ Juli–Sept. 9–18 Uhr) Junge, abenteuerlustige Enthusiasten betreiben dieses Unternehmen. Es bietet Kajakexpeditionen und Höhlenbesuche, bei denen man spektakuläre Insellandschaften erlebt, die vom Land aus nicht sichtbar sind. Auch die vom Wind angetriebenen Kite-Buggies sind klasse.

MA Poirier BUS
(☎ 418-937-7067; 1027 Chemin du Grand-Ruisseau, Fatima; geführte Touren ab 99 C$) Veranstaltet mehrere geführte Bustouren zu den größten Sehenswürdigkeiten auf den Insel.

Schlafen & Essen

Parc de Gros-Cap HOSTEL, CAMPING $
(☎ 800-986-4505, 418-986-4505; www.parcdegroscap.ca; 74 Chemin du Camping, L'Étang-du-Nord; Stellplätze ab 24 C$, B/Zi. ab 34/72 C$; ⏲ Juni–Sept.; P @) Dieses Hostel auf der Halbinsel Gros Cap mit Blick auf eine Bucht voller Angler in Wathosen könnte das ruhigste Haus der gesamten HI-Kette sein. Die Atmosphäre ist gesellig und hier lassen sich gut Aktivitäten organisieren.

Pas Perdus PENSION $
(Nicht verloren; ☎ 418-986-5151; 169 Chemin Principal, Cap aux Meules; Zi. ab 75 C$; P) In den hellen Gästezimmern über dem Restaurant kann man eine ruhige Nacht verbringen. Selbst wenn unten Hochbetrieb herrscht, ist es oben ruhig.

Café d'Chez Nous CAFÉ $
(☎ 418-986-3939; 197 Chemin Principal, Cap aux Meules; Hauptgerichte 5–9 C$; ⏲ Mo–Fr 7–18, Sa & So ab 10 Uhr; P) Das gemütliche, unkonventionelle, hübsche Café ist perfekt für einen starken Kaffee und ein frisches Croissant oder ein leichtes Sandwich, einen Salat oder andere Backwaren, auf die man gerade Appetit hat.

Pas Perdus FUSION $$
(☎ 418-986-5151; www.pasperdus.com; 169 Chemin Principal, Cap aux Meules; Hauptgerichte 15–28 C$; ⏲ Juli–Sept. 8–23 Uhr; P) Bei einem Burger oder einem Hummersalat auf der Terrasse oder im roten Inneren zwischen geschwungenen Spiegeln und aufmerksam ausgewählter lokaler Kunst kann man das unkonventionelle Lebensgefühl der Inseln deutlich spüren.

Praktische Informationen

Haupttouristeninformation (☎ 877-624-4437, 418-986-2245; www.tourismeilesdelamadeleine.com; 128 Chemin Principal, Cap-aux-Meules; ⏲ Juli & Aug. 7–20 Uhr, Juni & Sept. 9–17 Uhr, Okt.–Mai 9–12 & 13–17 Uhr) In der Nähe des Fährterminals. Eine gute Informationsquelle für alle Inseln.

Anreise & Unterwegs vor Ort

Die Île du Cap aux Meules ist die am zentralsten gelegene Insel, von hier kommt man gut zum Flughafen und zum **Fährterminal** (☎ 418-986-3278; www.traversiearctma.ca; 70 Chemin du Débarcadère, Cap aux Meules).

Île du Havre Aubert

Auf der Fahrt von Cap aux Meules Richtung Süden zu den größten Inseln des Archipels führt die Rte 199 zwischen Dünen hindurch, hinter denen der blaue Atlantik und die Baie-du-Havre-aux-Basques liegen.

Das belebteste Viertel der Stadt Havre Aubert ist **La Grave**, das mit seinen kleinen Häusern, den Kunsthandwerksgeschäften, den Booten am Strand und den Wäscheleinen im Freien den rustikalen Charme eines für die Îles de la Madeleine typischen Fischerortes (vielleicht ist's auch nur ein Klischee) verkörpert. Die schöne Rundfahrt um die Insel über den **Chemin du Bassin** dauert etwa eine halbe Stunde.

Sehenswertes

Sandy Hook STRAND
(Plage de Havre-Aubert; Zugang über den Chemin du Sable, Havre-Aubert; P) Dieser 12 km lange, windige Sandstreifen wirkt wie das Ende der Welt (außer während des Sandburgenfestivals Mitte Aug.). Beim Schwimmen sollte man vorsichtig sein, denn es gibt hier keine Rettungsschwimmer.

Le Site d'Autrefois GEBÄUDE
(☎ 418-937-5733; www.sitedautrefois.com; 3106 Chemin de la Montagne, Havre Aubert; Erw./Kind 10/4 C$; ⏲ Juni–Aug. 9–17 Uhr, Sept. 10–16 Uhr; P) Orte wie die Îles de la Madeleine ziehen häufig Exzentriker an, aber nur wenige sind

so interessant wie der Fischer Claude, der die lokale Tradition des Geschichtenerzählens und des Singens in diesem Musterdorf am Leben erhält.

Schlafen & Essen

Chez Denis à François PENSION $$
(☎ 418-937-2371; www.aubergechezdenis.ca; 404 Chemin d'en Haut, Havre Aubert; Zi. inkl. Frühstück 95–165 C$; P ❄ 📶) Das traditionelle Ferienhotel wurde aus dem Holz eines Schiffswracks gebaut. Die geräumigen Zimmer im viktorianischen Stil sind mit Deckenventilator, Kühlschrank, Sofa und eigenem Bad ausgestattet.

★ **Vent du Large** QUÉBECER KÜCHE $$$
(☎ 514-919-9662; www.ventdularge.ca; 1009 Chemin de la Grave, Havre Aubert; Tapas 6–16 C$; ⌚ Mo–Fr 11–23, Sa & So ab 9 Uhr; P 👪) Angesichts der freundlichen Besitzer, die regelmäßig Livemusikabende veranstalten, des in Strömen fließenden Weins und Biers, der Terrasse mit Meerblick und der kleinen Teller, die von Muscheln über Robbenwürste bis zu Fondue reichen, ist es schwer, dieses Restaurant nicht zu mögen.

Shoppen

Artisans du Sable KUNST & KUNSTHANDWERK
(www.artisansdusable.com; 907 Rte 199, Havre Aubert; ⌚ 10–21 Uhr) Diese Galerie mit Geschäft verkauft Schachbretter, Kerzenhalter und andere Souvenirs – die alle aus Sand angefertigt sind!

Praktische Informationen

Die Île du Havre Aubert ist die südlichste Insel des Archipels. Die Fahrt von Cap aux Meules dauert ca. 20 Minuten.

Île du Havre aux Maisons

Die Insel, auf der sich auch der Flughafen befindet, ist eine der bevölkerungsreichsten des Archipels, was aber kaum zu spüren ist. Die wahrscheinlich schönste Landschaft der Inselgruppe erstreckt sich hauptsächlich östlich der Rte 199. Die beste Aussicht bietet sich vom Chemin des Buttes, der sich durch grüne Hügel und malerische Hütten schlängelt.

Vom Parkplatz am Chemin des Échoueries beim Cap Alright führt ein kurzer Aufstieg zum Kreuz auf der **Butte Ronde**, von wo man einen wunderschönen Blick über die felsige Küste hat.

Schlafen

La Butte Ronde B&B $$
(☎ 866-969-2047, 418-969-2047; www.labutteronde.com; 70 Chemin des Buttes, Havre aux Maisons; Zi. inkl. Frühstück 100–165 C$) Tickende Uhren, klassische Musik, Zimmer mit Fotos von Tuareg-Nomaden und ein Wintergarten mit Meerblick verleihen diesem prachtvollen Domizil in einem ehemaligen Schulhaus eine beruhigende Atmosphäre, die wie in einer Bibliothek anmutet.

Domaine du Vieux Couvent HOTEL $$$
(☎ 418-969-2233; www.domaineduvieuxcouvent.com; 292 Rte 199, Havre aux Maisons; Zi. inkl. Frühstück 150–275 C$; ⌚ März–Dez., Restaurant Mai–Dez. 17–21 Uhr; P 📶) Das Domaine im Herzen des Archipels ist die schickste Unterkunft der Îles de la Madeleine. Alle Zimmer haben eine Fensterwand mit Meerblick, und Service und Eleganz haben hier ein höheres Niveau als angesichts der lockeren Lebenseinstellung der Inselbewohner üblich.

Grosse Île

Auf dieser Insel lebt der größte Teil der englischsprachigen Minderheit des Archipels, und ihr Akzent, der dem von Newfoundland ähnelt, verrät noch ihre keltischen Wurzeln. Die alteingesessene englischsprachige Gemeinschaft hatte lange ein angespanntes Verhältnis zu ihren französischsprachigen Nachbarn – immer wieder gab es Streit in Kneipen und dergleichen. Selbst heute sprechen viele von ihnen kein Französisch, doch Hochzeiten zwischen Mitgliedern der unterschiedlichen Sprachgruppen und Zweisprachigkeit kommen immer häufiger vor, und die touristischen Einrichtungen auf der Grosse Île werden von französischsprachigen Einwohnern geführt.

Die Seacow Rd in Old Harry führt zu der Stelle, an der die Walrosse an Land gebracht und wegen ihres Trans geschlachtet wurden. In der Nähe steht die Kirche **St. Peter's by the Sea**, die 1916 aus Holz von Schiffswracks errichtet wurde. Auch die Gäber diverser Clarkes und Clarks befinden sich hier. Der Familienname veränderte sich aufgrund der falschen Schreibweise in offiziellen Dokumenten.

Zwischen Pointe de la Grosse Île und Old Harry liegt das 684 ha große Feuchtgebiet des Réserve Nationale de Faune de la Pointe-de-l'Est mit dem beeindruckendsten Strand des Archipels, der **Plage de la Grande**

Échouerie (🐾) 🍃. Der 10 km lange, helle Sandstrand erstreckt sich nordöstlich von Pointe Old Harry; dort und zwischen Old Harry und East Cape gibt es Parkplätze.

Die Insel liegt 40 km nördlich von Cap aux Meules. Ein Damm, der von sanft geschwungenen Dünen gestärkt wird, trennt sie vom restlichen Archipel.

Île de la Grande Entrée

Der „Große Eingang" ist selbst für hiesige Verhältnisse ein entlegener Außenposten, wo es mehr Masten im Fischerhafen als Häuser zu geben scheint. Dies ist buchstäblich das Ende der Straße – sie verwandelt sich in eine Bootsrampe, die zum kleinen Hafen führt.

Sehenswertes

Centre d'Interprétation du Phoque WISSENSCHAFTSZENTRUM
(Seal Interpretation Center; ☎418-985-2833; www.loup-marin.com; 377 Rte 199; Erw./Kind 7,50/4 C$; ⏲Juni–Sept. 10–18 Uhr, Okt.–Dez. 10–12 & 13–16 Uhr) Das Museum widmet sich der Biologie und dem Verhalten der Robben und der kulturellen Bedeutung dieser Tiere für die Inseln, wobei es besonders auf das umstrittene Robbentöten eingeht.

Schlafen & Essen

La Salicorne CAMPING $
(☎418-985-2833, 888-537-4537; www.salicorne.ca; 377 Rte 199; Stellplätze ab 22 C$) Dieser Komplex mit einem Hotel ist ein Zentrum für alle möglichen Aktivitäten. Angeboten werden hier Seekajakfahren, Surfen, Naturwanderungen, geführte Touren auf dem Archipel, Seefood-Verkostungen, Geschichtenerzählen mit Fischern und sogar Schlammbäder. Es gibt einen Campingplatz und eine nicht sehr aufregende Cafeteria (Hauptgerichte 13–25 C$). Die Hotelzimmer sind den Teilnehmern mehrtägiger Pauschaltouren vorbehalten.

Bistro Plongée Alpha SEAFOOD $$
(☎418-985-2422; 898 Rte 199; Hauptgerichte 10–24 C$; ⏲Juli–Sept. 11–21 Uhr; P 📶) Ein Restaurant, das von einem Arktis- und Antarktis-Taucher und Filmemacher geführt wird, findet man nicht alle Tage – aber hey, das sind schließlich die Îles de la Madeleine. Das Meeresfrüchtelokal serviert Hummerbrötchen, Muschelpizza und herzhaften Muscheleintopf.

IM HOHEN NORDEN

Diese Region markiert die äußerste Nordgrenze der Provinz. Das Land wird öder und öder und verschwindet schließlich in den Tiefen des Nordpolarmeers. Mit entlegenen Dörfern, einer starken indigenen Präsenz und atemberaubender Landschaft lockt der herrliche hohe Norden all jene an, die sich weitab von Touristenpfaden bewegen möchten. Hier ist die Erde mit wertvollen Bodenschätzen wie Silber, Gold und Kupfer durchsetzt. Karibus ziehen frei umher, während unzählige Fische die Gewässer bevölkern. Der Norden Québecs ist gigantisch. In den nördlichsten Teilen liegen winzige Siedlungen der Inuit und anderer indigener Volksgruppen, die nur per Kleinflugzeug erreichbar sind. Erschlossene Gebiete verdanken ihr Dasein vor allem gewaltigen Industrieanlagen wie Sägemühlen, Berg- oder Wasserkraftwerken. Reisen in den äußersten hohen Norden bzw. zu den Inuit-Gemeinden von Nunavik sind unweigerlich mit teuren Flügen verbunden. Wer genügend Zeit hat, kann andere Teile von Abitibi-Témiscamingue und der James Bay jedoch gut auch mit dem Auto oder Bus besuchen und Kanadas wahren Norden auf sich wirken lassen.

Abitibi-Témiscamingue

Auf 65 140 km² Fläche können die Menschen den Seen hier zahlenmäßig kaum das Wasser reichen. Dieses Gebiet spielt für die Québecer Fantasie eine wichtige Rolle: Als letzte Ecke der Provinz wartet es bis heute darauf, im großen Stil besiedelt und erschlossen zu werden – und wird somit zum Symbol für Träume und Mühen.

Als traditionelles Stammland der Algonkins besteht Abitibi-Témiscamingue aus zwei verschiedenen Bereichen, die beide nach einem jeweils anderen Stamm benannt sind. Témiscamingue ist lediglich über das Nördliche Ontario oder über die Rte 117 westlich von Val d'Or zugänglich. Seine Vegetation ist vielfältiger, ebenso die Landschaft mit mehreren Tälern und dem mächtigen Lac Témiscamingue. Hierher verirren sich nur wenige Reisende. Abitibi verzeichnet dagegen etwas mehr Besucher und ist größtenteils flach, weshalb die wundervollen Täler und Felsen des Parc d'Aiguebelle umso großartiger wirken.

Dieser riesige Teil Québecs hat etwas seltsam Exotisches, was teilweise wohl an seiner

Abgeschiedenheit liegt. Die meisten Besucher suchen Ruhe in den hiesigen Nationalparks oder sind auf der Durchreise zu noch einsameren Zielen im Norden.

Réserve Faunique la Vérendrye

Es gibt nichts Schöneres, als nach einer endlosen Autofahrt eine Weile zu paddeln, und in dieser Hinsicht ist das **Réserve Faunique la Vérendrye** (☎819-438-2017; www.sepaq.com/rf/lvy; Hwy 117; Erw./Kind 8,50 C$/frei; ⏲Mai–Sept.; P) mit seinen vielen herrlichen Seen (es gibt sage und schreibe 4000 von ihnen!) einfach ideal.

Die Hauptattraktionen des Parks sind Campen, Angeln, Jagen und Kanufahren. Selbst während einer Hitzewelle im Hochsommer hat man wahrscheinlich ganze Seen für sich allein.

Überall im Park verteilt befinden sich **Campingplätze** (☎819-435-2331; www.sepaq.com/rf/lvy; Stellplätze 21–47 C$, Chalets ab 121 C$).

Von Süden erreicht man den Park über den Hwy 117, das **Südliche Registrierungszentrum** (Accueil Sud; ☎819-435-2216; Hwy 117, Lac Rapide; ⏲Mai–Sept.) bei Km 276 hat genauere Informationen.

Val d'Or

Val d'Or, das 1933 rund um die Sigma-Goldmine entstand, erinnert mit seinen breiten Straßen und der Hauptstraße (3e Ave), die noch heute recht rau wirkt, an eine blühende Goldgräberstadt aus der guten alten Zeit. Man kann sich gut vorstellen, wie turbulent es hier zu Zeiten des Goldrauschs zugegangen sein mag. Die Sigma-Mine ist noch immer in Betrieb, ist aber nicht mehr der wirtschaftliche Motor der Stadt.

Sehenswertes

Centre d'Exposition de Val-d'Or KULTURZENTRUM
(☎819-825-0942; www.expovd.ca; 600 Rue 7e; ⏲Mo & Di 13–19, Mi–Fr bis 20.30, Sa & So 13–17 Uhr; P) Dieses Zentrum zeigt verschiedene Wanderausstellungen und Werke lokaler Künstler, darunter auch Ureinwohner. Hier kommt man leicht ins Gespräch und erfährt, was in der Stadt so los ist.

La Cité de l'Or MUSEUM
(☎819-825-1274; www.citedelor.com; 90 Ave Perreault; Audioguide Erw./Kind 7/3 C$, Führung Erw./Kind 25,25/12,25 C$; ⏲Führungen Juli & Aug. 8.30–17.30 Uhr, Sept. & Juni nach Vereinbarung; P) Dieses Besucherzentrum in einer restaurierten Goldmine widmet sich der Geschichte des Bergbaus in der Stadt. Es wird von La Cité de l'Or (Die Stadt des Goldes) betrieben. Wenn es hinunter unter die Erde geht, wird man mit Bergarbeiterausrüstung ausgestattet – cool! Tatsächlich ist es dort unten nicht nur cool, sondern auch richtig kalt. Besucher können zudem das **Village Minier de Bourlamaque** erkunden, ein restauriertes Bergarbeiterdorf mit 80 Blockhäusern.

Schlafen & Essen

Hôtel Forestel HOTEL $$
(☎819-825-5660; http://forestel.ca; 1001 3e Ave E; Zi. ab 135 C$; P ❄ @ ☎) Eine elegante und schicke Unterkunft im Hinterland mit großen Glasfenstern, polierten Steinböden, modernem industriellem Design – und einem tollen Preis-Leistungs-Verhältnis.

Balthazar Café CAFÉ $
(☎819-874-3004; www.balthazarcafe.ca; 851 3e Ave; Hauptgerichte 6–12 C$, Büfett ab 15 C$; ⏲Mo–Fr 7–17, Sa 10–16 Uhr) Das Balthazar, Bäckerei, Café, und Feinkostgeschäft in einem, bereitet köstliche hausgemachte Sandwiches und warme und kalte Büfetts zu. Die angebotenen Menüs haben ein hervorragendes Preis-Leistungs-Verhältnis. Zumindest sollte man etwas von den vielen Suppen, Salaten und zahlreichen leckeren belegten Broten essen.

Microbrasserie Le Prospecteur KNEIPE $$
(☎819-874-3377; www.microleprospecteur.ca; 585 3e Ave; Hauptgerichte 12–18 C$; ⏲Mo–Fr 11–3, Sa ab 16 Uhr) Hier gibt's neben kräftigen hausgebrauten Bieren Speisen wie Enten-*poutine*, Elch-Burger, Bison-Sandwiches und Quinoa-Salate.

Praktische Informationen

Touristeninformation (☎819-824-9646; http://tourismevaldor.com; 1070 3e Ave E; ⏲8.30–18.30 Uhr) Am Hwy 117 am östlichen Ende der Stadt.

An- & Weiterreise

Pascan (S. 361), **Air Canada Express** (S. 253) und **Air Creebec** (S. 253) fliegen von Montéal nach Val-d'Or. Busse von **Autobus Maheux** (☎819-874-2200; www.autobusmaheux.qc.ca; 1420 4e Ave) fahren nach Montréal (106 C$, 7 Std., 3-mal tgl.), Matagami (66 C$, 3½ Std., tgl. außer Sa) und über Senneterre nach Chibougamau (90 C$, 6 Std., tgl.).

Parc National d'Aiguebelle

Die Landschaft Abitibis ist manchmal etwas eintönig, daher ist der beeindruckende **Parc National d'Aiguebelle** (819-637-7322; www.sepaq.com/pq/aig; 12373 Rte d'Aiguebelle; Erw./Kind 8,50 C$/frei; ganzjährig; P) eine doppelte Überraschung.

Den reizvollen Park prägen mächtige Canyons und Schluchten, massive Felswände mit faszinierenden geologischen Formationen. Hier gibt's etwa 60 km großartige, wilde Wanderwege, die von 200 Jahre alten Bäumen gesäumt werden. Der nur 268 km² große Park hat zwei Eingänge: Mont Brun (am Hwy 117 westlich von Val-d'Or deutlich ausgeschildert), der der Hängebrücke am nächsten liegt, und Taschereau (südlich der Rte 111 zwischen La Sarre und Amos).

Auf den **Campgplätzen** (819-637-7322; www.sepaq.com/pq/aig; Stellplatz ab 22 C$, Hütten ab 124 C$, Huttopia-Zelte 100–120 C$; Juni–Nov.; P) stehen im Sommer und Herbst Huttopia-Dauerzelte zur Verfügung.

James Bay

Diese Region ist ein Paradebeispiel für Québecs Hinterland. Hier findet man einen scheinbar endlosen nördlichen Nadelwaldgürtel voller Fichten. An vielen Abenden verwandelt das Nordlicht den Himmel in ein Kaleidoskop aus Rosa- und Blautönen, das schließlich dem leuchtenden Orange des Sonnenuntergangs weicht. Nur 42 000 Einwohner leben in diesem Gebiet, dessen Fläche ungefähr der Fläche Deutschlands entspricht. Die Hälfte der Einwohner sind Cree. Sie leben in acht Reservaten, die Hunderte Kilometer voneinander entfernt liegen.

Die geradezu legendäre Rte de la Baie-James endet bei Radisson, einem Nest 1400 km nördlich von Montréal bzw. 800 km nördlich von Amos. Eine 100 km lange Nebenstrecke führt nach Westen zum Cree-Reservat Chisasibi in der Nähe der James Bay. Diese Gegend steht ganz im Zeichen des gigantischen James-Bay-Wasserkraftprojekts. Die sieben Wasserkraftwerke decken die Hälfte des Energiebedarfs von Québec. Viele Besucher nehmen den Trek hierher nur auf sich, um sich die Anlagen anzusehen.

Matagami

Nach der Fahrt durch scheinbar unendliche nördliche Wälder taucht Matagami plötzlich wie aus dem Nichts auf und macht einen erstaunlich geschäftigen Eindruck. Seit der Gründung der Stadt 1963 gab es hier eine Kupfer- und Zinkmine. Zugleich ist die Stadt das nördlichste Forstwirtschaftszentrum der Provinz. Beide Industriezweige florieren bis heute, und immer begegnet man Schichtarbeitern auf dem Weg zur oder von der Arbeit. Zudem legt hier praktisch jeder einen Stopp ein, der auf der Rte 109 nach Radisson unterwegs ist.

Das **Hôtel-Motel Matagami** (819-739-2501, 877-739-2501; www.hotelmatagami.com; 99 Blvd Matagami; Zi. ab 107 C$;) gilt als das führend Hotel der Stadt. Es ist sehr ordentlich und wirkt immer gut besucht – hauptsächlich wegen des Restaurants (von 5–22 Uhr geöffnet).

Chisasibi

100 km westlich von Radisson an der Mündung des Rivière La Grande in die James Bay liegt Chisasibi, ein sehenswertes Cree-Dorf. Die Taiga rings um das Dorf, über der arktische Wind von der James Bay fegt, ist sehr eindrucksvoll.

Die Stadt existiert in ihrer heutigen Form erst seit 1981. Vorher lebten ihre Bewohner auf der Insel Fort George, 10 km von der Stadt entfernt, wo die Hudson's Bay Company 1837 einen Pelzhandelsposten errichtet hatte. Ein Relikt aus jener Zeit sind die vielen Tipis in den Gärten hinter den Häusern, die hauptsächlich genutzt werden, um Fisch zu räuchern.

Informationen über Aktivitäten und mögliche geführte Touren in und um Chisabibi erhält man bei der **Cree Nation of Chisasibi** (819-855-3311, 819-855-2878; www.chisasibi.org; Mo–Fr 9–12 & 13–17 Uhr).

Nunavik

Dies ist die nördliche Grenze Québecs, ein Gebiet fast so groß wie Frankreich, in dem aber nur etwa 13 000 Menschen in 14 Dörfern leben. Zwischen den Dörfern liegen Hunderte Kilometer Tundra und es gibt keine Verbindungsstraßen. Fast 90 % der Bevölkerung sind Inuit, außerdem leben hier Cree, Naskapi und weiße Québecer. Dieses surreale Territorium erstreckt sich vom 55. bis 62. Breitengrad und wird im Westen von der Hudson Bay, im Norden von der Hudson Strait und im Osten von der Ungava Bay und Labrador begrenzt.

Da Nunavik nur mit dem Flugzeug zu erreichen ist, verschlägt es kaum Reisende hierher. Wer sich jedoch darum bemüht, selbst Kontakte mit den Einheimischen zu knüpfen, kann auf eigene Faust hierher reisen. Man sollte sich aber auf hohe Preise für Waren und Dienstleistungen gefasst machen. Lebensmittel kosten im Durchschnitt doppelt soviel wie in Québec.

An- & Weiterreise

First Air (S. 253) bietet Flüge zwischen Montréal und Kuujjuaq. **Air Inuit** (S. 253) bedient dieselbe Route und fliegt auch von Montréal nach Puvirnituq. Von dort starten Flüge in andere Dörfer wie Whapmagoostui-Kuujjuarapik.

Air Creebec (S. 253) fliegt direkt von Montréal nach Whapmagoostui-Kuujjuarapik und Chisasibi. Diese Flüge kosten alle über 1000 C$ – es ist also nicht billig, hierher zu kommen.

DAS OUTAOUAIS

Jenseits des Flusses hinter Hull, Québec, wird aus dem Ottawa Valley das Outaouais (ausgesprochen wie „Ottawa" mit französisch-kanadischem Akzent). Die große, überwiegend ländliche Region erstreckt sich vom Ottawa River im Norden bis hinter Maniwaki, im Westen bis hinter Fort Coulonge und im Osten bis Montebello.

Gatineau

Gatineau ist Ottawas Zwillingsstadt, aber es ist auch eine ganz eigenständige Stadt. Es wirkt industrieller als sein Nachbar in Ontario. Ende 2001 erhielt das frühere Hull im Zuge einer administrativen Umstrukturierung den neuen Namen Gatineau, doch die Einheimischen zu beiden Seiten des Flusses verwenden immer noch den alten Namen. Die meisten französischsprachigen Bewohner der Gegend wohnen in Gatineau, wenngleich etliche auch auf der anderen Seite des Flusses zu Hause sind.

Die beliebteste Attraktion von Gatineau ist das großartige **Canadian Museum of History** – ein beeindruckendes Gebäude mit gewellten Steinwänden und fantastischem Blick auf die Parliament Buildings.

Hulls Restaurants sind stark von der französischen Küche beeinflusst. In der Stadt befinden sich zwei der besten und berühmtesten Restaurants der Region, eines davon ist **Le Baccara** (819-772-6210; Blvd du Casino; Abendessen Hauptgerichte 45–58 C$; Mi, Do & So 17.30–21.30, Fr & Sa bis 22.30 Uhr).

Praktische Informationen

In der Touristeninformation in Ottawa (S. 248) bekommt man jede Menge Infos über die Region.

Maison du Tourisme (819-778-2222; www.tourismeoutaouais.com; 103 Rue Laurier; Juni–Aug. Mo–Sa 8.30–18 Uhr, Sept.–Mai Mo–Fr 8.30–16.30, Sa & So 10–16 Uhr) In Gatineau gleich auf der anderen Seite der Alexandra Bridge.

An- & Weiterreise

Busse der **Société de Transport de l'Outaouais** (819-773-2222; www.sto.ca; 111 Rue Jean-Proulx) verkehren zwischen der Rideau St und der Wellington St in Ottawa. Vom Zentrum fahren die Busse Nr. 8, 27 und 40 zur Promenade du Portage.

Parc de la Gatineau

Der Parc de la Gatineau, ein 36 000 ha großes Waldgebiet mit vielen Seen in den Québecer Collines de la Gatineau, ist zu Recht sehr beliebt. Im Sommer locken in dem grünen Areal mit Zedern- und Ahornwäldern 150 km Wanderwege und 90 km Radwege. Die Abfahrtspisten ziehen im Winter ebenso viele Besucher an. An den Stränden des **Lac Lapêche**, des **Lac Meech** und des **Lac Philippe** kann man schwimmen (am Lac Meech's gibt's sogar einen FKK-Strand für Schwule), was viele der Einwohner, die es ja weit zum Meer haben, gern tun.

Im Park befindet sich auch der **Mackenzie King Estate** (www.ncc-ccn.gc.ca/places-to-visit/mackenzie-king-estate; 10 C$/Auto; Ende Mai–Okt. 10–19 Uhr), das Sommerhaus eines früheren kanadischen Premierministers. Das Festival **Fall Rhapsody** (819-827-2020; www.ncc-ccn.gc.ca/places-to-visit/gatineau-park/fall-rhapsody; Anfang Okt.) feiert im Oktober die prächtigen Farben des Herbstes.

Praktische Informationen

Centre des visiteurs du parc de la Gatineau (S. 367) Das Besucherzentrum befindet sich 12 km vom Parliament Hill in Ottawa entfernt abseits des Hwy 5.

Nova Scotia

Inhalt ➡

Gut essen

- Wild Caraway (S. 414)
- Le Caveau (S. 408)
- Black Spoon (S. 429)
- Lincoln Street Food (S. 393)
- 2 Doors Down (S. 381)
- Shanty Cafe (S. 399)

Schön übernachten

- Keltic Lodge at the Highlands (S. 425)
- Cabot Links (S. 420)
- Queen Anne Inn (S. 404)
- Roselawn Lodging (S. 407)
- Maple Inn (S. 412)
- Jumping Mouse Campground (S. 426)

Auf nach Nova Scotia!

Wenn Nova Scotia ein Film wäre, würden seine Helden rau, aber gutherzig, vom Wind gegerbt und eins mit dem Meer sein. Der Film würde vor einer Kulisse aus hügeligen grünen Feldern und Meeresklippen spielen, der Soundtrack bestünde aus Fiedeln, Trommeln und Klaviermelodien, und das Thema hätte mit Geschichte, Gemeinschaft und Familie zu tun.

Nova Scotia ist das einzig Wahre. In der wilden, abwechslungsreichen Landschaft lebt eine vielfältige Bevölkerung von gastfreundlichen Menschen, die gern singen und tanzen, einen aber auch gern beim Völkerball schlagen.

Die kurzlebigen Sommer sind eine Freude. Dann erwachen die Einheimischen aus der Kälte und feiern das Leben; die Unterkünfte füllen sich schnell, und die Preise steigen. Die Bedingungen im späten Frühjahr und auf dem Höhepunkt des Herbsts sind schwer vorherzusagen. Auf jeden Fall aber bieten diese Jahreszeiten eine spektakuläre Landschaft und ein milderes Klima; die Winter sind lang, weiß und hart, aber auf ihre Art wunderschön.

Reisezeit

Halifax

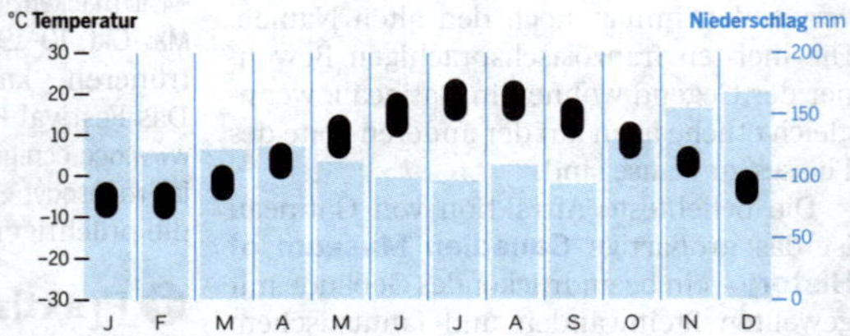

Mai & Juni Kaum Traveller sind in der Provinz und man kann den sommerlichen Preisen entgehen.

Juli & Aug. Wildblumen blühen während der endlosen Tage. Die Temperaturen und die Preise steigen.

Sept. & Okt. Die Einheimischen genießen die Farbenpracht des Herbstlaubs vor dem langen Winter.

Geschichte

Schon seit langer Zeit lebt das indigene Volk der Mi'kmaq im heutigen Nova Scotia. Als die Franzosen 1605 in Port Royal (dem heutigen Annapolis Royal) die erste europäische Siedlung gründeten, brachte ihnen Häuptling Membertou große Gastfreundschaft entgegen und war danach häufig zu Gast bei Samuel de Champlain.

Die engen Beziehungen zwischen den Mi'kmaq und den Franzosen führten zu beträchtlichem Argwohn seitens der Briten, nachdem diese die Herrschaft über Nova Scotia erlangt hatten. Sie setzten schließlich Belohnungen für die Skalpe von Mi'kmaq aus. Da sie sich weigerten, den Treue-Eid auf die Britische Krone zu schwören, wurde die Mehrheit der französischsprachigen Akadier von 1755 an nach Louisiana (wo sie als „Cajuns" bekannt wurden) und anderswohin deportiert.

Anstelle der Akadier wurden in Nova Scotia etwa 35000 Loyalisten des United Empire angesiedelt, die vor dem amerikanischen Unabhängigkeitskrieg geflohen waren. Darunter befanden sich auch afrikanische Sklaven der Loyalisten und von den Engländern befreite Black Loyalists. Farmer aus Neuengland gründeten weitere Siedlungen. 1773 erreichte die erste von vielen weiteren Wellen von Einwanderern aus dem schottischen Hochland den Norden von Nova Scotia und Cape Breton Island.

Die meisten Einwohner von Nova Scotia führen ihre Abkunft auf die Britischen Inseln zurück, wie schon die vielen Einträge der „Macs" und „Mcs" im Telefonbuch belegen. Akadier, denen nach 1764 die Rückkehr aus Louisiana gelang, fanden ihr Land im Annapolis Valley von anderen besetzt. So ließen sie sich an der French Shore zwischen Yarmouth und Digby, auf Cape Breton Island rund um Chéticamp und auf Isle Madame nieder. Heute machen die Akadier rund 12% der Bevölkerung aus, obwohl nicht mehr so viele von ihnen noch Französisch als Muttersprache sprechen. Der afroamerikanische Bevölkerungsanteil liegt bei rund 5% der Bevölkerung. In Nova Scotia leben nahezu 34000 Menschen indigener Abstammung, von denen rund 22000 den First Nations angehören, überwiegend den 18 verschiedenen Mi'kmaq-Gemeinden.

Einheimische Kultur

Bei fast 8000 km Küstenlinie überrascht es nicht, dass sich in der Kultur Nova Scotias alles ums Meer dreht. Historisch gesehen ist es eine von hart arbeitenden Fischern und Bergleuten geprägte Region, die bis heute in vielerlei Hinsicht eine Arbeiterkultur hat. Allerdings zwingt der Niedergang der Grundstoffindustrie viele junge Leute, ihre Heimatprovinz auf der Suche nach Arbeit zu verlassen.

Vielleicht liegt es an den langen Wintern und den harten Arbeitstagen, dass die Einwohner von Nova Scotia so viel und gern musizieren. Insbesondere wenn sich akadische und schottische Familien treffen, wird gezupft, gefiedelt, gestampft und getanzt, was das Zeug hält.

KURZINFOS

- Bevölkerung: 942930 Ew.
- Fläche: 55284 km²
- Hauptstadt: Halifax
- Skurriles: Hier befindet sich eines der ganz wenigen Gezeitenkraftwerke der westlichen Hemisphäre

An- & Weiterreise

BUS

Maritime Bus (☎800-575-1807; www.maritimebus.com) bietet Busverbindungen in den kanadischen Seeprovinzen sowie Anschluss an die Orleans-Express-Busse aus Québec.

Ab Halifax fahren Busse u. a. nach Sydney (63,50 C$, 5 Std., 2-mal tgl.), Charlottetown (Umsteigen in Truro; 103 C$, 9 Std., 2-mal tgl.) und Moncton (Umsteigen in Truro; 83 C$, 8 Std., 3-mal tgl.).

FLUGZEUG

Es gibt mehrere Flüge pro Tag zwischen dem **Halifax Stanfield International Airport** (S. 385) und Toronto, Montréal, Ottawa, Saint John und Moncton sowie (weniger häufig) Boston und New York. Im Sommer und Herbst gibt's Direktflüge nach London und Island. Diese Ziele werden u. a. von Air Canada, Condor, Delta, Iceland Air, United und Westjet angeflogen.

PAL Airlines (PB; ☎800-563-2800; www.palairlines.ca) kann hilfreich sein, um Nova Scotia von Orten in Québec, New Brunswick und Neufundland aus zu erreichen.

Air St-Pierre (PJ; ☎877-277-7765; www.airsaintpierre.com) fliegt vom sonst nur für Inlandsflüge genutzten **J. A. Douglas McCurdy Airport** in Sydney (YQY; ☎902-564-7720; www.sydneyairport.ca; 280 Silver Dart Way) das französische Überseegebiet St Pierre und Miquelon an.

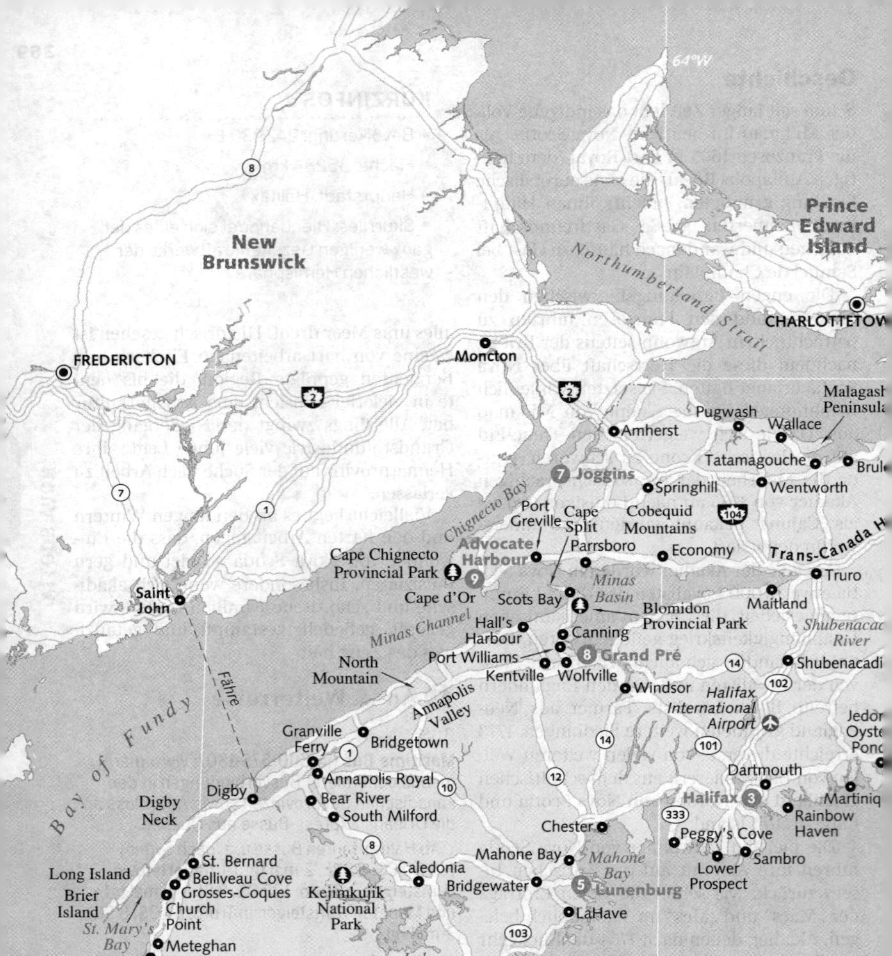

Highlights

1 Den atemberaubenden Kurven und Wendungen des **Cabot Trail** (S. 421) auf Cape Breton Island folgen

2 An der **Louisbourg National Historic Site** (S. 431) einiges über die lange Kolonialgeschichte der Provinz erfahren

3 Im **Canadian Museum of Immigration at Pier 21** (S. 373) über Kanadas multikulturelle Wurzeln nachdenken

4 Im **Memory Lane Heritage Village** (S. 432) in Lake Charlotte erleben, wie eine Gemeinde ihre Geschichte bewahrt

5 Im zum Welterbe gehörenden Lunenburg in der **Ironworks**

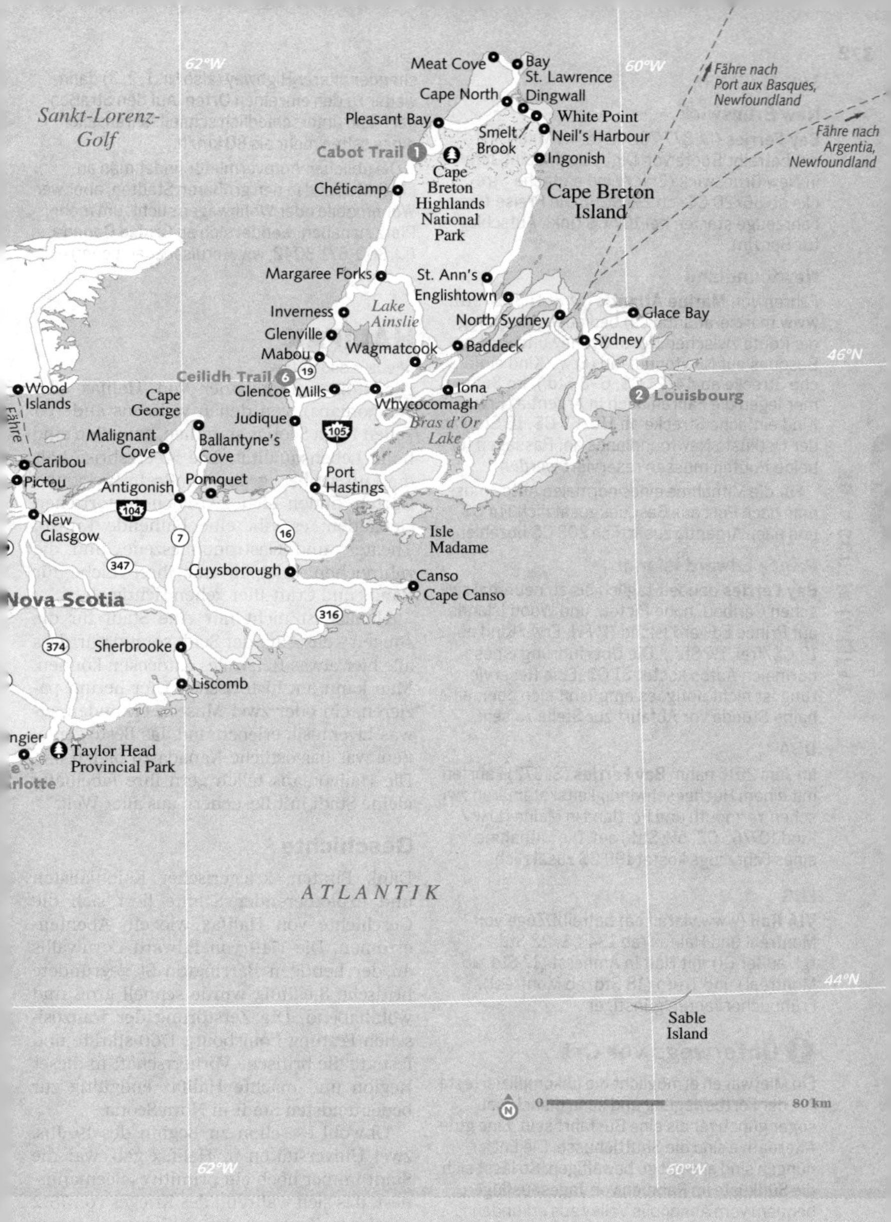

Distillery (S. 391) einen Bluenose Rum probieren

6 In der **Glenora Inn & Distillery** (S. 420) am Ceilidh Trail erfahren, wie ein Single Malt destilliert wird

7 Angesichts der **Joggins Fossil Cliffs** (S. 411) über die Evolution nachdenken

8 An der **Grand Pré National Historic Site** (S. 405) an das schwere Los der Akadier denken

9 Beim **Cape d'Or Lighthouse** (S. 413) die sagenhafte Aussicht bestaunen

SCHIFF/FÄHRE

New Brunswick

Bay Ferries (☎877-762-7245; www.ferries.ca) betreibt Boote von Digby nach Saint John in New Brunswick (Erw./Kind einfache Strecke ab 36/20 C$, ab 2½ Std.). Die Preise für Fahrzeuge starten bei 107 C$ (inkl. Aufschlag für Benzin).

Newfoundland

Fähren von **Marine Atlantic** (☎800-341-7981; www.marine-atlantic.ca) bedienen ganzjährig die Route zwischen North Sydney und Port aux Basques auf Newfoundland (Erw./Kind einfache Strecke ab 44/21 C$, 6–8 Std.). Im Sommer legen die Fähren auch in Argentia (Erw./Kind einfache Strecke ab 116/65 C$, 16 Std.) an der Ostküste Newfoundlands an. Passagen für beide Routen müssen reserviert werden.

Für die Mitnahme eines normalen Autos muss man nach Port aux Basques zusätzlich 114 C$ und nach Argentia zusätzlich 203 C$ bezahlen.

Prince Edward Island

Bay Ferries pendelt täglich bis zu neunmal zwischen Caribou, nahe Pictou, und Wood Islands auf Prince Edward Island (P. E. I; Erw./Kind ab 19 C$/frei, 1¼ Std.). Die Überführung eines normalen Autos kostet 81 C$. Eine Reservierung ist nicht nötig, es empfiehlt sich aber, eine halbe Stunde vor Abfahrt zur Stelle zu sein.

USA

Im Juni 2016 nahm **Bay Ferries** (S. 372) Fahrten mit einem Hochgeschwindigkeitskatamaran zwischen Yarmouth und Portland in Maine (Erw./Kind 107/65 C$, 5½ Std.) auf. Die Mitnahme eines Fahrzeugs kostet 199 C$ zusätzlich.

ZUG

VIA Rail (www.viarail.ca) betreibt Züge von Montréal und Halifax (ab 134 C$, 22 Std., tgl. außer Di) mit Halt in Amherst (17 Std. ab Montréal) und Truro (18 Std. ab Montréal). Frühbucher fahren günstiger.

ℹ Unterwegs vor Ort

Ein Mietwagen ermöglicht die unkomplizierteste Art der Fortbewegung und kann manchmal sogar günstiger als eine Busfahrt sein. Eine gute Alternative sind die Shuttlebusse. Die Entfernungen sind alle gut zu bewältigen: So lässt sich die Südküste im Rahmen von Tagesausflügen bequem vom Annapolis Valley aus erkunden (oder umgekehrt). Die längste Fahrt, die Traveller hier machen, ist meist die vierstündige Fahrt von Halifax nach Cape Breton Island.

Der direkte Weg zu fast allen Orten in Nova Scotia führt über einen der 100er-Highways (z. B. 101, 102, 103), auf denen die Höchstgeschwindigkeit begrenzt ist und es nur wenige Ausfahrten gibt. In der Regel führt ein entsprechender älterer Highway (also Nr. 1, 2, 3) dann weiter zu den einzelnen Orten. Auf den Straßen darf man unterschiedlich schnell fahren, allerdings selten mehr als 80 km/h.

Die üblichen Autovermieter findet man an Flughäfen und in den größeren Städten, aber wer Wohnmobile oder Wohnwagen sucht, um mehr Platz zu haben, wendet sich an **Cruise Canada** (☎800-671-8042; www.cruisecanada.com).

HALIFAX

☎902 / 390 100 EW.

Die stolzen Einwohner von Halifax (die Haligonians), von denen viele aus anderen Teilen Nova Scotias stammen, genießen eine hohe Lebensqualität: Die Meeresbrise hält die Luft sauber; grüne, gepflegte Parks und Gärten finden sich zwischen historischen Gebäuden; es gibt eine blühende Kunst-, Theater- und Gastronomieszene, und die zahlreichen Kneipen mit ihrer Liebe für Bands und Craft-Bier gehen richtig ab.

Halifax ist nicht nur eine Stadt für die Jungen – das Alter der Stadt sorgt dafür, dass alle hier etwas Reizvolles entdecken können. Man kann am historischen Ufer herumspazieren, ein oder zwei Museen erkunden, etwas Livemusik erleben und das Beste genießen, was das östliche Kanada zu bieten hat. Die Haligonians teilen gern ihre fabelhafte kleine Stadt mit Besuchern aus aller Welt.

Geschichte

Dank Piraten, kriegerischer Kolonialisten und explodierender Schiffe liest sich die Geschichte von Halifax wie ein Abenteuerroman. Die 1749 von Edward Cornwallis an der heutigen Barrington St gegründete britische Siedlung wurde schnell groß und wohlhabend. Die Zerstörung der französischen Festung Louisbourg 1760 stärkte und festigte die britische Vorherrschaft in dieser Region und machte Halifax endgültig zur bedeutendsten Stadt in Nova Scotia.

Obwohl es schon zu Beginn des 19. Jhs. zwei Universitäten in Halifax gab, war die Stadt immer noch ein primitives Seemannsnest, das sich während des Krieges von 1812 zu einem Zentrum der Freibeuterei entwickelte. Als die Piraterie und der Schwarzhandel von der Regierung nicht mehr geduldet wurden, verlegte sich Halifax kurzerhand auf den kommerziellen Handel, und in den Straßen der Stadt (insbesondere der Market St und der Brunswick St) eröffneten zahllose Tavernen und Bordelle.

Am 14. April 1912 wurden drei Schiffe aus Halifax zu einem Notfall gerufen: Die als unsinkbar geltende RMS *Titanic* hatte einen Eisberg gerammt. Mehr als 1500 Menschen verloren bei dieser Tragödie ihr Leben. Viele von ihnen wurden auf dem Fairview Lawn Cemetery beigesetzt, der sich in der Nähe des Fairview Overpass am Bedford Hwy befindet.

Eine weniger bekannte Tragödie ereignete sich 1917 im Ersten Weltkrieg, als die SS *Mont-Blanc,* ein französisches Munitionsschiff mit einer Ladung TNT und hochentzündlichem Benzol, in den Halifax Narrows mit dem norwegischen Schiff SS *Imo* kollidierte und Feuer fing. Das französische Schiff brannte 20 Minuten lang, ehe das Feuer die gefährliche Fracht erreichte. Die darauffolgende Explosion, die als Halifax Explosion bekannt wurde und die weltweit stärkste Detonation vor der Zündung von Atombomben war, verwüstete die Stadt. Mehr als 1900 Menschen wurden getötet und 9000 verletzt. Die gesamte Vorstadt Richmond wurde dem Erdboden gleich gemacht, und die Gemeinden der First-Nations-Mi'kmaq an der Küste wurden bei dem anschließenden Tsunami überflutet. Das Unglück ist bis heute die schlimmste Katastrophe in der Geschichte von Halifax.

Sehenswertes

Zentrum

★Canadian Museum of Immigration at Pier 21 MUSEUM

(☎902-425-7770; www.pier21.ca; 1055 Marginal Rd; Erw./Kind 11/7 C$; ⌚Mai–Nov. 9.30–17.30 Uhr, Dez.–April kürzere Öffnungszeiten) Der Pier 21 war für Kanada das, was Ellis Island für die USA war. Zwischen 1928 und 1971 kamen von hier aus mehr als 1 Mio. Einwanderer ins Land. Ihre Geschichten und der historische Kontext, der sie dazu brachte, ihre Herkunftsländer zu verlassen, sind das Thema in diesem brillanten Museum, zu dessen faszinierenden Dauerausstellungen die kürzlich aktualisierte „Pier 21 Story" und die neue „Canadian Immigration Story" gehören. Die Sammlung mit Berichten von Zeitzeugen und Artefakten wird durch Sonderausstellungen zu verwandten Themen ergänzt.

★Citadel Hill National Historic Site HISTORISCHE STÄTTE

(☎902-426-5080; www.pc.gc.ca; 5425 Sackville St; Erw./Kind 12/6 C$; h9–17 Uhr) Die riesige und ziemlich unheimliche Zitadelle ist die meistbesuchte historische Stätte Kanadas. Mit dem Bau der sternförmig angelegten Festung, die auf dem zentralen Hügel hoch über Halifax thront, wurde zur Zeit der Stadtgründung 1749 begonnen. Die heutige, von 1818 bis 1861 errichtete Version ist bereits die vierte. Die Festungsanlage und ihre Geschichte werden im Rahmen von Führungen erläutert. Das Gelände innerhalb der Festungsmauern ist ganzjährig geöffnet und kostenlos zugänglich, wenn die Ausstellungen geschlossen sind.

Von November bis Mai bleibt das Gelände zwar offen, aber die Einrichtungen für Besucher sind teilweise geschlossen.

Art Gallery of Nova Scotia KUNSTGALERIE

(☎902-424-5280; www.artgalleryofnovascotia.ca; 1723 Hollis St; Erw./Kind 12/5 C$, Do 17–21 Uhr Eintritt frei; ⌚Mi, Fr–Sa 10–17, Do 10–21, So 12–17 Uhr) Die Dauerausstellung zu Maud Lewis ist sehr rührselig. In dem farbenfrohen, aber winzigen Haus (3x4 m) verbrachte Lewis fast ihr gesamtes Erwachsenenleben. Die Wechselausstellungen im Raum unten thematisieren alles von antiker Kunst bis zur Avantgarde. Kostenlose Führungen werden ganzjährig sonntags um 14 Uhr angeboten, im Juli und August sogar täglich.

Museum of Natural History MUSEUM

(☎902-424-7353; http://naturalhistory.novascotia.ca; 1747 Summer St; Erw./Kind 6,30/5,25 C$; ⌚Mitte Mai–Okt. Mi 9–20, Do–Di bis 17 Uhr, Nov.–Mitte Mai Mo geschl.; 👪) Bei den im Sommer täglich angebotenen Veranstaltungen lernen die Kinder die Gopherschildkröte Gus kennen und erfahren, wie Insekten zubereitet werden. Die Ausstellungen zur Geschichte und Natur halten derweil die Eltern bei Laune.

Halifax Public Gardens GARTEN

(www.halifaxpublicgardens.ca; 5665 Spring Garden Rd; ⌚Sonnenaufgang–Sonnenuntergang) GRATIS Der offiziell 1867 zur Feier der Gründung der Kanadischen Konföderation eingerichtete zentral gelegene Park gilt Vielen als der schönste viktorianische Stadtpark in Nordamerika. Im Sommer geben Oldiebands am Sonntagnachmittag im hübschen Pavillon schräge Konzerte, während Tai-Chi-Anhänger ihre Übungen machen und Schachspieler ihre Bretter auf den Tischen im Freien aufbauen.

St. Paul's Church KIRCHE

(☎902-429-2240; www.stpaulshalifax.org; 1749 Argyle St; ⌚Mo–Sa 9–16 Uhr, Gottesdienst So 10 Uhr) Das älteste erhaltene Gebäude in Halifax ist

Halifax

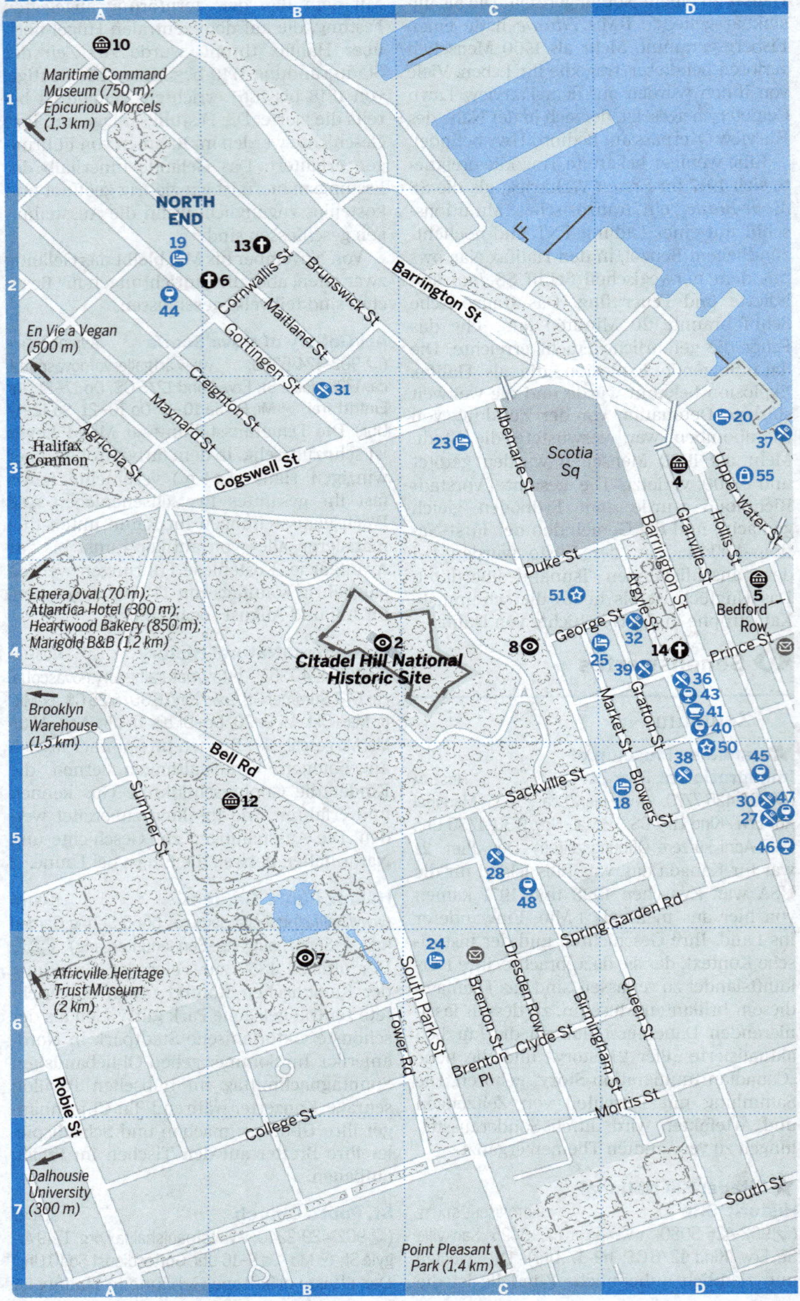

A
B
C
D
1
2
3
4
5
6
7
10
Maritime Command Museum (750 m); Epicurious Morcels (1,3 km)
NORTH END
19
13
6
44
Cornwallis St
Brunswick St
Barrington St
Maitland St
Gottingen St
Creighton St
Maynard St
31
En Vie a Vegan (500 m)
Agricola St
Halifax Common
Cogswell St
23
Albemarle St
Scotia Sq
20
37
4
55
Upper Water St
Barrington St
Granville St
Hollis St
Duke St
51
Argyle St
5
Bedford Row
George St
32
25
8
14
Prince St
39
Emera Oval (70 m); Atlantica Hotel (300 m); Heartwood Bakery (850 m); Marigold B&B (1,2 km)
2
Citadel Hill National Historic Site
36
43
41
40
50
Market St
Grafton St
Brooklyn Warehouse (1,5 km)
Bell Rd
38
45
Sackville St
18
Blowers St
30
47
27
46
12
Summer St
28
48
Spring Garden Rd
24
7
South Park St
Tower Rd
Brenton St
Dresden Row
Birmingham St
Queen St
Africville Heritage Trust Museum (2 km)
Brenton Pl
Clyde St
Robie St
Morris St
College St
Dalhousie University (300 m)
South St
Point Pleasant Park (1,4 km)

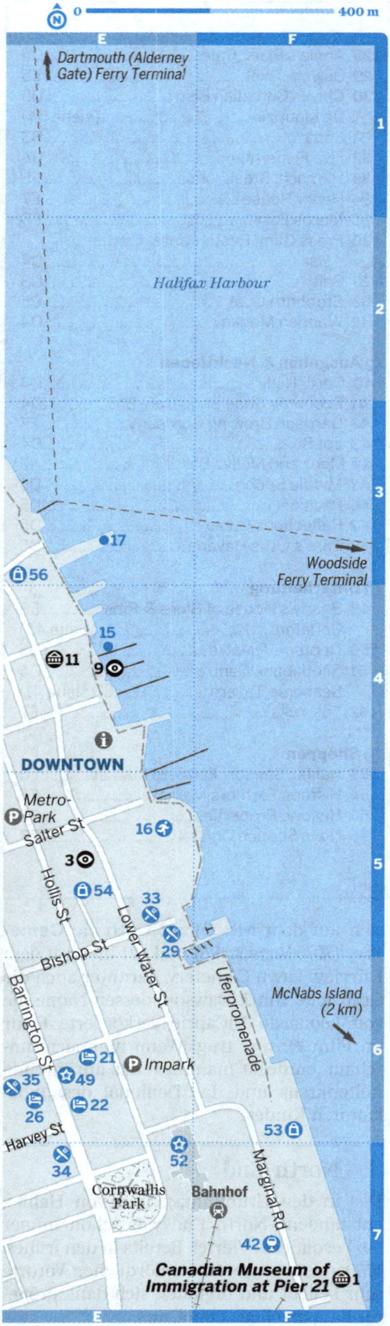

zugleich das älteste anglikanische Gotteshaus in Kanada. Die Kirche, deren Grundstein 1749 mit der Gründung von Halifax gelegt wurde, diente einst Gemeindemitgliedern von Newfoundland bis nach Ontario. Man kann jederzeit kommen, um sich das faszinierende Bauwerk anzuschauen oder an einer Führung teilzunehmen.

Alexander Keith's Nova Scotia Brewery BRAUEREI
(☎902-455-1474; www.keiths.ca; 1496 Lower Water St, Brewery Market; Erw./Kind 26/12 C$; ⌚Mo–Sa 11.30–20, So bis 18 Uhr) Ein Besuch in dieser Brauerei entführt einen mit kostümierten Darstellern, Qualitätsbieren und düsteren Korridoren in das Halifax des 19. Jhs. Die einstündige Führung endet mit dem Besuch der Kellerkneipe, wo einen Fassbier und Ale-duseliges Seemannsgarn erwarten (dafür braucht man seinen Pass). Kinder werden mit Limo bei Laune gehalten. Pro Tag gibt's mehrere Führungen (Juni–Okt. tgl., Nov.–Mai nur Fr–So); die Termine stehen auf der Website.

Maritime Museum of the Atlantic MUSEUM
(☎902-424-7490; http://maritimemuseum.novascotia.ca; 1675 Lower Water St; Erw./Kind Mai–Okt. 9,50/5 C$, Nov.–April 5/3 C$; ⌚Mai–Okt. 9.30–17 Uhr, Nov.–April kürzere Öffnungszeiten) Ein Teil des beliebten Museums direkt am Wasser war früher ein Laden für Schiffsbedarf. Es riecht noch nach den versengten Seilen, die geteert wurden, um sie vor dem Salzwasser zu schützen. Zu den Dauerausstellungen gehören Exponate zur RMS *Titanic* und zur Halifax-Explosion. Draußen am Dock kann man die CSS *Acadia* besichtigen, ein außer Dienst gestelltes Boot des hydografischen Dienstes, das in England gebaut wurde.

Die **HMCS Sackville** (☎902-429-2132; www.hmcssackville.ca; Erw./Kind 3/2 C$; ⌚Juni–Okt. 10–17 Uhr), die letzte Korvette des Zweiten Weltkriegs, ist Kanadas offizielle Marine-Gedenkstätte. Das Schiff liegt am Dock, und Marinesoldaten tun hier ihren Dienst.

Anna Leonowens Gallery KUNSTGALERIE
(☎902-494-8223; http://alg. nscad.ca; 1891 Granville St; ⌚Di–Fr 11–17, Sa 12–16 Uhr) GRATIS Die Galerie hinter der Fußgängerzone der Granville St zeigt Arbeiten von Studenten und Lehrkräften des Nova Scotia College of Art & Design. Benannt ist sie nach der Begründerin des College, der englischen Lehrerin Anna Leonowens, die durch ihre Beziehung zum König von Siam und den Roman *Der König und ich* (u. a. 1999 verfilmt als *Anna*

Halifax

Highlights
1 Canadian Museum of Immigration at Pier 21 .... F7
2 Citadel Hill National Historic Site B4

Sehenswertes
3 Alexander Keith's Nova Scotia Brewery E5
4 Anna Leonowens Gallery D3
5 Art Gallery of Nova Scotia D4
6 Cornwallis Street Baptist Church B2
7 Halifax Public Gardens B6
8 Halifax Town Clock C4
9 HMCS Sackville E4
10 Little Dutch Church A1
11 Maritime Museum of the Atlantic E4
12 Museum of Natural History B5
13 St. George's Round Church B2
14 St. Paul's Church D4

Aktivitäten, Kurse & Touren
15 Bluenose II E4
16 I Heart Bikes E5
17 Murphy's the Cable Wharf E3
Tall Ship Silva .... (siehe 17)
Tattle Tours .... (siehe 8)

Schlafen
18 Cambridge Suites Halifax D5
19 Halifax Backpackers Hostel A2
20 Halifax Marriott Harbourfront D3
21 Halliburton E6
22 HI Nova Scotia E6
23 Homewood Suites by Hilton Halifax-Downtown C3
24 Lord Nelson Hotel & Suites C6
25 Prince George Hotel D4
26 Waverley Inn E6

Essen
27 2 Doors Down D5
28 Annie's Place Cafe C5
29 Bicycle Thief E5
30 Chives Canadian Bistro D5
Da Maurizio .... (siehe 54)
31 Edna B3
32 Five Fishermen D4
33 Hamachi Steakhouse E5
34 Henry House E7
35 Morris East E6
36 Press Gang Restaurant & Oyster Bar D4
37 Salty's D3
38 Stubborn Goat D5
39 Wooden Monkey D4

Ausgehen & Nachtleben
40 Durty Nelly's D4
41 Economy Shoe Shop Cafe Bar D4
42 Garrison Brewing Company F7
43 Lot Six D4
44 Menz and Mollyz Bar A2
45 Middle Spoon D5
46 Pacifico D5
47 Reflections Cabaret D5
48 Tom's Little Havana C5

Unterhaltung
49 Bearly's House of Blues & Ribs E6
Carleton .... (siehe 43)
50 Neptune Theatre D5
51 Scotiabank Centre C4
Seahorse Tavern .... (siehe 41)
52 Yuk Yuks E7

Shoppen
53 Halifax Seaport Farmers Market F6
54 Historic Farmers Market E5
55 Historic Properties D3
56 Nova Scotian Crystal E3

und der König) sowie das gleichnamige Musical unsterblich wurde.

Halifax Town Clock GEBÄUDE
(Old Town Clock; Brunswick St) Halifax' palladianischer Uhrenturm auf dem Citadel Hill sieht aus, als käme er direkt aus den Gassen Venedigs, zeigt aber seit mehr als 200 Jahren getreulich die Zeit an. Das Uhrwerk wurde von Prince Edward, dem Herzog von Kent, in London bestellt und kam 1803 in Halifax an.

Fairview Lawn Cemetery HISTORISCHE STÄTTE
(☎902-490-4883; 3720 Windsor St) Als die RMS *Titanic* sank, wurden die geborgenen Leichen nach Halifax gebracht und auf mehreren Friedhöfen bestattet. 19 Gräber finden sich auf dem **Mt. Olivet Catholic Cemetery** (7076 Mumford Rd) und 121 hier auf dem Fairview Lawn Cemetery, darunter auch die Grabstelle von J. Dawson, dessen Name die von Leonardo DiCaprio verkörperte Figur im Film *Titanic* trug. Wenn man sich umschaut, entdeckt man auch das anrührende Keltenkreuz und das Denkmal des unbekannten Kindes.

North End

Das in den Gründungsjahren von Halifax entstandene North End war schon immer ein besonderes Viertel. Bereits in den frühen 1750er-Jahren waren die nördlichen Vororte sehr beliebt und breiteten sich dank größerer Bauparzellen schnell aus.

Africville Heritage Trust Museum MUSEUM
(www.africvillemuseum.org; 5795 Africville Rd; Erw./Kind 4/2,30 C$; ⏲Juni–Aug. Di–So 10–16 Uhr, Sept.–Mai Di–Fr 10–16 Uhr) Hier erfährt man alles über die Geschichte von Africville, einer vorwiegend von Afroamerikanern bewohnten Vorstadt, deren Einwohner in den 1960er-Jahren auf skandalöse Art umgesiedelt und deren Häuser zerstört wurden. Im Jahr 2010 entschuldigte sich der Bürgermeister von Halifax offiziell bei den Nachfahren. Das Museum ist im Nachbau der Seaview United Baptist Church untergebracht, die einst das Zentrum der Gemeinde bildete.

Maritime Command Museum MUSEUM
(☎902-721-8250; www.psphalifax.ca/marcommuseum; Fr 9–15.30 Uhr) GRATIS Die für Nordamerika zuständigen Admiräle der britischen Marine waren bis 1819 in Halifax stationiert. Im Admiralty House, dem heutigen Maritime Command Museum, veranstalteten sie rauschende Feste. Das Museum ist nicht nur wegen der herrlichen georgianischen Architektur sehenswert, sondern auch wegen des Sammelsuriums an Ausstellungsstücken wie Zigarettenanzünder, Tafelsilber und Schiffsglocken – um nur einige zu nennen.

St. George's Round Church KIRCHE
(☎902-423-1059; www.roundchurch.ca; 2222 Brunswick St) Die im Jahr 1800 erbaute Kirche ist das seltene Beispiel einer palladianischen Rundkirche, deren Hauptrotunde einen Durchmesser von 18 m hat. Bei Führungen kann man dieses Gotteshaus und die zugehörige **Little Dutch Church** (2393 Brunswick St; ⏲Juli–Sept. nach Vereinbarung) GRATIS besichtigen.

Cornwallis Street Baptist Church KIRCHE
(☎902-429-5573; www.cornwallisstreetbaptist.ca; 5457 Cornwallis St) Die Cornwallis Street Baptist Church dient der afroamerikanischen Gemeinde seit den 1830er-Jahren als Gotteshaus. Sonntagmorgens hört man die Gospelgesänge bis auf die Straße.

Außerhalb des Zentrums

Crystal Crescent Beach Provincial Park PROVINZPARK
(http://parks.novascotia.ca/content/crystal-crescent-beach; 223 Sambro Creek Rd) Der prächtige Park liegt 18 km südlich von Halifax nahe dem Dorf Sambro und hat drei Strände in separaten Buchten zu bieten – der abseits gelegene dritte, im Südwesten, ist ein schwulenfreundlicher FKK-Strand. Ein 8,5 km langer **Wanderweg** beginnt gleich hinter der Küste und führt durch Ödland, Moore und felsiges Gelände zum **Pennant Point**.

> **INSIDERWISSEN**
>
> **GRATIS SKATEN**
>
> Das **Emera Oval** (☎902-490-2347; www.halifax.ca/SkateHRM; 5775 Cogswell St; ⏲7–19 Uhr) GRATIS am Halifax Common dient im Winter als Schlittschuhbahn und verwandelt sich im Sommer in eine Rennbahn für Inline-Skater. Schlittschuhe, Helme und Schlitten (die nur auf der Außenbahn gefahren werden dürfen) werden kostenlos verliehen, und es gibt sogar kostenlosen Schlittschuh-Unterricht. Man sollte einen Blick auf die Website werfen und braucht einen gültigen Ausweis mit Foto.

Aktivitäten

Mit dem Rad lassen sich die Sehenswürdigkeiten am Rand von Halifax prima erkunden. Man kann das Rad auf der Fähre nach Dartmouth mitnehmen oder über die MacDonald Bridge radeln. Im Sommer gibt's immer ein paar Fahrradverleiher am Ufer rund um Bishop's Landing (am Ende der Bishop St). Überraschend nahe bei der Innenstadt kann man kurze und auch längere Wanderungen unternehmen. **Hemlock Ravine** ist ein 80 ha großes Waldgebiet, in dem es fünf Wanderwege in verschiedenen Schwierigkeitsgraden gibt. Um dorthin zu kommen, verlässt man das Zentrum auf dem Bedford Hwy und biegt auf Höhe der Kent Ave nach links ab. Am Ende der Straße befindet sich ein Parkplatz mit einer Infotafel zum Wanderweg. Eine genaue Beschreibung des Weges und Infos zu weiteren Startpunkten und Wanderwegen finden sich unter www.novatrails.com.

McNabs Island WANDERN
(www.mcnabsisland.ca) Sand- und Kieselstrände, Salzmarschen, Wälder und verlassene Befestigungsanlagen prägen die 400 ha große Insel im Hafen von Halifax, auf der man sich gedanklich in die Vergangenheit zurückversetzen kann. Auf der Website kann man eine Karte herunterladen, sich über die Anreisemöglichkeiten informieren und darüber, was man hier tun und lassen sollte.

Point Pleasant Park WANDERN
(☎902-490-4700; 5718 Point Pleasant Dr; ⏲Sonnenaufgang–Sonnenuntergang; 🚌9) Gut 39 km

ABSEITS DER ÜBLICHEN PFADE

SABLE ISLAND

Die sich ständig verändernde, 44 km lange Sandbank liegt gut 300 km südöstlich von Halifax und wird für mehr als 350 nachgewiesene Schiffsbrüche verantwortlich gemacht. Wirklich berühmt ist Sable Island aber für etwas anderes: Hier lebt eine der wenigen echten Wildpferdherden der Welt, genauso wie die weltgrößte Brutkolonie von Kegelrobben.

Die 60 Vorfahren der heute auf Sable Island lebenden Pferde wurden 1760 auf die Insel gebracht, nachdem die Akadier von den Briten aus Nova Scotia deportiert worden waren. Dabei mussten die Akadier ihre gesamten Viehbestände zurücklassen. Angeblich nutzte der Bostoner Kaufmann und Schiffseigner Thomas Hancock die Gunst der Stunde und brachte die Pferde nach Sable Island, um Aufsehen zu vermeiden. Die Pferde, die dieses „Aussetzen" überlebten, wurden zu echten Wildpferden.

Heute dient die Insel als Forschungszentrum: Wissenschaftler aus aller Welt kommen jährlich hierher, um die Pferde und andere Wildtiere zu studieren und ein Auge auf Beeinträchtigungen zu werfen, die von dem Nachbarn, dem ExxonMobil Sable Offshore Energy Project ausgehen könnten. An einer 10 km entfernten Stelle wird hier seit 1999 Erdgas gefördert, es gibt aber derzeit Pläne, die Förderung einzustellen.

Für Normalsterbliche ist es kompliziert und teuer, aber nicht unmöglich, Sable Island zu besuchen. Rund 50 bis 100 abenteuerlustige Traveller schaffen es pro Jahr auf die Insel. Am besten holt man bei der **Sable Island Station** (☎902-426-1993; www.pc.gc.ca) und bei Environment Canada Infos darüber ein, wie sich die Genehmigungen beschaffen lassen und wie sich der Transport zu der Insel auf eigene Faust organisieren lässt. Darüber hinaus organisiert Adventure Canada (S. 378) Touren für Reisegruppen.

an Naturlehrpfaden, Picknickplätze und der schöne, im 18. Jh. erbaute **Martello Tower** befinden sich in diesem 75 ha großen Schutzgebiet, das nur 1,5 km südlich vom Zentrum liegt. Von den Wegen, die am Rand des Parks entlangführen, hat man einen herrlichen Blick auf McNabs Island, das offene Meer und den North West Arm.

I Heart Bikes RADFAHREN
(☎902-406-7774; www.iheartbikeshfx.com; 1507 Lower Water St; Verleih ab 12 C$/Std.) Wer das Zweirad Schusters Rappen vorzieht, wird sich über diesen Laden in zentraler Lage nahe dem Ufer von Halifax freuen. Neben Leihfahrrädern sind hier auch Radtouren im Angebot.

☞ Geführte Touren

Halifax Free Tours STADTSPAZIERGANG
(www.halifaxfreetours.wixsite.com/halifaxfreetours; ⏲ Juni–Sept. 10 & 15 Uhr) GRATIS Preislich sind die von freundlichen Einheimischen geführten 1½-stündigen Gratis-Stadtspaziergänge unschlagbar. Einfach die Teilnahme per E-Mail reservieren und nicht vergessen, ein angemessenes Trinkgeld zu geben!

Adventure Canada ÖKOTOUR
(☎905-271-4000; www.adventurecanada.com) Dieser Veranstalter von Öko- und Abenteuertouren gehört zu den wenigen, die eine Genehmigung für Unternehmungen auf Sable Island (S. 378) haben, wo viele Wildpferde leben und die weltweit größte Kegelrobbenkolonie zu finden ist.

Murphy's the Cable Wharf RUNDFAHRT
(☎902-420-1015; www.mtcw.ca; 1751 Lower Water St) Der Tourismusgigant bietet im Hafen von Halifax eine große Auswahl von Touren an, darunter Ausflüge zum Hochseefischen, zweistündige Rundfahrten, die beliebte „Harbour Hopper Tour" (55 Min.; Erw./Kind 35/20 C$) mit einem Amphibien-Bus sowie das Kinder begeisternde „Theodore the Tugboat's Big Harbour Adventure" (20/10 C$).

Pedal & Sea Adventures RADFAHREN
(☎877-777-5699; www.pedalandseaadventures.com; Fahrradverleih ab 35/149 C$ pro Tag/Woche) Veranstaltet einmalige All-inclusive-Radtouren durch Nova Scotia und vermietet hochwertige Räder, die (wenn man das Rad mindestens 2 Tage mietet) auch mit Helm, Fahrradschloss und Reparatursatz ausgeliefert werden.

Tall Ship Silva BOOTFAHREN
(☎902-420-1015; www.tallshipsilva.com; 1751 Lower Water St; Rundfahrt Erw./Kind 30/19 C$) Auf dem großen Viermaster kann man bei den 1½-stündigen Kreuzfahrten (tagsüber) oder zweistündigen Fahrten mit Party (abends) mithelfen oder sich entspannt zurücklehnen. Die Termine stehen auf der Website.

Bluenose Sidecar Tours AUF DER STRASSE
(☎902-579-7433; www.bluenosesidecartours.com; Touren ab 89 C$) In den altmodischen Motorradbeiwagen kann man sich auf einer Fahrt in die Umgebung von Halifax – z. B. nach Peggy's Cove, Lunenburg oder zur Südküste – den Wind um die Nase wehen lassen.

Bluenose II BOOTFAHREN
(☎800-763-1963; www.bluenose.novascotia.ca; Lower Water St; Rundfahrt 2 Std. Erw./Kind 20/10 C$) Dieser Nachbau des klassischen schnellen Segelschoners *Bluenose* liegt manchmal in Halifax und manchmal in Lunenburg vor Anker. Details dazu stehen auf der Website.

Great Earth Expeditions ÖKOTOUR
(☎902-223-2409; www.greatearthexpeditions.com; Touren 90 C$) Die halb- und ganztägigen Touren starten jeweils in Halifax. Auf dem Programm stehen Wanderungen, Kajakausflüge oder historische Themen, u. a. eine Tour nach McNabs Island. Angeboten werden auch längere, viertägige Touren auf dem Cabot Trail (S. 421) und durch den Kejimkujik National Park (S. 394).

Local Tasting Tours ESSEN & TRINKEN
(☎902-818-9055; www.localtastingtours.com; Tour ab 40 C$) Bei diesen lustigen kulinarischen Touren futtert man sich durch Halifax' blühende Restaurantszene; pro Tour werden bis zu sechs örtliche Restaurants besucht.

Tattle Tours STADTSPAZIERGANG
(☎902-494-0525; www.tattletours.ca; ⊙Mi–So 19.30 Uhr) Die munteren zweistündigen Touren beginnen an der Old Town Clock und sind gespickt mit Klatsch und Tratsch, Piraten- und Gespenstergeschichten. Weitere Führungen gibt's auf Anfrage. Die Preise hängen von der Teilnehmerzahl ab.

East Coast Balloon Adventures BALLONFAHREN
(☎902-306-0095; www.eastcoastballoonadventures.com; Flug 45 Min. 275 C$) Den ultimativen, friedlichen Blick auf die hinreißende Provinz genießt man bei einer Ballonfahrt. Von Halifax aus schwebt man über den Flickenteppich der Felder im Annapolis Valley. Das Mindestalter für die Teilnahme liegt bei acht Jahren.

Feste & Events

Halifax Pride Week LGBT
(www.halifaxpride.com; ⊙Juli) Das größte LGBTI-Fest östlich von Montréal taucht mit Events, Vorstellungen und jeder Menge Spaß die ganze Stadt in Rosa und andere Farben des Regenbogens.

Nova Scotia Tattoo KULTUR
(www.nstattoo.ca; Tickets ab 32 C$; ⊙Juli) Jede Menge Militärkapellen marschieren bei der militärisch aufgezogenen „größten jährlichen Hallenparade" auf.

TD Halifax Jazz Festival MUSIK
(www.halifaxjazzfestival.ca; Ticket ab 28 C$; ⊙Juli) Bei Halifax' beliebtem Jazzfest, das mittlerweile auf eine Tradition von mehr als 30 Jahren zurückblicken kann, stehen kostenlose Freiluft-Jazzkonzerte und Abendkonzerte von Weltmusik bis zu klassischen Jazz-Trios auf dem Programm.

Halifax International Busker Festival DARSTELLENDE KUNST
(www.buskers.ca; ⊙Aug.) Komiker, Mimen, Wagehälse und Musikanten aus aller Welt stellen sich zu Kanadas größtem Straßenmusikanten-Fest am Ufer von Halifax ein.

Atlantic Film Festival FILM
(www.atlanticfilm.com; Ticket 10–16 C$; ⊙Sept.) Eine Woche lang gibt's tolle Filme aus der Atlantikregion und aus aller Welt.

Atlantic Fringe Festival THEATER
(www.atlanticfringe.ca; ⊙Sept.) Aufstrebende und etablierte Künstler zeigen im September zehn Tage lang unkonventionelles und experimentelles Theater.

Halifax Pop Explosion MUSIK
(www.halifaxpopexplosion.com; Tageskarte ab 59 C$; ⊙Okt.) Rund 150 Künstler aus so unterschiedlichen Genres wie Hip-Hop, Punk, Indie-Rock und Folk treten vier Tage lang in 15 Spielstätten auf.

Schlafen

Marigold B&B B&B $
(☎902-423-4798; www.marigoldbedandbreakfast.com; 6318 Norwood St; EZ/DZ 75/85 C$; P) In diesem einladenden Künstlerhaus voller bunter Blumenbilder und Plüschkatzen kann man sich wie zu Hause fühlen, wenn man so etwas mag. Das B&B liegt in einem von Bäumen gesäumten Wohnviertel in North End mit guter Anbindung an öffentliche Verkehrsmittel.

Dalhousie University HOSTEL $
(☎902-494-8840; www.dal.ca/dept/summer-accommodations.html; 6230 Coburg Rd; EZ/DZ 49/69 C$; ⊙Mai–Aug.; P) Die Ein- oder Zweibetträume mit Gemeinschaftsbad sind

sauber, aber kahl. Die meisten liegen gleich neben den inbegriffenen universitären Einrichtungen in Gehweite vom Viertel um die Spring Garden Rd.

HI Nova Scotia HOSTEL $
(902-422-3863; www.hihostels.ca; 1253 Barrington St; B/Zi. 30/68 C$;) In diesem außergewöhnlich zentral gelegenen Hostel mit 75 Betten kann man sich auf eine dunkle, ruhige Nacht und ein fröhliches Frühstück zum Selbermachen freuen. Das Personal in dem viktorianischen Gebäude ist freundlich und die Gemeinschaftsküche munter. Im Sommer lieber vorab reservieren. HI-Mitglieder zahlen etwas weniger.

Halifax Backpackers Hostel HOSTEL $
(888-431-3170; www.halifax backpackers.com; 2193 Gottingen St; B/DZ/3BZ 23/55/65 C$;) In den gemischten Schlafsälen des legeren 36-Betten-Hostels stehen jeweils maximal sechs Betten. Das Publikum ist jung und cool. Man trifft sich unten im Café auf einen starken Kaffee oder ein günstiges Frühstück und kann dabei mit einer bunten Mischung an einheimischen Stammgästen plaudern. Die Stadtbusse halten direkt vor der Haustür. Doch das Viertel ist nicht das Beste. Ideal für Reisende mit viel Energie, die gern feiern und Leute kennen lernen.

★ **Cambridge Suites Halifax** HOTEL $$
(902-420-0555; www.cambridgesuiteshalifax.com; 1583 Brunswick St; DZ 149–209 C$, Suite 169–299 C$; P) Wer den Komfort einer Wohnung haben will, findet in diesem kürzlich renovierten Hotel in unschlagbarer Lage eine breite Palette an Einraum-Apartments und Suiten, die geschmackvoll mit dunklem Holz und bunten, stilvollen Akzenten eingerichtet sind. Die Suiten mit einem oder mehr Schlafzimmern sind sehr groß und haben einen fabelhaften Grundriss und Fenster, die sich öffnen lassen. Im Preis inbegriffen sind das kontinentale Frühstück, WLAN und Ortsgespräche.

★ **Prince George Hotel** HOTEL $$
(902-425-1986; www.princegeorgehotel.com; 1725 Market St; DZ 179–269 C$; P@) Das zentral gelegene, lässig-elegante Schmuckstück ist groß in den Details. Die Hofgärten sind toll für einen Drink oder eine Mahlzeit; selbst zum Arbeiten sind sie eine Alternative zu den Konferenzräumen im Haus. Die Zimmer und Suiten haben von allen in Halifax die meiste Klasse, und die Gemeinschaftsbereiche des Hotels verströmen urbanen Schick.

Homewood Suites by Hilton Halifax-Downtown HOTEL $$
(855-605-0320; www.hilton.com; 1960 Brunswick St; Zi./Suite ab 119/159 C$; P) Wie der Name schon verrät, eignet sich diese zentral gelegene Unterkunft am besten für Langzeitgäste oder Traveller-Familien, die den Komfort einer Wohnung genießen wollen. Alle Suiten, von den Einraumstudios bis zu denen mit zwei Schlafzimmern und Raumpflegedienst, haben komplett ausgestattete Küchen. Das Frühstück und die „abendliche Geselligkeit" (Mo–Do) sind im Preis, der saisonal stark schwankt, inbegriffen.

Pebble Bed & Breakfast B&B $$
(902-423-3369; www.thepebble.ca; 1839 Armview Tce; Zi. 195–265 C$;) Die beiden Suiten dieses luxuriösen B&B bieten üppige, hohe Betten, prächtige Badezimmer und ein mit Antiquitäten durchmischtes modernes Dekor. Die irische Eigentümerin Elizabeth, die aus einer Familie von Pub-Betreibern stammt, hat die lustige Munterkeit der Grünen Insel in ihr hübsches Heim übertragen, das sich in einem vornehmen Wohnviertel am Ufer unweit der Innenstadt befindet. Von Juni bis Oktober muss man mindestens zwei Nächte buchen.

Atlantica Hotel HOTEL $$
(902-423-1161; www.atlanticahotelhalifax.com; 1980 Robie St; DZ 139–199 C$; P) Ältere Hotels haben oft ein solides Gerüst, und das Atlantica macht da keine Ausnahme: Das 2016 renovierte, gut gelegene Hotel mit privatem Eigentümer bietet alles für einen angenehmen Aufenthalt, von gut ausgebildetem Personal bis zu einer Palette unterschiedlicher Zimmertypen, die aber alle großzügig bemessen und neutral dekoriert sind. Das vor Ort befindliche Restaurant mit Zimmerservice und das lichtdurchflutete Hallenbad sind weitere tolle Extras.

Waverley Inn INN $$
(902-423-9346; www.waverleyinn.com; 1266 Barrington St; DZ 135–235 C$; P@) Alle Zimmer in diesem historischen Gasthof sind einmalig und spektakulär mit eindrucksvollen Antiquitäten und luxuriöser Bettwäsche ausstaffiert. Schon Oscar Wilde und P.T. Barnum haben hier übernachtet und würden auch heute wohl keinen Bogen um das Haus machen, wenn sie noch am Leben wären. Die Zimmer und Bäder sind zwar recht klein, aber die Lage macht das wieder wett. Das Hotel ist die richtige Unterkunft für alle, die Originalität und Flair schätzen.

Lord Nelson Hotel & Suites HOTEL $$

(☎902-423-5130; www.lordnelsonhotel.com; 1515 S Park St; DZ 159–239 C$, Suite 229–349 C$; P) Das Lord Nelson hat seit langem den Ruf, dass Stars wie die Rolling Stones hier absteigen, wenn sie in der Stadt sind, ist aber keineswegs das Spitzenhotel von Halifax. Die Zimmer unterscheiden sich in der Größe, neben kompakten Gästezimmern gibt es übergroße Suiten, die elegant (aber nicht bieder) gestaltet sind. Eine prima Option für alle, die Wert auf Geschichte und Individualität legen.

Halliburton INN $$

(☎902-420-0658; www.thehalliburton.com; 5184 Morris St; DZ 125–195 C$, Suite 235–305 C$; P) Das komfortable historische Hotel mitten im Zentrum bietet guten Service und Klasse ohne Getue. Die farbenfrohen Zimmer (von kompakten „Petit"-Zimmern bis zu kleinen Suiten mit Veranda oder Himmelbett) sind mit Keurig-Kaffeemaschinen und iPod-Andockstationen ausgestattet.

Halifax Marriott Harbourfront HOTEL $$$

(☎902-421-1700; www.marriott.com; 1919 Upper Water St; DZ 229–369 C$) Das große Hotel hat eine tolle Lage am Ufer (wie der Name schon verrät). Die üppigen Zimmer könnten für den Preis etwas mehr Pep haben, aber die wesentlichen Pluspunkte sind die Gemeinschaftsbereiche – vom Marmorfoyer bis zur Bar – und das Fitnesscenter.

Essen

Heartwood Bakery VEGETARISCH $

(☎902-425-2808; www.iloveheartwood.ca; 6250 Quinpool Rd; Hauptgerichte 11–16 C$; ⌚11–20 Uhr;) Zu empfehlen sind die Bio-Salat-Bar und die wunderbaren Backwaren und dazu eine Tasse Fair-Trade-Kaffee. Darüber hinaus gibt's Suppen, Sandwiches, Pizzas und vegetarische Burger.

Annie's Place Cafe FRÜHSTÜCK $

(www.anniesplacecafe.ca; 1592b Queen St; Frühstück 4–10 C$; ⌚Mo–Fr 7–15, Sa 8–14 Uhr) Im Herzen von Halifax verbreitet Annie mit ihrem herzhaften Frühstück etwas Kleinstadtatmosphäre. Das Brot ist frisch gebacken und der Tee frisch aufgebrüht. Und wenn man geht, hat man viele neue Freunde gewonnen.

★ **En Vie a Vegan** VEGETARISCH $$

(☎902-492-4077; www.enviehalifax.com; 5775 Charles St; Hauptgerichte 11–18 C$; ⌚Di–Fr 11–21, Sa & So 10–21 Uhr;) Endlich ein Restaurant, das auf pflanzliche, nachhaltige, regionale Bio-Produkte setzt und doch alle anspricht. Nichts, was hier angeboten wird, wirkt langweilig oder asketisch. Die meisten Gerichte auf der Karte, von Kokos-Shrimps zum Double-Bacon-Cheeseburger, klingen nicht vegetarisch, sind es aber, denn für sie werden keinerlei tierische Erzeugnisse verwendet. Diese veganen Nachahmungen schmecken absolut überzeugend!

★ **2 Doors Down** MODERN-KANADISCH $$

(☎902-422-4224; www.go2doorsdown.com; 1533 Barrington St; Hauptgerichte 10–20 C$; ⌚11–22 Uhr) In diesem Gourmet-Treff mit einer einladenden Palette von einfachen Gerichten wie Burgern, Currys und Fish and Chips sowie raffinierteren wie mit Shrimps und Eismeerkrabben gefüllten Shiitake-Pilzen und vielen glutenfreien Optionen kann man nicht reservieren. Weil der Laden kein Geheimtipp mehr ist, muss man in Spitzenzeiten mit kurzen Wartezeiten rechnen.

★ **Henry House** KNEIPENESSEN $$

(☎902-423-5660; www.henryhouse.ca; 1222 Barrington St; Hauptgerichte 11–24 C$; ⌚11.30–24 Uhr) Jazzrhythmen, klassische Musik und das Gemurmel der respektabel gekleideten Gäste, die sich am offenen Kamin in diesem 1834 errichteten hübschen Gebäude aus Eisenstein unterhalten, tönen durch den Speisesaal, in dem gehobenes Kneipenessen serviert wird. Wenn der prächtige, aber zwanglose Salon im Obergeschoss geöffnet ist (Fr & Sa 18–24 Uhr), kann man seine Verabredung mit umfangreichem Wissen über die feinen Whiskeys und rauchigen Cocktails des Hauses beeindrucken.

Brooklyn Warehouse KANADISCH $$

(☎902-446-8181; www.brooklynwarehouse.ca; 2795 Windsor St; Hauptgerichte mittags 10–18 C$, abends 16–30 C$; ⌚Mo–Sa 11.30–22 Uhr;) In diesem angesagten North-End-Lokal stehen zahlreiche vegetarische und vegane Gerichte auf der Karte. Die Auberginen-Moussaka ist exzellent und die Bier- und Cocktailkarte sehr umfangreich.

Wooden Monkey KANADISCH $$

(☎902-444-3844; www.thewoodenmonkey.ca; 1707 Grafton St; Hauptgerichte 15–30 C$; ⌚11–22 Uhr;) Das dunkle, gemütliche Lokal, in dem man an sonnigen Tagen auch draußen auf dem Bürgersteig sitzen kann, unterstützt örtliche Bio-Farmen und ist ein prima Ort für beste glutenfreie und vegane Gerichte, Meeresfrüchte und kenntnisreich zubereitete Fleischgerichte.

Salty's SEAFOOD $$
(☎902-423-6818; www.saltys.ca; 1869 Upper Water St; Hauptgerichte Bar & Grill 12–22 C$, Restaurant 25–30 C$) In dem touristenfreundlichen Fischrestaurant am Ufer hat man die Wahl zwischen dem zwanglosen Grill mit Bar unten und dem Speisesaal im Obergeschoss. Glücklicherweise bietet das Salty's trotz allem Hype in dem trubeligen, für Halifax typischen Ambiente schmackhafte, gut angerichtete Meeresfrüchte. Die abendlichen Sonderangebote sind gut und günstig.

Stubborn Goat KNEIPENESSEN $$
(☎902-405-4554; www.stubborngoat.ca; 1579 Grafton St; kleine Gerichte 9–19 C$, Hauptgerichte 16–29 C$; ⌚11.30–2 Uhr) Das Lokal, das sich selbst als Gastropub anpreist, bietet mehr als einfache Kneipenkost mit erstklassigen kleinen Gerichten wie Lachs-Tartar oder den beliebten „Balls" (mit Käse gefüllte Fleischbällchen). Die Hauptgerichte wie Hummer oder geräucherter Hackbraten sind verführerisch, doch man kann sich auch mit einem Bier und einem Burger begnügen. Adresse und Öffnungszeiten des saisonal geöffneten zugehörigen Biergartens stehen auf der Website.

Edna MODERN KANADISCH $$
(www.ednarestaurant.com; 2053 Gottingen St; Brunch 12–20 C$, Hauptgerichte 18–35 C$; ⌚Di–Fr 17–22, Sa & So 10–14.30 & 17–22 Uhr) Vom Brathuhn nach Südstaatenart bis hin zur Bouillabaisse mit Meeresfrüchten aus dem Atlantik findet hier jeder etwas. Man sitzt mit anderen Gästen an einem großen Holztisch und kommt ins Gespräch. Wem der Sinn weniger nach Geselligkeit steht, der isst an der Theke oder an einem Tisch für zwei. Die Stimmung ist einmalig, lebendig und geprägt von der Lust am Essen und Trinken.

Hamachi Steakhouse JAPANISCH $$
(☎902-425-1600; www.hamachirestaurants.com; 1477 Lower Water St; Hauptgerichte 12–28 C$, Teppanyaki 28–39 C$; ⌚Mo–Sa 11.30–22, So 16–22 Uhr) Die Gäste können dem Koch bei der Arbeit über die Schultern schauen, wie er das Fleisch, den Fisch, die Meeresfrüchte und das Gemüse für ein leckeres japanisches Teppanyaki zubereitet. Wer auf die Show verzichten kann, sollte sich einen Tisch suchen und sein Teppanyaki, das Sushi oder die Alberta-Steaks in Ruhe genießen. Den wunderbaren Hafenblick gibt's gratis dazu.

Morris East ITALIENISCH $$
(☎902-444-7663; www.morriseast.com; 5212 Morris St; Pizza 15–20 C$; ⌚11.30–21 Uhr) In diesem kosmopolitischen Café gibt's kreative Holzofenpizza mit Teig wahlweise aus Vollkornweizen oder glutenfrei (3,50 C$ extra); empfehlenswert ist die Pizza mit Pfirsich, Rosmarin-Aioli und Prosciutto. Es gibt auch kecke Cocktails, z. B. den Punsch mit Basilikum, Zitronensaft und Wodka.

Epicurious Morcels FUSION $$
(☎902-455-0955; www.epicuriousmorsels.com; 5529 Young St; Hauptgerichte 10–29 C$; ⌚Di–So 11.30–14.30 & 17–20.30 Uhr) Zu den Spezialitäten auf der vielfältigen Karte zählen Räucherlachs, mit Dill gewürzter Gravlax und eine Palette schmackhafter, kreativer Suppen. Jeder findet hier etwas.

★ **Bicycle Thief** ITALIENISCH $$$
(☎902-425-7993; www.bicyclethief.ca; 1475 Lower Water St; Hauptgerichte mittags 10–26 C$, abends 20–39 C$; ⌚Mo–Fr 11.30 Uhr–open end, Sa 17.30 Uhr–open end) Das nach dem italienischen Filmklassiker von 1948 benannte schäbig-schicke Uferrestaurant wird von Restaurantkritikern aus gutem Grund gerühmt. Als Vorspeise gibt's regionale Austern oder Polenta mit Wildpilz-Ragout, danach Hauptgerichte wie gebratenen Lachs mit Pistazien und Honig oder mit Pancetta umwickelte Schweinslende. Die Karte mit Weinen und Cocktails ist länger als die Speisekarte.

Press Gang Restaurant & Oyster Bar SEAFOOD $$$
(☎902-423-8816; www.thepressgang.ca; 5218 Prince St; Austern 3,25 C$/Stk., Hauptgerichte 36–40 C$; ⌚So–Mi 17–22, Do–Sa bis 24 Uhr) Wer ein Fan der salzigen Muscheln ist, bestellt hier einfach jede Menge roher oder gebratener Austern aus Nova Scotia oder Prince Edward Island. Ansonsten hält man sich an die kurze, aber eindrucksvolle Karte mit köstlichen Vorspeisen und Hauptgerichten und genießt die Atmosphäre dieses schicken Restaurants. Fein machen ist angesagt!

Five Fishermen SEAFOOD $$$
(☎902-422-4421; www.fivefishermen.com; 1740 Argyle St; Hauptgerichte 29–39 C$; ⌚Mo–Fr 12–22, Sa & So 17–22 Uhr) Das fabelhafte Restaurant im ehemaligen Bestattungsinstitut John Snow, das viele der 150 *Titanic*-Opfer in Halifax unter die Erde brachte, braucht nicht auf diese makabre, gruselige Tatsache zu verweisen, um seine Plätze zu füllen, denn die Meeresfrüchte sprechen erfreulicherweise für sich selber. Hier erwarten einen gehobene Seafood-Delikatessen, aber auch Steaks und Lammgerichte.

Chives Canadian Bistro KANADISCH $$$
(☎902-420-9626; www.chives.ca; 1537 Barrington St; Hauptgerichte 24–35 C$; ⏲17–21.30 Uhr) Die Speisekarte richtet sich ganz nach dem saisonalen Angebot und verwendet meist regionale Zutaten. Die Küche ist gehoben, genau wie das gedimmte gemütliche Ambiente.

Da Maurizio ITALIENISCH $$$
(☎902-423-0859; www.damaurizio.ca; 1496 Lower Water St; Hauptgerichte 28–39 C$; ⏲Mo–Sa 17–22 Uhr) Das Lieblingsrestaurant vieler Einheimischer. Der unverputzte Backstein und die klaren Linien zeigen das historische Brauereigebäude in aller Pracht. Die Küche ist so fein wie das Ambiente. Reservieren ist dringend anzuraten.

Ausgehen & Nachtleben

★**Lot Six** COCKTAILBAR
(☎902-428-7428; www.lotsix.ca; 1685 Argyle St; ⏲16–2 Uhr) Das schicke Barrestaurant besitzt ein fantastisches verglastes Atrium, mit dem es zu jeder Jahreszeit in Sachen Atmosphäre punktet. Wer allein unterwegs ist, schnappt sich einen gemütlichen Platz an der Theke, verliebte Pärchen wählen die lauschigen Sitzecken für zwei.

Tom's Little Havana BAR
(☎902-423-8667; www.tomslittlehavana.wix.com/cafe; 1540 Birmingham St; ⏲11.30–2 Uhr) Mit Kleinbrauereibieren, Spiel- und Scotch-Abenden sowie der täglichen Happy Hour (17–20 Uhr) wirkt das Lokal wie das verlängerte Wohnzimmer des besten Kumpels. Es herrscht eine warme und freundliche Stimmung, die umso stärker wird, je weiter der Abend voranschreitet.

Durty Nelly's IRISH PUB
(☎902-406-7640; www.durtynellys.ca; Ecke Argyle St & Sackville St; ⏲11.30–1 Uhr) Es gibt viele gute Gründe, die für Halifax' ungemein populären Irish Pub sprechen: Open-Mike- und Rippchen-Abende, regelmäßige Livemusik, kaltes Ale, tolles Essen und eine aufgeräumte, freundliche Atmosphäre.

Middle Spoon COCKTAILBAR
(☎902-407-4002; www.themiddlespoon.ca; 1559 Barrington St; ⏲Mo–Sa 16–23 Uhr) Was könnte besser sein als ein Lokal nur mit Bier, Wein, kreativen Cocktails und dekadenten Desserts? Wie wäre es, wenn es da noch ein Geheimnis gäbe? Nun, hier gibt's im Untergeschoss eine Flüsterkneipen-Lounge mit sogar noch besseren Cocktails. Das Passwort bekommt man, wenn man auf der Website auf das Symbol >: klickt, aber nicht weitersagen …

Economy Shoe Shop Cafe Bar CAFÉ
(☎902-423-8845; www.economyshoeshop.ca; 1663 Argyle St; ⏲Mo–Do 11.30–24, Fr–So 11.30–2.00 Uhr) Seit mehr als zehn Jahren ist der „Schuhladen" *die* Kneipe in Halifax, um etwas zu trinken und Leute zu beobachten (am Wochenende mischen sich auch Schauspieler und Journalisten ins Getümmel). Nachmittags kann man in Ruhe einen Drink nehmen und dazu die Tapas genießen, die die Küche bis um 1.45 Uhr früh zubereitet.

Pacifico CLUB
(☎902-422-3633; www.pacifico.ca; 1505 Barrington St; ⏲Fr & Sa 21–2 Uhr) Halifax' angesagtester Club mit energiegeladenen DJs, Verkauf von Spirituosen in ganzen Flaschen und jeder Menge Partyvolk erstreckt sich unter der Barrington St und der Salter St.

Garrison Brewing Company BRAUEREI
(☎902-453-5343; www.garrisonbrewing.com; 1149 Marginal Rd; ⏲So–Do 10–20, Fr–Sa 10–22 Uhr) Es gibt nichts Besseres als eine Kostprobe der hauseigenen Biere für 2 C$ auf der sonnigen Veranda. Täglich stehen fünf Sorten vom Fass zur Auswahl. Flaschenbiere werden im Laden verkauft. Aber man darf sie nicht vor Ort trinken, weil es sich eigentlich nicht um eine Bar handelt (Kanada hat komplizierte Alkoholgesetze).

Schwule & Lesben

Reflections Cabaret SCHWULE & LESBEN
(☎902-422-2957; www.reflectionscabaret.com; 5187 Salter St; ⏲Do–Mo 22–3 Uhr) Wer Spaß haben will, findet in dieser Disco ein gemischtes Publikum aus überwiegend Schwulen. Zur Unterhaltung gehören Wrestling, Drag-Shows und sinnliche Bühnenshows. Die anstehenden Events stehen auf der Website.

Menz and Mollyz Bar SCHWULE & LESBEN
(☎902-446-6969; www.facebook.com/menznmollyz; 2182 Gottingen St; ⏲16–2.30 Uhr) Ein Abend in der Bar, die sich als führender Treff der LGBTQI-Szene in den kanadischen Seeprovinzen anpreist, kann so oder so verlaufen, aber das gilt ja für viele Bars der Community seit dem Aufkommen der Handy-Dating-Apps. Wer sich auf die Events einlässt, wird hier schon seinen Spaß haben.

☆ Unterhaltung

Im *Coast* (www.thecoast.ca) erfährt man, was gerade los ist. Das kostenlose Wochenblatt mit Infos zu Musik, Theater, Kino und sonstigen Events liegt überall in der Stadt aus.

Livemusik

Halifax liebt Musik, und an jedem Wochenende gibt es in der Stadt irgendwo Folk, Hip-Hop, Alternative, Country oder Rock zu hören. Der Grundpreis hängt von der auftretenden Band ab.

Seahorse Tavern LIVEMUSIK
(☎902-423-7200; www.theseahorsetavern.ca; 1665 Argyle St) Dieser Treff bietet Events für die wirklich Coolen: Konzerte (Punk, Indie, Metal, Funk, Motown, Soul etc.) und jeden Monat Themen-Tanzpartys. Was wann stattfindet, erfährt man auf der Website.

Bearly's House of Blues & Ribs LIVEMUSIK
(☎902-423-2526; www.bearlys.ca; 1269 Barrington St; ⏲17–24 Uhr) Die besten Bluesmusiker der Seeprovinzen spielen hier zu unglaublich niedrigen Grundpreisen. Die Karaoke-Abende am Mittwoch locken die Massen und auch ein paar gute Stimmen an.

Carleton LIVEMUSIK
(☎902-422-6335; www.thecarleton.ca; 1685 Argyle St; ⏲12–2 Uhr) Erst gibt's Musik ohne Verstärker und dann etwas zu essen, auch bis spät in die Nacht.

Theater

Shakespeare by the Sea
(☎902-422-0295; www.shakespearebythesea.ca; Point Pleasant Park; ⏲Juni–Sept.) Die Werke des legendären Dramatikers werden in der Cambridge Battery aufgeführt, einer ehemaligen Festung mitten im Point Pleasant Park. Ein weiterer Grund Halifax zu lieben! Weitere Infos und eine Karte gibt's im Internet.

Neptune Theatre THEATER
(☎902-429-7070; www.neptunetheatre.com; 1593 Argyle St) Dieses Theater im Zentrum präsentiert Musicals und bekannte Stücke auf seiner Hauptbühne (ab 35 C$) und unkonventionellere Produktionen auf seiner Studiobühne (ab 15 C$).

Yuk Yuks COMEDY
(☎902-429-9857; www.yukyuks.com/halifax; 1181 Hollis St) Hier geben sich Stand-up-Comedians und Improvisationstalente ein Stelldichein. Alle Infos gibt's auf der Website.

Sport

Scotiabank Centre STADION
(☎902-451-1221;www.scotiabank-centre.com;1800 Argyle St; ⏲Kartenschalter 9–17 Uhr) Die wichtigste Mehrzweckhalle von Halifax liegt mitten im Zentrum. Hier finden die größten Veranstaltungen der Stadt statt.

Shoppen

★**Halifax Seaport Farmers Market** MARKT
(☎902-492-4043; www.halifaxfarmersmarket.com; 1209 Marginal Rd; ⏲Mo–Fr 10–17, Sa 7–15, So 9–15 Uhr) Der Markt hat zwar seit seiner Gründung im Jahr 1750 schon an mehreren Stellen stattgefunden (am jetzigen Standort seit 2010), ist aber trotzdem der am längsten ununterbrochen stattfindende Markt in Nordamerika. Mit mehr als 250 Verkäufern aus einer Provinz, die sich ihrer frischen Produkte von den Farmen aus dem Meer rühmt, lohnt er wahrlich einen Besuch.

Historic Properties EINKAUFSZENTRUM
(www.historicproperties.ca; 1869 Upper Water St; ⏲Öffnungszeiten der Geschäfte sind verschieden) Die Historic Properties sind eine Gruppe restaurierter Lagerhäuser an der Upper Water St, die zwischen 1800 und 1905 erbaut und in durch Uferpromenaden verbundene Boutiquen, Restaurants und Bars umgewandelt wurden. Das 1814 erbaute **Privateers Warehouse** war einst das Lagerhaus für staatlich konzessionierte Piraten und ist das älteste Steingebäude in der Gegend. Zu den weiteren bemerkenswerten Gebäuden gehören der aus Holz errichtete **Old Red Store** und das **Simon's Warehouse** von 1854.

Nova Scotian Crystal KUNSTHANDWERK
(☎888-977-2797; www.novascotiancrystal.com; 5080 George St; ⏲Mo–Fr 9–18 Uhr, Sa–So 10–17 Uhr) Die Glasbläserei ist eine perfekte Kombination aus Kunst und Kommerz: Zuerst dürfen die Kunden den Glasbläsern zusehen, wie sie die herrlichen Kristallgläser und Vasen herstellen. Dann werden sie in die schicke Boutique geleitet, um sich etwas Hübsches auszusuchen.

Historic Farmers Market MARKT
(☎902-329-3276; www.historicfarmersmarket.ca; 1496 Lower Water St; ⏲Sa 7–13 Uhr) Wer am Samstagvormittag in Halifax ist, sollte sich diesen urtümlichen, von den Mitgliedern geführten, gemeinnützigen Genossenschaftsmarkt in einem schönen Steingebäude aus den 1820er-Jahren anschauen.

Orientierung

Das Zentrum, die drei Universitäten und die älteren Wohnviertel befinden sich auf einer kompakten Halbinsel, die vom restlichen Halifax durch einen Meeresarm namens North West Arm fast völlig abgeschnitten ist. Fast alle Sehenswürdigkeiten befinden sich in diesem Bereich, sodass man alles leicht zu Fuß erreicht. Point Pleasant Park liegt am Südende der Halbinsel, während sich das lebendige und multikulturelle Stadtviertel North End von der Mitte bis zur Nordspitze erstreckt. In North End wohnt die afroamerikanische Bevölkerung von Nova Scotia zusammen mit vielen Kunststudenten. Auch die meisten Schwulenbars befinden sich hier.

Zwei Brücken überqueren die Hafenbucht und verbinden Halifax mit Dartmouth sowie den Highways nach Norden zum Flughafen bzw. nach Osten. Die MacDonald Bridge am östlichen Ende der North St liegt am nächsten zum Zentrum.

Praktische Informationen

INFOS IM INTERNET

Destination Halifax (www.halifaxinfo.com)
Halifax Regional Municipality (www.halifax.ca)

INTERNETZUGANG

Halifax Central Library (☎ 902-490-5700; www.halifaxcentrallibrary.ca; 5440 Spring Garden Rd; ⏲ Mo–Do 9–21, Fr & Sa bis 18, So 12–18 Uhr; 📶)

MEDIZINISCHE VERSORGUNG

Family Focus (☎ 902-420-2038; www.thefamilyfocus.ca; 5991 Spring Garden Rd; ⏲ Mo–Fr 8.30–21, Sa & So 11–17 Uhr) Arztbesuche ohne Voranmeldung oder mit Termin am selben Tag.

Halifax Infirmary (Charles V Keating Emergency and Trauma Centre; ☎ 902-473-3383, 902-473-7605; www.cdha.nshealth.ca; 1796 Summer St; ⏲ 24 Std.) Für Notfälle.

POST

Lawton's Drugs (☎ 902-429-0088; 5675 Spring Garden Rd; ⏲ Mo–Fr 8–22, Sa 9–21, So 12–20 Uhr) Hinten in dieser Apotheke befindet sich eine Post.

Hauptpost (☎ 902-494-4670; www.canadapost.ca; 1660 Bedford Row; ⏲ Mo–Fr 9–17 Uhr)

TOURISTENINFORMATION

Tourism Nova Scotia (☎ 800-565-0000, 902-425-5781; www.novascotia.com) Die Tourismusorganisation betreibt Informationszentren in Halifax und anderen Orten in Nova Scotia. Die Buchung von Unterkünften ist kostenlos und vor allem im Sommer hilfreich, wenn die Nachfrage sehr hoch ist. Tourism Nova Scotia veröffentlicht zudem das Magazin *Doers & Dreamers Guide*, das Unterkunftsadressen, Sehenswürdigkeiten und Tourveranstalter aufführt.

Visitor Information Centre (VIC; ☎ 902-424-4248; www.novascotia.com; 1655 Lower Water St; ⏲ 9–17 Uhr) Das offizielle Besucherzentrum der Provinz an der Uferpromenade von Halifax ist ideal, um die Erkundung der Innenstadt von Halifax zu beginnen; man wird mit Kartenmaterial und freundlichen Ratschlägen geradezu überschüttet. Ein offizielles VIC-Empfangszentrum gibt's am **Flughafen** (☎ 902-873-1223; Halifax International Airport; ⏲ 9–21 Uhr).

An- & Weiterreise

BUS

Das einzige provinzweit (und darüber hinaus) operierende Busunternehmen ist **Maritime Bus** (S. 369), das die Haupt-Highways von Kentville nach Halifax und weiter nach Truro bedient. Ab Truro verzweigen sich die Routen; die eine führt nach North Sydney, die andere nach Amherst und weiter nach New Brunswick.

Advance Shuttle (☎ 877-886-3322; www.advanceshuttle.ca) bietet einen langsamen Shuttledienst vom Flughafen Halifax und den Hotels im Zentrum nach Prince Edward Island (ab 69 C$).

Cloud Nine Shuttle (☎ 902-742-3992; www.thecloudnineshuttle.com) kann einen an Stellen an der Südküste bis hinunter nach Yarmouth absetzen. Die Fahrt kostet ab 75 C$ und dauert rund 3½ Stunden.

FLUGZEUG

Die meisten Verbindungen von und nach Nova Scotia gehen über Halifax. Es gibt täglich mehrere Flüge nach Toronto, Calgary und Vancouver.

Internationale Flüge führen u. a. nach Boston, New York und London.

Der **Halifax Stanfield International Airport** (YHZ; ☎ 902-873-4422; www.hiaa.ca; 1 Bell Blvd) liegt 32 km nordöstlich der Stadt am Hwy 102 Richtung Truro.

ZUG

Eines der wenigen Beispiele monumentaler kanadischer Bahnhofsarchitektur in den Seeprovinzen findet sich 1161 Hollis St. **VIA Rail** (www.viarail.ca) betreibt einen Nachtzug nach Montréal (ab 134 C$, 21 Std., tgl. außer Di).

Unterwegs vor Ort

AUTO & MOTORRAD

In Halifax haben fast immer die Fußgänger Vorfahrt. Deshalb sollte man immer mit plötzlich bremsenden Autos rechnen.

Außerhalb der Innenstadt kann man oft bis zu 2 Stunden kostenlos an der Straße parken. Die Parkuhren in Halifax müssen montags bis freitags von 10 bis 18 Uhr gefüttert werden.

Am Flughafen und im Stadtzentrum von Halifax sind alle wichtigen nationalen Autoverleiher vertreten. Einige davon bieten einen kostenlosen Abholservice von der Stadt zum Flughafen.

VOM/ZUM FLUGHAFEN

Am günstigsten kommt man mit der Metro-Transit-Buslinie 320 zum Flughafen. Die Busse fahren zwischen 5 und 24 Uhr im 30-Minuten-Takt von der Metro-X-Bushaltestelle an der Albemarle St zwischen Duke St und Cogswell St. Leider landen viele Flüge mitten in der Nacht. Um diese Uhrzeit bleibt nur das Taxi, die Fahrt kostet rund 56 C$ ins Zentrum. Da oft nicht genügend Taxis warten, sollte man die Fahrt vorab reservieren. **Halifax Airport Taxi** (☎902-999-2434; www.halifaxairportlimotaxi.com) fährt rund um die Uhr vom/zum Flughafen. Die Fahrzeit sollte nicht länger als 30 Minuten dauern.

Maritime Bus (www.maritimebus.com) Betreibt von Mai bis Oktober einen Flughafen-Shuttle (22 C$, 30–45 Min.).

ÖFFENTLICHE VERKEHRSMITTEL

Halifax Transit (☎902-480-8000; www.halifax.ca/transit; Einzelfahrt 2,50–3,50 C$) betreibt die Stadtbusse sowie die Fähren nach Dartmouth. Karten und Fahrpläne gibt's an den Fährstationen sowie am Infostand im Einkaufszentrum Scotia Sq.

Bus 7 bahnt sich über die Robie St und die Gottingen St seinen Weg durchs Zentrum sowie das North End von Halifax und passiert dabei beide Hostels der Stadt. Buslinie 1 fährt auf der Spring Garden Rd, Barrington St und durch den südlichen Abschnitt der Gottingen St, bevor die Busse über die Brücke nach Dartmouth gelangen.

RUND UM HALIFAX

Dartmouth

Die 1750, nur ein Jahr nach Halifax am anderen Ufer gegründete Arbeiterstadt galt lang als Halifax' schmuddeliger kleiner Bruder. In den letzten Jahren haben die Nähe zu den Stränden am Eastern Shore, der kurze Weg zum Zentrum von Halifax und viele Sanierungsprojekte am Ufer Dartmouths Bevölkerungsstruktur verjüngt und zur wachsenden Popularität der Stadt beigetragen.

Sehenswertes

Dartmouths kompaktes historisches Zentrum ist ein netter Ort für einen Spaziergang und ein Bier: Die Anreise mit der Fähre aus Halifax – es ist die älteste Meeres-Fährverbindung in Nordamerika – ist allein schon ein Spaß, besonders bei Sonnenuntergang. Vor der Rückkehr sollte man den Alderney Dr nach Westen nehmen und die Klippen in den **Dartmouth Commons** erklimmen, um den ausgezeichneten Blick auf den Hafen zu genießen. Nach Einbruch der Dunkelheit sollte man in dem Park die übliche Vorsicht walten lassen.

Quaker House HISTORISCHES GEBÄUDE
(☎902-464-2300; www.dartmouthheritagemuseum.ns.ca; 59 Ochterloney St; 5 C$; ⌚Juni–Aug. Di–So 10–17 Uhr) Das 1786 von Walfängern aus Nantucket, die den Quäkern angehörten und vor dem Amerikanischen Unabhängigkeitskrieg geflohen waren, errichtete Quaker House ist das älteste erhaltene Haus in der Gegend um Halifax. Die Eintrittskarte gilt auch für das Dartmouth Heritage Museum im nahegelegenen Evergreen House.

Dartmouth Heritage Museum MUSEUM
(☎902-464-2300; www.dartmouthheritagemuseum.ns.ca; 26 Newcastle St; 5 C$; ⌚Di–Sa 10–17 Uhr) Eine bunte Sammlung regionaler historischer Artefakte ist im **Evergreen House** ausgestellt, dem früheren Wohnsitz von Helen Creighton, einer Volkskundlerin, die die Provinz im frühen 20. Jh. bereiste und Geschichte und Lieder aufzeichnete. Die Tickets gelten am gleichen Tag auch für das 1786 erbaute Quaker House.

Essen

Portland Street Creperie CRÊPERIE $
(☎902-466-7686; www.portlandstreetcreperie.com; 55 Portland St; Crêpes 4–9 C$; ⌚Mo–Do & Sa 8.30–17, Fr bis 19, So 10–13 Uhr) In dieser vor Ort sehr beliebten Bäckerei gibt's Crêpes für jeden Geschmack. Vom herzhaften „Mushroom Melt" bis zum sehr süßen „Honeycomb" mit Butter und Honig aus Nova Scotia. Die Crêpes sind außerdem so günstig, dass es nicht bei einem bleibt.

Nena's All Day Breakfast DINER $
(☎902-406-0006; www.nenasbreakfast.com; 273 Wyse Rd; Gerichte 6–16 C$; ⌚7–15 Uhr) An einer trostlosen Straßenecke inmitten von Gebrauchtwagenhändlern und Reparaturwerkstätten serviert dieses muntere, blitzblanke Frühstückslokal beliebte Dinerkost. Frühstücksgerichte gibt's den ganzen Tag, darüber hinaus aber auch eine Mittagskarte. Die Pommes mit kanadischer Bratensauce sind allemal ein Einkehren wert.

Two If By Sea BÄCKEREI $
(☎902-469-0721; www.twoifbyseacafe.ca; 66 Ochterloney St; Gebäck 3–5 C$; ⌚Mo–Fr 7–18, Sa & So 8–17 Uhr) Wer einen der riesigen, mit viel Butter gebackenen Schokocroissants, für die

diese Bäckerei berühmt ist, ergattern will, sollte früh kommen, denn bis 13 Uhr sind sie oft schon ausverkauft. Aber auch ohne das leckere Gebäck ist das Café ein hipper Ort, um einen Kaffee zu trinken, an sonnigen Tagen die Leute zu beobachten und die selbstbewusste Atmosphäre der Stadt zu schnuppern.

Ausgehen & Nachtleben

★ **Battery Park Beer Bar & Eatery** KLEINBRAUEREI
(☎902-446-2337; www.batterypark.ca; 62 Ochterloney St; ⏱Mi–Mo 14–24 Uhr) Diese lokale Kombi aus Brauerei und Restaurant mit ihren in kleinen Chargen gebrauten Spezialbieren und den ungeheuer leckeren Verkostungsmenüs, die man am besten teilt, sind das Gespräch der Stadt. Das Ambiente bietet Holzverkleidungen und Industrieschick, die Gäste sind hip, und der Bacon Fudge kann süchtig machen.

Celtic Corner PUB
(☎902-464-0764; www.celticcorner.ca; 69 Alderney Dr; ⏱11–24 Uhr) Der zentral gelegene Pub ist der beliebteste in Dartmouth. Es gibt eine große Auswahl an Fassbieren, herzhafte Kneipenkost (Hauptgerichte 10–17 C$) und an den meisten Abenden Livemusik.

Just Us! Coffee Roaster's Co-Op CAFÉ
(www.justuscoffee.com; 15 King's Wharf; ⏱Mo–Do 7–17.30, Fr & Sa bis 21 Uhr; 📶) Das helle, gemütliche Café serviert im Haus gerösteten Fair-Trade-Kaffee und Backwaren aus regionalen Zutaten. Die Genossenschaft wurde 1995 als erster Fair-Trade-Kaffeeröster Kanadas gegründet und hat inzwischen mehrere Filialen in der Provinz, in denen überall WLAN kostenlos ist. Die anderen Filialen stehen auf der Website.

Shoppen

Alderney Landing MARKT
(☎902-461-4698; www.alderneylanding.com; 2 Ochterloney St; ⏱Mo–Fr 9.30–17 Uhr) In der Mehrzweckanlage sind ein Theater, ein Markt und diverse Cafés, Restaurants und Läden untergebracht.

An- & Weiterreise

Halifax Transit (www.halifax.ca/transit) betreibt ein umfangreiches, praktisches Bus- und Fährennetz. In Dartmouth legt die Fähre nach Halifax (2,50 C$, 20 Min.) vom **Dartmouth Ferry Terminal** (samt Klavier zur freien Benutzung) am Alderney Gate ab.

Peggy's Cove

Peggy's Cove ist zurecht eines der meistbesuchten Fischerdörfer Kanadas: Trotz der vielen Reisebusse strahlt die hügelige Bucht mit ihren Granitfelsen und dem rotweißen Bilderbuch-Leuchtturm die verträumte Ruhe eines malerischen Küstenorts aus. Um dem Verkehrschaos zu entgehen und die wahre Schönheit und Ruhe des Ortes richtig zu genießen, kommt man am besten in der Nebensaison bzw. vor 10 oder nach 18 Uhr.

Wer eine ähnliche Stimmung ohne solche Besuchermassen sucht, fährt über Terrence Bay 30 km Richtung Osten ins niedliche **Lower Prospect**.

Sehenswertes

★ **William E. deGarthe Gallery & Monument** GALERIE
(☎902-823-2256; 109 Peggy's Point Rd; 2 C$; ⏱Galerie Mai–Okt. 9–17 Uhr) Der aus Finnland stammende örtliche Künstler William deGarthe (1907–83) meißelte das prächtige *Lasting Monument to Nova Scotian Fishermen* in die 30 m hohe Granitwand hinter seinem Haus. Das Relief zeigt 32 Fischer, ihre Frauen und Kinder, den hl. Erasmus mit ausgebreiteten Flügeln und die legendäre Peggy, nach der die Bucht benannt ist. DeGarthes Wohnhaus ist heute eine Galerie, in der 65 weitere Werke des Künstlers zu sehen sind.

Swissair 111 Memorial DENKMAL
(8250 Hwy 333) Das bewegende Denkmal erinnert an die 229 Menschen, die ihr Leben verloren, als am 2. September 1998 die Swissair-Maschine nach Genf (Flug 111) 8 km vor der Küste von Peggy's Cove abstürzte.

Peggy's Point Lighthouse LEUCHTTURM
(185 Peggys Point Rd; ⏱Mai–Okt. 9.30–17.30 Uhr) Markantes Wahrzeichen der Bucht ist der Bilderbuch-Leuchtturm, der viele Jahre lang auch als Postamt diente. Schöne Spazierwege führen durch die Granitlandschaft, die so wellig ist wie die eiskalte See.

Schlafen & Essen

Wayside Camping Park CAMPING $
(☎902-823-2271; www.waysidecampground.com; 10295 Hwy 333, Glen Margaret; Stellplatz Zelt/Wohnmobil 25/35 C$; ⏱Mai–Okt.; 📶🐾) Der Campingpark liegt 10 km nördlich von Peggy's Cove und 36 km von Halifax entfernt. Er bietet auf einem Hügel viele schattige Stellplätze. Im Hochsommer kann es voll werden.

Oceanstone Seaside Resort RESORT $$
(☎902-823-2160; www.oceanstoneresort.com; 8650 Peggy's Cove Rd, Indian Harbour; Zi. 105–195 C$, Cottage 195–335 C$; P ⊖ ❄ @ ☎ 🐾) Die neckisch dekorierten Cottages sind nur einen Steinwurf vom Strand und eine kurze Autofahrt von Peggy's Cove entfernt. Die Gäste können mit Tretbooten zu kleinen Inseln fahren. Das zugehörige **Rhubarb** gilt als eines der besten Fischrestaurants in der Region.

Peggy's Cove Bed & Breakfast B&B $$
(☎902-823-2265; www.peggyscovebb.com; 17 Church Rd; DZ 155 C$; ⊙April–Okt.; ☎) Die einzige Unterkunft direkt in der Bucht hat eine beneidenswerte Lage. Das Haus, das einst dem Künstler William E. deGarthe gehörte, hat einen der schönsten Ausblicke in Nova Scotia, der über die Anlegestellen der Fischer bis hinüber zum Leuchtturm reicht. Man muss im Voraus reservieren!

Dee Dee's EISDIELE $
(www.deedees.ca; 110 Peggy's Cove Rd; Kugel ab 3,50 C$; ⊙Mai–Sept. 12–18 Uhr) An heißen Tagen macht es Spaß, die Gegend zu erkunden und dabei ein hausgemachtes Eis aus örtlichen Zutaten zu schlecken. Die Eisdiele liegt in der Nähe der Touristeninformation.

☆ Unterhaltung

Old Red Schoolhouse THEATER
(☎902-823-2099; www.beales.ns.ca; 126 Peggy's Point Rd; empfohlene Spende 10 C$) In der Hochsaison werden im Old Red Schoolhouse Komödien gespielt und Konzerte gegeben. Zu einigen Vorstellungen sind kleine Shuttlebusse im Einsatz, die Zuschauer in den Hotels von Halifax abholen und sie nach der Vorführung wieder dorthin zurückfahren. Ausführliche Infos gibt's im Internet.

ℹ Praktische Informationen

Visitor Information Centre (VIC; ☎902-823-2253; 109 Peggy's Cove Rd; ⊙Mai–Okt. 9–19 Uhr) Am Eingang des Dorfs liegen ein kostenloser Parkplatz mit Toiletten und das Visitor Center. Von Mitte Juni bis Ende August starten dort täglich kostenlose, 45-minütige **Rundgänge**.

SOUTH SHORE

Der meistbesuchte Küstenabschnitt von Nova Scotia prunkt mit typischen Leuchttürmen, bewaldeten Buchten samt weißer Strände und mit in Ferienorte verwandelten Fischerdörfern. Das Gebiet zwischen Halifax und Lunenburg, in dem die Landhäuser der städtischen Oberschicht stehen, ist bei Tagesausflüglern sehr beliebt.

Chester

Im 1759 gegründeten Chester legen sich immer mehr gut betuchte US-Amerikaner und Haligonians Sommerhäuser zu. Der Ort hat eine bunte Geschichte als Schlupfwinkel von Piraten und Alkoholschmugglern (in der Prohibitionszeit) und ist auch heute noch bunt – dank der vielen Künstlerateliers in der Stadt. Mitte August findet hier eine große Regatta statt.

Sehenswertes

Tancook Island INSEL
(www.tancookislandtourism.ca) Diese Insel (190 Ew.) ist mit der Fähre von der staatlichen Anlegestelle in Chester aus (hin & zurück 5,50 C$, Mo–Fr 4-mal tgl., Sa & So 2-mal tgl.) in 45 Minuten zu erreichen. Die zu Beginn des 19. Jhs. von deutschen und französischen Reformierten besiedelte Insel ist bekannt für ihr Sauerkraut und durchzogen von **Wanderwegen**. Die jeweils letzte Fähre ab Chester ankert über Nacht vor Tancook Island.

Lordly House Museum MUSEUM
(☎902-275-3842; 133 Central St; ⊙Juni–Sept. Di–Sa 10–16 Uhr) GRATIS Das Museum residiert in einem 1806 erbauten Herrenhaus, das ein schönes Beispiel der georgianischen Architektur ist. Drei stilecht eingerichtete Zimmer illustrieren das Leben der Oberschicht im 19. Jh. und die Geschichte von Chester. Im Haus befindet sich auch ein Künstleratelier.

Schlafen & Essen

Graves Island Provincial Park CAMPING $
(☎902-275-4425; www.parks.gov.ns.ca; Stellplatz 24 C$) Der Campingplatz auf einem Inselchen in der Mahone Bay ist über eine Dammstraße mit dem Festland verbunden. Die 64 Plätze liegen teilweise unter Bäumen, teilweise im offenen Gelände. Wohnmobile werden normalerweise in der Mitte des Platzes abgestellt. Einige schattige, einsame Stellplätze verstecken sich noch an den Hängen des zentralen Hochplateaus.

Mecklenburgh Inn B&B B&B $$
(☎902-275-4638; www.mecklenburghinn.ca; 78 Queen St; Zi. 135–155 C$; ⊙Mai–Dez.; ☎) Der 1890 erbaute zwanglose Gasthof mit vier

Zimmern besitzt im zweiten Stock eine luftige Veranda. Einige Zimmer haben private, aneinandergrenzende Balkone, die meisten auch ein eigenes Bad. Der Inhaber ist ein Cordon-Bleu-Chefkoch, man darf also ein ausgezeichnetes Frühstück erwarten.

Kiwi Café CAFÉ $
(☎902-275-1492; www.kiwicafechester.com; 19 Pleasant St; Hauptgerichte 9–16 C$; ⏲So–Mi 8–16, Do–Sa bis 20 Uhr; 📶✎) Ein neuseeländischer Koch liefert hier ausgezeichnete Suppen, Salate, Sandwiches und Backwaren, die man hier essen oder mitnehmen kann. Die Wände sind satt grün gestrichen, und es gibt Bier, Wein und eine entspannte Atmosphäre.

Rope Loft PUB
(☎902-275-3430; www.ropeloft.com; 36 Water St; ⏲11.30–23 Uhr) Einen schöneren Ort für ein Ale wird man kaum finden als diesen Pub an der Bucht. Man sitzt drinnen oder draußen und genießt herzhafte Kneipenkost.

☆ Unterhaltung

Chester Playhouse THEATER
(☎902-275-3933; www.chesterplayhouse.ca; 22 Pleasant St; Karte etwa 25 C$) Das schon etwas ältere Theater hat eine großartige Akustik. Im Juli und August wird jeden Abend Theater gespielt und teilweise währenddessen gegessen. Gelegentlich finden im Frühjahr und Herbst auch Konzerte statt.

ⓘ Praktische Informationen

Chester Visitor Information Centre (☎902-275-4616; www.vic.chesterchamber.ca; 20 Smith Rd; ⏲9.30–17.30 Uhr) Die Angestellten des Visitor Center im alten Bahndepot nahe der Abzweigung nach Chester kennen sich super aus.

Mahone Bay

Hier scheint die Sonne häufiger als irgendwo sonst an dieser Küste. Die Bucht mit ihren mehr als 100 Inselchen ist keine 100 km von Halifax entfernt und ein guter Stützpunkt zur Erkundung dieses Abschnitts der South Shore. Man kann ein Kajak oder ein Fahrrad leihen oder über die Main St bummeln, die um den Hafen herumführt und viele Läden zu bieten hat, die Antiquitäten, Decken, Töpferwaren und Werke örtlicher Maler verkaufen.

Sehenswertes & Aktivitäten

Die Ufer-Skyline von Mahone Bay wird von drei prächtigen alten **Kirchen** bestimmt, die reizvolle Fotomotive sind und in denen sommers klassische Konzerte stattfinden.

Mahone Bay Settlers' Museum MUSEUM
(☎902-624-6263; www.mahonebaymuseum.com; 578 Main St; ⏲Juni–Mitte Okt. 10–16 Uhr) GRATIS Die Ausstellung gilt der Architektur der Gegend und der Besiedlung durch „ausländische Protestanten“ im Jahr 1754.

Sweet Ride Cycling RADFAHREN
(☎902-531-3026; sweetridecycling.com; 523 Main St; Radverleih halber/ganzer Tag 20/30 C$; ⏲Mo–Sa 10–17, So 12–17 Uhr) Bei den freundlichen Angestellten kann man Räder mieten und sich nach den besten Routen in der Gegend erkundigen.

Geführte Touren

South Shore Boat Tours RUNDFAHRT
(☎902-543-5107; www.southshoreboattours.com; Tour ab 45 C$; ⏲Juni–Okt.) Die faszinierenden Rundfahrten von Captain Chris rund um die Mahone Bay geben Einblick in die örtliche Tierwelt und den traditionellen Fischfang und Bootsbau.

Feste & Events

Great Scarecrow Festival & Antiques Fair KULTUR
(www.mahonebayscarecrowfestival.com; ⏲Okt.) Am ersten Oktoberwochenende stellen die Einheimischen bizarre Vogelscheuchen und beschnitzte Kürbisse vor ihren Häusern zur Schau. Gleichzeitig gibt's einen beliebten Trödelmarkt.

Schlafen & Essen

Kip & Kaboodle Backpackers Hostel HOSTEL $
(☎902-531-5494; www.kiwikaboodle.com; 9466 Hwy 3; B/DZ/3BZ 30/69/105 C$; ⏲April–Okt.; P📶) Das freundliche Hostel mit neun Betten und fantastischer Lage ist 3 km von den Attraktionen von Mahone Bay und 7 km von Lunenburg entfernt. Die Eigentümer holen Gäste aus dem Ort ab und bieten günstige Touren, einen Shuttledienst, Grillfeste mit Lagerfeuer und ausgezeichnete Tipps zur Gegend. Es gibt auch noch ein Privatzimmer und einen Fahrradverleih.

Fisherman's Daughter B&B $$
(☎902-624-0483; www.fishermans-daughter.com; 97 Edgewater St; Zi. 135–145 C$; 📶🐾) Das uralte Haus (1840) liegt an der Bucht bei den drei schönen Kirchen. Die gründliche Sanierung hat den alten Charme bewahrt, aber den

DIE SCHATZINSEL

Auf Oak Island, einer Insel in der Mahone Bay, befindet sich die sogenannte *money pit* (Geldgrube), die bisher mehr als 2 Mio. C$ an Grabungskosten und sechs Menschenleben gekostet hat. Zu dem, was es mit dieser Grube auf sich hat und was darin versteckt sein mag, gibt es kaum gesicherte Fakten. Die Reality-TV-Serie *The Curse of Oak Island* widmet sich allen kursierenden Theorien – vielleicht finden sie ja den angeblichen Schatz!

Die mysteriöse Geschichte begann 1795, als drei Insulaner eine Bodensenke entdeckten. Sie wussten, dass früher Piraten auf der Insel gehaust hatten und begannen deshalb aus Neugier zu graben. Einen halben Meter unter der Erde stießen sie auf eine Schicht sauber angeordneter Schiefersteine. Nach weiteren 2,5 m stießen sie auf eine Eichenholzplattform, später noch auf eine weitere. Nachdem sie eine Tiefe von 9 m erreicht hatten, gaben die Männer zunächst auf. Sie kehrten aber acht Jahre später mit dem professionellen Team der Onslow Company zurück.

Die Onslow-Ausgrabung stieß bis in eine Tiefe von 27,5 m vor. Doch am nächsten Morgen hatte sich der Schacht mit Wasser gefüllt und die Ausgrabung musste unterbrochen werden. Ein Jahr später kehrte das Team zurück und trieb einen parallelen Schacht bis in eine Tiefe von 33,5 m. Auch dieser stand bald unter Wasser. 1850 stellte sich heraus, dass der Schacht durch fünf Querschächte mit Smith Cove, 150 m vom Schacht entfernt, verbunden ist. Auch der Strand stellte sich als künstlich angelegt heraus.

Seither kommen immer wieder Leute von nah und fern, um ihr Glück zu versuchen. Nur einige Stückchen einer Goldkette, etwas Pergamentpapier, ein Betongewölbe und ein mit einer Inschrift versehener Stein wurden bislang gefunden.

Komfort erhöht. Zwei Zimmer bieten einen schönen Ausblick durch zwei gotisch inspirierte Fenster, alle vier Zimmer haben große Bäder. Der freundliche Service entspricht dem Anspruch an ein erstklassiges B&B.

Three Thistles B&B B&B $$
(902-624-0517; www.three-thistles.com; 389 W Main St; Zi. 115–150 C$; P) Die Inhaberin Ama Phyllis nutzt umweltschonende Reinigungsmittel und kocht mit Bio-Produkten. Die Zimmer sind makellos sauber, und der Garten hinter dem Haus reicht bis zu einem Wäldchen. Das Apartment im Dachgeschoss ist herrlich. Es gibt auch Yogakurse.

Biscuit Eater CAFÉ $
(902-624-2665; www.biscuiteater.ca; 16 Orchard St; Hauptgerichte 8–20 C$; Mi–Mo 9–17 Uhr;) Umgeben von Büchern gibt's hier fabelhafte Suppen, Salate und Sandwiches aus Bio-Produkten. Man kann aber auch einfach einen Fair-Trade-Kaffee genießen und die Lieben zuhause über Skype anrufen.

LaHave Bakery DELI $
(902-624-1420; www.lahavebakery.com; 3 Edgewater; Sandwiches 5–9,50 C$; 8.30–18.30 Uhr;) Diese Bäckerei ist berühmt für ihr herzhaftes Brot, das es auch als Sandwich gibt.

★ **Mateus Bistro** MODERN KANADISCH $$$
(902-531-3711; www.mateusbistro.com; 533 Main St; Hauptgerichte 22–35 C$; Di–Mi 17–21, Do–Mo 11.30–21 Uhr) Das Bistro befindet sich in einer kleinen Galerie mit einer Veranda. Zwar gibt es hier keinen Seeblick, aber wenn man erst einmal die Cocktails, den Wein und das Essen genießt, spielt das keine Rolle mehr. Die europäisch inspirierte Speisekarte orientiert sich am regionalen Angebot. Spezialitäten sind Austern, Fundy-Jakobsmuscheln, Ente und alle möglichen Gemüsearten.

Shoppen

Amos Pewter KUNSTHANDWERK
(800-565-3369; www.amospewter.com; 589 Main St; Mo–Sa 9–19, So 10–19 Uhr) In der Werkstatt wird die Kunst des Zinngießens demonstriert. Die Produkte werden im zugehören Laden verkauft.

Praktische Informationen

Mahone Bay (www.mahonebay.com) Links zu Restaurants und Unterkünften.

Mahone Bay Visitor Information Centre (902-624-6151; 165 Edgewater St; Mai–Okt. 9–18 Uhr) Hat Broschüren für Wanderungen und Rundgänge auf eigene Faust.

Lunenburg

Die historische Altstadt von Lunenburg, dem größten der Fischerorte an der South Shore, ist die einzige UNESCO-Welterbestätte der Region und zugleich die erste britische

Siedlung außerhalb von Halifax. Die Stadt ist am malerischsten, wenn man sie bei Sonnenuntergang vom Meer aus betrachtet: Die kastigen, leuchtend bunt bemalten alten Gebäude scheinen dann buchstäblich vor der Kulisse des mit Schiffen gefüllten Hafens zu glühen. Lunenburg wurde größtenteils von Deutschen, Schweizern und protestantischen Franzosen besiedelt, die erst von den Briten als Arbeitskräfte rekrutiert und dann zu Fischern wurden. Heute leidet Nova Scotia sehr unter den schwindenden Fischbeständen, Lunenburgs wachsender Tourismus ist jedoch ein wichtiges zweites wirtschaftliches Standbein.

Sehenswertes & Aktivitäten

In der Stadt kann man nach dem „Lunenburg Bump" suchen, einem auffälligen architektonischen Merkmal älterer Gebäude, bei dem ein fünfeckiges Erkerfenster im zweiten Stock über den ersten Stock vorkragt.

Ironworks Distillery BRENNEREI
(☎902-640-2424; www.ironworksdistillery.com; 2 Kempt St; ⏲Mi–Mo 12–17 Uhr) Kostproben sind gratis, aber man muss von Glück sagen, wenn man aus dem alten Eisenhüttenwerk herauskommt, ohne eine Flasche gekauft zu haben, denn hier gibt's eine wechselnde Auswahl aus mit örtlichen Zutaten gebrannten Schnäpsen, einen starken Apfel-Brandy und einen sehr guten, gewürzten schwarzen Rum.

Knaut-Rhuland House MUSEUM
(☎902-634-3498; 125 Pelham St; 3 C$; ⏲Juni–Sept. Di–Sa 11–17, So 13–17 Uhr) Das 1793 errichtete Knaut-Rhuland House gilt als schönstes Beispiel georgianischer Architektur in der Provinz. Kostümierte Führer erläutern seine besonderen Merkmale.

Fisheries Museum of the Atlantic MUSEUM
(☎902-634-4794; http://fisheriesmuseum.novascotia.ca; 68 Bluenose Dr; Erw./Kind 10/3 C$; ⏲9.30–17 Uhr) Zum sehr sachkundigen Personal des Fisheries Museum of the Atlantic gehören auch einige Fischer im Ruhestand, die aus eigener Erfahrung über das Fischereiwesen berichten können. Im hübschen Aquarium im ersten Stock tummeln sich Heilbutte, bis zu 6 kg schwere Hummer und sonstiges Meeresgetier. Den ganzen Tag über gibt's Vorträge und Filmvorführungen.

Pleasant Paddling KAJAKFAHREN
(☎902-541-9233; www.pleasantpaddling.com; 221 The Point Rd; Kajakverleih ab 35 C$, Touren ab 50 C$; ⏲Mai–Okt.) Das kundige Personal in diesem netten Laden vermietet Einer- und Doppelkajaks und veranstaltet Paddeltouren.

Geführte Touren

Lunenburg Walking Tours STADTSPAZIERGÄNGE
(☎902-521-6867; www.lunenburgwalkingtours.com; Tour Erw./Kind ab 20/10 C$) Die engagierte, sehr erfahrene Sheila Allen und ihre Mitarbeiter veranstalten tagsüber entspannte Rundgänge und nachts gruselige Führungen im Laternenschein.

Trot in Time TOUREN
(☎902-634-8917; www.trotintime.ca; Erw./Kind 20/10 C$; ⏲Juni–Mitte Okt.) Die halbstündigen Führungen in einem Pferdewagen starten vor dem Fisheries Museum of the Atlantic.

Bluenose II BOOTFAHREN
(☎902-634-1963; www.bluenose.novascotia.ca; Rundfahrt 2 Std. Erw./Kind 20/10 C$) Der Nachbau des klassischen Regatta-Schoners *Bluenose* ankert mal in Halifax und mal in Lunenburg. Die Einzelheiten dazu stehen auf der Website.

Feste & Events

Boxwood Festival MUSIK
(www.boxwood.org; Festivalpass 50 C$; ⏲Juli) Flöten- und Dudelsackspieler aus der ganzen Welt bringen erstklassige Konzerte auf die Bühne.

Lunenburg Folk Harbour Festival MUSIK
(☎902-634-3180; www.folkharbour.com; ⏲Aug.) Singer-Songwriter aus Kanada und dem Ausland spielen traditionelle Musik und Gospels.

Nova Scotia Folk Art Festival KUNST
(www.nsfolkartfestival.com; ⏲Aug.) Am ersten Augustsonntag gibt's ein Dinnerbuffet, Gespräche mit Künstlern und anschließend eine große Kunstmesse.

Schlafen

Board of Trade Campground CAMPING $
(☎902-634-8100; www.lunenburgns.com/campground; 11 Blockhouse Hill Rd; Stellplatz Zelt/Wohnmobil 28/40 C$; 📶) Der Campingplatz auf dem Hügel oberhalb von Lunenburg hat eine tolle Aussicht und viele kiesbestreute Wohnmobil-Stellplätze. Die grasbedeckten Zeltstellplätze liegen dicht an dicht und bieten keinen Schatten.

Sail Inn B & B B & B $$
(☎902-634-3537; www.sailinn.ca; 99 Montague St; Zi. 110–180 C$; P 🚭 📶) Die Zimmer mit Blick

Lunenburg

Lunenburg

Sehenswertes
1 Fisheries Museum of the Atlantic A3
2 Ironworks Distillery D3
3 Knaut-Rhuland House C2

Aktivitäten, Kurse & Touren
4 Bluenose II B3
5 Trot in Time A3

Schlafen
6 1775 Solomon House B&B A1
7 Sail Inn B&B B3

Essen
8 Fleur de Sel A2
9 Lincoln Street Food A2
10 Magnolia's Grill C3
11 Salt Shaker Deli C3

auf den Hafen sind hell und freundlich, Antiquitäten setzen Akzente in der modernen Einrichtung. Im Preis inbegriffen ist ein Segeltörn auf dem 15 m langen Zweimaster des Inhabers. Bemerkenswert ist auch der ehemalige Brunnen im Erdgeschoss, der nun als beleuchteter Fischteich dient.

Alicion B&B B&B $$
(☎902-634-9358; www.alicionbb.com; 66 McDonald St; Zi. 139–169 C$; P ⊖ ❄ ᯤ) 🍃 Das klassische B&B von 1911 hat eine umlaufende Veranda und thront auf einem grünen Hügel, einen gesunden Fußmarsch vom Zentrum entfernt. Die vier hellen, luftigen Zimmer sind typisch kanadisch, aber nicht spießig ausstaffiert und würden zum Ausspannen und Lesen einladen, wenn es in dem Städtchen nicht so viel zu sehen und zu tun gäbe. Das Frühstück wird schön zubereitet, und die ganze Anlage wird umweltschonend geführt.

Lunenburg Oceanview Chalets COTTAGES $$
(☎902-640-3344; www.lunenburgoceanview.com; 78 Old Blue Rocks Rd; Cottage 139–179 C$; P ⊖ ᯤ) Die vier rustikalen Blockhütten mit eigenen Terrassen stehen auf einem Hügel am Rand von Lunenburg und versprechen ein etwas anderes Urlaubserlebnis. Sie stehen frei, haben WLAN, Holzfeuerung und Ausblick auf den fernen Ozean, während unten auf den Wiesen Pferde wiehern. Die Anlage ist also eine entspannende Unterkunft mit vernünftigen Preisen. Von Juni bis September muss man mindestens zwei Nächte buchen.

Topmast Motel MOTEL $$
(☎902-634-4661; www.topmastmotel.ca; 76 Masons Beach Rd; DZ 105–155 C$) Keine andere Unterkunft vor Ort kann mit dem unglaublichen Ausblick über den Hafen hinüber auf Lunenburg prunken, den die Zimmer in diesem schlichten, hellen und sauberen Motel

bieten. Der Verwalter ist ein unglaublich freundlicher Gastgeber und die Anlage eine tolle Alternative, wenn es einen nach Privatsphäre und Abgeschiedenheit verlangt (was B&Bs zuweilen vermissen lassen).

1775 Solomon House B&B B&B **$$**
(☎902-634-3477; solomonhouse@ns.sympatico.ca; 69 Townsend St; DZ 135 C$; 📶) Das schöne B&B mit unebenen Fußböden und niedrigen Türstöcken hat einen äußerst herzlichen und hilfsbereiten Eigentümer. Die Zimmer in dem alten Gemäuer sind gemütlich, und man wird ganze Reise über von dem hiesigen Frühstück schwärmen. Der einzige Nachteil sind die winzigen Badezimmer.

Essen

Salt Shaker Deli FEINKOST **$**
(☎902-604-3434; www.saltshakerdeli.com; 124 Montague St; Hauptgerichte 9–17 C$; ⏲11–21 Uhr) Ein modernes Ambiente mit klaren Linien, eine Terrasse am Wasser und tolles Essen – kein Wunder, dass dieses neu eröffnete Spezialitätenrestaurant immer ausgebucht ist. Die Pizzas haben einen dünnen, knusprigen Boden, und die Miesmuscheln werden so zubereitet, wie die Gäste es wünschen.

Nellie's Takeout FAST FOOD **$**
(☎902-634-4574; www.facebook.com/nelliestakeout; 53 Falkland St; Stück 4–9 C$; ⏲Mo–Sa 11–18, So 12–18 Uhr) Den bei den Einheimischen beliebten Imbiss nahe dem oft übersehenen (echten) Stück der Berliner Mauer haben noch nicht allzu viele Besucher entdeckt. Das dürfte sich ändern, denn hier gibt's Fish and Chips, gebratene Muscheln, Burger und andere leckere Hausmannskost zu günstigen Preisen.

Magnolia's Grill RESTAURANT **$**
(☎902-634-3287; www.magnolias-grill.com; 128 Montague St; Hauptgerichte 9–17 C$; ⏲Mo–Sa 11–21 Uhr) Empfehlenswert in diesem bei den Einheimischen sehr beliebten Restaurant im Diner-Stil sind die Tagessuppen. Aus dem Meer kommt z.B. *Solomon Gundy* auf den Tisch. Abgerundet wird das Vergnügen durch eine umfangreiche Weinkarte.

★ **Lincoln Street Food** KANADISCH **$$$**
(☎902-640-3002; www.lincolnstreetfood.ca; Hauptgerichte 24–29 C$, 3-Gänge-Menü zum Festpreis 45 C$; ⏲Mi–Sa 17–21, So 11–14 & 17–21 Uhr; 🖉) Das Lokal begeistert mit seinen veganen und vegetarischen Gerichten, sowie den Fisch- und Fleischgerichten aus frischen Bio-Produkten. Dazu gibt's auch noch eine Karte mit Weinen ohne Konservierungsstoffe und einen schicken Speisesaal, der von New Yorks Lower East Side hierher versetzt sein könnte.

Fleur de Sel FRANZÖSISCH **$$$**
(☎902-640-2121; www.fleurdesel.net; 53 Montague St; Hauptgerichte 22–38 C$; ⏲11–14 & 17–22 Uhr; 🖉) Nachdem die Inhaber Martin und Sylvie nach zwölf Jahren, in denen sie Gourmets aus Nah und Fern begeisterten, 2016 eine Pause eingelegt haben, kehrten sie 2017 wieder an die Spitze des eleganten Restaurants zurück, das französisch inspirierte Gerichte aus Bio-Zutaten serviert.

Praktische Informationen

Explore Lunenburg (www.explorelunenburg.ca) Infos zur Lokalgeschichte und Touristeninformation.

Visitor Information Centre (VIC; ☎902-634-8100; 11 Blockhouse Hill Rd; ⏲Mai–Okt. 9–20 Uhr) Die hoch über dem Ort thronende hilfreiche Touristeninformation hat Karten und hilft bei der Suche nach einem Zimmer, wenn das Angebot an Unterkünften knapp ist.

Lunenburg Public Library (☎902-634-8008; 19 Pelham St; ⏲Di, Mi & Fr 10–18, Do bis 20, Sa bis 17 Uhr; 📶) Kostenloser Internetzugang.

An- & Weiterreise

Lunenburg liegt knapp 100 km von Halifax entfernt am Hwy 103. Gegenwärtig fahren keine regelmäßigen öffentlichen Busse zwischen Halifax und Lunenburg.

Liverpool

Im historischen Liverpool, einem der größeren Zentren an der South Shore, gibt's viel zu sehen und zu tun. Die hübsche Stadt besitzt ein paar schöne historische Gebäude und liegt praktisch, um mehrere prachtvolle Strände, den Kejimkujik National Park (69 km weiter nördlich) und dessen Nebenpark am Meer (32 km weiter südwestlich) zu besuchen, doch fehlt ihr ein wenig der Charme eines Küstenortes, den die nördlich gelegenen Dörfer zu bieten haben.

Sehenswertes

Rossignol Cultural Centre MUSEUM
(☎902-354-3067; www.rossignolculturalcentre.com; 205 Church St; Erw./Kind 5/3 C$; ⏲Mo–Sa 10–17.30 Uhr) Die großartige Sammlung des einheimischen Originals Sherman Hines ist ein absolutes Muss für alle, die das Extravagante lieben: Säle voller Tierpräparate,

Kisten mit prachtvollen Perlenstickereien der Ureinwohner, Wände mit großartigen Werken des Fotografen Hines (inkl. Fotos seiner Reisen in die Mongolei). Ein Raum ist allein den Latrinen dieser Welt gewidmet…

Hank Snow Home Town Museum MUSEUM
(☎902-354-4675; www.hanksnow.com; 148 Bristol Ave; 4 C$; ⊙Mo–Sa 9–17, So 12–17 Uhr) Das Museum verdeutlicht, warum Nova Scotia als Nashville des Nordens gilt. Im alten Bahnhof wird die Geschichte von Hank Snow, Wilf Carter und anderen Country-Sängern und Jodlern lebendig.

Fort Point Lighthouse LEUCHTTURM
(☎902-354-5260; 21 Fort Lane; ⊙Mai–Okt. 10–18 Uhr) GRATIS Bei Fort Point markiert ein Gedenkstein die Stelle, an der der Franzose Samuel de Champlain 1604 an Land ging. Im Leuchtturm am Ende der Main St dürfen Besucher das handbetriebene Nebelhorn betätigen.

Queen's County Museum MUSEUM
(☎902-354-4058; www.queenscountymuseum.com; 109 Main St; 4 C$; ⊙Mo–Sa 9.30–17.30, So 13–17.30 Uhr) Das Museum zeigt Artefakte der First Nations, Dokumente zur Stadtgeschichte und Schriftstücke früherer Einwohner.

Perkins House Museum MUSEUM
(☎902-354-4058; http://perkinshouse.novascotia.ca; 105 Main St; Erw./Kind 4/2 C$; ⊙Mo–Sa 9.30–17.30 Uhr, Juni–Okt. auch So 13–17.30 Uhr) Das Museum zeigt Exponate und Möbel aus der Kolonialzeit. Das Baujahr 1766 macht das Haus zum ältesten Gebäude im Besitz des Nova Scotia Museum.

Feste & Events

Privateer Days KULTUR
(www.privateerdays.ca; ⊙Juni) Piraten und die Stadtgeschichte stehen im Mittelpunkt des dreitägigen Sommerfests.

Schlafen & Essen

Geranium House B&B $
(☎902-354-4484; 87 Milton Rd; Zi. 60 C$; ⊙Mai–Sept.) Das B&B auf einem großen bewaldeten Grundstück am Mersey River bietet drei Zimmer mit Gemeinschaftsbad – ideal für Radler und Familien – sowie einen faszinierenden Gastgeber.

Lane's Privateer Inn INN $$
(☎902-354-3456; www.lanesprivateerinn.com; 27 Bristol Ave; DZ 135–190 C$; 📶) Der 200 Jahre alte Gasthof, ursprünglich das Haus eines verwegenen Freibeuters, ist eine gründlich modernisierte, saubere und nette Unterkunft. Im Sommer steht sie mit Livemusik an den Wochenenden und Events wie Weinverkostungen im Mittelpunkt des Geschehens. Es gibt auch ein ausgezeichnetes Restaurant (Hauptgerichte 10–25 C$, 7–22 Uhr).

Unterhaltung

Astor Theatre THEATER
(☎902-354-5250; www.astortheatre.ns.ca; 59 Gorham St) Das Astor ist das älteste durchgehend bespielte Theater in Nova Scotia. Das 1902 als „Liverpool Opera House" errichtete Haus bringt heute Kinofilme, Theaterstücke und Livemusik auf die Bühne.

Kejimkujik National Park

Einige der einmaligsten, prächtigsten und unberührtesten Landschaften Nova Scotias gehören zum Kejimkujik National Park (von den Einheimischen kurz „Keji" genannt). Der Hauptpark umfasst 381 km² im Binnenland der Halbinsel, der kleinere Nebenpark (Seaside Adjunct) liegt 107 km weiter südlich.

Weniger als 20 % des Hauptparks sind mit dem Auto erreichbar, alle übrigen Gebiete nur zu Fuß oder per Kanu. Vogelbeobachter sind hier in ihrem Element, und die Palette der Wildtiere reicht von Baumstachlern bis zu Schwarzbären. Weniger erfreulich sind die vielen Stechfliegen; besondere Vorsicht ist vor aalgroßen Egeln in den Seen und vor einigen besonders großen Moskitos geboten.

Der Nebenpark schützt die mit niedrigem Gebüsch bewachsenen Hügel, Wildblumen, Buchten mit weißen Sandstränden und Granitvorsprünge im Küstengebiet zwischen Port Joli und Port Mouton Bay.

Das **Point Joli Migratory Bird Sanctuary** in der Bucht von Port Joli ist ein Vogelschutzgebiet mit zahlreichen Wasser- und Watvögeln, das nur per Kajak erreichbar ist.

Aktivitäten

September bis Anfang Oktober ist die beste Zeit zum Wandern – im Frühjahr ist es wegen der vielen Stechmücken nicht auszuhalten. Mehr als ein Dutzend Seen sind durch Trage-Strecken verbunden, sodass bis zu sieben Tage lange Kanutouren möglich sind. Für ehrgeizige mehrtägige Unternehmungen sollte man eine topografische Karte (10 C$) kaufen.

George Lake Trail ist der wichtigste, 60 km lange Wanderweg im Park. Er beginnt am Ostende des George Lake und endet am Big Dam Lake. Ein kürzerer Rundweg, der sich für eine Wanderung mit Übernachtung eignet, ist der 26 km lange **Channel Lake Trail**, der am Big Dam Lake beginnt und endet.

Im Nebenpark (Seaside Adjunct) führen zwei meist ebene Wege vom Parkplatz zur Küste. Der **Harbour Rocks Trail** (hin & zurück 5,2 km) folgt einem alten Feldweg durch Mischwald zu einem Strand, an dem sich oft Robben sehen lassen. Der **Port Joli Head Trail** ist ein 8,7 km langer Rundweg.

Rossignol Surf Shop SURFEN
(☎902-354-7100; www.surfnovascotia.com; White Point Beach Resort, White Point; ⏲Juli–Aug. 10–17 Uhr) Der 32 km vom Nebenpark entfernte Anbieter verleiht Surfbretter (halber/ganzer Tag 20/35 C$) und veranstaltet zweistündige Surfkurse (85 C$); die recht wenigen Termine stehen auf der Website.

Keji Outfitters KANUFAHREN
(☎902-682-2282; www.whynotadventure.ca; ⏲Juni–Sept. 8–21 Uhr) Der Veranstalter mit Sitz im Hauptpark bei Jakes Landing vermietet Kanus und andere Ausrüstung (Doppelkajak, Kanu, Fahrrad 1 Std./24 Std./1 Woche 15/40/165 C$). Der Laden ist auch in der Nebensaison (nach Vereinbarung) geöffnet.

Schlafen

Jeremy's Bay Campground CAMPING $
(☎877-737-3783; www.pc.gc.cax; Stellplatz Zelt/Wohnmobil 26/30 C$; ⏲Mai–Okt.) 30 % der 360 Stellplätze im Park werden nach dem Prinzip „Wer zuerst kommt, mahlt zuerst" vergeben. Die Reservierung eines Platzes kostet ab 10 C$.

Caledonia Country Hostel HOSTEL $
(☎902-682-3266; www.caledoniacountryhostel.com; 9960 Hwy 8, Caledonia; B/DZ 30/70 C$; 📶) Das makellose Hostel im Zentrum von Caledonia – der einzigen Ortschaft in Parknähe mit Internetcafé, Tankstelle und Lebensmittelladen – vermietet Betten im zweiten Stock eines Hauses im viktorianischen Stil. Man findet gemütliche Ecken mit TVs, Büchern und altmodischen Polsterstühlen. Das Hostel bietet Touren und Shuttledienste.

Raven Haven Hostel & Family Park HOSTEL $
(☎902-532-7320; www.hihostels.ca; 2239 Virginia Rd, South Milford; B/Hütte 24/72 C$, Stellplatz Zelt/Wohnmobil 20/24 C$; ⏲Juni–Aug.; P🚭📶) Das HI-Hostel mit Campingplatz liegt 25 km südlich von Annapolis Royal und 27 km nördlich des Kejimkujik National Park. Der Schlafsaal mit vier Betten befindet sich in einer Hütte nahe dem Strand; die rustikalen Hütten mit zwei Schlafzimmern bieten eine komplett ausgestattete Küche, aber kein Bettzeug. Es gibt hier auch 15 Stellplätze, aber im Park lässt es sich besser campen. Kanus und Tretboote werden vermietet.

Mersey River Chalets HÜTTEN $$
(☎902-682-2447; www.merseyriverchalets.ns.ca; 315 Mersey River Chalets Road E, Caledonia; Tipis 90–115 C$, Hütten 175–195 C$; 🚭📶) Die gemütlichen Hütten verfügen über Fußböden aus Kiefernholz, Holzöfen und abgeschirmte Terrassen zum Grillen. Die Zimmer in der Lodge haben zudem eine eigene Veranda mit Seeblick, während sich in den gemütlichen Tipis sogar komplett ausgestattete Küchen befinden. Gäste können sich Kanus und Kajaks kostenlos ausleihen.

Thomas Raddall Provincial Park CAMPING
(☎902-683-2664; http://parks.novascotia.ca/content/thomas-raddall; Stellplatz 24 C$; ⏲Mai–Okt.) Im Thomas Raddall Provincial Park, vom Seaside Adjunct des Keji aus am anderen Ufer des Port Joli Harbour, finden sich große private Stellplätze, von denen acht nur zu Fuß erreichbar sind. Der große, bewaldete Campingplatz erstreckt sich bis zu einigen herrlichen Stränden.

Praktische Informationen

Kejimkujik National Park Visitor Centre
(☎902-682-2772; www.parkscanada.gc.ca/keji; 3005 Main Pkwy, Maitland Bridge; Parkeingang Erw./Kind 6/3 C$; ⏲Juli–Sept. 8.30–20, Mai, Juni & Okt. bis 16.30 Uhr) Hier erhält man die Parkgenehmigung sowie Karten und kann Stellplätze im Hinterland reservieren. Vogelbeobachter fragen nach einem Exemplar von *Nova Scotia Birding on the Lighthouse Route*.

An- & Weiterreise

Der Eingang zum Kejimkujik National Park befindet sich beim Visitor Center am Hwy 8, das vom 49 km nordwestlich gelegenen Annapolis Royal aus zu erreichen ist. Aus östlicher Richtung ist der Park 69 km von Liverpool oder 68 km von Bridgewater entfernt, von wo es noch weitere 19 km bis nach Lunenburg sind.

Der einzige Zugang zum Nebenpark (Kejimkujik National Park Seaside Adjunct) führt über den Hwy 103 und eine 6,5 km lange Schotterpiste. Dieser Park liegt 47 km östlich von Shelburne und 32 km westlich von Liverpool. Die GPS-Zieladresse ist Port Joli, 1188 Saint Catherine's River Rd.

Shelburne

Am historischen Ufer von Shelburne schaukeln Segelboote vor einer Kulisse mit Wohnhäusern, von denen 17 noch vor 1800 erbaut wurden – das Ganze wirkt ein wenig wie eine historische Inszenierung. In den wundervoll erhaltenen, geduckten Häusern wohnten einst Loyalisten, die vor der Amerikanischen Revolution hierher geflüchtet waren. 1783 war Shelburne die größte Gemeinde im britischen Nordamerika, von den 16 000 Einwohnern gehörten viele zur New Yorker Aristokratie, die die Arbeitskraft der schwarzen Loyalisten ausbeutete, die im nahen Birchtown die größte Siedlung freier Schwarzer in Nordamerika gegründet hatten. Shelburnes Geschichte wird am letzten Juliwochenende beim **Founders' Days** gefeiert.

Sehenswertes

Von Mitte Juni bis Mitte August gibt's überall in Shelburne täglich Vorführungen von Darstellern in historischen Kostümen, die im alten Stil kochen, nähen, musizieren, exerzieren oder schnitzen; das Programm wechselt täglich, startet aber immer gegen 13 Uhr. Details weiß die Touristeninformation.

> **DIE BLACK LOYALISTS VON BIRCHTOWN**
>
> So wie Shelburne einst die größte Siedlung des britischen Nordamerika war, war Birchtown die größte Siedlung befreiter afrikanischer Sklaven in Nordamerika. Nach dem Amerikanischen Unabhängigkeitskrieg ließen sich gut 3500 dieser „Black Loyalists" in der Umgebung von Shelburne, Halifax, Digby und Guysborough auf dem Land nieder, mit dem die Briten sie für ihre Verdienste belohnt hatten. Neun Jahre später, in denen sie die harten Winter kaum überlebt und beständig mit ungleicher Behandlung zu kämpfen gehabt hatten, stachen 1200 von ihnen 1792 an Bord von 15 Schiffen in See und gründeten im westafrikanischen Sierra Leone die Stadt Freetown. Nach dem Krieg von 1812 ließen sich weitere 2000 Black Loyalists aus den USA in den kanadischen Atlantikprovinzen nieder, gefolgt von Einwanderern aus der Karibik, die in den 1890er-Jahren als Minenarbeiter in die Kohlebergwerke auf Cape Breton Island kamen.

Black Loyalist Heritage Centre MUSEUM
(☎902-875-1310; http://blackloyalist.novascotia.ca; 119 Old Birchtown Rd; Erw./Kind 8/5 C$; ⊙10–17 Uhr) Birchtowns Black Loyalist Heritage Centre samt Museum zog 2015 in sein glänzendes neues Domizil 7 km außerhalb der Stadt um. Hier befand sich in den 1780er-Jahren die größte Siedlung freier Afroamerikaner in Kanada. Das Museum vermittelt einen faszinierenden Einblick in diesen weitgehend unbekannten Teil der kanadischen Geschichte. Ein **Wander- und Radweg** (6 km) führt vom Spencer's Garden Centre am Südende der Main St nach Birchtown.

Dory Shop Museum MUSEUM
(☎902-875-3219; http://doryshop.novascotia.ca; 11 Dock St; Erw./Kind 4 C$/frei; ⊙Juni–Mitte Okt. 9.30–17.30 Uhr) In dem Museum werden immer noch Dorys (kleine, flachbordige Hilfsboote, die beim Fischfang von den Fangschonern aus eingesetzt wurden) auf Kundenwunsch als Rettungsboote angefertigt.

Ross-Thomson House MUSEUM
(☎902-875-3141; http://rossthomson.novascotia.ca; 9 Charlotte Lane; Erw./Kind 4 C$/frei; ⊙Juni–Mitte Okt. 9.30–17.30 Uhr) Das 1784 erbaute Gebäude gehörte wohlhabenden loyalistischen Kaufleuten, die von Cape Cod nach Shelburne flüchteten. Zu sehen sind Möbel, Gemälde und andere originale Einrichtungsgegenstände. Auch der Garten ist im Stil der damaligen Zeit gestaltet. Sonntagvormittags ist der Eintritt frei.

Shelburne County Museum MUSEUM
(☎902-875-3219; www.shelburnemuseums.com; 20 Dock St; ⊙nach Vereinbarung) GRATIS Ein weiteres Loyalistenhaus (ca. 1787) beherbergt das Shelburne County Museum. Ausgestellt sind Einrichtungsgegenstände aus Haushalten der Loyalisten, aber auch Exponate zur Geschichte der örtlichen Fischerei sowie eine kleine Sammlung von Mi'kmaq-Exponaten.

Schlafen & Essen

Islands Provincial Park CAMPING $
(☎902-875-4304; http://parks.novascotia.ca/content/islands; 183 Barracks Rd; Stellplatz 24 C$; ⊙Juni–Okt.) Gegenüber dem Hafen von Shelburne gibt's hier 65 Stellplätze mitten im Wald und einen Badestrand.

★ **Cooper's Inn B&B** B&B $$
(☎902-875-4656; www.thecoopersinn.com; 36 Dock St; Zi. 130–220 C$; 📶) Ein Teil des Gebäudes am Ufer stammt von 1784 und wurde aus

Boston hierhergebracht. Heute ist es ein recht modernes, aber immer noch bezauberndes historisches Gästehaus mit sechs Zimmern und einem Garten voller Blumen, in dem man bei Sonnenuntergang eine Flasche Jost-Wein auf Kosten des Hauses genießen kann.

Bean Dock CAFÉ $
(☎902-875-1302; Sandwich 3,50–7 C$; ⏰Mo, Di & Do–Sa 10–16, Mi bis 20 Uhr) An den Holztischen sitzen die Gäste und genießen bei Kaffee, gegrillten Sandwiches und kleinen Gerichten wie Fischfrikadellen oder Nudelsalat mit sonnengetrockneten Tomaten den Blick über die Bucht. Der riesige Adirondack-Gartenstuhl vor dem Haus sorgt für Gesprächsstoff.

★ **Charlotte Lane** MODERN KANADISCH $$$
(☎902-875-3314; ; www.charlottelane.ca; 13 Charlotte Lane; Hauptgerichte 18–33 C$; ⏰Di–Sa 11.30–14.30 & 17–20 Uhr) Sogar aus Halifax kommen die Leute in dieses Restaurant und sind restlos begeistert (deshalb abends unbedingt reservieren). Der Schweizer Küchenchef Roland Glauser überprüft ständig die mit Anmerkungen versehene Weinkarte, um sie dem schnell wechselnden Speisenangebot aus regionalen Meeresfrüchten, Fleisch- und Pastagerichten anzupassen.

ℹ Praktische Informationen

Visitor Information Centre (VIC; ☎902-875-4547; 43 Dock St; ⏰Mai–Sept. 9–16 Uhr) Hier gibt's eine ausgezeichnete Broschüre für einen historischen Stadtrundgang.

ACADIAN SHORES

An den Acadian Shores (zu denen die French Shore als ein Teilgebiet gehört) grüßt einen immer wieder die Stella Maris, die Akadierflagge, die sich von der französischen Trikolore nur durch einen zusätzlichen gelben Stern unterscheidet. Mit Ausnahme des britisch gesinnten Yarmouth – der größten Stadt in der Region, die zunächst von Akadiern, später aber von britischen Loyalisten besiedelt wurde – besteht die Region aus kleinen Gemeinden, die stolz die französisch-akadischen Traditionen und ihre Sprache bewahren. Hier kann man prächtige katholische Kirchen bewundern, etwas von den historischen Kämpfen und dem Widerstandsgeist der Akadier erfahren und an schönen Sandstränden schlendern. Wer länger bleibt, sollte im Sommer auch den mitreißenden Musikfesten einen Besuch abstatten.

Die Acadian Shores umfassen einen ungefähr 120 km langen Küstenabschnitt zwischen Digby im Norden und der Stadt Yarmouth sowie den Pubnico-Gemeinden im Süden. Außer in Yarmouth gibt es keine öffentlichen Verkehrsmittel. Wegen der Entfernungen ist man, wenn man nicht gerade ein ausdauernder Radler ist, zur Erkundung der Region auf ein eigenes Auto angewiesen.

French Shore

Direkt gegenüber von Digby Neck auf der anderen Seite der St. Mary's Bay auf dem Festland findet man die Orte Church Point, Grosses-Coques, Belliveau Cove und St. Bernard, die zusammen das Herz der French Shore bilden. Hier ließen sich die Akadier nach ihrer strapaziösen Rückkehr aus dem Exil nieder, weil sie ihre Ländereien im Annapolis Valley im Besitz anderer vorfanden. Die Siedlungen werden durch den Hwy 1 – so ziemlich die einzige Straße in der Region – miteinander verbunden und sind heute kleine Fischergemeinden.

Will man diesen verblassenden, aber dennoch einmaligen Teil der Provinz erkunden, folgt man am besten dem Hwy 1 an der Küste von Belliveau Cove bis Mavilette Beach im Süden. Man kann die gleiche Strecke aber auch in umgekehrter Richtung fahren.

👁 Sehenswertes & Aktivitäten

Rendez-Vous de la Baie KULTURELLES ZENTRUM
(www.rendevousdelabaie.com; 23 Lighthouse Road, Church Point; ⏰Mo–Fr 7–19, Sa–So 9–17 Uhr) GRATIS Wenn es in diesem Küstenabschnitt einen unverzichtbaren Zwischenstopp gibt, dann diesen. Das Museum präsentiert die Geschichte und Kultur der Acadier-Region. In der Galerie ist regionale Kunst zu sehen, auf der Bühne gibt es Konzerte und Theateraufführungen und im Besucherzentrum touristische Informationen. Das Zentrum bietet auch Touren zu regionalen Themen.

Smuggler's Cove Provincial Park PROVINZPARK
(http://parks.novascotia.ca; 7651 Hwy 1, Meteghan; ⏰Mitte Mai–Mitte Okt.) Der Park, der nach den Piraten benannt ist, die im 19. Jh. hier Unterschlupf fanden, wird heute vor allem von Picknickfreunden aufgesucht. Über hundert Holzstufen geht's hinunter zu einem felsigen Strand. Oben gibt's Picknickplätze mit Grillstellen und einen schönen Blick über die St. Mary's Bay hinüber nach Brier Island.

Gilbert's Cove Lighthouse LEUCHTTURM
(☎902-837-5584; www.gilbertscovelighthouse.com; 244 Lighthouse Rd, Gilbert's Cove; ⏲ Mai–Sept. Mo–Sa 10–16, So 12–16 Uhr) GRATIS Der 1904 erbaute prächtige kleine Leuchtturm hat während seiner gesamten aktiven Dienstzeit nur zwei Leuchtturmwärter gehabt. 1982 rettete ihn der örtliche Heimatverein vor Vandalismus und Verfall und verwandelte ihn in ein nettes kleines Museum. Drum herum gibt's einen malerischen Picknickbereich und eine tolle Badestelle am Strand.

Église St. Bernard KIRCHE
(☎902-837-5687; 3623 Hwy 1, St Bernard; ⏲ Mai–Nov. 9–17 Uhr) St. Bernard ist vor allem für seine Kirche bekannt. Die Einheimischen errichteten den mächtigen Granitbau, indem sie zwischen 1910 und 1942 jedes Jahr eine neue Lage Steine hinzufügten. Das Gebäude hat eine unglaubliche Akustik, die man im Sommer bei Konzerten genießen kann.

Belliveau Beach STRAND
Der Belliveau Beach, nahe dem südlichen Ende von Belliveau Cove, besteht aus Unmengen vom Meer glatt polierter Kiesel, zwischen denen sich kleine Gruppen unglaublich zäher Tannen behaupten. Gleich hinter dem Strand erinnern ein **Friedhof** und ein **Denkmal** an die Kämpfe der frühen akadischen Siedler an der French Shore.

Hinterland Adventures & Gear KAJAKFAHREN
(☎902-837-4092; www.kayakingnovascotia.com; 54 Gates Lane, Weymouth; Kajakverleih Std./Tag 8/42 C$, geführte Touren ab 48 C$) Der renommierte Kajak- und Kanuveranstalter organisiert bereits seit mehr als 15 Jahren geführte Kajaktouren in der St. Mary's Bay und auf dem Sissiboo River.

Feste & Events

Festival Acadien de Clare KULTUR
(www.festivalacadiendeclare.ca; ⏲ Aug.) Das größte und älteste der jährlichen Feste der akadischen Kultur findet an sieben Tagen in und rund um das Dorf Church Point statt.

Schlafen & Essen

À la Maison d'Amitié B&B B&B $$
(☎902-645-2601; www.houseoffriendship.ca; 169 Baseline Rd, Mavilette; Zi. 185 C$; ⏲ Juni–Okt.; 📶) Das B&B auf einem 6 ha großen Privatgrundstück thront spektakulär auf einer Klippe nahe dem Strand. Das große, amerikanisch anmutende Haus hat hohe Decken und Fenster mit Blick nach allen Seiten.

Roadside Grill AKADISCH $
(☎902-837-5047; 3334 Hwy 1, Belliveau Cove; Hauptgerichte 9–18 C$; ⏲ 8–21 Uhr) In dem angenehm altmodischen und schon lange bestehenden Restaurant sollte man die gedämpften Muscheln oder den *rappie pie* probieren. Der Gasthof vermietet auch drei kleine Hütten (EZ/DZ 60/80 C$) mit Kabel-TV und Mikrowellen. Dienstagsabends gibt's von Juni bis August live akadische Musik (17.30–19.30 Uhr).

La Cuisine Robicheau AKADISCH $$
(www.lacuisinerobicheau.ca; 9651 Hwy 1, Saulnierville; Hauptgerichte 10–25 C$; ⏲ Di–So 8–21 Uhr) Hier gibt's die raffinierteste akadische Küche an dieser Küste. Der *rappie pie*, die Meeresfrüchte-Lasagne und der Schokoladenauflauf sind so gut und günstig, dass man nur *„sacre bleu!"* rufen kann. Das stets gut besuchte Lokal ist ein Familienbetrieb, und im Sommer gibt's zum Abendessen häufig Livemusik.

Yarmouth

Das 1761 von Neuengländern aus Massachusetts gegründete Yarmouth erreichte den Gipfel seines Wohlstands in den 1870er-Jahren. Es ist immer noch die größte Stadt im südlichen Nova Scotia dank der Fähre, die die Provinz einst mit Bar Harbor in Maine, USA, verband. Als die Fähre 2010 den Betrieb einstellte, war die Stadt schwer getroffen, und die Einheimischen mühten sich vergebens, für den Weiterbetrieb Stimmung zu machen. Am Ende erhielten sie aber etwas vielleicht etwas noch Besseres: einen Hochgeschwindigkeits-Katamaran, der Passagiere und Autos von Yarmouth nach Portland, der größten Stadt in Maine, bringt.

Im **Collins Heritage Conservation District** um die Collins St stehen ein paar schöne viktorianische Gebäude, die Yarmouths wenige interessanten Attraktionen ergänzen, aber sonst gibt es keinen zwingenden Grund, sich im Ort aufzuhalten. Trotzdem hofft die Stadt, die sich jetzt als Tor zur Erkundung der ruhigen, ländlichen Freuden der Acadian Shores und des Annapolis Valley neu positionieren will, dass möglichst viele Traveller dieses Angebot annehmen.

Sehenswertes

★ Cape Forchu Lightstation LEUCHTTURM
(Yarmouth Light; ☎902-742-4522; www.capeforchulight.com; Hwy 304; ⏲ Juni–Sept. 9–17 Uhr) GRATIS

Das an einen riesigen, rot-weiß gestreiften Leuchter erinnernde örtliche Wahrzeichen feierte 2015 seinen 175. Geburtstag. Vom Leuchtturm hat man eine herrliche Aussicht, und unten gibt's eine Teestube. Auch die Anfahrt ist zauberhaft.

Art Gallery of Nova Scotia GALERIE

(☎902-749-2248; www.artgalleryofnovascotia.ca; 341 Main St; Erw./Kind 6 C$/frei, Do nach 17 Uhr frei; ⊙Di, Mi, Fr & Sa 10–17, Do bis 21, So 12–17 Uhr) Das prosaische Yarmouth ist der unerwartete Sitz dieser erfrischend kosmopolitischen Filiale der Art Gallery of Nova Scotia. In dem ultramodernen Gebäude sind gut ausgewählte Werke von Künstlern überwiegend aus den kanadischen Seeprovinzen ausgestellt.

Yarmouth County Museum MUSEUM

(☎902-742-5539; www.yarmouthcountymuseum.ca; 22 Collins St; Erw./Student 5/2 C$; ⊙Juni–Sept. Mo–Sa 9–17 Uhr, Okt.–Mai Di–Sa 14–17 Uhr) Das Museum in einer ehemaligen Kirche zeigt fünf historisch möblierte Zimmer mit Bezug zur Schifffahrt. Im Eintrittspreis ist auch der Besuch des Pelton-Fuller House nebenan enthalten.

Pelton-Fuller House HISTORISCHES GEBÄUDE

(☎902-742-5539; www.yarmouthcountymuseum.ca; 20 Collins St; Erw./Student 5/2 C$; ⊙Juni–Sept. wechselnde Öffnungszeiten) Das 1892 im italienisch angehauchten viktorianischen Stil errichtete und mit Antiquitäten und Andenken ausstaffierte Holzhaus mit seinem gepflegten Rosengarten dahinter versetzt einen zurück in die Vergangenheit. Die Eintrittskarte gilt auch für das benachbarte Yarmouth County Museum.

Schlafen & Essen

★ MacKinnon-Cann House Historic Inn INN $$

(☎866-698-3142; www.mackinnoncanninn.com; 27 Willow St; Zi. 169–239 C$; 📶) Jedes der sechs Zimmer steht für ein Jahrzehnt – vom Spätviktorianismus der 1900er- bis zu den wilden 1960er-Jahren. Die Zimmer spiegeln in ihrer Einrichtung die Moden der Zeit wieder, sind aber trotzdem ruhig und behaglich. Zwei Zimmer können zu einer großen Familiensuite zusammengelegt werden.

Best Western Mermaid MOTEL $$

(☎902-742-7821; www.bwmermaid.com; 545 Main St; DZ 115–165 C$; P ⊖ ❄ 📶 ≋) Das Kettenmotel nahe dem Fährhafen ist in gutem Zustand und bietet alle wichtigen Essentials: saubere Zimmer, Leitungswasser mit ausreichendem Druck und komfortable Betten. Zu den Extras gehören ein Pool, der in den wärmeren Monaten bei Kindern beliebt ist, das kostenlose Frühstück und WLAN.

Lakelawn B&B Motel MOTEL $$

(☎902-742-3588; www.lakelawnmotel.com; 641 Main St; Zi. 109–159 C$; 📶🐾) Diese Anlage ist so schön und serviceorientiert, wie man es sich von einem Motel nur wünschen kann. Die Zimmer sind sauber und schlicht, und das Essen in dem im Country-Stil aufgemachten Speisebereich gehört zum besseren, das die Stadt zu bieten hat. Noch mehr Klasse bieten die vier an ein B&B erinnernden Zimmer im viktorianischen Haupthaus.

★ Shanty Cafe CAFÉ $

(☎902-742-5918; www.shantycafe.ca; 6b Central St; Stück 4–9 C$; ⊙Mo–Sa 7–19 Uhr; ✎) Ein Besuch in Yarmouth lohnt sich fast schon deshalb, um den Tag in diesem stolz funkelnden Café, wo alle mit Liebe bei der Sache sind, mit einem leckeren und gesunden Frühstück zu beginnen. Mittags peppen indische und mexikanische Aromen die Karte mit beliebten westlichen Gerichten auf. Das Angebot ist vielfältig und noch dazu günstig.

Rudder's Brew Pub KNEIPENKOST $

(☎902-742-7311; www.ruddersbrewpub.com; 96 Water St; Kneipenkost 8–14 C$, Hauptgerichte abends 14–32 C$; ⊙11 Uhr–open end) Die 300 Plätze dieses Pub-Restaurants am Ufer sind schnell besetzt. Im Haus wird ein prima Ale gebraut, und die Speisekarte ist umfangreich. In lebhaften Sommernächten strömt der Alkohol bis in die Morgenstunden.

Marco's Grill and Pasta House ITALIENISCH $$

(☎902-742-7716; www.marcosgrill.com; 624 Main St; Hauptgerichte 10–24 C$; ⊙11–21 Uhr) Ist man einige Zeit durch Nova Scotia gereist, kommt unweigerlich der Tag, an dem man keine Hummer und Muscheln mehr möchte. Dann sind die fabelhaften echt italienischen Gerichte von Marco genau das Richtige. Auch die panierten Pilze sind zu empfehlen!

Stanley Lobster Pound SEAFOOD $$

(☎902-742-8291; www.stanleylobster.com; 1066 Overton Rd; unterschiedliche Preise; ⊙Mi–Sa 15–20 Uhr) Authentischer geht es nicht, als sich selber seinen Hummer auszuwählen und ihn nach Hause zu tragen. Nein, nicht wirklich, aber man kann die Tiere hier lebend oder zubereitet kaufen. Das einfachste ist, ihn kochen zu lassen und dann am Lagerfeuer mit Blick auf die Bay of Fundy zu

ABSTECHER

AKADISCHES DORF

Le Village historique acadien de la Nouvelle-Écosse (☎902-762-2530; http://levillage.novascotia.ca; 91 Old Church Rd, Lower West Pubnico; Erw./Kind 7/3 C$; ⌚Juni–Okt. 9–17 Uhr), eine 6,9 ha große Anlage am Pubnico Harbour, ist die Nachempfindung eines akadischen Dorfs mit alten akadischen Gebäuden und einem Friedhof. Das Dorf liegt rund 40 Fahrtminuten südöstlich von Yarmouth in Lower West Pubnico, einer der originalen Akadier-Gemeinden in Nova Scotia (nicht mit den vielen anderen Pubnicos in der Gegend verwechseln!).

verzehren. Es herrscht eine bodenständige, ortstypische Atmosphäre.

Praktische Informationen

Visitors Information Centre (VIC; ☎902-742-5033; 228 Main St; ⌚Mai–Okt. 7.30–21 Uhr) Nach der Karte für den Stadtspaziergang fragen.

Izaak Walton Killam Memorial Library (☎902-742-2486; 405 Main St; ⌚Mo–Sa 10–16 Uhr; WLAN) Kostenloser Internetzugang.

An- & Weiterreise

Yarmouth liegt 300 km südwestlich von Halifax am Hwy 103 und 104 km südlich von Digby am Hwy 101.

Es gibt keine fahrplanmäßigen Busverbindungen von Yarmouth nach Halifax und darüber hinaus, aber Cloud Nine Shuttle (S. 385) kann einen in die Hauptstadt oder zum Halifax International Airport bringen.

Seit Juni 2016 besteht wieder eine Fährverbindung zwischen Yarmouth und den USA. Die Fähre von **Bay Ferries** (www.ferries.ca) läuft Portland in Maine (Erw./Kind 107/65 C$, 5½ Std.) an, die Mitnahme eines Fahrzeugs kostet 199 C$ zusätzlich.

Unterwegs vor Ort

Fahrräder und Surreys (Vierrad-Fahrräder mit Schutzdach) vermietet **Wheelhouse** (☎902-307-7433; www.thewheelhouse.ca; 5 Collins Street; Radverleih ab 12 C$/Std.; ⌚9–17 Uhr) – eine lustige Art, Yarmouth zu erkunden.

ANNAPOLIS VALLEY

Das fruchtbare, spärlich besiedelte Annapolis Valley war in der Kolonialzeit der Brotkorb Kanadas. Heute produziert die Region immer noch den Großteil des frischen Obstes und Gemüses von Nova Scotia, vor allem Äpfel, aber der eigentliche Hype ist der zunehmende Weinbau. Die Weingüter liegen etwa auf dem Breitengrad von Bordeaux und profitieren von dem sandigen Boden und den französischen Wurzeln dieser Region.

Zu den Highlights in der Region zählen das **Annapolis Valley Apple Blossom Festival** (www.appleblossom.com), die Küste von Fundy bei Annapolis Royal, wo man vor der Kulisse der Felder den Wechsel der Gezeiten beobachten kann, das muntere, aufgeschlossene Wolfville und die Grand-Pré National Historic Site, wo man über die Vergangenheit nachsinnen kann.

An- & Weiterreise

Der Hwy 101, der am Stadtrand von Halifax beginnt, führt auf 74 km nach Wolfville am nördlichen Ausläufer des Annapolis Valley und dann genau südwärts hinunter nach Digby. Wegen der Entfernungen zwischen den Ortschaften und den vielen Abstechern, die sich unterwegs anbieten, ist das eigene Auto die praktischste und vergnüglichste Weise, die Region zu erkunden.

In Digby verbindet die Autofähre von **Bay Ferries** (www.ferries.ca) Nova Scotia mit Saint John in New Brunswick. Die Fahrt dauert in der Hauptsaison rund 2¼, in der Nebensaison 2¾ Stunden; den Fahrplan gibt's auf der Website.

Unterwegs vor Ort

Der Bus von **Kings Transit** (www.kingstransit.ns.ca) fährt von 6 bis gegen 19 Uhr alle zwei Stunden von Weymouth (gleich nördlich von Church Point) nach Bridgetown (gleich nördlich von Annapolis Royal) und weiter nach Wolfville. An der Strecke hält er in jeder kleinen Ortschaft.

Long Island

Der **Digby Neck** genannte schmale, lange Landstreifen sieht aus wie ein Giraffenhals, der sich zur Bay of Fundy hinüberstreckt. Am äußersten westlichen Ende dieser Landspitze liegen Long Island und dahinter Brier Island, die durch eine Fähre mit der Halbinsel verbunden sind. Das gesamte Gebiet ist ein Paradies für die Beobachter von Walen und Meeresvögeln.

Viele Besucher strömen direkt nach Brier Island, aber Long Island ist leichter zu erreichen und hat ein paar Einwohner mehr. An der Nordostküste von Long Island liegt das winzige Fischerdorf **Tiverton** (300 Ew.). Fährt man auf der Hauptstraße 15 km weiter, erreicht man das südwestliche Ende der Insel und das Dorf **Freeport** (250 Ew.), von wo aus sich Brier Island und Long Island prima erkunden lassen.

Mitten auf der Insel gibt es im **Central Grove Provincial Park** einen schlammigen, 2 km langen Wanderweg zur Bay of Fundy.

Sehenswertes & Aktivitäten

Island Museum MUSEUM
(902-839-2034; www.islandshistoricalsociety.com; 243 Hwy 217, Freeport; Eintritt gegen Spende; Juni–Sept. 9.30–16.30 Uhr) Im Heimatmuseum gibt es Ausstellungen zum Inselleben und einen Schalter der Touristeninformation.

★ **Ocean Explorations Whale Cruises** WALBEOBACHTUNG
(902-839-2417; www.oceanexplorations.ca; Tour ab 75 C$; Juni–Okt.) Der Biologe Tom Goodwin führt Walbeobachtungstouren, die zu den besten in der Provinz zählen. Dabei hat er den abenteuerlichen Anspruch, dass man in einem Schlauchboot praktisch auf eine Höhe mit den Meeressäugern kommt. Also in die orange Schwimmweste schlüpfen und sich immer gut festhalten! Goodwin veranstaltet die Walbeobachtungstouren schon seit 1980 und spendet regelmäßig an Natur-schutz- und Umweltorganisationen.

Essen

Lavena's Catch Café CAFÉ $
(902-839-2517; 15 Hwy 217, Freeport; Hauptgerichte 7–18 C$; 11.30–20 Uhr;) Das rustikale Café über dem Kai in Freeport ist ein idealer Ort, um vom Balkon aus den Sonnenuntergang zu genießen und vielleicht sogar einen Wal zu erspähen. Abends gibt's gelegentlich Livemusik.

An- & Weiterreise

Long Island ist mit dem Digby Neck durch eine Fähre (Fußgänger/Auto frei/5 C$) verbunden, die von 9.30 bis 16.30 Uhr stündlich zur halben Stunde am Fährhafen East Ferry nach Tiverton ablegt und zur vollen Stunde zurückfährt.

Brier Island

Brier Island vermarktet sich als ein Top-Ökotourismusziel. Die Insel war die Heimat von Joshua Slocum, der 1895 als erster Mensch solo um die Welt segelte. Westport, die einzige ständig bewohnte Siedlung auf Brier Island, ist ein idyllisches Fischerdorf und ein guter Ausgangspunkt, um die zahlreichen ausgezeichneten, aber rauen und windigen Wanderwege auf der Insel in Angriff zu nehmen. Überall an der Küste ragen Felssäulen aus Basalt gen Himmel, und an den Stränden finden sich Achate.

Das von der starken Gezeitenströmung in der Bay of Fundy aufgewirbelte Plankton lockt Finn-, Zwerg- und Buckelwale an. Die Insel ist zudem der weltweit beste Ort, um die vom Aussterben bedrohten Atlantischen Nordkaper zu beobachten. Gelegentlich werden auch Blauwale, die größten Meeresbewohner, gesichtet, und auf alle Fälle sind immer viele Robben vor Ort.

Viel warme Kleidung (egal, wie heiß es scheinen mag), Sonnenschutzcreme und Fernglas mitbringen; auch Tabletten gegen Seekrankheit sind zu empfehlen.

Sehenswertes & Aktivitäten

Brier Island Lighthouse LEUCHTTURM
(Western Light; 720 Lighthouse Rd) Seit 1809 steht ein Leuchtturm auf dem zerklüfteten Vorsprung. Er wurde mehrfach erneuert. Der heutige, rot-weiß gestreifte Betonturm hat eine Höhe von 18,3 m. Er wurde 1944 erbaut und funktioniert seit 1987 automatisch.

Brier Island Whale & Seabird Cruises WALBEOBACHTUNG
(902-839-2995; www.brierislandwhalewatch.com; Erw./Kind ab 50/28 C$; Juni–Okt.) Das umweltbewusste Unternehmen veranstaltet ausgezeichnete Walbeobachtungstouren (je nach Standort der Wale 2½–5 Std.).

Schlafen

Brier Island Lodge LODGE $$
(902-839-2300; www.brierisland.com; 557 Water Street, Westport; Zi. 109–169 C$; Mai–Okt.;) Die Unterkunft auf den Klippen 1 km östlich von Westport hat 37 Zimmer, viele davon mit Meerblick. Das **Restaurant** (Hauptgerichte 8–29 C$) bietet einen Ausblick nach zwei Seiten, freundlichen Service und sagenhaft frische Meeresfrüchte. Es gibt auch Lunch-Boxen zum Mitnehmen.

An- & Weiterreise

Brier Island ist sogar für kanadische Verhältnisse recht abgelegen. Die Insel ist knapp über 70 km von Digby entfernt (das selbst schon ein Stück vom übrigen Nova Scotia entfernt ist), und über Long Island und zwei Autofähren zu erreichen. Um den Fahrplan der Fähren zu begreifen, schaut man am besten auf www.brierisland.org/info.html nach. Und natürlich braucht man zu einer Erkundung unbedingt ein eigenes Fahrzeug.

Digby

Das versteckt an einer geschützten Einbuchtung der Bay of Fundy gelegene Digby ist bekannt für Kammmuscheln, mildes Klima und die tägliche Fähre nach Saint John in New Brunswick. Der 1783 von nordamerikanischen Loyalisten besiedelte Ort hat heute die weltweit größte Fischereiflotte für Kammmuscheln.

Digby leidet in den letzten Jahren unter Bevölkerungsschwund, und Teile des Orts wirken etwas verwahrlost. Auch fehlt dem Ort der architektonische Charme, den Glanzpunkte wie Lunenburg, Wolfville oder Annapolis Royal besitzen, er bleibt aber ein praktisches Standquartier für Ausflüge zum Digby Neck, nach Long Island und Brier Island sowie zur French Shore.

Auf der Durchreise sollte man zumindest einen Spaziergang am Ufer machen, dem Treiben der Muschelfischer auf ihren Booten zuschauen, sich gründlich mit ihrem Fang vollstopfen und dann den Sonnenuntergang am **Point Prim** genießen.

Sehenswertes

Admiral Digby Museum MUSEUM
(☎902-245-6322; www.admiraldigbymuseum.ca; 95 Montague Row; Eintritt gegen Spende; ⏰Mo–Sa 9–17 Uhr) Das Museum, ein georgianisches Wohnhaus aus der Mitte des 19. Jhs. mit Exponaten zur frühen Besiedlung und zur Schifffahrtsgeschichte, ist die einzige wirkliche Sehenswürdigkeit im Ort.

Feste & Events

Digby Scallop Days ESSEN & TRINKEN
(www.digbyscallopdays.com; ⏰Aug.) Wer im Sommer vor Ort ist, sollte sich Zeit für das große Meeresfrüchtefest nehmen und einen guten Appetit mitbringen.

Wharf Rat Rally MOTORRAD
(www.wharfratrally.com; ⏰Ende Aug.–Anfang Sept.) Bei der Wharf Rat Rally Ende August fallen Zehntausende Biker in die Stadt ein, um an Motorrad-Wettkämpfen und Touren teilzunehmen und sich auszutauschen. Zu dieser Zeit die Unterkunft weit im Voraus buchen!

Schlafen & Essen

Digby Backpackers Inn HOSTEL $
(☎902-245-4573; www.digbyhostel.com; 168 Queen St; B/Zi. 30/65 C$; 📶) Saskia und Claude halten die soliden Vierbettschlafsäle blitzblank und veranstalten oft spontane Grillfeste oder nehmen die Gäste zu einem Ausflug mit, um den Sonnenuntergang zu bewundern. Das historische Haus besitzt viele Gemeinschaftsbereiche, darunter eine Terrasse, und hat eine einladende Stimmung. Internetzugang, ein kleines Frühstück und Badetücher sind im Preis inbegriffen. Nur Barzahlung!

Digby Pines Golf Resort & Spa RESORT $$
(☎902-245-2511; www.digbypines.ca; 103 Shore Rd; DZ/Suite/Cottage ab 140/195/265 C$; ⏰Mai–Okt.; P ⊗ @ 📶 ≋ 🐾) Die Standardzimmer sind zwar elegant mit dunklem Holz und komfortablen Betten ausgestattet, aber für den Preis klein. Auch könnte die Anlage etwas gepflegter sein. Gleichwohl bietet sie vor Ort mit aufmerksamem Personal, einem ausgezeichneten Restaurant und fabelhaften familienfreundlichen Einrichtungen (z. B. Weltklasse-Golfplatz, Freiluftpool und Spa) immer noch das höchste Niveau.

Josie's Place DINER $
(☎902-245-2952; 88 Warwick St; Hauptgerichte 7–18 C$; ⏰7–20 Uhr) Am günstigen und lustigen Josie's ist nichts schick: Hier gibt's einfach nur gute, altmodische, schlichte Diner-Kost vom warmem Frühstück bis zum Hackbraten nach Mutters Art, nicht zu vergessen Sandwiches, Salate und Fish and Chips. Wenn die Biker in der Stadt sind, bildet sich eine Schlange.

Shoreline Restaurant SEAFOOD $$
(☎902-245-6667; 88 Water St; Hauptgerichte 12–28 C$; ⏰11–21 Uhr) Durch den Souvenirladen kommt man zum hinten liegenden Restaurant und wählt einen Tisch am Fenster oder eine Sitzecke auf der Terrasse mit Blick auf eine Wiese und den Hafen im Hintergrund. Auf der Karte stehen Tagesgerichte und alle beliebten Meeresfrüchtespezialitäten (darunter Muscheln im Schinkenmantel!) sowie Steaks, Burger und Salate.

Praktische Informationen

Western Counties Regional Library (☎902-245-2163; www.westerncounties.ca; 84 Warwick St; ⏰Di–Do 12.30–17 & 18–20, Fr 10–17, Sa 10–14 Uhr; 📶) Kostenloser Internetzugang.

An- & Weiterreise

Digby liegt 32 km südwestlich von Annapolis Royal gleich abseits des Hwy 1. Von Yarmouth sind es 104 km auf dem Hwy 101 nach Nordosten.

Kings Transit (☎902-628-7310; www.kingstransit.ns.ca; einf. Fahrt Erw./Kind 3,50/

1,75 C$) betreibt eine regionale Busverbindung, die nordwärts über Annapolis Royal bis nach Wolfville reicht.

Die *Fundy Rose* von **Bay Ferries** (www.ferries.ca) fährt täglich nach Saint John in New Brunswick (Erw./Kind ab 36/20 C$, 2¼–2¾ Std.). Die Überführung eines Fahrzeugs kostet ab 107 C$ inklusive einem Aufschlag für Benzin.

Bear River

Bear River ist ein nettes Dorf am Fluss, das bei Künstlern und Leuten beliebt ist, die dem Großstadtleben entkommen wollen. Die schottischen Wurzeln des Dorfs und der starke Anteil von Mi'kmaq in der Gegend sorgen für eine einmalige Stimmung. Einige Gebäude in Flussnähe stehen auf Stelzen, weitere historische Wohnhäuser ballen sich auf den steilen Hügeln im Tal. Gleich außerhalb des Orts gibt's ein paar Weingüter.

Sehenswertes

Bear River First Nation Heritage & Cultural Centre KULTURZENTRUM
(☎902-467-0301; 194 Reservation Rd; 3 C$) Das Reservat der Bear River First Nation ist fünf Fahrminuten vom Dorf Bear River entfernt: Hinter der Brücke links abbiegen und an der Straßengabelung die linke Abzweigung nehmen. Ein 1 km langer Lehrpfad mit traditionellen Heilpflanzen beginnt hinter dem Zentrum, das Vorführungen traditionellen Kunsthandwerks und Workshops anbietet, aber leider nur unregelmäßig geöffnet ist.

Annapolis Highland Vineyards WEINGUT
(☎902-467-0363; www.annapolishighlandvineyards.com; 2635 Clementsvale Rd; ⊙Mo–Sa 10–17, So 12–17 Uhr) Das recht kommerzielle Weingut bietet kostenlose Weinproben an. Unbedingt verkosten sollte man den mit einer Goldmedaille ausgezeichneten süßen Dessertwein „White Wedding". Ein Tipp sind auch die leckeren Obstweine.

Bear River Winery WEINGUT
(☎902-467-4156; www.wine.travel; 133 Chute Rd; ⊙nach Vereinbarung) Für die Produktion der preisgekrönten Weine des liebenswerten kleinen Weinguts nutzt man das natürliche Gefälle des Anwesens und verwendet ansonsten nur Solar- und Windenergie sowie Bio-Diesel. Besucher können eine kostenlose Führung samt Weinprobe (Juli–Sept.) erleben oder in dem nur aus einem Zimmer bestehenden **B&B** (140 C$/Nacht) der freundlichen Gastgeber Chris und Peggy übernachten, um auszuspannen oder an Workshops zur Weinherstellung teilnehmen.

Essen

Myrtle and Rosie's Cafe CAFÉ $
(☎902-467-0176; 1880 Clementsvale Rd; Hauptgerichte 7–14 C$; ⊙Di–So 10–17 Uhr) Hier kann man mit Einheimischen schwatzen, Kaffee und Kuchen verdrücken oder sich mit einem leckeren Schinken-Salat-Tomaten-Sandwich bzw. einem saftigen Burger stärken und dabei den Blick auf Bear River genießen.

Shoppen

Flight of Fancy GESCHENKARTIKEL & SOUVENIRS
(☎902-467-4171; www.theflight.ca; 1869 Clementsvale Rd; ⊙10–18 Uhr) Die sorgfältig auswählende Galerie des Kunsthandwerksladens zeigt Werke von annähernd 200 Künstlern und Kunsthandwerkern. Will man ein schönes Stück von seiner Reise mit nach Hause nehmen, wird man hier bestimmt fündig.

Annapolis Royal

Die Anstrengungen der Gemeinde, ihr Städtchen zu restaurieren und als Touristenziel zu vermarkten, machen Annapolis Royal zu einem der angenehmsten Orte in der Region. Noch ist Annapolis einer der wenigen gut besuchten Orte ohne eine Filiale der allgegenwärtigen Fast-Food-Kette Tim Hortons.

Annapolis Royal ist zwar winzig, aber von großer geschichtlicher Bedeutung: In der Gegend befand sich die erste dauerhafte europäische Siedlung in Kanada, die bis zur Gründung von Halifax 1749 die Hauptstadt von Nova Scotia war. 1605 legte der französische Entdecker Samuel de Champlain hier die Siedlung Port-Royal an, die während der Kämpfe zwischen den Briten und Franzosen öfters den Besitzer wechselte. Nachdem die Briten 1710 einen entscheidenden Sieg errungen hatten, änderten sie den Namen der Siedlung zu Ehren von Königin Anna in Annapolis Royal.

Sehenswertes

★ **Fort Anne National Historic Site** HISTORISCHE STÄTTE
(☎902-532-2397; www.parkscanada.gc.ca/fortanne; Upper St. George St; Erw./Kind 4/2 C$; ⊙9–17.30 Uhr) Die Überreste der französischen Festung von 1635 erinnern an die Anfänge der Besiedelung durch die Akadier. Der Eintritt in das weitläufige Gelände der

National Historic Site ist kostenlos, im Gegensatz zum Museum, in dem Kunst- und Gebrauchsgegenstände in verschiedenen, im Stil der damaligen Zeit eingerichteten Räumen ausgestellt sind. Ein einzigartiger vierteiliger Wandteppich, der von mehr als 100 Freiwilligen bestickt wurde, erzählt die Geschichte der letzten 400 Jahre.

Port Royal National Historic Site HISTORISCHE STÄTTE
(☎902-532-2898; www.pc.gc.ca; 53 Historic Lane; Erw./Kind 4/2 C$; ⌚9–18 Uhr) Gut 14 km nordwestlich von Annapolis Royal befindet sich die Stelle, wo die erste dauerhafte, europäische Siedlung nördlich von Florida gegründet wurde. Für die heutige historische Stätte wurde die von Champlain 1605 errichtete Niederlassung für den Pelzhandel originalgetreu nachgebaut. Mitarbeiter in historischen Kostümen erläutern die Geschichte dieser frühen Siedlung.

Annapolis Royal Historic Gardens GARTEN
(☎902-532-7018; www.historicgardens.com; 441 St. George St; Erw./Kind 14,50/6 C$; ⌚Juli & Aug. 9–20 Uhr, Mai, Juni, Sept. & Okt. bis 17 Uhr) In dem prächtigen, 6,5 ha großen Park finden sich diverse Themengärten, so ein innovativer moderner und ein nachgestalteter akadischer Küchengarten des späten 17. Jhs. Man kann Blaubeeren mampfen, das Gemüse beäugen und sich nach Fröschen umschauen. Im **Secret Garden Café** gibt's Mittagsgerichte und Backwaren nach deutscher Art.

Aktivitäten

★ **Tour Annapolis Royal** STADTSPAZIERGANG
(www.tourannapolisroyal.com; Tour Erw./Kind 9/5 C$; ⌚Juli–Okt.) Der Veranstalter bietet mehrere geschichtliche Rundgänge. Am lustigsten ist die gruselige Führung über den Friedhof von Fort Anne, geleitet von einem als Totengräber verkleideten Führer. Die Teilnehmer erhalten Laternen und erfahren einiges über die Geschichte der Stadt, während sie zwischen den Grabsteinen unterwegs sind. Die Einnahmen gehen an die örtliche historische Gesellschaft. Die einstündigen Führungen starten um 21.30 Uhr; die Termine stehen auf der Website.

Delap's Cove Wilderness Trail WANDERN
Von Annapolis Royal über den North Mountain erreicht man den Trail, der bis zum Strand der Bay of Fundy führt. Er besteht aus zwei Schleifen, die durch eine alte Landstraße verbunden sind, die einst einer Gemeinde schwarzer Loyalisten diente. Von dieser Siedlung sind nur Reste der alten Grundmauern und Apfelbäume inmitten der Wälder zurückgeblieben. Beide Schleifen ergeben insgesamt einen Rundweg von 9 km.

Schlafen & Essen

Dunromin Campground CAMPING $
(☎902-532-2808; www.dunromincampground.ca; 4618 Hwy 1, Granville Ferry; Stellplatz Zelt/Wohnmobil ab 30/45 C$, Hütte/Wohnmobil ab 70/145 C$; ⌚Mai–Okt.; P) Der beliebte, außergewöhnliche Campingplatz bietet ein paar abgeschiedene Stellplätze am Flussufer sowie ausgefallenere Unterkünfte wie z. B. ein Tipi für bis zu sechs Personen und einen alten „Zigeunerwagen". Kanus werden vermietet (10 C$/Std.).

Croft House B&B B&B $
(☎902-532-0584; www.crofthouse.ca; 51 Riverview Lane; B 85 C$; P) Das Bauernhaus liegt inmitten von etwa 40 ha Land und nur fünf Autominuten von Annapolis Royal entfernt auf der anderen Flussseite. Einer der enthusiastischen Besitzer ist gelernter Koch, der ein feines Bio-Frühstück zubereitet.

★ **Queen Anne Inn** INN $$
(☎902-532-7850; www.queenanneinn.ns.ca; 494 Upper St. George St; Zi. 129–179 C$, Remise ab 189 C$; ⌚Mai–Oct.; P) Das wohl vornehmste Anwesen in Annapolis Royal kombiniert perfekt historische Ausstattung mit Anmut. Mit den nachgemachten Tiffany-Lampen, den gepflegten Gartenanlagen und ausladenden Treppenaufgängen ist es so schön, dass es fast schon zu viel wird. Aber die freundlichen Besitzer vermitteln einem (fast) das Gefühl, dass man seine Füße auch auf den antiken Kaffeetisch legen dürfte.

Bailey House B&B B&B $$
(☎902-532-1285; www.bailey house.ca; 150 Lower St. George St; Zi. 145 C$; P) Das einzige B&B am Ufer ist zugleich das älteste und beste Gästehaus der Gegend. Die freundlichen Besitzer haben den alten Charme des Hauses gut erhalten. Dafür müssen alle Gäste über 1,80 m aufpassen, dass sie sich nicht an den niedrigen Türrahmen stoßen. Ansonsten gibt's modernen Komfort.

★ **Cafe Restaurant Compose** EUROPÄISCH $$
(☎902-532-1251; www.restaurantcompose.com; 235 St. George St; Hauptgerichte mittags 11–18 C$, abends 18–34 C$; ⌚Mi 17–20.30, Do–Di 11.30–14.30 & 17–20.30 Uhr;) Hier speist man in entspannter Atmosphäre und genießt den

traumhaften Blick auf die Bay of Fundy. In der Saison kann man auch draußen und damit noch näher am Ufer essen. Der Schwerpunkt liegt auf frischen Meeresfrüchten und örtlichen Produkten, die Gerichte sind fein zubereitet und bieten für jeden etwas.

Bistro East BISTRO **$$**
(☎902-532-7992; www.bistroeast.com; 274 St George St; Hauptgerichte 12–28 C$; ⊙11–22 Uhr) Schon fast ein Jahrzehnt lang serviert dieses Mittags- und Abendlokal saftige Steaks, frische Meeresfrüchte und hausgemachte Pasta. Freitags und samstags gibt's ab 20 Uhr Livemusik. Dies ist eines jener netten kleinen Lokal, die einen praktisch nie enttäuschen.

German Bakery & Sachsen Cafe DEUTSCH **$$**
(☎902-532-1990; www.germanbakery.ca; 358 St George St; Hauptgerichte 9–20 C$; ⊙9–19 Uhr) In einer Gegend, in der Seafood Trumpf ist, freut man sich über das herzhafte deutsche Brot, die Schnitzel und Desserts in diesem zwanglosen, aber leicht überteuerten Café.

Ausgehen & Unterhaltung

Ye Olde Pub PUB
(☎902-532-2244; 9 Church St; ⊙Mo–Sa 11–23, So 12–20 Uhr) Der Pub ist angeblich der kleinste in Nova Scotia, aber gewiss nicht der langweiligste. An sonnigen Tagen sitzt man draußen auf der Terrasse, trinkt sein Bier und stärkt sich mit Kneipenkost (Hauptgerichte 5–15 C$); an kühleren Tagen verzieht man sich in die dunkle und gemütliche alte Bar, die früher mal ein Bankgebäude war.

King's Theatre THEATER
(☎902-532-7704; www.kingstheatre.ca; 209 St. George St; Kino 10 C$, Aufführungen ab 15 C$) Das gemeinnützige Theater direkt am Wasser bringt an den Juli- und Augustabenden und manchmal auch in anderen Monaten Musicals, Theater und Konzerte auf die Bühne. Filmhits aus Hollywood werden das ganze Jahr über am Wochenende, anspruchsvolle Filme zumeist dienstagabends gezeigt.

Shoppen

Farmers & Traders Market MARKT
(www.annapolisroyalfarmersmarket.com; Ecke St. George St & Church St; ⊙Mai–Okt. Sa 8–12 Uhr, Juli & Aug. auch Mi 10–14 Uhr) Auf diesem Markt bietet die blühende Künstler- und Kunsthandwerkergemeinde von Annapolis Royal ihre Produkte neben örtlichem Obst und Gemüse von den Farmen an. An den meisten Samstagvormittagen gibt's Live-Unterhaltung.

Praktische Informationen

Tourist Information Centre (☎902-532-5769; www.annapolisroyal.com; 236 Prince Albert Rd; ⊙Mai–Okt. 10–18 Uhr) Am Tidal Power Project. Hier erhält man eine Broschüre für einen historischen Stadtspaziergang.

Wolfville & Grand Pré

Das interessant anzuschauende Wolfville bietet die ideale Mischung aus alter Universitätsstadt, kleinstädtischer Gemütlichkeit und einer kulinarischer Szene, die sich im Einklang mit den umliegenden Weingütern entwickelt hat. Zu den ständigen Einwohnern des Ortes kommen die Studenten und Mitarbeiter der örtlichen Acadia University, sodass die Gesamteinwohnerzahl auf über 7000 steigt, der sonst ruhige Bezirk einen Schuss Jugendlichkeit erhält und Wolfville zu einem der lebenswertesten und ethnisch vielfältigsten Orte in der Provinz wird.

Das gleich die Straße weiter gelegene Grand-Pré, Wolfvilles idyllischer Nachbar, ist eine kleine zweisprachige Gemeinde. In den 1750er-Jahren spielte sich hier eines der tragischsten und rührendsten Kapitel der kanadischen Geschichte ab, die Deportation der Akadier. 2012 wurde Grand-Pré mit seinen Sümpfen und dem eingedeichten Farmland zum UNESCO-Welterbe erklärt.

Außerhalb der beiden Ortschaften findet man akadische Deiche, malerische Straßen und ein paar der besten Wanderwege an der Bay of Fundy.

Sehenswertes

★ Grand Pré National Historic Site HISTORISCHE STÄTTE
(☎902-542-3631; www.pc.gc.ca; 2205 Grand Pré Rd, Grand Pré; Erw./Kind 8/4 C$; ⊙Mai–Okt. 9–18 Uhr) Das Besucherzentrum erläutert den historischen Kontext der Vertreibung der französischen Akadier aus der Sicht der Akadier, Mi'kmaq und Briten und zeichnet die verschiedenen Routen nach, über die die Akadier die Seeprovinzen verließen und wieder in sie zurückgelangten. Neben dem Zentrum befindet sich ein friedlicher Park mit Gärten, einer aus Stein gemauerten akadischen Kirche, einer Büste des US-amerikanischen Dichters Henry Wadsworth Longfellow, der die Geschichte der Akadier in seinem Epos *Evangeline: Eine Sage Akadiens* verewigte, und einer Statue der Hauptfigur Evangeline, die zu einem romantischen Symbol des akadischen Volks wurde.

★ **Tangled Garden** GARTEN
(☎902-542-9811; www.tangledgardenherbs.ca; 11827 Hwy 1, Grand Pré; Garten 5 C$; ⊙10–18 Uhr) Von den üppigen terrassierten Gartenanlagen genießt man den Blick ins umliegende Land. Das gepflegte Gelände ist ideal für einen Spaziergang, ein Picknick und zum Nachdenken, wofür sich vor allem das beschauliche **Labyrinth** anbietet. Im Geschenkeladen riecht es von allen Läden in Nova Scotia wohl am besten – unbedingt ein Glas des tollen Rosmarin-Quittengelees mitnehmen!

Randall House Museum MUSEUM
(☎902-542-9775; 171 Main St, Wolfville; Eintritt gegen Spende; ⊙Juni–Sept. Mo–Sa 10–17, So 14–17 Uhr) Das Museum erzählt die Geschichte der neuenglischen Pflanzer und Kolonisten, die die vertriebenen Akadier ersetzten.

Waterfront Park PARK
(Ecke Gaspereau Ave & Front St, Wolfville) Der Waterfront Park bietet eine atemberaubende Aussicht auf das Watt der Bay of Fundy, das Minas Basin und die roten Klippen von Cape Blomidon. Schautafeln erläutern die Gezeiten, Deichanlagen, Flora und Fauna und die Ortsgeschichte. Von hier aus kann man herrlich auf den Deichen laufen oder Fahrrad fahren.

Geführte Touren

Wolfville Magic Winery Bus BUSRUNDFAHRT
(☎902-542-4093; www.wolfvillemagicwinerybus.ca; Fahrkarte zum beliebigen Aus- und Zusteigen 30 C$; ⊙Juni–Okt. Do–So) Wer die Weine der vier bemerkenswerten Weingüter in der Gegend probieren will, lässt sich am besten von einem Einheimischen herumfahren – in einem klassischen britischen Doppeldeckerbus! Der Fahrplan steht auf der Website.

Feste & Events

Canadian Deep Roots Festival MUSIK
(www.deeprootsmusic.ca; ⊙Ende Sept.) Wer im Frühherbst in Wolfville ist, kann bei diesem jährlichen Festival zu moderner Roots-Musik im Takt wippen.

Schlafen

Garden House B&B B&B $
(☎902-542-1703; www.gardenhouse.ca; 220 Main St, Wolfville; Zi. 85–120 C$; 📶) Das altehrwürdi-

WEINGÜTER RUND UM WOLFVILLE & GRAND-PRÉ

Die meisten von Nova Scotias besten Weingütern liegen in den sanft gewellten Hügeln und Tälern rund um Wolfville und Grand-Pré. Unsere Auswahl:

Luckett Vineyards (☎902-542-2600; www.luckettvineyards.com; 1293 Grand Pré Rd, Wolfville; Verkostung ab 5 C$; ⊙Mai–Okt. 10–17 Uhr) Das Weingut hat einen herrlichen Blick auf die Trauben und Hügel bis hinunter zu den Klippen der Bay of Fundy. Man probiert die Rot-, Weiß-, Dessert- und Obstweine, vor allem den besonders guten Eiswein und gönnt sich dann ein Mittagessen auf der Terrasse.

Gaspereau Vineyards (☎902-542-1455; www.gaspereauwine.com; 2239 White Rock Rd, Gaspereau; ⊙Mai–Okt. 10–17 Uhr, Führungen 12, 14 & 16 Uhr) Das Weingut gehört mit seinem preisgekrönten Eiswein und dem eleganten Estate Riesling zu den bekanntesten in der Provinz. Das Personal ist ausnehmend freundlich.

Domaine de Grand Pré (☎902-542-1753; www.grandprewines.ns.ca; 11611 Hwy 1, Grand Pré; Führung 9 C$; ⊙10–18 Uhr, Führungen 11, 15 & 17 Uhr) Das Weingut ist ein tolles Ausflugsziel und eines der bekanntesten in der Provinz. Es bietet einen lecker-würzigen Muskateller und einen guten spritzigen Champlain Brut.

L'Acadie Vineyards (☎902-542-8463; www.lacadievineyards.ca; 310 Slayter Rd, Wolfville; ⊙Mai–Okt. 10–17 Uhr) 🍃 Das per Geothermie beheizte Weingut blickt auf das Gaspereau Valley und produziert Schaumweine und Trockenbeerenauslesen nach traditionellen Verfahren aus Trauben mit Ökosiegel.

Blomidon Estate Winery (☎902-582-7565; www.blomidonwine.ca; 10318 Hwy 221, Canning; Verkostung ab 5 C$; ⊙Juni–Sept. 10–18 Uhr) Der freundliche Winzer redet gern mit den Gästen, die zu einer Verkostung kommen. Die Schaumweine und der Tidal Bay sind wahrscheinlich die besten Weine, aber auch der herbe Rotwein verdient einen Schluck.

Wer nicht selber fahren will, nimmt den **Wolfville Magic Winery Bus**, der von Juni bis Mitte Oktober im Einsatz ist.

ABSTECHER

CAPE BLOMIDON & DAS OBERE ANNAPOLIS VALLEY

Der North Mountain, der am spektakulären Cape Blomidon endet, markiert das eine Ende des Annapolis Valley. Auf der anderen Seite des Dorfs liegen Fischerdörfer an der Bay of Fundy. Durch das Tal ziehen sich kreuz und quer kleine, von Farmen und Obstplantagen gesäumte Straßen. Hier kann man die Straßenkarte vergessen und einfach mal aufs Geradewohl durch die Gegend tuckeln.

Rund 3 km außerhalb des Dorfs Port Williams befindet sich das 1814 erbaute **Prescott House Museum** (902-542-3984; http://prescotthouse.novascotia.ca; 1633 Starr's Point Rd; Erw./Student 4/3 C$; Juni–Sept. Mo–Sa 10–17, So 13–17 Uhr). Das frühere Wohnhaus des Gärtners, der viele der Apfelsorten, die heute im Annapolis Valley angebaut werden, in der Gegend einführte, gilt als eines der schönsten Beispiele georgianischer Architektur in Nova Scotia.

Im idyllischen historischen Canning locken Fair-Trade-Kaffee (oder auch Kunstkurse) in der **Art Can Gallery & Café** (902-582-7071; www.artcan.com; 9850 Main St; Hauptgerichte 10–14 C$; 9–17 Uhr;), wenn man nicht gleich aus dem Ort hinaus zu einer Weinverkostung in der Blomidon Estate Winery (S. 406) weiterfährt.

Nördlich von Canning lohnt am Hwy 358 ein Halt am gut ausgeschilderten Look-Off. Der Aussichtspunkt ca. 200 m über dem Annapolis Valley ist ideal, um über das Farmland zu blicken und vielleicht einen Weißkopfseeadler zu erspähen: Zwischen November und März geht ihre Zahl in die Hunderte, weil sie von den Hühnerfarmen angelockt werden.

Der Hwy 358 endet in Scots Bay, wo ein spektakulärer, 14 km langer Wanderweg einen zum **Cape Split** (www.scottsbay.com/cape-split) führt, wo man den Blick auf das Minas Basin und die Bay of Fundy genießt. Wer eine so lange Wanderung scheut, kann im nahen **Blomidon Provincial Park** (902-582-7319; www.parks.gov.ns.ca; 3138 Pereau Rd, Canning) picknicken und einen leichteren Spaziergang auf den vielen Wegen machen.

Nach all der frischen Luft bietet sich ein Mittagessen in Centrevilles **Hall's Harbour Lobster Pound** (902-679-5299; www.hallsharbourlobster.com; 1157 W Halls Harbour Rd; Hauptgerichte 13–24 C$; Mai–Okt. 12–19 Uhr) an, wo man die Meeresleckerbissen direkt an der Quelle genießt.

Den Nachmittag rundet ein Besuch in Kentville ab, dem Sitz der Bezirksverwaltung. Bei **Valley Stove & Cycle** (902-542-7280; www.valleystoveandcycle.com; 353 Main St; Radverleih halber/ganzer Tag 25/35 C$) kann man ein Fahrrad mieten, dann die stattlichen alten Häuser der Stadt ansehen, im **Blair House Museum** (Kentville Agricultural Centre; 902-678-1093; 32 Main St; Juni–Sept. Mo–Fr 8.30–16.30 Uhr) GRATIS etwas über den Apfelanbau in der Region erfahren und sich im **Old King's County Museum** (902-678-6237; www.kingscountymuseum.ca; 37 Cornwallis Ave; Juni–Aug. Mo–Sa 9–16 Uhr, April, Mai & Sept.–Mitte Dez. Sa geschl.) GRATIS über die örtliche Geschichte und Kunst informieren.

ge Haus hat sich sein altmodisches Flair auf höchst gemütliche Weise bewahrt. Knarrende Fußböden, ein rustikaler Frühstückstisch mit Wildblumensträußchen und die Aufforderung, sich die Schuhe auszuziehen, sorgen dafür, dass man sich gleich wie zu Hause fühlt. Die Zimmer teilen sich die Bäder.

★ Olde Lantern Inn & Vineyard INN $$
(902-542-1389; www.oldlanterninn.com; 11575 Hwy 1, Grand Pré; Zi. 129–150 C$;) Klare Linien, ein freundlicher Empfang und ein Augenmerk auf Komfort sorgen für einen angenehmen Aufenthalt. Von den Weinbergen blickt man über die Landschaft der Welterbestätte Grand-Pré, auf das Minas Basin und den Gezeitenwechsel in der Bay of Fundy.

★ Blomidon Inn INN $$
(800-565-2291; www.blomidon.ns.ca; 195 Main St, Wolfville; DZ 139–159 C$, Suite 179–269 C$;) Dank europäischer Extravaganz der altmodischen Art fühlt man sich in der vornehmen viktorianischen Villa wie einer der oberen Zehntausend. Die 2,5 ha großen Gartenanlagen sind so sorgsam gepflegt wie die Zimmer des Gasthofs. Günstige Pauschalangebote findet man auf der Website.

★ Roselawn Lodging MOTEL $$
(902-542-3420; www.roselawnlodging.ca; 32 Main St, Wolfville; DZ 95–185 C$;) Der wundervolle kleine Komplex aus den 1960er-Jahren mit verschiedenen Motelzimmern und frisch renovierten niedlichen

Cottages samt komplett ausgestatteter Küche ist eine willkommene Alternative zu den steifen B&Bs von Wolfville. Dank Pool, Tennisplatz und großzügiger Anlagen fühlt man sich wohl und heimisch.

Victoria's Historic Inn INN $$
(☎902-542-5744; www.victoriashistoricinn.com; 600 Main St, Wolfville; Zi. 149–229 C$) Der elegante Gasthof liegt direkt gegenüber der Acadia University. Die luxuriös eingerichteten Zimmer unterscheiden sich zwar im Stil, sind aber mit Geschmack und Sinn für Details gestaltet. Sie prunken mit Himmelbetten, Stilmöbeln und feiner Bettwäsche, und das große Frühstück ist denkwürdig. Auf der Website kann man sich das Zimmer aussuchen, das einem am besten gefällt; die Chase Suite ist kaum zu übertreffen.

Gingerbread House Inn INN $$
(☎902-542-1458; www.gingerbreadhouse.ca; 8 Robie Tufts Dr, Wolfville; DZ 125 C$, Suite 185–210 C$; 📶🐾) Die Fassade des einmaligen, mit Blümchen- und Rüschenmustern überladenen, aber trotzdem nicht geschmacklosen B&Bs sieht aus wie eine große rosa Geburtstagstorte mit weißer Kantenverzierung. Alle Zimmer haben eigene Eingänge von der Straße.

Essen

Wolfvilles Nähe zu den Weinbergen der Gegend und der wachsende Ruf der Stadt als kulinarischer Hotspot neben Halifax sorgen für tolles Essen, von Lokalen mit Studentenpreisen bis hin zu fabelhaften feinen Speiserestaurants. In Grand-Pré gibt's nur teurere Cafés und Restaurants auf den Weingütern.

Naked Crepe CRÊPERIE $
(☎902-542-0653; www.thenakedcrepebistro.ca; 402 Main St, Wolfville; Crêpes 3–12 C$; ⏲9–23 Uhr) Wer liebt sie nicht, die dünnen, zarten süß oder herzhaft gefüllten Crêpes? Dieses Lokal versorgt einen von früh bis spät mit einer großen Auswahl dieser Leckerbissen. Ausgezeichnetes Preis-Leistungs-Verhältnis!

Tin Pan CAFÉ $
(☎902-691-0020; 978 Main St, Port Williams; Hauptgerichte 6–14 C$; ⏲Mo–Sa 8–20 Uhr) Nur einen Steinwurf von Wolfville entfernt liegt dieses Café am Hwy 358. Es ist bei Motorradfahrern beliebt, die hier am Samstagmorgen gern ein herzhaftes Frühstück genießen.

Troy MEDITERRAN $$
(☎902-542-4425; www.troyrestaurant.ca; 12 Elm Ave, Wolfville; Hauptgerichte 16–26 C$; ⏲12–20 Uhr) Die spektakulären Aromen der gesunden mediterranen Küche sind so erfrischend wie die das moderne, bunte Restaurant in dem ansonsten gesetzten, ländlichen Nova Scotia. Die Auswahl an Vorspeisen, die sich auch zu einer Mahlzeit kombinieren lassen, wird ergänzt durch meist fleischlastige Kebabs und Hauptgerichte. Es gibt aber auch ein paar vegetarische und glutenfreie Angebote.

★ **Le Caveau** EUROPÄISCH $$$
(☎902-542-1753; www.grandprewines.ns.ca/restaurant; 11611 Hwy 1, Grand Pré; Hauptgerichte mittags 12–18 C$, abends 20–34 C$; ⏲Mai–Okt. 11.30–14 & 17–21 Uhr) Das schweizerische Lokal, das als das beste mitteleuropäische Restaurant der Provinz gilt, liegt auf dem Gelände der Domaine de Grand-Pré (S. 406). Der schöne Außenhof ist mit Feldsteinen gepflastert und liegt im Schatten der Weinreben.

Privet House FUSION $$$
(☎902-542-7525; www.facebook.com/PrivetHouseRestaurant; 268 Main St, Wolfville; Hauptgerichte mittags 12–20 C$, abends 19–38 C$; ⏲Di–So 11.30–15 & 17–21 Uhr) Das beste Restaurant der Stadt serviert gut abgehangenes Rindfleisch aus den Seeprovinzen, örtliche Meeresfrüchte und Wild (ausschließlich mit kanadischen Zutaten), zubereitet nach europäischer, indischer oder thailändischer Art. Die Tischdecken sind weiß, die Weinkarte ist lang und der Service hervorragend.

Ausgehen & Unterhaltung

Library Pub & Wine Tavern PUB
(☎902-542-4315; www.thelibrarypub.ca; 472 Main St, Wolfville; ⏲11–24 Uhr) Die Schenke an Wolfvilles Main St ist ein lustiges Lokal in einem idyllischen historischen Gebäude. Wer alleine unterwegs und aufgeschlossen ist, wird hier schnell neue Bekanntschaften schließen.

Acadia Cinema's Al Whittle Theatre THEATER
(☎902-542-3344; www.alwhittletheatre.ca; 450 Main St, Wolfville) Das fabelhafte historische Gebäude, das von der Acadia Cinema Co-op, einer Freiwilligeninitiative, geführt wird, dient als Mehrzweckstätte für Film- und Theatervorstellungen und andere Events. Auf der Website sind die Veranstaltungstermine aufgeführt, und man erfährt etwas über die Geschichte des Theaters.

Praktische Informationen

Wolfville Memorial Library (☎902-542-5760; 21 Elm Ave, Wolfville; ⏲Di–Sa 10–17, So 13–17 Uhr; 📶) Kostenloser Internetzugang.

Tourist Information Centre (☎902-542-7000; www.wolfville.ca; 11 Willow Ave, Wolfville; ⊙Mai–Okt. 9–21 Uhr)

An- & Weiterreise

Wolfville ist mit Halifax über den Hwy 101 verbunden; bei flüssigem Verkehr dauert die Fahrt eine Stunde.

Die Busse von **Maritime Bus** (www.maritimebus.com) ab Halifax halten an der Acadia University vor der Wheelock Hall abseits des Highland Ave. **Kings Transit** (www.kingstransit.ns.ca) betreibt Busse zwischen Cornwallis (südwestlich von Annapolis Royal) und Wolfville, die dort 209 Main St halten.

Windsor

Windsor war früher die einzige britische Hochburg in der Region. Heute fristet die alternde Kleinstadt zwischen dem Highway und dem Avon River ein eher kümmerliches Dasein. Windsor ist allerdings etwas für Fans von Bluegrass-Musik, denn hier wird mächtig in die Saiten gegriffen.

Wenn man vor Ort ist, sollte man sich das **Haliburton House** (☎902-798-2915; http://haliburtonhouse.novascotia.ca; 414 Clifton Ave; Erw./Student 4/3 C$; ⊙ Juni–Okt. Mo–Sa 10–17, So 13–17 Uhr) ansehen, den Wohnsitz des Richters und Schriftstellers Thomas Chandler Haliburton (1796–1865), Verfassers der Geschichten um Sam Slick. Viele Redewendungen, die Haliburton prägte, z.B. *quick as a wink* (blitzschnell) oder *city slicker* (Großstadtpinkel) sind heute noch gebräuchlich. Die heißeste Veranstaltung in Windsor ist ein **Bluesfestival** (www.smokinbluesfest.ca).

Übernachten kann man im **Clockmaker's Inn** (☎902-792-2573; www.theclockmakersinn.com; 1399 King St; DZ mit Frühstück 99–179 C$; P📶), einer Villa im Stil eines französischen Châteaus mit geschwungenen Erkerfenstern, viel Buntglas und ausladenden Treppen aus Hartholz. Das Haus ist schwulenfreundlich, und täglich gibt's einen Nachmittagstee.

ZENTRALES NOVA SCOTIA

In dieser netten, oft übersehenen Region kann man ausgiebig wandern, raften und Steine suchen. Wer über Land aus dem übrigen Kanada anreist, erlebt im Städtchen **Amherst**, dem geografischen Mittelpunkt der Seeprovinzen New Brunswick, Prince Edward Island und Nova Scotia, einen ersten Vorgeschmack der Provinz, wenn man den Trans-Canada Hwy (hier Hwy 104) verlässt.

Von Amherst aus kann man dem nach einer Figur aus einer Mi'kmaq-Legende, die die einmalige Form der Bay of Fundy geschaffen haben soll, benannten „Glooscap Trail" bis nach Wolfville im Annapolis Valley folgen, oder man nimmt die einsamere Küstenstraße und besucht die zum Welterbe gehörenden Joggins Fossil Cliffs, den hübschen Weiler Advocate Harbour und das Dorf Parrsboro. Dieser Teil Nova Scotias ist berühmt für die legendären Fundy Tides und Raftingmöglichkeiten in den Gezeiten.

Praktische Informationen

Amherst Visitor Information Centre (VIC; ☎902-667-8429; Amherst; ⊙8.30–20 Uhr) Die große Touristeninformation liegt an der Ausfahrt 1 des Hwy 104, gleich hinter der Grenze zu New Brunswick.

An- & Weiterreise

Für Besucher, die über Land kommen, ist Amherst das Tor nach Nova Scotia, auch wenn der Trans-Canada Hwy (Hwy 104) die Stadt weitgehend umfährt.

Maritime Bus (www.maritimebus.com) betreibt Busse zwischen Amherst und Moncton in New Brunswick (14 C$, 1 Std., 3-mal tgl.) sowie Truro und Halifax (25,50 C$, 1½ Std., 5-mal tgl.).

Shubenacadie

Shubenacadie oder kurz Shube liegt 35 km südlich von Truro abseits des Hwy 2 und ist vor allem für den **Shubenacadie Provincial Wildlife Park** (☎902-758-2040; www.wildlifepark.novascotia.ca; 149 Creighton Rd; Erw./Kind 5/3 C$; ⊙Mitte Mai–Mitte Okt. tgl. 9–18.30 Uhr, Mitte Okt.–Mitte Mai Sa & So 9–15 Uhr) bekannt, in dem man mit der Tierwelt Nova Scotias Bekanntschaft schließen kann. Hier kann man Rehe füttern und vielleicht sogar einen Elch tätscheln. Die Tiere wurden entweder in Gefangenschaft geboren oder früher als „Haustiere" gehalten, weshalb man sie nicht mehr auswildern kann und sie hier in Gehegen leben. Man nimmt die Ausfahrt 11 vom Hwy 102 und folgt dem Hwy 2 zum Parkeingang.

Maitland

Das winzige Maitland ist nicht nur eines der ältesten Dörfer Kanadas, sondern auch ideal zum Raften, denn hier trifft der in die Bay of Fundy mündende Shubenacadie River auf die Gewalt der einströmenden Flut.

Die Wellenhöhe ist abhängig von den Mondphasen und sollte beim Raftingveranstalter vorher erfragt werden. Denn davon hängt ganz entscheidend die Qualität der Wildwasserfahrt ab, die von langweilig sanft bis atemberaubend turbulent reichen kann. In den zwei bis drei Stunden, in denen Rafting möglich ist, pflügen Schlauchboote mit Außenbordmotor durch Strudel und Stromschnellen. Dabei kann man ziemlich nass werden. Erfahrung im Raften ist nicht erforderlich.

Aktivitäten

★ Shubenacadie River Runners RAFTEN
(902-261-2770; www.tidalborerafting.com; 8681 Hwy 215; halber Tag 60–70 C$) Der größte Rafting-Anbieter der Region ist in jeder Hinsicht professionell und gut organisiert. Die Preise hängen davon ab, wie hoch der Tidenhub und die Wellen sind; Einzelheiten darüber erfährt man auf der Website.

Shubenacadie River Adventures RAFTEN
(902-261-2222; www.shubie.com; 10061 Hwy 15; Tour ab 60 C$) Neben aufregenden Tagesausflügen zum Raften in den Gezeitenwellen sind auch beschaulichere halbtägige Flussfahrten im Angebot. Die Gezeitentermine und alle Einzelheiten zu den angebotenen Touren stehen auf der Website.

DIE KRAFT DER WELLEN

Das Phänomen der Gezeitenwelle entsteht, wenn beim Einsetzen der Flut die erste Welle des extremen Tidenhubs in die Bay of Fundy rollt. Manchmal ist die ankommende Welle nur ein leichtes Plätschern, aber bei bestimmten Mondphasen kann sie eine Höhe von 1 m erreichen und den Eindruck erwecken, der Fluss fließe rückwärts. Um etwas zu erkennen, muss man die Gezeiten einige Zeit beobachten; ein guter Aussichtspunkt befindet sich an der Tidal Bore Rd, abseits des Hwy 236 gleich westlich der Ausfahrt 14 vom Hwy 102 am nordwestlichen Rand von Truro.

Die Termine für das Auftreten der Gezeitenwelle an verschiedenen Orten erfährt man auf der Website von **Environment Canada** (www.tides.gc.ca/eng/find/zone/30).

Schlafen

Cresthaven by the Sea B&B $$
(902-261-2001; www.cresthavenbythesea.com; Zi. 139–149 C$; Mai–Okt.;) Von hier hat man vielleicht den besten Blick auf die Gezeiten in der Bay of Fundy. Die makellos saubere, weiße viktorianische Villa steht auf den Klippen über der Mündung des Shubenacadie River in die Bucht. Alle Zimmer bieten Blick auf den Fluss, die Räume im Erdgeschoss sind behindertengerecht eingerichtet.

Tidal Life Guesthouse B&B $$
(902-261-2583; www.thetidallife.ca; 9568 Cedar St; B/Zi. 55/110 C$; Mai–Okt.; P) Das schöne alte Haus bietet prächtige Zimmer mit großen Fenstern und Blick auf grasbewachsene Felder. Es gibt jede Menge künstlerisch gestaltete Gemeinschaftsbereiche, nicht zu vergessen die Veranda hinten mit den obligatorischen Hängematten. Alle Zimmer haben Gemeinschaftsbäder. Das große, gesunde, aus örtlichen Zutaten zusammengestellte Frühstück ist im Preis enthalten.

Truro

Truro ist *der* Verkehrsknotenpunkt Nova Scotias – hier treffen mehrere Highways und eine Eisenbahnlinie der VIA Rail aufeinander. Auch wenn die Stadt etwas wie eine in die Jahre gekommene Einkaufspassage aussieht, ist das Angebot hervorragend. Hier bekommt man bestimmt dieses eine Teil, das man schon so lange sucht, oder man deckt sich einfach mit Lebensmitteln ein.

Truros belebten Straßen entkommt man im **Victoria Park** (Park St, abseits der Brunswick St), einer 400 ha großen Grünfläche mitten im Stadtzentrum mit einer tiefen Schlucht und zwei Wasserfällen. Dutzende Vogelarten leben in dem Park.

Die beste Zeit für einen Besuch ist der August, wenn die Millbrook First Nation ihr jährliches **Powwow** (902-897-9199; www.millbrookfirstnation.net; Aug.) veranstaltet. Es gibt Stellplätze und Duschen. Drogen und Alkohol sind verboten.

Als Unterkunft bietet sich das **Baker's Chest B&B** (902-893-4824; www.bakerschest.ca; 53 Farnham Rd; Zi. 110–130 C$;) an, ein kürzlich renoviertes typisches älteres Wohnhaus mit Fitnessraum, Pool und Whirlpool. Die berühmte, liebenswerte **Teestube** versorgt werktags von 12 bis 14 Uhr die Gäste mit Suppen, Snacks und natürlich einer schönen Tasse Tee.

ABSTECHER

JOGGINS FOSSIL CLIFFS

Die vielen Fossilien in diesem 15 km langen Abschnitt der Klippen am Meer werden an der Originalstätte bewahrt. Dazu gehören die Überreste seltener Landtierarten. Die Stätte gilt als die beste, wenn man erfahren will, wie das Leben auf der Erde während des Pennsylvaniums vor 300 Mio. Jahren beschaffen war

Seinen Besuch sollte man im topmodernen **Joggins Fossil Centre** (www.jogginsfossilcliffs.net; 100 Main St, Joggins; Führung ab 10,50 C$; ⏲ Mitte April–Okt. 10–16 Uhr, Nov.–Mitte April nach Vereinbarung) beginnen. Das Zentrum erläutert anhand von Exponaten und Filmen, was einen unten an den zum UNESCO-Welterbe zählenden Klippen erwartet. Die beste Zeit für einen Besuch der Klippen ist bei Ebbe, wenn alle Strände zugänglich sind – bei Flut sind viele der interessantesten Stellen nicht erreichbar. Die Website informiert über die verschiedenen angebotenen Führungen und deren Schwierigkeitsgrad. Achtung: Die Touren starten gezeitenabhängig zu verschiedenen Terminen und können vorab reserviert werden.

Praktische Informationen

Truro Welcome Centre (☎ 902-893-2922; 695 Prince St; ⏲ Mai–Okt. 9–17 Uhr; 📶) Hier gibt's Internetzugang und einen Führer zu den Baumskulpturen überall in der Stadt, die geschnitzt wurden, als vor mehr als 30 Jahren hier das Ulmensterben wütete.

An- & Weiterreise

In Truro treffen der Hwy 102 aus dem 95 km entfernten Halifax, der Trans-Canada Hwy (Hwy 104) und weitere Hwys und Nebenstraßen zusammen.

Maritime Bus (www.maritimebus.com) hat Busse ab Halifax (25,50 C$, 1½ Std.), die auf dem Weg nach Amherst (25,50 C$, 1¼ Std.) in Truro halten.

Economy & Five Islands

Der Hwy 2 schmiegt sich an die Küste des Minas Basin, des nordwestlichen Arms der Bay of Fundy. Economy ist die erste größere Ortschaft westlich von Truro, gefolgt von den Five Islands. In dem Gebiet gibt es einige tolle Wanderwege und Aussichtspunkte sowie ein paar lohnende Sehenswürdigkeiten.

Sehenswertes & Aktivitäten

Cobequid Interpretive Centre MUSEUM

(☎ 902-647-2600; www.cobequidinterpretivecentre.com; 2 River Philip Rd, Economy; Eintritt gegen Spende; ⏲ Juni–Sept. 9–16.30 Uhr) Die gute Ausstellung erläutert die Ökologie und Geschichte der Region. Von einem Beobachtungsturm aus dem Zweiten Weltkrieg kann man die Gegend aus der Vogelschau betrachten. Das Personal des Besucherzentrums versorgt einen mit Infos zu Wandermöglichkeiten. Der nahe **Thomas Cove Coastal Trail** besteht aus zwei 3,5 km langen Rundwegen mit tollem Blick über das Minas Basin und in die Cobequid Mountains. Die Wege starten unten an der Economy Point Rd, 500 m östlich des Besucherzentrums. Einfach der Ausschilderung zum Parkplatz folgen!

Five Islands Provincial Park PROVINZPARK

(☎ 902-254-2980; http://parks.novascotia.ca/content/five-islands) Nur 7 km westlich von Economy gibt's mehrere Wanderwege in diesem Park. Gut erschlossen ist der 4,5 km lange **Red Head Trail** mit Aussichtspunkten, Bänken und wunderschöner Landschaft.

Economy Falls WANDERN

Die anspruchsvollsten Wanderwege verteilen sich rund um die Economy Falls. Der **Devil's Bend Trail** beginnt 7 km die River Phillip Rd hinauf in Richtung Cobequid Mountains. Der 6,5 km lange Weg (einfache Strecke) folgt dem Flusslauf bis zum Wasserfall. Der 20 km lange Rundweg des **Kenomee Canyon Trail** beginnt direkt oberhalb des Wasserfalls und folgt dem Oberlauf des Flusses bis zu einem Naturschutzgebiet.

Beim letztgenannten Weg muss man durch mehrere Bäche waten. Dank ausgewiesener Stellplätze eignet sich die Strecke gut für ein zweitägiges Wanderabenteuer.

Schlafen & Essen

High Tide B&B B&B $

(☎ 902-647-2788; www.hightidebb.com; 2240 Hwy 2, Lower Economy; DZ 85–95 C$; 📶) Aus dem freundlichen, modernen Bungalow hat man eine herrliche Aussicht. Janet, eine der Eigentümerinnen, nimmt einen gern mit hinunter an den Strand zum Muschelessen.

Four Seasons Retreat RESORT $$
(902-647-2628; www.fourseasonsretreat.ns.ca; 320 Cove Rd, Upper Economy; Cottage 120–255 C$; P) Die voll ausgestatteten Cottages sind von Bäumen umgeben und blicken auf das Minas Basin. Im Sommer wird neben dem Pool ein Whirlpool aufgestellt; in kühlen Nächten sorgen Holzöfen für Wärme.

That Dutchman's Cheese Farm CAFÉ $
(902-647-2751; www.facebook.com/ThatDutchmansCheeseFarm; 112 Brown Rd, Upper Economy; Hauptgerichte 8–13 C$; Juli & Aug. 11–17 Uhr) Das Café bietet leckere Sandwiches, Suppen und einen Gouda, den der exzentrische Farmer selbst herstellt. Für eine kleine Gebühr gibt's eine Führung über die Farm.

Parrsboro

Von überall her kommen Mineraliensammler, um die Küste rund um Parrsboro, die größte Stadt am Minas Basin, nach Edelsteinen abzusuchen; im Fundy Geological Museum sind wunderbare interessante Steine ausgestellt. Die informativen Führungen führen zu den Stränden, die auch als „Jurassic Park" von Nova Scotia bekannt sind.

Sehenswertes

FORCE FORSCHUNGSSTATION
(Fundy Ocean Research Center for Energy; 902-254-2510; www.fundyforce.ca; 1156 West Bay Rd, Black Rock; Juni–Okt. Do–Mo 10–17 Uhr) GRATIS Technik- und Ökologie-Interessierte können sich in dieser faszinierenden Forschungseinrichtung für Energiegewinnung aus den Gezeiten umschauen. Die Einrichtung öffnet gern für Besucher – am besten ruft man vorher an und sagt, was einen interessiert.

Ottawa House Museum MUSEUM
(902-254-2376; 1155 Whitehall Rd; 2 C$; 10–18 Uhr) Dieses prachtvolle Herrenhaus mit 21 Zimmern gehörte einst Sir Charles Tupper (1821–1915), der sowohl Regierungschef von Nova Scotia wie auch ganz Kanadas war. Die Ausstellung dreht sich um den Schiffbau, den Rumschmuggel und die ehemalige Siedlung auf Partridge Island.

Fundy Geological Museum MUSEUM
(902-254-3814; http://fundygeological.novascotia.ca; 162 Two Islands Rd; Erw./Kind 9/5 C$; 10–17 Uhr) Das preisgekrönte Museum, das 2010 für 1 Mio. C$ renoviert wurde, nimmt die Besucher mit interaktiven Exponaten auf eine Reise in die Zeit mit, als die Fossilien, die an Parrsboros Stränden zu finden sind, noch lebende Kreaturen waren. Ein Schaulabor zeigt, wie Dinosaurierknochen gesäubert und zusammengesetzt werden. **Strandtouren**, die sich auf Mineralien und Fossilien konzentrieren, sind im Eintrittspreis enthalten; Termin, Länge und Häufigkeit der Touren hängen von den Gezeiten ab.

Feste & Events

Nova Scotia Gem & Mineral Show EDELSTEINMESSE
(http://fundygeological.novascotia.ca/gemshow; Mitte Aug.) Das jährliche dreitägige Event ist das größte in Parrsboro. Edelsteinsucher strömen von Nah und Fern herbei, um am Fundy Shore auf Schatzsuche zu gehen.

Schlafen & Essen

Riverview Cottages COTTAGES $
(902-254-2388; www.riverviewcottages.ca; 3575 Eastern Ave; Cottage 60–105 C$; Mai–Nov.; P) Die rustikalen, ländlich-schicken, voll ausgestatteten Cottages sind ein Schnäppchen. Der ans Grundstück grenzende Fluss eignet sich zum Kanufahren und Angeln, die große Rasenfläche ideal zum Grillen. Die Anlage wirkt wie ein Ferienlager der 1960er-Jahre, aber eines der sehr gepflegten Art.

Mad Hatter Hostel HOSTEL $
(902-254-3167; www.madhatterhostel.webs.com; 16 Prince St; B/EZ/DZ 20/35/50 C$;) Im sehr gastfreundlichen Hostel fühlt man sich wie zu Hause. Die wenigen Zimmer und Betten befinden sich oben, die Küche darf mitbenutzt werden. Auch die Lage mitten in der Stadt ist perfekt.

★ **Sunshine Inn** MOTEL $$
(877-706-6835; www.thesunshineinn.net; 4487 Hwy 2; Zi. 110 C$, Cottage 139–149 C$; Mai–Nov.; P) Der Gasthof mit seinem hellen, windigen Standort 3 km nördlich von Parrsboro lässt wahrlich den Sonnenschein hinein. Man hat die Wahl zwischen makellos gepflegten und modernisierten Motelzimmern im Stil der 1970er-Jahre und einer Reihe einladender, freistehender Cottages, die gleichermaßen gepflegt sind und sich über das schöne Gelände, zu dem sogar ein eigener See gehört, verteilen. Beste Stimmung und ausgezeichnetes Preis-Leistungs-Verhältnis!

★ **Maple Inn** B&B $$
(902-254-3735; www.mapleinn.ca; 2358 Western Ave; DZ 99–169 C$; Mai–Okt.; P) Das elegante B&B im ehemaligen Hospital der

Stadt macht den freundlichen Eigentümern alle Ehre. Die Zimmer sind wunderbar mit prächtigen Antiquitäten aus Kanada und Österreich eingerichtet und unaufdringlich um moderne Annehmlichkeiten wie Whirlpools, Regenduschen, WLAN und Flachbild-TVs ergänzt. Mit dem köstlichen Frühstück startet man gut in den Tag.

Evangeline's Tower B & B B & B $$
(☎902-254-3383; www.evangelinestower.ca; 322 Main St; DZ 95–110 C$; P) Das elegant eingerichtete Haus wurde in den 1890er-Jahren im viktorianischen Stil errichtet. Von den drei Zimmern können zwei zu einer Familiensuite zusammengelegt werden. Das große, warme Frühstück ist ein Gedicht; Radfahrer sind willkommen.

★ **Black Rock Bistro** BISTRO $$
(☎902-728-3006; www.blackrockbistro.ca; 151 Main St; Hauptgerichte 14–24 C$; Mai–Okt. 12–21 Uhr; P) Das Bistro überzeugt mit freundlichem Service und gutem Essen – von leckerer hausgemachter Pasta bis zu frischen Meeresfrüchten (gebratenen Muscheln, Hummer-Lollipops!) und zarten, saftigen Steaks – sowie einer ausgezeichneten Weinkarte. Gelegentlich treten Gastmusiker in der angrenzenden Weinstube auf. Für die dekadenten Desserts unbedingt Platz lassen!

Harbour View Restaurant KANADISCH $$
(☎902-254-3507; 476 Pier Rd; Hauptgerichte 12–24 C$; 7–20 Uhr) In Gesellschaft örtlicher Fischer genießt man in diesem zwanglosen, familienfreundlichen Restaurant direkt am Wasser u. a. Parrsboros beste Fish and Chips, Seafood-Eintopf oder hausgemachte Pies.

☆ Unterhaltung

Ship's Company Theatre THEATER
(☎902-254-3000; www.shipscompanytheatre.com; 18 Lower Main St; Tickets ab 15 C$; Juli–Sept.) Die innovative Theatertruppe führt zeitgenössische Stücke aus den Atlantikprovinzen und anderen Regionen Kanadas auf. Die Bühne befindet sich „an Bord" der MV Kipawo, der letzten Fähre, die im Minas Basin ihren Dienst tat. Jetzt ist sie Teil eines Theaters. Es gibt auch erstklassige Stücke für Kinder, improvisierte Comedyabende sowie Lesungen und Konzerte.

Shoppen

Tysons' Fine Minerals MINERALIEN & FOSSILIEN
(☎902-254-2376; www.tysonsfineminerals.com; 249 Whitehall Rd; 10–16 Uhr) Das Geschäft wirkt mehr wie ein Museum, denn die Mineralien sind außergewöhnlich glitzernd, groß und bunt. Manchmal zeigt Helen den Besuchern auch die Privatsammlung der Tysons, die noch spektakulärer ist.

ABSTECHER

AGE OF SAIL HERITAGE CENTRE

In Port Greville, rund 20 km westlich von Parrsboro an der Rte 209 lohnt ein Halt, um Tee zu trinken, köstliche Backwaren zu essen und das **Age of Sail Heritage Centre** (☎902-348-2030; www.ageofsailmuseum.ca; 8334 Hwy 209, Port Greville; 4 C$; Mai–Okt. 10–18 Uhr) zu besichtigen. Das Zentrum widmet sich der Schiffbauvergangenheit in der Region und umfasst auch eine noch in Betrieb befindliche Schmiede und eine restaurierte methodistische Kirche von 1857.

Advocate Harbour

Advocate Harbour ist ein atemberaubender kleiner Ort mit einem 5 km langen Strand, dessen Erscheinungsbild sich wegen des vielen Treibholzes bei Ebbe und Flut dramatisch ändert. Hinter dem Strand liegen Salzmarschen, die von den Akadiern eingedeicht wurden, und heute von Vögeln wimmeln.

Die meisten Besucher kommen hier auf der malerischen Strecke nach Amherst oder auf dem Weg zu einer UNESCO-Welterbestätte, den Fossilienklippen (S. 411) in Joggins, 32 km südlich von Amherst, vorbei.

Sehenswertes & Aktivitäten

★ **Cape d'Or Lighthouse** LEUCHTTURM
(☎902-670-0534; www.capedor.ca; 1 Cape d'Or Rd, Diligent River) Das spektakuläre, von nackten Klippen gebildete Kap verdankt seinen Namen Cape d'Or (Goldenes Kap) einem Irrtum Samuel de Champlains, der 1604 die glitzernden Adern in den Klippen für Gold hielt – tatsächlich bestanden sie aus Kupfer. Wegen des Bergbaus zwischen 1897 und 1905 ist von diesem Glitzern nichts mehr geblieben. Der heutige Leuchtturm wurde 1922 erbaut. Man erreicht ihn über die teilweise unbefestigte, vom Hwy 209 abzweigende Nebenstraße nach Cape d'Or und dann über einen hinunter führenden Schotterweg. Wer länger verweilen will, findet hier ein Gästehaus.

Cape Chignecto Provincial Park PROVINZPARK (☎902-392-2085; http://parks.novascotia.ca/content/cape-chignecto; W Advocate Rd; Wandergenehmigung 5/25 C$ pro Tag/Jahr; ⏲Mai–Okt.) Der abgelegene Naturpark an der Bay of Fundy punktet mit hohen Meeresklippen, unberührter Küste, geschützten Buchten und seltenen Tieren und Pflanzen. Am bekanntesten ist der **Cape Chignecto Coastal Trail**, ein rauer, 60 km langer und vier Tage in Anspruch nehmender Rundweg, auf dem sich einem die Schönheiten des Parks erschließen. Alle Parkbesucher müssen sich im Visitors Center anmelden und ihre Routenplanung hinterlegen; für das Campen im Hinterland braucht man eine Reservierung.

Zu den leichteren Wanderungen mit Übernachtung gehören der **Mill Brook Canyon Trail** (15 km), die Wanderung zur **Refugee Cove** (20 km) und der **Eatonville Trail** (28 km), der abschnittsweise als Tagestour in Angriff genommen werden kann. Für all diese Routen muss man fit sein.

Manche Wanderer versuchen immer wieder, die Steigungen der Wege zu vermeiden, indem sie bei Ebbe Abkürzungen längs des Strandes nehmen. Dabei besteht die Gefahr, durch die Flut in der Bay of Fundy vom Land abgeschnitten zu werden. Deshalb sollte man sich eine Gezeitentabelle holen und vor Aufbruch beim Parkpersonal nach den aktuellen Bedingungen fragen.

Nova Shores Adventures KAJAKFAHREN (☎866-638-4118; www.novashores.com; 3838 Hwy 209; Tagestour ab 100 C$) Mit diesem Veranstalter kann man durch den Cape Chignecto Provincial Park paddeln. Bei den Touren sieht man oft Robben und Bären. Bei den Touren mit Übernachtung sind Unterkunft und Verpflegung im Preis inbegriffen.

Schlafen & Essen

Cape d'Or Kitchen & Guest House INN $$ (☎902-670-0534; www.capedor.ca; 1 Cape d'Or Rd, Diligent River; Zi. 80–110 C$, ganzes Haus 340 C$; ⏲Mai–Okt.; 📶🐾) Das ursprüngliche Domizil des Leuchtturmwärters ist heute ein entspanntes Gästehaus mit vier Zimmern an einer der schönsten (vor allem bei Sonnenschein) Stellen in Nova Scotia. Das kosmopolitische **Restaurant** punktet mit tollem Ausblick und serviert mittags (Hauptgerichte 7–15 C$) und abends (Hauptgerichte 12–30 C$) u.a. Meeresfrüchte, Fleisch- und vegetarische Speisen. Hierher geht's über die zum Cape d'Or ausgeschilderte, teilweise unbefestigte Nebenstraße vom Hwy 209. Vom Parkplatz am Ende der Straße führt eine steile Schotterpiste (150 m) hinunter zum Ziel.

Cape Chignecto Provincial Park Campgrounds CAMPING (☎902-392-2085; http://parks.novascotia.ca/content/cape-chignecto; Stellplatz 24 C$; ⏲Mai–Okt.) Neben 51 Stellplätzen in freiem Gelände an sechs Punkten längs des Küstenwegs und 27 nur zu Fuß erreichbaren Stellplätzen nahe dem Visitors Center gibt's noch eine Schlafbaracke und eine Hütte (jeweils 55 C$ für bis zu 4 Pers.). Mit dem Auto erreichbare Stellplätze gibt es im Park nicht. Die Stellplätze können alle online reserviert werden.

★ **Wild Caraway Restaurant & Cafe** KANADISCH $$ (☎902-392-2889; www.wildcaraway.com; 3721 Hwy 209; Hauptgerichte mittags 7–16 C$, abends 18–28 C$; ⏲Do–Mo 11–20 Uhr; 📶) In dem prächtigen Café-Restaurant gibt's mit das beste Essen aus frischen regionalen Zutaten an dieser Küste; zudem ist es hier auch noch besonders hübsch. Zu empfehlen sind „Ploughman's Lunch" mit selbstgeräuchertem Schweinefleisch undKäse von der That Dutchman's Cheese Farm (S. 412) sowie abends die mit Apfelholz geräucherte Makrele oder die wechselnden saisonalen Speisen.

SUNRISE TRAIL

Es heißt, das Wasser in der Northumberland Strait zwischen der Nordküste von Nova Scotia und Prince Edward Island sei das wärmste nördlich von North und South Carolina in den USA: Im Sommer erreicht es eine Durchschnittstemperatur von etwas mehr als 20 °C. Kein Wunder, dass die Gegend eine bevorzugtes Ziel von Strandgängern und Radfahrern ist. Außerdem locken auch einige nette Städtchen auf dem Land.

Tatamagouche

Die Halbinsel Malagash, die in die geschützte Tatamagouche Bay hineinragt, bietet sich zu einer entspannten und idyllischen Rundfahrt per Auto oder Fahrrad an. Man kann örtliche Weine probieren, Strandspaziergänge machen und gleich hinter der Küste ein paar interessante Museen besuchen. Tatamagouche ist der größte Ort an der Küste der Northumberland Shore westlich von Pictou und eine prima Ausgangsbasis zur Erkundung der Region.

Sehenswertes

Balmoral Grist Mill HISTORISCHE STÄTTE
(☎902-657-3016; http://balmoralgristmill.novascotia.ca; 544 Peter MacDonald Rd, Balmoral Mills; Erw./Kind 4/3 C$; ⊙Mo–Sa 9.30–17.30, So 13–17.30 Uhr) Die Mühle liegt malerisch an einem Fluss, der für den nötigen Antrieb sorgt. Im Sommer wird hier noch immer Weizen gemahlen. Vom östlichen Stadtrand von Tatamagouche geht's auf dem Hwy 311 nach Süden und dann über den Hwy 256 nach Osten.

Jost Winery WEINGUT
(☎902-257-2636; www.devoniancoast.ca; 48 Vintage Ln, Malagash; Tour 5 C$; ⊙Weinladen März–Dez. 10–17 Uhr, Führungen Juni–Sept. 12 & 15 Uhr) Das malerisch gelegene Weingut bietet Führungen an. Während der normale Wein kostenlos probiert werden kann, kostet der Eiswein 5 C$. Wer alle drei Eisweinsorten probieren will, sollte darum bitten, drei kleine Gläser für den Preis eines großen zu bekommen. Am Hwy 6 markieren Schilder die Nebenstraße zu dem ca. 5 km entfernten Anwesen.

Wallace Bay National Wildlife Area VOGELSCHUTZGEBIET
(☎800-668-6767; www.ec.gc.ca) Das 585 ha große Schutzgebiet mit Gezeitenmarschen und Süßwassersümpfen liegt rund 30 km nordwestlich der Stadt. In Frühjahr kann man Weißkopfseeadler beobachten, die nahe dem Parkplatz nisten, der kurz vor dem Dammweg auf der linken Seite liegt.

Blue Sea Beach STRAND
(651 Blue Sea Rd, Malagash Point) Der Blue Sea Beach auf der Malagash Peninsula lockt mit feinem Sand und warmem Wasser. Das Marschgebiet etwas weiter landeinwärts ist ideal zur **Vogelbeobachtung**. Angenehm sind die Picknicktische sowie die Unterstände zum Umkleiden.

Rushton's Beach Provincial Park PROVINZPARK
(http://parks.novascotia.ca/content/rushtons-beach; 723 Hwy 6, Brule) Kleine Cottages drängen sich in Brule, gleich östlich von Tatamagouche, rund um den Rushton's Beach. Der Strand lohnt einen Besuch wegen der Robben (am Ende des Plankenwegs links abbiegen und bis zum Ende des Strands gehen) und der vielen Vögel in der angrenzenden Salzmarsch.

Sutherland Steam Mill HISTORISCHE STÄTTE
(☎902-657-3365; http://sutherlandsteammill.novascotia.ca; 3169 Denmark Station Rd, Denmark; Erw./Kind 4/3 C$; ⊙Juni–Okt. Mo–Sa 9.30–17.30, So 13–17.30 Uhr) In dem dampfbetriebenen Sägewerk von 1894 wurden bis 1958 Bauholz, Kutschen, Eisenbahnwaggons und Fenster gefertigt. Von Tatamagouche folgt man 10 km dem Hwy 6 bis zur Kreuzung mit dem Hwy 326 und fährt noch 4 km nach Süden.

Wallace Museum MUSEUM
(☎902-257-2191; www.wallaceandareamuseum.com; 13440 Hwy 6; Eintritt gegen Spende; ⊙März–Nov. Mo–Fr 9–17 Uhr) Das Museum, in dem sich auch die Touristeninformation befindet, zeigt Korbwaren der Mi'kmaq, historische Kostüme und Dokumente zum Schiffbau.

Feste & Events

Oktoberfest BIER
(☎902-657-2380; www.nsoktoberfest.ca; Tickets 10–20 C$; ⊙Sept.) Das äußerst populäre Oktoberfest wird immer am letzten Septemberwochenende abgehalten – ja, im September!

Schlafen & Essen

Wentworth Hostel HOSTEL $
(☎902-548-2379; www.hihostels.ca; 249 Wentworth Station Rd, Cumberland; B/Zi. 30/50 C$;) Von Tatamagouche fährt man den Hwy 246 26 km nach Süden bis zum Hwy 4. Das Hostel mit 24 Betten liegt 1,3 km westlich des Hwy 4 an der Valley Rd, die steile, unbefestigte Wentworth Station Rd hinauf. Das 1866 erbaute große Farmhaus ist schon seit Jahrzehnten ein Hostel. Es liegt zentral, wenn man den Sunrise Trail und große Teile der Küste des Minas Basin erkunden will.

Wander- und Mountainbikewege gibt's quasi gleich vor der Tür; wegen der nahen Langlaufloipen und Abfahrtspisten ist es im Winter besonders gut ausgelastet.

★**Train Station Inn** INN $$
(☎902-657-3222; www.tatatrainstation.com; 21 Station Rd; Waggons 109–199 C$; ⊙Mai–Nov.;) Museum, schräger Souvenirladen, Restaurant, Hotel… alles ist in einem stillgelegten Zug untergebracht. Die einzigartigen, mit Bildern von alten Zügen, Spielzeugeisenbahnen und Lokomotivbildbänden ausgestatteten Suiten in den Waggons sind der Traum eines jeden Liebhabers von Zügen. Und auch der von James LeFresne, der gegenüber der Gleise aufgewachsen ist und den Bahnhof vor dem Abriss bewahrte. Heute kann man im Speisewagen von 1928 köstliche Meeresfrüchte, Fleischgerichte und Salate genießen. Das Frühstück mit Blau-

beerpfannkuchen wird im Stationsgebäude serviert. Eine kostenlose Broschüre für eine Besichtigung auf eigene Faust wird im Souvenirladen verkauft.

Sugar Moon Farm KANADISCH $$
(☎902-657-3348; www.sugarmoon.ca; 221 Alex MacDonald Rd, Earltown; Hauptgerichte 12–30 C$; ⏲Juli & Aug. 9–16 Uhr, Sept.–Juni kürzere Öffnungszeiten) Das Essen – schlichte leckere Pfannkuchen, lokal produzierte Würstchen und Ahornsirup – ist das Highlight auf dieser Ahornfarm und Waldparzelle. Besondere Events werden auf der Website angekündigt. Um die Farm zu erreichen, folgt man von Tatamagouche dem Hwy 311 einfach 25 km weit nach Süden und dann der Ausschilderung an der Alex MacDonald Rd.

Shoppen

Lismore Sheep Farm GESCHENKARTIKEL & SOUVENIRS
(☎902-351-2889; www.lismoresheepfarmwoolshop.com; 1389 Louisville Rd, River John; ⏲9–17 Uhr) Die bewirtschaftete Farm mit mehr als 300 Schafen ist ein lustiges Ziel, auch wenn man keine Vorleger, Decken oder Socken kaufen will. Von Mai bis Oktober steht die Scheune Besuchern offen, die die Lämmer streicheln und alles Wissenswerte über die Wollherstellung erfahren können. Die Farm liegt 19 km östlich von Tatamagouche abseits des Hwy 6.

Praktische Informationen

Fraser Cultural Centre (☎902-657-3285; www.fraserculturalcentre.org; 362 Main St; ⏲Juni–Sept. Mo–Fr 10–17, Sa bis 16, So 11–15 Uhr; 📶) Touristeninformation, Internetzugang und Ausstellungsstücke zur Ortsgeschichte.

Pictou

Viele Leute kommen nur für einen Tagesausflug nach Pictou oder wechseln die Fähre auf ihrem Weg von und nach Prince Edward Island. Dabei ist das Städtchen ein angenehmer Ausgangspunkt für die Erkundung der Northumberland Strait. Die Water St, die Hauptstraße des Ortes, ist gesäumt von interessanten Geschäften und wunderbaren, alten Steinhäusern. Leider wird der Blick aufs Meer durch eine riesige rauchende Papiermühle in der Ferne verschandelt. Pictou gilt als die „Geburtsstätte Neuschottlands", denn hier landeten die ersten schottischen Einwanderer, die 1773 nach Nova Scotia kamen.

Sehenswertes & Aktivitäten

Im **Caribou-Munroes Island Provincial Park**, zehn Fahrtminuten außerhalb der Stadt, kann man picknicken und baden.

Hector SCHIFF
(☎902-485-4371; www.shiphector.com; 33 Caladh Ave; Erw./Kind 8/6 C$; ⏲Juni–Okt. 10–16 Uhr) Ein Nachbau der *Hector*, das die ersten 200 Auswanderer aus dem schottischen Hochland nach Nova Scotia brachte, liegt zur Besichtigung vor Anker. Man kann in den mit Betten vollgestopften Schiffsrumpf hinabsteigen und einen Eindruck zu gewinnen, wie furchtbar die Überfahrt gewesen sein muss. Die Eintrittskarte gilt auch für den Hector Heritage Quay.

Hector Heritage Quay MUSEUM
(☎902-485-4371; 33 Caladh Ave; Erw./Kind 8/6 C$; ⏲Juni–Okt. 10–16 Uhr) Die Eintrittskarte gilt auch für die Besichtigung der *Hector*. Zum Quay gehören ein Besucherzentrum, eine nachgebaute Schmiede, eine Sammlung von Schiffbau-Geräten und Ausstellungsstücke zur *Hector* und ihren Passagieren.

Northumberland Fisheries Museum MUSEUM
(☎902-485-8925; 21 Caladh Ave; 5 C$; ⏲Mo–Sa 10–18 Uhr) Das im alten Bahnhof untergebrachte Museum widmet sich der Geschichte des Fischfangs in der Region. Zu den Exponaten gehören seltsame Meereskreaturen und die schicke *Silver Bullet*, ein Hummerfang-Boot aus den frühen 1930er-Jahren.

Feste & Events

Pictou Landing First Nation Powwow KULTUR
(☎902-752-4912; www.plfn.ca/cultural-history/yearly-events/powwow; ⏲Juni) Gegenüber dem Hafen von Pictou (25 Min. Fahrt über New Glasgow) findet am ersten Juniwochenende das jährliche Powwow mit Zeremonien zum Sonnenaufgang, Trommelkreisen und Kunsthandwerksdemonstrationen statt. Stellplätze und Essen gibt's vor Ort, Alkohol und Drogen sind streng verboten.

Lobster Carnival ESSEN & TRINKEN
(☎902-485-5150; www.pictoulobstercarnival.ca; ⏲Juli) Bei dem viertägigen Event, das 1934 als Carnival of the Fisherfolk begann, gibt's heute kostenlose Unterhaltung, Bootsregattas und jede Menge Gelegenheiten, Hummer zu schmausen.

Schlafen

Caribou-Munroes Island Provincial Park CAMPING $
(☎902-485-6134; www.parks.gov.ns.ca; 2119 Three Brooks Rd; Stellplatz 24 C$) Nicht mehr als 10 km von Pictou entfernt liegt dieser Campingplatz an einem Traumstrand. Die Stellplätze 1–22 grenzen an die Service-Einrichtungen und bieten deshalb wenig Privatsphäre. Die Stellplätze 78–95 sind geschottert und für Wohnmobile geeignet. Die anderen Stellplätze liegen unter Bäumen und verwöhnen mit großer Ruhe.

Pictou Lodge HOTEL $$
(☎902-485-4322; www.pictoulodge.com; 172 Lodge Rd; Zi. 129–239 C$/Cottages 189–429 C$;) Die stimmungsvolle Ferienanlage aus den 1920er-Jahren liegt inmitten von mehr als 60 ha Wald zwischen dem Caribou-Munroes Island Provincial Park und Pictou. Die hervorragend renovierten Holzhütten am Meer haben noch ihre originalen Steinkamine. Es sind aber auch Motel-Zimmer vorhanden. Für Unterhaltung und Entspannung sorgen ein Schachbrett mit lebensgroßen Figuren, Paddelboote, ein hauseigener Strand sowie das beste Restaurant der Stadt.

Willow House Inn B&B $$
(☎902-485-5740; www.willowhouseinn.com; 11 Willow St; Zi. 90–130 C$;) Das Gebäude wurde um 1840 errichtet und ist ein Labyrinth aus Treppen und gemütlichen, altmodischen, aber blitzsauberen Zimmern. Die Gastgeber sorgen für ein sättigendes. leckeres Frühstück und geben gern Tipps, was sich vor Ort alles unternehmen lässt.

Customs House Inn INN $$
(☎902-485-4546; www.customshouseinn.ca; 38 Depot St; B 90–125 C$;) Die hohen Steinwände sind ziemlich schick und beruhigend massiv. Die rustikale Einrichtung mit alten Möbeln ist ebenfalls elegant. Von vielen Zimmern genießt man sogar einen Blick aufs Meer. Nicht nur beim Frühstück werden die Gäste mehr oder weniger sich selbst überlassen, was nach Tagen des Small Talks in manchen B&Bs durchaus wohltuend sein kann.

Unterhaltung

deCoste Centre LIVESHOWS
(☎902-485-8848; https://decostecentre.ca; 91 Water St; Tickets ab 20 C$; ⏲Kartenschalter Mo–Fr 11.30–17, Sa & So 13–17 Uhr) Das eindrucksvolle Center für darstellende Künste direkt am Wasser bringt eine Reihe von Liveshows auf die Bühne. Bei den *ceilidhs* (*kei*-liehs; Erw./Kind 15/7 C$) im Sommer kann man tolle schottische Musik erleben. Veranstaltungszeiten und -termine stehen auf der Website.

Praktische Informationen

Eastern and Northumberland Shores Visitor Information Centre (☎902-485-8540; Pictou Rotary; ⏲9–17 Uhr) Das Infozentrum liegt nordwestlich der Stadt, um Traveller zu begrüßen, die mit der Fähre aus Prince Edward Island kommen.

Town of Pictou (www.townofpictou.ca) Links zu Sehenswürdigkeiten und Festivals.

Pictou Public Library (☎902-485-5021; 40 Water St; ⏲Di & Do 12–21, Mi bis 17, Fr & Sa 10–17 Uhr;) Kostenloser Internetzugang.

An- & Weiterreise

Die Fähren von **Bay Ferries** (S. 372) nach Prince Edward Island legen von einer Anlegestelle ein paar Kilometer außerhalb von Pictou ab. New Glasgow, 17 km weiter südlich, ist die nächstgelegene größere Ortschaft.

New Glasgow

Die größte Ortschaft an der Northumberland Shore war schon immer ein Industriezentrum: Die erste Mine wurde 1807 im benachbarten Stellarton eröffnet. Trotzdem handelt es sich um eine angenehme Stadt mit alten Gebäuden und einem hübschen Fluss, der mitten durch das Zentrum fließt. Die wenigen größeren Sehenswürdigkeiten liegen in **Stellarton**, 5 km weiter südlich.

Sehenswertes

Crombie House KUNSTGALERIE
(☎902-755-4440; www.sobeyartfoundation.com; 1780 Granton Abercrombie Rd, Pictou; ⏲Führungen Juli/Aug. Mi stündl. 9–11 & 13–16 Uhr) GRATIS 10 Minuten in Richtung Norden der Stadt befindet sich die private Galerie im Wohnhaus des Begründers der Supermarktkette Sobey. Zu sehen ist eine Sammlung kanadischer Kunst aus dem 19. und 20. Jh., z. B. Werke von Cornelius Krieghoff und der Group of Seven.

Museum of Industry MUSEUM
(☎902-755-5425; http://museumofindustry.novascotia.ca; 147 N Foord St, Stellarton; Erw./Kind 9/4 C$; ⏲Mo–Sa 9–17, So 10–17 Uhr; Juli–Okt.) Das Museum ist sehr kinderfreundlich. Es gibt eine interaktive Ausstellung zur Wasserkraft, an einem Fließband können die Kleinen (und Großen) versuchen, mitzuhalten.

ABSTECHER

DIE STRASSE ZUM CAPE GEORGE POINT

Der östliche Arm des Sunrise Trail von New Glasgow nach Antigonish hat ein paar prächtige Abstecher zu bieten – bei schönem Wetter ideal für einen Halbtagstrip, für den man einige Snacks und sein Badetuch einpacken sollte.

Als erstes bietet sich, zumal mit Kindern, ein Besuch im Museum of Industry (S. 417) an. Dann geht's die Küste entlang zum **Arisaig Provincial Park** (☎902-863-4513; 5704 Hwy 245), wo man baden und nach Fossilien suchen kann. Dann steht die **Malignant Cove** an. Der anschließende 55 km lange Küstenabschnitt des Hwy 245 gilt als ähnlich schön, aber weniger bergig und leichter erreichbar als manche Abschnitte des Cabot Trail.

Nach einer kurzen Fahrt nach Osten ist das **Cape George Point Lighthouse** (www.parl.ns.ca/lighthouse) erreicht, das Highlight der Fahrt, wo man hinausblickt auf das ruhige Wasser der St. Georges Bay. Wenn die Mittagszeit naht, fährt man einfach um das Kap herum zum Fish-and-Chips-Truck nahe dem **Ballantyne's Cove Tuna Interpretive Centre** (57 Ballantyne's Cove Wharf Rd) und arbeitet die Kalorien dann mit einem Bad oder einem Spaziergang am Crystal Cliffs Beach (S. 419) wieder ab.

Nur 15 Minuten weiter südlich gibt's in Antigonish (S. 418) viel zu sehen und zu tun. Wer den Tag lieber draußen und aktiv hoch über den Bäumen beschließt, fährt zum **Anchors Above Zipline Adventure** (☎902-922-3265; www.anchorsabovezipline.ca; 464 McGrath Mountain Rd, French River; 1 Fahrt 30 C$; ⏲10–17 Uhr), rund 40 km außerhalb von Antigonish – einfach auf die Ausschilderung am Trans-Canada Hwy (Hwy 104) achten!

Schlafen & Essen

Comfort Inn MOTEL $

(☎902-755-6450; www.newglasgowcomfortinn.com; 740 Westville Rd; DZ 79–139 C$; P 📶) Unser Favorit unter New Glasgows Motels ist das frisch renovierte Comfort Inn mit gepflegten Zimmern. Die Anlage liegt in bequemer Nähe zu ein paar günstigen Restaurants.

The Bistro MODERN-KANADISCH $$

(☎902-752-4988; www.thebistronewglasgow.com; 216 Archimedes St; Hauptgerichte 19–32 C$; ⏲Di–Sa ab 17 Uhr) Die einzige Konstante bei den Speisen dieses Bistros ist die Kreativität bei Würzung und Saucen. Die Karte ändert sich täglich je nach den verfügbaren Bio-Zutaten (im Sommer). Die ausgestellten Werke örtlicher Künstler stehen zum Verkauf.

Hebel's INTERNATIONAL $$$

(☎902-695-5955; www.hebelsrestaurant.ca; 71 Stellarton Rd; Hauptgerichte mittags 10–14 C$, abends 18–36 C$; ⏲Di–Fr 11.30–14, Di–Sa 17–21 Uhr) In diesem elegantenviktorianischen Gebäude werden die frischen regionalen Produkte mit Gewürzen aus aller Welt zubereitet. Bei Kaminfeuer gibt es z. B. Meeresfrüchte, Rinderfilet Stroganoff sowie mit Miso bestrichenen Lachs auf japanischen Nudeln.

Antigonish

Die herrlichen Strände und tollen Wanderwege nördlich der Stadt sind alleine schon Grund genug, hier einige Tage zu verbringen. Das lebendige Antigonish bietet zudem einige tolle Restaurants. Hier ließen sich einst katholische Schotten nieder und gründeten die St. Francis Xavier University, die bis heute das Bild der Stadt prägt. Zudem ist Antigonish bekannt für die Highland Games, die hier seit 1861 jährlich im Juli stattfinden.

Sehenswertes

St. Francis Xavier University UNIVERSITÄT

(www.stfx.ca) Der hübsche Campus der 125 Jahre alten Universität lädt zu einem interessanten Spaziergang ein. Die **Hall of the Clans** befindet sich im dritten Stock des alten Flügels der Angus L. MacDonald Library, hinter dem Parkplatz der St. Ninian's Cathedral. In der Halle hängen die Wappenschilder aller schottischen Clans, die die Gegend besiedelten. Diese Clans treffen sich jeden Juli bei den Antigonish Highland Games.

St. Ninian's Cathedral KIRCHE

(120 St Ninian St; ⏲7.30–20 Uhr) Die 1874 fertiggestellte katholische Kathedrale ist ein schönes Beispiel kanadischer Neoromanik.

Antigonish Heritage Museum MUSEUM

(☎902-863-6160; www.heritageantigonish.ca; 20 East Main St; ⏲Juli & Aug. Mo–Sa 10–17 Uhr, Sept.–Juni Mo–Fr 10–12 & 13–17 Uhr; P) GRATIS Im ehemaligen Bahnhof der Stadt zeigt das kleine Museum Artefakte und Dokumente zur Geschichte der Stadt und ihrer Bewohner.

Aktivitäten

Crystal Cliffs Beach SCHWIMMEN
(Crystal Cliffs Farm Rd) Rund 15 km nordöstlich von Antigonish biegt man vom Hwy 337 in die Crystal Cliffs Farm Rd ab, um an diesem beliebten Strand zu baden und Strandspaziergänge zu unternehmen.

Antigonish Landing WANDERN
Ein 4 km langer Rad- und Wanderweg, der ins Naturschutzgebiet von Antigonish Landing führt, beginnt beim Antigonish Heritage Museum, auf der anderen Seite der Eisenbahngleise (400 m die Adam St hinunter). Rund um die Flussmündung lassen sich gut Enten, Fischadler und weitere Vögel beobachten.

Feste & Events

Antigonish Highland Games KULTUR
(www.antigonishhighlandgames.ca; ⌚ Juli) Tänze, Dudelsackpfeifer und kräftige Männer, die Baumstämme und Eisenkugeln stemmen, sind Bestandteil dieses großen Fests.

Essen

Gabrieau's Bistro MODERN KANADISCH $$
(☎ 902-863-1925; www.gabrieaus.com; 350 Main St; Hauptgerichte mittags 10–16 C$, abends 18–30 C$; ⌚ Mo–Fr 10–21, Sa 16–21.30 Uhr; ✎) Chefkoch Mark Gabrieau verwöhnt seine Gäste mittags und abends mit erfindungsreichen vegetarischen Gerichten, Salaten, Fleischgerichten und Meeresfrüchten. Die Einheimischen meinen, dass seine Küche in Antigonish den Maßstab setzt. Unter den exotischen Speisen sind oft Shrimps auf thailändische Art und Hummer-Risotto.

Praktische Informationen

Antigonish Visitor Information Centre (☎ 902-863-4921; 145 Church St; ⌚ Juni–Sept. 10–20 Uhr; ☏) Die Touristeninformation auf dem Parkplatz der Antigonish Mall an der Kreuzung der Hwys 104 und 7 bietet Broschüren, kostenlose Ortsgespräche und kostenlosen Internetzugang.

Antigonish Public Library (☎ 902-863-4276; 274 Main St; ⌚ Di & Do 10–21, Mi, Fr & Sa bis 17 Uhr; ☏) Kostenloser Internetzugang; der Eingang befindet sich an der College St.

An- & Weiterreise

Antigonish liegt 62 km von Sherbrooke entfernt am nördlichen Ende des Hwy 7. New Glasgow befindet sich 57 km weiter westlich am Trans-Canada Hwy (Hwy 104).

Die Busse von **Maritime Bus** (www.maritimebus.com) halten auf dem Weg nach Halifax (42 C$, 3½ Std.) oder Sydney (46 C$, 3¼ Std.) am Bloomfield Centre der St. Francis Xavier University.

CAPE BRETON ISLAND

Cape Breton Island schwebt wie ein Heiligenschein über dem übrigen Nova Scotia. In dem waldreichen Paradies leben Weißkopfseeadler, Wale ziehen vor der Küste vorbei, und die Insel ist geprägt von überall spürbarer Geschichte und mitreißender Musik. Am Ceilidh Trail an der Westküste hört man in den Pubs und Gemeindezentren überall keltische Musik und rund um Chéticamp elegischere akadische Weisen.

Die mit dem Festland von Nova Scotia über eine Stahlhängebrücke verbundene Insel ist stolz auf das Juwel in der Touriskrone der Provinz: den 297 km langen **Cabot Trail**, der sich durch den Cape Breton Highlands National Park und seine Umgebung zieht. Der Weg überquert Küstengebirge mit tollen Blicken aufs Meer. Unterwegs sieht man viele Elche auf den Straßen (Vorsicht!), und Dutzende anspruchsvolle Wanderwege laden ein, die Natur zu erkunden.

Die meisten Besucher kommen im Juli und August, und viele Restaurants, Unterkünfte und Attraktionen sind nur von Juni bis Oktober geöffnet. Dank **Celtic Colours** (www.celtic-colours.com; ⌚ Okt.), einem beliebten Musikfest mit wechselnden Standorten, das Spitzenmusiker aus Ländern mit keltischer Tradition anlockt, setzt sich die Tourismussaison auf Cape Breton Island bis in den Herbst fort, eine herrliche Jahreszeit für einen Besuch.

Ceilidh Trail

Von Port Hastings schlängelt sich der Ceilidh Trail (Hwy 19) an der Westküste von Cape Breton Island entlang. Das Gebiet wurde von Schotten besiedelt und ist berühmt für *ceilidh*-Musik, Squaredance und Feste.

Mabou ist der Brennpunkt der keltischen Musikszene auf Cape Breton Island. Hier kann man tagsüber wandern und die Nächte durchtanzen, wobei der Single-Malt-Whisky aus der Destillerie unten an der Straße sicher hilfreich ist.

Der Trail führt weiter zur ehemaligen Kohlebergbaustadt **Inverness** mit Sandstrand und 1 km langem Plankenweg und zweigt dann nordwärts nach **Margaree Forks** ab, wo man Anschluss an den Cabot Trail findet.

Sehenswertes

★ Glenora Inn & Distillery INN & DESTILLERIE
(☎902-258-2662; www.glenoradistillery.com; 13727 Route 19, Glenville; Führungen inkl. Whiskeyprobe 7 C$; ⌚Führungen Juni–Okt. stdl. 9–17 Uhr) Die einzige kanadische Brennerei, die Single-Malt-Whiskey brennt, lernt man am besten im Rahmen einer Führung mit Verkostung kennen. Danach lockt ein herzhaftes Essen im Gourmet-Pub, wo es mittags und abends jeden Tag *ceilidh*-Vorführungen gibt. Ja, man kann hier sogar in höhlenartigen Zimmern übernachten (125–150 C$), wenn man nach dem Alkoholkonsum nicht mehr weiterfahren möchte. Die Hütten (175–240 C$/Nacht) sind aber die bessere Wahl, wenn man es etwas heller und freundlicher mag.

Inverness County Centre for the Arts KULTURZENTRUM
(☎902-258-2533; www.invernessarts.ca; 16080 Hwy 19, Inverness; ⌚10–17 Uhr) Die wundervolle Einrichtung mit mehreren Galerien und einem gehobenen Souvenirladen zeigt Werke örtlicher und regionaler Künstler. Es gibt auch einen Konzertsaal, natürlich mit eingebautem Tanzboden.

Celtic Music Interpretive Centre MUSEUM
(☎902-787-2708; www.celticmusiccentre.com; 5473 Hwy 19, Judique; Ausstellungssaal 8 C$; ⌚Juni–Aug. Mo–Fr 10–17 Uhr) Das Zentrum bietet eine tolle Einführung in die örtliche Kultur. Die halbstündigen **Führungen** (die auch durch einen Rundgang ersetzt werden können, wenn gerade kein Führer da ist) beinhalten eventuell auch eine Fiedel- oder Tanzlektion. Am Eintrittsschalter gibt's Hinweise auf die Orte und Termine anstehender Squaredance-Veranstaltungen; im Zentrum finden auch *ceilidhs* statt – einfach fragen!

Inverness Miners' Museum MUSEUM
(☎902-258-3822; 62 Lower Railway St, Inverness; Eintritt gegen Spende; ⌚Juni–Okt. Mo–Fr 9–17 Uhr, Sa & So 12–17 Uhr) Das Museum im alten Bahnhof gleich hinter dem Strand widmet sich der Lokalgeschichte.

Aktivitäten

Cape Mabou Highlands WANDERN
Die Cape Mabou Highlands zwischen Mabou und Inverness an der Küste westlich des Hwy 19 sind von unzähligen Wanderwegen durchzogen. Für die 4 bis 12 km langen Wege, die manchmal wegen erhöhter Waldbrandgefahr gesperrt sind, gibt es drei verschiedene Startpunkte. Einen ausgezeichneten Wanderführer (5 C$) verkauft das Lebensmittelgeschäft gegenüber vom Mabous Mull Café & Deli, sofern die Wege offen sind. Tafeln mit Wanderkarten sind auch an den Startpunkten vorhanden.

Schlafen & Essen

MacLeods Inn INN $$
(☎902-253-3360; www.macleods.com; 30 Broad Cove Marsh Rd, Inverness; Zi. 160–180 C$; ⌚Juni–Okt.; P ⊖ ☏) Der MacLeods Inn ist ein gehobenes B & B rund 5 km nördlich von Inverness. Das Haus ist zwar groß und modern, die Einrichtung bleibt aber in Einklang mit den Traditionen der Insel.

Duncreigan Country Inn INN $$
(☎902-945-2207; www.duncreigan.ca; 11411 Hwy 19, Mabou; Zi. 145–220 C$; ☏) Der unter Eichen am Flussufer stehende Gasthof hat geräumige Privatzimmer, manche mit Terrasse und Blick aufs Wasser. Gäste können Fahrräder leihen, und es gibt einen **Speisesaal** mit Alkoholausschank, in dem die Gäste frühstücken und nach Reservierung auch zu Abend essen können (Hauptgerichte 10–23 C$).

Clayton Farm B & B B&B $$
(☎902-945-2719; 11247 Hwy 19, Mabou; EZ/DZ 80/105 C$; ⌚Mai–Nov.; @ ☏) Das B & B befindet sich in einem Bauernhaus von 1835 auf einer Farm mit Red-Angus-Rindern. Farmer Isaac Smith arbeitet sehr hart. Er hat die Gemeinschaftsräume und die gemütlichen Zimmer mit vielen (Familien-)Erinnerungsstücken an die guten alten Zeiten auf der Insel eingerichtet. Das Ambiente ist rustikal.

★ Cabot Links RESORT $$$
(☎855-652-2268; www.cabotlinks.com; 15933 Central Ave, Inverness; Zi. 295–435 C$, Villa ab 975 C$; ⌚Mai–Okt.; P ⊖ ❄ ☏) Auch wer nicht Golf spielt, kann in dieser schicken Ferienanlage gut ein, zwei Nächte in garantiertem Luxus verbringen. Die Optionen reichen von stilvollen Hotelzimmern im Haupthaus über private Villen mit Blick auf das Golfgelände bis hin zu wirklich üppigen (und teuren) Residenzen mit vielen Zimmern. Die Klientel der Anlage ist kultiviert und gut betucht.

★ Red Shoe Pub KNEIPENESSEN $$
(☎902-945-2996; www.redshoepub.com; 11533 Hwy 19, Mabou; Hauptgerichte 13–25 C$; ⌚So–Mi 12–23, Do–Sa bis 2 Uhr) Der Pub direkt am

Ceilidh Trail ist das aktive Herz von Mabou. Man hört einem örtlichen Fiedler zu (oft ein Mitglied der Familie Rankin) und genießt dazu ein Pint und ein tolles Essen. Die Desserts, z. B. Lebkuchen mit Rum-Butterscotch-Sauce und Obstkompott, sind himmlisch.

Shoppen

Bear Paw BÜCHER

(☎902-258-2528; 15788 Central Ave, Inverness; ⏲Mo–Fr 9–17 Uhr) Der kleine Buchladen verkauft die Werke des kanadischen Schriftstellers Alistair MacLeod (1936–2014), der auf Cape Breton Island lebte.

Praktische Informationen

Visitor Information Centre (VIC; ☎902-625-4201; 96 Hwy 4, Port Hastings; ⏲9–20 Uhr) Das große und geschäftige Visitor Center liegt, wenn man Cape Breton Island mit dem Auto erreicht, gleich rechts. Das Anhalten lohnt sich, denn es gibt nur wenige andere Visitor Centers auf der Insel, von denen viele nur im Juli und August geöffnet sind – und außerdem ist das hiesige Personal sehr gut informiert.

Cabot Trail

Die Fahrt auf dem Cabot Trail ist die beliebteste Freizeitaktivität in Nova Scotia. Man fährt über kurvenreiche Straßen vorbei an heiteren Seen. Seeadler kreisen hoch in der Luft, und von den Klippen bietet sich ein atemberaubender Ausblick.

Unterwegs verstecken sich an der südöstlichen Flanke des Trails zwischen Englishtown bis zur St. Ann's Bay Künstlerateliers. Beim Besuch ein oder zwei solcher Ateliers lernt man mit Sicherheit interessante Typen kennen – Töpfer, Kunsthandwerker, die Arbeiten aus Leder, Glas oder Zinn herstellen, sowie Maler und Bildhauer – und stößt auf überlebende Reste der Kultur der Mi'kmaq und der Akadier.

Die hinreißendste Landschaft prägt die Nordwestküste der Insel, wo die Straße hinunter nach Pleasant Bay und Chéticamp führt. Man sollte immer hübsch auf der Rundstrecke bleiben, so verführerisch die Aussicht auch ist; es gibt viele Stellen, an denen man anhalten, sich umschauen, durch das vielfältige Gelände wandern und den grenzenlosen Ausblick auf den endlosen, eisigen Ozean genießen kann.

An der 298 km langen Strecke gibt's nur in begrenzter Zahl Unterkünfte. Wer plant, die Fahrt an einem oder zwei Tagen zu bewältigen, übernachtet am besten in Baddeck oder Ingonish an der Ostseite oder in Chéticamp oder Pleasant Bay an der Westseite. In den Spitzenzeiten (Juli–Aug.) sollte man die Unterkunft unbedingt weit im Voraus buchen.

Wer in einer umweltfreundlichen Unterkunft wohnen möchte, steigt im **Chanterelle Country Inn & Cottages** (☎902-929-2263; www.chanterelleinn.com; 48678 Cabot Trail, North River; Zi. ab 145 C$; ⏲Mai–Nov; 📶) 🌿 ab. Die Anlage liegt rund 35 km nördlich von Baddeck auf einem ländlich-abgeschiedenen, 60 ha großen Gelände aus hügeligen Weiden. Die Mahlzeiten kosten extra und werden auf der abgeschirmten Veranda des Haupthauses serviert.

Restaurants sind an der Strecke dünn gesät, und Meeresfrüchte dominieren. Wer aus medizinischen Gründen keine Schalentiere essen kann oder sie nicht mag, muss unbedingt vorab recherchieren, welche Möglichkeiten es ansonsten gibt. Man wendet sich am besten an seine Unterkunft und fragt den Inhaber um Rat. Die Einheimischen sind generell sehr freundlich und hilfsbereit.

Im **Dancing Goat** (☎902-248-2727; www.facebook.com/DancingGoatCafe; 6289 Cabot Trail, Margaree Valley; Stück 5–13 C$; ⏲Sa–Do 8–17, Fr bis 20 Uhr; 📶) ist alles hausgemacht, die meisten Zutaten stammen aus der Gegend, und das herzhafte Frühstück ist mit das beste auf Cape Breton Island. Die großen Sandwiches und Salate kann man vor Ort essen oder sich für die Wanderung einpacken lassen. Das Café gehört zu den wenigen ganzjährig geöffneten Lokalen.

Chéticamp

Chéticamp ist nicht nur das westliche Tor zum Cape Breton Highlands National Park, sondern vor allem auch die lebendigste und blühendste akadische Gemeinde in Nova Scotia, die die Bewahrung ihrer kulturellen Traditionen großenteils ihrer Abgeschiedenheit verdankt – bis 1949 führte noch keine Straße in den Ort. Aus welcher Richtung man auch kommt, man fühlt sich hier gleich wie in einem kleinen französischen Dorf, obwohl die Landschaft entschieden an das raue schottische Hochland erinnert.

In den wärmeren Monaten ist immer etwas los, und es gibt viele Möglichkeiten, die Kultur der Akadier zu erleben. Neben rhythmischer Tanzmusik gibt's interessante Museen und Volkskunst (Chéticamp ist berühmt für Vorleger mit Häkelverzierungen).

Sehenswertes

Le Centre de la Mi-Carême MUSEUM
(☎902-224-1016; www.micareme.ca; 51 Old Cabot Trail Rd, Grand Étang; Erw./Kind 5/4 C$; ⏱Juni–Okt. 10–16 Uhr) Mi-Carême, das in der Mitte der Fastenzeit gefeiert wird, ist Chéticamps Antwort auf den Karneval. Die Einheimischen setzen Masken auf, verkleiden sich und besuchen Bekannte, die erraten sollen, wer sich hinter der Maske verbirgt. Dieses Museum widmet sich der Geschichte des Fests und zeigt traditionelle Masken.

Les Trois Pignons MUSEUM
(☎902-224-2642; www.lestroispignons.com; 15584 Cabot Trail; Erw./Kind 5/4 C$; ⏱9–16 Uhr, Mai–Okt.) In dem ausgezeichneten Museum wird erklärt, wie sich die Herstellung von Häkelteppichen von einer häuslichen Tätigkeit zu einem internationalem Geschäft entwickelt hat. Zudem wird anhand der Häkelteppiche und anderer Gebrauchsgegenstände das Leben und die Handwerkskunst der ersten Siedler in Chéticamp erläutert. Von den Flaschen bis zu den Teppichen wurden fast alle Ausstellungstücke von einem einheimischen Sammler zusammengetragen.

Église St. Pierre KIRCHE
(☎902-224-2064; 5 Aucoin Rd) Die schöne, einmalige Kirche von 1893 ist mit ihrem silbernen Turm und farbenfrohen Fresken der Blickfang der Stadt.

Geführte Touren

Love Boat Whale Cruises WALE BEOBACHTEN
(☎902-224-2899; www.loveboatwhalecruises.ca; Quai Mathieu; Tour ab 40 C$; ⏱Juni–Okt.) Dank freundlicher Kapitäne und regelmäßiger Fahrten ist dieser Veranstalter von Walbeobachtungstouren eine der besseren Optionen in Chéticamp. Für eine Fahrt müssen mindestens sechs Passagiere zusammenkommen. Die Touren dauern zwischen 2½ und 3 Stunden; Walsichtungen sind natürlich nicht garantiert, aber Teilnehmer äußern sich zufrieden.

Schlafen

Albert's Motel MOTEL $
(☎902-224-2077; 15086 Cabot Trail; DZ 79–129 C$; ⏱Mai–Okt.; P 🚭 📶) Das idyllische Motel hat vier gemütliche Zimmer mit Steppdecken, Minikühlschrank, Mikrowelle und großem TV sowie eine Gemeinschaftsterrasse mit Blick auf den Hafen. Das Motel ist blitzsauber, und die Inhaber sind sehr freundlich.

★ **Maison Fiset House** B&B $$
(☎902-224-1794; www.maisonfisethouse.com; 15050 Cabot Trail; DZ/Suite 169/219 C$; P 🚭 📶) In diesem prächtigen alten Wohnhaus von 1895 gibt sich Chéticamp recht luxuriös. In den Suiten kann man vom Whirlpool aus auf den Ozean blicken. Noch besser ist die akadische Gastlichkeit des Inhabers. Hinten auf der Anlage gibt's auch Ferienwohnungen. Die Anlage ist ganzjährig geöffnet.

Cornerstone Motel MOTEL $$
(☎902-224-3232; www.cornerstonemotel.com; 16537 Cabot Trail; DZ 99–169 C$; ⏱Mai–Okt.; P 🚭 📶) Die örtlichen Motels aus den 1950er-Jahren sehen mit ihrem Farbanstrich und ein paar Modernisierungen immer fabelhaft aus. Das gilt auch für diese Anlage, die sich 7 km außerhalb des Orts direkt an der Grenze zum Cape Breton Highlands National Park befindet. Die Zimmer bieten alle Annehmlichkeiten: komfortable Betten, Warmwasserduschen, eine Feuergrube und einen schönen Ausblick – eine ideale Unterkunft bei einer Straßentour. Motorradfahrer sind auch willkommen.

Essen

La Boulangerie Aucoin BÄCKEREI $
(☎902-224-3220; www.aucoinbakery.com; 14 Lapointe Rd; Stück 3,50–9 C$; ⏱Mo–Sa 7–17 Uhr; 📶 🌿) Das ist die beste Adresse für frisches Brot nach französischer und amerikanischer Art, Gebäck, Pies und belegte Sandwiches für ein Picknick am Cabot Trail. Der Familienbetrieb ist seit 1959 im Geschäft.

Harbour Restaurant KANADISCH $$
(☎902-224-1144; www.baywindsuites.com; 15299 Cabot Trail; Hauptgerichte 14–30 C$) Hier speist man mit Blick auf den Hafen kanadische und akadische Gerichte, die sich nicht nur auf Seafood beschränken. Die Muscheln mit Pilzen und das akadische *morue en cabane* (langsam gegarter Kabeljau mit Schweinefleisch und Schnittlauch) sind ideale Gerichte, die sich zwei Personen teilen können.

All Aboard KANADISCH $$
(☎902-224-2288; www.facebook.com/AllAboard Restaurant; 14925 Cabot Trail; Hauptgerichte 10–24 C$; ⏱Mi–Mo 12–21 Uhr; 👪) Das familienfreundliche Restaurant serviert Meeresfrüchte (u. a. Hummer, Schellfisch und örtlichen Lachs), Steaks, Burger, Pasta und Salate und ist in der Gegend schnell populär geworden. Das Essen ist köstlich und hat ein prima Preis-Leistungs-Verhältnis.

Ausgehen & Nachtleben

Doryman Pub & Grill PUB
(☎902-224-9909; www.doryman.ca; 15528 Cabot Trail) Jeden Samstag spielen hier Fiedler oder Pianisten (14–18 Uhr), und an den meisten Abenden unter der Woche gibt's Live-Unterhaltung.

Praktische Informationen

Tourist Information Centre (☎902-224-2642; www.lestroispignons.com/visitor-information; 15584 Cabot Trail; ⏲Mai–Okt. 8.30–17 Uhr) Die Touristeninformation teilt sich das Gebäude mit dem Kulturzentrum Le Trois Pignons.

Cape Breton Highlands National Park

Der **Cape Breton Highlands National Park** (☎902-224-2306; www.pc.gc.ca; Erw./Kind/Fahrzeug & Insassen 8/4/20 C$) prunkt mit einigen der spektakulärsten Landschaften im östlichen Kanada. Man erreicht ihn über den berühmten Cabot Trail, der auf einem Drittel seiner Länge durch den Park führt. Weite Gebiete sind mit Wald, Tundra und Sümpfen bedeckt, und der Blick aufs Meer ist sagenhaft. Der 1936 gegründete Park umfasst 20 % der Landmasse von Cape Breton Island und bildet gewissermaßen die schicke Feder auf Nova Scotias Hut (nämlich Cape Breton Island).

Es gibt zwei Parkeingänge, den einen bei Chéticamp, den anderen bei Ingonish Beach; die Parkgenehmigung kann an beiden Stellen gekauft werden. Die Tageskarte gilt bis 12 Uhr am Folgetag. Auf der kostenlosen Karte, die an beiden Eingängen erhältlich ist, sind auch Wege gekennzeichnet, die für Rollstuhlfahrer geeignet sind.

Aktivitäten

Wandern

Zwei Strecken an der Westküste des Parks bieten spektakuläre Ausblicke aufs Meer. Der **Fishing Cove Trail** fällt auf einer Länge von 8 km sanft um 330 m bis zur Mündung des rauen Fishing Cove River ab. Man kann sich auch für eine steilere und kürzere, 2,8 km lange Wanderung entscheiden, die bei einem zweiten Startpunkt ca. 5 km nördlich des ersten Weges beginnt. Wenn man noch am selben Tag zurückwandern möchte, muss man die Laufzeit jeweils verdoppeln. Wer einen der acht Stellplätze im Hinterland nutzen will, muss sich dafür vorher im Chéticamp Information Centre eintragen lassen (10 C$). Eine Übersicht über die Wege innerhalb und in der Nähe des Parks findet man auf der Seite www.cabottrail.com.

Die meisten anderen Wege sind kürzer und liegen bequemer erreichbar in der Nähe der Straße. Viele von ihnen führen bis zu einem Bergrücken, von dem aus man einen eindrucksvollen Blick auf die Küste hat. Der **Skyline Trail** ist besonders zu empfehlen: Der 7 km lange Rundweg verläuft über eine Klippe direkt über dem Wasser. Der Aus-

DIE AKADIER

Als französische Siedler erstmals in die Gegend rund um das Minas Basin kamen, nannten sie die Region „Arcadia" – nach dem griechischen und lateinischen Wort für „ländliches Paradies". Daraus wurde mit der Zeit dann Acadia. Schon im 18. Jh. fühlten sich die Akadier enger mit diesem Landstrich verbunden als mit ihrer fernen Heimat im französischen Loiretal.

Für die Engländer waren sie aber nach wie vor Franzosen und die Beziehungen zwischen den beiden Gruppen stets von Rivalität und Argwohn geprägt. Als Nova Scotia im Vertrag von Utrecht den Briten zugesprochen wurde, betrachteten die Akadier dies als Affront gegen ihren katholischen Glauben und weigerten sich, den Treueeid auf die britische Krone zu leisten. Der 1754 zum Gouverneur ernannte Hardliner Charles Lawrence hatte schließlich genug von den widerspenstigen Akadiern und befahl ihre Deportation. Die Engländer zwangen gut 14 000 Akadier auf die Schiffe und brannten viele Dörfer nieder.

Viele Akadier ließen sich in Louisiana und New Orleans nieder, andere flohen in verschiedene Orte der Atlantikprovinzen Kanadas, in die Neuenglandstaaten, nach Martinique in der Karibik, Santo Domingo in der Dominikanischen Republik und sogar zurück nach Europa. Einige versteckten sich auch und blieben in Akadien. Jahre später kamen dann viele der Deportierten zurück, fanden ihre Häuser und Farmen aber von anderen besetzt. So gründeten die Akadier in Nova Scotia neue Siedlungen in der Gegend um Chéticamp auf Cape Breton Island und an der French Shore nördlich von Yarmouth.

gangspunkt liegt ungefähr 5,5 km nördlich des Campingplatzes von Corney Brook.

Unmittelbar südlich von Neil's Harbour, an der Ostküste des Parks, erstreckt sich der 11 km langer Rundweg **Coastal Trail**, der zum Teil der hier sanfter verlaufenden Küstenlinie folgt.

Radfahren

Wichtig zu wissen: Die Region eignet sich nicht für die erste große Radtour! Das Fahren auf den bergigen Strecken ist hier ziemlich anstrengend, es gibt in vielen Abschnitten keine Seitenstreifen, und es ist auch nicht jedermanns Sache, die umwerfende landschaftliche Szenerie mit derart vielen Wohnmobilen zu teilen. Als Alternative bietet sich eine Mountainbiketour auf vier Wegen im Inneren des Parks an. Nur vom **Branch Pond Lookoff Trail** kann man Ausblicke aufs Meer genießen.

Sea Spray Outdoor Adventures RADFAHREN
(☎902-383-2552; www.cabot-trail-outdoors.com; 299 Shore Rd, Dingwall; Fahrradverleih ab 45/160 C$ pro Tag/Woche; ⌚Juni–Okt. 9–17 Uhr) In Smelt Brook nahe Dingwall vermietet dieser Veranstalter Fahrräder, führt Notreparaturen aus, bietet Hilfe bei der Planung von Ausflügen und organisiert Rad-, Kajak- und Wandertouren.

Schlafen

Cape Breton Highlands National Park Campgrounds CAMPING
(Stellplatz Zelt/Wohnwagen/oTENTiks ab 18/30/100 C$) Im Cape Breton Highlands National Park gibt's sechs per Auto erreichbare Campingplätze. Die meisten Stellplätze werden nach dem Prinzip „Wer zuerst kommt, mahlt zuerst" vergeben, aber rollstuhlgerechte Plätze, Plätze für Gruppen und Plätze im Hinterland können für 9,80 C$ auch reserviert werden. Auf den kleineren Plätzen, die weiter von den Parkeingängen entfernt sind, wählt man einfach einen Stellplatz und registriert sich selbst. Bei den drei größeren Plätzen nahe den Parkeingängen registriert man sich in einem der Besucherzentren.

Auf den Campingplätzen Chéticamp und Broad Cove gibt's jetzt sehr begehrte Fertigzelte (oTENTiks).

Von Ende Oktober bis Anfang Mai kosten Stellplätze auf den Campingplätzen Chéticamp und Ingonish 22 C$, inklusive Brennholz. Bei richtig lausigem Wetter finden die Camper Zuflucht in den Schutzhütten mit Kochgelegenheit und Holzöfen.

Praktische Informationen

Chéticamp Information Centre (☎902-224-2306; www.parkscanada.gc.ca; 16646 Cabot Trail; ⌚8.30–19 Uhr) Besucherzentrum mit kleiner Ausstellung sowie einer Reliefkarte des Parks. Bei den Mitarbeitern gibt's Tipps zum Wandern und Zelten.

Ingonish Beach Information Centre (☎902-285-2535; 37677 Cabot Trail; ⌚Mai–Okt. 8–20 Uhr) Das Infozentrum am östlichen Rand des Parks hat Ausstellungen, Karten und freundliches, zweisprachiges Personal.

Pleasant Bay

Pleasant Bay, das wie eine winzige Oase der Zivilisation inmitten der Wildnis liegt, ist ein idealer Ausgangspunkt für die Erkundung des Nationalparks. Der Fischerort ist zudem bekannt für Walbeobachtungstouren und sein tibetisches Kloster.

Sehenswertes & Aktivitäten

Gampo Abbey KLOSTER
(☎902-224-2752; www.gampoabbey.org; 1533 Pleasant Bay Rd; ⌚Führungen Juni–Sept. Mo–Fr 13.30–15.30 Uhr) Die Abtei 8 km nördlich von Pleasant Bay, hinter dem Dorf Red River, ist ein Kloster für Anhänger des tibetischen Buddhismus. Ane Pema Chödrön, die die Abtei gründete und seitdem leitet, ist eine bekannte buddhistische Autorin, die man aber kaum hier antreffen wird: Sie ist viel unterwegs. Das Gelände kann den ganzen Tag über besichtigt werden, aber wer wirklich etwas über das Kloster erfahren will, sollte eine begleitete Führung machen.

Whale Interpretive Centre MUSEUM
(☎902-224-1411; 104 Harbour Rd; Erw./Kind 5/4 C$; ⌚Juni–Okt. 9–17 Uhr) Bevor man von dem benachbarten Anleger zu einer Walbeobachtungstour aufbricht, sollte man zuerst das Museum besuchen. Hier gibt's auch Eintrittskarten für den Nationalpark und Internetzugang (ein Stockwerk tiefer).

Captain Mark's Whale & Seal Cruise WALBEOBACHTUNG
(☎902-224-1316; www.whaleandsealcruise.com; Erw./Kind 55/35 C$; ⌚Mai–Sept.) Je nach Saison gibt's täglich zwei bis fünf Touren. Günstiger sind die Fahrten mit dem Motorboot *Double Hookup* (Erw./Kind 45/20 C$), aber mit dem Schlauchboot ist man näher am Geschehen. Captain Mark verspricht nicht nur garantierte Walsichtungen, sondern auch ausreichend Zeit zum Beobachten von Meeresvögeln und Robben sowie zum Besuch

der Gampo Abbey. Die Touren starten am Kai neben dem Whale Interpretive Centre.

Pollett's Cove WANDERN

Der beliebte, anspruchsvolle, 20 km lange Rundweg zur Pollett's Cove beginnt am Ende der Straße zur Gampo Abbey. Unterwegs bietet sich ein herrlicher Ausblick. In der verlassenen Fischersiedlung gibt's ideale Plätze zum Zelten. Der Weg wird nicht von Parks Canada betreut und kann zwischendurch schlecht begehbar sein.

Schlafen

HI-Cabot Trail Hostel HOSTEL $

(☎902-224-1976; www.cabottrailhostel.com; 23349 Cabot Trail; B/Zi. 28/68 C$; @📶) Das helle, schlichte und sehr freundliche Hostel hat 18 Betten, eine Gemeinschaftsküche und einen Grillbereich.

Ingonish

Am östlichen Eingang des Cape Breton Highlands National Park liegen die kleinen Orte Ingonish und Ingonish Beach (neben Ingonish Ferry, Ingonish Harbour und Ingonish Centre), die wegen der vielen Motels und Cottages gar nicht mehr als solche zu erkennen sind. Ingonish ist seit langem ein beliebtes Touristenziel, hat aber kaum wirkliche Attraktionen. Es gibt mehrere Wanderwege und ein Informationszentrum im nahegelegenen Nationalpark.

Sehenswertes & Aktivitäten

Ingonish Beach STRAND

Der lange weiße Sandstrand liegt in einer von grünen Hügeln umgebenen Bucht.

Highlands Links Golf Course GOLF

(☎902-285-2600; 275 Keltic Inn Rd; Golfplatzgebühr ab 60 C$; ⏰Mai–Okt. 6–18 Uhr) Eifrige Golfer, die sich auskennen, versichern, dass dieser Par-72-Golfplatz mit 18 Löchern, der von dem weltbekannten Stanley Thompson gestaltet wurde, zu den schönsten und anspruchsvollsten Kanadas gehört.

Schlafen & Essen

Driftwood Lodge INN $

(☎902-285-2558; www.driftwoodlodge.ca; 36125 Cabot Trail; North Ingonish; B/Suite ab 55/80 C$; ⏰Mai–Nov.; P🚭🐾) 8 km nördlich des Ingonish-Eingangs zum Nationalpark ist diese funkige Holz-Lodge mit dem zusätzlichen Cottage ein echtes Angebot. Die Besitzerinnen arbeiten im Nationalpark und wissen praktisch alles zu Wandermöglichkeiten und sonstigen Freizeitaktivitäten. Unterhalb der Lodge liegt ein schöner Sandstrand.

Maven Gypsy B&B & Cottages B&B $$

(☎902-929-2246; www.themavengypsy.com; 41682 Cabot Trail, Wreck Cove; Zi. 105–135 C$; ⏰Juni–Nov.; 📶🐾) Das liebenswerte, buttergelbe Cottage mit freundlichen Inhabern und frischen Backwaren zum Frühstück ist nur drei Gehminuten vom Strand entfernt.

★ **Keltic Lodge at the Highlands** LODGE $$$

(☎902-285-2880; www.kelticlodge.ca; Ingonish Beach; Zi. 155–285 C$, Cottage 329–589 C$; ⏰Mai–Okt.; 📶🏊🐾) Die feinste Unterkunft in der Gegend ist diese 2016 umfangreich renovierte Ferienanlage rund um das auf dem Hügel thronende Haupthaus im Tudor-Stil von 1940, die sich die Halbinsel Middle Head mit dem Golfplatz teilt. Es gibt diverse Optionen, von Gästezimmern über Apartments bis zu prächtigen, rustikalen Cottages; die Einzelheiten stehen auf der Website. Das Tages-Spa und der Pool suchen in Nova Scotia ihresgleichen.

Clucking Hen Deli & Bakery CAFÉ $

(☎902-929-2501; 45073 Cabot Trail; Hauptgerichte 7–18 C$; ⏰Mai–Okt. 7–19 Uhr) Während des köstlichen Mahls aus hausgebackenem Brot, Suppe und Salat lauscht man den Gesprächen der Einheimischen.

★ **Main Street Restaurant & Bakery** KANADISCH $$

(☎902-285-2225; www.mainstreetrestaurantandbakery.ca; 37764 Cabot Trail, Ingonish Beach; Hauptgerichte 10–24 C$; ⏰Di–Sa 7–21 Uhr) Das bei Weitem beste Frühstückslokal nahe dem Cape Breton Highlands National Park ist auch fürs Mittag- oder Abendessen zu empfehlen. Die Sandwiches und Armen Ritter werden mit dickem, frischem Brot zubereitet, und die Meeresfrüchte kommen in gewaltigen Portionen. Zu empfehlen sind die Hummer-Capellini mit Krabben und Muscheln in einer Brandy-Sahne-Sauce – man wird nicht enttäuscht sein!

Der hohe Norden

Nördlich von Ingonish folgt als erstes Dorf außerhalb des Cape Breton Highlands National Park **Neil's Harbour**, der hübscheste unter den fernen Außenposten in der Gegend. Über die New Haven Rd geht's weiter nach **White Point**. Beides sind schlichte Dörfer mit hart arbeitenden Menschen und mehr Fischerbooten als Häusern. Wenn man in den Dörfern nicht länger bleiben will, kehrt man auf der kurvenreichen, windigen White Point Rd zum Cabot Trail zurück.

Wer entschlossen ist, bis zur Spitze von Nova Scotia vorzudringen, folgt der Bay St. Lawrence Rd bis zu der hübschen, namensgebenden Siedlung. Von dort aus wird die Straße rauer und die Landschaft wilder. Die letzten 7 km der 13 km langen, schwierigen und langsam zu fahrenden Strecke zwischen **Bay St. Lawrence** und dem unglücklich benannten **Meat Cove** sind eine unbefestigte Schotterpiste. Wenn man nicht gerade ein eifriger Camper und Wanderer ist, wird einem Meat Cove nicht viel geben.

Sehenswertes & Aktivitäten

Cabots Landing Provincial Park PROVINZPARK
(☎902-662-3030; http://parks.novascotia.ca) Der wundervolle Park, 10 km nördlich des Cabot Trail auf dem Weg nach Bay St. Lawrence, lohnt einen Zwischenstopp wegen des spektakulären Strands in der Aspy Bay.

Grassy Point WANDERN
Gleich hinter dem Meat Cove Campground beginnt der kleine Fußweg (hin & zurück etwa 40 Min.) zum Grassy Point, der einen unschlagbaren Blick auf die Küste eröffnet. Man kann sich hier eine Weile niederlassen, um nach Walen und nistenden Weißkopfseeadlern zu spähen.

Cape St. Lawrence Lighthouse WANDERN
Von Meat Cove führt ein 16 km langer Wanderweg nach Westen zum Leuchtturm von Cape St. Lawrence und zur **Lowland Cove**. Wenn man hier eine Stunde auf den Ozean hinausblickt, wird man mit Sicherheit Schulen von Grindwalen erblicken, die sich hier vom Frühjahr über den Sommer bis in den Herbst hinein tummeln. Unbedingt einen Kompass mitnehmen und besser keine Seitenwege erkunden – selbst Einheimische haben sich in der Gegend schon verirrt!

Captain Cox's Whale Watch WALBEOBACHTUNG
(☎902-383-2981; www.whalewatching-novascotia.com; 578 Meat Cove Rd, St. Margaret Village; Erw./Kind 45/25 C$) Captain Cox veranstaltet seit 1986 Walbeobachtungstouren mit der 10 m langen *Northern Gannet*. Im Juli und August starten die Touren um 10.30, 13.30 und 16.30 Uhr; die Termine im Frühjahr und Herbst kann man telefonisch erfragen.

Schlafen & Essen

★ **Jumping Mouse Campground** CAMPING $
(☎902-383-2914; www.ecocamping.ca; 3360 Bay St. Lawrence Rd, Bay St. Lawrence; Stellplatz Zelt/Hütte 30/60 C$; ⏲Juni–Sept.) Der umweltfreundliche Campingplatz mit zehn zauberhaften Stellplätzen am Ozean und einer schönen Schlafhütte für vier Personen ist ein guter Grund, vom Cabot Trail herunterzufahren. Es gibt Warmwasserduschen, Plumpsklos und eine Kochhütte. Wale werden oft gesichtet, und das Gelände ist nahezu frei von Mücken.

Two Tittle B&B $
(☎902-383-2817; www.twotittle.com; 2119 White Point Rd, White Point; Zi. 60–100 C$; P 📶) Übernachten kann man im heimeligen Two Tittle, das nach Abendessen riecht. Unbedingt sollte man den kurzen, aber herrlichen Spaziergang zu den Two Tittle Islands, nach denen das B&B benannt ist, machen und nach Walen und Weißkopfseeadlern ausspähen.

Hine's Ocean View Lodge LODGE $
(☎902-383-2512; www.hinesoceanviewlodge.ca; Meat Cove; Zi. 60 C$, ganzes Haus 200 C$; 📶🐾) Die abgelegene Unterkunft oben am Ende einer eigenen Zufahrtsstraße (die von der Meat Cove Rd ausgeschildert ist) hat schlichte, fast schlafsaalartige Zimmer und eine Gemeinschaftsküche. Die Aussicht ist atemberaubend, aber die Bleibe eignet sich eigentlich nur für Einsiedler. Nur Barzahlung.

Meat Cove Campground CAMPING $
(☎902-383-2379; www.meatcovecampground.ca; 2475 Meat Cove Rd, Capstick; Stellplatz Zelt/Hütte ab 30/60 C$; ⏲Juni–Nov; 📶) Der abgelegene Campingplatz hat eine zweifellos spektakuläre Lage auf einer grasbewachsenen Klippe hoch über dem Ozean mitten im Nirgendwo. Die vier Hütten ohne Strom und sanitäre Anlagen teilen sich die Aussicht; Bettzeug muss man selber mitbringen. Vorsicht: Es gibt keine Schutzgeländer, und Camper sind hier schon in den Tod gestürzt. Deswegen ist die Anlage auch nicht wirklich für Kinder geeignet. Der Wind kann hier sehr heftig werden.

Chowder House SEAFOOD $$
(☎902-336-2463; 90 Lighthouse Rd, Neil's Harbour; Chowder 7–12 C$, Hauptgerichte 14–24 C$; ⏲Mai–Okt. 11–20 Uhr) Das Restaurant, draußen jenseits des Leuchtturms von Neil's Harbour, ist ideal für ein Mittag- oder Abendessen. Es ist berühmt für seine Chowder,

serviert zum Abendessen aber auch großartige Eismeerkrabben, Hummer, Muscheln und mehr. Einheimische essen hier gern und plaudern mit den weitgereisten Besuchern, während man sich mit dem Saft der Meeresfrüchte bekleckert.

Praktische Informationen

Meat Cove Welcome Center (☎ 902-383-2284; 2296 Meat Cove Rd, Meat Cove; ⌚ Juli–Sept. 8–20.30 Uhr;) In dem Visitors Center gibt's ausgezeichnete Infos zu Wanderwegen, Gelegenheit, seine E-Mails zu checken und etwas zu essen (von Sandwiches bis zu Hummer zum Abendessen). Wenn alle Plätze am Startpunkt des Weges besetzt sind, kann man hier sein Auto abstellen.

Baddeck

Die Grenze zwischen dem Hoch- und dem Tiefland ist in Baddeck erreicht, einem ältlichen Ferienort in bukolischer Landschaft am Nordufer des Bras d'Or Lake – einem Binnen-Salzwassersee, an dem Weißkopfseeadler nisten und sich Papageientaucher tummeln. Mit 1099 km² ist der See der größte in Nova Scotia und teilt Cape Breton Island nahezu in zwei Hälften. Gleich südlich von Baddeck liegt das Reservat der **Wagmatcook First Nation** (www.wagmatcook.com), das aus zwei Mi'kmaq-Siedlungen besteht.

Sehenswertes

★ Alexander Graham Bell National Historic Site MUSEUM

(☎ 902-295-2069; www.pc.gc.ca; 559 Chebucto St; Erw./Kind 8/4 C$; ⌚ Mai–Okt. 9–18 Uhr) In der Nähe seines Sommerhauses Beinn Bhreagh (auf der gegenüberliegenden Seite der Bucht von Baddeck) wurde der Erfinder des Telefons beigesetzt. Das ausgezeichnete Museum der Alexander Graham Bell National Historic Site, die sich im Osten der Stadt befindet, beleuchtet alle Aspekte der Erfindungen und Entdeckungen von Bell. Schon die Lebensgeschichte Bells ist faszinierend. Ausgestellt und erklärt werden hier medizinische und elektrische Apparate, Telegrafen, Telefone, Drachen und Wasserflugzeuge.

Great Hall of the Clans Museum MUSEUM

(☎ 902-295-3411; www.gaeliccollege.edu/great-hall-of-the-clans; 51779 Cabot Trail, Englishtown; Erw./Kind 8/6 C$; ⌚ Juni–Okt. Mo–Fr 9–17 Uhr) Das Museum im Gaelic College of Celtic Arts & Crafts, rund 20 km nördlich von Baddeck, zeichnet die Geschichte der Kelten von der Antike bis zur Vertreibung der ansässigen Bevölkerung aus dem schottischen Hochland bei Einführung der flächendeckenden Schafzucht nach.

Wagmatcook Culture & Heritage Centre MUSEUM

(☎ 902-295-2999; www.wagmatcookcentre.com; Hwy 105, Wagmatcook; ⌚ Mai–Okt. 9–20 Uhr, Nov.–April kürzere Öffnungszeiten) Das etwas leer wirkende Kulturzentrum in der Mi'kmaq-Gemeinde Wagmatcook gleich westlich von Baddeck gibt einen Einblick in Geschichte und Kultur der Mi'kmaq.

Geführte Touren

Amoeba SEEREISE

(☎ 902-295-7780; www.amoebasailingtours.com; 2 Std. Erw./Kind 25/10 C$; ⌚ Juni–Okt.) Mit einem klassischen Segelschoner geht es auf Segeltörn über den Bras d'Or Lake. Dabei fährt man auch an Alexander Graham Bells riesigem Landsitz Beinn Bhreagh vorbei. Mit etwas Glück kann man unterwegs auch Weißkopfseeadler sehen.

Schlafen

Bear on the Lake Guesthouse HOSTEL $

(☎ 866-718-5253; www.bearonthelake.com; 10705 Hwy 105, Aberdeen; B/Zi. 32/78 C$; P) Das lustige Gästehaus zwischen Wagmatcook und der nächsten Ortschaft Whycocomagh blickt auf den See. Es gibt Schlafsaalbetten und private Zimmer, einladende Gemeinschaftsbereiche und eine große, sonnige Terrasse. Backpacker sollten bedenken, dass man hier ohne Fahrzeug sehr isoliert ist, weil es in der Nähe keine Einrichtungen oder Verkehrsverbindungen gibt.

★ Silver Dart Lodge LODGE $$

(☎ 902-295-2340; www.maritimeinns.com; 257 Shore Road; Zi./Chalet ab 150/180 C$; P) Das Silver Dart punktet mit kürzlich gründlich renovierten Zimmern von schlichten Chalets mit Kochnische hinten auf dem Gelände bis zu motelartigen Wohneinheiten. Der McCurdy's Dining Room, das auf dem Gelände befindliche Barrestaurant, bietet gutes Essen und eine hübsche Aussicht. Für heiße Sommertage gibt es sogar einen Pool von ordentlicher Größe.

Dunlop Inn B&B $$

(☎ 902-295-1100; www.dunlopinn.com; 552 Chebucto St; DZ 120–170 C$; P) Das idyllische historische B&B hat eine unschlagbare Lage direkt am Ufer des Bras d'Or Lake und damit natürlich einen herrlichen Ausblick. Die fünf in sich abgeschlossenen Zimmer sind geschmackvoll eingerichtet, und die Küche, in der man sein Frühstück zubereiten kann, ist frisch renoviert.

Lynwood Inn INN $$
(☎902-295-1995; www.lynwoodinn.com; 441 Shore Rd; DZ ab 100 C$; 📶) Die Zimmer in diesem riesigen Gasthof gehen mit viktorianischen Holzbetten, ruhigem Farbschema und luftigen Wohnzimmern weit über den üblichen Hotelstandard hinaus. Unten gibt's ein familiäres Restaurant, das morgens, mittags und abends geöffnet ist. Das Frühstück ist nicht im Zimmerpreis enthalten.

Broadwater Inn & Cottages INN $$
(☎902-295-1101; www.broadwaterinn.com; 975 Bay Rd; Zi. 129–159 C$, Cottage 149–289 C$; ⊙Mai–Nov.; P📶🐾) Das ungefähr 1830 errichtete Wohnhaus an einer ruhigen Stelle 2 km nordöstlich von Baddeck, gehörte einst J. A. D. McCurdy, einem Flugpionier, der mit Alexander Graham Bell zusammenarbeitete. Die Zimmer in dem Gästehaus sind sehr stimmungsvoll mit feinen Drucken geschmückt und haben eine schöne Aussicht auf die Bucht. Die modernen Cottages liegen im Wald und sind prima für Familien.

Essen & Ausgehen

Herring Choker Deli DELI $
(☎902-295-2275; www.herringchokerdeli.com; 1958 Hwy 105; Stück 6–15 C$; ⊙Mai–Okt. 9–18 Uhr; 📶) Der Deli am Hwy 105, 12 km südwestlich von Baddeck, ist eine der besten Adressen in der Region für Gourmet-Sandwiches, Suppen und Salate.

High Wheeler Cafe CAFÉ $
(902-295-3006; 486 Chebucto St; Sandwiches 9 C$; ⊙ Mai–Okt. 6–20 Uhr) Das Café verkauft hervorragendes Brot und Gebäck (auch glutenfreies), große, leckere Sandwiches, gefüllte Tortillas, Suppen und vieles mehr. Das Eis zum Nachtisch lässt man sich am besten auf der sonnigen Terrasse schmecken. Lunchpakete als Proviant für Wanderer werden ebenfalls verkauft.

★**Baddeck Lobster Suppers** SEAFOOD $$$
(☎902-925-3307; www.baddecklobstersuppers.ca; 17 Ross St; Hauptgerichte 22–28 C$; ⊙Juni–Okt. 16–21 Uhr) In dieser Institution in der ehemaligen Veteranenhalle gibt's Hummer, Lachs, Eismeerkrabben oder Roastbeef mit Muscheln, so viel man essen kann, Chowder und Nachtisch für 38 C$. Man kann hier Delikatessen verdrücken, ohne sich auf die Zwänge eines feinen Speiselokals einlassen zu müssen.

Big Spruce Brewing KLEINBRAUEREI
(☎902-295-2537; www.bigspruce.ca; 64 Yankee Line Rd, Nyanza; ⊙12–19 Uhr) In der ca. 14 km südwestlich von Baddeck auf einer Farm gelegenen Brauerei kann man sich einen Krug ungefilterten, unpasteurisierten, „unglaublichen guten" vor Ort gebrauten Biers abfüllen.

☆ Unterhaltung

Baddeck Gathering Ceilidhs LIVEMUSIK
(☎902-295-0971; www.baddeckgathering.com; 8 Old Margaree Rd, St. Michael's Parish Hall; Erw./Kind ab 10/5 C$; ⊙ Juli & Aug. 19.30 Uhr) Abends wird in der Gemeindehalle, die mitten im Ort gleich gegenüber dem Tourist Information Centre zu finden ist, gefiedelt und getanzt.

ℹ Praktische Informationen

Visit Baddeck (www.visitbaddeck.com) Bietet Karten sowie Infos zu Tourveranstaltern, Golfplätzen und mehr.

Tourist Information Centre (☎902-295-1911; 454 Chebucto St; ⊙Juni–Okt. 10–16 Uhr)

ℹ An- & Weiterreise

Baddeck liegt am Trans-Canada Hwy (Hwy 105), 78 km südwestlich von Sydney.

Maritime Bus (www.maritimebus.com) betreibt täglich ein oder zwei Busse nach Sydney (21 C$, 1½ Std.) und Halifax (64 C$, 5½ Std.).

North Sydney

North Sydney ist eine kleine, freundliche Industriestadt, in der es nicht viel zu tun oder zu sehen gibt. Traveller kommen hier durch, wenn sie von Sydney aus zum Cabot Trail wollen oder mit der Fähre aus Newfoundland kommen bzw. mit ihr nach Newfoundland fahren wollen.

Schlafen & Essen

A Boat to Sea B&B $$
(☎902-794-8326; www.aboattosea.com; 61 Queen St; Zi. 100–110 C$; P⊖📶🐾) Das prachtvolle Haus mit Buntglas und einer skurrilen Sammlung von Antiquitäten liegt umgeben von schönen Parkanlagen (in denen sich auch Weißkopfseeadler blicken lassen) direkt am Ufer. Man entspannt auf

der Uferterrasse und genießt das herzhafte Frühstück. In der Hauptsaison muss man mindestens zwei Nächte bleiben; da es nur drei Zimmer gibt, sollte man unbedingt vorab reservieren.

Heritage Home B&B B&B **$$**
(☎902-794-4815; www.bedandbreakfastnorthsydney.com; 110 Queen St; Zi. 110–120 C$;) Das außerordentlich schön dekorierte, gepflegte viktorianische Wohnhaus ist eine für den verlangten Preis extrem elegante Bleibe. Das Frühstück wird im Haus zubereitet, und die meisten Zimmer haben ein eigenes Bad.

Bette's Kitchen SEAFOOD **$**
(☎902-794-4452; 138 Queen St; Hauptgerichte 9–18 C$; ⌚12–20 Uhr) Dies ist der angesagte Ort auf Cape Breton Island für ein gutes, altmodisches Pfannengericht. Gebratene Muscheln, zarter panierter Fisch und goldbraune, knusprige Pommes – alles ist sehr gut, aber vielleicht nicht unbedingt gesund. Aber hier gilt das Motto: Man lebt nur einmal.

★ **Black Spoon** MODERN KANADISCH **$$**
(☎902-241-3300; www.blackspoonbistro.com; 320 Commercial St; Hauptgerichte 12–19 C$; ⌚Mo–Do 11–20, Fr & Sa bis 21 Uhr) In diesem hippen Restaurant mit schwarz-beigem Farbschema speist man lecker abgewandelte, vor Ort beliebte Gerichte wie panierten Schellfisch mit Mango-Salsa oder einen farbenfrohen gegrillten Gemüsesalat mit Ziegenkäse. Zu trinken gibt's Espresso, Cocktails und eine gute Auswahl an Weinen.

Lobster Pound & Moore SEAFOOD **$$**
(☎902-794-2992; 161 Queen St; Hauptgerichte 14–38 C$; ⌚Mittag bis 20 Uhr) Weil die Hummer hier meist gut 1 kg wiegen, sollte man mit möglichst viel Appetit anreisen. Neben der Quantität zählen natürlich die hohe Qualität und die Frische der leckeren Gerichte. Spezialitäten des Hauses sind gegrillte Steaks auf koreanische Art, Fischeintopf sowie die mit frischem Hummer gefüllten Ravioli. Das Ambiente ist eine Mischung aus schickem Bistro und schlichtem Fischimbiss.

ℹ An- & Weiterreise

North Sydney ist 21 km von Sydney und 48 km vom Cabot Trail entfernt, den man in Indian Brook mit der rund um die Uhr fahrenden Autofähre aus Englishtown erreicht (7 C$, 5 Min.).

North Sydney ist der Startpunkt der **Fähren von Marine Atlantic** (☎800-341-7981; www.marine-atlantic.ca) nach Port-aux-Basques (einfache Strecke Erw./Kind 44/21 C$, 6–8 Std.) und Argentia in Newfoundland (einfache Strecke Erw./Kind 116/65 C$, 16 Std.). Die Mitnahme eines normalen Autos kostet nach Port-aux-Basques 114 C$ und nach Argentia 203 C$ zusätzlich.

Sydney

☎902 / 31600 EW.

Die zweitgrößte Stadt in Nova Scotia und die einzige richtige Stadt auf Cape Breton Island war einst das pulsierende Herz der ehemaligen Industrieregion. Die mittlerweile geschlossene Stahlhütte und die aufgelassenen Zechen waren früher die größten Arbeitgeber der Insel. Nun fühlt sich die Stadt ein wenig verlassen an, aber es gibt noch einige schöne alte Häuser zu sehen. Die meisten finden sich im Wohnviertel North End, wo auch die meisten B&Bs anzutreffen sind. Sydney verfügt über gute Verkehrsverbindungen und eignet sich deshalb gut als Ausgangspunkt, um Louisbourg und den Cabot Trail zu erkunden. Außerdem sind die Preise hier deutlich niedriger als in den landschaftlich reizvolleren Gegenden.

Sehenswertes

Im Zentrum ist die Charlotte St von Geschäften und Restaurants gesäumt, entlang der Esplanade gibt es eine schöne Promenade. Das historische Viertel North End versprüht durchaus Charme. Acht Gebäude wurden dort vor 1802 errichtet und sind auf zwei Straßenblöcke konzentriert. Drei Gebäude sind öffentlich zugänglich.

★ **Cape Breton Miners' Museum** MUSEUM
(☎902-849-4522; www.minersmuseum.com; 42 Birkley St, Glace Bay; Führung & Minenbesuch Erw./Kind 15/13 C$; ⌚10–18 Uhr) Glace Bay, 6 km nordöstlich von Sydney, wäre nur eine beliebige dahinsiechende Bergwerkssiedlung, gäbe es nicht dieses Museum. Das Highlight ist die abenteuerliche, für Klaustrophobiker ungeeignete Tour „Men of the Deeps", die, geleitet von einem pensionierten Bergarbeiter, zu stillgelegten Minen unter dem Meeresboden führt. Empfehlenswert ist das Museumsrestaurant (11–20 Uhr) mit Meeresfrüchten, Sandwiches, Burgern (Hauptgerichte 13–28 C$) und Mittagsbuffet (12–14 Uhr).

Jost Heritage House HISTORISCHES GEBÄUDE
(☎902-539-0366; 54 Charlotte St; 3 C$; ⌚Mo–Sa 9–17, So 13–17.30 Uhr) In dem historischen Gebäude sind Schiffsmodelle und Arzneien ausgestellt, die ein Apotheker im frühen 20. Jh. verwendete.

Cape Breton Centre for Heritage & Science MUSEUM
(902-539-1572; 225 George St; 2 C$; Mo–Sa 9–16 Uhr) Das bescheidene Heimatmuseum erkundet die soziale und die Naturgeschichte von Cape Breton Island.

St. Patrick's Church Museum HISTORISCHES GEBÄUDE
(902-562-8237; 87 Esplanade; 2 C$; Juni–Okt. Mo–Sa 9–17 Uhr) Die 1828 im gotischen Pionierstil errichtete St. Patrick's Church ist die älteste katholische Kirche auf Cape Breton Island und beherbergt heute ein Museum, das sich der religiösen Vergangenheit der Stadt widmet.

Cossit House HISTORISCHES GEBÄUDE
(902-539-7973; http://cossithouse.novascotia.ca; 75 Charlotte St; Erw./erm. 2/1 C$; Juni–Okt. Mo–Sa 9–17, So 13–17 Uhr) Das 1787 erbaute Cossit House ist das älteste Haus in Sydney und eines der ältesten erhaltenen Gebäude in Nova Scotia.

Geführte Touren

Ghosts & Legends of Historic Sydney STADTSPAZIERGANG
(902-539-1572; www.oldsydney.com; Tour 13 C$; Juli & Aug. Do 18.30 Uhr) Der gruselige Stadtrundgang startet am St. Patrick's Church Museum, führt zu einer Reihe von historischen Gebäuden und endet mit Tee und Scones.

Schlafen & Essen

In Sydney gibt's ein paar ordentliche Kettenhotels. Anders als sonst fast überall auf der Insel sind die meisten Unterkünfte ganzjährig geöffnet.

★ **Colby House** B&B $$
(902-539-4095; www.colbyhousebb.com; 10 Park St; Zi. 100–125 C$;) Allein um in den Genuss des durchaus bezahlbaren Luxus dieses außergewöhnlichen B&B zu kommen, lohnt es sich, in Sydney zu übernachten. Nachdem die Besitzerin von Berufs wegen ganz Kanada bereist hatte, beschloss sie, ihren Gästen all das zu bieten, was sie unterwegs auch gern gehabt hätte und oft schmerzlich vermisste. Das Ergebnis ist eine wunderschöne Mischung aus alten Traditionen und modernem Design, die angenehmste Bettwäsche, die man sich vorstellen kann, Bademäntel für die Gäste, und zu viele andere unzählige, nette Kleinigkeiten, um sie alle hier aufzuzählen.

Hampton Inn by Hilton HOTEL $$
(855-605-0317; www.hilton.com; 60 Maillard St; DZ 149–269 C$;) Das eindrucksvolle, besonders bei Familien beliebte Touristenhotel liegt etwas abseits der Action in Sydneys Uferbereich. Die sehr großen, stilvollen und komfortablen Zimmer entsprechen dem Standard dieser Kette, und das Hotelpersonal ist ausgezeichnet.

Cambridge Suites Sydney HOTEL $$
(902-562-6500; www.cambridgesuitessydney.com; 380 Esplanade; DZ 139–239 C$;) Das smarte Hotel in nahezu unschlagbarer Innenstadtlage hat komfortable, nett renovierte Zimmer in verschiedener Größe, von denen viele einen Blick aufs Wasser bieten. Im Preis inbegriffen sind ein ordentliches Frühstücksbuffet mit Selbstbedienung und der WLAN-Zugang.

Gathering House B&B B&B $$
(902-539-7172; kmp38@msn.com; 148 Crescent St; Zi. 85–125 C$;) Das einladende B&B in einem schon etwas baufälligen viktorianischen Haus liegt in der Nähe des Zentrums. Hier fühlt man sich nicht fremd, sondern als Teil einer großen, bunten Familie.

Governors Pub & Eatery KNEIPENESSEN $$
(902-562-7646; www.governorseatery.com; 233 Esplanade; Hauptgerichte 9–22 C$; 11–23 Uhr) Das mit Abstand beliebteste Lokal in Sydney. Hier kann man sich unter die Leute mischen, die nach der Arbeit einen Drink nehmen, sich mit Gourmet-Kneipenkost aus lokalen Zutaten stärken und abends Livemusik, z. B. mittwochs eine irische Jam-Session, erleben. Wer auftritt, erfährt man auf der Website.

Flavor on the Water MODERN KANADISCH $$
(902-567-1043; www.cbflavor.com/flavor; 60 Esplanade; Hauptgerichte 11–28 C$; 11–20 Uhr;) Sydneys schickstes Restaurant an der Esplanade bietet kunstvoll angerichtete Gerichte aus lokalen Zutaten, von Salaten, Sandwiches und Burgern am Mittag bis zu Fisch, Hähnchen und Steaks am Abend. Das Restaurant selbst ist mit seinen hohen Decken und der Lage am Ufer stilvoll und beeindruckend. Auf der Website steht alles über seine bescheidenen Anfänge und die weiteren örtlichen Filialen.

Unterhaltung

Fiedler und andere Volksmusiker von der Westküste der Insel und viele tourende Bands treten in der Gegend auf.

Savoy Theatre THEATER
(☎902-842-1577; www.savoytheatre.com; 116 Commercial St, Glace Bay) Das 6 km außerhalb von Sydney in Glace Bay gelegene prachtvolle Savoy Theatre von 1920 ist die wichtigste Unterhaltungsstätte in der Region.

Casino Nova Scotia CASINO
(☎902-563-7777; www.sydney.casinonovascotia.com; 525 George St; ⏲11–3 Uhr) Das beliebte Casino (viel mehr gibt's in der Stadt nicht zu tun) bietet Hunderte von einarmigen Banditen, Blackjack- und Pokertische sowie Live-Unterhaltung.

Praktische Informationen

Sydney Port Tourist Information (☎902-539-9876; 74 Esplanade; ⏲8.30–18 Uhr) Hat Karten und Broschüren zu Sydney und Cape Breton Island.

An- & Weiterreise

Sydney ist über die Straßen 403 km von Halifax entfernt. Busse von **Maritime Bus** (www.maritimebus.com) fahren von Sydney nach Halifax (72,50 C$, 7 Std.) und Truro (63,50 C$, 5 Std.), wo man Anschluss an Busse nach New Brunswick und Prince Edward Island hat.

Wenn man vorab bucht und ein Fahrer verfügbar ist, bringt einen **Bay Luxury Shuttle** (☎855-673-8083; www.capebretonshuttle.ca) von Glace Bay über North Sydney, Sydney und den Hwy 105 nach Halifax (einfache Strecke ab 65 C$).

Sydneys kleiner **J. A. Douglas McCurdy Airport** (S. 369) liegt 13 km vom Zentrum entfernt. Air Canada und Westjet bieten Direktflüge nach Halifax und Toronto.

Air St-Pierre (☎877-277-7765; www.airsaintpierre.com) bietet weniger häufige, saisonale Flüge zu dem französischen Überseegebiet Saint-Pierre und Miquelon.

Louisbourg

Das 35 km südöstlich von Sydney gelegene Louisbourg ist berühmt für seine historische Festung. Die Stadt selbst ist mit ihrem Fischereihafen und alten Seebären sehr stimmungsvoll und freundlich.

Sehenswertes

★ **Louisbourg National Historic Site** HISTORISCHE STÄTTE
(☎902-733-3552; www.fortressoflouisbourg.ca; 58 Wolfe St; Erw./Kind 18/9 C$; ⏲9.30–17 Uhr) Zur Erkundung dieser außerordentlichen historischen Stätte braucht man ein paar Stunden. Die Festung Louisbourg wurde hier im originalgetreuen Zustand von 1744 nachgebildet – bis hin zu den Menschen: Kostümierte Darsteller stellen die Staffage. Den ganzen Tag über gibt's kostenlose Führungen über das Gelände. Traveller mit Gehbehinderungen können einen Pass bekommen und im Auto auf das Gelände fahren.

Die zum Schutz der französischen Interessen in der Region errichtete Festung war zudem ein Hafen für den Kabeljaufang und ein regionales Verwaltungszentrum. Louisbourg wurde zwischen 1719 bis 1745 kontinuierlich ausgebaut. Die Briten eroberten die Festung 1745 nach einer 46-tägigen Belagerung, aber auch danach wechselte sie noch zweimal den Besitzer. Nachdem britische Truppen unter dem Kommando von General James Wolfe die Stadt Québec erobert hatten, wurden 1760 die Mauern der Festung Louisbourg geschleift und der Ort bis auf die Grundmauern niedergebrannt.

Als viele Kohleminen auf Cape Breton Island geschlossen wurden, finanzierte die kanadische Regierung hier 1961 als Arbeitsbeschaffungsmaßnahme das größte historische Rekonstruktionsprojekt der kanadischen Geschichte.

Trotz der gewaltigen Rekonstruktionsarbeit sind drei Viertel von Louisbourg immer noch Ruinen. Der 2,5 km lange **Ruins Walk** führt durch das unberührte Terrain. Ein kurzer Lehrpfad widmet sich den Beziehungen zwischen den Franzosen und den Mi'kmaq.

Louisbourg Lighthouse LEUCHTTURM
(555 Havenside Rd) Kanadas erster Leuchtturm wurde 1734 an dieser wilden, rauen und äußerst malerischen Stelle errichtet. Der heutige Leuchtturm nahm 1923 seinen Betrieb auf. Man kann ihn nicht betreten, aber das Gelände erkunden und auf einem rauen, 6 km langen **Wanderweg** der Küste durch Sümpfe und über glatt geschliffene Granitfelsen aus dem Präkambrium folgen.

Schlafen & Essen

★ **Cranberry Cove Inn** INN $$
(☎902-733-2171; www.cranberrycoveinn.com; 12 Wolfe St; Zi. 105–160 C$; ⏲Mai–Nov.; 📶) Angefangen von der dunkel-rosa Fassade bis zur perfekten Innenausstattung versetzt einen das umwerfende B&B in die gute alte Zeit. Jedes Zimmer ist unterschiedlich gestaltet, einige haben einen Whirlpool und Kamin.

Point of View Suites INN $$
(☎888-374-8439; www.louisbourgpointofview.com; 15 Commercial St Extension; Zi. 125–265 C$;

ABSTECHER

MEMORY LANE HERITAGE VILLAGE

20 Fahrtminuten außerhalb von Tangier gibt's ein hervorragendes Beispiel dafür, wie eine Gemeinde zusammenarbeiten kann, um ihre Geschichte zu bewahren. Mithilfe einer Reihe liebevoll umgesetzter und restaurierter Gebäude und vielen Antiquitäten wurde hier ein **Dorf** (☎877-287-0697; www.heritagevillage.ca; 5435 Clam Harbour Rd, Lake Charlotte; ⌚Juni–Sept. 11–16 Uhr) der Eastern Shore im Geist der 1940er-Jahre nachgestaltet. Man sieht alte Autos, eine Farm mit Tieren (die Kinder freut's), eine Schule, eine Kirche, eine Bergarbeiterhütte, eine Schmiede, Schiffbauwerkstätten und vieles mehr. Ein Muss nicht nur für Geschichtsinteressierte!

P ⊖ ❄ ☎) Wem B&Bs nicht zusagen, für den ist diese Anlage die beste Option vor Ort. Es gibt hier verschiedene Unterkünfte, von Motelzimmern bis zu in sich abgeschlossenen Apartments mit komplett ausgestatteter Küche. Die meisten Räumlichkeiten bieten einen wundervollen Ausblick auf den Hafen.

Grubstake KANADISCH $$
(☎902-733-2308; www.grubstake.ca; 7499 Main St; Hauptgerichte mittags 8–18 C$, abends 16–35 C$; ⌚11–20 Uhr) Das zwanglose Restaurant ist das Beste der Stadt. Auf der Speisekarte stehen mittags Hamburger mit Beilagen, abends hingegen Pasta und frischer Fisch.

Beggar's Banquet SEAFOOD $$$
(☎888-374-8439; www.louisbourgpointofview.com; 15 Commercial St. Extension; Gerichte 38 C$; ⌚Juli–Sept. 18–20 Uhr) Hier dürfen Gäste endlich selbst in ein Kostüm jener Zeit schlüpfen und sich in einer rekonstruierten Taverne aus dem 18. Jh. an den örtlichen Fisch- und Meeresfrüchtespezialitäten erfreuen. Es stehen vier köstliche und reichhaltige Hauptgerichte zur Wahl, teilweise mit Krebs und Hummer.

☆ Unterhaltung

Louisbourg Playhouse THEATER
(☎902-733-2996; www.louisbourgplayhouse.ca; 11 Lower Warren St; Tickets ab 15 C$; ⌚Juni–Aug. 20 Uhr–open end) Junge Musiker aus der Region sorgen in diesem Theater im Stil des 17. Jhs. für gute Unterhaltung.

ℹ Praktische Informationen

Touristeninformation (☎902-733-2720; 7495 Main St; ⌚9–19 Uhr) Die von der Destination Cape Breton Association betriebene Touristeninformation findet sich im Zentrum.

EASTERN SHORE

Wer sich vor den sommerlichen Massen in den Nebel flüchten möchte, sollte diese unberührte Region erkunden. In der Eastern Shore, die sich am anderen Ufer des Hafens von Halifax von den Vororten von Dartmouth bis nach Cape Canso an der äußersten Ostspitze des Festlands erstreckt, gibt es keine größeren Ortschaften, und die Hauptstraße ist fast ebenso gewunden und verschlungen wie die zerklüftete Küstenlinie, der sie folgt. Ein Paradies für alle, die Tiere beobachten und beim Wandern, Kajakfahren oder Angeln Wildnis pur erleben wollen!

Früher waren die Dörfer in der Region nur auf dem Wasserweg verbunden, dann kam die Eisenbahn, die aber später wieder eingestellt wurde. Die widerstandsfähigen, eng zusammenhaltenden Gemeinden haben sich ihre Traditionen jahrzehntelang bewahrt.

👁 Sehenswertes & Aktivitäten

An der gesamten Eastern Shore gibt's schöne, lange, weiße Sandstrände, das Wasser bleibt aber immer recht kalt. Der nächste und geschäftigste dieser Strände ist der 1 km lange **Rainbow Haven** mit Toiletten, Duschen, einer Kantine und einem Plankenweg mit rollstuhlgerechtem Strandzugang. Der Badebereich wird von Rettungsschwimmern überwacht.

Das beliebteste Surferziel ist der mit Kieseln bedeckte **Lawrencetown Beach**. Er blickt direkt nach Süden und empfängt oft starke Wellen, die von Hurrikanen und tropischen Stürmen, die Hunderte Kilometer entfernt tobten, ausgelöst wurden. Der Strand hat einen überwachten Badebereich, Toiletten und eine Kantine. Wer surfen möchte, aber kein Brett dabei hat, oder wer surfen lernen will, wendet sich an die **East Coast Surf School** (☎902-449-9488; www.ecsurfschool.com; 4348 Lawrencetown Rd, East Lawrencetown; Kurs ab 75 C$).

Der **Martinique Beach** ist der längste Badestrand in Nova Scotia und der schönste in der Region; der weiße Strand erstreckt sich auf mehr als 3 km vor einer grasbewachsenen Landschaft. Wem das Wasser zum Baden zu kalt ist, kann hier spazieren gehen, Vögel beobachten oder Frisbee spielen.

Schlafen & Essen

Liscombe Lodge Resort RESORT $$
(☎ 902-779-2307; www.liscombelodge.ca; 2884 Nova Scotia Trunk 7, Marie Joseph; Zi. 149–199 C$, Chalet 175–285 C$; ⏲ Mai–Okt.) Ein Traum für Naturfreunde: Die weitläufige, ländliche Anlage umfasst 30 geräumige, schön dekorierte Zimmer im Haupthaus am Fluss, eine rustikale Hütte kanadischer Art mit drei Schlafzimmern und 17 niedliche Chalets samt Kamin, Terrasse und Blick auf den Fluss und das waldige Gelände.

Dobbit Bakehouse BÄCKEREI $
(☎ 902-889-2919; 7896 Hwy 7, Musquodoboit Harbour; Backwaren 2–6 C$; ⏲ 8–17 Uhr; WLAN) In der wunderbaren Landbäckerei kann man mit dem Bäcker, der alles über die Gegend weiß, ein Schwätzchen halten. Die Bäckerei liefert rustikales, frisches Brot und Backwaren, die ohne Konservierungsstoffe und wo immer möglich nur aus örtlichen saisonalen Zutaten hergestellt werden. Das Angebot ändert sich täglich. Kostenloses WLAN.

Guysborough

Das verschlafene Guysborough wurde nach dem Amerikanischen Unabhängigkeitskrieg von britischen Loyalisten besiedelt. Trotz seiner langen Geschichte muss die malerische Gemeinde wie viele in der Region um ihr wirtschaftliches Überleben kämpfen. Ein paar Investitionen in den letzten Jahren haben ihren touristischen Reiz ein wenig erhöht.

Sehenswertes & Aktivitäten

Der 26 km lange **Guysborough Trail** ist ein Teilstück des Trans Canada Trail (TCT). Wanderer und Radfahrer finden hier ideale Bedingungen, während die geschützten Buchten zum Paddeln einladen.

Old Court House Museum MUSEUM
(☎ 902-533-4008; 106 Church St; ⏲ Mo–Fr 9–17, Sa–So 10–16 Uhr) GRATIS Zu sehen sind Ausstellungsstücke aus der Land- und Hauswirtschaft. Erhältlich sind auch Wanderführer und touristische Informationen.

Schlafen & Essen

Boylston Provincial Park CAMPING $
(☎ 902-533-3326; www.parks.gov.ns.ca; am Hwy 16; Stellplatz 18 C$) Die 36 schattigen Stellplätze sind niemals komplett belegt. Vom Picknickplatz am Highway unterhalb des Campingplatzes führt eine Fußgängerbrücke zu einer kleinen Insel rund 12 km nördlich von Guysborough.

Desbarres Manor INN $$
(☎ 902-533-2099; www.desbarresmanor.com; 90 Church St; Zi. 189–259 C$; WLAN) Das 1830 erbaute, renovierte Herrenhaus hat opulente Zimmer, teils mit Blick aufs Wasser. Eine gute Wahl, wenn man im Ort übernachten will.

Rare Bird Pub KNEIPENESSEN $$
(☎ 902-533-2128; www.rarebirdpub.com; 80 Main St; Hauptgerichte 12–18 C$; ⏲ Mai–Okt. 11.30–20 Uhr) Das Bird ist ein logischer Zwischenstopp für ein örtliches Ale, einen Topf Muscheln, etwas Ostküstenmusik an den Wochenenden und den gelegentlichen Fiedler am Kai. Das Programm steht auf der Website.

Canso

Canso, einer der ältesten nordamerikanischen Seehäfen, präsentiert sich heute als einsame Ballung von schachtelartigen Fischerhäusern am baumlosen Ufer der Chedabucto Bay. Der lange von der Fischerei abhängige Ort hat mit Abwanderung und Arbeitslosigkeit zu kämpfen, seit gegen 1990 die Bestände des atlantischen Kabeljaus stark schrumpften.

Sehenswertes & Aktivitäten

Grassy Island National Historic Site HISTORISCHE STÄTTE
(☎ 902-366-3136; www.pc.gc.ca; 1465 Union Street; Erwartete Spende 3,50 C$; ⏲ Juni–Sept. 10– 18 Uhr) Das Informationszentrum am Wasser erzählt die spannende Geschichte der Grassy Island National Historic Site, die unmittelbar vor der Küste liegt und täglich bis 16 Uhr per Boot besucht werden kann. Sie erinnert an ein kleines Fort, das die Briten 1720 errichteten, um die Insel gegen die Franzosen, die ihr Hauptquartier in Louisbourg hatten, zu verteidigen. Doch schon 1744 wurde das Fort komplett zerstört. Für die Besichtigung der Ruinen wurde ein **Wanderweg** mit acht Schautafeln eingerichtet, die die Geschichte der Gegend erläutern. Das Boot nach Grassy Island fährt je nach Bedarf und Wetterlage vor dem Infozentrum ab.

Whitman House Museum MUSEUM
(☎ 902-366-2170; 1297 Union St; ⏲ Juni–Sept. 9–17 Uhr) GRATIS Das Museum im 1885 er-

NICHT VERSÄUMEN

TAYLOR HEAD PROVINCIAL PARK

Der spektakuläre **Park** (☎902-772-2218; http://parks.novascotia.ca/content/taylor-head; 20140 Hwy 7, Spry Bay) ist ein eher unbekanntes landschaftliches Highlight in Nova Scotia. Er umfasst eine Halbinsel, die 6,5 km weit in den Atlantik hineinragt. Auf der einen Seite zieht sich ein langer Strand mit sehr feinem Sand entlang, der zu einer geschützten Bucht hinausläuft.

Ungefähr 17 km Wanderwege durchziehen die Fichten- und Tannenwälder. Der 8 km lange Rundweg **Headland Trail** ist der längste von ihnen und folgt der zerklüfteten Küstenlinie bis zum Taylor Head, von dem aus man einen traumhaften Panoramablick genießt. Der kürzere **Bob Bluff Trail** ist ein 3 km langer Rundweg bis zu einer Steilküste mit hübscher Aussicht.

bauten Whitman House zeigt Exponate zur Stadtgeschichte und bietet einen wunderbaren Blick von der Aussichtsterrasse auf dem Dach. Das Museum fungiert auch als Cansos inoffizielle Touristeninformation.

Chapel Gully Trail WANDERN

Der 10 km lange Planken- und Wanderweg zieht sich an der Flussmündung bis hinaus zur Küste hin. Er beginnt nahe dem Leuchtturm auf dem Hügel hinter dem Hospital am östlichen Ende von Canso.

Feste & Events

★ **Stan Rogers Folk Festival** MUSIK

(www.stanfest.com; ⏲Juli) Die meisten Besucher kommen wegen des Stan Rogers Folk Festivals, des größten Festivals in Nova Scotia, nach Canso. Dann vervierfacht sich die Zahl der Menschen im Ort, und auf sechs Bühnen treten Folk-, Blues- und andere traditionelle Musiker aus aller Welt auf.

Schlafen

Last Port Motel MOTEL $$

(☎902-366-2400; www.lastportmotel.ca; 10 Hwy 16; Zi. 80–100 C$; P📶) Die einzige Unterkunft in Canso ist dieses schlichte, aber blitzsaubere und sehr freundliche Motel gleich vor dem Ort.

Tangier

Rund 10 km südwestlich des Taylor Head Provincial Park bietet sich in Tangier eine der besten Möglichkeiten zum **Kajakfahren** in den Seeprovinzen.

Das sehr empfehlenswerte **Coastal Adventures Sea Kayaking** (☎902-772-2774; www.coastaladventures.com; abseits des Hwy 7; Tour ab 75 C$, Einer-/Zweierkajak ab 50/70 C$; ⏲Juni–Sept.) verleiht Kajaks und bietet Einführungs-Kajaktrips, längere geführte Kajaktouren und für Übernachtungsgäste gemütliche Zimmer.

Wenn man nicht campen oder mit den Kajakfahrern abhängen will, finden sich die nächstgelegenen Unterkünfte in Dartmouth. Wer einige Zeit in den Buchten der Gegend paddeln möchte, sollte unbedingt Verpflegung mitbringen. Die Einrichtungen in der Gegend sind begrenzt. Mit **Murphy's Camping on the Ocean** (☎902-772-2700; www.murphyscamping.ca; 291 Murphy's Rd; Stellplatz Zelt/Wohnmobil 27/39 C$; ⏲Mai–Okt.; 📶🐾) geht's aus dem Zelt hinaus aufs Wasser zum Muschelfang. Beim anschließenden Strand-Barbecue verzehrt man die Mühen seiner Arbeit und lauscht den Geschichten, die Brian, der Inhaber der Anlage, zum Besten gibt. Es gibt hier Wohnmobil-Stellplätze, Wohnmobile, in die man sich einmieten kann, geschützte Zeltstellplätze und ein sehr rustikales Zimmer für bis zu vier Personen über der Anlegestelle.

New Brunswick

Inhalt ➡

Gut essen

- Rossmount Inn Restaurant (S. 452)
- Port City Royal (S. 462)
- Naru (S. 441)
- Inn at Whale Cove (S. 457)
- Manuka (S. 470)

Schön übernachten

- Quartermain House B&B (S. 440)
- Algonquin Resort (S. 451)
- Mahogany Manor (S. 461)
- Hotel Paulin (S. 477)
- Treadwell Inn (S. 451)

Auf nach New Brunswick!

Im frühen 20. Jh. war New Brunswick schwer angesagt: Millionenschwere Geschäftsleute, Baseballprofis der Major League und US-Präsidenten kamen hierher, um Lachse in silbern glänzenden Flüssen zu angeln und in rustikalen Lodges tief im Urwald zu nächtigen. Doch über die Jahrzehnte fiel New Brunswick wieder in einen Dornröschenschlaf. Heute nennen es manche Kanadier scherzhaft die *drive-through province* (Durchfahrtsprovinz), da die meisten Reisenden schnell zu den bekannteren Nachbarn Prince Edward Island (P. E. I.) und Nova Scotia weiter wollen.

Doch die unberührte Wildnis existiert immer noch: Flüsse und küstennahe Inseln laden zum Kajakfahren ein, schneebedeckte Berge zum Skifahren und malerische akadische Dörfer zum Erkunden. Wer dies alles auf der Durchfahrt nicht einfach links liegen lässt, tut sich selbst einen großen Gefallen. Und die P. E. I. ist danach immer noch da – versprochen!

Reisezeit

Fredericton

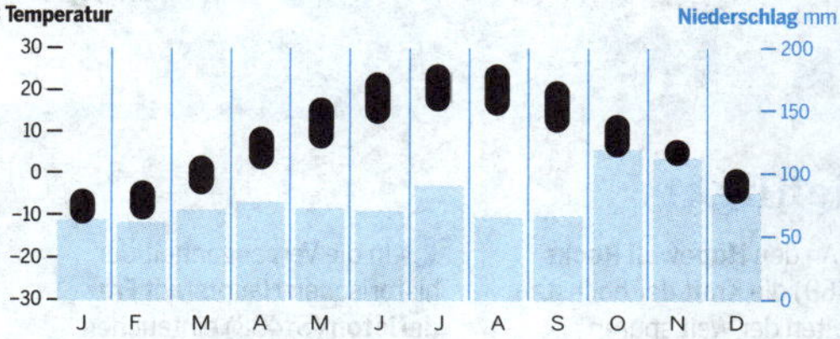

Juli–Sept. Walbeobachter strömen in Scharen nach St. Andrews By-The-Sea.

Aug. Das Festival Acadien in Caraquet entfesselt den frankokanadischen Geist der Akadier.

Nov.–März Skilangläufer bevölkern die präparierten Loipen im Fundy National Park.

Highlights

1. An den **Hopewell Rocks** (S. 469) die Kraft der höchsten Gezeiten der Welt spüren
2. Das malerische Küstenstädtchen **St. Andrews By-The-Sea** (S. 449) entdecken
3. Auf **Grand Manan Island** (S. 455) entspannen und sich die frische Meeresluft um die Nase wehen lassen
4. In die Vergangenheit der historischen Hauptstadt **Fredericton** (S. 438) eintauchen
5. Im **Kouchibouguac National Park** (S. 473) am Strand liegen oder in der Lagune planschen
6. Im rekonstruierten **Acadian Historic Village** (S. 477) ein Stück akadische Geschichte erleben
7. Auf den Märkten von **Moncton** (S. 469) Delikatessen genießen
8. In **Saint John** (S. 458) in die Hipster-Essensszene eintauchen
9. Auf **Campobello Island** (S. 454) den Spuren Franklin D. Roosevelts folgen, der hier am liebsten seine Urlaube verbrachte

Geschichte

Die heutige Provinz New Brunswick war ursprünglich das Land der Mi'kmaq und der vor allem im Westen und Süden heimischen Maliseet. Viele Orte tragen noch immer die indianischen Namen, obwohl sich der Siedlungsraum der heute noch rund 17000 Ureinwohner auf einige kleine Landstriche beschränkt.

Mit dem Forschungsreisenden Samuel de Champlain kamen um 1600 die ersten französischen Siedler ins Land. Die Akadier, wie sie genannt wurden, bestellten das Land rund um die Bay of Fundy. Nachdem sie 1755 von den Engländern vertrieben worden waren, kamen viele später an die Baie de Chaleurs zurück. Mit Ausbruch des amerikanischen Unabhängigkeitskrieges suchten in den darauffolgenden Jahren zahlreiche britische Loyalisten aus Boston und New York Zuflucht in der Wildnis von New Brunswick.

Diese Flüchtlinge ließen sich in den Tälern der Flüsse Saint John und St. Croix nieder, gründeten die Stadt Saint John und verstärkten die Garnisonsstadt Fredericton.

Im 19. Jh. boomte die Holzwirtschaft und der Schiffsbau, mit Beginn des 20. Jhs. kamen andere Industriezweige wie die Fischerei hinzu. Diese Zeit der Blüte endete mit der Weltwirtschaftskrise. Heute gehören die Papier- und Zellstoffproduktion, Mineralölverarbeitung und der Kartoffelanbau zu den wichtigsten Wirtschaftszweigen der Provinz.

Geografie & Klima

Die vielfältige Landschaft der Provinz besteht aus feuchten, felsigen Küstengebieten, Flusstälern mit gemäßigtem Binnenklima und dicht bewaldeten Gebirgen im Landesinneren. Die allgemein milden Sommer haben wenige heiße Tage. Vor allem im Frühjahr und Frühsommer tritt an der Bay of Fundy oft Küstennebel auf. Hauptsaison ist von Ende Juni bis Anfang September. Im übrigen Jahr haben viele touristische Einrichtungen wie Strände sowie manche Unterkünfte in Urlaubsgebieten geschlossen und geführte Touren werden nicht angeboten.

Sprache

New Brunswick ist Kanadas einzige offizielle zweisprachige Provinz: ein Drittel der Einwohner spricht Französisch als Muttersprache. Besucher können sich leicht auf Englisch oder Französisch verständigen.

KURZINFOS NEW BRUNSWICK

- Bevölkerung: 756800
- Fläche: 73400 km²
- Hauptstadt: Fredericton
- Skurriles: Heimat von drei der weltgrößten Skulpturen ihrer Art: einem Hummer (Shediac), einer Axt (Nackawic) und einer Gruppe von Farnspitzen (Plaster Rock).

An- & Weiterreise

AUTO & MOTORRAD

Auto- und Motorradfahrer gelangen vor allem über Edmundston und Houlton, via Nova Scotia und P. E. I. oder Maine (USA), nach New Brunswick. Ostwärts geht's über die Confederation Bridge gratis von Cape Jourmain zur P. E. I. – gezahlt wird auf der Rückfahrt. Trotz meist geringem Verkehrsaufkommen ist an der Grenze zu Maine mit Verzögerungen beim Zoll zu rechnen.

BUS

Maritime Bus (☎ 800-575-1807; www.maritimebus.com) bedient die Hauptrouten in New Brunswick. Die Busse fahren auch nach Nova Scotia, zur P. E. I. und bis nach Rivière-du-Loup (Québec), wo **Orléans Express** (☎ 888-999-3977; www.orleansexpress.com) mit seinen Bussen Anschlüsse Richtung Westen bietet.

FLUGZEUG

Air Canada fliegt mehrmals täglich von Halifax, Montreal, Ottawa und Toronto nach Moncton, Saint John, Fredericton und Bathurst. Von Toronto nach Moncton fliegt auch WestJet. WestJet bedient auch Fredericton.

SCHIFF/FÄHRE

Die Gesellschaft **Bay Ferries** (☎ 877-762-7245; www.bayferries.com; Erw./Kind/Senioren 46/31/36 C$, Auto/Fahrrad 92/10 C$) verkehrt ganzjährig zwischen Saint John und Digby in Nova Scotia. Die dreistündige Überfahrt kann viel Fahrzeit mit dem Auto oder Bus ersparen.

Kostenlose staatliche Fähren fahren zur Deer Island und zur White Head Island. **East Coast Ferries** (☎ 506-747-2159; www.eastcoastferries.nb.ca; Auto & Fahrer 16 C$, zusätzlicher Passagier 3 C$; ⊙ 9–19 Uhr) verkehrt zwischen der Campobello Island und der Deer Island. Eine weitere private Fährgesellschaft fährt außerdem zur Grand Manan Island. Im Voraus buchen.

ZUG

Passagierzüge der **VIA Rail** (☎ 888-842-7245; www.viarail.ca) verkehren zwischen Montréal und Halifax und halten in Campbellton, Bathurst, Miramichi und Moncton.

FREDERICTON

56 000 EW.

Vorbei an prächtigen Regierungsgebäuden am Ufer und der auf einem Hügel gelegenen Universität schlängelt sich der Saint John River träge durch das malerische Fredericton, die verschlafene Hauptstadt der Provinz. Am von Bäumen gesäumten Fluss erstrecken sich ausgedehnte Rasenflächen, über die sich Springbrunnen, Spazierpfade und Spielfelder verteilen: An warmen Wochenenden erinnert „The Green" an ein Aquarellgemälde mit spazierengehenden Familien, Fußball spielenden Kindern und picknickenden Paaren.

Das kleine Geschäftsviertel der Innenstadt steht auf einem flachen, breiten Areal an einer Flussbiegung. Ladenfassaden aus rotem Backstein und Wohnstraßen mit mächtigen Ulmen, üppigen Blumenbeeten und wunderbar erhaltenen Villen aus georgianischer oder viktorianischer Zeit prägen das Bild. Einzelne Kirchturmspitzen durchbrechen das Blätterdach über dem Zentrum.

Sehenswertes

Der zwei Straßenblöcke breite Streifen an der Queen St, zwischen der York St und der Regent St, bilden den Historic Garrison District. Der Bezirk umfasst den Barracks Square (S. 438) und den Officers' Square (S. 439). 1875 wurde Fredericton zur Hauptstadt der neu geschaffenen Provinz New Brunswick erklärt. Die Garnison beherbergte britische Soldaten über weite Teile des späten 18. und frühen 19. Jhs. Heute ist sie ein belebter Mehrzweckkomplex mit beeindruckender Steinarchitektur.

★ Beaverbrook Art Gallery — MUSEUM

(www.beaverbrookartgallery.org; 703 Queen St; Erw./Kind 10 C$/frei; ⌚Mo–Mi, Fr & Sa 10–17, Do bis 21, So 12–17 Uhr) Diese ausgezeichnete Galerie war ein Geschenk von Lord Beaverbrook an die Stadt (s. Beaverbrook House, S. 475). Ihre außergewöhnliche Sammlung umfasst Werke von international bekannten Künstlern und lohnt einen einstündigen Besuch. Ausgestellt sind u. a. Werke von Dalí, Freud, Gainsborough und Turner sowie von kanadischen Künstlern, z. B. Tom Thompson, Emily Carr und Cornelius Kreighoff. Wechselausstellungen zeigen zeitgenössischer Kunst aus den atlantischen Provinzen Kanadas.

Zum Zeitpunkt der Recherche wurde an einer mehrere Millionen Dollar teuren Erweiterung der Galerie gearbeitet, die möglicherweise inzwischen abgeschlossen ist.

Barracks Square — PLATZ

(497 Queen St) Der Barracks Square im Garrison District (der zwei Straßenblöcke und eine bedeutende nationale historische Stätte umfasst) ist eingerahmt von den Soldiers' Barracks und dem Guard House. Hier kann man sehen, wie der Durchschnittssoldat in den 1820er-Jahren lebte (schlechtes Essen, zu viel Alkohol). Wer keinen Dienst hatte, konnte sich in dem 1828 erbauten Guard House auf einem Bett aus Holzplanken ausruhen. Die Bedingungen waren schlicht mies (besonders für die in den Zellen).

Loyalist Village — HISTORISCHE STÄTTE

(☎506-363-4999; www.kingslanding.nb.ca; 5804 Rte 102, Prince William; Erw./Kind/Fam. 18/12,50/42 C$; ⌚Mitte Juni–Okt. 10–17 Uhr) Eine der interessantesten Stätten der Provinz ist dieses rekonstruierte Loyalistendorf aus dem frühen 19. Jh. 36 km westlich von Fredericton. Eine Belegschaft aus kostümierten Mitarbeitern verwandelt das Dorf durch Rollenspiele in Häusern, einer Schule, einer Kirche, einem Laden und einer für das letzte Jahrhundert typischen Sägemühle in ein lebendes Museum. Besucher erhalten so einen Eindruck vom Pionierleben in den Seeprovinzen. Den ganzen Tag über finden Vorführungen und Veranstaltungen statt; Pferdekutschen fahren die Besucher spazieren. Das Dorf bietet fantastische Kinderprogramme; regelmäßig gibt's außerdem Sonderveranstaltungen.

Das King's Head Inn, ein Pub aus der Mitte des 18. Jhs., serviert traditionelle Gerichte und Getränke bei Kerzenschein. Hier kann man gut einen halben Tag oder mehr verbringen. Das wohlhabende Leben der Loyalisten lässt sich eindrucksvoll mit dem Leben im Acadian Historic Village (S. 477) in Caraquet vergleichen.

Old Loyalist Burial Ground — FRIEDHOF

(Brunswick St; ⌚8–21 Uhr) Der stimmungsvolle Loyalistenfriedhof von 1784 vermittelt Geschichte auf eine ganz eigene, nachdenklich stimmende Weise: Hier ruhen viele Großfamilien und furchtbar früh verstorbene Kinder. Nach dem Amerikanischen Unabhängigkeitskrieg von 1776 kamen königstreue Loyalisten aus den 13 englischen Kolonien nach Fredericton.

Christ Church Cathedral — KIRCHE

(http://cccath.ca/wp; 168 Church St) Die Kathedrale von 1853 ist ein ausgezeichnetes frühes Beispiel für die neogotischen Architektur des 19. Jhs. Ihre Buntglasfenster sind wunder-

Fredericton

Fredericton

Highlights

1 Beaverbrook Art Gallery D2

Sehenswertes

2 Barracks Square D1
3 Christ Church Cathedral D2
4 Fredericton Region Museum D1
5 Government House A1
6 Officers' Square D1
7 Old Loyalist Burial Ground C2

Aktivitäten, Kurse & Touren

Haunted Hikes .... (siehe 8)
8 Heritage Walking Tours D2
9 Lighthouse on the Green C2
10 Second Nature Outdoors A1

Schlafen

11 Carriage House Inn D3
12 Crowne Plaza Lord Beaverbrook C2
13 Quartermain House B&B D3

Essen

14 540 Kitchen & Bar D1
15 Caribbean Flavas B2
16 Chess Piece Patisserie & Cafe C1
17 Fredericton Boyce Farmers Market C2
18 Naru D1
19 Ten Resto C2
20 The Palate D1

Ausgehen & Nachtleben

21 Boom! Nightclub D1
22 Lunar Rogue Pub C2
23 Red Rover Ciderhouse D1

Unterhaltung

24 Playhouse D2

schön. Das architektonische Vorbild war die St. Mary's Church in Snettisham (Norfolk).

Government House HISTORISCHES GEBÄUDE
(www.gnb.ca/lg/ogh; 51 Woodstock Rd; ⏲Mo–Sa 10–16, So 12–16 Uhr) GRATIS Der prächtige Sandsteinpalast wurde 1826 für den britischen Vizegouverneur errichtet. Der Statthalter der Königin zog 1893 aus, nachdem die Provinzverwaltung nicht mehr für seine Ausgaben aufkommen wollte. Über den Großteil des 20. Jhs. diente der Komplex als Hauptquartier der Royal Canadian Mounted Police (RCMP). Heute erinnern Touren mit historisch kostümierten Führern an die alten Tage.

Officers' Square HISTORISCHE STÄTTE
(www.historicgarrisondistrict.ca; zwischen Carleton St & Regent St; ⏲Wachwechsel tgl. 11 & 16 Uhr, Juli & Aug. auch Do 19 Uhr) Der Officers' Sq ist der

frühere Paradeplatz des Garrison District. Heute finden hier sommerliche Wachwechsel in prächtigen, traditionellen Uniformen statt. Ebenfalls in den Sommermonaten gibt das Calithumpians Outdoor Summer Theatre vor Ort seine beliebten lustigen historischen Parodien (Mo–Fr/Sa & So 12.15/14 Uhr) zum Besten; abends werden dann auch Konzerte mit Jazz, Rock und keltischer Musik veranstaltet (weitere Details s. Website).

Fredericton Region Museum MUSEUM
(☎506-455-6041; www.frederictonregionmuseum.com; Officers' Sq; Erw./Student 5/2 C$; ⊙Juli & Aug. 10–17 Uhr, April–Juni & Sept.–Nov. bis 16 Uhr, Dez.–März auf Anfrage) Das Museum ist in den Offiziersquartieren aus dem 19. Jh. auf der Westseite des Officer's Square untergebracht. Es beleuchtet die Stadtgeschichte z. B. anhand von Militaria, die örtliche Regimenter oder britische bzw. deutsche Armeen im Burenkrieg und beiden Weltkriegen benutzten. Gezeigt werden auch indigene und akadische Stücke sowie Möbel, die aus dem Wohnzimmer eines Loyalisten und einem viktorianischen Schlafgemach stammen. Unbedingt Frederictons legendären „Coleman Frog" (19 kg) anschauen! Echter Frosch oder Gipsmodell? Tja, das ist eine gute Frage.

Aktivitäten

Lighthouse on the Green WANDERN, RADFAHREN
(Ecke Regent St & St Anne Point Dr; ⊙9–18 Uhr) Rund um die Stadt und entlang des Flusses schlängeln sich auf einer Gesamtlänge von 87 km Freizeitwege, die am Leuchtturm am Fluss beginnen oder sich hier überschneiden. Der Leuchtturm, der Teil des Trans Canada Trails ist, fungiert gleichzeitig als Terrassen-Restaurant mit Schankerlaubnis.

Second Nature Outdoors BOOTFAHREN
(www.secondnatureoutdoors.com; abseits Woodstock Rd; Kajak 15 C$/Std., Fahrrad 15 C$/½ Tag; ⊙Mai–Sept.) Im Small Craft Aquatic Centre am Saint John River neben dem Government House vermietet Second Nature Outdoors Kanus, Kajaks, Stehpaddelboards und Fahrräder. Man kann sich am Heart Island Resort absetzen lassen und nach Lust und Kondition flussabwärts paddeln ...

Haunted Hikes STADTSPAZIERGANG
(☎506-457-1975; www.calithumpians.com; 796a Queen St; Erw./Kind 14/9 C$; ⊙ Juli & Aug., Mo–Sa, 21 Uhr) Schauspieler von der Universität veranstalten makaber verkleidet unterhaltsame Geistertouren.

Heritage Walking Tours STADTSPAZIERGANG
(☎506 457 1975; 796 Queen St; ⊙Juli & Aug. tgl. 10–14.30 & 17 Uhr, Juni, Sept. & Okt. 16 Uhr) GRATIS Die jungen, engagierten Guides in historischen Kostümen leiten gute Gratisführungen (1 Std.). Die Tour startet am Rathaus. Besucht werden u.a. das Flussufer, das Regierungsviertel und der Historic Garrison District.

Feste & Events

New Brunswick Highland Games Festival KULTUR
(⊙Ende Juli) Kilts, Klans und Keltentum dominieren diese fantastischen und unterhaltsamen Highland-Spiele, die jährlich auf dem Grundstück des Government House veranstaltet werden. Wettkämpfer und Besucher feiern hier gemeinsam die schottische Kultur, mit Tanz, Baumstammwerfen, Whiskeyproben, Dudelsackmusik und mehr.

Silver Wave Film Festival FILM
(www.swfilmfest.com; ⊙Anfang Nov.) Organisator des dreitägigen Filmfestivals ist die NB Filmmakers' Cooperative. Gezeigt werden Filme aus New Brunswick, Kanada und dem Rest der Welt. Lesungen ergänzen das Programm.

Schlafen

Am Bishop Drive und an der Prospect St (südwestlich des Zentrums) befinden sich einige Budget- und Mittelklassemotels.

Mactaquac Provincial Park Campground CAMPING $
(☎506-444-5205; https://parcsnbparks.ca/Mactaquac; 1256 Hwy 105; Stellplatz Zelt & Wohnmobil 32 C$; ⊙Juni–Okt.) 26 km westlich von Fredericton (und 10 km nördlich des Kings Landing Settlement) bietet der resortartige und kinderfreundliche Mactaquac Provincial Park Schwimmstrände, Picknickplätze, Gelegenheiten zum Fischen und Wandern, einen Bootsverleih und einen riesigen Campingplatz.

★ **Quartermain House B & B** B&B $$
(☎506-206-5255; www.quartermainhouse.com; 92 Waterloo Row; Zi. 110–145 C$) Das bei weitem beste B & B in New Brunswick bietet alles, was man sich erträumt: ein wunderschönes historisches Gebäude in der exklusiven Waterloo Row; herzliche, professionelle Gastgeber, und ein unglaubliches Frühstück. Der Preis ist im Vergleich zu anderen Unterkünften in der Gegend irrwitzig, aber wer etwas Geld verprassen möchte, sollte es hier tun.

Delta Fredericton BUSINESSHOTEL $$
(506-457-7000; www.marriott.com; 225 Woodstock Rd; Zi. ab 159 C$;) Wer ein vorhersehbares Kettenhotel erwartet, wird überrascht sein. Die Lage am Ufer des Saint John River und an einem Flussweg ist ideal. Die letzten Renovierungsarbeiten haben dem Hotel gut getan: Besucher erwarten große und sehr schöne Zimmer und eine Reihe von Annehmlichkeiten, z. B. Pools, Restaurants und ein Fitnessstudio. Das Frühstück ist nicht im Preis enthalten. Das Hotel befindet sich in Laufnähe zum Zentrum.

University of New Brunswick UNIVERSITÄTSUNTERKÜNFTE $$
(506-447-3227; http://stay.unb.ca; 20 Bailey Dr; EZ/DZ/3BZ mit eigenem Bad 54/84/115 C$; EZ/DZ mit Gemeinschaftsbad 40/62,50 C$; Mai–Mitte Aug. 7–23 Uhr;) Frederictons einzige Budgetunterkunft gehört zur Universität. Die Preise sind unschlagbar, aber leider werden die Zimmer nur im Sommer vermietet. Die älteren Zimmer teilen sich Gemeinschaftsbäder; zur Entschädigung wird ein kleines kontinentales Frühstück serviert. Die „Suiten" haben eigene Bäder und Küchenzeilen. Die Zimmer sind etwas karg eingerichtet, aber der Campus mit Blicken auf Fredericton und den Saint John River ist wunderbar.

Brennan's B & B B & B $$
(506-455-7346; www.bbcanada.com/3892.html; 146 Waterloo Row; EZ 115–195 C$, DZ 125–210 C$, inkl. Frühstück;) Diese weiße, mit Türmen verzierte Villa wurde 1885 für eine wohlhabende Holzhändlerfamilie gebaut. Heute beherbergt das Herrenhaus ein schönes B & B mit sechs Zimmern. Drei blicken aufs Wasser; zwei sind mit Küchenzeilen ausgestattet. Das gesamte Haus schmücken wunderschöne Durchbrucharbeiten.

Carriage House Inn B & B $$
(506-452-9924; www.carriagehouse-inn.net; 230 University Ave; Zi. inkl. Frühstück 129–149 C$;) In einem schattigen viktorianischen Viertel nahe dem „Green" steht dieses 1875 im Queen-Ann-Stil erbaute Haus. Ursprünglich wurde es für einen Holzbaron und Ex-Bürgermeister Frederictons errichtet. Der prächtige Gemeinschaftsraum ist mit polierten Parkettböden, Antiquitäten, bequemen Sofas, offenen Kaminen und einem Flügel ausgestattet. Im Obergeschoss beginnt der Zahn der Zeit zu nagen: Die Zimmer sind bezaubernd, aber verblasst, und ihre hohen Decken, Blumentapeten und Kunstwerke lassen ihr Alter (und ihre mangelnde Pflege) erahnen. Eine breite Veranda lädt zum Entspannen ein.

Crowne Plaza Lord Beaverbrook HOTEL $$$
(506-455-3371; www.cpfredericton.com; 659 Queen St; Zi. 120–270 C$;) Lord Beaverbrook hat der Stadt auch dieses Innenstadthotel von 1948 vermacht. Hochzeitsgesellschaften, Kongressteilnehmer und Geschäftsreisende sorgen hier stets für Hochbetrieb. Sehenswerte Bibermosaike zieren die Fassade. Die 168 Zimmer sind komfortabel, zeigen aber erste Alterserscheinungen. Online nach Sonderangeboten Ausschau halten.

Essen

Chess Piece Patisserie & Cafe CAFÉ $
(www.chesspiece.ca; 361 Queen St; Snacks 3–8 C$; Mo–Fr 7–21, Sa 8–21, So 10–16 Uhr) Dieses kleine, relaxte Café mit eigener Konditorei bzw. Bäckerei ist ein wunderbarer Neuzugang der lokalen Szene. Fast nirgendwo in Fredericton gibt's besseren Kaffee oder bessere Suppe. Echte Genießer kommen jedoch wegen der großzügigen Kuchen- und Gebäckstücke, die vor Ort aus hochwertigen Zutaten zubereitet werden und ein Genuss für Gaumen und Augen sind.

Fredericton Boyce Farmers Market MARKT $
(www.frederictonfarmersmarket.ca; 665 George St; Sa 6–13 Uhr) Diese Institution von Fredericton ist eine prima Anlaufstelle, wenn man frisches Obst, Gemüse, Fleisch, Käse, Kunsthandwerk, Desserts und Blumen sucht. Viele der ca. 150 Stände spiegeln das europäische Stadterbe: es gibt deutsche Würstchen, französische Entenleberpastete und britische Orangenmarmelade. Im Marktrestaurant stehen die Einheimischen Schlange, um zu tratschen und Leute zu beobachten.

★ **Ten Resto** INTERNATIONAL $$
(506-206-3951; www.facebook.com/tenresto; 87 Regent St; Hauptgerichte 19–30 C$; Di–Sa 17–21 Uhr;) Ein Besuch in diesem hübschen Restaurant ähnelt ein bisschen einem ungewöhnlichen Zahlenspiel: Es gibt zehn Tische und zehn Gerichte und die Speisekarte ändert sich zehnmal pro Jahr. Das bedeutet, dass man entweder in einem sehr leeren oder einem sehr vollen Lokal sitzt – je nach Reservierungszeiten. Der Grund dafür ist, dass die Besitzer Keith und Shelley wollen, dass sich ihre Gäste wie zu Hause fühlen.

★ **Naru** JAPANISCH $$
(536 Queen St; Hauptgerichte 12–15 C$; Mo–Do & Sa 11–21, Fr bis 22 Uhr;) Ein Wort der War-

nung an Fans der japanischen Küche, die es lieber puristisch mögen: In diesem hervorragenden Restaurant werden lokale kanadische Erzeugnisse und Ideen auf raffinierte Weise in japanischen Rezepten verarbeitet. Angesichts der qualitativ hochwertigen kanadischen Meeresfrüchte und anderen Erzeugnisse sowie der delikaten Präsentation sind die Ergebnisse überwältigend. Die Auswahl an *sashimi*, *maki* und *tempura*, aber auch die mit Parmesan und *tobiko* garnierten Jakobsmuschel-Rollen sind hervorragend. Hier gibt's zudem eine gute Auswahl an vegetarischen Gerichten.

The Palate INTERNATIONAL **$$**
(www.thepalate.com; 462 Queen St; Hauptgerichte 19–22 C$; ⊙ Mo–Fr 11–15 & 17–21, Sa 10–15 & 17–21 Uhr) Dieses einfache, familienfreundliche Restaurant bietet italienisches Bistro-Feeling. Das Schöne an dieser Institution von Fredericton ist, dass das Palate nicht auf Eigenlob angewiesen ist. Das Restaurant hat den Test der Zeit in der lebendigen Gastropub-Szene der Stadt bestanden und macht seit 16 Jahren, was es am besten kann: Einfache, aber leckere Seafood-, Hühnchen- und Pasta-Gerichte. Die frischen Zutaten kommen zum Teil aus dem eigenen Garten.

540 Kitchen & Bar INTERNATIONAL **$$**
(540 Queen St; Hauptgerichte 14–32 C$; ⊙ Mo & Di 11.30–21, Mi & Do bis 22, Fr & Sa bis 23 Uhr; ✎) Ein toller Gastropub, der seinem Motto treu geblieben ist: Lokale Erzeugnisse, alles selbst zubereitet, saisonale Speisekarte. Der Schweinebauch oder die Rippchen vom Frühlingslamm lassen sich hervorragend mit einer der vielen Biersorten herunterspülen. Zur Wahl stehen zehn Sorten vom Fass, alles Erzeugnisse lokaler Mikrobrauereien. Hier gibt es außerdem hervorragende vegetarische Gerichte. Das Restaurant ist beliebt – unbedingt früh kommen oder reservieren.

Caribbean Flavas KARIBISCH **$$**
(www.caribbeanflavas.ca; 123 York St; Hauptgerichte 15–30 C$; ⊙ Di–Fr 11.30–14.30, Di–Sa 16:30–20 Uhr) Aromen und Farben der karibischen Küche prägen die Gerichte in diesem hellen, kleinen Restaurant, das sich bestens für eine leckere Mahlzeit in zwangloser Atmosphäre eignet. Zu den Gerichten werden nur Fruchtsäfte serviert (d.h.: es gibt keinen Alkohol).

Schnitzel Parlour DEUTSCH **$$**
(☎ 506-450-2520; www.theschnitzelparlour.com; 304 Union St; Hauptgerichte 15–21 C$; ⊙ Di–Sa 17.30–20 Uhr) Das gemütliche Landgasthaus am Nordufer des Flusses hat sich auf herzhafte, traditionelle deutsche Küche spezialisiert. Auf der Karte stehen u.a. pikantes Gulasch (die Geheimzutat heißt Schokolade), Wildschwein-Eintopf und neun verschiedene Schnitzelarten mit hausgemachten Spätzle. Alkoholische Getränke müssen die Gäste selbst mitbringen. Die hauseigene Chocolaterie Fackleman (dieselben Öffnungszeiten wie das Restaurant) verkauft Trüffel und bekannte europäische Torten.

Ausgehen & Nachtleben

Abends erwachen die Bars, Pubs und Dachterrassen-Restaurants an der King St und Queen St zum Leben. Craft-Bier und ein hervorragendes Ciderhouse sind besonders beliebt. Das jüngere Publikum trifft sich (zum Trinken) im Tannery. Der ehemalige Gerbereikomplex beherbergt eine Reihe von Bars und Restaurants.

Red Rover Ciderhouse BAR
(www.facebook.com/redroverbrew; 546 Queen St; ⊙ Mo 17–21, Di–Do 12–21, Fr & Sa 12–22 Uhr) Wer kein Craft-Bier mehr sehen kann, oder Wein oder Cocktails bevorzugt, ist in diesem geselligen Ciderhouse im Industriestil bestens aufgehoben. Hier gibt es Craft-Cider, der von New Brunswicks besten (und äußerst leidenschaftlichen) Cider-Herstellern erzeugt wird. Diese sind ständig bemüht, ihre Cider aus kanadischen Äpfeln und die Palette an Geschmacksvarianten (derzeit 14) zu perfektionieren. Für Ihre Mühen wurden sie bereits mehrfach ausgezeichnet.

Lunar Rogue Pub PUB
(www.lunarrogue.com; 625 King St; ⊙ Mo–Sa 11 Uhr–open end, So bis 22 Uhr) Der Pub wird aus gutem Grund als „eine der großen Whiskeybars der Welt" bezeichnet: In dem fröhlichen Einheimischentreff gibt's eine sehenswerte Auswahl an Single Malts. Die Außenveranda eignet sich hervorragend, um ein Glas nach dem anderen zu genießen. Hier ist bei warmen Wetter die Hölle los.

Eine gute Grundlage für die edlen Tropfen bietet das hervorragende Frühstück oder eines der Hauptgerichte (8–14 C$).

Boom! Nightclub CLUB
(www.boomnightclub.ca; 474 Queen St; Eintritt 5–8 C$; ⊙ Mi–So 20 Uhr–open end) In der hippen Mixtur aus Schwulenbar und Tanzclub sind amüsierfreudige Leute jeder Couleur willkommen.

★ Unterhaltung

Im Sommer veranstalten die Venues im Zentrum zwischen dem Officers' Square und dem Lighthouse-on-the-Green **Open-Air-Sommerkonzerte** (www.tourismfredericton.ca). Von schottischer Dudelsack- und Trommelmusik bis zu Country & Blues ist alles vertreten. Die Termine stehen auf der Website.

Playhouse THEATER
(☎866-884-5800; www.theplayhouse.nb.ca; 686 Queen St) Ganzjährig finden hier Konzerte, Theater- und Ballettaufführungen und andere Veranstaltungen statt.

ℹ Praktische Informationen

Im ganzen Zentrum gibt es kostenloses WLAN. Darüber hinaus bietet die **Fredericton Public Library** (12 Carleton St; ⏰ Mo, Di & Do 10–17, Mi & Fr bis 21 Uhr) kostenlosen Internetzugang nach dem Prinzip: Wer zuerst kommt, mahlt zuerst.

Dr. Everett Chalmers Hospital (☎506-452-5400; 700 Priestman St) 2 km südlich des Stadtzentrums.

Hauptpost (☎506-444-8602; 570 Queen St; ⏰ Mo–Fr 8–17 Uhr)

Visitor Information Centre (☎506-460-2129; www.tourismfredericton.ca; City Hall, 397 Queen St; ⏰ Juli & Aug. 10–20 Uhr, Juni & Sept. bis 17 Uhr, Mai & Okt. bis 16.30 Uhr) Besucher können hier kostenlose Parkausweise für die Innenstadt erhalten. Ein zusätzliches Büro öffnet während der Sommermonate am Kings Landing (42 Prince William Rd, Prince William; ⏰ Juni–Okt. 10.30–17.30 Uhr).

ℹ An- & Weiterreise

AUTO & MOTORRAD

Von Mai bis Oktober berechtigen Fahrzeuge mit einer Zulassung außerhalb der Provinz zu einem kostenlosen, drei Tage gültigen Parkausweis für das Zentrum. Die Ausweise gibt's im **Visitor Center** (S. 443) in der City Hall. Für Besucher mit einem Fahrzeug aus New Brunswick gibt es einen kostenlosen Tagesausweis. Die großen Autovermietungen haben Büros am Flughafen.

BUS

Der Terminal von **Maritime Bus** (☎506-455-2049; www.maritimebus.com; 105 Dundonald St; ⏰ Mo–Fr 8–20; Sa & So 10–20 Uhr) ist einige Kilometer südwestlich des Zentrums. Von hier aus fahren Busse u. a. nach Moncton (44 C$, 2¼ Std., 2-mal tgl.); Charlottetown, P. E. I. (69 C$, 5½ Std., 2-mal tgl.); Bangor, ME (58 C$, 7½ Std., 1-mal tgl.); und Saint John (31 C$, 1½ Std., 2-mal tgl.).

FLUGZEUG

Der **Fredericton International Airport** (YFC; ☎506-460-0920; www.frederictonairport.ca) liegt 14 km südöstlich der Stadt am Hwy 102. Von hier aus fliegt AirCanada in die USA, z. B. nach New York und Orlando (mit Zwischenstopp in anderen kanadischen Städten), und nach Großbritannien (London). Von Fredericton gibt es außerdem viele Inlandsflüge.

ℹ Unterwegs vor Ort

Ein Taxi zum Flughafen kostet 18 bis 22 C$.

In der Stadt gibt es ein passables Stadtbusnetz. Einzeltickets kosten 3 C$ inklusive Umsteigen. Die Busse verkehren Montag bis Samstag von 6.15 bis 23 Uhr. Die meisten Stadtbusrouten beginnen an der King's Place Mall (an der King St zwischen York & Carleton).

Radical Edge (☎506-459-3478; www.radicaledge.ca; 386 Queen St; 25 C$/Tag) verleiht Fahrräder.

OBERES TAL DES SAINT JOHN RIVER

Der Saint John River windet sich an der Westgrenze von New Brunswick durch dichte Wälder und üppig grüne Felder, bahnt sich zwischen baumbestandenen Ufern seinen Weg durch die Provinzhauptstadt Fredericton und fließt zwischen flachen Inseln durch eine sanfte Hügellandschaft, bevor er schließlich nach 700 km in die Bay of Fundy mündet. Der mächtige Strom ist die Hauptattraktion der Provinz und bildete jahrhundertelang deren Hauptverkehrsader. Die malerische Flusslandschaft lässt sich am besten bei der Fahrt mit dem Auto oder mit dem Fahrrad auf dem Trans-Canada-Trail (TCT) genießen. Der Streckenverlauf folgt dem Fluss über fast die gesamte Länge.

Mit dem Auto hat man die Wahl zwischen zwei Routen durch das Tal: dem schnelleren, meist am westlichen Flussufer verlaufenden Trans-Canada-Highway (Hwy 2) und dem alten, landschaftlich reizvolleren Hwy 105 am Ostufer, der sich durch viele kleine Dörfer schlängelt. Unterwegs zweigen der Hwy 17 (bei St. Leonard) und die Rte 385 (bei Perth-Andover) ab und führen Richtung Nordosten durch die Appalachen in den wildromantischen Mt. Carleton Provincial Park.

Mt. Carleton Provincial Park & das Tobique Valley

Der 17427 ha große Provinzpark ist eines der am besten gehütetsten Geheimnisse der Region. Er bietet Besuchern eine Wildnis aus

Bergen, Tälern, Flüssen und Tieren, u.a. Elche, Hirsche und Bären. Die Hauptattraktion des Parks sind eisbedeckte Berggipfel und -kämme, darunter der Mt. Carleton (820 m). Der Gebirgszug ist ein Ausläufer der Appalachen, die sich vom US-Bundesstaat Georgia bis nach Québec erstrecken. Der Mt. Carleton Park ist relativ unbekannt und wenig besucht, selbst im Hochsommer.

Der Park ist von Mitte Mai bis Oktober geöffnet. Die Straßen sind geschottert. Die nächsten Ortschaften sind Riley Brook, 40 km südlich, und St. Quentin, 42 km nördlich. Unbedingt mit ausreichenden Lebensmitteln und einem vollen Tank anreisen.

Aktivitäten

Kanufahren

Die Gegend rund um den Mt. Carleton ist ein Paradies für Wildnistouren mit dem Kanu. Im Park selber bieten sich die Seenplatten von Nictau und Nepisiguit für einfache Tagestouren in einer dicht bewaldeten Berglandschaft an. Nur für erfahrene Kanuten geeignet ist der seichte, schnell fließende Little Tobique River, der im Big Nictau Lake entspringt und sich in engen Windungen durch dichte Wälder schlängelt, bevor er bei Nictau in den eigentlichen Tobique River mündet. Der abgelegenere Nepisiguit River fließt aus den Nepisiguit Lakes mitten durch unberührte Wildnis und mündet nach mehr als 100 km bei Bathurst in die Baie de Chaleurs.

Auf dem unteren Abschnitt des Tobique River, also von Nictau durch das winzige Riley Brook bis nach Plaster Rock, paddelt es sich einfach und geradeaus durch Wälder und Wiesen, die von Ackerland abgelöst werden, sobald das Tal breiter wird. Am Ufer liegen einige Campingplätze. Die 10 km von Nictau zur Anlegestelle Bear's Lair in Riley Brook sind leicht an einem Nachmittag zu schaffen.

Bill Miller KANUFAHREN
(☎ 506-356-2409; www.millercanoes.com; 4160 Rte 385, Nictau) Im 8 Einwohner kleinen Nictau, am bewaldeten Ufer des Tobique River am Fuß des Mt. Carleton, empfängt Bill Miller seine Besucher in seiner chaotischen Kanuwerkstatt, in der schon sein Vater und Großvater seit 1922 hölzerne Kanus von Hand fertigten.

Guildo Martel WASSERSPORT
(☎ 506-235-0286; Kajak & Kanu 40 C$/Tag; ⏲ Juni–Sept.) Guildo Martel vermietet Kanus und Kajaks tageweise und liefert sie dorthin, wo sie gebraucht werden. Man findet ihn 4 km entfernt vom Park in Richtung St. Quentin. Für 100 C$ zusätzlich führt er Gruppen (max. 6 Pers.).

Bear's Lair KAJAKFAHREN
(☎ 506-356-8351; www.bearslairhunting.com; 3349 Rte 385, Riley Brook; Kajak/Kanu, pro Tag 35/50 C$) Die Besitzer setzen Besucher flussaufwärts ab, sodass man flussabwärts zurück zum Ausgangspunkt Bear's Lair, einer gemütlichen Lodge, treiben und paddeln kann.

Wandern

Das Gebiet um den Mt. Carleton erkundet man am besten zu Fuß. Der Park bietet ein Streckennetz aus 70 km Wanderwegen. Die meisten sind Rundwege, die sich zu den wenigen felsigen Bergkuppeln hinaufschlängeln. Durch den Park führt auch der **International Appalachian Trail** (IAT).

Der **Mt. Bailey** lässt sich am leichtesten besteigen. Der 7,5 km lange Rundweg zum 564 m hohen Gipfel beginnt in der Nähe der *day-use area*. Die meisten Wanderer können die Strecke in drei Stunden bewältigen Den höchsten Gipfel erreicht man über den **Mt. Carleton Trail**, einen 10 km langen Wanderweg, der den höchsten Punkt des Parks (820 m) passiert, an dem sich ein Feuerturm befindet. Für diese Strecke sollte man etwa fünf Stunden einplanen und einen wetterfesten Anorak einpacken: Oberhalb der Baumgrenze kann es stürmisch werden.

Die anspruchsvollste Wanderung (die aber auch die besten Aussichten garantiert), ist der **Sagamook Trail**, ein 6 km langer Rundweg zu einem 777 m hohen Gipfel mit wunderbaren Ausblicken auf den Nictau Lake und das Hochland nördlich davon. Über den **Mountain Head Trail** kann man den Mt. Carleton Trail und den Sagamook Trail (der ein Teil des Appalachian Trail ist) zu einer längeren Tour entlang des Bergrückens miteinander verbinden.

Alle Wanderer, die längere Wanderungen unternehmen möchten, müssen sich beim Visitor Center (S. 445) registrieren bevor es losgeht. Außerhalb der Campingsaison von Mitte Mai bis Mitte September sollte man im Voraus telefonisch abklären, ob die Hauptzufahrt zum Park geöffnet ist, da der Ausgangspunkt des Mt. Carleton Trail 13,5 km vom Parkeingang entfernt liegt. Ansonsten einfach am Parkeingang parken und in den Park hineinmarschieren: Vom Tor sind es nur 2,5 km zum Mt. Bailey Trail.

NICHT VERSÄUMEN

FLORENCEVILLE-BRISTOL

Das schmucke, grüne Flussdorf Florenceville-Bristol ist das Pommes-Zentrum der Erde. Umgeben von Tausenden von Hektar Kartoffeläckern liegt hier die Heimat des Tiefkühlkost-Imperiums McCain Foods. McCain wurde 1957 von den gleichnamigen Brüdern gegründet. Ein Drittel aller Pommes Frites dieser Welt werden im Stammwerk in Florenceville hergestellt. Mit einer Produktionsmenge von 453 600 kg pro Stunde erwirtschaftet das Unternehmen einen jährlichen Reinerlös von 5,8 Mrd. C$. Wer mehr über die Kartoffelindustrie erfahren möchte, sollte die **Potato World** (www.potatoworld.ca; Rte 110; Führungen Erw./Fam. 5/16 C$, Erlebnistouren 10/32 C$; ⏲ Juni–Aug. Mo–Fr 9–18, Sa & So bis 17 Uhr, Sept.–Mitte Okt., Mo–Fr 9–17 Uhr), besuchen. Die erstklassige interaktive Ausstellung beleuchtet die Geschichte der Kartoffel in dieser Region.

Feste & Events

World Pond Hockey Tournament SPORT
(www.worldpondhockey.com; Rte 109, Plaster Rock; Eintritt frei; ⏲ Feb.) Das Waldstädtchen Plaster Rock (1200 Ew.), 84 km vom Mt. Carleton, ist Gastgeber des World Pond Hockey Tournament. Für das Turnier werden über 20 Eisbahnen auf dem Roulston Lake angelegt. Der See ist von hohen, ewig grünen Bäumen, Ständen mit heißer Trinkschokolade und Sitzen aus Strohballen umgeben, auf denen es sich die Tausende von Besuchern bequem machen, die zu diesem viertägigen Spektakel anreisen. Über 120 Amateurteams aus der ganzen Welt, bestehend aus je vier Personen, treten hier gegeneinander an.

Wer mitspielen will, muss sich frühzeitig anmelden. Wer nur zusehen möchte, sollte warme lange Unterhosen und eine *toque* (Wollmütze) einpacken und die Unterkunft frühzeitig buchen. Die Organisatoren haben eine Liste von Einheimischen, die Besucher während des Turnieres in ihren Eigenheimen unterbringen.

Fiddles on the Tobique MUSIK
(☎ 506-356-2409; ⏲ Ende Juni) Dieses Wochenendfestival wird jährlich in Nictau und Riley Brook veranstaltet. Die Idee ist genial: Verschiedene Wohltätigkeitsveranstaltungen, Jam-Sessions und Konzerte finden ihren Höhepunkt in einem schwimmenden Sonntagnachmittags-Konzert auf dem Tobique River zwischen Nictau und Riley Brook. Mehr als 800 Kanus und Kajaks – einige mit Musikern besetzt, einige nur mit Ruderern – begleiten die Flotte jedes Jahr. Die Flussufer werden von rund 8000 Zuschauern gesäumt. Einige Kritiker meinen, die große Beliebtheit habe der Veranstaltung geschadet und sie zu einem feuchtfröhlichen Gelage gemacht. Die Fans halten das Event aber für eine tolle Party und gute Unterhaltung.

Schlafen

Heritage Cottages COTTAGES $
(☎ 506-235-0793; www.nbparks.ca; Mt. Carleton Provincial Park; DZ 60–90 C$) Die elf renovierten, entzückenden Cottages (die Originale stammen aus dem späten 18. Jh.) liegen am Bathurst Lake und am Little Nictau Lake. Besucher müssen alles selbst mitbringen, z. B. Bettzeug, Töpfe und Pfannen. Einige Cottages teilen sich Gemeinschaftsbäder und -küchen, andere haben eigene.

Armstrong Brook Campground CAMPING $
(☎ 506-235-0793; www.nbparks.ca; Stellplatz Zelt/Wohnmobil 28/28 C$; ⏲ Mai–Okt.) Der größte Campingplatz des Parks (88 Plätze) liegt 3 km vom Eingang, zwischen den Fichten auf der Nordseite des Nictau Lake. Hier gibt es Toiletten, Duschen und eine Kochstelle, aber keinerlei Versorgungsanschlüsse. Acht Zeltstellplätze an der Nordseite des Platzes sorgen für Schutz vor den oft recht laut knatternden Generatoren der Wohnmobile.

Bear's Lair INN $
(☎ 506-356-8351; www.bearslairhunting.com; 3349 Rte 385, Riley Brook; Zi. ab 65 C$; ⏲ Mai–Sept.; P ⊖) Wenn irgendein Ort in der Provinz die Essenz des Lebens in den Wäldern des Nordens eingefangen hat, dann ist es das Blair's Lair. Während der Jagdsaison herrscht in der gemütlichen Holz-Lodge am Ufer des Tobique River der meiste Betrieb. Fans von Outdoor-Aktivitäten bietet die Hütte jedoch ganzjährig eine entspannte Unterkunft. Die hohen Wände im Haupthaus sind bis unter die Decke mit ausgestopften Tieren geschmückt.

Praktische Informationen

Visitor Center (☎ 506-235-0793; www.nbparks.ca; an der Rte 385; 10 C$/Fahrzeug; ⏲ Mai–Sept. 8–20 Uhr, Okt. bis 18 Uhr) Am

Parkeingang. Hier gibt es Karten und Infos. Hier zahlen Besucher außerdem den Parkeintritt.

Grand Falls

Wasserfälle mit ca. 25 m Fallhöhe und eine 1,6 km lange Schlucht mit bis zu 80 m hohen Wänden lohnen einen Stopp in diesem ansonsten wenig malerischen Örtchen. Die Grand Falls sind besonders beeindruckend wenn die Dammtore geöffnet sind (oft nach Regenfällen), Im Sommer wird das meiste Wasser zur Stromerzeugung abgeleitet. Die Schlucht ist aber zu jeder Jahreszeit einen Besuch wert.

Aktivitäten

Open Sky Adventures ABENTEUERSPORT
(☎ 506-477-9799; 16087 Rte 105, Drummond; ⌚ Juni–Okt.) Bei Open Sky Adventures dreht sich alles um Schluchten. Eine Bootsfahrt kostet 25 C$ pro Erwachsenem und 15 C$ pro Kind (1 Std.), Kajakfahren ab 30 C$ (1 Tag). Wer sich traut, versucht Abseilen (in der Variante, in der es mit dem Kopf voran geht; 100 C$) oder Seilrutschen (35 C$).

La Rochelle OUTDOOR
(1 Chapel St; Führung Erw./Kind 5/2 C$; ⌚ Juli & Aug.) In La Rochelle, auf der anderen Seite der Brücke am Malabeam Reception & Interpretation Centre, links von der Victoria St, führt eine Treppe mit 401 Stufen hinunter in die Schlucht.

Schlafen & Essen

Falls & Gorge Campground CAMPING $
(☎ 506-475-7769; 120 Manse St; Stellplatz Zelt/Wohnmobil 25/35 C$; ⌚ Juni–Sept.) Wer die Nacht an den Grand Falls verbringen möchte, dem stehen hier Stellplätze in dramatischer Lage zur Verfügung.

Le Grand Saut AMERIKANISCH $$
(www.legrandsautristorante.com; 155 Broadway Blvd; Hauptgerichte 11–20 C$; ⌚ 10.30–22 Uhr) Im Le Grand Saut, einem beliebten, zweistöckigen Lokal mit einladender Veranda an der Vorderseite gibt es passables Essen. Man bekommt hier großzügige Portionen Salat, Pasta, Pizza und auch Steaks.

Praktische Informationen

Malabeam Tourist & Interpretation Centre
(☎ 506-475-7788; www.grandfalls.com; 25 Madawaska Rd; Eintritt frei; ⌚ Mai & Juni 10–18 Uhr, Juli & Aug. 9.30–18 Uhr, Sept. & Okt. 10–17 Uhr) Mitten im Ort, mit Blick auf die Wasserfälle, liegt das Malabeam Reception & Interpretation Centre, das zugleich als Touristeninformation dient. Unter den Ausstellungsstücken befindet sich auch ein maßstabsgetreues Modell der Schlucht mit ihrem ausgedehnten Wegenetz. Von dem neu gestalteten Flügel hat man einen herrlichen Blick auf die Wasserfälle.

An- & Weiterreise

Die Busse von **Maritime Bus** (☎ 506-473-4862; www.maritimebus.com; 555 Madawaska Rd; ⌚ 12–24 Uhr) halten an der Esso-Tankstelle, gleich westlich des Ortszentrums.

Der Hwy 108 (in der Gegend bekannt als Renous Hwy) verläuft quer durch die Provinz über Plaster Rock bis zur Ostküste. Dabei führt er fast nur durch Wälder – eine ziemlich eintönige, aber schnelle Route. Unbedingt nach Elchen und Hirschen Ausschau halten.

Edmundston & Umgebung

Die Arbeiterstadt Edmundston hat eine große Papierfabrik, ein zweckmäßiges Zentrum, und überwiegend zweisprachige französische Einwohner. Es gibt nicht viele Sehenswürdigkeiten, aber die Stadt eignet sich gut als Zwischenstopp bei Reisen aus östlicher Richtung (Québec).

Sehenswertes

Petis Témis Interprovincial Linear Park PARK
(Edmundston) Edmundston markiert das östliche Ende des Petis Témis Interprovincial Linear Park, einem 134 km langen Rad- und Wanderweg zwischen Edmundston und Rivière-du-Loup in Québec. Er folgt einer alten Bahntrasse an den Ufern des Madawaska River und des Lake Témiscouata. Unterwegs passiert er einige kleine Dörfer und Campingplätze. Wer mit dem Mountainbike unterwegs ist, kann einen Abstecher zu den 45 km langen Mountainbike-Wegen in der umliegenden Bergkette der Appalachen machen.

New Brunswick Botanical Garden GÄRTEN
(www.jardinnbgarden.com; an der Rte 2, St-Jacques; Erw./Kind 14/7 C$; ⌚ Mai, Juni & Sept. 9–17 Uhr, Juli & Aug. bis 20 Uhr) Auf halbem Weg zwischen der Grenze zu Québec und Edmundston, in dem kleinen St-Jacques, lädt dieser botanische Garten zum Verweilen ein. Hier sorgen 80 000 Pflanzen, ein Kräuter-Pavillon und 3D-Blumenskulpturen – untermalt von klassischer Musik – für gute Laune. Kinder werden sich für die Wechselausstellungen – z. B. einen Schmetterlingsgarten – begeistern.

Schlafen & Essen

Besucher sollten nach *ploye* Ausschau halten, einer Art Buchweizenpfannkuchen und wichtigem Bestandteil der Geschichte und Tradition des Madawaska Valley. Er wird oft mit Butter, Zucker oder Ahornsirup serviert.

Lokale Restaurants, die einheimische Erzeugnisse benutzen oder fördern, findet man auf www.acadiegourmet.ca. Eine vollständige Liste der Lokale befindet sich auf der Website der Touristeninformation.

Auberge Les Jardins INN $$
(☎506-739-5514; www.lesjardinsinn.com; 60 Rue Principale, St Jacques; Zi. 119–175 C$; P) Dieses freundliche Gasthaus befindet sich außerhalb der tristen Stadt, neben dem botanischen Garten. Es hat 17 Zimmer, die mit unterschiedlichen kanadischen Blumen- oder Baummotiven verziert sind. Hinzu kommen ein modernes Motel im hinteren Bereich und ein Speiseraum mit Holz- und Buntglasdekor. Das Les Jardins gilt als eines der besten Restaurants der Provinz und punktet mit einer wunderbaren Weinkarte.

Restaurant le Patrimoine PIZZA $$
(http://pizzalepatrimoine.com; 115 Chemin Rivière-à-la-Truite, St Jacques; Pizzas 12–20 C$; Mi & So 16–21, Do bis 22, Fr & Sa bis 23 Uhr) Diese Pizzeria ist in einem ehemaligen Golfclubhaus untergebracht. Die qualitativ überdurchschnittlich guten Krustenpizzas mit Gourmet-Belag kommen direkt aus dem Holzofen auf den Tisch. Einfach *squisito* (köstlich)!

Praktische Informationen

Edmunston Visitor Information Centre (www.tourismedmundston.com; 121 Victoria St; Juni–Aug. 9–19 Uhr, Sept.–Mai Mo–Fr bis 17 Uhr) Hier gibt es Informationen über Edmunston und Umgebung.

Saint Jacques Provincial Visitor Information Centre (www.tourismnewbrunswick.ca; 17412 Rte 2, Saint Jacques; Mai, Juni & Sept. 9.30–18.30 Uhr, Juli & Aug. bis 19.30 Uhr) In dieser Touristeninformation, 20 km nördlich an der Grenze zu Québec, gibt's Informationen über New Brunswick.

An- & Weiterreise

Der **Maritime Bus** (☎506-739-8309; www.maritimebus.com; 191 Victoria St, Edmundston; 5–24 Uhr) hält in Edmundston und fährt weiter Richtung Süden nach Fredericton (53,25 C$, 3½ Std., 1- oder 2-mal tgl.) und darüber hinaus, oder Richtung Westen nach Rivière-du-Loup (29,50 C$, 30 Min., 1- oder 2-mal tgl.), von wo aus es Busverbindungen nach Québec gibt.

DIE WESTKÜSTE DER BAY OF FUNDY

Fast der gesamte Süden von New Brunswick wird vom Wasser der eindrucksvollen Bay of Fundy dominiert, das sich seit Urzeiten ständig hebt und senkt.

Der Ferienort St. Andrews By-The-Sea, die idyllischen Fundy Isles, eine herrliche Küstenlandschaft und eine facettenreiche Geschichte machen diese Gegend zweifellos zu einem der reizvollsten Reiseziele der Provinz. Besonders spannend und empfehlenswert sind Walbeobachtungen: Am häufigsten lassen sich Finn-, Buckel- und Zwergwale blicken, weniger oft auch die zunehmend seltener werdenden Glattwale, ferner viele Schweinswale und Delfine. Feinschmecker kommen dank eines riesigen Angebots an leckeren Meeresfrüchten auf ihre Kosten.

St. Stephen

St. Stephen ist vom gegenüberliegenden Calais in ME nur durch den Fluss getrennt. Das geschäftige charmante Städtchen hat eine leckere Attraktion: Hier produziert die Familie Ganong seit 1873 Schokolade, die im Osten Kanadas jedes Kind kennt. Die Gebrüder Ganong erfanden 1910 den Schoko-Nussriegel (damals: 5¢!). Zudem sollen sie die herzförmigen Pralinenschachteln entwickelt haben, die überall den Valentinstag prägen.

Sehenswertes & Geführte Touren

Chocolate Museum MUSEUM
(☎506-466-7848; www.chocolatemuseum.ca; 73 Milltown Blvd; Erw./Student/Fam. 10/8,50/30 C$; April–Nov. Mo–Fr 10–16, Sa & So 11–15 Uhr) Die geschmackvollen (und schmackhaften) interaktiven Exponate des Chocolate Museum reichen von historischen Pralinenschachteln bis hin zu Produktionsanlagen.

Chocolate Museum Guided Heritage Walking Tour STADTSPAZIERGANG
(Erw./Kind 15/13,50 C$; Juli & Aug.) Im Sommer veranstaltet das Museum (S. 447) historische Stadtspaziergänge durch St. Stephen unter der Leitung von einheimischen Studenten.

Feste & Events

Chocolate Fest ESSEN & TRINKEN
(www.chocolate-fest.ca; Anfang Aug.) Auf dem Chocolate Fest dreht sich alles um Kakao und

ABSTECHER

SCENIC DRIVE: UNTERES TAL DES SAINT JOHN RIVER

Der wichtigste Highway (Rte 7) zwischen Fredericton und der Hafenstadt Saint John führt südwärts durch ein riesiges Gebiet mit zahllosen Bäumen. Eine wesentlich malerischere, wenn auch fast doppelt so lange Route folgt den sanften Kurven des Saint John River durch hügeliges Ackerland und historische Dörfer hinunter zur Bay of Fundy.

Los geht's am nördlichen Flussufer in Fredericton: Zunächst führt die Rte 105 in südlicher Richtung über Maugerville nach Jemseg. Eine neue Brücke (Hwy 2) führt über den Fluss. (Früher fuhr von Lower Jemseg aus die Gagetown-Fähre, die ihren Betrieb 2015 eingestellt hat. Die Einheimischen demonstrieren gegen die Schließung. Man sollte sich vor Ort erkundigen, ob die Schließung aufgehoben wurde.)

Das hübsche Dorf **Gagetown** aus dem 18. Jh. lohnt einen Besuch. An der Front St warten Kunsthandwerksateliers und einladende Cafés. Man sollte sich das **Queen's County Museum** (16 Court House Rd, Gagetown; Erw./Kind 3 C$/frei; ⌚ Mitte Juni–Mitte Sept. 10–17 Uhr), das erste Gerichtsgebäude des Ortes und das **Tilley House** (69 Front St, Gagetown; Erw./ Kind 3 C$/frei; ⌚ Mitte Juni–Mitte Sept. 10–17 Uhr) ansehen, in dem Sir Leonard Tilley aufwuchs. Das sehr sachkundige Personal führt die Besucher durch die Ausstellung, die die Geschichte der Ureinwohner in vorkolonialer Zeit, das Leben der Siedler im 18. Jh. und die Zeit bis zum Ausbruch des Zweiten Weltkrieges abdeckt.

Von Gagetown geht es weiter nach Süden auf der Rte 102, die Einheimische auch die **Old River Road** nennen – angelehnt an den Status als Hauptverkehrsader des Tals in der guten alten Zeit, als Flussdampfer ihren Dienst verrichteten und der heutige Highway noch nicht existierte. Aus dieser Ära stammen auch die alten Bauernhäuser und verwitterten Heuschober, die hier und da entlang des Tales stehen. Der hügelige 42 km lange Streckenabschnitt zwischen Gagetown und dem **Fähranleger Evandale** (⌚24 Std., ganzjährig) ist besonders malerisch. Hierfür sorgen herrliche Panoramablicke auf üppige Wildblumenwiesen, weiße Bauernhöfe und grün-goldene Inseln im leuchtend blauen Fluss.

Vor 100 Jahren war Evandale ein belebtes Örtchen, in dem eine Tanzkapelle die Passagiere der Flussdampfer unterhielt. Am anderen Ufer führt die Rte 124 ein kurzes Stück bis zur **Belleisle-Fähre** (⌚24 Std., ganzjährig), die gemächlich zur ländlichen Kingston Peninsula schippert. Von der gegenüberliegenden Seite der Halbinsel setzt die **Gondola Point Ferry** (S. 465) direkt nach Saint John über.

Zucker. Bei dem jährlichen Fest feiert die Stadt ihre „Schoko-Welt" mit einer Parade, Führungen der Ganong-Fabrik und unbegrenzten (wirklich!) Schoko-Verköstigungen. Für die Kleinen gibt's jede Menge Spiele.

Schlafen & Essen

Blair House GÄSTEHAUS $$
(☎506-466-2233; www.blairhouseheritageinn.com; 38 Prince William St; Zi. inkl. Frühstück ab 100 C$; P⊖✻☜) Dieses schöne viktorianischen Haus beherbergt fünf eklektische, aber komfortable Zimmer und einen ruhigen Garten. Der freundliche David serviert ein großzügiges englisches Frühstück. Von hier aus ist die Hauptstraße leicht zu Fuß erreichbar.

Something's Brewing CAFÉ $
(www.somethingsbrewingcafe.ca; 140 Milltown Blvd; Snacks 4–10 C$; ⌚7–8, Fr bis 22 Uhr) Ein nettes kleines Café mit einer breiten Palette an Fair-Trade- und Bio-Kaffeesorten (wenn man Soja-Chai-Latte mit einrechnet, was Puristen natürlich nicht tun würden). Hier gibt es zudem großartige Teesorten und selbstgebackene Kuchen und Gebäckstücke.

Carman's Diner $
(☎506-466-3528; 164 King St; Hauptgerichte 4–16 C$; ⌚19–22 Uhr) Mit den Barhockern am Tresen und Mini-Jukeboxen an den Tischen versetzt das Restaurant seine Gäste zurück in die 1960er-Jahre. Hier gibt's Hausmannskost, von Burgern bis zu Sandwiches. Die Krönung sind aber die hausgemachten Pies. Da das Restaurant nicht im Zentrum liegt, eignet es sich besser für Autofahrer.

Shopping

Chocolate Museum Shop ESSEN
(www.chocolatemuseum.ca; 73 Milltown Blvd; ⌚9–17 Uhr) Der Shop verkauft handgefertigte Schokolade; der Eintritt ist kostenlos. Empfehlenswert sind u.a. die *chicken bones* (Zimtstangen mit Schokoladenfüllung) und die altmodischen Schokoriegel „Pal-O-Mine".

Praktische Informationen

Touristeninformation (www.tourismnewbrunswick.ca; Rte 170, Unit 4; ⏲ Mai & Juni, Sept. & Okt. 9–18 Uhr, Juli & Aug. bis 19 Uhr) In diesem neuen Büro im Circle-K-Irving-Komplex an der Kreuzung am Ortseingang gibt es Informationen über die Provinz.

An- & Weiterreise

Von Calais im US-Bundesstaat Maine rollen die Busse von **West's Coastal Connection** (☎ 800-596-2823; www.westbusservice.com) nach Bangor (einfache Strecke 27 C$, 4 Std., 1-mal tgl.). In Bangor fahren die Busse über das Terminal von Greyhound zum Flughafen.

St. Andrews By-The-Sea

Der elegante Ferienort St. Andrews wartet mit gutem Klima, malerischer Schönheit und facettenreicher Geschichte auf. Die Siedlung wurde 1783 von Loyalisten gegründet und gehört zu den ältesten Städten der Provinz. Von Juli bis August tummeln sich hier Urlauber, während man im übrigen Jahr mehr Möwen als Menschen antrifft.

St. Andrews liegt auf einer Halbinsel in der Bay of Fundy. An der Hauptstraße (Water St) haben sich Restaurants und mehrere Kunsthandwerksläden angesiedelt.

Sehenswertes

Minister's Island INSEL
(☎ 506-529-5081; www.ministersisland.ca; Erw./Kind unter 8 Jahren 10 C$/frei; ⏲ Mai–Okt.) Die malerische Gezeiteninsel war einst ein Refugium von William Cornelius Van Horne, dem Erbauer der Canadian Pacific Railway und einem der reichsten Männer Kanadas. Über die Insel führen vier markierte, unterschiedlich lange Wanderwege. Darüber hinaus kann man **Covenhoven**, Van Hornes prächtiges 50 Zimmer großes edwardianisches Cottage, ein turmartiges, aus Stein errichtetes Badehaus, ein Gezeitenschwimmbecken und eine schlossartige Scheune (das größte freistehende Holzgebäude Kanadas) besichtigen.

Wichtig: Bei Ebbe kann man über die Wattfläche zur Inseln hinüberfahren, -radeln oder -laufen. Doch dabei ist allergrößte Vorsicht geboten: Ein paar Stunden später steht das Wasser wieder 3 m hoch! Bei Flut legt eine Fähre an der Bar Rd ab. Um die Minister's Island vom Stadtzentrum aus zu erreichen, folgt man der Rte 127 ca. 1 km nordostwärts und biegt dann nach rechts in die Bar Rd ab.

Wild Salmon Nature Centre MUSEUM, AQUARIUM
(☎ 506-529-1384; http://wildsalmonnaturecentre.ca; Chamcook Lake No 1 Rd, an der Rte 127; Erw./Student/Kind 6/4/3 C$; ⏲ Mai–Aug. Mo–Sa 9–17 Uhr, So 12–17 Uhr) Mit einem Strömungsaquarium, Führungen und Ausstellungen beleuchtet die Lodge das Leben und Leiden des bedrohten atlantischen Wildlachses.

Sheriff Andrew House HISTORISCHES GEBÄUDE
(☎ 506-529-5080; Ecke King & Queen St; Eintritt gegen Spende; ⏲ Mitte Juni–Sept. Di–So 9.30–16.30 Uhr) Das restaurierte neoklassizistische Gebäude von 1820 repräsentiert ein typisches bürgerliches Wohnhaus der 1800er-Jahre. Lebhafte und sachkundige kostümierte Mitarbeiter führen durch das Haus.

St. Andrews Blockhouse HISTORISCHES GEBÄUDE
(Joe's Point Rd; ⏲ Juni–Aug. 10–18 Uhr) GRATIS Das restaurierte, denkmalgeschützte Blockhaus ist als einziges von mehreren Gebäuden, die während des Krieges von 1812 als Unterstände entstanden, übrig geblieben. Bei Ebbe führt ein Pfad vom Blockhaus über das Watt.

Kingsbrae Garden GARTEN
(☎ 506-529-3335; www.kingsbraegarden.com; 220 King St; Erw./Stud./Fam. 16/12/38 C$, Führung 3 C$/Pers.; ⏲ Mai–Okt. 9–18 Uhr; Juli–Aug. bis 20 Uhr) Der weitläufige Kingsbrae Garden zählt zu den schönsten Gartenanlagen der Welt. Bewunderung verdient nicht nur seine Farbenvielfalt und -pracht, sondern auch eine Rarität: die Wollemi-Kiefer, eine der ältesten und seltensten Baumarten der Welt.

Fundy Discovery Aquarium AQUARIUM
(www.huntsmanmarine.com/aquarium; 1 Lower Campus Rd; Erw./Kind 14,25/10 C$; ⏲ 10–17 Uhr) Im Mittelpunkt dieses Aquariums steht die Meeresökologie der Region. Auf einer Fläche von rund 1800 m² zeigt das Aquarium vor allem die Meeresbewohner der Bay of Fundy, darunter Robben (Fütterung um 11 und 16 Uhr), Seepferdchen (Fütterung um 10.15 und 15.30 Uhr), Lachs (Fütterung um 10.35 und 15 Uhr), Hummer und Störe. Besonders beliebt bei Kindern (und Eltern) ist das Streichelbecken, in dem ausschließlich schlüpfrige Rochen schwimmen.

Aktivitäten

Der Kai am Ende der King St ist Sitz zahlreicher Firmen, die von Mitte Juni bis Anfang September Ausflüge und Walbeobachtungen per Schiff (ca. 60 C$) anbieten. Bei diesen reizvollen Küstentouren sieht man stets

St. Andrews By-The-Sea

viele Seevögel und meistens auch Wale. Weiter draußen in der Bucht lassen sich die Meeressäuger jedoch am besten beobachten. Wer also ohnehin zu den Fundy Isles reist, sollte sich dort einer Tour anschließen.

Two Meadows Walking Trail WANDERN

Der 800 m lange Trail, ein Holz- und Fußweg durch Felder und Wälder, beginnt an der Joe's Point Rd hinter dem Blockhaus gegenüber der Hausnummer 165.

Eastern Outdoors RADFAHREN, KAJAKFAHREN

(☎506-529-4662; www.easternoutdoors.com; 165 Water St; Mountainbike pro Std./Tag 20/30 C$, Kajak 60 C$/Tag; ⌚Mai–Okt.) Der in St. Andrews ansässige Tourveranstalter organisiert verschiedene Ausflüge, darunter eine dreistündige Tour um die nahe gelegene Navy Island (60 C$) und ganztägige Ausflüge zur Passamaquody Bay (125 C$) und zur Deer Island (125 C$).

Quoddy Link Marine BOOTSFAHRT

(☎506-529-2600; http://quoddylinkmarine.com/; Erw./Kind 58/28 C$; ⌚Mitte-Juni–Okt.) Ernsthafte Walbeobachter wählen am besten diesen Katamaran mit ausgebildeten Meeresbiologen an Bord. Täglich finden ein bis drei Touren statt.

St. Andrews By-The-Sea

Jolly Breeze BOOTSFAHRT
(☎506-529-8116; www.jollybreeze.com; Erw./Kind 60/40 C$; ⌚Abfahrt Juni–Okt. 9, 12.45 & 16.30 Uhr) Auf der Suche nach Robben und Walen, Delfinen und Adlern schippert der auf alt gestylte Großsegler seine Passagiere durch die Passamaquoddy Bay.

Schlafen

Kiwanis Oceanfront Camping CAMPING $
(☎877-393-7070; www.kiwanisoceanfrontcamping.com; 550 Water St; Stellplatz Zelt/Wohnmobil 31/39 C$; ⌚April–Okt.) Nach der grünen und malerischen Lage von St. Andrews schockt der Anblick dieses wirklich hässlichen Campingplatzes. Die Flächen bestehen größtenteils aus geschotterten Stellflächen für Wohnwagen. Wer Glück hat, ergattert einen der wenigen, kleinen Zeltstellplätze. Der Campingplatz liegt am Indian Point, d.h. am östlichsten Ende der Stadt.

Picket Fence Motel $
(☎506-529-8985; www.picketfencenb.com; 102 Reed Ave; Zi. 85–110 C$; P ❄ 📶) Am Eingang der Stadt, aber in Laufnähe zur Hauptstraße, liegt dieses Motel mit seinen antiquierten, aber wie aus dem Ei gepellten Motelzimmern. Das Motel ist eine der preiswertesten Unterkünfte in St. Andrews, aber obwohl das Management supernett ist, überzeugt das Preis-Leistungs-Verhältnis nicht wirklich.

★ **Treadwell Inn** B&B $$
(☎506-529-1011, 888-529-1011; www.treadwellinn.com; 129 Water St; Zi. inkl. Frühstück 179–229 C$; ⌚Mai–Sept.; ⊖ ❄ 📶) Das Wohnhaus eines Schiffsausrüsters aus dem Jahr 1820 beherbergt vier große, helle, luftige und schöne Zimmer. Alle sind mit eigener Veranda ausgestattet und bieten Blick aufs Meer. Der wunderbare Tom sorgt dafür, dass nichts aus dem Ruder läuft. Zum Frühstück gibt's ein kontinentales Frühstücksbuffet.

Garden Gate B&B $$
(☎506-529-4453; www.bbgardengate.com; 364 Montague St; Zi. 150 C$; P 📶) Sonnenlicht strömt durch die drei tadellosen Zimmer in diesem hübschen Haus einige Straßenblöcke entfernt vom Meer. Hier wird ein hervorragendes warmes Frühstück serviert. Kleine Besonderheiten, wie Tee und Kekse, versüßen den Aufenthalt.

Rossmount Inn GÄSTEHAUS $$
(☎506-529-3351; www.rossmountinn.com; 4599 Rte 127; Zi. 129–138 C$; ⌚April–Dez.; P ❄ 📶 🏊) Das herrschaftliche gelbe Sommer-Cottage steht oberhalb eines gepflegten Gartens an der Passamaquoddy Bay. Vor dem Haus flattern Fahnen im Wind. Im Inneren warten 18 Zimmer mit einem stilvollen Mix aus Antiquitäten, modernem Dekor, handgedrechselten Holzmöbeln und weißen Betttüchern auf Besucher. Das Haus liegt ca. 4,5 km nördlich vom Zentrum an der Rte 127.

Das Frühstück kostet 6 C$ (kontinental) oder 9 C$ (englisch). Das hoteleigene Restaurant ist nicht nur das beste in St. Andrews, sondern in ganz New Brunswick.

★ **Algonquin Resort** HOTEL $$$
(☎855-529-8693, 506-529-8823; www.algonquinresort.com; 184 Adolphus St; Zi. ab 229 C$; P ❄ 📶 🏊) New Brunswicks dienstältestes Hotel thront seit 1889 auf einem Hügel mit Blick auf die Stadt. Das im Tudorstil errichtete, weitläufige Gebäude mit seiner eleganten Veranda und Dachterrasse wurde im Jahr 2015 vollständig renoviert. Auf dem Anwesen befinden sich ein Golfplatz, Tennisplätze und ein Schwimmbad mit Wasserrutschen. Sich das Ganze mal anzusehen, lohnt sich – auch ohne Übernachtung. Die Preise variieren je nach Saison und Nachfrage.

Essen

Clam Digger SEAFOOD $
(4468 Hwy 127, Chamcook; Hauptgerichte 6–15 C$; ⌚April–Sept. 11.30–15 & 17–19 Uhr) Vor der win-

zigen, rot-weißen Seafood-Bude parken die Autos in drei Reihen. Der Besuch hier ist in dieser Gegend eine regelrechte Sommertradition. Die Einheimischen sind ganz verrückt darauf. Tipp: Einen Muschelteller oder einen saftig-fetten Cheeseburger bestellen und einen der rot gestrichenen Picknicktische erobern. Die Bude liegt 3,5 km nördlich vom Visitor Center.

Honeybeans CAFÉ $
(157a Water St; Snacks 3–6 C$; ⏲Mi–Mo 7.30–17, So 10–17 Uhr) Hier kann man bei einem Espresso und frischgebackenen Leckereien wunderbar dem Getratsche der Einheimischen lauschen, die hier in großer Zahl abhängen.

★ Rossmount Inn Restaurant NEUE KANADISCHE KÜCHE $$
(☎506-529-3351; www.rossmountinn.com; 4599 Rte 127; Hauptgerichte 18–30 C$; ⏲17–21.30 Uhr) In dem freundlichen, mit Kunstwerken geschmückten Restaurant kreiert der aus der Schweiz stammende Küchenchef und Besitzer mit regionalen Produkten der jeweiligen Jahreszeit köstliche Gerichte. Für das ständig wechselnde Menü verwendet er z. B. selbst gesammelten Strandwegerich, Wildpilze, Strandschnecken oder Hummer aus New Brunswick. Derartige Zutaten spielen in den komplexen, exquisiten Gerichten eine gewichtige Rolle, u. a. in Kreationen wie Hummer mit Kapuzinerkresse-Klößchen und Vanillecreme oder Gänsestopfleber mit Kakaosplitter und in Goldmelissen-Tee pochierten Pfirsichen.

Gables SEAFOOD $$
(☎506-529-3440; 143 Water St; Hauptgerichte 10–20 C$; ⏲11–22 Uhr) Fisch und Meeresfrüchte sowie große Fenster mit Blick auf Navy Island prägen dieses gemütliche Restaurant. Der Eingang liegt am Ende einer kleinen Gasse, die zu einer gartenähnlichen Uferterrasse führt.

Kingsbrae Garden Cafe CAFÉ $$
(www.kingsbraegarden.com; 220 King St; Hauptgerichte 10–18 C$; ⏲Mai–Okt. 10–17 Uhr, Juli & Aug. bis 19 Uhr) Das Terrassen-Café im schönen Kingsbrae Garden serviert mittags Sandwiches und Salat, mit einem Glas Wein oder einem Bier aus der Region. Zum leckeren Brunch gibt's Lachs und Rührei (15 C$).

Niger Reef Tea House KANADISCH
(www.nigerreefteahouse.com; 1 Joes Point Rd; Hauptgerichte 12–29 C$; ⏲Mai–Okt. 11–21 Uhr) In einem historischen Gebäude in der Nähe des Blockhauses mit Blick auf das Meer befindet sich das Niger Reef Tea House, dessen Wandgemälde aus den 1920er-Jahren stammen. Der Besitzer und Koch David zaubert aus frischen, lokalen Zutaten wunderbare Salate, Lammcurry oder Farnsuppe.

Ausgehen & Nachtleben

The Clubhouse BAR
(http://algonquinresort.com; 465 Brandy Cove Rd; ⏲Mai–Okt. 7–21 Uhr) Am „19. Loch" kann man bei einem Bier, Wein oder Cocktail entspannen und die Spieler beobachten, die sich auf diesem herrlichen Golfplatz zum 18. Loch vorarbeiten. Die einladende Terrasse bietet einen der schönsten Ausblicke der Region.

Red Herring Pub PUB
(211 Water St; ⏲März–Jan. 12–2 Uhr Amüsante, leicht anrüchige Bar mit Billardtischen, Livemusik und eisgekühlten kanadischen Bieren.

Shiretown Pub PUB
(www.kennedyinn.ca; 218 Water St; ⏲11–2 Uhr) Der besonders englische Oldschool-Pub im Parterre des wunderbar knarrenden Kennedy Inn zieht Feierwütige aller Altersstufen an. Am frühen Nachmittag schlürft man hier halbdunkles Picaroon's-Bier aus New Brunswick auf der Veranda. Später gibt's dann Livemusik und lautes Karaoke.

Praktische Informationen

Tourist Office (www.townofstandrews.ca; 46 Reed Ave; ⏲Juli & Aug. 9–19 Uhr, Mai, Juni, Sept. & Okt. bis 17 Uhr; 📶) In dieser gut organisierten Touristeninformation gibt es kostenlose Broschüren zu Stadtspaziergängen, einschließlich Stadtplänen und Kurzbeschreibungen der wichtigsten Sehenswürdigkeiten. Hier gibt's zudem kostenlosen Internetzugang.

New River Provincial Park

Gut 35 km westlich von Saint John liegt am Hwy 1 nach St. Stephen dieser große **Provinzpark** (☎506-755-4046; https://parcsnbparks.ca), zu dem einer der schönsten Strände der Bay of Fundy gehört. Der breite Sandstrand wird nur bei Barnaby Head von der zerklüfteten Felsenküste begrenzt. In der Campingsaison wird für den Besuch des Parks eine Gebühr von 10 C$ pro Tag und Fahrzeug fällig; parken kann man am Strand und am Ausgangspunkt des Barnaby Head Trail.

Wanderer können die Gegend um Barnaby Head in ein paar Stunden auf den insgesamt 5 km langen Naturlehrpfaden erkunden. Der **Chittick's Beach Trail** führt durch Küstenwälder an vier kleinen Buchten vorbei, in denen große und kleine Wanderer die für den Heringsfang ausgelegten Netze begutachten oder die Gezeitentümpel auf darin enthaltenes Meeresgetier untersuchen können. Von diesem Rundwanderweg zweigt der 2,5 km lange **Barnaby Head Trail** ab, der größtenteils der Küstenlinie folgt und bis zu einer 15 m hohen Klippe hoch über der Bay of Fundy ansteigt.

Der **Campingplatz** (✆506-755-4046; https://parcsnbparks.ca; 78 New River Beach Rd; Stellplatz Zelt/Wohnmobil 28/31 C$; ⏲Mai–Sept.) des Parks ist nur durch eine Straße vom Strand getrennt und hat mitten im Wald 100 einsame Stellplätze mit Anschlüssen. Abzüge in der B-Note gibt es jedoch für den Schotter auf den Stellplätzen und den Verkehrslärm.

FUNDY ISLES

Die dünn besiedelten und unberührten Fundy Isles sind ein idealer Rückzugsort für Ruhe suchende Naturfreunde: Eine herrliche Landschaft, farbenfrohe Fischereihäfen an kleinen Buchten, tolle Möglichkeiten für Walbeobachtungen, einsame Wanderwege sowie dampfende Meeresfrüchte lassen den Alltag schnell vergessen und senken den Blutdruck. Die drei Hauptinseln sind sehr verschieden und gestatten ein langsames Eintauchen in unvergesslichen Frieden. Außerhalb der Hauptsaison sind hier kaum Besucher anzutreffen; die meisten Einrichtungen sind dann aber geschlossen.

Deer Island

Die 16 km lange und 5 km breite Deer Island ist die der Küste am nächsten liegende Hauptinsel. Mit ihrer Handvoll Bootsanleger wirkt die seit 1770 besiedelte Fischerinsel schlicht und bodenständig. Heute leben etwa 1000 Menschen das ganze Jahr über auf Deer Island. Hirsche, die Namensgeber der Insel, streifen zuhauf durch die dichten Wälder. Hauptfang ist der Hummer.

Deer Island lässt sich locker in einem Tag erkunden. An beiden Küsten verlaufen enge, kurvige Straßen südwärts in Richtung Campobello Island und Fähranleger.

Sehenswertes

Am Ende der Cranberry Head Rd erstreckt sich ein menschenleerer Strand. Da sich die

Fundy Isles 0 — 10 km

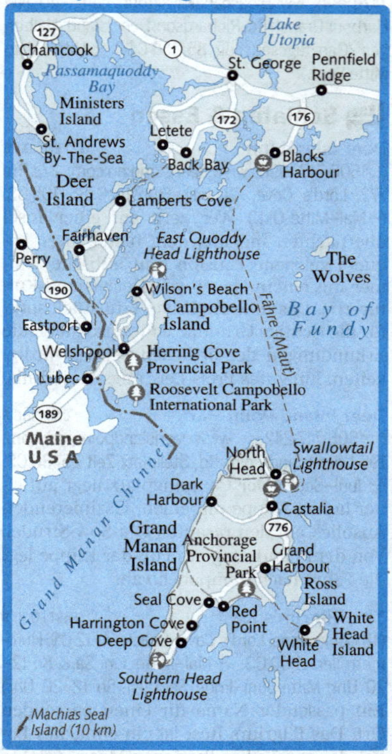

Insel größtenteils in Privatbesitz befindet, gibt es hier keine Wanderwege.

Lobster Pound AUSSICHTSPUNKT

(Lamberts Cove) In Lamberts Cove befindet sich ein riesiges Hummergehege, vielleicht das größte der Welt, in dem lebende Hummer gehalten werden. In Northern Harbor gibt's eine weitere Anlage dieser Art.

Old Sow Whirlpool PROMENADE

(Deer Island Point Park) Vom Ufer des hübschen, gemeindebetriebenen 16 ha großen Deer Island Point Park sieht man einige Stunden vor dem Höchststand der Flut Old Sow, den zweitgrößten Gezeitenstrudel der Erde. Ab und zu ziehen Wale vorbei.

Geführte Touren

In der Regel treffen Wale Mitte Juni ein und bleiben bis Oktober. Wer Glück hat, erhascht einen Blick vom Ufer aus. Wer näher ran möchte, sollte an einer Kajaktour mit

Seascape Kayak Tours teilnehmen (☎ 506-747-1884; www.seascapekayaktours.com; 40 NW Harbour Branch Rd, Richardson, Deer Island; Halbtages-/Ganztagesausflug 85/150 C$; ⏱ Mitte Mai–Mitte Sept.).

Schlafen & Essen

Deer Island Inn PENSION $
(☎ 506-747-1998; www.deerislandinn.com; 272 Rte 772, Lord's Cove; Zi. inkl. Frühstück 85–105 C$; ⏱ Mai–Mitte-Okt.) Wer gern auf einer Insel übernachten möchte, dem bietet diese bequem gelegene Pension fünf hübsche Zimmer mit einem Hauch von Deer-Island-Kulturerbe. Das tolle englische Frühstück sorgt für die richtige Grundlage für anschließende Erkundungen der örtlichen Sehenswürdigkeiten. Ein gutes Preis-Leistungs-Verhältnis.

Deer Island Point Park CAMPING $
(☎ 506-747-2423; www.deerislandpointpark.com; 195 Deer Island Point Rd; Stellplatz Zelt 25–30 C$; ⏱ Juni–Sept.) Der Campingplatz liegt auf einer hohen Klippe mit einem faszinierenden Ausblick auf den rasanten Old-Sow-Strudel. Von dem Landesteg am Fuß der Klippe legt die Fähre nach Campobello ab.

The Pilgrim's Rest FAST FOOD $
(18 Cooks Lane, Lord's Cove; Snacks 4–12 C$, Hummerrollen 11,50 C$; ⏱ Mai–Mitte Juni Sa & So 12–20 Uhr, Mitte Juni–Ende Sept. Di–So 12–20 Uhr) Ein passender Name für einen passenden Ort. Das Pilgrim's Rest ist ein einfaches Lokal, das anständige Portionen Meeresfrüchte (die meisten frittiert) und hervorragende Hummerrollen serviert. Wer möchte, isst auf der kleinen Veranda oder lässt sich alles für ein Picknick einpacken.

Praktische Informationen

Touristeninformation (☎ 506-747-0119; www.deerisland.nb.ca; 193 Rte 772, Lords Cove; ⏱ Juli–Sept. 10–17 Uhr) Im Gemeindezentrum bieten einheimische Freiwillige hilfreiche Infos.

An- & Weiterreise

Die kostenlose staatliche Fähre zur Deer Island (25 Min.) startet am Fähranleger in Letete, 14,5 km südlich von St. George am Hwy 172 über Back Bay. Die Fähren verkehren ganzjährig (6–19 Uhr halbstündl., 19–22 Uhr stündl.). Wenn viel los ist, sollte man sich möglichst früh anstellen.

Im Summer fährt **East Coast Ferries** (☎ 506-747-2159; www.eastcoastferries.nb.ca; Auto & Fahrer 20 C$, zusätzlicher Passagier 4 C$; ⏱ Ende Juni–Mitte Sept. 8.30–18.30 Uhr) zur Campobello Island.

Campobello Island

Reiche Urlauber haben Campobello, eine hübsche und wohlhabende Insel, schon lange als Sommerziel für sich entdeckt. Wegen der guten Erreichbarkeit von Neuengland aus, fühlen sich die Bewohner gleichermaßen zu den USA und Kanada zugehörig, und die meisten Touristen sind Amerikaner.

Wie viele andere reiche Familien kauften sich auch die Roosevelts Ende des 19. Jhs. ein Anwesen in der friedlichen Küstenregion. Die Südhälfte von Campobello ist fast ganz mit Parklandschaft bedeckt; noch mehr Fläche nimmt ein Golfplatz ein.

Besucher sollten vorbereitet sein: Der größte Ort der Insel, Wilson's Beach, liegt 10 km nördlich von Roosevelt Park. Hier gibt's nur ein Lebensmittelgeschäft und eine Poststelle. Ein Geldautomat ist in Welshpool, eine Tankstelle gibt es nicht. Die 1000 Bewohner der 16 km langen Campobello Island müssen über die Brücke nach Lubec in Maine fahren, um ihre Tanks aufzufüllen.

Sehenswertes & Aktivitäten

★ **Roosevelt Campobello International Park** PARK
(☎ 506-752-2922; www.fdr.net; Hwy 774) GRATIS Die südlichste Grünfläche der Insel ist der 1100 ha große Park mit dem für Besucher zugänglichem **Roosevelt Cottage** als Hauptattraktion. Franklin D. Roosevelt wuchs in den 34 Zimmern der Lodge auf (1905–1921) und kehrte während seiner Amtszeit als US-Präsident (1933–1945) regelmäßig hierher zurück. Der Bau im „Arts and Crafts"-Stil beherbergt originale Möbel und verschiedene Besitztümer der Roosevelts. Auch das benachbarte **Hubbard House** aus dem Jahr 1891 kann besichtigt werden.

Der Park liegt rund 2,5 km von der Brücke nach Lubec entfernt. Von der Veranda des Roosevelt-Anwesens fällt der Blick direkt auf Eastport in Maine. Kaum zu glauben, aber wahr: Man ist immer noch in Kanada!

Im Gegensatz zum makellos gepflegten Museumsbereich verblieb der internationale Park größtenteils in natürlichem Zustand, um die von Roosevelt so sehr geschätzte Flora und Fauna zu erhalten. Durch diesen überraschend wilden und kaum besuchten Teil von Campobello Island führen nur einige wenige gewundene Schotterpisten zu Stränden und zu insgesamt 7,5 km langen Naturlehrpfaden. Hier sind Hirsche, Elche, Kojoten, Adler und Seetaucher zu Hause.

Nahe Lower Duck Pond, das 6 km vom Visitor Center entfernt ist, sonnen sich ab und zu Robben auf Felsbänken vor der Küste.

Herring Cove Provincial Park PARK

GRATIS An die Nordgrenze des Roosevelt Campobello International Park schließt sich der Herring Cove Provincial Park an. Seine Wanderwege ergeben zusammengenommen eine Länge von 10 km. Auch ein Campingplatz ist vorhanden. Einen malerischen Ort für die Mittagspause bildet der Picknickplatz an einem 1,5 km langen, in einem Bogen verlaufenden Strand.

East Quoddy Head Lighthouse LEUCHTTURM

Der Leuchtturm von East Quoddy Head steht 4 km nördlich von Wilson's Beach. Auf den Küstenfelsen sitzen hier viele Leute, die ein Naturschauspiel verfolgen: Draußen vorbeiziehende Wale werden mit dem Fernglas beobachtet. Und zusätzlich gibt's die frische Meeresbrise im Gesicht.

Geführte Touren

Island Cruises BOOTSTOUR

(☎ 506-752-1107; www.bayoffundywhales.com; 62 Harbour Head Rd, Wilson's Beach; Erw./Kind 50/40 C$; ⏲ Juli–Okt.) Walbeobachtungstouren (2½ Std.).

Schlafen & Essen

Herring Cove Provincial Park CAMPING $

(☎ 506-752-7010; www.campobello.com/cmpgrdfe.html; 136 Herring Cove Rd; Stellplatz Zelt/Wohnmobil 22/24 C$; ⏲ Juni–Sept.) Der Campingplatz mit 76 Stellplätzen liegt an der Ostseite der Insel. In 3 km Entfernung legt die Fähre nach Deer Island ab. Teilweise liegen die Stellplätze abgeschieden in einem Wald. Ein Sandstrand und ausgedehnte Wanderwege sorgen für Entspannung und Bewegung.

Owen House B & B B & B $$

(☎ 506-752-2977; www.owenhouse.ca; 11 Welshpool St, Welshpool; DZ mit Frühstück ab 122 C$ mit eigenem Bad/Gemeinschaftsbad, ab 115/104 C$; P) Alte Betten mit gedrechselten Eckpfosten und Steppdecken, gemütliche Leseecken und jede Menge Fenster mit Meerblick kennzeichnen dieses klassische Feriendomizil vergangener Zeiten.

Pollock Cove Cottages COTTAGES $$

(☎ 506-328-7932; pollockcove@gmail.com; 2455 Rte 774, Wilson's Beach; Cottages 75–175 C$; P @) Einfache, saubere Cottages mit ein bis zwei Schlafzimmern, einer Küche und atemberaubender Aussicht.

Fireside Restaurant MODERN AMERIKANISCH $$

(☎ 506-752-6055; www.fdr.net; Roosevelt Park; Mittagstisch 12–18 C$, Hauptgerichte 12–28 C$; ⏲ Ende Mai–Mitte Okt. So–Mi 12–17 Uhr, Do–Sa bis 21 Uhr) In einer ehemaligen Sommerresidenz der Familie Adams (Fr. Adams war die Cousine von Präsident Roosevelt) befindet sich dieses hübsche Restaurant. Hier gibt's wechselnde Mittagsgerichte, Salate, Nudeln und – natürlich – Hummerrollen (Preise variieren je nach Hummerpreisen).

Family Fisheries Restaurant SEAFOOD $$

(www.familyfisheries.com; 1977 Rte 774, Wilson's Beach; Hauptgerichte 9–25 C$; ⏲ April–Sept. 11.30–21 Uhr) Das Fischlokal mit sehr hemdsärmeliger Atmosphäre gehört zu einem Fischmarkt. Die Spezialitäten sind Fish & Chips, Fischsuppen und Hummerrollen. Alle Meeresfrüchte werden von der Familie selbst gefangen.

Praktische Informationen

Visitors Center (☎ 506-752-2922; www.fdr.net; Hwy 774; ⏲ 10–17 Uhr) Hier gibt es vor allem Informationen zum Roosevelt Campobello International Park, aber auch zu anderen Sehenswürdigkeiten auf der Insel.

An- & Weiterreise

East Coast Ferries (S. 437) verbindet Deer Island mit Welshpool (25 Min., halbstündl.) auf Campobello Island.

Grand Manan Island

Grand Manan ist eine friedliche, unberührte Insel. Hier gibt es weder Fast-Food-Restaurants noch schicke Cafés, Jachtclubs, Verkehrsampeln oder überhaupt Autoverkehr. Nur eine atemberaubend schroffe Küste mit steilen Klippen und sandigen Buchten, Fichtenwäldern und Grasland. Leuchttürme, darunter das berühmte Swallowtail Lighthouse, thronen hoch auf den Klippen. An der Ostküste windet sich eine Küstenstraße durch eine Reihe hübscher, wohlhabender Fischerdörfer. Hier gibt's jede Menge frische Seeluft und ein heutzutage seltenes Gut: absolute Stille, die nur vom rhythmischen Rauschen der Meereswellen unterbrochen wird. Einige Besucher kommen nur für einen Tag, aber ein längerer Aufenthalt lohnt sich.

Sehenswertes

Grand Manan Art Gallery GALERIE

(☎ 506-662-3662; www.grandmananartgallery.com; 21 Cedar St, Castalia; 2 C$; ⏲ Mitte Juni–

Ende Sept. Mo–Sa 12–18, So 1, 13–17 Uhr) Diese hübsche, gemeinnützige Galerie zeigt lokale, saisonale und regionale Künstler sowie bekannte historische und aufsteigende Künstler. Ein Besuch lohnt sich auf jeden Fall.

Fishing Weirs AREAL

Diese runden Vorrichtungen aus Holzpfosten, die das Meer um Grand Manan schmücken, basieren auf dem Design alter Fischfallen, von denen einige aus dem 19. Jh. stammen. Leider gibt es heute nicht mehr viele. Früher trugen sie Bezeichnungen wie „Ruin“, „Gewinner“, „Glück des Außenseiters“ und „Trotzdem“ – sie spiegelten das harte Los wider, den Lebensunterhalt einem mitleidlosen Meer abringen zu müssen.

Seal Cove HISTORISCHE STÄTTE

Als schönstes Inseldorf bezieht Seal Cove einen Großteil seines Charmes von den Fischerbooten, Anlegestellen und Heringsräucherhütten, die sich rund um eine Prielmündung verteilen. 100 Jahre lang drehte sich auf Grand Manan alles um Räucherhering: In 300 Inselräuchereien waren ca. 1000 Männer und Frauen mit dem Ausnehmen, Auffädeln und Trocknen des Fischs beschäftigt. Die letzte Räucherei machte 1996 dicht. Dennoch sind Heringe, die inzwischen in einer modernen Konservenfabrik verarbeitet werden, immer noch ein wichtiger Wirtschaftszweig.

Grand Manan Historical Museum MUSEUM

(☎506-662-3524; www.grandmananmuseum.ca; 1141 Rte 776, Grand Harbour; Erw./Student & Senior 5/3 C$; ⌚Juni–Sept. Mo–Fr 9–17 Uhr, Juli & Aug. auch Sa) Dieses Museum eignet sich bestens für Nebeltage: Seine vielfältige Sammlung von lokalen Gebrauchsgegenständen gibt einen Überblick über die Inselgeschichte. Zu den Exponaten gehören Berichte über Schifffahrtsunglücke und die original Kerosinlampe des nahen Leuchtturms von Rock (1904). Ein ganzer Raum ist mit über 200 ausgestopften Vögeln gefüllt, darunter die heute ausgestorbene Wandertaube.

Swallowtail Lighthouse LEUCHTTURM

(www.tourismnewbrunswick.ca; Erw./Kind unter 12 Jahre 5 C$/frei; ⌚Juli & Aug.) Der weiß getünchte Leuchtturm von Swallowtail (1860), der sich 1 km nördlich des Fähranlegers auf einem steilen Felsvorsprung erhebt, ist das markante Wahrzeichen der Insel. Der Zugang erfolgt über steile Stufen und eine Holzbrücke. Seit der Automatisierung des Leuchtsignals 1986 ist das Gelände den Elementen überlassen. Dennoch lässt sich auf der grasbedeckten Klippe herrlich picknicken. Besucher können den Leuchtturm auf eigene Faust (kostenlos) erkunden. Selbst wenn er geschlossen ist, lohnt sich angesichts der Lage und Umgebung ein Besuch.

Aktivitäten

Ein rund 70 km langes Netz an Wanderwegen überzieht und umrundet die Insel. Die meisten Läden auf der Insel verkaufen den umfassenden Wanderführer *Heritage Trails and Footpaths on Grand Manan* (5 C$). Achtung: Unbedingt ausreichend Sicherheitsabstand zu den Klippenrändern einhalten – instabiler und unterhöhlter Boden bricht leicht unter den Füßen weg.

Der 1,6 km lange, leicht zu meisternde Küstenpfad von Long Pond nach Red Point (Rundweg; ca. 1 Std.) ist auch für Kinder geeignet. Bei Whale Cove ragt ein natürlicher Felsbogen, das Hole-in-the-Wall, ins Meer hinaus; das beliebte Fotomotiv liegt nur wenige Gehminuten vom Parkplatz entfernt.

Sea Watch Tours VOGELBEOBACHTUNG

(☎877-662-8552, 506-662-8552; www.seawatchtours.com; Fischereikai Seal Cove; Erw./Kind 115/56 C$; ⌚Juli & Aug. Mo–Sa) Die Bootstour geht zur entlegenen Machias Seal Island, auf der eine Kolonie Papageitaucher lebt. Nur 15 Personen pro Tag dürfen die Insel betreten und aus der Nähe beobachten, wie diese Seevögel umherwatscheln oder sich beim Landen auch schon mal überkugeln. Wegen der geringen Teilnehmerzahl sollte man früh im Voraus buchen. Vom Boot an Land zu klettern, kann sich schwierig gestalten, denn die Wellen sind hoch und die Felsen glitschig. Festes Schuhwerk ist unbedingt nötig.

Whales-n-Sails Adventures BOOTSTOUR

(☎888-994-4044, 506-662-1999; www.whales-n-sails.com; Fischereikai North Head; Erw./Kind 66/46 C$; ⌚Juli–Sept.) Bei der spannenden Tour auf dem Segelboot *Elsie Menota* ist ein Meeresbiologe mit an Bord und kommentiert die faszinierenden Walbeobachtungen. Häufig sind auch Papageitaucher, Tordalke, Lummen und andere Seevögel zu sehen.

Adventure High KAJAK- & RADFAHREN

(☎506-662-3563; www.adventurehigh.com; 83 Rte 776, North Head; Tagestour 45–110 C$, Fahrrad halber/ganzer Tag/Woche 18/25/125 C$; ⌚Mai–Okt.) Der Tourveranstalter organisiert Kajakausflüge in die Küstengewässer von Grand Manan Island. Auf dem Programm stehen zweistündige Paddeltouren bei Sonnenuntergang oder mehrtägige Abenteuertouren in die Bay of Fundy. Unterwegs gibt es hervorragende Informationen.

Schlafen

Im Sommer müssen Unterkünfte auf der Grand Manan Island unbedingt im Voraus gebucht werden.

Hole-in-the-Wall Campground CAMPING $
(☎506-662-3152; www.grandmanancamping.com; 42 Old Airport Rd, North Head; Stellplatz Zelt/Hütte 28/42 C$; ⏰Mai–Okt.) Die spektakulären Stellplätze verstecken sich zwischen Bäumen und Felsen am Klippenrand. Schlafwandler und Leute mit Höhenangst sollten ihr Zelt weiter landeinwärts aufschlagen! Neben einer grandioser Aussicht gibt es hier auch Feuerstellen, Picknicktische, Duschen und eine Waschküche. Wer lieber ein festes Dach über dem Kopf hat, kann in einer der einfachen, sauberen Hütten (Bettwäsche wird zur Verfügung gestellt) unterkommen.

Anchorage Camping CAMPING $
(☎506-662-7022; Rte 776, Anchorage; Stellplatz Zelt/Wohnmobil 24/26 C$; ⏰Mai–Sept.) Der große, familienfreundliche Campingplatz, ein ehemaliger Provinzpark, ist von hohen immergrünen Bäumen umgeben. Er befindet sich in Anchorage, zwischen Grand Harbour und Seal Cove. Zum Gelände gehören ein Kinderspielplatz, eine Waschküche, ein langer Kiesstrand und eine überdachte Kochgelegenheit für Regentage. Wer dem Wind entfliehen möchte, sollte nahe an den Bäumen zelten. Der Park grenzt an Marschland, das ein Schutzgebiet für Zugvögel und einige kurze Wanderwege umfasst.

Inn at Whale Cove INN $$
(☎506-662-3181; www.whalecovecottages.ca; Whistle Rd, North Head; EZ/DZ inkl. Frühstück 145/155 C$; ⏰Mai–Okt.; P ❄) „Serving Rusticators Since 1910", damit wirbt das Inn at Whale Cove. Seit 1910 beherbergt es also Menschen, die sich eine Zeitlang aufs Land zurückziehen, um dort Ruhe und Muße zu finden. Zu den Gästen zählte z. B. die amerikanische Schriftstellerin Willa Cather, die hier in den 1920er- und 1930er-Jahren einige ihrer Romane schrieb. Den Charme dieser guten alten Zeit haben sich das Haupthaus aus dem Jahr 1816 sowie ein halbes Dutzend mit Schindeln gedeckte Cottages bewahrt. Die Cottages sind mit polierten Kiefernholzböden und offenen Kamine, alten Chintz-Vorhängen und gut bestückten Bücherregalen ausgestattet; zwei haben darüber hinaus komplett ausgerüstete Küchen.

Wer alleine unterwegs ist, muss hier etwas mehr investieren, aber das ganzheitliche Erlebnis lohnt sich. Von hier aus führen Wanderwege zur Whale Cove; die ganze Gegend ist mit Wildblumen übersät.

McLaughlin's PENSION $$
(☎506-662-3672; www.mclaughlinswharfinn.ca; 1863 Rte 776, Seal Cove; Zi. 109 C$) Auf einem Landesteg in Seal Cove liegt dieses stimmungsvolle, sehr gemütliche B&B. Die bequemen Betten sind mit gesteppten Überwürfen verziert. Von den Zimmern hat man einen einzigartigen Ausblick. Würde diese Pension noch ein wenig näher an den historischen Räucherbuden liegen, würden die Gäste selbst geräuchert.

Compass Rose B&B $$
(☎506-662-3563; www.compassroseinn.com; 65 Rte 776, North Head; Zi. inkl. Frühstück 99–165 C$; P ❄ 📶) Mit dieser Wahl kann man nichts falsch machen: Das hübsche, kleine B&B wurde vor kurzem renoviert und bietet luftige und komfortable Zimmer mit Blick auf den Hafen. Der Fähranleger lässt sich zu Fuß bequem erreichen. Zum Compass Rose gehört ein Restaurant, dessen Atmosphäre auf der Insel seinesgleichen sucht. Der Besitzer Kevin ist praktischerweise auch der hiesige Kajaktourveranstalter.

Essen

In der Nebensaison sind die meisten der ohnehin rar gesäten Restaurants geschlossen. In den wenigen guten Restaurants, die geöffnet haben, bekommen Besucher ohne Reservierung selten einen Platz. Unbedingt Dulse probieren, einen lokalen dunkellila-farbenen Lappentang, der von den Einheimischen wie Chips gegessen wird. Köche benutzen den Tang als Kräuter; es gibt sogar „DLT"-Sandwiches (mit Dulse statt Speck!).

★ **Inn at Whale Cove** MODERN KANADISCH $$$
(☎506-662-3181; www.whalecovecottages.ca; Whistle Rd, North Head; Hauptgerichte 22–28 C$; ⏰17-19 Uhr) Wunderbares Essen in entspannter, ländlicher Atmosphäre, direkt an der Bucht. Die täglich wechselnde Speisekarte umfasst leckere Köstlichkeiten wie Pulled Pork (zartes Schweinefleisch im BBQ-Stil), Tagliatelle und Meeresfrüchteeintopf und göttliche Haselnuss-Karamell-Creme zum Dessert. Tipp: Früh erscheinen und zuerst

einen Cocktail am Kamin im gemütlichen, altmodischen Salon schlürfen.

Wer nicht pünktlich ist, riskiert den Unmut des Eigentümers, der die Ruhe seiner Gäste streng verteidigt.

Food for Thought CAFÉ

(922 Rte 776; Snacks 4,25–7 C$; ⏲ April–Dez. Mo & Di 6.30–17, Mi & Do bis 18, Fr bis 20, Sa 7–15 Uhr) Dieser Newcomer auf Grand Manan mag von außen nicht viel hermachen, aber innen findet man ein gemütliches Fleckchen Erde, in dem frische, fabelhafte, vor Ort zubereitete Leckereien serviert werden. Die Sandwiches, Salate und Suppen eignen sich auch prima für ein Picknick. Die Plätzchen und Gebäckstücke allein lohnen schon den Besuch – unbedingt die Zimtschnecken probieren! Der Besitzer arbeitet auch als Caterer.

Shoppen

Roland's Sea Vegetables MARKT

(174 Hill Rd; ⏲ 9–17 Uhr) Nirgendwo kann man mehr über Dulse lernen als hier. Grand Manan gehört zu den wenigen verbleibenden Herstellern von Dulse, einer Art Tang, der im atlantischen Kanada und weltweit als Snack oder Gewürz benutzt wird. Seit Jahrhunderten waten Sammler bei Ebbe zwischen den Felsen umher, um den Tang zu ernten und auf Felsbänken zum Trocknen auszubreiten.

Praktische Informationen

Tourist Information Office (☎ 506-662-3442; www.grandmanannb.com; 130 Rte 776, North Head; ⏲ Mitte Juni–Ende Aug.) Lokale Touristeninformation mit Karten, Broschüren und Fährfahrplänen.

An- & Weiterreise

Die einzige Verkehrsanbindung von Blacks Harbour auf dem Festland nach North Head auf Grand Manan wird durch das private Fährunternehmen **Coastal Transport** (☎ 506-662-3724; http://grandmanan.coastaltransport.ca; Erw./Kind/Auto/Fahrrad 12/6/36/4,10 C$) betrieben. Die Überfahrt (im Sommer 3–4 Abfahrten von jedem Hafen) dauert 1½ Std. Wegen der hohen Nachfrage sollte man unbedingt im Voraus buchen. Damit man nicht auf der Insel steckenbleibt, bezahlt man am besten gleich für die Hin- und Rückfahrt. Es lohnt sich, unterwegs nach Delfinen und Walen Aussicht zu halten.

Der Fähranleger befindet sich in Laufnähe zu mehreren Hotels, Restaurants, Geschäften und Tourveranstaltern. Wer die ganze Insel erkunden möchte, muss ein Auto mitbringen, da es auf Grand Manan keine Autovermietung gibt.

Unterwegs vor Ort

Die Fähre hält in dem Dorf North Head am Nordende der Insel. Die Hauptstraße (Rte 776) verläuft 28,5 km über die gesamt Länge der Insel entlang der Ostküste. Sie verbindet alle Siedlungen auf Grand Manan auf dem Weg zum Leuchtturm, der auf einer Klippe am Südende der Insel thront. Die Fahrt von Norden nach Süden dauert etwa 45 Minuten. Die Westseite der Insel ist unbewohnt und fast unzugänglich. Hier fällt hinter dichtem Wald und Sumpf eine Felswand steil hinab ins Meer. Nur bei Dark Harbour führt eine steile Straße hinunter zum Wasser, Wanderwege bieten einen Zugang zur Wildnis.

Adventure High (S. 456) verleiht Fahrräder. Aufgepasst: Die Straßen sind kurvenreich und in der Hauptreisezeit ist viel los. In der Nebensaison können Fahrradfahrer die hügeligen Straßen ungehindert genießen.

SAINT JOHN

70 100 EW.

Als Wirtschaftszentrum der Provinz hat die aktive Hafenstadt Saint John eine Dynamik, die der zurückhaltenden Hauptstadt etwas abgeht. Ihre Lage ist beeindruckend: Ein Ring aus Felsvorsprüngen, steilen Klippen, kleinen Buchten und Halbinseln umschließt einen tiefen Naturhafen dort, wo der mächtige Saint John River und der Kennebecasis River in die Bay of Fundy münden. Angesichts der rauchenden Schornsteine der Zellstofffabriken und Ölraffinerien sowie der städtischen Überwucherung botanischer Vielfalt braucht es jedoch etwas Fantasie, sich die natürliche Schönheit der Kulisse vorzustellen. Wer sich aber den Weg ins historische Zentrum gebahnt hat, wird mit dem Anblick schön restaurierter Back- und Sandsteingebäude aus dem 19. Jh. belohnt. Zudem erhascht man flüchtige Blicke auf das Meer am Ende der steilen, schmalen Seitenstraßen.

Saint John war ursprünglich eine französische Kolonie und wurde nach der Besetzung durch britische Loyalisten (1785) Kanadas erste offizielle Stadt. Während der Großen Hungersnot in ihrer Heimat strömten Mitte des 19. Jhs. Tausende irischer Einwanderer nach Saint John und leisteten einen beachtlichen Beitrag zu dessen Entwicklung zu einer blühenden Industriestadt. War damals noch der Holzschiffsbau der wichtigere Wirtschaftszweig, so arbeiten heute viele Einwohner in der Schwerindustrie (z. B. in Zellstofffabriken und Raffinerien) oder in der Moosehead Brewery. Es gibt hier auch eine große IT-Branche.

Saint John

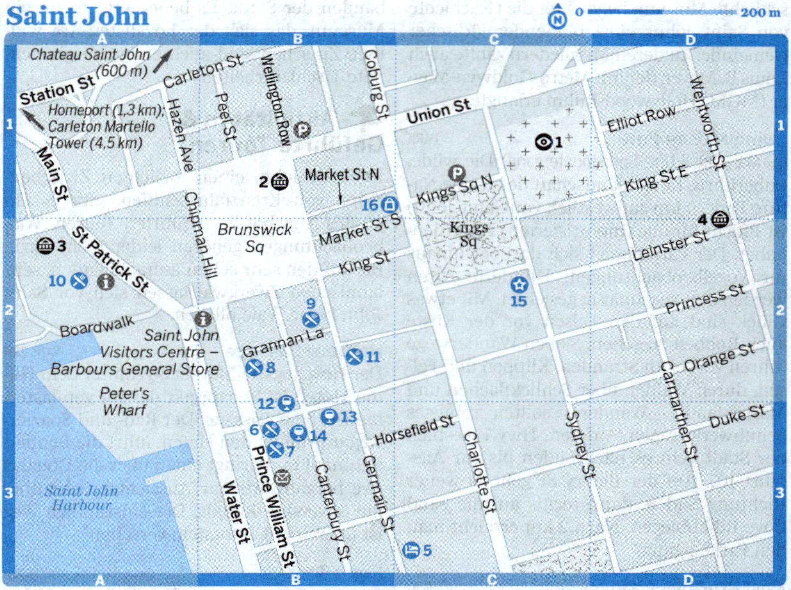

Saint John

Sehenswertes
- 1 Loyalist Burial Ground C1
- 2 Loyalist House B1
- 3 New Brunswick Museum A2
- 4 Saint John Jewish Historical Museum D2

Schlafen
- 5 Mahogany Manor C3

Essen
- Billy's Seafood Company .... (siehe 16)
- 6 Britt's Pub & Eatery B3
- 7 East Coast Bistro B3
- 8 Java Moose B2
- 9 Port City Royal B2
- 10 Saint John Ale House A2
- 11 Taco Pica B2

Ausgehen & Nachtleben
- 12 Big Tide Brewing Company B3
- 13 Happinez Wine Bar B3
- 14 O'Leary's B3

Unterhaltung
- 15 Imperial Theatre C2

Shoppen
- 16 Old City Market B1

Sehenswertes

Die Region ist stark vom enormen Tidenhub der Bay of Fundy und dessen Auswirkungen geprägt. Die Stromschnellen des Saint John River sind Teil des Gezeitenspektakels und zählen zu den bekanntesten Attraktionen der Provinz. Die Bezeichnung *reversing rapids* („umgekehrte Stromschnellen") trifft es eigentlich nicht ganz: Wenn die Flut in der Bay of Fundy steigt, kehrt sich die Strömung im Fluss um und das Wasser fließt landeinwärts. Bei Ebbe (Tidenhub bis zu 8,5 m), fließt das Wasser wieder landauswärts. Das ganze gleicht einer Reihe von Stromschnellen.

Das Saint John Visitors Centre – Reversing Rapids (S. 463) neben der Brücke über den Fluss, hat eine Gezeitentabelle, die zeigt, wo im Zyklus man sich gerade befindet.

Loyalist Burial Ground FRIEDHOF

Im Stadtzentrum gleich neben dem Kings Sq erstreckt sich dieser ehrwürdige Friedhof, der heute einem Park ähnelt. Die ältesten Grabsteine stammen von 1784.

Saint John Jewish Historical Museum MUSEUM

(91 Leinster St; Eintritt gegen Spende; ⌚Juni–Okt. Mo–Fr 10–16 Uhr, Juli–Aug. So 13–16 Uhr) Das

schlichte Museum beleuchtet die Geschichte von Saint Johns einst blühender jüdischer Gemeinde. Zu deren Mitgliedern zählte auch Louis B. Mayer, der mit Metro-Goldwyn-Mayer (MGM) Hollywood-Ruhm erlangte.

Irving Nature Park PARK
(⌚ Mai–Okt. 8 Uhr–Sonnenuntergang) Die wilde, unberührte Küstenlandschaft des Irvine Nature Park (9 km südwestlich von Saint John) ist Pflicht für alle (motorisierten) Naturliebhaber. Der Park eignet sich darüber hinaus für Vogelbeobachtungen: Hunderte Arten werden hier regelmäßig gesichtet. Mit etwas Glück sind auf den Felsen vor der Küste auch Robben zu sehen. Sieben Wanderwege führen vorbei an Stränden, Klippen und Felsen, durch Wälder, über Schlickflächen und Marschland – Wanderer sollten robustes Schuhwerk tragen. Auf dem Hwy 1 westlich der Stadt geht es nach Süden bis zur Ausfahrt 107. Auf der Bleury St geht es weiter Richtung Süden, dann rechts auf die Sand Cove Rd abbiegen. Nach 2 km erreicht man den Parkeingang.

New Brunswick Museum MUSEUM
(www.nbm-mnb.ca; 1 Market Sq; Erw./Student/Fam. 10/6/22 C$; ⌚ Mo–Mi & Fr 9–17, Do bis 21, Sa 10–17, So, 12–17 Uhr) Eines der ältesten Museen Kanadas und das beste Museum in New Brunswick. Das Museum beherbergt unterschiedliche, interessante Sammlungen. Es gibt eine faszinierende Abteilung über die Tier- und Pflanzenwelt des Meeres, mit einer herausragenden Sammlung über Wale, darunter ein lebensgroßes Skelett. Darüber hinaus gibt es Ausstellungsstücke zum Anfassen, Modelle alter Segelschiffe und eine faszinierende Sammlung kanadischer und internationaler Kunstwerke im Obergeschoss. Ein Besuch lohnt sich auf jeden Fall.

Carleton Martello Tower HISTORISCHES GEBÄUDE
(454 Whipple St; Erw./Kind 3,90/1,90 C$; ⌚ Ende Juni–Sept. 10–17.30 Uhr) Das runde Steinfort wurde im Krieg von 1812 auf einem Hügel für Verteidigungszwecke errichtet. Zur Anlage gehören renovierte Baracken und andere historische Ausstellungen. Der Hauptgrund für einen Besuch ist jedoch der Panoramablick über Saint John und die Bay of Fundy.

Loyalist House HISTORISCHES GEBÄUDE
(☎ 506-652-3590; www.loyalisthouse.com; 120 Union St; Erw./Kind/Fam. 5/2/7 C$; ⌚ Ende Mai–Sept. 10–17 Uhr) Das 1810 im gregorianischen Stil erbaute Loyalist House gehört zu den ältesten noch unverändert erhaltenen Gebäuden der Stadt. Es beherbergt heute ein Museum, das sich der Loyalisten-Ära widmet. Zu sehen sind auch einige ausgezeichnete Tischlerarbeiten.

Aktivitäten & Geführte Touren

In Saint John, einem beliebten Zwischenstopp von Kreuzfahrtschiffen, gibt es ein großes Angebot an geführten Touren. Walbeobachtungen gehören leider nicht dazu: Bis auf den sehr selten auftauchenden, sehr launischen Zwergwal lassen sich vor Saint John keine Wale blicken.

Harbour Passage WANDERN
Der Holzsteg am Market Sq (hinter dem Hilton Hotel) ist Startpunkt der rot gepflasterten Harbour Passage. Der Rad- und Spazierweg umrundet den Hafen, führt die Bennett St hinauf und bringt einen über die Douglas Ave bergabwärts zur Aussichtsbrücke über die Reversing Rapids. Der einstündige Weg ist überall mit Infotafeln versehen.

Roy's Tour TAXITOUR
(www.roystours.webs.com; Tour pro Gruppe 60 C$/Std.) Roy Flowers ist in Saint John zu Hause. Kenntnisreich kommentiert er individuell zugeschnittene Taxitouren (5–6 Std.) durch die Stadt und Umgebung.

Walks 'n Talks with David Goss STADTSPAZIERGANG
(☎ 506-672-8601; Stadtspaziergänge 0–5 C$; ⌚ Juni–Sept. Di 19 Uhr) Seit fast 30 Jahren veranstaltet David Goss seine geführten Themenspaziergänge durch die Stadt und Natur. Die Spaziergänge sind so reizvoll, dass auch Einheimische immer wieder daran teilnehmen. Die wechselnden Startpunkte und -zeiten erfährt man beim Visitor Center.

Schlafen

Saint Johns Motels liegen überwiegend an der Manawagonish Rd, 7 km westlich vom Zentrum. In der Innenstadt befinden sich einige teurerer Kettenhotels.

University of New Brunswick Summer Residences STUDENTENWOHNHEIM $
(☎ 506-648-5755; www.unbsj.ca; off Sandy Point Rd, nahe Rockwood Park; EZ/DZ/Suite 40/50/ 80 C$; 📶) Von Mai bis August vermietet die University of New Brunswick in zwei Studentenwohnheimen auf ihrem Campus in Saint John einfache Zimmer und spartanische Suiten mit Küchenzeile. Die Universität liegt

NICHT VERSÄUMEN

PANORAMASTRECKE: FUNDY TRAIL

Dieser großartige **Trail** (www.fundytrailparkway.com; Erw./Kind/Fam. 7,50/5/23 C$; ⌚Mai–Okt. 6–18 Uhr) ist nicht ein einzelner Weg, sondern ein Netz aus Straßen, Wegen und Pfaden entlang der Küste der Bay of Fundy. Die Autostraße durchquert einen rauen Teil einer Landschaft, die oft als einzige verbleibende wilde Küstenlandschaft zwischen Florida und Neufundland bezeichnet wird. Die 19 km lange Straße zum Long Beach über den Salmon River, die 2016 eröffnet wurde, hat der Unberührtheit der Wildnis ein Ende gesetzt, dennoch ist es hier wunderschön. Es gibt viele Aussichtspunkte, Picknick- und Parkplätze. 2018 soll die bis dahin insgesamt 30,5 km lange Straße bis zum Fundy National Park führen.

Parallel zur Autostraße verläuft ein 11 km langer Rad- und Wanderweg. In der Nebensaison ist das Haupttor geschlossen, aber Besucher können am Parkeingang parken und in den Park hineinwandern oder -radeln.

Am Big Salmon River lohnt sich der Besuch des **Big Salmon River Interpretative Center** (⌚Mitte Mai–Mitte Okt. 8.30–20 Uhr), mit Exponaten aus der Zeit, als hier eine Holzfällergemeinschaft lebte. In der Nähe führt eine Hängebrücke in ein riesiges unberührtes Wandergebiet jenseits der Straße. Dieser Wanderweg ist als **Fundy Footpath** bekannt. Der anstrengende fünftägige Marsch vom Big Salmon River zum Goose River im Fundy National Park ist nur etwas für Hardcore-Wanderer. Unterwegs führt der Weg durch Wildnis, über Geröll, durch Tidengebiete und über ein, zwei Strickleitern. Wanderer müssen sich am Start- und Endpunkt registrieren lassen.

6 km nördlich des Zentrums und ist vom Kings Sq mit dem Bus erreichbar. Einfach einen Bus mit Haltestelle „University" nehmen.

Rockwood Park CAMPING $
(☎506-652-4050; www.rockwoodparkcampground.com; Lake Dr S; Stellplatz Zelt/Wohnmobil 29/39 C$; ⌚Mai–Sept.; 📶) Einige Kilometer nördlich des Zentrums erstreckt sich der riesige Rockwood Park mit kleinen Seen, Wäldern, die von einem Netz aus Wanderwegen durchzogen werden, und einem Campingplatz auf einer kleinen offenen Fläche.

★ **Mahogany Manor** B&B $$
(☎506-636-8000; www.sjnow.com/mm; 220 Germain St; DZ inkl. Frühstück ab 110 C$; P ⊖ 📶) In der schönsten Straße von Saint John bietet dieses schwulenfreundliche, mit Antiquitäten gefüllte viktorianische Haus ein reizvolles Zuhause auf Zeit. Eine behagliche Mischung aus Antiquitäten und schicken, modernen Betten verleiht den fünf hellen und luftigen Zimmern eine gemütliche Atmosphäre. Die fröhlichen Eigentümer wissen mehr über die Stadt als man sich merken kann – sogar welches Gericht in welchem Restaurant zu empfehlen ist!

Chateau Saint John BUSINESSHOTEL $$
(☎506-644-4444; www.chateausaintjohn.ca; 369 Rockland Rd; Zi. ab 155 C$; P ❄ 📶) Am Rande des Geschäftsbezirks liegt dieser riesige Bau, der mit großen, geräumigen Zimmern und Blicken auf die Stadt überrascht. Der professionelle Service und das Preis-Leistung-Verhältnis lohnen den Aufenthalt. Von hier aus erreicht man die Stadt in 15 Minuten zu Fuß. Parkplätze gibt es auch. Hier steigen vor allem Gruppen und Geschäftsleute ab.

Homeport B&B $$
(☎888-678-7678, 506-672-7255; www.homeport.nb.ca; 60 Douglas Ave; Zi. inkl. Frühstück 109–175 C$; P ⊖ ❄ 📶) Das imposante B&B im italienischen Stil thront hoch über der ehemals prächtige Douglas Ave, etwa 1 km westlich der Innenstadt-Halbinsel. Es kombiniert die beiden ehemaligen Villen zweier schiffsbauender Brüder und bietet die Atmosphäre eines Boutiquehotels: Ein prächtiger Salon, eine gut bestückte Bar und zehn elegante Gästezimmer aus einer anderen Ära laden zum Verweilen ein. Tipp: Möglichst ein Zimmer mit einer altmodischen, freistehenden Badewanne ergattern.

Essen

Java Moose CAFÉ $
(www.javamoose.com; 84 Prince William St; Snacks 3–6 C$; ⌚8–18 Uhr; 📶) Diese einheimische Café-Kette eignet sich bestens für einen Koffeinkick – je nach lokalem oder internationalem Geschmack.

Taco Pica MEXIKANISCH, GUATEMALTEKISCH $
(www.tacopica.ca; 96 Germain St; Hauptgerichte 14–24 C$; ⌚Mo–Sa 10–22 Uhr) In diesem farbenfrohen Restaurant kommen authenti-

sche guatemaltekische und mexikanische Gerichte auf dem Tisch – eine willkommene Abwechslung! Als preisgünstigen Einstieg in die kulinarische Palette empfiehlt sich der *pepian* – ein einfacher, aber pikanter Rindfleischeintopf, der in Guatemala in jedem Haushalt auf den Tisch kommt. Der fleißige guatemaltekische Besitzer ist schon lange hier. Häufig gibt's auch Livemusik.

★ Port City Royal INTERNATIONAL $$
(☎506-631-3714; www.portcityroyal.com; 45 Grannan St; Gemeinschaftsteller 12–14 C$; ⏲Di–Fr 11.30 Uhr–open end, Sa 14 Uhr–open end) Der Besitzer und Koch Jacob betreibt dieses von vielen regelrecht verehrte Restaurant in einem renovierten historischen Gebäude. Laut Jacob befindet sich die Speisekarte in einem andauernden Entstehungsprozess und wird nie fertig werden. Er liebt es, mit lokalen Erzeugnissen zu experimentieren. Hier werden ganze (!) Tiere in Pasteten, Suppen und Würstchen verarbeitet. Seine Gerichte – größtenteils Gemeinschaftsteller – ändern sich ständig.

★ East Coast Bistro INTERNATIONAL $$
(☎506-696-3278; www.eastcoastbistro.com; 60 Prince William St; Hauptgerichte 20–31 C$; ⏲Mo 11–16, Di–Do bis 21, Fr bis 23, Sa bis 22 Uhr) Mit seinen erstklassigen Gerichten zu vernünftigen Preisen zählt das zwanglose Bistro zu den besten Restaurants in Saint John. Nachhaltige, regionale Küche zeichnet das Bistro aus; sogar das Brot wird selbst gebacken. Die saisonale Speisekarte wechselt; auf ihr stehen Köstlichkeiten wie Agnolotti, gefüllt mit geschmorter Wange vom atlantischen Rind, oder sautierte Meeresfrüchte.

DIE GEZEITEN DER BAY OF FUNDY

Die Bay of Fundy hat den höchsten Tidenhub der Welt. Nach einer Legende der Mi'kmaq entsteht dieser durch den Flossenschlag eines riesigen Wals, der das Wasser hin- und herströmen lässt. Eine weniger poetische Erklärung des Phänomens basiert auf der Länge, der Tiefe und der Trichterform der Bucht.

Eine komplette Periode von Ebbe und Flut dauert rund 12½ Stunden. Am Ostende der Bucht und am Minas Basin ist die Differenz zwischen Höchst- und Tiefststand mit 10 bis 15 m am größten. Bei Burncoat Head nahe Noel (Nova Scotia) erreichte die höchste jemals gemessene Flut beachtliche 16,6 m!

Britt's Pub & Eatery MODERN AMERIKANISCH $$
(www.brittspub.ca; 42 Princess St; Hauptgerichte 14–24 C$; ⏲Mo–Mi 7.30–13, Do & Fr bis 2, Sa 9–2, So 9–24 Uhr) Dieses fröhliche Lokal serviert erschwingliche Gerichte – deshalb ist hier immer was los. Das Britt's eifert einem britischen Pub nach – mit mäßigem Erfolg – aber es gibt gute, moderne Gerichte und Getränke. Das Britt's eignet sich gut für Alleinreisende: man kann herrlich in die Menge eintauchen, ohne aufzufallen.

Saint John Ale House MODERN AMERIKANISCH $$$
(www.sjah.ca; 1 Market Sq; Hauptgerichte 18–40 C$; ⏲Mo–Fr 11 Uhr–open end, Sa & So 10.30 Uhr–open end) Einheimische empfehlen das große, polierte Ale House wegen seiner großen Auswahl an Bieren, sowohl Craft- als auch Fassbiere (letztere werden unten im Pub serviert). Die herzhaften Gerichte auf der täglich wechselnden Speisekarte beherzigen das Motto „lokale Erzeugnisse". Hier gibt's auch ein tolles Brunch-Menü mit Pulled Pork, Eiern und Omelett.

Billy's Seafood Company SEAFOOD $$$
(www.billysseafood.com; 49 Charlotte St; Hauptgerichte 25–32 C$; ⏲Mo–Sa 11–22, So 16–22 Uhr) Wenn man schon mal an der Ostküste ist, sollte man sich die preiswerten Meeresfrüchtegerichte in diesem beliebten, zwanglosen Restaurant über dem City Market nicht entgehen lassen. Das Restaurant ist eines der wenigen, die Sonntagabend geöffnet sind.

Kingston Farmers Market MARKT
(Rte 845, Kingston; ⏲❄☀ 8–13 Uhr) Eine beliebte und unterhaltsame Sonntagmorgen-Aktivität der Einheimischen: Hier gibt's frisches Obst und Gemüse und Gerichte aus verschiedenen Ländern.

Ausgehen & Unterhaltung

O'Leary's PUB
(www.olearyspub.com; 46 Princess St; ⏲Mo & Di 11.30–23, Mi–Fr bis 2, Sa 15–2 Uhr) Wer ein Schwätzchen mit einheimischen Kneipenhockern halten möchte, ist in dieser freundlichen Bar – einer Institution in Saint John – genau richtig.

Happinez Wine Bar BAR
(www.happinezwinebar.com; 42 Princess St; ⏲Mi & Do 16–24, Fr bis 1, Sa 17–1 Uhr) In der kleinen, intimen Weinbar mit gepflegtem urbanem Am-

biente kann man in aller Ruhe einen guten Tropfen genießen. Ganze Flaschen aus dem Weinkeller schlagen ordentlich zu Buche, bestellt werden können aber auch Gläser.

Big Tide Brewing Company BRAUEREI
(www.bigtidebrew.com; 47 Princess St; ⊙Mo–Sa 11–24, So 15–21 Uhr) In dem gemütlichen Pub im Untergeschoss der Brauerei macht es Spaß, ein Pint hinunterzuspülen. Tipp: Confederation Cream Ale oder Whistlepig Stout. Alle Fassbiere werden hier gebraut. Auf der Speisekarte stehen einige Pub-Gerichte. Angesagt sind hier auch Ratespiele in geselliger Runde.

Imperial Theatre THEATER
(☎506-674-4100; www.imperialtheatre.nb.ca; 24 Kings Sq S) Nach seiner Restaurierung erstrahlt das Theater wieder in seiner ursprünglichen Pracht von anno 1913. Für kulturelle Veranstaltungen ist das Imperial die beste Adresse der Stadt. Das Programm reicht von klassischer Musik bis hin zu Theateraufführungen aller Art.

Shoppen

Old City Market MARKT
(☎658 2820; 47 Charlotte St; ⊙Mo–Fr 7.30–18, Sa 7.30–17 Uhr) Zwischen North und South Market St gelegen, betört die Markthalle alle Sinne. In dem eindrucksvollen Backsteinbau wird seit 1876 gehandelt und gefeilscht. Für den kleinen oder auch größeren Hunger zwischendurch bieten zahllose Frischwarenstände, Bäckereien, Fischhändler, Metzger und diverse Imbiss- bzw. Restaurantbuden allerlei Leckereien an. Einheimische strömen mittags zu Slocum and Ferris.

Praktische Informationen

Hauptpost (126 Prince William St)

Saint John Library (1 Market Sq; ⊙Mo & Di 9–17, Mi & Do 10–21, Fr–So 10–17 Uhr) Kostenloser Internetzugang.

Saint John Regional Hospital (☎506-648-6000; 400 University Ave; ⊙24 Std.) Nordwestlich des Zentrums.

Saint John Visitors Centre – Barbours General Store (St Andrew's Bicentennial Green; ⊙Mitte Mai–Sept. 10–18 Uhr) Im altmodischen Barbours General Store, am zentral gelegenen St. Andrew's Bicentennial Green.

Saint John Visitors Centre – Reversing Rapids (450 Bridge Rd; ⊙Mitte Mai–Sept. 9–18 Uhr, Juli & Aug. bis 19 Uhr)

Visitor & Convention Bureau (☎506-658-2990; www.discoversaintjohn.com; City Hall, 15 Market Sq; ⊙Mitte Mai–Mitte Okt. 9–18 Uhr, Juli & Aug. bis 19 Uhr) Kenntnisreiches freundliches Personal. Bietet Informationen für Stadtspaziergänge auf eigene Faust.

An- & Weiterreise

BUS

Maritime Bus (☎506-672-2055; www.maritimebus.com; 125 Station St; ⊙Mo–Fr 8–20, Sa & So 9–20 Uhr) betreibt Fernbusse nach Fredericton (25,50 C$, 1½ Std.) und Moncton (34 C$, 2–4 Std.).

FLUGZEUG

Der Flughafen liegt 5 km östlich an der Loch Lomond Rd Richtung St. Martins. Air Canada fliegt täglich nach Toronto, Montreal und Halifax.

SCHIFF/FÄHRE

Zwischen Saint John und Digby in Nova Scotia verkehrt ganzjährig täglich eine Fähre von **Bay Ferries** (S. 437). Die dreistündige Fährfahrt erspart eine lange Autofahrt.

Im Juli und August ist hier viel los: Wer ein Auto dabei hat, sollte auf jeden Fall früh kommen oder vorher buchen. Selbst mit einer Reservierung sollte man ein Stunde vor Abfahrt ankommen. Spaziergänger und Fahrradfahrer sollten keine Probleme haben. Es gibt ein Restaurant und eine Bar.

Unterwegs vor Ort

„Uptown", das Zentrum von Saint John, liegt auf einer viereckigen, hügeligen Halbinsel zwischen der Mündung des Saint John River und der Courtenay Bay. Der Kings Sq – seine Fußwege verlaufen im Muster des britischen Union Jack – markiert die Stadtmitte.

Auf der Westseite der Harbour Bridge liegt Saint John West. Da viele der dortigen Straßennamen mit denen im eigentlichen Saint John identisch sind, wird zur Unterscheidung ein „W" für „West" angehängt (z. B. Charlotte St W). In Saint John West legen auch die Fähren nach Digby in Nova Scotia ab.

DIE OSTKÜSTE DER BAY OF FUNDY

Ein Großteil der zerklüfteten, ursprünglichen Ostküste der Bay of Fundy zwischen Saint John und Hopewell Cape ist ein Teil des Fundy Trail Parkway, einer 19 km langen Straße mit parallelem, 10 km langem Wanderweg, die beide bald bis zum Fundy National Park führen werden. Wanderer, Radfahrer, Kajakfahrer und Naturliebhaber werden von dieser fantastischen Küste mit ihren dramatischen Klippen und Gezeiten begeistert sein. Da es (noch) nicht möglich ist, von St. Martins direkt am Meer entlang zum Fundy National Park zu fahren, muss man einen Umweg über Sussex im Landesinneren machen.

St. Martins

Rund 40 km östlich von Saint John, umgeben von steilen Klippen und blumenübersätem Weideland, liegt St. Martin. Der hübsche Weiler am Meer war einst ein Zentrum des Holzschiffbaus. Das verschlafene Örtchen erwacht im Sommer zum Leben. Wanderer, Radfahrer und Touristen tummeln sich auf dem Fundy Trail Parkway (S. 461), der östlich des Dorfes beginnt und dessen Windungen einem atemberaubenden Küstenabschnitt auf einer Länge von 19 km folgen. Im Ort sind die beeindruckenden Meereshöhlen aus rotem Sandstein am Mac's Beach sehenswert. Sie sind bei Ebbe zu Fuß zu erreichen. Die beiden überdachten Brücken im Dorf sind beliebte Fotomotive – Kamera nicht vergessen.

Geführte Touren

Red Rock Adventure KAJAKFAHREN, STADTSPAZIERGANG
(☎506-833-2231; www.redrockadventure.ca; 415 Main St; Stadtspaziergang 30–50 C$/Pers., Kajaktour 125 C$) Auf der gegenüberliegenden Seite der St. Martins Wharf und ihrer hübschen überdachten Brücke bietet Red Rock Adventures Stadtspaziergänge, z. B. Touren des historischen St. Martin, sowie Kajaktouren.

River Bay Adventures KAJAKFAHREN
(☎506-663-9530; www.riverbayadventures.com; Ausflug ab 65 C$) veranstaltet zwei- bis dreistündige Seekajaktouren zu den Höhlen und Inseln entlang der Küste.

Schlafen & Essen

Salmon River B&B $$
(☎506-833-1110; www.salmonriverbandb.com; 4 Snows Lane; Zi. 105–125 C$; ⊙Mitte Mai–Mitte Okt.) Acht einfache aber hübsche Zimmer über dem Restaurant Fiori. Die Besitzer sind dieselben. Liegt günstig mitten im Zentrum.

The Caves RESTAURANT $
(82 Bayview Rd; Hauptgerichte 10–27 C$; ⊙Mai–Okt. 11–19 Uhr, Juli & Aug. bis 20.30 Uhr) Eines von zwei Restaurants nebeneinander am Mac's Beach, direkt am Meer, die für ihre cremigen Fischsuppen bekannt sind. Hier gibt's zudem Salate, Burger und Sandwiches.

Seaside Restaurant & Take Out SEAFOOD $$
(80 Big Salmon River Rd; Hauptgerichte 10–20 C$; ⊙März–Nov. 11–20 Uhr) Direkt am Mac's Beach bietet das geräumige aber einfache Seaside Restaurant u. a. Fish & Chips und Jakobsmuscheln. Hier kommt Urlaubsfeeling auf!

Fundy National Park

Der **Fundy National Park** (www.pc.gc.ca/eng/pn-np/nb/fundy; Tagesgebühr Erw./Kind/Fam. 7,80/3,90/19,60 C$; ⊙Mai–Okt.) ist das beliebteste Naturschutzgebiet der Region. Seine Hauptattraktionen: der höchste Tidenhub der Welt, bizarr erodierte Sandsteinklippen und ein breiter Strand, auf dem man bei Ebbe nach kleinen Meerestieren und Schwemmmaterial suchen kann. Der Park ist herrlich grün und beherbergt Waldgebiete, die man dank eines ausgedehnten Netz an schönen Wanderwegen erkunden kann.

Aktivitäten

Radfahren

Mountainbiken ist auf sechs Wegen erlaubt: Goose River, Marven Lake, Black Hole, East Branch, Bennett Brook (nur teilweise offen) und Maple Grove. Seltsamerweise gab es zum Zeitpunkt der Recherche weder im Fundy National Park noch im nahen Alma einen Fahrradverleih. In den Visitor Centers fragen, ob sich dies inzwischen geändert hat.

Schwimmen

Das Meer ist hier richtig kalt. Ein beheizter Salzwasser-**Pool** (⊙Juli & Aug. 11–18.30 Uhr) nahe dem Südeingang des Parks wurde zum Zeitpunkt der Recherche renoviert und sollte – zusammen mit einem Planschbecken – inzwischen wieder offen sein.

Wandern

Das insgesamt 120 km lange Wegenetz des Nationalparks bietet alles, von kurzen Spaziergängen zu dreitägigen Treks. Aufgepasst: Auf mehreren der Strecken muss man Flüsse durchwaten.

Bei Backpackern am beliebtesten ist der **Fundy Circuit** (45 km), der in drei Tagesetappen durch das Herz des Parks führt. Dabei übernachten die meisten Wanderer in der ersten Nacht am Tracy Lake und in der zweiten am Bruin Lake, ehe es über den Upper Salmon River zurück zum Ausgangspunkt der Wanderung geht. Zeltplätze in der

ABSTECHER

SCENIC DRIVE: DAS TAL DES KENNEBECASIS RIVER

An einem Samstag im Sommer sollten Besucher sich dem Lieblingsausflug vieler Einwohner von Saint John anschließen und mit der **Gondola Point Ferry** (ausgeschildert, am Hwy 1, Ausfahrt 141) zur idyllischen Kingston Peninsula übersetzen. Hier führt die Rte 845 nach Osten zum Kingston Farmers Market (S. 462). Auf dem Markt locken frisches Obst und Gemüse sowie eine Reihe von Gerichten aus aller Welt. Für das Mittagessen eignet sich der restaurierte **1810 Carter House Tea Room** (www.facebook.com/1810CarterHouse; 874 Rte 845, Kingston; Kuchen & Tee 5–9 C$; ⌚ Juni–Aug. Di–Sa 9–16 Uhr). In der Teestube spukt angeblich ein Geist, der mit Vorliebe aufräumt oder Bücher umstellt.

Wer den vielen Städtern entkommen möchte, fährt auf der Rte 845 weiter bis in den geschäftigen Ort Hampton. Von dort folgt die Rte 121 dem Nordufer des Kennebecasis River und führt durch Ackerland und die Dörfer Norton und Apohaqui nach **Sussex** (4200 Ew.).

Sussex ist eine landwirtschaftliche Gemeinde, die in einem grünen, mit Milchfarmen übersäten Tal liegt. Die altmodische Hauptstraße wäre ein idealer Drehort für ein Teenie-Drama der 1950er-Jahre. Eine Bitte an die Einheimischen: Bloß nicht noch mehr dieser opulenten Fassadengemälde auftragen, die bereits im Überfluss die Häuserwände schmücken. Der gut erhaltene alte Bahnhof beherbergt die Touristeninformation, eine Eisdiele und ein kleines Museum, das sich der Geschichte des örtlichen Armeeregiments widmet.

An einer Landstraße in einem ruhigen Tal, in dem deutsche und holländische Farmer leben, liegt der **Gasthof Old Bavarian** (☎ 506-433-4735; www.oldbavarian.ca; 1130 Knightville Rd, Studholm; Hauptgerichte 10–24 C$; ⌚ Fr–So 12–22 Uhr). Dieser Gasthof scheint inklusive Bierkrügen und allem Drum und Dran direkt aus dem Schwarzwald hierher geschafft worden zu sein. Obwohl er sich in der Mitte von Nirgendwo befindet, herrscht hier abends Hochbetrieb, daher ist es ratsam, einen Tisch zu reservieren. Hier kann nur mit Bargeld, nicht mit Karte, bezahlt werden.

Anschließend geht es weiter, hinter dem Gasthof auf die Knightville Rd, und dann bei Anagance Ridge links auf die Country View Rd und anschließend auf die Rte 890 bis Petitcodiac. Diese Strecke bietet atemberaubende Ausblicke auf die grüne Hügellandschaft, bei deren Anblick man alles verkaufen, hierher ziehen und Hühner züchten möchte. Wer Hunger hat, wandert durch die Gewächshäuser und genießt ein gesundes Mittagessen oder Tee und Kuchen aus Biozutaten im **Cornhill Nursery & Cedar Cafe** (www.cornhillnursery.com; 2700 Rte 890, Cornhill; Hauptgerichte 9–15 C$; ⌚ Mai–Okt. So–Do 10–16, Fr & Sa bis 21 Uhr). Von Petitcodiac geht es wieder auf den Hwy 1 Richtung Osten nach Moncton oder Richtung Westen zurück zum Fundy Park und Saint John. Vom Hwy 1 hat man zwischen Hampton und Sussex wunderschöne Ausblicke auf das Tal.

Wildnis müssen online reserviert werden (10 C$/Nacht).

Schöne Tageswanderungen im Fundy National Park sind z. B. der **Matthews Head Loop**, eine 4,5 km lange Rundwanderung, die die schönsten Küstenblicke des Parks bietet (mittel bis schwer), oder der anspruchsvolle **Third Vault Falls Trail**, eine 3,7 km lange Wanderung zu den höchsten Wasserfällen des Parks. Alternativ führt ein kurzer und schöner Spaziergang auf einem Holzbohlenweg zu den **Dickson Falls**.

Bei erfahrenen Wanderern ist der **Goose River Trail** durch das Hinterland beliebt, auf dem man ebenfalls einmal übernachten muss. Er trifft unterwegs auf den **Fundy Footpath** (nicht mit dem Fundy Circuit verwechseln). Der Fundy Footpath ist ein unerschlossener, fünftägiger Trek durch die Wildnis, einer der schwierigsten in der Provinz. Während man bis zum Goose River radeln kann, geht es danach nur noch zu Fuß weiter.

Im Sommer leiten Ranger familienfreundliche und lehrreiche Veranstaltungen, darunter Nachtwanderungen.

Schlafen

Point Wolfe Campground CAMPING $

(☎ 877-737-3783; http://reservation.pc.gc.ca; Stellplatz Zelt 26 C$) Dieser schöne Campingplatz mit seinen 146 Stellplätzen und 10 Otentiks (Zelthütten) liegt 8 km südwestlich des Visitor Centers. Er liegt etwas abgeschiedener als die anderen Campingplätze des Parks, aber kein anderer ist so nahe am Wasser. Zwölf Stellplätze haben Wasser und Strom, d. h. hier kann man auch auf das eine oder andere Wohnmobil treffen.

Chignecto North CAMPING $
(☎877-737-3783; http://reservation.pc.gc.ca; Stellplatz Zelt/Wohnmobil 26/36 C$) Dieser wunderschön bewaldete Campingplatz mit seinen 251 Zeltplätzen ist beliebt bei Familien, da er Spielplätze und gute Sanitäranlagen hat. Trotz der Größe des Campingplatzes liegen die Stellplätze abgeschieden und bieten Privatsphäre. Der Strand ist 4 km entfernt. Auf dem Campingplatz gibt es auch Jurten und Otentiks (jeweils 100 C$).

Headquarters Campground CAMPING $
(☎877-737-3783; http://reservation.pc.gc.ca; Stellplatz Zelt/Wohnmobil 26/37 C$, Otentik/Jurte 100/115 C$) Der kommerziellste aller Campingplätze im Fundy National Park, ist der einzige, der in Nähe des Strandes und des Dorfes Alma liegt. Hier gibt es 101 Zeltstellplätze sowie Jurten und Otentiks für alle, die kein eigenes Zelt mitgebracht haben. Obwohl er nicht durchweg bewaldet ist, sind die Zeltstellplätze grasbewachsen.

★ **Fundy Highlands Motel & Chalets** HÜTTE, MOTEL $$
(☎888-883-8639, 506-887-2930; www.fundyhighlands.com; 8714 Hwy 114; Zi. 99 C$, Hütte ab 125 C$; ⏲Mai–Okt.) Die einzige Privatunterkunft im Fundy National Park bietet charmante kleine Hütten mit Veranda, Küchenzeile und fantastischem Ausblick. Auf dem Gelände befindet sich außerdem ein kleines gepflegtes Motel dessen Zimmer mit Küchenzeilen ausgestattet sind. Nicht luxuriös, aber retro und die netten Besitzer und Mitarbeiter sorgen für glückliche Gäste.

ℹ Praktische Informationen

Headquarters Visitors Centre (☎506-887-6000; ⏲Mai–Okt. 10–18 Uhr, Juni & Juli bis 20 Uhr) Am Südeingang des Parks.

ℹ An- & Weiterreise

In Richtung Osten ist es (noch) nicht möglich, am Meer entlang von St. Martins zum Fundy Nationalpark zu fahren, man muss einen Umweg über Sussex im Landesinneren machen. In der Gegend gibt es keine öffentlichen Verkehrsmittel.

Alma

Das winzige, aber gut ausgestattete Fischerdorf Alma eignet sich hervorragend, um sich für den Besuch des Fundy National Park zu rüsten. Hier gibt es Unterkünfte, Restaurants, eine kleine Tankstelle, einen Lebensmittel- und einen Spirituosenladen sowie einen Waschsalon. Im Winter, wenn die meisten Einrichtungen schließen, verwandelt sich Alma in ein Geisterdorf – wenn da nicht Molly Kool (oder eher: ihre Statue) wäre, die erste Seekapitänin des Kontinents.

Fresh Air Adventure (☎800-545-0020, 506-887-2249; www.freshairadventure.com; 16 Fundy View Dr; Tour ab 69 C$; ⏲Juni–Sept.) bietet viele Kajaktouren in und um Fundy, von zweistündigen Touren zu mehrtägigen Ausflügen.

Schlafen & Essen

Parkland Village Inn INN $$
(☎506-887-2313; www.parklandvillageinn.com; 8601 Hwy 114; Zi. 125–165 C$) Das Parkland Village Inn ist ein geschäftiges, 60 Jahre altes Gasthaus mit gemütlichen, renovierten Zimmern von denen einige wunderbare Ausblicke auf die Bay of Fundy bieten. Das Frühstück ist nur außerhalb der Hochsaison im Preis inbegriffen.

The Beach House B&B B&B
(☎506-887-9880; http://thebeachhousebedandbreakfastalma.com; 24 Foster Rd; Zi. 100 C$; ⏲Mai–Okt.; P📶) Die freundlichen britischen Auswanderer Lynn und Jeff betreiben dieses bescheidene, aber gemütliche B&B in der Nähe der geschäftigen Hauptstraße, das zwei geräumige und saubere Zimmer bietet. Lynn bereitet ein großzügiges Frühstück zu und Satelliten-TV gibt es auch.

Octopus's Garden Café CAFÉ $
(8561 Main St; Snacks 4–12 C$, Hauptgerichte 18 C$; ⏲Juni–Okt. 7–22 Uhr; 📶) Ein willkommener Neuzugang in Almas meeresfrüchte-orientierter Gastro-Szene ist das Octopus. Seine Tentakel reichen bis Italien. Hier gibt es hausgemachte Pasta mit Saucen, gute Panini und – oh ja! – Müsli und Joghurt. Es gibt auch eine Espressomaschine und die Mitarbeiter wissen sogar, wie man sie benutzt (was hier in der Gegend durchaus eine Seltenheit ist)!

Kelly's Bake Shop BÄCKEREI $
(www.facebook.com/homeofthestickybun; 8587 Main St; Snacks ab 2,50 C$; ⏲7–18 Uhr) Liebhaber von Süßigkeiten kommen von nah und fern, um die klebrigen Zimtschnecken zu kaufen – dem Beispiel sollte man folgen!

Cape Enrage & Mary's Point

Auf dem windumtosten **Cape Enrage** steht ein 150 Jahre alter Leuchtturm (www.capeenrage.ca; abseits Rte 905; Erw./Kind 6/5 C$; ⏲Mitte

Mai–Okt. 10–17 Uhr, Juli & Aug. bis 20 Uhr). Das sturmumtoste Kap macht seinem Namen alle Ehre (*to enrage* bedeutet „jemanden in Rage versetzen"). Der Leuchtturm wird von einer gemeinnützigen Organisation betrieben, die seinen Unterhalt durch Eintrittsgelder und Abenteueraktivitäten finanziert: **Abseilen** von den steilen Felswänden und eine Seilrutsche. Wer mag, erkundet nur den Strand und sucht nach Fossilien (nur bei Ebbe!). Der Leuchtturm war einer der ersten zwölf Leuchttürme in New Brunswick und ist noch immer in Betrieb, wenngleich auch mit automatisiertem Signal.

Am Mary's Point, 22 km östlich vom Cape Enrage, liegt das **Shepody Bay Shorebird Reserve** (Mary's Point Rd, am Hwy 915) GRATIS. Von Mitte Juli bis Mitte August versammeln sich in dem Schutzgebiet Hunderttausende Küstenvögel, vor allem Strandläufer. Vor Ort führen Naturlehrpfade und Holzbohlenwege durch Deiche und Marschland. Das Infozentrum ist nur von Ende Juni bis Anfang September geöffnet, aber die 6,5 km langen Wege sind ganzjährig zugänglich.

Wenn sich nach all den Aktivitäten der Hunger meldet, lockt das **Cape House Restaurant** (www.facebook.com/CapeHouseRestaurant; Hauptgerichte 14–33 C$; ⏲11.30–22 Uhr) im ehemaligen Wohnhaus des Leuchtturmwärters mit spektakulärerer Aussicht, pfannengebratenen heimischen Jakobsmuscheln, herzhaften Steaks und Hummereintopf.

SÜDÖSTLICHES NEW BRUNSWICK

Gezeitenflüsse und Salzmarschen durchziehen die flache Küstenebene in der südöstlichen Ecke New Brunswicks. Moncton alias „Hub City" ist ein wichtiger Verkehrsknotenpunkt mit zwei berühmten Naturattraktionen, die sich scheinbar über die Schwerkraft hinwegsetzen. Südöstlich der Stadt bzw. Richtung Nova Scotia liegen bedeutende historische Stätten und Vogelreviere.

Moncton

Die Hafenstadt war einst ein Zentrum des Holzschiffbaus. Heute ist Moncton die am schnellsten wachsende Stadt der Seeprovinzen. Die lokale Wirtschaft basiert auf dem Transportwesen. Dank der zweisprachigen Bevölkerung haben sich zudem etliche Call-Center hier niedergelassen. Moncton ist eine hübsche, vorstadtartige Siedlung mit roten Backsteinbauten an den schlammigen Ufern des Petitcodiac River. Hier gibt's einige gute Restaurants und Bars, einen belebten akadischen Farmers Market und ein interessantes Museum im Resurgo-Place-Komplex. Ansonsten findet man hier wenig, das den Aufenthalt lohnt.

Sehenswertes

Moncton Museum & Transport Discovery Centre MUSEUM
(☎506-856-4383; http://resurgo.ca/monctonmuseum; 20 Mountain Rd; Erw./Kind/Jugendl. 10/5/7 C$; ⏲Mo–Sa 10–17 Uhr, So 12–17 Uhr, Sept.–Mai Mo geschl.) Bei einem Besuch dieser interessanten Ausstellungen lernt man durch Artefakte und Fotografien alles über Moncton und sein Wachstum. Sie bieten Infos über die Mi'kmaqs bis zur Gegenwart, über die akadische Geschichte und Landwirtschaft und über die Schiffbauindustrie. Das Transport Discovery Centre mit seinen interaktiven Ausstellungen beschäftigt sich mit allem, was sich bewegt – was vor allem Kindern gefallen dürfte. Die Wechselausstellungen sind ebenfalls einen Besuch wert.

Magnetic Hill VERGNÜGUNGSPARK
(Ecke Mountain Rd & Hwy 2; Eintritt 5 C$/Auto; ⏲Mai–Sept. 8–20 Uhr) Magnetic Hill gehört zu Kanadas berühmtesten, wenn auch nicht beliebtesten Attraktionen. Hier scheint die Schwerkraft auf den Kopf gestellt: Vom Fuß des Hügels werden Fahrzeuge mitsamt deren Insassen wie von Geisterhand den Berg hinaufgezogen – das Wie und Warum findet man am besten selbst heraus. Außerhalb der Öffnungszeiten und Hauptsaison kostet das alberne Spektakel nichts. Es ist durchaus ein amüsiertes Kopfkratzen wert, während der Rummel und die Geldmacherei rund um den Hügel ein wenig übertrieben wirken. Immerhin lohnt es sich, mal über optische Täuschungen nachzudenken. Ansonsten haben Familien im Zoo, im Spaßbad und in einem Pseudodorf mit Eis- und Souvenirhändlern ihren Spaß. Der Park liegt 10 km nordwestlich vom Zentrum abseits der Mountain Rd.

Geführte Touren

Roads to Sea BUSTOUR
(☎506-850-7623; www.roadstosea.com; 173 C$/Pers.; ⏲Mai–Okt.) Roads to Sea bietet neunstündige Bustouren zu den Hopewell Rocks (S. 469) und zur Bay of Fundy (inkl. Fundy National Park und Cape Enrage, plus

Moncton

Moncton

Schlafen

1 Auberge au Bois Dormant Inn A1
2 C'mon Inn B2
L'Hotel St. James .... (siehe 8)

Essen

3 Cafe Archibald B1
4 Cafe C'est la Vie C3
5 Calactus C2
6 Manuka C1
7 Pump House D2

Ausgehen & Nachtleben

8 Saint James' Gate C3
9 Tide & Boar C3

Unterhaltung

10 Capitol Theatre C3

Shoppen

11 Moncton Market C3

Leuchttürme und überdachten Brücken). Was die Ausflüge so einzigartig macht, ist die Tatsache, dass man extrem hohe und extrem niedrige Gezeiten am selben Tag sieht. In den Bussen haben zwölf Personen Platz.

Baymount Outdoor Adventures KAJAKFAHREN
(☎877-601-2660; www.baymountadventures.com; Tour Erw./Kind 69/59 C$; ⊙Juni–Sept.) Bietet zweistündige Paddeltouren in Kajaks um die Hopewell Rocks.

Schlafen

Ein Zimmer zu reservieren ist empfehlenswert. Da Moncton ein gefragter Konferenzort ist, sind häufig sämtliche Unterkünfte ausgebucht. Die meisten Kettenhotels liegen rund um den Magnetic Hill und an der Main St.

C'mon Inn HOSTEL $
(☎506-530-0905, 506-854-8155; www.monctonhostel.ca; 47 Fleet St; B 37 C$, Zi. 78–83 C$; P@📶) Eines der beiden Hostels in Moncton befindet sich in einem weitläufigen viktorianischen Bau zwei Blocks vom Busbahnhof entfernt. Die zwei kleinen Schlafsäle (einer nur für Frauen) und Doppelzimmer mit Gemeinschaftsbädern sind nicht besonders schick, aber sauber und gemütlich. Es gibt eine Küche für Gäste und großzügige Verandas, die jede Menge Platz zum Abhängen bietet. Die Besitzerin Monique ist sehr hilfsbereit.

Auberge au Bois Dormant Inn B&B $$
(☎506-855-6767; www.auberge-auboisdormant.com; 67 John St; EZ 85–140 C$, DZ 95–150 C$; ⊖❄📶) Das B&B ist in einer eleganten renovierten viktorianischen Villa mit modernem Flair untergebracht. Die schwulenfreundliche Unterkunft liegt in einer ruhigen, baumgesäumten Wohnstraße. Hier gibt's ein herausragendes Frühstück. Einige Zimmer haben Zugang zu Balkonen; das Dachzimmer ist einfach wunderbar.

L'Hotel St. James BOUTIQUEHOTEL $$$
(☎888-782-1414; www.stjamesgatecanada.com; 14 Church St; Zi. 169–289 C$; P❄📶) Dieses Boutiquehotel ist mitten im Zentrum im zweiten Stock eines Backsteingebäudes aus dem 19. Jh. Mit seinen zehn stilvollen Zimmern mit urbanem Schick würde es auch gut nach Montreal oder New York passen. Zum schicken Design gehören moderne Wandfliesen, gestärkte weiße Bettwäsche und riesige Flachbild-TVs sowie iPod-Ladestationen. Im ersten Stock befinden sich ein beliebter Pub (S. 470) und ein Restaurant.

Essen

Auf den beiden ausgezeichneten Märkten, dem **Dieppe Farmers Market** (www.marchedieppemarket.com; Ecke Acadie Ave & Gauvin Rd, Dieppe; ⏲Sa 7–13.30 Uhr) und dem **Moncton Market** (www.marchemonctonmarket.ca; 120 Westmoreland St; ⏲7–14 Uhr) kann man hervorragend frische Erzeugnisse, Backwaren und Gerichte aus aller Herren Länder kaufen.

Calactus VEGETARISCH $
(☎506-388-4833; www.calactus.ca; 125 Church St; Hauptgerichte 11–17 C$; ⏲11–22 Uhr; 🖉) Das Calactus ist ein Paradies für Vegetarier! Auf der internationalen Speisekarte stehen u. a. Falafel-Teller, Tofu-Pizza und frittierte indische *pakoras*. Naturholz, warme Erdfarben und ein plätschernder Springbrunnen sorgen für eine beruhigende Atmosphäre. Der wunderbare Service rundet das Erlebnis ab.

Cafe C'est la Vie CAFÉ $
(www.cafecestlavie.ca; 75 Main St; Snacks 6,50–7,50 C$, Bibimbap 10 C$; ⏲Mo–Mi 7.30–18, Do & Fr bis 20, Sa & So 9–18 Uhr) Ein guter Ort für ein schnelles und leichtes Mittagessen, z. B. ein Sandwich, ein Panini oder einen Salat. Die koreanischen Besitzer servieren hervorragende *bibimbap*-Variationen (koreanisches Reisgericht).

ABSTECHER

HOPEWELL ROCKS

Am Hopewell Cape, wo der Petitcodiac River in die Shepody Bay mündet, liegen die **Hopewell Rocks** (www.thehopewellrocks.ca; abseits Hwy 114; Erw./Kind/Fam. 10/7,25/ 25,50 C$, Shuttle 2 C$/Pers.; ⏲Mai–Okt. 9–17 Uhr, im Sommer länger; 🚸). Diese „Felsen" sind bizarr-erodierte Sandsteinformationen, die aus dem Meeresboden ragen und als *flowerpots* (Blumentöpfe) bekannt sind. Sie ähneln riesigen Bögen, Pilzen und Eistüten. Die Naturkulisse a la Dr. Seuss fasziniert Besucher aus aller Welt und ist New Brunswicks bekannteste Touristenattraktion – daher herrscht hier auch der größte Besucherandrang. Spaziergänge zwischen den Felsen sind nur bei Ebbe möglich. Vorher unbedingt einen Blick in die Gezeitentabelle werfen; die hängen hier in jeder Touristeninformation und jedem Hotel. Selbst bei Flut sind die Felstürme noch von den gut besuchten Wegen sichtbar, die sich durch die Wälder über der Bucht winden. Eine andere Perspektive bietet eine zweistündige Kajaktour um die Felsen, die **Baymount Outdoor Adventures** (S. 468) anbietet.

Zum Park gehören ein großes Informationszentrum mit lehrreichen Ausstellungen, zwei Cafés und Picknickplätze. In der Hauptsaison stauen sich die Autos auf der Straße und die Menschen auf den Treppen. Obwohl auch Touristenbusse hierher fahren, erreicht man die Hopewell Rocks am besten mit einem eigenen fahrbaren Untersatz. Hier gibt es einen riesigen Parkplatz, auch wenn der im Sommer ziemlich voll ist.

Cafe Archibald FRANZÖSISCH, KANADAISCH $
(221 Mountain Rd; Hauptgerichte 8–13 C$; ⊙Mo–Do 9–23 Uhr, Fr bis 24 Uhr, Sa & So 8.30–24 Uhr) Das Bistro hat schon bessere Tage gesehen, aber das Essen ist gut. Spezialität sind die Crêpes, die in der offenen Küche zubereitet und auf den Banketten oder der geschlossenen Veranda gegessen werden. Alternativ empfiehlt sich die Pizza mit geräuchertem Lachs und Mozzarella, dazu ein Blattsalat.

★ **Manuka** INTERNATIONAL $$
(☎506-851-5540; www.facebook.com/restomanuka; 184 Alma St; Mittagsgerichte 12–14 C$, 3-gängiges Abendmenu 25 C$; ⊙Di–Fr 11–14, Mi–Sa 17–21 Uhr) Das Restaurant eines belgischen Besitzers befindet sich seltsamerweise in einem gelben Wohnhaus. Der Besuch hier fühlt sich so an, wie bei einem besten Freund – nur dass der eben ein ausgezeichneter Koch ist. Das Manuka ist eines der besten Restaurants der Stadt – die Gourmetgerichte werden von A bis Z von Hand zu bereitet.

Pump House BRAUEREI $$
(www.pumphousebrewery.ca; 5 Orange Lane; Hauptgerichte 12–15 C$; ⊙Mo–Sa 11 Uhr–open end, So 12–24 Uhr) Im Pump entspannen sich Einheimische bei leckeren Burgern, gegrillten Steaks und krossen Holzofenpizzas. Ebenfalls köstlich sind die Biere der Brauerei, die vor Ort gebraut werde, z. B. das Blaubeer-Ale oder das schmackhafte Muddy-River-Stout. Wer alle Sorten probieren möchte, bestellt am besten das Verkostungstablett.

Little Louis' MODERN KANADISCH $$$
(☎506-855-2022; www.littlelouis.ca; 245 Collishaw St; Hauptgerichte 24–36 C$; ⊙17–22 Uhr) Das Nouvelle-Cuisine-Bistro ist im ersten Stock eines gesichtslosen Einkaufszentrums im Industrielook zu finden. Das gedämpfte Licht, die weißen Tischtücher und die jazzige Livemusik erzeugen eine gemütliche Atmosphäre. Einheimische Gourmets schwärmen von den Gerichten, z. B. pfannengebratenen Jakobsmuscheln, gebratenem Rindfleisch, geröstetem Blumenkohl und Beluga-Linsen.

Ausgehen & Unterhaltung

Saint James' Gate BAR
(www.stjamesgate.ca; 14 Church St; ⊙Mo–Fr 11–2, Sa & So 10–2 Uhr) Eine gehobene, beliebte Bar mit maurischen Bögen im Inneren. Die nietenverzierten, lederbezogenen Barhocker laden zum Verweilen ein. Auf der kleinen Außenveranda tummeln sich im Sommer Cocktail-Fans. Hier gibt's auch leckere Gerichte (Hauptgerichte 18–33 C$). Im Obergeschoß befindet sich das Boutiquehotel L'Hotel St. James (S. 469).

Tide & Boar PUB
(☎506-857-9118; www.tideandboar.com; 700 Main St; ⊙Mo–Mi 11–24, Do–Sa bis 2, So 12–24 Uhr) Ein edler Gastro-Pub mit interessanten Bieren (von denen es einige nur hier gibt), guten Weinen und abgedrehten Cocktails. Die Atmosphäre ist wunderbar, und am Wochenende gibt's Livemusik.

Capitol Theatre THEATER
(www.capitol.nb.ca; 811 Main St) In dem prächtigen Theater finden das ganze Jahr über Konzerte und Theateraufführungen statt. In den Pausen können Besucher hier einen Wein trinken. Eine umfassende Renovierung hat dem Varietétheater von 1922 seinen ursprünglichen Glanz zurückgegeben.

Praktische Informationen

Moncton Hospital (☎506-857-5111; 135 MacBeath Ave) Notaufnahme.

Moncton Public Library (https://monctonpubliclibrary.ca; 644 Main St; ⊙Do–Mo 10–17, Di & Mi bis 21 Uhr;) Gratis Internet.

Visitors Information Centre (20 Mountain Rd, Resurgo Pl; ⊙Mo–Sa 10–17, So 12–17 Uhr) Dieses neue Besucherzentrum befindet sich im kürzlich eröffneten Moncton Museum.

An- & Weiterreise

AUTO & MOTORRAD

In der Stadt gibt es sechs öffentliche und mehrere private Parkplätze. Öffentliche Parkplätze kosten 1 bis 2,50 C$ pro Stunde. Auf dem öffentlichen Parkplatz am Moncton Market in der Westmorland St kann man samstags, sonntags und abends nach 18 Uhr kostenlos parken. Die Stadt benutzt HotSpot Parking, einen mobile Zahldienst, bei dem man per Handy bezahlen (und die Parkdauer verlängern) kann. Die Kosten und Stadtpläne stehen auf www.moncton.ca.

BUS

Maritime Bus (☎506-854-2023; www.maritimebus.com; 1240 Main St) bietet Busverbindungen nach Fredericton (41,75 C$, 2½ Std.); Saint John (33,75 C$, 2 Std.); Charlottetown, P. E. I. (41,75 C$, 3 Std.) und Halifax (53,25 C$, 4 Std.).

FLUGZEUG

Der **Greater Moncton International Airport** (YQM; ☎506-856-5444; www.gmia.ca) liegt ca. 6 km östlich vom Champlain Place Shopping Centre. Die Champlain St führt zum Flughafen. Air Canada fliegt täglich nach Toronto und Montreal.

ZUG

Die „Ocean"-Linie (Montreal–Halifax) von **VIA Rail** (☎506-857-9830; www.viarail.ca; 1240 Main St) fährt durch den Norden von New Brunswick. Über zahlreiche Stationen, darunter auch Miramichi und Campbellton, fährt der Zug bis nach Montreal in Québec. Dreimal in der Woche gibt's einen Zug nach Halifax (ab 39 C$).

Unterwegs vor Ort

An Wochentagen pendelt die Buslinie 20 neunmal täglich zwischen Flughafen und dem Champlain Place. Ein Taxi vom Flughafen ins Stadtzentrum kostet 15 bis 20 C$.

Die 40 Stadtbusse von Codiac Transit (www.codiactranspo.ca) – mit WLAN an Bord – bedienen ganz Moncton.

Wer ein eigenes Auto möchte, kann bei einem der Autovermieter am Flughafen oder bei **Discount Car Rentals** (☎506-857-2309; www.discountcar.com; 470 Mountain Rd, Ecke High St; ⌚Mo–Fr 7.30–17.30, Sa 8–12 Uhr) in der Stadt eines mieten.

Sackville

Das kleine, hübsche Universitätsstädtchen Sackville ist eine prima Zwischenstation – für Menschen (während des Semesters verdoppelt sich die Einwohnerzahl) aber auch für Vögel (der Sackville Waterfowl Park liegt auf einer wichtigen Zugvogelroute).

Sackville Waterfowl Park VOGELSCHUTZGEBIET

(⌚24 Std.) GRATIS Der Sackville Waterfowl Park, gegenüber der Universität (von der East Main St abbiegen), befindet sich auf einer wichtigen Zugvogelroute. Ein Spaziergang über den Holzbohlenweg lohnt sich. Infotafeln informieren über die Gegend.

The Black Duck CAFÉ $

(www.theblackduck.ca; 19 Bridge St; Gerichte 6,50–8 C$; ⌚7–21 Uhr) Diese Bäckerei-mit-Café serviert leckere Backwaren und ist bei Studenten wegen ihrer zwanglosen Atmosphäre und guten Angebote beliebt. Hier gibt's gegrillte Sandwiches, Bagel und anständigen Kaffee – perfekt für jede Mahlzeit.

Mel's Tea Room DINER $

(17 Bridge St; Hauptgerichte 5–11 C$; ⌚8.30–20.30 Uhr) Eine Reise zurück in der Zeit unternimmt man in Mel's Tea Room: Das Diner im Zentrum gibt es seit 1919 und es verbreitet heute den Charme der 1950er-Jahre – inklusive Jukebox und entsprechenden Preisen. Hier gibt's ein gutes Frühstück mit Eiergerichten, zudem Milchshakes und Eis.

Coy Wolf Bistro INTERNATIONAL $$

(☎506-536-8084; www.coywolfbistro.ca; 19 Bridge St; Hauptgerichte 20–30 C$; ⌚Mi–So 17–21 Uhr) Dieses moderne Lokal sollte seine Speisekarte vom Dach heulen. Das Lokal folgt dem Motto: „Lokal und nachhaltig essen". Auf der ständig wechselnden Speisekarte stehen kreative Gerichte, z. B. Muschelsuppe nach Northumberland-Art, oder der „Wolf"-Burger aus einheimischem Rindfleisch mit Gourmet-Füllung. Das unkonventionelle Dekor wirkt zwanglos und ist ein absoluter Bonus.

Praktische Informationen

Sackville Visitor Information Centre (https://sackville.com/explore-sackville/visitor-information; 34 Mallard Dr; ⌚Mai–Okt. 9–17 Uhr, Juli & Aug. bis 20 Uhr).

An- & Weiterreise

Busse verkehren zwischen Sackville und Moncton (14,25 C$, 45 Min., 3-tgl.).

DIE KÜSTE VON NORTHUMBERLAND

Die von Fischerdörfern und Ferienhäuschen gesäumte Northumberland Shore in New Brunswick erstreckt sich zwischen Confederation Bridge und Kouchibouguac National Park. Die Hummerstadt Shediac ist ein beliebter Urlaubsort an diesem Küstenstreifen, an dem sich mehrere hübsche Strände und sommerliche Spielwiesen aneinanderreihen. Ein Großteil der hiesigen Bevölkerung spricht Französisch. Bouctouche ist eine Hochburg der akadischen Kultur. Weiter nördlich schützt der Kouchibouguac National Park eine breite, idyllische Landschaft mit küstenseitigen Ökosystemen.

Cape Jourimain

In der Northumberland Strait liegt das 675 ha große **Cape Jourimain Nature Centre** (☎506-538-2220; www.capejourimain.ca; Rte 16; Eintritt frei; ⌚Mai–Okt. 8–19 Uhr). Hier gibt's Wanderwege mit einer Gesamtlänge von 13 km, ein Museum mit Infos zur Region, und ein Restaurant. Ein vierstöckiger Turm bietet eine tolle Aussicht auf die Confederation Bridge (zur Prince Edward Island). Das Cape Jourimain Lighthouse wurde 1869 erbaut. Vogelbeobachter kommen hierher, um Zugvögel zu beobachten.

Shediac

Die selbsternannte Hummerhauptstadt Shediac ist ein geschäftiger Ferienort und Heimat des jährlichen Hummerfestivals (Juli). Besucher können sich vor der unübersehbaren größten Hummer-Skulptur der Welt fotografieren lassen! (Wer die große Zange übersieht – der Hummer befindet sich in der Nähe der hilfreichen Touristeninformation).

An heißen Sommerwochenenden aalt sich scheinbar die halbe Provinz auf dem Sand des **Parlee Beach**. Weiter südlich am Cap-Pelé erstrecken sich ausgedehnte, noch sandigere Strände. Der herrliche **Aboiteau Beach** bietet über 5 km unbewachten Sandstrand. Andere Strände sind mit Rettungsschwimmern und allen möglichen Annehmlichkeiten ausgestattet.

Die beliebten **Shediac Bay Cruises** (☎888-894-2002, 506-532-2175; www.lobstertales.ca; Pointe-du-Chene Wharf; Erw./Kind/Fam. 70/48/204 C$) zeigen Passagieren wie man Hummerfallen birgt und den Hummer unter fachkundiger Anleitung zubereitet und isst.

Nach dem Essen rundet ein Film im altmodischen Autokino **Neptune Drive-In** (www.neptunedrivein.ca; 691 Main St; pro Pers./Auto 10/20 C$; ⏲ Juni–Sept) den Abend ab.

Schlafe & Essen

Auberge Gabriele Inn INN $$
(☎506-532-8007; www.aubergegabrieleinn.com; 296 Main St; Zi. 125–170 C$; P ⊖ ❄ 📶) Dieses schöne gelbe Gebäude ist eine der besseren Optionen in Shediac. Extrapunkte gibt es für das Restaurant. Die Zimmer darüber sind hübsch, wenn auch etwas altmodisch. Die Mischung aus Antiquitäten und Moderne sorgt für eine gemütliche Atmosphäre.

Maison Tait INN $$
(☎506-532-4233; www.maisontaithouse.com; 293 Main St; Zi. inkl. Frühstück ab 149 C$; 📶) Die luxuriöse Villa aus dem Jahr 1911 hat neun etwas altmodische aber luxuriöse, sonnendurchflutete Zimmer.

Captain Dan's SEAFOOD $$
(www.captaindans.ca; Kai Pointe-du-Chêne; Hauptgerichte 11–28 C$; ⏲ Juni–Sept. 11–22 Uhr) Im stets rappelvollen Captain Dan's am geschäftigen Kai Pointe-du-Chêne locken neben frischem Seafood auch Erdbeer-Daiquiris.

Paturel's Shore House SEAFOOD $$
(☎506-532-4774; www.paturelrestaurant.ca; 2 Cap Bimet Rd, Grand-Barachois; Hauptgerichte 17–33 C$; ⏲ Ende Mai–Mitte Sept. Di–So 16–22 Uhr) Die besten Meeresfrüchte gibt es in diesem einfachen Restaurant in der Nähe der Küste, das einem großen weißen Haus ähnelt. Es befindet sich 7 km östlich von Shediac. Von der Main St Richtung Norden auf die Cap Bimet Rd abbiegen.

Praktische Informationen

Visitors Information Centre (☎506-533-7925; www.shediac.ca; 229 Main St; ⏲ Mai–Sept. 9–17 Uhr, Juli & Aug. bis 21 Uhr) Bietet ausgezeichnete Informationen über New Brunswick und Karten von Shediac und der Umgebung.

An- & Weiterreise

Die Busse von **Maritime Bus** (www.maritimebus.com) fahren von Shediac nach Moncton (12,25 C$, 30 Min. 1-mal tgl.) und Fredericton (46 C$, 3 Std., 1-mal tgl.). Wer mit will, muss 24 Stunden im Voraus reservieren. Busse verkehren außerdem zwischen Shediac und Halifax in Nova Scotia.

Bouctouche

Der kleine, überraschend belebte Ort ist eine Hochburg akadischer Kultur und bietet mehrere einzigartige Attraktionen. Am Visitors Information Center am südlichen Ortseingang beginnt ein beeindruckender Holzbohlenweg durch das Salzmarschland.

Sehenswertes & Aktivitäten

Irving Eco Centre PARK
(www.irvingecocentre.com; 1932 Rte 475, St-Édouard-de-Kent; ⏲ Informationszentrum Ende Mai–Ende Okt. 10–18 Uhr) Rund 9 km nordöstlich von Bouctouche erschließt dieses Naturschutzgebiet die herrliche „Dune de Bouctouche", die als lange Sandzunge in die Northumberland Strait hineinragt. Das Infozentrum stellt die örtliche Flora und Fauna vor. Highlight ist jedoch der gewundene **Plankenweg** (1 km), der auf dem Seegras an den Dünen entlangführt. Der Hin- und Rückmarsch durch den losen Sand der 12 km langen Halbinsel dauert vier bis sechs Stunden. Vom Parkplatz des Eco Centre führt ein 12 km langer Rad- und Wanderweg durch den Mischwald nach Bouctouche.

Le Pays de la Sagouine PARK
(☎506-743-1400; www.sagouine.com; 57 Acadie St; Erw./Student/Fam. 20/15/45 C$; ⏲ Juli & Aug. 10–17.30 Uhr) Das rekonstruierte Akadierdorf liegt auf einer kleinen Inseln im Bouctouche

River. Zu den täglichen Veranstaltungen auf Englisch und Französisch gehören z. B. Koch- und Kunsthandwerksdemonstrationen zum Mitmachen, Führungen durch historische Gebäude und Livemusik. Mehrere Cafés servieren akadische Traditionsküche. Im Juli und August finden regelmäßig Abendessen mit Theateraufführungen statt (Karten ab 20 C$).

Olivier Soapery MUSEUM
(www.oliviersoaps.com; 831 Rte 505, Ste-Anne-de-Kent; ⌚ Juni–Aug. 9–19 Uhr, Sept.–Mai Mo–Fr 8.30–16.30 Uhr) Eine altmodische Seifenfabrik mit zugehörigem „Museum". Letzteres ist aber eher ein Laden mit Unmengen an fein duftenden, handgepressten Seifen. Immerhin gibt es einige interessante historische Exponate und regelmäßige Vorträge über die Seifenherstellung.

Schlafen & Essen

Chez les Maury CAMPING $
(☎ 506-743-5347; www.fermemaury.com; 2021 Rte 475, St-Édouard-de-Kent; Stellplatz Zelt 25–30 C$; ⌚ Mai–Anfang Okt.) Der kleine, einfache Campingplatz liegt auf dem Gelände eines familiengeführten Weinguts, 200 m entfernt vom Irving Eco Centre. Hier gibt es Toiletten, Duschen und einen kleinen Privatstrand auf der anderen Straßenseite. Um 18.30 Uhr verkündet eine Glocke den Beginn einer kostenlosen Probe des lokalen Angebot: Holunder- und Erdbeerweine (allesamt ausgezeichnet).

Le Vieux Presbytère INN $$
(☎ 506-743-5568; www.vieuxpresbytere.nb.ca; 157 Chemin du Couvent; Apt. 160 C$; 📶) Das ehemalige presbyterianische Pfarrhaus war früher ein beliebter religiöser Rückzugsort für Akadier aus der ganzen Provinz. Es beherbergt mehrere einfache, aber wunderhübsche Apartments mit hohen Stuckdecken und wunderbar sonnigem Ambiente. Alle sind mit Küchen ausgestattet und blicken auf den Garten und das Wasser. Der Mindestaufenthalt beträgt drei Nächte.

SCKS Société culturelle Kent-Sud CAFÉ $
(www.sckentsud.com; 5 Blvd Irving; Snacks 9–11 C$; ⌚ Sept.–Mai Di–Sa 8–15 Uhr, Juni–Aug. tgl. bis 17 Uhr) Das kleine, hübsche, gemeinnütziges Café eignet sich gut für eine Kaffeepause (jawohl, hier gibt es eine Espressomaschine!) oder ein leichtes Mittagessen. Die französischen Snacks werden – sofern möglich – aus lokalen Erzeugnissen zubereitet.

MR. BIG

Kenneth Colin (K. C.) Irving wurde 1899 in Bouctouche geboren und arbeitete als Autoverkäufer, bevor er einen Megakonzern mit Ölraffinerien, Werften, Massenmedien, Transportgesellschaften, Tankstellen, Supermärkten, Zellstoffwerken, Papierfabriken und vielen weiteren Zweigen aufbaute. Der Name Irving wurde im 20. Jh. in Kanada allgegenwärtig: Mindestens 8 % aller New Brunswicker Arbeitnehmer sind heute für ein Irving-Unternehmen tätig. Seit dem Tod von K. C. (1992) leiten seine drei Söhne die gigantische Irving Group.

Restaurant La Sagouine AKADISCH $
(www.sagouine.nb.ca; 43 Blvd Irving; Hauptgerichte 8–18 C$; ⌚ 6–22 Uhr) Gebratene Muscheln und traditionelle akadische Gerichte sind die Spezialität in diesem einfachen, altmodischen Restaurant, in dem es – verständlicherweise – ziemlich nach gekochten Meeresfrüchten riecht. Im Sommer können Gäste auf der Außenveranda sitzen.

Praktische Informationen

Visitors Information Center (☎ 506-743-8811; www.tourismnewbrunswick.ca; 14 Acadie St; ⌚ Ende Mai–Ende Sept. 10–15 Uhr, im Sommer längere Öffnungszeiten).

Kouchibouguac National Park

An dem 25 km langen Küstenabschnitt des Nationalparks laden Strände, Lagunen und Sandbänke zum Spaziergehen, Vogelbeobachten und Muschelsammeln ein. Landeinwärts durchziehen Wanderpfade, Radwanderwege und im Winter auch präparierte Langlaufloipen die riesigen Wälder und Salzmarschen des **Parks** (www.pc.gc.ca; Erw./Kind 7,80/3,90 C$; ⌚ 8 Uhr bis Einbruch der Dunkelheit das ganze Jahr). Zur Tierwelt des Parks gehören Elche und andere Hirscharten sowie ab und zu Schwarzbären. Kouchibouguac (*kush-i-bu-gwack*), ist ein Begriff aus der Sprache der Mi'kmaq und bedeutet „Fluss der langen Gezeiten".

Aktivitäten

Durch die Wildnis von Kouchibouguac winden sich geschotterte Radwege mit einer Gesamtlänge von rund 60 km.

Das ruhige, seichte Wasser zwischen dem Ufer und den Dünen, die sich 25 km von Norden nach Süden erstrecken, eignet sich hervorragend für eine ruhige Paddelrunde am Morgen. Paddeln mit Voyageur Canoe (☎ 506-876-2443; 29,40 C$/Pers.) ist daher ein absolutes Muss, vor allem für alle, die nicht wandern möchten. Gepaddelt wird in einem kanadischen Kanu, in dem vier oder acht Personen Platz haben. Die Ausflüge führen zu den sandigen, vorgelagerten Inseln. Unterwegs lernt mal alles über das Leben der Mi'kmaq und sieht eine Menge Vögel. Ein Höhepunkt sind die Graurobben: jeden Sommer kommen etwa 300 bis 600 von ihnen an diese Futterstelle zurück.

Die zehn Wanderwege des Parks sind vorwiegend kurz und eben. Der hervorragende **Bog Trail** (1,9 km) hinter dem Beobachtungsturm ist ein Plankenpfad; nur die ersten paar hundert Meter sind geschottert. Der **Cedars Trail** (1,3 km) ist ein wunderhübscher Plankenpfad mit Infotafeln. Der **Osprey Trail** (5,1 km) führt als Rundwanderweg durch den Wald. Der **Kelly's Beach Boardwalk** (einfache Strecke 600 m) verläuft oberhalb der grasbewachsenen Dünen. Wer sich am Strand nach rechts wendet, kann 6 km weit bis zum Dünenende marschieren. Das Ende variiert je nach Standort der Nester des Flötenregenpfeifer. Unbedingt Trinkwasser für unterwegs mitnehmen.

Badevergnügen für Kinder bieten die warmen, seichten Lagunen, während sich die Erwachsenen gern im tiefen Wasser an der Meerseite tummeln.

Schlafen

Die insgesamt 360 Stellplätze von Kouchibouguac verteilen sich auf zwei Campingplätze mit Anschluss an die Straße sowie drei weitere, einfache Campingplätze. Die Campingsaison dauert von Mitte Mai bis Mitte Oktober. Im Juli und August herrscht Hochbetrieb, vor allem an den Wochenenden. Reservierungen sind für die meisten Plätze ein Muss. Der Parkeintritt kostet extra.

Die drei einfachen Campingplätze kosten 10 C$ pro Nacht und Nase und haben nur Plumpsklos. Für Sipu und Petit-Large sollte man eigenes Wasser mitbringen. Pointe-a-Maxime ist am schwierigsten erreichbar (d.h. nur per Boot), aber dies bedeutet keinesfalls einsame Abgeschiedenheit: Der nahegelegene Fischerkai sorgt für einen steten Strom vorbeifahrender Motorboote.

Cote-a-Fabien CAMPING $
(☎ 877-737-3783; www.pccamping.ca; Stellplatz Zelt mit/ohne Auto 21/11 C$) Der Campingplatz nördlich des Kouchibouguac River ist die beste Wahl für alle, die etwas Ruhe und Privatsphäre suchen. Es gibt Trinkwasser und Plumpsklos, aber keine Duschen. Manche Stellplätze liegen direkt am Meer, andere verstecken sich zwischen den Bäumen. Ein Dutzend sind nur zu Fuß zu erreichen (100 m; Schubkarren für den Gepäcktransport sind vorhanden). Ideal für alle, die mal kein Auto sehen wollen. Der Osprey-Wanderweg beginnt hier.

South Kouchibouguac CAMPING $
(☎ 877-737-3783; www.pccamping.ca; Stellplatz Zelt/Zelthütte 28/15 C$) Der größte Campingplatz liegt 13 km entfernt von der Parkgrenze, in der Nähe des Strands. Auf einer großen offenen Freifläche, umringt von Bäumen, liegen Otentiks (Zelthütten), Stellplätze für Zelte und Wohnmobile, Duschen und eine überdachte Kochgelegenheit.

Praktische Informationen

Visitors Center (☎ 506-876-2443; www.pc.gc.ca/kouchibouguac; 186 Rte 117; ⏲ Okt.–Mai 8–16.30 Uhr, Juli–Sept. bis 20 Uhr) Hier gibt es hilfsbereite Mitarbeiter, gute Infos und Karten. Falls das Center geschlossen hat – das Verwaltungsbüro gegenüber ist ganzjährig geöffnet.

Anreise & Unterwegs vor Ort

Ohne Auto und Fahrrad lässt sich der Park nur schwer erreichen und erkunden. Die Campingplätze und Strände liegen mindestens 10 km vom Parkeingang entfernt.

Die nächstgelegene Bushaltestelle befindet sich 16 km weiter südlich in Rexton. Die Busse von **Maritime** (☎ 800-575-1807; www.maritimebus.com; 126 Main St) halten an der Irving-Circle-K-Tankstelle. Täglich fahren Busse Richtung Süden nach Moncton (20,25 C$) und Richtung Norden nach Miramichi (14,25 C$).

MIRAMICHI RIVER VALLEY

Für die Einwohner von New Brunswick steht das Wort Miramichi nicht nur für eine Stadt und einen Fluss, sondern auch für einen unbestimmten geheimnisvollen Zauber. Der Zauber, der von dieser Region ausgeht, beruht teilweise auf der Mischung aus akadischen und irischen Gebräuchen, Legenden, Aberglaube und Gruselgeschichten, zum anderen aber auch auf den dichten Wäldern, der unberührten Wildnis und dem Wesen der Einwohner, die dieser Landschaft mühsam ihren Lebensunterhalt abringen. Der sagenhafte Fluss trägt mit seinem gewundenen Verlauf durch unwegsames Gelände, den vielen kristallklaren Nebenflüssen und den Lachsgründen ebenfalls zum Mythos bei. Die Region bringt eine wundervolle, hier verwurzelte Musik hervor und inspiriert zahlreiche Künstler wie den bekannten Schriftsteller David Adams Richards, der das Wesen dieser Region in seinen Werken gekonnt beschreibt.

Miramichi

Die Arbeiterstadt Miramichi (früher Newcastle) besteht aus Chatham, Newcastle, Douglastown, Loggieville, Nelson und mehreren anderen Ortschaften, die beide Seiten des Miramichi River auf einer Länge von 12 km säumen. Miramichi wurde von den Ureinwohnern sowie Iren, Schotten und Franzosen geprägt. Heute ist Miramichi eine englischsprachige Enklave inmitten einer überwiegen französischsprachigen Region.

Fans traditioneller Musik könnten sich für das **Irish Festival** (www.canadasirishfest.com; Mitte Juli) und das **Miramichi Folksong Festival** (www.miramichifolksongfestival.com; Anfang Aug.) begeistern. Letzteres ist die älteste Veranstaltung ihrer Art in Nordamerika.

Sehenswertes

Beaverbrook House MUSEUM
(www.beaverbrookhouse.com; 518 King George Hwy; Juni–Sept. Mo–Sa 9–17, So 13–17 Uhr) GRATIS Die Statue von Lord Beaverbrook (1879–1964) auf dem Platz im Zentrum erinnert an einen der mächtigsten britischen Medienzaren, der zudem ein großzügiger Wohltäter seiner Heimatprovinz war. Beaverbrooks Asche ruht unter dem Standbild, mit dem ihn die Stadt ehrte. Das Beaverbrook House aus dem Jahr 1877, in dem Beaverbrook seine Kindheit verbrachte, ist heute ein Museum.

Schlafen & Essen

Enclosure Campground CAMPING $
(506-622-0680; http://enclosurecampground.com; 8 Enclosure Rd, Derby Junction; Stellplatz Zelt/Wohnmobil 31/36 C$; Mai–Okt.) In dem ehemaligen Provinzpark südwestlich von Newcastle liegt abseits des Hwy 8 ein hübsches bewaldetes Gelände mit großzügigen naturbelassenen Zeltstellplätzen. Auch wenn die Website noch etwas anderes behaupten sollte: Das Restaurant ist nicht mehr in Betrieb.

Rodd Miramichi River HOTEL $$
(506-773-3111; www.roddmiramichi.com; 1809 Water St; Zi. ab 200 C$; P ❄ 📶 🏊) Das riesige Hotel – eines der teureren der Stadt – liegt an der Südseite des Flusses. Es bietet alle modernen Annehmlichkeiten eines Businesshotels, verbreitet aber dennoch ein resortartiges Flair. Auf der Website lassen sich Sonderangebote ergattern.

Governor's Mansion B&B $$
(506-622-3036; www.governorsmansion.ca; 62 St Patrick's Dr; Zi. inkl. Frühstück 89–159 C$; P ❄ 📶) Auf der Südseite des Flusses, mit Blick auf die Beaubears Island, liegt dieses knarrende aber elegante, mit Antiquitäten gefüllte viktorianische Herrenhaus aus dem Jahr 1860. Das Haus war früher der Sitz des ersten irischen Vizegouverneurs der Provinz. Die Zimmer sind altmodisch, aber hübsch und sehr gemütlich.

Bistro 140 INTERNATIONAL $$
(www.facebook.com/Bistro140; 295 Pleasant St; Hauptgerichte 15–25 C$; Mo–Do 11.30–21, Fr & Sa 16–22 Uhr) Die Einheimischen bezeichnen das Bistro 140 als Gourmetoption. Das ist vielleicht ein wenig übertrieben, aber dennoch serviert das freundliche Lokal gutes Essen mit ausgefallenen Variationen aus einheimischen Erzeugnissen (beispielsweise Farnspitzen als Gemüsebeilage). Zum Restaurant geht's durch ein büroartiges Gebäude.

ABSEITS DER ÜBLICHEN PFADE

DAS HISTORISCHE MUSEUM IN TRACADIE

Das **Historical Museum of Tracadie** (Rue du Couvent; Erw./Kind 5 C$/frei; Mitte Juni–Anfang Sept. Mo–Fr 9–17, Sa & So 12–17 Uhr) erzählt die wenig bekannte, aber fesselnde Geschichte der hiesigen Leprakolonie, die von 1849 bis 1965 bestand. Es ist der einzige Ort in Kanada, an dem man Einzelheiten zu einem Leprosorium erfahren kann. Auf dem nahe gelegenen Friedhof ruhen 59 Opfer der Hansen-Krankheit (Lepra). Tracadie-Sheila liegt 77 km nordöstlich von Miramichi.

An- & Weiterreise

Die Busse von **Maritime Bus** (☎ 506-773-5515; www.maritimebus.com; 186 King St) starten vor dem Best Value Inn. Täglich fahren Busse nach Fredericton (63,50 C$, 5 Std.), Saint John (65,05 C$, 5 Std.) und Campbellton (38,75 C$, 3 Std.).

Der Bahnhof der **VIA Rail** (www.viarail.ca; 251 Station St, Ecke George St) befindet sich in Newcastle. Züge aus Richtung Montreal und Halifax halten hier.

Miramichi River Valley

Der Miramichi River ist eigentlich ein weit verzweigtes Netz verschiedener Flüsse und Nebenflüsse, die das Wasser im Herzen von New Brunswick aufnehmen. Der Hauptarm ist der 217 km lange Southwest Miramichi River, der von Hartland durch die Wälder nach Miramichi fließt und sich dort mit dem zweiten Hauptarm, dem Northwest Miramichi, vereint.

Seit mehr als 100 Jahren bestaunen die Menschen hier voller Ehrfurcht die friedliche Schönheit der Flusslandschaft. Berühmte Wirtschaftsbosse, bekannte Politiker, aber auch Sport- und Unterhaltungsstars und sogar Prinz Charles haben hier schon ihre Angelrute ausgeworfen und Lachse aus dem Fluss gezogen – Fliegenfischen steht hier so hoch im Kurs, dass selbst Marilyn Monroe angeblich ihre Zehen in den Fluss getaucht haben soll.

Die Bestände in diesem legendären Fischereigebiet waren immer wieder durch Überfischung, Wilderei und unbekannte Ursachen (vielleicht die globale Erwärmung) bedroht. Die Diskussion darüber, wie man die Bestände am besten erhalten kann, dauert an. Einige sind der Meinung, neue Bestände müssten eingeführt werden, andere meinen, dass man der Natur ihren Lauf lassen sollte. Obwohl Sportfischen aus der Mode kommt, ist die Gegend noch immer wunderschön.

Sehenswertes

Metepenagiag Heritage Park HISTORISCHE STÄTTE
(☎ 506-836-6118; www.metpark.ca; 2156 Micmac Rd, Red Bank; Erw./Kind 8/6 C$; ⏲ Mai–Okt. 10–17 Uhr) 40 km nordwestlich von Miramichi liegt am Esk River der Metepenagiag Heritage Park, eine 3000 Jahre alte archäologische Stätte mit geführten Touren zur Kultur und Geschichte der Mi'kmaq.

Atlantic Salmon Museum MUSEUM
(www.atlanticsalmonmuseum.com; 263 Main St, Doaktown; Erw./Kind 5/3 C$; ⏲ Juni–Okt. Mo–Sa 9–17, So 12–17 Uhr) In diesem lodgeartigen Museum 90 km südwestlich von Miramichi können Besucher alles über die berühmte Fischereigeschichte von Doaktown lernen und wunderbare Kunstwerke und anthropologische Kostbarkeiten betrachten.

Aktivitäten

Der **Miramichi Trail** ist ein Rad- und Wanderweg entlang einer stillgelegten Bahntrasse. Von der geplanten Gesamtlänge (200 km) sind bereits 75 km fertig gestellt.

Bei McNamee, 15 km südwestlich von Doaktown, überspannt die Priceville Suspension Bridge den Fluss. An dieser Brücke lassen **Kanu- und Kajakfahrer** ihre Boote zu Wasser, um einen halben Tag flussabwärts nach Doaktown zu paddeln. Mehrere Ausrüster bieten Leihausrüstung und Shuttleservices sowie gemütliche geführte Kanu- und Kajaktouren und sogar Tubing-Trips auf dem Fluss.

Sportfischen ist nichts für nur einen sondern für mehrere Tage – daher lassen sich nur wenige Reisende darauf ein. Um den Fischbestand zu schützen, wird der Sport inzwischen streng reglementiert. Sportangler müssen eine Lizenz erwerben und dürfen ihre Schnur nur in Begleitung eines offiziell registrierten Führers auswerfen. Eine dreitägige Lizenz kostet für Nichtansässige 60 C$. Alle Fische müssen wieder freigelassen werden. (Wenn Lachs in New Brunswick serviert wird, stammt er meist aus Zuchtfarmen in der Bay of Fundy.)

Schlafen

Hier herrscht kein Mangel an schönen, rustikalen Lodges und Campingplätzen. Viele davon erinnern an die glücklichen Tage der 1930er- und 1940er-Jahre. Unterkünfte und Angelausrüster findet man auf www.michirivertourism.com.

Storeytown Cottages HÜTTE $$
(☎ 506-365-7636; www.facebook.com/storeytowncottages; 439 Storeytown Rd, Doaktown; Hütte ab 129 C$) Die Besitzer, ein dynamisches junges Pärchen, vermieten einfache aber gemütliche Holzhütten am Flussufer. Zu den Outdooraktivitäten gehören Tubing (35 C$), Kanufahren (40 C$) und Stehpaddeln (35 C$). Für 5 C$ kann man sich den Fluss hinauffahren lassen, um von dort aus zu-

rückzutreiben oder -paddeln. Unbedingt Moskitoschutzmittel mitbringen.

Shoppen

WW Doak & Sons SPORT & OUTDOOR
(www.doak.com; 331 Main St, Doaktown; Mo–Sa 8–17 Uhr) WW Doak & Sons ist einer der besten Fliegenfischläden Kanadas.

Praktische Informationen

Visitor Information Centre (www.doaktown.com; 263 Main St, Doaktown; Juni–Okt. Mo–Sa 9–17, So 12–17 Uhr) Die Touristeninformation befindet sich im Salmon Museum in Doaktown, dem Zentrum der meisten Aktivitäten im Tal.

NORDÖSTLICHES NEW BRUNSWICK

Die North Shore ist das Herzland der akadischen Kultur in New Brunswick. Vor 250 Jahren wurde sie von französischen Bauern und Fischern besiedelt, die hier nach der Vertreibung durch die Engländer (als die Engländer etwa 14 000 Akadier aus dieser Region vertrieben) wieder von vorn anfingen. Mischehen mit den hier ansässigen Mi'kmaq-Indianern waren früher hier nichts Ungewöhnliches. Die Küstenstraße beginnt im Norden von Miramichi und führt rund um die Acadian Peninsula und an der Baie de Chaleurs entlang nach Campbellton. Unterwegs warten kleine Fischerdörfer und herrliche Ausblicke auf das ruhige weite Meer. Im Sugarloaf Provincial Park reichen die Ausläufer der Appalachen bis an den Strand. Dahinter erstreckt sich Hunderte von Kilometern weit ins Landesinnere hinein eine riesige, kaum erforschte, unerschlossene Wildnis von Flüssen und dichten Wäldern.

Caraquet

Als ältestes Akadierdorf wurde Caraquet 1757 von Flüchtlingen gegründet, die weiter südlich gewaltsam von ihren Gehöften vertrieben worden waren. Heute ist die ruhige Arbeitersiedlung das Zentrum der französischen Gemeinde auf der Halbinsel. Im farbenfrohen Fischereihafen am Blvd St-Pierre Est tänzeln bunte vertäute Boote auf dem Wasser. Die Rue le Portage trennt den Ost- und Westabschnitt des Blvd St. Pierre.

Die selbsternannte „Kulturhauptstadt von Akadien" ist stolze Gastgeberin des riesigen **Festival Acadien** (www.festivalacadien.ca; Aug.), ein historisches Ereignis, das das Überleben der Akadier feiert. Das Festival lockt jedes Jahr 100 000 Besucher, die von über 200 Darstellern, darunter Sänger, Musiker, Schauspieler und Tänzer aus Akadien und anderen französischsprachigen Regionen (einige aus Übersee), unterhalten werden.

Sehenswertes

Acadian Historic Village PARK
(www.villagehistoriqueacadien.com; 14311 Hwy 11; Erw./Student/Fam. 20/16/45 C$; Juni–Sept. 10–18 Uhr) Das Acadian Historic Village liegt 15 km westlich von Caraquet und ist die historisch getreue Rekonstruktion eines alten Akadier-Dorfes mit 33 Originalgebäuden, die hierher gebracht wurden. Darsteller in zeitgenössischen Kostümen präsentieren den Alltag des Lebens von 1780 bis 1880. Um sich alles anzusehen, braucht man mehrere Stunden. Wer danach hungrig ist, kann zwischen traditionellen akadischen Gerichten im La Table des Ancêtres, historischen Gerichten im Château Albert und mehreren Snackbars wählen.

Für Kinder bietet das Dorf ein eigenes Programm (35 C$), bei dem die Kleinen in Kostümen – unter Aufsicht – sieben Stunden lange allerlei historische Aktivitäten unternehmen.

Schlafen & Essen

★ **Maison Touristique Dugas** INN, CAMPING $
(506-727-3195; www.maisontouristiquedugas.ca; 683 Blvd St-Pierre W; Stellplatz Zelt/Zi. ab 25/89 C$, Hütte 119 C$) 8 km westlich von Caraquet betreibt die superfreundliche Familie Dugas in fünfter Generation ein Anwesen, das alle Unterkunftswünsche erfüllt. In einem heimeligen Haus aus dem Jahr 1926 stehen elf Zimmer zur Verfügung, vier davon mit Gemeinschaftsbad. Außerdem gibt es fünf gemütliche Hütten mit eigenem Bad und Kochgelegenheit. Ein kleines Areal ist für Wohnmobile reserviert, und ein ruhiger, von Bäumen beschatteter Campingplatz mit Wasserzugang lädt zum Zeltaufschlagen ein.

★ **Hotel Paulin** HOTEL $$
(506-727-9981, 866-727-9981; www.hotelpaulin.com; 143 Blvd St-Pierre W; Zi. inkl. Frühstück 149–289 C$; P) Lieber anderweitig sparen und dafür eine Nacht im exquisiten Hotel Paulin verbringen. Das historische Seebadhotel mit Blick auf die Bucht wurde 1891 erbaut und

befindet sich seit 1905 im Besitz der Familie Paulin. Der gute altmodische Service ist geblieben. Die auf Hochglanz polierten Zimmer sind sonnig und mit gestärktem weißem Bettzeug, Spitze und hochwertigen Antiquitäten ausgestattet.

Château Albert GÄSTEHAUS $$$
(☎ 506-726-2600; www.villagehistoriqueacadien.com/chateauanglais.htm; Acadian Historic Village; DZ mit Abendessen & Ortsbesichtigung 150 C$; P 📶) Wer seinen Besuch im Acadian Historic Village vervollkommnen möchte, kann im Hôtel Château Albert übernachten – im Stil des frühen 20. Jhs., also ohne TV und Telefon. Das ganze Haus mit seinen ruhigen, charmanten Zimmern wurde in seinem ursprünglichen Glanz von 1909 rekonstruiert. Nur die Bäder sind modern ausgestattet. Das originale Château Albert stand an Caraquets Hauptstraße, bis es 1955 niederbrannte. Gebucht werden können auch Pauschalangebote mit Frühstück und einer Ortsbesichtigung.

Mitchan Sushi JAPANISCH $$
(www.mitchansushi.com; 114 Blvd St-Pierre West; Sushi 6–10 C$, Hauptgerichte 8–14 C$; ⏲ Mi–Sa 17–20 Uhr) Ein schmackhaftes Erlebnis: Hier werden schön zubereitete japanische Häppchen aus frischen lokalen Meeresfrüchten gezaubert. Das Mitchan Sushi ist leider nicht jeden Tag geöffnet – unbedingt voher nach den Öffnungszeiten erkundigen.

Le Caraquette KANADISCH $$
(89 Blvd St-Pierre Est; Hauptgerichte 8–15 C$; ⏲ Mo–Sa 18–21, So 19–21 Uhr) Dieses zwanglose Restaurant im familienfreundlichen Diner-Stil mit Blick auf den Hafen serviert kulinarische Klassiker aus den Seeprovinzen, z. B. gebratene Muscheln und Garnelensalat mit Mayonnaise. Auch französisch-kanadische Spezialitäten wie *poutine* und Sandwiches mit Rauchfleisch kommen auf den Tisch.

Praktische Informationen

Visitor Information Centre (☎ 202-726-2676; www.caraquet.ca/en/tourism/discover-caraquet; 39 Blvd St-Pierre West; ⏲ Juni–Sept. 9–17 Uhr) Hier gibt es Informationen über Caraquet und das Acadian Historic Village.

An- & Weiterreise

Da Maritime Bus diesen Teil der Provinz nicht bedient, ist der öffentliche Nahverkehr hier sehr eingeschränkt. Shuttlebusse übernehmen den Transport zur Bushaltestelle und zum Bahnhof in Miramichi oder Bathurst. Detaillierte Auskunft gibt's im **Tourist Information Centre**.

Bathurst

Die ruhige, hübsche Stadt Bathurst am Bathurst Harbour ist eine ehemalige Bergbaustadt. Sie ist von zwei Halbinseln eingeschlossen: Carron Point und Alston Point. Die Stadt selbst ist durch eine Brücke verbunden, die den Hafen überspannt. Die meisten Sehenswürdigkeiten befinden sich auf der Südseite.

Im Jahr 2015 wurden mehrere historische Gebäude durch ein Feuer beschädigt. Dennoch lohnen die Straßen einen Spaziergang. An der renovierten Hafenfront befinden sich die Touristeninformation und einige Restaurants. Während man in der Stadt selbst nicht allzu viel unternehmen kann, eignet sie sich gut als Ausgangsbasis für Outdoor-Aktivitäten in der Umgebung und dem Gebiet um die Chaleur Bay: Der Youghall Beach (nahe Alston Point), das hübsche Daly Point Nature Reserve, und die Pabineau Falls sind alle in der Nähe.

Bathurst hieß ursprünglich Nepisiquit, eine Bezeichnung der Mi'qmaq für „raues Wasser".

Sehenswertes

Point Daly Reserve NATURSCHUTZGEBIET
(Carron Dr) 5,5 km östlich von Bathurst liegt dieses Naturschutzgebiet mit einem markierten Wegenetz. Zu verdanken ist dies alles einer ehemaligen Bergbaufirma. Im Herbst kann man hier die kanadischen Gänse vorbeiziehen sehen. Zu sehen gibt es auch Adler, Fischadler und hübsche Bäume und Strauchwerk. Alle Wege sind mit Infotafeln versehen.

Bathurst Heritage Museum MUSEUM
(☎ 506-546-9449; 360 Douglas Ave; ⏲ Ende Juni–Mitte Aug. 8.30–16.30 Uhr) Die stolze Ausstellung zu Bathurts Geschichte umfasste jede Menge Artefakte, darunter Fotos und Dokumente.

Schlafen & Essen

Auberge & Bistro l'Anjou B&B $$
(http://aubergedanjou.com; 587 Principale St, Petit Rocher; Zi. 89–108 C$) 30 km nordwestlich von Bathurst liegt das kleine Dorf Petit-Rocher, der perfekte Ort für all diejenigen, die länger in der Region bleiben möchten. Das l'Anjou

ABSTECHER

SCENIC DRIVE: ACADIAN PENINSULA

Vor der Küste im äußersten Nordosten der Provinz zieht sich eine Kette flacher Inseln durch den St.-Lorenz-Golf Richtung Labrador. Der Weg dorthin führt über die Rte 113, die durch Salzmarschen und Buschland verläuft. Zuerst erreicht man **Shippagan**, den Heimathafen von New Brunswicks größter Fischereiflotte. Hier dreht sich alles um den Krabbenfang. Über die Brücke geht's zum schmucken Fischerdorf **Lamèque**, in dem seit über 30 Jahren das **Lamèque International Baroque Festival** (☎506-344-5846; www.festivalbaroque.com; ⌚Ende Juli) stattfindet. Fast auf jeder Veranda des Dorfes flattert Akadiens blau-weiß-rote Fahne im Wind. Für ein leichtes Mittagessen kehrt man am besten in der hervorragenden **Aloha Café-Boutique** (41 Rue Principale, Lamèque; Hauptgerichte 7–9 C$; ⌚Mo–Do 7–16, Fr bis 21, Sa & So 8.30–16 Uhr; 📶) ein. Auf der Rte 113 geht es nach Norden weiter zur **Miscou Island**. Die Straße endet an einem schönen Leuchtturm. Auf dem Rückweg, am Kai, kurz bevor man über die Brücke fährt, findet man das hervorragende Restaurant **La Terrasse à Steve** (Rte 113, Quai de Miscou, Miscou Island; Hauptgerichte ab 20 C$, Meeresfrüchteplatte 130 C$; ⌚Mai–Sept. 8–20 Uhr). Hier gibt es Hummer und Meeresfrüchte – und zwar frisch, nicht frittiert.

ist beides, ein gemütliches B&B und schickes Bistro. Die Einheimischen schwören auf die Küche (den Sugar Pie sollte man sich auf keinen Fall entgehen lassen). Das Bistro ist von Mittwoch bis Sonntag geöffnet. Die Öffnungszeiten stehen auf der Website.

L'Étoile du Havre B&B B&B **$$**
(☎506-545-6238; www.etoileduhavre.com; 405 Youghall Dr; Zi. 125 C$; P ❄ 📶) Gegenüber vom Golfplatz, auf dem Weg zum Youghall Beach, liegt dieses ruhige Plätzchen. Das ultramoderne, architektonisch gestylte B&B bietet sechs Zimmer und sieht aus, als käme es direkt aus einem L.A.-Magazin. Das englische Frühstück (mit *pancakes*) wird für die Gäste in einer riesigen offenen Wohnküche serviert. Das B&B ist ausdrücklich schwulenfreundlich.

Pabineau Seafood Restaurant SEAFOOD **$**
(☎506-546-5150; www.facebook.com/pabineauseafood; 1295 Pabineau Falls Rd, Pabineau First Nation; Hauptgerichte 8–20 C$; ⌚Mai–Sept. Do–So 11–20 Uhr) Nahe den **Pabineau Falls** (Pabineau Falls Rd, Pabineau First Nation) liegt dieses kleine Lokal, das von einer hiesigen First-Nations-Gruppe betrieben wird. Das Pabineau eignet sich bestens, um sich auf dem Weg zu den Wasserfällen für ein Picknick einzudecken. Auf der Speisekarte stehen gebratene Garnelen, Jakobsmuscheln und andere Muscheln. Im Voraus anrufen, um sicherzustellen, dass das Restaurant geöffnet ist.

Nectar INTERNATIONAL **$$$**
(www.facebook.com/nectarcuisineinternationale; 50 Douglas Ave; Hauptgerichte 26–36 C$; ⌚Mo–Sa 9–20 Uhr) Hoch über dem Bathurst Harbour beglückt das Nectar im Erdgeschoss all jene, die einen Kaffee möchten, und im Obergeschoss all jene, die ein leichtes Mittagessen oder ein richtiges (und saftiges!) Gourmetgericht möchten. Die ambitionierte Speisekarte umfasst alles, von Hummersandwiches zu Lachsgerichten und Salaten. Hier gibt's außerdem eine schicke Martini-Lounge. Beliebt bei Geschäftsleuten und immer eine gute Wahl.

ℹ Praktische Informationen

Tourist Office (☎506-548-0412; www.bathurst.ca; Bathurst Harbor; ⌚Sept.–April Mo–Fr 9–16 Uhr, Mai bis 17 Uhr, Juni–Aug. bis 20 Uhr) Hilfsbereite Touristeninformation mit Infos zu Outdoor-Aktivitäten um Bathurst.

ℹ An- & Weiterreise

Die Busse von Maritime Bus (www.maritimebus.com) fahren nach Bathurst. Gute Verbindungen beinhalten Fredericton (68,50 C$, 6 Std., 1-mal tgl.), Campbellton (25,50 C$, 1½ Std., 1-mal tgl.), Saint John (63,50 C$, 6¼ Std., 1-mal tgl.) und Moncton (46 C$, 3¼ Std., 1-mal tgl.). Wer nach Shediac (41,75 C$, 2¾ Std., 1-mal tgl.) möchte, muss 24 Stunden im Voraus buchen. Infos zu Bussen nach Sydney in Nova Scotia gibt's auf der Website.

Campbellton

Campbellton ist ein freundliches aber unscheinbares Industriestädtchen an der Grenze zu Québec. Der lange Restigouche River, der sich durch den Norden von New Brunswick windet und dann die Grenze zu Québec bildet, fließt hier ins Meer. Die Bay of Chaleur liegt auf der einen Seite und eine spektakuläre Hügellandschaft umschließt die Stadt auf allen anderen Seiten. Jenseits der Grenze liegen Matapédia und der Hwy 132, der nach Mont Joli führt, 148 km im Inneren von Québec.

In den hiesigen Küstengewässern fand 1760 das letzte Seegefecht des Siebenjährigen Krieges statt. Mit dieser als „Gefecht auf dem Restigouche" bekannten Schlacht endete der lange britisch-französische Kampf um Kanada.

Heute gibt es für einen Besuch eigentlich nur zwei Gründe: Die Durchreise auf dem Weg nach bzw. von Québec oder ein Besuch im **Sugarloaf Provincial Park** (www.parcsugarloafpark.ca; 596 Val d'Amours Rd, Atholville) mit seinen attraktiven Möglichkeiten zum Wandern, Skifahren und Campen. Der Sugarloaf Mountain, der sich fast 400 m über den Meeresspiegel erhebt, dominiert den Park und erinnert in der Tat etwas an seinen Namensvetter, den Zuckerhut in Rio de Janeiro. Der Aufstieg zum Gipfel dauert nur eine halbe Stunde und wird mit einem tollen Blick auf die Stadt und einen Teil des Restigouche River belohnt. Ein weiterer Wanderweg führt 4,2 km um den Fuß des Berges. Der Park liegt am Hwy 11, Ausfahrt 415.

Schlafen

Campbellton Lighthouse Hostel HOSTEL $

(☎506-759-7044; www.hihostels.com/hostels/hi-campbellton; 1 Ritchie St; B 16,50 C$; ⏲ Juni–Aug.; 📶) Das Campbellton Lighthouse Hostel, ein umgebauter Leuchtturm am Restigouche River, bietet überraschend neuartige Unterkünfte. Die Schlafsäle sind sauber; Männer und Frauen schlafen getrennt. Der Leuchtturm liegt in der Nähe der Haltestelle der Maritime-Busse und Campbelltons 8,50 m hoher Lachsskulptur.

Dans les Draps de Morphée B&B $

(☎506-329-0274; www.drapsdemorphee.com; 7 Ritchie St; Zi. 75–100 C$) Ein blitzsauberes B&B mit vier Zimmern (und einem loftartigen Apartment) in einem hübschen Haus in zentraler Lage nahe dem Leuchtturm. Das herzhafte englische Frühstück wird in der Küche der Besitzer serviert.

Sugarloaf Provincial Park CAMPING $

(☎506-789-2366; www.parcsugarloafpark.ca; 596 Val d'Amours Rd; Stellplatz Zelt/Wohnmobil 28/36 C$, Jurte 43 C$; ⏲ Ende Mai–Ende Sept.) 4 km vom Zentrum entfernt liegen die 76 Stellplätze des Sugarloaf Provincial Park in einer der am schönsten angelegten Campinganlagen der Gegend. Für Wohnmobile gibt es getrennte Bereiche, dennoch hört man hin und wieder einen Generator tuckern. Wer kein Zelt hat, kann eine Jurte mieten. Die Gemeinschaftsküche ist mit einem Holzbackofen ausgestattet.

Maison McKenzie House B&B B&B $$

(☎506-753-3133; www.bbcanada.com/4384.html; 31 Andrew St; Zi. mit Gemeinschaftsbad inkl. Frühstück 75–100 C$; P ⊖ 📶) Das Maison McKenzie House B&B ist ein gemütliches, 1910 erbautes Gebäude in der Nähe des Zentrums. Für 60 C$ werden Gäste in einem hauseigenen Kajak flussaufwärts gebracht und an einer gewünschten Stelle abgesetzt.

Praktische Informationen

Touristeninformation (☎506-789-2367; www.tourismnewbrunswick.ca; 56 Salmon Blvd; ⏲ Mai & Juni 9–17.30 Uhr, Juli & Aug. 9–19 Uhr, Sept. & Okt. 9.30–18 Uhr) Diese hilfsbereite Touristeninformation wird von der Provinz betrieben und liegt neben der City Centre Mall in der Nähe der 8,50 m hohen Lachsskulptur.

An- & Weiterreise

Die Busse von **Maritime Bus** (☎506-753-6714; www.maritimebus.com; 157 Roseberry St; ⏲ 6–21 Uhr) halten vor dem Gemischtwarenladen Pik-Quik nahe der Prince William St. Busse fahren täglich nach Fredericton (82 C$, 7½ Std.) und Moncton (59 C$, 5 Std.). Zweimal täglich (morgens und nachmittags) fährt ein Bus von **Orléans Express** (www.orleansexpress.com) von hier nach Gaspé (41 C$, 6 Std.) und Québec City (91 C$, 7 Std.).

Der **VIA Rail-Bahnhof** (www.viarail.ca; 99c Roseberry St) liegt sehr zentral. Züge fahren drei Mal wöchentlich nach Québec City (95 C$ inkl. Steuer, 8 Std.).

Prince Edward Island

Inhalt ➡

Gut essen

- Inn at Bay Fortune (FireWorks) (S. 495)
- New Glasgow Lobster Supper (S. 502)
- Landmark Café (S. 497)
- Harbourview Restaurant (S. 493)
- Water Prince Corner Shop & Lobster Pound (S. 490)

Schön übernachten

- Fairholm National Historic Inn (S. 489)
- Dalvay by the Sea (S. 499)
- Barachois Inn (S. 500)
- Great George (S. 488)
- Around the Sea (S. 500)

Auf nach Prince Edward Island

Prince Edward Island (P.E.I.) ist so schön wie ein märchenhaftes Buch – wie Lucy Maud Montgomerys auf P.E.I. angesiedelter Kinderbuchklassiker *Anne auf Green Gables*, um genau zu sein. Wie Anne Shirley, die Heldin des Buches, ist die Insel ein Rotschopf: Von einer Küste zur anderen bringt die rotbraune Erde leuchtend grüne Weiden hervor und die Küsten sind von rosa-goldenem Sand gesäumt. Die Landschaft, die Anne so liebt, ein Flickenteppich aus hügeligen, fruchtbaren Feldern, hübschen Bauernhäusern mit Giebeldächern und Küstendörfern hat sich kaum verändert.

Die Insel versorgt sich im Rahmen des Möglichen weitgehend selbst und hat sich einen Namen als kulinarisches Ziel gemacht, wo das Essen frisch vom Bauernhof und aus dem Meer auf den Tisch kommt. Weil P.E.I. so kompakt ist, lässt sich die Insel leicht mit dem Auto oder Fahrrad entdecken – der Confederation Trail ist eine der besten Radrouten der Welt. Und wie in allen anderen Küstenprovinzen sind ihre Bewohner herzlich und gastfreundlich.

Reisezeit

Charlottetown

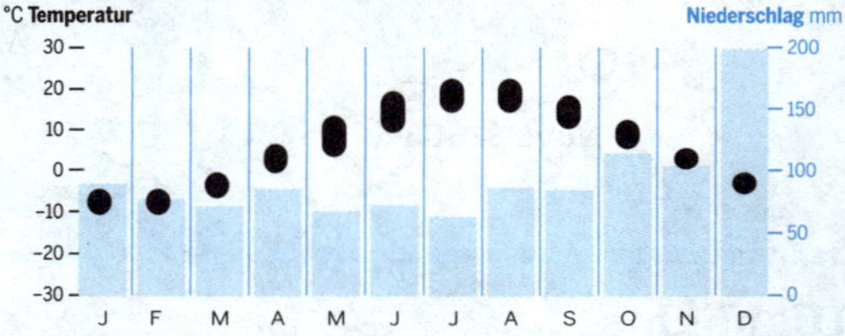

Juni Die Stille des Frühlings vor dem Eintreffen der Touristenscharen und die Blüte der Wildblumen.

Juli & Aug. Die Insel ist in Feststimmung; man trifft sich abends zu Livemusik und Hummeressen.

Sept. Traditionelle Musik und kulinarische Events prägen das Festival „Fall Flavours" auf P.E.I.

Highlights

❶ In **Charlottetown** (S. 485) in einem historischen B & B übernachten, an der Küste entlangwandern und gut essen gehen

❷ **Green Gables Heritage Place** (S. 504) In Cavendish in das Buch *Anne of Green Gables* eintauchen

❸ **New Glasgow Lobster Supper** (S. 502) Sich im ältesten Schalentierrestaurant der Insel Hummer schmecken lassen

❹ Im **Greenwich Interpretation Centre** (S. 496) auf schwimmenden Holzstegen zu den hügeligen Dünen gehen

❺ Dem singenden Sand unter den Füßen im **Basin Head Pro-**

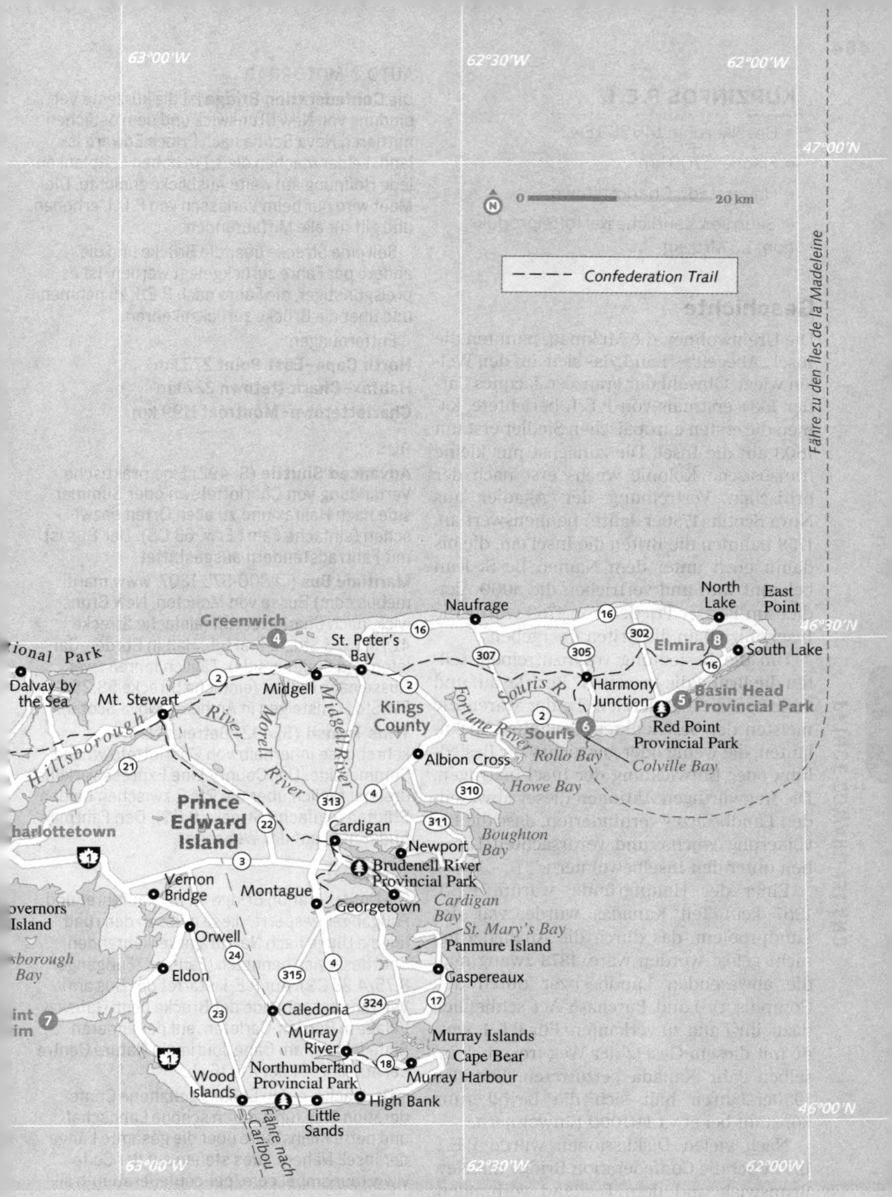

vincial Park (S. 495) lauschen, ehe man ein Bad nimmt

6 In dem sensationellen Restaurant **Inn at Bay Fortune** (S. 495) in der Nähe von Souris schlemmen

7 Sich im **Point Prim Lighthouse** (S. 489) wie ein einsamer Leuchtturmwärter aus der fernen Vergangenheit fühlen

8 Im **Elmira Railway Museum** (S. 495) die Kindheit wieder lebendig werden und dem Lokomotivführer in sich freien Lauf lassen

KURZINFOS P. E. I.

- Bevölkerung: 146 283 Ew.
- Fläche: 5700 km²
- Hauptstadt: Charlottetown
- Skurriles: Jährliche Kartoffelproduktion: 1,3 Mrd. kg

Geschichte

Die Ureinwohner, die Mi'kmaq, nannten die Insel „Abegeit" – Land, das sich auf den Wellen wiegt. Obwohl der Franzose Jacques Cartier 1534 erstmals von P. E. I. berichtete, kamen die ersten europäischen Siedler erst um 1603 auf die Insel. Die zunächst nur kleine französische Kolonie wuchs erst nach der britischen Vertreibung der Akadier aus Nova Scotia (1750er-Jahre) nennenswert an. 1758 nahmen die Briten die Insel ein, die bis dahin noch unter dem Namen Île St-Jean bekannt war, und vertrieben die 3000 Akadier. Im Pariser Frieden von 1763 wurde die Insel offiziell an die Briten übergeben.

Um die Besiedlung voranzutreiben, teilten die Briten die Insel in 67 Bezirke auf und verlosten die Ländereien. Leider waren die meisten der beschenkten Gewinner Spekulanten, die wenig oder gar nichts zur Besiedlung oder Entwicklung der Insel beitrugen. Die fragwürdigen Aktionen dieser abwesenden Landbesitzer verhinderten, dass die Bevölkerung wuchs, und verursachten Unruhen unter den Inselbewohnern.

Einer der Hauptgründe, warum P. E. I. 1867 kein Teil Kanadas wurde, war das Landproblem, das durch die Angliederung nicht gelöst worden wäre. 1873 zwang man die abwesenden Landbesitzer durch den Compulsory Land Purchase Act schließlich dazu, ihr Land zu verkaufen. Für P. E. I. wurde mit diesem Gesetz der Weg frei, noch im selben Jahr Kanada beizutreten. Seit den 1930er-Jahren hält sich die Bevölkerung konstant bei etwa 140 000 Einwohnern.

Nach vielen Diskussionen wurde P. E. I. 1997 über die Confederation Bridge mit New Brunswick und dem Festland verbunden. Mit fast 13 km ist die Confederation Bridge die längste künstliche Brücke der Welt, die über ein zufrierendes Gewässer führt.

Anreise & Unterwegs vor Ort

Auf der Insel gibt's kaum öffentliche Verkehrsmittel. Die meisten Besucher mieten ein Auto oder Motorrad.

AUTO & MOTORRAD

Die **Confederation Bridge** ist die kürzeste Verbindung von New Brunswick und dem östlichen mittleren Nova Scotia nach Prince Edward Island. Leider machen die 1,1 m hohen Leitplanken jede Hoffnung auf weite Ausblicke zunichte. Die Maut wird nur beim Verlassen von P. E. I. erhoben und gilt für alle Mitfahrenden.

Soll eine Strecke über die Brücke und die andere per Fähre zurückgelegt werden, ist es preisgünstiger, die Fähre nach P. E. I. zu nehmen und über die Brücke zurückzukehren.

Entfernungen:

North Cape–East Point 273 km
Halifax–Charlottetown 227 km
Charlottetown–Montréal 1199 km

BUS

Advanced Shuttle (S. 492) Eine praktische Verbindung von Charlottetown oder Summerside nach Halifax und zu allen Orten dazwischen (einfache Fahrt Erw. 69 C$). Der Bus ist mit Fahrradständern ausgestattet.

Maritime Bus (☎800-575-1807; www.maritimebus.com) Busse von Moncton, New Brunswick, nach Charlottetown (einfache Strecke 41,75 C$, 3 Std., 2-mal tgl., Halt in Borden-Carleton und Summerside). Täglich fahren zwei Busse nach Halifax (einfache Strecke 58,25 C$, 5½ Std., umsteigen in Amherst, Nova Scotia).

Trius Transit (S. 492) Betreibt Nahverkehrsbusse innerhalb von Charlottetown und Summerside. Der County Line Express verkehrt dreimal täglich über die Rte 2 zwischen beiden Städten (einfache Strecke 9 C$). Den Fahrplan findet man auf der Webseite.

FAHRRAD

Die Confederation Bridge ist für Radfahrer und Fußgänger gesperrt, diese müssen den rund um die Uhr je nach Nachfrage verkehrenden Shuttleservice benutzen (Fahrrad/Fußgänger 8,75/4,25 C$). Auf P. E. I. startet der Bus am Verwaltungsgebäude der Brücke beim Gateway Village in Borden-Carleton, auf der anderen Seite fährt er am Cape Jourimain Nature Centre bei Ausfahrt 51 der Rte 16 ab.

Der flache, gut in Schuss gehaltene Confederation Trail führt durch schöne Landschaft und nette Kleinstädte über die gesamte Länge der Insel. Nähere Infos stehen auf der Seite www.tourismpei.com/pei-confederation-trail.

FLUGZEUG

Charlottetown Airport (S. 492) Liegt 8 km außerhalb der Stadt; hier starten und landen alle Flüge aus der/in die Provinz.

Air Canada (AC; ☎888-247-2262; www.aircanada.com) Fliegt täglich von Halifax und Toronto nach Charlottetown, in der Hochsaison (Juni–Sept.) auch von Montréal.

Delta (DL; ☎800-241-4141; www.delta.com) Hat in der Hauptsaison täglich einen Direktflug von New York und Boston nach Charlottetown.

WestJet (WS; ☎888-937-8538; www.westjet.com) Bietet Direktflüge von Toronto und Ottawa nach Charlottetown.

CHARLOTTETOWN

34 562 EW. / ☎902

Wären nicht die isolierte Lage und die unwirtlichen Winter, dann könnte das charmante Charlottetown einer der nettesten und bezahlbarsten Wohnorte der Welt sein. Auf jeden Fall aber sollte man die Stadt besuchen. Sie hat die perfekte Größe: Hier gibt's alle Annehmlichkeiten einer Großstadt, während unangenehme Begleiterscheinungen wie Gedränge, Luftverschmutzung und die Notwendigkeit öffentlicher Verkehrsmittel fehlen.

Auch historisch ist sie von Bedeutung: Hier fand 1864 die Charlottetown-Konfernz statt, in dessen Folge schließlich der Staat Kanada geboren wurde.

Es gibt eine florierende Restaurantszene, die auf die reichlich vorhandenen Meeresfrüchte und frischen Lebensmittel der Insel setzt, kombiniert mit dem Talent der vielen Absolventen des Culinary Institute of Canada. Hinzu kommt noch die lebendige kulturelle Szene – alles in allem ergibt das eine reizvolle Hauptstadt mit Kleinstadtflair.

Geschichte

Charlottetown wurde nach der exotischen Gemahlin von König Georg III. benannt. Deren afrikanische Wurzeln, die bis zu Margarita de Castro y Sousa und dem portugiesischen Königshaus zurückführen, sind ebenso legendär wie umstritten.

Viele glauben, Charlottetown wurde wegen des prächtigen Hafens zur Hauptstadt ernannt, die Wahrheit ist aber weniger glanzvoll. 1765 entschied sich der Vermesser Samuel Holland für Charlottetown, da er es für weise hielt, der armen Seite der Insel auch ein paar Privilegien zukommen zu lassen. Dank der Charlottetown-Konferenz von 1864 ging Charlottetown als Geburtsort des Landes in die kanadische Geschichte ein.

Sehenswertes

In Charlottetown gibt's nicht viele Top-Sehenswürdigkeiten, die Hauptattraktion ist das gesamte Zentrum (Old Charlottetown) mit seinen schön restaurierten, bunten Kolonialgebäuden und den vielen Boutiquen, Bistros und Bars.

★ Victoria Park PARK
(www.city.charlottetown.pe.ca/victoriapark.php) Charlottetowns beliebteste und schönste Ufergrünanlage umfasst 16 ha und wurde 1873 eingeweiht. Ein hübscher Park, um schönes Wetter zu genießen.

COWS Creamery FABRIK
(☎902-566-5558; www.cowscreamery.ca/tours; 397 Capital Dr; ⏲10–18 Uhr) GRATIS Wer würde nicht gern auf eigene Faust durch eine Molkerei voller Butter, Käse und Eiscreme spazieren? In dieser preisgekrönten Molkerei mit angeschlossenem Geschäft, einem echten Schlemmerparadies, geht das.

St. Dunstan's Basilica GEBÄUDE
(☎902-894-3486; www.stdunstanspei.com; 45 Great George St; ⏲9–17 Uhr) GRATIS Die drei hohen Steintürme dieser neogotischen Basilika, die nach einem Brand 1913 wiederaufgebaut wurde, sind heute das Wahrzeichen von Charlottetown. Innen überrascht die Kirche mit kunstvollen Marmorböden, italienischen Steinmetzarbeiten und der dekorativ gestalteten Rippendecke.

Government House GEBÄUDE
(☎902-368-5480; 165 Richmond St; ⏲Juli & Aug. Mo–Fr 10–16 Uhr) GRATIS Diese imposante Kolonialvilla mit einem prächtigen Saal, palladianischen Fenstern und dorischen Säulen ist seit 1835 die Residenz der Vizegouverneure von P. E. I. Da sie ein privates Wohnhaus ist, kann sie nur im Juli und August im Rahmen von Führungen besichtigt werden.

Beaconsfield Historic House GEBÄUDE
(☎902-368-6603; www.peimuseum.com; 2 Kent St; Erw./Stud./Fam. 5/4/14 C$; ⏲10–17 Uhr) Mit seiner grandiosen Aussicht, der hübschen Fassade und den eleganten Möbeln aus dem 19. Jh. ist das Beaconsfield House das schönste viktorianische Herrenhaus in Charlottetown. Hier kann man spazieren gehen oder auf der Veranda den Ausblick genießen.

Geführte Touren

Das Visitor Center (S. 492) hat Broschüren zu selbstgeführten Spaziergängen.

★ Happy Clammers ANGELN
(☎866-887-3238; www.experiencepei.ca/happy-clammers; Rte 1, Pinette; Erw./Kind 100/25 C$, mind. 4 Pers.; ⏲Juli–Okt. Mo–Sa, Zeiten variieren mit den Gezeiten) Viele kommen hierher, um

Charlottetown

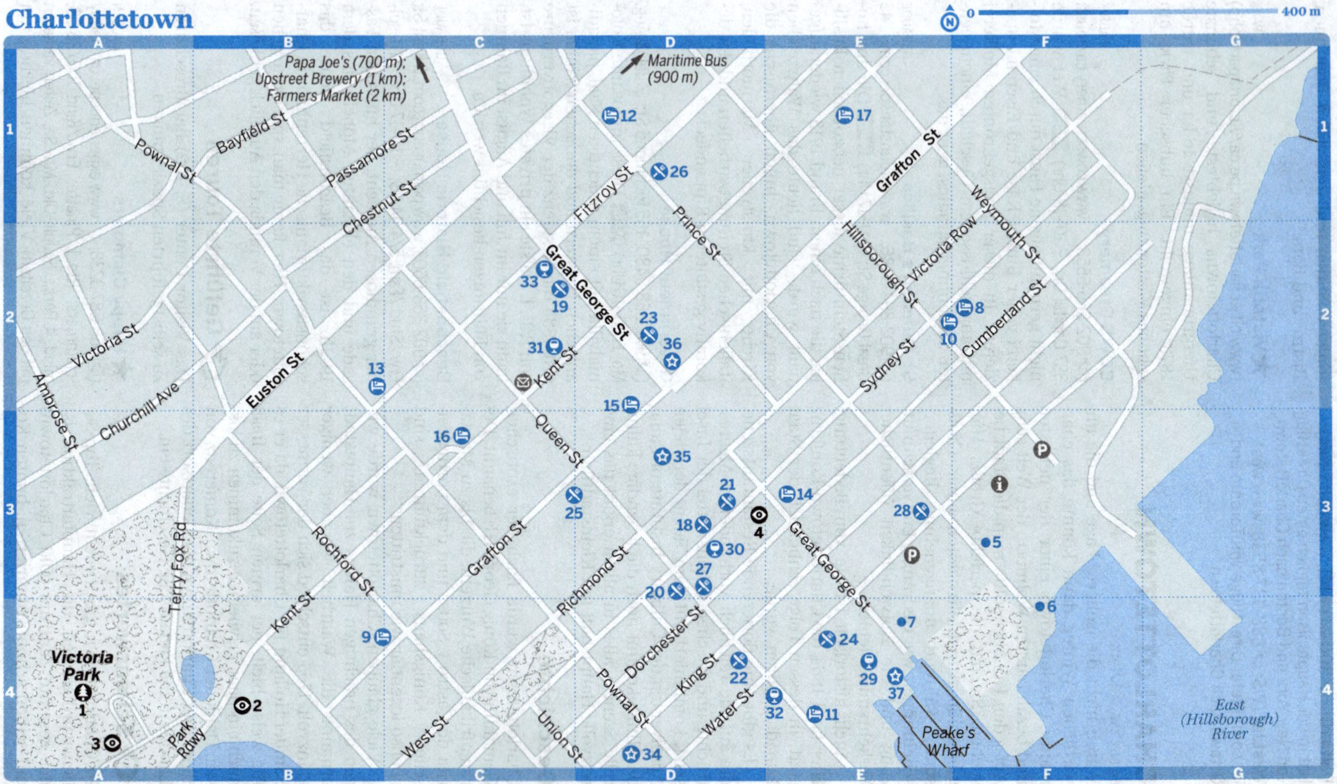

Charlottetown

Highlights
1 Victoria Park A4

Sehenswertes
2 Beaconsfield Historic House B4
3 Government House A4
4 St. Dunstan's Basilica D3

Aktivitäten, Kurse & Touren
5 Confederation Players Walking Tours F3
6 Harbour Hippo Hippopotabus F4
7 Peake's Wharf Boat Cruises E4

Schlafen
8 Aloha Tourist Home F2
9 Charlotte's Rose Inn B4
10 Charlottetown Backpackers Inn E2
11 Delta Prince Edward E4
12 Fairholm National Historic Inn D1
13 Fitzroy Hall B&B B2
14 Great George E3
15 Holman Grand Hotel D2
16 Rodd Charlottetown C3
17 Spillett House B&B E1

Essen
18 Brickhouse Kitchen & Bar D3
19 Cedar's C2
20 Churchill Arms D3
21 Claddagh Oyster House D3
22 Kettle Black D4
23 Leonhard's D2
24 Local 343 .... E4
25 Pilot House C3
26 Splendid Essence D1
27 Terre Rouge D3
28 Water Prince Corner Shop & Lobster Pound E3

Ausgehen & Nachtleben
29 Brakish E4
30 Gahan House D3
31 Hopyard C2
Marc's Studio .... (siehe 18)
32 Merchantman E4
33 Old Triangle C2

Unterhaltung
Baba's Lounge .... (siehe 19)
34 City Cinema D4
35 Confederation Centre of the Arts D3
36 Mack D2
Olde Dublin Pub .... (siehe 21)
37 Peake's Quay E4

Scheidenmuscheln, Sandklaffmuscheln, Trogmuscheln und Quahog-Muscheln auszugraben. Ist der Eimer gefüllt, geht's zum Haus von Gilbert und Goldie, um die Muscheln zuzubereiten und andere Köstlichkeiten, die die charmante einheimische Familie gekocht hat, zu essen.

★ Confederation Players Walking Tours
STADTSPAZIERGANG

(☎800-565-0278; www.confederationcentre.com; 6 Prince St; Erw./Kind 15/8 C$; ⊙Juli & Aug. tgl.) Eine schönere Möglichkeit, Charlottetown zu erkunden, gibt es nicht. Schauspieler in Kostümen aus dem 19. Jh., die die Väter und Mütter der Konföderation spielen, führen Besucher mit unterhaltsamen Erklärungen durch die historischen Straßen der Stadt. Es stehen Spaziergänge mit verschiedenen Themen und Routen zur Wahl, alle beginnen an der Founder's Hall.

Peake's Wharf Boat Cruises
BOOTSFAHRT

(☎902-566-4458; www.charlottetownboattours.com; 1 Great George St; Touren ab 34 C$; ⊙Juni–Aug. 14.30, 18.30 & 20 Uhr) Auf der 13 m langen *Fairview* erleben Fahrgäste das Meeresleben, hören spannende Geschichten und sehen Charlottetown aus einer wundervollen neuen Perspektive, nämlich von den Hafengewässern aus. Im Angebot sind mehrere Fahrten mit verschiedenen Routen und unterschiedlicher Dauer.

Harbour Hippo Hippopotabus
GEFÜHRTE TOUREN

(☎902-628-8687; www.harbourhippo.com; 2 Prince St; Tour (1 Std.) Erw./Kind 26/19 C$) Eine Tour durch das historische Charlottetown ist auch für Kinder ein spannendes Erlebnis, wenn sie in einem Amphibienfahrzeug unterwegs sind. Es fährt an allen Sehenswürdigkeiten an Land vorüber und setzt dann seine Fahrt auf dem Wasser fort.

Feste & Events

PEI Burger Love
ESSEN & GETRÄNKE

(www.peiburgerlove.ca; ⊙März) Das einmonatige Festival zu Ehren des Burgers genießt bei den Restaurants der Stadt mittlerweile Kultstatus. Sie wetteifern mit aller Kraft um den Titel des beliebtesten Burgers der P.E.I.

Festival of Small Halls
MUSIK

(www.smallhalls.com; ⊙Mitte Juni) Musiker, Tänzer und Geschichtenerzähler der Insel, die über die Grenzen der Provinz hinaus bekannt geworden sind, kehren in ihre Heimat zurück und präsentieren ihre Kunst in den kleinen Gemeindesälen der Landgemeinden.

Charlottetown Festival THEATER
(☎800-565-0278; www.confederationcentre.com; ⊙Juni–Sept.) Zum Programm des traditionsreichen Festivals, das vom Confederation Centre of the Arts (S. 491) organisiert wird, gehören kostenlose Open-Air-Aufführungen, ein Kindertheater und Tanzvorführungen.

Old Home Week KULTUR
(☎902-629-6623; www.oldhomeweekpei.com; ⊙Mitte Aug.) Das zehntägige Event findet auf dem Gelände der Provincial Exhibition statt und bietet Fahrgeschäfte, musikalische Unterhaltung, Glücksspiele, Trabrennen und Viehshows.

Fall Flavours ESSEN & TRINKEN
(☎866-960-9912; www.fallflavours.ca; ⊙Sept.) Das umfangreiche einmonatige kulinarische Fest gehört inzwischen zu den größten Festivals der Insel und kombiniert traditionelle Musik mit herausragendem Essen. Highlights sind die Meisterschaft im Austernöffnen und der Fischsuppenwettbewerb.

Schlafen

Mit seinem Charme und der Nähe zu den bedeutendsten Sehenswürdigkeiten eignet sich die Altstadt bestens als Nachtquartier. Im Sommer ist der Veranstaltungskalender der Stadt voll, deshalb sollte man im Voraus buchen. In der Nebensaison gibt es genügend freie Betten, die meisten Unterkünfte senken dann auch ihre Preise. In der Nähe von allen Unterkünften sind kostenlose Parkplätze vorhanden.

Charlottetown Backpackers Inn HOSTEL $
(☎902-367-5749; www.charlottetownbackpackers.com; 60 Hillsborough St; B/Zi. inkl. Frühstück 33/80 C$; 📶) Mit seiner leuchtenden, rot-weißen Fassade und den fröhlichen Gästen ist dieses hervorragende Backpacker-B&B nicht zu verfehlen. Es gibt behagliche, nach Geschlechtern getrennte bzw. gemischte Schlafsäle, eine gut ausgestattete Küche und ein originelles Wohnzimmer mit einem Plattenspieler und einer ziemlich umfangreichen Plattensammlung. Mit spontan stattfindenden Grillabenden und Kneipenausflügen muss man immer rechnen.

Spillett House B&B B&B $
(☎902-892-5494; www.spilletthouse.pe.ca; 157 Weymouth St; DZ ab 70 C$; 📶) Ein hübsches, blitzsauberes historisches Wohnhaus mit polierten Massivholzböden, alten Möbeln, handgemachten Quilts auf den Betten und Spitzengardinen. Kinder sind willkommen. Es gibt Gemeinschaftsbäder und einen Fahrradabstellraum.

Aloha Tourist Home B&B $
(☎902-892-5642; www.alohaamigo.com; 234 Sydney St; DZ/Suite ab 65/140 C$; 📶) Die zentral gelegene, einladende Unterkunft ist wirklich ein historisches B&B – inklusive Antiquitäten und bequemer Betten, aber ohne die heftigen Preise. Drei der sechs Zimmer teilen sich ein Bad. Es gibt auch eine Familiensuite mit zwei Schlafzimmern. Beim leckeren Frühstück bedienen sich die Gäste selbst.

Holman Grand Hotel HOTEL $$
(☎877-455-4726; www.theholmangrand.com; 123 Grafton St; DZ/Suite ab 119/189 C$) Das moderne, minimalistische Privathotel hat schöne, stilvolle Zimmer mit tollen Extras wie sonnigen Terrassen und luftigen Eckchen. Das Hallenbad und der Fitnessraum sind wirklich einladend.

Great George BOUTIQUEHOTEL $$
(☎902-892-0606; www.thegreatgeorge.com; 58 Great George St; DZ/Suite 179/219 C$; ❄📶) Die farbenfrohe Reihe berühmter Häuser an der bekanntesten Straße von Charlottetown birgt Zimmer, die von plüschig-historisch bis kühn-modern alle denkbaren Stile zeigen – jedes davon ist hinreißend. Familien sind ebenso gern gesehen wie schwule Gäste. Außerdem gibt es einen Babysitter-Service und einen Fitnessraum.

Rodd Charlottetown HISTORISCHES HOTEL $$
(☎902-894-7371; 75 Kent St; DZ ab 149 C$; P⊖❄@≋) Das einstige Prachthotel, das 1931 von der Canadian Pacific Railways erbaut wurde, hat sich im Lauf der Jahre kaum verändern. Einige mögen denken, es sei Zeit für eine Modernisierung, andere werden die leicht abgewohnten Zimmer, die altmodischen Bäder und die massiven Türen und Fenster lieben. Wegen seines Alters und der lokalen Konkurrenz sind hier echte Schnäppchen drin, wenn man die Augen offen hält.

Fitzroy Hall B&B B&B $$
(☎866-627-9766; www.fitzroyhall.com; 45 Fitzroy St; DZ/Suite ab 165/219 C$; 📶) Das stattliche Haus bietet eine perfekte Mischung aus Eleganz und Komfort, während der Service herzlich und bodenständig ist. Die Betreiber haben viel dafür getan, dass sich die Gäste wohl fühlen und das B&B mit Antiquitäten, gedämpften Farben und Extras wie in Nischen versteckten Kühlschränken für Getränke und Heißwasser für Tee versehen.

ABSTECHER

ORWELL CORNER & POINT PRIM

Wer Lust auf einen netten, kinderfreundlichen Halbtagsausflug von Charlottetown hat und von *Anne auf Green Gables* für Erste genug hat, folgt der Rte 1 nach Osten. Nach 30 km erreicht man das **Orwell Corner Historic Village** (☎902-651-8510; www.peimuseum.com; Resource Rd 2, Vernon Bridge; Erw./Kind 9/4,50 C$; ⏰Juli–Sept. 9–16.30 Uhr, Sept.–Nov. Mo–Fr 9.30–16.30 Uhr), die Nachbildung eines Bauerndorfes aus dem 19. Jh. inklusive Tieren, Antiquitäten und in traditionelle Trachten gekleideten Einheimischen. Danach führt die Rte 1 zur **Sir Andrew MacPhail Homestead** (☎902-651-2789; www.macphailhomestead.ca; 271 MacPhail Park Rd, Vernon Bridge; ⏰Juli–Sept. Mi–So 10–17 Uhr), wo man im Sommer nachmittags Teetrinken kann.

Weitere 11 km auf der Rte 1 Richtung Süden weisen Schilder den Weg zum Point Prim, einer schmalen Landzunge, die im Sommer mit Wildrosen, Wildmöhren und Weizenfelder bedeckt ist. An ihrer Spitze steht das **Point Prim Lighthouse** (☎902-659-2768; www.pointprimlighthouse.com; 2147 Point Prim Rd, Belfast; Erw./Kind 3,50/2 C$; ⏰Juli & Aug. 10–18 Uhr, Juni & Sept. Mi–So 10–18 Uhr), der älteste und vielleicht schönste Leuchtturm der Provinz. Wenn man Glück hat, kann man ihn besteigen und das Nebelhorn ertönen lassen.

Wer noch mehr unternehmen möchte, kann mit der Familie des **Happy Clammers** (S. 485) auf die Suche nach Sandklaffmuscheln, Trogmuscheln und Quahog-Muscheln gehen und dann lernen, wie aus den schleimigen Muscheln eine köstliche Mahlzeit wird.

Zum Schluss gibt's im **Point Prim Chowder House** (☎902-659-2187; www.chowderhousepei.com; 2150 Point Prim Rd, Belfast; Hauptgerichte 8–25 C$; ⏰Juni–Okt. 11–19 Uhr) eine Tasse Fischsuppe am Meer, dann geht's zurück nach Charlottetown oder weiter nach Wood Islands (30 km) zur Fähre nach Nova Scotia.

Charlotte's Rose Inn INN $$

(☎902-892-3699; www.charlottesrose.ca; 11 Grafton St; Apt. ab150 C$, DZ ab 165 C$; ❄📶) Irgendwo hier muss Miss Marple sein. Das dekadente viktorianische Haus mit Rosentapeten, Himmelbetten mit zarter Spitze und prächtigen Bädern hat echtes britisches Flair. Im Salon flackert der Kamin und für die Gäste stehen kostenlos Kuchen und Tee bereit. Das moderne Loft-Apartment bietet fünf Personen Platz und hat eine eigene Dachterrasse. Der Mindestaufenthalt beträgt zwei Nächte.

★ **Fairholm National Historic Inn** INN $$$

(☎902-892-5022; www.fairholminn.com; 230 Prince St; DZ/Suite ab 129/289 C$; 📶) Dieser historische Inn wurde 1838 gebaut. Die Zimmer sind mit luxuriösen Stoffen, toller lokaler Kunst und prächtigen Antiquitäten eingerichtet. Hinter dem Haus gibt es großartig gestaltete, gut ausgestattete Selbstversorgerapartments. Zum Zeitpunkt der Recherche expandierte der intelligente, tatkräftige und freundliche Besitzer gerade auf ebenso schöne benachbarte Grundstücke. Unbedingt die Website konsultieren, um sich über das gesamte Angebot zu informieren!

★ **Delta Prince Edward** HOTEL $$$

(☎902-566-2222; www.marriott.com; 18 Queen St; DZ/Suite ab 169/269 C$; P ⊖ ❄ 📶 ≋) Die Lage direkt am Wasser im Herzen des belebten Restaurantviertel in Old Charlottetown ist einfach unschlagbar. Auch an den komfortablen, frisch modernisierten Zimmer gibt's nicht zu bemängeln. Sie sind mit klaren Linien frisch und modern gestaltet und viele haben Hafenblick. Wenn man direkt beim Hotel bucht, ist das WLAN kostenlos.

Essen

Die große Zahl guter Lokale hat die Stadt in erster Linie dem Culinary Institute of Canada zu verdanken, das am laufenden Band talentierte Köche hervorbringt. Im Sommer bieten sich vor allem die Fußgängerzone Victoria Row und das Hafenviertel an, um etwas essen oder trinken zu gehen. Auch in den Kneipen wird leckeres Essen serviert.

Cedar's LIBANESISCH $

(☎902-892-7377; 181 Great George St; Hauptgerichte 10–25 C$; ⏰Mo–Sa 11–23, So bis 16 Uhr; 🖉) Das Cedar's verwöhnt seine Gäste seit 1979 mit hausgemachter libanesischer Küche und ist eines der besten Restaurants der Stadt, um preiswert, lecker und gesund zu essen. Jeden Abend gibt es besondere Angebote.

Leonhard's CAFÉ $

(www.leonhards.ca; 142 Great George St. Sandwiches ab 8 C$; ⏰Di–Sa 9–17 Uhr) Das kleine Café verspricht mit seinem gepolsterten Sitzbereich und den ländlichen Farben Gemütlichkeit par excellence. Serviert werden tolle deutsche Backwaren, Salate, kreative Sandwiches und den ganzen Tag über Frühstücksteller mit Eiern von freilaufenden Hühnern, einer Käseauswahl und Aufschnitt (u. a. Schwarzwälder Schinken). Dazu bestellt man dann frisch gebrühten Tee oder Espresso.

Splendid Essence TAIWANESISCH $

(☎902-566-4991, www.splendidessence.com; 186 Prince St; Hauptgerichte 7–14 C$; ⏲11.30–15 & 17–20 Uhr; ✎) In dem gemütlichen viktorianischen Haus wird leckere taiwanesische Küche serviert. Warme Holztäfelungen, gepolsterte Sitzgelegenheiten in rot, grün und gold sowie chinesische Kunst bestimmen das Ambiente. Sehr zu empfehlen ist das würzige Gemüse mit gebratenem Reis und dazu eine dampfende Tasse heiße Mandelmilch.

Maid Marian's DINER $

(☎902-566-4641; 7 Ellis Rd; Mahlzeiten 5–9 C$; ⏲7–20 Uhr) In dem angesagten traditionellen Diner ist immer viel los. Er liegt nicht im Zentrum, ist aber ideal für ein schnelles, preiswertes Frühstück auf dem Weg zum Flughafen. Schick ist es hier nicht, dafür gibt's tolle Nischen aus grünem Vinyl, abendliche Specials wie Jakobsmuschelessen, viele einfache, herzhafte Gerichte für weniger als 10 C$, und man ist von Einheimischen umgeben.

Papa Joe's KANADISCH $

(☎902-566-5070, www.papajoespei.ca; 345 University Ave; Hauptgerichte 10–18 C$; ⏲11–21 Uhr) Das familiäre Restaurant ist bei Einheimischen besonders beliebt. Das Essen hat keine Extravaganzen nötig, hier bestellt man Hackbraten im Speckmantel, *pot pie* (gedeckte Pastete) mit Truthahn oder ein Steaksandwich. Mittwochs geht es exotisch zu; dann werden den ganzen Tag über indische Gerichte serviert.

Kettle Black CAFÉ $

(☎902-370-0776; 45 Queen St; leichte Mittagsgerichte 9 C$; ⏲7–19 Uhr) Eine gemütliche Bäckerei mit Café, die wie eine Mischung aus Bauernhaus und städtischer Kunstgalerie wirkt. Hier gibt's guten Kaffee, Frühstück und leichtes Mittagessen.

★ Water Prince Corner Shop & Lobster Pound FISCH $$

(☎902-368-3212; http://waterprincelobster.ca; 141 Water St; Gerichte 12–36 C$; ⏲9.30–20 Uhr) Die Einheimischen kennen die guten Fischgerichte dieses unscheinbaren, meerblauen Restaurants in der Nähe des Kais. Es ist zu Recht berühmt für seine Burger mit Jakobsmuscheln und zugleich die beste Adresse für frischen Hummer. Auf Sitzplätze müssen Gäste manchmal längere Zeit warten; es ist aber auch möglich (und noch dazu preiswerter), Hummer zum Mitnehmen zu bestellen.

★ Claddagh Oyster House SEAFOOD $$

(☎902-892-6992; http://claddaghoysterhouse.com; 131 Sydney St; Hauptgerichte 13–32 C$; ⏲17–21 Uhr) Unter den Einwohnern gilt der Claddagh Room als eines der besten Meeresfrüchterestaurants der Stadt. Man sollte ihnen vertrauen! Das von der irischen Küche inspirierte Galway Bay Delight besteht aus mit Pilzen und Zwiebeln sautierten Jakobsmuscheln und Garnelen, die anschließend mit dem Likör Irish Mist flambiert werden und mit einer Sauce aus frischer Sahne und Gewürzen serviert werden.

Terre Rouge KANADISCH $$

(☎902-892-4032; www.terrerougepei.ca; 72 Queen St; Hauptgerichte 12–32 C$; ⏲Di–So 11–15 & 17–22 Uhr) Im Terre Rouge, das sich selbst *craft kitchen* nennt, begegnen sich gesundes Essen, Behaglichkeit und Spaß. Nur die langweiligsten Gäste werden auf der Karte nichts finden, was sie begeistert: Rote-Beete-Salat, Fischküchlein, Linsenburger, Fischsuppe und Tacos werden in einem fröhlichen, hipsterfreundlichen Ambiente serviert.

Local 343 CAFÉ $$

(☎902-569-9343; 98 Water St; ⏲11.30–20 Uhr; ✎) Bis wir die Katze aus dem Sack ließen, war dieses fabelhafte Feinkostgeschäft mit Café ein Geheimnis der Einheimischen. Es serviert köstliche Hausmannskost wie Suppen, Salate, Sandwiches, Quiches, Hackbraten, Krabbenküchlein etc. Vieles kann man auch mitnehmen, um an Schönwettertagen ein Picknick zu machen oder um es sich an trüben Tagen in den eigenen vier Wänden gemütlich zu machen.

Brickhouse Kitchen & Bar MODERN KANADISCH $$

(☎902-566-4620; http://brickhousepei.com; 125 Sydney St; Hauptgerichte 16–36 C$; ⏲11–22 Uhr) Der schicken Atmosphäre in diesem historischen Backsteingebäude entsprechen die Gerichte, die von der Inselkultur inspiriert und aus ihren Erzeugnissen zubereitet werden. Besonders gut sind die Poutine mit Hummer, eine Meeresfrüchte-Bouillabaisse, das Thaicurry-Huhn oder ein inseltypischer Beefburger. Nicht versäumen: In der oberen Loungebar werden Cocktails und Desserts serviert.

Churchill Arms PUBESSEN $$
(☎902-367-3450; www.churchillarms.ca; 75 Queen St; Hauptgerichte 10-22 C$; ⊙Mo–Sa 11.30–21 Uhr) Der lebhafte, typisch britische Pub ist großartig, um etwas zu trinken, bietet aber auch schwere, authentische britische Pubkost: Currys, Shepherd's Pie und andere Pasteten, Würstchen mit Kartoffelbrei, fantastische Fish'n'Chips (mit regionalen Zutaten) und, wenn es unbedingt mal sein muss, auch *bubble and squeak* (Pfannengericht aus Gemüse und Kartoffelbrei).

Pilot House MODERN KANADISCH $$$
(☎902-894-4800; http://thepilothouse.ca; 70 Grafton St; Hauptgerichte 24–39 C$; ⊙Mo–Sa 11–22 Uhr) Die schweren Holzbalken und Backsteinsäulen des historischen Roger's-Hardware-Hauses bilden einen imposanten Hintergrund für ein feines Essen oder leichte Kneipengerichte. Eine treue Gästeschar lässt sich Hähnchen mit Hummerfüllung, vegetarische Pizza oder eine *Tourte* mit Meeresfrüchten schmecken. Mittagsangebote gibt es schon für 10 C$.

Ausgehen & Nachtleben

Die Stadt Charlottetown bietet ausgehtechnisch sowohl Altbewährtes als auch Brandneues. In der Altstadt gibt es viele historische Kneipen. Die meisten Bars und Kneipen verlangen am Wochenende oder wenn Livebands spielen ein geringes Eintrittsgeld (etwa 5 C$). Um 2 Uhr, wenn alles dichtmacht, geht die Party auf der Straße weiter.

★ **Gahan House** PUB
(☎902-626-2337; http://charlottetown.gahan.ca; 126 Sydney St; ⊙11–24 Uhr) Hinter anheimelnden historischen Mauern brauen die Kneipenbesitzer hier die hausgemachten Ales der Insel. Zur Wahl stehen z.B. Sir John A.'s Honey Wheat Ale und das recht vollmundige Sydney Street Stout. Auch das Essen hier ist super!

Hopyard BAR
(☎902-367-2599; 131 Kent St; ⊙11–24 Uhr) Bier, Essen und Vinyl, das verspricht dieser Neuzugang der wachsenden Barszene der Stadt – und die Einheimischen lieben das Hopyard!

Upstreet Brewery BRAUEREI
(☎902-894-0543; www.upstreetcraftbrewing.com; 41 Allen St; ⊙12–24 Uhr) Diese Kleinbrauerei entwickelt sich mit ihrer fröhlichen Atmosphäre und dem tollen Bier rasant zur beliebtesten Kneipe der Stadt.

Old Triangle IRISH PUB
(☎902-892-5200; www.oldtrianglecharlottetown.com; 189 Great George St; ⊙11–22 Uhr) In dem lebhaften Irish Pub gibt's regelmäßig Livemusik und das Guiness fließt in Strömen.

Merchantman BAR
(☎902-892-9150; www.merchantman.ca; 23 Queen St; ⊙11–21 Uhr) Das Merchantman hat viele Facetten – es ist zugleich Bar, Restaurant und Imbiss. Im Sommer kann man auf der Terrasse Sonne tanken und sich bei einem Drink Appetit für die frischen Austern von der Insel, Meeresfrüchte und gehobene Pubspeisen aller Art holen.

Brakish BAR
(☎902-894-1112; www.brakish.com; 2 Lower Water St; ⊙12–23 Uhr) Im Brakish kehrt erst in den Sommermonaten richtig Leben ein, denn es hat die schönste Uferterrasse der Stadt, wo man die langen, sonnigen Tage vertrödeln kann. Wer Hunger hat, findet auf der Karte viele frische lokale Meeresfrüchte.

Marc's Studio BAR
(☎902-566-4620; http://brickhousepei.com/marcs-studio.html; 125 Sydney St; ⊙16.30–24 Uhr) Eine Treppe führt zur Bar hinauf, wo Cocktails oder ein später Schlaftrunk die Gäste erwarten. Viele Werke des verstorbenen heimischen Künstlers Marc Gallant (der das Bauwerk in den 1980er-Jahren restaurierte) und behaglich aufgestellte Sofas vor rohen Mauerwänden prägen den Raum. Die Bar schließt meist gegen Mitternacht, bleibt aber so lang geöffnet, bis sich die letzten Gäste in alle Richtungen zerstreuen.

☆ Unterhaltung

Charlottetown bietet eine tolle Mischung aus Theater, Musik, Inselkultur und Spaß. Verschiedene Lokale in der ganzen Stadt veranstalten traditionelle *ceilidhs* (kai-lies), manchmal *kitchen parties* genannt. Bei diesen lebhaften Zusammenkünften gibt's fast immer fröhliche Musik und Tanz. Die Termine und Orte kommender *ceilidhs* sowie anderer Veranstaltungen stehen in der Freitagsausgabe der Tageszeitung *Guardian* und in der kostenlosen Monatszeitschrift *Buzz*.

★ **Confederation Centre of the Arts** THEATER
(☎902-566-1267; www.confederationcentre.com; 145 Richmond St) Der moderne Komplex umfasst ein großes Theater und ein Amphitheater im Freien, in denen Konzerte, Comedy-Shows und aufwendig produzierte

Musicals stattfinden. *Anne of Green Gables – The Musical* unterhält das Publikum bereits seit 1964, als es als Programmpunkt des Charlottetown Festival uraufgeführt wurde. Somit ist es das am längsten laufende Musical Kanadas und zudem sehr unterhaltsam – man muss es ja niemandem erzählen…

Peake's Quay LIVEMUSIK
(☎902-368-1330; www.peakesquay.com; 11 Great George St; ⊙12–24 Uhr) Eigentlich ist es ein Restaurant mit Bar (und der größten Terrasse der Insel), doch das Peake's Quay ist die Location der Stadt, die einem Nachtclub am nächsten kommt (inkl. Gast-DJs und Events).

Mack THEATER
(128 Great George St) In dem intimen Theater, das vor allem Comedy auf die Bühne bringt, sitzen die Gäste an runden Tischen.

City Cinema KINO
(☎902-368-3669; http://citycinema.net; 64 King St) Das kleine, unabhängige Kino zeigt kanadische und ausländische Filme.

Benevolent Irish Society LIVEMUSIK
(☎902-963-3156; 582 North River Rd; 10; ⊙Fr 20 Uhr) Im Norden der Stadt – tolle Location, um ein *ceilidh* zu erleben. Man sollte aber zeitig da sein, denn die Plätze sind begrenzt.

Olde Dublin Pub LIVEMUSIK
(☎902-892-6992, 133 Sydney St; 8 C$) Traditioneller Irish Pub mit geselliger Atmosphäre und abendlichem Liveprogramm im Sommer. Keltische Bands und lokale Prominenz sorgen für unterhaltsame Nächte.

Baba's Lounge LIVEMUSIK
(☎902-892-7377; 81 University Ave; 8 C$; ⊙12–24 Uhr) In der heimeligen Bar, die sich direkt über der Cedar's Eatery befindet, spielen großartige einheimische Bands ihre Musik. Ab und an finden hier Lyrik-Lesungen statt.

Shoppen

Farmers Market MARKT
(☎902-626-3373; http://charlottetownfarmersmarket.weebly.com; 100 Belvedere Ave; ⊙Sa 9–14 Uhr, Juli & Aug. auch Mi) Auf den Markt bringt man am besten Hunger mit, denn hier gibt es Inselessen und jede Menge frisches Bioobst und -gemüse. Der Markt liegt nördlich der Stadt abseits der University Ave.

Praktische Informationen

Charlottetown Visitor Information Centre (☎902-368-4444; 178 Water St; ⊙Mai–Okt. 9–17 Uhr) Die größte Touristeninformation der Insel hat auf alle Fragen eine Antwort, Berge von Broschüren und Karten sowie kostenlosen Internetzugang.

Hauptpost (☎902-628-4400; 101 Kent St; ⊙Mo–Fr 9–17 Uhr) Zentrales Postamt.

Polyclinic Professional Centre (☎902-629-8810; polycliniconline.com; 199 Grafton St; ⊙Mo–Fr 5.30–20, Sa 9.30–12 Uhr) Die ambulante Klinik der Stadt ist auch außerhalb der Arztsprechzeiten geöffnet.

Queen Elizabeth Hospital (☎902-894-2111; 60 Riverside Dr; ⊙24 Std.) Notaufnahme.

Royal Canadian Mounted Police (☎902-368-9300; 450 University Ave) Nicht für Notfälle zuständig.

Anreise & Unterwegs vor Ort

Der **Charlottetown Airport** (YYG; ☎902-566-7997; www.flypei.com; 250 Maple Hills Ave) liegt 8 km nördlich des Zentrums. Ein Taxi vom/ins Zentrum kostet 12 C$ plus 3,50 C$ für jede weitere Person.

Die meisten Besucher mieten bei einer der Autovermietungen in der Stadt und am Flughafen ein Auto. Im Sommer können Mietwagen knapp werden, dann bucht man besser im Voraus.

Trius Transit (T3 Transit; ☎902-566-9962; www.triustransit.ca/) betreibt die spärlichen öffentlichen Verkehrsmittel der Stadt. Da Charlottetown so kompakt ist, kann man aber besten zu Fuß gehen oder ein Fahrrad ausleihen.

Advanced Shuttle (☎877-886-3322; www.advancedshuttle.ca) Betreibt einen Schuttleservice zwischen P. E. I. und Nova Scotia.

City Taxi (☎902-892-6567; www.citytaxipei.com) Taxiunternehmen.

MacQueen's Bicycles (☎902-368-2453; www.macqueens.com; 430 Queen St; Fahrradverleih pro Tag/Woche 25/125 C$) Verleiht verschiedene hochwertige Fahrräder. Kinderräder werden zum halben Preis verliehen.

Smooth Cycle (☎902-566-5530; www.smoothcycle.com; 330 University Ave; Fahrradverleih pro Tag/Woche 26/115 C$) Verleiht und verkauft preisgünstige Fahrräder.

Yellow Cab PEI (☎902-566-6666; www.yellowcabpei.com)

DER OSTEN

Kings County im Osten der Provinz ist der untouristischste Teil der Insel und lässt sich wunderbar auf eigene Faust erkunden. Die Landschaft ist geprägt von gepflegten Gehöften, der gewundenen Ostküste mit ihren geschützt liegendenden Häfen und weitläufigen Stränden, von Landgasthöfen sowie malerischen historischen Straßen, die sich unter den Kronen majestätischer Bäume in die Ferne erstrecken. Der 338 km lange Points East Coastal Drive verläuft entlang der Küste, vorbei an verschiedenen Attraktionen.

Wood Islands

Wood Islands ist der Ausgangshafen der Fähren nach Nova Scotia.

Wer am Fährhafen warten muss, sollte die Zeit für einen kurzen Spaziergang zum **Wood Islands Provincial Park** samt seinem Leuchtturm von 1876 nutzen.

Von Wood Islands führt die Route 4 nach Osten an der Northumberland Strait entlang und schlängelt sich bei High Bank landeinwärts in Richtung des geschäftigen Fischerorts Murray River mit seiner erstaunlich lebendigen Kunstszene. Die Küstenstraße wird dann zur Route 18, umrundet immer am Meer entlang Cape Bear, führt am Leuchtturm vorbei und schließlich zurück durch das Dorf Murray Harbour nach Murray River. Der flache, verlassene Straßenabschnitt bietet herrliche Blicke auf eine friedliche Landschaft und eignet sich sehr gut für Radfahrer. Diese folgen einfach der Küstenstraße ab Murray River und fahren dann über die Verlängerung des Confederation Trail bei Wood Islands wieder zurück.

Sehenswertes

Newman Estate Winery WEINGUT

(☎902-962-4223; www.newmanestatewinery.com; 9404 Gladstone Rd, Gladstone; ⊙nach Vereinbarung) Zur Newman Estate Winery fährt man auf der Rte 348 (Gladstone Rd) vom Murray River in Richtung Küste. Das hübsche Weingut ist auf Heidelbeerweine spezialisiert, produziert seit einiger Zeit aber auch Weißweine aus Trauben.

Rossignol Estate Winery WEINGUT

(☎902-962-4193; www.rossignolwinery.com; 11147 Shore Rd, Murray River; ⊙Mai–Okt. Mo–Sa 10–17, So 10–13 Uhr) Wer Lust auf Weinverkostungen im großen Stil hat, fährt nach Little Sands, etwa 9 km von der Fähranlegestelle in Wood Islands entfernt, wo die auf die Obstweine spezialisierte Rossignol Estate Winery kostenlose Weinproben anbietet. Der himmlische Blackberry Mead hat mehrere Goldmedaillen gewonnen, und auch der aus Hagebutten gemachte Wild Rose Liquor ist lecker. Im Winter sollte man die Öffnungszeiten telefonisch erfragen.

Essen

Crabby's Seafood SEAFOOD $

(☎902-962-3228; 84 Lighthouse Rd, Wood Islands; Snacks ab 5 C$; ⊙Juni–Sept. 12–18 Uhr) In der Nähe des Fährterminals kann man sich mit Felsenkrabbensandwiches und Hummerbrötchen stärken.

★**Harbourview Restaurant** KANADISCH $$

(☎902-962-3141; www.harbourviewrestaurant.ca; 7 Mariners Lane, Murray Harbour; Hauptgerichte 8–24 C$; ⊙Mo–Sa 8–21, So 11–21 Uhr) Als die Besitzer des damals Brehaut's genannten Restaurants in den Ruhestand gingen, entschlossen sich mehrere Angestellte, es zu übernehmen. Sie benannten das Restaurant um und ergänzten vertraute und bewährte Gerichte um neue Speisen. Die Gäste sitzen in gemütlichen, ländlichen Nischen und lassen sich die beste Fischsuppe der Insel und andere schlichte Gerichte schmecken. Der Milchshake ist umwerfend! Murray Harbour liegt 21 km östlich von Wood Islands.

Praktische Informationen

Wood Islands Visitor Information Centre
(☎902-962-7411; 13054 Shore Rd; ⊙10.30–21 Uhr) Dies ist die Haupttouristeninformation für Besucher, die mit der Fähre nach P. E. I. kommen.

An- & Weiterreise

Wood Islands liegt 51 km südöstlich von Charlottetown. Hier legen die Fähren von **Bay Ferries** (S. 372) nach Caribou, Nova Scotia (Erw./Kind 19 C$/frei, 1¼ Std.) ab. Ein normales Fahrzeug kostet 81 C$.

Montague & Georgetown

Weil es in Montague ausnahmsweise mal nicht flach ist, hat der Ort einen ganz eigenen, eher ans Festland erinnernden Charakter. Die geschäftige Kleinstadt erstreckt sich beiderseits des Montague River und ist das Versorgungszentrum des Kings County. Ihre Straßen führen vom luftigen historischen Hafenviertel zu modernen Einkaufszentren, Supermärkten und Fast-Food-Filialen.

Die vielen historischen Gebäude in Georgetown am Ende der Halbinsel bezeugen die Bedeutung der Stadt in der viktorianischen Ära, als sie ein bedeutendes Schiffbauzentrum war. Heute ist es ein schläfriges Städtchen, das wegen seiner Lage am Wasser und der tollen Restaurants auch Touristen anzieht.

Sehenswertes & Aktivitäten

Panmure Head Lighthouse LEUCHTTURM
(☎902-838-3568; 62 Lighthouse Rd, Panmure Island; Führungen 5 C$; ⌚Juli & Aug. 9.30–17 Uhr, Juni & Sept. wechselnde Öffnungszeiten) Der erste achteckige und älteste hölzerne Leuchtturm der Insel könnte einen frischen Anstrich vertragen.

Garden of the Gulf Museum MUSEUM
(☎902-838-2467; www.montaguemuseumpei.com; 564 Main St, Montague; Erw./Kind unter 12 Jahren 3 C$/frei; ⌚Juni–Sept,. Mo–Fr 9–17 Uhr) Das stattliche ehemalige Post- und Zollamt (1888) liegt südlich des Flusses mit Blick auf die Marina und beherbergt das Garden of the Gulf Museum mit verschiedenen Exponaten zur Lokalgeschichte.

Tranquility Cove Adventures ANGELN
(☎902-969-7184; www.tranquilitycoveadventures.com; Fisherman's Wharf, 1 Kent St, Georgetown; halb-/ganztägige Touren ab 60/100 C$) Tranquility Cove Adventures veranstaltet ausgezeichnete Angel- und Muschelsammeltouren sowie Kundalini-Yoga auf verlassenen Inseln. Weitere Angebote stehen auf der Website.

Brudenell Riding Stables REITEN
(☎902-652-2396; www.brudenellridingstables.com; 1-stündiger Ritt 35 C$; ⌚Juni–Sept.) Bei Brudenell Riding Stables kann man einstündige Ausritte auf Wegen durch den lichten Wald und zum Strand unternehmen.

Feste & Events

Panmure Island Powwow KULTUR
(☎902-892-5314; ⌚Mitte Aug.) Jedes Jahr wird ein Powwow mit Trommlern, Kunsthandwerk und einer Schwitzhütte abgehalten, zu dem an die 5000 Besucher strömen – einsame Strände sollte man also nicht erwarten.

Schlafen

★**Maplehurst** B&B $$
(☎902-838-3959; www.maplehurstproperties.com; 1220 Route 347; DZ ab 145 C$; ⌚Mai–Nov.;) Wer Lust auf Luxus hat, kann im prächtigen Maplehurst nächtigen. Marsha Leftwich hat all ihre angeborene Gastfreundschaft des Südens eingesetzt, um dieses herausragende B&B zu schaffen, das von herrlichen Kronleuchtern erhellt wird und mit großer Liebe zum Detail eingerichtet ist.

Georgetown Inn & Dining Room INN $$
(☎902-652-2511; www.peigeorgetownhistoricinn.com; 62 Richmond St, Georgetown; DZ ab 105 C$;) Diese Unterkunft im Zentrum von Georgetown ist sowohl für ihre mit Inselthemen gestalteten Zimmer (darunter ein „Green Gables"-Zimmer) als auch für ihre gute Inselküche in zwanglosem Ambiente bekannt.

Brudenell River Provincial Park CAMPING
(☎902-652-8966; www.tourismpei.com/provincial-park/brudenell-river; abseits der Rte 3, Cardigan; Stellplatz Zelt 21 C$, Stellplatz Wohnmobil 24–28 C$; ⌚Mai–Okt.) Im Park und Resortkomplex Brudenell River Provincial Park nördlich der Stadt begegnen sich Natur und Komfort. Neben Stellplätzen für Zelte und Wohnmobile sind auch Cottages und Unterkünfte im Motelstil vorhanden. Zudem kann man Kajak fahren, kleine Wanderungen unternehmen und auf zwei Championship-Plätzen golfen.

Panmure Island Provincial Park CAMPING
(☎902-838-0668; www.tourismpei.com/provincial-park/panmure-island; Hwy 347; Stellplatz Zelt- & Wohnmobil ab 27 C$; ⌚Juni–Sept.) Am besten bringt man ein Picknick mit an diesen bewachten Strand im Panmure Island Provincial Park. Auf dem Campingplatz des Parks gibt's 44 Stellplätze (meist ohne Anschlüsse), die unter Bäumen und an der Küste liegen.

Essen

Cardigan Lobster Suppers SEAFOOD $$
(☎902-583-2020; www.peicardiganlobstersuppers.com; 4557 Wharf Rd, Cardigan; Erw./Kind 39/26 C$; ⌚Juni–Okt. 17–21 Uhr) Das winzige Cardigan in einem historischen Gebäude am Cardigan Harbor serviert fünfgängige Hummermenüs.

Famous Peppers PIZZA $$
(☎902-361-6161; www.famouspeppers.ca; 3 Rink St, Montague; Pizzas ab 10 C$) Schlicht und einfach die beste Pizza der Stadt – es gibt aber nicht viel Konkurrenz.

Clamdigger's Beach House & Restaurant FISCH $$
(☎902-652-2466, Georgetown; West St; Hauptgerichte 12–37 C$; ⌚11–21 Uhr) Manche behaupten, hier käme die beste Fischsuppe der Provinz auf den Tisch. Ob man nun gleicher Meinung ist oder nicht: Der Traumblick von der Terrasse und durch die riesigen Fenster im Speisesaal hat bisher alle beeindruckt.

Windows on the Water Café MODERN KANADISCH $$
(☎902-838-2080; Ecke Sackville St & Main St; Hauptgerichte 9–17 C$; ⌚Mai–Okt. 11.30–21.30 Uhr) Auf der Terrasse am Wasser und an der

Straße können die Gäste unter geschmackvollen Meeresfrüchte-, Hühnchen- und vegetarischen Gerichten wählen. Tipp: Die Hummer-Quiche probieren und unbedingt Platz für ein frisch gebackenes Dessert lassen!

Praktische Informationen

Island Welcome Center (☎902-838-0670; Ecke Rte 3 & Rte 4; ⏰Mai–Okt. 9–18 Uhr) Das Island Welcome Center befindet sich im alten Bahnhof am Fluss und ist eine gute Informationsquelle über diese Ecke der Insel.

Souris

Rund um die Colville Bay erstreckt sich der geschäftige Fischerort Souris (*sur*-ri). Der Name geht zurück auf die französischen Akadier und die gefräßigen Mäuse, die wiederholt die Ernte vernichteten. Heute ist der Ort besser für sein fröhliches jährliches Musikfestival als für die hungrigen Nager der Vergangenheit bekannt.

Das Städtchen ist ein guter Ausgangspunkt, für Radtouren auf der Küstenstraße (Rte 16) und dem Confederation Trail, der in die Stadt führt. In Souris legen auch die Fähren zu den Îles de la Madeleine in Québec ab. Die bewaldete Küste mit ihren kleinen Steilhängen bietet eine willkommene Abwechslung zum Flickenteppich der Felder im Inland. Riesige weiße Windräder erheben sich über der Landschaft. Die Häfen des North Lake und von Naufrage laden zu Stopps ein und wer Lust hat, kann ein Boot chartern und sich auf die Suche nach einem 450 kg schweren Monsterthunfisch begeben.

Sehenswertes

Elmira Railway Museum MUSEUM
(☎902-357-7234; Rte 16A; Erw./Student/Familie 5/4/10 C$; ⏰Juni–Sept. 10–18 Uhr) Das Eisenbahnmuseum in Elmira bietet auch eine lustige Fahrt mit einer Miniaturbahn (Erw./Student/Familie 6/4/15 C$) durch den Wald in der Umgebung. Der Bahnhof bildet das östliche Ende des Confederation Trail.

East Point Lighthouse LEUCHTTURM
(☎902-357-2106; Erw./Kind 4/2 C$; ⏰Juni–Aug. 10–18 Uhr) Der Leuchtturm East Point Lighthouse wurde im selben Jahr gebaut, in dem sich die kanadischen Kolonien vereinigten und bewacht die Nordküste von P.E.I. Weil der Leuchtturm 1882 am Schiffbruch der *British Phoenix* Schuld gewesen sein soll, wurde er näher an die Küste verschoben. Wegen der Küstenerosion ist sein Standort nun erneut bedroht. Neben dem Leuchtturm gibt's ein Souvenirgeschäft und ein kleines Café, das Hummerbrötchen (9,50 C$), Fischsuppe und Sandwiches serviert.

Basin Head Fisheries Museum MUSEUM
(☎902-357-7233Erw./Student 4,50/2 C$; ⏰Juni–Sept. 9–18 Uhr) Das kleine Museum widmet sich der Geschichte der Fischerei auf P.E.I.

NICHT VERSÄUMEN

BASIN HEAD PROVINCIAL PARK

Die Hauptattraktion des **Basin Head Provincial Park** (www.tourismpei.com/provincial-park/basin-head; Basin Head) ist der breite, goldene Sandstrand **Basin Head Beach**. Man versteht schnell, warum er der Lieblingsstrand vieler Einheimischer ist. Der Sand ist auch dafür berühmt, dass er singt – na gut, quietscht – wenn man darauf läuft. Leider klappt das nur bei trockenem Sand, bei Regen fällt das Konzert ins Wasser. Ansonsten sind es nur fünf Minuten singender Fußschritte vom Museum bis zu einsamer Strandidylle – viel Vergnügen!

Feste & Events

PEI Bluegrass & Old Time Music Festival MUSIK
(☎902-569-3153; http://peibluegrass.tripod.com; ⏰Anfang Juli) Sogar aus Nashville kommen Bands zu diesem Festival. Man kann es einen Tag besuchen oder alle drei Tage hier sein Zelt aufschlagen.

Schlafen & Essem

Johnson Shore Inn INN $$
(☎902-687-1340; www.jspei.com; 9984 Northside Rd, Hermanville; Zi. ab 175 C$; ⏰Mai–Feb.; 📶) Wer sich etwas Luxus gönnen will, ist in diesem tadellos geführten Gasthof richtig. Er punktet zudem mit der fantastischen Lage auf einer roten Klippe mit Blick über das Meer.

★ **Inn at Bay Fortune** INN $$$
(☎902-687-3745; www.innatbayfortune.com; 758 Rte 310, Bay Fortune; Zi. ab 225 C$; ❄📶) Der gefeierte Koch Michael Smith ist mit seiner Frau Chastity zu seinen Wurzeln zurückgekehrt, nämlich in den Gasthof, in dem er sieben entscheidende Jahre seiner Ausbildung verbrachte. Beide machten das wundervolle Haus und sein Restaurant **Fi-**

reWorks zu einem der angesagtesten gastronomischen Ziele Kanadas. Gäste können erst beim ausufernden, interaktiven Abendessen „The Feast" (ab 95 C$) dinieren und dann eine Nacht hier verbringen.

21 Breakwater KANADISCH $$
(☎902-687-2556; 21 Breakwater St; Hauptgerichte 12–28 C$; ⏲Mo–Sa 11.30–20 Uhr) In dieser historischen Villa mit Blick auf die von Hafenanlagen geprägte Küste isst man gut, aber in lockerem Ambiente. Auf der Karte stehen die üblichen Verdächtigen wie Burger, Pasta mit Jakobsmuscheln, gedünstete Muscheln oder Fischsuppe, doch sie sind ausgezeichnet zubereitet. Auch der Service ist erstklassig.

An- & Weiterreise

Souris liegt 72 km östlich von Charlottetown in der Nordostecke der Insel. Hier legen die Fähren von **CTMA Ferr** (traversierctma.ca/en) zu den Îles de la Madeleine in Quebec ab (ab 52 C$, 5 Std.).

Von Saint Peter's Bay nach Mt. Stewart

Die Gegend zwischen den Dörfern St. Peter's Bay und Mt. Stewart eignet sich sehr gut zum Radfahren. Der Abschnitt des Confederation Trail, der Saint Peter's Bay am nächsten liegt, führt nah an der Küste entlang und bietet tolle Küstenblicke. In Mt. Stewart treffen sich drei Teilstrecken des Confederation Trail, sodass auf Radler und Wanderer viele schöne Optionen warten.

Sehenswertes

Greenwich Interpretation Centre NATURSCHUTZGEBIET
(☎902-961-2514; Rte 13; ⏲Juli & Aug. 9.30–19 Uhr, Mai, Juni, Sept. & Okt. 9.30–16.30 Uhr) Ein avantgardistischer Bau im Scheunenstil ist das Greenwich Interpretation Centre mit einer innovativen audiovisuellen Präsentation, die die Ökologie des Dünensystems und die archäologische Geschichte der Stätte beschreibt. Das eigentliche Highlight ist aber eine Wanderung draußen in den Dünen, die immer wieder Bäume unter sich begraben. Vier Wanderwege durchqueren den Park; der Greenwich Dunes Trail (hin & zurück 4,5 km, 1½ Std.) ist landschaftlich sehr reizvoll.

ABSTECHER

GREENWICH

Gewaltige, sich ständig verändernde Sanddünen prägen die Landschaft westlich von Greenwich. Die seltenen, parabelförmigen Giganten säumen einen traumhaften, oft menschenleeren Strand – der Besuch ist ein Muss! Der 6 km lange Küstenabschnitt wurde 1998 von Parks Canada unter Schutz gestellt und ist heute Teil des Prince Edward Island National Park. Alles Wissenswerte erfährt man im Greenwich Interpretation Centre.

Schlafen & Essen

In dieser Gegend gibt's nur wenige Unterkünfte, die sich hauptsächlich in der Nähe des Confederation Trail befinden. Essengehen bedeutet in St. Peter's Bay und Mt. Stewart bestenfalls zwanglose Take-aways und Diner. Das nahegelegene Souris bietet Feinschmeckern bessere Optionen.

Inn at St. Peters Village INN $$$
(☎902-961-2135, 800-818-0925,; www.innatstpeters.com; 1168 Greenwich Rd; DZ 125–265 C$; 📶) Nicht die großen, komfortablen Zimmer und der hinreißende Ausblick aufs Wasser sind die größten Anziehungspunkte dieses Gasthauses, sondern seine Küche, die zu den feinsten der Insel gehört. Am besten lässt sie sich bei untergehender Sonne im Restaurant genießen (Mittagessen/Abendessen 17/22 C$). Die Zimmer sind in schlichter Eleganz mit alten Möbeln eingerichtet. Es lohnt sich aber auch, nur zum Essen einzukehren (kein Dresscode, selbst verschwitzte Radfahrer sind willkommen).

★ **Trailside Cafe & Inn** CAFÉ $$
(☎902-628-7833; www.trailside.ca; 109 Main St, Mt. Stewart; Hauptgerichte 12–17 C$; Zi. 89 C$) Es ist nicht nur ein Café, es ist eine Musikbühne und ein Gasthaus. Aber in jeder Form verkörpert das Haus alles, was Prince Edward Island ausmacht. Zu einer großen Portion Miesmuscheln oder einem Probierteller mit regionalen Käsesorten passt ein Bier, die live gespielte Musik der Gegend geht unter die Haut. Auf der Website sind die Termine nachzulesen, dort werden auch Konzertkarten verkauft.

Praktische Informationen

Provincial Tourist Office (☎902-961-3540; Rte 2; ⏲Juli & Aug. 8–19 Uhr, Juni, Sept. & Okt. 9–16.30 Uhr) Neben der Brücke in St. Peter befinden sich sowohl der Confederation Trail als auch eine Touristeninformation.

DAS ZENTRUM

Hier findet man von allem etwas: grüne Felder, malerische Dörfer und Wälder, die sanft hügelig Richtung Norden zu den dramatischen, von Sanddünen überzogenen Stränden des Prince Edward Island National Park verlaufen. Anne auf Green Gables, die berühmte Heldin des Romans von Lucy Maud Montgomery hat eine riesige Industrie ins Leben gerufen, in deren Mittelpunkt der einst ländliche Weiler Cavendish steht. Doch auf P.E.I. sind selbst die schlimmsten Touristenfallen und die kommerziellsten Ecken immer noch malerisch – frisch gestrichen und mit Blumen bedeckt.

Wer über die Confederation Bridge ins Zentrum der Insel reist, sollte nach der Ankunft beim **Gateway Village Visitor Information Centre** (☎902-437-8570; Hwy 1; ⏲8.30–20 Uhr) gleich neben der Brücke anhalten, wo es kostenlose Landkarten, Broschüren und Toiletten sowie eine ausgezeichnete, einführende Ausstellung namens „Our Island Home" (Mai–Nov.) gibt. Das Personal erklärt auch gern den Weg zum Confederation Trail, der sich ganz in der Nähe befindet.

Victoria

Ein Ort, der zu Spaziergängen einlädt. Echte Sehenswürdigkeiten gibt's hier zwar nicht, dafür strahlen die schattigen Alleen des malerischen Fischerdorfs Charme und Charakter aus. Der gesamte Ort passt noch immer in die vier Blocks, die bei der Gründung 1819 errichtet wurden. In den farbenfrohen, schindelverkleideten Häusern leben mittlerweile auch einige Besucher, die dem Zauber des Dorfs erlegen und geblieben sind. Es gibt viele Kunstläden, Cafés, Lokale und im Sommer ein tolles Theaterfestival.

Sehenswertes & Aktivitäten

Victoria Seaport Lighthouse Museum MUSEUM
(Water St; Eintritt gegen Spende; ⏲Juni–Aug. 9–17.30 Uhr) Das Museum zeigt eine interessante Ausstellung zur Lokalgeschichte. Wenn es geschlossen ist, erhält man den Schlüssel im Laden auf der anderen Straßenseite.

By the Sea Kayaking KAJAKFAHREN
(☎902-658-2572; www.bytheseakayaking.ca; 1 Water St; Kajakverleih pro Std./Tag ab 25/50 C$) Erst kann man auf eigene Faust eine Paddeltour unternehmen, danach am Strand ins Wasser springen; Umkleidekabinen sind vorhanden. Der Anbieter hat auch beliebte Muschelsammelexpeditionen namens „I Dig Therefore I Clam" (8 C$) im Programm und verleiht Fahrräder (8 C$/Std.).

Schlafen & Essen

Orient Hotel B&B B&B $$
(☎902-658-2503; www.theorienthotel.com; 34 Main St; DZ/Suite ab 95/135 C$; 📶) Das hinreißende historische viktorianische Haus, das in Honiggelb, Rot und Blau dekoriert ist, ist ein echtes Schmuckstück.

★ **Landmark Café** CAFÉ $$
(☎902-658-2286; www.landmarkcafe.ca; 12 Main St; Hauptgerichte 12–28 C$; ⏲Mai–Sept. 11.30–22 Uhr) Die fantasievolle Küche dieses familiengeführten Cafés lockt Gäste von weit her an. Auf der abwechslungsreichen Karte stehen leckere, mit gesunden Zutaten zubereitete Gerichte wie Lasagne, hausgemachte Suppen, Cajun-Pfannengerichte und mit Feta gefüllte Weinblätter.

Ausgehen & Unterhaltung

Lobster Barn Pub and Eatery PUB
(☎902-658-2722; 19 Main St; ⏲12–22 Uhr) In dem tollen kleinen Pub in einer alten Scheune kann man gut etwas trinken, aber auch das Essen ist hier etwas Besonderes – jawohl, sogar Hummer steht auf der Karte!

Victoria Playhouse THEATER
(☎902-658-2025; www.victoriaplayhouse.com; 20 Howard St; wechselnde Ticketpreise; ⏲Juni–Sept. 20 Uhr) Das kunstvoll dekorierte Theater präsentiert im Sommer verschiedene Theaterstücke und montags Konzerte mit den besten Musikern der Region.

Prince Edward Island National Park

Im **Prince Edward Island National Park** (☎902-672-6350; www.pc.gc.ca; Tageskarte Erw./Kind 7,80/3,90 C$) bilden wogende Dünen und rote Sandsteinklippen die malerische Kulisse für einige der schönsten Sandstrände der Insel. An dieser dramatischen Küste und in den schmalen Feuchtgebieten und Wäldern dahinter leben viele Pflanzen und Tiere, darunter der Rotfuchs und der bedrohte Regenpfeifer.

Der Park ist ganzjährig geöffnet, die meisten Einrichtungen sind aber nur von Mitte Mai bis Mitte Oktober in Betrieb. Im Juli und August sind alle Einrichtungen geöff-

ABSTECHER

DESTILLERIEN

Auf Prince Edward Island gibt es zwei sehr unterschiedliche Destillerien. Sie erinnern an die Zeit der Prohibition, als die Provinz berühmtes Zentrum des Alkoholschmuggels war. Noch heute brennen viele Familien ihren Schnaps selbst (obwohl das streng genommen illegal ist); er wird auf Hochzeiten oder Festen gerne in Cocktails oder Bowle gemischt.

Prince Edward Distillery (902-687-2586; www.princeedwarddistille ry.com; Rte 16, Hermanville; 11–18 Uhr) Spezialisiert auf Wodka basierend auf Kartoffeln, der bereits im ersten Produktionsjahr exzellente internationale Kritiken erhielt. Besucher können eine Führung durch die Destillerie unternehmen und die verschiedenen Wodkasorten (Kartoffel, Weizen und Blaubeere) sowie neuere Produkte wie Bourbon, Rum, Whiskey, Pastis und einen sehr originellen, aromatischen Gin probieren.

Myriad View Distillery (902-687-1281; www.straightshine.com; 1336 Rte 2, Rollo Bay; Mo–Sa 11–18, So 13–17 Uhr) Produziert Kanadas ersten (legalen) „selbst gebrannten" Schnaps. Der superstarke Straight Lightning Shine hat einen Alkoholgehalt von 75 % und fühlt sich auf der Zunge wie flüssiges Feuer an, also erstmal nur ganz leicht nippen – ein kräftiger Schluck könnte einen leicht in andere Sphären befördern! Beim 50 %-igen Straight Shine kann man das Aroma etwas besser genießen. Führungen und Verkostungen sind kostenlos; der Besitzer beantwortet gerne jede Frage.

Zwischen den beiden Brennereien fährt man 10 Minuten auf der Rte 307.

net. Von Mitte Juni bis Mitte September, wenn die Picknickplätze geöffnet sind, wird Eintritt erhoben. Er gilt für alle Stätten im Park außer dem Green Gables Heritage Place (S. 504). Wer länger als fünf Tage bleibt, für den könnte sich ein Saisonpass lohnen. Der Park hat im Cavendish Visitor Information Centre (S. 505) einen Infostand.

Sehenswertes & Aktivitäten

Von Dünengräsern und wilden Rosen gesäumte Strände erstrecken sich fast über die ganze 42 km lange Küste des Parks. Die meisten Kanadier gebrauchen die Bezeichnungen Park und Strand fast schon als Synonyme. Beim **Dalvay Beach** im Osten führen einige kurze Wanderwege durch die Wälder. Am **Stanhope Beach** wird es flacher und die Strände werden weiter; ein Steg führt vom Campingplatz ans Ufer. Hinter den Dünen in westlicher Richtung erstreckt sich der weitläufige und beliebte **Brackley Beach**. Ganz im Westen macht seine eindrucksvolle Größe den im Sommer viel besuchten **Cavendish Beach** zum König aller Strände. Wer den Massen entgehen will, findet im Osten unberührte kleine Strände. Im Hochsommer werden die Strände Cavendish, Brackley und Stanhope bewacht. Ein schöner Radweg folgt der gesamten Küstenlinie.

Schlafen

Parks Canada betreibt drei sehr begehrte **Campingplätze** (800-414-6765; www.pc.gc.ca/eng/pn-np/pe/pei-ipe/visit.aspx; Stellplatz Zelt/Wohnmobil 28/36 C$; Juni–Aug.), die sich über die gesamte Länge des Parks verteilen. Stellplätze können online reserviert werden. Man kann aber keinen bestimmten Standort verlangen, die Stellplätze werden bei der Ankunft zugeteilt. 80 % der Plätze können im Voraus gebucht werden, die übrigen werden in der Reihenfolge des Eintreffens vergeben, es empfiehlt sich also, zeitig da zu sein.

Der **Stanhope Campground** (Gulfshore East Pkwy) liegt hinter dem gleichnamigen Strand geschützt im Wald und hat auch einen gut sortierten Laden. Der abgelegenste Platz ist der **Robinsons Island Campground** (Gulfshore East Pkwy) am Ende von Brackley Point. Wenn es windig ist, ist die Übernachtung hier aber kein Vergnügen. Wegen seiner Nähe zu den Attraktionen ist der **Cavendish Campground** abseits der Rte 6 am beliebtesten. Hier gibt's ungeschützte Stellplätze am Meer, aber auch welche, die im Schutz und Schatten von Bäumen liegen. Die verlockende Aussicht am Meer ist trügerisch – sie ist hübsch, aber guter Schlaf ist besser.

Andy's Surfside Inn INN $
(902-963-2405; 469 Gulfshore Pkwy W; DZ ab 50 C$;) Mitten im Prince Edward Island National Park, von North Rustico 2,7 km in Richtung Orby Head, steht dieses große alte Haus mit Blick auf die schöne Doyle's Cove. Der Seemannsgasthof mit einer schönen

Terrasse, auf der man die Füße hochlegen und die Aussicht genießen kann, ist seit den 1930er-Jahren in Betrieb. Die einfachen Zimmer teilen sich Gemeinschaftsbäder.

★ **Dalvay by the Sea** HISTORISCHES HOTEL **$$$**
(☎902-672-2048; www.dalvaybythesea.com; 16 Cottage Cres, Dalvay; DZ/Cottage ab 199/379 C$; ⏲Mai–Okt.; ❄📶🍴) Die majestätische historische Villa von 1895 mit Blick auf den gleichnamigen Strand hat eine faszinierende Geschichte. Neben dem mit wunderbarem Holz eingerichteten Haupthaus im luxuriösen Landhausstil verteilen sich auf dem Gelände mehrere schicke Hütten. Die Bar im Salon ist ein tolles Plätzchen, um etwas zu trinken oder eine Kleinigkeit zu essen, der Speiseraum ist dagegen sehr elegant.

Brackley Beach

Brackley Beach ist weniger eine Stadt als ein ländliches Gebiet mit einigen verstreuten Einrichtungen und dem Hauptzugang zu den zentral-östlichen Stränden des Prince Edward Island National Park.

Schlafen & Essen

Brackley Beach Hostel HOSTEL **$**
(☎902-672-1900; www.brackleybeachhostel.com; 37 Britain Shore Rd; B/4BZ ab 27/59 C$; 📶) Eine bessere Budgetunterkunft nahe des Strands als dieses saubere, superfreundliche Hostel 2 km von der Küste wird man nicht finden. Es ist in einer großen Scheune untergebracht und hat mehrere Achtbett- sowie ein paar Vierbettzimmer, viele Duschen und eine komplett ausgestattete Küche.

Shaw's Hotel & Cottages COTTAGE **$$**
(☎902-672-2022; www.shawshotel.ca; 99 Apple Tree Rd; DZ/Cottage ab 95/175 C$; ❄📶) Das 1860 eröffnete Shaw's Hotel & Cottages ist das älteste familiengeführte Hotel Kanadas. Es liegt auf 30 ha Land einer Familienfarm. Eine Privatstraße führt zum 600 m entfernten Brackley Beach. Die Zimmer sind altmodisch schlicht. Auf dem Gelände stehen mehrere Cottages mit ein bis vier Zimmern, die von rustikal bis modern eingerichtet sind.

Der Speisesaal ist für Nichtgäste geöffnet (Hauptgerichte 18–28 C$); für das beliebten Büffet am Sonntagabend (45 C$; Juli & Aug.) sollte man reservieren.

Dunes Café & Gallery FUSION **$$**
(☎902-672-2586; www.dunesgallery.com; 3622 Brackley Point Rd; Hauptgerichte abends 16–28 C$; ⏲11.30–22 Uhr) Es mag zwar ein wenig überkandidelt wirken, doch das Dunes Café & Gallery sorgt für eine nette Abwechslung. Wo sonst auf der Insel kann man schon vietnamesischen Reisnudelsalat im Schatten eines riesigen Buddhas essen? Neben Kaffee und Essen gibt's zudem einen vielfältige Mix aus asiatischer und Inselkunst in der weitläufigen gläsernen Galerie und im Garten.

Unterhaltung

Brackley Drive-In Theatre KINO
(☎902-672-3333; www.drivein.ca; 3164 Brackley Point Rd; Erw./Kind ab 9/6 C$; ⏲Mai–Sept.) Es macht Spaß, sich in diesem alten Drive-in-Kino einen Film anzusehen. Das Programm steht auf der Website.

Rustico & North Rustico

Die Akadier-Siedlung Rustico geht bis auf das Jahr 1700 zurück. Viele schöne historische Gebäude zeugen von der früheren Bedeutung des winzigen Dorfes.

Nur 5 km weiter auf der Rte 6 liegt North Rustico, das mit seinen verwitterten, niedrigen Fischerhäusern, die blau, ziegelrot und beige gestrichen sind, recht touristisch wirkt. Besonders schön ist der Anblick des Dorfes und des betriebsamen Hafens mit den vielen Fischerbooten, wenn man vom Pier die Küstenpromenade entlangspaziert.

Sehenswertes & Aktivitäten

Wer vom ganz dicken Fisch träumt, kann sich bei den vielen Hochseefischerei-Anbietern am Harbourview Dr umschauen. Man sollte mit etwa 50 C$ pro Person rechnen.

Farmer's Bank of Rustico Museum MUSEUM
(☎902-963-2194; www.farmersbank.ca; Church Rd, Rustico; Erw./Student 4/2 C$; ⏲Mo–Sa 9.30–17.30, So 13–17 Uhr) Das solide, aus rotem Stein erbaute Haus war von 1864 bis 1894 die Farmer's Bank of Rustico. Daneben steht das **Doucet House**, ein altes Akadier-Wohnhaus, das hierher umgesetzt wurde. Heute beherbergen diese beiden Profanbauten das Museum, das sich den örtlichen Siedlungen und der Gründung der Bank widmet.

Outside Expeditions OUTDOOR-AKTIVITÄTEN
(☎902-963-3366; www.getoutside.com; 374 Harbourview Dr; Touren ab 45 C$; ⏲Mai–Okt.) Die „Beginner Bay"-Kurse dieses Anbieters, der in einem leuchten gelben Fischerhaus am hinteren Ende des Hafens sitzt, beginnen

Rund um den Prince Edward Island National Park

mit einer Einführung in die Technik des Kajakfahrens. Der beliebteste Trip ist die dreistündige „Harbour Passage" (65 C$), die zweimal täglich stattfindet. Außerdem kann man hier Fahrräder und Kajaks ausleihen.

Schlafen & Essen

★ Around the Sea APARTMENT $$
(☎866-557-8383; www.aroundthesea.ca; 130 Lantern Hill Dr; Apt. ab 125 C$;) In diesem einzigartigen zweistöckigen Rundbau befinden sich vier aufwändig ausgestattete Apartments für Selbstversorger. Das gesamte Haus sitzt auf einem riesigen Motor und dreht sich ständig lautlos um seine eigene Achse, sodass sich der Blick aufs Meer immer wieder ändert. Führungen der Technik im Keller sind möglich. In der Hochsaison beträgt der Mindestaufenthalt zwei Nächte.

★ Barachois Inn B&B $$
(☎902-963-2906; www.barachoisinn.com; 2193 Church Rd, Rustico; Zi. ab 145 C$;) Die prächtige historische Akadiervilla schmücken tolle Antiquitäten und Bilder unterschiedlicher Epochen. Die Bäder sind fast so groß wie die riesigen Zimmer. Im Untergeschoss des neueren Anbaus, der das ältere Gebäude perfekt kopiert, befinden sich ein Fitnessraum, eine Sauna und ein Konferenzraum.

North Rustico Motel & Cottages MOTEL $$
(☎902-963-2253; www.cottages-pei.ca; 7103 Cavendish Rd; Zi./Cottage ab 89/125 C$) Diese modernisierte Anlage im Stil der 1980er-Jahre bietet verschiedene Unterkunftsarten an. Am schönsten sind die charmanten holzgetäfelten Selbstversorgen-Cottages, die sich auf dem grünen Grundstück verteilen.

Fisherman's Wharf Lobster Suppers SEAFOOD $$$
(☎902-963-2669; http://fishermanswharf.ca; 7230 Rustico Rd; Hummerabendessen ab 32 C$; ⌚12–21 Uhr) Zur Spitzenzeit im Juli und Au-

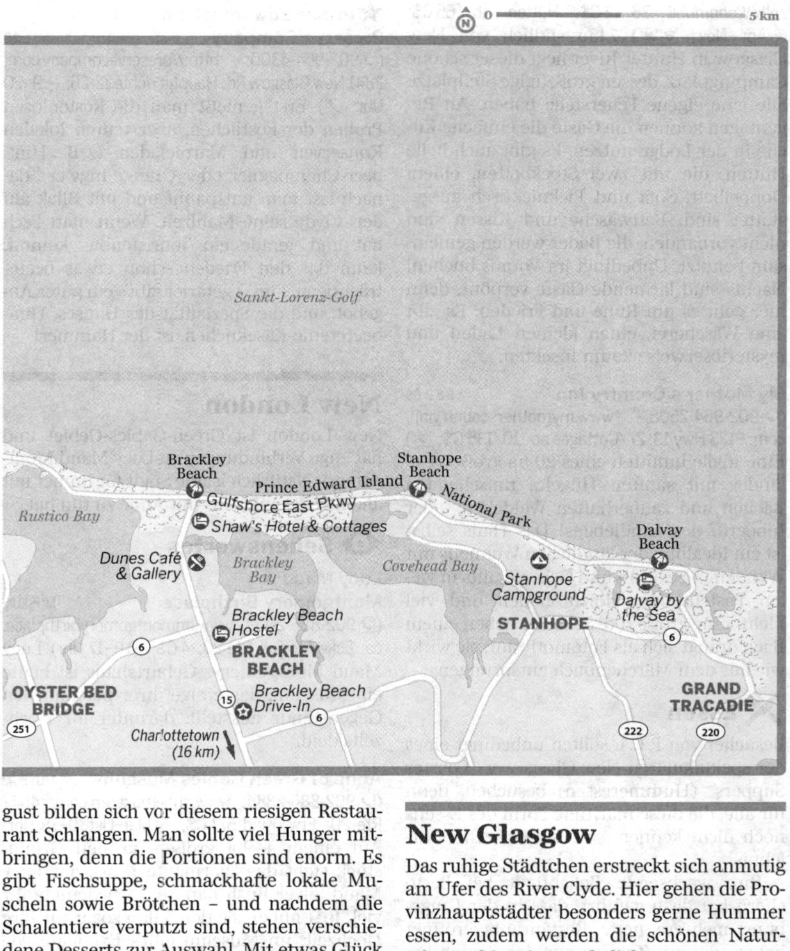

gust bilden sich vor diesem riesigen Restaurant Schlangen. Man sollte viel Hunger mitbringen, denn die Portionen sind enorm. Es gibt Fischsuppe, schmackhafte lokale Muscheln sowie Brötchen – und nachdem die Schalentiere verputzt sind, stehen verschiedene Desserts zur Auswahl. Mit etwas Glück erwischt man einen Tisch mit Meerblick.

✩ Unterhaltung

Watermark Theatre THEATER

(☎ 902-963-3963; www.watermarktheatre.com; North Rustico Village; unterschiedliche Ticketpreise) Dieses Theater wurde 2008 zu Ehren des hundertsten Jahrestages der Veröffentlichung von *Anne auf Green Gables* eröffnet und zeigt Stücke über die Zeit und das Leben von Lucy Maud Montgomery. Sie werden in einer renovierten Kirche aus dem 19. Jh. aufgeführt, die Montgomery einst selbst besuchte. Die Vorstellungen sind immer schnell ausverkauft, darum sollte man möglichst im Voraus buchen.

New Glasgow

Das ruhige Städtchen erstreckt sich anmutig am Ufer des River Clyde. Hier gehen die Provinzhauptstädter besonders gerne Hummer essen, zudem werden die schönen Naturschutzgebiete immer beliebter.

Sehenswertes

Glasgow Glen Farm FARM

(☎ 902-963-2496; http://glasgowglenfarm.ca; 190 Lower New Glasgow Rd; ⏲ Mai–Okt. Di–Sa 10–17 Uhr) Dieser Käseproduzent stellt mehrere Sorten Gouda her, die für jeden Picknickkorb ein Gewinn sind. Zudem kommt der gute Käse auf die leckersten Pizzas der Insel.

Schlafen

★ New Glasgow Highlands Camping & Cabins CAMPING $

(☎ 902-964-3232; www.newglasgowhighlands.com; 2499 Glasgow Rd, Hunter River; Stellplatz

Zelt/Wohnmobil 36/42 C$, Hütten ab 65 C$; Apr.–Nov.;) 7 km südlich von New Glasgow in Hunter River liegt dieser schöne Campingplatz, dessen großzügige Stellplätze alle eine eigene Feuerstelle haben. An Regentagen können die Gäste die einfache Küche in der Lodge nutzen. Es gibt auch helle Hütten, die mit zwei Stockbetten, einem Doppelbett, Sofa und Picknicktisch ausgestattet sind. Bettwäsche und Kissen sind nicht vorhanden, die Bäder werden gemeinsam benutzt. Unbedingt im Voraus buchen! Nachts sind lärmende Gäste verpönt, denn hier geht es um Ruhe und Frieden. Es gibt eine Wäscherei, einen kleinen Laden und mysteriöserweise kaum Insekten.

My Mother's Country Inn B&B $$
(902-964-2508; www.mymotherscountryinn.com; 6123 Hwy 13; Zi./Cottages ab 110/135 C$;) Eine Idylle inmitten eines 20 ha großen Geländes mit sanften Hügeln, rauschenden Bächen und zauberhaften Wäldchen – der Inbegriff des Landlebens! Das Haus selbst ist ein Idealbild des ländlichen Wohnens mit Wänden in Seegrün und Ocker, Quilts in vielen Pastelltönen, Holzfußböden und viel Licht. Eine große rote Scheune neben einem Bach drängt sich als Fotomotiv auf; sie wirkt wie aus dem Märchenbuch entsprungen.

Essen

Besucher von P.E.I. sollten unbedingt eines der spektakulären New Glasgower „Lobster Suppers" (Hummeressen) besuchen, denn für alle, die diese maritime Form des Essens noch nicht kennen, sind sie ein echtes Erlebnis.

Ihre wachsende Beliebtheit bei Besuchern hat dazu geführt, dass in der Umgebung mehrere nette Restaurants eröffnet haben, die mit Zutaten aus der Region kochen und sich an die Gäste richten, die nicht so scharf auf gemeinschaftliches Schalentieressen sind.

★ New Glasgow Lobster Supper SEAFOOD $$
(902-964-2870; http://peilobstersuppers.com; 604 Rte 258; Hummer-Abendessen ab 35 C$; Juni–Okt. 16–20 Uhr) Im ersten Restaurant von P.E.I., das die Lobster Suppers anbot (seit 1958), kann man sich an Hummer satt essen, aber auch bis zum Abwinken großartige Fischsuppe, Muscheln, Salate, Brot und hausgemachte Desserts schlemmen. Wer es noch schafft, sollte die Mahlzeit mit der turmhohen Zitronentorte beenden.

★ Prince Edward Island Preserve Company CAFÉ $$
(902-964-4300; http://preservecompany.com; 2841 New Glasgow Rd; Hauptgerichte 12-26; 9–20 Uhr;) Erst genießt man die kostenlosen Proben der köstlichen, aber teuren lokalen Konserven und Marmeladen (z.B. Himbeer-Champagner oder Orange-Ingwer), danach isst man entspannt und mit Blick auf den Clyde seine Mahlzeit. Wenn man Pech hat und gerade ein Touristenbus kommt, kann das den Frieden schon etwas beeinträchtigen. Für Vegetarier gibt's ein gutes Angebot, und die Spezialität des Hauses, Himbeercreme-Käsekuchen, ist der Hammer!

New London

New London ist Green-Gables-Gebiet und hat enge Verbindungen zu Lucy Maud Montgomery. Natürlich ist die Stadt für immer mit allem verknüpft, was mit Anne zu tun hat.

Sehenswertes

Lucy Maud Montgomery Birthplace MUSEUM
(902-886-2099; www.lmmontgomerybirthplace.ca; Ecke Rte 6 & Rte 20; 4 C$; 9–17 Uhr) Lucy Maud Montgomerys Geburtshaus ist heute ein Museum, das einige ihrer persönlichen Gegenstände ausstellt, darunter ihr Hochzeitskleid.

Anne of Green Gables Museum MUSEUM
(902-886-2884; www.annemuseum.com; 4542 Rte 20; Erw./Kind 5/1 C$; Mai–Okt. 9–18 Uhr) Auf einem 44 ha großen, grünen Grundstück steht das charmante Haus, das Lucy Maud Silver Bush nannte. Es bedeutete ihr viel, 1911 nutzte sie den Salon sogar für ihre Hochzeit. Im Museum gibt's Exponate wie ihr Schreibtisch und signierte Erstausgaben.

Kurse

★ Table KOCHEN
(902-314-9666; thetablepei.com; 4295 Graham's Rd; 2-stünd. Kurs ab 65 C$) Das einzigartige Kochstudio war früher das extreme beliebte Annie's Table und setzt dessen Arbeit unter Führung des neuen Kochs Derrick in ähnlicher Weise fort. Die Teilnehmer der Kochkurse in dieser herrlichen historischen Kirche, die in ein Kochstudio umgebaut wurde, lernen die Geheimnisse des lokalen Lavendels kennen, entdecken, wie man spektakuläre Insel-Kartoffeln zubereiten kann und verwandeln Meeresfrüchte in Delikatessen.

Essen & Ausgehen

★ Blue Winds Tea Room TEEHAUS $$
(902-886-2860; http://bluewindstearoom.blogspot.com; 10746 Rte 6, New London; Mahlzeiten 10–14 C$; Mo–Do 11–18, Fr–So bis 20 Uhr) Inmitten eines englischen Gartens liegt dieses charmante Teehaus, in dem es Kleinigkeiten zu essen gibt. Wie überall in der Region dreht sich das Essen oft um Anne. Die Rezepte für den „Raspberry Cordial" (alkoholfreier Himbeerlikör) und den „New Moon Pudding" stammen beide aus den Aufzeichnungen Lucy Mauds.

Sou'west Bar and Grill BAR
(902-886-3000; http://souwestbargrill.com; 6457 Rte 20; Mai–Okt. 12–23 Uhr) Die modern Bar mit einer sonnigen Bierterrasse am Wasser, Sport auf dem großen Bildschirm und wöchentlicher Livemusik wirkt in der ländlichen Idylle ein wenig deplatziert.

Shoppen

★ Village Pottery KERAMIK
(902-886-2473; www.villagepottery.ca; 10567 Rte 6; 10–17 Uhr) Das älteste Keramikstudio der Insel ist ein liebevoll geführter Familienbetrieb. Besucher können hereinspazieren und sich mit der großartigen Suzzane unterhalten oder sich etwas vorführen lassen. Es dürfte schwer werden, wieder zu gehen, ohne eine ihrer schönen Keramiken mitzunehmen, die tolle Souvenirs abgeben.

Kensington

Kensington ist eine geschäftige Marktstadt etwa auf halbem Weg zwischen Cavendish und Summerside. Sie bietet sich an, um die Vorräte aufzufüllen und ist für Besucher des beliebten Indian River Festival die nächstgelegene Ortschaft.

Geführte Touren

Malpeque Bay Kayak Tour Ltd KAJAKFAHREN
(866-582-3383; www.peikayak.ca; 3-stünd. Kajaktour 55 C$) Nur 15 km von Kensington rüstet dieser Anbieter seine Kunden aus und bringt sie direkt über den berühmten Austern aufs Wasser. Neben Kajaktouren sind auch Stehpaddeltouren im Angebot.

Feste & Events

Indian River Festival MUSIK
(www.indianriverfestival.com; Juli–Sept.) Beim Indian River Festival geben von Juni bis September einige der besten Musiker Kanadas in der St. Mary's Church, die eine bestechende Akustik hat, Konzerte. Das Spektrum reicht von keltischer bis zu Chormusik.

Schlafen & Essen

Home Place Inn & Restaurant INN $
(902-836-5686; www.thehomeplace.ca; 21 Victoria St E; DZ/Suite ab 89/149 C$; Mai–Okt.;) Das Home Place Inn & Restaurant verströmt ländliche Eleganz der Extraklasse. Morgens erwacht man zum Duft frisch gebackener Zimtbrötchen. Auf dem Gelände gibt's auch eine Kneipe mit Schanklizenz und ein Restaurant.

★ Malpeque Oyster Barn SEAFOOD $$
(902-836-3999; King St, Malpeque Bay; 6 Austern 14 C$; Mo–Sa 11–21, So 12–21 Uhr) Aus dem Dörfchen Malpeque Bay kommen die berühmten gleichnamigen Austern der Insel, die für ihren salzigen Geschmack bekannt sind und perfekt zu einem Bier passen. Das stimmungsvolle Café befindet sich in der oberen Etage einer Schifferscheune mit Blick auf die Bucht.

Shipwright's Café MODERN KANADISCH $$$
(902-836-3403; http://shipwrightspei.com; 11869 Hwy 6, Margate; Hauptgerichte 18–28 C$; Mo–Fr 11.30–20.30, Sa & So ab 17 Uhr) Das Shipwright's Café befindet sich in Margate, 5 km von Kensington, in einem 1880 erbauten Bauernhaus mit Blick auf die hügeligen Felder und auf Blumengärten. Die Meeresfrüchtegerichte und die vegetarischen Speisen mit Biokräutern und -gemüse aus dem eigenen Garten werden von Gästen begeistert empfohlen.

Cavendish

Wer *Anne auf Green Gables* kennt, stellt sich Cavendish sicherlich als idyllisches, von Blumen gesäumtes Dorf mit viel ländlichem Charme vor. Die Schauplätze von Lucy Maud Montgomerys Roman entsprangen jedoch der Fantasie der Autorin. Cavendish entpuppt sich stattdessen als Stadt ohne echtes Zentrum und mit recht unauthentischen Attraktionen.

An der Kreuzung von Rte 6 und Rte 13 stößt man auf das wirtschaftliche und touristische Zentrum – in Form von Tankstelle, Wachsmuseum, Kirche, Friedhof und verschiedene Restaurants. Cavendish ist neben Charlottetown die meistbesuchte Stadt der Provinz. Ästhetisch gesehen ist sie ein

DAS CAVENDISH VON LUCY MAUD MONTGOMERY

Wer den Roman aus dem Jahr 1908 noch nicht gelesen hat, sollte dies hier tun, nicht nur zum Vergnügen, sondern auch, um den ganzen Rummel um *Anne auf Green Gables* besser zu verstehen. Das Buch handelt von Anne Shirley, einem lebhaften, einfallsreichen elfjährigen Waisenmädchen mit roten Zöpfen, das aufgrund eines Irrtums von Nova Scotia auf Prince Edward Island geschickt wird. Die Cuthberts, ein älteres Geschwisterpaar, hatten eigentlich einen kräftigen Burschen erwartet, der ihnen bei der Farmarbeit hilft. Am Ende nimmt Anne mit ihrer Charakterstärke schließlich alle für sich ein.

Um ein Gefühl für die Landschaft zu bekommen, in der die Handlung des Buches spielt, sollte man sich aufmachen und durch die grünen, von kleine Bächen durchzogenen Wälder spazieren, die die Autorin wie ihre Westentasche kannte. Am besten startet man am Lucy Maud Montgomerys Homestead in Cavendish und folgt dem 1,1 km langen Weg durch den „Haunted Wood" („Gespensterwald") zum Green Gables Heritage Place. So nähert man sich dem Haus von unten und wird mit einem magischen Blick belohnt, den man verpasst, wenn man vom Parkplatz kommt und den modernen Eingang benutzt. Vor dem Rückweg zur Homestead locken rund um das House of Green Gables ebenfalls viele schöne Fleckchen und Wege, darunter die „Lover's Lane".

Schandfleck in der malerischen Region, Kindern wird allerdings viel geboten.

Sehenswertes

Green Gables Heritage Place — HISTORISCHE STÄTTE

(☎ 902-672-7874; www.pc.gc.ca/eng/lhn-nhs/pe/greengables/visit.aspx; 8619 Hwy 6; Erw./Kind 8/4 C$; ⊙ Mo–Sa 10–17 Uhr) Cavendish ist die Heimatstadt von Lucy Maud Montgomery (1874–1942), der Autorin von *Anne of Green Gables*. Hier ist sie einfach als Lucy Maud oder L.M. bekannt. Das mittlerweile berühmt House of Green Gables, das Cousins der Schriftstellerin gehörte, und die viktorianische Umgebung waren die Inspiration für den Schauplatz ihrer fiktiven Geschichte. Für den Besuch sind verschiedene Kombitickets und Pakete im Angebot.

1937 wurde das Haus in den Nationalpark eingegliedert und wird heute als National Heritage Site verwaltet. Die Ausstellungsstücke und die audiovisuellen Präsentationen widmen sich Lucy Maud und Anne.

Cavendish Beach — STRAND

(http://cavendishbeachpei.com) Im Sommer wird es am schönen Cavendish Beach recht voll, doch angesichts des herrlichen Strandes und des (relativ) warmen Meeres vor der Nase stört das nicht groß.

Lucy Maud Montgomery's Cavendish Homestead — HISTORISCHE STÄTTE

(☎ 902-963-2231; www.peisland.com/lmm; 8523 Cavendish Rd; Erw./Kind 3/1 C$; ⊙ 9–17 Uhr) Der Ort ist eine Pilgerstätte für Anne-Verehrer. Unter der Obhut ihrer Großeltern lebte Lucy Maud von 1876 bis 1911 in dem Haus, wo sie auch *Anne auf Green Gables* schrieb. Besucher finden hier das alte Fundament des Hauses, viele Schautafeln zu Lucy Maud, ein kleines Museum und einen Buchladen.

Feste & Events

Cavendish Beach Music Festival — MUSIK

(www.cavendishbeachmusic.com; ⊙ Anfang Juli) Das unglaublich beliebte Wochenendfestival zieht die größten Stars der Countrymusik der USA und Fans aus den gesamten Küstenprovinzen an.

Schlafen & Essen

Das Angebot an Unterkünften ist groß, allerdings ist hier auch am meisten los und die Preise sind am höchsten. Günstigere und idyllischer gelegenere Übernachtungsmöglichkeiten gibt es in Richtung North Rustico. Man kann aber auch im 37 km entfernten Charlottetown wohnen und einen Tagesausflug nach Cavendish machen.

Parkview Farms Tourist Home & Cottages — PENSION $

(☎ 902-963-2027; www.parkviewfarms.com; 8214 Cavendish Rd; Zi./Cottages ab 65/170 C$;) Diese nette Touristenoption liegt 2 km östlich von Cavendish auf einer bewirtschafteten Farm. Die komfortablen und geräumigen Unterkünfte warten mit Badezimmern, Blümchentapeten, viel Schnickschnack und Meerblick auf. Jedes der sieben Cottages bietet eine Küche, einen Grill und einen Balkon mit Blick auf die dramatischen Sonnenauf- und -untergänge. Das B&B ist ganzjährig geöffnet, die Cottages werden nur von Mai bis Mitte Oktober vermietet.

Kindred Spirits Country Inn & Cottages INN $$
(☎902-963-2434; www.kindredspirits.ca; 46 Memory Lane; Zi./Cottages ab 95/120 C$;) Ein riesiger, makellos gepflegter Wohnkomplex, der für jeden Geschmack etwas bietet: vom märchenhaften B&B im Stil eines Landgasthofs bis hin zu Luxussuiten. Die Zimmer sind mit altertümlichen Blumenmustern, glänzenden Holzböden und flauschigen, gemütlichen Betten ein Traum für alle, die sich in Annes Welt zurücksehnen. Im Gesellschaftsraum der unteren Etage gibt es einen Kamin, dem zur Vollkommenheit nur noch eine Schneelandschaft fehlt.

Carr's Oysters SEAFOOD $$
(☎902-886-3355; www.carrspei.ca; 32 Campbellton Rd, Stanley Bridge; Hauptgerichte 14–32 C$; ⏲10–19 Uhr) Das Restaurant serviert frisch in der Malpeque Bay gefangene Austern, aber auch Hummer, Muscheln und Meeresfrüchte, von denen man noch nie gehört hat, z. B. Quahog-Muscheln. Auf der Karte stehen auch viele Fischgerichte, von Lachs bis Forelle. Das Ambiente ist gesellig und hell, zudem findet vor Ort ein Meeresfrüchtemarkt statt.

★ **Pearl Eatery** MODERN KANADISCH $$$
(☎902-963-2111; http://pearleatery.com; 7792 Cavendish Rd, North Rustico; Brunch 8–12 C$, Hauptgerichte 22–32 C$; ⏲tgl. ab 16.30, So 10–14 Uhr) Das Haus mit Schindeldach steht am Ortsrand von Cavendish in einem Blumenmeer, ein liebenswürdiger Ort für eine Mahlzeit. Eine Vielfalt von ausgefallenen und je nach Jahreszeit wechselnden Gerichten wird angeboten, z. B. Hühnerleberpastete in Eiswein auf einem Brioche mit Goudakäse und regional inspirierte Hauptgerichte, beispielsweise köstliche in Butter gedünstete Jakobsmuscheln.

Ausgehen & Nachtleben

Lost Anchor Pub PUB
(☎902-388-0118; 8572 Cavendish Rd; ⏲12–21 Uhr) Wer vom ganzen Rummel um Anne die Nase voll hat, kann ihn hier bei einem Drink hinter sich lassen. Es gibt auch einfache, herzhafte Kneipenkost.

Shoppen

Avonlea Village MALL
(☎902-963-3050; www.avonlea.ca; Rte 6; Erw./Fam. 19/70 C$; ⏲Juni–Sept. 10–17 Uhr) Der einstige Themenpark ist mittlerweile zu einer aufgepeppten Einkaufsmeile geschrumpft. Kostümierte Darsteller stellen aber immer noch Figuren aus dem Buch dar und spielen dramatische Szenen nach. Besucher können zuschauen, wie eine Kuh gemolken wird, oder mit einer alten Pferdekusche fahren.

Praktische Informationen

Cavendish Visitor Information Centre
(☎902-963-7830; Ecke Rte 6 & Hwy 13; ⏲9–17 Uhr) Fans von Anne können sich hier mit den freundlichen Mitarbeitern unterhalten, die einfach alles über die Insel wissen.

DER WESTEN

Die Malpeque Bay und die Bedeque Bay laufen aufeinander zu und trennen das westliche Drittel der Insel fast komplett vom Rest der Provinz ab. Das Gebiet liegt vollständig im größeren Prince County und vereint die karge Weidelandschaft des inneren Kings County mit der Schönheit der schroffen Küsten des Queens County.

Die Wissen um die eigenen Wurzeln ist hier stärker als anderswo ausgeprägt: Auf Lennox Island arbeitet ein stolzer Stamm der Mi'kmaq daran, die eigenen Wurzeln zu pflegen, Gleiches gilt für die Französisch-Akadier im Süden an der Egmont und der Bedeque Bay.

Summerside, die zweitgrößte Stadt von Prince Edward Island, liegt an der Südküste.

Summerside

☎902 / 14 751 EW.

Das kleine Summerside verfügt zwar nicht über die Eleganz und das kosmopolitische Flair von Charlottetown, doch die kleine, ordentliche Stadt am Meer ist kompakt und bietet alles, was man benötigt. Die zweitgrößte Stadt der Insel liegt tief in der Bedeque Bay und hat eine modern Uferpromenade und ruhige, grüne Straßen, die von prächtigen alten Wohnhäusern gesäumt werden. Die beiden größten wirtschaftlichen Booms in der Geschichte der Provinz, die dem Schiffbau und der Fuchszucht zu verdanken waren, prägten im 19. und frühen 20. Jh. die Entwicklung der Stadt. Ihre Vororte sind wie die in Charlottetown nicht sehr ansehnlich. Am interessantesten ist Summerside in der parallel zur Küste verlaufende Water St und ihre Umgebung.

Summerside

Sehenswertes

Acadian Museum MUSEUM
(☎902-432-2880; http://museeacadien.org; 23 Maine Dr E, Miscouche; 5 C$; ⏲9.30–19 Uhr) Das sehr sehenswerte Acadian Museum in Miscouche illustriert die tragische und fesselnde Geschichte der Akadier auf P.E.I. seit 1720 mithilfe von akadischen Artefakten, Texten, Bildern und Musik. Das zur Einführung gezeigte Video vertritt die faszinierende Theorie, dass die brutale Behandlung der Akadier durch die Briten indirekt dazu beigetragen haben könnte, eine Nische der akadischen Kultur auf der Insel zu erhalten.

Bottle Houses ARCHITEKTUR
(☎902-854-2987; Rte 11, Cape Egmont; Erw./Kind 5/2 C$; ⏲9–20 Uhr) Die Inselbewohner lieben das kunstvolle und monumentale Recycling-Projekt von Edouard Arsenault. Es besteht aus mehreren Gebäuden, deren lichtdurchlässige Wände aus über 25000 mosaikartig in weißen Zement gesteckten Flaschen aller Größen und Formen bestehen.

Spinnaker's Landing UFERAREAL
Das sanierte Uferviertel ist die Hauptattraktion von Summerside. Bei einem Spaziergang auf der Promenade, die ständig erweitert wird, kann man den Blick auf den Hafen und seine reizvolle Umgebung genießen. Im Viertel gibt's einige sehr nette Restaurants, zahlreiche Geschäfte und im Sommer eine Bühne für Musiker. Ein nachgebauter Leuchtturm bietet neben einer wunderbaren Aussicht auch Informationen über die Region, und das große Modellschiff ist ein idealer Kinderspielplatz.

Eptek Exhibition Centre GALERIE
(☎902-888-8373; 130 Harbour Dr; Eintritt gegen Spende; ⏲10–16 Uhr) Das moderne Eptek Exhibition Centre zeigt Kunstausstellungen von lokalen und auswärtigen Künstlern.

Schlafen & Essen

Cedar Dunes Provincial Park CAMPING $
(☎902-859-8785; www.tourismpei.com/provincial-park/cedar-dunes; Stellplätze Zelt/Wohnmobil 23–25/26–27 C$) Stellplätze auf einem offenen Rasenplatz neben dem West Point Lighthouse. Der Strand mit seinem rotem Sand ist ein Juwel der Insel.

Willowgreen Farm B&B $
(☎902-436-4420; www.willow greenfarm.com; 117 Bishop Dr; Zi. ab 65 C$; 📶) Mit dem Confederation Trail vor der Hintertür ist das große Bauernhaus eine tolle und preiswerte Unterkunft, die mitten im Zentrum von Summerside viel ländliches Flair ausstrahlt. Die hellen, rustikal gestalteten Zimmer bieten eine

Summerside

Sehenswertes

Schlafen

Unterhaltung

willkommene Abwechslung zu der sonst üblichen historischen Einrichtung. Der Holzofen lädt zu Lesestunden ein und auf der Farm lassen sich interessante Tiere beobachten.

Summerside Bed & Breakfast B&B $$

(☎902-620-4993; www.summersideinnbandb.com; 98 Summer St; Zi. ab 115 C$; ❄ 📶) Bei einer so poetischen Adresse an der Ecke von Summer St und Winter St liegt es nahe, sich für das helle, geräumige Frühlingszimmer („Spring Room") zu entscheiden. Das schöne historische Bauwerk hat schon zwei kanadische Premierminister beherbergt und punktet mit zahlreichen Sitzecken und viel Charme. Die freundlichen Gastgeber beglücken ihre Gäste mit köstlichen warmen Gerichten zum Frühstück.

Five Eleven West KANADISCH $$

(http://fiveelevenwest.com; 511 Notre Dame St; Hauptgerichte 12–24 C$; ⌚Mo–Fr 11.30–14 Uhr, tgl. 17–20 Uhr) Das modernste Restaurant von Summerside verbirgt sich in einer unerwarteten Ecke an den Mehrzwecksporthallen der Stadt. Wenn man es einmal gefunden hat (an der linken Seite der Imbissbar), ist man beeindruckt. Alle Gerichte werden wunderbar zubereitet, z. B. große Portionen von Fish-and-Chips in Bierteig, Madras-Huhn mit Reis, gedünstete Miesmuscheln oder das Prime Rib. Die Atmosphäre ist schick.

☆ Unterhaltung

College of Piping & Celtic Performing Arts LIVEMUSIK

(☎902-436-5377; http://collegeofpiping.com; 619 Water St E; *ceilidhs* Erw./Student 12/7 C$; ⌚9–21 Uhr, ceilidhs 19 Uhr) Diese Schule für keltischen Tanz und keltische Musik gibt kostenlose 20-minütige Kurzkonzerte mit Dudelsack, Tanz und Gesang. Sie finden von Montag bis Freitag um 11.30, 13.30 und 15.30 Uhr statt. Wer auf den Geschmack gekommen ist, kann den „Highland Storm" besuchen, eine großartige keltisch Tanz- und Musikaufführung mit 30 der besten Künstler der Insel, die im Sommer dreimal pro Woche stattfindet.

Feast Dinner Theatres THEATER

(☎902-888-2200; http://feastdinnertheatres.com; 618 Water St E; Abendessen & Show ab 40 C$; ⌚Juni–Dez. Mo–Sa 18.30 Uhr) Die meisten Einheimischen lachen, wenn sie von ihrem letzten Besuch im Feast Dinner Theatres, dem ältesten Theaterrestaurant an der kanadischen Atlantikküste, erzählen. Die Kombination aus Musik, Geschichte und Improvisation sowie die Einbeziehung des Publikums sorgen für einen unvergesslichen Abend. Und auch das Essen ist nicht zu verachten.

Harbourfront Theatre THEATER

(☎902-888-2500; www.harbourfronttheatre.com; 124 Harbour Dr) In dem modernen Theater läuft ein wechselndes Programm aus Bühnenstücken, Comedy und anderem.

ℹ Praktische Informationen

Visitor Information Centre (☎902-888-8364; 124 Harbour Dr; ⌚Juli & Aug. 9–19 Uhr, Mai, Juni, Sept. & Okt. verkürzte Öffnungszeiten) In der Broschüre zu Stadtspaziergängen findet man Informationen über die schönsten Gebäude der Stadt aus dem 19. Jh.

ℹ An- & Weiterreise

Summerside liegt 61 km westlich von Charlottetown an der Rte 2.

Der **Maritime Bus** (S. 369) fährt zwischen Summerside und Charlottetown (21 C$, 1½ Std.).

Tyne Valley

Die Region ist bekannt für ihre Malpeque-Austern und gehört zu den schönsten Gebieten der Provinz. Das Dorf mit seinen verzierten Häusern, dem plätschernden Bach und den Kunstgalerien lohnt eindeutig einen Besuch.

In der Mündung der Malpeque Bay liegt versteckt hinter Hog Island die Insel Lennox Island, Heimat von 250 Angehörigen der Mi'kmaq. Die Insel ist durch einen Damm mit dem Festland verbunden und vom an der Route 12 liegenden Ort East Bideford aus erreichbar.

Sehenswertes

Canadian Potato Museum MUSEUM

(902-859-2039; www.canadianpotatomuseum.info; 1 Dewar Lane, O'Leary; 8 C$; Mai–Okt. Mo–Sa 9–17, So 13–17 Uhr) Das Museum liegt landeinwärts in O'Leary und erinnert mit seinen Fluren voller Infowänden und den Bildern an den Wänden ein wenig an ein riesiges Schulforschungsprojekt.

Lennox Island Aboriginal Ecotourism Complex GEBÄUDE

(866-831-2702; 2 Eagle Feather Trail, Lennox Island; Erw./Student 4/3 C$; Juni–Sept. Mo–Sa 10–18 Uhr) Kleine Wechselausstellungen und Informationen über die beiden großartigen Lehrpfade, die über die Insel führen. Die beiden Rundwegen sind insgesamt 13 km lang. Der kürzere (3 km) ist rollstuhlgerecht. Wenn man Glück hat, ist gerade ein Guide aus der Region da, der einen gegen eine kleine Gebühr führt. Man sollte sich am Infoschalter erkundigen, was aktuell sonst noch angeboten wird, denn das Programm des Komplexes ändert sich häufig.

Green Park Shipbuilding Museum MUSEUM

(902-831-7947; 360 Green Park Rd; Erw. 5 C$; 9–17 Uhr) Heute dient das **Historic Yeo House**, ein restauriertes viktorianisches Wohnhaus, als Museum. Zusammen mit einer nachgebauten Schiffswerft und einem teilweise rekonstruierten 200-t-Zweimaster erzählt es die Geschichte der zu Anfang des 19. Jhs. boomenden Schiffsbauindustrie.

Feste & Events

Tyne Valley Oyster Festival ESSEN & TRINKEN

(www.tvoysterfest.ca; Aug.) Vier Tage lang werden schleimige Austern geputzt und geschlürft – sicher nichts für jeden, aber ein Muss für Austernliebhaber.

Schlafen & Essen

Green Park Campsites CAMPING $

(902-831-7912; www.greenparkcampground.com; 364 Green Park Rd; Stellplätze Zelt 23–25 C$, mit Versorgungsanschlüssen 30 C$, Hütten ohne Bad 45 C$; Juni–Sept.) Die 58 Stellplätze des Parks verteilen sich in einem Mischwald. Die zwölf Hütten gleich hinter dem Campingplatz sind ein Schnäppchen.

Landing Oyster House & Pub SEAFOOD

(902-831-3138; www.thelandingpei.com; 1327 Port Hill Station Rd; Hauptgerichte 9–16 C$; Mo & Di 11–21, Mi bis 23, Do–Sa bis 24, So 8–20 Uhr) Es überrascht kaum, dass die Spezialität des Hauses frittierte Austern sind – eine edle Delikatesse. Freitagabends, im Sommer auch Samstags, spielen Bands (Eintritt 4–8 C$).

Tignish & North Cape

Nur wenige Besucher der Insel kommen auch bis nach Tignish, ein ruhige Stadt in der Nähe des North Cape. Die hoch aufragende **Church of St. Simon & St. Jude** (1859) war die erste Backsteinkirche der Insel. Ein Blick hinein lohnt sich: Die einfache, aber schöne Decke wurde restauriert, und die Orgel (1882) ist gigantisch.

Das schmale, windgepeitschte North Cape ist die Heimat des Atlantic Wind Test und des längsten natürlichen Felsenriffs auf dem Kontinent. Bei Ebbe kann man 800 m weit hinauslaufen, um die Gezeitenbecken zu erkunden und nach Robben Ausschau zu halten.

Tignish Cultural Centre GEBÄUDE

(902-882-1999; 305 School St, Tignish; Mo–Fr 8–16 Uhr) GRATIS Zwei Blocks südlich der Kirche in der School St beginnt der Confederation Trail. Das Tignish Cultural Centre zeigt eine gute Ausstellung mit alten Landkarten und Fotos sowie mit touristischen Informationen.

Interpretive Center MUSEUM

(902-882-2991; Rte 12, North Cape; 6 C$; 9.30–20 Uhr) Das Center bietet High-Tech-Ausstellungen zum Thema Windenergie und Schaukästen zur Geschichte der Gegend. Bei Kindern ist das Aquarium der Renner. Der Black Marsh Nature Trail (2,7 km) führt vom Interpretive Center zur Westseite des Kaps. Bei Sonnenuntergang scheinen die purpurroten Klippen über dem tiefblauen Wasser regelrecht zu glühen.

Wind & Reef Restaurant & Lounge SEAFOOD

(902-882-3535; Hauptgerichte 9–29 C$; 12–21 Uhr) Der Ausblick von diesem stimmungsvollen, freundlichen Restaurant über dem Interpretative Center ist so weit wie die Speisekarte lang.

Newfoundland & Labrador

Inhalt ➡

Gut essen

- Merchant Tavern (S. 521)
- Bonavista Social Club (S. 536)
- Chafe's Landing (S. 526)
- Norseman Restaurant (S. 552)
- Adelaide Oyster House (S. 520)

Schön übernachten

- Fogo Island Inn (S. 544)
- Tuckamore Lodge (S. 552)
- Artisan Inn (S. 533)
- Skerwink Hostel (S. 533)
- Quirpon Lighthouse Inn (S. 551)

Auf nach Newfoundland & Labrador!

Schroffe Klippen, Eisberge, flatternde Papageientaucher: Kanadas östlichste Provinz ist eine Welt für sich und historisch gesehen auch die rebellischste des Landes. Die Insel lebt sogar in ihrer eigenen Zeitzone (eine halbe Stunde vor dem Festland) und spricht ihren eigenen Dialekt (das *Dictionary of Newfoundland English* liefert Übersetzungen).

In St. John's mit seiner beschwingten Musik, der modernen Restaurantszene und den steilen, nebligen Gassen ist für jede Menge Unterhaltung gesorgt. Abseits der Hauptstadt gibt es hauptsächlich winzige Fischerdörfer, die verstreut an der Küste oder auf abgeschiedenen Inseln liegen. Hier ist die Natur noch der größte Schatz. Man kann endlos wandern, Beeren pflücken und mit dem Kajak fahren und dabei die grandiose Aussicht genießen. Wer das Erbe der Wikinger besichtigen, ein Gericht aus Kabeljauzunge mit Preisebeeren essen oder bei ein paar Gläsern Rum alten Geschichten lauschen will, der darf sich dieses abgeschiedene Fleckchen Land im Norden keinesfalls entgehen lassen.

Reisezeit

St. John's

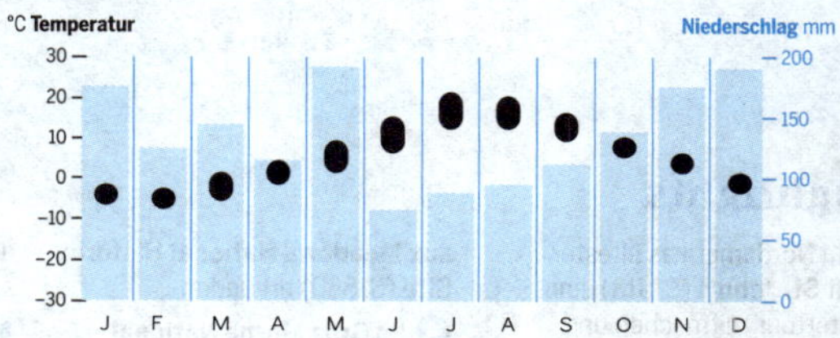

Juni Eisberge glitzern vor der Küste, aber es kann auch nass und neblig sein.

Juli & Aug. Die Wale sind da, an den Wochenenden steigen Festivals und es ist am sonnigsten.

Dez. & Jan. Die Skifahrer sind los, während der Marble Mountain den meisten Schnee abkriegt.

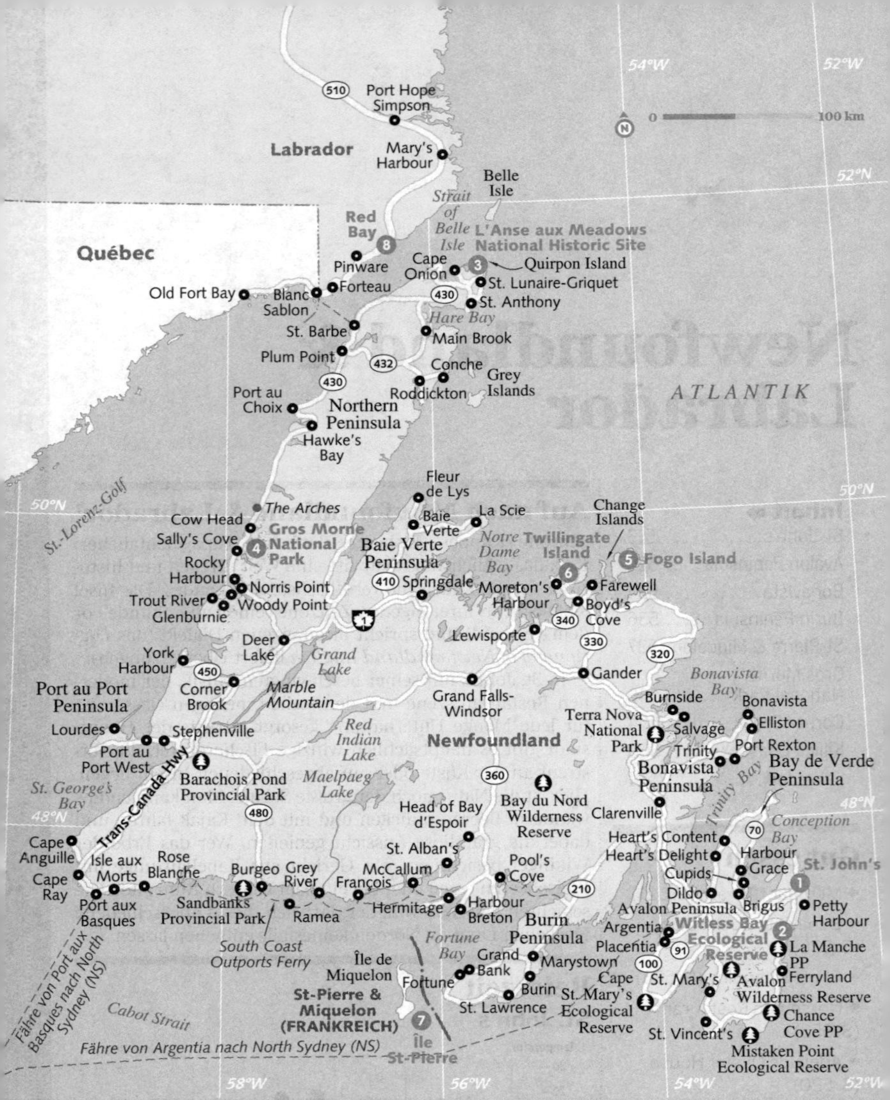

Highlights

❶ In Nordamerikas ältester Stadt **St. John's** (S. 513) eine Geistertour mitmachen und Geschichte hautnah erleben

❷ Sich die Wellen im **Witless Bay Ecological Reserve** (S. 526) mit Walen und Papageientauchern teilen

❸ Leif Erikssons 1000 Jahre altes Wikingerschiff an der **L'Anse aux Meadows National Historic Site** (S. 550) erkunden

❹ Im **Gros Morne National Park** (S. 546) klettern und durch die fjordartigen Seen paddeln

❺ Das Outport-Leben in **Fogo** (S. 543) ausgiebig testen

❻ In **Twillingate** (S. 542) Eisberge bestaunen, wandern und den berühmten Moose Joose schlürfen

❼ Sich in **St-Pierre** (S. 537) eine schöne Portion Frankreich – Wein, Éclairs und Baguettes – abholen

❽ Die baskische Walfanggeschichte kennenlernen und an den uralten Walknochen in **Red Bay** (S. 564) entlanglaufen

Geschichte

Die Paläo-Indianer besiedelten Labrador vor 9000 Jahren. Sie jagten Robben, fischten Lachs und versuchten, sich warm zu halten. Die Wikinger, angeführt von Leif Eriksson, wurden 1000 n. Chr. weiter südlich bei L'Anse aux Meadows in Newfoundland an Land gespült und gründeten die erste europäische Siedlung Nordamerikas.

Der Italiener Giovanni Caboto (sein englischer Namen lautete John Cabot), der im Auftrag von Köng Heinrich VII. auf Entdeckungsfahrt war, umsegelte 1497 als Nächster die Küste Newfoundlands. Seine Berichte über so große Bestände an Kabeljau, dass man fast schon über das Wasser gehen könne, verbreiteten sich schnell in Europa. Bald schon fischten auch die Franzosen, Portugiesen, Spanier und Basken vor der neufundländischen Küste.

In den Friedensverträgen von Utrecht (1713) wurde Newfoundland Großbritannien zugesprochen. Das Land blieb fast die ganzen nächsten 200 Jahre britische Kolonie, in der sich das Leben ausschließlich um die florierende Fischindustrie drehte. Für die Beothuk, die Ureinwohner, brachte die Besiedelung nur Nachteile: Krankheiten und Landstreitigkeiten trugen zu ihrem Aussterben 1829 bei.

Es passt zu seinem unabhängigen Geist, dass Newfoundland 1949 als letzte Provinz Kanada beitrat. Obwohl Labrador zwar immer dazu gehört hat, wurde es erst 2001 in den Namen der Provinz aufgenommen.

Sprache

Vor 200 Jahren setzte sich fast die gesamte Bevölkerung der Region aus englischen und irischen Fischerfamilien zusammen. Seither sind aufgrund der isolierten Lage 60 verschiedene Dialekte entstanden. Der stark singende Tonfall, eine einzigartige Umgangssprache und bunte Redewendungen prägen die Sprache, die manchmal selbst die Einheimischen verwirrt. Die verbindliche Quelle ist das *Dictionary of Newfoundland English* (www.heritage.nf.ca/dictionary).

Land & Klima

Das Land wird nicht umsonst „The Rock" genannt. Die Gletscher, die es früher bedeckt haben, hinterließen eine zerklüftete Landschaft aus Felsbrocken, Seen und Sümpfen. Newfoundlands Landesinnere blieb karg. Städte und Städtchen haben sich vor allem am Rand der Insel in Meernähe entwickelt.

> **ℹ REISEPLANUNG**
>
> ➡ Leihwagen und Unterkünfte sollte man vorab reservieren. Bei Anreise in der Hochsaison zwischen Mitte Juli und Anfang August sollte man sein Auto im April oder Mai gebucht haben und das Zimmer nicht viel später. Bei **Newfoundland & Labrador Tourism** (☎ 800-563-6353; www.newfoundlandlabrador.com) gibt es Übersichten.
>
> ➡ Die Entfernungen sind groß, man sollte realistisch einschätzen, welche Strecken man zurücklegen kann. Beispielsweise sind es 708 km von St. John's zum Gros Morne National Park. Die **Road Distance Database** (www.stats.gov.nl.ca/DataTools/RoadDB/Distance) ist dabei sehr praktisch.
>
> ➡ Es lohnt sich, die Saison für Papageitaucher (Mai–Aug.), Eisberge (Juni–Anfang Juli) und Wale (Juli–Aug.) zu kennen. Vor allem die Eisberge lassen sich schwer vorhersagen. Der **Iceberg Finder** (www.icebergfinder.com) versucht sein Bestes.

Labrador ist noch karger als Newfoundland und geprägt durch Feuchtgebiete, Tundra und viele Bergen.

Die Tageshöchsttemperatur beträgt im Juli und August 20 °C. Die beiden Monate sind zugleich die trockensten; in der restlichen Zeit regnet oder schneit es im Schnitt an 15 von 30 Tagen. Die Wintertemperaturen liegen bei 0 °C. Nebel und Wind dominieren einen Großteil des Jahres das Wetter (mit ausfallenden Flügen muss man immer rechnen).

Parks, Tiere & Pflanzen

Wale, Elche und Papageitaucher sind die Stars der einheimischen Tierwelt, die meisten Besucher bekommen während ihres Besuchs auch alle zu sehen. Walbeobachtungsfahrten starten überall und bringen einen in die Nähe der Meeressäuger (meist Buckel- und Zwergwale). Papageitaucher – die lustige Mischung aus Pinguin und Papagei – flattern rund um Witless Bay und Elliston. Elche knabbern am Gehölz neben den Straßen der ganzen Provinz, also Augen auf beim Autofahren! Manche Besucher begegnen auch Karibus in der Nähe des Avalon Wilderness Reserve, was etwas Besonderes ist, denn die Tiere können eigentlich nur in

NEWFOUNDLAND IN ...

... fünf Tagen

Start ist in **St. John's** mit einem Besuch von Signal Hill (S. 515) und Cape Spear (S. 525). Beides sind historische Stätten, aber sie bieten auch Wanderwege und Aussichten auf den einen oder anderen Eisberg, einen Wal oder sogar beides gleichzeitig. Am Abend sollte man die verschiedenen Restaurants, die coolen Läden und die dröhnenden Pubs von St. John's ausprobieren.

Nach ein paar Tagen „Großstadtleben" geht's weiter zur **Halbinsel Avalon**. Hier sieht man Wale und Papageientaucher im **Witless Bay Ecological Reserve** (S. 526), plant ein Picknick in Ferryland (S. 528) oder besucht die Vögel im **Cape St. Mary's Ecological Reserve** (S. 532). Die letzten ein bis zwei Tage verbringt man damit, die historischen östlichen Gemeinden von Trinity (S. 532) und Bonavista (S. 534) zu besichtigen – und die Küstenwanderwege dazwischen.

... zehn Tagen

Nach der Fünf-Tage-Tour geht's weiter nach Westen, möglicherweise mit einem kurzen Flug zum **Deer Lake** (S. 546). Zur Belohnung gibt's einen Blick auf die mächtigen Fjorde des **Gros Morne National Park** (S. 546) und die monumentale Wikingergeschichte in der **L'Anse aux Meadows National Historic Site** (S. 550). Wer ein paar Extra-Tage Zeit hat, der kann die **Strait of Belle Isle** durchsegeln und dann gaaaanz langsam durch die klitzekleinen Städtchen und hohen Granitklippen der **Labrador Straits** (S. 561) fahren.

der hohen Arktis beobachtet werden. Große Karibuherden streifen auch durch Labrador, die Zahl der Tiere ist allerdings in den letzten Jahren drastisch zurückgegangen.

ℹ Anreise & Unterwegs vor Ort

AUTO & MOTORRAD

Der Trans-Canada Hwy (Hwy 1) ist die Hauptstraße über die Insel. Die Entfernungen täuschen, denn man kommt auf den verschlungenen, einspurigen Straßen oft nur langsam voran. Vorsicht Elche, besonders in der Abenddämmerung!

Die Autovermietungen haben wegen der Abgeschiedenheit der Insel und der relativ kurzen Touristensaison nur eine kleine Flotte. Das bedeutet, dass sich im Hochsommer die Besucher um die begrenzte Anzahl an Fahrzeugen reißen. Die Kosten können bis zu 100 C$ pro Tag betragen (inkl. Steuern und Freikilometer). Man sollte das Mietauto schon weit im Voraus buchen – wenn man von Mitte Juli bis Anfang August reist, am besten schon im April oder Mai – und sich die Buchung vor der Ankunft noch einmal bestätigen lassen.

Entfernungen:

St. John's nach Port aux Basques 905 km
St John's nach Gros Morne 708 km
Gros Morne nach St Anthony 372 km

BUS

DRL (☎709-263-2171; www.drl-lr.com) lässt täglich einen Bus zwischen St. John's und Port aux Basques (13½ Std.) hin- und herfahren; unterwegs hält er 25-mal. Neben den DRL-Bussen besteht der öffentliche Nahverkehr aus kleinen regionalen Shuttlebussen, die zwei oder mehrere große Städten verbinden. Das System funktioniert ziemlich gut, die meisten Leute kommen auf diese Weise dorthin, wohin sie wollen.

FLUGZEUG

St. John's International Airport (S. 524) ist das Drehkreuz der Region. Aber auch der **Deer Lake Airport** (S. 546) ist eine hervorragende Option für Besucher der nördlichen Halbinsel. Von dort fliegen u. a. **Air Canada** (☎888-247-2262; www.aircanada.com), **PAL Airlines** (☎709-576-1666; www.palairlines.ca), **Porter** (☎888-619-8622; www.flyporter.com) und **United** (☎800-864-8331; www.united.com).

SCHIFF/FÄHRE

Marine Atlantic (☎800-341-7981; www.marine-atlantic.ca) betreibt zwei große Auto-/Passagierfähren zwischen North Sydney (NS) und Newfoundland. Es gibt ganzjährig täglich eine Fahrt nach Port aux Basques (westliches Newfoundland, 6 Std.), im Sommer dreimal wöchentlich eine Fähre nach Argentia auf der Halbinsel Avalon (14 Std.). Reservierungen werden empfohlen, vor allem nach Argentia!

Provincial Ferry Service (www.gov.nl.ca/ferryservices) betreibt kleinere Schiffe, die innerhalb der Provinz die verschiedenen Inseln und Küstenstädte anfahren. Jede Fähre hat ihre eigene Telefonnummer, über die man aktuelle Infos erhält. Es empfiehlt sich, diese Nummern anzurufen und Details zu klären, bevor man an Bord geht.

ST. JOHN'S

106 200 EW.

Nordamerikas älteste Stadt liegt an einem Steilhang über einem schnuckeligen, geschützten Hafen. Die hügeligen Straßen sind von bonbonfarbenen Reihenhäusern gesäumt – ein San Francisco im Miniformat. Denn auch hier wimmelt es nur so von Künstlern, Musikern, angesagten Restaurants, überhöhten Grundstückspreisen und jungen iPhone-Nutzern. Die Atmosphäre von Newfoundlands größter Stadt ist jedoch erfrischend kleinstädtisch.

Highlights sind hier u. a. eine Wanderung auf den Signal Hill mit tollem Blick auf den Hafen und die Livemusik in den Kneipen der George St, in denen man ein Bier oder auch ein Glas Rum trinken kann. Viele Besucher, die St. John's als Basislager für Ausflüge zum Rest der Halbinsel Avalon nutzen, erkunden gern seine hervorragenden Lokale und Unterkünfte. Cape Spear, das Witless Bay Ecological Reserve und Ferryland sind nur einen Tagesausflug entfernt.

Geschichte

Der Naturhafen von St. John's, der zu den Gewässern führt, in denen es ehemals vor Kabeljau nur so wimmelte, war ausschlaggebend für die erste europäische Siedlung, die hier 1528 gegründet wurde. Ende des 17. Jhs. und während des 18. Jhs. wurde St. John's mehrfach zerstört und erobert, da Franzosen, Engländer und Niederländer erbittert um den Ort kämpften. 1762 gelang Großbritannien auf dem Signal Hill der entscheidende Sieg.

Der Hafen behielt bis weit ins 20. Jh. seine Stellung als Welthandelszentrum für gesalzenen Kabeljau. In der Mitte des Jahrhunderts flankierten Lagerhallen die Water St, und die Kaufleute, denen sie gehörten, wurden reich und reicher. Zu Beginn der 1960er-Jahre gab es in St. John's pro Kopf mehr Millionäre als in irgendeiner anderen Stadt Nordamerikas!

Heute fungieren die Kais der Stadt immer noch als Servicestation für Fischerboote aus der ganzen Welt, obwohl die Kabeljaufischerei nach einem Fangverbot 1992 sehr stark zurückgegangen ist. Für den wirtschaftlichen Aufschwung sorgt inzwischen die Offshore-Ölindustrie. Und ab und an legt auch mal ein Kreuzfahrtschiff an.

Sehenswertes

Die meisten Sehenswürdigkeiten befinden sich in der Innenstadt oder ein paar Kilometer davon entfernt. Es geht dabei aber ordentlich bergauf.

★ The Rooms MUSEUM

(☎ 709-757-8000; www.therooms.ca; 9 Bonaventure Ave; Erw./Kind 7,50/4 C$, Mi 18–21 Uhr Eintritt frei; ⌚ Mo, Di & Do–Sa 10–17, Mi bis 21, So 12–17 Uhr) Nicht viele Museen bieten die Gelegenheit, unter einem Dach einen riesigen Tintenfisch zu sehen, avantgardistische Soundskulpturen zu hören und alte Waffen zu studieren. Aber all das bietet The Rooms, das historische All-In-One-Museum der Provinz mit Kunstgalerie und Archiven. Das beeindruckende Gebäude ist ein massiver Komplex aus Stein und Glas und bietet eine tolle Aussicht auf die Stadt. Vor Ort gibt es auch ein Café und ein ausgezeichnetes Restaurant.

Quidi Vidi HISTORISCHE STÄTTE

Oberhalb von Signal Hill, außerhalb der Stadt, liegt das kleine, malerische Dorf Quidi Vidi. Bevor man sich die Geschützstellung aus dem 18. Jh. und das Regatta-Museum am See anschaut, sollte man in der Quidi Vidi Brewery (S. 517) haltmachen. Für das Eintrittsgeld bekommt man reichlich zum Testen und eine Flasche zum Trinken während der Führung. Auf jeden Fall die Iceberg-Sorte probieren, die mit Wasser der großen Riesen gebraut wird.

Unweit der Brauerei steht das älteste Häuschen Nordamerikas, das Mallard Cottage (S. 522) aus den 1750er-Jahren. Zum Zeitpunkt der Recherche wurde es gerade in ein Restaurant für neufundländische Gerichte umgebaut.

Die **Quidi Vidi Battery** (1762) am oberen Ende der Cuckold's Cove Rd wurde von den Franzosen nach der Einnahme der Stadt errichtet. Die Briten erhoben bald danach Anspruch auf die Geschützstellung, die bis Anfang des 19. Jhs. in Betrieb blieb.

Landeinwärts liegt der **Quidi Vidi Lake**, auf dem die große St. John's Regatta ausgetragen wird. Das **Royal St. John's Regatta**

KURZINFOS NEWFOUNDLAND

- Bevölkerung: 527 000
- Fläche: 405 212 km²
- Hauptstadt: St. John's
- Skurriles: In Newfoundland gibt es 82 Orte namens Long Pond, 42 mit dem Namen White Point und einen, der Jerry's Nose heißt.

St. John's

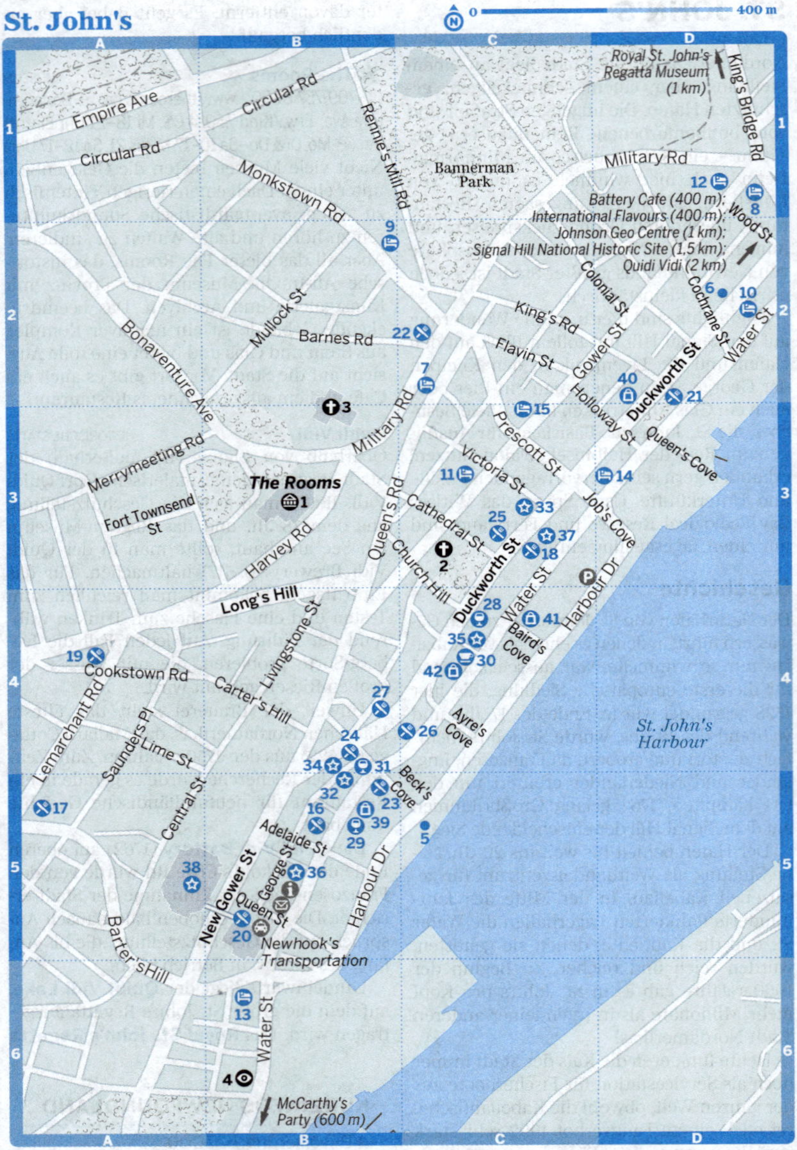

Museum (709-576-8921; Ecke Lakeview Ave & Clancy Dr, abseits Forest Rd; nach Vereinbarung) GRATIS befindet sich im oberen Stock des Bootshauses. Ein beliebter Spazierweg führt um den See.

Quidi Vidi liegt etwa 2 km von der nordöstlichen Ecke der Innenstadt entfernt. Man nimmt die Plymouth Rd, biegt dann nach links in die Quidi Vidi Rd und weiter rechts in die Forest Rd ab (die zur Quidi Vidi Village Rd wird). Von der Brauerei aus hält man sich rechts in Richtung Barrows Rd. Zur Battery geht es nach links auf der Cuckold's Cove Rd. Zum Regattamuseum

St. John's

Highlights
1 The Rooms ... B3

Sehenswertes
2 Anglican Cathedral of St. John the Baptist ... C3
3 Basilica of St. John the Baptist ... B3
4 Newman Wine Vaults ... B6

Aktivitäten, Kurse & Touren
5 Iceberg Quest ... C5
6 O'Brien's ... D2
Outfitters ... (siehe 42)
St. John's Haunted Hike ... (siehe 2)

Schlafen
7 Abba Inn ... C2
8 At Wit's Inn ... D1
Balmoral House ... (siehe 7)
9 Cabot House ... B2
10 Courtyard St. John's ... D2
11 Gower House ... C3
12 HI St. John's ... D1
13 JAG ... B6
14 Luxus ... D3
15 Narrows B&B ... C3

Essen
16 Adelaide Oyster House ... B5
17 Bacalao ... A5
18 Basho ... C3
19 Ches's ... A4
20 Chinched ... B5
21 Fixed Coffee & Baking ... D2
22 Hungry Heart ... C2
23 Merchant Tavern ... B5
24 Piatto ... B4
25 Reluctant Chef ... C3
26 Rocket Bakery ... C4
27 Sprout ... B4

Ausgehen & Nachtleben
28 Duke of Duckworth ... C4
29 Gypsy Tea Room ... B5
30 Mochanopoly ... C4
Velvet ... (siehe 35)
31 Yellow Belly Brewery ... B4

Unterhaltung
32 Fat Cat ... B5
33 Resource Centre for the Arts ... C3
34 Rock House ... B4
35 Rose & Thistle ... C4
36 Shamrock City ... B5
37 Ship Pub ... C3
38 St. John's IceCaps ... A5

Shoppen
39 Downhome ... B5
40 Fred's ... D2
41 Living Planet ... C4
42 Outfitters ... C4

biegt man von der Forest Rd links in die Lakeview Ave ab. Man kann auch vom Signal Hill über den Cuckold's Cove Trail laufen, der Spaziergang dauert etwa 30 Min.

Signal Hill National Historic Site HISTORISCHE STÄTTE
(☎709-772-5367; www.pc.gc.ca/signalhill; ⏲Gelände 24 Std.) Ein Ausflug zur berühmtesten Sehenswürdigkeit der Stadt ist allein schon wegen des Ausblicks die Mühe wert. Es gibt aber noch viel mehr zu sehen. Der **Cabot Tower** (⏲April–Nov. 8.30–17 Uhr) GRATIS, ein kleines Schlösschen auf der Spitze des Hügels, wurde 1900 errichtet, um John Cabots Ankunft im Jahre 1497 zu ehren und um das diamantene Jubiläum von Queen Victoria zu feiern. Im Sommer verkleiden sich Männer als Soldaten der Royal Newfoundland Company aus dem 19. Jh., führen einen Zapfenstreich auf (S. 523) und feuern Kanonen ab.

Das Signal Hill Visitor Centre (S. 517) zeigt interaktive Displays zur Geschichte der Stätte. Die letzte nordamerikanische Schlacht des Siebenjährigen Krieges fand hier 1762 statt, und der Sieg der Briten beendete Frankreichs wiederholte Anstrengungen, die Kontrolle über das östliche Nordamerika zu erlangen. Der Zapfenstreich wird neben dem Visitor Centre auf dem Flaherty Field aufgeführt.

Kanonen und die Überreste der britischen Geschütze aus dem späten 18. Jh. findet man in den **Queen's Battery & Barracks** etwas weiter den Berg hinauf. Im Cabot Tower zeigen informative Displays wie der italienische Erfinder Guglielmo Marconi hier 1901 die erste transatlantische Funknachricht aus Cornwall, England, empfing. Im Juli und August sendet von hier ein Amateurradiosender.

In Signal Hill gibt's außerdem geführte Touren über das Gelände, jeden Donnerstag können die Besucher hier Mittagessen wie die Soldaten aus dem 18. Jh., und bei Sonnenuntergang stehen Konzerte auf dem Programm. Genaue Details und Kosten findet man auf der Website unter „Aktivitäten".

Ein toller Weg zurück in die Stadt führt über den 1,7 km langen North Head Trail (S. 517).

Die Stätte befindet sich 1,5 km vom Zentrum entfernt, die Signal Hill Rd hinauf.

CA Pippy Park PARK

(www.pippypark.com) Der abwechslungsreiche, 1343 ha große CA Pippy Park liegt an der nordwestlichen Ecke der Innenstadt. Hier gibt's Wanderwege, Picknickanlagen, Spielplätze, einen Golfplatz und einen Campingplatz. Die **Memorial University**, die einzige Universität der Provinz, hat hier ihren Sitz.

Der Botanische Garten (S. 516) der Universität liegt am Oxen Pond, im Westen des Parks in der Mt. Scio Rd. Es gibt kultivierte Flächen und ein Naturschutzgebiet. Der Park und sein Sumpfgebiet **Long Pond** geben einen guten Überblick über Newfoundlands Flora, seine Lebensräume (darunter boreale Wälder und Sümpfe) und die Tierwelt (nach Vögeln am Long Pond und dem einen oder anderen Elch Ausschau halten!). Lohnenswert ist auch der 3 km lange **Long Pond Walk**.

Das **Fluvarium** (☎709-754-3474; www.fluvarium.ca; 5 Nagle's Pl; Erw./Kind/Fam. 8/6/25 C$; ⏲Juli & Aug. Mo–Fr 9–17, Sa & So ab 10 Uhr, Sept.–Juni kürzere Öffnungszeiten), ein hinter einer Glasscheibe liegender Flussabschnitt, befindet sich auf der anderen Straßenseite gegenüber vom Campingplatz. Besucher können durch die großen Fenster blicken und das Leben unter der Oberfläche des Nagle's Hill Brook beobachten. Man sieht viele Bachforellen und den einen oder anderen Aal. Wenn es stark geregnet hat oder sehr windig war, sinkt die Sicht im trüben Wasser gegen Null.

Von der Innenstadt aus nimmt man die Bonaventure Ave nach Norden zur Allandale Rd und folgt dann der Ausschilderung (ca. 2 km).

Johnson Geo Centre MUSEUM

(☎709-737-7880; www.geocentre.ca; 175 Signal Hill Rd; Erw./Kind 12/6 C$; ⏲9.30–17 Uhr) Nirgendwo auf der Welt lässt sich Erdgeschichte, die bis zur Entstehung des Planeten zurückreicht, so einfach nachvollziehen wie in Newfoundland. Das Geo Centre leistet Großartiges, indem es die geologischen Informationen in unterirdische interaktive Displays packt.

Im Centre gibt es auch eine Ausstellung zur *Titanic*. Hier erfährt man, dass nicht der Eisberg, sondern menschliches Versagen und Nachlässigkeiten die Tragödie verursacht haben. So gab es zu wenige Rettungsboote an Bord, weil die Besitzer das Deck nicht mit Booten vollstellen wollte. Und die Crew ignorierte unzählige Eisbergwarnungen. Was das mit Geologie zu tun hat, ist nicht ganz klar, aber wen kümmert das schon? Es ist dennoch faszinierend!

Draußen gibt es Wege mit Infotafeln. Das Geo Centre befindet sich in der Signal Hill Rd, rund 1 km außerhalb der Stadt.

Memorial University Botanical Garden GÄRTEN

(☎709-737-8590; www.mun.ca/botgarden; Erw./Kind 8/3 C$; ⏲Mai–Aug. 10–17 Uhr, Sept.–April kürzere Öffnungszeiten) Der schönste botanische Garten der Provinz mit Naturpfaden, einem großen angelegten Garten und einem Gewächshaus in einem 40 ha großen Naturschutzgebiet.

Newman Wine Vaults HISTORISCHE STÄTTE

(☎709-739-7870; www.seethesites.ca; 436 Water St; Eintritt gegen Spende; ⏲nach Vereinbarung) In diesen dunklen, kühlen Weinkellern aus den

ST. JOHN'S MIT KINDERN

St. John's sorgt für die Unterhaltung der Kleinen, bei Regen und bei Sonnenschein.

Bootsfahrten (S. 517) Die verschiedenen Bootstouren sind eine sichere Bank, aber man sollte sich vorab erkundigen, ob Eisberge und Wale in der Gegend gesichtet wurden.

Bowring Park (S. 517) Die immer hungrigen Enten am Teich lieben Gesellschaft.

CA Pippy Park (S. 516) Ein Paradies für Kinder mit riesigem Spielplatz, vielen Wegen und natürlich dem Fluvarium.

Johnson Geo Centre (S. 516) Geologie mag zwar nicht auf Anhieb für Begeisterung sorgen, aber die Tatsache, dass sich das Johnson Geo Centre unter der Erde befindet, könnte helfen.

Ocean Sciences Centre (S. 561) Erstaunliche Meereslebewesen.

Signal Hill Tattoo (S. 523) Zu wissen, dass am Ende des Zapfenstreichs die Kanone losballert, sollte die Kleinen bei Laune halten.

St. John's Haunted Hike (S. 517) Älteren Kindern werden die Geistergeschichten mit Sicherheit gefallen.

1780er-Jahren hat die Newman Company bis 1996 ihren Portwein reifen lassen (danach musste dieser Vorgang wegen EU-Regelungen wieder nach Portugal verlegt werden). Normalerweise werden hier Führungen angeboten, aber zum Zeitpunkt der Recherche war das gerade nicht der Fall. In den Weinkellern gibt es oft musikalische, literarische und kulinarische Events.

Quidi Vidi Brewery BRAUEREI
(☎709-738-4040; www.quidividibrewery.ca; 35 Barrows Rd; Verkostung oder geführte Tour 10 C$; ⏲10–16 Uhr) Quidi Vidi Brewing ist eine Mikrobrauerei in einer alten Fischfabrik an der kleinen Werft und ist damit ein hübsches Plätzchen, um den Durst zu stillen. Mit dem Auto nimmt man die Forest Rd aus der Stadt und folgt ihr bis hinter den See, wo sie zur Quidi Vidi Village Rd wird. Die Einheimischen sehen es allerdings lieber, wenn man am Stadtrand parkt und zu Fuß geht.

Anglican Cathedral of St. John the Baptist KIRCHE
(☎709-726-5677; www.stjohnsanglicancathedral.org; 16 Church Hill; High Tea 9 C$; ⏲9.30–16 Uhr) Die anglikanische Kathedrale, die für Kanadas älteste Gemeinde (1699) zuständig ist, ist eines der schönsten Bespiele für gotische Kirchenarchitektur in Nordamerika. Ursprünglich wurde sie in den 1830er-Jahren erbaut, aber alles außer den Außenmauern wurde vom Großen Feuer von 1892 zerstört. 1905 hat man die Kirche wiederaufgebaut. Die gotische Rippendecke, die anmutigen Steinbögen und die hohen Buntglasfenster sind zeitlose Wunder. Im Juli und August wird unter der Woche jeden Nachmittag **High Tea** in der Krypta angeboten.

Harbourside Park
In dem Park stehen die Statuen eines Neufundländers und eines Labrador Retrievers. Im Sommer veranstaltet die Stadt St. John's hier jeden Freitag um 12.30 Uhr kostenlose Konzerte.

Bowring Park
(www.bowringpark.com; Waterford Bridge Rd) Ein schöner, 80 ha großer Park mit einem Ententeich, Tennisplätzen, Schwimmbad und Spielplatz.

Signal Hill Visitor Centre MUSEUM
(Erw./Kind 3,90/1,90 C$; ⏲Mai–Okt. 10–18 Uhr) Das Visitor Centre zeigt interaktive Displays zur Geschichte der Stätte. Die letzte nordamerikanische Schlacht des Siebenjährigen Krieges fand hier 1762 statt, und der Sieg der Briten beendete Frankreichs wiederholte Anstrengungen, die Kontrolle über das östliche Nordamerika zu erlangen.

Basilica of St. John the Baptist KIRCHE
(☎709-754-2170; www.thebasilica.ca; 200 Military Rd; ⏲9.30–17 Uhr) 1855 erbaut, stricken sich die hohen Zwillingstürme der Basilika in den Himmel und sind vom Signal Hill aus komplett sichtbar. Die Bauweise kennzeichnet die Rückkehr der klassischen Architektur in Nordamerika. Innen erleuchten 65 Buntglasfenster die sehenswerte, schillernde, italienische anmutende Decke und die Blattgoldverzierungen.

Aktivitäten

★**North Head Trail** WANDERN
Ein toller Weg vom Signal Hill zurück in die Stadt führt über den North Head Trail (1,7 km), der den Cabot Tower mit dem Battery-Viertel am Hafen verbindet. Der Weg beginnt am Parkplatz des Turms und führt an den Klippen entlang, begleitet von unglaublichen Aussichten aufs Meer und mit Glück sogar auf Wale. Weil ein großer Teil des Weges am äußeren Rand der Klippen entlangführt, sollte man hier nicht bei Eis, Nebel oder Dunkelheit laufen.

Grand Concourse WANDERN
(www.grandconcourse.ca) Der Grand Concourse ist ein anspruchsvolles, 160 km langes Netzwerk aus Wanderwegen durch die ganze Stadt. Er verbindet St. John's über Stadtwege, Pfade, Flussbetten und stillgelegte alte Schienen mit Mt. Pearl und Paradise.

Geführte Touren

★**St. John's Haunted Hike** STADTSPAZIERGANG
(www.hauntedhike.com; Erw./Kind 10/5 C$; ⏲Juni–Sept. So–Do 9.30 Uhr) Reverend Thomas Wyckham Jarvis Esq führt im schwarzen Umhang diese beliebten Entdeckungstouren in die dunklen Ecken der Stadt. Er versucht einen mit Geschichten von kopflosen Kapitänen, Mördern und anderen Geistern zu erschrecken. Start ist am Westeingang der Anglican Cathedral. Im Hochsommer wird das Spektakel freitags und samstags zum Signal Hill verlegt, wo die Besucher dann auf Sitzplätzen drinnen eine Geistershow geboten bekommen (20 Uhr, Tickets 15 C$).

Outfitters KAJAKFAHREN
(☎709-579-4453; www.theoutfitters.nf.ca; 220 Water St; Halbtages-/Ganztagestour 69/169 C$;

⌚ Mo–Mi 10–18, Do & Fr bis 21, Sa 10–18, So 12–17 Uhr) Beliebte Kajaktouren in Bay Bulls mit Shuttleservice (hin & zurück 30 C$) ab dem Outfitters-Laden im Zentrum. Hier wird auch Outdoor-Ausrüstung verliehen, und es gibt gute Infos zum East Coast Trail (S. 526).

McCarthy's Party BUS
(☎ 709-579-4480; www.mccarthysparty.com; 566 Water St; 3-stündige Tour 55 C$) Ein bewährter Tourenanbieter mit hervorragenden Reiseleitern, die einem zeigen, was die einheimische Kultur wirklich ausmacht. Hier gibt's alles von Halbtagestouren durch St. John's und Cape Spear bis zu zwölftägigen Ausflügen über die ganze Insel.

Iceberg Quest BOOTSTOUREN
(☎ 709-722-1888; www.icebergquest.com; Pier 6; 2-stündige Tour Erw./Kind 65/28 C$) Startet am Hafen von St. John's und fährt dann Richtung Capes Spear auf der Suche nach Eisbergen im Juni und Walen im Juli und August. Das neue Boot mit Platz für 100 Personen fährt mehrmals täglich ab.

O'Brien's BOOTSTOUREN
(☎ 709-753-4850; www.obriensboattours.com; 126 Duckworth St; 2-stündige Tour Erw./Kind 58/30 C$) Wale, Papageientaucher und Eisberge in der Witless Bay. Die Schiffe legen in Bay Bulls ab, 31 km südlich, aber O'Brien's bietet einen Shuttleservice (hin & zurück 25 C$), der einen am Hotel in St. John's abholt. Tickets gibt's in O'Brien's Laden.

Legend Tours BUS
(☎ 709-753-1497; www.legendtours.ca; 3-stündige Tour 59–69 C$) Dieser preisgekrönte Veranstalter deckt St. John's, Cape Spear und die nordöstliche Halbinsel Avalon ab. Der Kommentar ist voller lustiger und historischer Anekdoten. Zum Reservieren anrufen! Man wird am Hotel oder B&B abgeholt.

Feste & Events

Sound Symposium BILDENDE KÜNSTE
(www.soundsymposium.com; Tickets ab 10 C$; ⌚ Anfang Juli) Findet immer in geraden Jahren statt. Eine große, avantgardistische Woche mit Konzerten, Workshops, Tanz, Theater und experimentellem Film.

Shakespeare by the Sea Festival THEATER
(☎ 709-722-7287; www.shakespearebytheseafestival.com; Tickets 20–25 C$; ⌚ Anfang Juli–Mitte August) Am Signal Hill, in hiesigen Parks und an anderen Veranstaltungsorten werden verschiedene Produktionen unter freiem Himmel aufgeführt. Die Tickets gibt's vor Ort und können nur bar bezahlt werden. Einige Aufführungen sind kostenlos.

George Street Festival MUSIK
(www.georgestreetlive.ca; Tickets ab 20 C$; ⌚ Ende Juli/Anfang Aug.) Die große George St wird zu einem einzigen Nachtclub während einer herrlichen Woche voller Musikveranstaltungen – sowohl tagsüber als auch nachts.

Downtown Busker Festival KARNEVAL
(www.downtownstjohns.com; ⌚ Anfang Aug.) Jongleure, Zauberer, Akrobaten, Komiker und noch vieles mehr turnen hier eine Woche lang durch die Straßen.

Newfoundland & Labrador Folk Festival MUSIK
(www.nlfolk.com; ⌚ Anfang Aug.) Dieses dreitägige Event feiert traditionelle neufundländische Musik, Tanz und Geschichten. Findet am Wochenende nach der Regatta statt.

Royal St. John's Regatta SPORT
(www.stjohnsregatta.org; ⌚ 1. Mi im Aug.) Die Straßen sind verlassen, die Geschäfte geschlossen, und alles wandert an die Ufer des Quidi Vidi Lake. Diese Ruderregatta begann offiziell 1825 und ist jetzt das älteste, ohne Unterbrechung stattfindende Sportevent in Nordamerika. Bei schlechten Ruderbedingungen wird sie verschoben.

Doors Open KULTUR
(www.doorsopendays.com; ⌚ Anfang Sept.) Jedes Jahr in der zweiten Septemberwoche öffnen private Geschäfte und Gebäude ihre Pforten, um der Öffentlichkeit einen Einblick zu gewähren. Zu den Veranstaltungsorten gehören Lagerhallen, Kirchen und alte Museen.

Schlafen

Im Herzen von St. John's gibt's viele kleinere Unterkünfte und B&Bs mit tollem Preis-Leistungs-Verhältnis; meist sind sie sogar besser als die Hotels und Motels. Sie sind entsprechend schnell ausgebucht, weshalb sich eine frühe Reservierung empfiehlt. Viele verlangen einen Mindestaufenthalt von zwei Nächten. Die hier aufgeführten Unterkünfte bieten alle ein warmes Frühstück und haben Parkmöglichkeiten direkt am Haus oder in der Nähe. Die städtische Steuer von 17% ist in den genannten Preisen nicht enthalten.

Memorial University Rooms UNTERKUNFT $
(☎ 877-730-7657; www.mun.ca/conferences; Zi. mit Gemeinschaftsbad 59–72 C$; ⌚ Ende Juni–Aug.;

) Die Universität bietet Sommerunterkünfte in den Wohnheimen mit Gemeinschaftsbädern. Bei den besten Angeboten in der Stadt handelt es sich um Einzel- oder Doppelbetten in modernen, netten Zimmern. Den Gästen stehen eine Küche, ein Pool und ein Fitnessraum zur Verfügung. Es gibt keinen TV, und jegliches Reisenecessaire muss selbst mitgebracht werden.

HI St John's HOSTEL **$**
(709-754-4789; www.hihostels.ca; 8 Gower St; B 38 C$, Zi. 89–103 C$;) So, wie ein gutes Hostel sein soll: gute Lage in der Nähe des Trubels, saubere Einrichtung, nicht zu groß (insgesamt 16 Betten) und hilfsbereit. Die Doppelzimmer sind für ihren Preis ziemlich abgenutzt. Auf einer Tafel steht, was jeden Tag Interessantes in der Stadt passiert. Vor Ort kann man auch günstige Touren buchen.

JAG BOUTIQUEHOTEL **$$**
(709-738-1524; www.steelehotels.com; 115 George St W; Zi. ab 236 C$;) Wer kann schon einem Hotel widerstehen, in dessen Lobby die Stones oder Bob Dylan zu hören sind? Dieses Boutiquehotel im Rock'n'Roll-Stil ist in einem großen, mehrstöckigen Gebäude mit Blick auf den Hafen untergebracht. Die großen Zimmer sind in gedeckten Farben gehalten und bieten Betten mit Lederkopfende und überdimensionale Fenster (doppelt verglast mit lichtundurchlässigen Vorhängen – speziell für Rockstars). Das Restaurant und die Bar vor Ort sind ausgezeichnet.

Cabot House B&B **$$**
(709-754-0058; www.abbainn.com; 26 Monkstown Rd; EZ/DZ 209/219 C$;) Eine atemberaubende Villa von 1904 im Queen-Anne-Stil. In dieser weitläufigen Unterkunft voller Antiquitäten und Buntglasfenster lässt es sich gut ein paar Tage aushalten. Die traumhaften, geräumigen Zimmer wurden überwiegend in ihrem ursprünglichen Stil renoviert und haben nun Badezimmer und Whirlpool. Da der Gastgeber nicht vor Ort ist, kommt man sich hier eher wie in einem Hotel vor.

Leaside Manor B&B **$$**
(709-722-0387; www.leasidemanor.com; 39 Topsail Rd; Zi. 179–229 C$;) Die teureren Zimmer in dem alten Kaufmannshaus haben Himmelbetten, Kamin und Whirlpool, was erklärt, warum die Zeitung *Globe and Mail* das Leaside zu einem von Kanadas romantischsten Zielen erklärt hat. Es befindet sich etwa eine halbe Stunde zu Fuß von der Innenstadt. Wem das zu weit ist, der sollte sich nach den Stadtapartments erkundigen.

Gower House B&B **$$**
(709-754-0058; www.abbainn.com; 180 Gower St; EZ/DZ 149/159 C$;) Das Gower House ist eher eine Pension als ein herausgeputztes B&B. Die Zimmer sind klein, haben aber bequeme Betten, einen Flachbild-TV und ein privates Bad mit vielen Annehmlichkeiten. Der Manager bereitet vor Ort das eierreiche Frühstück zu.

At Wit's Inn B&B **$$**
(709-739-7420; www.atwitsinn.ca; 3 Gower St; Zi. 160 C$;) Polierte Böden, verputzte Decken, verschnörkelte Kamine, hell gestrichene Wände und Betten, die man am liebsten nicht verlassen würde, machen dieses B&B zum unvergesslichen Erlebnis. Die Wohn- und Esszimmer sind gleichermaßen protzig wie gemütlich. Auch die Lage ist nicht zu verachten.

Balmoral House B&B **$$**
(709-754-5721; www.balmoralhouse.com; 38 Queen's Rd; Zi. 149–199 C$;) Einerseits ist das Balmoral ein typisches B&B (Engelsstatuen, lange alte Holztische), andererseits lebt der Besitzer nicht auf dem Gelände, und das Frühstück ist mit Selbstbedienung. Damit geht es hier entspannter und privater zu als in manchen anderen B&Bs. Die Betten haben äußerst bequeme Matratzen.

Abba Inn B&B **$$**
(709-754-0058; www.abbainn.com; 36 Queen's Rd; EZ/DZ 159/169 C$;) Das Abba befindet sich im gleichen Gebäude wie das Balmoral (S. 519), und beide B&Bs sind von der

INFOS IM INTERNET

St. John's (www.stjohns.ca) Unter der Kategorie „Visiting Our City" gibt es Beschreibungen von und Links zu Attraktionen, Unterkünften, Restaurants und Veranstaltungen.

Downhome (www.downhomelife.com) Eine volkstümliche Monatszeitung im Stil von *Reader's Digest* mit Infos über die Region.

The Overcast (www.theovercast.ca) Kostenlose alternative Zeitung mit einheimischer Kunst und Politik.

St. John's Telegram (www.thetelegram.com) Die Tageszeitung der Stadt.

SCRUNCHEONS, TOUTONS & FLIPPER PIE: EIN KULINARISCHER WEGWEISER

Für Newfoundland braucht man ein eigenes kulinarisches Wörterbuch. Lektion 1: Scoff heißt hier so viel wie „große Mahlzeit".

Zwei der einheimischen Lieblingsgerichte sind *fish 'n' brewis* und *Jigg's dinner*. *Fish 'n' brewis* ist gesalzener Fisch mit Zwiebeln, *scruncheons* (frittiertem Schweinefett) und einem halb gekochten Brot. *Jigg's dinner* ist ein wahres Festessen aus Braten (Truthahn oder manchmal auch Elch) mit gekochten Kartoffeln, Karotten, Kohl, gepökeltem Rindfleisch und einem Erbsen-und-Brot-Pudding. Ein *touton* ist ein frittierter Teig, der in klebrige Melasse getunkt wird.

Cod tongues sind die zarten fleischigen Häppchen aus dem Unterkiefer des Kabeljaus, die zerstampft und frittiert werden, während sich hinter *cod cheeks* Kabeljaubäckchen verstecken. *Fishcake* besteht aus einem Brei aus Kabeljau, Kartoffeln und Zwiebeln, der gebraten wird – köstlich! *Seal flipper pie* ist allerdings nur was für Hartgesottene: Der starke Geschmack des Robbenfleischs ist ziemlich gewöhnungsbedürftig.

Zum Nachtisch wird *figgy duff* serviert – ein dickflüssiger Feigenpudding, der in einem Tuch gekocht wird.

Einrichtung und dem Ambiente her ähnlich. Wenn das Abba voll ist, bringt einen der Besitzer im nahegelegenen Gower House oder im Cabot House unter. Der Besitzer ist oftmals nicht vor Ort. Die Gäste kriegen einen Code, um sich selbst hereinzulassen.

Narrows B&B B&B $$
(☎709-739-4850; www.thenarrowsbb.com; 146 Gower St; EZ/DZ 135/170 C$;) Die Zimmer dieses einladenden B&Bs sind in warmen Farben gehalten, die Einrichtung ist elegant und die Holzbetten sind groß. Manche Zimmer sind nicht ganz so toll. Die Ausstattung ist durchweg modern, und es gibt ein schönes Wohnzimmer und einen Balkon, auf dem sich die Gäste treffen und Walgeschichten austauschen können.

Courtyard St. John's HOTEL $$
(☎709-722-6636; www.marriott.com/yytcy; 131 Duckworth St; Zi. 189–244 C$; P) Ein typisches Haus der Marriott-Kette mit bequemen Betten. Einige Zimmer bieten Blick auf den Hafen (ca. 20 C$ extra).

★ **Luxus** BOUTIQUEHOTEL $$$
(☎844-722-8899; www.theluxus.ca; 128 Water St; Zi. C$379–579;) Dieses Hotel wurde von einem einheimischen Geschäftsmann eröffnet, und die Annehmlichkeiten hier könnten von einem Wunschzettel derer stammen, die ihr Geld mit Reisen verdienen: Bose-Lautsprecher – check. Duschen mit zwei Düsen und eine freistehende Badewanne – check. Elektrische japanische Toilette – check. Alle sechs Luxuszimmer bieten Blick auf den Hafen, eine Minibar und einen überwältigenden 70-Zoll-Flachbild-TV. Auf keinen Fall die Happy Hour in der atmosphärischen Cocktailbar verpassen! Parkplätze befinden sich etwas abseits vom Hotel in einer Garage.

Essen

★ **Adelaide Oyster House** INTERNATIONAL $
(☎709-722-7222; 334 Water St; kleine Teller 8–17 C$; ⏱17–22 Uhr) Es gibt nichts Besseres als die laute, gesellige Happy Hour im Adelaide, einem eleganten Restaurant mit Bar mitten im Trubel der Stadt. Die Spezialität sind hier die kleinen Teller mit Fisch-Tacos, Wraps mit Kobe-Rind, Salat und würzigem Kimchi und natürlich mit frischen Austern von beiden Küsten. Hervorragende Cocktails und prima für Singles geeignet.

★ **Battery Cafe** CAFÉ $
(☎709-722-9167; 1 Duckworth St; Snacks 3–9 C$; ⏱Mo–Fr 6.30–18.30, Sa & So 7.30–18.30 Uhr) Diese Mischung aus Café und Espresso-Bar wird von Australiern betrieben und braut den besten Kaffee der Stadt. Auch die Sandwiches und das Gebäck sind gut. Bei gutem Wetter kann man draußen an Picknicktischen sitzen.

Piatto PIZZA $
(☎709-726-0709; www.piattopizzeria.com; 377 Duckworth St; Hauptgerichte 12–19 C$; ⏱Mo–Do 11.30–22, Fr & Sa bis 23, So bis 21 Uhr) Wer sich einen netten Abend machen will, ohne das Portemonnaie zu sprengen, genießt am besten eine der ausgezeichneten Holzofenpizzas im gemütlichen Piatto. Sowohl die traditionellen Pizzas als auch ausgefallene Variationen wie die mit dünner Kruste,

Schinken, Feigen und Balsamico sind einen Versuch wert. Es gibt auch guten frischen Salat, Wein und italienische Cocktails.

Fixed Coffee & Baking CAFÉ $

(www.fixedcoffee.com; 183 Duckworth St; Gebäck 3–8 C$; ⏲ Mo–Fr 7–18, Sa & So ab 9 Uhr; 📶) In diesem Hipster-Paradies gibt's die beste heiße Schokolade der Stadt und sehr guten Kaffee und Chai. Die Preise sind hier günstiger als überall anders. Hausgemachte Bagels und Brot setzen dem Ganzen die Krone auf.

Rocket Bakery BÄCKEREI $

(www.rocketfood.ca; 272 Water St; Hauptgerichte 3–10 C$; ⏲ Mo–Sa 7.30–21, So bis 18 Uhr; 📶) Das gesellige Rocket ist genau der richtige Ort für ein Tässchen Kaffee, ein leckeres Sandwich oder eine süße Leckerei. Einen Versuch wert ist auf jeden Fall der Hummus auf selbstgebackenem Mehrkornbrot oder auch ein Croissant mit Zitronenquark. Der Fischkuchen ist auch nicht zu verachten. Bestellt wird am Tresen, dann nimmt man sein Essen mit an die Tische im Raum daneben.

Hungry Heart CAFÉ $

(☎709-738-6164; www.hungryheartcafe.ca; 142 Military Rd; Hauptgerichte 13–16 C$; ⏲ Mo–Sa 10–14 Uhr) In diesem gemütlichen Café kann man nicht nur essen, sondern zugleich auch misshandelte Frauen und andere Menschen in Not dabei unterstützen, das Gastronomiegewerbe zu erlernen und wieder auf die Beine zu kommen. Zu empfehlen sind das Curry-Mango-Huhn oder die Pulled-Pork-Sandwiches. Zum Samstagsbrunch gibt's Käsebrötchen mit knusprigem Speck und Kirch-Brotpudding. Hinzu kommen gebackene Leckereien und aufmerksames Personal.

Sprout VEGETARISCH $

(☎709-579-5485; www.thesproutrestaurant.com; 364 Duckworth St; Hauptgerichte 10–15 C$; ⏲ Mo–Fr 11.30–21, Sa ab 10 Uhr; ✎) Komplett vegetarisches Essen gibt's nicht oft in Newfoundland. Im Sprout erhält man sowohl vegane als auch glutenfreie Gerichte. Also sollte man in diesem kleinen Café unbedingt Platz nehmen und einen marinierten Tofuburger, ein Walnuss-Pesto-Sandwich oder eine *poutine* aus Vollkornreis (Fritten mit Misosauce) essen, bevor man die Stadt verlässt. Die Sandwiches werden aus dicken Scheiben selbstgemachten Brots hergestellt.

International Flavours PAKISTANISCH $

(☎709-738-4636; 4 Quidi Vidi Rd; Hauptgerichte 11–14 C$; ⏲ Di–Sa 12–19 Uhr; ✎) Dieses orientalische Restaurant ist besonders zur Mittagszeit bei Einheimischen sehr beliebt und bietet eine willkommene Abwechslung von Fish and Chips. Die pakistanische Besitzerin Talat verteilt ein recht scharfes Dhal oder Curry mit Basmatireis als Tagesgericht (auch fleischlos erhältlich). In einem kleinen Gebäude am Fuß der Signal Hill Rd.

Ches's FAST FOOD $

(☎709-726-2373; www.chessfishandchips.ca; 9 Freshwater Rd; Hauptgerichte 8–15 C$; ⏲ So–Do 11–2, Fr & Sa bis 3 Uhr) Ches's und seine Fish and Chips sind eine neufundländische Institution. Kein Schnickschnack, nur Kabeljau, der einem im Munde zergeht.

★ **Merchant Tavern** KANADISCH $$$

(☎709-722-5050; http://themerchanttavern.ca; 291 Water St; Hauptgerichte 15–45 C$; ⏲ Di–Do 11.30–14 & 17.30–24, Fr bis 2, Sa 10.30–2 Uhr, So 10.30–15 Uhr) Eine elegante Taverne in einem ehemaligen Bankgebäude. Im Merchant kocht der gleiche Koch wie im kanadischen Top-Restaurant Raymond's, nur dass man hier keine 400 C$ für ein Gericht zahlen muss. Köstliche Seafood-Eintöpfe, Bratwurst aus einheimischem Lamm und Kabeljau mit geräuchertem Speck grenzen schon an Perfektion. Zum Abschluss ist das salzige Karamell-Softeis ein Muss. Einige Plätze gewähren Einblick in die offene Küche – prima, um mit den Köchen zu plaudern.

Chinched MODERN KANADISCH $$$

(☎709-722-3100; www.chinchedbistro.com; 7 Queen St; Hauptgerichte 14–35 C$; ⏲ Mo–Sa 17.30–21.30 Uhr) 🍃 Hervorragende Gerichte in entspannter Atmosphäre: Oktopus-Tacos oder neufundländisches Wildpilzrisotto, serviert in einem gemütlichen Raum mit viel dunklem Holz. Auf der ständig wechselnden Speisekarte steht vor allem Fleisch – auf keinen Fall die Wurstwaren oder die selbst angebauten Essiggurken übersehen. Die Kreativität des jungen Kochs spiegelt sich auch in den einzigartigen Nachspeisen (z. B. Wildnessel-Eis) und den selbstgemachten Cocktails (z. B. Rebhuhnbeeren-Wodka) wider.

Reluctant Chef MODERN KANADISCH $$$

(☎709-754-6011; www.thereluctantchef.ca; 281 Duckworth St; Menü 60 C$; ⏲ Di–So 17–21.30 Uhr) 🍃 Der zurückhaltende aber leidenschaftliche Koch Jonathan Schwartz bereitet liebevoll 5-Gänge-Menüs in privater Atmosphäre zu. Die Gerichte sind immer unterschiedlich, beinhalten aber immer typisch kanadische Speisen wie Ente in Löwenzahnbrühe oder ein Dessert aus Rhabarber und Sauerampfer. Am Wochenende gibt's Brunch (18 C$). Auf Facebook kann man die Speisekarte sehen und reservieren. Und dann darf man sich auf einen dreistündigen Gaumengenuss der besten Art und Weise freuen. Wer bestimmte Lebensmittel nicht verträgt, sollte das im Voraus sagen.

Bacalao MODERN KANADISCH $$$

(☎709-579-6565; www.bacalaocuisine.ca; 65 Lemarchant Rd; Hauptgerichte 26–36 C$; ⏱Di–Fr 12–14.30, Sa & So ab 11 Uhr, Di–So 18–22 Uhr) Das lauschige Bacalao verwendet regionale Zutaten für seine neufundländische „nouvelle cuisine". Zur Wahl stehen gesalzener Kabeljau *du jour* und Karibu in Preiselbeersauce, dazu trinkt man wahlweise ein lokales Bier oder einen Wein. Das Lokal liegt 1,5 km westlich des Zentrums, einfach der Water St südlich bis zur Waldegrave St folgen und dann in die Barters Hill Rd abbiegen.

Mallard Cottage KANADISCH $$$

(☎709-237-7314; www.mallardcottage.ca; 2 Barrows Rd; Hauptgerichte 19–35 C$; ⏱Mi–Sa 10–14, Di–Sa 17.30–21, So 10–17 Uhr) Viele Restaurants schwören auf einheimische und Bio-Produkte, aber dieses hier übertrifft alle. Die Speisekarte wechselt täglich, und es werden Gerichte serviert wie Rüben mit Joghurt und knusprigen Schalotten oder gepökelte Ente mit Spätzle und gebackenem Rosmarin. Das traumhafte Mallard Cottage stammt aus den 1750er-Jahren und ist eine historische Stätte.

Basho SUSHI $$$

(☎709-576-4600; www.bashorestaurant.com; 283 Duckworth St; Hauptgerichte 22–36 C$; ⏱Mo–Sa 18 Uhr–open end) Dieses moderne, neue Lokal ist in St John's die beste Adresse für erstklassiges, traditionelles Sushi, Sashimi im Nobu-Stil und knusprige Tempura mit Meersalz. Das Basho ist auch für seine außergewöhnlichen Cocktails bekannt. Freitags öffnet die beliebte Lounge schon eine Stunde vor dem Abendessen.

Ausgehen & Nachtleben

Die George St ist die Partymeile der Stadt. Auch die Water St und die Duckworth St haben viele Lokale zu bieten, dort geht es aber etwas ruhiger zu. Die Bars sind bis 2 Uhr geöffnet (am Wochenende bis 3 Uhr). In einigen Lokalen wird an den Wochenenden oder bei Livemusik eine kleine „Eintrittsgebühr" verlangt (etwa 5 C$). Auf jeden Fall den lokalen Screech Rum probieren!

★ **Duke of Duckworth** PUB

(www.dukeofduckworth.com; McMurdo's Lane, 325 Duckworth St; ⏱12 Uhr–open end; 📶) „The Duke", wie es auch genannt wird, ist ein einfacher englischer Pub, der für alles steht, was toll ist an Newfoundland und seinen Bewohnern. Vor allem freitagabends findet man hier einen Mix aus Arbeitern, Angestellten, Jungen und Alten und manchmal sogar Bandenmitglieder der Great Big Sea, die auf den abgenutzten, roten Velours Barhockern sitzen.

Mochanopoly CAFÉ

(☎709-576-3657; 204 Water St; Brettspiele 2,50 C$/Std.; ⏱Mo–Do 12–24, Fr & Sa bis 1, So bis 23 Uhr) Willkommen in Newfoundlands erstem Café mit Brettspielen. Inspiriert von Vorbildern aus Südkorea eröffneten die jungen Brüder und Spiele-Fanatiker Eric und Leon dieses einladende Café mit über 300 Spielen. Darunter Klassiker wie Schiffe versenken, Pandemie und Exploding Kittens. Nach 19 Uhr ist es hier immer rappelvoll. Es werden auch Snacks und Kaffee serviert. Kinder unter sechs Jahren spielen kostenlos.

DAS „SCREECHING"

Innerhalb weniger Tage nach der Ankunft in St. John's werden alle Besucher unweigerlich im traditionellen Newfoundland-Slang gefragt „Is you a screecher?" Das ist nicht so schmerzhaft, wie es sich anhört und die traditionelle Weise, in der Einheimische die Besucher begrüßen.

Das *screeching* stammt aus den 1940er-Jahren, als es für Neuankömmlinge Aufnahmeriten gab, und von Streichen, die Seehundjägern gespielt wurden, die das erste Mal ins Eis aufbrachen. Heute findet die Zeremonie in örtlichen Pubs statt, wo Besucher einen Rum trinken (ein lokaler Rum heißt Screech), ein unaussprechliches Gedicht in Mundart aufsagen und danach einen ausgestopften Kabeljau küssen müssen. Danach gibt es ein Zeugnis, das sie zum Ehren-Neufundländer ernennt. Das ist zwar ziemlich touristisch, aber auch ein großer Spaß, besonders in größeren Gruppen – also am besten versuchen, sich im Pulk screechen zu lassen.

Yellow Belly Brewery PUB
(☎709-757-3784; www.yellowbellybrewery.com; 288 Water St; ⏰Mo–Fr 11.30–2, Sa & So bis 3 Uhr) In diesem riesigen Backsteingebäude von 1725 dreht sich alles um die Biersorten, die vor Ort gebraut werden. Jeder hat einen Riesenspaß, und es gibt gutes Pub-Essen, das man mit dem Bier runterspülen kann. Ein ganz spezielles Ambiente verströmt auch das Underbelly, eine dunkle Bar im Keller.

Velvet CLUB, SCHWULE & LESBEN
(http://twitter.com/Velvetniteclub; 208 Water St; ⏰Fr & Sa 23–3 Uhr) Dies ist der angesagteste Schwulenclub Newfoundlands. Aber auch Heteros sind willkommen, um hier Spaß zu haben. Der Club liegt über dem Rose & Thistle, der Eingang ist in der McMurdo's Lane.

Gypsy Tea Room BAR
(☎709-739-4766; www.gypsytearoom.ca; 315 Water St; ⏰Mo–Fr 11.30–15 & 17.30–23, Sa & So ab 11 Uhr) Hier befindet sich ein angesehenes mediterranes Restaurant und eine schicke Lounge, aber jeder will nur in den Innenhof, um dort unter dem Sternenhimmel Wein, Cocktails und andere erfrischende Getränke zu sich zu nehmen.

☆ Unterhaltung

The Overcast (www.theovercast.ca) informiert über die täglichen Veranstaltungen. Da St. John's eine relativ kleine Stadt ist, wird viel über Mundpropaganda und Zettel an Laternenmasten informiert. Die Veranstaltungsorte liegen alle nah beieinander.

Ship Pub LIVEMUSIK
(☎709-753-3870; 265 Duckworth St; ⏰12 Uhr–open end) Alter und Einstellung werden am Eingang zu diesem kleinen Pub überprüft, der versteckt am Ende der Solomon's Lane liegt. Zu hören gibt es alles von Jazz bis Indie, vereinzelt sogar Gedichtlesungen. Mittwochs ist Folkmusikabend.

Shamrock City LIVEMUSIK
(www.shamrockcity.ca; 340 Water St; ⏰12 Uhr–open end) In diesem Pub für jedes Alter treten jede Nacht Bands auf, die vor allem irische oder neufundländische Musik spielen.

Rose & Thistle LIVEMUSIK
(☎709-579-6662; 208 Water St; ⏰9 Uhr–open end) Hier greifen bekannte Folkmusiker der Region zur Gitarre.

Fat Cat BLUES
(www.fatcatbluesbar.com; George St; ⏰Di–So 20 Uhr–open end) Während der Sommermonate erklingt aus dem gemütlichen Fat Cat jede Nacht der Blues.

Rock House LIVEMUSIK
(☎709-579-6832; 8 George St) Hier treten auswärtige Indie-Bands auf.

Signal Hill Tattoo MILITÄRISCHE VORFÜHRUNG
(www.rnchs.ca/tattoo; 10 C$; ⏰Juli & Aug. Mi, Do, Sa & So 11 & 15 Uhr) Eine preisgekrönte historische Vorstellung, die die Macht des britischen Militärs aus dem 19. Jh. mit Kanonenschüssen, Granaten und Musketen zu Pfeif- und Trommelmusik wieder zum Leben erweckt. Findet am Signal Hill statt.

Resource Centre for the Arts BILDENDE KUNST
(☎709-753-4531; www.rca.nf.ca; 3 Victoria St) Sponsert freies Theater, Tanz und Film von neufundländischen Künstlern, die alle in der ehemaligen Halle der Hafenarbeitergewerkschaft (LSPU Hall) im Zentrum auftreten. Tickets gibt's über die Website.

St. John's IceCaps EISHOCKEY
(www.stjohnsicecaps.com; 50 New Gower St; ⏰Okt.–Mai) Die berühmten IceCaps, die in der American Hockey League spielen, schlagen den Puck im Mile One Centre über das Eis.

Shoppen

Traditionelle Musik, Beerenmarmelade und einheimische Kunst findet man in den Ecken und Winkeln der Water St und der Duckworth St.

Outfitters OUTDOOR-AUSRÜSTUNG
(☎709-579-4453; www.theoutfitters.nf.ca; 220 Water St; ⏰Mo–Mi & Sa 10–18, Do & Fr bis 21, So 12–17 Uhr) Ein Camping- und Outdoor-Shop, in dem man die örtlichen Outdoor-Infos bekommt (die Pinnwand beachten) und sich Ausrüstung leihen kann. Für Wanderer gibt's hier auch Karten vom East Coast Trail (S. 526) und Butankanister.

Fred's MUSIK
(☎709-753-9191; www.fredsrecords.com; 198 Duckworth St; ⏰Mo–Fr 9.30–21, Sa 9.30–18, So 12–17 Uhr) Der wichtigste Musikladen in St. Johns mit Musik aus der Region wie Hey Rosetta, Buddy Wasisname, Ron Hynes, Amelia Curran, The Navigators und Great Big Sea.

Living Planet GESCHENKE & SOUVENIRS
(☎709-739-6810; www.livingplanet.ca; 181 Water St; ⏰Mo–Sa 10–17, So 12–17 Uhr) Schrullige T-Shirts und Anstecker für Touristen, die sogar die Einheimischen mit Stolz tragen.

Downhome GESCHENKE & SOUVENIRS
(☎709-722-2070; 303 Water St; ⊙Mo–Sa 10–17.30, So 12–17 Uhr) Obwohl sehr touristisch, gibt es doch eine gute Auswahl an regionalen Produkten wie Marmeladen, Wollsachen, Kochbücher mit Elchrezepten und die begehrte CD *How to Play the Musical Spoons.*

Praktische Informationen

GELD

Banken findet man in der Nähe der Kreuzung Water St und Ayre's Cove.

CIBC (215 Water St; ⊙Mo–Fr 9.30–17 Uhr)

Scotia Bank (245 Water St; ⊙Mo–Fr 10–17 Uhr)

MEDIZINISCHE VERSORGUNG

Health Sciences Complex (☎709-777-6300; 300 Prince Phillip Dr; ⊙24 Std.) 24-Std.-Notaufnahme.

POST

Hauptpost (☎709-758-1003; 354 Water St)

TOURISTENINFORMATION

Quidi Vidi Visitors Centre (☎709-570-2038; tourism@stjohns.ca; 10 Maple View Pl, Quidi Vidi Village Plantation; ⊙Di–So 11–17 Uhr) Eine Filiale des Visitor Centers von St. John's mit guten Infos über das Geschehen in der Gegend. Ganzjährig geöffnet.

Visitors Centre (☎709-576-8106; www.stjohns.ca; 348 Water St; ⊙Mai–Anfang Okt. 10–16.30 Uhr) Hervorragende Anlaufstelle mit kostenlosen Karten für die Provinz und die Stadt. Die Mitarbeiter beantworten alle Fragen und helfen bei Reservierungen.

An- & Weiterreise

AUTO & MOTORRAD

Avis, Budget, Enterprise, Hertz, National und Thrifty haben Zweigstellen am Flughafen. Wohnwägen und Wohnmobile kann man bei **Islander RV** (☎709-364-7368; www.islanderrv.com; Paddy's Pond, Ausfahrt 40, Trans Canada Hwy) mieten.

BUS

DRL (S. 512) schickt täglich einen Bus in beide Richtungen zwischen St. John's und Port aux Basques (126 C$, nur Barzahlung, 13½ Std.) über den 905 km langen Hwy 1, mit 25 Zwischenstopps unterwegs. Abfahrt ist um 7.30 Uhr vom Memorial University's Student Centre im CA Pippy Park.

FLUGZEUG

St. John's International Airport (YYT; ☎709-758-8500; www.stjohnsairport.com; 100 World Pkwy; 📶) liegt 6 km nördlich der Stadt an der Portugal Cove Rd (Rte 40).

Air Canada bietet täglich einen Direktflug von und nach London, WestJet fliegt direkt nach Dublin und Gatwick. **United Airlines** (S. 512) fliegt in die USA. Die wichtigsten Fluggesellschaften:

Air Canada (S. 512)

PAL Airlines (S. 512)

Porter Airlines (S. 512)

WestJet (☎888-937-8538; www.westjet.com)

SAMMELTAXIS

In diese großen Vans passen normalerweise 15 Personen, die auf der Route jederzeit ein- und aussteigen können. Vorab telefonisch reservieren! Man wird dann am Hotel abgeholt und wieder abgesetzt. Nur Barzahlung.

Foote's Taxi (☎709-832-0491) Fährt täglich die Halbinsel Burin entlang bis Fortune (45 C$, 4½ Std.).

Newhook's Transportation (☎709-682-4877, in Placentia 709-227-2552) Fährt die südwestliche Avalon Peninsula hinunter nach Placentia (35 C$, 2 Std.), in Abstimmung mit dem Zeitplan der Argentia-Fähre.

Shirran's Taxi (☎709-468-7741) Pendelt täglich zur Bonavista Peninsula, mit Stopps u. a. in Trinity (50 C$, 3 ½ Std.) und Bonavista (40 C$, 4 Std.).

Unterwegs vor Ort

AUTO & MOTORRAD

Die Einbahnstraßen und die ganz besonderen Kreuzungen der Stadt können ziemlich verwirrend sein. Zum Glück sind die Einheimischen unglaublich geduldig. Die Parkuhren in der Water St und der Duckworth St nehmen 1,50 C$ pro Stunde. Die **Sonco Parking Garage** (☎709-754-1489; Ecke Baird's Cove & Harbour Dr; ⊙6.30–23 Uhr) liegt sehr zentral, es gibt aber auch noch andere. Die meisten kosten um die 2 C$ pro Stunde.

BUS

Das Netz von **Metrobus** (☎709-722-9400; www.metrobus.com; 25 Messenger Dr) deckt fast die ganze Stadt ab (Fahrpreis 2,25 C$). Karten und Fahrpläne gibt's online oder beim Visitor Centre. Bus Nr. 3 ist praktisch: Er umrundet die Stadt auf der Military Rd und der Water St, bevor er zur Universität fährt. Die neue Trolley-Linie (ebenfalls ein Bus) fährt die meisten Touristenattraktionen an, darunter auch Signal Hill. Die Fahrt kostet 5/20 C$ pro Pers./Familie pro Tag.

TAXI

Außer für die Fahrt vom Flughafen rechnen alle Taxis nach Taxameter ab. Eine Fahrt innerhalb der Stadt liegt bei etwa 8 C$. **Jiffy Cabs** (☎709-722-2222; www.jiffycab.com) bietet einen zuverlässigen Service an.

AVALON PENINSULA

Die Landschaft mit den gewundenen Küstenstraßen ist klassisches altes Fischerdorf-Newfoundland. Viele Besucher kommen von St. John's aus auf Tagestouren zu den Sehenswürdigkeiten der Halbinsel, was sehr leicht machbar ist. Aber es spricht auch einiges für ein Hotelzimmer, wo in Cupids oder Branch das Meer vor dem Fenster glitzert. Hier befinden sich auch vier der sechs Seevogel-Ökoreservate der Provinz und 28 von insgesamt 41 historischen Stätten.

Ein großer Teil des East Coast Trail (S. 526) führt durch die Region. Die Fähre nach Nova Scotia fährt ab Argentia.

Südöstliche Avalon Peninsula

Dieses Gebiet, manchmal auch South Shore genannt, ist bekannt für seine Tierwelt, Archäologie, Boots- und Kajaktouren und den dicken Nebel. Die malerischen Rte 10 und Rte 90 alias Irish Loop (S. 529) umrahmen die Region. Wer nicht viel Zeit hat, kann den Leuchtturm von Cape Spear und das Fischerdorf Petty Harbour besichtigen, aber die Flecken weiter südlich sind definitiv ebenfalls einen Besuch wert. Zu den Highlights zählen das Beobachten von Papageientauchern und Walen in der Witless Bay, das Erkunden des La Manche Provincial Parks und Wandern entlang des East Coast Trail.

Cape Spear

Eine 15 km lange Fahrt von St. John's nach Südosten führt zum östlichsten Fleck Nordamerikas. Die Küste ist spektakulär, und im Sommer kann man Wale beobachten. Ein **Pfad** führt entlang der Landzunge, vorbei an der Aussichtsplattform des östlichsten Punktes und hinauf zum Leuchtturm. Man kann noch weiter bis nach Maddox Cove und Petty Harbour auf dem East Coast Trail gehen. Es lohnt sich aber auch, dem Weg nur ein kurzes Stück zu folgen.

Die Schilder, die Besucher davor warnen, auf die Felsen am Wasser zu klettern, sollte man ernst nehmen. Die hinterhältigen Wellen haben hier schon Leute ins Meer gerissen.

Sehenswertes & Aktivitäten

★ **Cape Spear Lighthouse** LEUCHTTURM
(im Eintritt zur Cape Spear National Historic Site enthalten; Juni–Aug. 10–18 Uhr, Mai, Sept. & Okt. kürzere Öffnungszeiten) Der älteste erhaltene Leuchtturm der Provinz wurde 1835 errichtet und liegt spektakulär an der Landzunge des östlichsten Punkts des Kontinents.

Cape Spear Interpretive Center MUSEUM
(im Eintritt zur Cape Spear National Historic Site enthalten; Mai–Okt. 10–18 Uhr) Ausstellungen über die Technik des Leuchtturms und die Veränderungen über die Zeit hinweg.

Cape Spear National Historic Site HISTORISCHE STÄTTE
(709-772-5367; www.pc.gc.ca/capespear; Blackhead Rd; Erw./Kind 3,90/1,90 C$; Anwesen ganzjährig) Zu der an einem atemberaubenden, windgepeitschten Ort gelegenen Cape Spear National Historic Site gehören ein Informationszentrum, der renovierte Leuchtturm von 1835 und die schweren Kanonenbatterien und Magazine, die 1941 erbaut wurden, um den Hafen im Zweiten Weltkrieg zu schützen. Wanderer gelangen hier auch wieder auf den East Coast Trail.

An- & Weiterreise

Viele Tagestouren von St. John's aus führen zum Cape Spear. Man kann aber auch mit dem eigenen Fahrzeug oder mit einem Taxi von der Stadt hierherkommen.

Von der Water St aus den Waterfront River südlich der Stadt überqueren und der Blackhead Rd 11 km lang folgen.

Goulds & Petty Harbour

Mit dem Rücken zu steilen Hängen bietet das schöne, winzige Petty Harbour alten Booten Schutz, die in einem Hafen voller Anlegeplätze und Hütten liegen. Hier gibt's eine lebhafte Gemeinde und viel zu unternehmen. Im nahegelegenen Goulds kann man gut Lebensmittel einkaufen.

Sehenswertes & Aktivitäten

Petty Harbour Mini Aquarium AQUARIUM
(709-330-3474; www.miniaqua.org; Main Rd, Petty Harbour; Erw./Kind 8/5 C$; Juni–Okt. 10–18 Uhr) Diese kleine Attraktion ist hervorragend für Kinder geeignet, die die Anfassbecken voller Meerestiere lieben werden. Zum Ende der Saison werden die Tiere wieder im Meer ausgesetzt. Zu den Highlights gehören der Seewolf und der Goldene Hummer.

★ **Fishing for Success** ANGELN
(www.islandrooms.org; 10d Main Rd, Petty Harbour; Erw./Kind 99/50 C$) Diese neue gemein-

WANDERN AUF DEM EAST COAST TRAIL

Der erstklassige **East Coast Trail** (☎709-738-4453; www.eastcoasttrail.ca) verläuft entlang klaffender Felsspalten, durch Märchenwälder und Felder mit essbaren Beeren und ist somit ein Traum für jeden Wanderer. Er erstreckt sich auf 265 km von Cape St. Francis (nördlich von St John's) Richtung Süden nach Cappahayden mit zusätzlichen Abstechern von 275 km Länge.

Seine 26 Abschnitte reichen von einfach bis schwierig, aber die meisten sind gute Tageswanderungen. Zum Ausprobieren geht man einfach mal den 9,3 km langen schönen Weg zwischen Cape Spear und Maddox Cove (nahe Petty Harbour). Das dauert zwischen vier und sechs Stunden.

Für erfahrene Wanderer kann der ECT auch als mehrtägige Wanderung mit Übernachtungen auf Campingplätzen und in Dörfern entlang des Weges gegangen werden. Auf den Campingplätzen gibt's normalerweise Plumpsklos und gute Wasserquellen in der Nähe. Feuer sind verboten. Ein lokaler Taxiservice fährt zu den Ausganspunkten und kann einen zu nahegelegenen Unterkünften oder zu seinem Auto bringen.

Topografische Karten gibt's in St. John's bei Outfitters (S. 517) oder Downhome (S. 524). Auf der Website des Trails findet man detaillierte Informationen und Fakten über geführte Wanderungen.

nützige Organisation wird von Kimberly und Leo aus einer einheimischen Fischerfamilie geleitet und hat zum Ziel, die einheimische Fischertradition aufrecht zu erhalten, indem sie Kindern aus der Gegend und Besuchern das Angeln vermittelt. Bei den Ausflügen in einem Dory (kleines Boot) wird einem das Rudern in traditionellen Holzbooten und das Kabeljau-Fischen beigebracht. Für weitere 50 C$ wird der Fang gekocht und direkt am Pier im klassischen Newfoundland-Stil serviert. Es gibt auch ein ganztägiges Angebot, bei dem man lernt, Netze zu knüpfen und mit Seilen zu arbeiten. Außerdem nimmt man an einem historischen Hafenrundgang teil.

North Atlantic Zip Lines ADRENALINSPORT
(☎709-368-8681; www.zipthenorthatlantic.com; 62 Main Rd, Petty Harbour; Erw./Kind 130/95 C$) Kanadas längster Zipline-Parcours bietet in seinem Familien-Abenteuerzentrum zehn Ziplines, die zwischen 90 und 670 m lang sind. Die Touren starten um 11, 15 und 18 Uhr.

Essen

WaterShed CAFÉ $
(☎709-747-0500; 24a Main Rd, Petty Harbour; ⌚Juni–Sept. 10–16 Uhr, Winter nur Sa & So; 📶) Was will man mehr? Echter Espresso in einer umgebauten Fischerhütte am Wasser. Die Besitzerin Karen erzählt für ihr Leben gern Geschichten über die Region, und außerdem macht sie großartige Cookies für Wanderer. Außerdem gibt es hier noch gebackene Köstlichkeiten und Sandwiches. Wer etwas mehr Zeit mitgebracht hat, sollte auf der Sonnenterrasse relaxen.

★ **Chafe's Landing** SEAFOOD $$
(☎709-747-0802; www.chafeslanding.com; 11 Main Rd, Petty Harbour; Hauptgerichte 9–19 C$; ⌚Mo–Do 11–20, Fr & Sa bis 21 Uhr, So 14–21 Uhr) Viele Leute machen nur wegen der frischesten Fish and Chips, die die Region zu bieten hat, einen Tagesausflug hierher. Die Schlange ist lang, und einen Parkplatz zu finden, ist fast unmöglich, aber es lohnt sich. Es gibt auch regionale Wurst aus Elchfleisch, in Bier gedämpfte Muscheln und Salate.

Shoppen

Bidgood's ESSEN
(www.bidgoods.ca; Bidgood's Plaza, Goulds; ⌚Mo–Sa 9–19, So 10–17 Uhr) Eigentlich ein ganz normaler Supermarkt, wären da nicht das frische Robbenfleisch (in Form von Pasteten, im Glas oder als getrocknete Streifen) und das Karibusteak. Rebhuhnbeeren- und Bratapfelmarmelade ist die andere Spezialität, die es hier gibt. Liegt in Goulds an der Kreuzung der Rte 10 und der Straße nach Petty Harbour.

Witless Bay Ecological Reserve & Umgebung

Dies ist ein hervorragendes Gebiet zum Beobachten von Walen, Eisbergen und Papageientauern, und mehrere Bootstouren bringen einen von **Bay Bulls** (31 km südlich von St. John's) und **Mobile** (10 km südlich von Bay Bulls) hinaus aufs Wasser. Auf halbem

Weg zwischen den beiden Orten findet man in **Witless Bay** Unterkünfte.

Die vier Inseln vor Witless Bay und südlich davon sind als **Witless Bay Ecological Reserve** (www.env.gov.nl.ca/parks) geschützt und gehören zu den besten Seevogel-Brutgebieten im östlichen Nordamerika. Das Gebiet ist Heimat der größten Papageientaucherkolonie Nordamerikas. Im Spätfrühling und Sommer nisten hier über 260 000 Paare. Jeden Sommer treffen sich hier über eine Million Vogelpaare, darunter Papageientaucher, Dreizehenmöwen, Sturmschwalben und die pinguinartigen Lummen. Ausflugsboote segeln zu den Inseln, dicht an der Küste entlang unterhalb der Steilklippen. Da wird sowohl den Ohren als auch den Augen etwas geboten.

Die beste Reisezeit ist von Ende Juni bis Juli, wenn die Buckel- und Zwergwale kommen, um sich zusammen mit den Vögeln auf die Lodden (eine Fischart) zu stürzen. Wer das große Los gezogen hat, für den schwimmt im frühen Sommer vielleicht auch noch ein Eisberg vorbei.

Geführte Touren

Touren von Bay Bulls führen u. a. nach Gull Island, wo es die höchste Dichte an Vögeln im Witless Bay Ecological Reserve gibt. Die Touren, die im Süden rund um Bauline East ablegen, fahren zur benachbarten Great Island, wo die größte Papageientaucherkolonie lebt. Bauline East liegt näher am Reservat, daher ist man nicht so lange unterwegs. Aber man sieht auf allen derartigen Touren die gleichen Tierarten.

Kajakfahren ist in dieser Region ebenfalls sehr beliebt. Beim Paddeln kann man die Wale nicht nur sehen, sondern ihre Anwesenheit sogar spüren.

Die Tourveranstalter kann man gar nicht übersehen – man muss nur an der Rte 10 nach den Schildern Ausschau halten. Manchmal stornieren kleinere Veranstalter die Tour wieder, wenn nicht genügend Teilnehmer zustande kommen. Man sollte also besser telefonisch vorab reservieren, um derartige Überraschungen zu vermeiden. Die Veranstalter haben von Mitte Mai bis Mitte September geöffnet. Die meisten fahren mehrmals täglich zwischen 9.30 und 17 Uhr los.

★ **Captain Wayne's** WALBEOBACHTUNGEN
(☎709-763-8687; www.captwaynes.com; Northside Rd, Bay Bulls; geführte Tour 80 C$) Captain Wayne entstammt einer neufundländischen Familie, die seit Generationen Fischer hervorbringt und kennt die Küste wie seine Westentasche. Sein Enthusiasmus ist ansteckend. Er veranstaltet nur kleine Touren mit bis zu zwölf Personen in seinem handgefertigten Boot. Während der dreistündigen Tour stehen Wal- und Papageientaucherbeobachtungen auf dem Programm. Die Touren starten mehrmals täglich, aber wer schöne Fotos machen will, der sollte um 17 Uhr losfahren, wenn das Licht am besten ist.

Molly Bawn Tours BOOTSFAHREN
(☎709-334-2621; www.mollybawn.com; Rte 10, Mobile; 1-stündige Tour Erw./Kind 45/40 C$) Diese beliebten Touren hüpfen in einem kleinen 10-m-Boot über die Wellen. Mobile liegt auf halber Strecke zwischen Bay Bulls und Bauline East.

Outfitters KAJAKFAHREN
(☎709-579-4453; www.theoutfitters.nf.ca; Bay Bulls; Halb-/Ganztagestour 69/169 C$) Die beliebten Halbtages-Kajaktouren starten um 9 und 14 Uhr. Die Ganztagestouren fahren um 9.30 Uhr ab, und führen aus der inneren Bucht von Bay Bulls hinaus zur Spitze des Ökoreservats. Es gibt einen Shuttleservice (hin & zurück 25 C$) ab St. John's, der bei Outfitters in der 220 Water St losfährt.

O'Brien's BOOTSFAHRTEN
(☎709-753-4850; www.obriensboattours.com; 2-stündige Tour Erw./Kind 55/25 C$) O'Brien's, auf der Südseite von Bay Bulls, ist der Großvater aller Tourenveranstalter und bietet auch Geschichten, Musik und noch viel mehr auf seinem netten großen Boot. Eine etwas teurere aber aufregendere Option ist die zweistündige Tour in einem Hochgeschwindigkeits-Zodiac (85 C$). Es gibt einen Shuttleservice ab St. John's (hin & zurück 25 C$).

Gatherall's BOATING
(☎800-419-4253; www.gatheralls.com; Northside Rd, Bay Bulls; 1½-stündige Tour Erw./Kind 57/38 C$) Der große, schnelle Katamaran ist eine gute Wahl für Leute, die möglicherweise seekrank werden.

Schlafen

Armstrong's Suites MOTEL $
(☎709-334-2201; 236 Main Hwy, Witless Bay; Zi. 80 C$) Obwohl dies nur eines von vielen Kettenmotels ist, könnte man sich bei seiner Großmutter nicht willkommener fühlen. Der freundliche Besitzer setzt noch einen drauf und bietet Extrabetten und -handtücher sowie Frühstücksmenüs für Wanderer auf dem East Coast Trail an.

NICHT VERSÄUMEN

RUNNING THE GOAT

Diese aktive **Druckerei** (☎709-334-3239; http://runningthegoat.com; Cove Rd, Tors Cove; ⏲ Mitte Mai–Okt. Do–Di 10.30–17.30 Uhr) ist der Traum eines jeden Bibliophilen. Die Besitzerin Marnie Parsons zeigt auf Führungen ihre Druckerpressen, eine davon aus dem London der 1830er-Jahre. Abgesehen von handgeschriebenen Gedichten und Manifesten gibt's hier noch eine tolle Auswahl an Drucken einheimischer Künstler und guten Büchern für Erwachsene und Kinder von neufundländischen Autoren.

Bread & Cheese B&B $$
(☎709-334-3994; 22a Bread & Cheese Rd, Bay Bulls; Zi. mit Frühstück 149 C$; 📶) Dieses traumhafte Landhaus mit einer umlaufenden Veranda und einem großen Garten liegt nicht weit vom East Coast Trail entfernt und ist Balsam für geschundene Füße. Die Zimmer sind stilvoll und modern, eines davon auch behindertengerecht. Nur das Willkommen könnte etwas herzlicher ausfallen.

Bears Cove Inn B&B $$
(☎709-334-3909; www.bearscoveinn.com; 15 Bears Cove Rd, Witless Bay; DZ mit Meer-/Waldblick 149/129 C$; 📶) Dieses B&B mit sieben Zimmern ist eine nette Unterkunft mit allen Annehmlichkeiten, die man sich wünschen kann – z. B. Blick aufs Wasser, ein schöner Garten und eine Grillfläche. Die Zimmer sind im ländlichen Stil eingerichtet und haben TVs. Die hilfreichen Besitzer führen auch einen Pub im Ort und sprechen Französisch.

La Manche Provincial Park

Vielfältiges Vogelleben, dazu Biber, Elche und Schneeschuhhasen können in diesem üppigen **Park** (www.env.gov.nl.ca) GRATIS nur 53 km südlich von St. John's beobachtet werden. Ein Highlight ist der 1,25 km lange Wanderweg zu den Überresten von La Manche, einem Fischerdorf, das 1966 durch einen heftigen Wintersturm zerstört wurde. Bei der Ankunft sieht man die schöne neugebaute Hängebrücke, die über dem Abgrund schwebt – ein Teil des East Coast Trails (S. 526). Start ist an der Feuerwehrzufahrt hinter dem Haupteingang.

Es gibt einen hervorragenden Campingplatz: **La Manche Provincial Park Camping** (☎709-685-1823; www.nlcamping.ca; Rte 10; Stellplatz 18–26 C$, 5 C$/Fahrzeug; ⏲ Mai–Sept.). Der hübsche und schattige Platz verfügt über 83 Stellplätze, Picknicktische, Feuerstellen, Wasserhähne und Plumpsklos. Am Eingang gibt es Feuerholz.

Ferryland

Ferryland gehörte zu den ersten Siedlungen Nordamerikas: 1621 gründete George Calvert die Kolonie Avalon. Ein paar neufundländische Winter später trieb es ihn wieder in wärmere Gefilde. Er ließ sich in Maryland nieder und wurde irgendwann zum ersten Lord Baltimore. Danach zogen weitere englische Familien nach und hielten die Kolonie am Leben, obwohl sie 1673 von den Holländern und 1696 von den Franzosen komplett zerstört wurde.

Wer die 2 km zum Leuchtturm hinausläuft, wird mit einem atemberaubenden, windgepeitschten Panorama belohnt.

Sehenswertes

Colony of Avalon ARCHÄOLOGISCHE STÄTTE
(☎709-432-3207, 709-432-3200; www.colonyofavalon.ca; Rte 10; Erw./Kind 12,70/10,20 C$; ⏲ Juni–Sept. 10–18 Uhr) Die vom Meer umschlossene Colony of Avalon Archaeological Site trägt zur tollen Atmosphäre bei. Hier kann man den Archäologen dabei zusehen, wie sie von der Axt bis zur Schüssel alles Mögliche ausgraben. Das lohnenswerte Informationszentrum zeigt gute Schaukästen und viele der ausgegrabenen Funde. Auf Nachfrage werden 45-minütige Führungen angeboten.

Historic Ferryland Museum MUSEUM
(☎709-432-2711; www.manl.nf.ca/ferrylandmuseum; Baltimore Dr; 3 C$; ⏲ Juni–Aug. Mo–Sa 10–16, So 13–16 Uhr) Das frühere Gerichtsgebäude des Dorfes ist jetzt das kleine historische Museum. Vom Hügel hinter dem Museum hielten die Siedler Ausschau nach herannahenden Kriegsschiffen oder wollten den holländischen und französischen Überfällen entkommen. Wenn man die Aussicht gesehen hat, versteht man, warum die Siedler den Hügel The Gaze (der Blick) nannten.

Geführte Touren

Stan Cook Adventures ABENTEUER
(☎709-579-6353; www.wildnfld.ca; Harbour Rd, Cape Broyle; 2½-stündige Kajaktour ab 59 C$) Dieser Anbieter in der Nähe von Ferryland hat tolle Kajaktouren für Anfänger und Fortgeschrittene sowie geführte Wanderungen und Mountainbiketouren auf dem Programm.

Essen

★ Lighthouse Picnics SANDWICHES $$
(709-363-7456; www.lighthousepicnics.ca; Lighthouse Rd; 26 C$/Pers.; Juni–Sept. Mi–So 11.30–16.30 Uhr;) Lighthouse Picnics hat das Superkonzept erfunden: Man bekommt eine Decke und ein Bio-Picknick (etwa Curry-Chicken-Sandwich, gemischten grünen Salat und einen Krug Limonade), auf das man sich stürzen kann, während man auf einer Wiese mit Blick aufs Meer sitzt. Der Laden befindet sich an Ferrylands altem Leuchtturm, abseits der Rte 10. Man muss parken und 2 km laufen, um hinzukommen, aber das lohnt sich. Vorher reservieren!

Mistaken Point Ecological Reserve

Dieses **Öko-Reservat** (www.env.gov.nl.ca/parks) GRATIS, das 2016 zum Weltkulturerbe ernannt wurde, schützt 575 Mio. Jahre alte mehrzellige Meeresfossilien – die ältesten der Welt. Man erreicht sie nur mit einer kostenlosen, durch einen Ranger geführten, 45-minütigen Wanderung vom **Edge of Avalon Interpretive Centre** (709-438-1100; www.edgeofavalon.ca; Rte 10; Erw./Kind 8/5 C$; Mai–Okt. 10–18 Uhr) in Portugal Cove South. Dieses Zentrum bietet Infos und Ausstellungen über die Geschichte des Schutzgebiets.

Man kann auch über die holprige Schotterstraße von hier nach Cape Race fahren. An ihrem Ende erhebt sich ein Leuchtturm neben einem Nachbau einer Marconi-Funkstation von 1904, die voll ist mit Artefakten. Die Leute hier empfingen die schicksalhafte letzte Nachricht der *Titanic*.

Der Name Mistaken Point bezieht sich übrigens auf den undurchdringlichen Nebel, der sich über die Gegend legt und über die Jahre dafür gesorgt hat, dass viele Schiffe in die Irre fuhren.

Auf der Route 90

Auf der Strecke von St. Vincent's nach St. Mary's hat man gute Chancen, Wale – vor allem Buckelwale – zu sehen, die ihre Nahrung nahe am Ufer finden. Den besten Blick hat man am **Strand von St. Vincent's**. Auf halber Strecke zwischen den beiden Dörfern befindet sich die **Point La Haye Natural Scenic Attraction**, ein beeindruckender Seitenarm gefüllt mit Kies, der sich über die Mündung von St. Mary's Bay erstreckt – perfekt für einen Spaziergang.

Der **Salmonier National Park** (709-229-7189; www.env.gov.nl.ca/snp; Rte 90; Juni–Aug. 10–17 Uhr, Sept. & Okt. bis 15 Uhr) GRATIS ist ein Tierschutzpark für verletzte und verwaiste Tiere mit Informationszentrum und interaktiven Displays für Kinder. Ein 2,5 km langer Weg durch Kiefernwälder führt vorbei an einheimischer Fauna und natürlichen Gehegen mit Elchen, Karibus und umhertollenden Fischottern. Der Park liegt an der Rte 90, 12 km südlich der Kreuzung mit dem Hwy 1.

Die von Iren besiedelte, landschaftlich wunderschöne Rte 90 stellt einen Teil des sogenannten **Irish Loop** (www.theirishloop.com) dar, einer atemberaubenden Strecke auf der Halbinsel Avalon.

Baccalieu Trail

Auf der Bay de Verde Peninsula gibt's eine schöne Strecke mit dem Namen Baccalieu Trail. Entlang der schönen Westküste der Conception Bay, die nur läppische 80 km von St. John's entfernt liegt, reihen sich Fischerdörfer und alte Piratenverstecke aneinander. Zu den Höhepunkten gehören Brigus mit seiner englischen Steinmauernpracht und seiner Nordpolgeschichte, sowie Cupids, eine Siedlung von 1610 mit einer archäologischen Ausgrabungsstätte.

Brigus

Das Dorf Brigus liegt von Felsklippen umgeben am Wasser. Seine idyllischen, von Steinmauern gesäumten Bäche fließen langsam

ABSTECHER

AVALON WILDERNESS RESERVE

Das Landesinnere wird vom 1070 km² großen Avalon Wilderness Reserve geprägt. Wegen Wilderei war der Karibubestand in den 1980er-Jahren auf nur noch 100 Tiere gesunken. 30 Jahre später durchstreifen wieder einige Tausend Tiere die Landschaft. Genehmigungen zum Wandern, Kanufahren und zur Vogelbeobachtung im Schutzgebiet erhält man im La Manche Provincial Park.

Auch wer nicht in der Wildnis wandert, hat die Chance, auf der Route 10 zwischen Chance Cove Provincial Park und St. Stevens das eine oder andere Karibu zu sehen.

an alten Gebäuden und farbenfrohen Gärten vorbei und münden in den stillen Harbour Pond.

Während des Ersten Weltkriegs lebte hier der amerikanische Maler Rockwell Kent, bevor er 1915 wegen des Verdachts der Spionage für die Deutschen deportiert wurde. Der Weg zu seinem alten Cottage ist sehenswert.

Captain Robert Bartlett, der bekannteste Sohn der Stadt, gilt als einer der führenden Arktisforscher des 20. Jhs. Sein Haus, das **Hawthorne Cottage** (☎709-753-9262; www.pc.gc.ca/hawthornecottage; Ecke Irishtown Rd & South St; Erw./Kind 4/2 C$; ⏲Juli & Aug. 10–18 Uhr, Juni Mi–So), ist eine National Historic Site und ein Museum.

Am Wasser, unterhalb der Kirche, liegt der **Brigus Tunnel**, der 1860 in den Fels geschlagen wurde. So konnte Robert Bartlett sein Schiff in der tiefen Bucht auf der anderen Seite leicht erreichen.

Jedes perfekte Dorf braucht auch ein perfektes Lokal. Im **North St Cafe** (☎709-528-1350; 29 North St; kleine Gerichte 6–14 C$; ⏲Mai–Okt. 11–18 Uhr) gibt es Quiche, Fischfrikadellen, Scones und Nachmittagstee.

Cupids

Dieses malerische Dorf hält jede Menge Geschichte parat. Der Händler John Guy segelte 1610 hierher und steckte Englands erste Kolonie in Kanada ab – sie ist jetzt die **Cupids Cove Plantation Provincial Historic Site** (☎709-528-3500; www.seethesites.ca; Seaforest Dr; Erw./Kind 6/3 C$; ⏲Mai–Okt. 9.30–17 Uhr). Hier gibt's eine archäologische Ausgrabungsstätte, in der immer noch Schätze gefunden werden. Nur einen Katzensprung entfernt die Straße runter liegt das **Cupids Legacy Centre** (www.cupidslegacycentre.ca; Seaforest Dr; Erw./Kind 8/4 C$; ⏲Juni–Okt. 9.30–17 Uhr) mit faszinierenden Ausstellungen.

Hinterher geht's zum nördlichen Ende der Stadt und den **Burnt Head Trail** hinunter. Man kann zur steinigen Landzunge klettern, an Blaubeersträuchern und Steinmauern vorbeigehen, die einst die Gärten der Siedler umzäunt haben, und dann über die gleiche raue See blicken, die schon Guy fasziniert hat. Der Weg beginnt an einer alten, anglikanischen Kirche, die zum göttlichen **Cupid's Haven B&B and Tea Room** (☎709-528-1555; www.cupidshaven.ca; 169 Burnt Head Loop; Zi. 119–169 C$; ⊖📶) umgebaut wurde. Jedes der vier Zimmer hat ein eigenes Bad, hohe Decken und gotische Bogenfenster, durch die das Licht strahlt.

Harbour Grace & Umgebung

Eine bunte Mischung an historischen Figuren ist in den letzten 500 Jahren durch Harbour Grace gewandert, darunter der Pirat Peter Easton und die Fliegerin Amelia Earhart. Über sie kann man etwas im **Conception Bay Museum** (☎709-596-5465; www.hrgrace.ca; Water St; Erw./Kind 3/2 C$; ⏲Juni–Aug. 10–18 Uhr) lernen. Auf dem nahegelegenen **Harbour Grace Airfield** (www.hrgrace.ca/air.html; Earhart Rd) hat Earhart ihren ersten historischen Atlantikflug 1932 gestartet.

Das große Schiff, das in der Hafenmündung auf Grund gelaufen ist, ist kaum zu übersehen. Es ist die **SS Kyle** (1913), die 1967 während eines Sturms gesunken ist. Den Einheimischen gefiel der Anblick so gut, dass sie dafür zahlten, das Schiff zu restaurieren, anstatt es entfernen zu lassen.

An die Klippen der Nordküste der Halbinsel klammern sich die entlegenen und schönen Dörfer Bay de Verde und Grates Cove. Hunderte von 500 Jahre alten **Steinmauern** säumen die Hügel rund um Grates Cove; sie wurden zur National Historic Site erklärt.

Weiter draußen vor der Küste liegt das unzugängliche **Baccalieu Island Ecological Reserve**, auf dem 3 Mio. Pärchen von Wellenläufern leben, die größte Kolonie dieser Vogelart weltweit.

Heart's Content

Die **Cable Station Provincial Historic Site** (☎709-583-2160; www.seethesites.ca; Rte 80; Erw./Kind 6/3 C$; ⏲Mai–Okt. 10.30–17.30 Uhr) erzählt die Geschichte des ersten permanenten transatlantischen Kabels, das hier 1866 verlegt worden ist. Das Wort „permanent" ist wichtig, denn das erste erfolgreich verlegte Kabel (1858 nach Bull Arm auf Trinity Bay gelegt) fiel aus, kurz nachdem Königin Viktoria und US-Präsident James Buchanan die Leitung mit ihren Glückwunschnachrichten „getauft" hatten.

Dildo

Auf geht's – das obligatorische Foto vom Ortsschild bringt man am besten gleich hinter sich. Der Vollständigkeit halber sei gesagt, dass niemand genau weiß, woher der Name kommt. Einige sagen, er beziehe sich auf die phallischen Form der Bucht, andere denken, der Ort sei nach einem Ruderbolzen benannt. Auf jeden Fall haben die stolzen und unerschütterlichen Bewohner mehrere

Versuche abgewendet, bei denen der Name des Dorfes geändert werden sollte.

Spaß beiseite – Dildo ist ein süßes Dörfchen, und vom Strand aus kann man prima Wale beobachten.

Das **Dildo Interpretation Centre** (☎709-582-3339; Front Rd; Erw./Kind 2/1 C$; ⌚Juni–Sept. 10–16.30 Uhr) zeigt ein Walskelett und Fundstücke der aktiven archäologischen Ausgrabung Dorset Eskimo auf Dildo Island. Das ist nicht sehr aufregend, aber draußen gibt's tolle Fotomotive mit Captain Dildo und einem riesigen Tintenfisch.

Die vielen Souvenirs mit Dildo-Schriftzügen, die bei **Kountry Kravins'n'Krafts** (☎709-582-3888; ⌚Juni–Sept. Mo–Sa 9–20, So 10–18 Uhr) verkauft werden, sind vielleicht ein nettes Mitbringsel für Daheimgebliebene.

Cape Shore

Die Fähre, französische Geschichte und viele Vögel starten vom südwestlichen Teil der Halbinsel Avalon.

Argentia

Einst US-Marinestützpunkt im Zweiten Weltkrieg, ist Argentias heutige Hauptaufgabe, der Fähre von Nova Scotia eine Anlegestelle zu bieten.

Ein kleinstädtisches **Visitors Centre** (☎709-227-5272; Rte 100) liegt 3 km von der Fähre entfernt an der Rte 100. Die Öffnungszeiten sind an die Zeiten der Fähre gekoppelt.

Die **Fähre von Marine Atlantic** (☎800-341-7981; www.marine-atlantic.ca; Erw./Kind 115/54 C$, Auto/Motorrad 225/113 C$; ⌚Mitte Juni–Ende Sept.) verbindet Argentia mit North Sydney in Nova Scotia – eine 14-Stunden-Tour. Nach St. John's sind es 134 km.

Placentia

Im frühen 19. Jh. war Placentia – damals noch Plaisance – die französische Hauptstadt von Newfoundland, und von hier aus griffen die Franzosen die Briten in St. John's an. Heute ist der Ort ein guter Ausgangspunkt für diejenigen, die mit der Fähre nach Nova Scotia fahren.

Sehenswertes

In der Nähe der Stadt thront über den Stränden die **Castle Hill National Historic Site** (☎709-227-2401; www.pc.gc.ca/castlehill; Erw./Kind 3,90/1,90 C$; ⌚Juni–Aug. 10–18 Uhr), wo die Überreste französischer und britischer Festungen aus dem 17. Und 18. Jh. einen Panoramablick über die Stadt und das umgebende Wasser ermöglichen.

Auf dem faszinierenden **Friedhof** an der anglikanischen Kirche liegen die Überreste von Menschen aller Nationalitäten, die hier seit den 1670er-Jahren gesiedelt haben. Geschichtliches vermittelt das **O'Reilly House Museum** (☎709-227-5568; 48 Orcan Dr; Erw./Kind 5/2 C$; ⌚Juni–Aug. 9–17 Uhr) und andere nennenswerte Gebäude, wie die römisch-katholische Kirche und das Steinkloster. Am Strand führt ein Fußgängerweg entlang – ideal um Steine übers Wasser hüpfen zu lassen.

Schlafen & Essen

Rosedale Manor B&B B&B $$
(☎877-999-3613; www.rosedalemanor.ca; 40 Orcan Dr; Zi. 109–139 C$;) Ein schönes, altes B&B mit Blumengärten und romantischen Zimmern mit gusseiserner Badewanne.

Philip's Cafe CAFÉ $
(170 Jerseyside Hill; Hauptgerichte 3–12 C$; ⌚Di–Sa 7.30–15.30 Uhr;) Vor oder nach der Fahrt mit der Fähre sollte man hier das leckere Gebäck und die einfallsreichen Sandwiches wie das scharfe Apfel-Cheddar-Sandwich auf Rosinenbrot mit Sirup probieren. Auch das Frühstück ist hier sehr beliebt. Früh kommen, um die Schlange zu meiden.

Three Sisters PUB-ESSEN $$
(☎709-227-0124; 2 Orcan Dr; Hauptgerichte 8-30 C$; ⌚Mo–Fr 8–21, Sa & So 10–21 Uhr) In diesem stimmungsvollen Lokal von Placentia wird gutes Pub-Essen und kühles Bier serviert. Hier ist immer ziemlich viel los.

Cape St. Mary's Ecological Reserve & Umgebung

An der Südwestspitze der Halbinsel liegt das Cape St. Mary's Ecological Reserve, eine der weltweit am besten erreichbaren Vogelkolonien mit 70 000 Vögeln wie Tölpel, Dreizehenmöwen, Lummen und Tordalken. Vogelliebhaber werden hier natürlich schwach, aber auch für Leute, die nicht vogelverrückt sind, ist es beeindruckend.

Essen und Unterkünfte findet man in der 22 km entfernten kleinen Stadt Branch.

Sehenswertes

Am Informationszentrum (S. 532) halten und fragen, wie man zum 1 km langen Wanderweg zum Bird Rock kommt.

Bird Rock AUSSICHTSPUNKT

Zum Bird Rock gelangt man über einen einfachen Fußweg, vorbei an Wiesen mit Schafen und blauen Schwertlilien – und dann steht man plötzlich am Rand der Klippen vor einem riesigen, beinahe senkrechten Felsen voller kreischender Vögel.

Cape St. Mary's Ecological Reserve PARK

(☎709-277-1666; www.env.gov.nl.ca/parks) GRATIS Eine große Meeresvögel-Kolonie, in der zur Saison mehrere zehntausend Vögel brüten, darunter Basstölpel, Dreizehenmöwen und Trottellummen. Hier ist es sehr leicht, die Vögel zu beobachten, da man auf dem Landweg auf bis zu 10 m an sie herankommt. Zudem gibt es hier noch Dickschnabellummen, Tordalken, Gryllteisten, Ohrenscharben, Kormorane und Eissturmvögel. Anrufen, um eine kostenlose Führung zu reservieren.

Interpretive Centre MUSEUM

(☎709-277-1666; ⏲Mai–Okt. 9–17 Uhr) Hier gibt's Infos zu brütenden Meeresvögeln und Ausstellungen über die örtliche Ökologie.

Schlafen & Essen

Driftwood Cottage COTTAGE $$

(☎709-338-2133; www.driftwoodcottagebranch.com; Branch; Zi. mit Frühstück 120 C$; 📶) Eine wunderbare kleine Unterkunft in der Nähe des Schutzgebiets. Sie ist gut gepflegt und in bunten, fröhlichen Farben gestrichen. Von der Terrasse hat man einen schönen Blick aufs Wasser.

Loft SEAFOOD $

(☎709-338-2090; Main Rd, Branch; Hauptgerichte 10-12 C$; ⏲11–20 Uhr) Mit Blick auf das Wasser (im Obergeschoss eines Supermarkts) genießt man hier frischen Fisch und Elch-Burger.

ÖSTLICHES NEWFOUNDLAND

Zwei Halbinseln greifen merkwürdig nach oben und unten ins Meer hinein und bilden das östliche Newfoundland. Die beliebte, touristische Bonavista Peninsula verläuft nach Norden. Historische Fischerdörfer verteilen sich an den Stränden, und windige Wanderwege säumen die Küsten. Clarenville (www.clarenville.net) ist der Zugangspunkt zur Bonavista Pensinsula und ihrem Service Center, auch wenn es hier wenig zu sehen gibt.

Nach Süden ragt die massive, aber weniger besuchte Burin Peninsula heraus, eine weitere Fischerdorfregion. Diese Städtchen kämpfen hart darum, in der Zeit nach dem Kabeljaufang wieder auf die Beine zu kommen. Wer mit der Fähre von Fortune zu den nahegelegenen französischen Inseln St-Pierre und Miquelon fahren will, braucht seinen Reisepass. Hier gibt es echten französischen Wein, Éclairs und Brie.

Trinity

Um es ein für allemal klarzustellen: Trinity ist der beliebteste Ort auf der Bonavista Peninsula, eine historische Stadt mit schiefen Küstenstraßen, alten Häusern wie aus dem Bilderbuch und Gärten mit weißen Lattenzäunen. Trinity Bight heißen zusammengefasst die zwölf Gemeinden in der Umgebung, darunter Trinity selbst, Port Rexton und New Bonaventure.

Wem das alles hier bekannt vorkommt: Der Film *Schiffsmeldungen* wurde hier gedreht. Der Hollywood-Trubel ist zwar inzwischen verblasst, aber es gibt hier trotzdem noch historische Gebäude, tolle Wanderwege, Theater und gute Möglichkeiten zur Walbeobachtung.

Der erste Besucher war 1500 der portugiesische Entdecker Miguel Corte-Real. 1580 wurde Trinity zur Stadt erklärt – damit ist es eine der ältesten Siedlungen des Kontinents.

Sehenswertes

Trinity's Historic Buildings HISTORISCHE STÄTTE

(Eintritt für 7 Gebäude Erw./Kind 20 C$/Eintritt frei; ⏲Mai–Mitte Okt. 9.30–17 Uhr) Mit einer Eintrittskarte kommt man in sieben Gebäude, die sich im ganzen Ort verteilen. Sie werden von der **Trinity Historical Society** und der Regierung der Provinz betrieben (www.seethesites.ca).

➡ **Interpretation Centre**

(☎709-464-2064; www.seethesites.ca; West St) Wer sich für die komplette Geschichte von Trinity interessiert, ist hier genau richtig.

➡ **Lester Garland Premises**

(☎709-464-2064; www.seethesites.ca; West St) Die Lester Garland Premises zeigen einen Gemischtwarenladen aus den 1820er-Jahren mit passend verkleideten Verkäufern.

➡ **Trinity Museum**

(www.trinityhistoricalsociety.com; Church Rd) Zeigt über 2000 historische Ausstellungsstücke, darunter auch Nordamerikas zweitältestes Feuerwehrauto.

➡ **Cooperage**
(☎709-464-3599; www.trinityhistoricalsociety.com; West St) Eine historische Stätte für Fischerei und Schifffahrt. Früher wurde hier während der Saison der Kabeljau getrocknet, heute ist hier ein florierendes Handelsgeschäft untergebracht, in dem ein echter Küfer arbeitet.

➡ **Hiscock House**
(☎709-464-2064; www.seethesites.ca; Church Rd) Das restaurierte Haus eines Händlers aus dem Jahre 1910.

➡ **Green Family Forge**
(☎709-464-3599; www.trinityhistoricalsociety.com; West St) Ein mit Eisenwerkzeugen vollgestopftes Schmiedemuseum.

➡ **Lester Garland House**
(☎709-464-3599; www.trinityhistoricalsociety.com; West St) Das historische Haus wurde wiederaufgebaut, um die kulturellen Verbindungen zwischen Trinity und Dorset, England zu feiern, die im 17., 18. und 19. Jh. gute Handelspartner waren.

Fort Point HISTORISCHE STÄTTE
GRATIS Am Fort Point (aka Admiral's Point) befinden sich ein hübscher Leuchtturm und vier Kanonen, die Überreste der britischen Festung aus dem Jahr 1745. Im Wasser liegen noch zehn weitere britische Kanonen – Grüße der Franzosen von 1762. Ein Informationszentrum und ein Weg erzählen die ganze Geschichte. Man erreicht die Anlage über Dunfield, ein paar Kilometer südlich auf der Rte 239.

Aktivitäten

★ **Skerwink Trail** WANDERN
(www.theskerwinktrail.com) Dieser 5 km lange Rundweg ist die Mühe wert: atemberaubende Ausblicke auf Brandungspfeiler, Eisberge im Frühsommer und einen Leuchtturm. Unbedingt auch nach Elchen Ausschau halten! Der Anfang des Weges befindet sich in der Nähe der Kirche von Trinity East, abseits der Rte 230.

Geführte Touren

Rugged Beauty Tours TIERE & PFLANZEN
(☎709-464-3856; www.ruggedbeautyboattours.net; 3-stündige Tour Erw./Kind 90/60 C$; ⏲Mai–Okt. 10 & 14 Uhr) Einzigartige Touren mit Captain Bruce, der einen zu abgeschiedenen Dörfern am Klippenrand bringt und ihre Geschichte wieder zum Leben erweckt. Vielleicht sieht man auf dem Weg sogar einen Adler.

Sea of Whales BOOTSFAHRT
(☎709-464-2200; www.seaofwhales.com; 1 Ash's Lane; 3-stündige Tour Erw./Kind 80/50 C$) Dreimal täglich fahren Zodiac-Boote auf der Suche nach Walen hinaus.

Trinity Historical Walking Tours WANDERN
(☎709-464-3723; www.trinityhistoricalwalkingtours.com; Clinch's Lane; Erw./Kind 15 C$/Eintritt frei; ⏲Juli & Aug. Mo–Sa 10 Uhr) Diese unterhaltsamen und lehrreichen Touren starten hinter dem Hiscock House.

Schlafen & Essen

Hier gibt es zahlreiche gute Pensionen und B&Bs. Im Sommer sollte man unbedingt im Voraus buchen.

★ **Skerwink Hostel** HOSTEL $
(☎709-436-3033; www.skerwinkhostel.com; B/Zi. 34/69 C$; ⏲Mai–Okt.; 📶) Im gemütlichen, gemeinschaftsorientierten Skerwink übernachten Traveller aller Altersgruppen. Das mit zwei Schlafsälen (jeweils 6 Betten mit weichen, plastikbedeckten Matratzen) und zwei privaten Zimmern ausgestattete Hostel gehört zu Hostelling International. Hier kommen viele Einheimische vorbei, um mit dem Personal Gitarre zu spielen und zu plaudern Zum Frühstück gibt's frisches Brot und laschen Kaffee, und auf der anderen Straßenseite ist der tolle Skerwink Trail (S. 533).

Das Hostel liegt abseits der Rte 230, etwa 500 m vom Skerwink Trail entfernt.

★ **Artisan Inn & Campbell House** PENSION $$
(☎709-464-3377; www.trinityvacations.com; 57 High St; Zi. mit Frühstück 125–179 C$; ⏲Mitte Mai–Okt.; 🚭📶) Die Häuser, die nebeneinanderstehen und von der gleichen Gruppe geführt werden, sind einfach traumhaft. Beide bieten Blick aufs Meer. Das Atisan Inn mit drei Zimmern steht auf Stelzen über dem Wasser, und das Campbell House liegt etwas weiter hinten inmitten üppiger Gärten.

Fishers' Loft INN $$
(☎709-464-3240; http://fishersloft.com; Port Rexton; Zi. mit Frühstück 145–218 C$; 📶) Mit seiner einheimischen Architektur aus dem 19. Jh. ist dieses koloniale Haus bei wiederkehrenden Travellern sehr beliebt. Die Zimmer und Suiten sind hell und geräumig mit flauschigen Bettdecken und kuscheligen Kissen. Die Baumhauszimmer bieten einen herrlichen Blick auf die Bucht. Hier gibt es alles, was das Herz begehrt: iPod-Stationen, Wanderstöcke und Ferngläser.

Eriksen Premises B&B $$
(☎709-464-3698; www.newfoundlandexperience.com; 8 West St; Zi. 130–190 C$; ⏲Mitte Mai–Mitte Okt.;) In diesem Handelshaus aus dem 19. Jh. ist in Sachen Unterkunft und Verpflegung (Hauptgerichte 20–30 C$, mittags & abends geöffnet) viel Eleganz geboten. Hier kann man auch Zimmer in zwei nahegelegenen B&Bs buchen: Kelly's Landing (4 Zimmer) und Bishop White Manor (9 Zimmer).

Trinity Mercantile CAFÉ $
(www.trinitymercantile.ca; 24 West St; Hauptgerichte 6–15 C$; ⏲8–18 Uhr;) Hier kann man bei einem Kaffee und einem Bagel mit vor Ort geräuchertem Lachs dem Getratsche der Einheimischen lauschen. Im Mercantile gibt's auch gute gebackene Leckereien, Sandwiches, Fischsuppe, Stockfisch und Bier.

★ **Twine Loft** KANADISCH $$$
(☎709-728-1805; 57 High St; Menü 46 C$) Das gehobene Restaurant des Artisan Inn serviert ein 3-Gänge-Festpreis-Menü aus regionalen Spezialitäten. Hier gibt's tolles Seafood und ausgezeichneten Wein, der von einem hauseigenen Sommelier empfohlen wird. Zum Essen ist eine Reservierung notwendig, aber wer nur für einen Drink auf der Terrasse zum Sonnenuntergang vorbeikommen will, kann das ohne Reservierung tun. Die Tageskarte ist immer draußen angeschrieben.

Ausgehen & Unterhaltung

Two Whales Cafe CAFÉ
(☎709-464-3928; http://twowhales.com; 99 Main Rd, Port Rexton; ⏲10–18 Uhr) Dieses entzückende Café serviert alle möglichen Kaffeespezialitäten und einen Zitronen-Blaubeerkuchen, der sich gewaschen hat. Außerdem gibt es gute vegetarische Gerichte und Bio-Salate.

Trinity Pageant THEATER
(Erw./Kind 27 C$/Eintritt frei; ⏲Mi & Sa 14 Uhr) Ein unterhaltsames Open-Air-Drama über Trinitys Geschichte, aufgeführt im Rising Tide Theatre.

Rising Tide Theatre THEATER
(☎709-464-3232; www.risingtidetheatre.com; Water St; ⏲Juni–Sept.) Auf den Lester Garland Premises befindet sich das gefeierte Rising Tide Theatre, in dem das Theaterfestival Seasons in the Bight und der Trinity Pageant veranstaltet werden

Rocky's Place Lounge LIVEMUSIK
(☎709-464-3400; High St; ⏲ab 19 Uhr) Im Rocky's spielen von Zeit zu Zeit Bands, aber auch wenn die Lautsprecher schweigen, kann man hier sehr gut ein Bierchen trinken.

Praktische Informationen

Auf der Website der Stadt (www.townoftrinity.com) stehen Infos für Reisende.

RBC Royal Bank (West St; ⏲Mo–Do 10.30–14, Fr bis 17 Uhr) Kein Geldautomat.

An- & Weiterreise

Trinity ist 259 km von St. John's entfernt und über die Rte 230 vom Hwy 1 aus zu erreichen.

Shirran's Taxi (☎709-468-7741) fährt die Strecke täglich von St. John's aus.

Bonavista

„O buona vista!" (Oh, schöne Aussicht!), rief John Cabot, als er am 24. Juni 1497 die Neue Welt von seinem Schiff aus erblickte – so wird es zumindest erzählt. Einig ist man sich, dass dieser schöne Ort derjenige war, an dem er erstmals den Fuß auf den amerikanischen Kontinent setzte. Heute noch begeistert Bonavistas Küste mit Leuchtturm, Papageitauchern und Schluchten.

Sehenswertes

Cape Bonavista Lighthouse LEUCHTTURM
(☎709-468-7444; www.seethesites.ca; Rte 230; Erw./Kind 6/3 C$; ⏲Mai–Okt. 9.30–17 Uhr) Der rot-weiß gestreifte Leuchtturm, eine historische Stätte der Provinz, wurde 1843 gebaut. Innen hat man ihn so hergerichtet, wie er in den 1870er-Jahren ausgesehen hat. Eine **Papageitaucherkolonie** lebt direkt vor der Küste. Bei Sonnenuntergang veranstalten die Vögel eine tolle Show.

Dungeon Park PARK
(Cape Shore Rd, an der Route 230) Nirgends ist die Kraft des Wassers eindrucksvoller als im Dungeon, einer 90 m tiefen Schlucht, die durch den Zusammenbruch zweier Höhlen entstanden ist und durch die jetzt das Wasser donnernd auf die Küste prallt.

Ye Matthew Legacy HISTORISCHE STÄTTE
(☎709-468-1493; www.matthewlegacy.com; Roper St; Erw./Kind 7,25/3 C$; ⏲Juni–Sept. 9.30–16.45 Uhr) Eine Nachbildung des Schiffes *The Matthew* von 1500, auf dem Cabot nach Bonavista gesegelt ist.

Ryan Premises National Historic Site HISTORISCHE STÄTTE
(☎709-468-1600; www.pc.gc.ca/ryanpremises; Ryans Hill Rd; Erw./Kind 3,90/1,90 C$; ⏲Juni–

ABSTECHER

ELLISTON: ERDKELLER & PAPAGEIENTAUCHER

Die Welthauptstadt der Erdkeller, Elliston, liegt 6 km südlich von Bonavista an der Rte 238. Der kleine Ort hatte es schwer, bevor man auf die Idee kam, die 135 unterirdischen Gemüselagerräume zu vermarkten. Ab da kamen die Besucher in Scharen. Eigentlich ist die **Papageientaucherkolonie** vor der Küste viel beeindruckender, denn hier flattern von Mitte Mai bis Mitte August Tausende der rotbäckigen Vögel mit den orangen Schnäbeln. Ein kurzer und leichter Weg über die Klippen führt ziemlich nah an sie heran, und von hier kann man auch Wale und Eisberge sehen.

Geht man ins **Elliston Visitors Centre** (☎709-468-7117; www.townofelliston.ca; Main St; ⏲10–17 Uhr) am Ortseingang, dann weisen einem die netten Leute dort den Weg und geben einem auch noch eine Karte der Erdkeller mit (Besichtigungen erwünscht).

Wer Hunger hat, sollte auf jeden Fall zu **Nanny's Root Cellar Kitchen** (☎709-468-7998; Orange Hall; Hauptgerichte 7–15 C$; ⏲8–22 Uhr) in der historischen Orange Hall gehen. Hier gibt's leckeren Hummer, *Jigg's dinner* (Braten mit gekochten Kartoffeln, Karotten, Kohl, gesalzenem Rindfleisch und Erbsen-Brotpudding) und andere traditionelle Gerichte. Zudem hat man hier eine Ausschanklizenz.

Auf dem **Roots, Rants and Roars Festival** (www.rootsrantsandroars.ca; ⏲Mitte Sept.) werden die besten Köche der Provinz gefeiert, die hier unter freiem Himmel ein wahres Fressgelage vor atemberaubender Kulisse zelebrieren.

Vom angrenzenden Weiler **Maberly** aus führt ein schöner, 17 km langer Wanderweg durch die Landschaft bis nach Little Catalina.

Sept. 10–18 Uhr) Die Ryan Premises National Historic Site ist ein restaurierter Salzfisch-Handelskomplex aus dem 19. Jh. In der Ansammlung von weißen, schindelgedeckten Gebäuden werden fünf Jahrhunderte Fischfang in Newfoundland mit Mulitmediadisplays und Info-Programmen erläutert.

Schlafen

Die netten Unterkünfte in der Stadt sind schnell ausgebucht. Unter www.bonavista.net gibt's weitere Alternativen.

White's B&B B&B $
(☎709-468-7018; www.bbcanada.com/3821.htm; 21 Windlass Dr; EZ/DZ 95/100 C$; 🚭@📶) Das entspannte White's hat drei Zimmer zur Auswahl, alle entweder mit privatem Bad oder einem Bad im Zimmer. Toll sind auch der Fahrradverleih, die Grillbenutzung und der Blick aufs Meer.

HI Bonavista HOSTEL $
(☎709-468-7741; www.hihostels.ca; 40 Cabot Dr; B 26–30 C$, Zi. 79–120 C$; @📶) Dieses aufgeräumte weiße Hostel hat vier private Zimmer, zwei Schlafsäle, einen kostenlosen Fahrradverleih sowie eine Küche und eine Waschküche zur allgemeinen Nutzung. Nur einen kurzen Fußmarsch vom Zentrum entfernt.

Harbourview B&B B&B $$
(☎709-468-2572; www.harbourviewgetaway.com; 21 Ryans Hill Rd; Zi. 115 C$; ⏲Juni–Sept.; 🚭📶) Der Name lügt nicht. Man hat einen schönen Blick von diesem einfachen B&B mit vier Zimmern, dazu gibt's einen Abendsnack (*crab legs*) mit den Besitzern Florence und Alber. Das Frühstück gibt's auch glutenfrei.

Essen

Bonavista hat mit die beste Restaurantszene in der Provinz.

Boreal Diner CAFÉ $
(☎709-476-2330; 61 Church St; Hauptgerichte 6–15 C$; ⏲Di–Sa 11–19 Uhr; 🖉) Das hellrote Haus im Kolonialstil beherbergt ein Café für mit tollen alternativen Gerichten. Krabbeneintopf, Kabeljau in Estragonsauce und Burger aus getoasteten Brötchen sind nur einige der üppigen Angebote. Es gibt auch vegane und glutenfreie Gerichte. Die starken Espresso-Variationen halten einen auf Zack.

Neil's Yard CAFÉ $
(www.neilsyard.org; Mockbeggar Plantation, Mockbeggar Rd; Hauptgerichte 5–12 C$; ⏲Mai–Okt. 10–20 Uhr; 📶) Hier kann man es sich gemütlich machen. Der gesellige englische Besitzer serviert eine Tasse mit dampfendem exotischem Tee, während seine Frau Buchweizen-Crêpes, Karotten-Ingwer-Suppe, Käsekuchen mit Beeren aus der Region und andere gesunde Leckereien kocht. Der Service ist nicht der schnellste, aber in dem angrenzenden Kunsthandwerks-Laden kann man sich die Wartezeit vertreiben.

Walkham's Gate CAFÉ $

(☎709-468-7004; www.walkhamsgatepub.ca; Hauptgerichte 5–12 C$; ⏲24 Std.; 📶) Halb Café mit riesigen Kuchen und herzhaften Suppen, halb nette Kneipe, die vom Musikliebhaber Harvey betrieben wird. In der Nähe vom Zentrum, beim Gericht.

★ **Bonavista Social Club** MODERN KANADISCH $$

(☎709-445-5556; www.bonavistasocialclub.com; Upper Amherst Cove; Hauptgerichte 12–23 C$; ⏲Di–So 11–20 Uhr) 🍃 Die innovativen Gerichte des Social Club werden aus hauseigenen Zutaten hergestellt und mit großartiger Aussicht serviert. Von unglaublichen Holzofenbroten und -pizzas über Rhabarber-Limonade bis hin zu Elch-Burgern mit Rebhuhnbeeren-Ketchup bringt die Küche hier alles auf den Tisch. Es gibt ein bisschen zu wenig Tische für die Nachfrage. Die Milch für den Käse kommt von den Ziegen, die auf dem Anwesen umherlaufen, und die hauseigenen Hühner legen die Eier. Im Voraus reservieren!

Das rustikale Restaurant ist über die Rte 235 in 15 Minuten von Bonavista aus zu erreichen (beim Schild zur Upper Amherst Cove links abbiegen). Der Vater des Kochs hat die ganzen hübschen Holzarbeiten in seiner Werkstatt nebenan selbst geschnitzt.

☆ Unterhaltung

Garrick Theatre THEATER

(www.garricktheatre.ca; 18 Church St) Das kunstvoll restaurierte Garrick zeigt Mainstream- und Independentfilme und veranstaltet Livemusikauftritte.

ℹ Praktische Informationen

GELD

In der Stadt gibt's mehrere Banken, darunter auch die **Scotiabank** (☎709-468-1070; 1 Church St; ⏲Mo–Do 9.30–16 Uhr).

MEDIZINISCHE VERSORGUNG

Bonavista Community Health Centre (☎709-468-7881; Hospital Rd)

TOURISTENINFORMATION

Auf der Website der Stadt (www.townofbonavista.com) gibt's Infos für Reisende.

ℹ An- & Weiterreise

Bonavista befindet sich eine malerische, 50 km lange Fahrt nördlich von Trinity entlang der Rte 230. **Shirran's** (☎709-468-7741; 40 C$) fährt täglich von St. John's hierher.

Burin Peninsula

Auf dieser Halbinsel tobt nicht gerade das Leben, die Auswirkung des Untergangs der Fischereiindustrie ist deutlich spürbar. Die Küstenwanderungen lohnen sich aber trotzdem, und die Region ist eine gute Adresse für einen entspannten ein- bis zweitägigen Aufenthalt vor der Weiterfahrt zu den französischen Baguettes (sprich: nach St-Pierre).

Marystown ist die größte Stadt der Halbinsel. Hier findet man riesige Einzelhandelsgeschäfte. **Burin** ist die schönste Stadt und bietet eine nette erhöht liegende Uferpromenade an der steinigen Küste. **St. Lawrence** ist bekannt für den Fluor-Abbau und die hier möglichen Küstenwanderungen. In **Grand Bank** bietet sich ein interessanter Spaziergang zu den historischen Gebäude und entlang des Ufers an. Südlich davon liegt das fossilienreiche **Fortune**, der Abfahrtspunkt nach St-Pierre.

👁 Sehenswertes

Fortune Head Ecological Reserve PARK

(www.env.gov.nl.ca/parks; abseits der Rte 220; ⏲24 Std.) Der Park schützt Fossilien, die aus der wichtigsten evolutionären Periode der Erde stammen, als sich vor etwa 550 Mio. Jahren das Leben von einfachen Organismen zu komplexen Tieren entwickelte. Das Schutzgebiet liegt 3 km westlich der Rte 220 am Fortune Head Lighthouse.

Fortune Head Geology Centre MUSEUM

(☎709-832-3031; www.fortunehead.com; Bunker Hill Rd, Fortune; Erw./Kind 7,50/5 C$; ⏲Juni–Aug. 8–20 Uhr) Ausstellungen erläutern die Geologie der Burin Peninsula, Mineralien und Steine, den Tsunami von 1929 bei Grand Banks und prähistorische Tiere. Kindern wird die Ausstellung des Fortune Head Ecological Reserve gefallen, in der man Fossilien anfassen kann. Das Centre befindet sich in der Stadt am Anleger der St-Pierre-Fähre. Angeboten werden auch Tagescamps für Kinder. Täglich gibt's Touren zum Schutzgebiet (25 C$).

Burin Heritage Museums MUSEUM

(☎709-891-2217; Seaview Dr, Burin; ⏲April–Sept. Mo–Fr 9–18, Sa & So 10.30–18 Uhr) GRATIS Ausstellungen in zwei historischen Häusern erzählen von den Höhen und Tiefen des Lebens in abgeschiedenen Dörfern auf den Klippen.

Provincial Seamen's Museum MUSEUM

(☎709-832-1484; www.therooms.ca/museum; Marine Dr, Grand Bank; 2,50 C$; ⏲Mai–Okt. 9.30–

16.45 Uhr) Das beeindruckend aussehende Seamen's Museum erläutert sowohl die Ära der Schoner als auch die Veränderungen im Fischfang über die Jahre hinweg.

Aktivitäten

Im Burin Heritage Museum kann man sich auch nach dem Startpunkt des Wanderwegs zum **Cook's Lookout** erkundigen. Man läuft 20 Minuten von der Stadt bis zum Panoramablick. Bei Pollux Cres in St. Lawrence winden sich der holprige **Cape Trail** (4 km) und der **Chamber Cove Trail** (4 km) die Klippen entlang. Beide bieten tolle Ausblicke auf die steinigen Strände und die berühmten Schiffswracks aus dem Zweiten Weltkrieg. Ein weiterer guter (und leicht zu bewältigender) Weg ist der **Marine Hike** (7 km), der am Admiral's Beach in der Nähe der Grand Bank entlangführt. Er beginnt an der Christian's Rd bei der Route 220.

Schlafen & Essen

Die Auswahl ist klein: Für die, die nach St-Pierre weiterreisen wollen, sind Grand Bank und Fortune die besten Standorte. Grand Bank bietet die besseren Übernachtungsmöglichkeiten, liegt aber 8 km vom Fähranleger entfernt. In Fortune gibt's eine schöne Bäckerei am Hafen. Über Unterkünfte informieren die Mitarbeiter des **Heritage Run** (www.theheritagerun.com).

Thorndyke B&B B&B $$

(☎709-832-0820; www.thethorndyke.ca; 33 Water St, Grand Bank; Zi. 130 C$; ⏲Mai–Okt.;) Das stattliche alte Kapitänshaus überblickt den Hafen. Vier helle und luftige Zimmer (alle mit eigenem Bad) sind mit alten Holzmöbeln eingerichtet. Nach vorheriger Absprache servieren die Betreiber auch ein Abendessen.

Fortune Harbourview B&B B&B $$

(☎709-832-7666; www.fortuneharbourview.com; 74 Eldon St, Fortune; Zi. 119–159 C$;) Die fünf sauberen Zimmer sind nichts Besonderes und liegen über einem Schönheitssalon. Angenehm ist die Nähe zur Fähre nach St-Pierre. Morgens gibt's ein kontinentales Frühstück (Büfett).

Stage Head Cafe CAFÉ $

(☎709-832-5796; 18 Bayview St, Fortune; Hauptgerichte 6–14 C$;) Dieses kleine Restaurant beim Fährticketschalter in Fortune macht schnelles Frühstück, Sandwiches zum Mittagessen und Fisch and Chips. Die Abendmenüs (30 C$) mit frischen Meeresfrüchten sind sehr zu empfehlen.

Sharon's Nook & the Tea Room CAFÉ $

(☎709-832-0618; 12 Water St, Grand Bank; Hauptgerichte 7–12 C$; ⏲Mo–Sa 7.30–21, So 11–19.30 Uhr) Das kitschige und rustikale Restaurant serviert Lasagne, Chili, Sandwiches und mehr als ein Dutzend verschiedene himmlische Käsekuchen.

An- & Weiterreise

Man erreicht die Burin Peninsula über die Rte 210 am Hwy 1. Die Entfernung von St. John's nach Grand Bank beträgt 359 km und man braucht etwas über vier Stunden. Mehrere Shuttleservices wie **Foote's Taxi** (☎709-832-0491) und **Matthew's Taxi** (☎709-832-4633) fahren von St. John's aus die Halbinsel entlang bis nach Fortune.

ST-PIERRE & MIQUELON

6100 EW.

25 km vor der Küste der Burin Peninsula schwimmt ein kleines Stück Frankreich. Die Inseln St-Pierre und Miquelon erinnern mit ihren Baskenmützen, Baguettes und Bordeaux-Weinen nicht nur an Frankreich, sie *sind* Frankreich und werden von der Tricolore regiert und finanziert.

Die Einheimischen küssen sich auf die Wange und bezahlen mit Euro, aus den unzähligen Bäckereien steigen süße Düfte auf, und französische Autos verstopfen die engen Einbahnstraßen. Welten entfernt von Newfoundland.

St-Pierre ist die dichter besiedelte und weiter entwickelte Insel. Die meisten der 5500 Einwohner leben in der Stadt St-Pierre. Miquelon ist flächenmäßig größer, hat aber insgesamt nur 600 Einwohner.

1536 nahm Jacques Cartier die Inseln für Frankreich in Besitz, nachdem sie 1520 von den Portugiesen entdeckt worden waren. Nach dem Ende des Siebenjährigen Krieges 1763 fielen sie an Großbritannien, das sie aber 1816 an Frankreich zurückgab. Seither sind sie in französischem Besitz.

Sehenswertes

Miquelon & Langlade INSEL

(Erw./Kind 3-std. Tour 35/18 €; ⏲Juni–Sept.) Die Insel Miquelon ist nicht so überlaufen und weniger entwickelt als St-Pierre. Das Dorf **Miquelon** mit einer Kirche als Mittelpunkt liegt am Nordrand der Insel. Vom benachbarten **l'Étang de Mirande** verläuft ein Wanderweg zu einem Aussichtspunkt und einem Wasserfall. Ab der Brücke in der Stadt führt eine hübsche, 25 km lange Straße über die Meerenge auf die wilde und unbewohnte Insel Langlade. Es gibt dort ein paar Wildpferde, und rund um die steinige Küste sieht man Seehunde und Vögel. Die Touren werden vom Comite Regional de Tourisme angeboten.

Île aux Marins HISTORISCHES GEBÄUDE
(3-stündige Tour Erw./Kind 24/16 €; ⏲ Mai–Sept. 9–13.30 Uhr) Die magische Île aux Marins besteht aus einem schönen verlassenen Dorf auf einer Insel vor dem Hafen von St-Pierre. Ein zweisprachiger Führer leitet durch die farbenfrohen Häuser, ein kleines Schulmuseum und die große Kirche (1874). Touren bucht man im Visitor Center. Man kann auf dem Boot (6 €) auch ohne Führer übersetzen, aber dann muss einem bewusst sein, dass die meisten Schilder auf Französisch sind. Außer im Juli und August müssen die Boote vorher organisiert werde (siehe Touristeninformation).

Les Salines UMGEBUNG
(Rue Boursaint & am Hafen) Die älteren Anwohner versammeln sich rund um diese malerische bunten Fischerhütten.

L'Arche Museum MUSEUM
(☎ 508-410-435; www.arche-musee-et-archives.net; Rue du 11 Novembre; Erw./Kind 5/3 €; ⏲ Juni–Sept. Di–So 10–12 & 14–18 Uhr) Die gut gemachten Ausstellungen über die Geschichte der Insel umfassen auch die Prohibitionszeit. Highlight ist die **Guillotine** – die einzige, die in Nordamerika im Einsatz war. Die Inselbewohner haben den Balken der Gerechtigkeit aber nur einmal herabsausen lassen, und zwar 1889 auf einen Mörder. Das Museum organisiert auch zweisprachige **Architekturführungen** (7 €).

Aktivitäten

In St-Pierre geht man am besten einfach nur spazieren und lässt alles auf sich wirken – wenn man nicht gerade beim Essen ist. Man kann in Läden schlendern und Waren kaufen, die es sonst nur in Frankreich gibt. Oder man findet heraus, welcher Bäcker das beste Schoko-Croissant macht. Einige **Wanderwege** starten am Stadtrand in der Nähe des Kraftwerks und führen zwischen der Küste und den Seen im Landesinnern entlang.

Zodiac Tours BOOTSFAHRTEN
(Erw./Kind 41/35 €) Ganztägige, zweisprachige Touren auf einem Zodiac decken sowohl Miquelon als auch Langlade ab. Gebucht werden sie im Visitor Center. Der Preis beinhaltet auch einen Snack.

Fronton PELOTE
(Rue Maître Georges Lefèvre & Rue Gloanec) Auf einem Platz im Freien spielen die Einheimischen hier das baskische Spiel Pelota (eine Art Handball).

Feste & Events

Von Mitte Juli bis Ende August werden auf dem Platz von St-Pierre häufig Volkstänze aufgeführt.

Basque Festival KULTUR
(⏲ Mitte Aug.) Ein einwöchiges Festival mit Musik, Paraden und jeder Menge Spaß auf den Straßen.

Bastille Day KULTUR
(⏲ 14. Juli) Der höchste Feiertag des Jahres.

Schlafen

Es gibt etwa ein Dutzend Unterkünfte auf St-Pierre, die meisten mit kontinentalem Frühstück. Im Sommer vorher reservieren!

Auberge Quatre Temps B&B B&B $
(☎ 508-414-301; www.quatretemps.com; EZ/DZ 78/82 €; @ 📶) Das Quatre Temps liegt etwa 15 Minuten vom Fähranleger entfernt, aber davon sollte man sich auf keinen Fall abhalten lassen. Alle sechs Zimmer haben ihr eigenes Bad, es gibt eine schöne Terrasse, wo man unter freiem Himmel einen Drink zu sich nehmen kann, und der Besitzer führt auch das Restaurant Saveurs des Îles.

Bernard Dodeman B&B B&B $
(☎ 508-413-060; www.pensiondodeman.com; 15 Rue Paul Bert; Zi. 55 €; ⊖ @ 📶) Die drei einfachen Zimmer im Dodeman's teilen sich zwei Bäder und einen TV-Raum. 15 Minuten zu Fuß von der Fähre entfernt, auf einem Hügel über der Stadt.

★ **Auberge St. Pierre** B&B $$
(☎ 508-414-086; www.aubergesaintpierre.fr; 16 Rue Georges Daguerre; DZ 88–176 €; 📶) Die Gäste schwärmen von dem herzlichen Service und der warmen Atmosphäre dieses Insel-B&Bs im Familienbetrieb. Bei gekühltem Wein und Käse kann man sich hier toll entspannen. In den umgebauten Zimmern gibt es Flachbild-TVs, Hydromassagen in der Dusche, Bademäntel und extra Handtücher. Hin- und Rückfahrt zur Fähre sowie Touren über die Insel sind im Preis inbegriffen.

Nuits St-Pierre B&B $$
(☎508-412-720; www.nuits-saint-pierre.com; 10 Rue du Général Leclerc; Zi. 130–175 €;) Diese gehobene Unterkunft ist auf Hochzeitsreisende ausgerichtet. Die fünf Zimmer, jedes mit eigenem Bad und kuscheligen Daunenbetten, sind nach berühmten französischen Autoren benannt. Kostenloser Shuttleservice vom Flughafen oder von der Fähre. Der angrenzende Teesalon hat jeden Nachmittag von 14 bis 18 Uhr geöffnet und lädt zu einem erholsamen Getränk und einem Stück Kuchen ein. Außerdem gibt's hier noch einen Fitnessraum.

Hotel Robert HOTEL $$
(☎508-412-419; www.hotelrobert.com; 2 Rue du 11 Novembre; DZ 90–118 €;) Die meisten Besucher steigen in diesem preiswerten Hotel, dem größten der Insel, ab. Die Zimmer sind o.k. und haben saubere Bettlaken und starke Duschen. Manche scheinen etwas veraltet. Im Restaurant im Erdgeschoss wird Frühstück (nicht inbegriffen) serviert, es gibt es aber nur einen Kellner für zwei hungrige Räume. Von der Fähre gut zu Fuß erreichbar.

Essen

Die wenigen Restaurants der Insel können im Sommer dem Andrang kaum standhalten. Wer abends Essen gehen will, sollte also unbedingt vorher reservieren. Es kann vorkommen, dass alle Lokale ausgebucht sind.

★ **Guillard Gourmandises** BÄCKEREI $
(31 Rue Boursaint; Gebäck 1–3 €; Di–Sa 7–12 & 14–17.30, So bis 16.30 Uhr) Wer sich die komplizierten Öffnungszeiten merkt, wird mit einem Stück *la belle* France belohnt. Schließlich sind diese ganzen cremigen Schokoladen-Éclairs, Macarons, warmen Gebäckstücke und Leckereien der einzige Grund, warum man hier ist, richtig?

Le Cafe du Chat Luthier SUSHI, PIZZA $$
(www.lecafeduchatluthier.com; 6 Rue Amiral Muselier; Hauptgerichte 9–22 €; Di–Fr 12–13.30, Di–So 18–22 Uhr) Eine angemessene Reaktion auf alles, was St-Pierre noch fehlt: In diesem freundlichen Hipster-Lokal werden wunderbare Sushirollen, knusprige, dünne Holzofenpizzas und Gourmet-Burger serviert. Wer für den Abend nicht reserviert hat, der kann sich alles auch zum Mitnehmen kaufen. Unter der Woche gibt es auch Mittagsmenüs.

L'Atelier Gourmand FRANZÖSISCH $$$
(☎508-415-300; www.lateliergourmandspm.com; 12 Rue du 11 Novembre; Hauptgerichte 18–25 €; 12–14 & 18–22.30 Uhr;) In diesem gemütlichen Restaurant mit Straßenterrasse gibt es klassisch französisches Essen. Das Fixpreis-Menü kann aber auch ein Reinfall sein, und der Service ist seeehr langsam. Mit einer dampfenden Muschelsuppe, einem klassischen französischen Hauptgericht und einer weißen Crème Brûlée zum Abschluss kann aber eigentlich nichts schiefgehen.

Praktische Informationen

Amerikaner, EU-Bürger und alle Besucher außer Kanadier brauchen zur Einreise einen Reisepass. Wer länger als 30 Tage bleibt, benötigt außerdem ein Visum. Kanadier können mit ihrem Führerschein einreisen.

GELD

Die meisten Händler akzeptieren Kreditkarten. Manche nehmen auch kanadische Dollar, aber sie geben in Euro raus. Wer länger als einen Nachmittag bleibt, kann sich am Geldautomaten Euros holen.

ST-PIERRE'S ALKOHOLISCHE VERGANGENHEIT

Als die Prohibition die USA in den 1920er-Jahren trockenlegte, entschloss sich Al Capone, seinen Durst – und den der Nation – zu stillen, indem er sich in St-Pierre niederließ.

Er und seine Männer verwandelten das verschlafene Fischerdörfchen in einen geschäftigen Hafen voller Lagerhäuser mit importiertem Alkohol. Die Flaschen wurden aus den Kisten geholt, in kleinere Tragesäcke umgepackt und heimlich von Schmugglern zur US-Küste gebracht. Die Cutty-Sark-Whiskey-Kisten stapelten sich so hoch auf den Docks, dass die cleveren Einheimischen das Holz verwendeten, um Häuser zu bauen und zu beheizen. Es gibt heute noch mindestens eines dieser Häuser: es wird „Cutty Sark Cottage" genannt. Die meisten Touren kommen daran vorbei.

Die Touristeninformation bietet eine spezielle zweistündige Prohibitions-Tour an (Erw./Kind 20/10 €), die zu Orten führt, die mit dem Thema zu tun haben. Zumindest sollte man ins Hotel Robert nahe der Touristeninformation gehen und sich Al Capones Hut anschauen – der hängt nämlich dort im Souvenirshop.

ÖFFNUNGSZEITEN

Die meisten Läden haben zwischen 12 und 13.30 Uhr geschlossen. Manche Geschäfte schließen auch Samstagnachmittag, und die meisten sind sonntags zu.

SPRACHE

Französisch, aber manche Einwohner sprechen auch Englisch.

TELEFON

Wenn man auf den Inseln anruft, ist dies eine internationale Verbindung, d. h. man muss vor der Nummer die ☎ 011 wählen. Der Telefondienst verbindet sich zum französischen Netz, dadurch fallen Roaminggebühren fürs Handy an.

TOURISTENINFORMATION

Das Visitor Center (www.st-pierre-et-miquelon.com; ⏲ 8.30–18.30 Uhr; 📶) nahe beim Fähranleger hat Karten, auf denen alle Banken, Restaurants usw. verzeichnet sind. Die Mitarbeiter haben auch Infos zu den Hotels und Touren der Insel und machen kostenlose Buchungen.

ZEIT

Eine halbe Stunde vor Newfoundland-Zeit.

ZOLL

Damit die Duty-Free-Regel für Alkohol gilt, muss man zumindest 48 Stunden auf den Inseln bleiben.

ℹ An- & Weiterreise

FLUGZEUG

Air St-Pierre (www.airsaintpierre.com; hin & zurück 353 C$) fliegt nach St. John's, Montréal und Halifax. Es gibt zwei bis drei Flüge wöchentlich in jede Stadt. Taxis vom/zum Flughafen kosten etwa 5 C$.

SCHIFF/FÄHRE

Die **St-Pierre Ferry** (☎ 709-832-3455; www.saintpierreferry.ca; 14 Bayview St, Fortune; Erw./Kind hin & zurück 93/58 C$) nimmt im Juli und August einmal täglich (Mi 2-mal tgl.) die stundenlange Fahrt von Fortune in Newfoundland zur Insel auf sich. Im restlichen Jahr fährt sie viel seltener. Die Abfahrtszeiten variieren, man sollte also vorher einen Blick auf die Website werfen. Auf den Schiffen sind bis jetzt nur Fußgänger erlaubt, aber zwei Fähren, die auch Autos transportieren, sind im Gespräch. Mitarbeiter koordinieren die Parkplätze in Fortune in der Nähe vom Anleger (10 C$/Tag). Die Tickets im Voraus kaufen und eine halbe, bzw. eine Stunde vor Abfahrt da sein, wenn man das Auto noch abstellen muss.

ℹ Unterwegs vor Ort

Vieles kann man zu Fuß erkunden. Die Straßen sind steil, man gerät also leicht außer Puste. Die Autovermietungen vermieten nur ungern an Reisende, die oft Schwierigkeiten damit haben, durch die unbeschilderten, engen Einbahnstraßen zu navigieren.

Das Visitor Center verleiht Fahrräder (13 €/Tag), und es gibt auch motorisierte Räder zum Ausleihen. Die Fähren fahren nach Miquelon und Langlade; Infos zu Zeiten und Preisen gibt's beim Visitor Center.

ZENTRALES NEWFOUNDLAND

Diese Gegend entlockt seinen Besuchern weniger Wows pro Quadratkilometer als der Rest der Provinz, aber das liegt daran, dass große Teile der Region aus Sumpf und Wald bestehen. Die Inseln der Notre Dame Bay – vor allem Twillingate, wo Eisberge vorbeigleiten – sind rühmliche Ausnahmen.

Terra Nova National Park

Seen, Sümpfe und hügelige Wälder im Rücken, das Salzwasser der Clode und Newman Sounds voraus: Der Terra Nova National Park wird durch den Hwy 1, der durch ihn hindurchführt, in zwei Teile geteilt.

👁 Sehenswertes

Burnside Archaeology Centre MUSEUM

(☎ 709-677-2474; www.digthequarry.com; Main St; Erw./Kind 3/1 C$; ⏲ Juli–Okt. 9–18 Uhr) Etwa 15 km vom westlichen Parkeingang des Terra Nova National Park entfernt liegt das Burnside Archaeology Centre. Hier werden die Artefakte katalogisiert, die an den hiesigen Beothuk-Stätten gefunden werden.

Terra Nova National Park PARK

(☎ 709-533-2801; www.pc.gc.ca/terranova; Erw./Kind/Familie 5,80/2,90/14,70 C$ pro Tag) Er ist nicht annähernd so spektakulär wie die anderen Nationalparks der Provinz, obwohl hier Elche, Bären, Biber und Weißkopf-Seeadler leben. Außerdem kann man entspannt wandern, paddeln, campen und Bootstouren unternehmen.

🏃 Aktivitäten

Die 14 Wanderwege im Nationalpark sind insgesamt fast 100 km lang. Karten erhält man im Visitors Center (S. 541). Sehr empfehlenswert ist der **Malady Head Trail** (5 km), der an der Spitze einer Landzunge liegt, von der aus man einen unglaublichen Blick auf den Southwest Arm und die Broad

Cove hat. Der einfache **Sandy Pond Trail** (3 km) führt als Schleife rund um den See – mit großer Chance, Biber zu sehen. Hier kann man auch sehr gut **schwimmen**, es gibt einen Strand, Umkleideräume und Picknicktische. Im Winter werden Loipen für Langläufer durch den Park gezogen.

Der abenteuerliche **Outport Trail** (48 km) führt zu den Campingplätzen im Hinterland und zu den verlassenen Siedlungen am Newman Sound. Der Rundweg lohnt sich, man muss aber wissen, dass einige Teile nicht ausgeschildert und oft sehr matschig sind. Ein Kompass, eine topografische Karte und Ratschläge eines Rangers sind die Grundvoraussetzungen für diese Tour, die man nicht auf die leichte Schulter nehmen sollte.

Der Kiosk am Visitor Center verleiht Kajaks. Dort erhält man auch Infos über die Route **Sandy Pond – Dunphy's Pond** (10 km), eine tolle Paddeltour mit nur einer kleinen Tragepassage.

Ebenfalls in der Gegend liegt **Salvage**, ein fotogenes Fischdorf mit gut markierten Wanderwegen. Es befindet sich in der Nähe des nördlichen Parkendes an der Rte 310, etwa 26 km vom Hwy 1 entfernt.

Geführte Touren

Bootstouren BOOTSFAHRTEN
(Erw./Kind 45/30 C$) Interessante Bootstouren führen zu den entlegeneren Siedlungen. Beim Terra Nova National Park Visitors Centre oder im Burnside Archaeology Centre nach Infos fragen.

Coastal Connections BOOTSTOUR
(☎709-533-2196; www.coastalconnections.ca; 2½ Std. Erw./Kind 85/35 C$; ⏲Mai–Okt. 10 & 14 Uhr) Die Bootsfahrt führt in den Newman Sound, wo man Hummerfangkörbe aus dem Wasser zieht, Plankton unter dem Mikroskop betrachtet und noch an vielen anderen Stellen aktiv eingebunden wird! Adler sieht man hier häufiger, Wale eher selten.

Schlafen

Die einzige Übernachtungsmöglichkeit innerhalb der Parkgrenzen ist das Zelten. Wer ein Bett will, der sollte nach Eastport fahren. Das liegt am Nordende des Parks an der Rte 310, etwa 16 km vom Hwy 1 entfernt. Reservierungen für die Campingplätze (empfohlen an den Sommerwochenenden) sind über **Parks Canada** ☎877-737-3783; www.pccamping.ca; Reservierungsgebühr 10,80 C$) telefonisch oder online möglich.

Backcountry Camping CAMPING $
(kostenlose Genehmigung erforderlich, Stellplatz Zelt 16 C$) Rund um den Outport Trail, Beachy Pond, Dunphy's Island und Dunphy's Pond gibt's mehrere Backcountry-Zeltplätze, die nur per Boot, zu Fuß oder in Kombination von beidem erreichbar sind. Anmeldungen nimmt das Visitor Center entgegen.

Newman Sound Campground CAMPING $
(Stellplatz Zelt 26–30 C$) Der größte (und lauteste) Campingplatz des Parks bietet 343 Stellplätze, einen Lebensmittelladen und Waschautomaten. Es gibt Strom, Toiletten und Duschen. Auch im Winter geöffnet.

Praktische Informationen

Der erste Halt sollte am **Terra Nova National Park Visitors Centre** (☎709-533-2942; Hwy 1; ⏲Juli & Aug. 10–18 Uhr, Mai, Juni & Sept. bis 16 Uhr) gemacht werden, wo es jede Menge Infos über den Park, Ranger-Programme und Ausstellungen über das Leben im Meer mit Anfassbecken und Unterwasserkameras gibt. 1 km abseits vom Hwy 1 an der Salton's Day-Use Area, und 80 km östlich von Gander.

Gander

Gander liegt an der Abzweigung der Rte 330 vom Hwy 1, die zur Notre Dame Bay führt. Der Ort ist ein bequemer Zwischenstopp mit ein paar Sehenswürdigkeiten für Flugzeugfans. Kaufhäuser gibt's hier überall, da dies die Hauptstadt der Region ist. Wer Proviant braucht, sollte hier einkaufen.

Flugzeugbegeisterte besuchen das **North Atlantic Aviation Museum** (☎709-256-2923; www.northatlanticaviationmuseum.com; Hwy 1; Erw./Kind 6/5 C$; ⏲Juli & Aug. 9–19 Uhr, Sept.–Juni Mo–Fr bis 16 Uhr). Direkt östlich am Hwy 1 steht das ernüchternde **Silent Witness Monument** im Gedenken an 248 US-Soldaten, deren Flugzeug hier im Dezember 1985 abstürzte.

Sie sind zwar ziemlich teuer für die Lage, aber die Zimmer im **Sinbad's Hotel & Suites** (☎709-651-2678; www.steelehotels.com; Bennett Dr; Zi. 129–147 C$) im Zentrum von Gander sind sauber und einladend für diejenigen, die eine Pause von der Fahrerei auf dem Highway machen wollen.

Es gibt ein **Visitors Centre** (www.gandercanada.com; ⏲Juni–Sept. 8–20 Uhr, Okt.–Mai 8.30–17 Uhr) am Hwy 1 an der Haupteinfahrt nach Gander.

Am **Gander Airport** (YQX; ☎709-256-6666; www.ganderairport.com) herrscht recht viel Betrieb. **DRL**-Busse (☎709-263-2171; www.drl-lr.com) halten am Flughafen auf der Fahrt nach St. John's (4 Std.) und Port aux Basques (9 Std.).

Twillingate Island & New World Island

Dieser Teil der Notre Dame Bay bekommt wegen der Wale und Eisberge im Sommer die meiste Aufmerksamkeit. Twillingate (das eigentlich aus zwei sehr eng beeinander liegenden Inseln besteht, North und South Twillingate) liegt nördlich von New World Island. Man erreicht die Inseln vom Festland aus über ein paar kurze Dämme. An Sommertagen wimmelt es hier nur so von Besuchern, aber es ist trotzdem noch wunderschön. Jede Biegung der Straße offenbart neue Blicke aufs Meer, malerische Fischerhäfen oder nette Gruppen pastellfarbener Häuser über Klippen und Felsen.

Sehenswertes

★ Prime Berth Fishing Museum MUSEUM
(☎709-884-2485; www.primeberth.com; Main Tickle Causeway; 5 C$, geführte Tour 8 C$; ⌚Juli & Aug. 10–17 Uhr) Hier unbedingt zuerst hinfahren! Das private Museum wird von einem netten Fischer betrieben. Die einfallsreichen und scheinbar einfachen Konzepte (eine Kabeljaufiletiershow!) sind brillant und machen sowohl Erwachsenen als auch Kindern Spaß. Es ist das erste Haus, das man sieht, wenn man nach Twillingate rüberfährt.

Long Point Lighthouse LEUCHTTURM
(☎709-884-2247; ⌚10–18 Uhr) GRATIS Von Long Point aus hat man einen unglaublichen Blick auf die Küstenklippen. Man steigt die Wendeltreppen hinauf, die seit 1876 von den Leuchtturmwärtern abgenutzt werden, und kann nur noch staunen über diesen 360-Grad-Blick. Da der Turm an der Spitze der Nordinsel liegt, ist er ideal, um im Mai und Juni Eisberge zu sehen.

Auk Island Winery WEINGUT
(☎709-884-2707; www.aukislandwinery.com; 29 Durrell St; Weinprobe 3 C$, inkl. Tour 5 C$; ⌚Juli & Aug. 9–21 Uhr, Sept.–Juni kürzere Öffnungszeiten) Hier werden unter Verwendung von Eisbergwasser und einheimischen Beeren Fruchtweine wie Moose Joose (Blaubeere-Rebhuhnbeere) oder Funky Puffin (Blaubeere-Rhabarber) hergestellt. Es gibt hier auch Speiseeis aus Eisbergwasser.

Little Harbour HAFEN
In Little Harbour, auf dem Weg zur Stadt Twillingate, führt ein 5 km langer Weg an den Resten einer umgesiedelten Gemeinde vorbei und durch einen Steinbogen zur abseits gelegenen, malerischen **Jone's Cove**.

Twillingate Museum MUSEUM
(☎709-884-2825; www.tmacs.ca; Eintritt gegen Spende; ⌚Mai–Sept. 9–17 Uhr) Das Museum in einem ehemaligen anglikanischen Pfarramt abseits der Main St erzählt die Geschichte der Insel ab dem Zeitpunkt, als die ersten britischen Siedler hier Mitte des 18. Jhs. ankamen. Ein Raum befasst sich mit der Robbenjagd und der Diskussion darüber. Nebenan steht eine historische **Kirche**.

Durrell Museum MUSEUM
(☎709-884-2780; Museum St; Erw./Kind 3/1,50 C$; ⌚Juni–Sept. 9–17 Uhr) Auf keinen Fall sollte man eine Tour durch das unglaublich malerische Durrell und sein Museum, das sich oben auf Old Maid Hill befindet, auslassen. Der Eisbär ist das i-Tüpfelchen. Mittagessen mitbringen, denn es gibt Picknicktische und einen beeindruckenden Ausblick!

Geführte Touren

Unterhaltsame zweistündige Touren zu Eisbergen und Walen starten täglich von Mitte Mai bis Anfang September.

Iceberg Man Tours BOOTSFAHRTEN
(☎800-611-2374; www.icebergtours.ca; Southside; Erw./Kind 50/25 C$) Captain Cecils beliebte zweistündige Tour geht um 9.30, 13 und 16 Uhr los. Die Gäste schwärmen vom Service.

Twillingate Adventure Tours BOOTSFAHRTEN
(☎888-447-8687; http://twillingateadventuretours.com) Startet an Twillingates Werft um 10, 13 und 16 Uhr (ab und zu auch um 19 Uhr).

Feste & Events

Fish, Fun & Folk Festival MUSIK
(www.fishfunfolkfestival.com; ⌚Ende Juli) Traditionelle Musik und Tanz, von dem einiges bis ins 16. Jh. zurückgeht, erobern Twillingate bei diesem einwöchigen Festival.

Schlafen & Essen

Obwohl es etwa 20 Übernachtungsmöglichkeiten gibt, kann Twillingate im Sommer recht voll werden. Früh buchen!

Paradise B&B B&B $
(☎709-884-5683; www.capturegaia.com/paradiseb&b.html; 192 Main St; Zi. mit Frühstück 90–110 C$;

⌚Mai–Sept.; 🚭📶) Das Paradise liegt an einem Steilhang mit Blick auf Twillingates Hafen und hat damit die beste Aussicht der Stadt. Man kann zu Fuß zum Strand gehen oder in einem Liegestuhl entspannen und einfach genießen. Ach ja, und die drei Zimmer sind auch sehr komfortabel. Nach Zimmer Nr. 1 fragen! Nur Barzahlung.

Anchor Inn Hotel HOTEL $$
(☎709-884-2777; www.anchorinntwillingate.com; 3 Path End; Zi. 135–165 C$; ⌚März–Dez.; 📶) Das am Wasser gelegene Anchor hat Zimmer mit herrlich weichen Betten. Pluspunkte sind auch die Aussichtsterrasse des Hotels und der Grill, den jeder Gast nutzen kann. Außerdem gibt es ein ausgezeichnetes Restaurant vor Ort.

Captain's Legacy B&B B&B $$
(☎709-884-5648; www.captainslegacy.com; Hart's Cove; Zi. 110–140 C$; ⌚Mai–Okt.; 🚭📶) Ein echter Kapitän namens Peter Troake besaß einst dieses historische Outport-Haus, das jetzt ein schönes 4-Zimmer-B&B mit Blick auf den Hafen ist.

R&J Restaurant SEAFOOD $
(☎709-884-2212; 110 Main St; Hauptgerichte 8–14 C$; ⌚8–23 Uhr) Ein vor allem bei Familien sehr beliebtes Lokal – vielleicht, weil es hier neben Fish'n'Brewis (eine Mischung aus Salzfisch, Zwiebeln, gebratenem Schweinefleisch und einem fast gekochten Brot) auch noch Pizza und Burger gibt.

★ **Doyle Sansome & Sons** SEAFOOD $$
(www.sansomeslobsterpool.com; 25 Sansome's Place, Hillgrade; Hauptgerichte 8–24 C$; ⌚10–21 Uhr) Dieses klassische Fischlokal ist auf jeden Fall einen Abstecher wert. Hier gibt's panierten Kabeljau, Fischfrikadellen mit Rhabarber-Relish und frischen Hummer. An schönen Tagen hat man von den Plätzen am Pier eine wunderschöne Aussicht. Man sollte sich nicht vom Namen hinters Licht führen lassen – hier kochen ein paar freundliche Damen. Das Dorf Hillgrade liegt 17 km vor Twilingate auf der linken Seite.

☆ Unterhaltung

Twillingate/NWI Dinner Theatre THEATER
(☎709-884-2300; Crow Head; Erw./Kind 32/16 C$; ⌚Juni–Sept. Mo–Sa 17.30 Uhr) Sechs von Newfoundlands Besten kochen nicht nur traditionelle Gerichte, sie hauen einen auch noch mit ihren talentierten Auftritten vom Hocker. Direkt südlich vom Long Point Lighthouse.

Fogo Island & Change Island

2400 EW.

Fogo wurde in den 1680er-Jahren besiedelt und ist eine beeindruckende und raue Insel. Man sollte diesen Ort im Auge behalten: Hier wurde vor Kurzem ein ambitionierter, kunstorientierter, nachhaltiger Tourismusplan gestartet, der für die Region ziemlich progressive ist. Das seltene Neufundlandpony streift über die Change Islands, die im Westen liegen.

Sehenswertes & Aktivitäten

Das Dorf **Joe Batt's Arm** auf Fogo, geschützt durch steinige Hügel, erscheint wie eine Erinnerung aus einer Jahrhunderte zurückliegenden Vergangenheit – auch wenn es jetzt dank des brandneuen Fogo Island Inn einen modernen Touch bekommen hat. Samstagmorgens findet am Eislaufplatz ein **Farmers Market** statt.

Das nahegelegene **Tilting** ist vielleicht das schönste Dörfchen der Insel. Die Iren haben hier viele Spuren hinterlassen, das hört man auch am Akzent. Der Binnenhafen ist umgeben von malerischen Fischfanggerüsten, die bei Flut von altersschwachen Stelzen aufrecht gehalten werden. Es gibt hier auch den tollen Küstenweg **Turpin's Trail** (9 km), der in Tilting beginnt, und zwar in der Nähe des Strands von **Sandy Cove**.

Auf der anderen Seite der Insel liegt das Dorf **Fogo** und der unbezähmbare **Brimstone Head**. Nachdem man den mystischen Stein gesehen hat, kann man eine weitere kleine Wanderung im Ort machen: den **Lion's Den Trail** (5 km), mit einem Abstecher zu einer Marconi-Funkstation. Auf der Insel lebt auch eine kleine Gruppe Karibus, nach der man Ausschau halten sollte.

Als Teil des Entwicklungsplans wurden auf der Insel **Ateliers** entlang der Wanderwege eingerichtet, und man lädt Maler, Filmemacher und Fotografen aus der ganzen Welt ein, sich hier eine Weile niederzulassen.

Die Change Islands beheimaten das **Newfoundland Pony Sanctuary** (☎709-621-6381; www.nlponysanctuary.com; 12 Bowns Rd; Eintritt gegen Spende; ⌚nach Vereinbarung), das gegründet wurde, um die Zahl der einheimischen, gefährdeten Neufundlandponys zu steigern. Es gibt nur noch weniger als 100 registrierte Tiere im fortpflanzungsfähigen Alter in der Provinz.

Feste & Events

Brimstone Head Folk Festival MUSIK
(www.brimstoneheadfestival.com; Mitte Aug.) Ein dreitägiges Folkmusikfest mit irischen und neufundländischen Klängen.

Great Fogo Island Punt Race KULTUR
(www.fogoislandregatta.com; Ende Juli) Die Einheimischen rudern in traditionell gebauten Holzbooten (*punts*) 16 km über das offene Meer zu den Change Islands und zurück.

Schlafen & Essen

Die Unterkünfte reichen von B&Bs zum exklusivsten Hotel in Newfoundland. Im Voraus reservieren, da Fogo im Sommer äußerst beliebt ist.

★ **Tilting Harbour B&B** B&B $
(709-658-7288; www.tiltingharbourbnb.ca; 10a Kelley's Island Rd, Tilting; Zi. 98–110 C$;) Dieses traditionelle hundert Jahre alte Haus ist überaus gastfreundschaftlich und bietet vier makellose Zimmer mit renovierten Bädern. Trotz der kantigen Winkel ist es bequem und gemütlich hier. Und das Beste: Der Besitzer Tom ist ausgebildeter Koch, der wunderbare Social Dinners (35 C$) mit frischem Seafood veranstaltet. Auch die Scones zum Frühstück sind ein absolutes Highlight.

Peg's B&B B&B $
(709-266-2392; www.pegsbb.com; 60 Main St, Fogo; Zi. 85–105 C$; Mai–Okt.;) Im Herzen von Fogo bieten die vier Zimmer des Peg's eine freundliche Atmosphäre und Blick auf den Hafen.

Quintal House INN $$
(www.quintalhouse.ca; 153 Main Rd, Joe Batt's Arm; DZ 130–150 C$;) Dieses alte bunte Haus ist ganzjährig geöffnet und hat nur drei Zimmer, die mit Werken von einheimischen Künstlern geschmückt sind. Die Gäste haben Zugang zur Küche und zur Waschküche. Der einzige Nachteil ist, dass es sich direkt an der Hauptstraße und ihrem Verkehr befindet. Unbedingt vorher reservieren!

★ **Fogo Island Inn** GASTHAUS $$$
(709-658-3444; www.fogoislandinn.ca; Joe Batt's Arm; 2 Nächte inkl. Verpflegung 1775–2875 C$;) Mit dem modernen, minimalistischen Design und ausgezeichnetem Service ist dieses Gasthaus mit seinen 29 Zimmern ein architektonisches Wunder, das sich am Rand der Welt festhält. Auch Kanadas Premierminister Justin Trudeau macht hier Urlaub. In den Zimmern gibt es große Doppelbetten mit Tagesdecken, Ferngläser und spektakuläre Aussichten aufs Meer. Der Koch verwendet für seine Gerichte Zutaten aus der Region. Im Juli können auch Nicht-Gäste die umweltfreundliche Anlage täglich um 11 und 14.30 Uhr besichtigen.

Growler's EISCREME $
(Joe Batt's Arm; Kugel 5 C$; Mi–So 12.30–19 Uhr) Es wäre eine Schande, diese Eisdiele am Ufer nicht zu besuchen. Hier gibt es hausgemachtes Rebhuhnbeeren-Eis mit Zimt und salzigen Streuseln.

Nicole's Cafe CAFÉ $$
(709-658-3663; www.nicolescafe.ca; 159 Main Rd, Joe Batt's Arm; Hauptgerichte 16–22 C$; Mo–Sa 10.30–20 Uhr) Nicole verwendet Zutaten von der Insel – nachhaltig gefangenen Fisch, Wurzelgemüse und wilde Beeren – für ihre zeitgenössischen Abwandlungen von *Jiggs dinner*, Karibupâté und der täglichen vegetarischen Platte. Ein sonniges Haus mit großen Holztischen und lokaler Kunst und Quilts an den Wänden.

Fogo Island Inn Restaurant KANADISCH $$$
(709-658-3444; www.fogoislandinn.ca; Joe Batt's Arm; Hauptgerichte mittags 20–45 C$, Festpreis-Menü abends 115 C$; 7–10, 12–15 & 18–21 Uhr, nur mit Reservierung) Dieses kleine Gourmetrestaurant mit tollem Blick aufs Meer serviert innovative 3-Gänge-Menüs aus Zutaten, die nach Möglichkeit aus der Region stammen. Jeden Tag gibt's ein anderes Menü. Köstliche Zubereitungen von Eismeerkrabben mit Meersalz, Fleisch von Rindern, die mit Gras aus Prince Edward Island gefüttert wurden, und Roggeneis mit Nesseln. Getränke kosten extra. Nicht-Gäste sollten mindestens drei Tage im Voraus reservieren und an der Straße parken. Von dort aus sind es fünf Minuten zu Fuß zum Gasthaus.

An- & Weiterreise

Die Rte 335 bringt einen zum Ort Farewell, von wo aus die Fähre auf die Change Islands (20 Min.) fährt und dann weiter nach Fogo (45 Min.). Im Sommer ist die Nachfrage groß – es lohnt sich, zwei Stunden vor Abfahrt da zu sein, um sich einen Platz für sein Auto zu sichern.

Zwischen 7.45 und 20.30 Uhr fahren fünf Fähren. Die Zeitpläne variieren, man sollte lieber beim **Provincial Ferry Services** (709-627-3492; www.gov.nl.ca/ferryservices; Fogo hin & zurück Auto/Passagier 18/6 C$) nachfragen. Es sind ungefähr 25 km vom Fährterminal in Fogo bis nach Joe Batt's Arm.

Grand Falls-Windsor

13 700 EW.

Zwei wachsende kleine Papierfabriksiedlungen wurden 1991 zur Gemeinde Grand Falls-Windsor zusammengeschlossen. Der historische Grand Falls-Teil, südlich des Hwy 1 und in der Nähe des Exploits River, ist für Besucher der interessantere Teil.

Sehenswertes

Mary March Provincial Museum MUSEUM
(☎709-292-4522; http://manl.nf.ca; 24 St Catherine St; Erw./Kind 2,50 C$/Eintritt frei; ⊙Mai–Okt. Mo–Sa 9–16.30, So ab 12 Uhr) Hier lohnt sich ein Besuch. Die Ausstellungsstücke konzentrieren sich auf die jüngere und ältere Geschichte der indigenen Völker der Region, einschließlich des Beothuk-Stammes. Um hierher zu kommen, nimmt man die Ausfahrt 18A nach Süden. Der Eintritt gilt auch für das Holzfällermuseum.

Salmonid Interpretation Centre PARK
(☎709-489-7350; www.exploitsriver.ca; Erw./Kind 6,50/3 C$; ⊙Juni–Sept. 8–20 Uhr) Hier beginnen Atlantiklachse ihre Wanderung stromaufwärts zu ihren Laichgründen. Leider tun sie das im Schatten der Papierfabrik. Um hinzukommen, überquert man den Fluss südlich der High St und folgt den Schildern.

Feste & Events

Salmon Festival MUSIK
(www.evsalmonfestival.com; ⊙Mitte Juli) Auf dem fünftägigen Salmon Festival treten bekannte kanadische Bands auf.

Schlafen & Essen

Hill Road Manor B&B B&B $$
(☎709-489-5451; www.hillroadmanor.com; 1 Hill Rd; Zi. 119–129 C$; 📶) Elegante Möblierung, Betten mit vielen Kissen (ideal zum Verschlafen) und ein toller Wintergarten ergeben einen stilvollen Aufenthalt. Kinderfreundlich.

Kelly's Pub BURGER $
(☎709-489-9893; 18 Hill Rd; Hauptgerichte 8–14 C$; ⊙9–2 Uhr) Gut versteckt hinter dem verqualmten Pub befindet sich dieser tolle, ländliche Ort. Hier gibt es die besten Burger der Stadt, und die Pommes sind auch nicht zu verachten.

An- & Weiterreise

DRL (☎709-263-2171; www.drl-lr.com) hat seine Haltestellen am Highliner Inn auf einer Nebenfahrbahn des Hwy 1. Die Strecke nach St. John's ist 430 km lang (72 C$), die nach Port aux Basques (124 C$) 477 km

Central South Coast

Die Rte 360 führt für 130 km mitten durch die Provinz zur Südküste. Es ist ein langer Weg zu den ersten Siedlungen am Ende der **Bay d'Espoir**, einem hübschen Fjord. Es gibt keine Tankstelle auf der Strecke, also am Hwy 1 unbedingt volltanken! **St. Alban's** liegt auf der Westseite des Fjords. Am Ende der Bucht gibt's ein paar Motels mit Restaurants und Lounges. Weiter südlich liegen mehrere kleine Fischerdörfer. Die Landschaft an der Rte 364 nach **Hermitage** ist besonders beeindruckend, genau wie die Gegend rund um **Harbour Breton** (1700 Ew.). Die größte Stadt der Region schmiegt sich an die Kante einer sanften Binnenbucht.

Schlafen & Essen

Southern Port Hotel HOTEL $$
(☎709-885-2283; www.southernporthotel.ca; Rte 360, Harbour Breton; Zi. 110–129 C$; 📶) Geräumige Zimmer mit Standardmobiliar; die Zimmer mit geraden Nummern haben Hafenblick.

Scott's Snackbar BURGER $
(☎709-885-2406; Harbour Breton; Hauptgerichte 7-15 C$; ⊙So–Do 10.30–23, Fr & Sa bis 1 Uhr) In der Nähe der Unterkünfte serviert Scott's Snackbar Burger und andere hausgemachte Gerichte. Ausschanklizenz vorhanden!

An- & Weiterreise

In diese einsame Gegend kommt man am besten mit dem eigenen Fahrzeug. Auch der **Thornhill Taxi Service** (☎709-885-2144) fährt zwischen Grand Falls und Harbour Breton. **Provincial Ferry Services** (☎709-292-4302; www.tw.gov.nl.ca/ferryservices) bedient Hermitage und macht so die Outports (Küstengemeinden) an der westlichen Südküste von hier aus zugänglich.

NÖRDLICHE HALBINSEL

Die nördliche Halbinsel steht wie ein ausgestreckter Zeigefinger vom restlichen Newfoundland ab, und man hat beinahe das Gefühl, dass er droht und sagt: „Wag' es ja nicht, die Provinz zu verlassen, ohne hier gewesen zu sein!"

Darauf sollte man hören. Zwei der Weltkulturerbestätten der Provinz befinden sich hier: Der Gros Morne National Park mit seinen fjordartigen Seen und geologischen BEsonderheiten liegt an der Basis der Halbinsel, während die großartige, 1000 Jahre alte Wikingersiedlung in L'Anse aux Meadows von der Spitze der Halbinsel über die See blickt. Verbunden sie die beiden berühmten Stätten durch den **Viking Trail** (www.vikingtrail.org), die Rte 430. Eigentlich ist er eine Attraktion für sich und führt immer unbeirrt nah am Meer entlang nach Norden, vorbei an den alten Begräbnisstätten von Port au Choix und dem Fähranleger zum großen, brütend-grüblerischen Labrador.

Der Tourismus in der Region nimmt immer weiter zu, trotzdem ist nur ein Bruchteil der Menschen unterwegs, die man etwa in Parks wie Yellowstone oder Banff antrifft.

Deer Lake

In Deer Lake gibt's für Besucher nur wenig zu tun, aber es ist eine ideale Basis für Trips in den Norden und zur Westküste.

B&B-Feeling gibt's im einfachen **Auntie M's Lucas House** (☎709-635-3622; www.lucashouse.net; 22 Old Bonne Bay Rd; Zi. 75–85 C$; ⏲Mai–Sept.; @📶); es ist nur fünf Minuten vom Flughafen entfernt.

Das **Visitors Cemter** (☎709-635-2202; dl-vic@gov.nl.ca; Hwy 1; ⏲9–19 Uhr) und die **DRL-Bushaltestelle** (☎709-263-2171; www.drl-lr.com) an der Irving-Tankstelle liegen nebeneinander am Hwy 1. Ein Taxi vom Flughafen kostet 10 C$.

Besucher des Gros Morne National Park kommen normalerweise auf dem **Deer Lake Airport** (YDF; ☎709-635-3601; www.deerlakeairport.com; 1 Airport Rd; 📶) an. Langstreckenbusse von DLR fahren über den Trans Canada Hwy.

Gros Morne National Park

Die beeindruckenden Tafelberge und die tief eingeschnittenen Wasserläufe dieses **Nationalparks** (☎709-458-2417; www.pc.gc.ca/grosmorne; Erw./Kind/Familie 9,80/4,90/19,60 C$ pro Tag) sind einfach nur übernatürliche Spielplätze. Der Park wurde 1987 zum Weltkulturerbe ernannt und ist besonders für Geologen von Bedeutung, da er ihnen viel über unseren Planeten verrät. Er liefert Beweise für Theorien wie die Plattentektonik. Vor allem die bronzefarbenen Tablelands bestehen aus Gestein, das tief aus der Erdkruste stammt. Nirgendwo auf der Welt ist derartiges Material so leicht zugänglich wie im Gros Morne National Park.

Mehrere kleine Fischerdörfer stehen vereinzelt am Ufer und bieten Unterkunft. Die Bonne Bay teilt das Land auf: im Süden befinden sich die Rte 431 und die Städte **Glenburnie**, **Woody Point** und **Trout River**; im Norden die Rte 430 und **Norris Point**, **Rocky Harbour**, **Sally's Cove** und **Cow Head**. Das zentrale Rocky Harbour ist das größte Dorf und der beliebteste Ort für Übernachtungen. Das nahegelegene Norris Point und das etwas weiter entfernte Woody Point sind auch gute Basislager.

Sehenswertes

Der Park ist sehr weitläufig – es sind 133 km von Trout River im Süden bis nach Cow Head im Norden –, deshalb braucht man eine Weile, um von einer Sehenswürdigkeit zur nächsten zu kommen. Auf jeden Fall in den Visitors Centers des Parks Halt machen, wo es informative Programme und geführte Wanderungen gibt.

Tablelands AREAL

Die unbezwingbaren Tablelands dominieren die Südwestlecke des Parks, nahe Trout River. Dieses Tafelbergmassiv war Teil der Erdkruste, bevor die Tektonik es aus den Tiefen hervorhob und mitten auf den Kontinent setzte. Das Gestein hier ist so ungewöhnlich, dass auf ihm noch nicht einmal Pflanzen wachsen können. Man kann dieses unfruchtbare goldene Phänomen direkt an der Rte 431 sehen oder aus der Ferne von einem der beeindruckenden Foto-Aussichtspunkte oberhalb von Norris Point. Westlich der Tablelands kennzeichnen dramatische vulkanische Brandungspfeiler und Höhlen die Küste von **Green Gardens**.

Bonne Bay Marine Station AQUARIUM

(☎709-458-2550; www.bonnebay.ca; Rte 430, Norris Point; Erw./Kind/Familie 6,25/5/15 C$; ⏲Juni–Aug. 9–17 Uhr) Am Anleger in Norris Point liegt diese Forschungseinrichtung, die zur Memorial University gehört. Jede halbe Stunde gibt es interaktive Touren, und die Aquarien zeigen die Meereslebensräume in Bonne Bay. Für Kinder gibt's Anfassbecken und einen seltenen blauen Hummer.

Arches Provincial Park PARK

Diese malerischen gebogenen Steine an der Rte 430 nördlich von Parsons Pond wurden von wuchtigen Wellen geformt und sind einen Blick wert.

DIE DEBATTE ÜBER DIE ROBBENJAGD

Nichts entzündet eine leidenschaftlichere Diskussion als Kanadas jährliche Robbenjagd, die im März und April vor Newfoundlands Nordostküste und im Sankt-Lorenz-Golf rund um die Îles de la Madeleine und Prince Edward Island stattfindet. Die Kontrahenten sind Tierschutzaktivisten und Robbenjäger (meist einheimische Fischer, die außerhalb der Saison Robben jagen). Die Diskussion dreht sich meistens um folgende Fragen:

Werden Robbenbabys getötet? Ja und nein. Whitecoats sind neugeborene Sattelrobben und sie sind immer wieder auf sehr grausamen Bildern zu sehen. Seit Jahrzehnten ist es illegal, sie zu jagen, aber die Jungen verlieren nach 12 bis 14 Tagen ihr weißes Fell, und dann sind sie Freiwild.

Werden die Tiere human getötet? Die Jäger sagen: ja. Die Waffen und Knüppel, die sie benutzen, würden sofort töten. Tierschutzaktivisten bestreiten das und sagen, dass die Tiere nur verletzt und auf dem Eis liegengelassen würden, bis die Jäger sie später holen und die Arbeit zu Ende bringen.

Ist die Robbenpopulation nachhaltig gesichert? Die kanadische Regierung sagt ja und setzt eine jährliche Quote fest, basierend auf der kompletten Robbenpopulation (geschätzte 7,3 Mio. Tiere). Für 2015 betrug die Fangquote 468 000 Tiere, trotz sinkender Nachfrage auf dem Markt.

Ist die Robbenjagd wirklich so ein wichtiger Teil der lokalen Wirtschaft? Aktivisten sagen nein, es sei nur ein unbedeutender Teil des Einkommens von Newfoundland. Die Provinz sieht das anders und sagt, dass für einige Jäger das Ergebnis der Jagd bis zu einem Drittel ihres Arbeitseinkommens ausmache. In einer Provinz mit 12 % Arbeitslosigkeit ist das bedeutend.

2009 verbot die EU den Handel mit Robbenprodukten, was der Industrie immens geschadet hat. Wer mehr über die Argumente beider Lager wissen möchte, kann sich auf den Websites der Canadian Sealers Association (www.sealharvest.ca) und der Humane Society of the United States (www.protectseals.org) umsehen.

Shallow Bay STRAND

Dieser sanfte Sanddünenstrand scheint gar nicht hierher zu gehören – er sieht aus, als ob er aus der Karibik stammt. Das Wasser holt einen aber wieder in die Realität zurück, denn es wird selten wärmer als 15 °C.

Broom Point Fishing Camp HISTORISCHE STÄTTE

(Rte 430, Broom Point; ⏲ Mai–Okt. 10–17.30 Uhr) GRATIS Dieses restaurierte Fischercamp befindet sich ein kurzes Stück nördlich des Western Brook Pond. Die drei Mudge-Brüder und ihre Familien haben hier von 1941 bis 1975 gefischt. Danach verkauften sie das gesamte Camp, inklusive Boote, Hummerfallen und Netze, an den Nationalpark. Jetzt arbeiten hier Führer.

SS Ethie SCHIFFSWRACK

(Rte 430, hinter Sally's Cove) Den Schildern vom Highway aus folgen bis dorthin, wo die Wellen gegen die rostigen und verbogenen Überreste der SS *Ethie* schlagen. Die Geschichte dieses Wracks von 1919 und der versuchten Rettung hat einen berühmten Folksong inspiriert.

Aktivitäten

Wandern

20 gepflegte Wanderwege mit unterschiedlichen Schwierigkeitsgraden und einer Gesamtlänge von 100 km schlängeln sich durch die schönsten Teile des Parks. Besonders toll ist der 16 km lange **Gros Morne Mountain Trail** zum Gipfel des Gros Morne, mit 806 m der höchste Punkt im Park. Eine gute Alternative bei schlechterem Wetter ist der 16 km lange **Green Gardens Trail**, der fast genauso schön und schwierig ist.

Zu den kürzeren schönen Wegen zählen der **Tablelands Trail** (4 km) zum Winterhouse Brook Canyon, der **Lookout Trail** (5 km), der am Discovery Centre beginnt und zu einem alten Feuerwachturm über der Baumgrenze führt, der **Lobster Cove Head Trail** (2 km), der durch mehrere Gezeitenbecken läuft, und der **Western Brook Pond Trail** (Rte 430), der der beliebteste Pfad ist.

Die Mütter aller Wege sind die **Long Range Traverse** (35 km) und die **North Rim Traverse** (27 km), beide schwierige, mehrtägige Wanderwege über die Berge. Man benötigt eine Genehmigung und Beratung von den Parkrangern.

Wer mehrere Wanderungen machen will, sollte 20 C$ in den *Gros Morne National Park Trail Guide* investieren, eine wasserfeste Karte mit Wegbeschreibungen auf der Rückseite, die normalerweise in den Visitor Centers erhältlich ist.

Kajak- & Bootfahren

Kajakfahren im Schatten der Tablelands und durch das Gespritze der Wale ist wirklich etwas, das man erlebt haben muss.

★ Western Brook Pond Boat Tour BOOTSFAHRTEN
(2-std. Tour Erw./Kind 58–65/26–30 C$) Diese großartige Tour mit Ausblicken, die es sonst nirgendwo gibt, wird von Bon's Tours durchgeführt. Die Vormittagstouren sind am günstigsten. Die Fahrt vom Büro von Bon's zum Ausgangspunkt dauert etwa 25 Minuten. Der Anleger ist auf einem 3 km langen Fußmarsch von der Rte 430 über den einfachen Western Brook Pond Trail zu erreichen.

Gros Morne Adventures GEFÜHRTE TOUREN
(☎709-458-2722; www.grosmorneadventures.com; Norris Point Werft; 2-stündige Kajaktour Erw./Kind 55/45 C$) Eine schöne Möglichkeit, die Bonne Bay zu erkunden, stellen die täglichen Kajaktouren auf dem Meer dieses Anbieters dar. Man kann auch ganztägige und mehrtägige Kajaktouren buchen, sowie verschiedene geführte Wanderungen. Erfahrene Paddler können sich hier auch Kajaks leihen (Einer/Zweier 55/65 C$ pro Tag).

Bon Tours BOOTSFAHRTEN
(☎709-458-2016; www.bontours.ca; Ocean View Motel, Main St, Rocky Harbour) Bon veranstaltet jede Stunde zwischen 10 und 17 Uhr die Bootstour Western Brook Pond und mehrere Bootsfahrten durch die Bonne Bay. Wer keinen Parkpass hat, muss einen holen, bevor er an Bord geht. Am besten reserviert man vorher in Bons Büro im Ocean View Hotel oder online.

Bonne Bay Boat Tours BOOTSFAHRTEN
(2-std. Tour Erw./Kind 45/19 C$) Die Bonne Bay-Bootstouren starten am Norris Point-Anleger, genau wie ein Wassertaxi (Erw./Kind 14/10 C$ hin & zurück; nur für Fußgänger und Fahrräder), das von Norris Point nach Woody Point fährt. Die Bootstouren und das Taxi werden von Bon Tours betrieben.

Skifahren

Viele Loipen des beeindruckenden 55 km langen Langlaufsystems im Park wurden vom kanadischen Olympiasieger Pierre Harvey gestaltet. Im Main Visitor Center (S. 549) gibt's Loipeninfos und Reservierungen für Hütten im Hinterland.

Radfahren

Die in Corner Brook stationierten **Cycle Solutions** (☎709-634-7100; www.cyclesolutions.ca; Rte 430, Rocky Harbour) bieten Mountainbike- und Fahrradtouren durch Gros Morne an – von einfachen Halbtagestouren bis hin zu anspruchsvollen mehrtägigen Trips. Die Preise können variieren. Das Büro liegt neben dem Besucherzentrum von Rocky Harbour.

Feste & Events

Writers at Woody Point Festival LITERATUR
(☎709-453-2900; www.writersatwoodypoint.com; Tickets ab 20 C$; ⏲ Mitte Aug.) Autoren aus Newfoundland, Kanada und der Welt treffen sich am Woody Point Heritage Theatre und lesen vor. Es wird auch Livemusik gespielt.

Gros Morne Theatre Festival THEATER
(☎709-243-2899; www.theatrenewfoundland.com; Tickets 15–35 C$; ⏲ Ende Mai – Mitte Sept.) Acht Produktionen neufundländischer Stücke werden während des Sommers drinnen und unter freiem Himmel aufgeführt.

Schlafen

Rocky Harbour bietet die meisten Möglichkeiten. Woody Point und Norris Point sind ebenfalls gute Alternativen. Im Juli und August wird es schnell voll.

Infos zum Campen im Hinterland, wo man nur mit dem Fahrrad hinkommt, bekommt man im Main Visitor Center (S. 549). Im Park gibt es vier **Campingplätze** (☎877-737-3783; www.pccamping.ca): Berry Hill (Stellplatz 19–26 C$, oTENTik 120 C$/Nacht, Reservierungsgebühr 11 C$; ⏲ Juni–Sept.), Lomond (Stellplatz 19–26 C$, Reservierungsgebühr 11 C$; ⏲ Juni–Okt.), Trout River (Stellplatz 19–26 C$, Reservierungsgebühr 11 C$; ⏲ Juni–Sept.) und Shallow Bay (Stellplatz 19–26 C$, oTENTik 120 C$/Nacht, Reservierungsgebühr 11 C$; ⏲ Juni–Sept.).

Gros Morne Accommodations & Hostel HOSTEL $
(☎709-458-3396; www.grosmorneaccommodationsandhostel.com; 8 Kin Pl, Rocky Harbour; B/Zi. 30/70 C$; ⊖ 📶) In diesem gepflegten, neueren Hostel haben die Schlafsäle Stockbetten aus Kiefernholz mit dünnen, plastikbedeckten Matratzen. Außerdem gibt es hier Kabel-TV, eine Gemeinschaftsküche und gegen eine geringe Gebühr auch Handtücher. Re-

zeption gibt es vor Ort allerdings keine, einchecken muss man beim Gros Morne Wildlife Museum in der 76 Main St, was schon ein Stück zu Fuß ist, wenn man kein Auto hat.

Aunt Jane's B&B B&B $

(☎ 709-453-2485; www.grosmorneescapes.com; Water St, Woody Point; DZ 70–90 C$; ⊙ Mai–Okt.; ⊜) Dieses historische Haus trieft vor Charakter. Die günstigeren Zimmer teilen sich ein Bad. Es befindet sich am Strand, was bedeutet, dass man am frühen Morgen vom schweren Atmen der Wale wach werden kann.

Gros Morne Cabins HÜTTE $$

(☎ 709-458-2020; www.grosmornecabins.ca; Main St, Rocky Harbour; Hütten 149–209 C$; ⊜) Hinten ist Asphalt, aber vor den schönen Hütten befindet sich nichts außer Meer (bei der Buchung nach Zimmer mit Ausblick fragen!). Jede Hütte hat eine komplett ausgestattete Küche, TV und ein Ausziehsofa für Kinder. Buchungen können in Endicotts Gemischtwarenladen nebenan gemacht werden.

Anchor Down B&B B&B $$

(☎ 709-458-2901; www.theanchordown.com; Pond Rd, Rocky Harbour; Zi. 100–110 C$; ⊜@) Das Haus und seine fünf Zimmer sind ziemlich einfach, aber die Gäste sind begeistert von der tollen Gastfreundschaft und den Kochkünsten der Gastgeber. Die teureren Zimmer sind noch mit Whirlpools ausgestattet.

Middle Brook Cottages HÜTTE $$

(☎ 709-453-2332; www.middlebrookcottages.com; an der Rte 431, Glenburnie; Hütten 99–149 C$; ⊙ März – Nov.; ⊜⊜) Die blitzsauberen Hütten komplett aus Kiefernholz sind sowohl romantisch als auch kinderfreundlich. Sie haben eine Küche und TV, und man kann im Teich und dem Wasserfall hinter dem Anwesen herumplantschen.

Essen

Java Jack's CAFÉ $

(☎ 709-458-3004; www.javajacks.ca; Main St, Rocky Harbour; Hauptgerichte 9–19 C$; ⊙ Mai–Sept. Mi–Mo 7.30–20.30 Uhr; ✎) Wer genug hat von frittiertem Essen, der sollte zu Jack's kommen. Dieses beliebte, künstlerische Outpost-Café serviert tagsüber den besten Kaffee von Gros Morne, Wraps und Suppen. Abends füllt man im oberen Speisesaal die nach einer Wanderung leeren Mägen mit leckerem Fisch, Karibu und vegetarischen Gerichten. Das Gemüse kommt frisch aus dem Biogarten vom Gelände.

Earle's KANADISCH $

(☎ 709-458-2577; Main St, Rocky Harbour; Hauptgerichte 8–14 C$; ⊙ 9–23 Uhr) Earle ist eine Institution in Rocky Harbour. Hier werden Lebensmittel verkauft und DVDs verliehen, außerdem gibt's großartiges Eis, Pizzas, Elchburger und traditionelle neufundländische Gerichte, die man auf der Terrasse essen kann.

Old Loft SEAFOOD $$

(☎ 709-453-2294; www.theoldloft.com; Water St, Woody Point; Hauptgerichte 10–21 C$; ⊙ Juli–Aug. 11.30–21 Uhr, Juni & Sept. bis 19 Uhr) Am Wasser in Woody Point gelegen. Der kleine Laden ist beliebt wegen seiner traditionellen neufundländischen Gerichte und den Meeresfrüchtegerichte. Unbedingt die knusprigen Zwiebelringe probieren!

ℹ Praktische Informationen

Der Parkeintritt umfasst die Wanderwege, das Discovery Centre und alle Picknickeinrichtungen.

Discovery Centre (☎ 709-453-2490; Rte 431, Woody Point; ⊙ Mai–Okt. 9–18 Uhr) Interaktive Ausstellungen und ein Multimediatheater erläutern die Ökologie und Geologie der Gegend. Es gibt auch einen Infoschalter mit Karten, täglichen lehrreichen Aktivitäten und ein kleines Café.

Main Visitor Centre (☎ 709-458-2066; Rte 430; ⊙ Mai–Okt. 8–20 Uhr) Neben den Tages- und Hinterland-Permits gibt es hier Karten, Bücher, Material zum Viking Trail und einen beeindruckenden Infobereich.

Park Entrance Kiosk (Rte 430; ⊙ Mai–Okt. 10–18 Uhr) Bei Wiltondale.

Rocky Harbour (www.rockyharbour.ca) Online-Infos zu Unterkünften, Restaurants und Attraktionen in Rocky Harbor.

Western Newfoundland Tourism (www.gowesternnewfoundland.com)

ℹ An- & Weiterreise

Der Deer Lake Airport liegt 71 km südlich von Rocky Harbour. Es gibt Shuttlebusse (S. 556) vom Flughafen nach Rocky Harbour, Woody Point und Trout River.

Port au Choix

In Port au Choix, das an einer öden Halbinsel 13 km vom Viking Trail entfernt baumelt, gibt es eine große Fischereiflotte, ein komisches Museum und eine sehenswerte archäologische Stätte, die sich mit alten Friedhöfen beschäftigt.

Sehenswertes

Port au Choix National Historic Site HISTORISCHE STÄTTE

(☎709-861-3522; www.pc.gc.ca/portauchoix; Point Riche Rd; Erw./Kind 3,90/1,90 C$; ⊙Juni–Sept. 9–18 Uhr) Diese alten Friedhöfe von drei verschiedenen Ureinwohnerstämmen sind schon 5500 Jahre alt. Das moderne **Visitors Center** erzählt von den Überlebensstrategien der Stämme und vom unerklärlichen Verschwinden eines der Stämme vor 3200 Jahren. Mehrere gute Pfade führen durch den Park und geben einen besseren Einblick in die Geschichte. **Phillip's Garden**, ein Gebiet mit Überresten von Paleo-Eskimo-Häusern, ist ein Highlight, das gut zu Fuß erreicht werden kann. Hierher führen zwei Wanderwege, einer davon ist der **Phillip's Garden Coastal Trail** (4 km), der am Phillip Dr am Ende des Ortes beginnt. Von hier aus hüpft man über ein Puzzle aus skelettähnlichen Steinen bis zur Stätte, die 1 km entfernt liegt.

Geht man weiter, erreicht man nach 3 km das **Point Riche Lighthouse** (1871), das auch über die Straße zum Visitor Center aus zu erreichen ist.

Ein weiterer Weg nach Phillip's Garden ist der **Dorset Trail** (8 km). Er beginnt am Visitor Center und windet sich durch das öde Gelände entlang an verkrüppelten Bäumen, an einer **Begräbnishöhle** der Dorset Paleo-Eskimos vorbei, bevor man letztendlich die Stätte erreicht und wieder Anschluss an den Coastal Trail bekommt.

Ben's Studio GALERIE

(☎709-861-3280; www.bensstudio.ca; 24 Fisher St; ⊙Juni–Sept. Mo–Fr & ab und zu am Wochenende 9–17 Uhr) GRATIS Am Stadtrand befindet sich Ben Ploughmans exzentrisches Atelier mit Volkskunst. Stücke wie *Crucifixion of the Cod* sind Klassiker, und der Künstler plaudert gern selbst mit seinen Besuchern.

Schlafen & Essen

Jeannie's Sunrise B&B B&B $

(☎709-861-2254; www.jeanniessunrisebb.com; Fisher St; Zi. 79–99 C$;) Jeannies Gastfreundschaft strahlt durch die geräumigen Zimmer und die helle Leseecke – sie ist so süß wie ihre Muffins. Die Gäste schwärmen von dem üppigen Frühstück mit hausgemachter Marmelade. Die Zimmer am unteren Ende der Preisskala teilen sich ein Bad.

Anchor Cafe SEAFOOD $

(☎709-861-3665; Fisher St; Hauptgerichte 12–18 C$; ⊙11–21 Uhr) Den Laden kann man nicht verfehlen – die vordere Hälfte besteht aus einem Schiffsbug –, und das sollte man auch keinesfalls, denn hier gibt's den tollsten Service und das beste Essen der Stadt. Perfekte Pommes und Kabeljau, deftiger Elcheintopf und gesunde Salate werden in gemütliche Leder-Sitzecken serviert. Das Mittagsmenü lohnt sich, und auf der Abendkarte steht eine große Auswahl an Meeresfrüchten.

Von St. Barbe nach L'Anse aux Meadows

Wo der Viking Trail sich St. Barbe nähert, werden die Gewässer des Golfs schnell eng und geben dem Besucher einen ersten Ausblick auf die trostlosen Gestade Labradors. Fähren fahren zwischen St. Barbe und den Labrador Straits. Bei Eddies Cove verlässt die Straße die Küste und führt landeinwärts.

Bei der Anfahrt zur Nordspitze der Halbinsel biegt die Rte 430 Richtung St. Anthony ab, zwei neue Straßen führen zu verschiedenen winzigen Fischerdörfern, die perfekte Ausgangspunkte für einen Besuch der L'Anse aux Meadows National Historic Site sind: Rte 436 schmiegt sich an das Ostufer und führt (von Süd nach Nord) durch die Dörfer St. Lunaire-Griquet, Gunners Cove, Straitsview und L'Anse aux Meadows. Rte 437 verläuft in einer mehr westlichen Richtung durch Pistolet Bay, Raleigh und Cape Onion.

In L'Anse aux Meadows, umgeben von Inseln und Bergen voller Edelsteine, kommt man sich im wahrsten Sinne des Wortes vor wie am Ende der Straße. Die Rte 437 führt in westliche Richtung durch Pistolet Bay, Raleigh und Cape Onion.

Sehenswertes

★ **L'Anse aux Meadows National Historic Site** HISTORISCHE STÄTTE

(☎709-623-2608; www.pc.gc.ca/lanseauxmeadows; Rte 436; Erw./Kind/Fam. 11,70/5,80/29,40 C$; ⊙Juni–Sept. 9–18 Uhr) Ca. 1000 n. Chr. lebten hier Leif Eriksson und seine Wikingerfreunde. Besucher können heute noch die Überreste ihrer Siedlung am Wasser bestaunen: acht Holz- und Grassodengebäude, heute nur noch vage zu erkennen im schwammigen Untergrund, und drei Gebäudenachbauten, die von kostümierten Schauspielern bewohnt werden. Sie tragen Namen wie Thora und Bjorn und simulieren Wikingerhausarbeit wie Flachsspinnen, Nägelschmieden usw. Der Rundgang dauert

DIE WIKINGER

Obwohl Christoph Kolumbus den Ruhm erntete, Amerika „entdeckt" zu haben, waren tatsächlich Wikinger die ersten Europäer, die den Kontinent betraten. Angeführt von Leif Eriksson, segelten sie ca. 500 Jahre vor Kolumbus aus Skandinavien über Grönland nach Newfoundland und landeten in L'Anse aux Meadows. Sie ließen sich nieder, bauten Häuser, fanden Nahrung, ja schmolzen sogar Eisen aus dem Morast, um Nägel zu schmieden – alles Zeichen großen Erfindungsreichtums und Stärke. Dass dies von einer Gruppe Jungspunde im Alter zwischen 20 und 30 Jahren erreicht wurde, macht alles noch bewundernswerter.

In norwegischen Erzählungen wird seit Jahrhunderten ein Ort namens „Vinland" erwähnt. Aber niemand konnte seine Existenz belegen, bis Archäologen 1968 in L'Anse aux Meadows eine kleine Umhangnadel fanden. Man geht inzwischen davon aus, dass hier das Basislager war und dass die Wikinger die Küste noch viel weiter erkundet haben.

zwei bis drei Stunden, dann hat man einen Eindruck vom Ambiente der Anlage.

Das Gelände mag langweilig wirken – man steht in einem Moor mitten im Nirgendwo und starrt auf einen Fleck, auf dem einmal ein paar alte Grassodenhäuser standen –, dennoch ist diese Stätte eine von Newfoundlands bewegendsten Attraktionen.

Das Informationszentrum lohnt einen Besuch allein wegen des Einführungsfilms, der die faszinierende Geschichte des norwegischen Forschers Helge Ingstad erzählt, der die Stätte entdeckte. Auch interessant ist der 3 km lange Wanderweg, der sich durch das karge Terrain rund um das Informationszentrum und an der Küste entlang schlängelt.

Norstead HISTORISCHE STÄTTE

(☎709-623-2828; www.norstead.com; Rte 436; Erw./Kind/Fam. 10/6,50/30 C$; ⏰Juni–Sept. 9.30–17.30 Uhr) Wer von langbärtigen Wikingern nicht genug kriegen kann, sollte in Norstaed direkt hinter der Abfahrt zur National Historic Site anhalten. Das Dorf ist die Wiederbelebung einer Wikingersiedlung mit kostümierten Darstellern, die in den vier Gebäuden an echten Feuerstellen Metalle schmelzen, weben, backen und Geschichten erzählen. Hört sich zwar etwas kitschig an, aber die Leute ziehen das hier mit Stil und Klasse durch. Es gibt auch einen großformatigen Nachbau eines Wikingerbootes zu bestaunen.

Aktivitäten

★ **Quirpon Lighthouse Inn** ABENTEUERSPORT

(☎709-634-2285; www.linkumtours.com; Main Rd; Angebot pro Pers. inkl. Bootstransfer 250–400 C$; ⏰Mai–Sept.) An dieser verlassenen Insel, 9 km westlich von L'Anse aux Meadows, ziehen regelmäßig Wale und Eisberge vorbei. Was die Abgeschiedenheit angeht, ist diese Pension mit zehn Zimmern unschlagbar. Sie liegt neben einem aktiven Leuchtturm mit Walbeobachtungs-Station im Innern. Im Angebot enthalten sind Wanderungen, Zodiac-Touren und geführte Kajaktrips.

Schlafen & Essen

Hillsview B&B B&B $

(☎709-623-2424; Gunner's Cove; Zi. ab 80 C$; 📶) Ina Hill ist die Gastgeberin in diesem netten B&B, das in einem modernen Haus mit Blick auf die Bucht untergebracht ist. Die Zimmer haben einen gewissen Großmutter-Charme mit ihren bequemen mit Quilts bedeckten Betten. Zum Frühstück gibt's hausgemachte Marmelade.

Viking Village B&B B&B $

(☎709-623-2238; www.vikingvillage.ca; Hay Cove, L'Anse aux Meadows (Dorf); EZ/DZ ab 65/88 C$; 🚭📶) Ein Holzhaus mit Meerblick, das gemütliche Zimmer mit Quilts nur 1 km von der Wikingerstätte entfernt vermietet. Nach einem der Zimmer mit Zugang zum Balkon fragen und den Sonnenaufgang genießen.

Valhalla Lodge B&B B&B $$

(☎709-623-2018; www.valhalla-lodge.com; Rte 436, Gunners Cove; Zi. 95–115 C$; ⏰Mai–Sept.; 🚭📶) Der Blick aufs Meer von diesem auf einem Hügel stehenden B&B inspirierte die mit dem Pulitzer-Preis ausgezeichnete Autorin Annie Proulx, die hier ihre *Schiffsmeldungen* verfasste. Hier kann man entweder in einem einfachen Cottage schlafen oder im moderneren Haupthaus, das mit einem gemütlichen Wohnzimmer mit Kamin und einer Terrasse aufwartet, von der aus man bequem Eisberge beobachten kann. Das Valhalla mit seinen fünf Zimmern liegt nur 8 km von der Wikingerstätte entfernt.

ABSTECHER

ROUTE 432 & DIE FRENCH SHORE

Die einsame Rte 432 steckt voller Überraschungen. Zuerst kommt die **Tuckamore Lodge** (☎709-865-6361; www.tuckamorelodge.com; Main Brook; Zi. mit Frühstück 150–180 C$; @ 📶), ein aus Holz gebauter Rückzugsort an einem See mit himmlischen Betten und leckerer Hausmannskost direkt im Nirgendwo. Der Besitzer organisiert alle möglichen Aktivitäten (Angeln, Vögel beobachten, Jagen, Fotokurse) mit erstklassigen Führern.

Die kleinen Dörfer an der Küste sind bekannt als die French Shore (www.frenchshore.com), benannt nach den französischen Fischern, die von 1504 bis 1904 in dieser Gegend lebten. Ganz oben auf der Liste steht **Conche** mit allerlei Sehenswürdigkeiten: ein **Flugzeug aus dem Zweiten Weltkrieg**, das 1942 über dem Dorf abgestürzt ist, der **Captain Coupelongue Walking Trail** am Meer, vorbei an alten französischen Grabsteinen, und ein verrückt großer **Wandteppich** im einheimischen Informationszentrum.

Eine Dame namens Delight betreibt das sonnige **Bits-n-Pieces Cafe** (☎709-622-5400; 9 Stage Cove Rd, Conche; Hauptgerichte 10–15 C$; ⏲8–20, Do–Sa bis 21 Uhr) und verkauft dort Kabeljaufrikadellen, Thai Chicken und andere leckere Sachen. Es liegt 68 km von der Tuckamore Lodge entfernt: die Rte 433 bis zur unbefestigten Rte 434 nehmen!

Snorri Cabins HÜTTE $$
(☎709-623-2241; www.snorricabins.com; Rte 436, Straitsview; Hütten 119 C$; ⏲Juni–Sept.; 📶) Diese modernen Hütten bieten einfachen Komfort und sind ein echtes Angebot. Sie haben Küchenzeilen, Wohnzimmer und Schlafsofas – perfekt für Familien! Auf dem Gelände gibt es sogar einen Laden.

Northern Delight SEAFOOD $
(☎709-623-2220; Rte 436, Gunners Cove; Hauptgerichte 10–16 C$; ⏲8–21 Uhr) Hier ergötzt man sich an lokalen Lieblingen wie Steinbutt-Bäckchen und paniertem Kabeljau, frischem Hummer und Muscheln oder einfach an einem „Newfie Mug-up“ (Brot, Sirup und eine starke Tasse Tee). An manchen Abenden gibt es Livemusik.

Daily Catch SEAFOOD $$
(☎709-623-2295; 112 Main St, St Lunaire-Griquet; Hauptgerichte 10-26 C$; ⏲11–21 Uhr) Ein stilvolles, kleines Restaurant, das köstlichen Fisch und Meeresfrüchte mit gutem Wein serviert. Der Lachs in Basilikumbutter ist hervorragend. Fischfrikadellen, Crab au Gratin und Kabeljauburger komplettieren das Angebot.

★ **Norseman Restaurant & Art Gallery** SEAFOOD $$$
(☎709-623-2018; www.valhalla-lodge.com; Rte 436, L'Anse aux Meadows (Dorf); Hauptgerichte 20–38 C$; ⏲Mai–Sept. 12–21 Uhr) Dieses nette Restaurant am Wasser gehört zu den besten in Newfoundland. Auf der Speisekarte, die einem die Wahl nicht leichtmacht, stehen hauptsächlich Gerichte aus einheimischen Zutaten und kreative Zusammenstellungen. Hier kann man sich einen Caesar Salad aus Grünkohl mit Seesaibling, getrocknete Muscheln oder zarte Karibulende aus Labrador schmecken lassen. Es gibt auch Espresso, und die Cocktails werden mit Eiswürfeln aus Eisbergwasser serviert.

ℹ An- & Weiterreise

Die Straße zur nördlichen Halbinsel ist schmal und voller Schlaglöcher. Bei Regen sollte man sehr langsam fahren. Zugang nur mit privatem Fahrzeug.

Zwischen St. Barbe und Blanc Sablon, Québec (nahe der Grenze zu Labrador) verkehrt täglich eine Fähre. Die zweistündige Fahrt über die Strait of Belle Isle wird von **Labrador Marine** (☎866-535-2567; www.labradormarine.com; Erw./Kind/Fahrzeug 8,25/6,60/25 C$) betrieben. Infos gibt's auf der Website.

St. Anthony

Gratulation! Es ist vollbracht. Das Ende der Straße ist erreicht, die Windschutzscheibe hat geholfen, die Insektenpopulation deutlich zu regulieren, und es liegen zwei Weltkulturerbestätten hinter einem. Nach so viel Erhabenheit ist St. Anthony vielleicht etwas enttäuschend. Die Stadt ist nicht hübsch, hat dafür aber einen groben Charme. Und das Angebot an Wanderungen, Eisberg- und Walbeobachtung ist nicht zu verachten.

Grenfell ist ein großer Name in der Gegend. Sir Wilfred Grenfell war eine hiesige Legende und nachdem, was man so hört, ein echter Kerl. Der in England geborene und ausgebildete Arzt kam 1892 nach Newfoundland und bereiste die nächsten 40 Jahre lang die Küste von Labrador und um St.

Anthony mit dem Hundeschlitten und per Boot, baute Krankenhäuser und Geburtshilfestationen und organisierte dringend benötigte Fischereikooperativen.

Sehenswertes

Fishing Point Park PARK

Die Hauptstraße durch den Ort endet am Fishing Point Park, wo ein Leuchtturm und hoch aufragende Klippen die See überblicken. Der **Iceberg Alley Trail** und der **Whale Watchers Trail** führen beide zu Aussichtsplattformen auf der Spitze der Klippen – die Namen sind Programm.

Auch ein Visitor Center, ein Café und einen Kunsthandwerksladen gibt es hier draußen; im Nebenraum findet man einen ausgestopften Eisbären. Solche Burschen tauchen immer mal wieder in St. Anthony auf, wenn im Frühling das Packeis schmilzt.

Grenfell Interpretation Centre HISTORISCHES GEBÄUDE

(www.grenfell-properties.com; West St; Eintritt für mehrere Gebäude Erw./Kind/Fam. 10/3/22 C$; ⌚ Juni–Sept 8–17 Uhr) Einige lokale Örtlichkeiten, mit denen Dr. Wilfred Grenfell etwas zu tun hatte, sind unter dem Namen Grenfell Historic Properties zusammengefasst. Das Interpretation Centre gegenüber vom Krankenhaus zeigt eine moderne Ausstellung, die das historische und manchmal dramatische Wirken von Grenfell erzählt. Der **Kunsthandwerksladen** hat einiges an qualitativ hochwertigen Schnitz- und Kunstwerken zu bieten, außerdem bestickte, von Einheimischen hergestellte Parkas – die Einnahmen fließen in die Erhaltung der historischen Stätten.

Grenfell Museum MUSEUM

(www.grenfell-properties.com; Eintritt für mehrere Gebäude Erw./Kind/Fam. 10/3/22 C$; ⌚ Juni–Sept. 9–18 Uhr) Die Eintrittskarte zu den Grenfell Historic Properties beinhaltet auch den Zugang zu Grenfells schönem Herrenhaus, heute das Grenfell Museum. Es liegt hinter dem Krankenhaus, ca. fünf Minuten zu Fuß vom Ufer entfernt. Gefärbte Sackleinenwände und alte Möbel bilden den Rahmen für Erinnerungsstücke (einschließlich eines Eisbärenfells) und – wenn die Gerüchte stimmen – den Geist von Mrs Grenfell.

Geführte Touren

Northland Discovery Tours BOOTSFAHRTEN

(☎709-454-3092; www.discovernorthland.com; 2½-stündige Tour Erw./Kind 60/32 C$; ⌚ Juni–Sept. 9, 13 & 16 Uhr) Northland bietet vielgelobte Fahrten zur Wal- und Eisbergbeobachtung, die vom Dock hinter dem Grenfell Interpretation Centre in der West St ablegen. Wer schnell seekrank wird, sollte vor dieser Tour etwas einnehmen.

Schlafen & Essen

Fishing Point B & B B&B $$

(☎709-454-3117; www.bbcanada.com/6529.html; Fishing Point Rd; Zi. 110 C$;) Das winzige Haus klebt am Felsen auf dem Weg zum Leuchtturm und bietet den besten Hafenblick der Stadt. Früh aufstehen, ein reichhaltiges Frühstück genießen und den Booten beim Auslaufen zusehen! Jedes der drei Zimmer hat ein eigenes Bad.

Lightkeeper's Seafood Restaurant SEAFOOD $$

(☎709-454-4900; Fishing Point Park; Hauptgerichte 12–20 C$; ⌚ Juni–Sept. 11.30–20 Uhr) Dieses Restaurant verbirgt sich im Schatten des Leuchtturms und ist mit Ausblicken auf Eisberge und Wale gesegnet. Leider zahlt man hier nur für die Aussicht und nicht für das eher durchschnittliche Essen. Fette Fischburger mit Pommes sind hier immer noch besser als der fade Kabeljau mit Kartoffelpüree.

An- & Weiterreise

Der St. Anthony Airport liegt 35 km nordwestlich der Stadt. **PAL Airlines** (☎800-563-2800; www.provincialairlines.ca; St. Anthony Airport) fliegt täglich von St. John's aus hierher.

Wer St. Anthony mit dem Auto verlassen will, hat zwei Optionen: die gesamte Rte 430 zurück oder den Umweg über die Rte 432 entlang der Ostküste und der Hare Bay. Das führt wieder zur Rte 430 in der Nähe von Plum Point zwischen St. Barbe und Port aux Choix.

WESTLICHES NEWFOUNDLAND

Die meisten Besucher erblicken „The Rock" im Westen Newfoundlands zum ersten Mal, wenn ihre Fähre in Port aux Basques anlegt. Das Gebiet ist groß, felsig und wirkt ein bisschen bedrohlich mit all den Holzhäuschen, die sich im tosenden Wind an die gezackte Küste klammern. Im Osten von Port aux Basques werfen Fischer in winzigen Fischerdörfchen ihre Leinen aus, während im Nordosten die zweitgrößte Stadt, Corner Brook, ihren windzerzausten Kopf (ein Skiberg) erhebt.

Corner Brook

19 900 EW.

Newfoundlands zweitgrößte Stadt ist recht verschlafen, aber Skiläufer, Wanderer und Angler kommen hier dennoch auf ihre Kosten. Das schöne Humber Valley, das etwa 10 km östlich der Stadt liegt, ist das Zentrum aller Aktivitäten. Mitten im Skigebiet von Marble Mountain gelegen, erlebte es bis zur internationalen Wirtschaftkrise einen riesigen Entwicklungsschub. Inzwischen erfreut sich die Region eines erneuten Aufschwungs. Während das Tal Abenteuersportlern zahlreiche Spielplätze bietet, dominieren in der Stadt Kaufhäuser und eine Rauch spuckende Papiermühle.

Sehenswertes

Captain James Cook Monument MONUMENT

(Crow Hill Rd) Auch wenn das Standbild auf der Spitze der Klippen schön ist – ein Zeichen der Hochachtung für James Cook und seine Erforschung der Region Mitte der 1760er-Jahre –, so ist der Blick über die Bay of Islands der wahre Grund für den Besuch.

Railway Society of Newfoundland MUSEUM

(☎709-634-2720; Station Rd, an der Humber Rd; Eintritt 3 C$; ⏲Juni–Aug. 9–20 Uhr) In der historischen Humbermouth Station zeigt das Museum eine gut erhaltene Dampflok und einige Schmalspurwagen, die zwischen 1921 und 1939 durch die Provinz dampften.

Aktivitäten

Marble Mountain SKIFAHREN

(☎709-637-7616; www.skimarble.com; Hwy 1; Tagespass Erw./Kind 60/35 C$; ⏲Dez.–April Sa–Do 10–16.30, Fr 9–21.30 Uhr) Marble Mountain ist für viele der eigentliche Grund für Besuche in Corner Brook. Mit 35 Loipen, vier Liften, einem Höhenuntrschied von 488 m und jährlichen Schneemengen von 5 m ist es *das* Skigebiet im Osten Kanadas. Es gibt Snowboarding & Tubing Parks, freitägliches Nachtskifahren und überraschte Ausrufe derer, die die Piste das erste Mal sehen.

Nach der Schneeschmelze führt der **Steady Brook Falls Trail** (500 m) vom hinteren Parkplatz des Skigebiets (hinter Tim Hortons) zu einem 30 m hohen Wasserfall.

Cycle Solutions RADFAHREN

(☎709-634-7100; www.cyclesolutions.ca; 35 West St; ⏲Mo–Mi & Sa 9–18, Do & Fr bis 20.30 Uhr) Dieser nette Bike-Shop betreibt Rad- und Höhlentouren in der Region und liegt direkt neben dem Café Brewed Awakening.

Blow-Me-Down Cross-Country Ski Park SKIFAHREN

(☎709-639-2754; www.blowmedown.ca; Lundigran Dr; Tagespass 20 C$; ⏲Dez.–April Sonnenaufgang–21 Uhr) Hier gibt es 50 km gespurte Loipen mit Skiverleih (15 C$/Tag). Liegt etwa 6 km südwestlich vom Zentrum.

Marble Zip Tours ABENTEUERSPORT

(☎709-632-5463; www.marbleziptours.com; Thistle Dr; 2 Std. Erw./Kind 99/89 C$) Marble Zip bietet die höchste Seilrutsche im Osten Kanadas. Nahe des Gipfels wird man angeschnallt, dann geht's im Zickzack von Plattform zu Plattform eine Schlucht hinunter und schließlich über die Steady Brook Falls. Atemberaubend! Die Touren starten vier- bis fünfmal am Tag. Das Büro findet man, wenn man an der Marble Mountain's Lodge vorbeigeht.

My Newfoundland Adventures ABENTEUERSPORT

(☎709-638-0110; www.mynew foundland.ca) Wer Skifahren irgendwie langweilig findet, sollte Snow-Kiten (Windsurfen-trifft-Snowboarden) ausprobieren. Oder vielleicht lieber Schneeschuhwandern, Eisfischen oder Eisklettern? Bei allen Sportarten wird keine Vorkenntnis verlangt. Das Büro liegt am Fuß des Bergs hinter Tim Hortons.

Schlafen & Essen

Brookfield Inn B&B $

(☎709-639-3111; brookfieldinn@gmail.com; 2 Brookfield Ave; Zi. 60–90 C$;) Dieses B&B wird von einem coolen Pärchen betrieben. Das weiße Gebäude hat gemütliche Zimmer mit Hartholzböden und klobigen Betten. Morgens macht man sich sein Frühstück in der gut ausgestatteten Küche aus Eiern, Speck, Käse und Brot selbst. Abends bewundert man von der Terrasse aus den Sonnenuntergang. Die Haushunde freuen sich über Streicheleinheiten.

Glynmill Inn HOTEL $$

(☎709-634-5181; www.steelehotels.com; 1 Cobb Lane; Zi. mit Frühstück 135–165 C$; @) Rasen und Gärten umgeben das elegante, im Tudorstil gehaltene Glynmill. Ursprünglich wurde das Haus für die Ingenieure erbaut, die in den 1920er-Jahren die Errichtung der Papierfabrik überwachten – damals das größte Projekt in der Geschichte der Papierherstellung. Das Hotel hat ein elegantes, aber leicht verblasstes Ambiente.

Corner Brook

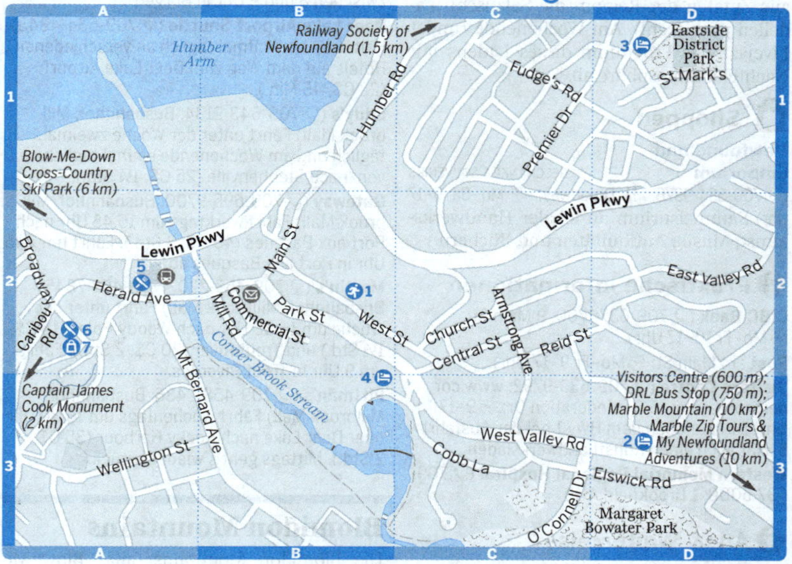

Garden Hill Inn B&B $$
(☎709-634-1150; www.gardenhillinn.ca; 2 Ford's Rd; Zi. 95–120 C$; 🚭📶) Gordon Bells weitläufiges, grünes Haus liegt auf einem Hügel und ist zu Fuß 15 Minuten vom Zentrum entfernt. Die acht kleinen, gemütlichen Zimmer haben alle ein eigenes Bad. Nr. 1 und 4 bieten Blick auf den Hafen. Zum Frühstück gibt's Kaffee, Obst und Blaubeerpfannkuchen.

★ **Taste of Jamaica** JAMAIKANISCH $
(www.tasteofjamaica.ca; 33 Broadway; Hauptgerichte 8–16 C$; ⏲ Di–So 11.30–22 Uhr) Hier fühlt man sich gleich wie in der Karibik: Jamaikanische Gerichte wie Jerk Chicken, gefüllte Avocados und würziger Kebab, bei denen einem das Wasser im Munde zusammenläuft. Koch Kirk Myers, der von der Insel kommt, tut sein Bestes, um aus einheimischen Zutaten Karibisches zu zaubern.

Brewed Awakening CAFÉ $
(www.brewedawakening.ca; 35 West St; Gebäck 3–7 C$; ⏲ Mo–Fr 7–21, Sa 8–21, So 9–18 Uhr; 📶) Das kleine, abgefahrene Café mit Wandgemälden bietet guten, fair gehandelten Bio-Kaffee. Es gehört zum coolen Fahrradladen Cycle Solutions.

Thistle's Place CAFÉ $
(☎709-634-4389; www.thistledownflorist.com; Millbrook Mall, Herald Ave; Sandwiches 6–11 C$; ⏲ Mo–Sa 9–17 Uhr; 📶) Durch den Blumenladen am Eingang geht's zu den leckeren Räucherfleisch-, Curryhuhn- und vegetarischen Vollkorn-Wraps des winzigen Cafés im hinteren Bereich.

Corner Brook

Aktivitäten, Kurse & Touren
1 Cycle Solutions B2

Schlafen
2 Brookfield Inn D3
3 Garden Hill Inn D1
4 Glynmill Inn B3

Essen
Brewed Awakening .... (siehe 1)
5 Gitano's A2
6 Taste of Jamaica A2
Thistle's Place .... (siehe 5)

Shoppen
7 Newfoundland Emporium A2

Gitano's MEDITERRAN $$
(☎709-634-5000; www.gitanos.ca; Millbrook Mall, Herald Ave; Tapas 8–14 C$, Hauptgerichte 22–45 C$; ⏲ Mo–Fr 11.30–14, So–Do 17–21, Fr & Sa bis 22 Uhr; 📶) 🍃 Hinter dem Thistle's Place und von derselben Familie betrieben, tischt das Gitano's spanische Küche auf, z. B. *estofado* (gekochte Süßkartoffeln, Kichererbsen und

Feigen an Couscous) oder Pasta und Tapas aus Zutaten der Region (die Salzfischfrikadellen probieren!). Am Wochenende rundet Livejazz das Programm dieses Ladens mit Nachtclubatmosphäre ab.

Shoppen

Newfoundland Emporium GESCHÄNKE & SOUVENIRS
(☎709-634-9376; 11 Broadway; ⏲Mo–Sa 9–17 Uhr) Sammelsurium an lokaler Handwerkskunst, Musik, Antiquitäten und Büchern.

Praktische Informationen

CIBC Bank (☎709-637-1700; 9 Main St; ⏲Mo–Fr 10–17 Uhr)

Post (14 Main St; ⏲Mo–Fr 9–17 Uhr)

Visitors Centre (☎709-639-9792; www.cornerbrook.com; 15 Confederation Dr; ⏲9–17 Uhr) Direkt neben dem Hwy 1 bei der Ausfahrt 5. Hat auch einen Kunsthandwerksladen.

Western Memorial Regional Hospital (☎709-637-5000; 1 Brookfield Ave)

An- & Weiterreise

Corner Brook ist ein Hauptdrehkreuz für Busverbindungen in Newfoundland. **DRL** (☎709-263-2171; www.drl-lr.com; Confederation Dr) hält am Stadtrand an der Irving Gas Station, gleich am Hwy 1 an der Ausfahrt 5 gegenüber des Visitor Centre.

Alle anderen Unternehmen benutzen den **Busbahnhof** (☎709-634-7777; Herald Ave, Millbrook Mall) im Gebäude der Millbrook Mall. Die im Folgenden genannten sind Shuttlebusse. Die Preise gelten für eine einfache Fahrt. Man muss reservieren.

Burgeo Bus (☎709-634-7777, Reservierungen 709-886-6162; Busbahnhof, Millbrook Mall) Fährt Montag bis Freitag um 15 Uhr nach Burgeo (40 C$, nur Barzahlung, 2 Std.) Startet zwischen 8 und 9 Uhr in Burgeo.

Deer Lake Airport Shuttle (☎709-634-4343) Hält drei- bis fünfmal täglich an verschiedenen Hotels auf dem Weg zum Deer Lake Airport (22 C$, 45 Min.).

Eddy's (☎709-643-2134; Busbahnhof, Millbrook Mall) Fährt unter der Woche zweimal täglich und am Wochenende einmal täglich von/nach Stephenville (25 C$, 1¼ Std.).

Gateway (☎709-695-9700; Busbahnhof, Millbrook Mall) Fährt werktags um 15.45 Uhr nach Port aux Basques (40 C$, 3 Std.). Fährt um 7.45 Uhr in Port aux Basques ab.

Martin's (☎709-453-2207, 709-458-7845; Busbahnhof, Millbrook Mall) Fährt unter der Woche um 16.30 Uhr nach Woody Point (18 C$, 1½ Std.) und Trout River (20 C$, 2 Std.). Fährt um 9 Uhr in Trout River los.

Pittman's (☎709-458-2486; Busbahnhof, Millbrook Mall) Fährt wochentags um 16.30 Uhr über Deer Lake nach Rocky Harbour (35 C$, 2 Std.). Mittags geht's wieder zurück.

ABSEITS DER ÜBLICHEN PFADE

STEPHENVILLE ON STAGE

Wie die Fahrt in die Stadt, vorbei an verlassenen Hangars, haufenweise rostigen Rohren und Reihensiedlungen, schon andeutet, ist Stephenville nicht gerade ein Touristenmagnet. Während dem **Stephenville Theatre Festival** (☎709-643-4553; www.stephenvilletheatrefestival.com; Stephenville; ⏲Juli & Aug.) ist es aber doch einen Abstecher wert. Neben modern Stücken aus Newfoundland werden hier auch beliebte alte Klassiker aufgeführt.

Blomidon Mountains

Die Blomidon Mountains (alias Blow Me Down Mountains) entstanden durch eine Kollision mit Europa vor etwa 500 Mio. Jahren und erstrecken sich entlang der Südseite des Humber Arm, westlich von Corner Brook. Sie sind mit ihren vielen Ausblicken aufs Meer und den hier lebenden Karibus ein Traum für Wanderer. Einige der Wege, besonders die oben im Ödland, wurden nicht besonders gut markiert, also sind Kompass und topografische Karten für Wanderer unerlässlich. Etwas weiter entfernt befindet sich der Blow Me Down Provincial Park mit Stränden und schöner Landschaft.

Aktivitäten

Viele Wanderwege sind von der Rte 450 aus beschildert, die westlich von Corner Brook für 60 km am Wasser verläuft.

Copper Mine Trail WANDERN
(York Harbour) Dieser mittelschwere, 7 km lange Wanderweg bei York Harbour bietet wunderbare Ausblicke über die Bay of Islands und führt auch zum International Appalachian Trail (IAT).

Blow Me Down Brook Trail WANDERN
(Frenchman's Cove) Einer der einfachsten und beliebtesten Wanderwege in den Blomidon Mountains: Dieser 5 km lange Trail beginnt westlich von Frenchman's Cove am Parkplatz. Man kann dem Weg für etwa eine

Stunde folgen. Für geübtere Wanderer führt der Weg dann weiter in die Berge hinein. Dort wird er Teil des IAT.

Schlafen

Die einzigen Unterkünfte befinden sich auf einem Campingplatz im Provinzpark.

Blow Me Down Provincial Park CAMPING $
(☎709-681-2430; www.nlcamping.ca; Rte 450; Stellplatz 18 C$, 5 C$/Fahrzeug; ⏲Juni–Aug.) Nette Stellplätze in der Nähe vom Strand.

Port au Port Peninsula

Die große Halbinsel westlich von Stephenville ist eine französischsprachige Region – ein Erbe der Basken, Franzosen und Akadier, die seit Anfang des 18. Jhs. hier siedelten. Bis heute hat sich diese Kultur am stärksten entlang der Westküste zwischen **Cape St. George** und **Lourdes** erhalten. Hier gehen die Kinder in französische Schulen und erwerben dadurch ihren Dialekt, der ganz anders klingt als in Frankreich oder Québec.

In Port au Port West, nahe Stephenville, verläuft der großartige Gravels Trail (3 km) und führt an einem versteckten Strand nach dem anderen vorbei. Im nahegelegenen Felix Cove kann man sich auf einer unterhaltsamen Farmtour bei **Alpacas of Newfoundland** (www.alpacasofnfld.ca; Rte 460; Felix Cove; ⏲9–18 Uhr) GRATIS die wuscheligen Wollkameraden ansehen.

Port aux Basques

4170 EW.

Traditionelle Holzhäuser, angestrichen in freundlichen Farben wie Aquamarin, Knallrot und Seegrün klammern sich an die felsigen Hügel, aber in Port aux Basques dreht sich alles um die Fähre. Die meisten Besucher kommen hierher, wenn sie von Nova Scotia aus nach Newfoundland reisen, oder umgekehrt. Das heißt aber nicht, dass die Stadt kein netter Ort wäre, um hier einen oder zwei Tage zu verbringen. Die Wäsche flattert auf den Leinen im Wind, Boote liegen an hauseigenen Anlegern, und die Einheimischen versäumen es nie, den Neuankömmlingen freundlich zuzuwinken.

Port aux Basques (auch Channel-Port aux Basques genannt) wurde im frühen 16. Jh. nach baskischen Fischern und Walfängern benannt, die hierherkamen, um in den Gewässern der Strait of Belle Isle zu arbeiten.

APPALACHIAN TRAIL

Wer glaubt, der **International Appalachian Trail** ende in Québec, der täuscht sich. In Newfoundland geht's mit 1200 km Wanderwegen an der Westküste von Port aux Basques nach L'Anse aux Meadows weiter. Die Provinz hat vorhandene Wege, Holzfällerstraßen und alte Bahnstrecken durch die Long Range Mountains verbunden, die Teil der Appalachenkette sind. Es ist noch viel zu tun, aber einige der besten Abschnitte liegen rund um Corner Brook und die Blomidon Mountains. Unter www.iatnl.com gibt's genauere Infos.

Die Stadt ist praktisch, um sich mit Vorräten, Benzin und Geld einzudecken, bevor die Reise weitergeht.

Sehenswertes

Östlich von hier gibt es mehrere schöne Fischerdörfer.

Grand Bay West Beach STRAND
(Kyle Lane) Hinter dem langen Strand etwas westlich der Stadt liegen grasbewachsene Dünen, in denen der vom Aussterben bedrohte Gelbfuß-Regenpfeifer brütet. Der **Grand Bay West Trail** beginnt hier und begleitet 10 km lang die Küste.

Railway Heritage Centre MUSEUM
(☎709-695-5775; abseits vom Hwy 1; Museum 2 C$, Waggons 5 C$; ⏲Juli & Aug. 10–20 Uhr) Hier gibt's ein Museum voller Artefakte von Schiffswracks. Das Highlight ist ein Sternhöhenmesser, ein faszinierendes Navigationsgerät aus Messing, das 1682 in Portugal hergestellt wurde. Es ist sehr gut erhalten und eines von nur etwa drei Dutzend Exemplaren, die weltweit erhalten sind. Im Zentrum gibt's auch restaurierte Eisenbahnwaggons zu sehen.

Scott's Cove Park PARK
(Caribou Rd) Der Park mit seiner restaurierten Uferpromenade, den karamellfarbenen Imbissbuden und dem bootsförmigem Amphitheater ist *der* Ort, um Einheimische zu treffen und Livemusik zu hören.

Schlafen & Essen

Radio Station Inn B&B $
(☎709-695-2906; jggillam@hotmail.com; 100 Caribou Rd; Zi. ab 69 C$; ⏲Mai–Okt.) Das 5-Zimmer-B&B steht auf einer Klippe mit Blick

Port aux Basques

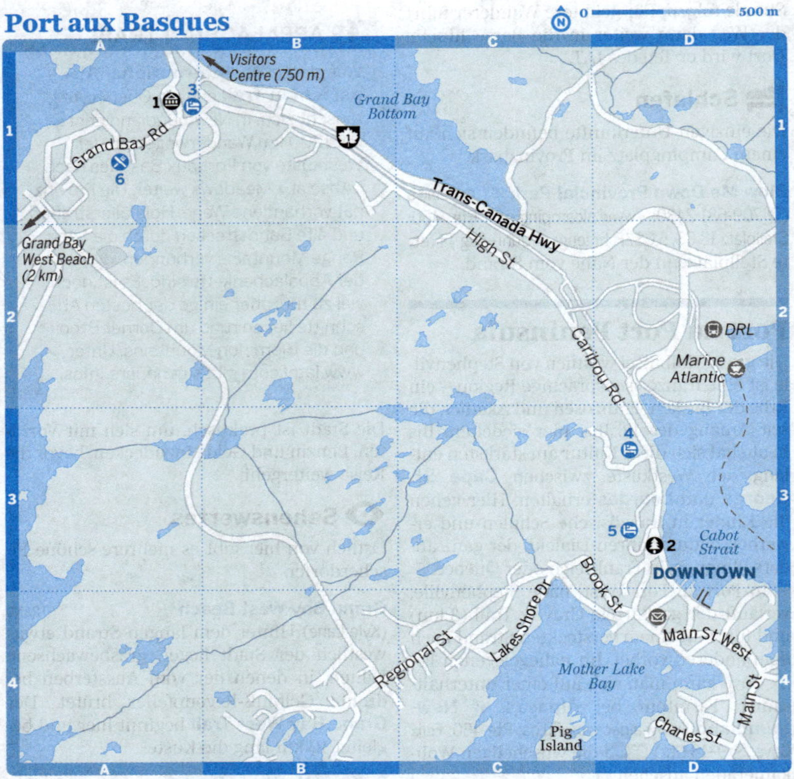

Port aux Basques

Sehenswertes

1 Railway Heritage Centre A1
2 Scott's Cove Park D3

Schlafen

3 Hotel Port aux Basques A1
4 Radio Station Inn D3
5 St. Christopher's Hotel D3

Essen

6 Alma's A1
Captain's Room .... (siehe 5)

auf den Hafen und liegt am nächsten zur Fähre (10 Min. zu Fuß). Drei Zimmer haben eigene Bäder, die beiden anderen teilen sich eines, und es gibt eine Gemeinschaftsküche für alle Gäste.

Hotel Port aux Basques HOTEL $$
(☎709-695-2171; www.hotelpab.com; 1 Grand Bay Rd; Zi. 85–170 C$; ❄📶) Der größte Konkurrent des St Christopher Hotel. Dieses hier ist zwar älter, hat aber mehr Charakter. In der Suite gibt es eine Badewanne mit Whirlpool. Kinder übernachten hier umsonst.

St. Christopher's Hotel HOTEL $$
(☎709-695-3500; www.stchrishotel.com; Caribou Rd; Zi. 121–146 C$; ❄📶) Die wohl professionellste Unterkunft der Stadt mit kleinem Fitnessraum und einem Fischrestaurant mit dem Namen Captain's Room (S. 559). Die Zimmer mit ungeraden Zahlen haben Hafenblick.

Alma's KANADISCH $
(☎709-695-3813; Mall, Grand Bay Rd; Hauptgerichte 7–15 C$; ⏲Mo–Sa 8–20 Uhr) Immer den Einheimischen hinterher in dieses schnörkellose Familienrestaurant mit seinen riesigen Portionen Kabeljau, Jakobsmuscheln, Fischfrikadellen und Beerenkuchen! Es gibt auch Frühstück, Burger und Sandwiches. Hier ist man genau richtig zum Essen.

Captain's Room SEAFOOD $
(☎709-695-3500; St. Christophers Hotel, Caribou Rd; Hauptgerichte 10–17 C$; ⏲7–13.30 & 17–22 Uhr) Leckeres Essen in Hafenatmosphäre. Es gibt Seafood und Elchburger, und die Kartoffeln mit Schale sind allemal besser als normale Pommes.

Praktische Informationen

Bank of Montréal (83 Main St; ⏲Mo–Fr 10–17 Uhr)

Krankenhaus (☎709-695-2175; Grand Bay Rd)

Post (3 Main St; ⏲Mo–Fr 8.30–17 Uhr)

Visitors Centre (☎709-695-2262; www.portauxbasques.ca; Hwy 1; ⏲Mai–Okt. Mo–Fr 9–17 Uhr) Infos über die ganze Provinz; hat manchmal länger geöffnet, um sich der Fähre anzupassen.

An- & Weiterreise

Marine Atlantic (☎800-341-7981; www.marine-atlantic.ca; Erw./Kind/Auto 42/20/110 C$) Die Marine Atlantic Ferry verbindet Port aux Basques mit North Sydney in Nova Scotia. Sie fährt ganzjährig, normalerweise zweimal täglich im Winter und drei- bis viermal täglich zwischen Mitte Juni und Mitte September. Die Überfahrt dauert etwa sechs Stunden.

DRL (☎709-263-2171; www.drl-lr.com) Die Busse halten am Fähranleger und fahren um 8 Uhr nach Corner Brook (42 C$, 3 ½ Std.) und St. John's (124 C$, 13 ½ Std.); nur Barzahlung.

Cape Ray

An den John T. Cheeseman Provincial Park schließt sich 19 km nördlich von Port aux Basques das Cape Ray mit dem gleichnamigen Ort an. Die Landschaft ist einnehmend, und die Straße führt bis zum windumtosten **Cape Ray Lighthouse** (⏲Juli & Aug. Di–So 8–20 Uhr) GRATIS. Nachdem in den originalen Leuchtturm von 1871 im Jahr 1885 der Blitz einschlug und er niederbrannte, wurde er durch das jetzige Gebäude ersetzt. Die Gegend ist die südlichste bekannte Dorset-Paleo-Eskimo-Stätte und geht zurück auf die Zeit von 400 v. Chr. bis 400 v. Chr. Tausende Artefakte wurden hier gefunden, und einige Wohnstätten sind zu besichtigen.

Der **John T. Cheeseman Provincial Park** (www.env.gov.nl.ca/env/parks; Rte 408) befindet sich neben dem Strand und hat sehr gute Einrichtungen.

In der Region gibt's einige schöne Wanderwege. Der **Table Mountain Trail** (Hwy 1) ist eher eine holprige Straße (gar nicht erst dran denken, sie zu befahren!) und startet am Hwy 1 gegenüber der Ausfahrt nach Cape Ray. Der Weg führt zu einem 518 m hohen Plateau, auf dem Reste einer geheimen US-Radarstation und eines Flugfelds aus dem Zweiten Weltkrieg zu sehen sind. Der Weg ist nicht sehr schwer, aber er ist 12 km lang, und man sollte drei bis vier Stunden dafür einplanen.

Campen kann man auf dem **John T. Cheeseman Provincial Park Campground** (☎709-695-7222; www.nlcamping.ca; Rte 408; Stellplatz 18–28 C$, 5 C$/Fahrzeug; ⏲Juni–Sept.) mit 92 Stellplätzen, Picknicktischen, Feuerstellen, Wasser und Plumpsklos.

Die Südküste

Viele Besucher lassen die Route 470 links liegen, was schade ist, denn sie ist eine wunderschöne Panoramastraße. Sie führt von Port aux Basques 45 km lang westwärts, verläuft nah dem Ufer und folgt dabei der Topographie des Geländes.

Die **Isle aux Morts** (Insel der Toten) verdankt ihren Namen den vielen Schiffsunglücken, die sich hier in den letzten 400 Jahren

ABSTECHER

CAPE ANGUILLE

Der westlichste Punkt Newfoundlands ist Cape Anguille, 58 km nördlich von Port aux Basques. Am windumtosten Leuchtturm kann man Blauwale beobachten und in einem angrenzenden Cottage des Leuchtturmwärters unterkommen.

Das **Cape Anguille Lighthouse Inn** (☎709-634-2285; www.linkumtours.com; 1 Lighthouse Rd; Zi. mit Frühstück 100–120 C$; ⏲Mai–Sept.) ist ein renovierter, aber rustikaler Jahrhunderte alter Leuchtturm mit gemütlichen Zimmern. Hier darf man kein Telefon oder TV erwarten – das Ziel ist es, zur Ruhe zu kommen. Zur richtigen Saison kann man hier Blauwale und Vögel beobachten. Für 10 C$ extra gibt es Meerblick. Abendessen mit hier gefangenem Fisch und in der Gegend gepflückten Beeren kostet 30 C$. Der Leuchtturm liegt 45 Minuten nördlich von Port aux Basques; besonders in der Dämmerung oder bei Nacht sollte man auf Elche aufpassen.

ABSEITS DER ÜBLICHEN PFADE

OUTPORTS AN DER SÜDKÜSTE

Wer Zeit und Geduld hat, für den ist eine Reise entlang der Südküste zu den einsamen Fischerdörfern – den Outports – der beste Weg, Newfoundlands Kultur kennenzulernen. Die kleinen Gemeinden gehören zu den abgelegensten Siedlungen Nordamerikas, und sind, dicht an das Ufer geklammert, nur per Boot erreichbar. Eine Ausnahme ist Burgeo (1460 Ew.), zu dem auch eine Straße führt. Im Ort spürt man noch die Atmosphäre der Abgelegenheit, findet aber alle Annehmlichkeiten, die man sich als Reisender wünscht. **Ramea** (525 Ew.) ist ein weiteres Ziel: Die Insel vor **Burgeo** bietet Unterkünfte und Aktivitäten.

Wenn die Sonne scheint und der Ozean zwischen den endlosen Meeresarmen und Inseln schimmert, ist Burgeo ein Traum. Am besten genießt man den Ort, wenn man die Stufen zum Maiden Tea Hill hinaufsteigt. Der 7 km lange weiße Sandstrand im Sandbanks Provincial Park ist zumindest für die Regenpfeifer, die hier abhängen, der schönste der gesamten Provinz.

Der Autor Farley Mowat lebte einige Jahre in Burgeo, bis er *Moby Joe darf nicht sterben* schrieb und die Einheimischen vergrätzte. Das Buch erzählt, wie die Bewohner von Burgeo einen 80-t-Finnwal behandelten, der in einer nahen Lagune gestrandet war. Kurz gesagt: Das Ende war für den Wal nicht erfreulich. Die Einwohner kennen die Lagune und Mowats altes Haus, finden aber keine freundlichen Worte für ihn.

Ramea Retreat (☎709-625-2522; www.easternoutdoors.com; 2 Main St, Ramea; B/Zi. 39/89 C$; ⏲Mai–Nov.; 📶) Eine Abenteuer-Lodge mit zehn Hostelbetten und Möglichkeiten zum Kajakfahren, Vögel beobachten, Wandern und Angeln. Die Besitzer vermieten auch Zimmer in mehreren alten Schindelhäusern, die rund um Ramea liegen.

ereignet haben. Der abwechslungsreiche **Harvey Trail** (7 km), benannt nach einer Familie, die durch die verwegene Rettung Schiffbrüchiger berühmt wurde, schlängelt sich die zerklüftete Küste entlang. In der Stadt nach den Schildern Ausschau halten!

Ein weiteres Highlight, das man sich ansehen sollte, ist der letzte Ort an der Straße: **Rose Blanche** ist ein hübsches Dorf mit traditionellem Erscheinungsbild. Es schmiegt sich in eine Bucht mit schönem Naturhafen – ein perfektes klassisch-neufundländisches Fischerdorf. Von hier weisen Schilder den Weg zum restaurierten **Rose Blanche Lighthouse** (☎709-956-2052; www.roseblanchelighthouse.ca; Eintritt 6 C$; ⏲Mai–Okt. 9–21 Uhr). Der Leuchturm von 1873 ist der letzte aus Granit errichtete an der Atlantikküste.

Wer glaubt, Rose Blanche sei zu schön um es sofort wieder zu verlassen, kann die Nacht im **Rose Sea Guest House** (☎709-956-2872; www.roseblanche.ca; Zi. 95–110 C$; ⏲Juni–Okt.) verbringen. Es vermietet fünf Zimmer in einem kürzlich renovierten Haus direkt am Wasser und bietet auch Workshops für Kunsthandwerk und Geologie.

KILLICK COAST

Die Halbinsel nordwestlich von St John's ist bekannt als die Killick Coast, eine 55 km lange Strecke, die sich gut für einen Tagesausflug eignet. Etwa 8 km nördlich von St. John's bietet das Ocean Sciences Centre der Memorial University (S. 561) im Sommer Ausstellungen im Freien an. Die abgeschiedenen und felsigen Buchten **Middle Cove** und **Outer Cove** liegen noch etwas weiter nördlich an der Rte 30 – sie eignen sich hervorragend für ein Picknick am Strand.

Im Norden, an der Spitze der **Torbay Bight**, liegt der schöne **Father Troy Path**, der sich an der Küste entlang schlängelt. Der Blick vom **Cape St. Francis** aus entschädigt für die Mühen, die einem die holprige Schotterstraße von Pouch Cove beschert. Hier befindet sich eine alte Militärbatterie, und mit ein bisschen Glück sieht man auch den einen oder anderen Wal.

Westlich von St. John's an der Topsail Rd (Rte 60), kurz nach Paradise, liegt der **Topsail Beach**. Hier gibt's Picknicktische, einen Wanderweg und herrliche Aussichten auf die Conception Bay und ihre Inseln.

Um nach Bell Island zu gelangen, fährt man von St. John's aus 14 km nach Nordwesten zur Portugal Cove und zur Fähre.

Sehenswertes

Bell Island Community Museum MUSEUM
(☎709-488-2880; Erw./Kind 12/5 C$; ⏲Juni–Sept. 11–18 Uhr) Die Minenarbeiter arbeiteten hier in Schächten unter dem Meer in der

weltgrößten Unterwasser-Eisenmine unter schwersten Bedingungen. Das Museum erzählt Geschichten von Jugendlichen, die hier bei Kerzenschein zehn Stunden am Tag schuften mussten. Die Besucher können ebenfalls hinabsteigen, sollten sich aber warm anziehen.

Ocean Sciences Centre AQUARIUM
(☎709-864-2459; www.mun.ca/osc; ⌚Juni–Aug. 10–17 Uhr) GRATIS Wie aus *20 000 Meilen unter dem Meer*: Die Station der Universität erforscht die Lebenszyklen der Lachse, den Orientierungssinn der Seerobben, die Strömungen im Meer und das Leben in den kalten Regionen des Ozeans. Das Outdoor-Besucherzentrum umfasst Becken mit einheimischen Meereslebewesen, die man anfassen kann. Die Station liegt etwa 8 km nördlich von St. John's, kurz vor Logy Bay.

Von der Stadt aus nimmt man die Logy Bay Rd (Rte 30) und folgt dann dem Marine Dr zur Marine Lab Rd, die man bis zum Ende fährt.

Bell Island INSEL
(www.tourismbellisland.com) Die größte der kleinen Inseln in der Conception Bay eignet sich gut für einen Tagesausflug von St. John's aus. Das war der einzige Ort auf dem Kontinent, den deutsche Truppen im Zweiten Weltkrieg erreichten. 1942 torpedierten U-Boote das Pier und 80 000 t Eisenerz. Bei Ebbe kann man immer noch die Folgen sehen. Auf der Insel gibt's eine nette Mischung aus Stränden, Küstendörfern, Leuchttürmen und Wanderwegen.

An- & Weiterreise

Besucher brauchen ein Auto, um die Killick Coast zu erkunden Die **Bell Island Ferry** (☎709-895-6931; www.tw.gov.nl.ca; 2,50/7 C$ pro Passagier/Auto; ⌚stündl. 6–22.30 Uhr) fährt relativ schnell zwischen Portugal Cove und der Insel.

LABRADOR

26 700 EW

Hügelige, felsige Weiten formen die karge, urtümliche Landschaft von Labrador. 293 000 km² erstrecken sich Richtung Polarkreis. Wer immer schon mal wissen wollte, wie die Welt vor der Ankunft der Menschen aussah, ist hier richtig.

Inuit und Innu leben seit Tausenden von Jahren in Labrador. Bis in die 1960er-Jahre waren sie die einzigen Bewohne – abgesehen von ein paar Nachfahren europäischer Siedler, bekannt als „Liveyers", die in an der Küste verstreuten Dörfern lebten und ihre Existenz mit Jagen und Fischen aufbesserten. Das Landesinnere war unberührte Wildnis.

Der einfachste Weg, ein Stück des „weiten Landes" zu erkunden, ist die Gegend um die Labrador Straits, die mit Newfoundland durch eine tägliche Fähre verbunden ist. Von dort verbindet eine einfache Straße die wichtigsten Städte im Landesinnern. Die von Ureinwohnern geprägte Nordküste ist nur per Flugzeug oder Versorgungsschiff zu erreichen. Hier bietet der erst kürzlich ausgewiesene Torngat Mountains National Park einen privilegierten Einblick in die super-abgelegene Wildnis.

Labrador ist kalt, nass und windig, und die Mücken sind mörderisch. Einrichtungen gibt es nur wenige, und sie sind weit voneinander entfernt. In diesem riesigen Areal sollte man alles gut im Voraus planen.

Labrador Straits

Sicher: Die Northern Pensinsula ist eindrucksvoll. Wer jedoch die 28 km breite Strait of Belle Isle überquert hat, trifft auf eine Landschaft, die noch windgepeitschter und von noch schwärzeren Felsen durchzogen ist. Wolken schießen den graublauen Himmel entlang und das Wasser ist unbeschreiblich eisig. Im Gegensatz zum restlichen, entlegenen Labrador sind die Straits gut zu erreichen und bieten viel Interessantes zu sehen, etwa Red Bay, Battle Harbour, dazu viele tolle Wanderwege, die sich an Schiffswracks und alten Walknochen vorbeischlängeln. Die Orte an Labradors Südküste werden im Volksmund als „Labrador Straits" zusammengefasst.

Von Blanc Sablon nach L'Anse au Clair

Nach der Ankunft in Blanc Sablon, Québec, mit dem Flugzeug oder der Fähre und einer Fahrt von 6 km nach Nordosten auf der Rte 510 erreicht man Labrador und sein „Einfallstor" L'Anse au Clair. In der Stadt kann man gut vor oder nach der Überfahrt übernachten. Hier gibt's Unterkünfte, Restaurants und ein nützliches Visitors Center.

Schlafen & Essen

Northern Light Inn HOTEL **$$**
(☎709-931-2332; www.northernlightinn.com; 56 Main St, L'Anse au Clair; Stellplatz 25–35 C$, DZ

Labrador

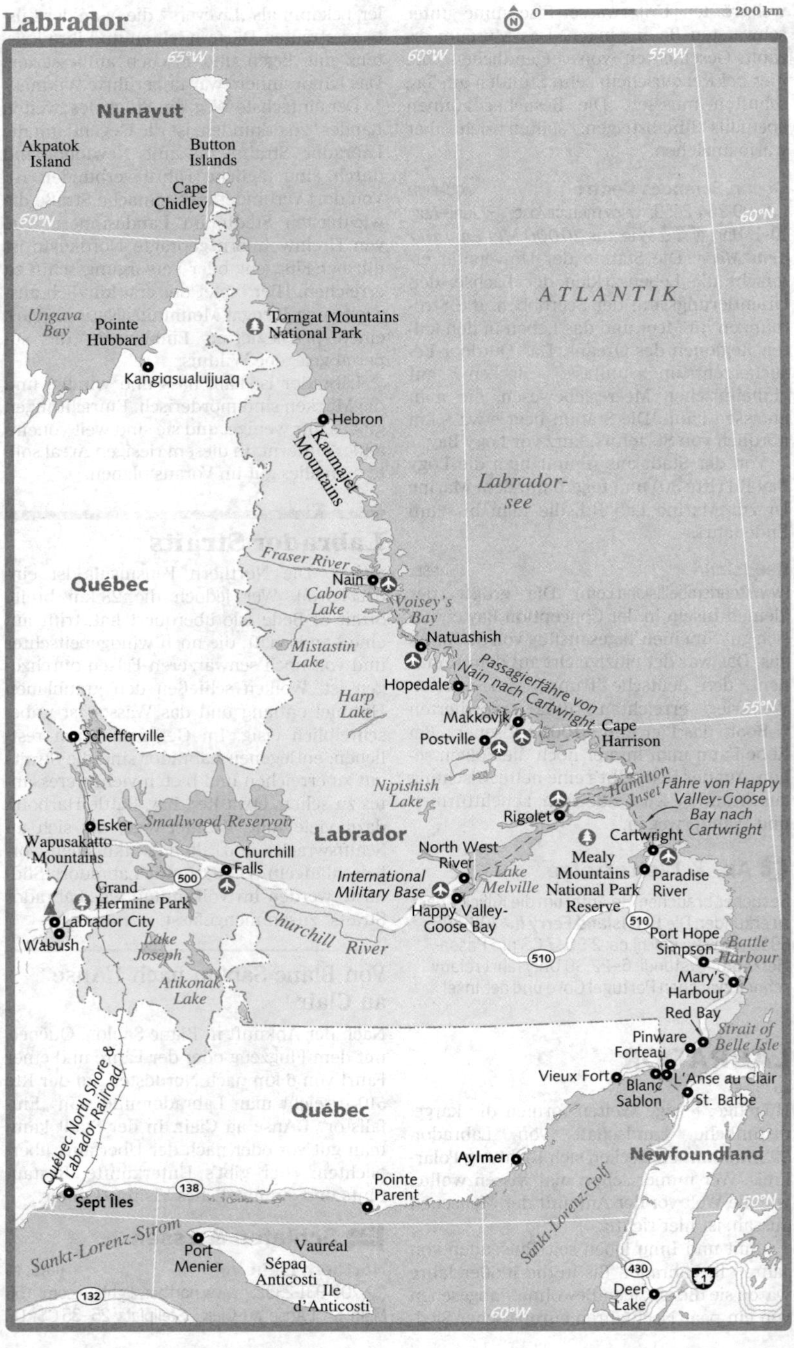

0
200 km
65°W
60°W
55°W
60°N
60°N
55°N
50°N
60°W
Nunavut
Akpatok Island
Button Islands
Cape Chidley
ATLANTIK
Ungava Bay
Pointe Hubbard
Torngat Mountains National Park
Kangiqsualujjuaq
Hebron
Kaumajet Mountains
Labrador-see
Fraser River
Québec
Nain
Cabot Lake
Voisey's Bay
Natuashish
Mistastin Lake
Passagierfähre von Nain nach Cartwright
Hopedale
Harp Lake
Makkovik
Cape Harrison
Schefferville
Postville
Hamilton Inset
Fähre von Happy Valley-Goose Bay nach Cartwright
Nipishish Lake
Rigolet
Esker
Smallwood Reservoir
Labrador
Cartwright
Wapusakatto Mountains
North West River
Mealy Mountains National Park Reserve
Churchill Falls
Paradise River
500
International Military Base
Lake Melville
Grand Hermine Park
Happy Valley-Goose Bay
Labrador City
Churchill River
510
Wabush
Lake Joseph
Port Hope Simpson
Battle Harbour
510
Mary's Harbour
Atikonak Lake
Red Bay
Strait of Belle Isle
Pinware
Forteau
Vieux Fort
L'Anse au Clair
Blanc Sablon
St. Barbe
Québec
Québec North Shore & Labrador Railroad
Newfoundland
Aylmer
Sankt-Lorenz-Golf
138
Pointe Parent
Sept Îles
Sankt-Lorenz-Strom
Port Menier
Vauréal
Sépaq Anticosti
Ile d'Anticosti
430
1
Deer Lake
132

115–129 C$; ❄📶) Das moderne, gut geführte Northern Light Inn ist bei Bustouren sehr beliebt. Hier gibt's das beste Essen der Stadt. Zimmer mit geraden Nummern haben Hafenblick. Der Campingplatz hat Duschen und bietet Gelegenheit, Wäsche zu waschen.

Northern Light Inn Dining Room KANADISCH **$$**
(☎709-931-2332; 56 Main St, L'Anse au Clair; Hauptgerichte 12–27 C$; ⏲So–Do 7–21, Fr & Sa bis 22 Uhr) Hier gibt es klassisches Essen und Seafood.

Praktische Informationen

Visitors Center (☎709-931-2013; www.labradorcoastaldrive.com; Rte 510, L'Anse au Clair; ⏲Juni–Okt. 9–17 Uhr) Die ausgezeichnete Touristeninformation der Straits befindet sich in einer alten Kirche, die gleichzeitig als kleines Museum dient.

Anreise & Unterwegs vor Ort

Die **MV Apollo** (☎709-535-0810; www.labradormarine.com; Erw./Kind/Auto 8,25/6,60/25 C$; ⏲Mai – Anfang Jan.) fährt die zwei Stunden zwischen St. Barbe in Newfoundland und Blanc Sablon in der Zeit von Mai bis Anfang Januar. Das Schiff läuft ein- bis dreimal täglich zwischen 8 und 18 Uhr aus. Die Fahrpläne ändern sich täglich. Im Juli und August ist man gut beraten, im Voraus zu reservieren (auch wenn es 10 C$ Gebühr kostet). Das Fährterminal in Blanc Sablon hat Newfoundland-Zeit und nicht Eastern Time (wie im restlichen Québec)!

PAL Airlines (☎800-563-2800; www.palairlines.ca) fliegt von St. John's und St. Anthony nach Blanc Sablon. Nur um zur weiteren Verwirrung beizutragen: Die Abflugzeiten sind in Eastern Time angegeben und nicht in Labrador-Straits-Ortszeit (also Newfoundland-Zeit).

Mietwagen bekommt man am Flughafen bei **Eagle River Rent-a-Car** (☎709-931-3300, 709-931-2352).

Von Forteau nach Pinware

Fährt man auf der Rte 510 weiter nordöstlich, kommt man an Forteau, L'Anse Amour, L'Anse au Loup, West St. Modeste und Pinware vorbei. In Forteau wirft der **Overfall Brook Trail** (4 km) seinen Schatten auf die Küste und endet an einem 30 m hohen Wasserfall. Sechs Häuser bilden das Dorf **L'Anse Amour**, zu dessen vielen Attraktionen der **L'Anse Amour Burial Mound** (L'Anse Amour Rd) gehört, das älteste Grabmonument Nordamerikas. Eine kleine Plakette am Straßenrand markiert die 7500 Jahre alte Stätte.

> **KURZINFOS LABRADOR**
>
> - Bevölkerung: 26 700
> - Fläche: 294 330 km²
> - Größte Stadt: Labrador City
> - Zeitzonen: Die Labrador Straits liegen in der Zeitzone von Newfoundland, der Rest von Labrador (ab Cartwright) hat Atlantic Standard Time (d. h. 30 Min. hinter Newfoundland).

An der gleichen Straße liegt das **Point Amour Lighthouse** (☎709-927-5825; www.pointamourlighthouse.ca; L'Anse Amour Rd; Erw./Kind 6/4 C$; ⏲Mai–Okt. 9.30–17 Uhr). Für den Aufstieg wird man mit einer atemberaubenden Panoramaaussicht belohnt. Der **Raleigh Trail** (2 km) führt hierher und zu Wrackteilen eines Kriegsschiffes am Strand.

Hinter L'Anse au Loup liegt der **Battery Trail** (4 km), der sich durch einen Tuckamore-Wald bis zur Spitze der Battery windet und dabei tollen Blicke aufs Meer eröffnet. Die Straße dreht bei Pinware ins Landesinnere und führt immer wieder über den Pinware River. Die Stromschnellen nach der einspurigen Brücke sind bekannt für gutes Lachsangeln.

Geführte Touren

Labrador Adventures GEFÜHRTE TOUTEN
(☎709-931-2055; www.tourlabrador.ca) Sachkundiges Personal für Wanderungen oder Tagesausflüge mit dem SUV durch die Straits. Organisiert auch All-Inclusive-Übernachtungstrips. Eine wunderschöne Möglichkeit, die Gegend zu erkunden.

Schlafen & Essen

Pinware River Provincial Park CAMPING **$**
(☎709-927-5516; www.nlcamping.ca; Rte 510; Stellplatz 18 C$; ⏲Juni–Sept.) Ein Campingplatz mit 22 Stellplätzen, Trinkwasser, Plumpsklos, Duschen und Abwasserstation. Schöne Wanderwege und Angelmöglichkeiten in der Nähe. Liegt 53 km von der Fähre in Blanc Sablon entfernt.

Grenfell Louie A Hall B&B B&B **$$**
(☎709-931-2916; www.grenfellbandb.ca; Willow Ave, Forteau; Zi. 95–110 C$, Cottages 165 C$; ⏲Mai–Okt.) Dieses bezaubernde B&B ist in der alten Geburtshilfestation untergebracht, in der Generationen von Labrador-Straits-Einwohnern zur Welt gekommen

ABSEITS DER ÜBLICHEN PFADE

TORNGAT MOUNTAINS NATIONAL PARK

Mit einer Landschaft wie aus einer anderen Welt voller schmaler Gipfel und felsiger Landzungen, die in türkisfarbenes Wasser abfallen, ist der **Torngat Mountains National Park** (☎709-922-1290; www.pc.gc.ca/torngat) Natur in ihrer unberührtesten Form. Das Gebiet ist auch für die Wissenschaft äußerst interessant, da es hier einige der ältesten Steine der Welt (3,9 Mrd. Jahre) und eine seltene Robbenpopulation in Süßwasserseen gibt. Die **Kaumajet Mountains** südlich des Parks sind ebenfalls wie geschaffen für Wanderungen, die man so noch nicht erlebt hat.

An Labradors frostige Spitze kommt man nur mit dem Charterflugzeug, einem eigenen Boot oder der Fähre. Eine gesunde Eisbärenbevölkerung bedeutet, dass jeder Besucher einen bewaffneten Bärenjäger bei sich haben muss. Das von Inuit betriebene Torngat Mountains Base Camp und die Research Station (S. 566) haben Pauschalangebote. Das Hauptquartier des Parks liegt in Nain, wo das Personal einem einheimische Inuit-Fremdenführer vermitteln kann.

sind. Gerüchten zufolge treiben hier auch ein paar Geister ihr Unwesen. Die fünf einfachen Zimmer mit Quilts und ländlicher Einrichtung teilen sich zwei Bäder. Manche haben Meerblick.

Max's House HISTORISCHES HOTEL **$$$**
(Point Amour Lighthouse; ☎709-931-2840; www.tourlabrador.ca; Point Amour Lighthouse; Cottage 256 C$; ⊙Juni–Anfang Okt.; 📶) Dieses historische Gebäude auf dem Anwesen des Point Amour Lighthouse war das Haus des Leuchtturmwärters Max Sheppard. Es gibt fünf Zimmer, in denen zehn Personen Platz haben, mit einer gut eingerichteten Küche und zwei Bädern. Das Abendessen wird im Leuchtturm serviert, und mit etwas Glück kann man Wale und Eisberge sehen. Kein Telefon vor Ort.

Dot's Bakery BÄCKEREI **$**
(☎709-927-5311; Rte 510, L'Anse au Loup; Snacks 4–8 C$; ⊙Mo–Sa 7–23 Uhr) In dieser kleinen Bäckerei werden den ganzen Tag über frische Donuts, Kuchen und Pizzas serviert.

Seaview Restaurant KANADISCH **$$**
(Rte 510, Forteau; Hauptgerichte 10–25 C$; ⊙11–21 Uhr) Hier gibt's frischen Fisch und Meeresfrüchte sowie Brathuhn und zartes Karibu. Dazu gehören noch ein Gemischtwarenladen und eine Marmeladenfabrik.

Red Bay

Die Red Bay National Historic Site (seit 2013 UNESCO-Weltkulturerbe), ist auf zwei Orte aufgeteilt und arbeitet die Entdeckung von drei baskischen Walfanggaleonen aus dem 16 Jh. auf, die hier auf dem Grund der See liegen. Gut erhalten im eiskalten Wasser erzählen die Überreste der Schiffe eine bemerkenswerte Geschichte über das Leben an diesem Ort vor 400 Jahren.

Im 16. Jh. war Red Bay der größte Walfängerhafen der Welt mit über 2000 Einwohnern. Im Museum gibt es eine rekonstruierte *chalupa* (ein kleines baskisches Ruderboot für den Walfang) und einige andere interessante Ausstellungsstücke zu bestaunen. Dann geht's in einem kleinen Boot (2 C$) zur nahegelegenen **Saddle Island**, auf der eine selbstgeführte Infotainment-Tour durch die Ausgrabungsstätten führt. Man sollte zwei bis drei Stunden für Museum und Insel einplanen.

Sehenswertes & Aktivitäten

Auf der anderen Seite der Bucht verläuft der beeindruckende **Boney Shore Trail** (2 km) die Küste entlang, vorbei an uralten Walknochen (die wie Felsen aussehen) am Wegesrand. Der **Tracey Hill Trail** klettert über eine Uferpromenade 670 Stufen hinauf zur Spitze des American Rockyman Hill. Von dort hat man einen tollen Ausblick. Auf- und Abstieg dauern jeweils ca. 20 Minuten.

Red Bay National Historic Site HISTORISCHE STÄTTE
(☎709-920-2051; www.pc.gc.ca/redbay; Rte 510; Erw./Kind/Fam. 7,80/3,90/19,60 C$; ⊙Juni–Sept. 9–17 Uhr) Mitte des 16 Jhs. kamen baskische Walfänger zur Strait of Belle Isle, um zahlreiche Glatt- und Grönlandwale zu jagen und ihr Öl für Lampen nach Europa zu verkaufen. Der Hauptwalfanghafen von Red Bay ist heute eine National Historic Site und Weltkulturerbe. Zu sehen gibt es original baskische Artefakte, Überreste und eine restaurierte *chalupa* (Walfangboot).

Selma Barkham Town Centre MUSEUM
(2 C$; ⌚ Juli–Sept. 9–17 Uhr) Selma Barkham erforschte unermüdlich die örtliche Vergangenheit. In diesem netten Museum werden die Geschichten, die sie entdeckt hat, erzählt. Außerdem liegt hier das 15 m lange, 400 Jahre alte Skelett eines Atlantischen Nordkapers (eine Glattwalart).

Schlafen & Essen

Basinview B&B B&B $
(☎709-920-2002; blancheearle@hotmail.com; 145 Main St; EZ/DZ mit Gemeinschaftsbad 60/70 C$, DZ 90 C$) Einfaches B&B mit vier Zimmern und Gemeinschaftsbad direkt am Wasser.

Whaler's Station PENSION $$
(☎709-920-2156; www.redbaywhalers.ca; 72-76 West Harbour Dr; Zi. 95–135 C$) Diese rustikalen, aber komfortablen Unterkünfte sind auf mehrere Gebäude verteilt und eignen sich gut als Ausgangspunkt für Besichtigungen der historischen Stätte. Einige Zimmer haben Blick aufs Meer. Alle bieten ein eigenes Bad, TV, Mikrowelle und Kühlschrank. Vor Ort gibt es auch ein Restaurant.

Whaler's SEAFOOD $$
(Hauptgerichte 9-20 C$; ⌚ 8–20 Uhr) Wer Lust auf Fish and Chips mit Rebhuhnbeerenkuchen hat, ist in diesem freundlichen Restaurant richtig. Hier kommen die meisten Besucher der Bay zusammen. Es gibt auch ein reichliches Frühstück, und wer picknicken will, kann sich eine Lunchbox bestellen.

Battle Harbour

Mitten auf einer Insel in der Labradorsee liegt das exquisite restaurierte Dorf Battle Harbour mit seiner Fischpökelfabrik. Heute ist es eine historische Stätte, im 19. Jh. war Battle Harbour einmal die inoffizielle Hauptstadt Labradors, als Schoner sich an den Docks aufreihten. Weitere Berühmtheit erlangte das Fleckchen, als Robert E. Peary 1909 nach dem Erreichen des Nordpols hier seine erste Pressekonferenz abhielt.

★ **Battle Harbour Heritage Properties** INN $$
(☎709-921-6325; http://battleharbour.com; Zi. 75–245 C$, Angebot mit 3 Mahlzeiten, geführter Tour & Transport ab 545 C$; ⌚ Juni–Sept.; 📶) Zusätzlich zur typischen Pension findet man in dieser Anlage hübsche historische Häuser und Cottages. Man hat einen schönen Blick auf das Meer und wenig Ablenkung: es gibt keine Autos, kein Mobilfunknetz oder TV auf der Insel. Zum Ausgleich gibt's Wanderwege mit guten Möglichkeiten zum Beerenpflücken und zum Bootfahren. In einem Gemeinschaftsraum der Pension, in dem auch das Essen serviert wird, ist WLAN-Zugang vorhanden.

Battle Harbour Dining Room KANADISCH $$
(Battle Harbour Inn; Unterkunft inkl. Essen; ⌚ 8–18 Uhr) Ein Pauschalangebot, das neben der Unterkunft auf der Insel auch Mahlzeiten zu festen Zeiten einschließt.

An- & Weiterreise

Battle Harbour kann mit dem Boot von Mary's Harbour aus erreicht werden (Abfahrt 11 Uhr, 1 Std.). Die Passagierfähre ist in den Preisen für die Unterkünfte enthalten.

Nordküste

Nördlich von Cartwright bis hinauf zur Ungava Bay gibt es an der zerklüfteten, größtenteils unberührten Felsküste ein halbes Dutzend kleiner halbtraditioneller Inuitgemeinden, die nur übers Meer oder aus der Luft erreicht werden können. Der Torngat Mountains National Park ist der (wortwörtliche) Höhepunkt.

1993 haben Geologen an den Stränden der Voisey's Bay nahe Nain unglaublich reiche Kupfer-, Kobalt- und besonders Nickelvorkommen entdeckt. Die Förderung der Bodenschätze könnte in den nächsten Jahrzehnten Milliarden Dollar in die provinzielle Wirtschaft pumpen, aber sie beeinflusst auch die Umwelt und die Lebensweise der Innu und Inuit.

Sehenswertes

Der erste Hafen an der Nordküste ist **Makkovik**, ein ehemaliger Fellhandelsposten und eine traditionelle Fisch- und Jagdgemeinde. Hier wird sowohl altes als auch neues Kunsthandwerk verkauft.

Weiter im Norden in **Hopedale** können sich Besucher eine alte, hölzerne, mährische Missionskirche von 1782 anschauen. Diese **National Historic Site** (☎709-933-3864; 5 C$; ⌚ Juli–Okt. 8.30–19 Uhr) beherbergt auch einen Laden, Wohnhäuser, ein paar Hütten und eine Museumssammlung.

Natuashish ist eine neue Stadt, die gebaut wurde, als das in Schwierigkeiten geratene Dorf Utshimassit (Davis Inlet) 2002 aufs Festland umgesiedelt wurde. Der Umzug wurde beschlossen, nachdem eine Studie aus dem Jahr 2000 zeigte, dass 154 von 169 befragten Jugendlichen Lösungsmittel geschnüffelt hatten – 60 von ihnen sogar täglich.

Die letzte Anlegestelle der Fähre ist **Nain**. Fischerei ist die wichtigste Industrie hier, aber das ändert sich gerade aufgrund der Nickelvorkommen in der Voisey's Bay. Es ist die letzte einigermaßen große Ortschaft in Richtung Norden.

Schlafen

Die meisten Traveller benutzen die Fähre als schwimmendes Hotel. Für diejenigen, die aussteigen und auf das nächste Schiff warten, heißt das normalerweise improvisieren, denn nur Postville, Hopedale und Nain haben offizielle Unterkünfte.

Amaguk Inn HOTEL **$$**
(☎709-933-3750; www.amagukinn.ca; 3 Harbour Dr, Hopedale; EZ/DZ 130/155 C$; 📶) Hier gibt's 18 Zimmer, einen Speisesaal (Gerichte 15–20 C$) und eine Lounge, in der man ein kühles Bier bekommt. Auch ein Shuttleservice zum Flughafen ist möglich.

Atsanik Lodge HOTEL **$$**
(☎709-922-2910; atsaniklabrador@msn.com; Sand Banks Rd, Nain; Zi. 125–180 C$; 📶) Die große 25-Zimmer-Lodge und ihr Restaurant (Gerichte 15–22 C$) sind das beste Angebot in Nain.

★ **Torngat Mountains Base Camp & Research Station** LODGE **$$$**
(☎855-867-6428; www.thetorngats.com; Torngat Mountains National Park; 4 Nächte all inclusive ab 5200 C$; ⏲Juli & Aug.) Die einzige Möglichkeit, den Torngat Mountains National Park über Nacht zu besuchen, bietet dieses gut besuchte Basislager im Park. Die Gäste schlafen in komfortablen Jurten oder noch luxuriöseren Kuppelzelten mit Heizung und Strom. Es gibt sogar Duschen und Gerichte vom Chefkoch persönlich. Zu den Aktivitäten im Camp gehören Wandern, Bootfahren und Touren mit dem Helikopter. Ein elektrischer Zaun sorgt dafür, dass die Eisbären draußen bleiben.

An- & Weiterreise

Air Labrador (☎800-563-3042; www.airlabrador.com) und **PAL Airlines** (Provincial Airlines; ☎800-563-2800; www.palairlines.ca) bieten tägliche Flüge mit kleinen Maschinen von Happy Valley-Goose Bay zu den Gemeinden an der Nordküste.

Die Passagierfähre **MV Northern Ranger** (www.labradorferry.ca; einfache Fahrt Erw./Kind 157/78 C$) bedient diesen Abschnitt der Küste von Mitte Juni bis Mitte November. Sie fährt einmal pro Woche und braucht drei Tage (einfache Strecke) von Happy Valley-Goose Bay nach Nain mit Zwischenstopps in Makkovik, Hopedale und Natuashish. Online sind die ständig wechselnden Zeiten und Preise zu sehen.

Zentrales Labrador

Das Zentrum nimmt den Großteil Labradors ein und ist eine gigantische, fast völlig unbewohnte Wildnisregion. Paradoxerweise liegt hier aber auch die größte Ansiedlung Labradors, Happy Valley-Goose Bay mit einem Militärstützpunkt. Der Ort selbst (7600 Ew.) bietet die notwendige Infrastruktur, aber abgesehen von den Möglichkeiten zum Angeln oder Jagen gibt es hier nicht viel zu sehen oder zu tun.

Goose Bay wurde während des Zweiten Weltkriegs als Sammelpunkt für Flugzeuge auf ihrem Weg nach Europa gegründet. Der Flughafen war auch ein offizieller Ausweichlandeplatz der NASA für das Space Shuttle.

Sehenswertes

Labrador Interpretation Centre MUSEUM
(☎709-497-8566; www.therooms.ca/exhibits/regional-museums; 2 Portage Rd, North West River; ⏲Mo–Sa 9–16.30, So 13–16.30 Uhr) GRATIS Das Provinzmuseum beinhaltet einige der schönsten Kunstwerke Labradors. Es liegt in North West River und ist über die Rte 520 erreichbar.

Northern Lights Building MUSEUM
(☎709-896-5939; 170 Hamilton River Rd, Happy Valley-Goose Bay; ⏲Di–Sa 10–17.30 Uhr) GRATIS Beherbergt ein Militärmuseum, interessante, lebensechte Naturszenen und simulierte Nordlichter.

Schlafen & Essen

Big Land B&B B&B **$**
(☎709-896-2082; http://biglandbedandbreakfast.com; 34b Palliser Cres, Happy Valley-Goose Bay; Zi. 85 C$; 📶🐾) Freundliches familiengeführtes B&B, in dem auch Haustiere willkommen sind. Die Zimmer sind schön eingerichtet, und zum Frühstück gibt's selbstgebackenes Brot und Marmelade aus der Region.

Royal Inn & Suites HOTEL **$$**
(☎709-896-2456; www.royalinnandsuites.ca; 5 Royal Ave, Happy Valley-Goose Bay; EZ/DZ/Suite ab

120/130/150 C$; ❄📶) Im Royal hat man die Wahl zwischen zahlreichen Zimmern, von denen viele mit einer Küche ausgestattet sind. Im Rahmen eines Sicherheitsprogrammes der Region werden Satellitentelefone an die Autofahrer verliehen.

Davis' B&B B&B $$
(☎709-896-5077; valleybb5077@gmail.com; 14 Cabot Cres, Happy Valley-Goose Bay; EZ/DZ 100/120 C$; 📶) In diesem B&B mit vier Zimmern erwarten einen eine familiäre Atmosphäre und Karibu-Würste.

El Greco PIZZA $
(☎709-896-3473; 133 Hamilton River Rd, Happy Valley-Goose Bay; Hauptgerichte 9–18 C$; ⏲So–Mi 16–1, Do–Sa bis 3 Uhr) Nicht nur beliebt wegen der Pizzas und den Gerichten zum Mitnehmen. Hier gibt's auch Pasta und Gyros. Nahe dem Royal Inn.

Mariner's Galley SEAFOOD $$
(☎709-896-9301; 25 Loring Dr, Happy Valley-Goose Bay; Hauptgerichte 7–24 C$; ⏲6–21 Uhr) Hier bekommt man Spezialitäten wie frittierte Kabeljauzunge mit Schweineschwarte oder Krabbencocktail. Die Gäste schwärmen vom freundlichen Personal und dem Büfett.

ℹ Praktische Informationen

Touristeninformation (www.tourismlabrador.com; 6 Hillcrest Rd, Happy Valley-Goose Bay; ⏲Mo–Fr 8.30–20, Sa & So 9–17 Uhr; 📶) Hat Infos über das zentrale Labrador sowie Broschüren und Karten. Veranstaltungen werden auf der Facebook-Seite bekannt gegeben. Die Stadt selbst hat auch eine nützliche Website (www.happyvalley-goosebay.com).

ℹ An- & Weiterreise

AUTO & MOTORRAD

Von Happy Valley-Goose Bay führt die Schotterpiste Rte 500 westlich nach Churchill Falls und weiter nach Labrador City. Die Fahrt nach Labrador City dauert etwa sieben Stunden. Es gibt keine Tank- und Raststellen bis Churchill Falls, also vorher unbedingt alles auffüllen. Royal Inn & Suites verteilt kostenlose Satellitentelefone, die man mit auf die Fahrt nehmen kann (im Rahmen eines Sicherheitsprogramms der Region).

Die teilweise geteerte Rte 510 führt nach Cartwright (383 km) und L'Anse au Clair (623 km).

Vor der Abfahrt sollte man das Department of Transportation & Works (www.roads.gov.nl.ca) bezüglich des aktuellen Zustands der Straße kontaktieren. Viele Autovermieter verbieten das Fahren auf dem Trans Labrador Hwy oder bieten dafür keine Versicherung. Manche haben Fahrzeuge in ihrer Flotte die extra für diese Route bereitstehen. Mietwagen gibt es u. a. bei **National** (☎709-896-5575).

FLUGZEUG

Von St. John's aus gibt es jeden Tag Flüge über Deer Lake und Halifax nach Happy Valley-Goose Bay. Von Montréal fliegen täglich Flieger nach Wabush. Die folgenden Fluggesellschaften fliegen hierher:

Air Canada (☎888-247-2262; www.aircanada.com)

PAL Airlines (Provincial Airlines; ☎800-563-2800; www.palairlines.ca)

SCHIFF/FÄHRE

Happy Valley-Goose Bay ist mit der Passagierfähre **MV Northern Ranger** (☎709-896-2262; www.labradorferry.ca; Erw./Kind nach Nain 157/78 C$; ⏲Juli – Aug.) zu erreichen.

Labrador West

Nur 5 km voneinander und 15 km von Québec entfernt, liegen die Zwillingsbergbaustädte Labrador City (9400 Ew.) und Wabush (1900 Ew.), zusammen auch Labrador West genannt. Hier konzentriert sich die gesamte Bevölkerung der Region. Der größte Eisenerztagebau der Welt befindet sich in Labrador City. Die nahegelegene Mine in Wabush musste 2014 aufgrund des Einbruchs in der Stahlnachfrage schließen. Die Landschaft ist gewaltig, und die himmlischen polychromatischen Kunstwerke (die Polarlichter!) können schon mal den gesamten Nachthimmel bedecken.

👁 Sehenswertes & Aktivitäten

Grande Hermine Park PARK
(☎709-282-5369; ⏲Juni–Sept.) Von Wabush aus 39 km nach Osten auf der Rte 500 liegt der Grande Hermine Park, ausgestattet mit einem Strand und schöner Landschaft. Der **Menihek Hiking Trail** (15 km) führt durch waldige Gegenden mit Wasserfällen und offener Tundra. Hiesige Ausrüster führen ihre Kunden gern zu ausgezeichneten Angelplätzen.

Gateway Labrador MUSEUM
(☎709-944-5399; 1365 Rte 500; ⏲Mo–Fr 9–16, Sa 10–17 Uhr) GRATIS Im gleichen Gebäude wie das Visitor Center befindet sich das Gateway Labrador mit seiner Montague Exhibit Hall, in der 3500 Jahre menschlicher Kulturgeschichte, einschließlich des Fellhandels, durch beeindruckende Artefakte und Ausstellungen dargestellt werden.

Aktivitäten

Die Wapusakatto Mountains sind 5 km von der Stadt entfernt und wachsen einfach so aus der weiten Tundralandschaft heraus. Hier fällt von Ende Oktober bis Ende April guter, trockener Schnee – das bedeutet eine wesentlich längere Skisaison als im restlichen Kanada.

Menihek Nordic Ski Club SKIFAHREN
(☎709-944-5842; www.meniheknordicski.ca; Tagespass Erw./Kind 20/15 C$) Bietet ein 30 km langes Loipennetz für erstklassige Langlauferlebnisse. Das kanadische Nationalteam trainiert hier, aber auch Anfänger sind herzliche willkommen. Hier gibt es Kurse, Skate-Skiing, Nachtskifahren und Verleih von Skiern und Schneeschuhen.

Smokey Mountain Ski Club SKIFAHREN
(☎709-944-2129; www.smokeymountain.ca; Smokey Mountain Rd; ⏲Nov.–April) In diesem kleinen Skigebiet mit einem Höhenunterschied von 845 m gibt es auch steile Hänge. Hier findet man einen Doppel-Sessellift und einen Tellerlift – ein Vierer-Sessellift ist in Planung. 5 km von Labrador City entfernt.

Schlafen & Essen

Ptarmigan's Nest B&B $
(☎709-944-3040; theptarmigansnest@gmail.com; 28 Snow's Dr; Zi. 98 C$; 📶) Ein am See gelegenes B&B in ruhiger Gegend, zehn Minuten von Labrador City entfernt. Elegante, klassische Einrichtung und kontinentales Frühstück.

Wabush Hotel HOTEL $$
(☎709-282-3221; www.wabushhotel.com; 9 Grenville Dr, Wabush; Zi. 165–175 C$; ❄📶) Dieses Hotel im Chalet-Stil mit 68 Zimmern liegt zentral in Wabush und hat geräumige und komfortable Zimmer. Im Speisesaal wird ein beliebtes Büfett angeboten. Auch hier kann man sich kostenlos Satellitentelefone für Fahrten in die abgelegenen Regionen der Provinz leihen.

Carol Inn MOTEL $$
(☎709-944-7736; www.carolinn.ca; 215 Drake Ave, Labrador City; EZ/DZ 140/165 C$; ❄📶) Alle 20 Zimmer haben eine eigene Küche. Es gibt aber auch einen Speisesaal, in dem Essen serviert wird, und einen Pub.

Sushi Lab SUSHI $
(☎709-944-4179; 118 Humphrey Rd, Labrador City; Hauptgerichte 6–16 C$; ⏲Mo–Fr 11–14 & 17–23, Sa & So 17–23 Uhr) Eine tolle Restauranterfahrung im Stil des modernen Labrador. Über ein iPad bestellt man hier seine Auswahl an Sushi-Gerichten und wird nicht enttäuscht. Für weniger abenteuerlustige Gourmets gibt's auch einfaches chinesisches Essen oder Pizza.

Praktische Informationen

Destination Labrador (www.destinationlabrador.com) ist eine umfassende Website für Reisende mit speziellen Veranstaltungen, Dienstleistungen und Tipps. Dann gibt es noch das **Visitor Centre** (☎709-944-5399; www.labradorwest.com; 1365 Rte 500) gleich westlich von Labrador City im Gebäude von Gateway Labrador.

An- & Weiterreise

AUTO & MOTORRAD

15 km westlich von Labrador City die Rte 500 entlang liegt Fermont, Québec. Von hier führt die größtenteils geteerte Rte 389 (einige Abschnitte mit feinem Schotter) über 581 km in Richtung Süden nach Baie Comeau.

Happy Valley-Goose Bay ist eine siebenstündige Fahrt auf der Rte 500 nach Osten entfernt.

Budget (☎709-282-1234) hat eine Filiale am Flughafen. Mietautos dürfen eventuell nicht auf der Rte 500 fahren.

FLUGZEUG

Air Canada (☎888-247-2262; www.aircanada.com), **PAL Airlines** (Provincial Airlines; ☎800-563-2800; www.palairlines.ca), **Air Inuit** (☎800-361-2965; www.airinuit.com) und **Air Labrador** (S. 566) fliegen von Happy Valley-Goose Bay nach Wabush und zu anderen Zielen.

Manitoba

Inhalt ➡

Gut essen

- Deer + Almond (S. 580)
- Lazy Bear Cafe (S. 592)
- Forks Market (S. 579)
- Gypsy's Bakery (S. 593)
- Segovia (S. 581)
- Marion Street Eatery (S. 580)

Schön übernachten

- Beechmount B&B (S. 578)
- Blue Sky Bed & Sled (S. 592)
- Lazy Bear Lodge (S. 592)
- Inn at the Forks (S. 578)
- Mere Hotel (S. 578)
- Solmundson Gesta Hus Bed & Breakfast (S. 585)

Auf nach Manitoba!

Die beiden Highlights in Manitoba sind das großstädtische, elegante Winnipeg und das kleine Churchill mit seinen vielen Naturwundern. Aber was diese oft unterschätzte Prärieprovinz wirklich ausmacht ist das, was dazwischen liegt. Die offene Weite verläuft scheinbar ins Unendliche – die Felder mit Getreide, Sonnenblumen und Wildblumen erstrecken sich nach Norden bis zur arktischen Tundra.

Die Größe dieses Landes kann nur ermessen, wer am Rand eines leuchtend gelben Rapsfelds steht und am Horizont drei verschiedene Stürme zählt oder wer über die raue Küste der Hudson Bay blickt, wo sich Eisbären tummeln und in der Ferne Weißwale im Wasser spielen. Um die verborgenen Mysterien des Landes zu entdecken, sollte man die leeren Straßen abfahren, in den stimmungsvollen Kleinstädten rasten und stets auf Überraschungen gefasst sein – das kann ein Elch sein, der plötzlich mitten auf der Straße steht, oder auch der Bühnenauftritt einer zukünftigen Pop-Legende.

Reisezeit

Winnipeg

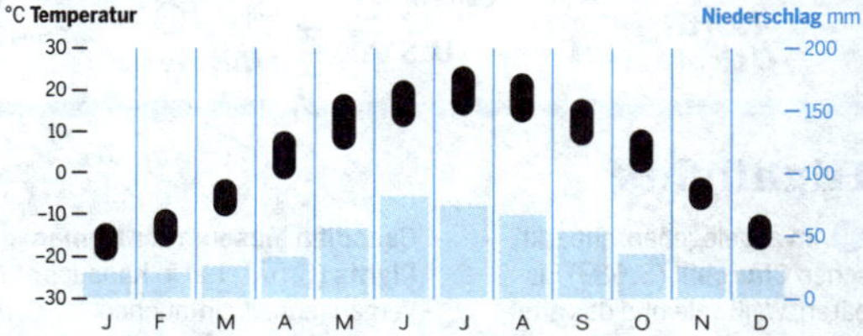

Mai Die Wildblumen blühen an den Straßen und verkünden das Ende des langen Winters.

Juni–Aug. Die Tage *können* mild sein, die Nächte sind meist kalt; in Churchill gelten 18 °C als heiß.

Okt. & Nov. Die beste Zeit, um rund um Churchill Eisbären zu beobachten.

Highlights

❶ Im abgelegenen, subarktischen **Churchill** (S. 589) Eisbären, Weißwale und das alte Fort bestaunen

❷ Im **Riding Mountain National Park** (S. 586), Manitobas schönstem Naturgebiet, wandern und paddeln

❸ Im interaktiven, architektonisch avantgardistischen **Canadian Museum for Human Rights** (S. 573) tief in Kanadas Vergangenheit eintauchen

❹ In der **Inglis Grain Elevators National Historic Site** (S. 587) die monumentalen „Wächter der Prärie" aus vergangenen Zeiten bewundern

❺ Im fast völlig vom Lake Winnipeg umgebenen **Hecla/Grindstone Provincial Park** (S. 585) Natur genießen

❻ Im **Pisew Falls Provincial Park** (S. 588) auf einsamen Straßen fahren und bei Naturwundern anhalten

❼ Idyllische Kleinstädte wie **Neepawa** (S. 586) entdecken, in denen die Zeit stillzustehen scheint

Geschichte

Die frühen europäischen Entdecker waren es leid, als Softies angesehen zu werden. Sie verließen den milderen Süden und nahmen es mit der kalten, zerklüfteten Nordküste der Hudson Bay auf. Bald nachdem die Hudson's Bay Company (HBC) im 17. Jh. hier Handelsposten eingerichtet hatte, mischten die einheimischen Dene im Pelzhandel mit.

Britische Bauern siedelten sich 1811 im Gebiet des heutigen Winnipeg an; wegen der Landrechte kam es in der Folge immer wieder zu Streitigkeiten mit den hier lebenden Métis. Als die HBC einen Teil des Landes an die Kanadische Konföderation verkaufte, zettelte der Métis-Anführer Louis Riel einen Aufstand an und bildete eine provisorische Regierung. Verhandlung zwischen Riel und der kanadischen Regierung führten dazu, dass Manitoba 1870 als fünfte Provinz der Konföderation beitrat. Riel selber wurde allerdings später wegen Hochverrat hingerichtet.

Geografie & Klima

Manitobas Landschaft ist so facettenreich wie die übrige Nation. Das flache Ackerland im Süden geht in die Wälder am Rand der größten kanadischen Seen über. Kleine eiszeitliche Seen, struppige Vegetation und der nackte Fels des Kanadischen Schilds charakterisieren den Norden. Und über allem erstreckt sich ein schier endloser Himmel.

Das Klima ist vielfältig und unberechenbar. Im Norden bewegt sich die Durchschnittstemperatur zwischen –50 °C im Winter und 20 °C im Sommer, im Süden zwischen 25 °C im Sommer und –15 °C im Winter. Der ganzjährig starke Wind erzeugt im Sommer Staubstürme und Tornados. Während winterlicher Schneestürme lässt der Wind die gefühlte Temperatur manchmal um weitere ca. 30 °C fallen. Im Süden sind Frühjahrshochwasser an der Tagesordnung. Die Intensität der Sommergewitter in der Prärie ist kaum zu überbieten.

Parks & Tierwelt

Es stimmt tatsächlich – in Manitoba lassen sich alle bekannten und beliebten Tierarten Kanadas sichten: Elche, Biber, Bären, Luchse, Hirsche, Rentiere, Füchse, Hasen usw. Und selbstverständlich auch die eigentlichen Stars dieser Landschaft: die Eisbären von Churchill.

Der Riding Mountain National Park ist ein Mikrokosmos des gesamten Ökosystems Manitobas, während der Wapusk National Park von rauer Wildnis geprägt ist.

KURZINFOS MANITOBA

- Bevölkerung: 1 282 000 Ew.
- Fläche: 647 797 km²
- Hauptstadt: Winnipeg
- Skurriles: Die Einwohner Manitobas haben den weltweit größten pro-Kopf-Verbrauch an 7-Eleven-Getränken.

Der *Manitoba Provincial Parks Guide*, herausgegeben von **Manitoba Parks** (www.manitobaparks.com), ist bei Informationszentren erhältlich. Da die Campingplätze oft voll sind, lohnt die Reservierung online.

ℹ Anreise & Unterwegs vor Ort

Die großen Fluglinien verbinden Winnipeg mit den wichtigsten Städten in Kanada und im mittleren Westen der USA. **Calm Air** (☎800-839-2256; www.calmair.com) bedient die Ortschaften im Norden (in Nunavut) ebenso wie Churchill.

Manitoba hat mehr als ein Dutzend Grenzübergänge nach North Dakota und Minnesota in den USA. Es gibt mehrere Routen nach Saskatchewan, aber nach Ontario führt nur der Trans-Canada Highway (Hwy 1). Das engmaschige Straßennetz im südlichen Manitoba dünnt aus, je weiter man gen Norden kommt. Dort gibt es dann nur noch den Hwy 10 und den Hwy 6 – und auch nur sehr wenige Tankstellen (unbedingt die Tankanzeige beachten!).

Zwei- oder dreimal pro Woche fährt der VIA-Rail-Zug *Canadian* durch Winnipeg und die südlichen Ortschaften. Ebenfalls zwei- oder dreimal pro Woche fährt ein Zug in zwei Tagen von Winnipeg ins subarktische Churchill.

WINNIPEG

663 615 EW.

Winnipeg überrascht. Dort, wo man es am allerwenigsten erwarten würde, erhebt sich eine Metropole aus der Prärie. Kultiviert, selbstbewusst und hinreißend ist Winnipeg weit mehr als nur ein Boxenstopp am Trans-Canada Hwy, sondern durchaus ein eigenes Reiseziel mit einigen Museen von Weltklasse und einer wunderbar vielfältigen gastronomischen Szene. Man kann durch die historischen Viertel schlendern, die witzige Atmosphäre aufschnappen, die einen *Simpsons*-Kalauer („That's it! Back to Winnipeg!") inspirierte, und eines der weltweit besten Theaterfestivals für experimentelle Stücke erleben.

Großraum Winnipeg

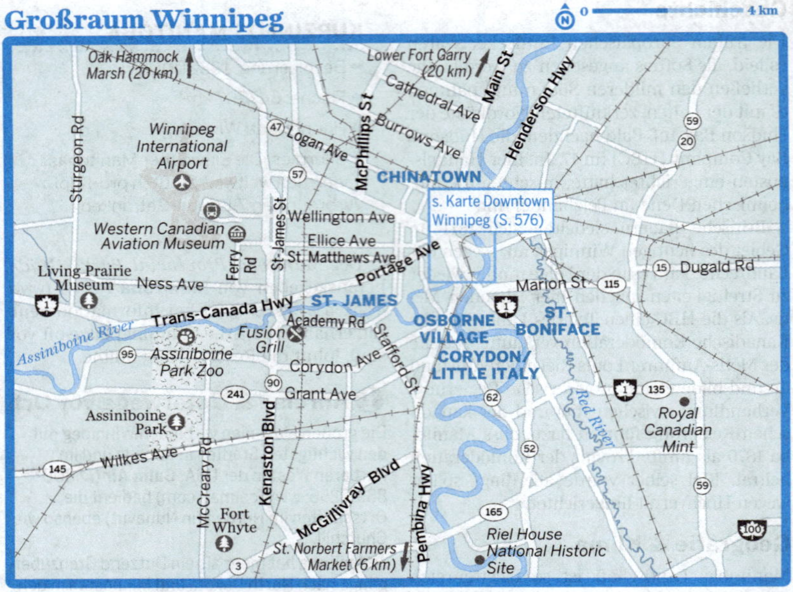

Geschichte

6000 Jahre lang war das Gebiet am Zusammenfluss des Assiniboine River und des Red River von Ureinwohnern besiedelt. Im 19. Jh. wurde es zwischen der HBC und der North West Company zum umkämpften Zentrum des Pelzhandels. Eigentlich ist es nur logisch, dass dieser Ort als offiziellen Namen die europäisierte Variante des lokalen Cree-Ausdrucks *win nipee* („schlammiges Wasser") erhielt.

Französische Siedler errichteten das Viertel St-Boniface, wo der umstrittene Métis-Anführer Louis Riel zur Welt kam.

Der Anschluss ans Eisenbahnnetz im Jahr 1886 festigte Winnipegs Bedeutung für den Handel. Diese schwand jedoch mit der Eröffnung des Panamakanals. Winnipeg geriet etwas ins Abseits, rückte aber mit dem Generalstreik von 1919 wieder auf die Bildfläche, der zur Anerkennung der Gewerkschaften in ganz Kanada beitrug. Heute kann Winnipeg eine vielseitige Wirtschaft und ein bescheidenes Wirtschaftswachstum vorweisen. Das wichtigste Unternehmen ist hier überall bestens bekannt: Old Dutch, ein Kartoffelchipshersteller.

Sehenswertes

Die meisten Attraktionen Winnipegs konzentrieren sich in der Innenstadt, die zu Fuß gut zu erkunden ist. Weitere Sehenswürdigkeiten sind mit einem Auto zu erreichen.

Die beiden Straßen Portage und Main markieren das Zentrum. Die Gegend ist bekannt für den starken Wind und die Minustemperaturen, die hier oft herrschen. Randy Bachman und Neil Young verewigten die Stadt und speziell diese zwei Straßen in ihrem Lied „Prairie Town", in dem es heißt: „Portage and Main, 50 below".

Weiter nördlich prägen Sandsteingebäude aus dem frühen 20. Jh. den Exchange District mit seinen Lagerhäusern und Künstlerateliers. Südlich der Innenstadt liegt The Forks und auf der anderen Seite des Red River das französische Stadtviertel St-Boniface. Westlich von dort finden sich das nette Osborne Village und die Corydon Ave.

Nur eine kurze Fahrt westlich des Zentrums liegt Assiniboine Park mit seinem beeindruckenden Zoo. Weitere Attraktionen lassen sich in den Außenbereichen der Stadt in jeder Himmelsrichtung finden.

Downtown

★ Winnipeg Art Gallery GALERIE

(WAG; ☎204-786-6641; www.wag.ca; 300 Memorial Blvd; Erw./Kind 12/6 C$; ⌚Di, Mi & Fr–So 11–17, Do bis 21 Uhr) Die schiffsförmige Galerie zeigt neben einer Sammlung europäischer Renaissancekunst zeitgenössische Werke von Künstlern aus Manitoba und Kanada, darunter die größte Sammlung von Werken der Inuit. In Wechselausstellungen werden u.a. Werke von Chagall und Karel Funk und Serpentinit-Arbeiten des international anerkannten Inuit-Bildhauers Oviloo Tunnillie gezeigt.

Manitoba Legislative Building GEBÄUDE
(Karte S. 576; ☎204-945-5813; www.gov.mb.ca/legtour; 450 Broadway Ave; ⌚8–20 Uhr, Führungen Juli & Aug stündl.) GRATIS Das um 1920 während des hoffnungsvollen Booms von Winnipeg oberhalb des Red River errichtete klassizistisch-gründerzeitliche Sandsteingebäude demonstriert die Bedeutsamkeit des Parlaments. Das Parlamentsgebäude ist von herrlichen Rasenflächen und gepflegten Grünanlagen umgeben, in denen antike Götter und zeitgenössische Helden verewigt sind. Dazu gehört auch ein Louis-Riel-Denkmal, das Richtung St-Boniface blickt. Oben auf der oxidierten Kupferkuppel des Parlamentsgebäudes thront der „Golden Boy", eine mit 23½-karätigem Gold überzogene Statue mit dem offiziellen Namen „Eternal Youth and the Spirit of Enterprise".

Upper Fort Garry Heritage Provincial Park HISTORISCHE STÄTTE
(Karte S. 576; www.upperfortgarry.com; 130 Main St) GRATIS Originale Mauern aus Eichenholz, Stein und Mörtel erheben sich an der Stelle, wo seit 1738 vier verschiedene Forts existierten. Die gesamte Stätte – die als Winnipegs Wiege gilt und einst das Handelszentrum für ein Gebiet in Kanada war, das größer ist als ganz Osteuropa, wurde durchgreifend umgestaltet und 2015 als ein recht üppiger städtischer Park neu eröffnet. Spaliere zeichnen den Verlauf einiger der alten Mauern nach. 2017 soll auf dem Gelände ein Besucherzentrum eröffnet werden.

Plug In Institute of Contemporary Art GALERIE
(☎204-942-1043; www.plugin.org; 460 Portage Ave; ⌚Di, Mi & Fr 12–18, Do bis 20, Sa & So 9–17 Uhr) GRATIS Diese Galerie für zeitgenössische Kunst zeigt Wechselausstellungen regionaler und internationaler Künstler.

The Forks

Der Zusammenfluss des kleinen, schlammigen Assiniboine River und des großen, schlammigen Red River ist ein strategisch und historisch bedeutsames Gebiet, das Menschen seit Jahrtausenden anzieht.

> **TOURISTENINFORMATION**
>
> **Travel Manitoba** (☎800-665-0040; www.travelmanitoba.com) ist eine unschätzbare Infoquelle. Neben den saisonal besetzten Kiosken (geöffnet 9–19 Uhr) an den großen Highway-Ausfahrten in die Provinz betreibt die Agentur auch das Explore Manitoba Centre in Winnipeg.
>
> **Bed & Breakfast of Manitoba** (www.bedandbreakfast.mb.ca) listet Dutzende von B&Bs auf.

Das Gebiet vereint die verschiedensten Areale und steht auch für viele Besucher im Mittelpunkt. Parks Canada verwaltet mitten auf dem wunderschönen Parkgelände eine historische Stätte. In der Nähe wurden alte Eisenbahnwerkstätten renoviert und in touristische Läden, Cafés und Restaurants umgewandelt. Das ganze Gebiet wird **Forks** (☎204-957-7618; www.theforks.com) genannt.

★ **Canadian Museum for Human Rights** MUSEUM
(Karte S. 576; ☎204-289-2000; www.humanrightsmuseum.ca; Waterfront Dr & Provencher Blvd; Erw./Kind 7–17 Jahre/Student 18/9/14 C$; ⌚Do–Di 1–17, Mi bis 21 Uhr) Das in einem auffälligen zeitgenössischen Gebäude des US-amerikanischen Architekten Antoine Predock untergebrachte faszinierende Museum setzt sich u.a. mittels eindrucksvoller interaktiver Geräte, Videos und Kunstwerke mit Menschenrechtsthemen auseinander, die Kanada, seine Kultur und den Rest der Welt betreffen. Die Ausstellungen behandeln auch düstere Kapitel wie die Internierung japanischstämmiger Kanadier im Zweiten Weltkrieg oder die zwangsweise Unterbringung von Kindern der Ureinwohner in Internaten noch in den 1990er-Jahren. Auch der Holocaust und der Holodomor (die von Stalin verursachte Hungersnot in der Ukraine) werden sensibel dokumentiert.

★ **Forks National Historic Site** HISTORISCHE STÄTTE
(Karte S. 576; ☎204-957-7618; www.theforks.com; 👪) In wunderschöner Lage am Fluss bietet dieser Park moderne Aufführungsstätten und informative Ausstellungen zur Geschichte des Gebiets als jahrhundertelangem Treffpunkt indigener Völker.

Regelmäßig treten die Flüsse im Frühjahr übers Ufer und überfluten nicht selten die Fußwege – ein Ereignis, das so aufregend wie

WINNIPEG MIT KINDERN

Direkt in The Forks befindet sich das **Manitoba Children's Museum** (Karte S. 576; ☎ 204-924-4000; www.childrensmuseum.com; 45 Forks Market Rd; 11 C$; ⏲ So–Do 9.30–16.30, Fr & Sa bis 18 Uhr; 👪), wo Kinder selbst Hand anlegen dürfen. Die bunte, interaktive Ausstellung ermutigt die Kleinen, sich als Zugführer, Astronauten und Imperienbauer zu probieren. Im Sommer gibt es auch Veranstaltungen im Freien.

Ebenfalls in The Forks zeigt das viel gepriesene Manitoba Theatre for Young People (S. 582) begeisternde Aufführungen für Kinder mit bunten Kulissen, die auch Erwachsenen gefallen.

Mehr als 2000 Tiere leben im Assiniboine Park Zoo (S. 575), der sich auf Tiere spezialisiert hat, die in rauem Klima heimisch sind. Das neue International Polar Bear Conservation Centre hat Ausstellungen zu den Eisbären und versorgt oft verwaiste Jungbären. Das Zentrum gehört zur ausgedehnten und hervorragenden **Journey to Churchill**; diese Ausstellung vereint Exponate und lebende Tiere, z. B. Moschusochsen und Wölfe. Von den Mooren bis zu den arktischen Stränden wird hier die Ökologie der ganzen Provinz abgehandelt.

Inmitten von Flugzeugen aus den letzten 90 Jahren können Kinder im **Western Canadian Aviation Museum** (☎ 204-786-5503; www.wcam.mb.ca; 958 Ferry Rd; Erw./Kind 3–12 Jahre 7,50/3 C$; ⏲ Mo–Fr 9.30–16.30, Sa 10–17, So 12–17 Uhr) Pilot oder Fluglotse spielen.

Für altmodischen Rummelspaß sorgt der **Tinkertown Family Fun Park** (☎ 204-257-8095; www.tinkertown.mb.ca; 621 Murdock Rd; Ticket für alle Rides 17 C$; ⏲ 12–17 Uhr, Mai–Sept. an manchen Tagen bis 19 Uhr; 👪) mit karnevalesk aufgemachten Fahrgeschäften und Spielen. Man spielt Minigolf und gönnt sich dann einen Mini-Donut.

Kinder lieben auch die Tiere und Aktivitäten in Fort Whyte (S. 576) und die kinderfreundlichen Attraktionen in der Science Gallery des Manitoba Museum (S. 574), zu denen ein Labor gehört, in dem man einen Rennwagen bauen kann.

gefährlich ist. Wer eine Fahrt auf dem Fluss unternehmen will, kann sich bei Splash Dash (S. 577) ein Kanu mieten. Kinder flippen angsichts des historisch aufgemachten Spielplatzes, des **Variety Heritage Adventure Park** vor Begeisterung aus.

Winnipeg Railway Museum MUSEUM

(Karte S. 576; ☎ 204-942-4632; www.wpgrailwaymuseum.com; 123 Main St; Erw./Kind 5/3 C$; ⏲ April–Okt. tgl. 10–16 Uhr, übrige Monate Mo & Do 9–13, Sa & So 11–16 Uhr; 👪) Winnipegs imposante und wenig genutzte Union Station (der 1911 eröffnete Bahnhof wurde von derselben Firma entworfen wie das New Yorker Grand Central Terminal) beherbergt ein kleines, aber umfassendes Museum zur Geschichte der kanadischen Eisenbahnen. Zu den Highlights gehören eine eindrucksvolle Modelleisenbahn, die Lokomotive *Countess of Dufferin* sowie eine Sammlung kanadischer Triebwagen, in die man hineinklettern darf.

Exchange District

Restaurierte hundertjährige Backsteingebäude bilden die Kulisse für den **Exchange District**, Winnipegs lebendigstes Innenstadtviertel. In den denkmalgeschützten Bauten mit Restaurants, Clubs, Boutiquen und Kunstgalerien treffen sich Szenegänger, Reisende und auch Herumtreiber. Das Viertel wurde zur National Historic Site erklärt, die interessanten Hintergrundinformationen erfährt man auf Stadtführungen.

Der wunderbar grüne **Old Market Square** bildet das Zentrum des Viertels. Im Sommer gibt's hier im kontrovers diskutierten modernen **Cube** (Karte S. 576; Old Market Square) regelmäßig Live-Konzerte.

★ **Manitoba Museum** MUSEUM

(Karte S. 576; ☎ 204-956-2830; www.manitobamuseum.ca; 190 Rupert Ave; Erw./Kind ab 11/9 C$; ⏲ Ende Mai–Sept. 10–17 Uhr, übrige Monate verkürzte Öffnungszeiten; 👪) In dem Museum kann man sich mit auf die Reise durch die sub-arktische Natur nehmen lassen, das historische Winnipeg der 1920er-Jahre entdecken oder einen Kulturtrip durch die vergangenen 12 000 Jahre machen. Hier findet man alles, was sich in Manitoba jemals ereignet hat. Unter den hervorragenden Ausstellungen gibt es auch ein Planetarium und eine fesselnde Wissenschaftsgalerie. Eine Ausstellung zeigt, was Churchill vor rund 450 Mio. Jahren war – ein tropischer Dschungel! Ein weiteres Highlight ist eine Replik der *Nonsuch*, jenes Schiffes, das im 17. Jh. den kanadischen Westen für den Handel erschloss.

Outworks Art Gallery GALERIE
(Karte S. 576; ☎ 204-479-4804; www.outworksgallery.com; 290 McDermot Ave; ⏲ Do–Sa 12–16 Uhr) GRATIS Ein Künstlerkollektiv aus Winnipeg zeigt seine Gemälde, Fotografien, Keramiken und mehr.

Urban Shaman Contemporary Aboriginal Art GALERIE
(Karte S. 576; ☎ 204-942-2674; www.urbanshaman.org; 290 McDermot Ave; ⏲ Di–Sa 12–17 Uhr) Die von Künstlern geführte Galerie zeigt zeitgenössische Kunst kanadischer Ureinwohner, von Malereien bis zu Installationen.

St-Boniface

Kanadas älteste französische Gemeinde außerhalb von Québec hat sich gegenüber von Forks auf der anderen Seite des Red River angesiedelt.

In den Touristeninformationen gibt es eine ausgezeichnete geschichtsorientierte Karte, mit der man auf eigene Faust losziehen kann. Die **Taché Promenade** folgt dem Verlauf des Red River entlang der Ave Taché und führt an vielen historischen Stätten von St-Boniface vorbei.

★ **St-Boniface Museum** MUSEUM
(Karte S. 576; ☎ 204-237-4500; http://msbm.mb.ca; 494 Ave Taché; Erw./Kind 6–17 Jahre/Student 6/4,50/5,50 C$; ⏲ Mo–Fr 10–16, Sa & So 12–16 Uhr) Das Konvent direkt neben der Basilika stammt aus der Mitte des 19. Jhs. und ist das älteste Gebäude in Winnipeg und das größte aus Eichenholz errichtete Blockhaus auf dem Kontinent. Das drinnen untergebrachte Museum widmet sich der Gründung von St-Boniface, der Entstehung der Métis-Nation und der 3000 km langen Reise der Grauen Nonnen, die aus Montréal mit Kanus kamen. Zu den ausgestellten Artefakten zählen Möbel und Gerätschaften der Pioniere, Schmuck und Waffen der First Nations und der Sarg, mit dem der Leichnam Louis Riels nach der Hinrichtung weggeschafft wurde.

Fort Gibraltar HISTORISCHER PARK
(Karte S. 576; ☎ 204-237-7692; http://fortgibraltar.com; 866 Rue St-Joseph; Erw./Kind 8/5 C$; ⏲ Mi & Do 10–18, Fr & Sa 10–16 Uhr) Hinter einem Palisadenzaun wurde der Handelsposten der Pelzjäger nachgebaut. Neben passionierten Darstellern verschaffen originale Kleidung, Werkzeug, Pelze, Schlafbaracken, Bäckereien und Schmieden einen Eindruck vom Leben um 1810 in The Forks, wo sich das Fort ursprünglich befand.

St-Boniface Basilica HISTORISCHE STÄTTE
(Karte S. 576; 151 Ave de la Cathédrale) An die Basilika, die früher hier stand und 1968 bei einem Feuer nahezu vollständig zerstört wurde, erinnert heute nur noch die erhaltene, 100 Jahre alte, imposante Fassade aus weißem Stein. Über den Ruinen wurde ein moderneres Gebäude errichtet. Auf dem Friedhof ruhen die sterblichen Überreste von Louis Riel in einem bescheidenen Grab.

Großraum Winnipeg

★ **Assiniboine Park** PARK
(www.assiniboinepark.ca; 2355 Corydon Ave; ⏲ 24 Std.) GRATIS Winnipegs strahlendes Juwel, dieser 4,5 km² große Stadtpark, lohnt einen halben Tag Spiel und Spaß. Neben einem herrlichen **Zoo** (☎ 204-927-6000; www.assiniboineparkzoo.ca; 460 Assiniboine Park Dr; Erw./Kind 19,75/ 17,50 C$; ⏲ 9–18 Uhr) gibt es u. a. Spielplätze, Gärten und ein Gewächshaus.

Royal Canadian Mint GEBÄUDE
(☎ 204-257-3359; www.mint.ca; 520 Blvd Lagimodière; Führung Erw./Kind unter 17 Jahren 6/3 C$; ⏲ Di–Sa 9–16 Uhr) Die mit viel High-Tech ausgerüstete Münze druckt das Geld für Kanada und 60 andere Länder – Milliarden von Dollar. Man kann an einer Führung durch das pyramidenförmige, verglaste Gebäude teilnehmen und beobachten, wie Geld gemacht wird (vor allem werktags ist viel los). Die Münze liegt 9 km südöstlich vom Zentrum. Am Wochenende ist der Eintritt billiger.

Riel House National Historic Site HISTORISCHE STÄTTE
(☎ 204-257-1783; www.parkscanada.ca/riel; 330 River Rd; Erw./Kind 4/2 C$; ⏲ Juli & Aug. 10–17 Uhr) Nachdem Louis Riel 1885 wegen Hochverrats hingerichtet worden war, brachte man seine Leiche zum Haus seiner Familie und begrub sie dann in der St-Boniface Basilica. Riel wuchs auf dieser Farm in einer Hütte am Fluss auf. Das aus den 1880er-Jahren stammende Haus war bis weit in die 1960er-Jahre hinein von Riels Nachkommen bewohnt, kann heute aber besichtigt werden. Das Haus steht 9 km südlich vom Zentrum und ist von Wohnsiedlungen umgeben.

Living Prairie Museum PARK
(☎ 204-832-0167; www.winnipegmuseums.org; 2795 Ness Ave; ⏲ Juli & Aug. 10–17 Uhr, Mai, Juni, Sept. & Okt. nur So) GRATIS Hier steht ein 12 ha großes Gebiet der ursprünglichen, unberührten, inzwischen selten gewordenen Prärie mit hoch gewachsenem Gras unter Naturschutz.

Downtown Winnipeg

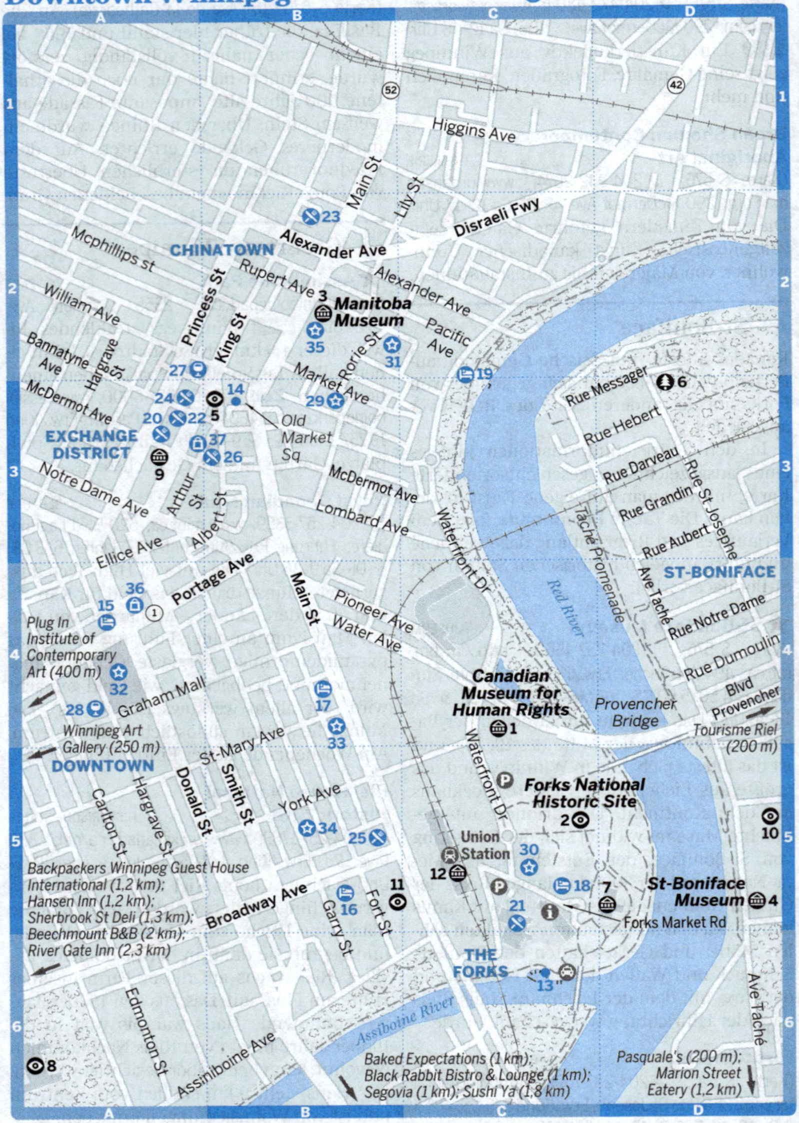

Wer vom Besucherzentrum auf eigene Faust in der richtigen Jahreszeit durch die von Wildblumen überwucherte Gegend zieht, kann sich vielleicht vorstellen, wie das farbenreiche Pflanzenmeer, das sich einst über die ganzen Prärie-Provinzen erstreckte und Lebensraum für Millionen von Bisons war, ausgesehen haben muss. Die Teilnahme an den kostenlosen Naturwanderungen (Mitte Juli–Mitte Aug. Mi 10 Uhr) vorab reservieren!

Fort Whyte PARK

(☎204-989-8355; www.fortwhyte.org; 1961 McCreary Rd; Erw./Kind 8/6 C$; ⊙Mo–Fr 9–17, Sa

Downtown Winnipeg

& So 10–17 Uhr) Auf dem riesigen, ökologisch ausgerichteten und von Wegen durchzogenen Gelände sind Bisons, Hirsche und andere Wildtiere zu sehen. Man erfährt Wissenswertes über Grassodenhäuser und kann sich gegen geringe Gebühren Ausrüstungen – wie Schneeschuhe und Kanus – für saisonale Unternehmungen ausleihen. Noch besser: Schlitten gibt's in den Wintermonaten gratis. Fort Whyte liegt 13 km südwestlich vom Zentrum.

Geführte Touren

★ SquarePeg Tours STADTSPAZIERGANG
(☎204-898-4678; www.squarepegtours.ca; Erw./Kind ab 12/8 C$) Den ganzen Sommer lang werden regelmäßig zahlreiche unterhaltsame historische Stadtspaziergänge angeboten, darunter die beliebten „Murder, Mystery & Mayhem"- und „Pestilence, Shamans & Doctors"-Exkursionen. Sehr zu empfehlen ist der Spaziergang „Symbols, Secrets & Sacrifices Under the Golden Boy", der geheimen Bedeutungen in der Hauptstadt nachspürt, während die „Naughty Bawdy Tour" durch den Exchange District ein Mindestalter von 18 Jahren verlangt.

★ Historic Exchange District Walking Tours STADTSPAZIERGANG
(Karte S. 576; ☎204-942-6716; www.exchangedistrict.org; Old Market Sq; Erw./Kind 10 C$/frei; ⏲Anfang Mai–Aug. Mo–Sa 9–16.30 Uhr) Die unterhaltsamen, der Geschichte oder bestimmten Themen gewidmeten Führungen starten am Old Market Sq. Vorab buchen!

Splash Dash BOOTSFAHRT
(Karte S. 576; ☎204-783-6633; www.splashdash.ca; Erw./Kind 11/9 C$; ⏲Mai–Okt. 10 Uhr–Sonnenuntergang) Bietet 30-minütige interessante Touren auf dem Fluss von The Forks aus.

Routes on the Red TOUR
(www.routesonthered.ca) Auf der Website kann man Tourvorschläge durch Winnipeg für Spaziergänger, Rad-, Auto- und Skifahrer herunterladen.

Feste & Events

Festival du Voyageur KULTUR
(http://festivalvoyageur.mb.ca; Fort Gibraltar; ⏲Mitte Feb.) Das wichtigste Ereignis in Winnipeg. Bei dem zehntägigen Winterfestival zu Ehren von Trappern und französischen *voyageurs* machen alle mit. Zentrum des Ge-

schehens ist Fort Gibraltar; es gibt Konzerte, Schlittenhunderennen, einen Fackelumzug und *joie de vivre*.

Pride Winnipeg LGBT
(www.pridewinnipeg.com; ⏲ Ende Mai) Neun Tage lang feiert die LGBT-Gemeinde mit einem großen Umzug, Musik und anderen Events.

★ **Winnipeg Folk Festival** MUSIK
(☎ 204-231-0096; www.winnipegfolkfestival.ca; ⏲ Anf. Juli) Drei Tage lang gibt's mehr als 100 Konzerte auf sieben Bühnen im Birds Hill Provincial Park.

★ **Winnipeg Fringe Theatre Festival** DARSTELLENDE KUNST
(☎ 204-943-7464; www.winnipegfringe.com; ⏲ Mitte Juli) Nordamerikas zweitgrößtes Fringe Fest findet 10 Tage lang im Exchange District statt. Die Comedy-, Theater-, Musik- und Kabarettaufführungen sind oft wild-kreativ, rau und herrlich lustig.

Folklorama KULTUR
(☎ 204-982-6230; www.folklorama.ca; ⏲ Anf. Aug.) Das weltweit älteste multikulturelle Event seiner Art. Überall in der Stadt stehen Pavillons, die verschiedene Kulturen repräsentieren und in denen Aufführungen stattfinden oder Geschichten erzählt werden.

Manito Ahbee KULTUR
(☎ 204-956-1849; www.manitoahbee.com; ⏲ Ende Aug.) Aus aller Welt kommen die Leute zu diesem riesigen Festival mit Musik, Kunst, Kunsthandwerk und Tanzdarbietungen, das die Kultur der Ureinwohner feiert.

Schlafen

An den Hauptstraßen rund um Winnipeg und in der Nähe des Flughafens findet man jede Menge Kettenmotels. Die Hotels im Zentrum sind die teuerste Option, aber praktisch, wenn man die Stadt zu Fuß erkunden will. Rund um die Sherbrook St gibt's eine gute Auswahl an Pensionen in ruhiger Wohnlage, aber doch in kurzer Gehentfernung zum Zentrum.

Hansen Inn PENSION $
(☎ 204-960-6516; www.hanseninn.com; 150 Sherbrook St; Zi. 79–89 C$; ❄ 📶) Das ruhige Wohnhaus enthält mehrere Zimmer mit Ventilator (meist mit angeschlossenem Bad), Einraumwohnungen und Apartments. Alle haben Kühlschrank und WLAN; die Küche kann mitbenutzt werden. Vom Haus sind das Zentrum und der Flughafen leicht zu erreichen; mehrere gute Restaurants sind nur ein paar Schritte entfernt.

Backpackers Winnipeg Guest House International HOSTEL $
(☎ 204-772-1272; www.backpackerswinnipeg.com; 168 Maryland St; B/Zi. 30/60 C$; P ❄ @ 📶) Das viktorianische Haus mit knarrenden Dielen an einer ruhigen, von Bäumen gesäumten Straße westlich des Zentrums wurde in ein Hostel umgewandelt. Im muffigen Untergeschoss gibt es ein vollgestopftes Spielezimmer und kleine Duschen. Die Zimmer könnten sauberer sein, aber Pubs, Restaurants und Läden liegen gleich in der Nähe.

★ **Beechmount B & B** B & B $$
(☎ 866-797-0905; www.beechmount.ca; 134 W Gate; DZ 108–130 C$, FZ 216 C$; 📶 🏊) Das schön restaurierte, denkmalgeschützte Gebäude aus dem 19. Jh. hat eine reiche, mit Winnipeg verbundene Geschichte. Die netten Inhaber Christine und Giovanni vermieten drei prächtige Zimmer, und das ausgezeichnete warme Frühstück hat italienische Anklänge. Die Gastgeber teilen mit den Gästen gern ihr Wissen über die Stadt.

★ **Mere Hotel** BOUTIQUEHOTEL $$
(Karte S. 576; ☎ 204-594-0333; www.merehotel.com; 333 Waterfront Dr; Zi. ab 149 C$; ❄ 📶) Neben der tollen Lage am Fluss spricht noch vieles andere für dieses ruhige Boutiquehotel: das hilfsbereite Personal, die kompakten, zeitgenössischen Zimmer (die trotz sparsamer Möblierung komfortabel sind), die Regenduschen in den Bädern, die kräftigen Farbtöne und anderes. Am besten kommt man früh, denn es gibt nicht viele Parkplätze.

★ **Inn at the Forks** BOUTIQUEHOTEL $$
(Karte S. 576; ☎ 204-942-6555; www.innforks.com; 75 Forks Market Rd; Zi. 148–259 C$; P ❄ @ 📶) Für dieses abgefahrene Boutiquehotel spricht viel: die ruhige, grüne Lage in The Forks, die Umweltfreundlichkeit, supermoderne Badezimmer, zeitgenössische Kunst und schöne Farben in den 117 großzügigen Zimmern und ein tolles neues Restaurant, das auf regionale Zutaten setzt. Hinzu kommen der Flussblick und die Angebote eines Spas der Spitzenklasse.

River Gate Inn B & B $$
(☎ 204-489-5817; www.rivergateinn.biz; 186 W Gate; Zi. 129–149 C$; P ❄ 📶 🏊) Das B & B residiert in einer Villa mit falscher Tudor-Fassade und knarrenden Dielen an einer baumgesäumten Straße mit Blick auf den Fluss und gehört zu

den charaktervolleren Unterkünften in Winnipeg. Die Gastgeber Bob und Mavis bereiten ein ausgezeichnetes Frühstück nach Wunsch der Gäste, und es gibt eine kostenlose Bar, für die, die länger aufbleiben und sich austauschen wollen.

Alt Hotel Winnipeg BUSINESSHOTEL **$$**
(Karte S. 576; ☎431-800-4279; www.althotels.com; 310 Donald St; Zi. 149 C$; P ❄ 📶 🐾) Das schicke und gepflegte Hotel mitten im Exchange District ist ein willkommener Neuzugang. Die Zimmer sind stilvoll und (mit fantastischen Betten und Duschen wie in einem Spa) sehr komfortabel. Das Dekor in Weiß und Kohlegrau ist minimalistisch, abgesehen von ein paar grellen Farbtönen im Fitnessraum.

Humphry Inn HOTEL **$$**
(Karte S. 576; ☎204-942-4222; www.humphryinn.com; 260 Main St; Zi. 139–169 C$; P ❄ @ 📶 🏊) Das moderne, sechsstöckige Hotel hat eine gute Lage im Zentrum. Die großen Zimmer sind mit Kühlschrank und Mikrowelle ausgestattet. Den besten Blick bieten die Zimmer Richtung Osten. Das kostenlose Frühstücksbuffet ist riesig, aber Parkplätze sind Mangelware – früh kommen, um sich einen auf dem Hotelgelände zu sichern!

Fort Garry Hotel HOTEL **$$**
(Karte S. 576; ☎204-942-8251; www.fortgarryhotel.com; 222 Broadway Ave; Zi. 118–209 C$; P ❄ @ 📶 🏊) Das geschichtsträchtige Sandstein-Denkmal von 1913 gehört einheimischen Eigentümern Es wurde als eines der ersten kanadischen Eisenbahnhotels im Chateau-Stil errichtet. Das prächtige Foyer verkörpert mit historischen Fotos an den Wänden den Geist des Hotels – da kann man nur klagen, dass es so etwas heute nicht mehr gibt. Es gibt ein reichliches Frühstück und ein ausgezeichnetes Spa, aber die Zimmer sind betagt, haben dünne Wände und müssten neu möbliert werden.

Essen

In Winnipeg lässt es sich ausgezeichnet speisen, und man hat eine große Auswahl unter verschiedenen Kochstilen, von äthiopisch bis zu topaktueller Fusion-Küche. In den Vierteln Exchange District, St-Boniface, Osborne Village und an der Corydon Ave gibt es jede Menge Restaurants. Auch die 15 Gehminuten westlich vom Zentrum zu findenden Delis und Diners an der Sherbrook St sollten erwähnt werden.

Downtown

VJ's Drive-In FAST FOOD **$**
(Karte S. 576; ☎204-943-2655; 170 Main St; Hauptgerichte 6–11 C$; ⏲10–24 Uhr) Das gegenüber der Union Station gelegene VJs ist vor allem wegen des Essens zum Mitnehmen sehr beliebt. Mittags stehen die Leute manchmal Schlange, denn die Chili-Hotdogs mit viel Füllung, die saftigen Cheeseburger und die bronzefarbenen Pommes gelten als die besten in Winnipeg. Es gibt nur ein paar Sitzplätze an den Picknicktischen im Freien, und das Personal zeichnet sich nicht gerade durch Charme aus.

The Forks

Im Geschäftsviertel von The Forks gibt's eine Reihe uninteressanter, auf Touristen ausgerichteter Restaurants, doch das Marktgebäude entschädigt dafür mit einer Unmenge von Mittagslokalen unter einem Dach.

★ **Forks Market** MARKT **$**
(Karte S. 576; www.theforks.com; 1 Forks Market Rd; Hauptgerichte 5–12 C$; ⏲Mo–Do & Sa 9.30–18, Fr bis 21 Uhr; 🖉 👪) Anbieter von Delikatessen, Stände mit fertig zubereiteten Speisen und jede Menge Ethno-Imbisse (u.a. japanische Vorspeisen, karibische, chilenische, herzhafte polnische und ceylonesische Kost) sind hier der unschlagbare Trumpf. Man genießt die Speisen drinnen an den vielen Tischen oder bei einem Picknick draußen am Fluss.

Tall Grass Prairie BÄCKEREI **$**
(Karte S. 576; ☎204-957-5097; www.tallgrassbakery.ca; 1 Forks Market Rd; Hauptgerichte ab 4 C$; ⏲Mo–Sa 7–21, So bis 18.30 Uhr) Diese hiesige Legende hat zwei Stände in der Markthalle und verarbeitet nur Bio-Produkte aus Manitoba zu großartigen Backwaren, leckeren Sandwiches und kompletten Mahlzeiten. Auch der Kaffee ist gut.

Peasant Cookery BISTRO **$$**
(Karte S. 576; ☎204-989-7700; www.peasantcookery.com; 100-283 Bannatyne Ave; Hauptgerichte 10–28 C$; ⏲Mo–Fr 11–14 & tgl. 17–21 Uhr) Das einladende Bistro nimmt einen prominenten Eckraum mit hoher Decke in einem 1907 errichteten Lagerhaus ein. Die Gerichte verwenden Zutaten aus den fruchtbaren Ebenen Zentralkanadas. Das Fleisch und das Gemüse sind saisonal; besonders beliebt sind Pasta mit Muscheln und Schinken sowie Rinderbrust. Mittags gibt's u.a. Pastrami-Sandwiches und Burger.

Exchange District & Umgebung

Es ist toll, an Sommerabenden in den munteren historischen Straßen des Exchange District draußen an den Restauranttischen zu sitzen. In dem Viertel befinden sich ein paar der einfallreichsten Restaurants der Stadt; chinesische Aromen bestimmen Winnipegs kleine Chinatown.

★King + Bannatyne SANDWICHES $
(Karte S. 576; ☎204-691-9757; www.kingandbannatyne.com; 100 King St; Hauptgerichte ab 9 C$; ⌚Mo–Sa 11–21 Uhr) Die Sandwiches mit von Hand geschnittenem Fleisch in diesem flotten, zwanglosen Lokal sind herrlich. Es gibt nur fünf Optionen (u.a. Rinderbrust, geräuchertes Hähnchen und langsam gegartes Schweinefleisch) und eine einzige, aber leckere Konzession an Vegetarier: gebratene Champignons mit geschmolzenem Provolone. Zum Sandwich gibt's hausgemachte Pickles, Suppe des Tages oder gerösteten Mais mit Salz-Karamell. Was will man mehr?

Winnipeg Free Press News Cafe CAFÉ $
(Karte S. 576; ☎204-943-0682; www.winnipegfreepress.com/cafe; 237 McDermot Ave; Hauptgerichte 7–12 C$; ⌚Sa–Do 8–18, Fr bis 22 Uhr; 📶) Das tolle Eckcafé gehört Winnipegs größter Tageszeitung, der *Free Press*. Neben tollem Frühstück (hausgemachtes Müsli) und Mittagsgerichten wie dem berühmten Pulled-Pork-Sandwich genießt man die Redaktionsatmosphäre. An manch einem Tisch interviewen Journalisten gerade irgendjemanden, und es gibt z.B. regelmäßige Diskussionen zu lokalen Themen und Auftritte von Musikern aus der Nachbarschaft.

★Deer + Almond FUSION $$
(Karte S. 576; ☎204-504-8562; www.deerandalmond.com; 85 Princess St; Hauptgerichte 12–25 C$; ⌚Mo–Sa 11–15 & 17–23 Uhr) Im einfallsreichsten Restaurant im Exchange District sorgt Chefkoch Mandel, der sich mit kühnen Kombinationen der Zutaten als so etwas wie ein verrücktes Genie erweist, für eine wechselnde Karte. Aber alles passt irgendwie zusammen: der Wild-Rotlachs mit den Kirschen und das Brathähnchen mit Ahorn-Chutney. Auch die Cocktails und Biere enttäuschen nicht. Keinesfalls sollte man gehen, ohne eines der ungewöhnlichen Desserts probiert zu haben.

Kum-Koon Garden CHINESISCH $$
(Karte S. 576; ☎204-943-4655; www.kumkoongarden.com; 257 King St; Hauptgerichte 4–20 C$; ⌚11.30–22 Uhr) Das ausgezeichnete Dim Sum auf traditionellen Karren zieht Legionen treuer Fans in dieses Lokal in Chinatown. Die Bedienung lässt manchmal etwas zu wünschen übrig, aber das spielt keine Rolle, da man ohnehin die umfangreiche Karte studieren muss. Die Hauptgerichte sind so groß, das mehrere Gäste davon satt werden. Was man nicht schafft, lässt man sich einpacken.

St-Boniface

Das charmante alte Viertel St.-Boniface hat ein paar hübsche, kleine Restaurants, die – was nicht überrascht – französisch akzentuiertes Essen bieten. Keines der Lokale liegt weiter als einen 20-minütigen Fußmarsch vom Zentrum jenseits des Flusses entfernt.

★Marion Street Eatery KANADISCH $
(☎204-233-2843; www.marionstreeteatery.com; 393 Marion St; Hauptgerichte 12–15 C$; ⌚Mo & Di 11–20, Mi–Sa 7–20, So 9–14 Uhr; P📶✎) In diesem Lokal im Industrieschick mit viel Platz am hufeisenförmigen Tresen für Leute, die allein zum Essen kommen, steht gutes Speisen im Mittelpunkt. Hausmannskost ist die Spezialität, z.B. Apfel-Whiskey-Pfannkuchen zum Frühstück und mittags mächtige Sandwiches mit Schinken, Salat und Tomate oder die wohl besten Käsemakkaroni in Manitoba.

Pasquale's ITALIENISCH $$
(☎204-231-1403; www.pasqualesrest.com; 109 Marion St; Hauptgerichte 14–29 C$; ⌚Mo–Fr 11–22, Sa 16–22 Uhr) Wegen seiner italienischen Klassiker mit roter Sauce ist dieses Familienrestaurant immer gut besucht. Die Muscheln und die dünnkrustige Pizza sind ausgesprochen reichlich. Bei gutem Wetter sitzt man gern auf der Dachterrasse unter den funkelnden Präriesternen.

Osborne Village & Corydon Ave

Einige der trendigsten Restaurants von Winnipeg liegen in Osborne Village, nahe beim Zentrum; manche davon sind zugleich ausgezeichnete Bars. Alle möglichen Lokale zieren die elegante Corydon Ave, die durch eines der ältesten und nettesten Viertel der Stadt führt. Ungefähr auf halber Strecke finden sich ein paar Cafés, die Little Italy bilden; die meisten haben Terrassen, auf denen man prima einen starken Kaffee trinken kann.

Baked Expectations CAFÉ $
(☎204-452-5176; www.bakedexpectations.ca; 161 Osborne St; Hauptgerichte 9–19 C$; ⌚So–Do 11.30–24, Fr & Sa bis 1 Uhr; ✎👪) Ein nettes Café,

das auf leckere Backwaren aller Art und auf kleine Gerichte spezialisiert ist.

Sherbrook Street Deli KOSCHER $
(☎204-615-3354; www.sherbrookstreetdeli.com; 102 Sherbrook St; Hauptgerichte 6–11 C$; ⏱10–20 Uhr; 📶) Das altbewährte koschere Deli schafft mit Zutaten aus Manitoba und Rockmusik aus der Anlage eine Atmosphäre wie in New York. Die Matzeknödelsuppe ist lecker, und auch die Sandwiches sind klasse (z. B. mit geräuchertem Fleisch und Senf auf Roggenbrot, mit Räucherlachs und Frischkäse oder mit eingelegtem Hering und saurer Sahne).

★ **Segovia** MEDITERRAN $$
(☎204-477-6500; www.segoviatapasbar.com; 484 Stradbrook Ave; Tapas 5–16 C$; ⏱Mi–Mo 17–23 Uhr) Das in einem stilvoll renovierten alten Wohnhaus an einer ruhigen Stelle gleich abseits der lauten Osborne St residierende Lokal hat eine lange Karte mit Weinen und Cocktails, die man auf der Terrasse zusammen mit den Tapas (zum Teilen) genießt. Es gibt z. B. gebratene Muscheln mit Gremolata oder Thunfisch-Tostadas mit Chipotle-Aioli.

Black Rabbit Bistro & Lounge FUSION $$
(☎204-615-1130; www.blackrabbit.menu; 135 Osborne St; Hauptgerichte ab 15 C$; ⏱11.30–2 Uhr; ❄📶) Ist das eine Sportbar oder ein elegantes Bistro? Dem Black Rabbit gelingt es, mit einer soliden Auswahl von kanadischen Bieren und Weinen aus aller Welt, Großbildschirmen für Sportübertragungen, Bison-Tartar, Meeresfrüchte-Ceviche und anderen schmackhaften kleinen Gerichten sowie einfallsreichen Pizzas mit dünnem Boden beide Rollen gut auszufüllen.

Sushi Ya SUSHI $$
(☎204-452-3916; 659 Corydon Ave; Hauptgerichte 13–22 C$; ⏱ Mo–Fr 11.30–22 Sa & So 12–21 Uhr; 🖉) Das Sushilokal mit der für die Corydon Ave typischen Ladenfront lockt mit klassischen Sushiröllchen und anderen Gerichten viele Einheimische an. Der gebratene Tofu verdient Applaus, und das pikante *kimchi* sorgt für koreanische Aromen.

Ausgehen & Nachtleben

Die größte Auswahl ordentlicher Bars findet sich in Osborne Village und im Exchange District. Die örtlichen Craft-Biere Fort Garry und Half Pints sollte man probieren.

★ **King's Head Pub** PUB
(Karte S. 576; ☎204-957-7710; www.kingshead.ca; 120 King St; ⏱11–2 Uhr; 📶) Die Tische auf dem Bürgersteig in diesem vage britisch anmutenden geselligen Pub sind der angesagte Ort im Exchange District, um einen lauen Abend zu verbringen. Drinnen herrscht rustikales Holz vor, und es kann richtig laut werden – definitiv nicht geeignet für ein romantisches Date!

Tavern United BAR
(Karte S. 576; ☎204-944-0022; 345 Graham Ave; ⏱12 Uhr–Open End) Von der Dachterrasse hat man einen Blick hinüber auf das MTS Centre. Es herrscht Sportbar-Atmosphäre; bei Heimspielen der Jets ist mächtig was los.

☆ Unterhaltung

Neben dem Eishockey verdient auch Winnipegs eindrucksvolle Kunst- und Kulturszene verdienten Applaus – nicht schlecht für die Stadt, in der Neil Young groß wurde.

Livemusik

★ **Times Chang(d) High & Lonesome Club** LIVEMUSIK
(Karte S. 576; ☎204-957-0982; www.highandlonesomeclub.ca; 234 Main St; ⏱19 Uhr–open end) Am Wochenende treten Honky-Tonk-, Country-, Rock- und Blues-Bands auf. Und auch Bier und Whiskey fließen in dieser kleinen, rauen und altmodischen Kneipe in Strömen. Lohnend ist die Jam-Session am Sonntagabend.

Windsor Hotel LIVEMUSIK
(Karte S. 576; ☎204-942-7528; 187 Garry St; ⏱19 Uhr–open end) Das recht schäbige Windsor ist eindeutig Winnipegs beste Bar für Live-Blues. An manchen Abenden steht die Bühne allen frei; die Bands treten am Wochenende auf. Das Lokalkolorit ist ein Segen oder ein Fluch, je nachdem, ob man darauf steht.

Darstellende Kunst

Winnipeg Symphony Orchestra KLASSISCHE MUSIK
(Karte S. 576; ☎204-949-3999; www.wso.ca; Centennial Concert Hall, 555 Main St; Tickets 20–60 C$; ⏱Sept.–Mai) Klassische Konzerte und Auftritte von Musikerinnen wie Jann Arden und Sheena Easton.

Royal Winnipeg Ballet BALLETT
(Karte S. 576; ☎204-956-2792; www.rwb.org; Centennial Concert Hall, 555 Main St) Das Ballett hat einen ausgezeichneten internationalen Ruf, und entsprechend beliebt sind die Aufführungen in der Centennial Concert Hall.

Manitoba Opera OPER
(Karte S. 576; ☎204-942-7479; www.manitobaopera.mb.ca; Centennial Concert Hall, 555 Main St;

DIE JETS FLIEGEN HEIM

1996 wurden die Herzen von Winnipegs Eishockeyfans (also von fast jedem in der Stadt) gebrochen, als das beliebte hiesige National-Hockey-League-Team (NHL), die Winnipeg Jets, gen Süden zog, nicht nur für den Winter, sondern auf Dauer. Der Traum von TV-Einnahmen lockte sie nach Phoenix, wo sie sich in Coyotes umbenannten.

Fans in ganz Manitoba beteten, flehten, hofften und schmiedeten Pläne für ein neues Team mit Namen Jets. 2011 war in Winnipeg und der ganzen Provinz ein erleichterter Aufschrei zu hören: True North Sports & Entertainment kaufte das erfolglose NHL-Team von Atlanta, die zungenbrecherischen Thrashers, und brachte es nach Winnipeg. Als Betreiber der riesigen Arena, des MTS Centre, hatte True North allen Grund, ein Team einzukaufen, das im eishockeyverrückten Winnipeg Eintrittskarten verkaufte. Und die Spekulation zahlte sich aus: Die Karten für die wiedergeborenen Jets waren in Rekordzeit ausverkauft.

Obwohl in den ersten Spielzeiten der Erfolg der neuen Jets zu wünschen übrig ließ, sind die Verkaufszahlen nach wie vor hoch, und ganz Winnipeg steht an Heimspieltagen unter Spannung. Ein Liebling der Fans ist das Maskottchen, Mick E. Moose, ein Überbleibsel des Minor-League-Teams Manitoba Moose, das in den Jahren ohne die Jets in Winnipeg spielte. Zu seinem Outfit gehört heute ein alter Fliegerhelm.

Für eine andere Tradition, das „White Out", nach dem alle Fans Weiß tragen, wenn die Jets in der Play-off-Runde sind, müssen die Jets erst mal in die Play-offs kommen.

Tickets 35–115 C$; ⏲ Nov.–April) Aufführungen klassischer Opern wie Mozarts *Figaros Hochzeit* oder Massenets *Werther*.

Manitoba Theatre Centre THEATER
(Karte S. 576; ☎ 204-942-6537; www.mtc.mb.ca; 174 Market Ave) Diese Theatertruppe zeigt populäre Shows auf der Hauptbühne und gewagtere Stücke im MTC Warehouse.

MTC Warehouse THEATER
(Karte S. 576; ☎ 204-956-1340; www.mtc.mb.ca; 140 Rupert Ave) Avantgarde-Theater.

Manitoba Theatre for Young People THEATER
(Karte S. 576; ☎ 204-942-8898; www.mtyp.ca; 2 Forks Market Rd; Tickets 20 C$; ⏲ Okt.–April) Das gefeierte Kindertheater verwendet bunte Kulissen für energiegeladene Vorstellungen, die Kinder begeistern, ohne Erwachsene zu langweilen.

Sport

★ Winnipeg Jets EISHOCKEY
(☎ 204-987-7825; www.nhl.com/jets; MTS Centre, 260 Hargrave St; ⏲ Sept.–April) In Manitoba herrscht Begeisterung für die Jets, die im MTS Centre spielen. Die Eishockeyspiele, bei denen es zur Sache geht, sind oft ausverkauft – in diesem Fall einfach nach Karten herumfragen!

MTS Centre STADION
(Karte S. 576; ☎ 204-987-7825; www.mtscentre.ca; 260 Hargrave St) In der modernen Arena im Zentrum gibt's Sport-Events und Konzerte.

Shoppen

Der Exchange District brummt nur so vor Kunstgalerien und flippigen Läden. Osborne Village und Corydon Ave eignen sich bestens zum Herumstöbern (vor allem rund um die Ecke Corydon Ave/Lilac St). In der Academy Rd gibt es top-modische Boutiquen.

Red River Books BÜCHER
(Karte S. 576; ☎ 943-956-2195; 92 Arthur St; ⏲ Sa–Di 10–17, Mi–Fr bis 19 Uhr) Hier stapeln sich gebrauchte Bücher, Comics-Sammlerstücke und mehr – eine echte literarische Fundgrube.

Mountain Equipment Co-Op SPORT & OUTDOOR
(MEC; Karte S. 576; ☎ 204-943-4202; www.mec.ca; 303 Portage Ave; ⏲ 10–21 Uhr) Kanadas beliebtester Outdoor-Laden verleiht auch Ausrüstungen fürs Wandern und Campen sowie Kajaks, Schneeschuhe und vieles mehr.

Praktische Informationen

Explore Manitoba Centre (Karte S. 576; ☎ 204-945-3777; 25 Forks Market Rd; ⏲ 10–18 Uhr) Touristeninformation der Provinz in The Forks mit vielen Infos zu Winnipeg und Manitoba.

Millennium Library (☎ 204-986-6450; http://wpl.winnipeg.ca/library; 251 Donald St; ⏲ Mo–Do 10–21, Fr & Sa bis 18 Uhr; 📶) Kostenloses WLAN und Computer mit Internetzugang.

Tourisme Riel (☎ 204-233-8343; www.tourismeriel.com; 219 Blvd Provencher; ⏲ 9–17 Uhr) Das Visitor Center in St-Boniface ist auf frankofone Attraktionen spezialisiert.

ℹ An- & Weiterreise

BUS

Greyhound-Busse nutzen den **Busbahnhof** (☎204-949-7777; www.greyhound.ca; 2015 Wellington Ave) am Winnipeg International Airport.

FLUGZEUG

Das schicke Terminal des **Winnipeg International Airport** (YWG; www.waa.ca; 2000 Wellington Ave) liegt bequeme 10 km westlich vom Zentrum. Es gibt Flugverbindungen zu Städten in ganz Kanada, u.a. nach Toronto, Montréal, Calgary und Vancouver, sowie zu den großen Zentren in den USA. Regionale Fluglinien bedienen abgelegene Ziele, darunter auch Churchill.

ZUG

Der Transkontinentalzug *Canadian* von VIA Rail fährt wöchentlich dreimal von der **Union Station** (123 Main St) in beide Richtungen. Der furchtbar langsame *Hudson Bay*-Zug fährt zweimal pro Woche über Thompson nach Churchill.

ℹ Unterwegs vor Ort

Von der Downtown kommt man zu Fuß leicht zu den umliegenden Vierteln. Bei schlechtem Wetter kann man die ober- und unterirdischen Fußgängerwege benutzen, die die Gebäude in der Innenstadt miteinander verbinden.

AUTO & MOTORRAD

Im Zentrum gibt's viele Parkplätze an der Straße (nach 18 Uhr kostenlos) und Parkhäuser. An der Union Station werden leider häufiger mal Autos aufgebrochen, deshalb sind bewachte Parkanlagen die bessere Option, wenn man das Auto abstellen und mit dem Zug weiterfahren will.

Wer mit dem Auto auf der Durchreise durch Winnipeg ist, kann auf dem langsamen Trans-Canada Hwy (Hwy 1) durch das Zentrum fahren. Wenn man genau das aber vermeiden will, ist der Hwy 100 eine gute Alternative. Die Ringstraßen westlich, östlich und südlich der Stadt sind allerdings auch oft überfüllt.

BUS

Winnipeg Transit (☎204-986-5700; www.winnipegtransit.com; Erw./Kind 2,65/2 C$) betreibt ein umfangreiches Busnetz. Die meisten Buslinien treffen an der Fort St zusammen. Einen Umsteigefahrschein kaufen und passend zahlen. Der kostenlose *Downtown Spirit* fährt täglich auf drei Strecken, die The Forks mit der Portage Ave, dem Exchange District und Chinatown verbinden.

WASSERTAXI

Die Stadt aus einer neuen Perspektive sieht man bei einer Fahrt mit den Wassertaxis von **River Spirit** (Karte S. 576; ☎204-783-6633; www.splashdash.ca; einfache Fahrt/Tageskarte 3,50/20 C$; ⏲Juli & Aug. Mo–Mi 12–21, Do–So 12–23 Uhr), die zwischen The Forks, Parlamentsgebäude, Osborne Village, Saint Boniface und Exchange District unterwegs sind.

RUND UM WINNIPEG

Lower Fort Garry

Große Steinmauern am Ufer des Red River umgeben das einzige noch erhaltene aus Stein errichtete **Fort** (☎204-785-6050; www.parkscanada.ca/garry; 5925 Hwy 9; Gebäude Erw./Kind 6–16 Jahre 8/4 C$; ⏲Gebäude Mai–Sept. tgl. 9.30–17 Uhr, Gelände ganzjährig geöffnet), das aus den Tagen der Pelzhändler noch erhalten ist. Die Mauern sind überraschend niedrig; man fragt sich, wie sie Angreifer abwehren konnten. Das Fort wurde makellos restauriert und spiegelt das mittlere 19. Jh. wider. Kostümierte Führer geben der Anlage Leben. Das hübsche parkartige Gelände befindet sich 32 km nordöstlich von Winnipeg.

Oak Hammock Marsh

Mitten im Sumpfland des südlichen Manitoba liegt die **Oak Hammock Marsh** (☎204-467-3300; www.oakhammockmarsh.ca; Rte 200, Höhe Hwy 67; Erw./Kind 3–17 Jahre 8/6 C$; ⏲10–16.30 Uhr), eines der besten Reservate in der Umgebung mit Hunderttausenden von Vögeln und Zugvögeln. Im Frühjahr herrscht hier eine unglaubliche Artenvielfalt, und im Herbst machen sich hier bis zu 400 000 Wildgänse breit. Der Eintritt wird nur für das Visitor Center und die erhöhten Plankenwege erhoben; der Zugang zu dem Netz kurzer Wanderwege ist kostenlos. Feldstecher werden ausgeliehen, wenn man die Autoschlüssel als Pfand hinterlegt.

LAKE WINNIPEG

Seit den 1920er-Jahren ist das Südende von Kanadas fünftgrößtem See ein beliebtes Ferienziel. Angesichts weißer Sandstrände, konstantem Sonnenschein und einer Wasserfläche in Ozeangröße verbringen Winnipegs Einwohner hier quasi ihren „Urlaub am Meer". Im Sommer herrscht Hochbetrieb, während die verschneiten weißen Strände am zugefrorenen See im Winter praktisch menschenleer sind. Der ansprechendste unter den Ferienorte am Südufer ist Gimli; Hec-

DER GEIST DER PRÄRIE: LOUIS RIEL

Der 1844 am Red River in der Nähe des heutigen Winnipeg geborene Louis Riel wurde zum Anführer der Métis – Menschen, die wie er gemischter indianisch-europäischer Herkunft waren. Er kämpfte für ihre Rechte und war einer der Anführer der Red-River-Rebellion, die den Métis politische Rechte verschaffte, ihn selbst aber zum Exil in den USA zwang. Riel kehrte schließlich nach Kanada zurück; 1885 wurde er wegen Hochverrats verurteilt und gehenkt.

Der dritte Montag im Februar ist in der Provinz ein Feiertag zu seinen Ehren. Zahlreiche Stätten erinnern in Manitoba und Saskatchewan an Riel. Das Riel House (S. 575) ist sein Geburtshaus und der Ort, wohin sein Leichnam nach der Hinrichtung gebracht wurde; sein Grab befindet sich an der St-Boniface Basilica (S. 575).

Man sollte versuchen, sich eine Aufführung (saisonal) des Stücks *Trial of Louis Riel* (S. 601) anzuschauen, das den Hochverratsprozess gegen Riel behandelt. Batoche (S. 616) ist die beklemmende Stätte seiner letzten Schlacht.

la, in der Nähe, ist ein lebendiges Beispiel für das isländische Erbe der 1920er-Jahre.

Im Hecla/Grindstone Provincial Park kann man gut Vögel und Wildtiere beobachten und im **Grand Beach Provincial Park** (☎204-754-2212; Hwy 12) ordentlich wandern. Hier tummeln sich Hunderte Arten von Vögeln auf der Lagune hinter dem Strand, und die nahegelegenen Dünen erreichen eine Höhe von 12 m. Der Campingplatz (Stellplatz Zelt 12–24 C$, Wohnmobil 16–29 C$) ist einer der meistbesuchten in Manitoba – es kann hier entsprechend laut werden.

Der größte Teil der Interlake-Region, d.h. des Gebiets zwischen und rund um den Lake Winnipeg, den Lake Manitoba und den Lake Winnipegosis, befindet sich in Privatbesitz. Ferienhäuser werden vermietet. Viele kleine Ortschaften und Dörfer sind ganzjährig bewohnt; Motels und B&Bs in Standardqualität sind überall zu finden.

Gimli

Oberflächlich betrachtet mag Gimli (isländisch für „Heim der Götter") eine typische Touristenfalle sein, doch unter dem Kitsch verbirgt sich ein historischer Ort. Die Gegend wurde 1875 als „Neu-Island" von rund 1000 isländischen Auswanderern besiedelt, und die hübsche Kleinstadt hat ihr faszinierendes Erbe bewahrt.

Das **New Iceland Heritage Museum** (☎204-642-4001; www.nihm.ca; 94 1st Ave; Erw./Kind 7/6 C$; ⏲Juni–Aug. 10–16 Uhr) ist voller Artefakte, die die Geschichte dieser in diesem Teil Kanadas wirklich nicht zu erwartenden Einwanderer erzählen. Am See steht als Zeichen für Gimlis isländisches Erbe eine große **Wikingerstatue**.

Den Gemischtwarenladen **H.P. Tergesen & Sons** (☎204-642-5958; 82 1st Ave; ⏲Mo–Sa 10–18 Uhr) gibt es schon seit 1899; das Gebäude ist ein echtes Stück lokale Geschichte.

Feste & Events

Islendingadagurinn KULTUR
(www.icelandicfestival.com; ⏲Anfang Aug.) Beim Islendingadagurinn, einem provinzweit beliebten Fest mit Islendingadance (Isländertanz), isländischen Spielen, Livemusik (ohne Björk), Wikingerkämpfen, Feuerwerk und natürlich einem isländisch aufgemachten Umzug mit vielen blonden Menschen dreht sich alles um die Insel im Nordatlantik.

Schlafen & Essen

Lakeview Resort HOTEL $$
(☎204-642-8565; www.lakeviewhotels.com; 10 Centre St; Zi. 130–170 C$; P❄📶🏊) Das große Hotel, dessen Balkone die Brise vom See auffangen, bietet geräumige, wenn auch unpersönliche Zimmer mit Satelliten-TV und Kaffeemaschine. Das Hotel wird einen nicht unbedingt begeistern, aber es ist komfortabel und liegt direkt am See.

Autumnwood Motel & RV Resort MOTEL $$
(☎204-642-8565; www.autumnwoodresort.com; 19150 Gimli Park Rd; Zi. 100–160 C$; P⊖❄📶) Gleich vor dem Ort bietet dieses Motel 17 Standardzimmer mit buntem Dekor in ruhiger Lage unter den Bäumen.

Essen & Ausgehen

Ship and Plough KNEIPENESSEN $$
(☎204-642-5276; 42 Centre St; Hauptgerichte 13–26 C$; ⏲Mo–Do 12–23, Fr & Sa bis 2 Uhr; 📶) Der gemütliche Pub mit Livemusik an den Wochenenden serviert hausgemachten

Hackbraten, Fish and Chips, Rippchen, Tacos und dergleichen. Es gibt keine Getränkekarte, aber verlässliche klassische Cocktails, „Biergaritas" und ein paar örtliche Biere.

★ **Flatland Coffee Roasters** KAFFEE
(☎204-651-0169; 40 Centre St; Kaffee ab 2,50 C$; ⏲7–17 Uhr) Das Schild über dem Café, das für das winzige Gimli fast schon zu cool ist, verkündet: „Wir sind das Kaffeehaus" – und so ist es auch. Gleichgültig, ob Espresso, Latte oder Frappuccino, alles wird perfekt mit äthiopischem Worka, kolumbianischem Nodier Anerade oder anderen exotischen Bohnen gebraut. Wirklich etwas für Kenner!

Hecla/Grindstone Provincial Park

Abseits des wenig stilvollen Strandtrubels am Lake Winnipeg liegt auf ein paar Inseln eine Naturoase, die Manitobas Schokoladenseite repräsentiert. Die Inseln, Sümpfe und Wälder sind voller Hirsche, Elche, Biber und Bären. Es empfiehlt sich, einen Zwischenstopp an der **Grassy Narrows Marsh** einzulegen. In der Nähe vom Parkeingang gibt es Wanderwege zur Vogelbeobachtung, die zu Schutzhütten und Türmen führen, von denen man hervorragend das Treiben in dem Habitat beobachten kann. Das kleine **Besucherinformationszentrum** (www.manitobaparks.com; Village Rd, Hecla School; ⏲Juli & Aug. Sa 14–16, So 11–15 Uhr) befindet sich in der Schule von Hecla.

Das malerische **Hecla Heritage Historic Village** (Village Rd; Straßenbenutzung 5 C$) ist seit 1876 eine bewohnte isländische Siedlung. Bei einem 1 km langen Rundgang kann man die alten Gebäude am See erkunden, von denen die meisten noch genutzt werden, und die Pelikane beobachten, die die Angler am Seeufer bedrängen. In der Schule von Hecla kann man sich nach dem Hecla Island Heritage Home Museum erkundigen, einem nachempfundenen isländischen Wohnhaus der 1920er-Jahre.

Abgesehen vom Dorf Hecla gibt es auf Hecla Island zahlreiche Wanderwege; die Einzelheiten erfährt man im Hecla/Grindstone Provincial Park Interpretative Centre. Für das Herumfahren auf Hecla Island muss man eine Straßenbenutzungsgebühr entrichten.

Das **Solmundson Gesta Hus Bed & Breakfast** (☎204-279-2088; www.hecla.ca; Village Rd; Zi. 95–110 C$; P❄📶🐾) ist ein schönes historisches Haus mit einem Whirlpool, umgeben von einem gepflegten Garten. Es steht am Seeufer gleich nördlich der Kirche.

SÜDÖSTLICHES MANITOBA

Östlich von Winnipeg geht das flache, weite Prärieland in die von Wäldern und Seen geprägte Region der Großen Seen über. Die meisten Traveller sind zwar nur auf der Durchreise nach Kenora und weiter, aber der Osten Manitobas bietet die gleiche schroffe Waldlandschaft wie das benachbarte Ontario.

Whiteshell Provincial Park

Wie ein Vorgeschmack auf die grünen Wälder, die klaren Seen und den Kanadischen Schild in Nord-Ontario erheben sich in diesem **Park** (www.manitobaparks.com) urplötzlich kiefernbedeckte Hügel aus den Ebenen.

Der Park ist ziemlich kommerzialisiert. Alle paar Kilometer gibt es Ferienanlagen und Geschäfte und in allen größeren Zentren Parkbüros. Trotzdem weht hier ein Hauch von großer, weiter Natur. Es gibt auch diverse Wanderwege unterschiedlicher Länge; der längste ist der sechs Tage in Anspruch nehmende 60 km lange Mantario Trail. Beliebt sind auch die Kanustrecken, vor allem die Tunnel des **Caddy Lake**.

Es gibt Hunderte von Campingplätzen im Park. Der große, gut ausgestattete und von Bäumen gesäumte **Falcon Lakeshore Campground** (☎204-948-3333; www.gov.mb.ca; Stellplatz Zelt 12–24 C$, Wohnmobil 16–29 C$) ist nur einen kurzen Spaziergang von den Stränden am See entfernt. Die **Big Whiteshell Lodge** (☎204-348-7623; www.bigwhiteshelllodge.com; Hwy 309; Cottages 175–250 C$) bietet luxuriöse Cottages für zwei bis sechs Personen in ruhiger Waldlage am Ufer des Big Whiteshell Lake am Ende der Rte 309.

WESTLICHES MANITOBA

Zwischen Winnipeg und Saskatchewan ist Manitoba ein scheinbar endloses Landwirtschaftsgebiet. Wenn man aber ein paar Abstecher macht, entdeckt man oft übersehene wundervolle Naturlandschaften, z. B. unerwartete Sanddünen, und in Inglis und am Hwy 16 stimmungsvolle Getreidesilos aus dem frühen 20. Jh.

Die dichten Wälder und Seen des Riding Mountain National Park sind im Sommer ein ideales Ziel zum Wandern, Rad- und Kanufahren, und auch Bisons lassen sich hier beobachten.

Brandon

46 061 EW.

Manitobas zweitgrößte Stadt ist ein attraktiver Wohnort mit einem historischen Zentrum an beiden Ufern des Assiniboine River.

Beginnen sollte man den Rundgang am Flussufer mit dem **Riverbank Discovery Centre** (☎204-729-2141; www.brandontourism.com; 545 Conservation Dr; ⌚8.30–20 Uhr), das Besucher mit Informationen versorgt.

Das **Royal Canadian Artillery Museum** (☎204-765-3000; www.rcamuseum.com; Hwy 340, Shilo; Erw./Student 6/4 C$; ⌚10–17 Uhr) östlich von Brandon lohnt einen Besuch wegen der ausgestellten Waffen aus mehreren Jahrhunderten.

Das **Redwood Motor Inn** (☎204-813-6998; www.redwoodmotorinn.ca; 345 18th St N; DZ 72 C$; P ❄ 📶) wird zwar keinen Architekturpreis gewinnen, aber es ist sauber, komfortabel und hat ein gutes Preis-Leistungs-Verhältnis. Die Zimmer sind mit Flachbild-TVs und eigenem Bad ausgestattet. Das Motel ist bestens geeignet, um bei einer langen Straßentour eine Pause einzulegen.

Das **Chilli Chutney** (☎204-573-9310; www.thechillichutney.ca; 555 34th St; Hauptgerichte 12–15 C$; ⌚Mo–Fr 11.30–21, Sa 12–22, So 16.30–21.30 Uhr; P ❄ 📶 ✍) ist ein unprätentiöses Restaurant am Westrand von Brandon, das mit authentischen ostindischen Aromen die fehlende Atmosphäre wettmacht. Das Garnelen-Curry aus Goa ist wunderbar abgeschmeckt, das Naan-Brot perfekt und das Büffet (mittags/abends 14/17 C$) sehr gut und preiswert.

Brandon liegt 214 km westlich von Winnipeg am Trans-Canada Hwy. Täglich fährt ein **Greyhound-Bus** (☎204-727-0643; 141 6th St) der Strecke Winnipeg–Regina in beide Richtungen durch.

Riding Mountain National Park

Wie eine Fata Morgana erhebt sich aus den Ebenen der mehr als 3000 km² große **Riding Mountain National Park** (☎204-848-7275; www.parkscanada.ca/riding; Erw./Kind 8/4 C$) mit borealem Nadelwald, tiefen Tälern, hohen Bergen und Gebirgsseen. Er lohnt sich auf jeden Fall – sei es für eine Stunde oder aber für eine Woche. Die unbefestigte Rte 354 führt von Onandole (30 Min.) zum **Bison-Gehege**, wo man die riesigen Rinder von der Straße und einem Aussichtspunkt aus beobachten

BLUMEN DER PRÄRIE: MANITOBAS KLEINSTÄDTE

Die Landstraßen Manitobas sind ideal für ein paar Abstecher aufs Land. Viele führen zu kleinen Orten, die den Umweg wirklich lohnen. Hier ein paar unserer Favoriten:

Carman Der idyllisch am Fluss gelegene Ort liegt nur eine Stunde südwestlich von Winnipeg. Es gibt einen 5 km langen Wanderweg.

Minnedosa Hier gibt's eine perfekte kleine Main St mit Eisverkauf und einer Bowlingbahn.

Morden Eine südlich gelegene Kleinstadt mit Backsteingebäuden, einem Getreidesilo, dem Canadian Fossil Discovery Centre und der Manitoba Baseball Hall of Fame.

Neepawa Die mit Bäumen gesäumten Straßen und die alten Häuser sind der Grund dafür, dass diese Kleinstadt immer wieder zur hübschesten in Manitoba gekürt wird. Hier gibt es auch Farmen, auf denen man selbst Beeren pflücken kann.

Norway House Am isolierten Nordufer des Lake Winnipeg lebt eine große, geschichtsträchtige Cree-Gemeinde.

Snow Lake Witziges, kleines Städtchen am Ufer des Snow Lake, gleich nördlich des Hwy 10, mit einem Bergbaumuseum und Bärendreck am Straßenrand.

Stonewall Nur eine Stunde nördlich von Winnipeg findet sich dieser Ort mit Blumenampeln, einer friedlichen Atmosphäre und einem Badesee in einem Kalksteinbruch.

Victoria Beach Am Ostufer des Lake Winnipeg liegt das wohl grünste Dorf weit und breit. Es hat Cottages im Zentrum, die sandigsten Strände der Umgebung und nur wenig Fahrzeugverkehr (am besten geht man zu Fuß oder fährt Rad).

SCHLÖSSER DER NEUEN WELT

Scheunenrot, leuchtend weiß, nachtschwarz oder traktorgrün, einfach, aber eindrucksvoll, eine Verbindung von Form und Funktion – wie der Weizen, der die Prärie ausmacht, bestimmten Getreidesilos einst das Erscheinungsbild der Prärie.

Die in die Höhe ragenden „Lagerhäuser" wurden 1880 eingeführt, 1930 säumten mehr als 7000 von ihnen die kanadischen Bahnstrecken. Sie waren von unschätzbarer Bedeutung und machten die Prärien zum „Brotkorb der Welt". Da sie gleich an den Bahnstrecken errichtet wurden, revolutionierten sie das Verladen und Sortieren des Getreides. Kanadische Maler, Fotografen und Schriftsteller ließen sich von der stoischen Schlichtheit der Getreidesilos inspirieren.

Mittlerweile haben langweilige Betonbunker, die genauso nichtssagend sind wie die Fast-Food-Lokale neben ihnen, die alten Silos abgelöst. Wer einen Abstecher in die Vergangenheit machen will, sollte sich die **Inglis Grain Elevators National Historic Site** (☎204-821-6131, 204-563-2412; www.ingliselevators.com; ⏲Juni–Aug. Mo–Sa 10–18, So 12–18 Uhr) GRATIS anschauen. Hier werden fünf Getreidesilos zu alter Pracht restauriert. Im knarrenden Inneren des Paterson-Getreidesilos berichten Ausstellungen über das Leben der Bauern, deren Erfolg oder Scheitern von den Launen der Warenbörse abhing.

Inglis liegt 20 km nördlich des Yellowhead Hwy (Hwy 16) nahe der Grenze nach Saskatchewan.

kann. An anderen Stellen erblickt man mit Glück sogar Bären oder Elche.

Der Nationalpark besteht überwiegend aus Wildnis. **Wasagaming**, am Südufer des namensgebenden Clear Lake, ist ein fast klischeehaft perfektes kleines Sommerstädtchen.

Aktivitäten

Der Hwy 10 führt auf 53 km mitten durch den Park. Von ihm zweigen zahlreiche Wander-, Rad- und Reitwege ab. Die Wandermöglichkeiten reichen vom 1 km langen Lakeshore Trail bis zum 17 km langen anstrengenden Marsch durch Wald und Wiesen bis zur Hütte des Naturforschers Grey Owl.

Man kann auch ausgezeichnet stehpaddeln und Kajak fahren und dabei am Ufer Wildtiere erblicken. Bretter und Kajaks werden in der **Clear Lake Marina** (☎204-848-1770; www.theclearlakemarina.com; Wasagaming Pier; ab 19 C$/Std.; ⏲Mai–Sept.) ausgeliehen.

Elkhorn Riding Adventures (☎204-848-4583; www.elkhornresort.mb.ca; Ausritt ab 45 C$) neben dem Elkhorn Resort gibt einem die Gelegenheit, den Park vom Pferderücken aus zu erleben.

Schlafen & Essen

Man kann in der Wildnis campen – im Visitor Center nachfragen! In Wasagaming gibt's jede Menge Motels und Hütten; manche werden ganzjährig vermietet.

Es gibt 600 Campingmöglichkeiten im Park. Der Wasagaming Campground ist am beliebtesten, am Lake Audy sieht man viele Wildtiere, und am Whirlpool Lake gibt's mitten in dichtem Wald Stellplätze am See, die man zu Fuß vom 50 m entfernten Parkplatz erreicht.

Idylwylde Cabins LODGE $$
(☎204-848-2383; www.idylwylde.ca; 136 Wasagaming Dr, Wasagaming; Hütte 105–245 C$;) Diese niedlichen, frei stehenden Hütten sind teils kompakt und rustikal, teils luxuriös und mit Whirlpool ausgestattet.

Elkhorn Resort LODGE $$
(☎204-848-2802; www.elkhornresort.mb.ca; Mooswa Dr W, Wasagaming; Zi. 144–259 C$;) Hier gibt's Hütten mit Holzverschalung, Motelzimmer, ein Gelände voller Aktivitäten und ein ausgezeichnetes Steakrestaurant.

Whitehouse Bakery BÄCKEREI $
(☎204-848-7700; www.whitehousebakeryclearlake.ca; 104 Buffalo Dr, Wasagaming; Snacks ab 3 C$; ⏲Mai–Sept. 8–16 Uhr) In diesem Laden kann man sich für ein Picknick mit klebrigen Zimtbrötchen, Wraps, Panini und Salaten eindecken.

Praktische Informationen

Visitor Center (☎204-848-7275; Wasagaming Rd; ⏲Juli & Aug. 9.30–20 Uhr, Mai, Juni, Sept. & Okt. bis 17 Uhr) In dem schönen Visitor Center aus den 1930er-Jahren finden sich eindrucksvolle Dioramen. Man erhält hier den unverzichtbaren *Visitor Guide* und die Erlaubnis für Zelten im Hinterland.

NÖRDLICHES MANITOBA

Nördlich des 53. Breitengrades weicht Bequemlichkeit einer wilden Schönheit, wenn die seenreichen Wälder in die baumlose Tundra des Nordens übergehen. Die vielen Wildtiere rund um Churchill sind zurecht der größte Travellermagnet und Grund genug für eine Reise in den Norden, wobei sich Thompson als „Wolfshauptstadt" und Churchill als „Eisbärenhauptstadt" vermarkten. Der rund 80 km südwestlich von Thompson am Hwy 6 gelegene **Pisew Falls Provincial Park** (www.manitobaparks.ca; Hwy 6) ist ein toller Ort für einen Zwischenstopp; hier dröhnt ein Wasserfall in einer Schlucht, und Besucher werden von der Gischt durchnässt.

The Pas

Als traditioneller Treffpunkt indianischer und europäischer Pelzhändler ist The Pas (sprich: Pah) ein nützlicher Haltepunkt auf der Reise in den Norden.

Der **Clearwater Lake Provincial Park** (☎ 204-624-5525; www.gov.mb.ca) nahe dem Flugplatz ist eine Anlaufstelle für Pelikane, und es gibt einen malerischen Wanderweg.

Auf dem **Northern Manitoba Trappers' Festival** (☎ 204-623-2912; www.trappersfestival.com; ⏲ Mitte Feb.) lebt bei rauen Festlichkeiten im Winter das örtliche Erbe auf.

Motels reihen sich am Hwy 10. Das **Andersen Inn & Suites** (☎ 204-623-1888; www.andersen inn.com; 1717 Gordon Ave; Zi. 129 C$; P) wird einen zwar nicht begeistern, zumal die Schallisolierung zwischen den Zimmern besser sein könnte, aber die Anlage ist sauber und komfortabel und hat einen Pool. Das **Miss the Pass** (☎ 204-623-3130; 158 Edwards St; Hauptgerichte ab 8 C$; ⏲ Mo–Sa 7–19 Uhr) bietet im Ambiente einer Fallenstellerhütte genau das schmackhafte, deftige Essen, das einen auf Abenteuer einstimmt.

The Pas ist 140 km von Flin Flon und 392 km von Thompson entfernt.

Der langsame Zug von VIA Rail hält am **Bahnhof** (380 Hazelwood Ave) auf seinem Weg südwärts nach Winnipeg und nordwärts nach Thompson und weiter nach Churchill.

Thompson

Das wegen des Bergbaus in den 1950er-Jahren mitten in die borealen Nadelwälder gesetzte Thompson ist ein ziemlich reizloser Ort, durch den Traveller auf dem Weg nach Churchill einfach durchfahren. Reizlos ist der Ort wirklich, es gibt aber zwei Ausnahmen: Den relativ neuen Ruhm als „Wolfs-Welthauptstadt" und das **Boreal Discovery Centre** (www.borealdiscoverycentre.org), in dem Besucher alles über dieses, in der Wildnis rund um die Stadt verbreitete Raubtier sowie über andere Bewohner des borealen Waldes erfahren. Ein neu entwickelter **Spirit Way** (www.thompsonspiritway.ca) verbindet die Wahrzeichen der Stadt, vom **Heritage North Museum** (☎ 204-677-2216; www.heritagenorthmuseum.ca; 162 Princeton Dr; ⏲ Mo–Fr 9–17 Uhr) GRATIS über das riesige Wolfsgemälde und **Wolfsstatuen** (www.thompsonspiritway.ca) bis zum Norseman-Wasserflugzeug.

Der **McCreedy Campground** (☎ 204-778-8810; 114 Manasan Dr; Stellplatz Zelt & Wohnmobil ab 22 C$; ⏲ Mai–Sept.) gleich nördlich des Flusses ist auf Wohnmobile ausgerichtet, hat aber auch ein paar Stellplätze unter Bäumen. Das zentral gelegene **Lakeview Inn & Suites** (☎ 204-778-8879; www.lakeviewhotels.com; 70 Thompson Dr N; Zi. 125–135 C$; P) hat motelartige Zimmer mit Badewannen. Das Personal ist hilfsbereit und lässt Gäste, die gerade mit dem Bus oder Zug angekommen sind, auch früh einchecken.

Das zum Burntwood Inn gehörende **Holy Spice** (☎ 204-939-3435; 146 Selkirk Ave; Hauptgerichte ab 11 C$, Mittagsbüffet 14 C$; ⏲ 6–21 Uhr;) ist ein zwangloser Ort für ein kanadisches Frühstück und einigermaßen authentische indische Gerichte, darunter auch viele vegetarische. Wer es gern scharf mag, sollte das sehr deutlich sagen. Das Mittagsbüffet und die *thalis* haben ein ausgezeichnetes Preis-Leistungs-Verhältnis. Für Verwirrung sorgt, dass auf dem Ladenschild immer noch „Grapes" steht.

Calm Air (S. 571) fliegt vom 10 km nördlich der Stadt gelegenen **Thompson Airport** (YTH; ☎ 204-778-5212; www.thompsonairport.ca) zu Zielen in ganz Manitoba, darunter nach Winnipeg und Churchill.

Den **Busbahnhof** (☎ 204-677-0360; 81 Berens Rd) nutzt ein Greyhound-Nachtbus von/nach Winnipeg (108 C$, 9 Std.). Andere Busse zu Zielen am Hwy 6 halten an der Bushaltestelle nahe der Touristeninformation im Heritage North Museum.

Thompson liegt am Ende der asphaltierten Straßen; der lethargische VIA-Rail-Zug rollt nordwärts weiter nach Churchill (Mo, Mi & Fr 17 Uhr, 16 Std.) und fährt südwärts über The Pas (wo mittwochs die Zugfahrt endet) weiter nach Winnipeg (Mi, Fr & So 14

Uhr, 45 Std.). Der **Bahnhof** (☎ 204-677-2241; 1310 Station Rd), in einem Industriegebiet 1 km außerhalb der Stadt ist kein sicherer Ort, um sein Auto abzustellen. Der McReedy Campground nimmt Fahrzeuge in Verwahrung (8/40 C$ pro Nacht/Woche) und bietet einen Shuttle zum Zug.

Churchill

820 EW.

Die „Eisbärenhauptstadt der Welt" lockt mit den mächtigen Raubtieren, mit Weißwalen, einer alten Steinfestung und endloser subarktischer Erhabenheit die Leute an die Küste der Hudson Bay. All das wäre schon Grund genug für eine Stippvisite, aber da ist noch etwas weniger Greifbares, was die Leute hier länger festhält und sie zum Wiederkommen verleitet: die herzliche, verführerische Art, dank derer der Rest der Welt noch weiter entfernt wirkt, als es tatsächlich der Fall ist.

Die besten Zeiten für einen Besuch sind der Juli und August und dann die Spitzenzeit für die Eisbär-Beobachtung (Mitte Okt.–Nov.). Zu anderen Zeiten ist Churchill eingefroren und einsam, was aber seinen eigenen Reiz hat.

Geschichte

Beim langsamen Abtauen des Permafrostbodens (pro Jahrtausend ca. 2,5 cm) kommt die Vergangenheit der uralten Küste wieder ans Licht. So wurden in der Nähe die Überreste einer 3000 Jahre alten Ureinwohnersiedlung entdeckt. Im Zusammenhang mit den europäischen Entdeckungsreisen gehört Churchill zu den ältesten Orten in Kanada. Hier gründete die HBC – Hudson's Bay Company, verballhornt eine Abkürzung für „Here Before Christ" – 1717 einen Außenposten. Dieser diente Entdeckern wie Samuel Hearne und Lord Churchill (dem Gouverneur der HBC, nach dem die Stadt benannt wurde) bei ihrer Suche nach der legendären Nordwestpassage als Zwischenlager.

Aufgrund seiner strategischen Lage ist Churchill seit Jahrhunderten ein wichtiger Militärposten. Mit dem Anschluss ans Eisenbahnnetz und der Eröffnung des riesigen Hafens im Jahr 1929 wurde die Stadt ein bedeutender Getreideumschlagplatz für die Prärieprovinzen.

Sehenswertes

Die Stadt selbst ist eine für den Norden typische Ansammlung von ramponierten Gebäuden. Am besten schlendert man durch die Straßen, nimmt den Strand (!) unter die Lupe und das *inuksuk* (Stein-Monument der Inuit), besucht das ausgezeichnete Museum und erkundet dann das Umland und das Wasser, um die Natur von ihrer herrlichsten Seite zu entdecken.

★ Itsanitaq Museum — MUSEUM

(Eskimo-Museum; ☎ 204-675-2030; 242 La Verendrye Ave; Eintritt gegen Spende; ⏲ Mo 13–17, Di–Sa 9–12 & 13–17 Uhr) Das Museum zeigt in nur einem Raum eine außergewöhnliche Sammlung von Inuit-Schnitzereien aus Fischbein, Speckstein und Karibugeweihen sowie Jahrtausende alte Harpunenspitzen und Knochenschnitzereien von Angehörigen der den Inuit vorausgegangenen Thule- und Dorsetkultur aus der Region um Iglulik. Das Museum ist wirklich faszinierend und kann einen stundenlang beschäftigen.

★ Cape Merry — HISTORISCHE STÄTTE

Von der Batterie bei Cape Merry, 2 km nordwestlich der Stadt, ist lediglich die einsame Kanone hinter bröckelnden Mauern übriggeblieben. Aber die Lage ist herrlich, und im Sommer kann man vom Strand aus Weißwale sichten. Kulturtouren ab Churchill beziehen das Kap ein.

Fort Prince of Wales National Historic Site — HISTORISCHE STÄTTE

Seit den 1770er-Jahren thront das steinerne Bollwerk majestätisch auf dem felsigen Eskimo Point und blickt über den Churchill River. Der Bau des sternförmigen Fort Prince of Wales dauerte 40 Jahre, und aus seinen Kanonen wurde nie ein Schuss abgefeuert. Als in den 1720er-Jahren die Spannungen zwischen Briten und Franzosen zunahmen, wählte die HBC für den Bau der Festung diese strategisch wichtige Stelle, um Präsenz zu demonstrieren. Aber schon beim ersten Angriff der Franzosen 1782 kapitulierte die Festung und wurde somit zu einer Art englischem Vorläufer der Maginot-Linie. Die ganze Anlage ist ein sumpfiger Ort voller Insekten – trotz dem weiten Ausblick möchte man hier nicht gedient haben.

Das Fort ist eine von drei Stätten in der Gegend, die Churchills wechselvolle Geschichte dokumentieren und von **Parks Canada** (☎ 204-675-8863; ⏲ Mo–Fr 8–12 & 13–16 Uhr) verwaltet werden. Der Transport zu den Stätten am anderen Flussufer wird von lizenzierten Tourveranstaltern durchgeführt, die Eintrittsgebühr ist im Tourpreis enthalten.

EISBÄRKNAST

Die Sicherheitseinrichtung in einem ehemaligen Flugzeughangar nahe dem Flughafen beherbergt Problem-Eisbären, die wiederholt in Churchill auftauchen und eine Gefahr für die Einwohner darstellen. Abgesehen von Familiengruppen werden die Bären mindestens 30 Tage gefangen gehalten, ehe man sie wieder freilässt. Wiederholungstäter werden per Hubschrauber in andere Regionen verbracht.

Die **Sloop's Cove**, 4 km südlich vom Fort, diente während Churchills strenger Winter als Hafen für europäische Schiffe. Die einzigen Hinweise auf frühe Entdecker sind schlicht, aber nicht zu übersehen: Eingemeißelt in die hiesigen Uferklippen findet man u.a. den Namen von Samuel Hearn, dem örtlichen Gouverneur aus dem 18. Jh., der die erste Landreise zum Nordpolarmeer unternahm.

Wapusk National Park PARK

(☎204-675-8863; www.parkscanada.ca/wapusk) Der abgelegene Park wurde hauptsächlich zum Schutz der Geburtshöhlengebiete von Eisbären (*wapusk* bedeutet auf Cree „weißer Bär") und lebenswichtiger Habitate von Wasser- und Watvögeln gegründet und erstreckt sich 45 km südöstlich von Churchill längs der Küste der Hudson Bay. Dank seiner Lage im Übergangsbereich von borealem Wald und arktischer Tundra ist er zudem wichtig für die Beobachtung der Auswirkungen des Klimawandels. Besuche konzentrieren sich auf die Beobachtung der Eisbären und sind nur mit lizenzierten Tourveranstaltern möglich.

York Factory National Historic Site HISTORISCHE STÄTTE

(www.parkscanada.ca/yorkfactory; ⊙Juni–Sept.) Noch einsamer liegt dieser HBC-Handelsposten nahe des Hayes River, ca. 250 km südöstlich von Churchill. Bis 1957 war er 273 Jahre lang ein wichtiges Zugangstor ins Landesinnere. Die weißen Bauten sind in der Einöde ein überraschender Anblick. Die Stätte ist nur per Flugzeug oder Boot erreichbar.

Miss Piggy WAHRZEICHEN

Auf dem Weg zum Flughafen liegt vor der Stadt das Wrack einer Curtiss C-46-Frachtmaschine, die hier 1979 mit Maschinenschaden abstürzte, ohne dass Menschenleben zu beklagen waren. Das Flugzeug wurde Miss Piggy genannt, weil Frachtmaschinen oft übermäßig beladen waren und diese hier einst Schweine beförderte.

Fort Churchill HISTORISCHE STÄTTE

Zwischen gewellten Felsen, liegen gebliebenem Eis und struppigen Bäumen findet sich ein Relikt des Kalten Kriegs. Man sieht Fort Churchill schon lange, ehe man die 20 km vom Flughafen gen Osten beendet hat. Das Fort war Kanadas Cape Kennedy. Ab 1954 wurden hier mehr als 3500 kleine Raketen zu militärischen oder wissenschaftlichen Zwecken gestartet.

Kurse

Churchill Northern Studies Centre WILDTIERBEOBACHTUNG

(CNSC; ☎204-675-2307; www.churchillscience.ca; Launch Rd; Kurse ab 1425 C$) Das CNSC im Fort Churchill, 23 km östlich der Stadt, ist ein wissenschaftliches Forschungszentrum. Es bietet mehrtägige All-inclusive-Kurse (Unterbringung in Schlafsälen, Verpflegung und Transport vor Ort sind im Preis inbegriffen), bei denen man die Forscher bei ihren Projekten über Weißwale, Wildblumen, Vögel und Eisbären unterstützt. Es gibt auch Kurse übers Überleben im Winter, übers nördliche Polarlicht und über Astronomie.

Geführte Touren

Erkundungen auf eigene Faust sind in Churchill nicht zu empfehlen, nicht nur aus Sicherheitsgründen, sondern hauptsächlich wegen der fehlenden Informationen unterwegs. Lokale Guides haben ein sehr großes Wissen, führen ihre Gäste zu Wildtieren und liefern alle wichtigen Erläuterungen über die Gegend.

Eisbären

Die Eisbären stellen alle andere Attraktionen Churchills in den Schatten. Im Sommer sind sie an Land oder sogar beim Baden im Fluss und der Hudson Bay zu sehen, auch im Rahmen von ganz anderen Touren. Das größte Abenteuer findet aber später im Jahr statt. Mit speziellen Leichtfahrzeugen, die zum Schutz der Tundra mit riesigen Reifen versehen sind, geht es auf eintägige Touren (um 400 C$/Pers.). Von den beheizten Fahrzeugkabinen und den Open-Air-Sitzflächen im hinteren Bereich dieser Busse hat man einen guten Blick auf die Raubtiere.

★ **Lazy Bear Lodge** NATUR

(☎204-663-9377; www.lazybearlodge.com; Sommertour ab 420 C$/2 Nächte) Das Unternehmen hat Tundrawagen, in denen man übernachtet und veranstaltet im Sommer von seiner Lodge aus auch mehrtägige Touren zur Beobachtung von Eisbären und Weißwalen. Zu den ausgezeichneten Tagesausflügen gehören Kajakfahren und Schnorcheln mit Weißwalen, Abenteuer mit Tundrafahrzeugen, ganztägige Walbeobachtungstouren mit Booten in der Hudson Bay sowie Kulturtouren durch Churchill und die Umgebung.

Great White Bear Tours NATUR
(☎204-487-7633; www.greatwhitebeartours.com; 266 Kelsey Blvd; ab 473 C$/Tag) Das Unternehmen setzt Tundrafahrzeuge ein, veranstaltet aber nur Tagestouren (Okt. & Nov. tgl., Sommer gelegentlich) – die Gäste übernachten in der Stadt.

Tundra Buggy Adventure NATUR
(☎204-949-2050; www.tundrabuggy.com; 124 Kelsey Blvd; Tour 189–469 C$; ⊙Juni–Nov. & Feb.–März) Die Pioniere der Eisbärbeobachtung aus Tundra-Buggys veranstalten im Sommer sechsstündige Tundratouren und im Oktober und November ganztägige Touren zur Beobachtung von Eisbären und anderen Tieren der Tundra. Im Februar und März nutzt man die Tundra-Buggys für die Beobachtung von Polarlichtern.

Land & Wasser

Mehrere Veranstalter bieten im Sommer Touren über das Land an. In der Regel geht es zum Cape Merry, zum Churchill Northern Studies Centre (CNSC) und zur stillgelegten Raketentestanlage. Neuerdings stehen auch andere Ziele wie das Flugzeugwrack und ein auf Grund gelaufenes Schiff auf dem Programm. Mehrstündige Touren kosten durchschnittlich 85 C$; bei ihnen bekommt man vielleicht auch ein, zwei Eisbären zu Gesicht.

Die Touren zu Wasser drehen sich in der Regel um Walbeobachtung, das Schnorcheln oder Kajakfahren mit den Weißwalen. Teilnehmer sollten sich darüber im Klaren sein, dass das Schwimmen mit Walen in freier Wildbahn von manchen Tierschützern als ein Eindringen in den Lebensraum der Tiere, das deren Verhalten verändert, kritisiert wird.

Ausflüge mit Hundeschlitten und Panoramaflüge werden sommers und winters angeboten.

★ **Sea North Tours** ABENTEUER
(☎204-675-2195; www.seanorthtours.com; 39 Franklin St; Touren ab 105 C$; ⊙Juli & Aug.) Bei den Weißwal-Touren im Sommer kommen ein spezielles Beobachtungsboot und Schlauchboote zum Einsatz; oft ist auch ein Besuch des Fort Prince of Wales Teil des Programms. Die Treibeis-Touren Anfang Juni bieten beste Gelegenheit zur Vogelbeobachtung, während man im Juli mit den neugierigen Weißwalen schnorcheln kann. Im Juli werden auch Kajak- und Stehpaddeltouren angeboten.

★ **Nature 1st** WANDERN
(☎204-675-2147; www.nature1sttours.ca; Tour ab 95 C$; ⊙Juni–Aug.) Bei den halb- und ganztägigen Wander- und Vogelbeobachtungs-

CHURCHILLS FÜNF JAHRESZEITEN

Klimatisch gesehen gibt es in Churchill drei Jahreszeiten: den Juli, den August und den Winter. Für Besucher sind es fünf: Vögel, Wildblumen, Weißwale, Eisbären und Nordlichter.

Vögel (Spitzenzeit: Mitte Mai–Sept.) Churchill ist Nistplatz für mehr als 200 Vogelarten, darunter die seltenen Rosenmöwen, und Zwischenstopp für Zugvögel auf ihrem Weg weiter in den Norden. Granary Ponds am Hafen, Cape Merry und Bird Cove sind gute Plätze zum Beobachten von Vögeln.

Wildblumen (Juni–Aug.) Wenn die Sonne seit Monaten erstmals wieder den Boden berührt und das Eis schmilzt, explodiert Churchill in verschiedenen Farben und Düften.

Weißwale (Mitte Juni–Aug.) Die glänzend weißen, 4 m langen Tiere sind so neugierig wie Delfine und so stimmgewaltig, wie ihr Spitzname „Kanarienvögel des Meeres" vermuten lässt. Ungefähr 3000 von ihnen bevölkern jeden Sommer den Churchill River. Einfach schnorcheln (ab Anfang Juli) oder Kajakfahren gehen oder sie von einem Boot aus beobachten!

Eisbären (Sept.–Anfang Nov.) Die Spitzenzeit liegt zwischen Ende Oktober und Ende November, aber schon ab Juli kann man Eisbären sichten.

Polarlichter (Okt.–März) Der Tanz der türkisblau-gelben Aurora Borealis ist einfach spektakulär.

touren erkundet man die vier unterschiedlichen Ökosysteme rund um Churchill.

Blue Sky Mushing HUNDESCHLITTENFAHRTEN
(www.blueskymush.com; 95 C$/Pers.) Unterhaltsame, auf Sicherheit bedachte Ausflüge mit Hundeschlitten (Winter) und Hundekarren (Sommer) auf einem Rundkurs durch den Wald. Die Ausflüge enden mit einer Bilder-Show und frisch gebackenem Fladenbrot.

Wapusk Adventures HUNDESCHLITTENFAHRTEN
(☎204-675-2887; www.wapuskadventures.com; 95 C$/Pers.) Der Métis-Hundeflüsterer stellt den Teilnehmern seine energiegeladenen Huskys vor, erklärt die Zusammenarbeit eines Hundegespanns und nimmt sie dann mit auf eine Fahrt mit Hundeschlitten oder Hundekarren auf dem „Iditamile"-Rundkurs im Wald.

Churchill Wild ABENTEUER
(☎204-377-5090; www.churchillwild.com; mehrtägige Touren ab 9295 C$; ⌚Juli–Okt.) Dieser Veranstalter besitzt abgelegene Lodges, die von Churchill aus nur mit einem Wasserflugzeug oder einem Boot zu erreichen sind. Bei den Safaris kommt man den Bären recht nahe, und die Abgelegenheit ist gut zur ungestörten Beobachtung der Polarlichter.

Schlafen

In der Eisbärensaison steigen die Preise für Unterkünfte rasant. Die Nachfrage ist so groß, dass die Leute bis zu einem Jahr im Voraus buchen. Es gibt eine gute Auswahl an Hotels mit Motelstandard, mehrere Pensionen/B&Bs und ein paar Billigabsteigen. Alle Unterkünfte sind zu Fuß erreichbar und liegen zentral. Zelten ist grundsätzlich nicht möglich, weil es verboten ist, sich selbst den Bären zum Fraß vorzuwerfen. Die meisten Unterkünfte sind zwischen Dezember und Juni geschlossen.

★ **Blue Sky Bed & Sled** B&B $$
(☎204-675-2001; www.blueskymush.com; 100 Button St; Zi. 120 C$, 3-Nächte-Pauschale für 2 Pers. inkl. Hundeschlittenfahrt 400 C$;) Direkt am Rand der Tundra betreiben Gerald, der mit den Gästen Hundeschlittenfahrten unternimmt, und seine unermüdliche Frau Jenifar, die das beste Frühstück der Stadt zubereitet und deren Cookies legendär sind, Churchills hübschestes B&B. Die vier schnuckeligen Zimmer sind mit Drucken geschmückt, die Szenen aus dem Norden zeigen. Es gibt Faltbette für die Kinder, und freundliche Huskys befinden sich auf dem Gelände.

Polar Bear B&B B&B $$
(☎204-675-2819; http://polarbearbandb.web.fc2.com; 26 Hearne St; EZ/DZ 55/110 C$; ⌚Dez.–April geschl.;) Dieser dringend notwendige Neuzugang kommt in Churchill einem Hostel am nächsten. Die drei Zimmer (für jeweils bis zu 4 Pers.) sind lustig gelb gestrichen und haben Bettzeug mit Eisbärdeko. Für die Gäste gibt's kostenlose Fahrräder, und der hilfsbereite Eigentümer organisiert Flüge mit Ultraleichtflugzeugen. Ein Ärgernis im Sommer ist das Fehlen von Moskitonetzen an den Fenstern.

Polar Inn & Suites MOTEL $$
(☎204-675-8878; www.polarinn.com; 153 Kelsey Blvd; EZ/DZ ab 145/165 C$, Bärensaison EZ & DZ ab 200 C$;) Die schlichten, an ein Motel erinnernden Wohneinheiten haben Kühlschränke und eine ansprechende Blockhütten-Aufmachung. Es gibt auch Einraumwohnungen mit kleinen Küchen und komplett ausgestattete Apartments, die in der Regel als erste ausgebucht sind. Die Anlage gehört Sea North und ist bei Reisegruppen beliebt.

★ **Lazy Bear Lodge** LODGE $$$
(☎866-687-2327; www.lazybearlodge.com; 313 Kelsey Blvd; EZ/DZ 200/240 C$;) Churchills gemütlichste Lodge versteht es, Naturkatastrophen sinnvoll zu nutzen: Sie ist ganz aus wiederverwerteten Baumstämmen gebaut, die bei Waldbränden angesengt wurden. Die Gemeinschaftsbereiche sind einladend, vor allem der Speisesaal mit dem großen Steinkamin. Die kompakten Zimmer sind holzgetäfelt, die Bäder enthalten Badewannen, und der Service ist freundlich und hilfsbereit. Pauschalreisegruppen stellen das Hauptkontingent, aber Traveller, die auf eigene Faust unterwegs sind, sind ebenfalls willkommen.

Essen

Auf den Speisekarten findet sich Wildfleisch, z. B. vom Wapitihirsch oder vom Bison. Zu empfehlen ist Seesaibling, ein örtlich vorkommender Fisch, der eine Art Zwischending zwischen Lachs und Forelle ist. Unter den rund ein halbes Dutzend Restaurants vor Ort sind drei besonders zu empfehlen.

★ **Lazy Bear Cafe** KANADISCH $$
(☎204-675-2969; www.lazybearlodge.com; 313 Kelsey Blvd; Hauptgerichte 18–25 C$; ⌚7–21 Uhr;) Das Restaurant, in dem Wapiti, Seesaibling und Bison, ergänzt durch örtliche Beeren und Pilze, auf der Karte stehen, macht einen mit den besten wilden Zutaten

des Speisezettels in Manitoba vertraut. Täglich gibt's auch kreative vegetarische Gerichte, und das Lokal ist das einzige in der Stadt mit einer Espressomaschine (und nach Angestellten benannten Kaffeespezialitäten).

★ Gypsy's Bakery KANADISCH $$
(☎204-675-2322; 253 Kelsey Blvd; Hauptgerichte 8–30 C$; ⏲7–21 Uhr; 📶) Das ist eines der besten Lokale in Churchill. Üppige Backwaren liegen in den Vitrinen, und man kann von einer Karte Cafeteria-Gerichte wählen. Die Frühstücksgerichte, die Sandwiches, das Gyros mit griechischem Salat und die Pastagerichte sind spitze. Wer mit dem Zug abreisen will, sollte sich hier mit Verpflegung eindecken, statt auf das Essen im VIA-Rail-Zug zu vertrauen.

Tundra Inn Lounge KANADISCH $$
(☎204-675-8831; 32 Franklin St; Hauptgerichte 15–25 C$; ⏲Di–Sa 16 Uhr–open end; 📶🍸) Das Lokal ist die beliebteste Kneipe vor Ort, hat aber auch innovative Gerichte zu bieten. Der „Borealis-Burger" mit Wildreis, Bohnen und Gemüse und das Gemüse-Curry stellen Vegetarier zufrieden, Fleischesser bekommen hier Wapiti-Hackbraten, Rippchen und Chicken Wings.

Shoppen

Arctic Trading Company KUNSTHANDWERK
(☎204-675-8804; www.arctictradingco.com; 141 Kelsey Blvd; ⏲Mo–Sa 10–18, So 14–16 Uhr) Hier finden sich vor Ort angefertigte Geweihschnitzereien, Steinskulpturen der Inuit, Kleidung, psychedelische Malereien eines örtlichen Künstlers, Schmuckstücke aus Knochen und viele perlenbesetzte Mokassins und Mukluks.

Praktische Informationen

Im Sommer tobt ein ständiger Krieg gegen Moskitos und Kriebelmücken. Da hilft nur Insektenspray mit einem DEET-Gehalt von mindestens 30 %. Immer warme Kleidung dabeihaben, denn im Sommer wird es schnell kalt – und Eisbärwarnungen unbedingt beachten!

Sehr praktische Infos im Internet gibt's unter www.churchill.ca und www.everythingchurchill.com.

Chamber of Commerce (☎204-675-2022; 211 Kelsey Blvd; ⏲Juli–Nov. Mo–Sa 11–15 Uhr) Nahe dem Bahnhof.

Parks Canada (S. 589) Eine unverzichtbare erste Anlaufstelle, deren Öffnungszeiten aber variabel sind.

Royal Bank (☎204-675-8894; La Verendrye Ave) Einer von mehreren Geldautomaten vor Ort.

An- & Weiterreise

Keine Straße führt nach Churchill: die Stadt ist nur mit dem Flugzeug oder dem Zug erreichbar. Bei Travellern ist es beliebt, Manitoba bis hinauf nach Thompson zu erkunden und von dort den Zug oder ein Flugzeug zu nehmen.

FLUGZEUG

Calm Air (S. 571) fliegt nach Thompson und Winnipeg sowie zu nördlich von Churchill gelegenen Zielen in Nunavut. Die Preise sind ein bisschen wie der Prankenhieb eines Eisbären: der durchschnittliche Preis für den Hin- und Rückflug beträgt ab Winnipeg 1400 C$ und ab Thompson 660 C$. Einige wenige Tage im Monat werden ein paar Plätze billiger angeboten, aber an vielen Tagen kosten die Plätze noch viel mehr.

ZUG

Der **Churchill-Zug** von VIA Rail ist langsam. Er fährt donnerstags und samstags um 21.30 Uhr über Thompson (Sitzplatz/Schlafkoje/Einzelkabine 70/284/483 C$, 15½ Std.) und The Pas (Sitzplatz/Schlafkoje/Einzelkabine 120/415/711 C$, 28 Std.) nach Winnipeg (Sitzplatz/Schlafkoje/Einzelkabine 220/573/979 C$, 45½ Std.); dienstags fährt der Zug nur bis The Pas. Trotz aller Strapazen hat die Fahrt etwas Hypnotisierendes: Man schläft mit dem Blick auf Nadelwälder ein und wacht in der endlosen, von Sümpfen und verkrüppelten Bäumen geprägten Tundra auf oder umgekehrt. Man kann den Zug auch nur für die Hinfahrt nutzen und zurück das Flugzeug nehmen.

Unterwegs vor Ort

Der **Churchill Airport** (YYQ; ☎204-675-8868) liegt 11 km östlich der Stadt. Die Abholung und das Absetzen am Flugplatz muss man mit seiner Unterkunft vereinbaren, ansonsten braucht man ein **Taxi** (☎204-675-2517). Die Fahrt vom Flugplatz in die Stadt kostet 25 C$.

Die meisten Einheimischen bewegen sich in dem kompakten Ort zu Fuß oder mit dem Fahrrad, dabei muss man aber immer Vorsicht vor Bären walten lassen. Das **Polar Inn** (☎204-675-8878; 15 Franklin St; 20 C$/Tag) und das **Polar Bear B&B** vermieten Fahrräder für 20 C$ pro Tag. **Tamarack Rentals** (☎204-675-2192; www.tamarackrentals.ca; 299 Kelsey Blvd; ⏲8.30–17 Uhr) vermietet ramponierte Trucks und Geländewagen, die auch am Flughafen ausgeliefert werden können. Die Preise liegen zwischen 75 und 150 C$ pro Tag.

Saskatchewan

Inhalt ➡

Gut essen

- ➡ Truffles Bistro (S. 614)
- ➡ Ayden Kitchen and Bar (S. 613)
- ➡ Flip Eatery & Drink (S. 600)
- ➡ Willow on Wascana (S. 600)
- ➡ Blue Bird Cafe (S. 608)

Schön schlafen

- ➡ James (S. 612)
- ➡ Delta Bessborough (S. 612)
- ➡ Hotel Saskatchewan (S. 599)
- ➡ Sturgeon River Ranch (S. 617)

Auf nach Saskatchewan!

Um ein altes Sprichwort umzuformulieren: Es gibt in Saskatchewan keine langweiligen Gegenden, nur langweilige Besucher. Ja, die Landschaft ist unspektakulär, hier leben nicht viele Menschen und die beiden größten Städte lassen sich am besten als „nett" beschreiben. Doch das bedeutet einfach nur, dass neugierige Besucher ein wenig tiefer graben müssen, um den Reiz der Provinz zu entdecken.

Man nehme z. B. all das flache Land: Das Wogen der endlosen Getreidefelder hat auch etwas Poetisches, und das Zirpen der Grillen untermalt das stete Rauschen des Windes. Wer bereit ist für die vollkommene Ruhe der Einsamkeit, folgt einfach der nächsten unbefestigten Straße – und stößt vielleicht auf reizvolle Flusstäler oder baumbestandene Hügel.

Nicht zu vergessen die Menschen! Sie haben viel zu erzählen – nicht nur ihre freimütigen Bewohner, auch die Gestalten aus der Vergangenheit, ob sie nun ein karges Leben als Farmer fristeten, Revolutionen vorbereiteten oder in unbekannte Gebiete vorstießen.

Reisezeit

Saskatoon

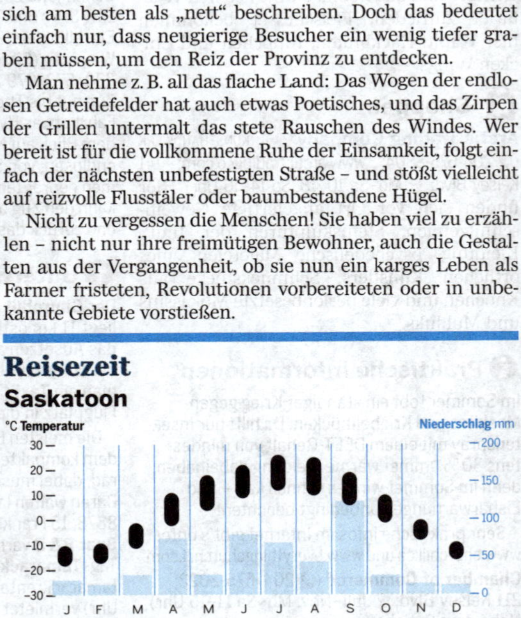

Mai Der Frühling erwacht – Wildblumen überziehen die Landschaft und Vogelgesang erfüllt die Luft.

Juni–Aug. Sonnige Tage locken die Menschen an die Seen, in die Parks und auf die Terrassen.

Sept. Kühle Luft und spektakuläre Herbstfarben kündigen die letzten Ernten des Jahres an.

Highlights

1 In **Saskatoon** (S. 609), dem Paris der Prärie, die Freuden der Großstadt – besonders das Essen und Ausgehen – genießen

2 Sich bei einem Spiel der Roughriders (S. 601) in **Regina**, umringt von den leidenschaftlichsten kanadischen Fans, eine Wassermelone aufsetzen

3 In die dunkle Vergangenheit von **Moose Jaw** (S. 602) zu Zeiten Al Capones eintauchen

4 An der **Batoche National Historic Site** (S. 616), wo Louis Riel fast den Lauf der kanadischen Geschichte veränderte, der Revolutionäre der Métis gedenken

5 Im **Grasslands National Park** (S. 606) dem Rauschen des Grases und dem Donnern der Bisons (so man sie findet) lauschen

6 In **Ogema** (S. 604) an Bord der Southern Prairie Railway und im einzigartigen Deep South Pioneer Museum eine Zeitreise in die Vergangenheit unternehmen

Geschichte

Bereits mehr als 10 000 Jahre lebten die Stämme der Cree, Dene und Assiniboine in der Region, als die Europäer eintrafen. Den ersten Kontakt mit den Ureinwohnern knüpfte 1690 Henry Kelsey von der Hudson's Bay Company, um Pelze zu erwerben. 1774 errichteten Europäer nordöstlich von Saskatoon eine dauerhafte Siedlung.

Die Europäer nahmen Land in Anspruch, was häufig zu blutigen Konflikten führte. Je mehr Europäer in die Region kamen, umso stärker wuchsen die Spannungen zwischen den Zugewanderten und den Ureinwohnern. 1865 durchstreiften ca. 60 Mio. Bisons die Prärie von Saskatchewan. Den Ureinwohnern lieferten sie Nahrung sowie das Material für ihre Kleidung und Unterkünfte. Die Siedler und Jäger reduzierte den Bisonbestand innerhalb von nur einem Jahrzehnt auf 500 Tiere – ein unfassbares Gemetzel und ein Eingriff in das Ökosystem mit drastischen Folgen für die davon abhängigen Menschen.

Ab 1890 lebten die meisten Ureinwohner in Reservaten und 1905 erhielt Saskatchewan den Status einer Provinz. Am 30. Juni 1912 verwüstete einer der verheerendsten Tornados in Kanada die junge Provinzhauptstadt Regina. Dabei kamen 28 Menschen ums Leben und 500 Gebäude wurden zerstört.

Sowohl die beiden Weltkriege als auch die Weltwirtschaftskrise trugen zu einem kometenhaften Anstieg der Weizenproduktion bei. Bis heute bildet die Landwirtschaft den Lebensnerv der Provinz, obwohl inzwischen auch große Gas- und Ölvorkommen sowie die Zunahme von Einwanderern wichtige Wirtschaftsfaktoren sind. Darüber hinaus zählt Saskatchewan zu den weltgrößten Kali-Produzenten und Uran-Exporteuren und hat einen wachsenden Erdölsektor.

Land & Klima

Warme, wenn auch kurze Sommer bieten gute Reisebedingungen. Die Sommertage sind lang, in der Nacht kann es jedoch empfindlich kühl werden. Saskatchewans landschaftlicher Reiz beschränkt sich keineswegs auf den faszinierenden Himmel und endlose Getreidefelder, auch wenn es auf der Fahrt über den Hwy 1 so aussieht. Doch die Provinz hat weit mehr zu bieten. Im Süden erstrecken sich einzigartige, kontrastreiche Landschaften, während boreale Nadelwälder, Wildnis und unberührte Seen den Norden überziehen. Die nördliche Gegend erinnert an ähnliche Regionen in anderen kanadischen Provinzen, eignet sich aber bestens, der hochzivilisierten Welt mal den Rücken zu kehren.

Wenn ein Sommergewitter aufzieht, fasziniert der spektakuläre Anblick Fotografen und jeden anderen Beobachter: Der zuvor azurblaue Himmel nimmt eine schmutzig graue Farbe an, die an Abwaschwasser erinnert. Geht das Grau in ein gespenstisches Grün über, kann kurz darauf ein heftiger Hagelschauer niedergehen. Im südlichen Saskatchewan treten regelmäßig sogenannte Superzellengewitter auf, die jährlich einige Tornados mit sich bringen. Wen man größere Strecken fahren will, sollte man die Wettervorhersage genau beachten.

Der Winter kann sich schon im Oktober einstellen und bis April bleibt es bitterkalt; die Temperaturen sinken teilweise bis auf -40 °C. Es schneit nicht ständig, aber der Schnee kommt mitunter sehr früh und bleibt lange liegen. Aus gutem Grund gibt es auf den Parkplätzen Steckdosen, an denen Autofahrer die Motorblockheizung ihres Fahrzeugs anschließen können.

Parks

In Saskatchewan gibt es zwei ganz unterschiedliche Nationalparks. Der Prince Albert National Park (S. 616) im Norden ist ein bewaldetes Schutzgebiet mit Seen, unberührter Natur und vielen Tieren. Er eignet sich wunderbar für Aktivitäten im Freien wie Kanufahren, Wandern und Campen. Tief im Süden

KURZINFOS SASKATCHEWAN

- Bevölkerung: 1130 000 Ew.
- Fläche: 651 036 km²
- Hauptstadt: Regina
- Skurriles: Kapuzenpullis werden in der ganzen Provinz *bunnyhugs* genannt und niemand weiß, warum.

ENTFERNUNGEN

Saskatoon–Prince Albert National Park 230 km

Saskatoon–Regina 260 km

Regina–Cypress Hills Interprovincial Park 415 km

Cypress Hills–Grasslands National Park 225 km

liegt der Grasslands National Park (S. 606), ein großes, einsames Gebiet mit baumlosen Hügeln und einem weiten Horizont.

Außerdem gibt es zahlreiche Provinzparks. Der Cypress Hills Interprovincial Park (S. 606), der gemeinsam mit der Provinz Alberta verwaltet wird, lockt mit unzähligen tollen Aussichten, vielen Tieren und einem einzigartigen Mikroklima.

In den meisten Parks kann man zelten, einige haben auch Campingplätze mitten in der Natur. Auf www.saskparks.net erfährt man mehr und kann auch buchen.

An- & Weiterreise

Es ist fast unmöglich, Saskatchewan ohne einen eigenen fahrbaren Untersatz zu entdecken. Wer kein Fahrzeug hat, kann mit Bussen von Greyhound Canada nach Alberta, Manitoba und noch weiter fahren, und der *Canadian* von Via Rail, der zwischen Toronto und Vancouver unterwegs ist, hält in Saskatoon.

Der Hwy 1, an dem Regina, Moose Haw und Swift Current liegen, führt von Alberta durch den Süden nach Manitoba. Der Hwy 16 durchschneidet die Provinz diagonal und verläuft durch Saskatoon. Mehrere Straßen führen nach Montana und North Dakota in den USA.

Sowohl am John G. Diefenbaker International Airport in Saskatoon als auch am internationalen Flughafen Regina starten und landen regelmäßige Flüge von/zu wichtigen kanadischen Städten.

Unterwegs vor Ort

Wer bis tief in die Wildnis vordringen möchte, mietet am besten ein Fahrzeug mit Allradantrieb oder einen SUV, in der Regel kann man das ländliche Hinterland aber auch mit einem normalen Pkw durchqueren. Viele Provinzstraßen sind unbefestigt und selbst wichtige Fernstraßen können nach der Schneeschmelze mit Schlaglöchern gespickt sein; auf diese Gefahrenquelle sollten Autofahrer ebenso achten wie auf Rotwild und Elche. Vor der Fahrt immer dafür sorgen, dass man genug Benzin, Musik und Snacks an Bord hat – die Ortschaften sind klein und liegen weit voneinander entfernt.

Die **Saskatchewan Transportation Company** (☎ 800-663-7181; www.stcbus.com) bedient fast 300 Ortschaften innerhalb der Provinz. Mit Vielfahrerpässen kann man 20 % des normalen Fahrpreises sparen.

REGINA

193 100 EW.

Die vom Trans-Canada Hwy (an dieser Stelle Victoria Ave) in zwei Hälften geteilte Provinzhauptstadt ist per se der erste Ort, den Saskatchewan-Besucher erreichen. Seit der Zeit, als Regina ein Jagdgebiet der Cree war, die sie Regina Wascana (Knochenhaufen) nannten, macht sie der attraktiven, 230 km nördlich gelegenen Stadt Saskatoon nach Kräften Konkurrenz.

Die grünen Parks geben Regina ein freundliches Flair: Das Wascana Centre und der Victoria Park sind tolle Fleckchen, um ein wenig zu verweilen. Andere Highlights sind das durch Gentrifizierung aufgewertete Cathedral Village und der im Aufwind begriffene Regina Warehouse District. Doch an Spieltagen dreht sich in der Stadt alles um das Footballteam Roughriders.

In Regina gibt's gute Restaurants und Bars und angenehme Unterkünfte. Sie machen die Stadt zusammen mit ihrer Lage zu einem guten Ausgangspunkt, um den Süden Saskatchewans zu entdecken und zu einem perfekten Zwischenstopp auf dem Weg ins Landesinnere.

Sehenswertes & Aktivitäten

★ Provincial Legislature GEBÄUDE

(☎ 306-787-2376; www.legassembly.sk.ca; Legislative Dr; ⏲ Juni–Aug. 8–21 Uhr, Sept.–Mai bis 17 Uhr; P) GRATIS Das prächtige „Leg" im grünen Wascana Centre entging im Jahr seiner Fertigstellung (1912) größeren Schäden durch einen verheerenden Tornado und ist für die Einwohner Reginas ein Symbol des Stolzes. Während der kostenlosen halbstündigen Führungen kann man die aufwändigen Marmorverzierungen und die ornamentalen Schnitzarbeiten in dem prachtvollen Gebäude im Beaux-Arts-Stil bewundern. Der Great Lawn vor dem Haus eignet sich perfekt zum Frisbeespielen.

Wascana Centre PARK

(Karte S. 598; P)Der öffentliche Park bildet das geografische und kulturelle Zentrum von Regina. Auf dem riesigen Gelände führen kilometerlange Spazierwege am Seeufer entlang. Inmitten dieser „Grünen Lunge" liegen das Royal Saskatchewan Museum, das Saskatchewan War Memorial, das Saskatchewan Science Centre und der Wascana Lake mit der Vogelschutzinsel Spruce Island. In dem kristallklaren Wasser des Sees spiegelt sich das beeindruckende Provincial Legislature Building (Sitz der Legislative der Provinz). Am Ufer des Sees finden Veranstaltungen und Feste statt. Zu den Parkbewohnern gehören auch Nerze, Hasen, Biber und gelegentlich sogar Elche.

Regina

Royal Saskatchewan Museum MUSEUM

(Karte S. 598; ☎ 306-787-2667; www.royalsaskmuseum.ca; 2445 Albert St; empfohlene Spende Erw./Kind 6/3 C$; ⏲ 9.30–17 Uhr; 🅿) Das Royal gibt einen tollen Einblick in die Menschen und die Geografie Saskatchewans. Die drei Ausstellungen befassen sich mit Geowissenschaften, Biologie und der Geschichte der Ureinwohner. Prärie-Dioramen erzählen die Geschichte der heimischen Tier- und Pflanzenwelt und der Kulturen, die von diesem kargen Land lebten. Tipis, Dinosaurier und Rotwild – sie alle sind hier zu sehen. Nicht verpassen: Megamunch, der Tyrannosaurus-Rex-Roboter.

RCMP Heritage Centre MUSEUM

(☎ 306-522-7333; www.rcmpheritagecentre.com; 5907 Dewdney Ave W; Erw./Kind 10/6 C$; ⏲ 11–17 Uhr; 🅿) Die Ausstellungen beleuchten die Vergangenheit, Gegenwart und Zukunft der berühmten Canadian Mounties (Besucher können sogar in deren Kluft schlüpfen). Hier befindet sich auch ein Teil des Ausbildungszentrums der Royal Canadian Mounted Police (RCMP), die man bei der Sergeant Major's Parade in Aktion erleben kann.

Saskatchewan Science Centre MUSEUM

(☎ 306-522-4629; www.sasksciencecentre.com; 2903 Powerhouse Dr; Erw./Kind 10/8 C$, mit IMAX-

Regina

Sehenswertes

1 Royal Saskatchewan Museum B4
2 Saskatchewan Sports Hall of Fame B3
3 Wascana Centre B5

Schlafen

4 Dragon's Nest B&B A4
5 Four Points by Sheraton B1
6 Hotel Saskatchewan B3
7 Wingate by Wyndham C2

Essen

8 Beer Bros. Gastropub & Deli C2
9 Flip Eatery & Drink C3
10 Green Spot Cafe C2
11 Italian Star Deli D3
12 La Bodega A4

Ausgehen & Nachtleben

13 Bushwakker Brewpub B1
14 McNally's Tavern B1
15 O'Hanlon's C3
16 Q Nightclub and Lounge C3
17 Rebellion Brewing C1

Unterhaltung

18 Globe Theatre C2
Trial of Louis Riel .... (siehe 1)

Film 18/14 C$; Mo–Fr 9–18, Sa & So 11–18 Uhr; P) So viel Spaß hat Naturwissenschaft in der Schule nie gemacht! Die Besucher können versuchen, gegen einen virtuellen Torwart ein Tor zu erzielen, autogroße Seifenblasen pusten und das Geheimnis des Rülpsens entdecken. Die über 180 Exponate zum Anfassen und Mitmachen kommen bei Kindern fantastisch an. In dem Science Center gibt's auch noch ein IMAX-Kino und ein Observatorium.

MacKenzie Art Gallery GALERIE
(306-584-4250; www.mackenzieartgallery.ca; 3475 Albert St; Mo & Mi–Sa 10–17.30, So 12–17.30 Uhr; P) GRATIS Die berühmten Bronzekühe des Bildhauers Joe Fafard krönen den als Dauerausstellung angelegten Skulpturengarten der Kunstgalerie. Immer wieder Neues bringen die Wechsel- und Sonderausstellungen, die hauptsächlich kanadische Kunst der Vergangenheit und Gegenwart zum Thema haben.

Saskatchewan Sports Hall of Fame MUSEUM
(Karte S. 598; 306-780-9232; www.sasksportshalloffame.com; 2205 Victoria Ave; Erw./Kind 5/2 C$; Mo–Fr 10–16.30, Sa 12–17 Uhr; P) Mit Schwerpunkt auf die Volkssportarten erzählt das Museum die Geschichte von mehr als 480 Sporthelden der Provinz.

Wascana Canoe Kayak Rentals WASSERSPORT
(Marina Rentals; 306-757-2628; 3000 Wascana Dr; Kanu/Kajak/Tretboot pro Std. 15/10/15 C$; Mai–Sept. 12–20 Uhr) Der Bootsverleih befindet sich im Wascana Centre am Jachthafen des Wascana Lake. Wer auf dem See umherschippern möchte, kann sich hier ein Kanu, Kajak oder Tretboot leihen.

Feste & Events

Während der langen Tage des kurzen Sommers erwacht Regina zum Leben. Eine Veranstaltungsübersicht findet man unter www.tourismregina.com.

First Nations University of Canada Pow Wow KULTUR
(www.fnuniv.ca/powwow; April) An einem Wochenende im Frühling wird die Kultur der First Nations (der indigenen Völker Kanadas) gefeiert. In Saskatchewan ist es das größte und längste Fest seiner Art, zu dem Tänzer aus ganz Nordamerika kommen.

Queen City Ex FIESTA
(306-781-9200; www.thequeencityex.com; Juli/Anfang Aug.) Auf Saskatchewans beliebtestem Fest erscheinen viele Leute im Pioniergewand. Sechs Tage lang sorgen Konzerte, Pfannkuchenfrühstücke, volksfesttypische Fahrgeschäfte, ein Bartlängen-Wettbewerb und Paraden für jede Menge Vergnügen. Der Termin ändert sich von Jahr zu Jahr.

Schlafen

In Regina gibt's viele gute Unterkünfte. In der Victoria Ave (Hwy 1) östlich der Stadt herrscht kein Mangel an Kettenmotels.

★ **Hotel Saskatchewan** HISTORISCHES HOTEL $$
(Karte S. 598; 306-522-7691; www.hotelsask.com; 2125 Victoria Ave; Zi. 100–250 C$; P @) Das im Jahr 1927 erbaute einstige Prachthotel Victoria Park mit Blick auf den Victoria Park ist immer noch sehr imposant und beeindruckt besonders mit seiner Lobby. Die 224 Zimmer sind unterschiedlich groß und teilweise mit herrlichen Antiquitäten ausgestattet.

Four Points by Sheraton HOTEL $$
(Karte S. 598; ☎ 306-789-8008; www.starwoodhotels.com; 2415 Dewdney Ave; Zi. 95–160 C$; P ❄ ☕ ≋) Dieses neue Hotel liegt vom Zentrum aus gleich nördlich der Bahnschienen. Zu den Spielen der Roughriders und zum Warehhouse District, dem Zentrum des Nachtlebens, kann man bequem zu Fuß gehen. Die 127 Zimmer sind groß und bieten Kühlschrank und Mikrowelle. Das Hotel hat ein Hallenbad.

Homesuites by d3h MOTEL $$
(☎ 306-522-4434; www.homesuites.ca; 3841 Eastgate Dr; Zi. inkl. Frühstück 100–200 C$; P) Funktionalität und gutes Design sind das Markenzeichen dieses überdurchschnittlich guten Motels an der Motelmeile am Hwy 1 außerhalb der Stadt. Die 60 geräumigen Suiten sind mit Miniküchen ausgestattet. Die Gäste können ein Spa nutzen.

Wingate by Wyndham HOTEL $$
(Karte S. 598; ☎ 306-584-7400; www.wingatebywyndhamregina.com; 1700 Broad St; Zi. 90–160 C$; P ❄ @ ☕) In dem zentral gelegenen, modernen Gebäude mit sieben Etagen befinden sich 118 große, komfortable Zimmer mit gutem Preis-Leistungs-Verhältnis. Alle Zimmer sind mit Kühlschrank und Mikrowelle ausgestattet.

Dragon's Nest B&B B&B $$
(Karte S. 598; ☎ 306-525-2109; www.dragonsnestbb.com; 2200 Angus St; EZ/DZ inkl. Frühstück ab 100/125 C$, mit Gemeinschaftsbad 70/85 C$; ❄ ☕) Das stilvolle B&B in einem 1912 gebauten Haus hat sechs Zimmern wird von Feng-Shui-Beratern geführt, daher bietet es optimalen Komfort. Das im Preis enthaltene Frühstück ist frisch und herzhaft.

Essen

Im Zentrum Reginas und in den angrenzenden Stadtvierteln gibt es etliche interessante und innovative Restaurants.

Milky Way EISCREME $
(☎ 306-352-7920; www.milkywayicecream.com; 910 Victoria Ave; Snacks ab 2 C$; ⏲ März–Okt. 11–22 Uhr) Reginas sommerlicher Geschmack macht Spaß. Sechs Sorten Softeis bilden die Grundlage für Shakes, Eisbecher, Eiswaffeln und andere Leckereien. Wer es deftiger mag, bekommt auch Burger, Hotdogs und Chili.

Italian Star Deli DELI $
(Karte S. 598; ☎ 306-757-6733; www.italianstardeli.com; 1611 Victoria Ave; Sandwiches 5–8 C$; ⏲ Di–Sa 9–17 Uhr) Seit 1966 bringt dieser Feinkostladen mit seinen original italienischen Produkten europäisches Flair in die Prärie. Unzählige Leute strömen herbei, um die köstlichen Panini zu kaufen, und man ist gut beraten, ihrem Beispiel zu folgen. Frische ist hier oberstes Gebot. Ein Einkauf lohnt sich, insbesondere um den Picknickkorb zu füllen.

13th Ave Coffee House CAFÉ $
(☎ 306-522-3111; www.13thavecoffee.com; 3136 13th Ave; Hauptgerichte 6–15 C$; ⏲ Di–Sa 7.30–21 Uhr; ✎) „Gesund, frisch und regional" – so lautet die Devise der Betreiber dieses beliebten Treffpunkts im Cathedral Village. Den Fair-Trade-Kaffee aus Java röstet ein Mitarbeiter selbst und man bekommt hier problemlos seine Tagesdosis an Quinoa, Antioxidantien und Vitaminen. Fleischesser kommen in dem Café nicht zum Zug, aber Vegetarier fühlen sich gleich zu Hause.

Green Spot Cafe VEGETARISCH $
(Karte S. 598 ☎ 306-757-7899; www.greenspotcafe.ca; 1838 Hamilton St; Snacks ab 4 C$; ⏲ Mo–Fr 7–17, Sa 8–15 Uhr; ✎) Auf der Speisekarte des zu 100 % vegetarischen Cafés im Zentrum stehen lauter gesunde Sachen mit viel gutem Karma.

★ **Willow on Wascana** KANADISCH $$
(☎ 306-585-3663; www.willowonwascana; 3000 Wascana Dr; Hauptgerichte mittags 12–25 C$, abends 20–30 C$; ⏲ Mo–Sa 11.30–23, So bis 13.30 Uhr) Eines der Highlights Reginas ist der Blick auf den Wascana Lake. Im Willow on Wascana wechselt die Speisekarte saisonal und ist ein klassisches Beispiele für kreative Küche, die frisch vom Hof auf den Tisch kommt. Die Gerichte sind schlicht und erlauben den Aromen, sich zu entfalten. Das Sechsgänge-Probiermenü umfasst das Beste, was die Küche zu bieten hat. Umfangreiche Weinkarte.

★ **Flip Eatery & Drink** MODERN KANADISCH $$
(Karte S. 598; ☎ 306-205-8345; www.fliprestaurant.ca; 1970 Hamilton St; Hauptgerichte 16–30 C$; ⏲ Mo–Do 11–23, Fr & Sa bis 2, So 10–15 Uhr) Den Schwerpunkt dieses innovativen Restaurants mit einer häufig wechselnden Karte bilden saisonale Gerichte aus Saskatchewan. Einige Gerichte haben eine asiatische Note, doch insgesamt ist die Karte sehr vielfältig. Die Lounge ist bis in den späten Abend gut besucht; die Biere und Weine auf der Karte sind sorgfältig ausgewählt und die Cocktails sind so kreativ wie das Essen.

Nicky's Cafe KANADISCH $$
(☎306-757-3222; www.nickys.ca; 1005 8th Av; Hauptgerichte 8-25 C$; ⏰7–21 Uhr; 👪) Deftigere und köstlichere Hausmannskost als hier dürfte schwer zu finden sein. Zum Frühstück gibt's wunderbare Röstis, großartige Omeletts und Pfannkuchen, die die Winterkälte vertreiben. Später am Tag gibt's Burger in Dutzenden Versionen, aber auch Meeresfrüchte und Rippchen. Die Portionen sind groß und die Qualität ist hervorragend.

Beer Bros. Gastropub & Deli KNEIPENESSEN $$
(Karte S. 598; ☎306-586-2337; www.beerbros.ca; 1821 Scarth St; Hauptgerichte 12–20 C$; ⏰So–Do 11.30–23, Fr & Sa bis 1 Uhr) Mitten im Zentrum im historischen Gebäude der Northern Bank befindet sich diese liebenswerte Kneipe. Das Essen, darunter Sandwiches, Burger und Käseplatten, ist herzhaft, hat aber einen Gourmet-Touch. Wie der Name verspricht, ist die Bierkarte lang und enthält eine ausgezeichnete Auswahl kanadischer Kleinbiere.

La Bodega TAPAS $$
(Karte S. 598; ☎306-546-3660; www.labodegaregina.com; 2228 Albert St; Tapas 10–15 C$, Hauptgerichte 12–30 C$; ⏰Di–Sa 16–24 Uhr) Ambiente ist das Motto dieses Restaurants, das sich in einem grünen Wohngebiet befindet. Es hat eine fantastische Terrasse, die um einen riesigen Baum angelegt ist. Auf der Karte stehen viele bekannte spanische Gerichte, aber auch gut zubereitete kanadische Lieblingsgerichte wie Fish'n'Chips und Hummer-Poutine.

🍷 Ausgehen & Nachtleben

Gute Bars und Brauereien gibt's im Zentrum und darum herum sowie im nahe gelegenen **Warehouse District** (www.warehousedistrict.ca). Im Sommer erfreuen sich die vielen Terrassen großer Beliebtheit.

★ **Rebellion Brewing** KLEINBRAUEREI
(Karte S. 598; ☎306-522-4666; www.rebellionbrewing.ca; 1901 Dewdney Ave; ⏰11.30–22 Uhr) In der Nähe der alten Bahngleise wartet Saskatchewans beste Kleinbrauerei mit einem Schankraum und hervorragenden Burger und Pizzas auf. Wellblechelemente und hopfenförmige Ornamente sorgen für ein modernes Ambiente. Für die Führungen am Samstag um 14 Uhr sollte man in Voraus reservieren. Die Bierkarte ist lang und wechselnd, unbedingt sollte man aber das Sour Rye probieren.

Bushwakker Brewpub PUB
(Karte S. 598; ☎306-359-7276; www.bushwakker.com; 2206 Dewdney Ave; ⏰Mo–Sa 11 Uhr–open end) Das Bushwakkers in einem Lagerhaus von 1913 ist ein überzeugender Anlass, die Bahnschienen zu überqueren und in den Warehouse District zu gehen. Abends gibt's oft Livemusik, doch der Hauptgrund für den Besuch sind die Biere: Mehr als ein Dutzend wechselnde hausgebraute Biere kommen hier aus dem Hahn.

Q Nightclub and Lounge SCHWULE & LESBEN
(Karte S. 598; ☎306-569-1995; www.glcrclub.ca; 2070 Broad St; ⏰17–3 Uhr) Diese einladende Schwulenbar mit Club in einem ehemaligen Kirchengebäude, in der auch heterosexuelle Gäste gern gesehen sind, wird von den Mitgliedern einer Genossenschaft geführt. Zu den großartig ungeschliffenen Räumlichkeiten auf mehreren Etagen gehört auch eine Terrasse. Abends legen oft DJs auf.

O'Hanlon's PUB
(Karte S. 598; ☎306-566-4094; www.ohanlons.ca; 1947 Scarth St; ⏰11.30 Uhr–open end) Im O'Hanlon's herrscht eine raue irische Pubatmosphäre. Von den Tischen auf dem Bürgersteig schaut man auf den Victoria Park und das Hotel Saskatchewan. Dies ist die Art von Pub, wo man bis in den frühen Morgen isst, trinkt und schwatzt. Tolle Bierkarte.

McNally's Tavern LOUNGE
(Karte S. 598; ☎306-522-4774; 2226 Dewdney Ave; ⏰16 Uhr–open end) Kneipe im Warehouse District mit unverputzten Ziegelwänden. Fast jeden Abend werden Bandauftritte, Karaoke, Open-Mike-Abende oder Jamsessions veranstaltet.

☆ Unterhaltung

★ **Saskatchewan Roughriders** FOOTBALL
(☎888-474-3377, 306-525-2181; www.riderville.com; Mosaic Stadium, Elphinstone St; ⏰Juni–Nov.) Die Green Riders, wie sie von den Scharen der leidenschaftlichen Einheimischen genannt werden, haben in der Canadian Football League (CFL) mittlerweile Kultstatus. Kaum zu glauben, wie diese Stadt ausflippt, wenn es gilt, ihr Team zu unterstützten. Ab der Saison 2017 spielt es in einem neuen Stadion, dem **Mosaic Stadium** (www.newmosaicstadium.com). Es bietet 33 000 Besuchern Platz – mehr als ein Viertel der Einwohner der Stadt!

★ **Trial of Louis Riel** THEATER
(Karte S. 598; ☎306-728-5728; www.rielcoproductions.com; 2445 Albert St, Royal Saskatchewan

Museum; Erw./Kind 20/10 C$; ⏲ Juli & Aug.) Die Basis dieses Stücks sind die Gerichtsprotokolle des 1885 geführten Prozesses gegen Louis Riel. Es wurde 1967 erstmals aufgeführt und ist damit das kanadische Theaterstück mit der zweitlängsten Spieldauer überhaupt. Die Vorstellungen finden jeden Sommer über drei Wochen im Royal Saskatchewan Museum (S. 598) statt.

Regina Pats EISHOCKEY
(☎306-543-7800; www.reginapats.com; Brandt Centre, 1700 Elphinstone St; 13–23 C$; ⏲ Sept.–März) Die jüngeren, härteren, ehrgeizigeren Spieler der Western Hockey League (WHL) spielen ein aufregendes Eishockey. Das Stadion liegt etwa 3 km westlich vom Zentrum.

Conexus Arts Centre THEATER
(☎306-565-4500; www.conexusartscentre.ca; 200a Lakeshore Dr) Das Kulturzentrum, das vage an die alten Getreidesilos Saskatchewans erinnert, ist die Heimat des Sinfonieorchesters. Außerdem gastieren hier Künstler mit Konzerten und Shows.

Globe Theatre THEATER
(Karte S. 598; ☎306-525-6400; www.globetheatrelive.com; 1801 Scarth St; unterschiedliche Ticketpreise) Das Programm des runden Theaters umfasst modernes Theater, Konzerte und mehr.

Praktische Informationen

Kostenloses WLAN gibt's in großen Teilen des Zentrums und von Cathedral Village.

Regina Public Library (☎306-777-6000; 2311 12th Ave; ⏲ Mo–Do 9.30–21, Fr bis 18, Sa bis 17, So 13.30–17 Uhr; 🛜) Kostenloser Internetzugang.

Hauptpost (Karte S. 598; ☎866-607-6301; 2200 Saskatchewan Dr; ⏲ Mo–Fr 9–17 Uhr)

Regina General Hospital (☎306-766-4444; www.rqhealth.ca; 1440 14th Ave; ⏲ 24 Std.) Notaufnahme.

Prairie Dog (www.prairiedogmag.com) Die streitlustige kostenlose Zeitschrift erscheint alle zwei Wochen und bringt Veranstaltungstermine und Restaurantempfehlungen.

Tourism Regina (Karte S. 598; ☎306-789-5099, 1-800-661-5099; www.tourismregina.com; 1925 Rose St; ⏲ Mo–Fr 9–17 Uhr) Hier gibt's einige regionale Führer und Karten.

An- & Weiterreise

Der **Regina International Airport** (YQR; ☎306-761-7555; www.yqr.ca; 5200 Regina Ave) liegt 5 km westlich vom Zentrum und bietet Verbindungen zu allen wichtigen kanadischen Städten.

Busse von Greyhound Canada (www.greyhound.ca) fahren Richtung Osten nach Winnipeg (105 C$, 9½ Std., 1-mal tgl.) und Richtung Westen nach Calgary (77 C$, 11 Std., 1-mal tgl.). Busse von **STC** (☎306-787-3340; www.stcbus.com) fahren in alle Richtungen, u. a. nach Saskatoon (51 C$, 2¾–4 Std., 3–4-mal tgl.). Alle Busse starten am **STC Bus Depot** (Karte S. 598; 1717 Saskatchewan Dr).

Unterwegs vor Ort

Zum Flughafen fahren keine öffentlichen Verkehrsmittel, die zehnminütige Taxifahrt vom Zentrum aus kostet 15 C$. **Regina Transit** (☎306-777-7433; www.reginatransit.com; Erw./Kind 3/2,50 C$, Tageskarte 9 C$) betreibt Stadtbusse, deren Knotenpunkt die 11th St im Zentrum ist.

Regina Cabs (☎306-543-3333; www.reginacabs.com) Funktaxis.

SÜDLICHES SASKATCHEWAN

Der Trans-Canada Highway (Hwy 1) führt durch das typische Saskatchewan – die weiten, offenen Flächen, die in unzähligen Countrysongs beschrieben werden. Wenn man das labyrinthartige Netz einsamer, unbefestigter Nebenstraßen erkundet, vergisst man schnell das moderne Leben mit seiner Hektik. Es ist nicht schwer, sich vorzustellen, wie Tausende von Bisons über die nahe gelegenen Hügel donnern, wie das Leben der Ureinwohner in den Dörfern aussieht oder wie die North West Mounted Police (NWMP) zu Pferd durch die weite Prärie patrouilliert. Vielfalt und Grenzenlosigkeit lautet hier das Motto der Landschaft: hügeliges Weideland, schroffe Berge und Ödland – wie in einem klassischen Western.

Moose Jaw

33 280 EW.

In einem Meer der Prärie ist Moose Jaw, ein ungeschliffener Diamant mit erfrischendem Charme, eine Abwechslung verheißende Insel. Von ihrem bescheidenen Ursprung als Außenposten der Canadian Pacific Railway nahm die Stadt stetig an Größe und Bedeutung zu und machte sich einen Ruf als Hort der Rebellion und Korruption sowie mit Kontakten zum Ku Kux Klan und sogar wegen Sklaverei. In den Tagen der amerikanischen Prohibition war sie ein Zufluchtsort für Al Capone und seine Gang, die sie als Basis benutzten, um Whiskey auf den Zügen der Soo Line über die Grenze nach Chicago zu schmuggeln. (Ironie der Geschichte: Heute ist der prächtige alte Bahnhof ein Spirituosenladen).

Wenig erinnert heute in Moose Jaw an seine wilde Vergangenheit, doch die Stadt hat sich erfolgreich darum bemüht, die faszinierenden Geschichten seiner unrühmlicheren Zeiten zu bewahren. Wegen seiner gut erhaltenen Art-déco-Gebäude, der bunten Wandbilder und der illustren Vergangenheit wird die Stadt auch „Little Chicago" genannt.

Sehenswertes

Für Besucher am interessantesten sind die Main St und das historische Zentrum, wo man leicht ein paar Stunden herumspazieren kann. 45 **Wandbilder** mit den friedlicheren Szenen aus der Stadtgeschichte zieren Gebäude und Wände in ganz Moose Jaw.

★ Tunnels of Moose Jaw TUNNEL
(☎306-693-5261; www.tunnelsofmoosejaw.com; 18 Main St; Führung Erw./Kind ab 15/8,50 C$; ⏲ganzjährig, Öffnungszeiten variieren) Tief unter den Straßen der Stadt erstrecken sich Tunnel mit einer tragischen, zugleich faszinierenden Vergangenheit. Die „Passage to Fortune" genannte Führung widmet sich den chinesischen Arbeitern, die in den Tunneln im Elend lebten und unter Diskriminierungen litten. Einige Jahrzehnte später, in den 1920er-Jahren, organisierten Al Capones Vasallen in den Tunneln den Alkoholschmuggel. Angeblich kam der Gangsterboss höchstpersönlich in die Stadt, um seine Geschäfte zu überwachen. Um diese Machenschaften geht es in der anderen Führung, die – wie könnte es anders sein – „The Chicago Connection" heißt.

Yvette Moore Gallery GALERIE
(☎306-693-7600; www.yvettemoore.com; 76 Fairford St W; ⏲Mo–Sa 10–17 Uhr) GRATIS In einem stolzen historischen Gebäude gleich westlich der Main St zeigt diese bekannte einheimische Künstlerin ihre faszinierenden, hyperrealistischen Bilder, die Saskatchewan und seine Bewohner abbilden. Im einfachen, aber guten Café gibt es auch Mittagessen.

Western Development Museum MUSEUM
(WDM; ☎306-693-5989; www.wdm.ca; 50 Diefenbaker Dr; Erw./Kind 10/4 C$; ⏲9–17 Uhr; P) Alles, was fährt, fliegt oder mit Pedalen oder Paddeln fortbewegt wird, findet man dieser Zweigstelle des WDM. Es widmet sich dem Verkehr innerhalb Saskatchewans und zeigt Flugzeuge, Züge, Autos und sogar einen Pferdewagen. Es befindet sich nördlich vom Zentrum an der Umgehungsstraße.

Aktivitäten

Auf www.tourismmoosejaw.ca gibt's Karten zum Herunterladen.

Temple Gardens Mineral Spa SPA
(☎306-694-5055; www.templegardens.sk.ca; 24 Fairford St E; Erw./Kind Mo–Do 8/7 C$, Fr–So 16/11 C$; ⏲10 Uhr–open end) Ein moderner Komplex mit Pools drinnen und draußen. Das dampfende Mineralwasser kommt tief aus der Erde unter der Prärie. Das Angebot an Anwendungen ist umfangreich. Die Unterkünfte im angeschlossenen Resort sind nicht so schön wie das Spa.

Moose Jaw Trolley Company BUS
(☎306-693-8537; www.tourismmoosejaw.ca; Erw./Kind 13/7 C$; ⏲Juni–Aug.) Auf einer Fahrt mit einem auf Alt gemachten Bus kann man die Wandbilder und historischen Gebäude der Stadt anschauen. Los geht's am Visitors Centre (S. 604).

Schlafen & Essen

Grant Hall Hotel HISTORISCHES HOTEL $$
(☎844-885-4255; www.granthall.ca; 401 Main St N; Zi. 80–140 C$; P ❄ 📶) Das Wort Kleinstadtluxus beschreibt dieses historische Hotel (1928 erbaut) im Zentrum am treffendsten. 2001 wurde es aufwändig saniert – die Lobby und öffentlichen Bereiche sind prächtig. Die 28 Zimmer bieten klassischen Komfort. Auf der Terrasse kann man schön in der Sonne relaxen und den Blick auf den Park genießen.

Wakamow Heights Bed & Breakfast B&B $$
(☎306-693-9963; www.wakamowheights.com; 690 Aldersgate St; Zi. inkl. Frühstück 100–120 C$; P 📶) Das historische B&B in erhöhter Lage am Stadtrand hat einen grünen Garten und verschiedene wunderschön eingerichtete Zimmer in unterschiedlichen Farben.

Déjà Vu Cafe DINER $
(☎306-692-6066; www.dejavucafe.ca; 23 High St E; Hauptgerichte 8–15 C$; ⏲11–21 Uhr) Vielfalt ist das Motto dieses legendären Diners im Zentrum. 80 Sorten Milchshakes sind im Angebot, und zu den verschiedenen gebratenen Gerichte (Hähnchenstücke, Pommes, Zwie-

belringe) gibt's Dutzende Saucen. Die Karte ist zwar schlicht, aber alles ist superlecker.

Bobby's Place Olde World Tavern PUBESSEN $
(☎306-692-3058; 63 High St E; Hauptgerichte 9–13 C$; ⊙Mo–Sa 11 Uhr–open end) In dem seit Jahren gut besuchten Pub genießen die Gäste bei schönem Wetter ihr Bier auf der Terrasse. Die ausgezeichnete Qualität seiner hausgemachten Gerichte hat sich gehalten. Die *chicken fingers* (kleine panierte Hähnchenschnitzel) sind butterweich und saftig – ein wahrer Genuss.

Information

Besucherzentrum (☎866-693-8097; www.tourismmoosejaw.ca; Thatcher Dr E bei Hwy 1; ⊙Mitte Mai–Aug. 9–17, Sept.–Mitte Mai 9.30–12 & 13–16.30 Uhr) Hier lohnt sich der Blick auf die riesige, anatomisch korrekte Statue eines Elches nahe der Tangente.

An- & Weiterreise

Die Busse der **STC** (www.stcbus.com) nach Regina (19 C$, 1 Std., 2- bis 3-mal tgl.) fahren vom **Busbahnhof** (☎306-692-2345; 63 High St E) im Zentrum ab.

Ogema

Zwei außergewöhnliche Attraktionen lohnen den Weg in das winzige Dorf mit großem Gemeinschaftssinn, das in einer unwirtlichen Gegend tief im Süden der Provinz liegt.

Die **Southern Prairie Railway** (☎306-459-7808; www.southernprairierailway.com; 401 Railway Ave; Touren Erw./Kind ab 47/32 C$; ⊙Juni–Sept. Sa & So) ist seit ihrer Jungfernfahrt zur Hundertjahrfeier der Stadt (2012) ein Hingucker. Die informativen Touren dauern eineinhalb bis drei Stunden und führen in die Prärie zu einem stillgelegten Getreidesilo und anderen Sehenswürdigkeiten. Das ganze Jahr über finden spezielle Fahrten statt, manchmal auch Sternbeobachtungstouren.

Das überraschende **Deep South Pioneer Museum** (☎306-459-7909; www.ogema.ca; 510 Government Rd; Erw./Kind 5/2 C$; ⊙Mai–Sept. Sa & So 10–17 Uhr) entstand 1977 aus dem Wunsch heraus, die Erinnerungen, Geschichten und Dinge der Vorväter Ogemas zu bewahren. Es umfasst eine erstaunliche Sammlung von über 30 restaurierten Gebäuden sowie Farmausrüstung, zahlreiche Fahrzeuge und viele historische Exponate. Alte und junge Stadtbewohner haben zur Schaffung und Erhaltung dieser einzigartigen Erinnerungsstätte beigetragen. Die Authentizität der liebevoll erhaltenen Gebäude und die Offenheit, mit der sie präsentiert werden, sind außergewöhnlich.

Gravelbourg

Das hinreißende französischsprachige Gravelbourg liegt etwa 190 km südwestlich von Regina und ist einer der letzten Orte, an denen man einen Hauch von Europa erwarten würde – mitten in der unendlichen Prärie. Die prächtigen Gebäude wurden Anfang des 20. Jhs. gebaut und sollten französische Siedler anlocken.

Die stattlichen Bauten, darunter die winzige Grundschule des Ortes, die **École Élémentaire de Gravelbourg**, stehen verstreut in der 1st Ave.

Sehenswertes & Aktivitäten

Am besten erkundet man diese überraschende Stadt im Rahmen einer **Heritage Walking Tour**; nähere Infos stehen auf der Seite www.gravelbourg.ca.

Our Lady of the Assumption Co-Cathedral KIRCHE
(La Co-Cathédrale Notre Dame de l'Assomption; ☎306-648-3322; www.gravelbourgcocathedral.com; 1st Ave; Ⓟ) GRATIS Zweifellos bildet die unverhältnismäßig große, aber wunderschöne Kathedrale die Hauptattraktion der *très jolie* (sehr hübschen) kleinen Stadt. Sie wurde in einer Art romanisch-italienischem Stil erbaut, 1919 geweiht und 1995 zur nationalen historischen Stätte erklärt. Wenn die Kirche offen ist, darf jeder eintreten und die Deckenfresken, die an die Sixtinische Kapelle erinnern, bewundern. Monsignore Maillard, seinerzeit Pfarrer der Domgemeinde, hat nicht nur die Ausgestaltung des Kirchenschiffs entworfen, sondern auch von 1921 bis 1931 die Deckenfresken höchstpersönlich gemalt – eine erstaunliche Meisterleistung.

Gravelbourg & District Museum MUSEUM
(☎306-648-2332; 300 Main St; 5 C$; ⊙Di–Sa 10–17.30 Uhr) In diesem Museum zwei Blocks südlich der Kathedrale erfährt man mehr über Gravelbourgs spannende Geschichte.

Schlafen & Essen

Bishop's Residence B&B $
(☎888-648-2321; www.bishopsresidencebandb.com; 112 1st Ave W; Zi. inkl. Frühstück 60–100 C$;

P) Die frühere Bischofsresidenz, ein stattlicher gelber Backsteinbau, ist heute ein einzigartiges B&B mit neun Zimmern, einige davon mit eigenem Bad und Balkon.

Gravelbourg Inn MOTEL $
(306-648-3182; Ecke Hwy 43 & Hwy 58; Zi. 60–80 C$; P) Das schlichte Motel an der Zufahrt der Stadt von Osten her hat ordentliche Zimmer.

Café Paris CAFE $
(306-648-2223; 306 Main St; Hauptgerichte 6–12 C$; Mo–Sa 9–18 Uhr) Hier kann man sich unter die freundlichen Einheimischen mischen, ein leichtes Mittagessen verzehren und einen köstlichen Milchshake trinken. Das Café liegt direkt im Zentrum und hat schöne alte Elemente wie die Decke aus gepresstem Blech.

Swift Current

Für Reisende bildet die kleine Stadt am Hwy 1 eine wahre Oase – ihr großer Vorteil. Vom Highway bis zum Stadtzentrum sind es gerade mal 3 km. Der Weg ist gut ausgeschildert.

Sehenswertes

Mennonite Heritage Village MUSEUM
(306-773-7685; www.mennoniteheritagevillage.ca; 17th Ave SE; Spenden erwünscht; Juli–Aug. Fr–So 13–18 Uhr) Das denkmalgeschützte Dorf aus dem 19. Jh. führt Besuchern eine Lebensweise vor Augen, die den meisten unbekannt ist. In der Gegend gibt es zahlreiche Mennoniten- und Hutterer-Gemeinden. Jedes Jahr im August findet ein großes, sommerliches Wassermelonen-Fest statt.

Swift Current Museum und Visitors Centre MUSEUM
(306-778-9174; www.tourismswiftcurrent.ca; 44 Robert St W; Mo–Fr 9–17 Uhr) GRATIS In diesem kleinen Museum in der Touristeninformation von Swift Current sollte man einen Stopp einlegen, um den riesigen, wolligen Bison zu bewundern.

Schlafen & Essen

Safari Inn Motel MOTEL $
(306-773-4608; www.safariinn.ca; 810 S Service Rd E; Zi. 65–100 C$; P) Das private Safari, eine Alternative zu den an der Motelmeile vertreten Ketten, begrüßt Gäste mit einem altmodischen Neonschild. Die Besitzer opfern sich für ihre Gäste förmlich auf und die Zimmer sind mit allen Annehmlichkeiten ausgestattet: Kühlschrank, Mikrowelle und sogar Netflix. Das Hotel ist nicht wirklich schick, macht das aber mit seiner tollen Atmosphäre wett.

Home Inn & Suites MOTEL $$
(306-778-7788; www.homeinnswiftcurrent.ca; 1411 Battleford Trail E; Zi. inkl. Frühstück ab 120–180 C$; P) Die modernen, geschmackvollen Suiten dieses Kettenmotels bieten Miniküchen, bequeme Betten und viel Platz. Das Motel hat ein Hallenschwimmbad mit Wasserrutsche und ein kleines, tagsüber geöffnetes Spa, in dem man die vom vielen Fahren verspannten Muskeln wieder lockern kann.

★ **Russell Up Some Grub** DINER $$
(306-778-4782; 12a 1081 Central Ave N; Hauptgerichte 8–20 C$; Mo–Mi & Sa 6–15, Do & Fr bis 20 Uhr) Die hausgemachten Mennoniten-Gerichte wie Cheddar-Piroggen in *sausage gravy* und *cranberry*-Hühnchen sowie die große Auswahl an Sandwiches, Burgern, lokalem Fisch und Salaten sind ein guter Grund, vom Highway abzufahren. Eine glutenfreie Speisekarte, freundliches Personal und der blitzsaubere, helle Speiseraum komplettieren das Ganze.

Akropol Family Restaurant GRIECHISCH $$
(306-773-5454; 133 Central Ave N; Hauptgerichte 9-20 C$; Mo–Sa 11 Uhr–open end) Das griechische Restaurant serviert beliebte griechische Gerichte wie Gyros, Tintenfisch und *spanakopita* sowie die lokal gebrauten Biere der Brauerei Black Bridge. Es hat eine hübsche Terrasse und eine beliebte Lounge und bietet oft Livemusik.

Miso House ASIATISCH $$
(306-778-4411; 285 N Service Rd W; Hauptgerichte 6–20 C$; Di–So 11–22 Uhr) Das Miso House hat erfolgreich köstliches Sushi, koreanische Delikatessen und japanische *bento*-Schachteln in die Prärie gebracht.

Unterhaltung

Lyric Theatre THEATER
(306-773-6292; www.lyrictheatre.ca; 227 Central Ave N) Das älteste noch betriebene Theater Saskatchewans wurde 1912 eröffnet. Bei noch andauernden Restaurierungsarbeiten wird seine frühere Pracht wiederhergestellt. Parallel finden wöchentlich Open-Stage-Abende, Improvisationstheater und mehr statt.

An- & Weiterreise

Der Hwy 1 führt mitten durch Swift Current, das etwa 170 km östlich der Grenze zu Alberta liegt. Einmal am Tag kommt ein Greyhound-Bus auf der Trans-Canada durch die Stadt. Busse von **STC** (www.stcbus.com) fahren einmal täglich nach Saskatoon (54 C$, 3¾ Std.).

Val Marie & Grasslands National Park

Val Marie, das Tor zum Grasslands National Park, ist winzig, rau und sehr einnehmend. Der **Park** (☎877-345-2257; www.parkscanada.ca/grasslands) umfasst Tausende Hektar Grasland, sanfte Hügel und hier und da ein paar Wildblumen. Vor allem bietet er unbegrenzte Einsamkeit. Da es hier praktisch keine Bäume gibt, hat man einen herrlichen Blick auf die offene Landschaft. Ein Besuch im **Visitor Center** (☎306-298-2257; Ecke Hwy 4 & Centre St, Val Marie; ⏲ Juli & Aug. tgl. 9–17 Uhr, Mitte Mai–Juni & Sept.–Mitte Okt. Do–Mo 9–17 Uhr) ist unverzichtbar, um sich Tipps zu holen, wo man sein Zelt aufschlagen kann und wie man den majestätischen Park am besten in seiner ganzen Fülle erlebt. Auf alle Ausflüge sollte man gut vorbereitet gehen und daran denken, dass es keinen Schatten gibt – das Grasland ist wild und einsam, und Begegnungen mit Klapperschlangen sind nicht ausgeschlossen. Mit etwas Glück bekommt man die hier lebende Bisonherde zu Gesicht. Zu den Unterkünften im Park gehören sehr einfache Stellplätze für Zelte (16 C$) und Tipis (45 C$).

Vergleichsweise paradiesisch ist dagegen die Übernachtung im **Convent Inn** (☎306-298-4515; www.convent.ca; Hwy 4; Zi. inkl. Frühstück 75–95 C$; Ⓟ) mit seinen traditionellen Backsteinwänden und den Massivholzböden. Das 1935 als örtliche Schule gebaute Haus hat zehn schön restaurierte Zimmer, ein Labyrinth von Treppen und sogar einen Beichtraum (falls man im Lauf der Nacht das eine oder andere Gelübde brechen sollte). Zum Haus gehört eine nette Terrasse mit schöner Aussicht.

Eastend

Isoliert im südwestlichen Saskatchewan liegt in einem kleinen Tal das ruhige, aber charmante Eastend. Die wenigen Straßen der Stadt säumen Gebäude aus der Zeit ihrer Gründung im Jahr 1914.

Doch auch Eastend hat sich seinen Platz in der Weltgeschichte gesichert: 1994 entdeckte man hier eines der vollständigsten Skelette eines Tyrannosaurus Rex, das je gefunden wurde. Das **T-Rex Discovery Centre** (☎306-295-4009; www.trexcentre.ca; T-Rex Dr; gegen Spende; ⏲ Juni–Aug. 10–18 Uhr; Ⓟ) ist ein schillerndes Laboratorium, das in den Berghang gebaut wurde. Es werden verschiedene Führungen angebauten, außerdem kann man nach Dinosaurierknochen graben.

Im **Eastend Historical Museum und Visitor Information** (☎306-295-4144; www.eastendhistoricalmuseum.com; Ecke Red Coat Dr & Elm Ave S; ⏲ Mai–Sept. 10–17 Uhr) GRATIS sind noch mehr Fossilien und Knochen ausgestellt. Daneben steht eine Blockhütte aus dem Jahr 1905.

Maple Creek

Die 1883 gegründete Kleinstadt liegt direkt an der Hauptlinie der Bahn und hat ein hübsches Zentrum. Sie bietet sich als Stopp während der Fahrt auf dem Trans-Canada Hwy (Hwy 1) an. Die Jasper St, eine der Haupteinkaufsstraßen der Stadt, lädt zu einem netten Spaziergang ein. Die Stadt ist das Tor zum Cypress Hills Provincial Park und bietet diverse Aktivitäten und Dienstleistungen an.

Wer hier übernachten möchte, kann ins 1885 erbaute, schön sanierte **Maple Creek Commercial Hotel** (☎306-662-2988; www.maplecreekcommercialhotel.ca; 26 Pacific Ave; Zi. 75–135 C$; ❄📶) gehen, das sehr komfortable, modernisierte Zimmer hat. Im Speiseraum gibt es gutes Mittag- und Abendessen, und in der Lounge und auf der Terrasse kann man entspannen.

Im **Daily Grind** (☎306-662-3133; 132 Jasper St; Snacks 3–6 C$; ⏲8–17 Uhr), einem netten Ladencafé, gibt's großartigen Kaffee und schöne Backwaren, die einem später am Tag einen Moment des Glücks bescheren.

Cypress Hills Interprovincial Park

Die Kontraste in diesem abgeschiedenen **Interprovinzpark** (☎306-662-4411; www.cypresshills.com; Ⓟ), der sich entlang der Grenze zwischen Alberta und Saskatchewan erstreckt, sind faszinierend: Die endlose Prärie weicht sanften, mit Zypressen bestandenen Hügeln und Seen. In dem fruchtbaren Schutzgebiet tummeln sich Elche, Rotwild und viele Vögel. Die beiden Teile des Parks haben eine ganz unterschiedliche Atmosphäre. Am besten besucht man beide, um den Park in seiner ganzen Vielfalt zu erleben.

Die kleine Stadt Maple Creek ist das Tor zum Park. Sie hat eine historische Hauptstraße und gute Cafés, außerdem bietet sie verschiedene Aktivitäten und Dienstleistungen.

Sehenswertes

Centre Block

Dieser Teil des Parks ist am einfachsten zugänglich. Hier gibt's zahlreiche Wanderwege, und für Abenteuerlustige haben mehrere Anbieter unterschiedliche aufregende Aktivitäten im Programm. Einige haben ihren Sitz in Maple Creek.

Vom Parkeingang sollte man unbedingt der Bald Butte Rd zum **Lookout Point** und zur **Bald Butte** folgen. Sie gehören zu den höchsten Erhebungen zwischen den Rockies und Labrador, und die Aussichten über die unendliche Prärie sind atemberaubend (und das im Wortsinn, wenn man zu eilig hier herauf steigt).

Western Block & Cypress Hills

Der Western Block ist abgelegener als der Centre Block und erstreckt sich bis zu den Cypress Hills in Alberta. Die wichtigste Stätte dieses Parkteils ist Fort Walsh. Alle anderen Gebiete liegen sehr isoliert und sind nur schwer zugänglich. Der zu Saskatchewan gehörende Teil des Western Block ist ruhig und einsam. In Elkwater in Alberta kann man um den See und den ihn umgebenden Park spazieren und sieht vielleicht sogar Elche, die in der Dämmerung fressen. Außerhalb der Sommersaison wird die Stille nur von leisem Vogelzwitschern unterbrochen.

★ **Fort Walsh National Historic Site** HISTORISCHE STÄTTE

(☎306-662-3590; www.parkscanada.ca/fortwalsh; abseits des Hwy 271, Cypress Hills Interprovincial Park; Erw./Kind 10/5 C$; ⏲Juli & Aug. tgl. 9.30–17.30 Uhr, Juni & Sept. nur Di–Sa; P) Inmitten der hügeligen Prärie steht diese faszinierende historische Stätte. Der Außenposten, der 1875 errichtet wurde und acht Jahre lang genutzt wurde, spielte in der Geschichte des Westens eine kleine, aber wichtige Rolle. Nach der Schlacht am Little Bighorn (auch Custer's Last Stand genannt) kamen Chief Sitting Bull und 5000 seiner Anhänger in dieses Gebiet. Die kanadischen „Mounties" verlegten ihr Hauptquartier nach Fort Walsh und unterhielten mit den Sioux friedliche Beziehungen, während sie sich in Kanada aufhielten.

Aktivitäten

Cypress Hills Eco-Adventures ABENTEUERSPORT

(☎306-662-4466; www.ecoadventures.ca; abseits des Hwy 21 S; Aktivitäten ab 55 C$; ⏲10–18 Uhr) Die freundlichen, naturverbundenen Mitarbeiter von Cypress Hills Eco-Adventures sorgen dafür, dass man auf der einzigen Seilrutschen-Baumkronentour in Saskatchewan rasant über den Wald sausen kann. Andere Aktivitäten für Adrenalinjunkies sind Balancieren auf der Slackline, Klettern an Felswänden und – unser Highlight –, der Sprung von der Spitze eines Baumes. Es empfiehlt sich, vorher zu reservieren.

Schlafen

Campingplätze im Cypress Hills Interprovincial Park CAMPING $

(☎Reservierungen für Centre Block 855-737-7275; www.cypresshills.com; Stellplätze Zelt & Wohnmobil 16–36 C$; P) Die Campingplätze im Cypress Hills Centre Block sind sehr beliebt und an Wochenenden und Feiertagen immer schnell voll. Auf den fünf Plätzen gibt es insgesamt mehr als 600 Stellplätze mit verschiedenen Dienstleistungen und Versorgungsanschlüssen. Im Western Block stehen in der Nähe von Elkwater mehr als 350 Stellplätze zur Verfügung.

Resort at Cypress Hills RESORT $$

(☎306-662-4477; www.resortatcypresshills.ca; abseits des Hwy 21 S; Zi. 105–200 C$; P) Das weitläufige, von dichten Zypressen umgebene baumreiche Resort hat komfortable Motelzimmer, Hütten (tolles Preis-Leistungs-Verhältnis) und Stadthäuser sowie ein Restaurant. Zudem bietet der Park jede Menge aufregende Aktivitäten.

Elkwater Lake Lodge & Resort RESORT $$

(☎403-893-3811; www.elkwaterlakelodge.com; 401 4th St, Elkwater, Alberta; Zi. 140–200 C$, Hütten ab 190 C$; P ❄ 📶 🏊) Das ruhige Resort liegt im zu Alberta gehörigen Teil des Cypress Hills Interprovincial Park wenige Minuten von der malerischen Ortschaft Elkwater Lake entfernt an einem See und offeriert eine große Bandbreite an komfortablen, mo-

ABSTECHER

STRÄNDE IN DER PRÄRIE

Regina Beach

In diesem idyllischen Ferienort 50 km nordwestlich von Regina spielen im Sommer die Kids am Last Mountain Lake, während manche Besucher am schattigen Ufer picknicken.

Das traditionelle **Blue Bird Cafe** (☎306-729-2385; 108 Centre St; Hauptgerichte 8–15 C$; ⏲Mai–Sept. 10–20 Uhr) hat Holzböden und knarrende Türen mit Fliegengittern. Seine Fish'n'Chips sind legendär: Hauchdünner knuspriger Teig umhüllt den zarten weißen Fisch. Danach ein schönes Eis, und die Welt ist in Ordnung.

Manitou Beach

Das Wasser des Manitou Lake in der Nähe der Stadt Watrous ist fast so mineral- und salzhaltig wie das Tote Meer. Das Dorf Manitou liegt direkt am Wasser und weckt Erinnerungen an eine Zeit, als das Leben noch einfacher war.

Im **Manitou Springs Resort & Mineral Spa** (☎306-946-2233, 800-667-7672; www.manitousprings.ca; Ecke Lake Ave & Watrous St; Tageskarte Pool Erw./Kind 18/12 C$) kann man in dem Wasser, das Heilkräfte besitzen soll, baden. Einen Stopp wert ist auch das nahe gelegene **Danceland** (☎306-946-2743; www.danceland.ca; 511 Lake Ave; ⏲Juni–Okt.), ein erstaunlicher Tanzsaal, in dem die Zeit stehengeblieben zu sein scheint. Seit über 80 Jahren fegen die Einwohner über dieses Parkett. Während der Blütezeit des Orts sollen hier Stars wie Elvis, Buddy Holly, Glen Miller und Duke Ellington aufgetreten sein.

dernen Zimmer und Suiten, die teilweise über Whirlpool und Kamin verfügen. Alle sind in einem gut zur bewaldeten Umgebung passenden Stil gestaltet.

Praktische Informationen

Cypress Hills Interprovincial Park Visitors Centre (☎306-662-5411; www.cypresshills.com; abseits des Hwy 221, Centre Block; ⏲variierende Öffnungszeiten) Ein unverzichtbarer Stopp in der Nähe des Haupteingangs zum Centre Block.

Qu'Appelle Valley

Das Qu'Appelle Valley zeugt mit seinem weiten Tal und den sanften Hügeln von den bemerkenswerten Kontrasten, die Saskatchewan zu bieten hat.

Auf der Fahrt auf dem Hwy 10 von Regina nach Norden sollte man ruhig die Hauptstraße mal verlassen und sich ein wenig in der Gegend umschauen. Nach 70 km kommt man durch **Fort Qu'Appelle**. Hier biegt man rechts auf den Hwy 56 ab und erreicht das Dorf **Lebret** und die schöne Feldsteinkirche **Sacred Heart Church**, die 1925 fertiggestellt wurde. Gegenüber regen die mysteriösen **Stations of the Cross** und die **Chapel on the Hill** zum Nachdenken an. Wer mag, kann zu ihr hinaufsteigen.

Hwy 22, der vom Hwy 10 abgeht, führt zum winzigen Dorf **Abernethy** und dem nahe gelegenen Geschichtspark.

Katepwa Beach, ein kleines Dorf am Seeufer, liegt am malerischen Hwy 56. Im Ort gibt's einen hübschen Campingplatz mit Rasenstellplätzen und eine Badestelle mit Wanderwegen, Picknickbereichen und schattenspendenden Bäumen.

Sehenswertes

Motherwell Homestead National Historic Site HISTORISCHE STÄTTE
(☎306-333-2116; www.parkscanada.gc.ca/motherwell; Hwy 22, Abernethy; Erw./Kind 4/2 C$; ⏲Juli & Aug. tgl. 10–16 Uhr, Juni Mo–Fr; Ⓟ) Die ca. 3 km südlich von Abernethy gelegene Motherwell Homestead National Historic Site ist eine faszinierende alte Farm, auf der man mit kräftigen Zugpferden Heu machen kann und vielen Menschen in historischen Kleidern begegnet. In einem kleinen Café wird hausgemachtes Mittagessen serviert.

Schlafen & Essen

Sunday's Log Cabins BUNGALOWS $$
(☎306-621-3900; www.sundayslogcabins.com; abseits des Hwy 56, Katepwa Beach; Bungalows 130–200 C$; ⏲Mai–Okt.; Ⓟ) Die vier schönen, gepflegten Blockhäuser sind fast so komfortabel wie die eigenen vier Wände und liegen beinahe direkt am Strand. Man folgt dem Hwy 56 bis zum Katepwa Point Provincial Park und biegt dann nach Süden zum Strand ab. Die Bungalows stehen auf der gegenüberliegenden Straßenseite neben dem Laden.

Main Beach Bar and Grill KNEIPENESSEN $$ (☎306-332-4696; www.katepwahotel.com; Hwy 56, Katepwa Beach; Hauptgerichte 9–21 C$; ⏲12–21 Uhr) Wenn die Sonne scheint, lädt die fantastische große Terrasse mit Blick auf den See und den Park zum Verweilen ein. In dem ganzjährig geöffneten Lokal gibt's kaltes Bier und die besten (und einzigen) Kneipengerichte der Stadt.

ÖSTLICHES SASKATCHEWAN

Yorkton

Yorkton ist eine typische, schmucklose Präriestadt, die sich für einen Zwischenstopp anbietet, denn hier kreuzen sich mehrere Fernstraßen. Draußen in der Ebene stehen inmitten der wogenden bernsteinfarbenen Getreidefelder alte orthodoxe Kirchen, besonders auf der Fahrt auf dem Hwy 16 Richtung Nordwesten.

Yorkton ist stolz auf seine starken osteuropäischen und ukrainischen Wurzeln. Diesen widmet sich die große Zweigstelle des **Western Development Museum** (WDM; ☎306-783-8361; www.wdm.ca; Hwy 16 W; Erw./Kind 10/4 C$; ⏲Juni–Mitte Aug. tgl. 9–17 Uhr, Rest des Jahres verkürzte Öffnungszeiten), dessen Ausstellungen im Haus und im Freien die Geschichte der Siedler aus über 50 Ländern erzählen, die der rauen Landschaft ihre Existenz abtrotzen.

Die 16 m hohe Kuppel der **St. Mary's Ukrainian Catholic Church** (☎306-783-4549; 155 Catherine St), die von 1939 bis 1941 von Stephen Meusch ausgemalt wurde, ist ein atemberaubendes Kunstwerk.

Beim renommierten **Yorkton Film Festival** (☎306-782-7077; www.goldensheafawards.com; ⏲Ende Mai) wetteifern kanadische Filmemacher und Produzenten um den kanadischen Golden Sheaf Awards. Im Wettbewerb werden Filme von maximal 60 Minuten Länge gezeigt.

Veregin

Vor einem Jahrhundert lebte in Russland eine Gruppe von Menschen, die Duchoborzen genannt wurden. Wegen ihrer pazifistischen Haltung und ihrer Opposition zur orthodoxen Kirche wurden sie unterdrückt, und 1899 emigrierten 7500 Duchoborzen nach Kanada. Und wer war ihr Wohltäter? Lew Tolstoi, der Autor von *Krieg und Frieden*. Heute ist der winzige Ort ein verwitternder Außenposten jener Ära.

Mehr über die russischen Wurzeln Veregins erfährt man im **National Doukhobor Heritage Village** (☎306-542-4441; www.ndhv.ca; Hwy 5; Erw./Kind 5/1 C$; ⏲Mitte Mai–Mitte Sept. 10–18 Uhr), einem lebendigen Zeugnis des Provinzlebens zu Beginn des 20. Jhs. Hier kann man mehrere im traditionellen Stil eingerichtete Häuser vor der Kulisse alter Getreidesilos besuchen. Wenn man Glück hat, wird gerade Brot gebacken.

Veregin befindet sich 70 km nordöstlich von Yorkton.

SASKATOON

223 500 EW.

Saskatoon ist voller verborgenen Schätze. Vom ersten Eindruck sollte man sich nicht täuschen lassen, sondern das Zentrum und die Innenstadtviertel besuchen, um ein Gefühl für die pulsierende Stadt zu bekommen. Der majestätische South Saskatchewan River windet sich durchs Zentrum und bringt die Schönheit der Natur mitten in die Stadt.

An den langen, sonnigen Sommertagen laden die grünen Parks und die Fußwege am Fluss dazu ein, draußen zu verweilen. Zudem gibt es viele tolle Orte, um etwas zu trinken und sich mit den Einheimischen zu unterhalten.

Die Stadt wurde 1883 zwar als Siedlung der „Temperance Colonization Society" (einer Abstinenzbewegung aus Ontario), doch Saskatoon weiß, wie man an den kalten Wintertagen und in den Nächten des kurzen Sommers feiert und ist stolz auf seine Rock- und Countrymusiker und die lebhafte Livemusikszene. Wer in Saskatchewan nur Zeit für eine Stadt hat, sollte Saskatoon besuchen.

Sehenswertes

Über den Fluss führen mehrere schöne Brücken, darunter die klapprige, 1907 erbaute **Victoria Bridge** und die hohe **Canadian Pacific Railway Bridge**, die 1908 entstand. Die Fuß- und Radwege entlang des Rivers verbinden die Uferparks wie den **Kiwanis Memorial Park** und **River Landing** miteinander.

Das alte Viertel **Riversdale** gleich westlich vom Zentrum boomt derzeit, hier haben sich viele kreative Boutiquen und Restau-

Saskatoon

Saskatoon

Sehenswertes
1 Children's Discovery Museum D1
2 Remai Modern A3
3 Ukrainian Museum of Canada C1

Aktivitäten, Kurse & Touren
4 Shearwater Boat Cruises D1

Schlafen
5 Delta Bessborough C2
6 Hotel Senator B2
7 Inn on College D2
8 James C2
9 Park Town Hotel C1

Essen
10 Asian Hut A3
11 Ayden Kitchen and Bar B2
Calories Bakery & Restaurant .... (siehe 21)
12 Christie's II Secondo Bakery & Pizzeria C4
13 Grazing Goat A2
14 Homestead Ice Cream B4
15 Saskatoon Farmers Market A3
16 Truffles Bistro B2

Ausgehen & Nachtleben
17 Congress Beer House B2
18 Diva's Nightclub B2
19 Drift Sidewalk Cafe & Vista Lounge A3
20 Hose and Hydrant C4
Winston's English Pub & Grill...... (siehe 6)

Unterhaltung
21 Broadway Theatre C4
22 Buds on Broadway C4
23 Gordon Tootoosis Nīkānīwin Theatre A2
24 Persephone Theatre A3
25 TCU Place A2

rants angesiedelt. Südlich vom Fluss liegt **Nutana**, ein schönes Viertel, um umherzuschlendern, zu essen und zu trinken und Musik zu hören.

★ **Meewasin Valley** NATURSCHUTZGEBIET
(www.meewasin.com) Am Ufer des Abschnitts, in dem der South Saskatchewan River in einer breiten Schneise durch das Zentrum fließt, bildet eine Senke das Meewasin Valley (Meewasin ist das Cree-Wort für hübsch). Große Bäume säumen hier das Flussufer und ein Teilstück des 60 km langen **Meewasin Trail** schlängelt sich vom Zentrum durch Wälder und am Ufer entlang. An dem bei Spaziergängern, Wanderern und Radfahrern beliebten Weg liegen viele Picknickplätze. Weiter im Norden beherbergt die **Mendel Island** eine üppige Tier- und Pflanzenwelt.

★ **Western Development Museum** MUSEUM
(WDM; ☎306-931-1910; www.wdm.ca; 2610 Lorne Ave S; Erw./Kind 10/4 C$; ⏲9–17 Uhr; P) Saskatoons Hauptzweigstelle des Western Development Museum der Provinz präsentiert eine originalgetreue Nachbildung Saskatoons zur Blütezeit der Stadt um 1910. In der längsten überdachten Straße Kanadas können Besucher in die vielen nachgebauten Häuser gehen, von der Zahnarztpraxis, die geradewegs einem Horrorfilm entsprungen zu sein scheint, bis zur Apotheke, auf deren Regale Hunderte alte Mixturen stehen. Außerdem gibt's alte Züge, Traktoren, Kutschen, Schlitten und ein Gefängnis. Das Museum liegt 4 km südlich der Stadt.

Wanuskewin Heritage Park PARK
(☎306-931-6767; www.wanuskewin.com; Penner Rd, abseits Hwy 11; Erw./Kind 8,50/4 C$; ⏲9–16.30 Uhr; P) Der Park erstreckt sich 17 km nordöstlich von Saskatoon am Flussufer. Er ist der 7000 Jahre alten Geschichte der Ureinwohner von Saskatchewan gewidmet. Wanuskewin (wah-nus-*kay*-win) bedeutet in der Sprache der Cree „den inneren Frieden suchen". Lehrpfade durchziehen die Hügel und Wiesen des 116 ha großen Geländes und führen auch zu 19 historischen Stätten. Das Opamihaw Valley, ein heiliger, spiritueller Ort, ist von der umgebenden Prärie aus nicht sichtbar. In den Sommermonaten finden hier nachmittags Aufführungen ritueller Tänze statt.

Remai Modern GALERIE
(Karte S. 610; ☎306-975-7610; www.remaimodern.org; Spadina Cres) Das Remai Modern, eine bedeutende neue Attraktion der Stadt, steht beim River Landing und wird nach seiner Eröffnung 2017 die Sammlung der inzwischen geschlossenen Mandel Art Gallery und Wechselausstellungen zeigen.

Children's Discovery Museum MUSEUM
(Karte S. 610; ☎306-683-2555; www.museumforkids.sk.ca; 950 Spadina Cres E; 👪) Das städtische Kindermuseum zieht in ein prächtiges neues Gebäude an der Stelle der ehemaligen Mandel Art Gallery am Fluss um. 2018 soll der Umzug beendet sein, bis dahin ist es in einem kleinen Gebäude in der 2325 Preston Ave untergebracht.

Saskatoon Zoo Society ZOO
(☎306-975-3395; www.saskatoonzoosociety.ca; 1903 Forestry Farm Park Dr; Erw./Kind 12/7 C$; ⏲Mai–Aug. 9–21 Uhr, Sept.–April 10–16 Uhr; P) Der nette kleine Zoo, der umgeben von schattigen Picknickplätzen im Forestry Farm Park liegt, kommt bei Kindern garantiert gut an. Die meisten der Tiere, darunter Grizzlybären, Alpakas, Wölfe, Pumas und Präriehunde, wurden gerettet oder sind aus anderen Gründen nicht mehr in der Lage in der Wildnis zu überleben.

Saskatchewan Railway Museum MUSEUM
(☎306-382-9855; www.saskrailmuseum.org; abseits Hwy 60; Erw./Kind 6/4 C$; ⏲Mai–Sept. Fr–So 10–17 Uhr; P) Die Eisenbahn erschloss Saskatchewan für die Siedler und war eine lebenswichtige Verbindung, um das Getreide zu den Märkten zu transportieren. Dieses Museum beleuchtet die Zeit, als nicht Straßen, sondern Bahnschienen die wichtigsten Verbindungen innerhalb der Provinz waren. Zum Museum nimmt man vom Zentrum aus den Hwy 7 nach Westen und fährt dann auf dem Hwy 60 2 km nach Süden.

Ukrainian Museum of Canada MUSEUM
(Karte S. 610; ☎306-244-3800; www.umc.sk.ca; 910 Spadina Cres E; Erw./Kind 6/4 C$; ⏲Di–Sa 10–17, So 13–17 Uhr; P) Dieses Museum erzählt die Geschichte der ukrainischen Einwanderer in Kanada. Es zeigt viele traditionelle Kleidungsstücke und zeitgenössische Kunst und gibt einen guten Einblick in die Welt der ukrainischen Kanadier.

Geführte Touren

Shearwater Boat Cruises BOOTFAHREN
(Karte S. 610; ☎888-747-7572; www.shearwatertours.com; Spadina Cres E; Erw./Kind ab 24/15 C$; ⏲Mai–Sept. Di–So) Den ganzen Sommer fahren Boote mit offenem Deck den Fluss ent-

lang. Bei einem kalten Getränk von der Bar kann man die Brücken bewundern. Sehr beliebt sind die Fahrten zum Sonnenuntergang (Fr). Die Anlegestelle befindet sich in der Nähe der University Bridge.

Feste & Events

Sasktel Saskatchewan Jazz Festival MUSIK
(☎800-638-1211; www.saskjazz.com; ⏲Juni) Das größte Jazzfestival in Saskatchewan findet ab Ende Juni in Veranstaltungsorten in der ganzen Stadt statt. Einige Events sind kostenlos.

PotashCorp Fringe Theatre Festival THEATER
(☎306-664-2239; www.25thstreettheatre.org; Tickets ab 10 C$; ⏲Juli/Aug.) Kantige Künstler, Konzerte und Avantgardetheater füllen im Juli oder August die Straßen und Veranstaltungsstätten der Stadt.

Taste of Saskatchewan ESSEN & TRINKEN
(☎306-975-3175; www.tasteofsaskatchewan.ca; Kiwanis Memorial Park; ⏲Juli) Über 30 lokale Restaurants bieten Mitte Juli fünf Tage lang diverse Spezialitäten an, zudem gibt's ein umfangreiches Livemusikprogramm.

Shakespeare on the Saskatchewan THEATER
(☎306-652-9100; www.shakespearesask.com; Tickets ab 25 C$; ⏲Juli & Aug) In Zelten und am Fluss unter freiem Himmel werden die besten Werke Shakespeares aufgeführt.

Saskatoon Ex KARNEVAL
(☎306-931-7149; www.saskatoonexhibition.ca; Ecke Ruth St & Lorne Ave, Prairieland Park; Erw./Kind 16/12 C$; ⏲Mitte Aug.) In Hochform zeigt sich Saskatoon beim Ex, bei dem es Livemusik, Schweinerennen, Planwagenrennen und natürlich Zuckerwatte und Fahrgeschäfte gibt. Für Kinder unter elf Jahren in Begleitung eines Erwachsenen ist der Eintritt frei.

Schlafen

White Pelican B&B B&B $
(☎306-249-2645; www.saskatoon.ca; 912 Queen St; Zi. 80–100 C$; 📶) Dieses B&B mit drei Zimmern befindet sich in einem komfortablen Haus, das hundert Jahre auf dem Buckel hat und das in der Nähe des Flusses und der Parks im Zentrum steht. Zwei Zimmer teilen sich ein Bad. Die Besitzer haben ein Frühstückskochbuch geschrieben – das klingt vielversprechend, was das Frühstück angeht.

Inn on College PENSION $
(Karte S. 610; ☎306-665-9111; www.innoncollege.com; 1020 College Dr; Zi. 60–100 C$; P ❄ 📶) Saskatoons Unterkunft mit dem besten Preis-Leistungs-Verhältnis ist sehr familiär und hat saubere, kleine Zimmer und eine Gemeinschaftsküche. Zum Zentrum ist es ein netter 15-minütiger Spaziergang über die Brücke.

Gordon Howe Campground CAMPING $
(☎306-975-3328; www.saskatoon.ca; 1640 Ave P S; Stellplatz Zelt/Wohnmobil 21/35 C$; ⏲Mitte April–Mitte Okt.; P 📶) Das ist cool: ein Campingplatz nur 2 km südwestlich vom Zentrum! Zwischen den 135 großen Wohnmobilstellplätzen und den 12 Zeltstellplätzen stehen genug Bäume, um etwas Privatsphäre zu schaffen.

★ **James** BOUTIQUEHOTEL $$
(Karte S. 610; ☎306-244-6446; www.thejameshotel.ca; 620 Spadina Cres E; Zi. ab 160 C$; P ❄ 📶) Der aufmerksame Service beginnt im James schon mit der Begrüßung. Hier stimmt einfach alles, von den minimalistischen, aber luxuriösen Zimmern mit Marmorbädern, Balkons und erstklassigen Betten bis zur stilvollen Cocktailbar. Es liegt in der Nähe der Parks am Flussufer, daher sollte man nach einem Zimmer mit Aussicht fragen.

★ **Hotel Senator** HISTORISCHES HOTEL $$
(Karte S. 610; ☎306-244-6141; www.hotelsenator.ca; 243 21st St E; Zi. 90–150 C$; P ❄ @ 📶) Das gepflegte und modernisierte Hotel aus dem Jahr 1908 ist zwar alt, aber cool. In der kleinen Lobby bekommt man eine Ahnung von der glanzvollen Vergangenheit. Im Pub kann man einen netten Abend verbringen, und die Lage ist einfach unschlagbar – alles ist in kurzer Zeit zu Fuß erreichbar.

★ **Delta Bessborough** HISTORISCHES HOTEL $$
(Karte S. 610; ☎306-244-5521, 800-268-1133; www.deltaho tels.com; 601 Spadina Cres E; Zi ab 130 C$; P ❄ @ 📶 🏊) Das in der großen Tradition der berühmten Canadian-Railway-Hotels stehende Bessborough erfüllt durchaus die Standards eines Schlosses und bildet einen architektonischen Blickfang in Saskatoons Skyline. Das moderne, in Pastelltönen gehaltene Ambiente seiner renovierten Innenräume harmoniert mit dem späten Art-déco-Stil seiner Architektur. Was Größe und Ausstattung betrifft, bieten die Zimmer und Suiten zahlreiche Varianten. Man kann sich in den grünen, öffentlichen Gärten entspannen.

Park Town Hotel HOTEL $$
(Karte S. 610; ☎306-244-5564; www.parktownhotel.com; 924 Spadina Cres E; Zi. 100–160 C$; P❄@📶🏊) Die Lage des Hotels im Park und am Fluss ist großartig. 172 Zimmer stehen zur Auswahl, am besten fragt man nach einem mit Blick auf den Fluss.

Essen

Viele Restaurants der Stadt bleiben der langen Tradition einer Küche treu, die das Essen frisch vom Hof auf den Tisch bringt. Gut essen kann man im Zentrum, in Riversdale und in Nutana.

Homestead Ice Cream EISCREME $
(Karte S. 610; ☎306-653-5588; www.homesteadicecream.ca; 822 Victoria Ave; Eis & andere süße Snacks 2–7 C$; ⏰13–20.30 Uhr) Das fröhliche rot-weiße Eiscafé im traditionellen Stil befindet sich in einem Wohngebiet in der Nähe von Nutana. Die Zahl der Eissorten ist riesig; genießen kann man es draußen unter einer Kiefer.

Asian Hut ASIATISCH $
(Karte S. 610; ☎306-954-0188; www.facebook.com/asianhutrestaurant; 320 Ave C S; Hauptgerichte 7–12 C$; ⏰Di–Fr 11–14 & 17–21, Sa & So 11–21 Uhr) In diesem schlichten Außenposten preiswerter asiatischer Küche in Riversdale herrscht eine spürbare Hipster-Atmosphäre. Die Kunden stehen für die frischen, leckeren chinesischen, vietnamesischen und thailändischen Gerichten Schlange.

Saskatoon Farmers Market MARKT $
(Karte S. 610; ☎306-384-6262; www.saskatoonfarmersmarket.com; 414 Ave B S; ⏰Markt Mi & So 10–15, Sa 8–14 Uhr, Cafés Di–So 10–15 Uhr) Zum Markt in der Nähe von River Landing gehört eine Markthalle mit ganzjährig geöffneten Cafés und Ständen, doch im Sommer spielt sich die eigentliche Action an den Markttagen draußen ab.

Park Cafe CAFÉ $
(☎306-652-6781; www.parkcafe.ca; 515 20th St W; Hauptgerichte 8–14 C$; ⏰8–16 Uhr) In dem schlichten Lokal in Riversdale gibt es morgens legendäre Platten, mit denen man für die Abenteuer des Tages gewappnet ist. Die Röstis und die Zwiebelringe sind wahre Kunstwerke.

Grazing Goat FUSION $$
(Karte S. 610; ☎306-952-1136; www.thegrazinggoatgoodeats.com; 210 20th St W; Hauptgerichte mittags 11–15 C$, abends 18–28 C$; ⏰Di–Sa 11.30–14 & 17–24 Uhr) Ein funkiges, kreatives Restaurant mit Backsteinwänden und Lounge in dem zu neuem Leben erwachten Abschnitt der 20th St in Riversdale. Die Gerichte auf der abwechslungsreichen Karte sind ein Sinnbild des Mottos „frisch von der Farm auf den Tisch". Es gibt zahlreiche kleine Teller sowie Teller für mehrere Personen, die bestens zu den Getränken der langen (und großartigen) Cocktail- und Bierkarte passen.

Berry Barn CAFÉ $$
(☎306-978-9797; www.berrybarn.ca; 830 Valley Rd; Hauptgerichte 12–20 C$; ⏰April–Mitte Dez. 10–20 Uhr) Ein überladener Souvenirladen fehlt in der ziemlich kommerziellen Berry Barn erwartungsgemäß ebenso wenig wie ein beliebtes Café. Dafür ist die Lage am Fluss, 15 km südlich der Stadt, wunderschön. Im Sommer kann man hier die saftigen Saskatoon-Beeren pflücken – runde, dunkelblaue Beeren, die so süß wie Boysenbeeren sind. Das Essen ist herzhaft und es gibt jede Menge Getränke, Hauptgerichte und Desserts mit den lokalen Beeren.

Calories Bakery & Restaurant MODERN KANADISCH $$
(Karte S. 610; ☎306-665-7991; www.caloriesrestaurant.ca; 721 Broadway Ave; Hauptgerichte mittags 12–15 C$, abends 20–26 C$; ⏰Mo–Sa 11–14.30 & 17–21, So 10–15 Uhr) In diesem erstklassigen, aber trotzdem legeren Restaurant wechselt die Karte etwa alle sechs Wochen. Es hat sich voller Stolz einer kreativen Küche mit lokalen Bio-Zutaten verschrieben. Die Weinkarte ist lang, der Sonntagsbrunch ein Highlight und beim Anblick der Dessert-theke läuft einem das Wasser im Mund zusammen – hier kann man wirklich nichts falsch machen.

Christie's II Secondo Bakery & Pizzeria CAFÉ $$
(Karte S. 610; ☎306-384-0509; 802c Broadway Ave; Hauptgerichte 15–25 C$; ⏰Di–Sa 8–20 Uhr) Die frische Pizza, ein täglich gebackenes Spezialbrot und köstliche nach italienischer Art gefüllte Sandwiches sorgen dafür, dass diese Institution von Nutana sehr beliebt ist. An den Tischen drinnen und draußen ist immer etwas los.

★ **Ayden Kitchen & Bar** MODERN KANADISCH $$$
(Karte S. 610; ☎306-954-2590; www.aydenkitchenandbar.com; 265 3rd Ave S; Hauptgerichte 20–40 C$; ⏰Mo–Fr 11.30–14 & 17.30–22, Sa 17.30–22 Uhr) 🌿 Das derzeit angesagteste

Restaurant der Stadt vollbringt mit lokalen Zutaten und anderen saisonalen Spezialitäten wahre Wunder. Der Koch Dale MacKay und sein Kollege und Fleischer Natan Guggenheimer sind die Stars der kanadischen Gastronomie-Szene. Man weiß nie, welche Überraschung sie in diesem unprätentiösen Bistro im Zentrum auf Lager haben. Im Voraus buchen!

★ **Truffles Bistro** MODERN KANADISCH $$$
(Karte S. 610; ☎ 306-373-7779; www.trufflesbistro.ca; 230 21st St E; Hauptgerichte 24–32 C$; ⏲ Mo–Fr 17–22, Sa 10–14.30 & 17–22, So 10–14 Uhr) In dem modernen Bistro mit klassischem Ambiente erklingt sanfter Jazz. Zu den guten Weinen gibt's schön präsentierte, wunderbar schlichte Varianten von *steak frites*, Schweinfilet und Forelle aus dem hiesigen Lake Diefenbaker. Die saisonale Karte wechselt regelmäßig. Hervorragende Desserts.

Ausgehen & Nachtleben

Nachtschwärmer und Zecher sind im Zentrum und in Nutana richtig. Man sollte die Augen nach den Bieren der örtlichen Brauerei Great Western offen halten.

★ **Congress Beer House** KNEIPE
(Karte S. 610; ☎ 306-974-6717; www.congressbeerhouse.com; 215 2nd Ave S; ⏲ 11–1 Uhr) Die Atmosphäre in dieser großen Kneipe erinnert ein wenig an eine Skihütte. Die Gäste sitzen an Tischen und in bequemen Nischen mit Ledermöbeln. Man ahnt es schon: Die Bierkarte ist die beste in der Provinz und enthält viele Biere, die nur schwer zu finden sind. Auch das Speisenangebot, etwa kreative Burger-Varianten und andere beliebte Kneipengerichte, ist hervorragend.

Drift Sidewalk Cafe & Vista Lounge LOUNGE
(Karte S. 610; ☎ 306-653-2256; www.driftcafe.ca; 339 Ave A S; ⏲ So–Do 8–22, Fr & Sa bis 24 Uhr) Das hippe Lokal in Riversdale hat zwei Gesichter. Im Café mit Tischen im Freien werden den ganzen Tag neben Kaffee auch Crêpes, Sandwiches und viele abwechslungsreiche Snacks serviert. Die Lounge ist eleganter und hat eine spannende Cocktailkarte. Viele der Cocktails werden mit hausgemachten Zutaten gemixt. Außerdem gibt's hier mittelteure internationale Gerichte.

Winston's English Pub & Grill PUB
(Karte S. 610; ☎ 306-374-7468; www.winstonspub.ca; 243 21st St E; ⏲ 11–2 Uhr) Eine große, beliebte Kneipe mit 72 Zapfhähnen. Neben den vorhersehbaren einheimischen und Importbieren stehen auf der Bierkarte auch hervorragende wechselnde Biere von örtlichen Kleinbrauereien. Das Essen ist solide: Fish'n'Chips, Burger und dergleichen mehr (Hauptgerichte 12–16 C$).

Diva's Nightclub SCHWULE & LESBEN
(Karte S. 610; ☎ 306-665-0100; www.divasclub.ca; 220 3rd Ave S; ⏲ Mi–Sa 21 Uhr–open end) Ob schwul oder hetero – man muss keine Diva sein, um sich in dieser heterofreundlichen Schwulenbar zu amüsieren. Der Eingang befindet sich in der kleinen Gasse.

Hose and Hydrant PUB
(Karte S. 610; ☎ 306-477-3473; www.hoseandhydrant.com; 612 11th St E; ⏲ 11.30–23 Uhr) Die fröhliche Kneipe in einer umgebauten Feuerwache hat eine Terrasse in einer netten Seitenstraße.

☆ Unterhaltung

Buds on Broadway LIVEMUSIK
(Karte S. 610; ☎ 306-244-4155; http://buds.dudaone.com; 817 Broadway Ave; ⏲ 11.30 Uhr–open end) In diesem Lokal, in dem das Bier in Strömen fließt, sind klassischer Blues und Rock'n'Roll angesagt.

Saskatoon Symphony KLASSISCHE MUSIK
(☎ 306-665-6414; www.saskatoonsymphony.org; Karten 15–60 C$) Das Saskatoon Symphony Orchestra spielt regelmäßig im TCU Place.

Persephone Theatre THEATER
(Karte S. 610; ☎ 306-384-7727; www.persephonetheatre.org; 100 Spadina Cres E; unterschiedliche Ticketpreise) Das traditionsreiche Theater hat im Remai Arts Centre in River Landing eine großartige neue Spielstätte bekommen. Auf dem Programm stehen regelmäßig Komödien, Dramen und Musicals.

Gordon Tootoosis Nīkānīwin Theatre THEATER
(GTNT; Karte S. 610; ☎ 306-933-2262; www.gtnt.ca; 914 20th St W; ⏲ Feb.–Juni) Moderne Bühnenproduktionen von Künstlern der kanadischen First Nations sowie der Métis und Inuit, deren Dramen und Komödien ein Schlaglicht auf kulturelle Probleme werfen.

Broadway Theatre KINO
(Karte S. 610; ☎ 306-652-6556; www.broadwaytheatre.ca; 715 Broadway Ave; Erw./Kind 10/5 C$) Das historische Kino in Nutana präsentiert Kultfilme, Autorenfilme und gelegentlich Liveauftritte lokaler Künstler. Regelmäßig

ABSTECHER

MEACHAM

Etwa 68 km östlich von Saskatoon liegt das Dorf Meacham, in dem Freidenker, Künstler aller Art und bodenständige Farmer in ruhiger, harmonischer Koexistenz zusammenleben. Es ist ein toller Ort, um die Atmosphäre der stillen, goldenen Prärie zu erleben. Die wunderbare **Hand Wave Gallery** (☎306-376-2221; www.handwave.ca; 409 3rd Ave; ⊙Mai–Sept. Do–Mo 11–18 Uhr, Okt.–Dez. 13–18 Uhr) repräsentiert talentierte Künstler.

Ein Spaziergang durch das Zentrum mit seinen alten Häusern führt zum winzigen, nur nach Vereinbarung geöffneten **Museum** und zum professionellen **Dancing Sky Theatre** (☎306-376-4445; www.dancingskytheatre.com; 201 Queen St), das seit 1997 Stücke über das ländliche Kanada produziert. Hier steht auch ein originales **Getreidesilo** der Firma Saskatchewan Wheat Pool.

Meacham kann man in einer entspannten Tagestour von Saskatoon aus besuchen oder einen kleinen Abstecher machen, wenn man auf dem Hwy 16 unterwegs ist.

steht *South Park: Der Film – größer, länger, ungeschnitten* auf dem Programm, bei *Blame Canada!* wird kräftig mitgesungen.

TCU Place THEATER
(Karte S. 610; ☎306-975-7777; www.tcuplace.com; 35 22nd St E) Im Kultur- und Kongresszentrum der Stadt finden ganzjährig viele Konzerte, Vorträge sowie Tanz- und Theateraufführungen statt. Auch das Saskatoon Symphony Orchestra spielt hier regelmäßig.

Saskatoon Blades EISHOCKEY
(☎306-975-8844; www.saskatoonblades.com; 3535 Thatcher Ave, SaskTel Centre; Erw./Kind ab 23/13 C$; ⊙Sept.–März) Dieses WHL-Team spielt ein schnelles, raues und scharfes Eishockey.

Praktische Informationen

Hauptpost (Karte S. 610; ☎800-267-1177; www.canadapost.ca; 309 4th Ave N; ⊙Mo–Fr 8–17 Uhr)

Saskatoon City Hospital (☎306-655-8000; www.saskatoonhealthregion.ca; 701 Queen St; ⊙24 Std.)

Planet S (www.planetsmag.com) Respektlose kostenlose Zeitung, die vierzehntägig erscheint und einen guten Veranstaltungskalender hat.

Tourism Saskatoon (Karte S. 610; ☎306-242-1206, 800-567-2444; www.tourismsaskatoon.com; 202 4th Ave N; ⊙Mo–Fr 8.30–17 Uhr) Hier gibt's viele Informationen über die Stadt und die Region.

An- & Weiterreise

BUS

STC (www.stcbus.com) bietet viele Verbindungen innerhalb der Provinz. Die Busse starten am **Busbahnhof** (Karte S. 610; ☎306-933-8000; 50 23rd St E) und fahren Richtung Süden nach Regina (51 C$, 2¾–4 Std., 3-mal tgl.) und Richtung Norden nach Prince Albert (31 C$, 2 Std., 3-mal tgl.). Busse von Greyhound Canada (www.greyhound.ca) steuern Winnipeg (134 C$, 12½ Std. 1-mal tgl.) und Edmonton (71 C$, 7 Std., 2-mal tgl.) an.

FLUGZEUG

Der **John G. Diefenbaker International Airport** (YXE; ☎306-975-8900; www.yxe.ca; 2625 Airport Dr) liegt 5 km nordöstlich der Stadt abseits des Idylwyld Dr und des Hwy 16. WestJet und Air Canada fliegen von hier in wichtige kanadische Städte.

ZUG

Der **Bahnhof** (Chappell Dr) liegt 8 km südwestlich vom Zentrum; dreimal pro Woche hält hier der *Canadian* von VIA Rail auf der Fahrt von Vancouver nach Toronto.

Unterwegs vor Ort

Ein Taxi zum Flughafen oder Bahnhof kostet etwa 20 C$. **Blueline Taxi** (☎306-653-3333; www.unitedgroup.ca) ist leicht zu erreichen.

Bike Doctor (☎306-664-8555; www.bikedoctor.ca; 623 Main St; Fahrrad ab 60 C$/Tag) verleiht Fahrräder.

Saskatoon Transit (Karte S. 610; ☎360-975-7500; www.transit.saskatoon.ca; Erw./Kind 3/2,25 C$) betreibt die Stadtbuslinien, die sich am Verkehrsknotenpunkt in der 23rd St E (zw. 2nd Ave N und 3rd Ave N) treffen.

NÖRDLICHES SASKATCHEWAN

Nördlich von Saskatoon münden alle Straßen in eine Route Richtung Norden und die Landschaft ändert sich gravierend. Die weiten Weizenfelder des Südens werden von rauen borealen Nadelwäldern und unzähligen Seen abgelöst. Auch die Kultur schlägt eine etwas härtere Gangart ein: ein unabhängiger Geist, der dieser harschen Landschaft das Leben abtrotzte.

Die Battlefords

Eine Brücke über den North Saskatchewan River verbindet Battleford und das größere North Battleford miteinander. Die Städte scheinen der Zeit, als die ersten Siedler in der Prärie um den Aufbau ihrer Existenz kämpften, noch immer sehr nah zu sein.

Die nachgebaute Stadt in der Zweigstelle des **Western Development Museum** (WDM; ☎306-445-8083; www.wdm.ca; Hwy 16, am Hwy 40, North Battleford; Erw./Kind 10/4 C$; ⌚April–Dez. tgl. 9–17 Uhr, Jan.–März Di–So, Freiluftdorf Okt.–Mai geschl.) in North Battleford gibt einen Einblick in die unglaublich harte Arbeit, die die Pioniere leisten mussten, um die Prärie in Ackerland zu verwandeln. Wenn man durch die mit Planken befestigten Straßen und die restaurierten Häuser spaziert, bekommt man eine Vorstellung davon, wie hart das Leben gewesen sein muss. In der **Fort Battleford National Historic Site** (☎306-937-2621; www.parkscanada.ca/battleford; abseits Hwy 4, Battleford; Erw./Kind 4/ C$2; ⌚Juli & Aug. tgl. 10–16 Uhr, Juni Mo–Fr) erfüllen kostümierte Führer und Kanonenböller das 1876 errichtete NWMP-Fort mit Leben.

Kunstfreunde werden von der **Allen Sapp Gallery** (☎306-445-1760; www.allensapp.com; 1 Railway Ave E, North Battleford; Eintritt gegen Spende; ⌚Juni–Sept. tgl. 11–17 Uhr, Okt.–Mai 12–16 Uhr), die direkt am Hwy 16 liegt, begeistert sein. Sapps Malerei, die seine Cree-Wurzeln reflektiert, ist eine atemberaubende Mischung aus Landschaftsbildern und Porträts.

Prince Albert National Park

Der Prince Albert National Park ist wie ein Diamant in der Wüste. Gerade wenn man denkt, dass die riesige Prärie nie enden wird, künden Bäume den Beginn des ausgedehnten borealen Waldes an. Dieser Nationalpark ist einer jener ganz besonderen Orte, n denen man das Gefühl hat, wirklich am Ende der Welt zu sein.

Der Ausgangspunkt für Erkundungstouren in den Park ist das idyllisch Dorf **Waskesiu Lake**.

Sehenswertes & Aktivitäten

Prince Albert National Park PARK

(☎306-663-4522; www.parkscanada.ca/princealbert; Erw./Kind 8/4 C$) In diesem bewaldeten Schutzgebiet mit Seen, unberührtem Land und vielen Tieren ist die „Wildnis" wirklich noch wild. Hier kann man wunderbar Kanu fahren, wandern und campen. Der Park bietet unzählige Abenteuer, ob die unvergessliche 20-km-Wanderung zur **Grey Owl's Cabin**, eine Kanufahrt oder einfach ein paar Stunden am Strand.

Waskesiu Marina JACHTHAFEN

(☎306-663-1999; www.waskesiumarina.com; Waskesiu Lake; Kajaks ab 17 C$/Std.) An der Waske-

NICHT VERSÄUMEN

BATOCHE NATIONAL HISTORIC SITE

Als die Métis 1885 unter der Führung von Louis Riel ihr Land gegen die Regierung verteidigten, war dies fast schon ein Bürgerkrieg. Nachdem die Métis – die Nachkommen französischer Pelzhändler und indianischer Mütter – Mitte der 1880er-Jahre aus Manitoba vertrieben wurden, hatten sich viele von ihnen in Batoche angesiedelt. Enttäuscht von den ständigen Vertragsbrüchen der Regierung erklärten die Métis und ein Teil der Cree ihre Unabhängigkeit von Kanada. Daraufhin rückten umgehend Truppen unter der Führung von Major General Frederick Middleton an. Obwohl die Métis mit 200 Mann zahlenmäßig den 800 Soldaten unterlegen waren, kämpften sie vier Tage lang und hätten fast gesiegt. Doch Riel wurde gefangengenommen und später wegen Hochverrats gehängt.

Danach ging es mit der einst florierenden Gemeinde in Batoche rapide bergab. Innerhalb weniger Jahre blieb von der Siedlung fast nichts mehr übrig, bis auf die Kirche, die heute noch zu sehen ist. Die besuchenswerte **historische Stätte** (☎306-423-6227; www.parkscanada.ca/batoche; Rte 225, Wakaw; Erw./Kind 8/4 C$; ⌚Jul.–Aug. tgl. 9–17 Uhr & Jun.–Sept. Mo–Fr), an der sich das Präriegras still im Wind wiegt, regt an, über die aufwühlenden Ereignisse von 1885 nachzudenken.

Batoche liegt 70 km nördlich von Saskatoon östlich des Highway 11.

siu Marina werden Kanus, Kajaks und Motorboote verliehen und geführte Bootstouren zur Grey Owl's Cabin angeboten.

Canoeski Discovery KANUFAHREN
(☎306-653-5693; www.canoeski.com; Kanuverleih ab 45 C$ pro Tag) Die vielen mehrtägigen Kanutouren in der unmittelbaren Umgebung und in entfernteren Regionen sind eine fantastische Möglichkeit, die Landschaft zu erleben und gleichzeitig Kanu fahren zu lernen.

Schlafen

★ **Sturgeon River Ranch** RANCH $$
(☎306-469-2356; www.sturgeonriverranch.com; abseits Hwy 55, Big River; Campingexpeditionen ab 500 C$/Pers.) Die Sturgeon River Ranch, die außerhalb der Westgrenze des Parks liegt, hat sich mit ihrem Fokus auf die Natur und den Ausritten in die Wildnis (ab 125 C$/Pers.) einen Namen gemacht.

Flora Bora Forest Lodging JURTE $$
(☎877-763-5672; www.florabora.ca; abseits Hwy 263, Emma Lake; Jurten 165–200 C$; P) Im hinreißenden Flora Bora Forest Lodging, zwischen dem Emma Lake und dem Christopher Lake, kann man in einer Jurte übernachten. Die geräumigen Jurten haben eine Terrasse und stehen ein gutes Stück vom Parkplatz entfernt.

Elk Ridge Resort RESORT $$
(☎306-663-4653; www.elkridgeresort.com; abseits Hwy 264, Waskesiu Lake; Zi. ab 120 C$; P WLAN) Wer sich ein bisschen Luxus wünscht, kann dieses weitläufige Resort ansteuern, das einen eigenen kleinen See, einen Golfplatz und mehr bietet.

Praktische Informationen

Die **Waskesiu Chamber of Commerce** (☎306-663-5410; www.waskesiulake.ca; 35 Montreal Dr, Waskesiu Lake; ⊙Juli & Aug. 9–17 Uhr, Sept.–Juni verkürzte Öffnungszeiten) und das **Visitor Center** (☎306-663-4522; 969 Lakeview Dr, Waskesiu Lake; ⊙Juni–Aug. 8–20 Uhr) des Parks helfen bei der Unterkunftssuche und haben Informationen über den Park.

La Ronge & der hohe Norden

La Ronge ist das südliche Drehkreuz für den hohen Norden und die letzte Gelegenheit, sich mit Vorräten einzudecken, ehe man in die Wildnis aufbricht. Es ist eine raue, einfache Stadt, die gern von Anglern, Jägern und zwielichtigen Gestalten besucht wird.

Kaum zu glauben, dass nördlich davon noch fast die Hälfte Saskatchewans liegt! Wer extreme Isolation nicht scheut und vernünftig ausgestattet ist, ist hier genau richtig! Durch winzige Ortschaften wie **Southend** und vorbei am riesigen **Reindeer Lake** geht es zum nur im Winter erreichbaren Gebiet um **Stony Rapids**, das etwa 12 Stunden nördlich von La Ronge liegt. Selbstversorgung und Eigenständigkeit sind hier der Schlüssel zum Erfolg: Man sollte darauf achten, dass man genug Benzin, Ausrüstung und Lebensmittel dabei hat und man immer einen klaren Kopf behält.

Der **Lac La Ronge Provincial Park** (☎306-425-4234; www.saskparks.net/laclaronge; Hwy 2; ⊙Mai–Sept.) erstreckt sich rund um den riesigen Lac La Ronge mit seinen vielen Inseln, der sich bestens zum Angeln, Kanufahren und wandern durch den Kieferwald eignet. Im Park gibt's fünf ganzjährig geöffnete Campingplätze und unbegrenzte Möglichkeiten, in der Wildnis zu zelten.

Wer auf der Suche nach einer Bärenfalle, einem Wolfsfell oder einer Büchse „Baked Beans" ist, wird im **Robertson's Trading Post** (☎306-425-2080; 308 La Ronge Ave, La Ronge; ⊙Mo–Sa 8–17 Uhr) fündig. Hier gibt's so ziemlich alles, was man in dieser Gegend brauchen kann, und auch einiges, was man garantiert nicht benötigt.

Alberta

Inhalt ➡

Gut essen

- ➡ Packrat Louie Kitchen & Bar (S. 629)
- ➡ Market (S. 644)
- ➡ 49° North Pizza (S. 697)
- ➡ Trough (S. 654)
- ➡ Other Paw Bakery (S. 678)
- ➡ Al Forno Cafe & Bakery (S. 643)

Schön übernachten

- ➡ Deer Lodge (S. 670)
- ➡ Tekarra Lodge (S. 677)
- ➡ Mt. Engadine Lodge (S. 651)
- ➡ Varscona (S. 627)
- ➡ Heartwood Inn & Spa (S. 690)
- ➡ Prince of Wales Hotel (S. 697)

Auf nach Alberta!

In Alberta gibt es so viele Seen und Berge wie in Rom Kirchen und Kapellen, aber hier muss man nicht beichten. Das beste Beispiel dafür liefern Jasper und Banff, zwei der ältesten Nationalparks der Welt, die trotz der wilden und schroffen Landschaft problemlos zugänglich sind. Niemand sollte das Zeitliche segnen, ohne vorher den Lake Louise und das Columbia Icefield bestaunt zu haben – und jeder sollte es sich zweimal überlegen, zu sterben, bevor er im Osten die Dinosaurierüberreste bei Drumheller gesehen hat, im Süden den Crypt Lake Trail im Waterton Lakes National Park gelaufen ist und im Norden in den riesigen Parks Bisons beobachtet hat.

Im Zentrum der Provinz blüht der Weizen und grasen die Rinder; es gibt historische Ranches, heilige Stätten der Ureinwohner und die gespenstischen Hoodoos. Was Albertas Städten an Geschichte fehlt, machen sie mit ihrer Stimmung wett: Calgary hat sich zu einer coolen Stadt mit tollen Museen und Bars entwickelt und in Edmonton findet das zweitgrößte experimentelle Theaterfestival der Welt statt.

Reisezeit

Edmonton

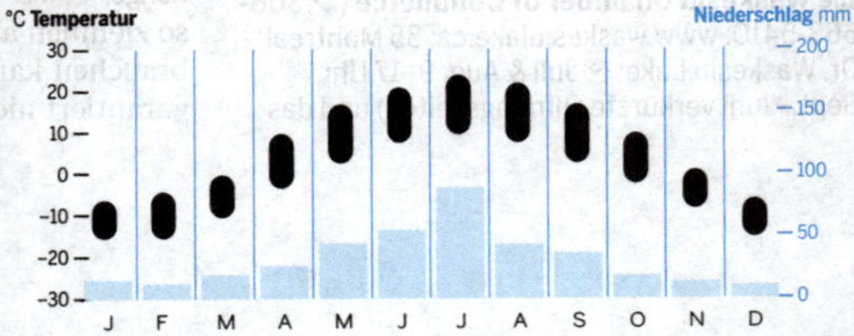

Juli Festival-Hoch mit dem Edmonton Street Performers Festival und der Calgary Stampede.

Juli–Sept. Die Wanderwege rund um Banff und Jasper sind nun schneefrei und begehbar.

Dez.–Feb. Wintersportsaison in den Rocky Mountains.

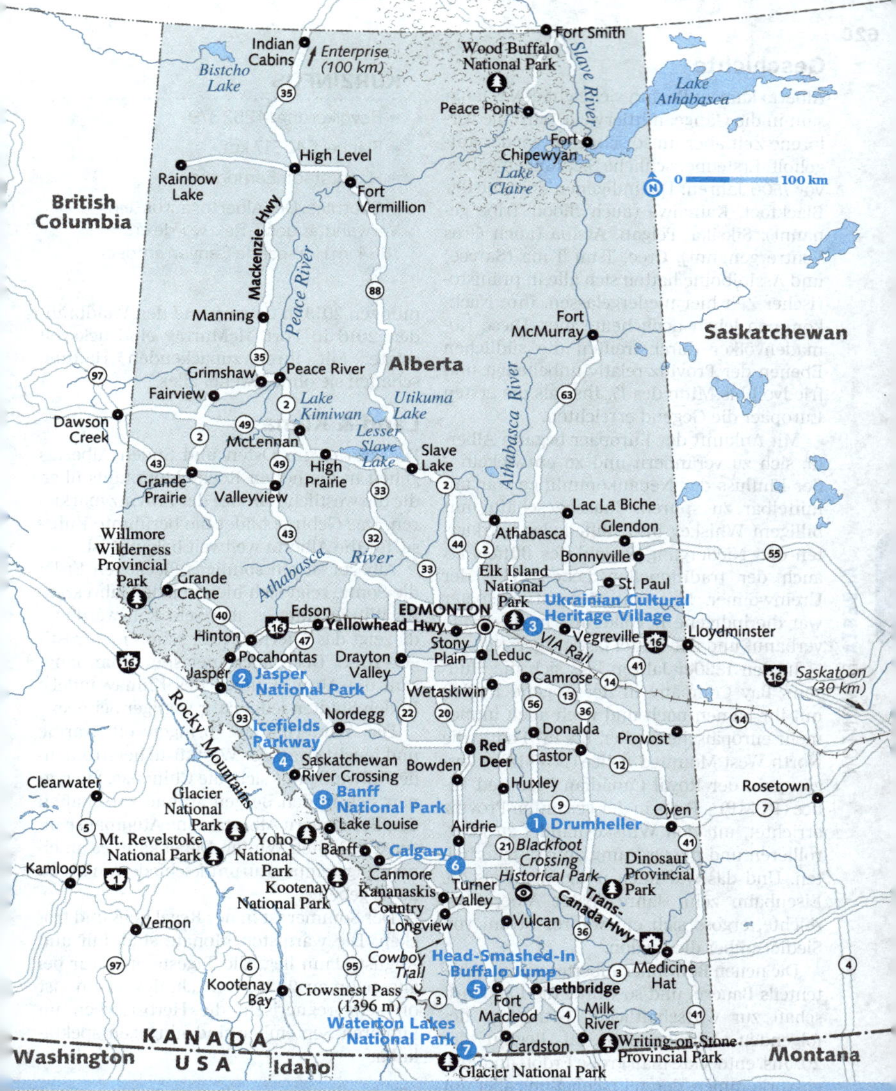

Highlights

1 Im **Royal Tyrrell Museum of Palaeontology** (S. 689) in Drumheller auf den Spuren der Dinos wandeln

2 Unter den Gipfeln des Jasper National Parks in den **Miette Hot Springs** (S. 672) baden

3 Im **Ukrainian Cultural Heritage Village** (S. 632) auf einer Zeitreise in die Vergangenheit das Leben der Einwanderer um die Jahrhundertwende erleben

4 Auf dem **Icefields Parkway** (S. 654) zwischen aufragenden Bergen an Bären und Panoramablicken vorbeifahren

5 Am **Head-Smashed-In Buffalo Jump** (S. 692) in die faszinierende Geschichte der Urbevölkerung eintauchen

6 In Calgarys coolem **National Music Centre** (S. 636) Rock 'n' Roll-Phantasien ausleben

7 Im **Waterton Lakes National Park** (S. 695) in einer Märchenlandschaft Kajakfahren

8 Im **Lake Agnes Teahouse** (S. 671) hoch über dem Lake Louise einen Tee aus Gletscherwasser genießen

Geschichte

Alberta kam zu Beginn vielleicht etwas langsam in die Gänge, mittlerweile wird die verlorene Zeit aber umso schneller wieder aufgeholt. Erste menschliche Siedlungen gab es vor 7500 Jahren: Die indigenen Stämme der Blackfoot, Kainaiwa (auch Blood Tribe genannt), Siksika, Peigan, Atsina (auch Gros Ventre genannt), Cree, Tsuu T'ina (Sarcee) und Assiniboine hatten sich alle in prähistorischer Zeit hier niedergelassen. Ihre Nachkommen leben noch heute hier. Diese Nomadenvölker durchstreiften die südlichen Ebenen der Provinz relativ unbehelligt und friedvoll bis Mitte des 17. Jhs., als die ersten Europäer die Gegend erreichten.

Mit Ankunft der Europäer begann Alberta, sich zu verändern und zu entwickeln – der Einfluss der Neuankömmlinge war unmittelbar zu spüren. Tauschgeschäfte mit billigem Whiskey und Büffelleder markierten den Niedergang sowohl des Büffels als auch der traditionellen Lebensweise der Ureinwohner. Nur eine Generation später war die indigene Bevölkerung in Reservate verbannt und der Büffel fast ausgerottet.

In den 1820er-Jahren ließ sich die Hudson's Bay Company in der Gegend nieder, mit ihr kamen nach und nach auch immer mehr europäische Siedler. Bis 1870 hatte die North West Mounted Police (NWMP) – Vorgängerin der Royal Canadian Mounted Police (RCMP) – Forts in der gesamten Provinz errichtet, um den Whiskeyhandel zu kontrollieren und die Ordnung aufrechtzuerhalten. Und das war auch nötig, denn als die Eisenbahn zehn Jahre später Alberta erreichte, ergoss sich ein wahrer Strom von Siedlern über die Region.

Die neuen Bewohner Albertas waren größtenteils Bauern, und so wurde die Landwirtschaft zur wirtschaftlichen Grundlage des folgenden Jahrhunderts. Zu Beginn des 20. Jhs. entdeckte man große Erdöl- und Erdgasvorkommen, deren Erschließung aber nur langsam voranschritt. Am Ende des Zweiten Weltkriegs gab es 500 Ölquellen, 1960 waren es schon 10 000 und die Erdölindustrie war der wichtigste Wirtschaftssektor der Region geworden. In den 1980er-Jahren und dann wieder 2016 führte ein Absturz der Ölpreise zu schweren Rezessionen – eine deutliche Mahnung, dass natürliche Ressourcen sowohl Höhen als auch Tiefen bringen können.

Die Menschen in Alberta haben einen starken Nationalstolz, was die unermüdliche Unterstützung nach den Überschwemmungen 2013 in Calgary und den Waldbränden 2016 in Fort McMurray eindrucksvoll zeigte. Mit ihrer zupackenden Haltung schaffen sie ohne Zweifel alles.

KURZINFOS

- Bevölkerung: 4 252 879
- Fläche: 642 317 km²
- Hauptstadt: Edmonton
- Skurriles: Der Albertosaurus, ein Verwandter des T-Rex, wurde erstmals 1884 im Horseshoe Canyon entdeckt.

Land & Klima

Die Prärien im Osten und Süden Albertas gehen in die hohen Rocky Mountains über, die die westliche Grenze der Provinz markieren. Das Gebirge bildet die berühmte Kulisse, für die Alberta weltweit bekannt ist.

Alberta ist ein sonniges Fleckchen Erde; die Sonne zeigt sich hier zu jeder Jahreszeit. Im Winter kann es aber sehr kalt werden – da zeigt das Thermometer schon mal frostige –20 °C. Doch auch hier spürt man langsam die Auswirkungen des Klimawandels: In den Städten jedes Jahr weniger Schnee.

Die Wintermonate bringen oft warme und feuchte, von der Westküste herströmende Fallwinde mit sich, die Chinooks. Sie regnen sich in den Bergen ab und verschaffen den Bewohnern Albertas eine Atempause im sonst so kalten Winter. Dabei kann es an einem Tag Temperaturunterschiede von bis zu 20 °C geben!

Der Sommer ist in der Regel heiß und trocken. Die wärmsten Monate sind Juli und August, dann liegt die Tagestemperatur bei angenehmen 25 °C. Der „Juni-Monsun" ist oft sehr regnerisch; die Herbstfarben im kühleren September sind hingegen spektakulär.

ℹ Praktische Informationen

Travel Alberta (☎ 800-252-3782; www.travelalberta.com) Links zu Infos über Parks und Visitor Centres überall in der Provinz.

ℹ Anreise & Unterwegs vor Ort

Alberta ist leicht mit Bus, Auto, Zug oder Flugzeug zu erreichen. Die Provinz hat eine internationale Grenze mit dem US-amerikanischen Montana und teilt sich ihre Provinzgrenzen mit den Northwest Territories (NWT), British Columbia (BC) und Saskatchewan.

AUTO & MOTORRAD

Alberta wurde für das Auto geschaffen – und mit dem Glauben an nie versiegende Ölquellen. Es gibt hervorragende, gut instand gehaltene Highways und viele gut vernetzte Landstraßen. Die meisten Städte, unabhängig von Größe und Einwohnerzahl, haben eine Tankstelle und weitere Serviceleistungen. In abgelegeneren Gegenden, vor allem im Norden, können die Orte aber weit auseinander liegen. Man sollte bei jeder Gelegenheit tanken und für den Notfall gerüstet sein, z. B. mit warmer Kleidung und Wasser.

BUS

Greyhound Canada (☎ Kundenservice 877-463-6446, Fahrpläne und Preise 800-661-8747; www.greyhound.ca) verbindet Alberta mit den Nachbarprovinzen und mit den USA. Die Abfahrtzeiten, die sich nach den Anschlüssen richten, können stark schwanken. Fahrkarten sind billiger bei einer Vorabbuchung.

Fahrziele ab Edmonton (einfache Strecke):
Prince George (100 C$, 10 Std., tgl.)
Vancouver (150 C$, 17 Std., 5-mal tgl.)
Whitehorse (240 C$, 29 Std., 1-mal tgl.)
Winnipeg (170 C$, 20 Std., 3-mal tgl.)

Fahrziele ab Calgary:
Kamloops (95 C$, 10 Std., 4-mal tgl.)
Regina (85 C$, 10 Std., 2-mal tgl.)
Saskatoon (78 C$, 9 Std., 4-mal tgl.)
Vancouver (99 C$, 15 Std., 5-mal tgl.)
Winnipeg (175 C$, 20 Std., tgl.)

Moose Travel Network (☎ 604-297-0255; www.moosenetwork.com) bietet im Westen Kanadas zahlreiche Touren an. Die meisten beginnen in Vancouver oder Banff und steuern unterwegs die Highlights der Bergparks und andere wichtige Sehenswürdigkeiten Albertas an. Im Winter organisieren sie Fahrten in Skigebiete, ideal für Wintersportfans, die sich nicht um viel kümmern wollen. Im Sommer starten täglich Touren, im Winter ein paar pro Woche.

FLUGZEUG

Die zwei wichtigsten Flughäfen sind Edmonton und Calgary. Sie werden täglich von bedeutenden Flughäfen überall auf der Welt angeflogen. Air Canada, American Airlines, British Airways,

ALBERTA IN ...

... einer Woche

Der erste Tag gehört **Calgary,** wo man erst das **Glenbow Museum** (S. 636) und das **National Music Centre** (S. 636) besucht und dann auf der trendigen 17th Ave einen Happen isst oder durch die künstlerischen Viertel Kensington und Inglewood schlendert. Am zweiten Tag wandelt man auf den Spuren der Dinos in **Drumheller** und im **Royal Tyrrell Museum of Palaeontology** (S. 689). Zurück in Calgary geht's nach Osten, um wilde Bisons im **Elk Island National Park** (S. 634) zu beobachten und sich im **Ukrainian Cultural Heritage Village** (S. 632) auf eine Reise in die Vergangenheit zu begeben.

Am dritten Tag früh aufstehen und in Richtung Westen aufbrechen. Frische Bagels in **Canmore** frühstücken, dann weiter in den **Banff National Park** fahren und das **Whyte Museum of the Canadian Rockies** (S. 659) besichtigen.

Nach einer Übernachtung in Banff folgt man dem malerischen Bow Valley Pkwy zum **Lake Louise**, findet Zeit für einen kurzen, steilen Aufstieg zum **Lake Agnes Teahouse** (S. 671) und einen Trip mit der **Lake Louise Gondola** (S. 669), um Grizzlys zu sehen. Weiter geht's auf dem spektakulären **Icefields Pkwy** zum **Columbia Icefield** (S. 656).

Ist **Jasper** erreicht, kann man sich zur verdienten Erholung eine Nacht in der **Tekarra Lodge** (S. 677) gönnen. Am nächsten Morgen steht zunächst ein Halt am **Maligne Lake** (S. 673) auf dem Programm, wo man bei einer kurzen Wanderung die Chance hat, einen Bären oder einen Elch zu entdecken. Dann Richtung Norden zu den **Miette Hot Springs** (S. 672) für ein Bad vor der atemberaubenden Bergkulisse. Raus aus den Bergen und ab in die Hauptstadt **Edmonton**. Dort wartet das Viertel Old Strathcona, wo das Abenteuer mit einem Gourmetdinner im **Packrat Louie Kitchen & Bar** (S. 629) endet.

Die gesamten Rockies

Der einwöchigen Route folgen, aber bevor man nach Canmore kommt, auf dem Hwy 5, dem **Cowboy Trail**, nach Süden fahren, um die **Bar U Ranch** (S. 691) zu besuchen. Dann geht's weiter nach Süden bis zum **Waterton Lakes National Park** (S. 695), ein weniger besuchtes Bergparadies. Durch das Kananaskis Country begibt man sich langsam wieder zurück in nördlicher Richtung, genehmigt sich einen Tee oder eine Übernachtung in der **Mt. Engadine Lodge** (S. 651) und setzt die Reise nach **Canmore** fort.

Delta, Horizon Air, KLM, United Airlines und WestJet sind einige der Fluggesellschaften.

ZUG

Trotz jahrelanger harter Arbeit, zahlloser tödlicher Arbeitsunfälle und des Rufes, eine der Ingenieurs-Meisterleistungen des 19. Jhs. zu sein, umfasst Albertas heutiges Schienennetz lediglich zwei reguläre Personenverkehrsverbindungen. Der *Canadian* von **VIA Rail** (☎ 888-842-7245; www.via.ca) fährt zwei- oder dreimal pro Woche von Vancouver nach Toronto und kommt auf Hin- und Rückweg durch Jasper und Edmonton. Die Fahrt von Edmonton nach Vancouver kostet 225 C$ und dauert 27 Stunden; für Edmonton–Toronto bezahlt man 405 C$ und fährt 55 Stunden. In Richtung Toronto wird in Saskatoon (Saskatchewan), Winnipeg (Manitoba) und Sudbury Junction (Ontario) Halt gemacht. VIA Rail bietet auch einen Zug von Jasper nach Prince Rupert, BC (117 C$, 32 Std., 3-mal wöchentl.).

Züge von **Rocky Mountaineer** (☎ 604-606-7245; www.rockymountaineer.com; 5 Tage ab 2650 C$; ⏲ Mai–Okt.) tuckern östlich von Vancouver durch die Rockies über Kamloops nach Jasper oder Banff, oder nach Norden von Vancouver nach Jasper über Whistler und das nördliche BC. Diese Luxuszüge transportieren seit einem Vierteljahrhundert Touristen auf mehrtägigen Reisen.

EDMONTON

899 447 EW.

Albertas zweitgrößte Stadt und Hauptstadt, modern, weitläufig und sehr kalt, ist eine Regierungsstadt, über die man eher im Wirtschaftsteil der Zeitung liest als in der Reisebeilage. Edmonton wird oft als Zwischenstopp auf der Fahrt zum Jasper National Park, der vier Fahrtstunden nach Westen liegt, oder für Ausflüge in die ausgedehnte und leere Landschaft im Norden genutzt.

Das Zentrum gehört den gut Betuchten und den Obdachlosen. Man kann hoffen, dass das viel gepriesene Rogers Place der Stadtmitte neues Leben einhaucht, aber das ist vielleicht etwas zu viel verlangt. Die Seele der Stadt findet man südlich des Flusses im Universitätsbereich und der unbekümmerten Whyte Ave, wo sich kleine Theater und Diner tummeln und freitagabends eine lebendige Atmosphäre herrscht. In Edmonton gibt es auch ein paar anständige Museen, ein jährliches Festival für experimentelles Theater, nach Edinburgh das zweitgrößte der Welt, und einige Sehenswürdigkeiten in der Nähe, wie das Ukrainian Cultural Village und den Elk Island National Park.

Geschichte

Die Vorfahren der Stämme der Cree und der Blackfoot lebten schon vor 5000 Jahren im Gebiet rund um Edmonton. Die Europäer kamen erst im späten 18. Jh. dorthin und errichteten 1795 einen Handelsposten der Hudson's Bay Company, der Fort Edmonton genannt wurde.

Das Fort wurde von Fallenstellern, Händlern und Abenteurern frequentiert, den ersten echten Bevölkerungsanstieg gab es aber erst 1870, als die Regierung Fort Ed kaufte und das Gebiet für Pioniere freigab. Als die Eisenbahnstrecke 1891 Calgary erreichte, schritt das Wachstum dann rasant voran.

Die eingeborenen Stämme waren mittlerweile durch Krankheiten und die fast vollständige Ausrottung des Bisons, ihrer Hauptnahrungsquelle, geschwächt. Zunehmend wehrlos übertrugen sie in mehreren Abkommen zwischen 1871 und 1921 einen großen Teil ihres Landrechts an die kanadische Regierung und erhielten dafür Geld, Reservate und Jagdrechte.

Den ersten wirtschaftlichen Boom verdankte die Region dem Gold, das allerdings nicht in Alberta, sondern in Yukon gefunden wurde. Edmonton war aber der letzte Halt in der Zivilisation, bevor die Träumer gen Norden zum Klondike aufbrachen. Die wenigsten von ihnen machten dort das große Geld. Einige ließen sich in Edmonton nieder und so begann der kleine Ort zu wachsen.

In den 1940er-Jahren führte der Zweite Weltkrieg zum Bau des Alaska Hwy, der Zustrom an Arbeitern ließ die Einwohnerzahl weiter in die Höhe steigen. Die Einwanderer aus der Ukraine und anderen osteuropäischen Ländern, die auf der Suche nach Arbeit nach Edmonton gekommen waren, bereicherten die Stadt.

Auch heute ist Edmonton das Ziel derjenigen, die auf der Suche nach Wohlstand in den Norden kommen. Doch heute zieht sie weder das Gold noch der Straßenbau an, sondern das Erdöl.

👁 Sehenswertes & Aktivitäten

★ **Art Gallery of Alberta** GALERIE
(Karte S. 626; ☎ 780-422-6223; www.youraga.ca; 2 Sir Winston Churchill Sq; Erw./Kind 12,50/8,50 C$; ⏲ Di–So 11–17, Mi bis 21 Uhr) Mit der Eröffnung dieser unkonventionellen Kunstgalerie im Jahre 2010 hat Edmonton nun endlich auch ein modernes architektonisches Erkennungsmerkmal, das wie ein riesiger Astronautenhelm aus Glas und Metall aussieht

und sich locker gegen die allgegenwärtigen kastenförmigen Hochhäuser behauptet. Die Sammlung beinhaltet 6000 historische und moderne Kunstwerke, von denen viele einen starken kanadischen Einfluss aufweisen und die unter acht Galerien ausgetauscht werden. Es finden zudem viele zeitgenössische Vorführungen statt und es gibt einen Laden, ein Theater und ein Restaurant vor Ort.

★ Fort Edmonton Park HISTORISCHE STÄTTE

(☎780-496-8787; www.fortedmontonpark.ca; Ecke Fox Dr & Whitemud Dr; Erw./Kind/Fam. 26,20/20,90/95 C$; ⏲Juli & Aug. 10–17 Uhr, Mai–Juni Mo–Fr 10–15, Sa & So 10–17 Uhr, Sept. & Ferien Sa & So 11–17 Uhr; 👪) Die Rekonstruktion des Forts der Hudson's Bay Company befindet sich am Flussufer und zeigt das Leben in einem Handelsposten in den 1840er-Jahren – man kann sogar die gegerbten Felle riechen. Auf der Hauptstraße an einer Farm aus den 1920er-Jahren vorbei blickt man in ein paar Straßenzüge von Edmonton aus den Jahren 1920, 1905 und 1885. Weiter geht's mit der Straßenbahn oder der Pferdekutsche, wer will, hält ein Schwätzchen mit „Einheimischen" (entsprechend der jeweiligen Ära kostümierte Angestellte), geht auf Shoppingtour in vergangenen Zeiten oder versucht sein Glück in der Spielhalle.

Muttart Conservatory GÄRTEN

(Karte S. 624; ☎780-496-8755; www.muttartconservatory.ca; 9626 96A St; Erw./Kind/Fam. 12,50/6,50/37 C$; ⏲Fr–Mi 10–17, Do 10–21 Uhr) Eigentlich ist es ein Botanischer Garten, aber von außen sieht das Muttart Conservatory aus wie eine Art gläserner Bunker in Pyramidenform. Es befindet sich südlich des Flusses, gleich an der James MacDonald Bridge. Jede der vier Pyramiden beherbergt eine andere Klimazone mit den entsprechenden Laubbäumen. Es ist ein interessanter Ort zum Herumschlendern, besonders für Gartenfreunde, Pflanzenliebhaber und alle, die mal Lust auf Ruhe haben. Das Café vor Ort verwendet lokale Zutaten und frisches Gemüse aus dem Gewächshaus.

Royal Alberta Museum MUSEUM

(Karte S. 624; ☎780-453-9100; www.royalalbertamuseum.ca; ⏲9–17 Uhr) Edmontons führendes Museum darf sich nach einem Besuch von Queen Elizabeth II. 2005 „Royal" nennen und erhielt seitdem eine Förderung von ziemlich coolen 340 Mio. C$ für ein neues Domizil in der Innenstadt, das Ende 2017 fertig werden soll. Das neue Museum (103A Ave) wird das größte im westlichen Kanada, mit einer riesigen Sammlung zu Albertas Natur- und Kulturgeschichte. Bis dahin ist das Museum geschlossen.

Alberta Railway Museum MUSEUM

(☎780-472-6229; www.albertarailwaymuseum.com; 24215 34th St; Erw./Kind 7/3,50 C$; ⏲Mai–Aug. Sa & So 10–17 Uhr) Dieses Museum am nordöstlichen Ende der Stadt zeigt mehr als 75 Schienenfahrzeuge, darunter auch Dampf- und Diesellokomotiven und weitere Fahrzeuge, die zwischen 1877 und 1950 gebaut und eingesetzt wurden. An den Wochenenden werden die alten Maschinen von freiwilligen Helfern wieder angeworfen, sonntags kann man mit den Diesellokomotiven mitfahren, die Dampflok von 1913 wird nur an den Ferienwochenenden angefeuert.

Ukrainian Museum of Canada MUSEUM

(www.umcalberta.org; 10611 110th Ave; Eintritt gegen Spende; ⏲Mai–Aug. 10–16 Uhr) GRATIS Trotz des großen ukrainischen Bevölkerungsanteils und einer langen Einwanderungsgeschichte ist das Museum überraschend klein. Während weiter nach Ausstellungsstücken gesucht wird, zeigt man hier eine kleine Sammlung traditioneller Trachten, Spielzeuge und Kunstwerke. Das Kulturzentrum in demselben Gebäude bietet jeden letzten Freitag im Monat Piroggen zum Abendessen (15 C$). Genaueres steht auf der Website (www.uocc-stjohn.ca).

Telus World of Science MUSEUM

(☎780-451-3344; www.edmontonscience.com; 11211 142nd St; Erw./Kind 28/20 C$; ⏲So–Mi 9–18, Do bis 22, Fr & Sa bis 20 Uhr; 👪) In der „Welt der Wissenschaft" mit Schwerpunkt auf interaktiven Exponaten gibt es tausend Dinge zu tun – alles unter einem Dach! Man kann mit der neuesten Technologie Verbrechen bekämpfen, erfahren, wie es wäre, in einem Raumschiff zu leben, danach auf Dinosauriersuche gehen und erkunden, wie der menschliche Körper so tickt. Zum Zentrum gehört auch ein IMAX-Kino (kostet extra) und ein Observatorium mit Teleskopen (inkl.).

Valley Zoo ZOO

(Karte S. 624; ☎780-496-8787; www.valleyzoo.ca; 13315 Buena Vista Rd; Erw./Kind/Fam. 14/8,75/45,50 C$; ⏲9–18 Uhr; 👪) Im Valley Zoo leben mehr als 100 exotische, gefährdete und einheimische Tiere. Für Kinder gibt es einen Streichelzoo, Kamel- und Ponyreiten, einen Miniaturzug, Karusselle und Paddelboote.

Edmonton

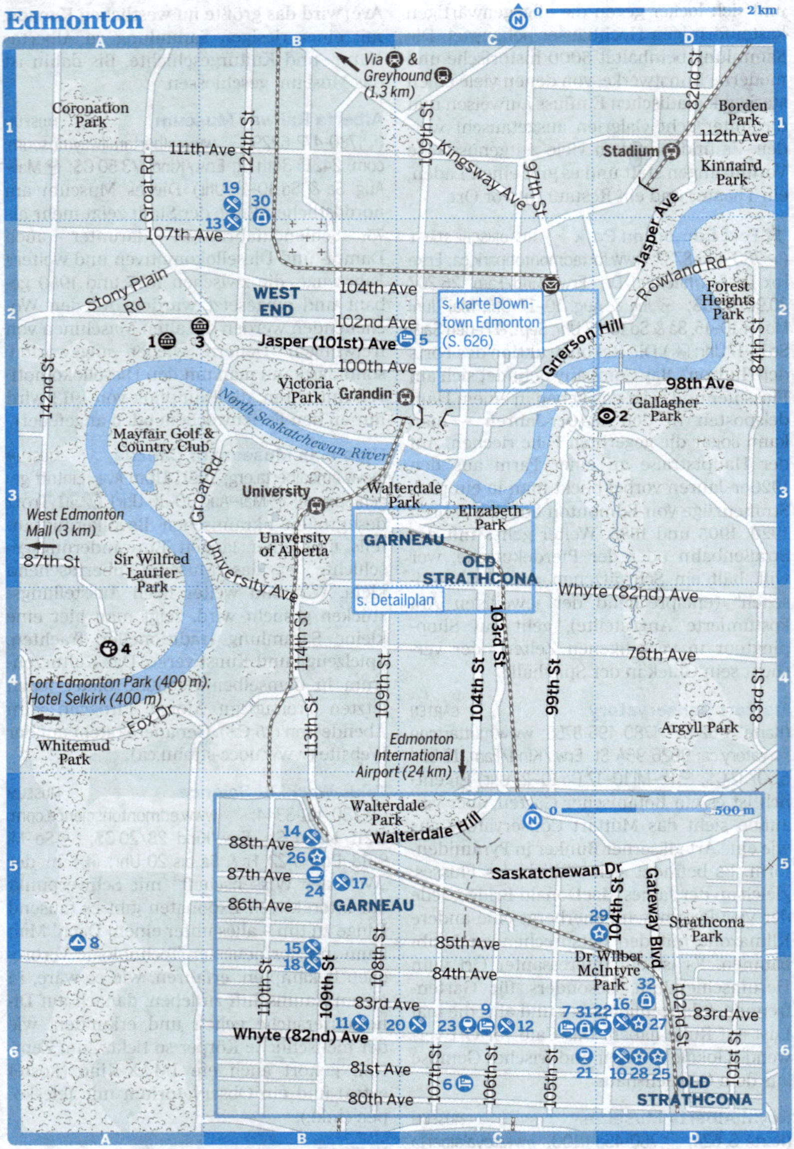

Wer den Zoo im eiskalten Winter erträgt, zahlt weniger.

North Saskatchewan River Valley PARK

Edmonton hat eine größere ausgewiesene Parkfläche als jede andere nordamerikanische Stadt. Der Großteil dieser Fläche ist ein zusammenhängender Gürtel, der sich am Fluss entlangzieht, der die Stadt in zwei Teile teilt. In dieser Grünzone finden sich Seen, Brücken, naturbelassene Gebiete, Golfplätze, kleine Schluchten und ein Wegenetz aus etwa 160 km Fuß- und Radwegen. Vom Zentrum aus ist das Gelände leicht zugänglich.

Edmonton

Sehenswertes
1 Alberta Government House A2
2 Muttart Conservatory D3
3 Royal Alberta Museum........................ A2
4 Valley Zoo A4

Schlafen
5 Canterra Suites Hotel......................... C2
6 HI-Edmonton Hostel........................... C6
7 Metterra Hotel on Whyte C6
8 Rainbow Valley Campground & RV Park.. A5
9 Varscona C6

Essen
10 Block 1912 .... D6
11 Café Mosaics B6
12 Da-De-O C6
13 Duchess Bake Shop B2
14 High Level Diner B5
15 Noorish... B5
16 Packrat Louie Kitchen & Bar D6
17 Remedy Cafe...................................... B5
18 Three Boars Eatery B6
19 Tiramisu Bistro B1
20 Tokyo Noodle Shop............................. C6

Ausgehen & Nachtleben
21 Black Dog Freehouse C6
22 Next Act.. D6
23 O'Byrne's C6
24 Transcend Coffee................................. B5

Unterhaltung
25 Blues on Whyte.................................... D6
26 Garneau Theatre B5
27 New Varscona Theatre D6
28 Princess Theatre D6
29 Roxy Theatre.. D5

Shoppen
30 124 Grand Market................................ B1
31 Junque Cellar C6
32 Old Strathcona Farmers Market D6

Sir Winston Churchill Square AREAL
(Karte S. 626) Dieser öffentliche Platz mit großen Sonnenschirmen, einem sprudelnden Brunnen sowie Tischen und Stühlen eignet sich hervorragend, um im Sommer mal durchzuatmen. Auf dem Boden ist ein riesiges Schachbrett zu finden, es gibt Tischtennisplatten und Kurse in allem Möglichen, von Zumba bis zu Laserschwerttraining. Auch der tolle Souvenirshop im Tix On The Square mit Arbeiten von einheimischen Künstlern ist einen Besuch wert.

Alberta Government House HISTORISCHES GEBÄUDE
(Karte S. 624; ☎780-427-2281; 12845 102nd Ave; ⏲Mitte Feb.–Nov. So & Feiertage 11–16.30 Uhr) GRATIS Das beeindruckende und geschichtsträchtige Herrenhaus diente früher dem Vizegouverneur als Residenz, heute wird es für Regierungskonferenzen und Empfänge genutzt. Das Gebäude ist hervorragend erhalten, man sieht ihm seine mehr als 100 Jahre nicht an. Schon allein wegen der Kunstwerke lohnt der Besuch: Überwältigende Werke kanadischer Künstler zieren die Wände.

Geführte Touren

Studenten bieten in ihren Semesterferien in den Sommermonaten im Auftrag der Downtown Business Association umsonst witzige Stadtführungen an. Sie starten wochentags um 13 Uhr an der Ecke 104th St und 101st Ave.

★ **Cobblestone Freeway** KULTUR
(☎780-436-7482; cobblestonefreeway.ca; Tagestouren ab 89 C$) Bei diesen Touren mit sachkundigen Führern, die starke Verbindungen zur einheimischen ukrainischen Gemeinde haben, lernt man traditionelle Tanzvorführungen, authentisches ukrainisches Essen und historische Stätten sowie benachbarte ukrainische Gemeinden kennen. Sie führen einen auch zu den unabdingbaren Sehenswürdigkeiten der Stadt oder bis nach Jasper. Die Touren werden erstklassig auf den einzelnen Reisenden zugeschnitten, der Service ist persönlich und professionell.

Edmonton Ghost Tours STADTSPAZIERGANG
(www.edmontonghosttours.com; Touren 10 C$/Pers.; ⏲Juli & Aug. Mo–Do 21 Uhr) Auf gruseligen Spaziergängen durch verschiedene Viertel offenbaren Führer die unheimliche Geschichte von Edmonton. Auf der Website stehen die Treffpunkte. Im Voraus buchen muss man nicht, nur 15 Minuten vor Start vor Ort sein und bar bezahlen.

Feste & Events

International Street Performers Festival THEATER
(www.edmontonstreetfest.com; ⏲2. Woche im Juli) Manchmal findet das beste Theater auf der Straße statt. Internationale Darsteller spielen in diesem Straßenkünstlerparadies unter freiem Himmel. Die Künstler werden betreut und zeigen ihr Können auf dem Sir Winston Churchill Sq.

Downtown Edmonton

K-Days KARNEVAL
(www.k-days.com; ⌚Ende Juli) Jahrelang war das Capital Ex (Klondike Days) das größte Sommerfest in Edmonton. Seit 2012 ist es bekannt als K-Days und konzentriert sich weniger auf die Geschichte des Goldrauschs und mehr auf zeitgenössisches Vergnügen. Berühmte Leute aus dem Musikbereich treten auf zwei Bühnen auf, es gibt adrenalinfördernde Fahrschäfte und Spaß wie zu alten Zeiten, und das für wenig Geld.

Edmonton International Fringe Festival THEATER
(www.fringetheatre.ca; Tickets 13 C$; ⌚Mitte Aug.) An elf Tagen wird hier auf Bühnen im Freien, in den Parks und in kleinen Theatern und Veranstaltungsorten ein alternatives Theaterprogramm gezeigt – das ultimative Edmonton-Erlebnis. Es ist nach dem Edinburgh Fringe Festival das zweitgrößte Festival der Welt. Viele Shows sind kostenlos, und kein Ticket kostet mehr als 15 C$. Reservieren kann man nicht – einfach ein Theater aussuchen und anstellen. Das Festival zieht jedes Jahr eine halbe Million Besucher nach Old Strathcona.

Schlafen

Im Zentrum sind viele Hotels vor allem auf Geschäftsleute mit Spesenkonto eingestellt, aber Edmonton hat auch einige unabhängige Unterkünfte zu bieten, manche sogar mit eigenem Charme. Wer Edmonton vor allem wegen der West Edmonton Mall besucht, der kann sich im oder nahe dem Einkaufszentrum einquartieren, allerdings ist es hier doch recht touristisch.

HI-Edmonton Hostel HOSTEL $
(Karte S. 624; ☎780-988-6836; www.hihostels.ca; 10647 81st Ave; DZ 85 C$, B/DZ mit Gemeinschaftsbad 31/69 C$; Ⓟ@📶) Mit dem beliebten Hostel im Herzen von Old Strathcona ist man auf der sicheren Seite. In vielen der Zimmer stehen vielleicht ein paar Etagen-

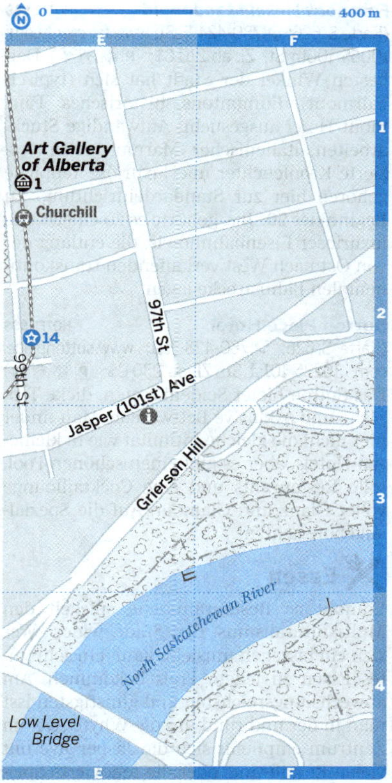

Downtown Edmonton

betten zu viel und man fühlt sich ein bisschen wie in einem umgebauten Altersheim (es war früher ein Kloster), aber seit den kürzlichen Renovierungen wirkt alles heller und es kam ein fantastischer Außenhof hinzu. Lage und Preis sind kaum zu schlagen.

Rainbow Valley Campground & RV Park CAMPING $

(Karte S. 624; ☎780-434-5531; www.rainbow-valley.com; 13204 45th Ave; Stellplatz Zelt/Wohnmobil 37/42 C$; ⏱April–Okt.; P) Für einen Campingplatz mitten im Zentrum ist dieser hier ziemlich gut. Perfekte Lage, um zur „Mall" zu kommen und gleichzeitig etwas Abstand von ihr zu halten. Es gibt viele Bäume, einen Spielplatz, ein Kochhaus, Duschen und Holzöfen. In der Nebensaison sind die Preise reduziert (Ende Mai–Anfang Sept.).

★Matrix BOUTIQUEHOTEL $$

(Karte S. 626; ☎780-429-2861; www.matrixedmonton.com; 10001 107th St; Zi. ab 150 C$; P @ ≋) Die moderne, schicke Lobby, komplett mit niedrigen Ledermöbeln und einem großen verglasten Kamin, könnte auch James Bonds Wohnzimmer sein. Die Zimmer sind genauso stylish mit vielen modernen Accessoires. Der Service ist herausragend und unverfälscht, das Frühstück gigantisch; abends bekommt man kostenlos Wein und Käse und ein Shuttle in die Innenstadt gibt's auch.

★Varscona BOUTIQUEHOTEL $$

(Karte S. 624; ☎780-434-6111; www.varscona.com; 8208 106th St, Ecke Whyte Ave; Zi. inkl. Frühstück ab 140 C$; P @ ≋) Das bezaubernde Hotel ist elegant, aber nicht zu etepetete, d.h. man kann sowohl im Jogginganzug als auch im Geschäftsanzug auftauchen – oder jeglicher Kombination von beidem. Die kürzlich renovierten Zimmer sind farbenfroh und bieten viel Komfort, außerdem ist das coolste Viertel von Edmonton gleich um die Ecke. Parkplätze sowie Wein und Käse am Abend versüßen den Aufenthalt.

Metterra Hotel on Whyte BOUTIQUEHOTEL $$

(Karte S. 624; ☎780-465-8150; www.metterra.com; 10454 Whyte Ave; Zi. ab 150 C$; P @ ≋) Das kleine Hotel in 1A-Lage an der Whyte Ave ist gepflegt und wird regelmäßig aufgehübscht. Erdtöne, wolkenartige Betten und indonesische Kunstwerke hier und da verleihen den

Zimmern ein luxuriöses Ambiente. Das freundliche Personal erzählt gerne, was in der Umgebung so los ist.

Hotel Selkirk HOTEL $$
(☎780-496-7227; www.fortedmontonpark.ca/hotel-selkirk/; 7000 143rd St, Fort Edmonton Park; Zi./Suite ab 149/169 C$; P ❄ ☎) Wer gerne im Fort Edmonton auf den Spuren der Vergangenheit wandeln möchte, kann gleich noch einen Schritt weiter gehen und hier übernachten. Die Zimmer dieses historischen Hotels sind schlicht und im Stil der Goldenen 1920er-Jahre eingerichtet. Wer hier übernachtet, bezahlt für das Fort und das umliegende Gelände keinen Eintritt. Zum Hotel gehört ein Restaurant. Im Sommer gibt's *high tea* (20 C$) wie in England. Wenn der Park schließt, ist es ruhig – sehr, sehr ruhig.

Chateau Lacombe HOTEL $$
(Karte S. 626; ☎780-428-6611; www.chateaulacombe.com; 10111 Bellamy Hill; Zi. ab 120 C$; P ❄ @ ☎) Das spektakuläre Chateau schwimmt trotzig gegen den Strom. Das einstige Kettenhotel wurde 2013 von lokalen Investoren aufgekauft. Der 24-stöckige Koloss am Fluss mit wunderbarem Blick und einem rotierenden Restaurant ist nicht todschick, aber mit der opulenten Lobby, einem Fitnessstudio und der clubartigen Bar ist es noch immer höchst nobel – jetzt aber zum Schnäppchenpreis!

Canterra Suites Hotel HOTEL $$
(Karte S. 624; ☎780-421-1212; www.canterrasuites.com; 11010 Jasper Ave; Suite ab 199 C$; ❄ ☎) Das Canterra ist auf Geschäftsreisende ausgerichtet und hat große, komfortable Suiten mit modernen Kochnischen. Das Zentrum ist um die Ecke und ein Supermarkt direkt daneben. Ideal für längere oder kürzere Aufenthalte.

★ **Union Bank Inn** BOUTIQUEHOTEL $$$
(Karte S. 626; ☎780-423-3600; www.unionbankinn.com; 10053 Jasper Ave; Zi. ab 220 C$; P ❄ @ ☎) Das noble Boutiquehotel, ein wahrlich exklusives Glanzstück, befindet sich in der Jasper Ave und ist in einem ehemaligen Bankgebäude von 1910 untergebracht. Es hat nur 34 Zimmer, darum liest das Personal seinen Gästen jeden Wunsch von den Augen ab. Die Kamine in den Zimmern machen Edmontons eisige Winter fast erträglich. Im Erdgeschoss erfüllt ein ebenso schickes Restaurant – Madison's Grill (S. 630) – kulinarische Wünsche.

Fairmont Hotel Macdonald HOTEL $$$
(Karte S. 626; ☎780-424-5181; www.fairmont.com; 10065 100th St; Zi. ab 210 C$; P @ ☎ ≋) Den besten Winkel der Stadt hat sich (typisch Fairmont) Edmontons historisches Fairmont Hotel ausgesucht. Aufwändige Stuckarbeiten, italienischer Marmor, reich verzierte Kronleuchter und luxuriöse Teppiche gehören hier zur Standardeinrichtung. Zu Beginn des 20. Jhs. gehörte es zu einer Kette luxuriöser Eisenbahnhotels, die entlang der von Ost nach West verlaufenden transkontinentalen Bahnstrecke lagen.

Sutton Place Hotel HOTEL $$$
(Karte S. 626; ☎780-428-7111; www.suttonplace.com; 10235 101st St; Zi. ab 230 C$; P @ ☎ ≋) Das Sutton bietet Seidentapeten, dicke Teppiche und exklusive Bettwäsche. Man findet hier nicht die gleiche Intimität wie in kleineren Hotels, aber es gibt einen schönen Pool, tolle Restaurants und eine Cocktaillounge voller Glanz und Glamour. Auf die Spezialangebote achten!

Essen

Edmontons Restaurantszene spiegelt den Multikulturalismus der Stadt wider. Wer sich ein bisschen umsieht, kann ein sehr gutes Essen zu jedem Preis bekommen. Am abwechslungsreichsten und günstigsten isst man in der und rund um die Whyte Ave, im Zentrum empfiehlt sich die Jasper Ave mit vielen Restaurants oder die renovierte Speicherstadt nördlich der Jasper Ave rund um die 104th St.

★ **Duchess Bake Shop** BÄCKEREI, CAFÉ $
(Karte S. 624; ☎780-488-4999; www.duchessbakeshop.com; 10720 124th St; Gebäck ab 2 C$, Frühstück & Mittagessen 6–13 C$; ⏲Di–Fr 9–20, Sa 10–18, So bis 17 Uhr) Das Duchess ist eine Adresse für die die Gäste einiges auf sich nehmen – wenn nötig kommen sie quer durch die Stadt, um hier zu essen, notfalls auch barfuß durch den Schnee. Mit den Louis-XV.-Stühlen versprüht es einen spürbaren französischen Touch. Die Cafetiére im Duchess und die riesige Auswahl an frischen Backwaren lassen keine Wünsche offen. Mokka-Baiser, Croissants mit Lauch und Frischkäse sowie Kirsch-Basilikum-Eclairs sind gerade mal die Spitze des Eisbergs.

★ **Block 1912** CAFÉ $
(Karte S. 624; www.block1912.com; 10361 Whyte Ave; Snacks 5–12 C$; ⏲Mo–Sa 9–24, So 10–23 Uhr) Das einladende Café ist der würdige

Versuch, eine echte Turiner Café-Bar zu kopieren, wo sich Gäste auf Sofas und Sesseln im europäischen Stil niederlassen und Kaffee, Bier oder Wein unter funkelnden Lichtern genießen können. Es gibt Snacks oder substantiellere Dinge wie Steak mit Kaffeekruste oder Thai-Hähnchen. *Gelato* gibt's in tollen Sorten, wie Wurzelbier oder Crème Caramel, und die Desserts lassen einem das Wasser im Mund zusammenlaufen.

Remedy Cafe INDISCH **$**

(Karte S. 626; ☎780-433-3096; www.remedycafe.ca; 10279 Jasper Ave; Hauptgerichte 8–10 C$; ⌚8–24 Uhr; 📶) Das Heilmittel (*remedy*) hier ist günstiges, authentisches indisches Essen, serviert in einem lässigen Café-Ambiente – d.h. mit der einen Hand das WLAN nutzen und mit der anderen das Naan in Currysauce tunken. Alle loben den Chai und das Butter-Hühnchen, aber es gibt auch gute Kuchen (an Veganer ist ebenfalls gedacht) und ausgezeichnete *masala dosas* (Curry-Gemüse in knusprigen Pfannkuchen).

Die größere, originale **Filiale** (Karte S. 624; 8631 109th St) befindet sich in Garneau an der Südseite des Flusses.

Café Mosaics VEGETARISCH **$**

(Karte S. 624; ☎780-433-9702; www.cafemosaics.com; 10844 Whyte Ave; Hauptgerichte 6–12 C$; ⌚Mo–Sa 9–21, So 11–14.30 Uhr; ✎👪) 🍃 Die szenige, coole vegetarisch-vegane Strathcona-Institution ist eine fleischfreie Zone, die sich einiges aus San Francisco abgeguckt hat: Es gibt hier Gemüsegerichte, die sowohl interessant als auch lecker sind. Alles ist eher schlicht und rustikal, als hippy und verkrustet. Die große Anzahl anwesender Fleischfresser, die freiwillig einen Tag Verzicht üben, sollten Überzeugung genug sein.

Tokyo Noodle Shop JAPANISCH **$**

(Karte S. 624; ☎780-430-0838; www.tokyonoodleshop.com; 10736 Whyte Ave; Hauptgerichte 10–22 C$; ⌚Mo–Do 11.30–21.30, Fr & Sa bis 22.30, So 12–21 Uhr) Leckeres Sushi und Nudeln en masse, üppige Bento-Boxen, Reisschüsseln und alle leckeren Appetitanreger, die man in einem authentischen japanischen Restaurant erwarten würde. Nichts Ausgefallenes, aber genau das gefällt hier.

High Level Diner DINER **$**

(Karte S. 624; ☎780-433-1317; www.highleveldiner.com; 10912 88th Ave; Hauptgerichte 6–15 C$; ⌚Mo–Do 8–22, Fr & Sa bis 23, So 9–21 Uhr; ✎) Dieses freundliche Diner ist beliebt wegen des Wochenend-Brunches und den klebrigen Zimtschnecken und wird von Studenten, Insider-Nachbarn und Durchschnitts-Hipstern bevölkert. Specials wie ukrainische Donnerstage und Short-Rib-Samstage peppen den Laden auf, außerdem gibt's einige gute vegetarische Optionen wie Schwarze-Bohnen-Chili und Spinat-Pie. Und der Ketchup ist hausgemacht!

★ **Packrat Louie Kitchen & Bar** KANADISCH **$$**

(Karte S. 624; ☎780-433-0123; www.packratlouie.com; 10335 83rd Ave NW; Mittagessen 14–18 C$, Abendessen 17–35 C$; ⌚Mo–Sa 11.30–22 Uhr) Das Louie liegt versteckt abseits der Whyte Ave in einem umgebauten Backsteinhaus und ist ein echter Gourmettempel. Hauptgerichte wie Kabeljau mit Schwarze-Oliven-Kruste, hausgemachte Chorizo-Krapfen oder Schweinefilet mit Spätzle und wilder Pilz-Weinsauce beehren die ständig wechselnde, immer eindrucksvolle Karte. Die Pizzas hier sind außerirdisch und sogar die Mittagssandwiches orgasmisch. Man sollte reservieren.

Three Boars Eatery TAPAS **$$**

(Karte S. 624; ☎780-757-2600; www.threeboars.ca; 8424 109th St; kleiner Teller 13–21 C$; ⌚16 Uhr–open end) 🍃 Three Boars gehört zu der sich immer mehr ausbreitenden Bewegung „Vom Hof direkt auf den Tisch", bei der lokale Erzeugnisse in Gourmet-Essen verwandelt werden. Im Lokal werden kleine Portionen serviert, es gibt gute einheimische Craft-Biere vom Fass und göttliche Cocktails. Wer Appetit auf ein großes Alberta-Steak hat, ist hier falsch. Wer Schweineterrine und geräucherte Wachtel probieren will, ist dagegen genau am richtigen Ort.

Tiramisu Bistro ITALIENISCH **$$**

(Karte S. 624; ☎780-452-3393; www.cafetiramisu.ca; 10750 124th St; Pasta 12–15 C$; ⌚Mo 9–20, Di–Do bis 21, Fr & Sa bis 22 Uhr; 👪) Das Bistro serviert frische Salate, Wraps, Panini und Pasta, aber die Risottos sind der Coup – unbedingt Safran mit Entenconfit oder rote Beete, Limone, Ziegenkäse und Pinot Grigio probieren. Morgens gibt's Frühstückspizzas und Crêpes mit Füllungen aus Elchwurst. Super ist auch die Kinderkarte, die voraussetzt, dass Kinder auch etwas anderes essen als Chicken Wings.

Blue Plate Diner VEGETARISCH **$$**

(Karte S. 626; ☎780-429-0740; www.blueplatediner.ca; 10145 104th St; Hauptgerichte 12–18 C$;

INSIDERWISSEN

EDMONTONS WEST END

Während sich das Zentrum Edmontons noch schwer tut, einen eigenen Charakter zu entwickeln, zeigt 3 km westlich ein kleines Stadtviertel um die 124th St so viel Charisma, dass es „West End" genannt wird. Die 124th St zwischen Jasper Ave und 111th Ave ist das unkonventionelle Gegenstück zur West Edmonton Mall: Es gibt hier unzählige kleine Kunstgalerien, die teilweise durch Kunstspaziergänge miteinander verbunden sind, sowie einige interessante Restaurants in einheimischer Hand, das innovative Roxy Theatre und zwei der besten europäischen Bäckerei-Cafés diesseits von Winnipeg: den Duchess Bake Shop (S. 628) und das Tiramisu Bistro (S. 629). Auch ein kleiner Straßenmarkt hat sich hier etabliert: Auf dem 124 Grand Market (S. 633) verkaufen lokale Erzeuger ihre Bio-Produkte. Hier haben sich einheimische Geschäfte und Geschäftsleute ihr Gemeinwesen zurückerobert.

⌚ Mo–Do 7.30–21, Fr bis 22, Sa 9–22, So 9–21 Uhr; ☑) In einem der Backsteinhäuser in Edmontons Speicherstadt serviert dieses vegetarische Diner gesundes Essen in üppigen Portionen. Und noch dazu ist es stylisch: Bei coolem, farbigem Licht und offenem Mauerwerk kann man regional angebautes Gemüse essen, ohne sich wie in einer Hippie-Kommune zu fühlen. Die kreative Karte ist gut gemacht, es gibt ausgezeichnete Kindergerichte – und die Desserts? Mmm ...

Da-De-O CAJUN $$

(Karte S. 624; ☎ 780-433-0930; www.dadeo.ca; 10548a Whyte Ave; Hauptgerichte 15–26 C$; ⌚ Mo, Di & Do 11.30–22, Fr & Sa bis 23, So 12–22 Uhr) In diesem Retro-Diner – stilecht mit roten Vinyl-Stühlen, Chrom-Küchentischen und einer Jukebox – bekommt man im eisigen Norden plötzlich das Gefühl, in New Orleans zu sein. Es gibt Cajun-Calamares, Austern, Jambalaya und Brathähnchen. Wie direkt aus Louisiana schmecken die gut gewürzten Süßkartoffel-Pommes und die sättigenden Po'boy-Sandwiches (vor allem der scharf angebratene Wels). Keine Minderjährigen!

Noorish VEGETARISCH $$

(Karte S. 624; ☎ 780-756-6880; www.noorish.ca; 8440 109th St; Hauptgerichte 10–20 C$; ⌚ Di–So 11–22 Uhr; ☑) Das Noorish hebt gesundes Essen auf ein neues Level. Walnuss-Zucchini-Fleisch und Kokosnuss-Schinken klingt vielleicht seltsam, aber es lockt Gäste in Scharen an. Wenn man den vollmundigen Thai-Teller oder die Trüffel-Makkaroni mit Käse probiert wird man sofort verstehen warum. Rohkost sowie glutenfreie und vegane Optionen stehen auch auf der Karte, im Yogaraum die Treppe runter kann man anschließend auch noch die Seele füttern.

Corso 32 ITALIENISCH $$$

(Karte S. 626; ☎ 780-421-4622; www.corso32.com; 10345 Jasper Ave; Hauptgerichte 24–40 C$; ⌚ Di–So 17–23 Uhr) Chefkoch und Besitzer Daniel Costa bietet das Beste Italiens. Klassisch, klein und kerzenbeleuchtet, innen begrenzt und minimalistisch eingerichtet, lockt die abwechslungsreiche Karte mit Zutaten wie selbstgemachtem Ziegenricotta, Kaninchen und Pancetta-Ragout oder Honig mit schwarzen Trüffeln. Die Nudeln sind alle selbst gemacht und die Weinkarte ist die beste in Edmonton (wenn man Italiener ist).

Madison's Grill FUSION $$$

(Karte S. 626; ☎ 780-401-2222; www.unionbankinn.com; 10053 Jasper Ave; Hauptgerichte 34–45 C$; ⌚ Mo–Do 8–22, Fr & Sa bis 23, So bis 20 Uhr) Im selben Gebäude wie das schicke Union Bank Inn untergebracht, bietet das Madison's dieselben hohen Standards in Bezug auf Service und Qualität. Die köstlichen Gerichte sind wunderschön angerichtet: Schweinebacken-Piroggen mit Saskatoon-Beeren, gebratener Heilbutt mit Basilikum-Gnocchi oder Hühnchenroulade gefüllt mit Feigen und Brie und eingewickelt in Prosciutto. Das Drei-Gänge-Menü mit Wein für 100 C$ ist den Preis wert.

Ausgehen & Nachtleben

Das Nachtleben konzentriert sich traditionell auf die Whyte Ave in Old Strathcona und Umgebung. Die Clubs wechseln ständig; die Bars halten sich meistens länger.

Transcend Coffee KAFFEE

(Karte S. 624; www.transcendcoffee.ca/garneau; 8708 109th St; ⌚ Mo–Sa 7.30–21, So bis 17 Uhr; 📶) In einer Stadt, in der Cafés, die ihre eigenen Kaffeebohnen rösten, selten sind, sollte das Transcend auf Händen getragen werden. Erfahrene Baristas, die mit ihren guatemaltekischen Produzenten auf Du und Du sind, brauen hier ihren selbst gerösteten Kaffee mit einer Präzision, die auch Koffeinjunkies aus Seattle befriedigen würde. Das Lokal in einem renovierten Theater ist hip, aber überhaupt nicht protzig.

Yellowhead Brewery BRAUEREI

(Karte S. 626; www.yellowheadbrewery.com; 10229 105th St NW; ⌚ Mo–Fr 11–18 Uhr) Das Wichtigste zuerst. Dies ist keine Kneipe, sondern eine Probierstube neben einer Brauerei, in der Gäste das einzige Angebot der Yellowhead Brewery süffeln können: Yellowhead Amber Ale – ein leichtes, kein schlechtes helles Bier, das in großen Fässern gebraut wird, die durch eine Glaswand zu sehen sind. Serviert werden auch kleine Snacks und es gibt Brauereiführungen, die aber im Voraus gebucht werden müssen.

Cavern WEINBAR

(Karte S. 626; ☎ 780-455-1336; www.thecavern.ca; 10169 104th St NW; ⌚ Mo–Do 7–20, Fr bis 23, Sa 8–23, So 10–17 Uhr) In einem ehemaligen Lager auf der belebten 104th St ist dieses kerzenbeleuchtete Café im Industriestil eine Underground-Bastion des guten Geschmacks – und das vor allem im Feinkostbereich (Teller 6–16 C$). In der Glasvitrine sucht man sich einen der himmlischen Käse aus und genießt ihn dann zu einem Glas Wein.

Next Act PUB

(Karte S. 624; www.nextactpub.com; 8224 104th St NW; ⌚ So–Do 11–1, Fr & Sa bis 2 Uhr) Eine Kneipe im Theaterviertel nahe der Whyte Ave mit einem guten Anteil an Künstlertypen. Es gibt ausgesuchte Ales, darunter die lokalen Urgesteine Yellowhead und Alley Kat, sowie eine lange Liste von Importbieren. Anständige Burger und Mac'n'Cheese (Käse-Makkaroni) bieten eine gute Grundlage für das Bier.

Black Dog Freehouse KNEIPE

(Karte S. 624; ☎ 780-439-1089; www.blackdog.ca; 10425 Whyte Ave; ⌚ 14–2 Uhr) Das Black Dog ist unglaublich beliebt und wird von den unterschiedlichsten Charakteren frequentiert. Natürlich kommt diese Beliebtheit nicht von ungefähr: Zur Location gehören eine Dachterrasse, eine traditionelle Bar im Erdgeschoss (unter der Woche meistens gerammelt voll) und ein Raum für Livemusik, DJs und gelegentliche Partys im Untergeschoss – eine Institution in Edmonton.

O'Byrne's PUB

(Karte S. 624; ☎ 780-414-6766; www.obyrnes.com; 10616 Whyte Ave; ⌚ 11.30–2 Uhr) Der beliebte Irish Pub, das älteste in Edmonton, besteht aus einem Labyrinth von Räumen. Es gibt mehrere Biere vom Fass, darunter auch das obligatorische Stout. Die Livemusik (ab 20.30 Uhr) sorgt für Stimmung und der große Hof ist fast immer gut gefüllt.

Pub 1905 PUB

(Karte S. 626; ☎ 780-428-4711; 10525 Jasper Ave; ⌚ 11–24 Uhr) Eine bei Einheimischen beliebte Kneipe mit einer noch beliebteren Happy Hour, Billard-Tischen und Snacks wie geräucherte Hühnerkeulen oder Rippchen. Die unzähligen Fernseher zeigen meistens das jüngste Spiel der Oilers.

☆ Unterhaltung

Theater! Niemand sollte Edmonton verlassen ohne einen Theaterbesuch. *See* und *Vue* sind kostenlose alternative Wochenzeitungen, die umfassend über das Kultur- und Unterhaltungsprogramm berichten. Eine tägliche Übersicht findet man in der Tageszeitung *Edmonton Journal*.

Roxy Theatre THEATER

(Karte S. 624; ☎ 780-453-2440; www.theatrenetwork.ca; 8529 Gateway Blvd) Dieses Theater wurde eröffnet, nachdem das geliebte Roxy-Theater des Theatre Network aus den 1940er-Jahren abbrannte. Nichtsdestotrotz ist das Programm vielseitig mit Burlesque-Shows, Live-Bands und Comedy.

Garneau Theatre KINO

(Karte S. 624; www.metrocinema.org; 8712 109th St NW) Das einzige erhaltene Art-déco-Kino Edmontons ist in der einen oder anderen Gestalt seit 1940 in Betrieb, der jüngste Besitzerwechsel war 2011. Es wird liebevoll mit dem Adjektiv „vintage" beschrieben, was allerdings auch bedeutet, dass die Sitze bequemer sein könnten – aber wen interessiert das, wenn man sich eine Nachmittagsvorstellung von *Trainspotting* ansieht und es an der Bar Bier gibt?

New Varscona Theatre THEATER

(Karte S. 624; www.varsconatheatre.com; 10329 83rd Ave; Tickets ab 14 C$) Das Varscona, ein Grundpfeiler im Theaterviertel Old Strathcona, hat nur 176 begehrte Plätze. Es gibt 350 Vorstellungen im Jahr, darunter ausgefallene Theaterstücke, Late-Night-Comedy und Kindervorstellungen am Vormittag.

Princess Theatre KINO

(Karte S. 624; ☎ 780-433-0728; www.princesstheatre.ca; 10337 Whyte Ave; Tickets Erw./Student

INSIDERWISSEN

EDMONTONS UKRAINISCHE GEMEINDEN

Egal, wie lange man sich in Edmonton aufhält, irgendwann stellt man sich die Frage: „Warum gibt es hier überall Piroggen?" Zwischen dem 19. und dem Anfang des 20. Jhs. wanderten rund 250 000 Ukrainer nach Kanada ein und ließen sich in ländlichen Gemeinden in der Prärie nieder, wo die Landschaft sie an die schneebedeckten Steppen ihrer Heimat erinnerte. Heute ist die ukrainische Bevölkerungsgruppe in Kanada die zweitgrößte nach Russland und der Ukraine selbst, und viele bekannte Kanadier haben ukrainische Wurzeln, darunter Wayne Gretzky und Randy Bachman. Die meisten Kanadier mit ukrainischem Hintergrund leben in und um Edmonton und da sie 16 % der Stadtbevölkerung ausmachen, geht der kulturelle Einfluss weit über Piroggen hinaus.

Vincent Rees hat einen Master in ukrainischer Kultur, ist professioneller ukrainischer Tänzer und organsiert kulturelle Führungen sowohl in Edmonton als auch in der Ukraine. Er lebt seit mehr als zwei Jahrzehnten in Edmonton – wenn also jemand weiß, wie man einen guten Einblick in die ukrainische Kultur dieser Region bekommt, dann er.

Die Anwesenheit der Ukrainer ist in Edmonton nicht zu übersehen. Überall gibt es Geschäfte und Restaurants, Tanzgruppen und Chöre, und Kuppeln, die die Skyline schmücken. Die Kultur ist lebendig und präsent. Eindrucksvoll erleben kann man das im **Ukrainian Cultural Heritage Village** (780-662-3640; www.history.alberta.ca/ukrainianvillage; Erw./Kind/Fam. 15/10/40 C$; Mai–Sept. 10–17 Uhr), in dem Mitarbeiter verschiedene Charaktere darstellen, um zu zeigen, wie das Leben in einer ländlichen ukrainischen Gemeinde früher war. Empfehlenswert ist auch, die kleinen ukrainischen Städte östlich des Ortes zu besuchen, darunter Vegreville mit dem größten Osterei der Welt, Mundare mit einer riesigen ukrainischen Wurst und Glendon mit der größten – wer hätte es gedacht – Pirogge.

Aber die heutige ukrainisch-kanadische Kultur beschränkt sich nicht auf Omas, die Piroggen kneten, viele junge Leute aus Edmonton sind voller ukrainischem Stolz. Das ukrainische bilinguale Schulprogramm ist beliebt und es gibt mehr als ein Dutzend ukrainische Tanzgruppen allein in der Stadt sowie ein Programm zum Ukrainischstudium an der University of Alberta. Nichtsdestotrotz sind die Omas ziemlich überzeugend. Es gibt viele Restaurants mit ukrainischen Spezialitäten und die Kirchen organisieren häufig Piroggenabende, an denen sie Unmengen an Piroggen verkaufen, die man für Notfälle mit nach Hause nimmt. In Edmonton ist der Weg zur nächsten Pirogge nie weit.

Um die ukrainische Kultur aus erster Hand kennenzulernen, empfiehlt sich Cobblestone Freeway (S. 625), das Führungen in der Stadt und der Umgebung anbietet.

& Kind 10/8 C$) Das Princess ist ein großes, altes Kino, das sich beharrlich gegen die allgegenwärtigen Multiplex-Kinos durchsetzt. Es stammt noch aus der Stummfilmzeit (1915) und hat sowohl Erstaufführungen als auch Arthaus- und Kultfilme im Programm. Montags- sowie Nachmittagsvorstellungen am Wochenende sind reduziert.

Blues on Whyte LIVEMUSIK
(Karte S. 624; 780-439-981; www.bluesonwhyte.ca; 10329 Whyte Ave) Davor haben einen die Eltern immer gewarnt: schmutzig, derb und doch irgendwie cool. Genialer Ort für Livemusik, vor allem Blues und Rock.

Edmonton Eskimos ZUSCHAUERSPORT
(www.esks.com; Erw./Kind ab 43/21,50 C$) Die Eskimos spielen in der Canadian Football League (CFL). Ihre Spiele werden von Juli bis Oktober im **Commonwealth Stadium** (11000 Stadium Rd) ausgetragen.

Edmonton Oilers ZUSCHAUERSPORT
(www.edmontonoilers.com; Tickets ab 38,50 C$) Um peinliche Situationen zu vermeiden, sollte sich jeder vor der Ankunft in Edmonton über die Oilers informieren. Das lokale Eishockeyteam der National Hockey League (NHL) stand in den 1980er-Jahren an der Spitze und zwar dank des Spielers Wayne Gretzky alias „The Great One". Seither hat die Mannschaft aber nicht mehr allzu viele Siege errungen. Die Saison geht von Oktober bis April.

Zum Zeitpunkt der Recherche sollte das Team in absehbarer Zeit in das neue Stadion Rogers Place im Zentrum umziehen.

Edmonton Opera OPER
(780-424-4040; www.edmontonopera.com; Tickets ab 24 C$; Okt.–April) Seit ihrer Eröffnung 1963 erhielt die Edmonton Opera fantastische Kritiken von Opernfans und hauchte Klassikern wie *Carmen* und *Der*

Barbier von Sevilla neues Leben ein. Die Vorstellungen finden unregelmäßig statt, aber ein Besuch lohnt sich, wenn man in der Stadt ist.

Citadel Theatre THEATER
(Karte S. 626; www.citadeltheatre.com; 9828 101A Ave; Tickets ab 45 C$; ⏲ Sept.–Mai) Edmontons führendes Theaterensemble hat sein Haus direkt am Winston Churchill Sq. Geboten werden glänzende Aufführungen von Shakespeare und Stoppard, Dickens-Adaptationen und gelegentlich ein Sondheim-Musical.

Shoppen

Die beste Adresse für einzigartige, alternative Läden ist Old Strathcona – mit Second-Hand-Zeitschriften, alten Vinyl-Platten, Retro-Möbeln und Ähnlichem. Wer das Gegenteil sucht – große Ladenketten mit den üblichen Markennamen – kann sich in den mehr als 800 Läden der West Edmonton Mall austoben.

★ **Old Strathcona Farmers Market** ESSEN
(Karte S. 624; ☎780-439-1844; osfm.ca; 10310 83rd Ave, bei 103rd St; ⏲ Juli & Aug. Di 12–17, Sa 8–15 Uhr) Seit seiner Eröffnung 1983 ist das Motto des Marktes: „Wir machen es! Wir backen es! Wir pflanzen es! Wir verkaufen es!" An etwa 130 Ständen in der ehemaligen Busgarage der Stadt bekommt man alles, von Bio-Lebensmitteln über Kunst bis zu Kunsthandwerk. Hierher strömen am Samstagvormittag alle und man sollte sich ihnen anschließen.

124 Grand Market MARKT
(Karte S. 624; www.124grandmarket.com; 108th Ave, zw. 123rd St & 124th St; ⏲ Do 16–20 Uhr) Viele Food Trucks, Kunsthandwerk und Produkte, die Leib und Einkaufstasche erfreuen.

Junque Cellar MODE & ACCESSOIRES
(Karte S. 624; 10442 Whyte Ave; ⏲ Mo–Sa 10–21, So bis 18 Uhr) Was für die einen nur alter Schund ist, ist für die anderen cooler Retro-Kitsch. Hier wühlt man sich durch Schreibmaschinen, Lavalampen, alte Telefonapparate, Comics, Klamotten und andere nostalgische Stücke einer längst vergangenen Popkultur.

West Edmonton Mall MALL
(www.westedmontonmall.com; 170th St; ⏲ Mo–Fr 10–21, Sa bis 18, So 12–18 Uhr; 🚸) Kitschfans, die sich keinen Trip nach Vegas leisten können, wird in der West Edmonton Mall das Herz aufgehen, wer allerdings für Plastikpflanzen und Nachbildungen von Galeonen aus dem 15. Jh. nichts übrig hat, wird sie hassen. Edmontons urbanes Monstrum bietet seinen Gästen außerdem Wasserrutschen, einen Indoor-Wellenpool, einen Vergnügungspark, eine Eisbahn, Minigolfplätze, ein künstliches Riff mit einem echten Seehund und einem Pinguin, einen Streichelzoo, ein Hotel und obendrein noch 800 Geschäfte.

Praktische Informationen

Custom House Global Foreign Exchange (10104 103rd Ave) Geldwechsel.

Edmonton Tourism (Karte S. 626; exploreedmonton.com/visitor-centre; 9797 Jasper Ave; ⏲ 8–17 Uhr) Freundliche Touristeninfo mit Tonnen von Flyern und Broschüren.

Hauptpost (Karte S. 624; 9808 103A Ave; ⏲ Mo–Fr 8–17.45 Uhr)

Royal Alexandra Hospital (☎780-477-4111; 10240 Kingsway Ave) 24-Std.-Unfallklinik. 1 km nördlich vom Zentrum.

An- & Weiterreise

AUTO & MOTORRAD

Alle großen Autovermietungen haben eine Filiale sowohl am Flughafen als auch in der Stadt. Bei **Driving Force** (www.thedrivingforce.com; 11025 184th St) können Autos gemietet, geleast oder gekauft werden. Auf der Website findet man häufig gute Angebote.

BUS

Vom großen **Greyhound-Busbahnhof** (12360 121st St) fahren Busse zu verschiedenen Zielen, darunter Jasper (74 C$, 4½ Std., 4-mal tgl.) und Calgary (50 C$, Min. 3½ Std., Min. 10-mal tgl.).

Busse von **Red Arrow** (Karte S. 626; www.redarrow.ca) halten im Zentrum am Holiday Inn Express und fahren nach Calgary (70 C$, 3½ Std., 6-mal tgl.) und Fort McMurray (87 C$, 6 Std., 3-mal tgl.). Diese Busse sind eine Klasse besser als andere, denn sie bieten WLAN, Steckdosen für Laptops, Einzel- und Doppelsitze, eine kostenlose Minibar und heißen Kaffee.

FLUGZEUG

Der **Edmonton International Airport** (YEG; www.flyeia.com) liegt etwa 30 km südlich der Stadt an der Straße nach Calgary, etwa 45 Minuten mit dem Auto vom Zentrum.

ZUG

Der kleine **VIA-Rail-Bahnhof** (www.viarail.ca; 12360 121st St) liegt recht unpraktisch 5 km nordwestlich des Zentrums in der Nähe des Edmonton City Centre Airport. Von hier fährt der *Canadian* dreimal wöchentlich Richtung Osten nach Saskatoon (105 C$, 8 Std.), Winnipeg (220 C$, 20 Std.) und Toronto (480 C$, 55 Std.), und in Richtung Westen nach Jasper (143 C$, 5½ Std.), Kamloops (207 C$, 16½ Std.) und Vancouver (268 C$, 27 Std.). In Jasper besteht die Möglichkeit, nach Prince George und Prince Rupert umzusteigen.

Unterwegs vor Ort

AUTO & MOTORRAD

Überall in der Stadt gibt es gebührenpflichtige Parkplätze. Die meisten Hotels bieten ihren Gästen aber eine kostenlose Parkmöglichkeit an. Besucher stellen ihr Auto am besten einen Tag lang dort ab und erkunden das Viertel zu Fuß. Edmonton hat auch öffentliche Parkplätze, die etwa 12 C$ pro Tag bzw. 1,50 C$ je halbe Stunde kosten; nach 18 Uhr kann für einen Pauschalpreis von etwa 2 C$ geparkt werden.

VOM/ZUM FLUGHAFEN

Bus 747 startet alle 30 bis 60 Minuten vor der Ankunftshalle und fährt zum Century Park (5 C$), der südlichste Stopp von Edmontons Light Rail. Von hier fahren reguläre Züge nach Strathcona und in die Innenstadt.

Der **Sky Shuttle Airport Service** (☎780-465-8515; www.edmontonskyshuttle.com; Erw./Kind 18/10 C$) klappert drei verschiedene Routen ab und bedient die Hotels der meisten Stadtviertel, darunter auch die im Zentrum und in Strathcona. Das Büro befindet sich an Gepäckband 12. Die Reisezeit beträgt etwa 45 Minuten. Wer zum Flughafen will, sollte mindestens 24 Stunden im Voraus buchen.

Eine Taxifahrt vom Flughafen ins Zentrum kostet etwa 50 C$.

ÖFFENTLICHE VERKEHRSMITTEL

Stadtbusse und die Stadtbahn Light Rail Transit (LRT) mit 16 Linien bedienen den Großteil der Stadt. Die Fahrkarte kostet 3,20 C$. Die Busse verkehren von 5.30 bis 1.30 Uhr alle 30 Min. Nützlich ist der exzellente Streckenplaner auf www.edmonton.ca. Die Fahrten mit der LRT zwischen den Bahnhöfen Churchill und Grandin sind tagsüber kostenlos.

Zwischen Mitte Mai und Anfang September kann die High Level Bridge mit einer Straßenbahn (hin & zurück 4 C$, 11–22 Uhr alle 30 Min.) überquert werden. Sie ist eine tolle Möglichkeit, zum Old Strathcona Market (103rd St/94th Ave) zu gelangen. Die historischen Straßenbahnwaggons bedienen auch die Strecke von Old Strathcona ins Zentrum und halten neben der LRT-Station Grandin (109th St zwischen 98th Ave und 99th Ave).

TAXI

Zwei der vielen Taxiunternehmen sind **Yellow Cab** (☎780-462-3456) und **Alberta Co-Op Taxi** (☎780-425-2525; co-optaxi.com). Die Fahrt vom Zentrum zur West Edmonton Mall kostet etwa 25 C$. Der Grundpreis liegt bei 3,60 C$, danach bezahlt man 0,20 C$ je 150 m. Die meisten Taxiunternehmen bieten vom jeweiligen Startpunkt eine Pauschale zum Flughafen an.

ABSTECHER

ELK ISLAND NATIONAL PARK

Falls es noch niemand bemerkt haben sollte, es gibt außer den Nationalparks Jasper und Banff noch drei weitere in Alberta. Im winzigen **Elk Island National Park** (www.pc.gc.ca/elkisland; Erw./Kind 6–16 Jahre/Senior 7,80/3,90/6,80 C$, Stellplatz Zelt & Wohnmobil 25,50 C$, Lagerfeuergenehmigung 8,80 C$; ⏲Sonnenauf- bis -untergang) im Schatten der düsteren Gothic Rockies tummeln sich nur 5 % der jährlichen Besucher des Banff National Park, obwohl er nur 50 km östlich von Edmonton liegt. Nicht, dass das seine Attraktionen mindert. Der Park – der einzige komplett eingezäunte in Kanada – besitzt nach der Serengeti die höchste Dichte an wilden Huftieren der Welt. Besucher sollten hier auf die Spuren der „Big Six" gehen: Präriebisons, Waldbisons, Maultierhirsche, Virginiahirsche, Wapitihirsche und die selteneren amerikanischen Elche. Die Waldbisons leben ausschließlich im ruhigeren südlichen Teil des Parks (der vom Hwy 16 in zwei Hälften geteilt wird), die Präriebisons dagegen im Norden. Der Norden um den Astotin Lake ist auch besser erschlossen. Dort gibt es einen Campingplatz, einen 9-Loch-Golfplatz (mit Clubhaus und Restaurant), einen Strand und einen Bootsanleger. Vier der elf Wanderwege des Parks führen vom Seeufer durch den charakteristischen Espenwald des nördlichen Alberta – eine Art Mischung aus Prärie und nördlichem Nadelwald.

Es gibt keine öffentlichen Verkehrsmittel zum Park. Besucher müssen also ein Auto mieten oder sich einer Tour der **Watchable Wildlife Tours Group** (☎780-405-4880; www.birdsandbackcountry.com; 95 C$/Pers.) anschließen, die vom Wildexperten Wayne Millar geführt wird. Es ist ein wunderbares Erlebnis, an einem langen Sommerabend den Sonnenuntergang inmitten der Tiere zu erleben.

RUND UM EDMONTON

Westlich von Edmonton

Die Fahrt von Edmonton nach Jasper auf dem Hwy 16 in Richtung Westen ist eine lange und ziemlich monotone Strecke durch eine sanfte bewaldete Hügelkette und vorbei an Ranches mit Unmengen an Kühen. **Hinton** ist ein kleines, schroffes Städtchen mitten im Wald. Hier bekommt man den ersten wahren Blick auf die Rockies geboten. Ein Großteil der Bewohner verdankt seinen Arbeitsplatz der allgegenwärtigen Holzindustrie.

Unmittelbar nordwestlich von Hinton liegt die Siedlung **Grande Cache**. Diese kleine Industriestadt hat außer überteuerten Hotels nichts zu bieten. Die Zimmer werden vorwiegend an Mitarbeiter der Rohstoffindustrie vermietet, die das vom Spesenkonto bezahlen. Die Fahrt auf dem **Highway 40** zwischen Hinton und Grande Cache ist allerdings spektakulär, man passiert sanfte, bewaldete Hügel, Seen und wilde Tiere.

Aktivitäten

In der Umgebung gibt es tolle Möglichkeiten zum **Mountainbiken**. Das **Visitor Info Center** (780-865-2777; Hwy 16, Hinton; 9–19 Uhr) gibt Auskünfte zu den Strecken, einschließlich eines etwa 3 km langen Bikeparks und längeren Routen verschiedener Schwierigkeitsstufen außerhalb des Parks. Fahrräder leiht man bei **Vicious Bikes** (780-865-7787; www.viciouscanada.com; 106 Park St, Hinton; Fahrrad ab 35 C$/Tag; Mo–Sa 10–18, So 11–17 Uhr).

Wenn man in Hinton ist, lohnt sich auch ein Ausflug zum **Beaver Boardwalk** am nahegelegenen Maxwell Lake. Auf den 5 km langen Routen kann man – wer hätte das gedacht – Biber sehen!

Athabasca Lookout Nordic Centre SKIFAHREN, RADFAHREN
(www.hintonnordic.ca; William A. Switzer Park, Hwy 40; Tagespass 10 C$) Wenn Schnee liegt, bietet das Athabasca Lookout Nordic Centre Wintergästen wunderbar instand gehaltene Loipen von bis zu 25 km Länge an. Auf einer 1,5 km langen Strecke kann man sogar nachts bei Flutlicht fahren. Außerdem gibt's eine 1 km lange Rodelbahn. Im Sommer geht's mit dem Fahrrad los. Mehr Infos hat das Hinton Visitor Information Centre (S. 635) abseits des Hwy 16.

An- & Weiterreise

Greyhound-Busse (S. 621) fahren täglich von Edmonton nach Hinton (3 Std. 40 Min., 57 C$) und weiter nach Jasper (5 Std., 71 C$). **Sundog** (Karte S. 674; www.sundogtours.com; 414 Connaught Dr, Jasper Town; 8–20 Uhr) bedient auch die Route zwischen dem Flughafen von Edmonton und Jasper (99 C$) und hält unterwegs einige Male.

CALGARY

1097000 EW.

Calgary überrascht mit seiner Schönheit, den coolen Lokalen, dem Nachtleben, das über Spelunken hinaus geht, und einer langen, lohnenswerten To-Do-Liste. Die Menschen aus Calgary sind nicht gerade für ihre Bescheidenheit bekannt, aber ihre Selbstliebe und ihre Anpackermentalität haben sie durch die Flutkatastrophen von 2013 und 2016 getragen und sie halfen den Bewohnern des vom Feuer verwüsteten Fort McMurray mit bedingungsloser Großzügigkeit. Nicht zu vergessen – Calgary war auch Gastgeber der sehr erfolgreichen Olympischen Winterspiele 1988, wählte Nordamerikas ersten muslimischen Bürgermeister und ist für eine von Kanadas größten Partys verantwortlich: die Calgary Stampede.

Calgary war früher bekannt dafür, Quantität der Qualität vorzuziehen, aber dies ändert sich – mit fantastischen Ergebnissen. Sich für die Gemeinschaft in neu entstehenden Vierteln wie Inglewood und Kensington wachen engagierende Aktivisten wachen endlich auf und riechen den sortenreinen, selbst gerösteten Kaffee. Neue Bars, Boutiquen, Restaurants und Veranstaltungsorte sorgen für mehr Farbe und Experimentierfreude. Die Stadt, die vielen Außenstehenden lange als fades Geschäftszentrum oder als praktisches Sprungbrett diente, ist endlich – na ja – cool geworden.

Geschichte

Die junge Stadt hat sich von ihren bescheidenen Anfängen zu einer weltoffenen und modernen Großstadt entwickelt, in der immerhin schon Olympische Spiele abgehalten wurden und die nach wie vor eine enorme Wirtschaftskraft aufweist. Vor dieser explosionsartigen Entwicklung war das Gebiet jahrhundertelang Heimat des Stammes der Blackfoot. Später kamen auch die Sarcee und Stoney an die Ufer des Bow River und des Elbow River.

1870 schließlich baute die North West Mounted Police (NWMP) eine Festung und nannte sie Fort Calgary – nach der Calgary Bay auf der schottischen Isle of Mull. Ein paar Jahre später folgte die Eisenbahn und Siedler, angelockt vom Versprechen auf kostenloses Land, machten sich auf den Weg nach Westen, um sich in Calgary niederzulassen. Die Blackfoot-, Sarcee- und Stoney-Stämme unterzeichneten 1877 den Treaty 7 mit der britischen Krone, der sie in festgelegte Reservate trieb und ihnen die Landrechte nahm.

Die Stadt war lange Zeit eine Hochburg der Viehzucht und so schien es außer Frage, dass ihre Geschichte auf immer eng mit der Cowboykultur verflochten sein würde. Zu Beginn des 20. Jhs. ging es in Calgary nur gemächlich voran, entsprechend langsam wuchs auch die Stadt. Die 1960er-Jahre sollten alles verändern. Von heute auf morgen war die Landwirtschaft etwas Antiquiertes und das Öl wichtig. Das „Schwarze Gold" schien überall in Alberta förmlich aus dem Boden zu sprudeln, und so lag es nahe, Calgary zum regionalen Hauptquartier der Ölindustrie zu machen.

Die Bevölkerungszahl explodierte und die Stadt begann mit alarmierender Geschwindigkeit zu wachsen. Mit den ins Unermessliche steigenden Ölpreisen erlebten die Bewohner von Cowtown, wie Calgary auch genannt wird, einige fette Jahre. Der Boom der 1970er-Jahre wurde aber in den 1980er-Jahren jäh durch das Platzen der Ölblase gestoppt. Die Stadt stagnierte und machte sich auf die Suche nach anderen wirtschaftlichen Standbeinen.

Das 21. Jh. wurde mit einem noch größeren Boom eingeläutet. Die Immobilienpreise sind inzwischen gewaltig gestiegen, die Arbeitslosigkeit liegt nahezu bei Null und die Wirtschaft wächst hier 40 % schneller als im Rest des Landes. Gar nicht so schlecht für einen Haufen Cowboys!

Sehenswertes

In Calgarys Zentrum befinden sich das Glenbow Museum und das neue National Music Centre, aber die umgebenden Viertel haben noch mehr zu bieten. Auf der **Uptown 17th Avenue** gibt's einige sehr gute Restaurants und Bars und abends steppt dort der Bär. **Inglewood**, direkt östlich der Innenstadt, ist das hipste Viertel der Stadt mit Antiquitätengeschäften, Indie-Boutiquen und einigen ausgefallenen Restaurants. In **Kensington**, nördlich des Bow River, gibt es ein paar gute Kaffeebars und ein spürbares Gemeinschaftsgefühl.

★ National Music Centre MUSEUM

(Karte S. 638; ☎ 403-543-5115; http://studiobell.ca; 850 4 St SE; Erw./Kind 18/11 C$; ⏲ Mi–So 10–17 Uhr) Dieses hervorragende neue Museum, das aussieht wie eine skurrile Burg aus Kuper, nimmt einen mit auf eine total kurzweilige Fahrt durch Kanadas Musikgeschichte mit coolen Ausstellungsstücken (wie die Gitarre von The Guess Who, mit der sie *American Woman* aufnahmen) und interaktiven Displays. Man kann sich am Schlagzeug, der elektrischen Gitarre oder in einem Tonstudio ausprobieren und sogar seine eigenen Instrumente kreieren. Auch das Body-Phonic-Zimmer und den solarbetriebenen Skywalk mit den umfunktionierten Klavieren, die bei der Überschwemmung 2013 zerstört wurden, sollte man nicht verpassen.

★ Glenbow Museum MUSEUM

(Karte S. 638; ☎ 403-777-5506; www.glenbow.org; 130 9th Ave SE; Erw./Kind/Fam. 16/10/40 C$; ⏲ Mo–Sa 9–17, So 12–17 Uhr, Okt.–Juni Mo geschl.) Mit einer umfangreichen Dauerausstellung und einem ständig wechselnden Spektrum an Wanderausstellungen sorgt das beeindruckende Glenbow dafür, dass alle auf ihre Kosten kommen: Geschichtsinteressierte, Kunstliebhaber und Popkulturfans. Die Wechselausstellungen zeigen häufig gewagte zeitgenössische Kunst und Kultur. Die Dauerausstellungen erwecken die Vergangenheit mit eindrucksvollen historischen Persönlichkeiten und vielen Sprachaufzeichnungen zum Leben. Man kann ein Tipi oder einen Handelsposten besuchen und durch einen Zugwaggon laufen.

Bow Habitat Station AQUARIUM

(☎ 403-297-6561; aep.alberta.ca; 1440 17A St SE; Erw./Kind 10/6 C$; ⏲ Di–Sa 10–16 Uhr, Touren 12 & 14 Uhr) Die Brutstätte zieht jedes Jahr bis zu 1,5 Mio Forellen auf und entlässt sie in die Freiheit. Wegen der Aquarien, der interaktiven Exponate und der Möglichkeit, in einem Teich zu fischen (Mai–Okt.), ist sie bei Kindern sehr beliebt. Von oben kann man die Fischteiche beobachten, auf einer Tour kommt man näher ran und kann die Jungfische sogar füttern.

Esker Foundation Contemporary Art Gallery MUSEUM

(eskerfoundation.com; 1011 9th Ave SE, Inglewood; ⏲ Di–So 10–18 Uhr) GRATIS Diese kleine, private

Kunstgalerie in wunderschöner Lage im vierten Stock beherbergt bemerkenswerte Wechselausstellungen, die Themen von der Einwanderung bis zur Nordwestpassage behandeln. Auf der Website findet man Infos zu Workshops. Den sehr coolen Sitzungssaal nicht verpassen!

Prince's Island Park PARK

(Karte S. 638) Geht man über die Brücke auf diese Insel so findet man sich, mitten in Cowtown, in einem kleinen Central Park wieder. Hier gibt es Radwege, jede Menge Platz zum Ausspannen und schöne Wiesen, die zum Frisbee-Spielen einladen. Während der Sommermonate werden auf der Rasenfläche des natürlichen Amphitheaters Shakespeare-Stücke aufgeführt und im Juli findet hier das Folk Music Festival statt. Außerdem befindet sich im Park das gehobene Restaurant River Island.

Heritage Park Historical Village HISTORISCHE STÄTTE

(☎403-259-1900; www.heritagepark.ab.ca; 1900 Heritage Dr SW, at 14th St SW; Erw./Kind 26,25/13,50 C$; ⌚Mai–Aug. 9.30–17 Uhr, Sept. & Okt. Sa & So 9.30–17 Uhr) Wer wissen möchte, wie Calgary früher aussah, geht in diesen Geschichtspark, in dem alle Gebäude von 1915 oder früher stammen. Zu erkunden gibt's einen 10 ha großen nachgebauten Ort mit Fort, Getreidemühle, Kirche und Schule. Möglich ist eine Fahrt auf einem Heuwagen oder mit einem Zug sowie der Besuch des alten Rummelplatzes. Kostümierte Führer beantworten gern alle Fragen.

Calgary Tower GEBÄUDE

(Karte S. 638; ☎403-266-7171; www.calgarytower.com; 101 9th Ave SW; Erw./Jugendlicher 18/9 C$; ⌚Aussichtsgalerie Sept.–Juni 9–21 Uhr, Juli–Aug. bis 22 Uhr) Der Turm von 1968 ist ein unverkennbares Wahrzeichen der Skyline von Calgary, wird allerdings inzwischen von zahlreichen höheren Gebäuden überragt und läuft Gefahr, im Dschungel der Wolkenkratzer unterzugehen. Viele empfinden die Ästhetik des einst stolzen Betonbauwerks heute eher als kitschig, doch unbestritten ist, dass das phallusähnliche, 191 m hohe Gebäude ein fester Bestandteil der Innenstadt ist.

Contemporary Calgary GALERIE

(Karte S. 638; ☎403-770-1350; www.contemporarycalgary.com; 117 8th Ave SW; ⌚Mi–So 12–18 Uhr) GRATIS Die kleine, inspirierende Galerie für moderne Kunst bietet auf vier Stockwerken zeitgenössische Ausstellungen, die alle vier Monate wechseln. Die Galerie plant, in das ehemalige Centennial Planetarium im Südwesten der Stadt umzuziehen, die Renovierungsarbeiten sollen 2018 beendet sein. Dann gibt es weit mehr Ausstellungsfläche, was auf Großes hoffen lässt.

Calgary Zoo ZOO

(☎403-232-9300; www.calgaryzoo.com; 1300 Zoo Rd NE; Erw./Kind 25/17 C$; ⌚9–17 Uhr; 👪) Die über 1000 Tiere aus aller Welt leben vielfach in Gehegen, die ihrem natürlichen Lebensraum nachgebildet wurden, wodurch der Zoo von Calgary zu einem der führenden Nordamerikas geworden ist. Das geschätzte Naturschutzteam des Zoo studiert, schützt und führt gefährdete Tiere wieder in Kanada ein.

Telus Spark SCIENCE CENTER

(☎403-817-6800; www.sparkscience.ca; 220 St George's Dr NE; Erw./Kind 20/13 C$; ⌚10–17 Uhr; 👪) Wenn doch alle naturwissenschaftlichen Fächer so viel Spaß machen würden wie das Telus World of Science. Die Kinder lernen in diesem benutzerfreundlichen und überaus interaktiven Wissenschaftszentrum eine ganze Menge. Es gibt eine gigantische Kuppel, auf die in Lichtshows die ganze Welt projiziert wird.

Fish Creek Provincial Park PARK

(☎403-297-5293; www.albertaparks.ca; ⌚8 Uhr–Sonnenuntergang) In der südwestlichen Ecke von Calgary liegt der riesige Fish Creek Provincial Park – ein Naturschutzgebiet mitten in der Stadt, das labyrinthartig von zahllosen Wegen durchzogen ist. Sie werden von Spaziergängern, Mountainbikern und vielen im Park lebenden Tieren mit Freude genutzt.

Calaway Park VERGNÜGUNGSPARK

(☎403-240-3822; www.calawaypark.com; Erw./Kind/Fam. 38/31/120 C$; ⌚Juli–Anfang Sept. 10–19 Uhr, Anfang Sept.–Anfang Okt. Sa & So 11–18 Uhr, Ende Mai–Juli Fr 17–21, Sa & So 10–19 Uhr) Kinder jeden Alters werden im Calaway Park, dem größten Outdoor-Vergnügungspark im Westen Kanadas, ihren Spaß haben. Hier kann man 30 verschiedene Fahrgeschäfte von wild bis mild ausprobieren. Außerdem gibt's Bühnenshows, 22 Möglichkeiten, etwas zu essen, 28 verschiedene Jahrmarktbuden, einen Forellenteich, in dem man angeln kann, und einen interaktiven Irrgarten. Die Kinder werden es lieben, im Vergnügungspark zu campen, nah genug an der Stadt, um bequem hinfahren zu können.

Calgary

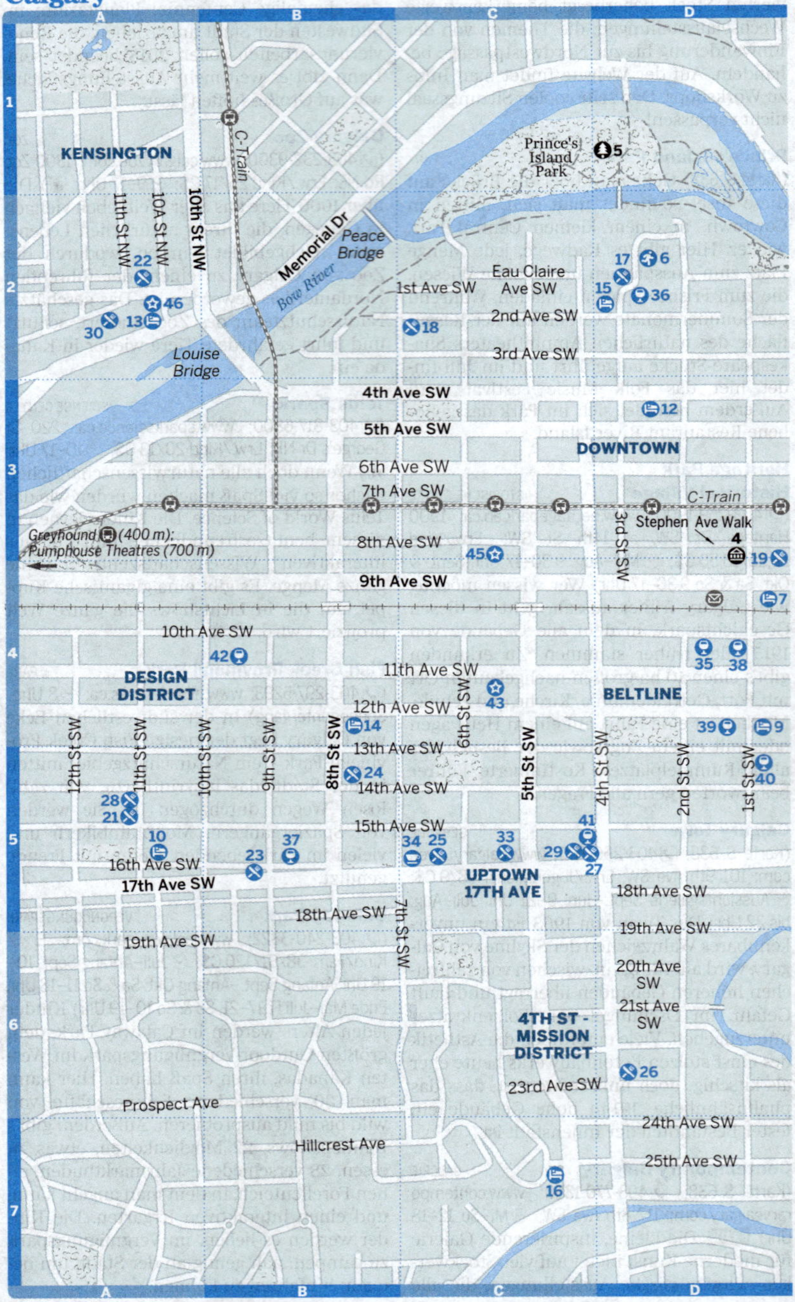

ALBERTA CALGARY

Inglewood Bird Sanctuary NATURRESERVAT
(☎ 403-268-2489; 2425 9th Ave SE; Sanctuary & Interpretive Center Eintritt frei, Spenden willkommen; ⏲ Sonnenaufgang–Sonnenuntergang, Interpretive Center 10–16 Uhr) Unbedingt hierher kommen. Bei den 260 hier lebenden Vogelarten trifft man auf jeden Fall einige gefiederte Freunde. Ein friedvoller Ort mit Wanderwegen und Bänken, von denen aus man die Bewohner beobachten kann.

Aktivitäten

Rapid Rent RADFAHREN
(Karte S. 638; www.outlawsports.ca; Barclay Pde SW; Fahrräder/Rollerblades/Helme pro Tag ab 30/15/5 C$; ⏲ Mo–Fr 10–19, Sa bis 18, So bis 17 Uhr) Verleiht Fahrräder, Fahrrad-Anhänger und Rollerblades.

Olympic Oval EISLAUFEN
(☎ 403-220-7954; www.ucalgary.ca/oval; University of Calgary; Erw./Kind/Fam. 7/5/18,50 C$; ⏲ Juli–Mitte März) In der University of Calgary kann man denm olympischen Geist beim Schlittschuhlaufen im Olympic Oval nachspüren. Diese Sportstätte, die bei den Olympischen Spielen für die Wettkämpfe im Eisschnelllauf benutzt wurde, ist heute eine öffentliche Eisbahn mit langer Strecke, die auch Schlittschuhe sowie die vorgeschriebenen Helme verleiht. Auf der Website stehen die aktuellen Zeiten.

Canada Olympic Park ABENTEUERSPORT
(☎ 403-247-5452; www.canadaolympicpark.ca; 88 Canada Olympic Rd SW; Mountainbike-Hügel Karten/Unterricht 22/99 C$; ⏲ Mo–Fr 9–21, Sa & So 10–17 Uhr) 1988 fanden in Kanada zum ersten Mal Olympische Winterspiele statt. Calgary war Gastgeber und viele der Wettkämpfe wurden im Canada Olympic Park ausgetragen. Er liegt am Westrand der Stadt am Hwy 1 – die unverkennbaren 70 und 90 m hohen Skisprungschanzen sind nicht zu übersehen.

Calgary Walking Tours KULTUR
(☎ 855-620-6520; www.calgarywalks.com; Erw./Jugendliche/unter 7 Jahre 18/15 C$/frei) Bei der zweistündigen Tour Core City erfährt man alles über Architektur, Geschichte und Kultur vieler Gebäude, Skulpturen, Gärten und verborgener Ecken.

Feste & Events

Den Veranstaltungskalender für das ganze Jahr kann man unter www.visitcalgary.com/things-to-do/events-calendar einsehen. Das

Calgary

Highlights

1 Glenbow Museum ... E4
2 National Music Centre ... F4

Sehenswertes

3 Calgary Tower ... E4
4 Contemporary Calgary ... D3
5 Prince's Island Park ... D1

Aktivitäten, Kurse & Touren

6 Rapid Rent ... D2

Schlafen

7 Fairmont Palliser ... D4
8 HI-Calgary ... F3
9 Hotel Arts ... D4
10 Hotel Elan ... A5
11 Hotel Le Germain ... E4
12 International Hotel ... D3
13 Kensington Riverside Inn ... A2
14 Nuvo Hotel Suites ... B4
15 Sheraton Suites Calgary Eau Claire ... D2
16 Twin Gables B&B ... C7

Essen

17 1886 Buffalo Cafe ... D2
18 Al Forno Cafe & Bakery ... C2
19 Blink ... D4
20 Catch ... E3
21 Galaxie Diner ... A5
22 Higher Ground ... A2
23 Janice Beaton Fine Cheese ... B5
24 Jelly Modern Doughnuts ... B5
25 Market ... C5
26 Mercato ... D6
27 Model Milk ... C5
28 Myhre's Deli ... A5
29 Ox and Angela ... C5
30 Pulcinella ... A2
31 Simmons Mattress Factory ... F3
32 Teatro ... E3
33 Una ... C5

Ausgehen & Nachtleben

34 Analog Coffee ... C5
35 Back Lot ... D4
36 Barley Mill ... D2
37 Cru Juice ... B5
38 HiFi Club ... D4
39 Hop In Brew ... D4
40 Proof ... D5
41 Rose & Crown ... C5
42 Twisted Element ... B4

Unterhaltung

43 Broken City ... C4
44 Epcor Centre for the Performing Arts ... E4
45 Globe Cinema ... C3
46 Plaza Theatre ... A2
47 Saddledome ... F5

wichtigste Festival in Calgary ist die jährliche Calgary Stampede, aber über das Jahr verteilt gibt es auch kleinere Festivals, Märkte und Ausstellungen.

Calgary Folk Music Festival MUSIK
(www.calgaryfolkfest.com; ⏱ Ende Juli) Für das jährlich stattfindende, viertägige Fest der Grassroot-Folkmusik auf Prince's Island kommen Spitzenmusiker aus der ganzen Welt nach Cowtown. Auf der Wiese lümmeln sympathische Menschen und lauschen sommerlichen Klängen, wobei sie von 12 000 engen Freunden begleitet werden – so familiär wirkt das Festival zumindest. Die Tickets kosten pro Tag etwa 85 C$ oder man berappt 195 C$ für alle vier Tage.

Calgary International Children's Festival FESTIVAL
(☎ 403-294-9494; calgarykidsfest.ca; Epcor Centre for the Performing Arts, 205 8th Ave SE; Tickets 17 C$; ⏱ Ende Mai) Auf dem jährlichen Festival gibt's viel Spaß für Kinder. Auf der Bühne stehen Musiker, Puppenspieler und Schauspieler, manchmal sogar ein verrückter Wissenschaftler oder ein Zirkusact. Kanadische Berühmtheiten wie Fred Penner kommen häufig vorbei.

Calgary Stampede RODEO
(www.calgarystampede.com; ⏱ 2. Juliwoche) Die als weltweit größtes Outdoor-Event angepriesene berühmte Calgary Stampede ist eine riesige Rodeoshow. Zu den Veranstaltungen gehören ein tägliches Rodeo mit bockenden, halbwilden Pferden, „Steer Wrestling" (Ringen mit einem Bullen), Planwagenrennen, ein Rummel und eine sensationelle Bühnenshow. Die allgemeine Stimmung in der Stadt erreicht ihren jährlichen Höhepunkt, es gibt kostenloses Pancake-Frühstück und jeder trägt einen Cowboyhut auf dem Kopf. Klar, dass die Veranstaltung von Tierschützern kritisch beobachtert wird.

Jedes Jahr werden viele Tiere getötet, nachdem sie auf der Stampede verletzt worden sind. Tierschutzvereinigungen und Tierschützer kämpfen gegen die Gefährdung von Tieren zum Vergnügen und bezeichnen das Einfangen von Kälbern mit dem Lasso und Planwagenrennen als die gefährlichsten Veranstaltungen bei der Stampede.

Schlafen

Calgary hat in letzter Zeit seiner eigenen Qualitäten erinnert und bietet Besuchern nun eine Auswahl an Boutiquehotels in allen Preisklassen.

Die Hotels im Zentrum sind notorisch teuer, viele bieten aber immer wieder Sonderangebote. Geschäftshotels sind über das Wochenende häufig günstiger. Nahe dem Westrand der Stadt (neben der C-Train-Station Banff Trail) findet man jede Hotelkette, die einem einfällt.

Während der Calgary Stampede (Anfang Juli) steigen die Preise und die Verfügbarkeit sinkt. Im Voraus buchen.

Calgary West Campground CAMPING $

(☎ 403-288-0411; www.calgarycampground.com; Hwy 1; Stellplatz Zelt/Wohnmobil 36/44 C$; Mitte April–Mitte Okt.; P @) Dieser terrassenförmig angelegte Platz mit Blick über die Stadt hat 320 Stellplätze mit tollen Einrichtungen, inklusive beheiztem Outdoorpool, Naturlehrpfaden, Minigolf und kostenlosem WLAN. Er liegt westlich der Innenstadt von Calgary am Trans-Canada Hwy (Hwy 1), man ist also schnell in der Stadt.

HI-Calgary HOSTEL $

(Karte S. 638; ☎ 403-269-8239; www.hostellingintl.ca/Alberta; 520 7th Ave SE; B/DZ ab 33/100 C$; @) Sauber und komfortabel, wenn auch nicht besonders heimelig, ist dieses angenehme Hostel eine der wenigen Optionen für sparsame Reisende in Calgary. Es bietet die üblichen Schlafsäle und ein paar Doppelzimmer. Außerdem gibt's eine Küche, einen Waschraum, einen Pooltisch und Internet sowie einen Hof mit Grill. Es ist ein beliebter Knotenpunkt für Reisende und gut, um Mitfahrgelegenheiten zu organisieren und Tipps auszutauschen.

★ **Kensington Riverside Inn** BOUTIQUEHOTEL $$

(Karte S. 638; ☎ 403-228-4442; www.kensingtonriversideinn.com; 1126 Memorial Dr NW; Zi. ab 199 C$; P) Die kleine Pension bietet astreinen Service und entsprechende Zimmer. Hier findet man Badewannen, Kamine, Balkone, Geneva Sound Systeme, Glastüren und feine Wäsche. Ins Zentrum führt ein kurzer Weg über die Brücke und das Hotelrestaurant ist ebenfalls erstklassig.

Hotel Alma BOUTIQUEHOTEL $$

(☎ 403-220-3203; www.hotelalma.ca; 169 University Gate NW; Zi. ab 129 C$, Apt. 180 C$;) Schlau versteckt auf dem Campus der Uni ist diese schicke Boutiqueunterkunft definitiv hip. Die supermodernen Zimmer im europäischen Stil sind klein, aber gemütlich und nicht überfüllt. Die Suiten haben ein Schlafzimmer und sind hübsch mit ihren Piero-Lissoni-Sofas und den handbestickten Kissen. Die Gäste haben Zugang zu allen Einrichtungen auf dem Campus, darunter ein Fitnessstudio, ein Swimmingpool und ein gutes Bistro.

Hotel Elan BOUTIQUEHOTEL $$

(Karte S. 638; ☎ 403-229-2040; www.hotelelan.ca; 1122 16th Ave SW; Zi. wochentags/Wochenende ab 249/160 C$;) Das Hotel Elan ist stylish und modern und beliebt bei Geschäftsreisenden. Die Zimmer sind eine wunderbare Überraschung nach der eher funktionalen als hübschen Lobby. Beheizte Badezimmerböden und gemütliche Matratzen sorgen für hohen Komfort genau wie Regenbrausen und Gourmetkaffeekapseln. Abseits des Zentrums ist es aber nicht weit zu Fuß zum Mittelpunkt des Geschehens an der 17th Ave.

Nuvo Hotel Suites HOTEL $$

(Karte S. 638; ☎ 403-452-6789; www.nuvohotelsuites.com; 827 12th Ave SW; Suite ab 150 C$;) Das hippe Zuhause in der Fremde, das Nuvo bietet große, stylishe Studio-Apartments im Viertel Beltline mit Küche und Waschmaschine und für einen guten Preis. Günstige Lage zur Downtown und der Uptown-Action an der 17th.

Centro Motel MOTEL $$

(☎ 403-288-6658; www.centromotel.com; 4540 16th Ave NW; Zi. inkl. Frühstück ab 114 C$; P @) Der Begriff „Boutiquemotel" klingt in sich widersprüchlich, bis man im irreführend benannten Centro eintrifft: ein altes Motelgebäude, das modern umgebaut wurde. Die privaten Besitzer haben kein Detail ausgelassen, von der Beleuchtung über die Bademäntel und die Holzböden bis zu den begehbaren Wellnessduschen. Das Motel liegt 7 km nordwestlich des Zentrums am Trans-Canada Hwy (Hwy 1).

International Hotel HOTEL $$

(Karte S. 638; ☎ 403-265-9600; www.internationalhotel.ca; 220 4th Ave SW; DZ ab 109 C$; P @) Hier sind sogar die Standardzimmer Suiten mit tollem Ausblick auf die Stadt und mit Betten gemütlich wie Wolken. Das Dekor ist recht neutral, der Service aber nicht. Es gibt eine Etage nur für Frauen und eine

INSIDERWISSEN

OHNE AUTO IN CALGARY

Als Schaltzentrale für die kanadische Ölindustrie hat Calgary den Ruf, dass hier viele dicke, protzige Autos auf verkehrsreichen Straßen durch endlose Vororte fahren. Aber jenseits der allgegenwärtigen Autostraßen verbirgt sich ein Paralleluniversum aus Straßen und Wegen (insgesamt 712 km), die Fußgängern, Radfahrern und Skatern vorbehalten sind. Viele von ihnen verlaufen an den Ufern der beiden mächtigen Flüsse der Stadt, des Bow und des Elbow. Neben den autofreien Straßen gibt es das preiswerte und effiziente Stadtbahnnetz: Der C-Train wurde 2012 erheblich erweitert und transportiert täglich so viele Fahrgäste wie etwa die Amsterdamer Straßenbahn. Ja, ganz eindeutig: Calgary ohne Auto ist nicht unmöglich oder gar unangenehm.

Die schönsten Wege führen natürlich an den Flussufern entlang. Seit jeher beliebt ist der Weg am Bow River durch die Innenstadt und über die Fußgängerbrücke Peace Bridge nach Prince's Island. Wer sich fit fühlt, läuft oder fährt auf dem Uferweg 20 km südwärts bis zum Fish Creek Provincial Park. Der Nose Creek Parkway ist die wichtigste Fußgängerstraße vom und in den Norden der Stadt, der grüne Elbow River Pathway verläuft von Inglewood nach Mission im Süden.

Direkt am innerstädtischen Bow River Pathway befindet sich Rapid Rent (S. 639), ein Laden von Outlaw Sports neben dem Einkaufszentrum Eau Claire.

Die Stadt gibt den offiziellen Stadtplan *Calgary Pathways and Bikeways* heraus, der in jedem Freizeitzentrum oder als Download von der offiziellen Website der City of Calgary (www.calgary.ca) erhältlich ist. Es gibt auch eine App fürs Handy (www.calgary.ca/mobileapps).

für Herren mit angepassten (aber etwas stereotypen) Annehmlichkeiten.

Carriage House Inn INN $$
(☎403-253-1101; www.carriagehouse.net; 9030 Macleod Trail S; Zi. 159–189 C$; P ❄ @ ≋) Von außen wirkt dieser Kasten wenig ansprechend, aber innen sieht die Sache schon ganz anders aus. Die kürzlich renovierten Zimmer sind klassisch und modern eingerichtet. Aus den bequemen Federbetten kommt man schwer wieder raus, aber in der Nähe gibt es viele Möglichkeiten, essen und shoppen zu gehen. Die Pension liegt 8 km südlich von Downtown Calgary an der Hauptverkehrsader MacLeod Trail.

Twin Gables B&B B&B $$
(Karte S. 638; ☎403-271-7754; www.twingables.ca; 611 25th Ave SW; Suite 99–175 C$; P @) So hätte Omas Haus ausgesehen – hätte man sie 1910 besucht. Das B&B mit Parkettböden, Buntglasfenstern, Tiffanylampen und alten Möbeln ist ein wenig überladen, aber absolut gemütlich. Das historische Haus hat nur drei Zimmer und liegt auf der anderen Seite vom Elbow River, d.h. Wege zum Spazierengehen liegen vor der Tür.

★ **Hotel Le Germain** BOUTIQUEHOTEL $$$
(Karte S. 638; ☎403-264-8990; www.germaincalgary.com; 899 Centre St SW; DZ ab 309 C$; P ❄ @ 🛜) 🌿 Endlich mal ein schickes Boutiquehotel, das der faden Auswahl an Franchise-Hotels in Calgarys Innenstadt etwas entgegenzusetzen hat. Das Hotel gehört zu einer kleinen franko-kanadischen Kette und hat einen fast schon opulenten Stil. Die Zimmer sind elegant, während das rund um die Uhr geöffnete Fitnessstudio, Massagen auf dem Zimmer, kostenlose Zeitungen und eine flippige Lounge für den extra Schuss Luxus sorgen.

Hotel Arts BOUTIQUEHOTEL $$$
(Karte S. 638; ☎403-266-4611; www.hotelarts.ca; 119 12th Ave SW; Suite ab 269 C$; P ❄ @ 🛜 ≋) Dieses Boutiquehotel ist stolz darauf, nicht zu einer internationalen Kette zu gehören. Seine Zielgruppe sind Reisende mit Sinn für Ästhetik, es gibt Parkettböden, Stoffe mit einer Fadenzahl, die selbst die Ägypter vor Neid erblassen ließe, und Kunstwerke an den Wänden, die in einer Galerie hängen könnten. Die standardmäßigen „King"-Zimmer sind klein, aber gut geschnitten, mit Regendusche und Verdunklungsvorhängen.

Fairmont Palliser HOTEL $$$
(Karte S. 638; ☎403-262-1234; www.fairmont.com/palliser; 133 9th Ave SW; Zi. ab 319 C$; P @ 🛜 ≋) Überall Satin, Samt und Kristall, Marmorsäulen und goldene Kuppeln – das Fairmont ist ein Palast. Aus demselben eleganten Holz geschnitzt wie die anderen Fairmont-Hotels, vermittelt das Palliser eine

wahrhaft königliche Atmosphäre und ist ohne Zweifel die außergewöhnlichste Unterkunft in Calgary. Alle 407 Zimmer sind frisch renoviert und elegant. Klassisch, schön und jeden Penny wert.

Sheraton Suites Calgary Eau Claire HOTEL $$$
(Karte S. 638; ☎403-266-7200; www.sheraton.com; 255 Barclay Pde SW; Suite ab 379 C$; P ❄ @ ☎ ≋) In toller Lage und mit unzähligen Annehmlichkeiten ausgestattet orientiert sich das Suiten-Hotel an den Bedürfnissen von Geschäftsreisenden und ist komfortabel, ohne schickimicki zu sein. Das Personal ist überaus zuvorkommend, der Parkservice und der Pool runden das Ganze noch ab.

Essen

In Calgary wächst die Restaurantszene nicht einfach nur schnell – sie entwickelt sich mit Lichtgeschwindigkeit weiter, auch in Bezug auf Qualität und Vielseitigkeit. Wo einst einsame Kühe grasten, wachsen jetzt Gemüse und Kräuter, d. h. das gute alte Alberta-Beef ist nicht mehr das Einzige, was auf der Karte auftaucht.

Die Fressmeilen befinden sich in den Vierteln Kensington und Inglewood, in der Uptown 17th Ave und im Zentrum in der Stephen St.

★ Al Forno Cafe & Bakery CAFÉ $
(Karte S. 638; ☎403-454-0308; alforno.ca; 222 7th St SW; Hauptgerichte 8–15 C$; ⊙Mo–Fr 7–21, Sa & So 8–21 Uhr) Dieses ultramoderne, supergemütliche Café ist einer der Orte, an dem man den ganzen Tag abhängen möchte. Bier vom Fass, Weinkaraffen und ausgezeichneter Kaffee halten einen sicher nicht von Bleiben ab, genauso wenig wie die Zeitschriften, gemütlichen Sofas oder Fensterplätze. Pasta, Fladenbrot, Salate, Suppen und Panini – alles selbst gemacht, man hat kaum mehr Platz für die tollen Kuchen, Torten und Kekse.

★ 1886 Buffalo Cafe FRÜHSTÜCK $
(Karte S. 638; 187 Barclay Pde SW; ⊙Mo–Fr 6–15, Sa & So ab 7 Uhr) Das ist ein richtig bodenständiges Diner im von Wolkenkratzern geprägten Zentrum. Das Café aus dem Jahr 1911 hat als einziges Gebäude des Schrottplatzes, der sich früher hier befand, überlebt und der Innenraum vermittelt eine authentische Atmosphäre mit Familienfotos und alten Uhren. An so einem Ort steht immer noch Ketchup auf dem Tisch und man bekommt so viel Kaffee, wie man will. Die Brunches und vor allem die Huevos Rancheros sind äußerst beliebt.

Myhre's Deli DELI $
(Karte S. 638; 1411 11th St SW; Hauptgerichte 5–13 C$; ⊙11–16 Uhr) Seit 15 Jahren befriedigt das Deli Fleischgelüste. Das Interieur aus Mahagoni und die Vintage-Schilder wurden restauriert und stammen aus dem Palace of Eats, von 1918 bis 1964 eine Institution an der Stephen Ave. Die mit Montrealer Rauchfleisch gefüllten Sandwiches werden frisch gemacht und für jeden Rinder-Hotdog, einschließlich dem gedünsteten Hotdog „Ruben" mit Sauerkraut, kann man sich einen der sieben Senfsorten aussuchen. Auf allem thront oben eine saure Gurke.

Janice Beaton Fine Cheese KÄSE $
(Karte S. 638; ☎403-229-0900; janicebeaton.com/shop; 1017 16th Ave SW; Käse 3–15 C$; ⊙Sa–Do 10–18, Fr bis 19 Uhr) Dieser Laden verkauft seit 15 Jahren Käse in Calgary und ist ein echter Geheimtipp für alle Käsefans. Man kann sich von der Schweiz bis nach Salt Spring durchfuttern – ob man nun auf Blauschimmelkäse steht oder auf Cheddar, hier gibt es für jeden Geschmack das Richtige. Dazu passt das selbstgebackene Fladenbrot perfekt. Und Janice Beaton? Diese Frau kennt ihren Käse.

Jelly Modern Doughnuts BÄCKEREI $
(Karte S. 638; ☎403-453-2053; www.jellymoderndoughnuts.com; 1414 8th St SW; Donuts ab 2 C$; ⊙Mo–Fr 7–18, Sa 9–18, So bis 17 Uhr) Ganz in pink und nach Zucker duftend hat sich das Jelly Modern auf seltsame Dunuts-Kreationen spezialisiert. Die Varianten mit Ahorn und Bacon oder mit Bourbon-Vanille verhindern sicherlich keine Herzanfälle, aber sie sorgen dafür, dass jeder Donut, den man vorher probiert hat, dagegen definitiv fade erscheinen wird.

Gravity Espresso & Wine Bar CAFÉ $
(www.cafegravity.com; 909 10th St SE; leichte Mittagessen 6–12 C$; ⊙So & Mo 8–18, Di–Do bis 22, Fr & Sa bis 24 Uhr) Diese Kreuzung aus Café und Bar, die je nach Kundschaft und Tageszeit ihren Charakter ändert, ist ein durchdachtes, gemeinschaftlich geführtes Unternehmen. Der Knackpunkt des Lokals sind die vor Ort gerösteten Phil & Sebastian-Kaffeebohnen, aber das ist nur der Auftakt für viele andere Highlights, einschließlich Livemusik, Curry-Abende, selbstgebackene Snacks und Spendenveranstaltungen.

Galaxie Diner FRÜHSTÜCK $

(Karte S. 638; ☎ 403-228-0001; www.galaxiediner.ca; 1413 11th St SW; Hauptgerichte 9–15 C$; ⊙ Mo–Fr 7–15, Sa & So bis 16 Uhr) Es sieht viel authentischer aus, als der Name vermuten lässt. Dieser Klassiker ohne viel Schnickschnack im Stil der 1950er-Jahre serviert den ganzen Tag Frühstück, Burger und Milkshakes. Entweder quetscht man sich an einen der Tische, schnappt sich einen Hocker an der Bar oder (und das ist wahrscheinlicher) man reiht sich in die Schlange an der Tür ein.

Higher Ground CAFÉ $

(Karte S. 638; ☎ 403-270-3780; www.highergroundcafe.ca; 1126 Kensington Rd NW; Snacks 5–8 C$; ⊙ Mo–Do 7–23, Fr–So 8–24 Uhr) Das Higher Ground sorgt in Calgarys alternativen Kaffeebarszene für den Schuss hausgerösteten Koffeins, den sie braucht, und ist ein köstlicher Mix aus Kunstgalerie, Klatschladen, öffentlichem Theater und Gemeinde-Ressource. Hier kommt man her, um Paninis, die als Mittagessen ausreichen, und eine äußerst gute Tasse Kaffee zu genießen.

Peter's Drive-In BURGER $

(☎ 403-277-2747; www.petersdrivein.com; 219 16th Ave NE; Hauptgerichte 2,50–5 C$; ⊙ 9–24 Uhr) Seit das Peter's 1962 eröffnet wurde, kommen die Einheimischen in Scharen hierher. Das Angebot hat sich seit damals kaum verändert: dickflüssige Shakes, Burger frisch vom Grill und Pommes, die gar nicht erst so tun, als wären sie gesund. Das hier ist ein echter Drive-in, also entweder mit dem Auto kommen oder sich mit einem Platz auf dem Rasen davor zufriedengeben.

★ Market KANADISCH $$

(Karte S. 638; ☎ 403-474-4414; marketcalgary.ca; 718 17th Ave SW; Hauptgerichte mittags 12–17 C$, abends 8–20 C$; ⊙ 11.30 Uhr–open end) Das preisgekrönte Market hat eine erdige, aber futuristische Atmosphäre und betreibt den Trend, alles frisch und lokal zuzubereiten, besonders ehrgeizig. Hier wird nicht nur eigenes Brot gebacken, sondern auch geschlachtet und Fleisch verarbeitet, Käse hergestellt und das ganze Jahr über 16 verschiedene alte Samensorten gezüchtet. Und als würde das noch nicht reichen, wird alles dann zu Gerichten verarbeitet, die lecker und absolut überzeugend sind.

Simmons Mattress Factory KANADISCH $$

(Karte S. 638; www.evexperience.com/simmons; 618 Confluence Way SE; Bäckerei 7–12 C$, Restaurant Hauptgerichte 12–25 C$; ⊙ Gebäck 8–18 Uhr, Restaurant 11.30–22 Uhr, Café 7.30–21 Uhr) Diese alte Backsteinfabrik haucht Inglewood neues Leben ein, denn hier kümmert man sich um alle kulinarischen Gelüste: Charbars Restaurant die Treppe rauf und auf dem Dach serviert unglaubliche Gerichte direkt von der Feuerstelle, in der Sidewalk Citizen Bakery füllt man seinen Magen mit Salaten, Sandwiches und anderen Leckereien, und Phil & Sebastian Coffee Roasters versorgen einen mit verdammt gutem Kaffee.

Without Papers PIZZA $$

(☎ 403-457-1154; wopizza.ca; 1216 9th Ave SE; Pizzas 16–22 C$; ⊙ Mo–Do 11–22, Fr & Sa bis 23, So 16–21 Uhr) Die authentischen Pizzas werden in einem italienischen Pizzaofen gebacken, der durch die Decke heruntergelassen wurde. Der Name der lebhaften Pizzeria ist eine Anspielung auf die frühen italienischen Einwanderer, aber die Pizzas und Calzones sind frisch und kreativ. Die Wände sind mit alten Filmplakaten geschmückt und die Tische mit vielen glücklichen Pizzaessern bevölkert.

Una PIZZA $$

(Karte S. 638; ☎ 403-453-1183; www.unapizzeria.com; 618 17th Ave SW; Pizzas 17–22 C$; ⊙ 11.30–1 Uhr) Vor dieser Tür bildet sich häufig eine Schlange, aber es scheint keinem was auszumachen zu warten – so gut sind hier die Pizzas mit dünnem Boden. Die Beläge, wie zweifach geräucherter Speck und *fior di latte*-Mozzarella, könnten durchaus süchtig machen. Dazu gibt's auch noch guten Hauswein.

Ox and Angela TAPAS $$

(Karte S. 638; ☎ 403-457-1432; www.oxandangela.com; 528 17th Ave SW; Tapas 4–14 C$; ⊙ 11.30 Uhr–open end) Ein Stück Spanien ins moderne Calgary zu bringen, klingt vielleicht nicht wie eine erfolgsversprechende Geschäftsidee, aber das Ox and Angela hat es mit bunten Kacheln und leckeren Tapas irgendwie trotzdem geschafft. Man bestellt sich nach und nach durch die Karte aus Manchego-Käse, Tortilla und *jamón serrano*.

Mercato ITALIENISCH $$

(Karte S. 638; ☎ 403-263-5535; www.mercatogourmet.com; 2224 4th St SW; Hauptgerichte 16–22 C$; ⊙ 11.30–23 Uhr) Das Mercato im Viertel Mission gehört zu einem italienischen Feinkostgeschäft, das von Kaffee bis Salami alles verkauft. Es ist eines dieser Restaurants, in dem alles stimmt: Einrichtung, Service, die authentische Dolce-Vita-Atmosphäre, das Essen und die Preise.

Pulcinella ITALIENISCH $$

(Karte S. 638; ☎ 403-283-1166; www.pulcinella.ca; 1147 Kensington Cres NW; Pizza 15–20 C$; ⏱ 11.30–23 Uhr) Mit einem echten Pizzaofen spezialisiert sich das Pulcinella auf köstliche dünne und knusprige neapolitanische Pizzas mit bewusst schlichtem Belag. Und man darf auch keinen Fall gehen, ohne das selbstgemachte *gelato* mit Sorten wie Sauerkirsche und Pistazie probiert zu haben.

Blink FUSION $$

(Karte S. 638; ☎ 403-263-5330; www.blinkcalgary.com; 111 8th Ave SW; Hauptgerichte ab 20 C$; ⏱ Mo–Fr 11–14, Mo–Sa 17–22 Uhr) Es ist wahr, diese kleine Oase, die sich an einer geschäftigen Straße versteckt, ist leicht zu übersehen, doch das wäre eine echte Schande. In diesem trendigen Gastroparadies ist ein gefeierter Küchenchef Herr über die ständig wechselnde Karte mit exquisiten Gerichten wie Ravioli mit geräuchertem Ricotta, Walnüssen und Trüffel-Vinaigrette oder Roastbeef mit karamellisierten Schalotten und Rotweinsauce. Das Essen ist frisch zubereitet und die Zutaten stammen, wenn möglich, von lokalen Erzeugern.

Catch SEAFOOD $$

(Karte S. 638; ☎ 403-206-0000; www.catchrestaurant.ca; 100 8th Ave SW; Hauptgerichte 17–27 C$; ⏱ Mo–Fr 11.30–14, Mo–Sa 17–22 Uhr) Das Problem haben alle Fischrestaurants im küstenlosen Calgary: Wer mit frischem Fisch wirbt, der kann ihn nicht aus der Region beziehen. Diese Wortklauberei umgeht das in einem alten Bankgebäude auf dem Stephen Ave Walk untergebrachte, belebte und allzeit beliebte Catch, indem es seinen „Fisch aus frischem Fang" täglich von beiden Küsten (British Columbia und den Maritimes, d.h. New Brunswick, Nova Scotia & P.E.I.) einfliegen lässt.

Teatro ITALIENISCH $$$

(Karte S. 638; ☎ 403-290-1012; www.teatro.ca; 200 8th Ave SE; Hauptgerichte mittags 18–20 C$, abends 28–50 C$ ⏱ Mo–Fr 12–16, tgl. 17–22 Uhr) In einem majestätischen Bankgebäude neben dem Epcor Centre of Performing Arts untergebracht, versprüht das Teatro mit seiner Marmorbar, den verschlungenen Metallverzierungen und den geschwungenen Sofas mit hoher Rückenlehne einen Hauch Jugendstil. Auch die Gerichte sind Kunstwerke und vereinen italienische Einflüsse, französische Nouvelle Cuisine und ein bisschen traditionelles Alberta.

Model Milk KANADISCH $$$

(Karte S. 638; ☎ 403-265-7343; www.modelmilk.ca; 108 17th Ave SW; Hauptgerichte 19–32 C$; ⏱ 17–1 Uhr) Die Karte des Model Milk hat sich sich schon wieder geändert, bevor die Tinte trocken ist, aber die Auswahl in der ehemaligen Molkerei, die in ein hippes Restaurant verwandelt wurde, ist immer hervorragend. Favoriten sind Grütze und Wurst oder Hühnchen mit Buttermilchwaffeln und Erdnuss-Krautsalat. Der Service ist ausgezeichnet und das coole Ambiente wird durch die offene Küche und die freie Bestuhlung begünstigt.

Rouge FUSION $$$

(☎ 403-531-2767; www.rougecalgary.com; 1240 8th Ave SE; Hauptgerichte mittags 16–20 C$, abends 30–46 C$; ⏱ Mo–Fr 11.30–13.30, Mo–Sa 17–22 Uhr) Das Rouge ist eines der berühmtesten Restaurants der Stadt und befindet sich in Inglewood in einem historischen Herrenhaus von 1891. Man bekommt sehr schwer einen Tisch, aber wenn die Hürde einmal genommen ist, kann man die kreativen, nachhaltigen Gerichte und den außergewöhnlichen, nahezu königlichen Service genießen. Die Karte ändert sich wöchentlich, aber man findet darauf Gerichte wie Enten- und Pistazienterrine, Rinderbolognese mit handgeschnittenen Nudeln oder Stachelkopf mit Curry-Kokosnuss-Sauce.

Ausgehen & Nachtleben

Belebte Kneipen und eine ganze Reihe von Martini-Lounges findet man auf der 17th Ave NW und die 4th St SW ist für ihre After-Work-Szene bekannt. Auch die Gegend rund um die Kensington Rd NW und die Stephen Ave ist eine gute Option. Abends beherrschen Stretchlimos und laute Junggesellenabschiede in angesagten Bars das Bild. In der Zeitschrift *Outlooks* (www.outlooks.ca) gibt's Ausgeh-Tipps für Schwule und Lesben.

★ Proof COCKTAILBAR

(Karte S. 638; ☎ 403-246-2414; www.proofyyc.com; 1302 1st St SW; ⏱ 16–1 Uhr) Das Lokal ist vielleicht klein, aber die Bar ist so hoch, dass man eine Bibliotheksleiter braucht. Dicke Lederstühle und viel Metall und Holz unterstreichen die Handwerkskunst – genau wie die fachmännisch gemixten Cocktails. Selbst die Karte ist wunderschön und die Drinks sehen so unglaublich aus, dass man sie fast nicht trinken will. Fast.

Cru Juice SAFTBAR
(Karte S. 638; ☎ 403-452-2159; www.crujuice.com; 816 16th Ave SW; Saft 7–12 C$) Kaltgepresster Saft ist der letzte Schrei in Calgary. Man findet ihn in trendigen Cafés oder in diesem Flagship-Store. Manche Sorten sind superlecker, wie The Pixie (Wassermelone, rosa Grapefruit, Erdbeere, Limone und Minze), andere sind weniger anspruchsvoll – z. B. Dirty Lemonade (Limone, Honig, Tonerde und Aktivkohle).

Analog Coffee KAFFEE
(Karte S. 638; www.fratellocoffee.com; 740 17th Ave SW; Kaffee 2–5 C$; ⌚7–22 Uhr) Die dritte Welle der Kaffee-Szene ist in Calgary angekommen, angeführt von Unternehmen wie Fratello, das dieses enge Szene-Café in der 17th Ave betreibt. Auf einer Tafel werden die Bohnen des Tages angekündigt, an der hinteren Wand hängen reihenweise alte Schallplatten.

Barley Mill PUB
(Karte S. 638; ☎ 403-290-1500; www.barleymillcalgary.com; 201 Barclay Pde SW; ⌚11 Uhr–open end) Dieser Pub wurde im Stil der 1900er-Jahre eingerichtet, für das oberste Stockwerk wurde das Originalholz der Destillerie verwendet und draußen dreht sich ein echtes Wasserrad. Das Barley Mill lockt mit Snacks, einer großen Auswahl an Fassbieren und einer gut bestückten Bar viele Leute an. Zwei Höfe für heiße und ein großer Steinkamin für kalte Zeiten sorgen dafür, dass hier immer was los ist.

Back Lot SCHWULE
(Karte S. 638; thebacklotbar.com; 209 10th Ave SW; ⌚21–2.30 Uhr) Calgarys älteste Schwulenbar ist im Stile West Hollywoods eingerichtet – d. h. mit einer Menge Ecken und Kanten. Die Drinks sind preiswert und es gibt oft Livebands oder Karaoke.

Twisted Element SCHWULE & LESBEN
(Karte S. 638; www.twistedelement.ca; 1006 11th Ave SW; ⌚Mi–So 21 Uhr–open end) Immer wieder wird dieser Club von der einheimischen Gay-Community zur besten Dance-Location für Schwule und Lesben gewählt. Hier gibt's jede Woche Travestieshows und Karaokeabende, und jeden Abend stehen DJs am Plattenteller. Der Slogan hier heißt: Sich zu outen war schwer genug, auszugehen sollte das nicht sein.

HiFi Club CLUB
(Karte S. 638; www.hificlub.ca; 219 10th Ave SW; ⌚Mi–So 21–2.30 Uhr) Das HiFi ist so etwas wie ein Hybrid-Club. Hier gibt's Rap, Soul, House, Electro und Funk auf die Ohren, die Live-DJs sind auf schweißtreibende Rhythmen spezialisiert und bringen die Tanzfläche Abend für Abend zum Beben.

Rose & Crown PUB
(Karte S. 638; ☎ 403-244-7757; www.roseandcrowncalgary.ca; 1503 4th St SW; ⌚11 Uhr–open end) Dieser britisch angehauchte Pub befindet sich einem ehemaligen Bestattungsinstitut aus den 1920er-Jahren und viele glauben, das Gebäude wäre deshalb verflucht. Trotz allem ist die Kneipe, die sich auf mehrere Ebenen erstreckt, extrem beliebt, um ein Bierchen zu trinken. Oben sind die Wände mit Vintage-Tapeten geschmückt und man könnte auf ein oder zwei Geister treffen.

Hop In Brew PUB
(Karte S. 638; ☎ 403-266-2595; 213 12th Ave SW; ⌚16 Uhr–open end) Ohne das handbedruckte Pub-Zeichen im Fenster würde man denken, es ist nur ein altes Kunstgewerbehaus, das sich verzweifelt gegen die brandneuen Eigentumswohnungen zur Wehr setzt. Schlicht und gemütlich, mit guter Musik und vielen Fassbieren, landet das Hop immer wieder in Calgarys Topliste der besten Bars.

☆ Unterhaltung

Ausführliche Infos zum Unterhaltungsprogramm gibt's im *ffwd* (www.ffwdweekly.com), dem größten wöchentlichen Unterhaltungsmagazin der Stadt, das es kostenlos in vielen Kaffeebars, Restaurants und Kästen an der Straße in Calgary, Banff und Canmore gibt.

Ironwood Stage & Grill LIVEMUSIK
(www.ironwoodstage.ca; 1229 9th Ave SE, Inglewood; ⌚Shows So–Do 20, Fr & Sa 21 Uhr) Die trendigere Welt von Inglewood ist die Basis für Calgarys Musikszene. Jeden Abend treten entweder einheimische Bands oder bekanntere Tourneegruppen im einladenden, holzverkleideten Ironwood auf. Standard sind Country und Folk und es sind alle Altersklassen vertreten.

Calgary Flames ZUSCHAUERSPORT
(☎ 403-777-0000; flames.nhl.com) Die Eishockeyspiele der Calgary Flames, Erzrivalen der Edmonton Oilers, werden zwischen Oktober und April im **Saddledome** (Karte

S. 638; Stampede Park) ausgetragen. Zum Spiel trägt man am besten Rot und trifft sich danach in der 17th Ave bzw. der „Red Mile“, wie sie während der Playoffs auch genannt wird.

Loose Moose Theatre Company THEATER
(☎ 403-265-5682; www.loosemoose.com; 1235 26th Ave SE) Das Loose Moose in der Nähe von Inglewood bedeutet Spaßgarantie. Es ist auf Improvisations-Comedy spezialisiert, manchmal mit Publikumsbeteiligung (es soll keiner sagen, wir hätten nicht gewarnt!). Außerdem gibt's Kindertheater.

Epcor Centre for the Performing Arts THEATER
(Karte S. 638; www.epcorcentre.org; 205 8th Ave SE) *Das* Zentrum der Theaterszene in Calgary. Das Epcor umfasst vier Theatersäle und eine der besten Konzerthallen Nordamerikas, hier kann man alles sehen, von Ballet bis Bollywood.

Globe Cinema KINO
(Karte S. 638; www.globecinema.ca; 617 8th Ave SW) Das Programmkino hat sich auf ausländische Filme und kanadisches Kino spezialisiert. Beides ist in herkömmlichen Kinos kaum zu sehen. Dienstags- und Nachmittagsvorstellungen am Wochenende sind billiger.

Plaza Theatre KINO
(Karte S. 638; ☎ 403-283-3636; 1113 Kensington Rd NW) In den 1920er-Jahren eigentlich als Garage gebaut, wurde das Plaza in den Zeiten der Depression in den 1930er-Jahren zum Nachbarschaftskino umfunktioniert. Es ist das letzte seiner Art in Calgary. Mitten in Kensington werden Arthouse-Filme und Kultklassiker gezeigt. Per Telefon erfährt man rund um die Uhr was läuft.

Broken City LIVEMUSIK
(Karte S. 638; ☎ 403-262-9976; www.brokencity.ca; 613 11th Ave SW; ⏲ 11–2 Uhr) Hier passiert jeden Abend irgendwas auf der Bühne – von Jazzjams über Hiphop bis zu Comedy und Quizabenden. Die Dachterrasse ist im Sommer perfekt und die kleine, aber gut durchdachte Karte macht alle glücklich, ob es einem nach Steaksandwich oder nach veganen Blumenkohl-Wings gelüstet.

Calgary Stampeders ZUSCHAUERSPORT
(☎ 403-289-0258; www.stampeders.com) Die Calgary Stampeders spielen in der Canadian Football League (CFL), und zwar von Juli bis September. Ihre Heimspielstätte ist das **McMahon Stadium** (1817 Crowchild Trail NW) im University District, 6 km nordwestlich der Innenstadt.

Pumphouse Theatres THEATER
(www.pumphousetheatres.ca; 2140 Pumphouse Ave SW) Dieses Theaterensemble spielt in einem ehemaligen Pumpenhaus und hat Avantgardestücke und ausgefallene Produktionen wie *One Man Star Wars Trilogy* im Programm.

Shoppen

Calgary hat mehrere gute Shoppinggegenden, aber die liegen recht weit auseinander. Eine gute Auswahl an interessanten, modischen Klamottenläden und flippigen Schmuckgeschäften findet man in Kensington und in der 17th Ave SW. Der Stephen Ave Walk ist eine Fußgängerzone mit Shops, Buchläden und einem gewissen Flair. In Inglewood gibt's Antiquitäten, Ramsch, Apotheken und Secondhand-Bücher und -Vinyl-Schallplatten.

Tea Trader TEA
(☎ 403-264-0728; www.teatrader.com; 1228a 9th Ave SE; ⏲ Di–Sa 10–17, So 12–16 Uhr) Kanadier sind und bleiben kanadisch und sogar in Calgary trinken sie Tee. Zu diesem kleinen Laden geht's ein paar Stufen hoch, man verpasst ihn leicht, aber es lohnt sich, nach ihm zu suchen. Tees aus der ganzen Welt reihen sich auf den Regalen aneinander, aber auch einige einheimische Sorten: Calgary Welsh Breakfast oder Alberta Clipper.

Smithbilt Hats KLEIDUNG
(☎ 403-244-9131; www.smithbilthats.com; 1103 12th St SE; ⏲ Mo–Do 9–17, Fr 8–16.30 Uhr) Wer schon immer wissen wollte, wie Cowboyhüte gemacht werden, der kann es hier herausfinden. Die Hutmachertradition von Smithbilt reicht bis in die Zeit zurück, als man noch draußen sein Pferd parkte. Man kann zwischen Stroh und Biber wählen, entsprechend sind die Preise.

Alberta Boot Co SCHUHE
(☎ 403-263-4605; www.albertaboot.com; 50 50th Ave SE; ⏲ Mo–Sa 9–18 Uhr) Fabrik und Laden des einzigen Cowboystiefelherstellers der Provinz. Die Stiefel werden aus Känguru-, Bullen- oder ganz langweilig Rinderleder gefertigt. Mehr als 200 Stunden Arbeit stecken in jedem Schuh – die Schuhe werden auch für Kunden individuell angefertigt. Die Preise reichen von 375 bis 2100 C$.

Praktische Informationen

Hauptpost (Karte S. 638; 207 9th Ave SW; ⊙ Mo–Fr 8–17.45 Uhr)

Tourismus Calgary (Karte S. 638; www.tourismcalgary.com; 101 9th Ave SW; ⊙ 8–17 Uhr) Betreibt am Fuße des Calgary Tower eine Touristeninformation. Das Personal ist bei der Suche nach einer Unterkunft behilflich. Auf der Ankunfts- und Abfahrtsebene des Flughafens gibt es Infostände.

An- & Weiterreise

AUTO & MOTORRAD

Am Flughafen und in der Innenstadt sind alle großen Autovermietungen vertreten.

BUS

Vom Busbahnhof von **Greyhound Canada** (☎ Busbahnhof 403-263-1234, Kartenverkauf 800-661-8747; www.greyhound.ca; 850 16th St SW) fahren Busse nach Banff (29 C$, 1¾ Std.), Edmonton (52 C$, 3½ Std.), Drumheller (38 C$, 1¾ Std.) und Lethbridge (46 C$, 2½ Std.). Online gibt es Angebote.

Wer komfortabler reisen will, fährt mit den superluxuriösen Bussen von **Red Arrow** (Karte S. 638; www.redarrow.pwt.ca; 205 9th Ave SE) nach Edmonton (71 C$, 3½ Std., 6-mal tgl.) und Lethbridge (49 C$, 2½ Std., 1-mal tgl.).

Canmore und Banff (65 C$, 2¼ Std., 8-mal tgl.) werden von den Bussen des legendären Unternehmens Brewster (www.brewster.ca) angefahren.

Red Arrow startet im Zentrum an der Ecke 9th Ave SE und 1st Ave SE. Die Brewster-Busse holen einen an vielen zentralen Hotels ab. Beim Buchen angeben.

FLUGZEUG

Der **Calgary International Airport** (YYC; www.ycc.com) liegt etwa 15 km nordöstlich der Innenstadt am Barlow Trail, 25 Minuten mit dem Auto.

ZUG

Aus unerfindlichen Gründen wird Calgary nicht von Personenzügen angefahren (dafür aber Edmonton und Jasper). Von diesen Zielen aus muss man sich andere Transportmöglichkeiten suchen.

Unterwegs vor Ort

AUTO & MOTORRAD

Im Zentrum von Calgary zu parken, ist ein teurer Albtraum – auf diese Weise will man die Leute dazu bringen, doch lieber öffentliche Verkehrsmittel zu benutzen. Zum Glück haben die meisten Hotels in der Innenstadt Tiefgaragen. Private Parkplätze kosten etwa 20 C$ pro Tag. Es gibt auch einige gebührenpflichtige Parkplätze. Außerhalb des Stadtkerns ist das Parken kostenlos und eine freie Parklücke deutlich einfacher zu finden.

Calgary hat den größten Fuhrpark an Smarts von car2go (www.car2go.com), eine sehr praktische Art, in der Stadt rumzukommen oder sogar zum Flughafen zu fahren.

ABSTECHER

TURNER VALLEY

Fährt man auf dem Cowboy Trail (Hwy 22) Richtung Süden, kommt man durch Turner Valley. Zuerst sieht alles hier wie eine ganz normale Kleinstadt aus – bis man seine Nase hinausstreckt und das in der Luft liegende Aroma inhaliert. Turner Valley ist auf jeden Fall einen Zwischenstopp wert, um sowohl den Magen als auch die Hausbar zu füllen.

Chuck Wagon Cafe (www.chuckwagoncafe.ca; 105 Sunset Blvd, Turner Valley; Hauptgerichte 15–30 C$; ⊙ Mo–Fr 8–14.30, Sa & So bis 15.30 Uhr) In einer winzigen roten Scheune befindet sich das legendäre Café, das wie eine richtige Landküche wirkt – die hungrigen Gäste fahren meilenweit hierher. Bei dem umfangreichen Rund-um-die-Uhr-Frühstück mit geräuchertem Hackfleisch, Triple-A-Steak und Eiern Benedict entfährt einem leicht ein „Yeehaw!" Auf dieser Ranch gibt's nur vom Feinsten.

Eau Claire Distillery (www.eauclairedistillery.ca; Verkostung 6,50 C$, Verkostung & Tour 12 C$, Cocktails 17–20 C$; ⊙ Mo–Do 11–18, Fr & Sa 10–20, So 10–18 Uhr, Geführte Touren 12, 14 & 16 Uhr) Neben dem Café befindet sich die erste Craft Distillery der Provinz, die Getreide aus Alberta und individuell abgestimmte deutsche Destillate verwendet. Untergebracht im früheren Kino der Stadt, neben dem einst ein Bordell stand, bietet diese preisgekrönte Location Verkostungen von Gin, Wodka und EquineOx (ein Schnaps auf Gerstenbasis), versehen mit natürlichen Aromen wie Kaktusfeige und Zitrone, sowie von Single-Malt-Whiskey an. Am besten nimmt man an einer Führung teil und schlürft danach einen Cocktail an der Bar.

VOM/ZUM FLUGHAFEN

Von etwa 8.30 bis 21.45 Uhr pendelt **Sundog Tours** (☎403-291-9617; www.sundogtours.com; Erw./Kind einfach 15/8 C$) jede halbe Stunde zwischen allen großen Hotels der Innenstadt und dem Flughafen hin und her.

Zwischen dem Flughafen und der Innenstadt pendeln auch öffentliche Verkehrsmittel. Vom Flughafen aus Bus 57 bis zur Haltestelle Whitehorn (nordöstlich vom Zentrum) nehmen und in den C-Train umsteigen; vom Zentrum aus gilt dasselbe in umgekehrter Reihenfolge. Oder man steigt in den Bus 300, der vom Zentrum den ganzen Weg zum Flughafen fährt. Die Fahrt kostet in beiden Fällen nur 3 C$ und dauert zwischen 45 Minuten und einer Stunde.

Für eine Taxifahrt aus der Innenstadt zum Flughafen werden rund 35 C$ fällig.

ÖFFENTLICHE VERKEHRSMITTEL

Calgary Transit (www.calgarytransit.com) ist effizient und sauber. Zur Auswahl stehen das Netz des Light Rapid Transit (LRT), auch C-Train genannt, und herkömmliche Busse. Mit einer Fahrkarte (3 C$) kann man zwischen verschiedenen Bussen und C-Trains wechseln. Die Fahrt mit dem C-Train ist im Innenstadtbereich entlang der 7th Ave zwischen 10th St SW und 3rd St SE kostenlos. Wer weiterfährt oder umsteigen muss, der holt sein Ticket an einem der Automaten auf den C-Train-Bahnsteigen. Die meisten Busse fahren täglich in Abständen von 15 bis 30 Minuten. Nachtbusse oder Ähnliches gibt es nicht.

TAXI

Bei **Checker Cabs** (☎403-299-9999; www.thecheckergroup.com) oder **Calgary Cabs** (☎403-777-1111) kann man sich ein Taxi rufen. Die ersten 150 m kosten 3 C$, danach sind es 0,20 C$ für jede weiteren 150 m.

BANFF & JASPER NATIONAL PARKS

Die Nationalparks Banff und Jasper, die von den Rocky Mountains durchzogen werden, sind von eindrucksvoller, ungezähmter Wildnis geprägt. Zerklüftete Berggipfel kratzen am Horizont und riesige Gletscher kleben an ihren Schluchten. Glasklare Seen glitzern wie Smaragde, Türkise und Saphire, und werden gefüllt von den Wasserfällen, die von den Klippen stürzen und durch die bodenlosen Canyons tosen. Tiefe Wälder bedecken weite Täler und erhöhte Almwiesen explodieren vor leuchtenden Blumen. So eine Landschaft kennt man nur von Postkarten, und hier hat man sie direkt vor den Füßen. Mittendrin wandern viele scheue Wildtiere umher: Bären, Elche, Elche, Wölfe und Dickhornschafe.

Von den Tausenden von Nationalparks, die es heute überall auf der Welt gibt, ist der 1885 gegründete Banff National Park der drittälteste und Kanadas erster überhaupt, der angrenzende Jasper National Park ist nur 22 Jahre jünger. Die zwei benachbarten Parks an der Ostseite der kanadischen Rock Mountains wurden 1984 zum UNESCO-Weltnaturerbe ernannt. Im Gegensatz zu einigen abgeschiedenen nordamerikanischen Parks gibt es hier kleine Dörfer, die jedes Jahr zwischen 2 und 5 Mio. Besucher anlocken.

Trotz der Scharen, die sich an den Sehenswürdigkeiten der Parks, wie Lake Louise und Miette Hot Springs, tummeln, ist es überhaupt nicht schwer, diese erhabene Zauberwelt auch in Ruhe zu genießen. Egal, auf welche Art man die Parks erkundet, ob man nun wandert, Ski fährt, paddelt oder einfach nur am Ufer eines Sees unter den sich wie Festungen auftürmenden Bergen sitzt, die Intensität und die Ausmaße dieser Parks werden auch den erfahrensten Reisenden überwältigen. Je mehr man sich ansieht, desto mehr lernt man die Magie dieser Parks zu schätzen – und desto mehr entdeckt man.

Kananaskis Country

Kananaskis, oder K-Country, wie es die Einheimischen nennen, ist ein bergiges Shangri-La mit all den Naturschönheiten des Banff National Park, aber fast ohne Trubel. Mit wenig Verkehr und ohne Zäune ist die Wahrscheinlichkeit groß, hier auf wilde Tiere zu treffen. Kananaskis grenzt im Südosten an den Banff National Park und auf dem Areal von beachtlichen 4000 km² gibt es hier viel zu entdecken. Zum Glück führen Wanderwege tief hinein in das Gebiet. Wanderer, Skilangläufer, Radfahrer und Kletterer – meist Einheimische – lieben diese Berge, die eine perfekte Kombination aus wild und erschlossen, unberührt und einladend sind. Falls man ein Déja-vu-Erlebnis hat, liegt es wohl daran, dass man die Landschaft in einem der zahllosen Filme gesehen hat, die hier über die Jahre gedreht wurden, darunter auch *Brokeback Mountain*.

Am Ostrand der Berge führt der landschaftlich schöne und kaum befahrene Hwy 40 (Abzweigung nach Süden vom Hwy 1, 20 km östlich von Canmore) zu den Kan-

Banff National Park

Banff National Park

Highlights

1 Athabasca Glacier A1
2 Banff National Park C2
3 Glacier Skywalk A1
4 Yoho National Park B3

Sehenswertes

5 Columbia Icefield A1
6 Columbia Icefield Discovery Centre A1
7 Kootenay National Park B4
8 Peyto Lake B2
9 Weeping Wall A1

Aktivitäten, Kurse & Touren

Athabasca Glacier Icewalks ...... (siehe 13)
Glacier Adventure .... (siehe 6)
10 Lake Louise Ski Area C3
11 Mt. Norquay C3
12 Sunshine Village C4

Schlafen

13 Glacier View Inn A1
14 Kicking Horse Campground B3
15 Two Jack Lakeside D3
16 Waterfowl Lakes Campground B2
17 Wilcox Creek Campground A1

Essen

18 Num-Ti-Jah Lodge B2

anaskis-Seen, zweigt dann zur unbefestigten Smith-Dorrien Rd ab und bildet somit eine malerische Rundstrecke zurück nach Canmore. Wer noch Zeit hat, kann auch weiter auf dem Hwy 40 bis zum Highwood House fahren – durch herrliche dichte Fichtenwälder, durchsetzt von schroffen Gipfeln und manchmal einem Elch am Straßenrand. Die reizvolle Straße ist auf jeden Fall eine kaum befahrene und lohnenswerte Strecke (dieser Straßenabschnitt ist jedoch im Winter gesperrt).

Aktivitäten

K-Country ist zugleich auch C-Country, Cowboy-Land. Die **Boundary Ranch** (☎ 403-591-7171; www.boundaryranch.com; Hwy 40; Reiten ab 46 C$; ⏲ Mai–Okt.) bietet Reitwanderungen, die von einer Stunde bis zu mehreren Tagen dauern können.

Nakiska (www.skinakiska.com; Hwy 40) wurde für die Ski-Alpin-Wettkämpfe der Olympiade 1988 gebaut. Das Skigebiet liegt 5 Minuten Fahrt südlich von Kananaskis Village, dem Dienstleistungszentrum der Region, und ist ein Traum für Skirennfahrer. Die kanadischen Spitzenskiläufer trainieren hier immer wieder. Das andere Skigebiet im K-Country, Fortress Mountain, ist seit 2004 mal offen, mal gesperrt (meist gesperrt).

Der Kananaskis River hat Stromschnellen der Klasse II und III und wird gern von Unternehmen genutzt, die in Banff Wildwasserfahrten anbieten.

★ **Peter Lougheed Provincial Park** WANDERN
(www.albertaparks.ca/peter-lougheed) Die ruhigen Wege und das Hinterland im K-Country eignen sich hervorragend zum Wandern, vor allem in diesem 304 km² großen Park auf der Westseite vom Kananaskis Valley. Dazu gehören die **Upper** und **Lower Kananaskis Lakes** und der **Highwood Pass**, die höchste, befahrbare Passstraße in Kanada (2350 m; normalerweise von Juni–Okt. offen). Hier kann man ausgezeichnet wilde Tiere beobachten: Es tummeln sich Füchse, Wölfe, Bären, Luchse und Kojoten.

Kananaskis Outfitters ABENTEUERSPORT
(www.kananaskisoutfitters.com; Kananaskis Village; Miete Fahrrad/Ski pro Tag 45/25 C$; ⏲ 10–18 Uhr) Ausrüster in Kananaskis Village, der Fahrräder, Langlaufskier und Fatbikes für Wintertouren verleiht. Hier werden im Sommer auch Kanutouren auf dem Barrier Lake und im Winter Fahrradtouren über gefrorene Wasserfälle organisiert.

Schlafen

★ **Sundance Lodges** CAMPING $
(☎ 403-591-7122; www.sundancelodges.com; Kananaskis Trail; Stellplatz 32 C$, Tipis 65–90 C$, Trapper-Zelt 90 C$; ⏲ Mitte Mai–Okt.) Für das authentische kanadische Erlebnis übernachtet man in den handbemalten Tipis und altmodischen Trapper-Zelten auf diesem privat betriebenen Campingplatz. Wie zu erwarten sind die Einrichtungen sehr einfach – Schlafplattformen und eine Petroleumlaterne sind so ungefähr das einzige, was man drinnen vorfindet – man braucht also die übliche Campingausrüstung, aber Kinder werden das abenteuerliche Leben à la John Muir lieben.

Delta Lodge at Kananaskis HOTEL $$
(☎ 403-591-7711; www.deltahotels.com; 1 Centennial Dr, Kananaskis Village; Zi. ab 169 C$; P ❄ @ 📶 🏊) Kananaskis „Village" besteht im Grunde aus dieser ausgedehnten Lodge und deren Nebengebäuden, wozu ein halbes Dutzend Restaurants und ein Ausrüstungsgeschäft gehören. International bekannt wurde die Unterkunft, als sie Gastgeberin des G8-Gipfels 2002 war (mit George W. Bush, Putin, Blair, Schröder u.a.), ein Ereignis, das K-Country berühmt gemacht hat.

★ **Mt. Engadine Lodge** LODGE $$$
(☎ 403-678-4080; www.mountengadine.com; Mt Shark Rd; EZ/DZ/4-Pers.-Chalets 220/500/795 C$; P 📶) Ländlicher – oder friedlicher – als diese abgelegene Berg-Lodge geht's nicht. Die Unterkunft bietet ruhige Zimmer und Familiensuiten (mit Balkon und Wohnzimmer) mit Blick auf unberührte Weiden und eine natürliche Salzleckstelle für Elche. Das Dekor mit Kronleuchtern aus Geweihen und alten Skier an den Wänden ist im Landhausstil gehalten. Die Zimmer sind komfortabel, aber nicht pingelig.

Praktische Informationen

Barrier Lake Information Centre (☎ 403-673-3985; www.albertaparks.ca; Hwy 40; ⏲ 9–17 Uhr) Hat Infos und vergibt gegen Bezahlung Campinggenehmigungen fürs Hinterland (12 C$). Am Hwy 40, etwa 8 km ab vom Hwy 1.

Elbow Valley Visitor Centre (☎ 403-949-2461; www.albertaparks.ca; ⏲ Mai–Okt. Fr 10.30–14 & 15–18, Sa & So 9–12.30 & 13.30–16.30 Uhr) Direkt westlich vom Bragg Creek.

Peter Lougheed Information Centre (☎ 403-591-6322; www.albertaparks.ca/peter-lougheed; Kananaskis Lakes Rd; ⏲ Juli & Aug. 9–21 Uhr, April–Juni, Sept. & Okt. 9.30–16 Uhr, Nov.–März geschl.) In der Nähe der Kreuzung mit Hwy 742, nördlich der Kananaskis Lakes.

An- & Weiterreise

Brewster (☎ 403-762-6750; www.brewster.ca; 100 Gopher St, Banff) bietet zwei oder drei Busse zwischen der Delta Lodge in Kananaskis Village zum Flughafen in Calgary (Erw./Jugendlicher 60/30 C$). Manchmal bekommt man auch ein Shuttle vom Delta zum Nakoda Resort auf dem Hwy 1, wo man in Brewster-Busse nach Banff oder Jasper umsteigen kann.

Am besten reist man mit dem eigenen fahrbaren Untersatz. Unbedingt genau die Versicherungspolice überprüfen, wenn man ein Auto leiht; die Smith Dorrien Rd ist nicht befestigt, nicht alle Mietversicherungen decken das ab. Außerdem sollte man beachten, dass es auf dieser Route praktisch keinen Handyempfang gibt und auch keine Tankstellen.

Canmore

12 288 EW.

Das ehemalige Bergarbeiterstädtchen Canmore war früher eine ruhige Alternative zum Massentourismus in Banff. Nachdem diese Insiderinfo aber allzu publik gemacht wurde, kommt nun jeder dorthin, um Ruhe und Abgeschiedenheit zu genießen. Trotz der Unruhe, die damit Einzug gehalten hat, hat sich der Ort seine Seele bewahrt und wurde, obwohl er nicht unter den Schutz des Nationalparks fällt, mit Verstand und Nachhaltigkeit weiterentwickelt – bisher zumindest. Canmore liegt nur 26 km von Banff entfernt am Rand von Kananaskis Country. Hier treffen einige der herrlichsten Landschaftsbilder überhaupt aufeinander. Wer einen Urlaub in den Bergen plant und statt Glamour eher das Einfache und authentisch Wilde sucht, der ist hier genau richtig.

Sehenswertes

Canmore Museum & Geoscience Centre MUSEUM

(www.cmags.org; 907 7th Ave, Canmore; Erw./Jugendlicher/Kind 7/5 C$/frei; Mai–Sept. Mo–Fr 12–5, Sa & So 11–17 Uhr, Okt.–April Fr–Mo 13–16 Uhr) Dieses kleine, aber gut geführte Museum wurde 2016 aufgrund von drei Jahren zuvor entstandenen Hochwasserschäden komplett renoviert und ist einen Besuch wert. Die Ausstellungen zeigen die Geschichte des Kohlebergbaus in der Region und den Überlebenskampf der Gemeinde, nachdem die Mine 1979 geschlossen wurde. Sehenswert sind u.a. ein 160 Mio. Jahre alter, versteinerter Zypressenstumpf und die umwerfenden Fotos des einheimischen Fotografens Craig Richards.

North West Mounted Police Barracks MUSEUM

(www.cmags.org; 601 8th St; Sommer Mo & Di 13–16, Mi–So 10–17 Uhr, Winter Fr–Mo 13–16 Uhr) GRATIS Die älteste bestehende Kaserne im Westen Kanadas wurde 1893 gebaut und von der Royal Canadian Mounted Police (RCMP) bis 1929 benutzt. Heute beherbergt dieses klitzekleine Holzhaus eine kleine Ausstellung mit Erinnerungsstücken an die Mounties und eine urige Teestube.

Aktivitäten

Canmore zeichnet sich in drei Bergsportarten besonders aus: Skilanglauf, Mountainbiken und Klettern.

★ **Canmore Nordic Centre** MOUNTAINBIKEN, SKIFAHREN

(www.canmorenordiccentre.ca; Olympic Way) Auf dem Weg zum Spray Lakes Reservoir, eingebettet in die Berge im Westen der Stadt, liegt dieses große Trailcenter, das ursprünglich für die Langlauf-Wettkämpfe der Winterspiele 1988 entwickelt wurde. Heute ist es einer der besten Mountainbike-Parks im westlichen Kanada, mit mehr als 65 km Loipen, die einige der besten Pisten-Designer des Landes entwickelt haben. Im Winter sind die Spuren für Langläufer geöffnet (Tagespass 15 C$), 6,5 km sind für nächtliche Fahrten beleuchtet.

Yamnuska Mountain Adventures KLETTERN

(☎ 403-678-4164; www.yamnuska.com; Suite 200, Summit Centre, 50 Lincoln Park; Mo–Fr 9–17, Sa bis 16 Uhr) Dieses angesehene Unternehmen bietet Anfängern sowie fortgeschrittenen und erfahrenen Kletterern professionelle Einweisungen in Fels- und Eisklettern. Im Juli und August findet von Dienstag bis Samstag täglich eine Klettertour für 140 C$ pro Person statt, inklusive Ausrüstung und Transport. Um teilzunehmen kommt man einfach um 8.30 Uhr zu den Bow Falls (S. 660) in Banff.

Canmore Cave Tours ABENTEUER

(☎ 403-678-8819; www.canmorecavetours.com) Tief verborgen unter dem Grotto Mountain in der Nähe von Canmore befindet sich ein System von tiefen Höhlen, bekannt als das **Rat's Nest**. Canmore Cave Tours veranstaltet geführte Touren in das Labyrinth aus verschlungenen Wegen und klaustrophobischen Höhlen.

Snowy Owl Tours HUNDESCHLITTENFAHREN

(☎ 403-678-9588; www.snowyowltours.com; 829 10th St; 2-stündige Tour Erw./Kind 160/85 C$) Hundeschlitten sind seit Jahrhunderten eine traditionelle Form des Reisens in den kanadischen Rocky Mountains und eine wunderbare Art, die Wildnis zu entdecken. Snowy Owl Tours bietet Schlittentouren mit speziell angefertigten Schlitten, die von ei-

INSIDERWISSEN

LEGACY TRAIL

Es kommt nicht so oft vor, dass der Weg von A nach B eine atemberaubende Landschaft, die Chance, Elche zu sehen, und eine ordentliche Portion Bergluft bereithält. Der 26,8 km lange Legacy Trail ist ein befestigter Weg für Radfahrer, Fußgänger und Skater zwischen Canmore und Banff, der dicht am Hwy 1 verläuft und 30 m Höhenunterschied überwindet. Die meisten Biker brauchen zwei bis drei Stunden hin und zurück. Wer nicht in beide Richtungen Rad fahren oder wandern will, kann den **Bike 'n' Hike Shuttle** (☎403-762-2282; www.bikeandhikeshuttle.com; 10–20 C$; ⏲Mai–Okt.) zurück zum Startpunkt nehmen, ein praktischer Busservice zwischen den Ausgangspunkten des Trails.

Banff und Canmore sind durch zwei weitere Wege verbunden, den zerklüfteten **Rundle Riverside Trail** (für erfahrene Motocrossfahrer) und den leichteren **Goat Creek Trail**. Aktuelle Bedingungen erfährt man bei **Parks Canada** (www.pc.gc.ca).

nem eigenen, gut versorgten Team von Siberian und Alaskan Huskys gezogen werden.

Schlafen

Häufig wird eine Übernachtung in Canmore als preiswertere und entspanntere Alternative zu Banff betrachtet. Die gute Auswahl an Hotels und B&Bs hat sich allerdings inzwischen herumgesprochen, darum ist es ratsam, vorab zu buchen.

Canmore Clubhouse HOSTEL $

(☎403-678-3200; www.alpineclubofcanada.ca; Indian Flats Rd; B ab 40 C$; P) Die Geschichte des Kletterns und die Geheimnisse der Berge sind in dieser wunderschönen Herberge des Alpine Club of Canada förmlich greifbar. Sie liegt 5 km südlich des Orts auf einer Anhöhe und blickt durch große Panoramafenster auf das Tal. Alle für Hostels üblichen Einrichtungen sind vorhanden, plus eine Sauna. Hier kann man prima Kletterpartner finden oder einfach das Gefühl des Abenteuers auf sich wirken lassen.

Lady Macdonald Country Inn PENSION $$

(☎800-567-3919; www.ladymacdonald.com; 1201 Bow Valley Trail; Zi. 125–199 C$, Suite 200–250 C$; P WLAN) Diese idyllische, kleine Pension würde mit seinen eleganten Verandas, Türmchen und Holzvertäfelungen in einer Kleinstadt in Connecticut nicht auffallen. Die Zimmer sind klein, mit Kissen, schmiedeeisernen Betten und obendrein noch Blumenmustern. Jedes ist einzigartig, man sollte sich also ein paar ansehen.

Blackstone Mountain Lodge HOTEL $$

(☎888-830-8883; www.blackstonecanmore.ca; 170 Kananaskis Way; DZ/Suite ab 160/200 C$; P ❄ WLAN) Das Blackstone befindet sich am Bow Valley Trail, eine kurze Autofahrt von der Stadt entfernt, auf dem schönsten Bellstar-Gelände in der Umgebung von Canmore. Die traditionellen Zimmer sind mit vornehmen Laken ausgestattet, die Suiten haben eine komplett eingerichtete Küche (mit Ofen, Geschirrspül- und Waschmaschine) und sind ideal für Familien. Alles in allem ist es definitiv ein Schnäppchen.

Paintbox Lodge B&B $$

(☎403-609-0482; www.paintboxlodge.com; 629 10th St, Canmore; Zi. 150–280 C$; P WLAN) Das B&B gehört den früheren olympischen Skifahrern Thomas Grandi und Sarah Renner und gibt kanadischem Dekor ein ganz neues Gesicht – bis hin zum Tartanteppich. Die fünf einzigartigen Suiten weisen einen Mix aus Landhausschick und luxuriösem Komfort auf. Wer mehr Platz braucht, bucht die Loft Suite, die für vier Leute ausgelegt ist und Balkendecken, einen Balkon mit Bergblick und eine sexy Eckwanne zu bieten hat.

Essen

★**Communitea** CAFÉ $

(www.thecommunitea.com; 1001 6th Ave; Hauptgerichte mittags 12–15 C$; ⏲9–17 Uhr; WLAN) Das Gemeindecafé wird von Einheimischen ethisch verantwortungsvoll und nach Bio-Grundsätzen geführt und schafft es irgendwie, mit seinem warmen, entspannten Ambiente und dem schlichten Stil jegliche verkrustete Hippie-Atmosphäre zu umgehen. Das Essen ist ultrafrisch und eine Geschmacksexplosion: Nudeln, Reisschüsseln, Wraps, Salate und Burger. Man schlürft hier frisch gepresste Säfte, guten Kaffee und natürlich alle Arten von Tee, die man sich vorstellen kann.

Rocky Mountain Bagel CAFÉ $

(☎403-678-9978; www.thebagel.ca; 829 8th St; Bagels 6–8 C$; ⏲6–18 Uhr; WLAN) Gibt es etwas Schöneres im Leben, als unter den Blumenkörben im Rocky Mountain Bagel zu sitzen, das Wandern der morgendlichen Schatten an den Three Sisters zu beobachten und dabei einen getoasteten Ahornbagel und einen Latte zu genießen? Wahrscheinlich nicht. Bagelwiches, Pizzabagels, Frühstücksbagels oder eine Tüte Bagels zum Mitnehmen. Im Rocky Mountain Bagels gibt's das alles.

Grizzly Paw KNEIPE $$
(☎ 403-678-9983; www.thegrizzlypaw.com; 622 8th St; Hauptgerichte 13–20 C$; ⌚ 11–24 Uhr) Albertas beste Kleinbrauerei (mit 6 ganzjährigen Bieren) versteckt sich in den Bergen von Canmore. In dem beliebten Lokal gibt's Bier, große Burger, selbstgemachte Limonaden und einen Hof mit Aussicht. Die Veteranen der Biersorten Raspberry Ale und Grumpy Bear haben in der Nähe eine Brauerei und eine Mikrodestillerie, in denen man Führungen und Kostproben erhält.

★ **Trough** KANADISCH $$$
(☎ 403-678-2820; www.thetrough.ca; 725 9th St; Hauptgerichte 32–38 C$; ⌚ Di–So 17.30 Uhr–open end) Canmores schmalstes Bistro versteckt sich etwas auf der 9th St, aber das Suchen lohnt sich. Es steht regelmäßig auf der Liste der Top-Restaurants in den Rocky Mountains, und das aus gutem Grund. Das Mutter-Sohn-Team kreiert erstaunliche Gerichte wie Prince Edward Island (P. E. I.)-Muscheln mit selbst geräucherten Tomaten, marokkanisch gewürzte Alberta-Lammkoteletts und BC-Heilbutt mit Mango und Paprika. Da es nur neun Tische gibt, sollte man reservieren.

ℹ Praktische Informationen

Alberta Visitor Information Centre (☎ 403-678-5277; www.travelalberta.com; 2801 Bow Valley Trail; ⌚ Mai–Okt. 8–20 Uhr, Nov.–April bis 18 Uhr) Regionales Besucherzentrum direkt abseits vom Trans-Canada Hwy nordwestlich der Stadt.

Canmore Visitors Information Centre (www.tourismcanmore.com; 907a 7th Ave; ⌚ 9–17 Uhr)

ℹ An- & Weiterreise

Canmore kann von Banff und Calgary einfach über den Hwy 1 erreicht werden. Der **Banff Airporter** (☎ 403-762-3330; www.banffairporter.com) bietet täglich bis zu zehn Busse zum/vom Flughafen von Calgary (59 C$) an. **Brewster** (☎ 866-606-6700; www.brewster.ca) verbindet den Flughafen mit der Innenstadt von Calgary für etwa denselben Preis.

Greyhound (www.greyhound.ca) fährt mehrmals täglich nach Calgary (27 C$, 75 Min.) und Banff (6 C$, 25 Min.). **Roam**-Busse (☎ 403-762-0606; www.roamtransit.com; ⌚ 6–22 Uhr) starten stündlich in Richtung Banff (6 C$, 20 Min.). Die Busse halten im Zentrum an der 9th St in der Nähe der 7th Ave.

Icefields Parkway

Die höchste und spektakulärste Straße in Nord-Amerika, der **Icefields Parkway** (www.icefieldsparkway.ca; Hwy 93), führt einen so nahe an die schroffen Gipfel der Rocky Mountains heran, wie man mit einem Fahrzeug überhaupt nur kommen kann. Steigt man aus und folgt einer der vielen Routen, fühlt man sich binnen weniger Stunden wie auf dem Gipfel der Welt. Haltepunkte an der Straße ermöglichen es, dass man die farbintensiven Gletscherseen, sprudelnden Wasserfälle und atemberaubenden Aussichten bewundern kann. Obwohl man die 230 km zwischen Lake Louise und Jasper in wenigen Stunden schaffen kann, lohnt es sich, ein paar Tage zu bleiben, um die Region zu erkunden.

Ein Großteil der Route, die der Parkway heute abdeckt, wurde in den 1800er-Jahren ursprünglich von Ureinwohnern und Pelzhändlern angelegt. Eine erste Straße wurde in den 1930er-Jahren als Teil eines Arbeitslosenprojekts gebaut und der aktuelle Highway wurde Anfang der 1960er-Jahre eingeweiht. Heutzutage wird der Parkway fast nur von Reisenden benutzt, mit Ausnahme des einen oder anderen Elchs, Kojoten oder Dickhornschafs, die sich in diesen Gefilden herumtreiben. Im Juli und August kann es ziemlich voll werden, dann häufen sich vor allem große Wohnmobile. Viele Leute machen sich auch mit dem Fahrrad auf den Weg – die Straße ist breit und hat zahlreiche, strategisch gut platzierte Campingplätze, Hostels und Hotels zu bieten.

Sehenswertes & Aktivitäten

Zwei Arten von Sehenswürdigkeiten gibt es hier: Unbewegliche (Seen, Gletscher und Berge) und bewegliche (Elche, Bären, Hirsche etc.). Wer nicht zumindest ein wildes Tier sieht (Vorsicht vor dem unvermeidbaren „Bärenstau"), hat wirklich Pech.

★ **Athabasca Glacier** GLETSCHER
(Karte S. 650) Die Gletscherzunge des Athabasca Glacier erstreckt sich vom Columbia

RADTOUR AUF DEM ICEFIELDS PARKWAY

Der 230 km lange Icefields Parkway ist mit seiner alten Landschaft, den Gletschern und Seen, die blauer als Picassos Gemälde seiner blauen Periode sind, eine der spektakulärsten Straßen der Welt und per se eine der spektakulärsten Fahrradstrecken weltweit – sofern Beine und Lunge mitmachen. Abgesehen von der Länge führen mehrere lange Abschnitte bergauf, es gibt gelegentlich heftigen Gegenwind sowie zwei größere Pässe zu überwinden, nämlich den Bow Summit (2088 m) und den Sunwapta Pass (2035 m). Trotz allem ist die Strecke im Juli und August sehr beliebt (im Winter kann man es vergessen), wenn ehrgeizige Radfahrer hier unterwegs sind und die fahrradfreundlichen Besonderheiten der Strecke genießen. Auf der Straße sind keine LKWs erlaubt, es gibt durchgängig breite Seitenstreifen, Gesellschaft auf zwei Rädern ist garantiert und es gibt viele strategisch günstig gelegene Unterkünfte (Campingplätze, Hostels und Hotels). Manche Radfahrer nehmen den Parkway im Rahmen einer organisierten Tour (mit Hilfsautos) in Angriff, andere fahren lieber alleine und brauchen dafür zwei bis fünf Tage. Entlang der Strecke liegen sechs HI-Hostels und vier Lodges/Motels, die jedoch im Vorfeld reserviert werden sollten. Einfachen Proviant gibt es in Saskatchewan River Crossing, 83 km nördlich von Lake Louise.

Es heißt, dass es einfacher sei, von Norden nach Süden zu radeln, also von Jasper nach Lake Louise, der Unterschied ist jedoch geringer als angenommen. Manche Leute hängen am Start noch die zusätzlichen 60 km zwischen Banff und Lake Louise an oder fahren zum Schluss über den ruhigen Bow Valley Parkway, um den verkehrsreichen Trans-Canada Hwy (Hwy 1) zu vermeiden.

Robuste Rennräder verleiht **Wilson Mountain Sports** (www.wmsll.com; Samson Mall, Lake Louise Village; ⌚9–19 Uhr) im Dorf Lake Louise. Brewster-Busse transportieren manchmal auch Fahrräder, die Bedingungen sollten aber vorher erfragt werden. **Backroads** (☎510-527-1555; www.backroads.com; 7-tägige Tour ab 2800 C$) bietet die Canadian Rockies Bike Tour an, eine sechstägige organisierte Tour, zu der auch das Fahren auf dem Parkway gehört.

Icefield bis fast zur Straße gegenüber dem Icefield Centre. Sie kann zu Fuß oder mit den speziellen Snocoach-Bussen besichtigt werden. Der Gletscher ist seit 1844 etwa 2 km zurückgegangen, als er noch bis zur Felsmoräne an der Nordseite der Straße reichte. An den unteren Rand gelangt man vom Icefield Centre den 1,8 km langen **Forefield Trail** entlang, dann weiter auf dem 1 km langen **Toe of the Athabasca Glacier Trail**.

Man kann auch am Anfang des letzten Weges parken. Ein kleines, abgesperrtes Stück der Eisfläche darf betreten werden – man sollte allerdings keinesfalls hinter die Absperrung gehen, auch wenn das viele tun. Der Gletscher ist voller Gletscherspalten und es gab schon Todesfälle.

Eine sichere Wanderung auf dem Columbia Icefield ist nur mithilfe der **Athabasca Glacier Icewalks** (Karte S. 650; ☎780-852-5595; www.icewalks.com; Icefield Centre, Icefields Pkwy; 3-stündige Tour Erw./Kind 95/50 C$, 6-stündige Tour Erw./Kind 120/60 C$; ⌚Juni–Okt.) möglich, die die notwendige Ausrüstung zur Verfügung stellen und einen Guide mitschicken, der genau weiß, wo die Seile verlaufen. Die normale Tour dauert drei Stunden; wer sich weiter auf den Gletscher hinaus wagen will, nimmt die sechsstündige Variante. Das Mindestalter beträgt sieben Jahre.

Die viel einfachere (und beliebtere) Art, den Gletscher zu erkunden, ist mittels der von Brewster angebotenen **Snocoach**-Tour (Karte S. 650; www.columbiaicefield.com; Snocoach- & Skywalktour Erw./Kind 85/43 C$; ⌚April–Okt. 9–18 Uhr) in Kombination mit der **Skywalk**-Tour (Karte S. 650; www.brewster.ca; Skywalk Erw./Kind 32/16 C$; ⌚April–Okt. 10–17 Uhr). Für viele Leute ist dies die Erfahrung schlechthin während ihres Besuchs auf dem Columbia Icefield. Die riesigen Hybrid-Fahrzeuge aus Bus und Truck fräsen eine Spur ins Eis und halten an einer Stelle auf dem Gletscher, an der man ein bisschen herumlaufen kann.

Wichtig sind warme Kleidung, gutes Schuhwerk und eine Wasserflasche, um frisch geschmolzenes Gletscherwasser mit nach Hause bringen zu können. Tickets gibt's im Icefield Centre oder online; die Touren starten alle 15 bis 30 Minuten.

Weeping Wall WASSERFALL

(Karte S. 650) Die hoch aufragende Felswand erhebt sich östlich über dem Highway. In den Sommermonaten ist sie ein Meer aus Wasserfällen, die sich von oben über die Wände ergießen und sie in einen Dunstschleier einhüllen. Im Winter sieht alles ganz anders aus: Das Wasser gefriert und bildet eine dicke Eisschicht. Als eine Art vertikales Eisfeld ist die Felswand dann ein beliebtes Ziel für Eiskletterer, die aus der ganzen Welt herkommen, um ihren Mut unter Beweis zu stellen.

Mt. Edith Cavell BERG

(Karte S. 672) Der Mt Edith Cavell (3363 m) erhebt sich wie ein schneebedeckter Wächter über Jasper und ist einer der charakteristischsten und faszinierendsten Gipfel des Parks. Was ihm an Höhe fehlt, macht er mit reiner, ätherischer Schönheit wett. Man erreicht den Berg über eine kurvenreiche, steile Straße, die 6 km südlich von Jasper vom Icefields Pkwy abzweigt. Er ist berühmt für seine Blumenwiesen und seinen flügelförmigen **Angel Glacier**.

Columbia Icefield GLETSCHER

(Karte S. 650) Etwa auf halbem Weg zwischen Lake Louise Village und Jasper sieht man das gewaltige Columbia Icefield, das sich über eine Fläche in der Größe von Vancouver erstreckt und acht Gletscher speist. Das Überbleibsel der letzten Eiszeit ist an manchen Stellen bis zu 350 m dick und bedeckt das Plateau zwischen dem **Mt. Columbia** (3747 m) und dem **Mt. Athabasca** (3491 m). Für ernsthafte Wanderer und Kletterer ist das auch das einzige zugängliche Stück des Eisfelds. Infos und Bedingungen erhält man bei Parks Canada im Columbia Icefield Discovery Centre (siehe unten).

Peyto Lake SEE

(Karte S. 650) Das unbeschreibliche Blau des Peyto Lake hat jeder schon auf Tausenden von Werbeaufnahmen gesehen, aber nichts kann das wirkliche Erlebnis übertreffen – vor allem da der luftige Aussichtspunkt auf den See hoch über dem Wasser liegt. Die beste Zeit, den See zu besuchen, ist ganz früh morgens zwischen den ersten Sonnenstrahlen, die das Wasser berühren, und der Ankunft des ersten Touristenbusses.

Columbia Icefield Discovery Centre ZENTRUM

(Karte S. 650; www.brewster.ca; Icefields Pkwy; ⌚ Mai–Okt. 10–17 Uhr) GRATIS Das Icefield Centre mit dem grünen Dach liegt am Icefields Pkwy, in der Nähe der Zunge des Athabasca Glacier, und hat im Sommer etwas von einem Zoo – d.h. die Reisebusse verstopfen den Parkplatz. Hier kann man Tickets kaufen und Busse buchen für die Snocoaches und den Glacier Skywalk. Außerdem gibt's ein Hotel, eine Cafeteria, ein Restaurant, einen Souvenirladen und die Information von Parks Canada.

Vom Athabasca Glacier bis Jasper SCENIC DRIVE

Auf dem Weg nach Jasper schlängelt sich die Straße an einigen sehenswerten Orten vorbei. Sowohl die **Sunwapta Falls** (Karte S. 672) als auch die **Athabasca Falls** (Karte S. 672), näher an Jasper gelegen, sind auf jeden Fall einen Halt wert. Der letztgenannte Wasserfall führt mehr Wasser und erreicht im Sommer seinen tosenden Höhepunkt, wenn er vom Schmelzwasser der Gletscher gespeist wird.

Der idyllische, grünblaue **Horseshoe Lake** (S. 673) zieht weniger Besucher an und ist bei leichtsinnigen Klippenspringern beliebt. Man sollte keinesfalls hinterherspringen!

An den Athabasca Falls macht sich der Hwy 93A unauffällig nach links davon. Wer sich für die Abzweigung entscheidet, ist wirklich auf einer unbekannten Route unterwegs. Diese alte Straße nach Jasper zieht sich wunderschön durch tiefe, dunkle Wälder und an kleinen, friedlichen Seen und Wiesen vorbei.

Schlafen & Essen

Am Icefields Parkway befinden sich mehrere gut versteckte Hostels. Die meisten liegen dicht an der Straße in malerischer Umgebung. Größere Hotels und Lodges sind in Bow Lake, Saskatchewan Crossing, Columbia Icefield und Sunwapta Falls zu finden.

Überall gibt es zahlreiche einfache Campingplätze. Gute Optionen sind die Campingplätze **Honeymoon Lake** (Karte S. 672; Icefields Pkwy; Stellplatz Zelt & Wohnmobil 16 C$; ⌚ Juni–Sept.), **Jonas Creek** (Karte S. 672; Icefields Pkwy; Stellplatz Zelt & Wohnmobil 16 C$; ⌚ Mai–Sept.), **Mt Kerkeslin** (Karte S. 672; Icefields Pkwy; Stellplatz Zelt & Wohnmobil 16 C$; ⌚ Juni–Sept.), **Waterfowl Lakes** (Karte S. 650; Icefields Pkwy; Stellplatz Zelt & Wohnmobil 22 C$; ⌚ Juni–Sept.) und **Wilcox Creek** (Karte S. 650; Icefields Pkwy; Stellplatz Zelt & Wohnmobil Winter/Sommer 10/16 C$). Bei keinem der Plätze kann man vorab reservieren.

Mt. Edith Cavell International Hostel HOSTEL $
(Karte S. 672; ☎780-852-3215; www.hihostels.ca; Cavell Rd; B 26 C$; ⏲Mitte Mai–Mitte Okt.) Das Hostel schmiegt sich in die Ausläufer eines der außergewöhnlichsten Gipfels der Rocky Mountains und bietet deshalb tolle Blicke von der Terrasse und der Feuerstelle draußen. Die Küche und den Gemeinschaftsraum schmücken Holzbalken und heimelige Extras. Es gibt Solarstrom, aber keine Spültoiletten, Duschen, Telefone oder WLAN. Das Hostel liegt direkt auf der anderen Straßenseite vom Ausgangspunkt zum Tonquin Valley.

Von Juni bis Oktober ist hier ein Verwalter, aber das Hostel ist auch von Februar bis Mai für Langläufer geöffnet, die sich den Schlüssel abholen müssen. Gäste können die Duschen im Haupthostel in Jasper (S. 677) benutzen.

Athabasca Falls International Hostel HOSTEL $
(Karte S. 672; ☎780-852-3215; www.hihostels.ca; Icefields Pkwy; B/DZ 30/72 C$; ⏲Mai–Sept.) Ein superfreundliches Hostel im Wald mit einer genialen Gießkannendusche (nur im Sommer), einer großen Wohnküche im Alpinstil, Tischtennis und beheizte Schlafsäle in separaten Holzkabinen. Es gibt kein fließendes Wasser (nur eine Pumpe draußen) und die Toiletten sind in Klohäuschen, die dem Ort einen rustikalen Touch verleihen.

Sunwapta Falls Resort HOTEL $$
(Karte S. 672; ☎888-828-5777; www.sunwapta.com; Icefields Pkwy; Zi. ab 225 C$; P@) Das Sunwapta ist ein willkommener Zwischenstopp 53 km südlich von Jasper und bietet in einer gemütlichen und natürlichen Umgebung eine Mischung aus Suiten und Zimmern im Lodge-Stil, alle mit Kamin oder Holzofen. Es ist sauber und komfortabel, aber nicht schickimicki und liegt nahe an den Wasserfällen sowie Wandermöglichkeiten. Das zum Hotel gehörende, gutbürgerliche Restaurant ist bei den Passagieren der Touristenbusse sehr beliebt.

Glacier View Inn HOTEL $$$
(Karte S. 650; ☎877-423-7433; Icefield Centre, Icefields Pkwy; Zi. mit Aussicht auf Berg/Gletscher 269/289 C$; ⏲Mai–Okt.; P) Die Panoramablicke auf den Gletscher in diesem Chalet, das sich im selben Komplex wie das Icefield Centre befindet, sind unfassbar schön. Manchmal hat man das Gefühl, man sei in einer Shopping Mall, aber sobald die Busse weg sind, bleibt man zurück an einem der spektakulärsten Orte der Gegend. Die Zimmer sind zwar nicht luxuriös, aber sehr gemütlich.

★ **Num-Ti-Jah Lodge** KANADISCH $$$
(Karte S. 650; ☎403-522-2167; www.num-ti-jah.com; Icefields Pkwy; Hauptgerichte 32–45 C$; ⏲Mai–Okt. 17–22 Uhr) Rustikal, aber auch elegant führt einen das historische Restaurant Elkhorn Dining Room im Num-Ti-Jah zurück in die Vergangenheit und zwar in eine Jagdhütte aus den 1940er-Jahren, mit Steinfeuerstelle und eindrucksvollem Ausblick. Hier speist man geschmorte Bisonrippchen oder Pilz-Pappardelle unter den wachsamen Augen von Elchen, Vielfraßen und anderen Jagdtrophäen. Übernachtungsgäste haben hier Vorrang, wenn man woanders wohnt, sollte man vorab reservieren.

ℹ Praktische Informationen

Columbia Icefield Discovery Centre (S. 656) Parks Canada hat hier einen Infostand, wo sie Informationen über Jasper, Banff und den Icefields Parkway verteilen sowie aktuelle Wanderbedingungen ausgeben.

South Gate Der Eingang zum Parkway nördlich des Lake Louise, wo man seinen Parkpass kaufen kann und eine Karte und Broschüren bekommt.

ℹ An- & Weiterreise

Brewster-Busse (www.brewster.ca) fahren auf dem Parkway zwischen Banff, Lake Louise und Jasper, mit Halt in Saskatchewan Crossing, am Columbia Icefield Discovery Centre und den Sunwapta Falls.

Wer selber fährt, sollte mit vollem Tank starten. Es ist ziemlich teuer in Saskatchewan Crossing zu tanken – es ist die einzige Tankstelle auf dem Parkway.

Banff (Ort)

7584 EW.

Ein Urlaubsort mit Boutiquen, Nachtclubs und schicken Restaurants ist nicht gerade das, was eingefleischte Nationalparkfans begeistert. Aber Banff ist keine gewöhnliche Stadt. Sie hat sich entwickelt, und zwar nicht als Wohnbezirk, sondern als Servicecenter für den umliegenden Park. Heute lockt der Ort Busladungen von Touristen an, die sowohl die Läden als auch die Natur zum Ziel haben, außerdem zieht es auch noch Künstler und Schriftsteller nach Banff.

Egal in welche Richtung man etwa 15 Minuten läuft, schon findet man sich mitten in

Banff (Ort)

0
200 m
A
B
C
D
1
2
3
4
5
6
7
Bahnhof
Greyhound
Moose St
Buffaloberry (50 m)
22
Samesun Banff (200 m);
Fox Hotel & Suites (400 m);
Charlton's Cedar Court (550 m);
Rundlestone Lodge (750 m)
Squirrel St
Elk St
Marten St
Brewster Transportation
Gopher St
8
Juniper (1,5 km);
Vermilion Lakes (2 km)
Banff Ave
Buffalo Mountain Lodge (1,7 km);
HI-Banff Alpine Centre (1,8 km);
Hidden Ridge Resort (2 km);
Tunnel Mountain (4,5 km)
Wolf St
Bow Ave
3
6
17
15
9
5
18
16
12
World Heritage Park
Lynx St
Bear St
10
23
21
13
11
14
Caribou St
4
Whyte Museum of the Canadian Rockies
1
20
Beaver St
19
Banff Centre (600 m);
Startpunkt Hoodoos Trail (1,1 km)
Buffalo St
Bow River
2
Nature Path
Bow River Bridge
Bow Falls (800 m)
Birch Ave
Cave Ave
Fairmont Banff Springs (1 km);
Upper Hot Springs Pool (3,5 km);
Banff Gondola (3,8 km)
7
Cave & Basin National Historic Site (1 km)

Banff (Ort)

der Wildnis wieder, der urzeitlichen Nahrungskette von Bären, Elchen und Wölfen. Banff und zivilisiert? Das ist nichts weiter als ein Gerücht.

Sehenswertes

★ Banff National Park

NATIONALPARK

(Karte S. 650; www.pc.gc.ca/banff; Tagespass Erw./Jugendlicher/Fam. 9,80/4,90/19,60 C$) Die Berge, die wie riesige Burgen in den Himmel ragen, und die Täler von Banff bieten endlose Möglichkeiten zum Beobachten wilder Tiere, zum Wandern, Bootfahren, Klettern, Mountainbiken, Skifahren oder einfach zum die Natur genießen. Üppige Schluchten wetteifern mit hoch oben liegenden Wildblumenfeldern um Aufmerksamkeit, während ruhige Wasserläufe vorbeiplätschern und dichte, smaragdgrüne Wälder zum Eintauchen einladen. Der Banff National Park ist der drittälteste Nationalpark der Welt und Kanadas erster, er wurde 1885 angelegt und erstreckt sich über 6641 km².

★ Whyte Museum of the Canadian Rockies

MUSEUM

(Karte S. 658; www.whyte.org; 111 Bear St; Erw./Student/Kind 10/4 C$/frei; ⌚10–17 Uhr) Das über 100 Jahre alte Whyte Museum wurde von den lokalen Künstlern Catharine und Peter Whyte gegründet und ist weit mehr als nur eine Option für Regentage. Es beherbergt eine schöne, ständig wechselnde Galerie mit Kunstwerken von 1800 bis heute, sowohl von regionalen, kanadischen als auch internationalen Künstlern, die sich häufig mit den Rocky Mountains auseinandersetzen. Unbedingt die Arbeiten der Group of Seven (oder Algonquin School) beachten. Außerdem gibt es eine Dauerausstellung zur Geschichte von Banff und über die zähen Männer und Frauen, die sich zwischen den Bergen ein Zuhause geschaffen haben.

Banff Gondola

SEILBAHN

(☎403-762-2523; Mountain Ave; Erw./Kind 45/23 C$, nach 18 Uhr 37/16 C$; ⌚Mai 8–18 Uhr, Juni 9–21 Uhr, Juli–Okt. 8–22 Uhr) Ob Sommer oder Winter, der Gipfel des Sulphur Mountain ist dank der Banff Gondola immer schnell erreichbar: In weniger als zehn Minuten bringt eine Gondel bis zu vier Personen den Berg hinauf. Dieser verdankt seinen Namen den Thermalquellen, die an seinem Fuß aus dem Boden strömen. Der Sulphur Mountain ist ein toller Aussichtspunkt, den man in Banff auf jeden Fall besucht haben sollte.

Upper Hot Springs Pool

THERMALQUELLEN

(www.hotsprings.ca; Mountain Ave; Erw./Kind/Fam. 7,30/6,30/22,50 C$; ⌚Mitte Mai–Mitte Okt. 9–23 Uhr, Mitte Okt.–Mitte Mai So–Do 10–22, Fr & Sa bis 23 Uhr) Banff wäre nicht Banff, gäbe es nicht die Thermalquellen, die 2,5 km unter dem **Sulphur Mountain** mit einer konstanten Temperatur von zwischen 32° und 46°C aus dem Boden sprudeln – diese Quellen zogen die ersten Touristen nach Banff. Man kann das wohltuende Mineralwasser am Upper Hot Springs Pool, in der Nähe der Banff Gondola, immer noch genießen.

Vermilion Lakes

NATURRESERVAT

Nordwestlich der Stadt bietet dieses Trio an ruhigen Seen einen perfekten Ort zum **Be-**

ALBERTA BANFF (ORT)

obachten von Wildtieren: Elche, Biber, Weißkopfseeadler und Fischadler sieht man häufig am Ufer, vor allem bei Sonnenaufund Sonnenuntergang. Ein befestigter Weg, der auf dem **Legacy Trail** liegt, führt 4,5 km an der Südseite des Sees entlang. Leider ist es hier durch die Nähe zum Trans-Canada Hwy weit weniger friedlich, als es sein könnte.

Bow Falls WASSERFALL

Ungefähr 500 m südlich der Stadt, kurz bevor er auf den Spray River trifft, stürzt der Bow River in einem wilden Strudel weißen Wassers bei den Bow Falls in die Tiefe. Auch wenn es nicht weit hinunter geht – am höchsten Punkt sind es nur 9 m – die Bow Falls sind ein eindrucksvoller Anblick, vor allem wenn im Frühling der Schnee rasant schmilzt.

Banff Park Museum MUSEUM

(Karte S. 658; ☎ 403-762-1558; 93 Banff Ave; Erw./Kind 3,90/1,90 C$; ⏲ 10–17 Uhr) Das Museum ist in einem alten Holzgebäude der Canadian Pacific Railway aus dem Jahr 1903 untergebracht und deshalb eine National Historic Site. Die Ausstellungsstücke – eine Sammlung von präparierten Tieren aus der Gegend, darunter Grizzly- und Schwarzbären, und ein alter Baum von 1841, in dessen Rinde alles Mögliche eingeritzt ist – wurden von Norman Sanson zusammengestellt, der das Museum und die Wetterstation von Banff bis 1932 leitete. Anfang der 2000er-Jahre wurden dringend notwenige Renovierungsarbeiten am Museum durchgeführt.

Cave & Basin National Historic Site HISTORISCHE STÄTTE

(☎ 403-762-1557; Cave Ave; Erw./Kind 3,90/1,90 C$; ⏲ Mitte Mai–Mitte Okt. 10–17 Uhr, Mitte Okt.–Mitte Mai Mi–So 12–16 Uhr) Das Canadian National Parks System hat seinen Ursprung im Grunde hier bei diesen Thermalquellen, die drei Angestellte der Canadian Pacific Railway 1883 an ihrem freien Tag zufällig entdeckten (obwohl sie den Ureinwohnern schon seit 10 000 Jahren bekannt waren). Die Quellen führten schnell zu einem Konkurrenzkampf privater Geschäftsleute, die Einrichtungen für Badende anboten, um die damals modischen thermalen Anwendungen zu genießen. Um eine Umweltkatastrophe zu verhindern, schritt schließlich die Regierung ein und erklärte Banff zum ersten Nationalpark Kanadas, um die Quellen zu erhalten.

Aktivitäten

Kanu- & Kajakfahren

Trotz der derzeitigen Vorliebe für große Autos ist das Kanu immer noch ein wichtiges kanadisches Fortbewegungsmittel. Beste Optionen dafür rund um Banff sind der **Lake Minnewanka** und der **Two Jack Lake**, beide Richtung Nordosten oder – noch näher – die **Vermilion Lakes**. Wer kein eigenes Kanu hat, kann sich beim **Banff Canoe Club** (Karte S. 658; ☎ 403-762-5005; www.banffcanoeclub.com; Ecke Wolf St & Bow Ave; Verleih Kanu & Kajak 1. Std./jede weitere Std. 36/20 C$; ⏲ Mitte Mai–Mitte Sept. 10–18 Uhr) eines leihen.

Radfahren

Radfahrer haben rund um Banff zahlreiche Möglichkeiten, sich auszutoben – sowohl auf der Straße als auch auf ausgewählten Pfaden. Beliebte Routen in der Umgebung sind der **Sundance** (hin & zurück 7,4 km) und der **Spray River Loop** (12,5 km); beide sind auch für Familien geeignet. **Spray River & Goat Creek** (einfache Strecke 19 km) und **Rundle Riverside** (einfache Strecke 14 km) haben beide verschiedene Start- und Endpunkte, von denen einer jeweils in der Nähe von Canmore liegt. Ersterer ist recht einfach, während das Auf und Ab der Rundle-Strecke schon eine größere Herausforderung darstellt – Nervenkitzel und gelegentlich eine brenzlige Situation inklusive.

Wer sich aufs Rennradfahren versteht, der sollte den Hwy 1a zwischen Banff und Lake Louise in Angriff nehmen. Die sanften Hügel und die wenig befahrene Straße sind der Traum eines jeden Rennradlers. Parks Canada hat eine Broschüre mit dem Namen *Mountain Biking & Cycling Guide – Banff National Park* herausgegeben, in der Wege und Regeln beschrieben sind. Sie ist im Banff Visitor Centre (S. 666) erhältlich.

Snowtips/Bactrax (Karte S. 658; ☎ 403-762-8177; www.snowtips-bactrax.com; 225 Bear St; Verleih Fahrrad pro Std./Tag ab 12/42 C$; ⏲ 8–20 Uhr) hat Unmengen verschiedener Stadtfahrräder und Mountainbikes im Angebot und bringt sie auch zum Hotel. Außerdem gibt es Shuttles zu den Anfangs- bzw. Endpunkten von Wanderwegen.

Rafting

Die beste Rafting-Option findet man außerhalb des Parks (und der Provinz) auf dem Kicking Horse River im Yoho National Park in BC. Hier gibt es Stromschnellen der Kategorie IV, was große Wellen, Wasserstrudel und garantiert nasse Kleidung mit sich bringt. Die Stromschnellen des Kananaskis River und des Abschnitts des Bow River, der im Horseshoe Canyon verläuft, sind weniger wild. Bei Banff eignet sich der Bow River nur für eine gemütliche Bootsfahrt.

Verschiedene Unternehmen sind auch im Park vertreten. Sie bieten Touren ab 80 C$ an. Wer in Banff abgeholt werden will, muss mit einem Aufschlag von 15 C$ rechnen.

Reiten

Die ersten europäischen Pioniere in Banff – Pelzhändler und Eisenbahningenieure – drangen meist zu Pferd in die Region ein. Besucher können ihren Spuren auf Ausritten mit **Warner Guiding & Outfitting** (Karte S. 658; ☎403-762-4551; www.horseback.com; 132 Banff Ave; geführte Ausritte 54–139 C$/Pers.; ⏲9–14 Uhr) folgen, die ein zuverlässiges Pferd zur Verfügung stellen und dann die Reiter über schmale Wege leiten. Einweisung und die Begleitung sind im Preis enthalten; ein wunder Hintern ist für Anfänger unvermeidlich. Da heißt es: einfach grinsen und ertragen.

Passionierte Reiter können sich auch den sechstägigen Wildlife Monitoring Adventure Expeditions von Warner in schwer zugängliche Gebiete anschließen. Sie werden alle von einem Wissenschaftler von Parks Canada begleitet.

Skifahren & Snowboarden

Im Nationalpark gibt es gleich drei Skigebiete, von denen zwei in der Nähe von Banff liegen. Dem großen, schneereichen Sunshine Village wird Weltklasseniveau bescheinigt. Das winzige Norquay befindet sich dagegen nur 6 km vom Ortskern entfernt und ist gut für einen halben Skitag und für Familien.

Sunshine Village (S. 662) schmiegt sich an die Grenze zwischen Alberta und BC. Das Skigebiet selbst ist zwar etwas kleiner als Lake Louise, dafür bekommt es viel mehr Schnee, oder „Champagner-Puder", wie ihn die Einwohner hier nennen, ab (bis zu 9 m/Jahr). Skifahrer lieben das Gebiet für seine anspruchsvollen Abfahrtspisten und die lange Skisaison, die bis zum Wochenende des Victoria Day Ende Mai andauert. Mit einer Hochgeschwindigkeitsgondel flitzt man in 17 Minuten hinauf zum Sunshine Village, wo auch Banffs einziges direkt an der Piste gelegenes Wintersporthotel steht, die Sunshine Mountain Lodge.

Ski Banff@Norquay (Karte S. 650; ☎403-762-4421; www.banffnorquay.com; Mt. Norquay Rd; Ski Tagespass Erw./Jugendlicher/Kind 65/50/25 C$; 👪) liegt 6 km nördlich von Banffs Zentrum und gehört schon lang zum Inventar des Parks. Es ist der kleinste und am wenigsten besuchte der drei Hügel hier und ein toller Ort, um den Angebern in den großen Skigebieten aus dem Weg zu gehen und einfach mal einen gemütlichen halben Tag im Schnee zu verbringen.

In der Skisaison transportieren Shuttlebusse die Skifahrer und Snowboarder im 30-Minuten-Takt von den Hotels in Banff zu beiden Skigebieten (sowie nach Lake Louise).

Wandern

Banffs Königsdisziplin ist das Wandern. Viele Reisende kommen ausschließlich deshalb in die Region. Die Wanderwege sind einfach zu finden, gut ausgeschildert und ausreichend instand gehalten, um sie bequem begehen zu können und gleichzeitig so naturnah, dass ein echtes Wildnis-Feeling aufkommen kann.

Allgemein gilt, dass man mit wachsender Entfernung zum Ort immer weniger Menschen treffen wird und dass auch die Wege weniger gut erschlossen sind. Aber ganz egal, wohin im Park man sich aufmacht, Wanderer werden für ihre Mühen immer mit großartigen Erlebnissen belohnt.

Bevor es losgeht, ist es ratsam, sich im Banff Visitor Centre (S. 666) nach dem Zustand der Wege und möglichen Schließungen zu erkundigen. Oft sind die Wege bis in die Sommermonate hinein noch schneebedeckt, andere Pfade werden geschlossen, wenn gerade Bären in der Gegend unterwegs sind. Das kann vor allem in der Beerensaison (Juni–Sept.) vorkommen.

Eine der besten Wanderungen vom Zentrum aus ist der **Bow River Falls & The Hoodoos Trail**, der an der Bow River Bridge beginnt und an den Wasserfällen vorbei zu den Hoodoos führt. Dabei handelt es sich um seltsam aussehende hohe Felsformationen, die ihre Form dem Wind und der Wassererosion zu verdanken haben. Der Trail verläuft an der Rückseite des Tunnel Mountain und durchquert Wälder und einige Auen (10,2 km Rundweg).

Der Weg entlang des Nordufers vom Lake Minnewanka ist mehrere Kilometer lang und wird vielfältig genutzt, manchmal wird er sogar wegen Bärenaktivität geschlossen. Ein Klassiker ist die Wanderung bis zum **Alymer Lookout**, die einfache Strecke beträgt 10 km. Weniger anstrengend ist der 5,6 km lange Rundweg zum **Stewart Ca-**

nyon, wo man über Felsen und Geröllbrocken bis zum Cascade River hinunterkraxeln kann.

Einige der besten mehrtägigen Wanderungen beginnen am Sunshine Village (wo die Skifahrer im Winter die Gondel nehmen). Von hier können zwei- bis viertägige Ausflüge hinauf zum **Healy Pass** und über den **Egypt Lake** zurück ins Tal in Angriff genommen werden. Alternativ steigt man in einen Bus hinauf zum **Sunshine Village** (Karte S. 650; www.skibanff.com; Tagesskipass Erw./Jugendlicher 95/73 C$) und überquert die Grenze nach BC. An den Sunshine Meadows vorbei geht es zum **Mt. Assiniboine Provincial Park**.

Die beste Backcountry-Erfahrung bietet wahrscheinlich der **Sawback Trail**. Er verläuft von Banff bis zum Lake Louise hinauf und ist mehr als 74 km lang. Unterwegs kommt man an sechs einfachen Zeltplätzen und drei spektakulären Bergpässen vorbei.

Im Führer *Banff, Jasper & Glacier National Parks* von Lonely Planet finden sich weitere Infos zu Tagesausflügen und mehrtägigen Wanderungen.

Geführte Touren

Hydra River Guides RAFTING
(Karte S. 658; ☎ 403-762-4554; www.raftbanff.com; 211 Bear St; ⊙ 9–19 Uhr) Dieses angesehene Unternehmen veranstaltet seit drei Jahrzehnten Raftingtrips. Die beliebteste Tour ist die 20 km lange Kicking Horse Classic (125 C$), mit unterschiedlichen Stromschnellen (bis Klasse IV) und einem Mittagessen mit Grillen. Kühnere Rafter buchen die Ganztagestour (179 C$), für Anfänger und Familien gibt's einen geruhsamen Bootsausflug (55 C$). Der Flast Blast (90 C$) ist für Leute mit wenig Zeit.

Discover Banff Tours GEFÜHRTE TOUREN
(Karte S. 658; ☎ 403-760-5007; www.banfftours.com; Sundance Mall, 215 Banff Ave) Discover Banff bietet eine tolle Auswahl an Ausflügen. Es gibt dreistündige Führungen durch den Ort, Wildlifetouren bei Sonnenauf- oder Sonnenuntergang, Tagesausflüge zum Columbia Icefield und sogar zehnstündige Grizzly-Touren mit Besuch eines Grizzly-Schutzgebiets.

GyPSy Guide AUTOTOUR
(Karte S. 658; ☎ 403-760-8200; www.gypsyguide.com/canada; 39 C$/Tag) Bietet Touren durch die Gegend an, die man downloaden kann, mit anschaulichen Kommentaren zu Highlights sowie der örtlichen Geschichte und Empfehlungen, wo man gut Halt machen kann. Die Touren dauern von 1½ Stunden bis zu drei bis fünf Tagen und kosten zwischen 3 und 15 C$, mit Zielen wie Banff, Lake Louise, Columbia Icefield, Jasper und Calgary. Und das Allerbeste: Wenn man mal keine Lust mehr hat, kann man den Reiseleiter einfach abschalten.

Schlafen

Verglichen mit anderen Orten in der Region sind die Unterkünfte in Banff ziemlich teuer und im Sommer teilweise sehr knapp. Hier greift mal wieder das alte Sprichwort „Der frühe Vogel fängt den Wurm" – es wird ausdrücklich empfohlen, vorab zu reservieren!

Das Banff/Lake Louise Tourism Bureau aktualisiert täglich die Liste verfügbarer Unterkünfte; ein Blick auf die Aushänge im Banff Visitor Centre (S. 666) lohnt sich. Manchmal kann auch **Enjoy Banff** (☎ 888-313-6161; www.enjoybanff.com) weiterhelfen: Die Agentur bucht Zimmer in über 75 verschiedenen Unterkünften.

Campen im Banff National Park ist sehr beliebt und unkompliziert. Es stehen 13 Campingplätze zur Auswahl, von denen ein Großteil entlang des Bow Valley Parkway oder in der Nähe von Banff zu finden ist.

Two Jack Lakeside CAMPING $
(Karte S. 650; Minnewanka Loop Dr; Stellplatz Zelt & Wohnmobil 28 C$; ⊙ Mai–Okt.; P) Der malerischste Campingplatz in der Gegend von Banff liegt direkt am Two Jack Lake, deshalb füllen sich die nicht reservierbaren 74 Stellplätze recht schnell. Inzwischen kann man im Two Jack auch „glampen" in einem der zehn „oTENTiks" – das sind perfekt ausgestattete „Zelte" in A-Form mit heißen Duschen und Strom. Sie sind für bis zu sechs Personen gedacht und kosten angemessene 120 C$ pro Nacht.

HI-Banff Alpine Centre HOSTEL $
(☎ 403-762-4122; www.hihostels.ca; 801 Hidden Ridge Way; B ab 32 C$, DZ mit Gemeinschafts-/Privatbad ab 85/104 C$, Einzelkabinen ab 124 C$; P @ ☎) Das beste Hostel im Ort liegt fast ganz oben auf dem Tunnel Mountain und in ausreichender Entfernung vom verrückten Treiben auf der Banff Ave. Die Gebäude versprühen das klassische Flair einer Gebirgs-Lodge, was sich glücklicherweise nicht in den Preisen widerspiegelt. Die Zimmer, Schlafsäle, Doppelzimmer und Kabinen sind sauber und komfortabel. Die Gemein-

SASQUATCH

In dem ungezähmten Land zwischen Banff und Jasper kann man durchaus mal ein paar wilde Tiere treffen. Aber wer nach einem Elch oder sogar einem Grizzly Ausschau hält, wird vielleicht überrascht sein von dem, was dann wirklich hinter der nächsten Ecke lauert.

Genau so eine Überraschung hat David Thompson erlebt. Als junger Landvermesser reiste er 1811 auf dem Weg nach Jasper durch die Rocky Mountains und war der erste Europäer, der dem sogenannten Monsterbär begegnete. In der Nähe des Athabasca River stolperte er über Fußabdrücke, die gigantische 36 x 20 cm maßen.

In der Gegend des Saskatchewan River hat schon das Volk der Stoney im vergangenen Jahrhundert Zeichen des Monsterbären gesehen. Sie nannten das Untier „M-s-napeo" – heute wird es meistens Sasquatch oder Bigfoot genannt. Es soll groß und haarig sein sowie faulig riechen. Einheimische und Besucher melden in der Gegend des Banff National Parks und des Jasper National Parks bis ins aktuelle Jahrzehnt hinein Sichtungen. Also Augen – und Nase – offen halten!

schaftsbereiche sind offen und gemütlich, mit Feuerstellen und toller Aussicht. Ein öffentlicher Bus hält direkt vor der Tür, die Fahrt ist kostenlos.

Samesun Banff HOSTEL $
(☎403-762-5521; www.banffhostel.com; 433 Banff Ave; B inkl. Frühstück ab 60 C$; P @) Das Samesun ist frecher, individueller und etwas günstiger als die anderen hiesigen Budgetunterkünfte. Hier gibt's einen großen Innenhof mit Grillstelle, eine Bar, viele Aktivitäten und 100 Schlafsaalbetten in modernen, kompakten Zimmern für sechs bis 14 Personen mit Bad (manche mit Kamin). Das Selbstbedienungs-Frühstück ist inklusive. Hier trifft man alle Nationalitäten, Backpacker und junge Leute (auch solche, die zumindest im Herzen jung geblieben sind).

Banff Y Mountain Lodge HOSTEL $
(Karte S. 658; ☎403-762-3560; www.ymountainlodge.com; 102 Spray Ave; EZ/DZ 109/129 C$, mit Gemeinschaftsbad 99/109 C$; P @) Die eleganteste Hostel-Option in Banff hat sowohl Schlafsäle als auch private, auf Familien ausgerichtete Unterkünfte direkt am Fluss. Die Gebäude sind geräumig, rollstuhlgerecht und die Kamine und großen Terrassen vermitteln eine alpine – wenn auch nicht gerade gemütliche – Atmosphäre. Es gibt eine Küche, eine Sauna, ein Familienzimmer und Aktivitäten zuhauf. Im Winter ist das Hostel bedeutend billiger.

Tunnel Mountain CAMPING $
(Tunnel Mountain Dr; Stellplatz Zelt & Wohnmobil 28–39 C$; Kiosk 7–24 Uhr) Banffs riesiger Campingplatz ist in drei „Dörfer" unterteilt und liegt auf halbem Weg den Hang zum Tunnel Mountain hinauf. Dank der günstigen Lage, nur eine kurze Fahrt vom Zentrum von Banff entfernt, sind die 1000 Stellplätze im Sommer schnell belegt. Trotz der vielen Bäume ist es nicht so düster, wie man befürchten könnte, aber wer wahre Ruhe sucht, sollte sich woanders umsehen.

Poplar Inn B&B $$
(Karte S. 658; ☎403-760-8688; www.thepoplarinn.ca; 316 Lynx St; DZ 185 C$; P) Zwei hübsche Zimmer in einem schönen, historischen Haus, nur ein paar Schritte von derBanff Ave entfernt, bieten ein Zuhause in der Fremde. Beide sind mit Luxus-Elementen ausgestattet, wie ägyptische Baumwolllaken und Schiebetüren, die zu privaten, bewachsenen Höfen führen. Das Frühstück mit Muffins, Croissants und selbstgemachtem Müsli wird im Türmchen eines der Häuser serviert.

Juniper HOTEL $$
(☎403-762-2281; www.thejuniper.com; 1 Juniper Way; Zi. 229–460 C$; P) Angeschmiegt an den Mt. Norquay bietet das moderne, tierfreundliche Juniper komfortable Zimmer sowie Suiten mit Whirlpool und Kamin. Das Personal ist freundlich und kümmert sich um viele Wanderer, Skiläufer und Radfahrer. Im Bistro gibt es eine kreative Karte, eine tolle Aussicht und einen großen Hof. Der Highway ist nicht weit weg, deshalb bekommt das Hotel etwas Verkehrslärm ab.

Charlton's Cedar Court MOTEL $$
(☎403-762-4485; www.charltonsbanff.com; 513 Banff Ave; Zi. ab 219 C$; P) Zugegeben, er ist ein wenig altmodisch, aber dieser Motelkomplex an der Banff Ave hat neben ein paar anderen die stimmigsten Preise in der Stadt. Die preiswertesten Zimmer sind schäbig, man sollte sich lieber für eine der größe-

ren, terrassenförmigen Suiten entscheiden, von denen manche eine Küche und Schlafbereiche im Zwischengeschoss haben. Luxus kann man das nicht nennen, aber es ist eine annehmbare Unterkunft im Zentrum.

Rundlestone Lodge HOTEL $$
(☎403-762-2201; www.rundlestone.com; 537 Banff Ave; DZ/Suite ab 209/274 C$; P 📶 ≋) Dieser Ort ist von einem pseudobritischen Charme erfüllt, den die Theatersitze in der Lobby unterstreichen. Die Standardzimmer sind, nun ja, standardmäßig eben, in den Familien- und Flitterwochensuiten hingegen bekommt man dafür Küche, Kamin und Loft.

★ **Buffalo Mountain Lodge** HOTEL $$$
(☎800-661-1367; www.crmr.com/buffalo; 700 Tunnel Mountain Dr; Zi. 339–379 C$; 📶) Diese Lodge auf dem Tunnel Mountain ist mit ihren 3 ha bewaldetem Privatbesitz eine der angenehmsten Bergunterkünfte von Banff. Die Zimmer haben einen exklusiven rustikalen Charme, mit Holzbalken, Badewannen auf Füßen, Steinfeuerstellen und Fußbodenheizung in den Bädern. Entweder speist man im hauseigenen Restaurant Cilantro oder geht 15 Minuten zu Fuß in die Stadt.

★ **Fox Hotel & Suites** HOTEL $$$
(☎800-760-8500; www.bestofbanff.com; 461 Banff Ave; DZ ab 329 C$; P @ 📶 ≋) Ästhetisch gesehen hebt sich das Fox von seinen Nachbarn ab. Die waldähnliche Lobby hat eine unmittelbar beruhigende Wirkung. Die Zimmer liegen um einen Hof herum und sind nicht gerade schickimicki, versprühen aber ein kanadisches Gefühl, was sich sogar in der Tapete widerspiegelt. Das Highlight ist der von den Cave & Basin-Thermalquellen inspirierte Whirlpool, über dem eine Öffnung im Dach den Blick auf den Himmel frei gibt. Der Service ist aufmerksam.

Buffaloberry B&B $$$
(☎403-762-3750; www.buffaloberry.com; 417 Marten St; Zi. 385 C$; P ❄ 📶) Dieses zweckmäßige B&B ist eine gemütliche Unterkunft. Die vier individuellen Zimmer haben sehr viel heimeligen Charme. Fußbodenheizung und Betthupferl steigern den Verwöhnfaktor zusätzlich. Das Frühstück mit einer ständig wechselnden Karte (z. B. gebackene Camembert-Eiercreme, selbstgemachtes Müsli und Buttermilchpfannkuchen) ist göttlich.

Hidden Ridge Resort RESORT $$$
(☎403-762-3544; www.bestofbanff.com; 901 Coyote Dr; Apt. 319–629 C$; P ❄ 📶 🐾) Das Hidden Ridge ist halb Hotel halb Selbstversorger-Resort, eine tolle Option für Familien mit modernen Wohnungen und offenen Chalets. Die einfachen Chalets haben Holzöfen, Kochnischen und Veranden mit Bergblick. Die teuersten bieten Whirlpools und gemütliche Schlafebenen für die Kids. Wer der Bergluft trotzen will, setzt sich in den Whirlpool im Wald.

Fairmont Banff Springs HOTEL $$$
(☎403-762-2211; www.fairmont.com/banffsprings; 405 Spray Ave; Zi. ab 559 C$; P @ 📶 ≋) Wie ein gälisches Balmoral erhebt sich das Banff Springs am Fuße des Sulphur Mountain hoch über die Baumwipfel und ist kilometerweit zu sehen. Es ist ein kleines Wunder der Architektur der frühen 1920er-Jahre und unter den Bauwerken Kanadas eine echte Ikone. Wandelt man durch die eindrucksvolle Lobby sowie die elegante Lounge, die Weinbar und das Restaurant, vergisst man leicht, dass dies auch noch ein Hotel ist.

Essen

Banff kann mehr, als nur hungrige Wanderer satt machen. Sushi und Foie Gras haben in den Restaurants der Banff Ave schon längst Einzug gehalten, und einige der eleganteren Optionen bringen selbst den naturverbundensten Wanderfreund dazu, vor dem Essen ins Hotelzimmer zu gehen und sich eine Dusche zu genehmigen. Viele Hotels in Banff haben ihre eigenen ausgezeichneten Restaurants, in denen auch Nicht-Gäste willkommen sind. Selbst auf der ausgefallensten Speisekarte darf ein Alberta „AAA"-Steak nicht fehlen.

Wild Flour CAFÉ $
(Karte S. 658; ☎403-760-5074; www.wildflourbakery.ca; 211 Bear St; Hauptgerichte 5–10 C$; ⏲7–19 Uhr; 📶 ✎) 🍃 Manchmal braucht man eben mal eine relativ schuldfreie Gaumenfreude und dann kommt man hierher, um Käsekuchen, Torte mit dunkler Schokolade oder – na ja, eher „und" – Makronen zu futtern. Und dabei ist alles Bio, genau wie das Frühstück, die gut gefüllten Sandwiches aus selbstgebackenem Brot und die Suppen. Kein Wunder also, dass immer viel los ist; so viel, dass die Eröffnung einer kleineren Version mit den Mindestleistungen (Kaffee & Gebäck) in der Banff Ave in Planung ist.

Evelyn's Coffee Bar CAFÉ $
(Karte S. 658; ☎403-762-0352; www.evelynscoffeebar.com; 215 Banff Ave; Hauptgerichte 6–10 C$;

⌚6.30–23 Uhr; 📶) Da kann Starbucks einpacken, denn Evelyn's belegt gleich zwei Innenstadt-Locations auf der Banff Ave. Alle haben köstliche Wraps, Kuchen und – das Beste – eine eigene Auswahl an hausgemachten Riesen-Cookies im Angebot, Lebensretter für viele erschöpfte Wanderer. Eine zweite Filiale befindet sich einen Block weiter südlich (119 Banff Ave).

★ Saltlik STEAK $$
(Karte S. 658; ☎403-762-2467; www.saltlik.com; 221 Bear St; Hauptgerichte 18–29 C$; ⌚Mo–Fr 11 Uhr–open end, Sa & So 11.30 Uhr–open end) Hier steht beispielsweise Rib-Eye-Steak in Zitrus-Rosemarin-Butter und Lendensteak mit Pfefferkörnern auf der Speisekarte – das Saltlik ist mit Sicherheit kein 08/15-Steakhouse mit immer faden T-Bone-Steaks. Der herausgeputzte Speiseraum ist voller rustikaler Eleganz, und schon die Liste der Steaks ist so lang wie die komplette Speisekarte vieler anderer Restaurants. Unter den zahlreichen Steakhäusern in der Stadt ist dieses vielleicht sogar die Nummer eins.

★ Bear St Tavern KNEIPENESSEN $$
(Karte S. 658; www.bearstreettavern.ca; 211 Bear St; Hauptgerichte 15–19 C$; ⌚11.30 Uhr–open end) Dieser Gastro-Pub schlägt gleich zweimal zu: unfassbar gewürzte Pizzas und lokal gebrautes Bier. In Scharen kommen die Einheimischen hierher, um einen Teller Pulled-Pork-Nachos oder eine Bison-und-Zwiebel-Pizza mit ein paar Krügen hopfigem Bier zu genießen. Auf dem Hof mit Blick auf den Bison Courtyard kann man prima verweilen, wenn das Wetter mitspielt.

Block Kitchen & Bar TAPAS $$
(Karte S. 658; ☎403-985-2887; www.banffblock.com; 201 Banff Ave; Tapas 7–26 C$; ⌚11–1 Uhr; 🌿) Die entspannte Bar serviert Tapas mit starkem mediterranem und asiatischem Einfluss – hier nennen sie das „mediterrasian". Die kleinen, aber kreativen Tapasteller stillen vielleicht nicht den Heißhunger nach dem Wandern, aber es gibt viele vegane und glutenfreie Optionen und das bis 1 Uhr morgens. Mit Vogelkäfigen und viel Kupfer ausgeschmückt, wirkt es skurril, aber sehr einladend.

Nourish VEGETARISCH $$
(Karte S. 658; ☎403-760-3933; www.nourishbistro.com; 215 Bear St; Hauptgerichte 12–29 C$; ⌚11.30–22 Uhr; 🌿) Schon bei der Begrüßung durch einen riesigen und seltsam schönen Pappmaché-Baum weiß man sofort, dieses vegetarische Bistro ist kein gewöhnliches Lokal. Das Nourish zaubert aus lokal erzeugten Zutaten Gerichte wie mit Bourbon glasierte, gefüllte Pilze und glutenfreie Zwiebelringe in Bierteig, und hat sich damit eine Gourmetfangemeinde in Banff erkocht. Serviert wird auf Gemeinschaftstellern (wie riesige Tapasteller).

Eddie Burger & Bar BURGER $$
(Karte S. 658; ☎403-762-2230; www.eddieburgerbar.ca; 6/137 Banff Ave; Burger 13–19 C$; ⌚11–2 Uhr) Eddie's Burger sind keine gewöhnlichen Burger. Seine Liebe für den Patty hat ihn dazu inspiriert, große, verführerische Burger zu kreieren, vom üblichen Klassiker bis zu Spezialitäten wie Elchburger mit Avocado und Gouda. Hinzu kommt eine ordentliche Portion Poutine und ein geschüttelter Caesar Salad garniert mit einem Chickenwing. Das dürfte reichen – locker für die ganze nächste Woche.

Magpie & Stump MEXIKANISCH $$
(Karte S. 658; ☎403-762-4067; www.magpieandstump.ca; 203 Caribou St; Hauptgerichte 9–21 C$; ⌚11.30–2 Uhr) Die typische, lebhafte Cantina ist voller sonnengebräunter Snowboarder. Es gibt Klassiker wie die Three Pig Queso Quesadilla mit Pulled Pork, geräuchertem Speck *und* Chorizo, oder die Popcorn Shrimp Tacos mit Mango-Sauce. Die Nachos zum Selbstbasteln sprechen für sich. Es ist echt schwer, für den Zitronenkuchen im Glas noch genügend Platz zu lassen.

Park MODERN AMERIKANISCH $$$
(Karte S. 658; ☎403-762-5114; www.parkdistillery.com; 219 Banff Ave; Hauptgerichte 17–44 C$; ⌚11 Uhr–open end) Banff wird immer hipper, ergänzend zur Mikrobrauerei gibt's jetzt auch eine Mikrodestillerie, in der Spirituosen (Gin, Wodka und Whiskey) und Bier aus Getreide, das aus Albertas Vorgebirge stammt, abgefüllt werden. Dazu ein Mesquite-Rindfleischsandwich, Fischtacos oder etwas anderes von den ausgezeichneten Appetitanregern auf der Karte.

Bison Restaurant & Terrace KANADISCH, FUSION $$$
(Karte S. 658; ☎403-762-5550; www.thebison.ca; 211 Bear St; Hauptgerichte 16–45 C$; ⌚17 Uhr–open end) Das rustikal elegante Bison ist häufig voller trendiger, wohlhabender Leute aus Calgary in teuren Wanderklamotten, die wegen der fleischlastigen Gerichte aus regionalen Produkten kommen. Auf der kreativen, saisonalen Karte finden sich Appetitanreger

wie Meeresfrüchtewaffeln und Schnecken in einem Knochen, gefolgt von Peking-Ente oder in Cidre geschmortem Schweinebauch. Auf der Terrasse darunter ist der lässigere Pub Bear St Tavern (S. 665).

Maple Leaf Grille KANADISCH $$$
(Karte S. 658; ☎403-762-7680; www.banffmapleleaf.com; 137 Banff Ave; Hauptgerichte 25–55 C$; ⌚11–22 Uhr) Das stilvolle „Ahornblatt" hat schon viel nationalen und internationalen Beifall geerntet und verzichtet zugunsten des „Kanadisch-Seins" auf alle sonstigen Ambitionen. Die Karte verlässt sich demnach auf Alberta-Rind sowie Lachs aus BC, Kabeljau von der Ostküste und Okanagan-Wine-Country-Salat. Da überrascht es auch nicht, dass das Innere komplett aus Holz und Stein und mit einheimischen Kunstwerken geschmückt ist.

Ausgehen & Nachtleben

Auf der Banff Ave ist es wahrscheinlicher, einen Traveller auf Weltreise zu treffen als einen Einheimischen. Die Kneipenszene ist also lebhaft, wenn auch recht jung. In vielen Kneipen gibt's Livemusik. In der Rubrik „Summit Up" der Wochenzeitung *Banff Crag & Canyon* steht, was wo los ist.

★**Wild Bill's Legendary Saloon** BAR
(Karte S. 658; ☎403-762-0333; www.wildbillsbanff.com; 201 Banff Ave; ⌚11 Uhr–open end) Schicke Weinbars und Cafés? Man war nicht wirklich in Banff, wenn man das Wild Bill's verpasst hat. Hier gibt's echte Cowboys, Line Dance, Bullenreiten, Karaoke und Livemusik à la Willie Nelson. Natürlich ist auch das Essen dementsprechend ausgerichtet: große Portionen gegrillte Schweineschwarte, knusprige Maisplätzchen, Burger und Chili.

Elk & Oarsman PUB
(Karte S. 658; www.elkandoarsman.com; 119 Banff Ave; ⌚11–1 Uhr) Die schickste Kneipe im Ort befindet sich im Obergeschoss und blickt über die Banff Ave. Es gibt eine ordentliche Auswahl an Fassbieren und Livemusik. Die Küche wartet mit guter Kost für Hungrige auf. Die Dachterrasse ist im Sommer Gold wert.

Whitebark Cafe KAFFEE
(Karte S. 658; ☎403-760-7298; www.whitebarkcafe.com; 401 Banff Ave; ⌚6.30–19 Uhr) Dank dieses neuen Cafés in der Aspen Lodge an der Banff Ave wurde vor kurzem in Banff der Kaffee wieder zum Leben erweckt. Seinen mangelnden Platz drinnen, macht das Whitebark mit seinem ausgezeichneten Java-Kaffee wett, der von einem freundlichen Team von Baristas perfekt zubereitet wird. Snacks und Sandwiches geben zusätzliche Kraftspritzen, aber hier geht es hauptsächlich um das erstklassige Gebräu.

Banff Ave Brewing Co MIKROBRAUEREI
(Karte S. 658; www.banffavebrewingco.ca; 110 Banff Ave; ⌚11.30–2 Uhr) Das Lokal wirkt wie eine Bierhalle in der Prärie und bietet eine Reihe von Craft-Bieren, die dort gebraut und mit Saskatoon-Beeren u. ä. versetzt werden. Außerdem gibt es hier weiche Brezeln, Bratwurst, Burger und Salate, allerdings lässt der Service einem häufig viel Zeit, sich seinem Getränk zu widmen, bis das Essen kommt.

Rose & Crown PUB
(Karte S. 658; ☎403-762-2121; www.roseandcrown.ca; 202 Banff Ave, Banff; ⌚11–2 Uhr) Banffs älteste Kneipe (seit 1985!) ist ein ziemlich normaler Laden im britischen Stil mit Billardtischen und einer Dachterrasse. Unter den ganzen Kneipen im Ort ist das Rose & Crown besonders für seine Livemusik bekannt, die hier sieben Abende pro Woche für Stimmung sorgt. Da ist alles dabei, vom bekannten Schlager bis zum Seattle-Grunge.

Praktische Informationen

Banff Visitor Centre (Karte S. 658; ☎403-762-1550; www.pc.gc.ca/banff; 224 Banff Ave, Banff; ⌚Mitte Juni–Aug. 9–19 Uhr, Sept.–Mitte Juni bis 17 Uhr) Die Büros von Parks Canada verteilen Infos und Karten. Hier bekommt man die aktuellen Wander- und Wetterbedingungen und bucht Wanderungen und Campingplätze im Hinterland.

Friends of Banff (Karte S. 658; ☎403-760-5331; www.friendsofbanff.com; 224 Banff Ave) Gemeinnützige Organisation, die Bildungsprogramme durchführt, darunter Wandertouren und Naturforscher-Workshops für Kinder. Außerdem betreibt sie den Radiosender Park Radio 101.1FM, bietet Wetter und Wandertipps, lokale Geschichte und andere Infos. Es gibt einen Souvenirladen und einen Infostand im Banff Visitor Centre.

Mineral Springs Hospital (☎403-762-2222; 305 Lynx St; ⌚24 Std.) Medizinische Notfallversorgung.

An- & Weiterreise

AUTO & MOTORRAD

Alle großen Autovermietungen (Avis, Budget, Enterprise) haben auch eine Filiale in Banff. Im

Sommer kann es passieren, dass alle Autos bereits reserviert sind, deshalb unbedingt vorher anrufen. Wer mit dem Flugzeug in Calgary landet, nimmt sich am besten schon dort ein Auto (die Flotten sind riesig). Das kann günstiger sein, als sich erst in Banff eines zu mieten.

BUS

Greyhound Canada (Karte S. 658; ☎ 800-661-8747; www.greyhound.ca; 327 Railway Ave) unterhält Busse nach Calgary (28 C$, 1 Std. 40 Min., 4-mal tgl.), Vancouver (104 C$, 13 Std., 4-mal tgl.) und zu Zielen dazwischen.

Brewster Transportation (S. 651) holt einen am Hotel ab und fährt nach Calgary (65 C$, 1 Std. 15 Min.), Jasper (100 C$, 5 Std., tgl.) und Lake Louise (30 C$, 1 Std., mehrmals tgl.).

SunDog (www.sundogtours.com) bietet Verbindungen zwischen Banff und Jasper (Erw./Kind 69/39 C$, 5 Std., tgl.) und Lake Louise (20 C$, 1 Std., tgl.) an.

FLUGZEUG

Der nächste Flughafen ist der Calgary International Airport (S. 648). Mehr als 20 Shuttlebusse pendeln das ganze Jahr über täglich zwischen dem Flughafen und Banff. Im Frühling und im Herbst ist der Busverkehr eingeschränkt. Die Unternehmen sind u. a. Brewster Transportation (S. 651) und **Banff Airporter** (☎ 403-762-3330; www.banffairporter.com). Das Ticket für einen Erwachsenen kostet zwischen 55 und 65 C$ (einfache Strecke).

ℹ Unterwegs vor Ort

Banff Transit (☎ 403-762-1215; www.banff.ca) betreibt vier Hybridbusse, die zwei Hauptrouten abklappern. Haltestellen sind u. a. Tunnel Mountain, das Rimrock Resort Hotel, Banff Upper Hot Springs, Fairmont Banff Springs und alle Hotels entlang der Banff Ave. Die Routen hängen an allen Haltestellen aus. Die Busse fahren von 6.30 bis 23 Uhr; der Fahrpreis beträgt 2/1 C$ pro Erw./Kind (oder 5 C$ für eine Tageskarte).

Taxis (mit Taxameter) können einfach an der Straße, vor allem in der Banff Ave, herangewunken werden. Ansonsten kann man bei **Banff Taxi** (☎ 403-762-4444) anrufen.

Lake Louise

1175 EW.

Der Lake Louise macht den Banff National Park zu dem Phänomen, das er ist: ein atemberaubender Naturschauplatz, den man nicht beschreiben kann, ohne schamlos alle Klischee-Register zu ziehen. Wenn man neben dem friedvollen, unwirklich türkisblauen See steht, scheint (und ist) die Natur so unsagbar nah. Ein großartiges Amphitheater aus fein gemeißelten Bergen umgibt den See und präsentiert dabei den Victoria Glacier, damit alle ihn bewundern können. Berühmt ist der Ort für seine Teehäuser, Grizzlys und Wanderwege, aber natürlich auch für die häufig erwähnten „Menschenmassen" und eine seltsam harmonische (oder unharmonische – je nach Blickwinkel) Gruppe von hoch aufragenden Betonwänden, die als Chateau Lake Louise bekannt sind. Aber ganz ehrlich, wen kümmert das schon? Wer an den Lake Louise kommt, tut das nicht, um den Touristen zu entkommen. Er tut es, um einen der spektakulärsten Blicke in den Rocky Mountains zu teilen, ein Blick, der schon seit mehr als einem Jahrhundert die Phantasie von Bergsteigern, Künstlern und Besuchern beflügelt.

Hat man sich lange genug am schillernden Ufer den Atem rauben lassen, geht's hinauf in die verlockenden Berge dahinter. Lake Louise hat auch ein viel gelobtes Skigebiet und einige ebenso verlockende Langlaufloipen. Folgt man der gewundenen, nur in der Saison befahrbaren Straße 13 km lang in Richtung Südosten, kommt man zum Moraine Lake, einem weiteren See in spektakulärer Lage. Er hat vielleicht nicht die blendende Farbe wie sein berühmter Bruder, aber liegt vor einer vergleichbar betörenden Kulisse im Valley of Ten Peaks und vor dem unfassbaren Tower of Babel, der in den Himmel ragt. Im Sommer wird die Straße manchmal für kurze Zeit für neue Besucher gesperrt, um den Verkehr zu entlasten.

Der Ort Lake Louise liegt direkt am Hwy 1 und ist nicht viel mehr als ein Einkaufszentrum unter freiem Himmel, eine Tankstelle und eine Handvoll Hotels. Das eigentliche Objekt der Begierde liegt 5 km außerhalb, entweder man fährt mit dem Auto oder läuft die kurze Strecke zu Fuß entlang des angenehm bewaldeten Louise Creek Trail, falls die Bären nicht gerade auf Streife sind (im Visitor Center nachfragen).

Auf dem Bow Valley Parkway zwischen Banff und Lake Louise kommt man zwar etwas langsamer voran, die Strecke ist aber sehr viel malerischer als der Hwy 1. Da die Straße nicht eingezäunt ist, kann man hier gut Wildtiere erleben.

Sehenswertes

★ Lake Louise SEE

Der nach der sonst wenig bekannten vierten Tochter Königin Victorias benannte (Prin-

Lake Louise & Umgebung

0 — 4 km

zessin Louise Caroline Alberta gab auch der Provinz ihren Namen), unglaublich schöne Lake Louise hat viele Gesichter. Neben den typischen Postkartenmotiven (blauer Himmel, noch blauerer See, glitzernder Gletscher) lohnt sich auch mal ein Besuch um 6 Uhr morgens, im August in der Dämmerung, im Oktoberregen oder nach einem schweren Schneesturm.

Im **Lake Louise Boathouse** (☎403-522-3511; Kanuverleih 30 Min./1 Std. 75/85 C$; ⏲Juni–Sept. 8–20.30 Uhr, je nach Wetterlage) kann man sich ein Kanu ausleihen und eine Runde über den See paddeln. Aber bloß nicht über Bord fallen – das Wasser ist eiskalt.

Lake Louise Gondola SEILBAHN

(☎403-522-3555; www.lakelouisegondola.com; abseits Hwy 1A; Erw./Kind 33/16 C$; ⏲Mai–Juni & Sept.–Okt. 9–16 Uhr, Juli & Aug. 8–17.30 Uhr; 👪) Bei einer Fahrt mit der Lake Louise Gondola sieht man das Gebiet von Lake Louise aus der Vogelperspektive – und wenn man Glück hat auch ein paar Grizzlys auf den Lawinenhängen. Mit einem offenen Skilift oder einer geschlossenen Gondel geht's an einer Seite des **Whitehorn Mountain** hinauf zu einem schwindelerregenden Aussichtspunkt, 2088 m über dem Talboden. Unbedingt auf den imposanten Zacken des 3544 m hohen **Mt. Temple** achten, der auf der anderen Seite die Skyline durchsticht.

Moraine Lake SEE

Die Landschaft überwältigt schon lange bevor das spektakuläre, tieftürkisblaue Wasser des Moraine Lake in Sicht kommt. Der See befindet sich im **Valley of the Ten Peaks**, und von der engen, kurvenreichen Straße, die dorthin führt, hat man einen tollen Blick auf die in der Ferne liegenden beeindruckenden Gipfel. Da es hier weitaus weniger hektisch zugeht als am Lake Louise, bevorzugen viele die etwas schroffere und abgelegenere Schönheit des Moraine Lake.

Aktivitäten

Skifahren & Snowboarden

Die **Lake Louise Ski Area** (Karte S. 650; www.skilouise.com; Tagespass Erw./Jugendlicher 92/72 C$; 👪), ein Skigebiet 3 km östlich vom Ort Lake Louise und 60 km nordwestlich von Banff, ist ein bisschen größer als Sunshine Village, hat aber weniger natürlichen Schnee. Unter den zahlreichen Pisten gibt's auch viele einfache und mittelschwere Abfahrten. Sie erstrecken sich über vier verschiedene Hügel, sodass dieses Skigebiet so nah an seinen europäischen Pendants ist wie kein anderes in Kanada. Die vorderen Hänge sind optimal, um sich wieder an die Bretter unter den Füßen zu gewöhnen: einfache Abfahrten und eine tolle Aussicht. Die entfernteren Hänge bieten einige recht anspruchsvolle Pisten, vom knietiefen Pulverschnee der Paradise Bowl bis zur Hochgeschwindigkeitsabfahrt rund um Larch. Ein Burger auf dem Sonnendeck der Temple Lodge rundet das Skierlebnis ab.

Wandern

Die Schönheit des Lake Louise ist nicht nur oberflächlich: Die Wanderungen jenseits der atemberaubenden Ausblicke sind ebenso beeindruckend. Die meisten der klassischen Wanderungen beginnen am Lake Louise und am Moraine Lake. Manche Wege sind sehr einfach, während andere selbst dem erfahrensten Bergwanderer etwas abverlangen. Insektenspray und Bärenglocke nicht vergessen.

Am Chateau Lake Louise beginnen zwei beliebte Tageswanderungen, deren Ziel die alpin anmutenden Teehäuser hoch über dem See sind. Der kürzere, aber etwas anstrengendere Weg ist die 3,4 km lange Wanderung am **Mirror Lake** vorbei hinauf zum Lake Agnes Teahouse (S. 671), das an einem See gleichen Namens liegt. Nach einem Tee, der mit Gletscherwasser aufgegossen wird, und einer Suppe oder einem dick geschnittenen Sandwich (nur Bargeld), kann man noch 1,6 km weiter bergauf zum Aussichtspunkt **Big Beehive** gehen. Es gibt wohl keinen zweiten Pavillon in Kanada, der an so unerwarteter Stelle auftaucht wie dieser. Weiter unten stößt der Weg auf den **Highline Trail**, welcher wiederum zur **Plain of Six Glaciers** führt. Diese Hochebene kann vom Chateau Lake Louise auch direkt angesteuert werden, über einen 5,6 km langen Weg (einfache Strecke), der am Ufer entlang führt. Egal, welchen Weg man wählt – man sollte auf jeden Fall so weit gehen, dass man den spektakulären Blick auf den **Victoria Glacier** genießen kann. Auf dieser Strecke bittet auch das Plain of Six Glaciers Teahouse (S. 671) zu Tisch und serviert neben dem Heißgetränk dicke Sandwiches und eine belebende heiße Schokolade mit Marshmallows.

Vom Moraine Lake führt eine Wanderung durch das wunderschöne **Larch Valley** zum **Sentinel Pass**. Der Weg ist im Herbst am schönsten, wenn die Blätter allmählich ihre Farbe ändern. Für die anstrengende Tageswanderung wird man mit überragenden Blicken auf den **Mt. Temple** und die umliegenden Gipfel belohnt. Das letzte Stück des Weges, kurz bevor der Pass erreicht ist, führt über eine steile Geröllhalde. Wer Glück hat, kann vielleicht einige Bergsteiger am **Grand Sentinel**, einer 200 m hohen Felsspitze in der Nähe, klettern sehen.

Kürzer und einfacher sind die insgesamt 6 km des **Consolation Lakes Trail**. Hier bietet sich das typische Bild, das man von Banff hat: ein überfüllter Parkplatz, der fast übergangslos an die raue, ungezähmte Wildnis grenzt.

In jüngster Zeit hat die Bärenaktivität rund um den Moraine Lake zugenommen. Aus diesem Grund schreibt der Park nun für die Zeit, in der die Bären auf Beerensuche sind (Juni–Sept.), eine minimale Gruppengröße von vier Personen vor. Wer alleine ankommt, findet am Schwarzen Brett im Information Center von Lake Louise oft Aushänge anderer Wanderer, die Mitwanderer für ihre Gruppe suchen.

Schlafen

Außer einem sehr beliebten Hostel und einem fantastischen Campingplatz gibt es in Lake Louise nicht allzu viele Budgetunterkünfte.

Lake Louise Tent & RV Campground CAMPING $
(www.reservation.parkscanada.gc.ca; Lake Louise; Stellplatz Zelt/Wohnmobil 28/33 C$; Zeltstellplätze Mai–Sept., Wohnmobilpark ganzjährig) In der Nähe des Ortes gelegen ist dieser gute, bewaldete Campingplatz in zwei Parks unterteilt: Die Wohnmobile stehen auf der einen Seite des Flusses und alle Zelte und Fahrzeuge mit Zeltaufbau auf der anderen. Gegen Bären schützt ein Elektrozaun. Viele Zeltstellplätze haben Feuerstellen (9 C$). Am besten wählt man einen Platz möglichst weit weg von den Eisenbahnschienen, um den Ausblick auf den Mt. Temple in relativer Ruhe genießen zu können.

HI-Lake Louise Alpine Centre HOSTEL $
(403-522-2201; www.hihostels.ca; Village Rd, Lake Louise; B/DZ ab 42/115 C$; P) Genau so sollte ein Hostel sein: sauber, freundlich, erschwinglich und voller interessanter Gäste. Das rustikale, gemütliche Gebäude passt mit unbearbeitetem Holz und Steinakzenten gut in die Architektur der Rocky Mountains. Die Schlafsäle sind durchschnittlich und die privaten Zimmer klein und etwas überteuert, aber dieses Hostel ist die mehr oder weniger einzige Budgetoption in Lake Louise.

★ **Deer Lodge** HOTEL $$$
(403-410-7417; www.crmr.com; 109 Lake Louise Dr; Zi. ab 250 C$; P) Die historische Deer Lodge aus den 1920er-Jahren versteckt sich etwas schüchtern hinter dem Chateau Lake Louise und hat es geschafft, seine authentische alpine Atmosphäre zu erhalten. Das rustikale Äußere und die labyrinthartigen Korridore haben sich seit der Zeit der Pagenköpfe und F. Scott Fitzgeralds wahrscheinlich nicht groß verändert. Die Zimmer sind ziemlich klein, aber reizend, und die geräumigen historischen Zimmer sind mit hübschen, noblen Möbeln eingerichtet.

★ **Moraine Lake Lodge** HOTEL $$$
(800-522-2777; www.morainelakelodge.com; DZ 400–700 C$; Juni–Sept.; P) Die Atmosphäre hier ist anheimelnd, persönlich und privat und der Service hervorragend. Die Lodge wird zwar als rustikal bezeichnet (z. B. gibt's keine TVs), aber die Zimmer und Hütten bieten alpinen Luxus mit großen Panoramafenstern, echten Kaminen oder alten Gas-Feuerstellen, einladenden Badewannen, Daunendecken und Balkonen mit Blick auf den See. Für das gehobene Restaurant gibt es extra Sterne. Den Gästen stehen kostenlos Kanus zur Verfügung.

Paradise Lodge HÜTTE $$$
(403-522-3595; www.paradiselodge.com; Zi. 260–340 C$; Mai–Sept.) Die gemütlichen und restaurierten Blockhütten aus den 1930er-Jahren stehen mitten im Wald und nicht weit vom Ufer des Lake Louise entfernt. Jede hat ihren eigenen Stil, aber man kann sich auf große, gemütliche Betten, Gussöfen und einladende Badewannen mit Klauenfüßen freuen. Die neuen Lodge-Zimmer sind im Hotelstil, und die Wiesen drumherum bieten viel Platz zum Abspannen unter den Waldbäumen.

Fairmont Chateau Lake Louise HOTEL $$$
(403-522-3511; www.fairmont.com/lake-louise; Lake Louise Dr; DZ ab 470 C$; P@) Das opulente Fairmont am Ufer des Lake Louise genießt eine der beneidenswertesten Lagen der Welt. Es wurde in den 1890er-Jahren erbaut und 1925 und 2004 erweitert. Das Hotel und sein verputztes Äußeres passt sich nicht so gut an die Umgebung an, aber die gigantischen Einrichtungen, der Service und die atemberaubenden Ausblicke sind zweifellos luxuriös.

Essen

★ Lake Agnes Teahouse CAFÉ $
(Mittagessen 7–13 C$; ⏲ Juni–Aug. 9–18 Uhr, Sept. & Okt. 10–17.30 Uhr) Vom Lake Louise aus führt eine 3,4 km lange, aussichtreiche Wanderung zum Lake Agnes – eine der beliebtesten Strecken in der Region, nicht zuletzt weil sie genau hier endet, an diesem wunderbaren, rustikal alpinen Teehaus, das neben dem himmlischen See und dem angrenzenden Wasserfall in den Wolken zu schweben scheint. Es gibt selbstgebackenes Brot, Suppe, dicke Sandwiches und Seewassertee – *die* perfekte Stärkung für den Abstieg. Nur Bargeld.

Plain of Six Glaciers Teahouse CAFÉ $
(Snacks 6–14 C$; ⏲ Juni–Mitte Okt. 8–18 Uhr) Das zweistöckige Block-Chalet wurde 1927 als Zwischenstation für Schweizer Bergführer errichtet, die Kunden zum Gipfel des Mt. Victoria brachten. Hier fühlt man sich, als wäre man bei Heidi daheim. Auf einer ruhigen Lichtung bekommt der stetige Strom von erschöpften Wanderern selbstgemachte Sandwiches, Kuchen, Gourmet-Tees und heiße Schokolade aufgetischt.

Bill Peyto's Café CAFÉ $
(☎ 403-522-2201; www.hihostels.ca; HI-Lake Louise Alpine Centre, Village Rd, Lake Louise; Hauptgerichte 5–12 C$; ⏲ Mai–Sept. 7–22 Uhr, Okt.–April bis 21 Uhr) Das geschäftige Peyto's ist eine beliebte Kneipe mit Livemusik und einer guten Bar. Die Karte ist nicht gerade einfallsreich, aber das Essen konstant gut. Zum Frühstück gibt's selbstgemachtes Müsli oder einen Burrito *huevo*; abends versucht man sich an Meeresfrüchte-Chili oder *mac'n'cheese* (Makkaroni mit Käse). Der Hof ist wunderschön, wenn die Sonne (oder der Mond) scheint. Wenn das Hostel voll ist, muss man mit Schlangen rechnen.

★ Lake Louise Station Restaurant KANADISCH $$
(☎ 403-522-2600; www.lakelouisestation.com; 200 Sentinel Rd; Hauptgerichte 20–45 C$; ⏲ 11–16 & 17–21 Uhr) Entweder nimmt man sein Essen in der Bahnhofshalle selbst ein oder man macht es sich in einem der überraschend eleganten Speisewagen gemütlich. Details wie herumstehende Gepäckstücke von der Jahrhundertwende und der Schreibtisch des Stationsvorstehers entführen einen zurück ins Jahr 1910, als der Bahnhof gebaut wurde. Es gibt eine erstklassige Rocky-Mountain-Wurstplatte, Ahorn-Lachs und Bisonburger, dazu eine fast greifbare Atmosphäre. Reservieren empfohlen.

Praktische Informationen

Lake Louise Visitors Centre (Samson Mall, Lake Louise; ⏲ Mitte Juni–Aug. 9–19 Uhr, Mai–Mitte Juni & Sept.–Mitte Okt. bis 17 Uhr, Mitte Okt.–April Do–So 9–16.30 Uhr) Hier gibt es Informationen von Parks Canada über Banff und Jasper und man kann sich für Wanderungen ins Hinterland registrieren. Außerdem gibt's einige gute geologische Ausstellungen, eine kleine lokale Touristeninformation und ein Mini-Kino.

An- & Weiterreise

Es fahren Brewster-Busse (S. 654) von Banff und Jasper; der Busbahnhof ist eine beschilderte Haltestelle an der Samson Mall.

Von Banff ist der Ort am einfachsten mit dem Auto zu erreichen.

Jasper (Ort) & Umgebung

Man nehme Banff, halbiere die jährliche Besucherzahl, vergrößere die Gesamtfläche um 40% und multipliziere die Zahl der Bären, Wapitis, Elche und Karibus mit drei. Das Ergebnis lautet Jasper National Park, eine größere, weniger eingeengte und tierreichere Version der anderen Nationalparks der Rocky Mountains. Sein schroffes Hinterland begeistert mit seinen tiefen Flusstälern, wie Schutzwälle anmutenden Gebirgszügen und seinem empfindlichen Ökosystem.

Die meisten Besucher kommen aus dem Süden über den grandiosen Icefields Parkway nach Jasper. Der Parkway schlängelt sich von Lake Louise bergauf und passiert auf seinem Weg tosende Wasserfälle und von Gletschern geformte Berge, zu denen auch der markante Mt. Edith Cavell gehört, der vom Ort leicht auszumachen ist. Eine Alternative ist der legendäre VIA-Zug. Er fährt von Edmonton oder BC und durchquert die geschichtsträchtigen Gebirgsausläufer, die früher einmal die Heimat der Pelzhändler und Ureinwohner waren.

Im Vergleich zu den anderen kanadischen Nationalparks ist der Jasper National Park bekannt für seine Wandermöglichkeiten, die Pionierarbeit, eine einfach zu beobachtende Tierwelt und die Möglichkeit, mit Tourenskiern von Hütte zu Hütte zu „wandern". In ähnlich hohen Tönen wird er auch von Mountainbikefans für eines der besten Singletrail-Netzwerke in Nordamerika gelobt.

Jasper National Park

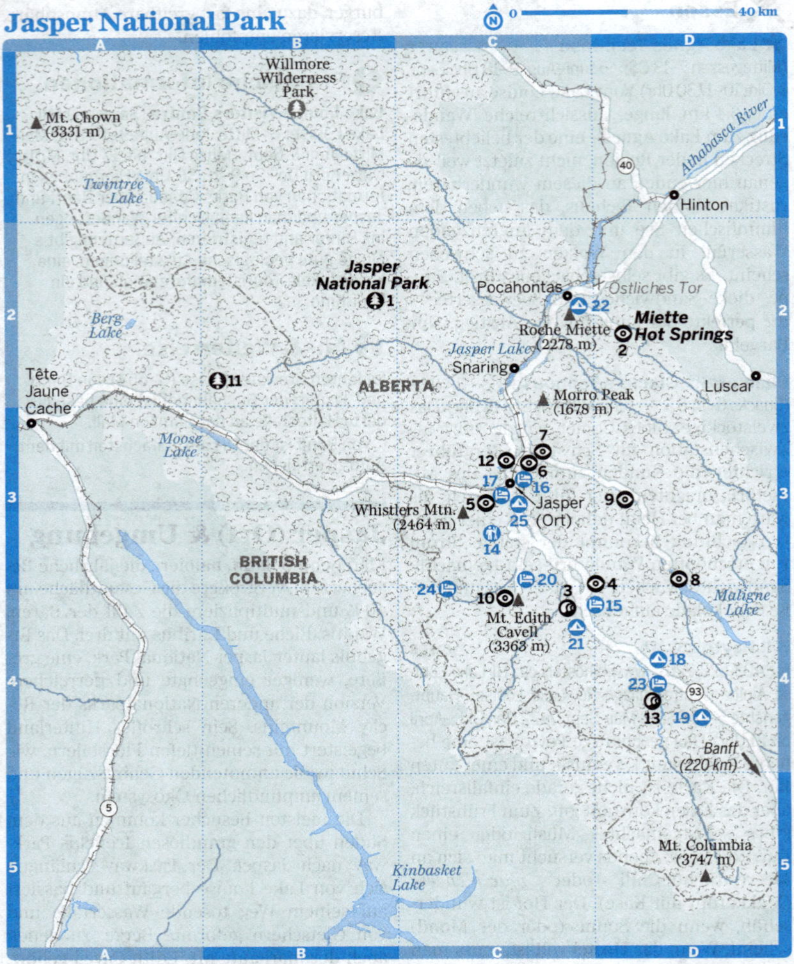

Sehenswertes

★ Jasper National Park NATIONALPARK

(Karte S. 672; www.pc.gc.ca/jasper; Tagespass Erw./Jugendlicher/Fam. 9,80/4,90/19,60 C$) Berglöwen, Wölfe, Rentiere, Biber und Bären laufen frei herum, Gletscher erstrecken sich zwischen Berggipfeln, Wasserfälle donnern über Hänge und durch die weitläufigen, üppigen Täler rauschen Flüsse – das ist der Jasper National Park, der sich über abwechslungsreiche 10 878 km² erstreckt. Jasper ist noch lange nicht überladen: Aktivitäten wie Wandern und Mountainbiken sind gut aufgebaut und zu Recht beliebt, aber es ist immer noch kein Problem, die Einsamkeit und Abgeschiedenheit, die es in diesem Park im Überfluss gibt, zu erleben.

★ Miette Hot Springs THERMALQUELLEN

(Karte S. 672; www.pc.gc.ca/hotsprings; Miette Rd; Erw./Kind/Fam. 6/5/18,50 C$; ⏲8.30–22.30 Uhr) Die 1909 „entdeckten" Miette Hot Springs sind abgelegener als die historischen Quellen von Banff. Man findet sie 61 km nordöstlich von Jasper nahe dem Hwy 16 an der Parkgrenze. Das wohltuende Wasser umgeben von Gipfeln wird auf angenehmen 40 °C gehalten und tut besonders gut, wenn der Herbstschnee fällt und Dampf die Leute ein-

Jasper National Park

hüllt. Auch regnerische Sommerabende eignen sich für beeindruckende, neblige Erlebnisse.

Horseshoe Lake — SEE

(Karte S. 672) Diesen idyllischen, blau-grünen, hufeisenförmigen See nahe dem Icefields Pkwy verpassen viele Besucher, was einen Zwischenstopp hier umso verlockender macht. Ein perfekter Ort für ein Sommerbad oder einen kurzen Spaziergang um den See, der von steilen Klippen umgeben ist und von Felsentauchern genutzt wird. Es ist wahrscheinlich sicherer, nur zuzugucken.

Maligne Lake — SEE

(Karte S. 672) Am Ende der Straße gleichen Namens liegt, fast 50 km von Jasper entfernt, der 22 km lange Maligne Lake, um den ein ziemlicher Hype gemacht wird. Er soll einer der schönsten Seen des Parks sein und das kann man tatsächlich kaum bestreiten: Das Himmelblau seines Wassers und die ringsherum aufragenden felsigen und fotogenen Gipfel sind einfach nur traumhaft.

Maligne Canyon — CANYON

(Karte S. 672) Der Canyon ist eine steile, enge Schlucht, in deren Tiefe der Fluss fließt, der sie geformt hat. An der schmalsten Stelle ist er nur ein paar Meter breit und fällt direkt zu Füßen der Betrachter um 50 schwindelerregende Meter ab. Sechs Brücken überspannen ihn, über die mehrere **Trails** führen. Die Wege starten alle am Parkplatz an der Maligne Lake Rd, wo sich auch ein reizendes, einfaches Teehaus befindet. Im Winter gefrieren die Wasserfälle und überziehen die Wände mit einer Eisschicht, dann tummeln sich hier die Eiskletterer.

Jasper Skytram — SEILBAHN

(Karte S. 672; ☎780-852-3093; www.jaspertramway.com; Whistlers Mountain Rd; Erw./Kind/Fam. 40/20/100 C$; ⏲April–Okt. 9–20 Uhr) Wen die normalen, „langweiligen" Aussichten im Jasper National Park noch nicht umhauen, sollte eine Fahrt mit dieser Seilbahn machen. Der Aufstieg führt durch die verschiedenen Zonen des Berglebens zu den kargen Hängen des Whistlers Mountain, wo ein kleines, teures Café ist. Von der Bergstation führen steile 1,5 km zum wirklichen Gipfel des Bergs, wo der Blick 75 km weit reicht.

Medicine Lake — SEE

(Karte S. 672) Die geologische Rarität Medicine Lake kann man vielleicht am besten als sinkenden See beschreiben, der Löcher im Boden hat und eigentlich wie eine Badewanne ohne Stöpsel funktioniert. Im Sommer, wenn der Zufluss stark ist, füllt sich der See schneller, als er abfließen kann, und die Wasserfläche erscheint tief und ausladend. Im Winter, wenn der Zufluss geringer ist, fließt das Wasser ab und der See schrumpft zu einem schmalen Rinnsal.

Lake Annette & Lake Edith — SEE

(Karte S. 672) Auf dem Weg zum Ort liegen auf der anderen Seite des Highways die Seen Lake Annette und Lake Edith. Im Sommer sind sie bei Wassersportlern beliebt; beide haben kleine Strandbereiche und einige Picknickplätze. Wer mutig ist, taucht bei sehr heißem Wetter kurz im Lake Annette ab – aber nicht vergessen, dass das Wasser kurz vorher noch in einem Gletscher war! Lake Edith ist besonders bei Kajak- und Bootsfahrern beliebt.

Jasper (Ort)

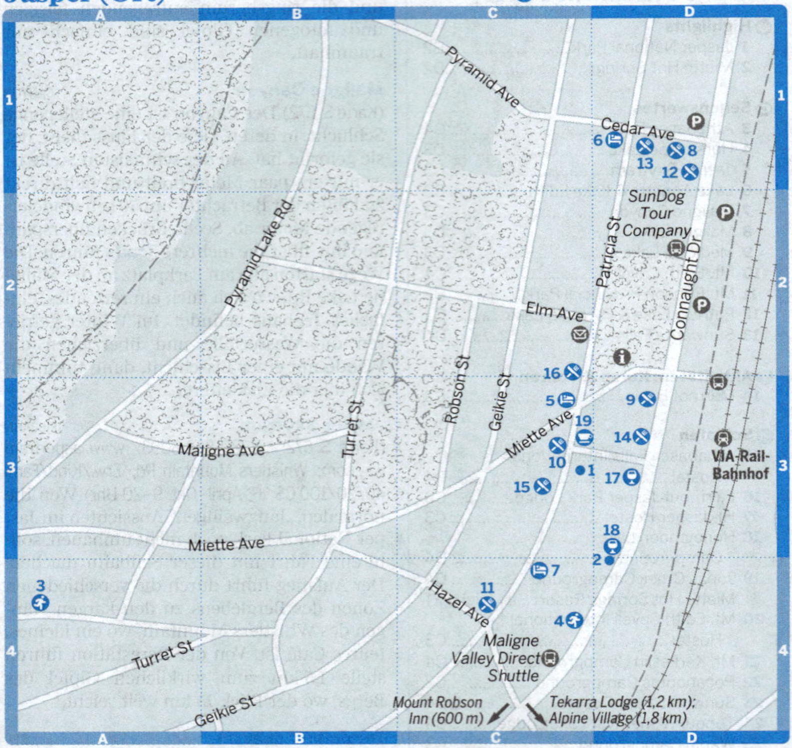

Jasper (Ort)

Aktivitäten, Kurse & Touren

1 Jasper Adventure Centre C3
2 Jasper Walks & Talks D4
3 Rockaboo Adventures A4
4 Vicious Cycle C4

Schlafen

5 Athabasca Hotel C3
6 Jasper Downtown Hostel D1
7 Park Place Inn C4

Essen

8 Bear's Paw Bakery D1
9 Cassio's Trattoria D3
10 Coco's Cafe C3
11 Evil Dave's Grill C4
12 Jasper Pizza Place D1
13 Olive Bistro D1
14 Other Paw Bakery D3
15 Patricia Street Deli C3
16 Raven Bistro C2

Ausgehen & Nachtleben

17 Downstream Bar D3
18 Jasper Brewing Co D3
19 SnowDome Coffee Bar C3

Patricia Lake & Pyramid Lake SEE

(Karte S. 672) Diese beiden Seen liegen weniger als 10 km außerhalb des Orts und bieten jede Menge Wasseraction. Auf dem Grund des Patricia Lake liegt das Wrack eines Flugzeugträgers aus dem Zweiten Weltkrieg, namens *Habbakuk,* der nach einem geheimen Versuchs, ein unsinkbares Schiff aus Pykrete, ein Werkstoff aus Sägemehl und Wassereis zu bauen, versenkt wurde. Erfahrene Taucher können die hölzernen Überreste mit **Jasper Dive Adventures** (☎780-852-3560; www.jasperdiveadventures.com; Tauchgänge 75 C$; ⊙Mai–Sept.) ganz aus der Nähe erforschen. Der Pyramid Lake, über dem ein Resort liegt, ist im Sommer bei Kanu- und Kajakfahrern beliebt und im Winter bei Schlittschuhläufern. In der Mitte des Sees liegt eine schöne Insel, die über eine Brücke zugänglich ist und auf der man viele nächtliche Sterngucker trifft.

Aktivitäten

Radfahren

Jasper schlägt Banff im Singletrail-Mountainbiken; es ist tatsächlich das beste Gebiet in Kanada für diesen Sport. Viele Routen liegen in unmittelbarer Nähe des Ortes. Wer flacheres Terrain und echte Fahrbahnen bevorzugt, findet die passende Langstrecke z. B. entlang des Icefields Parkway. Der Heilige Gral erfahrener Mountainbiker ist aber das **Valley of the Five Lakes**. Es ist sehr abwechslungsreich, landschaftlich wunderschön und hat viele Strecken, auf denen man es richtig krachen lassen kann. Mehr Infos dazu gibt's im *Mountain Biking Guide, Jasper National Park,* der beim Jasper Information Centre (S. 680) erhältlich ist.

Bei **Vicious Cycle** (Karte S. 674; ☎780-852-1111; www.viciouscanada.com; 630 Connaught Dr, Jasper; Fahrradverleih pro Std./Tag ab 8/32 C$; ⌚9–18 Uhr) können Bikes geliehen werden und man bekommt zusätzliche Tipps zu den Strecken.

Raften

Nichts hilft besser gegen die Sommerhitze als ein Sprung ins Gletscherwasser. In der Umgebung Jaspers gibt es reichlich Möglichkeiten für Wildwasserfahrten auf den Flüssen **Maligne**, **Sunwapta** und **Athabasca** – von tosend bis gemütlich. Saison ist von Mai bis September.

Reiten

Im Sommer kann man im Rahmen eines komplett durchorganisierten Reitausflugs mit Begleitung das straßenlose Tonquin Valley erkunden. Eine abgeschiedene (aber komfortable) Unterkunft unterwegs ist die Tonquin Amethyst Lake Lodge. Die Ausritte werden von **Tonquin Valley Adventures** (☎780-852-1188; www.tonquinadventures.com; 3-/4-tägige Trips 895/1195 C$) organisiert und beinhalten Unterkunft, Essen und, für den, der möchte, einen Angelausflug auf dem Amethyst Lake.

Skifahren & Snowboarden

Das einzige Skigebiet im Jasper National Park ist **Marmot Basin** (Karte S. 672; www.skimarmot.com; Marmot Basin Rd; Tagespass Erw./Kind 89/71 C$), 19 km südwestlich des Orts und direkt am Hwy 93A gelegen. Es ist zwar nicht so berühmt wie andere Skigebiete, aber mit seinen 86 Abfahrten und dem längsten Hochgeschwindigkeits-4er-Sessellift der Rockies kann sich Marmot durchaus sehen lassen. Zudem garantiert die relativ isolierte Lage im Gegensatz zu den drei Skigebieten in Banff kürzere Warteschlangen an den Liften.

Dort gibt es auch einige Langlaufloipen und eine erwartungsgemäß teure Einkehrhütte, aber keine Übernachtungsmöglichkeiten. Regelmäßige Pendelbusse fahren in der Saison von Jasper aus dorthin. Das Wetter kann in den Bergen sehr schnell umschlagen und eisig kalt werden, entsprechend warme Kleidung ist daher sehr zu empfehlen.

Wandern

Im Vergleich zu anderen kanadischen Nationalparks ist das Wegenetz im Jasper National Park zwar bescheidener, doch ausreichend. Und mit weniger Besuchern als im Nachbarpark im Süden (Banff) steigt auch die Chance, dort statt Menschen Wildtiere zu Gesicht zu bekommen.

Zu Beginn bietet sich der lehrreiche **Discovery Trail** an, ein 8 km langer, einfacher Wanderweg, der um den Ort führt und über die Natur, die Geschichte des Ortes und der Eisenbahn informiert.

Weitere kurze Routen sind u. a. der 3,2 km lange **Mary Schäffer Loop** am Maligne Lake, der nach einer der ersten europäischen Besucherinnen in diesem Gebiet benannt wurde, der 3,5 km **Old Fort Loop**, der zu einem alten Handelsposten führt, und der 9 km lange **Mina and Riley Lakes Loop**, der direkt im Zentrum Jaspers beginnt und dann aus dem Ort hinausführt.

Weiter weg liegt der etwas anstrengendere **Path of the Glacier Trail**. Er ist 9,1 km lang und sehr bekannt. Er verläuft unterhalb der beeindruckenden Bergwand des Mt. Edith Cavell und führt durch die blumenübersähten Cavell-Wiesen zum Fuß des Angel Glacier.

Der mehrtägige **Skyline Trail** ist durch blaue Bänder gekennzeichnet und 46 km lang. Fast der gesamte Weg verläuft oberhalb der Baumgrenze, was tolle Aussichten über den ganzen Park ermöglicht. Die meisten Wanderer planen für den Weg zwei Tage ein, Gestartet wird am Maligne Lake, der Endpunkt ist in der Nähe des Maligne Canyon an der Maligne Lake Rd. Übernachten kann man entweder im Zelt auf dem Campingplatz bei oder in der historischen Shovel Pass Lodge (S. 677).

In der lesenswerten Broschüre *Day-Hikers' Guide to Jasper National Park* werden die meisten der einfachen Tageswanderungen im Park vorgestellt. Wer im Hinterland längere Tages- und Mehrtagestouren wandern will, für den empfiehlt sich jedoch der Führer *Jasper National Park*. Darin werden die Zeltstellplätze und zwei- bis zehntägige Wanderungen ausführlich vorgestellt. Wer im Hinterland des Nationalparks übernachten möchte, braucht ein *backcountry permit* (10 C$/Nacht & Pers., Saisonpass 69 C$). Die Genehmigung erhält man bei Parks Canada im Jasper Information Centre (S. 680).

Geführte Touren

Jasper Walks & Talks WANDERN
(Karte S. 674; ☎780-852-4994; www.walksntalks.com; 626 Connaught Dr, Jasper; Erw./Kind 90/50 C$; ⌚Juni–Okt.) Ein Einheimischer und früherer Guide von Parks Canada führt kleine Gruppen auf fünf- bis sechsstündigen Touren beispielsweise zu den Mt. Edith Cavell Meadows, zum Maligne Canyon oder zum Valley of Five Lakes. Ausreichendes Picknick, gute Wanderschuhe, Kamera und viele Fragen für den sehr sachkundigen Führer mitnehmen. Die Touren starten von Juni bis Oktober um 9.30 Uhr.

Rockaboo Adventures KLETTERN
(Karte S. 674; ☎780-820-0092; www.rockaboo.ca; 807 Tonquin St, Jasper; ⊕) Jaspers ausführlichster, ganzjährig verfügbarer Kletterführer bietet alles an, vom vierstündigen Experience Rock Climbing-Kurs (125 C$), der sich für Kinder ab sechs Jahren eignet, bis zum schweißtreibenden Aufstieg auf den hochaufragenden Mt. Edith Cavell. Sie arrangieren auch Abseilen (79 C$).

Feste & Events

Dark Sky Festival WISSENSCHAFT
(Tickets 45–100 C$; ⌚Ende Okt.) Zwei Wochen lang werden mit Veranstaltungen das Weltall und der Nachthimmel gefeiert. Hier reden Astronauen und Berühmtheiten wie Bill Nye, es werden Symphonien unter den Sternen gespielt, das Nordlicht reflektiert sich in einem Gletschersee und durch ein Teleskop kann man in die unendlichen Weiten blicken. Es gibt ein paar kostenlose Veranstaltungen, aber die großen Kracher sind Monate im Voraus ausverkauft.

Schlafen

Trotz seines Rufs, das ruhige Gegenstück zu Banff zu sein, wird es in den Sommermonaten in den Straßen Jaspers ziemlich voll. Darum sollte man vorab reservieren oder besser noch in der ruhigeren Zwischensaison Ende des Winters/Anfang des Frühlings vorbeikommen, wenn man in der verlassenen Berglandschaft (am besten mit Langlaufskiern) eine ganz neue Dimension entdecken kann. Im Winter gibt's auch beachtliche Rabatte.

Unterkünfte sind in Jasper grundsätzlich günstiger als in Banff, aber das sagt ja noch nicht viel. Viele bieten außerhalb der Stadt Bungalows (meistens Holzhütten) an, die nur im Sommer vermietet werden. Die zehn Campingplätze in Jasper, die zum Park gehören, sind von Mitte Mai bis September/Oktober geöffnet. Einer davon (Wapiti) hat teilweise das ganze Jahr über offen; vier nehmen Reservierungen an. Infos bekommt man bei Parks Canada im Jasper Information Centre (S. 680).

★ **Jasper Downtown Hostel** HOSTEL $
(Karte S. 674; ☎780-852-2000; www.jasperdowntownhostel.ca; 400 Patricia St, Jasper; B/DZ 40/126 C$; 📶) Für einen Spottpreis direkt im Stadtzentrum übernachten? Tatsächlich, das geht! Die Zimmer in der ehemaligen Residenz wurden umgebaut, um schlichte, moderne Zwei- bis Achtbettzimmer zu schaffen, sowie komfortable private Zimmer für bis zu fünf Personen. Die oberen Räume sind heller, haben Holzböden und viele Zimmer ein privates Bad. Es gibt keine Küche und keinen Gemeinschaftsbereich, aber die Stadt ist vor der Tür.

Pocahontas Campground CAMPING $
(Karte S. 672; www.reservation.parkscanada.gc.ca; Miette Hot Springs Rd; Stellplatz Zelt & Wohnmobil 21,50 C$; ⌚Mai–Sept.) Dieser Platz ist so weitläufig und dicht von Bäumen bewachsen, man würde nie denken, dass er 140 Stellplätze hat. Die Einrichtungen sind minimal, aber es gibt Spültoiletten. Zudem ist der Platz rollstuhlgerecht und super gepflegt.

Wapiti Campground CAMPING $
(Karte S. 672; www.reservation.parkscanada.gc.ca; Hwy 93; Stellplatz Zelt/Wohnmobil 28/33 C$) Der zweitgrößte Campingplatz (362 Stellplätze) im Park liegt nahe am größten (Whistlers). Ein praktischer Fahrrad-/Wanderweg verbindet die Plätze und führt weiter nach Jasper (5 km). Es gibt saubere und gut gepflegte

JASPER IM WINTER

Die eine Hälfte von Jasper macht im Winter dicht, die andere Hälfte passt sich einfach an und verwandelt sich in etwas, das ebenso gut ist wie (wenn nicht besser als) sein sommerliches Gegenstück. Aus Seen werden Schlittschuhbahnen, Wander- und Radwege (und einige Straßen) werden zu Loipen, an Wasserfällen sieht man plötzlich Eiskletterer und – last but not least – die Preise werden bezahlbarer.

Die beste Natureisbahn unter freiem Himmel befindet sich auf dem Lac Beauvert. Sie liegt bei der Fairmont Jasper Park Lodge und wird nach Einbruch der Dunkelheit mit Flutlicht beleuchtet. Eine weitere Option für Schlittschuhläufer ist der 6 km nordöstlich des Ortes gelegene Pyramid Lake.

Rund 200 km lang ist das Netz an Langlaufloipen im Park. Routen, die am Ende des Winters recht spät abtauen, sind die **Pyramid Lake Fire Road**, **Meeting of the Waters** (entlang eines geschlossenen Teilstücks des Hwy 93A), der **Moab Lake Trail** und die **Mount Edith Cavell Road**. Relativ sicher und doch dramatisch schön ist eine Skitour im **Tonquin Valley**, allerdings sind diese Routen manchmal zum Schutz der Karibus geschlossen (weitere Infos unter www.tonquinvalley.com).

Nicht ganz so athletisch geht es beim dreistündigen **Maligne Canyon Ice Walk** zu, der vom **Jasper Adventure Centre** (Karte S. 674; www.jasperadventure centre.com; 611 Patricia St, Jasper; Erw./Kind 65/29 C$) angeboten wird. Dabei wandert man an Wasserfällen vorbei, die von Dezember bis April gefroren sind. Eiskletterer besteigen die glatten Riesen gesichert und mit Eispickeln.

Dusch- und Toilettenblocks, aber Wapitis wichtigster Pluspunkt ist die Lage am Ufer des Athabasca River.

HI-Jasper Hostel HOSTEL $
(Karte S. 672; ☎780-852-3215; www.hihostels.ca; Whistlers Mountain Rd; B/DZ 30/80 C$; P @ 📶) 🍃 Dieses Hostel nicht zu mögen, wäre eigentlich relativ einfach. In die Schlafsäle werden 40 Personen und mehr gestopft, eine sichere Garantie für nächtliche Störungen durch Schnarcher, dazu liegt es gerade so weit vom Ort entfernt, dass ein Fußmarsch zu lang ist – schon zwei absolute Minuspunkte. Trotz all dem ist es eine tolle Übernachtungsoption.

★ **Tekarra Lodge** HOTEL $$
(☎780-852-3058; www.tekarralodge.com; Hwy 93A; Lodge/Hütten ab 199/240 C$; ⏲ Mai–Okt.; P 📶 🐾) Die stimmungsvollsten Hütten des Parks stehen am Ufer des Athabasca River zwischen hohen Bäumen und inmitten herrlicher Beschaulichkeit. Parkettböden, getäfelte Wände, Kamine und kleine Kochnischen verbreiten Gemütlichkeit. Die Lodge liegt nur 1 km von der Stadt entfernt, aber trotzdem fühlt man sich wie im Hinterland. Das Restaurant vor Ort serviert gehobene Küche im Jasper-Standard.

★ **Park Place Inn** BOUTIQUEHOTEL $$
(Karte S. 674; ☎780-852-9970; www.parkplace inn.com; 623 Patricia St, Jasper; Zi. 229–269 C$; @ 📶) Die stinknormale Außenfassade des Park Place reiht sich im Ortskern in ein Heer von Geschäften ein und ließe nie vermuten, dass sich dahinter ein echter Hingucker verbirgt. Das wird erst klar, wenn man die Stufen zu seiner schicken, offenen Lobby erklommen hat. Die 14 renovierten, eleganten Boutiquezimmer, die bis 2002 Büros von Parks Canada waren, bieten glänzende Holzböden, Whirlpool-Badewannen mit Klauenfüßen und ganz allgemein ein Flair voller Raffinesse und Luxus.

Shovel Pass Lodge LODGE $$
(☎780-852-4215; www.skylinetrail.com; Zi. inkl. Mahlzeiten 199 C$/Pers.; ⏲ Juni–Sept.) Die Shovel Pass Lodge wurde 1921 gebaut und 1991 umgebaut. Sie liegt auf halber Länge des symbolträchtigen Skyline Trail. Die sieben Hütten sind einfach, mit Holzbetten, frischen Laken, Propanlampen und täglich geliefertem heißem Wasser. Zwei herzhafte Mahlzeiten und ein Lunchpaket sind inklusive, genau wie einige der überragendsten Aussichten in der Gegend.

Athabasca Hotel HOTEL $$
(Karte S. 674; ☎780-852-3386; www.athabasca hotel.com; 510 Patricia St, Jasper; Zi. ohne/mit Bad 139/199 C$; P @ 📶) Das Atha-B (so wird es hier genannt) ist der Traum jedes Tierpräparators und hat kleine, saubere Zimmer mit Holz- und Messingmöbeln und dicken, weinroten Teppichen. Viele Zimmer haben

ein Gemeinschaftsbad; es gibt keinen Aufzug. Es ist altmodisch, aber nicht abgewohnt, und es fühlt sich an, als würde man bei Oma wohnen (wenn Oma gern gejagt hat). Der Service ist launisch und in der Bar im Erdgeschoss kann es laut werden. Das Atha-B gibt's schon seit 1929 und es ist der beste Deal im Ort. Im Winter fallen die Preise deutlich.

Miette Hot Springs Resort MOTEL, HÜTTE $$
(Karte S. 672; ☎780-866-3750; www.mhresort.com; Miette Hot Springs Rd; Zi./Chalets/Hütten 99/127/187 C$; P) Dieses zwanglose „Resort" an den heißen Quellen ist eine Ansammlung altmodischer, aber charmanter Blockhütten und Motelzimmer von 1938 und Chalets aus den 1970er-Jahren. Die Hütten sind für bis zu sechs Personen gedacht und bieten Kochnischen und Steinkamine (auch in einigen der 17 Motelzimmer gibt es Kochnischen). Das Restaurant serviert preisgünstige Standardmahlzeiten. Regelmäßig wandern Bären über das Gelände.

Alpine Village HÜTTE $$$
(☎780-852-3285; www.alpinevillagejasper.com; 2-/4-Pers.-Hütten ab 210/420 C$; ⌚Mai–Okt.; P ᯤ) Die charaktervollen Blockhütten mit modernen, renovierten Bädern sind eine Stufe besser als die Konkurrenz, mit erstklassiger Lage direkt am Athabasca River. Hier kann man absolute Ruhe genießen, da man außerhalb des Trubels der Stadt wohnt, aber nahe genug, um hinzulaufen. Die Hütten sind schick, im Landhausstil eingerichtet, haben Schlafzimmer auf Zwischenebenen und Kamine. Der nächste Nachbar ist meistens ein Elch.

Tonquin Amethyst Lake Lodge LODGE $$$
(Karte S. 672; ☎780-852-1188; www.tonquinadventures.com; Zi. inkl. Mahlzeiten 195 C$/Pers.) Rustikale Unterkunft in historischen Hütten mit Blick auf den Amethyst Lake und die hochaufragenden Berge der Ramparts, die etwa 24 km von der nächsten Straße entfernt ist. Man kann auf eigene Faust hinwandern oder sich im Sommer einem der **Pferdetrecks** (3/4 Tage 895/1195 C$), die mehrmals täglich starten, anschließen. Im Winter kann man auf Langlaufskiern anreisen. Reservieren ist empfehlenswert.

Mount Robson Inn MOTEL $$$
(☎780-852-3327; www.mountrobsoninn.com; 902 Connaught Dr, Jasper; Zi. inkl. Frühstück ab 260 C$; P ❄ @ ᯤ) Eine saubere, frisch renovierte Unterkunft im Motelstil am Ortsrand von Jasper mit Whirlpool, Restaurant und einem reichlichen, im Preis enthaltenen Frühstück. Von gepflegten Queensize-Zimmern bis zu Familien- und Whirlpoolsuiten – hier ist es echt schwer, etwas zu finden, was einem nicht gefällt.

Fairmont Jasper Park Lodge HOTEL $$$
(Karte S. 672; ☎780-852-3301; www.fairmont.com/jasper; 1 Old Lodge Rd, Jasper Town; Zi. ab 480 C$; P @ ᯤ) Die klassische alte Lodge am Ufer des Lac Beauvert inmitten von gepflegten Gärten und Bergen kann mit dem Verve der Fairmont Hotels in Banff und Lake Louise nicht mithalten, dafür trifft man hier auf weniger Reisenden auf der Suche nach Nachmittagstee. Die faszinierende Mischung aus Countryclub und Ferienlager der 1950er-Jahre vermittelt in den komplett ausgestatteten Hütten und Chalets das Flair einer glänzenderen – der guten alten – Zeit.

Essen

★ **Other Paw Bakery** CAFÉ, BÄCKEREI $
(Karte S. 674; 610 Connaught Dr, Jasper; Snacks 2–6 C$; ⌚7–18 Uhr) Dies ist eine Filiale von The Bear's Paw, eines größeren Cafés gleich um die Ecke. Hier gibt's dieselbe unglaubliche und süchtig machende Auswahl an Broten, Gebäck, Muffins und Kaffee, sowie leckere Suppen und gut gefüllte Wraps. Dieses Paw ist auch noch länger geöffnet als sein großer Bruder.

Patricia Street Deli SANDWICHES $
(Karte S. 674; 610 Patricia St, Jasper; Sandwiches 7–9 C$; ⌚Mo–Fr 10–17, Sa & So bis 18 Uhr) Zum Patricia Street Deli muss man hungrig kommen – richtig hungrig. Bei der Füllung ihrer Sandwiches aus selbst gebackenem Brot sind die Leute hier genauso großzügig wie bei ihren Wandertouren. Es gibt eine lange Liste an Füllungen, darunter verschiedene Pestos, Chutneys, Gemüse und Fleisch. Einfach in die Schlange einreihen und den Heißhunger stillen.

Bear's Paw Bakery CAFÉ, BÄCKEREI $
(Karte S. 674; www.bearspawbakery.com; 4 Cedar Ave, Jasper; Gebäck 3–5 C$; ⌚6–18 Uhr) Eines der besten Bäckerei-Cafés westlich von Winnipeg. Man kann froh sein, dass das Bear Paw genau hier ist, wo man es am Ende einer kräftezehrenden Wander-/Fahrrad-/Skitour am meisten gebrauchen kann. Freie Auswahl an unglaublich süchtig machenden

Scones, Cookies, Muffins, *focaccia*-artigen Broten und Wraps. Der Kaffee ist genauso göttlich.

Coco's Cafe CAFÉ $
(Karte S. 674; ☎780-852-4550; 608 Patricia St, Jasper Town; Hauptgerichte 5–12 C$; ⏰8–16 Uhr; 🖉) Wer frühstücken will, kann mit dem Coco's nichts falsch machen. Drinnen ist nicht sonderlich viel Platz, die meisten Leute zwängen sich aber gerne rein, um Wanderungen zu planen und Bärengeschichten auszutauschen. Auf der Karte stehen viele vegane, vegetarische und magenfreundliche Gerichte aus regionalen Erzeugnissen, Fleischliebhaber lieben das Rauchfleisch Montreal, das Pulled Pork und den Räucherlachs.

Mittags sollte man unbedingt den großen Käsetoast mit Apfel- und Zwiebelchutney probieren.

Olive Bistro MEDITERRAN $$
(Karte S. 674; ☎780-852-5222; www.olivebistro.ca; 401 Patricia St, Jasper; Hauptgerichte 16–25 C$; ⏰17–23 Uhr; 🖉) In diesem lässigen Restaurant mit großen Sitznischen wählt man aus einer klassischen Karte Gerichte wie in Whiskey marinierte Grillrippchen, Bisonlasagne oder Wildpilz-Risotto. Alternativ teilt man sich die Muscheln mit weißen Trüffeln oder einen Wurstteller mit regionalem Rauchfleisch. Die Cocktails sind ausgezeichnet und es gibt häufig auch entspannte Livemusik.

Cassio's Trattoria ITALIENISCH $$
(Karte S. 674; 602 Connaught Dr, Jasper; Hauptgerichte 14–30 C$; ⏰7.30–23 Uhr; 👪) Im schon lange bestehenden Whistlers Inn konzentriert sich die Familie Cassio auf *wahre* italienische Küche: Gnocchi, Fleischbällchen, Kalbfleisch-Marsala, Pasta Marinara und großzügige Antipasto-Platten. Atmosphäre gibt's nicht viel, aber das interessiert keinen mehr, wenn das Essen da ist.

Jasper Pizza Place PIZZA $$
(Karte S. 674; ☎780-852-3225; 402 Connaught Dr, Jasper; Pizzas 13–20 C$; ⏰12–22 Uhr) Die heiß begehrten Pizzas werden in einem traditionellen Holzofen gebacken und sind richtig gut. Aus einer langen Liste an Belägen und Saucen kann man sich seine eigene Pizza zusammenstellen oder eine der interessanten Kreationen wählen. Häufig ist es hier sehr voll und die Leute stehen vor der Tür Schlange. Drinnen ist es zwanglos, im Fernsehen läuft Sport und es gibt Bier vom Fass.

Raven Bistro MEDITERRAN $$$
(Karte S. 674; ☎780-852-5151; www.theravenbistro.com; 504 Patricia St, Jasper; Hauptgerichte 24–32 C$; ⏰17–22 Uhr; 🖉) Das kleine, geschmackvoll eingerichtete Bistro serviert vegetarische Gerichte und Teller zum Teilen und würde auch gut in eine spanische Kleinstadt passen. Kreative Angebote wie geschmorte Lammkeule mit Granatäpfeln und Meeresfrüchteeintopf mit Kaffernlimetten und Kokosnuss zieren die Karte. Im Sommer gibt's am Wochenende von 9 bis 13 Uhr Brunch.

Evil Dave's Grill KANADISCH, FUSION $$$
(Karte S. 674; ☎780-852-3323; www.evildaves.com; 622 Patricia St, Jasper; Hauptgerichte 22–35 C$; ⏰Mo–Fr 17–23, Sa & So 16–23 Uhr) Das Devil ist alles andere als böse, es versucht vielmehr, Jaspers Image als Bastion für familienfreundliches Wandereressen, das zwar den Magen füllt, aber keineswegs dem Gaumen schmeichelt, aufzubrechen. Die exzellente Fusionsküche wird aus aller Welt herbeigeschafft – karibische, orientalische und japanische Einflüsse verfeinern Fisch- und Rindfleischgerichte. Platz lassen für die gefährlichen Desserts.

Ausgehen & Nachtleben

SnowDome Coffee Bar KAFFEE
(Karte S. 674; www.607patricia.com; 607 Patricia St, Jasper; ⏰7.45–20 Uhr) Einer der allerbesten Kaffees in Jasper wird ungelogen in einem Waschsalon ausgeschenkt. Patricia St's Coin Clean Laundry ist kein normaler Waschsalon – neben der Sauberkeit dient er als Kunstgalerie, Duscheinrichtung, Internetcafé und ganz allgemein als Treffpunkt für alle Anlässe. Hier kann man seine dreckigen Wandersocken waschen und dabei eine Latte genießen.

Downstream Bar BAR
(Karte S. 674; 620 Connaught Dr, Jasper; ⏰16 Uhr–open end) Dies ist wahrscheinlich die am besten sortierte Bar in der Stadt, mit einer großen Auswahl an Whiskeys, Wodkas und anderen alkoholischen Leckereien – und die Barkeeper wissen, was man damit macht. Damit einem das nicht zu Kopf steigt, gibt's ausgezeichnetes Essen und dazu häufig Livemusik.

Jasper Brewing Co BRAUEREI
(Karte S. 674; ☎780-852-4111; www.jasperbrewingco.ca; 624 Connaught Dr, Jasper; ⏰11.30–1 Uhr) 🌿 Die Brauereikneipe war die erste ih-

rer Art in einem kanadischen Nationalpark und braut ihre guten Biere mit Gletscherwasser, darunter das typische Rockhopper IPA oder das etwas gewagtere Rocket Ridge Raspberry Ale. Es gibt Tische, TVs und eine gute Speisekarte.

Praktische Informationen

Jasper Information Centre (Karte S. 674; ☎780-852-6176; www.pc.gc.ca/jasper; 500 Connaught Dr, Jasper; ⊙Mai–Okt. 9–19 Uhr, Nov.–April 10–17 Uhr) Dieses wunderbare Informationszentrum ist in Jaspers ältestem Gebäude aus dem Jahr 1913 untergebracht. Es gibt einen Stand von Parks Canada und einen der örtlichen Touristeninformation, dazu einen ausgezeichneten Souvenirladen.

Post (Karte S. 674; 502 Patricia St; ⊙Mo–Fr 9–17 Uhr)

Seton General Hospital (☎780-852-3344; 518 Robson St)

An- & Weiterreise

BUS

Der **Busbahnhof** (Karte S. 674; 607 Connaught Dr, Jasper) befindet sich am normalen Bahnhof.

Greyhound-Busse (☎800-661-8747; www.greyhound.ca) fahren täglich nach Edmonton (70 C$, ab 5 Std.), Prince George (70 C$, 6 Std.), Kamloops (78 C$, 6 Std.) und Vancouver (148 C$, ab 12 Std.).

Brewster Transportation (☎403-762-6700; www.brewster.ca) fährt von derselben Haltestelle ab und bietet Expressbusse nach Lake Louise (75 C$, 4 Std., mind. 1-mal tgl.) und Banff (100 C$, 5 Std., mind. 1-mal tgl.). **SunDog** (S. 635) bringt von Mai bis Oktober täglich Passagiere zum Flughafen in Edmonton (50 C$), nach Lake Louise (59 C$) und Banff (69 C$) sowie zum Flughafen von Calgary (119 C$).

ZUG

VIA Rail (☎888-842-7245; www.viarail.ca) schickt wöchentlich drei Züge Richtung Westen nach Vancouver (242 C$, 20 Std.) und Richtung Osten nach Toronto (516 C$, 62 Std.). Zusätzlich gibt es dreimal pro Woche einen Zug nach Prince Rupert, BC (205 C$, 33 Std.). Anrufen oder direkt am **Bahnhof** (607 Connaught Dr, Jasper) nach genaueren Infos zum Fahrplan und zu den Fahrpreisen fragen.

Unterwegs vor Ort

Das **Maligne Valley Shuttle** (Karte S. 674; ☎780-852-3331; www.maligneadventures.com; Erw. einfache Strecke/hin & zurück 30/60 C$, Jugendlicher einfache Strecke/hin & zurück 14/30 C$) startet täglich um 9 Uhr vor dem Jasper Information Centre nach Maligne Lake und hält unterwegs an verschiedenen Startpunkten von Wanderwegen. Die Shuttles kehren um 10.15, 14 und 17 Uhr vom See zurück.

Jasper Taxi (☎780-852-3600) Taxis mit Taxameter.

SÜDLICHES ALBERTA

Für Schlagzeilen sorgen in Alberta vor allem die Nationalparks und die Städte, wodurch der weitläufige Süden mehr oder weniger vernachlässigt wird. Das ist das wahre Cowboyland, wo die Geister von Viehtreibern wie John Ware und Sundance Kid noch durch die Geschichte des endlosen Ranchlands spuken. Die Landschaft wird häufig durch tiefe, dramatische Schluchten aus der letzten Eiszeit und hochaufragenden Hoodoos unterbrochen, die wie von Dr. Seuss entworfene Felsskulpturen aussehen. Auch historisch gesehen war hier eine ganze Menge los – zu bewundern am Head-Smashed-In Buffalo Jump und im Dinosaur Provincial Park, zwei Gebiete, die von der UNESCO zum Welterbe ernannt wurden und die die Vergangenheit der Region bewahren.

Bilderbuchartige Landschaften gibt es hier zuhauf. Die staubigen Badlands rund um Drumheller öffnen sich Richtung Osten zu weitläufigen Prärien, die sich bis zu den Cyprus Hills im westlichen Saskatchewan erstrecken. Im Westen befindet sich der Waterton Lakes National Park, dessen Landschaft zu den spektakulärsten der Rockies gehört und ganz anders als in Banff und Jasper ist – trotzdem wird dieser Nationalparks von den meisten Besuchern links liegen gelassen.

Drumheller & Umgebung

Nähert man sich Drumheller, taucht die Straße dramatisch nach unten in das Red Deer Valley ab, das aussieht wie eine große geschichtete Torte. Die Gemeinde gründete sich auf den Kohleabbau, lebt heute aber von einer ganz anderen unterirdischen Ressource: Dinosaurierknochen. Der kleine Ort mitten in Albertas geheimnisvollen Badlands dient als Zentrum des sogenannten **Dinosaur Trail**. Die Sache mit der Paläontologie wird hier sehr ernst genommen (das nahe gelegene fantastische Royal Tyrrell Museum ist sowohl Forschungszentrum als auch Touristenziel), und im Zentrum verleihen die

(Fortsetzung auf S. 689)

Nationalparks

Wenn es (neben Eishockey) eine Sache gibt, mit der Kanada im internationalen Vergleich glänzen kann, dann sind es seine Nationalparks. Das Land war Ende der 1880er-Jahre ein Pionier des Öko-Managements und besitzt heute mehr als 40 Nationalparks, vom ersten, besucherfreundlichen Banff bis hin zur weiten, leeren Wildnis der Arktis.

Inhalt

Oben Moraine Lake (S. 669), Banff National Park, Alberta

1

GLOWING EARTH PHOTOGRAPHY / LONELY PLANET IMAGES ©

1. Kanus, Emerald Lake (S. 826), Yoho National Park **2.** Waterton Lakes National Park (S. 695) **3.** Bow River, Banff National Park (S. 649) **4.** Ski fahren, Rogers Pass (S. 824), Glacier National Park

3

2

BGSMITH / SHUTTERSTOCK ©

Die ersten Parks im Westen

Die Wurzeln der kanadischen Nationalparks liegen in den mächtigen Gipfeln der Rocky Mountains. Die ersten Parks, angeregt von der Gründung Banffs 1885, standen im direkten Zusammenhang mit der transkontinentalen Eisenbahn, die reiche Touristen in zuvor unerforschte Wildnis schleppte.

Banff

Nur Yellowstone in den USA und der Royal National Park in Australien sind älter als Banff, dessen Entwicklung mit der Geschichte der Nationalparks und der Canadian Pacific Railway verknüpft ist.

Yoho

Der nach dem alten Cree-Wort für „Ehrfurcht" und „Wunder" benannte Yoho National Park ist eines der geologischen Highlights der Rocky Mountain Parks. Die fossilen Ablagerungen in seinem Burgess-Schiefer enthalten 120 Meerestierarten aus einem Zeitraum von über 500 Mio. Jahren.

Waterton Lakes

Die vergessene Ecke der kanadischen Rockies ist eine Fortsetzung des Glacier National Park (USA) im Süden und zeichnet sich durch Hochgebirgs-Wanderwege aus. Das Hotel Prince of Wales ist durch historische rote Busse mit dem Amtrak-Zug *Empire Builder* zwischen Seattle und Chicago verbunden.

4

Jasper

Jasper, einst ein Knotenpunkt für Fellhändler, erhielt 1910 zwei Eisenbahnverbindungen. Sie sind noch heute in Betrieb und fahren nach Prince Rupert und Vancouver. Durch sie ist dieser ruhigere und artenreichere nördliche Nachbar von Banff gut zu erreichen.

Glacier

Der Glacier, ein weiterer „Eisenbahnpark", wurde 1886 nur ein Jahr nach Banff gegründet und ist heute für seinen Pulverschnee bekannt, der ideal zum Heliskiing und für Skilanglauftouren ist.

Ausdehnung nach Osten

Mit der Schaffung des ersten über-greifenden Nationalparkservices der Welt – Parks Canada – im Jahr 1911 breitete sich das Netzwerk der Parks weiter nach Osten aus. Umweltschutzmaßnahmen waren zwar schon immer wichtig, aber die ersten Nationalparks waren vor allem auf ein erstklassiges Besuchserlebnis ausgerichtet.

Prince Edward Island

Der PEI, seit 1937 ein Nationalpark, gleicht seine kleine Fläche mit dünengesäumten Stränden, Feuchtgebieten und einem großen literarischen Vermächtnis aus, verkörpert in der alten Farm „Green Gables", der Inspiration für das Kinderbuch von 1908 *Anne auf Green Gables* von Lucy Maud Montgomery.

Riding Mountain

Viele Wanderwege – insgesamt 400 km – durchziehen das UNESCO-Biosphärenreservat, das wie eine bewaldete Insel inmitten fruchtbaren Ackerlands im südlichen Manitoba liegt.

Point Pelee

Point Pelee in Ontario am südlichsten Zipfel Kanadas am Erie-See ist klein, aber wichtig für Vögel. Der Park ist ein Durchfluggebiet für über 360 Vogelarten.

Cape Breton Highlands

Cape Breton, seit 1936 ein Nationalpark, ist der Ursprungsort der einst eigenständigen Kultur der französischen Akadier. Am besten lässt er sich über 25 mittelschwere Wanderwege erkunden, die an der Küste nahe der Panoramastraße Cabot Trail entlangführen.

Gros Morne

Gros Morne besteht aus Fjorden, Landspitzen, steilen Klippen und Wasserfällen und wurde erst 1973 zum Nationalpark erklärt. Der Park gehört mittlerweile wegen seiner Bedeutung für das Verständnis der Kontinentalverschiebung zum UNESCO-Welterbe.

CHRIS HILL / SHUTTERSTOCK ©

1. Leuchtturm in New London (S. 502), Prince Edward Island **2.** Reiten im Riding Mountain National Park (S. 586) **3.** Point Pelee National Park (S. 167) **4.** Cape Breton Highlands National Park (S. 423)

MIKE GRANDMAISON / GETTY IMAGES ©

DON JOHNSTON / GETTY IMAGES ©

1. Eisbär, Wapusk National Park (S. 590) 2. Camping, Auyuittuq National Park (S. 911) 3. Gefrorenes Meer, Banks Island (S. 902), Aulavik National Park 4. Ivvavik National Park (S. 877)

MANUEL LACOSTE / SHUTTERSTOCK ©

Der hohe Norden

In den 1980er-Jahren hat der Nationalparkservice seine vorrangige Ausrichtung auf Besucherorientierung auf die ökologische Intaktheit verlagert. Riesige unberührte Gebiete im Norden Kanadas wurden zu Nationalparks erklärt, oftmals unter Mitwirkung der lokalen indigenen Völker.

Aulavik

Alljährlich kommen nicht einmal so viele Leute nach Aulavik, wie schon Menschen auf dem Mond waren. Das Land der Moschusochsen und sommerlichen weißen Nächte auf der arktischen Banks Island ist das wahre „Ende der Welt".

Wapusk

Eisbären sind der Daseinszweck des Wapusk (der Name bedeutet „weißer Bär" in der Cree-Sprache) und der beste Ort der Welt, um diese Tiere in freier Wildbahn zu sehen. In Churchill in Manitoba werden Führungen angeboten.

Auyuittuq

Den Namen von Auyuittuq („das Land, das niemals schmilzt") kennt kaum ein Kanadier. Er ist ein weiterer Park, bei dem man das Auto draußen lassen muss. Er liegt auf Baffin Island und ist ideal für Skilanglauftouren, zum Klettern und wilden Campen.

Ivvavik

Absolut keine Infrastruktur, nur meilenweit unberührte Tundra. Hier können Besucher Geld sparen, ihre Überlebensstrategien erproben und ihre Expeditionsfantasien ausleben.

Nahanni National Park Reserve (S. 8

Die jüngsten Nationalparks

Parks Canada war stets ein unbegrenztes Projekt mit langfristigem Entwicklungsplan. Es entstehen also noch immer Nationalparks. Seit 2000 wurden acht weitere vom Staat bewilligt und die Gesamtfläche umfasst nun eindrucksvolle 3 % der Landmasse Kanadas – das entspricht etwa der Größe Italiens.

Nahanni

Das Nahanni National Park Reserve in den Northwest Territories wurde in den 1970er-Jahren zum Nationalpark und hatte die Ehre, 1978 zum ersten Weltnaturerbe der Unesco erklärt zu werden. Nach jahrelangen Verhandlungen wurde er 2011 erheblich erweitert. Er ist heute Kanadas drittgrößter Nationalpark mit einer Fläche, die Belgien entspricht.

Torngat Mountains

Eine ausgeprägte Mischung aus gletscherbedeckten Bergen und umherschweifenden Karibus an der wilden Küste Labradors. Er wurde im Jahr 2005 als 42. Nationalpark Kanadas geschaffen.

Nááts'ihch'oh

Der 2012 eingerichtete Nationalpark grenzt an das Nahanni National Park Reserve und hat für die First Nations Métis und Dene, die eine Rolle in den Verhandlungen spielten, spirituelle Bedeutung. Er ist auch ein Revier für Grizzly-Bären, Karibus und Dall-Schafe.

Sable Island

Auf der grasbewachsenen Sable Island, einer Sandbank 300 km vor Nova Scotia, leben Hunderte verwilderter Pferde, die vermutlich nach der Great Acadian Expulsion, der Vertreibung der Akadier in den 1750er-Jahren, zurückgelassen wurden. Über 350 Schiffe erlitten an diesem Vorposten Schiffbruch. Die Insel ist seit 2013 der jüngste Nationalpark Kanadas.

(*Fortsetzung von S. 680*)
Dinosaurierattrappen an den meisten Straßenecken der sonst eher durchschnittlichen Stadt etwas Farbe und Charakter (auch wenn die vielen Firmen mit Dino-Präfix im Namen es etwas zu weit treiben). Und dann ist da noch der riesige, 26 m hohe *Tyrannosaurus rex* aus Glasfaser, der einen großen Teil der Innenstadt dominiert. Aber man sollte sich nicht vom paläontologischen Kollektivstolz abschrecken lassen: Hier gibt's genug zu tun, das einen vom Kitsch ablenkt (ob mit oder ohne Dinosaurier). Nimmt man die Museen im nahen East Coulee und die Geister von Wayne mit, hat man schon gut zu tun.

Die Sommer sind heiß und das tief eingeschnittene Flusstal, in dem Drumheller liegt, ist eine willkommene Abwechslung zur eintönigen Prärie. Die Szenerie der Badlands wird von Hoodoos beherrscht, die schon in vielen Filmen als Kulisse dienten.

Sehenswertes & Aktivitäten

★ Royal Tyrrell Museum of Palaeontology MUSEUM
(☎ 403-823-7707; www.tyrrellmuseum.com; 1500 North Dinosaur Trail, Midlands Provincial Park, Drumheller; Erw./Kind 18/10 C$; ⌚ Mitte Mai–Aug. 9–21 Uhr, Sept. 10–17 Uhr, Okt.–Mitte Mai Di–So 10–17 Uhr; 👪) Dieses fantastische Museum gehört zu den hervorragendsten Dinosauriermuseen der Welt. Auch wer sich nicht für Dinos interessiert, wird nach dem Besuch glauben, er habe seine Berufung als Paläontologe verpasst. Die Ausstellungsstücke sind schlichtweg überwältigend. Bemerkenswert sind die Skelette von „Hell-Boy", ein „neuer" Dinosaurier, der 2005 entdeckt wurde, und „Black Beauty", ein 67 Mio. Jahre alter *Tyrannosaurus rex,* der seinen Kopf in den Himmel reckt. Man lernt, wie sie ausgegraben wurden und darf sogar einen Blick in das Fossillabor werfen.

Rosedale Suspension Bridge BRÜCKE
(Hwy 56, Rosedale) Die Hängebrücke ist nicht sehr lang oder hoch, aber trotzdem definitiv nichts für Zartbesaitete. Sie besteht aus einem durchsichtigen Drahtgeflecht und schwankt wie ein Schilfblatt im Wind. Die Brücke wurde von 1931 bis 1957 von Bergleuten genutzt; am anderen Ufer des Red Deer sieht man die heute geschlossenen Minen. Obwohl man zuvor Ruderbooten und Seilbahnen benutzt hatte, wurde die Brücke als gefährlicher eingestuft – wegen starken Winden und Hochwasser.

Horseshoe Canyon CANYON
(Hwy 9) Die ausgeprägtesten Badlands kann man im Horseshoe Canyon bewundern, einer spektakulären Schlucht, die die sonst flache Prärie durchschneidet, 17 km westlich von Drumheller am Hwy 9. Ein großes Schild am Parkplatz informiert über die geologischen Formationen des Gebiets; **Wanderwege** führen hinunter in den Canyon, wo die Streifen im Felsgestein Millionen Jahre geologischer Geschichte erzählen. (Achtung: Wenn die Wege nass sind, ist es rutschig.)

World's Largest Dinosaur WAHRZEICHEN
(60 1st Ave W, Drumheller; 3 C$; ⌚ 10–18 Uhr; 👪) In dem Ort, in dem an jeder Ecke ein Dinosaurier steht, ist dieser *T-Rex* der Star. Der 26 m hoch über einem Parkplatz aufragende Koloss dominiert die gesamte Skyline Drumhellers (und taucht sogar im *Guinness-Buch der Rekorde* auf). Es lohnt sich, die 106 Stufen hinaufzugehen, um sich im Maul zwischen den Zähnen des Dinos stehend die schöne Aussicht anzusehen. Ironischerweise hat der T-Tex nicht einmal die korrekten Maße: Mit 46 m Länge ist er etwa 4½-mal größer als sein ausgestorbenes Vorbild.

Dinosaur Trail & Hoodoo Drive SCENIC DRIVE
Drumheller liegt am Dinosaur Trail, einem etwa 48 km langen Rundweg, der nordwestlich des Ortes entlang und auch über den Hwy 837 und den Hwy 838 führt. Allein schon der Landschaft wegen ist die Fahrt lohnenswert – an jeder Kurve gibt's eine neue tolle Aussicht auf die Badlands und den Fluss.

Der Rundweg führt am **Midland Provincial Park** (Campen verboten), wo man sich auf eigene Faust zu einer Wanderung aufmachen kann, und am riesigen **Horsethief Canyon** und seinen malerischen Ausblicken vorbei. Weiter geht's mit der kostenlosen, kabelbetriebenen **Bleriot Ferry**, die schon seit 1913 in Betrieb ist, über den Red Deer River. Hier bauen sich Biber ihre Dämme. In dieser Gegend laufen auch Elche, Luchse und Pumas rum. Auf der Westseite des Tals befindet sich der **Orkney Viewpoint**, von dem aus man die Canyons der Umgebung bewundern kann.

Der 25 km lange Hoodoo Drive beginnt etwa 18 km südöstlich von Drumheller auf dem Hwy 10; es gibt nur eine Straße in die Richtung, von Wayne muss man also dieselbe Strecke zurückfahren. Entlang dieser

Route bekommt man die schönsten **Hoodoos** zu Gesicht: bizarre, erodierte, pilzartige Sandsteinsäulen. Zwischen Rosedale und Lehigh gibt es auch einen Lehrpfad.

In dieser Gegend florierte einst der Kohlebergbau, die historische **Atlas Coal Mine** (☎403-822-2220; www.atlascoalmine.ab.ca; East Coulee; 10 C$, Geführte Touren 20–25 C$; ⏲Sept.–Juni 9.45–17 Uhr, Juli–Aug. bis 19.30 Uhr) und das **East Coulee School Museum** (☎403-822-3970; www.ecsmuseum.ca; 359 2nd Ave, East Coulee; ⏲10–17 Uhr) sind beide einen Halt wert. In Rosdale kann man einen Abstecher auf dem Hwy 10X (der auf 6 km über 11 Brücken führt) zur kleinen Gemeinde **Wayne** (27 Ew.) machen. Hier gibt es einen berühmten Saloon, in dem es spuken soll.

Schlafen

River Grove Campground & Cabins CAMPING $
(☎403-823-6655; www.camprivergrove.com; 25 Poplar St, Drumheller; Stellplatz Zelt/Wohnmobil/Tipi/Hütte ab 35/41/67/125 C$; ⏲Mai–Sept.; P) Mitten im Ort und in der Nähe des großen *T-Rex* liegt dieser schattige Campingplatz am Fluss und kann mit einer Fülle von Einrichtungen aufwarten. Man kann sogar in Tipis übernachten, auch wenn die Nachbildungen nicht gänzlich originalgetreu sind (das Stoney-Volk hatte damals sicher keine betonierten Böden).

★ **Heartwood Inn & Spa** INN $$
(☎403-823-6495; www.innsatheartwood.com; 320 N Railway Ave E, Drumheller; DZ 155–190 C$; @) Dieser reizende Landgasthof hat sehr viel Charakter und ist an sich schon Grund genug für einen Besuch in Drumheller. Die Zimmer sind luxuriös und individuell dekoriert; manche haben einen Whirlpool und einen Kamin, alle warten mit wunderschönen Details auf. Es gibt eine Dachterrasse, einen kleinen Garten und einen Wellnessbereich. Die freundlichen Besitzer wissen sehr viel über die Gegend.

Taste the Past B & B B&B $$
(☎403-823-5889; 281 2nd St W, Drumheller; EZ/DZ 115/140 C$; P) Dieses Haus stammt aus der Zeit um 1900 und wurde zu einem gemütlichen B & B mitten im Ortskern umgewandelt. Alle Zimmer haben ein eigenes Bad und im Erdgeschoss gibt es ein Gemeinschaftswohnzimmer, das aussieht wie eine Kopie von Omas guter Stube. Bei nur drei Zimmern fühlt man sich eher wie zu Besuch bei Freunden.

Essen & Ausgehen

Ivy's Awesome Kitchen & Bistro BISTRO $
(www.ivysawesomekitchen.com; 35 3rd Ave West, Drumheller; Hauptgerichte 8–12 C$; ⏲8–17 Uhr;) Zur guten Hausmannkost im Ivy's, die einem nicht gleich die Arterien verstopft, gehören Frühstück, Panini, Burger, frische Suppen und schöne Salate. Es gibt Gerichte für Veganer, Vegetarier und glutenfreie Esser. Das entspannte und freundliche Lokal ist perfekt für ein Mittagessen. Unbedingt Platz lassen für die selbstgemachten Desserts: Der Schoko-Lava-Torte und dem klebrigen Toffeepudding kann man schwer widerstehen.

Bernie and the Boys Bistro DINER $
(☎403-823-3318; www.bernieandtheboys.com; 305 4th St W, Drumheller; Burger 6–8 C$; ⏲Di–Sa 11–20.30 Uhr) Das Bernie ist nicht wirklich ein Bistro, aber ein familienbetriebener Kleinstadt-Diner, der den Appetit mit herzhaften Gourmetburgern und legendären Milchshakes besiegt. In die Schlange einreihen.

★ **Last Chance Saloon** BAR
(☎403-823-9189; www.visitlastchancesaloon.com; Hwy 10X, Wayne; ⏲11–23 Uhr) Das Last Chance ist ein klassischer Western-Saloon aus dem Jahr 1913, mit Bärenfellen, alten Kerosinlampen, alten Fotos und Einschusslöchern in der Wand. Seit der Blütezeit des Ortes ist Waynes Einwohnerzahl von 2500 auf 33 gesunken, und von denen findet man viele in dieser lebendigen, vielseitigen Kneipe. Fleischpasteten, Ahorn-Schinken-Burger und Hühnchengerichte passen gut zum Bier.

Praktische Informationen

Touristeninformation (☎403-823-1331; www.traveldrumheller.com; 60 1st Ave W, Drumheller; ⏲9–21 Uhr) Am Fuß des *T-Rex*. Der Eingang ins Innere der Bestie ist im gleichen Gebäude.

An- & Weiterreise

Greyhound-Busse (S. 621) fahren vom Busbahnhof (308 Centre St, Drumheller) nach Calgary (38 C$, 2 Std., 2-mal tgl.) und Edmonton (69 C$, 7 Std., 2-mal tgl.).

Hammerhead Tours (www.hammerheadtours.com) bieten von Calgary aus einen Ganztagesausflug (124 C$) in die Drumheller Badlands und ins Royal Tyrrell Museum an.

Dinosaur Provincial Park

An keinem anderen Ort auf der Welt wurden so viele Dinosaurierknochen auf einem so

ABSTECHER

BAR U RANCH & DER COWBOY TRAIL

Die Cowboy-Kultur ist im südlichen Alberta tief verwurzelt, aber um sie in ihrer reinsten Ursprünglichkeit zu erleben, muss man Calgary und seine Cowboy-Hut tragenden Ölbarone verlassen und auf dem Hwy 22, dem Cowboy Trail, durch das grüne Hügelland nach Süden fahren. Was heute eine glatte Asphaltstraße ist, auf der glänzende Geländewagen unterwegs sind, war einst ein Trampelpfad, auf dem staubbedeckte Viehtreiber ihre Rinder nach Norden zur Canadian Pacific Railway in Calgary trieben. In den vom Ölrausch unberührten sanften Hügeln stehen riesige Ranches. Eine davon, die **Bar U Ranch** (www.friendsofthebaru.ca; Hwy 22, Longview; Erw./Kind/Fam. 7,80/3,90/19,60 C$; ⏲ Juni–Okt. 10–17 Uhr), wurde von Parks Canada in eine historische Stätte umgewandelt.

Die Bar U wurde 1882 gegründet und war mit 650 km² einst eine der größten kommerziellen Ranches der Welt. John Ware, ein befreiter afroamerikanischer Sklave und angeblich der erste Cowboy Albertas, war einer der ersten Besucher. Ein Jahrzehnt später wurden die Pferde der Ranch von Harry Longabaugh (in der Geschichte und in Hollywood als Sundance Kid bekannt) trainiert, der 1891 auf der Ranch arbeitete, bevor er sich zusammen mit dem „Wild Bunch" der lukrativeren Karriere als Bankräuber widmete. Der nächste Besuch war fürstlicher, aber nicht weniger berüchtigt. Der Prince of Wales, der spätere König Edward VIII., kam 1919 hier vorbei und war so angetan von dem Ort, dass er die benachbarte EP Ranch kaufte. Edward besuchte die Region insgesamt fünfmal, zweimal nach seiner Abdankung. Die EP Ranch wurde bis 1962 unter seinem Namen verwaltet.

Ein Besuch ist wie eine Reise in die Vergangenheit: Zwei Dutzend Gebäude, darunter ein Küchenhaus, eine Post, eine Pferdekoppel, eine Schmiede und ein Schlachthaus, werden so präsentiert, wie sie zur Zeit von Sundance Kid aussahen. Kostümierte Führer demonstrieren Handwerksarbeiten und erzählen Geschichten von damals. Besucher können an Planwagenfahrten teilnehmen, Pferde satteln und versuchen, einen Ochsen mit dem Lasso einzufangen. Danach versammelt man sich mit den Rancharbeitern unter den Baumwollbäumen am Lagerfeuer und schlürft Cowboykaffee. Das zugehörige Restaurant tischt Ranch-Essen auf, wie Hamburgersuppe und Chili mit Bison und schwarzen Bohnen.

Die Bar U Ranch liegt gleich hinter dem Hwy 22, 13 km südlich des Ortes Longview.

kleinen Gebiet gefunden wie hier – mehr als 40 Spezies und 400 Skelette. Hier trifft *Vergessene Welt: Jurassic Park* auf *Unsere kleine Farm*. Der **Dinosaur Provincial Park** (☎403-378-4344; www.dinosaurpark.ca; abseits Hwy 544; ⏲So–Do 8.30–17, Fr & Sa bis 19 Uhr) GRATIS – eine UNESCO-Welterbestätte – taucht plötzlich aus dem Nichts auf, denn die Schlucht, in der er liegt, fällt ohne Vorwarnung von der grasbewachsene Ebene in die Tiefe ab. In dieser ausgetrockneten Traumlandschaft gibt's Hoodoos, bunte Felsformationen und Unmengen an Dinosauriern.

Der 81 km² große Park schreit förmlich danach, erkundet zu werden. Es gibt zahlreiche Wildblumen, hier und da eine Klapperschlange zwischen den Felsen, und, wenn man Glück hat, bekommt man vielleicht sogar einen *T-Rex* zu sehen. Der Park ist nicht nur eine Touristenattraktion, sondern auch ein wissenschaftlicher Brennpunkt: Paläontologen haben hier unzählige Skelette ausgegraben, die nun weltweit in vielen exzellenten Museen ausgestellt sind.

Es stehen fünf kurze **Wanderwege** mit Infotafeln zur Auswahl, zusätzlich führt ein Autorundweg durch einen Teil des Parks, auf dem man einige Dinosaurierskelette an ihrer letzten Ruhestätte sehen kann. Zum Schutz der Fossilien sind allerdings 70 % des Parks für Besucher nur eingeschränkt zugänglich. Diese Gebiete können im Rahmen von geführten Wanderungen oder einer **Bustour** (Erw./Kind 15/8 C$) besichtigt werden, die zwischen Ende Mai und Oktober angeboten werden. (Sowohl die Wanderungen als auch die Bustouren sind sehr beliebt, also besser einen Platz reservieren.)

Das **Dinosaur Visitors Center** (☎403-378-4342; www.albertaparks.ca; Erw./Kind 6/3 C$; ⏲8.30–17 Uhr) ist ein Ableger des Royal Tyrrell Museum (S. 689) in Drumheller und es gibt kleine, aber ausgezeichnete Dino-Schaukästen sowie Ausstellungen über die praktische Arbeit der Paläontologen zu sehen.

Der **Campingplatz** (☎ 403-378-4342; www.albertaparks.ca; Stellplatz Zelt/Wohnmobil 28/35 C$, Komfortcamping 105–130 C$, Reservierung 12 C$; ganzjährig; P) des Parks liegt in einer kleinen Senke direkt an einem kleinen Bach. Die zahlreichen schattigen Plätzchen zwischen den Bäumen bieten einen willkommenen Schutz vor der gleißenden Sonne. Hier kann man Wäsche waschen und sich eine heiße Dusche gönnen, es gibt einen kleinen Laden und ein Café. Dieser Platz ist, vor allem wegen seiner Wohnmobilstellplätze, sehr beliebt, also vorher anrufen.

Dort, wo vor 75 Mio. Jahren Dinosaurier durch eine tropische Umgebung streiften, ist heute nur noch Hitze und Dürre zu finden. Dagegen muss man sich unbedingt wappnen – mit Sonnencreme und ausreichend Wasser. Der Park liegt auf halber Strecke zwischen Calgary und Medicine Hat und etwa 48 km nordöstlich von Brooks. Vom Hwy 1 auf den Secondary Hwy 873 abfahren und weiter auf den Hwy 544.

Head-Smashed-In Buffalo Jump

Hinter dem wohl seltsamsten Namen aller Attraktionen Albertas steckt eine Geschichte voller Geschick und Einfallsreichtum. Sie ist der Schlüssel zum kulturellen Erbe der First Nations (und Kanadas). Tausende Jahre nutzte der Stamm der Blackfoot die Abgründe nahe dem Ort Fort Macleod für die Büffeljagd. Die Idee des **Head-Smashed-In Buffalo Jump** (☎ 403-553-2731; www.head-smashed-in.com; Secondary Hwy 785; Erw./Kind 15/10 C$; Mitte Mai–Sept. 9–17 Uhr, Sept.–Mitte Mai 10–17 Uhr) ist so einfach wie genial. Die gut gut gemachten Schaukästen und Filme im Informationszentrum an einem Berghang sind wirklich faszinierend und definitiv einen Ausflug von Calgary oder Lethbridge aus wert.

Man kann auf dem Klippenweg bis zu der Stelle laufen, an der die Büffel hinuntergestürzt sind. Die Stätte liegt etwa 18 km nordwestlich von Fort Macleod und 16 km westlich vom Hwy 2, es gibt ein Café und einen Laden, der von den Blackfoot First Nations geführt wird.

Lethbridge

Im Herzen des südlichen Alberta liegt mitten im Farmland die ehemalige Minenstadt Lethbridge, die vom markanten Flusstal des Oldman River in zwei Teile geteilt wird. Obwohl es eigentlich nichts Großartiges zu sehen gibt, bieten die vielen Naturparks, einige gute historische Stätten und Museen locker für einen Tag Beschäftigung. Im Stadtkern hat man sich, wie in vielen nordamerikanischen Stadtzentren, erfolgreich bemüht, die noch nicht ganz so historische Seite der Stadt zu bewahren. Im Osten befindet sich der weniger tolle Mayor Magrath Dr (Hwy 5), eine von Einkaufszentren verseuchte Straße, die in jeder Stadt Nordamerikas liegen könnte.

Sehenswertes & Aktivitäten

Es gibt viele Wandermöglichkeiten im **Oldman River Valley**, ein 100 m tiefes Flusstal, das von einer Eisenbahnbrücke auf Stahlpfeilern geteilt wird, die irgendwie an den Eiffelturm erinnert. Sie ist weltweit die größte Brücke ihrer Art.

Galt Museum & Archives MUSEUM
(www.galtmuseum.com; 320 Galt St; Erw./Kind 6/3 C$; Mo–Sa 10–17, Do bis 21, So 13–17 Uhr) Im Sir Alexander Galt Museum, das in einem alten Krankenhausgebäude von 1910 hoch oben auf dem Steilufer über dem Fluss untergebracht ist, wird die Geschichte Lethbridges erzählt. Die interaktiven Schaukästen sind speziell auf Kinder ausgerichtet, man darf in einer Straßenbahn sitzen und historische Aufnahmen ansehen, in der Redaktion des *Herald* etwas drucken und versuchen, ein (virtuelles) Feuer zu löschen. Eine kleine Galerie mit zeitgenössischer und historischer Kunst kommt bei größeren Kindern gut an. Die Aussicht von der Lobby über das Flusstal ist großartig und noch dazu völlig kostenlos.

Southern Alberta Art Gallery MUSEUM
(☎ 403-327-8770; www.saag.ca; 601 3rd Ave S; Erw./Kind 5 C$/frei, So frei; Di–Sa 10–17, Do bis 19, So 13–17 Uhr) Diese kleine Galerie konzentriert sich auf zeitgenössische Kunst und zeigt alle drei Monate neue Exponate in einer Wechselausstellung. In der Vergangenheit wurden sowohl lokale als auch nationale und internationale Künstler ausgestellt, von Fotografie bis zu Installationen. Das Museum selbst ist offen und hell und der Souvenirshop top.

Helen Schuler Nature Centre & Lethbridge Nature Reserve NATURRESERVAT
(www.lethbridge.ca; Indian Battle Rd; Eintritt gegen Spende; April–Mai & Sept.–Nov. Di–So 10–16 Uhr,

Juni–Aug. 10–18 Uhr, Dez.–März Di–So 13–16 Uhr) Die Dauerausstellung erzählt von der Geschichte des Flusstals, während Wechselausstellungen sich auf Fledermäuse, Bienen u.ä. konzentrieren. Hier trifft man Sophie, die Gophernatter, und Taco Charlie, den Tigersalamander. Auf den umgebenden Wanderwegen bekommt man die Gelegenheit, Langohreulen, Virginia-Uhus und viele Stachelschweine, die in den Bäumen schlafen, zu sehen.

Nikka Yuko Japanese Garden GARTEN
(www.nikkayuko.com; Ecke Mayor Magrath Dr & 9th Ave S; Erw./Kind 9/4 C$; ⏲ Mitte Mai–Mitte Okt. 9–18 Uhr) Der Nikka Yuko Japanese Garden ist der perfekte Ausgleich zum Stress auf der Straße. Das gepflegte Gelände, durchsetzt von Teichen, Fließgewässern, Brücken, Bonsai-Bäumen und Felsengärten, ist eine Oase der Ruhe inmitten der Alltagshast. Zwischen grasbewachsenen Hügeln stehen authentische japanische Gebäude.

Fort Whoop-Up FORT, MUSEUM
(☎403-329-0444; www.fortwhoopup.ca; 200 Indian Battle Park Rd; ⏲ Mai–Sept.) Das Fort Whoop-Up mit dem seltsamen Namen liegt innerhalb des riesigen Indian Battle Park und ist ein Nachbau des ersten und berüchtigsten illegalen Handelspostens für Whiskey in Alberta. Zwischen 1869 und 1874 wurden in der Provinz rund 25 dieser Außenposten errichtet, um mit den Blackfoot-Stämmen Whiskey, Waffen, Munition und Decken gegen Büffelleder und Pelze zu tauschen. Zum Zeitpunkt der Recherche war das Fort geschlossen und es wird ein neues Management gesucht. Auf der Website nachsehen, ob es inzwischen wieder aufgemacht hat.

Schlafen & Essen

Lethbridge Lodge HOTEL $$
(☎403-328-1123; www.lethbridgelodge.com; 320 Scenic Dr S; Zi. ab 99 C$; P @ ≈) Die Zimmer

ABSTECHER

VULCAN

Ursprünglich wurde der Ort von einem Landvermesser der Bahn nach dem römischen Feuergott benannt, aber in den 1990er-Jahren tat Vulcan etwas, das noch keine kanadische Stadt zuvor getan hatte, und erklärte sich selbst zu Kanadas *Star Trek*-Hauptquartier – ein durchaus überraschender Titel für diese winzige Präriestadt, der allerdings 2010 von der Canadian Broadcasting Corporation (CBC) offiziell bestätigt wurde.

Zuerst trifft man auf die **Vulcan Tourism & Trek Station** (☎403-485-2994; www.vulcantourism.com; 115 Centre Street E; ⏲ Mai–Sept. 9–18 Uhr, Okt.–April 10–17 Uhr), die einer Raumstation nachempfunden ist und viele Sammlerstücke beherbergt. Regionale Infos bekommt man im Kontrollzentrum, wo alle Stars von *Raumschiff Enterprise – Das nächste Jahrhundert* unterschrieben haben – wer will, verkleidet sich und schießt Fotos mit seinen Lieblingscharakteren aus Pappe. Außerdem kann man die Chance nutzen und sich mit Mr. Spock-T-Shirts und anderen Star-Trek-Fanartikeln eindecken.

Am Stadtrand steht eine riesiges Modell des Raumschiffs *Enterprise* – eine Pilgerstätte für Hunderte *Star Trek*-Fans, die in Kostümen zu den jährlichen Spock Days und den Vul-Con Conventions aus allen Ecken der Welt hierher strömen. Sogar Spock-Darsteller Leonard Nimoy und andere Stars der Serie waren schon da.

Spaziert man durch die Hauptstraße, vorbei an Büsten der Besatzung, großen Wandmalereien und Geschäften mit Namen wie Latinum Loonie und Starfleet Supplies, wird deutlich, wie tief das Motto in der Stadt verwurzelt ist. Obwohl manche Vulcaner es etwas satt haben – „Ich bin nicht mal *Star Trek*-Fan", gestand ein Einheimischer – lässt sich nicht bestreiten, dass diese verrückte Idee, Touristen für sich zu gewinnen, einem Ort, den man ansonsten eher übersehen würde, zu Ansehen verholfen hat und eine ungewöhnliche, aber sehr willkommene Einkommensquelle bietet. Es gibt sicher keinen anderen Ort in Kanada, an dem man Vulkanier-Ohren im Supermarkt kaufen kann und man im örtlichen Pub keine größere Aufmerksamkeit erregt, wenn man einen Phaser schwingt. Es scheint, als würde es der Stadt Vulcan nicht so ergehen wie ihren benachbarten Fast-Geisterstädten – im Gegenteil, sie wird dank dieser Idee sicher lang und in Frieden leben ...

Um von Lethbridge nach Vulcan zu kommen, folgt man dem Hwy 23 92 km in Richtung Norden.

sind sauber und hell, aber nichts Besonderes. Das Atrium ist da schon was anderes, darum lohnt sich der Aufenthalt. Alle Zimmer blicken auf das mit künstlichen Pflanzen geschmückte, tropische Innere. Hinzu kommen gewundene Pflasterwege, ein Pool in Nierenform und Wasserspiele.

★ **Telegraph Tap House** PUB $

(☎ 403-942-4136; 310 6th Street S; Hauptgerichte 10–16 C$; ⏲ 11.30 Uhr–open end) Hier gehen die coolen Einwohner von Lethbridge hin. Am besten pflanzt man sich mit einem Craft-Bier und einem Pulled-Pork-Slider oder Chili-Cheese-Pommes an die Bar. Besonders Mutige wagen sich an den Dead Albertan-Burger, ein Rindfleisch-Patty (170 g) zwischen zwei gegrillten Käsesandwiches. Ob die vielen alten Koffer die Überbleibsel von anderen sind, die es ebenfalls gewagt und nicht mehr raus geschafft haben?

An den Wänden hängen Schwarz-Weiß-Fotos vom Lethbridge von früher, auf dem großen Fernseher werden oft beliebte Fernsehshows gezeigt.

Bread Milk & Honey CAFÉ $

(☎ 403-381-8605; www.breadmilkhoney.ca; 427 5th St S; Karte 6–12 C$; ⏲ Mo–Fr 7.30–19, Sa 9–15 Uhr; 📶) Ausgezeichneter Kaffee und alles von Haferflocken mit Banane, Zimt und Mandeln bis zum Schinken-Burrito – dies ist *der* Ort zum Frühstücken. Innen bestimmen offene Ziegelwände und Holz das Ambiente, gäbe es Hipster in Lethbridge, würden man sie hier finden – bei gegrilltem Truthahn und Brie-Wrap oder einem frisch gebackenen Scone.

ℹ Praktische Informationen

Chinook Country Tourist Association (☎ 403-320-1222; www.chinookcountry.com; 2805 Scenic Dr S; ⏲ 9–17 Uhr)

ℹ An- & Weiterreise

Der **Lethbridge Airport** (☎ 403-329-4474; www.lethbridgeairport.ca; 417 Stubb Ross Rd) liegt eine kurze Autofahrt südlich der Stadt am Hwy 5 und wird von regionalen Tochtergesellschaften von Air Canada angeflogen. Zwischen sechs und sieben Flügen gehen täglich nach Calgary.

Greyhound Canada (☎ 403-327-1551; www.greyhound.ca; 411 5th St S) hat Busse nach Calgary (46 C$, 3 Std., 5-mal tgl.) und Regina (117 C$, 16½ Std., 2-mal tgl.). Die Luxusbusse von **Red Arrow** (☎ 800-232-1958; www.redarrow.ca; 449 Mayor Magrath Dr S) fahren einmal am Tag nach Calgary (55 C$, 3 Std.) und Fort MacLeod (34 C$, 45 Min.)

Writing-on-Stone Provincial Park

Vielleicht das Beste am **Writing-on-Stone Provincial Park** (☎ 403-647-2364; www.albertaparks.ca) GRATIS ist die Tatsache, dass er eigentlich auf dem Weg nach nirgendwo und überall liegt. Wer bereit ist, die Hauptroute zu verlassen, der wird reich belohnt. Seinen Namen verdankt der Park den zahlreichen Felsgravierungen und Wandmalereien, die hier vor über 3000 Jahren von den Prärieindianern entlang des Milk River im Sandstein des Ufers verewigt wurden. Es gibt einen ausgezeichneten **Infopfad**, der spektakuläre Aussichtspunkte und zugängliche Piktogramme einschließt und auf eigene Faust unternommen werden kann.

Man muss auf den Wegen bleiben, um Schäden an den Hoodoos zu vermeiden. Viele Besucher meinen leider, sich auch auf den Hoodoos verewigen zu müssen. Damit beschädigen sie nicht nur ein Stück Geschichte, sondern entweihen auch eine heilige Stätte der First Nations.

Die besten Kunstwerke befinden sich in einem Sperrgebiet (um sie vor Vandalismus zu schützen), das nur im Rahmen einer **geführten Tour** (im Sommer tgl. 10, 14 & 18 Uhr; Erw./Jugendlicher/Kind 18/8/5 C$) mit einem Parkranger betreten werden darf. Im Sommer kann man hier außerdem **Kanufahren** und im Fluss **schwimmen**, im Winter ist **Langlaufen** angesagt. Es gibt sehr viele wild lebende Tiere, und das Visitor Center, das in Form eines traditionellen Tipis gebaut ist, fügt sich perfekt in das Bild des Natur- und Kulturerbes der Region ein. Achtung: Im Sommer kann es richtig heiß werden und man muss geschlossene Schuhe tragen – das ist das Land der Klapperschlangen!

Der zum Park gehörende Campingplatz direkt am Fluss hat 64 Stellplätze, fließendes Wasser, Duschen und Spültoiletten. Am Wochenende ist hier viel los.

Der Park befindet sich südöstlich von Lethbridge und nahe an der US-amerikanischen Grenze. Im Süden kann man die Sweetgrass Hills des nördlichen Montanas erkennen. Um zum Park zu kommen, biegt man in Milk River vom Hwy 4 auf den Hwy 501 ab und folgt ihm anschließend 42 km nach Osten.

ABSTECHER

BLACKFOOT CROSSING HISTORICAL PARK

Der **Blackfoot Crossing Historical Park** (☎403-734-5171; www.blackfootcrossing.ca; Hwy 842; Erw./Kind 12/8 C$; ⏲Mo–Fr 9–17 Uhr) im Zentrum eines First-Nations-Reservats pflegt stolz die authentische Kultur der Siksika (Blackfoot) und ist absolut sehenswert.

Die Geschichte des südlichen Alberta vor 1880 ist die Geschichte des Volks der Blackfoot, eines Zusammenschlusses der Stämme der Peigan, Blood und Blackfeet aus Montana. Blackfoot Crossing, seit langem ein wichtiger Treffpunkt der Stämme, war insofern einzigartig, als es der einzige Ort war, an dem nomadische First-Nations-Stämme eine semi-permanente Siedlung bauten. Hier wurde auch 1877 der berüchtigte Treaty 7 von Chief Crowfoot unterzeichnet, durch den Land an die britische Krone abgetreten und das Siksika-Reservat geschaffen wurde. Nach einem Besuch von Prince Charles 1977 entstand die Idee einer historischen Stätte. Nach 30 Jahren Planung wurde der Park schließlich 2007 eröffnet.

Im Zentrum des Parks steht ein architektonisch beeindruckendes, umweltfreundliches Hauptgebäude, das Elemente von Tipis und Federschmuck in sein kreatives Design einbindet. Innen gibt es ein Theater mit 100 Plätzen, das Stammestänze zeigt, Ausstellungen zur Geschichte der Blackfoot und Führungen mit Kommentatoren und Geschichtenerzählern aus den Reihen der Siksika. Draußen warten verschiedene Wanderwege, Prärie-Aussichtspunkte und ein Tipi-Dorf, in dem traditionelles Handwerk ausgeübt und unterrichtet wird.

Das Zentrum liegt 100 km östlich von Calgary und ist über den Hwy 1 und dann 7 km Richtung Süden auf dem Hwy 842 erreichbar. Der Geschichtspark, der noch in den Kinderschuhen steckt, hat überraschenderweise nach wie vor nur wenige Besucher.

Waterton Lakes National Park

Hier kollidiert die flache Prärie dramatisch mit den Rockies, dazu ein funkelnder See und eine Burg auf einem Hügel – man fragt sich beinahe, ob man mitten in ein Märchen geraten ist. Leider ist der **Waterton Lakes National Park** (www.pc.gc.ca/waterton; Erw./Kind pro Tag 7,80/3,90 C$) bei Besuchern von außerhalb kaum bekannt. Während seine Kollegen im Norden – Banff und Jasper – von Touristen und Wochenendausflüglern geradezu überrannt werden, ist Waterton eine Oase der Ruhe und Beschaulichkeit.

Der 1895 gegründete Park gehört heute zu einer UNESCO-Welterbestätte, einem UNESCO-Biosphärenreservat und einem Internationalen Friedenspark (zusammen mit dem Glacier National Park in den USA). Er ist 525 km² groß, liegt in der südwestlichen Ecke Albertas und ist Schutzgebiet für eine Vielzahl von wahrhaft kultigen Tieren – Grizzlys, Wapitis, Hirsche und Pumas – und zudem Heimat von über 800 Arten von Wildblumen.

Der Ort **Waterton**, ein bezauberndes alpines Dorf, das im Winter um die 40 Einwohner zählt, hebt sich deutlich vom größeren und kitschigeren Banff ab. Das königliche Prince of Wales-Hotel im Stil der 1920er-Jahre steht über der Stadt am Seeufer.

Sehenswertes

★ Red Rock Canyon — CANYON

GRATIS Das klare Wasser des Blakiston Creek rauscht durch den erstaunlich roten Red Rock Canyon. Man folgt einem 0,7 km langen **Inforundweg** den Klippen entlang, um etwas über die Geologie zu lernen und die atemberaubende Landschaft zu bestaunen. Interessanterweise erlebt man die Hälfte der Pracht schon auf dem Weg hierher: Der 15 km lange Weg auf dem **Red Rock Parkway** durch das Blakiston Valley eröffnet spektakuläre Blicke auf die grünen Ebenen, die auf die steil aufragenden Berge treffen, voller Bären und Wildblumen.

Cameron Lake — SEE

Der friedliche Cameron Lake liegt geschützt durch die steilen Hänge des Mt. Custer und wunderschön unter der Kontinentalen Wasserscheide nahe der Stelle, an der die Bundesstaaten Montana (USA), Alberta und British Columbia zusammentreffen. Seine Lage am Endpunkt des 16 km langen **Akamina Parkway** macht ihn für Tagesausflügler zum perfekten Ort zum Picknicken, Rad- und Bootfahren. Hier blühen Wildblumen in Hülle und Fülle, von Schaumblüten bis zu

Weidenröschen, während Grizzlys sich immer mal wieder am einsamen Südufer des Sees blicken lassen.

Cameron Falls WASSERFALL

(Cameron Falls Dr) Am westlichen Ende des Cameron Falls Dr (ein kurzes Stück vom Zentrum des Orts) stürzt diese Lawine schäumenden Wassers dramatisch in die Tiefe. Unter Geologen ist er bekannt, weil hier die ältesten freiliegenden, präkambrischen Felsen in den Kanadischen Rockies zu finden sind. Man schätzt, dass sie 1,5 Mrd. Jahre alt sind, auf ein Jahrtausend hin oder her will man sich aber nicht festlegen. Der Aussichtspunkt ist rollstuhlgerecht und die Wasserfälle nachts wunderschön beleuchtet.

Aktivitäten

Bootsfahrten

Ein Highlight für viele Besucher ist eine Bootsfahrt mit Waterton Shoreline Cruises (S. 696) über das schillernde Wasser des Upper Waterton Lake zum gegenüberliegenden Ufer Goat Haunt, Montana (USA). Während der zweistündigen, wunderschönen Fahrt bekommt man spritzige Kommentare zu hören. Man muss auf jeden Fall seinen Pass dabei haben, wenn man an Bord der (oft sehr vollen) Boote geht, da die Tour für etwa 30 Minuten in den USA andockt.

Wandern

Alle, die sich gerne mal die Beine vertreten, sind hier genau richtig, Waterton ist ein Wanderparadies. Mit einem Wegenetz von über 225 km Länge werden vielleicht die zeitlichen Kapazitäten knapp, nie aber die Routen. Die Wege werden außerdem (wo erlaubt) von Radfahrern und Reitern genutzt, und sobald der erste Schnee gefallen ist, bringen einen auch Langlaufski ans Ziel. Die 17 km lange Wanderung zum **Crypt Lake** ist mal was anderes – hier gibt es einen 20 m langen Tunnel, einen Wasserlauf, der plötzlich aus dem Nichts hervorquillt, und eine Leiter zu überwinden. Den Ausgangspunkt der Wanderung erreicht man nur mit dem Boot. **Waterton Shoreline Cruises** (☎403-859-2362; www.watertoncruise.com; Erw./Jugendlicher/Kind 47/24/16 C$; ⊙Mai–Okt.) fährt morgens an der Anlegestelle ab und sammelt die erschöpften Wanderer nachmittags wieder am Endpunkt des **Crypt Lake Trails** ein (Erw./Kind 24/12 C$).

Ein weiteres Beispiel des Watertonschen „klein, aber oho"-Prinzips sind die 19 km des **Carthew–Alderson Trail**, der oft als eine der besten Hochgebirgstageswanderungen Nordamerikas bezeichnet wird. Im Sommer fährt ein Shuttle von **Tamarack Outdoor Outfitters** (☎403-859-2378; www.hikewaterton.com; 214 Mt. View Rd; ⊙Mai–Sept. 8–10 Uhr) jeden Morgen zum Startpunkt des Wegs am Cameron Lake (Reservierung empfohlen). Von dort aus führt der Weg über die Berge zurück in den Ort.

Tamarack bietet auch Shuttles zu vielen anderen Startpunkten von Wanderwegen, darunter kostenlose Fahrten zu allen Wandertouren auf dem Akamina Pkwy.

Schlafen

Im Park gibt's drei Campingplätze von Parks Canada, die alle mit dem Auto erreichbar sind – einer davon ist direkt in Waterton. Normale Stellplätze kann man online oder telefonisch reservieren, aber die Anzahl der Plätze im Hinterland ist begrenzt und man sollte über das Visitor Center reservieren (S. 697).

Crandell Mountain Campground CAMPING $

(☎403-859-5133; Red Rock Pkwy; Stellplatz Zelt & Wohnmobil 22 C$; ⊙Juni–Anfang Sept.; P) Für einen weiten, offenen Blick wählt man am besten diesen abgeschiedenen Campingplatz, ein paar Minuten Fahrt auf dem Red Rock Pkwy. Einige der Abschnitte, vor allem H und L, bieten wunderschöne Bergblicke und direkten Zugang zum Blakiston Brook. Abends werden in einem reizenden Amphitheater Rangergespräche geführt. Es gibt keine Einrichtungen; Toiletten sind vorhanden aber keine Duschen, und reservieren kann man auch nicht.

★ **Northland Lodge** B&B $$

(☎403-859-2353; www.northlandlodgecanada.com; 408 Evergreen Ave; Zi. 169–209 C$; ⊙Mitte Mai–Mitte Okt.; WLAN) Das gemütliche Haus am Stadtrand in Hörweite der rauschenden Cameron Falls hat Louis Hill (das Genie hinter dem Prince of Wales-Hotel) für sich selbst gebaut. Das B&B mit einer großen Auswahl an reizenden Zimmern (manche mit Gemeinschaftsbad) und einer knarrenden Treppe hat unheimlich viel Charakter. Der gastfreundliche Besitzer serviert ein frisch gebackenes, ausgezeichnetes Frühstück.

Crandell Mountain Lodge HOTEL $$

(☎403-859-2288; www.crandellmountainlodge.com; 102 Mt. View Rd; Zi. ab 130 C$; WLAN) In der Lobby dieser Lodge aus den 1940er-Jahren stehen selbstgebackene Cookies. Dieses Haus wirkt wie die gute Imitation eines Tudor-Cottages aus einem ruhigen englischen Dorf. Das Crandell hat altmodische Zimmer mit Quilts, wie sie Großmutter früher gemacht hat, Kaminen und eine Lobby mit Blick auf die Emerald Bay auf der anderen Straßenseite. Der Service ist sehr einladend.

Bear Mountain Motel MOTEL **$$**
(☎403-859-2366; www.bearmountainmotel.com; 208 Mt. View Rd; Zi. 115–135 C$; ⏲Mitte Mai–Sept.; 🐾P) Im Bear Mountain werden keine falschen Tatsachen vorgetäuscht, es ist ein Standard-Motel im Retro-Stil mit sauberen Zimmern und freundlichem Service. Es gibt Grille und Picknicktische, in manche Zimmern darf man Haustiere mitnehmen, andere haben Kochnischen. Das beste Schnäppchen, das es in Waterton gibt.

Aspen Village Inn HOTEL **$$**
(☎403-859-2255; www.aspenvillageinn.com; 111 Windflower Ave; Zi. 129–269 C$; ⏲Mai–Mitte Okt.; P📶) Diese standardmäßigen, motelartigen Zimmer sind beliebt bei Familien, da es einen Spielpatz gibt und Rehe auf dem Gelände nach Schatten suchen. Grille und Picknicktische bieten sich für warme Sommerabende an, das Satellitenfernsehen vertreibt an trüben Herbstabenden die Langeweile. In vielen Zimmern sind Kochnischen vorhanden.

★ Prince of Wales Hotel HISTORISCHES HOTEL **$$$**
(☎403-859-2231; www.princeofwaleswaterton.com; Prince of Wales Rd; Zi. ab 249 C$; ⏲Mai–Sept.; P📶) Das prachtvolle Prince of Wales liegt wie Hogwarts auf einer Klippe mit Blick über den Upper Waterton Lake und verbindet Schweizer Architektur mit der Atmosphäre eines schottischen Schlosses. Der nostalgische Charme geht soweit, dass das Personal in Kilts serviert und es Tee in der Hauptlounge gibt – sehr gediegen. Durch die großen Fenster Richtung See blickt man auf die raue Wildnis draußen.

Essen & Ausgehen

★ 49° North Pizza PIZZA **$**
(☎403-859-3000; www.49degreesnorthpizza.com; 303 Windflower Ave; Pizzas 10–20 C$; ⏲Mai–Sept. 12–22 Uhr) Wirklich sättigende Pizzas aller erdenklicher Sorten, sowie einige kreative Gourmetoptionen wie Bison und Saskatoonbeeren. Der Service ist erstklassig und es gibt eine gute Bierauswahl. Wenn die paar Tische und der Hof voll sind, kann man das Essen auch mitnehmen. Noch irgendwelche Fragen?

Wieners of Waterton HOTDOGS **$**
(www.wienersofwaterton.com; 301 Windflower Ave; Hotdogs 6–8 C$; ⏲11–23 Uhr; 🖉) Nicht alle Wiener sind gleich, die Würstchen, die hier serviert werden, grenzen an Gourmetniveau, darunter selbst geräucherte und Frühstücksvarianten. Süßkartoffel-Pommes runden das Ganze ab. Da das Restaurant zu Recht sehr beliebt ist, bilden sich in den Sommermonaten Schlangen vor der Tür.

Waterton Bagel & Coffee Co CAFÉ **$**
(☎403-859-2466; 309 Windflower Ave; Bagels ab 5 C$; ⏲10–22 Uhr) Dieses Café schickt der Himmel, vor allem wenn man gerade aus der Wildnis gestolpert kommt. In dem winzigen Kaffeeladen genießt man auf ein paar Holzstühlen lebensrettende Bagels mit Erdnussbutter und Marmelade und dazu erfrischende Kaffeegetränke mit Geschmack.

Thirsty Bear Saloon PUB
(☎403-859-2211; 111 Waterton Ave; ⏲Mitte Mai–Sept. Mo–Sa 16–2 Uhr) Von außen wirkt es wie eine dunkle, zwielichtige Halle, aber es lohnt sich, über die Schwelle zu treten, denn drinnen in diesem großen, freundlichen, scheunenartigen Pub werden mit Livemusik, Billardtischen und gutem Bier wilde Nächte in der Wildnis gefeiert.

ℹ Praktische Informationen

My Waterton (www.mywaterton.ca) Die Website der Handelskammer von Waterton Lakes mit aktuellen Besucherinformationen, u. a. eine Liste der monatlichen Veranstaltungen.

Parks Canada Visitor Centre (☎403-859-2378; www.pc.gc.ca/waterton; ⏲Mai–Sept. 8–19 Uhr) Zentrale Anlaufstelle für alle Informationen, von Wanderbedingungen bis Hotels. Gegenüber vom Prince of Wales Hotel.

ℹ Anreise & Unterwegs vor Ort

Waterton liegt im Südwesten von Alberta, 130 km von Lethbridge und 156 km von Calgary entfernt. Die einzige Straße, die in den Park führt, zweigt im Nordosten vom Hwy 5 ab. Die meisten Besucher, die aus dem Glacier Park und aus den USA kommen, erreichen diese Kreuzung über den Hwy 6 (Chief Mountain International Hwy) aus südwestlicher Richtung. Von Calgary im Norden führt der Hwy 2 in südlicher Richtung direkt zum Hwy 5, der wiederum in den Park führt. Aus Cardston im Osten führt der Hwy 5 zuerst nach Westen und dann nach Süden in den Park hinein.

Es gibt von keiner kanadischen Stadt außerhalb des Parks eine öffentliche Verkehrsverbindung in den Park. **Glacier Park Inc** (Reservierungen 866-435-1605; www.glacierparkinc.com) bietet aber einen täglichen Shuttledienst (Erw./Kind 50/25 US$) an, der von Mai bis September zwischen dem Prince of Wales Hotel und der Glacier Park Lodge in Montana (USA) verkehrt. Von dort hat man Anschluss an das Amtrak-Schienennetz für Weiterreisen in den USA.

Unterwegs vor Ort

Tamarack Outdoor Outfitters (S. 696) bietet Shuttles zu vielen Ausgangspunkten von Wanderwegen, darunter Chief Mountain (20 C$) und Tamarack (30 C$). Außerdem gibt's kostenlose Shuttles zu allen Wanderungen auf dem Akamina Pkwy. Man kann online oder am Kiosk im Laden einen Platz buchen.

Crowsnest Pass

Im Westen von Fort Macleod verläuft der Crowsnest Hwy (Hwy 3), der durch die Prärie in die Rocky Mountains, von dort zum Crowsnest Pass (1396 m) und dann zur Grenze mit British Columbia führt. The Pass, wie er genannt wird, ist eigentlich eine Reihe kleiner Gemeinden, die unmittelbar östlich der Grenze zwischen British Columbia und Alberta liegen. Beachtenswert ist dabei die Geschichte des Örtchens **Frank**, das 1903 fast vollständig verschüttet wurde, als 30 Mio. m³ (das entspricht etwa einem Gewicht von 82 Mio. t) des nahe gelegenen Turtle Mountain abgingen und etwa 70 Menschen unter sich begruben. Viele denken, das Kohlebergwerk am Fuße des Berges sei der Grund dafür gewesen. Dennoch wurde der Kohleabbau nicht eingestellt, denn das Schwarze Gold war Anfang des 20. Jhs. für die gesamte Region die Eintrittskarte in ein Leben in Wohlstand. Als die Nachfrage nach Kohle sank und es unter Tage weitere Einstürze und die Gefahr eines zweiten Rutsches gegeben hatte, wurden die Minen für immer geschlossen.

★ Frank Slide Interpretive Centre MUSEUM
(www.frankslide.org; Hwy 3; Erw./Kind 13/9 C$; Juli–Aug. 9–18 Uhr, Sept.–Juni 10–17 Uhr;) Das ausgezeichnete Museum überblickt das Crowsnest Valley und gibt der Tragödie des Erdrutsches von Frank eine menschliche Dimension. Es gibt Schaukästen zum Thema Bergbau, Eisenbahn und zu den Anfängen der Region. Kinder können überall ziehen, drücken und hüpfen, außerdem gibt es Puzzles und andere interaktive Gerätschaften. Ein hervorragender Film stellt die tragischen Ereignisse von 1903 auf dramatische Weise dar. Wanderwege führen vom Museum zum Ort des Geschehens selbst.

DER NORDEN

Obwohl hier der immer mehr in Verruf geratene Ölsand zu finden ist, ist der Norden Albertas so gut wie unbekannt und verzeichnet nur wenige Besucher. Hat man Edmonton erst einmal in Richtung Norden verlassen, sinkt die Bevölkerungsdichte schnell auf sibirische Werte und ein fast schon unheimliches Gefühl der Abgeschiedenheit macht sich breit.

Wer die Einsamkeit sucht, findet hier sein persönliches Paradies. Endlose Kiefernwälder so weit das Auge reicht, nächtliche Polarlichter, die jedes chemische Halluzinogen in den Schatten stellen, und Büffelherden, die in freier Wildbahn umherziehen.

Die ersten Volksstämme, die diese Region bewohnten, waren die Cree, Slavey und Dene und viele von ihnen leben immer noch vom Fischen, Jagen und Fallenstellen. Der Nordosten hat so gut wie keine Straßen und wird vom Wood Buffalo National Park, dem Athabasca River und dem Lake Athabasca beherrscht. Der Nordwesten ist leichter zugänglich und verfügt über ein Netzwerk aus Highways, die Alberta mit dem Norden von BC und den NWT verbinden.

Peace River & Umgebung

Nach Nordwesten hin führt der Hwy 43 nach Dawson Creek, BC, und zum Beginn des Alaska Hwy. Dawson liegt unglaubliche 590 km von Edmonton entfernt, wodurch man gewaltige Strecken zurücklegen muss, um diesen abgelegenen Teil des nördlichen Alberta zu erkunden. Unterwegs kommt man durch **Grande Prairie**, das Zentrum der lokalen Landwirtschaft und Heimat der Chuckwagon-Legende Kelly Sutherland.

Mit seinem Namen erinnert der Ort an den historischen Moment, als die sich bekriegenden Indianerstämme Cree und Beaver hier am Flussufer Frieden schlossen. Der Ort **Peace River** liegt dort, wo der Heart River, der Peace River und der Smoky River zusammenfließen. Der Hwy 2 verläuft nach Westen zum Mackenzie Hwy.

Mackenzie Highway

Der kleine Ort **Grimshaw** ist der offizielle Beginn des MacKenzie Hwy (Hwy 35), der in nördlicher Richtung in die Northwest Territories (NWT) führt. Außer einem Schild, das die „Mile Zero" kennzeichnet und ein paar Läden gibt es hier nicht viel zu sehen. Die relativ flache und gerade Straße ist größtenteils asphaltiert; dort, wo sie gerade erneuert wird, gibt es aber auch Abschnitte mit unbefestigtem Schotter.

Das vorwiegend landwirtschaftlich geprägte Gebiet zwischen Grimshaw und Manning geht Richtung Norden in endlose Fichten- und Kiefernwälder über. Wer sich dorthin aufmacht, sollte gut ausgerüstet sein, denn in dieser Grenzregion gibt es, je weiter in Richtung Norden und durch die Wildnis man fährt, immer weniger (und immer teurere) Service-Einrichtungen. Man sollte sichergehen ab hier an jeder Tankstelle, an der man vorbeifährt, den Tank zu füllen.

High Level ist die letzte nennenswert große Siedlung vor der Grenze zu den NWT. In dem Holzindustriezentrum belegen unter der Woche Arbeiter oft die Motels. Die einzige Tankstelle zwischen High Level und Enterprise (in den NWT) befindet sich in Indian Cabins.

Lake District

Zwischen St. Paul, über 200 km nordöstlich von Edmonton, und der Grenze zu den NWT liegt Albertas riesiges Seengebiet. Wenn man den North Saskatchewan River überquert, verwandelt sich die Umgebung in bewaldete Hügellandschaften, gespickt mit verlassenen Farmen und gespenstisch schönen, zerfallenen Häusern und Schuppen. Hier wird gern geangelt (selbst im Winter, wenn man zum Eisfischen übergeht), wobei viele der Seen, vor allem weiter im Norden, an kein Straßennetz angebunden und nur mit dem Flugzeug erreichbar sind.

Wer gern mal grüne Männchen sehen will, der sollte nach **St. Paul** kommen. Der **Flying-Saucer Landing Pad** (Landeplatz für fliegende Untertassen) ist geöffnet und wartet immer noch auf seine ersten Kunden. Anwohner bauten das 12 m hohe, kreisrunde Landepodest 1967 als Teil eines kanadischen Jahrhundertprojekts und erklärten das Land unter dem Landeplatz zu internationalem – und, das versteht sich von selbst, intergalaktischem – Land. Es ist angeblich die größte und einzige UFO-Landebahn der Welt und seitdem eine Pilgerstätte für UFO-Fans. Im **UFO Data Center** (☎ 780-645-6800, UFO-Hotline 888-733-8367; www.town.stpaul.ab.ca/Tourist-Information; 50 Avenue, St. Paul; ⌚ Mai–Sept. 10–18 Uhr) gibt es einen thematisch passenden Souvenirladen und ein Buch mit den 137 registrierten lokalen Sichtungen sowie Bilder und Berichte über Viehverstümmelungen, Entführungen und Kornkreise. Es gibt sogar eine UFO-Hotline, bei der man neue Sichtungen melden kann.

Der Hwy 63 ist die Hauptroute, die in die nordöstliche Ecke von Albertas Wildnis führt. Der Highway, der unterwegs an einigen wenigen kleinen Siedlungen und Campingplätzen vorbeikommt, führt nach **Fort McMurray**, das 439 km nordöstlich von Edmonton liegt. An diesem ehemaligen Pelzhandelsposten befinden sich heute die Athabasca Oil Sands, eines der größten Ölfelder der Welt und ein wichtiger ökonomischer Faktor in Alberta. Infos über die Ölsandgebiete und die Förderung des Rohöls bekommt man über interaktive Displays im **Oil Sands Discovery Centre** (☎ 780-743-7167; http://history.alberta.ca/oilsands; 515 MacKenzie Blvd, Fort McMurray; Erw./Kind/Fam. 11/7/29 C$; ⌚ Mitte Mai–Mitte Sept. 9–17 Uhr, Mitte Sept.–Mitte Mai Di–So 10–16 Uhr). Die Stadt selbst ist nicht besonders interessant. Besucher, die nicht auf den Ölfeldern arbeiten, kommen wegen der Aurora Borealis, dem Nordlicht. Weltweit bekannt wurde die Gegend 2016, als hier ein verheerendes Feuer wütete. Alle Einwohner wurden für Monate evakuiert und für viele gab es danach tragischerweise kein Heim zum Nachhausekommen mehr.

British Columbia

Gut essen

- Bistro 694 (S. 776)
- Pilgrimme (S. 796)
- Vij's (S. 726)
- Ask for Luigi (S. 724)
- Nova Kitchen (S. 750)

Schön übernachten

- Free Spirit Spheres (S. 776)
- Wickaninnish Inn (S. 781)
- Shades of Jade Inn & Spa (S. 751)
- Skwachays Lodge (S. 719)
- Old Courthouse Inn (S. 752)

Auf nach British Columbia!

Wer Kanadas westlichste Provinz besucht, den erwarten zahlreiche Superlative, die den Betrachter in sprachloses Staunen versetzen. Es fällt schwer, von der wunderbaren Erhabenheit der gewaltigen Berge, tiefen Wälder und dramatischen Küstenlandschaften nicht ergriffen zu sein!

British Columbia (BC) hat jedoch noch viel mehr zu bieten als Naturattraktionen. Vancouver vereint Landesküchen und Kulturen aus Asien und anderen Teilen der Welt, während kleinere Städte wie Victoria und Kelowna ihre eigenen dynamischen Szenen hervorbringen. Großartig sind außerdem die herzlichen, manchmal etwas schrulligen kleinen Gemeinden, von Cumberland über Powell River bis hin zu Salt Spring, in denen das Herz von BC schlägt.

Überall in der Provinz lockt die wunderbare Natur. Dabei sollte man sich nicht aufs bloße Fotografieren beschränken, sondern das unschlagbare Angebot für Wintersportler, Kajakfahrer und Wanderer nutzen, das für unvergessliche Momente sorgt.

Reisezeit

Vancouver

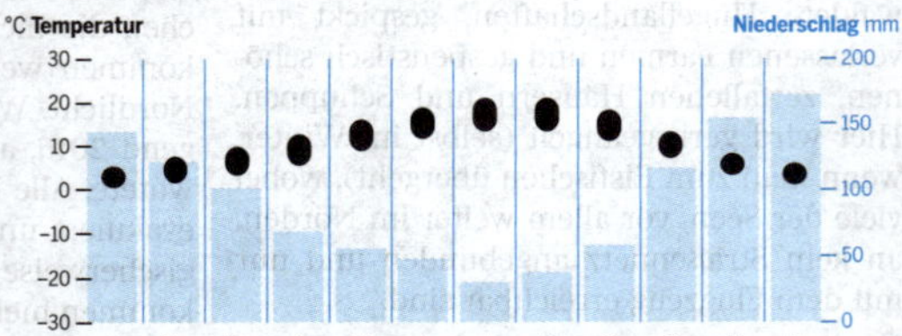

Dez.–März Beste Schneeverhältnisse auf den Hängen von Whistler und Blackcomb.

Juli & Aug. Strände, Terrassen und viele Open-Air-Festivals im sonnigen Vancouver.

Sept. & Okt. Dramatische Surfbedingungen und Beginn der Sturmsaison an Tofinos Strand.

Parks, Tiere & Pflanzen

Zu den Nationalparks von British Columbia gehören der schneebedeckte **Glacier National Park** und die UNESCO-Welterbestätten **Kootenay** und **Yoho**. Das neuere **Gulf Islands National Park Reserve** schützt die empfindliche Küstenregion. Infos bietet die Website von **Parks Canada** (www.pc.gc.ca).

In den fast 1000 Provinzparks der Region gibt es 3000 km Wanderwege. Besonders bemerkenswert sind z. B. **Strathcona** und das abgelegene **Cape Scott**, der für Kanuten wie geschaffene **Bowron Lake** und das Matterhorn der Kootenays, der **Mount Assiniboine**. Nützliche Infos sind auf der Website von **BC Parks** (www.bcparks.ca) nachzulesen.

Besucher können sich auf eine faszinierende Tierwelt freuen. An Land laufen einem z. B. Hirsche, Elche, Wölfe, Grizzlybären und Schwarzbären vor die Kamera, zudem gibt es rund 500 Vogelarten, darunter zahlreiche Graureiher und Weißkopfseeadler. Mit ein bisschen Glück entdeckt man vielleicht sogar Orcas.

ℹ Anreise & Unterwegs vor Ort

Die schiere Größe von BC kann Besucher manchmal überwältigen: Zwischen Vancouver und Prince Rupert liegen z. B. abschreckende 1508 km Autofahrt. Es mag eine Versuchung darstellen, einfach in der Gegend von Vancouver zu bleiben. Aber ohne die Stadt zu verlassen, bekommt man von der Provinz nichts mit.

Trotz der Entfernungen bleibt Autofahren die beliebteste Fortbewegungsart in BC. Man sollte seine Routen mit Hilfe der praktischen Website **DriveBC** (www.drivebc.ca) planen und die zahlreichen Fährlinien des ausgedehnten Netzwerks der **BC Ferries** (☎ 888-223-3779; www.bcferries.com) in Anspruch nehmen.

VIA Rail (www.viarail.com) betreibt zwei Zugstrecken in BC. Eine rumpelt quer durch den Norden und verbindet die Küste mit Jasper. Von dort aus kann man dann mit der zweiten nach Vancouver zurückfahren. In den kommenden Jahren könnte noch eine dritte Strecke auf Vancouver Island wieder in Betrieb genommen werden.

VANCOUVER

604 778 EW.

Fußgängerfreundliche Viertel, eine attraktive Bar- und Restaurantszene und ein denkwürdiges Kultur- und Outdoor-Angebot: Es gibt unzählige Gründe, sich in die traumhafte Metropole zu verlieben!

KURZINFOS

- Einwohner: 4,7 Mio.
- Fläche: 944 735 km²
- Hauptstadt: Victoria
- Fakten: BC ist Nordamerikas drittgrößtes Zentrum der Film- und Fernsehproduktion.

Downtown Vancouver ist dabei nur der Anfang. Zu Fuß oder mit öffentlichen Verkehrsmitteln gelangt man im Nu in die vielen unterschiedlichen, ganz eigenen Viertel der Stadt und kann sich unter die Einheimischen mischen. Ob man nun die Cafés des Commercial Dr, die Hipster-Treffs der Main St, die eigenständigen Bars und Restaurants von Gastown oder die historischen Strandhäuser und interessanten Läden von Kitsilano erkundet – das besucherfreundliche Vancouver ist die perfekte Adresse für urbane Expeditionen. Unterwegs lohnt es sich, mit Einheimischen ins Gespräch zu kommen. Auf den ersten Blick mögen sie zurückhaltend oder distanziert wirken, im Grunde unterhalten sie sich jedoch sehr gerne über ihre Stadt.

Geschichte

Die First Nations besiedelten diese Gegend schon rund 16 000 Jahre, bevor sich die spanischen Entdecker im 16. Jh. anschickten, Nordamerika zu erkunden. Als Captain George Vancouver von der British Royal Navy 1792 an der Pazifikküste entlangsegelte, traf er auf ein paar spanische Kapitäne, die ihn über ihre Landrechte aufklärten. Der Strand, an dem sie aufeinandertrafen, heißt heute Spanish Banks. Letztlich aber setzte die britische Krone ihre Ansprüche durch und bekam die Region immer besser unter ihre Fittiche, als Anfang des 19. Jhs. die ersten Siedler aus Europa eintrafen.

Der Pelzhandel und ein fieberhafter Goldrausch verwandelten die Gegend bald in eine reiche Aladin-Höhle. Bis um 1850 strömten Tausende Goldsucher ins Land, was die Briten schließlich dazu veranlasste, das Gebiet offiziell als Kolonie zu beanspruchen. Der einheimische Unternehmer „Gassy" Jack Deighton ergriff 1867 die Initiative und eröffnete an dem bewaldeten Ufer des Burrard Inlet eine Bar. Dies löste eine Reihe von Bauprojekten aus – und so wurde „Gastown" hochgezogen, die Wiege des heutigen Vancouver.

Highlights

1. Sich bei einem Spaziergang entlang der eindrucksvollen 8,8 km langen Ufermauer des **Stanley Park** (S. 704) die Beine vertreten
2. In **Tofino** (S. 779) an Vancouver Islands wilder Westküste im Sturm surfen (oder ihn von fern bestaunen)
3. Auf einer kurvenreichen Weinguttour im **Okanagan Valley** (S. 801) edle Tropfen kosten
4. Olympische Pisten in **Whistler** (S. 741) hinunterwedeln und sich dann beim Après-Ski im Dorf mit Getränken aufwärmen
5. Den uralten, mystischen Regenwald im **Gwaii Haanas National Park Reserve** (S. 843) erkunden und bei einer Kajaktour an der Küste die Kulisse vom Meer aus bestaunen
6. Auf der **Salt Spring Island** (S. 791) über den belebten Samstagsmarkt schlendern und die vielen Leckereien ausprobieren
7. Die Uferpromenade an der **Alert Bay** (S. 788) entlangspazieren und die faszinierende Kunst und Kultur der First Nations entdecken
8. Bei einer Fahrt mit der neuen Seilbahn **Sea to Sky Gondola** (S. 739) nahe Squamish Panoramablicke auf die wunderschöne Region genießen

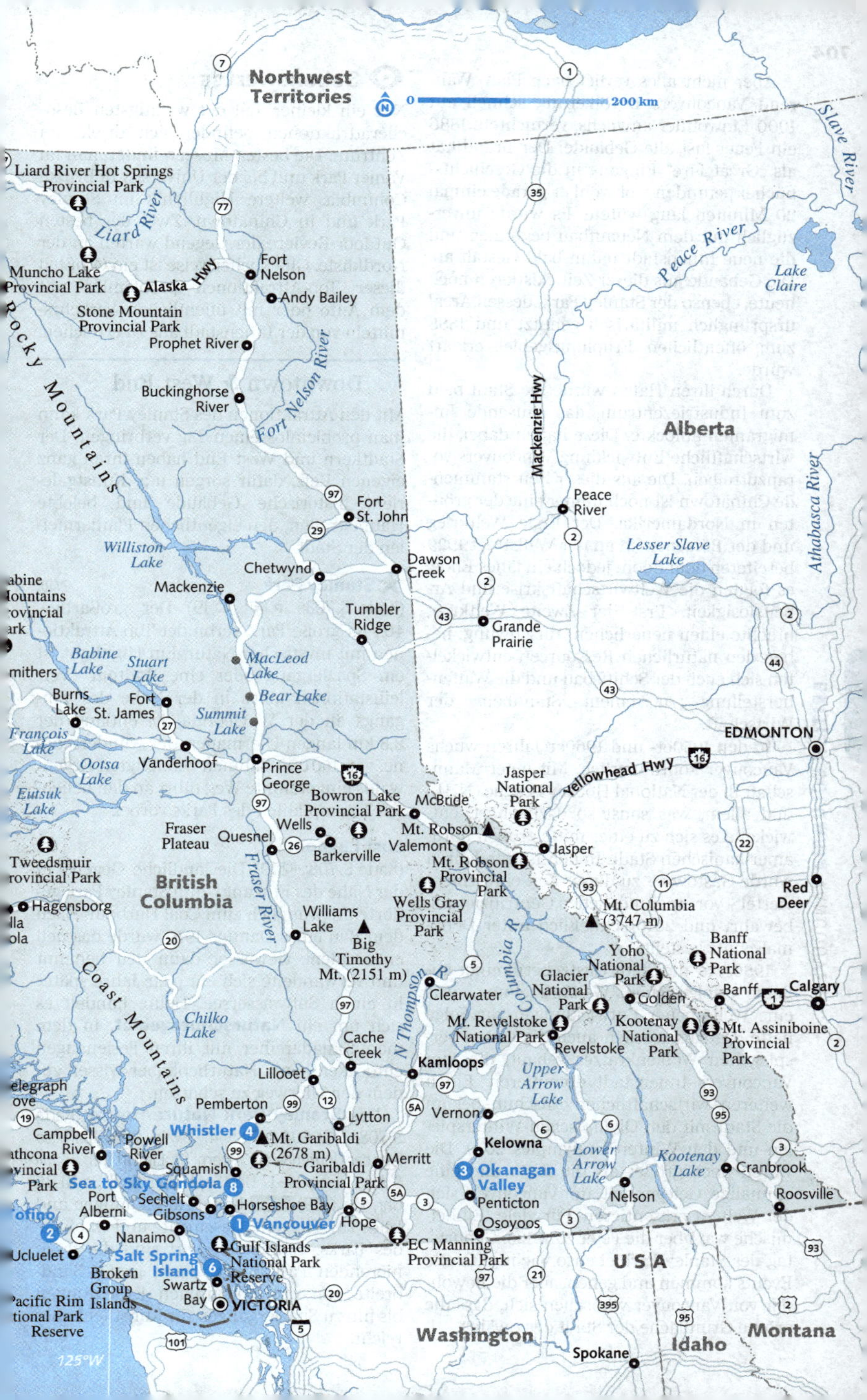
Northwest Territories
0 200 km
Liard River Hot Springs Provincial Park
Liard River
Muncho Lake Provincial Park
Alaska Hwy
Fort Nelson
Andy Bailey
Stone Mountain Provincial Park
Prophet River
Rocky Mountains
Buckinghorse River
Fort Nelson River
Fort St. John
Williston Lake
Chetwynd
Dawson Creek
Mackenzie
Tumbler Ridge
Babine Mountains Provincial Park
Babine Lake
Stuart Lake
MacLeod Lake
Bear Lake
Smithers
Burns Lake
Fort St. James
Summit Lake
François Lake
Vanderhoof
Prince George
Ootsa Lake
Eutsuk Lake
Bowron Lake Provincial Park
McBride
Fraser Plateau
Quesnel
Wells
Barkerville
Tweedsmuir Provincial Park
British Columbia
Fraser River
Hagensborg
Williams Lake
Big Timothy Mt. (2151 m)
Coast Mountains
Clearwater
N Thompson R.
Chilko Lake
Cache Creek
Lillooet
Kamloops
Telegraph Cove
Pemberton
Lytton
Campbell River
Powell River
Whistler
Mt. Garibaldi (2678 m)
Strathcona Provincial Park
Squamish
Garibaldi Provincial Park
Merritt
Sea to Sky Gondola
Port Alberni
Sechelt
Gibsons
Horseshoe Bay
Hope
Tofino
Vancouver
Nanaimo
Ucluelet
Salt Spring Island
Gulf Islands National Park Reserve
EC Manning Provincial Park
Broken Group Islands
Swartz Bay
VICTORIA
Pacific Rim National Park Reserve
125°W
Washington
Spokane
Idaho
Montana
USA
Okanagan Valley
Kelowna
Vernon
Penticton
Osoyoos
Lower Arrow Lake
Nelson
Kootenay Lake
Cranbrook
Roosville
Upper Arrow Lake
Revelstoke
Mt. Revelstoke National Park
Glacier National Park
Golden
Yoho National Park
Kootenay National Park
Mt. Assiniboine Provincial Park
Banff
Banff National Park
Calgary
Columbia R.
Mt. Columbia (3747 m)
Wells Gray Provincial Park
Mt. Robson Provincial Park
Valemont
Mt. Robson
Jasper
Jasper National Park
Yellowhead Hwy
Red Deer
EDMONTON
Grande Prairie
Peace River
Lesser Slave Lake
Mackenzie Hwy
Alberta
Athabasca River
Peace River
Lake Claire
Slave River

Aber nicht alles verlief nach Plan. Während Vancouvers Bevölkerung schnell auf 1000 Einwohner anwuchs, vernichtete 1886 ein Feuer fast alle Gebäude: Der Brand hat als „Great Fire" Eingang in die Geschichtsbücher gefunden – obwohl er gerade einmal 20 Minuten lang wütete. Es wurde unverzüglich mit dem Neuaufbau begonnen und die neue Innenstadt nahm bald Gestalt an. Die Gebäude aus dieser Zeit existieren noch heute, ebenso der Stanley Park, dessen Areal ursprünglich militärisch genutzt und 1888 zum öffentlichen Erholungsgebiet erklärt wurde.

Durch ihren Hafen wurde die Stadt bald zum Industriezentrum, das Tausende Immigranten anlockte. Diese halfen dabei, die wirtschaftliche Entwicklung Vancouvers voranzutreiben. Die aus dieser Zeit stammende Chinatown ist noch immer eine der größten in Nordamerika. Der Erste Weltkrieg und der Börsencrash an der Wallstreet 1929 bereiteten dem Boom jedoch ein jähes Ende, es folgten die Weltwirtschaftskrise und Arbeitslosigkeit. Erst der Zweite Weltkrieg brachte einen neuerlichen Aufschwung, neben den natürlichen Ressourcen entwickelten sich auch der Schiffsbau und die Waffenherstellung zu einem Standbein der Wirtschaft.

In den 1950er- und 1960er-Jahren wuchs Vancouver kontinuierlich. Mit einer Mannschaft in der National Hockey League (NHL) und allem, was sonst so dazugehört, entwickelte es sich zu einer mittelgroßen nordamerikanischen Stadt. In den 1970er-Jahren wurde Gastown – zu dieser Zeit ein Armenviertel – vor einer möglichen Gentrifizierung bewahrt und 2010 schließlich unter Denkmalschutz gestellt.

1986 war die Stadt Gastgeberin einer äußerst erfolgreichen Weltausstellung, was eine Welle neuer Entwicklungen zur Folge hatte. Damals wurden auch die ersten verspiegelten Wolkenkratzer gebaut, die nun Vancouvers Innenstadt dominieren. Einen weiteren wirtschaftlichen Anschub bekam die Stadt mit den Olympischen Winterspielen und den Winter-Paralympics 2010. Die waren noch größer als die Expo und eine einmalige Gelegenheit für Vancouver, sich der Welt zu präsentieren. Für viele Einheimische war aber die Feier zum 125. Geburtstag des Stanley Park ebenso wichtig: Große Events kommen und gehen, aber die Bewohner von Vancouver wünschen sich, dass die größte Grünfläche der Stadt ewig währt.

Sehenswertes

Nur ein kleiner Teil der wichtigsten Besucherattraktionen befindet sich direkt im Zentrum. Die besten Museen findet man im Vanier Park und bei der University of British Columbia, weitere Highlights im Stanley Park und in Chinatown. Zwei der besten Outdoor-Reviere der Gegend warten an der Nordküste. Glücklicherweise ist ein Großteil dieser Top-Attraktionen problemlos mit dem Auto oder mit öffentlichen Verkehrsmitteln von der Innenstadt aus zu erreichen.

Downtown & West End

Mit den Attraktionen des Stanley Park kann man problemlos einen Tag verbringen. Der Stadtkern und West End haben ihren ganz eigenen Reiz, dafür sorgen u. a. Kunstgalerien, historische Gebäude und belebte Hauptstraßen, den eigentlichen Flaniermeilen der Stadt.

★ Stanley Park PARK

(Karte S. 708; P; 19) Der großartige, 404 ha große Park verbindet Top-Attraktionen mit mystischer Natur. Ein Highlight ist ein Spaziergang oder eine Radtour (Verleihstationen gibt's in der Nähe des Eingangs an der W Georgia St) entlang der 8,8 km langen Ufermauer. Der wunderschöne, von 150 000 Bäumen gemäßigten Regenwalds eingerahmte Weg führt an den beliebten Totempfählen des Parks vorbei.

Lost Lagoon SEE

(Karte S. 708; 19) Die ländliche Gegend in der Nähe des Eingangs zum Stanley Park gehörte ursprünglich zum Coal Harbour. Nach dem Bau eines Damms 1916 wurde das neu entstandene Gewässer dann neu benannt und verwandelte sich ein paar Jahre später in einen Süßwassersee. Heute handelt es sich um ein **Naturschutzgebiet**, in dem man Kanadareiher mit ihren Perlenaugen entdecken kann. Naturliebhaber wissen zudem den Uferweg zu schätzen.

Das **Stanley Park Nature House** (Karte S. 708; 604-257-8544; www.stanleyparkecology.ca; Nordende der Alberni St; Eintritt frei; Juli & Aug. Di–So 10–17 Uhr, Sept.–Juni Sa & So 10–16 Uhr; ; 19) GRATIS bietet Ausstellungen und Infos zur Tierwelt, Geschichte und Ökologie des Parks. Empfehlenswert sind die faszinierenden Parktouren, deren große Bandbreite von ornithologischen Expeditionen bis hin zu Spaziergängen für Kunstliebhaber reicht.

Vancouver

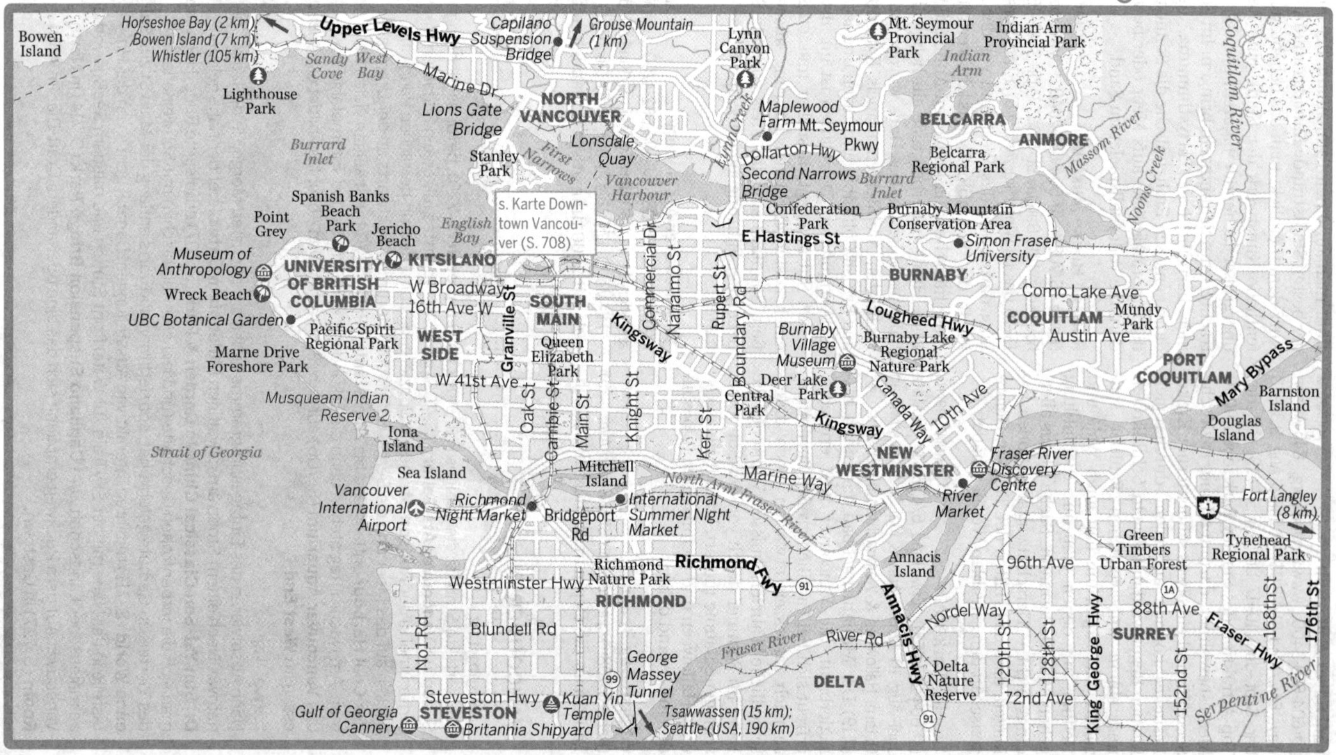
N
0
5 km
Bowen Island
Horseshoe Bay (2 km); Bowen Island (7 km); Whistler (105 km)
Upper Levels Hwy
Capilano Suspension Bridge
Grouse Mountain (1 km)
Lynn Canyon Park
Mt. Seymour Provincial Park
Indian Arm Provincial Park
Indian Arm
Coquitlam River
Sandy Cove
West Bay
Lighthouse Park
Marine Dr
Lions Gate Bridge
NORTH VANCOUVER
Lynn Creek
Maplewood Farm
Mt. Seymour Pkwy
BELCARRA
ANMORE
Massom River
Noons Creek
Burrard Inlet
Lonsdale Quay
Stanley Park
First Narrows
Vancouver Harbour
Dollarton Hwy
Second Narrows Bridge
Belcarra Regional Park
Point Grey
Spanish Banks Beach Park
Jericho Beach
English Bay
s. Karte Downtown Vancouver (S. 708)
Confederation Park
Burnaby Mountain Conservation Area
E Hastings St
Simon Fraser University
Museum of Anthropology
UNIVERSITY OF BRITISH COLUMBIA
KITSILANO
Wreck Beach
UBC Botanical Garden
W Broadway
16th Ave W
Granville St
SOUTH MAIN
Commercial Dr
Nanaimo St
Rupert St
Boundary Rd
BURNABY
Como Lake Ave
Lougheed Hwy
COQUITLAM
Mundy Park
Austin Ave
Pacific Spirit Regional Park
WEST SIDE
Queen Elizabeth Park
Kingsway
Burnaby Village Museum
Burnaby Lake Regional Nature Park
PORT COQUITLAM
Mary Bypass
Barnston Island
Marne Drive Foreshore Park
W 41st Ave
Oak St
Cambie St
Main St
Knight St
Kerr St
Deer Lake Park
Central Park
Canada Way
10th Ave
Douglas Island
Musqueam Indian Reserve 2
Iona Island
Strait of Georgia
NEW WESTMINSTER
Fraser River Discovery Centre
Sea Island
Mitchell Island
North Arm Fraser River
Marine Way
River Market
Fort Langley (8 km)
Vancouver International Airport
Richmond Night Market
Bridgeport Rd
International Summer Night Market
Annacis Island
Green Timbers Urban Forest
Tynehead Regional Park
Richmond Nature Park
Richmond Fwy
96th Ave
Westminster Hwy
RICHMOND
Annacis Hwy
Nordel Way
1A
88th Ave
168th St
176th St
Fraser Hwy
No1 Rd
Blundell Rd
Fraser River
River Rd
120th St
128th St
King George Hwy
SURREY
George Massey Tunnel
DELTA
Delta Nature Reserve
72nd Ave
152nd St
Serpentine River
Steveston Hwy
Kuan Yin Temple
Gulf of Georgia Cannery
STEVESTON
Britannia Shipyard
Tsawwassen (15 km); Seattle (USA, 190 km)
91
99

Vancouver Aquarium AQUARIUM
(☎604-659-3400; www.vanaqua.org; 845 Avison Way; Erw./Kind 31/22 C$; ⊙Juli & Aug. 9.30–18 Uhr, Sept.–Juni 10–17 Uhr; 👪; 🚌19) In der Top-Attraktion des Stanley Park leben 9000 Meeresbewohner, darunter Haie, Pazifische Seewölfe und ein etwas schüchterner Krake. Besucher können außerdem durch einen kleinen Regenwald mit Vögeln, Schildkröten und einem unbeweglichen Faultier spazieren. Das Aquarium hält auch Wale und Delfine, mit denen man auf Tuchfühlung gehen kann. Jedermanns Sache ist das allerdings nicht – Tierschutzorganisationen beklagen, dass das Halten der Tiere in Gefangenschaft den sensiblen Wesen schadet.

Stanley Park Train MINIATURBAHN
(☎604-257-8531; Erw./Kind 6/4,75 C$; ⊙Mitte Juni–Aug. 10–17 Uhr, April & Mai Sa & So sowie an Ostern, Halloween & Weihnachten bis 16 Uhr; 👪; 🚌19) Der Miniaturnachbau der ersten Passagierbahn, die Vancouver 1887 erreichte, erfreut sich bei Familien großer Beliebtheit. Je nach Jahreszeit erwarten einen unterschiedliche Fahrterlebnisse: Während die Bahn im Sommer durch von der Sonne beschienene Bäume tuckert, kommt sie zu Ostern, Halloween und Weihnachten in besonderem Gewand daher.

English Bay Beach STRAND
(Karte S. 708; Ecke Denman St & Beach Ave; 🚌5) Läuft man die Denman St Richtung Süden, stößt man auf einen Palmenhain, der einen der besten Stadtstrände Kanadas ankündigt. Kurz darauf erblickt man das beliebteste öffentliche Kunstwerk der Stadt, eine Reihe übergrößer lachender Figuren, die den Betrachter zum Schmunzeln bringen. Im Sommer herrscht hier Partystimmung, denn dann genießen Einheimische die Sonne und die Panoramablicke aufs Meer oder bewundern die Volleyballspieler im Sand.

Roedde House Museum MUSEUM
(Karte S. 708; ☎604-684-7040; www.roeddehouse.org; 1415 Barclay St; 5 C$; ⊙Di–Sa 11–16, So 13–16 Uhr, im Winter kürzer; 🚌5) Eine Vorstellung davon, wie das West End vor der Ankunft der Wohnblöcke aussah, vermittelt diese hübsche Villa im Queen-Anne-Stil von 1893. Heute beherbergt sie ein liebevoll erhaltenes Museum. Das Haus wurde vom berüchtigten Architekten Francis Rattenbury aus British Columbia entworfen und ist voller Antiquitäten. Der Garten ist im historischen Stil angelegt. Besucher müssen sich einer kostenpflichtigen Führung anschließen. Sonntags sind im Preis von nur 8 C$ neben der Führung auch Tee und Kekse enthalten.

★ **Vancouver Art Gallery** GALERIE
(VAG; Karte S. 708; ☎604-662-4700; www.vanartgallery.bc.ca; 750 Hornby St; Erw./Kind 20/6 C$; ⊙Mi–Mo 10–17, Di bis 21 Uhr; 🚌5) Die VAG hat sich seit 2000 dramatisch gewandelt und ist

VANCOUVER IN …

… einem Tag

Der perfekte Start ist ein üppiges Frühstück im **Templeton** (S. 720), bevor es Richtung Süden zur **Vancouver Art Gallery** (S. 706) geht. Als Nächstes folgen ein Schaufensterbummel in der **Robson St** und ein Spaziergang zum Ufer mit herrlichen Panoramablicken auf das Meer und die Berge. Dann schlendert man westwärts an der Ufermauer des **Coal Harbour** entlang und bis zum **Stanley Park** (S. 704) mit seinen vielen Bäumen. Am Nachmittag stehen dann die Erkundung der Strände und Totempfähle sowie das **Vancouver Aquarium** (S. 706) auf dem Programm. Den Abschluss bildet ein Abendessen im **West End**.

… zwei Tagen

Nach Absolvieren des Eintagesprogramms geht's am nächsten Morgen in die laute Chinatown. Nach einem Stopp am gewaltigen **Millennium Gate** bietet der nahe gelegene **Dr. Sun Yat-Sen Classical Chinese Garden & Park** (S. 707) erholsame Ruhe. Nachdem man sich die farbenfrohen Geschäfte (und leckeren Teigtaschen mit Schweinefleisch) des Viertels zu Gemüte geführt hat, spaziert man südwärts entlang der Main St zur **Science World** (S. 711) mit ihren interaktiven Ausstellungen. Danach geht's von der Haltestelle in der Nähe mit der SkyTrain zur Waterfront Station und mit dem SeaBus vorbei an malerischer Landschaft zum **Capilano Suspension Bridge Park** (S. 714) in North Vancouver. Auf dem Rückweg empfiehlt sich das eine oder andere Craft-Bier im **Alibi Room** (S. 727) in Gastown.

zu einem wichtigen Bestandteil der Kulturszene geworden. Zeitgenössische Ausstellungen, die häufig Werke von Vancouvers renommierten Fotokonzeptkünstlern zeigen, werden nun mit großen internationalen Reiseshows kombiniert. Alle paar Monate kann man sich bei der spätabendlichen Party **FUSE** (Karte S. 708; www.vanartgallery.bc.ca/fuse; Eintritt 24 C$; ⌚20–24 Uhr) mit der jungen Kunstszene der Stadt bei Wein und Livemusik vergnügen.

Canada Place WAHRZEICHEN

(Karte S. 708; ☎604-775-7063; www.canadaplace.ca; 999 Canada Place Way; P; S Waterfront) Das ikonische Wahrzeichen ist Vancouvers Version des Sydney Opera House – zumindest ist es als Postkartenmotiv ähnlich beliebt. Das Dach des Gebäudes ist wie eine Reihe Segel geformt, die über dem Hafen in die Himmel ragen, und dient als Anlegestelle für Kreuzfahrtschiffe und als Tagungszentrum (der Anbau mit Grasdach nebenan wurde 2010 eröffnet). Der Pier lädt zu Spaziergängen ein und bietet hübsche Blicke auf die Berge der Nordküste und den recht regen Wasserflugzeugverkehr.

FlyOver Canada THEATER

(Karte S. 708; ☎604-620-8455; www.flyovercanada.com; 999 Canada Pl; Erw./Kind 22/14 C$; ⌚10–21 Uhr, im Winter kürzer; 👪; S Waterfront) Die eindrucksvolle Leinwandsimulation ist die neueste Attraktion im Canada Place. Man kommt sich vor, als würde man mit baumelnden Beinen über das gesamte Land mit seinen großartigen Landschaften und Wahrzeichen fliegen. Auf der Fahrt rüttelt der Sitz, Gischt spritzt ins Gesicht, und am Ende hat jeder Besucher ein Lächeln im Gesicht. Wenn die kurze Fahrt vorbei ist, würde man sie am liebsten gleich noch einmal machen.

Bill Reid Gallery of Northwest Coast Art GALERIE

(Karte S. 708; ☎604-682-3455; www.billreidgallery.ca; 639 Hornby St; Erw./Kind 10/5 C$; ⌚Mitte Mai–Sept. 11–17 Uhr, Okt.–Mitte Mai Mi–So 11–17 Uhr; S Burrard) Hier sind Schnitzarbeiten, Gemälde und Schmuck von Kanadas bekanntesten Künstlern aus dem Volk der Haida und vielen anderen ausgestellt. Die ruhige Galerie beherbergt faszinierende, exquisite Werke und praktische Touchscreens mit vielen Zusatzinfos. Herzstück der Ausstellungsfläche ist die Great Hall, wo man oft Bildschnitzern bei der Arbeit zusehen kann. Interessant ist außerdem das Zwischengeschoss mit einer 8,5 m langen Bronzearbeit aus verschlungenen magischen Kreaturen mit eindrucksvoll langen Zungen.

DIE BESTEN MUSEEN

- Museum of Anthropology (S. 713)
- Museum of Vancouver (S. 713)
- Vancouver Police Museum (S. 707)
- Roedde House Museum (S. 706)
- Beaty Biodiversity Museum (S. 713)
- Vancouver Maritime Museum (S. 714)

Gastown & Chinatown

Diesen Teil der Stadt erkundet man am besten bei einem Spaziergang durch die historischen, teils kopfsteingepflasterten Straßen. Zudem locken ein paar einzigartige Attraktionen, die man sich nicht entgehen lassen sollte.

Vancouver Police Museum MUSEUM

(Karte S. 708; ☎604-665-3346; www.vancouverpolicemuseum.ca; 240 E Cordova St; Erw./Kind 12/8 C$; ⌚Di–Sa 9–17 Uhr; 🚌4) Das originelle Museum ist der an Verbrechen reichen Geschichte der Region gewidmet. Zu sehen sind beschlagnahmte Waffen, Falschgeld und eine ehemalige Leichenhalle, an deren Wänden konservierte Überreste menschlichen Gewebes ausgestellt sind, darunter in Scheiben geschnittene, von Kugeln beschädigte Gehirnschnitte. Lohnenswert ist eine **Stadtführung** (20 C$), die die verbrecherische Vergangenheit der Gegend erläutert. Im Souvenirladen kann man T-Shirts mit Zehschildern von Leichen erstehen.

Dr. Sun Yat-Sen Classical Chinese Garden & Park GARTEN

(Karte S. 708; ☎604-662-3207; www.vancouverchinesegarden.com; 578 Carrall St; Erw./Kind 14/10 C$; ⌚Mitte Juni–Aug. 9.30–19 Uhr, Sept. & Mai–Mitte Juni 10–18 Uhr, Okt.–April 10–16.30 Uhr; S Stadium-Chinatown) In diesem intimen „Garten der Leichtigkeit" kann man eine erholsame Pause von der lauten Chinatown einlegen. Er illustriert die taoistischen Prinzipien von Ausgeglichenheit und Harmonie. Im Eintritt enthalten ist eine 45-minütige Führung, die die Symbolik hinter der Anordnung der knorrigen Kiefern, gewundenen überdachten Pfade und alten Kalksteinformationen erläutert. Im jadefarbenen Wasser sind träge Schildkröten zu sehen.

Downtown Vancouver

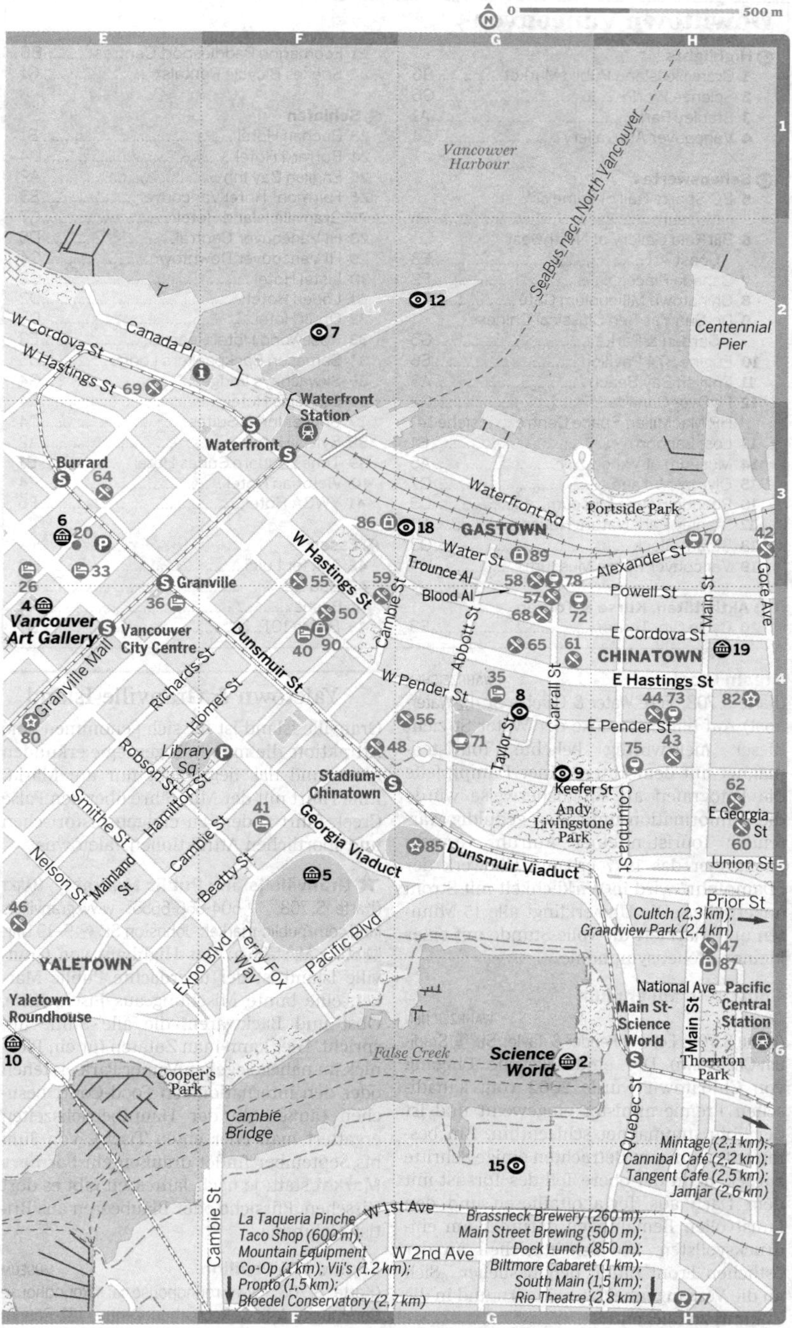
0
500 m
E
F
G
H
1
2
3
4
5
6
7
Vancouver Harbour
SeaBus nach North Vancouver
Centennial Pier
W Cordova St
Canada Pl
W Hastings St
69
Waterfront Station
Waterfront
Burrard
64
6
20
33
26
4
Vancouver Art Gallery
Granville
36
Vancouver City Centre
Granville Mall
80
Waterfront Rd
Portside Park
86
18
GASTOWN
Water St
89
Alexander St
70
42
Gore Ave
Trounce Al
Blood Al
58
78
Powell St
Main St
W Hastings St
59
55
57
72
68
50
Cambie St
Abbott St
40
90
65
61
E Cordova St
19
CHINATOWN
Dunsmuir St
Richards St
Homer St
W Pender St
35
8
Carrall St
E Hastings St
44
73
82
56
Taylor St
E Pender St
71
43
48
75
Library Sq
Robson St
Hamilton St
Stadium-Chinatown
9
Keefer St
62
Andy Livingstone Park
Columbia St
E Georgia St
60
Smithe St
41
Cambie St
Georgia Viaduct
85
Dunsmuir Viaduct
Union St
Mainland St
Beatty St
5
Nelson St
Prior St
Cultch (2,3 km);
Grandview Park (2,4 km)
46
Expo Blvd
Terry Fox Way
Pacific Blvd
47
87
YALETOWN
National Ave
Pacific Central Station
Yaletown-Roundhouse
Main St-Science World
Main St
10
False Creek
Science World
2
Thornton Park
Cooper's Park
Cambie Bridge
Quebec St
Mintage (2,1 km);
Cannibal Café (2,2 km);
Tangent Cafe (2,5 km);
Jamjar (2,6 km)
15
Cambie St
W 1st Ave
La Taqueria Pinche Taco Shop (600 m);
Mountain Equipment Co-Op (1 km); Vij's (1,2 km);
Pronto (1,5 km);
Bloedel Conservatory (2,7 km)
W 2nd Ave
Brassneck Brewery (260 m);
Main Street Brewing (500 m);
Dock Lunch (850 m);
Biltmore Cabaret (1 km);
South Main (1,5 km);
Rio Theatre (2,8 km)
77

Downtown Vancouver

Steam Clock WAHRZEICHEN

(Karte S. 708; Ecke Water & Cambie St; Ⓢ Waterfront) Auf halber Strecke der Water St zieht dieser merkwürdig beliebte Touristenmagnet mit dem Tuten seiner Dampfpfeife die Fotografen an. Möglicherweise würde diese Information unter den geduldig wartenden Touristen einen Aufruhr verursachen, aber das 1977 erbaute Uhrwerk der „Dampfuhr" wird in Wirklichkeit mit Strom angetrieben. Die Uhr erklingt alle 15 Minuten und markiert die volle Stunde mit einer kleinen Pfeifensymphonie.

Chinatown Millennium Gate WAHRZEICHEN

(Karte S. 708; Ecke W Pender & Taylor St; Ⓢ Stadium-Chinatown) Der eindrucksvolle Eingang von Chinatown wurde 2002 vom kanadischen Premierminister eingeweiht und ist der Touristenmagnet schlechthin. Am besten tritt man zum Betrachten einige Schritte zurück, denn der obere Teil des Tors ist mit dem Dach aus Terrakottafliesen und den kunstvollen Bemalungen darunter am eindrucksvollsten. Die Schriftzeichen an der östlichen Front bitten den Besucher, „Sich an die Vergangenheit zu erinnern und in die Zukunft zu blicken".

Yaletown & Granville Island

Granville Island ist für sich genommen eine Attraktion, die man in Eigenregie erkunden kann, und das liegt nicht nur am Markt. Eine Fahrt mit der Minifähre über den False Creek führt zudem zu einigen historischen und sportlichen Attraktionen Yaletowns.

★ **Granville Island Public Market** MARKT

(Karte S. 708; ☎ 604-666-6655; www.granvilleisland.com/public-market; Johnston St; ⏲ 9–19 Uhr; 🚌 50, ⛴ Minifähren) Das Highlight von Granville Island ist der überdachte Public Market, eine bunte Mischung aus Fisch, Käse, Obst und Backwaren, die alle Sinne anspricht. Hier kann man Zutaten für ein Picknick im nahegelegenen Vanier Park erstehen oder den internationalen Food-Court besuchen (außerhalb der Hauptbetriebszeiten ergattert man eher einen Tisch). Von Juni bis September findet draußen ein **Farmers Market** statt; je nach Jahreszeit gibt es dort Kirschen, Pfirsiche oder Blaubeeren aus British Columbia.

Engine 374 Pavilion MUSEUM

(Karte S. 708; www.roundhouse.ca; Roundhouse Community Arts & Recreation Centre, 181 Roundhouse Mews; ⏲10–16 Uhr, außerhalb der Saison kürzer; 👪; Ⓢ Yaletown-Roundhouse) GRATIS Der 23. Mai 1887 ist ein wichtiges Datum in Vancouvers Geschichte. An diesem Tag zog die Lok Nummer 374 den ersten transkontinentalen Personenzug in die noch junge Stadt, stellte damit eine symbolträchtige Landverbindung her und initiierte den Aufstieg Vancouvers zur Metropole. Die 1945 stillgelegte Lok wurde nach vielen Jahren der Missachtung schließlich restauriert und in diesem prachtvollen Pavillon ausgestellt. Die freundlichen Ehrenamtlichen zeigen Besuchern gern den besten Standort für ein Erinnerungsfoto.

BC Sports Hall of Fame & Museum MUSEUM
(Karte S. 708; ☎604-687-5520; www.bcsportshalloffame.com; Gate A, BC Place Stadium, 777 Pacific Blvd; Erw./Kind 15/12 C$; ⏲10–17 Uhr; 👪; Ⓢ Stadium-Chinatown) Das kleine, aber perfekt in Szene gesetzte Museum im BC Place Stadium ist Top-Athleten aus BC aus dem Amateur- und Profilager gewidmet. Die Galerien erläutern verschiedene Jahrzehnte der Sportgeschichte. Zu sehen sind Medaillen, Trophäen und andere Erinnerungsstücke (wenn man sich die Trikots der Hockeyspieler ansieht, fällt auf, dass diese früher sehr viel kleiner waren), zudem gibt's zahlreiche Aktivitäten, bei denen sich Kinder austoben können.

Main Street & Commercial Drive

Neben einer bei Einheimischen beliebten Familienattraktion mit geodätischer Kuppel bietet die Gegend eine tolle Auswahl an unabhängigen privaten Galerien. Viele sammeln sich abseits der Main St rund um die 2nd Ave, zudem sorgen verschiedene Neuzugänge im gesamten Viertel für ein paar Farbtupfer.

Hauptattraktion ist der Drive selbst, eine Flaniermeile mit schicken Läden, Cafés und Bohème-Flair. Herzstück der Straße ist der Grandview Park, der unterwegs zu einer Pause in der Natur einlädt.

★ Science World MUSEUM
(Karte S. 708; ☎604-443-7440; www.scienceworld.ca; 1455 Quebec St; Erw./Kind 25,75/17,75 C$; ⏲Juli & Aug. 10–18, Do bis 20 Uhr, außerhalb der Saison kürzer; Ⓟ👪; Ⓢ Main St-Science World) Unter Vancouvers populärster (weil einziger) geodätischer Kuppel verbirgt sich diese

äußerst beliebte Welt der Wissenschaft und Natur. Neben weitläufigen Ausstellungsflächen gibt es einen hübschen Park mit interaktivem Spaß (ja, man kann tatsächlich 2028 kg hochheben!). Drinnen erwarten die Besucher zwei Etagen mit informativen Exponaten, von einem begehbaren Hamsterrad bis hin zu einem mit Luft betriebenen Kugel-Labyrinth.

Olympic Village AREAL

(Karte S. 708; Athletes Way; Ⓢ Main St-Science World) Die Anlage mit Glasbauten am Wasser wurde anlässlich der Olympischen und Paralympischen Winterspiele 2010 für 2800 Athleten errichtet. Nach deren Auszug entwickelte sie sich zum neuesten Viertel Vancouvers. Es verging einiges an Zeit, bis das Areal das Ambiente eines Stadtteils entwickelte, doch Läden und Restaurants sowie tolle öffentliche Kunstwerke haben dabei geholfen. Bei einem Spaziergang entlang der Ufermauer ist das ehemalige Olympische Dorf einen Abstecher wert.

Grandview Park PARK

(Commercial Dr, zw. Charles & William St; 🚌20) Die Grünanlage des Drive hat ihren Namen den großartigen Blicken zu verdanken, der sich zwischen den Bäumen eröffnet: Im Norden thronen die Berge der North Shore, während im Westen die Türme der Stadt funkeln. Hier wimmelt es von Straßenkünstlern, Schlagzeugern mit Dreadlocks und improvisierten Verkaufsständen. Im Sommer ist der Park für Einheimische, die in der Nähe wohnen, ein beliebter Treffpunkt.

TIPPS FÜR SPARFÜCHSE

Der **Vanier Park Explore Pass** kostet 36/30 C$ pro Erw./Kind und beinhaltet den Einlass ins Museum of Vancouver, ins Vancouver Maritime Museum und ins HR MacMillan Space Centre. Er ist bei jeder der drei Stellen erhältlich und bietet rund 10 C$ Ersparnis im Vergleich zur Einzelkarten für Erwachsene. Man spart auch mit dem **UBC Museums and Gardens Pass**. Er kostet 33/28 C$ pro Erw./Kind und gilt für das Museum of Anthropology, den Botanical Garden, den Nitobe Memorial Garden und das Beatty Biodiversity Museum. Er ist bei allen drei Sehenswürdigkeiten erhältlich und bietet außerdem Ermäßigungen für den Greenheart TreeWalk, für Parkplätze auf dem Hochschulgelände sowie für Restaurants und Geschäfte.

Fairview & South Granville

Parks und botanische Gärten sind die größten Besucherattraktionen dieser Gegend. Sie sind gut mit öffentlichen Verkehrsmitteln von der Cambie St und der Oak St aus zu erreichen.

VanDusen Botanical Garden GÄRTEN

(☎604-257-8335; www.vandusengarden.org; 5251 Oak St; Erw./Kind April–Sept. 12,25/5,75 C$, außerhalb der Saison günstiger; ⏲Juni–Aug. 9–20.30 Uhr, außerhalb der Saison kürzer; P 👪; 🚌17) Dieses 22 ha große Idyll ist Vancouvers beliebteste Grünanlage. Sie beherbergt 255 000 Pflanzen und ein Geflecht aus Wegen, die sich durch kleine spezielle Gärten ziehen: Der **Rhododendron Walk** leuchtet im Frühling in vielen Farben, während der **koreanische Pavillon** eine faszinierende Sammlung aus Asien zeigt. Darüber hinaus gibt es ein Labyrinth sowie Teiche mit Reihern und Schildkröten. Der Online-Kalender informiert über Führungen und Veranstaltungen.

★ **Bloedel Conservatory** GÄRTEN

(☎604-257-8584; www.vandusengarden.org; Queen Elizabeth Park, 4600 Cambie St; Erw./Kind 6,75/3,25 C$; ⏲Mai–Aug. Mo–Fr 9–20, Sa & So 10–20 Uhr, Sept.–April tgl. 10–17 Uhr; P 👪; 🚌15) Dieser auf dem Hügel im Queen Elizabeth Park thronende, Wintergarten unter einer Kuppel ist ein idealer Ort, um sich an einem Regentag aufzuwärmen. Zudem ist er die Attraktion mit dem besten Preis-Leistungsverhältnis der Stadt. Besucher zahlen nicht viel mehr als für einen Milchkaffee und finden sich dafür inmitten tropischer Bäume und Pflanzen mit hunderten frei umherfliegenden Vögeln mit leuchtend buntem Federkleid wieder. Zu entdecken gibt es neben Papageien auch regenbogenfarbene Gouldamadinen, schimmernde afrikanische Dreifarben-Glanustare und vielleicht sogar einen funkelnden Diamantfasan im Dickicht. Manchmal darf man die kleineren Vögel aus einer Schale füttern.

Kitsilano & University of British Columbia

Der Vanier Park in Kitsilano beherbergt drei Museen, außerdem erstrecken sich von hier einige der besten Strände der Stadt entlang der Küste bis zur University of BC. Der Campus bietet für sich genommen genug Sehenswertes, um einen Tag abseits des Zentrums zu rechtfertigen.

★ **Museum of Anthropology** MUSEUM
(☎604-822-5087; www.moa.ubc.ca; 6393 NW Marine Dr; Erw./Kind 18/16 C$; ⏲Mi–So 10–17, Di bis 21 Uhr; P; 99B-Line) Vancouvers bestes Museum wartet mit spektakulären Totempfählen der First Nations und eindrucksvollen Schnitzereien auf. Darüber hinaus gibt es zahlreiche Artefakte von Kulturen aus der ganzen Welt, von polynesischen Instrumenten bis zu kantonesischen Opernkostümen. Die kostenlosen täglichen **Führungen** (Termine vorab checken) geben Hintergrundinfos; ein paar Stunden sollte man jedoch für eine Erkundungstour in Eigenregie einplanen. Hier vergisst man schnell die Zeit!

Museum of Vancouver MUSEUM
(Karte S. 708; ☎604-736-4431; www.museumofvancouver.ca; 1100 Chestnut St; Erw./Kind 15/5 C$; ⏲10–17, Do bis 20 Uhr; P; 22) Das MOV hat in den letzten Jahren stark an Attraktivität gewonnen, dafür sorgen tolle Wechselausstellungen und Abendveranstaltungen für kulturell interessierte Erwachsene. Ein paar Sachen haben sich jedoch nicht verändert: Noch immer gibt es atmosphärische Ausstellungen zur lokalen Popkultur der 1950er-Jahre und der Hippie-Gegenkultur der 1960er-Jahre – sie erinnern daran, dass „Kits" einst das Zentrum von Vancouvers Marihuana-rauchender Flower-Power-Bewegung war. Außerdem zeigt eine Galerie leuchtende alte Reklameschilder aus der ganzen Stadt.

Kitsilano Beach STRAND
(Ecke Cornwall Ave & Arbutus St; 22) Kits Beach gegenüber von English Bay ist im Sommer einer von Vancouvers beliebtesten Treffpunkten. Die breite, sandige Fläche zieht Frisbeevirtuosen und gut gelaunte Volleyballspieler ebenso an wie Sonnenanbeter. Das Wasser ist eher zum Plantschen geeignet; wer wirklich schwimmen möchte, für den ist der beheizte **Kitsilano Pool** (☎604-731-0011; www.vancouverparks.ca; 2305 Cornwall Ave; Erw./Kind 5,86/2,95 C$; ⏲Mitte Juni–Mitte Sept. 7 Uhr bis abends) das Richtige, ein riesiger Salzwasserpool im Freien.

UBC Botanical Garden GÄRTEN
(www.botanicalgarden.ubc.ca; 6804 SW Marine Dr; Erw./Kind 9/5 C$; ⏲Mitte März–Okt. 9.30–16.30, Do bis 20 Uhr, Nov.–Mitte März 9.30–16 Uhr; P; 99 B-Line, dann C20) Auf der 28 ha großen Anlage aus Themengärten gibt es eine riesige Sammlung von Rhododendren, einen faszinierenden Apothekergarten und einen Wintergarten mit Pflanzen, die außerhalb der Saison blühen. Lohnenswert ist der **Greenheart TreeWalk** (☎604-822-4208; Erw./Kind 20/10 C$; ⏲tgl. 10–16.30 Uhr, April–Okt. Do bis 19.30 Uhr;), bei dem die Besucher 17 m über dem Boden einen 308 m langen ökologischen Spaziergang machen. Das Kombiticket für den botanischen Garten und den TreeWalk kostet 20 C$.

Beaty Biodiversity Museum MUSEUM
(☎604-827-4955; www.beatymuseum.ubc.ca; 2212 Main Mall; Erw./Kind 12/10 C$; ⏲Di–So 10–17 Uhr; ; 99B-Line) Das neueste Museum der UBC ist auch ihr familienfreundlichstes. Es zeigt Artefakte aus 2. Mio. Jahren Naturgeschichte, die der Öffentlichkeit bisher nicht zugänglich waren. Zu den Ausstellungsstücken gehören Fossilien, Fische und Herbarien. Highlight ist das 25 m große Walskelett, das im zweistöckigen Haupteingangsbereich kunstvoll in Szene gesetzt ist. Auch die Zähne und Krallen in der ersten Vitrine sind interessant. Das Museum veranstaltet kostenlose Führung und Aktivitäten für Kinder.

INFOS IM INTERNET

Destination British Columbia (www.hellobc.com) Offizielle Seite für die Planung von Reisen in die Region.

BC Explorer (www.bcexplorer.com) Inspirierender Photo-Feed von Instagram, betrieben von Destination British Columbia.

Mountain Biking BC (www.mountainbikingbc.ca) Grundlegende Infos zur großartigen Mountainbiker-Szene der Provinz.

Van Dop Arts & Cultural Guide (www.art-bc.com) Informiert über die Kunstszene und Galerien in BC.

British Columbia Beer Guide (www.bcbeer.ca) Beinhaltet lohnenswerte Biere und Brauereien der Region.

Wines of British Columbia (www.winebc.com) Praktische Infos zu den Weinanbauregionen in BC.

Lonely Planet (www.lonelyplanet.com/canada/british-columbia) Infos zu Reisezielen, Hotelbuchungen, Forum für Reisende und mehr.

INSIDERWISSEN

OFFIZIELLE SYMBOLE

BCs Wappenvogel ist der Diademhäher, und sein offizielles Säugetiersymbol ist der Kermodebär, ein Schwarzbär mit weißem Fell.

HR MacMillan Space Centre MUSEUM

(Karte S. 708; ☎604-738-7827; www.spacecentre.ca; 1100 Chestnut St; Erw./Kind 18/13 C$; ⊙Juli–Aug. 10–17 Uhr, Sept.–Juni Mo–Fr 10–15, Sa 10–17 & So 12–17 Uhr; P 👪; 🚌22) Hier wimmelt es nur so von Schulkindern, durch die man sich seinen Weg bahnen muss, um auch mal an die blinkenden Knöpfe zu kommen. Das etwas in die Jahre gekommene Science Center ist dem Weltraum gewidmet und bietet Besuchern jede Menge Unterhaltung, sei es beim Kampf gegen Außerirdische, beim Entwerfen eines Raumschiffs, bei einer simulierten Fahrt zum Mars oder mit verschiedenen Filmen zum Thema All.

Vancouver Maritime Museum MUSEUM

(www.vancouvermaritimemuseum.com; 1905 Ogden Ave; Erw./Kind 11/8,50 C$; ⊙10–17, Do bis 20 Uhr, außerhalb der Saison kürzer; P; 🚌22) In einem Nurdachhaus am Wasser zeigt das Museum viele aufwendig gestaltete Schiffsmodelle, detaillierte Rekonstruktionen von Schiffsabteilen und einige historische Boote. Hauptattraktion ist jedoch die *St. Roch,* ein arktisches Patrouillenboot der Royal Canadian Mounted Police Arctic aus dem Jahr 1928, das als erstes Schiff die legendäre Nordwestpassage in beide Richtungen befahren hat. Wer ein knappes Reisebudget hat, kommt am besten donnerstags nach 17 Uhr; dann wird der Einlass gegen eine Spende gewährt.

North Shore

Die North Shore wartet mit einigen der beliebtesten Outdoor-Attraktionen von Metro Vancouver auf. Auch North Vancouver entwickelt sich zu einer urbanen Besucherattraktion, insbesondere am Küstenende der Lonsdale Ave. Hier lohnt sich ein Spaziergang entlang des Ufers, wo düstere Schiffswerften in Markthallen und Ausstellungsflächen für öffentliche Kunst verwandelt werden. Zum Zeitpunkt der Recherche entstand außerdem die eindrucksvolle **Polygon Gallery**; aktuelle Infos gibt's unter www.presentationhousegallery.org.

Grouse Mountain OUTDOOR-AKTIVITÄTEN

(☎604-980-9311; www.grousemountain.com; 6400 Nancy Greene Way, North Vancouver; Skyride Erw./Kind 44/15 C$; ⊙9–22 Uhr; P 👪; 🚌236) Der selbsternannte „Peak of Vancouver" ist eine Gipfel-Spielwiese mit Traumblicken auf die Downtown, die unten am Wasser schimmert. Im Sommer sind im Preis für die Skyride-Gondel auch der Eintritt für Holzfäller-Shows, Bergwandern, Raubtierausstellungen und der Besuch eines Grizzly-Schutzgebiets enthalten. Extra kosten die **Zipline** und das Eye of the Wind, ein 20 Stockwerke hohes Windrad mit Aufzug, das ein großartiges Panorama für Fotos bietet.

Capilano Suspension Bridge Park PARK

(☎604-985-7474; www.capbridge.com; 3735 Capilano Rd, North Vancouver; Erw./Kind 40/12 C$, außerhalb der Saison günstiger; ⊙Juni–Aug. 8.30–20 Uhr, außerhalb der Saison eingeschränkt; P 👪; 🚌236) Wenn man behutsam eine der längsten (140 m) und höchsten (70 m) Hängebrücken der Welt betritt, die sanft über dem tosenden Capilano Canyon schaukelt, kann man sich damit beruhigen, dass ihre dicken Stahlkabel einbetoniert sind. Das sollte den Tritt wieder sicher machen – es sei denn, es stampfen gerade Teenager darüber. Weitere Attraktionen des Parks sind ein **Klippenweg** mit Glasboden und ein **Baumwipfelpfad**.

Maplewood Farm FARM

(☎604-929-5610; www.maplewoodfarm.bc.ca; 405 Seymour River Pl, North Vancouver; Erw./Kind 7,80/4,70 C$; ⊙April–Okt. 10–16 Uhr, Nov.–März Mo geschl.; 👪; 🚌239 ab Lonsdale Quay, dann C15) Die beliebte Farmanlage bietet zahlreiche interaktive Exponate sowie über 200 Vögel und Haustiere. Die staunenden Kinder können Tiere streicheln, beim Melken zusehen und die quakenden, stets hungrigen Enten und Hühner füttern. Highlight ist das tägliche Zusammentreiben (15.30 Uhr); dann laufen die hungrigen Tiere zu ihrer Scheune zurück, wo sie gefüttert werden.

Mt. Seymour Provincial Park OUTDOOR-AKTIVITÄTEN

(www.bcparks.ca; 1700 Mt Seymour Rd, North Vancouver; ⊙Sonnenaufgang bis Sonnenuntergang) Der riesige baumbestandene Park ist ein beliebtes Rückzugsgebiet vom Trubel der Innenstadt. Im Sommer locken **Wanderwege** für jede Leistungsklasse (der leichteste ist der 2 km lange Goldie Lake Trail). Viele Routen schlängeln sich um Seen und jahrhundertealte Douglasien. Hier befindet sich auch einer der größten Winterspielplätze der Stadt.

Der Park eignet sich außerdem hervorragend zum **Mountainbiken**, dafür sorgen viele ausgewiesene Wege. Die Anlage ist eine rund 30-minütige Autofahrt von der Downtown entfernt. Einfach den Hwy 1 bis zum Mt. Seymour Parkway (nahe der Second Narrows Bridge) nehmen und ihm nach Osten bis zur Mt. Seymour Rd folgen.

Lynn Canyon Park PARK
(www.lynncanyon.ca; Park Rd, North Vancouver; 7–21 Uhr; ; 229) Mitten in einem Dickicht aus alten Bäumen findet man die Hauptattraktion dieses beliebten Parks, eine **Hängebrücke**. Die kostenlose Alternative zu Capilano ist nicht ganz so groß wie der populäre Rivale, man bekommt jedoch dieselben wackeligen Knie, wenn man auf ihr über dem 50 m darunter liegenden Fluss schaukelt. Zudem ist sie wesentlich weniger frequentiert. **Wanderwege**, Badebereiche und Picknickplätze sorgen zusätzlich für Beschäftigung.

Das parkeigene **Ecology Centre** (www.lynncanyonecologycentre.ca; 3663 Park Rd, North Vancouver; Eintritt 2 C$ Spende; Juni–Sept. 10–17 Uhr, Okt.–Mai Mo–Fr 10–17 & Sa & So 12–16 Uhr; ; 227) beherbergt interessante Ausstellungen über den Artenreichtum der Gegend, darunter Dioramen und Videopräsentationen. Besonders im Sommer finden Gesprächsrunden und Veranstaltungen für Kinder statt.

Aktivitäten

Vancouvers Angebot an Outdoor-Aktivitäten ist ein echtes Highlight. Hier kann man morgens Ski fahren und nachmittags am Strand liegen, Wanderungen und Radtouren durch malerische Wälder unternehmen, an der Küste windsurfen und nach Herzenslust mit dem Kajak fahren – und das alles vor der Kulisse majestätischer Berge. Zudem lockt die volle Bandbreite an Zuschauersportarten.

Ecomarine Paddlesport Centres KAJAKFAHREN
(Karte S. 708; 604-689-7575; www.ecomarine.com; 1668 Duranleau St; Kajak/Paddleboard pro 2 Std. 39/29 C$; Juni & Juli 9–21 Uhr, Aug. bis 20 Uhr, Sept.–Mai 10–18 Uhr; 50) Die freundlichen Mitarbeiter des Veranstalters mit Hauptsitz auf Granville Island verleihen Kajaks und Stehpaddel-Boards (SUP), zudem gibt's beliebte geführte Touren in die Gegend. Die **Zweigstelle am Jericho Beach** (1300 Discovery St, Jericho Sailing Centre; Mo–Fr 10 Uhr bis Sonnenuntergang, Juni–Aug. 9 Uhr bis Sonnenuntergang; 4) des Zentrums organisiert Veranstaltungen und Seminare, bei denen man auf hiesige Paddelexperten trifft. Wem das alles nicht ausreicht, der kann mehrtägige Ausflüge zu einigen der faszinierendsten Meereslandschaften der Provinz buchen.

Spokes Bicycle Rentals RADFAHREN
(Karte S. 708; 604-688-5141; www.spokesbicyclerentals.com; 1798 W Georgia St; Erw. pro Std./Tag ab 6,67/26,67 C$; 8–21 Uhr, außerhalb der Saison kürzer; 5) An der Ecke W Georgia S/Denman St finden Besucher des Stanley Park den größten Fahrradverleih der Gegend. Zur Auswahl stehen alle möglichen Modelle, von Cruisern bis hin zu Kinderrädern mit nur einem Gang. Die Mitarbeiter geben gern Tipps zu Touren entlang der Ufermauer, die sich bis weit jenseits des Stanley Park erstreckt.

Grouse Mountain WINTERSPORT
(604-980-9311; www.grousemountain.com; 6400 Nancy Greene Way, North Vancouver; Winter Erw./Kind 58/25 C$; Mitte Nov.–Mitte April 9–22 Uhr; ; 236) Der familienfreundliche Grouse Mountain ist Vancouvers beliebtestes Ausflugsziel im Winter und bietet 26 Ski- und Snowboardpisten (darunter 14 mit Flutlicht). Es werden Kurse für Anfänger und andere Niveaustufen angeboten, zudem gibt es traumhafte Wege für Schneeschuhwanderungen. Wer sich einfach nur entspannt zurücklehnen und die winterliche Szenerie bei einer heißen Schokolade genießen möchte, findet vor Ort ein paar Gastrobetriebe.

Cypress Mountain WINTERSPORT
(604-926-5612; www.cypressmountain.com; Cypress Bowl Rd, West Vancouver; Liftkarte Erw./Jugendlicher/Kind 71/57/38 C$; Mitte Dez.–März 9–22 Uhr, Mitte Nov.–Mitte Dez. & April 9–16 Uhr) Rund 8 km nördlich von West Vancouver entlang dem Hwy 99 liegt der Cypress Provincial Park. Im Winter wird er zum Resort Cypress Mountain und zieht mit seinen 53 Abfahrten, 11 km langen Wegen für Schneeschuhwanderungen, Langlaufloipen und einem familienfreundlichen Snowtubing-Parcours mit sechs Bahnen dick eingepackte Einheimische an. Das Resort wurde anlässlich der Winterolympiade 2010 modernisiert, so gehören zu den neueren Anlagen eine ausgebaute Lodge und verbesserte Pisten.

Geführte Touren

★ **Forbidden Vancouver** STADTSPAZIERGÄNGE
(604-227-7570; www.forbiddenvancouver.ca; Erw./Senior/Student 22/19/19 C$) Das unkon-

ventionelle Unternehmen veranstaltet äußerst unterhaltsame Touren: eine Erforschung Vancouvers zur Prohibitionszeit und einen Streifzug durch die zwielichtige Seite des historischen Gastown. Für Kinder sind diese Touren allerdings nicht zu empfehlen. Alle paar Monate gibt's außerdem eine exzellente historische Tour, die hinter die Kulissen des berüchtigten Nachtclubs Penthouse blickt, einem Striptease-Laden mit einer bewegten, glamourös-anrüchigen Vergangenheit. Genauere Informationen liefert die Website.

Talaysay Tours STADTSPAZIERGÄNGE
(☎604-628-8555; www.talaysay.com) Zur Wahl stehen verschiedene authentische Touren unter Leitung von First-Nations-Angehörigen, darunter eine beliebte Exkursion zum Stanley Park sowie geführte Kajakausflüge in die Region.

Sewell's Marina BOOTSTOUREN
(☎604-921-3474; www.sewellsmarina.com; 6409 Bay St, Horseshoe Bay; Erw./Kind 87/57 C$; ⏲April–Okt.; 👪; 🚌250) In Horseshoe Bay in West Vancouver starten die zweistündigen Bootstouren von Sewell, bei denen Teilnehmer die Meerestierwelt beobachten. Orcas sind immer ein Highlight – wenn sie sich aber nicht blicken lassen, entdeckt man fast immer Seehunde auf den Felsen, die die neugierigen Blicke weitestgehend ignorieren. Weitere Attraktionen sind Seevögel und Weißkopfseeadler.

NICHT VERSÄUMEN

STRASSENFEST AUF DER MAIN ST

Wer zum alljährlich im Juni stattfindenden **Car Free Day** (www.carfreevancouver.org; ⏲Mitte Juni) vor Ort ist, der sich an der Main St südlich der Kreuzung Broadway über rund 30 Blocks erstreckt, wird viele neue Facetten dieses Teils der Stadt entdecken. Bei dem familienfreundlichen städtischen Straßenfest stehen Livemusik, Kunsthandwerk und dampfende Essensstände auf dem Programm. Die wunderbar gesellige Atmosphäre lädt zu einem vergnüglichen Nachmittag unter Einheimischen ein. Wer das Fest verpasst, hat auf dem **Autumn Shift Festival** im September mit nachhaltiger Philosophie ähnlich viel Spaß

Cycle City Tours RADTOUREN
(Karte S. 708; ☎604-618-8626; www.cyclevancouver.com; 648 Hornby St; Touren ab 59 C$, Fahrrad pro Std./Tag 8,50/34 C$; ⏲9–18 Uhr, im Winter kürzer; Ⓢ Burrard) Eine zunehmende Zahl ausgewiesener Radwege macht Vancouver zu einer fahrradfreundlichen Stadt. Wer nicht den besten Orientierungssinn hat, kann sich einer geführten Tour dieses freundlichen Anbieters anschließen. Für Bierliebhaber ist die Craft Beer Tour (90 C$) mit neun Kostproben das Richtige. Wer möchte, kann sich auch einfach ein Fahrrad leihen; direkt vor der Tür gibt's einen Radweg.

Feste & Events

Chinese New Year KULTUR
(www.vancouver-chinatown.com; ⏲Jan. oder Feb.) Bunte Festlichkeiten mit Tanz, Umzügen und äußerst leckerem Essen im Januar oder Februar.

Winterruption KULTUR
(www.granvilleisland.com; ⏲Mitte Feb.) Granville Island vertreibt die Winterdepression mit Touren, Musik und Vorführungen.

Vancouver International Wine Festival WEIN
(www.vanwinefest.ca; ⏲Ende Feb.) Das älteste und beste Weinfest der Stadt legt den Schwerpunkt jedes Jahr auf eine andere Region.

Vancouver Craft Beer Week BIER
(www.vancouvercraftbeerweek.com; ⏲Ende Mai) Feiert die bemerkenswerte Craft-Bier-Szene von British Columbia mit Kostproben und Dutzenden Veranstaltungen in der ganzen Stadt.

Vancouver International Children's Festival KINDER
(www.childrensfestival.ca; ⏲Ende Mai; 👪) Geschichtenerzählen, Aufführungen und Aktivitäten auf Granville Island.

Vancouver International Jazz Festival MUSIK
(www.coastaljazz.ca; ⏲Juni & Juli) Das Festival erstreckt sich über die ganze Stadt und bietet ab Mitte Juni ein buntes Programm mit Superstars und kostenlosen Open-Air-Veranstaltungen.

Celebration of Light FEUERWERK
(www.hondacelebrationoflight.com; ⏲Ende Juli) GRATIS Das internationale Feuerwerkspektakel findet an drei Abenden in English Bay statt.

Pride Week VERANSTALTUNGEN, UMZUG
(www.vancouverpride.ca; ⌚Ende Juli) Partys, Konzerte, Modenschauen und der größte Straßenumzug der Stadt.

Pacific National Exhibition KULTUR
(www.pne.ca; Hastings Park; ⌚Mitte Aug.–Sept.; 👪) Familienfreundliche Vorführungen, Musikkonzerte, Fahrgeschäfte und viel kalorienreiches Essen.

Vancouver International Film Festival FILM
(www.viff.org; ⌚Ende Sept.) Beliebtes zweiwöchiges Festival des kanadischen und internationalen Films. Um Karten muss man sich im Voraus kümmern, denn sie sind schnell vergriffen.

Eastside Culture Crawl KUNST
(www.culturecrawl.ca; ⌚Mitte Nov.) Bei Vancouvers bestem Kunstfestival öffnen hunderte Künstler vier Tage lange ihre Galerien und Ateliers für Besucher.

Santa Claus Parade WEIHNACHTEN
(www.rogerssantaclausparade.com; ⌚Anfang Dez.; 👪) Beim größten Weihnachtsumzug der Stadt auf der West Georgia St hat der Weihnachtsmann seinen großen Auftritt.

Schlafen

Im Ballungsgebiet Vancouver gibt es über 25000 Hotel-, B&B- und Hostelzimmer. Viele davon findet man im oder ums Zentrum. Im Sommer tummeln sich in der Stadt jede Menge Besucher, wer also nicht im Stanley Park übernachten möchte, sollte im Voraus buchen. Im Juli und August sind die Preise am höchsten, im Frühling und Herbst – bei gelegentlichem „Wet Coast"-Regen – gibt es jedoch gute Angebote.

Downtown & West End

Samesun Backpackers Lodge HOSTEL $
(Karte S. 708; ☎604-682-8226; www.samesun.com; 1018 Granville St; B/Zi. inkl. Frühstück 35/100 C$; 🚭@📶; 🚌10) Vancouvers beliebtes Partyhostel befindet sich mitten im Zentrum des Nachtlebens. Wer auf seine Nachtruhe wert legt, fragt daher am besten nach einem Zimmer auf der Rückseite – oder man geht einfach in die hauseigene Bar namens Beaver hinunter und mischt sich unter die bierseligen Gäste. Die Schlafsäle sind angenehm klein und es gibt eine große Küche. Im Preis inbegriffen ist ein kontinentales Frühstück.

> **FAMILIENATTRAKTIONEN**
>
> Vancouver bietet eine große Auswahl an Attraktionen für die ganze Familie, vom beliebten **Aquarium** (S. 706) bis zum exzellenten **Science Center** (S. 711). Beide lohnen jeweils einen halbtägigen Aufenthalt. Auf der tollen **Stadtfarm** (S. 714) an der North Shore können Kids außerdem mit hiesigen Tieren auf Tuchfühlung gehen. Längere Distanzen überwindet man am besten mit dem Zug: Das SkyTrain-System erfreut sich bei kleineren Kindern großer Beliebtheit, vor allem wenn sie ganz vorn sitzen und sich wie der Fahrer fühlen können. Anschließend lohnt der Vergleich mit einem traditionelleren Verkehrsmittel, der **Miniaturbahn** (S. 706) im Stanley Park.

HI Vancouver Central HOSTEL $
(Karte S. 708; ☎604-685-5335; www.hihostels.ca/vancouver; 1025 Granville St; B/Zi. inkl. Frühstück 40/100 C$; 🚭❄📶; 🚌10) Das labyrinthartige Hostel am Granville Strip versprüht mehr Partyambiente als das Schwesterhostel **HI Downtown** (Karte S. 708; ☎604-684-4565; 1114 Burnaby St; B/Zi. inkl. Frühstück 40/100 C$; 🚭@📶; 🚌6). Seiner Hotel-Vergangenheit hat man einige Annehmlichkeiten zu verdanken, darunter die Klimaanlage und kleine Zimmer, die teils als Privatunterkünfte dienen. Bei den restlichen Quartieren handelt es sich um Schlafsäle mit bis zu vier Betten. Für Gäste, die ihre Privatsphäre schätzen, gibt es einige Zwei-Bett-Zimmer, zum Teil mit eigenen Bädern.

★ **St. Regis Hotel** BOUTIQUEHOTEL $$
(Karte S. 708; ☎604-681-1135; www.stregishotel.com; 602 Dunsmuir St; DZ inkl. Frühstück 299 C$; 🚭❄@📶; Ⓢ Granville) Hinter der Fassade eines Baudenkmals von 1913 entstand in den letzten Jahren ein mit Kunst dekoriertes Boutiquehotel. Aufgrund des Alters des Gebäudes haben fast alle Zimmer unterschiedliche Größen. Tapeten in Lederoptik, Tagesdecken in Erdtönen, Flachbild-TVs und Multimediaanschlüsse sorgen für gemütliches Flair. Im Preis enthalten sind einige Extras wie warmes Frühstück, Zugang zum nahegelegenen Fitnesscenter und kostenlose Auslandstelefonate.

Times Square Suites Hotel APARTMENTS $$
(Karte S. 708; ☎604-684-2223; www.timessquaresuites.com; 1821 Robson St; DZ 225 C$; P❄📶🐾;

5) Dieses Juwel in großartiger Lage, nur wenige Schritte vom Stanley Park entfernt, versteckt sich im West End (der Eingang ist schwer zu finden) und bietet perfekte Apartment-Unterkünfte. Bei den Zimmern handelt es sich größtenteils um geräumige Einzimmer-Suiten mit Badewanne, Waschmaschine, komplett ausgestatteter Küche und gepflegtem Dekor, das etwas an die 1980er-Jahre erinnert. Im Preis inbegriffen ist die Benutzung des nahen Fitnesscenters.

Burrard Hotel HOTEL $$

(Karte S. 708; 604-681-2331; www.theburrard.com; 1100 Burrard St; DZ ab 229 C$; ; 22) Das Motel aus den 1950er-Jahren in Downtown präsentiert sich heute dank schicker Umbauten als selbstbewusstes, cooles Hotel im nicht ganz ernst gemeinten Retroschick. Die größtenteils kompakten Zimmer wurden mit zeitgenössischem Dekor und moderner Ausstattung wie Kühlschränken, Flachbild-TVs und Nespresso-Kaffeemaschinen versehen. Nicht verändert hat sich hingegen der hübsche versteckte Innenhof mit Palmen im Florida-Stil.

Victorian Hotel HOTEL $$

(Karte S. 708; 604-681-6369; www.victorianhotel.ca; 514 Homer St; DZ inkl. Frühstück ab 145 C$; ; Granville) Die hohen Zimmer in diesem beliebten Baudenkmal im europäischen Stil bieten glänzende Dielenböden, vereinzelte Antiquitäten, ein paar Erkerfenster und jede Menge historischen Charme. Die besten Zimmer befinden sich im renovierten Anbau, wo Regenduschen, Badezimmerböden aus Marmor und Flachbild-TVs für einen gewissen Luxus sorgen. Im Preis inbegriffen ist ein kontinentales Frühstück und im Sommer stehen Ventilatoren in den Zimmern.

Buchan Hotel HOTEL $$

(Karte S. 708; 604-685-5354; www.buchanhotel.com; 1906 Haro St; DZ mit/ohne Bad 149/109 C$; ; 5) Das 1926 erbaute Buchan punktet mit tollem Preis-Leistungs-Verhältnis, jeder Menge Charme und der direkten Nähe zum Stanley Park. Flure mit Drucken aus Vancouvers Vergangenheit führen zu sauberen, gemütlichen, gepflegten Budgetzimmern nach Art einer Pension, die größtenteils über Gemeinschaftsbäder verfügen. Die Möbel sind teilweise etwas in die Jahre gekommen. Die teureren Quartiere sind entsprechend besser, während die auf der Ostseite am hellsten sind. Das Personal am Empfang ist freundlich.

Sylvia Hotel HOTEL $$

(Karte S. 708; 604-681-9321; www.sylviahotel.com; 1154 Gilford St; DZ 199 C$; ; 5) Der efeubedeckte Charmeur von 1912 erfreut sich einer großartigen Lage mit Blick auf English Bay. Manche Gäste, von denen viele jedes Jahr dasselbe Zimmer verlangen, kommen schon seit Generationen wegen des altertümlichen Ambientes und des persönlichen Service. Es gibt ein breites Angebot an gemütlichen Zimmern, teils mit älteren Möbeln. Die beste Wahl sind die großen Suiten mit Küchen und Blick aufs Wasser.

Sunset Inn & Suites HOTEL $$

(Karte S. 708; 604-688-2474; www.sunsetinn.com; 1111 Burnaby St; DZ inkl. Frühstück 220 C$; ; 6) Das beliebte Sunset Inn ist eine Klasse besser als die meisten anderen Hotels für Selbstversorger in Vancouver. Die überdurchschnittlich großen Zimmer haben komplett ausgestattete Küchen sowie Balkone. Manche, vor allem die in höheren Stockwerken in Richtung Süden, überblicken einen Teil von English Bay. Im Preis inbegriffen ist ein Kontinentalfrühstück und – für Vancouver selten – die Parkgebühr. Das aufmerksame Personal gehört zum besten der Stadt.

Listel Hotel BOUTIQUEHOTEL $$

(Karte S. 708; 604-684-8461; www.thelistelhotel.com; 1300 Robson St; DZ 265 C$; ; 5) Das anspruchsvolle Listel bezeichnet sich selbst als „Kunsthotel" und zieht mit seinen hauseigenen Installationen und Pauschalangeboten mit örtlichen Kunstgalerien Gäste an. Viele Zimmer warten mit Original-Kunstwerken auf, zudem versprühen alle entspanntes, stimmungsvolles West-Coast-Flair. Kunstfreunde können neben den Skulpturen in der Lobby Selfies knipsen, während die Bar und das Restaurant im Haus zu den besten hoteleigenen der Stadt gehören.

Loden Hotel BOUTIQUEHOTEL $$$

(Karte S. 708; 604-669-5060; www.theloden.com; 1177 Melville St; DZ 449 C$; ; Burrard) Das stilvolle Loden ist ein wahres Designerhotel und eines der ersten Boutiquehotels seit Jahren, das dem Opus in Yaletown (S. 719) Konkurrenz macht. Die schicken Zimmer in Mokkatönen haben zeitgenössisches Flair mit Luxusausstattung wie marmornen Badezimmern und raffinierter Fußbodenheizung. Der Service ist erstklassig, so kommen Gäste in den Genuss einer Resto-Bar in der Lobby und eines kostenlosen Limousinenservice in einem Londoner Taxi.

Rosewood Hotel Georgia HOTEL $$$
(Karte S. 708; ☎604-682-5566; www.rosewoodhotels.com; 801 W Georgia St; DZ 520 C$; ; Vancouver City Centre) Vancouvers aktuelles In-Hotel wurde vor ein paar Jahren spektakulär renoviert; seitdem erstrahlt das 1927 erbaute Wahrzeichen im Glanz vergangener Zeiten. Die öffentlichen Bereiche ziert abstrakte moderne Kunst, während die Hotelzimmer im klassischen, eleganten Stil gehalten sind – dafür sorgen warme Erd- und Kaffeetöne sowie luxuriöse Details wie tiefe Badewannen und (in manchen Zimmern) Aussicht auf die funkelnde Skyline der Innenstadt.

Fairmont Hotel Vancouver HOTEL $$$
(Karte S. 708; ☎604-684-3131; www.fairmont.com/hotelvancouver; 900 W Georgia St; DZ 399 C$; ; Vancouver City Centre) Die edle Grande Dame wurde 1939 von Angehörigen der britischen Königsfamilie, die in der Stadt zu Besuch waren, eröffnet und ist ein Wahrzeichen Vancouvers. Trotz seiner Herkunft schafft das Hotel die Balance zwischen Komfort und Eleganz: Während die Lobby Kristallkerzenleuchter zieren, sind die Zimmer in einem dezenten Business-Stil gehalten. Wer über das nötige Kleingeld verfügt, kann sich auf dem Gold Floor verwöhnen lassen.

English Bay Inn B&B $$$
(Karte S. 708; ☎604-683-8002; www.englishbayinn.com; 1968 Comox St; DZ inkl. Frühstück ab 260 C$; ; 6) Jedes der sechs mit Antiquitäten ausgestatteten Zimmer in dem B&B nahe dem Stanley Park im Tudor-Stil hat ein Privatbad, einige bieten zudem luxuriöse Himmelbetten. Hier fühlt man sich wie in Victoria, BCs Hauptstadt, die so sehr an ihrer englischen Geschichte festhält. Im Preis inbegriffen ist ein leckeres Frühstück mit drei Gängen – wer früh genug kommt, hat gute Chancen auf den Tisch in der Nische im Speisesaal. Im Sommer kann man sich unter dem Baldachin im Garten entspannen.

Gastown & Chinatown

★ **Skwachays Lodge** BOUTIQUEHOTEL $$
(Karte S. 708; ☎604-687-3589; www.skwachays.com; 29 W Pender St; DZ ab 220 C$; ; Stadium-Chinatown) Zu den 18 Zimmern in diesem Kunsthotel unter First-Nations-Leitung gehört die faszinierende Forest Spirits Suite mit deckenhohen Birkenzweigen und die schicke Longhouse Suite mit einem beleuchteten Metallfries. Raffinierte Extras wie Plasma-TVs und umweltfreundliche Toilettenartikel sind Standard, zudem können Gäste in der hauseigenen Galerie einzigartige Kunstwerke erstehen.

Yaletown & Granville Island

★ **YWCA Hotel** BUDGETHOTEL $
(Karte S. 708; ☎604-895-5830; www.ywcahotel.com; 733 Beatty St; EZ/DZ/3BZ ohne Bad 93/138/160 C$; ; Stadium-Chinatown) Hier erwarten die Gäste ein gutes Preis-Leistungs-Verhältnis, eine ansprechende Lage und schön gepflegte, wenn auch spartanische Zimmer nach Studentenart. Es gibt viele verschiedene Varianten, von Einzelunterkünften bis hin zu Zimmern mit fünf Betten, außerdem gemeinschaftlich genutzte, teilprivate und private Bäder. Jedes Zimmer verfügt über einen Minikühlschrank und Gäste können die drei großen Gemeinschaftsküchen nutzen. Im Preis inbegriffen ist die Nutzung des YWCA Health & Fitness Centre, das einen zehnminütigen Fußmarsch entfernt ist.

Opus Hotel BOUTIQUEHOTEL $$$
(Karte S. 708; ☎604-642-6787; www.opushotel.com; 322 Davie St; DZ 390 C$; ; Yaletown-Roundhouse) Das Opus ist ein Vorreiter der Boutiquehotelszene Vancouvers und bleibt dank regelmäßiger Umbauten eine der Top-Unterkünfte der Stadt. Die Designerzimmer im zeitgenössischen Schick haben freche Farben, moderne Möbel und nach Feng-Shui-Regeln platzierte Betten. Viele der luxuriösen Bäder erlauben durch ihre nicht getönten Fenster – Exhibitionisten aufgepasst! – Blicke auf die Straße.

Granville Island Hotel BOUTIQUEHOTEL $$$
(Karte S. 708; ☎604-683-7373; www.granvilleislandhotel.com; 1253 Johnston St; DZ 375 C$; ; 50) Das kultivierte Anwesen an Granville Islands ruhiger Südostspitze bietet idyllische Blicke über False Creek auf die Spiegeltürme von Yaletown. Der Public Market liegt nur einen kurzen Fußmarsch entfernt und auch Geschäfte und Theater findet man direkt vor der Haustür. Die natürlichen Holzelemente in den Zimmern sorgen für West-Coast-Ambiente, auf dem Dach lockt ein Jacuzzi und das hauseigene Restaurant mit Brauerei hat einen der schönsten Innenhöfe der Stadt.

Kitsilano & University of British Columbia

HI Vancouver Jericho Beach HOSTEL $
(☎604-224-3208; www.hihostels.ca/vancouver; 1515 Discovery St; B/DZ 34/80 C$; ⊙Mai–Okt.; P@; 4) Das Hostel ist eines der größten Kanadas und erinnert an ein viktorianisches Krankenhaus, wartet jedoch mit einer idyllischen, strandnahen Lage auf. Die Zimmer sind die einfachsten der HI-Hostelszene Vancouvers, dafür entschädigen jedoch eine große Küche, ein Fahrradverleih, ein kürzlich neu gestaltetes Café mit Schanklizenz und vergleichsweise große Schlafsäle. Die beliebten Privatzimmer nach Budgethotel-Art mit privaten und gemeinschaftlich genutzten Bädern sollte man im Voraus buchen.

Corkscrew Inn B&B $$
(☎604-733-7276; www.corkscrew inn.com; 2735 W 2nd Ave; DZ inkl. Frühstück ab 215 C$; P; 4) Dieses makellose Anwesen mit Giebeldach hat offenbar ein Alkoholproblem: Es beherbergt ein kleines, nur für die Gäste zugängliches Museum, das vollgestopft ist mit drolligen Korkenziehern und alten Werkzeugen für den Weinbau. Neben dem Alkoholkrimskrams besitzt dieses reizende, hundert Jahre alte Haus im Craftsman Style fünf kunstvoll gestaltete Zimmer mit Holzböden, von denen uns der Art Deco Room am besten gefällt. Zum Strand ist es nur ein kleiner Spaziergang. Ein opulentes Frühstück ist im Preis inbegriffen.

Essen

Vancouver bietet eine großartige Auswahl an größtenteils wunderbar preiswerten Gastrobetrieben, von erstklassigen Sushiläden und lauten chinesischen Restaurants über einladende eigenständige Lokale bis hin zu verführerischen Food Trucks und frischer, regionaler Küche. Man benötigt kein Insiderwissen, um sich verwöhnen zu lassen: Einfach den Geschmacksknospen folgen und sich auf die kulinarischen Highlights des Vancouver-Aufenthalts freuen!

Downtown & West End

Templeton IMBISS $$
(☎604-685-4612; www.thetempleton.ca; 1087 Granville St; Hauptgerichte 10–16 C$; ⊙Mo–Mi 9–23, Do–So bis 1 Uhr; ; 10) In dem Imbiss im originellen 1950er-Jahre-Stil mit Chrom-Vinylelementen kommen riesige Bio-Burger, süchtig machende Pommes, vegetarische Quesadillas und die vielleicht beste Katermedizin der Stadt, das „Big Ass Breakfast", auf den Tisch. Die Mini-Jukeboxen auf den Tischen funktionieren leider nicht, darüber tröstet jedoch ein kalorienreiches Schokoladeneis-Soda hinweg. Zu den Hauptgeschäftszeiten am Wochenende bilden sich immer lange Schlangen.

Finch's CAFÉ $
(Karte S. 708; ☎604-899-4040; www.finchteahouse.com; 353 W Pender St; Hauptgerichte 5–10 C$; ⊙Mo–Fr 9–17, Sa 11–16 Uhr; ; 4) Um einen der begehrten Plätze an einem der alten, ramponierten Tische zu ergattern, darf man dieses sonnige Eckcafé nicht zur Hauptgeschäftszeit aufsuchen. Knarrende Dielenböden und Trödeldekor sorgen für großmütterlichen Charme und ziehen schon seit Jahren eingeweihte Hipster und kreative Köpfe an. Sie kommen vor allem wegen der frisch zubereiteten Baguette-Sandwiches (empfehlenswert ist das mit Birne, Brie, Prosciutto und gerösteten Walnüssen).

Tractor KANADISCH $
(Karte S. 708; ☎604-979-0550; www.tractorfoods.com; Marine Building, 335 Burrard St; ⊙Mo–Fr 7–21.30, Sa & So 11–21.30 Uhr; ; S Waterfront) Die Cafeteria serviert im Erdgeschoss des Marine Building gesundes Fast Food. An der Theke können Gäste aus rund zehn herzhaften Salattellern wählen, zudem gibt's halbe oder ganze Grillsandwiches, bekömmliche, hausgemachte Suppen und Eintöpfe sowie Limonade in meist ein oder zwei leckeren Geschmacksrichtungen.

Sushi Itoga JAPANISCH $
(Karte S. 708; ☎604-687-2422; www.itoga.com; 1686 Robson St; Sushi-Kombos 8–18 C$; ⊙Mo–Sa 11.30–14 & 17–20, So 17–20 Uhr; 5) Hier sitzt man dicht an dicht mit den anderen Gästen am großen Gemeinschaftstisch, schließlich gibt's hier mit das frischeste Sushi der Stadt in lässiger Atmosphäre. Die ständig wechselnde Auswahl ist an einer Tafel angeschrieben und umfasst fachmännisch zubereitete, preiswerte Portionen beliebter *nigiri-*, *maki-* und Sashimi-Leckereien, die sich zum Teilen eignen, sowie Udon-Gerichte.

★ **Forage** KANADISCH $$
(Karte S. 708; ☎604-661-1400; www.foragevancouver.com; 1300 Robson St; Hauptgerichte 16–29 C$; ⊙Mo–Fr 6.30–10 & 17–24, Sa & So 7–14 & 17–24 Uhr; 5) Das Restaurant ist ein Meister der hiesigen Farm-To-Table-Bewe-

gung, legt großen Wert auf Nachhaltigkeit und ist die richtige Adresse, um regionale Aromen zu kosten. Der Brunch (mit leckerem Putenwurst-Haschee) ist sehr beliebt und abends kommen verschiedene Probierteller auf den Tisch. Die Karte ist innovativ und durchweg saisonal; sehr zu empfehlen ist Meeresfrüchtesuppe mit Wachtelei.

★ **Guu with Garlic** JAPANISCH $$
(Karte S. 708; ☎ 604-685-8678; www.guu-izakaya.com; 1698 Robson St; kleine Gerichte 4–9 C$, Hauptgerichte 8–16 C$; ⏲ Mo–Sa 11.30–14.30 & 17.30–0.30, So 11.30–14.30 & 17.30–24 Uhr; 🚌 5) Der einladende, holzgetäfelte Laden zählt zu Vancouvers besten *izakayas* und lässt Gäste in die japanische Kultur eintauchen. Es gibt Feuertöpfe und Nudelgerichte, am besten probiert man jedoch japanische Tapas wie Kohlenfisch mit Miso-Mayonnaise, frittierte Ei-Kürbis-Bällchen und äußerst leckere gebratene Hühnchen (*tori-karaage*). Knoblauch wird meist großzügig verwendet, und man kommt am besten vor der Öffnungszeit, um einen Sitzplatz zu ergattern.

Royal Dinette INTERNATIONAL $$
(Karte S. 708; ☎ 604-974-8077; www.royaldinette.ca; 905 Dunsmuir St; Hauptgerichte 15–34 C$; ⏲ 11.30–14 & 17–22 Uhr; Ⓢ Burrard) Saisonale, regionale Küche gepaart mit freundlichem, unprätentiösem Service ist das Erfolgsrezept dieses großartigen Restaurants im Zentrum. Das Mittagsmenü mit zwei oder drei Gängen (30/35 C$) gibt Gästen eine tolle Kostprobe, während man abends internationale Küche aus lokalen Zutaten probieren kann. Unser Favorit sind die Spaghetti mit Tintenfischtinte.

Jam Cafe FRÜHSTÜCK $$
(Karte S. 708; ☎ 778-379-1992; www.jamcafes.com; 556 Beatty St; Hauptgerichte 11–16 C$; ⏲ 8–15 Uhr; 📶 🥗; Ⓢ Stadium-Chinatown) Die Vancouver-Filiale von Victorias immens beliebtem Frühstücks- und Brunch-Laden war schon kurz nach der Eröffnung ein Erfolg. Meist ist sie voll besetzt und nur außerhalb der Hauptgeschäftszeiten muss man nicht auf einen Tisch warten (Reservierungen sind nicht möglich). Gäste erwarten ein Speiseraum mit weißen Wänden und kanadischem Schnickschnack sowie eine riesige leckere Speiseauswahl, die von Hühnchen über Waffeln bis zu Red-Velvet-Pancakes reicht.

Timber PUB-KÜCHE $$
(Karte S. 708; ☎ 604-661-2166; www.timbervancouver.com; 1300 Robson St; Hauptgerichte 10–19 C$; ⏲ Mo–Do 11–13, Fr & Sa 10–13, So 10–24 Uhr; 🚌 5) Dieser Resto-Pub ist einer der zwei guten, an das Listel Hotel angeschlossenen Gastrobetriebe und kombiniert eine gute hiesige Craft-Bier-Auswahl mit origineller kanadischer Wohlfühlküche. Nachdem man ein paar Fotos der ausgestopften Exemplare eines Bibers und einer Gans geschossen hat, kann man sich Bison-Burger, Kartoffelchips mit Ketchup-Geschmack (die Lieblingssorte der Kanadier) und frittierten Frischkäse schmecken lassen. Eine Art Crashkurs in kalorienreicher kanadischer Küche.

VANCOUVERS BESTE FOOD-BLOGS

Sherman's Food Adventures (www.shermansfoodadventures.com)

Vancouver Foodster (www.vancouverfoodster.com)

Food Gays (www.foodgays.com)

Van Foodies (www.vanfoodies.com)

Follow Me Foodie (www.followmefoodie.com)

Sura Korean Cuisine KOREANISCH $$
(Karte S. 708; ☎ 604-687-7872; www.surakoreancuisine.com; 1518 Robson St; Hauptgerichte 10–20 C$; ⏲ 11–16 & 17–22.30 Uhr; Ⓟ; 🚌 5) Ab dem 1400er-Block der Robson St und um die Denman St und Davie St gibt es eine große Auswahl an authentischen koreanischen und japanischen Lokalen. Das schicke Sura steht eine Stufe über der bei Studenten beliebten Konkurrenz und serviert großartige koreanische Küche vor gemütlicher Bistro-Kulisse. Empfehlenswert sind würzige Rindfleischsuppe, *kimchi*-Pfannkuchen und exzellentes *bibimbap* (Rindfleisch, Gemüse und ein kochendes Ei in einer heißen Schüssel).

Indigo Age Cafe VEGAN $$
(Karte S. 708; ☎ 604-622-1797; www.indigoagecafe.com; 436 Richards St; Hauptgerichte 10–13 C$; ⏲ Mo–Do 10–20, Fr & Sa bis 21 Uhr; 📶 🥗; 🚌 14) 🍃 Das gemütliche unterirdische Café ist bei hiesigen Kennern der veganen und Rohkost-Küche bekannt. An den aus Baumstämmen gefertigten Tischen wird eine herzhafte Auswahl an hausgemachten Gerichten serviert. Piroggen, Kohlrouladen und Pizza sind allesamt beliebt, unser Favorit ist jedoch die köstliche Zucchini-Pasta mit Portobello-Pilz-„Steak".

Fat Badger BRITISCH $$$
(Karte S. 708; 604-336-5577; www.fatbadger.ca; 1616 Alberni St; Hauptgerichte 20–38 C$; Di–So 17–23 Uhr; 5) Die Gourmetvariante eines britischen Pubs ist in einem denkmalgeschützten Giebelhaus untergebracht. Der atmosphärische, mit dunklem Holz getäfelte Innenraum lädt dazu ein, es sich an einem verregneten Abend in einer Ecke bei schottischen Eiern, Lamm-Guinness-Pie und verführerisch klebrigem Toffee-Pudding gemütlich zu machen.

Chambar EUROPÄISCH $$$
(Karte S. 708; 604-879-7119; www.chambar.com; 562 Beatty St; Hauptgerichte 27–34 C$; 8–15 & 17–22 Uhr; P; S Stadium-Chinatown) Die riesige Backsteinhöhle ist die ideale Kulisse für einen romantischen Abend. Die raffinierte, belgisch geprägte Speisekarte umfasst köstliche *moules et frites* (Miesmuscheln und Pommes) und geschmorte Lammkeule mit Feigen, eine lokale kulinarische Legende. Die eindrucksvolle Wein- und Cocktailauswahl (gut ist der Martini mit blauer Feige) ergänzt eine tolle Bandbreite an belgischen Tripel- und Lambic-Bieren.

Gastown & Chinatown

★ **Tacofino** MEXIKANISCH $
(Karte S. 708; 604-899-7907; www.tacofino.com; 15 W Cordova St; Tacos 6–12 C$; 14) Der Food-Truck-Spezialist Tacofino erzielte mit diesem riesigen hübschen Speiseraum mit stilvollen, geometisch gemusterten Böden und bienenstockartigen Lampenschirmen einen Spontanerfolg. Die einfache Speisekarte konzentriert sich auf verschiedene Tacos (6 zur Mittagszeit, abends mehr), zudem gibt's Nachos, Suppen und eine süffige Auswahl an Kostproben von Bier, Agavegetränken und Tequila. Besonders beliebt sind die Fisch-Tacos, unser Favorit ist jedoch die sehr zarte Lamm-*birria* (Eintopf).

★ **Purebread** BÄCKEREI
(Karte S. 708; 604-563-8060; www.purebread.ca; 159 W Hastings St; Gebäck 3–6 C$; 8.30–17.30 Uhr; ; 14) Als Whistlers beliebte Bäckerei hier eröffnete, kamen die Einheimischen scharenweise. Angesichts der verführerisch-leckeren Auswahl hinter Glasscheiben (Kuchen, Gebäck und Stückchen) hat man hier die Qual der Wahl. Besonders gut sind der Kokosnuss-Buttermilch-Kuchen, genau wie die *crack bars* und die gesalzenen Karamellschnitten zum Mitnehmen.

Bestie DEUTSCH
(Karte S. 708; 604-620-1175; www.bestie.ca; 105 E Pender St; Hauptgerichte 4–11 C$; So–Do 11.30–22, Fr & Sa bis 24 Uhr; ; 3) Der kleine Imbiss mit weißen Wänden ist auf Currywurst nach Berliner Art spezialisiert. Die herzhaften Wurststückchen in Currysauce werden mit knusprigen Pommes serviert und sind bei vorbeischlendernden Hipstern beliebt. Wer eine Chance auf den besten Tisch an dem winzigen Fenster haben möchte, sollte außerhalb der Stoßzeiten kommen. Für gute Stimmung sorgt außerdem eine kleine, aber feine Auswahl an hiesigen Craft-Bieren.

Ramen Butcher RAMEN $
(Karte S. 708; 604-806-4646; www.theramenbutcher.com; 223 E Georgia St; Hauptgerichte 10–12 C$; Di–Do 11–15 & 17–22, Fr–So 11–22 Uhr; 3) In den letzten Jahren eröffneten in Chinatown mehrere neue Restaurants mit asiatischer Ausrichtung. Das Ramen Butcher ist die erste nordamerikanische Filiale einer bekannten japanischen Franchise-Kette für Ramen. Die namensgebenden dünnen Nudeln werden in Schüsseln in verschiedenen Brühen mit Stücken von geschmortem Schweinefleisch serviert; besonders lecker ist die Variante Red Ramen mit Knoblauch. Wer noch Brühe übrig hat, bekommt eine zweite Gratisportion Nudeln.

Save On Meats IMBISS $
(Karte S. 708; 604-569-3568; www.saveonmeats.ca; 43 W Hastings St; Hauptgerichte 5–15 C$; Mo–Do 7–22, Fr & Sa 8–22, So 8–19 Uhr; ; 14) Die ehemalige Metzgerei alter Schule wurde in einen beliebten Hipster-Imbiss verwandelt. Hier geht's jedoch nicht nur um coole Optik. In Sitznischen oder am langen Tresen wird amerikanische Hausmannskost serviert, darunter ein preisgünstiges ganztägiges Frühstück für 5 C$, und einfache Klassiker wie Shepherd's Pie und Käse-Makkaroni.

MeeT in Gastown VEGAN $$
(Karte S. 708; 604-688-3399; www.eatmeet.ca; 12 Water St; Hauptgerichte 7–15 C$; So–Do 11–23, Fr & Sa bis 1 Uhr; ; M Waterfront) Leckere einfache Klassiker in veganer Form, die keineswegs an Kaninchenfutter erinnern, machen das MeeT zu einer sehr beliebten Adresse, in der es oft sehr voll ist. Für die Wartezeit wird man mit einer großen Aus-

FOOD-TRUCK-FIEBER

2011 sprang Vancouver auf den Trend auf, den die legendären Street-Food-Szenen in Portland und Austin losgetreten hatten, und startete ein Pilotprojekt mit 17 Food Trucks. Schnell stellte sich der Erfolg ein und mittlerweile servieren Dutzende Imbisswagen in der Stadt alle möglichen Leckereien, von Heilbutt-Tacos über koreanische Sliders und Pulled-Pork-Sandwiches bis hin zu französischen Crêpes. Hauptgerichte kosten meist zwischen 8 und 12 C$.

Einige verkaufen eher experimentelle Küche, wobei sich etliche davon schnell etablieren konnten. Zu den Favoriten gehören Le Tigre, Kaboom Box, TacoFino, Soho Road, Mom's Grilled Cheese und Vij's Railway Express sowie das selbstgemachte Eis am Stiel von Johnny's Pops. Es ist nicht immer einfach, die Trucks zu finden. Meist sammeln sich einige vor der Canada-Line-Station Vancouver City Centre und an betriebsamen Abschnitten der Hauptverkehrsadern im Zentrum wie der Georgia St und der Robson St sowie rund um die Vancouver Art Gallery. Oft wird man auch auf Farmers Markets in der Stadt und vor ein paar Mikrobrauereien fündig (man darf das erstandene Essen in deren Probierstuben verzehren).

Empfehlungen, Öffnungszeiten und Standorte sind auf der praktischen Website www.streetfoodapp.com/vancouver zu finden. Eine Alternative sind die kulinarischen Touren von **Vancouver Foodie Tours** (☎604-295-8844; www.foodietours.ca; Touren ab 50 C$) mit Kostproben bei vier Food Trucks. Wer an einem Nachmittag möglichst viele Varianten kosten möchte (und sich nicht um seine Linie sorgt), besucht das **YVR Food Fest** (www.yvrfoodfest.com; Olympic Village; Ⓢ Main St-Science World); an drei Tagen im August werben dabei Dutzende Imbisswagen um die Gunst ihrer hungrigen Klientel. Auch das eintägige **Columbia StrEat Food Truck Fest** im August in New Westminster, das im Rahmen eines Tagesausflugs mit der SkyTrain zu erreichen ist, lohnt mit seinen über 70 Trucks einen Besuch. Weitere Infos gibt's unter www.downtownnewwest.ca.

wahl an Gerichten belohnt, die auch Fleischessern schmecken werden – von Reiseintöpfen über Makkaroni mit Käse (aus veganem „Nusskäse") und Portobello-Pilz-Burgern bis hin zu Pommes in Cashew-Bratensauce, ähnlich dem Fast-Food-Klassiker *poutine* (unser Favorit!).

Bodega SPANISCH **$$**
(Karte S. 708; ☎604-565-8815; www.bodegaonmain.com; 1014 Main St; kleine Gerichte 7–20 C$; ⌚Mo–Fr 11–24, Sa & So 16.30–24 Uhr; 🚌3) Das Bodega gehört zu verschiedenen Neuzugängen an diesem einst wenig attraktiven Abschnitt der Main St. Tatsächlich handelt es sich dabei um eines der ältesten spanischen Restaurants Vancouvers, das hier neu eröffnet wurde. Das neue Bodega – das Update eines einstigen alteingesessenen Downtown-Klassikers – serviert in einem mondänen Speiseraum mit tiefroten Sitzen und Bildern mit Spanienmotiven leckere beliebte Tapas wie Fleischbällchen, gegrillten Tintenfisch und geschmortes Kaninchen.

Phnom Penh VIETNAMESISCH, KAMBODSCHANISCH **$$**
(Karte S. 708; ☎603-682-5777; 244 E Georgia St; Hauptgerichte 8–18 C$; ⌚Mo–Do 10–21, Fr–So bis 23 Uhr; 🚌3) Das betriebsame Lokal serviert einfache kambodschanische und vietnamesische Klassiker. Die Stammkundschaft weiß vor allem die süchtig machenden Hähnchenflügel und die leckerere Pfeffersauce zu schätzen. Hat man die Knochen abgeknabbert, folgt Runde zwei: Papayasalat, Butter Beef und Frühlingsrollen beweisen, wie lecker eine von Imbissklassikern inspiriertes asiatische Speisekarte sein kann.

Nuba NAHÖSTLICH **$$**
(Karte S. 708; ☎604-688-1655; www.nuba.ca; 207 W Hastings St; Hauptgerichte 9–30 C$; ⌚Mo–Fr 11.30–22, Sa 12–22, So 17–22 Uhr; 🌿; 🚌14) Das libanesische Restaurant versteckt sich unter dem auffälligen Dominion Building und zieht Sparfüchse und trendbewusste Hipster gleichermaßen an. Wer sich nicht entscheiden kann, bestellt einfach ein paar leckere, erstaunlich sättigende Mezze-Gerichte wie exzellenten Hummus und Falafel oder „La Feast" für zwei Personen (38 C$) mit allen Klassikern (die unvermeidlichen Reste kann man mit nach Hause nehmen).

Bao Bei CHINESISCH **$$**
(Karte S. 708; ☎604-688-0876; www.bao-bei.ca; 163 Keefer St; kleine Gerichte 5–19 C$; ⌚Mo–Sa 17.30–24, So 17.30–23 Uhr; 🌿; 🚌3) Die chinesi-

sche Brasserie in einem denkmalgeschützten Gebäude mit Hipster-Dekor in Chinatown ist das attraktivste Abendlokal der Gegend. Zu den modern interpretierten asiatischen Gerichten zählen glutamatfreie Snacks wie *shao bing* (gefülltes chinesisches Fladenbrot), Entensalat und gedämpfte Brötchen mit Schweinebauch. Wer an der Bar auf einen Tisch warten muss, kann sich außerdem einen der einfallsreichen Cocktails bestellen.

★ Ask for Luigi ITALIENISCH $$$
(Karte S. 708; ☎604-428-2544; www.askforluigi.com; 305 Alexander St; Hauptgerichte 22–24 C$; ⏰Di–Fr 11.30–14.30 & 17.30–22.30, Sa 9.30–14.30 & 17.30–23, So 9.30–14.30 & 17.30–21.30 Uhr; 🚌4) Wer in diesem kleinen Charmeur mit weißen Schindeln und Hüttenflair nicht zu lange auf einen Tisch warten möchte, sollte nicht um die Mittagszeit kommen (keine Reservierung möglich). Drinnen erwarten einen ein Speiseraum mit Schachbrettboden und Teakholzausstattung voller Tische und zufriedener Gäste, die sich handgemachte gehobene Pastagerichte teilen, darunter Bison-Tagliatelle und Borretsch-Ricotta-Ravioli.

L'Abattoir FRANZÖSISCH $$$
(Karte S. 708; ☎604-568-1701; www.labattoir.ca; 217 Carrall St; Hauptgerichte 35–44 C$; ⏰So–Do 17.30–22, Fr & Sa bis 22.30 Uhr, Brunch Sa & So 10–14 Uhr; 🚌4) Kerzenlicht, Backstein und große Detailverliebtheit machen das Lokal zum romantischsten Luxusrestaurant in Gastown. Man sollte nicht schon an dem warmen Brot satt essen, denn es folgt eine Auswahl an französisch geprägten West-Coast-Gerichten. Unsere Empfehlung: Lammkeule mit würziger *merguez*-Wurst. Eine Reservierung ist ratsam; am besten sitzt man an den Tischen im hübschen, von Fenstern umrahmten Hinterzimmer.

Yaletown & Granville Island

Go Fish SEAFOOD $
(Karte S. 708; ☎604-730-5040; 1505 W 1st Ave; Hauptgerichte 8–14 C$; ⏰Mo–Fr 11.30–18.30, Sa & So 12–18.30 Uhr; 🚌50) Dieser fast zu beliebte Stand liegt nur einen kurzen Fußweg von der Brücke nach Granville Island in westlicher Richtung entlang des Ufers. Er ist eines der beliebtesten Lokale für Fish & Chips in der Stadt; man bekommt Heilbutt, Lachs und Kabeljau in knusprigem goldenen Backteig. Die leichteren Fisch-Tacos sind ebenfalls sehr empfehlenswert, und unter den ständig wechselnden Tagesangeboten, die von den nahegelegenen Fischkuttern geliefert werden, findet man oft Jakobsmuschelburger oder Sandwiches mit Gelbflossen-Thunfisch.

FISH & CHIPS OHNE REUE

Meeresfrüchte sind das kulinarische Highlight der Provinz. Mit dem Besuch von Restaurants mit dem Ocean-Wise-Zeichen unterstützt man den Erhalt des Fischbestands in der Region (www.oceanwise.ca).

★ Bistro 101 KANADISCH $$
(Karte S. 708; ☎604-724-4488; www.picachef.com; 1505 W 2nd Ave; ⏰Mo–Fr 11.30–14 & 18–21 Uhr; 🚌50) Vancouvers preisgünstigste Gourmetadresse ist das Ausbildungsrestaurant des **Pacific Institute of Culinary Arts**. Hierher kommen Einheimische mit Insiderwissen, die vor allem das leckere Drei-Gänge-Mittagsmenü für 22 C$ (meist stehen in jedem Gang 3 Optionen zur Auswahl) und den aufopferungsvollen Service zu schätzen wissen. Abends zahlt man 8 C$ mehr, zudem gibt es am ersten Freitag im Monat ein Büfett. Reservierung empfehlenswert.

Rodney's Oyster House FISCH & SEAFOOD $$
(Karte S. 708; ☎604-609-0080; www.rohvan.com; 1228 Hamilton St; Hauptgerichte 16–32 C$; ⏰11.30–23 Uhr; Ⓢ Yaletown-Roundhouse) Das Rodney's ist Vancouvers beliebtestes und stets geschäftiges Austernlokal. Das liegt nicht nur an dem geselligen Raum mit Seemannsdekor: Hier versteht man sich auf die Zubereitung von Meeresfrüchten! Die frisch geöffneten Austern begeistern mit einer riesigen Auswahl an Saucen (lecker ist die scharfe Wodkavariante). Darüber hinaus reicht die große Bandbreite von süßen Muscheln bis hin zu großartigem Hummer aus dem Atlantik.

Flying Pig KANADISCH $$
(Karte S. 708; ☎604-568-1344; www.theflyingpigvan.com; 1168 Hamilton St; Hauptgerichte 19–27 C$; ⏰Mo–Fr 11–24, Sa 10–24, So 10–23 Uhr; Ⓢ Yaletown-Roundhouse) Yaletowns bestes Mittelklasserestaurant ist dieses einladende, holzvertäfelte Bistro, das freundlichen Service mit leckeren, gehoben interpretierten Klassikern kombiniert. Die Gerichte aus saisonalen, regionalen Zutaten zaubern wohl jedem Gast ein Lächeln ins Gesicht. Unser

Favorit sind in Wein geschmorte Querrippen an Buttermilchpüree – allerdings sollte man außerhalb der Stoßzeiten kommen.

Blue Water Cafe FISCH & SEAFOOD $$$
(Karte S. 708; ☎604-688-8078; www.bluewatercafe.net; 1095 Hamilton St; Hauptgerichte 29–48 C$; ⏰17–23 Uhr; Ⓢ Yaletown-Roundhouse) Das Blue Water unter der Leitung des renommierten Chefkochs Frank Pabst ist eines der besten gehobenen Seafood-Restaurants in Vancouver. Leise Musik erfüllt den blau gehaltenen Speiseraum mit seinen Backsteinwänden, während an den Tischen drinnen und draußen im Hof erstklassiger Saibling, Kohlenfisch und butterweiche Jakobsmuscheln kredenzt werden. Wer keine Lust auf Meeresfrüchte hat, für den gibt es eine kleine Auswahl an Hauptgerichten mit Fleisch, darunter Wagyu-Rind.

Commercial Drive

★ **Jamjar** LIBANESISCH $
(☎604-252-3957; www.jamjaronthedrive.com; 2280 Commercial Dr; kleine Gerichte 6–12 C$; Hauptgerichte 17–22 C$; ⏰11.30–22 Uhr; ✎; 🚌20) Der superfreundliche, caféähnliche Laden mit rustikal-schicker Einrichtung serviert einfache libanesische Küche mit landestypischen Zutaten und viele fleischlose Gerichte. Man muss kein Vegetarier sein, um die knusprigen Falafelbällchen und die unwiderstehlichen frittierten Blumenkohlstrünke – wer die Portion zum Teilen bestellt hat, muss sich auf einen harten Kampf einstellen! – zu lieben.

★ **Cannibal Café** BURGER $
(☎604-558-4199; www.cannibalcafe.ca; 1818 Commercial Dr; Hauptgerichte 11–16 C$; ⏰Mo–Do 11.30–22, Fr 11.30–24, Sa 10–24, So 10–22 Uhr; 🚌20) Der punkig angehauchte Imbiss ist das Richtige für Fans von echten, mit viel Liebe hergestellten Burgern. Die einfallsreiche Auswahl reicht von Klassikern bis hin zum leckeren koreanischen Grillburger. Erstklassige Zutaten sorgen dafür, dass man sich wohl nie wieder mit einer Fast-Food-Kette zufrieden gibt. An der Tafel vor der Tür sind Tagesgerichte angeschrieben. Werktags gibt's von 15 bis 18 Uhr Happy-Hour-Angebote.

Tangent Cafe IMBISS $
(☎604-558-4641; www.tangentcafe.ca; 2095 Commercial Dr; Hauptgerichte 11–14 C$; ⏰Mo & Di 8–15, Mi & Do bis 24, Fr & Sa bis 1, So bis 22 Uhr; 📶; 🚌20) Der beliebte Imbiss mit Holztäfelung im 1970er-Jahre-Stil kombiniert klassische BLT-Sandwiches und Burger mit verschiedenen malaysischen Currys. Einheimische Gäste kommen jedoch vor allem wegen des Frühstücks, das bis zum Nachmittag serviert wird und gegen den Kater hilft, den man sich an Ort und Stelle am Abend zuvor eingebrockt hat. Für abendliche Unterhaltung sorgen eine tolle Craft-Bier-Karte (einen Blick auf die Ecktafel werfen) und Livemusik (meist Jazz) an drei Abenden pro Woche.

Main Street

Hawkers Delight ASIATISCH $
(☎604-709-8188; 4127 Main St; Hauptgerichte 4–10 C$; ⏰Mo–Sa 12–21 Uhr; ✎; 🚌3) Das kleine Lokal übersieht man leicht, doch die Suche lohnt sich, denn man wird in dem beliebten Familienunternehmen mit authentischer hausgemachter Straßenküche aus Malaysia und Singapur belohnt. Angesichts der günstigen Preise bietet es sich an, verschiedene Gerichte zum Teilen zu bestellen, von würzigem *mee pok* über *mee goreng* mit Nudeln und *laksa* voller Garnelen. Von den süchtig machenden Gemüsebratlingen bekommt man 2 für nur 1 C$. Nur Barzahlung.

Slickity Jim's Chat 'N' Chew IMBISS $
(☎604-873-6760; www.skinnyfatjack.com; 3475 Main St; Hauptgerichte 8–14 C$; ⏰Mo & Di 8.30–16, Mi, Do & So bis 20, Fr & Sa bis 24 Uhr; ✎; 🚌3) Der beliebte Imbiss lockt scharenweise müde Einheimische an, die hier ihren Kater auskurieren. Für die Wartezeit wird man mit dem unkonventionellen, verdunkelten Speiseraum samt origineller Kunst, die David Lynch sicherlich gefallen würde, belohnt. Kulinarisch punktet das Slickity mit traditionellen und innovativen, großzügig portionierten Frühstücksvarianten, die einfallsreiche Namen wie „Breakfast of Broken Dreams" tragen.

★ **Dock Lunch** INTERNATIONAL $$
(☎604-879-3625; 152 E 11th Ave; Hauptgerichte 10–14 C$; ⏰Mo–Fr 11.30–17, Sa & So 11–15 Uhr) In dem durch und durch charmanten Lokal in einer Seitenstraße fühlt man sich wie im Haus eines coolen Hipsterfreundes. Auf den Tisch kommt eine täglich wechselnde Auswahl von ein bis zwei bodenständigen Hauptgerichten (z. B. würzige Tacos oder üppiger Brunch am Wochenende). Wer früh kommt und einen der zwei Fensterplätze ergattert, findet sich bald im Gespräch mit

NICHT VERSÄUMEN

DAS APFELFEST DER UBC

Von Salish bis Aurora Golden Gala, von Gravensteins bis Cox's Orange Pippins: Liebhaber des wahren Königs unter den Früchten haben beim einwöchigen **UBC Apple Festival** (www.ubcbotanicalgarden.org/events; Erw./Kind 4 C$/frei; ⏲ Mitte Okt.) im Herbst die Qual der Wahl. Das Festival gehört zu den beliebtesten Stadtfesten Vancouvers und findet jedes Jahr im Oktober im **UBC Botanical Garden** (S. 713) statt. Neben Livemusik und Vorführungen zur Veredelung und zur Apfelweinherstellung stehen jede Menge unterhaltsame Aktivitäten für Kinder auf dem Programm. Das Highlight ist jedoch die Möglichkeit, aus einer riesigen Auswahl von rund 40 000 Pfund Äpfeln aus BC, die ihre Pendants im Supermarkt mehr als blass aussehen lassen, zu wählen.

Die beste Art, so viel wie möglich zu kosten, ist ein Besuch des **Tasting Tent** gegen einen Aufpreis von 5 C$. Hier warten 60 alte und neuere Sorten aus lokalem Anbau darauf, begutachtet zu werden, darunter Raritäten wie Crestons und Oaken Pins. Nicht entgehen lassen sollte man sich außerdem den wohl besten Apfelkuchen, denn man jemals gegessen hat. Einfach dem Duft folgen: Die saftigen Stücke mit goldener Kruste, die hier verkauft werden, sind ein Highlight des Festes und so lecker, dass man futtert, bis man kurz vor der Explosion steht.

den einheimischen Gästen wieder; alternativ sieht man die Kochbücher und Huxley-Romane in den Regalen durch.

Fairview & South Granville

★ **La Taqueria Pinche Taco Shop** MEXIKANISCH $
(☎604-558-2549; www.lataqueria.ca; 2549 Cambie St, Fairview; 4 Tacos 8,50–10,50 C$; ⏲ Mo–Sa 11–20.30, So 12–18 Uhr; ; Ⓢ Broadway-City Hall) Die beliebte Tacobude ist aus dem winzigen Lokal in der Hastings St (das es immer noch gibt) herausgewachsen und zu diesem geräumigen Laden geworden. Es ist genauso voll, doch zum Glück kaufen viele Gäste ihr Essen zum Mitnehmen. Wenn man einen der hell gestrichenen Tische ergattert hat, kann man an der Theke aus einem guten Dutzend weichen Tortillas mit Fleisch- oder Gemüsefüllung wählen oder nach einer Empfehlung fragen.

★ **Pronto** ITALIENISCH $$
(☎604-722-9331; www.prontocaffe.ca; 3473 Cambie St, Cambie Village; Hauptgerichte 14–22 C$; ⏲ So, Di & Mi 11.30–21, Do–Sa bis 22 Uhr; 🚌15) Die charmante Trattoria in Cambie Village präsentiert sich als einladendes Nachbarschaftslokal und verbindet holzgetäfelte Sitznischen samt Kerzenbeleuchtung mit perfekt zubereiteter, hausgemachter Pasta und der Art von freundlichem Service, den man nur selten findet. Mittags lockt das *porchetta*-Sandwich, abends sorgt der intime Raum mit Holzdielen für wunderbar entspannte Atmosphäre. An der Tafel sind Tagesangebote angeschrieben, ansonsten sind die Gnocchi mit Pesto und Pancetta sehr zu empfehlen.

★ **Vij's** INDISCH $$$
(☎604-736-6664; www.vijsrestaurant.ca; 3106 Cambie St, Cambie Village; Hauptgerichte 19–27 C$; ⏲17.30–22 Uhr; ; 🚌15) Kanadas beliebtester ostindischer Küchenchef zaubert seine Gerichte nun in schicken und sehr viel größeren Räumlichkeiten in Form einer einladenden, gehobenen Lounge mit verwinkeltem Speisebereich und eleganter Dachterrasse. Die Speiseauswahl legt die Messlatte für moderne indische Küche hoch und verbindet regionale Zutaten, globale Elemente und klassische indische Aromen zu vielen einfallsreichen Gerichten. Das Ergebnis reicht von den beliebten Lammrippchen bis hin zu Speisen wie Kohlenfisch in Joghurt-Tomaten-Brühe.

Kitsilano & University of British Columbia

Die zwei Hauptverkehrsstraßen von Kitsilano – West 4th Ave und Broadway – säumt eine ausgewogener Mischung verschiedener Restaurants. Der Weg hierher lohnt sich: Einen Strand- oder Shopping-Tag kann man mit einer leckeren Mahlzeit ausklingen lassen. Der Hippie-Vergangenheit des Viertels sind die vegetarierfreundlichen Lokale zu verdanken, Kits' neuer Reichtum sorgte in den letzten Jahren zudem für ein paar Top-Adressen, die eine Sünde wert sind. Auch die UBC bietet ein paar kulinarische

Optionen; ansonsten nimmt man einen Bus ins nahe Kitsilano, wo die Auswahl sehr viel größer ist.

★ Mr. Red Cafe VIETNAMESISCH $

(☎ 604-559-6878; 2680 W Broadway; Hauptgerichte 6–14 C$; ⌚ 11–21 Uhr; ; 9) Die authentischen, bodenständigen Gerichte aus Nordvietnam schmecken so, als würde sie eine charmante alte Dame im Hinterzimmer zubereiten. Reservierungen sind nicht möglich, wer also nicht auf einen der wenigen Tische warten möchte, sollte außerhalb der Stoßzeiten kommen. Die Leckereien eignen sich zum Teilen, darunter Baguette-Sandwiches mit Schweinefleisch, *cha ca han oi* (würziger gegrillter Fisch) und umwerfende, pyramidenförmige Reisteigtaschen, gefüllt mit Schweinefleisch und hart gekochten Wachteleiern.

★ Fable KANADISCH $$

(☎ 604-732-1322; www.fablekitchen.ca; 1944 W 4th Ave; Hauptgerichte 19–31 C$; ⌚ Mo–Fr 11.30–14, Mo–Sa 17.30–22, Sa & So Brunch 10.30–14 Uhr; 4) Dieses beliebte Farm-to-Table-Restaurant ist in einem rustikal-schicken Ziegelraum mit Holzbalken untergebracht. Das Äußere macht aber nur einen Teil seines Charmes aus. Man bekommt auch perfekt zubereitete Bistrogerichte mit saisonalen Zutaten der Region, z.B. Ente, Lamm oder Heilbutt. Das Essen ist anspruchsvoll, aber nicht überspannt, was an den meisten Abenden zu einem vollen Haus führt. Man sollte reservieren.

Naam VEGETARISCH $$

(☎ 604-738-7151; www.thenaam.com; 2724 W 4th Ave; Hauptgerichte 9–16 C$; ⌚ 24 Std.; ; 4) Das vegetarische Restaurant ist ein atmosphärisches Relikt aus Kitsilanos Hippie-Vergangenheit und erinnert an ein gemütliches Bauernhaus. Zu Stoßzeiten muss man oft auf einen Tisch warten, entschädigt wird man jedoch mit einer riesigen Auswahl an herzhaften Pfannengerichten, abendlichen Curry-Specials, dick gefüllten Quesadillas und allseits beliebten Pommes mit Miso-Bratensauce. Hier werden auch Fleischliebhaber begeistert sein.

Ausgehen & Nachtleben

Die Bewohner Vancouvers gehen gern aus. British Columbia hat eine tolle Weinkultur zu bieten und erlebt einen Boom kleiner Brennereien, dennoch hält vor allem die regionale Craft-Bier-Szene Nachtschwärmer bei Laune. Wer Lust auf einen Abend mit ortstypischen Getränken hat, schließt sich den versierten Barbesuchern in Gastown, in der Main St und um den Commercial Dr an.

★ Alibi Room PUB

(Karte S. 708; ☎ 604-623-3383; www.alibi.ca; 157 Alexander St; ⌚ Mo–Do 17–23.30, Fr 17–0.30, Sa 10–0.30, So 10–23.30 Uhr; ; 4) Vancouvers beste Craft-Bier-Kneipe lagert hinter der Bar mit freigelegtem Mauerwerk rund 50 Sorten vom Fass, größtenteils von renommierten Brauereien aus BC wie Driftwood, Four Winds und Yellow Dog. Experimentierfreudige Gäste – sowohl Hipster als auch eingefleischte Bierliebhaber – wissen den „Frat Bat" für 11,50 C$ zu schätzen: Bei der Kostprobe mit vier Sorten kann man diese selbst wählen oder sich überraschen lassen. An der Tafel sind stets wechselnde Spezialsorten angeschrieben.

★ Storm Crow Alehouse PUB

(☎ 604-428-9670; www.stormcrowalehouse.com; 1619 W Broadway, South Granville; ⌚ Mo–Do 11–1, Fr 11–2, Sa 9–2, So 9–1 Uhr; 9) Der große nerdfreundliche Pub heißt wirklich jeden willkommen, wahrscheinlich sogar Borg und Zwerge aus *Herr der Ringe*. Gäste können hier die vielen Erinnerungsstücke an den Wänden (darunter *Millennium-Falcon*-Modelle und eine *Tardis*-Toilettentür) bestaunen, Brettspiele spielen und sich dazu die passenden Getränke, darunter Romulan Ale à la *Star Trek* und Pangalactic Gargleblasters à la *Per Anhalter durch die Galaxis*, genehmigen. Gegen den Hunger helfen dicke Kichererbsen-Pommes.

★ Brassneck Brewery MIKROBRAUEREI

(☎ 604-259-7686; 2184 Main St; ⌚ Mo–Fr 14–23, Sa & So 12–23 Uhr; 3) Vancouvers beliebteste Mikrobrauerei brachte in den ersten sechs Monaten nach Eröffnung über 50 Biersorten hervor und gewinnt weiterhin Anhänger mit einer ständig wechselnden Auswahl an bemerkenswerten Brauerzeugnissen mit Namen wie Bivouac Bitter, Stockholm Syndrome und Magician's Assistant. Unsere Empfehlung ist das leckere Passive Aggressive, ein Dry-Hopped Pale Ale. Chancen auf einen Platz in der kleinen Probierbar hat man nur, wenn man früh kommt, vor allem am Wochenende.

★ Catfe CAFÉ

(Karte S. 708; ☎ 778-379-0060; www.catfe.ca; International Village Mall, 88 Pender St; mit/ohne

Kaffeegetränk 5/8 C$; ⏲Fr–Mi 11–21 Uhr; ; Ⓢ Stadium-Chinatown) In Vancouvers einzigem Katzencafé bucht man online einen Platz (auch Spontanbesucher können Glück haben), bestellt einen Kaffee und macht es sich im großen Katzenspielzimmer gemütlich, wo sich Dutzende Miezen herumtreiben. Alle Tiere stammen von der SPCA (Society for the Prevention of Cruelty to Animals) und können nach Durchlaufen des üblichen Prozedere adoptiert werden.

★ Shameful Tiki Room BAR

(www.shamefultikiroom.com; 4362 Main St; ⏲So–Do 17–24, Fr & Sa bis 1 Uhr; 🚌3) In dieser fensterlosen kleinen Bar fühlt man sich wie an einem polynesischen Strand. Die Beleuchtung aus glühenden Kugelfisch-Lampenschirmen sorgt für dämmeriges Licht, die Wände zieren Tiki-Masken und an der mit Stroh bedeckten Decke hängen Rattanverkleidungen. Eigentliches Highlight sind jedoch die Getränke, gut gemixte Klassiker wie Zombies, Mai Tais und eine Volcano Bowl für vier Personen.

Narrow Lounge BAR

(Karte S. 708; www.narrowlounge.com; 1898 Main St; ⏲Mo–Fr 17–1, Sa & So bis 2 Uhr; 🚌3) Nach Passieren des Eingangs an der 3rd Ave führt eine von Graffiti gesäumte Treppe hinunter zu Vancouvers coolster kleiner Bar (am roten Licht erkennt man, ob sie geöffnet ist). Sie ist kaum größer als ein Zugwaggon und wird von mottenzerfressenen ausgestopften Tieren und Bildern aus dem Trödelladen geziert. In der atmosphärischen Höhle fühlt man sich immer wie spät in der Nacht. Im Sommer lockt eine versteckte Freiluftbar im hinteren Bereich.

Fountainhead Pub SCHWULENBAR

(Karte S. 708; ☎604-687-2222; www.thefountainheadpub.com; 1025 Davie St; ⏲So–Do 11–1, Fr & Sa bis 2 Uhr; 🚌6) Die lauteste, stolzeste Schwulenbar der Gegend mit freundlichem Ambiente punktet vor allem mit dem Treiben auf der Terrasse, das sich bis auf die Davie St erstreckt. An Sommerabenden kann man hier wunderbar Passanten beobachten. Wer es ruhiger mag, genehmigt sich drinnen ein paar Lager oder Cocktails mit ungezogenen Namen wie Porn Star und Red Stag Sour.

Main Street Brewing MIKROBRAUEREI

(☎604-336-7711; www.mainstreetbeer.ca; 261 E 7th Ave; ⏲Mo–Do 14–23, Fr–So 12–23 Uhr; 🚌3) Main Street Brewing ist in einem historischen, alten Brauereigebäude untergebracht und hat einen tollen kleinen Probierraum im Industrieschick sowie Biere aus der Flasche und vom Fass. Nach einer Kostprobe mit vier Sorten kann man sich seinen Favoriten bestellen. Sehr zu empfehlen ist das Westminster Brown Ale, meist gibt's jedoch auch das eine oder andere gute Indian Pale Ale.

Diamond COCKTAILBAR

(Karte S. 708; www.di6mond.com; 6 Powell St; ⏲Mo–Do 17.30–1, Fr & Sa bis 2, So bis 24 Uhr; 🚌4) Hinter dem unauffälligen Eingang führt eine Treppe hinauf in eine der einladendsten kleinen Cocktailbars in Vancouver. Der renovierte, denkmalgeschützte Raum mit Schiebefenstern (die Plätze mit Aussicht sind am schönsten) ist bei der hiesigen Hipstergemeinde sehr beliebt, dabei jedoch unprätentiös. Hinzu kommen perfekt zubereitete Premium-Cocktails und eine Tapas-Auswahl mit vielen japanisch angehauchten Varianten.

Fortune Sound Club CLUB

(Karte S. 708; ☎604-569-1758; www.fortunesoundclub.com; 147 E Pender St; ⏲Fr & Sa 21.30–3 Uhr plus Sonderveranstaltungen; 🚌3) Vancouvers bester Club hat einen langweiligen Laden in Chinatown in einen schicken Treffpunkt mit originellen Mitarbeitern und junger, cooler Klientel verwandelt, die man in dieser Form in der Stadt eher selten trifft. Drinnen warten eine riesige Tanzfläche und partyverrückte Einheimische, die sich

UND PROST: BRITISH COLUMBIAS TOP-BIERE

Fat Tug IPA Driftwood Brewery (www.driftwoodbeer.com)

Dive Bomb Porter Powell Street Craft Brewery (www.powellbeer.com)

Four Winds IPA Four Winds Brewing (www.fourwindsbrewing.ca)

Persephone Pale Ale Persephone Brewing Company (www.persephonebrewing.com)

Zunga Blonde Ale Townsite Brewing (www.townsitebrewing.com)

Red Racer India Red Ale Central City Brewers & Distillers (www.centralcitybrewing.com)

Father John's Winter Ale Howe Sound Brewing (www.howesound.com)

prächtig amüsieren. Am Wochenende muss man sich auf Schlangen einstellen und bei den Happy Ending Fridays kann man den John Travolta in sich entdecken.

Keefer Bar COCKTAILBAR
(Karte S. 708; ☎604-688-1961; www.thekeeferbar.com; 135 Keefer St; ⏰Mo 17–24, Di–Do & So bis 1, Fr & Sa bis 2 Uhr; Ⓜ Stadium-Chinatown) Die dunkle, schmale, atmosphärische Bar in Chinatown ist das Revier der cocktailverliebten In-Gemeinde. Das Probieren der vielen Getränkevarianten verspricht viel Spaß. Das Angebot reicht von perfekt zubereiteten Rosmarin-Gimlets über Siamese Slippers bis hin zu einer ausgezeichneten Whiskey-Karte und ein paar leckeren Tapas – die idealen Zutaten für einen schönen Abend.

★ **Liberty Distillery** BRENNEREI
(Karte S. 708; ☎604-558-1998; www.thelibertydistillery.com; 1494 Old Bridge St; ⏰11–20 Uhr; 🚌50) Vancouvers attraktivste Craft-Brennerei bietet einen Saloon-ähnlichen Probierraum, durch dessen Fenster man die glänzenden, futuristisch anmutenden Brenngerätschaften sieht. Doch nicht nur die Ästhetik überzeugt: Während der Happy Hour (Mo–Do 15–18 Uhr) gibt's hausgemachten Gin, Wodka und weißen Whiskey sowie gute Cocktails für jeweils nur 6 C$. Wer möchte, kann sich einer Führung anschließen (10 C$; Sa & So 11.30 & 13.30 Uhr).

Six Acres BAR
(Karte S. 708; ☎604-488-0110; www.sixacres.ca; 203 Carrall St; ⏰So–Do 11.30–23.30, Fr & Sa bis 0.30 Uhr; 📶; 🚌4) Gastowns gemütlichste Kneipe bietet eine ausgewogene Auswahl an sorgsam ausgewählten Biersorten aus der Flasche und vom Fass. Vorne gibt es einen kleine lebendige Sommerterrasse, während man es sich drinnen (vor allem oben) in einer geselligen, kerzenbeleuchteten Ecke gemütlich machen und durch die Bierkarte probieren kann. Gegen den kleinen Hunger helfen der eine oder andere Snackteller zum Teilen.

☆ Unterhaltung

Wer Unterhaltung sucht, hat in Vancouver die Qual der Wahl. Die Palette reicht dabei von Hochkultur bis zu massentauglicher Unterhaltung. Wer möchte, kann an einem Abend ins Theater gehen, sich am nächsten ein Fußballspiel ansehen und dann eine vergnügliche Livemusik-Show besuchen. Die Einheimischen geben gern Tipps, oft auch zu Insider-Events, die einem sonst verborgen bleiben würden.

Livemusik

★ **Commodore Ballroom** LIVEMUSIK
(Karte S. 708; ☎604-739-4550; www.commodoreballroom.com; 868 Granville St; 🚌10) Einheimische Bands, die in Vancouvers bestem mittelgroßem Veranstaltungsort auftreten, haben es geschafft. Der restaurierte Art-déco-Saal hat dank der Autoreifen unter den Dielen eines der federndsten Tanzparketts der Stadt. Wer eine Pause braucht, kann an einem der Tische um die Tanzfläche bei einem Stella aus der Flasche wieder zu Atem kommen, bevor es wieder in die Menge geht.

Rickshaw Theatre LIVEMUSIK
(Karte S. 708; ☎604-681-8915; www.liveatrickshaw.com; 254 E Hastings St; 🚌14) Das unkonventionelle Rickshaw wandelte sein schäbiges Erscheinungsbild aus den 1970er-Jahren und zeigt, dass die Gentrifizierung der Eastside auch positive Auswirkungen hat. Der Schwerpunkt liegt auf Punk- und Indie-Bands. Der ideale Laden, um eine Liveband zu erleben, bietet außerdem eine riesige Tanzfläche nahe der Bühne und dahinter Reihen mit Theatersesseln.

Biltmore Cabaret LIVEMUSIK
(☎604-676-0541; www.biltmorecabaret.com; 2755 Prince Edward St; 🚌9) Das Biltmore gehört zu den besten alternativen Bühnen der Stadt und ist ein fester Bestandteil der hiesigen Indie-Szene. Hier kann man unter niedrigen Decken und bei guter Stimmung zu der Musik einheimischer Künstler und tourender Bands tanzen, zudem gibt es regelmäßige Abendveranstaltungen. Das aktuelle Programm ist im Online-Kalender nachzulesen, darunter auch die sehr beliebten **Kitty Nights Burlesque Shows** (www.kittynights.com), die mit einer ordentlichen DJ-Tanzparty enden.

Kinos

★ **Pacific Cinémathèque** KINO
(Karte S. 708; ☎604-688-3456; www.thecinematheque.ca; 1131 Howe St; Karten 11 C$, Double Bills 16 C$; 🚌10) Das beliebte Kino funktioniert wie ein ständiges Filmfestival mit täglich wechselndem Filmrepertoire. Man benötigt eine Jahresmitgliedschaft für 3 C$ (am Eingang erhältlich), um sich im Dunkeln zu den hochkonzentrierten Filmliebhabern gesellen zu dürfen, die ihre Kinder (oder Haustiere) wahrscheinlich nach Fellini oder Bergman benannt haben.

Rio Theatre KINO, THEATER
(☎604-879-3456; www.riotheatre.ca; 1660 E Broadway; Ⓢ Commercial-Broadway) Das restaurierte Lichtspielhaus aus den 1980er-Jahren bietet das abwechslungsreichste Programm der Stadt. Es wirkt wie ein kommunales Repertoiretheater, dessen Bandbreite von Blockbustern und Arthaus-Filmen über Livemusik (das Soundsystem ist exzellent) bis hin zu improvisierter Comedy und schlüpfrigen Burlesk-Abenden reicht. Der Veranstaltungskalender informiert über das Programm. Empfehlenswert sind die kommentierten Gentlemen-Heckler-Filmvorführungen.

Vancity Theatre KINO
(Karte S. 708; ☎604-683-3456; www.viff.org/theatre; 1181 Seymour St; Karten 12 C$, Doppelkarten 18 C$; 🚌10) Das hochmoderne Zentrum des Vancouver International Film Festival (S. 717) zeigt das ganze Jahr über eine breite Auswahl an Filmen in einem Kinosaal, von dem Filmfreunde träumen: große Beinfreiheit, breite Armlehnen und beste Sicht von jedem der 175 Sitzplätze. Hier ließe sich auch ein vierstündiges Epos über einen tropfenden Wasserhahn durchstehen.

Scotiabank Theatre KINO
(Karte S. 708; www.cineplex.com; 900 Burrard St; 🚌2) Das schicke Multiplex in der Downtown ist so groß, dass es einen eigenen Sponsor hat, und es zeigt meist die neuesten Blockbuster. Zudem gibt es gelegentlich Liveübertragungen aus großen kulturellen Einrichtungen wie dem National Theatre in London und der New Yorker Metropolitan Opera. Dienstags ist der Eintritt günstiger.

Theater & klassische Musik

★ **Bard on the Beach** THEATER
(Karte S. 708; ☎604-739-0559; www.bardonthebeach.org; Vanier Park, 1695 Whyte Ave; Karten ab 20–57 C$; ⏲Juni–Sept.; 🚌22) Im Sommer ist eine Shakespeare-Vorstellung auf der Zeltbühne, hinter der die Sonne über den Bergen untergeht, ein echtes Highlight. Meist werden drei Shakespeare-Stücke und ein Werk, das mit dem Barden in Zusammenhang steht (z. B. *Rosenkranz und Güldenstern sind tot*) gezeigt. Nach der Vorstellung am Dienstagabend gibt es oft Fragerunden, ansonsten stehen regelmäßige Opernvorstellungen, Feuerwerk und abendliche Weinproben auf dem Programm.

★ **Cultch** THEATER
(Vancouver East Cultural Centre; ☎604-251-1363; www.thecultch.com; 1895 Venables St; 🚌20) Die einst verlassene Kirche wurde 1973 zum Kulturraum ernannt und dient seitdem als Treffpunkt für Künstler und Zuschauer. Seit die beliebte Cultch (so ihr Spitzname) vor einigen Jahren umfassend renoviert wurde, ist sie ein Highlight der Kulturlandschaft Vancouvers. Zum umfangreichen Programm gehören Theateraufführungen aus und um Vancouver sowie Gastspiele, von Vorträgen bis hin zu Ibsen-Produktionen auf Tournee.

Arts Club Theatre Company THEATER
(☎604-687-1644; www.artsclub.com) Der Arts Club, Vancouvers größte, beliebteste und produktivste Theatergesellschaft, zeigt in drei Theatern in der Stadt Vorstellungen.

Vancouver Symphony Orchestra MUSIK
(☎604-876-3434; www.vancouversymphony.ca) Das Stadtorchester spielt bei seinen Auftritten in und um die Stadt sowohl klassische als auch Pop-Musik (z. B. Filmmusik). Zu den Konzertstätten gehören u. a. das prachtvolle Orpheum Theatre und größere Freiluftbühnen im Stanley Park.

Sport

Vancouver Canucks HOCKEY
(Karte S. 708; ☎604-899-7400; canucks.nhl.com; Rogers Arena, 800 Griffiths Way; Ⓢ Stadium-Chinatown) Vancouvers Vertreter in der National Hockey League (NHL) strapazierte 2011 im Finale des Stanley Cup die Nerven der Fans, bevor es das siebte Spiel gegen die Boston Bruins verlor, was zu Ausschreitungen in der Stadt führte. Aber die Liebe zur Mannschaft ist stark, und noch immer hört man bei den meisten Spielen den Schlachtruf „Go Canucks, go!“ aus der brechend vollen Rogers Arena schallen. Um Karten muss man sich früh kümmern, ansonsten wird auch in hiesigen Bars mitreißende Atmosphäre geboten.

Vancouver Whitecaps FUSSBALL
(Karte S. 708; ☎604-669-9283; www.whitecapsfc.com; BC Place Stadium, 777 Pacific Blvd; Karten 30–150 C$; ⏲März–Okt.; 👪; Ⓢ Stadium-Chinatown) Vancouvers Profifußballteam spielt im BC Place Stadium und gehört zu Nordamerikas oberster Major League Soccer (MLS). Seit ihrem Aufstieg 2011 hatten sie ein wenig zu kämpfen, in den letzten Spielzeiten haben sie sich jedoch in ihre Rolle eingefunden. Mit einem Trikot als Souvenir kann man die Daheimgebliebenen beeindrucken.

BC Lions FOOTBALL
(Karte S. 708; ☎604-589-7627; www.bclions.com; BC Place Stadium, 777 Pacific Blvd; Karten ab 35 C$;

⌚ Juni–Nov.; 👪; Ⓢ Stadium-Chinatown) Die Lions sind Vancouvers Team in der Canadian Football League (CFL), dem für viele spannenderen Gegenstück zur US-amerikanischen NFL. In den letzten Jahren schlugen sie sich ganz gut, den so wichtigen Grey Cup haben sie jedoch seit 2011 nicht mehr gewonnen. An Karten kommt man leicht, es sei denn, es steht ein Spiel gegen die Erzfeinde, die Calgary Stampeders, auf dem Programm.

Shoppen

Vancouvers Einkaufslandschaft hat sich in den letzten Jahren enorm entwickelt. Auf der Robson St sind massentaugliche Ketten vertreten, während man in Gastown, an der Main St und auf dem Commercial Dr hippe, unabhängige Läden findet. Granville Island ist die richtige Adresse für Kunstgeschäfte und Ateliers, South Granville und Kitsilanos 4th Ave wiederum für eine große Auswahl attraktiver Boutiquen.

★ Regional Assembly of Text KUNST & HANDWERK

(☎ 604-877-2247; www.assemblyoftext.com; 3934 Main St; ⌚ Mo–Sa 11–18, So 12–17 Uhr; 🚌 3) Dieses ironische Gegenstück zum digitalen Zeitalter lockt heimische Tintenkleckser mit seinen Tagebüchern, handgefertigten Bleistiftboxen und T-Shirts mit Schreibmaschinenmotiven. Unter der Treppe gibt es eine winzige Galerie mit Zeitschriften aus aller Welt zu bewundern. Jeden Monat trifft sich hier außerdem der **Letter Writing Club** (19 Uhr, 1. Do des Monats); hier kann man auf alten Schreibmaschinen Prosa für seine weit entfernte Liebschaft verfassen.

★ Paper Hound BÜCHER

(Karte S. 708; ☎ 604-428-1344; www.paperhound.ca; 344 W Pender St; ⌚ So–Do 10–19, Fr & Sa bis 20 Uhr; 🚌 14) Der kleine, aber perfekt organisierte Buchladen tritt seit ein paar Jahren den Beweis an, dass das gedruckte Wort noch lebt, und ist eine Lieblingsadresse einheimischer Bücherwürmer. Im Paper Hound kann man den ganzen Tag stöbern und faszinierende Wälzer (größtenteils gebraucht) zu Themen wie Natur, Dichtkunst oder Chaostheorie entdecken. Es lohnt sich nach Empfehlungen zu fragen: Das Personal kennt sich aus.

★ Mintage VINTAGE

(☎ 604-646-8243; www.mintagevintage.com; 1714 Commercial Dr; ⌚ Mo–Sa 10–19, So 11–18 Uhr; 🚌 20) Hier geben hiesige Hipster ihrem Look den gewissen Vintage-Touch. Die Inneneinrichtung erinnert an einen Western-Saloon und das Sortiment gehört zu den vielfältigsten der Stadt. Der Schwerpunkt liegt auf Damenmode (die Bandbreite reicht von Saris bis zu Tutus), während man in der Herrenabteilung im hinteren Bereich einen legeren Velours-Anzug mit passendem Kenny-Rogers-T-Shirt finden kann.

★ Mountain Equipment Co-Op SPORT & OUTDOOR

(☎ 604-872-7858; www.mec.ca; 130 W Broadway; ⌚ Mo–Fr 10–21, Sa 9–18, So 10–18 Uhr, in der Nebensaison kürzere Öffnungszeiten; 🚌 9) Gestandene Wanderer brechen bei der Riesen-Auswahl an Kleidung, Kajaks, Schlafsäcken und cleveren Camping-Gadgets dieses Outdoorladens in Tränen aus. Seit Jahren schon rüstet MEC Outdoor-Enthusiasten aus. Für den Einkauf braucht man eine Mitgliedschaft, die man aber für nur 5 C$ gleich erhalten kann. Equipment wie Kanus, Kajaks, Campingausrüstung etc. kann man hier mieten.

Eastside Flea MARKT

(Karte S. 708; www.eastsideflea.com; Ellis Building, 1014 Main St; 3 C$; ⌚ Fr 18–22, Sa & So 11–17 Uhr, 3. Wochenende im Monat; 🚌 3) Der Flea fand über Jahre in verschiedenen Hallen in Vancouver statt. Heute hat er seinen dauerhaften Sitz im Ellis Building gefunden und bietet einmal im Monat 50 Verkaufsstände mit neuen und gebrauchten Waren, Imbisswagen, Livemusik und sehr einladende Atmosphäre. Wer früh kommt, ersteht vielleicht einen Zylinder und kann sich wie ein viktorianischer Gentleman fühlen (um den gewachsten Schnurrbart muss man sich allerdings selbst kümmern).

John Fluevog Shoes SCHUHE

(Karte S. 708; ☎ 604-688-6228; www.fluevog.com; 65 Water St; ⌚ Mo–Mi & Sa 10–19, Do & Fr bis 20, So 12–18 Uhr; Ⓢ Waterfront) Als sei er eine Kunstgalerie für Schuhe: Dieser verführerische weitläufige Laden stellt die berühmten Treter des hiesigen Designers Fluevog aus. Dessen Herren- und Damenstiefel und -schuhe sehen so aus wie von Doc Martens, wenn diese Firma im Trend geblieben wäre. Man bekommt hohe Dominastiefel oder Designer-Halbschuhe, die wirklich jeden gut aussehen lassen.

Smoking Lily BEKLEIDUNG

(☎ 604-873-5459; www.smokinglily.com; 3634 Main St; ⌚ Mo–Sa 11–18, So 12–17 Uhr; 🚌 3) Hier regiert ein cooler Kunstschulenstil mit Röcken, Gürteln und Nackenträger-Tops, die neckisch mit Aufdrucken von Ameisen, Fahrrädern und Periodensystemen akzentuiert werden. Beliebt sind auch anatomisch korrekte Herzmotive auf Hemden, Schmuck und Kissenbezügen. Zudem gibt's eine tolle Auswahl an Accessoires, darunter originelle Geldbeutel und Umhängetaschen, deren Träger Wert auf natürliche Schönheit legen.

★ **Gallery of BC Ceramics** KUNST & HANDWERK
(Karte S. 708; ☎ 604-669-3606; www.bcpotters.com; 1359 Cartwright St; ⏰ 10.30–17.30 Uhr; 🚌 50) Als Star unter den Kunst- und Handwerksläden von Granville Island zeigt und verkauft die exzellente Galerie als Gesicht der Potters Guild of BC die eindrucksvollen Werke deren Mitglieder. Zur Wahl stehen z. B. einzigartige Tonkrüge und mit Wirbelmustern bemalte Suppenschüsseln. Angesagt sind außerdem die coolen Tassen für Ramen-Nudeln mit Löchern für die Essstäbchen. Kurz gesagt: Hier gibt's erschwingliche Kunst für jedermann.

Coastal Peoples Fine Arts Gallery KUNSTHANDWERK
(Karte S. 708; ☎ 604-684-9222; www.coastalpeoples.com; 312 Water St; ⏰ Mitte April–Mitte Okt. 10–19 Uhr, Mitte Okt.–Mitte April bis 18 Uhr; S Waterfront) Das Geschäft erinnert an ein Museum und verkauft eine exzellente Auswahl an Schmuck, Schnitzarbeiten und Drucken der Inuit- und Nordwestküstenkulturen. Die hochwertigen, exquisiten Stücke sind ideal, wenn man nach einem ganz besonderen Souvenir sucht. Die Totempfähle kann man sich übrigens nach Hause schicken lassen, wenn sie nicht ins Gepäck passen.

Thomas Haas SÜSSWAREN
(☎ 604-736-1848; www.thomashaas.com; 2539 W Broadway; ⏰ Di–Sa 8–17.30 Uhr; 🚌 9) Der eigenständige Chocolatier zieht mit seinen Gourmet-Süßigkeiten jede Menge Einheimische an. Zum Sortiment gehören Karamell-Pekannuss-Schnitten und mit Chili verfeinerte Pralinen, die Stars hinter der gläsernen Scheibe sind jedoch die Fruchtgeleegummis mit Schokoladenüberzug (Himbeer-Ganache ist besonders lecker). Eine gute Anlaufstelle für Vancouver-Souvenirs wie gehaltvolle Chai- und Espresso-Schokoriegel.

Red Cat Records MUSIK
(☎ 604-708-9422; www.redcat.ca; 4332 Main St; ⏰ Mo–Do 11–19, Fr & Sa bis 20, So bis 18 Uhr; 🚌 3) An einem verregneten Tag bietet sich der Besuch einer der coolsten Plattenläden der Stadt an. Auf der Main St verkauft er ein gut sortiertes Sortiment an neuen und gebrauchten CDs und Schallplatten. Man merkt, dass Musiker zur Geschäftsleitung gehören. Wer möchte, fragt sie nach Tipps zur hiesigen Livemusikszene.

Front & Company KLEIDUNG, ACCESSOIRES
(☎ 604-879-8431; www.frontandcompany.ca; 3772 Main St; ⏰ 11–18.30 Uhr; 🚌 3) In dem dreigeteilten Geschäft könnte man leicht ein paar Stunden verbringen. Die größte Abteilung ist die mit modischer Kommissionskleidung. Hier findet man sogar einen altmodischen samtenen Hausrock. Eine Tür weiter gibt es neue, bewusst coole Haushaltswaren, und im dritten Bereich erhält man Geschenkartikel und Accessoires wie Manga-Figuren, Eiswürfelbehälter mit dem Peace-Zeichen und Kaugummis für Nihilisten (also ohne Geschmack).

ℹ Praktische Informationen

GELD

Vancouver Bullion & Currency Exchange (☎ 604-685-1008; www.vbce.ca; 800 W Pender St; ⏰ Mo–Fr 9–17 Uhr; S Granville) Wer Geld tauschen möchte, kann dies bei Vancouver Bullion & Currency Exchange tun. Hier sind die Auswahl an Währungen und die Wechselkurse oft besser als in Banken.

MEDIZINSCHE VERSORGUNG

St. Paul's Hospital (☎ 604-682-2344; 1081 Burrard St; 🚌 22) Unfall- und Notfallklinik in der Innenstadt.

Shoppers Drug Mart (☎ 604-669-2424; 1125 Davie St; ⏰ 24 Std.; 🚌 6) Apothekenkette.

Ultima Medicentre (☎ 604-683-8138; www.ultimamedicentre.ca; Plaza Level, Bentall Centre, 1055 Dunsmuir St; ⏰ Mo–Fr 8–17 Uhr; S Burrard) Keine Termine nötig.

POST

Howe St. Postal Outlet (Karte S. 708; ☎ 604-688-2068; 732 Davie St; ⏰ Mo–Fr 9–19, Sa 10–17 Uhr; 🚌 6)

TOURISTENINFORMATION

Das **Tourism Vancouver Visitor Centre** (Karte S. 708; ☎ 604-683-2000; www.tourismvancouver.com; 200 Burrard St; ⏰ 8.30–17 Uhr; S Waterfront) ist eine umfangreiche Informationsquelle für Besucher, denen das hilfsbereite Personal gern bei der Reiseplanung hilft. Der Service umfasst kostenlose Karten, Reiseführer, ermäßigte Theaterkarten, Buchung von Unterkünften und Touren sowie verschiedene Hochglanzbroschüren zur Stadt und zum Umland.

An- & Weiterreise

AUTO & MOTORRAD

Wer ein Auto in den USA gemietet hat und damit nach Kanada fährt, sollte eine Kopie des Vertrages mitbringen, um Problemen mit den Zollbeamten aus dem Weg zu gehen.

Benzin ist in den USA generell günstiger, deshalb sollte man vor der Grenze nochmal volltanken.

BUS

- Die meisten Überlandbusse enden an Vancouvers mit Leuchtschildern versehenen **Pacific Central Station** (1150 Station St; S Main St-Science World). Hier kommt ein Großteil der inländischen und grenzüberschreitenden Verbindungen von **Greyhound** (www.greyhound.com; www.greyhound.ca) an, außerdem Budgetbusse von **Bolt Bus** (www.boltbus.com) aus den USA sowie Busse von **Quick Shuttle** (www.quickcoach.com) aus Seattle und vom dortigen Sea-Tac International Airport.
- Am Busbahnhof gibt es einen Ticketschalter und eine Gepäckaufbewahrung. Zudem befindet sich hier der Bahnhof für Fernzüge aus Kanada und den USA.
- Die Main St-Science World SkyTrain Station mit Verbindungen ins Zentrum und in die Vororte befindet sich auf der anderen Straßenseite.
- In der Station sind Autovermietungen vertreten. Taxis warten vor der Tür.

FLUGZEUG

Kanadas zweitbetriebsamster Flughafen, der **Vancouver International Airport** (YVR; ☎604-207-7077; www.yvr.ca; WLAN), liegt 13 km südlich des Zentrum in dem Ort Richmond. Es gibt zwei Hauptterminals, eines für internationale Flüge (auch in die USA) und eines für inländische. Beide liegen im selben Gebäude nur einen kurzen Fußmarsch voneinander entfernt. Zum dritten, sehr viel kleineren South Terminal fahren kostenlose Shuttlebusse. Hier starten Wasserflugzeuge, Helikopter und kleinere Flugzeuge, die wenig frequentierte Routen in kleine Gemeinden in British Columbia und darüber hinaus bedienen. Wasserflugzeuge (S. 751) und Hubschrauber (S. 766) ab und nach Vancouver Island und für andere Kurzstrecken starten vom Ufer in der Innenstadt nahe dem Canada Place.

Im Hauptgebäude, das hübsche indigene Kunst schmückt, gibt es Geschäfte, Gastronomiebereiche, Wechselstuben und eine Touristeninformation. Gepäckwagen sind komplett kostenfrei und es ist kostenloses WLAN verfügbar.

SCHIFF/FÄHRE

Fähren von **BC Ferries** (☎250-386-3431; www.bcferries.com) kommen in Tsawwassen an, das eine Autostunde südlich von Vancouver liegt, sowie in Horseshoe Bay, 30 Minuten vom Zentrum entfernt in West Vancouver. Der Betreiber unterhält eines der weltweit größten Fährnetzwerke der Welt. Zum Angebot gehören einige spektakuläre Routen in der gesamten Provinz.

Die Hauptverbindungen in Tsawwassen kommen von Swartz Bay auf Vancouver Island nahe Victoria und von Duke Point nahe Nanaimo. Zudem gibt es Fähren von den Southern Gulf Islands.

Fähren von Horseshoe Bay legen in Departure Bay in Nanaimo an. Zudem gibt es hier Verbindungen aus Bowen Island und Langdale an der Sunshine Coast.

Von Tsawwassen fährt der Bus 620 (Erw./Kind 5,50/3,50 C$) zur Bridgeport Station, wo Anschluss zur Canada Line besteht. In der Innenstadt ist man in etwa 40 Minuten.

Von Horseshoe Bay gelangt man in rund 35 Minuten mit dem Bus 257 (Erw./Kind 4/2,75 C$, 45 Min.) in die Innenstadt. Der Bus 250 braucht länger.

Von Mai bis September sorgen Kreuzfahrtschiffe für viel Betrieb. Sie legen am Canada Place im Zentrum oder am Ballantyne Pier unmittelbar östlich an.

ZUG

- An der **Pacific Central Station** (S. 733) fahren Fernzüge aus ganz Kanada von **VIA Rail** (www.viarail.com) sowie von **Amtrak** (www.amtrak.com) aus Seattle, direkt südlich der Grenze, und darüber hinaus ein. Zudem kommt hier ein Großteil der Fernbusse, darunter auch Verbindungen aus den USA, an.
- Die Main St-Science World SkyTrain Station befindet sich auf der anderen Straßenseite und bietet Verbindungen in die Innenstadt und darüber hinaus.
- Im Bahnhof sind Autovermietungen vertreten. Taxis warten draußen vor dem Gebäude.

Unterwegs vor Ort

AUTO & MOTORRAD

Für die Erkundung von Downtown Vancouver benötigt man kein Auto. Man kommt gut zu Fuß zurecht, zudem gibt es ein umfangreiches öffentliches Verkehrssystem. Wer die Berge und Gemeinden der umliegenden Region besuchen möchte, für den bietet sich hingegen ein fahrbarer Untersatz an: Je weiter man sich vom Zentrum entfernt, desto begrenzter ist die Auswahl an Verkehrsmitteln.

FAHRRAD

- Ausgewiesene Radwege mit einer Länge von über 300 km in der Region machen Vancouver zu einer fahrradfreundlichen Stadt.
- In SkyTrains, SeaBuses und Bussen des öffentlichen Nahverkehrs, die mittlerweile alle mit Fahrradträgern ausgestattet sind, ist die

Fahrradmitnahme kostenfrei. Radfahrer sind gesetzlich zum Tragen eines Helms verpflichtet.

- In den letzten Jahren entstanden in der Innenstadt ausgewiesene Radwege. 2016 wurde zudem ein neues öffentliches Radleihsystem namens **Mobi** (www.mobibikes.ca) eingeführt.
- Die kostenlose *Metro Vancouver Cycling Map* informiert über Radwege in der Gegend, relevante Adressen und Informationsquellen. Man kann sie auch über die Website TransLink herunterladen.
- Anbieter in der ganzen Stadt verleihen Fahrräder (und oft auch Inlineskates), vor allem an der Denman St nahe dem Stanley Park. Dort verläuft auch einer der beliebtesten Radwege Vancouvers.

VOM/ZUM FLUGHAFEN

Taxi

- Vom Flughafenterminal führen Schilder zum Taxistand vor der Tür. Die rund 30-minütige Fahrt in die Innenstadt kostet in der Regel 35 bis 45 C$ plus Trinkgeld (15 % sind üblich).
- In der Nähe des Haupttaxistands stehen zudem Limousinen zur Verfügung. Für die stilechte Ankunft im Zentrum zahlt man rund 20 C$ mehr.

Zug

Die **Canada Line** (Fahrpläne gibt's unter www.translink.ca) von SkyTrain mit 16 Stationen bietet einen Expresszug-Service vom Flughafen ins Zentrum. Die Züge verkehren frühmorgens bis nach Mitternacht alle paar Minuten und benötigen für die Fahrt zur Waterfront Station im Zentrum rund 25 Minuten. Die Flughafenhaltestelle befindet sich direkt draußen zwischen dem Inlands- und dem internationalen Terminal. In beiden Terminals weisen Schilder den Weg. Fahrkarten gibt es an den Automaten am Gleis; bezahlen kann man in bar sowie mit Kredit- und Debitkarte. Wer nach einem langen Flug übermüdet ist und Hilfe braucht, fragt einen der Canada-Line-Mitarbeiter in grünen Jacken. Je nach Fahrtziel und Uhrzeit kosten Tickets ab dem Flughafen zwischen 7,75 und 10,50 C$.

ÖFFENTLICHE VERKEHRSMITTEL

Bus

- **TransLink** (www.translink.ca) betreibt Vancouvers flächendeckendes Busnetz. Alle Busse haben Fahrradträger und eine rollstuhlgerechte Ausstattung. Fahrgäste brauchen Kleingeld, denn die Tickets bekommt man an Automaten, die kein Wechselgeld geben. Sie kosten 2,75/1,75 C$ (Erw./Kind) und sind 90 Minuten lang gültig. Vancouvers öffentliches Verkehrsnetz ist in drei Tarifzonen geteilt, Busfahrten zählen allerdings alle zu einer Zone.
- In der Innenstadt verkehren Busse von frühmorgens bis nach Mitternacht. Zwischen 1.30 und 4 Uhr fahren zudem alle 30 Minuten Nachtbusse; der letzte verlässt das Zentrum um 3.09 Uhr. Nachtbusschilder findet man an ausgewiesenen Haltestellen.

SeaBus

- Das bekannt SeaBus-Shuttle gehört zum Verkehrssystem TransLink (es gelten die Standardtarife) und fährt den ganzen Tag über. Die Fahrt über Burrard Inlet zwischen Waterfront Station und Lonsdale Quay in North Vancouver dauert zwölf Minuten. In Lonsdale besteht Anschluss zu den Bussen nach North Vancouver und West Vancouver, wo die Buslinie 236 zur Capilano Suspension Bridge und zum Grouse Mountain fährt.
- SeaBus-Shuttles fahren montags bis samstags zwischen 6.16 und 1.22 Uhr (So 8.16–23.16 Uhr) an der Waterfront Station ab. Die Fähren sind für Rollstuhlfahrer zugänglich, zudem kann man Fahrräder mitnehmen.
- Fahrkarten kauft man vor der Abfahrt an Automaten, die sich an beiden Stationen befinden. Sie akzeptieren Kredit- und Debitkarten und geben auf Scheine bis 20 C$ Wechselgeld.

SkyTrain

- Das Expresszugnetz Sky Train von TransLink bedient aktuell drei Routen und eignet sich perfekt für Fahrten durch die Region, vor allem für Ausflüge jenseits des Zentrums. Für 2017 ist die Inbetriebnahme einer vierten Route, der Evergreen Line, geplant. Sie verbindet die Vorstadtbezirke Burnaby, Coquitlam und Port Moody.
- Compass-Tickets für SkyTrain-Fahrten kauft man vor der Abfahrt an den Automaten an den Haltestellen. Diese geben Wechselgeld und akzeptieren Debit- und Kreditkarten.
- SkyTrain-Tickets kosten je nach Fahrtziel zwischen 2,75 und 5,50 C$. Für Fahrten ab dem Flughafen wird ein Aufpreis von 5 C$ fällig.

SCHIFF/FÄHRE

Wer mehrere Fahrten plant, kann mit Tageskarten (10–15 C$) und ermäßigten Tickets Geld sparen. Eine einfache Fahrt gibt's ab 3,50 C$.

Aquabus Ferries (☎ 604-689-5858; www.theaquabus.com; Erw./Kind ab 3,50/1,75 C$) betreibt regelmäßig verkehrende Minifähren (teils groß genug für Fahrräder) zwischen dem Ende der Hornby St und Granville Island und bedient außerdem mehrere Landepunkte am False Creek bis hin zu Science World.

False Creek Ferries (Karte S. 708; ☎ 604-684-7781; www.granvilleislandferries.bc.ca; Erw./Kind ab 3,25/2 C$) bietet eine ähnliche Verbindung zwischen Granville Island und Sunset Beach sowie zusätzliche Anlaufhäfen entlang False Creek.

TAXI

Beförderungsdienste wie Uber sind in Vancouver aktuell nicht zugelassen. Etablierte Taxiunternehmen sind:

Black Top & Checker Cabs (☎ 604-731-1111; www.btccabs.ca; 📶)
Vancouver Taxi (☎ 604-871-1111; www.vancouvertaxi.cab)
Yellow Cab (☎ 604-681-1111; www.yellowcabonline.com; 📶)

LOWER MAINLAND

Die Region erstreckt sich von Horseshoe Bay an der Küste bis zum grünen Fraser Valley und umfasst Städte und Vororte, die eine bis zwei Autostunden von der Innenstadt Vancouvers entfernt sind. Dazu gehören auch die Gemeinden, die unmittelbar an die Stadt angrenzen und als Metro Vancouver bezeichnet werden. Mit ihren hoch aufragenden Bergen, bewaldeten Küstenparks, Naturschutzgebieten und historischen Sehenswürdigkeiten eignet sich die Gegend ideal für Tagesausflüge.

Burnaby

Unmittelbar östlich von Vancouver und über das SkyTrain-Netz vom Zentrum aus zu erreichen, liegt der ruhige Wohnbezirk Burnaby mit genug Attraktionen für einen halben Tag. Über die Gegend informiert die Website von **Tourism Burnaby** (☎ 604-419-0377; www.tourismburnaby.com).

Die Wanderwege des idyllischen **Deer Lake Park** (6450 Deer Lake Park Ave) durchqueren Weiden und Waldgebiete und umrunden einen See, an dem Vögel und andere wild lebende Tiere zu Hause sind. Im Sommer findet hier jedes Jahr das **Burnaby Blues + Roots Festival** (www.burnabybluesfestival.com; ⌚ Aug.) statt. Das benachbarte **Burnaby Village Museum** (www.burnabyvillagemuseum.ca; 6501 Deer Lake Ave; ⌚ Mai–Aug. Di–So 11–16.30 Uhr; 👪) GRATIS lässt auf farbenfrohe Weise eine Pionierstadt wiederauferstehen, mit Nachbauten, Geschäften und einem hübschen Karussell von 1912. Um direkt mit dem Auto hierher zu gelangen, nimmt man die Abfahrt Sperling Ave vom Hwy 1 und folgt dann den Wegweisern zum Museum.

Oben auf dem Burnaby Mountain thront mit der 50 Jahre alten **Simon Fraser University** (www.sfu.ca; 8888 University Dr; 🚌 135) die zweitgrößte Campusgemeinde der Lower Mainlands. Kleinere Besucherattraktionen sind beispielsweise die **SFU Gallery** (☎ 778-782-4266; www.sfu.ca/galleries; ⌚ Di–Fr 12–17 Uhr) GRATIS und das **Museum of Archaeology & Ethnology** (☎ 778-782-3135; www.sfu.ca/archaeology/museum.html; ⌚ Mo–Fr 10–12 & 13–16 Uhr) GRATIS.

ℹ An- & Weiterreise

TransLink's (☎ 604-953-3333; www.translink.ca) Die Linien SkyTrain Expo und Millennium fahren den ganzen Tag lang alle paar Minuten von Vancouver nach Burnaby. Für die Fahrt muss man ein Ticket für zwei Tarifzonen (4 C$) lösen.

Fort Langley

Das kleine Fort Langley mit von Bäumen gesäumten Straßen und Fassaden aus dem 19. Jh. ist eines der malerischsten historischen Dörfer von Lower Mainland, ideal für einen Nachmittagsausflug aus Vancouver. Abgesehen vom Fort locken hier Cafés, Boutiquen und Eisdielen.

Das Highlight, die **Fort Langley National Historic Site** (☎ 604-513-4777; www.parkscanada.gc.ca/fortlangley; Erw./Kind 7,80/3,90 C$; ⌚ 10–17 Uhr; 👪), ist das bedeutendste und bemerkenswerteste historische Wahrzeichen der Region.

In dem seit 1827 bestehenden, befestigten Handelsposten gab James Douglas im Jahr 1858 die Gründung British Columbias bekannt. Fort Langlex kann also einen legitimen Anspruch darauf erheben, die Wiege der Provinz zu sein. Mit kostümierten Schauspielern, nachgebauten Künstlerwerkstätten und einem Goldwäschebetrieb, der Kinder begeistern wird (auch wegen der hölzernen Befestigung), ist dies ein idealer Ort für Familien, die bei ihren Ausflügen etwas Neues erfahren möchten.

Wer vor der Besichtigung der einzelnen Gebäude eine kleine Einführung wünscht, kann sich einen Film anschauen, der die Zuschauer mit auf eine erstaunlich unterhaltsame Zeitreise nimmt. Zudem lohnt sich vor dem Besuch ein Blick auf die Website: Zahlreiche informative Veranstaltungen und Aktivitäten, darunter Schmiedekunst-Workshops (vorher buchen), erwecken die Vergangenheit auf spannende Art und Weise wieder zum Leben.

Hunger leiden muss man in Fort Langley nicht – einen kurzen Fußmarsch vom Fort entfernt, gibt es mehrere einladende Restaurants. Wer sich unter die Einheimischen mischen möchte, steuert **Wendel's Bookstore & Cafe** (☎ 604-513-2238; www.wendelsonline.com; 9233 Glove Rd; Gerichte 8–14 C$; ⌚ 7.30–22 Uhr; 📶 🌱) an.

New Westminster

Eine kurze SkyTrain-Fahrt von Downtown Vancouver entfernt, liegt mit „New West" eine der historisch bedeutendsten Gemeinden in BC. 1859 war sie für kurze Zeit die Hauptstadt der neuen Kolonie British Columbia. Ihr Stern verblasste im Laufe des letzten Jahrhunderts, doch in den vergangenen Jahren wurden Versuche unternommen, sie wiederzubeleben. Hier kann man auf einem kleinen Ausflug von Vancouver aus leicht ein paar Stunden zubringen.

Nachdem man an der SkyTrain-Station New Westminster ausgestiegen ist, spaziert man zum Fraser River und dort entlang des **Waterfront Esplanade Boardwalk**, wo ein paar Kunstwerke und Blicke auf den glitzernden Fluss locken. Zudem lassen sich Robben, Reiher und Boote, die Holz hinter sich herziehen, entdecken.

Der angrenzende überdachte **River Market** (☎604-520-3881; www.rivermarket.ca; 810 Quayside Dr; ⏲10–18 Uhr) bietet sich fürs Mittagessen an. Hier thront auch der angeblich **größte Zinnsoldat der Welt** über dem Ufer. Wer Zeit hat, schaut kurz im **Fraser River Discovery Centre** (☎604-521-8401; www.fraserriverdiscovery.org; 788 Quayside Dr; Empfohlene Spende 6 C$; ⏲Juni–Aug. 10–16 Uhr, Sept.–Mai Mi–Sa 10–16 Uhr; 👪) vorbei, um etwas über die Geschichte des gewaltigen Flusses zu erfahren, der hier vorbeifließt. Danach geht's ins Landesinnere zu den Geschäften und historischen Gebäuden auf der nahe gelegenen Columbia St.

ℹ Praktische Informationen

Weitere Infos über das Gebiet gibt's bei **Tourism New Westminster** (☎604-526-1905; www.tourismnewwestminster.com; 777 Columbia St; ⏲Juni–Sept. Mo–Sa 10–17 Uhr, Okt.–Mai 10–16 Uhr).

ℹ An- & Weiterreise

Regelmäßig verkehren **TransLink-Verbindungen** (☎604-953-3333; www.translink.ca) von SkyTrain in rund 25 Minuten von der Innenstadt Vancouvers nach New Westminster. Die Fahrt umfasst zwei Tarifzonen (4 C$).

Richmond & Steveston

Die heutige Chinatown der Region ist über die Canada Line von SkyTrain von Vancouver aus zu erreichen und bietet sich für einen Halbtagesausflug an. Nach einem Abstecher zu den asiatischen Einkaufszentren kann man sich in chinesischen, japanischen oder vietnamesischen Restaurants stärken. Sehr lohnenswert ist außerdem der historische Uferbereich von Steveston. Hier genießen Einheimische bei Sonnenuntergang gerne leckere Fish & Chips, zudem gibt's zwei tolle Museen.

👁 Sehenswertes

Gulf of Georgia Cannery MUSEUM
(☎604-664-9009; www.gulfofgeorgiacannery.org; 12138 4th Ave, Steveston; Erw./Kind 10,20/6,30 C$; ⏲10–17 Uhr; 👪; Ⓜ Richmond-Brighouse, dann Bus 401) Das beste Industriemuseum von British Columbia beleuchtet die vergangene Ära der arbeitsintensiven Fischverarbeitung sowohl optisch auch mit Geräuschen. Ein Großteil der Maschinen ist noch vorhanden, wobei der Fokus auf den Menschen liegt, die hier arbeiteten. Bewegend sind die aufgenommenen Stimmen ehemaliger Arbeiter, die wie Geister durch die Räume dringen und die Tage zum Leben erwecken, die diese am Fließband mit Tausenden Dosen verbrachten. Weitere Informationen erhält man bei den Führungen.

Britannia Shipyard MUSEUM
(☎640-718-8038; www.britanniashipyard.ca; 5180 Westwater Dr, Steveston; ⏲Mai–Sept. Fr–Mi 10–17, Do bis 20 Uhr, Okt.–April Sa & So 12–17 Uhr; Ⓜ Richmond-Brighouse, dann Bus 410) GRATIS Der Komplex am Fluss aus historischen Hütten, die staubige Gerätschaften, Boote und Exponate, die an die Seefahrervergangenheit der Region erinnern, beherbergen, zählt zu den faszinierendsten und schnörkellosesten historischen Stätten der Gegend. Im erhaltenen **Murakami House** lebte eine japanische Großfamilie, bevor sie im Krieg interniert wurde. Die freiwilligen Helfer kann man gern mit Fragen löchern – sie haben tolle Geschichten zu erzählen.

Richmond Night Market MARKT
(☎604-244-8448; www.richmondnightmarket.com; 8351 River Rd, Richmond; Erw./Kind 3,25 C$/frei; ⏲Mitte Mai–Mitte Okt. Fr & Sa 19–24, So bis 23 Uhr; Ⓢ Bridgeport) Von Richmonds zwei asiatisch geprägten Nachtmärkten ist dieser der größere und außerdem ist er einfacher mit dem öffentlichen Nahverkehr zu erreichen. Der Markt ist ein sehr beliebtes sommerliches Ausflugsziel, deshalb sollte man sich auf Warteschlangen einstellen. Drinnen warten die üblichen kitschigen Kinkerlitzchen, außerdem Liveunterhaltung und Dut-

zende dampfende Essensstände, die hungrige Mägen begeistern werden. Fans von Fischbällchen, frittiertem Tintenfisch und Bubble Tea sind hier genau richtig.

Panda Market MARKT
(☎604-278-8000; www.pandamarket.ca; 12631 Vulcan Way, Richmond; ⏰Mai–Mitte Sept. Fr & Sa 19–24, So bis 23 Uhr; 🚌407) GRATIS Früher hieß der Panda Market International Summer Night Market und lockt noch immer mit seinen kitschigen Accessoires und vor allem Dutzenden Essensständen jedes Wochenende zahllose hungrige Einheimische an. Wer viel Hunger mitbringt, kann sich durch dampfende koreanische, japanische und chinesische Leckereien probieren. Unbedingt kosten sollte man außerdem die frittierten spiralenförmigen Kartoffelspieße.

Richmond Olympic Oval STADION
(☎778-296-1409; www.richmondoval.ca; 611 River Rd, Richmond; ⏰6–23 Uhr; Skytrain, 🚌Brighouse, dann 🚌C94) Das riesige Stadion am Ufer ist der größte Veranstaltungsort, der für die Winterolympiade 2010 gebaut wurde (hier fanden die Wettbewerbe im Eisschnelllauf statt). Danach wurde es zu einer öffentlichen Sportanlage, die Einheimische aus der Region anzieht. An Olympia erinnert vor Ort die **Richmond Olympic Experience** (www.therox.ca) mit verschiedenen Simulationen, bei denen sich Besucher wie Medaillengewinner fühlen können.

International Buddhist Temple BUDDHISTISCHER TEMPEL
(☎604-274-2822; www.buddhisttemple.ca; 9160 Steveston Hwy, Richmond; ⏰9.30–17.30 Uhr; 🚌403, Ⓢ Richmond-Brighouse) GRATIS Das Highlight dieses klassischen chinesischen Tempels ist die prachtvolle Gracious Hall mit tiefroten Außenwänden und einem leicht gewölbten Porzellandach. Hübsch anzusehen sind das farbenfrohe 100 m große Buddha-Wandgemälde und die goldene, mehrarmige Bodhisattva-Figur. Eine weitere Attraktion ist der Landschaftsgarten mit Skulpturen und Bonsai-Bäumen. Hier sind alle Glaubensrichtungen willkommen und die Mönche reagieren sehr herzlich auf Besucher, die sich umschauen möchten.

Essen

★ Pajo's FISCH & SEAFOOD $
(☎604-272-1588; www.pajos.com; The Wharf, Steveston; Hauptgerichte 9–16 C$; ⏰11–19 Uhr; Skytrain, 🚌Richmond-Brighouse, dann 🚌401) Es gibt kaum einen besseren Platz für Fish & Chips als den Bootsanleger von Steveston. Einfach dem Duft die Rampe hinauf zu dem kleinen Bestellfenster folgen und bei dem freundlichen Personal seine Wünsche äußern. Die Auswahl ist größer als bei anderen Imbissen und zu empfehlen ist der traditionelle frische frittierte Fisch (Kabeljau, Lachs oder Heilbutt) mit Sauce Tartare nach einem Geheimrezept mit Erbsenpüree.

Parker Place FOOD-COURT $
(☎604-273-0276; www.parkerplace.com; 4380 No 3 Rd, Richmond; Hauptgerichte 5–10 C$; ⏰So–Do 11–19, Fr & Sa bis 21 Uhr; 📶; Ⓢ Aberdeen) In Richmond gibt es mehrere beliebte asiatische Einkaufszentren. Das Aberdeen Centre und das Lansdowne Centre sind zwar größer, dafür bietet das Parker Place einen authentischen Food-Court, der an einen Straßenmarkt in Singapur erinnert, und ist bei Einheimischen mit asiatischen Wurzeln beliebt. Zur Wahl stehen preisgünstige Nudeln, Fischbällchen und chinesische Zuckerwatte. Am besten teilt man sich ein paar Gerichte.

Shibuyatei RAMEN $
(☎778-297-1777; 2971 Sexsmith Rd, Richmond; Hauptgerichte 7–14 C$; ⏰Mo–Sa 11.30–14 & 17–21 Uhr) Der winzige, bei Einheimischen beliebte Laden in wenig attraktiver Lage neben einer Autowaschanlage serviert Sushi, eigentliches Highlight sind jedoch die Schüsseln mit leckerem Ramen (ohne Glutamat) und leckere japanische Currys mit Hühnchen oder Schweinefleisch-*katsu* (frittiert). Das Ganze ist ein Einmannbetrieb, deswegen bilden sich zu Stoßzeiten lange Schlangen.

Shanghai River Restaurant CHINESISCH $$
(☎604-233-8885; 7381 Westminster Hwy, Richmond; Hauptgerichte 10–22 C$; ⏰11–15 & 17.30–22 Uhr; Ⓢ Richmond-Brighouse) Von einem Tisch am Küchenfenster aus kann man den handwerklichen Aufwand bestaunen, der in diesem verwinkelten nordchinesischen Lokal betrieben wird, um mit das beste Dim Sum der Gegend herzustellen. Am besten Teller zum Teilen bestellen (ein Gericht pro Person reicht meist) und aufpassen, dass man mit den saftigen Schweine- und Krabbenteigtaschen niemanden anspritzt.

Sushi Hachi SUSHI $$
(☎604-207-2882; 8888 Odlin Cres, Richmond; Hauptgerichte 8–22 C$; ⏰Mo–Sa 18–21 Uhr; Ⓢ Aberdeen) Der authentische, schnörkellose, eigenständige Betrieb serviert seiner anspruchsvollen einheimischen Klientel

erstklassiges *nigiri* (roher Fisch oder Meeresfrüchte auf einem Reisbällchen) und Sashimi, und setzt sich von den zahlreichen Sushiläden ähnlicher Größe in der Gegend ab. Telefonisch reservieren und bald kann man Flunder, Tintenfisch und Jackmakrele genießen. Ein Sake rundet alles ab.

Shoppen

Daiso KAUFHAUS

(☎604-295-6601; www.daisocanada.com; 4151 Hazelbridge Way, Aberdeen Centre; ⊙9.30–21 Uhr; Ⓢ Aberdeen) Kanadas erste (und bisher einzige) Filiale des beliebten japanischen Discounters genießt in Metro Vancouver fast schon Kultstatus. Ein Besuch des großen, zweistöckigen Kaufhauses ist eine kulturelle Entdeckungsreise und bietet die Gelegenheit, Schreibwaren, Reisschüsseln und Actionfiguren zu verlockend niedrigen Preisen sowie skurrile Plastikartikel ohne erkennbaren Nutzen, teils mit unfreiwillig komischen japanisch-englischen Slogans, zu erstehen.

YVR Thirft Store SECONDHAND-LADEN

(www.yvrchaplain.com/thrift-store; 4871 Miller Rd, Vancouver International Airport; ⊙Fr 12–17 Uhr; Ⓜ YVR-Airport) Wer am Vancouver International Airport noch eine Stunde zu vertrödeln hat, kann diesen ungewöhnlichen Secondhand-Laden, einen zehnminütigen Spaziergang vom Terminal entfernt, ansteuern. Wer sich schon immer gefragt hat, was mit all den Scheren und Nagelclips passiert, die die Flughafensicherheit einkassiert, ganz zu schweigen von den Büchern und Pullis, die am Flughafen vergessen werden (bei unserem letzten Besuch sahen wir sogar einen Kinderwagen): Nun, sie landen genau hier!

Praktische Informationen

Infos zu beiden Gebieten liefert das **Tourism Richmond Visitor Centre** (☎604-271-8280; www.tourismrichmond.com; 3811 Moncton St, Steveston; ⊙Juli–Aug. 9.30–18 Uhr, Sept.–Juni Mo–Sa 9.30–17 & So 12–16 Uhr; 🚌402).

An- & Weiterreise

Die Canada Line SkyTrains von **TransLink** (☎604-953-3333; www.translink.ca) verkehren den ganzen Tag über von Vancouver hierher. An der Bridgeport Station fahren einige Züge zum Flughafen und einige weiter nach Richmond, deshalb sollte man sichergehen, dass man im richtigen sitzt. Stadtbusse (auch Richtung Steveston) bieten in Bridgeport Anschluss zur Canada Line und zu anderen Haltestellen.

BOWEN ISLAND

Eines der besten Ziele für einen Tagesausflug von Vancouver aus ist Bowen Island. Es liegt eine nur 20-minütige Bootsfahrt von Horseshoe Bay entfernt, dennoch trennen dieses British Columbia in Miniaturform Welten von Downtown Vancouver. Eine wunderschöne Bootsfahrt führt nach **Snug Cove**, einer niedlichen, dorfähnlichen Siedlung mit vielen verschrobenen Einheimischen und Outdoor-Attraktionen.

Die Promenade von Snug Cove lädt zu einem Spaziergang ein, bei dem man das altmodische Ambiente Dutzender Holzhütten und Häuser im Tudor-Stil genießen kann. An Wochenenden im Juli und August sorgt ein **Markt** mit Kunst-, Handwerks und Essensständen für Betriebsamkeit. Ansonsten kann man den recht steilen Hügel zum **Artisan Square** erklimmen und die Galerien in Schindelhäusern und kleinen Läden erkunden, darunter **Cocoa West Chocolatier** (☎604-947-2996; www.cocoawest.com; 581C Artisan Ln; ⊙Mai–Sept. 10–17 Uhr, außerhalb der Saison kürzer).

In den 1920er- und 1930er-Jahren kamen Besucher mit dem Dampfschiff an. An jene idyllische Vergangenheit erinnern die faszinierenden Exkursionen von **Bowen Island Tours** (☎604-812-5041; www.bowenislandtours.com; Touren Erw./Kind ab 25/12 C$). Ansonsten locken die atemberaubenden Waldwege im **Crippen Regional Park** und am **Killarney Lake**; Tipps gibt's unter www.bowentrails.ca. Interessant ist außerdem Opa, der imposanteste alte Baum der Insel, der Jahrhunderte alt sein soll. Kajakfans wenden sich an **Bowen Island Sea Kayaking** (☎604-947-9266; www.bowenislandkayaking.com; Bowen Island Marina, Snug Cove; Verleih/Touren ab 45/75 C$; ⊙April–Sept.).

Seit Jahren ist der Bau eines Hotels im Gespräch, aktuell gibt's einige gute Unterkünfte auf Bowen. Für Schokoladenliebhaber bietet sich die schicke Suite im Cocoa West Chocolatier mit leckerem Willkommenspäckchen auf dem Kissen an. Einige der alten Hütten und Häuser an der **Union Steamship Marina** (☎604-947-0707; www.ussc.ca; Snug Cove; DZ ab 180 C$; 📶) wurden außerdem in einzigartige Übernachtungsquartiere verwandelt; Infos liefert die Website.

Ein kurzer Spaziergang vom Fährhafen führt zum **Doc Morgan's Restaurant & Pub** (☎604-947-0808; 437 Bowen Island Trunk Rd; Hauptgerichte 16–22 C$; ⊙So–Fr 12–23, Sa 10–1 Uhr).

Praktische Informationen

Insidertipps liefert das **Visitors Center** (☎ 604-200-2399; www.tourismbowenisland.com; 432 Cardena Rd; ⌚ Mitte Mai–Sept. 9–16 Uhr), nur ein paar Schritte vom Fährhafen entfernt.

An- & Weiterreise

Von Vancouvers Innenstadt fährt ein Bus von **TransLink** (☎ 604-953-3333; www.translink.ca) in rund 20 Minuten zum Fährhafen von **BC Ferries** (☎ 250-386-3431; www.bcferries.com) in Horseshoe Bay. Am besten nimmt man den Expressbus 257. Den ganzen Tag über verkehren Fähren nach Snug Cove auf Bowen Island (Erw./Kind/Auto 12,35/6,20/34,85 C$, 20 Min., 12-mal tgl.).

SEA TO SKY HIGHWAY

Die atemberaubende Klippenstraße, auch bekannt als Hwy 99, verbindet eine Reihe von Ortschaften zwischen West Vancouver und Lillooet miteinander und ist die Hauptroute zwischen Metro Vancouver und Squamish und Whistler. Die verschlungene Straße wurde in den letzten Jahren ausgebaut und bietet unterwegs mehrere lohnenswerte Stopps. Das gilt vor allem für Frischluftfanatiker, Geschichtsliebhaber und alle, die die atemberaubenden Landschaften von British Columbia zu schätzen wissen.

An- & Weiterreise

Aus Vancouver kommend, gelangen die meisten Besucher über den Hwy 99 in die Gegend, der Verbindungsstraße zwischen Squamish, Whistler und dem Umland. Überlandbusse bedienen dieselbe Route, darunter **Greyhound Canada** (www.greyhoundcanada.ca) und **Pacific Coach Lines** (☎ 604-662-7575; www.pacificcoach.com). Nützliche Infos zum Verkehr und zum Straßenzustand liefert Mountain Radio (107,1FM).

Squamish & Umgebung

Eine Stunde nördlich von Vancouver und eine weitere von Whistler entfernt, liegt Squamish am Schnittpunkt von Ozean, Fluss und alpinem Wald. Heute präsentiert sich die einstige schäbige Holzfällerstadt als beliebte Ausgangsbasis für Outdoor-Aktivitäten und Top-Attraktionen in der Nähe.

Sehenswertes

Sea to Sky Gondola SEILBAHN

(☎ 604-892-2551; www.seatoskygondola.com; 36800 Hwy 99, Squamish; Erw./Kind 40/14 C$; ⌚ Mai–Okt. tgl. 10–18 Uhr, Mai–Sept. Fr & Sa bis 20 Uhr, im Winter kürzer) Die beliebte Seilbahn ist die größte neue Attraktion in der Gegend rund um Squamish seit Jahren und bringt Besucher den bewaldeten Berghang hinauf. Oben am Gipfel bieten Aussichtsplattformen Ausblicke auf die atemberaubende Landschaft von BC. Nachdem man die Kamerabatterien angesichts der Ausblicke auf den Howe Sound leer geknipst hat, traut man sich an die Hängebrücke in luftigen Höhen, erkundet die Waldwege und die dortige Vogelwelt und besucht das Restaurant mit Panoramablick. Im Sommer werden kostenlose **Naturexkursionen** angeboten, während im Winter Aktivitäten wie **Snowtubing** und Schneeschuhwanderungen locken.

Britannia Mine Museum MUSEUM

(☎ 604-896-2260; www.britanniaminemuseum.ca; Hwy 99, Britannia Beach; Erw./Kind 29/18,50 C$; ⌚ 9–17 Uhr; 👪) Am Standort der einst größten Kupfermine des British Empire etwa zehn Minuten vor Squamish auf dem Hwy 99 befindet sich dieses riesige, eindrucksvoll gestaltete Industriemuseum. Toll ist die Fahrt mit dem ratternden Tunnelzug (im Eintritt inbegriffen), zudem gibt's viele kinderfreundliche Exponate – u. a. können Kids selbst Gold waschen. Angesichts der harten Arbeitsbedingungen im Bergbau früherer Tage wird man sich wohl nie wieder über seinen Chef beschweren. Im Souvenirladen kann man glitzernde Mitbringsel aus Pyrit erstehen.

West Coast Railway Heritage Park MUSEUM

(☎ 604-898-9336; www.wcra.org; 39645 Government Rd, Squamish; Erw./Kind 18/13 C$; ⌚ 10–17 Uhr; 👪) Zugliebhaber aufgepasst: Hinter der Innenstadt von Squamish liegt dieses große, größtenteils im Freien gelegene Museum mit Schieferhäusern und Dutzenden historischen Lokomotiven und Waggons. Für BCs legendäre Royal-Hudson-Dampflok wurde extra das Roundhouse erbaut. Ein Plausch mit den ehrenamtlichen Mitarbeitern lohnt sich; viele davon sind pensionierte Eisenbahnmitarbeiter, die viele Geschichten zu erzählen haben. Interessant ist außerdem der alte Postwaggon, der für Besucher zugänglich ist. Über Sonderveranstaltungen für Kinder sollte man sich vorab informieren, vor allem an Weihnachten und in den Schulferien.

Garibaldi Provincial Park PARK

(www.bcparks.ca; Hwy 99) Outdoor-Liebhaber sind in dem 1950 km² großen Park genau richtig. Er ist zu Recht für seine Wanderwege, die üppige Pflanzen- und Tierwelt und die Panoramablicke über die Wildnis bekannt. Im Sommer werden Wanderer geradezu magisch angezogen, während die Wege im Winter als Langlaufloipen dienen. Es gibt fünf Hauptwege, die vom Hwy 99 aus durch blau-weiße Schilder markiert sind. Der **Cheakamus Lake Hike** (3 km) gehört zu den beliebtesten Wanderwegen des Parks, ist relativ einfach und hat kaum Steigungen.

Stawamus Chief Provincial Park PARK

(www.bcparks.ca; Hwy 99, Squamish) Auf dem Weg von Vancouver nach Squamish sieht man einen blanken, 652 m hohen Granitfelsen thronen. Er wird „Chief" genannt, zieht kühne Kletterer an und ist das Highlight im Stawamus Chief Provincial Park. Um die atemberaubende Aussicht von oben zu genießen, benötigt man keine Kletterausrüstung: es gibt auf der Rückseite Wanderwege hinauf. Bei Squamish Rock Guides (S. 741) bekommt man Informationen und Kletterkurse.

Shannon Falls Provincial Park WASSERFALL

(www.bcparks.ca; Hwy 99, Squamish) Etwa 4 km vor Squamish, hört man das rauschende Wasser des Shannon Falls Provincial Park. Vom Parkplatz aus führt ein kurzer Weg zum drittgrößten Wasserfall in BC, wo das Wasser 335 m tief vom Felsrand hinabstürzt. Ein paar Picknicktische laden zu einem Mittagessen unter freiem Himmel ein.

Gillespie's Fine Spirits BRENNEREI

(☎604-390-1122; www.gillespiesfinespirits.com; 38918 Progress Way, Squamish; ⏲Fr–So 12–18 Uhr, Mo–Do nach Vereinbarung) Die freundliche kleine Mikrobrennerei liegt gut versteckt in einem Industriegebiet und lohnt die Suche. Samstags und sonntags finden um 14 Uhr Führungen statt, außerdem können die Besucher an der Probierbar hausgemachten Gin, Wodka und Likör aus bunt zusammengewürfelten Gläsern aus dem Trödelladen probieren (3 Proben für 5 C$). Die Facebook-Seite informiert über abendliche Lounge-Veranstaltungen und anmeldepflichtige Cocktailkurse.

Brandywine Falls Provincial Park PARK

(www.bcparks.ca; Hwy 99) Ein paar Kilometer nördlich von Squamish liegt direkt am Hwy 99 dieser von Bäumen gesäumte, 143 ha große Park mit einem spektakulären 70 m hohen Wasserfall als Herzstück. Ein kurzer Spaziergang durch den Wald führt zu einer Plattform, die für weiche Knie sorgt und die Kante des Wasserfalls überblickt, wo das Wasser unvermittelt wie aus einem riesigen Wasserhahn zwischen den Bäumen hervorströmt. Ein 7 km langer Rundweg führt weiter durch den dichten Wald und die ehemaligen Lavafelder bis zur **Cal-Cheak Suspension Bridge**.

Aktivitäten

Sea to Sky Air RUNDFLÜGE

(☎604-898-1975; www.seatoskyair.ca; Squamish Airport, Squamish; ab 109 C$; ⏲April–Okt. 9–18 Uhr, Nov.–März Do–So & Di bis 17 Uhr) Der freundliche Anbieter veranstaltet Flüge in Kleinflugzeugen, die von dem kleinen, von Wald gesäumten Flughafen der Stadt starten. Die Blicke über Täler mit schneebedeckten Gipfeln und glitzernde Gletscherseen sind exzellente Fotomotive. Am besten ist die Introductory Flight Experience (199 C$): Auf eine Flugzeuginspektion auf der Rollbahn folgt der Start auf dem Sitz neben dem Piloten, bevor man oben auch mal selbst das Steuer übernehmen darf.

Squamish Spit OUTDOOR-AKTIVITÄTEN

(Squamish) Die Squamish Spit, ein beliebtes Revier für Kiteboarder und Windsurfer, lockt jede Menge Wassersportler an. Die Sai-

ABSTECHER

KAOHAM SHUTTLE

Einer der kleinsten Züge in British Columbia nimmt Einheimische und Besucher auf eine der wohl schönsten Kurzbahnreisen der Provinz mit. Seinen Platz in den zwei Waggons des **Kaoham Shuttle** (☎250-259-8300; www.tsalalh.net/shuttle.html; hin & zurück 10 C$) sollte man telefonisch reservieren – vor allem im Sommer, wenn die 30 Tickets schnell ausverkauft sind. Die Verbindung am Freitag eignet sich am besten für einen Tagesausflug. Auf dem Hwy 99 fährt man an Pemberton vorbei zur Lillooet Station und geht an Bord. Die Fahrt nach **Seton Portage** und zurück dauert nicht einmal zwei Stunden, doch unterwegs bieten sich spektakuläre See- und Bergblicke sowie zahlreiche Gelegenheiten, Wildtiere zu sichten, darunter oft auch Bären, Dickhornschafe und Raufußhühner. Das Beste: Hin- und Rückfahrt kosten nur 10 C$.

son dauert von Mai bis Oktober, und die Website der **Squamish Windsports Society** (www.squamishwindsports.com) ist der erste Anlaufpunkt für Informationen über Wetter, Wasserverhältnisse und Zugang zu der Nehrung.

Squamish Rock Guides KLETTERN
(☎604-892-7816; www.squamishrockguides.com; geführte Klettertouren halber Tag/ganzer Tag ab 85/135 C$) Der Veranstalter organisiert geführte Klettertouren und Kurse im Stawamus Chief Provincial Park (S. 740).

Schlafen & Essen

Alice Lake Provincial Park CAMPING $
(www.discovercamping.ca; Hwy 99 Brackendale; Stellplatz 35 C$) Der große, familienfreundliche Campingplatz mit über 100 Stellplätzen liegt 13 km nördlich von Squamish. Es gibt zwei Duschräume und Toiletten mit Wasserspülung. Camper können hier schwimmen, wandern und radeln (Fahrradverleih vor Ort). Bei einer sehr informativen Rangertour durch die Wälder (nur Juli & Aug.) erfährt man vieles über die Gegend. Dieser Campingplatz ist in der Tat einer der beliebtesten in BC, weshalb man unbedingt lange vor der Reise ein Plätzchen reservieren sollte.

Sunwolf HÜTTEN $$
(☎604-898-1537; www.sunwolf.net; 70002 Squamish Valley Rd, Brackendale; DZ 150 C$;) Die idyllische Anlage mit zehn gemütlichen, gepflegten Hütten an einem bewaldeten Abschnitt des Flussufers bietet perfekte Erholung vom Trubel der Stadt. Darüber kreisen oft Weißkopfseeadler; zu den weiteren Attraktionen gehören außerdem beliebte Rafting-Ausflüge und ein hauseigenes Café mit Giebeldach, vor dem sich ortskundige Einheimische unter Bäumen Frühstück oder Brunch – beide gehören zu den besten der Gegend – schmecken lassen.

Howe Sound Inn INN $$
(☎604-892-2603; www.howesoundinn.com; 37801 Cleveland Ave, Squamish; DZ 129 C$;) Das komfortable Gasthaus steht für rustikale Qualität: Die Zimmer sind warm und einladend und mit viel Holz eingerichtet. Von einer Klettertour auf den Stawamus Chief kann man sich in der hauseigenen, beliebten Sauna erholen – oder auch im **Brauhaus** im unteren Stock, das eines der besten hausgemachten Biere in BC serviert. Gäste können sich für eine kostenlose Führung anmelden.

Auch wenn man nicht hier übernachtet, lohnt sich ein Besuch wegen des Restaurants mit leckerer, gehobenerer Kneipenkost.

Galileo Coffee Company CAFÉ $
(☎604-896-0272; www.galileocoffee.com; 173 Hwy 99; Backwaren ab 4 C$; Mo–Fr 6–15 Uhr, Sa & So 7–15 Uhr) Das Café gegenüber dem Eingang zum Britannia Mine Museum (S. 739) ist ein beliebter Zwischenstopp für eine Kaffeepause auf dem Weg nach Whistler.

Praktische Informationen

Über das Freizeitangebot informiert das schicke Besucherzentrum, das **Squamish Adventure Centre** (☎604-815-5084; www.exploresquamish.com; 38551 Loggers Lane, Squamish; 8–20 Uhr;). Hier gibt es jede Menge gute Informationen zu Wander- und Radwegen in der Gegend.

An- & Weiterreise

Busse von **Greyhound Canada** (www.greyhound.ca) fahren von Vancouver (16 C$, 65 Min., 2-mal tgl.) und Whistler (12 C$, 70 Min., 2-mal tgl.) nach Squamish, zudem verkehren die bequemeren **Pacific Coach Lines** (☎604-661-1725; www.pacificcoach.com) vom Zentrum Vancouvers hierher (60 C$, 70 Min., bis zu 6-mal tgl.). Einheimische bevorzugen allerdings das komfortable Minibus-Shuttle **Squamish Connector** (☎604-802-2119; www.squamishconnector.com) zwischen Squamish und Vancouver (25 C$, 1 Std., 2-mal tgl.).

WHISTLER

10 300 EW.

Das Bergdorf mit seinen Giebelhäusern ist nach den pelzigen Murmeltieren benannt, die hier leben und wie Luftballons pfeifen, aus denen die Luft herausströmt. Whistler war 2010 ein Austragungsort der Olympischen Winterspiele und ist einer der beliebtesten Wintersportorte der Welt. Im Schatten der eindrucksvollen Whistler und Blackcomb Mountains gelegen, wirkt das Städtchen im Winter wie das Motiv auf einer Weihnachtskarte. Die Sommergäste sind mittlerweile jedoch noch zahlreicher als die Skifahrer, dafür sorgen malerische Wander- und Radwege sowie aufregende Outdoor-Abenteuer. In dem verschlungenen kleinen Dorf kann man sich erstaunlich leicht verlaufen, allzu weit ist man vom eigentlichen Ziel jedoch nie entfernt.

Whistler

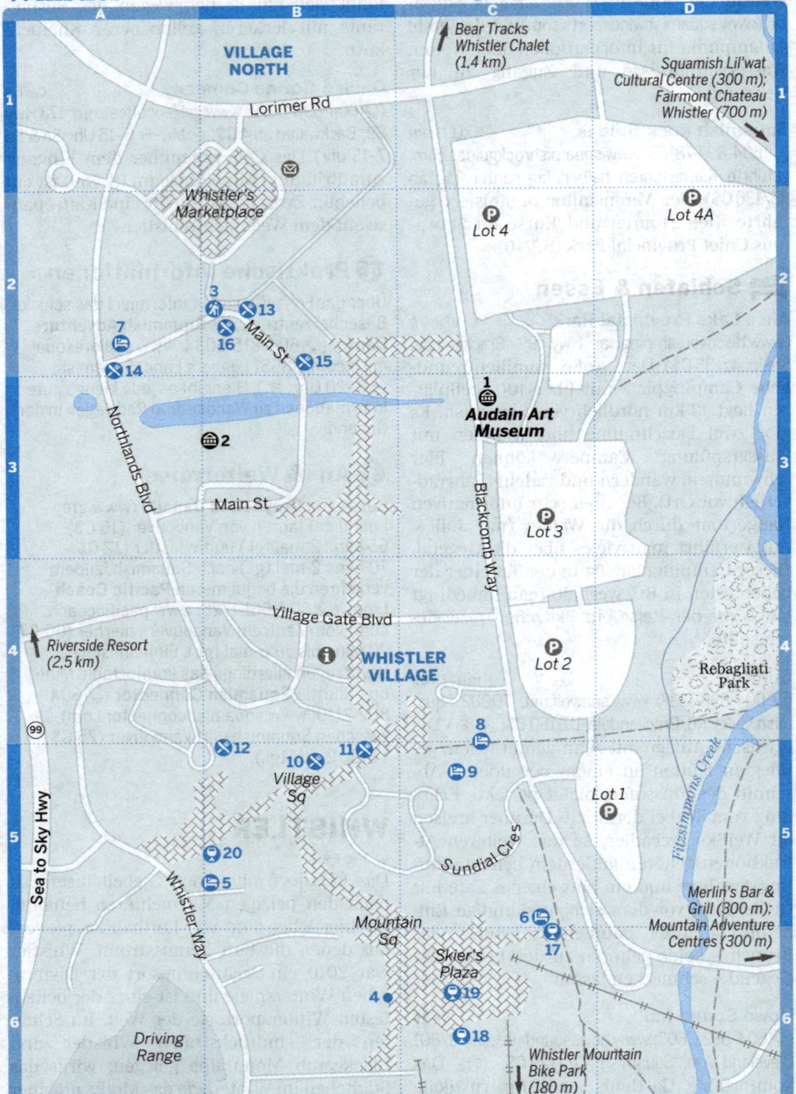

Sehenswertes

★ Audain Art Museum GALERIE

(Karte S. 742; ☎ 604-962-0413; www.audainartmuseum.com; 4350 Blackcomb Way; Erw./Kind 18 C$/frei; ⊙ Sa–Mo & Mi 10–17, Do & Fr bis 21 Uhr) Das beste neue Kunstmuseum von BC ist in einem dramatischen eckigen Gebäude untergebracht, das für sich genommen schon eine Sehenswürdigkeit ist. Das Innere ist jedoch noch eindrucksvoller: Ausgestellt sind faszinierende historische First-Nations-Schnitzereien und ikonische Gemälde der Region von führenden Künstlern, von

Whistler

Emily Carr bis E.J. Hughes. Ein weiterer Schwerpunkt ist zeitgenössische Kunst, z. B. glänzende fotokonzeptionelle Bilder von Jeff Wall, Rodney Graham und anderen. Die letzten Ausstellungsräume setzen auffällige moderne First-Nations-Werke in Szene.

Peak 2 Peak Gondola SEILBAHN
(☎604-967-8950; www.whistlerblackcomb.com/discover/360-experience; 4545 Blackcomb Way; Erw./Jugendlicher/Kind 57/50/29 C$; ⏲10–16.45 Uhr) Das rekordverdächtige Meisterwerk der Ingenieurskunst verbindet die zwei höchsten Gipfel der Gegend miteinander. Die luftige, 4,4 km lange Seilbahnfahrt dauert rund elf Minuten und lässt Passagiere staunend zurück. Unterwegs beeindruckt das weite Panorama aus Wäldern und schneebedeckten Bergen. Am besten ist die Aussicht in den zwei Gondeln mit Glasboden. Die Bahn ist im Sommer und Winter gleichermaßen beliebt.

Whistler Museum & Archives MUSEUM
(Karte S. 742; ☎604-932-2019; www.whistlermuseum.org; 4333 Main St; Empfohlene Spende 5 C$; ⏲11–17, Do bis 21 Uhr) Das tolle kleine Museum versteckt sich in einer anonymen grünen Hütte hinter dem Bibliotheksgebäude und zeichnet Whistlers Entwicklung von einem Außenposten in der Wildnis zu einem olympischen Austragungsort nach. Zu den originellen Exponaten gehören eine Original-Skiliftgondel von 1965 und eine olympische Fackel von 2010. Mitte 2016 waren neue Ausstellungen und heiß ersehnte größere Räumlichkeiten im Gespräch. Am besten informiert man sich im Voraus über Veranstaltungen und schließt sich im Sommer einer der Wandertouren (Eintritt gegen Spende; Juni–Aug. tgl. 13 Uhr) an.

Squamish Lil'wat Cultural Centre MUSEUM
(☎604-964-0990; www.slcc.ca; 4584 Blackcomb Way; Erw./Kind 18/8 C$; ⏲April–Sept. 9.30–17 Uhr, Okt.–März Di–So 10–17 Uhr) In hübschen Räumlichkeiten mit Holzbalken widmet sich das Zentrum zwei recht unterschiedlichen Gruppen der First Nations – eine von der Küste und die andere aus dem Inland. Führungen setzen die Ausstellungsstücke in den entsprechenden Kontext, zudem gibt's im Sommer Performances von Künstlern sowie Grillabende am Dienstag. Ansonsten serviert das angeschlossene Café leckere Bannock-Tacos, während der erst kürzlich erweiterte Geschenkeladen eine exzellente Auswahl an Kunst und Handwerk aus BC verkauft.

Aktivitäten

Skifahren & Snowboarden

Die Geschwisterberge **Whistler** und **Blackcomb** (☎604-967-8950; www.whistlerblackcomb.com; Liftkarte für 2 Tage im Winter Erw./Kind 258/129 C$) mit 37 Liften und über 200 Abfahrten sind über die gigantische, 4,4 km lange Peak 2 Peak Gondola (s. linke Spalte) miteinander verbunden. In nur elf Minuten pro Weg werden staunende Wintersportler zwischen den beiden hochalpinen Arealen hin- und her befördert, daher kann man am selben Tag die Pisten auf beiden Bergen befahren.

Über die Hälfte der Abfahrten gehören zur mittleren Schwierigkeitskategorie. Die Saison dauert in der Regel von Ende November bis April auf dem Whistler und von November bis Juni auf dem Blackcomb. Die besten Bedingungen herrschen von Dezember bis Februar.

ABSEITS DER ÜBLICHEN PFADE

FUNCTION JUNCTION

Mit der Buslinie 1, die südwärts aus dem Dorf hinausführt, gelangt man in 20 Minuten mitten in die Lieblingsgegend der Einheimischen. **Function Junction** entstand als zwischen den Bäumen verstecktes Gewerbegebiet, um den Postkartencharakter des Ortes nicht zu stören. In den vergangenen Jahren haben sich die Dinge jedoch gewandelt und viele der Gewerbebauten beherbergen nun Galerien und Cafés.

Es gibt einige Straßen, deren Erkundung sich lohnt, die beste ist dabei die **Millar Creek Rd**. Nach ein paar leckeren Backwaren im **Purebread** (☎604-983-3013; www.purebread.ca; 1040 Millar Creek Rd; Backwaren 3–6 C$; ⏲8.30–17 Uhr) geht's zur **Whistler Brewing Company** (☎604-962-8889; www.whistlerbeer.com; 1045 Millar Creek Rd; Touren 16 C$; ⏲Mo–Do 13–20, Fr bis 22, Sa & So 12–19 Uhr) gegenüber. Die hiesige Brauerei ist dafür verantwortlich, dass die Bars im Dorf nicht mehr nur Massenware ausschenken. Wer möchte, kann eine Führung über die Anlage unternehmen und ein paar Sorten im Schankraum kosten. Mit ein bisschen Glück kann man das begehrte Chestnut Ale probieren. Weitere Tipps und Infos liefert die praktische Website www.shopfunction.ca.

Mit einem Fresh Tracks Ticket (20 C$) am frühen Morgen (los geht's zwischen 7.15 und 8 Uhr) geht man den Massen aus dem Weg. Das Ticket erhält man im Voraus bei Whistler Village Gondola Guest Relations. Zusammen mit der normalen Liftkarte bringt es eine zusätzliche Stunde auf den Abfahrten und beinhaltet ein Frühstück in der Roundhouse Lodge oben am Gipfel.

Snowboarder können sich in Freestyle-Parks austoben. Diese findet man vor allem auf dem Blackcomb, darunter **Snow Cross** und **Big Easy Terrain Garden**. Auf dem Whistler gibt's außerdem den beliebten **Habitat Terrain Park**.

Wer keine eigene Ausrüstung dabei hat, steuert die verschiedenen Verleiher der **Mountain Adventure Centres** (☎604-967-8950; www.whistlerblackcomb.com/rentals; ⏲8–17 Uhr) im Ort an. Über den Online-Service kann man die gewünschte Ausrüstung aussuchen und reservieren sowie Anfängerkurse für Skifahrer und Snowboarder buchen.

Langlaufen & Schneeschuhwandern

Der **Lost Lake** (☎604-905-0071; www.crosscountryconnection.ca; Tagespass Erw./Kind 20/10 C$; ⏲Mitte Dez.–März 8–20 Uhr) ist einen angenehmen Spaziergang oder eine Fahrt mit dem kostenlosen Shuttlebus vom Dorf entfernt und Mittelpunkt der 25 km langen Langlaufloipen durch den Wald, die sowohl für Anfänger als auch für Fortgeschrittene geeignet sind. Rund 4 km der Strecke sind beleuchtet und können auch abends befahren werden, zudem gibt es eine praktische „Warming Hut", die Kurse anbietet und Ausrüstung verleiht. Auch Schneeschuhwanderer kommen auf ihre Kosten: Sie können die 15 km langen Wege auf eigene Faust erkunden oder einen Guide anheuern. Schneeschuhe kann man leihen.

Der idyllische **Whistler Olympic Park** (☎604-964-0060; www.whistlersportlegacies.com; 5 Callaghan Valley Rd, Callaghan Valley; Parkzufahrt pro Auto werktags/am Wochenende 10/15 C$) liegt südwestlich des Dorfes über den Hwy 99, bietet hohe Schneesicherheit und richtete bei der Olympiade 2010 mehrere nordische Wettkämpfe aus. Über 130 km ausgewiesene Routen locken Schneeschuhwanderer und Langläufer aus dem In- und Ausland an, während im Sommer tolle Bedingungen für Wanderer und Radfahrer herrschen.

Mountainbiken

Der **Whistler Mountain Bike Park** (☎604-967-8950; http://bike.whistlerblackcomb.com; Tagesliftticket Erw./Kind 59/35 C$; ⏲Mai–Okt.) übernimmt im Sommer die nun schneefreien Skihänge und ist über den Lift am Südende des Dorfes zugänglich. Er bietet rasend schnelle Abfahrten und eine Fülle an Sprüngen und Brücken auf gut gepflegten Waldpfaden. Man muss kein Profi sein, um hier zu bestehen: Leichtere Routen sind grün markiert, mittelschwere blau und die für Fortgeschrittene schwarz. Eine der beliebtesten Routen mit hohem Schwierigkeitsgrad nennt sich **Crank It Up**.

Außerhalb des Parks verlaufen verschiedene Wanderrouten, darunter **Comfortably Numb** (anspruchsvoll mit steilen Anstiegen und Brücken, 26 km), **A River Runs Through It** (für jeden Fitnessgrad geeignet, mit Wippen und Holzhindernissen) und der gut zu bewältigende **Valley Trail**, ein leichter 14 km langer Rundweg um das Dorf und den See vor der Kulisse von Wiesen und den traumhaften Bergen rundum, der sich gut für Anfänger eignet.

Wandern

Insgesamt über 40 km mit Blumen und Wäldern gesäumte Bergwege, von denen die meisten über die Whistler Village Gondola zu erreichen sind, machen die Region ideal für Naturliebhaber. Zu den beliebtesten Strecken gehört der **High Note Trail** (8 km), der durch unberührte Wiesen führt und umwerfende Ausblicke auf das blau-grüne Wasser des Cheakamus Lake bietet. Kostenlose Wanderkarten sind beim Whistler Visitors Centre (S. 749) erhältlich. Geführte Touren werden von den freundlichen Mitarbeitern von **Mountain Skills Academy & Adventures** (Karte S. 742; ☎604-938-9242; www.mountainskillsacademy.com; 4368 Main St; ⊙8–19 Uhr, in der Nebensaison kürzer) angeboten. Sie geben außerdem Tipps zu Klettertouren.

Rafting

Tosende Wasserfälle, dichte Wälder und eine reiche Tierwelt gehören zu den Highlights eines adrenalingeladenen Rafting-Ausflugs entlang der hiesigen Flüsse. **Wedge Rafting** (Karte S. 742; ☎604-932-7171; www.wedgerafting.com; 4293 Mountain Sq; Touren Erw./Kind ab 99/69 C$; 🚸) bietet sowohl anspruchsvolle Exkursionen als auch sanftere Spritztouren, die sich für Kinder eignen.

Feste & Events

Winterpride LGBT-GEMEINDE

(www.gaywhistler.com; ⊙Jan.) Eine Woche mit Action im Schnee und nächtlichen Partys für die Schwulenszene.

World Ski & Snowboard Festival WINTERSPORT

(www.wssf.com; ⊙April) Mehrtägige Präsentation professioneller Ski- und Snowboardwettbewerbe samt Partys.

Crankworx MOUNTAINBIKING

(www.crankworx.com; ⊙Aug.) Actiongeladene Veranstaltung mit Bike-Stunts, Wettrennen und Schlamm schleudernden Spielereien.

Cornucopia ESSEN & WEIN

(www.whistlercornucopia.com; ⊙Nov). Ausgelassenes Essens- und Weinfest mit vielen Partys.

Schlafen

Im Winter, vor allem Dezember und Januar, sind die Preise am höchsten, man kann aber trotzdem Last-Minute-Schnäppchen erhaschen, wenn man spontan von Vancouver aus eine Übernachtung bucht. Auf der Website von **Tourism Whistler** (www.whistler.com) findet man Zimmerangebote und Angebotspakete. Die meisten Hotels knöpfen den Gästen Parkgebühren von bis zu 40 C$ am Tag ab, und manche packen noch eine Resortgebühr (*resort fee*) drauf, das sollte man also vor der Buchung abklären.

HI Whistler Hostel HOSTEL $

(☎604-962-0025; www.hihostels.ca/whistler; 1035 Legacy Way; B/Zi. 37/97 C$; @📶) 7 km südlich von Whistler nahe Function Junction liegt dieses 2010 als olympisches Sportlerquartier gebaute, schicke Hotel. Busse zur und aus der Stadt halten direkt vor der Tür. Wer ein eigenes Zimmer mit Bad und TV möchte, sollte im Voraus buchen, ansonsten gibt es noch kleine Schlafsäle. Hier erinnert nur wenig an den oft einheitlichen Look der HI Hostels; stattdessen gibt es eine Ikea-ähnliche Einrichtung, Kunst an den Wänden und ein Café mit Alkoholausschank.

Riverside Resort CAMPING, HÜTTEN $$

(☎604-905-5533; www.whistlercamping.com; 8018 Mons Rd; Campingplätze/Jurten/Hütten 35/119/219 C$; 📶🐾) Nur ein paar Minuten hinter Whistler auf dem Hwy 99 liegt dieser komfortable, familienfreundliche Camping- und Wohnwagenplatz, der in den letzten Jahren um gemütliche Hütten und Jurten erweitert wurde. Die Jurten mit einfacher Einrichtung, Elektrizität und Bettwäsche sind besonders empfehlenswert und das hauseigene Riverside Junction Cafe serviert leckeres Frühstück. Für die Jurten und Hütten gilt ein Mindestaufenthalt von zwei Nächten.

Whistler Peak Lodge HOTEL $$

(Karte S. 742; ☎604-938-0878; www.whistlerpeaklodge.com; 4295 Blackcomb Way; DZ ab 240 C$; 📶) Das ehemalige Holiday Inn in hervorragender Lage im Herzen des Dorfes bietet trotz Upgrade mit die besten Preise vor Ort (zumindest, wenn man früh genug reserviert). Zur Auswahl steht eine große Bandbreite an Zimmern, die alle mit komplett ausgestatteten Küchen oder Küchenzeilen ausgestattet sind. Wer zu faul zum Kochen ist, findet in direkter Nachbarschaft viele Restaurants.

Bear Tracks Whistler Chalet B&B $$

(☎604-932-4187; www.beartrackswhistler.ca; 7461 Ambassador Crs; DZ ab 130 C$; P📶) Einen kurzen Fußmarsch vom Dorf entfernt, beherbergt das bayerisch anmutende B&B verschiedene helle, sonnige Zimmer mit Kiefernmöbeln und frischen, weißen Daunen. Der Garten lädt zu einem abendlichen Glas Wein ein. Ansonsten kann man es sich im Whirlpool gemütlich machen und vom großen Frühstück am nächsten Morgen träumen.

Pinnacle Hotel Whistler HOTEL **$$**
(Karte S. 742; ☎604-938-3218; www.whistlerpinnacle.com; 4319 Main St; DZ ab 240 C$;) Die freundliche, renommierte Lodge gleich gegenüber dem Museum ist auf erwachsene Gäste ausgerichtet und hat in fast jedem Zimmer als Besonderheit einen Whirlpool als dominierendes Element. Balkone und komplett ausgestattete Küchen gehören ebenfalls zum Standard. Wenn man sich wegen der Kälte nicht zu weit von seinem Zimmer entfernen möchte, kann man das hauseigene Restaurant ansteuern.

Adara Hotel BOUTIQUEHOTEL **$$**
(Karte S. 742; ☎604-905-4009; www.adarahotel.com; 4122 Village Green; Zi. ab 209 C$;) Das anspruchsvolle und sehr zentrale gelegene Adara ist ein echtes Boutiquehotel, ganz im Gegensatz zu all den Lodges, die neuerdings behaupten, eines zu sein. Zu den Designer-Details gehört ein modernes rundes Sofa in der Lobby, und die Unterkünfte haben Wellness-Bäder und Kamine, die wie Fernseher aussehen. Trotz der äußerst coolen Ästhetik ist der Service herzlich und entspannt. Nach Pauschalangeboten und Rabatten außerhalb der Saison sollte man sich im Voraus erkundigen.

Whistler Village Inn & Suites HOTEL **$$**
(Karte S. 742; ☎604-932-4004; www.whistlervillageinnandsuites.com; 4429 Sundial Pl; DZ 189 C$;) Das gemütliche Hotel im 1980er-Jahre-Stil in großartiger Lage im Herzen des Dorfes, nur ein paar Schritte von der Whistler Village Gondola entfernt, wurde in den letzten Jahren renoviert und bietet nun eine große Auswahl an Unterkünften. Die Studios und Standardzimmer sind schön, das Highlight sind jedoch die Loft-Suiten mit moderner Einrichtung und praktischer Küchenzeile.

Nita Lake Lodge BOUTIQUEHOTEL **$$$**
(☎604-966-5700; www.nitalakelodge.com; 2135 Lake Placid Rd; DZ ab 240 C$;) Die elegante Fachwerklodge neben dem hübschen Bahnhof von Creekside ist der perfekte luxuriöse Rückzugsort und liegt direkt am See. Die schicken, aber gemütlichen Zimmer haben eigene Veranden, Steinkamine sowie Bäder mit Fußbodenheizung und großen Badewannen. In manchen gibt es außerdem praktische Küchen. Die Lifte von Creekside sind nur einen kurzen Fußmarsch entfernt und im hauseigenen Spa können sich die schmerzenden Muskeln wieder erholen.

Zum Hotel gehört ein Restaurant mit exzellenter West-Coast-Küche. Wer dennoch auswärts essen möchte, kann den kostenlosen Shuttle-Service ins Dorf nutzen.

Pan Pacific Whistler Mountainside HOTEL **$$$**
(Karte S. 742; ☎604-905-2999; www.panpacific.com; 4320 Sundial Cres; DZ ab 240 C$;) Das Mountainside ist eines von zwei Pan-Pacific-Hotels in Whistler und punktet mit der Aussicht auf die Skifahrer, die den Hang hinab zum Fuß des Whistler Mountain wedeln. Die apartmentähnlichen, komfortablen Zimmer haben komplett ausgestattete Zimmer und gemütliche Kamine. Das eigentliche Highlight ist für viele Gäste jedoch der beheizte Außenpool mit Rundumblick auf schneebedeckte Gipfel.

Essen

★ **Purebread** BÄCKEREI **$**
(Karte S. 742; ☎604-962-1182; www.purebread.ca; 4338 Main St; Gebäck 3–6 C$; ⏲8.30–17.30 Uhr) Als diese Legende von Function Junction endlich eine Filiale in Whistler eröffnete, kamen die Einheimischen schnell, und sie stehen seitdem immer noch Schlange. Sie kommen wegen des Füllhorns an köstlichen Backwaren, darunter gesalzene Karamellschnitten, Cookies mit Sauerkirschen und Schoko-Chips und das verblüffende Crack, eine teuflisch klebrige Schnitte aus Buttergebäck. Es gibt aber auch Herzhaftes wie Homity oder Pudgie Pie.

Peaked Pies AUSTRALISCH **$**
(Karte S. 742; ☎604-962-4115; www.peakedpies.com; 4369 Main St; Hauptgerichte 7–13 C$; ⏲8–21 Uhr) Das gesellige kleine Lokal ist zu Essenszeiten sehr voll (am besten zum Mitnehmen bestellen) und feiert Australiens jahrhundertealte Liebe für Pies. Ein Blick hinter die Glastheke gibt Aufschluss über das Tagesangebot (darunter Känguru, wobei aber Butterhühnchen unser Favorit ist). Perfekt dazu passen Beilagen wie Kartoffelpüree, Erbsenbrei und Bratensauce. Für das australische I-Tüpfelchen sorgt ein Lamington-Kuchen zum Nachtisch.

La Cantina Urban Taco Bar

MEXIKANISCH $

(Karte S. 742; ☎604-962-9950; www.tacoslacantina.ca; 4340 Lorimer Rd; Hauptgerichte 8–14 C$; ⊙11–21 Uhr) In dem geschäftigen Ecklokal bestellt man zuerst an der Theke und sucht sich anschließend einen Platz (von den hohen Barstühlen auf der Seite ist meist noch einer frei). Gegen den kleinen Hunger helfen verschiedene Tacos für 3 C$, gegen den großen ein prall gefüllter Burrito. Zu den Hauptzeiten wird's hier richtig voll. Wer dem Kampf um einen freien Platz entgehen möchte, bestellt einfach etwas zum Mitnehmen.

Gone Village Eatery

CAFÉ $

(Karte S. 742; ☎604-938-1990; www.gonevillageeatery.com; 4205 Village Sq; Hauptgerichte 10–12 C$; ⊙6.30–21 Uhr; 📶✍) Das gut versteckte Lieblingscafé der Einheimischen direkt hinter dem Geschäft Armchair Books serviert eine große Auswahl an herzhafter, preisgünstiger Hausmannskost wie Chili, Nudelcurry und Lachs-Burger. Hier stärken sich viele für einen anstrengenden Tag auf der Piste und genehmigen sich nach ihrer Rückkehr einen Kaffee mit Marsriegel. Auf der Terrasse hinterm Haus kann man im Sommer die Abendsonne genießen.

Gegen den Durst hilft ein Bier von Howe Sound Brewing für nur 5,50 C$ pro Pint. Es gibt auch viele vegetarische Gerichte.

Mount Currie Coffee Co

CAFÉ $

(Karte S. 742; ☎604-962-2288; www.mountcurriecoffee.com; 4369 Main St; Hauptgerichte 5–9 C$; ⊙7–18 Uhr; 📶) Der Außenposten des beliebten Pemberton-Unternehmens gehört zu den populärsten unabhängigen Cafés vor Ort. Wer hier nur einen Kaffee bestellen möchte, wird von den vielen leckeren Backwaren (empfehlenswert ist der Karottenkuchen) schnell eines Besseren belehrt. Mittags werden außerdem gern Croissants und Panini bestellt.

Sachi Sushi

JAPANISCH $$

(Karte S. 742; ☎604-935-5649; www.sachisushi.com; 106–4359 Main St; Hauptgerichte 7–32 C$; ⊙Di–Fr 12–14 & tgl. 17 Uhr–open end) Das beliebte japanische Lokal ist Experte für Sushi, serviert jedoch auch viele andere Gerichte wie Schweinefleisch-Gyoza, würzige Eintöpfe und Schüsseln mit wärmenden Udon-Nudeln – am besten sind die Tempura-Nudeln. Hier trifft man sich an kalten Wintertagen zum entspannten Après-Ski bei einem Glas heißem Sake.

Red Door Bistro

FRANZÖSISCH $$$

(☎604-962-6262; www.reddoorbistro.ca; 2129 Lake Placid Rd; 22–38 C$; ⊙17 Uhr–open end) Sobald man weiß, dass man nach Whistler kommt, sollte man in diesem angesagten kleinen Lokal in Creekside reservieren, das bei Einheimischen und gut informierten Besuchern gleichermaßen beliebt ist. Die Zutaten stammen vornehmlich von der Westküste und werden nach französischer Bistroart zubereitet. Das Ergebnis sind köstliche Lamm- und Meeresfrüchte sowie ein sehr empfehlenswerter Eintopf mit Ente, geräuchertem Schwein und anderen Leckereien.

Bar Oso

SPANISCH $$$

(Karte S. 742; ☎604-962-4540; www.baroso.ca; 4222 Village Square; kleine Gerichte 7–27 C$; ⊙15 Uhr–open end) Die erstklassigen kleinen Gerichte nach spanischer Art (*oso* bedeutet Bär) und hausgemachten Wurstplatten bedienen sich an BCs reichen Zutaten und werden jeden Gourmet begeistern. Besonders lecker sind die Lammbällchen. Am besten sichert man sich einen Platz an der eindrucksvollen Steinbar und genehmigt sich zusätzlich ein paar Cocktails.

Christine's on Blackcomb

INTERNATIONAL $$$

(☎604-938-7437; Rendezvous Lodge, Blackcomb Mountain; Hauptgerichte 28–32 C$) Das Restaurant auf einem Berggipfel mit traumhaftem Ausblick ist mit der Seilbahn zu erreichen. Hier lassen sich Gäste in Skianzügen erlesene Gerichte schmecken – das Christine's ist die beste Adresse für Wintersportler oder Wanderer. Wer vorab reserviert (oder den Mittagstrubel meidet), kommt in den Genuss von großartigem Kerala-Fischcurry. Wer keinen Tisch ergattert hat, kann in der angeschlossenen Cafeteria Burger, Burritos, oder Ramen bestellen.

Araxi Restaurant & Bar

KANADISCH $$$

(Karte S. 742; ☎604-932-4540; www.araxi.com; 4222 Village Sq; Hauptgerichte 28–48 C$; ⊙tgl. ab 17 Uhr Abendessen) Whistlers bestes gehobenes Restaurant kredenzt einfallsreiche, exquisite Küche nach Pacific-Northwest-Art und überzeugt mit charmantem, zuvorkommendem Service. Zu scharf gebratenen Jakobsmuscheln aus Wildfang kann man sich einen Wein aus der 15 000 Flaschen fassenden Auswahl genehmigen. Es lohnt sich auch, Platz fürs Dessert zu lassen: Bei regionaler Käseplatte und hervorragender Schokoladen-Ganache-Tart hat man die Qual der Wahl.

ABSTECHER INS LAND DER COWBOYS

Wer Lust auf eine Alternative zum geschäftigen Whistler Village hat, jedoch keine ursprüngliche Wildnis sucht, ist in **Pemberton**, dem nächsten Ort am Hwy 99, richtig. Seine Ursprünge liegen in der Land- und Viehwirtschaft. Bis heute erinnert er an einen abgeschiedenen Außenposten und ist einen halbtägigen Ausflug wert. Von Whistler fährt der Bus 99 Pemberton Commuter hierher (4,50 C$, 40 Min., 4-mal tgl.), mit einem Mietwagen ist man allerdings um einiges flexibler. Die Website www.tourismpemberton.com hilft bei der Reiseplanung.

Nach einem Kaffee und einer riesiger Zimtschnecke in der kleinen holzverkleideten **Blackbird Bakery** (☎604-894-6226; www.blackbirdbread.com; 7424 Frontier St; Backwaren & Sandwiches 3–8 C$; ⏰Mo–Sa 6–20, So 7–20 Uhr) im ehemaligen Bahnhof, geht's ins **Pemberton Museum** (☎604-894-5504; www.pembertonmuseum.org; 7455 Prospect St; ⏰Mai–Okt. 10–17 Uhr), das die Ursprünge der eigenen kleinen Stadt erklärt. Wer möchte, fragt die Mitarbeiter nach dem Maskottchen von Pemberton, einer wie ein Cowboy gekleideten Kartoffel mit Halstuch.

Nun fährt man zur **Pemberton Distillery** (☎604-894-0222; www.pembertondistillery.ca; 1954 Venture Pl; ⏰Juni–Anfang Sept. Mi & Do 12–17, Fr & Sa bis 18 Uhr, im Winter kürzer). Sie gab dem regionalen Trend hin zu Mikrobrennereien wichtige Impulse und bietet Führungen und einen Verköstigungsraum. Alles begann mit sanftem Kartoffelwodka, mittlerweile umfasst das Sortiment jedoch auch beliebten Gin, leckeren Whiskey und Wildhoniglikör. Danach geht's (natürlich mit einem nüchternen Fahrer am Steuer) in 20 Minuten bergaufwärts zu den **Joffre Lakes** außerhalb der Stadt. Hier startet eine hübsche zweistündige Wanderung, ansonsten bietet sich vom Parkplatz aus ein großartiger Ausblick auf den Gletscher.

Zur Abendessenzeit fährt man zurück in die Stadt und sucht sich einen Tisch im rustikalen **Pony** (☎604-894-5700; www.thepony.ca; 1392 Portage Rd; Hauptgerichte 9–18 C$; ⏰6.30 Uhr–open end; 📶) mit seinen roten Wänden. Das beste Restaurant der Stadt serviert gehobene Hausmannskost (empfehlenswert ist Pizza) und ausgewähltes Craft-Bier.

Im Juli findet mitten in den Bergen das **Pemberton Music Festival** (www.pembertonmusicfestival.com) statt, eines der besten und größten in British Columbia. Um Tickets muss man sich im Voraus kümmern.

Ausgehen & Nachtleben

Merlin's Bar & Grill PUB

(☎604-938-7700; 4553 Blackcomb Way; ⏰11–1 Uhr) Wer Lust auf spritziges Kokanee-Bier hat, ist hier richtig. Die urige Partykneipe mit einer riesiger Terrasse am Fuß des Blackcomb hat mit Balken verkleidete Wände, Skiliftsitze an der Decke und einen mit BHs behangenen Elchkopf – alles zusammen sorgt für ein ganz besonderes, gemütliches Flair. Gegen den Hunger helfen Klassiker der Pub-Küche, es gibt auch noch besseres Bier als Kokanee und in der Hochsaison wird oft Livemusik gespielt.

Garibaldi Lift Company PUB

(Karte S. 742; ☎604-905-2220; 4165 Springs Lane, Whistler Village Gondola; ⏰11–1 Uhr) Die urige Bar, die jeder GLC nennt, liegt der Piste am nächsten – beinahe kann man den Schweiß der Skifahrer bzw. Mountainbiker riechen, die an der Terrasse vorbeirasen. Die Einrichtung zeigt die Gebrauchsspuren eines abgenutzten Pubs und am besten kommt man, wenn DJs oder Bands das ganze Publikum zum Tanzen bringen.

Dubh Linn Gate PUB

(Karte S. 742; ☎604-905-4047; www.dubhlinngate.com; 4320 Sundial Cres; ⏰Mo–Fr 8–1, Sa & So 7–1 Uhr) Die dunkle, holzverkleidete Kneipe ist das beliebteste Irish Pub von Whistler. Hier könnte man sich tatsächlich wie in Irland fühlen, wäre da nicht die obligatorische beheizte Terrasse mit Pistenblick. Hier genießen Gäste an dunklen Ecktischen ein Stout, Guinness oder Murphy's. Noch besser sind die etwas teureren Craft-Biere aus BC und die regelmäßige Livemusik, bei der es sich meist um traditionelle irische Musik handelt.

Moejoe's CLUB

(Karte S. 742; ☎604-935-1152; www.moejoes.com; 4155 Golfer's Approach; ⏰21–2 Uhr) Der Club zieht eine internationale, partyfreudige Mitzwanziger-Klientel an, die in den Läden und Cafés von Whistler arbeitet, um möglichst viel Ski fahren zu können. Die beste Adresse vor Ort, wenn man mal wieder so richtig abtanzen möchte. Glaubt man den Einheimischen ist freitagabends die Stimmung am besten.

Longhorn Saloon & Grill PUB
(Karte S. 742; ☎604-932-5999; www.longhornsaloon.ca; 4284 Mountain Sq; ⌚9–1 Uhr) Gegenüber den Liften am Fuß des Whistler Mountain droht die ausufernde Terrasse dieses Pubs manchmal, das Dorf zu überfluten (vor allem mit der durchdringenden Partymusik). Hierher kommen Mitzwanziger, um spritziges Lager krügeweise zu trinken und auf die Suche nach potenziellen Partnern zu gehen. Das Essen ist nichts Besonderes, die Stimmung an Winterabenden dafür jedoch unschlagbar.

Praktische Informationen

Post (Karte S. 742; www.canadapost.ca; 4360 Lorimer Rd; ⌚Mo–Fr 8–17, Sa bis 12 Uhr)

Whistler Visitors Centre (Karte S. 742; ☎604-935-3357; www.whistler.com; 4230 Gateway Dr; ⌚Juni–Aug. So–Mi 8–20, Do–Sa 8–22 Uhr, in der Nebensaison kürzer) Besucherzentrum mit vielen Flyern und freundlichen Mitarbeitern.

Public Library (☎604-935-8433; www.whistlerlibrary.ca; 4329 Main St; ⌚Mo–Do 11–19, Fr 10–18, Sa & So 11–17 Uhr; 📶) Bietet kostenloses WLAN und Computer mit Internetzugang (bis zu 1 Std./Pers. und Tag kostenlos).

Northlands Medical Clinic (☎604-932-8362; www.northlandsclinic.com; 4359 Main St; ⌚9–17.30 Uhr) Ambulante Klinik.

An- & Weiterreise

Die meisten Besucher kommen mit dem Auto von Vancouver über den Hwy 99, allerdings bedient auch **Greyhound Canada** (www.greyhound.ca) die Route und fährt Creekside und Whistler Village (26 C$, 2½ Std., 4-mal tgl.) an. Die Busse verfügen über kostenloses WLAN.

Pacific Coach Lines (☎604-662-7575; www.pacificcoach.com) bietet ebenfalls Verbindungen ab Vancouver (55 C$, 2 Std., 6-mal tgl.) und dem Vancouver International Airport und fährt auch Hotels in Whistler an. **Snowbus** (☎604-451-1130; www.snowbus.com) betreibt im Winter eine Linie ab Vancouver (Erw. 38 C$, bis zu 3 Std., bis zu 3-mal tgl.).

Das **Whistler Transit System** (www.bctransit.com/whistler) hat Busse (einfache Fahrt/Tagesticket 2,50/7 C$) mit Ski- und Fahrradträgern. Im Sommer gibt es eine kostenlose Verbindung vom Dorf nach Lost Lake.

SUNSHINE COAST

Die Sunshine Coast – durch die Coast Mountains und die Strait of Georgia vom Lower Mainland getrennt – erstreckt sich über 139 km an der bewaldeten Küste entlang von Langdale im Süden bis Lund im Norden. Sie hat ein ganz eigenes inseltypisches Flair, und das obwohl die Anreise per Fähre oder Flugzeug ab Metro Vancouver nicht lang ist. Der praktische Hwy 101 verbindet die wichtigsten Gemeinden – Gibsons, Roberts Creek, Sechelt und Powell River – miteinander, was die Erkundung der Region zu einem entspannten Unterfangen macht. Sie ist bei Wanderern, Kajakfahrern und Mountainbikern beliebt und bietet eine dynamische, offene Kunstszene. Informationen liefert die Website von **Sunshine Coast Tourism** (www.sunshinecoastcanada.com). Tipps für Outdoor-Aktivitäten in der Gegend bietet der *Recreation Map & Activity Guide*, den es in zwei Ausgaben (für die nördliche und die südliche Region) gibt.

Gibsons

4500 EW.

Kommt man mit einer Fähre von BC Ferries von Horseshoe Bay an die Sunshine Coast, ist der erste Zielpunkt nach der Landung in Langdale und der Fahrt in die Stadt die hübsche Uferpromenade von Gibsons Landing. Bunt bemalte Holzhäuser überblicken den Jachthafen, einladende Boutiquen und verlockende Lokale säumen die Straßen und im Sommer bietet die Promenade am Kai Blicke auf die vorbeiziehenden Boote.

Zum Zeitpunkt der Recherche waren Veränderungen am Ufer von Gibsons Landing im Gange. Es entstand ein neues Hotel und in der Nähe wurde ein hübsches öffentliches Marktgebäude renoviert. Über aktuelle Entwicklungen informiert das **Visitor Centre** (☎604-886-2374; www.gibsonsvisitorinfo.com; 417 Marine Dr; ⌚Mi–Sa & Mo 10–16, So 10–15 Uhr).

In der **Gibsons Public Art Gallery** (☎604-886-0531; www.gpag.ca; 431 Marine Dr; ⌚Do–Mo 11–16 Uhr) GRATIS kann man Einheimische belauschen, die die neuesten Entwicklungen in der Stadt diskutieren. Außerdem gibt's jeden Monat neue Ausstellungen.

Lust auf Wassersport? Beim freundlichen Anbieter **Sunshine Kayaking** (☎604-886-9760; www.sunshinekayaking.com; Molly's Lane; Kajakverleih 2 Std./24 Std. 35/85 C$; ⌚9–19 Uhr, vorher telefonisch reservieren) gibt es einen Ausrüstungsverleih und Touren.

INSIDERWISSEN

SUNSHINE COAST GALLERY CRAWL

Den kostenlosen Flyer *Purple Banner* gibt es in Visitor Centers. Er informiert über Dutzende Ateliers und Galerien in der gesamten Region. Viele davon empfangen (vor allem im Sommer) spontane Besucher, was man an den lila Fahnen am Straßenrand erkennt. Auf diese Art kommt man hervorragend in Kontakt mit Einheimischen und findet einzigartige Souvenirs. Weitere Infos gibt es unter www.suncoastarts.com. Im Oktober lohnt sich ein Besuch des dreitägigen **Sunshine Coast Art Crawl** (www.sunshinecoastartcrawl.com), bei dem hiesige Ateliers und Galerien sowie Veranstaltungen für Stimmung sorgen.

Wer eine Unterkunft sucht, findet mit der charmanten **Bonniebrook Lodge** (☎604-886-2887; www.bonniebrook.com; 1532 Ocean Beach Esplanade; DZ ab 199 C$; 📶) ein historisches Gästehaus aus Holz mit Blick auf einen ruhigen Uferabschnitt. In der Gegend gibt es außerdem zahlreiche B&Bs, darunter das gemütliche, familienfreundliche **Arcturus Retreat Bed & Breakfast** (☎604-886-1940; www.arcturusretreat.ca; 160 Pike Rd; DZ ab 160 C$; 📶) in praktischer Lage, vom Fährhafen den Berg hinauf. Die Mitarbeiter erklären gern den Weg zum nahen **Sprockids Mountain Bike Park**.

Wer Lust auf Bier von der Sunshine Coast hat, steuert die **Persephone Brewing Company** (☎778-462-3007; www.persephonebrewing.com; 1053 Stewart Rd; ⏱Di–Do & So 11–19, Fr & Sa 10–21 Uhr, im Winter kürzer) an. Ein Besuch lohnt sich vor allem an Wochenenden im Sommer, wenn nicht nur in der rustikalen Lounge, sondern auch an den Holztischen draußen Brauerzeugnisse gekostet werden. Zudem gibt's Livemusik und einen Imbisswagen mit Pizza. Neben leckerem Pale Ale gehören bemerkenswerte saisonale Sorten zur Auswahl.

✕ Essen

Smoke on the Water BBQ Shack GRILLRESTAURANT $
(☎604-840-0004; www.smokeonthewaterbbq.ca; 611 School Rd; 10–16 C$; ⏱April–Okt. 11–18.30 Uhr) Am Pier führt der Duft von Gegrilltem zu dieser Schindelhütte, einer Art Gourmetimbisswagen mit festem (wenn auch saisonalem) Sitz. Neben Klassikern wie Brisket- und Pulled-Porked-Sandwiches gibt es manchmal auch gegrillten Lachs, der aber schnell ausverkauft ist. In dem Fall können sich Fleischliebhaber mit großartiger *poutine* trösten, die den Kalorienbedarf für eine ganze Woche deckt.

Smitty's Oyster House FISCH & SEAFOOD $$
(☎604-886-4665; www.smittysoysterhouse.com; 643 School Rd Wharf; Hauptgerichte 12–24 C$; ⏱Di–Sa 12 Uhr–open end, So bis 20 Uhr, im Winter kürzer) Das Smitty's ist das beste Meeresfrüchterestaurant in Gibsons und sorgte für eine Renaissance der lokalen Küche, als es vor ein paar Jahren eröffnete. Am schönsten sitzt man am langen Gemeinschaftstisch neben der Jachthafenpromenade. Die große Beliebtheit hält an, das gilt vor allem für Sommerabende, wenn die frisch aus ihrer Schale befreiten Muscheln besonders gut schmecken.

The Nova Kitchen BISTRO $$$
(☎604-886-5858; www.thenovakitchen.com; 546 Gibsons Way; 19–30 C$; ⏱Di–Do 16.30–21, Fr & Sa bis 21.30 Uhr) Der steile Weg hierher mag abschrecken, belohnt wird man jedoch mit diesem großartigen Bistro, das frische regionale Küche serviert. Am schönsten ist ein Tisch auf der Terrasse mit dramatischen Blicken über Gibsons Landing und die Küstenlandschaft. Zu den liebevoll zubereiteten, von herzlichem Personal servierten Leckereien aus BC-Zutaten gehören je nach Saison z. B. Schwein aus Chilliwack oder Ente aus Yarrow Meadow sowie schmackhafte Beilagen.

ℹ An- & Weiterreise

BC Ferries (☎250-386-3431; www.bcferries.com) verkehrt zwischen Horseshoe Bay in West Vancouver und Langdale, 6 km nordöstlich von Gibsons (Passagier/Fahrzeug 16,15/54 C$, 40 Min., 9-mal tgl.).

Pacific Ferries (☎778-866-5107; www.pacificferries.ca) betreibt Passagierfähren zwischen Gibsons Landing und Horseshoe Bay (15 C$, 30 Min., 2-mal tgl.).

Busse des **Sunshine Coast Regional Transit System** (www.busonline.ca) fahren regelmäßig vom Fährterminal in Langdale und anderen Orten an der Sunshine Coast nach Gibsons (Erw./Kind 2,25/1,75 C$).

Roberts Creek

Nur ein Stück abseits des Hwy 101 über die Roberts Creek Rd liegt die unkonventionelle

„Downtown", die ein bisschen wie eine Hobbit-Siedlung aussieht – sollten Hobbits jemals auch Hippies gewesen sein. Nach einem Streifzug durch die in Holzhäuschen untergebrachten Geschäfte und Restaurants spaziert man hinunter zum Strand und bestaunt das riesige, sich immer wieder verändernde **Community Mandala**, das auf den Boden gemalt ist.

Im **Gumboot Cafe** (1057 Roberts Creek Rd; Hauptgerichte 8–11 C$; ⏲ Mo–Fr 7–18, Sa & So 8–18 Uhr; 📶) erwarten einen Holzdielen, einheimische Klientel, Kaffee und Leckereien aus dem Ofen (darunter exzellente Pizzas). Abends lockt dann das nahegelegene **Gumboot Restaurant** (☎ 604-885-4216; www.gumbootrestaurant.com; 1041 Roberts Creek Rd; Hauptgerichte 14–27 C$; ⏲ Mo–Do 10–20.30, Fr & Sa 9–21, So 9–20.30 Uhr) mit toll zubereiteten West-Coast-Bio-Gerichten, darunter Lamm und Meeresfrüchte.

Schlafen

Up the Creek Backpackers B&B HOSTEL $
(☎ 604-837-5943; www.upthecreek.ca; 1261 Roberts Creek Rd; B/Zi. 28/80 C$; 📶) Das beste Hostel der Sunshine Coast verfügt über kleine Schlafsäle und Privatzimmer für Pärchen und Familien. Die Gartenhütte hinterm Haus ist besonders gemütlich, zudem gibt es Stellplätze (14 C$). Bei Bedarf kann man ein Zelt für zwei Personen ausleihen (28 C$). Die kleine Gemeinschaftsküche ist gut ausgestattet, und Teil des umweltfreundlichen Anspruches ist strenge Mülltrennung.

Shades of Jade Inn & Spa B&B $$
(☎ 604-885-3211; www.shadesofjade.ca; 1489 Henderson Rd; DZ ab 189 C$; 📶) Das luxuriöse B&B mit zwei Unterkünften richtet sich an erholungssuchende Erwachsene und verspricht Entspannung pur. Das Dekor kombiniert asiatischen Stil mit West-Coast-Elementen und die geräumigen Zimmer (unser Favorit ist das obere mit versteckter kleiner Veranda) verfügen über eine Küche und eine Dampfdusche. Darüber hinaus sorgen ein Außen-Whirlpool und Spa-Anwendungen dafür, dass Gäste gar nicht mehr abreisen möchten.

An- & Weiterreise

Busse des **Sunshine Coast Regional Transit System** (www.busonline.ca) fahren regelmäßig vom Fährhafen in Langdale nach Roberts Creek und ins weitere Umland (Erw./Kind 2,25/1,75 C$).

Sechelt

9775 EW.

Sechelt ist nicht so hübsch wie Gibsons, Roberts Creek oder Powell River, lohnt aber dennoch einen Stopp auf einer Reise entlang der Sunshine Coast. Neben guten Restaurants locken einige tolle Aktivitäten im Freien wie ein Spaziergang entlang des malerischen Ufers der Stadt.

Der mit Tannen und Zedern bestandene **Porpoise Bay Provincial Park** (www.bcparks.ca; Hwy 101) liegt 4 km nördlich von Sechelt entlang der East Porpoise Bay Rd. Hier gibt es einen guten Startpunkt für Kajakfahrten, einen Sandstrand, verschiedene Wanderwege und einen großen **Campingplatz** (www.discovercamping.ca; Stellplätze 29 C$) mit praktischen Warmwasserduschen.

Wer gern paddelt, kann bei **Pedals & Paddles** (☎ 604-885-6440; www.pedalspaddles.com; 7425 Sechelt Inlet Rd; Kajakverleih 2/24 Std. 37/95 C$) Kajaks ausleihen oder eine Kajak-, Schlauchboot- oder SUP-Tour durch das wunderbar ruhige Gewässer des Meeresarms buchen. **Talaysay Tours** (☎ 604-628-8555; www.talaysay.com; Porpoise Bay Provincial Park; Touren ab 59 C$; ⏲ April–Sept.) veranstaltet außerdem informative Kajak- und Wanderausflüge unter Leitung von First-Nations-Angehörigen.

Wer nach einer abgeschiedenen, idyllischen Bleibe am Wasser sucht, kann bei **Beachside by the Bay** (☎ 604-741-0771; www.beachsidebythebay.com; 5005 Sunshine Coast Hwy; DZ ab 199 C$; 📶) eine Hütte und zwei geräumige Suiten mit spektakulärer Aussicht auf Davis Bay buchen. Alternativ folgt man dem Hwy 101 hinter Sechelt weitere 30 Minuten. Dort wartet im hübschen **Halfmoon Bay** das **Painted Boat Resort Spa & Marina** (☎ 604-883-2122; www.paintedboat.com; 12849 Lagoon Rd; DZ ab 385 C$; 📶 🏊) mit einer geräumigen Villa mit Blick aufs Wasser auf. Die Unterkünfte haben komplett ausgestattete Küchen, in der Nähe gibt es einen praktischen Supermarkt und zum Gelände gehört ein viel gerühmtes Restaurant.

Zurück in Sechelt kann man sich im hippen **Basted Baker** (☎ 604-885-1368; bastedbaker.com; 5685 Cowrie St; 9–12 C$; ⏲ Mo–Fr 8.30–17, Sa & So 9.30–16 Uhr; 📶) in der Innenstadt ein dick belegtes Biskuit-Sandwich (vor der Bestellung lohnt der Blick auf die Spezialangebote) mit einem hausgemachten Dessert zum Mitnehmen bestellen. Herzhaftere Mahlzeiten in Form von fachmännisch zube-

NICHT VERSÄUMEN

DER ANDERE WEST COAST TRAIL

Der West Coast Trail auf Vancouver Island ist derart beliebt, dass man ständig anderen Wanderern begegnet. Doch die Sunshine Coast bietet auch eine eigene, weniger bekannte Version, die selbst viele Einheimische erst kürzlich begonnen haben zu entdecken. Von Sarah Point bis Saltery Bay verläuft der 180 km lange **Sunshine Coast Trail**, ein Naturparadies mit alten Wäldern, Küstenabschnitten, über denen Adler kreisen, und traumhaften, schneebedeckten Aussichten. Im Gegensatz zum West Coast Trail ist dieser kostenlos, und es bedarf auch keiner Reservierung. Entlang der Route findet man zwölf kostenlose Hütten zum Übernachten. Weitere Informationen gibt's unter www.sunshinecoasttrail.com.

reiteten Tapas, Suppen und Sandwiches serviert das bei Einheimischen beliebte **Ty's Fine Foods & Bistro** (☎604-740-9818; www.tysfinefoods.com; 5500 Trail Ave; 12–18 C$; ⏲Mo–Fr 11–17, Sa 11–15 Uhr).

Praktische Informationen

Weitere Informationen gibt's beim **Sechelt Visitor Centre** (☎604-885-1036; www.secheltvisitorcentre.com; 5790 Teredo St; ⏲Juli & Aug. 9–17 Uhr, Juni & Sept. Mo–Sa 9–17 Uhr, im Winter kürzer).

An- & Weiterreise

Busse des **Sunshine Coast Regional Transit System** (www.busonline.ca) verkehren regelmäßig vom Fährhafen in Landale und von anderen Ortschaften an der Sunshine Coast nach Sechelt (Erw./Kind 2,25/1,75 C$).

Wasserflugzeuge von **Harbour Air Seaplanes** (☎604-885-2111; www.harbourair.com) fliegen dreimal am Tag vom Zentrum Vancouvers nach Sechelt (118 C$, 20 Min.).

Powell River

12 900 EW.

Das Städtchen am oberen Abschnitt der Sunshine Coast wurde vor über 100 Jahren als Papiermühlenstadt gegründet und hat sich in den letzten Jahren immer wieder neu erfunden. Das Ergebnis ist ein immer hipperer Ort – das gilt vor allem für die historische Townsite –, der außerdem Ausgangspunkt für tolle Outdoor-Aktivitäten ist.

Sehenswertes & Aktivitäten

Im Visitors Centre (S. 753) bekommt man kostenlose Broschüren, um auf eigene Faust die Baudenkmäler von Townsite zu erkunden. Viele davon wurden im Arts-&-Crafts-Stil erbaut und sorgfältig restauriert. Zu den Highlights gehören das **Dr. Henderson's House** (6211 Walnut Ave) und das hübsche **Patricia Theatre** (☎604-483-9345; www.patriciatheatre.com; 5848 Ash Ave), Kanadas ältestes noch betriebenes Kino mit Wandmalereien im Inneren. Einen Besuch lohnt außerdem die **Townsite Heritage Society** (☎604-483-3901; www.powellrivertownsite.com; 6211 Walnut Ave, Dr Henderson's House; 5 C$), die im Sommer oft Führungen durch das historische Viertel anbietet.

Ein guter Abschluss für einen Stadtspaziergang ist eine kostenlose Führung (ganzjährig Sa sowie im Sommer zusätzlich Do) bei **Townsite Brewing** (☎604-483-2111; www.townsitebrewing.com; 5824 Ash Ave; ⏲April–Okt. 11–19 Uhr, Nov.–März Di–Sa 11–19 Uhr) im alten Postgebäude. Für 8 C$ gibt's hier eine leckere Kostprobe mit vier Biersorten. Besonders gut ist das Suncoast Pale Ale, das es nur hier gibt. Wer sich bei einer Wanderung auf dem Sunshine Coast Trail mit einem Bierchen belohnen möchte, kann einen der begehrten wiederverschließbaren Stahlkrüge kaufen (das Auffüllen nicht vergessen!).

Erfrischende Paddeltouren veranstaltet **Powell River Sea Kayak** (☎604-483-2160; www.bcseakayak.com; 10676 Crowther Rd; Kajakverleih 3/12 Std. 35/44 C$).

Schlafen & Essen

Wer eine Unterkunft sucht, trifft mit dem äußerst einladenden **Old Courthouse Inn** (☎604-483-4000; www.oldcourthouseinn.ca; 6243 Walnut St; DZ ab 129 C$; 📶), einem perfekt restaurierten Hotel im Tudor-Stil mit Antiquitäten, eine hervorragende Wahl. In den Zimmern sorgen Dekordetails für Individualität, so fühlt man sich hier wie in einem zweiten gemütlichen (von einer nostalgischen, kreativen Tante eingerichteten) Zuhause. Im Preis inbegriffen ist ein warmes Frühstück im charmanten **Edie Rae's Diner**, das neben leckeren hausgemachten Keksen montagabends ein tolles Abendessen serviert.

Lust auf einen Kaffee am Vormittag? Im **Base Camp** (☎604-485-5826; www.basecamp-coffee.com; 4548 Marine Dr; Hauptgerichte

8–16 C$; ⌚ So–Do 7–19, Fr & Sa 7–21 Uhr; 📶) landet wohl jeder Einheimische irgendwann im Lauf des Tages. Gegen den Hunger am Mittag helfen die Tacos im winzigen, farbenfroh gestrichenen **Costa del Sol** (☎ 604-485-2227; www.costadelsollatincuisine.com; 4578 Marine Ave; Hauptgerichte 10–16 C$; ⌚ Mi–Mo 11.30 Uhr–open end; 🖉) in der Nähe. Eine gute Alternative ist die Panoramaterrasse von **Coastal Cookery** (☎ 604-485-5568; www.coastalcookery.com; 4553 Marine Ave; Hauptgerichte 12–28 C$; ⌚ Mo–Sa 11.30 Uhr–open end, So 16 Uhr–open end) auf der anderen Straßenseite, auf der Craft-Bier und Hausmannskost (lecker ist das Hühnchen-Waffel-Sandwich) serviert werden. Die Speiseauswahl richtet sich nach der Saison, es kommen leckere Zutaten aus BC zum Einsatz und es gibt richtig gutes Bier.

ℹ Praktische Informationen

Visitors Centre (☎ 604-485-4701; www.powellriver.info; 4670 Joyce Ave; ⌚ Juli & Aug. 9–18 Uhr, Sept.–Juni Mo–Sa bis 17 Uhr)

ℹ An- & Weiterreise

Wer von der unteren Sunshine Coast mit dem Auto kommt, nimmt eine Fähre von **BC Ferries** (☎ 250-386-3431; www.bcferries.com) von Earls Cove nach Saltery Bay (Passagier/Fahrzeug 15,85/52,60 C$, 50 Min., bis zu 7-mal tgl.). Von dort führt eine 40-minütige Fahrt nach Powell River. Das Unternehmen bietet zudem Verbindungen zwischen Powell River und Texada Island (Passagier/Fahrzeug 11,45/26,95 C$, 35 Min., bis zu 9-mal tgl.) sowie Comox auf Vancouver Island (Passagier/Fahrzeug 15,90/45,70 C$, 90 Min., bis zu 5-mal tgl.).

Pacific Coastal Airlines (☎ 604-273-8666; www.pacificcoastal.com) fliegt viermal täglich vom South Terminal des Vancouver International Airport nach Powell River (ab 106 C$, 35 Min.).

VANCOUVER ISLAND

Vancouver Island, etwa 500 km lang und 100 km breit, ist zwischen dem westlichen Nordamerika und Neuseeland die größte bewohnte Landmasse. Die Insel ist übersät mit farbenfrohen, schrulligen Ansiedlungen, viele davon als Holzfällersiedlung oder Fischerort gegründet und mit dem Wort „Port" im Namen.

Die Einheimischen sind ein freundliches Völkchen, das stolz auf seine Gegend und ihren besonderen Charakter ist. Man findet hier viele Attraktionen, Erlebnisse und Aktivitäten, die weit weg scheinen vom geschäftigen Festland bei Vancouver. Ganz wichtig: Wer einen guten Eindruck hinterlassen will, nennt die Insel nicht fälschlicherweise „Victoria Island".

Victoria, die geschichtsträchtige Hauptstadt von BC, ist für viele Besucher die erste Anlaufstelle, es lohnt sich jedoch ein Blick über den Tellerrand hinaus. Freunde von gutem Essen und Wein kommen im landwirtschaftlich geprägten Cowichan Valley auf ihre Kosten, während Outdoor-Liebhaber an der surfverrückten wilden Westküste ab Tofino richtig sind. Weiter nördlich lockt eine ursprüngliche Region mit autarken Gemeinden inmitten rauer Wildnis.

ℹ Praktische Informationen

Grundsätzliche Infos sowie Empfehlungen und Broschüren gibt's bei **Tourism Vancouver Island** (☎ 250-754-3500; www.vancouverisland.travel).

Victoria

85 000 EW.

Fast 380 000 Menschen wohnen im Großraum von Victoria, der postkartenreifen Provinzhauptstadt, die lange Zeit als englischste Stadt Nordamerikas galt. Glücklicherweise ist das abgedroschene Old-England-Bild in den letzten Jahren etwas verblasst. Beflügelt von der Verjüngung der Bevölkerung haben sich in einer sanften Revolution langweilige Touristenpubs, Restaurants und Läden in bunt angestrichene Bohemeläden, Kaffeebars mit Parkettböden und erstaunlich innovative Restaurants verwandelt – also in Orte, auf die jede Stadt stolz sein kann. Es lohnt sich, die Enklaven zu Fuß zu erkunden. Sportfans können jedoch genauso gut in die Pedale treten: Victoria nennt mehr Radwege ihr Eigen als jede andere kanadische Stadt. Nach der Erkundungstour locken dann noch das beste Museum British Columbias, ein Park mit einer windigen Uferfront und viele Outdooraktivitäten, darunter Walbeobachtungs- und Kajaktouren.

👁 Sehenswertes

★ Miniature World MUSEUM
(Karte S. 758; ☎ 250-385-9731; www.miniatureworld.com; 649 Humboldt St; Erw./Kind 15/10 C$; ⌚ Mitte Mai–Mitte Sept. 9–21 Uhr, Mitte Sept.–Mitte Mai bis 17 Uhr; 👪; 🚌 70) Neben dem Empress Hotel versteckt sich dieses altmodische Juwel, das man sich unbedingt ansehen sollte, vor allem wenn man sich für die Kunst des

Vancouver Island

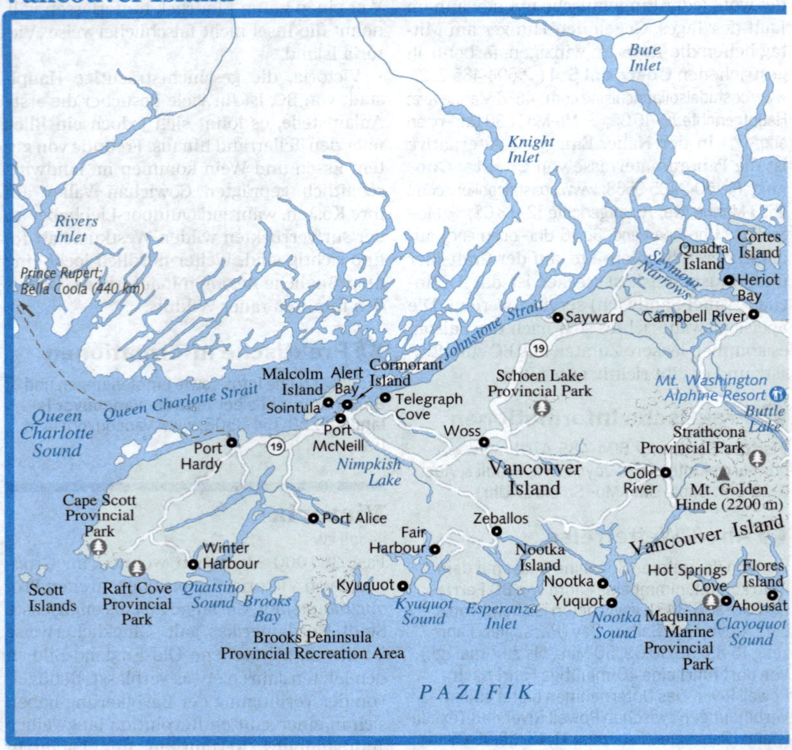

aufwendigen Modellbaus interessiert. Neben Dutzenden Minidioramen, die thematisch in Kategorien wie Camelot, Weltall, Märchen und das alte England eingeteilt sind, gibt es viele Exponate, die per Knopfdruck zu bedienen sind, diverse Modelleisenbahnen und die Möglichkeit, sich selbst auf einer Mini-Kinoleinwand zu sehen.

★ Craigdarroch Castle MUSEUM

(☎250-592-5323; www.thecastle.ca; 1050 Joan Cres; Erw./Kind 14/5 C$; ⏲Mitte Juni–Aug. 9–19 Uhr, Sept.–Mitte Juni 10–16.30 Uhr; P; 🚌14) Die elegante, mit Türmchen versehene Villa gehört zu den schönsten Herrenhäusern Kanadas und beleuchtet das Leben der Superreichen der Stadt in viktorianischer Zeit. Die Zimmer zieren reiche Holzvertäfelungen, Buntglasfenster und historische Antiquitäten, die den Eindruck vermitteln, die früheren Bewohner hätten gerade erst das Haus verlassen. Wer die 87 Stufen im Turm erklimmt, wird mit Blicken auf die Olympic Mountains in der Ferne belohnt. Es lohnt sich, etwas über die oft tragische Geschichte der Familie, die hier einst lebte, zu lesen.

Royal BC Museum MUSEUM

(Karte S. 758; ☎250-356-7226; www.royalbcmuseum.bc.ca; 675 Belleville St; Erw./Kind ab 16/11 C$; ⏲tgl. 10–17 Uhr, Mitte Mai–Sept. Fr & Sa bis 22 Uhr; 👪; 🚌70) Beim Besuch des herausragendsten Museums der Provinz beginnt man am besten mit der naturhistorischen Ausstellung samt bulligem Wollhaarmammut. Danach passiert man faszinierende Dioramen und geht hinauf zur Ausstellung über die kanadischen Indianerstämme mit einer eindrucksvollen Maskensammlung samt weißem Mann mit Frettchen-Gesicht. Das Highlight ist die begehbare Straße aus der Kolonialzeit mit geschäftiger Chinatown und detailreichen Fassaden.

Beacon Hill Park PARK

(www.beaconhillpark.ca; Douglas St; P 👪; 🚌3) In dem am Rande des tosenden Ozeans gelege-

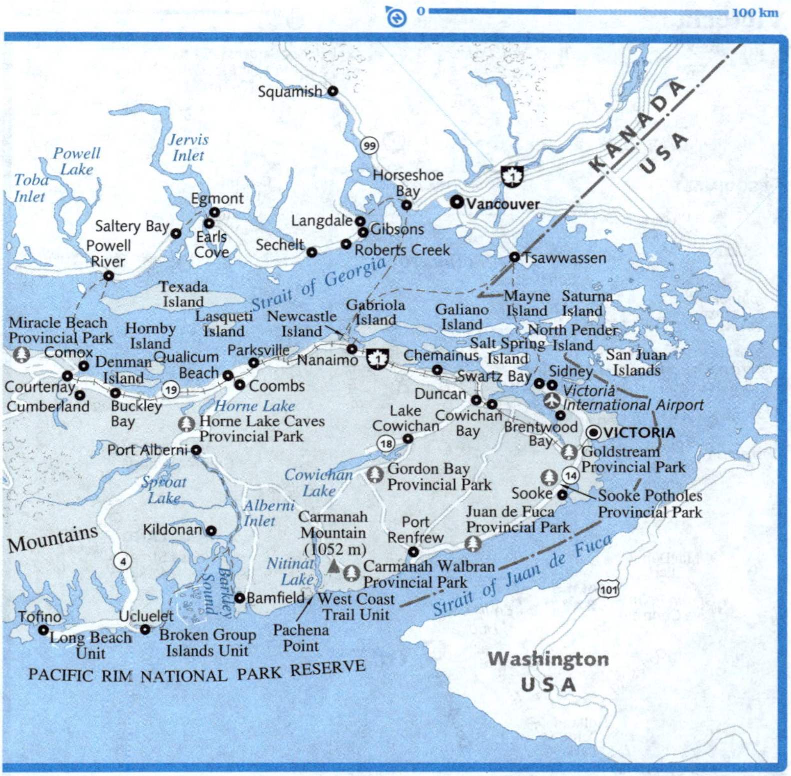

nen Park kann man sich den Wind durch die Haare wehen lassen. Oben an den Klippen stehen windgepeitschte Bäume, außerdem gibt es einen riesigen Totempfahl, ein viktorianisches Cricket-Feld, eine Markierung für die Meile 0 des Hwy 1 und eine Statue der kanadischen Legende Terry Fox. Wer mit Kindern unterwegs ist, kann auch die beliebte **Children's Farm** (www.beaconhillchildrensfarm.ca) besuchen.

Victoria Bug Zoo ZOO

(Karte S. 758; ☎ 250-384-2847; www.victoriabugzoo.com; 631 Courtney St; Erw./Kind 12/8 C$; ⏲ Mo–Fr 10–17, Sa & So bis 18 Uhr, außerhalb der Saison kürzer; 👪; 🚌 70) Hier haben kleine Victoria-Besucher den größten Spaß und merken dabei gar nicht, dass sie gleichzeitig auch noch etwas lernen. In dem hell gestrichenen Hauptraum gibt es verschiedene Insekten zum Anfassen. Die neuen Besitzer haben den Zoo um einige weitere Tanks ergänzt, das eigentliche Highlight sind jedoch die enthusiastischen jungen Mitarbeiter, die die Besucher für Dreihornkäfer, drachenköpfige Grillen und Dornteufel begeistern. Es gibt ausreichend Gelegenheit, die Kinder dabei zu fotografieren, wie sie (unter Beobachtung) mit den Tieren auf Tuchfühlung gehen.

Parliament Buildings HISTORISCHES GEBÄUDE

(Karte S. 758; ☎ 250-387-3046; www.leg.bc.ca; 501 Belleville St; ⏲ Führungen Mitte Mai–Aug. 9–17 Uhr, Sept.–Mitte Mai Mo–Fr 9–17 Uhr; 🚌 70) GRATIS Hinter wunderschönen Türmchen, Kuppeln und Buntglasfenstern verbirgt sich das Parlament der Provinz. Geschichtsinteressierte Besucher können das Gebäude besichtigen und auf interessanten, kostenlosen 45-minütigen Führungen hinter die Kulissen der Politik blicken. Mittags kann man im hauseigenen Restaurant essen gehen, wo Politiker ihre geheimen Treffen abhalten. Abends wird die elegante Fassade wie ein Weihnachtsbaum beleuchtet.

Victoria

Robert Bateman Centre GALERIE

(Karte S. 758; ☎250-940-3630; www.batemancentre.org; 470 Belleville St; Erw./Kind 12,50/6 C$; ⏰tgl. 10–17 Uhr, Juni–Aug. Fr & Sa bis 21 Uhr; 🚌70) Die Galerie nimmt einen Teil des historischen alten Steamship-Terminal-Gebäudes am Inner Harbour ein und zeigt die fotorealistischen Arbeiten von Kanadas beliebtestem Naturmaler sowie eine wechselnde Auswahl an Werken anderer Künstler. Nach dem fünfminütigen Einführungsfilm bestaunt man die vielen wunderschönen Gemälde, die Tiere in ihrer natürlichen Umgebung in BC und anderen Regionen darstellen.

Art Gallery of Greater Victoria GALERIE

(☎250-384-4171; www.aggv.ca; 1040 Moss St; Erw./Kind 13/2,50 C$; ⏰Mo–Sa 10–17, So 12–17 Uhr, Mitte Sept.–Mitte Mai Mo geschl.; 🚌14) Wer östlich der Innenstadt auf der Fort St den Schildern zur Galerie folgt, gelangt zu einer der besten Sammlungen von Werken Emily Carrs in Kanada. Neben Carrs geschwungenen Naturbildern gibt es hier eine umfassende Auswahl an asiatischer Kunst und zeitgenössischen Wechselausstellungen. Online findet man Veranstaltungen wie Lesungen und regelmäßige Führungen. Jeden ersten Dienstag des Monats zahlt man statt Eintritt eine Spende.

Emily Carr House MUSEUM
(☎250-383-5843; www.emilycarr.com; 207 Government St; Erw./Kind 6,75/4,50 C$; ⊙ Mai–Sept. Di–Sa 11–16 Uhr; P; 🚌3) Die berühmteste Malerin BCs wuchs in diesem gelben Haus auf, dessen Zimmer im Stil der damaligen Zeit eingerichtet sind und Exponate zu Leben und Werk der Künstlerin enthalten. Außerdem wird eine Wechselausstellung zeitgenössischer regionaler Künstler gezeigt. Wer weitere Bilder von Carr sehen möchte, sollte die Art Gallery of Greater Victoria besuchen. Nett sind hier auch die Hauskatzen.

Aktivitäten

Walbeobachtung

Ganze Bootsladungen von Travellern in Regenmänteln fahren in der Beobachtungssaison von Mai bis Oktober hinaus aufs Meer. Die Wale lassen sich nicht immer blicken, deshalb führen die meisten Ausflüge auch zu den Lieblingsplätzen von sich räkelnden Seelöwen und korpulenten See-Elefanten.

Eagle Wing Tours WALBEOBACHTUNG
(☎250-999-0502; www.eaglewingtours.ca; 12 Erie St, Fisherman's Wharf; Erw./Kind 125/95 C$; ⊙März–Okt.) Alteingesessener Anbieter von Walbeobachtungstouren am Fisherman's Wharf.

Prince of Whales WALBEOBACHTUNG
(Karte S. 758; ☎250-383-4884; www.princeofwhales.com; 812 Wharf St; Erw./Kind ab 120/95 C$; 👪) Der renommierte Veranstalter bietet diverse Bootstouren, auf denen man Walen und anderen Meeresbewohnern näher kommt.

Springtide Charters WALBEOBACHTUNG
(Karte S. 758; ☎250-384-4444; www.springtidecharters.com; 1119 Wharf St; Erw./Kind 105/85 C$; ⊙8–22 Uhr, außerhalb der Saison kürzer) Der erfahrene Anbieter organisiert seit über 20 Jahren Walbeobachtungstouren und gehört zu den beliebtesten Veranstaltern von Bootsexkursionen vor Ort.

Wassersport

Mit dem Paddelboot die Küste entlangzufahren ist die perfekte Art, die Gegend kennenzulernen – vor allem wenn man aufsteigende Adler und von Seesternen übersäte Strände sichtet. Man kann aber natürlich auch einen Tauchgang machen, um die Welt unter der Wasseroberfläche zu bewundern.

Ocean River Sports KAJAKFAHREN
(Karte S. 758; ☎250-381-4233; www.oceanriver.com; 1824 Store St; Kajakverleih 40 C$/2 Std., Touren ab 75 C$; ⊙Mo–Fr 9.30–18 Uhr, Sa bis 18, So 10–17 Uhr) Ausrüstungsverleih, beliebte Kajakausflüge in der Gegend, teils auch am Abend, sowie Stehpaddel-Touren und mehrtägige Exkursionen.

Ogden Point Dive Centre TAUCHEN
(☎250-380-9119; www.divevictoria.com; 199 Dallas Rd; ⊙9–18 Uhr) Tauchkurse und Ausrüstungsverleih, ein paar Minuten vom Inner Harbour entfernt.

Geführte Touren

Harbour Air RUNDFLÜGE
(Karte S. 758; ☎250-384-2215; www.harbourair.com; Inner Harbour; Flüge ab 109 C$) Die atemberaubenden Flüge in Wasserflugzeugen vom Inner Harbour aus bieten einen Blick auf Victoria aus der Vogelperspektive und sind einfach fantastisch. Krönender Abschluss ist die „Bauchlandung" am Ende.

Pedaler RADFAHREN
(Karte S. 758; ☎778-265-7433; www.thepedaler.ca; 719 Douglas St; Touren ab 49 C$, Fahrradverleih ab 10 C$; ⊙9–18 Uhr, außerhalb der Saison kürzer) Verleiht Fahrräder und veranstaltet verschiedene geführte Radtouren in der Stadt, darunter den Hoppy Hour Ride mit Craft-Bier-Proben.

Hike Victoria WANDERN
(☎250-889-3008; www.hikevictoria.com; Touren ab 65 C$) Die geführten Naturwanderungen ins Umland von Victoria geben Teilnehmern die Gelegenheit, tolle Landschaftsfotos zu schießen. Abholservice vom Hotel.

Big Bus Victoria BUS
(☎250-389-2229; www.bigbusvictoria.com; 1 Tag Erw./Kind 36/21 C$; ⊙Mai–Okt.) Der Bus fährt einen Großteil von Victorias Hauptattraktionen an. Passagiere können beliebig oft ein- und aussteigen. Zum Angebot gehören ein- und zweitägige Touren.

Feste & Events

Victoria Day Parade PARADE
(www.gvfs.ca; ⊙Mitte Mai) Straßenfest mit Tänzern, Blaskapellen und über 50 000 Zuschauern.

Victoria Ska & Reggae Fest MUSIK
(www.victoriaskafest.ca; ⊙Mitte Juni) Das größte Musikfestival dieser Art in Kanada.

Victoria International JazzFest MUSIK
(www.jazzvictoria.ca; ⊙Ende Juni) Das zehntägige Jazzfestival lädt zum Mitwippen ein.

Downtown Victoria & Inner Harbour

Downtown Victoria & Inner Harbour

Highlights
1 Miniature World ... C5

Sehenswertes
2 Parliament Buildings ... B6
3 Robert Bateman Centre ... B6
4 Royal BC Museum ... C6
5 Victoria Bug Zoo ... C5

Aktivitäten, Kurse & Touren
6 Harbour Air ... B4
7 Ocean River Sports ... B2
8 Pedaler ... C6
9 Prince of Whales ... B5
10 Springtide Charters ... B4

Schlafen
11 Fairmont Empress Hotel ... C5
12 Helm's Inn ... C7
13 HI Victoria Hostel ... B3
14 Ocean Island Inn ... D3
15 Royal Scot Hotel & Suites ... A6
16 Swans Suite Hotel ... B3

Essen
17 Brasserie L'École ... C2
18 Crust Bakery ... D4
19 Fishhook ... D4
20 Foo Asian Street Food ... D3
21 Jam Cafe ... C2
22 John's Place ... D3
23 La Taqueria ... D4
Legislative Dining Room ... (siehe 2)
24 Lotus Pond Vegetarian Restaurant ... C3
25 Olo ... B2
26 ReBar ... C4
27 Red Fish Blue Fish ... B4
28 Venus Sophia ... C2

Ausgehen & Nachtleben
29 Big Bad John's ... C5
30 Canoe Brewpub ... B2
31 Clive's Classic Lounge ... D5
32 Drake ... B3
33 Garrick's Head Pub ... C4

Unterhaltung
34 McPherson Playhouse ... C3
35 Royal Theatre ... D5
36 Vic Theatre ... C5

Shoppen
37 Bastion Square Public Market ... B4
38 Cherry Bomb Toys ... C3
39 Ditch Records ... D4
40 James Bay Market ... A7
41 Milkman's Daughter ... C2
42 Munro's Books ... C4
43 Regional Assembly of Text ... B3
44 Rogers' Chocolates ... C5
45 Silk Road ... C3
46 Victoria Public Market ... D2

Victoria International Buskers Festival DARSTELLENDE KUNST
(www.victoriabuskers.com; ⌚Mitte Juli) Zehntägiges Programm mit Straßen-Performances von einheimischen und internationalen Künstlern.

Victoria Fringe Theater Festival THEATER
(www.victoriafringe.com; ⌚Ende Aug.) Zwei Wochen lang eigenwillige kurze Stücke und Stand-up-Performances in der ganzen Stadt.

Rifflandia MUSIK
(www.rifflandia.com; ⌚Sept.) Victorias coolstes Musikfestival mit Indie-Bands in der Stadtgegend.

Schlafen

Von denkmalgeschützten B&Bs bis zu schicken Boutiquehotels und Luxushäusern gibt es in Victoria reichlich Unterkünfte für jeden Geldbeutel. In der Nebensaison findet man tolle Schnäppchen. Der **Room Reservation Service** (☎250-953-2033, 800-663-3883; www.tourismvictoria.com/hotels) von Tourism Victoria zeigt alle verfügbaren Angebote. Bei den meisten Unterkünften im Zentrum werden Parkgebühren fällig.

Ocean Island Inn HOSTEL $
(Karte S. 758; ☎250-385-1789; www.oceanisland.com; 791 Pandora Ave; B/DZ 28/96 C$; @📶; 🚌70) Das farbenfroh gestrichene Hostel verfügt über ein Labyrinth aus kleinen Schlafsälen und drei Gästezimmer mit Privatbädern, indonesischem Kunsthandwerk sowie eigenem TV und Kühlschrank. Die Schlafsäle haben ebenfalls Kühlschränke und sind für maximal sechs Gäste ausgelegt. Auf jeder Etage gibt es eine große Auswahl an privaten Bädern, im Preis inbegriffen ist ein einfaches Frühstück und es wird ein buntes Unterhaltungsprogramm mit wöchentlichen Kneipentouren geboten.

HI Victoria Hostel HOSTEL $
(Karte S. 758; ☎250-385-4511; www.hihostels.ca/victoria; 516 Yates St; B/DZ 33/80 C$; @📶; 🚌70) Das ruhige Hostel in der Innenstadt in einem denkmalgeschützten Gebäude mit hohen Decken bietet zwei große, nach Geschlechtern getrennte Schlafsäle, drei kleine

gemischte und ein paar Privatzimmer. Für Unterhaltung sorgen ein Spieleraum und ein Lesebereich mit vollen Bücherregalen, zudem ist man hier mittendrin im urbanen Trubel. Regelmäßig finden kostenlose Stadtführungen statt und Frühstück, Tee und Kaffee sind im Preis inbegriffen.

Hotel Zed MOTEL $$
(☎ 250-388-4345; www.hotelzed.com; 3110 Douglas St; DZ ab 175 C$; P 📶 🏊 🐾; 🚌 70) Mit seinem augenzwinkernden Retrostil inklusive Regenbogenfarben würde dieses Motel Austin Powers sicher gefallen. Es gibt einen kostenlosen VW-Bus-Shuttle ins Zentrum, das zehn Gehminuten entfernt liegt. Die witzigen Zimmer haben Telefone aus den 1970er-Jahren, Comics in den Bädern und bunte Wände. An der Rezeption gibt es Leihfahrräder und kostenlosen Kaffee, und gegen den Hunger hilft ein toller Imbiss.

Helm's Inn HOTEL $$
(Karte S. 758; ☎ 250-385-5767; www.helmsinn.com; 600 Douglas St; DZ ab 140 C$; P @ 📶; 🚌 70) Das Preis-Leistungs-Verhältnis gehört zu den besten der Innenstadt und auch der Inner Harbour liegt nur ein paar Blocks entfernt. Die 42 gepflegten Zimmer in den drei Gebäuden der motelähnlichen Unterkunft haben praktische Küchenzeilen (mit kompletter Ausstattung oder mit Kühlschrank und Mikrowelle). Das Helm's wird seit 30 Jahren von einer Familie geführt und punktet mit Münzwaschmaschinen und Mitarbeitern an der Rezeption, die jede Menge Besuchertipps auf Lager haben.

Swans Suite Hotel BOUTIQUEHOTEL $$
(Karte S. 758; ☎ 250-361-3310; www.swanshotel.com; 506 Pandora Ave; DZ ab 145 C$; 📶 🐾; 🚌 70) Das ehemalige Lagerhaus aus Backstein wurde in ein Boutiquehotel mit Kunstdekor umgebaut. Bei den meisten Zimmern handelt es sich um geräumige Loftsuiten mit Betten in einem weiter oben gelegenen Giebel. Die gemütliche Einrichtung kombiniert Holzbalken, rustikal-schicke Möbel und tiefe Ledersofas miteinander. Praktisch sind die komplett ausgestatteten Küchen, und das Brauhaus im Erdgeschoss sorgt für eine flüssige Mahlzeit.

Royal Scot Hotel & Suites HOTEL $$
(Karte S. 758; ☎ 250-388-5463; www.royalscot.com; 425 Quebec St; DZ ab 230 C$; P 📶 🏊 🐾; 🚌 70) Das Royal Scot ist die beste unter mehreren Mittelklasseoptionen am Ufer des Inner Harbour in der Nähe des Parlamentsgebäudes. Man kann hier mit gepflegten Zimmern, einer sehr freundlichen Begrüßung sowie jeder Menge in die Jahre gekommenen Kreuzfahrtpassagieren in der Lobby rechnen. Es gibt viele verschiedene Zimmer, teils mit komplett ausgestatteten Küchen, sowie einen kostenlosen Shuttle-Service.

Inn at Laurel Point HOTEL $$$
(☎ 250-386-8721; www.laurelpoint.com; 680 Montreal St; DZ ab 260 C$; ❄ @ 📶 🏊 🐾; 🚌 70) Am Inner Harbour nur einen kurzen Fußweg entlang des Ufers von der Hektik der Innenstadt gelegen, glänzt dieses freundliche, mit Bildern geschmückte und angenehme Hotel vor allem durch die Aussicht quer über das Hafengebiet. Die geräumigen Zimmer haben eigene Balkone, auf denen man bei einem Drink den Sonnenuntergang genießen kann. Die Eigentümer sind eine einheimische Familie, und man fühlt sich in ihrem Haus entspannt wie in einem Kurort. Man kann Spa-Behandlungen im Zimmer buchen und Fahrräder leihen.

Fairmont Empress Hotel HOTEL $$$
(Karte S. 758; ☎ 250-384-8111; www.fairmont.com/empress-victoria; 721 Government St; DZ ab 340 C$; P ❄ @ 📶 🏊; 🚌 70) Das 100 Jahre alte Wahrzeichen am Inner Harbour wurde zum Zeitpunkt der Recherche modernisiert (die Bar Bengal Lounge wurde z. B. abgerissen) und ist Victorias führendes Hotel. Am schönsten sind die Zimmer mit Blick aufs

SPAZIERGANG IN CHINATOWN

Mit der Erkundung von Kanadas ältester und vermutlich kleinster **Chinatown** beginnt man am besten bei dem hübschen Tor nahe der Kreuzung von Government St und Fisgard St. Ab hier ist die Fisgard St mit Neonschildern und traditionellen Lebensmittelläden gesäumt, während die **Fan Tan Alley**, eine enge Passage zwischen Fisgard St und Pandora Ave, sich als kleines Labyrinth aus traditionellen und trendigen Geschäften präsentiert, die witzigen, billigen Ramsch, tolle gebrauchte Schallplatten und eigenwillige Kunst verkaufen. Wer Lust auf Gesellschaft hat, bucht bei **Discover the Past** (☎ 250-384-6698; www.discoverthepast.com; Erw./Kind 15/13 C$; ⏱ ganzjährig Sa 10.30 Uhr sowie Juni–Aug. Di & Do) eine Führung durch Chinatown.

Wasser, außerdem punktet das Fairmont mit stilvollem Dekor, aufmerksamem Service und üppigem Nachmittagstee in der Lobbyetage. Auch wer nicht hier übernachtet, kann bei einem Besuch den altmodischen Charme genießen.

Abbeymoore Manor B&B Inn B&B $$$
(☎250-370-1470; www.abbeymoore.com; 1470 Rockland Ave; DZ ab 199 C$; P@; 14) Das Abbeymoore ist eine romantische Villa aus dem Jahr 1912 im Arts-and-Crafts-Stil. Es verbirgt hinter seiner hübschen kolonialen Fassade sieben mit Antiquitäten geschmückte und allerlei viktorianischem Nippes möblierte Zimmer. Manche Wohneinheiten haben Küchen und Whirlpools, und das Frühstück stärkt für einen Tag voller Entdeckungen: denn Craigdarroch Castle (S. 754) und die Art Gallery von Greater Victoria (S. 756) sind gleich in der Nähe.

Abigail's Hotel B&B $$$
(☎250-388-5363; www.abigailshotel.com; 906 McClure St; DZ ab 249 C$; P@; 7) Das luxuriöse B&B ist Victorias romantischste Unterkunft und liegt nur einen kurzen Spaziergang vom Inner Harbour entfernt. Hinter der Fassade im Tudor-Stil verbergen sich Standardzimmer mit Blumendekor sowie Suiten mit Antiquitäten, Giebeldecken, Himmelbetten, Marmorkaminen und Whirlpools. Unabhängig vom Quartier kommen alle Gäste in den Genuss eines tollen Drei-Gänge-Frühstücks mit regionalen Zutaten. Kinder sind nicht zugelassen.

Essen

In den letzten Jahren hat sich Victorias Restaurantszene dramatisch verbessert. Über die neuesten Entwicklungen informiert das kostenlose *Eat Magazine*. Wer auf eigene Faust losziehen möchte, ist auf der Fort St im Zentrum richtig, der Gastromeile der Stadt.

Crust Bakery BÄCKEREI $
(Karte S. 758; ☎250-978-2253; www.crustbakery.ca; 730 Fort St; Backwaren 3–6 C$; 8–17.30 Uhr; 14) Frühmorgens bietet Victorias beliebteste neue Bäckerei die größte Auswahl. Ein frisch zubereitetes Ei, Speck und ein Rosmarinplunder sorgen für den perfekten Start in den Tag, außerdem kann man den Rucksack mit leckeren Törtchen, den beliebten Cronuts, Schokoladen- und Kokosbrot und Brotpudding füllen. Vielleicht lässt sich ja alles später mit Gewinn weiterverkaufen …

La Taqueria MEXIKANISCH $
(Karte S. 758; ☎778-265-6255; www.lataqueria.com; 766 Fort St; Tacos bis zu 3 C$/Stück; So–Do 11–20.30, Fr & Sa bis 23 Uhr; ; 14) Die riesige, aquamarinblau gestrichene Filiale von Vancouvers beliebtem, authentischem mexikanischem Lokal bietet sehr freundlichen Service und eine große Auswahl an weichen Tacos (4 kosten 10,50 C$, vegetarische Varianten weniger), darunter verschiedene Tagesangebote, und Quesadillas. Gegen den Durst helfen Margaritas, mexikanisches Bier, Mezcal oder alles zusammen.

Red Fish Blue Fish FISCH & SEAFOOD $
(Karte S. 758; ☎250-298-6877; www.redfish-bluefish.com; 1006 Wharf St; Hauptgerichte 6–16 C$; 11–19 Uhr; 70) An der Uferpromenade am unteren Ende der Broughton St serviert dieser Imbiss in einem Frachtcontainer frisch zubereitete, leckere, gesunde Meeresfrüchte. Zu den Highlights gehören Fisch-*poutine*, großartige Fischsuppe und Austern in Tempurateig. Natürlich werden auch klassische Fish & Chips verkauft. Bonuspunkte gibt's für den neuen Sitzbereich, beim Essen muss man sich allerdings vor den lauernden Möwen in Acht nehmen.

Foo Asian Street Food ASIATISCH $
(Karte S. 758; ☎250-383-3111; www.foofood.ca; 769 Yates St; Hauptgerichte 9–14 C$; Mo–Sa 11.30–22, So bis 21 Uhr; P; 70) In einer Art Food Truck mit ständigem Standort auf einem unauffälligen Parkplatz serviert der Imbissfavorit der Einheimischen herzhafte Gerichte, inspiriert von asiatischem Straßenessen. Nachdem man sich drinnen oder draußen einen Platz gesucht und sich die Tagesangebote durchgelesen hat, kann man sich frisch zubereitete, preiswerte Küche schmecken lassen, von Saag Paneer bis hin zu Tintenfischsalat. Gegen den Durst helfen regionale Biere wie Hoyne und Driftwood.

Jam Cafe FRÜHSTÜCK $
(Karte S. 758; ☎778-440-4489; www.jamcafevictoria.com; 542 Herald St; Hauptgerichte 9–16 C$; 8–15 Uhr;) Die Existenz dieses etwas abgeschiedenen Cafés behalten die Einheimischen lieber für sich. Nicht weil sie es nicht kennen, sondern weil sie angesichts Victorias bestem Frühstück noch längere Warteschlangen befürchten. Beliebte Klassiker sind die vielen Eggs-Benedict-Varianten, zu empfehlen ist aber auch der großartige, sehr gehaltvolle French Toast mit Hühnchen. Reservierungen werden nicht entge-

ABSTECHER

ZEIT FÜR EINE WANDERUNG?

Rund 16 km von Victoria entfernt liegt am Fuß des Malahat Mountain der absolut malerische **Goldstream Provincial Park** (☎250-478-9414; www.goldstreampark.com; 2930 Trans-Canada Hwy; P), der über den Island Hwy leicht zu erreichen ist. Er eignet sich für einen relaxten Tagesausflug in die Natur von Victoria aus. In dem Park findet man uralte, bemooste Nadelbäume und ein reiches pflanzliches Leben am Boden vor. Bekannt ist der Park als Laichgrund der Ketalachse (Ende Okt.–Dez.). Hungrige Weißkopfseeadler stürzen sich auf die Fische – ein Schauspiel, das sich die Vogelbeobachter mit ihren Kameras nicht entgehen lassen. Naturkundliche Ausstellungen und Infos über das Gebiet gibt's im **Freeman King Visitors Centre** (☎250-478-9414; 2390 Trans-Canada Hwy; ⏲9–16.30 Uhr).

Der Park ist nicht nur ein großartiges Gebiet für Naturbeobachter, auch Wanderer kommen hier auf ihre Kosten: Die markierten Wege sind teils schwer, teils leicht, und einige auch für Rollstuhlfahrer geeignet. Zu den empfohlenen Strecken gehören die Wanderung zu den 47,5 m hohen Niagara Falls (nein, natürlich nicht die berühmten Niagarafälle!) und die abschüssige, anspruchsvolle Route auf den Gipfel des Mt. Finlayson, einen der höchsten Felsvorsprünge in der Region. Das Visitors Center kann Wanderern Auskünfte zu den Trails geben und weist ihnen – sofern sie im Park übernachten wollen – auch den Weg zum bewaldeten **Campingplatz** (www.discovercamping.ca; Stellplatz 35 C$; ⏲P).

gengenommen, deshalb sollte man früh oder außerhalb der Stoßzeiten kommen.

Fishhook FISCH & SEAFOOD $$

(Karte S. 758; ☎250-477-0470; www.fishhookvic.com; 805 Fort St; Hauptgerichte 13–24 C$; ⏲11–21 Uhr) Zu den Highlights in diesem indisch und französisch geprägten, großartigen Fischrestaurant gehören die rauchige Fischsuppe mit Kokosmilch und die belegten Sandwichscheiben, die Spezialität des Hauses. Wer noch nicht ganz satt ist und seinen Platz am Gemeinschaftstisch nicht aufgeben möchte, kann sich danach noch eine Meeresfrüchte-*biryani*-Platte zum Teilen bestellen. Bei der Herkunft der Fische wird streng auf regionalen Ursprung und Nachhaltigkeit geachtet.

Venus Sophia VEGETARISCH $$

(Karte S. 758; ☎250-590-3953; www.venussophia.com; 540 Fisgard St; Hauptgerichte 10–19 C$; ⏲Juli & Aug. 10–18 Uhr, Sept.–Juni Mi–So 11–18 Uhr; ; 70) In der charmanten Teestube mit cremefarbenen Wänden kommen traditioneller Tee (u.a. toller Nachmittagstee) und hübsch präsentierte, vegetarische Mittagsgerichte auf den Tisch, zudem können sich hier Gäste bestens vom Trubel, der oft in Chinatown herrscht, erholen. Zur großen Auswahl gehören Panini mit Blauschimmel und Birne sowie Biotee, der in bunt zusammengewürfelten, alten Tassen serviert wird. Unser Favorit ist der wunderbar cremige Earl Grey.

John's Place IMBISS $$

(Karte S. 758; ☎250-389-0711; www.johnsplace.ca; 723 Pandora Ave; Hauptgerichte 9–17 C$; ⏲Mo–Fr 7–21, Sa & So 8–16 & 17–21 Uhr; ; 70) Hier gehören sehr freundlicher Service, Holzdielen, witziger Trödel und eine riesige Speiseauswahl, die über dem Standard liegt, zum Programm. Los geht's mit einer Portion süchtig machendem, hausgemachtem Brot – allerdings braucht man danach noch Platz für großzügige Nudelgerichte, sättigende Salatteller, Pfannkuchen oder einen Tex-Mex-Brunch. Ein fast perfekter Frühstücksladen mit signierten Promifotos an den Wänden.

The Ruby IMBISS $$

(☎250-507-1325; www.therubyvictoria.com; 3110 Douglas St; Hauptgerichte 13–18 C$; ⏲8–21 Uhr; P) Der Gourmet-Imbiss des Hotel Zed lockt mit seinen Tacos und Eggs-Benedict-Variationen (lecker ist Mexy Benny) zum Frühstück jede Menge Einheimische an. Außerhalb der Stoßzeiten geht's ruhiger zu. Den restlichen Tag kommt leckere Hausmannskost auf den Tisch, meist gehört saftiges Grillhähnchen dazu. Die Zutaten stammen aus der Gegend und die Extras wie Gewürzmischungen fürs Fleisch und scharfe Sauce sind hausgemacht. Interessant ist die ambitionierte Plattensammlung.

Lotus Pond Vegetarian Restaurant CHINESISCH, VEGETARISCH $$

(Karte S. 758; ☎250-380-9293; www.lotuspond1998.ca; 617 Johnson St; Hauptgerichte 9–17 C$;

⌚Di–Sa 11.30–15 & 17–21, So 12–15 & 17–20 Uhr; ✎; 🚌70) Schon lange bevor fleischlose Kost in Mode kam, befriedigte dieser einfache Laden die Bedürfnisse von Vegetariern. Die Qualität im Lotus Pond liegt über der vieler anderer chinesischer Lokale und die Speisekarte stellt sowohl Fleischesser als auch Vegetarier zufrieden. Am besten kommt man mittags, wenn das Buffet die gesamte Nachbarschaft anzuziehen scheint. Lecker ist auch der Rettichkuchen, eine Spezialität des Hauses.

Legislative Dining Room KANADISCH $$
(Karte S. 758; ☎250-387-3959; www.leg.bc.ca; 501 Belleville St, Parliament Buildings; Hauptgerichte 9–18 C$; ⌚Mo–Fr, wechselnde Öffnungszeiten; 🚌70) Dass das Parlamentsgebäude ein eigenes subventioniertes Restaurant alter Schule hat, gehört zu Victorias bestgehüteten Geheimnissen. Hier lassen sich sowohl Parlamentsmitglieder als auch normale Gäste regionale Gerichte servieren, von Lachssalaten bis zu butterweichen Steaks. Die Weine stammen ausschließlich aus BC. Man muss gleich am Haupteingang durch eine Sicherheitskontrolle und braucht einen Lichtbildausweis.

ReBar VEGETARISCH, FUSION $$
(Karte S. 758; ☎250-361-9223; www.rebarmodernfood.com; 50 Bastion Sq; Hauptgerichte 9–17 C$; ⌚Mo–Fr 11.30–21, Sa & So 9.30–21 Uhr; ✎; 🚌70) Das bei Einheimischen beliebte Lokal hat nun eine neue einfarbige Fassade. Dahinter verbergen sich jedoch noch immer farbenfrohe Tischdecken und das Restaurant, das die Bedürfnisse von Vegetariern und Fleischessern in Victoria am besten unter einen Hut bringt. Zu den vielen exzellenten fleischlosen Optionen gehört der beliebte Mandel-Burger, darüber hinaus gibt es viele Fisch- und Hühnchengerichte. Der Brunch am Wochenende erfreut sich großer Beliebtheit.

Olo KANADISCH $$$
(Karte S. 758; ☎250-590-8795; www.olorestaurant.com; 509 Fisgard St; Hauptgerichte 24–30 C$; ⌚So–Do 17–24, Fr & Sa bis 1 Uhr; ✎) Die neue Version des Restaurants Ulla, das hier einst residierte, nimmt den Trend zu frischer regionaler Küche noch ernster. Die gehobene saisonale Speisekarte umfasst Gerichte wie Jakobsmuscheln von Quadra Island oder geräucherte Entenbrust aus der Region, wer jedoch in Spendierlaune ist, sollte sich das familiäre Probiermenü mit mehreren Gängen (ab 45 C$/Pers.) gönnen.

Brasserie L'École FRANZÖSISCH $$$
(Karte S. 758; ☎250-475-6260; www.lecole.ca; 1715 Government St; Hauptgerichte 18–50 C$; ⌚Di–Sa 17.30–23 Uhr; 🚌70) Dieses herzliche und immer beliebte Lokal bereitet Zutaten von der Westküste im Stil eines französischen Bistros zu und ist perfekt für einen Abend zu zweit. Die Gerichte werden ständig an die Highlights der Saison angepasst – so gibt es Feigen, Pracht-Himbeeren und seltene Tomatensorten. Wir empfehlen aber alle auf der Karte erhältlichen Meeresfrüchte, oder das immer erhältliche *steak frites* (Steak und Pommes frites) mit einem Rotwein und Schalottensauce.

🍷 Ausgehen & Nachtleben

Victoria ist eine der besten Städte BCs für Bierliebhaber. Die Pubs in der Innenstadt schenken Craft-Biere von Brauereien aus der Gegend aus. Folgender Abschnitt wurde natürlich mit besonders viel Einsatz recherchiert.

★ **Drake** BAR
(Karte S. 758; ☎250-590-9075; www.drakeeatery.com; 517 Pandora Ave; ⌚11.30–24 Uhr; 📶; 🚌70) Victorias beste Craft-Bier-Kneipe hat über 30 tolle Sorten vom Fass im Angebot, darunter von renommierten Brauereien aus BC wie Townsite, Driftwood und Four Winds. An einem verregneten Nachmittag kann man hier gut ein paar Stunden verbringen. Gegen einen knurrenden Magen hilft das beliebte Sandwich mit geräuchertem Tunfisch, während sich die Käse- und Wurstplatten gut zum Teilen eignen.

Spinnakers Gastro Brewpub PUB
(☎250-386-2739; www.spinnakers.com; 308 Catherine St; ⌚11–23 Uhr; 📶; 🚌15) Das tolle Pub mit Holzfußboden, nur einen Sprung von Downtown mit der Harbour Ferry entfernt, gehört zu Kanadas ersten Mikrobrauereien. Neben kupferfarbenem Nut Brown Ale und süffigem Lion's Head Cascadia Dark Ale gibt's täglich neue Angebote vom Fass. Platz lassen fürs Essen: Die Karte bietet erstklassige Pub-Kost.

Garrick's Head Pub PUB
(Karte S. 758; ☎250-384-6835; www.garrickshead.com; 66 Bastion Sq; ⌚11 Uhr–open end; 🚌70) Eine tolle Adresse, um die ausgezeichnete Craft-Bier-Szene von BC kennenzulernen. Hinter der langen Bar gibt's über 55 Zapfhähne, aus denen eine umfangreiche Auswahl von Driftwood, Phillips, Hoyne und

anderen Brauereien fließt. Es gibt immer zehn wechselnde leckere Spezialsorten (einfach nach Kostproben fragen) und eine bodenständige Burgerkarte, um den Alkohol aufzusaugen.

Clive's Classic Lounge LOUNGE
(Karte S. 758; ☎ 250-361-5684; www.clivesclassic lounge.com; 740 Burdett Ave; ⊙ Mo–Do 16–24 Uhr, Fr 16–1, Sa 17–1, So 17–24 Uhr; 🚌 70) Die Lounge auf der Lobby-Ebene des Chateau Victoria Hotel ist für seine perfekt gemixten Cocktails bekannt. Der gemütlichen Bar fehlt die Hochnäsigkeit großstädtischer Cocktailbars. Man widmet sich lieber der Cocktailkarte mit sowohl Klassikern als auch coolen Neuerfindungen, die ein Gedicht sind.

Canoe Brewpub PUB
(Karte S. 758; ☎ 250-361-1940; www.canoebrew pub.com; 450 Swift St; ⊙ So–Mi 11.30–23, Do bis 24, Fr & Sa bis 1 Uhr; 🚌 70) An Regentagen kann man hier gut drinnen sitzen, aber die Terrasse mit ihrem meist sonnenbeschienenen Blick über den Hafen gehört ebenfalls zu den besten in der Stadt. Man frönt den im Haus gebrauten Köstlichkeiten wie dem hopfenreichen Lager und dem gut für den Sommer geeigneten süßen Weizenbier. Das Essen ist ebenfalls gut, die Muscheln sind besonders empfehlenswert.

Big Bad John's PUB
(Karte S. 758; ☎ 250-383-7137; www.strathcona hotel.com; 919 Douglas St; ⊙ 12–2 Uhr; 🚌 70) Von draußen ist es leicht zu übersehen, dabei kommt man sich in dieser dunklen kleinen Hillbilly-Bar vor, als sei man bei Hinterwäldern gelandet. Anstelle von fragwürdigen Banjospielern mit schief angewachsenen Ohren treffen Besucher hier aber auf gut aufgelegte Einheimische. Sie genießen die höhlenartige Atmosphäre des mit Erdnussschalen bedeckten Fußbodens und den von der Decke baumelnden alten Büstenhaltern. Hier sollte man mindestens einmal gewesen sein.

☆ Unterhaltung

Im wöchentlich kostenlos erscheinenden *Monday Magazine* steht alles über die hiesigen Events. Onlinequellen sind **Live Victoria** (www.livevictoria.com) und **Play in Victoria** (www.playinvictoria.net).

Logan's Pub LIVEMUSIK
(☎ 250-360-2711; www.loganspub.com; 1821 Cook St; ⊙ Mo–Fr 15–1, Sa 10–1, So 10–24 Uhr; 🚌 6) 10 Minuten zu Fuß vom Zentrum gelegen, sieht dieser geradlinige Pub von draußen nach nichts Besonderem aus. Das Showprogramm ist aber eine feste Einrichtung der hiesigen Indie-Szene. Freitags und samstags hat man die größten Chancen auf gute Acts; im Online-Kalender stehen alle Termine.

Vic Theatre KINO
(Karte S. 758; ☎ 250-389-0440; www.thevic.ca; 808 Douglas St; 🚌 70) Das Kino im Herzen der Innenstadt zeigt Arthaus- und Festivalfilme. Zusätzlich zum Eintrittspreis wird eine Mitgliedergebühr von 2 C$ fällig.

Belfry Theatre THEATER
(☎ 250-385-6815; www.belfry.bc.ca; 1291 Gladstone Ave; 🚌 22) Das gefeierte Theater liegt 20 Gehminuten vom Zentrum entfernt und zeigt in einem hübschen ehemaligen Kirchengebäude zeitgenössische Stücke.

Royal Theatre THEATER
(Karte S. 758; ☎ 888-717-6121, 250-386-6121; www.rmts.bc.ca; 805 Broughton St; 🚌 70) Das Royal Theatre mit Rokoko-Einrichtung zeigt konventionelle Theaterproduktionen und ist die Heimat des Orchesters Victoria Symphony und der Pacific Opera Victoria.

McPherson Playhouse THEATER
(Karte S. 758; ☎ 888-717-6121, 250-386-6121; www.rmts.bc.ca; 3 Centennial Sq; 🚌 70) Das McPherson Playhouse gehört zu Victorias wichtigsten Bühnen und zeigt konventionelle Gastspiele und Vorstellungen.

Shoppen

Zwar ist die Government St ein Zentrum des Souvenirhandels, wer aber originellere Stücke erstehen will, sollte zum Abschnitt der Johnson St zwischen Store St und Government St gehen, wo es vor coolen Läden nur so wimmelt.

Regional Assembly of Text SCHREIBWAREN
(Karte S. 758; ☎ 778-265-6067; www.assemblyof text.com; 560 Johnson St; ⊙ Mo–Sa 11–18, So 12–17 Uhr; 🚌 70) Die Filiale von Vancouvers charmanten, hippen Schreibwarenladen befindet sich in unkonventionellen Räumlichkeiten, die einer Hotellobby von 1968 ähneln. Hier lockt das gleiche Sortiment an cleveren Grußkarten und coolen Zeitschriften sowie die besten Postkarten aus Victoria überhaupt und Briefmarken. Außerdem gibt es einen Tisch, an dem Kunden ihre eigenen Buttons herstellen können, Schreibmaschinenstationen und *Mister-Mitten*-Büchlein – was will man mehr?

Munro's Books BÜCHER

(Karte S. 758; ☎250-382-2464; www.munrobooks.com; 1108 Government St; ⏲Mo–Mi 9–18, Do–Sa 9–21, So 9.30–18 Uhr; 🚌70) Der Buchladen mit hohen Decken ist eine Art Literaturtempel und lockt jede Menge einheimische und ausländische Leseratten an. Neben einer guten Auswahl an Büchern mit regionalen Themen gibt es eine recht umfangreiche Abteilung für Reiseliteratur (hinten links). Es lohnt sich ein Blick auf die Sonderangebote – neben einigem Schund findet man auch interessante Bände.

Silk Road TEE

(Karte S. 758; ☎250-704-2688; www.silkroadtea.com; 1624 Government St; ⏲Mo–Sa 10–18, So 11–17 Uhr; 🚌70) Das Silk Road ist eine Art Pilgerstätte für Liebhaber konventioneller und exotischer Tees und verkauft außerdem alle möglichen Utensilien für Teetrinker. An der Verkostungstheke kann man so manches abenteuerliches Gebräu probieren, zudem gibt's ein kleines hauseigenes Spa mit Ölbädern und Aromatherapie.

Milkman's Daughter BEKLEIDUNG, GESCHENKE

(Karte S. 758; www.themilkmansdaughter.ca; 1713 Government St; ⏲Mo–Do & Sa 10–18.30, Fr 10–20, So 12–17 Uhr; 🚌70) Das Hipster-Paradies verkauft Mode sowie tolles Kunsthandwerk aus lokaler und nationaler Herstellung, vornehmlich von der West Coast. Das bunt gemischte Sortiment umfasst u.a. Schmuck, Keramik, Knöpfe und Notizbücher, so findet hier fast jeder sein Lieblingsstück.

Rogers' Chocolates ESSEN

(Karte S. 758; ☎250-881-8771; www.rogerschocolates.com; 913 Government St; ⏲9.30–19 Uhr; 🚌70) Die charmante Konditorei erinnert an ein Museum und verkauft die besten Eisriegel der Stadt, Wiederholungstäter widmen sich jedoch eher dem Angebot an reichhaltigen Sahnepralinen aus Victoria, von denen bereits eine einzige eine ganze Mahlzeit ersetzt. Die Sorten reichen von Pfefferminz bis zu saisonalen Spezialitäten und sind ein gutes Mitbringsel – wenn man sie nicht vorher alle selbst isst (was sehr wahrscheinlich ist).

Ditch Records MUSIK

(Karte S. 758; ☎250-386-5874; 784 Fort St; ⏲Mo–Sa 10–18, So 11–17 Uhr Uhr; 🚌14) Der Lieblingsplattenladen Einheimischer hat jede Menge Vinyl und zahlreiche CDs auf Lager und ist ein idealer Zufluchtsort für Regentage. Hier stöbern Musikfans verstohlen nach Veröffentlichungen von Bands wie Frazey Ford und Nightmares on Wax. Wem der Sinn plötzlich nach Geselligkeit steht, der kann auch Konzertkarten kaufen.

NICHT VERSÄUMEN

AUF ZUM MARKT

Der **Victoria Public Market** (Karte S. 758; ☎778-433-2787; www.victoriapublicmarket.com; 1701 Douglas St; ⏲Mo–Sa 10–18, So 11–17 Uhr; 🚌4) ist mit seiner großen kulinarischen Auswahl, die Tee, Schokolade und Käse in Feinkostqualität umfasst, perfekt für einen verregneten Tag. Die vielen Händler bieten ihre Waren in einem denkmalgeschützten Gebäude in der Innenstadt feil. Bei schönem Wetter hingegen geht's, mit Sonnencreme geschützt, ab ins Freie.

Der **Bastion Square Public Market** (Karte S. 758; www.bastionsquare.ca; Bastion Sq; ⏲Mai–Sept. Do–Sa 11–16.30, So 11–16 Uhr; 🚌70) verkauft im Sommer Kunsthandwerk, während der **James Bay Market** (Karte S. 758; www.jamesbaymarket.com; 494 Superior St; ⏲Mitte Mai–Mitte Sept. Sa 9–15 Uhr; 🚌27) und der große **Moss Street Market** (www.mossstreetmarket.com; 1330 Fairfield Rd; ⏲Mai–Okt. Sa 10–14 Uhr; 🚌7) sowohl Kunst als auch Essen anbieten. Für beide sollte man Hunger mitbringen – die kulinarische Auswahl ist groß!

Cherry Bomb Toys SPIELZEUG

(Karte S. 758; ☎250-385-8697; www.cherrybombtoys.com; 1410 Broad St; ⏲Mo–Sa 10–18, So 12–17 Uhr; 👪; 🚌70) Nostalgiker werden diesen großen Spielzeugladen für Sammlerstücke lieben, insbesondere das **Spielzeugmuseum** in der Zwischenetage. Das breite Sortiment umfasst u.a. alte GI-Joe- sowie Legofiguren und Computerspielkonsolen, die an vergangene Zeiten erinnern. Von Museumsbesuchern wird eine Spende erwartet, es sei denn, sie kaufen etwas im Laden.

ℹ Praktische Informationen

Downtown Medical Centre (☎250-380-2210; 622 Courtney St; ⏲Mo–Fr 8.30–17 Uhr; 🚌70) Praktische Ambulanzklinik.

Main Post Office (Karte S. 758; 709 Yates St; ⏲Mo–Fr 9–17 Uhr; 🚌70) Nahe der Ecke Yates St und Douglas St.

Tourism Victoria Visitor Centre (Karte S. 758; ☎250-953-2033; www.tourismvictoria.com; 812 Wharf St; ⏲Mitte Mai–Aug.

AUF DAS FAHRRAD, FERTIG, LOS!

Wenn man ein Fahrrad mit der Fähre vom Festland mitbringt und in Swartz Bay auf Vancouver Island ankommt, kann man gleich auf dem gut zugänglichen und gut markierten **Lochside Regional Trail** nach Downtown Victoria radeln. Die 29 km lange, meist ebene Stracke ist wahrlich keine sportliche Herausforderung – man muss nur ein paar Überführungen überwinden. Die idyllische Fahrt verläuft auf befestigten Wegen durch Kleinstadtgebiete, sanft hügeliges Farmland, Waldstücke und am Meer entlang. Unterwegs kann man sich an mehreren Stellen etwas zu essen kaufen und ist bei gemächlicher Fahrt nach ungefähr vier Stunden in der Stadt.

8.30–20.30 Uhr, Sept.–Mai 9–17 Uhr; 🚌70) Betriebsames Besucherzentrum mit Broschüren und Blick auf den Inner Harbour.

An- & Weiterreise

BUS

Zu den Verbindungen nach Victoria gehören die Busse von **Greyhound Canada** (www.greyhound.ca) aus Nanaimo (26 C$, 2 Std., bis zu 6-mal tgl.) und von **Tofino Bus** (☎250-725-2871; www.tofinobus.com) von anderen Punkten auf der Insel. Regelmäßig legen Fähren von **BC Ferries Connector** (☎778-265-9474; www.bcfconnector.com) aus Vancouver (ab 45 C$, 3½ Std.) und vom Vancouver International Airport (50 C$, 4 Std.) an.

FLUGZEUG

Der **Victoria International Airport** (☎250-953-7500; www.victoriaairport.com) liegt 26 km nördlich der Stadt am Hwy 17. Es gibt regelmäßige Flüge von **Air Canada** (www.aircanada.com) aus Vancouver (169 C$, 25 Min.), während **Westjet** (www.westjet.com) Verbindungen aus Calgary (265 C$, 1½ Std.) bietet. Beide haben Verbindungen in ganz Kanada.

YYJ Airport Shuttle (☎778-351-4995; www.yyjairportshuttle.com) bietet Shuttlebusse zwischen dem Flughafen und dem Zentrum von Victoria (25 C$, 30 Min.). Eine Taxifahrt kostet für dieselbe Strecke rund 50 C$.

Harbour Air (☎250-384-2215; www.harbourair.com) fliegt mehrmals am Tag vom Zentrum Vancouvers zum Inner Harbour (205 C$, 30 Min.). **Helijet** (www.helijet.com) bietet ähnliche Verbindungen mit dem Hubschrauber ab Vancouver (245 C$, 35 Min.).

SCHIFF/FÄHRE

BC Ferries (☎250-386-3431; www.bcferries.com) kommen aus Tsawwassen auf dem Festland (Erw./Fahrzeug 17/56 C$, 1½ Std.) in Swartz Bay an, 27 km nördlich von Victoria über den Hwy 17. Die Verbindungen fahren im Sommer täglich häufig, seltener in der Nebensaison.

Die Schiffe von **Victoria Clipper** (☎250-382-8100; www.clipper vacations.com) fahren den Inner Harbour von Seattle aus an (Erw./Kind 109/54 US$, 3 Std., bis zu 2-mal tgl.). Die Schiffe von **Black Ball Transport** (☎250-386-2202; www.ferrytovictoria.com) kommen hier auch aus Port Angeles an (Erw./Kind/Fahrzeug 18,50/9,25/64 US$, 1½ Std., bis zu 4-mal tgl.).

Unterwegs vor Ort

BUS

Victoria Regional Transit (www.bctransit.com/victoria) bedient ein weites Busstreckennetz (Einzel-/Tageskarte 2,50/5 C$) zwischen Sidney und Sooke. Auf manchen Routen verkehren moderne Doppeldeckerbusse. Kinder unter fünf Jahren reisen umsonst.

FAHRRAD

Victoria ist eine großartige Fahrradhauptstadt, mit Radwegen kreuz und quer durch Stadt und Umland. Auf der Website der **Greater Victoria Cycling Coalition** (www.gvcc.bc.ca) sind mehr Informationen zu finden. Bei **Cycle BC Rentals** (☎250-380-2453; www.cyclebc.ca; 685 Humboldt St; 🚌1) kann man Fahrräder leihen.

SCHIFF/FÄHRE

Victoria Harbour Ferry (Karte S. 758; ☎250-708-0201; www.victoriaharbourferry.com; Tickets ab 6 C$) bedient mit seiner farbenfrohen Flotte von kleinen Booten den Inner Harbour und andere Ziele.

TAXI

Yellow Cab (☎250-381-2222; www.yellowcabvictoria.com)

BlueBird Cabs (☎250-382-2222; www.taxicab.com)

Southern Vancouver Island

Nicht weit von den Menschenmassen Victorias liegt das südliche Vancouver Island, eine lockere Gegend mit schrulligen kleinen Städten. In der Nähe findet man stets mit Bäumen gesäumte Radwege, Uferwanderwege und große, mit knorrigen Oregon-Eichen bewachsene Felsen. Die Natur ist opulent hier, und bald entdeckt man Weißkopfseeadler am Himmel, Seeotter am Strand und vielleicht gelegentlich einen

Orca, der lautlos vor der Küste durchs Wasser gleitet.

Saanich Peninsula & Umgebung

Auf dieser im Norden von Victoria gelegenen Halbinsel befindet sich der wichtigste Flughafen von Vancouver Island und der betriebsamste Fährhafen. Tagesausflügler versuchen hier der Stadt zu entfliehen und sie finden hier reichlich zu tun.

SIDNEY

Das am Wasser gelegene Sidney am Nordende der Halbinsel verspricht mit seiner Uferpromenade, interessanten Läden (vor allem für Bücher) und entspannten Lokalen einen vergnüglichen Nachmittag.

Das beliebte **Shaw Ocean Discovery Centre** (☎250-665-7511; www.oceandiscovery.ca; 9811 Seaport Pl; Erw./Kind 15/8 C$; ⊙10–16.30 Uhr) ist Sidneys Kindermagnet. Man betritt es durch einen dramatischen, Disney-artigen Eingang, der einen glauben lässt, man würde in die Wellen abtauchen. Danach kommt man in eine Galerie mit Ausstellungsstücken aus dem Meer, darunter fremdartige Quallen, ein großes Becken zum Anfassen von lila Seesternen und ein Oktopus, der an Krabben rankommt, indem er den Deckel eines Glases aufschraubt. Noch mehr über das Meer lernt man bei der Walbeobachtung an Bord eines Bootes von **Sidney Whale Watching** (☎250-656-7599; www.sidneywhalewatching.com; 2537 Beacon Ave; Erw./Kind 115/89 C$; ⊙März–Okt.), nur wenige Schritte entfernt.

Wer vor Ort übernachten möchte, kann das im schicken **Sidney Pier Hotel & Spa** (☎250-655-9445; www.sidneypier.com; 9805 Seaport Pl; DZ ab 209 C$; @📶🐾) am Ufer tun, das entspannten West-Coast-Stil mit pastellenen Strandfarben kombiniert.

Zur Essenszeit ist das **Sabhai Thai** (☎250-655-4085; www.sabhai.ca; 2493 Beacon Ave; Hauptgerichte 12–18 C$; ⊙11.30–14 & 17–21 Uhr) ein bei Einheimischen beliebtes, gemütliches Restaurant mit Terrasse und einer guten Auswahl an authentischen Currys und *phad*-Gerichten. Die preiswerten Mittagskombos für rund 10 C$ beinhalten Reis und Frühlingsrollen.

Das **Toast Cafe** (☎250-665-6234; 2400 Bevan Ave; Hauptgerichte 6–12 C$; ⊙Mo–Sa 6.30–16 Uhr; 📶) mit Holzdielen serviert an einer Ecke direkt bei der Hauptverkehrsstraße den besten Kaffee in Sidney, leckere Frühstückswraps und dicke, sättigende Sandwiches mit Salat. An sonnigen Tagen kann man sich an dem Gemeinschaftstisch im Freien gemütlich satt essen. Vor der Bestellung lohnt ein Blick auf die Tafel mit dem Tagesangebot.

NICHT VERSÄUMEN

DIE BÜCHERSTRASSE

Die Beacon Ave säumen verschiedene Geschäfte, darunter über ein halbes Dutzend Buchhandlungen für Literaturinteressierte. Der verwinkelte Eckladen **Tanner's Books** (☎250-656-2345; www.tannersbooks.com; 2436 Beacon Ave; ⊙8–21 Uhr) hat ein breites Sortiment an Magazinen und eine umfangreiche Reiseführerabteilung. Zudem organisiert er abendliche Lesungen, meist im Red Brick Cafe auf der anderen Straßenseite; weitere Infos gibt's auf der Website. Ebenfalls einen Besuch wert ist **Beacon Books** (☎250-655-4447; 2372 Beacon Ave; ⊙Mo–Sa 10–17.30, So 12–16 Uhr). Dort wacht eine Hauskatze, die sich nur selten von Kunden streicheln lässt, über mehrere Räume mit hohen Stapeln gebrauchter Bücher. Interessant ist außerdem die Sammlung alter Postkarten – schickt man eine von ihnen nach Hause, denken die Daheimgeblieben, man hätte eine Zeitreise in die 1940er-Jahre unternommen.

BRENTWOOD BAY

Die ländliche Gegend ist eine 30-minütige Fahrt von Victoria entfernt. Zu ihren Attraktionen gehören einige der beliebtesten Besucherziele von BC.

Im hügeligen Ackerland von Brentwood Bay erstrecken sich die makellosen, grünen **Butchart Gardens** (☎250-652-5256; www.butchartgardens.com; 800 Benvenuto Ave; Erw./Jugendlicher/Kind 32,10/16,05/3 C$; ⊙9–22 Uhr, außerhalb der Saison kürzer; 🚌75), die meist besuchte Attraktion von Vancouver Island. Die Anlage teilt sich in verschiedene Gärten, in denen immer irgendetwas blüht. Im Sommer spucken Reisebusse unermüdlich neue Besucher aus, das Feuerwerk an Samstagabenden im Juli und August lohnt einen Abstecher jedoch allemal. Das **Dining Room Restaurant** serviert einen hervorragenden Nachmittagstee, der jegliche Diätvorsätze vergessen lässt. Im November gewähren faszinierende **Gewächshausführungen** Blicke hinter die Kulissen.

Wer Zeit hat, sollte auch die nahen **Victoria Butterfly Gardens** (☎250-652-3822; www.butterflygardens.com; 1461 Benvenuto Ave; Erw./Kind 16/5 C$; ⊙Mitte März–Okt. 10–16, Okt.–Mitte März 10–15 Uhr) besuchen. Hier findet man ein Kaleidoskop Tausender flatternder Insekten aus etwa 75 Arten, die in einem Gehege frei herumfliegen. Man kann sie nicht nur beobachten und auf seinem Kopf landen lassen, sondern auch etwas über Lebenszyklen im Ökosystem lernen. Daneben sieht man exotische Fische, Pflanzen und Vögel. Vorsicht vor Spike, dem nicht zu übersehenden Schmalschnabelsichler, der hier herumstakst, als gehöre ihm alles.

Sooke & Umgebung

Auf dem Weg um die ländliche einsame Südspitze von Vancouver Island Richtung Sooke (von Victoria aus eine 45-minütige Autofahrt) ist der Hwy 14 von zerzausten Garry-Eichen und struppigen Hecken gesäumt. Die Häuser – viele davon sind Künstlerateliers und gemütliche B&Bs – verstecken sich gespenstisch im Schatten der Wälder.

Sehenswertes & Aktivitäten

Im gleichen Gebäude und mit denselben Öffnungszeiten wie das Visitors Center erhellt das faszinierende **Sooke Region Museum** (☎250-642-6351; www.sookeregionmuseum.com; 2070 Phillips Rd; ⊙Mitte Mai–Mitte Okt. 9–17 Uhr, Mitte Okt.–Mai Mo geschl.) die rauen Pionierzeiten der Gegend. Moss Cottage auf dem Museumsgelände wurde 1869 erbaut und ist das älteste Wohnhaus westlich von Victoria.

Wer Spannung sucht, findet sie auf den Seilrutschen im Wald, die von **Adrena LINE** (☎250-642-1933; www.adrenalinezip.com; 5128 Sooke Rd; Erw./Kind ab 80/70 C$; ⊙März–Okt. 9–17 Uhr) betrieben werden. Den meisten Spaß machen sie bei Vollmond (im Voraus buchen), und wer keine Transportmöglichkeit hat, wird aus Victoria für 15 C$ abgeholt.

Entspannter mit der Natur in Kontakt kommen kann man im **Sooke Potholes Provincial Park** (☎250-474-1336; www.bcparks.ca; Sooke River Rd), der über eine 5 km lange Zufahrtsstraße vom Hwy 14 aus zu erreichen ist (die Abzweigung befindet sich östlich von Sooke). Mit seinen Felsteichen und Strudellöchern, die die letzte Eiszeit in das Flussbett gegraben hat, ist der Park ein idealer Badeort im Sommer. Man kann sich ferner in Reifenschläuchen übers Wasser treiben lassen.

Juan de Fuca Marine Trail WANDERN

(www.juandefucamarinetrail.com) Der 47 km lange Juan de Fuca Marine Trail im **Juan de Fuca Provincial Park** (☎250-474-1336; www.bcparks.ca; Hwy 14) konkurriert mit dem West Coast Trail als Pflichtwanderung. Von Osten nach Westen sind seine Einstiegspunkte China Beach, Sombrio Beach, Parkinson Creek und Botanical Beach. Die gesamte Wanderung dauert etwa vier Tage, aber man kann es auch etwas entspannter angehen und nur einen Teil davon laufen.

Unbedingt daran denken, dass manche Abschnitte oft schlammig und schwierig zu gehen sind. Außerdem werden gelegentlich Bären gesichtet, und das Wetter kann schnell umschlagen. Der schwierigste Abschnitt liegt zwischen Bear Beach und China Beach. Auf der Tour gibt es mehrere einfache entlegene Zeltplätze, die Campinggebühr (10 C$/Erw.) kann man an jedem der Einstiegspunkte entrichten. Der beliebteste Zeltplatz ist der komfortablere, familienfreundliche **China Beach Campground** (☎800-689-9025, 519-826-6850; www.discovercamping.ca; Stellplätze 30 C$; ⊙Mai–Sept.), der über Plumpsklos und fließendes kaltes Wasser verfügt, aber keine Duschen hat. Am westlichen Ende des Strandes gibt es einen Wasserfall. Im Sommer sollten Besucher unbedingt reservieren.

Auch den Minibus **West Coast Trail Express** (☎888-999-2288, 250-477-8700; www.trailbus.com, Gebühren ab 30 C$), der zwischen Victoria, den Startpunkten des Wegs und Port Renfrew unterwegs ist, sollte man im Voraus reservieren.

Schlafen & Essen

Unterwegs gibt es einige B&Bs. Eine der lohnenswertesten Unterkünfte von BC, die ihren hohen Preis wirklich wert ist, ist jedoch das **Sooke Harbour House** (☎250-642-3421; www.sookeharbourhouse.com; 1528 Whiffen Spit Rd; DZ ab 329 C$; 📶🐕) in Whiffen Spit. Das Restaurant serviert auch Nicht-Gästen leckere West-Coast-Küche.

Das rustikale, beliebte **Shirley Delicious Cafe** (☎250-528-2888; 2794 Sheringham Point Rd; Hauptgerichte 4–10 C$; ⊙8–17 Uhr) zwischen Sooke und Jordan River hat hausgemachte Backwaren, üppig belegte Sandwiches und herzhafte Suppen im Angebot.

Port Renfrew

Das wunderbar abgelegene Port Renfrew in praktischer Lage zwischen dem Juan de

Fuca und dem West Coast Trail ist ein guter Ausgangspunkt für jede der beiden Touren. Vor Ort gibt es mehrere Übernachtungsoptionen und leckeres Kneipenessen.

Wer keine Lust mehr auf seinen Schlafsack hat, findet im **Wild Renfrew** (☎250-647-5541; www.wildrenfrew.com; 17310 Parkinson Rd; Lodge mit DZ ab 139 C$, Hütte ab 249 C$;) Hütte und Lodge-Zimmer in Waldlage, die in den letzten Jahren modernisiert wurden. Hier kann man sich auf verschiedene Arten vom Trubel der Stadt erholen und im Regenwald Entspannung pur genießen. Am besten sind die Holzhütten am Meer mit Küche, in der man sich morgens sein Frühstück zubereiten und auf dem Balkon im Freien genießen kann. Wer dafür zu faul ist, findet in der Nähe einen Pub.

Abwechslung von der Pasta aus dem Campingkocher gibt's im entspannten, bei Einheimischen populären **Coastal Kitchen Cafe** (☎250-647-5545; 17245 Parkinson Rd; Hauptgerichte 8–16 C$; ⊙7–21 Uhr), das den ganzen Tag über herzhafte Hausmannskost serviert, zu der man sich abends noch ein Craft-Bier aus BC genehmigen kann. Unser Favorit ist der Heilbutt mit Pommes.

Das ans historische Port Renfrew Hotel angeschlossene **Renfrew Pub** (☎250-647-5541; 17310 Parkinson Rd; 12–24 C$; ⊙Mo–Fr 12–20, Sa 8–20, So 8–19 Uhr) lädt im Sommer zu einem Drink auf der Terrasse am Pier ein. Hat man es sich hier erst gemütlich gemacht, fällt es schwer, den Blick von der schimmernden Küste abzuwenden, vor allem nach einer riesigen Schüssel Fischsuppe und dem einen oder anderen Craft-Ale aus BC.

Cowichan Valley

Eine kurze Fahrt nordwestlich von Victoria über den Hwy 1 lädt das landwirtschaftlich geprägte Cowichan Valley zu Erkundungstouren ein. Vor allem Feinschmecker und Outdoor-Fans kommen auf ihre Kosten. Weitere Informationen gibt's im **Cowichan Regional Visitor Centre** (☎250-746-4636; www.tourismcowichan.com; 2896 Drinkwater Rd; ⊙Juni–Aug. So–Di 9–17, Mi–Sa bis 18 Uhr, im Winter kürzer).

Duncan

Duncan entstand als Eisenbahnstation für die Holzwirtschaft und ist der größte Ort im Tal. Er eignet sich gut als Basis für Ausflüge in der Region und ist bekannt für Dutzende Totempfähle, die wie Wachposten im Zentrum herumstehen.

Wer mehr über die First Nations erfahren will, lernt im **Quw'utsun' Cultural & Conference Centre** (☎250-746-8119; www.quwutsun.ca; 200 Cowichan Way; Erw./Kind 15/8 C$; ⊙Juni–Sept. Mo–Sa 10–16 Uhr) etwas über Holzschnitzerei und traditionelle Lachswanderungen. Das angeschlossene **Riverwalk Cafe** serviert indigen inspirierte Küche.

Bei einem Duncan-Besuch sollte man sich außerdem Zeit für ein Foto des 62 m langen **World's Largest Hockey Stick** nehmen. Der riesige Hockeyschläger befindet sich neben dem **Island Savings Centre** an der James St.

Eine 3 km lange Fahrt nördlich der Stadt zeigt das **BC Forest Discovery Centre** (☎250-715-1113; www.bcforestdiscoverycentre.com; 2892 Drinkwater Rd; Erw./Kind 16/11 C$; ⊙Juni–Aug. 10–16.30 Uhr, außerhalb der Saison kürzer;) Häuser aus der Pionierzeit, Holzfällergerätschaften und eine funktionierende **Dampflok**, in der Besucher eine Runde drehen können; der Fahrplan ist auf der Website nachzulesen.

Essen & Ausgehen

Duncan Garage Cafe & Bakery CAFÉ $
(☎250-748-6223; 3330 Duncan St; Hauptgerichte 7–12 C$; ⊙Mo–Sa 7–18, So 8.30–17 Uhr;) Das stets betriebsame und gesellige Café ist das Highlight im rot gestrichenen denkmalgeschützten Duncan-Garage-Gebäude gegenüber dem alten Bahnhof, das außerdem einen Buch- und Lebensmittelladen beherbergt. Die durchweg vegetarische Speiseauswahl ist an einer Tafel angeschrieben und umfasst leckeres Frühstück, Mittagessen und Backwaren. Gegen den großen Hunger helfen Reisschüsseln oder *poutine*.

Old Firehouse Wine Bar WEST-COAST-KÜCHE $$
(☎250-597-3473; www.theoldfirehouse.ca; 40 Ingram St; Hauptgerichte 13–22 C$; ⊙Di–Sa 11.30–23 Uhr, außerhalb der Saison kürzer) Die überraschend große, dunkel gestrichene Resto-Bar ist in mehrere Räume unterteilt und lädt zu einem abendlichen Cocktail in der Innenstadt ein. Die ansprechende Speisekarte mit saisonalen Gerichten sorgt dafür, dass man hier auch gut essen kann. Ein Klassiker sind dabei die Fladenbrote, z. B. mit Feige und Prosciutto.

Hudson's on First WEST-COAST-KÜCHE $$
(☎250-597-0066; www.hudsonsonfirst.ca; 163 First St; Hauptgerichte 12–32 C$; ⊙Di 11–14, Mi–Fr

11Uhr–open end, Sa 10 Uhr–open end, So 10–14 Uhr) In einem sorgsam restaurierten, denkmalgeschützten Gebäude kommt hier eine stets wechselnde saisonale Speiseauswahl auf den Tisch, die lokale Zutaten mit subtilen europäischen Einflüssen mischt. Mittags bieten sich hochwertige Fish & Chips und hausgemachte Suppe an, während der Brunch am Wochenende mit exzellenten Eggs Benedict punktet. Den Abend startet man am besten mit einem Cocktail in der Bar mit Blechdecke.

Craig Street Brew Pub PUB-KÜCHE $$
(☎250-737-2337; www.craigstreet.ca; 25 Craig St; Hauptgerichte 8–18 C$; ⏲Mo–Do 11–23, Fr & Sa bis 24, So bis 22 Uhr; 📶✍) Der einladende mehrstöckige Pub mit dunklem Holz erfreut sich mit seiner riesigen Auswahl an gehobener Pub-Küche, von Taco-Salaten bis hin zu sehr populären Pizzas, und dem hausgebrauten Bier bei Einheimischen großer Beliebtheit. Im Sommer sitzt man auf der Terrasse im Dachgeschoss besonders schön. Empfehlenswert ist die Bierkostprobe mit fünf Sorten (12 C$), bei der eine saisonale Variante und der Verkaufsschlager, das einem Pils ähnelnde Cow Bay Lager, dabei sein sollte.

ABSTECHER

KANADAS EINZIGE TEEPLANTAGE

Im idyllischen Farmland 8 km nördlich von Duncan verbirgt sich einer der ungewöhnlichsten Landwirtschaftsbetriebe Kanadas. Die kleine Oase der **Tea Farm** (www.teafarm.ca; 8530 Richards Trail, North Cowichan; ⏲Mi–So 10–17 Uhr), die sich an einen Berghang schmiegt, baut seit einigen Jahren Teesträucher an. Die Haupternte ist bald fällig, aber bis dahin lässt sich im modernen Probierraum – oder noch besser auf der blumengeschmückten Veranda – wunderbar eine der vielen Dutzend exzellenten Teemischungen genießen (empfehlenswert ist der „Sweet Morocco") zusammen mit einigen himmlischen süßen Leckereien. Der Tee wird in hübschen Keramikkannen serviert, die von der Besitzerin Margit getöpfert wurden, und ihr Ehemann (und Teeguru) Victor ist allzeit bereit, über den Betrieb zu plaudern. Es ist einer der entspannendsten und überraschend preiswerten Pausenstopps in der Region. Die Teeplantage ist nicht gut ausgeschildert und besser mit dem Navi zu finden.

An- & Weiterreise

Greyhound Services (www.greyhound.ca) fährt ab Nanaimo (bis zu 6-mal tgl., 1 Std., 20 C$) und Victoria (bis zu 3-mal tgl., 1 Std., 19,40 C$).

Cowichan Bay

Die reizvollste Attraktion in „Cow Bay", wie das Dörfchen von Einheimischen genannt wird, sind die Holzhäuser oberhalb einer von Bergen gesäumten Meeresbucht. Hier kann man wunderbar einen Nachmittag verbringen – an betriebsamen Sommertagen muss man allerdings sehr viel Geduld für die Parkplatzsuche mitbringen.

Ein guter Einstieg ist ein frisch gebackener Snack bei **True Grain Bread** (☎250-746-7664; www.truegrain.ca; 1725 Cowichan Bay Rd; ⏲8–18 Uhr, Nov.–Feb. Mo geschl.), gefolgt von einem Abstecher zum **Maritime Centre** (☎250-746-4955; www.classicboats.org; 1761 Cowichan Bay Rd; empfohlene Spende 5 C$; ⏲Mai–Sept. Sonnenauf- bis Sonnenuntergang, im Winter kürzer) mit ein paar maritimen Exponaten zum Bootsbau und aufwendigen Modellen. Danach bietet sich ein Spaziergang entlang der Küste zum **Cowichan Estuary Nature Centre** (☎250-597-2288; www.cowichanestuary.ca; 1845 Cowichan Bay Rd; empfohlene Spende 2 C$; 👪) an, das sich der Flora und Fauna der Region widmet. Zu den Exponaten gehört ein Aquarium zum Anfassen.

In der Gegend gibt es jede Menge einladende B&Bs, darunter das hübsche **Ambraden Pond B&B** (☎250-743-2562; www.ambraden.com; 971 Aros Rd, Cobble Hill; DZ ab 175 C$; 📶) inmitten abgeschiedener Natur mit zwei geräumigen Zimmern, einer Remise mit Suite für Selbstversorger und Lulu, dem freundlichen Haushund. Cow Bay liegt eine zehnminütige Fahrt entfernt.

Zur Mittagszeit kann man sich an einem Tisch am Wasser im **Rock Cod Cafe** (☎250-746-1550; www.rockcodcafe.com; 1759 Cowichan Bay Rd; Hauptgerichte 10–18 C$; ⏲Juli & Aug. 11–21 Uhr, Sept.–Juni So–Do 11–19, Fr & Sa bis 20 Uhr; 👪) Fish & Chips oder Fischsuppe schmecken lassen. Allzu satt sollte man sich allerdings nicht essen, denn abends lockt ein ausgedehntes Abendessen auf der Uferterrasse des charmanten **Masthead Restaurant** (☎250-748-3714; www.themastheadrestaurant.com; 1705 Cowichan Bay Rd; Hauptgerichte 26–35 C$; ⏲17–22 Uhr). Das Probiermenü mit drei Gängen ist überraschend preiswert und

TRINKTOUR AUF VANCOUVER ISLAND

Vancouver Islands aufblühende Bewegung hin zu regionalen Erzeugnissen hat sich in den letzten Jahren auch auf das alkoholische Angebot ausgeweitet. Überall in der Region gibt es mittlerweile Weingüter, Brauereien, Apfelweinwinzer und Brennereien, die einen Besuch lohnen (natürlich mit einem Fahrer, der nüchtern bleiben muss). Wenn man kein genaues Ziel hat, sind viele dieser Mikrounternehmen schwer zu finden. Hier ein paar Empfehlungen für durstige Besucher.

Cumberland Brewing (S. 786) im Comox Valley gehört zu den besten neuen Brauereien der Insel (besonders gut ist das Red Tape Pale Ale), während im Cowichan Valley die **Cherry Point Vineyards** (☎250-743-1272; www.cherrypointvineyards.com; 840 Cherry Point Rd, Cobble Hill; ⊙10–17 Uhr) mit leckerem Brombeer-Portwein locken. **Averill Creek** (☎250-709-9986; www.averillcreek.ca; 6552 North Rd, Duncan; ⊙11–17 Uhr) wiederum punktet mit einer Aussichtsterrasse und köstlichen Pinot-Noir-Weinen und der rustikal-schicke, einladende Apfelweinhersteller **Merridale Estate Cidery** (☎250-743-4293; www.merridalecider.com; 1230 Merridale Rd, Cobble Hill; ⊙11–17 Uhr, außerhalb der Saison kürzer) mit Brandy und einem tollen Bistro samt Veranda.

Weiter südlich in Saanich, eine kurze Fahrt südlich von Victoria, verarbeitet **Sea Cider** (☎250-544-4824; www.seacider.ca; 2487 Mt. St. Michael Rd, Saanichton; ⊙Juni–Sept. 11–16 Uhr, Okt.–Mai Mi–So 11–16 Uhr) ebenfalls Bio-Äpfel zu leckeren Tropfen. Hochprozentigeres brennt **Victoria Distillers** (☎250-544-8218; www.victoriadistillers.com; 9891 Seaport Pl; Touren 7 C$; ⊙April–Sept. Sa & So 10–17 Uhr) in Sydney. Empfehlenswert ist der leckere Oaken Gin, zudem gibt's Führungen und Kostproben.

eine Flasche lokaler Wein sorgt für zusätzliche Geselligkeit.

Chemainus

Nachdem 1983 die letzte Sägemühle geschlossen worden war, wurde das winzige Chemainus zum Modell für Gemeinden in BC, die durch den Strukturwandel mit Arbeitsplatzverlusten zu kämpfen haben. Statt sich in einen langsamen Tod zu fügen, bestellten die Verantwortlichen in der Gemeinde eine riesiges Wandbild, das die Geschichte des Ortes darstellt. Später kamen noch mehr als 45 Kunstwerke hinzu und zogen den Tourismus an.

Während man durch die Straßen von Chemainus schlendert – wobei man immer den Duft von frisch geschnittenem Holz aus dem nahen Sägewerk in der Nase hat –, und nach den Wandbildern sucht, kommt man an künstlerisch angehauchten Boutiquen und verführerischen Eisdielen vorbei – einige davon sind in alten Gebäuden, andere in auf alt getrimmten Gebäuden untergebracht. Abends gibt es im überraschend großen **Chemainus Theatre** (www.chemainustheatrefestival.ca; 9737 Chemainus Rd; Tickets ab 25 C$) professionelle Produktionen überwiegend von populären Stücken und Musicals – es ist also auch für etwas Unterhaltung gesorgt.

Das **Chemainus Inn** (☎250-246-4181; www.chemainushotel.com; 9573 Chemainus Rd; DZ ab 169 C$; ❄✉🐾) in der Nähe wirkt wie ein Mittelklassehotel aus einer sehr viel größeren Stadt. Die schicken, komfortablen Zimmer sind größtenteils mit Küchenzeilen ausgestattet. Frühstück ist im Preis inbegriffen.

Das **Willow Street Café** (☎250-246-2434; www.willowstreetcafe.com; 9749 Willow St; Hauptgerichte 13–15 C$; ⊙8–17 Uhr; 📶) serviert in einem hübschen, gelben, denkmalgeschützten Gebäude im Herzen der Stadt Wraps, Sandwiches und Quesadillas. Im Sommer ist die Terrasse vor dem Haus beliebt. Nach dem Genuss des Käsekuchens kann man ein paar Runden ums Haus drehen, um die Kalorien wieder zu verbrauchen.

Im **Visitors Center** (☎250-246-3944; www.visitchemainus.ca; 9799 Waterwheel Cres; ⊙Mitte Juni–Aug. 9.30–17 Uhr, im Winter kürzer) gibt's Wandkarten und weitere Infos. Im selben Gebäude ist außerdem das kleine Gemeindemuseum untergebracht.

Nanaimo

85 000 EW.

Nanaimo, Vancouver Islands „zweite Metropole", wird nie die Anziehungskraft des Touristenmagneten Victoria haben, aber die „Harbour City" wurde seit den 1990er-Jahren allmählich verschönert und es eröffneten vor allem in der Commercial St einige gute Läden und Restaurants sowie ein schö-

Nanaimo

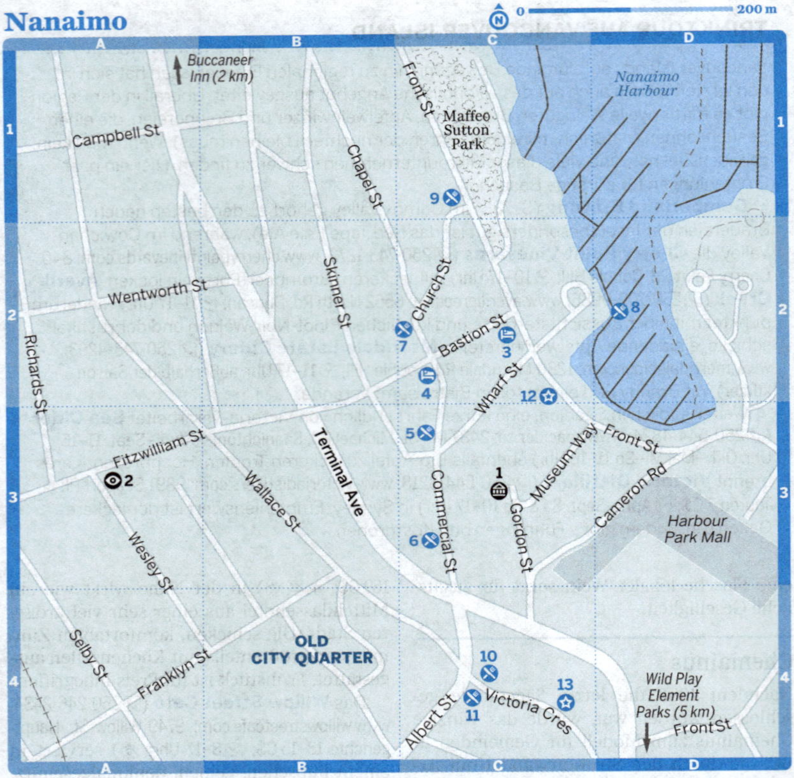

Nanaimo

Sehenswertes
1 Nanaimo Museum ... C3
2 Old City Quarter ... A3

Schlafen
3 Coast Bastion Hotel ... C2
4 Painted Turtle Guesthouse ... C2

Essen
5 2 Chefs Affair ... C3
6 Gabriel's Gourmet Café ... C3
7 Modern Cafe ... C2
8 Penny's Palapa ... D2
9 Pirate Chips ... C1
10 Thirsty Camel Café ... C4
11 Vault Cafe ... C4

Unterhaltung
12 Port Theatre ... C2
13 Queen's Hotel ... C4

nes Museum. Die Stadt ist auch dank einer festen Fährverbindung mit dem Festland ein praktischer Ausgangspunkt zur Erkundung der restlichen Insel.

Sehenswertes

Nanaimo Museum MUSEUM
(Karte S. 772; ☎250-753-1821; www.nanaimomuseum.ca; 100 Museum Way; Erw./Kind 2/0,75 C$; ⏲tgl. 10–17 Uhr, Sept.–Mitte Mai So geschl.) Das beliebte Museum gleich hinter der Hauptstraße, der Commercial St, widmet sich der Geschichte der Region, von den First Nations bis zur Kolonial-, Seefahrts- und Sportgeschichte und darüber hinaus. Zu den Highlights der abwechslungsreichen Sammlung gehören die Exponate zu Nanaimo-Riegeln und Bathtub-Rennen sowie ein geschnitzter goldener Biber von einem Schleppschiff aus den 1890er-Jahren. Am

Empfang gibt es Infos zu den geführten Stadtspaziergängen, die das Museum anbietet, und zur nahegelegenen **Bastion**, einer Befestigungsanlage mit Holzturm von 1853, die im Sommer besichtigt werden kann.

Newcastle Island Marine Provincial Park PARK
(www.newcastleisland.ca) In dem wilden Naturjuwel von Nanaimo locken 22 km Wander- und Fahrradwege sowie Strände und Tiere in freier Wildbahn. Auf dem angestammten Gebiet der Küsten-Salish befanden sich einst Schiffswerften und Kohlenschächte. In den 1930er-Jahren wurde es dann zur beliebten Sommerfrische der Einheimischen und erhielt einen Teepavillon. Zu erreichen ist der Park in zehn Minuten mit der Fähre vom Hafen (Erw./Kind hin & zurück 9/5 C$). Im Sommer öffnet hier ein Restaurant und es gibt regelmäßige Tanzaufführungen der First Nations.

Wild Play Element Parks VERGNÜGUNGSPARK
(250-716-7874; www.wildplay.com; 35 Nanaimo River Rd; Erw./Kind 35/20 C$; Mitte Mai–Sept. 10–18 Uhr, außerhalb der Saison kürzer;) Auf dem baumgesäumten Abenteuerspielplatz können sich Kinder wunderbar austoben. Zu den adrenalingeladenen Aktivitäten gehören Bungee-Jumping und Ziplining. Ansonsten sorgen ein unterhaltsamer Hindernisparcours, Wanderwege und Volleyballfelder für Spaß für die ganze Familie.

Old City Quarter GEBIET
(Karte S. 772; www.oldcityquarter.com; Ecke Fitzwilliam & Wesley St) Von der Bastion und der Fitzwilliam St am Ufer führt ein steiler Weg hinauf in ein altes Viertel mit individuellen Läden, Galerien und Restaurants in bunt gestrichenen alten Häusern. Zu den Highlights gehören McLeans Specialty Foods, A Wee Cupcakery und das Taphouse Restaurant, eine hübsche, große Kneipe im alten Bahnhof der Stadt. Auf vielen Häusern des Viertels befinden sich Denkmalschutz plaketten.

Schlafen

Painted Turtle Guesthouse HOSTEL $
(Karte S. 772; 250-753-4432; www.paintedturtle.ca; 121 Bastion St; B/Zi. 38/99 C$;) Das erstklassige, wunderbar gepflegte HI-Hostel hat durch den Besitzerwechsel nichts an Attraktivität eingebüßt. Zur Wahl stehen kleine Schlafsäle, zehn Privatunterkünfte, die an Hotelzimmer erinnern, und zwei Familienquartiere. Die große gemütliche Wohnküche ist mit Holzboden und Ikea-artigen Möbeln ausgestattet. An der Rezeption können Gäste Touren buchen, wenn sie keine Lust mehr dazu haben, auf der hosteleigenen Gitarre zu klimpern.

Buccaneer Inn MOTEL $$
(250-753-1246; www.buccaneerinn.com; 1577 Stewart Ave; DZ/Suite ab 100/160 C$;) Das freundliche, familiengeführte Motel in praktischer Nähe zum Fährhafen Departure Bay ist mit seiner strahlend weißen Fassade kaum zu übersehen. Sauberkeit und Ordnung herrschen auch in den maritim gestalteten Zimmern, die größtenteils über Kochnischen verfügen. Wer etwas tiefer in die Tasche greift, kommt in den Genuss einer geräumigen Suite mit Kamin, komplett ausgestatteter Küche und Flachbild-TV.

Coast Bastion Hotel HOTEL $$
(Karte S. 772; 250-753-6601; www.coasthotels.com; 11 Bastion St; DZ ab 175 C$;) Das beste Hotel der Innenstadt punktet mit einer unschlagbaren Lage am Hafen, so kommen fast alle Gäste in den Genuss des Meerblicks. Die Zimmer wurden in den letzten Jahren im gemütlich-modernen Stil neu gestaltet und mit Flachbild-TVs sowie größtenteils mit kleinen Kühlschränken versehen. Die Restaurant-Bar in der Lobby ist ein beliebter Treffpunkt und das Spa lädt zum Entspannen ein.

Inn on Long Lake HOTEL $$
(250-758-1144; www.innonlonglake.com; 4700 Island Hwy; DZ ab 160 C$;) Das familienbetriebene Motel befindet sich in unmittelbarer Nähe zum Highway, dennoch muss man sich keine Sorgen um den Straßenlärm machen: Alle Zimmer liegen zum idyllischen See hin. Nach umfassenden Renovierungsarbeiten verfügen die Zimmer über Küchenzeilen und neue Bäder. Im Preis inbegriffen ist ein gutes kontinentales Frühstücksbüfett.

Essen

★ **Gabriel's Gourmet Café** INTERNATIONAL $
(Karte S. 772; 250-714-0271; www.gabrielscafe.ca; 39 Commercial St; Hauptgerichte 9–13 C$; 8–19 Uhr;) Nanaimos bestes Restaurant für frische regionale Küche ist nun in neuen, größeren Räumlichkeiten untergebracht und serviert an Tischen aus dem recycelten Holz von Bowlingbahnen eine gewachsene Auswahl an international geprägter Hausmannskost. Zu den Dingen, die

NICHT VERSÄUMEN

EINHEIMISCHE PUB-KULTUR

Angesichts Nanaimos wenig attraktiver Barszene lohnt sich ein Abstecher (mit einem Fahrer, der natürlich nüchtern bleibt) vor die Stadttore. Eine 20-minütige Fahrt entfernt entlang dem Hwy 1 führen Cedar Rd und Yellow Point Rd zum **Crow and Gate** (☎250-722-3731; www.crowandgate.ca; 2313 Yellow Point Rd, Cedra; ⏰11–23 Uhr), dem besten Pub im britischen Stil in British Columbia. Dunkle Holzbalken im Innenraum, ein grüner Biergarten und eine leckere Auswahl an hausgemachten Pies, Schottischen Eiern und Bangers & Mash (Würstchen mit Kartoffelbrei), die die meisten englischen Pubs blass aussehen lässt, machen die idyllische Kneipe auf dem Land zu einer tollen Adresse für einen gemütlichen Sommerabend.

sich nicht verändert haben, gehören Verkaufsschlager wie köstlicher malaysischer Hühnchenreis mit Erdnusssauce. Auch für Vegetarier ist gesorgt (empfehlenswert sind Quinoa- und Kichererbsenbratlinge) und an den Straßentischen kann man die Sonne genießen.

Vault Cafe CAFÉ $
(Karte S. 772; ☎778-441-2950; 499 Wallace St; Hauptgerichte 13–16 C$; ⏰Mo & Di 8–22, Mi–Sa 8–24, So 10–16 Uhr; 📶) Das Vault ist in einem ehemaligen gewölbeartigen Bankgebäude untergebracht und mit bunt zusammengewürfelten Sofas und Dekor aus dem Trödelladen ausgestattet. Tagsüber dient es als entspanntes Kaffeehaus und Mittagslokal (mit üppig belegten getoasteten Sandwiches), abends als Künstlertreffpunkt mit regelmäßigen Bandauftritten, Open-Mic-Veranstaltungen und Filmvorführungen.

2 Chefs Affair IMBISS $
(Karte S. 772; ☎250-591-4656; www.twochefsaffair.com; 123b Commercial St; Hauptgerichte 13–15 C$; ⏰8–15 Uhr; 📶) Das äußerst einladende, bei Einheimischen beliebte Lokal im Herzen der Innenstadt punktet mit leckerer Hausmannskost zu tollen Preisen. Hier ist alles frisch und selbst gemacht und das Frühstück – vor allem die Eggs Benedict – ist sehr zu empfehlen. Das Mittagsangebot ist aber noch ein bisschen verlockender: Das „Cheating Heart"-Sandwich ist immer eine gute Wahl.

Pirate Chips FAST FOOD $
(Karte S. 772; ☎250-753-2447; www.pirate-chips.com; 75 Front St; Hauptgerichte 10–18 C$; ⏰Di–Do 11–21, Fr & Sa bis 22, So bis 20 Uhr) Der einst winzige Imbiss serviert nun in schicken, neuen Räumlichkeiten seine beliebten Klassiker wie Fish & Chips und frittierte Nanaimo-Riegel. Hinzu gekommen ist eine große Auswahl an verschiedenen Gerichten, vor allem mit Meeresfrüchten. Im Sommer schmecken die Bannock-Tacos mit Fleisch- oder Fischfüllung an den Außentischen besonders gut.

Thirsty Camel Café ORIENTALISCH $
(Karte S. 772; ☎250-753-9313; www.thirstycamelcafe.ca; 14 Victoria Cres; Hauptgerichte 8–16 C$; ⏰Mo–Mi 11–16, Do & Fr 11–19, Sa 12–16 Uhr; 🌱) Ein leckeres orientalisches Festmahl kann man sich in dem fast wie neu aussehenden, kleinen, von einer Familie geführten Lokal gönnen, das sich an der Ecke der Victoria Cres versteckt. Alle Speisen sind frisch zubereitet, man bekommt leckeren Hummus, einige stark gewürzte Wintersuppen und die leckersten Falafel der Gegend. Zu empfehlen sind die Teller für zwei (besonders das persische Hühnchen mit würziger Kruste); es gibt auch ein paar tolle vegetarische Optionen, die sogar Fleischfreunden zusagen werden.

Penny's Palapa MEXIKANISCH $$
(Karte S. 772; ☎250-753-2150; www.pennyspalapa.com; 10 Wharf St, Dock H; Hauptgerichte 8–18 C$; ⏰Mai–Sept. 11–20 Uhr; 🌱) Auf der schwimmenden, mit Blumen und Flaggen geschmückten Bude am Hafen lässt sich wunderbar ein Essen im Freien inmitten von schaukelnden Booten genießen. Zum kreativen, preisgünstigen Angebot mexikanischer Köstlichkeiten gehören auch saisonale Fischgerichte (eine leckere Hausspezialität sind die Heilbutt-Tacos) sowie einige gute vegetarische Angebote. An lauen Sommerabenden ist es hier schnell voll, also sollte man möglichst früh eintreffen.

Modern Cafe INTERNATIONAL $$
(Karte S. 772; ☎250-754-5022; www.themoderncafe.ca; 221 Commercial St; Hauptgerichte 12–22 C$; ⏰Mo–Mi 11–23, Do–Sa 11–24, So 10–23 Uhr) Das alte Kaffeehaus hat sich in einem coolem Lounge-Stil mit freigelegtem Mauerwerk und gemütlichen Nischen neu erfunden. Im Sommer können Gäste auf der sonnigen Straßenterrasse sitzen. Die Speisekarte umfasst leckere gehobene Hausmannskost (gut sind die Hummer-Ravioli) und der Brunch am Wochenende lockt jede Menge Einheimische an.

★ Unterhaltung

Port Theatre THEATER
(Karte S. 772; ☎250-754-8550; www.porttheatre.com; 125 Front St) Theateraufführungen von lokalen und Tourneegruppen.

Queen's Hotel LIVEMUSIK
(Karte S. 772; ☎250-754-6751; www.thequeens.ca; 34 Victoria Cres) Der beste Laden der Stadt für Livemusik und Tanz mit einer bunten Mischung an Gigs und Clubnächten, von Indie über Jazz bis Country.

ℹ Praktische Informationen

Das **Nanaimo Visitor Centre** (☎250-751-1556; www.tourismnanaimo.com; 2450 Northfield Rd; ⊙9–18 Uhr, außerhalb der Saison kürzer) ist die Hauptgeschäftsstelle der Touristeninformation. Im Sommer ist außerdem eine Zweigstelle bei der historischen Bastion am Ufer geöffnet.

ℹ An- & Weiterreise

BUS

Busse von **Greyhound Canada** (www.greyhound.ca) fahren von Victoria hierher (28 C$, 2 Std., bis zu 6-mal tgl.).

FLUGZEUG

Der **Nanaimo Airport** (☎250-924-2157; www.nanaimoairport.com) liegt 18 km südlich der Stadt am Hwy 1. Flüge von **Air Canada** (www.aircanada.com) aus Vancouver (ab 150 C$, 25 Min.) landen hier den ganzen Tag über.

Die häufigen und praktischen Wasserflugzeuge von **Harbour Air** (☎250-714-0900; www.harbourair.com) fahren vom Zentrum Vancouvers zum inneren Hafenbecken (100 C$, 20 Min.).

SCHIFF/FÄHRE

BC Ferries (☎250-386-3431; www.bcferries.com) bietet Verbindungen von Tsawwassen (Passagier/Fahrzeug 17/56 C$, 2 Std.) nach Duke Point, 14 km südlich von Nanaimo. Fähren ab Horseshoe Bay in West Vancouver (Passagier/Fahrzeug 17/56 C$, 95 Min.) legen in Departure Bay, 3 km nördlich vom Zentrum am Hwy 1, an.

ℹ Unterwegs vor Ort

Das Zentrum von Nanaimo um den Hafen ist gut zu Fuß zu erkunden, aber dahinter breitet sich die Stadt aus und ein Auto oder stramme Radlerbeine sind nötig. Taxis sind hier übrigens teuer.

Nanaimo Regional Transit (www.bctransit.com; einfache Strecke/Tageskarte 2,50/6,25 C$) Busse halten in der Gordon St westlich der Harbour Park Mall. Die Buslinie 2 fährt zum Fährhafen an der Departure Bay. Zum Duke Point verkehren keine Stadtbusse.

Nanaimo Airporter (www.nanaimoairporter.com; ab 26 C$) Bietet von beiden Fährhäfen einen Service von Tür zu Tür in der Innenstadt und fährt auch vom/zum Flughafen.

Parksville & Qualicum Beach

Die beliebte Küstenregion am mittleren Teil der Insel, zu der auch das ländliche Coombs gehört, ist schon seit Jahrzehnten ein traditionelles Urlaubsziel für Familien – daher auch die Erlebnisbäder und Minigolfanlagen. Die Gegend eignet sich bestens für eine kleine Pause während der Inseltour.

Sehenswertes & Aktivitäten

Morningstar Farm FARM
(☎250-954-3931; www.morningstarfarm.ca; 403 Lowry's Rd, Parksville; ⊙9–17 Uhr; 👪) GRATIS Der wunderbare, besucherfreundliche Bauernhof gibt Einblicke in den hiesigen Trend zu Regionalküche. Kinder können hier frei herumtoben – und werden sich schnell in die Hasen verlieben. Danach gibt's Kostproben in der hofeigenen Käserei Little Qualicum Cheeseworks und der Mooberry Winery. Empfehlenswert sind der Bleu-Claire-Käse und die Blaubeerweine zum Mitnehmen.

Coombs Old Country Market MARKT
(☎250-248-6272; www.oldcountrymarket.com; 2326 Alberni Hwy, Coombs; ⊙9–19 Uhr) Der weitläufige, ständig expandierende Lebensmittel- und Kunsthandwerksmarkt mit Backwaren und landwirtschaftlichen Erzeugnissen ist *das* kulinarische Einkaufsparadies schlechthin. Im Sommer zieht er jede Menge Besucher an, die ihre Kameras auf das Grasdach richten, wo eine Ziegenherde die warme Jahreszeit verbringt. In der Markthalle locken riesige Eiswaffeln, dick belegte Pizzas und Delikatessen für ein großartiges Picknick. Als Souvenir bieten sich Billy-Gruff-Schokoriegel an.

Bei einem Besuch lohnt sich ein Abstecher zu den umliegenden Geschäften und Attraktionen, von Modekaufhäusern bis zu einer italienischen Trattoria.

Horne Lake Caves & Outdoor Centre PARK
(☎250-248-7829; www.hornelake.com; Touren ab 24 C$; ⊙10–17 Uhr) Eine 45-minütige Fahrt von Parksville entfernt bietet der Park die besten Höhlenwanderungen von BC. Manche Höhlen können Besucher in Eigenregie erkunden, die exzellenten Führungen, von familienfreundlich bis „extrem", sind jedoch sehr zu

empfehlen; sie müssen im Voraus gebucht werden. Zu erreichen ist der Park über den Hwy 19 Richtung Courtenay. Man nimmt die Ausfahrt 75 und folgt der Schotterpiste 12 km. Wer sich verfährt, ruft einfach an.

Milner Gardens & Woodland GÄRTEN
(☎250-752-6153; www.milnergardens.org; 2179 W Island Hwy, Qualicum Beach; Erw./Jugendlicher/Kind 11/6,50 C$/frei; ⌚Mitte April–Aug. 10–17 Uhr, Sept.–Mitte Okt. Do–So 10–17 Uhr) Die idyllische Naturattraktion bietet weitläufige Waldwanderwege zwischen jahrhundertealten Bäumen und Blumengärten mit prächtigen Lilien und Rhododendren. Nach einem Spaziergang zum **Teehaus** aus den 1930er-Jahren auf einem eindrucksvollen Steilufer über dem Wasser erfrischt ein reichhaltiger Afternoon Tea (21 C$) auf der Veranda mit Blick auf die vogelreiche Küste und die schneebedeckten Gipfel, die am Horizont schimmern.

Schlafen & Essen

★ Free Spirit Spheres HÜTTEN $$
(☎250-757-9445; www.freespiritspheres.com; 420 Horne Lake Rd, Qualicum Beach; Hütten ab 175 C$) In den einmaligen, kugelförmigen Baumhäusern können sich Gäste in das Blätterdach des Walds zurückziehen. Das kompakte „Eve" ist klein und einfach, während „Eryn" und „Melody" zusätzlich Einbauschränke haben. Im Mittelpunkt steht der Austausch mit der Natur (TVs werden durch Bücher ersetzt) und die Gäste erhalten bei Ankunft einen leckeren Snack. Auf dem Waldboden gibt es einen Sanitärblock mit Sauna, Grill und Duschen in Hotelqualität.

Blue Willow Guest House B&B $$
(☎250-752-9052; www.bluewillowguesthouse.com; 524 Quatna Rd, Qualicum Beach; DZ ab 140 C$) Das liebenswerte B&B ist ein überraschend geräumiges, ruhiges Cottage im viktorianischen Stil mit Bücherwänden im Wohnzimmer, frei liegenden Deckenbalken und einem duftenden Landgarten. Die beiden Gästezimmer und die eine Suite mit separatem Eingang sind mit Antiquitäten ausgestattet und sehr gemütlich. Die Liebe zum Detail gilt auch für das Gourmetfrühstück, das im Gewächshaus aufgefahren wird und zu dem es selbst gebackene Leckereien gibt.

Crown Mansion BOUTIQUEHOTEL $$
(☎250-752-5776; www.crownmansion.com; 292 E Crescent Rd, Qualicum Beach; DZ ab 209 C$; 📶) Die schöne, weiße Villa, ein luxuriöses Wohnhaus von 1912, wurde in alter Pracht restauriert und als einzigartiges Hotel eröffnet. Zu den früheren Gästen gehörten schon Bing Crosby und John Wayne und auf dem Kamin der Bibliothek lässt sich das Familienwappen bewundern, bevor es in die eleganten Zimmer geht. Im Preis ist ein kontinentales Frühstück enthalten; Frühaufsteher erwischen einen Fensterplatz.

Bistro 694 KANADISCH $$
(☎250-752-0301; www.bistro694.com; 694 Memorial Ave, Qualicum Beach; Hauptgerichte 21–30 C$; ⌚Mi–So 16–21 Uhr) Fragt man Einheimische, raten diese die Abendessenpläne zu streichen und lieber hierher zu kommen. In einem intimen Raum mit Kerzenbeleuchtung, der kaum größer als ein Zugwaggon ist, serviert das Bistro eine kosmopolitische Speisenauswahl, die erstklassige Zutaten mit internationalen Einflüssen kombiniert. Besonders lecker sind die Meeresfrüchte, vor allem das balinesische Garnelencurry und die süchtig machenden Meeresfrüchte-Crêpes. Im Voraus reservieren.

Fish Tales Café FISCH & SEAFOOD $$
(☎250-752-6053; www.fishtalescafe.com; 3336 Island Hwy W, Qualicum Beach; Hauptgerichte 12–25 C$; ⌚Di–Fr 11.30–21, Sa & So 8–21 Uhr) Das alteingesessene Café wirkt wie ein englisches Teehaus alter Schule, lockt jedoch schon seit Jahren Gäste mit herausragenden Fish & Chips an. Auch die nicht frittierten Gerichte lohnen sich, z.B. gegrillter Lachs am Abend. Wer früh genug kommt, hat gute Chancen auf einen Tisch im blumenbewachsenen Garten mit Lichterketten.

Praktische Informationen

Weitere Besucherinfos gibt's unter www.parksvillequalicumbeach.com.

An- & Weiterreise

Neben anderen Anbietern fährt auch Tofino Bus Parksville von Victoria (35 C$, 2–3 Std., 3-mal tgl.) und Nanaimo (17 C$, 30 Min., 3-mal tgl.) aus an.

Port Alberni

Alberni liegt am Hwy 4 zwischen der Ost- und Westküste der Insel und hat sich nach dem Jobrückgang in konventionellen Wirtschaftszweigen in den letzten Jahren verstärkt dem Tourismus zugewandt. Der Innenstadtkern wirkt recht schäbig, es gibt jedoch einige interessante historische Attraktionen und Outdoor-Aktivitäten, die einen Zwischenstopp lohnen.

Sehenswertes & Aktivitäten

Cathedral Grove PARK

(www.bcparks.ca; MacMillan Provincial Park) Der Hain zwischen Parksville und Port Alberni bildet den mystischen Höhepunkt des **MacMillan Provincial Park**. In dem im Sommer oft von Besuchern überlaufenen Park – Vorsicht, die queren auch schon mal den Highway! – winden sich zugängliche Forststraßen durch ein dichtes, atemberaubendes Blätterdach. Hier stehen einige der ältesten Bäume von BC, darunter jahrhundertealte Douglasien mit einem Stammdurchmesser von mehr als 3 m. Man kann ja mal versuchen, solch einen Riesen zu umarmen…

Alberni Valley Museum MUSEUM

(☎250-723-2181; www.alberniheritage.com; 4255 Wallace St; Eintritt gegen Spende; ⌚Di–Sa 10–17, Do bis 20 Uhr) Hinter einer wenig einladenden Betonfassade verbirgt sich eines der besten Gemeindemuseen von Vancouver Island. Die faszinierenden Ausstellungen zu den First Nations und die abwechslungsreiche Sammlung an alten Exponaten wie Kronkorken, Kleidern und altmodischem Spielzeug lohnen einen einstündigen Aufenthalt. Geschichtsliebhaber können im Sommer mit der **Dampfeisenbahn von Alberni Pacific Railway** (www.albernisteamtrain.ca) einen Ausflug zur McLean Mill, einer historischen Stätte, unternehmen.

MV Frances Barkley BOOTSTOUR

(☎250-723-8313; www.ladyrosemarine.com; 5425 Argyle St; Rundfahrt 60–82 C$) Das historische Boot ist eine wichtige Verbindung für die abgelegenen Orte in der Region. Es transportiert dreimal wöchentlich Frachtgut, Versorgungsgüter und Passagiere zwischen Alberni und Bamfield. Im Sommer, wenn es auch bis Ucluelet und zu den reizvollen Broken Group Islands weiterfährt, schiffen sich auch Kajakfahrer und Mountainbiker ein, außerdem Passagiere, die einfach nur eine idyllische Rundfahrt auf dem Barkley Sound unternehmen wollen.

Das Unternehmen erwarb kürzlich ein ausrangiertes Boot von BC Ferries, das in Zukunft ebenfalls auf der Route eingesetzt wird.

Schlafen & Essen

Hummingbird Guesthouse B&B $$

(☎250-720-2111; www.hummingbirdguesthouse.com; 5769 River Rd; Suite ab 140 C$; 📶) Mit seinen vier großen Suiten und einer riesigen Terrasse mit eigenem Whirlpool wirkt das moderne B&B wie ein zweites Zuhause. Auf jedem der zwei Stockwerke gibt es eine Gemeinschaftsküche und die Suiten sind mit Satelliten-TV ausgestattet; eine hat außerdem eine Sauna. Auch für Familien ist gesorgt: Teenager können sich hinten im Spielezimmer vergnügen.

All Mex'd Up MEXIKANISCH $

(☎250-723-8226; 5440 Argyle St; Hauptgerichte 4–10 C$; ⌚So–Fr 11–16, Sa 9–16 Uhr) Das flippige, wunderbar farbenfrohe kleine mexikanische Lokal mit Lichterketten in Ufernähe bereitet alles selbst zu und setzt, wenn möglich, lokale Zutaten ein. Die klassische Auswahl an liebevoll zubereiteten Tacos, Quesadillas und riesigen Burritos ist die perfekte Grundlage für eine Erkundung der Stadt. Als Beilage bieten sich Nachos mit würzigem *pico de gallo* (Salsa) an.

Bare Bones Fish & Chips FISH & CHIPS $$

(☎250-720-0900; 4824 Johnston Rd; Hauptgerichte 9–21 C$; ⌚So–Do 11.30–19.30, Fr & Sa bis 20 Uhr) Der hervorragende Imbiss in einer ehemaligen Holzkirche frittiert Kabeljau, Lachs und Heilbutt auf drei verschiedene Arten (empfehlenswert ist die in Bierteig). Dazu gibt's leckere Pommes und hausgemachten Zitronen-Dill-Dipp. Außerhalb der Stoßzeiten entgeht man dem einheimischen Besucheransturm. Für den unwahrscheinlichen Fall, dass man noch nicht ganz satt sein sollte, bieten sich Garnelen als Beilage an.

Praktische Informationen

Informationen zu weiteren Aktivitäten in der Region liefert www.albernivalleytourism.com

An- & Weiterreise

Neben anderen Anbietern fährt auch Tofino Bus von Victoria (46 C$, 4 Std., 3-mal tgl.) und Tofino (29 C$, 2 Std., 3-mal tgl.) aus hierher.

Pacific Rim National Park Reserve

Dramatische, wellengepeitschte Strände und neblige Wälder machen das **Pacific Rim National Park Reserve** (☎250-726-3500; www.pc.gc.ca/pacificrim; 2040 Pacific Rim Hwy; Tageskarte Erw./Kind 7,80/3,90 C$) zu einem Muss für jeden, der die ungezähmte wilde Westküste von BC erleben möchte. Der 500 km² große Park umfasst die Long

Beach Unit im Norden zwischen Tofino und Ucluelet, die Broken Group Islands Unit im Barkley Sound und im Süden die seit jeher beliebter West Coast Trail Unit. Parkbesucher müssen einen Pass kaufen und vorzeigen. Er ist im Visitors Center und an den gelben Automaten entlang der Straße erhältlich.

Long Beach Unit

Die Long Beach Unit ist mit dem Auto über den Pacific Rim Hwy gut zu erreichen und erhält den Löwenanteil der Parkbesucher. Breite Sandstrände, ungezähmte Brandung, jede Menge Ecken zum Strandgut sammeln und ein lebendes Museum aus dichtem, altem Regenwald sind die Hauptgründe für den sommerlichen Touristenansturm. Der Cox Bay Beach allein ist schon ein ideales Plätzchen für Surfer und Familien. Seevögel, Sanddollars und lila und orangefarbene Seesterne gibt es hier zuhauf.

Eine Einführung in die Natur der Gegend und zu den First Nations bietet das **Kwisitis Visitor Centre** (Wick Rd; Juni–Okt. 10–17, Nov.–Mai Fr–So 11–15 Uhr) GRATIS am Wickaninnish Beach. Wer Lust auf einen Spaziergang hat, kann sich auf einen der folgenden **Wanderwege** begeben und nach segelnden Weißkopfseeadlern und riesigen Bananenschnecken Ausschau halten. Sicherheitsvorkehrungen sollten unbedingt beachtet werden: Vorsicht auf rutschigen Oberflächen und der tückischen Brandung nie den Rücken kehren.

Long Beach Großartige Landschaft entlang der sandigen Küste (1,2 km; leicht).

Rainforest Trail Zwei informative Rundwege durch Primärwald (1 km; moderat).

Schooner Trail Durch Primär- und Sekundärwald mit Strandzugang (1 km; moderat).

Shorepine Bog Rundweg um einen moosbedeckten Sumpf (800 m; leicht und rollstuhlgerecht).

West Coast Trail Unit

Der 75 km lange West Coast Trail ist nicht nur die bekannteste Wanderroute in BC, sondern auch eine der schwierigsten, die nicht für Anfänger geeignet ist. Zwei Dinge sind dabei wichtig: Wer sich an sie heranwagt, wird seine Grenzen kennenlernen – und im nächsten Jahr sicherlich wiederkommen wollen.

Der Weg verläuft an der wellengepeitschten Regenwaldküste zwischen den Informationszentren bei Pachena Bay, 5 km südlich von Bamfield am nördlichen Ende, und bei Gordon River, 5 km nördlich von Port Renfrew an der Südspitze. Für die gesamte Strecke sind sechs bis sieben Tage nötig. Wer möchte, kann außerdem auf halbem Weg beim Nitinat Lake, einem von der **Ditidaht First Nation** (250-745-3999; www.westcoasttrail.com) verwalteten Startpunkt, in den Weg einsteigen und die Wanderzeit so auf zwei bis drei Tage verkürzen. Pauschalangebote sind auf der Website nachzulesen.

Die Route ist von Mai bis Ende September geöffnet. Pro Tag sind nur 60 Übernachtungsgäste zugelassen und **Reservierungen** (519-826-5391, 877-737-3783; www.reservation.pc.gc.ca; nicht erstattbare Reservierungsgebühr 11 C$) sind erforderlich. Diese sind jedes Jahr ab Januar möglich und sollten so früh wie möglich vorgenommen werden. Wer übernachten möchte, muss eine Weggebühr (127,50 C$), eine Reservierungsgebühr (24,50 C$/Pers.) und die zwei kurzen Fährüberfahrten auf der Strecke zahlen; zudem ist ein ausführlicher Orientierungskurs vor dem Aufbruch obligatorisch. Wer keine Reservierung für denselben Tag hat, kann sich auf eine Warteliste setzen lassen und auf Restplätze hoffen. Gerade in der Hauptsaison im Sommer sind die Chancen jedoch eher gering.

Wer sich die ganze Strecke nicht zutraut oder zumuten will, kann auch eine Tageswanderung unternehmen oder von Pachena Bay aus die halbe, als leichter geltende Strecke wandern. Übernachtungswanderer, die nur diesen Teil der Strecke in Angriff nehmen wollen, können am Nitinat Lake starten. Tageswanderer brauchen die ziemlich teure Benutzungsgebühr nicht zu entrichten, müssen sich aber an einem der Startpunkte eine Erlaubnis zu einer Tageswanderung ausstellen lassen.

West-Coast-Trailer müssen in der Lage sein, mit rauem, schlüpfrigem Terrain, zu durchwatenden Bächen und widrigem, schnell umschlagendem Wetter zurechtzukommen. Unterwegs gibt es 100 kleine und einige größere Brücken und 70 Leitern, an denen man hinauf- oder hinabklettern muss. Trinkwasser muss chemisch gereinigt oder abgekocht werden; man braucht einen leichten Campingkocher zur Zubereitung seiner Mahlzeiten und muss seine gesamte Verpflegung mitführen. Übernachten kann man auf allen einfachen Campingplätzen an der Strecke, von denen die meisten über Solar-Komposttoiletten verfügen. Es wird empfohlen, zu den jeweiligen Etappen mindestens fünf Stunden vor Sonnenuntergang aufzubrechen, damit man noch vor Einbruch der Nacht einen Campingplatz erreicht: Denn das Herumstolpern in der Dunkelheit ist die Hauptursache für Unfälle auf der Strecke.

West Coast Trail Express (☎250-477-8700; www.trailbus.com; ab 60 C$; ⏰Mitte Juni–Mitte Sept. tgl., Mai–Mitte Juni & die letzten 2 Sept.-Wochen an ungeraden Tagen) bietet einen praktischen Shuttleservice zu und ab den Startpunkten der Route. Plätze muss man im Voraus reservieren.

Broken Group Islands Unit

Die Broken Group besteht aus rund 300 Inseln und Felsen, die sich über ein Gebiet von 80 km² am Eingang des Barkley Sound verteilen. Dieses beschauliche, unberührte Wildnis ist bei Kajakfahrern beliebt, zumal man bei den Ausflügen aus der Nähe einen Blick auf Grauwale, Schweinswale und die vielen Vögel werfen kann. Wer keine Lust hat, gleich bis nach Hawaii zu paddeln, sollte unbedingt einen Kompass mitnehmen.

Wer auf Tour gehen will, kann sich und sein Kajak vom Veranstalter **Lady Rose Marine Services** (☎250-723-8313; www.ladyrosemarine.com) von Port Alberni zu dessen Sechart Lodge (3 Std.) im Barkley Sound bringen lassen (3 Std.). Wer kein Kajak dabei hat, kann hier auch eines leihen. Man kann auch übernachten (EZ/DZ 164/263 C$, inkl. aller Mahlzeiten).

Von dort aus gehört zu den beliebten Paddelzielen die eine Stunde entfernte Gibraltar Island, auf der es einen geschützten Campingplatz, Strände und Gezeitenpools gibt. Beliebt ist auch Willis Island (1½ Std. ab Sechart). Dort befindet sich ebenfalls ein Campingplatz. Bei Ebbe kann man zu den umliegenden Inseln wandern. Auch auf der abgelegenen Benson Island (4 Std. ab Sechart) gibt es einen Campingplatz, ferner Hirsche und ein Blowhole (Blasloch).

Die Campinggebühren betragen 9,80 C$ pro Übernachtung. Man bezahlt sie in Sechart oder bei den Patrouillen, die per Schiff durch die Region unterwegs sind; bei ihnen kann man auch nachzahlen, falls man sich entschließt, länger zu bleiben. Die Campingplätze sind – wie nicht anders zu erwarten – sehr einfach und haben Solar-Komposttoiletten; alle Abfälle müssen wieder mitgenommen werden. Unbedingt eigenes Trinkwasser mitbringen, weil die Bäche auf den Inseln im Sommer häufig ausgetrocknet sind.

Tofino

2050 EW.

Tofino hat sich vom Versorgungsposten erst zur Hippie-Enklave und nun zum Ökoresort entwickelt und ist das beliebteste Outdoorziel auf Vancouver Island. Kein Wunder, dass Surfer, Familien und Ruhe suchende Bewohner Vancouvers immer wieder zurückkommen: Das Dorf mit zahllosen Aktivitäten und spektakulären Stränden in der Umgebung liegt am Clayoquot Sound, in dem bewaldete Inselchen aus den aufgewühlten, stets dramatischen Wellen ragen.

Sehenswertes

Tofino Botanical Gardens GÄRTEN
(☎250-725-1220; www.tbgf.org; 1084 Pacific Rim Hwy; 3-Tages-Karte Erw./Kind 12 C$/frei; ⏰Juni–Aug. 8 Uhr bis Sonnenuntergang, außerhalb der Saison kürzer) Hier ist alles über gemäßigte Küstenregenwälder zu erfahren: In der tollen, vogelreichen Naturattraktion gibt es Froschteiche, Bohlenwege durch den Wald, einheimische Pflanzen und informative Workshops. In den letzten Jahren wurden im Garten neue Skulpturen aufgestellt, viele davon von lokalen Künstlern. Interessante Zusatzinfos für eine Entdeckungstour bietet die Broschüre am Empfang. Wer ohne Auto anreist, erhält immerhin 1 C$ Ermäßigung.

Tofino Brewing Company BRAUEREI
(☎250-725-2899; www.tofinobrewingco.com; 681 Industrial Way; ⏰Juni–Aug. 11–22 Uhr, außerhalb der Saison kürzer) Die großartige kleine Brauerei liegt versteckt hinter einem unauffälligen Gewerbegebäude und sorgt bei den Insulanern für gute Laune. Deshalb gibt es ihre Erzeugnisse auch in Restaurants überall im Ort und darüber hinaus. Die Probierbar lädt zu einer Kostprobe ein (4 Sorten für 6 C$). Man sollte sich in jedem Fall nach saisonalen Angeboten erkundigen und das exzellente Kelp Stout und Tuff Session Ale kosten.

Maquinna Marine Provincial Park PARK
(www.bcparks.ca) Der Park ist eines der beliebtesten Tagesausflugsziele ab Tofino. Highlight ist die **Hot Spring Cove**. Wanderer, die Ruhe und Frieden suchen, fahren mit dem Schlauchboot oder fliegen mit einem Was-

serflugzeug hierher und können unterwegs Wale und andere Meerestiere entdecken. Vom Bootsanleger aus führen 2 km lange Holzplankenwege zu den **Thermalquellen**.

Eagle Aerie Gallery GALERIE
(250-725-3235; royhenryvickers.com; 350 Campbell St; 10–17 Uhr) Das dramatische Langhaus ist ein Wahrzeichen der Innenstadt und zeigt das Werk des First-Nations-Künstlers Roy Henry Vickers. Neben farbenfroh präsentierten Bildern und Schnitzereien gibt es ab und zu die Möglichkeit, den Künster persönlich zu treffen.

Ahousat PARK
(www.wildsidetrail.com) Der Park auf der abgeschiedenen Flores Island kann nur per Ausflugsboot oder Kajak erreicht werden. Auf dieser mystischen Insel liegt auch der spektakuläre **Wild Side Heritage Trail**, eine etwas anspruchsvollere Wanderung, die zwischen Ahousat and Cow Bay 11 km durch Wälder und über Strände und Landzungen führt. Auf der Insel gibt es eine natürliche Thermalquelle, zudem ist eine Gruppe der First Nations hier beheimatet. Vor allem für Kajakfahrer ist die Insel ein beliebtes Ziel. Auch Wildcampen im ursprünglichsten Sinn des Wortes ist erlaubt.

STÜRMISCHES TOFINO

Das **Beobachten von Stürmen** begann als clevere Marketingstrategie, um Besucher in der Nebensaison anzulocken, hat sich aber zum beliebten Zeitvertreib von November bis März an der rauen Westküste der Insel entwickelt. Nach dem Anblick von spektakulär brechenden Winterwellen geht es mit salzgesprenkeltem Gesicht schnell zurück nach drinnen zu einer heißen Schokolade. Während der Sturmzeit gibt es oft gute Angebote in den Unterkünften der Gegend und die meisten Hotels verleihen dann auch „Tofino-Smokings", besser bekannt als wasserfeste Kleidung. Die besten Stellen, um das krachende Spektakel zu beobachten, sind Cox Bay, Chesterman Beach, Long Beach, Second Bay und Wickaninnish Beach. Aber immer daran denken, nicht zu dicht an die Wellen zu gehen und sie stets im Auge zu behalten: Die gigantischen Wogen reißen einen in Nullkommanichts ins Wasser.

Meares Island PARK
Meares Island, schemenhaft vom Ufer in Tofino aus durch den Nebel zu erkennen, erreicht man mit einem Kajak oder einem Ausflugsboot. Auf der Insel befindet sich der **Big Tree Trail**, ein 400 m langer Holzplankenweg durch alte Wälder, in denen u.a. eine wunderbare, 1500 Jahre alte Rotzeder zu Hause ist. 1984 war die Insel Hauptschauplatz der Proteste gegen die Abholzung am Clayoquot Sound, mit der die Umweltschutzbewegung der Region ihren Anfang nahm.

Aktivitäten

Surf Sister SURFEN
(250-725-4456; www.surfsister.com; 625 Campbell St; Kurse 79 C$) Einführungskurse für Kinder, Familien und erwachsene Anfänger.

T'ashii Paddle School KANUFAHREN
(250-266-3787; www.tofinopaddle.com; 1258 Pacific Rim Hwy; Tour ab 65 C$) Bei den Kanutouren durch hiesige Gewässer mit faszinierenden, informativen Erläuterungen durch einen First-Nations-Guide paddeln die Teilnehmer selbst. Wanderungen gehören ebenfalls zum Angebot.

Ocean Outfitters BOOTSTOUR
(250-725-2866; www.oceanoutfitters.bc.ca; 368 Main St; Erw./Kind 99/79 C$) Walbeobachtungstouren, Ausflüge zu Bären und heißen Quellen sowie Angeltouren.

Jamie's Whaling Station BOOTSTOUR
(250-725-3919; www.jamies.com; 606 Campbell St; Erw./Kind 109/79 C$) Bei Jamies Bootsausflügen bekommt man Wale, Bären und Seelöwen zu sehen. Zudem werden kurze und mehrtägige Kajaktouren veranstaltet.

Schlafen

Whalers on the Point Guesthouse HOSTEL $
(250-725-3443; www.hihostels.ca; 81 West St; B/Zi. 45/129 C$;) Das exzellente HI-Hostel dicht am Zentrum, aber abgeschieden am Wasser gelegen, ist ein behagliches, mit Holz verkleidetes Refugium. Die Schlafsäle sind angenehm klein (der für Frauen hat den schönsten Blick übers Wasser) und es gibt ein paar heiß begehrte Privatzimmer. Zum Programm gehören eine Grillterrasse, ein Spielezimmer und eine Dampfsauna. Im Sommer ist eine Reservierung erforderlich und es gibt einen Fahrradverleih (24 Std. 35 C$).

Tofino Inlet Cottages HÜTTE $$
(250-725-3441; www.tofinoinletcottages.com; 350 Olsen Rd; Suite ab 130 C$;) Das versteckte

Kleinod in einer Oase der Ruhe gleich hinter der Straße ist perfekt für ein Erwachen mit Blick auf spiegelglattes Wasser. Es besteht aus zwei Nurdachhäusern aus den 1960er-Jahren, die jeweils in Suiten aufgeteilt sind, und einem geräumigen Holzhaus mit einem runden Herd, das ideal für Familien ist.

Ecolodge HOSTEL $$
(☎250-725-1220; www.tbgf.org; 1084 Pacific Rim Hwy; Zi. ab 159 C$; @📶) Das ruhige, aus Holz gebaute Bildungszentrum im botanischen Garten hat verschiedene Gästezimmer, eine große Küche und einen hauseigenen Waschsalon. Der Schlafsaal mit Stockbetten für vier Personen ist bei Familien und kleinen Reisegruppen beliebt und kostet im Sommer ca. 40 C$ pro Nacht. Im Preis inbegriffen ist der Eintritt zum Garten und in jedem Zimmer liegt eine Ausgabe von Darwins *The Origin of Species* (Die Entstehung der Arten).

Ocean Village Beach Resort HÜTTEN $$$
(☎250-725-3755; www.oceanvillageresort.com; 555 Hellesen Dr; Suite ab 229 C$; 📶) Das makellose Strandresort aus bienenkorbartigen Hütten aus Zedernholz – daher der holzige Duft beim Betreten – versprüht skandinavisches Flair und ist bei Familien beliebt. Die Hütten liegen der nahen Küste zugewandt und verfügen über praktische Küchen. Wenn die Kinder genug vom Strand haben, sorgen ein Meerwasserpool und jede Menge Brettspiele für Abwechslung. In den Zimmern gibt es keine TVs.

Pacific Sands Beach Resort RESORT $$$
(☎250-725-3322; www.pacificsands.com; 1421 Pacific Rim Hwy; DZ ab 350 C$; 📶) Das familienfreundliche Resort mit komfortablen Suiten mit Küche sowie spektakulären, dreistöckigen Strandhäusern liegt dicht am dramatischen Cox Bay Beach. Wo immer die Gäste unterkommen, schlafen sie beim Geräusch der aufgewühlten Brandung ein. Die geräumigen, modern eingerichteten Strandhäuser sind ideal für Gruppen und haben Steinkamine und im obersten Stock Badewannen mit Aussicht. Für Kinder gibt's im Sommer kostenloses Naturcamping.

Wickaninnish Inn HOTEL $$$
(☎250-725-3100; www.wickinn.com; Chesterman Beach; DZ ab 420 C$; 📶) Im Winter, wenn man gemütlich im Warmen sitzend die Stürme draußen beobachten kann, ist das „Wick" die erste Wahl im Ort. Ein Aufenthalt lohnt sich hier aber zu jeder Jahreszeit. Mit seinen Möbeln aus wiederverwertetem Holz, den Natursteinblenden und einem Ambiente, das eher gewachsen als gebaut scheint, gibt das Haus sich naturnah. Die üppigen Gästezimmer haben mit Knopfdruck bedienbare Gaskamine, Badewannen für zwei und wandhohe Fenster. Das Hotel ist eine der romantischsten Unterkünfte in BC.

NICHT VERSÄUMEN

IMBISS AM PACIFIC RIM HWY

Wer den beliebtesten Tummelplatz der Einheimischen nicht versäumen will, sollte nicht einfach bis Tofino durchbrausen. 1180 Pacific Rim Hwy, gemeinhin als **Beaches Shopping Centre** bekannt, ist eine Ansammlung Dutzender bemerkenswerter kleiner Holzhütten, in denen sich leicht ein fröhlicher halber Tag verbringen lässt. Nach einem Kaffee im **Tofitian** (1180 Pacific Rim Hwy; ⏲Juni–Aug. 7.30–17 Uhr, außerhalb der Saison kürzer; 📶) lockt etwas Schokolade oder vielleicht ein Eis im **Chocolate Tofino** direkt um die Ecke (lecker ist gesalzenes Karamell). Zur Mittagszeit stellt man sich beim **Tacofino** (☎250-726-8288; www.tacofino.com; 1184 Pacific Rim Hwy; Hauptgerichte 5–13 C$; ⏲11–19 Uhr, außerhalb der Saison kürzer) in die Schlange oder ruft seine Bestellung einfach wie die Einheimischen nach vorne. Wer nicht warten möchte, lässt sich im **Wildside Grill** (☎250-725-9453; www.wildsidegrill.com; 1180 Pacific Rim Hwy; Hauptgerichte 6–18 C$; ⏲9–21 Uhr, außerhalb der Saison kürzer) frittierte Garnelen im Panko-Mantel schmecken.

Essen

Common Loaf Bake Shop BÄCKEREI $
(☎250-725-3915; 1801 First St; Gerichte von der Speisekarte 8–12 C$; ⏲8–18 Uhr) Die Lieblingsbäckerei der Einheimischen ist in einem rot gestrichenen Haus in einer Nebenstraße untergebracht, das lokale Kunst schmückt. Wer etwas Lektüre zu seinem Kaffee und Croissant braucht, findet vor der Tür eine öffentliche Bücherbox. Mittags helfen gegrillte Käse-Sandwiches gegen den Hunger, während man zum Frühstück auch verschiedene Ei-Sandwiches bekommt. Nur Barzahlung.

Schooner FISCH & SEAFOOD $$
(☎250-725-3444; www.schoonerrestaurant.ca; 331 Campbell St; Hauptgerichte 18–32 C$; ⏲9–22

Uhr) Die lokale Legende ist seit fast 70 Jahren fester Bestandteil von Tofinos Restaurantszene und hat sich nie auf seinen Lorbeeren ausgeruht. Am besten startet man mit einem Cocktail in den Abend, gefolgt von einer Reise zu den maritimen Köstlichkeiten der Region. Eine ausgezeichnete Wahl ist der riesige Admiral's Plate für zwei Personen mit Lachs, Jakobsmuscheln und anderen Leckereien aus der Region. Am nächsten Morgen locken dann Eggs Benedict mit Garnelen zum Brunch.

Sobo KANADISCH **$$**
(☎250-725-2341; www.sobo.ca; 311 Neill St; Hauptgerichte 14–33 C$; ⏲11.30–21.30 Uhr) Das bei Einheimischen beliebte Lokal begann als Imbisswagen und ist nun schon seit einigen Jahren ein beliebtes Restaurant. Der Schwerpunkt im Sobo – kurz für „Sophisticated Bohemian" (etwa: niveauvoll unkonventionell) – liegt auf international beeinflussten Gerichten aus saisonalen Erzeugnisse der West Coast. Hier kann man wunderbar frische Meeresfrüchte genießen, zudem gibt's eine preisgünstige Mittagskarte für den frühen Hunger. Zu empfehlen sind Fischsuppe, Fisch-Tacos und Gourmet-Pizzas.

Wolf in the Fog KANADISCH **$$$**
(☎250-725-9653; www.wolfinthefog.com; 150 Fourth St; Hauptgerichte 15–45 C$; ⏲9 Uhr–open end, Abendessen ab 17 Uhr) In dem schicken Restaurant für regionale, saisonale Küche, das in vergangenen Jahren als bestes Kanadas ausgezeichnet wurde, muss man vorab reservieren. Die beste Wahl sind die großen Platten zum Teilen (z.B. mit Ente vom Fraser Valley oder leckeren Meeresfrüchten) sowie die wunderbar aromatischen Cedar-Sour-Cocktails.

ℹ Praktische Informationen

Tourism Tofino Visitor Centre (☎250-725-3414; www.tourismtofino.com; 1426 Pacific Rim Hwy; ⏲Juni–Aug. 9–20 Uhr, außerhalb der Saison kürzer) Nur eine kurze Fahrt südlich der Stadt bietet das Visitors Center detaillierte Informationen zu den Unterkünften, Wanderwegen und beliebten Surfspots der Gegend. Im Sommer gibt es außerdem ein Infokiosk im Zentrum.

ℹ An- & Weiterreise

Orca Airways (☎604-270-6722; www.flyorcaair.com) Flüge zwischen dem Tofino Airport und dem South Terminal vom Vancouver International Airport (217 C$, 1 Std., bis zu 5-mal tgl.).

Tofino Bus (www.tofinobus.com) Verbindungen aus Port Alberni (29 C$, 2 Std.), Nanaimo (46 C$, 3–4 Std.), Victoria (69 C$, 6–7 Std.) und darüber hinaus. Der „Beach Bus" verkehrt ab Ucluelet entlang dem Hwy 4 hierher (17 C$, 40 Min.).

Ucluelet

1500 EW.

Auf der Fahrt über den Hwy 4 durch die Berge zur Westküste kommt eine Kreuzung, wo Tofino 33 km nach rechts und Ucluelet nur 8 km nach links ausgeschildert sind. Leider zweigen die meisten Leute nach rechts ab, was schade ist, da das verschlafenere „Ukee" mehr als nur ein paar Reize zu bieten hat (besonders im kulinarischen Bereich) und daran erinnert, wie Tofino vor dem Tourismus gewesen war.

Sehenswertes & Aktivitäten

Ucluelet Aquarium AQUARIUM
(☎250-726-2782; www.uclueletaquarium.org; Main Street Waterfront Promenade; Erw./Kind 14/7 C$; ⏲Mitte März–Nov. 10–17 Uhr) Das exzellente Aquarium widmet sich den Bewohnern der regionalen Gewässer, von außerirdisch aussehenden Seegurken bis zu sich windenden, faszinierenden Pazifischen Riesenkraken. Die Tiere werden später wieder frei gelassen. Das eigentlich Besondere ist jedoch das Engagement der jungen Mitarbeiter sowie die Vermittlung von Naturschutz, ohne oberlehrerhaft zu wirken. Die tolle, kinderfreundliche Einrichtung hinterlässt bei Besuchern ein neu erwecktes Interesse an den Wundern der Meereswelt.

Wild Pacific Trail WANDERN
(www.wildpacifictrail.com) Der 10 km lange, leicht zugängliche Naturwanderweg bietet traumhafte Blicke auf die wellengepeitschte Küste. Von der Kreuzung von Peninsula Rd und Coast Guard Rd aus führt er an den Klippen und dem Leuchtturm, einem tollen Fotomotiv, vorbei und entlang der felsigen Küste, die die Stadt umgibt. Seevögel gibt es reichlich, zudem lassen sich gut stürmische Wellen beobachten. Bitte immer auf dem Weg bleiben, um nicht von den Wellen von den Klippen gerissen zu werden.

Subtidal Adventures TIERWELT
(☎250-726-7336; www.subtidaladventures.com; 1950 Peninsula Rd; Erw./Kind 99/79 C$) Der alteingesessene, hiesige Anbieter veranstaltet beliebte Schlauchboottouren mit Einblicken

in die regionale Tierwelt. Bei einer im Sommer beliebten Exkursion bekommt man oft Bären, diverse Walarten, viele Seevögel und vielleicht sogar einen Seeotter zu sehen.

Relic Surf Shop SURFEN
(☎ 250-726-4421; www.relicsurfshop.com; 1998 Peninsula Rd; Verleih ab 35 C$) Wer surfen möchte, ist hier genau richtig. Zum Programm gehören Ausrüstungsverleih, Kurse und Stehpaddeln (SUP).

Schlafen

Surfs Inn Guesthouse HÜTTEN, HOSTEL $
(☎ 250-726-4426; www.surfsinn.ca; 1874 Peninsula Rd; B/Cottages ab 28/139 C$; WLAN) Das blaue Haus mit kleinen, vor kurzem modernisierten Schlafsälen nahe dem Ortszentrum ist nicht zu übersehen. Aber eine echte Entdeckung sind die zwei süßen Hütten hinter dem Haus, die ideal für Gruppen und Familien sind. Die eine ist größer und separat, die andere ist in zwei Suiten mit Kochnische aufgeteilt. Jede hat einen Grillplatz. Für Surfer gibt es hier auch Kombiangebote.

C&N Backpackers HOSTEL $
(☎ 250-726-7416; www.cnnbackpackers.com; 2081 Peninsula Rd; B/Zi. 28/70 C$; ⏲ April–Okt.; WLAN) Hat man sich seiner Schuhe entledigt, geht's hinein in dieses große Hostel mit vielen Holzelementen. An faulen Abenden lädt der riesige Garten mit Hängematte hinterm Haus zum Verweilen ein. Überzeugend sind auch die geräumige Küche im Erdgeschoss und die kürzlich renovierten Bäder. Neben Schlafsälen stehen auch drei begehrte Privatzimmer zur Auswahl.

Whiskey Landing Lodge HOTEL $$
(☎ 855-726-2270; www.whiskeylanding.com; 1645 Cedar Rd; DZ ab 219 C$; WLAN, Haustiere erlaubt) Das Hotel mit Unterkünften im Apartment-Stil und Holzgebälk direkt am Hafen (man wird vom Brüllen der Robben geweckt) liegt in direkter Nachbarschaft zu den besten Restaurants von Ukee. Da alle 15 Studios und Suiten über eine eigene Küche verfügen, kann man aber auch selbst kochen (bergaufwärts gibt's einen Supermarkt). Nicht vergessen, Pebbles, den Haushund, zu begrüßen.

Essen

Zoe's Bakery & Cafe BÄCKEREI $
(☎ 250-726-2253; 250 Main St; Sandwiches 8–10 C$; ⏲ Di–So 7–16 Uhr, außerhalb der Saison kürzer) Die meisten Einheimischen steuern die sonnige, zentral gelegene Bäckerei mindestens einmal am Tag an, um sich einen Kaffee, Black Magic Bars oder zur Mittagszeit eine Suppe oder ein Spezialsandwich schmecken zu lassen. Wenn möglich, kommen lokale Bio-Zutaten zum Einsatz, und wer früh genug vor Ort ist, kommt in den Genuss unseres Lieblingsfrühstücks: einem köstlichen, herzhaften Auflauf mit Brotpudding und Ei.

Ravenlady FISCH & SEAFOOD $$
(www.ravenlady.ca; 1801 Bay St; Hauptgerichte 15–18 C$; ⏲ Fr–Di 12–14 & 17–20 Uhr) Der einzige Imbisswagen der Stadt lässt viele echte Meeresfrüchte-Restaurants hinter sich und ist auf frisch ausgelöste Austern aus der Region spezialisiert. Darüber hinaus gibt's Gourmetköstlichkeiten wie Tintenfisch-Linguini, dick mit Weißem Thunfisch belegte Po'boy-Baguettes und in *panko*-Teig frittierte Austern. Die *panko*-Leckereien kann man auch einzeln bestellen (5 C$) und an einem Picknicktisch in der Sonne genießen.

Howler's PUB-KÜCHE $$
(☎ 250-726-2211; 1992 Peninsula Rd; Hauptgerichte 14–18 C$; ⏲ 12–24 Uhr; WLAN, Speisekarte) Das familienfreundliche, kneipenähnliche Restaurant weiß die Grundbedürfnisse seiner einheimischen Klientel zu stillen. Dafür sorgen Pastagerichte, Wraps, Burger (lecker ist der mit Hirschfleisch), Craft-Biere von Tofino Brewing, vier Bowlingbahnen und hinten ein Zimmer mit Billardtischen und Arcade-Spielen. Hier kann man wunderbar einen Abend verbringen, nicht zuletzt wegen der freundlichen Mitarbeiter.

Norwoods KANADISCH $$$
(☎ 250-726-7001; www.norwoods.ca; 1714 Peninsula Rd; Hauptgerichte 24–38; ⏲ 17–22 Uhr) Das hübsche, kerzenbeleuchtete Restaurant könnte genauso gut in Tofino stehen und zeigt, wie sehr sich Ucluelets Gastronomie in den letzten Jahren entwickelt hat. Die stets wechselnde Speisekarte konzentriert sich auf saisonale und regionale Küche, wie Heilbutt und Entenbrust. Alle Gerichte werden mit internationalen Touch zubereitet. Hinzu kommt eine Weinkarte, u.a. mit Weinen aus BC, viele auch glasweise.

Praktische Informationen

Ucluelet Visitors Centre (www.ucluelet.ca; 1604 Peninsula Rd; ⏲ Juni–Aug. 9–17 Uhr, Sept.–Mai Mo–Fr 9.30–16.30 Uhr) Das nützliche Visitors Center im Zentrum gibt Tipps zu den Attraktionen von Ukee, zu der mittlerweile auch ein paar gute Restaurants gehören.

An- & Weiterreise

Neben anderen Anbietern verkehrt auch **Tofino Bus** (www.tofinobus.com) von Port Alberni (ab 26 C$, 1½ Std., 3-mal tgl.), Nanaimo (ab 46 C$, 3–4 Std., 3-mal tgl.) und Victoria (ab 34 C$, 6 Std., 4-mal tgl.) hierher. Der „Beach Bus" fährt entlang des Hwy 4 ab Tofino hierher (17 C$, 40 Min., bis zu 3-mal tgl.).

Denman & Hornby Island

Die beiden wichtigsten Inseln der Northern Gulf Islands, Denman und Hornby, verbinden das entspannte, künstlerisch angehauchte Flair und ein ähnliches relaxtes Freizeitangebot. Man kommt mit der Fähre von Buckley Bay auf Vancouver Island zunächst nach Denman und setzt dann von dort nach Hornby über. Im **Denman Village** unweit des ersten Fähranlegers sollte man Halt machen, um sich eine kostenlose Karte und Karte mit den Sehenswürdigkeiten beider Inseln zu holen.

Auf Denman Island gibt es drei Provinzparks: **Fillongley** mit einfachen Wanderwegen und Badestränden, **Boyle Point** mit einem wunderschönen Wanderweg zum Leuchtturm und **Sandy Island**, der nur vom Norden Denmans aus über das Wasser zu erreichen ist.

Auf Hornby Island liegen die Provinzparks **Tribune Bay** mit einem langen Sandstrand und sicheren Badestellen und **Helliwell** mit schönen Wanderwegen. An der **Ford's Cove** an der Südküste von Hornby können Taucher mit Sechskiemerhaien schwimmen. Wander- und Mountainbike-Wege ziehen sich kreuz und quer durch den großen **Mt. Geoffrey Regional Park**.

Für Wassersportler bietet **Denman Hornby Canoes & Kayaks** (☎250-335-0079; www.denmanpaddling.ca; 4005 East Rd, Denman Island; ⊙Verleih/Tour ab 50/120 C$) Ausrüstungsverleih und geführte Touren.

Schlafen & Essen

Blue Owl B&B $$

(☎250-335-3440; www.blueowlondenman.ca; 8850 Owl Cres, Denman Island; DZ 140 C$; 🐾) Das kleine, rustikale Cottage, ein idyllische Refugium für alle, die sich vom Stadtleben zurückziehen wollen, liegt nur ein kurzes Stück zu Fuß vom Meer entfernt. Leihfahrräder stehen kostenlos zur Verfügung (es gibt einen Badesee in der Nähe), aber viel gemütlicher ist ein Abend im Haus. Man muss mindestens zwei Nächte bleiben.

Sea Breeze Lodge HOTEL $$

(☎250-335-2321; www.seabreezelodge.com; 5205 Fowler Rd, Hornby Island; Erw./Kind 200/70 C$) Das 5 ha große Refugium mit 16 auf den Ozean blickenden Cottages ist ein beliebter Inselklassiker. Die Zimmer sind komfortabel, aber nicht pompös, und verfügen teils über Kamine und komplett ausgestattete Küchen. Gäste können schwimmen, Kajak fahren, angeln oder sich einfach nur im Whirlpool an den Klippen entspannen. Die Preise gelten pro Person.

Cardboard House Bakery BÄCKEREI $

(☎250-335-0733; www.thecardboardhousebakery.com; 2205 Central Rd, Hornby Island; Hauptgerichte 5–10 C$; Di–So 8.30–21, Mo bis 16 Uhr, Nebensaison kürzere Öffnungszeiten) In dem alten, mit Schindeln verkleideten Bauernhaus kann man leicht das Gefühl für die Zeit verlieren. Es ist herzhafte Bäckerei und gemütliches Café in einem. Man kann sich mit ofenfrischen Muffins, Cookies und Croissants für unterwegs eindecken oder im Obstgarten zu Mittag essen. Im Sommer spielen mittwoch- und sonntagabends Bands.

Island Time Café CAFÉ $

(3464 Denman Rd, Denman Island; Hauptgerichte 7–12 C$) Der lokale Treff ist auf ofenfrische Backwaren wie Muffins und Scones, Bio-Kaffee, sowie gehaltvolle Frühstücks-Wraps und herzhafte Suppen spezialisiert. Besonders zu empfehlen ist die Pizza. Zu den Gerichten bekommt man den neuesten Dorfklatsch gleich mit serviert. Falls die Sonne mitspielt, kann man draußen sitzen.

Praktische Informationen

Weitere Infos zu den Inseln gibt's unter www.visitdenmanisland.ca und www.hornbyisland.com.

An- & Weiterreise

BC Ferries (☎250-386-3431; www.bcferries.com) Regelmäßige Fährverbindungen zwischen Denman und Buckley Bay (Passagier/Fahrzeug 10,50/24,35 C$, 10 Min.). Zur Hornby Island fährt wenigstens eine Fähre ab Denman (Passagier/Fahrzeug 10,50/24,35 C$, 10 Min.).

Comox Valley

Die Region mit den Orten Comox und Courtenay sowie dem von Hipstern bevorzugten Dorf Cumberland besteht aus Hügeln, Bergwiesen und farbenfrohen Dörfchen. Sie ist eine gute Basis für Outdooraktivitäten und ein Zentrum für Mountainbiker. Der Mt. Washington ist ein Highlight für Aktivitäten.

Sehenswertes & Actvities

Courtenay and District Museum & Palaeontology Centre MUSEUM

(☎250-334-0686; www.courtenaymuseum.ca; 207 4th St, Courtenay; Eintritt gegen Spende; ⊙Mo–Sa 10–17, So 12–16 Uhr im Winter Mo & So geschl.;) Neben einer lebensgroßen Replik eines Elasmosaurus, einem prähistorischen Meeresbewohner, der in der Gegend erstmals entdeckt wurde, zeigt das exzellente kleine Museum Ausstellungsstücke zu den First Nations und aus der Pionierzeit. Die Dino-Schokoriegel im Geschenkeladen sind perfekte, essbare Souvenirs.

Cumberland Museum MUSEUM

(☎250-336-2445; www.cumberlandmuseum.ca; 2680 Dunsmuir Ave, Cumberland; Erw./Kind 5/4 C$; ⊙Juni–Aug. 10–17 Uhr, Sept.–Mai Mi–So 10–17 Uhr) Das wunderbar unkonventionelle Museum zeigt in verschiedenen Schindelhäusern, die an die Filmkulisse eines Westerns erinnern, faszinierende Exponate zur Pioniervergangenheit der Gegend und zu den hiesigen japanischen und chinesischen Gemeinden. Ein begehbarer Minentunnel gibt Einblicke in den harten Arbeitsalltag der Bergleute, wobei die schreckenserregende eiserne Lunge, die oben ausgestellt ist, das Übrige tut.

Mt. Washington Alpine Resort OUTDOOR-AKTIVITÄTEN

(☎250-338-1386; www.mountwashington.ca; Liftticket Winter Erw./Kind 85/43 C$) Mit Dutzenden Abfahrten, Schneeschuhrouten und Tubing ist das Resort schon lange das Ski- und Snowboard-Zentrum der Insel. Auch im Sommer locken tolle Aktivitäten, darunter mit die besten Wander- und Radwege der Region.

Schlafen

★Riding Fool Hostel HOSTEL $

(☎250-336-8250; www.ridingfool.com; 2705 Dunsmuir Ave, Cumberland; B/Zi. 28/60 C$; @) Eines der besten Hostels in BC ist in einem restaurierten, denkmalgeschützten Haus in Cumberland mit rustikaler Holzeinrichtung untergebracht. Neben einer großen Küche und Lounge-Bereichen gibt es kleine Schlafsäle und die Art makelloses Familien- und Privatzimmer, die sonst für Mittelklassehotels typisch sind. Beim hauseigenen Radverleih kommt man mit Mountainbikern in Kontakt, in der Hauptsaison im Sommer muss man allerdings im Voraus reservieren.

Cona Hostel HOSTEL $

(☎250-331-0991; www.theconahostel.com; 440 Anderton Ave, Courtenay; B/Zi. 26/65 C$; @) Das in Orange gestrichene Hostel am Fluss ist kaum zu übersehen und bei Mountainbikern beliebt, die sich auf die nächste Tour über die zahlreichen Wege der Gegend vorbereiten. Die netten Mitarbeiter an der Rezeption haben noch viele weitere Tipps für Aktivitäten. Doch die große Küche, Tischfußball und die Bierkrüge, die man günstig bei der Mikrobrauerei in der Nähe auffüllen lassen kann, sind verlockend genug, um auch mal im Haus zu bleiben.

Old House Village Hotel & Spa HOTEL $$

(☎250-703-0202; www.oldhousevillage.com; 1730 Riverside Ln, Courtenay; DZ ab 149 C$;) Auch wenn der Name etwas anderes andeutet, das gehobene Lodge-ähnliche Apartmenthotel ist weder in einem alten Haus noch in einem Dorf untergebracht. Neben komplett ausgestatteten Küchen gibt es beheizte Badezimmerböden und großartiges Personal an der Rezeption, das Tipps zu Attraktionen und Restaurants in der Gegend bereithält. Wer keine Lust auf Streifzüge in die Umgebung hat, kann sich über ein hauseigenes Restaurant und Spa freuen.

Essen & Ausgehen

Waverley Hotel Pub BURGER $$

(☎250-336-8322; www.waverleyhotel.ca; 2692 Dunsmuir Ave, Cumberland; Hauptgerichte 13–18 C$; ⊙So–Do 11–22.30, Fr & Sa 11 Uhr–open end;) In dem historischen, mit Geweihen gespickten Pub kann man sich Kneipenkost schmecken lassen und dabei eine Ausgabe des lokalen Hochglanzmagazins *CV Collective* lesen. Rund ein Dutzend Craft-Biere vom Fass sorgen für Geselligkeit, während die Speiseauswahl von leckerem grünem Thai-Curry bis zu exzellenten Burgern (der Big Wave ist besonders beliebt) reicht. Im Voraus kann man sich über Livemusik informieren.

Mad Chef Café KANADISCH, FUSION $$

(☎250-871-7622; www.madchefcafe.ca; 444 Fifth St, Courtenay; Hauptgerichte 13–16 C$; ⊙Mo–Do 11–20, Fr & Sa bis 21 Uhr;) Große neue Räumlichkeiten haben an der Philosophie des sehr freundlichen und beliebten Lokals nichts geändert. Noch immer gibt es eine tolle Auswahl an selbst gemachten Pizzas, Wraps und riesigen Salaten (zu empfehlen ist der Meeresfrüchte-Eintopf). Als Vorspeise sollte man sich auf jeden Fall noch eine Schüssel Miso-Yummy-Suppe, eine Spezialität des Hauses, bestellen. Wer sich aber den gigantischen Death-by-Bacon-Burger vornimmt, wird dafür keinen Platz mehr haben.

Atlas Café FUSION $$

(☎250-338-9838; www.atlascafe.ca; 250 6th St, Courtenay; Hauptgerichte 12–18 C$; ⊙Di–Do 8.30–21.30, Fr & Sa bis 22, So bis 15.30 Uhr; ☑) Das Atlas gehört zu den beliebtesten Restaurants von Courtenay und verbindet modernes Bistro-Flair mit internationaler Küche, die asiatische, mexikanische und mediterrane Elemente aufweist. Empfehlenswert sind die Gourmet-Fisch-Tacos und die wechselnden saisonalen Leckereien. Es gibt auch gute vegetarische Optionen. Wer am Wochenende hier frühstückt, trifft mit den Eggs Benedict mit Blaukrabben eine gute Wahl.

Cumberland Brewing BRAUEREI

(☎250-400-2739; www.cumberlandbrewing.com; 2732 Dunsmuir Ave, Cumberland; ⊙So, Di, & Mi 12–21, Do–Sa 12–21 Uhr) Die Mikrobrauerei mit gemütlicher Pub-Atmosphäre hat einen kleinen holzgetäfelten Probierraum und einen größeren Außenbereich mit Gemeinschaftstischen. Bei den Kostproben mit vier Sorten sollte auf jeden Fall das Red Tape Pale Ale dabei sein.

Gladstone Brewing Company BRAUEREI

(www.gladstonebrewing.ca; 244 4th St, Courtanay; ⊙10 Uhr–open end) In dieser tollen Bereicherung der hiesigen Brauereiszene bestellt man sich bei der angrenzenden Anrichte eine Pizza und schnappt sich draußen einen Tisch mit Sonnenschirm. An der Tafel ist die aktuelle Auswahl an Brauerzeugnissen angeschrieben; am besten bestellt man sich eine Kostprobe mit vier Sorten (8 C$). Beliebt ist das Porter, meist gibt es außerdem ein paar tolle Biere nach belgischer Machart.

Praktische Informationen

Vancouver Island Visitors Centre (☎885-400-2882; www.discovercomoxvalley.com; 3607 Small Rd, Cumberland; ⊙9–17 Uhr) Das schicke Visitors Centre gibt Tipps für die Erkundung der Gegend.

An- & Weiterreise

Die drei Hauptorte der Gegend sind über gut zugängliche Highway-Strecken miteinander verbunden. Zudem verkehrt **Tofino Bus** (☎250-725-2871; www.tofinobus.com) mindestens zweimal täglich von Gemeinden auf der ganzen Insel nach Courtenay.

Vom Festland aus steuert **Pacific Coastal Airlines** (☎604-273-8666; www.pacificcoastal.com) vom South Terminal in Vancouver (132 C$, 55 Min., bis zu 9-mal tgl.) den **Comox Valley Airport** (☎250-890-0829; www.comoxairport.com) an.

Campbell River

33 400 EW.

Für Leute aus dem Süden markiert Campbell River das Ende der Zivilisation, doch die Stadt ist nicht nur ein bequemer Ausgangspunkt für Ausflüge in die Wildnis des **Strathcona Provincial Park**, sondern bietet auch jede Menge eigene Attraktionen und Dienstleistungen. Am Ufer kann man sich Robben und den Jachthafen mit den vor Anker liegenden Booten ansehen, während an der Pier St Geschäfte und Restaurants warten.

Sehenswertes

Discovery Passage Aquarium AQUARIUM

(☎250-914-5500; www.discoverypassageaquarium.ca; 705 Island Hwy; Erw./Kind 8/5 C$; ⊙Mai–Sept. 10–17 Uhr; ♿) Das alte, blaue Aquarium, das von Ucluelet hierher verlegt wurde, ist heute eine hervorragende kleine Behausung für Meerestiere am Eingang des Discovery Pier. Zu sehen sind hiesige Meeresbewohner, darunter Seesterne, Seegräser und (mit etwas Glück) der eine oder andere Oktopus. An einem Regentag ein toller Ort für Kinder.

Museum at Campbell River MUSEUM

(☎250-287-3103; www.crmuseum.ca; 470 Island Hwy; Erw./Kind 8/5 C$; ⊙Mitte Mai–Sept. 10–17 Uhr, Okt.–Mitte Mai Di–So 12–17 Uhr) Es lohnt sich zweifellos, eine Stunde seiner Zeit diesem faszinierenden Museum zu opfern. Die vielfältige Sammlung umfasst Masken der Ureinwohner, eine Pionierhütte aus den 1890er-Jahren und einen Videofilm über die größte künstlich herbeigeführte, nicht-nukleare Explosion der Welt (ein Unterwasserberg in den Seymour Narrows, der Dutzende Schiffbrüche verursachte, wurde 1958 durch eine kontrollierte Explosion gesprengt).

Discovery Pier WAHRZEICHEN

Da die Einheimischen den Ort als „Welthauptstadt der Lachse" bezeichnen, lohnt es sich, eine Angelleine am Discovery Pier im Zentrum (man kann welche ausleihen) auszuwerfen oder sich – wie viele andere auch

ABSTECHER

ÜBERFAHRT ZUR QUADRA ISLAND

Ein Ausflug der besonderen Art ist eine zehnminütige Überfahrt samt Fahrrad mit **BC Ferries** (S. 775) von Campbell River zur urtümlichen **Quadra Island**. Ein ausgedehntes Wegenetz durchzieht die Insel; Karten sind in den lokalen Geschäften erhältlich. Viele der bewaldeten Wege sind ehemalige Forststraßen und die Inselgemeinde hat viel Zeit damit verbracht, sie für Mountainbiker aller Geschicklichkeitsstufen auszubauen und zu pflegen. Wer kein eigenes Rad mitgebracht hat, kann sich eines auf der Insel oder in Campbell River leihen. Weitere Infos finden Inselbesucher unter www.quadraisland.ca.

Quadras faszinierendes **Nuyumbalees Cultural Centre** (www.nuyumbalees.com; 34 Weway Rd; Erw./Kind 10/5 C$; ⌚Mai–Sept. 10–17 Uhr) erläutert Geschichte und Traditionen des lokalen First-Nations-Volks der Kwakwaka'wakw. Es zeigt Holzschnitzarbeiten und Artefakte sowie Aufführungen traditioneller Tänze. Wer mit den Einheimischen relaxen will, kann das am **Spirit Sq**, wo im Sommer Liveunterhaltung geboten wird.

Abendessen servieren der Pub und das Restaurant des hübschen **Heriot Bay Inn & Marina** (☎250-285-3322; www.heriotbayinn.com; Heriot Bay; DZ/Hütten ab 109/229 C$) am Wasser, wo allzu Trinkfreudige auch gleich übernachten können. Das Hotel vermietet motelartige Zimmer und charmante rustikale Hütten.

– anzusehen, was die Angler an Land ziehen. Bequemer als sein Mittagsessen selbst zu fangen, sind die Fish & Chips, die vor Ort verkauft werden.

Schlafen & Essen

Heron's Landing Hotel HOTEL $$
(☎250-923-2848; www.heronslandinghotel.com; 492 S Island Hwy; DZ ab 130 C$;) Gehobene, motelartige Unterkunft mit renovierten Zimmern, darunter große Loft-Suiten, die sich ideal für Familien eignen. Im Preis inbegriffen ist das Frühstück, man kann sich jedoch auch in den zimmereigenen Küchen seine eigenen Eier mit Speck brutzeln. Praktisch sind die hauseigenen münzbetriebenen Waschmaschinen.

Dick's Fish & Chips FISH & CHIPS $
(☎250-287-3336; www.dicksfishandchips.com; 660 Island Hwy; Hauptgerichte 7–16 C$; ⌚10.30 Uhr bis Sonnenuntergang) Das Haus mit Giebeldach, einen kurzen Fußmarsch vom Discover Pier entfernt, beherbergt das Lieblings-Fish & Chips-Lokal der Einheimischen. Hier ist oft viel los, deshalb kommt man besser außerhalb der Stoßzeiten. Neben den Klassikern in goldbraun frittiertem Teig gibt es beliebte Burger mit Lachs, Austern und Heilbutt sowie hausgemachtes Erbsenmus, nach dem manche Insulaner regelrecht süchtig sind.

An- & Weiterreise

Pacific Coastal Airlines (☎604-273-8666; www.pacificcoastal.com) Den ganzen Tag über landen Flüge aus Vancouver (132 C$, 45 Min., bis zu 6-mal tgl.).

Campbell River Transit (☎250-287-7433; www.bctransit.com; Erw./Kind 2/1,75 C$) Busverbindungen in der Gegend und darüber hinaus.

Tofino Bus (☎250-725-2871; www.tofinobus.com) Verbindungen aus Ortschaften auf ganz Vancouver Island, darunter Nanaimo, Victoria und Port Hardy.

Strathcona Provincial Park

Der Mount Golden Hinde (2200 m), der höchste Punkt der Insel, ist das Herzstück des **Strathcona Provincial Park** (☎250-474-1336; www.bcparks.ca), einer herrlichen unberührten Wildnis mit faszinierenden Wanderwegen. Für die Erkundung der Wasserfälle, Almwiesen, Gletscherseen und steilen Felswände sollte man ausreichend Zeit einplanen.

Nach der Ankunft verschafft man sich im **Strathcona Park Lodge & Outdoor Education Centre** am Haupteingang erst einmal einen Überblick. Es informiert über sämtliche Parkaktivitäten, darunter Kajakfahren, Ziplining sowie geführte Wanderungen und Klettertouren, und ist ein beliebter Treffpunkt für Outdoor-Liebhaber. Es gibt auch Pakete mit verschiedenen Aktivitäten, manche speziell für Familien. Stärkung bieten die Restaurants **Whale Room** oder **Myrna's**.

Zu den bemerkenswerten Wanderstrecken im Park gehören der **Paradise Meadows Loop** (2,2 km), ein leichter Spaziergang durch mit Wildblumen gespickte, immergrüne Natur, und der Weg zum **Mt.**

Becher (5 km) mit wunderbaren Ausblicken über das Comox Valley und die von Bergen eingerahmte Strait of Georgia. Rund um den Buttle Lake gibt's auch einfachere Routen: den Weg zu den **Lady Falls** (900 m) und die Strecke zum **Karst Creek** (2 km), der an Dolinen, aussickernden Bächen und reißenden Wasserfällen vorbeiführt.

Die parkeigene **Lodge** (☎250-286-3122; www.strathconaparklodge.com/escape/accommodation; 41040 Gold River Hwy; Zi./Hütte ab 139/250 C$; 🐾) bietet gute Unterkünfte, von Zimmern im Hauptgebäude bis zu abgelegenen Holzhütten. Für wahre Naturliebhaber gibt es auch eine ganze Reihe von Campingplätzen im Park. Ansonsten kann man sein Zelt auch im **Buttle Lake Campground** (☎519-826-6850, 800-689-9025; www.discovercamping.ca; Stellplätze 20 C$; ⏲April–Okt.) aufschlagen. Ein Schwimmbereich und ein Spielplatz machen ihn zu einer guten Option für Familien.

Nördliche Vancouver Island

Die Insulaner des Südens – also alle, die südlich des Campbell River leben – schwören Stein und Bein, dass es oben im Norden absolut nichts zu sehen gäbe. Im Norden erwidern die Leute darauf trocken: „Die haben's nötig." Abseits der nachbarschaftlichen Rivalitäten wird man jedoch feststellen: Was der riesigen, fast die Hälfte der Insel umfassenden Region an Siedlungen, Infrastruktur und Leben fehlt, macht sie durch Charakter und Naturschönheit mehr als nur wett. Und wenngleich abgelegen, sind übrigens einige Gebiete für abgehärtete Wanderer bemerkenswert gut erschlossen, besonders das Gebiet am North Coast Trail.

Port McNeill

Auf dem Weg nach Port Hardy ist Port McNeill das sich den Berg hinab fast bis zum Hafen erstreckt, ein nützlicher Zwischenstopp. Wer auf die Fähre ins reizende, sehr zu empfehlende Alert Bay wartet, kann hier außerdem einen Kaffee trinken.

Das **Museum** (351 Shelley Cres; ⏲Juli–Sept. 10–17 Uhr, Okt.–Juni Sa & So 13–16 Uhr) ist der Geschichte der Region gewidmet. Auf dem Weg zum Eingang fällt einem außerdem der **World's Largest Burl** ins Auge. Die gigantische Maserknolle eines riesigen Baums ist zweifellos ein eindrucksvolles Fotomotiv. Weitere Einblicke in die hiesige Wildnis gibt's bei einer geführten Wanderung ins Hinterland von **North Island Daytrippers** (☎800-956-2411; www.islanddaytrippers.com).

Das **Black Bear Resort** (☎250-956-4900; www.port-mcneill-accommodation.com; 1812 Campbell Way; DZ/Hütte inkl. Frühstück ab 162/212 C$; @📶🏊), eher ein besseres Motel als ein Resort, liegt auf einem Hügel oberhalb des Orts gegenüber von Läden und Restaurants. Die Standardzimmer sind klein, aber sauber und mit Mikrowellen und Kühlschränken ausgestattet. Darüber hinaus gibt's Unterkünfte mit Küchen sowie seit ein paar Jahren auch Hütten an der Straße.

Zu einer Kaffeepause vor der Überfahrt nach Alert Bay bietet sich das beliebte **Mugz** (☎250-956-3466; 1597 Beach Dr; Gebäck & Sandwiches 3–11 C$; ⏲Mo–Sa 7–20, So 7–19 Uhr; 📶) an, das außerdem mit Eiscreme und Panini zum Mittagessen lockt. Im Sommer kann man sich auf die Terrasse setzen.

Das **Visitors Center** (☎250-956-3881; www.town.portmcneill.bc.ca; 1594 Beach Dr; ⏲Mai–Sept. 8.30–17.30 Uhr, im Winter kürzer) gibt in einem Giebelhaus Einblicke in die Region.

Tofino Bus (☎250-287-7151; www.tofinobus.com) fährt von verschiedenen Orten hierher, darunter Port Hardy (17 C$, 50 Min., tgl.) und Campbell River (44 C$, 2–3 Std., tgl.).

Alert Bay

Fähren von BC Ferries fahren in 45 Minuten von Port McNeill zu einem der schönsten Ausflugsziele der Region. Alert Bay befindet sich auf Cormorant Island und erstreckt sich vom Fähranleger an entlang der Uferwege. Die bunt gestrichenen Hütten und Häuser sind tolle Fotomotive, selbst die verfallenen. Da hier die Namgis First Nation zu Hause ist, gibt es für Besucher jede Menge Einblicke in die Kultur der Ureinwohner, außerdem gemütliche Restaurants und Unterkünfte. Über einem kreisen oft Adler und Raben.

Sehenswertes & Aktivitäten

Die Gegend lässt sich wunderbar zu Fuß erkunden. Vom Fährhafen spaziert man zunächst die Uferpromenade entlang und dann geradeaus zu den eindrucksvollen **Original Namgis Burial Grounds** mit faszinierenden Totempfählen oder nach links zur **Culture Shock Interactive Gallery** (☎250-974-2484; www.cultureshockgallery.ca; 10 Front St; ⏲Juli–Sept. 9.30–18 Uhr, Mai, Juni & Okt. So geschl., im Winter kürzer). Das Geschäft hat jede

Menge zeitgenössisches Kunsthandwerk der First Nations, T-Shirts und Schmuck auf Lager. An die Galerie ist ein Café angeschlossen, zudem gibt es ein Kulturprogramm im Sommer, das Geschichtenerzählen und Lachs-Barbecues umfasst. Über aktuelle Veranstaltungen informiert die Website.

Sehr zu empfehlen ist außerdem das **U'mista Cultural Centre** (☎250-974-5403; www.umista.ca; 1 Front St; Erw./Kind 12/5 C$; ⏲Juli & Aug. 9–17 Uhr, Sept.–Mai Di–Sa 9–17 Uhr), das in einem Langhaus Dutzende indigene Artefakte von unschätzbarem kulturellem Wert zeigt. Diese wurden nach dem Verbot von Potlach-Zeremonien in Kanada beschlagnahmt und an Museen und Sammlungen in der ganzen Welt verteilt. Das Zentrum hat sich nach und nach für deren Rückgabe eingesetzt und feiert nun in der Hauptgalerie den Erfolg dieser Bemühungen. Zum Sommerprogramm gehören Bücherlesungen und Vorführungen, bei denen Zedernrinde zu Flechtwaren verarbeitet wird (über Veranstaltungen informiert die Facebook-Seite des Zentrums). Der Geschenkeladen ist eine wahre Schatzkiste für First-Nations-Kunst.

Wen es aufs Meer zieht, der kann bei **Seasmoke Whale Watching** (☎250-974-5225; www.seasmokewhalewatching.com; Erw./Kind 120/95 C$; ⏲Touren Mitte Mai–Sept.) eine fünfstündige Jachttour buchen, bei der man Meeresbewohner beobachtet und einen Nachmittagstee einnimmt.

Schlafen & Essen

Wer eine Unterkunft sucht, findet vor Ort ein paar B&Bs und Holzhütten. Empfehlungen gibt das **Visitors Center** (☎250-974-5024; www.alertbay.ca; 118 Fir St; ⏲Juli & Aug. 9–17 Uhr, Juni, Sept. & Okt. Mo–Fr 9–17 Uhr); diese helfen vor allem im Sommer, wenn die Verfügbarkeit begrenzt ist. Wer eine abgeschiedene Bleibe sucht, ist bei **Alert Bay Cabins** (☎604-974-5457; www.alertbaycabins.net; 390 Poplar Rd; DZ ab 135 C$) richtig.

Die Uferpromenade säumen mehrere rustikale Lokale. Die beste Wahl trifft man dabei mit dem **Pass 'n Thyme** (☎250-974-2670; www.passnthyme.com; 4 Maple Rd; Hauptgerichte 13–21 C$; ⏲Di–Do & Sa 11–20, Fr 11–21 Uhr).

An- & Weiterreise

BC Ferries (☎250-386-3431; www.bcferries.com) verkehrt von Port McNeil nach Alert Bay (Erw./Fahrzeug 12,35/28,40 C$, 45 Min., bis zu 6-mal tgl.).

Telegraph Cove

Die einstige Telegrafenstation in einer kleinen Hütte hat sich zu einer der wichtigsten Touristenattraktionen des Nordens entwickelt und ist heute ein reizvolles Ziel. Die Atmosphäre eines Vorpostens der Pionierzeit wird durch Dutzende bunt gestrichene hölzerne Pfahlbauten im Jachthafen verstärkt. Im Sommer kann es hier wegen der vielen Tagesausflügler ziemlich voll werden.

Sehenswertes & Aktivitäten

Das erste Ziel auf dem Uferweg ist das großartige **Whale Interpretive Centre** (☎250-928-3129; www.killerwhalecentre.org; Spende Erw./Kind 5/3 C$; ⏲Mitte Mai–Okt. 9–17 Uhr) mit zahlreichen interaktiven Artefakten und kunstvoll präsentierten Skeletten von Pumas und Seeottern. Highlight dieses einzigartigen Museums in einer Art rustikalen Scheune sind die Walskelette, die größtenteils von der Decke hängen und von Mink-, Grau-, Finn- und Zwergglattwalen stammen. Besucher sollten sich genug Zeit nehmen, um sich alles genau anzuschauen.

Lebende Wale kann man vor der Küste bestaunen, schließlich gehört die Region zu den besten Gegenden zum Beobachten von Meerestieren. **Stubbs Island Whale Watching** (☎250-928-3185; www.stubbs-island.com; Erw./Kind 99/84 C$; ⏲Mai–Okt.) bietet Bootstouren zu Killerwalen, wobei sich manchmal auch Buckelwale, Delfine und Seelöwen sehen lassen. Mitte Juli bis Mitte September ist die beste Zeit, um Killerwale zu entdecken.

Wer sich für Bären interessiert, bucht einen der ganztägigen Ausflüge von **Tide Rip Grizzly Tours** (☎250-339-5320; www.tiderip.com; Touren 299–340 C$; ⏲Mai–Sept.) zu den Stränden und Meeresarmen der Umgebung.

Schlafen & Essen

Die alteingesessenen **Telegraph Cove Resorts** (☎250-928-3131; www.telegraphcoveresort.com; Stellplätze/Hütten ab 32/150 C$) bieten Waldstellplätze und verschiedene rustikale Hütten. Eine gute motelähnliche Alternative ist das **Dockside 29** (☎250-928-3163; www.telegraphcove.ca; DZ ab 185 C$; 📶) in der Nähe.

Seahorse Cafe CAFÉ $
(☎250-527-1001; www.seahorsecafe.org; Hauptgerichte 9 C$; ⏲Mai–Sept. 8.30–19 Uhr) Das beliebte Café am Hafen hat jede Menge Picknicktische im Freien, die zum Entspannen

einladen, während man sich Grillwürste, Bison-Burger, Lachs-Burger und handgemachte Pommes schmecken lassen kann.

Killer Whale Café BISTRO $$
(☎ 250-928-3155; Hauptgerichte 14–18 C$; ⊙ Mitte Mai–Mitte Okt.) Das Killer Whale Café ist das beste Lokal der Bucht. Zu empfehlen sind die Linguine mit Lachs, Muscheln und Garnelen. Von einem Fensterplatz in dem denkmalgeschützten Gebäude mit knarrenden Dielen überblickt man den Jachthafen.

An- & Weiterreise

Nach Telegraph Cove führt eine gewundene, gut ausgeschilderte Abzweigung des Hwy 19.

Port Hardy

Port Hardy ist eine praktische Ausgangsbasis für die vielen Outdoor-Abenteuer im schroffen Norden. Außerdem kann man hier eine kurze Pause einlegen, bevor es auf die atemberaubende Inside Passage Route von BC Ferries geht.

Sehenswertes & Aktivitäten

North Island Lanes BOWLING
(☎ 250-949-6307; 7210 Market St; inkl. Schuhe 6 C$/Spiel; ⊙ Di 13–15, Mi–So 17–21.30, Fr & Sa bis 22 Uhr) In BC findet man jede Menge alte Bowlingbahnen, deshalb lohnt diese makellos gepflegte Anlage mit sechs Bahnen auch dann einen Besuch, wenn man nicht gern bowlt. Die gelb gestrichenen Wände mit Hintergrundbeleuchtung in cooler Retro-Optik im Stil der 1970er-Jahre erinnert an ein Museum. Eingemottete Museumsstücke sucht man hier allerdings vergeblich, vielmehr trifft man auf eine der freundlichsten und lebendigsten Ausgehadressen der Stadt, das gilt vor allem beim „Cosmic Bowling“ am Freitag und Samstag.

Quatse Salmon Stewardship Centre FARM
(☎ 250-949-9022; www.thesalmoncentre.org; 8400 Byng Rd; ⊙ Mitte Mai–Sept. Mi–So 10–17 Uhr; 👪) Auf der abgeschiedenen Lachsfarm lernen Kinder alles über den Lebenszyklus von Lachsen. Hier ist anfassen erlaubt (Besucher können z. B. den Kopf in die zylinderförmigen Fischtanks stecken), zudem geben Führungen genauere Einblicke.

Nakwakto Rapids Tours BOOTSTOUR
(☎ 250-230-3574; www.nakwaktorapidstours.com; 154 Tsulquate Reserve; Tour 100 C$; ⊙ nach Vereinbarung) Auf der vierstündigen Bootstour erlebt man nicht nur die aufgewühlten Wellen der „schnellsten Brandung der Welt“, sondern auch die faszinierenden Erzählungen der First-Nations-Guides. Die Route führt zu den malerischsten abgeschiedenen Gegenden der Region.

Schlafen & Essen

North Coast Trail Backpackers Hostel HOSTEL $
(☎ 250-949-9441; www.northcoasthostel.com; 8635 Granville St; B/Zi. 29/64 C$; @ 📶) Das geräumige, gemütliche Hostel besteht aus einem Gewirr aus kleinen und größeren Schlafsälen. Die freundlichen Besitzer haben reichlich Tipps zur Erkundung der Region auf Lager und ein großer Freizeitraum dient als gesellschaftlicher Treffpunkt. Die Küche ist klein, man kann sich aber im angrenzenden Café voller Wandmalereien stärken. Es gibt auch Privatzimmer im Stil einer Pension. Familien sind willkommen.

Pier Side Landing HOTEL $$
(☎ 250-949-7437; www.piersidelanding.com; 8600 Granville St; DZ ab 120 C$; 📶) Die Lage dieser erhöhten Anlage im Motelstil, die kürzlich komplett renoviert wurde, ist kaum zu schlagen: Mitten im Zentrum der Stadt am Wasser (neben Zimmern mit Meerblick gibt's auch welche mit Bergblick) punktet es mit atemberaubenden Blicken über die Küste mit Weißkopfadlern. Die geräumigen Zimmer verfügen nicht alle über Balkone, dafür jedoch über praktische Kühlschränke.

Café Guido CAFÉ $
(☎ 250-949-9808; www.cafeguido.com; 7135 Market St; Hauptgerichte 6–8 C$; ⊙ Mo–Fr 7–18, Sa 8–18, So 8–17 Uhr; 📶) In dem freundlichen, bei Einheimischen beliebten Café kann man gut eine Stunde verbringen, insbesondere mit Lektüre aus dem Buchladen darunter. Das gegrillte „Gladiator“-Fladenbrot-Sandwich mit Pesto ist ein populärer Mittagsklassiker, allerdings sollte man noch Platz für das Himbeer-Zitronen-Gebäck lassen. Haushund Lucy macht es sich oft im Kunsthandwerksladen unten gemütlich.

Sporty Bar & Grill PUB-KÜCHE $$
(☎ 250-949-7811; www.sportybar.ca; 8700 Hastings St; Hauptgerichte 11–24 C$; ⊙ 11.30–23 Uhr; 📶) Toller Service und Pub-Küche machen das Sporty zu einem der besten Restaurants von Port Hardy. Neben herzhaften Burgern gibt es Pizza, Fish & Chips und preiswerten Cobb-Salat (13 C$), in den man sich hinein-

legen könnte. Wer Lust auf Bier hat, bestellt statt des Lucky Lager (ein traditioneller Klassiker des Nordens) lieber ein Hermann's Dark Lager aus Victoria.

Praktische Informationen

Port Hardy Visitor Information Centre (☎250-949-7622; www.visitporthardy.com; 7250 Market St; ⌚Juni–Sept. 9–18 Uhr, Okt.–Mai Mo–Fr 8–16 Uhr) Das Zentrum ist die erste Anlaufstelle für Besucher. Neben Broschüren gibt es hier einheimische Mitarbeiter, die Tipps zur Stadt und zum Umland geben. Besonders gut sind die Infos zu Wanderungen in der Gegend.

An- & Weiterreise

Pacific Coastal Airlines (www.pacific-coastal.com) Fliegt von Vancouver hierher (209 C$, 65 Min., bis zu 4-mal tgl.).

BC Ferries (☎250-386-3431; www.bcferries.com) Fährt von Prince Rupert (Passagier/Fahrzeug 206/469 C$, 16 Std., variabler Fahrplan) über die malerische Inside Passage hierher.

Tofino Bus (☎250-725-2871; www.tofinobus.com) Fährt von Orten im Süden hierher, darunter Port McNeil (17, 50 Min. C$, tgl.).

North Island Transportation (☎250-949-6300; Shuttle 8 C$) Bietet ein praktisches Shuttle zum/vom Fährhafen sowie zu den Hotels der Gegend.

Cape Scott Provincial Park

Von den vergleichsweise großstädtischen Straßen Victorias unten im Süden bis zu dem abgelegenen **Park** an der schroffen Nordspitze von Victoria Island sind es mehr als 550 km. Wer aber die raue, wilde Schönheit von BC richtig kennenlernen will, sollte unbedingt hierher kommen: schroffe Gestade, luftige Regenwälder und Buchten mit atemberaubenden Stränden, eine mächtige Brandung und knopfäugige Meeresvögel – willkommen in der unberührten Natur Kanadas!

Bei der Parkwanderung auf dem gut gepflegten, 2,5 km langen San Josef Bay Trail tritt man aus schattigen Wäldern direkt hinaus an einen der schönsten Strände in BC – eine atemberaubende, windumtoste Weite aus mächtigen Wellen, bewaldeten Klippen und uralten Höhlen, in denen sich gut und gern Schmuggler versteckt haben könnten. Man kann hier direkt am Strand zelten oder sich auch wieder in die Wälder verdrücken, nachdem man die Fischadler bewundert hat.

Einer der kürzesten Wanderwege der Gegend (2 km) führt im angrenzenden **Raft Cove Provincial Park** (www.bcparks.ca) an den weiten, halbmondförmigen Strand und zu den schönen Lagunen der Raft Cove. Höchstwahrscheinlich hat man den weiten, 1,3 km langen Strand ganz für sich allein, auch wenn die Einheimischen hier gern surfen (das aber keinem verraten).

Wer auf der Suche nach einem echten Abenteuer ist, kann den 55 km langen **North Coast Trail**, für den man etwa 7 Tage benötigt, gehen. Unterwegs kommt man vorbei an sandigen Buchten, verlassenen Stränden und dichtem, vom Wind gepeitschtem Regenwald und muss ein paar Flüsse mit kurzen Seilrutschen überqueren. Die Strecke ist mancherorts schlammig und sumpfig, Holzplankenwege erleichtern jedoch das Vorankommen. In dem Gebiet leben Elche, Hirsche, Pumas, Wölfe und Schwarzbären – man sollte sich vor der Wanderung schlaumachen, wie man sich verhält, wenn einem wilde Tiere über den Weg laufen. Der Trail ist nur für erfahrene und gut ausgerüstete Wanderer geeignet. Campingplätze auf der Strecke gibt es an der Nissen Bight, am Laura Creek und an der Shuttleworth Bight.

An- & Weiterreise

Wer sich den North Coast Trail vornehmen möchte, fährt mit einer frühmorgendlichen Verbindung von **Cape Scott Water Taxi** (☎250-949-6541; www.capescottwatertaxi.ca; 6555 Port Hardy Bay Rd) nach Shushartie Bay. Nach der Wanderung geht's mit dem Minibus von **North Coast Trail Shuttle** (☎250-949-6541; www.northcoasttrailshuttle.com) zurück nach Port Hardy. Beide Verbindungen sollte man vorab buchen.

SOUTHERN GULF ISLANDS

Gestresste Städter aus Vancouver flüchten gern in die erholsamen Arme der entspannten Inseln, die sich wie eine Perlenkette zwischen Festland und Vancouver Island aneinanderreihen. Die Inseln Salt Spring, Galiano, Mayne, Saturna sowie North und South Pender, einst von Hippies und Wehrflüchtigen aus den USA bevölkert, lösen ihr Versprechen als rustikale, erholsame Refugien ein. Weitere Infos gibt's unter www.sgislands.com.

Salt Spring Island

10 500 EW.

Salt Spring Island ist die meistbesuchte und besterschlossene der Inseln und für ihre lu-

Southern Gulf Islands

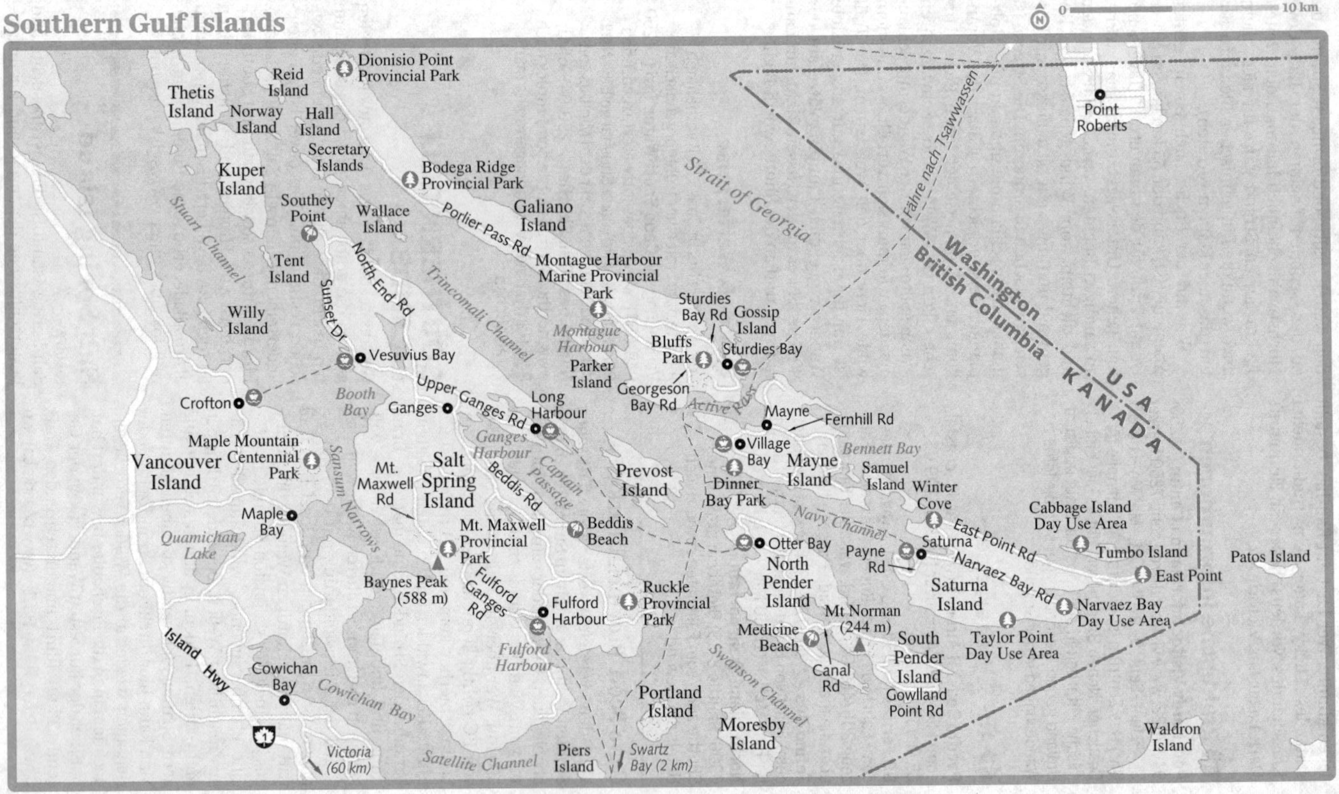

xuriösen Ferienhäuser bekannt. Darüber hinaus gibt es hier Künstlerateliers und kleine Lebensmittel- und Getränkehersteller, die Besucher willkommen heißen. Das Zentrum der Insel ist Ganges mit dem tollen Sommermarkt von Saltspring und lohnt auf jeden Fall einen ausgedehnten Wochenendausflug.

Sehenswertes & Aktivitäten

★ Saturday Market MARKT
(www.saltspringmarket.com; Centennial Park, Ganges; ⏲ April–Okt. Sa 9–16 Uhr) Der beste Markt in British Columbia mit einer gigantischen Auswahl an Obst, Gemüse, leckeren Snacks und lokaler Kunst zieht an Samstagen im Sommer zahlreiche Besucher an. Am besten kommt man morgens, denn später wird es oft unangenehm voll. Eine Alternative ist der kleinere Lebensmittelmarkt am Dienstag, den Einheimische gern besuchen.

Salt Spring Island Cheese FARM
(☎ 250-653-2300; www.saltspringcheese.com; 285 Reynolds Rd; ⏲ Mai–Sept. 11–17 Uhr, Okt.–April bis 16 Uhr; 👪) Der familienfreundliche Bauernhof hat einen Garten, der zu Spaziergängen einlädt, frei umherlaufende Hühner und einen Probierraum mit Laden – schließlich stellt er Weich-, Feta- und Camembert-Käse aus Ziegen- und Schafsmilch her. Seine Spezialität ist der runde Ziegenweichkäse in verschiedenen Geschmacksrichtungen (zu empfehlen ist der mit Knoblauch). Spezielle Fenster geben Einblicke in die handgemachte Herstellung, außerdem lohnt es sich, nach den farmeigenen Ziegen Ausschau zu halten.

Saltspring Island Ales BRAUEREI
(☎ 250-653-2383; www.saltspringislandales.com; 270 Furness Rd; ⏲ 12–17 Uhr) Der holzverkleidete kleine Probierraum dieser Mikrobrauerei ist in einer rustikalen Hütte aus Zedernholz untergebracht. Besucher können hier verschiedene Bio-Brauerzeugnisse kosten, von malzigem Extra Special Bitter bis zu mildem Heatherdale Ale. Lohnenswert sind außerdem die faszinierenden saisonalen Sorten. Man kann sich das flüssige Gold auch in wiederverschließbaren Behältnissen abfüllen lassen.

Mistaken Identity Vineyards WEINGUT
(☎ 250-538-9463; www.mistakenidentityvineyards.com; 164 Norton Rd; ⏲ 11–18 Uhr) Wer für sein Picknick noch die passende alkoholische Begleitung sucht, kann sich einer Verkostung auf dem Lieblingsweingut der Einheimischen anschließen (derjenige, der fahren muss, hat natürlich Pech gehabt). Zu empfehlen ist der wunderbare Rosé Bliss.

Ruckle Provincial Park PARK
(www.bcparks.ca) Schroffe Küsten und knorrige Erdbeerbaumwälder machen den Park zu einem Schmuckstück im Südosten. Es gibt Wanderwege für alle Fitnessstufen, und **Yeo Point** eignet sich ideal für eine Pause.

Salt Spring Adventure Co KAJAKFAHREN
(☎ 250-537-2764; www.saltspringadventures.com; 126 Upper Ganges Rd, Ganges; Verleih/Touren ab 30/55 C$; ⏲ Juni–Sept. 8.30–18 Uhr) Wer Lust auf Wassersport hat, steuert diesen alteingesessenen lokalen Anbieter an. Er verleiht die Ausrüstung für Kajaktouren rund um den Ganges Harbour, und auch Stehpaddler kommen auf ihre Kosten. Zum Programm gehören außerdem Leihfahrräder und längere Kajakausflüge in die Region.

Salt Spring Studio Tour TOUR
(www.saltspringstudiotour.com) Kunstfreunde können sich die kostenlose *Studio Tour Map* runterladen und sich damit auf den Weg zu Galerien und Ateliers auf Salt Spring machen. Zu den Highlights gehören die **Blue Horse Folk Art Gallery** (☎ 250-537-0754; www.bluehorse.ca; 175 North View Dr; ⏲ März–Dez. So–Fr 10–17 Uhr) und die **Duthie Gallery** (☎ 250-537-9606; www.duthiegallery.com; 125 Churchill Rd, Ganges; ⏲ Do–Mo 11–17 Uhr, außerhalb der Saison kürzer).

Schlafen & Essen

Oceanside Cottages COTTAGES $$
(☎ 250-653-0007; www.oceansidecottages.com; 521 Isabella Point Rd; DZ ab 135 C$) Die vier einzigartigen Cottages versprühen behaglichen Luxus und bieten neben echter Privatsphäre abwechslungsreiche Kunst und kreatives Dekor. Besonders gut gefällt uns das tolle kleine Love-Shack-Cottage mit Retro-Flair à la Austin Powers.

Salt Spring Inn HOTEL $$
(☎ 250-537-9339; www.saltspringinn.com; 132 Lower Ganges Rd, Ganges; DZ ab 90 C$; 📶) Die kleinen, aber gepflegten Zimmer in diesem freundlichen Gasthaus mitten in Ganges über einer beliebten Bar sind bei Mittelklassereisenden beliebt. Die teureren Deluxe-Zimmer haben Meerblick, eigenes Bad und einen Kamin, während sich die Standardquartiere ein Bad teilen. Alle sind gut in Schuss und sehr praktisch nach ein paar Drinks zu viel unten in der Bar.

Wisteria Guest House B&B $$
(☎250-537-5899; www.wisteriaguesthouse.com; 268 Park Dr; DZ/Cottage ab 120/180 C$;) Das heimelige B&B vermietet bunt gestrichene Gästezimmer im Hauptgebäude, davon einige mit Gemeinschaftsbad. Hinzu kommen zwei Studio-Apartments mit separatem Eingang und ein kleines Cottage mit kompakter Küche – unser Favorit ist das makellose Studio 1. Frühstück wird in der großen Gästelounge serviert, die von einem weitläufigen, blumenreichen Garten umgeben ist. Manchmal gilt ein Mindestaufenthalt von zwei Nächten, also vorher nachfragen.

Hastings House Hotel HOTEL $$$
(☎800-661-9255; www.hastingshouse.com; 160 Upper Ganges Rd, Ganges; DZ ab 350 C$;) Das großartige Hotel in rustikalem Schick mit 17 Zimmern liegt unweit der Innenstadt bergaufwärts, dennoch fühlt man sich hier wie auf einem ländlichen Anwesen in England. Die perfekt gepflegte Anlage schmückt lokale Kunst und die Blicke aufs Wasser sind ideale Fotomotive. Das **Restaurant** serviert gehobene Gourmetküche; empfehlenswert ist das Frühstück.

Salt Spring Coffee CAFÉ $
(☎250-537-0825; www.saltspringcoffee.com; 109 McPhillips Ave, Ganges; Backwaren 3–8 C$; Mo–Fr 6.30–16, Sa 7–16, So 8–16 Uhr, außerhalb der Saison kürzer) Der ideale Ort, um sich bei einem Kaffee den neuesten Dorfklatsch anzuhören – wer an der Unterhaltung teilnehmen will, muss nur seinen Nachbarn fragen, ob dieser die Erweiterung des Samstagsmarkts unterstützt oder nicht. Suppen und Pasteten gehören in dieser stets lebhaften lokalen Institution ebenfalls zum Angebot.

★**Tree House Café** KANADISCH $$
(☎250-537-5379; www.treehousecafe.ca; 106 Purvis Lane, Ganges; Hauptgerichte 8–17 C$; Mi–So 8–22, Juli & Aug. Mo & Di bis 16 Uhr, außerhalb der Saison kürzer) In diesem magischen Freiluftcafé sitzen die Gäste im Schatten eines großen Pflaumenbaums und lassen sich rustikale Pastagerichte, mexikanische Spezialitäten, Gourmet-Burger und Sandwiches schmecken. Sehr beliebt ist das überbackene Thunfisch-Sandwich, zu dem ein Porter von Saltspring Island Ales bestens passt. Im Sommer gibt's abends Livemusik (Mi–So).

Restaurant House Piccolo KANADISCH $$$
(☎250-537-1844; www.housepiccolo.com; 108 Hereford Ave, Ganges; Hauptgerichte 27–34 C$; Mi–So 17–22 Uhr) Weiße Tischdecken und wunderbar anheimelndes Ambiente in einem denkmalgeschützten Haus machen das Piccolo zur hiesigen Lieblingsadresse für ein romantisches Abendessen. Die Gerichte aus lokalen, saisonalen Zutaten werden mit internationaler Raffinesse zubereitet. Das Ergebnis sind u.a. denkwürdige Kreationen mit Meeresfrüchten, Ente und zartem Wild. Weinliebhaber können sich auf die beste Auswahl der Insel freuen.

Praktische Informationen

Salt Spring Island Visitor Information Centre (☎250-537-5252; www.saltspringtourism.com; 121 Lower Ganges Rd, Ganges; Mai–Okt. 9–16 Uhr, Nov.–April 11–15 Uhr) Die beste Anlaufstelle für Infos zu Aktivitäten und Unterkünften.

An- & Weiterreise

BC Ferries (☎250-386-3431; www.bcferries.com) Es gibt regelmäßige Fährverbindungen vom Festland, von Vancouver Island und von den anderen Inseln nach Long Harbour, Fulford Harbour und Vesuvius Bay.

Salt Spring Air (☎250-537-9880; www.saltspringair.com) Die Wasserflugzeuge fliegen von Vancouvers zentralem Hafen nach Ganges Harbour (135 C$, bis zu 4-mal tgl.)

North & South Pender Islands

2250 EW.

North und South Pender Islands, die einst durch eine Sandbank miteinander verbunden waren, locken Besucher an, die nach mehr Ruhe suchen. Die Inseln – heute durch eine einspurige Brücke verbunden – sind mit ihren Farmhäusern aus der Pionierzeit, alten Obstgärten und Dutzenden Buchten und Stränden ideal für Radfahrer und Wanderer. Auf www.penderislandchamber.com gibt's Informationen für Reisende.

Sehenswertes & Aktivitäten

Sea Star Vineyards WEINGUT
(☎250-629-6960; www.seastarvineyards.ca; 6621 Harbour Hill Dr; Mai–Sept. 11–17 Uhr) Das grüne, 10 ha große Weingut hat sich zu einem der beliebtesten von BC entwickelt, und das obwohl es erst ein paar Jahre am Markt ist. Die Probierstube lädt zu ausgedehnten Kostproben ein. Zu den Spezialitäten gehören spritzige Weißweine. Besucher werden von Hudson, einem freundlichen Retriever, begrüßt.

ABSTECHER

DAS BESTE FRÜHSTÜCK IM NORDEN

Bei einer Fahrt die Insel hinauf und hinab sollte man nach Straßenschildern nach Sayward Ausschau halten, denn sie führen zu dem wohl außergewöhnlichsten Straßenimbiss, den man je gesehen hat. Das **Cable Cook House Cafe** (250-282-3433; Sayward Rd; Hauptgerichte 8–14 C$;) ist komplett mit einem 2500 m langem Stahlkabel umwickelt (die Einwickelaktion dauerte ganze 3 Monate) und hat für Eingeweihte Kultcharakter. Nachdem man die rostenden Gerätschaften zum Holzfällen auf dem Gelände und die bemalten Plumpsklos hinterm Haus ausgekundschaftet hat, locken drinnen ein traditionelles Frühstück und ein paar riesige Zimtschnecken zum Mitnehmen. Im hinteren Teil sind außerdem Wandbilder von Len Whelan aus den 1970er-Jahren zu bewundern. Die humoristischen Meisterwerke der Volkskunst zeigen Szenen aus den Holzfällerlagern der Gegend, darunter einen endlosen Truck mit Holzladung, der sich um einen Berg windet, und einen Mann, dem Kaffee über den Kopf geschüttet wird.

Pender Islands Museum MUSEUM
(www.penderislandmuseum.org; 2408 South Otter Bay Rd, North Pender; Juli & Aug. Sa & So 10–16 Uhr, außerhalb der Saison kürzer) GRATIS Das Gemeindemuseum zeigt in einem weißen Bauernhaus mit Schindeln eine bunt gemischte Sammlung an Exponaten zur gesellschaftlichen Entwicklung der Gegend, zu der Tausende Jahre an Geschichte der First Nations gehört. Fotos geben lebendige Eindrücke von den frühen Pioniertagen.

Pender Island Arts TOUREN
(www.penderarts.com) Die vielen in Pender ansässigen Künstler sind auf der Website von Pender Island Arts nachzulesen. Viele leben auf North Pender in direkter Nähe zueinander und empfangen Besucher. Lohnenswert ist ein Besuch des alljährlich Mitte Juli stattfindenden **Art Off The Fence**, das die kreativen Köpfe der Gegend anzieht.

Pender Island Kayak Adventures KAJAKFAHREN
(250-629-6939; www.kayakpenderisland.com; 4605 Oak Rd, North Pender Island; Verleih/Touren ab 59/35 C$) Der freundliche Veranstalter versorgt Wasserratten mit Paddel und Boot, zudem verleiht er Stehpaddelbretter sowie Fahrräder und organisiert beliebte geführte Kajakausflüge. Besonders empfehlenswert ist die Tour bei Sonnenuntergang. Noch bessere Einblicke in die Region bieten mehrtägige Kajakexkursionen.

Schlafen & Essen

Woods on Pender HÜTTEN $$
(250-629-3353; www.woodsonpender.com; 4709 Canal Rd, North Pender; DZ/Hütte/Airstream-Wohnwagen ab 100/200/200 C$;) Hier kann man Lodge-Zimmer und rustikale Hütten mieten, die Stars sind jedoch sechs Airstream-Wohnwagen für Selbstversorger mit eigenen Terrassen samt Grill. Auf der baumbestandenen Anlage gibt es außerdem Whirlpools, Spiele im Freien (darunter Boccia), ein Restaurant mit rustikaler Küche und jede Menge Brettspiele. Im Sommer gilt für die Hütten und Wohnwagen ein Mindestaufenthalt von drei Übernachtungen.

Poet's Cove Resort & Spa HOTEL $$$
(250-629-2100; www.poetsco ve.com; 9801 Spalding Rd, Bedwell Harbour, South Pender; DZ ab 350 C$;) Die Zimmer in dem luxuriösen Hotel am Hafen haben Arts-and-Crafts-Motive und blicken meist auf das spiegelglatte Wasser. Zu den Extras gehören ein Aktivitätszentrum, das Öko- und Angeltouren bucht, und ein elegantes West-Coast-Restaurant (Aurora), wo sich stilvoll speisen lässt. Die Anlage bietet auch Kajakausflüge und eine Wellnessanlage samt einer Thermalhöhle.

Pender Island Bakery Cafe CAFÉ $
(4605 Bedwell Harbour Rd, Driftwood Centre, North Pender; Hauptgerichte 6–20 C$; 7–17 Uhr;) Im Lieblingscafé der Einheimischen sind der Kaffee und viele Backwaren Bio-Produkte. Für die Zimtschnecken würde man glatt einen Insulaner umhauen, um die letzte zu erwischen. Hier kann man sich mit Croissants fürs Frühstück eindecken, wobei fraglich ist, ob diese die Nacht überleben.

Cafe at Hope Bay KANADISCH $$
(250-629-2090; www.thecafeathopebay.com; 4301 Bedwell Harbour Rd, North Pender; Hauptgerichte 10–23 C$; Mo–So 11–20.30 Uhr) Zutaten von der Westküste und internationale Einflüsse stehen in diesem bistroartigen Lokal, nur ein paar Minuten vom Fähranleger Otter Bay entfernt, an erster Stelle, dicht gefolgt vom erstklassigen Blick über den

Plumper Sound. Die Fish & Chips sind erwartungsgemäß gut, auf der Speisekarte findet man jedoch auch weniger bekannte Gerichte, darunter leckeres Kokoscurry mit Muscheln und Garnelen.

An- & Weiterreise

BC Ferries (S. 794) Regelmäßige Verbindungen ab Tsawwassen (Erw./Kind/Auto 19,80/9,90/72,80 C$), Swartz Bay (Erw./Kind/Auto 13,45/6,75/41,90 C$) und von anderen Inseln.

Seair Seaplanes (☎604-273-8900; www.seairseaplanes.com) Flüge zwischen dem Vancouver International Airport und North Pender (119 C$, 3-mal tgl.)

In Pender gibt es einen unkonventionellen **„öffentlichen Nahverkehr"**: Einheimische Autofahrer nehmen Passagiere an bestimmten Haltestellen auf der Insel mit.

Galiano Island

1150 EW.

Der schmale Landstreifen, benannt nach einem spanischen Entdecker aus den 1790er-Jahren, besitzt die größte ökologische Vielfalt der Southern Gulf Islands und bietet Aktivitäten für Meeresliebhaber ebenso wie für Landratten.

Der Fähranleger Sturdies Bay mit seinen Restaurants und Geschäften ist merklich belebter als der Rest der Insel, die immer bewaldeter und stiller wird, je weiter man sich vom Hafen entfernt.

Sehenswertes & Aktivitäten

Nach Verlassen der Fähre geht's zum **Montague Harbour Marine Provincial Park**, wo Wanderwege zu Stränden, Wiesen und einer von Gletschern geformten Klippe führen. Der **Bodega Ridge Provincial Park** ist hingegen für seine Adler und Kormorane sowie für die spektakuläre Aussicht bekannt.

Die geschützten Gewässer des **Trincomali Channel** und die turbulenteren des Active Pass bieten etwas für Kajakfahrer jeder Niveaustufe. **Galiano Kayaks** (☎250-539-2442; www.seakayak.ca; 3451 Montague Rd; Verleih 2 Std./Tag ab 35/60 C$, Touren ab 60 C$) verleiht Ausrüstung und organisiert geführte Touren. Wer lieber auf festem Boden unterwegs ist, kann sich bei der **Galiano Adventure Company** (☎250-593-3443; www.galianoadventures.com; Montague Harbour Marina; Verleih ab 20 C$/Std.; Mai–Sept.) ein Moped ausleihen.

Schlafen & Essen

Für anspruchsvolle Übernachtungsgäste bietet sich das **Galiano Inn** (☎250-539-3388; www.galianoinn.com; 134 Madrona Dr; DZ ab 249 C$;) nahe des Fähranlegers Sturdies Bay an. Wer ein naturnahes Refugium sucht, sollte das **Bodega Ridge** (☎250-539-2677; www.bodegaridge.com; 120 Manastee Rd; Hütten 275 C$;) ansteuern, einige Zedernholzhütten im ruhigen Wald am anderen Ende der Insel.

Frühstück, Leckereien und lokaler Klatsch warten in der **Sturdies Bay Bakery** (☎250-539-2004; 2450 Sturdies Bay Rd; Hauptgerichte 6–12 C$; Mo–Do 7–15, Fr–So bis 17 Uhr;). Nach der Erkundung der Insel kann man sich im altehrwürdigen, vom Wald gesäumten **Hummingbird Pub** (☎250-539-5472; www.hummingbirdpub.com; 47 Sturdies Bay Rd; Hauptgerichte 12–17 C$) mit Bier und Fish & Chips stärken. Abends lohnt sich ein Besuch des **Pilgrimme** (☎250-539-5392; www.pilgrimme.ca; 2806 Montague Rd; Hauptgerichte 16–30 C$; Mi–Mo 17–22 Uhr). Das innovative, erstklassige Lokal wäre auch in einem sehr viel größeren Ort noch sehr erfolgreich. Zur saisonalen Speiseauswahl aus regionalen, oft sogar lokalen Zutaten gehören Highlights wie Ente und pazifischer Oktopus.

Praktische Informationen

Vor Verlassen des Fährhafens lohnt sich ein Abstecher zum **Infostand für Besucher** (www.galianoisland.com; 2590 Sturdies Bay Rd; Juni–Aug. Mo–Sa 10–17 Uhr, außerhalb der Saison kürzer). Ist dieser nicht besetzt, bietet **Galiano Island Books** (☎250-539-3340; www.galianoislandbooks.com; 76 Mardona Dr; So–Fr 10–17.30, Sa 9.30–17.30 Uhr) in der Nähe eine gute Auswahl und freundliche Mitarbeiter, die einem nützliche Tipps geben.

An- & Weiterreise

BC Ferries (S. 794) Regelmäßig verkehren Fähren von Tsawwassen (Erw./Kind/Auto 19,80/9,90/72,80 C$), Swartz Bay (Erw./Kind/Auto 13,45/6,75/41,90 C$) und anderen Inseln zum Fährhafen Sturdies Bay.

Seair Seaplanes (S. 796) Fliegt vom Vancouver International Airport nach Montague Harbour (119 C$, 2-mal tgl.).

Saturna Island

350 EW.

Das beschauliche Saturna ist ein Naturrefugium, so abgeschieden, dass kaum zufällige Besucher vorbeischauen. Fast die Hälfte der

Insel ist mit ihren Buchten, hinreißenden Felsklippen und hohen Erdbeerbäumen Teil des Gulf Islands National Park Reserve. Die einzigen Massen, die einem über den Weg laufen, sind wilde Ziegen, die sich in dieser futterreichen Gegend niedergelassen haben. Für Zivilisationsflüchtlinge ideal!

Die **Winter Cove** an der Nordseite der Insel ist mit ihrem weißen Sandstrand beliebt zum Baden, Bootsfahren und Angeln. Zum Wandern ist der **Mt. Warburton Pike** (497 m) ideal. Dort gibt's wilde Ziegen, Adler und Panoramablicke auf die Inseln. Mit einem Fernglas ist mitunter auch der eine oder andere Wal an der Küste zu sichten.

Wer am Canada Day (1. Juli) vor Ort ist, kann mit den Einheimischen das alljährlich stattfindende **Lamb Barbecue** (www.saturnalambbarbeque.com; Erw./Kind 23/12 C$) feiern, die größte Party auf der Insel.

Neben Campingplätzen und B&Bs gibt es noch ein paar weitere Unterkünfte. Die idyllische **Saturna Lodge** (☎250-539-2254; www.saturna.ca; 130 Payne Rd; DZ ab 145 C$;) liegt inmitten eines Gartens.

Das Essen vor Ort ist eher rustikal. Unweit des Fährhafens serviert das **Wild Thyme Coffee House** (☎250-539-5589; www.wildthymecoffeehouse.com; 109 East Point Rd; Hauptgerichte 6–10 C$; ⌚Mo–Fr 5.45–16.30, Sa & So 8–16.30 Uhr;) in einem umgebauten Doppeldeckerbus (Sitzgelegenheiten und Tische gibt's drinnen und draußen) Frühstück, Suppen, Sandwiches und Backwaren. Alles ist mit viel Liebe zubereitet und es wird Wert auf lokale Zutaten und Fair-Trade-Kaffee gelegt.

ℹ Praktische Informationen

Saturna Island Tourism Association (www.saturnatourism.com) Die Website der Saturna Island Tourism Association liefert weitere Infos.

ℹ An- & Weiterreise

BC Ferries (S. 794) Fähren verkehren von Tsawwassen (Erw./Kind/Auto 19,80/9,90/72,80 C$), Swartz Bay (Erw./Kind/Auto 13,45/6,75/41,90 C$) und von anderen Inseln nach Lyall Harbour im Westen der Insel.

Seair Seaplane (S. 796) Fliegt vom Vancouver International Airport nach Lyall Harbour (119 C$, 3-mal tgl.)

Mayne Island

1100 EW.

Mayne, die geschichtsträchtigste der Inseln, war einst eine Zwischenstation für Goldsucher, die sie „Little Hell" nannten. Als Handelszentrum hat sie längst ihre Bedeutung verloren, dafür lebt hier heute eine bunt gemischte Künstlergemeinde. Weitere Infos gibt's unter www.mayneislandchamber.ca.

In der historischen **Agricultural Hall** in Miners Bay findet der lebendige **Farmers Market** (☎250-222-0034; 430 Fernhill Rd, Agricultural Hall; ⌚Mai–Okt. Sa 10–13 Uhr) mit Kunsthandwerk und Erzeugnissen der Insel statt. Für eine Erkundungstour bietet sich der **Dinner Bay Park** (Dinner Point Rd) an der Südküste mit hübschem Sandstrand an, außerdem der gepflegte **Japanese Garden**, der von den Einheimischen zur Erinnerung an die japanischen Mitbürger aus dem frühen 20. Jh. angelegt wurde. Kajakfahrer und Stehpaddler finden bei **Bennett Bay Kayaking** (☎250-539-0864; www.bennettbaykayaking.com; 494 Arbutus Dr; Kajakverleih/Touren ab 37/66 C$; ⌚April–Okt.) einen Ausrüstungsverleih und Touren.

Wer für die Rückkehr aufs Festland zu müde ist, steuert das **Mayne Island Resort** (☎250-539-3122; www.mayneislandresort.com; 494 Arbutus Dr; DZ ab 159 C$;) an. Neben Zimmern in einem jahrhundertealten Gasthaus mit Meerblick vermietet es schicke Luxusstrandhäuser, zudem gehören ein Spa und eine Restaurantbar zur Anlage. Eine Alternative ist das charmante **Fairview Farm** (☎604-539-5582; www.fairviewonmayne.com; 601 Bell Bay Rd; DZ ab 125 C$), ein historisches B&B.

Gegen Hunger helfen die Würstchen in Blätterteig im **Sunny Mayne Bakery Cafe** (☎250-539-2323; www.sunnymaynebakery.com; 472 Village Bay Rd; Hauptgerichte 4–10 C$; ⌚6–18 Uhr). Abends kann man sich dann im **Bennett Bay Bistro** (☎250-539-3122; www.bennettbaybistro.com; 494 Arbutus Dr; Hauptgerichte 12–22 C$; ⌚11.30–20.30 Uhr) an einem Tisch mit Blick aufs Wasser satt essen.

ℹ An- & Weiterreise

BC Ferries (S. 794) Fährt häufig von Tsawwassen (Erw./Kind/Auto 19,80/9,90/ 72,80 C$), Swartz Bay (Erw./Kind/Auto 13,45/6,75/41,90 C$) und anderen Inseln nach Village Bay.

Seair Seaplanes (S. 796) Fliegt vom Vancouver International Airport nach Miners Bay (119 C$, 2-mal tgl.).

FRASER & THOMPSON VALLEY

Städter aus Vancouver, die Ruhe im Inland suchen, fahren über den Hwy 1 durch die fruchtbaren Ebenen um Orte wie Abbots-

Fraser & Thompson Valley

ford nach Osten. Die meisten brausen einfach durch das Agrarland hindurch, was auch gut ist, es sei denn, man will Rübenäcker besichtigen. Der Fraser Canyon fasziniert mit seiner umwerfend schönen flussdurchrauschten Schlucht und der Thompson River sieht aus, als hätte sich seit Jahrzehnten nichts verändert.

Praktische Informationen

Hope, etwa 150 km östlich von Vancouver, hat ein gutes **Visitors Center** (604-869-2021; www.hopebc.ca; 919 Water Ave; 9–17 Uhr) mit reichlich Informationen über die lokalen Provincial Parks und die Region.

EC Manning Provincial Park

Der 708 km² große **Provinzpark** (604-795-6169; www.bcparks.ca; P), 30 km südöstlich von Hope, gibt einen Vorgeschmack auf die noch viel gewaltigeren Naturattraktionen, die weiter im Osten abseits des Farmlands im Mainland gen Rocky Mountains warten. Die abwechslungsreiche Landschaft umfasst trockene Täler, dunkle Gebirgswälder, rauschende Flüsse und Gebirgswiesen. Der Park bietet sich für einen Zwischenstopp bei einer Fahrt auf dem Hwy 3 an, angesichts der vielen Besucher aus dem Westen, die dieselbe Idee haben, sollte man allerdings nicht allzu viel Ruhe erwarten.

Sehenswertes & Aktivitäten

In den Park kommen Besucher in jeder Jahreszeit. Das Manning Park Resort (S. 798) ist ein Wintersportgebiet, während im Sommer Boote am Lightning Lake verliehen werden und man die alpine Pracht auf Tageswanderungen genießen kann.

Folgende Wanderrouten sind leicht vom Hwy 3 aus zu erreichen:

- **Dry Ridge Trail** Führt aus trockenem Binnenland- in Hochgebirgsklima; herrliche Ausblicke und Wildblumen (hin & zurück 3 km, 1 Std.).
- **Canyon Nature Trail** Hübscher Rundweg, auf dem ein Fluss auf einer Brücke überquert wird (2 km, 45 Min.).
- **Lightning Lake Loop** Der Rundweg um den zentral gelegenen See ist eine perfekte Einführung (9 km, 2 Std.). Abends kann man Tiere beobachten.

Schlafen

Lightning Lake Campground CAMPING $
(Reservierungen 800-689-9025; www.discovercamping.ca; EC Manning Provincial Park; Stellplätze 35 C$) Der beliebte Campingplatz akzeptiert Reservierungen.

Manning Park Resort RESORT $$
(800-330-3321, 250-840-8822; www.manningpark.com; 7500 Hwy 3; B ab 35 C$, Zi. ab 120 C$; P) Das Manning Park Resort bietet die einzige feste Unterkunft im Park. Die 73 Zimmer verteilen sich auf eine Lodge und Hütten. Gäste können sich nach dem **Skifahren** oder **Snowboarden** (Erw./Kind Tagespass 53/33 C$) im Whirlpool entspannen. Das Resort umfasst außerdem 100 km lange Loipen für Langläufer und Schneeschuhwanderer.

Praktische Informationen

Das **Visitor Center** (604-668-5953; Hwy 3; Mitte Juni–Mitte Sept. 9–18 Uhr) liegt von der Westgrenze aus 30 km innerhalb des Parks. Es hat detaillierte Wegbeschreibungen und ein Reliefmodell des Parks sowie der nahen Biberteiche.

An- & Weiterreise

Der Park liegt östlich von Hope am Hwy 3. Busse von **Greyhound Canada** (800-661-8747; www.greyhound.ca) fahren ab Hope (20 C$, 1 Std., 1-mal tgl.).

Fraser River Canyon

Schon der witzige Name macht **Spuzzum** zu einem lohnenswerten Stopp am Hwy 1 auf dem Weg nach Cache Creek, das 85 km westlich von Kamloops liegt. Die Straße folgt dem Lauf des schnell fließenden Fraser River durch den gleichnamigen Canyon, der erwartungsgemäß mit tollen Rafting-Bedingungen aufwartet. Die imposante Szenerie und mehrere gute Provinzparks sorgen für einen tollen Aufenthalt.

Nördlich von Spuzzum bietet der **Stein Valley Nlaka'pamux Heritage Park** (☎250-371-6200; www.bcparks.ca; Stein Valley Rd, Lytton; P), der in Kooperation mit der Lytton First Nation verwaltet wird, eine große biologische Vielfalt. Zudem führen einige exzellente **Fernwanderwege** durch trockene Wälder und schneebedeckte Gipfel. Vor Ort gibt's auch eines der am besten geschützten Wassereinzugsgebiete im südlichen BC.

2 km nördlich von Spuzzum lockt mit dem **Alexandra Bridge Provincial Park** (☎604-795-6169; www.bcparks.ca; abseits vom Hwy 1; P) ein malerisches Ausflugsziel. Mit der Aussicht auf die historische Hängebrücke von 1926 schmeckt das Picknick gleich nochmal so gut.

Wildwasserfahrten auf dem Fraser River und den schnellen Stromschnellen seiner Nebenflüsse erfreuen sich großer Beliebtheit. **Fraser River Raft Expeditions** (☎604-863-2336; www.fraserraft.com; 30950 Hwy 1, Yale; Touren ab 160 C$) bietet Touren auf allen großen Wasserwegen der Gegend an. Das **Kumsheen Rafting Resort** (☎800-663-6667; www.kumsheen.com; Hwy 1, 5 km östlich von Lytton; Stellplätze/Tipis ab 35/130 C$; P) bietet neben verschiedenen Rafting-Ausflügen auch ansprechende Unterkünfte.

Kamloops

89 500 EW.

Falls man ab Vancouver dem Hwy 1 ostwärts in die Rockies und bis nach Banff folgen will, eignet sich Kamloops ideal für einen Zwischenstopp. Es gibt viele Motels und ein historisches Zentrum, das sich zu Fuß erkunden lässt. Einst nutzten die Shuswap-Ureinwohner die vielen Flüsse und Seen der Region als Transportweg und für die Lachsfischerei. Händler errichteten 1811 ein Lager für die Jagd auf Pelztiere.

Das Zentrum der Innenstadt bildet die baumgesäumte und an sonnigen Tagen sehr belebte Victoria St. Viel befahrene Bahngleise trennen den breiten Thompson River von der Innenstadt. Kettenläden und Einkaufszentren säumen das Hochland am Hwy 1.

In dem Ort wurde der Film *Power Rangers* (2017) gedreht.

> **ABSTECHER**
>
> **TRAUMPARK IN BC**
>
> Von Kamloops verläuft der Hwy 5 in Richtung der Grenze zu Alberta und zum 440 km entfernten Jasper National Park. Unterwegs führt er in der Nähe des **Wells Gray Provincial Park** (S. 838) vorbei. Er liegt 125 km von Kamloops entfernt, gehört zu den schönsten der Provinz und ist ein Paradies für alle, die Natur pur genießen wollen.

Sehenswertes

Von der Victoria St ausgehend unternimmt man einen Spaziergang durch die Innenstadt mit Stopps bei der Kunstgalerie und dem Museum. Im Visitor Center gibt's die Broschüre *Downtown Cultural Heritage Walking Tour* (S. 800).

Interessant ist die **Seitenstraßenkunst** – verschiedene Wandmalereien in der Gasse zwischen Victoria St und Seymour St östlich der 2nd Ave.

Kamloops Heritage Railway HISTORISCHER ZUG
(☎250-374-2141; www.kamrail.com; 510 Lorne St; Erw./Kind ab 25/12 C$; ⏰Aug.; P) Die Kamloops Heritage Railway auf der anderen Seite der Bahngleise bietet Fahrten mit der Dampfeisenbahn. Über den Fahrplan sollte man sich vorab informieren.

Kamloops Art Gallery GALERIE
(☎250-377-2400; www.kag.bc.ca; 465 Victoria St; Erw./Kind 5/3 C$; ⏰Mo–Sa 10–17, Do bis 21 Uhr) Schwerpunkt der loftartigen Galerie ist zeitgenössische Kunst der Westküste und der Ureinwohner von diversen Künstlern aus der Region.

Kamloops Museum & Archives MUSEUM
(☎250-828-3576; www.kamloops.ca/museum; Ecke Seymour St & 2nd Ave; Erw./Kind 3/1 C$; ⏰Di–Sa 9.30–16.30 Uhr; 👪) Das Museum von Kamloops zeigt in einem alten Gebäude eine entsprechende Sammlung historischer Fotos. Hier gibt es exklusive Infos über den Namensgeber des Flusses, David Thompson, und eine ganze Etage nur für Kinder.

Paul Lake Provincial Park PARK
(☎250-819-7376; www.bcparks.ca; Pinantan Rd; P) An den oft heißen Sommertagen lockt der Strand im Paul Lake Provincial Park. Manchmal kann man hier auch Falken und Kojoten sichten, außerdem gibt es einen 20 m langen **Mountainbike-Rundweg** und Campingplätze (18 C$). Der Park liegt etwa 24 km nordöstlich von Kamloops über den Hwy 5.

Schlafen

Ältere und schäbigere Motels gibt es an einem Abschnitt des Hwy 1 östlich der Innenstadt. In der Columbia St, vom Zentrum hoch zum Hwy 1, befinden sich etliche Ketten- und ältere Motels, manche mit Panoramablick. Die Parks in der Umgebung haben gute Campingplätze.

★ **Plaza Hotel** HOTEL $$
(☎877-977-5292, 250-377-8075; www.plazaheritagehotel.com; 405 Victoria St; Zi. 75–200 C$; P) In einer Stadt mit ausdruckslosen, modernen Unterkünften hat das Plaza so etwas wie Charakter. Der sechsstöckige Klassiker mit 67 Zimmern hat sich seit der Eröffnung 1928 von außen kaum verändert. Die Zimmer hingegen wurden im schicken historischen Stil neu gestaltet. Das exzellente Frühstück ist im Preis inbegriffen.

Scott's Inn MOTEL $$
(☎250-372-8221; www.scottsinn.com; 551 11th Ave; Zi. ab 100 C$; P@) Im Gegensatz zu vielen anderen vergleichbaren Unterkünften liegt das Scott's in Zentrumsnähe und ist sehr gut geführt. Die 51 Zimmer sind für Motelstandards hübsch eingerichtet und zu den Extras gehören ein Innenpool, ein Whirlpool, ein Café und eine Sonnenterrasse auf dem Dach.

South Thompson Inn Guest Ranch LODGE $$
(☎250-573-3777; www.stigr.com; 3438 Shuswap Rd E; Zi. 160–260 C$; P) Die luxuriöse Lodge liegt rund 20 km westlich der Stadt über den Hwy 1 am Ufer des South Thompson River inmitten hügeligen Weidelands. Die 57 Zimmer verteilen sich auf das hölzerne Hauptgebäude, ein kleines Gutshaus und einige umgebaute Stallungen.

Essen & Ausgehen

Art We Are CAFÉ $
(www.theartweare.com; 246 Victoria St; Hauptgerichte ab 8 C$; Mo–Sa 9–21 Uhr;) Das trendige Café ist Teestube, Künstlertreff, Kneipe, Bäckerei und alles Mögliche, also bestens geeignet, um ein paar Stunden in Kamloops zu verbringen. Das Bio-Speisenangebot wechselt täglich. Samstagabends gibt es live Rock oder Blues.

Hello Toast CAFÉ $
(☎250-372-9322; www.facebook.com/hellodouble; 428 Victoria St; Hauptgerichte 5–12 C$; 7.30–15 Uhr;) Das vegetarierfreundliche Café setzt voll auf Bio-Zutaten. Es kommen Vollkornprodukte, aber auch Schinken und Eier und Burger auf den Tisch. Hübsche offene Front mit Plätzen auf dem Bürgersteig.

★ **Noble Pig** PUB-KÜCHE $$
(☎778-471-5999; www.thenoblepig.ca; 650 Victoria St; Hauptgerichte 12–20 C$; Mo–Mi 11.30–23, Do–Sa bis 24, So 15–22 Uhr) Die große schicke Mikrobrauerei schenkt eine wechselnde Auswahl an sieben hauseigenen Biersorten (das exzellente IPA gehört immer dazu) sowie andere ausgezeichnete BC-Brauerzeugnisse aus. Die ebenso gute Essensauswahl beinhaltet Salate, Burger, Pizza, verschiedene Spezialangebote und leckere Pommes. Der Innenraum ist warm und einladend, im Sommer ist die riesige Terrasse jedoch unschlagbar.

Commodore KNEIPE
(☎250-851-3100; www.commodorekamloops.com; 369 Victoria St; Mo–Sa 11 Uhr–open end) Das Com ist eine altmodische Kneipe mit einer langen Speisekarte, vor allem mit Hamburgern und Fondue (Hauptgerichte ab 12 C$) und am schönsten am Freitagabend, wenn es Jazzkonzerte gibt. An anderen Abenden legen DJs querbeet auf. Besonders schön sind die Sitzplätze draußen auf dem Bürgersteig.

Praktische Informationen

Das **Visitor Center** (☎250-374-3377, 800-662-1994; www.tourismkamloops.com; 1290 W Hwy 1, Ausfahrt 368; 8–18 Uhr;) befindet sich direkt beim Hwy 1 oberhalb der Stadt.

An- & Weiterreise

Greyhound Canada (S. 798) befindet sich rund 1 km südwestlich der Innenstadt abseits der Columbia St W. Zu den Fahrtzielen gehören:

Jasper 70 C$, 5½ Std., 1-mal tgl.
Kelowna 37 C$, 2½ Std., 2-mal tgl.
Prince George 89 C$, 7 Std., 1-mal tgl.
Vancouver 59 C$, 5 Std., 6-mal tgl.

Der Canadian von **VIA Rail** (S. 701) bedient dreimal wöchentlich auf seinem Weg von Vancouver (9½ Std.) nach Jasper (weitere 9½ Std.) und darüber hinaus die Kamloops North Station, 11 km von der Stadt entfernt abseits des Hwy 5. Die Fahrpreise variieren je nach Saison und Klasse.

Unterwegs vor Ort

Das **Kamloops Transit System** (☎250-376-1216; www.bctransit.com/kamloops; Fahrkarten 2 C$) betreibt Stadtbusse.

Sun Peaks

In den Hügeln im Nordosten von Kamloops liegt das **Sun Peaks Resort** (☎800-807-3257; www.sunpeaksresort.com; 1280 Alpine Rd; Liftticket Erw./Kind 92/46 C$, Mountainbiken 45/27 C$). Das ständig wachsende Areal wartet mit 135 Skipisten (davon rund 8 km mit Pulverschnee), zwölf Skiliften und einem hübschen Dorf als Basislager auf. Im Sommer befördern die Lifte Radfahrer zu mehr als zwei Dutzend Mountainbike-Wegen.

Vor Ort gibt's viele Lodges, B&Bs und Luxusapartments. Das **Sun Peaks Hostel** (☎250-578-0057; www.sunpeakshostel.com; 1140 Sun Peaks Rd; B/DZ ab 27/75 C$; Wi-Fi) verfügt über Schlafsäle und Privatzimmer in einer hölzernen Lodge.

Sun Peaks liegt 50 km nordöstlich von Kamloops über den Hwy 5. Im Winter verkehren Shuttles ab Kamloops (15 C$).

OKANAGAN VALLEY

Es ist schwer zu sagen, was in diesem fruchtbaren, wunderschönen Tal zwischen Vancouver und Alberta die Oberhand hat: Touristen oder Obst. Das 180 km lange Okanagan Valley beherbergt Pfirsich- und Aprikosengärten sowie Dutzende ausgezeichnete Weingüter, deren Reben sich über die terrassenförmigen Hügel ausbreiten und das sonnige Wetter genießen. Das Tal diente bereits Generationen von Kanadiern als sommerliches Refugium, so vergnügen sich bis heute Besucher an den Seen zwischen den Ortschaften des Okanagan Valley.

Osoyoos nahe der US-Grenze ist fast völlig ausgedörrt, je weiter man jedoch nach Norden kommt, desto grüner wird es. Das zentrale Kelowna, eine schnell wachsende Stadt, wartet mit einem äußerst berauschenden Mix aus wunderschöner Natur am See und Spaß auf.

Im Juli und August ist das Tal allerdings völlig überlaufen. Die beste Reisezeit ist daher der Spätfrühling und der Frühherbst, wenn sich die Massen in Grenzen halten. In den schneereichen Wintermonaten lockt das Big White Resort in der Nähe Skifahrer und Snowboarder an.

Osoyoos

5100 EW.

Das einst bescheidene Osoyoos steht an der Schwelle eines großen Wandels. Den Ort erwartet eine exklusive Zukunft als Teil des neuen, erschlossenen Okanagan Valley. Der Name hat seinen Ursprung in dem indigenen Wort *soyoos*, das etwa „auf einer Sandbank" bedeutet. Und tatsächlich liegt der Ort größtenteils auf einer schmalen Sandbank, zu beiden Seiten eingekeilt vom Osoyoos Lake. Osoyoos ist umringt von Stränden. Und mit dem Wasser werden die Farmen, die üppigen Plantagen und die Weinberge bewässert, die beim Verlassen der Kleinstadt Richtung Norden den Hwy 97 säumen.

Ungeachtet der Schönheit der Natur, ist es hier am Ende des Okanagan Tals sehr trocken. Einheimische scherzen daher, der Ort markiere das Nordende der mexikanischen Sonora-Wüste. Das Aussehen der Stadt kennt einige Extreme: Da gibt es einerseits Sandstreifen mit Kakteen und andererseits die Gebäude der Stadt mit ihren kitschigen Ziegel- und Stuckverzierungen. Beide Charakteriska haben so gar nichts mit dem typischen, von Kiefern, Wäldern und Bergen geprägten BC zu tun, das einen beim Verlassen der Stadt über den Hwy 3 in beide Richtungen erwartet.

Sehenswertes & Aktivitäten

Der Osoyoos Lake ist einer der wärmsten Seen des Landes. Nimmt man dann noch die sandigen Strände von Osoyoos hinzu, wird klar, dass es sich hier prima baden lässt. Das ist besonders angenehm, wenn die Außentemperaturen im Sommer die 42 °C-Marke erreichen. Viele der Motels und Campingplätze am See verleihen Kajaks, Kanus und kleine Boote.

Osoyoos Desert Centre PARK
(☎250-495-2470; www.desert.org; abseits des Hwy 97; Erw./Kind 7/6 C$; ⌚Mitte Mai–MitteSept. 9.30–16.30 Uhr, Mitte Sept.–Mitte Mai kürzere Öffnungszeiten) In dem 3 km nördlich vom Ort gelegenen Center hört man Klapperschlangen

Okanagan Valley

klappern und Vögel zwitschern. An den erhöhten Plankenwegen, die sich durch das trockene Land schlängeln, finden sich Infostände. Das gemeinnützige Center bietet 90-minütige Führungen an. In speziell angelegten Gärten stehen solch schöne Dinge wie grazile Wildblumen im Mittelpunkt.

Nk'Mip Desert & Heritage Centre MUSEUM
(☎250-495-7901; www.nkmipdesert.com; 1000 Rancher Creek Rd; Erw./Kind 14/10 C$; ⏲Mai–Sept. 9.30–17.30 Uhr, Okt.–April kürzer; P) Das Nk'Mip Desert & Heritage Centre nahe der 45th St nördlich des Hwy 3 ist Teil eines Komplexes der First Nations und bietet zahlreiche kulturelle Vorführungen und Touren durch das trockene Umland. Zum Gelände gehören außerdem ein **Wüstengolfplatz**, das renommierte Weingut **Nk'Mip Cellars**, ein Resort und weitere Einrichtungen.

Cathedral Provincial Park PARK
(☎604-795-6169; www.bcparks.ca; Ashnola Rd; P) Rund 30 km westlich von Keremeos erstreckt sich der 330 km² große Cathedral Provincial Park. Die Wildnis in den Bergen ist die perfekte Spielwiese für echte Abenteurer. Der Park eignet sich perfekt, um im freien Gelände zu campen (13 C$) und **Wanderungen** vor der Kulisse von mit Wildblumen übersäten Bergwiesen und türkisfarbenem Wasser zu unternehmen.

ATB Watersports WASSERSPORT
(☎250-498-9044; www.atbwatersports.com; 5815 Oleander Dr, Safari Beach Resort; SUP-Verleih ab 25 C$/Std.; ⏲Juni–Sept.) Der spiegelglatte Osoyoos Lake eignet sich bestens für Ausflüge mit dem Paddelboard. Hier gibt's entsprechende Ausrüstung und Kurse, zudem werden Kajaks und Kanus verliehen.

Schlafen & Essen

Das östliche Seeufer ist gesäumt von Campingplätzen. Mehr als ein Dutzend bescheidene Motels haben sich auf dem schmalen Landstreifen mitten im Osoyoos Lake angesiedelt (um die schäbigen, älteren Anwesen sollte man besser einen recht großen Bogen machen). Eine große Anzahl von ihnen findet man entlang des Hwy 3 und ein weiteres „Nest" am Südwestufer nahe der Grenze. An der Kreuzung stehen außerdem ein paar Kettenhotels.

Nk'Mip Campground & RV Resort CAMPING $
(☎250-495-7279; www.campingosoyoos.com; 8000 45th St; Stellplatz Zelt/Wohnmobil ab 35/48 C$, Hütten ab 170 C$; P 📶) Die ganzjährig geöffnete Campinganlage am See abseits des Hwy 3 bietet mehr als 300 Stellplätze und vermietet seit Kurzem auch große Hütten.

Avalon Inn MOTEL $$
(☎250-495-6334; www.avaloninn.ca; 9106 Main St; Zi. 90–180 C$; P ❄ 📶) Das Motel liegt zwar nicht am See, dafür jedoch in der Nähe von guten Restaurants, und verfügt über große Zimmer. Der Garten wird mit jedem Jahr hübscher und einige Unterkünfte haben Küchen.

Walnut Beach Resort RESORT $$$
(☎250-495-5400; www.walnutbeachresort.com; 4200 Lakeshore Dr; Zi. 150–350 C$; P ❄ 📶 🏊) Das große Resort ist ein luxuriöser Neuzugang am Ostufer des Südteils des Sees. Neben 112 großen Suiten, teilweise mit zwei Schlafzimmern, gibt es eine riesige Terrasse am Swimmingpool.

Roberto's Gelato EISDIELE $
(☎250-495-5425; www.robertosgelato.com; 15 Park Dr, Watermark Beach Resort; Eis ab 3 C$; ⏲Juni–Sept. 12–22 Uhr, Okt.–Mai kürzer) Bei der Eisdiele in der Innenstadt in Seenähe stehen stets mindestens 24 hausgemachte Sorten zur Auswahl.

★ **Dolci Socialhaus** CAFÉ $$
(☎250-495-6807; www.dolcideli.com; 8710 Main St; Hauptgerichte 14–25 C$; ⏲Di–Sa 11.30–21 Uhr) Das Café versteckt sich in einer kleinen Ladenfront in einem Häuserblock und ist leicht zu übersehen, was zweifellos sehr schade wäre. Die einfachen Gerichte sind dank der Philosophie des Hauses, die Wert auf die Herkunft der Lebensmittel legt, überragend – selbst der Schinken wird im Haus geräuchert. Die frische Auswahl schmeckt an einem Tisch auf der Terrasse besonders gut.

Praktische Informationen

Das große **Visitor Center** (☎250-495-5070; www.destinationosoyoos.com; Ecke Hwy 3 & Hwy 97; ⏲9–18 Uhr; 📶) hat Infos, Karten und Bücher auf Lager. Zudem bucht es Busfahrkarten und Unterkünfte.

An- & Weiterreise

Greyhound Canada (S. 798) fährt nach Vancouver (77 C$, 7 Std., 1-mal tgl.); die Abfahrt erfolgt vor dem Besucherzentrum. Einmal täglich startet ein Bus Richtung Norden das Tal hinauf, u. a. nach Penticton (20 C$, 70 Min.).

WEINGÜTER IM OKANAGAN VALLEY

Reichlich Sonne, fruchtbarer Boden und kühle Winter lassen die Weinindustrie im Okanagan Valley florieren. Kelowna und die Region nördlich davon sind für ihre Weißweine bekannt, darunter Pinot Grigio. Weiter im Süden bei Penticton und Oliver stehen Rotweine an erster Stelle, besonders die stets beliebten Merlots.

Der Großteil der über 120 Weingüter liegt dicht am Hwy 97, was zum Probieren schön praktisch ist. Die meisten Winzer bieten Führungen an und verkaufen auch gern ein Fläschchen (oder auch 20); viele der besten Weine werden ohnehin nur auf den Weingütern vertrieben. Etliche betreiben auch exzellente Cafés und Bistros, die schöne Aussichten und aufwendige regionale Küche passend zum Wein servieren.

Feste & Events

Die saisonalen **Weinfeste** (www.thewinefestivals.com) sind im Okanagan Valley größere Angelegenheiten, besonders die im Herbst.

Die Veranstaltungen finden üblicherweise im Herbst (Anfang Okt.), Winter (Mitte Jan.), Frühling (Anfang Mai) und Sommer (Anfang Aug.) auf Weingütern im ganzen Tal statt.

Praktische Informationen

Zwei gute Informationsquellen zu den Weinen des Okanagan Valley sind das **BC Wine Information Centre** im **Visitor Center** in Penticton (S. 810) und das **BC Wine Museum** (S. 812) in Kelowna. *John Schreiner's Okanagan Wine Tour Guide* ist ein verlässlicher Weinführer.

Geführte Touren

Es gibt mehrere Unternehmen, die Besucher von Weinprobe zu Weinprobe chauffieren.

Club Wine Tours (☎250-762-9951; www.clubwinetours.com; Touren ab 75 C$) Die „Haustour" umfasst vier Weinkellereien und Mittagessen in einem Weingut.

Distinctly Kelowna Tours (☎250-979-1211; www.distinctlykelownatours.ca; Touren ab 100 C$) Weinguttouren nach Region, viele davon mit Mittagessen.

Besuch der Weingüter

Weingüter, die für Besucher offen stehen, bieten auch Proben an, aber die Angebote sind höchst unterschiedlich. Einige schenken nur wenige Weine aus, andere eine Vielzahl unterschiedlicher Sorten. Manche Probierstuben sind lediglich bessere Verkaufsräume, andere bieten herrliche Blicke über Weingärten, Täler und Seen. Manche verlangen Geld, andere sind kostenlos.

Unter den Dutzenden von Weingütern, die man besuchen kann, sind folgende (von Nord nach Süd aufgelistet) empfehlenswert. Summerhill Pyramid und Cedar Creek Estate liegen südlich von Kelowna am Ostufer des Sees. Die restlichen Weingüter können über den Hwy 97 erreicht werden.

Sandhill Wines (☎250-762-2999; www.sandhillwines.ca; 1125 Richter St, Kelowna; ⏲10–18 Uhr; Ⓟ) Das einstige Calona Vineyards von 1932 war das erste Weingut im Okanagan Valley. Der eindrucksvolle Probierraum bietet die passende Atmosphäre, um den beliebten Klassiker Pinot Blanc mit Melonennote zu kosten.

Summerhill Pyramid Winery (☎250-764-8000; www.summerhill.bc.ca; 4870 Chute Lake Rd, Kelowna; ⏲9–18 Uhr; Ⓟ) In den Hügeln am Ostufer des Sees erstreckt sich eines der farbenfrohesten Weingüter des Tals, die Summerhill Pyramid Winery mit traditioneller Probierstube. Der Wein reift hier in Fässern in einer riesigen Pyramide. Das gutseigene **Sunset Organic Bistro** (S. 815) serviert Gerichte aus lokalen Zutaten und die Weine sind Bio-Produkte.

Cedar Creek Estate Winery (☎250-764-8866; www.cedarcreek.bc.ca; 5445 Lakeshore Rd, Kelowna; ⏲Juli & Aug. 10–19 Uhr, Sept.–Juni 11–17 Uhr Uhr; Ⓟ) Bekannt für exzellente Touren, Riesling und Ehrenfelser, einen erfrischenden, fruchtigen Weißwein. Das **Vineyard Terrace** (☎778-738-1027; Hauptgerichte 20–35 C$; ⏲Juni–Mitte Sept. 11–21 Uhr) serviert zum Essen auch noch Traumblicke.

Quails' Gate Winery (☎ 250-769-2501; www.quailsgate.com; 3303 Boucherie Rd, West Kelowna; ⏲ 10–20 Uhr; P) Das kleine Weingut, das einen sehr guten Ruf genießt, ist insbesondere für seinen Pinot Noir, Chardonnay und Chenin Blanc bekannt. Das **Old Vines Restaurant** (☎ 250-769-4451; Hauptgerichte 20–35 C$; ⏲ 11.30–14 & 17–21 Uhr) gehört zu den besten seiner Art.

Mission Hill Family Estate (☎ 250-768-7611; www.missionhillwinery.com; 1730 Mission Hill Rd, West Kelowna; ⏲ 10–18 Uhr; P) Die an einen toskanischen Bergort erinnernde Architektur dieses Weinguts ist beeindruckend. Zu probieren gibt's hier Rotweinverschnitte – z. B. Bordeaux – und exzellenten Syrah. Das **Terrace** (S. 811) gehört zu den besten Restaurants des Okanagan Valley und bezieht seine Zutaten aus der Gegend; im Voraus reservieren.

Okanagan Crush Pad (☎ 250-494-4445; www.okanagancrushpad.com; 16576 Fosbery Rd, Summerland; ⏲ 10.30–17.30 Uhr; P) Die Kellerei reift viele ihrer Weine in Betontanks, eine jahrhundertealte Praxis, die mit dem Einzug von Edelstahl verloren ging. Besucher können über 20 Sorten der verschiedenen Marken, die hier produziert werden, probieren.

Hester Creek (☎ 250-498-4435; www.hestercreek.com; 877 Road 8, Oliver; ⏲ 10–19 Uhr; P) Eine weite Aussicht, ein großartiger neuer Verköstigungsraum und bekannte Rotweine, vor allem aromatischer Cabernet Franc. Das Restaurant **Terrafina** (S. 806) versprüht mediterranes Flair.

Inniskillin (☎ 250-498-4500; www.inniskillin.com; 7857 Tucelnuit Dr, Oliver; ⏲ 10–17 Uhr; P) Der erste Hersteller von Zinfandel in BC produziert außerdem Eiswein, dessen Trauben gefroren geerntet werden. Lecker ist der goldene Riesling.

Road 13 (☎ 250-498-8330; www.road13vineyards.com; 799 Ponderosa Rd, Road 13, Oliver; ⏲ Mai–Okt. 10–17.30 Uhr, Nov.–April Mo–Sa 11–16 Uhr; P) Die süffigen Rot- (Pinot Noir) und Weißweine (Chenin Blanc) erfreuen sich großer Beliebtheit. Den rustikalen Stil spiegeln auch die naturbelassenen Picknicktische mit Traumblicken wieder. Die hübsche Lounge überblickt die Weinreben.

Rustico Farm & Cellars (☎ 250-498-3276; www.rusticowinery.com; 4444 Golden Mile Dr, Oliver; ⏲ April–Okt. 10–18 Uhr; P) Für Bruce Fuller ist die Weinherstellung keine Arbeit, sondern ein Vergnügen. In einem Ranchhaus aus dem 19. Jh., das mittlerweile von Reben bedeckt ist, produziert das Weingut leckere Rot- und Weißweine, darunter Bonanza Old Vine Zinfandel. Das Wild-West-Flair wird vom Cowboyhut tragenden Besitzer noch verstärkt.

Black Hills Estate (☎ 250-498-0666; www.blackhillswinery.com; 4190 Black Sage Rd, Oliver; geführte Weinproben 10–30 C$; ⏲ April–Nov. 10–17 Uhr; P) Der bemerkenswerte Probierraum besteht aus Glas und Metall, während die schattigen Terrassen zu einem guten Tropfen bei Sonnenuntergang einladen. Neben Qualitätsweinen wie Viognier stehen viele Verschnitte zur Wahl, darunter Alibi, eine Mischung aus Sauvignon Blanc und Semillon. Im Sommer gibt's von 16 bis 19 Uhr eine Happy Hour mit Transportservice.

Church & State Wines (☎ 250-498-2700; www.churchandstatewines.com; 4516 Ryegrass Rd, Oliver; ⏲ 11–18 Uhr; P) Die Kellerei in Coyote Bowl weiß zu beeindrucken, besonders mit ihrem vollmundigen, schweren Syrah. Hier ist auch die Marke Lost Inhibitions ansässig, die preiswerte Weine mit Namen wie „Chill the F*uck Out" und „I Freakin' Love You" produziert.

Burrowing Owl Estate Winery (☎ 250-498-0620; www.burrowingowlwine.ca; 500 Burrowing Owl Pl, Oliver; ⏲ Mitte Feb.–Mitte Dez. 10–18 Uhr; P) Hier gibt's Wein aus Bio-Anbau. Sehr lecker ist der Syrah, außerdem der Cabernet Franc und der Meritage. Zu dem Wahrzeichen der Golden Mile gehören auch ein Hotel und das exzellente Restaurant **Sonora Room** (S. 806).

LaStella Winery (☎ 250-495-8180; www.lastella.ca; 8123 148 Ave, Osoyoos; ⏲ April–Okt. 10.30–18.30 Uhr; P) Unweit des Osoyoos Lake erhebt sich eine italienisch anmutende Szenerie: Fliesen und Böden aus Terrakotta sowie Granitelemente verbinden sich hier zu einem der schönsten Weingüter des Tals. Der Maestoso auf Cabernet-Sauvignon-Basis hat einen exzellenten Ruf.

Oliver

5200 EW.

Oliver ist für seine exzellenten Weingüter und andere Naturschätze bekannt. Auf den 20 km zwischen Oliver und Osoyoos führt der Hwy 97 durch Obstgärten mit saftigen Früchten, was der Strecke den Spitznamen „The Golden Mile" eingebracht hat. An Straßenständen werden die reifen Früchte zum Verkauf angeboten und in vielen Obstplantagen dürfen Besucher auch selbst pflücken.

Sehenswertes & Aktivitäten

Die kleinen Straßen durch die Weingüter um Oliver sind wie geschaffen für Radtouren. Zu den hiesigen Wander- und Radwegen gehört auch der exzellente, 18,4 km lange **International Bike Trail**.

Um die traditionelle Obststadt richtig würdigen zu können, empfiehlt sich die Broschüre für einen historischen Stadtrundgang aus der Touristeninformation.

Double O Bikes RADFAHREN
(☎250-535-0577; www.doubleobikes.com; 6246 Main St; Fahrradverleih Erw./Kind ab 24/20 C$ pro Tag; ⏲9.30–17 Uhr) Fahrradverleih und gute Tipps für Routen. In Osoyoos gibt es eine weitere Filiale.

Schlafen & Essen

Mount View Motel MOTEL $$
(☎250-498-3446; www.mountviewmotel.com; 5856 Main St; Zi. 80–120 C$; P❄📶) Das blumengeschmückte Motel alter Schule in Zentrumsnähe beherbergt sieben Wohneinheiten. Alle haben eine Küche samt Korkenzieher. Die Einrichtung prägen neues Holzparkett und zeitgenössischer Stil.

★ Burrowing Owl Guest House BOUTIQUEHOTEL $$$
(☎250-498-0620; www.burrowingowlwine.ca; 500 Burrowing Owl Pl, abseits der Black Sage Rd; Zi. 170–350 C$; ⏲Mai–Okt., Nov.–April kürzer; P❄📶🏊) Eines der besten Weingüter Okanagans vermietet zehn Zimmer mit Terrassen und Blick nach Südwesten über die Weingärten. Es gibt einen großen Pool, einen Whirlpool, extrabreite Doppelbetten und einheitliche Möblierung im Arts-&-Craft-Stil. Der Sonora Room (S. 806) ist für seine Fusionküche bekannt. Das Hotel liegt 13 km südlich von Oliver am Hwy 97.

Hester Creek INN $$$
(☎250-498-4435; www.hestercreek.com; 877 Road 8; Zi. 200–300 C$; P❄📶) Hester Creek ist eines der Spitzenweingüter des Tals und vermietet sechs Suiten in einer mediterran anmutenden Villa mit weitem Blick über die Weingärten. Die edle Ausstattung umfasst Kamine, Badewannen und dergleichen. Das hauseigene Restaurant Terrafina (S. 806) serviert exzellente, toskanisch angehauchte Küche mit Erzeugnissen aus der Region.

Medici's Gelateria EISDIELE $
(☎250-498-2228; www.medicisgelateria.ca; 9932 350th Ave/Fairview Rd; ab 3 C$; ⏲10–17 Uhr) Hier gibt's gefrorene Köstlichkeiten, die einfach anbetungswürdig sind – was durchaus möglich ist, da es sich hier um eine ehemalige Kirche handelt. Die Auswahl umfasst u.a. guten Kaffee, Suppen und Panini mit Zutaten aus lokalem Anbau. Die Eisdiele befindet sich direkt westlich des Hwy 97.

Farmers Market MARKT $
(Lion's Park, Hwy 97; ⏲Sommer Sa 8–13 & Mi 17–20 Uhr) Der lebendige Markt feiert die reichen Erzeugnisse der Region.

★ Terrafina ITALIENISCH $$$
(☎250-495-3278; www.terrafinarestaurant.com; 887 Road 8, Oliver; Hauptgerichte 20–35 C$; ⏲Juni–Sept. tgl. 11.30–21 Uhr, Okt.–Mai Mi–So) Das intime Restaurant in der Hester Creek Estate Winery kredenzt exquisite Gerichte mit toskanischen Aromen. Die Außenterrasse gehört zu den schönsten des Tals.

Sonora Room FUSION $$$
(☎250-498-0620; www.burrowingowlwine.ca; 500 Burrowing Owl Pl, Burrowing Owl Estate; Hauptgerich-

ZEIT FÜR OBST!

Der Hwy 97 zwischen Osoyoos und Penticton ist von Straßenständen und Obstgärten zum Kaufen oder Selberpflücken gesäumt. Hier die wichtigsten Obstsorten im Okanagan Valley und ihre Erntezeiten:

Kirschen Mitte Juni bis Ende Juli

Aprikosen Mitte Juli bis Mitte August

Pfirsiche Mitte Juli bis Mitte September

Birnen Mitte August bis Ende September

Äpfel Anfang September bis Ende Oktober

Tafeltrauben Anfang September bis Ende Oktober

te 20–35 C$; ⏱Mai–Mitte Okt. 11.30–21 Uhr, Mitte Okt.–April kürzer) Frische Küche mit italienischen und französischen Einflüssen ist die Spezialität dieses schönen Restaurants im toskanischen Stil in einer der hübschesten Ecken des Tals. Es gibt einen Transportservice zu/ab den Resorts in Osoyoos für 25 C$.

ℹ Praktische Informationen

Das **Visitor Center** (☎778-439-2363; www.winecapitalofcanada.com; 6431 Station St; ⏱9–17 Uhr) im alten Bahnhof nahe des Zentrums hat freundliche Mitarbeiter, Infos zur Region sowie Wander- und Radkarten.

Vaseaux Lake

Rund 10 km nördlich von Oliver am Hwy 97 übernimmt die Natur wieder die Oberhand in Form dieses azurblauen, von steilen Granitfelsen umrahmten Juwels.

Wer es nicht eilig hat, verlässt den Hwy 97 und folgt den kleinen Straßen am Ostufer des **Skaha Lake** zwischen den Okanagan Falls und Penticton mit ihren Weingütern und Ausblicken.

Auf dem 300 m langen Bohlenweg im **Vaseux Lake Provincial Park** (www.bcparks.ca; Hwy 97) kann man verschiedene Vögel, Dickhornschafe, Bergziegen und einige der 14 Fledermausarten entdecken. Zudem lockt eine Wanderung zur **Bighorn National Wildlife Area** und zum **Vaseux Lake National Migratory Bird Sanctuary**, in dem über 160 Vogelarten heimisch sind.

Penticton

Penticton kombiniert die Vorzüge eines müßiggängerischen Badeorts mit einer ihm eigenen trendigen Atmosphäre. Penticton war lange ein Rückzugsort für kanadische Rentner – ob das an dem Ortsnamen hängt, der sich vom Salish-Wort Pen-Tak-Tin ableitet und „Ort, wo man für immer bleibt" bedeutet? Der Ort wächst heute genauso schnell wie das übrige Okanagan Valley.

Penticton ist ein gutes Basislager für Ausflüge im Tal. Selbst wenn man nicht weiter hinausfährt, erwarten einen hier jede Menge unterschiedliche Aktivitäten, mit denen man die Tage ausfüllen kann. Am besten lässt man den Hwy 97, der westlich vom Zentrum verläuft, links liegen und hält sich an die Main St und die attraktive Downtown. Diese erstreckt sich vom malerischen Seeufer ungefähr zehn Blocks nach Südwesten und ist problemlos zu Fuß zu erkunden. Die lange Einkaufsmeile und die Hochhäuser weiter im Süden kann man getrost ignorieren.

Sehenswertes

Der **Okanagan Beach** ist ein herrlicher, 1300 m langer Sandstrand; das hiesige Wasser ist im Sommer durchschnittlich 22 °C warm. Wenn hier zu viel los ist, findet man südlich vom Zentrum am 1,5 km langen **Skaha Beach** oft ruhigere Stellen.

★ SS Sicamous Inland Marine Museum HISTORISCHE STÄTTE
(☎250-492-0405; www.sssicamous.ca; 1099 Lakeshore Dr W; Erw./Kind 6/3 C$; ⏱10–17.30 Uhr) Zu einer Zeit, als das beste Transportmittel in BC noch das Boot war, beförderte die SS *Sicamous* von 1914 bis 1936 Passagiere und Fracht über den Okanagan Lake. Das restaurierte und dauerhaft an Land gebrachte Boot kann auf eigene Faust besichtigt werden.

Skaha Bluffs Provincial Park PARK
(www.bcparks.ca; Smythe Dr; ⏱März–Nov.) Angelockt vom trockenen Wetter und den massiven Gneisfelsen kommen Kletterer aus aller Welt in den Park, um über 400 mit Bohrhaken versehene **Kletterrouten** zu erklimmen. Der lokale Kletterverein hat umfassende Infos zu den Felswänden (www.skaha.org), die sich bei der Lakeside Rd an der Ostseite des Skaha Lake erheben.

Penticton Museum MUSEUM
(☎250-490-2451; www.pentictonmuseum.com; 785 Main St; Spende; ⏱Di–Sa 10–17 Uhr) Das Penticton Museum in der Bibliothek zeigt eine herrlich bunte Ausstellung, u. a. eine sehenswerte Sammlung zur Naturgeschichte mit ausgestopften Tieren und Vögeln. Ferner erfährt man hier alles über die leckeren Früchte auf dem Peach Festival (S. 808).

Art Gallery of Southern Okanagan GALERIE
(☎250-493-2928; www.pentictonartgallery.com; 199 Marina Way; Erw./Kind 2 C$/frei; ⏱Di–Fr 10–17, Sa & So 11–16 Uhr) Die Art Gallery of Southern Okanagan zeigt vielfältige Werke von Künstlern der Region, der Provinz und des ganzen Landes.

Aktivitäten

Wasserspaß gibt es massenhaft und es werden auch klassische, fade Urlaubsvergnügungen wie Minigolf am westlichen Ende vom Okanagan Beach angeboten.

Wassersport

Der Okanagan Lake und der Skaha Lake bieten mit die besten Bedingungen für Windsurfer, Bootsfahrten und Paddeltouren im Okanagan Valley.

Am Okanagan Lake verleihen verschiedene Anbieter Wassersportausrüstung.

Der asphaltierte **Okanagan River Channel Biking & Jogging Path** folgt dem recht trockenen Kanal zwischen Okanagan Lake und Skaha Lake. Doch wozu auf dem Trockenen laufen, wenn man in See stechen kann?

★ Coyote Cruises WASSERSPORT
(☎ 250-492-2115; www.coyotecruises.ca; 215 Riverside Dr; Verleih & Shuttle 12 C$; ⌚ Mitte Juni–Sep. 10–17 Uhr) Coyote Cruises verleiht Reifenschläuche, auf denen man auf dem Okanagan River Channel bis zur Mitte des Wasserlaufs treiben kann. Dann geht's mit dem Bus zurück zum Ausgangspunkt nahe dem Okanagan Lake. Wer seinen eigenen Schlauch hat, zahlt 5 C$ für die Busfahrt.

Pier Water Sports WASSERSPORT
(☎ 250-493-8864; www.pierwatersports.com; Rotary Park, Lakeshore Dr W; Partyboote ab 275 C$/2 Std., SUP-Verleih 1 Std. 20 C$, Kajakverleih 1 Std. 15 C$; ⌚ Mai–Sept. 9–19 Uhr) Verleiht verschiedene Bootstypen sowie Kajaks, SUPs und fast alles andere, das auf dem Wasser schwimmt.

Penticton Cruises BOOTSTOUREN
(☎ 250-215-2779; www.pentictoncruises.com; Penticton Marina, 293 Marina Way; Erw./Kind 25/12,50 C$; ⌚ Mai–Sept.) Bei den einstündigen Heckraddampfertouren auf dem See kann man den Seefahrer in sich entdecken. In der Hochsaison im Sommer gibt es mehrere Ausflugsfahrten am Tag.

Mountainbiken & Radfahren

Die langen, trockenen Tage und die sanft geschwungenen Hügel sind perfekte Voraussetzungen fürs **Mountainbiken**. Beliebte Radstrecken findet man östlich der Stadt Richtung Naramata. Folgt man den Schildern zur Mülldeponie und zum Campbell's Mountain, gelangt man zu einem einspurigen Radweg und einer Dual-Slalom-Strecke, die beide nicht zu schwierig sind. Anfangs muss man sich rechts halten; hinter der Viehweide öffnet sich das Gelände, und man kann querfeldein fahren.

Für Radfahrer bietet sich die Strecke durch Naramata und weiter bis zum Kettle Valley Rail Trail (S. 815) an. Weitere gute Optionen sind die von Weingütern gesäumten kleinen Straßen südlich der Stadt und östlich des Skaha Lake.

Freedom – The Bike Shop RADFAHREN
(☎ 250-493-0686; www.freedombikeshop.com; 533 Main St; Mietfahrrad ab 40 C$/Tag; ⌚ Mo–Sa 9–17.30 Uhr) Verleiht Fahrräder, hat eine Unmenge Informationen und sorgt für den Transport zum/vom Kettle Valley Rail Trail.

Klettern

Angelockt vom trockenen Wetter und den massiven Gneisfelsen kommen Kletterer aus aller Welt in den **Skaha Bluffs Provincial Park** (S. 807), um mehr als 400 mit Bohrhaken ausgestattete Strecken zu erklimmen. Die Website des lokalen Klettervereins www.skaha.org hat umfassende Infos zu den Felswänden, die sich nahe der Lakeside Rd an der Ostseite des Skaha Lake erheben.

★ Skaha Rock Adventures KLETTERN
(☎ 250-493-1765; www.skaharockclimbing.com; 437 Martin St; eintägige Einführungen 160 C$; ⌚ nach Vereinbarung) Skaha Rock Adventures bietet eine moderne technische Einführung sowie Einführungskurse für jeden, der sich das erste Mal ins Klettergeschirr legt.

Wintersport

Apex Mountain Resort SKIFAHREN
(☎ 877-777-2739, Schnee- und Wetterbericht 250-487-4848; www.apexresort.com; abseits der Green Mountain Rd; Liftkarte Erw./Kind 78/48 C$) Das 37 km westlich von Penticton gelegene Resort gehört zu Kanadas besten kleinen Skigebieten. Es gibt über 68 Abfahrten aller Schwierigkeitsgrade. Besonders bekannt ist der Berg aber für seine vielen extrem schwierigen, technisch anspruchsvollen Pisten, auf denen über 600 Höhenmeter bewältigt werden. Meist herrscht hier deutlich weniger Andrang als auf dem nahe gelegenen Big White.

Feste & Events

Elvis Festival MUSIK
(www.pentictonelvisfestival.ca; ⌚ Ende Juni) Angesichts Dutzender Elvis-Imitatoren scheiden sich die Geister, vor allem am Nachmittag, wenn alle ihre Gesangskünste zum Besten geben.

Peach Festival KULTUR
(☎ 250-487-9709; www.peachfest.com; ⌚ Anfang Aug.) Die größte Veranstaltung der Stadt ist eine Art Party, die seit 1948 gefeiert wird und deren Anlass der reife, saftige Pfirsich

ist. Zum Programm gehört die Krönung der Pfirsichkönigin.

Pentastic Jazz Festival MUSIK
(☎250-770-3494; www.pentasticjazz.com; ⏲Anfang Sept.) Über ein Dutzend Gruppen treten an drei Tagen auf fünf Bühnen auf.

Schlafen

HI Penticton Hostel HOSTEL $
(☎250-492-3992, Reservierungen 866-782-9736; www.hihostels.ca; 464 Ellis St; B/Zi. ab 35/76 C$;) Das Hostel mit 47 Betten in einem abgewohnten Haus von 1908 liegt nahe dem Zentrum und organisiert Aktivitäten, darunter auch Weintouren.

Bowmont Motel MOTEL $$
(☎800-811-1377; www.bowmontmotel.com; 80 Riverside Dr; Zi. 80–180 C$;) Hinter einer dubiosen, auf Südwest-Stil gemachten Fassade verbirgt sich ein exzellentes eigenständiges Motel in Seenähe. Die 45 makellosen Zimmer teilen sich Terrassen oder Balkone und haben voll ausgestattete Küchen. In der Nähe des Pools gibt es einen Gasgrill.

Tiki Shores Beach Resort MOTEL $$
(☎250-492-8769; www.tikishores.com; 914 Lakeshore Dr W; Apt. 150–300 C$;) Die lebendige Ferienanlage gegenüber dem Strand hat 40 apartmentähnliche Unterkünfte mit Küchen, die meisten davon mit separaten Schlafzimmern. Die hellen Farben in den Zimmern passen bestens zu einem erholsamen Urlaub am See.

Quidni Estate Winery Guest Rooms APARTMENTS $$$
(☎250-490-5251; www.quidniwine.com; 1465 Naramata Rd; Zi. ab 350 C$;) Das Weingut an der wunderhübschen Naramata Rd, 5 km von Penticton entfernt, wartet mit drei luxuriösen Suiten und weiten Blicken auf die Weinberge und den See darunter auf. Die Bäder sind aus Marmor und die dezenten Möbel von bester Qualität. Auch für Radfahrer, die von den vielen lokalen Routen angezogen werden, ist gesorgt (u. a. mit Reservereifen). Wer möchte, kann die Erzeugnisse des Weinguts kosten.

Crooked Tree Bed & Breakfast B&B $$$
(☎250-490-8022; www.crooked-tree.com; 1278 Spiller Rd; Suite 175–215 C$;) Diesem waldigen Bergrefugium, 9 km östlich vom Zentrum Pentictons gelegen, liegt der gesamte Okanagan Lake schimmernd zu Füßen. Die drei großen Apartments haben jeweils mehrere Veranden inmitten der Baumkronen und sind reichlich mit Luxus ausgestattet. Es gilt ein Mindestaufenthalt von zwei Nächten.

Essen & Ausgehen

★**Burger 55** BURGER $
(☎778-476-5529; www.burger55.com; 52 Front St; Hauptgerichte 9–15 C$; ⏲11–21 Uhr) Der beste Burger in Kanada? Man ist selbst schuld, wenn er es nicht ist, da es unzählige Möglichkeiten gibt, ihn in diesem Lokal in der Innenstadt individuell zusammenzustellen. Sechs Sorten Brötchen, zehn Sorten Käse und Beläge wie gerösteter Knoblauch und *pico de gallo* sind nur ein paar der vielen Optionen. Die Beilagen wie Pommes sind ebenfalls exzellent, zudem gibt es eine hübsche Terrasse und eine gute Bierkarte.

★**Penticton Farmers Market** MARKT
(☎250-583-9933; www.pentictonfarmersmarket.org; 100 Main St; ⏲Mai–Okt. Sa 8.30–13 Uhr) Pentictons kulinarisches Angebot kann sich zweifellos sehen lassen. Dieser Bauernmarkt im Gyro Park an der Main St bietet eine große Auswahl an lokalen Bio-Erzeugnissen.

Bench Market CAFÉ $
(☎250-492-2222; www.thebenchmarket.com; 368 Vancouver Ave; Gerichte 9–12 C$; ⏲7–17 Uhr) Das betriebsame, beliebte Café zieht rund um die Uhr jede Menge Kundschaft an, was nicht nur am exzellenten Bio-Kaffee liegt. Auf der Terrasse tauschen die Einheimischen den neuesten Klatsch aus. Zum Frühstück sind die Eierspeisen besonders zu empfehlen, während mittags Sandwiches und Salate serviert werden. Den ganzen Tag über werden außerdem leckere Backwaren und Feinkost verkauft.

Il Vecchio Deli DELI $
(☎250-492-7610; 317 Robinson St; Sandwiches 6 C$; ⏲Mo–Sa 9–17 Uhr) Der Duft, der einen schon beim Betreten empfängt, verrät, dass man die richtige Wahl getroffen hat. Denn in dem atmosphärischen Deli gibt's mittags die besten Sandwiches der Stadt. Man kann sie gleich an den paar Tischen verspeisen; besser schmecken sie aber bei einem Picknick. Die Auswahl ist groß: Unser Favorit ist das hervorragende Sandwich mit würziger Knoblauchsalami und marinierter Aubergine.

Theo's GRIECHISCH $$
(☎250-492-4019; www.eatsquid.com; 687 Main St; Hauptgerichte 10–25 C$; ⏲11–22 Uhr) Hier lassen sich Einheimische in dem stimmungs-

voll beleuchteten Speisesaal mit Kaminfeuer oder draußen auf der Terrasse authentische griechische Inselküche schmecken. Als Vorspeise bietet sich *garithes uvetsi*, eine Garnelenvariation, an.

Dream Cafe FUSION $$
(☎ 250-490-9012; www.thedreamcafe.ca; 67 Front St; Hauptgerichte 11–25 C$; ⏲ Di–So 11–21 Uhr; ✎) Die würzigen Düfte betören Gäste schon beim Betreten des mit Kissen bedeckten, eleganten und doch legeren Bistros. Auf der Karte stehen asiatische, indische und viele vegetarische Gerichte. An vielen Abenden sorgen tourende Profimusiker für Livemusik. Die Tische draußen sind im Sommer heiß begehrt.

Hooded Merganser PUBESSEN $$
(☎ 250-493-8221; www.hoodedmerganser.ca; Penticton Lakeside Resort, 21 Lakeshore Dr; Hauptgerichte 12–30 C$; ⏲ 7–24 Uhr) Die große Kneipe am See ist nach einer kleinen Entenart mit leuchtend buntem Federkleid benannt und zieht eine ganz ähnliche Kundschaft an. An Sommernachmittagen ist auf der Uferterrasse die Hölle los. Die Speisen sind für mehrere Personen gedacht, aber es gibt auch saftige Steaks und leckere Hamburger.

Hillside Bistro BISTRO $$$
(☎ 250-493-6274; www.hillsidewinery.ca; 1350 Naramata Rd; Hauptgerichte 16–35 C$; ⏲ Mitte Juni–Sept. 11.30–14 & 17–21 Uhr) Das legere Bistro in wunderschöner Lage inmitten der gleichnamigen Weingärten, rund 5 km von Penticton entfernt, bietet von mehreren Freiluftveranden tolle Blicke auf den See. Auf den Tisch kommen Gourmetvarianten von Burgern, Pasta und anderen Gerichten aus lokalen Zutaten. Dazu passt ein Glas des Hausweins Mosaic, einem rotem Bordeaux-Verschnitt.

★ **Mile Zero Wine Bar** WEINBAR
(☎ 250-488-7944; www.milezerowinebar.ca; 200 Ellis St; ⏲ 15–24 Uhr) Der längst überfällige Neuzugang präsentiert sich als schicke Weinbar im Industriestil und bietet mitten im Zentrum die Gelegenheit, die große Weinvielfalt der Region zu kosten. Zur Wahl stehen stets zehn verschiedene Sorten vom Fass und Dutzende weitere aus der Flasche. Die Livejazz-Abende am Freitag wissen Winzer aus der Gegend zu schätzen.

NICHT VERSÄUMEN

AUSFLUG NACH NARAMATA

Abgesehen von den Sommerwochenenden in der Hochsaison kann man den Besuchermassen von Penticton entkommen, indem man der weniger befahrenen Straße, die 18 km nördlich der Stadt am Ostufer des Okanagan Lake entlangführt, folgt. Die Route durch den **Naramata Bench** (www.naramatabench.com) säumen über 30 Weingüter sowie Farmen, die Bio-Lavendel und Ähnliches anbauen. Sie ist gut mit dem Rad zu bewältigen, zudem gibt es unterwegs verschiedene Zugangspunkte zum Kettle Valley Rail Trail (S. 815). Wer möchte, kann hier außerdem wunderbar wandern, picknicken, Vögel beobachten oder andere Aktivitäten in der schönen, teils abgeschiedenen Natur unternehmen. Naramata selbst ist ein charmantes kleines Dorf.

ℹ Praktische Informationen

Das **Visitor Center** (☎ 250-276-2170; www.visitpenticton.com; 553 Vees St, abseits vom Hwy 97; ⏲ 9–18 Uhr; 📶) hat umfangreiche Informationen zu Aktivitäten und Weinen der Region auf Lager.

ℹ An- & Weiterreise

Greyhound Canada (S. 798) Fährt nach Vancouver (69 C$, 6 Std., 1-mal tgl.) und Kelowna (20 C$, 1 Std., 4-mal tgl.).

Penticton Transit (☎ 250-492-5602; www.bctransit.com; Einzelfahrschein/Tageskarte 2/4 C$) Verkehrt zwischen beiden Seeufern.

Von Penticton nach Kelowna

Das 18 km nördlich von Penticton am Hwy 97 gelegene **Summerland** ist ein Resort am See mit hübschen historischen Häusern aus dem 19. Jh. an den Hügeln oberhalb des immer breiter werdenden, viel befahrenen Highways. Vor Ort gibt es auch ein paar gute Weingüter.

Rund 25 km südlich von Kelowna liegt unterhalb des Hwy 97 am See die Kleinstadt **Peachland**. Sie lädt zu einem kurzen Spaziergang am Ufer, vorbei an Parks und interessanten Läden, ein.

Zwischen Peachland und Kelowna sind die Folgen der urbanen Entwicklung nicht zu übersehen, das gilt vor allem für den Reklametafelalbtraum **West Kelowna** (auch Westbank genannt).

Sehenswertes & Aktivitäten

Zipzone Peachland ABENTEUERSPORT
(☎855-947-9663; www.zipzone.ca; Princeton Ave, Peachland; Erw./Kind ab 110/80 C$; ⊙Mai–Okt. 9–17 Uhr) Im Zipzone Peachland kann man an Kanadas höchster Zipline hoch über den Deep Creek Canyon schweben.

Kettle Valley Steam Railway EISENBAHN
(☎877-494-8424; www.kettlevalleyrail.org; 18404 Bathville Rd, Summerland; Erw./Kind 25/16 C$; ⊙Mai–Okt.) Die Kettle Valley Steam Railway ist ein 16 km langes Teilstück einer berühmten ehemaligen Eisenbahnstrecke. In offenen Waggons tuckert man hinter einer alten Dampflok durch die Gegend und blickt auf die Obstplantagen.

Schlafen & Essen

A View of the Lake B&B $$
(☎250-769-7854; www.aviewofthelake.com; 1877 Horizon Dr, West Kelowna; Zi. 120–185 C$; P ❄ ☜) Am Westufer des Okanagan Lake bietet dieses B&B Privatsphäre und Traumblicke. In der Grandview Suite überblickt man sogar vom Whirlpool aus den See. Die Zimmer sind idyllisch, die Betten gemütlich und das Drei-Gänge-Frühstück ist erstklassig.

★ **Peach Pit** MARKT $
(☎778-516-7003; Ecke Hwy 97 & Jones Flat Rd, Summerland; Snacks ab 3 C$; ⊙Mai–Okt. 9–18 Uhr) Der Straßenstand am Hwy 97 an der Nordseite von Summertime ist von jeder Menge Konkurrenz umgeben. Die Besitzer haben einen Obstgarten hinter dem Markt, arbeiten mit einigen der besten Erzeugern des Tals zusammen (einen Eimer Himbeeren gibt's für unglaubliche 3 C$) und stellen großartige Backwaren her.

★ **Terrace** MODERN AMERIKANISCH $$$
(☎250-768-6467; www.missionhillwinery.com; 1730 Mission Hill Rd, Mission Hill Family Estate, West Kelowna; Hauptgerichte 25–35 C$; ⊙Juni–Okt. 11–21 Uhr) Das eindrucksvolle Restaurant passt bestens zu dem nicht minder eindrucksvollen Weingut. Das Terrace (natürlich mit Ausblick) verkörpert mit seiner frischen, einfallsreichen Speiseauswahl die Farm-to-Table-Philosophie.

Kelowna

123 500 EW.

Ein Kajakfahrer auf dem See, und dahinter ein mit neuen Reihenhäusern bedeckter Hügelhang – dieses Bild ist charakteristisch für das schnell wachsende Kelowna, die inoffizielle „Hauptstadt" und das ausgedehnte Zentrum des Okanagan Valley.

Wenn man von Norden kommend in die Stadt hineinfährt, scheint sich die immer weiter ausufernde Urbanisierung an dem von Bäumen gesäumten Hwy 97 alias Harvey Ave endlos fortzusetzen. Aber hat man die Kettenfilialen und Einkaufszentren endlich hinter sich gelassen, erwartet einen die einladende Downtown mit Museen, Kultur, Nachtleben und einer Parkanlage am Seeufer. Man kann hier einen Tag mit Spazierengehen verbringen. Ungefähr 2 km südlich vom Zentrum liegt **Pandosy Village**, eine reizende, vornehme Enklave am See.

Sehenswertes

Zentrum des Seeufers ist der gepflegte innerstädtische **Kelowna City Park** (Karte S. 812) mit schmucken Gärten, Brunnen und dem **Hot Sands Beach** (Karte S. 812) der Erholung von der Sommerhitze bietet.

Restaurants und Kneipen genießen einen ungehinderten Blick auf den See und das bewaldete Ufer auf der anderen Seite. Der **Waterfront Park** (Karte S. 812, Lakefront) nördlich des Jachthafens wartet mit einem vielfältigen Uferstreifen und einer beliebten Freiluftbühne auf.

Unter den zahlreichen Statuen in Seenähe befindet sich auch der **Ogopogo** (Karte S. 812; Kelowna City Park), das mythische – und kitschige – Monster des Sees. Prosaischer ist der **Bear** (Karte S. 812; Water St), ein riesiges, filigranes Metallgebilde. Im Visitor Center gibt es einen guten Führer zu den öffentlichen Kunstwerken.

Nützlich ist die Broschüre des Visitor Center (S. 816) für einen Spaziergang durch den **Cultural District**. Über Ausstellungen informiert die Website www.kelownamuseums.ca.

BC Orchard Industry Museum MUSEUM
(Karte S. 812; ☎250-763-0433; www.kelownamuseums.ca; 1304 Ellis St; Eintritt gegen Spende; ⊙Mo–Sa 10–17, So 11–16 Uhr) Das Obstbaumuseum im alten Laurel Packing House erzählt die Geschichte des Okanagan Valley von der Vergangenheit als Weideland für Viehzüchter bis zur heutigen Zeit als Tummelplatz für Touristen. Die alten Labels der Obstkisten sind kleine Kunstwerke.

Carmelis Goat Cheese Artisan FARM
(☎250-764-9033; www.carmelisgoatcheese.com; 170 Timberline Rd; Führungen 5 C$; ⊙Mai–Sept.

Kelowna

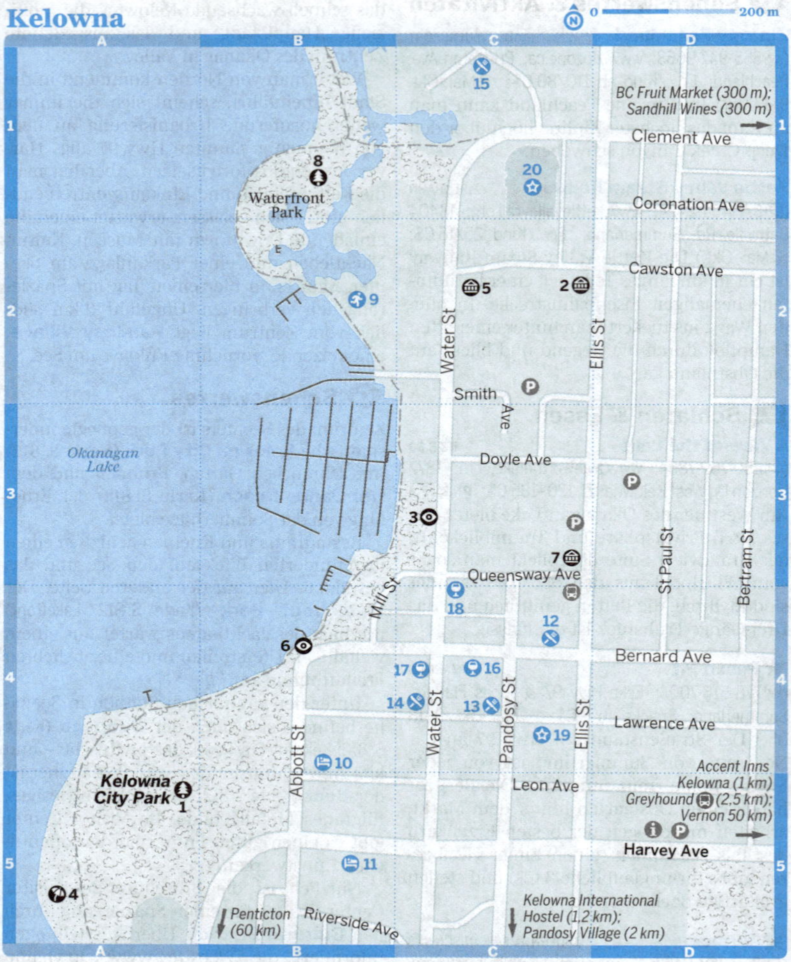

10–18 Uhr, März, April & Okt. 11–17 Uhr Uhr, Nov.–Feb. geschl.; P 👪) Die Führungen durch die Molkerei, die Melkstation und den Keller muss man vorab telefonisch reservieren. Gereiften Weichkäse wie Moonlight und Heavenly oder Hartkäse wie Smoked Carmel oder Goatgonzola kann man aber auch ohne Führung kosten. Für empfindlichere Gaumen gibt es milde Sorten wie Feta und Joghurtkäse. Und dann ist da noch das Ziegenmilcheis…

BC Wine Museum MUSEUM

(Karte S. 812; ☎ 250-763-2417; www.kelownamuseums.ca; 1304 Ellis St; Eintritt gegen Spende; ⏲ Mo–Sa 10–17, So 11–16 Uhr) Das Museum im alten Laurel Packinghouse wurde 2016 erweitert und stellt bekannte Flaschen, Etikette und Gerätschaften aus. Zudem erläutert es die Weinbaugeschichte der Region.

Okanagan Lavender Farm FARM

(☎ 250-764-7795; www.okanaganlavender.com; 4380 Takla Rd; Führungen 5–15 C$; ⏲ 10–18 Uhr, Führungen Juni–Aug. 10.30 Uhr; P 👪) Ein Abstecher zur Okanagan Lavender Farm ist eine großartige Erfahrung. Schier unendliche Felder mit über 60 duftenden Lavendelsorten erstrecken sich vor der Kulisse des Okanagan Lake. Das wohlriechende Gelände lässt sich im Rahmen einer Führung oder in

Kelowna

Eigenregie erkunden, zudem verkauft der hauseigene Laden ein breites Sortiment – von Badeprodukten bis zu Lavendellimonade. Hier gibt's echte Abwechslung für den weinverwöhnten Gaumen. Die Farm liegt 9 km südlich des Zentrums.

Okanagan Heritage Museum MUSEUM
(Karte S. 812; ☎250-763-2417; www.kelownamuseums.ca; 470 Queensway Ave; Eintritt mit Spende; ⊙Mo–Sa 10–17 Uhr) Das Okanagan Heritage Museum zeichnet Jahrhunderte lokaler Kultur nach. Zu den Exponaten gehören ein Grubenhaus der First Nations, ein chinesischer Lebensmittelladen und ein Handelsposten aus der Pandosy-Zeit.

Kelowna Art Gallery GALERIE
(Karte S. 812; ☎250-979-0888; www.kelownaartgallery.com; 1315 Water St; 5 C$; ⊙Di, Mi, Fr & Sa 10–17, Do bis 21, So 13–16 Uhr) Die luftige Kelowna Art Gallery zeigt Werke kanadischer Künstler.

Aktivitäten

Kelowna ist dank des milden Wetters ideal für eine Vielzahl von Freiluftaktivitäten, ob nun auf dem See oder in den Hügeln der Umgebung.

Rund um die Stadt kann man sehr gut wandern und mountainbiken. Der insgesamt 17 km lange **Mission Creek Greenway** ist ein gewundener, bewaldeter Pfad, der am Bach entlang der südlichen Stadtgrenze verläuft. Der westliche Teil bietet eine weite und unkomplizierte Strecke, die Route in Richtung Osten wird dagegen sehr kurvenreich, sobald es die Hügel hinaufgeht.

Knox Mountain am nördlichen Ende der Stadt ist ein weiterer guter Ort zum Wandern oder Radfahren. Der 235 ha große Park mit gut erhaltenen Wegen ist die Heimat von Rotluchsen und Schlangen. Besucher werden auf dem Gipfel mit einer herrlichen Aussicht belohnt.

Sehr beliebt sind Radtouren auf dem Kettle Valley Rail Trail (S. 815) und durch die Weingärten.

★ **Monashee Adventure Tours** RADFAHREN
(☎250-762-9253; www.monasheeadventuretours.com; Fahrradverleih ab 30 C$/Tag) Der Veranstalter organisiert viele Rad- und Wandertouren durch das Okanagan Valley, die Parks, auf dem Kettle Valley Rail Trail (ab 120 C$) und zu den Weingütern. Viele Touren werden von unterhaltsamen einheimischen Führern geleitet. Im Preis enthalten ist meist ein Leihfahrrad, Mittagessen und das Shuttle zur Route. Die Shuttles können auch von Radfahrern benutzt werden, die in Eigenregie unterwegs sind und nur auf einer Strecke befördert werden möchten. Im Winter werden auch Schneeschuhwanderungen angeboten.

Myra Canyon Bike Rentals RADFAHREN
(☎250-878-8763; www.myracanyonrental.com; Myra Canyon; Fahrradverleih 30 Min. Erw./Kind ab 40/30 C$, Radtouren ab 70 C$; ⊙Mitte Mai–Mitte Okt. 9–17.30 Uhr) Verleiht Fahrräder und organisiert Touren auf dem Kettle Valley Rail Trail (S. 815).

Okanagan Rent A Boat BOOTSTOUREN
(Karte S. 812; ☎250-862-2469; www.lakefrontsports.com; 1310 Water St, Delta Grand Okanagan

Resort; Kajakverleih 40 C$/2 Std.; ⌚Mai–Sept.) Der Stand am Seeufer verleiht in der Saison Rennboote (ab 145 C$/Std.), Kanus, Kajaks, Wakeboards, Tretboote und vieles mehr.

Schlafen

Kelowna Samesun International Hostel HOSTEL $

(Karte S. 812; ☎250-763-9814; www.samesun.com; 245 Harvey Ave; B/Zi. ab 33/100 C$; P ❄ @ 📶) Das zweckmäßige Hostel nahe dem Zentrum und dem See hat 88 Betten in Schlafsälen für vier oder acht Personen sowie Privatzimmer. Es gibt einen Whirlpool und zu den angebotenen Aktivitäten gehören verschiedene Gruppenausflüge.

Kelowna International Hostel HOSTEL $

(☎250-763-6024; www.kelowna-hostel.bc.ca; 2343 Pandosy St; B/Zi. ab 25/60 C$; @ 📶) Das kleine Hostel ca. 1 km südlich des City Park ist in einem Haus aus den 1950er-Jahren in einer baumbestandenen Wohnstraße untergebracht. Die Nachbarn genießen zweifellos die regelmäßigen Bierpartys, die kostenlosen Bongo-Aufführungen und die anderen geselligen Veranstaltungen, die in der fröhlichen Unterkunft für Stimmung sorgen. Es gibt einen Greyhound-Abholservice.

Willow Creek Family Campground CAMPING $

(☎250-762-6302; www.willowcreekcampground.ca; 3316 Lakeshore Rd; Stellplatz Zelt/Wohnmobil ab 30/42 C$; P 📶) Die Campinganlage mit 82 Stellplätzen südlich des Zentrums unweit des Pandosy Village und des Strandes verfügt über Waschmaschinen. Die Zeltstellplätze befinden sich auf grasbewachsenem Gelände.

Hotel Zed MOTEL $$

(Karte S. 812; ☎250-763-7771; www.hotelzed.com; 1627 Abbott St; Zi. 90–180 C$; P ❄ 📶 ≋) Hier ist eine alte Travelodge in einer Art 1960er-Jahre-Stil wiederbelebt worden. Die 52 Zimmer in vielen Formen und Größen sind in hellen Farben gehalten. Zu den coolen Extras gehören kostenlose Leihräder, Tischtennisplatten, ein Whirlpool, Comics in den Bädern und vieles mehr. Das Motel befindet sich in der Innenstadt gegenüber dem City Park.

Accent Inns Kelowna MOTEL $$

(☎250-862-8888; www.accentinns.com; 1140 Harvey Ave; Zi. 90–180 C$; P ❄ 📶) Die dreistöckige Unterkunft ist die beste Motelkette in Zentrumsnähe und liegt einen zehnminütigen Spaziergang vom See entfernt. Die 102 geräumigen Zimmer bieten viele durchdachte Extras, z. B. Büromaterial in den Schreibtischen, Kühlschränke und Mikrowellen. Die Fußwege zieren Blumen und die Mitarbeiter sind sehr charmant.

Lakeshore Bed & Breakfast B&B $$

(☎250-764-4375; www.lakeshorebb.ca; 4186 Lakeshore Rd; Zi. 115–175 C$; P ❄ 📶) Das helle B&B mit zwei Zimmern 6 km südlich des Zentrums hat eine großartige Lage am See und einen eigenen, wenn auch winzigen Strandabschnitt. Die größere Unterkunft mit weiten Seeblicken und privatem Sitzbereich im Freien bietet ein tolles Preis-Leistungs-Verhältnis. Die Einrichtung ist modern und hochwertig.

★ **Hotel Eldorado** HOTEL $$$

(☎250-763-7500; www.hoteleldoradokelowna.com; 500 Cook Rd; Zi. 180–400 C$; P ❄ 📶 ≋) Das südlich vom Pandosy Village am See gelegene historische Refugium hat 19 Zimmer voller luxuriöser Antiquitäten. Der moderne, dezentere Flügel beherbergt 30 weitere Zimmer und sechs opulente Suiten auf der Seeseite. Die Anlage ist hochwertig, kunstvoll und leger zugleich. Sucht man eine Luxusoase, ist dies eindeutig die beste Wahl.

Essen

Little Hobo CAFÉ $

(Karte S. 812; ☎778-478-0411; www.thelittlehobo.com; 438 Lawrence Ave; Hauptgerichte 7–12 C$; ⌚Mo–Fr 10–14 Uhr) Der schmucklose Sandwichladen ist äußerst beliebt, der Grund dafür ist das exzellente Essen. Es gibt leckere Sandwiches, die man sich selbst zusammenstellen kann, noch besser sind allerdings die Tagesangebote (darunter Hackbraten, Pasta und Piroggen) und die großartige Suppenauswahl.

Kelowna Farmers Market MARKT $

(☎250-878-5029; Ecke Springfield Rd & Dilworth Dr; ⌚April–Okt. Mi & Sa 8–13 Uhr) Von den über 150 Ständen auf dem Bauernmarkt abseits des Hwy 97 verkaufen viele fertig zubereitete Leckereien. Auch hiesige Kunsthandwerker bieten ihre Waren feil.

BC Tree Fruits Market MARKT $

(☎250-763-8872; www.bctree.com; 826 Vaughan Ave; Obst ab 1 C$; ⌚Mo–Sa 9–17 Uhr) Der Markt wird von der lokalen Obstverpackungskooperative geleitet und hat eine riesige Auswahl an den besten Früchten Okanagans zu bieten, die Kunden auch probieren können. Die Preise sind halb so hoch wie im Supermarkt und im angrenzenden Verkostungsraum werden Apfelweine aus hiesiger Produktion verkauft.

Pulp Fiction Coffee House CAFÉ $
(Karte S. 812; ☎778-484-7444; www.pulpfictioncoffeehouse.com; 1598 Pandosy St; Kaffee 2 C$; ⏰7–22 Uhr) Das witzige, unkonventionelle Café mitten in der Innenstadt serviert zu exzellentem Kaffee und Tee Backwaren, Panini und Suppen. Der angeschlossene Laden verkauft Antiquitäten und seltene Bücher.

★ **RauDZ Regional Table** FUSION $$
(Karte S. 812; ☎250-868-8805; www.raudz.com; 1560 Water St; Hauptgerichte 12–30 C$; ⏰17–22 Uhr) Der bekannte Koch Rod Butters hat mit seinem zwanglosen Bistro, einem Tempel für Erzeugnisse und Weine aus Okanagan, den Standard für frische lokale Produkte gesetzt. Das Lokal ist so geräumig und offen wie die Küche, und das saisonale Speisenangebot für mehrere Personen ist, neben Steaks und Meeresfrüchten, mediterran beeinflusst. Zu den Lieferanten gehört auch Carmelis mit seinem Ziegenkäse.

Sunset Organic Bistro BISTRO $$
(☎250-764-8000; www.summerhill.bc.ca; 4870 Chute Lake Rd, Summerhill Pyramid Winery, Kelowna; Hauptgerichte 15–30 C$; ⏰11–21 Uhr) Die exzellenten Mittags- und Abendgerichte aus lokalen Bio-Zutaten gehen auf das Konto des renommierten Küchenchefs Alex Lavroff. Für zwischendurch gibt's außerdem eine exquisite Auswahl an kleinen Speisen, der perfekten Begleitung zu einer Bio-Weinprobe am Nachmittag.

Waterfront Restaurant & Wine Bar BISTRO $$$
(Karte S. 812; ☎250-979-1222; http://waterfrontrestaurant.ca; 1180 Sunset Dr; Hauptgerichte 25–38 C$; ⏰17–22 Uhr) Küchenchef und Sommelier Mark Filatow hat hier seine ganz eigene

NICHT VERSÄUMEN

KETTLE VALLEY RAIL TRAIL

Der berühmte **Kettle Valley Rail Trail** konkurriert mit den Weingütern und den Pfirsichplantagen um die Gunst der Besucher – clevere wählen einfach das Triple.

Die einst 525 km lange, kurvenreiche Eisenbahnstrecke wurde für den Transport von Silbererz von den südlichen Kootenays nach Vancouver gebaut. Die 1916 fertiggestellte Strecke ist – gemessen an den Kosten pro Kilometer – eine der teuersten, die jemals gebaut wurden. 1989 wurde die gesamte Strecke stillgelegt. Nicht lange danach wurden die Trassen mit ihren sanften Steigungen (nie über 2,2 %) und Dutzenden von Brücken in den **Trans Canada Trail (TCT)** integriert.

Der spektakulärste Abschnitt des Kettle Valley Rail Trail liegt in der Nähe von Kelowna. Die 24 km lange Strecke durch den **Myra Canyon** bietet einen fantastischen Blick auf die kurvenreiche Schlucht. Insgesamt **18 Gerüstpfeilerviadukte** (Trestle-Brücken) überspannen die Schlucht, an deren Felswand der Weg verläuft. Dass man heute noch die gesamte Strecke absolvieren kann, grenzt an ein Wunder, wurden doch 2003 zwölf Holzgerüste bei einem Feuer zerstört. Der Wiederaufbau ist vor allem der **Myra Canyon Trestle Restoration Society** (www.myra-trestles.com) zu verdanken, deren Website Karten zum Herunterladen und Infos bietet. Der weite Blick reicht bis nach Kelowna und zum See, über 900 m weiter unten, zudem sieht man Wiesen, die das vom Feuer zerstörte Areal langsam zurückerobern.

Um die Gegend rund um die spektakulärsten Holzgerüste von Kelowna aus zu erreichen, folgt man der Harvey Ave (Hwy 97) ostwärts bis zum Gordon Dr, biegt nach Süden ab und fährt dann auf der KLO Rd 2,6 km ostwärts. Nach der Kreuzung folgt man der McCulloch Rd 7,4 km und biegt an der Myra Forest Service Rd nach Süden ab und fährt über eine kurvenreiche, gut befahrbare Schotterstraße 8,7 km den Hügel hinauf, bis man den Parkplatz erreicht. Das Zentrum von Kelowna ist eine rund 40-minütige Fahrt entfernt.

Der Myra Canyon ist nur ein kleiner Teil des insgesamt 174 km umfassenden Wanderwegnetzes im Okanagan Valley, das der alten Bahnstrecke folgt und durch Tunnel, vorbei an Naramata und südwärts nach Penticton und darüber hinaus, führt. Einfachen Zugang zum Trail hat man von vielen Punkten aus. Wer will, kann auch an Wander- und Radtouren teilnehmen. **Myra Canyon Bike Rentals** (S. 813) verleiht Fahrräder und veranstaltet Touren auf dem Hauptweg.

Version eines Farm-to-Table-Restaurants geschaffen und feiert die kulinarische Vielfalt der Region (sowohl in fester als auch in flüssiger Form). Die verschiedenen Tapas-Teller eignen sich zum Teilen und viele lokale Weine werden glasweise ausgeschenkt. Die Atmosphäre ist schick und modern.

Ausgehen & Nachtleben

Die lokale Mikrobrauerei Tree Brewing hat eine exzellente Auswahl an Bieren, die in Kneipen in der Stadt verkauft werden. Die Clubs in der Innenstadt von Kelowna sammeln sich am Westende der Leon Ave und der Lawrence Ave.

Micro PUB
(Karte S. 812; ☎778-484-3500; www.microkelowna.com; 1500 Water St; ⏲Do–So 11.30–15, tgl. 15 Uhr–open end) Die tolle kleine Bar, hinter der das Team des hiesigen Bistros RauDZ steht, verlässt man nur ungern wieder. Zur Wahl stehen Craft-Biere, lokale Weine, leckere Cocktails und kleine frische, einfallsreiche Gerichte, die sich zum Teilen oder zum Mittagessen anbieten. Schmecken lassen kann man sich diese an der Bar aus massivem Holz oder an einem Straßentisch.

Sturgeon Hall PUB
(Karte S. 812; ☎250-860-3055; 1481 Water St; ⏲Mo–Sa 11 Uhr–open end) Fanatische Fans des Eishockeyteams Kelowna Rockets lassen sich an der Bar oder an den Straßentischen zu ihrem Bier exzellente Burger und knusprig dünne Pizza (Hauptgerichte 10–20 C$) schmecken. In der Saison zeigt der alteingesessene Pub auf jedem Fernseher Hockeyspiele.

Doc Willoughby's PUB
(Karte S. 812; ☎250-868-8288; 353 Bernard Ave; ⏲11.30–2 Uhr) Die Kneipe ist mit holzverkleidetem Gewölbe und Straßentischen ausgestattet und liegt zentral in der Innenstadt. Sie ist ideal für einen Drink oder ein Essen geeignet; die Fish & Chips sind sehr empfehlenswert (Hauptgerichte kosten 10–20 C$). Die Bierauswahl ist hervorragend, darunter sind bemerkenswerterweise auch Biere der Tree Brewing und der Cannery Brewing in Penticton.

Unterhaltung

Blue Gator LIVEMUSIK
(Karte S. 812; ☎250-860-1529; www.bluegator.net; 441 Lawrence Ave; ⏲Di–So 15 Uhr–open end) Die Adresse für Livemusik und kaltes Bier bietet Blues, Rock, Acoustic Jam und mehr.

Kelowna Rockets HOCKEY
(Karte S. 812; ☎250-860-7825; www.kelownarockets.com; Karten ab 25 C$; ⏲Sept.–März) Das heiß geliebte lokale WHL-Hockeyteam gehört zu den Top-Mannschaften und spielt im 6000 Plätze fassenden Stadion **Prospera Place** (Karte S. 812; ☎250-979-0888; www.prosperaplace.com; Ecke Water St & Cawston Ave). Bei Heimspielen sind die hiesigen Kneipen vor und nach dem Spiel voll.

Praktische Informationen

Kelowna Visitor Center (Karte S. 812; ☎250-861-1515; www.tourismkelowna.com; 544 Harvey Ave; ⏲9–18 Uhr) Das Zentrum nahe der Ecke Ellis St/Hwy 97 hat kostenlose Karten und Tourinfos auf Lager.

An- & Weiterreise

Westjet fliegt vom **Kelowna International Airport** (www.kelownaairport.com; 5533 Airport Way, abseits vom Hwy 97) größere Städte in Kanada an. Air Canada Jazz bedient Vancouver und Calgary, Alaska Air fliegt nach Seattle. Der Flughafen liegt 20 km nördlich des Zentrums am Hwy 97.

Greyhound Canada (☎250-860-2364; www.greyhound.ca; 2366 Leckie Rd) östlich der Innenstadt, abseits des Hwy 97, liegt ziemlich unpraktisch. Die Stadtbusse 9 und 10 fahren vom Zentrum hierher (6.30–21.45 Uhr alle 30 Min.). Zu den Fahrtzielen gehören Golden (67 C$, 5½ Std., 1-mal tgl.), Kamloops (37 C$, 3 Std.,

BIG WHITE SKI RESORT

Perfekter Pulverschnee ist das Markenzeichen des **Big White Ski Resort** (☎250-765-8888, Schneebericht 250-765-7669; www.bigwhite.com; abseits vom Hwy 33; Tagesliftkarte Erw./Kind 91/51 C$), 56 km östlich von Kelowna abseits des Hwy 33. Bei einem Höhenunterschied von 777 m bieten die 118 Pisten und 15 Lifte ausgezeichnete Möglichkeiten zum Skifahren und Langlaufen, während in den tiefen Rinnen Extrem-Snowboarder auf ihre Kosten kommen. Da das Skigebiet ziemlich abgelegen ist, suchen sich die meisten Besucher hier ein Nachtquartier. In dem Resort gibt es mehrere Restaurants, Bars, Hotels, Apartments, Ferienhäuser und ein Hostel. Die Website informiert über Unterkünfte und das Shuttle, das im Winter nach Kelowna verkehrt.

2-mal tgl.), Penticton (20 C$, 1 Std., 4-mal tgl.) und Vancouver (69 C$, 6 Std., 4-mal tgl.).

Unterwegs vor Ort

Das **Kelowna Regional Transit System** (☎250-860-8121; www.transitbc.com; Einzel-/Tageskarte 2,50/6,50 C$) betreibt die Stadtbusse. Alle Innenstadtbusse halten an der **Queensway Station** (Karte S. 812; Queensway Ave, zw. Pandosy St & Ellis St). Bus 97 fährt nach West Kelowna.

Alle großen Autovermietungen sind am **Kelowna International Airport** vertreten. Zu den Taxiunternehmen gehört **Kelowna Cabs** (☎250-762-4444, 250-762-2222; www.kelownacabs.ca).

Vernon

38 900 EW.

Der Glanz des Okanagan Valley beginnt kurz vor Vernon zu verblassen. Vielleicht liegt es am Wetter. Die Winter hier sind so kalt wie die im Landesinneren von BC und es gibt nur wenige Weingüter. Das bedeutet aber nicht, dass die ganze Gegend gänzlich ohne Charme wäre. Das nach Obstplantagen duftende Tal ist von drei Seen umgeben, die den ganzen Sommer über Besucher auf der Suche nach Freizeitspaß anlocken: Kalamalka, Okanagan und Swan.

Das Leben im Zentrum spielt sich vor allem in der 30th Ave (der Main St) ab. Für Verwirrung sorgt die Tatsache, dass die 30th Ave mitten im Zentrum von der 30th St gekreuzt wird – also nicht Streets und Avenues verwechseln! Im nördlichen Teil der Stadt gibt's jede Menge Einkaufszentren.

Sehenswertes & Aktivitäten

Davison Orchards FARM

(☎250-549-3266; www.davisonorchards.ca; 3111 Davison Rd; ⏲April–Okt. 8–20 Uhr; P) GRATIS Auf der Farm gibt es Traktorfahrten, hausgemachtes Eis, frischen Apfelsaft, süße Stalltiere und vieles mehr. Einfach der 25th Ave Richtung Westen folgen, auf der 41st St nach Norden fahren, dann westlich auf die Bella Vista Rd abbiegen und nach den Schildern Ausschau halten.

Planet Bee FARM

(☎250-542-8088; www.planetbee.com; 5011 Bella Vista Rd; ⏲8–18 Uhr; P) GRATIS Auf der Honigfarm Planet Bee lernen Besucher alles über die süßen Geheimnisse des goldenen Nektars und können sich einen arbeitenden Bienenstock aus der Nähe ansehen. Einfach der 25th Ave Richtung Westen folgen, dann nach Norden auf die 41st St abbiegen und anschließend Richtung Westen auf der Bella Vista Rd nach den Schildern Ausschau halten. Die Farm liegt in der Nähe der Davison Orchards.

Kalamalka Lake Provincial Park PARK

(☎250-545-1560; www.bcparks.ca; abseits vom Hwy 6; P) Der wunderschöne, 9 km² große Kalamalka Lake Provincial Park liegt südlich der Stadt am Ostufer des warmen, flachen Sees. Am Jade Beach und am Kalamalka Beach kann man wunderbar schwimmen, zudem locken gute Angelgründe und ein Netzwerk an Mountainbike- und Wanderwegen. Innerspace Watersports betreibt in der Saison einen Stand im Park.

Innerspace Watersports WASSERSPORT

(☎250-549-2040; www.innerspacewatersports.com; 3006 32nd St; Kanuverleih 25 C$/Std.; ⏲Mo–Sa 10–17.30 Uhr) Verleiht Kanus und Stehpaddelausrüstung im Kalamalka Lake Provincial Park und verfügt über einen Laden mit weiteren Angeboten in der Stadt, der auch Tauchausrüstung auf Lager hat. Der Stand im Park ist von Mitte Juni bis August geöffnet.

Schlafen & Essen

Ellison Provincial Park CAMPING $

(☎Infos 250-494-6500, Reservierungen 800-689-9025; www.discovercamping.ca; Okanagan Landing Rd; Stellplätze 32 C$; ⏲April–Okt.; P) Rund 16 km südwestlich von Vernon erstreckt sich diese tolle, baumbestandene Anlage über knapp 90 ha unweit des Sees. Die 71 Stellplätze sind schnell besetzt, deswegen empfiehlt es sich, vorab zu reservieren.

Tiki Village Motel MOTEL $$

(☎250-503-5566; www.tikivillagevernon.com; 2408 34th St; Zi. 70–150 C$; P) Das Tiki, eine Ode an die Glanzzeit dekorativer Betonblöcke, bietet eine weitläufige Grünanlage und 30 Zimmer im minimalistisch-asiatischen Stil. Alle Zimmer haben Kühlschränke, manche auch Küchenzeilen.

Beaver Lake Mountain Resort LODGE $$

(☎250-762-2225; www.beaverlakeresort.com; 6350 Beaver Lake Rd; Stellplätze ab 29 C$, Hütten 85–180 C$; P @) Dieses Postkartenidyll liegt oben in den Bergen östlich des Hwy 97 etwa auf halber Strecke zwischen Vernon und Kelowna. Zur Auswahl stehen verschiedene rustikale Holzhütten und einige luxuriösere Häuschen für bis zu sechs Personen.

Little Italy ITALIENISCH $
(☎ 778-475-5898; http://littleitalymarketdeli.food pages.ca; 3105 35th Ave; Hauptgerichte 10–20 C$; ⏲ Mo–Sa 9–17 Uhr; 📶) Den authentischen italienischen Kaffee genießt man am besten auf der Veranda dieses niedlichen kleinen Markts mit Feinkostabteilung direkt östlich des Hwy 97.

Vernon Farmers Market MARKT
(☎ 250-351-5188; www.vernonfarmersmarket.ca; 3445 43rd Ave, Kal Tire Place; ⏲ Mo & Do 8–13 Uhr) Auf dem Markt gibt es über 150 Verkaufsstände. Er liegt gleich westlich des Hwy 97.

★ **Bamboo Beach Fusion Grille** FUSION $$
(☎ 250-542-7701; www.facebook.com/Bamboo BeachFusionGrille; 3313 30th Ave; Hauptgerichte 12–25 C$; ⏲ 12–21 Uhr; 🖉) In diesem betriebsamen Lokal werden beliebte lokale Erzeugnisse mit Aromen aus ganz Asien verfeinert. Japanische, koreanische und thailändische Einflüsse sind beim Heilbutt-Curry, bei den Fish & Chips und bei den anderen Speisen unverkennbar. Bei den Curry-Soba-Nudeln zeigt der in Japan ausgebildete Küchenchef sein ganzes Talent.

ℹ Praktische Informationen

Das **Visitor Center** (☎ 250-542-1415; www.tourismvernon.com; 3004 39th Ave; ⏲ 9–18 Uhr; 📶) ist nicht weit vom Zentrum entfernt.

ℹ An- & Weiterreise

Greyhound Canada (☎ 800-661-8747; www.greyhound.ca; 3102 30th St, Ecke 31st Ave) Busverbindungen zwischen Vernon und Kelowna (17 C$, 45 Min., 4-mal tgl.) und Revelstoke (31 C$, 2½ Std., 1-mal tgl.).

Vernon Regional Transit System (☎ 250-545-7221; www.transitbc.com; Fahrkarten ab 2 C$) Die Busse fahren an der Ecke 31st St und 30th Ave ab. Zum Kalamalka Lake fährt der Bus 1, zum Okanagan Lake Bus 7.

MASKOTTCHEN IN BC

Manche Städte in der Provinz haben ihre eigenen sonderbaren Maskottchen, die bei manchen Gemeindefesten ihren Auftritt haben. Und so begegnet man in Ucluelet dem Grauwal **Knuckles**, in Princeton der Kiefer **Peter Pine**, in Prince George **Mr. PG** und in Pemberton unserem Favoriten, **Potato Jack**, eine vorwitzige Kartoffel im Cowboy-Dress mit Sporen und Halstuch.

Nördlich von Vernon

Gleich nördlich von Vernon führt der wunderschöne Hwy 97 Richtung Nordwesten durch baumbestandene, von Seen durchzogene Täler bis nach Kamloops. **Armstrong**, 23 km nördlich von Vernon, ist ein charmantes kleines Dorf. Attraktionen bietet die Gegend kaum – sie ist eher wegen der Anbindung an die wichtigen Highways bekannt.

Auf der **O'Keefe Ranch** (www.okeeferanch.ca; 9380 Hwy 97N; Erw./Kind 14/9 C$; ⏲ Mai, Juni & Sept. 10–17 Uhr, Juli & Aug. bis 18 Uhr), von 1867 bis 1977 Sitz der O'Keefes, gibt es noch immer eine originale Blockhütte, zudem werden alte Viehzuchttechniken gezeigt. Vor dem Aufkommen der Obstplantagen – und später der Rebstöcke – war das Tal von Viehzucht dominiert. Die Ranch liegt 12 km nördlich von Vernon, 4 km nach der Abzweigung des Hwy 97 vom Hwy 97A, der nordostwärts nach Sicamous und zum Hwy 1 führt.

Silver Star

Dank des fürs Landesinnere von British Columbia typischen trockenen Pulverschnees ist **Silver Star** (☎ 250-542-0224, Schneebericht 250-542-1745; www.skisilverstar.com; 123 Shortt St, Silver Star Mountain; Tagesliftkarte Erw./Kind 92/48 C$) ein sehr beliebtes Skigebiet.

In dem Resort gibt es alle möglichen Unterkünfte, von Hostels bis hin zu Apartments. Die **Samesun Lodge** (☎ 250-545-8933; www.samesun.com; 9898 Pinnacles Rd, Silver Star; B/Zi. ab 32/80 C$; P @ 📶) betreibt ein sehr beliebtes, fast schon schickes Backpacker-Hostel.

Um nach Silver Star zu gelangen fährt man auf dem Hwy 97 auf die 48th Ave. Das Resort liegt 22 km nordöstlich von Vernon. Auf Anfrage informieren die Unterkünfte über die Vans und Busse, die in der Saison das Resort anfahren.

Shuswap Region

Der wie ein Rorschachtest geformte **Shuswap Lake** ist das Herzstück einer etwas langweiligen, aber netten Region aus grünen, bewaldeten Hügeln, Farmen und den zwei kleinen Orten **Sicamous** und **Salmon Arm**. Ersterer bietet einen Park am See direkt nordwestlich des Hwy 1, der zu einem Picknick einlädt.

Die Region bietet mehrere Provinzparks mit Seen und ist ein beliebtes Ausflugsziel für Familien, die sich gerne in der Natur aufhalten. Viele erkunden die Seen mit dem Hausboot.

Die Hauptattraktion ist die jährliche Laichsaison der Rotlachse im **Roderick Haig-Brown Provincial Park** (☎250-851-3000; www.bcparks.ca; abseits vom Hwy 1, Saquilax). Der 10,59 km² große Park schützt beide Seiten des Adams River zwischen Shuswap Lake und **Adams Lake**. Die hellroten Lachse, die jeden Oktober flussaufwärts schwimmen, müssen hier durch ein natürliches Nadelöhr. Die Fischpopulation erreicht alle vier Jahre ihren Höchststand, dann strömen rund 4 Mio. Lachse durch das seichte Flussbett des Adams River. Das nächste Mal wird dies 2018 der Fall sein.

Auf dem **D Dutchmen Dairy** (☎250-836-4304; www.dutchmendairy.ca; 1321 Maeir Rd; Eis ab 3 C$; ⌚Juni–Sept. 8–21 Uhr), einem abgeschiedenen Milchbauernhof nahe dem Hwy 1, können sich Besucher die Kühe ansehen und dann ein Eis kaufen. Zur Wahl stehen Dutzende klassische Geschmacksrichtungen.

DIE KOOTENAYS & DIE ROCKIES

Normalerweise ist man einfach glücklich, wenn man den Blick über die scheinbar unendlichen, schneebedeckten Gipfel in der Region Kootenay schweifen lässt und ins Nachdenken gerät. Herrliche Wildwasserflüsse, die tiefe Täler durchziehen, unglaubliche Felswände, Almwiesen und sägezahnartige, gefleckte Berge am Horizont rufen Ehrfurcht, Tatendrang oder einfach nur Staunen hervor.

Wenn man von Westen anreist, erscheinen einem die majestätischen Berge, als wären sie von Gottes Hand genau so platziert worden. Die fast parallelen Bergketten der Monashees und der Selkirks streifen die West Kootenays mit den Arrow Lakes. Hübsche Orte wie Revelstoke und Nelson schmiegen sich an die Berge und bieten das ganze Jahr über Spaß und Action in der freien Natur. Die East Kootenays erstrecken sich rund um den Purcell Mountain unterhalb von Golden. Dort liegen auch Radium Hot Springs und Fernie.

Die Nationalparks in den Rocky Mountains auf der Seite von BC (Mt. Revelstoke, Glacier, Yoho und Kootenay) finden zwar nicht so große Beachtung wie die von Banff und Jasper auf der anderen Seite der Provinzgrenze, doch das muss ja nicht schlecht sein: Jeder Park hat seine eigenen spektakulären Ecken, die oft von den auf den Banff National Park fixierten Horden relativ verschont bleiben. Tierfreunde jedenfalls werden ein Paradies vorfinden.

Revelstoke

7700 EW.

Revelstoke ist ein guter Ausgangspunkt für Reisende, die in die Berge wollen. Der Ort hat es eigentlich nicht nötig, für sich selbst ordentlich ins Horn zu blasen – das erledigen schon die endlosen Züge, die hier mitten durch die Stadt rattern. Revelstoke wurde als wichtiger Ort an der Canadian-Pacific-Eisenbahnstrecke errichtet, die erstmals den Westen und den Osten Kanadas miteinander verband. Aber in der Stadt hört man nicht nur das Echo der Zugpfeifen, sondern auch den Widerhall der Geschichte. Das kompakte Zentrum ist zwar voller historischer Gebäude, gehört aber noch lange nicht ins Museum: Hier gibt es eine lebhafte, einheimische Kunstszene und die meisten Bewohner schöpfen die unzähligen Möglichkeiten aus, wandern zu gehen, Kajak zu fahren und vor allem auf schmalen Brettern die Pisten herunterzudüsen.

Wer auf dem Hwy 1 hier vorbeikommt – er führt im Nordosten am Ortszentrum vorbei –, sollte unbedingt eine ausgedehnte Pause einlegen. Die Hauptstraßen hier sind die 1st St und die Mackenzie Ave.

Sehenswertes

Die **Grizzly Plaza** zwischen der Mackenzie Ave und der Orton Ave ist eine Fußgängerzone und quasi das Herz der Innenstadt. Dort gibt's zwischen Juli und August jeden Abend kostenlos Livemusik.

Outdooraktivitäten sind zwar die Hauptattraktion von Revelstoke, aber ein Bummel durch das Zentrum und ein kurzer Besuch im Museum sind ein Muss. In der Touristeninformation gibt es die Stadtrundgangshefte *Public Art* und *Heritage*.

★ **Mount Revelstoke National Park** PARK
(www.pc.gc.ca/revelstoke; abseits vom Hwy 1; Erw./Kind inkl. Glacier National Park 8/4 C$) Der 260 km² große Nationalpark beeindruckt mit seiner Schönheit und nicht unbedingt mit seiner Größe. Er liegt nordöstlich der gleichnamigen Stadt und wartet mit größtenteils unberührten Gipfeln und Tälern auf.

Die Kootenays & Die Rockies

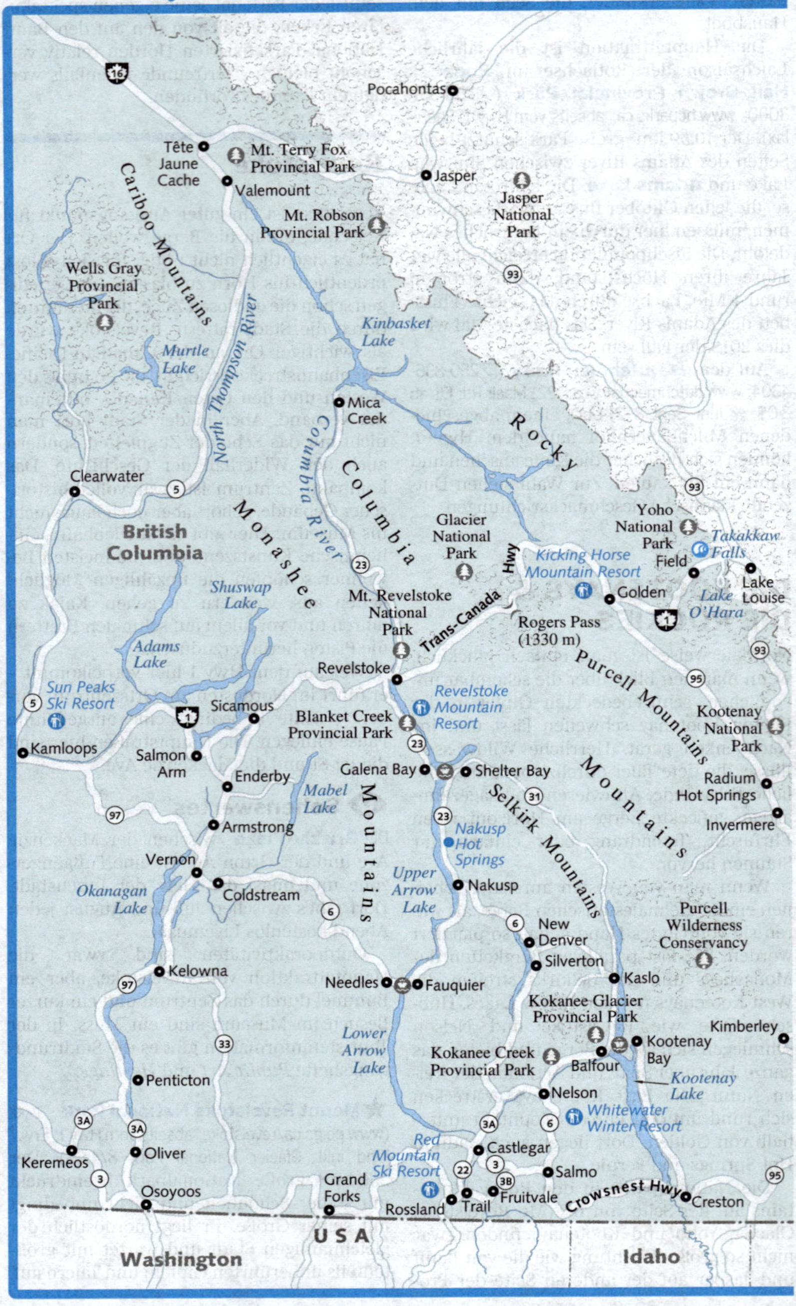

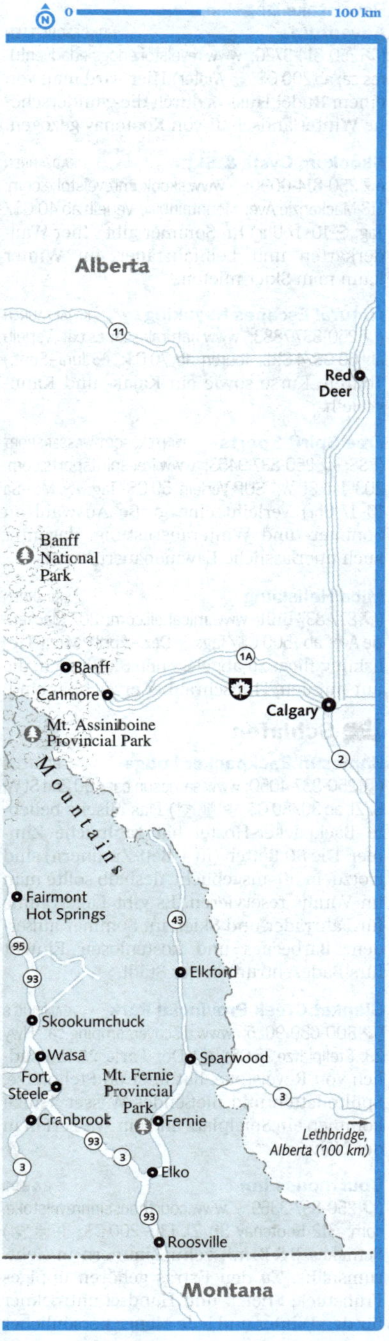

Vom Gipfel des Mt. Revelstoke aus gibt es mehrere gute **Wanderwege**. Wer in der Wildnis übernachten möchte, braucht eine Campingerlaubnis, den Wilderness Pass (10 C$ zusätzlich zum Preis für den Parkpass). Dieser ist beim **Parks Canada Revelstoke Office** (☎250-837-7500; revglacier.reception@pc.gc.ca; 301 3rd St, Revelstoke; ⏲Mo–Fr 8–16.30 Uhr) und beim Rogers Pass Centre (S. 824) im Glacier National Park (S. 823) erhältlich. Beide Zentren bieten auch hervorragende Wanderinfos zu langen und kurzen Routen. Sehr zu empfehlen ist der **Skunk Cabbage Trail**, für den man 30 Minuten benötigt.

Revelstoke Railway Museum MUSEUM
(☎250-837-6060; www.railwaymuseum.com; 719 Track St W; Erw./Kind 10/2 C$; ⏲Mai–Sept. 9–17 Uhr, Okt.–April kürzere Öffnungszeiten; P) Das Eisenbahnmuseum ist vom Zentrum aus auf der anderen Seite der Bahngleise in einem attraktiven Gebäude untergebracht. Es zeigt restaurierte Dampflokomotiven, darunter eine der größten, die jemals auf den Strecken der Canadian Pacific Railway (CPR) zum Einsatz kam. Fotos und andere Ausstellungsstücke dokumentieren den Bau der CPR, durch die erstmals eine direkte Verbindung zwischen dem Osten und dem Westen Kanadas geschaffen wurde.

Revelstoke Museum MUSEUM
(☎250-837-3067; www.revelstokemuseum.ca; 315 1st St W; Erw./Kind 5 C$/frei; ⏲das ganze Jahr Mo–Sa 10–18, Juli & Juni So 11–17 Uhr) Möbel und historische Gegenstände zum Bergbau, zu Holzwirtschaft und Eisenbahn aus der Zeit, als der Ort in den 1880er-Jahren gegründet wurde, werden hier ausgestellt. Die Exponate zur Geschichte des lokalen Skisports sind sehr interessant.

Aktivitäten

Revelstoke zwischen den weitläufigen, aber relativ unbekannten Bergketten Selkirk und Monashee lockt begeisterte Skifahrer an, die weite Landschaften mit Pisten ohne Massenbetrieb schätzen. Hier wurde 1915 die erste Skisprungschanze Nordamerikas gebaut.

22 km lange, gepflegte **Skilanglaufloipen** gibt es in der Mount MacPherson Ski Area, 7 km südlich des Orts am Highway 23; Informationen findet man unter www.revelstokenordic.org.

Wenn im Frühjahr der ganze Schnee zu Wildwasser schmilzt, ist Rafting angesagt.

LAWINENWARNUNG

Die Kootenays liegen mitten im Lawinengebiet. Jedes Jahr fordern Lawinen in British Columbia mehr Menschenleben als jede andere Naturkatastrophe – der Tribut der Natur für das Vergnügen im Schnee ist hoch!

Lawinen können jederzeit und selbst in flachen Gegenden losbrechen. Rund die Hälfte der Menschen, die von einer Lawine erfasst werden, überlebt das nicht. Jeder, der sich hinaus in den Schnee wagt, muss sich vorher unbedingt über die Schneebedingungen informieren. Ist ein Abschnitt gesperrt, auf keinen Fall trotzdem betreten! Unabhängig davon, ob man in abgelegenen Gegenden langlaufen oder nur eine Wanderung in den Bergen machen will, sollte man immer eine Notfunkbake anmieten; die meisten Outdoor-Läden haben die Geräte auf Lager.

Avalanche Canada (250-837-2141; www.avalanche.ca) in Revelstoke untersucht die Lawinenentwicklung, gibt Prognosen für BC und die kanadischen Rockies heraus und betreibt eine informative Website und eine Telefon-App.

Mountainbiken ist ebenfalls beliebt; Wegekarten gibt's im Visitor Center.

Revelstoke Mountain Resort SKIFAHREN
(888-837-2188; www.revelstokemountainresort.com; Camozzi Rd; Tagesliftkarte Erw./Kind 86/26 C$) Das Revelstoke Mountain Resort, nur 6 km südöstlich der Stadt, strebt danach, das größte Skigebiet jenseits der Alpen zu werden. Es bietet schier endlose unberührte Hänge und 65 Pisten. Eine davon kombiniert eine 700 m lange Abfahrt mit einer 700 m langen Slalomstrecke durch den Baumbestand. Mit 1713 m ist der Höhenunterschied der größte Nordamerikas.

Apex Rafting Co RAFTING
(250-837-6376; www.apexrafting.com; 112 1st St E; Erw./Kind 95/80 C$; Juni–Aug.;) Veranstaltet im Frühling und Sommer kinderfreundliche zweistündige geführte Touren auf dem Illecillewaet River.

Wandering Wheels RADFAHREN
(250-814-7609; www.wanderingwheels.ca; Kurse ab 35 C$/Std., Touren ab 60 C$; Juni–Okt.) Wandering Wheels bietet Fahrradtransport, Kurse und Touren.

Revelstoke Dogsled Adventures HUNDESCHLITTEN
(250-814-3720; www.revelstokedogsledadventures.ca; ab 200 C$; Winter) Hier wird man von einem Rudel Huskys durch die wunderschöne Winterlandschaft von Kootenay gezogen.

Skookum Cycle & Ski RADFAHREN
(250-814-0090; www.skookumrevelstoke.com; 118 Mackenzie Ave; Mountainbike-Verleih ab 40 C$/Tag; 10–17 Uhr) Im Sommer gibt's hier Wanderkarten und Leihfahrräder, im Winter kann man Skier mieten.

Natural Escapes Kayaking KAJAKFAHREN
(250-837-7883; www.naturalescapes.ca; Verleih ab 60 C$/4 Std., Touren ab 70 C$; Juni–Sept.) Touren, Kurse sowie ein Kajak- und Kanuverleih.

Free Spirit Sports WINTERSPORT, WASSERSPORT
(FSS; 250-837-9453; www.freespiritsports.com; 203 1st St W; SUP-Verleih 50 C$/Tag; Mo–Sa 10–17 Uhr) Verleiht eine große Auswahl an Sommer- und Winterausrüstung, darunter auch unerlässliche Lawinenausrüstung.

Mica Heliskiing SKIFAHREN
(877-837-6191; www.micaheli.com; 207 Mackenzie Ave; ab 1500 C$/Tag; Dez.–April) Mica Heliskiing fliegt zu abgelegenen Skihängen, die nur mit dem Hubschrauber erreichbar sind.

Schlafen

Samesun Backpacker Lodge HOSTEL $
(250-837-4050; www.samesun.ca; 400 2nd St W; B/Zi. ab 30/80 C$; P @) Das allseits beliebte Backpacker-Hostel hat zahlreiche Zimmer. Die 80 Betten (in 4-Bett-Zimmern) sind trotzdem oft ausgebucht, deshalb sollte man im Voraus reservieren. Es gibt Lagerräume für Fahrräder und Skier, im Sommer außerdem Barbecues und kostenlosen Eintritt fürs Badezentrum in der Stadt.

Blanket Creek Provincial Park CAMPING $
(800-689-9025; www.discovercamping.ca; Hwy 23; Stellplätze 28 C$; P) Der Park, 25 km südlich von Revelstoke, hat über 60 Stellplätze, Spültoiletten und fließendes Wasser. Hinzu kommen ein Spielplatz und ein Wasserfall in der Nähe.

Courthouse Inn B&B $$
(250-837-3369; www.courthouseinnrevelstoke.com; 312 Kootenay St; Zi. 130–200 C$; P) Schickes B&B mit zehn Zimmern in Zentrumsnähe. Zu den Extras gehören üppiges Frühstück, Stiefel- und Handschuhtrockner für den Winter und jede Menge persönlicher

Service. Die ruhige Lage ist unschlagbar; die Zimmer haben weder TV noch Telefon.

Regent Inn HOTEL $$
(☎250-837-2107; www.regenthotel.ca; 112 1st St E; Zi. 100–200 C$; P ❄ 📶 ≋) Das beste Haus im Zentrum ist nicht luxuriös, sondern behaglich. Die 42 modernen Zimmer erinnern nicht mehr an das ursprüngliche Hotel von 1914 und dessen Fassade. Das Restaurant und die Lounge sind zu Recht beliebt und viele Gäste verbringen den Abend im Whirlpool unter freiem Himmel.

Revelstoke Lodge MOTEL $$
(☎250-837-2181; www.revelstokelodge.com; 601 1st St W; Zi. 90–180 C$; P ❄ 📶 ≋) Die zentrale Lage dieses kastanienbraunen Motels mit 42 Zimmern machen seine offensichtlichen Mängel – ein weitläufiger Parkplatz und die schlichte Betonarchitektur – wieder wett. Die neu gestalteten Zimmer verfügen über Kühlschränke und Mikrowellen. Der Slogan des Motels lautet übrigens: „Deine Mutter hat angerufen und will, dass du hier übernachtest."

Essen & Ausgehen

★ **Modern Bakeshop & Café** CAFÉ $
(☎250-837-6886; 212 Mackenzie Ave; Hauptgerichte ab 6 C$ ⏲Mo–Sa 7–17 Uhr; 📶) Einen Hauch Europa bietet dieses charmante Art-déco-Café, z. B. mit einem *croque monsieur* (gegrilltes Schinken-Käse-Sandwich) oder mit kunstvollem Gebäck. Vieles, auch die Muffins, wird aus Biozutaten zubereitet.

Taco Club MEXIKANISCH $
(☎250-837-0988; www.thetacoclub.ca; 206 MacKenzie Ave; Hauptgerichte 6–14 C$; ⏲11–22 Uhr) Das Taco Club, früher einmal der beliebteste Imbisswagen der Stadt, hat nun in einem Gebäude im Zentrum feste Wurzeln geschlagen. Tacos und Burritos sind gleichermaßen exzellent, dazu gibt's die üblichen Beilagen.

Farmers Market MARKT $
(Grizzly Plaza; ⏲Mai–Okt. Sa 8.30–13 Uhr) Der Bauernmarkt findet auf der Grizzly Plaza statt.

★ **Woolsey Creek** FUSION $$
(☎250-837-5500; www.woolseycreekbistro.ca; 604 2nd St W; Hauptgerichte 20–30 C$; ⏲17–22 Uhr; 🖉) Das Essen in diesem betriebsamen, fröhlichen Lokal überzeugt mit kunstvoller Optik und lokalen Zutaten. Die Karte mit Fisch, Fleisch und einer guten Weinauswahl zeigt internationale Einflüsse.

Cabin BAR
(☎250-837-2144; www.cometothecabin.com; 200 1st St E; ⏲Di–Sa 17–24 Uhr) Bowlingbahn, Bar, Geschäft für Outdoor-Ausrüstung und Kunstgalerie. Der coole Laden lädt außerdem zu Snacks und Bier ein.

Praktische Informationen

Das **Visitor Center** (☎250-837-5345; www.seerevelstoke.com; 301 Victoria Rd; ⏲9–18 Uhr) hat exzellente Infos für Wanderer und Mountainbiker sowie Karten.

An- & Weiterreise

Greyhound Canada (☎250-837-5874; www.greyhound.ca; 122 Hwy 23 N; ⏲9–18 Uhr) befindet sich westlich der Stadt am Hwy 1 und hat Schließfächer. Busse fahren über Golden und Banff nach Calgary (63 C$, 6 Std., 4-mal tgl.) sowie westlich nach Kelowna (49 C$, 3½ Std., 1-mal tgl.).

Im Winter fahren mehrere Shuttles zum internationalen **Flughafen** von Kelowna (S. 816) und hinauf ins Skigebiet. Weitere Details gibt's im Visitor Center.

Von Revelstoke nach Golden

Auf dem 148 km langen Abschnitt des Trans-Canada Hwy (Hwy 1) zwischen Revelstoke und Golden fällt es schwer, auf die Straße zu achten – am besten lässt man jemand anderen fahren. Hier folgt ein eindrucksvoller Berggipfel auf den nächsten.

Eigentlich müsste der **Glacier National Park** (www.pc.gc.ca/glacier; Erw./Kind inkl. Mt. Revelstoke National Park 8/4 C$) „430 Glaciers National Park" heißen. Der jährliche Schneefall kann hier bis zu 23 m betragen und wegen der steilen Berghänge gehört die Region zu den Gebieten mit den häufigsten Lawinenabgängen weltweit. Daher gelten fürs Skifahren, für Höhlenwanderungen und fürs Bergsteigen Regeln: Bevor man sich ins Hinterland wagt, muss man sich bei den Parkwächtern registrieren lassen. Im Winter muss man sich über den Wetter- und Lawi-

BENZINSTAND BEACHTEN!

Die Schließung der Tankstelle am **Rogers Pass** führte dazu, dass es auf der 148 km langen Strecke zwischen Revelstoke und Golden am Hwy 1 kein Benzin gibt.

NICHT VERSÄUMEN

ZWEI PERFEKTE WANDERWEGE

Der einfach zu erreichende **Skunk Cabbage Trail**, 28 km östlich von Revelstoke am Hwy 1, ist ein 1,2 km langer Uferweg am Illecillewaet River. Er wird vom namensgebenden Stinktierkohl gesäumt. Weitere 4 km weiter östlich schlängelt sich der **Giant Cedars Boardwalk** über recht hügelige 500 m und um einen Hain aus alten Zedern.

nenbericht (S. 822) informieren. Der **Rogers Pass** gehört zu den schönsten Bergpässen, die man wohl jemals passieren wird. Man sollte unbedingt am **Hemlock Grove Trail**, 54 km östlich von Revelstoke, eine Pause einlegen: Hier schlängelt sich ein 400 m langer Bohlenweg durch alten Regenwald mit Hemlocktannen.

Unweit des Rogers Pass befinden sich die drei **Campingplätze** (Rogers Pass, abseits vom Hwy 1; Stellplätze 16–22 C$; ⏲ Ende Juni–Anfang Sept.) des Parks: Illecillewaet, Mount Sir Donald und Loop Brook. Die Stellplätze können nicht reserviert werden.

Das **Rogers Pass Centre** (☎ 250-814-5233; abseits vom Hwy 1; ⏲ Mitte Juni–Anfang Sept. 8–19 Uhr, Mitte Sept.–Mitte Juni kürzer), 72 km östlich von Revelstoke und 76 km westlich von Golden, zeigt Dioramen der Canadian Pacific Railway (CPR) sowie Filme über den Glacier National Park. Außerdem organisiert es im Sommer geführte Wanderungen und hat einen exzellenten Buchladen, der von den Friends of Mount Revelstoke & Glacier betrieben wird.

Golden

3850 EW.

Golden liegt ideal für Ausflüge in Nationalparks – es gibt sechs in der Umgebung. Noch näher befindet sich der Zusammenfluss des Kicking Horse River und des Columbia River, wo tolle Rafting-Abenteuer warten.

Die trostlosen Kettenläden am Hwy 1 sollten einen nicht von einem Abstecher zum gepflegten Ortszentrum am rauschenden Fluss abhalten.

Sehenswertes & Aktivitäten

Golden ist das Zentrum für **Wildwasser-Rafting** auf dem wilden, eisigen Kicking Horse River. Neben den gewaltigen Stromschnellen der Klassen III und IV sorgen auch die atemberaubende Landschaft und die steilen Felswände des Kicking Horse Valley für eines der besten Rafting-Erlebnisse Nordamerikas.

Die besten Stromschnellen gibt es am unteren Canyon. Allerdings ist der Zugang über die Gleise zu beliebigen Zeiten teils durch die Canadian National Railway gesperrt.

★ **Alpine Rafting** RAFTING
(☎ 250-344-6778; www.alpinerafting.com; 101 Golden Donald Upper Rd; Rafting-Touren 25–180 C$; ⏲ Juni–Sept.; 👪) Bietet viele gute Rafting-Touren für Familien, darunter einen Ausflug für Kinder ab vier Jahren. Eine größere Herausforderung ist die „Kicking Horse Challenge" mit Stromschnellen der Klasse IV.

Northern Lights Wolf Centre PARK
(☎ 250-344-6798; www.northernlightswildlife.com; 1745 Short Rd; Erw./Kind 12/6 C$; ⏲ Juli & Aug. 9–19 Uhr, Mai, Juni & Sept. 10–18 Uhr, Okt.–April 12–17 Uhr; P) In dem kleinen Wildtierzentrum lebt ein kleines Rudel von Grauwölfen und Wolf-Husky-Kreuzungen. Die Tiere wurden in Gefangenschaft geboren und aufgezogen. Besucher erhalten einführende Infos zu den Wölfen, die in Gehegen gehalten werden.

Kicking Horse Mountain Resort SKIFAHREN, MOUNTAINBIKEN
(☎ 866-754-5425, 403-254-7669; www.kickinghorseresort.com; Kicking Horse Trail; Tagesliftkarte Erw./Kind Winter 90/36 C$, Sommer 41/21 C$) Etwa 60 % der 120 Skipisten des Kicking Horse Mountain Resort sind für fortgeschrittene oder erfahrene Skifahrer eingestuft. Mit einem Höhenunterschied von 1260 m und schneesicherer Lage zwischen den Rockies und den Purcells wächst die Popularität des Resorts von Jahr zu Jahr. Im Sommer erfreut es sich bei Mountainbikern großer Beliebtheit, nicht zuletzt wegen der längsten Downhill-Strecke Kanadas.

Schlafen & Essen

Am stark befahrenen, wenig charmanten Hwy 1 gibt es zahlreiche Kettenmotels.

★ **Dreamcatcher Hostel** HOSTEL $
(☎ 250-439-1090; www.dreamcatcherhostel.com; 528 9th Ave N; B/Zi. ab 35/90 C$; P 📶) Das zentral gelegene Hostel unter der Leitung von zwei Globetrottern bietet alles, was sich ein Budgetreisender nur wünschen kann. Es gibt acht Zimmer mit 33 Betten, eine große

Küche, einen gemütlichen Gemeinschaftsraum mit Steinkamin sowie einen Garten und einen Grillbereich im Freien.

Golden Eco-Adventure Ranch CAMPING $
(☎250-344-6825; www.goldenadventurepark.com; 872 MacBeath Rd; Stellplatz Zelt & Wohnmobil 35 C$, Jurten 52 C$; ⏱Anfang April–Ende Sept.) Der wunderbare Campingplatz mit Outdoor-Zentrum verteilt sich auf ein 160 ha großes Gelände aus Bergwiesen, 5 km südlich von Golden am Hwy 95, und hat nichts mit beengten städtischen Campinganlagen gemein. Neben weitläufigen Stellplätzen gibt es Wohnmobilstellplätze mit Stromanschluss und sogar mongolische Jurten, wenn man vom Zelt genug hat.

Mary's Motel MOTEL $$
(☎250-344-7111; www.marysmotel.com; 603 8th Ave N; Zi. 80–150 C$; P❄📶🏊) Das Motel liegt im Ort direkt am rauschenden Fluss und vermietet 81 Zimmer in mehreren Gebäuden. Am schönsten sind die mit Terrasse. Es gibt einen großen Außenpool, ein Hallenbad und zwei Whirlpools. Kneipen und Bars sind gut zu Fuß zu erreichen.

Kicking Horse Canyon B & B PENSION $$
(☎250-344-6848; www.kickinghorsecanyonbb.com; 644 Lapp Rd; DZ 125–145 C$; P📶) Das wunderbar abgeschiedene B & B versteckt sich in den Hügeln östlich von Golden (den Anfahrtsweg telefonisch erfragen) und gibt Gästen direkt nach der Ankunft das Gefühl, zur Familie zu gehören. Die wunderbare Gastgeberin Jeannie Cook und ihr Mann Jerry haben hier, inmitten eines grasbewachsenen Privatgeländes mit Bergblicken, eine Unterkunft geschaffen, die wie ein zweites Zuhause wirkt.

Canyon Ridge Lodge PENSION $$
(☎250-344-9876; www.canyonridgelodge.com; 1392 Pine Dr; DZ 109–125 C$; P📶) Das reizende Fachwerkhaus, 1 km von Goldens Visitor Center entfernt direkt bei der Golden Donald Upper Rd, beherbergt drei weiße Zimmer und eine schicke Studiosuite mit hohen Wänden. Es punktet mit hochwertiger Einrichtung (Fußbodenheizung, private Bäder mit Schieferfliesen) und einem Gäste-Whirlpool.

Bacchus Cafe CAFÉ $
(☎250-344-5600; www.bacchusbooks.ca; 409 9th Ave N; Hauptgerichte 6–12 C$; ⏱Mo–Sa 9–17.30, So 10–16 Uhr) Das unkonventionelle Café am Ende der 8th St ist ein beliebter Treffpunkt von Goldens Künstlergemeinde. Nachdem man im Buchladen im Erdgeschoss nach (neuen und gebrauchten) Büchern gestöbert hat, lässt man sich an einem Tisch oben zwischen vollgestopften Bücherregalen einen Tee schmecken. Sandwiches, Salate und Kuchen sind allesamt hausgemacht, und vor Ort findet man kaum einen besseren Kaffee.

★ **Wolf's Den** PUB-KÜCHE $$
(☎250-344-9863; www.thewolfsdengolden.ca; 1105 9th St; Hauptgerichte 10–20 C$; ⏱16–22 Uhr) In dem exzellenten Pub südlich des Flusses wird sonntags Livemusik gespielt. Es ist bei Einheimischen beliebt, die die Burger und herzhafte Küche von überdurchschnittlicher Qualität zu schätzen wissen. Zur Bierauswahl gehören einige der besten Fassbiere von BC.

Eleven22 FUSION $$
(☎250-344-2443; www.eleven22.ca; 1122 10th Ave S; Hauptgerichte 12–26 C$; ⏱17–22 Uhr) In den kleinen Speiseräumen des reizvollen Lokals, einer Kreuzung aus Restaurant und privater Dinnerparty, hängen Kunstwerke und von der Terrasse aus sind unzählige Sterne zu sehen. In der Lounge können Gäste beim Essen kleiner Speisen das Geschehen in der Küche beobachten.

ℹ Praktische Informationen

Das **Visitor Center** (☎250-344-7125; www.tourismgolden.com; 500 N 10th Ave; ⏱Mai–Sept. tgl. 9–17 Uhr, Okt.–April Di–Fr bis 16 Uhr) liegt 1 km östlich am Hwy 1 nach der Abfahrt vom Hwy 95 nach Golden.

ℹ An- & Weiterreise

Durch die Modernisierung des Hwy 1 östlich von Golden können sich Verzögerungen ergeben, da die Straße völlig neu gebaut wird; siehe www.kickinghorsecanyon.ca.

Greyhound Canada (S. 798) Verbindungen über Banff nach Vancouver (128 C$, 9–13 Std., 5-mal tgl.) und Calgary (48 C$, 3½ Std., 5-mal tgl.).

Sun City Coachlines (☎250-417-3117; www.suncity.bc.ca) Täglich bedient ein Bus den Abschnitt des Hwy 95 zwischen Golden und Cranbrook in beide Richtungen (70 C$, 4 Std.).

Yoho National Park

Von den Gletschern gespeist, gräbt sich der eisblaue Kicking Horse River durch das gleichnamige Tal. Das wogende Wasser ist ein passendes Bild für den dramatischen, spektakulären Yoho National Park mit hohen Gipfeln, in die Tiefe stürzenden Wasserfällen, Gletscherseen und hübschen Wiesen.

Sehenswertes & Aktivitäten

★ Burgess Shale Fossil Beds NATIONALPARK

Die UNESCO-Welterbestätte schützt die eindrucksvollen Fossilienlagerstätten aus dem Kambrium auf dem Mt. Stephen und dem Mt. Field. In den 515 Mio. Jahre alten Versteinerungen sind die Überreste von Meerestieren eingeschlossen, die zu den frühesten Lebensformen der Erde gehören. Zu den Lagerstätten gelangt man nur im Rahmen einer Wanderung unter Führung von Naturwissenschaftlern der **Burgess Shale Geoscience Foundation** (☎800-343-3006; www.burgess-shale.bc.ca; 200 Kicking Horse Ave, Field; Touren Erw./Kind ab 95/65 C$; ⊙Mitte Juni–Mitte Sept.). Reservierung erforderlich.

Kicking Horse Pass & Spiral Tunnels AUSSICHTSPUNKT

Der historische Kicking Horse Pass zwischen Banff und dem Yoho National Parks gehört zu den wichtigsten Bergpässen in den kanadischen Rockies. Entdeckt wurde er 1858 von der Palliser Expedition, die für die Canadian Pacific Railway eine mögliche Route durch die Rockies suchen sollte. Zum Aussichtspunkt gelangt man von den nach Westen führenden Spuren des Hwy 1 aus, 8 km östlich von Field. Er ist allerdings oft gesperrt und der Ausblick teilweise durch die Vegetation beeinträchtigt.

Takakkaw Falls WASSERFALL

Donnernd stürzen die Wassermassen von der Quelle unweit des Daly Glacier über eine steile Klippe 255 m in die Tiefe und formen den zweitgrößten Wasserfall Kanadas. Am Ende der Straße führt ein Weg über rund 800 m vom Parkplatz der Takakkaw Falls zum Fuß der Fälle. Die Straße ist von Ende Juni bis Anfang Oktober zugänglich.

Emerald Lake SEE

Für viele Besucher ist der smaragdgrün leuchtende See die eindrucksvollste Attraktion des Parks. Umgeben von Wald erstreckt er sich vor der eindrucksvollen Bergszenerie, zu der auch der unverwechselbare **Mt. Burgess** im Südosten gehört, und ist ein wunderschöner, wenn auch überlaufener Ort. Wer den Besuchermassen entgehen möchte, mietet sich ein Kanu. Die Straße zum See ist auf dem Hwy 1, südwestlich von Field, ausgeschildert und führt über 10 km bis zum Ufer.

Twin Falls & the Whaleback WANDERN

Die moderate, 8,2 km lange Wanderung führt vom Parkplatz der Takakkaw Falls durch Kiefernwälder zu vier Wasserfällen, der **Angel's Staircase**, den **Point Lace Falls**, den **Laughing Falls** und den zweistufigen Twin Falls.

Yoho Lake & Wapta Highline WANDERN

Die anstrengende Route gehört zu den schönsten (und härtesten) Tageswanderungen in den Rockies. Vom Ausgangspunkt Whiskey Jack nahe der Takakkaw Falls geht's hinauf zum Yoho Lake und weiter auf die alpinen Hänge des Wapta Mountain.

Schlafen

Die vier Campingplätze im Nationalpark sind alle von Mitte Oktober bis Mitte Mai geschlossen. Neben ein paar Lodges auf dem Parkgelände gibt es verschiedene Unterkünfte in Field.

HI-Yoho National Park HOSTEL $

(Whiskey Jack Hostel; ☎403-670-7580; www.hihostels.ca; Yoho Valley Rd, Yoho National Park; B ab 28 C$; ⊙Juli–Sept.) Die Takakkaw Falls im Yoho National Park sind so nah, dass man sie von der Holzterrasse des Hostels aus sehen kann. Die einfache Ausstattung besteht aus drei Neun-Bett-Schlafsälen und einer einfachen Küche. Im Sommer ist das Hostel meist ausgebucht.

Kicking Horse Campground CAMPING $

(Karte S. 650; Yoho Valley Rd; Stellplatz Zelt & Wohnmobil 28 C$; ⊙Mai–Okt.; 📶) Der wohl beliebteste Campingplatz in Yoho bietet eine hübsche Lage im Wald, 88 Stellplätze mit viel Platz und Duschen. Am schönsten sind die am Fluss (insbesondere 68–74).

Takakkaw Falls Campground CAMPING $

(Yoho Valley Rd; Stellplätze 18 C$; ⊙Juli–Okt.) Der reizvolle Campingplatz ist über eine 13 km lange Schotterpiste zu erreichen und bietet 35 Zeltstellplätze. Zu erreichen sind diese über einen 200 m langen Fußweg.

Emerald Lake Lodge LODGE $$$

(☎403-410-7417; www.crmr.com/emerald; Emerald Lake Rd, Yoho National Park; Zi. 250–450 C$; P📶) Die Lodge auf einem malerischen, 5 ha großen Gelände ist über eine Brücke zu erreichen und bietet eine traumhafte Lage, direkt neben dem idyllischen Ufer des Emerald Lake. Die Inneneinrichtung ist enttäuschend altmodisch, deswegen setzt man sich lieber auf die Veranda und genießt den Seeblick.

Praktische Informationen

Das **Yoho National Park Information Centre** (☎250-343-6783; abseits vom Hwy 1, Field; ⏰Mai–Okt. 9–19 Uhr) hat Karten und Wegbeschreibungen, ist allerdings oft aus Kostengründen geschlossen. Rangers geben Tipps zu Routen und dem Zustand der Wege. Im Sommer ist Alberta Tourism hier mit einem Infostand vertreten.

Lake O'Hara

Der Lake O'Hara liegt hoch in den Bergen, eingebettet in die Rocky Mountains, und lohnt die umständliche Anfahrt allemal. Kompakte, bewaldete Hänge, Bergwiesen, schneebedeckte Pässe, Bergblicke und Gletscher umgeben diesen überwältigenden See. Ein Tagesausflug ist bereits ein tolles Erlebnis, wer jedoch über Nacht im Hinterland bleibt, kann viele durchweg spektakuläre, teils ziemlich schwierige **Wanderwege** entdecken. Der **Alpine Circuit** (12 km) bietet von allem etwas.

Schlafen

Wer in der Lake O'Hara Lodge campen oder übernachten möchte, muss weit im Voraus reservieren und ein bisschen Glück mitbringen, um sich einen Platz zu sichern.

Lake O'Hara Campground CAMPING $
(☎Reservierungen 250-343-6433; Yoho National Park; Stellplätze 10 C$, Reservierungsgebühr 12 C$; ⏰April–Okt.) Wer sich einen der 30 Stellplätze sichern möchte, muss drei Monate im Voraus reservieren. Die verfügbaren Plätze sind häufig bereits in der ersten Stunde nach Öffnung der Telefonleitungen für Reservierungen (8 Uhr Ortszeit) vergeben. Für Spontanbesucher werden drei bis fünf Stellplätze frei gehalten; um einen davon zu ergattern, muss man einen Tag vor dem geplanten Aufenthalt um 8 Uhr anrufen.

★ **Lake O'Hara Lodge** LODGE $$$
(☎250-343-6418; www.lakeohara.com; Yoho National Park; EZ/DZ ab 500/665 C$, Hütten 940 C$; ⏰Jan.–April & Juni–Okt.) Die rustikal-luxuriöse Lodge begeistert Gäste seit über 80 Jahren und ist die einzige zeltfreie Unterkunft am See. Die umweltbewusste Philosophie des Hauses ist lobenswert und die Zutaten für das exzellente Essen stammen von Erzeugern aus British Columbia. In der Lodge gilt ein Mindestaufenthalt von zwei Nächten.

An- & Weiterreise

Zum See verkehrt ein **Shuttlebus** (☎Reservierungen 877-737-3783; Erw./Kind hin & zurück 15/8 C$, Reservierungsgebühr 12 C$; ⏰Mitte Juni–Sept.) ab dem Parkplatz des Lake O'Hara, 15 km östlich von Field am Hwy 1. Ein Quotensystem reguliert den Buszugang zum See. Aufgrund seiner großen Beliebtheit sind Reservierungen obligatorisch, wenn man nicht laufen möchte. Für Spontanbesucher, die nicht vorab gebucht haben, werden pro Tag sechs Plätze frei gehalten. Um einen von ihnen zu ergattern, muss man um 8 Uhr am Vortag anrufen und ein wenig Glück haben.

Der 11 km lange Weg vom Parkplatz ist für Fußgänger frei zugänglich, Fahrräder sind hingegen nicht erlaubt. Das Gebiet um den Lake O'Hara ist normalerweise bis Mitte Juli schneebedeckt oder sehr matschig.

Field

Der historische Eisenbahnort gleich abseits des Hwy 1 lohnt mit seinem dramatischen Ausblick über den Fluss und der charmanten, unaufgeregten Atmosphäre einen Zwischenstopp. Viele Gebäude gehen auf die Anfangsjahre der Eisenbahn zurück. Damals war Field das Hauptquartier der Canadian Pacific Railway für Erkundungen, später dann für strategische Planung: die Ingenieure suchten nach einem möglichen Weg, die Gleise über den Kicking Horse Pass zu führen.

Schlafen & Essen

Fireweed Hostel HOSTEL $
(☎250-343-6999; www.fireweedhostel.com; 313 Stephen Ave; B/Zi. ab 40/125 C$; 📶) Das Fireweed Hostel mit vier Zimmern und wunderschöner, rustikaler Kiefernholzeinrichtung ist eine tolle Option. Die Schlafsäle sind zwar klein, aber gepflegt. Jedes Zimmer hat zwei Etagenbetten aus Kiefernholz und ein Gemeinschaftsbad beim Flur. Die Gäste können eine Küche und einen Aufenthaltsraum nutzen.

Canadian Rockies Inn PENSION $$
(☎250-343-6046; www.canadianrockiesinn.com; Stephen Ave; Zi. 125–190 C$; Ⓟ📶) Die Pension punktet mit makellosen Zimmern und riesigen Betten. Alle Quartiere haben Mikrowelle, Wasserkocher und Kühlschrank.

Truffle Pigs FUSION $$$
(☎ 250-343-6303; www.trufflepigs.com; 100 Centre St; Hauptgerichte 12–30 C$; ⏲ Mo–Fr 11–15 & 17–21, Sa & So 8–15 & 17–21 Uhr; 📶) 🌿 Das legendäre Café serviert einfallsreiche, anspruchsvolle Bistroküche aus lokalen Zutaten – meist handelt es sich dabei um Bio-Produkte. Die Speiseauswahl richtet sich nach der Saison.

Kootenay National Park

Der Kootenay ist der einzige Nationalpark in Kanada mit Gletschern und Kakteen. Von British Columbia aus kann man eine schöne Rundfahrt durch die Nationalparks Kootenay und Yoho unternehmen. Viele der Top-Attraktionen sind gut mit dem Auto zu erreichen.

Der abgeschiedene **Mount Assiniboine Provincial Park** (www.bcparks.ca) bietet echten Abenteurern eindrucksvolle Wildnis.

Sehenswertes

Kootenay National Park NATIONALPARK
(Karte S. 650; ☎ 250-347-9505; www.pc.gc.ca/kootenay; Hwy 93; Erw./Kind 10/5 C$, Stellplätze 22–39 C$; ⏲ Camping Mai–Okt.) Der wie ein Blitz geformte Kootenay National Park erstreckt sich in einem langen, breiten, baumbestandenen Tal, über dem kalte, graue Gipfel thronen. Er gehört mit seinen 1406 km² zu einer gemäßigteren Klimazone als die anderen Nationalparks in den Rocky Mountains. Vor allem in den südlichen Regionen können die Sommer heiß und trocken sein, was zu regelmäßigen Waldbränden führt.

Der kurze, informative **Fireweed Trail** (500 m oder 2 km) macht eine Runde durch den umliegenden Wald am Nordende des Hwy 93. Auf den Infotafeln kann man nachlesen, wie sich die Natur von dem Waldbrand von 1968 wieder erholt hat. Noch 7 km weiter gibt's im **Marble Canyon** einen plätschernden Bach, der durch den langsam wieder aufkeimenden Wald fließt. Weitere 3 km südlich führt von der Hauptstraße ein leichter 2 km langer Weg durch den Wald zu ockerfarbenen Becken namens **Paint Pots**. Die Tafeln erklären die Bergbaugeschichte dieser rostigen Erde und deren Bedeutung für die Ureinwohner.

Am **Kootenay Valley Viewpoint** konkurrieren die Infotafeln mit der herrlichen Aussicht. Sie erläutern, wie sich das Aussehen des Parks mit der Zeit verändert hat. Nur 3 km südlich davon befindet sich der **Olive Lake**, der wie geschaffen ist für ein Picknick oder eine kleine Pause. Ein 500 m langer Informationspfad am See verweist auf einige der Besucher, die vorher hier gewesen sind.

> **UHRENVERGLEICH**
>
> Es sorgt immer wieder für Verwirrung, dass die East Kootenays genau wie Alberta in der Mountain Time Zone liegen, während das restliche BC zur Pacific Time Zone gehört. Fährt man von Golden auf dem Hwy 1 nach Westen, muss man am Ostzugang zum Glacier National Park die Uhr umstellen. Fährt man hingegen auf dem Hwy 3 nach Westen, ändert sich die Uhrzeit zwischen Cranbrook und Creston. Die Mountain Time ist der Pacific Time um eine Stunde voraus.

Schlafen

Im Kootenay National Park gibt es ein paar Lodges und Campingplätze. Bei den nahe gelegenen Radium Hot Springs findet man zudem eine riesige Auswahl an Unterkünften. Im Mt. Assiniboine Provincial Park kann man wild campen oder sich in einer Hütte oder der abgeschiedenen Lodge einmieten.

Marble Canyon Campground CAMPING $
(abseits vom Hwy 93, Kootenay National Park; Stellplätze 22 C$; ⏲ Juli–Sept.) Der Campingplatz mit 61 Stellplätzen im Hochland unweit des Marble Canyon Trail hat Spültoiletten, jedoch keine Duschen. Die meisten Plätze schützen Bäume vor dem Wind. An der Ostseite sind die Ausblicke am schönsten.

McLeod Meadows Campground CAMPING $
(abseits vom Hwy 93, Kootenay National Park; Stellplätze 22 C$; ⏲ Juni–Sept.) Der Campingplatz mit 80 großzügigen, grasbewachsenen Stellplätzen liegt am Ufer des Kootenay River, einen nur 2,6 km langen Spaziergang vom hübschen Dog Lake entfernt. Auf dem Gelände stehen jede Menge Bäume.

Kootenay Park Lodge HÜTTEN $$
(☎ 403-762-9196; www.kootenayparklodge.com; Hwy 93, Vermilion Crossing, Kootenay National Park; Hütten mit DZ 135–200 C$; ⏲ Mitte Mai–Ende Sept.; 🅿) Die Lodge mit rustikalem Charme ist die beste der wenigen Unterkünfte im Park. Die verschiedenen Blockhütten haben Veranden, Kühlschränke und Kochplatten.

Praktische Informationen

Das **Kootenay National Park Visitor Center** (S. 829) befindet sich in Radium Hot Springs und hat exzellente Wanderinfos.

Radium Hot Springs

Radium Hot Springs, gleich vor der Südwestecke des Kootenay National Park, ist ein wichtiges Tor zu den Nationalparks der Rocky Mountains.

In Radium gibt es eine große Population von Dickhornschafen, die häufig durch den Ort streifen. Hauptattraktion sind jedoch die namensgebenden heißen Quellen, 3 km nördlich der Stadt.

Die **Thermalbecken** (☎250-347-9485; www.pc.gc.ca/hotsprings; abseits vom Hwy 93; Erw./Kind 7/6 C$; ⊙9–23 Uhr) der Quellen sind recht modern und im Sommer oft gut besucht. Das Wasser kommt mit etwa 44 °C aus dem Boden, fließt mit 39 °C in das erste Becken und mit 29 °C in das letzte.

Radium Hot Springs bietet eine Vielzahl von Unterkünften. Das **Cedar Motel** (☎250-347-9463; www.cedarmotel.ca; 7593 Main St W; Zi. 85–100 C$; P 📶) unter Schweizer Leitung ist sauber, billig und mit Zedernholz verkleidet, und zählt zu den attraktiveren seiner Art vor Ort. Die Zimmer sind klein, aber hell und haben große Betten, farbenfrohe Bettwäsche und teilweise kleine Küchenzeilen.

Das **Village Country Inn** (☎250-347-9392; www.villagecountryinn.bc.ca; 7557 Canyon Ave; Zi. 120–175 C$; P 📶) vermietet in einem charmanten Giebelhaus gleich abseits der Hauptstraße ländlich eingerichtete Zimmer. Das rustikale Flair ist auch in der Teestube unten erkennbar, wo in feinem Porzellan und auf Rüschendeckchen Nachmittagstee serviert wird.

Bei einem Zwischenstopp kann man sich im **Meet on Higher Ground Coffee House** (☎250-347-6567; www.meetonhigherground.com; 7527 Main St; Snacks 3–10 C$; ⊙6–17 Uhr; 📶) mit Kaffee und einer Zimtschnecke oder etwas Herzhafterem stärken.

Die Rangers von Parks Canada und die Mitarbeiter der Touristeninformation von Radium teilen sich das **Kootenay National Park & Radium Hot Springs Visitors Centre** (☎250-347-9331; www.radiumhotsprings.com; 7556 Main St E, Hwy 93/95; ⊙Visitor Center ganzjährig 9–17 Uhr, Parks Canada Mai–Okt.; 📶) und haben hervorragende Informationen für Wanderer auf Lager. Es gibt ein paar gute Ausstellungsstücke zum Park.

Einmal täglich fährt ein Bus von Sun City Coachlines (S. 825) auf dem Hwy 95 nach Golden (27 C$, 1 Std.) und Cranbrook (43 C$, 3 Std.).

Von Radium Hot Springs nach Fernie

Südlich von Radium Hot Springs folgt der Hwy 93/95 dem weiten Flusstal des Columbia River zwischen den Purcell Mountains und den Rocky Mountains. Wenn man sich nicht gerade für die Industrie der Gegend (den Bau von Skiresorts), für ihre „Landwirtschaft" (Golfplätze) oder für ihre Fauna (Käufer von Eigenheimen) interessiert, ist das Ganze nicht besonders interessant.

Südlich von Skookumchuck gabelt sich der Hwy 93/95. Links führt der Hwy 95 zur **Fort Steele Heritage Town** (☎250-426-7342; www.fortsteele.ca; 9851 Hwy 93/95; Erw./Kind 12/5 C$; ⊙Mitte Juni–Aug. 9.30–18 Uhr, im Winter kürzer), einer nachgebauten Stadt aus den 1880er-Jahren, die ansprechender ist als viele andere ihrer Art. Im Sommer gibt es alle möglichen Aktivitäten und Beschäftigungen, im Winter ist das Angebot hingegen kaum erwähnenswert. Dennoch ist der Ort ganzjährig geöffnet.

Von Fort Steele sind es 95 km über die Hwy 93 und Hwy 3 bis nach Fernie.

Fernie

4800 EW.

Das von allen vier Seiten von Bergen eingerahmte Fernie – im Westen erhebt sich die steile Lizard Range aus Granit – ist der Inbegriff von Coolness. Einst drehte sich hier alles nur um Holz und Kohle. Inzwischen hat sich Fernie dank seiner sensationellen Lage auf grandiose Weise neu erfunden. Skifahrer lieben den Pulverschnee, von dem jedes Jahr mehr als 8 m auf die Pisten herabschneien. Fernie hat wahrhaftig ein verführerisches Antlitz. Im Sommer lockt die gleiche dramatische Lage zahllose Wanderer und Mountainbiker an.

Auch wenn spaßsuchende Traveller Fernie inzwischen für sich entdeckt haben, hat sich der Ort seine bodenständige, alte Ziegelsteinatmosphäre erhalten. Das spürt man am besten in den Cafés, Bars, Shops und Galerien an der Victoria/2nd Ave im historischen Zentrum, drei Blocks südlich vom Hwy 3/7th Ave.

Sehenswertes & Aktivitäten

In Fernie wütete 1908 ein verheerendes Feuer – nur eine von vielen Katastrophen, die diesen Ort trafen. Es wurde daher ein Gesetz erlassen, dass Häuser nur aus Ziegeln und Steinen gebaut werden dürfen – dies ist der Grund für die zahlreichen schönen **Gebäude aus dem frühen 20. Jh.**, die es hier zu sehen gibt. Viele von ihnen bestehen aus den für die Gegend typischen gelben Backsteinen, was dem Ort ein in den East Kootenays einzigartiges Erscheinungsbild verleiht. Wer sie bei einem Spaziergang in aller Ruhe besichtigen will, sollte sich unbedingt die vom **Fernie Museum** (☎250-423-7016; www.ferniemuseum.com; 491 2nd Ave; Erw./Kind 5 C$/frei; ⏲10–17.30 Uhr) herausgegebene tolle Broschüre *Heritage Walking Tour* (5 C$) besorgen.

★ Fernie Alpine Resort SKIFAHREN
(☎250-423-4655; www.skifernie.com; 5339 Ski Area Rd; Tageskarte Erw./Kind 90/36 C$) Im Herbst richten sich alle Augen nicht nur wegen deren Schönheit auf die Berge: Sie halten nach Schnee Ausschau. Das rasant wachsende Fernie Alpine Resort, eine fünfminütige Fahrt vom Ortszentrum entfernt, wartet mit 142 Pisten, fünf Tiefschneepisten und fast endlosen Pulverschnee auf. Die meisten Hotels bieten täglich Shuttles zum Resort an.

Mt. Fernie Provincial Park PARK
(☎250-422-3003; www.bcparks.ca; Mt. Fernie Park Rd, abseits vom Hwy 3) Im Mt. Fernie Provincial Park, nur 3 km südlich der Stadt, ist Mountainbiking sehr beliebt. Zudem gibt es Wanderrouten für jeden Geschmack sowie Campingmöglichkeiten.

Fernie Bike Guides RADFAHREN
(☎250-423-3650; www.ferniebikeguides.ca; Führung 30 C$/Std.) Hier kann man seine Mountainbike-Künste von Experten verbessern lassen und sich von ihnen die entlegenen Ecken des Elk Valley zeigen lassen.

Mountain High River Adventures RAFTING
(☎250-423-5008; www.raftfernie.com; 100 Riverside Way, Standford Resort; Touren Erw./Kind ab 140/100 C$; ⏲Mai–Sept.) Der Elk River ist klassisches Rafting-Terrain und hat drei Stromschnellen der Klasse IV und elf der Klasse III. Neben Rafting bietet Mountain High auch Kajak- und Floßfahrten, Ausrüstungsverleih sowie weitere Aktivitäten auf dem wilden Wasser.

Ski & Bike Base SKIFAHREN, RADFAHREN
(☎250-423-6464; www.skibase.com; 432 2nd Ave; Fahrradverleih ab 45 C$/Tag; ⏲ganzjährig Mo–Sa 10–18 Uhr, Juni–Aug. So 11–17 Uhr Uhr) Einer von mehreren exzellenten Läden in der 2nd Ave für Ausrüstung und Verleih für jede Saison.

Schlafen

In dem Wintersportort ist die kalte Jahreszeit die Hauptsaison. Am meisten Spaß hat man in den Unterkünften im Zentrum.

Fernie Central Reservations (☎250-423-2077; www.ferniecentralreservations.com) vermittelt Zimmer im Skiresort.

HI Raging Elk Hostel HOSTEL $
(☎250-423-6811; www.ragingelk.com; 892 6th Ave; B/Zi. ab 30/76 C$; @📶) Von den breiten Veranden des gut geführten, zentralen Hostels schweift der Blick über die inspirierenden Bergaussichten. Hier gibt's auch gute Tipps für alle, die Skifahren mit Saisonarbeit verbinden möchten. Die feucht-fröhliche Kneipe (16–23 Uhr) schenkt billiges Bier aus.

Mt. Fernie Provincial Park CAMPING $
(☎800-689-9025; www.discovercamping.ca; Mt. Fernie Park Rd, abseits vom Hwy 3; Stellplätze 30 C$; ⏲Mai–Sept.) Nur 3 km südlich der Stadt bietet der Campingplatz 41 Stellplätze, Spültoiletten, Wasserfälle und Zugang zu Mountainbike-Wegen.

Park Place Lodge HOTEL $$
(☎250-423-6871; www.parkplacelodge.com; 742 Hwy 3; Zi. 130–240 C$; ❄@📶🏊) Das Park Place ist die attraktivste Unterkunft in Zentrumsnähe und bietet 64 komfortable Zimmer mit Kühlschrank und Mikrowelle sowie Zugang zu einem Innen- und einem Whirlpool. Manche Quartiere haben Balkone und Ausblicke.

Snow Valley Motel & RV Park MOTEL $$
(☎250-423-4421; www.snowvalleymotel.com; 1041 7th Ave, Hwy 3; Wohnwagenstellplätze 35 C$, Zi. 65–140 C$; ❄@📶) Tolles Preis-Leistungs-Verhältnis und zentrale Lage. Die 20 großen Zimmer sind mit Mikrowellen und Kühlschränken ausgestattet, manche habe auch komplett eingerichtete Küchen. Insgesamt nichts Besonderes – es gibt jedoch eine Grillterrasse mit Whirlpool und Ausblick.

Essen & Ausgehen

Blue Toque Diner CAFÉ $
(☎250-423-4637; 601 1st Ave; Hauptgerichte ab 12 C$; ⏲Do–Mo 9–14.30 Uhr; ✎) Gehört zur Gemeindegalerie Arts Station und ist die

Frühstücksadresse schlechthin. Zur Wahl stehen viele saisonale vegetarische Gerichte aus Bio-Zutaten.

Big Bang Bagel BÄCKEREI $
(☎250-423-7778; www.bigbangbagels.com; 502 2 Ave; Hauptgerichte 4–10 C$; ⏲7–17 Uhr) In dieser beliebten Eckbäckerei knurrt der Magen vor lauter Vorfreude mit den Holzdielen um die Wette. Hier schmeckt einfach alles, von Bagels und Sandwiches über Hauptgerichte zum Mittagessen bis hin zum exzellenten Kaffee.

★ **Yamagoya** JAPANISCH $$
(☎250-430-0090; www.yamagoya.ca; 741 7th Ave, Hwy 3; kleine Gerichte 4–8 C$, Hauptgerichte 11–30 C$; ⏲17–22 Uhr) Das wunderbare, kompakte Sushi-Restaurant serviert eine große Auswahl an Klassikern, von Sashimi bis zu Tempura. Lecker ist die Misosuppe, vor allem nach einem Tag auf der Skipiste. Neben Sake gibt es auch viele verschiedene Biersorten. Wer möchte, kann auch draußen sitzen.

Bridge Bistro KANADISCH $$
(☎250-423-3002; 301 Hwy 3; Hauptgerichte 11–25 C$; ⏲11–22 Uhr) Die Terrasse wartet mit Blicken auf den Elk River und die umliegenden Gipfel auf. Aufmerksamkeit verdient aber auch die umfangreiche Speisekarte mit leckeren Burgern, Steaks, Salaten und Pizza.

Royal Hotel PUB
(☎250-946-5395; www.facebook.com/RoyalFernie; 501 1st Ave; ⏲Mo–Sa 21–2 Uhr) In der alten Backsteinbar, einer hiesigen Institution, wird an vielen Abenden Livemusik gespielt, von Blues bis Punk. Ansonsten lädt sie zu geselligen Drinks ein.

ℹ Praktische Informationen

Das **Visitor Center** (☎250-423-6868; www.ferniechamber.com; 102 Commerce Rd; ⏲Sept.–Juni Mo–Fr 9–17 Uhr, Juli & Aug. tgl.) liegt östlich der Stadt beim Hwy 3, direkt hinter dem Übergang am Elk River. Angeschlossen ist das **Fernie Nature Centre** mit Exponaten zu heimischen Tieren. Besucherinfos bietet auch das **Fernie Museum** (S. 830).

ℹ An- & Weiterreise

Zwischen der Stadt und dem Skiresort verkehren Shuttles.

Greyhound Canada (☎250-423-5577; www.greyhound.ca; 1561 9th Ave) hat Busverbindungen Richtung Westen nach Kelowna (108 C$, 11 Std., 1-mal tgl.) und Nelson (62 C$, 5 Std., 1-mal tgl.) sowie Richtung Osten nach Calgary (63 C$, 6½ Std., 1-mal tgl.). Die Haltestelle befindet sich unweit des Hwy 3, unmittelbar nördlich des Zentrums.

Kimberley

Als der Bergbau 1973 Kimberley den Rücken kehrte, wurden Pläne geschmiedet, das kleine Bergdorf (Höhe 1113 m) in ein Touristenziel mit bayerischem Flair zu verwandeln. Der Ortskern wurde zu einer Fußgängerzone mit dem Namen Platzl, die Einheimischen ermutigte man, in Lederhosen und Dirndln herumzulaufen, und die Speisekarten wurden um Würstchen erweitert. Heute, über 30 Jahre später, ist der Spuk längst vorbei. Hier und dort entdeckt man zwar noch ein paar nachgebaute Fachwerkhäuser, im Großen und Ganzen präsentiert sich Kimberley jedoch als facettenreicher Ort, der einen Umweg auf dem Hwy 95 zwischen Cranbrook und Radium Hot Springs durchaus lohnt.

Der winzige Zug der **Kimberley's Underground Mining Railway** (☎250-427-7365; www.kimberleysundergroundminingrailway.ca; Gerry Sorensen Way; Erw./Kind 25/10 C$; ⏲Touren Mai–Sept. 11–15 Uhr, Züge zum Resort Sa & So 10 Uhr) tuckert 15 km durch die steilen Wände des Mark Creek Valley zu großartigen Bergaussichten.

Am Ende der Bahnstrecke führt ein Sessellift hinauf zum **Kimberley Alpine Resort** (☎250-427-4881; www.skikimberley.com; 301 N Star Blvd; Tagesliftkarte Erw./Kind 73/29 C$). Es ist auch mit dem Auto zugänglich und bietet im Winter über 700 ha skitaugliches Gelände, 80 Pisten und mildes Wetter.

ℹ Praktische Informationen

Das **Visitor Center** (☎778-481-1891; www.tourismkimberley.com; 270 Kimberley Ave; ⏲Juli & Aug. tgl. 10–17 Uhr, Sept.–Juni So geschl.) befindet sich beim großen Parkplatz hinter dem Platzl.

Cranbrook

Cranbrook, das Zentrum der Region, 31 km südöstlich von Kimberley, ist nicht mehr als eine einfache Wegkreuzung. Hwy 3 und Hwy 95 durchkreuzen den Ort, der aus einer reizlosen Reihe Motels besteht.

Es gibt jedoch einen guten Grund für einen Zwischenstopp in Cranbrook: das **Cranbrook History Centre** (☎250-489-3918; www.cranbrookhistorycentre.com; 57 Van

Horne St S, Hwy 3/95; ab 15 C$; ⌚ Juni–Aug. tgl. 10–17 Uhr, Sept.–Mai Di–Sa) mit dem **Canadian Museum of Rail Travel**. Es zeigt einige schöne Beispiele klassischer kanadischer Züge, darunter die luxuriöse Variante **Trans-Canada Limited** von 1929, eines legendären Zuges, der von Montréal nach Vancouver fuhr.

Von Cranbrook nach Rossland

Der Hwy 3 windet sich über 300 km von Cranbrook nach Osoyoos am Südende des Okanagan Valley. Auf seinem Weg schmiegt er sich an die Berge an der US-Grenze und führt an acht Grenzübergängen vorbei.

Creston, 123 km westlich von Cranbrook, ist für seine Obstplantagen und das Kokanee True Ale von Columbia Brewing Co bekannt. Von hier aus führt der Hwy 3A über eine malerische, 80 km lange Strecke nach Norden zur **Kootenay Lake Ferry**, mit der man kostenlos nach Nelson übersetzen kann.

Rund 85 km westlich von Creston liegt **Salmo**, das im Grunde nur wegen der Highway-Kreuzung erwähnenswert ist. Der Hwy 6 führt von hier über trostlose 40 km nordwärts nach Nelson. Gen Westen verläuft der Crowsnest Hwy, der sich nach 10 km teilt. Hwy 3 führt nordwärts durch **Castlegar** mit dem größten Flughafen in der Nähe von Nelson und einer riesigen Zellstofffabrik. Der Hwy 3B führt durch den charmanten, mit Cafés gespickten Ort **Fruitvale** und das industrielle **Trail**.

Sehenswertes

Columbia Brewery BRAUEREI
(☎250-428-9344; www.columbiabrewery.ca; 1220 Erikson St; Touren 5 C$; ⌚ Juli & Aug. 9.30–15 Uhr, Mitte Mai–Juni & Sept.–Mitte Okt. Mo–Fr 9.30–14.30 Uhr) Hier ist die Columbia Brewery zu Hause, zu denen die Marken Kokanee und Kootenay gehören. Die Brauerei bietet Führungen (4–6-mal tgl.) und einen Verköstigungsraum.

Creston Valley Wildlife Management Area WILDSCHUTZGEBIET
(☎250-402-6900; www.crestonwildlife.ca; 1760 West Creston Rd; ⌚ Sonnenaufgang–Sonnenuntergang) In dem Wildschutzgebiet, 11 km westlich von Creston, kann man von einem 1 km langen Plankenweg aus jede Menge Vögel entdecken, darunter Kanadareiher.

Schlafen & Essen

Valley View Motel MOTEL $
(☎250-428-2336; www.valleyviewmotel.info; 216 Valley View Dr, Creston; Zi. ab 90 C$; ❄📶) In der Motelstadt Creston ist diese Unterkunft wahrscheinlich die beste Wahl. Es liegt auf einem Hügel mit Ausblick und ist sauber, gemütlich und ruhig.

Retro Cafe FRANZÖSISCH $
(☎250-428-2726; www.retrocafe.ca; 1431 NW Blvd, Creston; Hauptgerichte ab 6 C$; ⌚ Mo–Fr 7–17, Sa bis 15 Uhr) Das kleine Stück Frankreich in Creston bietet auf handbeschriebenen Tafel Crêpes an – *très délicieux*!

Rossland

Rossland ist eine völlig andere Welt. Das alte Bergbaudorf hoch oben in den Southern Monashee Mountains (1023 m) ist eines der besten Reviere für **Mountainbiker** in Kanada. Die lange Bergbauvergangenheit hat in den Bergen noch heute sichtbare Spuren hinterlassen: Kreuz und quer verlaufen hier alte Wege und stillgelegte Bahngleise, die sich heute wunderbar zum Radeln eignen.

Freeriding ist besonders beliebt: Die Gebirgskämme sind relativ leicht zugänglich und es gibt jede Menge felsige Wege, auf denen man sich hinunterstürzen kann. Der **Seven Summits & Dewdney Trail** ist ein 35,8 km langer einspuriger Weg, der am Kamm der Rossland Range entlangführt. Die **Kootenay Columbia Trails Society** (www.kcts.ca) bietet gute Karten auf ihrer Website.

Das **Red Mountain Ski Resort** (☎250-362-7384, Schneebericht 250-362-5500; www.redresort.com; Hwy 3B; Tagesliftkarte Erw./Kind 84/42 C$) lockt im Sommer Mountainbiker und im Winter jede Menge Skifahrer an. Zum „Red" gehören der 1590 m hohe Red Mountain, der 2075 m hohe Granite Mountain und der 2048 m hohe Grey Mountain. Insgesamt umfasst das anspruchsvolle, mit viel Pulverschnee gesegnete Skigebiet 1670 ha und 110 Abfahrten.

Praktische Informationen

Das **Visitor Center** (☎250-362-7722; www.rossland.com; 1100 Hwy 3B, Rossland Museum; ⌚ Mai–Sept. 9–17 Uhr) befindet sich im Gebäude des Rossland Museum an der Kreuzung des Hwy 22 (von der US-Grenze kommend) mit dem Hwy 3B.

Nelson

11 100 EW.

Nelson ist ein exzellenter Grund für einen Besuch der Kootenays und gehört zum Pflichtprogramm in der Region. Winzige Backsteinhäuschen am Hügelhang überblicken den westlichen Teil des tiefblauen Kootenay Lake, während das Seeufer von Parks und Stränden gesäumt ist. Die aufstrebende Café-, Kunst- und Ausgehszene ist eine weitere Attraktion. Vor allem jedoch punktet Nelson mit seinem Charakter, geprägt von einer wilden Mischung aus Hippies, kreativen Typen und ruppigen Individualisten. Sie alle findet man in der Baker St, der fußgängerfreundlichen Hauptstraße, in der sich Schwaden von Patschuli mit dem Duft von frisch geröstetem Kaffee vereinen.

Nelson entstand Ende des 19. Jhs. als Bergbauort. 1977 startete man ein jahrzehntelanges Projekt, um das Kulturerbe zu bewahren. Die Bilanz: mehr als 350 sorgfältig erhaltene und restaurierte historische Gebäude. Die Stadt ist auch eine ausgezeichnete Ausgangsbasis für Wanderungen, Skiabfahrten und Kajakausflüge auf den Seen und in den Bergen der Umgebung.

Sehenswertes

Fast ein Drittel der **historischen Gebäude** Nelsons wurde restauriert und erstrahlt heute wieder in spätviktorianischem Glanz. Im Visitor Center ist die hervorragende Broschüre *Heritage Walking Tour* erhältlich. Sie beschreibt über 30 Gebäude im Zentrum detailliert und gibt eine gute Einführung in viktorianische Architektur.

Lakeside Park PARK

(Lakeside Dr; P) Der Lakeside Park an der bekannten Nelson Bridge ist eine blumenbedeckte, schattige Parkanlage mit Strand und einem großartigen Café im Sommer.

Touchstones Nelson MUSEUM

(☎250-352-9813; www.touchstonesnelson.ca; 502 Vernon St; Erw./Kind 8/4 C$; ⊙Juni–Aug. Mo–Mi, Fr & Sa 10–17, Do bis 20, So 10–16 Uhr, Sept.–Mai Mo geschl.) Umfangreiche Renovierungsarbeiten verwandelten das prachtvolle alte Rathaus (1902) in ein Museum für lokale Geschichte und Kunst. Jeden Monat stehen neue Ausstellungen auf dem Programm, oft mit Werken hiesiger Künstler. Die interessanten, interaktiven historischen Exponate sind der Gegenentwurf zu staubigen, schlecht beschrifteten Artefakten.

Aktivitäten

Vom Zentrum führt der **Waterfront Pathway** an der Küste entlang. Das westliche Ende hinter dem Flughafen liegt abgeschieden am Fluss. Wer möchte, kann in den Lakeside Park laufen und für den Rückweg das **Streetcar 23** (☎250-352-7672; www.nelsonstreetcar.org; Waterfront Pathway; Erw./Kind 3/2 C$; ⊙Mitte Mai–Mitte Nov. 11–16.30 Uhr) nehmen. Die 2 km lange Straßenbahnstrecke verläuft vom Park bis zum Kai an der Hall St.

★Kokanee Glacier Provincial Park WANDERN

(☎Wegezustand 250-825-3500; www.bcparks.ca; Kokanee Glacier Rd) Die 85 km langen Wanderwege des Parks gehören zu den besten der Gegend. Der fantastische, nur im Sommer zugängliche, 2,5 km lange (2 Std.), gut markierte Rundweg zum **Kokanee Lake** führt weiter zur baumlosen und von Felsbrocken übersäten Fläche um den Gletscher. Hierher gelangt man über die Abfahrt auf dem Hwy 3A, 20,5 km nordöstlich von Nelson, wo man weitere 16 km der Kokanee Glacier Rd folgt.

Kootenay Kayak Company KAJAKFAHREN

(☎250-505-4549; www.kootenaykayak.com; Kajakverleih 40–50 C$/Tag, Touren ab 55 C$) Verleiht Kajaks und veranstaltet verschiedene geführte Kajaktouren.

Sacred Ride MOUNTAINBIKEN

(☎250-354-3831; www.sacredride.ca; 213b Baker St; Fahrradverleih 45–100 C$/Tag; ⊙Mo–Sa 9–17.30 Uhr) Sacred Ride hat einen gut sortierten Ausrüstungsverleih und verkauft die detaillierte Routenkarte *Your Ticket to Ride*.

Pulpit Rock WANDERN

(www.pulpitrocknelson.com) Der zweistündige Aufstieg zum Pulpit Rock auf der anderen Seite des Sees lohnt sich wegen der hübschen Ausblicke auf Nelson und den Kootenay Lake. Der Weg beginnt am Parkplatz in der Johnstone Rd.

Great Northern Rail Trail WANDERN

Der Weg führt über 42 km von Nelson nach Salmo an einer alten Eisenbahnlinie entlang und bietet eindrucksvolle Ausblicke inmitten dichten Waldes. Umkehren kann man, wo man möchte, wobei die ersten 6 km viele Highlights haben. Die Route beginnt an der Ecke Cherry St/Gore St.

Whitewater Winter Resort SKIFAHREN

(☎250-354-4944, Schneebericht 250-352-7669; www.skiwhitewater.com; abseits vom Hwy 6; Tagesliftkarte Erw./Kind 76/38 C$) Das entspannte Resort, 12 km südlich von Nelson am Hwy 6, ist für seinen üppigen Pulverschnee bekannt und versprüht Kleinstadtcharme. Es gibt hier nur wenige Lifte, aber auch nur wenige Besucher, die den Höhenunterschied von 623 m, 81 Pisten und elf Langlaufloipen genießen.

Schlafen

★ HI Dancing Bear Inn HOSTEL $

(☎ 250-352-7573; www.dancingbearinn.com; 171 Baker St; B/Zi. ab 28/59 C$; P @) Das großartige Management gibt Tipps und kümmert sich um das Wohlbefinden seiner Gäste. Die 14 Gemeinschafts- und Privatzimmer teilen sich Bäder und es gibt eine Gourmetküche, eine Bibliothek, eine Terrasse und Waschmaschinen.

City Tourist Park CAMPING $

(☎ 250-352-7618; campnels@telus.net; 90 High St; Stellplätze ab 25 C$; Mai–Sept.; P) Der kleine städtische Campingplatz mit 43 schattigen Stellplätzen, Duschen, einer Küche und Waschmaschinen liegt nur einen fünfminütigen Spaziergang von der zentralen Baker St entfernt.

★ Hume Hotel HOTEL $$

(☎ 250-352-5331; www.humehotel.com; 422 Vernon St; Zi. inkl. Frühstück 100–200 C$; P) Der Hotelklassiker von 1898 hat sich seine historische Pracht bewahrt. Die 43 Unterkünfte haben sehr unterschiedliche Größen und Formen. Die beste Wahl sind die riesigen Eckzimmer mit Blick auf die Berge und den See. Im Preis enthalten ist ein leckeres Frühstück und zum Hotel gehören mehrere ansprechende Bars.

Adventure Hotel HOTEL $$

(☎ 250-352-7211; www.adventurehotel.ca; 616 Vernon St; Zi. 80–160 C$; P) In dem renovierten Hotel gibt's drei verschiedene Zimmerkategorien: Budget (winzig, 2 Etagenbetten, Dusche auf dem Flur), Economy (mit Privatbad) und Deluxe (mit Betten zur Auswahl). Die Gemeinschaftsbereiche umfassen u. a. eine Lounge, eine Terrasse, einen Fitnessbereich und eine Sauna auf dem Dach. Das warme Dekor erinnert an IKEA.

Victoria Falls Guest House INN $$

(☎ 250-505-3563; www.victoriafallsguesthouse.com; Ecke Victoria St & Falls St; Zi. 85–165 C$; P) Das fröhliche, gelbe, renovierte viktorianische Haus ist komplett von einer breiten Veranda umgeben. Die fünf Suiten haben Sitzecken und Kochzeilen. Die Einrichtung reicht von gemütlichen Antiquitäten bis zu familienfreundlichen Stockbetten und es gibt einen Grill.

Cloudside Inn B&B $$

(☎ 250-352-3226; www.cloudside.ca; 408 Victoria St; Zi. 125–215 C$; P) In der alten Villa, deren sieben Zimmer nach Bäumen benannt sind, lebt es sich wie ein Silberbaron. Neben jeder Menge Luxus gibt es eine hübsche Terrasse mit Blick auf die Terrassengärten und die Stadt. Die meisten Zimmer haben Privatbäder.

Mountain Hound Inn PENSION $$

(☎ 250-352-6490; www.mountainhound.com; 621 Baker St; Zi. 80–140 C$;) Die 19 Zimmer sind klein, haben aber einen Industrie-Touch, der zu den Betonwänden passt. Die Pension liegt praktischerweise im Zentrum und ist eine preiswerte, einfache Option. Nebenan befindet sich ein öffentlicher Waschsalon.

Essen & Ausgehen

★ Cottonwood Community Market MARKT $

(www.ecosociety.ca; 199 Carbonate St, Cottonwood Falls Park; Mitte Mai–Okt. Sa 9.30–15 Uhr) Der Markt in Zentrumsnähe neben dem rauschenden Cottonwood-Wasserfall ist Nelson, wie es leibt und lebt. Verkauft werden tolle Bio-Erzeugnisse, leckere Backwaren, viele davon aus Getreidesorten, von denen man bisher noch nie gehört hat, und verschiedenes Kunsthandwerk mit Tendenz zur Batik. Auf dem zweiten Markt, dem Downtown Market, geht es weniger farbenfroh zu.

Full Circle Cafe IMBISS $

(☎ 250-354-4458; 402 Baker S; Hauptgerichte 8–15 C$; 6.30–14.30 Uhr) Der Imbiss in der Innenstadt ist vor allem für seine Omeletts bekannt; sehr zu empfehlen sind außerdem die fachmännisch zubereiteten Frühstücksklassiker wie Eggs Benedict. Am Wochenende muss man sich auf Wartezeiten einstellen.

Downtown Market MARKT $

(400 block Baker St; Mitte Juni–Sept. Mi 9.30–15 Uhr) Nelsons Mittwochsmarkt.

Cantina del Centro MEXIKANISCH $$

(☎ 250-352-3737; 561 Baker St; kleine Gerichte 6–10 C$; 11 Uhr–open end) Die helle, betriebsame Cantina del Centro lockt jede Menge hungrige Kundschaft an. Die Tacos und anderen kleinen Gerichte ergänzen die lebendigen Farben der mexikanischen Bodenfliesen wunderbar. Während man sich eine Margarita genehmigt, kann man dabei zusehen, wie hinter der Theke das Fleisch gegrillt wird. Am besten sind die geselligen Außentische.

Bibo FUSION $$
(☎250-352-2744; www.bibonelson.ca; 518 Hall St; Hauptgerichte 18–30 C$; 17 Uhr–open end) Den Innenraum ziert freigelegtes Mauerwerk, während die Tische draußen auf der Terrasse am Hang den See und die Berge dahinter überblicken. Für die kleinen Gerichte werden lokale Zutaten verwendet, darunter Tapas sowie Käse- und Wurstplatten, zu denen ein Wein bestens passt. Zur kleinen Auswahl an gehobenen Hauptgerichten gehören Burger und Meeresfrüchte.

★ **All Seasons Cafe** FUSION $$$
(☎250-352-0101; www.allseasonscafe.com; 620 Herridge Lane; Hauptgerichte 23–36 C$; 17–22 Uhr) Auf der Terrasse unter den kleinen blinkenden Lichtern im Blätterdach des großen Ahorns zu sitzen, ist ein Highlight in Nelson. Im Winter sorgen Kerzen für die gleiche romantische Atmosphäre. Die abwechslungsreiche Speiseauswahl verändert sich je nach Jahreszeit, legt den Schwerpunkt jedoch stets auf Erzeugnisse aus BC. Die Gerichte werden kunstvoll präsentiert und der Service ist zuvorkommend.

Royal BAR
(☎250-354-7014; www.royalgrillnelson.com; 330 Baker St; D–Sa 17–2 Uhr) In dem dunklen, alten Pub auf der Baker St treten die besten Bands der Region auf. An den Tischen drinnen und draußen kann man sich anständige Kneipenkost schmecken lassen.

Oso Negro CAFÉ
(☎250-532-7761; www.osonegrocoffee.com; 604 Ward St; Kaffee ab 2 C$; 7–17 Uhr) Das bei Einheimischen beliebte Eckcafé röstet seinen Kaffee selbst und hat 20 verschiedene Mischungen zur Auswahl. Tische stehen auch draußen im mit plätschernden Wasserspielen und Statuen geschmückten Garten. Gegen den Hunger helfen Backwaren und andere Snacks.

Shoppen

★ **Still Eagle** HAUSHALTSWAREN
(☎250-352-3844; www.stilleagle.com; 476 Baker St; Mo–Sa 10–20, So 11–19 Uhr) Der große Laden verkauft Kleider, Haushaltswaren und Einrichtungsgegenstände aus Kootenay mit Fair-Trade-Siegel und zeichnet sich durch sein Engagement für die Umwelt aus. Viele Produkte sind aus recycelten Materialien hergestellt.

Otter Books BÜCHER
(☎250-352-7525; 398 Baker St; Mo–Sa 9.30–17.30, So 11–16 Uhr) Toller unabhängiger Laden mit Büchern und Karten.

Praktische Informationen

Das **Visitor Center** (☎250-352-3433; www.discovernelson.com; 91 Baker St; Mai–Okt. tgl. 8.30–18 Uhr, Nov.–April Mo–Fr bis 17 Uhr) ist im wunderschön restaurierten Bahnhof untergebracht. Hier sind exzellente Broschüren zu Autotouren und Wanderungen erhältlich.

Nelsons Radiosender nennt sich **Kootenay Co-Op Radio** (93,5 FM).

An- & Weiterreise

Castlegar Airport (www.wkrairport.ca; Hwy 3A) Der nächste Flughafen liegt 42 km südwestlich von Nelson.

Greyhound Canada (☎250-352-3939; 1128 Lakeside Dr, Chahko-Mika Mall) Busverbindungen nach Fernie (69 C$, 4¾ Std., 1-mal tgl.) und Kelowna (62 C$, 5¼ Std., 1-mal tgl.).

Queen City Shuttle (☎250-352-9829; www.kootenayshuttle.com; einfach Erw./Kind 25/10 C$) Fährt zum Castlegar Airport (1 Std.); im Voraus reservieren.

West Kootenay Transit System (☎855-993-3100; www.bctransit.com; Tickets 2 C$) Die Busse 2 und 10 fahren zur Chahko-Mika Mall und zum Lakeside Park. Die Haupthaltestelle befindet sich an der Ecke Ward St/Baker St.

Von Nelson nach Revelstoke

Von Nelson führen zwei landschaftlich reizvolle Straßen nordwärts nach Revelstoke. Der Hwy 6 verläuft 16 km nach Westen und dann in **South Slocan** nach Norden. Die Straße führt schließlich rund 30 km am hübschen Slocan Lake entlang bis nach New Denver, das 97 km von Nelson entfernt liegt.

Die interessantere Strecke ist der Hwy 3A ab Nelson nach Norden und Osten. Nach 34 km ist der Anleger der kostenlosen **Kootenay Lake Ferry** (☎250-229-4215; www2.gov.bc.ca/gov/content/transportation/passenger-travel) in Balfour nach Kootenay Bay (35 Min.) erreicht. Die Überfahrt mit ihren weiten Blicken auf die blauen Berge, die steil aus dem Wasser des weiten Sees emporragen, lohnt sich. Von Kootenay Bay führt der Hwy 3A über 80 km südwärts nach Creston. Nördlich des Fähranlegers in Balfour geht die Straße in den Hwy 31 über und folgt dem See 34 km über charmante Ortschaften bis nach Kaslo. Die Strecke zwischen Kaslo und New Denver ist spektakulär. Weiter nördlich passiert man das Dorf Nakusp und einen weiteren Fähranleger, bevor man schließlich nach Revelstoke gelangt. Ein toller Ganztagesausflug!

Kaslo

Das charmante Städtchen ist ein unterschätztes Kleinod mit wunderschöner Seekulisse.

Sehenswert ist der restaurierte Seedampfer **SS Moyie** (☎250-353-2525; http://klhs.bc.ca; 324 Front St; Erw./Kind 10/4 C$; ⏲Mitte Mai–Mitte Okt. 10–17 Uhr) von 1898. Zudem gibt es hier Besucherinfos zu den vielen verschiedenen Kajak- und Kanurouten im glitzernden, blauen Wasser.

In und um den Ort gibt es verschiedene Unterkünfte, darunter das ansprechende **Kaslo Hotel** (☎250-353-7714; www.kaslohotel.com; 430 Front St; Zi. 150–220 C$; ❄📶) im Zentrum. Das alteingesessene Haus (1896) bietet Seeblicke und ein gutes Pub, die Zimmer verfügen über Balkone und Veranden.

New Denver

Wilde Gebirgsflüsse sind nur einige der spektakulären Highlights am Hwy 31A, der über mehrere zerklüftete Hügel westlich von Kaslo führt. Am Ende der kurvigen, 47 km langen Straße kommt man nach New Denver, das fast schon einer Geisterstadt gleicht. Das muss aber nicht schlecht sein, immerhin liegt das historische Kleinod hübsch-verschlafen am klaren Wasser des Slocan Lake. Der ähnlich ruhige Bergbauort **Silverton** liegt unmittelbar südlich.

Im Gebäude der Bank of Montreal von 1897 zeigt das **Silvery Slocan Museum** (☎250-358-2201; www.newdenver.ca; 202 6th Ave; Erw./Kind 5 C$/frei; ⏲Juni–Aug. 9–16 Uhr) eine gelungene Ausstellung über die Blütezeit des Bergbaus, ein winziges Gewölbe und eine unversehrte Zinndecke. Vor Ort gibt es auch Besucherinfos.

Nakusp

Direkt am Upper Arrow Lake veränderten die vielen Dämme, die in den 1950er- und 1960er-Jahren in BC entstanden, Nakusp nachhaltig. Der Wasserstand des Sees stieg an, weshalb die Stadt an ihrem jetzigen Standort neu errichtet wurde. Deshalb erinnert die Architektur auch an die 1960er-Jahre. Vor Ort gibt es ein paar hübsche Cafés und ein winziges Museum.

Die **Nakusp Hot Springs** (☎250-265-4528; www.nakusphotsprings.com; 8500 Hot Springs Rd; Erw./Kind 10/9 C$; ⏲9.30–21.30 Uhr), 12 km nordöstlich von Nakusp abseits des Hwy 23, wirken nach einer Umgestaltung etwas künstlich. Das vergisst man aber schnell, wenn in dem runden, von Bäumen eingerahmten Becken sämtliche Sorgen weggespült werden.

CARIBOO, CHILCOTIN & DIE KÜSTE

Die weit ausgedehnte, wunderschöne Region erstreckt sich über ein riesiges Gebiet nördlich von Whistler. Sie umfasst drei sehr unterschiedliche Gebiete. Die Region Cariboo mit ihren zahlreichen Ranches hat sich seit den 1850er-Jahren, als der „Gold Rush Trail" von Lillooet nach Barkerville hier hindurchführte, kaum verändert.

In der Region Chilcotin leben viel mehr Elche als Menschen. Sie liegt westlich des Hwy 97, der Nord-Süd-Achse der Region. In der überwiegend ursprünglichen, hügeligen Landschaft gibt es nur ein paar Ranches und einige Dörfer von Ureinwohnern. Der Hwy 20 führt in westlicher Richtung von Williams Lake zum spektakulären Bella Coola Valley. An der Küste des Meeresarms leben zahlreiche Bären und andere wilde Tiere.

Ein Großteil der Region ist über den Hwy 97 erreichbar. Wer möchte, kann über Prince George im Norden eine Rundfahrt zu anderen Teilen British Columbias unternehmen. Das Bella Coola Valley wird von Fähren aus Port Hardy auf Vancouver Island angefahren. Dadurch ergeben sich viele weitere Möglichkeiten für großartige Rundreisen.

ℹ An- & Weiterreise

Der Hwy 97 ist die wichtigste Verbindungsstraße der Region. Sie ist in einem guten Zustand und wird fortwährend ausgebaut. Zweimal täglich verkehrt ein Bus von **Greyhound Canada** (S. 798) auf dem Hwy 97. Die Fahrt von Cache Creek nach Prince George dauert ungefähr sechs Stunden.

Von Williams Lake nach Prince George

Viehzucht und Holzwirtschaft prägten **Williams Lake**, das Zentrum der Region. Die kleine Stadt, rund 206 km nördlich der Kreuzung von Hwy 1 und Hwy 97, hat zwei **Museen**.

Im winzigen Zentrum bietet das lebhafte **New World Café** (☎778-412-5282; www.newworldcoffee.ca; 72 Oliver St, Wiliams Lake; Hauptgerichte 7–15 C$; ⏱Mo–Mi 8–17, Do–Sa bis 20 Uhr) eine Bäckerei und exzellenten Kaffee. Hier kann man sich ein Sandwich zum Mitnehmen bestellen oder Suppen, Salate, warme Gerichte und mehr vor Ort genießen.

In **Quesnel**, 124 km nördlich von Williams Lake am Hwy 97, dreht sich alles ums Holzfällen. Von der Stadt aus führt der Hwy 26 nach Osten zu den Hauptattraktionen der Gegend, dem **Barkerville Historic Park** und dem **Bowron Lake Provincial Park**. Fährt man von Quesmel aus über den Hwy 97 nach Norden, erreicht man nach 116 km Prince George.

ℹ Praktische Informationen

In Williams Lake gibt es ein hervorragendes **Visitor Center** (☎250-392-5025; www.williamslake.ca; 1660 Broadway S, abseits vom Hwy 97; ⏱9–17 Uhr). In einem riesigen Holzgebäude bietet es umfassende Informationen zur Region und Tipps für Ausflüge westwärts zur Küste auf dem Hwy 20.

Barkerville & Umgebung

1862 fand Billy Barker aus Cornwall tief im Cariboo Gold. Bald darauf entstand **Barkerville**, wo sich die üblichen zwielichtigen Gestalten – Prostituierte, Gauner und einfach nur Goldgräber – niederließen. Heute ist der Ort eine faszinierende Besucherattraktion, in der der Wilde Westen weiterlebt.

In der **Barkerville Historic Town** (☎888-994-3332; www.barkerville.ca; Hwy 26; Erw./Kind 14,50/4,75 C$ ⏱Rezeption Mitte Juni–Aug. 8–20 Uhr, Mitte Mai–Mitte Juni & Sept. 8.30–16 Uhr) können Besucher über 125 restaurierte historische Häuser besichtigen, zudem gibt es hier Geschäfte, Cafés und ein paar B&Bs. Im Sommer spazieren Leute in historischen Gewändern durch den Ort, der tatsächlich recht authentisch wirkt, wenn man die Besuchermassen ausblendet. Im übrigen Jahr ist der Eintritt frei, allerdings ist dann fast nichts geöffnet.

Barkerville liegt 82 km östlich von Quesnel am Hwy 26. Das historische **Cottonwood House**, ein parkähnliches Areal, lädt zu einem stimmungsvollen Zwischenstopp ein. Das nahegelegene **Wells** ist ein exzentrisches Städtchen.

ℹ Praktische Informationen

Im **Visitor Center** (☎250-994-2323, 877-451-9355; www.wellsbc.com; 4120 Pooley St; ⏱Mai–Sept. 9–17 Uhr) gibt es Infos zur Region und ein kleines Museum.

Bowron Lake

Der **Bowron Lake Provincial Park** (☎778-373-6107; www.bowronlakecanoe.com; abseits vom Hwy 26; ⏱Mai–Sept.; Ⓟ), ein Eldorado für passionierte Kanuten, ist ein kleines Paradies aus zehn Seen, umgeben von schneebedeckten Gipfeln.

Abschnitte der Flüsse Isaac, Cariboo und Bowron bilden im Park einen 116 km langen **Kanurundkurs** (Genehmigungen 30–60 C$), der zu den besten der Welt gehört. Es gibt acht Transferwege über Land; der längste (2 km) ist gut ausgeschildert. Auf der Website des Parks findet man Karten und alle Informationen, die man zur Planung einer Kanutour benötigt, darunter auch zu den obligatorischen Reservierungen, um die man sich oft weit im Voraus kümmern muss. Stellplätze kosten 18 C$. Im Park werden Kanus, Kajaks und Gepäckträger vermietet.

Für den gesamten Rundkurs benötigt man sechs bis zehn Tage und man muss sich auf der gesamten Strecke selbst versorgen. Die beste Zeit, um diese Tour durchzuführen, ist der September – dann leuchtet das Laub der Bäume in bunten Farben und man entgeht auch den im Sommer üblichen Besuchermassen.

Whitegold Adventures (☎866-994-2345; www.whitegold.ca; Hwy 26, Wells; 8-tägige Kanurundtour ab 1620 C$) organisiert vier- bis achttägige geführte Kanutouren auf dem Bowron Lake sowie eine eintägige Kanuexkursion (120 C$).

Wer eine Unterkunft sucht, findet mit der **Bowron Lake Lodge** (☎800-519-3399, 250-992-2733; www.bowronlakelodge.com; Bowron Lake; Stellplätze 35 C$, Zi. ab 100 C$; ⏱Mai–Sept.) eine idyllische Bleibe direkt am See. Zur Wahl stehen einfache Hütten und Motelzimmer, zudem werden Kanus, Kajaks und Ausrüstung verliehen.

Wells Gray Provincial Park

Die **Helmcken Falls**, die vierthöchsten Wasserfälle in Kanada, stürzen 141 m in die Tiefe und sind eine der unentdeckten Facetten des Wells Gray Provincial Park, der selbst eine unterschätzte Attraktion ist.

In **Clearwater**, der Stadt in der Nähe des Parkeingangs, gibt es alles, was Besucher brauchen.

Sehenswertes & Aktivitäten

Wells Gray Provincial Park PARK
(☎250-587-2090; www.bcparks.ca; Wells Gray Rd) Der viertgrößte Park British Columbias wird vom Clearwater River und seinen Nebenflüssen begrenzt. Zu den Besucherattraktionen gehören fünf weitläufige Seen, zwei große Flüsse, zahlreiche Wasserfälle wie die **Helmcken Falls** und fast alle Vertreter der in BC beheimateten Fauna. Viele Wanderwege und Sehenswürdigkeiten, darunter die Helmcken Falls, liegen unweit der Hauptstraße durch den Park, die am **Clearwater Lake** endet.

Auf über 20 Wegen unterschiedlicher Länge kann man **wandern**, **langlaufen** und **reiten**. Rund um die vier Seen liegen einfache Campingplätze im offenen Gelände.

Clearwater Lake Tours WASSERSPORT
(☎250-674-2121; www.clearwaterlaketours.com; Kanu-/Kajakverleih ab 55 C$/Tag) Verleiht Kanus und Kajaks und organisiert Touren durch den Park.

Schlafen

Neben den Campingmöglichkeiten im Park findet man außerhalb des Parkgeländes rund um Clearwater verschiedene Unterkünfte.

Wells Grey Provincial Park Campgrounds CAMPING $
(☎Reservierungen 800-689-9025; www.discovercamping.ca; Wells Grey Provincial Park; Stellplätze 20–23 C$) Im Park gibt es drei mit dem Auto zugängliche, einfache Campingplätze. Der bewaldete **Pyramid Campground** liegt nur 5 km nördlich des Südeingangs des Parks in der Nähe der Helmcken Falls. Es gibt auch zahlreiche Möglichkeiten, im freien Gelände zu **campen** (5 C$).

Dutch Lake Resort LODGE $$
(☎888-884-4424, 250-674-3351; www.dutchlake.com; 361 Ridge Dr, Clearwater; Stellplätze 31–44 C$, Hütten 140–210 C$) Das familienfreundliche Resort am Wasser verfügt über Hütten und 65 Stellplätze. Ein Mietkanu bereitet gut auf größere Abenteuer im Park vor.

Wells Gray Guest Ranch LODGE $$
(☎250-674-2792, 866-467-4346; www.wellsgrayranch.com; Clearwater Valley Rd; Stellplätze ab 25 C$, Zi. 175–290 C$) Die Wells Gray Guest Ranch vermietet Hütten und gemütliche Zimmer im Hauptgebäude der Lodge. Sie liegt auf dem Parkgelände, 27 km nördlich von Clearwater. Zum großen Angebot an Aktivitäten gehören Ausritte.

Praktische Informationen

Clearwaters **Visitor Center** (☎250-674-3334; www.wellsgraypark.info; 416 Eden Rd, abseits vom Hwy 5, Clearwater; ⏲Mai–Okt. 9–18.30 Uhr; 📶) ist eine essentielle Anlaufstelle für Infos zum Park. Außerdem bucht es Zimmer und unterhaltsame Wildwasserfahrten.

Chilcotin & Highway 20

Der Hwy 20 schlängelt sich mehr als 450 km durch einsame Hügel westlich von Chilcotin von Williams Lake ins Bella Coola Valley. Unterwegs passiert man ein paar Dörfer der Ureinwohner und Schotterpisten, die zu ein paar Provinzparks und verlassenen Seen führen.

Lange Zeit sprachen Autofahrer mit gesenkter, besorgter Stimme über den Hwy 20. Die Strecke wurde jedoch kontinuierlich verbessert und ist heute zu über 90 % gepflastert. Der nicht asphaltierte Abschnitt hat es allerdings in sich: **The Hill** ist eine 30 km lange Schotterpiste, 386 km westlich von Williams Lake. Die Strecke führt vom Heckman's Pass auf 1524 m über eine Reihe von Serpentinen ins Tal fast auf Meereshöhe hinunter – teilweise auf Strecken mit bis zu 11 Gefälle. Wer sich Zeit nimmt und in niedrigen Gängen fährt, kann unterwegs sogar die atemberaubende Aussicht genießen. Die Strecke ist für sämtliche Fahrzeuge zugelassen, wobei sich Reisende in gemieteten SUVs darauf einstellen müssen, von einheimischen Ford-Besitzern abschätzig überholt zu werden.

Bella Coola Valley

Das grüne Bella Coola Valley ist das Herzstück des Great Bear Rainforest, einem üppig bewachsenen Landstrich mit großen

Waldflächen, reißenden Flüssen und jeder Menge Bären. Es handelt sich um einen spirituellen Ort: Hier sind Künstler der Nuxalk-Indianer aktiv und für viele kreative Menschen hat das Suchen hier ein Ende. Das Tal liegt westlich der trockenen Weiten der Chilcotin-Region.

Das Tal erstreckt sich über 53 km bis an die Küste des **North Bentinck Arm**, eines tiefen, von Gletschern gespeisten Fjords, der vom Pazifik 40 km ins Landesinnere hineinragt. Die zwei größten Orte, **Bella Coola** am Wasser und das 15 km weiter östlich gelegene **Hagensborg**, erscheinen fast wie einer, befinden sich doch die meisten interessanten Attraktionen in oder zwischen den Städtchen.

Sehenswertes & Aktivitäten

Das Angebot an Aktivitäten ist fast grenzenlos. Besucher können durch die Berge und Täler wandern, wobei die Routen teils mit dem Auto (z. B. die **Odegaard Falls**), teils nach einer Bootsfahrt entlang der zerklüfteten Küste zu erreichen sind.

Direkt westlich von Hagensborg im **Walker Island Park** am Rand der breiten und felsigen Flussniederung des Bella Coola River gibt es Wanderwege zwischen 500 Jahre alten Zedern.

Tweedsmuir Provincial Park PARK
(☎250-398-4414; www.bcparks.ca; abseits vom Hwy 20) Der südliche Abschnitt des Tweedsmuir Provincial Park, der das Chilcotin und das östliche Ende des Tals umfasst, ist der zweitgrößte Provinzpark in British Columbia. Er ist kaum erschlossen und perfekt für herausfordernde Abenteuer in der Wildnis geeignet. Tageswanderungen abseits des Hwy 20 im Tal führen in üppigen, unberührten Küstenregenwald. Stellplätze kosten 20 C$.

★ **Kynoch Adventures** ABENTEUER, TIERE
(☎250-982-2298; www.bcmountainlodge.com; 1900 Hwy 20, Hagensborg; Touren ab Erw./Kind 90/45 C$) Ist auf Touren zur Tierbeobachtung auf den hiesigen Flüssen und auf Wanderungen durch die Wildnis spezialisiert. Die sehr empfehlenswerten Schlauchboottouren zu den berühmten **Grizzlybären** im Tal finden von Ende August bis in den Oktober hinein statt (150 C$/Pers.).

Schlafen

Den Hwy 20 säumen B & Bs und kleine Gasthäuser.

Rip Rap Camp CAMPING $
(☎250-982-2752; www.riprapcamp.com; 1854 Hwy 20, Hagensborg; Stellplätze 20–28 C$, Hütten 60–125 C$; ⏲Mai–Okt.; P 📶) Der allseits gerühmte Campingplatz hat ein großes Serviceangebot und eine tolle Aussichtsterrasse mit Blick über den Fluss.

Tallheo Cannery PENSION $$
(☎604-992-1424; www.bellacoolacannery.com; Stellplätze 15 C$, Zi. inkl. Transport 125 C$) Eine der ungewöhnlichsten Unterkünfte in BC befindet sich 3 km über der Bucht von Bella Coola in einer alten Konservenfabrik. Abenteuerlustige werden dank der traumhaften Ausblicke, dem Entdeckerpotenzial (es handelt sich um ein komplettes Dorf mit eigenem Strand) und dem mythischen Flair (alte Trümmer einer alten Konservenfabrik) hier einen faszinierenden Aufenthalt erleben. Der Transport für Camper kostet 10 C$, Touren für Tagesausflügler 50 C$.

Bella Coola Mountain Lodge INN $$
(☎250-982-2298; www.bcmountainlodge.com; 1900 Hwy 20, Hagensborg; Zi. 100–160 C$; P @ 📶) 🍃 Die 14 Zimmer, viele davon mit Küchenzeilen, sind riesig und es gibt eine exzellente Espressobar. Die Besitzer betreiben auch Kynoch Adventures (S. 839), das Flussfahrten und Wanderungen in der Wildnis veranstaltet.

Praktische Informationen

Die ehrenamtlichen Mitarbeiter des **Bella Coola Valley Tourism Visitor Center** (☎250-799-5202; www.bellacoola.ca; 442 MacKenzie St, Copper Sun Art Gallery, Bella Coola; ⏲Juni–Sept. 10–18 Uhr) hat jede Menge Infos und Tipps auf Lager, auch Routenführer. Eine gute Anlaufstelle ist auch das Visitor Center in Williams Lake.

Das Visitor Center von Bella Coola und auch die Unterkünfte geben Tipps für Führer und Ausrüstung zum Skifahren, Mountainbiken, Angeln, Rafting und vielem mehr. Eine Autowerkstatt, Geldautomaten, Wäscherei und Lebensmittel sind vorhanden. Die meisten touristischen Einrichtungen sind von Oktober bis April geschlossen.

An- & Weiterreise

BC Ferries (☎888-223-3779; www.bcferries.com) verkehrt nach Bella Coola. Um nach Port Hardy oder Prince Rupert (Erw./Kind 200/100 C$, Auto ab 400 C$) zu gelangen, muss man in Bella Bella, einem kleinen Ort bei der Inside Passage, unpraktischerweise umsteigen. Im Sommer ist der Trip alle paar

Tage möglich, im Winter sehr viel seltener. Um zum Zielhafen zu gelangen, benötigt man 18 Stunden oder mehr.

Es fahren keine Busse auf dem Hwy 20 ab Williams Lake, aber es gibt Charterflüge. **Pacific Coastal Airlines** (☎800-663-2872; www.pacificcoastal.com) fliegt täglich einmal in einer Stunde nach Vancouver.

NÖRDLICHES BRITISH COLUMBIA

Im Norden von BC fühlt man sich, als hätte man die himmlische Grenze zu einer anderen Welt überschritten. In keiner anderen Region ist die reiche Kultur der Ureinwohner Kanadas so dominant wie hier – von den Haida auf Haida Gwaii bis zu den Tsimshians auf dem Festland. Nirgendwo anders ist das Land so geheimnisumwoben wie hier – von sturmgepeitschten Küsten und Inseln bis zu stillen, majestätischen Gletschern, die sich regelrecht durch ganze Bergketten graben. Und nirgendwo anders gibt es eine so sagenhafte Fauna, von Orcas über Elche bis hin zu Grizzlys.

Es ist auch eine vielversprechende Region. Highways wie der sagenhafte Alaska Hwy oder der Ehrfurcht gebietende Stewart-Cassiar Hwy schreien förmlich nach Abenteuern, Entdeckungen oder sogar einem neuen Leben. Hier besteht nicht der Hauch eines Zweifels, welchen Platz die Menschen neben der Natur einnehmen – und die sind sich ihrer eigenen Bedeutungslosigkeit bewusst.

Prince Rupert

12 700 EW.

Viele wollen Prince Rupert immer noch „entdecken". Und was das für eine Entdeckung ist! Die faszinierende Stadt mit ihrem hinreißenden Hafen ist nicht nur ein wichtiger Verkehrsknotenpunkt (Fähren fahren Richtung Süden nach Vancouver Island, Richtung Westen nach Haida Gwaii und Richtung Norden nach Alaska) sondern auch ein Reiseziel, das sich nicht hinter anderen verstecken muss: hier gibt's zwei ausgezeichnete Museen, schöne Restaurants und ein von den Ureinwohnern geprägtes Kulturerbe. Gegenwärtig ist die Stadt sehr darum bemüht, Kreuzfahrtschiffe auf sich aufmerksam zu machen.

Es mag zwar 220 Tage im Jahr regnen, robuste Einheimische kann dies aber nicht davon abhalten, in den nebligen Bergen und auf den dunstigen Gewässern Spaß zu haben. Rupert (wie die Stadt kurz genannt wird) war ursprünglich der Traum von Charles Hays, der die Eisenbahn hierher brachte, bevor er mit der *Titanic* ein nasses Grab fand. Irgendwie scheint Rupert immer einer glänzenden Zukunft hinterherzuhinken. Aber schließlich könnte das Schiff doch den sicheren Hafen erreicht haben – oder zumindest einen guten Ankerplatz gefunden haben: Ein neuer Containerhafen beschleunigt den Transport von billigem Ramsch aus China in die USA.

Sehenswertes

Die **Cow Bay** liegt in Gehweite zum Zentrum und ist ideal für einen anregenden Spaziergang. Um dem Namen der Bucht alle Ehre zu machen, steht überall entsprechendes Dekor – irgendwie gelingt es dabei, nicht ins Klischeehafte abzugleiten. Außerdem finden sich hier Geschäfte und Cafés und man hat einen herrlichen Blick aufs Wasser, vor allem vom Atlin Terminal aus, wo die Kreuzfahrtsschiffe anlegen.

Totempfähle sind in der ganzen Stadt zu sehen; zwei flankieren die Statue von Charlie Hays neben dem Rathaus in der 3rd Ave. Auch werden Häuser in der ganzen Stadt von über 30 großen **Wandbildern** geschmückt. Der bekannte Künstler Jeff King malt Historisches und Natur.

★ North Pacific Cannery National Historic Site HISTORISCHE STÄTTE
(☎250-628-3538; www.northpacificcannery.ca; 1889 Skeena Dr; Erw./Kind 12/8 C$; ⌚ Juli & Aug. tgl. 10–17 Uhr, Mai, Juni & Sept. Di–So) Hier kann man die Geschichte des Fischfangs und der Konservenfabrikation am Skeena River entdecken. Der faszinierende Komplex ganz aus Holz war von 1889 bis 1968 in Betrieb. Die Ausstellungen dokumentieren die armseligen Lebensumstände der Arbeiter, während Führungen Einblicke in den Arbeitsprozess und das Leben mit der Konservenfabrik geben. Ein Bus von Prince Rupert Transit fährt zu der Stätte, rund 20 südlich von Prince Rupert nahe der Stadt Port Edward,

★ Museum of Northern BC MUSEUM
(☎250-624-3207; www.museumofnorthernbc.com; 100 1st Ave W; Erw./Kind 6/2 C$; ⌚ Juni–Aug. tgl. 9–17 Uhr, Sept.–Mai Di–Sa) Das Museum ist in einem Gebäude untergebracht, das einem Langhaus der Ureinwohner nachempfunden ist, und ein echtes Muss für Besucher. Es

zeigt, wie die hier ansässigen Zivilisationen über Jahrtausende hinweg im Einklang mit der Natur lebten – man könnte sagen, dass sie ihrer Zeit voraus waren. Zur Ausstellung gehören viele ausgezeichnete Kunstwerke der Haida, Gitksan und Tsimshian und eine Menge Infos über Totempfähle. Die Buchhandlung ist exzellent.

Aktivitäten

Unter den vielen Wanderwegen der Umgebung ist der **Butze Rapids Trail** ein guter Start. Der 4,5 km lange Rundweg mit Erklärungsschildern beginnt etwa 3 km südlich der Stadt.

Im **Khutzeymateen Grizzly Bear Sanctuary**, einem Naturareal, leben über 50 der Riesenbären. Besuche organisiert **Prince Rupert Adventure Tours** (☎250-627-9166; www.adventuretours.net; 210 Cow Bay Rd, Atlin Terminal; Bärentouren 225 C$, Waltouren 115 C$).

Skeena Kayaking KAJAKFAHREN
(☎250-624-1921; www.skeenakayaking.ca; Kajakverleih ab 50 C$) Bietet Kajakverleih und individuelle Touren in der Gegend, in der es scheinbar unendlich viele Gewässer gibt.

Schlafen

Zu den verschiedenen Unterkünften in Rupert gehört über ein Dutzend B&Bs. Liegen alle drei Fähren vor Anker, sind Übernachtungsmöglichkeiten heiß begehrt, deshalb empfiehlt es sich, vorab zu reservieren.

Black Rooster Guesthouse PENSION $
(☎250-627-5337; www.blackrooster.ca; 501 6th Ave W; B 35 C$, Zi. 65–150 C$; P @) Das renovierte Haus, vom Zentrum gleich den Hügel hinauf gelegen, hat eine Terrasse und einen hellen Gemeinschaftsraum. Das Angebot reicht von spartanischen Einzelzimmern bis zu großen Apartments.

Pioneer Hostel HOSTEL $
(☎250-624-2334; www.pioneerhostel.com; 167 3rd Ave E; B 30–40 C$, Zi. 60–95 C$; P @) Das Hostel zwischen Cow Bay und Innenstadt vermietet blitzeblanke, kompakte Zimmer mit bunten Farbakzenten. Es gibt eine kleine Küche und einen Grillplatz hinterm Haus.

Prince Rupert RV Campground CAMPING $
(☎250-624-5861; www.princerupertrv.com; 1750 Park Ave; Stellplatz Zelt/Wohnmobil ab 21/33–48 C$; P) Der etwas kahle Campingplatz unweit des Fähranlegers verfügt über 77 Stellplätze, heiße Duschen, Waschmaschinen und einen kleinen Spielplatz.

★ **Crest Hotel** HOTEL $$
(☎250-624-6771; www.cresthotel.bc.ca; 222 1st Ave W; Zi. 130–300 C$; P) Das beste Hotel der Stadt vermietet Zimmer mit Hafenblick, die jeden Cent wert sind, auch wegen der eingebauten Fenstersitze mit Leihferngläsern. Nicht so schön sind die kleineren Zimmer auf der Parkplatzseite, die Suiten im Gegensatz dazu opulent.

Inn on the Harbour MOTEL $$
(☎250-624-9107; www.innontheharbour.com; 720 1st Ave W; Zi. inkl. Frühstück 110–260 C$; P) Die Sonnenuntergänge sind so überwältigend, dass man die eintönige äußere Erscheinung dieses modernen Motels mit Hafenblick beinahe übersieht. Die 49 Zimmer sind edel und modern eingerichtet.

Eagle Bluff B&B B&B $$
(☎250-627-4955; www.eaglebluff.ca; 201 Cow Bay Rd; Zi. 85–155 C$; @) Das B&B an einer Landungsbrücke in idealer Lage an der Cow Bay ist ein historisches Gebäude mit markantem rot-weißem Anstrich. Drinnen warten sieben Zimmer mit teilweise spektakulären Hafenblicken. Zwei davon teilen sich Bäder.

Essen

Cowpuccino's CAFÉ $
(☎250-627-1395; 25 Cow Bay Rd; Kaffee 2 C$; ⌚7–21 Uhr;) Das hiesige Café mit Holzelementen lässt den Regen dank des Kaffees, der leckeren Auswahl an Backwaren (die Kekse sind sehr lecker) und den Sandwiches schnell vergessen. Wer nicht drinnen essen möchte, kann sich auch mit Picknickzutaten eindecken.

★ **Charley's Lounge** PUB-KÜCHE $$
(☎250-624-6771; www.cresthotel.bc.ca; 222 1st Ave W, Crest Hotel; Hauptgerichte 12–25 C$; ⌚12–22 Uhr) Hier tauschen Einheimische Klatsch und Tratsch aus und genießen dabei von der beheizten Terrasse den Blick über den Hafen. Das Essen passt zur Aussicht: Auf der Karte stehen einige der besten Meeresfrüchtegerichte in Rupert.

Fukasaku JAPANISCH $$
(☎250-627-7874; www.fukasaku.ca; 215 Cow Bay Rd; Hauptgerichte 15–30 C$; ⌚17–20.30 Uhr) Das exzellente Sushilokal achtet bei seiner Speisenauswahl auf Nachhaltigkeit. Im angemessen minimalistischen Speiseraum

kommen allerfrischste Meeresfrüchte, u.a. verarbeitet als Röllchen, Sashimi oder *donburi*, auf den Tisch.

Smiles Seafood FISCH & SEAFOOD $$
(☎250-624-3072; www.smilesseafoodcafe.ca; 113 Cow Bay Rd; Hauptgerichte 8–30 C$; ⌚9–21 Uhr) Seit 1934 serviert das Smiles klassische, zwanglose Meeresfrüchtegerichte. Nachdem man es sich in den Sitznischen gemütlich gemacht hat, kann man sich ein Clubsandwich mit Garnelen oder frisches Heilbuttsteak schmecken lassen. Es gibt auch leckeres Frühstück nach Diner-Art.

Cow Bay Café ITALIENISCH $$
(☎250-627-1212; www.cowbaycafe.com; 205 Cow Bay Rd; Hauptgerichte 16–25 C$; ⌚Di–Sa 11.30–14 & 17–21, So 13–20 Uhr) Das Bistro befindet sich direkt an der Cow Bay und bietet Rundumblicke aufs Wasser und jede Menge Gerichte mit Tomatensauce.

Waterfront Restaurant FUSION $$$
(☎250-624-6771; www.cresthotel.bc.ca; 222 1st Ave W, Crest Hotel; Hauptgerichte 15–40 C$; ⌚Mo–Fr 6.30–21, Sa & So 7–21 Uhr) Hier kann man sich an Tischen mit fantastischem Blick aufs Ufer farbenfrohe, aromatische Gerichte aus leckeren, frischen Zutaten schmecken lassen.

ℹ Praktische Informationen

Prince Rupert Visitor Center (☎250-624-5637; www.visitprincerupert.com; 215 Cow Bay Rd, Atlin Terminal; ⌚9–17 Uhr) Informiert über die Region. Nebenan macht eine Infotafel Werbung für den ständig expandierenden Hafen.

ℹ An- & Weiterreise

Der Fähranleger und der Bahnhof liegen 3 km südwestlich des Zentrums.

BUS

Greyhound Canada (S. 798) Im Sommer fahren Busse einmal täglich nach Prince George (142 C$, 10½ Std.), im restlichen Jahr seltener. Man sollte sich erkundigen, ob ein Bus von **BC Transit** (www.bctransit.com) die Route ebenfalls bedient.

FLUGZEUG

Prince Rupert Airport (☎250-622-2222; www.ypr.ca) Der Flughafen befindet sich auf Digby Island jenseits des Hafenbeckens. Zu erreichen ist er mit Bus und Fähre; der Bus fährt am Highliner Hotel (815 1st Ave) etwa zwei Stunden vor Abflug ab. Alle Infos sollte man sich bei der Fluggesellschaft oder beim Flughafen bestätigen lassen.

Air Canada Jazz (☎888-247-2262; www.aircanada.com) Fliegt nach Vancouver.

SCHIFF/FÄHRE

Alaska Marine Highway System (☎250-627-1744, 800-642-0066; www.ferryalaska.com) Eine oder zwei Fähren verkehren jede Woche durch die spektakuläre Inside Passage nach Haines und Skagway in Alaska, den beiden Einfallstoren nach Yukon.

BC Ferries (☎250-386-3431; www.bcferries.com) Die Fahrt durch die Inside Passage nach Port Hardy ist für die eindrucksvolle Landschaft bekannt. Die *Northern Expedition* fährt im Sommer dreimal pro Woche und im Winter einmal.

ZUG

VIA Rail (S. 701) Bietet drei wöchentliche Zugverbindungen nach Prince George (12½ Std.) und – mit Übernachtungspause – nach Jasper in den Rockies. Ein Großteil der Strecke ist spektakulär, insbesondere der Abschnitt zwischen Rupert und Smithers.

Haida Gwaii

Hinter der Bezeichnung Haida Gwaii verbirgt sich ein dolchförmiger Archipel aus rund 450 Inseln, 80 km westlich der Küste von BC. Wer die Anreise auf sich nimmt, kann sich auf ein unvergessliches Erlebnis freuen. Die größte Attraktion ist der abgelegene Gwaii Haanas National Park, der das untere Drittel der Inselgruppe ausmacht. Lange hat sich die Aufmerksamkeit vor allem auf die einzigartige Artenvielfalt der Flora und Fauna beschränkt, woraus auch der beliebte Spitzname „Galapagos Kanadas" entstanden ist. Doch jedes Jahr zeichnet sich deutlicher ab, dass das eigentlich Besondere an den Inseln die Haida-Kultur ist.

Ihre Ehrerbietung gegenüber der Umwelt geben die Haida durch den Schutz der letzten Bäume des herrlichen, uralten Regenwalds Ausdruck. Die Fichten und Zedern gehören zu den ältesten der Welt. Ferner bietet der spärlich besiedelte, wilde und regnerische Flecken Erde auch Weißkopfseeadlern, Bären und noch vielen anderen wilden Tiere ein Zuhause, während sich vor der Küste unzählige Seelöwen, Wale und Killerwale tummeln. In der Vergangenheit wurden auch die einst seltenen Glattwale und Seeotter gesichtet.

👁 Sehenswertes

Der 110 km lange Abschnitt des **Yellowhead Hwy** (Hwy 16) auf Haida Gwaii verläuft von

Queen Charlotte (bekannt als QCC) Richtung Norden nach Skidegate, Tlell und Port Clements. In Port Clements stand einst die berühmte Goldene Fichte am Ufer des Yakoun River, die 1997 von einem verrückten Holzarbeiter gefällt wurde. Diesen Vorfall erzählt John Vaillant in seinem Bestseller *The Golden Spruce*, einem hervorragenden Buch über die Inseln und die Kultur der Haida.

An der Straße nach **Masset** entdeckt man entlang der Strecke Rastplätze am Wasser sowie schrullige Boutiquen und Cafés, die typisch für den Charakter der Inseln sind.

★ Gwaii Haanas National Park Reserve, National Marine Conservation Area Reserve & Haida Heritage Site

NATIONALPARK

(☎250-559-8818; www.parkscanada.ca/gwaiihaanas; Haida Gwaii) Die riesige Welterbestätte der UNESCO mit dem unendlich langen Namen umfasst Moresby Island und 137 kleinere Inseln an ihrer Südspitze. Sie ist eine Kombination aus alten, verlassenen Haida-Dörfern, heißen Quellen, hinreißend schöner Natur und einigen der besten Möglichkeiten zum Kajakfahren des Kontinents.

In den Park gelangt man nur per Schiff oder Flugzeug. Ein Besuch erfordert eine gewisse Planung und dauert normalerweise einige Tage. Von Mai bis September müssen Besucher reservieren, es sei denn, sie sind mit einem Veranstalter unterwegs.

Archäologische Fundstücke wiesen über 500 alte Stätten der Haida auf allen Inseln nach, darunter Dörfer und Begräbnishöhlen. Das berühmteste Dorf ist **SGang Gwaay** (Ninstints) auf Anthony Island, wo reihenweise verwitterte Totempfähle gespenstisch aufs Meer blicken. Andere wichtige Sehenswürdigkeiten sind das alte Dorf **Skedans** auf Louise Island und die **Hotspring Island**, deren natürliche Thermalquellen wieder sprudeln, nachdem sie wegen des Erdbebens von 2012 verschwunden waren. Die Stätten werden von Wächtern aus Haida Gwaii, die im Sommer auf den Inseln leben, gesichert.

2013 wurde in Windy Bay mit dem **Gwaii Haanas Legacy Pole** der erste neue Totempfahl in dem Schutzgebiet seit 130 Jahren aufgestellt.

Fragen beantwortet Parks Canada (S. 846). Die Website hat einen Link zum unentbehrlichen jährlichen Reiseplaner. Jeder Besucher, der nicht an einer geführten Tour teilnimmt, muss einen kostenlosen Orientierungskurs im Parkbüro absolvieren. Alle Besucher müssen sich registrieren.

Die Zahl der täglichen Reservierungen ist begrenzt, deswegen ist es wichtig, den Besuch möglichst frühzeitig zu planen. Pro Tag wird eine Benutzungsgebühr von 20/10 C$ pro Erwachsenem/Kind fällig. Diese entfällt für Inhaber des Parks Canada Season Excursion Pass. Ein paar heiß begehrte Plätze werden täglich spontan vergeben – einfach bei Parks Canada anrufen.

Am einfachsten kann man den Park mit einem Tourveranstalter besuchen. Parks Canada hat eine Liste der Anbieter. Die Touren dauern von einem Tag bis zu zwei Wochen. Viele Veranstalter verleihen auch Kajaks (pro Tag/Woche ca. 60/300 C$) und Ausrüstung an Individualreisende.

★ Haida Heritage Centre at Kay Llnagaay

MUSEUM

(☎250-559-7885; www.haidaheritagecentre.com; Hwy 16, Skidegate; Erw./Kind 16/5 C$; ⏲Juni–Aug. Mo–Mi 10–18, Do–So bis 20 Uhr, Sept.–Mai Di–Sa 10–17 Uhr) Zu den Top-Attraktionen im Norden gehört dieses großartige Kulturzentrum. Mit seinen Ausstellungen zur Geschichte, Natur und Kultur wäre es allein schon Grund genug, die Inseln zu besuchen. Die reichen Traditionen der Haida werden umfassend in Galerien, Programmen und Werkstätten dargestellt, wo zeitgenössische Künstler u.a. Totempfähle herstellen, die an der Küste zu sehen sind. Bemerkenswert ist das Modell von Skidegate in präkolonialer Zeit.

Im Sommer werden kostenlose Führungen durch die Sammlung angeboten. Regelmäßig veranstalten Ranger von Parks Kanada Vorträge und Wanderungen.

Naikoon Provincial Park

PARK

(☎250-626-5115; www.bcparks.ca; abseits vom Hwy 16) Den Großteil des Nordostens der Insel nimmt der schöne, 726 km² große Naikoon Provincial Park ein. Die Szenerie prägen Sanddünen und von niedrigem Torfmoos bedeckte Sümpfe, verkümmerte, knorrige Küstenkiefern, Nootka-Scheinzypressen und Riesen-Lebensbäume. Die dramatischen **Strände** der Nordküste sind peitschenden Winden und donnernden Wellen ausgesetzt, die vom Pazifik her Treibgut anschwemmen. Man erreicht sie über die eindrucksvolle, 26 km lange Tow Hill Rd östlich von Masset.

Dixon Entrance Maritime Museum

MUSEUM

(☎250-626-6066; 2182 Collinson Ave; Erw./Kind 3 C$/frei; ⏲Juni–Aug. tgl. 13–18 Uhr, Sept.–Mai Sa

& So 14–16 Uhr) Im ehemaligen hiesigen Krankenhaus widmet sich das Museum der lokalen Seefahrergeschichte. Es zeigt Ausstellungsstücke zum Schiffsbau, zu medizinischen Pionieren, zur Militärgeschichte und zu den Muschel- und Krabbenfabriken in der Nähe.

Port Clements Museum MUSEUM

(☎250-557-4576; www.portclementsmuseum.ca; 45 Bayview Dr; Erw./Kind 3 C$/frei; ⏲Juni–Mitte Sept. 10–16 Uhr, Mitte Sept.–Mai Sa & So 14–16 Uhr) Hier bekommen Besucher Einblicke in die Anfänge der Holzfällerei und können sich Spielzeug und Gerätschaften aus der Pionierzeit ansehen. In der Nähe befinden sich die eingezäunten Überreste des bekannten, aber gefällten **Golden Spruce**. Der Baum lebt noch, ist jedoch ziemlich mickrig.

Aktivitäten

Haida Gwaii bietet auch abseits des Parks zahllose Naturattraktionen, die man vom Land oder vom Meer aus erkunden kann.

Yakoun Lake WANDERN

(☎250-557-6810) Ein 20-minütiger Marsch durch alten Fichten- und Zedernbestand führt zum unberührten **Yakoun Lake**, einem großen See inmitten der Wildnis Richtung Westrand der Graham Island. Ein kleiner Strand nahe dem Pfad ist von knorrigen Sitka-Erlen überschattet. Wer es wagt, kann ein Bad in dem erfrischend kalten Wasser nehmen oder auch nur den weiten Blick genießen.

Der Weg beginnt am Ende eines holprigen Pfads, der von einem Seitenweg des größeren, unbefestigten Forstwegs zwischen Queen Charlotte und Port Clements abzweigt – etwa 20 km nördlich von Queen Charlotte ist der See ausgeschildert. Die Strecke ist etwa 70 km lang. Werktags sollte man sich zur Sicherheit telefonisch nach dem Verkehr von Langholzlastern erkundigen. Man benötigt auf jeden Fall ein Auto mit Allradantrieb.

★ **Moresby Explorers** ABENTEUER

(☎800-806-7633, 250-637-2215; www.moresbyexplorers.com; Sandspit; Tagestouren ab 215 C$) Veranstaltet eintägige Schlauchboottouren, auch zur Louise Island einschließlich Besuch in Skedans und den bekannten Totempfählen, sowie sehr viel längere Ausflüge; sehr zu empfehlen ist die viertägige Exkursion. Moresby Explorers vermietet auch Kajaks und Ausrüstung und kümmert sich um die Logistik.

Archipelago Ventures KAJAKFAHREN

(☎250-652-4913, 888-559-8317; www.tourhaidagwaii.com; 6-tägige Touren ab 2350 C$) Die mehrtägigen Kajakausflüge führen in das gesamte Gwaii Haanas National Park Reserve. Die Teilnehmer werden auf dem Mutterschiff, der MV *Island Bay*, untergebracht und es wird viel Wert auf Teamgeist gelegt, u.a. werden lästige Routinearbeiten gemeinsam verrichtet. Die Routen sind nicht festgelegt und die Guides berücksichtigen Wünsche der Gäste.

DER GREAT BEAR RAINFOREST

Hier ist er also, der letzte große Regenwald in gemäßigtem Küstenklima, den es auf unserem Planeten noch gibt. Der Great Bear Rainforest ist eine unberührte Region mit Inseln, Fjorden und hoch aufragenden Bergen. Das Gebiet umfasst 64 000 km² (7 % von BC) und erstreckt sich von Alaska entlang der Küste in den Süden British Columbias sowie von der Inselgruppe Haida Gwaii bis zum Campbell River auf Vancouver Island (die selbst kein Teil des Regenwalds ist). Die Wälder und Gewässer sind bemerkenswert artenreich: Hier leben Wale, Lachse, Adler, Elche, Otter und andere Tiere. Die abgelegenen Flusstäler sind gesäumt von Wäldern aus uralten Sitka-Fichten, Pazifik-Silbertannen und diversen Zedernarten, die oft 100 m hoch und bis zu 1500 Jahre alt sind.

2016 erklärte die Provinzregierung von BC 85 % des Great Bear Rainforest zu einem Schutzgebiet, in dem industrielle Abholzung verboten ist. Dennoch ist das Gebiet aufgrund des geplanten Northern-Gateway-Pipelines-Projekts gefährdet. Die Website www.savethegreatbear.org gibt Einblicke in eine Kampagne zum Schutz des Waldgebiets.

Von Bella Coola aus kann man Bootsausflüge und Wanderungen zu magischen Orten im Great Bear Rainforest arrangieren, darunter auch zu Flüssen tief in der Wildnis. Vielleicht bekommt man sogar einen der seltenen **Kermodebären** zu Gesicht. Der Bär mit dem weißen Pelz ist eine Unterart des Schwarzbären, der in den Legenden der Indianerstämme auch „Geisterbär" genannt wird und dem Park seinen Namen gab.

Haida Style Expeditions KULTUR
(☎250-637-1151; www.haidastyle.com; Touren 275–375 C$; ⊙Mai–Mitte Sept.) Hier geht's in einem großen aufblasbaren Boot durch das Gwaii Haanas National Park Reserve. Der Veranstalter unter Haida-Leitung bietet vier verschiedene Tagestouren (8–12 Std.), die in ihrer Gesamtheit zu den meisten wichtigen Attraktionen im Park führen.

Schlafen

Kleine Gasthäuser und B&Bs gibt es vor allem auf Graham Island. Zahlreiche Unterkünfte findet man in Queen Charlotte (QCC) und Masset, viele auch dazwischen und an der spektakulären Nordküste. Im Naikoon Provincial Park befinden sich zwei Campingplätze, darunter die dramatische, windgepeitschte Anlage am einsamen Agate Beach, 23 km östlich von Masset.

Agate Beach Campground CAMPING $
(☎250-557-4390; www.env.gov.bc.ca/bcparks; Tow Hill Rd, North Shore, Naikoon Provincial Park; Stellplätze 18 C$; P) Der eindrucksvolle, windgepeitschte Campingplatz liegt direkt am Strand an der Nordküste. Hier kann man sich im Sand vergnügen, die gleichnamigen Felsen erkunden und ein wenig Treibgut sammeln.

★**Premier Creek Lodging** INN $$
(☎250-559-8415, 888-322-3388; www.qcislands.net/premier; 3101 3rd Ave, QCC; B ab 30 C$, Zi. 50–160 C$; P 📶) Die freundliche Lodge in Queen Charlotte von 1910 unter der Leitung von Lenore hat acht Betten in einem Hostel hinten und zwölf Zimmer im Hauptgebäude. Das Angebot reicht von winzigen, aber preiswerten Einzelzimmern bis zu geräumigen Quartieren mit Ausblick, Küche und Veranda.

North Beach Cabins HÜTTEN $$
(☎250-557-2415; www.northbeachcabins.com; Km 16, Tow Hill Rd, North Shore; Hütten 100–175 C$; P) 🍃 In den Dünen des schönen North Beach verstecken sich sechs gemütliche Hütten. Es gibt keinen Strom, doch dank Propangas können die Gäste kochen – was im Prinzip die einzige Ablenkung von den fabelhaften Ausblicken und schier endlosen Strandspaziergängen ist.

All The Beach You Can Eat HÜTTEN $$
(☎250-626-9091; www.allthebeachyoucaneat.com; Km 15, Tow Hill Rd, North Shore; Hütten 100–190 C$; P) 🍃 Die fünf Hütten am North Beach stehen in den Dünen hinter dem Strandabschnitt, der sich kilometerweit in Richtung Osten und Westen erstreckt. Eine davon, die charmante kleine Sweety Pie, wartet mit schier unendlichen Ausblicken auf. Wie andere ähnliche Anlagen mit Ferienhütten hat auch diese keinen Strom; dank Propangas hat man trotzdem Licht und Energie zum Kochen. In gänzlicher Abgeschiedenheit eröffnet sich einem hier eine ganz andere Welt.

Copper Beech House B&B $$
(☎250-626-5441; www.copperbeechhouse.com; 1590 Delkatla Rd, Masset; Zi. 100–160 C$; P 📶) Das legendäre B&B in einem großen alten Haus am Masset Harbor gehört der Dichterin Susan Musgrave. Es gibt fünf individuelle Zimmer und in der Küche kocht immer etwas Leckeres auf dem Herd.

Essen

Die beste Restaurant-Auswahl gibt's in QCC, ein paar findet man aber auch in Skidegate und Masset. Die Visitor Centers informieren über Haida-Festmähler in der Gegend, bei denen die besten Lachse und Blaubeeren überhaupt serviert werden. Gute Supermärkte sind in QCC und Masset zu finden.

Moon Over Naikoon BÄCKEREI $
(☎250-626-5064; 16443 Tow Hill Rd, Masset; Snacks ab 3 C$; ⊙Juni–Aug. 8–17 Uhr) Das winzige Gemeindezentrum mit Bäckerei ist das Sinnbild dieser Straße ins Nirgendwo. Es ist in einem alten Schulbus auf einer Lichtung rund 6 km von Masset entfernt untergebracht und verkauft ausgezeichnete Backwaren und exzellenten Kaffee.

DIE HAIDA

Auf Haida Gwaii, den „Inseln des Volkes", leben die Haida, eine der fortschrittlichsten und mächtigsten First Nations, die allerdings unter der Ankunft der Menschen aus dem Westen schrecklich zu leiden hatten. Mittlerweile blüht ihre Kultur jedoch wieder auf und ist in verschiedenen Formen auf den ganzen Inseln präsent. Dabei gibt es weitaus mehr als die typischen Totempfähle – und der Schutz der spektakulären Natur der Insel ist ein wichtiges Element ihrer Philosophie.

Die Inseln des Archipels hießen früher Queen Charlotte Islands. Der Name wurde 2010 offiziell abgeschafft.

Queen B's CAFÉ $
(☎250-559-4463; 3201 Wharf St, QCC; Hauptgerichte 3–10 C$; ⏱9–17 Uhr) Das unkonventionelle Café in Queen Charlotte stellt den ganzen Tag über köstliche Backwaren her. Draußen gibt es Tische mit Wasserblick, drinnen jede Menge lokale Kunst.

★ **Charters Restaurant** FISCH & SEAFOOD $$
(☎250-626-3377; 1650 Delkatla Rd, Masset; Hauptgerichte 15–30 C$; ⏱Mi–So 17–21 Uhr) Hier ist das Motto klein (6 Tische, 3 Hauptgerichte), aber fein (köstliches Essen wie Meeresfrüchte-Fettuccine und frischer lokaler Heilbutt). Die wechselnde Speiseauswahl umfasst auch Burger, Rippchen, Salate und mehr. Die Detailverliebtheit ist bemerkenswert: Das Grünzeug, mit dem die Teller ausgeschmückt werden, wächst unter Lampen in der Küche. Vorab reservieren.

Haida House FISCH & SEAFOOD $$
(☎855-557-4600; www.haidahouse.com; 2087 Beitush Rd, Tlell; Hauptgerichte 20–30 C$; ⏱Mitte Mai–Mitte Sept. Di–So 17–19.30 Uhr) Das Restaurant unter Haida-Leitung bietet exzellente, kreative Meeresfrüchte und andere Gerichte mit Inselakzenten, darunter Haida-Klassiker mit Beeren. Darüber hinaus vermietet es schicke Zimmer.

ℹ Praktische Informationen

Den umfangreichen, jährlich erscheinenden *Haida Gwaii Visitors Guide* (www.gohaidagwaii.ca) gibt's kostenlos zum Downloaden, zum Durchlesen im Internet oder in Papierform.

Parks Canada (☎250-559-8818, Reservierungen 877-559-8818; www.parkscanada.ca/gwaiihaanas; Haida Heritage Centre at Kay Llnagaay, Skidegate; ⏱Büro Mo–Fr 8.30–12 & 13–16.30 Uhr) Umfangreiche Online-Infos.

QCC Visitor Centre (☎250-559-8316; www.queencharlottevisitorcentre.com; 3220 Wharf St, QCC; ⏱Mai–Sept. Mo–Sa 9–20, So 12–20 Uhr, sonst kürzer) Das nützliche Visitor Center reserviert auf Wunsch Touren telefonisch.

Sandspit Airport Visitor Center (☎250-637-5362; Sandspit Airport; ⏱9.30–11.30 & 13–16 Uhr) Nützliches Besucherzentrum.

ℹ An- & Weiterreise

Der wichtigste Flughafen für Haida Gwaii befindet sich in Sandspit auf Moresby Island, 12 km östlich des Fähranlegers von Aliford Bay. Es ist zeitaufwendig, den Flughafen von Graham Island aus zu erreichen. Startet der Flug um 15.30 Uhr, muss man sich schon um 12.30 Uhr (im Sommer früher) für die Autofähre in Skidegate Landing anstellen. Es gibt auch noch einen kleinen Flughafen in Masset.

Air Canada (www.aircanada.com) fliegt zwischen Sandspit und Vancouver.

Die Fähre von **BC Ferries** (☎250-386-3431; www.bcferries.com) ist das beliebteste Verkehrsmittel zu den Inseln. Fähren vom Festland legen in Skidegate Landing auf Graham Island an, wo 80 % der Einwohner leben. Die *Northern Adventure* fährt im Sommer fünfmal pro Woche zwischen Prince Rupert und Skidegate Landing und im Winter dreimal pro Woche hin und her. Die Überfahrt dauert sechs bis sieben Stunden (Erw. 39–48 C$, Kinder die Hälfte, Autos 139–169 C$). Kabinen sind praktisch für Übernachtfahrten (ab 90 C$).

ℹ Unterwegs vor Ort

Die Hauptverkehrsstraße auf Graham Island ist der komplett asphaltierte Hwy 16. Er verbindet Skidegate mit dem 101 km nördlich gelegenen Masset und passiert die kleinen Städte Tlell und Port Clements. Der Hauptort Queen Charlotte (zuvor Queen Charlotte City und noch immer unter der alten Abkürzung QCC bekannt) liegt 7 km westlich von Skidegate. Abseits des Hwy 16 verlaufen meist Schotterpisten oder Straßen in noch schlimmerem Zustand. Öffentliche Verkehrsmittel gibt es nicht.

BC Ferries verbindet Graham Island mit Moresby Island über Skidegate Landing bzw. Alliford Bay (Erw./Kind 11/5,50 C$, Autos ab 25 C$, 20 Min., 7–22 Uhr alle 2 Std.). Die Fahrpläne sind für Flugpassagiere ungünstig.

Die Busse von **Eagle Transit** (☎250-559-4461, 877-747-4461; www.eagletransit.net; Flughafen-Shuttle Erw./Kind 30/22 C$) sind mit dem Flugplan nach Sandpsit abgestimmt und verkehren nach Skidegate und QCC.

Ein Mietwagen ist teils so teuer (60–100 C$/Tag) wie der Fährpreis für einen eigenen Wagen. Zu den hiesigen Anbietern gehört **Budget** (☎250-637-5688; www.budget.com; Sandspit Airport), daneben gibt's mehrere kleine Unternehmen unter einheimischer Leitung.

Das kleine **Sandspit Airport Visitor Center** (S. 846) verleiht Fahrräder für 30 C$ am Tag. Diese kann man auf der Fähre nach Graham Island mitnehmen.

Von Prince Rupert nach Prince George

Man kann die 725 km auf dem Hwy 16 zwischen den zwei Prinzen von British Columbia an einem Tag oder in einer Woche schaffen. Es gibt nichts, was man unbedingt gesehen haben müsste und dennoch finden sich viele Plätze, an denen man eine Pause einlegen und etwas Zeit totschlagen kann. Die Landschaft entlang der Strecke ist nicht gerade unvergesslich (mit einer erwähnenswerten Ausnahme, dem Skeena River), bietet jedoch eine hübsche Mischung aus Bergen und Flüssen.

Von Prince Rupert nach Smithers

Auf den ersten 150 km raus aus Prince Rupert führt der Hwy 16 am breiten und wilden **Skeena River** entlang. Hier ist die Landschaft noch äußerst reizvoll: Die Reisenden bekommen Gletscher und schroffe Gipfel auf der anderen Seite des Flusses zu sehen.

Der schäbige Ort **Terrace** am Ende des Streckenabschnitts wird jedoch keine Schönheitswettbewerbe gewinnen.

Von Terrace führt der Hwy 16 auf weiteren 93 km in östliche Richtung nach Kitwanga, wo der **Stewart-Cassiar Hwy** (Hwy 37) Richtung Norden ins Yukon Territory und nach Alaska verläuft.

Gleich östlich von Kitwanga kommt man in die Gegend von **Hazelton**, bestehend aus New Hazelton, Hazelton und South Hazelton. Es ist das Zentrum einiger interessanter Stätten der Ureinwohner, darunter auch das **'Ksan Historical Village & Museum** (☎250-842-5544; www.ksan.org; abseits vom Hwy 16, Hazelton; ab 2 C$; ⏲Juni–Aug. 10–21 Uhr, Sept.–Juli kürzere Öffnungszeiten). In der nachgebildeten Stätte der Gitksan gibt es Langhäuser, ein Museum, verschiedene Nebengebäude und Totempfähle. Die Führung (10 C$) ist sehr empfehlenswert.

Smithers

Die größere Stadt mit charmantem Altstadtkern liegt etwa auf halbem Weg zwischen Prince Rupert und Prince George. Sie ist das Zentrum der lebendigen Kulturszene des Bulkley Valley.

Gute Wanderwege gibt's im **Babine Mountains Provincial Park** (☎250-847-7329; www.bcparks.ca; Old Babine Lake Rd) in der Nähe. In dem 324 km² großen Park führen Routen zu Gletscherseen und subalpinen Wiesen. Hütten im Hinterland kosten 5 bis 10 C$ pro Person.

Die Lage des **Stork Nest Inn** (☎250-847-3831; www.storknestinn.com; 1485 Main St; Zi. 90–110 C$; P❄📶), vom Zentrum gleich auf der anderen Seite des Hwy 16, ist unschlagbar. Die 23 Zimmer sind groß und im Preis inbegriffen ist ein gutes, komplettes Frühstück. Die Besitzer geben tolle Tipps zur Umgebung.

Die verschiedensten Köstlichkeiten verkauft das **Caravan** (☎778-210-1074; www.facebook.com/caravanhwy16; Ecke Main St & Broadway Ave; Hauptgerichte 8–14 C$; ⏲Di–Sa 11–15 Uhr), ein exzellenter Imbisswagen in einem kleinen Park im Herzen der Stadt. Das Angebot wechselt täglich und richtet sich nach der frischen Auswahl der vielen lokalen Zulieferer. Steht das Steak-Sandwich mit Zwiebelringen auf der Karte, sollte man es unbedingt bestellen!

Das nach dem Mountain Pine Beetle benannte **Bugwood Bean** (☎250-877-3505; www.bugwoodbean.com; 2nd St & Main St; Kaffee 2 C$; ⏲7.30–16.30 Uhr; 📶) hat hausgemachte Backwaren und leckeren, frisch gerösteten Bio-Kaffee.

Von Smithers nach Prince George

Südlich und östlich von Smithers gelangt man über den Hwy 16 nach 146 km nach **Burns Lake**, dem Zentrum eines beliebten Angelgebiets. Nach weiteren 128 km stößt man auf **Vanderhoof**, wo man entweder nach Norden fahren oder dem Hwy 16 weitere 100 km bis nach Prince George folgen kann. Der Highway verläuft durch eine Region voller toter Bäume, wie man sie überall im Norden sieht. Die dunkelgrauen Bäume sind Opfer des Bergkiefernkäfers. Die explosionsartige Vermehrung dieser Borkenkäferart hängt mit den vergleichsweise milden Wintern zusammen, die wiederum eine Folge des Klimawandels sind. Überall sieht man jetzt Sägewerke, in denen die abgestorbenen Bäume verarbeitet werden.

Von Vanderhoof führt der Hwy 27 auf 66 km nordwärts zur **Fort St. James National Historic Site** (☎250-996-7191; www.pc.gc.ca; Kwah Rd; Erw./Kind 8/4 C$; ⏲Juni–Sept. 9–17 Uhr), einem früheren Handelsposten der Hudson's Bay Company am ruhigen Südostufer des Stuart Lake. Nach Restaurierungsarbeiten erstrahlt es im alten Glanz von 1896.

Prince George

72 700 EW.

Ehe die Zuwanderer kamen, hieß Prince George bei den Ureinwohnern Lheidli T'Enneh, „Volk der Mündung" – ein angemessener Name, mündet doch hier der Nechako in den Fraser River. Auch heute noch wäre der Name passend, wohl aber eher, weil nun hier die Highways zusammenlaufen. Die seit 1807 bestehende Holzfällerstadt ist eine wichtige Kreuzung im Straßennetz von BC – wer den Norden besucht, wird hier zumindest einmal bestimmt durchkommen.

Der Hwy 97 führt aus dem Süden kommend auf seinem Weg nordwärts nach Dawson Creek (360 km) und zum Alaska Hwy mitten durch die Stadt. Der Hwy 16, der westwärts nach Prince Rupert (724 km) und ostwärts nach Jasper (380 km) und Edmonton verläuft, heißt in der Stadt Victoria St. Das Zentrum hat sicher keine Chance in einem Schönheitswettbewerb, ist aber kompakt und bietet einige gute Restaurants.

Sehenswertes

Prince George Railway & Forestry Museum MUSEUM
(☎250-563-7351; www.pgrfm.bc.ca; 850 River Rd, Cottonwood Island Nature Park; Erw./Kind 8/5 C$; ⊙Juni–Aug. tgl. 10–17 Uhr, Sept.–Mai Di–Sa 11–16 Uhr) Das Museum widmet sich Dampfeisenbahnen, Bibern und Heimatkunde. Es liegt im **Cottonwood Island Nature Park** mit seinen Waldwanderwegen am Fluss.

Exploration Place MUSEUM
(☎250-562-1612; www.theexplorationplace.com; 333 Becott Pl, Fort George Park; Erw./Kind 11/8 C$; ⊙9–17 Uhr;) Südöstlich des Zentrums (östlich der Gorse St der 20th Ave folgen) zeigt das Exploration Place in verschiedenen kinderfreundlichen Galerien Ausstellungen zu Wissenschaft, Naturkunde und Kulturgeschichte.

Schlafen

Der Hwy 97 (Central St) führt in einem Bogen um das Zentrum, wo es viele ordentliche Motels gibt.

97 Motor Inn MOTEL $
(☎250-562-6010; www.97motorinn.ca; 2713 Spruce St; Zi. 70–100 C$;) Das moderne Motel liegt am Hwy 97 (wo sonst?) nahe der Kreuzung mit dem Hwy 16. Die 19 einfachen Zimmer haben teils Balkone und Küchen.

Economy Inn MOTEL $
(☎250-563-7106; www.economyinn.ca; 1915 3rd Ave; Zi. 65–95 C$;) Das einfache,

NORDWÄRTS BIS NACH YUKON

In BC gibt es drei Hauptstrecken, auf denen man in den Norden fahren kann. Alle eignen sich für Erkundungstouren, man hat also mehrere Optionen, sich eine Strecke nach Yukon oder sogar bis nach Alaska zurechtzulegen.

Alaska Highway

Die historische, geradezu epische Straße wurde nach jahrelanger Planung schließlich im Zweiten Weltkrieg erbaut. Von ihrem Startpunkt in Dawson Creek, 364 km nordöstlich von Prince George, schlängelt sie sich durch den Nordosten von BC nach Watson Lake (944 km). Der Highway bietet sich vor allem dann an, wenn man aus Edmonton und dem Osten des Landes kommt.

Stewart-Cassiar Highway

Der Stewart-Cassiar Hwy (Hwy 37) führt von der Kreuzung mit dem Hwy 16, 240 km östlich von Prince Rupert und 468 km westlich von Prince George, über 700 km weit durch die unberührte Landschaft. Ein Abstecher zu den atemberaubenden Gletschern rund um Stewart ist ein unvergessliches, gut machbares Erlebnis. Die Route bietet sich für Reisende an, die aus den meisten Teilen von BC, aus Alberta oder aus dem Westen der USA kommen. Die Straße endet am Alaska Hwy in der Nähe von Watson Lake im Yukon Territory.

Alaska Marine Highway System

Sehr zu empfehlen sind Alaskas **Autofähren** (www.ferryalaska.com) auf der Inside Passage. Komfort sucht man hier vergeblich, dafür kann man wunderbar abschalten und eine der spektakulärsten Meereslandschaften der Welt auf sich wirken lassen. Kreuzfahrtpassagiere zahlen für das Spektakel Tausende von Dollar. Zur Wahl steht z. B. eine dreitägige Überfahrt von Bellingham, nördlich von Seattle, in Washington in den USA nach Haines und Skagway im Südosten von Alaska an der Grenze zum Yukon Territory. Alternativ gelangt man auch in Prince Rupert auf die Fähren zu beiden genannten Orten. Im Sommer sind die Fähren – und ganz besonders die Kabinen – schnell ausgebucht, deshalb sollte man rechtzeitig reservieren.

blau-weiße Motel in Zentrumsnähe vermietet 30 Zimmer mit Kühlschrank, Mikrowelle und Wellnessbad. Das gesparte Geld kann man in ein Softeis von Dairy Queen gegenüber investieren.

Bee Lazee Campground CAMPING $
(☎250-963-7263; www.beelazee.ca; 15910 Hwy 97 S; Stellplätze 25–32 C$; ⏲Mai–Sept.; P 📶 ≋) Der auf Wohnwagen spezialisierte Platz, rund 15 km südlich der Stadt, hat umfassende Einrichtungen, u. a. kostenlose Warmwasserduschen, Feuerstellen und Waschmaschinen.

Coast Inn of the North HOTEL $$
(☎250-563-0121; www.coasthotels.com; 770 Brunswick St; Zi. 100–160 C$; P ❄ 📶 ≋) Das Coast gehört zu den ansprechendsten Optionen in der an Unterkünften armen Stadt und beherbergt in einem hoch aufragenden Gebäude 153 sehr komfortable Zimmer, teilweise mit Balkonen. Der Innenpool ist vor allem in der langen kalten Jahreszeit praktisch. Zentrum und Nachtleben sind nicht weit entfernt.

Essen

★ **Nancy O's** PUB-KÜCHE $$
(☎250-562-8066; www.nancyos.ca; 1261 3rd Ave; Hauptgerichte 10–25 C$; ⏲Mo–Fr 11 Uhr–open end, Sa & So ab 10 Uhr) Das Nancy O's könnte einen verlocken, gleich zwei Nächte in Prince George zu verbringen. Lokale Zutaten werden hier zu großartigen Gerichten verarbeitet, darunter Burger, Vegetarisches, ein toller Avocadosalat und ein großartiges *steak frites*. Die Auswahl an Flaschenbier ist hervorragend (Sorten aus Belgien und BC) und an vielen Abenden gibt's Livemusik und DJs. Legeres Hipster-Ambiente.

Cimo MEDITERRAN $$
(☎250-564-7975; www.cimo.ca; 601 Victoria St; Hauptgerichte 12–30 C$; ⏲Mo–Sa 11.30–14 & 17–21.30 Uhr) Die authentischen mediterranen Gerichte enttäuschen nie. Im stilvollen Innenraum oder draußen auf der Terrasse kann man sich hier eine Mahlzeit oder einfach ein Glas Wein aus BC schmecken lassen. Ein Großteil der Zutaten stammt aus dem hauseigenen Küchengarten. Tolle Auswahl an Weinen aus BC und Spezialsorten.

Praktische Informationen

Prince George Visitor Center (☎250-562-3700; www.tourismpg.com; 1300 1st Ave, VIA Rail Station; ⏲Juni–Aug. 8–18 Uhr Juni–Aug., sonst kürzer; 📶) Das exzellente Visitor Center übernimmt Buchungen, u. a. für die Fähren, und verleiht kostenlose (!) Räder und Angelruten.

An- & Weiterreise

Der **Prince George Airport** (☎250-963-2400; www.pgairport.ca; 4141 Airport Rd) liegt abseits des Hwy 97. **Air Canada Jazz** (☎888-247-2262; www.aircanada.com) und **Westjet** (☎888-937-8538; www.westjet.com) bedienen Vancouver.

Greyhound Canada (☎800-661-8747; www.greyhound.ca; 1566 12th Ave) Im Winter verkehren die Busse oft weniger als täglich. Zu den Fahrtzielen gehören Dawson Creek (85 C$, 6 Std.), Jasper (70 C$, 5½ Std.), Prince Rupert (142 C$, 10½ Std.) und Vancouver (93 C$, 11 Std.).

VIA Rail (www.viarail.ca; 1300 1st Ave) Dreimal pro Woche fahren Züge westwärts nach Prince Rupert (12½ Std.) und dreimal wöchentlich ostwärts nach Jasper (7½ Std.). Unabhängig von der Fahrtrichtung müssen Durchreisende in Prince George übernachten.

Von Prince George nach Alberta

Auf dem 380 km langen Abschnitt des Hwy 16 zwischen Prince George und Jasper, gleich hinter der Grenze mit Alberta, gibt es jede Menge Wildtiere und einige gute Parks zu entdecken. **McBride** bietet sich für eine Pause an.

Rund 113 km östlich von Prince George erstreckt sich der neueste Park von BC, der **Ancient Forest/Chun T'oh Whudujut Park** (www.ancientcedar.ca; abseits vom Hwy 16). Der 1 km lange Ancient Forest Trail führt zu einigen wahren Kolossen des gemäßigten Regenwalds: Die Rotzedern und Hemlocktannen sind teils über 60 m hoch und über 1000 Jahre alt und haben einen Durchmesser von 16 m. Kurze Routen, darunter ein 500 m langer Bohlenweg, führen zu den Bäumen.

Die größte Gebirgsattraktion im nördlichen British Columbia grenzt an den Jasper National Park, allerdings auf der Seite von BC. Der untouristische **Mount Robson Provincial Park** (Karte S. 672; ☎250-964-2243; www.bcparks.ca; abseits vom Hwy 16) bietet seinen Besuchern steile Gletscher, zahlreiche Wildtiere und Querfeldein-Wanderwege, steht allerdings im Schatten seines berühmten Nachbarn. Vor Ort gibt's Campingplätze (22–28 C$).

ABSTECHER

STEWART & HYDER

Wahnsinn! Das klingt abgedroschen, doch genau dieses Wort schießt einem beim Anblick des **Salmon Glacier** durch den Kopf. Das Eisfeld, das sich bis zum Horizont erstreckt, ist zweifellos Grund genug für den 67 km langen Abstecher vom Hwy 37. Die Abzweigung liegt 158 km nördlich der Meziadin Junction. Einen ersten Vorgeschmack geben bereits die leuchtend blauen Weiten des **Bear Glacier**, der über dem Hwy 37A thront.

Die benachbarten Grenzstädte **Stewart** und **Hyder** (Alaska) liegen an der Küste am Beginn des Portland Canal. Im weitaus geschäftsmäßigeren Stewart gibt es exzellente Unterkünfte und Restaurants.

Neben verschiedenen Campingplätzen und Motels ist das **Ripley Creek Inn** der eigentliche Star von Stewart.

Hyder schlägt sich als „Geisterstadt" durchs Leben. Über 40 000 Reisende kommen jeden Sommer hier durch, um Scherereien mit den US-Zollbeamten zu vermeiden, da es hier keine gibt. Auf dem Rückweg nach Stewart warten jedoch deren wachsame kanadische Kollegen. Der Ort hat schlammige Straßen und zwei erwähnenswerte Einrichtungen: das **Glacier Inn**, eine rechte nette Bar, wenn man die Aufforderung an die Besucher, sich zu betrinken, außer Acht lässt, und den **Seafood Express**.

Der riesige, unendlich weite Salmon Glacier liegt 33 km hinter Hyder und ist über eine kurvige Schotterpiste zu erreichen, die bei trockenem Wetter für Autos zugänglich ist. Nach rund 3 km passiert man den **Fish Creek Viewpoint**, eine Gegend, in der sich im Spätsommer Bären und todgeweihte Lachse tummeln.

Stewart-Cassiar Highway

Der 700 km lange Stewart-Cassiar Hwy (Hwy 37) ist eine gut befahrbare und immer beliebtere Route zwischen British Columbia, dem Yukon und Alaska. Er ist jedoch mehr als nur ein Verkehrsweg vom Hwy 16 (über Meziadin Junction) in British Columbia zum Alaska Hwy im Yukon Territory (7 km westlich des Watson Lake), vielmehr bietet er Einblicke in eines der größten erhaltenen Wildnisgebiete der Provinz. Zudem führt er nach Stewart (s. Kasten oben), einem regelrechten Pflichtabstecher zu Gletschern und anderen Attraktionen.

Gitanyow, nur 15 km nördlich des Hwy 16, besitzt eine beispiellose Sammlung von Totempfählen. Oft kann man auch Schnitzern bei der Herstellung eines weiteren Exemplars zusehen.

Der idyllische kleine **Boya Lake Provincial Park** (☎250-771-4591; www.bcparks.ca; abseits vom Hwy 37) liegt knapp 90 km südlich der Grenze zum Yukon Territory. Sein Herzstück ist der türkisfarben leuchtende Boya Lake, an dessen Ufer man campen kann (Stellplätze 20 C$).

Schlafen & Essen

Den Highway säumen Campingplätze, außerdem gibt es ein Motel in Dease Lake. Weitere Unterkünfte findet man in Smithers, Stewart und Watson Lake.

Ripley Creek Inn PENSION $$
(☎250-636-2344; www.ripleycreekinn.com; 306 5th Ave, Stewart; Zi. 60–150 C$; P 📶) Die 40 Zimmer in mehreren denkmalgeschützten Gebäuden ziert altes und neues, sehr unterschiedliches Dekor. Die Pension hat eine riesige Sammlung an alten Toastern.

Seafood Express FISCH & SEAFOOD $$
(☎250-636-9011; Hyder, Alaska; Hauptgerichte 12–25 C$; ⌚Juni–Sept. 12–20 Uhr) Serviert die leckersten Meeresfrüchte, die jemals in einem Schulbus zubereitet wurden.

Glacier Inn BAR
(☎250-636-9248; International St, Hyder, Alaska; ⌚12 Uhr–open end) In der in die Jahre gekommenen Bar kann man sich durchaus mit der mürrischen, aber netten Klientel amüsieren, wenn man den touristischen Aufruf zum Besäufnis ignoriert.

An- & Weiterreise

Alle größeren Straßen, die mit dem Stewart-Cassiar Hwy verbunden sind, sind in exzellentem Zustand. Mit Ausnahme der Abschnitte, auf denen gebaut wird, ist der Highway asphaltiert und für jeden Fahrzeugtyp zugelassen. Unterwegs kann man jederzeit Bären, Elche und andere große Säuger entdecken. Projekte wie die Erweiterung der Northwest Transmission Line, die direkt durch die Wildnis führen soll, bedrohen die Ursprünglichkeit der Region.

Zwischen den Tankstellen liegen maximal 150 km. BC veröffentlicht **Berichte zum Straßenzustand** (☎800-550-4997; www.drivebc.ca). Bei trockenem Sommerwetter ist die Fahrt von Stewart nach Whitehorse (1043 km) oder von Smithers nach Watson Lake (854 km) wegen der langen Tage in einem Tag zu schaffen. Die ausgedehnte Strecke erfordert jedoch eine gewisse Vorbereitung.

Alaska Highway

Schon in Prince George kann man den Alaska Hwy wittern. Auf seinem Weg in den Norden gibt der Hwy 97 den Blick auf Berge und Wälder, sanft geschwungene Hügel und Ackerland frei. Nähert man sich Dawson Creek (360 km), gleicht die Landschaft den Prärien von Alberta. Es besteht kein Grund, das Tempo zu drosseln.

Von **Chetwynd** aus kann man auf dem Hwy 29 mit dem weiten Blick über das Peace River Valley via Hudson's Hope Richtung Norden fahren, um dann nördlich von Fort St. John auf den Alaska Hwy zu treffen.

Der Ort **Dawson Creek** ist der Startpunkt (Mile 0) des Alaska Hwy. Daraus schlägt es mit dem **Alaska Highway House** (☎250-782-4714; 10201 10th St, Dawson Creek; Eintritt gegen Spende; ⌚9–17 Uhr) Kapital, einem faszinierenden Museum in einem alten Gebäude direkt am Meilenpfosten. Die Straßen der Innenstadt in der Nähe laden zu einem Streifzug ein – und haben kostenloses WLAN. Es gibt auch eine Stadtführung zu den alten Häusern. Das **Visitor Center** (☎866-645-3022, 250-782-9595; www.tourismdawsoncreek.com; 900 Alaska Ave, Dawson Creek; ⌚Mitte Mai–Sept. 8–17.30 Uhr, sonst kürzere Öffnungszeiten; 📶) ist im alten Bahnhof und bietet viele Infos über den Alaska Hwy. Zu beachten ist, dass diese Ecke von BC das ganze Jahr über die Mountain Standard Time hat. Im Winter ist die Zeit also die gleiche wie in Alberta, d.h. eine Stunde später als in British Columbia. Im Sommer ist es die gleiche Zeit wie in Vancouver.

Nun beginnt die große Fahrt. Fort St. John Richtung Westen von Dawson Creek kann links liegen gelassen werden. Tatsächlich geben die ganzen 430 km bis **Fort Nelson** kaum einen Hinweis auf all die späteren Schönheiten. Fort Nelson hat in den letzten Jahren durch die schwankenden Ölpreise ein auf und ab der Wirtschaft erlebt. Es ist der letzte größere Ort am Alaska Hwy bis Whitehorse in Yukon – die meisten „Orte" an der Strecke bestehen aus kaum mehr als einer Tankstelle und ein paar Motels.

Im **Stone Mountain Provincial Park** (☎250-427-5452; www.bcparks.ca; abseits vom Hwy 97; Stellplatz 16 C$), etwa 140 km westlich von Fort Nelson, gibt es Wanderwege mit wilden Zeltplätzen und einen Campingplatz. An den Straßen hier sind oft zahlreiche Tiere zu sehen: Elche, Bären, Bisons, Wölfe, Rothirsche und andere Tiere. Ab hier belohnt der Alaska Hwy alle Mühen, um überhaupt so weit zu kommen.

Nach weiteren 75 km beginnt der **Muncho Lake Provincial Park** (www.bcparks.ca; abseits vom Hwy 97) mit Fichtenwäldern, weitem Hügelland und wahrhaft atemberaubenden Landschaften um einen smaragdgrünen See gleichen Namens. Am See gibt es zwei Campingplätze sowie an der Straße ein paar Lodges.

Der **Liard River Hot Springs Provincial Park** (☎250-427-5452; www.bcparks.ca; abseits vom Hwy 97; Erw./Kind 5/3 C$) schließlich besteht aus einem feuchtwarmen Ökosystem, in dem unglaubliche 250 Pflanzenarten gedeihen. Nach einem langen Tag im Auto blühen auch die Besucher in den wohltuenden Gewässern wieder auf. Von hier sind es noch 220 km nach Watson Lake und dem Yukon Territory.

Yukon

Inhalt ➡

Gut essen

- ➡ Drunken Goat Taverna (S. 875)
- ➡ Klondike Kate's (S. 875)
- ➡ Klondike Rib & Salmon (S. 860)
- ➡ Antoinette's (S. 860)

Schön übernachten

- ➡ Coast High Country Inn (S. 859)
- ➡ Robert Service Campground (S. 859)
- ➡ Bombay Peggy's (S. 874)
- ➡ Klondike Kate's (S. 874)
- ➡ Kathleen Lake Campground (S. 865)

Auf nach Yukon!

Diese weite, einsame Landschaft, in der es weit weniger Menschen als Vierbeiner gibt, strahlt eine Erhabenheit aus, die man selbst erlebt haben muss. Es gibt nur noch wenige Orte auf der Erde, die sich eine solche Ursprünglichkeit bewahrt haben. Die indigene Bevölkerung, seit Jahrtausenden im Kampf ums Überleben geübt, jagt und stellt Fallen auf wie eh und je. Die größte Bevölkerungsdichte im Territorium herrschte während des Klondike-Goldrauschs 1898, doch jene goldenen Zeiten sind längst vorbei.

Jeder Besuch in Yukon führt in die Natur. Hier findet man Kanadas fünf höchste Berge und im Kluane National Park die nach der Arktis weltweit größten Eisfelder, ganz zu schweigen von den sagenhaften Kanufahrten auf dem Yukon River und, nicht zu vergessen, den liebenswerten Menschen im unkonventionellen Dawson City und im quirligen Whitehorse. Kein Wunder also, dass immer mehr Leute Yukon für sich entdecken – auch dank TV-Sendungen wie *Yukon Gold* oder *Dr. Oakley: Yukon Vet*.

Reisezeit

Dawson City

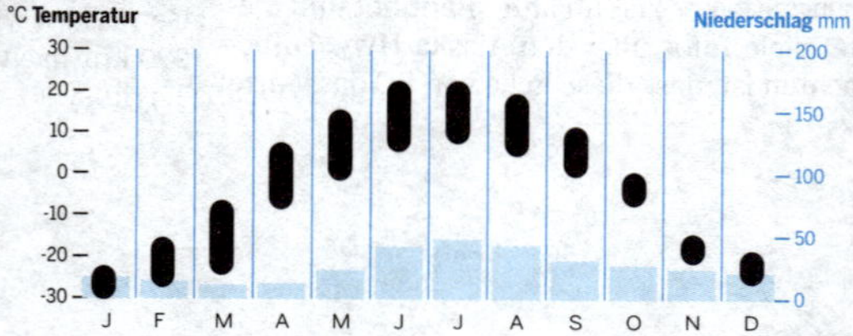

Nov.–April Wenn das Eis der Flüsse bricht, sind die kalten, einsamen Wintertage vorbei.

Juni–Aug. Die Tage sind lang, und es ist warm. Doch der Sommer währt nur kurz.

Sept. Der Nordwind kommt, das Laub wird bunt, die Besucher gehen – die Hotels machen dicht.

Highlights

❶ **Dawson City** (S. 869) Sich vom modernen Flair in Kanadas hipster historischer Stadt anstecken lassen

❷ **Whitehorse** (S. 855) Einen Tag in der überraschenden Stadt voller Kulturangebote verbringen

❸ **Klondike Hwy** (S. 866) Unterwegs auf der atemberaubenden Straße Elche und Bären zählen – die sind oft häufiger anzutreffen als Autos

❹ **Yukon River** (S. 858) Auf dem legendären Strom den Traum aller Kajak- und Kanufahrer erleben

❺ **Tombstone Territorial Park** (S. 869) Sich in dem riesigen Park von der Erhabenheit des Nordens überwältigen lassen

❻ **Kluane National Park** (S. 864) In diesem urtümlichen, von der UNESCO geschützten Park einen der 100 namenlosen Gletscher finden und ihm selbst einen Namen geben

❼ **White Pass & Yukon Route** (S. 861) Die Fahrt entlang der sagenhaften Goldrausch-Bahnlinie genießen

Geschichte

Es gibt Hinweise darauf, dass sich Menschen bereits vor etwa 15 000 bis 30 000 Jahren im Yukon-Gebiet von Tieren ernährten, wobei die ungefähre Zeitspanne je nach der Methode der Kohlenstoffdatierung schwankt. Es herrscht allerdings allgemein Einigkeit darüber, dass diese Menschen von jenen abstammten, die vom heutigen Sibirien aus über die damals existierende Landbrücke auf den amerikanischen Kontinent gelangten. Ansonsten ist geschichtlich gesehen kaum etwas dokumentiert, obwohl man heute weiß, dass ein Vulkanausbruch 800 n. Chr. den Großteil des südlichen Yukon-Gebiets mit Asche bedeckte. Ähnlichkeiten mit dem Volk der Athabasken im Südwesten der Vereinigten Staaten deuten darauf hin, dass diese Gruppen möglicherweise das Yukon-Gebiet verließen, nachdem durch den Vulkanausbruch das Jagen und Fischen dort unmöglich geworden war.

Robert Campbell, ein Forschungsreisender der Hudson's Bay Company, bereiste den Distrikt in den 1840er-Jahren als erster Europäer. Pelzhändler, Goldschürfer, Walfänger und Missionare folgten ihm auf dem Fuße. 1870 wurde das Gebiet Teil der Northwest Territories (NWT). Weltweite Berühmtheit erlangte Yukon dann 1896, als in einem Nebenfluss des Klondike River in der Nähe des heutigen Dawson City Gold gefunden wurde. Der folgende Goldrausch zog über 40 000 Männer und Frauen aus der ganzen Welt an. Städte schossen über Nacht aus dem Boden, um die zahlreichen Glücksritter zu versorgen, die so gut wie gar nicht darauf vorbereitet waren, dass sie sich geradewegs in ihr Verderben stürzten.

1898 wurde Yukon ein eigenständiges Territorium mit Dawson City als Hauptstadt. Der Bau des Alaska Highway (Highway 1) 1942 öffnete das Yukon Territory für Erschließungsmaßnahmen. 1953 wurde Whitehorse zur Hauptstadt, da hier Eisenbahn und Highway vorbeiführten. Der Bergbau ist noch immer das wichtigste wirtschaftliche Standbein, an zweiter Stelle folgt der Tourismus mit über 330.000 Besuchern pro Jahr. Seit 2002 lautet der offizielle Name des Territoriums „Yukon" (früher „Yukon Territory"), aber die alte Bezeichnung ist nach wie vor ebenfalls gebräuchlich.

YUKON EXTREM

Raue Bedingungen sorgen für raue Wettkämpfe:

Yukon Quest (www.yukonquest.com; ⏲ Feb.) Das legendäre Schlittenhunderennen über 1600 km führt von Whitehorse bis Fairbanks, AK. Die Teilnehmer müssen sich der Winter-Dunkelheit und Temperaturen von -50° C stellen. Der Rekord – acht Tage, 14 Stunden, 21 Minuten – wurde 2014 aufgestellt.

Yukon River Quest (www.yukonriverquest.com; ⏲ Ende Juni) Das weltbekannte Kanu- und Kajakrennen wird auf der klassischen 742 km langen Strecke auf dem Yukon River von Whitehorse nach Dawson City ausgetragen. Rekorde: Team-Kanu 39 Std., 32 Min. und Einerkajak 42 Std., 49 Min.

Klondike Trail of '98 Road Relay (www.klondikeroadrelay.com; ⏲ Anf. Sept.) Rund 100 zehnköpfige Läuferteams absolvieren das nächtliche Rennen von Skagway nach Whitehorse.

Einheimische Kultur

Die ungefähr 30 000 wettergegerbten Menschen, die in Yukon leben, werden der Bezeichnung „eingefleischte Individualisten" wirklich gerecht. Es lassen sich zwar nicht alle über einen Kamm scheren, aber man kann mit einiger Sicherheit sagen, dass der durchschnittliche Bewohner Yukons den Aufenthalt im Freien genießt (bei jedem Wetter!), gern Fleischsorten isst, die man auf den Speisekarten weiter südlich selten findet, und einen Riss in der Windschutzscheibe hat (verursacht durch Steinschlag auf einer der vielen ungeteerten Straßen).

Über 70 % der jährlichen Einnahmen des Territory stammen von der Bundesregierung, sie werden vornehmlich dafür eingesetzt, alle Arten von Serviceeinrichtungen auf einem ziemlich komfortablen Level zu finanzieren. Whitehorse verfügt beispielsweise über ein Angebot an Kultur- und Freizeiteinrichtungen, um das es von so manch einer um ein Vielfaches größeren Gemeinde im Süden Kanadas beneidet wird. Über 5000 Personen arbeiten für die Regierung.

Dank der langen Isolation Yukons vor dem Zweiten Weltkrieg haben sich die 14 indigenen Volksgruppen im Vergleich zu denen, die in anderen Teilen Kanadas zur Assimilation gezwungen wurden, ihre Beziehung zum Land und zu ihrer traditionellen Kultur bewahrt. Man findet die Gruppen überall in der Region verstreut und an isolierten Orten wie Old Crow, wo ihre Lebensweise sich über Jahrhunderte nicht grundlegend verändert hat. Es ist nicht ungewöhnlich, dass man von den älteren Indigenen verschiedene indianische Dialekte zu hören bekommt.

Licht – oder wohl eher der Mangel daran – spielt für das Leben eine wichtige Rolle. Viele Menschen gewöhnen sich problemlos an die extremen Schwankungen des Tageslichts im Lauf des Jahres, anderen fällt es sichtlich schwer. Jedes Jahr hört man von Alteingesessenen ebenso wie von Neuankömmlingen, die eines schönen Tages (häufig im Februar) verkünden: „genug ist genug!" – und für immer in Richtung Süden verschwinden.

Parks & Schutzgebiete

Das Territorium besitzt eine bedeutende UNESCO-Weltnaturerbestätte. Der raue, unwegsame Kluane National Park befindet sich in Yukon und grenzt an den Tatshenshini-Alsek Provincial Park in British Columbia. Die Nationalparks Glacier Bay und Wrangell-St. Elias befinden sich dagegen im benachbarten Alaska.

In Yukon gibt es ein Dutzend Parks und Schutzgebiete (www.yukonparks.ca), der Großteil des Territoriums ist aber für sich genommen schon eine Art Naturpark. Überall sind öffentliche Campingplätze zu finden. Der Tombstone Territorial Park ist zwar abgelegen, aber trotzdem gut über den Dempster Highway erreichbar. Unterwegs erlebt man die Schönheit der Tundra, die sich am Horizont abzeichnet, und die Erhabenheit der gewaltigen Gebirgszüge.

Praktische Informationen

An jedem Grenzübergang zum Yukon Territory gibt es ausgezeichnete Besucherinformationen (Visitor Information Centers – VICs): in Beaver Creek, in Carcross, in Dawson City, in Haines Junction, in Watson Lake und in Whitehorse.

Yukons Regierung produziert genügend Literatur und Informationsmaterial, um Lesestoff für den ganzen Urlaub zu liefern. Zu den Highlights zählen Camping on Yukon Time, Art Adventures on Yukon Time, der sehr praktische Yukon Wildlife Viewing Guide sowie aufwendige Wanderführer zu fast jeder Ortschaft mit einer Einwohnerzahl von über 50 Menschen. In den zahlreichen VICs kann man schon mal mit dem Sammeln anfangen, oder aber man surft einfach online durch das Territorium (www.travelyukon.com). Eine weitere gute Internetquelle ist www.yukoninfo.com.

KURZINFOS YUKON

- Bevölkerung: 34 300
- Fläche: 482 443 km²
- Hauptstadt: Whitehorse
- Skurriles: Heimat des Dichters Robert Service, der den Yukon mit Werken wie *The Shooting of Dan McGrew* und *The Cremation of Sam McGee* unsterblich gemacht hat.

Anreise & Unterwegs vor Ort

Whitehorse ist mit dem Flugzeug aus Vancouver, Kelowna, Calgary und Edmonton zu erreichen. Im Sommer gibt's sogar Direktflüge aus Deutschland. Ab Dawson City werden Whitehorse und Inuvik in den Northwest Territories angeflogen.

Mit dem Auto gibt es drei Möglichkeiten, nach Yukon zu gelangen: erstens von den Fähranlegestellen in Skagway und Haines in Alaska, zweitens über den Alaska Hwy aus Dawson Creek in British Columbia und drittens aus dem Nordwesten British Columbias über den Stewart-Cassiar Hwy, der nahe Watson Lake auf den Alaska Hwy trifft.

Aus British Columbia fahren auch Busse nach Whitehorse. Von dort bieten diverse Unternehmen Busverbindungen nach Alaska und Dawson. Mietwagen (und Wohnmobile) sind teuer und nur in Whitehorse erhältlich. Der Alaska Hwy und der Klondike Hwy sind asphaltiert; Tankstellen gibt's alle 100 bis 200 km.

Infos zu den aktuellen Straßenbedingungen erhält man bei **511Yukon** (☎ 511; www.511yukon.ca).

WHITEHORSE

26 500 EW.

Als Hauptstadt von Yukon (seit 1953 und zum großen Bedauern der weitaus kleineren und abgelegeneren Stadt Dawson City) ist Whitehorse Teil beinahe jeder Reiseroute. An diesem wichtigen Verkehrsknotenpunkt treffen sich die beiden großen Highways des Territoriums, der Alaska Highway und der Klondike Highway. Anfang des 20. Jhs. führte die White Pass & Yukon Route von Skagway dorthin. Und während des Zweiten Weltkriegs kamen viele in der Hoffnung auf eine Mitarbeit beim Bau des Alaska Highways hierher. In der Stadt gibt es Expeditionsausrüster und Dienstleister für alle Vorhaben, egal in welche Richtung die Reise gehen soll.

Whitehorse

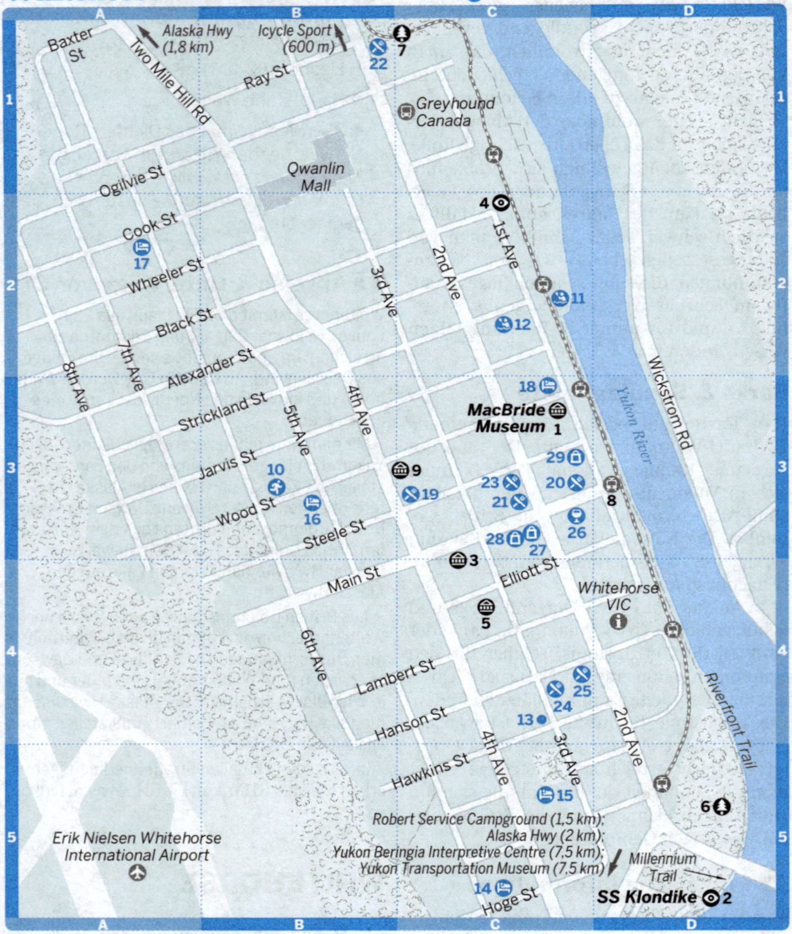

Whitehorse lockt seine Gäste zwar nicht mit augenscheinlichen Reizen, hat aber dennoch einiges zu bieten. Die Kunstszene ist dank großzügiger Förderung sehr aktiv, es gibt gute Restaurants und einige Motels. Mit den Attraktionen rund um den tosenden Yukon River ist man schon mal mindestens einen Tag beschäftigt. Und jenseits der Gewerbebauten entdeckt man noch viele alte, denkmalgeschützte Häuser.

Sehenswertes

Die wichtigsten Sehenswürdigkeiten von Whitehorse lassen sich an einem Tag erkunden – und das in der Regel auch zu Fuß.

★ MacBride Museum — MUSEUM

(Karte S. 856; ☎867-667-2709; www.macbridemuseum.com; Ecke 1st Ave & Wood St; Erw./Kind 10/5 C$; ⌚9.30–17 Uhr) Das Museum widmet sich dem Goldrausch, den First Nations und furchtlosen Mounties (berittene kanadische Polizisten). Fotos, ausgestopfte Tiere und Vorführungen, z. B. Goldwaschen, versprechen Spaß und Unterhaltung. Die Gebäude illustrieren Yukons Geschichte. Den ausgestopften Albino-Elch nicht versäumen.

★ SS Klondike — HISTORISCHE STÄTTE

(Karte S. 856; ☎867-667-4511; www.parkscanada.ca; Ecke South Access Rd & 2nd Ave; ⌚Mai–Aug.

Whitehorse

Highlights
1 MacBride Museum C3
2 SS Klondike D5

Sehenswertes
3 Arts Underground C4
4 Kwanlin Dün Cultural Centre C2
5 Old Log Church C4
6 Rotary Peace Park D5
7 Shipyards Park C1
8 White Pass & Yukon Route Station D3
9 Yukon Artists@Work C3

Aktivitäten, Kurse & Touren
10 Cadence Cycle B3
11 Kanoe People C2
12 Up North Adventures C2
13 Yukon Conservation Society C4

Schlafen
14 Beez Kneez Bakpakers C5
15 Coast High Country Inn C5
16 Historical House B&B B3
17 Midnight Sun Inn A2
18 River View Hotel C3

Essen
19 Antoinette's C3
20 Baked Café & Bakery C3
21 Burnt Toast C3
22 Fireweed Community Market B1
23 Klondike Rib & Salmon C3
24 Sanchez Cantina C4
25 Yukon Meat & Sausage C4

Ausgehen & Nachtleben
26 Dirty Northern Public House C3

Shoppen
27 Mac's Fireweed Books C3
28 Midnight Sun Emporium C3
29 North End Gallery C3

9.30–17 Uhr) GRATIS Die sorgsam restaurierte SS Klondike war einer der größten Heckraddampfer auf dem Yukon River. Er wurde 1937 erbaut und ging 1955 auf seine letzte Fahrt flussaufwärts nach Dawson. Heute ist er eine historische Sehenswürdigkeit.

Flussufer von Whitehorse AREAL
Schon ein Blick auf den majestätischen Yukon River verführt einen zum Verweilen an seinem Ufer. Die wunderschön restaurierte **White Pass & Yukon Route Station** (Karte S. 856; 1109 1st Ave) bildet den Ankerpunkt in dieser Gegend, die derzeit aufwendig saniert wird. Der **Rotary Peace Park** (Karte S. 856; abseits der 2nd Ave) am südlichen Ende des Ufers ist ein toller Ort für ein Picknick. Spektakulär ist das neu entstandene Kwanlin Dün Cultural Centre in der Mitte, und am nördlichen Ende des Ufers wächst im **Shipyards Park** (Karte S. 856; abseits der 2nd Ave) die Sammlung historischer Bauwerke, die aus anderen Teilen des Yukon hierher verbracht werden.

Eine nette, kleine **Uferbahn** (☎867-667-6355; www.yukonrails.com; einf. Fahrt 3 C$; ⊙Juni–Aug. 10–18 Uhr) verbindet die Sehenswürdigkeiten am Flussufer.

Arts Underground GALERIE
(Karte S. 856; ☎867-667-4080; 305 Main St, Hougen Centre UG; ⊙Di–Sa 10–17 Uhr) Die von der Yukon Arts Society betriebene Kunstgalerie zeigt sorgsam ausgewählte, ansprechend präsentierte Wechselausstellungen.

Whitehorse Fishway WAHRZEICHEN
(☎867-633-5965; Nisutlin Dr; Eintritt gegen Spende; ⊙Juni–Aug. 9–17 Uhr) Einem Lachs tief in die Augen schauen kann man am Fischweg von Whitehorse, einer 366 m langen hölzernen Fischtreppe (der längsten der Welt), die südlich der Stadt am Wasserkraftwerk vorbeiführt. Durch große Fenster kann man hier ab Ende Juli Königslachse vorbeischwimmen sehen (davor ziehen Äschen durch).

Der Fischweg ist zu Fuß über den Millennium Trail leicht zu erreichen.

Yukon Transportation Museum MUSEUM
(☎867-668-4792; www.goytm.ca; 30 Electra Cres; Erw./Kind 10/5 C$; ⊙Mitte Mai–Aug. Di 10–20, Mi–Mo bis 18, Sept.–Mitte Mai So & Mo 12–17 Uhr) Wer sich fragt, wie der Alaska Highway eigentlich früher aussah, bekommt hier eine, nun ja, schlammige Antwort. Zu den Ausstellungsstücken zählen Flugzeuge, Züge und Hundeschlitten. Das Museum liegt nahe des Beringia Centre und ist an der **Douglas C-3** zu erkennen, die sich als Wetterfahne (!) im Wind dreht.

Yukon Beringia Interpretive Centre MUSEUM
(☎867-667-8855; www.beringia.com; Km 1473 Alaska Hwy; Erw./Kind 6/4 C$; ⊙9–18 Uhr) Das Museum widmet sich Beringia, einer größtenteils eisfreien Landbrücke, die während der letzten Eiszeit den Yukon, Alaska und Ostsibirien verband. Faszinierende Expona-

te lassen das Gebiet wieder lebendig werden. Es gibt sogar ein echtes Skelett eines 3 m langen Riesenfaultiers – manche finden den Riesenbiber aber noch interessanter.

Kwanlin Dün Cultural Centre KULTURZENTRUM

(Karte S. 856; ☎ 867-456-5322; www.kwanlindunculturalcentre.com; 1171 1st Ave; Eintritt gegen Spende; ⏰ Mo–Fr 9–17, Sa & So 10–16 Uhr) Das 2012 eröffnete, umwerfende Kulturzentrum zeigt Wechselausstellungen und eine Dauerausstellung zur Kunst der First Nations.

Yukon Artists@Work GALERIE

(Karte S. 856; ☎ 867-393-4848; www.yaaw.com; 4129 4th Ave; ⏰ Di–Sa 11–18, So bis 16 Uhr) Hier präsentieren einheimische Künstler in Eigenregie ihre Werke. Manchmal erwischt man sie gerade bei der Arbeit.

Old Log Church HISTORISCHES GEBÄUDE

(Karte S. 856; ☎ 867-668-2555; www.oldlogchurchmuseum.ca; 303 Elliott St; Erw./Kind 6/5 C$; ⏰ Mai–Aug. 10–18 Uhr) Dieses Schmuckstück von 1900 mitten im Zentrum ist die weltweit einzige Kirche im Blockhüttenstil. Die Ausstellung erzählt u.a. die fesselnde Geschichte des Missionars Isaac Stringer, der 51 Tage in der Wildnis verschollen war und schließlich seine Stiefel kochte und verspeiste – dementsprechend ist auch nur die verbliebene Sohle zu sehen. Im Sommer werden Führungen angeboten.

Aktivitäten

Das VIC (S. 860) hält viele Tipps für Wanderungen und Aktivitäten in der Umgebung zu jeder Jahreszeit parat. Wen es auf den Fluss zieht, der kann sich in Whitehorse perfekt für ein Abenteuer der nassen Art mit entsprechender Ausrüstung eindecken.

Kanu- & Kajakfahren

Whitehorse ist ein beliebter Einstiegsort für Kanu- und Kajaktouren nach Carmacks (Dauer ca. 8 Tage) oder Dawson City (rund 16 Tage). Ausstatter vermieten alles Notwendige (Kanus/ Kajaks Tag ca. 40–50 C$), stellen Guides, geben Unterricht, organisieren Touren sowie bei Bedarf den Rücktransport nach Whitehorse. Die meisten Wasserwanderer vertrauen auf die Karte *The Yukon River: Marsh Lake to Dawson City*, erhältlich bei www.yukonbooks.com.

Kanoe People KANUTOUREN

(Karte S. 856; ☎ 867-668-4899; www.kanoepeople.com; Ecke 1st Ave & Strickland St; 1-tägige Yukon-Kanutour 95 C$) Kanoe People am Ufer des Flusses bietet verschiedene Touren an, z.B. auf dem Teslin oder dem Big Salmon River. Ausrüstung, Karten und Führer kann man hier kaufen und Räder ausleihen.

Up North Adventures KANUTOUREN

(Karte S. 856; ☎ 867-667-7035; www.upnorthadventures.com; 103 Strickland St; 19-tägige Kanutour auf dem Yukon für Anfänger 3000 C$; ⏰ 9–19 Uhr) Geführte Touren, Ausrüstungsverleih und Transportservice zu den größeren Flüssen. Außerdem gibt es Kanu-Unterricht, Mountainbiketouren und diverse Wintersportaktivitäten.

Radfahren

Viele Routen verlaufen entlang des Yukon River und in die umliegenden Berge. Das VIC hält Karten bereit.

Cadence Cycle RADFAHREN

(Karte S. 856; ☎ 867-633-5600; www.cadencecycle.squarespace.com; 508 Wood St; Mietrad/E-Bike pro Tag ab 35/45 C$; ⏰ Mo–Sa 10–18 Uhr) Verkauft und vermietet gute gebrauchte Mountainbikes; es gibt einen Reparaturservice.

Icycle Sport RADFAHREN

(☎ 867 668 7559; www.icyclesport.com; 9002 Quartz Rd; Leihrad ab 45 C$ pro Tag; ⏰ Mo–Sa 10–18, So 12–18 Uhr) Verleiht sehr gute Mountainbikes und (im Winter) Skier.

Wandern & Trekkingtouren

Toll wandern lässt es sich auf dem landschaftlich abwechslungsreichen, 5 km langen Rundweg, der um die Gewässer von Whitehorse herumführt und einen Zwischenstopp am Fishway ermöglicht. Von der *SS Klondike* aus hält man sich auf dem **Millennium Trail** in Richtung Süden, bis man den Robert Service Campground und die Rotary Centennial Footbridge über den Fluss erreicht. Der Whitehorse Fishway befindet sich gleich südlich davon. Danach geht's am Wasser entlang in Richtung Norden, über die Robert Campbell Bridge – und schon ist man wieder zurück im Stadtzentrum.

Yukon Conservation Society WANDERN

(Karte S. 856; ☎ 867-668-5678; www.yukonconservation.org; 302 Hawkins St; ⏰ Juni–Aug. Di–Sa) GRATIS Die schöne Natur rund um Whitehorse lässt sich auch bei einer der Gratis-Wanderungen erleben, die die Conservation Society anbietet; von leicht bis anspruchsvoll ist alles dabei. Viele beziehen sich auf das Drama des Miles Canyon.

Schlafen

In Whitehorse wird es im Sommer ziemlich voll, es empfiehlt sich also, im Voraus zu reservieren. Im Ort gibt es einige Mittelklassehotels, die schon etwas in die Jahre gekommen sind, deswegen sollte man sich vor dem Einchecken ein paar Zimmer zeigen lassen.

★ Robert Service Campground CAMPEN $
(☎867-668-3721; www.robertservicecampground.com; 120 Robert Service Way; Stellplatz Zelt 20 C$; ⌚Mitte Mai–Sept.; @ 📶) Den 1 km südlich vom Ort am Fluss gelegenen Campingplatz erreicht man mit einem hübschen, 15-minütigen Fußmarsch den Millennium Trail entlang. Hier gibt's 70 Stellplätze für Zelte samt Picknicktischen und Feuerstellen. Das Café auf dem Gelände hat hervorragenden Kaffee, Backwaren und Eis.

Hi Country RV Park CAMPEN $
(☎867-667-7445; www.hicountryrv.com; 91374 Alaska Hwy; Stellplatz 22–42 C$; ⌚Mai–Sept.; P 📶) Der bewaldete Campingplatz am oberen Ende des Robert Service Way hat 130 Stellplätze sowie Stromanschluss, Duschen, Waschküche und Spielplatz.

Beez Kneez Bakpakers HOSTEL $
(Karte S. 856; ☎867-456-2333; www.bzkneez.com; 408 Hoge St; B/Zi. 35/70 C$; 📶) In dem einladenden Hostel mit Garten, Dachterrasse, Grill und Leihfahrrädern fühlt man sich wie zu Hause. Die zwei einfachen Hütten sind sehr begehrt.

Boréale Ranch PENSION $$
(☎888-488-8489; www.be-yukon.com; Klondike Hwy; Zi. 100–200 C$; P 📶) Die auf Radler ausgerichtete Lodge liegt 30 Fahrminuten südlich von Whitehorse. In dem reizenden minimalistischen Hauptgebäude stehen vier Zimmer zur Verfügung. Draußen wartet ein Whirlpool. Für Gäste gibt es gratis Fahrräder mit breiten Reifen und zahlreiche Radtouren. Im Sommer werden zusätzlich noch Jurten und Zelte mit Hartholzböden angeboten. Das Essen ist hervorragend!

Midnight Sun Inn B&B $$
(Karte S. 856; ☎867-667-2255; www.midnightsunbb.com; 6188 6th Ave; Zi. 115–155 C$; P ❄ @ 📶) Ein modernes B&B in einer Art überwuchertem Vorstadthaus mit sechs Zimmern, einige davon thematisch eingerichtet und andere mit Gemeinschaftsbad. Das in der Innenstadt gelegene Sun hat viele Stammgäste und serviert ein großes Frühstück.

★ Coast High Country Inn HOTEL $$
(Karte S. 856; ☎800-554-4471; www.highcountryinn.yk.ca; 4051 4th Ave; Zi. 110–220 C$; P ❄ 📶) Das mit seinen vier Stockwerten (!) hoch über Whitehorse thronende High Country ist bei Geschäftsreisenden und Reisegruppen sehr beliebt. Die 84 Zimmer sind groß; manche haben einen riesigen Whirlpool direkt im Zimmer. Der Pub ist sehr beliebt.

Historical House B&B B&B $$
(Karte S. 856; ☎867-668-2526; www.yukongold.com; Ecke 5th Ave & Wood St; Zi. 105–130 C$; 📶) Das klassische Holzhaus von 1907 hat drei Gästezimmer. Die Zimmer im obersten Stock haben Dachschrägen und ein eigenes Bad in der Etage darunter. Es gibt noch ein größeres Zimmer mit einer großen Küche. Die Zimmer sind mit schneller Internetverbindung ausgestattet, und es gibt noch einen hübschen Garten.

River View Hotel MOTEL $$
(Canada's Best Value Inn; Karte S. 856; ☎888-315-2378; www.riverviewhotel.ca; 102 Wood St; Zi. 100–170 C$; P @ 📶) Die Flure hallen, dafür blicken viele der 53 schön großen Zimmer – wie der Name verspricht – auf den Fluss (danach fragen). Das Motel liegt in einer ruhigen Straße in kurzer Entfernung zu allem Wesentlichen. Hier sind nicht nur die Gäste gut untergebracht, sondern auch die Autos, die im Winter in einem beheizten Parkhaus stehen.

Essen & Ausgehen

Es gibt in Whitehorse zwar immer mehr Fastfood-Kettenläden, doch die kann man getrost ignorieren. Stattdessen sollte man sich an die hervorragenden Restaurants in der Innenstadt halten. Die Auswahl ist groß; in der entsprechenden Saison ist frischer Yukon-Lachs besonders zu empfehlen.

Baked Café & Bakery CAFÉ $
(Karte S. 856; ☎867-633-6291; www.facebook.com/bakedcafewhitehorse; 100 Main St; Hauptgerichte ab 6 C$; ⌚7–19 Uhr; 📶) 🌿 Im Sommer sind die Tische vor dem geschäftigen Café rappelvoll. Es gibt Smoothies, Suppen, tägliche Mittagsgerichte, Backwaren u.v.m. Sehr zu empfehlen sind die Himbeer-Pekannuss-Scones und die Sandwichs zum Mitnehmen.

Yukon Meat & Sausage DELI $
(Karte S. 856; ☎867-667-6077; 203 Hanson St; Sandwiches ab 7 C$; ⌚Mo–Sa 8.30–17.30 Uhr) Der Duft von geräuchertem Fleisch ist schon draußen auf der Straße vernehmbar. Drin-

nen erwarten einen eine große Auswahl verschiedener Köstlichkeiten und nach Wunsch belegte Sandwichs. Hier kann man sich prima für ein Picknick eindecken. Wer will, isst gleich an den einfachen Tischen.

★ **Klondike Rib & Salmon** KANADISCH $$
(Karte S. 856; ☎ 867-667-7554; www.klondikerib.com; 2116 2nd Ave; Hauptgerichte 12–25 C$; ⏲ Mai–Sept. 11–21 Uhr) Das weitläufige Restaurant mit zwei Terrassen ist zwar ziemlich touristisch, die Atmosphäre aber lässig und das Essen schlichtweg genial. Neben dem namengebenden Gericht (die Lachsspieße liegen obenauf) gibt es weitere lokale Köstlichkeiten.

★ **Burnt Toast** BISTRO $$
(Karte S. 856; ☎ 867-393-2605; www.burnttoastcafe.ca; 2112 2nd Ave; Hauptgerichte 8–25 C$; ⏲ Mo–Sa 8–21, So 9:30–14 Uhr) Dem koketten Namen zum Trotz wurde hier sicher noch kein French Toast beim Brunch verkohlt und auch die mittags und abends servierten Gerichte überzeugen eines wie das andere. Es wird regional und saisonal gekocht, eine Tafel listet leckere Salate, Sandwichs und regionaltypische Fleischgerichte auf.

Sanchez Cantina MEXIKANISCH $$
(Karte S. 856; ☎ 867-668-5858; 211 Hanson St.; Hauptgerichte 14–25 C$; ⏲ Mo–Sa 12–24 Uhr ⏲ 11.30–15 & 17–21.30 Uhr) Authentischere mexikanische Küche als hier gibt es wohl nur in Mexiko selbst. Spezialität des Hauses sind die Burritos mit einer würzigen Mischung aus roten und grünen Saucen. Im weitläufigen Patio kann man gut aufs Essen warten.

★ **Antoinette's** FUSION $$$
(Karte S. 856; ☎ 867-668-3505; www.antoinettesfoodcache.ca; 4121 4th Ave; Hauptgerichte abends 20–35 C$; ⏲ Mo–Fr 11–14 & 16.30–21, Sa 16.30–21 Uhr) Antoinette Oliphant ist eine der kreativsten Chefköchinnen in Yukon. Das nach ihr benannte Restaurant hat ein ständig wechselndes Angebot an Gerichten mit Zutaten aus der Region. Viele Speisen haben einen karibischen Touch. Am Wochenende wird oft bluesige Loungemusik gespielt.

Fireweed Community Market MARKT
(Karte S. 856; www.fireweedmarket.ca; Shipyards Park; ⏲ Mitte Mai–Anf. Sept. Do 15–20 Uhr) Auf dem Markt verkaufen Händler aus der Region ihre Waren. Die Beeren sind grandios. Ein kleinerer Markt wird im Sommer samstagmittags nahe der White Pass & Yukon Route Station am Fluss abgehalten.

★ **Dirty Northern Public House** PUB
(Karte S. 856; ☎ 867-633-3305; www.facebook.com/dirtynorthernpublichouse; 103 Main St; ⏲ 15 Uhr–open end) Dieser gehobene Pub hat jede Menge Stil, ausgezeichnete Fassbiere und tolle Mixgetränke. Man pflanzt sich einfach in eine Sitznische und macht es sich bei Drinks und Holzofenpizza gemütlich. Abends spielen oft Musiker aus der Region.

Shoppen

★ **Mac's Fireweed Books** BÜCHER
(Karte S. 856; ☎ 867-668-2434; www.macsbooks.ca; 203 Main St; ⏲ Mo–Sa 8–20, So bis 18 Uhr) Der Laden hat eine unschlagbare Auswahl an Titeln über den Yukon und natürlich auch topografische Karten, Straßenkarten und Zeitschriften.

North End Gallery KUNST & KUNSTHANDWERK
(Karte S. 856; ☎ 867-393-3590; www.yukonart.ca; 1116 1st Ave; ⏲ Mo–Sa 9–19, So bis 17 Uhr) Hochwertige Kunst von Künstlern aus der Region.

Midnight Sun Emporium KUNST & KUNSTHANDWERK
(Karte S. 856; ☎ 867-668-4350; www.midnightsunemporium.com; 205c Main St; ⏲ Mo–Sa 9–19 Uhr) Hat eine gute Auswahl an Kunst, Kunsthandwerk und Produkten aus Yukon.

Praktische Informationen

Unter den Lokalzeitungen gehört die *Yukon News* (www.yukon-news.com) zu den unterhaltsamsten.

VIC (Karte S. 856; ☎ 867-667-3084; www.travelyukon.com; 100 Hanson St; ⏲ 8–20 Uhr) Hat viele Infos über das gesamte Territory.

Whitehorse General Hospital (☎ 867-393-8700; www.yukonhospitals.ca; 5 Hospital Rd; ⏲ 24 Std.) Das beste Krankenhaus in Yukon.

An- & Weiterreise

BUS

Den aktuellen Fahrplan erhält man im VIC.

Alaska/Yukon Trails (☎ 907-479-2277; www.alaskashuttle.com) Verbindungen über Dawson City nach Fairbanks, Alaska (385 US$, Juni–Mitte Sept. 3-mal/Woche).

Greyhound Canada (Karte S. 856; ☎ 867-667-2223; www.greyhound.ca; 2191 2nd Ave) Fährt südwärts über den Alaska Hwy nach Dawson Creek (285 C$, 20 Std., 3-mal/Woche) mit Anschluss zu anderen Zielorten in British Columbia und Kanada.

Husky Bus (☎ 867-993-3821; www.huskybus.ca) Fährt nach Dawson City (110 C$, 3-mal/Woche) und hält überall am Klondike Hwy.

Abfahrt ist am VIC. Nach Absprache werden auch Kanufahrer mit ihren Kanus am Klondike Hwy aufgelesen.

White Pass & Yukon Route (☎ 867-633-5710; www.wpyr.com; 1109 1st Ave; Erw./Kind einf. Fahrt 130/65 C$; ⏲ Ticketbüro Mitte Mai–Mitte Sept. Mo–Sa 9–17 Uhr) Bietet saisonal eine atemberaubende zehnstündige Fahrt per Bus und Zug von/nach Skagway, Alaska, über Fraser, British Columbia. An manchen Tagen fährt der Bus bis Carcross, wodurch die malerische Zugfahrt länger wird (diese Alternative ist beliebter).

FLUGZEUG

Erik Nielsen Whitehorse International Airport (YXY; Karte S. 856; ☎ 867-667-8440; www.gov.yk.ca/yxy; abseits des Alaska Hwy; 📶) Der Flughafen liegt fünf Minuten westlich der Innenstadt. Air Canada und Westjet fliegen nach Vancouver. Das ortsansässige Unternehmen Air North (www.flyairnorth.com) bedient Dawson City (mit Weiterflügen nach Inuvik, Northwest Territories und Old Crow) sowie Vancouver, Kelowna, Edmonton und Calgary. Condor (www.condor.com) bietet im Sommer jede Woche Flüge ab/nach Frankfurt.

ℹ Unterwegs vor Ort

AUTO & WOHNMOBIL

Beim Mietpreis sollte man genau hinschauen: Die ersten 100 km sind meist inklusive (damit kommt man in Yukon nicht weit) – ab dann wird eine Kilometerpauschale verlangt, die ins Geld gehen kann. Auch bei der Versicherung sollte Klarheit herrschen, man sollte auf jeden Fall fragen, ob z. B. durch Schotterpisten verursachte Schäden am Auto eingeschlossen sind.

Budget (☎ 867-667-6200; www.budget.com; Erik Nielsen Whitehorse International Airport)

Fraserway RV Rentals (☎ 867-668-3438; www.fraserway.com; 9039 Quartz Rd) Vermieten verschiedene Wohnmobilmodelle ab 200 C$ am Tag (abhängig von der Größe und der Saison). Kilometer werden extra verrechnet, so kommt schnell ein stattliches Sümmchen zusammen.

Whitehorse Subaru (☎ 867-393-6550; www.whitehorsesubaru.com; 17 Chilkoot Way) Hat gute Preise, die meisten Autos haben Handschaltung.

BUS

Whitehorse Transit System (☎ 867-668-7433; 2,50 C$; ⏲ Mo–Sa) betreibt Busse im Zentrum. Die Linie 3 fährt zum Flughafen, die Linie 5 fährt am Robert Service Campground vorbei.

VOM/ZUM FLUGHAFEN

Ein Taxi von **Yellow Cab** (☎ 867-668-4811) zum Zentrum (10 Min.) kostet rund 22 C$.

ALASKA HIGHWAY

Die Straße wird vielleicht Alaska Highway genannt, aber angesichts der Tatsache, dass ihr längster Abschnitt (958 km) in Yukon verläuft, wäre vielleicht ein anderer Name eher angebracht...

Dem Alaska Highway, der sich über etwa 2450 km von Dawson Creek, British Columbia, bis nach Delta Junction tief im Inneren Alaskas erstreckt, kommt eine Bedeutung zu, die weit über die irgendeiner x-beliebigen Straße hinausgeht. Es gilt gewissermaßen als besondere Errungenschaft und ehrenvolle Auszeichnung, ihn befahren zu haben. Obwohl er heutzutage eine moderne Durchgangsstraße ist, beschwört allein sein Name noch immer Bilder vom großen Abenteuer und der Chance herauf, hier einfach alles hinter sich lassen zu können.

Wer den Alaska Highway in Yukon befährt, befindet sich auf dem landschaftlich schönsten und vielseitigsten Abschnitt der Strecke. Von den kleinen Dörfern bis zur Stadt Whitehorse, von den sich dahinschlängelnden Flüssen bis zu den St. Elias Mountains, die sich dramatisch auftürmen – die Landschaft ist überwältigend!

Von British Columbia nach Whitehorse

Auf diesem Teilstück liefern Städtchen, kleine Parks und jede Menge Sehenswürdigkeiten am Wegesrand in schöner Regelmäßigkeit einen guten Grund für einen Zwischenstopp. Für sich genommen sind sie alle keine Spitzen-Attraktionen, in der Kombination mit der schönen Szenerie sorgen sie aber für eine erlebnisreiche Fahrt.

Watson Lake

Das ursprünglich nach dem britischen Trapper Frank Watson benannte Watson Lake ist die erste Ortschaft am Alaska Hwy im Yukon Territory. Sie liegt direkt hinter der Grenze zu British Columbia. Watson Lake ist vor allem ein guter Ort zum Rasten. Es gibt hier jedoch auch ein hervorragendes **VIC** (☎ 867-536-7469; www.travelyukon.com; abseits des Alaska Hwy; ⏲ Mai–Sept. 8–20 Uhr), das ein gutes Museum zum Highway und einen Haufen Infos zum gesamten Territory hat.

Watson Lake ist berühmt für seinen **Sign Post Forest** (Schilderwald) gleich vor dem VIC. Der erste Wegweiser mit der Aufschrift „Danville, Illinois“ wurde 1942 aufgestellt.

ABSTECHER

ROBERT CAMPBELL HIGHWAY

Wer die ausgetretenen Pfade verlassen will, dem wird diese einsame Schotterpiste gut gefallen. Der Hwy 4 erstreckt sich über 585 km von Watson Lake Richtung Norden und Westen bis nach Carmacks, wo er auf den Klondike Hwy (Hwy 2) nach Dawson City trifft. Auf der gesamten Strecke verläuft der Highway parallel zu verschiedenen Flüssen und Seen. Passionierte Wildniscamper werden begeistert sein.

Rund 360 km von Watson Lake liegt **Ross River** an der Kreuzung mit der Canol Rd (Hwy 6). Es ist die Heimat der Kaska First Nation und ein Versorgungszentrum der Bergbauindustrie. Im Ort gibt's Campingplätze und Motels.

Nach und nach kamen immer mehr dazu, und heute sind es 72 000 Schilder aus Städten aus aller Welt – viele davon vermutlich heimlich nachts entwendet.

Etwa 136 km westlich von Watson Lake, nach Kilometerstein 1112, sollte man am Alaska Hwy unbedingt an der **Rancheria Falls Recreation Site** Rast machen. Ein Plankenweg führt zu den gewaltigen Zwillingswasserfällen. Einfach toll.

Wer eine Unterkunft sucht, findet in der **Air Force Lodge** (☎867-536-2890; www.airforcelodge.com; abseits des Alaska Hwy; EZ/DZ 85/95 C$; Ⓟ📶) makellose Zimmer mit Gemeinschaftsbad in den historischen Pilotenbaracken von 1942. Gleich westlich der Kreuzung mit dem Stewart-Cassiar Hwy (Hwy 37) bietet das familienbetriebene **Nugget City** (☎867-536-2307; www.nuggetcity.com; Alaska Hwy; Stellplatz ab 25 C$, Zi. 65–130 C$; Ⓟ📶) Unterkunft und Essen, das mindestens um drei Längen über der Alaska-Hwy-Norm liegt. Allein schon wegen der Backwaren lohnt sich ein Stopp, besondere Empfehlung: der Beeren-Pie. Für Übernachtungsgäste stehen Hütten und Suiten zur Auswahl.

Teslin

Der Ort am gleichnamigen lang gestreckten See liegt 260 km westlich von Watson Lake. Seit Langem ist er die Heimat der Tlingits (lin-*kits*) und der Alaska Highway hat der hier lebenden indigenen Bevölkerung sowohl Wohlstand als auch veränderte Lebensverhältnisse beschert.

Das fesselnde **George Johnston Museum** (☎867-390-2550; www.gjmuseumyk.net; Alaska Hwy; Erw./Kind 5/2,50 C$; ⏰Mai–Aug. 9–18 Uhr) dokumentiert das Leben und die Kultur eines Tlingits-Anführers im 20. Jh. mithilfe von Fotos, Exponaten und Artefakten.

Johnson's Crossing

Ungefähr 50 km nordwestlich von Teslin liegt Johnson's Crossing an der Gabelung des Alaska Highway und der Canol Road (Highway 6). Während des Zweiten Weltkriegs baute die US-Armee hier mit enormem menschlichen und finanziellen Einsatz die Canol-Pipeline, um Öl von Norman Wells in den Northwest Territories nach Whitehorse zu pumpen. Die Pipeline wurde letztendlich aufgegeben, nachdem bereits Hunderte Millionen Dollar (1943 war das eine ganze Menge Geld) in das Projekt geflossen waren.

Einen umwerfenden Ausblick hat man von der Teslin River Bridge.

Von Whitehorse nach Alaska

Westlich von Whitehorse wurde der Alaska Highway über eine lange Strecke hinweg bis zur Eintönigkeit modernisiert. Glücklicherweise ist diese langweilige Strecke aber in Haines Junction abrupt zu Ende. Von hier aus verläuft die Straße parallel zum legendären Kluane National Park und zu den St. Elias Mountains. Die 300 km bis nach Beaver Creek sind der landschaftlich schönste Teil des gesamten Highways.

Haines Junction

Wenn man Haines Junction erreicht, heißt es Abschied nehmen vom Flachland – ein Bergpanorama mit imposanten Gipfeln türmt sich hoch über der Stadt auf. Hier liegt das Tor zum umwerfenden Kluane National Park. Haines Junction eignet sich gut als Ausgangsbasis, um den Park zu erkunden oder um ein echtes Vier-Sterne-Abenteuer beim Bergsteigen, in der Wildnis oder auf dem Fluss zu erleben.

Der herrliche Haines Hwy führt von hier südwärts nach Alaska. Die vierstündige Fahrt nach Haines, kreuz und quer durch eine prächtige Hochgebirgslandschaft, ist eine der schönsten, die der Norden zu bieten hat.

Übrigens, das Ding an der Hauptkreuzung, das aussieht wie ein Cupcake auf LSD, ist eine **Skulptur**, die ein lebendiges Bild von den heimischen Menschen und Tieren vermitteln soll.

Sehenswertes & Aktivitäten

Der Kluane National Park ist zweifellos die Hauptattraktion, es gibt aber auch tolle Aktivitäten vor Ort. Für eine Wanderung nach einer stundenlangen Fahrt bietet sich der hübsche 5,5 km lange **Naturpfad** am Dezadeash River an. Er beginnt an jener Stelle, wo der Hwy 3 am südlichen Ende der Stadt den Fluss überquert.

Da Kų Cultural Centre KULTURZENTRUM
(867-634-4200; www.cafn.ca/da-ku-cultural-centre; 280 Alaska Hwy; Mitte Mai–Aug. 8.30–18 Uhr) GRATIS Die große, eindrucksvolle Einrichtung zeigt Ausstellungen zur Kultur und Geschichte der Champagne und Aishihik. Es gibt hier auch einen Picknickbereich.

★ **Kluane Glacier Air Tours** PANORAMAFLÜGE
(867-634-2916; www.kluaneglacierairtours.com; abseits des Alaska Hwy, Haines Junction Airport; Tour ab 250 C$) Der Tourveranstalter bietet atemberaubende Panoramaflüge über den Kluane und seine Gletscher. Die Optionen beginnen mit einer einstündigen Tour. Am Flughafen gibt's noch ein paar andere Flugveranstalter.

Tatshenshini Expediting RAFTING
(867-393-3661; www.tatshenshiniyukon.com; Raftingtrip ab 135 C$, Kajakverleih 35 C$/Tag; Mai–Sept.) Veranstaltet Wildwasserraftingtrips auf dem nahe gelegenen Tatshenshini River mit Stromschnellen der Schwierigkeitsstufen II bis IV. Die Trips starten in Haines Junction und Whitehorse. Organisiert auch auf Kundenwünsche zugeschnittene Trips auf dem Fluss und verleiht Ausrüstung.

Schlafen & Essen

In Haines Junction gibt's zahlreiche Motels und Wohnmobilparks. Einen Strand und schattige Stellplätze findet man am Campingplatz Pine Lake, der 6 km östlich der Stadt am Alaska Hwy liegt und vom Territory verwaltet wird.

Wanderer's Inn HOSTEL $
(867-634-5321; www.wanderersinn.ca; 191 Backe St; Stellplatz/B/Zi. 25/40/90 C$; Mai–Sept., Okt.–April mit Reservierung; P) Das moderne Haus direkt im Ortszentrum liegt mitten in einem Wäldchen und hat eine Küche und eine Gemeinschaftsterrasse.

Alcan Motor Inn MOTEL $$
(867-634-2371; www.alcanmotorinn.com; Ecke Alaska & Haines Hwy; Zi. 110–180 C$; P) Das moderne, zweistöckige Alcan hat 23 große Zimmer mit tollem Blick auf die zerklüftete Auriol Range, einige davon mit voll ausgestatteter Küche. Das Northern Lights Café auf dem Gelände bietet herzhafte Kost.

★ **Village Bakery & Deli** BÄCKEREI $
(867-634-2867; Ecke Kluane & Logan Sts; Hauptgerichte 6–12 C$; Mai–Sept. 7–19 Uhr;) In der Bäckerei gibt es frische, leckere Backwaren, der dazugehörige Feinkostladen verkauft köstliche Sandwichs, die man auf der großen Terrasse genießen kann. Der Grillabend mit Live-Folk am Freitag ist sehr beliebt.

DIE KÄFERPLAGE

Während in British Columbia und den Rocky Mountains Käfer noch immer ganze Wälder vernichten, erholen sich die Bäume in Yukon langsam von der Plage. Die Abermillionen Opfer, die der Borkenkäfer *dendroctonus rufipennis* seit 1994 auf dem Gewissen hat, haben ihr braunes Nadelkleid abgestreift und erscheinen nun in unheimlichem Grau. Neulinge mischen derweil ein leuchtendes Grün ins Bild.

Viele Gründe für das Baumsterben sind auf den Klimawandel zurückzuführen: Wärmere Temperaturen lassen immer mehr Käfer den Winter überstehen. In den letzten Jahren machen einige Faktoren aber auch den Käfern das Leben schwerer: Weniger Bäume bedeuten weniger Nahrung, ein extrem kalter Winter und die explosionsartige Vermehrung von Tieren, die den Käfer auf dem Speisezettel haben, erledigen den Rest. Zudem lässt Mutter Natur nun auch andere schnell wachsende Bäume wie Birken und Erlen zum Zug kommen.

Um einen Eindruck von den verheerenden Folgen der Käferplage der letzten 20 Jahre zu bekommen, lohnt ein Gang auf dem kurzen **Spruce Beetle Loop**, der 17 km nordwestlich von Haines Junction direkt am Highway liegt. Am Wanderweg stehen Infotafeln zum Thema Borkenkäfer.

Frosty's Freeze BURGER $
(☎ 867-634-7070; Alaska Hwy; Hauptgerichte 7–11 C$; ⏲ Mai–Sept. 11–21 Uhr) Das Frosty Freeze wirkt zwar wie eine langweilige Fastfood-Bude, hat jedoch echte Qualität zu bieten. Die Shakes werden mit Speiseeis zubereitet, die Eisbecher sind mit frischen Beeren verfeinert und die riesigen Burger (besonders lecker: die Schweizer Variante mit Pilzen) schön saftig.

Praktische Informationen

Das **VIC** (☎ 867-634-2345; www.travelyukon.com; 280 Alaska Hwy, Da Kų Cultural Centre; ⏲ Mai–Sept. 8–20 Uhr) hat Infos über das gesamte Territory. **Parks Canada** (☎ 867-634-7250; www.parkscanada.gc.ca/kluane; 280 Alaska Hwy, Da Kų Cultural Centre; ⏲ 9–19 Uhr) hat detaillierte Infos zum Kluane, darunter auch Infos zum Wandern. Beide sind im First Nations' **Da Kų Cultural Centre** (S. 863) untergebracht. Es gibt exzellente Filme über den Park sowie fesselnde Exponate über den Park und das Leben der First Nations.

Weitergehende Infos findet man unter www.hainesjunctionyukon.com.

An- & Weiterreise

In Haines Junction treffen der Haines Hwy (Hwy 3) und der Alaska Hwy (Hwy 1) aufeinander.

Who What Where Tours (☎ 867-333-0475; www.whitehorsetours.com) bietet die einzige öffentliche Verkehrsverbindung zwischen Whitehorse und Haines Junction (einf. Fahrt 73 C$, Juni–Sept, 2-mal/Woche).

Kluane National Park & Reserve

Der Nationalpark, der von der UNESCO als „Reich aus Bergen und Eis" bezeichnet wird, erstreckt sich südlich des Alaska Highway bis zur Grenze Alaskas hin. Seine raue, wunderschöne Wildnis umfasst 22 015 km² und liegt im Südwesten des Yukon Territory. Der Name wurde recht bescheiden gewählt: Kluane (kluh-wäi-nie) stammt aus der Sprache der südlichen Tutchone und bedeutet „See mit vielen Fischen".

Zusammen mit dem Tatshenshini-Alsek Provincial Park im Süden in British Columbia und dem Wrangell-St. Elias National Park im Westen bildet er eines der größten Naturschutzgebiete der Welt. Jenseits der Berge, die man vom Alaska Highway aus sehen kann, liegen über 200 Gletscher, von denen etwa die Hälfte nicht einmal einen Namen hat.

Der Winter ist lang und hart. Der kurze Sommer dauert von Mitte Juni bis Anfang September und eignet sich am besten für einen Besuch. Mit einem Wintereinbruch ist allerdings das ganze Jahr über zu rechnen, vor allem im Hinterland.

Sehenswertes

Den Park prägen die **St. Elias Mountains** und die größten nicht-polaren **Eisfelder** der Welt. Zwei Drittel des Parks bestehen aus Gletschern, hier und da durchsetzt mit Tälern, Gletscherseen, Bergwäldern, Bergwiesen und Tundra. Die **Kluane Ranges** (durchschnittlich 2500 m hoch) kann man vom Westrand des Alaska Highway aus erkennen. Ein grüner Gürtel umhüllt den Fuß dieser Berge, der der Lebensraum für die meisten Tiere und Pflanzen ist. Der türkisfarbene **Kluane Lake** ist der größte See im Yukon. Versteckt gelegen sind die immensen Eisfelder und Gipfel, u.a. der **Mt. Logan** (5959 m), Kanadas höchster Berg, und der **Mt. St. Elias** (5489 m), der zweithöchste. Einen flüchtigen Blick auf einen Teil der Gipfel genießt man vom **Aussichtspunkt** bei Km 1622 auf dem Alaska Highway und rund um die Donjek River Bridge. Die beste Aussicht hat man aber aus der Luft.

Kluane Glacier Air Tours (S. 863) in Haines Junction bietet empfehlenswerte Rundflüge über den Kluane und seine Gletscher an.

Aktivitäten

Die bewaldeten Gebiete am Fuß der Berge bieten ausgezeichnete **Wandermöglichkeiten**, entweder auf markierten Wanderwegen oder auf weniger festgelegten Routen. Es gibt ungefähr ein Dutzend in jeder Kategorie – einige davon folgen alten Bergbaustraßen, andere traditionellen Pfaden der First Nations. Detaillierte Führer zu Wanderwegen und topografische Karten erhält man in den Informationszentren. Bevor man sich auf den Weg macht, sollte man allerdings

YUKON-LEKTÜRE

Um ein Gefühl für den Yukon und seine großen Geschichten zu bekommen, kann man ein paar der spannenden Romane lesen, die hier spielen. Ein guter Anfang ist Jack Londons *Ruf der Wildnis* – das englische Original *Call of the Wild* gibt's online kostenlos unter www.online-literature.com.

mit den Rangern sprechen. Dank Ihrer Ortskenntnis können sie am besten die geeignete Wanderung auswählen. Sie verfügen auch über aktuelle Informationen und wissen z. B., ob Teilbereiche gesperrt sind, weil zu viele Bären unterwegs sind. Für mehrtägige Wanderungen braucht man Backcountry-Genehmigungen (10 C$ pro Pers. & Nacht).

Als Zwischenstopp auf der Fahrt auf dem Alaska Highway bietet sich der **Soldier's Summit Trail** an, ein leichter, 1 km langer Wanderweg, der beim Informationszentrum am Tachal Dhal beginnt: Neben schönen Ausblicken über den Park gibt es Gedenktafeln, die an die Eröffnung des Alaska Highway am 20. November 1942 erinnern. Sogar die Original-CBS-Übertragung des Ereignisses kann man sich anhören.

Das Informationszentrum am Tachal Dhal ist der Ausgangspunkt für den **Äʼäy Chù (Slim's West)**, einen beliebten, 45 km langen Rundweg zum **Kaskawulsh Glacier** – einem der wenigen Gletscher, die man zu Fuß erreichen kann. Die Strecke ist anspruchsvoll, man muss 2 bis 4 Tage dafür einplanen. Das Highlight der Tour ist der umwerfende Ausblick vom Observation Mountain (2114 m). Eine leichte Wanderung, die zu einer Übernachtungswanderung ausgedehnt werden kann, ist der 15 km lange **Auriol-Rundweg**, der durch Fichtenwald und subalpines Grasland und vorbei an einem Wildnis-Campingplatz führt. Gestartet wird 7 km südlich von Haines Junction.

In der Gegend kann man auch hervorragend **angeln** sowie **Tiere und Pflanzen beobachten**. Besonders beeindruckend sind Tausende von Dallschafen, die sich im Juni und September am Sheep Mountain aufhalten. Es gibt eine große Population von Grizzlybären, außerdem Schwarzbären, Elche, Karibus, Ziegen und 150 Vogelarten, u. a. Adler und seltene Wanderfalken.

Viele Parkbesucher kommen ab Februar zum **Skifahren** oder **Schneeschuhwandern**.

Schlafen

★ Kathleen Lake Campground CAMPEN $
(www.parkscanada.gc.ca/kluane; abseits des Haines Hwy; Stellplatz 16 C$) Himmelblau leuchtet der Kathleen Lake, wo Parks Canada 24 km südlich von Haines Junction abseits des Highways diesen Campingplatz betreibt. Der See ist tagsüber ein guter Ort für einen Zwischenstopp. Im Sommer werden außerdem häufig Rangertouren und Programme angeboten.

Praktische Informationen

Parks Canada betreibt zwei Infozentren – eines in **Haines Junction** (S. 864) und eines in **Tachal Dhal** (Sheep Mountain; Alaska Hwy; ⏱Mitte Mai–Aug. 9–16 Uhr), 130 km westlich von Haines Junction mit exzellenten Infos und tollem Blick auf Sheep Mountain. Die Ranger haben Infos zur Flora und Fauna und zu Wanderungen im Park.

In beiden Infozentren gibt's einen Parkführer, der einen Überblick über die Größe des Park gibt und zeigt, wie wenig davon problemlos zugänglich ist. Auf der Karte sind Wanderungen – zwischen zehn Minuten und zehn Tagen Dauer – eingezeichnet.

Destruction Bay

Das kleine Dorf am Ufer des riesigen Kluane Lake liegt 106 km nordwestlich von Haines Junction. Den sinnträchtigen Namen erhielt es während des Zweiten Weltkriegs nach einem Sturm, der während der Bauarbeiten am Highway durch die Gegend fegte. Die meisten Einwohner gehören den First Nations an und ernähren sich das ganze Jahr über von dem, was die Natur hergibt.

Übernachtungsgäste steigen im hiesigen Motel ab oder fahren weiter nach **Congdon Creek**, 17 km östlich vom Ort am Alaska Hwy, wo das Territory einen Campingplatz mit 81 Stellplätzen und einer schönen Landschaftskulisse am Seeufer verwaltet.

Burwash Landing

Mit dem Kluane National Park auf der einen und dem Kluane Lake auf der anderen Seite punktet Burwash Landing mit einer spektakulären Lage. Hier kann man sich gut die Beine vertreten und das ausgezeichnete Museum anschauen. Der Ort wurde 1909 von Pelzhändlern gegründet.

Das **Kluane Museum** (☎867-841-5561; www.kluanemuseum.ca; Alaska Hwy; Erw./Kind 5/3 C$; ⏱Mitte Mai–Mitte Sept. 9–18.30 Uhr) zeigt einen riesigen – wenn auch ausgestopften – Elch und faszinierende Ausstellungen zur Tier- und Pflanzenwelt, zur Naturgeschichte sowie zur Geschichte der First Nations.

Beaver Creek

Beaver Creek ist kaum mehr als ein unbedeutender Fleck auf der Landkarte, dient aber als Rettungsanker für müde oder hungrige Reisende – einigermaßen glanzlose Lokale sorgen fürs leibliche Wohl. Der kanadische Grenzübergang liegt gleich nördlich vom Ort, der US-amerikanische 27 km weiter westlich. Beide sind rund um die Uhr geöffnet.

Ein skurriler **Skulpturengarten** gleich nördlich verführt Leichtsinnige (oder Betrunkene) möglicherweise zu ein wenig verrückten Handlungen.

Von den vier Motels im Ort hat das **1202 Motor Inn** (☎867-862-7600; www.1202motorinn.ca; 1202 Alaska Hwy; Zi. 90–100 C$; ⌚8–23 Uhr; P❄📶) den größten Reiz. Die 30 Zimmer hier sind schlicht und zweckmäßig. Nach einem Zimmer fragen, das weit weg von den tuckernden Motorgeräuschen auf dem Parkplatz liegt.

Im **VIC** (☎867-862-7321; www.travelyukon.com; Km 1202 Alaska Hwy; ⌚Mai–Sept. 8–20 Uhr) gibt's Infos über das gesamte Territory.

HAINES HIGHWAY

Wer nur eine kurze Rundfahrt zwischen Haines und Skagway in Alaska über Whitehorse unternimmt, für den ist diese 259 km lange Straße möglicherweise das Highlight der gesamten Reise. Eigentlich spielt es keine Rolle, wie lang das Yukon-Abenteuer ausfällt: Der Haines Highway (Highway 3) wird immer ein Höhepunkt sein. In relativ kurzen Abständen sieht man Gletscher, hoch aufragende schneebedeckte Gipfel, wilde Flusstäler, windgepeitschte Bergwiesen und ein Flussdelta, über dem die Schatten der Weißkopfseeadler hin und her gleiten.

Wer von Haines Junction aus weiter Richtung Süden reist, sollte sich nicht den Blick auf die St. Elias Mountains im Westen entgehen lassen. Die Gletscher, die man ganz oben vage erkennt, erstrecken sich bis zum Pazifik. Ungefähr 80 km südlich kommt man zum **Aussichtspunkt auf den Tatshenshini River**. Dieser ungezähmte Fluss fließt durch ein Bärenschutzgebiet und ein Tal, das völlig unberührt zu sein scheint.

Ungefähr 10 km weiter gelangt man zu den **Million Dollar Falls**. Hier donnert das Wasser durch eine schmale Schlucht in die Tiefe. Während der Fahrt gibt es schöne Blicke auf den Gletscher.

Der Highway verläuft für 70 km durch British Columbia und könnte immer so weiterführen, denn die hoch gelegene, karge Bergwildnis, die man durchquert, macht geradezu süchtig. Hier muss man das ganze Jahr über mit plötzlichen Schneestürmen rechnen. Auf 1070 m Höhe fällt die Straße beim Chilkat Pass, einem alten Weg der Indianer ins Yukon Territory, plötzlich steil nach Alaska ab. Die Grenze zu den USA liegt 72 km nördlich von Haines im breiten **Chilkat River Delta**.

Das ganze Jahr hindurch sind im Delta unzählige **Weißkopfseeadler** anzutreffen. Die stattlichen Vögel versammeln sich wie Tauben in großen Gruppen und sitzen dann in den Bäumen, die über das Ufer hängen. Angezogen werden sie vom vergleichsweise milden Wetter und dem konstanten Nachschub an Fischen.

Haltebuchten säumen den Haines Highway (in Alaska: Hwy 7), vor allem zwischen den Markierungen 19 und 26. Man sollte sich Zeit lassen und einen Platz zum Parken suchen. Nur ein Paar Schritte abseits der Straße ist es schön ruhig. Wenn man einen kleinen Baum erblickt, der von 20 nachdenklich dreinblickenden – und ziemlich großen – Weißkopfseeadlern bevölkert ist, dann hat man seine ganz eigene Raubvogel-Version von *Die Vögel* ...

Das Wetter kann auf den höheren Teilen der Straße jederzeit ziemlich schlecht werden. Abgesehen davon ist die Strecke jedoch gut in Schuss.

KLONDIKE HIGHWAY

Der 716 km lange Klondike Highway beginnt an der Küste in Skagway, AK, und führt dann in luftige Höhen hinauf zum furchteinflößenden Chilkoot-Pass, bevor er auf dem Weg nach Carcross eine spektakuläre Berglandschaft durchquert. Auf dem Großteil der Strecke folgt die Straße dem **Gold Rush Trail**, der Route der Klondike-Goldsucher. Autofahrer haben es heute allerdings deutlich leichter als diese.

Nördlich von Whitehorse führt die Straße durch sanft geschwungenes Gelände, auf dem Waldbrände über die Jahre ihre deutlich sichtbaren Spuren hinterlassen haben. Dank der Schilder mit Datumsangaben lässt es sich zeitlich gut nachvollziehen, inwieweit sich die Natur inzwischen wieder erholt hat.

Carcross

Ein lange vergessenes Goldrauschstädtchen ist das niedliche kleine Carcross, 73 km süd-

YUKON SCHMILZT DAHIN

Yukon ist zweifellos ein Paradebeispiel für die Folgen des Klimawandels. Überall sind rapide fortschreitende Veränderungen in der Natur spürbar. Das Gebiet erwärmt sich wesentlich schneller als angenommen: So schmilzt z. B. im hohen Norden Herschel Island buchstäblich dahin, da der Permafrostboden auftaut. Begleitet wird der Vorgang von einem unheimlichen Anblick: Särge, die schon Ewigkeiten unter der Erde lagen, kommen nun an die Oberfläche des schmelzenden Bodens. Die UNESCO nahm die Insel in die Liste des gefährdeten Welterbes auf.

Seit Jahrzehnten schließen die Einwohner von Dawson City im Frühjahr Wetten darauf ab, an welchem Tag die Eisdecke des Yukon River aufbricht und der Fluss zu strömen beginnt. Die Aufzeichnungen beweisen, dass sich dieses Datum in den letzten 100 Jahren um eine ganze Woche auf den 5. Mai vorverschoben hat – und das Tempo nimmt weiter zu.

Das Yukon Territory auf die radikal veränderte, wärmere Zukunft vorzubereiten, ist inzwischen ein großes Thema in der Politik – auch wenn niemand Antworten hat.

lich von Whitehorse – ein wirklich stimmungsvoller Stopp. Im Sommer fahren vier Züge pro Woche von Skagway nach Carcross (und zurück) entlang der **White Pass & Yukon Route** (☎800-343-7373; www.wpyr.com; einf. Fahrt ab Skagway Erw./Kind 165/82,50 C$; ⌚Juni–Aug.). Die fünfstündige Fahrt über den White Pass führt durch einsame Landschaften, die man bei den kürzeren Fahrten nach Bennett nicht zu sehen bekommt. Tagesausflüge ab Skagway beinhalten die Zugfahrt in die eine und eine Busfahrt in die andere Richtung. Einige alte Gebäude werden gerade restauriert, und die Lage am Lake Bennett ist einfach herrlich (die Klondike-Goldsucher, die hier zur Überquerung des Sees Boote erst einmal bauen mussten, sahen das aber wahrscheinlich nicht unbedingt so).

Im alten **Bahnhof** gibt's eine gute Ausstellung zur Lokalgeschichte.

Bei der **Carcross Desert**, oft als kleinste Wüste der Welt bezeichnet, handelt es sich um das heute freiliegende sandige Bett eines Gletschersees 2 km nördlich der Stadt.

Das **VIC** (☎867-821-4431; www.travelyukon.com; ⌚Mai–Sept. 8–20 Uhr) befindet sich in einem modernen Komplex mit saisonal geöffneten Geschäften und Cafés. Es hat eine hervorragende Wanderbroschüre.

Carmacks

Das kleine Dorf direkt am Yukon River wurde nach George Washington Carmack benannt, einem der Goldsucher, die 1896 hier Gold fanden. Carmack war ein raubeiniger Seemann, der in Yukon umherstreifte und nur durch einen glücklichen Zufall (gemeinsam mit Robert Henderson, Tagish Charlie und Keish – alias Skookum Jim Mason) einen Claim am Bonanza Creek absteckte. Schon bald lebte er auf großem Fuße, und es dauerte nicht lange, bis er seine First-Nations-Familie verließ und sich nach Süden in die USA absetzte. Angesichts seines Rufs als schlechter Ehemann und Vater ist es ganz passend, dass Carmack mit einer solch einfallslosen Ansammlung von Tankstellen und Absteigen ein Denkmal gesetzt wurde. Wie auch anderswo im Territory sind die Einwohner stark mit dem Land verbunden, das sie das ganze Jahr über mit Wild und Fisch versorgt. Ein hübscher, 15-minütiger **Informationspfad** am Fluss gewährt einen kleinen Einblick in das Leben hier.

Der Hauptgrund, hier einen Zwischenstopp einzulegen, ist das ausgezeichnete **Tagé Cho Hudän Interpretive Centre** (☎867-863-5831; abseits des Hwy 2; Eintritt gegen Spende; ⌚Mai–Sept. 9–18 Uhr), wo ehrenamtliche Mitarbeiter das Leben der indigenen Bevölkerung früher und heute erläutern.

Neben dem Infocenter gibt's auch am Klondike Hwy nördlich und südlich von Carmacks Einiges zu sehen.

Rund 25 km nördlich von Carmacks hat man von der **Five Finger Rapids Recreation Site** einen tollen Blick auf die tückischen Stromschnellen, die einst das Können der Flusskapitäne auf die Probe stellten, die ihre Schiffe zwischen Whitehorse und Dawson navigieren mussten. Es gibt einen steil abfallenden, 1,5 km langen Pfad hinunter zu den Stromschnellen.

Fährt man auf der Straße gen Süden, gelangt man zu einer Reihe von Gewässern, angefangen mit den **Twin Lakes**, 23 km von

Carmacks entfernt, und zum **Fox Lake**. Noch 24 km weiter südlich kommt man dann zum friedlichen **Lake Laberge**. Die letzten 40 km bis Whitehorse sind von niedrigen Bäumen und ein paar Rinder-Ranches gesäumt.

Minto

In Minto, an dem man in der Regel schnell vorbeifährt (außer man schleppt ein Kanu oder Kajak mit) verlässt der Klondike Highway den Verlauf des Gold Rush Trail. Minto ist ein beliebter Ort, um eine vier- bis fünftägige Kanutour auf dem Yukon River flussabwärts nach Dawson City zu beginnen. Es liegt ungefähr 75 km nördlich von Carmacks.

Stewart Crossing

Ein weiterer, recht beliebter Ort, um sein Kanu zu Wasser zu lassen, ist Stewart Crossing am Stewart River. Der Fluss präsentiert sich hier schmaler und auch etwas wilder, bevor er dann im Westen in den Yukon River mündet, auf dem man anschließend den Rest der Strecke nach Dawson City zurücklegt.

Das darüber hinaus ziemlich uninteressante Dorf liegt an der Kreuzung des Klondike Highway (Hwy 2) mit dem **Silver Trail** (Hwy 11). Von hier aus kann man allerdings einen Ausflug zur fast verlassenen Stadt **Keno City** und dem winzigen Nest **Mayo** unternehmen (hin und zurück sind es 225 km).

ABSTECHER

CHILKOOT TRAIL

Den Chilkoot Trail, im Jahr 1898 im besten Fall ein beschwerlicher, im schlimmsten Fall ein tödlicher Weg, wählten die meisten Goldsucher, um von Skagway aus über den 1110 m hohen Chilkoot Pass nach Yukon zu marschieren. Heutzutage müssen Wanderer Monate im Voraus einen Platz reservieren, um den Spuren der Goldsucher von einst zu folgen.

Der gut markierte, 53 km lange Wanderweg beginnt in der Nähe von **Dyea**, 14 km nordwestlich von Skagway, und führt dann in nordöstlicher Richtung über den Pass. Er folgt dem Taiya River bis zum Lake Bennett in British Columbia (BC). Insgesamt braucht man für die Wanderung drei bis fünf Tage. Die Strecke ist schon bei gutem Wetter schwierig, bei schlechten Wetterbedingungen wird sie oft richtig tückisch. Man sollte daher in guter körperlicher Verfassung und sehr gut ausgerüstet sein. Mehrere Schichten warmer Klamotten und Regenzeug sind ein Muss!

Noch immer liegen am Wegrand verstreut Teile der Ausrüstung oder Werkzeuge, die von Goldsuchern zurückgelassen wurden. An mehreren Stellen stehen Holzschuppen, in denen man über Nacht unterkommen kann, die aber meist schon belegt sind. Daher sollte jeder Wanderer unbedingt sein eigenes Zelt und einen eigenen Schlafsack mitnehmen! Es gibt zehn ausgewiesene Campingplätze entlang der Strecke, die alle mit *bear caches* (Vorrichtungen zur bärensicheren Aufbewahrung von Lebensmitteln etc.) ausgestattet sind.

Am kanadischen Ende des Wegs kann man entweder die historische Schmalspurbahn White Pass & Yukon Route Railroad von Bennett aus zurück nach Skagway nehmen oder weiter in Richtung Norden nach Fraser in British Columbia fahren, wo man Anschluss an den Bus nach Whitehorse hat.

Der Chilkoot Trail ist eine der Hauptattraktionen des **Klondike Gold Rush National Historical Park** (www.nps.gov/klgo), einer Reihe von Stätten, die gemeinsam von Parks Canada und dem US National Park Service verwaltet werden und die sich von Seattle, WA, bis nach Dawson City erstrecken. Jeder Chilkoot-Wanderer muss eine Genehmigung einholen, von denen im Sommer nur 50 pro Tag ausgeteilt werden; daher unbedingt im Voraus reservieren! Parks Canada bzw. der US National Park Service verlangen 55 C$ für die Genehmigung plus 12 C$ für die Reservierung. Jeden Tag werden zusätzlich acht Genehmigungen vergeben, frei nach dem Motto: Wer zuerst kommt, mahlt zuerst. Für weitere Informationen sollte man das **Chilkoot Trail Centre** (cnr Broadway & 2nd Ave; ⏲ Juni–Aug. 8–17 Uhr) in Skagway kontaktieren oder auf der Website des Parks nachsehen. Bei der Planung unbedingt an die Campingplätze denken, auf denen man übernachten will!

DAWSON CITY

1400 EW.

Wer die Geschichte dieses Ortes noch nicht kennt, wird Dawson City mit seiner unwiderstehlichen, flippigen Atmosphäre zunächst nur als stimmungsvollen Platz für eine Ruhepause sehen. Aber dass es insgesamt betrachtet eine der bedeutungsvollsten und interessantesten Ortschaften Kanadas ist, lässt sich mit Goldstaub auf einer Torte vergleichen: nicht unbedingt notwendig, aber wirklich schön.

Dawson liegt auf einer schmalen Felsbank am Zusammenfluss von Yukon und Klondike River, gerade mal 240 km südlich des Polarkreises, und war einst das Zentrum des Klondike-Goldrauschs. Heute kann man durch die unbefestigten Straßen von Dawson schlendern, vorbei an alten Gebäuden auf fragwürdig aussehenden Permafrost-Fundamenten, und das Kulturangebot entdecken. Übrigens: Die Person, die egrade vorbeiging, könnte Tänzer, Filmemacher, Maler oder Minenarbeiter sein.

Im Sommer kann in Dawson ganz schön was los sein – vor allem während der Festivals. Im September jedoch, wenn die Tage kürzer werden, sind die Saisonarbeiter bereits in den Süden geflohen, und die rund 1400 dauerhaften Bewohner bereiten sich nun auf den langen, dunklen Winter vor.

ABSTECHER

ABSTECHER IN DEN TOMBSTONE

Der **Tombstone Territorial Park** (☎867-667-5648; www.yukonparks.ca; Dempster Hwy) zieht sich für etwa 50 km am Dempster Hwy entlang und bietet sich für einen leichten Tagesausflug ab Dawson City an. Grüne und graue Schattierungen prägen die weiten Täler, die steilen Felshänge sind gespickt mit kleinen Gletschern und Bergseen. Der Sommer beginnt verhalten, erstrahlt aber im Juli mit Feldern voller lila Wildblumen. Wolken ziehen über die Tundra hinweg, begleitet von Windböen, die von Zeit zu Zeit die Sonne hervorblitzen lassen. Inmitten dieses Naturspektakels wird man den wahren Klang der Stille erleben.

Das hervorragende **Interpretive Centre** (Dempster Hwy; ⏲ Juni–Anf. Sept. 9–19 Uhr) des Parks befindet sich 71 km vom Anfang des Hwy 5 entfernt und veranstaltet Wanderungen und Vorträge.

Geschichte

1898 wälzten sich über 30 000 Goldsucher durch die Straßen von Dawson – einigen wenigen war das Glück beschieden, das schnelle Geld zu machen, die meisten aber waren völlig ohne Perspektive und mit sich und der Welt unzufrieden. Geschäfte, Bars und Prostituierte zogen diesen armen Teufeln dann noch den letzten Rest Geld aus der Tasche. Die glücklichen Tage von Dawson waren eng mit dem Schicksal der Goldminenarbeiter verbunden: Als der Boom der Goldsuche vorbei war, begann ein jahrzehntelanges, schleichendes Dahinsiechen der Stadt.

Die Hauptstadt Yukons wurde 1952 nach Whitehorse verlegt. Dawson konnte durch den stark reduzierten, aber weiterlaufenden Goldbergbau mehr schlecht als recht überleben. Bis 1970 sank die Bevölkerungszahl auf unter 900. Doch dann geschah etwas Unerwartetes auf Dawsons Weg in den Untergang: Die Stadt wurde wiederentdeckt. Erneuerungsarbeiten am Klondike Highway und die Anbindungen an Alaska ermöglichten den ersten größeren Zustrom von Sommertouristen, die hier ein verfallenes, aber reizvolles Kleinod aus längst vergangenen Goldrauschzeiten vorfanden. Parks Canada erklärte den Großteil der Stadt zur historischen Stätte und begann mit Restaurierungsarbeiten.

Sehenswertes

Auch wenn man für einen Rundgang durch das überschaubare Dawson nur wenige Stunden benötigt, lassen sich locker drei oder mehr Tage mit den Dingen füllen, die man vor Ort sonst noch sehen und unternehmen kann. Wem die Besucherhorden im Sommer zu viel werden, der findet am Hang beispielsweise einige Viertel mit alten Gebäuden und Straßen.

Nach den drastischen Budgetkürzungen während der Harper-Ära erfreut sich Parks Canada inzwischen eines erheblich aufgestockten Budgets, wodurch Sanierungen und neue Programme in Dawson finanziert werden. Da Parks Canada viele Stätten betreibt, lohnt sich die Investition in einen der vielen angebotenen Pässe.

★ **Klondike National Historic Sites** HISTORISCHE STÄTTE
(☎867-993-7210; www.pc.gc.ca/dawson; Parks Canada Pass Erw. 7–31 C$) Angesichts der unzäh-

Dawson City

ligen erhaltenen und restaurierten Stätten fällt es hier überhaupt nicht schwer, sich die Ära des Goldrausches lebhaft vorzustellen. Parks Canada veranstaltet tagsüber diverse Führungen (S. 873) über das Gelände, bei denen man auch einige der 26 restaurierten Gebäude besichtigt. Und an je mehr Führungen man teilnimmt, desto mehr bekommt man natürlich auch von deren Vielfalt zu sehen. Manche Gebäude – beispielsweise das **Palace Grand Theatre** (Karte S. 870; King St) – sind auch außerhalb des Rahmens von Führungen kostenlos für Besichtigungen geöffnet (normalerweise 16.30–17.30 Uhr).

★ **Bonanza Creek Discovery Site** HISTORISCHE STÄTTE
(Bonanza Rd) GRATIS Vom Dredge No 4 etwa 1,5 km ins Tal hinein liegt diese historische Stätte, wo 1896 zum ersten Mal Gold gefunden wurde. Heute ist dies ein ruhiges Fleckchen mit einem kleinen Gewässer, das munter durch das Geröll plätschert. Ein faszinierender 500 m langer Pfad führt an informativen Tafeln vorbei. Einen Führer (2,50 C$) erhält man im VIC (S. 855).

★ **Dredge No 4** WAHRZEICHEN
(☎867-993-5023; Bonanza Creek Rd; Erw./Kind 20/10 C$, hin & zurück ab Dawson 10 C$; ⊙Mai–

Dawson City

Highlights
1 Jack London Interpretive Centre C5

Sehenswertes
2 Commissioner's Residence A4
3 Dänojà Zho Cultural Centre B1
4 Dawson City Museum B4
5 Fortymile Gold Workshop/Studio C1
6 Harrington's Store B3
7 Klondike Institute for Art & Culture C2
8 ODD Gallery B2
9 Palace Grand Theatre C1
10 Robert Service Cabin C5
11 SS Keno B1

Aktivitäten, Kurse & Touren
12 Dawson Trading Post B2
13 Goldbottom Tours B2
14 Klondike Experience B2
Klondike Spirit .... (siehe 17)

Schlafen
15 Aurora Inn B4
16 Bombay Peggy's B3
Klondike Kate's .... (siehe 22)
17 Triple J Hotel C2

Essen
18 Alchemy Cafe B3
19 Cheechako's Bake Shop B2
20 Drunken Goat Taverna B2
21 Farmers Market B2
22 Klondike Kate's C1

Ausgehen & Nachtleben
23 Bars at Westminster Hotel B2
Billy Goat .... (siehe 20)
Bombay Peggy's .... (siehe 16)
24 Downtown Hotel B2

Unterhaltung
25 Diamond Tooth Gertie's Gambling Hall C2

Transport
Husky Bus .... (siehe 14)

Sept. 10–16 Uhr, Führungen zu versch. Zeiten) Die von tiefen Narben durchzogenen Täler rund um Dawson zeugen von den enormen Anstrengungen, die einst in die Jagd nach Gold investiert wurden. Am symbolträchtigsten ist Bonanza Creek, wo zuerst Gold gefunden wurde und hin und wieder auch heute noch gefunden wird. Dredge No 4, 13 km vom Klondike Hwy entfernt, ist ein gewaltiger Bagger, mit dem das Klondike Valley aufgerissen wurde. Zurück blieben verwüstete, wellenförmige Flächen, die die Landschaft bis heute prägen. Führungen über das von Parks Canada verwaltete Gelände veranstaltet Goldbottom Tours (S. 874).

Dabei erfährt man natürlich auch mehr über die riesige Maschine, die sich wie ein verrückt gewordener gigantischer Wurm aus einem Science-Fiction-Roman durch die Erde fraß.

★ Jack London Interpretive Centre — MUSEUM

(Karte S. 870; ☎ 867-993-5575; Firth St; Erw./Kind 5 C$/frei; ⏲ Mai–Aug. 11–18 Uhr) Jack London lebte 1898 in der Yukon-Region, dem Schauplatz seiner bekanntesten Geschichten (darunter *Ruf der Wildnis* und *Wolfsblut*). In der Hütte des Autors finden täglich hervorragende Infovorträge statt. Das Zentrum wurde mit viel Herzblut vom inzwischen verstorbenen Historiker Dick North, Dawne Mitchell und anderen aufgebaut und ist eine wahre Fundgrube für Geschichten rund um den berühmten Schriftsteller – u.a. wird hier die Suche nach dessen Hütte dokumentiert.

Crocus Bluff — AUSSICHTSPUNKT

(abseits der Mary McLeod Rd) In der Nähe von Dawsons Friedhöfen führt ein kleiner Weg hinauf zum hübschen Crocus Bluff, wo sich ein atemberaubender Blick auf Dawson und die Flüsse Klondike und Yukon bietet. Mit dem Auto biegt man von der New Dome Rd bei der Mary McLeod Rd ab – die Schilder „No Exit" (Keine Ausfahrt) einfach ignorieren. Zu Fuß ist es ein kleiner Spaziergang von der Stadt die King St hinauf. Vom **Ninth Avenue Trail**, der auf seiner Länge von 2,5 km zahlreiche Straßen kreuzt, kann man auch den 400 m langen Pfad **Crocus Bluff Connector** nehmen.

Fortymile Gold Workshop/Studio — GALERIE

(Karte S. 870; ☎ 867-993-5690; 3rd Ave, zw. York & King St; ⏲ Mai–Sept. 9–18 Uhr) Hier kann man dabei zusehen, wie aus dem hiesigen Gold Schmuck hergestellt wird. Das seidig glänzende Edelmetall mit seinem tiefgelben Farbton hat wenig Ähnlichkeit mit dem funkelnden Zeug, das einem nachts im Verkaufsfernsehen angedreht wird. Goldproben aus verschiedenen regionalen Claims und Stätten machen verständlich, wieso alte Goldsucher die Herkunft bestimmter Nuggets genau benennen konnten.

Midnight Dome AUSSICHTSPUNKT

(New Dome Rd) Die von Bergrutschen vernarbte Wand des Hügels ragt gleich nördlich der Stadt auf, aber um auf den Gipfel zu gelangen, muss man von der Stadt aus erst einmal etwa 1 km Richtung Süden fahren, dann vom Klondike Hwy links in die New Dome Rd einbiegen und etwa 7 km weiterfahren. Der Midnight Dome, 880 m über dem Meeresspiegel, gibt einen atemberaubenden Blick aufs Klondike Valley, den Yukon River und auf Dawson City frei. Es existiert auch ein ziemlich steiler **Wanderweg**, für den man ab der Judge St in der Stadt 90 Minuten braucht. Karten erhält man im VIC (S. 855).

Robert Service Cabin HISTORISCHE STÄTTE

(Karte S. 870; Ecke 8th Ave & Hanson St; Parks Canada Eintritt 7 C$; ⌚Mai–Aug. tgl. versch. Veranstaltungen) In dieser für den Goldrausch typischen Hütte lebte von 1909 bis 1912 der Dichter und Schriftsteller Robert W. Service, der „Barde des Yukon". In der Saison finden hier jeden Tag Lesungen, Führungen und Touren statt.

Harrington's Store MUSEUM

(Karte S. 870; Ecke 3rd Ave & Princess St; ⌚9.30–20.30 Uhr) GRATIS In diesem restaurierten alten Laden finden sich historische Fotos aus der längst vergangenen Blütezeit von Dawson City.

VERHÄNGNISVOLLER GOLDRAUSCH

Der Klondike-Goldrausch, in dessen Zeit die Bevölkerungsdichte der Region ihren Höhepunkt erreichte, bleibt eines der prägendsten Momente in der Geschichte Yukons. Damals machten sich an die 40 000 Menschen auf den Weg nach Skagway – in der Hoffnung, auf den Goldfeldern von Dawson City, das etwa 700 km weiter nördlich lag, den ganz großen Wurf zu landen.

Die Goldsucher als für das Vorhaben schlecht vorbereitet zu bezeichnen, wäre noch eine Untertreibung. Einige hatten zwar schon mehr als einen Goldrausch hinter sich, bei einem hohen Prozentsatz handelte es sich jedoch um abenteuerlustige Amerikaner: Büroangestellte, Rechtsanwälte oder auch Kellner erlagen der Versuchung, mal schnell eine kleine Reise in den Norden zu unternehmen und reich zurückzukehren. Die Realität sah allerdings anders aus. Bei ihrer Ankunft stürzten sich allerlei Betrüger auf sie, die meisten davon im Auftrag des unverbesserlichen Soapy Smith. Danach musste die mehrere Hundert Kilo schwere Ausrüstung über den tief verschneiten Chilkoot Pass transportiert werden und es mussten eigenhändig Boote gebaut werden, um das letzte Stück über den Yukon River nach Dawson zu überwinden. Viele Menschen starben bei diesem Unterfangen.

In Dawson mussten sich die Goldgräber nicht nur Betrugsversuchen erwehren, sondern sich einer weiteren harten Tatsache stellen: Als im Sommer 1897 die ersten Schiffe die Westküste der USA mit der Nachricht von den Goldfunden an Dawsons Bonanza Creek erreichten, waren die besten Schürfgebiete bereits vergeben. Der Großteil der Klondike-Goldsucher kam so mindestens ein Jahr zu spät. Krank und pleite kehrten die Überlebenden in die USA zurück. Nur wenige fanden überhaupt Gold, die meisten mussten ihre Ausrüstung an Geschäftsleute verscherbeln, die sie wiederum zu horrenden Preisen an neu ankommende Goldsucher verkauften. Das Vermögen einiger Familien aus dem Yukon geht auf diese Art der Geschäftemacherei zurück.

Bei diesen haarsträubenden Schicksalen können heute wohl nicht einmal Hartgesottene mithalten. Die bösen Taten, das Elend und der Herzschmerz der Dandys jener Tage bieten Stoff für fesselnde Leseerlebnisse. Unter den vielen Büchern zum Goldrausch am Klondike sind die folgenden besonders empfehlenswert und überall in Yukon erhältlich:

➡ *The Klondike Fever* von Pierre Berton ist der Klassiker zum Thema Goldrausch.

➡ *Sailor on Snowshoes* Dick North erzählt von Jack Londons Zeit im Yukon Territory und der Suche nach seiner Hütte. Londons Erzählungen zum Goldrausch begründeten seinen Ruf als Schriftsteller.

➡ *The Floor of Heaven* von Howard Blum ist ein fantastisches Buch, das sich gut liest. Es schildert die Geschichte des Goldsuchers George Carmack, des legendären Hochstaplers Soapy Smith aus Skagway und des Privatcops Charlie Siringo, der Carmack vor Soapy rettete.

Commissioner's Residence GEBÄUDE
(Karte S. 870; Front St; Parks Canada 7 C$; ⌚ Mai–Sept. 13.30–16.30 Uhr) Das prachtvolle Gebäude wurde 1901 zur Unterbringung des Territorial Commissioners in einer Bauweise errichtet, die potenziellen Investoren Vertrauen in die Stadt vermitteln sollte. Lange Zeit lebte im Gebäude Martha Black, die 1898 ins Yukon-Gebiet kam, Inhaberin eines Holzlagerplatzes war und im Alter von fast 70 Jahren ins kanadische Parlament gewählt wurde. (Das englischsprachige Buch *Martha Black* von Flo Whyard erzählt die Geschichte dieser bemerkenswerten Frau.)

SS Keno HISTORISCHE STÄTTE
(Karte S. 870; Front & Queen Sts; Parks Canada 7 C$; ⌚ Mai–Aug. 12–16 Uhr) Die SS Keno gehörte zu einer Flotte von Schaufelraddampfern, die mehr als ein halbes Jahrzehnt langdie Flüsse Yukons befuhr. Heute liegt der Schaufelraddampfer am Ufer und erinnert an die Zeit vor der Existenz von Highways.

Dawson City Museum MUSEUM
(Karte S. 870; ☎ 867-993-5291; 5th Ave; Erw./Kind 9/7 C$; ⌚ Mai–Aug. 10–18 Uhr) Umgeben von 25 000 Goldrausch-Artefakten können Besucher auf eigene Entdeckungsreise gehen. Die eindrucksvollen Exponate zeichnen das harte Leben der Minenarbeiter nach. Das Museum ist im symbolträchtigen Old Territorial Administration Building (ehem. Gebäude der Territorialverwaltung) von 1901 untergebracht.

Friedhöfe FRIEDHOF
(Mary McLeod Rd) Ein 15-minütiger, stadtnaher Spaziergang die King Street und Mary McCloud Road hinauf führt zu zehn **Friedhöfen**, auf denen viele namhafte Persönlichkeiten ihre letzte Ruhe fanden – unter ihnen Joe Vogler, der mit Leib und Seele für die Abspaltung Alaskas von den USA gekämpft hat. Er hatte verfügt, nur in einem befreiten Alaska beerdigt werden zu wollen und wurde 1993 hier begraben.

Dänojà Zho Cultural Centre BEMERKENSWERTES GEBÄUDE
(Karte S. 870; ☎ 867-993-6768; www.trondekheritage.com; Front St; Erw./Kind 7 C$/kostenlos; ⌚ Juni–Sept. Mo–Sa 10–17 Uhr) Das schöne Holzgebäude am Fluss bietet eine Ausstellung und Vorträge über die zu den First Nations gehörenden Tr'ondëk Hwëch'in (Flussmenschen). Zu sehen sind traditionelle Artefakte und ein Nachbau eines Fischerlagers aus dem 19. Jh.

Klondike Institute for Art & Culture BEMERKENSWERTES GEBÄUDE
(KIAC; Karte S. 870; ☎ 867-993-5005; www.kiac.ca; Ecke 3rd Ave & Queen St) Das Klondike Institute for Art & Culture ist Teil der lebendigen Kunstszene Dawsons. Das Institut verfügt über ein imposantes Atelier, betreibt Galerien und bietet Workshops an.

ODD Gallery GALERIE
(Karte S. 870; ☎ 867-993-5005; www.kiac.ca/oddgallery; Ecke 2nd Ave & Princess St; ⌚ variiert) Die Galerie des Klondike Institute for Art & Culture stellt regelmäßig aus.

Aktivitäten

Viele Besucher kommen nicht nur mit dem **Kanu** oder **Kajak** in Dawson City an, sondern verlassen die Stadt dann auch wieder über den Yukon River. Eine beliebte und für Anfänger geeignete Kanutour führt in drei Tagen von Dawson 168 km flussabwärts nach Eagle, AK.

Auch die dreistündige **Wanderung nach Moosehide**, einem alten Indianerdorf, ist beliebt. Der Weg führt oberhalb des Flusses nördlich der Stadt an den Berghängen entlang. Zur Orientierung am besten eine Karte vom VIC mitnehmen.

Die Umgebung von Dawson lässt sich größtenteils gut mit dem Fahrrad erkunden, z. B. auf dem 33 km langen **Ridge Road Heritage Trail**, der sich durch einige südlich der Stadt gelegene Goldfelder schlängelt.

Dawson City River Hostel KANUFAHREN, RADFAHREN
(www.yukonhostels.com; Mietrad ab 25 C$ pro Tag; ⌚ Mai–Sept.) Das Hostel verleiht Kanus und organisiert verschiedenste Trips sowie den Transport von Whitehorse oder weiter flussabwärts gelegenen Orten nach Dawson oder von Dawson aus nach Eagle und Circle in Alaska.

Dawson Trading Post KANUFAHREN
(Karte S. 870; ☎ 867-993-5316; Front St; Kanuverleih ab 40 C$/Tag; ⌚ Juni–Aug. 9–17 Uhr) Vermietet Kanus und organisiert Trips.

Geführte Touren

★ **Parks Canada Walking Tours** STADTSPAZIERGÄNGE
(Einzelführung 7 C$, unbegrenzte Führungen 31 C$; ⌚ Mai–Aug.) Sachkundige Experten von Parks Canada bieten – oft in historischen Kostümen – ausgezeichnete Stadtführungen an. Dabei erfährt man Wissenswertes über

HAUSNUMMERN & ÖFFNUNGSZEITEN

Hausnummern sind rar in Dawson. Soweit nicht anders verzeichnet, sind die Sehenswürdigkeiten, Attraktionen und viele Geschäfte außerhalb der sommerlichen Hauptsaison geschlossen.

einige der 26 restaurierten Gebäude sowie zu verschiedenen Persönlichkeiten, die einst die Straßen hier unsicher machten. Alternativ kann man die Stadt auch auf eigene Faust per 90-minütiger Audiotour (Erw. 7 C$, 9–17 Uhr) erkunden.

★ Goldbottom Tours GESCHICHTE
(Karte S. 870; ☎867-993-5750; www.goldbottom.com; Tour mit/ohne Transport ab Dawson 55/45 C$; ⊙Mai–Sept.) Die legendäre Goldgräberfamilie Millar leitet dieses Tour-Unternehmen. Wer sich dafür interessiert, kann ihre Tagebaumine, 15 km die Hunker Creek Rd, die gleich nördlich vom Flughafen auf den Hwy 2 trifft, hinauf, besichtigen. Bei der dreistündigen Führung lernt man auch, Gold zu waschen, und kann eventuelle Funde sogar behalten. Für 20 C$ kann man dort auch nur Gold waschen. Der Kartenschalter befindet sich an der Front St.

Klondike Experience BUS
(Karte S. 870; ☎867-993-3821; www.klondikeexperience.com; 954 2nd Ave; Bustour 25–120 C$; ⊙Mai–Aug.) Veranstaltet Touren, u.a. zum Midnight Dome (75 Min.), zu den Goldfields (3 Std.) und zum Tombstone Park (7½ Std.). Letztere ist sehr zu empfehlen.

Klondike Spirit BOOTFAHREN
(Karte S. 870; ☎867-993-5323; www.klondikespirit.com; Tour 50–65 C$; ⊙Mai–Sept.) Bietet diverse Flusstouren im nachgebauten alten Heckraddampfer an. Tickets erhält man im Triple J. Hotel an der Ecke 5th Avenue und Queen St.

Feste & Events

Dawson City Music Festival MUSIK
(☎867-993-5384; www.dcmf.com; ⊙Mitte Juli) Karten für das beliebte Festival sind schon Monate im Voraus ausverkauft. Außerdem wird es eng in der Stadt, man sollte daher frühzeitig reservieren.

Discovery Days KULTUR
(www.dawsoncity.ca; ⊙3. Mo im Aug.) Die Stadt feiert – na, was wohl? – den Goldfund von 1896 mit Parade und Picknick. Schon Tage zuvor wird der Tag mit diversen Events eingeläutet, z.B. mit einer hervorragenden Kunstausstellung. Das ist wirklich ein Kracher!

Schlafen

Im Juli und August ist eine Reservierung angeraten, ansonsten hilft das VIC weiter. Viele Vermieter holen ihre Gäste auf Anfrage am Flughafen ab.

Dawson City River Hostel HOTEL $
(☎867-993-6823; www.yukonhostels.com; B 22 C$, Zi. ab 48 C$; ⊙Mai–Sept.) Das herrlich eigensinnige Hostel liegt auf der anderen Flussseite, vom Fähranleger fünf Minuten den Berg hinauf. Es bietet einen tollen Ausblick, Hütten, Zeltplätze (14 C$) und ein Sanitärhaus. Der Inhaber Dieter Reinmuth ist bekannt für seine Bücher über Yukon und ist ein echter Charaktermensch.

Yukon River Campground CAMPING $
(Stellplatz 12 C$; ⊙Mai–Sept.; P) Der Campingplatz mit 98 schattigen Plätzen liegt am Westufer des Flusses: Von der Fähre weg geht man 250 m die Straße bergan und dann nach rechts.

★ Bombay Peggy's INN $$
(Karte S. 870; ☎867-993-6969; www.bombaypeggys.com; Ecke 2nd Ave & Princess St; Zi. 95–210 C$; ⊙März–Nov.; WLAN) Das umgebaute Ex-Bordell versprüht mit historischer Einrichtung einen speziellen Charme – man fühlt sich direkt etwas verrucht. Die günstigeren Zimmer sind gemütlich und teilen sich ein Bad auf dem Gang.

Klondike Kate's LODGE $$
(Karte S. 870; ☎867-993-6527; www.klondikekates.ca; Ecke King St & 3rd Ave; Hütten 140–200 C$; ⊙April–Sept.; P WLAN) Die 15 Hütten liegen hinter dem Restaurant gleichen Namens und strahlen ein rustikales Flair aus, ohne dabei Komfort vermissen zu lassen. Manche Einheiten haben Mikrowellen und Kühlschränke. Alle haben Veranden, die sich prächtig zum Entspannen eignen. Umweltbewusstes Verhalten wird hier großgeschrieben.

Aurora Inn INN $$
(Karte S. 870; ☎867-993-6860; www.aurorainn.ca; 5th Ave; Zi. 110–210 C$; P WLAN) Alle 20 Zimmer des europäisch anmutenden Inns sind groß und komfortabel. Möglicherweise spielt Sauberkeit in der Alten Welt eine größere

Rolle als in der Neuen – die Bitte, seine (mit Sicherheit) lehmigen Schuhe auszuziehen, begrüßt einen schon am Eingang.

Triple J Hotel HOTEL $$
(Karte S. 870; ☎867-993-5323; www.triplejhotel.com; Ecke 5th Ave & Queen St; Zi. 100–180 C$; P 📶) Das Motel ist modern, wirkt rein äußerlich aber historisch. 47 Zimmer verteilen sich auf einen modernen Anbau im Retrolook, das renovierte Hauptgebäude und einige Hütten. Guter Durchschnitt.

Essen

Alchemy Cafe CAFÉ $
(Karte S. 870; ☎867-993-3831; www.alchemycafe.ca; 878 3rd Ave; Hauptgerichte 8–15 C$; ⏲Di–Fr 8.30–17, Sa & So 9.30–17 Uhr; 📶) Das groovige Café kombiniert fantastisches vegetarisches Essen mit lebensbejahendem Umweltbewusstsein. Die Kaffeespezialitäten sind hervorragend, und es gibt besondere Events mit Musik, Talks und Rap-Sessions. Das neu gebaute altmodisch aufgemachte Haus hat eine reizende Veranda.

Cheechako's Bake Shop BÄCKEREI $
(Karte S. 870; ☎867-993-5303; Ecke Front & Princess St; Hauptgerichte 4–9 C$; ⏲Mo–Sa 7–16 Uhr) Eine echte Bäckerei – und zwar eine gute! – an der Hauptstraße. Muffins, Cookies und andere Köstlichkeiten wetteifern neben Sandwichs mit hausgemachtem Brot um die Gunst der Kunden.

Farmers Market MARKT $
(Karte S. 870; Front St; ⏲Mai–Sept. Sa 11–17 Uhr) Der Bauernmarkt wird vor dem bekannten Aussichtspavillon am Flussufer abgehalten. Die Karotten verdanken ihre spezielle Süße übrigens den kalten Nächten. Außerdem empfehlenswert ist der Birkensirup.

★ **Klondike Kate's** KANADISCH $$
(Karte S. 870; ☎867-993-6527; www.klondikekates.ca; Ecke King St & 3rd Ave; Hauptgerichte 8–25 C$; ⏲April–Okt. Mo–Sa 16–21, So 8–15 & 16–21 Uhr) Den Frühling erkennt man hier daran, dass der vereiste Fluss aufbricht und das Kate's wieder öffnet. Über Letzteres freuen sich die Einheimischen am meisten. Die lange, einfallsreiche Speisekarte bietet gute Sandwichs, Pasta und frischen Yukon-Fisch. Immer auf die tollen Sonderangebote achten! Außerdem gibt's hervorragende kanadische Craft-Biere.

★ **Drunken Goat Taverna** GRIECHISCH $$
(Karte S. 870; ☎867-993-5800; www.drunkengoattaverna.com; 2nd Ave; Hauptgerichte 14–28 C$;

ABSTECHER

VON DAWSON CITY NACH ALASKA

Von Dawson City aus überquert eine kostenlose Fähre den Yukon River und bringt die Passagiere zum landschaftlich reizvollen **Top of the World Hwy** (Highway 9). Die auf weiten Strecken asphaltierte, 106 km lange Straße verläuft auf einem Gebirgskamm bis zur amerikanischen Grenze. Sie ist nur im Sommer befahrbar und bietet einen tollen Ausblick über die ganze Region.

Auch nachdem man die Grenze überquert hat, wird man sich weiterhin fühlen, als wäre man auf dem Dach der Welt unterwegs. Die Landschaft besteht aus kargen Bergwiesen mit hoch aufragenden Felsen und grasenden Karibus. Für den **Grenzübergang** (⏲15. Mai–15. Sept. Yukon-Ortszeit 9–21 Uhr/Alaska Standard Time 8–20 Uhr) gelten übrigens strenge Öffnungszeiten: Wer zu spät kommt, muss bis zum nächsten Tag warten.

Auf der in den USA gelegenen Seite zeigt Alaska sein raues Gesicht. So ist die 19 km lange Verbindungsstraße zum Taylor Highway (Highway 5) größtenteils unasphaltiert und nach Stürmen meist nicht befahrbar (außer man ist gewillt, sich auf ein wahrhaft schlammiges Abenteuer einzulassen). Die alte Goldgräberstadt **Eagle** liegt am Yukon River 105 km weiter nördlich. In Richtung Süden führen etwas bessere Straßen in 47 km nach **Chicken**. In diesem entzückenden Ort leben Freidenker, die einem begeistert an Tankstellen oder in Cafés irgendwelche albernen T-Shirts verkaufen wollen oder sich in ausschweifenden Tiraden über die momentane Regierung auslassen.

Nach weiteren 124 km Richtung Süden erreicht man den Alaska Highway, wo eine Ausfahrt nach Osten ins Yukon Territory führt. Etwas weiter westlich findet man in **Tok** einige Dienstleister und Motels. Die Alaska Standard Time ist eine Stunde früher dran als die Yukon-Ortszeit.

12–21 Uhr) Blumen, ägäische Musik und hervorragendes griechisches Essen – in der ganzjährig geöffneten Taverne des legendären Tony Dovas werden alle Sinne angesprochen. Die neue Terrasse auf der hinteren Seite ist wie geschaffen für einen netten Abend.

Ausgehen & Nachtleben

Der Geist der Goldsucher von einst lebt in einigen Saloons weiter. Im Sommer wird bis zum Morgengrauen gefeiert – na ja, hell ist es eigentlich ohnehin die ganze Nacht.

★ Bombay Peggy's PUB
(Karte S. 870; 867-993-6969; www.bombaypeggys.com; Ecke 2nd Ave & Princess St; März–Nov. 11–23 Uhr) In Dawsons einladendster Bar ist ein unterhaltsamer Abend quasi garantiert. Sowohl drinnen als auch draußen werden gutes Bier, Wein und leckere Cocktails serviert.

Billy Goat PUB
(Karte S. 870; 867-993-5800; 2nd Ave; 17 Uhr bis spätabends) Der Pub ist zwar kein Ableger des Chicagoer Originals, aber eine freundliche Lounge, die vom Ruf Tony Dovas', des Betreibers der Drunken Goat, lebt. So kann man hier bis spätabends Gerichte von deren Karte ordern. Die schönen Wandgemälde beachten!

Downtown Hotel PUB
(Karte S. 870; 867-993-5346; www.downtownhotel.ca; Ecke Queen St & 2nd Ave; 11 Uhr bis spätabends) Die unscheinbare Bar erwacht im Sommer um 21 Uhr zum Leben, wenn ein Event stattfindet, das man wohl am ehesten die „Sourtoe-Werbemasche" nennen könnte. Touristen stehen Schlange, um ein Glas Schnaps (10 C$) zu trinken, in dem ein eingelegter menschlicher Zeh schwimmt. Dieser makabre Scherz hält sich seit Langem und wird sehr amüsant in dem von Dieter Reinmuth herausgegebenen Buch *The Saga of the Sourtoe* beschrieben (dass der Zeh – ja, er *ist* echt – sehr starke Ähnlichkeit mit einem Stück gedörrtem Rindfleisch hat, wird wohl selbst passionierten Trockenfleischfans für eine Weile den Appetit verderben ...). Wenn man den Zeh schluckt, kostet das übrigens 2500 Dollar Strafe!

Bars im Westminster Hotel BAR
(Karte S. 870; 867-993-5339; 3rd Ave; 12 Uhr bis frühmorgens) Die beiden legendären Bars tragen nette Spitznamen: „Schlangengrube", „Achselhöhle" oder schlicht „Pit", „die Grube". Dorthin gehen Trinkfreudige, die es ernst meinen. An vielen Abenden wird Livemusik gespielt.

Unterhaltung

★ Diamond Tooth Gertie's Gambling Hall KASINO
(Karte S. 870; 867-993-5575; Ecke Queen St & 4th Ave; 10 C$; Mai–Sept. Mo–Fr 19–2, Sa & So 14–2 Uhr) Der Nachbau eines Saloons von 1898 lässt die Ära mit Glücksspielchen, einem Klimperklavier und Tänzerinnen wieder aufleben. Das Kasino leistet einen guten Beitrag zum Stadtmarketing und finanziert einige Kulturveranstaltungen. Jeden Abend gibt es drei verschiedene Shows mit Sängern und Tänzern, oft überraschend modern.

Praktische Informationen

Der Großteil von Dawson ist zwischen Oktober und Mai geschlossen. Alle zwei Wochen erscheint die von Freiwilligen gemachte *Klondike Sun* (www.klondikesun.com) mit Infos zu Veranstaltungen und Aktivitäten.

CIBC-Geldautomat (2nd Ave; 24 Std.) In der Nähe der Queen St.

Northwest Territories Information Centre (Karte S. 870; 867-993-6167; www.spectacularnwt.com; Front St; Mai–Sept. 9–19 Uhr) Hat Karten und Infos zu den Northwest Territories und zum Dempster Hwy.

VIC (Karte S. 870; 867-993-5566; www.travelyukon.com; Ecke Front & King St; Mai–Sept. 8–20 Uhr) Eine Mischung aus Touristeninformation und Parks-Canada-Infozentrum (hier gibt's auch Tickets für Aktivitäten und Pässe). Hat auch Infos zu Veranstaltungen und Aktivitäten.

An- & Weiterreise

Dawson City liegt 527 km von Whitehorse entfernt. Es gibt allerdings kaum öffentliche Verkehrsverbindungen ab/nach Whitehorse. Und wer mit dem Flugzeug anreist, sollte sich bewusst sein, dass es hier auch keinen Autoverleih gibt.

Der Dawson City Airport liegt 19 km östlich von Dawson. **Air North** (800-661-0407; www.flyairnorth.com) bedient Whitehorse und Old Crow sowie Inuvik in den Northwest Territories.

Alaska/Yukon Trails (907-479-2277; www.alaskashuttle.com) Hat Busse nach Fairbanks, Alaska (285 C$, Juni–Mitte Sept. 3-mal/Woche).

Husky Bus (Karte S. 870; 867-993-3821; www.huskybus.ca) Bedient Whitehorse (110 C$, 3-mal/Woche) und hält überall am Klondike Hwy. Abfahrt ist am VIC. Nach Vorvereinbarung liest Husky auch Kanufahrer mit ihren Kanus am Klondike Hwy auf. Nutzt das Büro **Klondike Experience** (S. 874).

DEMPSTER HIGHWAY

Anstatt diese Straße nach einem eher unbekannten Mountie (William Dempster) zu benennen, hätte man ihr wohl besser den Namen Michelin Highway oder Goodyear Highway geben sollen – wenn man die vielen geplatzten Reifen bedenkt, die sie schon auf dem Gewissen hat...

Die Strecke, eines der größten Highway-Abenteuer Nordamerikas, ist 736 km lang – und bietet jede Menge Nervenkitzel. Sie windet sich durch kahle Gebirgszüge und smaragdgrüne Täler, führt quer durch riesige Tundragebiete und durch den Tombstone Territorial Park (S. 869).

Der Dempster (in Yukon als Highway 5, in den NWT als Highway 8 ausgeschildert) zweigt 40 km südöstlich von Dawson City vom Klondike Highway ab und führt dann Richtung Norden über die Ogilvie und die Richardson Mountains jenseits des Polarkreises nach Inuvik in der Nähe der Beaufortsee.

Straßenzustand

Der Dempster ist auf einem dicken Fundament aus Schotter gebaut, um ihn gegen den Permafrostboden darunter zu isolieren. Der würde sonst nämlich schmelzen und die Straße vollständig versinken lassen. Der Highway ist zwar die meiste Zeit des Jahres über geöffnet, doch die beste Reisezeit sind die Monate Juni bis Anfang September, wenn die Fähren über die Flüsse Peel und Mackenzie in Betrieb sind. Im Winter bildet das Eis eine natürliche Brücke über die Flüsse, die sich dann in Eisstraßen verwandeln. Während des Tauwetters im Frühling und der Frostperiode im Winter, wenn alles zuzufrieren beginnt, ist der Dempster Highway gesperrt – der Zeitraum variiert jedes Jahr und kann zwischen Mitte April bis Juni und von Mitte Oktober bis Dezember liegen.

Es ist im Übrigen immer ratsam, vorher die Straßenverhältnisse in **Yukon** (S. 855) und den **Northwest Territories** (☎800-661-0750; www.dot.gov.nt.ca) abzuklären. Das Northwest Territories Information Centre (S. 876) in Dawson City ist ebenfalls eine gute Anlaufstelle für aktuelle Straßenzustandberichte. Ohne Pause sollte man 10 bis 12 Stunden für die Fahrt nach Inuvik kalkulieren.

Bedenkt man übrigens einmal, dass William Dempster häufig bei Temperaturen unter 0° C 700 km lange Fahrten mit dem Hundeschlitten auf sich genommen hat, trägt diese raue und anspruchsvolle Straße letztendlich vielleicht doch den richtigen Namen.

Schlafen & Essen

Auf der Strecke gibt es nur wenige Unterkünfte und Tankstellen. Das Yukon Territory verwaltet drei Campingplätze: in **Tombstone** (mit Infozentrum, 71 km vom Anfang des Highway entfernt), **Engineer Creek** (194 km) und **Rock River** (447 km). Es gibt auch einen Campingplatz der Northwest Territories im **Nitainlaii Territorial Park**, 9km südlich von Fort McPherson. Ein Stellplatz kostet jeweils 12 C$.

Das ganzjährig geöffnete **Eagle Plains Hotel** (☎867-993-2453; eagleplains@northwestel.net; Dempster Hwy; Zi. 100–160 C$; P @) bietet 32 Zimmer in einem niedrigen Gebäude in kahler Landschaft. Die nächste Tankstelle liegt 180 km weiter nördlich in Fort McPherson in den Northwest Territories.

ARKTISCHE PARKS

Nördlich des Polarkreises leben nur wenige hundert Menschen. Es ist ein sehr einsamer Landstrich – weit und breit gibt es kaum Anzeichen menschlichen Lebens, und nur die Mutigsten wagen sich während der kurzen Sommermonate dorthin.

Old Crow mit 280 Einwohnern ist die Heimat der First-Nations-Gruppe Vuntut Gwitch'in – es ist ein kleiner Ort, der nicht mit Fahrzeugen erreichbar ist. Die Lebensgrundlage der Bewohner hier sind Karibus aus der legendären, 130 000 Tiere starken Alaska-Herde, die jedes Jahr zwischen dem Naturschutzgebiet Arctic National Wildlife Refuge (ANWR) in Alaska und dem Yukon Territory hin- und herzieht.

Auf der Yukon-Seite dieser riesigen, flachen arktischen Tundra steht heute ein breiter Landstrich unter Schutz, der in aneinandergrenzende Nationalparks aufgeteilt wurde: **Vuntut National Park** und **Ivvavik National Park**. Infos zu beiden Parks erhält man im Büro von Parks Canada in Inuvik, Northwest Territories. Dort kann man auch Erkundigungen darüber einholen, welche – allerdings begrenzten – Möglichkeiten bestehen, einen Besuch im Park zu organisieren. Aber aufgepasst: Hier ist jeder wirklich ganz auf sich allein gestellt! In den Parks gibt es keinerlei Anlagen oder Einrichtungen.

Der Name der First Nations für die Insel bedeutet so viel wie „es ist Insel" – und in der Tat, das ist sie auch. Der **Herschel Island-Qikiqtaruk Territorial Park** (☎867-777-4058; www.yukonparks.ca) ragt nur knapp aus dem Wasser der Mackenzie Bay in der Beaufortsee und blickt auf eine lange Besiedlungsgeschichte zurück. Im späten 19. Jh. schlugen amerikanische Walfänger ihr Quartier in der Pauline Cove auf. Die Siedlung wurde 1907 aufgegeben, doch mehrere Holzgebäude der Walfänger sind heute noch erhalten. Im Sommer kann man Herschel Island im Rahmen von Touren ab Inuvik besuchen.

Heute nutzen Inuvialuit-Familien die Insel noch für ihre traditionelle Jagd, obwohl die Insel wegen des Klimawandels im Meer zu versinken droht.

Northwest Territories

Inhalt ➡

Gut essen

- Woodyard Brewhouse & Eatery (S. 889)
- Alestine's (S. 901)
- Yellowknife Farmers' Market (S. 889)
- Bullocks Bistro (S. 889)
- Zehabesha (S. 888)
- Anna's Home Cooking (S. 894)

Schön übernachten

- Sean's Guesthouse & Aurora Tours (S. 887)
- Blachford Lake Lodge (S. 888)
- Mackenzie Rest Inn (S. 896)
- Whooping Crane Guest House (S. 894)
- Arctic Chalet (S. 901)

Auf in die Northwest Territories!

Auf der Erde leben ca. 7 Mrd. Menschen – kaum vorstellbar, dass es noch Gebiete gibt, die so dünn besiedelt sind wie die Northwest Territories (NWT), ein riesiges Land mit borealem Nadelwald und arktischer Tundra, das über dreieinhalbmal so groß ist wie Deutschland, aber nur die Bevölkerungszahl einer kleinen Provinzstadt hat. Die Goldsucher des 19. Jhs. mieden die abgelegene Region, bei den modernen Kanadiern wecken eher das mythische Nunavut oder das grandiose Yukon romantische Gefühle, und jährlich umkreisen mehr Menschen die Erde, als sich in den Aulavik National Park, einen von vier Nationalparks hier, verirren.

Wer nicht in die NWT kommt, verpasst ein einmaliges Erlebnis, denn hier finden sich eine weite, bemerkenswert schöne Landschaft, eine einzigartige Ureinwohnerkultur und eine lebhafte, kosmopolitische regionale Hauptstadt. Mit einem der größten Wasserfälle der Welt, Nordamerikas tiefstem See und so viel unberührter Wildnis, hätte ein David Livingstone seine Freude daran.

Reisezeit

Yellowknife

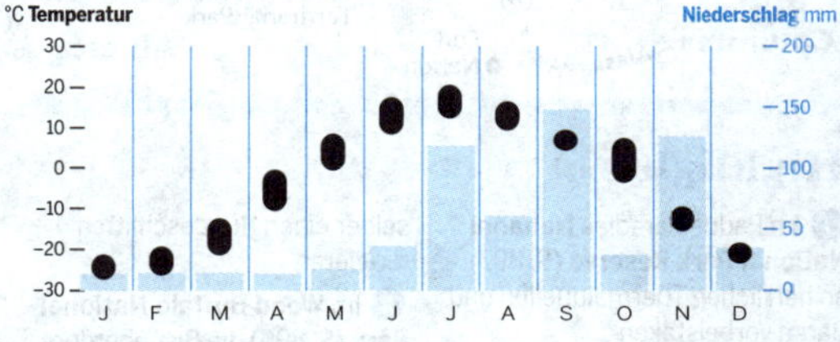

Juni Die Mitternachtssonne erleben und wandern gehen, bevor die Bremsen schlüpfen.

Juli & Aug. Im Sommer kann man prima angeln und Kanu fahren. Ende August zeigen sich Polarlichter.

März Ideal für den Winterurlaub: Polarlichter, Hundeschlittenrennen und das Snowking Festival.

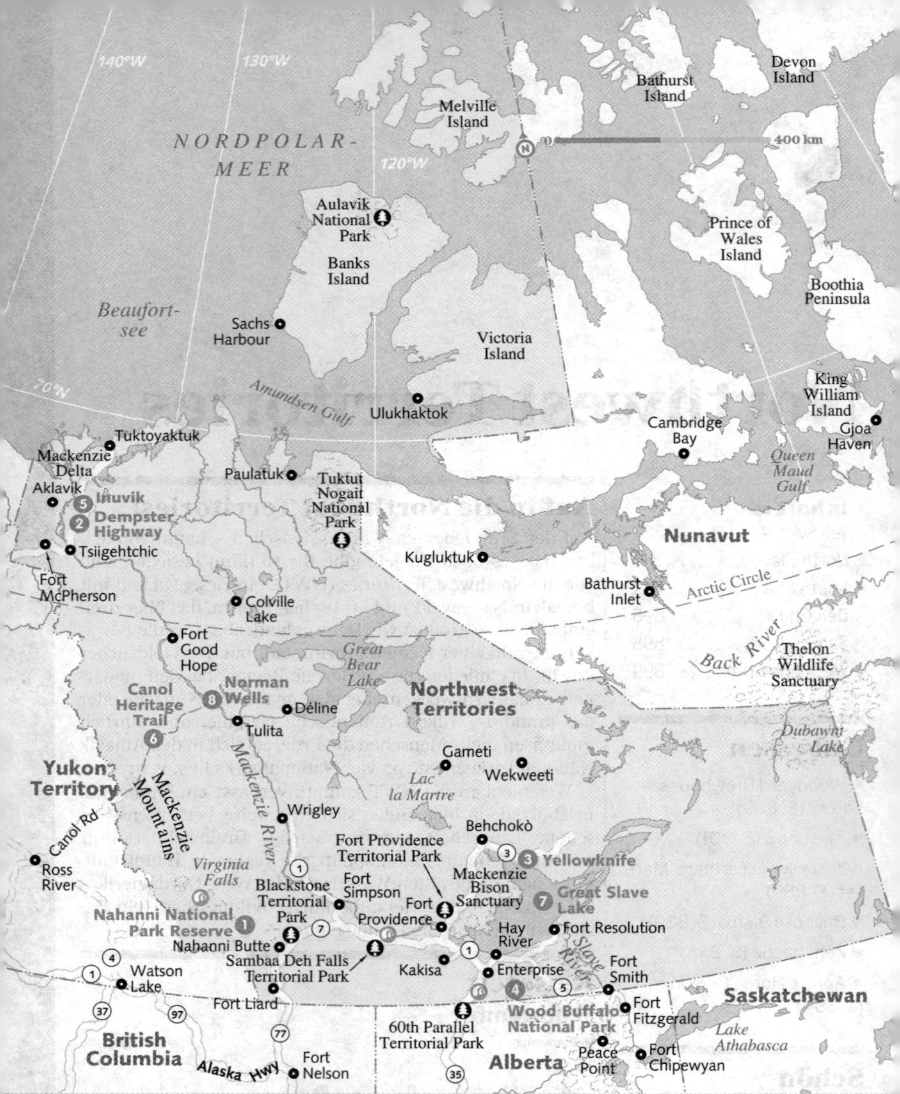

Highlights

1 Im Paddelparadies **Nahanni National Park Reserve** (S. 897) an herrlichen Thermalquellen und Bären vorbeistaken

2 Für die Fahrt auf dem atemberaubenden **Dempster Highway** (S. 900) zwei Ersatzreifen und Fotoapparat mitnehmen

3 In **Yellowknife** (S. 882) unter den schimmernden Polarlichtern selber einen Hundeschlitten dirigieren

4 Im **Wood Buffalo National Park** (S. 895) die Bisonherden, die weiten Salzebenen, die verschwindenden Flüsse und den klaren Nachthimmel bestaunen

5 Das abgelegene **Inuvik** (S. 910) besuchen und die Zehen ins Nordpolarmeer tauchen

6 Auf dem **Canol Heritage Trail** (S. 899) wandern – wo zuvor nur wenige gewandert sind

7 Zwischen surrenden Wasserflugzeugen und schaukelnden Hausbooten auf dem **Great Slave Lake** (S. 886) herumpaddeln

8 In **Norman Wells** (S. 899) auf dem mächtigen Mackenzie ein Kanu-Abenteuer wagen

Geschichte

Die ersten Bewohner der NWT waren Vorfahren der heutigen Dene-Indianer, die vor ungefähr 14 000 Jahren aus Asien über eine während der letzten Eiszeit existierende Landbrücke hierher eingewandert waren. Die Inuvialuit (West-kanadische Inuit), die aus Alaska in die Northwest Territories zogen, tauchten dagegen erst später auf.

Im 18. und 19. Jh. drangen dann Pelzjäger und Missionare aus Europa in die Region vor. Nach den Ölfunden bei Tulita in den 1920er-Jahren wurde eine Territorialregierung gebildet. In den 1930er-Jahren führten die Goldfunde bei Yellowknife und die Radiumfunde am Great Bear Lake zu einem enormen Bevölkerungswachstum.

Im Jahr 1999 wurde das Territorium mit der Gründung von Nunavut in zwei Hälften geteilt: Die NWT sind heute gerecht zwischen Ureinwohnern und Zugezogenen aufgeteilt. Die letztere Gruppe, und in kleinerem Ausmaß auch die erste, konnte viel von den Öl-, Gas- und Diamantenvorkommen profitieren.

Geografie & Klima

Die Northwest Territories sind ein riesengroßes Gebiet unberührter Wildnis und erstrecken sich vom 60. nördlichen Breitengrad in Richtung Nordpol. Der südliche Teil besteht aus immergrünem Flachland, der Osten ist eine felsenreiche Landschaft des Kanadischen Schilds, schroffe Berggipfel ragen im Westen auf. Kanadas größter Fluss, der Mackenzie River, teilt das Gebiet in zwei Hälften und entwässert die beiden gigantisch großen Seen, den Great Slave Lake und den Great Bear Lake.

Die Sommer waren in den letzten Jahren vergleichsweise warm, jedoch kann zu dieser Jahreszeit das Wetter sehr wechselhaft und ebenso unberechenbar sein. Eine sichere Größe ist das Tageslicht: Von Mai bis Juli endet es nie. Der Juni ist der trockenste Sommermonat, aber das Eis kann sich bis zum Ende des Monats noch auf den Seen halten. Die meisten Besucher kommen im Juli, wenn die Gegend voller Pferdebremsen und Stechmücken ist.

Die Winter sind lang und hart. Im Januar können die Temperaturen in Yellowknife auf bis zu −40 °C sinken, und die Tage sind nur kurz. Wer unbedingt im Winter hierher kommen möchte, sollte das im März oder April tun, weil die Sonne dann schon höher steht und die Temperaturen dementsprechend angenehmer sind.

KURZINFOS NORTHWEST TERRITORIES

- Bevölkerung: 44 340
- Fläche: 1 141 000 km2
- Hauptstadt: Yellowknife
- Skurriles: Der erste dokumentierte Hybride aus Grizzly und Eisbär, ein „Grolar" (Grizzly–Polarbär), in freier Wildbahn wurde 2006 hier entdeckt.

Kunst & Musik

In den NWT gibt es eine starke Tradition von Kunst und Musik der Ureinwohner. Die Völker der Dene, Inuvialuit, Slavey, Gwich'in und Métis pflegen ihre traditionelle Musik und ihre traditionellen Tänze, die man bei Musikfestivals in Yellowknife, Fort Simpson und Fort Smith erleben kann. In Inuvik gibt's zum Aboriginal Day Vorführungen von traditionellen Tänzen.

Die Territories sind auch für Kunst und traditionelles Kunsthandwerk bekannt. Bemerkenswert sind z. B. die mit bunt gefärbten Stachelschweinstacheln verzierten Flechtkörbe aus Birkenrinde und die auf traditionelle Weise gegerbten Elch- und Karibu-Häute, die zu perlenbesetzten Mokassins, *mukluks* (Eskimostiefeln) und „Crow Boots" sowie Fäustlinge und Jacken verarbeitet werden. Motive des Nordens wie Trommeltänzer, Schamanen, Jäger, Fischer, Bären und Moschusochsen prägen die Schnitzereien und Skulpturen aus Speckstein, Karibu-Geweihen, Walknochen und Moschusochsenhörnern. Solche Arbeiten findet man in Inuvik und den umliegenden Ortschaften sowie in Yellowknife.

Besonders lohnende Beispiele der Kunst des Nordens sind die Steindrucke aus Ulukhaktok (früher Holman). 1957 wurde das Verfahren, von bearbeiteten Steinplatten zu drucken, in dem abgelegenen Dorf eingeführt, und seit jenen Tagen produzieren Inuvialuit-Künstler lebenssprühende, farbenfrohe Drucke, die von der Bildwelt des Nordens geprägt sind. Von jeder Druckplatte werden dabei nur 50 Exemplare abgezogen.

An- & Weiterreise

AUTO

Es gibt zwei Fernstraßen in den Süden der NWT. Von Edmonton führt der Hwy 35 in einer 924 km langen Reise an die Grenze der NWT, 84 km unterhalb von Enterprise. Von Fort Nelson in

INFOS IM INTERNET

Northwest Territories Tourism (www.spectacularnwt.com) hat eine detailreiche Website und verteilt ausgezeichnetes Material als E-Mail oder Download, darunter den jährlich erscheinenden *NWT Explorers' Guide*.

Eine tolle Infoquelle ist das wunderbare Magazin **Up Here** (www.uphere.ca). Es bietet aktuelle Infos und interessante Artikel zu allen Aspekten des Lebens im Norden.

British Columbia (BC) führt der Liard Trail auf 137 km zur Grenze. Fort Liard liegt weitere 38 km weiter nördlich.

Wer zum Mackenzie Delta hinauf will, kann von Dawson City in Yukon aus starten und über den eindrucksvoll malerischen aber herausfordernden Dempster Hwy fahren, der nach 465 km die Grenze zu den NWT erreicht.

BUS

Zum Zeitpunkt der Recherche gab es keine Busverbindung in die Northwest Territories.

FLUGZEUG

Edmonton ist das wichtigste Tor in die NWT. **First Air** (☎867-669-6600; www.firstair.ca), **Canadian North** (☎867-669-4000; www.canadiannorth.com), **Air Canada** (☎888-247-2262; www.aircanada.com), **Northwestern Air** (☎877-872-2216; www.nwal.ca) und **WestJet** (☎888-937-8538; www.westjet.com) fliegen die Strecke Edmonton–Yellowknife. Die Preise für Hin- und Rückflug beginnen bei 427 C$. Canadian North fliegt auch von Edmonton direkt nach Inuvik (hin & zurück 2333 C$), aber auch nach Norman Wells (1854 C$).

Northwestern Air bietet Direktflüge nach Hay River und Fort Smith von Edmonton an (hin & zurück 990–1120 C$).

Air Canada fliegt von Calgary nach Yellowknife (hin & zurück 475 C$).

Air North (☎867-668-2228; www.flyairnorth.com) hat Flüge von Whitehorse, Yukon, über Dawson City nach Inuvik (hin & zurück 725 C$) im Angebot.

Von Iqaluit, Nunavut, starten First Air und Canadian North nach Yellowknife (hin & zurück 3400 C$).

Unterwegs vor Ort

AUTO & MOTORRAD

Um die Northwest Territories zu erkunden, braucht man ein Auto. Mietwagen gibt's in allen größeren Ortschaften.

Es gibt zwei Highway-Netze in den NWT: ein System im Süden, das die meisten Orte in den Regionen North Slave, South Slave und Deh Cho verbindet, und den Dempster Hwy, der sich durch das Mackenzie-Delta windet. Um vom Süden der Northwest Territories ins Delta zu gelangen, muss man einen zweitägigen Umweg durch British Columbia und Yukon in Kauf nehmen. Die Straßen sind teils asphaltiert, teils Schotterpisten.

Im Sommer pendeln auf einigen Flüssen kostenlose Fähren; im Winter kann man mit dem Auto über das 1,20 m dicke Eis fahren. Während des „Eisbrechens" (April & Mai) und „Zufrierens" (Nov.) ist der Verkehr für mehrere Wochen ganz unterbrochen. Wegen hoher Wasserstände kann tagelang der Fährverkehr auf dem Dempster eingestellt sein. Aktuelle Infos findet man unter www.dot.gov.nt.ca.

Alleinreisende sollten einen Reiseplan aufstellen und ihn einer verantwortungsvollen Person mitteilen. Die zur Saison passende Ausrüstung, Verpflegung in ausreichender Menge, Trinkwasser und – für den Fall, dass man mal irgendwo strandet – einen Schlafsack mitnehmen. Wer mit dem Auto liegenbleibt, sollte beim Fahrzeug bleiben. Auf dem Dempster Hwy und auf einigen anderen abgelegenen Straßen gibt's überwiegend keinen Handyempfang. Deshalb empfiehlt sich die Mitnahme eines Satellitentelefons.

BUS

Frontier Coachlines (☎867-874-2566; www.frontiercoachlinesnwtltd.ca) betreibt Busse zwischen Hay River und Yellowknife (5½ Std., 3-mal/Woche) sowie Fort Smith (3 Std., 2-mal/Woche).

FLUGZEUG

Yellowknife ist das Drehkreuz der Region. Die Hälfte der 32 Ortschaften in den Northwest Territories sind nur per Flugzeug zu erreichen, und zwar ab Yellowknife mit **Air Tindi** (☎888-545-6794; www.airtindi.com), ab Norman Wells mit **North-Wright Air** (☎867-587-2288; www.north-wrightairways.com) und ab Inuvik mit **Aklak Air** (☎867-777-3555; www.aklakair.ca).

YELLOWKNIFE

19 234 EW.

Inmitten der dröhnenden Buschflugzeuge und der malerischen Hausboote in der Old Town von Yellowknife ist auch noch immer der Pioniergeist der ersten Siedler spürbar. Man fühlt sich, als stünde man am Rand einer großen, noch unentdeckten Wildnis – und genauso *ist* es auch! Wenn man von Yellowknife eine Linie bis zum Nordpolarmeer zieht, dann wird diese von keiner einzigen Straße gekreuzt.

Im freundlichen, multikulturellen, subarktischen Yellowknife leben 50% der gesamten Bevölkerung der NWT, die aus Dene und Métis bestehen, die von überall aus dem Territorium stammen, aber auch aus den Inuit und Inuvialuit aus weiter nördlichen Regionen, aus mittlerweile ergrauten, nicht ursprünglich aus dieser Gegend kommenden Pionieren, neureichen Zugezogenen aus dem Süden Kanadas und einer ansehnlichen Zahl von Einwanderern, die erst in den letzten Jahren aus den verschiedensten Ecken der Erde hierher gezogen sind.

In der Sprache der einheimischen Tlicho heißt die Stadt Somba K'e („Ort des Geldes"), sie ist ein Bergbauzentrum und überraschenderweise recht künstlerisch angehaucht. Seit 1967 ist Yellowknife Regionalhauptstadt.

Geschichte

Als die ersten Europäer 1771 am Great Slave Lake ankamen, gaben sie den am Nordufer lebenden Tetsot'ine den Spitznamen *Yellowknives* (gelbe Messer), weil diese bevorzugt Waffen aus Kupfer verwendeten. Kriege und eingeschleppte Krankheiten löschten den Stamm aus, doch der Name blieb.

Mehr als ein Jahrhundert später fanden Goldschürfer, die eigentlich zum Klondike River unterwegs waren, in der Yellowknife Bay Gold. Mitte der 1930er-Jahre ermöglichte der Einsatz von Kleinflugzeugen den kommerziellen Goldabbau. Yellowknife wurde zur „Boomtown".

Als die Zentralregierung in Ottawa 1967 die Direktverwaltung der Northwest Territories abgab, wurde Yellowknife zur Hauptstadt. Der Goldbergbau wurde im frühen 21. Jh. zwar eingestellt, aber 1991 wurden ganz in der Nähe Diamanten entdeckt, die für einen neuen Boom sorgten und Yellowknife zu der kosmopolitischen Stadt machten, die sie heute ist. Pläne zum weiteren Diamantenabbau sind bereits in der Pipeline, allerdings fragen sich die Einheimischen schon jetzt, was geschehen wird, wenn die Minen voraussichtlich in zehn Jahren erschöpft sind.

Sehenswertes

Hügelaufwärts von der Old Town liegt Yellowknifes weniger reizvolle Innenstadt, die in den 1940er- und 1950er-Jahren buchstäblich auf Gold aufgebaut wurde.

★ Prince of Wales Northern Heritage Centre

MUSEUM

(Karte S. 884; 867-873-7551; www.pwnhc.ca; 10.30–17 Uhr; P) GRATIS Das gut gestaltete Museum mit Blick auf den Frame Lake fungiert als historisches und kulturelles Archiv der NWT. Die fachmännisch zusammengestellte Ausstellung widmet sich der Naturgeschichte, der Entdeckungsreisen der Europäer, der Luftfahrt im Norden,

DIE NORTHWEST TERRITORIES IN ...

... einer Woche

Erster Zielort der Flugreise in die Region ist **Yellowknife**. Die erste Nacht verbringt man im **Prince of Wales Northern Heritage Centre**, schlendert durch die **Old Town** (Karte S. 884), und begibt sich auf den See mit all seinen Wasserflugzeugen und Hausbooten. Am Abend genießt man sein Bier, isst frischen Fisch aus dem See und erlebt (im Sommer) die niemals untergehende Sonne.

Mit einem Mietwagen geht es dann nach Süden. An der **Waterfalls Route** kann man einfach im Auto campieren und dann nach **Fort Smith** (S. 893) weiterfahren und die riesigen Bewohner des **Wood Buffalo National Park** (S. 895) bestaunen. Anschließend geht's zurück nach **Fort Simpson** (S. 896), um einen Rundflug über das **Nahanni National Park Reserve** (S. 897) zu machen.

... zwei Wochen

Nach einer zweitägigen Erkundung von Yellowknife geht's per Flugzeug nach Fort Simpson, wo man seinen Reiseveranstalter aufsucht und dann zehn Tage lang auf dem paradiesischen **South Nahanni River** (S. 897) paddelt.

Alternativ macht man auf dem Weg nach Inuvik ein paar Tage Station in **Norman Wells** (S. 899) und paddelt auf dem Mackenzie River. Anschließend geht's auf dem malerischen und herausfordernden **Dempster Highway** (S. 900) nach Inuvik und zurück, gefolgt von der oben unter „einer Woche" beschriebenen Tour südlich von Yellowknife.

Yellowknife

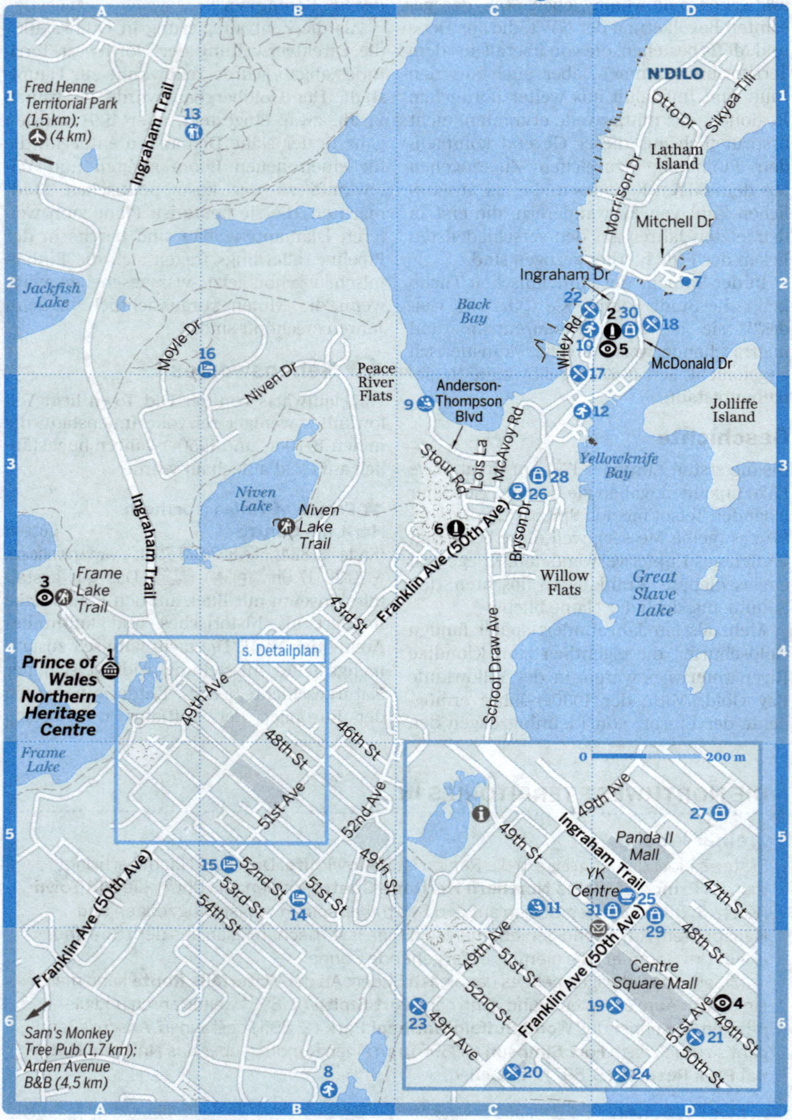

dem Diamantenbergbau und vor allem der Geschichte und Kultur der Dene und Inuit. Wechselausstellungen zeigen u. a. außergewöhnliche Speckstein- oder Walknochen-Skulpturen des Inuvialuit-Künstlers Abraham Anghik Ruben. Außerdem gibt's hier ein Café unter dem Schatten von Bäumen und einen guten Spielbereich für kleine Kinder.

Yellowknife Cultural Crossroads ÖFFENTLICHE KUNST

(Karte S. 884; Franklin Ave) An einem riesigen Felsblock am Straßenrand findet man ein

Yellowknife

Highlights

1 Prince of Wales Northern Heritage Centre ... A4

Sehenswertes

2 Bush Pilot's Monument ... D2
3 Legislative Assembly ... A4
4 NWT Diamond Centre ... D6
5 Old Town ... D2
6 Yellowknife Cultural Crossroads ... C3

Aktivitäten, Kurse & Touren

7 Air Tindi ... D2
8 My Backyard Tours ... B6
9 Narwal Northern Adventures ... C3
10 Old Town Paddle & Co ... C2
11 Overlander Sports ... C5
12 Yellowknife Outdoor Adventures ... C3
13 Yellowknife Ski Club ... A1

Schlafen

Bayside B&B ... (siehe 18)
14 Embleton House B&B ... B5
15 Jenny's B&B ... B5
16 Sean's Guesthouse & Aurora Tours ... B2

Essen

17 Bullocks Bistro ... C2
18 Dancing Moose Café ... D2
19 Fat Fox ... D6
20 Javaroma ... C6
21 Korea House ... D6
22 Wildcat Café ... C2
23 Yellowknife Farmers' Market ... C6
24 Zehabesha ... D6

Ausgehen & Nachtleben

25 Gourmet Cup ... D5
26 Woodyard Brewhouse & Eatery ... C3

Shoppen

27 Erasmus Apparel ... D5
28 Gallery of the Midnight Sun ... C3
29 Northern Images ... D5
30 Old Town Glassworks ... D2
31 Yellowknife Book Cellar ... D5

umwerfendes Beispiel öffentlicher Kunst: einen auffliegenden Adler, einen Wirbel aus bunten Handabdrücken und die grobe Skizze eines Tipi. Davor stehen die Bronzereplik einer Skulptur, deren Original in der Legislative Assembly zu finden ist, und eine weitere Steinskulptur. Die Anlage ist eine Zusammenarbeit von Métis-, Dene-, Inuvialuit-, frankokanadischen und anglokanadischen Künstlern.

NWT Diamond Centre GEBÄUDE
(Karte S. 884; ☎867-920-7108; 5105 49th St; ⏲Mo–Sa 10–18 Uhr) Hier kann man nicht nur mit Diamanten besetzte Klunker kaufen. Die Galerie bietet außerdem auch noch einen guten Überblick über den Abbau von Diamanten in Kanadas kaltem Norden. Das Begleitvideo zu dieser Ausstellung erklärt die Unterschiede zwischen den Diamantenarten und warum die Behauptung „Diamonds are forever" wirklich zutrifft. Von 14.30 bis 15.30 Uhr wird das Diamantenschleifen vorgeführt.

Bush Pilot's Monument DENKMAL
(Karte S. 884) Diese schlichte Nadel oben auf „The Rock", einem großen Felsvorsprung mitten in der Old Town, gedenkt der wagemutigen Buschpiloten, die vor hundert Jahren die Northwest Territories erschlossen haben. Die Treppe führt hinauf zu einem Aussichtspunkt, von dem aus man die modernen Wasserflugzeuge beobachten und die Leute in den bunten Hausbooten in der Bucht unten beneiden kann.

Legislative Assembly GEBÄUDE
(Karte S. 884; ☎867-669-2230; www.assembly.gov.nt.ca; 4570 48th St; ⏲ganzjährig Mo–Fr 9–18 Uhr, Führungen Juni–Aug. Mo–Fr 10.30, 13.30 & 15.30 & So 13.30 Uhr) GRATIS In der eindrucksvollen, igluförmigen Gesetzgebenden Versammlung kann man an einer kostenlosen einstündigen Führung teilnehmen und dabei alles Wichtige über die hiesige, an den Kulturen der indigenen Bevölkerung orientieren Regierungsform erfahren. Überall im Gebäude kann man Kunst aus dem Norden bestaunen. Außerdem können Besucher einen Blick in den Saal werfen, in dem die Debatten stattfinden, und erfahren die Geschichte des Speaker's Mace (der Zeremonialkeule), dem Herrschaftssymbol mit der Inschrift „Ein Land, viele Stimmen".

Aktivitäten

Im beliebten **Fred Henne Territorial Park** (www.nwtparks.ca) kann man am **Long Lake Beach** ein eiskaltes Bad nehmen.

Im August und meistens auch im Winter ist der Himmel über Yellowknife vollständig klar. Deshalb gilt die Stadt auch als einer der weltweit besten Orte zur Sichtung von **Polarlichtern**.

Rund um die Stadt gibt's diverse Wandermöglichkeiten: Der längste und beste Wanderweg ist der 9 km lange Frame Lake Trail, der in der Innenstadt im Capital Area Park beginnt und mit dem 1,2 km langen Range Lake Trail und dem steilen Jackfish Lake Trail verbunden ist. Es gibt auch den 3,2 km langen Prospector Trail im Fred Henne Territorial Park.

Yellowknife Outdoor Adventures OUTDOOR
(Karte S. 884; ☎ 867-444-8320; www.yellowknifeoutdooradventures.com; 3603 Franklin Ave; 1 Std. Schneemobil fahren 125 C$, halber Tag Hechtangeln 145 C$) Die Jungs organisieren im Sommer hervorragende Trips zum Hechtangeln, Vogelbeobachtungstouren und Panoramaflüge mit Wasserflugzeugen. Im Winter werden Schneemobil-Tagesausflüge und Pauschaltouren zum Beobachten von Polarlichtern angeboten.

Old Town Paddle & Co WASSERSPORT
(Karte S. 884; ☎ 867-447-4927; www.oldtownpaddle.com; 3506 Racine Rd; Verleih 50 C$/Tag; ⏲ Mi & Fr–So) Hier kann man sich ein Stehpaddelbrett ausleihen, um die wässrige Weite des Great Slave Lake zu erkunden. Es gibt auch Kurse (85 C$); Infos dazu findet man auf der Website.

Overlander Sports KAJAK- UND SKIFAHREN
(Karte S. 884; ☎ 867-873-2474; www.overlandersports.com; 4909 50th St; Kajakverleih pro Tag/Woche 45/200 C$, Ski/Schneeschuhverleih pro Tag 25/18 C$; ⏲ Mo–Fr 9.30–18 Uhr, Sa bis 17 Uhr) Der größte Outdoor-Laden in Yellowknife verleiht im Sommer Kanus und Kajaks und im Winter Langlaufski.

Narwal Northern Adventures KAJAKFAHREN
(Karte S. 884; ☎ 867-873-6443; www.narwal.ca; 4702 Anderson-Thompson Blvd; Kajakverleih 45 C$/Tag) Der von einem B & B an der Back Bay (am Great Slave Lake) betriebene Verleih hat Kanus, Stehpaddelbretter sowie Kajaks und veranstaltet unterhaltsame Dinner-Theater-Bootsausflüge, mehrtägige Kajaktouren auf dem North Arm des Sees und Kurse.

Yellowknife Ski Club WINTERSPORT
(Karte S. 884; ☎ 867-669-9754; www.skiyellowknife.com; Ingraham Trail; Skipass pro Tag Einzel/Familie 10/25 C$) Hier am Hwy 4 unweit der Kreuzung mit dem Hwy 3 liegt das Haupt-Skigebiet. Es gibt ein etwa 14 km großes Netz mit Skiwanderwegen, von denen einige bei Dunkelheit sogar beleuchtet sind.

Geführte Touren

Eine Hundeschlittenfahrt, ein Fisch-Barbecue bei den Dene, eine Übernachtung in einem Trapperzelt, ein Panoramarundflug in einem Kleinflugzeug – Yellowknife hat vieles zu bieten, das man nur in den Northwest Territories erleben kann.

★ **Strong Interpretation** TOUREN
(☎ 867-873-5546; www.experienceyellowknife.com; 3-stündige Geschichtstour 80 C$) Mit ihrer mehr als zwanzigjährigen Erfahrung bietet die ortsansässige Rosie fantastische Spaziergänge: Von historischen Rundgängen durch Yellowknife bis hin zu Streifzügen durch den borealen Nadelwald auf der Suche nach essbaren Pflanzen und Heilkräutern. Auf Nachfrage werden Touren auch auf Kundenwünsche zugeschnitten, je nachdem, wofür man sich interessiert – lokale Kunst, Kultur im Norden, Bergbauvergangenheit oder etwas anderes.

★ **North Star Adventures** OUTDOOR
(☎ 867-446-2900; www.northstaradventures.ca) Das von Ureinwohnern geführte Unternehmen veranstaltet hervorragende Touren zur Kultur der Dene (89 C$), Bootstouren (79 C$), Angeltrips (109 C$), Ausflüge zur Beobachtung von Polarlichtern (109 C$) und Schneemobiltrips auf dem Great Slave Lake (2½ Std., 158 C$).

★ **Air Tindi** PANORAMAFLÜGE
(Karte S. 884; ☎ 867-669-8218; www.airtindi.com; 23 Mitchell Dr; Rundflug 30 Min./1 Std./4 Std. 140/245/569 C$ pro Pers.) Bietet exzellente 30-minütige Rundflüge über die Stadt, den Ingraham Trail und die Yellowknife Bay. Eine spektakuläre vierstündige Tour (mind. 5 Pers.) führt zu dem von Klippen gesäumten East Arm des Great Slave Lake mit einstündigem Zwischenhalt für Wanderungen. Hin und wieder wird auch ein elfstündiger Panoramaflug zum Nahanni National Park (1449 C$/Pers., mind. 7 Pers.) angeboten.

Borealis Bike Tours Unlimited RADFAHREN
(www.borealisbiketours-unlimited.com; Tour 84 C$; ⏲ Touren Di–Fr 18, Sa & So 10, 14 & 18.30 Uhr) Lust auf eine Radtour im Schnee? Dann sind die dreistündigen Mountainbiketouren des aus Ontario stammenden engagierten Anbieters genau das Richtige. Vorab per E-Mail buchen.

My Backyard Tours OUTDOOR
(Karte S. 884; ☎ 867-920-4654; www.mybackyardtours.com; 65 Rycon Dr; Stadttour 60 C$, halbtä-

gige Polarlichter-Tour 118 C$) Empfehlenswerte Stadtspaziergänge und Künstleratelier-Führungen im Sommer und Polarlichter-Pauschaltouren im Winter. Außerdem werden auch mehrtägige Workshops zum Fotografieren in der Arktis sowie Touren zum Angeln von Forellen auf dem Point Lake organisiert.

B Dene Adventures KULTUR

(867-444-0451; www.bdene.com) Bietet im Sommer und Winter empfehlenswerte Touren mit einem Schwerpunkt auf der Lebenswelt des Nordens und Touren zur Kultur der Dene, bei denen man die Gemeinden N'diloh und Dettah besucht (ab 75 C$/Pers.). Die Aktivitäten starten jeweils in einem Camp am See.

Beck's Kennels ABENTEUER

(867-873-5603; www.beckskennels.com; 124 Curry Dr) Im Winter kann man bei einer 8 km langen geführten Hundeschlittenfahrt (65 C$) lernen, selber ein Hundegespann zu lenken (75 C$) oder den Polarlichtern (140 C$) nachjagen. Mehrtägige Abenteuer kosten 400 C$ pro Tag. Im Sommer ziehen die Hunde Geländewagen – das ist lustig, aber mit den Schlittenfahrten absolut nicht zu vergleichen.

Aurora Village ABENTEUER

(867-669-0006; www.auroravillage.com) Dieser Veranstalter ist ein anerkannter Spezialist für Erlebnistouren, um das faszinierende Nordlicht zu beobachten. Auf diesen Exkursionen kommen dann spezielle, beheizte Sitze (120 C$ einschließlich Transport, Getränke und Verpflegung) zum Einsatz. Der Veranstalter hat aber auch noch andere Unternehmungen im Programm: Neben abenteuerlichen Fahrten mit dem Hundeschlitten (95 C$) oder mit dem Schneemobil (95 C$) gibt es Schneeschuhwanderungen (95 C$). Die Lodge und Aussichtsbereiche befinden sich direkt am ersten Abschnitt des Ingraham Trail.

Feste & Events

★ Snowking Winter Festival DARSTELLENDE KÜNSTE

(www.snowking.ca; März) Der Snowking, ein älterer Hausbootbesitzer, organisiert dieses große Winterereignis mit Konzerten, Theateraufführungen und Hockeyspielen. Es findet den ganzen März hindurch statt. Dazu wird in der Yellowknife Bay eine riesige Burg aus Eis und Schnee gebaut.

Folk on the Rocks MUSIK

(www.folkontherocks.com; Tages-/Wochenendkarte 90/130 C$; Mitte Juli) Dieses herausragende, zweitägige Ereignis am Long Lake hat fast alles auf dem Programm stehen, von Hip-Hop und Rock bis zu Trommeleinlagen der Dene. Musiker aus ganz Kanada kommen zu diesem Festival angereist.

Old Town Ramble & Ride KULTUR

(www.oldtownyk.com; Ende Juli–Anfang Aug.) Das muntere einwöchige Kulturfest findet in einem dreitägigen Wochenende mit Bikertreffen, Kunsthandwerksvorführungen, Kunstausstellungen, Wasserflugzeugtouren und Livemusik seinen Höhepunkt.

Schlafen

Jenny's B & B B & B $

(Karte S. 884; 867-765-5456; ayk5102@gmail.com; 5102 52 St; Zi. 85 C$;) Einen Block von der Hauptstraße entfernt herrscht die freundliche, hilfsbereite Jenny über eine Reihe ordentlicher, kompakter Zimmer. Die Wände sind allerdings recht dünn, sodass man sich fast im Bett seines Nachbarn wähnt. In der Gemeinschaftsküche gibt's alles fürs Frühstück.

Fred Henne Territorial Park CAMPING $

(867-920-2472; www.nwtparks.ca; Hwy 3; Stellplatz Zelt/Wohnmobil 22,50/32 C$; Mai–Sept.;) Dies ist der am nächsten zur Stadt gelegene Campingplatz. Er ist komplett ausgestattet für Wohnmobile und bietet darüber hinaus Stellplätze für Zelte und einen großen Strand am See. Über die Wanderwege erreicht man das Stadtzentrum zu Fuß in 40 Minuten.

★ Sean's Guesthouse & Aurora Tours PENSION $$

(Karte S. 884; 867-444-1211; www.seansguesthouse.com; 133b Moyle Dr; EZ/DZ 95/110 C$;) Traveller sind begeistert von Sean und seiner gemütlichen, makellosen skandinavisch aufgemachten Pension in dem ruhigen Wohnviertel am Niven Lake. Man fühlt sich wie zu Gast bei einem guten Freund (der auch noch ein toller Koch ist). Sean hat zudem jede Menge Infos über Yellowknife auf Lager. Jeden Abend (Aug.–April) veranstaltet er Ausflüge in die Landschaft auf der Jagd nach Polarlichtern (100 C$/Pers.).

Bayside B & B B & B $$

(Karte S. 884; 867-669-8844; www.baysidenorth.com; 3505 McDonald Dr; EZ/DZ ab 95/105 C$;) Es gibt nicht viele Unterkünfte in Yel-

ABSTECHER

BESUCH AUS DER LUFT

Die ausgezeichnete **Blachford Lake Lodge** (☎867-873-3303; www.blachfordlakelodge.com; 2 Übernachtungen in Cottage/Lodge für 2 Erw. inkl. Transport & Mahlzeiten 2225/3378 C$;) befindet sich an einem unberührten See eine halbe Flugstunde von Yellowknife entfernt. An diesem hinreißenden Ort mit zahlreichen Aktivitäten im Sommer wie im Winter kann man wirklich Allem entfliehen. Man wohnt entweder in rustikalen Holzhütten oder direkt in der Lodge, wo man in den smarten, farbenfroh gestalteten Zimmern vom Bett aus die Polarlichter betrachten kann.

Zu den Geselligkeit verheißenden Gemeinschaftsbereichen gehören Lounges, Veranden, der Speisesaal und der Whirlpool im Freien. Skier, Schlittschuhe, Schneeschuhe, Kajaks, Kanus, Wanderwege und mehr stehen zur Verfügung, und Angelausflüge, Schneemobil- und Hundeschlittenfahrten lassen sich leicht arrangieren. Prinz William und Kate sorgten für Schlagzeilen, als sie im Jahr 2011 hier eine Paddeltour auf dem See unternahmen.

Die freundliche, entspannte Unterkunft sucht häufig freiwillige Helfer, darunter WWOOFer für den Bio-Gemüsegarten.

lowknife, in denen man vom Bett aus beobachten kann, wie die Wasserflugzeuge abheben. Diese hübsche Pension mit Schindelturm ist eine davon. Es gibt hier nur vier lauschige Zimmer, zwei davon mit eigenem Bad. Unten in dem Café wird das warme Frühstück mit Leckereien wie Eiern und Seesaibling serviert.

Embleton House B&B B&B $$
(Karte S. 884; ☎867-873-2892; www.embletonhouse.com; 5203 52nd St; EZ/DZ mit Gemeinschaftsbad 105/126 C$, mit eigenem Bad 163/184 C$; @) Das gut ausgestattete B&B in der Innenstadt bietet ihren Gästen zwei Unterkunftsoptionen: kompakte, gemütliche Zimmer mit Gemeinschaftsbad und Küche oder üppig dekorierte Themensuiten mit eigenem Bad inklusive Whirlpool, Bademantel und gut ausgerüsteter Einbauküche. In jedem Fall aber bekommt man alle notwendigen Zutaten, um sich sein Frühstück zuzubereiten.

Essen

★ **Fat Fox** CAFÉ $
(Karte S. 884; 5008 50th St; Hauptgerichte 8–14 C$; Mo–Fr 7–19, Sa 9–19 Uhr;) Das beste Café von Yellowknife hat eine bunt zusammengewürfelte Einrichtung, blinkende Lichterketten, eine gemütliche Ecke im hinteren Bereich, Sofas und Sessel, aus denen man sich gar nicht mehr erheben mag. Außerdem bietet es einen Büchertausch und eine interessante Tee- und Kaffeeauswahl. Zu den täglichen Mittagsmenüs gehören Gerichte wie Linsencurry und Backkartoffeln mit Chili. Es gibt auch leckeren Kuchen.

Korea House KOREANISCH $
(Karte S. 884; ☎867-669-0188; 5103 50th St; Hauptgerichte 8–17 C$; Mo–Sa 11–20 Uhr;) Was dem grell beleuchteten, kantinenartigen Lokal an Atmosphäre fehlt, das macht es mit seiner authentisch koreanischen Küche wieder wett. Der scharfe Tofu-Schmortopf ist für kalte Tage genau richtig, das *bibimbap* (Risotto) hat jede Menge frisches Gemüse, und das *bulgogi* (gegrilltes Rindfleisch) und die Gemüseklöße sind der reine Wahnsinn!

Javaroma CAFÉ $
(Karte S. 884; www.javaroma.ca; 5201 Franklin Ave; kleine Gerichte 6–10 C$; Mo–Fr 7–22, Sa 8–22, So 9–22 Uhr;) Das Café an der Hauptstraße bietet ein paar der besten Kaffeespezialitäten der Stadt. Hinzu kommen Sandwiches, Suppen, leckere Muffins und Bubble Tea. Es gibt einen Sitzbereich im Freien – allerdings direkt an der recht lauten Straße –, und manchmal wird abends live Musik gespielt.

★ **Zehabesha** ÄTHIOPISCH $$
(Karte S. 884; ☎867-873-6400; 5030 51st St; Hauptgerichte 9–19 C$; Mo–Sa 11–21 Uhr;) Echte äthiopische Küche im Norden Kanadas? Das ist eine freudige Überraschung. Das bescheidene Restaurant hat sich mit großzügigen Portionen Ziegen-Curry, *doro wot* (Hühnchen-Schmortopf) und anderen geschmacksintensiven Gerichten treue Stammkunden erarbeitet. Beim *mahiberawi* erhält man von allem eine Kostprobe samt *injera* (luftigem Sauerteig-Fladenbrot).

Dancing Moose Café CAFÉ $$
(Karte S. 884; ☎867-669-8842; www.dancingmoosecafe.ca; 3505 McDonald Dr; Hauptgerich-

te 13–21 C$; Di–So 8–15 Uhr;) Man kann den Wasserflugzeugen beim Start zusehen, während man in diesem Café auf dem Hinterhof relaxt. Drinnen wird's mittags recht voll; dann gibt's Suppen, Salate und Sandwich-Angebote. Das Café ist auch fürs Frühstück mit überwiegend regionalen Zutaten eine gute Wahl.

Wildcat Café KANADISCH $$
(Karte S. 884; 867-873-8850; Ecke Wiley Rd & Doornbos Lane; Hauptgerichte 17–42 C$; Juni–Sept. 7–22 Uhr) Die renovierte Blockhütte in der Old Town ist eine regionale Institution. Schon seit 1937 verköstigt das Café die Gäste, heute ist das Essen aber raffinierter. Zur Wahl stehen Tacos mit Hecht-Tempura und Bagels mit geräuchertem Seesaibling, aber auch Rib-Eye-Steaks vom Bison und sagenhafte Burger.

★ **Bullocks Bistro** SEAFOOD $$$
(Karte S. 884; 867-873-3474; 3534 Weaver Dr; Hauptgerichte 25–40 C$; Mo–Sa 11.30–21, So 16–21 Uhr) Die legendäre Hütte voller Autoaufkleber, glücklicher Gäste, die sich an den Wänden verewigen, und bunt zusammengewürfelter Einrichtung ist ein freches, geselliges Fischrestaurant. Der unverschämt teure Fisch kommt aus der Pfanne, vom Grill oder ist frittiert und wird in großen Portionen mit Pommes und Salat serviert. Der gegrillte Seesaibling ist hervorragend, genau wie das Blauschimmelkäsedressing.

★ **Yellowknife Farmers' Market** MARKT
(Karte S. 884; www.yellowknifefarmersmarket.ca; Somba K'e Civic Plaza; 7. Juni–20. Sept. Di 17.15–19.30 Uhr;) Wer an einem Dienstag in der Stadt ist, hat Glück. Man kann hervorragend auf dem Bauernmarkt herumschlendern, den neuesten Klatsch aufschnappen und sich Kostproben der authentisch indischen, japanischen und vietnamesischen Küche, russische *pelmeni* und Borschtsch, philippinisch-taiwanesische Fusion-Küche, himmlische Sandwiches oder Kuchen und Quiches von einem in der Kochschule Cordon Bleu ausgebildeten Koch gönnen.

Ausgehen & Nachtleben

★ **Woodyard Brewhouse & Eatery** KLEINBRAUEREI
(Karte S. 884; 867-873-2337; www.nwtbrewingco.com; 3905 Franklin Ave; Bier ab 6 C$; Mo 17–23, Di–Do 11.30–23, Fr & Sa 11.30–1 Uhr;) Die preisgekrönte Kleinbrauerei ist ein fantastischer Neuzugang in der Restaurantszene von Yellowknife. Sie ist immer voller Einheimischer und Besuchern, also muss sie vieles richtig machen: Das Essen (Pizza mit dünnem Boden, Käse-Makkaroni) ist hervorragend, der freundliche Service prompt und die Einrichtung eine Mischung aus Jagdhütte und Industriechic. Es gibt auch eine Terrasse im Freien, wo man es sich mit einem Bier (zur Wahl stehen sieben verschiedene Sorten) gemütlich machen kann. Natürlich kann's auch laut werden.

Gourmet Cup KAFFEEHAUS
(Karte S. 884; 867-873-8782; www.gourmetcupyellowknife.ca; Franklin Ave, UG des YK Centre; Mo–Fr 7.30–18, Sa 9–18 Uhr;) In dem bis an die Decke mit Teeblättern und Gourmetkaffee-Säcken gefüllten Kellercafé kann man sich auf einen Kaffee prima unter die auf ihren Laptop einhämmernden Einheimischen mischen.

Shoppen

★ **Northern Images** KUNST & KUNSTHANDWERK
(Karte S. 884; 867-873-5944; www.northernimages.ca; 4801 Franklin Ave; Mo–Sa 10–18, So 12–18 Uhr) Ureinwohner-Kooperativen für Kunst und Kunsthandwerk betreiben diesen exzellenten Laden, der bekannt ist für seine Inuit-Drucke und Lithografien aus Cape Dorset, Pangnirtung und Ulukhaktok. Daneben gibt's auch prächtige Speckstein-Skulpturen, Flechtkörbe der Dene aus Birkenrinde, Mokassins und Kunst von Künstlern aus Yukon. Die Preise sind angemessen. Versand möglich.

★ **Erasmus Apparel** KLEIDUNG
(Karte S. 884; 867-444-0307; www.erasmusapparel.com; 4602 Franklin Ave; Mo–Sa 10–18 Uhr) Hier bekommt man von hiesigen Designern gestaltete, farbenfrohe Hoodies, T-Shirts, Tops, Dene-Fäustlinge, Hüte und Sonnenbrillen, die auch als Flaschenöffner dienen.

★ **Yellowknife Book Cellar** BÜCHER
(Karte S. 884; www.yellowknifebooks.com; 4923 49th St; Mo–Fr 9.30–20, Sa bis 18, So 12–17 Uhr) Der Buchladen hat eine tolle Auswahl an Titeln über den Norden und die Ureinwohner. Verkauft auch Karten und Stadtpläne.

Old Town Glassworks GLASWAREN
(Karte S. 884; 867-669-7654; www.oldtownglassworks.com; 3510 McDonald Dr; Workshops 54 C$; Mo–Fr 10–18, Sa & So 12–17 Uhr) Dieser Laden in der Old Town macht aus alten Flaschen erlesene Glaswaren und Vasen mit

nordischen Motiven. Wer seiner eigenen Kreativität freien Lauf lassen will, kann an einem der unterhaltsamen Workshops (2–4-mal tgl.; 2 Std.) teilnehmen. Verleiht auch Fahrräder.

Gallery of the Midnight Sun GESCHENKARTIKEL & SOUVENIRS
(Karte S. 884; ☎867-873-8064; www.gallerymidnightsun.com; Franklin Ave; ⊙Mo–Sa 10–18, So 12–17 Uhr) Hat viele indigene Kunstwerke auf Lager, darunter kunstvoll verzierte Dene-Mokassins und Jacken, Speckstein-Skulpturen von Inuvialuit-Künstlern und umwerfend schönen Schmuck aus Moschusochsen- und Bisonhörnern. Hat auch Drucke und Souvenirs.

Praktische Informationen

Die großen Banken findet man in der Innenstadt an der Franklin Ave.

Ambulanz & Feuerwehr (☎867-873-2222) Achtung: Die ☎911 ist in den Northwest Territories nicht die Notfallnummer!

Polizei (☎Notfälle 867-669-1111, sonstige Anliegen ☎867-669-5100; 5010 49th Ave)

Northern Frontier Visitors Centre (Karte S. 884; ☎867-873-4262; www.visityellowknife.com; 4807 49th St; ⊙Mo–Fr 9.30–17.30, Sa & So 12–17 Uhr; 📶) Hat jede Menge Karten und Broschüren und den unverzichtbaren, jährlich erscheinenden *Explorers' Guide*. Drinnen gibt's eine gute Ausstellung zur Umwelt der Northwest Territories, diverse Souvenirs und kostenloses WLAN. Zur Erkundung der Stadt kann man sich hier gratis ein Fahrrad ausleihen.

Yellowknike Old Town Soundwalk (www.yellowknifesoundwalk.ca) Hervorragende App zum Downloaden für eine Führung durch die Old Town.

Post (Karte S. 884; www.canadapost.ca; 4902 Franklin Ave; ⊙Mo–Fr 9–17.30 Uhr)

Stanton Territorial Hospital (☎867-669-4111; www.stha.ca; 550 Byrne Rd; ⊙24 Std.)

Yellowknife Public Library (2. OG, Centre Square Mall; ⊙Mo–Do 9.30–20.30, Fr 10–18, Sa 10–17 Uhr) Bücher über den Norden, kostenloses Internet, lärmende Jugendliche.

An- & Weiterreise

AUTO

Ein Auto zu leihen, ist wirklich teuer. Ein kleines Auto kostet in der Regel etwa 80/500 C$ pro Tag/Woche, plus 35 Cent pro Kilometer mit 250 Freikilometern bei einer Mietdauer von einer Woche. Wer viel fahren will, sollte sein Auto in Edmonton leihen und dann hochfahren. Die bekannten Verleihfirmen findet man am Flughafen.

Die preiswerteste Firma ist **Rent-a-Relic** (Royal Rent-a-Car; ☎867-873-3400; xferrier@ssimicro.com; 356 Old Airport Rd; 50/325 C$ pro Tag/Woche, 50 Freikilometer pro Tag, danach 30 ct pro km). Die Autos sind oft schon etwas stark beansprucht, aber betriebsbereit. Es herrscht eine Laissez-Faire-Haltung. Man kann sich vom Flughafen abholen lassen.

BUS

Frontier Coachlines (S. 882) fahren Montag, Mittwoch und Freitag um 17 Uhr von der Shell-Tankstelle an der Range Lake Rd ab und halten auf ihrer Fahrt nach Hay River (118 C$, 5½ Std.) in Fort Providence und Enterprise an.

FLUGZEUG

Yellowknife ist das Flugkreuz in den Northwest Territories. Die im Folgenden genannten Preise beziehen sich jeweils auf die einfachen Strecke. First Air bedient Hay River (236 C$, 45 Min.) und Fort Simpson (705 C$, 1 Std.) sowie Cambridge Bay (1165 C$) und Iqaluit (1758 C$) über Rankin Inlet (1243 C$). First Air und Canadian North fliegen beide nach Inuvik (900 C$, 2½ Std.) über Norman Wells (731 C$, 1 Std.). Norman Wells wird zu vergleichbaren Preisen auch von **North-Wright Airways** (☎867-587-2288; www.north-wrightairways.com, Mo–Sa) bedient. Kleinere Fluglinien haben manchmal gute Sonderangebote. Northwestern Air fliegt nach Fort Smith (417 C$ bzw. Standby 199 C$, 1 Std., So–Fr), **Buffalo Airways** (☎867-873-6112; www.buffaloairways.com) nach Hay River (205 C$, 45 Min., So–Fr) und **Air Tindi** (☎867-669-8200; www.airtindi.com) nach Fort Simpson (485 C$, 80 Min.).

Unterwegs vor Ort

BUS

Yellowknife City Transit (☎867-920-5600; www.yellowknife.ca; Ticket Erw./Kind ab 5 Jahren 3/2 C$) betreibt drei Buslinien. Die Route A bedient die Old Airport Rd und die Innenstadt. Die Route B fährt um die Gemeinde Range Lake und ins Zentrum. Die Route C verbindet das Zentrum mit der Old Town. Die Busse fahren montags bis samstags etwa von 7.15 bis 19 Uhr jede halbe Stunde.

FAHRRAD

Von Anfang Juni bis Anfang September kann man am Visitor Center kostenlos Fahrräder ausleihen.

ZUM/VOM FLUGHAFEN

Der Flughafen von Yellowknife liegt einige Kilometer westlich der Innenstadt. Taxis verlangen etwa 15 C$. Es gibt einen kostenlosen Shuttle-Bus zum Explorer Hotel und zum Yellowknife Inn, aber auch zu einigen anderen Hotels in der Innenstadt.

TAXI

Es gibt jede Menge Taxis. **City Cab** (☎867-873-4444) ist sehr zu empfehlen.

RUND UM YELLOWKNIFE

Ingraham Trail

Auf dem 69 km östlich von Yellowknife gelegenen Ingraham Trail (Hwy 4) verbringen die Einheimischen ihre Freizeit. Die teilweise asphaltierte Strecke erschließt die reizvolle, von Seen gesprenkelte und mit Strandkiefern bewachsene Landschaft des Kanadischen Schilds, die zum Angeln, Wandern, Campen, Kanufahren und im Winter zum Ski- und Schneemobilfahren einlädt.

Prelude Lake (5,25 C$/Tag), 28 km von Yellowknife entfernt, ist ein familienorientiertes Ausflugsziel mit einem riesigen **Campingplatz** (www.campingnwt.ca; Stellplatz Zelt/Wohnmobil 15/22,50 C$; ⌚Mai–Sept.; 🐾), einem Bootssteg (mit Bootsverleih) und zwei Naturlehrpfaden.

Im **Hidden Lake Territorial Park** GRATIS, 46 km von Yellowknife entfernt, führt ein 1,2 km langer Weg zu den beliebten **Cameron Falls**. Jenseits der Fußgängerbrücke können Mutige bis zum Rand des fantastischen Wasserfalls vorkrabbeln. Nochmals 9 km weiter zweigt vom Ingraham Trail ein 400 m langer Weg zu den Cameron River Ramparts ab, einer kleineren Ausgabe des Wasserfalls.

Der **Reid Lake** GRATIS, 61 km von Yellowknife entfernt, lädt zum Kanufahren und zum Angeln von Hechten, Felchen und Forellen ein. Der freundliche **Campingplatz** (www.campingnwt.ca; Stellplatz Zelt & Wohnmobil 22,50 C$; ⌚Mai–Sept.; 🐾) punktet mit einem guten Strand und einem Wanderweg und bietet höher gelegene Stellplätze mit Blick auf den See.

Im Sommer endet der Ingraham Trail am hübschen **Tibbitt Lake**, 70 km von der Stadt entfernt.

NORTH SLAVE

Die Region North Slave zwischen dem Great Slave Lake und dem Great Bear Lake ist felsig, dicht bewaldet, voller Seen und reich an Mineralien. Abgesehen von den Einwohnern Yellowknifes leben hier überwiegend Tlicho auf traditionelle Art, die für ihren Lebensunterhalt nicht auf Touristen angewiesen sind. Dank der vielen Seen fühlen sich Kanu- und Kajakfahrer, Fischer und Naturliebhaber hier wie im Paradies.

Highway 3

Von Yellowknife führt der Hwy 3 nach Nordwesten, wo er den North Arm des Great Slave Lake umrundet und dann nach Fort Providence (314 km) hinabsteigt.

Der erste Abschnitt windet sich durch Sümpfe, borealen Nadelwald und rötliche Felslandschaften des Kanadischen Schilds. Achtung: Aufgrund der Hitze auf dem Asphalt taut im Sommer der Permafrostboden teilweise auf, wodurch Unebenheiten in der Fahrbahn entstehen, die das Fahren beeinträchtigen. **Behchokò** (1926 Ew.), das 10 km nördlich an einer Zufahrtsstraße zum Hwy 3 liegt, ist die größte First-Nations-Gemeinde in den Northwest Territories. Hier findet man eine Tankstelle, Unterkünfte und indigene Kunst.

Später führt der Hwy durch eine flache Landschaft mit dem im Süden der Northwest Territories allgegenwärtigen borealen Nadelwald. Im **Mackenzie Bison Sanctuary**, das sich für etwa 150 km entlang der Straße erstreckt, lebt Kanadas nördlichste Herde von 4000 Waldbisons in freier Wildbahn. Die am Straßenrand grasenden Tiere sind schwerer als ein Auto und ausgesprochen launisch. Deshalb lässt man ihnen besser viel Freiraum.

Südlich des Schutzgebiets führt eine 5 km lange Straße nach Fort Providence. Ein paar Kilometer weiter überspannt die **Deh Cho Bridge** den Mackenzie.

SOUTH SLAVE

Die Region South Slave umfasst die Gegend südlich des Great Slave Lake. Große Flüsse und zahlreiche Wasserfälle prägen die überwiegend von Wald bedeckte Landschaft, in der mächtige Bisonherden leben. Hier befinden sich auch Hay River und Fort Smith, historische Vorposten des Pelzhandels.

Mackenzie Highway

Der Hwy 3 stößt 23 km südlich des Mackenzie River auf den Mackenzie Hwy (Hwy 1), der nach Westen in die Region Dehcho und nach Südosten in die Region South Slave führt. Die letztgenannte Strecke Richtung Alberta wird auch **Waterfalls Route** genannt.

Der erste Abstecher ist der **Lady Evelyn Falls Territorial Park** (Hwy 1 bei Km 167) GRATIS, der 7 km abseits des Mackenzie Hwy an der Straße nach **Kakisa** liegt. Ein kurzer Fußweg führt zu dem 17 m hohen Wasserfall, der über ein uraltes, halbmondförmiges Korallenriff herunterstürzt. Dort gibt es auch einen **Campingplatz** (www.nwtparks.ca; Stellplatz Zelt & Wohnmobil 28 C$; Mai–Sept.;).

Von hier sind es 83 km bis **Enterprise**, einem Straßendorf.

Südlich von Enterprise verläuft der Mackenzie Hwy parallel zum eindrucksvollen **Twin Falls Gorge Territorial Park** (Hwy 1 bei Km 72) GRATIS. Ein 2 km langer Waldweg führt zu den gestuften, 15 m hohen **Louise Falls** am Hay River mit den prächtigen Alexandra Falls (33 m). Hier gibt's auch einen **Campingplatz** (www.nwtparks.ca; Stellplatz Zelt & Wohnmobil 28 C$; Mai–Sept.;).

An der 72 km weiter südlich gelegenen Grenze nach Alberta liegt der **60th Parallel Territorial Park**. Im **Visitor Center** (867-984-3811; Hwy 1; Mitte Mai–Mitte Sept. 8.30–20.30 Uhr;) ist indigenes Kunsthandwerk ausgestellt, und es gibt einen kleinen **Campingplatz** (www.campingnwt.ca; Stellplatz Zelt & Wohnmobil 22,50 C$; Mai–Sept.;).

Hay River

3606 EW.

Der Arbeiterort Hay River, gegründet 1868 als Pelzhandelsposten, ist die zweitgrößte Siedlung des Territoriums und ein wichtiger Kopfbahnhof, Seehafen und Frachtverladezentrum. Hay River ist ein Dienstleistungszentrum und kein sehr attraktiver Ort. Der hübscheste Teil der Stadt ist Vale Island, das Ursprungsgebiet der ersten Siedler, mit einem malerischen Strand an dem unvorstellbar großen Great Slave Lake. Hier lässt sich gut angeln, Boot- und Hundeschlittenfahren. Die Innenstadt wird vom Highway und einem etwas deplatzierten Wohnhochhaus beherrscht. Jenseits des Flusses liegt ein Reservat der Dene.

Sehenswertes & Aktivitäten

Vale Island INSEL

An der Mündung des Hay River in den riesigen Great Slave Lake ist diese Insel durch eine Brücke mit dem Festland verbunden und ist der älteste und schönste Teil der Stadt. Das Ganze ist ein Ensemble von wackligen hölzernen Gebäuden, vor sich hin rostenden Booten, Güterzügen und dem von Treibholz übersäten Strand.

Hay River Heritage Centre MUSEUM

(867-874-3872; Ecke Mackenzie Dr & 102nd Ave, Vale Island; Juni–Okt 13–17 Uhr) GRATIS Das engagiert geführte Museum für regionale Geschichte ist in dem alten Handelsposten der Hudson's Bay Company auf Vale Island untergebracht. Es beherbergt eine fesselnde Sammlung von Fotos und Gegenständen aus Hay River über die Zeit sowie Fossilien.

Kiwanis Nature Trail WANDERN

Der Naturlehrpfad beginnt am Riverview Dr und verläuft 5 km am Hay River und dem West Channel des Great Slave Lake entlang.

2 Seasons Adventures BOOTSFAHRTEN

(867-875-7112; www.2seasons.ca; Lagoon Rd; Juni–Sept.) Der Veranstalter bietet Bootsfahrten zu den Louise Falls und verleiht Kanus, Kajaks und Paddelbretter. Im Visitor Center erhält man Infos zu Wanderungen, Panoramaflügen, Angeltouren und Kanuverleihern.

Schlafen

Paradise Garden & Campground CAMPEN $

(867-875-4430; www.paradisegardencampground.com; 82 Paradise Rd; Stellplatz Zelt/Wohnmobil 21/31,50 C$;) Zwischen Enterprise und Hay River bietet dieser freundliche, idyllisch auf dem Gelände einer kleinen Bio-Farm gelegene Campingplatz Stromanschlüsse für Wohnmobile. Man kann hier auch Beeren pflücken.

Hay River Territorial Park CAMPEN $

(867-874-3772; www.nwtparks.ca; 104th St, Vale Island; Stellplatz Zelt/Wohnmobil 15/28 C$; Mai–Sept.;) Einen Steinwurf vom Strand entfernt gibt's auf diesem dicht bewaldeten Campingplatz Warmwasserduschen, einen Grillbereich und einen Kinderspielplatz.

Harbour House B&B $$

(867-874-2233; www.greenwayaccommodations.ca; 2 Lakeshore Dr, Vale Island; EZ/DZ 85/110 C$;) Das sonnige, nautisch anmutende B&B in hübscher Lage direkt am Strand von Vale Island wurde zum Schutz vor der Flut auf Pfeilern errichtet. Es gibt eine Küche, eine tolle Veranda zum Relaxen und ein gutes kontinentales Frühstück.

Ptarmigan Inn HOTEL $$
(☎867-874-6781; www.ptarmiganinn.com; 10J Gagnier St; EZ/DZ/Suite 163/167/207 C$;) Das einzige richtige Hotel von Hay River liegt mitten in der Innenstadt und hat saubere, geräumige und gut ausgestattete Zimmer, einen Pub, ein Restaurant und ein Fitnesscenter mit einem Whirlpool.

Essen

She Takes The Cake Cafe CAFÉ $
(☎867-874-3330; 2–4 Courtoreille St; Kuchen ab 4 C$; Mo–Fr 8.30–16, Sa 12–16 Uhr) Das Café mitten in der Stadt serviert guten Kaffee, frisch gebackene, klebrige Zimtbrötchen, Bagels, Muffins, Sandwiches und jeden Tag Mittagsmenüs.

Back Eddy SEAFOOD $$
(☎867-874-6680; 6 Courtoreille St; Hauptgerichte 15–25 C$; Mo–Sa 11–14 & 17 Uhr–open end;) Die gedämpft beleuchtete Bar mit Speiseraum (der Eingang ist am Capital Dr) ist ein verlässliches Stammlokal der Einheimischen. Auf der Abendkarte steht u. a. frischer Fisch aus dem Great Slave Lake, darunter in der Pfanne gebratener Felchen mit Muscheln und Shrimps.

Praktische Informationen

Library (www.nwtpls.gov.nt.ca; 75 Woodland Dr; Mo–Do 10–17 & 19–21, Fr–So 13–17 Uhr;) Kostenloses Internet inmitten der Stadt.

Visitors Information Centre (☎867-874-3180; www.hayriver.com; Ecke Mackenzie Hwy & McBryan Dr; Mai–Sept. 9–21 Uhr) Am Highway im Zentrum der Stadt. In der Nebensaison hält man am besten am Rathaus, einen Block weiter nördlich am Commercial Drive.

An- & Weiterreise

AUTO & MOTORRAD

Eine 38 km lange befestigte Straße führt nach Enterprise. Etwa 5 km vor der Stadt zweigt der teils befestigte Hwy 5 ab, der dann ins 267 km entfernte Fort Smith führt.

BUS

Die Busse der Frontier Coachlines (S. 882) fahren montags, mittwochs und freitags um 9 Uhr vom innerstädtischen Mini-Markt Rooster über Fort Providence nach Yellowknife (118 C$, 6 Std.) ab und dienstags und donnerstags um 9 Uhr nach Fort Smith (87 C$, 3 Std.).

FLUGZEUG

Die legendären Fluglinien **Buffalo Airways** (S. 890) und **First Air** (S. 882) fliegen für 205 C$ (45 Min.) bzw. 236 C$ nach Yellowknife. **Northwestern Air** (www.nwal.ca) bedient Edmonton (607 C$, 2¼ Std.) und Fort Smith (234 C$, 40 Min.). Die hier aufgeführten Preise beziehen sich auf einen einfachen Flug.

ZUG

Hay River ist der am nördlichsten gelegene Kopfbahnhof in Kanada – allerdings fahren nur Güterzüge hierher.

Fort Smith

2093 EW.

Auf einem Felsen hoch über dem Slave River liegt das freundliche und idyllische Fort Smith. Vielleicht liegt es an den Backsteinhäusern, den Spielfeldern, am Wasserturm oder ganz einfach an der Tatsache, dass die Ortschaft die Grenze zu Alberta markiert. Jahrelang war sie das Tor zum Norden, denn sie liegt am Ende der Transportroute rund um die Stromschnellen des Slave River. Im Jahr 1874 errichtete die Hudson's Bay Company hier eine Niederlassung. Bis 1967, als Yellowknife die Hauptstadt der Northwest Territories wurde, war Fort Smith das Verwaltungszentrum für den größten Teil des kanadischen Nordens. Noch heute ist die Ortschaft ein friedliches, attraktives Regierungszentrum und der Sitz der Parkverwaltung des Wood Buffalo National Park, Kanadas größtes geschütztes Gebiet. Zwei Drittel der Einwohner sind Cree, Chipewyan und Métis.

Sehenswertes

Northern Life Museum MUSEUM
(☎867-872-2859; Ecke King St & McDougal Rd; Mo–Sa 10–17 Uhr) GRATIS Das Museum zeigt faszinierende Ausstellungsstücke zur Lokalgeschichte von der Ankunft der ersten Dene vor 10 000 Jahren bis hin zur Gründung des Orts im 19. Jh. als Vorposten des Pelzhandels. Sehenswert sind das nachgebaute Haus eines Trappers samt Ladenfront und der präparierte Körper von Canus, einem Schreikranichmännchen, das als Zuchttier dazu beitrug, das Aussterben dieser Vogelart zu verhindern.

Fort Smith Mission Historic Park PARK
(Ecke Breynat St & Mercredi Ave; Mai–Sept.) GRATIS Dieser historische Park erinnert an die Tage, als der Katholizismus von Fort Smith aus seinen Weg in den Norden fand. Karten für Rundgänge auf eigene Faust erhält man im Visitor Center.

Aktivitäten

Die hiesigen Stromschnellen sind bei Hardcore-Paddlern berühmt-berüchtigt. Außerdem befindet sich hier die nördlichste Nistkolonie von Nashornpelikanen. Die Rapids of the Drowned vor der Stadt sind über die Wolf Ave zu erreichen. Zu den flussaufwärts gelegenen Mountain, Pelican und Cassette Rapids gelangt man zu Fuß auf dem Trans Canada Trail, mit dem Rad von der Stadt aus oder die Straße von Fort Fitzgerald entlang.

★ Pelican Rapids FLUSS

Eine alte Straße führt 12 km südlich von Fort Smith nach Osten zum Fluss, wo ein Fußweg hinunter zu einem Bach und einem Felsvorsprung mit Blick auf den rauschenden Fluss führt. Viele Pelikane gibt es hier nicht, aber man kann auf die großen rosa Granitplatten hinauslaufen, die aus dem Wasser ragen.

★ Rapids of the Drowned FLUSS

Bei den nach einem schrecklichen Bootsunfall aus dem 19. Jh. benannten, wilden Stromschnellen handelt es sich um den nördlichsten Pelikannistplatz der Welt. Von der Spitze der Portage St läuft man zehn Minuten bis zum Wasser, wo man die Vögel dabei beobachten kann, wie sie Fische aus dem wirbelnden Wasser schnappen. Abstand halten, um die Vögel nicht zu stören!

Feste & Events

Slave River Paddlefest SPORT

(www.slaveriverpaddlefest.ca; ⌚ Aug.) Das am ersten Augustwochenende stattfindende Fest widmet sich dem wilden Nass mit Paddeltrips auf dem Slave River von Kanufahrten im flachen Wasser bis hin zu Wildwasserrafting. Zum Spaß gehören auch Einführungskurse, traditionelle Dene-Spiele und Wildwasserevents.

★ Dark Sky Festival LICHTSHOW

(www.tawbas.ca; ⌚ Mitte Aug.) Die Thebacha & Wood Buffalo Astronomical Society in Fort Smith organisiert Mitte August ein Wochenende voller Veranstaltungen. In den dunklen, klaren Nächten stehen die Chancen, Polarlichter zu sehen, gut. Außerdem kann man durch ein Fernrohr im Wood Buffalo National Park die Sterne beobachten.

Schlafen & Essen

Queen Elizabeth Territorial Park CAMPING $

(☎ 867-872-2607; www.campingnwt.ca; Stellplatz Zelt/Wohnmobil 15/28 C$; ⌚ Mai–Sept.; 🐾) Der hübsche, wenig frequentierte Campingplatz am Ende des Tipi Trail, 4 km westlich der Stadt, nahe der Klippe über dem Fluss, hat Duschen und Feuerholz.

★ Whooping Crane Guest House B&B $$

(☎ 867-872-3426; www.whoopingcraneguesthouse.com; 13 Cassette Crescent; Zi. ab 120 C$; @ 📶) Das luxuriöse, schicke und einladende B&B befindet sich in einem faszinierenden achteckigen Holzgebäude an einer sehr ruhigen Nebenstraße der Calder Ave. Zu den Vorzügen gehören hilfsbereite Gastgeber, köstliches Frühstück, kunstvolle Stickereien an den Wänden, viele Bücher, Fahrräder und Hängematten. Es gibt eine geräumige Suite mit Küche und Essbereich sowie zwei hübsch dekorierte Zimmer jeweils mit prächtigem eigenem Bad (draußen).

★ Anna's Home Cooking CAFÉ $

(☎ 867-872-2582; 338 Calder Ave; Mittagessen 6–11 C$, Hauptgerichte 13–27 C$; ⌚ Mo–Fr 8–20 Uhr; 📝) 🍃 Hier dreht sich alles um Hausmannskost, die mit viel Liebe und großer Sorgfalt zubereitet wird: Es gibt ein mächtiges Frühstück, köstliche Salate, Panini, leckere, frisch gepresste Säfte, Steinofenpizzas und Mittagsmenüs wie Chili. Abends werden Burger und substantiellere Grillgerichte serviert. Ein zwangloses, gemütliches Café mit Heil-Yoga-Atmosphäre (es gibt sogar Massagen und Anwendungen) und Sitzbereich im Freien.

Shoppen

Rusty Raven KUNST & KUNSTHANDWERK

(☎ 867-872-2606; 66 Portage Ave; ⌚ Mo–Fr 8–17.30, Sa 9–17.30, So 9–17 Uhr) Der nette Laden verkauft Dene-Perlenstickereien, lokale Kunst, Bücher zu lokalen Attraktionen und Kunstleder-Handtaschen von ESPE.

Praktische Informationen

Bibliothek (170 McDougal Rd; ⌚ Mo–Do 14.30–17.30 & 19–21, Fr 14.30–17.30, Sa & So 14–17 Uhr) Von Juli bis September am Sonntag geschlossen.

Town of Fort Smith (www.fortsmith.ca) Gute Quelle mit Infos über die Region.

Wood Buffalo National Park Information Centre (☎ 867-872-7960; www.pc.gc.ca; 149 McDougal Rd; ⌚ 9–18 Uhr; 📶) Das Infozentrum des Nationalparks befindet sich in Fort Smith und fungiert auch als Visitors Center der Ortschaft. Es gibt hier eine interessante Ausstellung zur lokalen Ökologie und inspirierende audiovisuelle Exponate zum Nationalpark. Im Sommer werden geführte Wanderungen durch den Park angeboten.

An- & Weiterreise

Northwestern Air (☎ 867-872-2216; www.nwal.ca) Bedient Yellowknife (einfache Strecke 397 C$, 1 Std.), Hay River (einfache Strecke 224 C$, 45 Min.) und Edmonton (einfache Strecke 680 C$, 2 Std.) sowie Fort McMurray und Fort Chipewyan.

Frontier Coachlines (S. 882) Hat Busse nach Hay River (87 C$, 3 Std., Di & Do 13 Uhr). Im Winter gibt's eine Eisstraße nach Fort McMurray, Alberta.

Wood Buffalo National Park

An der Grenze zwischen Alberta und den Northwest Territories liegt einer der weltweit größten Nationalparks. Auf 44 000 km² umfasst er borealen Nadelwald, Karstformationen und riesige Wasserläufe.

Der Park wurde 1922 zum Schutz einer großen, dunklen, eindeutig nordischen Unterart des Bisons gegründet. Tausende dieser Tiere leben in der Region. Besucher können sie oft beim Grasen am Straßenrand beobachten. Ihre Auseinandersetzung mit den hiesigen Wölfen war ein Thema in der eindrucksvollen BBC-Dokumentation *Eisige Welten* und in David Suzukis *The Nature of Things*.

In dem Park ist auch der weltweit letzte Schwarm von Schreikranichen geschützt. Diese Zugvögel waren fast ausgestorben; jetzt erholt sich ihr Bestand. Zusammen mit Millionen von Enten und Gänsen bevölkern sie die Feuchtgebiete des Parks, z. B. das Peace-Athabasca Delta, eines der größten Süßwasserdeltas der Welt. Elche, Karibus, Bären und Luchse leben in dem Park ebenso wie zahllose Moskitos und Bremsen im Sommer.

Sehenswertes & Aktivitäten

Salt Plains Lookout AUSSICHTSPUNKT
Rund 25 km westlich von Fort Smith zweigt von der Straße nach Hay River die 11 km lange Zufahrtsstraße zu diesem Aussichtspunkt ab. Von dort blickt man auf die von Salzhügeln durchbrochene, riesige, weiße, vom Salz verkrustete Fläche der Salt Plains. Wer die Salzebene näher erkunden will, gelangt über die Stufen hinab. Besucher dürfen zum Schutz des fragilen Ökosystems hier nur barfuß laufen.

★ **Highway 5** PANORAMASTRASSE
Der von Westen kommende Hwy bietet einige interessante Haltepunkte, darunter das riesige **Angus Sinkhole** (Angus Fire Tower), den verschwindende **Nyarling River** und die **Little Buffalo River Falls** mit einem unbesetzten Campingplatz samt 2 km langem Naturlehrpfad. Ein Stück weiter führt eine Seitenstraße zum 11 km entfernten Salt Plains Lookout; ein kurzer Weg geht hinab zu einer weiten weißen Fläche, die durch das an die Erdoberfläche drängende Salzwasser eines früheren Meeres entstanden ist.

Peace Point Road PANORAMASTRASSE
Zwischen Fort Smith und Peace Point, Alberta, liegt die **Salt River Day-Use Area**, ein Überwinterungsgebiet von Schlangen (die einzige Gruppenpaarungszeit ist Ende April) und der Ausgangspunkt für hervorragende Tageswanderungen zu Salztonebenen und Dolinen. Rund 60 km von Fort Smith entfernt kann man am beliebten Pine Lake Campground den schneeweißen Sandstrand und das aquamarinblaue Wasser genießen.

Kanufahren KANUFAHREN
Abenteuerlustige unternehmen eine Kanufahrt von Peace Point aus und machen dann eine 13 km lange Wanderung im Sweetgrass-Abschnitt des Parks, wo einen weite Weiden und alte Bison-Gehege erwarten. Hier bekommt man Herden von Bisons und vermutlich auch Wölfe zu Gesicht.

Wandern WANDERN
Es gibt acht Wanderwege im Nationalpark – von einfach bis mittelschwer und mit einer Länge von 500 m bis 13 km. Besonders lohnend sind der North Loop (7,5 km) und der South Loop (9 km) am Salt River. Ersterer punktet mit Dolinen, letzterer mit Salzauen und Salztonebenen am Grosbeak Lake.

Schlafen

Little Buffalo River Falls Territorial Park CAMPING $
(☎ 867-872-2602; www.campingnwt.ca; Stellplatz Zelt/Wohnmobil 15/22,50 C$; ⌚ Mai–Sept.) Der kleine Campingplatz nahe Fort Smith, gleich abseits der Straße nach Hay River, bietet sechs Stellplätze ohne Stromanschluss unweit der malerischen Little Buffalo River Falls.

Pine Lake Campground CAMPING $
(www.pc.gc.ca; Stellplatz Zelt & Wohnmobil 15,70 C$; ⌚ Mai–Sept.; 🐾) Der friedliche Campingplatz liegt 60 km von Fort Smith ent-

fernt an der Pine Lake Rd. Die Stellplätze haben Picknicktische und Feuerstellen. Insektenschutzmittel sind unerlässlich!

Praktische Informationen

Das Wood Buffalo National Park Information Center befindet sich in Fort Smith.

DEH CHO

Dehcho bedeutet in der Sprache der hiesigen Ureinwohner „großer Fluss", und durch dieses Gebiet im Südwesten der NWT fließen wahrhaftig große Flüsse – allen voran der Mackenzie, der Liard und der Nahanni. Außerdem punktet die Gegend mit wärmerem Wetter, einer reichen Dene-Kultur und einem der spektakulärsten kanadischen Nationalparks, der von den Mackenzie Mountains zweigeteilt wird.

Fort Simpson

1238 EW.

Die hiesigen Indianer nennen Fort Simpson *Líídlii Kue* – „wo sich zwei Flüsse treffen". Tatsächlich treffen hier die beiden mächtigen Flüsse Liard und Mackenzie aufeinander. Seit Jahrhunderten kamen die Dene hier zusammen, um Handel zu treiben, bevor die Hudson Bay Company 1822 an dieser Stelle einen Vorposten des Pelzhandels einrichtete. Dem folgten Priester und Goldsucher. Heute ist die Stadt mit ihrer unbekümmerten Mischung aus Dene-, Métis- und europäischer Kultur das regionale Zentrum mit allen üblichen Dienstleistern und das Tor zum nahe gelegenen Nahanni National Park Reserve.

Sehenswertes & Aktivitäten

Das historische **MacPherson House** (Ecke 93rd Ave & MacKenzie Dr) und die **Hütte** (MacKenzie Dr) des exzentrischen, erfolglosen Goldsuchers Albert Faille liegen am Ufer des Mackenzie River. Das dreitägige Musik- und Kunstfestival **Elevate** (www.openskycreativesociety.com; Anfang Juli) findet um den Canada Day herum statt. Die Organisatoren haben eine **Galerie** (867-695-3005; www.openskycreativesociety.com; 100th St; Mo–Fr 13–16 Uhr) im Bibliotheksgebäude der Stadt, wo zeitgenössische und traditionelle Dehcho-Kunst ausgestellt ist.

Panoramarundflüge und Kanutrips zum Nahanni National Park sind der Grund, warum die meisten Leute hier absteigen. Die Flugunternehmen haben Büros am Antoine Dr in der Nähe der innerstädtischen Start- und Landebahn. Wer den Liard River oder den Mackenzie River auf eigene Faust erkunden will, kann bei Simpson Air ein Kanu (25 C$/Tag) mieten.

Schlafen

Fort Simpson Territorial Campground CAMPEN $
(867-695-2321; www.nwtparks.ca; Stellplatz Zelt/Wohnmobil 22,50/28 C$; Mai–Sept.;) Der zentral gelegene Campingplatz im Wald nahe dem Fluss hat Duschen, Hocktoiletten und 32 hübsche Stellplätze.

★ **Mackenzie Rest Inn** B&B $$
(867-695-2357; www.mackenzierest.ca; 10518 99th St; EZ/DZ mit Gemeinschaftsbad 150/180 C$;) Nettes, charmantes und gut eingerichtetes B&B in einer von Wasserflugzeugen und mächtigen Flüssen geprägten Gegend. Passend zur tadellosen Gastlichkeit gibt's reizende, stilvolle Zimmer in einem charaktervollen, edel eingerichteten Haus mit herrlichem Flussblick, Büchern und Zeitschriften über den Norden Kanadas sowie entspannenden Terrassen. Die Zimmer sind alle verschieden (das Zimmer ganz oben ist unserer Meinung nach das beste) und haben moderne Gemeinschaftsbäder.

Willows Inn MOTEL $$
(867-695-2077; www.janor.ca; Ecke 103 Ave & Antoine Dr; EZ/DZ 170/195 C$;) Das blitzblanke neue Motel hat sechs in sich abgeschlossene, geräumige und für alle Jahreszeiten ausgestattete Zimmer mit Klimaanlage, Fußbodenheizung, Kaffeemaschine, Kühlschrank und Mikrowelle. Es gibt auch eine voll ausgerüstete Gästeküche und einen reizenden Hof mit Liegestühlen und Grill.

Janor Guest House B&B $$
(867-695-2077; www.janor.ca; Ecke 99B Ave & 100th St; EZ/DZ 150/175 C$;) Die herzlich von Leah und Colin geführte heimelige Pension hat sechs gemütliche Zimmer (zwei mit angeschlossenem Bad). Die Gäste können nach Belieben das sonnige Wohnzimmer, die komplett ausgestattete Küche und den kleinen Fitnessraum nutzen, grillen und sich auch beim Gemüse im Garten bedienen.

Praktische Informationen

Fort Simpson Visitor Center (867-695-3182; www.fortsimpson.com; Mai–Sept.

Mo–Fr 8–20, Sa & So 10–20 Uhr) Hat Broschüren über Fort Simpson und die Northwest Territories.

Nahanni National Park Reserve Visitor Center (☎ 867-695-7750; www.parkscanada.gc.ca/nahanni; Ecke 100 St & 100 Ave; ⊙ Juli & Aug. 8.30–12 & 13–17 Uhr, Sept.–Juni kürzere Öffnungszeiten) Hat Infos über das Nahanni National Park Reserve.

Anreise & Unterwegs vor Ort

Air Tindi (S. 890) bedient Yellowknife (einfache Strecke 485 C$, 80 Min., tgl. außer So). **First Air** (S. 882) hat Direktflüge nach Yellowknife (704 C$) sowie Anschlussflüge nach Edmonton, Hay River, Inuvik und Ottawa. Es fahren keine Busse.

Wer weiter Richtung Süden fährt, hat hier für Hunderte von Kilometern zum letzten Mal die Möglichkeit zum Tanken.

Nahanni National Park Reserve

Für viele ist dieser Nationalpark der Inbegriff von Wildnis. Der 30 000 km² große Park liegt im Südwesten der NWT nahe an der Grenze zu Yukon. Dazu gehört auch der namensgleiche, gewaltige **South Nahanni River**. Dieser ungezähmte Fluss rauscht mehr als 500 km durch die zerklüfteten Mackenzie Mountains. Er ist ein Traumziel für Kanuten und fließt zudem durch eine der spektakulärsten Regionen Kanadas.

So ist es ganz angemessen, dass der Nahanni ein Fluss des Canadian Heritage ist und der Park zum UNESCO-Welterbe gehört. 2009 unterzeichnete die Bundesregierung und die Dehcho First Nations eine Vereinbarung, wonach der Park auf mehr als das Sechsfache vergrößert werden sollte.

Sehenswertes

★ Virginia Falls WASSERFALL

In British Columbia gibt's zwar ein paar höhere Wasserfälle, aber dank der gewaltigen Kraft zweier mächtiger Ströme, die sich aus einer Höhe von 96 m (also doppelt so hoch wie die Niagarafälle) ergießen, und dank ihrer spektakulären Lage sind die Virginia Falls der eindrucksvollste Wasserfall Kanadas.

Glacier Lake SEE

Der in den nordwestlichen Ausläufern des Parks vom Britnell-Gletscher gesäumte spektakuläre See ist umgeben von den Granitbergen der Ragged Range und bildet das Tor zum Kletterparadies Cirque of the Unclimbables.

Aktivitäten

White-Water Rafting and Canoeing

Rafting- und Kanutouren können bei einem eingetragenen Veranstalter gebucht werden. Je nach Entfernung und Zahl der Tage kosten die Touren von 4900 bis zu 8120 C$. Am besten bucht man Monate im Voraus. Zum Kanufahren benötigt man einige grundlegende Kenntnisse, die Raftingboote, die von einem Führer gesteuert werden, sind entspannend und für jeden geeignet.

Die meisten Touren beginnen an den Moose Ponds, am Rabbitkettle Lake oder an den Virginia Falls, weil dort die Wasserflugzeuge landen können. Von den Moose Ponds zum Rabbitkettle Lake sind es etwa 160 km, größtenteils mit Wildwasser des Schwierigkeitsgrads III. Auf dem 118 km langen Abschnitt von Rabbitkettle bis zu den Wasserfällen schlängelt sich der Fluss wesentlich ruhiger durch ein breites Tal. Nachdem die Boote um die Wasserfälle herumgetragen wurden, geht es weitere 252 km auf dem Fluss zum Blackstone Territorial Park. Dabei kommt man zuerst durch tief eingeschnittene, atemberaubende Schluchten, bevor der breite Liard River erreicht wird. Die Tour auf dem unteren Flussabschnitt dauert sieben bis zehn Tage. Ab Rabbitkettle sind es 14 Tage, ab Moose Ponds 21 Tage.

★ Black Feather KAJAKFAHREN, KANUFAHREN

(☎ 705-746-1372; www.blackfeather.com) Der Tourveranstalter hat Angebote für Familien und nur für Frauen, Kajaktouren in der kanadischen Arktis und Kanutrips im Nahanni; das zehntägige Nahanni Getaway kostet 5150 C$.

Nahanni River Adventures KANUFAHREN, RAFTEN

(☎ 867-668-3180; www.nahanni.com) Der sehr beliebte Abenteuertourveranstalter mit Hauptsitz in Yukon hat hervorragende Guides. Im Angebot stehen Kanu- und Raftingtouren auf 20 Flüssen in Kanada und Alaska, darunter auf dem South Nahanni, dem Tatshenshini-Alsek und dem Firth. Die Nahanni-Trips dauern acht (5220 C$) bis 21 (8120 C$) Tage.

Nahanni Wilderness Adventures KANUFAHREN, RAFTEN

(☎ 403-678-3374; www.nahanniwild.com) Der umweltbewusste Veranstalter möchte die

CO_2-Emissionen durch kürzere Charterflüge reduzieren. David paddelt schon seit 1989 auf dem South Nahanni River und arrangiert Trips, die acht (4950 C$) bis 22 (6250 C$) Tage dauern.

Wandern & Klettern

Im Nahanni River Valley gibt's auch ein paar hervorragende Wanderwege – vom Plankenweg zum Wasserfall-Aussichtspunkt bis zur ganztägigen Wanderung auf den Gipfel des **Sunblood Mountain** vom Campingplatz Virginia Falls aus am anderen Flussufer. Auch in der **Ragged Range** rund um den Glacier Lake kann man tagelang wandern und herausfordernde Kletterrouten hinter sich bringen.

Cirque of the Unclimbables KLETTERN

In den Granitgipfeln rund um den Glacier Lake gibt es Felskletterrouten von Weltklasse. Der Lotus Flower Tower, ein Koloss mit extremer Steigung, ist eine der weltweit schönsten großen Kletterwände und selbst für erfahrene Kletterer eine echte Herausforderung.

Thermalquellen

Im Park gibt's zwei Thermalquellen: die von den größten Tuffsteinhügeln des Nordens umgebenen **Rabbitkettle Hot Springs** und die kleineren, schwefelhaltigen und daher geruchsintensiven **Kraus Hot Springs**. In beiden kann man baden.

Panoramaflüge

Wolverine Air PANORAMAFLÜGE

(☎867-695-2263; www.wolverineair.com; Antoine Dr) Der freundliche Anbieter unternimmt Rundflüge zum Nahanni National Park Reserve, teilweise mit Zwischenlandung an den Virginia Falls (ab 570 C$/Pers.) oder am Glacier Lake (ab 720 C$/Pers.). Da E-Mails nicht beantwortet werden, sollte man besser einfach anrufen.

★ **Simpson Air** PANORAMAFLÜGE

(☎867-695-2505; www.simpsonair.ca; Antoine Dr) Der hervorragende Anbieter unternimmt vor allem Rundflüge zum Nahanni National Park, darunter zu den Virginia Falls (494 C$/Pers.) und zum Glacier Lake (646 C$/Pers.). Mindestens drei Teilnehmer pro Flug; ansonsten muss man das ganze Flugzeug anmieten. Preiswerter sind die Flüge ohne Zwischenlandung. Der Pilot und Besitzer Ted betreibt auch die abgelegene, nur mit dem Flugzeug erreichbare Nahanni Mountain Lodge am Little Doctor Lake.

Schlafen

★ **Nahanni Mountain Lodge** LODGE $$$

(☎867-695-2505; www.simpsonair.ca; 4 Übernachtungen für 4 Pers. inkl. Tour zu den Virginia Falls 1351 C$/Pers.) Die rustikale Lodge liegt am Ufer des malerischen Little Doctor Lake, gleich vor dem Nationalpark. Die vier Holzhütten bieten Platz für bis zu 20 Personen (eine einzelne Gruppe oder eine Familie). Hier ist man mitten in der Wildnis und kann nichts weiter tun außer schwimmen, angeln und sich treiben lassen. Aufenthalte in der Lodge in Kombination mit Ausflügen in den Nahanni National Park müssen über Simpson Air gebucht werden.

Praktische Informationen

Parkinfos und Genehmigungen bekommt man in Fort Simpson im **Nahanni National Park Reserve Visitor Center**. Die Tagesgebühr beträgt 24,50 C$, der ein Jahr gültige Backcountry Pass kostet 147,20 C$. Von Mitte Juni bis Mitte September ist das Nahanni National Park Reserve für einfliegende Besucher geöffnet.

An- & Weiterreise

Der Park ist nur mit einem Wasserflugzeug erreichbar.

Liard Trail

Der mit Kies bedeckte Liard Trail (Hwy 7) zweigt vom Mackenzie Hwy (Hwy 1) ab und führt nach Süden durch das Liard Valley mit den sich erhebenden Mackenzie Mountains im Westen. Hier leben jede Menge Schwarzbären und Bisons. Die einzigen Tankstellen befinden sich in Fort Simpson und Fort Liard. Auf halber Strecke zwischen Checkpoint und Fort Liard liegt der Blackstone Territorial Park mit einem Visitor Center samt erläuterten Exponaten, einem reizenden **Campingplatz** (www.nwtparks.ca; Stellplatz Zelt/Wohnmobil 15/22,50 C$; ⌚Mai–Sept.; 🐾) im schattigen Birken- und Fichtenwald, kurzen Wanderwegen und herrlichem Blick auf die Berge und den Zusammenfluss des Liard und des Nahanni. Die meisten Kanutrips auf dem South Nahanni enden hier.

SAHTU

Die mit Bergen übersäte Region Sahtu mit dem Great Bear Lake im Zentrum ist das ganze Jahr über mit dem Flugzeug und im

Winter über eine Eisstraße erreichbar. Mitten hindurch bahnt sich der Mackenzie, dessen Einzugsgebiet ein Fünftel von Kanada umfasst, seinen Weg; an manchen Stellen ist er mehr als 3 km breit. An beiden Ufern erheben sich kahle Felsgipfel, in denen sich die urtümlichste Landschaft und die besten Wander- und Kanureviere verbergen, die es auf der Welt noch gibt.

Norman Wells

727 EW.

Die historische Erdölstadt am Rand der arktischen Klimazone liegt auf halber Strecke zwischen Fort Simpson und Inuvik. Sie ist ein Sprungbrett für Kanufahrer, Wanderer, die den Canol Heritage Trail in Angriff nehmen wollen, Abenteurer, die die Mackenzie Mountains erkunden möchten, und Angler auf dem Weg zum Great Bear Lake.

Sehenswertes & Aktivitäten

Norman Wells Historical Centre MUSEUM

(☎867-587-2415; www.normanwellsmuseum.com; Mackenzie Dr; ⌚Mo–Fr 10–17.30, Sa 10–16, So 12–16 Uhr) GRATIS Das kleine Museum zeigt eine liebevoll zusammengestellte Ausstellung zur Regionalgeschichte, Geologie, Kunst und Kunsthandwerk und präsentiert auch Informationen zu den Flüssen und zum Canol Heritage Trail.

★ **Canol Heritage Trail** WANDERN

Der urtümliche, sehr anspruchsvolle Canol Heritage Trail führt über Gipfel, durch Schluchten und Ödland 358 km nach Südwesten bis zur Grenze zu Yukon. Hier gibt's jede Menge Tiere in freier Natur und zahlreiche tiefe Flussübergänge. Der einzige Unterschlupf sind ein paar alte Quonset-Hütten. Eine Wanderung auf der gesamten Strecke dauert drei bis vier Wochen. Die meisten Wanderer arrangieren vorab, dass Lebensmittel für sie abgeworfen werden. Anbieter kann **Northwest Territories Tourism** (www.gov.nt.ca/services/visitors) vermitteln.

★ **Canoe North Adventures** KANUFAHREN, WANDERN

(☎Mai–Sept. 867-587-4440, Okt.–April 519-941-6654; www.canoenorthadventures.com; Beaver Lane; ⌚Mitte Mai–Mitte Sept.) Der exzellente Anbieter hat jahrzehntelange Erfahrung bei der Organisation von Kanutrips auf dem Nahanni River, dem Mountain River, dem Keele River und anderen mächtigen Flüssen. Es werden auch Wanderungen auf dem Canol Heritage Trail arrangiert. An seinem Standort am Wasserflugzeuganleger North-Wright vermietet der Anbieter die notwendige Ausrüstung für Trips auf eigene Faust und bietet private Zimmer und Schlafsäle mit Kochgelegenheit.

Schlafen

★ **Canoe North Lodge B&B** B&B $$

(☎867-587-4440; www.canoenorthadventures.com; 8 Beaver Ln; EZ/DZ 115/200 C$; @) Der Ausstatter für Kanu- und Wandertrips betreibt direkt an seinem Wasserflugzeuganleger eine gemütliche Lodge für Aktivurlauber. Zur Wahl stehen Privatzimmer und preiswertere Schlafsäle. Das üppige Frühstück ist inbegriffen, auf Wunsch gibt's auch Mittag- (20 C$) und Abendessen (40 C$). In den Pausen zwischen den Kanutrips kann man in den Gemeinschaftsbereichen abhängen und die Küche nutzen.

Heritage Hotel HOTEL $$$

(☎867-587-5000; www.heritagehotelnwt.com; 27 Mackenzie Dr; Zi. mit Frühstück 300 C$; 📶) Das saubere, minimalistische, ziemlich schicke Hotel wirkt in dem rauen Arbeiterort recht fehl am Platz. Viele der Zimmer blicken auf den Fluss. Außerdem gibt's ein Spa, einen kleinen Golfplatz nebenan und das Restaurant Ventures, das mit Gerichten wie thailändisch mariniertem Steak das konkurrenzlos beste vor Ort ist.

An- & Weiterreise

North-Wright Airways (S. 890), **Canadian North** (www.canadiannorth.com) und **First Air** (S. 882) bedienen Yellowknife und Inuvik.

Im Winter führt eine Eisstraße 333 km von Wrigley nach Norman Wells und weiter nach Norden bis Colville Lake.

WESTLICHE ARKTIS

Mit dem Mackenzie-Delta, den Richardson Mountains und einigen Inseln des Arktischen Archipels ist diese Region die vielfältigste in den NWT. Hier finden sich mehrere abgelegene Nationalparks und Siedlungen der Ureinwohner, die noch immer einen größtenteils traditionellen Lebensstil als Walfänger, Trapper und Jäger führen. Die „Metropole" der Region ist die Planstadt Inuvik, die man über den atemberaubend schönen Dempster Hwy erreicht.

Inuvik

3396 EW.

Inuvik, das ein paar Dutzend Kilometer von der Mündung des Mackenzie entfernt liegt, wurde 1955 als Verwaltungszentrum und Ersatz für das ungünstig gelegene Aklavik gegründet. Mit den regenbogenfarbenen Häuserreihen und dem Labyrinth aus oberirdisch verlegten Heizungsrohren wirkt die enge Stadt immer noch wie eine Baustelle. Wenn im Sommer die Sonne nicht untergeht, zieht es viele Traveller auf der Suche nach einem Abenteuer in der Arktis über den insgesamt 737 km langen, holprigen, aber atemberaubenden Dempster Hwy von Yukon hierher.

Sehenswertes & Aktivitäten

Our Lady of Victory Church KIRCHE

(☎867-777-2236; 174 Mackenzie Rd; Spende 5 C$; ⊙Führungen Mo, Mi, Fr & Sa 18.30, So 12 Uhr) Das Wahrzeichen der Stadt ist diese Holzkirche, die auch als Iglu-Kirche bezeichnet wird. Ihre Gestaltung spiegelt die Kultur der hiesigen Inuvialuit wider. Sie hat eine blendend weiße Kuppel und einen ansprechenden Innenraum, der von der Inuvialuit-Künstlerin Mona Thresher mit Szenen der Entrückung verziert wurde.

★ **Dempster Highway** PANORAMASTRASSE

Die 737 km lange Straße Richtung Süden nach Yukon ist der berühmt-berüchtigte Dempster Hwy, der aussichtsreichste Anwärter auf den Titel der malerischsten und schwierigsten Panoramastraße Kanadas. Der Hwy führt durch dichten borealen Nadelwald und kahle Tundra und dann langsam hinauf in die schneebedeckten Berge. Die Straße ist nicht asphaltiert, hat stellenweise trügerisch mit Schlamm bedeckte und nicht als solche erkennbare Schlaglöcher, es gibt keinen Handyempfang, und an den Fährübergängen sind Verspätungen üblich. Oft kann man vom Auto aus Tiere in freier Natur beobachten.

Geführte Touren

Für die meisten Traveller ist Inuvik das Tor zum Nordpolarmeer. Beliebte Touren beinhalten Flüge über das ausgedehnte Delta des Mackenzie und die wilde Küste, wo nur noch wenige Bäume wachsen und Pingos (Hügel mit einem Eiskern, der aus der Tundra aufragt) die Landschaft prägen, mitsamt einem Abstecher in das Walfängerdorf Tuktoyaktuk. Wer fotografieren will, sollte sich einen Platz im Heck des Flugzeugs suchen. Nach Fertigstellung der Straße nach Tuktoyaktuk wird es im Mackenzie-Delta vor allem Bootstouren, Panoramaflüge zu entfernteren Zielen, Hundeschlittenrennen und Panoramatouren auf dem Dempster Hwy geben.

Tundra North Tours ABENTEUER

(☎800-420-9652; http://tundranorthtours.com; 185 Mackenzie Rd) Der professionelle Anbieter organisiert Flüge nach Tuktoyaktuk am Nordpolarmeer (549 C$/Pers.), wo man die Pingos und den Ort selber besichtigen kann, Boot- und Flug-Kombitouren nach Tuktoyaktuk (599 C$), Panoramaflüge zur entlegenen Herschel Island (1199 C$/Pers.), im Sommer Bootsfahrten im Mackenzie-Delta (299 C$/Pers.) und Panoramatouren auf dem Dempster Hwy. Im Winter haben die Gäste die Möglichkeit, Rentiere zu hüten.

Arctic Adventures ABENTEUER

(White Huskies; ☎867-777-3535; www.whitehuskies.com; 25 Carn St) Sehr empfehlenswerter Tourveranstalter. Es gibt das ganze Jahr über Fahrten mit Chauffeur auf dem Dempster Hwy, im Sommer Flüge nach Tuktoyaktuk (550 C$/Pers.) und Touren mit hervorragendem Inuvialuit-Guide und der Möglichkeit, die wunderschönen, schneeweißen Huskies in Augenschein zu nehmen (55 C$), und im Winter täglich Hundeschlitten- (ab 158 C$) und Schneemobiltouren. Es werden auch Fahrzeuge und Kanus vermietet.

Schlafen & Essen

Jàk Park Campground CAMPING $

(☎867-777-3613; www.campingnwt.ca; Stellplatz Zelt & Wohnmobil 22,50 C$; ⊙Juni–Aug.; 🐾) Der hübsche, staatliche Campingplatz liegt rund 6 km südlich der Stadt am Dempster Hwy und bietet Warmwasserduschen und Feuerholz. Man hat eine gute Sicht aufs Delta, es gibt einen Vogelbeobachtungsturm, und die Brise hält die Moskitos ein wenig auf Abstand. Im Zentrum gibt's noch einen weiteren Campingplatz.

★ **Andre's Place** B&B $$

(☎867-777-3177; www.facebook.com/Andresplaceinuvik; 55 Wolverine Rd; EZ/DZ 195/225 C$; 📶) Das von einem freundlichen französisch-chilenischen Pärchen betriebene B&B bietet nur ein einziges Schlafzimmer mit angrenzendem blitzblankem Bad. Gäste kommen in den Genuss von Andres fantastischem Frühstück, und die Gastgeber gewähren gern Einblicke in das Leben im hohen Norden.

★ **Arctic Chalet** PENSION $$
(☎867-777-3535; www.arcticchalet.com; 25 Carn St; Zi. 125–150 C$, Hütte 185–200 C$;) Auf einer Lichtung des borealen Nadelwalds liegt 3 km von der Stadt entfernt das Arctic Chalet. Im Haupthaus findet man Beispiele der örtlichen Fauna in Form von präparierten Tierhäuten und unzähligen Geweihen. Die Einzelhütten sind mit einer einfachen Küche ausgestattet. Einige Zimmer bieten auch ein angeschlossenes Bad. Die WLAN-Nutzung ist auf einen kurzen Zeitraum pro Tag beschränkt. Die freundlichen Inhaber vermieten auch Kanus, Kajaks und Autos und veranstalten Hundeschlittentouren.

★ **Alestine's** KANADISCH $$
(48 Franklin Rd; Hauptgerichte 11–22 C$; Mo–Fr 12–14 & 17–20, Sa & So 16–20 Uhr) Das fantastische Familienrestaurant hat quasi im Alleingang die kulinarische Szene Inuviks begründet. Das knapp gehaltene Angebot macht das Beste aus frischen regionalen Zutaten, z. B. Felchen-Tacos, gegrillten Lachs und Rentier-Chili. Das Ganze genießt man dann entweder oben auf der Terrasse oder in dem mit lokalen Drucken geschmückten, würfelförmigen Innenraum.

★ **Andre's Place** FRANZÖSISCH $$$
(☎867-777-3177; 55 Wolverine Rd; 4-Gänge-Menü 75 C$; Mi & Fr 18.30 Uhr) Andre hat seine klassische Ausbildung zum Koch in Paris absolviert und lässt seinem kulinarischen Talent immer mittwochs und freitags freien Lauf. Die Gäste erwartet ein feines Abendessen in intimer Atmosphäre. Das Angebot wechselt jede Woche (die aktuelle Karte hängt im Visitor Center aus), besteht aber aus Gerichten wie Lammkarree mit Sauce provençale und Tarte Tatin.

ℹ Praktische Informationen

Parks Canada (☎867-777-8800; www.pc.gc.ca; 81 Kingmingya Rd) Hat Infos zu den Nationalparks Tuktut Nogait, Ivvavik und Aulavik. Parkbesucher müssen sich hier ein- und austragen. Das Büro organisiert auch mehrtägige Touren in die Nationalparks Ivvavik und Tuktut Nogait.

Western Arctic Regional Visitor Center (☎867-777-4727, Info-Hotline Nebensaison 867-777-7237; www.inuvik.ca; 284 Mackenzie Rd; Mai–Sept. Mo–Fr 9–20, Sa & So 10–19 Uhr) Exzellente Touristeninformation mit engagiertem Personal. Hier gibt's Ausdrucke zum Mitnehmen mit Infos zu Aktivitäten, Restaurants und Shoppingmöglichkeiten sowie den Dempster Hwy Passport. Die Ausstellung zur Natur ist ebenfalls einen Blick wert, genauso wie die Event-Infotafel.

ℹ Anreise & Unterwegs vor Ort

AUTO

Driving Force (☎867-777-2346; www.drivingforce.ca; 60 King Rd; Mo–Fr 8–12 & 13–17 Uhr) und **Arctic Chalet Car Rental** (☎867-777-3535; www.arcticchalet.com; 25 Carn St) vermieten Fahrzeuge und haben auch Schalter am Flughafen. Wer mit dem Auto unterwegs ist, sollte sich unbedingt regelmäßig über den aktuellen Straßenzustand des Dempster Hwy und die nötigen **Fährverbindungen** (☎800-661-0750; www.dot.gov.nt.ca, www.511yukon.ca) informieren. Die Straße ist während des ersten Frosts im Herbst und dem Beginn des Tauwetters im Frühjahr gesperrt. Die fast fertiggestellte Schotterpiste Richtung Norden nach Tuktoyaktuk (124 km) soll Ende 2017 in Betrieb genommen werden. In den Northwest Territories ist Benzin hier mit Abstand am teuersten. Es lohnt sich, stattdessen in Fort McPherson zu tanken, wenn man nach Süden fährt.

FLUGZEUG

Air North (S. 882) fliegt nach Dawson City, Old Crow und Whitehorse. **Aklak Air** (☎867-777-3555; www.aklakair.ca) bedient Tuktoyaktuk, Paulatuk und Sachs Harbour und unternimmt Charterflüge zu den Nationalparks.

Der Flughafen liegt 14 km südlich der Stadt. Die Taxifahrt in die Innenstadt mit Town Cab oder Delta Cab kostet 30/36 C$ für eine/zwei Personen.

Tuktoyaktuk

854 EW.

Rund 140 km nordöstlich von Inuvik liegt Tuktoyaktuk („der Ort, der aussieht, wie ein Karibu") am Nordpolarmeer. Er ist seit Jahrhunderten die Heimat der Inuvialuit-Walfänger und neuerdings auch der Stützpunkt für die Öl- und Gasförderung in der Beaufortsee.

Im Sommer kann man manchmal ganze Schulen von Weißwalen beobachten. Pingos sind das ganze Jahr über zu sehen – die größte Ansammlung in der Westlichen Arktis findet sich auf der Halbinsel Tuk. Gut 1400 dieser großen Erdhügel mit einem Kern aus Eis liegen verstreut in der Gegend. Die beiden größten wurden zum Pingo Canadian Landmark erklärt.

Zu den sehenswerten Gebäuden in Tuk gehören zwei nachgebaute **Grassodenhäuser** (www.inuvialuitsodhouse.ca), traditionelle Behausungen der Inuvialuit, und das **Eishaus**, eine in den Permafrostboden gegrabene natürliche Gefriertruhe, in der die Dorfbewohner ihren Fang aufbewahren. In der Nähe befindet sich der hübsch restaurierte Schoner namens **Our Lady of Lourdes**, der in den 1930er- und 1940er-Jahren entlegene katholische Missionen in der Arktis mit Vorräten belieferte.

Für geführte Touren durch diese Gegend kann man sich an Arctic Ocean Tuk Tours (☎ 867-977-2406; eileenjacobson@hotmail.com) wenden; das Unternehmen wird von Eileen Jacobson geleitet, einer exzellenten ortskundigen Führerin. Sie vermittelt detaillierte Einblicke in die traditionelle Lebensweise der Inuvialuit, der sie selbst folgt, denn auch sie lebt von dem Land, legt Fallen aus und fischt. Ihre Kulturtouren beinhalten auch einen Besuch in ihrem Wohnhaus, wo man geräuchertes Walfleisch, Moschusochsenfleisch und Stockfisch probieren kann. Eileen arbeitet mit Arctic Adventures (S. 900) in Inuvik zusammen.

ℹ Praktische Informationen

Dorfverwaltung (☎ 867-977-2286; www.tuk.ca) Kann einen mit Infos über Dienstleistungen versorgen.

ℹ An- & Weiterreise

Es gibt täglich mindestens zwei Flüge nach Tuktoyaktuk von **Aklak Air**. Die meisten Besucher kommen auf dem Luftweg oder im Rahmen einer Bootstour ab Inuvik.

Wenn Ende 2017 die neu gebaute Straße aus Inuvik eröffnet wird, kann man Nordamerikas einzige Straße zum Nordpolarmeer in rund zwei Stunden bewältigen.

Banks Island

Die Insel im Nordpolarmeer hat für arktische Verhältnisse einen reichen Wildtierbestand und ist einer der besten Orte der Welt, um Moschusochsen zu beobachten. In die zwei Vogelschutzgebiete der Insel kommen im Sommer riesige Schwärme von Schneegänsen und Seevögeln. **Sachs Harbour**, eine kleine Jäger-, Fischer- und Trappergemeinde der Inuvialuit, liegt an der Südküste und ist die einzige Siedlung. Am nördlichen Ende der Insel liegt der 12 275 km² große, selten besuchte **Aulavik National Park** mit der weltweit größten Herde von Moschusochsen, Ödland, Tundra und archäologischen Stätten.

Infos zum Aulavik National Park erhält man im Büro von Parks Canada in Inuvik. Aklak Air fliegt dreimal pro Woche von Inuvik nach Sachs Harbour. Der Aulavik National Park ist nur mit privatem Charterflugzeug erreichbar.

Nunavut

Top für Kunst

- West Baffin Eskimo Cooperative (S. 912)
- Uqqurmiut Centre for Arts & Crafts (S. 911)
- Carvings Nunavut (S. 909)
- Rankin Inlet (S. 914)
- Cambridge Bay (S. 916)

Schön übernachten

- Dorset Suites (S. 912)
- Accommodations by the Sea (S. 908)
- Discovery (S. 908)
- Arctic Circle Paws & Paddles B&B (S. 916)
- Nanuq Lodge (S. 915)
- Nunattaq Suites (S. 908)

Auf nach Nunavut!

Man stelle sich eine baumlose, von Eis überzogene Wildnis vor, geplagt von gnadenlosem Wetter, mit einer Bevölkerungsdichte, die Grönland überbevölkert erscheinen lässt. Hinzu kommen Eisbären, Narwale, Weißwale und eine verstreut lebende Inuit-Bevölkerung, die sich eine Landschaft unterworfen hat, die Fremden zu rau war, um sie zu kolonisieren.

Nunavut ist die größte und am dünnsten besiedelte geografische Teil Kanadas – eine mythische Ansammlung unbewohnter Inseln in einem kalten Meer, die inmitten klimatischer und geografischer Extreme existiert. Besucher stehen vielen Hindernissen gegenüber, nicht zuletzt ständigen Schneestürmen, dem Fehlen von Straßen und hohen Reisekosten. Aber wer sich diesen Schwierigkeiten stellt, genießt freundliche Aufnahme in den Gemeinden und hinreißende Naturwunder. Außerdem das Privileg, zu einer Gruppe furchtloser Pioniere zu gehören, die wissen, dass sie nahezu unberührten Boden betreten.

Reisezeit

Iqaluit

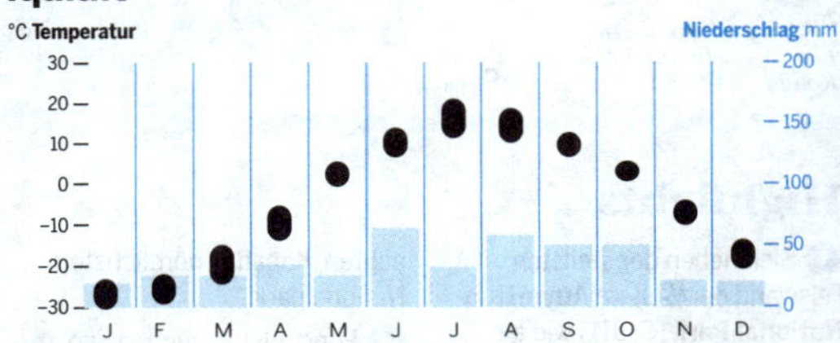

Aug. & Sept. Der kurze und sehr betriebsame Sommer ist die beste Besuchszeit.

April & Mai Ideal für Hundeschlittenfahrten und andere Wintersportarten bzw. -aktivitäten.

Juni Zur Zeit der Mitternachtssonne findet in Iqaluit das Alianait Arts Festival statt.

Highlights

1 Sich neben der steilsten Felswand der Welt im **Auyuittuq National Park** (S. 911) wie ein Zwerg fühlen

2 In **Cape Dorset** (S. 912) Eisbärenfiguren und bunte Drucke der Inuit bewundern

3 Moschusochsen bei Abenteuertouren im **Quttinirpaaq National Park** (S. 914) beobachten, Kanadas nördlichstem Nationalpark

4 Pond Inlet besuchen, um im **Sirmilik National Park** (S. 912) nach Tieren zu spähen und unter dem Eis zu tauchen

5 In Kanadas merkwürdigster Hauptstadt, **Iqaluit** (S. 905), Arktischen Saibling, Karibu und Moschusochse essen

6 Durch die beeindruckende Mondlandschaft von **Resolute** (S. 914) wandern

7 Im **Katannilik Territorial Park** (S. 913) auf dem Edenic Soper River vorbei an Wasserfällen und Karibus paddeln

8 Vom sicheren Boot aus im **Ukkusiksalik National Park** (S. 915) Eisbären beobachten

Geschichte

Nunavut ist seit mehr als 4000 Jahren besiedelt. Zuerst lebten hier die Dorset, die dann allmählich von den Thule (Vorfahren der Inuit) verdrängt wurden. Diese nomadischen Jäger wanderten vor ca. 1000 Jahren von Westen her ein. Sie waren an das extreme Klima perfekt angepasst und stellten u. a. Walen, Narwalen und Robben nach.

Die Wikinger besuchten vermutlich Baffin Island, das sie in ihren Sagen Helluland nannten. Später kam Martin Frobisher im Jahr 1576 auf der Suche nach der Nordwestpassage in die Region. Im Laufe der Jahrhunderte folgten ihm weitere Entdecker. Darunter waren Sir John Franklin (der 1845 in der Arktis verschwand) und Roald Amundsen, der die Nordwestpassage erstmals zwischen 1903 und 1906 durchfuhr. Jeweils im Schlepptau dieser Forschungsreisenden kamen Walfänger, Händler und Missionare.

Nach dem Zweiten Weltkrieg erkannte Kanada die strategische Bedeutung der Arktis. So wurden die Inuit während der 1950er- und 1960er-Jahre in Dörfer umgesiedelt. Zudem gründete Kanada mit Resolute Bay und Grise Fjord seine beiden nördlichsten Gemeinden, um seine nationale Souveränität zu stärken. Dabei wurden jeweils einige indigene Familien mit falschen Versprechungen zum Umzug bewegt.

In den 1960er- und 1970er-Jahren erwachte mit dem wachsenden politischen Bewusstsein der Inuit auch deren Traum von einer Selbstverwaltung. Bezugnehmend auf die gezielte Täuschung in den 1950er-Jahren erzielten die Inuit 1994 ein Grundsatzurteil gegen Kanadas Regierung, das in Entschädigungszahlungen an überlebende Mitglieder der betroffenen Familien resultierte. Nach der Abtrennung von den Northwest Territories (NWT) wurde Nunavut im Jahr 1999 zum eigenständigen Territorium.

Geografie & Klima

Das gigantische Nunavut erstreckt sich quer über Kanadas Nordosten. Etwa die Hälfte der Fläche machen dabei die Barrenlands auf dem kanadischen Festland aus. Dieses weite Ödland mit Hügeln, Felsen und Tundra wird von großen Flüssen durchzogen. Noch öder sind der Kanadisch-Arktische Archipel nördlich von Ellesmere Island (kurz vor dem Nordpol) und die riesige Baffin Island, deren himmelhohe Berge im Osten aufragen. Mit über 2 Mio. km² ist Nunavut größer als viele der bevölkerungsreichsten

KURZINFOS NUNAVUT

Bevölkerung: 36919

Fläche: 2038722 km²

Hauptstadt: Iqaluit

Skurriles: In Nunavut leben fast so viele Eisbären (ca. 17000) wie Männer (19000) oder Frauen (17900).

Länder der Welt (z. B. Mexiko oder Indonesien) – wäre es eine eigenständige Nation, würde es im internationalen Größenvergleich auf dem 14. Platz rangieren.

Die 26 Gemeinden des Territoriums liegen unglaublich abgeschieden und sind auf eine Versorgung per Flugzeug angewiesen. Ebenso wichtig ist der sogenannte Sealift im Juli, bei dem Vorräte für ein ganzes Jahr per Schiff zu sonst nicht erreichbaren Häfen gebracht werden. Die Häuser der Siedlungen stehen auf Stelzen, um den starken Winden trotzen zu können. Lastwagen liefern das rationierte Trinkwasser täglich von zentralen Reservoirs an die Dorfbewohner aus.

ℹ Anreise & Unterwegs vor Ort

Nunavut hat praktisch keine Straßen. Die einzige Option für An- bzw. Abreise und Langstreckentrips durch die Region sind daher (sehr teure) Flüge. Als Drehscheiben für Reisen zu kleineren Gemeinden dienen dabei Iqaluit (Flugverbindung ab Montréal, Ottawa und Yellowknife), Cambridge Bay (Flugverbindung ab Yellowknife) und Rankin Inlet (Flugverbindung ab Yellowknife und Winnipeg). Die Maschinen werden u. a. von **Canadian North** (www.canadiannorth.com), **Calm Air** (www.calmair.com) und **First Air** (www.firstair.ca) betrieben. Die in Iqaluit ansässige Gesellschaft **Kenn Borek Air** (☎ 867-979-0040; www.borekair.com) bietet Charterflüge an.

Last-Minute-Flüge sind 50 % günstiger als normal gebuchte Flüge. Im Winter haben medizinisches Fachpersonal und Fischlieferungen aber immer Vorrang. Zudem fallen dann viele Flüge wetterbedingt aus (im nebligen Juli ebenfalls oft der Fall). Im Sommer kann man bei entsprechender Flexibilität jedoch potenziell Bares sparen.

Kreuzfahrtschiffe, die der Nordwestpassage folgen laufen u. a. Orte wie Cambridge Bay, Gjoa Haven und Kimmirut an.

IQALUIT

☎ 867 / 6699 EW.

Iqaluit (Ih-*kal*-uh-iht) ist die Hauptstadt von Nunavut und eine Welt für sich: Inuktitut wird hier überall auf den Straßen gesprochen, und auch die Schilder sind in dieser Sprache beschriftet. Die Gebäude der staubigen Stadtlandschaft erinnern an eine Mondbasis und stehen inmitten von spektakulärer Natur. Die Einwohnerschaft ist ein faszinierender Mix aus indigenen Bürohengsten, Politikern und Lebenskünstlern. Zudem werden Neuankömmlinge aus Kanada und anderen Ländern von den hohen Gehältern hierher gelockt. Auf den wenigen und sehr kurzen Straßen sind große Geländewagen mit äuerst höflichen Fahrern unterwegs, während sich bellende Hunde mit selbstbewussten Riesenraben um Reviere streiten. Zugleich wirkt Iqaluit mit seinen guten Unterkünften und Restaurants überraschend kosmopolitisch. Und gleich außerhalb können Besucher etwas „Wildnis light" erkunden.

Geschichte

Jahrhundertelang kamen die nomadischen Inuit im Sommer an den Sylvia Grinnell River, um im trüben Wasser mit dem Speer Saiblinge zu jagen. Sie nannten das Gebiet Iqaluit: Ort des Fisches.

1576 kam der englische Kapitän Martin Frobisher auf der Suche nach der Nordwestpassage hier an. Er fand glitzerndes gelbes Erz und segelte mit reicher Beute an wertlosem Pyrit (Katzengold) nach Hause. Die hier ansässigen Inuit fischten weiter, gelegentlich von Walfängern, Forschern oder Missionaren gestört. Während des Zweiten Weltkriegs entstand hier ein amerikanischer Flugplatz. Nach dem Krieg blieb das kanadische Militär und der Vorposten mit Namen Frobisher Bay wurde zum Verwaltungszentrum der östlichen Arktis.

1995 entschieden sich die Wähler für Iqaluit – das nun offiziell so hieß – als Hauptstadt von Nunavut. Seither hat sich die Bevölkerung mehr als verdoppelt.

Sehenswertes & Aktivitäten

Trotz der Gelenkbelastung durch den federnden Boden sind Wanderungen durch die weite Landschaft rund um Iqaluit eine wahre Freude. Hier gibt's zwar nur wenige Wanderpfade, aber keine Bäume. Somit läuft man kaum Gefahr, sich zu verirren.

★ Nunatta Sunakkutaangit Museum

MUSEUM, KUNSTGALERIE

(☎867-979-5537; Sinaa St; ⌚Di–So 13–17 Uhr) GRATIS Das freundliche kleine Museum in einem alten Gebäude der Hudson's Bay Company zeigt u. a. moderne Kunst in tollen Wechselausstellungen. Besonders interessant ist jedoch die Dauerausstellung mit traditionellen Kleidungsstücken, Werkzeugen, Waffen und schönen Schnitzereien der Inuit. Der Souvenirshop verkauft Schnitzereien, Schmuck, *ulus* (Messer der Inuit-Frauen) und winzige Aquarelle eines einheimischen Künstlers.

★ Legislative Assembly

GEBÄUDE

(☎867-975-5000; www.assembly.nu.ca; Federal Rd; ⌚Mo–Fr 9–17 Uhr, Führungen Juni–Aug. 13.30 Uhr od. nach Vereinbarung) GRATIS Die unterhaltsamen Gratisführungen durch das Parlamentsgebäude in Fertigbauweise lohnen sich: Besucher erfahren dabei nicht nur allerlei über Inuit-Kunst, sondern auch etwas über den eigentlichen Politikbetrieb. Das Iglu-artige Innere ist im indigenen Stil eingerichtet und umfasst z. B. mit Robbenleder bezogene Sitzbänke und spezielle Plätze für die Gemeindeältesten.

Sculpture Garden

SKULPTURENGARTEN

In nächster Nähe zur Post findet man hier vielerlei Skulpturen, die zumeist aus Stein bestehen und nördliche Themen bzw. Motive repräsentieren. Unsere Favoriten sind der Rabe aus Metallschrott und die aggressiv wirkende Sedna (Meeresgöttin) mit ihrer erhobenen Faust.

Qaummaarviit Territorial Park

INSEL

(www.nunavutparks.ca) Von Iqaluit aus führt eine Bootsfahrt über die Bucht (12 km) hinaus zu dieser winzigen Insel mit einem 750 Jahre alten Winterlager der Thule-Inuit. Zu dem denkmalgeschützten Gelände gehören Grassodenhäuser und ein Friedhof. Den tollen Halbtagsausflug unternimmt man am besten mit einer Tourfirma aus Iqaluit.

Apex

AREAL

Rund 5 km vom Zentrum entfernt liegt dieser Vorort mit dem malerischen Komplex des Hudson Bay Trading Post direkt am Meer. Als das moderne Iqaluit eine Luftwaffenbasis war, ließen sich hier die ersten Inuit-Nomaden nieder. Vom Friedhof in der Innenstadt führt ein schöner Uferspaziergang (30 Min.) hierher. Bei Ebbe kann man zudem das Tarr Inlet hinter dem Apex-Areal erkunden.

Sylvia Grinnell Territorial Park

PARK

(www.nunavutparks.ca; Iqaluit Rd; 🐾P) Dieser wunderbar öde Park liegt 2 km südwestlich der Stadt. Vom örtlichen Aussichtspunkt

PAUSCHALTOUREN IN DER ARKTIS

Individualreisende haben die Möglichkeit, neue Wege zu gehen, Bares zu sparen und in das reale Leben vor Ort einzutauchen. Außer vielleicht in Nunavut – hier sollte man besser eine Pauschaltour in Betracht ziehen: Nur ausreichend große Gruppen machen Touren durch die Arktis wirtschaftlich und damit bezahlbar.

Vor allem auf Kreuzfahrten kann man mehrere regionale Gemeinden besuchen und sehr gut Tiere beobachten. Sicher ist so eine Reise für etwa 8000 C$ sehr teuer, kostet aber genauso viel wie ein gleich langer Trip auf eigene Faust. Die Touren der **Great Canadian Adventure Company** (☎780-414-1676; www.adventures.ca) haben ein gutes Preis-Leistungs-Verhältnis. Die von Inuit betriebene Firma **Adventure Canada** (☎905-271-4000; www.adventurecanada.com) bietet ebenfalls viele Optionen an.

Die große Tourpalette reicht von geführten Nationalpark-Treks (Tipp: die Sonderangebote von Parks Canada) und Tauchen in der Arktis bis hin zu Tiersafaris, bei denen Lodges mitten im wilden Nirgendwo als Ausgangsbasis dienen. Weitere Details liefert die Website von Nunavut Tourism (S. 916).

schaut man auf die teilverschneite Tundra und die Stromschnellen, durch die Arktische Saiblinge flussaufwärts ziehen. Einige kurze Pfade (einfache Strecke 25–45 Min.) führen zu einem Wasserfall und ein paar Steilkanten.

Igloo Cathedral KIRCHE
(☎867-979-5595; Mattaq Cres) Die anglikanische Kirche in Iglu-Form orientiert sich gezielt an der Kultur der Inuit. Das heutige Bauwerk wurde 2012 errichtet, nachdem das Original im Jahr 2005 durch Brandstiftung zerstört worden war.

Geführte Touren

Die Website von Nunavut Tourism (www.nunavuttourism.com) und das Visitor Center (S. 910) informieren über aktuelle Angebote örtlicher Tourfirmen. Rechtzeitige Reservierung ist jeweils ratsam.

Arctic Kingdom OUTDOOR-AKTIVITÄTEN
(☎867-979-1900, 867-222-3995; www.arctickingdom.com; Hotel Arctic, Bldg 923, Federal Rd) Diese Profi-Firma organisiert neben halbtägigen Wanderungen z. B. auch Boots-, Quad-, Kajak- oder Schneemobiltrips durch die Umgebng von Iqaluit. Hinzu kommen mehrtägige Abenteuertouren mit Tierbeobachtungen in ganz Nunavut. Beste Option für Kurzentschlossene.

Inukpak Outfitting OUTDOOR-AKTIVITÄTEN
(☎867-222-6489; www.inukpakoutfitting.ca; Niaqunngusiariaq St) Verleiht aufblasbare Kanus, Campingausrüstung, Satellitentelefone und polartaugliche Bekleidung. Im Winter gibt's zudem Hundeschlittenfahrten (200 C$/halber Tag), Schneemobiltouren und Iglu-Bauen unter Anleitung. Im Sommer werden geführte Wanderungen, Kanutouren (halber Tag 170 C$/Pers.) und Paddeln mit Seekajaks angeboten.

Northwinds Arctic Adventures ABENTEUERTOUREN
(☎867-979-0551; www.northwinds-arctic.com) Diese erfahrenen Vollprofis leiten Expeditionen durch die Arktis (u. a. zum Quttinirpaaq National Park) und Touren mit Hundeschlitten. Die Referenzliste der Firma reicht von der BBC-Serie *Top Gear* bis hin zu *Canadian Geographic*.

Feste & Events

★ **Alianait Arts Festival** KULTUR
(www.alianait.ca; ⊙Ende Juni–Anfang Juli) Das Mittsommernachtsfest feiert die Kultur der Inuit mit Kunst, Musik, Kino, Geschichtenerzählen, Essen und einem Zirkus.

Schlafen

Iqaluits Unterkünfte sind die besten in ganz Nunavut, aber nicht gerade preiswert: Camping ist hier die einzige Budgetoption. Wer in einem Hotel wohnen will, muss rechtzeitig reservieren und bergeweise Bargeld mitbringen. Flughafenshuttles sind für Hotelgäste gratis. Vor Ort gibt's auch ein paar (ebenfalls teure) Bleiben von AirBnb.

Sylvia Grinnell Territorial Park CAMPING $
(Iqaluit Rd; Stellplatz gratis; 🐾 P) Bis auf Plumpsklos hat dieser malerische Campingplatz keinerlei Einrichtungen. Nutzer sollten nicht zu der Hütte weiter oben am Hang laufen, sondern nach dem Eingang in die Straße auf der rechten Seite einbiegen. Von der Stadt geht's in 30 Gehminuten hierher.

★ **Nunattaq Suites** B&B $$
(☎867-975-2745; www.nunattaqsuites.com; Gebäude 4141, Imiqtarviminiq Rd; Zi. 198 C$; P) Dieses blitzsaubere, große und gut ausgestattete Haus mit grau-blauem Anstrich steht 15 Gehminuten von der Stadt entfernt an einem See. Den besten Blick aufs Wasser bietet die Suite mit Klauenfuß-Badewanne. Alle vier Zimmer haben hervorragende Bäder mit modernem Design. Gäste können die Küche und die Waschküche mitbenutzen. Gleiches gilt für den Aufenthaltsbereich, zu dem auch ein Balkon mit Grill gehört. Der freundliche Inhaber schaut täglich vorbei und sorgt für viel Wohlfühlatmosphäre.

★ **Accommodations by the Sea** B&B $$
(☎867-979-0131; www.accommodationsbythesea.ca; Gebäude 2536, Paurngaq Cr; Zi. inkl. Frühstück 149–229 C$; P@) Rund 30 Gehminuten vom Zentrum entfernt steht dieses B&B mit tollem Blick auf die Bucht am Ende einer Straße. Das komfortable und moderne Haus ist im Skihütten-Stil gestaltet. Gäste haben Zugang zu einer Küche mit Frühstücksvorräten und zu einem tollen Aufenthaltsbereich mit DVDs. Die günstigeren Zimmer teilen sich ein Gemeinschaftsbad. Bei Bedarf gibt's Flughafenshuttles. Oft ganz mit Flugpersonal belegt – daher besser vorher anrufen.

Beaches B&B B&B $$
(☎867-979-3034; www.iqaluitbeaches.ca; 114 Sinaa St; Zi. 168–210 C$;) Die einzige örtliche Unterkunft in indigenem Besitz ist auch die einzige (halbwegs) erschwingliche Option im Zentrum. In Uferlage nahe dem Visitor Center gibt's hier einen kleinen Aufenthaltsbereich mit Kochecke, in dem sich Traveller bei Schlechtwetter versammeln. Die freundlichen Inhaber organisieren geführte Touren.

Arctic Hotel BUSINESSHOTEL $$
(☎867-979-6684; www.hotelarctic.ca; Gebäude 923, Federal Rd; Zi. 224–274 C$, Suite 330 C$; P) Das fesche Businesshotel in sehr zentraler Lage punktet mit super bequemen Betten, freundlichem Personal, einem Fitnessraum und einem guten Restaurant. Nicht so toll ist dagegen die hellhörige Architektur mit dünnen Wänden. Die zum Haus gehörende Bar ist entweder Fluch oder Segen – je nachdem, wie gern man im Epizentrum von Iqaluits Nachtleben wohnt.

★ **Discovery** BOUTIQUEHOTEL $$$
(☎867-979-4433; www.thediscoveryiqaluit.com; Gebäude 1056, Mivvik St; EZ/DZ/Suite 250/295/350 C$; P) Zwischen Flughafen und Zentrum lockt das gut geführte Discovery mit fröhlich-modernem Dekor. Großbild-TVs, behagliche Bäder, viel Platz zum Abhängen und Iqaluits bestes Restaurant versprechen hier ebenfalls einen angenehmen Aufenthalt. Kleine Details wie ein kostenloser Wäscheservice und Chaiselongues in den Business-Suiten runden das Paket ab.

Essen & Ausgehen

Die besten Restaurants befinden sich in den Hotels. Zu erwarten sind üppige Portionen zu extrem hohen Preisen (die meisten Lebensmittel werden eingeflogen). Regionale Spezialitäten wie Arktischer Saibling oder

KULTUR UND SPRACHE DER INUIT

In Nunavut leben hauptsächlich Inuit (Singular: Inuk), deren isolierte Nomadenkultur sehr schnell von der Sesshaftigkeit abgelöst wurde: Viele ältere Inuit lebten als Kinder noch in Iglus bzw. Zelten aus Robbenhaut und zogen mit ihrer Familie zwischen verschiedenen Jagdgründen umher. Der rasante Wandel hat jedoch Probleme mit sich gebracht. So sind Drogensucht, mangelnde Möglichkeiten, Adipositas, Kriminalität und Selbstmord in Nunavut keine Seltenheit. Gleiches gilt für Alkoholismus, obwohl Alkohol im Großteil des Territoriums nur beschränkt erhältlich oder ganz verboten ist. Dennoch versprüht Nunavut auch einen umtriebigen Optimismus und viel Freundlichkeit. Übrigens: Obwohl der Begriff Eskimo heute als diskriminierend und überholt gilt, wird er von Alaskas Inuit seltsamerweise bevorzugt.

Die Inuit leben nun fast alle in Siedlungen, sind aber im Herzen immer noch naturverbundene Jäger und Sammler: Trotz Einzug der Moderne richtet sich in Nunavut immer noch alles nach dem Rhythmus der Wildnis. Die Schlachtung von Tieren ist nach wie vor ein heiliges Ritual, während die Inuit auch innerhalb von Nationalparks legal jagen dürfen.

Rund 70 % der Einwohner Nunavuts sprechen einen von zwei Inuktut-Dialekten (Inuktitut oder Inuvialuktun) als Muttersprache oder einzige Sprache. Inuktitut wird in Silben geschrieben, Inuvialuktun in lateinischen Buchstaben.

Moschusochse kommen hier überall auf den Tisch. Wer während eines Inuit-Festes hier ist, kann dann eventuell auch Robbenfleisch, getrockneten Arktischen Seesaibling und andere indigene Traditionsgerichte probieren.

Die meisten Straftaten und Selbstmorde in Iqaluit haben etwas mit Alkoholkonsum zu tun. Daher wird Alkohol nur in den Hotelbars und im Royal Canadian Legion ausgeschenkt.

Caribrew Café CAFÉ $

(www.frobisherinn.com; Astro Hill Tce; kleine Gerichte 8–11 C$; ⌚Mo–Fr 7–18, Sa & So 9–16 Uhr) In einem verbreiterten Korridor des Frobisher Inn befindet sich dieses hübsche Café mit Schieferkamin – hierher kann man vor dem Wind ins Warme flüchten. Der Kaffee und das Bananenbrot sind ebenso ihr Geld wert wie die Salate, Quiches, Panini und Sandwiches.

Big Racks Barbecue BARBECUE $$

(☎867-979-5555; 810 Aviq St; Hauptgerichte 17–35 C$; ⌚11–21 Uhr) Mit ihrer stark fleischlastigen Karte (u.a. Rippchen, Chicken Wings, Brathähnchen auf ländliche Art, Burger, Rinderbrust, Sandwiches mit Pulled Pork) hat sich diese belebte Neueröffnung bei den Einheimischen schnell beliebt gemacht. Die Atmosphäre erinnert an eine flotte Cafeteria. Die gewaltigen Portionen sind auch zum Mitnehmen bestellbar.

Yummy Shawarma & Pizza KEBAB $$

(☎867-979-1515; Gebäude 1085E, Mivvik St; Shawarmas 10–15 C$, Pizzas 24–33 C$; ⌚Mo–Sa 11–22, So 11–19.30 Uhr) Nunavut hat nun auch sein erstes Kebab-Lokal. Der nette Essbereich ist im libanesischen Stil eingerichtet. Lieferservice.

Grind & Brew CAFÉ $$

(☎867-979-0606; Sinaa St; Hauptgerichte 22–28 C$, Pizzas 19–31 C$; ⌚6–18 Uhr, Lieferservice länger) Iqaluits freundliches Ufercafé liegt an der Straße unterhalb vom Museum. Auf den Tisch kommen hier schlichter Kaffee und lecker-fettige Frühstückssandwiches.

★ **Granite Room** FRANZÖSISCH, FUSION $$$

(☎867-979-4433; www.thediscoveryiqaluit.com; Hotel Discovery, Gebäude 1056, Mivvik St; Hauptgerichte 54–63 C$; ⌚6.30–9, 12–14 & 18–21 Uhr) Nunavuts bestes Restaurant ist durchweg besser und einfallsreicher als seine Konkurrenz. Das französisch angehauchte Essen wird auch in Form von Tagesgerichten serviert. Auf der Karte stehen z.B. Arktischer Saibling, Karibu und selbstgemachte Desserts. Der Buffet-Brunch am Sonntag (44 C$, All-You-Can-Eat) hat ein super Preis-Leistungs-Verhältnis.

Gallery KANADISCH $$$

(☎867-979-2222; Astro Hill Tce; Hauptgerichte 18–56 C$; ⌚Mo–Fr 7–10.30, 11.30–13.30 & 17–20.30, Sa & So ab 8 Uhr) Das beliebte Nobelrestaurant im Frobisher Inn serviert mittags Wraps mit Arktischem Saibling, Pad Thai, Paella und Burger mit Moschusochsenfleisch. Hochrippe, Bison-Steak und Arktischer Saibling dominieren das raffiniertere Angebot am Abend. Möglichst einen Fensterplatz wählen.

Storehouse Bar & Grill BAR

(Astro Hill Tce; ⌚Mo–Sa 17–0.30 Uhr) Wie es sich für die beliebteste gehobene Schänke der Stadt gehört, ist diese Bar im Frobisher Inn etwas von allem: Kneipe, Poolbillard-Halle, Sportsbar und Disco. Das Essen (Pizzas, Burger, Spareribs; Hauptgerichte 12–24 C$) ist ebenfalls gut. Allerdings gibt's hier nur Dosenbier.

★ **Royal Canadian Legion** DISCO

(☎867-979-6215; Queen Elizabeth Way; ⌚Fr & Sa 19 Uhr–open end) Das ist doch ein Veteranenclub? Ja. Aber einer, der am Wochenende zu einem Mix aus Disco und Karaoke-Bar wird – und damit zu Iqaluits betriebsamstem Laden. Hier tummeln sich alle möglichen Feierwütigen. Wer sich unter diese mischen will, muss sich entweder über ein Mitglied anmelden oder vorab für einen Besucherpass (Einlass bis 21 Uhr) anrufen.

Shoppen

Die Drucke, Schnitzereien und Wandteppiche der Inuit sind weltberühmt. In Iqaluit wartet eine tolle Auswahl an indigener Kunst (vor allem von Baffin Island) – allerdings zu ziemlich hohen Preisen. Auf der Straße und in Hotelrestaurants versuchen Einheimische regelmäßig, weniger erlesene Artikel an Besucher zu verhökern.

★ **Carvings Nunavut** KUNSTHANDWERK

(www.carvingsnunavut.com; Gebäude 626, Queen Elizabeth Way; ⌚Mo–Sa 10–18, So 10–15 Uhr) Dieser Laden im Gebäude der Tumiit Plaza verkauft hervorragendes Inuit-Kunsthandwerk zu fairen Preisen. Im Angebot sind Skulpturen aus Speckstein und Walknochen sowie Drucke von Künstlern aus ganz Nunavut.

Piruvik KUNSTHANDWERK

(☎867-222-8355; Gebäude 611, Queen Elizabeth Way; ⌚Mo–Fr 10–18, Sa 11–16 Uhr) Der fröhliche

EISBÄREN

Der *nanuq* (Eisbär auf Inuit) ist ein rastloser Wanderer und kann ganzjährig praktisch überall auftauchen. Das Schlimme daran: Im Gegensatz zu Grizzlys oder Schwarzbären machen die weißen Petze aktiv Jagd auf Menschen. Daher vor dem Verlassen der Stadt oder vor Trips durch Nationalparks unbedingt nach aktuellen Sichtungen erkundigen und am besten nie ohne einheimischen Guide losziehen!

kleine Laden neben der Post verkauft CDs mit Inuit-Musik, T-Shirts bzw. Ohrringe mit Motiven des Nordens, Geldbörsen aus Robbenfell und kleine Schnitzereien aus Stein.

Arctic Survival Store SPORT- & OUTDOORBEDARF
(☎867-979-1984; Gebäude 170, Nipisa St; ⏲9–21 Uhr) Alles unter einem Dach: Moskitonetze für den Oberkörper, Insektenspray, Anglerausrüstung und eine Auswahl an Outdoor-Klamotten.

Rannva BEKLEIDUNG
(☎867-979-3183; www.rannva.com; Ecke Pitsi Lane & Mattaq Cres; ⏲Mo–Sa 11–18) In ihrem hellvioletten Nähatelier paart die Designerin Rannva Erlingsdóttir Simonsen (sie stammt von den Faröer-Inseln) das Uralte mit dem Eleganten. Ergebnis sind wunderschöne Kleidungsstücke aus Robbenfell und anderen Pelzen. An derselben Straße wie die Igloo Cathedral.

Praktische Informationen

Achtung: Die Notrufnummer 911 gilt in Nunavut nicht (s. unten bei Rettungsdienst, Feuerwehr und Polizei)!

Iqaluit Centennial Library (www.publiclibraries.nu.ca; Sinaa St; ⏲Mo, Mi & Fr 13–18, Di & Do 15–20, Sa & So 13–16 Uhr) Gratis-Internet im Gebäude des Visitor Center.

Parks Canada (☎867-975-4673; www.pg.gc.ca; 1104b Qamaniqtuaq St; ⏲Mo–Fr 9–12 & 13–17 Uhr) Liefert Infos zu allen Nationalparks in Nunavut; befindet sich im Erdgeschoss des grünen Apartmentgebäudes hinter dem Yummy Shawarma.

Polizei (☎867-979-1111)

Qikiqtani Hospital (☎867-979-7300; Niaqunngusiaq Rd; ⏲24 Std.)

Rettungsdienst & Feuerwehr (☎867-979-4422)

Royal Bank of Canada (Ecke Queen Elizabeth Way & Niaqunngusiaq Rd)

Unikkaarvik Visitor Centre (☎867-979-4636; Sinaa St; ⏲Mo–Sa 9–18 Uhr, oft 12–13 Uhr geschl.) Hier gibt's u. a. Broschüren, ein Museum, eine Ausstellung zur Natur und Filmabende zum Thema Arktis (Do 19.30 Uhr) Hinzu kommt eine super Sammlung von Büchern und Videos über Nunavut.

Anreise & Unterwegs vor Ort

Ab Iqaluit fliegen Canadian North (S. 905) und First Air (S. 905) direkt zu einigen Gemeinden in Nunavut sowie nach Ottawa (Ontario) und Yellowknife (Northwest Territories). Kenn Borek Air (S. 905) bietet Charterflüge an.

Iqaluits Zentrum lässt sich gut zu Fuß erkunden; sogar der Flughafen liegt nur zehn Gehminuten davon entfernt. Alle Taxifirmen wie **Pai-Pa Taxi** (☎867-979-5222) verlangen pauschal 7 C$ pro Person zu beliebigen Zielen. Taxis einfach an der Straße heranwinken: Wenn schon Passagiere drinsitzen, wird der Fahrtpreis meist aufgeteilt.

DIE REGION BAFFIN

Die Region Baffin umfasst Nunavuts östliche Inseln und die Eilande der Hocharktis. Sie erstreckt sich von den sumpfigen und bewaldeten Inseln der James Bay bis nach Ellesmere Island, deren Gletscher und schroffe Gipfel rund 3000 km nördlich liegen. Von den fünf bemerkenswerten Nationalparks in Nunavut gehören vier zum Baffin-Gebiet. Besucher haben hier unschlagbare Möglichkeiten zum Wandern in der Wildnis und zum Beobachten der arktischen Tierwelt.

Pangnirtung

1425 EW.

Unter den entlegenen Gemeinden Nunavuts bietet Pangnirtung, oder „Pang" eine blühende Kunstszene und viele Möglichkeiten für Outdoor-Aktivitäten. 40 km südlich vom Polarkreis gelegen, ist Pang eine hinreißende Naturschönheit. Der Ort ist ebenfalls das Haupttor zur noch weitaus faszinierenderen Naturkulisse im Auyuittuq National Park.

Sehenswertes & Aktivitäten

Bei einem Spaziergang entlang der malerischen Hafenpromenade lassen sich die schönen alten Gebäude der Hudson Bay Company bewundern, in denen einst Waltran verarbeitet wurde. Zu den möglichen Wanderungen gehört der Weg auf den Mt. Duval – ein recht steiler Anstieg, der aber die Wanderer mit hinreißenden Ausblicken belohnt.

★ Uqqurmiut Centre for Arts & Crafts GALERIE
(☎ 867-473-8669; www.uqqurmiut.ca; ⊙ Mo–Fr 9–12 & 13–17 Uhr) Pang ist für seine Lithografien, Drucke und Wandteppiche berühmt. All dies ist in diesem außergewöhnlichen Laden zu haben. In der angrenzenden Werkstatt stellen Künstler mit verschiedenen Techniken Drucke her. Die großartige Auswahl lädt zum Stöbern und Kaufen ein. Weitere Highlights sind die gehäkelten Hüte, die Schnitzereien aus Stein und die mollig warmen Schals.

Kekerten Historic Park HISTORISCHE STÄTTE
Rund 50 km südlich der Stadt liegt diese alte Walfangstation auf einer Insel. Ein geschichtlicher Lehrpfad führt hier an Häuserruinen aus dem 19. Jh., Geräten und Gräbern vorbei. Tourfirmen bieten Tagesausflüge an (ca. 250 C$/Pers., mind. 3 Pers.).

Geführte Touren

★ PEO Services OUTDOOR-AKTIVITÄTEN
(☎ 867-473-4060; www.kilabukoutfitting.com) Peter ist ein ehemaliger Sprecher der Nunavut Legislative Assembly. Von Juli bis Oktober leitet er Touren zum Auyuittuq National Park und zum Kekerten Historic Park. Außerdem veranstaltet er Angelausflüge und Tierbeobachtungen per Boot auf dem Cumberland Sound.

Alivaktuk Outfitting Services OUTDOOR-AKTIVITÄTEN
(☎ 867-473-8721; www.alivaktukoutfitting.ca) Arrangiert Tierbeobachtungen per Boot, Aufenthalte in Angelcamps, Iglu-Bauen unter Anleitung, Tagesausflüge zum Kekerten Historic Park und Exkursionen zum Auyuittuq National Park.

Schlafen

Territorial Campground CAMPING $
(☎ 867-473-8737; Stellplatz Zelt 5 C$; 🐾 P) Der malerisch gelegene Campingplatz am rauschenden Duval River schützt Gäste mit speziellen Holzplattformen vor dem heulenden Wind. Zudem warten hier Grillstellen, Plumpsklos und eine tolle Aussicht. Doch Vorsicht: Es ist mit Diebstählen zu rechnen! Bezahlt wird beim Angmarlik Visitor Center.

Auyuittuq Lodge HOTEL $$$
(☎ 867-473-8955; www.pangnirtunghotel.com; Zi. pro Pers. mit/ohne Bad 260/240 C$; 📶) Der geschäftstüchtige und charismatische Inhaber betreibt die Auyuittuq Lodge ganz allein. Dabei macht er sein Hotel zu einer tollen Option zum Übernachten und Essen. Die Zimmer mit eigenen Bädern sind besser als die älteren Varianten. Manche der Quartiere punkten mit super Aussicht. Bei viel Betrieb kann man sich mit anderen Gästen ein Zimmer teilen. Bei den leckeren Mahlzeiten (mittags/abends 25/39 C$) geht's gesellig zu.

Praktische Informationen

Angmarlik Visitor Center (☎ 867-473-8737; oarnaqaq1@gov.nu.ca; ⊙ 8.30–20 Uhr) Dieses Visitor Center überzeugt mit engagierten Angestellten, toller Aussicht und Infos zu örtlichen Tourfirmen. Hinzu kommen interessante Ausstellungen zu den Inuit und zur Geschichte des Walfangs. Die Gemeindeältesten versammeln sich hier dreimal pro Woche. Unbedingt vom Personal das Monopoly aus Robben- und Delphinknochen erklären lassen!

Parks Canada (☎ 867-473-2500; www.parkscanada.gc.ca; ⊙ 8.30–12 & 13–17 Uhr) Gleich neben dem Angmarlik Visitor Center gibt's hier gute Infos zum Auyuittuq National Park. Wer diesen besucht, kann sich beim Personal an- bzw. abmelden und die Zugangsgebühr bezahlen.

Qimiruvik Library (☎ 867-473-8678; www.publiclibraries.nu.ca; ⊙ Mo 18–21, Di–Fr 15–18, Sa 15–17 Uhr) Im Angmarlik Visitor Center; Gratis-Internet.

Auyuittuq National Park

Nanavuts am einfachsten zugänglicher Nationalpark Auyuittuq (ah-juh-ih-tuk) zählt zu den atemberaubendsten Orten der Welt. Das 19 500 km² große „Land, das niemals schmilzt" vereint zahlreiche Gletscher mit schroffen Gipfeln, schwindelerregenden Felswänden und tiefen Tälern. Im Sommer folgen Wanderer dem dann schneefreien Akshayuk Pass (97 km) über den Polarkreis. In der Nähe besteigen erfahrene Kletterer und Basejumper den Mt. Thor (1500 m; höchste Steilwand der Welt) und den Mt. Asgard (2015 m), wo die berühmte Fallschirmszene des James-Bond-Films *Der Spion, der mich liebte* gedreht wurde.

Hauptattraktion für Besucher sind die außergewöhnlichen Wandermöglichkeiten. Den **Akshayuk Pass** nimmt man am besten in der Zeit von Ende Juli bis Ende September in Angriff und ist dann etwa zehn Tage lang unterwegs. Der Pass kann theoretisch auch in weniger Tagen gemeistert werden. Allerdings ist stets zusätzliche Zeit für Flussüberquerungen einzukalkulieren, da eventuell auf fallende Wasserstände gewartet werden muss. Interessenten müssen fit und gut an das Leben in der Wildnis gewöhnt sein. Eisbären lassen sich zwar fast ganzjährig blicken, dringen aber generell nicht landeinwärts vor. Ein Guide ist sehr sinnvoll – dafür am besten Tourfirmen in Pangnirtung kontaktieren oder einen Pauschaltrip von **Black Feather** (☎888-849-7668; www.blackfeather.com) buchen. Eine weitere mehrtägige Wanderung führt zum Summit Lake (einfache Strecke 20 km). Von März bis Anfang Mai sind auch Skiausflüge in den Park möglich.

Auch wenn man nicht wandern will, lohnt sich eine Tagestour per Boot: Die Fahrt zum Park ist atemberaubend. Und selbst nur ein paar Stunden in dessen Wildnis bleiben einem lange im Gedächtnis.

Bei Parks Canada in Pangnirtung können sich Besucher anmelden, die Zugangsgebühr bezahlen (Tag/Übern./max. 12/24,50/147,20 C$) und Karten kaufen (20 US$).

ℹ An- & Weiterreise

Die Anfahrt durch die Fjorde erfolgt je nach Jahreszeit per Boot (einfache Strecke 130 C$/Pers.) oder Pistenraupe. Los geht's in Pangnirtung (28 km) oder Qikiqtarjuaq (34 km). Während der Schneeschmelze (Ende Juni–Mitte Juli) und der ersten Frostperioden im Winter ist der Park nicht zugänglich. Wer ihn ganz durchwandert, kann sich am anderen Ende des Passes von einer örtlichen Tourfirma holen lassen (ca. 250 C$/Pers.).

Tourfirmen in Pangnirtung bieten Bootsshuttles an. In Qikiqtarjuaq sollten sich Wanderer beim **Hamlet Office** (☎867-927-8832; ⏲Mo–Fr 9–17 Uhr) nach örtlichen Touranbietern erkundigen.

Cape Dorset

1363 EW.

Dicht vor der Foxe Peninsula von Baffin Island liegt die Hochburg der Inuit-Kunst auf einer kleinen Felsinsel. Ende der 1950er-Jahre stellten Einwohner von Cape Dorset erstmals Schnitzereien bzw. Drucke im modernen arktischen Stil her und vermarkteten diese weltweit mit bemerkenswertem Erfolg. Einige hiesige Künstler wie Pudlo Pudlat, Pitseolak Ashoona und Kenojuak Ashevak sind heute international bekannt.

Sehenswertes & Aktivitäten

★ West Baffin Eskimo Cooperative KUNSTGALERIE
(Kinngait Arts; ☎867-897-8965; www.dorsetfinearts.com; ⏲Mo–Fr 9–17 Uhr) Obwohl viele Inuit-Gemeinden heute erstklassige Kunstwerke herstellen, sind Stücke aus Cape Dorset nach wie vor am begehrtesten. In den Ateliers dieser Kooperative kann man Künstlern bei der Arbeit zusehen.

Mallikjuaq Historic Park ARCHÄOLOGISCHE STÄTTE
(www.nunavutparks.ca) Dieser Park wartet mit Wanderwegen, Wildtieren, blühender Tundra und den Ruinen von 1000 Jahre alten Steinhäusern der Thule-Inuit auf. Bei Ebbe ist er zu Fuß erreichbar (45 Min.). Die Alternative sind Bootsshuttles von Huit Huit Tours (10 Min.).

Huit Huit Tours KULTUREXKURSIONEN
(☎867-897-8806; www.capedorsettours.com; 4-tägige Tour 1500 C$/Pers.) Die Tourfirma im Dorset Suites veranstaltet vier- und siebentägige Sommerexkursionen mit Schwerpunkt auf Inuit-Kunst und -Kultur. Preise inklusive Unterkunft im Cape Dorset Suites.

Schlafen & Essen

Alle drei Hotels haben Restaurants. Das Dorset Suites ist insgesamt am besten. Vor Ort gibt's zudem ein Fast-Food-Lokal und eine Bäckerei.

Kingnait Inn BUSINESSHOTEL $$
(☎867-897-8863; Zi. 240 C$/Pers.; P ⊜ ᯤ) Das freundliche Hotel empfängt Gäste mit Buchtblick, bequemem Zugang zur Stadt und einer kostenlosen Ortsführung bei Ankunft. Anständige Mahlzeiten plus schlichte, aber geräumige Zimmer.

★ Dorset Suites BOUTIQUEHOTEL $$$
(☎867-897-8806; www.dorsetsuites.com; Zi. ab 300 C$; P ⊜ ᯤ) Das hervorragende Dorset Suits ist Nunavuts attraktivstes Hotel. Die geräumigen Suiten haben Balkone, eine warm wirkende Holzeinrichtung und zum Teil auch Kochecken. Das Restaurant serviert leckeres Essen in üppigen Portionen und akzeptiert auch reine Speisegäste (werktags mittags, Do & Fr abends; Hauptgerichte mittags 16–29 C$, abends 49–58 C$).

Pond Inlet

1549 EW.

Vor verschneiten Bergen liegt Pond Inlet am ständig vereisten Lancaster Sound. Der Ort ist das Tor zum 22 200 km² großen **Sirmilik National Park** (www.pc.gc.ca; 24,50 C$/Übern., max. 147,20 C$), in dem zahllose Seevögel brüten. Der Park besteht aus mehreren Bereichen: Das Vogelschutzgebiet Bylot Island ist von Gletschern durchzogen; der Oliver Sound ist ein Fjord mit spannenden Möglichkeiten für Kanuten; der Lancaster Sound beheimatet neben Walrossen auch diverse Robben- und Walarten. Und die Borden Peninsula beeindruckt mit ihren Hoodoos (erodierte Türme aus rotem Sandstein).

Die allermeisten Parkbesucher buchen eine mehrtägige Abenteuertour von Polar Sea Adventures (☎613-237-6401; www.polarseaadventures.com; 12-tägige Wandertour 5395 C$/Pers., mind. 4 Pers.) 🍃. Diese sehr empfehlenswerte, ökobewusste und alteingesessene Firma beschäftigt indigene Guides. Zudem ist sie der einzige Anbieter von regelmäßigen Wanderexpeditionen zum Sirmilik National Park. Eine Woche an der artenreichen Arktischen Treibeisgrenze (engl. *floe edge*, *sinaaq* auf Inuit) kostet rund 7600 C$. Eine Alternative sind die Trips von Black Feather.

Das hilfreiche **Sirmilik National Park Administration & Visitor Center** (☎867-899-8092; www.pc.gc.ca; ⊙Mo–Fr 8.30–12 & 13–17 Uhr) informiert mit einer Ausstellung über die örtliche Tierwelt und erledigt die Anmeldeformalitäten für den Park. Zudem ist es ratsam, dort rechtzeitig vorher anzurufen, um sich lizenzierte Veranstalter von Touren nach Sirmilik empfehlen zu lassen.

Das Sauniq Inn (☎867-899-6500; www.pondinlethotel.com; Zi. 280 C$/Pers.; P 📶) wird von einer indigenen Kooperative betrieben. Die gemütliche und leicht karge Einrichtung ist typisch für die Kette Inns North. Das Personal stellt Kontakte zu Touranbietern her. Preise inklusive Flughafenshuttle.

ℹ Praktische Informationen

Nattinnak Centre (☎867-899-8225; www.pondinlet.ca; ⊙Di, Do & Fr 10–12 & 13–17, Mi 13–17 & 19–21, So 14–16 Uhr) Hier gibt's Infos zu Aktivitäten und Tourfirmen. Hinzu kommt ein tolles Mini-Museum zur örtlichen Natur und Kultur (besonders interessant: die lebensgroßen Dioramen und die Körbe aus Fischhaut).

ℹ An- & Weiterreise

First Air und Canadian North fliegen ab Iqaluit hierher (2½ Std., tgl.).

Kimmirut

455 EW.

Mit Blick auf das Glasgow Inlet liegt Baffin Islands südlichste Gemeinde an der Mündung des Soper River. Inuit leben seit ca. 4000 Jahren durchgängig in der Region. Das winzige Dorf wird von Kreuzfahrtschiffen angelaufen und ist das Tor zum Katannilik Territorial Park nahe Iqaluit. Dieser gehört zu Nunavuts schönsten Parks – Katannilik bedeutet „Ort der Wasserfälle". Der aquamarinfarbene **Soper River** (ein Canadian Heritage River) rauscht hier durch ein tiefes und fruchtbares Tal in Richtung Kimmirut. Die befahrbare Flussstrecke (50 km) lockt Paddler mit Wasserfällen, Karibus, Edelsteinvorkommen und einem Zwergweidenwald. Wanderer und Skifahrer folgen dem **Itijjagiaq Trail** (120 km; 1 Woche). Diese traditionelle Route führt über die Hochflächen der Meta Incognita Peninsula und durch das Soper Valley. Schließlich endet sie 10 km westlich von Iqaluit an der Frobisher Bay.

Die meisten Paddler nehmen in Iqaluit eine Chartermaschine zur Landepiste bei Mt. Joy am Flussufer. Dann lassen sie sich nach Kimmirut hinuntertreiben (3–5 Tage) und fliegen von dort aus zurück nach Iqaluit. Kenn Borek Air (S. 905) bietet Charterflüge an. Tourfirmen in Iqaluit bringen Wanderer per Boot zum Routenanfang.

Übernachten kann man z. B. im überteuerten, aber freundlichen **Kimik Hotel** (☎867-939-2093; Zi. 250 C$; 📶). Die Alternative ist Zelten auf dem einfachen **Taqaiqsirvik Territorial Park Campground** (Stellplatz Zelt 5 C$) mit Feuerstellen und Plumpsklos. Das Kimik Hotel fungiert auch als Kimmiruts einziges Restaurant.

Besucher des Katannilik Territorial Park müssen sich vorab anmelden. Möglich ist dies beim **Katannilik Park Center** (☎867-939-2416; www.nunavutparks.com; ⊙Mo–Fr 9–17 Uhr) in Kimmirut oder beim Visitor Center in Iqaluit (S. 910), das auch den unschätzbar

> **ABSEITS DER ÜBLICHEN PFADE**
>
> ### QAUSUITTUQ NATIONAL PARK
>
> Kanadas neuester Nationalpark schützt mehr als 11 000 km² unberührter Arktis. Zu ihm gehören mehrere eisbedeckte Inseln und der Großteil der nördlichen Bathurst Island. Sein Inuit-Name bedeutet „Wo die Sonne nicht aufgeht" – passend für einen Ort, an dem es jedes Jahr einige Monate lang komplett dunkel ist. Der Park wird von der Inuit-Gemeinde Resolute kollektiv verwaltet. Im Park leben u. a. Eisbären und bedrohte Peary-Karibus.

wertvollen Führer *The Itijjagiaq Trail* verkauft.

An- & Weiterreise

First Air verbindet Kimmirut mit Iqaluit (einfache Strecke 418 C$, 4-mal wöchentl.).

Resolute

214 EW.

Diese Gemeinde, die mit Kanadas schlechtestem Klima aufwarten kann, besteht aus einer Handvoll winziger Wohnhäuser in einer stürmischen Kieswüste auf Cornwallis Island (alias Quasuittuq, der „Ort ohne Sonnenaufgang"). Zur Gründung des Nests (1953) wurden mehrere Inuit-Familien aus Pond Inlet und Inukjuak (Québec) mit der leeren Versprechung eines besseren Lebens hierhergelockt. Auf dem Weg zum Nordpol, zum Quttinirpaaq National Park oder zum malerischen Grise Fiord kommen Besucher durch Resolute.

Vor Ort kann man versteinerte Meereslebewesen im **Tupirvik Territorial Park** suchen oder nach **Beechey Island** fliegen. Auf dieser heute denkmalgeschützten Insel überwinterte die unglückselige Franklin-Expedition (1845–1846), bevor sie verschwand.

In Resolute ist die Wahrscheinlichkeit recht groß, wetterbedingt festzustecken. Doch zum Glück gibt's hier gute Hotels: Das nette **Qausuittuq Inns North** (☎867-252-3900; www.resolutebay.com; Zi. 280 C$; P@📶) punktet mit familiärer Atmosphäre, guter Hausmannskost und optionaler Vollpension. Von hier aus starten viele Expeditionen zum Nordpol. Das freundliche **South Camp Inn** (☎867-252-3737; www.southcampinn.com; EZ/DZ 300/400 C$; P@📶) ist Resolutes Nervenzentrum. Es empfängt Gäste mit geräumigen Zimmern, einem Fitnessraum und optionaler Vollpension.

Quttinirpaaq National Park

Der **Quttinirpaaq National Park** (37775 km²) liegt hoch im Norden von Ellesmere Island (nächste Station: Nordpol). Er ist Kanadas zweitgrößter Nationalpark sowie in Nunavut der nördlichste, entlegenste und bergigste seiner Art. Fossilienfunde lassen vermuten, dass die Region vor 4 Mio. Jahren (als hier noch Kamele durch Wälder zogen) ein tropisches Klima hatte. Heute findet man hier viele schroffe Gipfel mit uralten Eiskappen, tiefe Fjorde, riesige Gletscher und geschützte Täler. Das Klima gehört zu den lebensfeindlichsten der Erde; dagegen halten können nur Moschusochsen, Vielfraße und Peary-Karibus.

Unter den Highlights sind Tageslicht rund um die Uhr, 6 °C im Sommer und der Mt. Barbeau, der mit 2616 m der höchste Berg im östlichen Nordamerika ist. Und da wäre auch noch der idyllische Lake Hazen Basin: Die Tiere an diesem Thermalwassersee verhalten sich sonderbar zahm, da sie den Kontakt mit Menschen nicht gewohnt sind. Profi-Wildniserfahrung ist Pflicht. Die Periode von Ende Mai bis Mitte August ist die beste Besuchszeit.

Nationalparkwanderer werden entweder am Tanquary Fjord oder am Lake Hazen abgesetzt. Alternativ kann man auch von einem der beiden Orte zum anderen trekken (11–12 Tage). Im April und Mai sind zudem Skitouren möglich, die allerdings komplette Selbstversorgung bedingen.

Das **Tanquary Fjord Base Camp** (www.pg.gc.ca; ⌚Mai–Aug. Mo–Fr 8.30–12 & 13–17 Uhr) von Parks Canada ist im Sommer besetzt. Besucher müssen sich hier anmelden bzw. vor Abreise wieder abmelden und bei Ankunft ein Orientierungstraining absolvieren.

DIE REGION KIVALLIQ

Diese flache und stürmische Region umfasst die Küste der Hudson Bay und die Barrenlands im Westen. Mit ihren wilden Flüssen ist sie ein Refugium für Karibus und Wasservögel. Hiesige Hauptattraktion ist der ungemein artenreiche Ukkusiksalik National Park mit einem der weltgrößten Eisbärenbestände. Dorthin geht's entweder ab Rankin Inlet oder ab Naujaat, das kürzlich umbenannt wurde und früher Repulse Bay hieß.

Rankin Inlet

2266 EW.

Das schlammige, staubige und betriebsame Rankin Inlet ist die größte Siedlung in der Region Kivalliq. Der Ort wurde in den späten 1950er-Jahren rund um eine Nickelmine gegründet. Neue Goldminen und Mineraliensuche machen ihn weiterhin zu einem wichtigen Zentrum. Zudem wartet Ranking Inlet mit Kunst auf und fungiert als Tor zur Region. In der Nähe kann man gut Arktische

Saibling und Äschen angeln. Obendrein ist das Städtchen als Heimat von Jordin Tootoo (einziger Inuit-Spieler in der NHL) bekannt.

Sehenswertes

★ Matchbox Gallery KUNSTGALERIE
(867-645-2674; www.matchboxgallery.com; wechselnde Öffnungszeiten) Die kleine Galerie ist dafür berühmt, die Keramikkunst der Inuit bekannt gemacht zu haben. Besucher können Künstler bei der Arbeit beobachten. Parallel lädt ein großes Angebot an wunderschönem Kunsthandwerk zum Stöbern und Kaufen ein.

Marble Island HISTORISCHE STÄTTE
(www.marbleisland.ca) Marble Island, in der Hudson Bay, rund 50 km östlich von Rankin Inlet, ist die letzte Ruhestätte von James Knight und seiner Mannschaft, die im 18. Jh. nach der Nordwestpassage suchten. Vor Ort gibt's zudem ein paar Wracks von Walfangschiffen aus dem 19. Jh. zu sehen. Während der Anreise lassen sich eventuell Wale, Robben und Seevögel beobachten. Das Visitor Center informiert über geführte Touren.

Iqalugaarjuup Nunanga Territorial Park NATURSCHUTZGEBIET
(www.nunavutparks.com) Dieser Park mit einem unaussprechbaren Namen liegt 5 km außerhalb des Ortes und ist ein beliebtes Revier zum Wandern oder Beerenpflücken. Nahe der Mündung des Meliadine River siedelten einst die Dorset (Vorgänger der Inuit). Dort lassen sich heute archäologische Überreste und der Nachbau eines traditionellen Grassodenhauses besichtigen.

Schlafen & Essen

★ Nanuq Lodge B&B $$
(867-645-2650; www.nanuqlodge.com; 1 Atausiq St; EZ/DZ 150/200 C$; P@) Die große, freundliche und sonnige Nanuq Lodge ist die beste Unterkunft in der Region. Das B&B verleiht Kajaks und Fahrräder; zudem arrangiert es geführte Touren (vor allem per Hundeschlitten). Gäste können sich auf komfortable Quartiere mit eigenen Bädern freuen. Der Ableger namens Nanuq Suites vermietet Doppelzimmer der gehobenen Art.

Katimavik Suites BUSINESSHOTEL $$$
(867-857-2752; www.katimaviksuites.com; Tupirvik Ave; Zi. 260 C$; P) Das neueste (und komfortabelste) Hotel in Rankin Inlet vermietet geräumige Suiten mit Kochnischen und fröhlichen Farbakzenten. Der Preis beinhaltet europäisches Frühstück. Das hilfsbereite Management vermittelt Mietwagen.

Wild Wolf Restaurant KANADISCH, THAI $$
(867-645-4499; 1270 Nuvua St; Hauptgerichte 20–30 C$; Mo–Sa 11.30–19;) So unerwartet wie willkommen: Das Restaurant im Wild Wolf serviert ausreichend authentische Thai-Küche aus importierten Originalzutaten. Den Hunger von Fleischfans stillt der Wolf Burger mit doppeltem Bratling und bergeweise Belag.

Praktische Informationen

Am Flugplatz befindet sich ein **Visitor Centre** (867-645-3838; kivalliqtourism@qiniq.com; Mo–Fr 8.30–19). Weitere Infos gibt's unter www.rankininlet.ca.

An- & Weiterreise

Canadian North (S. 905) und **First Air** (S. 905) fliegen ab Yellowknife (einfache Strecke 1243 C$) und Iqaluit (einfache Strecke 1300 C$) hierher. First Air und **Calm Air** (S. 905) bedienen Churchill (einfache Strecke 747 C$) und Winnipeg (einfache Strecke 1052 C$).

Ukkusiksalik National Park

Dieser 20 885 km² große Nationalpark erstreckt sich rund um das breite Binnenmeer der Wager Bay (ein großer Meeresarm der Hudson Bay). Zahllose Seen liegen hier in öder und unbewohnter Tundra. Der Park gehört weltweit zu den besten Orten für das Beobachten von Eisbären. Neben insgesamt fünf verschiedenen Bärenarten beheimatet er auch Karibus und viele Meerestiere. Die beste Zeit für einen Besuch dauert von Juli bis Anfang August.

Unter den Highlights sind zahllose Tier- bzw. Vogelarten und tolle Möglichkeiten zum Wandern oder Paddeln. Zudem gibt's hier einen spektakulären Wasserfall, den die Flut in der Bucht verkehrt herum fließen lässt. Der Park ist absolut ursprünglich – ein indigener Guide wird daher wärmstens empfohlen!

Beim nächstgelegenen Büro von **Parks Canada** (867-462-4500; Mo–Fr 8.30–12 & 13–17 Uhr) in Naujaat müssen sich Besucher an- bzw. abmelden, die Zugangsgebühr bezahlen und das obligatorische Orientierungstraining für die Wildnis absolvieren. Idealerweise lässt man sich örtliche Tourop-

ABSEITS DER ÜBLICHEN PFADE

THELON RIVER

Von den großen Flüssen des Barrenland ist der legendäre Thelon am bemerkenswertesten: Dieser Canadian Heritage River schlängelt sich über 1000 km durch eine ultimativ ursprüngliche Naturlandschaft mit vielen Karibus, Grizzlys, Wölfen, Moschusochsen und Gerfalken. An den Flussufern liegen uralte Lagerplätze der Inuit.

Kanutouren auf dem Thelon erfordern zwar keine besonderen Paddelkünste, aber *grundsätzlich* zumindest gute Kenntnisse über richtiges Verhalten in der Wildnis. Die meisten Traveller legen nur eine begrenzte Flussstrecke per Kanu zurück und chartern für die An- bzw. Abreise selbst ein Flugzeug. Die stressfreiere Alternative sind Tourfirmen wie **Canoe Arctic** (☎867-872-2308; www.canoearctic.com).

tionen vorab von **Nunavut Tourism** (☎866-686-2888; www.nunavuttourism.com) empfehlen. **Arctic Kingdom** (☎416-322-7066, gebührenfrei in den USA & Kanada 888-737-6818; www.arctickingdom.com) und Black Feather (S. 912) organisieren Individualtrips.

Naujaat

945 EW.

Die Felsen rund um Naujaat (früher Repulse Bay; www.repulsebay.ca) sind ein bedeutender Brutplatz von Möwen, Schneevögeln und zahllosen weiteren Vogelarten. So passt der neue Name der kleinen Ortschaft („Rastplatz der Möwen" auf Inuit) sehr gut. Das Nest am Polarkreis ist das Tor zum Ukkusiksalik National Park. Zudem kann man hier super Arktischen Saibling angeln.

Vor Ort stehen zwei Unterkünfte zur Wahl: Das **Naujat Hotel** (☎867-462-4304; www.innsnorth.com; Zi. 199–295 C$;) kommt im standardmäßigen Business-Stil daher. Das gemütliche **Arctic Circle Paws & Paddles B&B** (☎867-462-4482; http://arcticcirclepawsandpaddles.weebly.com; Zi. inkl. Frühstück 200 C$/Pers.) organisiert geführte Touren mit Hundeschlitten und Kajaks.

DIE REGION KITIKMEOT

Nunavuts am dünnsten besiedelte Region umfasst die arktische Festlandsküste und die Inseln nördlich davon. Dazwischen verläuft die berühmte Nordwestpassage, die im Sommer zur Kreuzfahrtroute wird.

Cambridge Bay

1608 EW.

Das stürmische Cambridge Bay (www.cambridgebay.ca) auf Victoria Island ist regionales Zentrum und Zwischenstation für Kreuzfahrtschiffe, die die Nordwestpassage absolvieren. 2017 soll hier die bundesstaatliche Canadian High Arctic Research Station (CHARS) eröffnet werden, in der Wissenschaftler aus aller Welt den Klimawandel beobachten wollen. Die Einheimischen sprechen den Inuinnaqtun-Dialekt. Cambridge Bay ist zudem für Handwerksprodukte wie Bekleidung aus mollig warmem *qiviut* (Unterfell der Moschusochsen) bekannt.

Während ihrer Suche nach der Nordwestpassage suchten Forschungsreisende häufig hier Schutz. Im Hafen liegen bis heute die Überreste von Roald Amundsens Schoner *Maud*.

Gen Süden erstreckt sich jenseits der Nordwestpassage das weltweit größte Rastgebiet von Zugvögeln: das **Queen Maud Bird Sanctuary**, in dem sich u. a. Schneegänse und Zwergschwäne tummeln. Der **Ovayok Territorial Park** ist über eine Holperstraße oder in einer Wanderung (15 km) erreichbar. Neben super Möglichkeiten zum Beobachten von Moschusochsen und der prima Aussicht vom Mt. Pelly (200 m) warten dort auch Wanderpfade und Zeltplätze.

Das **Green Row Executive Suites** (☎867-983-3456; Apt. 235 C$/Pers.; P) ist die schickste Unterkunft in Cambridge Bay. Das **Saxifrage Resto-Cafe** (☎867-983-3111; 21 Mitik St; Hauptgerichte ab 20 C$; ⏱Mo–Sa 11–13.30 & 17–19 Uhr) erweitert die begrenzte Restaurantauswahl auf solide Weise.

Das **Arctic Coast Visitor Center** (☎867-983-2224; Omingmak St; ⏱Mo–Fr 8.30–17, Sa 10–17, So 13–16 Uhr) liefert Infos und hilft beim Organisieren geführter Touren. Canadian North und First Air fliegen ab Yellowknife nach Cambridge Bay.

Kanada verstehen

Kanada aktuell

Mit der Wahl des liberalen Justin Trudeau ins Amt des Premierministers im Jahr 2015 wurde Kanadas Image verjüngt. Bilder, die ihn beim Surfen, Wandern und bei Gay-Pride-Paraden zeigen, gingen um die Welt. Kanada war glücklich – es war wieder cool! Doch der fallende Ölpreis sowie eine sich andeutende Rezession lassen manchen sorgenvoll in die Zukunft blicken. Spannungen, die aus dem Nebeneinander der wirtschaftlichen Wichtigkeit der Bodenschätze und dem Anspruch, künftig kohlenstofffrei zu arbeiten, erwachsen, nehmen zu.

Top-Filme

Raum (Regie: Lenny Abrahamson; 2015). Kanadisch-irischer Film über Mutter und Sohn, die nach Jahren in Gefangenschaft frei kommen.

Sleeping Giant (Regie: Andrew Cividino; 2015) Film über die Freundschaft dreier Teenager und einen Unfall in einer Feriensiedlung in Ontario.

Bon Cop, Bad Cop (Regie: Eric Canuel; 2006) Zwei Polizisten, ein Anglokanadier und ein Frankokanadier, tun sich zusammen; einer der erfolgreichsten Filme Kanadas.

C.R.A.Z.Y. – Verrücktes Leben (Regie: Jean-Marc Vallée; 2005) Ein schwuler Teenager, der in einer katholischen Familie im Montréal der Siebziger aufwächst, will dazugehören.

Top-Bücher

The Illegal (Lawrence Hill; 2015) Ein Marathonläufer wird in einem fiktiven Land vom Gesetz verfolgt; es geht um Rassismus und Einwanderung.

Indian Horse (Richard Wagamese; 2012) Die Geschichte eines Ojibwe, der in seiner Reha auf sein Leben als Eishockey-Star zurückblickt, zeigt die Spiritualität der Volksgruppe auf.

Liebes Leben (Alice Munro; 2012) Sammlung von Kurzgeschichten der Literaturnobelpreisträgerin von 2013.

Alias Grace (Margaret Atwood; 1996) Drama über die Morde eines Gentleman und seiner Haushälterin im Jahr 1843.

Wirtschaft

Im Vergleich zu anderen Ländern hat Kanada die globale Finanzkrise recht gut überstanden. Sicher, auch hier fiel die Wirtschaft in eine Rezession, und Ottawa erlebte im Jahr 2009 zum ersten Mal nach 12 Jahren Überschuss ein Haushaltsdefizit, doch schon sechs Jahre später war Kanada die einzige der sieben großen industrialisierten Demokratien, die im Jahr 2015 positive Zahlen schrieb. Die damalige konservative Regierung konzentrierte sich auf Jobkürzungen im öffentlichen Sektor, die Bereiche wie Nationalparkverwaltung und indigene Angelegenheiten betrafen. Die Liberalen planen für das Haushaltsjahr 2016–17 mit einem Defizit von 30 Mrd. Dollar. Investitionen in die Schaffung von Arbeitsplätzen, in den Ausbau der Infrastruktur sowie Entlastungen der Mittelschicht sollen eine bessere Zukunft schaffen.

Das Öl und die Nachbarn

Voltaire beschrieb Kanada Mitte des 18. Jhs. noch als „ein paar Hektar Schnee", doch diese „paar Hektar" bergen viel Öl, Holz und andere Rohstoffe – und bescherten Kanada einen beneidenswert hohen Lebensstandard.

Erschließung und Abbau der Ressourcen hatten jedoch einen ökologischen Preis, vor allem beim Öl. Die Athabasca-Ölsande (oder Teersande) im nördlichen Alberta sind die weltweit zweitgrößten Ölreserven und haben der Wirtschaft des Landes viel Auftrieb gegeben. Sie zeichnen aber auch für 5 % der kanadischen Treibhausgasemissionen verantwortlich, wie Environment Canada erklärt. Das Pro-Industrie-Lager behauptet nun, Verbesserungen seien bereits auf den Weg gebracht, außerdem sei das Ausmaß des Ölsandabbaus im Vergleich zur Förderung in Ländern wie Saudi Arabien oder Venezuela, aber vor allem unter Berücksichtigung der Menschenrechtsfragen und der kurzen Transportwege (das meiste kanadische Öl geht in die USA), durchaus akzeptabel.

Viele sahen in der Keystone XL-Pipeline einen Widerspruch zu diesen Zielen. Das Gros der Pipeline war schon gebaut, als das US-Außenministerium die Genehmigung für die Fertigstellung 2015 verweigerte und Kanada mitteilte, es könne mehr tun, um CO_2-Emissionen einzudämmen. Das Projekt war auch in Kanada umstritten. Umweltschützer und indigene Volksgruppen sorgten sich um heilige Stätten und die Gewässer. US-Präsident Trump wiederum erteilte die Genehmigung kurz nach seiner Amtsübernahme, allerdings rief dies Klagen von Umweltverbänden auf den Plan.

Diskussionsstoff

Das hochgelobte, aber inzwischen marode Gesundheitswesen gibt immer wieder Anlass zu Diskussionen. Auch wenn niemand es zugeben möchte, handelt es sich um ein Zwei-Klassen-System, sodass Leute, die tief in die Tasche greifen können, oft eine raschere Zusatzversorgung in einer Privateinrichtung erhalten. Dennoch ist das kostenlose Gesundheitssystem für alle eine großartige Leistung. Nach Ansicht vieler Kanadier ist dieses System sogar eine der Säulen ihres Staates. Stolz sind viele aber auch auf die progressive Haltung ihres Landes zur gleichgeschlechtlichen Ehe, zur Einwanderung und dem Konsum von Marihuana.

Waldbrände, Umweltbelastungen durch die Ölindustrie sowie Überschwemmungen haben den Klimawandel zum beherrschenden Thema gemacht. Eine Umfrage ergab 2016, dass lediglich 61% der Kanadier glauben, dass der Mensch für den Klimawandel verantwortlich ist. In Alberta und Saskatchewan gab es die meisten Zweifler an der menschlichen Ursache, in British Columbia, Ontario und Québec die wenigsten.

Politik

Nach fast einem Jahrzehnt konservativer Regierungen stimmte 2015 eine rekordverdächtige Anzahl Kanadier ab. Während Gegenden mit Bodenschätzen meist konservativ wählten, meinten man anderswo, dass diese Partei sich Großunternehmen gefügig und Industriepolitik auf Kosten der Umwelt gemacht habe. Viele fürchteten, eine Teilung der Stimmen zwischen der linken Neuen Demokratischen Partei (NDP) und den Liberalen würde den Konservativen mehr Macht verleihen.

Die Liberalen übernahmen mit einer handlungsfähigen Mehrheit unter dem jungen Justin Trudeau die Regierung. Justin, Sohn von Pierre Trudeau, dem 15. Ministerpräsidenten des Landes, ist ein Fixpunkt der Medien – ähnlich wie sein Vater. So durchlebt Kanada eine Rückkehr der Trudeau-Manie der 1970er- und 80er. Der bei Amtsantritt 43-jährige Justin wird wegen seiner Unterstützung von Frauen, Kindern, Immigranten, der gleichgeschlechtlichen Ehe, der Marihuana-Legalisierung und des Umweltschutzes von vielen politikverdrossenen Kanadiern begrüßt. Für sie ist Trudeau der Kanadier schlechthin. In denIndustrie- und Ölfördergebieten hingegen ist die Begeisterung gering.

BEVÖLKERUNG: **36,3 MIO.**

FLÄCHE: **9984670 KM²**

BRUTTOINLANDSPRODUKT (BIP): **1,5 BILL. US$**

BIP-WACHSTUM: **1,1%**

INFLATION: **1%**

ARBEITSLOSENQUOTE: **6,9%**

Gäbe es nur 100 Kanadier, wären ...

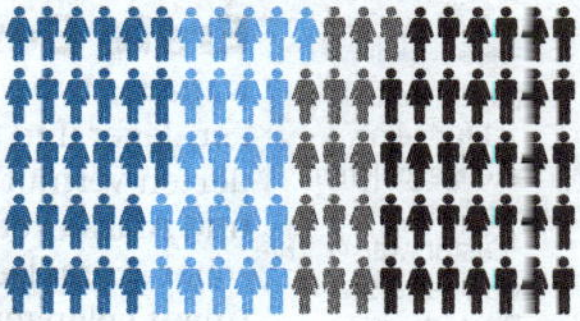

28 britischer Abstammung
23 französischer Abstammung
15 anderweitiger europäischer Abstammung
34 anderer Abstammung

Religionen
(% der Bevölkerung)

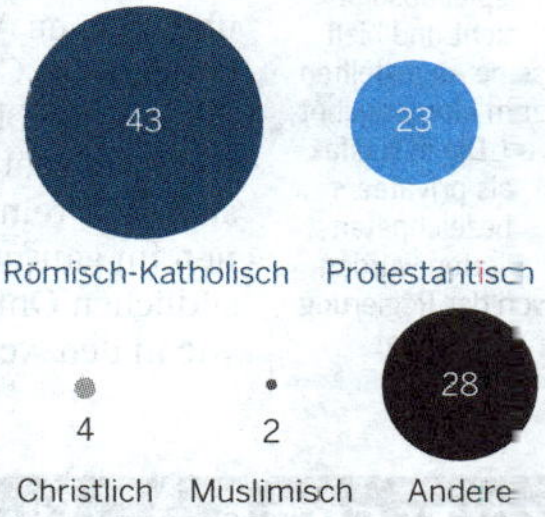

Einwohner pro km²

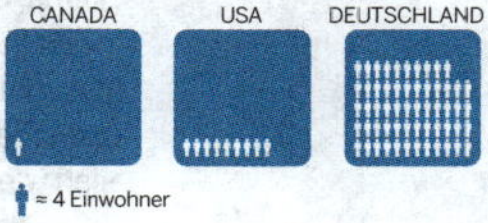

Geschichte

Die Geschichte der Menschen in Kanada beginnt vor etwa 15000 Jahren; damals gründeten die Ureinwohner in der üppigen Wildnis erste Siedlungen. Alles änderte sich, als Ende des 15. Jhs. die ersten Europäer kamen und das Land beanspruchten. Dies führte zu Konflikten, aus denen schließlich das heutige Kanada hervorging. Der Großteil dieses alten Erbes ist Besuchern zugänglich; das Land besitzt über 950 historische Stätten – von Forts und Schlachtfeldern bis hin zu den Wohnhäusern berühmter Persönlichkeiten.

Atlantik-Kanada ist für seine Piratengeschichte berüchtigt. Peter Easton war 1602 der erste Pirat, der bei Newfoundland sein Unwesen trieb. Black Bart, mit bürgerlichem Namen Bartholomew Roberts, folgte um 1720 als zweiter. Er schätzte Sauftouren und Glücksspiel absolut nicht und hielt seine Angestellten zum Morgengebet an. Die in Halifax als privateers bezeichneten Piraten wurden von der Regierung verfolgt.

Erste Bewohner

Kanadas erste Einwohner waren höchstwahrscheinlich nomadische Völker, Jäger und Sammler, die Karibus, Elche und Bisons erlegten. Sie wanderten vermutlich über die Landbrücke aus Asien ein, die einst Sibirien und Alaska verband. Am Ende der letzten Eiszeit, als die mächtigen Gletscher schmolzen, konnten diese Menschen auf den amerikanischen Kontinent gelangen.

Vor rund 4500 Jahren zog eine zweite große Einwanderungswelle aus Sibirien in den Norden Kanadas. Es sollten die Vorfahren der Inuit sein. Sie schauten sich um und fanden eine wildreiche Region vor, in der sie Fische fingen und Robben jagten; sie entschieden sich zu bleiben. Diese ersten Inuit waren Angehörige der Prä-Dorset-Kultur, benannt nach Cape Dorset auf Baffin Island, wo die Überreste ihrer Kultur zuerst entdeckt wurden. Um 1000 n. Chr. bahnte sich ein weiteres Inuit-Volk, die walfangenden Thule aus Nord-Alaska, seinen Weg Richtung Osten durch die kanadische Arktis. Durch das Vordringen dieser technisch überlegenen Volksgruppe wurden die Menschen der Dorset-Kultur in entlegenere Gebiete abgedrängt. Die Thule sind die direkten Vorfahren der heutigen Inuit.

Als im späten 15. Jh. die ersten Europäer nach Kanada kamen, hatten sich die Ureinwohner über die Arktis hinaus in vier weiteren Großregionen im ganzen Land ausgebreitet: an der Pazifikküste, in der Prärie, im südlichen Ontario bzw. im Gebiet rund um den Sankt-Lorenz-Strom sowie in den weiten Waldgebieten des Nordostens.

ZEITLEISTE

ca. 70 Mio. v. Chr.

Dinosaurier genießen das warme Küstenklima, das zu dieser Zeit in Süd-Alberta herrscht – die mächtigen Riesen müssen sich wie im Paradies gefühlt haben.

ca. 25000 v. Chr.

Auf der Fährte saftiger Karibus und Bisons gelangen die ersten Menschen nach Kanada, indem sie die Landzunge überqueren, die damals Sibirien mit Nordamerika verband.

1000 v. Chr.

Das Volk der Maritim-Archaischen Indianer, bekannt für seine rituellen Begräbnisse an Orten wie Port aux Choix, verschwindet aus ungeklärten Gründen.

Wikinger & europäische Entdeckungen

Der berühmte Wikinger Leif Eriksson war der erste Europäer, der in Kanada an Land ging. Genau genommen waren er und seine Mannschaft aus skandinavischen Seefahrern die ersten Europäer in ganz Nordamerika. Um das Jahr 1000 herum erkundeten sie die Ostküste Kanadas und errichteten Winterlager und Wegstationen für die Reparatur von Schiffen und das Auffüllen von Vorräten, so beispielsweise in L'Anse aux Meadows in Newfoundland. Die dort heimischen Indianerstämme bereiteten den Nordmännern keinen wirklich herzlichen Empfang, sodass die Wikinger vermutlich bald wieder die Heimreise antraten. Für die darauffolgenden 300 bis 400 Jahre gibt es keine Funde, die auf auswärtige Entdecker hindeuten.

Brenzlig wurde es erst wieder im späten 15. Jh. 1492 begab sich Christoph Kolumbus mit Unterstützung der spanischen Krone auf die Suche nach einem westlichen Seeweg nach Asien und stieß stattdessen auf einige kleine Inseln, die späteren Bahamas. Andere europäische Königshäuser waren von Kolumbus' „Entdeckung" begeistert und begannen umgehend, eigene Expeditionen zu finanzieren. 1497 segelte Giovanni Caboto – besser bekannt als John Cabot – unter der britischen Flagge nach Westen bis nach Newfoundland und Cape Breton.

Cabot fand zwar keine Passage nach China, wohl aber Kabeljau – zu dieser Zeit eine heiß begehrte Ware in Europa. Kurz darauf pendelten Hunderte Schiffe zwischen Europa und den neuen ergiebigen Fischgründen hin und her. Ihnen folgten bald baskische Walfänger aus Nordspanien. Viele waren in der Red Bay in Labrador stationiert, die sich im 16. Jh. schließlich zum größten Walfanghafen der Welt mauserte.

König Franz I. von Frankreich sah über den Zaun hinüber zu seinen Nachbarn, kratzte sich am Bart, schnippte mit den Fingern und ließ Jacques Cartier zu sich bringen. Zu dieser Zeit war nicht nur die Suche nach der Nordwestpassage in vollem Gang, sondern auch die nach Gold, ausgelöst durch die skrupellosen Raubzüge der spanischen Konquistadoren nach der Eroberung des Azteken- und des Inkareichs. Franz hoffte auf ähnliche Reichtümer im kalten Norden.

Nach seiner Ankunft in Labrador fand Cartier jedoch nur „Steine und schreckliche zerklüftete Felsen", wie er 1534 in sein Tagebuch schrieb. Er suchte gehorsam weiter und ging bald darauf auf der Gaspé-Halbinsel in Québec an Land, um dieses Gebiet für Frankreich in Beschlag zu nehmen. Die dort lebenden Irokesen sahen in ihm anfangs den guten Nachbarn, bis er zwei Söhne des Häuptlings entführte und sie mit nach Europa nahm. Man kann Cartier zugutehalten, dass er sie ein Jahr später zurückbrachte, als er den Sankt-Lorenz-Strom hinauf nach Stadacona (heute die Stadt Québec) und Hochelaga (heute Montréal) segelte. Hier

An Frankreichs frühe Eroberungszüge in Kanada erinnern Saint-Pierre und Miquelon, zwei kleine Inseln vor der Küste von Newfoundland, die bis heute zu 100 % französisch geblieben sind.

Der Forscher Jacques Cartier gab Kanada seinen Namen. Nach Ansicht von Wissenschaftlern leitet sich der Begriff von *kanata* ab, der Bezeichnung der Huron-Irokesen für „Dorf" oder „Siedlung", die in Cartiers Tagebuch gefunden und von Kartografen später in „Kanada" verwandelt wurde.

1000

Der Wikinger Leif Eriksson und seine Mannschaft werden bei L'Anse aux Meadows an Land gespült, wo sie Grassodenhäuser bauen. Sie sind die ersten Europäer in Nordamerika – lange vor Kolumbus.

1497

John Cabot segelt aus Großbritannien herüber und findet Newfoundland statt China. Eigentlich kein schlechter Tausch, denn die Gewässer sind reich an Kabeljau.

1528

St. John's auf Newfoundland wird die erste Siedlung Nordamerikas. Die fischreichen Gewässer sind für die Fischerei eine Goldgrube.

1534

Jacques Cartier segelt in das heutige Québec. Er ist auf der Suche nach Gold, findet aber nur karge Felsen. Trotzdem beansprucht er das Land für Frankreich.

erfuhr er von einem Land namens Saguenay, das legendäre Gold- und Silberschätze bergen sollte. Das Gerücht war der Grund für Cartiers dritte Reise im Jahr 1541 – die sagenumwobenen Schätze fand er dabei allerdings nicht.

Pelzhandel

König Franz I. langweilte seine ferne Kolonie bald, denn der erhoffte materielle Gewinn blieb aus. Sein abgekühltes Interesse erwachte jedoch einige Jahrzehnte später wieder, als Pelzhüte große Mode wurden. Alle Frauen und Männer, die etwas auf sich hielten, trugen plötzlich Pelzhüte. Und nicht nur Modeexperten wussten: Die schönsten waren aus Biberpelz. Da die Biber in der Alten Welt aber so ziemlich ausgestorben waren, stieg die Nachfrage nach dem neuem Angebot rasant.

1588 gewährte die französische Krone das erste Handelsmonopol in Kanada, ein Anspruch, den andere Händler sofort anfochten. Und so begann das offizielle Wettrennen um die Kontrolle des Pelzhandels. Der wirtschaftliche Wert dieses Unternehmens und seine Rolle in der kanadischen Geschichte sind nicht zu unterschätzen. Der Pelzhandel war der Hauptgrund für die europäische Landnahme und Besiedelung des Kontinents, für den Machtkampf zwischen Franzosen und Briten und für die Konflikte und blutigen Kämpfe zwischen den Ureinwohnern. Und das alles wegen der Pelzmode!

Die Website Canadian Military History Gateway (www.cmhg.gc.ca) ermöglicht den Zugang zu digitalisierten Quellen, die sich mit Kanadas Militärgeschichte befassen, darunter auch Audio-Links zu alten Kriegsberichterstattungen der CBC.

Um die Kontrolle über das ferne Land in Übersee zu gewinnen, war dessen Besiedlung durch europäische Einwanderer von Bedeutung. Im Sommer 1604 errichtete eine Gruppe französischer Pioniere eine vorübergehende Siedlung auf der Île Ste-Croix, einem winzigen Eiland im Fluss entlang der heutigen Grenze zwischen Kanada und dem US-Bundesstaat Maine. Im folgenden Frühjahr zogen sie weiter nach Port Royal (heute Annapolis Royal) in Nova Scotia. Doch beide Orte waren ungeschützt und schwer zu verteidigen und boten keine gute Ausgangsbasis für die Kontrolle des Pelzhandels im Landesinneren. Als die Möchtegernkolonialisten den Sankt-Lorenz-Strom hinaufsegelten, entdeckten sie schließlich einen Platz, dessen Lage ihr Anführer Samuel de Champlain als uneinnehmbar erachtete – den heutigen Standort von Québec (Stadt). Man schrieb das Jahr 1608: „Neufrankreich" war Wirklichkeit geworden.

Schönste historische Stätten: Westen

Klondike-Stätten, Yukon

Batoche, Saskatchewan

Head-Smashed-In Buffalo Jump, Alberta

Fort Edmonton, Alberta

Frankreich gegen England

Mehrere Jahrzehnte genossen die Franzosen ihr exklusives Pelzmonopol, doch 1670 wurden die Briten zu einer enormen Herausforderung. Diese hatten unverhofftes Glück, als ihnen die beiden desillusionierten französischen Forscher Radisson und Des Groseilliers anvertrauten, dass der beste Biberpelz tatsächlich nördlich und westlich des Lake Superior zu finden sei, der leicht über die Hudson Bay zu erreichen war. König

1608
Nachdem er vier Jahre lang vergebens nach einem geeigneten Ort gesucht hat, schlägt Samuel de Champlain seine Zelte am heutigen Standort von Québec auf und gründet Neufrankreichs erste dauerhafte Siedlung.

1610
Die Briten sind am Zug: John Guy errichtet eine Plantage bei Cupids, Newfoundland, die erste englische Kolonie in Kanada und damit nach Jamestown die zweite in der Neuen Welt.

1670
Karl II. gründet die Hudson's Bay Company, um den örtlichen Pelzhandel für die Briten zu sichern. Jahre später wird aus dem Unternehmen eine Kaufhauskette.

1755
Die Engländer deportieren französischsprachige Akadier aus der Bay of Fundy. Rund 14 000 werden auf Schiffe verfrachtet, viele landen in Louisiana (USA).

Karl II. gründete ohne Zögern die Hudson's Bay Company und gewährte ihr ein Handelsmonopol für alle Gebiete, deren Flüsse und Bäche in die Bucht flossen. Dieses riesige Gebiet namens Rupert's Land umfasste rund 40 % des heutigen Kanada, darunter Labrador, der Westen Québecs, der Nordwesten Ontarios, Manitoba, der Großteil von Saskatchewan und Alberta und ein Teil der Northwest Territories.

Verständlich, dass sich die Engländer mit solchen Aktionen bei den Franzosen nicht gerade beliebt machten. Und diese rächten sich dann auch prompt, indem sie zusätzliche Siedlungen im Landesinneren errichteten. Beide Länder hatten Ansprüche auf das Land, beide strebten sie nach der regionalen Vormachtstellung. Das Geplänkel zwischen den Streithähnen ging hin und her, und letztlich waren die Feindseligkeiten eine Fortsetzung von jenen in Europa, wo die gesamte erste Hälfte des 18. Jhs. von Kriegen geprägt war.

Die Auseinandersetzung erreichte einen vorläufigen Höhepunkt mit dem Vertrag von Utrecht. Er beendete den Spanischen Erbfolgekrieg (1701–1713/14) und sein Pendant in Übersee, den Queen Anne's War (1702–1713). In den Vertragsbedingungen mussten die Franzosen die Ansprüche Großbritanniens an der Hudson Bay und an Newfoundland offiziell anerkennen und Nova Scotia (damals Acadia) – mit Ausnahme der Cape Breton Island – aufgeben.

Doch der Konflikt schwelte unter der Oberfläche einige Jahrzehnte weiter und erreichte im Jahr 1754 einen weiteren Höhepunkt, als sich die beiden Länder im Franzosen- und Indianerkrieg (besser bekannt als Siebenjähriger Krieg) gegenüberstanden. Das Blatt wendete sich recht bald zugunsten der Briten, die sich mit der Eroberung der Festung von Louisbourg die Kontrolle eines strategisch wichtigen Zugangs zum Sankt-Lorenz-Strom sicherten.

1759 belagerten die Briten Québec, erklommen die Klippen in einem Überraschungsangriff und überwältigten die verdutzten Franzosen. Die Aktion mündete in einer der blutigsten und berühmtesten Schlachten in

Schönste historische Stätten: Osten

L'Anse aux Meadows, Newfoundland

Befestigungsanlagen von Québec, Québec (Stadt)

Louisbourg, Nova Scotia

Province House, Prince Edward Island

Die US-Amerikaner sind zweimal, 1775 und 1812, in Kanada einmarschiert – beide Male erfolglos.

DAS AHORNBLATT

Man findet es auf dem Penny, auf den Flugzeugen von Air Canada, auf den Trikots des Eishockeyteams von Toronto – das Ahornblatt ist allgegenwärtig. Seit fast zwei Jahrhunderten gilt es nun als Nationalsymbol. 1836 bezeichnete Le Canadien, eine in Lower Canada herausgegebene Zeitung, das Ahornblatt als passendes Wahrzeichen des Landes. Bis 1868 war es das Wappen von Ontario und Québec, die kanadische Armee verwendete es in den beiden Weltkriegen. Nach vielen Diskussionen über das genaue Erscheinungsbild (Ein Blatt? Drei Blätter? 13 Zacken?) wurde das heutige elfzackige Blatt schließlich zum Nationalsymbol ernannt und schmückt seit 1965 die kanadische Flagge.

1759

Es kommt zu Kanadas berühmtester Schlacht auf den Plains of Abraham bei Québec zwischen den Franzosen und den Engländern. Sie dauert weniger als eine Stunde, Frankreich unterliegt.

1763

Im Vertrag von Paris verzichten die Franzosen endgültig auf Kanada, nachdem Frankreich den Siebenjährigen Krieg verloren hat. Kanada gehört zum Britischen Weltreich.

1775

Die Amerikanische Revolution bricht aus, die Rebellen versuchen, Québec für einen Aufstand gegen die Briten zu gewinnen – jedoch ohne Erfolg.

1793

Der Entdecker Alexander Mackenzie unternimmt die erste transkontinentale Reise und kritzelt „from Canada by land" (von Kanada über den Landweg) auf einen Felsen in der Nähe von Bella Coola, BC.

Die neu angekommenen Europäer bezeichneten die Beothuk-Ureinwohner von Newfoundland mit ihren zu Ritualzwecken ocker gefärbten Gesichtern als „Rothäute" – eine Bezeichnung, die bald auf sämtliche indigenen Stämme in ganz Nordamerika übertragen wurde. Tragischerweise starben die Beothuk um 1829 aus.

der kanadischen Geschichte – die Generäle beider Seiten ließen auf dem Schlachtfeld ihr Leben. Im Vertrag von Paris (1763) übergab Frankreich Kanada schließlich an Großbritannien.

Erste Schwierigkeiten

Die Verwaltung des neu erworbenen Gebietes war für die Briten eine ziemlich große Herausforderung. Zunächst mussten sie Aufstände mehrerer Indianerstämme niederschlagen, z. B. den Angriff des Ottawa-Häuptlings Pontiac auf Detroit. Deshalb erließ die britische Regierung 1763 die „Royal Proclamation", die den Kolonialisten untersagte, westlich der Appalachen zu siedeln. Außerdem sollte durch den Erlass der Kauf von Land geregelt werden. Diese königliche Erklärung war zwar gut gemeint, wurde aber weitgehend ignoriert.

Kopfzerbrechen bereiteten den Briten auch die Frankokanadier. Die Spannungen wuchsen, als die neuen Herrscher das britische Recht verhängten, das die Rechte der römisch-katholischen (also französischen) Bevölkerung stark einschränkte, beispielsweise das Recht zu wählen und gewählt zu werden. Mit dieser Diskriminierungspolitik wollten die britischen Herren einen Massenexodus auslösen, der dann die Anglisierung der verbleibenden Siedler einfacher machen sollte. Doch diese Rechnung machten sie ohne den Wirt: Die Franzosen zeigten sich trotzig und blieben erst recht.

Als ob die Ureinwohner und Franzosen nicht schon genug Probleme bereiteten, begannen die amerikanischen Kolonien im Süden revolutionäre Töne anzuschlagen. Der britische Gouverneur Guy Carleton urteilte weise, dass es wichtiger sei, die politische Loyalität der französischen Siedler zu gewinnen, als sie in Teetrinker zu verwandeln. Dies führte zur Verabschiedung des Québec Act im Jahr 1774, der das Recht der Französisch-Kanadier auf Ausübung ihrer Religion bestätigte, ihnen erlaubte, politische Ämter zu bekleiden, und das französische Zivilrecht wieder einsetzte. Und nun ging der Plan auf: Tatsächlich weigerten sich die meisten Frankokanadier während des Amerikanischen Unabhängigkeitskriegs (1775–1783), die Waffe für die amerikanische Sache zu ergreifen, auch wenn natürlich nur wenige von ihnen die britische Krone willig verteidigten.

Nach dem Krieg wuchs die englischsprachige Bevölkerung explosionsartig an: Rund 50 000 Siedler aus dem nun unabhängigen Amerika zogen gen Norden. Die wegen ihrer vorgeblichen Treue zu Großbritannien als United Empire Loyalists titulierten Zuwanderer lockte allerdings weniger die Liebe zu König und Krone als das billige Land. Die Mehrheit der Neuankömmlinge ließ sich in Nova Scotia und New Brunswick (Neubraunschweig) nieder, während eine kleinere Gruppe am Nordufer des Lake Ontario und im Tal des Ottawa River siedelte (und so den Grund-

Schönste historische Stadtviertel

- *Gastown, Vancouver*
- *Québec (Stadt), Québec*
- *Vieux-Montréal, Montréal*
- *Innenstadt von Halifax, Nova Scotia*

1818

Die USA und Großbritannien schließen den Vertrag von 1818: Der 49. Breitengrad wird vom Lake of the Woods bis zu den Rocky Mountains als Grenze zwischen den USA und Kanada festgelegt.

1858

Goldsucher werden im Fraser River in British Columbia fündig. Tausende Menschen, die vom schnellen Reichtum träumen, ziehen in den Norden, um Gold zu schürfen. Die meisten bleiben jedoch arm.

1862

An der Pazifikküste Nordamerikas breitet sich eine Pockenepidemie aus. Ihr fallen vor allem die nicht geimpften Ureinwohner zum Opfer.

1864

Die Gründungsväter der Konföderation treffen sich in Charlottetown auf Prince Edward Island (PEI) und bilden aus den locker verbundenen Kolonien ein neues Land: Kanada.

stein für das heutige Ontario legte). Rund 8000 Siedler zogen nach Québec und gründeten die erste größere anglophone Gemeinde in der Französisch sprechenden Bastion.

Teilung der Nation: Upper & Lower Canada

Auch um den Interessen der Loyalisten entgegenzukommen, verabschiedete die britische Regierung 1791 den Constitutional Act, der die Kolonie in Upper Canada (heute Süd-Ontario) und Lower Canada (heute Süd-Québec) teilte. Lower Canada behielt das französische Zivilrecht bei, doch beide Provinzen unterlagen dem britischen Strafrecht.

Die britische Krone setzte einen Gouverneur zur Leitung jeder Kolonie ein. Dieser wiederum ernannte die Mitglieder seines Kabinetts, des sogenannten Executive Council (Exekutivrat). Der gesetzgebende Zweig bestand aus einem ernannten Legislative Council (Legislativrat) und einer gewählten Versammlung, die angeblich die Interessen der Kolonialisten vertrat. In Wirklichkeit hatte die Versammlung jedoch nur wenig Macht, da der Gouverneur ein Veto gegen ihre Entscheidungen einlegen konnte. Es überrascht nicht, dass dieses System für Spannung und Unmut sorgte, vor allem in Lower Canada, wo ein englischer Gouverneur und ein von Engländern beherrschter Rat eine von Franzosen dominierte Versammlung in Schach hielt.

Ungezügelte Vetternwirtschaft machte alles nur noch schlimmer. Mitglieder der konservativen britischen Kaufmannsgilde dominierten die Exekutiv- und Legislativräte und zeigten wenig Interesse an frankokanadischen Angelegenheiten. Der Family Compact in Upper Canada und die Château Clique in Lower Canada hatten prominente Mitglieder wie den Brauer John Molson und den Universitätsgründer James McGill. Der Einfluss dieser Gruppen wuchs besonders nach dem Britisch-Amerikanischen Krieg von 1812, einem letztlich vergeblichen Versuch der Vereinigten Staaten, den nördlichen Nachbarn einzunehmen.

1837 erreichte die Enttäuschung über diese etablierten Eliten den Höhepunkt. Der Führer der Parti Canadien, Louis-Joseph Papineau aus Lower Canada, und sein Amtskollege der Reform Party, William Lyon Mackenzie, begannen mit offenen Rebellionen gegen die Regierung. Obwohl beide Aufstände schnell niedergeschlagen wurden, mussten die Briten doch erkennen, dass die Tage des Status quo gezählt waren.

Zusammenschluss unter Vorbehalt

Die Briten entsandten John Lambton, den Earl of Durham, der die Gründe für die Aufstände vor Ort untersuchen sollte. Richtigerweise identifizierte dieser ethnische Spannungen als Ursache und bezeichnete die Franzosen und Briten als „zwei Völker, die sich im Schoße eines einzigen Staates bekriegen". Seinen Spitznamen Radical Jack erwarb Lambton

Beste historische Museen

Maritime Museum of the Atlantic, Halifax

Canadian War Museum, Ottawa

Musée d'Archéologie et d'Histoire de Pointe-à-Callière, Montréal

Royal BC Museum, Victoria

Ukrainian Cultural Heritage Village, Alberta

Die Delegierten der Charlotte-town-Konferenz von 1864 mussten auf ihren Dampfschiffen übernachten, da ein Zirkus in der Stadt gastierte und alle Gasthäuser belegt waren.

1867 Jetzt ist es offiziell: Der British North America Act vereint die Kolonien unter dem Dominion of Canada, Mitglied des Britischen Weltreichs. Zur Feier des Tages verspeist Queen Victoria kanadischen Frühstücksspeck.

1885 Kanadas erster Nationalpark öffnet in Banff, Alberta. Unterdessen stellen Arbeiter in Craigellachie (BC) die Canadian Pacific Railway fertig.

1893 Das Eishockeyteam Montréal AAA gewinnt den ersten Stanley Cup aller Zeiten, gestiftet von Baron Stanley of Preston. Der Cup ist die älteste Trophäe, um die nordamerikanische Teams spielen.

1896 Goldgräber werden erneut fündig, diesmal im Yukon. Der Klondike-Goldrausch beginnt und 40 000 Menschen machen sich voller Hoffnung und mit Pickeln und Pfannen bewaffnet auf nach Dawson City.

Chinesische Arbeiter bauten den größten Teil des westlichen Abschnittes der Canadian Pacific Railway. Sie verdienten zwischen 0,75 und 1,25 C$ am Tag, abzüglich ihrer Ausgaben, und wurden oft mit den gefährlichsten und wahrhaft explosivsten Aufgaben betraut.

Der Roman *Gold Diggers* (2010) von Charlotte Gray erzählt die Geschichte des letzten großen Goldrauschs in der Geschichte. Von 1896 bis 1899 erlebte Dawson City in Yukon einen Bevölkerungsanstieg von 400 auf sage und schreibe 30 000 Einwohner. Die Autorin greift auf Briefe und Zeitungsartikel ortsansässiger Journalisten und Banker, von Prostituierten, Geistlichen und Gesetzeshütern zurück, um diese Epoche zu beschreiben.

mit der Behauptung, die französische Kultur und Gesellschaft seien minderwertig und stünden Expansion und Erfolg im Weg. Nur die Übernahme der britischen Sprache, Gesetze und Institutionen würden dem französischen Nationalismus ein Ende bereiten und die Kolonien langfristig befrieden. Seine umstrittenen Gedanken fanden schließlich im Union Act von 1840 Ausdruck.

Aus Upper und Lower Canada wurde kurze Zeit später die Province of Canada, die von nur einer Legislative – dem neuen Parlament von Kanada – regiert wurde. Jede der beiden ehemaligen Kolonien entsandte die gleiche Anzahl von Vertretern. Das war nicht unbedingt fair gegenüber Lower Canada (d. h. Québec), das den größeren Bevölkerungsanteil stellte. Das neue System hatte jedoch auch gute Seiten: Es schuf eine verantwortliche Regierung, beschränkte die Macht des Gouverneurs und machte der Vetternwirtschaft ein Ende.

Während die meisten britischstämmigen Kanadier das neue System begrüßten, waren die Franzosen weniger begeistert. Wenn überhaupt hatte das unterschwellige Ziel, die französische Kultur, Sprache und Identität zu verdrängen, die Folge, dass es die Frankokanadier noch enger zusammenschweißte. Die Bestimmungen des Gesetzes hinterließen jedoch tiefe Wunden.

Die frisch vereinigte Provinz stand also auf wachsweichem Untergrund, und das folgende Jahrzehnt war geprägt von politischer Instabilität und schnell wechselnden Regierungen. Während das britische Nordamerika noch immer einem Flickwerk aus unabhängigen Kolonien glich, hatten sich die USA zwischenzeitlich zu einer selbstbewussten Wirtschaftsmacht entwickelt. Der Amerikanische Bürgerkrieg (1861–1865) und der Erwerb Alaskas durch die USA 1867 schürten die kanadische Angst vor einer amerikanischen Annexion. Deutlich zeichnete sich ab, dass nur ein stabileres politisches System diesen Herausforderungen gerecht werden könnte – die Idee einer föderalen Union war geboren.

Die Konföderation

1864 wurde Charlottetown auf Prince Edward Island (PEI) zur Geburtsstätte des heutigen Kanada. Im Province House, dem Parlamentsgebäude der Stadt, versammelten sich die „Väter der Konföderation" – eine Gruppe von Vertretern aus Nova Scotia, New Brunswick, PEI, Ontario und Québec – und verhandelten die Rahmenbedingungen für eine neue Nation. Zwei weitere Versammlungen waren erforderlich, bevor das Parlament 1867 den British North America Act verabschiedete. Und so erblickte der moderne, selbst verwaltete Staat Kanada, anfangs unter dem Namen Dominion of Canada, das Licht der Welt. Der 1. Juli, an dem das Gesetz in Kraft trat, ist kanadischer Nationalfeiertag. Ursprünglich hieß er Dominion Day, ehe er 1982 in Canada Day umbenannt wurde.

1913

Die Einwanderung nach Kanada erreicht einen Höhepunkt. Mehr als 400 000 Menschen, die meisten US-Amerikaner und Osteuropäer, können dem Ruf der fruchtbaren Prärien des Landes nicht widerstehen.

1917

Während des Ersten Weltkriegs führt Kanada die Wehrpflicht ein, um Großbritannien zu unterstützen. Vor allem bei Franko-Kanadiern ist die Maßnahme unpopulär und bringt Konflikte.

1931

Die Residential Schools greifen um sich. Kinder von Ureinwohnern, Inuit und Métis müssen ihre Heimat verlassen und werden gezwungen, weit entfernte Schulen zu besuchen, um sich zu „assimilieren".

1933

Als Folge der Weltwirtschaftkrise sind rund 30 % der Kanadier arbeitslos. Die Prärien werden besonders hart von Staubstürmen, ausgelöst durch Dürreperioden, getroffen.

TOTALER IMAGEWANDEL: LOUIS RIEL

Rebell, Mörder, Verräter – der Métis-Führer Louis Riel wurde mit etlichen Beinamen bedacht, und viele waren nicht gerade Komplimente, als er im Jahr 1885 wegen Hochverrats am Galgen landete. Heute sehen immer mehr Kanadier in ihm allerdings einen Helden, der sich für die Belange der Unterdrückten gegenüber der ungerechten Regierung einsetzte. Statuen von Riel stehen auf dem Parlamentshügel in Ottawa sowie vor dem Manitoba-Parlament in Winnipeg, wo sein Elternhaus und sein Grab mittlerweile zu echten Pilgerstätten avanciert sind. Die Versöhnungserklärung, die die Regierung im Jahr 1998 den indigenen Stämmen zukommen ließ, beinhaltete sogar eine Entschuldigung für Riels Hinrichtung.

Die Eroberung des Westens

Ganz oben auf der To-do-Liste des jungen Dominions stand die Einbindung der restlichen Gebiete und Kolonien in die Konföderation. Unter ihrem ersten Premierminister John A. Macdonald erwarb die Regierung 1869 das riesige Rupert's Land für die lächerliche Summe von 300 000 £ (was heute rund 7,3 Mio. € entspräche) von der Hudson's Bay Company. Das Land, das inzwischen als Northwest Territories (NWT) bekannt ist, war nur dünn besiedelt, überwiegend von den sogenannten First Nations und mehreren Tausend Métis *(mej-tie)*, einer ethnischen Mischung aus Cree, Ojibwe oder Saulteaux und frankokanadischen oder schottischen Pelzhändlern, die Französisch sprachen. Ihre größte Siedlung war die Red River Colony bei Fort Garry (heute Winnipeg).

Zwischen der kanadischen Regierung und den Métis entbrannte sofort ein Streit über Landnutzungsrechte, was Letztere dazu veranlasste, eine provisorische Regierung unter der Führung des charismatischen Louis Riel zu bilden. Riel schickte den von Ottawa ernannten Gouverneur nach Hause, übernahm im November 1869 die Kontrolle über das Upper Fort Garry und zwang Ottawa dadurch an den Verhandlungstisch. Jedoch exekutierte Riel aus einer Laune heraus einen kanadischen Gefangenen, den er im Fort festhielt, als sich dessen Delegation bereits auf dem Weg befand. Obwohl der Mord in weiten Teilen Kanadas für Empörung sorgte, war die Regierung so versessen darauf, den Westen in den Schoß der Familie zu holen, dass sie den meisten Forderungen Riels nachgab und die Sprache und Religion der Métis unter Schutz stellte. Infolgedessen wurde die Provinz Manitoba aus den Northwest Territories separiert; im Juli 1870 trat sie dem Dominion bei. Macdonald ließ Riel von Truppen verfolgen, doch der schaffte es, in die USA zu entkommen. 1875 wurde er offiziell verbannt.

British Columbia (BC), das 1866 aus dem Zusammenschluss der Kolonien New Caledonia und Vancouver Island hervorgegangen war, bildete

Die Behörden von Nova Scotia haben eine Website (http://titanic.gov.ns.ca) eingerichtet, die sich mit allem beschäftigt, was irgendwie mit der Titanic zu tun hat. Dazu gehören eine Liste der Passagiere, die auf den Friedhöfen vor Ort begraben liegen, sowie Aufstellungen von Artefakten in den verschiedenen lokalen Museen. Die Provinz spielte eine wichtige Rolle bei der Tragödie, da von Halifax Schiffe in See stachen, um die Opfer zu bergen.

1942

Newfoundland wird als einziges Gebiet auf nordamerikanischem Boden während des Zweiten Weltkriegs von deutschen Truppen angegriffen: Auf Bell Island schlägt ein U-Boot-Torpedo ein.

frühe 1960er-Jahre

Veränderung liegt in der Luft: Die „stille Revolution“ modernisiert, säkularisiert und liberalisiert Québec, und den indigenen Völkern wird endlich die kanadische Staatsbürgerschaft zuerkannt.

1961

Die netten und fürsorglichen Menschen von Saskatchewan führen als erste ein öffentliches Gesundheitssystem ein – eine Idee, die bald vom Rest Kanadas übernommen wird.

1962

Mit dem Start des Alouette-Satelliten ist Kanada nach den USA und der Sowjetunion der dritte Staat im Weltall.

eine weitere Front. Die Entdeckung von Gold im Fraser River 1858 und in der Region Cariboo 1862 hatte eine gewaltige Zuwanderung von Siedlern in Goldminen-Boomstädte wie Williams Lake und Barkerville zur Folge gehabt. Als die Goldminen allmählich erschöpft waren, setzte rasch der wirtschaftliche Niedergang der Provinz ein.

Im Jahr 1871 trat BC dem Dominion bei. Im Gegenzug übernahm die kanadische Regierung dessen Schulden und versprach, es innerhalb der nächsten zehn Jahre über eine Eisenbahn mit dem Osten zu verbinden.

Der Bau der Canadian Pacific Railway ist eines der beeindruckendsten Kapitel der kanadischen Geschichte. Macdonald betrachtete die Eisenbahn als zentralen Baustein eines vereinten Hauses Kanada, da sie sowohl die Einwanderung, als auch den Handel und das produzierende Gewerbe förderte. Der Bau war ein kostspieliges Unterfangen, das durch das unwirtliche Terrain noch erschwert wurde. Um Investoren anzulocken, bot die Regierung umfassende Leistungen an, z.B. Landzuteilungen im Westen Kanadas. Am 7. November 1885 trieben Arbeiter bei Craigellachie (BC) den letzten Nagel in die Schienen.

Um im Wilden Westen für Recht und Ordnung zu sorgen, schuf die Regierung 1873 die North-West Mounted Police (NWMP), die später zur Royal Canadian Mounted Police (RCMP) wurde. Die berittenen Polizisten mit dem Spitznamen „Mounties“ dienen bis heute in Kanadas nationaler Polizei. Obwohl sie effektiv arbeitete, konnte die NWMP nicht verhindern, dass sich Ärger über den Prärien zusammenbraute. Die First Nations waren gezwungen worden, Verträge zu unterzeichnen, die sie in Reservate einpferchten. Und es dauerte nicht lange, bis diese Gruppen begannen, ihren Status anzufechten.

Unterdessen waren viele Métis nach Saskatchewan übergesiedelt und hatten sich in der Nähe von Batoche niedergelassen. Wie in Manitoba entfachte sich auch hier schnell ein Streit über Landnutzungsrechte zwischen den Métis und Landvermessern der Regierung. Nachdem ihre wiederholten Appelle an Ottawa ignoriert worden waren, überredeten die Métis Louis Riel 1884, aus dem Exil zurückzukehren, um ihre Sache zu vertreten. Nach einer Zurückweisung durch die Regierung reagierte Riel auf die einzige Weise, die er kannte: Er formte eine provisorische Regierung und führte die Métis in einen Aufstand. Riel besaß die Rückendeckung der Cree, aber die Zeiten hatten sich geändert: Dank der fast fertigen Eisenbahnstrecke erschienen innerhalb weniger Tage Regierungstruppen auf der Bildfläche. Riel ergab sich im Mai und wurde im selben Jahr wegen Hochverrats gehängt.

Der Bruch mit England

Das 20. Jh. begann für Kanada sehr vielversprechend: Die Industrialisierung war in vollem Gang, Goldsucher wurden in Yukon fündig, und

1963

Nach Verarbeitung von massenweise Rohstoffen wird dem Trans-Canada Highway, der über 7821 km von St. John's, Newfoundland, bis nach Victoria, British Columbia, verläuft, der letzte Schliff verliehen.

1964

Tim Horton's, gegründet vom gleichnamigen Eishockeyspieler, serviert seinen ersten Donut und Kaffee in Hamilton, Ontario. Heute ist Timmy's Kanadas größte Restaurantkette.

1967

Das Werk Great Canadian Oil Sands nimmt bei Fort McMurray (Alberta) seine Arbeit auf und beginnt, Schwarzes Gold aus der Erde zu fördern. Angeblich gibt es hier mehr Öl als in ganz Saudi-Arabien.

1982

Queen Elizabeth II. unterzeichnet den Canada Act, durch den Kanada volle Souveränität erlangt. Sie behält sich aber das Recht vor, bei den Finanzen mitzureden und einen Generalgouverneur zu ernennen.

die Nachfrage nach kanadischen Rohstoffen – von Weizen bis Holz – stieg. Darüber hinaus öffnete die neue Eisenbahn die Tore für zahllose Einwanderer.

Zwischen 1885 und 1914 kamen rund 4,5 Mio. Menschen nach Kanada, darunter viele Amerikaner und Osteuropäer (vor allem aus der Ukraine), die begannen, die Prärien zu besiedeln. Es herrschte Optimismus allerorten. Und ein gut gelaunter Premierminister Wilfrid Laurier verkündete gar: „Das 19. Jh. war das Jahrhundert der Vereinigten Staaten. Ich glaube, wir können behaupten, dass das 20. Jh. Kanada gehören wird." Fast schon zwangsläufig musste dieses neu gewonnene Selbstbewusstsein das Land auf die Unabhängigkeit von Großbritannien einstimmen. Diese Frage gewann noch an Brisanz, als im Jahr 1914 der Erste Weltkrieg ausbrach.

Als Mitglied des British Empire wurde Kanada automatisch in den Konflikt hineingezogen. In den ersten Kriegsjahren kämpften über 300 000 kanadische Freiwillige auf den Schlachtfeldern Europas. Als sich der Krieg immer mehr hinzog und Tausende Soldaten fielen, geriet die Rekrutierung jedoch ins Stocken. Die Regierung, die beabsichtigte, ihre dezimierten Truppen wieder aufzustocken, führte 1917 die Wehrpflicht ein. Dies erwies sich – vorsichtig formuliert – als äußerst unpopuläre Maßnahme, besonders unter den Frankokanadiern. Die Feindseligkeit gegenüber Ottawa hatte bereits kurz zuvor ihren Höhepunkt erreicht, als die Regierung zweisprachige Schulen in Manitoba abschaffte und die Verwendung des Französischen in Schulen in Ontario einschränkte. Die Einführung der Wehrpflicht schürte die Flammen des Nationalismus noch mehr – Tausende Québecer zogen protestierend durch die Straßen. Die Problematik spaltete Kanada und verstärkte das Misstrauen der Kanadier gegenüber ihrer Regierung.

Als die Waffen des Ersten Weltkriegs 1918 endlich verstummt waren, hatten die meisten Kanadier die Nase gestrichen voll davon, dass ihre Männer für Großbritannien in den Krieg ziehen sollten. Unter der Regierung von William Lyon Mackenzie King, einem exzentrischen Politiker, der angeblich mit Geistern kommunizierte und seine tote Mutter anbetete, begann Kanada, sein Streben nach Unabhängigkeit durchzusetzen. Mackenzie King stellte klar, dass Großbritannien nicht länger automatisch Zugriff auf das kanadische Militär haben sollte, begann, Verträge ohne Zustimmung Großbritanniens zu unterzeichnen, und entsandte einen kanadischen Botschafter nach Washington. Diese Hartnäckigkeit führte zum Statut von Westminster, welches das britische Parlament 1931 ratifizierte. Es bestätigte formell die Unabhängigkeit Kanadas und anderer Länder des Commonwealth, obschon sich Großbritannien das Recht vorbehielt, Änderungen in den Verfassungen dieser Länder vorzunehmen.

Mehr als 1 Mio. der damals etwa 11,5 Mio. Kanadier dienten im Zweiten Weltkrieg in der Armee – 42 000 verloren dabei ihr Leben.

Die Website der Acadian Genealogy (www.acadian.org) dokumentiert statistische Daten, die bis 1671 zurückreichen, inklusive Karten und Geschichten über akadische Gemeinden.

1990

Die Oka-Krise, eine Auseinandersetzung zwischen der Regierung und Mohawk-Indianern, entzündet sich nahe Montréal um einen Golfplatz, der auf Mohawk-Gebiet gebaut werden soll.

1992

Die Regierung verhängt das Kabeljau-Moratorium – viele Fischer verlieren ihren Lebensunterhalt. Das Fischverbot sollte später aufgehoben werden, aber die Kabeljaubestände erholten sich nicht mehr.

1998

Die kanadische Regierung entschuldigt sich bei den Ureinwohnern: „Die Haltung ethnischer und kultureller Überlegenheit hat zu einer Unterdrückung der Kultur und Werte der Ureinwohner geführt."

1999

Kanadas jüngste Provinz Nunavut wird von den NWT abgetrennt. Die 28 000 einheimischen Inuit erhalten somit rund ein Fünftel Kanadas.

QUÉBECS UNABHÄNGIGKEITSBEWEGUNG

Richtig ernst wurde es mit Québecs Unabhängigkeitsbewegung 1968, als René Lévesque die separatistische Parti Québecois (PQ) ins Leben rief.

Deren Bestrebungen gewannen schnell an Brisanz. Im Oktober 1970 entführte der radikale Flügel der Bewegung, die Front de Libération du Québec (FLQ; Québec-Befreiungsfront), Québecs Arbeitsminister Pierre Laporte und einen britischen Handelsbeauftragten, um die Unabhängigkeit zu forcieren. Premierminister Pierre Trudeau rief den Notstand aus und setzte die Armee ein, um Regierungsmitglieder zu schützen. Zwei Wochen später wurde Laportes Leiche im Kofferraum eines Autos gefunden. Der Mord diskreditierte die FLQ in den Augen vieler ehemaliger Anhänger – die Bewegung verlief dann rasch im Sand.

Dennoch gewann 1976 die PQ von Lévesque die Provinzwahlen in Québec und boxte ein Gesetz durch, das Französisch zur einzigen Amtssprache der Provinz erhob. Bei einer Volksbefragung 1980 zur Abspaltung erlitt er aber eine herbe Niederlage – fast 60 % stimmten mit *non*. In den 1980ern wurde die Streitfrage dann größtenteils zurückgestellt.

Lévesques Nachfolger Robert Bourassa stimmte einer konstitutionellen Lösung zu – allerdings unter der Voraussetzung, dass Québec als Provinz mit Sonderrechten anerkannt wurde. 1987 unterzeichnete Premierminister Brian Mulroney ein Abkommen, das den meisten Forderungen Québecs Rechnung trug. Damit der sogenannte Meech Lake Accord in Kraft treten konnte, musste er von allen zehn Provinzen und beiden Parlamentshäusern bis 1990 ratifiziert werden. Die ursprünglich ablehnend eingestellten Ministerpräsidenten dreier Provinzen sagten schließlich ihre Unterstützung zu, doch dann scheiterte das Abkommen an einem einzigen Parlamentarier aus Manitoba, der nicht unterzeichnete. Mulroney und Bourassa entwarfen daraufhin ein neues, erweitertes Abkommen, das die Separatisten spaltete und somit zum Scheitern verurteilte.

Die Beziehungen zwischen Anglokanadiern und Frankokanadiern erreichten einen neuerlichen Tiefpunkt, und der Ruf nach Unabhängigkeit wurde wieder laut. Nur ein Jahr nach der Rückkehr an die Macht veranlasste die PQ unter Premier Lucien Bouchard 1994 eine zweite Volksbefragung, die sich als die absolute Zitterpartie erwies: Die Québecer entschieden sich mit 52 000 Stimmen – einer hauchdünnen Mehrheit von nicht einmal 1 % – dafür, bei Kanada zu bleiben.

In den darauffolgenden Jahren verlor das Thema dann an Brisanz, wobei die PQ als politische Kraft erhalten blieb. Im Jahr 2012 gewann die PQ 32 % der Stimmen bei den Wahlen in der Provinz Quebec – genug, um eine Minderheitsregierung zu bilden. Doch bereits 2013 verlor die Partei erneut an Boden – wegen ihres sehr umstrittenen Vorschlags, Mitarbeitern im öffentlichen Dienst das Tragen von religiös motivierten Kopfbedeckungen zu untersagen.

Seltsamerweise hatte dieses Recht weitere 50 Jahre Bestand. Erst 1982 wurde es im Canada Act aufgehoben, den Königin Elisabeth II. am 17. April auf dem Parlamentshügel in Ottawa zum Gesetz erhob. Heute ist Kanada eine konstitutionelle Monarchie mit einem Parlament, das aus einem ernannten Oberhaus oder Senat und einem gewählten Unterhaus

2003

Dank der Schätze, die in den NWT entdeckt werden, avanciert Kanada zum drittgrößten Diamantenproduzenten. Die Steine verursachen einen Boom, der an den Goldrausch in BC erinnert.

2005

Kanada legalisiert die gleichgeschlechtliche Ehe landesweit. Die meisten Provinzen und Territorien gestatteten sie ohnehin schon, doch nun schließen sich auch Alberta, PEI, Nunavut und die NWT an.

2006

Eine Volkszählung ergibt, dass fast 20 % der Bevölkerung im Ausland geboren sind – der höchste Prozentsatz seit 75 Jahren. Einwanderer aus Asien (mit dem Nahen Osten) haben den größten Anteil daran.

2007

Die Wirtschaftskrise nimmt ab Mitte des Jahres ihren Lauf. Der Ölpreis steigt steil an, und auch die Arbeitslosenzahlen steigen kräftig.

besteht. Die Queen in Schloss Windsor ist noch immer das kanadische Staatsoberhaupt, obwohl dies eine überwiegend zeremonielle Rolle ist, die nichts an der vollen Souveränität des Landes ändert. In Kanada selbst agiert der ernannte Generalgouverneur als Stellvertreter des Monarchen. Dessen Funktionen sind aber nur symbolischer Natur und sehr beschränkt.

Kanada heute

Die Zeit nach dem Zweiten Weltkrieg brachte eine weitere Wirtschaftsexpansion und neue Einwanderungswelle, die zu großen Teilen aus Europa herüberschwappte.

1949 schloss sich Newfoundland Kanada an. Der Politiker Joey Smallwood, der die Inselbewohner davon überzeugte, behauptete, der Schritt werde zu wirtschaftlichem Wohlstand führen. Sobald er Premierminister von Newfoundland war, half er dem versprochenen Aufschwung nach, indem er seinen Bürgern ein Umsiedlungsprogramm aufzwang. Menschen, die in kleinen, abgelegenen Fischergemeinden (d. h. Außenhäfen; Outports) lebten, wurden mit Nachdruck „ermutigt", zusammenzupacken und ins Landesinnere umzuziehen, wo die Regierung Schulen, medizinische Versorgung und andere Dienstleistungen kostengünstiger zur Verfügung stellen konnte. Eine Methode dieser „Ermutigung" war, die Fährverbindungen zu den Fischergemeinden zu kappen und sie so aufgrund fehlender Straßen von der Außenwelt abzuschneiden.

Die einzige Provinz, die im Aufschwung der 1950er-Jahre wirklich auf der Strecke blieb, war Québec. Ein Vierteljahrhundert blieb es in den festen Händen des ultrakonservativen Maurice Duplessis und seiner Partei Union Nationale, unterstützt von der katholischen Kirche und unterschiedlichen Wirtschaftsinteressen. Erst nach Duplessis Tod begann die Provinz in der „stillen Revolution" der 1960er-Jahre, das Versäumte nachzuholen. Fortschritte umfassten den Ausbau des öffentlichen Sektors, Investitionen in die öffentliche Bildung und die Verstaatlichung der Wasserkraftunternehmen der Provinz. Dennoch war das Tempo der Fortschritte nicht schnell genug für radikale Nationalisten, die behaupteten, Unabhängigkeit sei der einzige Weg, die Rechte der frankophonen Bevölkerung zu gewährleisten. Mehr als einmal liebäugelte Québec in den folgenden Jahren mit der Unabhängigkeit von Kanada.

Im Jahr 1960 bekamen Kanadas Ureinwohner endlich die kanadische Staatsbürgerschaft zuerkannt. In den folgenden Dekaden gerieten Themen wie Landrechte und Diskriminierung immer wieder in den Brennpunkt der Diskussion. 1990 erreichte die Frustration der Ureinwohner mit der Oka-Krise den Siedepunkt, einer Auseinandersetzung zwischen der Regierung und einer Gruppe von Mohawk-Aktivisten in der Nähe von Montréal. Der Konflikt entzündete sich an einem Grundstück:

In seinem Buch *Canadian History for Dummies* nimmt der Bestsellerautor Will Ferguson seine Leser mit auf eine unterhaltsame Reise durch die chaotische und verrückte Geschichte des Landes.

Kanadische Erfindungen

Nebelhorn (1854)

Basketball (1892)

Insulin (1922)

Erdnussbutter (1884)

Eierschachtel (1911)

IMAX (1967)

2010
Vancouver und Whistler präsentieren die wunderbare Bergwelt der Westküste und eine coole Urbanität bei den Olympischen Winterspielen 2010. Die kanadische Mannschaft holt die Goldmedaille im Eishockey.

2013
Calgary wird von einer schweren Überschwemmung heimgesucht; vier Menschen sterben, 100 000 verlieren ihr Zuhause. Die Naturkatastrophe gilt als die schlimmste in der Geschichte Kanadas.

2016
Fort McMurray und seine Umgebung werden von heftigen Großbränden heimgesucht, denen eine Fläche zum Opfer fällt, die größer ist als PEI. 80 000 Menschen müssen evakuiert werden.

2017
Kanada feiert seinen 150. Geburtstag. Im Rahmen dieses Jubiläums können sämtliche Nationalparks des Landes kostenlos besucht werden.

Die Stadt Oka plante, einen Golfplatz auf Land zu erweitern, das den Mohawk als heilig galt. Die Auseinandersetzungen dauerten insgesamt 78 Tage, ein Polizist erlag dabei seinen Schussverletzungen. Der Vorfall erschütterte die gesamte Nation.

Während der Nachwehen von Oka veröffentlichte eine Königliche Kommission einen Bericht, der eine völlige Neuregelung der Beziehungen zwischen der Regierung und den indigenen Gruppen empfahl. 1998 veröffentlichte das Ministerium für Indianische und Nördliche Angelegenheiten eine offizielle Aussöhnungserklärung, in welcher der Staat die Verantwortung für die Ungerechtigkeiten gegenüber den Ureinwohnern übernahm. 1999 reformierte die Regierung das Landnutzungsrecht; das Territorium Nunavut wurde geschaffen und dem Volk der Inuit übergeben, das seit Langem im hohen Norden lebte. Die Streitigkeiten der jüngsten Vergangenheit drehten sich um die Umbenennung von Wahrzeichen wie dem Mt. Douglas bei Victoria (BC), den Angehörige der First Nations wieder in seinen ursprünglichen Namen Pkols umtaufen wollen.

1985 avancierte Kanada zum ersten Land der Welt, das ein Gesetz zur Multikulturalität verabschiedete. Heute sind über 20 % der kanadischen Bevölkerung im Ausland geboren. British Columbia kann auf eine lange Geschichte zurückblicken, in der es Einwanderer aus Japan, China und Südostasien bei sich aufgenommen hat. Die Prärie-Provinzen gelten traditionell als das Ziel von Ukrainern. Viele Einwohner Ontarios haben ihre Wurzeln in der Karibik und in Russland; außerdem leben etwa 60 % der kanadischen Muslime in dieser Provinz.

Das neue Jahrtausend meint es bislang gut mit Kanada. Die kanadische Währung legt seit etwa 2003 einen wahren Höhenflug hin – dank des Öls, der Diamanten und anderer Rohstoffe, die der Wirtschaft Auftrieb geben. Und die Toleranz setzt ihren Siegeszug fort: Sowohl Marihuana zu medizinischen Zwecken als auch gleichgeschlechtliche Ehen wurden legalisiert. Als das Land 2010 in Vancouver die Olympischen Winterspiele ausrichtete, konnte sich alle Welt davon überzeugen, was Kanada alles zu bieten hat.

Indigene Kulturen

Die Ureinwohner Kanadas besiedeln das Land schon seit über 15000 Jahren. Die Bezeichnungen „indigen" bzw. „Ureinwohner" beziehen sich auf die Nachfahren dieser ersten Kanadier, die heute drei verschiedene Volksgruppen bilden: Die First Nations bzw. nordamerikanischen Indianer, die Métis mit „gemischten" Wurzeln und die arktischen Inuit machen zusammen 4,3% der kanadischen Gesamtbevölkerung aus. Die wachsende Beliebtheit des indigenen Tourismus ist ein Indikator für die Entschlossenheit der indigenen Menschen des Landes, ihre traditionellen kulturellen Wurzeln zu erhalten oder wiederzuerlangen.

Indigene Gruppen

First Nations

Diese weit gefasste Bezeichnung gilt für alle indigenen Volksgruppen *außer* für Métis und Inuit. Die fast 852000 Angehörigen der First Nations repräsentieren heute ca. 2,5% der kanadischen Gesamtbevölkerung. Ihre über 600 Gemeinschaften werden manchmal auch als *bands* (Clans) bezeichnet. Mit 198 Volksgruppen sind die First Nations in British Columbia (BC) am stärksten vertreten. Dahinter rangiert Ontario mit 126 Stämmen.

Pazifikküste

Die Menschen an der Pazifikküste bauten einst Häuser aus Zedernholzbohlen und schnitzten aufwendige Totempfähle oder Kanus. Viele örtliche Kulturen sind u.a. für das sogenannte Potlatch berühmt: Bei diesem rituellen Fest werden großzügig Geschenke und Besitztümer verteilt. Von 1885 bis 1951 verbot Kanadas Regierung diesen Brauch als „unzivilisiert".

Das vielleicht bekannteste First-Nations-Volk der Region lebt auf der Inselgruppe Haida Gwai vor der Nordküste British Columbias: Als außergewöhnliche Kunsthandwerker sind die Haida für ihre Holzschnitzereien, Totempfähle und stilisierten Tierdrucke bekannt. Außerdem waren die Haida einst gefürchtet, da sie hochseetaugliche Kanus bauten, die ihnen eine Vormachtstellung auf dem Meer verschafften. Ihr Siedlungsgebiet erstreckte sich einst nicht nur auf die Inselgruppe und angrenzende Gewässer, sondern bis an die Südküste Alaskas.

Viele andere Bevölkerungsgruppen entlang der Küste haben ähnliche Kunstformen.

Ebenen

Als First Nations der Ebenen besiedelten vor allem Sioux, Cree und Blackfoot traditionell das Prärieland zwischen dem Lake Winnipeg und den Ausläufern der Rocky Mountains. Diese Stämme waren vor allem gewiefte Büffeljäger, die ihre Beute über Steilkanten wie den Head-Smashed-In Buffalo Jump im südlichen Alberta trieben.

In den Ebenen leben auch heute noch viele Angehörige der First Nations und der Métis. Winnipeg ist landesweit die größte Hochburg der First Nations. Dicht dahinter folgt Edmonton. Die **First Nations University of Canada** (www.fnuniv.ca) in Regina ist die einzige Hochschule Kanadas unter Leitung dieser indigenen Ethnie.

Städte mit indigener Bevölkerung

Winnipeg *68380*

Edmonton *52100*

Vancouver *40310*

Calgary *26575*

Toronto *26575*

Saskatoon *21535*

Ottawa *20590*

Montréal *17865*

Regina *17105*

INDIGENE KÜNSTLER

Bis ins 20. Jh. hinein wurden die Werke indigener Künstler außerhalb der eigenen Gemeinden kaum wahrgenommen. Seit ungefähr 50 Jahren jedoch lässt sich eine hohe und noch wachsende Wertschätzung feststellen. Am Anfang standen die Bilder, Skulpturen und Schnitzarbeiten des vielbeachteten Haida-Künstlers Bill Reid (1920–1998), dessen Kunst es sogar auf die Rückseite des 20-Dollar-Scheins geschafft hat. Roy Henry Vickers ist bekannt für seine Drucke; ein Besuch seiner Galerie in Tofino, BC, lohnt sich unbedingt. Ausschau halten sollte man außerdem nach den farbenfrohen Bildern von Norval Morriseau, nach den Arbeiten in unterschiedlichen Genres des aus Saskatechwan stammenden Edward Poitras und nach talentierten jüngeren Künstlern wie Marianne Nicolson und Brian Jungen, die in ihrer Kunst auch politische und umweltbezogene Themen aufgreifen.

Anteil der indigenen Bevölkerung

- Nunavut 86 %
- Northwest Territories 52 %
- Yukon Territory 23 %
- Manitoba 17 %
- Saskatchewan 16 %
- Alberta 6 %
- British Columbia 5 %
- Ontario 2 %

Europäische Forschungsreisende bezeichneten die Inuit erstmals als „Eskimos“. Dieser Begriff ist von einem Algonkin-Wort abgeleitet, das „Rohfleischesser“ bedeutet. Er wird im heutigen Kanada kaum noch verwendet und gilt weithin als Beleidigung.

Große Seen & St.-Lorenz-Strom

Der Süden des heutigen Ontario und die Region entlang des St.-Lorenz-Stroms bilden die traditionelle Heimat der Irokesisch sprechenden Stämme – einst getrennt in Five Nations (u. a. Mohawk, Oneida, Seneca), Wyandot, Erie und die Neutralen (eine Konföderation verschiedener Ethnien). Trotz häufiger kriegerischer Konflikte untereinander waren dies allesamt kultivierte Stämme, die solide Langhäuser in großen Agrargemeinden bauten bzw. bewohnten und durchaus miteinander Handel trieben.

Auf Manitoulin Island im Lake Huron bewahren Reservate die Kultur der Ojibwe: Besucher können hier an Powwows (indianischen Feierlichkeiten) teilnehmen und dem Great Spirit **Circle Trail** (www.circletrail.com) folgen.

Seeprovinzen

Als zahlenmäßig größte First-Nations-Vertreter in den Seeprovinzen stellen Mi'kmaq und Maliseet kaum mehr als 1% der dortigen Gesamtbevölkerung. Traditionell fischten die Angehörigen dieser Stämme im Sommer an der Küste, zogen aber zur winterlichen Karibu- und Elchjagd landeinwärts.

Das obere St. John River Valley im Westen New Brunswicks ist die Heimat der Maliseet, die berühmte Korbmacher sind. Die Mi'kmaq leben dagegen im Osten der Provinz. Zudem haben sie 14 Gemeinden in Nova Scotia, die hauptsächlich nahe Truro und rund um den See Bras d'Or am Cape Breton liegen. Auch Prince Edward Island (PEI) hat eine kleine Mi'kmaq-Gemeinde.

Mittlerweile ist eine Wiederbelebungsbewegung entstanden. Tänze, Gesänge, Heilrituale, religiöse Bräuche und die Sprache der Vorfahren werden inzwischen mit neuer Motivation gepflegt. Vor allem bei Truro finden oft öffentliche Powwows statt.

Nordöstliches Québec & Labrador

Die Innu bevölkern seit ewigen Zeiten die kalten Gebiete mit borealem Nadelwald im Norden Québecs und Labradors. Sie werden oft mit den Inuit verwechselt, sind aber mit diesen nicht verwandt. Die Innu setzen sich aus den beiden First Nations der Naskapi und der Montagnais zusammen. Die Montagnais errichteten ihre Dörfer vor allem auf der nördlichen Uferseite des St.-Lorenz-Stromes, während die Naskapi in den noch weiter nördlich gelegenen Gebieten siedelten. Früher lebten sie meist nomadisch vom Fleisch und den Fellen erlegter Elche bzw. Karibus.

Etwa 80 % der Innu leben heute in Québec, 20 % in Labrador.

Nördliches Ontario, Manitoba & Saskatchewan

Die Cree dominieren diesen kühlen Landesteil. Als eine der größten kanadischen First Nations bewohnen sie auch teilweise die Ebenen weiter westlich bis in die Ebenen von North Dakota und Montana im Norden der USA sowie das ganz östlich gelegene Quebec. In Ontario unterhielt die Hudson's Bay Company einst den Pelzhandelsposten Moose Factory. In dessen Nähe befindet sich heute ein berühmtes Reservat, das einst die erste indigene Öko-Lodge der westlichen Hemisphäre einrichtete. Viele Cree sind auch in der Eisbärenhochburg Churchill (Manitoba) zu Hause, wo sie etwa ein Drittel der örtlichen Einwohnerschaft ausmachen. Ihre Sprache hört man hier also häufiger. Traditionell gelten die Cree als begabte Heiler.

Yukon & Northwest Territories

Die Dene besiedelten als erste Menschen die heutigen Northwest Territories. Heute leben viele von ihnen in Yellowknife und in Dörfern im ganzen Mackenzie-Delta. Richtung Westen findet man Dene in Teilen Yukons und Alaskas, ostwärts in Richtung Nunavut und im Süden bis in die Prärien hinein. Diese traditionellen Jäger, Fischer und Fallensteller sind für ihre Flechtkörbe aus Birkenrinde bekannt.

Weiter nördlich leben die Gwich'in, deren Ernährung und Lebensweise größtenteils auf dem Karibu basiert. Diese First-Nation-Kultur hat aktiv gegen die Öl- und Gassuche im Arctic National Wildlife Refuge protestiert – mit dem Argument, dass durch die Bohrungen der für sie lebenswichtige Karibubestand entscheidend dezimiert werde. Jagd und Fischerei sind die wichtigsten Wirtschaftsfaktoren der Gwich'in-Gemeinden.

Métis

Métis ist das französische Wort für „Mestizen". Ursprünglich bezeichnete es die Kinder von französischen Pelzhändlern und Cree-Frauen in den Prärien bzw. den Nachwuchs von englischen oder schottischen Händlern und Dene-Frauen oben im Norden. Heute sind Métis allgemein Kanadier mit europäischen und First-Nations-Wurzeln.

Mittlerweile stellen die Métis etwa ein Drittel der indigenen Landesbevölkerung und leben vor allem in Westkanada. Winnipeg und Edmonton sind die beiden Großstädte mit den meisten Métis in der Einwohnerschaft.

Als bekannteste Persönlichkeit dieser Ethnie kämpfte Louis Riel (1844–1885) einst für die Rechte der Métis, die während der kanadischen Westexpansion häufig diskriminiert wurden. Riel führte zwei Widerstandsbewegungen gegen die Regierung an. Nach seiner letzten Aktion bei Batoche in Saskatchewan (1885) wurde er verhaftet und als Landesverräter verurteilt. Inzwischen ist Riel für die meisten Kanadier jedoch ein Held.

Im Gegensatz zu anderen First Nations Völker wurden die Métis nie in Reservaten angesiedelt.

Völker

Pazifikküste: Haida, Tsimshians, Tlingit

Ebenen: Sioux Cree, Blackfoot

Große Seen/ St.-Lorenz-Strom: Ojibwe, Huron

Seeprovinzen: Mi'kmaq, Maliseet

Québec, Labrador: Innu

Nördliches Ontario, Manitoba, Saskatchewan: Cree

Yukon, NWT: Dene, Gwich'in

Arktis: Inuit

Top-Kulturzentren der First Nations

Museum of Northern British Columbia

Haida Heritage Centre, BC

Squamish Lil'wat Cultural Centre, BC

Dänojà Zho Centre, Yukon

Wanuskewin Heritage Park, Saskatchewan

MEDIEN DER UREINWOHNER

First Nations Drum (www.firstnationsdrum.com) Landesweit erscheinende Zeitung.

CBC Aboriginal (www.cbc.ca/aboriginal) CBC-Website, die sich indigenen Nachrichten und Kulturaspekten widmet – inklusive Links zu Regionalprogrammen in den Sprachen der Ureinwohner.

Aboriginal Peoples Television Network (www.aptn.ca) Landesweites Kabel- bzw. Satellitennetz, das Programme für die indigene Bevölkerung produziert und sendet.

Inuit

Die Ureinwohner des arktischen Kanada, die 59 000 Inuit, repräsentieren ca. 4 % der indigenen Landesbevölkerung. Sie verteilen sich auf insgesamt vier arktische Regionen: Nunavut, Nunavik (nördliches Québec), Nunatsiavut (Labrador) und die Gegend um Inuvialuit (Northwest Territories). Somit ist ein ganzes Drittel der Fläche Kanadas die Heimat der Inuit.

Diese indigene Gruppe wurde nie in Reservaten angesiedelt, da ihr gefrorenes Land nie auf diese Weise aufgeteilt wurde. Stattdessen leben sie in kleine Gemeinden. 38 % dieser Gemeinden zählen weniger als 500 Köpfe. In ca. 29 % aller Inuit-Dörfer leben 500 bis 999 Menschen, und 33 % der Siedlungen haben 1000 oder mehr Einwohner.

Traditionell jagten die Inuit Wale und Großwild, verbrachten den Winter in Iglus und nutzten Kanus oder Hundeschlitten zur Fortbewegung. Inzwischen ersetzen Schneemobile und Häuser die Schlitten und Iglus. Dennoch ist Jagen für den Eigenbedarf immer noch ein wichtiger Wirtschaftsfaktor – ebenso die traditionelle Specksteinschnitzerei und das Anfertigen von Drucken.

Die Inuit-Sprache Inuktitut ist polysynthetisch: Solche Grammatiksysteme kombinieren ein Wurzelwort (ein zentrales Lexem) mit verschiedenen Nachsilben.

Top-Museen für indigene Kunst

- Art Gallery of Ontario, Toronto
- Musée canadien des civilisations, Gatineau
- National Gallery, Ottawa
- UBC Museum of Anthropology, Vancouver

Die Gegenwart

Anders als in den USA beinhalteten Kanadas europäisch-indigene Konflikte keine Vernichtungskriege. Nichtsdestotrotz litt die indigene Bevölkerung während der gesamten Landesgeschichte unter massiver Diskriminierung, Landraub und schweren Bürgerrechtsverletzungen.

1993 endete Kanadas größter Landstreit, als Premierminister Brian Mulroney offiziell das neue Territorium Nunavut ausrief. Die Bestimmung trat 1999 in Kraft und verschaffte den Inuit nach über 20 Verhandlungsjahren endlich Autonomie. Seitdem haben die 28 000 Einwohner des hohen Nordens die Kontrolle über rund ein Fünftel der kanadischen Gesamtfläche inne.

Infolgedessen absolvierte Kanada 2010 einen weiteren wichtigen Akt der Abbitte: Es entschuldigte sich offiziell für die Umsiedlung von Inuit-Familien in den hohen Norden während der 1950er-Jahre. Damals hatte die Regierung den Familien ein besseres Leben durch den Umzug in diese Region versprochen. Allerdings blieb die versprochene und notwendige Unterstützung in Form von angemessenen Unterkünften oder Lebensmittellieferungen aus. Infolgedessen mussten die Familien schwer ums Überleben kämpfen. Viele behaupteten, dass die Regierung die Inuit nur aus scheinbarer Hilfsbereitschaft zum Umzug überredet habe. Dieser habe vielmehr dazu gedient, Kanadas Souveränität in der Aktis im Kalten Krieg zu stärken. Der Entschuldigung war 1996 ein Abkommen vorausgegangen, bei dem die Regierung 10 Mio. C$ für einen Entschädigungsfonds zugunsten der betroffenen Familien freigab.

Auch die 150 000 Angehörigen der First Nations, der Métis und der Inuit, die zwischen 1880 und 1996 zwangsweise in Residential Schools, eine Art Internatsschulen, untergebracht worden waren, erhielten eine Entschuldigung und Entschädigung. Sie waren aus ihrem Zuhause gerissen worden, ihnen war nicht erlaubt, ihre eigenen Muttersprachen zu sprechen oder ihre Kultur zu leben, und sie waren in vielen Fällen Missbrauch und schwerer Misshandlung ausgesetzt – über 6000 Schüler und Studenten sind während dieser Zeit ums Leben gekommen. Im Jahr 2007 gewährte die Bundesregierung eine Entschädigungspauschale in Höhe von 1,9 Mrd. C$. Im Jahr darauf erfolgte dann die offizielle Entschuldigung.

Indigener Tourismus

Besucher können heute in Tofino, BC, das Paddeln mit traditionellen Kanus erlernen, Fladenbrot in einem Mi'kmaq-Café auf Lennox Island (Prince Edward Island) probieren oder das Great Northern Arts Festival in Inuvik in den Northwest Territories besuchen – es gibt zahllose Möglichkeiten, sich intensiv mit der Kultur der Ureinwohner zu beschäftigen.

Je weiter man in Kanada Richtung Norden reist, umso mehr profitieren die Ureinwohner von den Touristendollars. **First Air** (www.firstair.ca) und **Air Creebec** (www.aircreebec.ca) sind in indigenem Besitz – ebenso die Kette der **Inns North Hotels** (www.innsnorth.com), deren Standorte sich auf 19 Gemeinden in ganz Nunavut und den Northwest Territories verteilen.

Gute Tourismusangeboten der Ureinwohner findet man unter https://aboriginalcanada.ca. British Columbias eigene **Aboriginal Tourism Association** (www.aboriginalbc.com) liefert Fakten zu 60 regionalen Firmen im Besitz von Ureinwohnern.

Outdoor-Aktivitäten

Die Landschaften Kanadas sind zweifellos jedes Naturbildbands würdig, doch bei dieser Wildnis geht's angesichts allerlei Outdoor-Aktivitäten nicht bloß um Schönheit – hier sind auch Bewegungsmöglichkeiten en masse geboten! Dazu gehören wandern, Kajak oder Rad fahren und klettern. Im ganzen Land sind unzählige Anbieter den Urlaubern nicht nur behilflich, selbst in die entlegensten Gebiete zu gelangen, sondern sie statten sie auch gleich noch mit der passenden Ausrüstung aus.

Skifahren & Snowboarden

Beste Abfahrten

- *Whistler-Blackcomb, Whistler, BC*
- *Le Massif, Baie St-Paul, Québec*
- *Sunshine Village, Banff, Alberta*
- *Big White, Kelowna, BC*
- *Fernie Alpine Resort, Fernie, BC*

Irgendwie hat es den Anschein, als wäre in Kanada so ziemlich jeder der geborene Skifahrer. Reisende finden hier einige der renommiertesten Wintersportorte der Welt vor; zu den Topdestinationen zählen die Provinzen British Columbia (BC), Alberta und Québec. Aber es lohnt sich auch, einfach einmal ein paar Einheimische zu fragen, wo sie sich auf die Piste stürzen. Auf jedes protzigen Nobelresort kommen nämlich zig kleinere Orte, in denen die Bedingungen zum Skifahren oft sogar noch besser sind und den Gästen zudem ein besonders herzlicher Empfang bereitet wird.

Die Provinz Québec tut sich mit einigen tollen Pisten hervor, die überaus praktisch gleich in der Nähe der Städte liegen – Le Massif, nicht weit entfernt von Québec (Stadt), bietet beispielsweise eine Abfahrt mit 770 m Höhenunterschied. Die meisten dieser tiefer gelegenen Ferienorte wie Mont-Tremblant liegen mit dem Auto nicht einmal eine Stunde von Québec (Stadt) und Montréal oder auch eine Tagesfahrt von Toronto entfernt. Die Skigebiete in den östlichen Gemeinden Québecs können mit sogenannten *gladed runs* aufwarten – Pisten, die durch einen Wald führen, dessen Baumbestand ausgedünnt wurde.

Wer in Richtung Westen fährt, stößt auf hohe Berge und ein weitläufiges, alpines Terrain. Hier kann man in Whistler-Blackcomb sagenhafte Abhänge hinunterbrettern; der Ort bietet die steilste Piste und das abwechslungsreichste und herrlichste Skigebiet in ganz Nordamerika. Auch in den Kanadischen Rockies besteht die Möglichkeit, in wahren Postkartenidyllen Ski zu fahren, wobei Sunshine im Banff National Park wohl am schönsten ist.

Im Okanagan Valley in British Columbia machen Ferienorte wie Apex und Big White Jahr für Jahr mit hervorragenden Wintersportbedingungen von sich reden – die Schneedecke ist dort 2 bis 6 m oder mehr dick; wie hoch der Schnee liegt, hängt davon ab, wie nah der jeweilige Urlaubsort am Pazifik liegt. Der tiefste Pulverschnee der Welt türmt sich jedenfalls in der Region Kootenay in British Columbia. In den dortigen Skigebieten Nelson's Whitewater, Rossland's Red Mountain oder auch im Fernie's Alpine Resort kommen Skifahrer immer voll auf ihre Kosten.

Langläufer finden in **Canmore** (www.canmorenordic.com) in Alberta beliebte Loipen vor, die noch von den Olympischen Winterspielen 1988 in Calgary stammen. Weitere Informationen und Links zur Skiszene in Kanada siehe auf der Website des **Canadian Ski Council** (www.skicanada.org).

HOCKEY – DIE LEIDENSCHAFT DER NATION

Die Kanadier sind nicht zimperlich, wenn es um Eishockey geht. Sie spielen knallhart – und sie spielen gut. Und falls sie doch mal nicht gut spielen, dann werden sie angefeuert, als täten sie es.

Grassroots Hockey – auch bekannt unter dem Begriff „Teichhockey" – wird in den Gemeinden des ganzen Landes allabendlich auf zugefrorenen Tümpeln gespielt. Alles, was man braucht, um seinen Enthusiasmus in die Tat umzusetzen, sind ein Puck, ein Hockey-Schläger – und ein paar Freunde, die mitmachen.

Wer lieber zuschaut als spielt, kommt in Vancouver, Edmonton, Calgary, Toronto, Ottawa, Winnipeg und Montréal auf seine Kosten, denn alle diese Städte haben **NHL-Teams** (www.nhl.com), die so anständig draufhauen, dass auch mal ein Zahn flöten geht. Doch auch weniger renommierte Profi- und Jugend-Hockeyclubs locken jede Menge fanatische Fans in die stets knallvollen Stadien; welche lokalen Teams die Schläger schwingen, verraten die **Canadian Hockey League** (www.chl.ca) und die **American Hockey League** (www.theahl.com).

Wandern & Trekken

Um in Kanada zum Wandern zu gehen, muss man kein großer Bergsportler sein. Es gibt hier zwar eine Fülle von mehrtägigen Touren für Leute, die bloß mit einem Schweizer Messer ausgerüstet durch die Wildnis streifen wollen, aber auch eher unambitionierten Urlaubern, die einfach gern einmal gemütlich einen See umrunden und ihre Tour in einer Kneipe ausklingen lassen möchten, bieten sich zahllose schöne Gelegenheiten.

Als Wanderhochburg des Landes gilt der Banff National Park. Er ist von Trails durchzogen, die zu sagenhaften Aussichtspunkten führen – und die ambitionierten wie auch gemütlichen Outdoor-Abenteurern zugänglich sind. Am Lake Louise beispielsweise kann man durch dichte Fichten- und Kiefernwälder wandern und dann zu den Alpenwiesen mit vielen wilden Blumen aufsteigen, die von zerfurchten Gletschern und tiefblauen Seen umgeben sind.

In British Columbia mit seinem **Provinzparksystem** (www.bcparks.ca) haben Wanderfreunde die Qual der Wahl unter mehr als 100 Parks mit jeweils ganz charakteristischer Landschaft. Besonders schön sind der Garibaldi Park mit seinen uralten Vulkanen (nicht weit von Whistler entfernt) und der Mt. Robson Park mit dem beliebten alpinen Berg Lake Trail. Und wer sich in British Columbia aufhält, sollte natürlich auch der Nordküste von Vancouver einen Besuch abstatten und dort den Grouse Grind Trail begehen; er führt steil durch die Wälder und ist deshalb auch unter dem Namen „Mother Nature's Stairmaster" bekannt. Der großartige, 75 km lange **West Coast Trail** (www.westcoasttrail.com) im Pacific Rim Park auf Vancouver Island ist zweifellos einer der landesweit atemberaubendsten. Er verbindet traditionelle First Nations Trails mit Pfaden, die Überlebende von Schiffsbrüchen benutzt haben.

Im Osten des Landes ziehen sich wunderschöne Trails durch die Landschaft. Im südlichen Ontario führt der **Bruce Trail** (www.brucetrail.org) von den Niagarafällen nach Tobermory. Er ist der älteste und mit über 850 km auch längste durchgehende Wanderweg Kanadas. Obwohl einige Abschnitte in der Nähe von Städten wie Hamilton und Toronto liegen, ist er erstaunlich beschaulich. Im Cape Breton Highlands National Park bietet sich Gelegenheit, herrliche Wanderungen an der spektakulären Küste zu unternehmen. Auch die Trails in Newfoundland ermöglichen herrliche Wanderungen am Meer entlang, bei denen man sogar oft Wale zu sehen bekommt. Der **East Coast Trail** (www.eastcoasttrail.ca) auf der Avalon Peninsula ist für seine herrliche Aussicht besonders berühmt.

Top-Tageswanderungen

Lake Louise, Banff, Alberta

Skyline Trail, Cape Breton Highlands, Nova Scotia

Stanley Park, Vancouver, BC

Bruce Trail, Ontario

Doch auch die Städte sollte man nicht vergessen: Die bedeutendsten Metropolen Kanadas können alle mit Wandertouren durch die Stadtlandschaften aufwarten – eine tolle Möglichkeit, die jeweilige Gemeinde kennenzulernen! Am besten zieht man sich also seine Laufschuhe an und spaziert oder joggt mit den Einheimischen durch den Parc du Mont Royal in Montréal oder durch den herrlichen Stanley Park von Vancouver, wo sich die malerische Kaimauer neben hoch in den Himmel ragenden Bäumen und dem Ozean entlangzieht.

Kanu- & Kajakfahren

Top-Paddelstellen

- South Nahanni River, Northwest Territories
- Witless Bay, Newfoundland
- Gwaii Haanas National Park Reserve, BC

Die kanadische Arktis, die Heimat des Kajaksports, ist immer noch etwas Besonderes: Bei einer Tour durch die Fjorde von Ellesmere Island kann man im kurzen Sommer Narwale und Walrosse beobachten. Weiter südlich gleitet man im Gwaii Haanas National Park Reserve in British Columbia an alten Wäldern und Totempfählen vorbei. Oder man beobachtet Orcas, die in der Johnstone Strait im Meer tollen. Die Ostküste hat unendlich viele Kajakabenteuer zu bieten. Paddler in der Witless Bay oder in Gros Morne, Newfoundland, werden oft von Walen begleitet.

Ist der Terminplan eng und bleibt nicht viel Zeit für mehrtägige Odysseen, bieten sich dennoch zahlreiche Möglichkeiten, ohne großen Aufwand die gewünschte Dosis Paddelsport abzubekommen. Großstädte wie Vancouver und Victoria in British Columbia offerieren Exkursionen und Unterricht gleich in der Umgebung, während Sunshine Coast und Salt Spring Island, ebenfalls in der Provinz British Columbia, mit spannenden Felsküsten, aber auch beschaulichen Fjorden aufwarten können.

So alt wie der Kajaksport und ebenso typisch kanadisch ist das Kanu. Erfahrene Paddler können einen der 33 **Canadian Heritage Rivers** (www.chrs.ca) in Angriff nehmen. Zu den schönsten zählen der Nahanni-River (bei Fort Simpson) in den Northwest Territories sowie der French-River (bei Sudbury) in Ontario.

Mountainbiken & Radfahren

Beste Radtouren

- Confederation Trail, PEI
- Kettle Valley Rail Trail, Kelowna, BC
- North Shore, Vancouver, BC
- Route Verte, Québec

Mountainbiken steht in Kanada hoch im Kurs. Während in Europa Fahrradfans in der Stadt herumkurven oder auf beschaulichen Radwegen an Flüssen entlangfahren, sieht man sie in Kanada oft völlig verdreckt einen Berghang hinunterbrettern. Aber klar – bei dieser Landschaft war es nur eine Frage der Zeit, bis die Radfahrer die befestigten Wege verlassen würden.

Wer es langsam angehen möchte, fängt am besten mit dem **Kettle Valley Rail Trail** (www.kettlevalleyrailway.ca) in der Nähe von Kelowna (British Columbia) an. Dieses spannende Teilstück eines umfunktionierten Bahndamms verläuft über malerische Gerüstbrücken aus Holz und durch Canyon-Tunnels.

Der Adrenalinstoß darf ruhig etwas heftiger ausfallen? Auch gut. In der North Shore-Region von Vancouver können Mountainbiker auf einer erheblich schmaleren und steileren Gerüstbrücke herumkurven. Als

ANGELN

Der Angelsport hat in Kanada eine lange Tradition, die auf die Pioniere und natürlich auf die indigene Bevölkerung zurückgeht. Und die Chancen, einen Zander, einen Hecht, eine Regenbogen- oder Seeforelle an den Haken zu kriegen, stehen auch wirklich gut. Zu den besten Angelrevieren zählen Lunenburg in Nova Scotia und der Miramichi-River in New Brunswick. An der Pazifikküste locken Lachse, aber es macht auch Spaß, an Bord eines hiesigen Fischkutters zu gehen und bei Haida Gwaii dem Hochseefischen zu frönen – und ein derartiges Prachtexemplar zu angeln, dass man damit noch jahrelang prahlen kann.

INFOS IM INTERNET

Parks Canada (www.pc.gc.ca) Alles zu allen Nationalparks.

Alpine Club of Canada (www.alpineclubofcanada.ca) Klettern und Bergsteigen.

Canada Trails (www.canadatrails.ca) Wandern, Radfahren und Skilanglauf.

Canadian Ski Council (www.skicanada.org) Skifahren und Snowboarden.

Paddling Canada (www.paddlingcanada.com) Kajak- und Kanufahren.

Geburtsort des Freeride-Mountainbiken – einer Mischung aus Abfahrt und Dirt-Jumping, d.h. Sprüngen über Erdhügel – bietet diese Gegend auch einzigartige Innovationen: Fahrten auf erhöhten Brücken, Baumstämmen und schmalen Planken über nassem Unterholz. Ein ähnliches Angebot wartet in Whistler, wo sich nach der Schneeschmelze die Skipisten in einen Bike-Park verwandeln, der jedes Jahr Tausende Radsportler anlockt – und zwar vor allem während des **Crankworx Mountain Bike Festival** (www.crankworx.com/whistler), das alljährlich im Juli stattfindet.

Für Straßenradfahrer ist Kanadas Ostküste ideal, da es hier mehr kleine Städte gibt und weniger einsam ist. Man kann Tagesausflüge oder Mehrtagestouren machen. Schön ist es rund um den Lac St. Jean in Québec; lohnend ist aber auch jeder andere Teil der 4000 km langen **Route Verte** (www.routeverte.com), des längsten Fahrradwegenetzes in Amerika. Die ländlichen roten Straßen der Prince Edward Island und der **Confederation Trail** (www.tourismpei.com/pei-cycling) sind ebenfalls herrlich.

Klettern

Die vielen einladenden Klippen, die Besucher während ihrer Kanadareise zu sehen bekommen, lassen schon ahnen, dass dieses Land die ideale Destination für Freunde des Klettersports ist – es locken kurze Kletterpartien, aber auch Kletterrouten von mehreren Tagen Länge.

Die Region Squamish in British Columbia zwischen Vancouver und Whistler gilt als eine der Kletterhochburgen des Landes mit Dutzenden gut erreichbaren – und auch weniger gut erreichbaren – Gipfeln. Einen prima Einstieg in die Szene ermöglicht **Squamish Rock Guides** (www.squamishrockguides.com). Canmore bei Banff eignet sich ideal für Kletterer aller Leistungsniveaus. Wer auf ein absolut unvergessliches Abenteuer aus ist, der sollte den Cirque of the Unclimbable in den Northwest Territories ganz weit oben auf seine Liste setzen. Und wen es in Kanadas Osten verschlagen hat, der findet in der Provinz Ontario auf der Bruce Peninsula das reinste Eldorado für Klettersportler vor.

Wer sich eher fürs Bergsteigen interessiert, dem seien die Rockies als erste Anlaufstelle empfohlen. **Yamnuska** (www.yamnuska.com) ist eines von zahlreichen Unternehmen, die Eisklettern, Skibergsteigen und andere Klettertouren in dieser Region anbieten. Der Mt. Assiniboine in British Columbia ist das Matterhorn Kanadas; der Berg ragt zwischen den beiden Nationalparks Kootenay und Banff auf. Weitere Klassiker im Westen warten beispielsweise in der Provinz Alberta mit dem Mt. Edith Cavell in Jasper sowie in der Provinz British Columbia mit dem Mt. Robson, dem Mt. Sir Donald in den Rockies und dem Garibaldi Peak im Garibaldi Provincial Park, nicht weit von Whistler entfernt. Wer einen Guide anheuern möchte, wendet sich an den hervorragenden **Alpine Club of Canada** (www.alpineclubofcanada.ca).

Top-Kletterwände

The Chief, Squamish, BC

Canmore, Alberta

Pont-Rouge, Québec

Skaha Bluffs, Okanagan Valley, BC

Bugaboo Spire, near Golden, BC

Surfen & Windsurfen

Wer plant, auf seiner Kanadareise auch ein paar Tage am Strand herumzuhängen, sollte der wilden Westküste von British Columbia einen

Top-Surf- & Windsurf-Spots

- *Tofino, Vancouver Island, British Columbia*
- *Lawrencetown, Nova Scotia*
- *Nitinat Lake, Vancouver Island, British Columbia*
- *Magdalen Islands, Québec*
- *Howe Sound, Squamish, British Columbia*

Besuch abstatten, genauer gesagt Vancouver Island mit seinen Stränden rund um Tofino. Surfschulen und Unternehmen, die die entsprechende Ausrüstung verleihen, gibt es in dieser Gegend zuhauf, und auf den Wahnsinnswellen herumzuflitzen, ist wirklich ein tolles Erlebnis – wenn man nicht lieber am Sandstrand faulenzend anderen dabei zuschaut. Jedenfalls ist das vor der Kulisse des grünen Regenwalds gelegene Tofino ein idyllischer Flecken Erde, um ein paar schöne Tage zu verbringen.

Hauptsaison ist hier von Juni bis September, ambitionierte Surfer kommen aber auch gern im Winter, um es mit den tosenden Wellen aufzunehmen. **Surfing Vancouver Island** (www.surfingvancouverisland.com) gibt einen Vorgeschmack, womit zu rechnen ist.

An die 6000 km entfernt kann auch die Ostküste von Nova Scotia mit einigen sagenhaften Wellen aufwarten. Die Hurrikan-Saison (Aug.–Nov.) an der Südküste der USA beschert den Kanadiern rasante, steile Breaks und riskante Right und Left Point Breaks sowie Reef und Shoal Breaks im offenen Meer bei Lawrencetown, unweit von Halifax, und an der gesamten Südküste. Ein paar Surfschulen gibt es hier auch. **Scotia Surfer** (www.scotiasurfer.com) hält Informationen bereit.

Windsurfer setzen die Segel am Howe Sound in Squamish (British Columbia) und rund um die Îles de la Madeleine, einer kleinen Inselgruppe im St.-Lorenz-Golf in der Provinz Québec.

Tierwelt

Ob zu Land, im Wasser oder in der Luft – Kanada ist voller sehr fotogener Geschöpfe. Beinahe könnte man meinen, versehentlich in einem Safaripark gelandet zu sein. Und die Rede ist hier nicht von Kleinvieh: Zu bestaunen sind Grizzly- und Eisbären, Elche und Weißkopfseeadler, und von der Küste aus kann man riesige Wale bewundern. Reserveakkus für die Kamera sind also dringend zu empfehlen!

Grizzlybären & Schwarzbären

Ursus arctos horribilis, Nichtlateinern (oder Nichtmehrlateinern) besser bekannt als Grizzlybär, lebt in den höheren Lagen der Rocky Mountains in British Columbia und Alberta. Die bedrohte Art mit dem charakteristischen Schulterbuckel und der labradorähnlichen Schnauze ist aufgerichtet bis zu drei furchteinflößende Meter hoch. Grizzlys sind Einzelgänger und haben – bis auf den Menschen – keine natürlichen Feinde. Normalerweise ernähren sie sich von Beeren und Pflanzen, genießen aber gelegentlich auch einen Happen Elch oder Karibu – oder frischen Lachs. Wichtig: Man darf sich niemals einem Bären nähern, und in einsamen Gegenden sollte man sicherheitshalber nur in Gruppen unterwegs sein.

1994 wurde bei Prince Rupert an British Columbias Küste das Khutzeymateen Grizzly Bear Sanctuary eingerichtet. Ein paar Anbieter von Ökotouren sind berechtigt, die über 50 Grizzlys des 45 000 ha großen Schutzgebiets zu beobachten.

Verwirrenderweise sind Grizzlys sowohl braun als auch schwarz, während ihre kleineren und weiter verbreiteten Verwandten, die Schwarzbären, üblicherweise braun sind. Kanada ist die Heimat von etwa 0,5 Mio. Schwarzbären, und sie kommen eigentlich im ganzen Land vor, mit Ausnahme von Prince Edward Island, dem südlichen Alberta und dem südlichen Saskatchewan. Im Norden von British Columbia sowie in den Nationalparks Banff und Jasper kann man überraschend häufig Schwarzbären selbst vom Highway aus dabei zusehen, wie sie sich an Beeren und Löwenzahn gütlich tun.

Die einzigen Schwarzbären mit weißem Pelz der Welt streifen durch den Norden von British Columbia. Ihre unübliche Farbe verdanken sie einem rezessiven Gen. Die ca. 400 sogenannten Kermodebären (auch „Geisterbären" genannt) leben in der Regel in küstennahen Gebieten.

Beste Orte zur Bärenbeobachtung

Churchill, Manitoba – Eisbären

Khutzeymateen Grizzly Bear Sanctuary, Prince Rupert, BC – Grizzlybären

Icefields Parkway, Alberta – Schwarzbären

Lake Louise Gondola – Grizzlybären

Eisbären

Als wildestes Mitglied der Bärenfamilie hat der Eisbär ein Geburtsgewicht von weniger als 1 kg, wiegt aber ausgewachsen 600 kg oder mehr. Die besten Beobachtungsmöglichkeiten bieten sich von Ende September bis Anfang November in Churchill an der Hudson Bay (Manitoba). Über die dortige Tundra trotten ca. 900 der rund 20 000 auf unserem Planeten noch existierenden Eisbären – denn dies ist eines ihrer wichtigsten Reviere.

Man sollte sich den Tieren auf gar keinen Fall nähern: Die Bären sehen in Menschen eine Art wandelndes Filet Mignon und im Gegensatz zu Grizzlys und Schwarzbären machen Eisbären gezielt Jagd auf Zweibeiner!

ROBERTA OLENICK / GETTY IMAGES ©

Oben Wapiti, Jasper National Park (S. 649)

Unten Grizzlybär, British Columbia

Elche

Elche knabbern in ganz Kanada an Büschen. Sie gehören zur Familie der Hirsche, sind aber wesentlich größer als ihre Verwandten. Ein mächtiger Rumpf, dünne, ballerinaartige Beine und ein Gewicht von über 500 kg – Elchbullen sind wahrhaft imposante Erscheinungen. Die Tiere ernähren sich von Zweigen und Blättern. Trotz ihrer etwas unförmigen Gestalt können sie bei Bedarf ungemein schnell unterwegs sein: Elche erreichen auf festem Untergrund Geschwindigkeiten von bis zu 56 km/h und schwimmen zudem so schnell wie ein Kanu mit zweiköpfiger Paddlerbesatzung.

Die Bullen entwickeln jeden Sommer gewaltige Geweihe, die sie im Januar oder Februar des folgenden Jahres wieder abwerfen. In der Nähe von Seen, Mooren und Wasserläufen kann man grasende Elche beobachten – ebenso in den westlichen Gebirgswäldern der Rocky Mountains oder des Yukon Territory. Den wohl größten Elchbestand nennt Newfoundland sein Eigen: Erst 1904 importierte die Provinz vier Tiere und entließ sie in die Wildnis. Nach ihrer Auswilderung vermehrten sie sich auch dank dem guten Futter so stark, dass heute 120 000 „Bullwinkles" durch die regionalen Wälder ziehen.

Elche sind nicht unbedingt aggressiv, aber dennoch bleiben sie unberechenbar, und man sollte sie nicht erschrecken. In der Paarungszeit (Sept.) können die Männchen angriffslustig werden, ebenso wie eine Elchkuh mit Jungen – dann unbedingt ausreichend Abstand halten!

Beste Orte zur Elchbeobachtung

- Northern Peninsula, Neufundland
- Cape Breton Highlands National Park, Nova Scotia
- Algonquin Provincial Park, Ontario
- Maligne Lake, Jasper National Park, Alberta
- Kananaskis, Alberta

Wapitis, Hirsche & Karibus

Elche sind nicht die einzigen Tiere, die während der Brunftzeit ein verändertes Verhalten an den Tag legen. Von männlichen Wapitis weiß man, dass sie während dieser Zeit im Jasper National Park gelegentlich Autos attackieren, weil sie die Lichtreflexe auf der Karosserie für die Zeichen eines Rivalen halten. Das geschieht aber wirklich selten; normalerweise ist Jasper einer der besten Orte, um die Tiere aus der Nähe zu beobachten und zu fotografieren.

Das Verbreitungsgebiet der Wapitis und Weißwedelhirsche reicht von Cape Breton (Nova Scotia) bis zum Great Slave Lake (Northwest Territores). Als ihr größerer Verwandter ist das Rentier – in Kanada als Karibu bekannt – insofern ungewöhnlich, dass Männchen wie Weibchen mächtige Geweihe tragen. Grönland-Rentiere *(barren-ground caribous)* ernähren sich von Flechten. Den größten Teil des Jahres bevölkern sie die Tundra zwischen Baffin Island und Alaska. Weiter südlich leben Wald-Rentiere *(woodland caribous)*, deren größte Herden teilweise durchs nördliche Québec und Labrador traben. Auch Besucher der Gebirgsnationalparks von British Columbia und Newfoundland bekommen diese Karibu-Art oft zu Gesicht. 2009 setzte die kleine Herde im Banff National Park eine Lawine in Bewegung, die schlussendlich die komplette Population ausradierte. Auch bekannt als Rentier ziert das Karibu die kanadische 25-Cent-Münze.

Wale

Vor Kanadas gesamter Atlantikküste leben über 22 Wal- und Tümmlerarten. Die fischreichen Gebiete haben auf die Meeressäuger dieselbe Lockwirkung wie Donuts auf Homer Simpson. Zu den Highlights gehören z. B. Buckelwale, die durchschnittlich 15 m lang und 36 t schwer werden – ein ganz schönes Gewicht, das sie beim neckischen Springen, Auftauchen und Hochschießen aus dem Wasser stemmen müssen. Mit einem geschätzten Bestand von 350 Tieren ist der Atlantische Nordkaper die bedrohteste Walart der Welt. Eine Länge von 25 m und gute 100 t Gewicht machen den mächtigen Blauwal zum größten Säugetier des

Beste Orte zur Walbeobachtung

- Witless Bay, Neufundland
- Digby Neck, Nova Scotia
- Victoria, BC
- Tofino, BC
- Tadoussac, Québec
- Cabot Trail, Nova Scotia

Planeten. Finnwale sind nicht viel kleiner und leicht an ihrer asymmetrischen Kieferzeichnung (rechts: weiß oder gelblich, links: schwarz) zu erkennen. Da wäre auch noch der maximal 10 m lange Zwergwal, der sich oft Booten nähert und deren Passagiere ebenfalls mit spielerischen Kunststücken erfreut. Whale-Watching-Touren werden überall in der Region angeboten.

Kanadas Westküste ist für Orcas, Grau- und Buckelwale berühmt. Als einziges Meereslebewesen hat der Orca (Killerwal) außer dem Menschen keine natürlichen Feinde. Seinen Zweitnamen verdankt er der Tatsache, dass er sich u. a. von Seehunden, Belugas und anderen Walen ernährt. Sein stromlinienförmiger Körper mit der typischen schwarz-weißen Zeichnung und seine unglaubliche Geschwindigkeit (bis zu 40 km/h) macht den Orcas zum Ferrari der Wasserwelt. Im Sommer tummeln sich Orcas rund um Vancouver Island und dort vor allem in der Strait of Juan de Fuca. Oftmals kann man die Tiere sogar schon von den Decks der BC-Fähren sehen.

Als eine der kleinsten Walarten gleiten Belugas durchs Nordpolarmeer: Im Durchschnitt werden Weißwale maximal 4 m lang und ca. 1 t schwer. Die mitteilsamen Zeitgenossen quieken, stöhnen und pfeifen, während sie in engen Familienverbänden umherziehen. In Churchill (Manitoba) kann man sie bei Kajak- bzw. Bootsausflügen beobachten oder ihnen im Neonprenanzug schnorchelnd Gesellschaft leisten.

Vögel

Beste Orte zur Vogelbeobachtung

- *Cape St. Mary's, Neufundland*
- *Point Pelee National Park, Ontario*
- *Witless Bay, Neufundland*
- *Grand Manan Island, New Brunswick*
- *Brackendale, BC*

In Kanadas Lüften sind 462 Vogelarten zu Hause, wobei Ontario und British Columbia den größten Reichtum an Spezies aufweisen. Deren berühmtester Vertreter ist der Eistaucher, Kanadas Nationalvogel. Der klagende, aber schöne Schrei dieses Wasservogels schallt in der Wildnis oft frühmorgens oder spätabends über stille Seen. Und wozu all das Geflatter? Nun, als Kanadagans legt man damit bis zu 1000 km pro Tag zurück. In ihrer typischen V-Flugformation haben einige dieser Gänse die Strecke vom nördlichen Québec bis in die USA schon an einem einzigen Tag geschafft!

Landesweiter Herrscher des Himmels ist der Weißkopfseeadler, dessen Flügelspannweite über 2 m betragen kann. Zu den besten Beobachtungsplätzen zählt z. B. Brackendale bei Squamish (British Columbia), wo im Winter bis zu 4000 Adler brüten. Ebenfalls toll sind der Bras d'Or Lake auf Cape Breton Island (Nova Scotia) sowie die West- und Ostküste von Vancouver Island (British Columbia).

Seevögel brüten in Kanadas Atlantikprovinzen, u. a. Tordalken, Dreizehenmöwen, Küstenseeschwalben, Trottellummen und natürlich auch Papageitaucher, die ihre Nester vor allem in Neufundland bauen: Wie sollte man diese niedlichen kleinen Kerle nicht mögen? Man erkennt sie an ihrem schwarz-weißen Federkleid und dem orangefarbenen Schnabel – und an ihrem watschelnden Gang, dem unverwechselbaren Merkmal der Vögel. Bis zu 1 Mio. Tiere füllen die Seevogelkolonien mit ohrenbetäubendem Geschrei und strengem Geruch. Der Anblick ist dennoch unvergesslich. Die attraktivsten Ziele für Hobbyornithologen sind Grand Manan Island (New Brunswick) sowie die Witless Bay und das Cape St. Mary's unweit von St. John's Newfoundland auf der Avalon Peninsula. Bevor die Vögel ihre Winterreise antreten, lassen sie sich von Mai bis August am besten erspähen.

Die kanadische Küche

Die kanadische Küche ist vor allem eines: vielseitig. Die jahrhundertelange Einwanderungsgeschichte des Landes zeigt sich in einem bunten Potpourri von Esskulturen. Poutine, Montréal-Bagel, Dörrlachs und Piroggen kämpfen um die Gunst der Leckermäuler. Wer es edler mag, dem bieten Montréal, Toronto und Vancouver schicke Restaurantszenen. Darüber hinaus haben die verschiedenen Regionen des Landes die einzigartigen Zutaten wiederentdeckt, die vor ihren Haustüren wachsen oder hergestellt werden, und bringen unverwechselbare Meeresfrüchtegerichte, von Hand hergestellten Käse und diverse andere köstliche Erzeugnisse auf die Speisekarten.

Regionale Gerichte

Spezialität der Seeprovinzen im Osten ist Hummer, gekocht und mit ein bisschen Butter serviert. Den besten gibt es auf den sogenannten Küchenpartys auf Prince Edward Island, die in Gemeindesälen stattfinden. Die Wartezeit lässt sich mit saftigem Kartoffelsalat und herzhaften Meeresfrüchten versüßen – aber bloß genug Platz lassen für die Berge von Obstkuchen, die einen zum Nachtisch erwarten!

Nebenan in Nova Scotia erwarten Besucher butterweiche Digby-Jakobsmuscheln und herzhafte Lunenberg-Wurst, während im nahe gelegenen Newfoundland und Labrador mit Vorliebe sättigende Dorschbacken und Eismeerkrabben verspeist werden. Gegen den ganz großen Hunger hilft ein Stück Robbenpastete, ein Gericht, das man wohl nicht so schnell vergisst.

Québec ist der weltweit größte Hersteller von Ahornsirup. Jährlich werden dort etwa 25 Mio. Liter des süßen Pfannkuchenbegleiters produziert. Ohnehin hat in der französisch geprägten Provinz Québec gutes Essen einen sehr hohen Stellenwert: So wird die Lebensfreude beispielsweise mit vierstündigen Abendessen samt Wein und gepflegten Gesprächen zelebriert.

Montréal, der Kosmopolit der Provinz, beansprucht schon lange den Status der Gourmethauptstadt Kanadas für sich. Dabei beschränkt sich das Angebot nicht nur auf gehobene Küche; es kommt auch deftige Erbsensuppe auf den Tisch, und auf den betriebsamen Märkten werden exquisiter Käse und leckere Pasteten verkauft. Außerdem wartet noch das inoffizielle Nationalgericht Poutine darauf, die Arterien der Esser zu begeisterten Fans zu machen. Und *last, not least* gibt es feinste Sandwiches mit Räucherfleisch, bei deren Größe akute Kieferschmerzen beim Verzehr nicht auszuschließen sind.

Ontario – besonders Toronto – ist ein Mikrokosmos der facettenreichen Küche Kanadas. Wie in Québec ist supersüßer Ahornsirup allgegenwärtiger Begleiter, ob nun bei dekadenten Desserts wie Beavertails, einer Art süßer Krapfen, oder handtellergroßen Frühstückspfannkuchen. Weiter südlich auf der Niagara-Halbinsel, einem Weinanbaugebiet, gibt es Restaurants, die moderne Kochtechniken mit traditionellen Zutaten aus der Region, beispielsweise Fisch aus den Great Lakes, kombinieren.

Nunavut weit oben jenseits des nördlichen Polarkreises ist Kanadas jüngstes Territorium. Das Essen der Inuit hat hingegen eine lange Tradi-

Feste & Events

International Shellfish Festival, Prince Edward Island (www.peishellfish.com)

Shediac Lobster Festival, New Brunswick (www.shediaclobsterfestival.ca)

Feast Tofino British Columbia (www.feasttofino.com)

Ribfest, Ontario (www.canadaslargestribfest.com)

Festival des Fromages Fins, Québec (www.festivaldesfromages.qc.ca)

tion und garantiert Experimentierfreudigen ein echtes kulinarisches Abenteuer. Zu den regionalen Spezialitäten gehören gekochte Robbe, roher, gefrorener Saibling und Maktaaq, kleine Häppchen Walhaut, die im Ganzen heruntergeschluckt werden. Serviert werden die Gerichte in ein paar wenigen Restaurants, am besten freundet man sich jedoch einfach mit Einheimischen an – vielleicht wird man dann zu ihnen nach Hause zum Essen eingeladen.

Die zentralkanadischen Provinzen Manitoba, Saskatchewan und Alberta haben wiederum ihr ganz eigenes kulinarisches Erbe. Alberta, Heimat von Kanadas Cowboys, ist die Rindfleischmetropole des Landes; die erstklassigen Steaks aus der Provinz findet man auf den Speisekarten führender Restaurants im ganzen Land. Werden einem hier „Prärieaustern" *(prairie oysters)* angeboten, sollte man – am besten vor dem Probieren – wissen, dass damit Stierhoden gemeint sind. Sie werden auf verschiedene Weisen zubereitet, die wohl von der eigentlichen Grundzutat ablenken sollen. In den Rockies wird's wilder: Man kann hier Elch, Bison und sogar Wapiti essen.

Beim Nachbarn Manitoba lassen sich alte osteuropäische Einflüsse identifizieren. Ukrainische Hausmannskost hat im Schlepptau der Einwanderer in Form von deftigen Piroggen und dicken, würzigen Würsten ihren Weg auf den Speiseplan gefunden. Als Nächstes geht es dann in die Prärie, ins süße Saskatchewan. Üppiger Obstkuchen ist der wohl leckerste Beitrag der Provinz zur kulinarischen Landschaft, besonders wenn er mit den herben Saskatoon-Beeren zubereitet ist.

Im fernen Westen dienten den Einwohnern von British Columbia traditionell die See und das fruchtbare Farmland im Landesinneren als Nahrungsquelle. Die Pfirsiche, Kirschen und Blaubeeren aus dem Okanagan Valley sind von der sommerlichen Speisekarte kaum wegzudenken. In der Erntesaison sind die Früchte an Straßenständen in der gesamten Region erhältlich. Es sind jedoch in erster Linie Fisch und Meeresfrüchte, die Feinschmecker locken. Saftiger Wildlachs, leckere Austern von der Fanny Bay und butterweiche Jakobsmuscheln sind die Highlights in einem wahren Feinschmeckerparadies.

Bücher

Sugar Shack Au Pied de Cochon (Martin Picard; 2012)

On The Flavour Trail (Christabel Padmore; 2013)

Modern Native Feasts (Andrew George Jr.; 2013)

The SoBo Cookbook (Lisa Ahier & Andrew Morrison; 2014)

Duchess Bake Shop (Giselle Courteau; 2015)

Dinieren in den Städten

Fragt man in Toronto, Montréal oder Vancouver nach Kanadas kulinarischer Hauptstadt, wird man wahrscheinlich hören, dass man sie gerade gefunden hat. Doch auch wenn jede der drei Städte diesen Titel für sich beansprucht, sind ihre Stärken doch so unterschiedlich, dass sie sich vielmehr wunderbar zu einem mehrgängigen Menü ergänzen.

Für den kulinarischen Einstieg sorgt Montréal. Lange bevor eine neue Gastroszene das Steak-und-Kartoffelpüree-Image Kanadas verdrängte, galt die Stadt mit der feinsten Küche Nordamerikas französischer Prägung als Gourmetzentrum des Landes. Und diesen Titel überlässt sie nicht kampflos. Viele Küchenchefs genießen den Status von Rockstars und kombinieren alte Traditionen mutig mit originellen Ideen – das Resultat ist eine kreative Fusion-Küche. Zudem wartet hier ein echtes kulinarisches Fachpublikum, denn die Einwohner Montréals sind passionierte Restaurantbesucher, die sich in den verschiedenen Lokalen wie zu Hause fühlen – egal ob nun in gemütlich-historischem Ambiente, auf den lebhaften Terrassen der Rue St. Arthur oder in den schicken, hippen Restaurants in Plateau-Mont-Royal.

War Montréal für die Vorspeise zuständig, sorgt Toronto für den Hauptgang. Damit wird der Tatsache Tribut gezollt, dass die Stadt erst vor Kurzem den Sprung auf die kulinarische Bühne geschafft hat, weniger ihrem Bekanntheitsgrad. Auch in Kanadas zweitgrößter Stadt heißt das Zauberwort Fusion, allerdings geht man hier noch einen Schritt wei-

Blogs

National Nosh (www.thenationalnosh.blogspot.com)

Dinner With Julie (www.dinnerwithjulie.com)

Seasonal Ontario Food (www.seasonalontariofood.blogspot.com)

Vancouver Foodster (www.vancouverfoodster.com)

ter: Moderne asiatische Einflüsse – Ergebnis neuerer Einwanderungsströme – vereinen sich mit der europäischen Küche zu besonderen Kreationen. Bei der eindrucksvollen Anzahl von 7000 Restaurants fällt die Entscheidung, in welchem Gourmettempel man sein Geld lässt, gar nicht so leicht. Am besten guckt man sich ein bisschen um, wobei im Financial District und in Old York die größte Dichte von erstklassigen Edelrestaurants zu finden ist.

Bleibt für Vancouver das Dessert, wobei die gläserne Metropole an der Westküste zweifellos auch den Spitzenplatz verdient hätte. In den vergangenen Jahren haben sich hier einige der innovativsten Küchenchefs des Landes niedergelassen, inspiriert von dem vielfältigen Angebot, das die hiesige Speisekarte mit ihren einzigartigen Aromen und der kosmopolitischen, stark asiatisch geprägten Gesellschaft zu bieten hat. In edleren Gefilden wie Yaletown und Kitsilano ist ebenfalls Fusion das Gebot der Stunde. Allerdings wird auch erstklassige und authentische asiatische Küche geboten. Die besten Sushibars und Izakayas außerhalb Japans konkurrieren hier mit exzellenten vietnamesischen und koreanischen Lokalen.

Weinregionen

Viele ausländische Besucher – besonders diejenigen, die glauben, Kanada liege das ganze Jahr über unter einer dicken Schneedecke – überrascht es, dass hier Wein angebaut wird. Die Vorbehalte legen sich jedoch rasch nach dem ersten oder zweiten Glas. Kanadische Weine haben in den letzten Jahren zunehmend an Ansehen gewonnen. Da nur kleine Mengen produziert werden und die Industrie von anderen Weinregionen dominiert wird, werden kanadische Weine nie zu den globalen Marktführern gehören, aber auf einer internationalen Weinprobe könnten sie sich durchaus behaupten.

Bücher über Wein

Okanagan Wine Tour Guide (John Schreiner; 2012)

Crush on Niagara: (Andrew Brooks; 2010)

Wine Lover's Guide to Atlantic Canada (Moira Peters & Craig Pinhey; 2016)

Island Wineries of British Columbia (Gary Hynes; 2013)

Die regionale Weinkarte

Egal wie durstig man ist, das nächste Weinanbaugebiet ist in Kanada selten allzu weit entfernt. Wer also ein paar der Kellereien kennenlernen und die leckeren lokalen Rebsorten probieren möchte, kann problemlos eine kleine Weintour in seinen Reiseplan einbauen. Im Folgenden gibt es einen Überblick über die besten Anbaugebiete, von den gigantisch großen bis zu den winzig kleinen. Am besten bleibt man gleich den ganzen Sommer und besucht sie alle!

Okanagan Valley, British Columbia

Die Hügel der von Seen eingerahmten Region in British Columbia lohnen die fünfstündige Fahrt ab Vancouver. Auf die Weinberge verteilen sich über 100 Kellereien, die vom facettenreichen Klima profitieren, das sowohl frische Weiß- als auch kräftige Rotweine hervorbringt. Von Pinot Noir über Pinot Gris und Pinot Blanc bis zu Merlot und Chardonnay – hier ist mit Sicherheit für jeden Geschmack etwas dabei. Die meisten Besucher der Region schlagen ihr Quartier in Kelowna auf, der Weinhauptstadt des Okanagan Valley, und besichtigen anschließend renommierte Großkellereien wie Mission Hill, Quail's Gate, Cedar Creek und die Summerhill Pyramid Winery (ja, es ist tatsächlich eine Pyramide!). An viele der Weingüter sind ausgezeichnete Restaurants mit traumhaftem Ausblick angeschlossen.

Unter www.winebc.com gibt es weitere Infos zu den Weinanbaugebieten in BC und zu jährlichen Festen, außerdem stehen Karten zum kostenlosen Download bereit.

Wer mehr über Ontario wissen möchte, kann sich unter www.winesofontario.org kostenlos eine Karte und einen Weinführer herunterladen.

Niagara Peninsula, Ontario

In der malerischen Landschaft Ontarios mit ihren Landgasthöfen und zauberhaften alten Städten sind über 60 Kellereien ansässig, die mehr als drei Viertel der kanadischen Weine anbauen. Die Region teilt sich in das niedrig gelegene Gebiet rund um Niagara-on-the-Lake und das höher gelegene Niagara Escarpment. Das komplexe Zusammenspiel von Boden und Klima, das oft mit dem des Loire-Tals verglichen wird, eignet sich hervorragend für den Anbau von Chardonnay, Riesling, Pinot Noir und Cabernet-Franc. Zudem wird hier das Gros der kanadischen Eisweine hergestellt. Neben den größten Weingütern des Landes wie Inniskillin, Jackson-Triggs und Peller Estates sind hier auch kleinere Kellereien ansässig, so z. B. Magnotta und die Cave Spring Cellars.

Prince Edward County, Ontario

Nicht alle Weingüter Ontarios befinden sich in der Niagara-Region – das beweist dieses recht neue Anbaugebiet im Südosten der Provinz. Das Prince Edward County ist eine charmante Alternative, wenn man den Reisegruppen in den Hauptanbaugebieten entgehen will. In der Region wird traditionell Obst angebaut und in dem im Vergleich mit Niagara kühlen Klima gedeihen Rebsorten wie Chardonnay und Pinot Noir. Zu den interessantesten Weinkellereien gehören Closson Chase, Black Prince Winery und Grange of Prince Edward. Für Abwechslung in Ontario sorgen zudem weitere Anbaugebiete wie Pelee Island und Lake Erie North Shore.

Auf der Website von Wines of Canada (www.winesofcanada.com) werden Hunderte kanadische Weingüter vorgestellt.

Cantons de l'Est, Québec

Etwa 80 km südöstlich von Montréal beginnt diese idyllische Ackerbauregion Québecs mit ihren ruhigen Dörfern, grünen Wäldern, kristallklaren Seen und sich windenden Landstraßen. In den letzten Jahren haben sich vermehrt Weinkellereien zu den traditionellen Farmen gesellt, wobei das kalte Klima und der Boden in erster Linie die Rebsorten Riesling und Chardonnay hervorbringen. Die eigentlichen Spezialitäten der Region sind jedoch Eis-, Dessert- und Fruchtweine – wer es süß mag, ist hier also am richtigen Ort. Für wahre Gaumenfreuden sorgen dabei Kellereien wie Domaine Félibre, Vignoble de L'Orpailleur und Vignoble le Cep d'Argent.

Führendes Anbaugebiet von Québecs erweiterten Cantons de l'Est ist Montérégie, diese hügelige, ländliche Region voller Weinberge und Obstgärten und mit jeder Menge Ahornbäume. Hier gibt es zahlreiche Obstplantagen und eine dementsprechend große Auswahl an aromatischen Apfel- und Fruchtweinen. Angebaut werden auch alle möglichen roten und weißen Rebsorten, Spezialität der Region sind jedoch Roséweine. Zu den empfehlenswerten Kellereien gehören Domaine St.-Jacques, Les Petits Cailloux und Vignoble des Pins. Übrigens: In vielen Restaurants in Québec dürfen Gäste ihre eigenen Weine mitbringen – es lohnt sich also, ordentlich einzukaufen!

Wer mehr über Nova Scotias Weinregion erfahren möchte, findet Informationen – auch über Kurse und Festivals – unter www.winesofnovascotia.ca.

Nova Scotia

Die sechs kleineren Weinanbauregionen Nova Scotias erstrecken sich von der warmen Küstenlinie der Northumberland Strait bis zum grünen Annapolis Valley. Die etwa zwei Dutzend Weingüter liegen größtenteils nur ein paar Autostunden von Halifax entfernt. Die Region gehört zu den weltweit kältesten Anbaugebieten, so werden hier vor allem Weißweine produziert, darunter die einzigartige Rebsorte l'Acadie Blanc. Innovative Schaumweine sind die Spezialität der Provinz und der Fokus der verschiedenen Kellereien wie der exzellenten Benjamin Bridge Vineyards. Köstliche Tropfen stellen außerdem Gaspereau Vineyards, Jost Vineyards und Domaine de Grand Pré her.

Weinexperten Online

John Schreiner über Weine (www.johnschreiner.blogspot.com)

Dr. Vino (www.drvino.com)

Girl on Wine (www.girlonwine.com)

Weinfeste

Da in Kanada jede Menge Weinfeste stattfinden, lohnt es sich, seine Reise durch die Weinregionen mit den entsprechenden Daten abzustimmen. Schließlich sind diese geselligen Zusammenkünfte eine perfekte Gelegenheit, Land und Leute kennenzulernen.

In British Columbia ist es gar nicht so schwer, eines der drei wichtigsten Weinfeste – Daten findet man unter www.thewinefestivals.com – mitzuerleben. Wer keine Lust hat, die Stadt zu verlassen, begibt sich einfach im März zum Vancouver International Wine Festival (www.vanwinef est.ca).

Niagara in Ontario veranstaltet mehr als ein Event pro Jahr, um den Weinreichtum der Region zu würdigen. Erwähnenswert sind das New

Vintage Festival im Juni und das große Niagara Wine Festival im September. Weitere Hinweise findet man unter www.niagarawinefestival.com.

Weinkenner, die sich in Québec aufhalten, sollten auf keinen Fall die alljährliche Montréal Passion Vin (www.montrealpassionvin.ca) versäumen. Bei dieser noblen Veranstaltung werden seltene Jahrgänge zu wohltätigen Zwecken versteigert. In Magog-Orford im Osten findet im September die mehrtägige Fête des Vendanges (www.fetedesvendanges.com) statt; dort dreht sich alles um die regionale Küche und heimische Weine.

Auch Besucher der Ostküste kommen in puncto Wein auf ihre Kosten: In Nova Scotia wird ab Mitte September das Fall Wine Festival (www.mynslc.ca) ausgerichtet.

Praktische Informationen

Allgemeine Informationen

Arbeiten in Kanada

Arbeitsgenehmigung

In Kanada zu arbeiten, erfordert so gut wie immer eine gültige Genehmigung. Die ist eventuell nur recht schwer zu bekommen: Offene Stellen werden grundsätzlich zuerst an Kanadier vergeben. Zudem lassen sich Anträge nur mit der vorab erlangten Zusage eines kanadischen Arbeitsgebers stellen. Dieser braucht wiederum eine behördliche Erlaubnis, den Job an einen Ausländer vergeben zu dürfen. Ausgefüllte Antragsformulare sind bei der Visumabteilung einer kanadischen Auslandsvertretung in der eigenen Heimat einzureichen. Für bestimmte Jobs gilt diese Regelung jedoch nicht – Details hierzu liefert die **kanadische Einwanderungsbehörde** (Citizenship & Immigration Canada; www.cic.gc.ca).

Hotels, Bars, Restaurants und Resorts stellen mitunter Aushilfskräfte ein, ohne nach deren Genehmigung zu fragen. Dasselbe gilt für manche Bauunternehmer, Farmer und Forstbetriebe. Doch Vorsicht: Wer beim illegalen Arbeiten erwischt wird, sieht sofortiger Ausweisung aus Kanada entgegen!

Jobsuche

Deutsche und österreichische Studenten zwischen 18 und 30 Jahren dürfen am **Student Work Abroad Program** (www.swap.ca) teilnehmen. Ihre Schweizer Kommilitonen können sich an ähnliche Organisationen wenden. Nach erfolgreicher Anmeldung werden nicht verlängerbare Visa mit sechs- bis zwölfmonatiger Gültigkeit ausgestellt. Diese berechtigen landesweit zum Annehmen beliebiger Jobs. Die meisten „SWAPer" arbeiten als Servicekräfte in Restaurants oder Bars.

Auch Nichtstudenten zwischen 18 und 35 Jahren können über das Working Holiday Program von **International Experience Canada** (www.cic.gc.ca/english/work/iec) maximal einjährige Arbeitsferien in Kanada verbringen: Die kanadische Regierung unterhält entsprechende Abkommen mit mehreren Ländern (für Verzeichnis s. Website). Alle kanadischen Auslandsvertretungen beteiligen sich an dem Programm und liefern Infos dazu. Freie Plätze sind jedoch nur in begrenzter Anzahl vorhanden und werden in der Reihenfolge der Anmeldung vergeben.

PRAKTISCH & KONKRET

Maße & Gewichte In Kanada gilt offiziell das metrische System. Im praktischen Alltag werden jedoch oft angloamerikanische Maßeinheiten verwendet.

Radio & TV Die Canadian Broadcasting Corporation (CBC) betreibt das größte Radio- und Fernsehnetz des Landes. Hauptkonkurrent ist das CTV Television Network.

Rauchen Landesweit in allen Restaurants, Bars und anderen öffentlich zugänglichen Räumlichkeiten verboten.

Zeitungen & Zeitschriften Die landesweit am weitesten verbreitete Tageszeitung ist die *Globe and Mail* mit Sitz in Toronto. Unter den anderen großen Tageszeitungen sind die *Montréal Gazette*, der *Ottawa Citizen*, der *Toronto Star* und die *Vancouver Sun*. Das Nachrichtenmagazin *Maclean's* erscheint jede Woche in ganz Kanada.

Botschaften & Konsulate

Alle Länder (u. a. die unten genannten) haben ihre Botschaften in Ottawa. Manche Nationen unterhalten zudem Konsulate in Montréal, Vancouver, Calgary und Toronto. Deren Adressen lassen sich über die Botschaft ermitteln.

Deutschland (☎613-232-1101; www.ottawa.diplo.de; 1 Waverley St)

Österreich (☎613 789 1444; www.bmeia.gv.at/botschaft/ottawa.html; 445 Wilbrod Street)

Schweiz (☎613 235 1837; www.eda.admin.ch/ottawa; 5 Marlborough Ave)

USA (☎613-688-5335; http://canada.usembassy.gov; 490 Sussex Dr)

Ermäßigungen

Senioren, Kinder, Familien und Menschen mit Behinderung bezahlen in Kanada überall weniger. Spezielle Rabattpässe gibt's dabei allerdings nicht – die Ermäßigung wird jeweils direkt vor Ort gewährt. Mitglieder der AAA und kooperierender Automobilclubs (z. B. ADAC) erhalten ebenfalls diverse Reiserabatte.

Internationaler Studentenausweis (International Student Identity Card, ISIC; www.isic.org) Bringt Studenten günstigere Preise bei Reiseversicherern und Sehenswürdigkeiten (z. B. Museen). Die International Youth Travel Card (IYTC) für Nichtstudenten unter 26 Jahren und die International Teacher Identity Card (ITIC) für hauptberufliche Lehrer funktionieren ähnlich.

Montréal Museum Pass (www.museesmontreal.org; 75 C$)

Ottawa Museums Passport (www.museumspassport.ca; Erw./Fam. 45/99 C$)

Parks Canada Discovery Pass (Erw./Kind/Fam. 68/33/136 C$; www.pc.gc.ca) Dieser Pass gilt ein Jahr lang für mehr als 100 Nationalparks und historische Stätten. Der Kauf lohnt sich schon ab sieben Besuchen mit Tageseintritt; zudem kommen Passinhaber jeweils schneller rein. Hinweis: Anlässlich Kanadas 150. Staatsjubiläums können 2017 alle Parks und Stätten von Parks Canada gratis besucht werden.

Viele Großstädte geben Rabattpässe für örtliche Attraktionen aus. Beispiel:

Vanier Park Explore Pass (Vancouver; www.spacecentre.ca/explore-pass; Erw./Kind 36/30 C$).

PREISKATEGORIEN: ESSEN

Die folgenden Angaben gelten jeweils für ein Hauptgericht:

**$** unter 15 C$

**$$** 15–25 C$

**$$$** über 25 C$

Essen & Trinken

Vor allem am Wochenende (inkl. Do in der Gastro-Branche) ist es ratsam, Tische in beliebten Restaurants rechtzeitig zu reservieren. Die meisten Cafés und Billiglokale akzeptieren jedoch keine Reservierungen.

➡ **Restaurants** Von Steakhäusern bis hin zu veganen Rohkost-Schuppen ist in Kanada alles geboten. Viele (aber nicht alle) Restaurants sind familienfreundlich und zwanglos.

➡ **Cafés** Hier bekommt man häufig nicht nur Kaffee, sondern auch Snacks wie Sandwiches, Suppen und Backwaren (nicht selten per Thekenservice).

➡ **Bistros** Klein und oft vornehm; tischen meist Hausmannskost auf.

➡ **Feinkostläden** Verkaufen neben Lebensmitteln zum Mitnehmen normalerweise auch Sandwiches und Wraps.

➡ **Diners** Brunch plus Mittagessen; oft sehr familienfreundlich.

➡ **Kneipen** Selbstgemachte Fish & Chips, Burger und Salate.

Etikette

Kanadier sind eigentlich ziemlich entspannt und geraten nur langsam in Rage. Dennoch gilt hier eine gewisse Etikette:

➡ **Höflichkeit** Kanadier schätzen „bitte" und „danke". Wer jemanden versehentlich anrempelt und sich danach nicht entschuldigt oder sich nicht fürs Türaufhalten bedankt, wird entsetzte Blicke ernten.

➡ **Patriotismus** Als ernsthaft beleidigend gelten Äußerungen, die Kanadier und Amerikaner über einen Kamm scheren.

➡ **Sprache** In frankokanadischen Gebieten heißt's statt Englisch immer zuerst Französisch sprechen (selbst wenn man dieses nur begrenzt beherrschen sollte).

➡ **Anstehen** Kanadier mokieren sich generell eher still, als laut ihre Meinung zu sagen. Bei Vordränglern machen sie jedoch eine Ausnahme und können sehr wütend werden.

Feiertage & Ferien

Kanada kennt zehn staatliche Feiertage, deren Zahl je nach Provinz noch höher liegen kann. Banken, Schulen und Behörden haben dann geschlossen.

Nationale Feiertage

Neujahr 1. Januar

Karfreitag März od. April

Ostern März od. April

Victoria Day Montag vor dem 25. Mai

Canada Day 1. Juli; heißt in Newfoundland Memorial Day

Labour Day Erster Montag im September

Thanksgiving Zweiter Montag im Oktober

WICHTIGE KANADISCHE FEIERTAGE

National Flag Day (15. Februar) Erinnert an das erstmalige Hissen der Ahornflagge auf dem Parliament Hill in Ottawa – geschehen Punkt zwölf am 15. Februar 1965.

Victoria Day (Ende Mai) Ab 1845 wurde mit diesem Feiertag ursprünglich der Geburtstag Königin Viktorias begangen. Heute ehrt er auch den jeweils amtierenden britischen Monarchen, der immer noch Kanadas nominelles Staatsoberhaupt ist. Mit dem Victoria Day, an dem manche Gemeinden ein Feuerwerk veranstalten, beginnt offiziell die Sommerzeit (Ende: Labour Day am ersten Septembermontag).

National Aboriginal Day (21. Juni) Seit 1996 ehrt dieser Feiertag die Beiträge indigener Gemeinden zur kanadischen Nation. Die Feierlichkeiten werden jeweils lokal zur Sommersonnenwende organisiert. Dazu zählen z. B. traditionelle Tänze und Gesänge. Mancherorts werden auch Geschichten erzählt, Trommeln geschlagen und Kunsthandwerksausstellungen oder Kanurennen veranstaltet.

Canada Day (1. Juli) Der ehemalige Dominion Day (bis 1982) wurde 1869 eingerichtet, um an die Gründung Kanadas zwei Jahre zuvor zu erinnern. Das ganze Land feiert ihn mit Grillpartys, Paraden, Konzerten und Feuerwerk.

Thanksgiving Day (Mitte Okt.) Der Entdecker Martin Frobisher beging das erste Thanksgiving 1578 im heutigen Newfoundland, um Gott für seine heil überstandene Atlantiküberquerung zu danken. Thanksgiving wurde 1872 zum offiziellen kanadischen Feiertag, nachdem der damalige Prince of Wales nach langer Krankheit genesen war. Heute gleicht es größtenteils einem Erntedankfest nach US-Vorbild: Familien futtern ein spezielles Mahl mit Truthahnbraten und Kürbis.

Remembrance Day Waffenstillstandstag; 11. November

Christmas Day 1. Weihnachtstag; 25. Dezember

Boxing Day Zweiter Weihnachtsfeiertag; 26. Dezember

Provinzfeiertage

Manche Provinzen begehen eigene Feiertage, wobei Newfoundland mengenmäßig das Feld anführt.

Family Day Dritter Februarmontag in Manitoba (dort Louis Riel Day), Alberta, Ontario und Saskatchewan; in British Columbia am zweiten Februarmontag

St. Patrick's Day Montag vor dem 17. März

St. George's Day Montag vor dem 23. April

National Day Montag vor dem 24. Juni in Newfoundland; 24. Juni in Québec (dort Fête Nationale de la St-Jean-Baptiste)

Orangemen's Day Montag vor dem 12. Juli in Newfoundland

Civic Holiday Erster Augustmontag; landesweit außer in Newfoundland, Québec und im Yukon Territory

Discovery Day Dritter Augustmontag im Yukon Territory

Schulferien

Kanadische Kinder genießen ihre Sommerferien von Ende Juni bis Anfang September. Studenten haben noch länger frei und bleiben ihren Universitäten meist von Mai bis Anfang oder Mitte September fern. Während dieser Monate nehmen die meisten Einheimischen ihren Haupturlaub.

Frauen unterwegs

Selbst Kanadas Großstädte sind auch für alleinreisende Frauen generell ein sicheres Pflaster. Zumeist reicht es aus, einfach wie zu Hause seinen gesunden Menschenverstand zu benutzen.

In Bars und Nachtclubs erregen Frauen ohne Begleitung eventuell viel Aufmerksamkeit. Unerwünschte männliche Gesellschaft lässt sich aber zuallermeist mit einem entschlossenen *no, thank you* (nein danke) beenden. Im Ernstfall sorgt lautstarker Protest meist dafür, dass sich der Missetäter davonschleicht oder zumindest andere Personen zu Hilfe eilen. Achtung: Das Mitführen von Schlagwaffen oder Pfefferspray ist in Kanada absolut verboten!

Körperliche Angriffe sind extrem selten. Falls es dennoch dazu kommt, heißt es sofort die Polizei unter ☎911 rufen. Wichtig: Yukon, die Northwest Territories und Nunavut haben andere Notrufnummern (s. jeweilige Regionenkapitel)! Opfer sexueller Gewalt können sich auch an die **Canadian Association of Sexual Assault Centres** (☎800-726-2743; www.casac.ca) wenden, die ein umfassendes Verzeichnis mit örtlichen Krisenzentren führt.

Gute Infoquellen für weibliche Traveller:

Her Own Way (www.travel.gc.ca/travelling/publications/her-own-way) Wird von Kanadas Regierung eigentlich für Einheimische herausgegeben, enthält aber viele allgemeine Infos.

Journeywoman (www.journeywoman.com) Frauenspezifische

Reiselinks und -tipps mit einem Bereich zu Kanada.

Freiwilligenarbeit

Im Rahmen von Freiwilligenjobs lernt man Land und Leute in einer Weise kennen, wie es bei der reinen Durchreise kaum möglich ist. Viele Freiwilligenorganisationen verlangen Gebühren, die je nach Programmdauer, Verpflegungs- und Unterkunftsart variieren. Normalerweise muss die Anreise selbst bezahlt werden. Folgende Gruppen setzen Freiwillige in Kanada ein:

Churchill Northern Studies Centre (www.churchillscience.ca) Wer pro Tag sechs ehrenamtliche Stunden für dieses Eisbären- und Naturforschungszentrum arbeitet (z. B. Drähte aufspannt oder putzt), hat Kost und Logis frei.

Earthwatch (www.earthwatch.org) Freiwillige helfen den Wissenschaftlern z. B. bei der Walbeobachtung vor British Columbia, beim Beobachten von Elchen und Hirschen in Nova Scotia oder beim Überwachen der Klimawandelfolgen in Churchill, Manitoba und den Mackenzie Mountains (Northwest Territories). Die ein- bis zweiwöchigen Touren kosten zwischen 2250 und 5050 C$.

Volunteers for Peace (www.vfp.org) Lehrerjobs in indigenen Gemeinden des Hohen Nordens und Projekte in Québec.

World-Wide Opportunities on Organic Farms (www.wwoof.ca) Für die freiwillige Mitarbeit auf Bio-Bauernhöfen erhält man normalerweise Unterkunft und Verpflegung gratis. Die Website des Unternehmens informiert über Möglichkeiten in ganz Kanada.

Geld

- Sofern nicht anderweitig vermerkt, sind in diesem Buch alle Preise in Kanadischen Dollar (C$) angegeben.
- Kanadische Münzen gibt's im Wert von 5 (Nickel), 10 (Dime) und 25 ¢ (Quarter) sowie zu 1 (Loonie) und 2 C$ (Toonie oder Twoonie). Den goldfarbenen Loonie ziert der Seetaucher *(loon)*, ein in Kanada häufig vorkommender Wasservogel. Den zweifarbigen Toonie schmückt ein Eisbär. Die Penny-Münze (1 ¢) wird seit 2012 nicht mehr geprägt.
- Die gebräuchlichsten Geldscheine haben einen Wert von 5 (blau), 10 (violett), 20 (grün) oder 50 C$ (rot). Zudem gibt's Banknoten mit einem Wert von 100 C$ (braun) oder mehr; diese sind aber jeweils weniger weit verbreitet. Kanadas neueste Geldscheine mit höherer Fälschungssicherheit bestehen aus einem Material auf Polymerbasis. Daher erinnern sie haptisch eher an Plastik als an Papier.
- In den letzten zehn Jahren hat der Kanadische Dollar mehrere Kursschwankungen erlebt. Seit 2007 liegt er jedoch relativ nahe am US-Dollar.
- Tipp zum Bargeldumtausch in Großstädten: Wechselstuben bieten dort teils bessere Konditionen als Banken.

Bargeld

Die meisten Kanadier führen im Alltag keine großen Barbeträge mit sich. Stattdessen verlassen sie sich auf Kredit- oder Debitkarten. Dennoch ist es ratsam, für kleinere Spontankäufe immer etwas Bargeld in der Tasche zu haben (max. 100 C$). Manche ländlichen B & Bs und Shuttlebusbetreiber bestehen auf Barzahlung – daher immer vorher nachfragen, um unangenehme Überraschungen zu vermeiden! Läden und Geschäfte akzeptieren Barschecks so gut wie nie.

Geldautomaten

- Geldautomaten findet man in vielen Lebensmittel- bzw. Gemischtwarenläden, (Bus-) Bahnhöfen, Flug- und Fährhäfen. Die meisten Geräte sind an bekannte internationale Netzwerke wie Cirrus, Plus, Star oder Maestro angeschlossen.
- Die meisten Geldautomaten geben Bares auch an Inhaber gängiger Kreditkarten aus. Allerdings ist dies vergleichsweise teurer: Im Gegensatz zum Einkaufen auf Kreditkarte werden die Beträge plus entsprechende Servicegebühren sofort und direkt vom eigenen Konto abgebucht. Das jeweilige Kreditkartenunternehmen oder die eigene Bank informieren über genaue Konditionen.
- In entlegenen Regionen wie Newfoundland sind Geldautomaten relativ rar. Wer dorthin reist, deckt sich am besten vorher mit ausreichend Bargeld ein.
- Die Scotiabank ist in Kanada überall vertreten und Mitglied der Global ATM Alliance. Wenn das heimische Finanzinstitut ebenfalls zu diesem internationalen Unternehmensverband gehört, sind die Abhebegebühren an Automaten der Scotiabank eventuell niedriger.

Kreditkarten

Bekannte Kreditkarten wie MasterCard, Visa und American Express werden in Kanada flächendeckend akzeptiert. Nur in entlegenen ländlichen Gemeinden ist Bares grundsätzlich Wahres. Telefonisches Buchen von Mietwagen, Hotelzimmern oder Tickets ist ohne Plastikgeld schwierig oder gar unmöglich. Achtung: Manche Kreditkartenunternehmen erheben eine Transaktionsgebühr von ca. 3 % des jeweiligen Kaufpreises – daher lieber rechtzeitig beim Anbieter informieren!

Bei Diebstahl oder Verlust helfen folgende Nummern rund um die Uhr:

American Express (☎800-869-3016; www.americanexpress.com)

MasterCard (☎800-622-7747; www.mastercard.com)

Visa (☎800-847-2911; www.visa.com)

Reiseschecks

Im Zeitalter der Geldautomaten werden Reiseschecks immer überflüssiger. Geschäfte betrachten Reiseschecks in Kanadischen Dollar allgemein als Bargeld. Varianten in anderen Währungen müssen meist bei Banken oder Wechselstuben in Kanadische Dollar umgetauscht werden. Hauptanbieter von Reiseschecks sind American Express und Visa.

Steuern & Erstattungen

Bei fast allen Geldgeschäften kassiert der kanadische Staat eine Mehrwertsteuer von 5%. Diese Goods and Services Tax (GST) trägt Spottnamen wie *gouge and screw* (Abzocke und Betrug) oder *grab and steal* (Raub und Diebstahl). Obendrein erheben die meisten Provinzen eine zusätzliche Verkaufssteuer (Provincial Sales Tax, PST). Mehrere Provinzen kombinieren GST und PST in Form einer abgestimmten Umsatzsteuer (Harmonized Sales Tax, HST). Ob separat oder zusammengefasst: Der Steuerzuschlag beträgt insgesamt 10 bis 15%. Sofern nicht anderweitig vermerkt, verstehen sich alle in diesem Buch aufgeführten Preise ohne Steuern.

Reisende können durchaus berechtigt sein, Steuern zurückzufordern. Wer beispielsweise seine Unterkunft zusammen mit einem Mietwagen, einem Flugticket oder einer anderen Dienstleistung gebucht hat (d.h. wenn alles zusammen auf der Rechnung eines Reiseveranstalters erscheint), kann 50% der Steuern für die Unterkunft erstattet bekommen. Dazu füllt man das Formular GST/HST Refund Application for Tour Packages aus, das man bei der **Canada Revenue Agency** (www.cra-arc.gc.ca) erhält.

Trinkgelder

Trinkgelder sind in Kanada überall üblich. Beispiele:

- **Restaurantpersonal** 15–20%
- **Barpersonal** 1 C$/Drink
- **Hotelpagen** 1–2 C$/Gepäckstück
- **Reinigungspersonal in Hotels** ab 2 C$/Tag (je nach Zimmergröße und -zustand)
- **Taxifahrer** 10–15%

STEUERN IN DEN PROVINZEN & TERRITORIEN

Der jeweilige Prozentsatz kombiniert Bundes- und Provinzsteuern:

PROVINZEN & TERRITORIEN	STEUERSATZ
Alberta	5%
British Columbia	12%
Manitoba	13%
New Brunswick	15%
Newfoundland & Labrador	15%
Northwest Territories	5%
Nova Scotia	15%
Nunavut	5%
Ontario	13%
Prince Edward Island	14%
Québec	15%
Saskatchewan	10%
Yukon Territory	5%

Gesundheit

Vor der Reise

EMPFOHLENE IMPFUNGEN

Für die Einreise nach Kanada sind keine speziellen Impfungen nötig oder empfohlen. Alle Reisende sollten ihre Impfungen routinemäßig auffrischen lassen.

REISEAPOTHEKE

- Antibakterielle Salbe (z. B. Betaisodona) für Schnitt- und Schürfwunden
- Antihistaminika bei Heuschnupfen und Allergien
- Entzündungshemmer (z. B. Ibuprofen)
- Fieberthermometer
- Heftpflaster und medizinisches Klebeband (z. B. Leukoplast)
- Insektenschutzmittel
- Medikamente gegen Reiseübelkeit
- Paracetamol oder Aspirin
- Permethrinhaltiges Insektenspray zum Imprägnieren von Bekleidung, Zelten und Moskitonetzen
- Schere, Taschenmesser, Pinzette, Sicherheitsnadeln
- Sonnenschutzmittel
- Steroid- oder kortisonhaltige Salbe gegen Giftsumach und allergische Ausschläge
- Verbandszeug, Mullbinden

VERSICHERUNG

Kanada hat eines der weltweit besten Gesundheitssysteme. Allerdings sind Behandlungen für ausländische Besucher fast unbezahlbar. Somit ist eine Reisekrankenversicherung absolut Pflicht, falls die eigene Standardpolice keine Auslandsreisen abdeckt. Weitere wichtige Versicherungsinfos gibt es unter www.lonelyplanet.com/travel-insurance.

Benötigte Medikamente sollte man stets in den etikettierten Originalverpackungen mitbringen. Muss man regelmäßig bestimmte Medikamente einnehmen, ist ein unterschriebener und datierter Brief des eigenen Arztes, der den allgemeinen Gesundheitszustand plus alle verordneten Medikamente (inkl. generische Bezeichnungen) dokumentiert, nützlich.

WEBSITES

Die Regierungen von Deutschland, Österreich und der Schweiz veröffentlichen Gesundheitshinweise auf ihren Websites:

Deutschland (www.auswaertiges-amt.de/DE/Laenderinformationen/00-SiHi/KanadaSicherheit.html)

Österreich (www.bmeia.gv.at/aussenministerium/buergerservice/reiseinformation/laenderspezifische-Reiseinformationen.html)

Schweiz (www.eda.admin.ch/eda/de/home/travad/hidden/hidde2/canada.html)

MD Travel Health (www.mdtravelhealth.com) Allgemeine Infos zu Gesundheitsfragen auf Reisen.

Public Health Agency of Canada (www.phac-aspc.gc.ca) Kanadische Antworten auf Gesundheitsfragen.

World Health Organization (www.who.int) Allgemeine Hinweise zur Weltgesundheit.

In Kanada

GESUNDHEITSRISIKEN

Hitze löst Erschöpfungszustände mit Dehydration aus. Zu den Symptomen zählen z. B. Schwächeanfälle, Kopfschmerzen, Schweißausbrüche und Übelkeit bzw. Erbrechen. Am besten bringt man den Patienten sofort an einen schattigen und/oder kühlen Ort und legt ihm kühle, feuchte Tücher auf die Haut. Dann mit erhöhten Beinen flach lagern und den Flüssigkeitshaushalt ausgleichen.

Kälte Sie kann vor allem in nördlichen Regionen zu einem großen Problem werden. Daher alle Körperpartien (inklusive Kopf und Hals) entsprechend warm einhüllen! Wirre oder unverständliche Äußerungen weisen ebenso wie unkoordinierte Bewegungen bzw. Handlungen auf eine drohende Unterkühlung hin.

INFEKTIONSKRANKHEITEN

In Kanada werden die meisten Infektionen durch Moskitostiche, Zeckenbisse oder Umwelteinflüsse ausgelöst. Die **Public Health Agency of Canada** (www.phac-aspc.gc.ca) informiert umfassend über alle im Folgenden genannten Risiken.

Giardiasis Um diese Darminfektion zu vermeiden, sollte man niemals direkt aus stehenden oder fließenden Gewässern trinken.

Lyme-Borreliose wird vor allem im südkanadischen Spätfrühling und Sommer durch Hirschzecken übertragen. Daher nach Outdoor-Aktivitäten unbedingt den Körper nach Zecken absuchen!

Schweres Akutes Atemwegssyndrom (SARS) Zum Recherchezeitpunkt war SARS in Kanada unter Kontrolle.

West-Nil-Virus Wird im Spätsommer und Frühherbst durch Moskitos übertragen, gegen die man sich am besten mit größtmöglicher Körperabdeckung (lange Ärmel und Hosenbeine, Hüte, geschlossene Schuhe statt Sandalen) wappnet. Zusätzlich sollte ein gutes Insektenschutzmittel (am besten mit DEET oder Icaridin) auf die Kleidung und freiliegende Körperpartien aufgetragen werden.

MEDIZINISCHE VERSORGUNG & KOSTEN

Die medizinische Versorgung ist flächendeckend. Bei akuten Notfällen sucht man am besten die Notaufnahme des nächstgelegenen Krankenhauses auf. Wenn es nicht eilt, sollte man sich vom Krankenhaus telefonisch einen Arzt empfehlen lassen: Der ist meistens günstiger als Ausflüge in die Notaufnahme, bei denen noch vor Untersuchungsbeginn bis zu 500 C$ fällig werden können.

Apotheken sind in Kanada überall vorhanden. Allerdings gibt es hier manche Medikamente, die zu Hause frei verkäuflich sind, nur auf Rezept. Somit wird es eventuell richtig teuer, falls die Reisekrankenversicherung nicht alle Rezeptkosten abdeckt. Verschreibungspflichtige Medikamente für maximal 90 Einnahmetage dürfen zum persönlichen Gebrauch lega ausgeführt werden. (Wer von Kanada aus in die USA reist, darf dort streng genommen überhaupt keine Medikamente einführen, bei Privatleuten wird aber in der Regel darüber hinweggesehen.)

Internetzugang

- In Kanada geht's problemlos ins Netz: Praktisch überall gibt es kommunale Bibliotheken und Agenturen, die WLAN und öffentliche Computer gratis zur Verfügung stellen. Einzige Schattenseiten: Solche Einrichtungen begrenzen die Internetnutzung zumeist auf 30 Minuten und haben teils nur unregelmäßig geöffnet.
- Internetcafés (ab ca. 2 C$/Std.) beschränken sich auf die Touristenhochburgen.
- WLAN ist weit verbreitet und in den Zimmern der meisten Unterkünfte vorhanden (mit guter Geschwindigkeit). Drahtloszugänge haben auch viele Restaurants, Bars und Cafés der Kette Tim Hortons.
- Ein Verzeichnis mit WLAN-Hotspots in ganz Kanada gibt's z. B. bei **Wi-Fi Free Spot** (www.wififreespot.com).

Karten & Stadtpläne

- Die meisten Touristeninformationen geben kostenlose Straßenkarten zur jeweiligen Provinz aus.
- Für längere Wanderungen und mehrtägige Wildnistreks empfehlen sich topografische Karten. Am besten sind die Versionen des staatlichen **Centre for Topographic Information** im Maßstab 1:50 000. Sie sind in Fachgeschäften und Buchhandlungen im ganzen Land erhältlich.

POSTALISCHE ABKÜRZUNGEN

PROVINZEN & TERRITORIEN	ABKÜRZUNG
Alberta	AB
British Columbia	BC
Manitoba	MB
New Brunswick	NB
Newfoundland & Labrador	NL
Northwest Territories	NT
Nova Scotia	NS
Nunavut	NU
Ontario	ON
Prince Edward Island	PE
Québec	QC
Saskatchewan	SK
Yukon Territory	YT

➡ Ansonsten stellt z. B. **GeoBase** (geogratis.gc.ca) herunterlad- und ausdruckbare Karten ins Netz.

LGBTQI-Reisende

Schwule und Lesben werden in Kanada allgemein toleriert – allerdings eher in Großstädten als auf dem Land. Kanada räumt gleichgeschlechtlichen Paaren das volle Recht auf Eheschließung ein (es ist damit eines von nur 21 Ländern weltweit, in denen dies möglich ist).

Die Schwulenszenen von Montréal, Toronto und Vancouver sind am größten. Damit gehen ein tolles Nachtleben, diverse Medien und viele Organisationen bzw. Anlaufstellen einher. In allen drei Städten steigen zudem große Festivals der Community mit zahllosen Zuschauern.

Kanadas Norden ist dagegen vergleichsweise konservativ: In ganz Nunavut und auch in manchen indigenen Gemeinden der Northwest Territories spürt man eine gewisse Abneigung gegenüber Homosexuellen. Ähnlich wie British Columbia pflegt das Yukon Territory dagegen eher die Haltung „Leben und leben lassen" im Stil der Westküste.

Es folgen ein paar prima Infoquellen für LGBTQI-Traveller, die jedoch nicht alle landesspezifisch sind:

Damron (www.damron.com) Veröffentlicht diverse Reiseführer (z. B. Men's Travel Guide, Women's Traveller, Damron Accommodations) und informiert online auch über schwulenfreundliche Touranbieter.

Gay Canada (www.gaycanada.com) Die schwulenfreundlichen Infoquellen und Einrichtungen auf der Website sind nach Städten bzw. Provinzen sortiert.

Out Traveler (www.outtraveler.com) Reisemagazin mit Schwerpunkt auf LGBTQI-Reisen.

Purple Roofs (www.purpleroofs.com) Website mit Unterkünften, Reisebüros und Tourveranstaltern in aller Welt.

Queer Canada (www.queercanada.ca) Szene-Infoquelle.

Xtra (www.xtra.ca) Landesweite News für die LGBTQI-Szene.

Öffnungszeiten

Kanadas Öffnungs- und Geschäftszeiten variieren das ganze Jahr über. Die folgenden Angaben gelten jeweils für die Hauptsaison (in der Zwischen- und Nebensaison ist generell kürzer geöffnet).

Banken Mo–Fr 10–17, teils auch Sa 9–12 Uhr

Bars tgl. 17–2 Uhr

Läden & Geschäfte Mo–Sa 10–18, So 12–17 Uhr, teils auch Do und/od. Fr bis 20 od. 21 Uhr

Nachtclubs Mi–Sa 21–2 Uhr

Restaurants Mo–Fr morgens 8–11, mittags 11.30–14.30 Uhr, tgl. abends 17–21.30 Uhr, teils auch Brunch Sa & So 8–13 Uhr

Supermärkte 9–20 Uhr, teils auch 24 Std.

Post

➡ Die **Canada Post/Postes Canada** (www.canadapost.ca) ist weder schnell noch günstig, aber zuverlässig. Briefmarken kriegt man in Postfilialen, Drogerien, Hotels und Gemischtwarenläden.

➡ Postkarten und Briefe kosten 1 C$ innerhalb Kanadas bzw. 2,50 C$ nach Europa.

➡ Traveller müssen oft hohe Zölle auf Gegenstände entrichten, die sie sich während ihres Kanada-Trips zuschicken lassen. Man sollte genau prüfen, ob sich das lohnt.

Rechtsfragen

Polizei

Wer verhaftet oder einer Straftat bezichtigt wird, kann die Aussage verweigern und einen beliebigen Rechtsanwalt engagieren. Im Notfall hilft dabei die eigene Botschaft. Wenn ein normaler Anwalt zu teuer ist, kann ein Pflichtverteidiger verlangt werden. Allgemein gilt die Unschuldsvermutung.

Drogen & Alkohol

➡ In Kanada liegt die Promillegrenze bei 0,8. Das Steuern von Autos, Motorrädern, Booten und Schneemobilen unter Alkoholeinfluss gilt als Straftat. Verstöße ziehen hohe Bußgelder, Führerscheinentzug und unangenehme Konsequenzen nach sich.

➡ Alkoholkonsum ist ausschließlich in Privatwohnungen und Einrichtungen mit Ausschanklizenz gestattet. Somit sind Parks, Strände und der Rest der großen weiten Wildnis diesbezüglich tabu – zumindest offiziell.

➡ Von illegalen Drogen lässt man am besten die Finger. Andernfalls ist mit schweren Geldstrafen, Gefängnis und Einträgen ins Strafregister zu rechnen. Seit 2001 besteht die einzige Ausnahme im medizinischen Marihuanakonsum. Aktuell diskutieren Kanadas Öffentlichkeit und Parlamentarier heiß darüber, ob der Besitz von Marihuana zum Eigengebrauch entkriminalisiert werden soll.

Sonstiges

➡ Abtreibung ist legal.

➡ Traveller können im Ausland gemäß den Strafmündigkeitsbestimmungen ihres Heimatlandes belangt werden.

Reisen mit Behinderung

Kanada tut einiges, um den Alltag behinderter und vor allem körperbehinderter Menschen zu erleichtern.

➡ Viele öffentliche Gebäude (Museen, Touristeninformationen, Bahnhöfe, Malls, Kinos) haben Rollstuhlrampen und/oder -lifte. Die meisten öffentlichen Toiletten besitzen behindertengerechte Kabinen mit Haltegriffen. An Fußgängerüberwegen sind die Bordsteine oft abgesenkt.

➡ Neuere und frisch renovierte Hotels (vor allem Ketten) haben Zimmer mit breiten Türen und großem Bad.

➡ Die Infozentren der National- und Provinzparks sind meist problemlos zugänglich. Viele Parks haben zudem rollstuhlgerechte Wege.

➡ Autovermieter verlangen für handgesteuerte Pkw und Vans mit Rollstuhlliften in der Regel keinen Aufpreis. Rechtzeitig reservieren!

➡ Die staatliche Website **Access to Travel** (www.accesstotravel.gc.ca) informiert über behindertengerechte Einrichtungen im Flug-, Bus-, Zug- und Fährverkehr. Die meisten Verkehrsunternehmen gehen gern auf besondere Bedürfnisse ein, wenn sie beim Buchen davon in Kenntnis gesetzt werden.

➡ Lonely Planet hat einen gratis Travel Guide auf http://1ptravel.to/AccessibleTravel. Auch diese Stellen helfen:

Access-Able Travel Source (www.access-able.com) Unterkünfte, Verkehrsmittel, Highlights und Ausrüstungsverleiher nach Provinzen.

Mobility International (www.miusa.org) Infos für Reisende mit Behinderungen; führt auch Austauschprogramme durch.

MyHandicap Deutschland (☎089 7677697 0; www.myhandicap.de; Habacher Str. 1, 81377 München)

MyHandicap Schweiz (☎071 911 49 49; www.myhandicap.ch; Sirnacherstrasse 1, 9500 St. Gallen)

Nationale Koordinierungsstelle Tourismus für Alle e. V. (Natko; www.natko.de; Fleher Str. 317a, 40223 Düsseldorf)

Society for Accessible Travel & Hospitality (www.sath.org) Tipps von Reisenden mit Handicap.

Strom

Telefon

Das kanadische Telefonsystem ist dem US-amerikanischen sehr ähnlich.

In- & Auslandsgespräche

➡ Kanadische Telefonnummern bestehen aus einer dreistelligen Ortsvorwahl und einer siebenstelligen Anschlussnummer. In vielen Landesteilen muss selbst bei Ortsgesprächen die ☎1 vor der zehnstelligen Zahlenfolge gewählt werden. Anderswo reicht innerhalb derselben Ortsvorwahl die siebenstellige Anschlussnummer aus. Diese recht uneinheitliche Praxis ändert sich jedoch allmählich.

➡ Bei direkten Auslandsgesprächen gilt es, hintereinander ☎011, Ländercode (Deutschland/Österreich/Schweiz ☎49/43/41), Ortsvorwahl und Anschlussnummer wählen.

➡ Gebührenfreie Nummern beginnen mit ☎800, 877, 866 und 855, wobei zuerst eine 1 eingegeben werden muss. Manche dieser Optionen funktionieren in ganz Nordamerika, andere dagegen nur in Kanada oder bestimmten Provinzen.

Notrufnummern

Achtung: Die allgemeine Notrufnummer ☎911 gilt nicht in Yukon, in den Northwest Territories und in Nunavut.

Mobiltelefone (Handys)

Kanadische SIM-Karten funktionieren mit entsperrten Handys, die kompatibel mit den Standards GSM 850/1900 sind. Bei anderen Geräten bleibt nur Roaming.

➡ Besitzer entsperrter GSM-Handys können SIM-Karten bei kanadischen Telekommunikationsanbietern wie **Telus** (www.telus.com), **Rogers** (www.rogers.com) oder **Bell** (www.bell.ca) kaufen. Bell hat die beste Netzabdeckung.

➡ Achtung: Unabhängig vom jeweiligen Netzbetreiber ist der Handyempfang in ländlichen Gebieten bzw. der Wildnis generell schlecht; oft gibt's dort auch gar kein Netz!

Öffentliche Telefone

Öffentliche Münzfernsprecher sind flächendeckend vorhanden. Ortsgespräche kosten 0,50 C$. Viele Geräte akzeptieren zudem Prepaid- oder Kreditkarten. Mit öffentlichen Telefonen kann man kostenlos Vermittlung (☎0) und Auskunft (☎411 für Ortsgespräche, ☎1 + Ortsvorwahl + 555-1212 für Ferngespräche) kontaktieren – ebenso die Notrufzentralen (☎911, nicht in Yukon, Northwest Territories, Nunavut). Wenn der Anruf von einem Privatanschluss erfolgt, wird außer beim Notruf aber eine Gebühr fällig.

Telefonkarten

➡ Prepaid-Karten bieten bei Fern- und Auslandsgesprächen in der Regel die besten Minutenpreise. Mit Gesprächsguthaben von 5, 10 oder 20 C$ sind sie in Drogerien, Gemischtwarenläden und Supermärkten erhältlich. Vorsicht vor Exemplaren mit versteckten Aktivierungsgebühren *(activation fees)* oder separaten Verbindungsgebühren!

➡ Bei Kartenbenutzung an öffentlichen Telefonen beträgt der Zuschlag 0,30 bis 0,85 C$.

Touristeninformation

➡ Die Website der **Canadian Tourism Commission** (www.canada.travel) bietet viele Allgemeininfos, Pauschalangebote und Links.

➡ Auch die Provinz-Touristeninformationen erleichtern die Reiseplanung mit ihren umfangreichen Internetauftritten. Das Personal beantwortet telefonische Anfragen und verschickt auf Wunsch kostenlose Karten – ebenso Verzeichnisse über Unterkünfte, Sehenswürdigkeiten und Veranstaltungen. Die Mitarbeiter mancher Büros helfen auch beim Buchen von Hotelzimmern oder geführten Touren.

➡ Für detaillierte, spezifische Regionalinfos empfehlen sich die lokalen Touristeninformationen: In fast allen Groß- und Kleinstädten hat zumindest ein Büro saisonal geöffnet. Dort warten Ständer voller Gratisprospekte und hilfsbereites Personal, das Bücher und Karten verkauft. Touristeninformationen der Provinzen:

Newfoundland & Labrador Tourism (www.newfoundlandlabrador.com)

Northwest Territories Tourism (www.spectacularnwt.com)

Nunavut Tourism (www.nunavuttourism.com)

Ontario Tourism (www.ontariotravel.net)

Prince Edward Island Tourism (www.tourismpei.com)

Tourism British Columbia (www.hellobc.com)

Tourism New Brunswick (www.tourismnewbrunswick.ca)

Tourism Nova Scotia (www.novascotia.com)

Tourism Saskatchewan (www.sasktourism.com)

Tourisme Québec (www.quebecoriginal.com/en)

Travel Alberta (www.travelalberta.com)

Travel Manitoba (www.travelmanitoba.com)

Yukon Department of Tourism (www.travelyukon.com)

Unterkunft

Saison

➡ Während der Hauptsaison im Sommer, vor allem von Juni bis August, sind die Preise am höchsten und Zimmer eventuell rar.

➡ Dann sollte man im Voraus buchen – ebenso an Feiertagen sowie während großer Festivals, in der Ferienzeit oder der Skisaison in Winterresorts.

➡ Manche Häuser sind in der Nebensaison komplett geschlossen.

Ausstattung

➡ Viele Zimmer in preiswerteren Unterkünften (Campingplätze, Hostels, einfache B&Bs) besitzen kein eigenes Bad und WC.

➡ Unterkünfte der mittleren Preisklasse, beispielsweise die meisten B&Bs, Gasthäuser *(auberges)*, Motels und einige Hotels bieten in der Regel das beste Preis-Leistungs-Verhältnis. Hier gibt es ein eigenes Bad, Kabelfernsehen und manchmal auch kostenloses Frühstück.

➡ Unterkünfte der oberen Preisklasse verfügen über alle Annehmlichkeiten auf internationalem Niveau, darunter Fitness- und Konferenzräume sowie hoteleigene Restaurants.

➡ Die meisten Zimmer haben WLAN, das im Budget- und Mittelklassebereich normalerweise gratis ist. Spitzenklassehotels verlangen dafür oft eine Gebühr.

➡ Viele kleinere Unterkünfte (vor allem B&Bs) verbieten

das Rauchen komplett – ebenso die Hotelketten Marriott und Westin. Andere Häuser haben Nichtraucherzimmer.

- Budget- und Mittelklassezimmer sind meist nicht klimatisiert. Wer darauf Wert legt, sollte deshalb unbedingt bereits beim Buchen nachfragen.

Ermäßigungen

- Außer in Skiorten können die Preise im Winter um bis zu 50 % fallen.
- Mitglieder der American Automobile Association (AAA) bzw. angeschlossener Automobilclubs (z. B. ADAC) erhalten manchmal einen kleinen Rabatt von 10 %.

B&Bs

- **Bed & Breakfast Online** (www.bbcanada.com) ist die größte Buchungsagentur für B&Bs im ganzen Land.
- Kanadische B&Bs *(gîtes)* sind meistens umgebaute Privathäuser, deren Eigentümer ebenfalls vor Ort wohnen. Wer auf seine Privatsphäre Wert legt, ist mit B&Bs eventuell weniger gut bedient: Bei oft dünnen Wänden besteht hier üblicherweise enger Kontakt zu den Gastgebern und anderen Gästen.
- Selbst innerhalb desselben B&Bs kann der Einrichtungsstandard sehr stark variieren. Die günstigsten Quartiere sind meist recht klein, haben wenige Extras und verfügen nur über ein Gemeinschaftsbad. Nettere bzw. teurere Varianten besitzen manchmal einen Balkon, einen offenen Kamin und ein eigenes Bad. Das Frühstück ist immer im Preis enthalten und eventuell „kontinental" statt warm bzw. typisch nordamerikanisch.
- Manche B&Bs nehmen keine Kinder auf.
- Sie bestehen meistens auf einem Mindestaufenthalt von zwei Übernachtungen und haben oft nur saisonal geöffnet.

Camping

- Kanadas zahllose Campingplätze werden von der Bundesregierung, der jeweiligen Provinz oder Privatpersonen betrieben.
- Die Länge der Campingsaison (offiziell Mai–Sept.) kann lokal variieren.
- Das Einrichtungsspektrum ist höchst unterschiedlich: Stellplätze in der Wildnis haben keine Trinkwasserversorgung sowie wenig mehr als Plumpsklos und Feuerstellen. Auf unbetreuten (Zelt-)Plätzen („ohne Service") gibt es Trinkwasser, sanitäre Anlagen mit Toiletten und manchmal auch Duschen. Campingplätze mit dem höchsten Standard („mit Service") verfügen über WCs, Warmwasser (-duschen) sowie Strom- und Abwasseranschlüsse für Wohnmobile.
- Privatplätze sind manchmal nur auf Wohnmobile bzw. -wagen eingerichtet. Ansonsten verfügen sie eventuell über Gemischtwarenläden, Pools und Kinderspielplätze. Am besten ruft man immer vorher an, um die Einrichtungsstandards, die Stellplatzgröße und die Eignung für das jeweilige Fahrzeug zu ermitteln.
- Die meisten staatlichen Campingplätze vergeben die Plätze einfach in der Reihenfolge, in der die Gäste eintreffen. Sie sind allerdings auch schnell voll, besonders im Juli und August. Viele Nationalparks sind im **Reservierungsprogramm für Campingplätze** (☎877-737-3783; www.pccamping.ca; Reservierungsgebühr online/telefonisch 11/13,50 C$) von Parks Canada verzeichnet. Dann ist es einfach, sich einen Platz zu sichern.
- National- und Provinzparks verlangen pro Übernachtung ca. 25–35 C$, Wohnmobilstellplätze mit kompletten Anschlüssen kosten noch etwas mehr. Genehmigungen fürs Feuermachen kosten oft ein paar Dollar extra. Für eine Nacht in der Wildnis zahlt man ca. 10 C$. Private Campingplätze sind meistens etwas teurer. Vor allem die Parks von British Columbia verzeichneten in den letzten Jahren drastische Preiserhöhungen.
- Manche Campingplätze sind aus Wartungsgründen ganzjährig geöffnet und nehmen Gäste während der Nebensaison manchmal günstiger auf – ideal im Spätherbst oder zu Frühlingsbeginn, wenn kaum Betrieb herrscht. Wintercamping ist aber nur etwas für Hartgesottene.

Hostels

Neben eigenständigen Hostels gibt es in Kanada auch die Herbergen von Hostelling International (HI). Alle haben Schlafsäle (ca. 25–40 C$ pro Pers.) für zwei bis zehn Personen. Oft sind auch separate Zimmer (ab 70 C$) für Paare und Familien vorhanden. HI-Hostels trennen häufig ihre Schlafsäle nach Geschlechtern. Nicht-Mitglieder bezahlen einen Zuschlag von 4 C$ pro Nacht.

Hostels besitzen normalerweise Gemeinschaftsbäder. Hinzu kommen Einrichtungen wie (Wasch-)Küchen, Schließfächer, WLAN, Internetzugang und gemeinschaftlich genutzte Fernsehzimmer. In vielen Hostels ist ein Frühstück im Preis inbe-

UNTERKÜNFTE ONLINE BUCHEN

Weitere Unterkunftsbewertungen und -empfehlungen von Lonely Planet Autoren gibt's unter https://www.lonelyplanet.com/canada/hotels/. Hier findet man unabhängig recherchierte Insiderinfos zu den besten Adressen. Außerdem kann online gebucht werden.

griffen. Manche Häuser gestatten übrigens Alkohol, andere nicht; das Rauchen ist generell verboten.

Besonders in Großstädten ist die Tür meistens rund um die Uhr offen. Falls nicht, heißt es bei einer später Ankunft rechtzeitig nach Sonderregelungen fragen!

Backpackers Hostels Canada (www.backpackers.ca) Eigenständige Hostels.

Hostelling International Canada (www.hihostels.ca)

Hostels.com (www.hostels.com) Eigenständige Hostels und HI-Herbergen.

Hotels & Motels

Die meisten kanadischen Hotels gehören zu internationalen Ketten. Neuere Häuser zielen entweder auf Geschäftsleute oder wohlhabende Touristen ab. Zu den Zimmern mit TV und WLAN kommen oft noch Pools sowie Fitness- und Business-Bereiche. In den Räumen mit zwei Doppel- oder übergroßen Betten finden bis zu vier Gäste Platz. Für die dritte und vierte Person wird normalerweise ein kleiner Zuschlag fällig. Obwohl viele Hotels mit „kostenlosen Kinderaufenthalten" werben, kosten Kinder- oder Tragebetten *(rollaways)* manchmal extra.

Kanada ist ein Autoland. Seine unzähligen Motels stehen an den Highways oder konzentriert an den Rändern von Groß- und Kleinstädten. Die meisten Motelzimmer gewinnen zwar keinen Designpreis, sind aber normalerweise sauber, komfortabel und ihr Geld wert. Viele kanadische Motels sind noch typische Familienunternehmen, aber mittlerweile sind auch in diesem Bereich nordamerikanische Ketten auf dem Vormarsch.

Privatunterkünfte

Wie wär's, einmal auf dem Sofa wildfremder Leute zu schlafen? Wer damit kein Problem hat, kann einer Vermittlungsorganisation für Privatunterkünfte beitreten. Die folgenden Stellen verlangen keine Aufnahmegebühr. Der Aufenthalt ist ebenfalls gratis.

Couch Surfing (www.couchsurfing.org)

Hospitality Club (www.hospitalityclub.org)

Studentenwohnheime

Während der sommerlichen Semesterferien vermieten manche Unis und Colleges ihre Betten an Reisende jedes Alters. Die meisten Zimmer in kanadischen Studentenheimen sind natürlich nur recht einfach ausgestattet. Obwohl der Preis (25–40 C$/Nacht) oft das Frühstück beinhaltet, darf man selbstverständlich keinen Komfort wie im Sternehotel erwarten. Studenten erhalten oft einen kleinen Rabatt.

PREISKATEGORIEN: SCHLAFEN

Sofern nicht anderweitig vermerkt, gelten die folgenden Angaben jeweils für ein Doppelzimmer mit eigenem Bad in der Hauptsaison. Steuern (können bis zu 17 % betragen) kommen stets noch extra hinzu.

**$** unter 100 C$

**$$** 100–250 C$

**$$$** über 250 C$

Versicherung

Unabhängig von der Reisedauer ist unbedingt eine entsprechende Reiseversicherung vonnöten. Diese sollte zumindest alle medizinischen Behandlungen, Krankenhausaufenthalte und Notfallflüge in die Heimat abdecken. Andernfalls müssen Nichtkanadier eventuell mit hohen Kosten rechnen.

Ebenfalls ratsam ist eine Police für gestohlenes oder verloren gegangenes Gepäck. Vom jeweiligen Anbieter erfährt man, wie vorhandene Hausratversicherungen entsprechend bzw. sinnvoll (!) aufgestockt werden können. Wer den Großteil des Urlaubs im Voraus bezahlt, sollte über eine Reiserücktrittsversicherung nachdenken.

Die weltweit gültige Reiseversicherung unter www.lonelyplanet.com/travel-insurance kann jederzeit online abgeschlossen, erweitert und in Anspruch genommen werden – selbst dann, wenn der Trip schon begonnen hat. Auch folgende Anbieter sind eine Recherche wert:

Visa

Für rein touristische Aufenthalte bis zu sechs Monate benötigen EU-Bürger und Schweizer kein Visum: Erforderlich sind lediglich ein gültiger Reisepass und eine Electronic Travel Authorization (eTA; 7 C$), die rechtzeitig vor dem Start beantragt und ausgefüllt werden muss. Beides ist auch online möglich; die Erteilung erfolgt dann normalerweise nach wenigen Minuten, kann aber auch mehrere Tage in Anspruch nehmen. Weitere Details zur eTA gibt's unter www.cic.gc.ca/english/visit/eta-start.asp.

Anders sieht's jedoch aus, wenn man sich länger in Kanada aufhalten oder hier arbeiten bzw. studieren will: Dies erfordert jeweils ein separates Visum (Details unter www.cic.gc.ca/english/visit/visas.asp) – beispielsweise ein Temporary Resident Visa (TRV, mit einfachem Grenzübertritt 100 C$, Gültigkeit zumeist sechs Monate), das online unter www.cic.gc.ca/english/information/applica

tions/visa.asp beantragt werden kann.

Für zusätzliche Informationen zu separaten Visa empfiehlt sich jeweils die Website des eigenen Außenministeriums.

Visumsverlängerungen (100 C$) sind spätestens einen Monat vor Ablauf des Dokuments beim **CIC Visitor Case Processing Centre** (☎888-242-2100; ⊙Mo–Fr 8–16 Uhr) in Alberta zu beantragen.

Reisen in die USA

Die strengen Einreisebestimmungen für die USA können sich jederzeit ändern. Der aktuelle Stand sollte daher unbedingt rechtzeitig über die Website des **US-Außenministeriums** (US State Department; www.travel.state.gov) oder eine diplomatische Vertretung der USA ermittelt werden. Zudem lohnt sich auch in diesem Fall ein Blick auf die Website des eigenen Außenministeriums.

Dank bilateraler Abkommen können sich Deutsche, Österreicher und Schweizer bis zu 90 Tage lang visumfrei in den USA aufhalten, sofern es sich um einen rein touristischen Besuch handelt (Visa Waver Program). Die Aufenthaltsdauer ist dabei nicht verlängerbar. Grundvoraussetzungen sind ein maschinenlesbarer Reisepass und die Freigabe der Einreise durch das **Electronic System for Travel Authorization** (ESTA; www.cbp.gov/esta). Die ESTA-Anmeldung per E-Reisepass hat spätestens 72 Stunden vor Ankunft in den USA zu erfolgen. Die Gebühr für Bearbeitung und Freigabe beträgt 14 US$.

Wer sich länger in den USA aufhalten oder dort arbeiten bzw. studieren will, muss dafür jeweils ein separates Visum bei einer diplomatischen Vertretung Amerikas im eigenen Heimatland beantragen. Infos hierzu liefern die Websites des US-Außenministeriums und eigenen Außenministeriums.

Bis auf Kanadier müssen alle Ausländer beim Überqueren der US-Grenze auf dem Landweg eine Einreisegebühr von 6 US$ bezahlen. Sofern in der Zwischenzeit kein Drittland besucht worden ist, kann man auch ohne kanadisches Mehrfach-TRV wiederholt von den USA nach Kanada einreisen.

Zeit

- Kanada erstreckt sich über sechs der 24 Weltzeitzonen. Die Newfoundland Standard Time im Osten unterscheidet sich von der nächsten Zone seltsamerweise nur um 30 Minuten. Die Gesamtdifferenz zwischen Atlantik- und Pazifikküste beträgt viereinhalb Stunden.
- Zu Beginn der kanadischen Sommerzeit am zweiten Märzsonntag werden die Uhren um eine Stunde vorgestellt. Mit dem Anfang der Winterzeit am ersten Novembersonntag wandern die Zeiger dann wieder eine Stunde zurück. Saskatchewan sowie kleine Teile von Québec, Ontario und British Columbia stellen als einzige Regionen nicht auf Sommerzeit um.
- Vor allem in Québec gilt allgemein die 24-Stunden-Skala (z. B. bei Öffnungszeiten, Kinovorstellungen oder Zugfahrplänen), ansonsten wird mit *pm* und *am* gearbeitet.

ZEITDIFFERENZEN ZWISCHEN STÄDTEN

15 Uhr in Vancouver bedeutet:

- 18 Uhr in Montréal und Toronto
- 18 Uhr in New York City
- 19.30 Uhr in St. John's (Newfoundland)
- 0 Uhr in Berlin

Zoll

Die **Canada Border Services Agency** (www.cbsa.gc.ca) informiert über alle Zollbestimmungen. Ein Auszug:

Alkohol 1,5 l Wein oder 1,14 l Spirituosen oder 24 Bierflaschen à 355 ml sind bei der Einreise zollfrei.

Geld Bis zu einem maximalen Gesamtwert von 10 000 C$ kann man nach Belieben Devisen ein- oder ausführen. Größere Summen sind anzumelden.

Geschenke Präsente im maximalen Gesamtwert von 60 C$ müssen nicht verzollt werden.

Haustiere Für Katzen oder Hunde ist der offizielle tierärztliche Nachweis einer Tollwutimpfung vonnöten, die maximal 36 Monate zurückliegen darf.

Persönliche Besitztümer Laptops, Camping-, Sport- und Fotoausrüstung lassen sich relativ problemlos nach Kanada einführen. Dennoch ist es ratsam, solche Gegenstände bei der Ankunft anzugeben. Ansonsten gibt es eventuell Probleme bei der Ausreise – vor allem, wenn die kanadisch-amerikanische Grenze mehrmals überquert wird.

Tabak 200 Zigaretten, 50 Zigarren, 200 g loser Tabak und 200 Tabaksticks sind bei der Einreise zollfrei.

Verschreibungspflichtige Medikamente für maximal 90 Einnahmetage dürfen zum persönlichen Gebrauch legal ein- und ausgeführt werden. Hinweis: Eine „Ausfuhr" bei einem Abstecher in die USA ist zwar streng genommen verboten, wird aber bei Einzelpersonen geduldet.

Verkehrsmittel & -wege

AN- & WEITERREISE

Flüge, Mietwagen und geführte Touren können online unter www.lonelyplanet.com/bookings gebucht werden.

Einreise

Deutsche, Österreicher und Schweizer können visumfrei nach Kanada einreisen, sofern der Aufenthalt rein touristischen Zwecken dient und maximal sechs Monate dauert (s. „Visa" unter „Allgemeine Informationen"). Benötigt wird lediglich ein gültiger Reisepass, der bei Einreise noch mindestens sechs Monate lang gültig ist. Ein- und Ausreise erfordern zudem jeweils eine Electronic Travel Authorization (eTA, 7 C$; entspricht dem US-amerikanischen ESTA), die rechtzeitig vor dem Start beantragt und ausgefüllt werden muss. Wer sich länger in Kanada aufhalten oder dort studieren bzw. arbeiten will, hat sein dafür separat zu erlangendes Visum ebenfalls bei der Ankunft vorzulegen.

Hinweis: Bei Einreise auf dem Landweg stellen die Grenzbeamten tendenziell mehr Fragen und durchsuchen eventuell auch das Fahrzeug.

Vor allem diesbezüglich ist es daher ratsam, alle aktuellen Einreisebestimmungen rechtzeitig über die Websites des **US-Außenministeriums** (US State Department; www.travel.state.gov) und der **kanadischen Einwanderungsbehörde** (Citizenship & Immigration Canada; www.cic.gc.ca) in Erfahrung zu bringen.

Reisepass

Unabhängig von eventueller Visumfreiheit benötigen

REISEN & KLIMAWANDEL

Der Klimawandel stellt eine ernste Bedrohung für unsere Ökosysteme dar. Zu diesem Problem tragen Flugreisen immer stärker bei. Lonely Planet sieht im Reisen grundsätzlich einen Gewinn, ist sich aber der Tatsache bewusst, dass jeder seinen Teil dazu beitragen muss, die globale Erwärmung zu verringern.

Fast jede Art der motorisierten Fortbewegung erzeugt CO_2 (die Hauptursache für die globale Erwärmung), doch Flugzeuge sind mit Abstand die schlimmsten Klimakiller – nicht nur wegen der großen Entfernungen und der entsprechend großen CO_2-Mengen, sondern auch, weil sie diese Treibhausgase direkt in hohen Schichten der Atmosphäre freisetzen. Die Zahlen sind erschreckend: Zwei Personen, die von Europa in die USA und wieder zurück fliegen, erhöhen den Treibhauseffekt in demselben Maße wie ein durchschnittlicher Haushalt in einem ganzen Jahr.

Die englische Website www.climatecare.org und die deutsche Internetseite www.atmosfair.de bieten sogenannte CO_2-Rechner. Damit kann jeder ermitteln, wie viele Treibhausgase seine Reise produziert. Das Programm errechnet den zum Ausgleich erforderlichen Betrag, mit dem der Reisende nachhaltige Projekte zur Reduzierung der globalen Erwärmung unterstützen kann, beispielsweise Projekte in Indien, Honduras, Kasachstan und Uganda.

Lonely Planet unterstützt gemeinsam mit Rough Guides und anderen Partnern aus der Reisebranche das CO_2-Ausgleichs-Programm von climatecare.org. Alle Reisen von Mitarbeitern und Autoren von Lonely Planet werden ausgeglichen. Weitere Informationen gibt's auf www.lonelyplanet.com.

Deutsche, Österreicher und Schweizer grundsätzlich einen Reisepass, der bei Einreise noch mindestens sechs Monate lang gültig sein muss. Weitere Details zu diesem Thema liefert die **kanadische Grenzschutzbehörde** (Canada Border Services Agency, CBSA; www.cbsa-asfc.gc.ca).

Flugzeug

Flughäfen & Fluglinien

Toronto hat den bei Weitem betriebsamsten Flughafen des Landes – gefolgt von dem in Vancouver. Die meisten Traveller reisen über eines der folgenden internationalen Luftkreuze ein:

Calgary (Calgary International Airport; www.ycc.com)

Edmonton (Edmonton International Airport; www.flyeia.com)

Halifax (Halifax Stanfield International Airport; www.hiaa.ca)

Montréal (Montréal Trudeau Airport; www.admtl.com)

Ottawa (Ottawa International Airport; www.ottawa-airport.ca)

St. John's (St. John's International Airport; www.stjohnsairport.com)

Toronto (Toronto Pearson International Airport; www.torontopearson.com)

Vancouver (Vancouver International Airport; www.yvr.ca)

Winnipeg (Winnipeg International Airport; www.waa.ca)

Air Canada (www.aircanada.com) Kanadas Landesfluglinie und weltweit eine der sichersten.

WestJet (www.westjet.com) In Calgary ansässiger Billiganbieter, der neben ganz Kanada auch Ziele in den USA und der Karibik bedient.

Porter Airlines (www.flyporter.com) Fliegt zu Zielen im Osten Kanadas und in den USA (u. a. Boston, Chicago, Washington, D.C. & New York City).

Air Transat (www.airtransat.com) Chartergesellschaft, die kanadische Großstädte mit typischen Urlaubszielen der Einheimischen verbindet (z. B. im Sommer mit Europa, im Winter mit dem Süden der USA und der Karibik).

Auf dem Landweg

Auto & Motorrad

Entlang der Grenze ist das US-amerikanische Highwaynetz an mehreren Stellen mit dem kanadischen verbunden. Die kanadischen Highways münden weiter nördlich in den Trans-Canada Hwy, der in Ost-West-Richtung verläuft. Alaska, Klondike und Haines Hwy sind die drei Hauptverkehrsadern zwischen dem Yukon Territory und Alaska.

Wer mit einem eigenen Fahrzeug nach Kanada einreisen möchte, benötigt dafür alle Zulassungspapiere, einen Versicherungsnachweis und seinen heimischen Führerschein. In den USA gemietete Fahrzeuge können normalerweise ein- und ausgeführt werden. Allerdings muss dies explizit im Mietvertrag stehen. Wenn man ein Auto fährt, das auf jemand anderen gemeldet ist, empfiehlt sich eine schriftliche Bestätigung des Eigentümers, die den Gebrauch des Gefährts in Kanada gestattet.

Bus

Greyhound (www.greyhound.com) und sein kanadisches Pendant **Greyhound Canada** (www.greyhound.ca) betreiben zusammen das größte Busnetz Nordamerikas. Bei Direktverbindungen zwischen amerikanischen und kanadischen Großstädten muss an der Grenze meist das Fahrzeug gewechselt werden. Bis die Zoll- und Einreiseformalitäten für alle Passagiere erledigt sind, vergeht eine gute Stunde. Die meisten internationalen Fernbusse haben kostenlosen WLAN-Zugang. Der Kasten auf S. 968 nennt Strecken- und Preisbeispiele.

Andere wichtige internationale Busunternehmen (mit Gratis-WLAN) sind:

Megabus (www.megabus.com) Verkehrt zwischen Toronto und Städten wie New York City, Philadelphia und Washington D.C.; meist preiswerter als Greyhound. Tickets können ausschließlich online erworben werden.

Quick Coach (www.quickcoach.com) Verkehrt zwischen Seattle und Vancouver; etwas schneller als Greyhound.

Grenzübergänge

Zwischen New Brunswick und British Columbia teilen sich Kanada und die USA insgesamt 25 Grenzübergänge.

Die Website der **kanadischen Grenzschutzbehörde** (Canada Border Services Agency, CBSA; www.cbsa-asfc.gc.ca) informiert jeweils über aktuelle Wartezeiten, die alternativ auch über Twitter (@CBSA_BWT) abrufbar sind.

Meist kann die Fahrt spätestens nach 30 Minuten fortgesetzt werden. Anders sieht's jedoch während der Hauptsaison im Sommer sowie am Freitag- und Sonntagnachmittag aus: Vor allem an Ferien- und Feiertagswochenenden heißt's dann oft lange warten. Besonders betriebsame Grenzübergänge:

- Windsor (Ontario)/Detroit (Michigan)
- Fort Erie (Ontario)/Buffalo (New York State)
- Niagara Falls (Ontario)/Niagara Falls (New York State)
- Québec/Rouse's Point bzw. Champlain (New York State)
- Surrey (British Columbia)/Blaine (Washington State)

Bei Fahrten von Kanada in die USA können die aktuellen Wartezeiten an der Grenze über die Website der **US-Heimatschutzbehörde** (US Department for Homeland Security; http://apps.cbp.gov/bwt) ermittelt werden.

Wer als Nichtkanadier auf dem Landweg in die USA einreist, muss eine Einreisegebühr von 6 US$ in bar berappen – Kreditkarten werden nicht akzeptiert.

Zug

Amtrak (www.amtrak.com) und **VIA Rail Canada** (www.

INTERNATIONALE FERNZÜGE & PREISE

STRECKE	DAUER (STD.)	HÄUFIGKEIT (TGL.)	PREIS (US$)
New York–Toronto (Maple Leaf)	13	1-mal	125
New York–Montréal (Adirondack)	11	1-mal	65
Seattle–Vancouver (Cascades)	4	2-mal	52

INTERNATIONALE FERNBUSSE (GREYHOUND) & PREISE

STRECKE	DAUER (STD.)	HÄUFIGKEIT (TGL.)	PREIS (C$)
Boston–Montréal	7–8	4-mal	77
Detroit–Toronto	5–6	5-mal	63
New York–Montréal	8–9	6- bis 10-mal	91
Seattle–Vancouver	4	3- bis 5-mal	43

viarail.ca) verkehren auf drei Strecken zwischen den USA und Kanada: zwei im Osten und einer im Westen. Zollkontrollen sind an der Grenze, aber nicht beim Einsteigen zu Beginn der Fahrt üblich.

Übers Meer

Mehrere Küstenfähren verbinden Kanada mit den USA:

Alaska Marine Highway System (www.ferryalaska.com) Zwischen Alaska und Port Hardy (BC).

Bay Ferries Limited (www.ferries.ca/thecat) Zwischen Bar Harbor (Maine) und Yarmouth (NS).

BC Ferries (www.bcferries.com) Zwischen Bella Bella (Alaska) und Prince Rupert (BC).

East Coast Ferries (www.eastcoastferries.nb.ca) Zwischen Eastport (Maine) und Deer Island (NB).

Victoria Clipper (www.clippervacations.com) Zwischen Seattle (Washington State) und Victoria (BC).

UNTERWEGS VOR ORT

Auto & Motorrad

Automobilclubs

Die Mitgliedschaft in einem Automobilclub ist für Selbstfahrer eine praktische Sache. Das Service-Spektrum der **Canadian Automobile Association** (www.caa.ca) kann auch von Mitgliedern internationaler Partnerorganisationen wie dem ADAC (Deutschland) genutzt werden. Neben Pannenhilfe rund um die Uhr umfasst es z.B. Tipps für die Reiseplanung, Gratiskarten, Reisebürodienste und Rabatte (auf Unterkünfte, Mietwagen).

Der **Better World Club** (www.betterworldclub.com) spendet 1% seines Jahresgewinns für Umweltschutz. Er ist in ganz Kanada aktiv und bietet ergänzend einen Pannenservice für Radfahrer an.

Benzin

Benzin und Diesel werden in Litern berechnet. In abgelegenen Gegenden sind die Preise höher. Dabei schießt Yellowknife gewöhnlich den Vogel ab, während Autofahrer in Calgary normalerweise am wenigsten für den Liter Benzin zahlen müssen.

Die Preise sind in den USA meist niedriger, sodass es ratsam ist, bei der Einreise aus den USA vor der Grenze noch einmal zu tanken.

Ein eigenes Fahrzeug einführen

Die Einreise von den USA nach Kanada geht für Selbstfahrer generell recht stressfrei vonstatten – vorausgesetzt, man kann die Zulassungspapiere, den Versicherungsnachweis und seinen gültigen nationalen Führerschein vorlegen.

Führerschein

In den meisten Provinzen können Autofahrer drei Monate lang legal ihren heimischen Führerschein benutzen. Teilweise geht dies auch länger (z.B. sechs Monate in British Columbia).

Bei längeren Aufenthalten empfiehlt sich dennoch ein Internationaler Führerschein (International Driving Permit, IDP) mit einjähriger Gültigkeit – vor allem, wenn der eigene Führerschein mangels Erläuterungen auf Englisch bzw. Französisch die Kommunikation mit kanadischen Verkehrspolizisten oder Autovermietern erschwert. Zu Hause gibt es eine IDP gegen eine geringe Gebühr bei Automobilclubs oder der zuständigen Führerscheinstelle. Sie gilt aber grundsätzlich nur in Verbindung mit der eigenen heimischen Fahrerlaubnis.

Mieten

AUTO

Um in Kanada ein Auto mieten zu können, muss man im Allgemeinen:

- Mindestens 25 Jahre alt sein (einige Mietwagenfirmen berechnen beim Verleih an Fahrer zwischen 21 und 24 Jahren eine zusätzliche Gebühr).
- Eine gültige Fahrerlaubnis besitzen (manchmal wird bei Fahrern aus einem nicht englisch- oder französischsprachigen Land ein internationaler Führerschein verlangt).

Die meisten Mittelklassefahrzeuge kosten ca. 35 bis 70 C$ pro Tag. Kindersitze (ca. 15 C$/Tag) sind in Kanada gesetzlich vorgeschrieben und sollten unbedingt beim Buchen mitreserviert werden.

Große internationale Autovermieter sind normalerweise auf Flughäfen, in Bahnhöfen und Stadtzentren vertreten.

Spontanes Ausleihen vor Ort ist oft teurer, als wenn man das Auto in einem Paket (z. B. mit dem Flug kombiniert) im Voraus gebucht hat.

Avis (☎800-437-0358; www.avis.com)

Budget (☎800-268-8900; www.budget.com)

Dollar (☎800-800-4000; www.dollar.com)

Enterprise (☎800-261-7331; www.enterprise.ca)

Hertz (☎800-263-0600; www.hertz.com)

National (☎877-222-9058; www.nationalcar.ca)

Practicar (☎800-327-0116; www.practicar.ca) Practicar hieß früher Rent a Wreck und hat oft die niedrigsten Preise. Die Firma ist im Übrigen an Backpackers Hotels Canada und Hostelling International angeschlossen.

Thrifty (☎800-847-4389; www.thrifty.com)

CAR-SHARING

Car2Go (www.car2go.com) gibt's in Vancouver, Calgary, Montreal und Toronto. Nach dem Bezahlen der Mitgliedsgebühr (35 C$) können die Mietwagen für 0,41 C$ pro Minute bzw. 15 C$ pro Stunde genutzt werden. Sie lassen sich per Smartphone-App finden und innerhalb der ausgewiesenen Innenstadtzone überall abstellen.

MOTORRAD

Verschiedene Firmen bieten Leihmotorräder und geführte Touren an. Inklusive Haftpflichtversicherung und 200 km Fahrt kostet eine Harley Heritage Softail Classic ca. 210 C$ pro Tag. Manche Unternehmen bestehen auf einer Mindestleihdauer von bis zu sieben Tagen. In British Columbia sind Bikes von Boss Hoss (Hogs) besonders beliebt.

Coastline Motorcycle (☎250-335-1837, 866-338-0344; www.coastlinemc.com) Leihmaschinen plus geführte Touren ab Victoria und Vancouver (British Columbia).

McScoots Motorcycle & Scooter Rentals (☎250-763-4668 www.mcscoots.com) Große Harley-Auswahl und geführte Touren; in Kelowna (British Columbia) ansässig.

WOHNMOBILE

Westkanada hat das größte Angebot von Wohnmobilen (Recreational Vehicles, RVs). Spezielle Verleiher sind z. B. in Calgary, Edmonton, White-

ENTFERNUNGEN (KM)

	Banff	Calgary	Edmonton	Halifax	Inuvik	Jasper	Montréal	Ottawa	Québec City	St. John's	Toronto	Vancouver	Whitehorse	Winnipeg
Calgary	130													
Edmonton	410	290												
Halifax	4900	4810	4850											
Inuvik	3440	3515	3220	8110										
Jasper	280	415	370	5250	3150									
Montréal	3700	3550	3605	1240	6820	3950								
Ottawa	3450	3340	3410	1440	6620	3770	200							
Québec City	3900	3800	3880	1020	7060	4210	250							
St. John's	6200	6100	6150	1480	9350	6480	2530	2730	2310					
Toronto	3400	3400	3470	1790	6680	3820	550	450	800	3090				
Vancouver	850	970	1160	5880	3630	790	4580	4350	4830	7130	4360			
Whitehorse	2210	2290	2010	6830	1220	1930	5620	5390	5840	3150	5450	2400		
Winnipeg	1450	1325	1330	3520	4550	1670	2280	2140	2520	4820	2220	2290	3340	
Yellowknife	1800	1790	1510	6340	3770	1590	5050	4900	5350	7620	4950	2370	2540	2800

Diese Entfernungen sind nur ungefähre Richtwerte.

horse und Vancouver ansässig. Während der sommerlichen Hauptsaison heißt es so früh wie möglich buchen. Dann liegt der Grundpreis für mittelgroße Gefährte bei ca. 175 bis 280 C$ pro Tag. Versicherungen, Steuern und andere Zusatzgebühren treiben die Rechnung aber noch einmal kräftig in die Höhe. Bei Wohnmobilen mit Dieselmotoren sind die Betriebskosten deutlich niedriger.

Canadream Campers (☎403-291-1000, 800-461-7368; www.canadream.com) Hauptsitz ist in Calgary; ein Verleih ist jedoch in acht Städten möglich, darunter Vancouver, Whitehorse, Toronto und Halifax. Die Fahrzeuge können auch an einem anderen Ort als dem Ausleihort zurückgegeben werden.

Cruise Canada (☎800-671-8042; www.cruisecanada.com) Bietet drei verschiedene Größen an Wohnmobilen. Niederlassungen in Halifax und in Zentral- und Westkanada; Rückbgabe an einem anderen Ort möglich.

Straßenzustand & Gefahren

Obwohl Kanadas Straßen allgemein ganz gut in Schuss sind, sollte man ein paar Dinge im Hinterkopf behalten:

➡ Die strengen Winter verursachen bisweilen Schlaglöcher in Granattrichtergröße, die das Fahrzeug unvermittelt ausbrechen lassen. Im Winter besteht generell Gefahr durch Eis und starke Schneefälle. Viele Straßen und Brücken sind dann eventuell vorübergehend gesperrt. Die Website von **Transport Canada** (☎800-387-4999; www.tc.gc.ca/road) liefert Links zu Straßenbedingungen und Baustellen in allen Provinzen.

➡ Im Winter oder in entlegenen Gegenden benötigt man unbedingt Allwetter- bzw. Winterreifen und eine entsprechende Notfallausrüstung.

➡ In dünn besiedelten Regionen wie dem Yukon Territory, Newfoundland oder dem nördlichen Québec liegen die Tankstellen mitunter weit auseinander. Da sollte man den Spritvorrat bei jeder Gelegenheit auffüllen.

➡ Vor allem nachts treiben sich Elche, Hirsche und Wapitis oft auf ländlichen Straßen herum. Gegen einen Elchbullen von 530 kg hat ein Subaru kein Chance – daher immer wachsam sein!

Verkehrsregeln

➡ In Kanada fährt man auf der rechten Straßenseite.

➡ Landesweit herrscht Gurtpflicht. Kinder mit weniger als 18 kg Körpergewicht müssen in erhöhten Kindersitzen angeschnallt werden. Säuglinge gehören in rückwärts gerichtete Spezialsitze.

➡ Motorradfahrer müssen Schutzhelme tragen und die Beleuchtung immer eingeschaltet haben.

➡ Entfernungen und Tempolimits sind in Kilometern angegeben. Allgemeine Höchstgeschwindigkeiten: 40–50 km/h innerhalb geschlossener Ortschaften; 90–110 km/h außerhalb geschlossener Ortschaften.

➡ Wenn Einsatzfahrzeuge (z. B. Polizei, Ambulanz) mit blinkenden Warnlichtern am Straßenrand stehen, dürfen sie mit maximal 60 km/h passiert werden.

➡ In allen Provinzen kann an roten Ampeln rechts abgebogen werden, wenn man zuvor angehalten hat. Ausgenommen sind Kreuzungen mit Verbotsschildern und die gesamte Insel Montréal. Da Kanadier rote Ampeln aber gern mal missachten, sollte man an Kreuzungen nicht davon ausgehen, Vorfahrt zu haben.

➡ In Kanada sind Handys am Steuer verboten. Vergehen werden mit harten Strafen geahndet.

➡ Bis auf Alberta, British Columbia und Saskatchewan untersagen alle Provinzen Radarwarner. Bei Verstößen kann es Bußgelder von bis zu 1000 C$ hageln. Selbst wenn das Gerät nicht eingeschaltet ist, kann es beschlagnahmt werden.

➡ Die Promillegrenze liegt bei 0,8. Fahren unter Alkoholeinfluss gilt als Straftat.

Versicherung

In Kanada benötigen Fahrzeugführer grundsätzlich eine Haftpflichtversicherung für Sach- und Personenschäden.

➡ Bis auf Québec (dort 50 000 C$) schreiben alle Provinzen eine gesetzliche Mindestdeckung von 200 000 C$ vor.

➡ Wer bereits zu Hause eine Auto- oder Reiseversicherung abgeschlossen hat, sollte alle Konditionen und Deckungssummen unbedingt rechtzeitig vor Reisebeginn checken. Zudem empfiehlt sich ein Internationaler Versicherungsschein („Grüne Karte"). Der wird zwar nicht offiziell benötigt, erleichtert aber im Ernstfall die Schadensabwicklung. Nähere Details liefert die eigene Autoversicherung.

➡ Auch Autovermieter bieten Haftpflichtschutz an. Durch eine optionale Teil- oder Vollkaskoversicherung (Collision Damage Waiver, CDW) lässt sich die Selbstbeteiligung bei Sachschäden senken oder komplett vermeiden. Manche Kreditkarten decken Voll- oder Teilkasko bei bestimmten Mietzeiträumen automatisch ab – vorausgesetzt, man bezahlt damit den Mietwagen und lehnt das Versicherungsangebot des jeweiligen Verleihers ab. Daher sämtliche Details unbedingt rechtzeitig vor Reisebeginn mit der jeweiligen Kreditkartenfirma klären und unabhängig davon alle in Kanada angebotenen Versicherungsverträge stets genauestens auf deren Inhalte prüfen!

➡ Eine private Unfallversicherung (Personal Accident Insurance, PAI) kommt für die Kosten einer medizinischen Behandlung auf, falls Fahrer und/oder Passagiere bei einem Unfall verletzt werden. Wenn die eigene Kfz-, Kranken- oder Reiseversicherung diese Option bereits beinhaltet (ebenfalls rechtzeitig nachfragen!), kann man auf einen separaten Versicherungsabschluss verzichten.

Bus

Kanadas Busse sind generell sauber, komfortabel und verlässlich. Sie verfügen teilweise über Extras wie Bordtoiletten, Klimaanlagen (Pullover mitbringen!), ausklappbare Liegesitze, Gratis-WLAN und Videoanlagen. Rauchen ist stets verboten. Bei langen Trips gibt's alle paar Stunden eine Imbisspause – meist an einer Highway-Tankstelle.

Greyhound Canada (☎800-661-8747; www.greyhound.ca) Marktführer mit umfangreichem Liniennetz im zentralen und westlichen Kanada; verbindet das Land zudem mit den USA. Im Osten kooperiert Greyhound mit regionalen Gesellschaften.

Autobus Maheux (☎888-797-0011; www.autobusmaheux.qc.ca) Ab Montréal ins nordöstliche Québec.

Coach Canada (☎800-461-7661; www.coachcanada.com) Linien innerhalb Ontarios sowie zwischen Toronto und Montréal.

DRL Coachlines (☎709-263-2171; www.drl-lr.com) Deckt ganz Newfoundland ab.

Intercar (☎888-861-4592; www.intercar.qc.ca) Verbindet Québec City, Montréal und Tadoussac mit anderen Städten in Québec.

Limocar (☎866-700-8899; www.limocar.com) Regionalbusse in Québec.

Maritime Bus (☎800-575-1807; http://maritimebus.com) Bedient New Brunswick, Prince Edward Island und Nova Scotia.

Megabus (www.megabus.com) Zwischen Toronto und Montréal (über Kingston); Tickets gibt's nur online.

Ontario Northland (☎800-461-8558; www.ontarionorthland.ca) Schickt Busse und Züge ab Toronto in Ontarios Norden.

Orléans Express (☎888-999-3977; www.orleansexpress.com) Busse ins östliche Québec.

Pacific Coach Lines (☎250-385-4411, 800-661-1725; www.pacificcoach.com) Zwischen Victoria, Vancouver und Whistler.

Parkbus (☎800-928-7101; www.parkbus.ca) Fährt ab Toronto zu Parks in Ontario (z. B. Algonquin, Killarney).

Red Arrow (☎800-232-1958; www.redarrow.ca) Bedient alle Großstädte in Alberta; an Bord gibt's Gratis-WLAN, Snacks, Getränke und Anschlüsse.

Saskatchewan Transportation Company (STC; ☎800-663-7181; www.stcbus.com) Regionalbusse in Saskatchewan.

Reservierungen

Fahrkarten für Greyhound-Busse gibt es online oder am Busterminal. Einige Unternehmen, etwa Megabus, nehmen Reservierungen nur online entgegen. Je früher man das Ticket online erwirbt desto preiswerter wird's.

Man sollte mindestens 30 bis 45 Minuten vor Abfahrt am Bus sein.

Fahrrad

Der Großteil Kanadas ist gut für Radler geeignet: Langstreckentouren lassen sich komplett auf ruhigen Nebenstrecken absolvieren. Viele Städte (z. B. Edmonton, Montréal, Ottawa, Toronto oder Vancouver) haben ausgeschilderte Radwege.

- Für Radler gelten dieselben Verkehrsregeln wie für Kraftfahrzeugführer. Das bedeutet aber nicht, dass Letztere auch immer die Vorfahrt gewähren!
- In British Columbia, New Brunswick, Nova Scotia und auf Prince Edward Island besteht Helmpflicht – ebenso für minderjährige Radler in Alberta und Ontario.
- Der **Better World Club** (www.betterworldclub.com; Jahresmitgliedschaft/einmalige Anmeldegebühr 40/12 C$) leistet Pannenhilfe für Radler. Mitglieder können sich zweimal gratis aufgabeln und zur nächsten Reparaturwerkstatt oder Unterkunft im Umkreis von maximal 50 km bringen lassen.

Fahrradtransport

Bus Bei Greyhound Canada gelten Drahtesel als Frachtgut. Zum Mietpreis für die Transportbox (10 C$) kommen noch ein Sperrgutzuschlag und Mehrwertsteuer hinzu. Bikes und deren Besitzer werden nur bei ausreichend Platz im selben Bus befördert. Wenn das Rad bei Ankunft sicher zur Verfügung stehen soll, gibt man es daher idealerweise schon einen Tag vor seinem Bustrip auf.

Flugzeug Die meisten Fluglinien nehmen Fahrräder bei internationalen Flügen gratis als Bordgepäck mit, sofern die Bikes in geeigneten Transportboxen verstaut sind. Auf Inlandsrouten kostet dies jedoch etwa 30 bis 65 C$. Vor dem Ticketkauf unbedingt alle Details abklären!

Zug Die VIA Rail transportiert Fahrräder für 25 C$ – allerdings nur in Zügen mit separaten Ge-

INNERKANADISCHE FERNBUSSE & PREISE

STRECKE	STANDARDTICKET (C$)	7-TAGE-TICKET (C$)	DAUER (STD.)
Vancouver–Calgary	104	77	14–17
Montréal–Toronto	67	55	8–10
Toronto–Vancouver	267	253	65–70

päckwaggons (alle Langstrecken- und viele Regionalverbindungen).

Mieten

- Leihfahrräder gibt es in vielen Tourismuszentren.
- Der Mietpreis (Tourenrad/MTB pro Tag ca. 15/25 C$) beinhaltet normalerweise Schutzhelm und Schloss.
- Die meisten Anbieter verlangen zudem eine Kaution zwischen 20 und 200 C$.

Flugzeug

Fluglinien in Kanada

Air Canada betreibt das größte kanadische Inlandsstreckennetz des Landes mit mehr als 150 Zielflughäfen.

Zudem sind viele lokale und regionale Fluglinien am Himmel unterwegs, vor allem in den kleineren, oft entlegenen Regionen im Norden. Weil es da keinerlei Wettbewerb gibt, sind solche Tickets zielabhängig recht teuer.

Air Canada (☎888-247-2262; www.aircanada.com) Landesweite Flüge.

Air Creebec (☎800-567-6567; www.aircreebec.ca) Bedient u.a. ab Montréal den Norden Québecs und Ontario (inkl. Chisasibi und Chibougamau).

Air Inuit (☎888-247-2262; www.airinuit.com) Fliegt ab Montréal zu allen 14 Inuit-Gemeinden Nunaviks im Norden Québecs (inkl. Kuujjuaq und Puvirnituq).

Air Labrador (☎800-563-3042; www.airlabrador.com) Meist innerhalb Labradors.

Air North (☎867-668-2228, USA ☎800-661-0407; www.flyairnorth.com) Verbindet das Yukon Territory mit British Columbia, Alberta, den Northwest Territories und Alaska.

Air St.-Pierre (☎877-277-7765, 902-873-3566; www.airsaintpierre.com) Startet im Osten Kanadas zu den französischsprachigen Regionen vor Newfoundlands Küste.

Air Tindi (☎867-669-8260; www.airtindi.com) Steuert North Slave (Northwest Territories) an.

Aklak Air (☎866-707-4977; www.aklakair.ca) Bedient das Mackenzie Delta (Northwest Territories).

Bearskin Airlines (☎800-465-2327; www.bearskinairlines.com) Flüge zu Zielen in Ontario und im Osten Manitobas.

Calm Air (☎204-778-6471, 800-839-2256; www.calmair.com) Verbindungen in ganz Manitoba und Nunavut.

Canadian North (☎800-661-1505; www.canadiannorth.com) Deckt die Northwest Territories und Nunavut mit Hin- Rück- und Regionalflügen ab.

Central Mountain Air (☎888-865-8585; www.flycma.com) Bedient ganz British Columbia und Alberta.

First Air (☎800-267-1247; www.firstair.ca) Ab Ottawa, Montréal, Winnipeg und Edmonton zu 24 Zielen in der Arktis (inkl. Iqaluit).

Harbour Air (☎800-665-0212; www.harbourair.com) Schickt Wasserflugzeuge ab Vancouver nach Vancouver Island, zur Sunshine Coast und zu den Gulf Islands.

Hawkair (☎866-429-5247; www.hawkair.ca) Steuert den Norden von British Columbia ab Vancouver und Victoria an.

Northwestern Air Lease (☎877-872-2216; www.nwal.ca) Flüge in Alberta und den Northwest Territories.

North-Wright Air (☎867-587-2333; www.north-wrightairways.com) Bringt Passagiere zum Mackenzie Valley (Northwest Territories).

Pacific Coastal Airlines (☎800-663-2872; www.pacific-coastal.com) Ist in Vancouver ansässig und startet zu vielen Zielen in British Columbia.

Porter Airlines (☎888-619-8622; www.flyporter.com) Turboprop-Maschinen von Städten in Ostkanada zum Billy Bishop City Airport, der vergleichsweise günstiger in Torontos Zentrum liegt.

Provincial Airlines (☎800-563-2800; www.provincialairlines.ca) Ist in St. John's ansässig und bedient neben Labrador auch ganz Newfoundland.

Seair Seaplanes (☎604-273-8900, 800-447-3247; www.seairseaplanes.com) Verbindet Vancouver mit Nanaimo und den Southern Gulf Islands (British Columbia).

Transwest Air (☎800-667-9356; www.transwestair.com) Flüge innerhalb Saskatchewans.

Westjet (☎888-937-8538; www.westjet.com) Billiganbieter mit Sitz in Calgary, der Ziele in ganz Kanada sowie Varadero, Cayo Coco, Santa Clara und Holguín auf Kuba ansteuert.

Flugpässe

Air Canada, United Airlines und US Airways gehören zur **Star Alliance** (www.staralliance.com). Zusammen bieten sie den North American Airpass für alle Reisenden an, die nicht in den USA, Kanada, Mexiko, der Karibik oder auf den Bermudas leben. Der Erwerb des Passes (3–10 Teilstrecken, ab 399 US$) erfordert ein internationales Ticket eines beliebigen Star-Alliance-Mitglieds.
Der **Arctic Circle Air Pass** (www.flyairnorth.com) von Air North gilt für Flugreisen durch Yukon und die Northwest Territories.

Geführte Touren

Dieses große und grandiose Land lässt sich gut bei geführten Touren erkunden.

Arctic Odysseys (☎206-325-1977, 800-574-3021; www.arcticodysseys.com) Kanadische Arktis hautnah – z.B. bei der Suche nach Polarlichtern (Northwest Territories), Trips mit Heli-Skiing (Baffin Island) oder Eisbär-Watching (Hudson Bay).

Backroads (☎510-527-1555, 800-462-2848; www.backroads.com) Geführte Rad-, Wander- oder Paddeltouren in Nova Scotia, Québec und den Rockies.

Moose Travel Network (☎in Ostkanada 855-741-7318, in Westkanada 888-244-6673; www.moosenetwork.com) Kleine Backpacker-Tourbusse in British Columbia, Alberta und anderen Regionen des Landes.

Road Scholar (☎800-454-5768; www.roadscholar.org) Gemeinnützige Organisation, die lehrreiche Studienreisen für Junggebliebene über 55 Jahren in fast allen Provinzen veranstaltet (u.a. per pedes, Zug, Kreuzfahrt & Bus).

Routes to Learning (☎613-530-2222, 866-745-1690; www.youngretired.ca) Weitere gemeinnützige Organisation (früher Elderhostel), die landesweit zahlreiche Bildungsreisen für Traveller ab 55 Jahren anbietet. Teilnehmer wandeln z.B. auf den Spuren der Wikinger (Newfoundland), erfahren etwas über die Akadier (New Brunswick) und besuchen diverse Leuchttürme (Nova Scotia).

Salty Bear Adventure Tours (☎902-202-3636; www.saltybear.ca) Die Kleinbustouren durch die Seeprovinzen zielen in erster Linie auf Backpacker ab. Unterwegs ist beliebiges Aus- und Zusteigen möglich. Im Angebot sind z.B. dreitägige Rundfahrten durch die Umgebung von Cape Breton (Nova Scotia) oder fünftägige Trips über ganz Prince Edward Island.

Trek America (☎in Großbritannien 0870-444-8735, in den USA 800-221-0596; www.trekamerica.com) Die Camping-, Wander- und Kanutouren in Kleingruppen sind vor allem für Abenteuerlustige zwischen 18 und 38 Jahren gedacht. Manche Optionen stehen jedoch allen Altersgruppen offen.

Mitfahrzentrale

Mitfahrzentralen vermitteln Autofahrern zahlende Mitreisende, die in die gleiche Richtung wollen. **Kangaride** (☎855-526-4274; www.kangaride.com) ist eine solche Zentrale mit Sitz in Québec (Stadt); sie breitet sich im Moment rasch im ganzen Land aus. Eine Mitgliedschaft kostet 7,50 C$ im Jahr und 5 C$ Vermittlungsgebühr pro Fahrt (zusätzlich zu dem, was der Fahrer fordert). **Allô Stop** (www.allostop.com) ist ein ähnliches Unternehmen in Québec; die Website ist auf Französisch gehalten.

Nahverkehr

Bus

Als am weitesten verbreitete Nahverkehrsmittel sind Busse in praktisch allen Städten unterwegs. Die Fahrpläne orientieren sich dabei meist am Pendlerverkehr. Abends und am Wochenende ruht der Linienbetrieb daher oft teilweise oder ganz.

Fahrrad

In den wärmeren Monaten ist Radfahren allgemein sehr beliebt. Viele kanadische Großstädte haben ausgewiesene Radwege von mehreren Hundert Kilometern Länge. Die meisten öffentlichen Verkehrsmittel nehmen Drahtesel mit (allerdings mancherorts nicht während der Stoßzeiten). Leihfahrräder gibt's in allen Großstädten. Vancouver, Toronto und Montréal unterhalten zudem öffentliche Bikesharing-Programme.

Straßen- & U-Bahn

Toronto und Montréal haben eigene U-Bahn-Netze. Vancouvers Einschienenbahn verkehrt größtenteils überirdisch. Calgary, Edmonton und Ottawa unterhalten effiziente Stadtbahnnetze. Fahr- und Linienpläne hängen jeweils an allen Haltestellen aus.

Taxi

Kanadas Taxis haben Gebührenzähler (Startpreis/jeder weitere Km ca. 2,70/1,75 C$) und stehen in allen Großstädten zahlreich zur Verfügung. In den meisten Kleinstädten gibt's zumindest ein bis zwei davon. Telefonische Bestellung und Heranwinken an der Straße sind möglich. Die Chauffeure erwarten überall 10 bis 15 % Trinkgeld.

Schiff/Fähre

Vor allem in ganz British Columbia und allen Seeprovinzen gibt es zahlreiche Fährverbindungen.

Fußgänger und Radfahrer finden auf Schiffen bzw. Fähren eigentlich immer ein Plätzchen. Wer sein Auto mitnehmen möchte oder eine Koje braucht, sollte jedoch telefonisch reservieren – vor allem für Feiertage und in der sommerlichen Hauptsaison. Zu den größten Fährbetreibern gehören:

Bay Ferries (☎888-249-7245; www.ferries.ca) Ganzjährig zwischen Saint John (New Brunswick) und Digby (Nova Scotia).

BC Ferries (☎250-386-3431 888-223-3779; www.bcferries.com) Umfangreiches Fährnetz mit 47 Zielen auf 25 Routen; bedient z.B. Vancouver Island, die Gulf Islands, die Sechelt Peninsula entlang der Sunshine Coast und die Haida-Gwaii-Inseln (alle British Columbia).

Coastal Transport (☎506-662-3724; www.coastaltransport.ca) Zwischen Blacks Harbour und Grand Manan auf den Fundy Isles (New Brunswick).

CTMA Ferries (☎418-986-3278, 888-986-3278; www.ctma.ca) Täglich zwischen Souris (PEI) und den Îles de la Madeleine (Québec).

East Coast Ferries (☎506-747-2159, 877-747-2159; www.eastcoastferries.nb.ca) Zwischen Deer und Campobello Island (jeweils Fundy Isles, New Brunswick).

Labrador Marine (☎866-535-2567, 709-535-0810; www.labradormarine.com) Verbindet Newfoundland mit Labrador

Marine Atlantic (☎800-341-7981; www.marine-atlantic.ca) Zwischen Port aux Basques oder Argentia (beide Newfoundland) und North Sydney (Nova Scotia).

Northumberland Ferries (☎902-566-3838, 888-249-7245; www.ferries.ca) Zwischen Wood Islands (PEI) und Caribou (Nova Scotia).

Provincial Ferry Services (www.gov.nl.ca/ferryservices) Küstenfähren in ganz Newfoundland.

Trampen

Trampen ist nirgendwo auf der Welt ungefährlich und

daher nicht vorbehaltlos zu empfehlen. Nichtsdestotrotz strecken Kanadier in entlegenen und ländlichen Ecken gern den Daumen raus.

- Wer unbedingt trampen möchte, sollte sich der damit verbundenen Risiken bewusst sein. Auf jeden Fall ist es sicherer, mindestens zu zweit loszuziehen und Dritte über das geplante Ziel in Kenntnis zu setzen.
- In Nova Scotia, New Brunswick und entlang mancher Highways (z. B. Ontarios 400er-Straßen) ist Trampen untersagt.

Zug

Die **VIA Rail** (☎888-842-7245; www.viarail.ca) betreibt die meisten kanadischen Regional- und Langstreckenzüge auf einem über 14 000 km langen Schienennetz. Manche entlegene Ecken (z. B. Churchill in Manitoba) sind auf dem Landweg ausschließlich mit dem Zug erreichbar.

- Die meisten Züge verkehren im Korridor zwischen Québec (Stadt) und Windsor (Ontario) – vor allem zwischen den Verkehrsknotenpunkten Montréal und Toronto. Auf diesen Strecken gibt es Gratis-WLAN an Bord. Die VIA Rail will den Drahtlos-Service noch auf weitere Züge ausdehnen.
- Nach Newfoundland, Prince Edward Island und zu den Northwest Territories besteht keinerlei Zugverbindung.
- Die meisten Züge bieten ihren Fahrgästen einen kostenlosen WLAN-Zugang.
- In allen kanadischen Zügen herrscht Rauchverbot.

Klassen

Es gibt vier Zugklassen:

- Die Economy Class bietet ziemlich einfache, aber eigentlich recht bequeme Liegesitze mit Kopfstützen. Bei Nachtfahrten werden Kissen und Decken gestellt.
- Im Süd-Korridor zwischen Ontario und Québec steht eine Business Class zur Verfügung. Sie beinhaltet breitere Sitze, Laptopanschlüsse, Bordmahlzeiten und Priorität beim Einsteigen.
- Die Sleeper Class bzw. Schlafwagenklasse wird bei kürzeren Nachtfahrten angeboten. Dazu gehören Abteile mit Schlafkojen (oben/unten) sowie Privatkabinen für eine, zwei oder drei Personen (mit eigenem Bad).
- Die Touring Class für Fernstrecken beinhaltet die Bordunterkünfte der Sleeper Class plus Mahlzeiten, Zugang zum Aussichtswaggon und (manchmal) geführte Touren.

Langstrecken

Die VIA Rail betreibt mehrere klassische Fernzüge:

Canadian Diese Edelstahlschönheit aus den 1950er-Jahren ist drei Tage lang von Toronto nach Vancouver unterwegs. Der Zug passiert zuerst die Regionen nördlich des Lake Ontario. Dann rollt er über Winnipeg und Saskatoon durch die Ebenen nach Jasper in den Rocky Mountains.

Hudson Bay Tuckert gemütlich von der Prärie in die subpolare Zone – genauer von Winnipeg in die Eisbären-Hochburg Churchill.

Ocean Folgt dem St.-Lorenz-Strom ab Montréal durch New Brunswick und Nova Scotia.

Jasper to Prince Rupert Fährt komplett bei Tageslicht von Jasper (Alberta) zum Küstenort Prince Rupert (British Columbia). Unterwegs wird einmal in Prince George übernachtet (Zimmer sind selbst zu reservieren).

Zugreisen sind zudem mit einigen privaten Regionalanbietern möglich:

Algoma Central Railway (www.agawatrain.com) Zugverbindung zur Wildnis im Norden Ontarios.

Ontario Northland (www.ontarionorthland.ca) Betreibt saisonal den *Polar Bear Express* von Cochrane nach Moosonee an der Hudson Bay (hin & zurück 112 C$).

Royal Canadian Pacific (☎877-665-3044; www.royalcanadianpacific.com) Führt über Calgary durch und rund um die Rockies; an Bord gibt's Luxus.

Rocky Mountaineer Railtours (www.rockymountaineer.com) Durch die herrlichen Rockies zwischen Vancouver, Kamloops und Calgary (2 Tage ab 1000 C$).

White Pass & Yukon Route (www.wpyr.com) Tolle Route, die dem ursprünglichen White Pass von Whitehorse in Yukon nach Fraser in British Columbia folgt (hin & zurück 160 C$).

Preise

Zugfahren ist teurer als Busfahren, aber die meisten Reisenden finden Ersteres bequemer. Hauptsaison ist von Juni bis Mitte Oktober; dann steigen die Preise um 40 %. Wer das Ticket im Voraus kauft (es reichen auch schon fünf Tage vorher), spart Bares.

Reservierungen

Im Sommer, am Wochenende sowie vor und nach Feiertagen sollte man den Platz reservieren. Während der Hauptsaison (Juni–Mitte Okt.) sind ein paar der beliebtesten Schlafwagenoptionen bereits Monate im Voraus ausgebucht. Dies gilt insbesondere für Fernzüge wie den *Canadian*. Zur Eisbärensaison (ca. Ende Sept.–Anfang Nov.) hat auch der *Hudson Bay* oft nur noch wenige Plätze frei.

Zugpässe

Ein paar Canrail-Pässe der VIA Rail sparen kräftig Bares:

- Die Passvariante „System" (ab 699 C$, nur Economy Class) gilt innerhalb von 21 Tagen für sieben Fahrten mit beliebigen Zügen. Jeder Reiseabschnitt muss spätestens drei Tage vorher gebucht werden (online).
- Die Version „Corridor" (ab 299 C$) gilt innerhalb von zehn Tagen für sieben Zugfahrten im sogenannten Korridor zwischen Québec City und Windsor. Abgedeckt werden dabei u. a. Montréal, Toronto und Niagara.

Sprache

Englisch und Französisch sind die beiden Landessprachen Kanadas. Beide Sprachen findet man auf Straßenschildern, Landkarten, in Touristenbroschüren, auf Verpackungen usw. In Québec ist das Französische eines der Hauptanliegen der separatistischen Bewegungen. Hier ist Französisch alleinige Amtssprache; Englisch ist kaum vertreten, und Straßenschilder sowie Infos für Touristen gibt es oft ausschließlich auf Französisch. Außerhalb von Montréal und der Stadt Québec wird man ohne Französischkenntnisse gewisse Schwierigkeiten haben.

New Brunswick ist die einzige offiziell zweisprachige Provinz. Hier ist Französisch weit verbreitet, vor allem im Norden und Osten. Der gesprochene Dialekt unterscheidet sich ein wenig von dem in Québec. Auch in Nova Scotia und Manitoba gibt es einen beträchtlichen Anteil von Menschen mit Französisch als Muttersprache, und in den meisten übrigen Provinzen gibt es französische Sprachinseln. Im Westen Kanadas ist Französisch eher spärlich vertreten.

KANADISCHES ENGLISCH

Ursprünglich kam die englische Sprache Anfang bis Mitte des 19. Jhs. mit den britischen Siedlern nach Kanada. Diese Form des britischen Englisch ist die Basis der in Kanada verwendeten Sprache. Es gibt einige Unterschiede in der Aussprache: Briten sprechen z. B. *clerk* wie „klark" aus, Kanadier dagegen sagen „klörk". Grammatikalische Unterschiede gibt es nur wenige. Das Vokabular hat sich wegen des Bedarfs an neuen Wörtern im neuen Land, durch den Einfluss der indigenen Sprachen und das Erbe der französischen Pioniere erweitert.

In Kanada hat sich nie eine vergleichbare Reihe von leicht zu identifizierenden Dialekten entwickelt wie in England, Deutschland oder sogar den USA. Es gibt jedoch einige regionale Variationen in der Ausdrucksweise und Aussprache. In Neufundland sprechen z. B. einige Leute mit einem Akzent, der an den Südwesten Englands (Devon und Cornwall) oder Irland erinnert, und einige benutzen Wörter wie *screech* („Rum") und *shooneen* („Feigling").

Auch im gesprochenen Englisch der atlantischen Provinzen findet man einen Tonfall, den man im Westen nicht hört, und im Ottawa-Tal kommt einem wieder ein etwas anderer Klang zu Ohren, was sich hauptsächlich durch die große Zahl von Iren erklären lässt, die sich dort in der Mitte des 19. Jhs. niederließen. In British Columbia spiegeln einige Ausdrücke die Geschichte dieser Provinz wieder: Das Wort *leaverite* (ein wertloses Mineral) z. B. ist im Zusammenhang mit dem Abbau von Bodenschätzen aus der Phrase „Leave 'er right there" („Lass es bloß da liegen!") entstanden.

Das kanadische Englisch ist stark von den USA beeinflusst worden, besonders durch die Massenmedien und durch den Gebrauch von US-amerikanischen Lehrbüchern und Wörterbüchern in den Schulen. Meist wird wie im britischen Englisch geschrieben, z. B. *centre*, *harbour* und *cheque*, aber es gibt einige Ausnahmen wie *tire* statt *tyre* und *aluminum* statt *aluminium*. Die US-Schreibweise ist aber zum Schrecken mancher Kanadier immer mehr auf dem Vormarsch. Der vielleicht markanteste Unterschied zwischen US-amerikanischem und kanadischem Englisch liegt in der Aussprache des letzten Buchstabens des Alphabets. In den USA wird „z" wie

NOCH MEHR ENGLISCH ODER FRANZÖSISCH?

Weitere Informationen zum Französischen oder zum Englischen sowie praktische Redewendungen finden sich im *Sprachführer Französisch* bzw. im *Sprachführer Englisch* von Lonely Planet. Sie sind unter **http://shop.lonelyplanet.com** oder als iPhone Phrasebook im Apple App Store zu haben.

„sie" ausgesprochen, in Kanada sagt man hingegen „säd". Und obwohl sich vielleicht für viele Nicht-Nordamerikaner Kanadier und Amerikaner ziemnlich gleich anhören mögen, gibt es durchaus noch mehr Unterschiede. Am bemerkenswertesten ist die kanadische Aussprache von „ou" – so klingen *out* und *about* eher wie „oht" und „äboht".

Das kanadische Englisch hat auch einige unverwechselbare Wendungen und Ausdrücke entwickelt. Am auffälligsten ist das fragende „eh?", das am Ende fast jedes gesprochenen Satzes aufzutauchen scheint.

Das kanadische Englisch hat mit Wörtern wie *kerosene* („Kerosin"), *puck* (aus dem Eishockey) und *bushed* („erschöpft") auch zum Wortschatz des globalen Englischen einen Beitrag geleistet. *Moose* („Elch") und *muskeg* („Sumpflandschaft") leiten sich von anglisierten indigenen Wörtern ab.

Wer sich etwas ausführlicher einlesen will, sollte sich das *Canadian Oxford Dictionary* (engl.) anschaffen.

Konversation & Nützliches

Wer einen Fremden nach etwas fragt oder um etwas bittet, sollte die Frage bzw. Bitte höflich einleiten („Excuse me, ...").

Guten Tag.	*Hello.*
Hallo.	*Hi.*
Guten ...	*Good ...*
Tag	*day*
Morgen	*morning*
Tag	*afternoon*
Abend	*evening*
Auf Wiedersehen.	*Goodbye.*
Bis später.	*See you later.*
Tschüss.	*Bye.*
Wie geht es Ihnen?/Wie geht es dir?	*How are you?*
Danke, gut.	*Fine. And you?*
Und Ihnen?/Und dir?	*... and you?*
Wie ist Ihr Name?/Wie heißt du?	*What's your name?*
Mein Name ist ...	*My name is ...*
Ja.	*Yes.*
Nein.	*No.*
Bitte.	*Please.*
(Vielen) Dank.	*Thank you (very much).*
Bitteschön.	*You're welcome.*

Entschuldigen Sie, .../Entschuldige ... *Excuse me, ...*

Gesundheit

Wo ist der/die/das nächste ...?
Where's the nearest ...?

Apotheke	*chemist*
Zahnarzt	*dentist*
Arzt	*doctor*
Krankenhaus	*hospital*

Ich brauche einen Arzt.
I need a doctor.

Gibt es in der Nähe eine (Nacht-)Apotheke?
Is there a (night) chemist nearby?

Ich habe mich verirrt.
I'm lost.

Wo ist die Toilette?
Where are the toilets?

Ich bin krank.
I'm sick.

Es tut hier weh.
It hurts here.

Ich habe mich übergeben.
I've been vomiting.

Ich habe Durchfall/Fieber/Kopfschmerzen.
I have got diarrhoea/fever/headache.

(Ich glaube,) Ich bin schwanger.
(I think) I'm pregnant.

Ich bin allergisch gegen ...
I'm allergic to ...

Antibiotika	antibiotics
Aspirin	aspirin
Penizillin	penicillin

Mit Kindern reisen

Ich brauche ...	*I need (a) ...*
Gibt es ...?	*Is there (a/an) ...?*
einen Wickelraum	baby change room
einen Babysitz	baby seat
einen Babysitter	babysitter
einen Kindersitz	booster seat
einen Babysitter-Service	child-minding service
eine Kinderkarte	children's menu
einen Kinderstuhl	highchair
(Wegwerf-)Windeln	(disposable) nappies

ein Töpfchen potty

einen Kinderwagen stroller

Kann ich mein Kind hier stillen?
Do you mind if I breastfeed here?

Dürfen Kinder mit herein?
Are children allowed?

Papierkram

Name	name
Staatsangehörigkeit	nationality
Geburtsdatum	date of birth
Geburtsort	place of birth
Geschlecht	sex/gender
(Reise-)Pass	passport
Visum	visa

Reservierungen vornehmen (telefonisch oder schriftlich)

An ...	To ...
Von ...	From ...
Datum	Date

Ich möchte ... reservieren.
I'd like to book ...

Auf den Namen ...	in the name of ...
Vom ... bis zum ...	from ... to ...
Kreditkarte	credit card
Nummer	*number*
gültig bis ...	*expiry date*

Bitte bestätigen Sie Verfügbarkeit und Preis.
Please confirm availability and price.

Shoppen & Service

Ich suche ...
I'm looking for ...

Wo ist der/die/das (nächste) ...?
Where's the (nearest) ...?

Wo kann ich ... kaufen?
Where can I buy ...?

Ich möchte ... kaufen.
I'd like to buy ...

Wie viel (kostet das)?
How much (is this)?

Das ist zu viel/teuer.
That's too much/expensive.

Können Sie mit dem Preis heruntergehen?
Can you lower the price?

Haben Sie etwas Billigeres?
Do you have something cheaper?

Ich schaue mich nur um.
I'm just looking.

Können Sie den Preis aufschreiben?
Can you write down the price?

Haben Sie noch andere?
Do you have any others?

Können Sie ihn/sie/es mir zeigen?
Can I look at it?

mehr	more
weniger	less
kleiner	smaller
größer	bigger

Nehmen Sie ...?
Do you accept ...?

Kreditkarten	credit cards
Reiseschecks	travellers cheques

Ich möchte ...
I'd like to ...

Geld umtauschen
change money (cash)

einen Scheck einlösen
cash a cheque

Reiseschecks einlösen
change some travellers cheques

Wo ist ...?	Where's ...?
ein Geldautomat	an ATM
eine Wechselstube	an exchange office
eine Bank	a bank
die ...	the ...
Botschaft	embassy
deutsche	German
österreichische	Austrian
Schweizer	Swiss
das Krankenhaus	the hospital
der Markt	the market
die Polizei	the police
die Post	the post office
ein öffentliches Telefon	a public phone
eine öffentliche Toilette	a public toilet

Wann macht er/sie/es auf/zu?
What time does it open/close?

Ich möchte eine Telefonkarte kaufen.
I want to buy a phone card.

Wo ist hier ein Internet-Café?
Where's the local Internet cafe?

Unterkunft

Wo ist ...? Where's a ...?

eine Pension	bed and breakfast
ein Campingplatz	camping ground
ein Hotel	hotel
ein Privatzimmer	room in a private home
eine Jugendherberge	youth hostel

Wie lautet die Adresse?
What's the address?

Ich möchte bitte ein Zimmer reservieren.
I'd like to book a room, please.

Für (drei) Nächte/Wochen.
For (three) nights/weeks.

Haben Sie ein ...?
Do you have a ... room?

Einzelzimmer	single
Doppelzimmer	double

Wie viel kostet es pro ...?
How much is it per ...?

Nacht	night
Person	person

Kann ich es sehen?
May I see it?

Kann ich ein anderes Zimmer bekommen?
Can I get another room?

Es ist gut, ich nehme es.
It's fine. I'll take it.

Ich reise jetzt ab.
I'm leaving now.

Verständigung

Verstehen Sie (mich)?
Do you understand (me)?

Ich verstehe (nicht).
I (don't) understand.

Könnten Sie ...?
Could you please ...?

bitte langsamer sprechen
speak more slowly

das bitte wiederholen
repeat that

das bitte aufschreiben
write it down

Verkehrsmittel & -wege

Wann fährt ... ab?
What time does the ... leave?

das Boot	boat
der Bus	bus
der Zug	train

Wo kann ich ... mieten?
Where can I hire a ...?

Ich möchte ... mieten.
I'd like to hire a/an ...

ein Fahrrad	bicycle
ein Auto	car
ein Allradfahrzeug	4WD
ein Auto mit Schaltung	manual
ein Motorrad	motorbike

Wie viel kostet es pro ...?
How much is it per ...?

Tag	day
Woche	week
Benzin	petrol
Diesel	diesel
bleifreies Benzin	unleaded
Autogas	LPG

Wo ist eine Tankstelle?
Where's a petrol station?

Führt diese Straße nach ...?
Does this road go to ...?

(Wie lange) Kann ich hier parken?
(How long) Can I park here?

Wo muss ich bezahlen?
Where do I pay?

Ich brauche einen Mechaniker.
I need a mechanic.

Ich habe (in ...) eine Panne mit meinem Auto.
The car has broken down (at ...)

Ich hatte einen Unfall.
I had an accident.

Das Auto/Motorrad springt nicht an.
The car/motorbike won't start.

Ich habe eine Reifenpanne.
I have a flat tyre.

Ich habe kein Benzin mehr.
I've run out of petrol.

Wegweiser

Können Sie mir bitte helfen?
Could you help me, please?

Wo ist (eine Bank)?
Where's (a bank)?

Ich suche (die Kathedrale).
I'm looking for (the cathedral).

In welcher Richtung ist (eine öffentliche Toilette)?
Which way's (a public toilet)?

Wie kann ich da hinkommen?
How can I get there?

Wie weit ist es?
How far is it?

Können Sie es mir (auf der Karte) zeigen?
Can you show me (on the map)?

KANADISCHES FRANZÖSISCH

Das Französisch, das in Kanada gesprochen wird, entspricht im Grunde dem, das man in Frankreich hört. Zwar lernen viele Schüler mit englischer und die meisten mit französischer Muttersprache in den Schulen Québecs das europäische Französisch, aber der örtliche Dialekt, das Québecois oder auch das *joual* weichen hie und da schon etwas vom Standard ab. Die Ansager im frankokanadischen Radio und Fernsehen orientieren sich im Allgemeinen – genauso wie die Oberschicht – stärker am europäischen Französisch; insofern haben Frankokanadier kein Problem damit, das Schulfranzösisch von Travellern zu verstehen.

Die meisten Buchstaben des Alphabets werden mehr oder weniger genauso ausgesprochen wie im Deutschen; einige Ausnahmen, die Verwirrung stiften könnten, sind aber in der rechten Spalte aufgeführt. Zur Lautschrift: Die Kombinationen „ang", „äng" und „ong" in den Aussprachehilfen geben die Nasallaute wieder – das „ng" in einer Lautumschrift wird nicht gesprochen, sondern kennzeichnet den vorangehenden Vokal als Nasallaut; „sch" wird ausgesprochen wie in „Dschungel", wenn es für den französischen Buchstaben j oder g steht (also ganz weich), ansonsten deutlich schärfer, so wie das „sch" in „Muschel".

c	vor e und i wie „s" in „Moos" vor a, o und u wie „k" in „Kinder"
ç	wie „s" in „Moos"
gn	wie in „Cognac"
h	immer stumm
j	wie „sch" in „Dschungel"
ll	nach ai, ei und eui wie „j" in „Jäger", nach einfachem i entweder „j" oder „l", je nach Herkunft des Wortes, ansonsten „l"
n, m	wenn eine Silbe auf n oder m endet, werden diese Buchstaben nicht ausgesprochen, dafür wird der vorangehende Vokal nasaliert
s	wird in Pluralformen oder am Ende eines Wortes oft nicht ausgesprochen
x	vor Vokalen normalerweise wie „s" in „Serie", ansonsten stumm
z	stimmhaft wie „s" in „sieben"

SATZMUSTER

Wenn man etwas sagen will, setzt man einfach die entsprechenden Wörter in die Klammer ein:

Wo ist (der Eingang)?
Où est (l'entrée)? — uh äh (lang·treh)

Wo kann ich (die Eintrittskarte kaufen)?
Où est-ce que je peux (acheter un billet)? — uh es·ke dsche pöh (asch·teh öng bie·jeh)

Wann fährt (der nächste Zug)?
Quand est (le prochain train)? — kang äh (le pro·scheng treng)

Wie viel kostet (ein Zimmer)?
C'est combien pour (une chambre)? — seh kom·bjeng puhr (ühn scham·bre)

Haben Sie (eine Landkarte)?
Avez-vous (une carte)? — a·weh wuh (ühn kart)

Gibt es (eine Toilette)?
Y a-t-il (des toilettes)? — ie ah tiel (deh toa·let)

Ich möchte (ein Zimmer buchen).
Je voudrais (réserver (une chambre). — dsche wuh·dräh (reh·ser·weh ühn scham·bre)

Kann ich (hereinkommen)?
Puis-je (entrer)? — pwie dsche (ang·treh)

Könnten Sie (mir helfen)?
Pouvez-vous (m'aider), s'il vous plaît? — puh·weh wuh (meh·deh) siel wuh pläh

Muss ich (einen Platz reservieren)?
Faut-il (réserver une place)? — foh·tiel (reh·ser·weh ühn plahs)

Konversation & Nützliches

Die Anredeform, entsprechend dem Deutschen „Sie", ist *vous*. Das „Du", *tu*, verwendet man nur im Gespräch mit Kindern oder aber mit engen Freunden bzw. natürlich in der Familie. Selbstverständlich darf man auch duzen, wenn der andere einem das angeboten hat.

Das Französische besitzt zwei grammatische Geschlechter, Maskulinum und Femininum, für Substantive, Artikel (*le/la* für „der"/die" bzw. *un/une* für „ein/eine") und

FRAGEWÖRTER

Wann?	*Quand?*	kang
Warum?	*Pourquoi?*	puhr·koa
Was?	*Quoi?*	koa
Wer?	*Qui?*	kie
Wie?	*Comment?*	ko·mang
Wo?	*Où?*	uh

Adjektive. Hier werden maskuline und feminine Formen angegeben und durch „m./f." gekennzeichnet.

Guten Tag.	*Bonjour.*	bong·dschur
Auf Wiedersehen.	*Au revoir.*	o·re·voar
Entschuldigen Sie bitte.	*Excusez-moi.*	ek·skü·seh·moa
Entschuldigung.	*Pardon.*	par·dong
Ja./Nein.	*Oui./Non.*	wie/nong
Bitte.	*S'il vous plaît.*	sie wu plä
Danke.	*Merci.*	mer·sie
Gern geschehen.	*De rien.*	de rie·eng

Wie geht es Ihnen?
Comment allez-vous? — ko·mong ta·leh·wuh

Gut, und Ihnen?
Bien, merci. Et vous? — bjeng mer·sie eh wuh

Ich heiße ...
Je m'appelle ... — dsche ma·pell...

Wie heißen Sie?
Comment vous appelez-vous? — ko·mong wuh·sa·peleh wuh

Sprechen Sie Englisch/Deutsch?
Parlez-vous anglais/allemand? — par·leh·wuh ang·gläh/sa le mang

Ich verstehe nicht.
Je ne comprends pas. — sdsche ne kom prang pa

Essen & Ausgehen

Einen Tisch für (zwei), bitte.
Une table pour (deux), s'il vous plaît. — ühn ta·ble puhr (döh) siel wuh pläh

Was können Sie empfehlen?
Qu'est-ce que vous conseillez? — kes·ke wuh kong·seh·jeh

Welche Zutaten sind da drin?
Quels sont les ingrédients? — kel son leh sing·greh·djang

Ich bin Vegetarier/Vegetarierin.
Je suis végétarien/végétarienne. — dsche swie weh·dscheh·ta·rjang/weh·dscheh·ta·rjenn (m./f.)

Ich esse kein ...
Je ne mange pas ... — dsche ne mandsch pah ...

Prost!
Santé! — sang·teh

Das war köstlich.
C'était délicieux! — seh·täh deh·lie·sjöh

Die Rechnung bitte.
Apportez-moi l'addition, s'il vous plaît. — a·por·teh·moa la·die·sjong siel wuh pläh

Wichtige Wörter

Abendessen	*souper*	suh·peh
Delikatessen	*traiteur*	träh·töhr
Essen	*nourriture*	nu·rie·tühr
Flasche	*bouteille*	buh·tehj
Frühstück	*déjeuner*	deh·dschöh·neh
Gabel	*fourchette*	fur·schet
Gericht	*plat*	pla
Glas	*verre*	wer
Hauptgang	*plat principal*	pla preng·sie·pal
kalt	*froid*	froa
Kindergericht	*menu pour enfants*	me·nüh puh rang·fang
Kinderstuhl	*chaise haute*	schäh soht
Lebensmittelladen	*épicerie*	eh·pie·srie
Löffel	*cuillère*	kui·jähr
Markt	*marché*	mar·scheh
Messer	*couteau*	kuh·toh
mit/ohne	*avec/sans*	a·wek/sang
Mittagessen	*dîner*	die·neh
örtliche Spezialität	*spécialité locale*	speh·sja·lie·teh lo·kal
Speisekarte (auf Englisch)	*carte (en anglais)*	kart (an ang·gläh)
Teller	*assiette*	a·sjet
Vorspeise	*entrée*	ang·treh
warm	*chaud*	schoh
Weinkarte	*carte des vins*	kart deh weng

Fleisch & Fisch

Fisch	*poisson*	poa·song
Hähnchen	*poulet*	puh·leh
Kalbfleisch	*veau*	woh

Lamm	*agneau*	a·njoh
Rindfleisch	*bœuf*	böff
Schweinefleisch	*porc*	por
Truthahn	*dinde*	dengd

Obst & Gemüse

Ananas	*ananas*	a·na·nas
Apfel	*pomme*	pom
Aprikose	*abricot*	a·brie·koh
Backpflaume	*pruneau*	prüh·noh
Bohnen	*haricots*	a·rie·koh
Erbsen	*petit pois*	pe·tie poa
Erdbeere	*fraise*	frähs
Frühlingszwiebel	*échalote*	eh·scha·lot
Gemüse	*légume*	leh·gühm
Gewürzgurke	*cornichon*	kor·nie schong
Gurke	*concombre*	kong·kom·bre
Kartoffel	*pomme de terre*	pom de ter
Kirsche	*cerise*	se·ries
Kohl	*chou*	schuh
Kürbis	*citrouille*	sie·truh·je
Lauch	*poireau*	poa·roh
Mais	*maïs*	ma·ies
(rote/grüne) Paprika	*poivron (rouge/ vert)*	poa·wrong (ruhdsch/ wär)
Pfirsich	*pêche*	pesch
Pflaume	*prune*	prühn
Pilz	*champignon*	scham·pie·njong
rote Bete	*betterave*	be·trav
Rübe	*navet*	na·weh
Salat	*laitue*	läh·tüh
Sellerie	*céleri*	sel·rie
Spargel	*asperge*	a·sperdsch
Spinat	*épinards*	eh·pie·nar
Tomate	*tomate*	to·mat
Weintraube	*raisin*	reh·seng
Zitrone	*citron*	sie·trong

Andere Wörter

Brot	*pain*	peng
Butter	*beurre*	bör
Ei	*œuf*	öff
Essig	*vinaigre*	wie·näh·gre
Honig	*miel*	mjel
Käse	*fromage*	fro·madsch
Linsen	*lentilles*	lang·tie·je
Marmelade	*confiture*	kong·fie·tühr
Öl	*huile*	wiel
Pasta/ Nudeln	*pâtes*	paht
Pfeffer	*poivre*	poa·wre
Reis	*riz*	rie
Salz	*sel*	sell
Zucker	*sucre*	süh·kre

Getränke

Bier	*bière*	bi·jähr
Kaffee	*café*	ka·feh
Milch	*lait*	läh
Rotwein	*vin rouge*	wen (ruhdsch)
(Orangen-) Saft	*jus (d'orange)*	dschüh (do·rongdsch)
Tee	*thé*	teh
(Mineral-) Wasser	*eau (minérale)*	oh (mie·neh·ral)
(Weiß-) Wein	*vin (blanc)*	wen (blang)

Notfall

Hilfe!
Au secours! o sguhr

Ich habe mich verlaufen.
Je suis perdu/perdue. dsche swie per·düh (m./f.)

Lassen Sie mich in Ruhe!
Fichez-moi la paix! fie·scheh·moa la päh

Es hat einen Unfall gegeben.
Il y a eu un accident. iel ja üh ün ak·sie·dang

Rufen Sie einen Arzt.
Appelez un médecin. a·pleh ün mehd·seng

Rufen Sie die Polizei.
Appelez la police. a·pleh la po·lies

SCHILDER

Entrée	Eingang
Femmes	Damen
Fermé	Geschlossen
Hommes	Herren
Interdit	Verboten
Ouvert	Geöffnet
Renseignements	Information
Sortie	Ausgang
Toilettes/WC	Toiletten

ZAHLEN

1	*un*	öng
2	*deux*	döh
3	*trois*	troa
4	*quatre*	ka·tre
5	*cinq*	sengk
6	*six*	sies
7	*sept*	set
8	*huit*	wiet
9	*neuf*	nöff
10	*dix*	dies
20	*vingt*	weng
30	*trente*	trangt
40	*quarante*	ka·rangt
50	*cinquante*	seng·kangt
60	*soixante*	soa·sangt
70	*soixante-dix*	soa·sang·dies
80	*quatre-vingts*	ka·tre·weng
90	*quatre-vingt-dix*	ka·tre·weng dies
100	*cent*	sang
1000	*mille*	miel

Ich bin krank.
Je suis malade. dsche swie ma·lad

Hier tut es weh.
J'ai une douleur ici. dscheh ühn duh·löhr i·sie

Ich bin allergisch
Je suis allergique dsche swie sa·ler·dschiek

Shoppen & Service

Ich hätte gern …
Je voudrais acheter … dsche wuh·dreh asch·teh…

Kann ich mir das anschauen?
Est-ce que je peux le voir? es·ke dsche pöh le voar

Ich schaue mich nur um.
Je regarde. dsche re·gard

Das gefällt mir nicht.
Cela ne me plaît pas. se·la ne me pleh pa

Wie viel kostet das?
C'est combien? seh kom·bjeng

Das ist zu teuer.
C'est trop cher. seh troh schehr

Können Sie mit dem Preis heruntergehen?
Vous pouvez baisser le prix? wuh puh·weh bäh·seh le prie

Da stimmt was nicht auf der Rechnung.
Il y a une erreur dans la note. iel i ah ühn er·röhr dang la noht

Geldautomat	*guichet automatique de banque*	gie·scheh o to·ma·tiek de bonk
Internet-café	*cybercafé*	sie·bähr·ka·feh
Kreditkarte	*carte de crédit*	kart de kreh·die
Post	*bureau de poste*	bü·ro deh post
Touristen-information	*office de tourisme*	o·fies de tu·ries·me

Uhrzeit & Datum

Wie spät ist es?
Quelle heure est-il? kel löhr äh tiel

Es ist (acht) Uhr.
Il est (huit) heures. il äh (wiet) öhr

Es ist halb (11).
Il est (dix) heures et demie. il ay (die) söhr eh de·mie

Morgen	*matin*	ma·teng
Nachmittag	*après-midi*	a·preh·mie·die
Abend	*soir*	soar
gestern	*hier*	i·jähr
heute	*aujourd'hui*	o·dschur·dwie
morgen	*demain*	de·meng
Montag	*lundi*	lüng·die
Dienstag	*mardi*	mar·die
Mittwoch	*mercredi*	mer·kre·die
Donnerstag	*jeudi*	dschöh·die
Freitag	*vendredi*	vang·dre·die
Samstag	*samedi*	sam·die
Sonntag	*dimanche*	die·mangsch
Januar	*janvier*	dschong·wijeh
Februar	*février*	feh·wrijeh
März	*mars*	mars
April	*avril*	a·wriel
Mai	*mai*	mäh
Juni	*juin*	dschüjeng
Juli	*juillet*	dschwi jäh
August	*août*	uh
September	*septembre*	sep·tang·bre
Oktober	*octobre*	ok·toh·bre
November	*novembre*	no·vang·bre
Dezember	*décembre*	deh·sang·bre

Unterkunft

Haben Sie ein Zimmer frei?
Est-ce que vous avez des chambres libres? es·ke wuh sa·weh deh scham·bre lie·bre

Was kostet es pro Nacht/Person?
Quel est le prix par nuit/personne? kel äh le prie par nwie/per·son

Ist das Frühstück inbegriffen?
Est-ce que le petit déjeuner est inclus? es·ke le pe·tie deh·dschö neh äh tang·klüh

Camping	*camping*	kam·pieng
Hotel	*hôtel*	o·tel
Jugendherberge	*auberge de jeunesse*	o·berdsch de dschöh·ness
Pension	*pension*	pang·sjon
Schlafsaal	*dortoir*	dor·toar
ein ... Zimmer	*une chambre ...*	ühn scham·bre ...
Einzel-	*à un lit*	a ühn lie
Doppel-	*avec un grand lit*	a·wek öng grang lie
Badezimmer	*salle de bains*	sal de bäng
Fenster	*fenêtre*	fe·näh·tre
Klimaanlage	*climatiseur*	klie·ma·tie·söhr

Verkehrsmittel & -wege

Öffentliche Verkehrsmittel

Boot	*bateau*	ba·to
Bus	*bus*	bühs
Flugzeug	*avion*	a·wjong
Zug	*train*	treng

Ich möchte nach ...
Je voudrais aller à ... dsche wuh·dreh al·leh a ...

Hält er in (Amboise)?
Est-ce qu'il s'arrête à (Amboise)? es·kil sa·ret a (am·boas)

Wann fährt er ab/kommt er an?
À quelle heure est-ce qu'il part/arrive? a kel öhr es kil par/a·riew

Können Sie mir sagen, wann wir in ... sind?
Pouvez-vous me dire quand nous arrivons à ...? puh·weh·wuh me dier kang nuh sa·rie·wong a ...

Ich möchte hier aussteigen.
Je veux descendre ici. dsche wöh deh·sang·dre ie·sie

erster	*premier*	pre·mjeh
letzter	*dernier*	der·njeh
nächster	*prochain*	pro·scheng
ein ... Ticket	*un billet ...*	üng bie·jeh ...
1. Klasse	*de première classe*	de pre·mjähr klas
2. Klasse	*de deuxième classe*	de döh·sjähm klas
einfaches	*simple*	sem·ple
für Hin- und Rückfahrt	*aller et retour*	a·leh eh re·tuhr
Bahnhof	*gare*	gahr
Bahnsteig	*quai*	käh
entfällt	*annulé*	a·nüh·leh
Fahrkartenschalter	*guichet*	gie·scheh
Fahrplan	*horaire*	o·rähr
Fensterplatz	*côté fenêtre*	ko·teh fe·näh·tre
Gangplatz	*côté couloir*	ko·teh kuh·loar
verspätet	*en retard*	ang re·tar

Andere Verkehrsmittel

Ich möchte ein/einen ... mieten.
Je voudrais louer ... dsche wuh·dräh luh·weh ...

Auto	*une voiture*	ühn woa·tühr
Fahrrad	*un vélo*	üng we·loh
Geländewagen	*un quatre-quatre*	üng kat·kat
Motorrad	*une moto*	ühn mo·to
Benzin	*essence*	es·sangs
Diesel	*diesel*	djeh·sel
Kindersitz	*siège-enfant*	sjäh dschang·fang
Mechaniker	*écanicien*	meh·ka·nie·sjeng
Sturzhelm	*casque*	kask
Tankstelle	*station-service*	sta·sjong·ser·wies

Ist das die Straße nach ...?
C'est la route pour ...? seh la ruht puhr ...

(Wie lange) kann ich hier parken?
(Combien de temps) Est-ce que je peux stationner ici? (kom·bjeng de tang) es·ke dsche pöh sta·sjo·neh ie·sie

Das Auto/Motorrad ist (bei ...) liegen geblieben.
La voiture/moto est tombée en panne (à ...). la voa·tühr/mo·toh en tom·beh ang pann (a ...)

Ich habe einen Platten.
Mon pneu est à plat. mong pnöh äh ta plah

Ich habe kein Benzin.
Je suis en panne d'essence. dsche swie sang pann des·sangs

Ich habe den Autoschlüssel verloren.

J'ai perdu les clés de ma voiture.	dscheh per·düh leh kleh de ma woa·tühr

Wegweiser

an der Ecke	*au coin*	o ko eng
an der Ampel	*aux feux*	o föh
hinter	*derrière*	der·jähr
vor	*devant*	de·wang
fern (von ...)	*loin (de ...)*	lo eng (de ...)
links	*gauche*	gohsch
nahe	*près (de ...)*	präh (de ...)
neben ...	*à côté de ...*	a ko·teh de...
gegenüber ...	*en face de ...*	ang fas de ...
rechts	*droite*	droat
geradeaus	*tout droit*	tuh droah
Wo ist ...?	*Où est ...?*	uh äh ...

Wie lautet die Adresse?

Quelle est l'adresse?	kel äh la·dres

Können Sie die Adresse bitte aufschreiben?

Est-ce que vous pourriez écrire l'adresse, s'il vous plaît?	es·ke wuh pu·rjeh eh·krier la·dres siel wuh pläh

Können Sie es mir (auf der Karte) zeigen?

Pouvez-vous m'indiquer (sur la carte)?	puh·weh·wuh meng·die·keh (sühr la kart)

Hinter den Kulissen

WIR FREUEN UNS ÜBER EIN FEEDBACK

Post von Travellern zu bekommen, ist für uns ungemein hilfreich – Kritik und Anregungen halten uns auf dem Laufenden und helfen, unsere Bücher zu verbessern. Unser reiseerfahrenes Team liest alle Zuschriften ganz genau, um zu erfahren, was an unseren Reiseführern gut und was schlecht ist. Wir können solche Post zwar nicht individuell beantworten, aber jedes Feedback wird garantiert schnurstracks an die jeweiligen Autoren weitergeleitet, rechtzeitig vor der nächsten Nachauflage.

Wer Ideen, Erfahrungen und Korrekturhinweise zum Reiseführer mitteilen möchte, hat die Möglichkeit dazu auf **www.lonelyplanet.com/contact/guidebook_feedback/new**. Anmerkungen speziell zur deutschen Ausgabe erreichen uns über **www.lonelyplanet.de/kontakt**.

Hinweis: Da wir Beiträge möglicherweise in Lonely Planet Produkten (Reiseführer, Websites,digitale Medien) veröffentlichen, ggf. auch in gekürzter Form, bitten wir um Mitteilung, falls ein Kommentar nicht veröffentlicht oder ein Name nicht genannt werden soll. Wer Näheres über unsere Datenschutzpolitik wissen will, erfährt das unter www.lonelyplanet.com/privacy.

DANK VON LONELY PLANET

Vielen Dank den Reisenden, die uns nach der letzten Auflage des Reiseführers hilfreiche Hinweise, nützliche Ratschläge und interessante Anekdoten schickten: Ailidh Cameron, Amanda Kilerich, Bastian Schnabel, Brian Pritchard, Cristina Rolla, Ellen Archibald, Erica Wijarnako, Gemma Beher, Greg Malcher, Harald Pfannhauser, Heather Monell, Johan van den Berg, Johannes Voit, Kristen Wicks & Christopher Armour, Kristina Disney, Leonie Sage, Linda van Happen, Lucía Canga, Maria del Mar Garcia Fernandez, Marieke Vos, Mark Allard, Miguel Prohaska, Pat Luck, Pirkko Anderson, Rebecca Scott, Susanne Hartigan, Thomas Coquel, Zsuzsanna Gaspar

DANK DER AUTOREN

Korina Miller

Für die Einladung, bei diesem Projekt mitzuwirken, bedanke ich mich bei Alex Howard – und dem gesamten Team reisehungriger Autoren gilt mein Dank dafür, dass es ein so tolles Projekt wurde. Vielen Dank den vielen Menschen aus Alberta, die ihre Geschichten, ihr Wissen und ihre Liebe zu ihrer Provinz mit mir geteilt haben. Danke Kajsa Erickson dafür, dass ich Calgarys wildere Seite während der Stampede erleben durfte. Meinen Eltern und Töchtern, Simone und Monique, danke ich fürs gemeinsame Zelten in den Rockies. Vielen Dank, Kirk und Bing, dass ihr euch zuhause so gut gekümmert habt. Und schließlich möchte ich mich auch noch bei meinem Chiropraktiker Dr. Bob Mabee dafür bedanken, dass er mir nach 4500 km Autofahrerei (und zwar innerhalb von 10 Tagen) den Rücken wieder eingerenkt hat

Kate Armstrong

Vielen Dank Alexander Howard bei LP und den vielen Einheimischen, die mir nichts als die reinste akadische und maritime Gastfreundschaft zuteil werden ließen. Ein dreifaches Hoch gilt all denen, die mich bei Fragen zum lokalen Tourismus so gut beraten haben: Alison Aiton und Stacey Russell (Fredericton), Jillian MacKinnon (Saint John), Jillian Somers und Colette McLaughlin (Moncton) sowie Janice Arseneault (Edmunston). Schließlich ein großes *merci* all den hilfreichen kanadischen Enthusiasten unterwegs, die ganz genau wissen, dass ihre Region eine besondere ist.

James Bainbridge

Vielen Dank an all jene, die mich während meiner langen Reise von Ottawas politischen Zentren zu den dunstigen Ufern des Lake Superior unterstützt haben. Der freundlichen Seelen in Ontario sind viel zu viele, um jeden einzeln hier nennen zu können, aber mein alter Kumpel Ciprian und mein neuer Freund Shayne sollen hier einen ganz besonderen Gruß bekommen, genauso wie David Peterson, weil er Platz in seinem Stall für ihr Pferd fand. Schließlich möchte ich mich auch bei meiner wunderbaren Familie zuhause in Kapstadt bedanken, und bei jedem, der mit mir meinen 40. Geburtstags feierte, während ich in Ontario schrieb.

Anna Kaminski

Ein dickes Danke an Alex, der mich mit drei faszinierenden Regionen vertraut gemacht hat, und allen, die mir unterwegs geholfen haben, besonders Crystal in Yellowknife, Christine, Don und Patrick in Fort Smith, Gina und John in Fort Providence, Ted Grant für den tollen Tag in Nahanni, Rachel und Li in Winnipeg, Kylik und Sarah in Inuvik, den wunderbaren Menschen (Bronwyn, Karen, Jovan) von Parks Canada in Iqaluit, Sherry in Valleyview und Sebastian aus Dawson City, der einem gestrandeten Tramper geholfen hat.r.

Adam Karlin

Dank meinen Co-Autoren, besonders Anna, für Feedback und Ratschläge; Alexander, unserem Redakteur, für dasselbe und natürlich dafür, mich zu diesem Projekt eingeladen zu haben. Den beiden Franzosen auf Gaspé danke ich für ihre Podcast-Fähigkeiten; Zach, Kate und Dan Danke für die Hilfe bei der Erkundung der Gemeinden im Osten; Andy und Marie danke für ihre wundervolle Gastfreundschaft in Montréal; danke Rachel, der perfekten Partnerin für die Entdeckung der Laurentians; danke Sanda für die Hilfe bei den Google-Hangouts. Das Kapitel über Québec ist Gizmo gewidmet.

John Lee

Mein ganz besonderer Dank gilt Maggie, denn ohne sie hätte ich womöglichen meinen Verstand verloren. Danke auch dafür, dass sie mich während meiner Arbeit an diesem Projekt immer mit ausreichend Tee versorgt hat. Auch unserer Katze Max gilt mein Dank – und zwar für die regelmäßige Pflege meines Bartes. Vielen Dank meinem Kumpel Dominic für die Begleitung während des ausführlichen Entdeckungsausflugs nach Vancouver Island. Bei meinen Freunden und meiner Familie in Vancouver möchte ich mich ganz aufrichtig dafür entschuldigen, dass ich so lange an meiner Tastatur gesessen habe, ich bin jetzt mehr als bereit für ein Bier oder auch zwei!

Carolyn McCarthy

Vielen Dank all den guten Menschen von Newfoundland für ihre herzliche Gastfreundschaft. Carolyn Cook gilt meine Dankbarkeit für ihre Campingausrüstung und ihr Abenteuer-Know-how, Bernadette Walsh für ihr umfassendes Wissen, Terri Coles für ihre journalistischen Beiträge, Kathleen Kearns für ihre Tipps und Elissa und Mark für die Bleibe.

Phillip Tang

Ein ganz besonderes Danke gebührt Stephen Hu (Ren Jie) für Fotografie, Hamilton-Gänse, Rucksackerkundungen, Insidergespräche in der Dämmerung, Inspektionen, Einkäufer und den ganzen Strauß Toronto-Cleverness. Danke an James Salo für die unglaubliche Gastfreundschaft und all die Einblicke von Toronto bis Tobermory. Danke Sherman Jones für Elora, Fergus, Kitchener und Reisegeschichten. Danke an Alexander Howard und Imogen Bannister für die Aufrechterhaltung meiner Zurechnungsfähigkeit.

Ryan Ver Berkmoes

Die Zahl der Menschen, denen ich zu Dank verpflichtet bin, dürfte die Anzahl der Kermodebären übersteigen; aber hier sind immerhin ein paar davon genannt: Ben Greensfelder, mein furchtloser Copilot, der immer schön dafür gesorgt hat, dass uns das Bier nicht ausgeht. In Prince Rupert bin ich Bruce Wishart mehr als nur zu Dank verpflichtet für Essen, Begenungen und Vergnügen. Auch wenn man mit Worten keinen Shuttle-Service bezahlen kann – vielen Dank! In Dawson haben Tony und die Bande beinahe dafür gesorgt, dass ich meinen Besuch vergessen habe. Last but not least gilt mein Dank Alexis Ver Berkmoes, die ich noch mehr liebe als den Riesenbiber.

ÜBER DIESES BUCH

Dies ist die 4. deutschsprachige Auflage von Lonely Planet *Kanada*, basierend auf der mittlerweile 13. englischen Auflage von *Canada*. Verfasst wurde das Buch von Korina Miller, Kate Armstrong, James Bainbridge, Anna Kaminski, Adam Karlin, John Lee, Carolyn McCarthy, Phillip Tang, Ryan Ver Berkmoes und Benedict Walker. Die vorige Auflage wurde von Karla Zimmerman, Celeste Brash, John Lee, Sarah Richards, Brendan Sainsbury, Caroline Sieg, Andy Symington, Ryan Ver Berkmoes und Benedict Walker geschrieben. Dieser Reiseführer wurde von folgenden Personen produziert:

Projektredakteur Alexander Howard

Productredakteur Jenna Myers

Leitender Kartograf Corey Hutchison

Assistenz der Kartografie Julie Dodkins, Hunor Csutoros

Layoutdesign Cam Ashley

Redaktionsassistenz Imogen Bannister, Michelle Bennett, Carly Hall, Victoria Harrison, Gabby Innes, Ali Lemer, Kate Mathews, Kate Morgan, Anne Mulvaney, Lauren O'Connell, Kristin Odijk, Charlotte Orr, Susan Paterson, Chris Pitts, Alison Ridgway, Saralinda Turner, Fionnuala Twomey, Simon Williamson

Umschlagrecherche Naomi Parker

Dank an Kate Chapman, Joel Cotterell, Grace Dobell, Liz Heynes, Andi Jones, Catherine Naghten, Claire Naylor, Karyn Noble, Martine Power, Kirsten Rawlings, Vicky Smith, Lyahna Spencer, Ross Taylor, Maureen Wheeler, Tracy Whitmey, Amanda Williamson

Benedict Walker

Herzlichen Dank meiner geduldigen und mich immer unterstützenden Mutter Trish Walker, den Leuten bei LP, besonders Alexander Howard, weil er mir diese Gelegenheit geboten hat, und meinen Redakteurinnen Kristin Odijk und Saralinda Turner. In Kanada gilt meine Liebe und Dankbarkeit Cherly, den Cowies und Mr. Mikey Brown. Bei meinen Kumpels Carl, Matt und Baker Paul in NS und Brittany, Kaylin und Rae-Anne in PEI möchte ich mich bedanken für Freundschaft, die Ermutigungen und dafür, dass ihr euer Wissen mit mir geteilt habt. Matt und Baker Paul in NS und Brittany, Kaylin und Rae-Anne in PEI möchte ich mich bedanken für Freundschaft, die Ermutigungen und dafür, dass ihr euer Wissen mit mir geteilt habt.

QUELLENNACHWEIS

Die Daten in den Klimatabellen stammen von Peel MC, Finlayson BL & McMahon TA (2007), Aktualisierte Weltkarte der Köppen-Geiger-Klimaklassifikation, Hydrology and Earth System Sciences, 11, 163344.

Titelfoto: Eisbärin mit Kind, Churchill, Manitoba, Steve Bloom Images/Alamy©

Register

Verweise auf Karten **000**
Verweise auf Fotos 000

N

Verweise auf Karten **000**
Verweise auf Fotos 000

O

Verweise auf Karten **000**
Verweise auf Fotos **000**

Verweise auf Karten **000**
Verweise auf Fotos **000**

W

Y

Z

Kartenlegende

Sehenswertes

- Strand
- Vogelschutzgebiet
- buddhistisch
- Schloss/Palast
- christlich
- konfuzianisch
- hinduistisch
- islamisch
- jainistisch
- jüdisch
- Denkmal
- Museum/Galerie/historisches Gebäude
- Ruine
- Sento-Bad/Onsen
- schintoistisch
- sikhistisch
- taoistisch
- Weingut/Weinberg
- Zoo/Tierschutzgebiet
- andere Sehenswürdigkeit

Aktivitäten, Kurse & Touren

- bodysurfen
- tauchen
- Kanu/Kajak fahren
- Kurs/Tour
- Ski fahren
- schnorcheln
- surfen
- Schwimmbecken
- wandern
- windsurfen
- andere Aktivität

Schlafen

- Unterkunft
- Camping

Essen

- Lokal

Ausgehen & Nachtleben

- Bar/Kneipe
- Café

Unterhaltung

- Unterhaltung

Shoppen

- Shoppen

Praktisches

- Bank
- Botschaft/Konsulat
- Krankenhaus/Arzt
- Internetzugang
- Polizei
- Post
- Telefon
- Toilette
- Touristeninformation
- andere Einrichtung

Geografisches

- Strand
- Hütte/Unterstand
- Leuchtturm
- Aussichtspunkt
- Berg/Vulkan
- Oase
- Park
- Pass
- Picknickplatz
- Wasserfall

Städte

- Hauptstadt (Staat)
- Hauptstadt (Bundesland/Provinz)
- Großstadt
- Kleinstadt/Ort

Verkehrsmittel

- Flughafen
- BART-Station
- Grenzübergang
- T-Station (Boston)
- Bus
- Seilbahn/Gondelbahn
- Fahrrad
- Fähre
- Metro/Muni-Station
- Einschienenbahn
- Parkplatz
- Tankstelle
- U-Bahn/SkyTrain-Station
- Taxi
- Bahnhof/Zug
- Straßenbahn
- U-Bahnhof
- anderes Verkehrsmittel

Achtung: Nicht alle der abgebildeten Symbole werden auf den Karten im Buch verwendet

Verkehrswege

- Mautstraße
- Autobahn
- Hauptstraße
- Landstraße
- Verbindungsstraße
- sonstige Straße
- unbefestigte Straße
- Straße im Bau
- Platz/Promenade
- Treppe
- Tunnel
- Fußgänger-Überführung
- Stadtspaziergang
- Abstecher (Stadtspaziergang)
- Pfad/Wanderweg

Grenzen

- Internationale Grenze
- Bundesstaat/Provinz
- umstrittene Grenze
- Region/Vorort
- Meerespark
- Klippen
- Mauer

Gewässer

- Fluss/Bach
- periodischer Fluss
- Kanal
- Wasser
- Trocken-/Salz-/periodischer See
- Riff

Gebietsformen

- Flughafen/Startbahn
- Strand/Wüste
- Friedhof (christlich)
- Friedhof
- Gletscher
- Watt
- Park/Wald
- Sehenswürdigkeit (Gebäude)
- Sportgelände
- Sumpf/Mangrove

DIE AUTOREN

Korina Miller

Alberta, Reiseplanung, Kanada Verstehen, Praktische Informationen Korina ist auf Vancouver Island aufgewachsen und bereist seit ihrem 16. Lebensjahr die Welt auf eigene Faust. Mittlerweile hat sie 36 Länder besucht oder in ihnen gelebt. Nebenbei hat sie die Zeit gefunden, Abschlüsse in Kommunikationswissenschaften und Kanadistik zu machen sowie einen Master in Migrationsstudien und ein Diplom im Fach Bildende Künste zu erwerben. Als Autorin und Redakteurin hat Korina an fast 60 Lonely Planet-Titeln mitgearbeitet und darüber hinaus Beiträge für LP.com, die BBC, den Independent, den Guardian, für BBC5 und CBC sowie für viele Reise-, Kunst- und Kultur-Zeitschriften verfasst. Derzeit hat sie ihre Zelte in Victoria aufgeschlagen, wo sie die Aussicht auf die Berge und die donnernde Brandung genießt.

Kate Armstrong

New Brunswick Kate hat viel Zeit ihres Erwachsenenlebens auf Reisen verbracht und in den unterschiedlichsten Ecken des Planeten gelebt. Die freiberuflich arbeitende Reisejournalistin hat an rund 40 Lonely Planet-Führern mitgeschrieben und Artikel für Fachzeitschriften verfasst. Ihre Beiträge werden regelmäßig nicht nur in australischen Medien, sondern weltweit veröffentlicht. Zudem hat sie mehrere Bücher geschrieben, darunter auch Titel zum Thema Kinderpädagogik.

James Bainbridge

Ottawa, Nördliches & Östliches Ontario Der britische Reiseschriftsteller und Journalist James lebt heute in Kapstadt. Von hier aus zieht er um den Globus, um Geschichten zu finden, die in Publikationen auf der ganzen Welt erscheinen. Seit inzwischen mehr als einem Jahrzehnt leistet James seinen Beitrag zu den unterschiedlichsten Lonely Planet-Projekten, hat bei der Überarbeitung Dutzender von Titel mitgewirkt und zudem Beiträge für TV-Sendungen verfasst. Sein Themenspektrum reicht dabei vom afrikanischen Busch bis zu den Großen Seen. James koordinierte als Autor die Erstellung mehrere Ausgaben der Lonely Planet-Bände *Südafrika, Lesotho & Swasiland*, *Türkei* und *Marokko*. Seine Artikel über das Reisen, über Kultur und Wirtschaft sind u. a. in *BBC Travel*, dem *Guardian*, dem *Independent*, im *Condé Nast Traveller* und im *Lonely Planet Traveller* erschienen.

Anna Kaminski

Manitoba, Northwest Territories, Nunavut Anna schreibt seit mehr als 15 Jahren für Lonely Planet und hat zu zahlreichen Reiseführern beigetragen, zuletzt zu solch unterschiedlichen Bänden wie *Costa Rica*, *Papua New Guinea & Solomon Islands*, *Schweden*, *Great Britain*, *Spanien*, *Hungary*, *Vietnam* und *Indien*. Ihre Tweets findet man unter @ACKaminski.

Adam Karlin

Québec Adam wurde in Washington, D. C., geboren und wuchs im ländlichen Maryland auf. Seit er 17 ist, bereist er die Welt und schreibt darüber. Er empfindet diese Art und Weise, sein Leben zu verbringen, als aufregendes Abenteuer – und als großen Segen.

John Lee

Vancouver, Südliches British Columbia Als Brite zog John in den 1990er-Jahren nach British Columbia, um an der University of Victoria mit dem Studium zu beginnen. Er ist im Land geblieben und nach Vancouver gezogen, wo er seit 1999 als freiberuflicher Reiseautor tätig ist. Seither hat er die Region immer wieder bereist – für Lonely Planet und für internationale Zeitschriften, Zeitungen und Online-Publikationen. Der Gewinner zahlreicher Autorenpreise ist auf Twitter aktiv und hat eine wöchentliche Kolumne bei der kanadischen Tageszeitung *The Globe and Mail*. Im Internet findet man ihn unter www.johnleewriter.com und auf Twitter unter @johnleewriter.

Carolyn McCarthy
Newfoundland & Labrador Carolyn hat sich auf die Kultur und das Abenteuer Nord-, Mittel- und Südamerikas spezialisiert. Sie hat für *National Geographic*, *Outside*, das *BBC Magazine*, den *Boston Globe* und andere Publikationen geschrieben. Carolyn, ein Fulbright-Alumni und Stipendiatin des Banff Mountain Film & Book Festivals, hat den Alltag der Menschen in den entferntesten Ecken Lateinamerikas dokumentiert. Ihr umfangreiches Wissen verdankt sie ihren Recherchearbeiten für Reiseführer, die sie an die unterschiedlichsten Orte geführt haben Sie hat zu über 30 Lonely Planet-Führern beigetragen, darunter die Bände *Colorado, USA, Argentinien, Chile, Panama, Peru* und der Spezialband über die Nationalparks der USA. Sie ist außerdem die Autorin von *Lonely Planet – Trekking in the Patagonian Andes*.

Phillip Tang
Toronto, Southern Ontario Für Lonely Planet arbeitete Phillip an den Reiseführern *Kanada, China, Japan, Korea, Mexiko, Peru* und *Vietnam*. Inzwischen hat er sich in Sydney niedergelassen, nennt aber auch Melbourne, London und Mexiko-Stadt sein Zuhause. Zu seinen Reisezielen gehören die meisten Länder Europas, Asien rauf und runter sowie Lateinamerika und die Highlights von Nordamerika. Weitere Fotos und Worte von Phillip gibt's unter: philliptang.co.uk.

Ryan Ver Berkmoes
Saskatchewan, Northern British Columbia, Yukon Territory Ryan hat mehr als 110 Führer für Lonely Planet geschrieben. Er wuchs in Santa Cruz, Kalifornien auf, das er im Alter von 17 Jahren verließ, um im Mittleren Westen das College zu besuchen. Hier sah er auch zum ersten Mal Schnee. Doch die Freude an dieser Entdeckung verließ ihn so schnell, wie sie gekommen war, und er machte sich auf in die große, weite Welt. Die bereist er seitdem ausführlich, sowohl beruflich, als auch zum puren Vergnügen – tatsächlich wüsste er nicht, wo die Trennlinie verläuft. Er hat über vieles geschrieben, von Leiden bis Kneipen. Letzteren gibt er definitiv den Vorzug. Ryan ist in New York zu Hause. Mehr über ihn erfährt man unter ryanverberkmoes.com und bei Twitter unter @ryanvb.

Benedict Walker
Nova Scotia, Prince Edward Island Ben ist im australischen Newcastle geboren. Auch wenn seine Reisen ihn weit, weit weg, Hunderttausende von Kilometern weit weg, von den sandigen Ufern seines Zuhauses geführt haben, das ganz spezielle Savoir-vivre, das einen Strandmenschen ausmacht, ist und bleibt Kern seiner Persönlichkeit. Ben bekam seinen ersten Lonely Planet-Führer (*Japan*) schon mit zwölf Jahren. Zwei Jahrzehnte später hatte er Kapitel für die gleiche Publikation geschrieben: Ein Traum wurde wahr. Der Student der Kommunikationswissenschaften und gelernte Reisekaufmann ist während seiner Zwanziger auf dem gesamten Erdball umhergezogen. Er ist der Ansicht, das Schönste am Beruf des Reiseschriftstellers seien nicht die grandiosen Orte, sondern der freundliche Umgang mit wildfremden Menschen, an deren Leben man teilhaben dürfe und die das eigene bereicherten. Ben hat auch ein Theaterstück geschrieben und inszeniert sowie die Reiselogistik der Australientournee eines Top-Musikfestivals gestemmt.

DIE LONELY PLANET STORY

Ein ziemlich mitgenommenes, altes Auto, ein paar Dollar in der Tasche und eine Vorliebe für Abenteuer – 1972 war das alles, was Tony und Maureen Wheeler für die Reise ihres Lebens brauchten, die sie durch Europa und Asien bis nach Australien führte. Die Tour dauerte einige Monate, und am Ende saßen die beiden – pleite, aber voller Inspiration – an ihrem Küchentisch und schrieben ihren ersten Reiseführer *Across Asia on the Cheap*. Innerhalb einer Woche hatten sie 1500 Exemplare verkauft. Lonely Planet war geboren.

Heute hat der Verlag Büros in Melbourne, London und Oakland und mehr als 600 Mitarbeiter und Autoren. Und alle teilen Tonys Überzeugung: „Ein guter Reiseführer sollte drei Dinge tun: informieren, bilden und unterhalten."

Lonely Planet Global Limited

Unit E, Digital Court,
The Digital Hub,
Rainsford Street,
Dublin 8,
Ireland

Verlag der deutschen Ausgabe:
MAIRDUMONT, Marco-Polo-Str. 1, 73760 Ostfildern,
www.lonelyplanet.de, www.mairdumont.com
lonelyplanet-online@mairdumont.com

Chefredakteurin deutsche Ausgabe: Birgit Borowski

Übersetzung: Julie Bacher, Berna Ercan, Tobias Ewert, Derek Frey, Stefanie Gross, Gabriela Huber Martins, Christina Kagerer, Britt Maaß, Dr. Christian Rochow

An früheren Auflagen haben außerdem mitgewirkt: Brigitte Beier, Dr. Birgit Beile-Meister, Dorothee Büttgen, Petra Dubilski, Matthias Eickhoff, Tatyana Gardner, Beatrix Gehlhoff, Marion Gref-Timm, Christiane Gsänger, Waltraud Horbas, Brita Kotrasch, Jürgen Kucklinski, Laura Leibold, Marion Matthäus, Dr. Annegret Pago, Dr. Thomas Pago, Ute Perchtold, Christiane Radünz, Doreen Reeck, Jutta Ressel M. A., Andrea Schleipen, Christina Schmidt, Katja Weber, Renate Weinberger, Linde Wiesner

Redaktion: Annegret Gellweiler, Frank J. Müller, Olaf Rappold, Julia Wilhelm (red.sign, Stuttgart)

Redaktionsassistenz: Regina Fürsich, Annika Häfner, Jonas Rappold, Sylvia Scheider-Schopf, Stephanie Ziegler (red.sign, Stuttgart)

Satz: Gerhard Junker, Sylvia Scheider-Schopf (red.sign, Stuttgart)

MIX
Papier aus verantwortungsvollen Quellen
FSC® C018236
FSC www.fsc.org

Kanada

4. deutsche Auflage Juli 2017, übersetzt von *Canada*, *13th edition*, April 2017, Lonely Planet Global Limited

Printed in Poland